Das Kölsche Wörterbuch
Kölsche Wörter von A-Z

Herausgegeben von der

Akademie
för uns kölsche Sproch

der SK Stiftung Kultur
der Sparkasse KölnBonn

Christa Bhatt und Alice Herrwegen

Das Kölsche Wörterbuch

Kölsche Wörter von A-Z

2009

J.P. Bachem Verlag

Impressum

Bibliografische Information der Deutschen Nationalbibliothek
Die Deutsche Nationalbibliothek verzeichnet diese Publikation in der Deutschen Nationalbibliografie; detaillierte bibliografische Daten sind im Internet über http://dnb.d-nb.de abrufbar.

3., überarbeitete und erweiterte Auflage 2009
© J.P. Bachem Verlag. Köln 2009
Einbandgestaltung: Heike Unger, Berlin
Reproduktion: Reprowerkstatt Wargalla GmbH, Köln
Druck: Grafisches Centrum Cuno, Calbe
Printed in Germany
ISBN 978-3-7616-2358-9

Mit unserem **Newsletter** informieren wir Sie gerne über unser Buchprogramm. Bestellen Sie ihn kostenfrei unter
➚ www.bachem.de/verlag

http://www.koelsch-akademie.de
http://www.sk-kultur.de

Vorwort

Momentan stehen nur jahrzehntealte Wörterbücher und Wortsammlungen des ursprünglichen „Basisdialekts" zur Verfügung, die nicht mehr zeitgemäß sind und ein mehr lexikalisches oder semantisches als ein orthographisches Interesse bedienen. Gleichzeitig ist deren Darstellung der Kölner Mundart so uneinheitlich, dass diese Wörterbücher selbst etablierten Schriftstellern in Fragen der Schreibung von Mundart keine zufriedenstellende einheitliche Orthographie kölscher Wörter bereitstellen.

Deshalb wurde in der Akademie för uns kölsche Sproch der SK Stiftung Kultur ein Wörterbuch fürs Kölsche erarbeitet. In diesem Nachschlagewerk spiegelt sich das heutige Kölsch wider. Das Wörterbuch enthält solche kölschen Wörter, die heute (noch) benutzt werden, d. h. sowohl alte kölsche Wörter, die von zeitgenössischen Mundartautoren verwendet werden, als auch neue Wörter aus dem Deutschen, für die kölsche Wörter geschaffen oder die zumindest „eingekölscht" wurden.

Die dritte Auflage von „Das Kölsche Wörterbuch" ist ein über 24.000 Einträge umfassendes modernes Nachschlagewerk, das den Wortschatz der Kölner Stadtsprache verständlich und übersichtlich darstellt. Es enthält zahlreiche Anwendungsbeispiele, Bedeutungsnuancen und ist darüber hinaus mit einem umfassenden grammatischen Teil versehen. Für jedes Wort ist die Aussprache in der internationalen Lautschrift IPA (International Phonetic Association) angegeben. Gerade für Nicht-Kölner ist der Deutsch-Kölsch-Teil unverzichtbar zum Auffinden ihm noch unbekannter kölscher Wörter.

Die Auswahl der Stichwörter basiert u. a. auf den Einträgen in Adam Wrede „Neuer Kölnischer Sprachschatz" und Fritz Hönig „Wörterbuch der Kölner Mundart", die an das heute gesprochene Kölsch angepasst wurden. Viele Einträge sind aber auch neu hinzugekommen, einige aus „Kölsches Synonymwörterbuch" von Stefan Winter. In diesem Zusammenhang danken wir all denen, die uns kölsche Wörter, die wir in den ersten beiden Auflagen noch nicht aufgenommen hatten, zukommen ließen. Wir haben darauf verzichtet Wörter aufzunehmen, die im Deutschen und im Kölschen identisch sind. Wohl aber wurden Wörter aufgenommen, die zwar in ihrer Grundform gleich geschrieben werden wie im Deutschen, deren Flexionsformen aber von den deutschen abweichen.

Die Orthographie der kölschen Wörter richtet sich nach den Regeln, die in „Kölsche Schreibregeln – Vorschläge für eine Rechtschreibung des Kölschen" von Christa Bhatt zusammengestellt wurden. Diese Schreibregeln wurden so einfach wie möglich, aber dennoch voll funktional formuliert. Sie geben dem Benutzer die Möglichkeit, Wörter nach diesen Regeln einheitlich schreiben zu können.

Die Einleitung zur dritten Auflage wurde stark erweitert. Hierin werden die wichtigsten grammatischen Begriffe erklärt und die Besonderheiten bei den einzelnen Wortarten im Kölschen erläutert und durch Beispiele verdeutlicht. Der allgemeine Grammatikteil stützt sich auf gängige Grammatiken wie die Duden Grammatik Band 4, während der Grammatikteil zum Kölschen sich in großen Teilen auf „De kölsche Sproch – Kurzgrammatik Kölsch – Deutsch" von Alice Tiling-Herrwegen stützt.

„Das Kölsche Wörterbuch" soll all denen eine Hilfe sein, die Kölsch lesen, sprechen oder schreiben wollen. Es kommt dem Bedürfnis von Autoren, Liedtextern, Werbeagenturen, Hobby-Poeten und all den Lesern entgegen, die eine einheitliche, nach sinnvollen und gut nachvollziehbaren Regeln erarbeitete Rechtschreibung wünschen und sich daran orientieren möchten.

Besonderen Dank schulden wir Herrn Priv.-Doz. Dr. Karl Heinz Ramers, der die Entwicklung der Schreibregeln und die Richtigkeit der Lautschrift durch seine fachkundigen Ratschläge unterstützt hat; ebenso danken wir Frau Andrea Ehrhardt, die bei der ersten Auflage mit Sachverstand und Tatkraft zur Fertigstellung des Wörterbuchs beigetragen hat. Großen Dank schulden wir auch Herrn Willi Emons, der uns über Monate ständig Korrektur- und Änderungshinweise zur zweiten Auflage geschickt hat, die zu einem nicht unerheblichen Teil in die dritte Auflage eingeflossen sind. Bei der Erstellung der dritten Auflage haben uns mehrere Studentinnen und Studenten der Germanistik, der Allgemeinen Sprachwissenschaft und der Phonetik von der Universität Köln als Praktikantinnen und Praktikanten zur Seite gestanden – hier sind insbesondere Janina Erdmann und Stefan Prassel zu nennen – und uns bei verschiedensten Arbeitsschritten tatkräftig unterstützt. Ihnen allen gilt unser Dank.

Dr. Christa Bhatt, Alice Herrwegen	Prof. Hans-Georg Bögner
Autorinnen	Geschäftsführer der SK Stiftung Kultur

Inhalt

I. EINFÜHRUNG UND REGELTEIL 11

1. Hinweise für den Benutzer 11
    1.1 Was dieses Buch will 11
    1.2 Die Deutsch-Kölsch-Liste 12
2. Auswahl des Wortguts 12
3. Alphabetische Ordnung 13
4. Angaben zu Lemmata 13
    4.1 Angaben zur Schreibweise 13
        4.1.1 Besondere Laute im Kölschen 13
        4.1.2 g-Allophone 14
        4.1.3 e-i- und o-u-Problematik 14
    4.2 Angaben zur Form 15
        4.2.1 Komposita und Ableitungen 15
        4.2.2 Homonyme 15
        4.2.3 Homophone (gleichlautende Wörter) 17
5. Weibliche Formen 17
6. Genus und Reflexivität 17
7. Ausspracheangaben 18
    7.1 Das internationale phonetische Alphabet (IPA) 18
    7.2 IPA-Zeichen, die im Kölschen vorkommen können 18
    7.3 Die verwendeten Zusatzzeichen bei IPA 20
    7.4 Besondere Hinweise zu einigen IPA-Zeichen 21
    7.5 Haupt- und Nebenakzent 22
    7.6 Rheinische Schärfung 23
    7.7 Gleiche Laute an Silbengrenzen 24

II. SILBEN UND MORPHEME 24

III. AUFBAU EINES WORTEINTRAGS 26

1. Allgemeines 26
2. Angaben zur Grammatik 26
    2.1 Angabe der Wortart 26
    2.2 Spezielle Informationen zum Lemma 27
    2.3 Flexionsformen 28
    2.4 Etymologische Angaben 29
3. Verweis auf Orthographie 30

4. Stilistische Bewertung und Gebrauchsangaben ... 32
    4.1 Zeitliche Zuordnung ... 32
    4.2 Fachsprachen ... 32
5. Deutsche Übersetzung ... 33
6. Anwendungsbeispiele, Idiome und Redensarten ... 33
7. Synonyme (sinnverwandte Wörter und Ausdrücke) ... 34
8. Bevorzugtes bzw. gebräuchlicheres Wort ... 36
9. Verweis auf Tabellen und Musterverben ... 36
10. Aufbau eines Artikels ... 36

IV. DIE WORTARTEN ... 38

1. Das Nomen oder Substantiv ... 38
    1.1 Numerus (Singular und Plural) ... 39
        1.1.1 Auslaut-*t*-Tilgung ... 42
    1.2 Zusätzliche Angaben ... 43
2. Der Artikel ... 46
    2.1 Der bestimmte Artikel ... 47
    2.2 Der unbestimmte Artikel ... 47
3. Das Pronomen ... 48
4. Das Adjektiv ... 49
    4.1 Attributive, prädikative und adverbiale Verwendung von Adjektiven ... 50
        4.1.1 Attributive Verwendung ... 50
        4.1.2 Prädikative Verwendung ... 50
        4.1.3 Adverbiale Verwendung ... 51
    4.2 Deklination und Komparation ... 51
        4.2.1 Deklination ... 51
        4.2.2 Komparation ... 52
            4.2.2.1 Vergleichsform ... 52
            4.2.2.2 Komparativ ... 52
            4.2.2.3 Superlativ ... 53
    4.3 Deklinations-/Komparationsmuster in den Tabellen ... 54
        4.3.1 Unmarkierte Deklination/Komparation (Tbl. A1) ... 54
        4.3.2 Adjektive auf *-d, -l, -m, -n, -ng, -r, -s*, Vokal + *h* und Diphthong ... 54
        4.3.3 Adjektive mit Auslaut-*n*-Tilgung (Tbl. A3) ... 54
        4.3.4 Adjektive mit Auslaut-*t*-Tilgung (Tbl. A4) ... 55
            4.3.4.1 Einfache Auslaut-*t*-Tilgung (Tbl. A 4.1) ... 55
            4.3.4.2 Auslaut-*t*-Tilgung mit Veränderung des Stammauslauts (Tbl. A4.2) ... 56
        4.3.5 Positiv auf *-g* (Tbl. A5) ... 57
        4.3.6 Positiv auf *-e* (Tbl. A6) ... 57
        4.3.7 Vom Positiv abweichende Formen (Tbl. A7) ... 57
    4.4 Notation von Komposita und Ableitungen im Wörterbuch ... 58

5. Das Verb ... 59
   5.1 Schwache Verben ... 60
      5.1.1 Gruppe A ... 61
      5.1.2 Gruppe B ... 63
   5.2 Starke und unregelmäßige Verben ... 65
      5.2.1 Unregelmäßige Verben ... 66
      5.2.2 Starke Verben ... 67
      5.2.3 Bildung von Partizip II ... 69
   5.3 Mehrere Varianten eines Verbs ... 70
   5.4 Präfixverben ... 71
      5.4.1 Trennbare und nicht trennbare Präfixverben ... 71
         5.4.1.1 Trennbare Präfixverben ... 72
         5.4.1.2 Nicht trennbare Präfixverben ... 72
      5.4.2 Besondere Präfixe und Suffixe bei Verben ... 74
         5.4.2.1 Verben auf *-ige* ... 74
         5.4.2.2 *be-/er-/ent-/ver-/zer-* Verben ... 74
6. Das Adverb ... 76
7. Die Präposition ... 77
   7.1 Rektion ... 78
   7.2 Position ... 79
   7.3 Verschmelzung von Präposition und Artikel ... 79
   7.4 Besondere Hinweise zu Präposition-Einträgen ... 81
8. Konjunktion ... 81
   8.1 Nebenordnende Konjunktionen ... 82
   8.2 Unterordnende Konjunktionen ... 82
   8.3 Besondere Hinweise zu Konjunktion-Einträgen ... 83
9. Interjektion ... 83

V. ABKÜRZUNGEN UND SYMBOLE ... 85

VI. ORTHOGRAPHIE- UND AUSSPRACHE-REGELN ... 90

VII. WÖRTERVERZEICHNIS KÖLSCH – DEUTSCH ... 109

VIII. WÖRTERVERZEICHNIS DEUTSCH – KÖLSCH ... 961

IX. PRONOMENDEKLINATIONSTABELLEN ... 1291

X. ARTIKELDEKLINATIONSTABELLEN ... 1298

XI. ADJEKTIVDEKLINATIONSTABELLEN ... 1299

XII. VERBKONJUGATIONSLISTE ... 1304

XIII. BENUTZTE LITERATUR ... 1395

XIV. BENUTZTE LINKS AUS DEM INTERNET ... 1397

I. EINFÜHRUNG UND REGELTEIL

1. Hinweise für den Benutzer

1.1 Was dieses Buch will

Dieses Buch soll all jenen eine Hilfe sein, die Kölsch lesen, sprechen oder schreiben wollen. Da es – anders als für das Deutsche – keine amtlichen Regelungen für die Orthographie des Kölschen gibt und die bisher vorliegenden Wörterbücher hinsichtlich der darin verwendeten Schreibweise kölscher Wörter nicht nur untereinander, sondern auch innerhalb eines jeden Wörterbuches uneinheitlich sind, hat die Akademie für us kölsche Sproch ein kölsches Wörterbuch erstellt, in dem die Schreibung der kölschen Wörter auf einheitlichen Schreibregeln beruht und leicht lernbar ist.

Die Schreibweise der kölschen Wörter leitet sich oft ab von der Schreibweise der Wörter im Deutschen. Sie weicht von dieser insbesondere dort ab, wo der Unterschied zwischen kölschem und deutschem Wort nicht regelmäßig erklärbar ist bzw. eine deutliche Unterscheidung zweckmäßig ist.

Es wird vorausgesetzt, dass die Rechtschreibung des Deutschen jedem vertraut ist, ob Dialekt- oder Hochdeutschsprecher. Deshalb wird davon ausgegangen, dass es für den Kölschschreiber, -leser und -sprecher am einfachsten ist, wenn sich die Abweichungen der Schreibweise der kölschen Wörter so wenig wie möglich von der ihm vertrauten Orthographie der deutschen Wörter unterscheidet. Insbesondere für all diejenigen, die mit dem Kölschen nicht vertraut sind, wird das Lesen und Schreiben kölscher Texte dadurch stark vereinfacht. Kölsche Wörter mit gleicher Schreibung aber anderer Lautung oder anderer Flexion als im Deutschen sind in diesem Buch aufgenommen.

Das Wörterbuch orientiert sich an grundlegenden Ordnungsprinzipien, die im Deutschen (und anderen Sprachen) gelten und auf morphologischen Regeln basieren (Ordnung nach Stamm-Morphemen, Wortbildungsregeln für das Deutsche, etc.).

Anders als in den bisherigen kölschen Wörterbüchern wurde vermieden, mehrere Schreibweisen ein und desselben Wortstammes bei gleich flektierten Wortformen anzugeben, wenn aufgrund bestimmter phonologischer Regeln das phonetische Verhalten eines Phonems in Abhängigkeit von seiner lautlichen Umgebung beeinflusst wird. Wortstämme werden in flektierten Formen nur insoweit verändert, wie dies auch im Deutschen üblich ist, wie z. B. bei der Umlautung des Stammvokals. Alternativen werden aber dann angeboten, wenn zwei unterschiedliche Wörter oder Lautungen nebeneinander existieren.

Insoweit sich durch die Neuregelung der deutschen Rechtschreibung in den Jahren 1996 und 2006 die Schreibweise von deutschen Wörtern geändert hat, wurden in diesem Buch diese Änderungen auch für die kölschen Wörter übernommen.

1.2 Die Deutsch-Kölsch-Liste

Zusätzlich zu dem ausführlichen Wörterbuchteil Kölsch – Deutsch findet sich dahinter eine alphabetisch geordnete Wortliste Deutsch – Kölsch. Damit soll dem Kölsch-Unkundigen ermöglicht werden, kölsche Wörter zu finden. Die Deutsch – Kölsch-Wortliste enthält nicht jedes kölsche Wort aus dem Kölsch – Deutsch-Teil. Wenn es für ein kölsches Wort keine

1:1-Übersetzung im Deutschen gibt, sondern die Bedeutung des Wortes einer ausführlicheren Erklärung bedarf, kann auch kein deutsches Suchwort angegeben werden.

Die kölschen Wortentsprechungen werden aufgelistet; gibt es zu einem deutschen Wort mehrere kölsche Entsprechungen, sind diese – abgetrennt durch Semikola – nebeneinander aufgelistet. Homonyme (Wörter, die mit einem oder mehreren anderen gleich lauten und gleich geschrieben werden, aber in der Bedeutung verschieden sind) sind mit hochgestelltem Index versehen (hochgestellten Zahlen); Bedeutungsvarianten werden hingegen bei den kölschen Wortentsprechungen nicht markiert.

2. Auswahl des Wortguts

Dieses kölsche Wörterbuch soll den Wortschatz des aktuellen, lebendigen kölschen Dialekts widerspiegeln. Komposita sind enthalten, selbstverständlich aber nicht vollständig erfasst, denn das Kölsche ist, ebenso wie das Deutsche, im Bilden von Komposita sehr produktiv. Andererseits gibt es Komposita, die ganz oder teilweise vom Deutschen ins Kölsche übernommen wurden, obwohl es für die einzelnen Wörter der Komposita eigene kölsche Wörter gibt.

Hat ein kölsches Wort eine gleichlautende deutsche Entsprechung, wird es als Lehnwort betrachtet und nicht aufgeführt (z. B. *Kamel, Drama*).

Gibt es zu einem Stichwort alternative Ableitungsformen, werden diese hinter den regulären Formen aufgeführt: **av|föhle** <föhlte av, ~|geföhlt/~|gefohlt>.

Die Entscheidung, welche Wörter man aufnimmt, ist nicht immer einfach. Oft stellt sich die Frage, wo die Grenze zwischen kölschem Wort und deutschem Wort liegt. Für vieles gibt es keine kölsche Entsprechung, man spricht das deutsche Wort kölsch aus. Bei solchen Wörtern werden nur die aufgenommen, die als Lemma (Grundform) zwar genauso aussehen wie das deutsche Wort, aber andere Formen (z. B. bei Plural, Komparativ, etc.) bilden als das deutsche Wort. Das ist näher an der Realität, als neue Wörter zu erfinden, die dann sehr künstlich klingen und nicht gewachsen sind (Bsp. „Bleifederhubbelbank" für Schreibtisch, s. Reisdorf/Caspers).

Andererseits wirken viele kölsche Wörter antiquiert (nümmes, mallich) und im aktuellen Sprachgebrauch lächerlich. Auf solche Wörter wird größtenteils verzichtet oder sie wurden als veraltet gekennzeichnet.

Allerdings werden scherzhaft gebrauchte Spontanbildungen wie „Runzelkaat" für Seniorenkarte, „maloteblond" für grauhaarig oder „natorbeklopp" für einen „von Natur aus Verrückten" aufgenommen und als scherzhaft gekennzeichnet.

Das Wörterbuch ist – wie auch der Duden – nicht normativ, das heißt, es wird keine Auswahl getroffen hinsichtlich vorzugsweise zu benutzender Wörter. Sprache verändert sich. Neben „echt" kölschen Wörtern wie „schwaade" benutzen die Leute auch das vom Hochdeutschen beeinflusste „spreche" wie auch „kalle", das schon als ländlich empfunden wird. Aufgeführt wird alles, wobei die Bezeichnungen „veraltend" für „im Verschwinden begriffen" und „veraltet" für „nicht mehr in der gesprochenen Sprache benutzt" einen Hinweis auf die Gebräuchlichkeit geben.

3. Alphabetische Ordnung

Bei der alphabetischen Ordnung werden die Umlaute „ä", „ö", „ü" wie die einfachen Vokalbuchstaben „a", „o", „u" behandelt, während „ae", „oe" und „ue" wie zwei Buchstaben behandelt werden.

ab...
äb...
ad...
aeb...

Sind ein oder mehrere Buchstaben im Lemma eingeklammert, werden die eingeklammerten Buchstaben bei der alphabetischen Ordnung nicht berücksichtigt. So steht knoche(n)|drüg zwischen Knoche|dokter und Knoche|flecker und nicht zwischen Knochen|arbeid und Knoche|säg, wo es stünde, wenn das eingeklammerte „n" bei der Sortierung berücksichtigt worden wäre.

4. Angaben zu Lemmata

4.1 Angaben zur Schreibweise

4.1.1 Besondere Laute im Kölschen

Im Kölschen werden Vokallängen und -kürzen gesprochen, die im Deutschen normalerweise nicht vorkommen.

Im Deutschen sind offenes „o" und „ö" immer kurz: **Motte, können**; geschlossenes „o" und „ö" sind normalerweise immer lang: **schon, hören**. Im Kölschen hingegen kommen zusätzlich kurzes geschlossenes „o" und „ö" als auch langes offenes „o" und „ö" vor. Außerdem gibt es im Kölschen häufig kurzes geschlossenes „e" vor zwei Konsonantenbuchstaben und vor stimmhaftem „s", was im Deutschen nicht vorkommt.

Da die deutsche Orthographie für diese vom Deutschen abweichenden Vokalvarianten keine Buchstaben bereithält, haben wir aus Gründen des besseren und schnelleren Erkennens diese Vokale gekennzeichnet:

Werden „e", „o" oder „ö" im Kölschen kurz und geschlossen gesprochen, werden diese im Stichwort unterstrichen, z. B. **bedde, Sonn, dönn**.

Werden „o" oder „ö" im Kölschen lang und offen gesprochen, werden sie im Stichwort durch ein Häkchen gekennzeichnet, z. B. **blǒse, Ǒl**.

Folgt einem kurzen Vokal ein stimmhaftes „s" bzw. „sch" bzw. „tsch" wird dies durch Unterstreichung angezeigt, z. B. **Schnüsel, kuschele, watschele**.

4.1.2 g-Allophone

„G" wird im Kölschen im Morphem- und im Silbenanlaut [j] gesprochen. Bis in die Mitte des 20. Jh. hat fast jeder „g" geschrieben. Seit Wrede (1956) für „g" die entsprechenden Grapheme für die tatsächlich gesprochenen Laute eingeführt hat (j für [j], ch für [x] und [ç] bzw. [ɧ]), hat sich diese Schreibweise in breiten Teilen der Kölner Bevölkerung durchgesetzt. Sie führt dazu, dass ein und derselbe Wortstamm mehrere verschiedene Schreibweisen besitzt (vgl. Kap. IV § 7.2).

Für „g" im Silbenanlaut nach Hintervokalen wird [ʀ] gesprochen, das Wrede aber nicht <r> schreibt. In Anlehnung an die ansonsten lautgenaue bzw. lautähnliche Schreibweise bei Wrede findet man in diesen Wörtern bei einigen Kölschschreibern für [ʀ] auch das Graphem <r>, z. B. bei

Froch (Sg.) – **Froge** (Pl.) (dt. Frage, Fragen)
froge, do **frögs**, mer **froge** (dt. fragen, fragst, fragen; vgl. Wrede Band 1)

Dieses Wörterbuch orientiert sich an den grundlegenden morphembezogenen Ordnungsprinzipien, die im Deutschen und anderen Sprachen gelten (Ordnung nach Stamm-Morphemen). Aus diesem Grund wird „g" – unabhängig von seiner Artikulation in bestimmten lautlichen Umgebungen —immer „g" geschrieben.

4.1.3 e-i und o-u – Problematik

Gelegentlich existieren zwei Varianten eines Wortes nebeneinander. Dies ist besonders häufig der Fall, wenn ein kölsches Wort mit geschlossenem „e", geschlossenem „o" oder geschlossenem „ö" gesprochen wird. Es können dann in vielen Fällen neben den geschlossenen Vokalen „e", „o" und „ö" auch die ungespannten Vokale „i", „u" und „ü" auftreten. Es sind dann immer beide Varianten notiert und auch an beiden entsprechenden Stellen im Wörterbuch zu finden. Bei Präfixverben werden auch beide angegeben, wobei die gebräuchlichere – sofern es eine gibt – zuerst genannt wird:

bilde/belde	belde/bilde	av|bilde/~|belde
boche/buche	buche/boche	av|boche/~|buche
böße/büße	büße/böße	av|böße/~|büße
brölle/brülle	brülle/brölle	aan|brölle/~|brülle

Daneben kommen neben neueren auch ältere Formen vor, die nur selten gebraucht werden. Diese sind ebenfalls beide aufgeführt und ebenfalls auch an beiden Stellen im Wörterbuch gelistet. Dabei sind die Formen mit „uu", „ee", „oo" und „e" die älteren.

brause¹/bruuse¹	bruuse¹/brause¹	aan|brause/~|bruuse
be|fähle/~|felle	be|felle/~|fähle	
be|gehre/~|gerre	be|gerre/~|gehre	op|be|gehre/~|gerre
fiere/feere	feere/fiere	av|fiere/~|feere
duure¹/doore¹	doore¹/duure¹	üvver|duure/~|doore

Nebeneinander existierende Varianten können bei allen Wortarten auftreten.

Kommen diese Varianten in einem Kompositum vor, haben wir das Wort immer dann zweimal im Wörterbuch aufgenommen, wenn der erste Teil des Kompositums zwei Varianten besitzt, andernfalls nicht, da die Wörter dann sehr wahrscheinlich direkt hintereinander oder aber sehr nah beieinander stehen würden und die zweimalige Listung somit überflüssig wäre.

4.2 Angaben zur Form

4.2.1 Komposita und Ableitungen

Zusammengesetzte Wörter, die aus mehreren einzelnen Wörtern oder Wortstämmen und Ableitungsmorphemen (Präfixe oder Suffixe; z. B. **Schnuv|nas**, **sack|wies**) sowie Diminutiva (Verkleinerungsformen; z. B. **Rümp|che**) zusammengesetzt werden, werden durch einen senkrechten Strich dazwischen gekennzeichnet. Flexionsmorpheme (wie Infinitiv- und Pluralmorpheme, Komparativ- und Superlativmorpheme von Adjektiven) werden nicht explizit markiert markiert (z. B. **salze**, **Kääls**, **gode**, **breider**, **breidste**). Fugenmorpheme werden dem voranstehenden Wort zugeordnet (z. B. **Schabaus|krad**).

4.2.2 Homonyme

Wörter, die gleich geschrieben werden und auch gleich lauten, aber eine unterschiedliche Bedeutung haben, heißen Homonyme. Sie müssen als eigenständige Wörter behandelt werden, die auch getrennte Einträge im Wörterbuch erhalten.

dt.	**Bank**[1] (= Geldinstitut)	kö.:	**bedde**[1]	- dt. bitten	**Deck**[1]	dt. (Zimmer-)Decke
	Bank[2] (= Sitzmöbel)		**bedde**[2]	- dt. beten	**Deck**[2]	dt. (Bett-)Decke

Homonyme werden nach Häufigkeit in ihrem Auftreten oder nach Bekanntheitsgrad mit hochgestellten Nummern (Indizes) durchgezählt:

bedde[1]   dt. bitten   **bedde**[2]   dt. beten

Zunächst sollte das häufigste und geläufigste Wort mit dem Index „1" versehen werden und nach Abnahme der Häufigkeit weiter mit „2", „3" usw. Treten die Wörter hinsichtlich ihrer Häufigkeit und Geläufigkeit quasi gleich auf, kann eine Ordnung nach den unterschiedlichen Wortarten erfolgen, wobei die „Hauptwortkategorien" (Verb, Nomen, Adjektiv) vor den anderen stehen (Präp., Adv., Konj., Pron.):

Los <N.>
los¹ <Adj.>
los² <Adv.>
los|~ <Präfix>
~|los <Suffix>

Indiziert werden nur Wörter, die sich optisch nicht unterscheiden. Bei Groß- vs. Kleinschreibung wird nicht indiziert, ebenso nicht bei Prä- und Suffixen. Wenn es allerdings innerhalb einer solchen Kategorie Homonyme gibt, wird jedes einzeln indiziert. Beispiel:

zo¹ <Präp.>
zo² <Konj.>
zo³ <Adv.>
zo⁴ <Adj.>
zo|¹**~** <Präfix>
zo|²**~** <Präfix>

Indiziert werden Homonyme mit unterschiedlichem „e" (e e̲), „o" (o o̲ o̤), „ö" (ö ö̲ ö̤), da diese Kennzeichnungen dem Benutzer lediglich als Lesehilfe dienen und in der normalen Schreibung nicht auftauchen. Beispiele:

se̲tze¹ <V.>
setze² <V.>
Flo̲ss¹ <N.>
Floss² <N.>
zo|¹**~** <Präfix>
zo|²**~** <Präfix>
Stohl¹ <N.>
Sto̤hl² <N.>
Höll¹ <N.>
Hö̲ll² <N.>

Es kommen Wörter vor, die in der im Lemma angegebenen Form nicht allein, sondern nur flektiert auftreten. Dies haben wir durch 3 Punkte gekennzeichnet. Beispiel:

e̲nner... <Adj.>   dt. inner...

Eine Tilde („~") steht immer für einen weggelassenen Wortteil. Dieser kann im Eintrag vorher bereits angegeben sein, wie im folgenden Beispiel „boch":

Bilder|boch/Be̲lder|~ <N.>   dt. Bilderbuch

Die Tilde kann aber auch hinter einem Präfix sowie vor einem Suffix stehen um anzuzeigen, dass hier ein weiterer Wortteil folgen bzw. voranstehen muss. Es wird dann aber auch immer noch die Morphemgrenze durch einen senkrechten Strich („|") angegeben. Beispiele:

be|vör|~ <Präfix>   dt. bevor~   **~|aat|ig** <Suffix>   dt. ~artig

Ebenfalls indiziert werden Homonyme, wenn nur bei einem ein oder mehrere Morphemstriche angegeben sind. Auch diese dienen dem Benutzer als Lesehilfe und werden „normalerweise" nicht geschrieben. Beispiele:

Stüsser[1] <N.>   **verzälle**[1] <nicht trennb. Präfix-V.>
Stüss|er[2] <N.>   **ver|zälle**[2] <nicht trennb. Präfix-V.>

4.2.3 Homophone (gleichlautende Wörter)

Homophone sind gleichlautende aber unterschiedlich geschriebene Wörter. Sie sind ganz normal alphabetisch sortiert im Wörterbuch zu finden.

dt.:   leeren   lehren   ['leːrən]
        wieder   wider   ['viːdɐ]
kö.:   **liere** (dt. lernen)   **lihre** (dt. lehren)   ['liˑrə]

5. Weibliche Formen

Die weiblichen Formen werden nur dann gesondert angegeben, wenn sie anders als durch Anhängen von *-in* an die männliche Form gebildet werden. Das ist im Kölschen z. B. bei der Endung *-sch* der Fall: **Meister|sch** (Meisterin) (vgl. Kap. IV § 9.2.2).

6. Genus und Reflexivität

Nomen stehen mit dem Artikel *der, de oder et* (dt. der, die das). Steht ein Nomen sowohl für eine männliche als auch für eine weibliche Person und somit mit femininem und maskulinem Artikel, werden auch beide Artikel aufgeführt – ebenfalls bei der dt. Übersetzung:

Aal, der u. de: Alte (der u. die)

Gibt es zu einem Nomen zwei alternative Artikel, die beide möglich sind, sind sie beide gelistet und durch einen Schrägstrich voneinander getrennt:

Baach, der/de: Bach

Im Eintrag zu Verben folgt dem Verb bei Reflexivität die Angabe „sich".

7. Ausspracheangaben

Zu jedem Lemma ist die richtige Aussprache und/oder Betonung in eckigen Klammern hinter dem Stichwort angegeben. Dafür werden die Zeichen des internationalen phonetischen Alphabets (IPA) benutzt.

Ändert sich bei Flexion oder Ableitungen die Aussprache maßgeblich, wird der lautlich veränderte Teil hinter dem abgeleiteten Wort ebenfalls in eckigen Klammern in IPA angegeben.

Bei Verben werden außer dem Infinitiv als Nennform zusätzlich die 1. Person Singular Imperfekt im Indikativ – sofern bildbar – sowie das Partizip II transkribiert.

Bei Adjektiven werden nur lautlich stark abweichende Formen in IPA angegeben, und zwar die deklinierte Form des Maskulins im Singular, Komparativ und Superlativ.

7.1 Das internationale phonetische Alphabet (IPA)

Der Genauigkeit halber verwenden wir dafür nicht die „Rheinische Dokumenta", eine vom *Amt für rheinische Landeskunde* des *Landschaftsverbands Rheinland* für rheinische Dialekte erstellte Lautschrift, sondern die Zeichen des Internationalen Phonetischen Alphabets (IPA). IPA ist die international gebräuchliche Lautschrift, die auch im Duden und in Fremdsprachenwörterbüchern benutzt wird und deshalb wohl die vertrauteste ist.

7.2 IPA-Zeichen, die im Kölschen vorkommen können

Angegeben wird zunächst das Zeichen in IPA, dahinter das kölsche Wort in IPA, dann das orthographische kölsche Wort. Dahinter steht die deutsche Übersetzung. Zum Vergleich wird je noch ein Wort zu dem IPA-Zeichen in Deutsch (oder im Deutschen gebräuchlich) oder, sofern im Deutschen nicht vorhanden, in bekannten fremdsprachlichen Wörtern mit der zugehörigen Lautschrift in IPA angegeben.

	IPA Kölsch	orthogr. Kölsch	deutsche Übers.	Muster Deutsch	IPA Deutsch
a	[plat]	platt	(dt. platt)	glatt	[glat]
a:	[da:x] ['ka:tə]	Daach, Kaate	(dt. Dach, Karten)	Kahn	[ka:n]
ɐ	['fatɐ]	Vatter	(dt. Vater)	Mutter	['mʊtɐ]
ɐ̯	[fy:ɐ̯]	Füür	(dt. Feuer)	für	[fy:ɐ̯]
o	[mo'ra·l] [fot]	Moral, Fott	(dt. Moral, Popo)	Polizei	[polɪ'tsaɪ]
o:	[ko:t]	koot	(dt. kurz)	Sohn	[zo:n]
ɔ	['klɔpə] [fɔt]	kloppe, fott	(dt. prügeln, weg)	hoffen	['hɔfən]
ɔ:	[jə'frɔ:rə]	gefrore	(dt. gefroren)	Baseball	['be:sbɔ:l]
ʊ	[hʊŋk] [bʊn·]	Hungk, Bunn	(dt. Hund, Bohne)	Hund	[hʊnt]
u	[ku'lant]	kulant	(dt. kulant)	kulant	[ku'lant]
u:	['bu:ʃə]	buusche	(dt. bauschen)	Nudel	['nu:dəl]
ə	['tsɛlə] ['døpə]	zälle, Döppe	(dt. zählen, Topf)	Knolle	['knɔlə]
ɛ	['tsɛlə] [ka'mɛl·]	zälle, Kamell	(dt. zählen, Bonbon)	hell	[hɛl]
ɛ:	[kɛ:l] ['vɛ:də]	Kääl, wääde	(dt. Kerl, werden)	wählen	['vɛ:lən]
e	['levə] [met]	levve, met	(dt. leben, mit)	Regie	[re'ʒi:]
e:	[jə'ze:f]	Geseech	(dt. Gesicht)	Regen	['re:gən]
ɪ	['fɪrkə] [mɪnʃ]	Firke, Minsch	(dt. Ferkel, Mensch)	im	[ɪm]
i	[i'de·]	Idee	(dt. Idee)	Idee	[i'de:]
i:	[bi:s] [pi:f]	bieß! Pief	(dt. beiß! Pfeife)	sieht	[zi:t]
ø	['løməl] [døn·]	Lömmel, dönn	(dt. Lümmel, dünn)	pasteurisieren	[...tørɪ...]
ø:	[ʃpø:l]	Spöl	(dt. Abwasch)	Höhle	['hø:lə]
œ	[jə'zœf] [kœp]	Gesöff, Köpp	(dt. Gesöff, Köpfe)	Löffel	['lœfəl]
œ:	['jœ:mərə]	jöömere	(dt. jammern)		
ʏ	[ʃnʏs] ['bʏgəl]	Schnüss, Büggel	(dt. Mund, Beutel)	hübsch	[hʏpʃ]
y	['yni]	uni	(dt. uni)	uni	['yni]
y:	[ty:t] [zy:t]	Tüt, süht	(dt. Tüte, sieht)	Tüte	['ty:tE]
aɪ	[aɪ]	Ei	(dt. Ei)	Ei	[aɪ]
eɪ	[beɪn]	Bein	(dt. Bein)	hey	[heɪ]
aʊ	[ʃa'baʊ] [tsaʊs]	Schabau, Zauß	(dt. Schnaps, Soße)	Baum	[baʊm]
oʊ	['koʊfə] [boʊm]	kaufe, Baum	(dt. kaufen, Baum)	engl. home	[hoʊm]
ɔy	[hɔy] ['ʃtrɔyə]	Heu, streue	(dt. Heu, streuen)	Heu	[hɔy]
øy	[nøy·] [bøy·m]	neu, Bäum	(dt. neu, Bäume)	frz. feuille	[føy]
p	[pɛ:t] [tsʊp]	Pääd, Zupp	(dt. Pferd, Suppe)	Pappe	['papə]
b	[bok] ['zabəl]	Bock, Sabbel	(dt. Bock, Sabbel)	Bock	[bɔk]
t	['trœ:tə]	tröte	(dt. tröten)	Tinte	['tɪntə]
d	[da:x] ['zadəl]	Daach, Saddel	(dt. Dach, Sattel)	Dach	[dax]
k	[kɛ:l] ['fɪrkə] [jɛk]	Kääl, Firke, jeck	(dt. Kerl, Ferkel, jeck)	Kuckuck	['kʊkʊk]
g	['bʏgəl] ['ʃnɪgə]	Büggel, schnigge	(dt. Beutel, schneiden)	gegen	['ge:gən]
f	[fil] [fy:ɐ̯] ['ra:fə]	vill, Füür, raafe	(dt. viel, Feuer, raffen)	Fisch	[fɪʃ]
v	[va·s] ['zeɪ̯·və]	Vas, Seiver	(dt. Vase, Seiber)	Wein	[vaɪn]

	IPA Kölsch	orthogr. Kölsch	deutsche Übers.	Muster Deutsch	IPA Deutsch
s	[ʃnʏs] [ˈʃeˑsə]	Schnüss, scheeße	(dt. Mund, schießen)	Schuss	[ʃʊs]
z	[ˈzadəl] [ˈbezəm]	Saddel, Besem	(dt. Sattel, Besen)	Sattel	[ˈzatəl]
ʃ	[ʃaːf] [tɛʃ]	Schaaf, Täsch	(dt. Schrank, Tasche)	schön	[ʃøːn]
ʒ	[ˈnʊʒələ]	nuschele	(dt. nuscheln)	Genie	[ʒeˈniː]
ɧ	[ˈrʏɧə] [vɛːɧ]	rüche, Wäg	(dt. riechen, Weg)	-	
j	[jets] [jɛk]	jetz, Jeck	(dt. jetzt, Jeck)	jetzt	[jɛtst]
ʝ	[ʝref] [ˈʝɛˑʝə]	Greff, gäge	(dt. Griff, gegen)	wie /j/ [ʝ]	
h	[hoːn] [ˈuhuː]	Hohn, dt. Uhu	(dt. Huhn, Uhu)	Huhn	[huːn]
m	[mɔˑl] [krɔˑm]	Mol, Krom	(dt. Mal, Kram)	Mund	[mʊnt]
n	[nɪks] [ˈkʏnə] [bʊn]	nix, künne, Bunn	(dt. nichts, können, Bohne)	nennen	[ˈnɛnən]
ŋ	[hʏŋˑ] [ˈhaŋə]	Hüng, hange	(dt. Hunde, hängen)	hängen	[ˈhɛŋən]
l	[leˑf] [ˈfalə] [mɛːl]	leev, falle, Mähl	(dt. lieb, fallen, Mehl)	laufen	[ˈlaʊfən]
r	[ruˑt] [ˈdiˑrə]	rud, Diere	(dt. rot, Tiere)	rot	[roːt]
ʀ	[ˈoʊʀə]	Auge	(dt. Augen)	wie [r]	
ts	[tsɛŋˑ] [hets]	Zäng, Hetz	(dt. Zähne, Hitze)	Zahn	[tsaːn]
ʃt	[ˈʃtemə]	stemme	(dt. stimmen)	Stube	[ˈʃtuːbə]
ʃp	[ʃpɪl] [jəˈʃpɛns]	Spill, Gespens	(dt. Spiel, Gespenst)	Spiel	[ʃpiːl]
kv	[ˈkvɛlˑ] [ɛˈkvaːtoːɐ̯]	Quell, dt. Äquator	(dt. Quelle, Äquator)	quälen	[ˈkvɛːlən]
ks	[mʊrks] [hɛks]	Murks, Hex	(dt. Murks, Hexe)	Hexe	[ˈhɛksə]
ŋk	[tsɛŋk] [hʊŋk]	Zänk, Hungk	(dt. Zank, Hund)	Zank	[tsaŋk]
tʃ	[ˈrøtʃə] [matʃ]	rötsche, Matsch	(dt. rutschen, Matsch)	rutschen	[ˈrʊtʃən]
dʒ	[ˈvadʒələ]	watschele	(dt. watscheln)	Dschungel	[ˈdʒʊŋəl]
kk	[ˈzakkaˑɐ̯]	Sackkaar	(dt. Sackkarre)	Sackkarre	[ˈzakkarə]
tt	[ˈʃrettempo]	Schredd|tempo	(dt. Schritttempo)	Schritttempo	[ˈʃrɪttempo]
pp	[ˈoppasə]	op|passe	(dt. aufpassen)	abpassen	[ˈappasən]
nn	[ˈennəmə]	en|nemme	(dt. einnehmen)	annehmen	[ˈanneːmən]
ff	[ˈʝriːffʊʀəl]	Grief|vugel	(dt. Greifvogel)	Greifvogel	[ˈɡraiffoːɡəl]
ll	[ˈfɔlloʊfə]	voll|laufe	(dt. volllaufen)	volllaufen	[ˈfɔllaʊfən]
mm	[ˈhaɪmmʏsə]	heim|müsse	(dt. heimmüssen)	heimmüssen	[ˈhaɪmmʏsən]
ʃʃ	[ˈfleɪʃʃiˑf]	Fleisch|schiev	(dt. Fleischscheibe)	Fleischscheibe	[ˈflaɪʃʃaɪbə]

7.3 Die verwendeten Zusatzzeichen bei IPA

ǀ   Der Stimmritzenverschlusslaut ist ein Knacklaut, der vor dem Neuansetzen eines Vokals entsteht. Er ist gekennzeichnet vor einer mit Vokal anlautenden Silbe, z. B. **Verein** [feˈǀaɪn], nicht aber im Wortanlaut, z. B. **alt** [alt]. Mögliche Silbenbetonungszeichen stehen vor dem Stimmritzenverschlusslaut.

ː   Ein Doppelpunkt kennzeichnet einen unmittelbar davor stehenden Vokal als lang.

· Ein einzelner Punkt kennzeichnet einen unmittelbar davor stehenden Vokal als halblang, einen unmittelbar davor stehenden Konsonanten (Liquide und Nasale: *l, r, m, n, ng* (nach kurzem Vokal) als gekürzt (sogenannte „rheinische Schärfung"; vgl. Kap. I. 7.6).

' Hauptbetonungszeichen stehen bei Wörtern mit mindestens zwei Silben vor der betonten Silbe.

, Nebenbetonungen werden dann angezeigt, wenn es zusätzlich zur Hauptbetonungssilbe mehr als eine Silbe gibt, die potentieller Silbenträger sein kann, also nicht bei solchen, deren Vokal nur schwach betont ist, wie bei ə, ɐ. Ebenso erübrigt sich die Angabe der Nebenbetonung bei unbetonten Prä- und Suffixen.

Insbesondere bei Komposita wird auch die Nebensilbenbetonung gekennzeichnet vor der nebenbetonten Silbe, z. B. **Koche|gaffel** [ˈkoˑxə‚jafəl].

Bei einigen Präfixverben kann die Betonung auf dem Präfix oder auf dem Verb liegen, wobei die Bedeutung des Präfixverbs dann unterschieden wird. Liegt die Betonung auf dem Verb, handelt es sich um ein nicht-trennbares Präfixverb, d. h. das Präfix steht nie vom Verb getrennt, z. B. in **üvver|trecke** [ʏvɛˈtrɛkə] (= überziehen, z. B. das Bett), Partizip II: *üvvertrocke*. Es reicht die Angabe des Hauptakzents. Liegt die Betonung auf dem Präfix, handelt es sich um ein trennbares Präfixverb, d. h. das Präfix kann vom Verb getrennt stehen und wird beim Partizip II durch *-ge-* vom Verb getrennt, z. B. in **üvver|trecke** [ˈʏvɛtrɛkə] (= überziehen, z. B. den Mantel), Partizip II: *üvvergetrocke*. Auch hier reicht die Angabe des Hauptakzents.

‿ Ein untergestellter Bogen kennzeichnet konsonantische Lautkombinationen (t͡s t͡ʃ k͡k ʃ͡t ʃ͡p k͡v k͡s ŋ͡k d͡ʒ) und Diphthonge (a͡ɪ a͡ʊ ɔ͡ʏ e͡ɪ o͡ʊ ø͡ʏ); außerdem bei Zusammentreffen gleicher Konsonanten an einer Silbengrenze, dass der zweite Konsonant nicht neu angesetzt wird, sondern in den vorherigen übergeht (k͡k t͡t p͡p n͡n f͡f l͡l m͡m ʃ͡ʃ).

[v] In eckigen Klammern stehen „Phone", d. h. Laute, so wie sie ausgesprochen und nach dem IPA transkribiert werden.

/v/ Zwischen Schrägstrichen stehen „Phoneme", d. h. Laute, die sich in bestimmten Lautumgebungen verändern, z. B. spricht man im folgenden Beispiel /v/ im Silbenanlaut [v] (**blieve** [ˈbliːvə]), im Silbenauslaut [f] (**bliev!** [bliːf]).

7.4 Besondere Hinweise zu einigen IPA-Zeichen

/r/ „r" (bzw. „-er") kann im Kölschen verschieden transkribiert werden:

[r] = sth. uvularer Vibrant (= „Zäpfchen-R" wie in **Rod** [roˑt] (dt. Rat), **Murre** [ˈmʊrə] (dt. Möhren);

[ɐ̯]/[ɐ] = vokalisches silbisches und nicht silbisches „r":

    [ɐ] vokalisches „r" ist im Auslaut *-er* silbisch wie in [ˈfatɐ] (kö. **Vatter**, dt. Vater)

    [ɐ̯] vokalisches „r" ist nach Vokal unsilbisch wie in [buːɐ̯] (kö. **Buur**, dt. Bauer).

[ʁ] Als Ausnahme hiervon wählen wir [ʁ] für das hintere uvulare /r/, das im Kölschen für <g> im Silbenanlaut nach Zentral- und Hintervokalen /a/, /ə/, /u/, /o/ gesprochen wird. Lautlich ist [ʁ] zwar nicht von [r] zu unterscheiden; wir wollen mit der Notierung durch [ʁ] verdeutlichen, dass es sich hier um die Realisierung des Phonems /g/ handelt (= graphisch <g>, nicht <gg> oder <ng>), z. B. **froge** [froˑʁə].

[ɧ] Wir werden kölsches „ch" durch [ɧ] angeben. [ɧ] ist das IPA-Zeichen, das als „simultaneous ʃ and x" (vgl. Maas 1999) charakterisiert wird. Da [ʃ] und [x] nicht simultan auftreten können, wird es sich wohl eher um simultanes [ʃ] und [ç] handeln, also um eine Mischung aus hochdeutschem „sch" und „ch".

[j] Dieser Laut wird für den Konsonanten „j" gesprochen, dem das Graphem <g> im Wort- und im Silbenanlaut nach Vordervokalen /i/, /y/, /e/, /ɛ/, /ø/, /œ/ zu Grunde liegt. Wir unterscheiden [j] in solchen Wörtern – obwohl gleich artikuliert – von [j] in Wörtern wie **jetz**, **Jack**, z. B. **Geschäffs|johr** [jəˈʃɛfsˌjoˑɐ̯]: Geschäftsjahr.

Phoneme können, abhängig von der lautlichen Umgebung, in der sie vorkommen, unterschiedlich realisiert werden. So besteht das deutsche Wort *Weg* aus den Phonemen /v/ /e/ /g/. Das letzte Phonem, /g/, hat allerdings zwei verschiedene Aussprachevarianten. Im Singular sprechen wir hier ein [k], im Plural, also in *Wege*, sprechen wir [g]. /g/ ist hier das Phonem, die beiden möglichen lautlichen Realisierungen sind [g] und [k]. (In wortfinaler Position ist der phonemische Kontrast neutralisiert. Das heißt, das Phonem /k/ steht an Stelle des Phonems /g/. Wir sprechen von phonemischer Variation.)

7.5 Haupt- und Nebenakzent

Einsilbige Wörter bekommen kein Akzentzeichen:

    gääl   ɟɛːl

Zweisilbige monomorphemische Wörter bekommen nur das Hauptbetonungszeichen:

    Künning   ˈkʏnɪŋ

Präfixkomposita aus freiem und unbetontem gebundenem Morphem bekommen nur das Hauptakzentzeichen. Meist ist das freie Morphem betont:

    D<u>o</u>mm|heit   ˈdomhɛɪt
    ver|gnög   fɐˈɟnøˑɟ

Ist das gebundene Morphem – hierzu zählen auch (Halb-)Präfixe – betont, erhält dieses das Hauptbetonungszeichen:

    Rarität   raɪˈtɛˑt
    Biest|erei   biːstəˈrɛɪˑ
    un|frei   ˈʊnfrɛɪ
    av|koche   ˈavkɔxə
    n<u>o</u>h|luure   ˈnɔˑluːɐ̯rə

In Komposita aus mindestens zwei freien Morphemen wird Haupt- und Nebenakzent notiert:

    Krütz|wäg   ˈkrʏt͡s͜ˌvɛːɟ
    gl<u>ö</u>ck|sill|ig   ˌɟløkˈzɪlɪɟ

Es können auch beide freie Morpheme den Hauptakzent tragen. Dies ist häufig bei zusammengesetzten Adjektiven so:

duume|breid	ˈduˑməˈbreɪ̯t		
godds|erbärm|lich	ˈjɔtsǀɛrˈbɛrmlɪŋ		
kack|brung	ˈkakˈbrʊŋ		
hungs|möd	ˈhʊŋˑsˈmøˑt		
naaß|kald	ˈnaːsˈkalt		

In Komposita kann der Hauptakzent auch variieren:

üvver|enander|-	ˌʏvərəˈnande	ˈʏvərəˌnande
do|m**e**t	ˈdɔmet	dɔˈmet

7.6 Rheinische Schärfung

Die „Rheinische Schärfung" betrifft sowohl Vokale als auch Konsonanten, genauer gesagt sind es einzelne betonte Silben, die geschärft sein können. Ist der Vokal der Silbe lang, tritt die Schärfung am Vokal auf, ist der Vokal der Silbe kurz, wird der dem Vokal folgende Konsonant geschärft.

Lange Vokale sind in manchen kölschen Wörtern kürzer als andere lange Vokale. Wir bezeichnen sie als halblang. Nach kurzen Vokalen können manche Konsonanten (Liquide: *l, r*, und Nasale: *m, n, ng*) innerhalb derselben Silbe länger sein als üblich. In beiden Fällen findet auch ein plötzliches Abfallen vom Silbenhügel statt. Wir kennzeichnen den halblangen Vokal bzw. den überlangen Konsonanten mit einem einzelnen nachgestellten Punkt „[ˑ]", in der Lautschrift. Ist einer der Vokale eines Diphthongs geschärft, schreiben wir den Punkt hinter den Diphthong. Die Schärfung im Kölschen kann bedeutungsunterscheidend sein. An folgenden Minimalpaaren kann der Bedeutungsunterschied verdeutlicht werden:

Dag	[daːx]	(der) Tag	vs.	**Dag**	[daˑx]	Tage
rund	[rʊnt]	rund	vs.	**Rund**	[rʊnˑt]	(die) Runde
rauh	[roʊ̯]	rauh	vs.	**Rauh**	[roʊ̯ˑ]	(die) Ruhe

Lautet das deutsche Wort auf Liquid oder Nasal + -*e* aus und wird dieses -*e* im Kölschen getilgt, ist der Nasal bzw. Liquid im Auslaut des kölschen Wortes geschärft. Der geschärfte Konsonant kann aber auch im Silbeninneren auftreten:

uns	[ʊns]	uns	vs.	**uns**	[ʊnˑs]	unser(e)

Auch die Schärfung eines Adjektivs kann sich ändern abhängig davon, ob es prädikativ oder attributiv verwendet wird. Ein attributives Adjektiv mit e-Tilgung wird geschärft, während das prädikative Adjektiv nicht geschärft wird (z. B. **voll**: präd.: *Dä Emmer es voll* [fɔl]; attr.: *die voll* [fɔlˑ] *Woch*). Ursächlich dafür ist die e-Tilgung beim attributiven Adjektiv.

7.7 Gleiche Laute an Silbengrenzen

Wenn zwei gleiche Konsonanten an der Silbengrenze innerhalb eines Wortes aufeinanderstoßen, werden diese verdoppelt. Da diese Konsonanten hier aber nicht zweimal artikuliert werden – sie allerdings auch nicht wie ein einzelner Laut gesprochen werden –, werden diese durch einen untergestellten Halbrundbogen gekennzeichnet. Haupt- oder Nebenbetonung erfolgt an dieser Stelle nicht. Sollte es sich jedoch um ein mehr als zweisilbiges Wort handeln, bei dem nicht erkennbar ist, welche Silbe die Betonung trägt, verzichten wir auf den untergestellten Halbrundbogen und fügen zwischen die beiden gleichen Konsonanten an der Silbengrenze ein uns wichtiger erscheinendes Betonungszeichen ein. Silben, deren Vokal „Schwa" [ə] oder „silbisches r" [ɐ] sind, bleiben unberücksichtigt, da diese Silben grundsätzlich unbetont sind. Ist an der gleichlautenden Silbengrenze der erste Konsonant geschärft, wird ebenfalls kein Halbrundbogen untergestellt, da die Angabe der Schärfung Vorrang hat.

aan|nähle	[ˈaːnnɛ·lə]	en|nemme	[ˈennemə]
av|fäädige	[ˈaffɛːdɪ̯ə]	erav|falle	[əˈraffalə]
fott|tredde	[ˈfɔttredə]	heim|müsse	[ˈheɪmmʏsə]
hin|nemme	[ˈhɪnnemə]	met|trecke	[ˈmettrɛkə]
op|päppele	[ˈɔppɛpələ]	öm|melde	[ˈömˑmɛl·də]
Schirm|mötz	[ˈʃɪrmmøts]	zoröck|kumme	[tsoˈrøkkʊmə]
Fleisch|schlot	[ˈflɛɪʃʃlɔ·t]	Av|lauf|friss	[ˈaflɔʊfˌfrɪs]

II. SILBEN UND MORPHEME

Wörter bestehen aus einer oder mehreren Silben und diese wiederum aus Lauten. Eine Silbe ist laut Duden eine „abgegrenzte, einen od. mehrere Laute umfassende Einheit, die einen Teil eines Wortes od. ein Wort bildet". Man unterscheidet zwischen betonten und unbetonten Silben. Sie tragen Akzente und sind für den Sprachrhythmus von entscheidender Bedeutung.

Kern jeder Silbe ist ein Vokal oder Diphthong. Endet eine Silbe auf einen Vokal, spricht man von einer „offenen Silbe", endet sie auf einen Konsonanten, spricht man von einer „geschlossenen Silbe".

Am Ende von Sprechsilben in mehrsilbigen Wörtern lassen sich diese trennen. Folgen einem kurzen Vokal zwei gleiche Konsonanten, wird zwischen diesen beiden Konsonanten getrennt, z. B. Knub-bel.

Wörter lassen sich nicht nur in Silben zerlegen, sondern auch in Morpheme. Morpheme sind die kleinsten bedeutungstragenden Einheiten der Sprache. Silbengliederung und Morphemgliederung fallen zwar häufig zusammen, haben aber eigentlich nichts miteinander zu tun.

Was ist nun unter einer „bedeutungstragenden Einheit der Sprache" zu verstehen und wie sehen die kleinsten dieser Einheiten aus? An einem Beispiel wollen wir versuchen dies zu erklären:

1 Morphem:	Minsch
2 Morpheme:	minsch + lich, lüs + lich
3 Morpheme:	un + minsch + lich
4 Morpheme:	Un + minsch + lich + keit

Dass *Minsch* eine bedeutungstragende Einheit der Sprache ist, dürfte klar sein. Welche Bedeutung aber sollte *-lich* tragen? *-lich* hinter einem Substantiv oder einem Verb bedeutet eine Eigenschaft, die mit dem Substantiv oder Verb verbunden wird. Außerdem verändert *-lich* am Substantiv und Verb die Wortart. Durch Anhängen von *-lich* an das Substantiv *Minsch* entsteht das Adjektiv *minschlich*, durch Anhängen von *-lich* an den Verbstamm *lüs-* entsteht das Adjektiv *lüslich* (meist in *wasserlüslich*). Morpheme, mit denen ein Wort von einer Wortart in eine andere abgeleitet wird, nennt man Ableitungsmorpheme, den Vorgang selbst Ableitung. Die Vorsilbe *un-* vor einem Adjektiv oder Substantiv zeigt das Gegenteil der Bedeutung des Adjektivs bzw. Substantivs an. Die Wortart kann durch eine Vorsilbe nicht verändert werden. Fügt man an das Adjektiv *unminschlich* noch *-keit* hinzu, entsteht wieder ein Substantiv.

Bei den Morphemen unterscheiden wir zwei wesentliche Typen. Der erste Typ sind die **freien Morpheme**. Das sind diejenigen, die für sich allein ein Wort und als Wurzeln die Basis komplexer Wörter bilden können:

freie Morpheme: Huus, Mann, Schull, Boot, Noss, fahr, schriev, klein, jetz, ...

Kurz ein paar Worte zum Unterschied zwischen Wurzel und Stamm. Mit Wurzel wird die unflektierte Grund- oder Zitierform eines Lexems bezeichnet (nach Grewendorf/Hamm/Sternefeld 1987), also z. B. die Wurzel des Lexems fahre ist *fahr-*, seine Stämme sind *fohr-, fähr-, föhr-*, aber auch *fahr-*. Der Stamm ist demnach die Basis eines Wortes, an dem Flexion durch eine Flexionsendung erfolgt. Die Wurzel eines Verbs „ist im Deutschen derjenige Stamm, der in der 2. Person Plural Indikativ Präsens erscheint *(ihr find+et, ihr woll+t*, aber z. B. *ich will, du will+st, er will*; die 'Zitierform' ist nicht *willen*, sondern *wollen*). Somit sind sämtliche Wurzeln auch Stämme, nicht jedoch umgekehrt" (Grewendorf/Hamm/Sternefeld 1987:265).

Neben den freien gibt es **gebundene Morpheme**, die nie allein vorkommen und immer nur Teile von Wörtern sind. Hierzu gehören auch die bereits erwähnten Ableitungsmorpheme sowie Flexionsmorpheme (Konjugations- und Deklinationsmorpheme). Diese können vor der Wurzel stehen (Präfix) oder dahinter (Suffix). Sie können aber auch aus zwei Teilen bestehen und die Wurzel umschließen (Zirkumfix):

Präfix: **Be** + drag   Wurzel: drag
Suffix: minsch + **lich**   Wurzel: Minsch
Zirkumfix: **be** + grön + **e**   Wurzel: grön

Der Oberbegriff für Präfix, Suffix und Zirkumfix ist **Affix**.

Die Morphemgrenzen zwischen freien und gebundenen Morphemen kennzeichnen wir durch einen senkrechten Strich |.

Als weiterer Typ der gebundenen Morpheme sind die Fugenmorpheme zu nennen, die etymologisch entweder auf Flexive zurückzuführen sind oder eine rein phonologische Funktion besaßen:

Fugenmorpheme: -s-   in Ääd|äppel**s**|schlot
                 -es-   in Dag**es**|leech
                 -e-   in Dahß**e**|bein
                 -er-   in Beld**er**|boch

Die Fugenmorpheme fallen aus der anfangs zitierten Definition heraus. Wir wollen deshalb eine revidierte Definition für Morpheme (zit. nach P. Bondre) angeben:

Morpheme sind die kleinsten lexikalisch definierten Einheiten, aus denen Wörter zusammengesetzt sind.

Als „lexikalisch definiert" werden somit neben den freien Morphemen auch die gebundenen Morpheme bezeichnet. Die am häufigsten auftretenden gebundenen Morpheme sind die Flexive, die in Kapitel IV besprochen werden.

III. AUFBAU EINES WORTEINTRAGS

Die einzelnen Worteinträge sind alle nach derselben Systematik aufgebaut, wobei ein Eintrag nicht über alle Angaben verfügen muss.

1. Allgemeines

Die alphabetisch angeordneten Lemmata (Stichwörter) sind fett gedruckt; bei Komposita und Ableitungen (zusammengesetzten Wörtern) werden Morphemgrenzen durch einen senkrechten Strich notiert (vgl. Kap. I § 4.2.1). Besondere Laute werden gekennzeichnet durch Unterstreichung oder Häkchen an den Vokalen „o" und „ö" (vgl. Kap. I § 4.1.1). Homonyme (gleich geschriebene Stichwörter) werden durch hochgestellte Zahlen (Indizes) unterschieden (vgl. Kap. I § 4.2.2). Alternative Schreibweisen werden, eingeschränkt auf den betreffenden Wortteil, durch Schrägstrich getrennt mit angegeben.

Bei Substantiven wird hinter dem Stichwort der Artikel angegeben, bei reflexiven Verben „sich" – jeweils vom Stichwort durch Komma getrennt.

Hinter dem Stichwort – bzw. der Angabe von Artikel oder „sich" – folgt die Lautschrift in eckigen Klammern [ ]. Bei Nomen wird der Singular als Nennform transkribiert. Genaue Angaben zur Lautschrift vgl. Kap. IV § 7.

2. Angaben zur Grammatik

Jedes Stichwort hat bestimmte grammatische Angaben. Angegeben werden die Wortart, die Deklinations- und Konjugationsformen, bei Verben das Hilfsverb, mit welchem das Perfekt gebildet wird, sowie spezielle Angaben über den Aufbau und die Verwendung des Stichworts. Die grammatischen Angaben werden in spitze Klammern < > gesetzt.

2.1 Angabe der Wortart

Die Wortart wird abgekürzt angegeben. Die Abkürzungen sind wie folgt:

N.	Nomen (Substantiv, Hauptwort) (vgl. Kap. IV § 1)
V.	Verb (Zeitwort, Tätigkeitswort) (vgl. Kap. IV § 5)
Präfix-V.	Präfixverb (Partikelverb)
Adv.	Adverb (Umstandwort) (vgl. Kap. IV § 6)

Präp.	Präposition (Verhältniswort) (vgl. Kap. IV § 7)	
Adj.	Adjektiv (Eigenschaftswort) (vgl. Kap. IV § 4)	
Zahlw.	Numerale (Zahlwort)	
Kardinalz.	Kardinalzahl (natürliche Zahl)	
Ordinalz.	Ordinalzahl (ordnende Zahl)	
Bruchz.	Bruchzahl	
Gattungsz.	Gattungszahl (gibt Zahl von Gattungen od. Arten an)	
Wiederholungsz.	Multiplikativum (Wiederholungszahl)	
Art.	Artikel (Geschlechtswort) (vgl. Kap. IV § 2)	
Pron.	Pronomen (Fürwort) (vgl. Kap. IV § 3)	
Demonstrativpron.	Demonstrativpronomen (hinweisendes Fürwort)	
Indefinitpron.	Indefinitpronomen (unbestimmtes Fürwort)	
Interrogativpron.	Interrogativpronomen (Frage(für)wort)	
Personalpron.	Personalpronomen (persönliches Fürwort)	
Possessivpron.	Possessivpronomen (besitzanzeigendes Fürwort)	
Reflexivpron.	Reflexivpronomen (rückbezügliches Fürwort)	
Relativpron.	Relativpronomen (bezügliches Fürwort)	
Reziprokpron.	Reziprokpronomen (wechselseitiges Fürwort)	
Interj.	Interjektion (Ausrufewort) (vgl. Kap. IV § 9)	
Konj.	Konjunktion (Gliedwort) (vgl. Kap. IV § 8)	
Präfix	(Vorsilbe)	
Suffix	(Nachsilbe)	

2.2 Spezielle Informationen zum Lemma

In den Einträgen werden zusätzliche Hinweise zur grammatischen Verwendung gemacht, z. B. Angaben zu Person, Genus und Kasus oder zur Flektierbarkeit, Einschränkungen bzw. zusätzliche Angaben zur Wortart, besondere Namensangaben, bestimmte oder eingeschränkte Verwendungsformen, Angaben zur Wortbildungsfähigkeit, etc. Diese Informationen werden von der Angabe der Wortart durch Semikolon getrennt.

Bei einigen Komposita sind nicht alle Wortteile kölsch. Obwohl es für jeden einzelnen Wortteil kölsche Wörter gibt, werden einzelne Wortteile nicht ins Kölsche übertragen. Darauf weisen wir hinter der Angabe der Wortart hin: „ i. best. Komposita …, sonst …" (vgl. Kap. VI § 11). Hier einige Beispiele:

Bus|halte|stell, de ['bʊshaltə,ʃtɛl·] <N.; i. best. Komposita *halte*, sonst ˈhalde; ~e [-ʃtɛlə]> {8.3.1; 11}: Bushaltestelle.

Für *halten* gibt es natürlich ein kölsches Wort:
halde ['haldə] <V.; st.; *han*; heeldt [he:lt]; gehalde [jəˈhaldə]> {6.11.3}: halten, gefasst haben u. nicht loslassen; festhalten; ...

Gelegentlich kann ein Kompositum bei zwei möglichen Varianten eines Teiles auch mit nur einer der beiden Varianten auftreten:

Be|rich|er|statt|ung, de [bə'rɪçǀɛɐ̯ˌʃtatʊŋ] <N.; i. best. Komposita nur *Be|rich*, sonst auch ↑Be|reech; ~e> {s. u. ↑Be|rich/~|reech}: Berichterstattung.

Neben *Be|rich* gibt es die Variante *Be|reech*:

Be|reech/~|rich, der [bə're:ʃ / -'rɪʃ] <N.; ~te> {5.2.1.2; 5.4}: Bericht.

Es kann bei diesen kölsch-deutsch gemischten Komposita auch vorkommen, dass der deutsche Wortteil dennoch typischen Regeln fürs Kölsche unterliegt, wie beispielsweise der Tilgung des Auslaut-e.

Blod|lach, de ['bloˑtˌlaˑx] <N.; i. best. Komposita *-lach*, sonst ↑Pohl¹; ~e> {11; s. u. ↑Blod}: Blutlache.

Das auslautende „e" des deutschen Wortes *Lache* wird getilgt.

2.3 Flexionsformen

Bei den unterschiedlichen Wortarten werden die für sie wichtigen Deklinations- und Konjugationsformen (Beugungsformen) angegeben. Die Lautschrift zu den Flexionsformen wird nur im Bedarfsfall angegeben und auf die relevanten Wortteile beschränkt.

Bei Nomen (vgl. Kap. IV § 1) wird die Pluralform angegeben (ggf. auch das Diminutiv); bei Verben (vgl. Kap. IV § 5) sind Imperfekt und Partizip II aufgeführt, bei Adjektiven (vgl. Kap. IV § 4) Deklination, Komparativ und Superlativ.

Zu diesen flektierten Wortformen wird die Lautschrift in eckigen Klammern [...] angegeben, sofern wesentliche Teile sich gegenüber der Nennform unterscheiden. Die Lautschrift kann eingeschränkt werden auf den relevanten Wortteil einer solchen Angabe.

2.4 Etymologische Angaben

Zu den Angaben zur Grammatik gehört auch der Hinweis zur Etymologie (Wortherkunft) in weiten spitzen Klammern 〈 〉. Die etymologischen Angaben informieren über die Herkunft der Wörter. Das Kölsche besitzt etliche Lehn- und Fremdwörter, die größtenteils aus dem Französischen, Lateinischen und Niederländischen stammen. Einige der französischen Entlehnungen sind Überbleibsel aus der Franzosenzeit 1794-1814 in Köln, die meisten aber sind bereits vor Ende des 18. Jh. belegt (vgl. Cornelissen 1988: 32ff).

Kölsch	Französisch
Aki	acquis
Bredulje	bredouille
direktemang	directement
Disköösch	discours
futü	foutu
Klör	couleur
kötte	quêter
malätzig	malade
Schwitt	suite

(zitiert nach Winter 2003: 15)

Die meisten Lehnwörter kommen aus dem Lateinischen. Winter (2003) nennt einige spezifisch-kölsche Wörter, die lateinischen Ursprungs sind:

Kölsch	Latein
feukele	focillare
Fiduuz	fiducia
Kall	canale
Kappes	caput
Öllig	unio + alium
Pötz	puteus
Regalt	regale
Schabau	(vinum) sabaudum

(zitiert nach Winter 2003: 16)

Lehnwörter aus dem Niederländischen sind:

Kölsch	Niederländisch
Baas	baas
Baselümche	(westfläm.) bazeron
Böckem	(mniederl.) buckinc
Mömmes	mom
Punjel	japon

(zitiert nach Winter 2003: 16)

Sofern parallele Schreibweisen bei Lehnwörtern zugelassen sind, wird die Schreibweise der Originalsprache bevorzugt und die Ursprungssprache in lange spitze Klammern gesetzt: **Bagage** ⟨frz. bagage⟩.

Bei Wörtern, bei denen sich eine „eingekölschte" Schreibung durchgesetzt hat, wird zusätzlich zur Angabe der Ursprungssprache das Wort in der Originalschreibweise in langen spitzen Klammern angegeben: **Falder** ⟨mhd. vêvalter⟩, **kardaune|voll**: ⟨ital. cortana; kurze Kanone⟩; **präzis**[1]: ⟨frz. précis⟩.

Die Herkunft wird immer dann angegeben, wenn uns dies erforderlich oder informativ erscheint.

3. Verweis auf Orthographie

Basiert die Schreibweise des Stichwortes auf einer der für die kölsche Schreibweise erstellten Schreibregeln, erfolgt in geschweiften Klammern { } ein Hinweis zu dem entsprechenden Paragraphen der Schreibregeln (vgl. Kap. VI).

Die Orthographieregeln werden bei der Schreibweise der kölschen Wörter gemäß denen in dem Buch von Christa Bhatt *Kölsche Schreibregeln – Vorschläge für eine Rechtschreibung des Kölsche*n verwendet – abgesehen von ein paar kleinen Änderungen.

Bei einigen kölschen Wörtern, die weitere Schreibvarianten aufweisen, ohne dass diese einzeln in eigenen Einträgen aufgeführt werden, sind die Orthographieregeln zusätzlich durch einfache Klammern ( ) oder Schrägstrich / sortiert.

Eine einfache Klammer kennzeichnet diejenigen Orthographieregeln, die nur auf die zweite Schreibvariante zutreffen, im folgenden Beispiel also nur für „-belde":

en|bilde/~|belde {(5.5.2)}

Ein Schrägstrich gibt die Orthographieregeln an, in der sich die beiden Schreibvarianten alleinig unterscheiden. Alle weiteren aufgeführten Orthographieregeln treffen dann auf beide Schreibvarianten zu. Im folgenden Beispiel wird {5.5.2} nur für „werfe" angewandt, {5.4} für beide Schreibvarianten:

werfe/wirfe {5.5.2/5.4}

Die ausführlichen orthographischen Regeln können im Kapitel VI „Orthographie- und Aussprache-Regeln" nachgeschlagen werden.

Nicht zu jedem Lemma ist die Angabe einer orthographischen Regel erforderlich.

Auslaut-n-Tilgung ist regelmäßig und wird deshalb nicht bei den Orthographie-Regeln aufgeführt, wohl aber Auslaut-e- und Auslaut-t-Tilgung. Auch wenn nur der Wegfall eines Fugen-n in einem Kompositum die einzige Abweichung zum deutschen Wort ist, wird aufgrund der regelmäßigen n-Tilgung keine Orthographieregel bzw. ein Hinweis auf das entsprechende kölsche Wort angegeben (z. B. **Note|heff**: {s. u. ↑Heff¹}; ein Hinweis zu „Not" (dt. Note) wird nicht gegeben, obwohl beim Wort „Not" allein eine Orthographieregel angegeben ist: **Not**, de <N.; ~e> {8.3.1} (=Auslaut-e-Tilgung).

Bei Komposita wird auf die einzelnen Wörter verwiesen (z. B. **Ääd|appel**: {s. u. ↑Ääd ↑Appel}).

Bei Ableitungen mit Präfix oder Suffix werden Orthographiehinweise nur für das „Kernwort" angegeben (z. B. **Aan|deil**: {6.12.1} (=Anlaut-t→d in „-deil") oder **her|kumme**: {5.4} (=unterschiedliche Vokale in „-kumme")).

Sind nicht alle Teile eines Kompositums einzeln im Wörterbuch enthalten, wird nur auf die vorhandenen verwiesen (z. B. **Acker|pääd**: {s. u. ↑Pääd}). Unterscheidet sich der nicht im Wörterbuch vorhandene Teil orthographisch vom Deutschen, wird keine Orthographieregel angegeben. Es wird nur auf die im Wörterbuch vorhandene Komponente verwiesen (z. B. **Äsche|puddel**: {s. u. ↑Äsch}).

Sind alle Bestandteile des Kompositums im Wörterbuch enthalten, weicht aber eines (oder mehrere) innerhalb des Kompositums orthographisch nicht vom Deutschen ab, wird nur auf das abweichende Wort bzw. die abweichenden Wörter verwiesen (z. B. **Adress|boch**: {s. u. ↑Boch}, obwohl „Adress" mit Orthographiehinweis enthalten ist: **Adress**: {8.3.1} (=Auslaut-e-Tilgung)). Im Deutschen heißt es aber auch *Adressbuch*, d. h. der erste Teil des Kompositums ist, obwohl identisch mit dem kölschen Wort *Adress*, gleichzeitig identisch mit dem Deutschen.

Wird ein kölsches Kompositum oder eine Ableitung nicht direkt auf die deutsche Übersetzung zurückgeführt, sondern auf ein ihm zugrunde liegendes Wort einer anderen Wortart, wird auf dieses Wort verwiesen (**Antik|che**: {s. u. ↑antik}).

Bei kölschen Wörtern und Wortteilen von Komposita, die keinen Bezug zum deutschen Wort haben, wird kein Orthographiehinweis angegeben (z. B. **Botz**; das Wort „Botz" kann nicht auf das Wort „Hose" zurückgeführt werden), bzw. bei Komposita nur für das bzw. die anderen Wortteile (z. B. **Botze|knopp**: {s. u. ↑Knopp¹}).

Wir geben jedoch auch dann eine Orthographieregel an, wenn sich die Qualität eines Vokals ändert (z. B. **Mǫnd**¹; {5.5.3} (=o→ǫ) oder **Öl**: {5.5.3} (ö→ö̜) oder **Bǫck**: {5.5.1} (=o→ǫ) oder **Bęrg**: {5.5.2} (=e→ę)).

Hat ein kölsches Wort keine genaue deutsche Übersetzung, sondern nur eine übertragene oder beschreibende, bezieht sich die orthographische Regel auf eine wörtliche deutsche Übersetzung, auf die in runden Klammern hingewiesen wird:

Ääze|bär, der <> {s. u. ↑Ääz¹}: (wörtl.: Erbsenbär); **1.** ein in Erbsenstroh gehüllter Bursche, der früher auch an Fastnachtstagen öffentlich umherlief od. geführt wurde; ein alter Fastnachtsbrauch i. d. sinnbildlichen Darstellung des Kampfes zw. Winter u. Sommer. **2.** (scherzh.) Grießgram; bärbeißiger, grimmiger Mensch.

Eine Orthographieregel in Klammern bezieht sich auf das zweitgenannte alternative Wort. Im folgenden Beispiel findet der Vokalwechsel (§ 5.4) nur im Wort „Schrübber", nicht aber in „Schrubber" statt.

Schrubb|er/Schrübb|er, der [ˈʃrʊbɐ / ˈʃrʏbɐ] <N.; ~e> {(5.4)}: Schrubber, langstielige Scheuerbürste.

4. Stilistische Bewertung und Gebrauchsangaben

Viele Wörter entsprechen – zumindest hinsichtlich einer oder mehrerer ihrer Bedeutungsvarianten – nicht der normalsprachlichen Stilschicht. Handelt es sich um eine recht nachlässige Ausdrucksweise, wird diese als „salopp" gekennzeichnet. Grobe und gewöhnliche Ausdrücke erhalten den Hinweis „derb". Zu diesen stilistischen Bewertungen treten auch Gebrauchsangaben wie „scherzh. (= scherzhaft), iron. (= ironisch), abw. (= abwertend), verhüll. (= verhüllend), die etwas über die Haltung des Sprechers oder die Nuancierung einer Äußerung aussagen. Die Angabe über den stilistischen bzw. Gebrauchshinweis stehen in runden Klammern vor der Wortbedeutung.

Dotz|prumm, de ['dɔts͜‚prʊmˑ] <N.; ~e [-prʊmə]> {s. u. ↑Prumm}: (derb, Schimpfw.) ausgeprägte weibl. Scham.

Futze|fäng|er, der ['fʊts͜ə‚fɛŋɐ] <N.; ~>: scherzh. für Dreiviertejacke; (wörtl.: Furzfänger).

Leev|che, et ['leˑfjə] <N.; nur Diminutiv; ~r> {5.1.4.3; 6.1.1}: Liebchen; **1.** liebes, braves Kind: *Et Schängche es e L.* (Hänschen ist brav.). **2.** Geliebte(r): *Mi L. hät mich gester aangerofe.* (Mein Schatz hat mich gestern angerufen.). **3.** (iron.) nichtsnutziges Kind, Mädchen: *Dat es der villeich e L.!* (Die ist vielleicht ein Herzchen!). **4.** allg. freundliche Anrede: *Wat läuf, L.?* (Wie sieht's aus, Mädchen?); [auch: ↑Lecker|che; Hätz|che (↑Hätz (2))].

4.1 Zeitliche Zuordnung

Die zeitliche Zuordnung gibt Auskunft, ob ein Wort noch in Gebrauch ist. Die Angabe „veraltend" besagt, dass ein Wort nur noch selten, meist von der älteren Generation gebraucht wird. Mit „veraltet" wird angegeben, dass ein Wort nicht mehr Bestandteil des Gegenwarts-Kölsch ist, dass es aber noch in altertümelnder, scherzhafter oder ironischer Ausdrucksweise gebraucht wird. Mit der Angabe „selten" wird darauf hingewiesen, dass ein Wort oder bestimmte Wortformen nur ganz vereinzelt gebraucht werden.

Aad|ig|keit, de [ˈaˑdɪŋˌkeɪt] <N.; ~e> {5.2.1.1.2}: Artigkeit; **1.** <o. Pl.> Freundlichkeit, freundliche Gesinnung (veraltend). **2.** <meist Pl.> Aufmerksamkeit, Anerkennung, Schmeichelei.

Baas, der [baˑs] <N.; ~e; veraltet> ⟨niederl. baas⟩: Chef; **1.** Vorgesetzter (allg.). **2.** Meister in einem Gewerbebetrieb (Fabrik, Werkstatt). **3.** (übertr.) der Erste, Beste, Tüchtigste unter vielen.

4.2 Fachsprachen

Wörter, deren Bedeutung einem beruflichen oder sonstigen Fachgebiet zugeordnet ist, erhalten diesen Hinweis vor der Wortbedeutung in runden Klammern.

Gold|schmidd, der [ˈjɔltˌʃmɪt] <N.; ~e> {s. u. ↑Gold ↑Schmidd¹}: Goldschmied, **1.** (Berufsbez.) Handwerker, der Schmuck usw. aus Gold od. anderen Edelmetallen anfertigt; **[RA]** *Denk wie ~sjung!* (Denke: „Leck mich am Arsch!"). **2.** goldgrüner Laufkäfer.

5. Deutsche Übersetzung

Die bisherigen Angaben werden von der deutschen Übersetzung durch einen Doppelpunkt getrennt.

Im Anschluss an die grammatischen Angaben folgt die deutsche Übersetzung des Stichworts. Kölsche Wörter, für die es kein deutsches Pendant gibt, werden umschrieben:

Kagge|dotz, der [ˈkagəˌdɔts] <N.; ~|dötz [-dœts]>: kleines Kind, das noch unbeholfen ist; Nesthäkchen [auch: ↑Knagge|dotz].

Die Bedeutung eines Wortes wird näher erläutert, wenn sie nicht ohne Weiteres als bekannt vorausgesetzt werden kann. Entspricht die Bedeutung eines kölschen Wortes der des deutschen Pendants, wird die Bedeutung nicht mehr angegeben. Hat ein Wort neben einer allgemein bekannten Bedeutung noch eine oder weitere übertragene Bedeutungen, werden nur diese angegeben. Sonderbedeutungen können durch Redewendungen erklärt werden. Gelegentlich wurde auf die Erklärungen in *Duden Deutsches Universalwörterbuch* zurückgegriffen.

beiere [ˈbaɪərə] <V.; schw.; *han*; beierte [ˈbaɪetə]; gebeiert [jəˈbaɪet]> {9.2.1.2}: beiern; **1.** den Rand einer ruhenden Glocke i. best. Rhythmus anschlagen (veralteter Brauch). **2.** (übertr.) etw. unablässig wiederholen, jmdm. in den Ohren liegen.   (4)

Kaffee|müll, de [ˈkafeːˌmʏlˑ] <N.; ~e> {s. u. ↑Müll¹}: **a)** Kaffeemühle; **b)** (scherzh.) Mundwerk.

6. Anwendungsbeispiele, Idiome und Redensarten

Die Verwendung eines Wortes wird im Bedarfsfall durch ein Anwendungsbeispiel und eine stehende Redewendung verdeutlicht. Dabei stehen die Beispiele für die konkrete Verwendung immer vor den Beispielen mit übertragener Bedeutung, die durch „übertr." angekündigt wird. In Anwendungsbeispielen wird das Stichwort (hier: **kareet**) abgekürzt (*ene ~e Rock* und *Hä luurt k. us der Wäsch.*).

kareet [kaˈreˑt] <Adj.; ~e> {5.1.4.3}: kariert; **1.** mit Karos gemustert: *ene ~e Rock* (ein ~er Rock). **2.** (übertr.) benommen, krank, wirr; ohne erkennbaren Sinn: *Hä luurt k. us der Wäsch.* (Er sieht krank aus.)   Tbl. A1

In den Beispielen wird auf die Markierung von Buchstaben besonderer Qualität (z. B. o̱, ö̱, e̱, s̱ usw.) verzichtet; ebenso auf die Kennzeichnung der Morphemgrenzen.

Idiomatische Ausdrücke und feststehende Redewendungen werden bei der Bedeutungsvariante aufgeführt, zu der sie gehören und stehen am Ende aller Beispiele. Wenn sie sich keiner Bedeutung zuordnen lassen, erscheinen sie unter einer eigenen Gliederungszahl. Idiome sind mit voran stehendem Stern * fett gedruckt, Redensarten nach dem fett gedruckten Hinweis **[RA]** kursiv. Dahinter steht die deutsche Übersetzung in runden Klammern.

Aap, de [a:p] <N.; ~e> {5.2.1.4; 6.5.1}: Affe (der); **1.** Säugetier; ***en A. krige** (zu viel kriegen, auch: *de Begovung krige*); ***de A. luuse** (abweisende Antwort, Abfertigung): *Do kanns mer de A. luuse!* (Lass mich damit in Ruhe!); **[RA]** *Hee hät sich en A. gefluht.* (Hier hat jmd. Pech gehabt, z. B. schlechte Karten beim Skat.); *** de A. met einem maache** (jmdn. ausnutzen, an der Nase herumführen; vgl. ↑Molli). **2.** mit Fell überzogener Rucksack.

aach|kant|ig [ˈaːxˌkantɪʃ] <Adj.; ~e> {5.2.1.2; 6.2.2}: achtkantig; **1.** mit acht Kanten versehen: *en ~e Mutter* (eine ~e Mutter). **2.** adv. meist i. d. Vbdg. ***einer a. erusschmieße** (jmdn. a. rauswerfen); ***a. erusfleege** (a. rausfliegen).   Tbl. A5b

Falls es zu dem kölschen Stichwort im Deutschen mehrere Bedeutungsvarianten gibt, werden diese anschließend aufgezählt. Stark abweichende Bedeutungsvarianten werden mit fett gedruckten arabischen Ziffern, ähnliche mit fett gedruckten Kleinbuchstaben aufgezählt. Wenn erforderlich werden Bedeutungen und Bedeutungsvarianten durch Beispiele verständlich gemacht, wobei das kölsche Beispiel kursiv, dahinter die deutsche Übersetzung rekte in runden Klammern angegeben wird.

7. Synonyme (sinnverwandte Wörter und Ausdrücke)

Synonyme (sinnverwandte Wörter und Ausdrücke) stehen – durch ein Semikolon getrennt – in eckigen Klammern hinter dem deutschen Wort, den näheren Angaben zur Bedeutung und eventuellen Beispielen in eckigen Klammern [auch:].

Ist das Synonym ebenfalls als eigener Eintrag im Wörterbuch enthalten, wird darauf mit einem voranstehenden Pfeil nach oben verwiesen [auch: ↑].

Ge|dränge||s, et [jeˈdrɛŋəls] <N.> {9.2.2}: Gedrängel, Drängelei [auch: ↑Ge|knubbel|s].

Ver|drügte, der [fɛˈdryːftə] <N.; ~>: sehr dürrer, knochiger Mensch, Hänfling [auch: ↑Ge|räm|sch (2b), ↑Knoche|ge|rämsch, ↑Reuz (4), ↑Rebbe|ge|spens, ↑Schmeck vum Dudewage (1), ↑Spenne|fleck|er, *schmalen Herring, fettgemaht Stochieser*].

Bezieht sich das Synonym auf alle Bedeutungsvarianten, steht es durch Semikolon getrennt am Ende des Eintrags, z. B.

Nubbel, der [ˈnʊbəl] <N.; Eigenn.; ~e>: **a)** Stoff- od. Strohpuppe, die im landkölnischen Raum am Ende der Kirmes verbrannt od. begraben wird; **b)** In Köln wurde dieser Brauch auch auf den Karneval übertragen: die Stoff- od. Strohpuppe, die am Karnevalsdienstag symbolisch für die „Sünden" verbrannt wird; [auch: ↑Peiljass, ↑Zacheies].

Bezieht sich das Synonym nur auf eine von mehreren Bedeutungsvarianten, steht es unmittelbar hinter dieser Bedeutungsvariante einschließlich eventueller Beispiele:

Katömmel|che, et [kaˈtømɛlçə] <N.; nur Diminutiv; ~r>: Aprikose; **1.** frühreife Frucht; **2.** (übertr., spött.) kleine, dicke, stumpfe Nase [auch: ↑Katömmelches|nas].

Bezieht sich das Synonym auf mehrere Bedeutungseinheiten einer Bedeutungsvariante, steht es – mit einem Komma getrennt – am Ende der Bedeutungsvariante einschließlich eventueller Beispiele. Im folgenden Beispiel bezieht sich das Synonym auf 2.a) und 2.b):

Guss¹/Goss, der [jʊs / jos] <N.; **Göss** [jøs]> {5.4; 5.5.1}: Guss; **1. a)** das Gießen; **b)** gegossenes Erzeugnis. **2. a)** mit Schwung geschüttete, gegossene Flüssigkeit; **b)** kurz für Regenguss, [auch: ↑Jutsch]. **3.** kurz für Zuckerguss, etc.

Bezieht sich das Synonym auf mehrere Bedeutungsvarianten, aber nicht alle, steht es mit einem Semikolon getrennt am Ende dieser Bedeutungsvarianten einschließlich eventueller Beispiele. Das Synonym „Schwade" steht für die Bedeutungsvarianten 1., 2. und 3.; „Kohldamf/~|damp" ist Synonym zu 4.:

Damf/Damp, der [damf / damp] <N.; **Dämf** [dɛmf]> {6.8.2}: Dampf; **1.** sichtbarer feuchter Dunst; **2.** Rauch, Qualm; **3.** Nebel; [auch: ↑Schwade]; **4.** Hungergefühl [auch: ↑Kohldamf/~|damp].

Kommt das Lemma in Redensarten oder Idiomen vor, die im Eintrag angegeben werden, und steht das Synonym nur für das Lemma in seiner direkten Bedeutung, wird es unmittelbar hinter dem deutschen Wort und eventueller näherer Beschreibung sowie Beispielen aufgeführt, aber vor Redensarten und Idiomen:

Kopp, der [kɔp] <N.; **Köpp** [kœp]; **Köpp|che** [ˈkœpçə]> {6.9.1}: Kopf [auch: ↑Küül|es, ↑Däts, ↑Ääpel, ↑Kappes, ↑Dasel]; **[RA]** *Meins de, ich hätt ene K. wie der Nüümaat?* (Meinst du ich hätte einen K. wie der Neumarkt, ich könnte mir alles merken?); **[RA]** *Wat mer nit em K. hät, muss mer en de Bein han.* (Was man nicht im K. hat, muss man in den Beinen haben.); ***ene Futz em K. han** (hochnäsig sein).

Bezieht sich das Synonym auf eine Redensart oder ein Idiom, wird es unmittelbar hinter diesem, seiner deutschen Übersetzung sowie eventueller Beispiele aufgeführt:

Zigg, de [tsɪk] <N.; ~e [ˈtsɪɡə]> {5.3.4; 6.6.2}: Zeit; **1.** <o. Pl.> Ablauf/Nacheinander/Aufeinanderfolge der Augenblicke/Stunden/Tage/Wochen/Jahre: *De Z. vergeiht vill ze flöck.* (Die Z. vergeht viel zu schnell.). **2. a)** Zeitpunkt, -raum: *Et es Z. för ze gonn.* (Es ist Z. zu gehen.); **b)** Uhrzeit; **c)** Ortszeit. **3. a)** Zeitabschnitt, -spanne: *de schönste Z. em Levve* (die schönste Z. im Leben); ***met ~e** (zeitweilig, manchmal [auch: ↑manch|mol]); **b) *bei Z.** (beizeiten, zur rechten Zeit [auch: ↑bei|zigge]).

Bezieht sich ein Synonym nur auf die Bedeutungsvarianten b) und c), nicht aber auf a), wird es zweimal eingetragen:

be|wäge¹ [bəˈvɛːjə] <nicht trennb. Präfix-V.; schw.; han; **be|wägte** [bəˈvɛːftə]; **be|wäg** [bəˈvɛːç]> {5.1.1}: bewegen; **1. a)** bewirken, verursachen, dass jmd./etw. seine Lage/Stellung verändert; **b)** <sich b.> seine Lage verändern [auch: ↑wäge¹]; **c)** <sich b.> sich an einen anderen Ort begeben [auch: ↑wäge¹]; **2. a)** erregen, ergreifen, rühren; **b)** innerlich beschäftigen.

(103)

8. Bevorzugtes bzw. gebräuchlicheres Wort

Einige der kölschen Wörter sind nur „zweite Wahl", d. h. sie werden benutzt, aber es gibt Alternativen, die gebräuchlicher sind und bevorzugt benutzt werden. Wenn dabei auf ein im Wörterbuch enthaltenes Lemma verwiesen wird, wird darauf mit voranstehendem senkrechten Pfeil ↑ hingewiesen; ansonsten ist die gebräuchlichere Redewendung in Kursivschrift angegeben.

Wenn dies für sämtliche Bedeutungsvarianten zutrifft, wird es bei der grammatischen Information notiert.

ängs|lich <... gebräuchl.: ↑bang>: ängstlich

äkele <... gebräuchl.: *fies sin*>: ekeln

Gilt dies nur für eine der Bedeutungsvarianten, ist es hinter dieser Bedeutungsvariante und den evtl. Beispielen – abgetrennt durch ein Semikolon – notiert.

falsch <...>: falsch; **1.** nicht richtig [gebräuchl.: ↑ver|kehrt]; **2.** (meist i. d. B.): ärgerlich, böse ...

Gilt es nur für die letzte Bedeutungsvariante, ist es hinter dieser und evtl. Beispielen – abgetrennt durch Komma – notiert.

erinnere <...>: erinnern; **1.** aufmerksam machen, etw. nicht zu vergessen. **2.** <sich e.> sich erinnern [gebräuchl.: ↑ent|senne].

9. Verweis auf Tabellen und Musterverben

Am Ende des Buchs sind Deklinationstabellen für Artikel, Pronomina und Adjektive sowie konjugierte Musterverben aufgeführt. Am Ende des Eintrags wird darauf rechts ausgerückt verwiesen. Bei Verben wird dabei die Nummer des zugehörigen konjugierten Musterverbs in Klammern angegeben ( ), bei Adjektiven, Pronomina und Artikeln wird die zugehörige Mustertabelle angegeben: Tbl ...

10. Aufbau eines Artikels

- Das Lemma wird fett gedruckt; bei zusammengesetzten Wörtern (Komposita) werden Morphemgrenzen angegeben durch einen senkrechen Strich | (s. u. 4.2.1 Komposita und Ableitungen). Besondere Laute werden gekennzeichnet durch Unterstreichung oder Häkchen an den Vokalen „o" und „ö" (s. u. „Besondere Laute im Kölschen"). Homonyme

werden indiziert (vgl. Kap. I § 4.2.3). Alternative Schreibweisen werden, eingeschränkt auf den betreffenden Wortteil, durch Schrägstrich getrennt, mit angegeben, und zwar
- bei Nomen Angabe des Artikels, bei reflexiven Verben „sich", vom Lemma durch Komma getrennt;
- Lautschrift in eckigen Klammern [ ]. Genaue Angaben zur Lautschrift (vgl. Kap. I § 7);
- grammatische Information, Flexionsformen und Angaben zur Etymologie in spitzen Klammern < >, und zwar
  - abgekürzte Angabe der Wortart;
  - Spezielle Informationen zum Lemma und Angabe von Namen; von der Angabe der Wortart durch Semikolon getrennt;
  - Flexionsformen
    - bei Nomen Plural, bei Verben Imperfekt und Partizip II, bei Adjektiven Deklination, Komparativ und Superlativ;
    - Lautschrift in eckigen Klammern [ ] (kann eingeschränkt werden auf den relevanten Wortteil einer solchen Angabe);
    - bei Nomen Diminutiv, bei Verben Partizip II, bei Adjektiven Superlativ;
    - Lautschrift in eckigen Klammern [ ] (kann eingeschränkt werden auf den relevanten Wortteil einer solchen Angabe);
  - Hinweis zur Ethymologie in weiten spitzen Klammern ⟨ ⟩.
- Basiert die Schreibweise des Stichwortes auf einer der für die kölsche Schreibweise erstellten Schreibregeln, erfolgt in geschweiften Klammern ein Hinweis zu dem entsprechenden Paragraphen der Schreibregeln (vgl. Kap. VI).
- Auf Deutsch übersetztes Wort, von den grammatischen Informationen durch einen Doppelpunkt getrennt;
- Bedeutungsvarianten – von der deutschen Übersetzung durch Komma getrennt:
  - Beispiel(e): kölsches Beispiel kursiv, dahinter die deutsche Übersetzung des Beispiels recte (= gerade) und in runden Klammern;
  - Idiome fett und mit vorangestelltem Stern *; von den Angaben zur Bedeutung (und Beispielen) durch ein Semikolon getrennt;
  - Redensarten nach dem fett gedruckten Hinweis **[RA]** kursiv, dahinter die deutsche Übersetzung des Beispiels recte und in runden Klammern;
  - weitere Bedeutungsvarianten, vor denen fett gedruckte arabische Ziffern plus Punkt und/oder fett gedruckte lateinische Kleinbuchstaben plus geschlossener runder Klammer stehen, werden voneinander durch Semikolon getrennt.
- Sinnverwandte Wörter (Synonyme) werden – mit einem Semikolon getrennt – in eckigen Klammern hinter dem deutschen Wort, den näheren Angaben zur Bedeutung und eventuellen Beispielen angegeben [auch:]. Ist das Synonym ebenfalls als eigener Eintrag im Wörterbuch enthalten, wird darauf mit einem voran stehenden Pfeil nach oben verwiesen [auch: ↑]. (vgl. Kap. III § 7).
- Der Flexionsverweis wird am Ende des Eintrags, von der letzten Angabe durch einen Punkt getrennt, angegeben. Bei Verben wird dabei die Nummer des zugehörigen konjugierten Musterverbs in Klammern angegeben ( ), bei Adjektiven, Pronomina und Artikeln wird die zugehörige Mustertabelle angegeben: Tbl. ...

IV. DIE WORTARTEN

1. Das Nomen oder Substantiv

Nomen (Substantive) haben in der Regel ein festes Genus (= Geschlecht), und zwar maskulin (= männlich), feminin (= weiblich) oder neutrum (= sächlich). Sie verändern sich aber nach Numerus (= Anzahl) – wir unterscheiden Singular (= Einzahl) und Plural (= Mehrzahl) – und Kasus (= Fall) – das sind im Kölschen Nominativ (= 1. Fall bzw. wer-oder-was-Fall), Akkusativ (= 4. Fall bzw. wen-oder-was-Fall) und Dativ (= 3. Fall bzw. wem-Fall). Den Genitiv (= 2. Fall bzw. wessen-Fall) kennt das Kölsche nicht. Bei der Deklination (= Beugung des Substantivs, Adjektivs (= Eigenschaftswort), Pronomens (= Fürwort) u. Numerales (= Zahlwort) wird zwischen schwacher und starker unterschieden.

Schwach deklinieren maskuline Nomina, die alle Kasus außer dem Nominativ Singular (dieser ohne Endung) im Kölschen auf -e bilden:

Jung, der [jʊŋ˙] <N.; Junge ['jʊŋə]; Jüng|el|che ['jʏŋəlɕə]>: Junge.

Außerdem werden feminine Nomina, die im Singular keine Endung haben und ihre Pluralform im Kölschen auf -e bilden, schwach flektiert:

Blom, de [blo:m] <N.; ~e; Blöm|che>: Blume.

Bei der starken Deklination finden wir im Kölschen oft neben der Umlautung des Stammvokals (Vokal = Selbstlaut) zusätzlich Plural auf -e und -er. Ist der Stammvokal oder -diphthong (Diphthong = Doppellaut oder Doppelvokal wie *au, ei*, …) eines einsilbigen Nomens im Singular (= Einzahl) umlautbar (also <a>, <o> oder <u>), dann findet bei der Pluralbildung (= Mehrzahlbildung) und bei abgeleiteten Formen sehr oft Umlautung von <a/o/u/au> zu <ä/ö/ü/äu> statt. Verändert sich der Stammvokal, wird im Wörterbucheintrag die Pluralform ausgeschrieben.

Daach, et [da:x] <N.; Däächer ['dɛ:ɧe]; Dääch|el|che ['dɛ:ɧəlɧə]>: Dach.

Die Umlautung tritt aber nicht generell auf. Es gibt auch einsilbige Wörter im Singular mit umlautbarem Stammvokal, der bei der Pluralbildung oder Ableitung nicht umgelautet wird:

Latz	– Latze	(dt.: Latte)
Hoor	– Hoore	(dt.: Haar)
Buur	– Buure	(dt.: Bauer)
Tub	– Tube	(dt.: Tube)
Rund	– Runde	(dt.: Runde)

1.1 Numerus (Singular und Plural)

Sollte es beim Numerus zu einem Wort Einschränkungen geben, was häufig bei Komposita der Fall ist, werden diese mit oder statt der Pluralform angegeben. Dies kommt in folgenden Fällen vor.

Einige Nomina besitzen keinen Plural. Bei ihnen handelt es sich um Abstrakta und Stoffnamen. Dies geben wir mit dem Hinweis „kein Pl." an:

Botter, de] <N.; kein Pl.>: Butter.

Glöck, et <N.; kein Pl.>: Glück.

Daneben gibt es Nomina, die nur im Plural auftreten:

Lück <N.; Pl.>: Leute.

Döpp <N.; Pl.>: Augen.

In einem Kompositum besitzt das letzte Wort zwar eine Singularform, aber in diesem Kompositum ist sie – meist aus semantischen Gründen – nicht möglich. Wir kennzeichnen dies durch „nur Pl." (nur Plural). Das Genus wird dann nicht durch den Artikel, sondern explizit nach der Nennung der Wortart aufgeführt.

Arbeids|häng <N.; fem.; nur Pl.>: Arbeitshände.

Das Kompositum kann zwar im Singular vorkommen, im Plural wird es aber weitaus häufiger benutzt. Dies kennzeichnen wir mit „meist Pl." (meist Plural).

Dude|fleck, der<N.; ~e (meist Pl.)>: Totenfleck.

In einem Kompositum besitzt das letzte Wort zwar alleinstehend eine Pluralform, wird aber in diesem Kompositum nicht verwendet. Wir weisen darauf hin durch die Angabe „o. Pl." (ohne Plural).

Dage|bau, der <N.; o. Pl.>: Tagebau.　　**Bau**, der <N.; ~te>: Bau.

Flanze|rich, et <N.; o. Pl.>: Pflanzenreich.　　**Rich**, et <N.; ~e>: Reich.

Das Kompositum kann zwar im Plural auftreten, kommt aber äußerst selten vor. Hier steht der Hinweis „Pl. selten" (Plural selten).

Dage|geld, et <N.; ~er (Pl. selten)>: Tagegeld.

Das Kompositum besitzt zwar einen Plural, der aber sehr ungebräuchlich ist. Durch den Hinweis „Pl. ungebr." (Plural ungebräuchlich) wird dies angezeigt.

Dreck|mǫnd, der <N.; ~e (Pl. ungebr.)>: Februar, wörtl.: Dreckmonat.

Der Plural des Nomens weicht stark vom Singular ab, d. h. er wird nicht mit den gängigen Pluralmorphemen gebildet. Dabei kann sich z. B. die Vokallänge ändern oder ein unübliches Pluralmorphem auftreten. Dies ist bei allen Nomen mit dem Hinweis „unr. Pl." (unregelmäßiger Plural) der Fall.

Dür, de <N.; Dürre ['dʏrə] (unr. Pl.)>: Tür.

Album, et <N.; Albe ['albə] (unr. Pl.)>: Album.

Das Mengennomen ist ein Nomen, das eine nicht quantifizierbare Menge einer Substanz ausdrückt und nur durch zusätzliche quantifizierende Nomen (wie z. B. „Sorte", „Flasche", „Meter", „Kilogramm" etc.) quantifiziert werden kann. Der Plural solcher nicht quantifizierbarer Nomen wird „Sortenplural" bezeichnet und ist somit kein „echter" Plural. Hier findet man den Hinweis „Sortenpl." (Sortenplural) in runden Klammern hinter der Pluralangabe.

Bier[2], et <N.; ~e (Sortenpl.)>: Bier, alkoholisches Getränk.

Marmelad, de <N.; ~e (Sortenpl.)>: Marmelad.

Kommt ein Nomen im Singular nur in feststehenden Redensarten vor, wird keine Pluralform dazu angegeben.

Be|gǫv|ung, de <N.>: eigentl. „Begabung", nur i. d. Wendung *de B. krige*: a) zu viel kriegen; b) sich ekeln.

Einige Nomina weisen mehrere Pluralformen auf, die dann auch alle im Eintrag aufgeführt sind:

Dag, der [da·x] <N.; Dag/Däg/Dage [da·x / dɛ·ɟ / 'da·ʀə]>: Tag.

Jǫhr, et [jo·ɐ̯] <N.; ~/~e [- / 'jo·rə]; Jöhr|che ['jœ·ɐ̯ɟE]> {5.5.3}: Jahr.

Bei bestimmten Nomina sind Singular und Plural identisch. Dabei handelt es sich häufig um Nationalitäts- und Berufsbezeichnungen und Bezeichnungen für handelnde Personen (vgl. Alice Tiling-Herrwegen: *De kölsche Sproch – Kurzgrammatik*, S.124/125). Ist die Pluralform mit der Singularform identisch, kennzeichnen wir dies durch eine Tilde „~".

Schnied|er[1], der ['ʃni:dɐ] <N.; ~> {5.1.4.5}: (Berufsbez.) Schneider.

Bei den meisten dieser Nomina lässt sich eine solche Zuordnung aber nicht finden. Der Plural muss mitgelernt werden, insbesondere dann, wenn ein Wechsel zum geschärften Konsonanten oder Vokal stattfindet. In diesen Fällen wird der Plural auch transkribiert:

Sching², der [ʃɪŋ] <N.; ~ [ʃɪŋˑ]>: Schein.

Bein, et [beɪn] <N.; ~ [beɪˑn]>: Bein.

Bei Anhängen eines Pluralmorphems an die Singularform wird nur dieses Morphem hinter einer Tilde angegeben.

Schiev, de <N.; ~e>: Scheibe.

Die komplette, vollständige Lautschrift der Pluralform (und ggf. des Diminutivs) wird nur dann angegeben, wenn zwischen der Form im Singular und der im Plural ein Unterschied auftritt

a) bei der Schärfung:

Dag, der [da:x] <N.; ~/~e/Däg [daˑx / daˑʀə / dɛˑfj]],

b) bei der Länge:

Badd, et [bat] <N.; Bäder [ˈbɛˑdə] unr. Pl.>

oder **c)** orthographisch:

Zant, der [t͡sant] <N.; Zäng [t͡sɛŋˑ].

Genauso wird mit den deklinierbaren Wortteilen in Komposita verfahren. Die Information zur Aussprache kann eingeschränkt werden auf den Wortteil, der einer solchen Angabe bedarf. Für den ausgelassenen Wortteil schreiben wir einen Gedankenstrich:

  a) ...|dag [...,da:x] ... <N.; ~/~e/~|däg [-daˑx / -daˑʀə / -dɛˑfj]>
  b) ...|badd [...,bat] ... <N.; unr. Pl. ~|bäder [-bɛˑdə]>
  c) ...|zant [...,t͡sant] ... <N.; ~|zäng [-t͡sɛŋˑ]>

Bei mehreren Pluralvarianten werden alle Formen transkribiert, sofern eine von ihnen unter a) bis c) fällt.

Die Pluralform von Komposita und Ableitungen wird nicht transkribiert, wenn

d) der Pluralvokal nur umgelautet wird:

Bank¹, de [baŋk] ... <N.; Bänk>
Radd, et [rat] ... <N.; Rädder>

e) nur ein Pluralmorphem angehängt wird:

Bank², de [baŋk] ... <N.; ~e>
Bau [boʊ] ... <N.; ~te>
Tablett [ta'blɛt] ... <N.; ~s>

oder **f)** trotz orthographischer Abweichung die Aussprache klar ist (z. B. bei Auslaut-t-Tilgung):

...|schaff [-ʃaf] ... <N.; ~|schafte>

Bei Einzelnomen wird die Pluralform übrigens — außer bei gleicher Singular- und Pluralform — immer transkribiert, auch wenn die Aussprache eigentlich unproblematisch ist. Nicht-Kölschsprechenden soll damit die Möglichkeit gegeben werden, zu jedem Nomen mindestens einmal die komplette Transkription in IPA zu erfahren.

Im folgenden Beispiel muss das Nomen im Plural angegeben werden, da die Schärfung bei Singular und Plural unterschiedlich ist; dass der Stammvokal umgelautet wird, ist dafür unerheblich:

Grav, et [j̥raːf] <N.; Gräver ['j̥rɛˑve] {6.1.1}: Grab.

Da es für stimmhaftes [ʒ] kein stimmhaftes Graphem gibt, behelfen wir uns damit, stimmhaft gesprochenes <sch> durch Unterstreichung zu kennzeichnen wie im nachstehenden Beispiel. Der Plural muss also ausgeschrieben werden, ebenso wird die IPA der Pluralform angegeben.

Ketsch², de [ketʃ] <N.; Ketsche ['kedʒə]>: Kerngehäuse.

1.1.1 Auslaut-t-Tilgung

Pluralformen, die nicht nur durch Anhängen des Pluralmorphems gebildet werden, werden ausgeschrieben. Das gilt insbesondere für solche Nomen, deren auslautendes -t im Singular nach kurzem Vokal getilgt wird. Im folgenden Beispiel schreiben wir beim Singular ein zusätzliches -f um die Kürze des Stammvokals anzuzeigen. Beim Plural erübrigt sich das, da ja zwei Konsonanten folgen und die Schreibweise wieder der des Deutschen angepasst werden kann.

Schreff, de [ʃref] <N.; Schrefte ['ʃreftə]> {5.5.2; 8.3.5}: Schrift.

Einen ähnlichen Fall von Auslaut-t-Tilgung beim Singular haben wir in den nächsten Beipsielen. Wir schreiben beim Singular ein zusätzliches -s um die Kürze des Stammvokals anzuzeigen. Das zweite -s ist beim Plural nicht nötig, da hier das -t nicht getilgt wird. Wegen der veränderten Schreibweise müssen wir den Plural ausschreiben.

Chress¹, der [kres] <N.; Chreste ['krestə]> {5.5.2; 8.3.5}: Christ.

Im nächsten Beispiel kommt es zur Tilgung des Auslaut-t beim Singular und auch hier ist der Stammvokal kurz. Das -f braucht hier aber nicht verdoppelt zu werden, da ihm ein weiterer Konsonant, das -r-, vorausgeht. Da an die Singularform lediglich das Pluralmorphem -te angehängt wird und sich auch hinsichtlich der Schärfung nichts ändert, würde die Angabe des Pluralmorphems reichen und der Plural brauchte auch nicht in IPA angegeben werden. Nur bei den Einzelnomen schreiben wir beides hin.

Scheffs|werf, de [ˈʃɛfsˌvɛrf] <N.; ~te> {s. u. ↑Scheff ↑Werf}: Schiffswerft.

Werf, de [vɛrf] <N.; Werfte [ˈvɛrftə]> {8.3.5}: Werft.

Droht|seil|ak, der [ˈdrɔˑtseɪlˌak] <N.; ~te> {s. u. ↑Droht ↑Ak}: Drahtseilakt.

Ak, der [ak] <N.; Akte [ˈaktə]> {8.3.5}: Akt.

Ähnlich verhält es sich im nächsten Beispiel; allerdings ist der Stammvokal von *Deens* lang. Beim Plural im Kompositum reicht die Angabe des Pluralmorphems.

Bote|deens, der [ˈboˑtəˌdeˑns] <N.; ~te> {s. u. ↑Deens}: Botendienst.

Deens, der [deˑns] <N.; Deenste [ˈdeˑnstə]> {5.1.4.3; 8.3.5}: Dienst.

Im nächsten Beispiel wird auch das stammauslautende -t im Singular getilgt und auf den kurzen Stammvokal folgt nur ein Konsonantenbuchstabe. Man könnte jetzt in Anlehnung an die vorherigen Beispiele davon ausgehen, dass das <x> verdoppelt werden müsse um die Vokalkürze anzuzeigen. Das ist aber nicht der Fall, denn es geht nicht darum, wie viele Konsonantenbuchstaben dem kurzen Vokal folgen, sondern wie viele konsonantische Laute. Der Buchstabe <x> besteht aus zwei Lauten, nämlich [k] und [s], so dass der Vokal vor <x> kurz gesprochen werden muss. Deshalb reicht es im Kompositum aus, nur das Pluralmorphem -te anzugeben.

Schlager|tex, der [ˈʃlaˑʀɐˌtɛks] <N.; ~te> {s. u. ↑Tex}: Schlagertext.

Tex, der [tɛks] <N.; Texte [ˈtɛkstə]> {8.3.5}: Text.

1.2 Zusätzliche Angaben

Gibt es zu einem Nomen **zwei Varianten**, die alphabetisch nah beieinander liegen, werden beide Nomina einzeln alphabetisch aufgeführt. Die zugehörigen Komposita und Ableitungen zu den beiden Grundformen werden hingegen nur einmal – und zwar unter der gebräuchlicheren Form – aufgenommen; die zweite Variante wird im Lemma mit angegeben, z. B. **Ferke/Firke**, **Ääd|ferke/-|firke**, **Ferkes|stätz/Firkes|-**, ... Dabei wird der veränderte Teil vor, hinter und zwischen den Morphemgrenzen angegeben.

Einige Nomina sind **aus zwei Wörtern zusammengezogen** worden, worauf bei der grammatischen Information hingewiesen wird:

Kled|age, de [kle'da·ʃ] <N.; scherzh. französierende Bildung zusges. aus „Kleid" u. der frz. Endung „-age"; ~ [kle'da·ʒə]>: Kleidung.

Ääpel, der ['ɛ:pəl] <N.; verkürzt aus Äädappel; ~>: Kartoffel.

Back|es, et ['bakəs] <N.; verkürzt aus Backhuus; ~|e̱se/ ~|ese]>: Backhaus, Bäckerei.

Duff|es, der ['dʊfəs] <N.; verkürzt aus Duuvehuus; ~|e̱se/ ~|ese>: Taubenschlag.

Manche Nomina treten **nur in festen Fügungen** auf. Auch dies wird bei den grammatischen Angaben vermerkt:

Wehr [ve·ɐ̯] <N.; nur i. d. Vbdg. e̱n der W.>: **1.** zur Stelle. **2.** tatbereit, einsatzbereit.

Stüpp [ʃtʏp] <N.; nur i. d. Vbdg. om S.>: Stutz, auf der Stelle, sogleich; plötzlich, unversehens.

Zack [tsak] <N.; nur i. d. Vbdg.: o̱p Z.>: Zack, *****op Z. sin** (auf Z. sein ...).

Rubbedidupp[1] ['rʊbədɪ'dʊp] <N.; nur i. d. Wendung e̱m R.>: schnell, im Nu.

Hus [hus] <N.; Neutr.>: nur i. d. Vbdg. *noh H.* u. *zo/ze H.* **a)** *noh H.*: nach Hause; **b)** *ze/zo H.*: zu Hause.

Bei **bestimmten Komposita und Ableitungen** wird ein Teil bzw. das Stammnomen **nicht ins Kölsche** übersetzt, obwohl es für das Nomen allein ein kölsches Wort gibt. Auch das wird in den grammatischen Informationen angegeben:

Glöcks|bring|er, de ['jløks̱ˌbrɪŋɐ] <N.; i. best. Komposita *bring*; sonst ↑*bränge*; ~e>: Glücksbringer.

Dauer|kaat, de ['da͜ʊɐˌka:t] <N.; i. best. Komposita *Dauer*, sonst ↑*Duur*; ~e>: Dauerkarte.

Eis|kuns|laufe, et ['a͜ɪskʊnsˌlo͜ʊfə] <N.; i. best. Komposita *Eis*, sonst ↑*les*; kein Pl.>: Eiskunstlaufen.

Ge|wächs, et [jə'vɛks̱] <N.; i. best. Abl.: *wächs*; sonst ↑*wahße*[1]; ~e>: Gewächs.

Damf|er, der ['damfɐ] <N.; i. best. Abl. nur *Damf*, nicht *Damp*; ~>: Dampfer.

Auch **andere Besonderheiten** werden bei der grammatischen Information aufgeführt:

Franzus, der [fran'tsu·s] <N.; aber: *Französin*; ~e>: Franzose.

schäl Sick, de [ˌʃɛˑl'zɪk] <N.; Schreibung als Eigenn. beibehalten, sonst: ↑schääl ↑Sigg¹>: das rechtsrh. Gebiet von Köln.

Bei **Namen** folgt die genauere Namenskennzeichnung. Vornamen und Namen von Kölner Vororten sowie Länder- und Städtenamen allgemein wurden nur aufgenommen, wenn sie in der Schreibung oder in der Aussprache vom Deutschen abweichen. Hinter der Angabe der Wortart erfolgt abgekürzt ein Hinweis auf die **Art des Namens** (vgl. Kap. V). Beispiele hierfür sind:

    weibl. Vorn., Straßenn., Personenn., Ortsn., männl. Vorn., Ländern., Einw., Eigenn.

Kölner Straßen und Plätze werden auf Kölsch als Lemma angegeben, wenn sie aus der kölschen Literatur, dem kölschen Liedgut oder in der Kölner Bevölkerung einen gewissen Bekanntheitsgrad erreicht haben (vgl. a.), wenn sie original noch mit kölschem Namen existieren (vgl. b.) oder wenn ihr Name für Köln historisch oder geographisch wichtig ist oder war (z. B. die Wälle und Bäche, vgl. Eintrag zu **Am Duffesba(a)ch**).

a.   Alder Maat, Salzgass, Huh Stroß, Kaygass, Rhinggass, Iesermaat

b.   Op dem Hungs|rögge, An d'r Hahnepooz, An der Dränk, Am Kradepohl, Am Kümpchenshof

Am Duffes|ba(a)ch, der [am'dʊfəsˌba(:)x] <N.; Straßenn.> {s. u. ↑Baach}: Am Duffesbach, Straße in Köln-Neustadt-Süd zwischen Eifelplatz und „Am Weidenbach". Den Duffesbach, dessen Bez. auf den ehem. „Hürther Baach" zurückgeht, nannte man früher nur „de Baach"; „Duffes" wegen der an ihm gelegenen Mühle „tuifhaus" (Flurbezeichnung 16. Jh.). Der Duffesbach entspringt bei Hürth und wird heute in der Höhe des Klettenbergparks unterirdisch abgeleitet; er bildet einen Teil der Kölner Kanalisation; früher war er ein wichtiger Wasserlieferant für Handwerker an den Straßen Blaubach, Mühlenbach, Am Weidenbach, Rothgerberbach und Filzengraben; er erhielt die Bezeichnung nach dem an ihm gelegenen „Tuifhaus", einer vom Duffesbach angetriebenen Mühle, in der Tuffstein zu Draß vermahlen und gelagert wurde.

Bei einigen Nomen unterscheidet sich das Genus des kölschen Nomens von dem des deutschen. Einige Beispiele für solche **Genusunterschiede zwischen kölschem und deutschem Wort** hierfür sind:

    Dress, der (Scheiße, die)
    Greeß, et (Grieß, der)
    Aap, de (Affe, der)
    Brell, der (Brille, die)
    Rav, de (Rabe, der)
    Muul, de (Mund, der/Maul, das)
    Schuur, de (Schauer, der)
    Backe, et (Backe, die)
    Fluh, de (Floh, der)

Daneben gibt es noch einige **Substantivierungen von Verben**, die im Kölschen immer das Genus **maskulin** tragen, während die entsprechenden deutschen Wörter meist Neutra sind. Beispiele hierfür sind:

Schlodder, der (Schlottern, das)
Ver|gess, der (Vergessenheit, die/Vergessen, das)
Wahß², der (Wachstum, das/Wachsen, das)
Wall², der (Wallung, die/ Aufwallen, das [von siedendem Wasser])
Zidder, der (Zittern, das)

Bei einigen **Substantivierungen von Adjektiven** zur Bezeichnung von Personen steht die weibliche Form mit dem **neutralen Artikel**:

Dauv, dat (Taube, die)
Doll, dat (Tolle, die)

Einige kölsche Nomen haben **zwei alternative Genus**, die gleichberechtigt nebeneinander stehen. Beispiele sind:

Finster, de/et (Fenster, das)
Speck, der/et (Speck, der)

Außerdem gibt es noch etliche kölsche Nomen, die ihr **Genus gewechselt** bzw. **dem Deutschen angepasst** haben, deren altes Genus aber gelegentlich noch benutzt wird, allerdings inzwischen veraltet ist. Hier einige Beispiele:

Schlot, der (et veraltet) (Salat, der)
Baach, der (de veraltet) (Bach, der)
Spann, der (de veraltet) (Spann, der)

In allen oben beschriebenen Fällen steht der korrekte deutsche Artikel in Klammern hinter dem deutschen Wort.

2. Der Artikel

Der Artikel (Begleiter, Geschlechtswort) ist der Begleiter und Stellvertreter des Nomens.

Einige Nomina stehen ohne Artikel. Dies sind Begriffswörter, Stoffbezeichnungen, Nomina in festen Fügungen oder verkürzten Äußerungen; geographische Namen stehen teils ohne, teils mit Artikel. Personennamen stehen im Kölschen immer mit Artikel.
Wir unterscheiden zwischen den bestimmten und den unbestimmten Artikeln.

2.1 Der bestimmte Artikel

Der bestimmte Artikel dekliniert hinsichtlich Kasus, Numerus und Genus. Er tritt **betont** oder **unbetont** auf (vgl. Alice Tiling-Herrwegen: *De kölsche Sproch – Kurzgrammatik*, Kap. 2.3.1).

    betont: dä, dat, die   Deutsch: der, die, das
    unbetont: de, der, et   Deutsch: der, die, das

Im Wörterbuch ist immer der unbetonte bestimmte Artikel angegeben zur Genuskennzeichnung des Nomens.

Substantivierungen von Adjektiven zur Bezeichnung von Personen stehen normalerweise mit betontem bestimmten Artikel.

Aal, dä u. die (Alte, der u. die)
Dude, dä u. die (Tote, der u. die)

Bei einigen Substantivierungen kommt die weibliche Form gar nicht vor.

Blinde, dä (Blinde, der)

Bei wieder anderen steht die weibliche Form mit dem neutralen Artikel „dat".

Dauv, dä u. dat (Taube, der u. die)
Doll, dä u. dat (Tolle, der u. die)

Aber Ausnahmen bestimmen nun mal die Regel:

Bekannte, der u. de (Bekannte, der u. die)

2.2 Der unbestimmte Artikel

Auch der unbestimmte Artikel ist Begleiter des Nomens. Er ist **immer unbetont**, bei Betonung handelt es sich um das Zahlwort. Hinsichtlich Numerus ist der unbestimmte Artikel auf den Singular beschränkt.

    unbetont: ene, en, e   Deutsch: ein, eine, ein

3. Das Pronomen

Pronomina (Fürwörter) stehen stellvertretend für ein Nomen bzw. ein nominales Gefüge oder in Verbindung mit einem Nomen. Die meisten Pronomina sind deklinierbar hinsichtlich Kasus, Numerus und Genus und einige hinsichtlich Personalformen.

Es gibt verschiedene Arten von Pronomen.

Das **Personalpronomen** (persönliches Fürwort) steht für den oder die Sprecher (1. Person), den oder die Angesprochenen (2. Person) oder die Person(en) oder Sache(n), über die gesprochen wird (3. Person). Nur in der 3. Person steht es stellvertretend für ein Nomen bzw. ein nominales Gefüge. Die Formen sind in Tbl. P1 aufgeführt. Beispiel:

hä [hɛː] <Personalpron. betont; 3. Pers. Sg. mask. Nom.>: er [auch: ↑e, aber nicht am Satzanfang].   Tbl. P1

Das **Reflexivpronomen** (rückbezügliches Fürwort) bezieht sich gewöhnlich auf das Subjekt des Satzes und stimmt in Person und Numerus mit ihm überein. Es ist meist Begleiter eines Nomens, kann aber auch als sein Stellvertreter fungieren. Der Kasus ist abhängig vom Verb; er kann im Akkusativ oder im Dativ stehen. Das Reflexivpronomen der 3. Person ist *sich*, das für die 2. Person Singular *dich*, Plural *üch*, für die 1. Person Singular *mich* und Plural *uns*. Beispiel:

dich² [dɪʃ] <Reflexivpron.; 2. Pers. Sg. Akk. zu ↑sich>: dich.   Tbl. P3

Das **Possessivpronomen** (besitzanzeigendes Fürwort) gibt ein Besitzverhältnis an oder drückt eine Zugehörigkeit oder Zuordnung aus. Seine Form richtet sich nach der Person, auf die es sich bezieht. Es stimmt in Kasus, Numerus und Genus mit dem Nomen überein, vor dem es steht. Die Formen sind in Tbl. P2 aufgeführt. Beispiel:

ding [dɪŋ˙] <Possessivpron.; 2. Pers. Sg.; ~e> {5.3.4.1}: dein, deine, <attr.>: *~e Desch* (d. Tisch) [bei Neutr. sowie bei mask. u. fem. im Nom. u. Akk. bei Vater, Mutter, Bruder, Schwester auch: ↑di].   Tbl. P2.2

Das **Demonstrativpronomen** (hinweisendes Fürwort) weist auf etwas hin, das bereits bekannt ist oder näher bestimmt werden soll. Seine Formen richten sich nach Genus, Numerus und Kasus des Nomens, bei dem es steht oder das es vertritt. Die Formen sind in Tbl. P5 aufgeführt. Beispiel:

dä² [dɛː] <Demonstrativpron.; Sg. mask. Nom. u. Akk.>: dieser, diesen; *dä ehr* (der ihr, denen ihr, deren).   Tbl. P5.1

Es gibt eine Reihe verschiedener **Indefinitpronomina** (unbestimmter Fürwörter), die teils deklinierbar, teils nicht deklinierbar sind. Die Formen sind in Tbl. P7.1 bis P7.8 aufgeführt. Beispiel für ein deklinierbares Indefinitpronomen:

eine² [ˈeɪnə] <Indefinitpron. betont> {9.2.1.1}: **1.** <3. Pers. Sg. Nom.> ein: *E. Mann kom ze späd.* (E. Mann kam zu spät.). **2.** <3. Pers. Sg. Akk.> einen: *Ich han e. Mann erwisch.* (Ich habe e. Mann erwischt.).   Tbl. P7.1.1

Die **Interrogativpronomina** (Fragepronomina) *wä/wat* stehen stellvertretend für das Nomen bzw. das Nominalgefüge und kommen nur im Singular vor. Alle anderen im Deutschen bekannten Interrogativpronomina werden im Kölschen umschrieben. Die Formen sind in Tbl. P6.1 und 6.2 aufgeführt.

wä[1] [vɛ:] <Interrogativpron.; Sg. mask. u. fem. Nom. u. Akk.> {5.4; 8.3.4}: wer, wen, **1.** <Nom.> wer: *W. kütt met?* (W. kommt mit?). **2.** <Akk.> wen: *W. häs do getroffe?* (W. hast du getroffen?). Tbl. P6.1

Das **Relativpronomen** (bezügliches Fürwort) leitet einen Nebensatz ein. In Genus und Numerus richtet es sich nach dem Bezugsnomen im übergeordneten Satz. Der Kasus ist abhängig vom Verb (oder einer Präposition) des Relativsatzes selbst. Die Formen sind in Tbl. P4 aufgeführt.

dä[4] [dɛ:] <Relativpron.; Sg. mask. Nom.u. Akk.> {5.4; 8.3.4}: der; den, **1.** <3. Pers. Sg. mask. Nom.>: der, welcher: *Dä Kääl, d. dat säht, es jeck.* (Der Kerl, d. (welcher) das sagt, spinnt.). **2.** <3. Pers. Sg. mask. Akk.>: den, welchen: *Dä Kääl, d. ich gester getroffe han, es jeck.* (Der Kerl, d. (welchen) ich gestern getroffen habe, spinnt.). Tbl. P4

4. Das Adjektiv

Adjektive (Eigenschaftswörter) weisen Personen, Gegenständen, Geschehen, etc. bestimmte Eigenschaften zu. Es lassen sich dabei folgende Typen von Eigenschaften unterscheiden:

1. sensorische Eigenschaften (mit den Sinnen erfassbar)
   Farbe, Formen, Geschmack, Geruch, Ton, Gefühl, Quantität
   rud, grön; lang, wigg; söß, äkelhaff; leis, dumf; hadd, rau; winnige, sämpliche

2. qualifizierende (bewertende) Eigenschaften
   Ästhetik, Moral, Intellekt, Dimension
   schön, äkelhaff; god, schlääch; klog, wetzig; huh, deck, fröh

3. Relationale Eigenschaften (die eine Zugehörigkeit bezeichnen)
   Geographie, Staat/Volk/Sprache, Religion
   deutsch, asiatisch; ägyptisch, kölsch; katholisch

4. Klassifizierende Eigenschaften
   Epoche, Beruf, Bereich
   meddelalderlich; polizeilich; weetschafflich, wesseschafflich

4.1 Attributive, prädikative und adverbiale Verwendung von Adjektiven

Adjektive können attributiv als Beifügung zu einem Nomen, prädikativ in Verbindung mit *sin, wääde/weede* und ähnlichen Verben sowie adverbial in Verbindung mit anderen Vollverben gebraucht werden.

4.1.1 Attributive Verwendung

Im Normalfall steht das attributive (= beigefügte) Adjektiv dekliniert vor dem Nomen. Dabei kommt es in der Grundform und beiden Steigerungsformen vor:

Et Stina dräht en **gröne** Botz.	Christine trägt eine grüne Hose.
Der Jupp fährt et **kleinere** Auto.	Josef fährt das kleinere Auto.
Et Marie hät sich et **größte** Stöck Koche genomme.	Maria hat sich das größte Stück Kuchen genommen.

4.1.2 Prädikative Verwendung

Durch die Verbindung der Adjektive mit bestimmten Verben wird eine Eigenschaft oder ein Merkmal als charakteristisch für das angegebene Nomen bezeichnet. Beim prädikativen Gebrauch wird nur das Adjektiv im Superlativ dekliniert; Positiv und Komparativ bleiben undekliniert:

Der Jupp es **fründlich**.	Josef ist freundlich.
Der Schäng es **fründlich-er**.	Hans ist freundlicher.
	(-er zeigt den Komparativ an)
Der Pitter es der **fründlich-st-e**.	**Peter ist der freundlichste.**
	(-st zeigt den Superlativ an; -e ist Deklinationssuffix)

Prädikative Adjektive können sich auf das Subjekt oder auf das Objekt beziehen:

Subjekt:	Mi Vatter woodt **krank**.	Mein Vater wurde krank.
Objekt:	Die Pänz finge dä Pitter **blöd**.	Die Kinder finden Peter blöd.

In vielen Fällen kann das prädikativ gebrauchte Adjektiv auch als Attribut zum Bezugsnomen verwendet werden.

Subjekt:	Mi Vatter es **krank**.	minge kranke Vatter
Objekt:	Die Pänz finge dä Pitter **blöd**.	dä blöde Pitter, aber nicht *die blöde Pänz

4.1.3 Adverbiale Verwendung

Adverbiale Adjektive charakterisieren Zustände, Vorgänge, Tätigkeiten, Handlungen, die mit einem **Verb** beschrieben werden.

Et Marie singk schlääch.	Maria singt schlecht.
Dat Scheff sink flöck.	Das Schiff sinkt schnell.
Der Pitter läuf am schnellste.	Peter läuft am schnellsten.

4.2 Deklination und Komparation

Nicht nur Substantive werden dekliniert, auch Artikel und Adjektive. Adjektive sind in der Regel deklinierbar hinsichtlich Kasus, Numerus und Genus. Außerdem sind viele Adjektive komparierbar (steigerbar).

Die Wortart wird mit Adj. angegeben. Die deklinierte Form und die Steigerungsformen (Komparativ und Superlativ) werden nur dann komplett aufgeführt, wenn sie von den regelmäßigen Formen abweichen. Auch die Lautschrift der Formen wird nur angegeben, wenn sie erforderlich ist.

4.2.1 Deklination

Das Adjektiv flektiert oft in Abhängigkeit davon, ob und welcher Artikel ihm voransteht. In bestimmten Fällen kann im Kölschen beim Adjektiv im Plural und bei Adjektiven vor femininen Nomina im Singular das Flexiv auch wegfallen, u. z. wenn der Stamm des Adjektivs auf Vokal oder einen der Konsonanten -d, -s, -m, -n, -ng, -r oder -l auslautet (vgl. hierzu Alice Tiling-Herrwegen: *De Kölsche Sproch – Kurzgrammatik*, Kap. 2.5.2).

Während im Deutschen Unterschiede zwischen den definiten (= bestimmten) und den indefiniten (= unbestimmten) Deklinationsformen insbesondere bei den Adjektivendungen der Pluralformen in den Kasus Nominativ, Genitiv und Akkusativ auftreten, ebenso beim Nominativ Singular Maskulin und Neutrum sowie beim Akkusativ Singular Neutrum, tritt im Kölschen der einzige Unterschied beim Adjektiv im Nominativ Singular Neutrum auf.

Deutsch:

Nominativ:	der dick**e** Kerl	die dick**en** Kerle	ein dick**er** Kerl	dick**e** Kerle
Genitiv:	des dick**en** Kerls	der dick**en** Kerle	eines dick**en** Kerls	dick**er** Kerle
Dativ:	dem dick**en** Kerl	den dick**en** Kerlen	einem dick**en** Kerl	dick**en** Kerlen
Akkusativ:	den dick**en** Kerl	den dick**en** Kerlen	einen dick**en** Kerl	dick**en** Kerlen

Kölsch:

Nominativ:	der deck**e** Kääl	de deck**e** Kääls	ene deck**e** Kääl	deck**e** Kääls
Dativ:	dem deck**e** Kääl	de deck**e** Kääls**n**	enem deck**e** Kääl	deck**e** Kääls
Akkusativ:	der deck**e** Kääl	de deck**e** Kääls	ene deck**e** Kääl	deck**e** Kääls

Außer bestimmtem und unbestimmtem Artikel können auch andere Wörter deren Position in Verbindung mit einem Adjektiv einnehmen. Das sind Zahlwörter (*zwei, sibbe,* etc.), Possessivpronomina (*ming, ding, uns,* etc.), Demonstrativpronomina (*dis, däjinnige, esu ene,* etc.), Interrogativpronomina (*wat för, wäm sing,* etc.) oder Indefinitpronomina (*jed-, kein-, all-, vill-, manch-,* etc.). Auch sie können einem pränominalen Adjektiv voranstehen. Dabei kommen die Numeralia und die Indefinitpronomina *all* und *vill* nur im Plural vor, *jed-* nur im Singular. *Mänch-* ist immer indefinit. *Solch-* und *welch-* gibt es im Kölschen als Pronomen nicht; man sagt *su (e)* bzw. *wat för (e)*. Beide sind – wie *mänch-* – indefinit.

4.2.2 Komparation

Die meisten Adjektive bilden Vergleichs- oder Steigerungsformen.

4.2.2.1 Vergleichsform

Die Vergleichsform wird ähnlich wie im Deutschen gebildet:

Der Pitter es (genau) **esu ald wie** et Marie.   Peter ist (genau) **so alt wie** Maria.

4.2.2.2 Komparativ

Beim Komparativ, der den höheren oder niedrigeren Grad einer Eigenschaft ausdrückt, wird im Kölschen wie im Deutschen -*er* an das Grundadjektiv angehängt. Bei attributiver Verwendung wird das Deklininationsflexiv angehängt.

Der Schäng hät gester en äld**ere** Frau aangefahre.   Hans hat gestern eine ält**ere** Frau angefahren.
Et Stina kütt us ener größ**ere** Stadt.   Christine kommt aus einer größ**eren** Stadt.

Allerdings folgt dem Komparativ im Kölschen die Vergleichspartikel „wie" und nicht wie im Deutschen „als".

Der Jupp es älder **wie** der Pitter.   Josef ist älter **als** Peter.
Et Stina hät mih Geld **wie** et Marie.   Christine hat mehr Geld **als** Maria.

Der Komparativ kann durch Gradangaben verstärkt oder eingeschränkt werden:

Et Marie es **vill** schöner wie et Stina.	Maria ist **viel** schöner als Christine.
Der Jupp verdeent **e bessche** winniger wie der Pitter.	Josef verdient **etwas** weniger als Peter.

4.2.2.3 Superlativ

Der Superlativ gibt den höchsten Grad einer Eigenschaft im Vergleich zu etwas anderem an. Er wird gebildet durch Anhängen von -(e)st an das Grundadjektiv. Bei attributiver Verwendung wird das Deklininationsflexiv angehängt, das hinsichtlich Numerus, Genus und Kasus mit dem Bezugsnomen übereinstimmt. Dabei muss das Bezugsnomen nicht explizit genannt werden.

Der Jupp hät de frech**ste** Schnüss am Liev.	Josef hat das frech**ste** Mundwerk.
Der Schäng es der jüng**ste** vun dä drei Bröder.	Hans ist der jüngste der drei Brüder.

Der Superlativ kann auch allgemein einen hohen Grad bezeichnen. Man spricht in diesem Fall vom **Elativ**.

Dä Lade verkäuf nor **beste** Qualität.	Der Laden verkauft nur bestre Qualität.

Der Superlativ kann Attribut zu einem Nomen sein oder Gleichsetzungsglied. Er wird in beiden Fällen gleich flektiert.

Der Jupp wor (vun all) der **beste** Dänzer.	Josef war (von allen) der beste Tänzer.
Der Jupp wor (vun all) der **beste**.	Josef war (von allen) der beste.

Wenn der Superlativ nicht Attribut zu einem Nomen und auch nicht Gleichsetzungsglied ist, wird ihm die Partikel *am* vorangestellt und er ist nicht flektierbar.

Der Jupp wor **am beste**.	Josef war am besten.
Die Pänz han **am beste** gesunge.	Die Kinder haben am besten gesungen.
(Et es) **am beste**, mer gonn jetz noh Hus.	(Es ist) am besten, wir gehen jetzt nach Hause.

Daneben gibt es die Form *et* + Superlativ. Wegen Auslaut-„t"-Tilgung (s. Orthographieregeln § 8.3.5) findet Verdopplung des voranstehenden Konsonanten statt. Eine deutsche Entsprechung ist aber nicht immer möglich.

(Et es) **et Bess**, mer gonn jetz noh Hus.	dt.: (Es ist) **das Beste**, ...
Mer gonn am beste glich noh Hus.	dt.: Wir gehen am besten gleich nach Hause.
Mer gonn **et bess** glich noh Hus.	dt.: ----

Bei der Deklination von Adjektiven weichen einige von der unmarkierten Flexion ab. Die unterschiedlichen Flexionsformen werden in den folgenden Kapiteln behandelt.

4.3 Deklinations-/Komparationsmuster in den Tabellen

Im Anhang des Wörterbuchs befinden sich Mustertabellen für alle vorkommenden Deklinations-/Komparationstypen. Diese sollen hier kurz erläutert werden.

4.3.1 Unmarkierte Deklination/Komparation (Tbl. A1)

Attributive Adjektive vor Nomen im Neutrum Singular deklinieren nicht, wenn ihnen ein indefiniter Artikel voransteht. Da dies generell so ist, haben wir nichts weiter im Eintrag vermerkt. Die unmarkierten Flexive für Deklination, Komparativ und Superlativ sind *-e, -er, -ste*. Wir schreiben für das Lemma eine Tilde ~ plus Flexive, aber keine IPA. Nur wenn sich die Vokalschärfung ändert, werden die beiden Steigerungsstufen in Lautschrift mit angegeben.

bleich [bleɪfj] <Adj.; ~e; ~er, ~ste>: bleich …   Tbl. A1

leev [leˑf] <Adj.; ~e; ~er, ~ste [ˈleːvɐ / ˈleːfstə]>: lieb, gut, liebenswert…   Tbl. A1

4.3.2 Adjektive auf -d, -l, -m, -n, -ng, -r, -s, Vokal + h und Diphthong (Tbl. A2)

Bei Adjektiven auf *-d, -l, -m, -n, -ng, -r, -s*, Vokal + *h* und Diphthong fällt bei der Deklination im Plural und beim Singular feminin das Flexiv *-e* weg. Bei diesen Adjektiven wird auf die zugehörige Deklinationstabelle verwiesen.

Bei *dönn* und *düür* schreiben wir die Lautschrift von Komparativ und Superlativ vollständig, weil sich hier die Schärfung verändert.

dönn [dønˑ] <Adj.; ~e; ~er, ~ste [ˈdønɐ / ˈdønˑstə]>: dünn.   Tbl. A2.4

düür/döör [dyˑɐ̯ / døˑɐ̯] <Adj.; ~e; ~er, ~ste [ˈdyːrɐ / ˈdyːɐ̯stə]> teuer.   Tbl. A2.6

Das Flexiv des Superlativ weicht von dem normalen auf *-ste* ab, wenn der Positiv auf [s] auslautet wie bei *kross, staats* und *luus*. Bei Positiv auf <ss> (Tbl. A4.1.1) oder <ts> (Tbl. A4.2.2) endet der Superlativ auf *-este*, wenn <s> in der deklinierten Form stimmlos bleibt wie in *krosse* [krɔsə] und *staatse* [ʃtaˑtsə]; er endet auf *-te*, wenn <s> (Tbl. A2.7) in der deklinierten Form stimmhaft wird wie in *luuse* [luˑzə].

4.3.3 Adjektive mit Auslaut-n-Tilgung (Tbl. A3)

Bei Adjektiven, die im Deutschen im Positiv auf *-n* auslauten, wird im Kölschen dieses *-n* getilgt, und sie besitzen keine Deklinationsflexive. Wir zeigen dies durch eine Tilde ~ an, die verdeutlichen soll, dass die Positivform des Lemmas identisch ist mit den deklinierten Formen. Bei den Steigerungsformen muss in beiden Fällen das getilgte -n vor den Steigerungs-Flexiven -er und -ste stehen (vgl. be|dresse und selde); wenn sich an der Artikulation des Positivs nichts ändert, wird auf die Angabe der IPA der Steigerungsformen verzichtet.

Wir unterscheiden hierbei zwischen zwei verschiedenen Gruppen von Adjektiven. Bei der ersten Gruppe handelt es sich um monomorphemische Adjektive auf -e wie z. B. selde. Hierunter fallen auch wenige Adjektive auf -a, -i, -u, die aber aus dem Französischen ins Kölsche übernommen wurden (vgl. *rusa, uni, perdu*). Die Deklinationsformen sind in Tbl. A3.1 aufgeführt.

selde ['zɛldE] <Adj.; ~; ~ner, ~nste>: selten ...   Tbl. A3.1

Bei der zweiten Gruppe handelt es sich um Adjektive, die aus dem Partizip II starker Verben gebildet wurden (vgl. *be|dresse*). Sie erhalten einen entsprechenden Hinweis bei den grammatischen Informationen. Wenn das zugehörige Verb ebenfalls im Wörterbuch enthalten ist, wird darauf durch einen vorangestellten Pfeil nach oben ↑ hingewiesen. Die Deklinationsformen stehen in Tbl. A3.2.

be|dresse [bə'drɛsə] <Adj.; Part. II von ↑be|drieße; ~; ~ner, ~nste>: beschissen ...   Tbl. A3.2

Anzumerken ist hier, dass sich – zumindest in gesprochener Sprache – mehr und mehr das Standarddeutsche durchsetzt, so dass bei den deklinierten Formen im Positiv oft vor maskulinen, seltener vor femininen Nomina das auslautgetilgte -n und das Deklinationsflexiv -e, also -ne, angehängt wird (*bedresse-ne*), was aber im Kölschen falsch ist.

4.3.4 Adjektive mit Auslaut-t-Tilgung (Tbl. A4)

Bei Auslaut-t-Tilgung (Orthographieregeln § 8.3.5) müssen wir unterscheiden zwischen Fällen einfacher Tilgung des Auslaut-t und solchen, bei denen sich durch die Auslaut-t-Tilgung der Stammauslaut verändert.

4.3.4.1 Einfache Auslaut-t-Tilgung (Tbl. A 4.1)

Bei Adjektiven, die aus dem Partizip II schwacher (und unregelmäßiger) Verben auf -t gebildet werden, kommt häufig Auslaut-t-Tilgung beim Positiv vor. Wenn das zugehörige Verb ebenfalls im Wörterbuch enthalten ist, wird darauf durch einen vorangestellten Pfeil nach oben ↑ hingewiesen.

Einfache Auslaut-t-Tilgung finden wir bei Adjektiven auf ...*b/p/g/k/v/f/ch/sch/ss* (= [...p/k/f/fʃ/x/ʃ/s]), wobei das -t sowohl in den Deklinationsformen wie auch beim Komparativ wieder erscheint, nicht aber beim Superlativ. Lediglich bei Positiven auf -ss wird aus phonetischen Gründen das -t auch beim Superlativ wieder aufgenommen und das Superlativ-Flexiv lautet -teste (vgl. *be|stuss*). Die Deklinationsformen sind in Tbl. A 4.1.1 angegeben.

be|gab [bə'jaˑp] <Adj.; ~te; ~ter, ~ste>: begabt.   Tbl. A4.1.1
be|klopp [bə'klɔp] <Adj.; Part. II von be|kloppe; ~te; ~ter, ~ste>: bekloppt ... Tbl. A4.1.1
ver|sorg [fɛ'zorˑfʃ] <Adj.; Part. II von ver|sorge; ~te; ~ter, ~ste>: versorgt. Tbl. A4.1.1

ge|frog [jə'frɔ·x] <Adj.; Part. II von froge; ~te; ~ter, ~ste>: gefragt ...	Tbl. A4.1.1
ver|zweck [fɐ'tsvek] <Adj.; ~te; ~ter, ~ste>: verzwickt ...	Tbl. A4.1.1
direk¹ [dɪ'rɛk] <Adj.; ~te; ~ter, ~ste>: direkt.	Tbl. A4.1.1
be|dröv [bə'drø·f] <Adj.; Part. II von ↑be|dröve; ~te; ~ter, ~ste>: betrübt ...	Tbl. A4.1.1
un|bedarf ['ʊnbə‚darf] <Adj.; ~te; ~ter, ~ste>: unbedarft, naiv.	Tbl. A4.1.1
schlääch [ʃlɛːfj] <Adj.; ~te; ~ter, ~ste>: schlecht.	Tbl. A4.1.1
be|daach [bə'daːx] <Adj.; Part. II von ↑be|denke; ~te; ~ter, ~ste>: bedacht.	Tbl. A4.1.1
ver|dötsch [fɐ'dœtʃ] <Adj.; ~te; ~ter, ~ste>: verwirrt, verrückt, idiotisch.	Tbl. A4.1.1
be|stuss [bə'ʃtʊs] <Adj.; ~te; ~ter, ~teste>: bestusst ...	Tbl. A4.1.1

Weitere „einfache" Auslaut-t-Tilgung finden wir bei Adjektiven auf ...*s/x/z* (= [...s]). Der einzige Unterschied zu den vorgenannten liegt darin, dass auch bei der Superlativform das *-t* wieder erscheint, wie aus den Deklinationstabellen Tbl. A4.1.2 zu ersehen ist.

wös [vøˑs] <Adj.; ~te; ~ter, ~teste>: wüst.	Tbl. A4.1.2
ver|flix [fɐ'flɪks] <Adj.; ~te; ~ter, ~teste>: verflixt.	Tbl. A4.1.2
be|hätz [bə'hɛts] <Adj.; Part. II von mhd. beherzen; ~te; ~ter, ~teste>: beherzt, mutig u. entschlossen ...	Tbl. A4.1.2

4.3.4.2 Auslaut-t-Tilgung mit Veränderung des Stammauslauts (Tbl. A4.2)

In vielen Fällen führt die Auslaut-t-Tilgung zu einer Veränderung des Stammauslauts beim Positiv. Dies kommt in den folgenden fünf Varianten vor:

- Auslaut-ft → ff (Tbl. A4.2.1)

hätz|haff ['hɛtshaf] <Adj.; ~|hafte; ~|hafter, ~ste>: herzhaft ...	Tbl. A4.2.1

- Auslaut-st → ss (Tbl. A4.2.2)

rieß|fess ['riːs‚fɛs]<Adj.; ~|feste; ~|fester, ~|festeste>: reißfest.	Tbl. A4.2.2

- Auslaut-ngt → ngk (Tbl. A4.2.3)

un|verlangk ['ʊnfɐ‚laŋˑk] <Adj.; ~|verlangte [-fɐlaŋˑtə]>: unverlangt.	Tbl. A4.2.3

- Auslaut-[mt] → [mp] (Tbl. A4.2.4)

ver|klemmp [fɐ'klɛmˑp] <Adj.; ~|klemmte; ~|klemmter, ~ste>: verklemmt.	Tbl. A4.2
fremb [fremp] <Adj.; fremde; fremder, ~ste>: fremd.	Tbl. A4.2.4

4.3.5 Positiv auf -g (Tbl. A5)

Bei Adjektiven (Positiven) auf -g (vgl. Tbl. A5.1.1) unterscheidet sich das Kölsche stark vom Deutschen, denn <g> wird im Auslaut [x] bzw. [ɦ], im Silbenanlaut [ʀ] bzw. [j̊] artikuliert. Darauf wird im Regelteil (s. u. Kap. VI § 7) genau eingegangen und wir unterscheide:

- Adjektive mit Positiv auf -g [ɦ] (Dekl. vgl. Tbl. A5.1.1)

ärg¹ [ɛrɦ] <Adj.; ~e [ˈɛrˑj̊ə]; ~er, ~ste [ˈɛrˑj̊ɐ / ˈɛrˑɦstə]>: arg. Tbl. A5.1.1

- Adjektive mit Positiv auf -g [x] (Dekl. vgl. Tbl. A5.1.2)

klog [kloˑx] <Adj.; ~e [ˈkloˑʀə]; klöger, klögste [ˈkløˑj̊ɐ / ˈkløˑɦstə]> {5.4}: klug. Tbl. A5.1.2

Bei Adjektiven auf -ig geben wir wegen der Regelhaftigkeit bei der Deklination und den Steigerungsformen keine Lautschrift an, es sei denn, die Schärfung ändert sich. Näheres hierzu unter Kap. VI § 7, bes. § 7.3.1.

äk(e)l|ig [ˈɛˑk(ə)lɪɦ] <Adj.; ~e; ~er, ~ste>: eklig. Tbl. A5.2

4.3.6 Positiv auf -e (Tbl. A6)

Bei Positiv auf -el schreiben wir bei Deklination, Komparativ und Superlativ das vollständige Wort nur bei Abweichung vom Positiv. Da bei femininen Nomina und im Plural nicht dekliniert wird, schreiben wir für die undeklinierte Form eine Tilde ~ durch einen Schrägstrich getrennt vor die deklinierte. Die Deklinationsformen stehen in Tbl. A6.

miserabel [mɪzəˈraˑbəl] <Adj.; ~/miserable [mɪzəˈraˑblə]; miserabler, ~ste [mɪzəˈraˑblɐ / mɪzəˈraˑbəlstə]>: miserabel. Tbl. A6

dunkel [ˈdʊŋk̬əl] <Adj.; ~/dunkle [ˈdʊŋk̬lə]; dunkler, ~ste [ˈdʊŋk̬əlstə]>: dunkel. Tbl. A6

4.3.7 Vom Positiv abweichende Formen (Tbl. A7)

Bei Abweichung vom Positiv schreiben wir für alle abweichenden Formen die vollständigen Wörter sowie deren Lautschrift (vgl. Tbl. A7.1):

ald¹ [alt] <Adj.; aal(e) [aˑl(ə)]; älder, äldste [ˈɛldɐ / ˈɛlˑt̬stə]>: alt, betagt. Tbl. A7.1

god [j̊oˑt] <Adj.; ~e; besser, beste; et bess [ˈbɛsɐ / ˈbɛstə / ət bɛs]>: gut. Tbl. A7.1

huh [huˑ] <Adj.; ~e; hüher/hühter, hüchste [ˈhyˑɐ / ˈhyːtɐ / ˈhyːkstə]>: hoch. Tbl. A7.1

Bei Vokallängung (vgl. hadd) oder -kürzung (vgl. schwaach) sind wir für alle abweichenden Formen die vollständigen Wörter sowie deren Lautschrift angegeben. Die Deklinationsformen stehen in Tbl. A7.2.1.

hadd [hat] <Adj.; haade ['ha·də]; hääder/haader, häädste/ haadste ['hɛ·de / 'ha·de / 'hɛ·tstə / 'ha·tstə]>: hart.   Tbl. A7.2.1

schwaach/schwach [ʃva:x / ʃvax] <Adj.; ~e; schwächer, schwächste ['ʃvɛɧe / 'ʃvɛɧstə]>: schwach.   Tbl. A7.2.1.2

Wenn lediglich bei den gesteigerten Formen der Vokal umgelautet wird, sind nur für die abweichenden Formen die vollständigen Wörter sowie deren Lautschrift angegeben. Ein Deklinationsmuster ist in Tbl. A7.2.2 aufgeführt.

domm [dom] <Adj.; ~e; dömmer, dömmste ['døme / 'døm·stə]>: dumm.   Tbl. A7.2.2

4.4 Notation von Komposita und Ableitungen im Wörterbuch

Morphemgrenzen werden angegeben bei Komposita und Ableitungen (aber nicht bei Flexiven):

- aus mindestens zwei ganzen Wörtern: **blod|ärm**
- mit einem Suffix: **hätz|haff, älend|ig**
- mit gebundenem Präfix: **be|woss, ver|schosse, ge|samp**
- mit ungebundenem Präfix: **aan|gebore**
- mit mehreren Präfixen: **zo|ge|knöpp**
- mit Prä- und Suffix: **aan|röch|ig, av|häng|ig**
- aus mindestens zwei ganzen Wörtern und Suffix: **blöd|senn|ig**

5. Das Verb

Wir unterscheiden einfache Verben und abgeleitete oder zusammengesetzte Verben. Letztere werden Präfixverben genannt. Die Vorsilbe von Präfixverben kann trennbar oder nicht trennbar sein. Wir sprechen dann von trennbaren Präfixverben (trennb. Präfix-V.) oder nicht trennbaren Präfixverben (nicht trennb. Präfix-V.).

Einige Verben treten ausschließlich als Präfixverben auf; allein kommen sie nicht vor: **aan|ecke, av|flaue, en|lulle, durch|forste, eröm|memme, öm|ärme, erus|klamüsere, unger|joche, üvver|bröcke**.

Daneben gibt es auch Verben, die im Deutschen zwar allein vorkommen, im Kölschen aber gänzlich ungebräuchlich sind und nur als Präfixverb auftreten: **av|schiebe**.

Bei trennbaren Präfixverben sind im Eintrag die Präfixe mit ihrem Anfangsbuchstaben abgekürzt, wenn sie aus mehr als zwei Buchstaben bestehen.

Bei nicht trennbaren Präfixverben sind Präfixe, die aus mehr als zwei Buchstaben bestehen, durch einen Gedankenstrich „-" angegeben, aber nicht bei den nie allein vorkommenden Präfixen be-, er-, ent-, ge-, mess-, ver-, zer-.

Man unterscheidet bei Verben:

Vollverben	Sie kommen allein im Satz vor.
Hilfsverben	Sie kommen zusammen mit einem Vollverb vor und bilden mit diesen die Zeitformen Perfekt, Plusquamperfekt und Futur. Perfekt und Plusquamperfekt werden mit *sin* oder *han* gebildet, das Futur mit *wääde/weede*, der Konjunktiv mit *dun*.
Modalverben	Sie kommen zusammen mit einem Vollverb im Infititiv vor und drücken aus, dass etwas möglich, notwendig, gewollt, erlaubt oder gefordert ist. Modalverben sind *künne, müsse, möge/müge, welle/wolle*.
Funktionsverben	Sie stehen mit bestimmten Nomen und verlieren in Konstellation mit diesen ihre eigentliche Bedeutung. Diese Funktionsverb-Substantiv-Gruppen nennt man „Funktionsverbgefüge". Sie stehen meist als Umschreibung für ein einfaches Verb. Beispiele hierfür sind: *zom Avschluss bränge, zor Aanwendung kumme*. Aufgeführt werden Funktionsverbgefüge sowohl unter dem Stichwort des Verbs als auch unter dem des Nomens.
Persönl. Verben	Sie können in allen drei Personen im Singular und im Plural auftreten.
Unpers. Verben	Im Gegensatz zu den persönlichen Verben treten unpersönliche nur mit dem Subjekt *et* (dt. es) auf. Bei übertragenem Gebrauch können sie auch ein Pronomen oder Nomen als Subjekt haben. Beispiele sind: *Et rähnt, schneit*, etc.; *Dä Boddem bletz vür Sauberkeit*.
Reflexive Verben	Sie treten mit einem Reflexivpronomen im Akkusativ auf, das sich auf das Subjekt des Satzes bezieht. Man unterscheidet zwischen **echt** reflexiven und **unecht** reflexiven Verben. Echt reflexive Verben müssen mit einem Reflexivpronomen stehen (z. B. *hä schammp sich; ich freue mich*), unecht reflexive Verben können entweder mit Reflexivpronomen oder auch mit einem Nomen oder Pronomen gebraucht werden (z. B. *Hä wäsch sich* (= reflexiv); *Hä wäsch si Auto* (nicht reflexiv).

An Verbkonjugationsformen geben wir den Infitiniv (=Nennform) bzw. die 1. Person Plural Präsens (= Gegenwart), die 1. bzw. 3. Person Singular des Imperfekts (Präteritums; =Vergangenheit) und das Partizip II (Mittelwort der Vergangenheit) an. Imperfektformen werden zwar aufgeführt um zu zeigen, wie die richtige Form gebildet wird, die meisten sind jedoch bei Kölschsprechenden eher ungebräuchlich und sogar zum Teil völlig fremd. Lediglich die Hilfs- und Modalverben kommen auch im Imperfekt häufig vor.

Es gibt sechs **Zeitformen des Verbs**:

Das **Präsens** (=Gegenwart)):	Mer **gonn** heim.
Das **Imperfekt** (=Vergangenheit):	Der Wind **blees** üvver et Meer.
Das **Perfekt** (=vollendete Vergangenheit):	Ich **han** drei Dag **durchgefiert**.
Das **Plusquamperfekt** (=Vorvergangenheit):	Ich **wor** zo späd **gekumme**.
Das **Futur I** (=Zukunft I):	Do **wees** dat nit **finge**.
Das **Futur II** (=Zukunft II):	Dä **weed** ald **gegange sin**.

Das **Perfekt** wird gebildet aus der **Präsensform** des Verbs *han* oder *sin* plus Partizip II (= Mittelwort der Vergangenheit). Das **Plusquamperfekt** wird gebildet aus der **Imperfektform** des Verbs *han* oder *sin* plus Partizip II. **Futur I** wird gebildet aus einer Form von *wääde/weede* plus Verb im Infinitiv. **Futur II** bildet man aus einer Form von *wääde/weede* plus Partizip II plus Infinitiv von *sin* bzw. *han*.

Unterschiedliche **Aussageweisen** werden durch bestimmte Verbformen angezeigt: Indikativ (Wirklichkeitsform), Konjunktiv (Möglichkeitsform) und Imperativ (Befehlsform). Beim Indikativ gibt es Präsens und Präteritum, beim Konjunktiv unterscheiden wir Konjunktiv I und Konjunktiv II. Konjunktiv I wird im Kölschen nicht gebraucht. Den Imperativ gibt es im Singular und im Plural.

Indikativ Präsens (= Wirklichkeitsform d. Gegenwart):	ich **käue**	ich **bränge**
Indikativ Imperfekt (= Wirklichkeitsform d.Vergangenheit):	ich **käute**	ich **braht**
Konjunktiv II (= Möglichkeitsform II):	ich **käute**	ich **bräht**
Imperativ Singular (= Befehlsform Einzahl):	**käu!**	**bräng!**
Imperativ Plural (= Befehlsform Mehrzahl):	**käut!**	**brängt!**

Nach der Verbkonjugation lassen sich zwei wesentliche Gruppen unterscheiden, die **schwache und die starke Konjugation**. Entsprechend spricht man von **schwachen** bzw. von **starken Verben**.

5.1 Schwache Verben

Die schwachen Verben behalten ihren Präsensstamm in allen konjugierten Formen bei.

Das **Präsens** schwacher Verben wird im unmarkierten Fall gebildet aus dem Verbstamm plus dem Konjugationssuffix für Person und Numerus.

Pers./Num./Temp.	Verbform
1. Pers. Sg. Präs.	(ich) spill+**e**
2. Pers. Sg. Präs.	(do) spill+**s**
3. Pers. Sg. Präs.	(hä) spill+**t**
1. Pers. Pl. Präs.	(mer) spill+**e**
2. Pers. Pl. Präs.	(ehr) spill+**t**
3. Pers. Pl. Präs.	(se) spill+**e**

Das **Imperfekt** wird im unmarkierten Fall gebildet aus Verbstamm plus Imperfektsuffix *-(e)t* plus Konjugationssuffix für Person und Numerus.

Pers./Num./Temp.	Verbform
1. Pers. Sg. Prät.	(ich) spill+**t**+**e**
2. Pers. Sg. Prät.	(do) spill+**t**+**es**
3. Pers. Sg. Prät.	(hä) spill+**t**+**e**
1. Pers. Pl. Prät.	(mer) spill+**t**+**e**
2. Pers. Pl. Prät.	(ehr) spill+**t**+**et**
3. Pers. Pl. Prät.	(se) spill+**t**+**e**

Das **Partizip II** (2. Mittelwort) wird im unmarkierten Fall gebildet aus dem Präfix *ge-* plus Verbstamm plus *-t*.

Perfekt: (mer han) **ge**+spill+**t**

Während die Konjugationsformen schwacher Verben für das Deutsche regelmäßig zutreffen, treten bei den schwachen Verben im Kölschen Unterschiede auf, so dass die kölschen schwachen Verben in zwei Hauptgruppen unterteilt werden müssen. Innerhalb einer Gruppe flektieren die Verben mehr oder weniger einheitlich; in den Untergruppen flektieren sie gleich. Dennoch ist die Flexion innerhalb der Gruppen und ihren Untergruppen schwach. Die Unterschiede bei der Flexion hängen davon ab, wie der Verbstamm im Präsens auslautet.

5.1.1 Gruppe A

Gruppe	Verbstamm auf ...
A 1	**Vokal**
A 2	**-r**
A 2 a	**-rr**
A 3	**-l**
A 4	**-n**
A 4 a	**-chn**
A 4 b	**-gn, -dn**

Die Verben der Gruppen **A 1** - **A 4** haben in der 3. Pers. Sg. Präsens das Flexiv -*t*.
Zu den Gruppen **A 2** und **A 4** gibt es phonologisch bedingte Untergruppen:
Bei **A 2 a** entfällt bei der 3. Pers. Sg. Präs. und beim Partizip II das Flexiv – das -*rr* des Stammes wird [x] artikuliert.
Bei **A 4 a** wird bei der 2. Pers. Sg. u. Pl. Präs. sowie bei der 3. Pers. Sg. Präs. vor das Stamm-n ein -*e* eingefügt. Bei **A 4 b** wird dem Flexiv bei der 3. Pers. Sg. Präs. sowie bei der 2. Pers. Sg. und Pl. Präs. noch ein -*e*- vorangestellt.

Der Imperfektstamm wird bei den Verben der Gruppe A gebildet aus dem Präsens-Stamm + -*t* bzw. bei **A 4 b** +-*et*. Bei **A 4 a** wird vor dem Stamm-n ein -*e* eingefügt.

Das Partizip II wird gebildet aus dem Suffix *ge*- + Imperfektstamm. Bei den sogenannten *be-*, *ge-*, *ver-*, *zer-*, und *ent-*Verben sowie den Verben auf -*iere* entfällt beim Partizip II das Präfix *ge*-.

Gruppe	Stamm	Präsens				
		1.Pers.Sg.	2.Pers.Sg.	3.Pers.Sg.	1.u.3.Pers.Pl.	2.Pers.Pl.
A 1	däu-	däu-e	däu-s	däu-t	däu-e	däu-t
A 2	luur-	luur-e	luur-s	luur-t	luur-e	luur-t
A 2 a	knurr-	knurr-e	knurr-s	knurr-	knurr-e	knurr-t
A 3	bell-	bell-e	bell-s	bell-t	bell-e	bell-t
A 4	deen-	deen-e	deen-s	deen-t	deen-e	deen-t
A 4 a	rechn-	rechn-e	rechen-s	rechen-t	rechn-e	rechen-t
A 4 b	eign- ordn-	eign-e ordn-e	eign-**es** ordn-**es**	eign-**et** ordn-**et**	eign-e ordn-e	eign-**et** ordn-**et**

Gruppe	Imp. Stamm	Imperfekt					Partizip
		1.Pers.Sg.	2.Pers.Sg.	3.Pers.Sg.	1.u.3.Pers.Pl.	2.Pers.Pl.	ge+Imp.Stamm
A 1	däu-t-	däut-e	däut-es	däut-e	däut-e	däut-et	ge-däut
A 2	luur-t-	luurt-e	luurt-es	luurt-e	luurt-e	luurt-et	ge-luurt
A 2 a	knurr-t-	knurrt-e	knurrt-es	knurrt-e	knurrt-e	knurrt-et	ge-knurrt
A 3	bell-t-	bellt-e	bellt-es	bellt-e	bellt-e	belltet-	ge-bellt
A 4	deen-t-	deent-e	deent-es	deent-e	deent-e	deent-et	ge-deent
A 4 a	rechen-t-	rechent-e	rechent-es	rechente	rechent-e	rechent-et	ge-rechent
A 4 b	eign-et- ordn-et-	eignet-e ordnet-e	eignet-es ordnet-es	eignet-e ordnete	eignet-e ordnet-e	eignet-et ordnet-et	ge-eignet ge-ordnet

5.1.2 Gruppe B

Gruppe	Verbstamm auf ...
B 0	-b -d -f -g -k -p -v -ch -sch
B 0 a	-d
B 1	-t
B 1 a	-scht -nkt -rkt -pt
B 1 b	-ßt -zt
B 2	-cht
B 3	-st hinter langem Vokal
B 3 a	-nst -rst
B 3 b	-st hinter kurzem Vokal
B 4	-ft
B 5	-ng
B 6	-m
B 7 a	-ß
B 7 b	-s
B 7 c	-z
B 7 d	-x
B 8	-dd

Alle anderen schwachen Verben haben am Verbstamm in der 3. Pers. Sg. Präs. kein Flexiv -t.
Das Partizip II wird gebildet aus dem Suffix ge- + Präsens-Stamm.
Aus schreibtechnischen Gründen verändert sich bei manchen der Stamm:

- B 0 Bei Verben der Gruppe **B 0** verändert sich der Stamm nicht. Der Imperfekt-Stamm wird gebildet aus dem Präsens-Stamm + -t. Das Partizip II wird gebildet aus ge- + Präsensstamm.
- B 0 a Bei Verben mit Stamm auf **-d** wird das Partizip II gebildet aus ge- + Präsensstamm + -t.
- B 1 Bei Verbstämmen auf **-t** hat die 2. Pers. Pl. im Präsens aus schreibtechnischen Gründen kein Flexiv -t. Das Imperfekt wird nicht gebildet.
- B1 a&b Bei Verben der Gruppen **B 1 a** & **B 1 b** entfällt zusätzlich bei der 2. und 3. Pers. Sg. sowie beim Partizip II das Stamm-t. Bei denen von **B 1 b** entfällt bei der 2. Pers. Sg. Präs. außerdem das Flexiv **-s**.
- B 2 Bei Verben der Gruppen **B 2 & 3 & 3 a** entfällt bei der 2. und 3. Pers. Sg. Präs. sowie beim Partizip II das stammauslautende -t. Bei **B 2** wird das Imperfekt nicht gebildet.
- B 3 b bei kurzem Vokal wird beim Partizip II der dem -t voranstehende Konsonant verdoppelt. Bei der 2. Pers. Sg. Präs. entfällt aus schreibtechnischen Gründen das Flexiv -s. Das Imperfekt wird nicht gebildet.
- B 4 Bei Verbstämmen auf **-ft** entfällt bei der 2. und 3. Pers. Sg. Präs. sowie beim Partizip II das stammauslautende -t; dafür wird der voranstehende Konsonant verdoppelt. Das Imperfekt wird nicht gebildet.
- B 5 Bei Verbstämmen auf **-ng** wird bei der 3. Pers. Sg. Präs. und beim Partizip II -k angehängt. Der Imperfekt-Stamm wird gebildet aus dem Präsens-Stamm + -t + Flexiv.

B 6   Bei Verbstämmen auf **-m** wird bei der 3. Pers. Sg. Präs. und beim Partizip II *-p* angehängt. Der Imperfekt-Stamm wird gebildet aus dem Präsens-Stamm + *-t* + Flexiv.

B 7   Bei Verbstämmen der Gruppe **B 7** entfällt bei der 2. Pers. Sg. Präs. aus schreibtechnischen Gründen das Flexiv *-s*. Der Imperfekt-Stamm wird gebildet aus dem Präsens-Stamm + *-t* + Flexiv.

B 8   Endet der Stamm auf **-dd**, entfällt aus schreibtechnischen Gründen bei der 2. Pers. Pl. im Präsens eins der beiden Stamm-d. Aus schreibtechnischen Gründen fällt beim Imperfekt-Stamm ein *-d* weg .

Gruppe	Stamm	Präsens				
		1.Pers.Sg.	2.Pers.Sg.	3.Pers.Sg.	1.u.3.Pers.Pl.	2.Pers. Pl.
B 0	hack-	hack-e	hack-s	hack	hack-e	hack-t
B 0 a	bild-	bild-e	bild-s	bild	bild-e	bild-t
B 1	kaat-	kaat-e	kaat-s	kaat	kaat-e	kaat
B 1 a	punkt-	punkt-e	punkt-s	punk-	punkt-e	punkt
B 1 b	schweißt-	schweißt-e	schweiß-	schweiß-	schweißt-e	schweißt
B 2	bicht-	bicht-e	bich-s	bich-	bicht-e	bicht
B 3	taast-	taast-e	taas-	taas-	taast-e	taast
B 3 a	dünst-	dünst-e	düns-	düns-	dünst-e	dünst
B 3 b	kost-	kost-e	koss	koss	kost-e	kost
B 4	döft-	döft-e	döff-s	döff	döft-e	döft
B 5	dräng-	dräng-e	dräng-s	dräng-k	dräng-e	dräng-t
B 6	küüm-	küüm-e	küüm-s	küüm-p	küüm-e	küüm-t
B 7 a	größ-	größ-e	größ	größ	größ-e	größ-t
B 7 b	kros-	kros-e	kros	kros	kros-e	kros-t
B 7 c	flanz-	flanz-e	flanz	flanz	flanz-e	flanz-t
B 7 d	hex-	hex-e	hex	hex	hex-e	hex-t
B 8	knedd-	knedd-e	knedd-s	knedd	knedd-e	kned-t

Gruppe	Imperfekt						Partizip
	Imp.-Stamm	1.Pers.Sg.	2. Pers.Sg.	3. Pers.Sg.	1.u.3.Pers.Pl.	2. Pers.Pl.	ge+Präs.-Stamm
B 0	hackt-	hackt-e	hackt-es	hackt-e	hackt-e	hackt-et	ge-hack
B 0 a	bildt-	bildt-e	bildt-es	bildt-e	bildt-e	bildt-et	ge-bildt
B 5	drängt-	drängt-e	drängt-es	drängt-e	drängt-e	drängt-et	ge-kaat
B 6	küümt-	küümt-e	küümt-es	küümt-e	küümt-e	küümt-et	ge-punk
B 7 a	größt-	größt-e	größt-es	größt-e	größt-e	größt-et	ge-schweiß
B 7 b	krost-	krost-e	krost-es	krost-e	krost-e	krost-et	ge-bich
B 7 c	flanzt-	flanzt-e	flanzt-es	flanzt-e	flanzt-e	flanzt-et	ge-taas
B 7 d	hext-	hext-e	hext-es	hext-e	hext-e	hext-et	ge-düns
B 8	knedt-	knedt-e	knedt-es	knedt-e	knedt-e	knedt-et	ge-koss

5.2 Starke und unregelmäßige Verben

Das Präsens starker Verben wird in der Regel gebildet aus dem Verbstamm plus dem Flexiv für Person und Numerus:

Pers./Num./Temp.	Verbform
1. Pers. Sg. Präs.	(ich) bliev+**e**
2. Pers. Sg. Präs.	(do) bliev+**s**
3. Pers. Sg. Präs.	(hä) bliev
1. Pers. Pl. Präs.	(mer) bliev+**e**
2. Pers. Pl. Präs.	(ehr) bliev+**t**
3. Pers. Pl. Präs.	(se) bliev+**e**

Das Imperfekt starker Verben wird gebildet aus Ablaut-verändertem Verbstamm plus dem Suffix für Person und Numerus:

Pers./Num./Temp.	Verbform
1. Pers. Sg. Prät.	(ich) blevv
2. Pers. Sg. Prät.	(do) blevv+**s**
3. Pers. Sg. Prät.	(hä) blevv
1. Pers. Pl. Prät.	(mer) blevv+**e**
2. Pers. Pl. Prät.	(ehr) blevv+**t**
3. Pers. Pl. Prät.	(se) blevv+**e**

Das Partizip Perfekt starker Verben wird gebildet aus dem Präfix *ge-* plus Ablaut-verändertem Perfekt-Verbstamm plus dem Suffix *-e* (im Deutschen: *-en*):

Infinitiv	Partizip Perfekt	Deutsch
blieve	(sin) **ge+blevv+e**	ge+blieb+en

5.2.1 Unregelmäßige Verben

Unregelmäßig bezeichnen wir solche Verben, die nicht ausschließlich die Merkmale der starken und auch nicht ausschließlich die der schwachen Verben besitzen, sondern Merkmale beider Verbtypen aufweisen. Im Wörterbucheintrag werden sie als <unr. V.> angegeben.

- <unr. V.>: Verben mit Vokalwechsel: Der Stammvokal wechselt zwischen **e** und **a**, ansonsten werden sie regelmäßig konjugiert:

r**e**nne	r**a**nnt	ge-r**a**nn-t
br**e**nne	br**a**nnt	ge-br**a**nn-t
w**e**nde	w**a**ndt	ge-w**a**nd-t/ge-w**e**nd-t

- <unr. V.>: Verben mit Vokal- und Konsonantenwechsel: Der Stammvokal und der stammschließende Konsonant wechseln, ansonsten werden sie regelmäßig konjugiert:

d**enk**e	d**aach**	ge-d**aach**

- <unr. V.>: Verben mit Vokalwechsel, Perfekt auf *-n* und Vokaländerung bei der 2. u. 3. Pers. Sg. Präs.:

dun – deis – deit d**ä**t	ge-d**o**n
sinn – sühs – süht s**oh**/s**och**	ge-sinn

- <unr. V.>: Schwache Verben mit Umlaut bei der 2. u. 3. Pers. Sg. Präs.:

han – h**ä**s – h**ä**t	hatt	ge-hat-t
m**aa**che – m**ä**hs – m**ä**ht	maht	ge-mah-t
s**a**ge – s**ä**hs – s**ä**ht	saht	ge-sah-t
wolle – well – wells – well	wollt	ge-wol-lt
sin – ben – bes – es	wor	ge-wäs-(e)

- <sw. unr. V.>: Schwache Verben mit Vokal- und Längenänderung bei der 2. u. 3. Pers. Sg. u. 1.-3. Pers. Pl. Präs.:

    levve – lävs – läv – läve – lävt   lävte   ge–läv

5.2.2 Starke Verben

Starke Verben zeichnen sich insbesondere dadurch aus, dass bei ihrer Konjugation Lautveränderungen der Wurzel auftreten, die aus dem Indogermanischen ererbt sind und „Ablaut" genannt werden. Auch umgelautete Verben mit Partizip II auf -e (im Deutschen -en) gehören zu den starken Verben.

- <st. V.>: Starke Verben mit **Umlaut** bei der 2. u. 3. Pers. Sg. Präs.:

    - **a – ä – ä**
      fahre – fährs – fährt
      falle – fälls – fällt
      fange – fängs – fängk
      grave – grävs – gräv
      halde – hälds – häld
      lade – läds – läd
      laufe – läufs – läuf
      wahße – wähß – wähß

    - **o/ǫ – ö/ö̧ – ö/ö̧**
      brǫde – brö̧ds – brö̧d
      lǫǫße – lö̧ö̧ß – lö̧ö̧t
      rǫde – rö̧ds – rö̧d
      rofe – röfs – röf
      schlǫfe – schlö̧fs – schlö̧f

    - **u – ü – ü**
      kruffe – krüffs – krüff
      kumme – küss – kütt

- <st. V.>: Starke Verben mit **Ablaut** bei der 2. u. 3. Pers. Sg. Präs.:

    - **ä – i – i**
      wäsche – wischs – wisch

- e/e – i – i
  gelde – gilds – gild
  breche – brichs – brich
  esse – iss – iss
  fresse – friss – friss
  gevve – giss – gitt
  helfe – hilfs – hilf
  hevve – hivvs – hivv
  lese – liss – liss
  messe – miss – miss
  nemme – nimms – nimmp
  setze – sitz – sitz
  spreche – sprichs – sprich
  steche – stichs – stich
  stelle – stills – stillt
  sterve – stirvs – stirv
  tredde – tridds – tridd
  treffe – triffs – triff
  verderve – verdirvs – verdirv
  vergesse – vergiss – vergiss
  werfe – wirfs – wirf
  werve – wirvs – wirv

- e – ü – ü
  fleege – flügs – flüg
  fleeße – flüüß – flüüß
  geeße – güüß – güüß
  lege – lügs – lüg
  scheeße – schüüß – schüüß
  schleeße – schlüüß – schlüüß

- o – ei – ei
  schlonn – schleihs – schleiht
  stonn – steihs – steiht
  gonn – geihs – geiht

- a – ei – ei
  schlage – schleihs – schleiht

Während das Partizip II schwacher Verben aus dem Präfix *ge-* + Verbstamm + Flexionssuffix *-t* gebildet wird, bzw. abhängig ist von der Flexionsgruppe, in die die schwachen Verben unterteilt sind (Gruppe A 1 - A 4 und Gruppe B 0 - B 8), wird das Partizip II starker Verben mit *ge-* + Verbstamm + *-e* gebildet.

5.2.3 Bildung von Partizip II

Bei trennbaren Präfixverben und Verben, die aus einer syntaktischen Fügung entstanden sind, steht das Präfix *-ge-* zwischen Präfix und Verbstamm:

av|hüre – av|**ge**|hürt
kopp|stonn – kopp|**ge**|stande
huus|halde – huus|**ge**|halde

Beim Partizip II anfangsbetonter Verben, die aus Komposita abgeleitet sind, steht das Präfix *ge-* voran:

wedd|iefere – **ge**|wedd|iefert

Einige Verben bilden ihr Partizip II ohne das Präfix *ge-*. Sie lassen sich in folgende Gruppen unterteilen:

- Einfache Verben, die nicht auf der ersten Silbe betont werden:

    krakeele – krakeelt
    posaune – posaunt

- Verben auf *-iere/-eere*:

    studiere/studeere – studiert/studeet

- nicht trennb. Präfixverben mit *be-, ge-, er-, ent-, ver-, voll-, zer-*:

    be|festige – be|festig
    er|fresche – er|fresch
    ge|wenne – ge|wennt
    ver|deefe – ver|deef

Auf trennbare und nicht trennbare Präfixverben und ihre Besonderheiten wird ausführlich im übernächsten Kapitel 5.4 eingegangen.

- trennb. Präfixverben, die mit den Verben der Gruppe A 1 gebildet werden:

  us|posaune – us|posaunt
  en|studiere – en|studiert
  erus|klamüsere – erus|klamüsert

- Präfix-Verben mit *durch-, öm-, unger-, üvver-, widder-*, die nicht auf der ersten Silbe betont werden und deshalb nicht trennbar sind:

  öm|ärme – öm|ärmp
  unger|stelle – unger|stellt

5.3 Mehrere Varianten eines Verbs

Gibt es zu einem Verb zwei Varianten, die alphabetisch nah beieinander liegen, werden beide Grundverben einzeln alphabetisch aufgeführt. Die zugehörigen Präfixverben zu den beiden Grundformen werden hingegen nur einmal – und zwar unter der gebräuchlicheren Form – aufgenommen; die zweite Variante wird im Lemma mit angegeben, z. B.

schere¹/scherre¹ [ˈʃeːɐ̯rə / ˈʃerə] <V.; *scherre* veraltet; schw.; han; scherte [ˈʃeːɐ̯tə]; geschert [jəˈʃeːɐ̯t]>: scheren, abschneiden. (21) (93)

scherre¹/schere¹ [ˈʃerə / ˈʃeːɐ̯rə] <V.; *scherre* veraltet; schw.; han; scherrte [ˈʃextə]; gescherr [jəˈʃex]>: scheren, abschneiden. (93) (21)

av|schere/~|scherre [ˈafʃeːɐ̯rə / -ʃerə] <trennb. Präfix-V.; *av|scherre* veraltet; schw.; han; scherte av [ˈʃeːɐ̯tə]; ~|geschert [-jəʃeːɐ̯t]>: abscheren, abschneiden. (21) (93)

Dabei wird der veränderte Teil vor, hinter und zwischen den Morphemgrenzen angegeben.

Bestehen die beiden Varianten in den unterschiedlichen Endungen *-iere* und *-eere*, sind diese Wörter alphabetisch unter der Variante auf *-iere* zu finden. Die zweite Variante wird im Lemma mit angegeben, z. B.

galoppiere/~eere [jaloˈpiˑ(ɐ̯)rə / -eˑrə] <V.; schw./unr.; *sin*; galoppierte [jaloˈpiˑɐ̯tə]; galoppiert [jaloˈpiˑɐ̯t] ⟨frz. galoper⟩ {(5.1.4.3)}: galoppieren. (3) (2)

Zugehörige Präfixverben werden genauso erfasst:

aan|galoppiere/~eere ...

Es gibt einige Präfixverben, die sowohl als trennbares als auch als nicht trennbares Präfixverb auftreten. Diese sind dann mit Index notiert, wobei das trennbare in der Regel den Index „1", das nicht-trennbare den Index „2" trägt. Die häufigsten dieser Präfixverben sind die, deren Präfix *durch-, öm-, unger-, üvver, widder-* lautet (vgl. Kap. IV § 5.4.1.2):

durch|breche[1] ['dʊrﬂbrɛﬁə] <trennb. Präfix-V.; st.; *sin*; brǫch d. [brɔˑx]; ~|gebroche [-ˌjəbrɔxə]>: durchbrechen, in zwei Teile brechen ...   (34)

durch|breche[2] [dʊrﬁ'brɛﬁə] <nicht trennb. Präfix-V.; st.; *han*; ~|brǫch [-'brɔˑx]; ~|broche [-'brɔxə]>: durchbrechen, mit Wucht od. Gewalt durchdringen.   (34)

Verben, die sowohl als Hilfs- bzw. Modalverb als auch als Vollverb auftreten, werden zweimal aufgeführt und indiziert. Dabei trägt das Vollverb in der Regel den Index „1", das Hilfs- oder Modalverb den Index „2" (z. B. *dörfe/dürfe, han, dun, solle, wääde/weede, welle/wolle*):

sǫlle[1] ['zolə] <V.; unr.; *h*an; sǫllt [zolt]; gesǫllt [ˌjə'zolt]>: sollen, **a)** aufgefordert sein; etw. Bestimmtes zu tun: *Ich hätt hügg en de Schull gesollt.* (Ich hätte heute eigentlich in die Schule gesollt.); **b)** <in Fragesätzen> bedeuten, bewirken, nützen: *Wat soll dann dat?* (Was soll denn das?).   (177)

sǫlle[2] ['zolə] <V.; mit Inf. als Modalverb; unr.; *h*an; sǫllt [zolt]; gesǫllt [ˌjə'zolt]>: sollen: *Do solls jetz kumme!* (Du sollst jetzt kommen!).   (177)

5.4 Präfixverben

Präfixverben sind Verben, die eine Vorsilbe haben. Diese Vorsilbe (Präfix) kann ein eigenständiges Wort sein, es gibt aber auch einige Präfixe, die nie allein als Wörter vorkommen, sondern immer Teile von Wörtern sind.

5.4.1 Trennbare und nicht trennbare Präfixverben

Präfixverben, deren Präfix nicht allein als Wort vorkommen kann, gehören alle zu den nicht trennbaren Präfixverben. Mit einigen der als selbstständiges Wort vorkommenden Präfixe lassen sich auch nicht trennbare Präfixverben bilden; meistens handelt es sich hier aber um trennbare Präfixverben.

5.4.1.1 Trennbare Präfixverben

Trennbare Präfixverben haben die Eigenschaft, dass sie – wie ihr Name schon sagt – in finiten Sätzen (Aussage- und Fragesätze mit flektiertem Verb) von ihrem Verb getrennt auftreten. Für das Kölsche trifft das bei Präfixverben mit nachstehenden Präfixen zu:

aan-, av-, bei-, bevör-, dobei-, dohin-, donevve-, draan-, drömeröm-, drop-, drunger-, drus-, drüvver-, durchenander-, eraan-, erav-, eren-, eröm-, erop-, erunder-, erus-, erüvver-, fass-, fott-, god-, heim-, her-, hervör-, hin-, hingerher-, huh-, huus-, kapodd-, kund-, loss-, met-, nidder-, noh-, op-, parat-, schmul-, spetz-, us-, üvverenander-, vör-, vöraan-, vöran-, vörbei-, vörher-, vörus-, vörüvver-, wies-, wigger-, wih-, zerääch-, zeröck-, zesamme-, zevör-, zo-

Es folgen einige trennbare Präfixverben mit Satzbeispielen:

aan|bieße:	De Fesch **bieße aan**.	Hügg Morge han se **aangebesse**.
av|drinke:	**Drink** ens jet **av!**	Hä hät ene Schluck **avgedrunke**.
bei|mische:	It **misch** de Botter **bei**.	It hät de Botter **beigemisch**.
draan|nemme:	Dä **nimmp** mich off **draan**.	Dä hät mich der ganze Dag **draangenomme**.
en|weckele:	Ich **weckele** der Spargel **en**.	Ich han der Spargel **engeweckelt**.
fass|kloppe:	**Klopp** dä Nähl ens **fass!**	Ich han dä Nähl **fassgeklopp**.
huh|kumme:	**Kumm** ens grad **huh!**	Dä es evvens **huhgekumme**.
loss|fahre:	Mer **fahre** jetz **loss**.	Die sin ald vör 2 Stund **lossgefahre**.
met|esse:	**Iss** de jet **met**?	Ich han gester bei dir **metgegesse**.
noh|luure:	Dä **luurt** dat grad **noh**.	Ich han dat ald **nohgeluurt**.
op|passe:	Hä **pass** god op singe Broder **op**.	Hä hät och op sing Schwester **opgepass**.
us|drinke:	Dä **drink** luuter alles op eimol **us**.	Dä hät dat grad **usgedrunke**.
vöran|maache:	Dat **mäht** nie **vöran**.	Jetz hät e ävver **vörangemaht**.
wigger|schlofe:	Die **schlofe** einfach **wigger**.	Die han bes meddags **wiggergeschlofe**.
zo|luure:	Ich **luure** dir gään **zo**.	All han im **zogeluurt**.

Wie die obigen Beispiele zeigen, steht bei der Konjugation trennbarer Präfixverben das Präfix in finiten Sätzen von seinem Verb getrennt, normalerweise in Satzendposition. Das Flexionspräfix ge-, mit dem das Partizip II für das Perfekt gebildet wird, steht nicht mehr an erster Position, sondern zwischen Präfix und Verb.

5.4.1.2 Nicht trennbare Präfixverben

Präfixverben, deren Präfix nie als eigenständiges Wort auftreten kann, bezeichnen wir als nicht trennbare Präfixverben. Im Kölschen sind das folgende Präfixe:

be-, ent-, er-, ge-, mess-, ver-, zer-

In den nachstehenden Beispielsätzen zu den aufgeliisteten nicht trennbaren Präfixverben sind im finiten Satz im Präsens oder Imperfekt nur diejenigen Sätze grammatisch korrekt, bei denen das Präfix am Verb verbleibt. Die Sätze in der mittleren Spalte sind im Kölschen – wie auch im Deutschen – nicht möglich. Ein vorgestellter Stern * bedeutet, dass es dieses Wort nicht gibt.

be|deene:	Ich **bedeene** hee.	*Ich **deene** hee **be**.	Ich han hee **bedeent**.
ent|weckele:	Hä **entweckelt** de Fotos.	*Hä **weckelt** de Fotos **ent**.	Hä hät de Fotos **entwickelt**.
er|drage:	Ich **erdrage** dä nit.	*Ich **drage** dä nit **er**.	Ich han dä lang genog **erdrage**.
ge|nöge:	Dat **genög** mer.	*Dat **nög** mer **ge**.	Dat hät mer **genög**.
mess|gönne:	Dat **messgönnt** mer alles.	*Dat **gönnt** mer alles **mess**.	Dat hät mer dat **messgönnt**.
ver|rode:	Mer **verrode** üch nit.	*Mer **rode** üch nit **ver**.	Mer han üch nit **verrode**.
zer|läge:	Dä **zerläg** si Auto.	*Dä **läg** si Auto **zer**.	Dä hat si Auto **zerläg**.

Bei der Konjugation von nicht trennbaren Präfixverben steht das Präfix nie allein. Das Partizip II wird nicht mit *ge-* gebildet.

Mit einigen Präfixen lassen sich sowohl trennbare als auch nicht trennbare Präfixverben bilden:

durch-, öm-, unger-, üvver-, widder-

Nachstehende Verben sollen dies demonstrieren. Beispielsätze sind angefügt.

durch|breche[1] ['dʊrɟˌbrɛɟə]:	Do **brich**s de Schokelad **durch**.	Do häs de Schokelad **durchgebroche**.
durch|breche[2] [dʊrɟ'brɛɟə]:	Dä **durchbrich** luuter sing Prinzipie.	Dä hät sing Prinzipie **durchbroche**.
öm|rieße[1] ['ømˌriːsə]:	**Rieß** mich nit **öm**!	Do häs mich beinoh **ömgeresse**.
öm|rieße[2] [øm'riːsə]:	Dä **ömrieß** dat Problem.	Dä hät dat Problem **ömresse**.
unger|stelle[1] ['ʊŋɐˌʃtɛlə]:	**Stell** di Radd **unger**!	Hä hät si Radd **ungergestellt**.
unger|stelle[2] [ʊŋɐ'ʃtɛlə]:	Hä **ungerstell**t mer schläächte Avsichte.	Hä hät mer schläächte Avsichte **ungerstellt**.
üvver|trecke[1] ['yvɐˌtrɛkə]:	**Treck** de Jack **üvver**!	Ich han de Jack **üvvergetrocke**.
üvver|trecke[2] [yvɐ'trɛkə]:	**Üvvertreck** di Bedd.	Do häs di Bedd **üvvertrocke**.
widder|holle[1] ['vɪdɐˌholə]:	**Holl** der dinge Ball **widder**!	Do häs der dinge Ball **widdergehollt**.
widder|holle[2] [vɪdɐ'holə]:	Hä **widderhollt** die Übunge.	Hä hät die Übunge **widderhollt**.

Die Präfixverben, die den Index „1" tragen, sind die trennbaren, die mit dem Index „2" die nicht trennbaren Präfixverben. Auch hier zeigt sich, dass das Präfix beim Partizip II der trennbaren Präfixverben vor dem *ge-* steht, während es bei den nicht trennbaren gar nicht auftritt. Man kann trennbare und nicht trennbare Präfixverben an ihrer Betonung unterscheiden.

Liegt die Hauptbetonung auf dem Präfix, handelt es sich um ein trennbares Präfixverb, liegt sie auf dem Verb, dann ist es ein nicht trennbares Präfixverb.

5.4.2 Besondere Präfixe und Suffixe bei Verben

5.4.2.1 Verben auf *-ige*

Bei Verben, die gebildet werden aus (einem Präfix plus) dem Stamm eines Nomens, Verbs oder Adjektivs plus dem Suffix *-ige*, die alle nach dem Musterverb (10) (vgl. Kap. XII) konjugiert werden, haben wir der besseren Lesbarkeit halber auf den Morphemstrich vor dem Suffix *-ige* generell verzichtet. Beispiele:

aan|scholdige
ängstige
be|friddige
be|noh|deilige
er|niddrige
sündige
us|händige
ver|gewaltige

5.4.2.2 *be-/er-/ent-/ver-/zer-* Verben

Die Verben mit einem der nicht trennbaren Präfixe *be-, er-, ent-, ver-, zer-* zeigen einige Auffälligkeiten. Meist stehen sie einem Vollverb voran und modifizieren dieses:

aachte	**be|aachte**	(achten – beachten)
einige	**ver|einige**	(einigen – vereinigen)
kumme	**ent|kumme**	(kommen – entkommen)
fleeße	**zer|fleeße**	(fließen – zerfließen)

In der Verbkonjugationsliste (Kap. XII) sind hier lediglich **aachte**, **einige**, **kumme** und **fleeße** aufgeführt.

be-, er-, ent-, ver-, zer- Verben können aber auch eine von ihrem Vollverb ganz verschiedene Bedeutung haben:

nüdige   **be|nüdige**   (nötigen – benötigen)

Aber auch hier listen wir lediglich **nüdige** in der Verbkonjugationsliste auf, da die abweichende Bedeutung von **be|nüdige** keinen Einfluss auf die Konjugationsformen hat.

Bei einer Vielzahl von *be-, er-, ent-, ver-, zer-* Verben existiert das dem Präfix folgende Verb allein gar nicht:

be|sichtige   ***sichtige**   (besichtigen – *sichtigen)

Diese Verben stehen selbstverständlich in ihrer vollständigen Form, d. h. mit ihrem Präfix *be-, er-, ent-, ver-, zer-* in der Verbkonjugationsliste.

Es gibt für die *be-, er-, ent-, ver-, zer-* Verben nur eine einzige Möglichkeit, von dem Verbstamm getrennt zu stehen, und zwar, wenn sie – wie dies bei den vorher gezeigten Verben ja auch möglich ist – ein weiteres Präfix besitzen. Dieses steht dann nicht vor dem vollständigen Präfixverb, sondern zwischen dem eigentlich nicht trennbaren Präfix und dem Verb selbst.

be|sichtige: be|**röck**|sichtige, be|**op**|sichtige   (besichtigen: berücksichtigen, beaufsichtigen)
be|ruhige: be|**un**|ruhige   (beruhigen: beunruhigen)
ver|ständige: ver|**voll**|ständige   (verständigen: vervollständigen)

Dabei ist es völlig irrelevant, ob das zusätzliche Präfix allein als eigenständiges Wort auftreten kann (be|op|sichtige, ver|voll|ständige) oder nicht (be|röck|sichtige, be|un|ruhige). In der Verbkonjugationsliste wird in diesen Fällen jeweils nur das *be-, er-, ent-, ver-, zer-* Verb ohne zusätzliches Präfix aufgelistet, d. h. die Präfixverben be|*röck*|sichtige, be|*op*|sichtige, be|*un*|ruhige und ver|*voll*|ständige werden nicht extra aufgelistet.

be|sichtige, be|sichtigte, be|sichtig: *besichtigen*   (7)
be|ruhige, be|ruhigte, be|ruhig: *beruhigen*   (7)
ver|ständige, ver|ständigte, ver|ständig: *verständigen* (7)

Gelegentlich kommt es auch zu Unterschieden bei der Schreibung. So heißt das kölsche Verb für „beteiligen" nicht *be|deilige, sondern **be|teilige**. Der mittlere Teil wird also nicht eingekölscht. Fügt man ein weiteres Präfix hinzu, ist die eingekölschte Form korrekt:

be|teilige   **be|noh|deilige**   (beteiligen – benachteiligen)

Hier müssen natürlich beide Verben in der Verbkonjugationsliste aufgeführt sein.

6. Das Adverb

Das Adverb (Umstandswort) ist ein unflektierbares Wort, das ein im Satz genanntes Verb, ein Substantiv, ein Adjektiv oder ein anderes Adverb seinem Umstand nach näher bestimmt, d. h. es bezeichnet die näheren Umstände eines Geschehens und kann sich auf einzelne Wörter, Wortgruppen oder den ganzen Satz beziehen. Adverbien sind nicht deklinierbar, allerdings können einige wenige gesteigert werden. Die Wortart wird im Wörterbuch mit <Adv.> angegeben.

Die Adverbien, die gesteigert werden können, sind

Positiv	Komparativ	Superlativ
off	öfters/öftersch	(kein Superlativ)
baal	eher/ehter	am ehtste/et ehsch/ehts
gään	leever	am leevste/et leevs
ärg[2]	mih[1]	am mieste/et miets

Man unterscheidet bei Adverbien zwischen folgenden Gruppen, nach denen die Umstände, auf die sich das Adverb bezieht, einteilen lassen:

Lokaladverbien (Umstandswörter des Ortes)
dǫ, doher, dohin, heeher, drenne, enne, vürre/vörre, links, rähts/räächs, bǫvve, unge, ungerwähs, ...

Temporaladverbien (Umstandswörter der Zeit)
jetz, nie, baal, immer, hügg, morge, jǫhrelang, beizigge, vürher, ...

Modaladverbien (Umstandswörter der Art und Weise)
zǫsamme, beinǫh, fass, genau, gään, ävver, möglicherwies, wall, koppüvver, ...

Kausaladverbien (Umstandswörter des Grundes)
dorö̌m, deswäge, alsu, doher, ...

Viele Adverbien sind abgeleitet (zusammengesetzt) aus einem Adverb und einem Suffix wie z. B. -s, -wääts, -wies, -mǫße:

morgen|s, ǫvend|s, aan|fang|s, fröhesten|s, oss|wääts, glöck|licher|wies, zǫ|ge|gǫvvener|mǫße

Die meisten Adverbien aber sind zusammengesetzt aus dǫ-, hee-, wǫ- und einer Präposition oder einem Adverb.

*do|bei, do|benne, do|dren, do|dröm, do|drop, do|drus, do|drüvver, do|durch, do|för, do|gäge
hee|bei, hee|dren, hee|dröm, hee|drop, hee|drunger, hee|drus, hee|durch, hee|erav, hee|hinger, hee|met, hee|nevve
wo|anders, wo|bei, wo|dren, wo|drop, wo|drus, wo|gäge, wo|her, wo|hinger, wo|met, wo|nevve, wo|nǫh, wo|vun, wo|zo*

Adverbien können unterschiedliche Positionen im Satz einnehmen. So können sie als selbstständiges Satzglied stehen (adverbiale Bestimmung), wenn sie sich auf das Verb oder den ganzen Satz beziehen:

Hee ha'mer als Pänz gespillt.
Gester hät es geschneit.

Das Adverb kann Attribut sein, wenn es einzelnen Wörtern oder Wortgruppen zugeordnet ist:

Baal noh däm Unfall han se dä Unfallfahrer gekräge.
Die Weetschaff an der Eck mäht **ald** öm 12 Uhr zo.

Dabei kann das Adverb vor- oder nachgestellt auftreten:

Gester die Stunksitzung wor widder usverkauf.
Hee en dä Stroß han ich ens gewonnt.

Die Stunksitzung **gester** ...
En dä Stroß **hee** ...

Enthält eine Präpositionalgruppe eine Zahlangabe, können Gradadverbien vor oder hinter der Präposition stehen:

En **fröhstens** drei Dag kumme ich heim.

Fröhstens en drei Dag ...

7. Die Präposition

Die Präposition (Verhältniswort), setzt Wörter zueinander in Beziehung und gibt ein bestimmtes räumliches, zeitliches o. ä. Verhältnis an. Präpositionen gehören zu den unveränderlichen Wörtern. Sie flektieren nicht, sind nicht komparierbar und treten normalerweise mit einem Nomen oder Pronomen auf, dessen Kasus sie regieren. Wie ihr Name schon besagt, stehen sie vor dem Nomen/Pronomen, allerdings gibt es ein paar wenige Ausnahmen, die demzufolge eigentlich Postpositionen genannt werden müssten.

Bei Präpositionen wird die Wortart mit <Präp.> angegeben, zusätzlich die Angabe des oder der Kasus, der/die von der Präposition regiert (bestimmt) wird/werden. Es lassen sich wie bei den Adverbien vier Bedeutungsgruppen unterscheiden:

lokale und direktionale Präpositionen (Ort und Richtung):

lokal: **an** der Wand, **op** der Stroß, **nevve** dem Stohl, **üvver** dem Daach, **vör/vür** däm Huus
direktional: **an** de Wand, **us** Kölle, **en** de Stadt

temporale Präpositionen (Zeit):
an däm Dag, **en** der letze Woch, **zick** drei Johr, **öm** 5 Uhr

kausale Präpositionen (Grund, Folge u. a.):
wäge dem Ömzog, **durch** ding Frogerei, **zo** dinger Information

modale Präpositionen (Art und Weise):
ohne mi Wesse, **met** dinger Zostemmung, **gäge** singe Rod

7.1 Rektion

Die Präpositionen im Kölschen regieren entweder den Dativ oder den Akkusativ oder beide. Nachstehende Präpositionen regieren den Akkusativ:

Akkusativ: *durch, je², (ohne Art.), per, bes¹, för¹, gäge, ohne¹, öm¹, widder²*
bes letzte Woch   (bis letzte Woche)

Den Dativ regieren folgende Präpositionen:

Dativ: *av¹, benne, dank, ent|gäge², laut², met¹, noh¹, samp¹, statt¹, trotz, us¹, usser¹, vun, wäge³, während, zick¹, zo¹, zo|zög|lich*
entgäge mingem Rod   (entgegen meinem Rat)

Gleich beide Kasus werden von nachstehenden Präpositionen regiert:

Dativ u. Akkusativ: *an, bei, en¹, hinger, nevve(n), op², unger¹, üvver², vör/vür, zwesche*
Akkusativ: Ich gonn **bei** der Friseur.   (Ich gehe zum Friseur.)
Dativ: **bei** Dag un Naach   (bei Tag und Nacht);

Hierzu gehören auch die Präpositionen *lans* und *un|ge|aach*, wobei der Dativ bei *lans* eher selten vorkommt und bei *ungeaach* bereits veraltet ist.

Präpositionen, die im Deutschen den Genitiv regieren, stehen im Kölschen mit der Präposition *vun*, die dann den Dativ regiert.

aan|geseechs, aan|lässlich, aanfangs, av|seits, an|hand, an|stell², bovve, en|gangs, en|medde, en|schleeßlich, ovver|halv, , unger|halv, usser|halv, zo|gunste/ze|gunste
unger|halv: i. Vbdg. m. *vun* + Dat.: **ungerhalv vun** der Stadt   (dt.: unterhalb der Stadt)

Auch Präpositionen, die im Deutschen den Dativ regieren, nehmen im Kölschen zusätzlich *vun* zu sich: *fään[2], gägen|üvver[1], vis-à-vis[1]*,

fään[2]: i. Vbdg. m. *vun* + Dat.: **fään vun** allem Fastelovendstrubel   (dt.: fern allem Karnevalstrubel)

7.2 Position

Die meisten Präpositionen stehen vor dem Nomen (oder der Nominalgruppe), das sie regieren.

för mich, **noh** der Mess, **em** Zog

Wenige Präpositionen können nur nachgestellt auftreten. Man nennt sie auch „Postpositionen". Einige Postpositionen regieren den Dativ, andere den Akkkusativ.

Nachstehende **Postpositionen** regieren den ...

Dativ: gägen|üvver[1], vis-à-vis[1], zo|leev/ze|-, zo|widder[2]/ze|widder[2]
              der Kirch gägenüvver/vis-à-vis
Akkusativ: elans, en|begreffe
              der Rhing **elans**

Ebenso können zwei Präpositionen das regierte Element umschließen. Das ist aber fast nur in festen Verbindungen der Fall:

öm Goddes **welle**
vun hügg/morge/... **aan/av/us**

7.3 Verschmelzung von Präposition und Artikel

Einige Präpositionen können mit dem Artikel zu einem Wort verschmelzen, meistens mit dem Artikel im Dativ, den sie regieren. Präpositionen, die beide Kasus, Dativ und Akkusativ, regieren, können ebenfalls mit dem Artikel im Dativ verschmelzen, aber auch mit dem Artikel im Akkusativ, was aber wesentlich seltener vorkommt.

Verschmelzungen aus Präposition und Artikel im Dativ:

am (an dem)	am (an dem)
beim (bei dem)	beim (bei dem)
em (en dem)	im (in dem)
hingerm (hinger dem)	hinterm (hinter dem)
mem (met dem)	mim (mit dem)
nohm (noh dem)	nach'm (nach dem)
om (op dem)	auf'm (auf dem)
ungerm (unger dem)	unterm (unter dem)
usem (us dem)	aus'm (aus dem)
üvverm (üvver dem)	überm (über dem)
vörm/vürm (vör/vür dem)	vorm (vor dem)
vum (vun dem)	vom (von dem)
zom (zo dem)	zum (zu dem)
zor (zo der)	zur (zu der)

Weniger gebräuchlich sind:

nevvem (nevve dem)	*nebem (neben dem)
zweschem (zwesche dem)	*zwischem (zwischen dem)

Einge dieser Verschmelzungen sind in festen Wendungen nur in dieser Form möglich:

am beste sin	nicht:	*an dem beste sin	(am besten sein)
em Januar aanfange	nicht:	*en dem Januar aanfange	(im Januar anfangen)
zom Danze opfordere	nicht:	*zo dem Danze opfordere	(zum Tanzen auffordern)

Verschmelzungen aus Präposition und Artikel im Akkusativ sind:

an't (an et)	ans (an das)
bei't (bei et)	beis (bei das)
hinger't (hinger et)	hinters (hinter das)
unger't (unger et)	unters (unter das)
üvver't (üvver et)	übers (über das)
vör't/vür't (vör/vür et)	vors (vor das)

Wir haben wegen der besseren Lesbarkeit den elliptischen Artikel „t" (*et*) nicht direkt an die Präposition gesetzt, sondern einen Apostroph zwischengesetzt.

7.4 Besondere Hinweise zu Präposition-Einträgen

Zu einigen Präpositionen werden bei den grammatischen Informationen zusätzliche Hinweise gegeben. Hier einige Beispiele:

av|seits ['afzaɪts] <Präp.; i. Vbdg. m. *vun* + Dat.; i. best. Abl. ~*seit*~, sonst ↑Sigg¹> {6.1.1; 11}: abseits.
an|hand [an'hant] <Präp.; i. Vbdg. m. *vun* + Dat.>: anhand.
elans [ə'lanˑs] <Präp.; m. vorangestelltem Akk.>: entlang, **a)** vorbei: *Mer gonn der Rhing e.* (Wir gehen den Rhein e.) [auch: ↑lans];
öm … welle [øm…'velə] <Präp.; eigtl. erstarrter Gen. Sg. von ↑Welle> {s. u. ↑öm¹ ↑Welle}: um … willen, nur noch i. best. festen Redewendungen gebr.: *Ö. Goddes w.!* (U. Gottes w.!).
je² [jeˑ] <Präp.; m. Akk. ohne Art.; auch wie das Adv. ↑je¹ gebraucht u. keine Rektion ausübend>: je, pro: *för 20 € je Person* (für 20 € pro Person).
lans [lanˑs] <Präp.; m. Akk., seltener m. Dat.> {5.4}: längs …
an [an] <Präp.; m. Dat. u. Akk.; im Ggs. zum Adv. u. Präfix ↑aan>: an.; *an't* (ans = an das)
av|seits ['afzaɪts] <Präp.; i. Vbdg. m. *vun* + Dat.; i. best. Abl. -*seit*-, sonst ↑Sigg¹> { 6.1.1}: abseits.
bei [beɪ] <Präp.; m. Dat. u. Akk.>: bei, zu; **1.** <mit Dat.> **a)** (räumlich) *Hürth b. Kölle* (Hürth b. Köln); **b)** (zeitlich) *b. Dag un b. Naach* (b. Tag und b. Nacht); **c)** (m. konditionalem Nebensinn) wenn … dann: *b. Glatties weed gestreut* (b. Glatteis wird gestreut); **d)** (m. kausalem Nebensinn) wegen, infolge: *B. dä Hetz blieve mer leever zo Hus.* (B. der Hetze bleiben wir lieber zu Hause.); **e)** (m. adversativem, konzessivem Nebensinn) trotz, ungeachtet: *b. aller Fründschaff* (b. aller Freundschaft); **f)** ***bei einer bei** (ganz nah zu jemandem); **g)** <lokal> **beim**; zus. gezogen aus *bei* + *dem*: beim (= bei dem). **2.** <mit Akk.> **a)** zu (auf die Frage zu wem, wohin): *Ich gonn b. der Friseur.* (Ich gehe zum Friseur.) [auch: ↑noh²; **b)** <direktional> **bei't**; zus. gezogen aus *bei* + *et*: bei das.
mem [mem] <Präp. + best. Art.; m. Dat.> {s. u. ↑met¹}: mit dem, zus. gezogen aus *met dem* (mit dem).

8. Die Konjunktion

Konjunktionen (Bindewörter) sind nicht flektierbar. Sie verbinden Sätze und Satzteile miteinander und stellen eine inhaltliche Beziehung zwischen diesen her. Man unterscheidet nebenordnende (koordinierende) und unterordnende (subordinierende) Konjunktionen. Einige können sowohl neben- als auch unterordnen:

bes³: bis, **1.** nebenordn. zw. (Zahl)adjektiven: *100 b. 200 Minsche woren do.* (100 b. 200 Menschen waren da.). **2.** unterordn.: *Hä waad, b. de Poss kütt.* (Er wartet, b. die Post kommt.); *Do geihs nit spille, b. (dat) do ding Aufgab gemaht häs!* (Du gehst nicht (eher) spielen, b. (dass) du deine Hausaufgaben gemacht hast!).

(e)su|wie: sowie, **1.** nebenordn.: *Ich han ming Täsch s. minge Schirm dobei.* (Ich habe meine Tasche s. meinen Schirm dabei). **2.** unterordn.: *S. ich fäädig bin, kumme ich.* (S. ich fertig bin, komme ich.) .

8.1 Nebenordnende Konjunktionen

Nebenordnende Konjunktionen verbinden gleichrangige Haupt- und Nebensätze, Wortgruppen, Wörter und Wortteile:

Hä schleef, **ävver** it wor wach.
Ich hoffe, **dat** do küss un (**dat**) do mir jet metbrängs.
Se kome immer met Famillich **oder** met Fründe.
Et Marie es nit schön **ävver** klog.
Die Kääls sin am en- **un** uslade.

Zu den nebenordnenden Konjunktionen gehört auch *wie* bei den Vergleichsformen des Adjektivs:

Et Marie es nit esu schön **wie** et Stina.
Der Jupp es vill dömmer **wie** der Pitter.

8.2 Unterordnende Konjunktionen

Unterordnende Konjunktionen schließen immer einen Nebensatz an einen Hauptsatz an. Das finite Verb steht in den Nebensätzen in Endposition.

Hä weiß, **dat** ich Rääch han.
Do muss der Führersching maache, **domet** de fahre kanns.
Ich weiß nit, **ov** ich hügg kumme kann.

Die Konjunktionen *för ze/zo*, *ohne ze/zo* und *statt* leiten Nebensätze ein, in denen das Verb im Infinitiv steht.

Hä kütt **för** der Fernseher **ze** repariere.
Hä schleef **statt ze** arbeide.

Einige unterordnende Konjunktionen stehen mit der Konjunktion *dat*:

Ih dat mer fahre, müsse mer noch enkaufe gonn.

Manche Konjunktionen können sowohl mit *dat* als auch mit einen Infinitiv mit *ze/zo* stehen:

Ohne e Wood **ze** sage, wor hä durch de Dür.
Ohne dat hä e Wood säht, wor hä durch de Dür.

8.3 Besondere Hinweise zu Konjunktion-Einträgen

nebenordn.: **bes**³, ävver, oder, **ov**²

unterordn.: **je**¹, **dat**3, **do**³, **för**², **ih**

i. d. Vbdg. *esu dat* (so dass): **esu²/su²**

för + Inf. mit ↑*ze²* od. ↑*zo²*: **för²**

i. d. Vbdg. *ohne dat* od. m. Inf. m. ↑*ze²*/↑*zo²*: **ohne²**

unbetont: **zo²**

ov² [ɔf] <Konj.; nebenordn.> {5.3.2.6}: oder [auch: ↑oder].

usser² [ˈʊsɐ] <Konj.; nebenordn.> {5.3.4}: außer, ausgenommen, es sei denn (meist i. Vbdg. m. *dat* (dass) od. *wann* (wenn)): *Ich gonn hügg schwemme, u. (dat/wann) et rähnt.* (Ich gehe heute schwimmen, a. (dass/wenn) es regnet).

för² [føːɐ] <Konj.; unterordn.; *för* + Inf. mit ↑*ze²* od. ↑*zo²*> {5.4}: um: zum Anschluss eines finalen od. konsekutiven Infinitivsatzes: **a)** <final> *Hä kütt f. der Fernseher ze repariere.* (Er kommt, u. den Fernseher zu reparieren.); **b)** <konsekutiv> *Hä hät genog Einfloss f. dat durchzesetze.* (Er hat genug Einfluss u. das durchzusetzen.).

wann² [van] <Konj.; unterordn.; Kurzform *wa'*> {5.4}: wenn, **1.** <konditional> falls, unter der Voraussetzung, Bedingung, dass ...: *W. uns Katz en Koh wör, künnte mer die ungerm Ovve melke.* (W. unsere Katze eine Kuh wäre, könnten wir sie unter dem Ofen melken.). **2.** <temporal> **a)** sobald: *Dat gevven ich dir, wa' mer uns widder treffe.* (Das gebe ich dir, w. wir uns wieder treffen.); **b)** sooft: drückt mehrfache (regelmäßige) Wiederholung aus. **3.** <konzessiv in Vbdg. mit „och", „ald" u. a.> obwohl, obgleich: *W. et och wih gedon hät, Spass hät et doch gemaht.* (W. es auch weh getan hat, Spaß hat es doch gemacht.).

9. Die Interjektion

Interjektionen (Ausrufe- oder Empfindungswörter) sind nicht flektierbar. Sie stehen oft für ganze Satzinhalte und stehen für das, was sonst umständlich umschrieben werden müsste.

Grob lassen sich zwei Gruppen von Interjektionen unterscheiden, Ausdrucks- oder Empfindungswörter und Laut- bzw. Schallnachahmungen.

Zur ersten Gruppe gehören beispielsweise:

Alaaf, dä[3]**, jö, och**[1]**, pross, Rubbedidupp**[2]**, wasses**

Beispiele aus der zweiten Gruppe sind:

ajuja, paaf, patsch, platsch, schnav(tig), schrumm

Beispieleinträge:

dä[3]**!** [dɛ] <Interj.>: **1.** bei der Übergabe einer Sache: „bitte!": *D.! Do häs de dat Boch, wat ich der metgebraht han.* (Bitte! Da hast du das Buch, das ich dir mitgebracht habe.). **2.** Ausruf bei unangenehmer Überraschung: *D.! Jetz ha' mer dä Dress.* (Nun haben wir den Mist.); *D.! Jetz es mer dat Döppe eravgefalle.* (Nun ist mir der Topf heruntergefallen.). **3.** im Sinne von „siehst du": *D.! Jetz häs de ding Aufgabe och fädig.* (Siehst du, jetzt hast du deine Hausaufgaben auch erledigt.).

stääne|kränk! [ˈʃtɛ·nəˌkrɛŋk] <Interj.> {s. u. ↑Stään ↑Kränk}: ein Fluchwort wie *verflixt!* od. *verdammt!*; (wörtl.) sternenkrank.

platsch! [platʃ] <Interj.>: platsch, lautm. für klatschendes Geräusch [auch: ↑patsch!, ↑patsch|tig!, ↑platsch|tig!].

V. ABKÜRZUNGEN UND SYMBOLE

A

Abk.	Abkürzung (~en)
Abl.	Ableitung (~en)
abw.	abwertend
Adj.	Adjektiv (~e, ~en)
adv.	adverbial
Adv.	Adverb (~ien)
afrik.	afrikanisch
afrz.	altfranzösisch
ahd.	althochdeutsch
Akk.	Akkusativ
Akk.-Obj.	Akkusativobjekt
allg.	allgemein
amerik.	amerikanisch
amtl.	amtlich (~e, ~er)
Amtsspr.	Amtssprache
Anm.	Anmerkung
arab.	arabisch
Archit.	Architektur
Art.	Artikel
asächs.	altsächsisch
attr.	attributiv (~em, ~es)
Ausspr.	Aussprache

B

b.	bei
Bankw.	Bankwesen
Bauw.	Bauwesen
bed.	bedeutet, bedeuten
Bed.	Bedeutung (~en)
Berufsbez.	Berufsbezeichnung
bes.	besonders
best.	bestimmt (~e, ~er, ~en, ~em, ~es)
Bez.	Bezeichnung (~en)
bildl.	bildlich
Bot.	Botanik
Bruchz.	Bruchzahl
Buchw.	Buchwesen
bzgl.	bezüglich
bzw.	beziehungsweise

C

chem.	chemisch (~e, ~en, ~es)
christl.	christlich

D

d. h.	das heißt
d. i.	das ist
Dat.	Dativ
Datenverarb.	Datenverarbeitung
Demonstrativpron.	Demonstrativpronomen
dgl.	dergleichen
Druckw.	Druckwesen
dt.	deutsch (~e, ~er, ~en ~em, ~es)
Dt.	Deutsch (~e, ~en)

E

ehem.	ehemals, ehemalig (~en)
Eigenn.	Eigenname (~n)
eigtl.	eigentlich (~e, ~en)
Eingeborenenspr.	Eingeborenensprache
einschl.	einschließlich
Einw.	Einwohner
Eisenb.	Eisenbahnwesen
elektr.	elektrisch
Elektrot.	Elektrotechnik
engl.	englisch
entspr.	entsprechend, entspricht
etc.	et cetera (und so weiter)
etw.	etwas
Ew.	Einwohner

F

Fachspr.	Fachsprache
fam.	familiär
Familienn.	Familienname (~n)
Fechterspr.	Fechtersprache
fem.	feminin
Fem.	Feminina
Ferns.	Fernsehen
Fliegerspr.	Fliegersprache
Flugw.	Flugwesen
Forstw.	Forstwesen
Fot.	Fotografie
Fremdspr.	Fremdsprache
frühnhd.	frühneuhochdeutsch
frz.	französisch

G

gall.	gallisch
Gattungsz.	Gattungszahlwort (~/wörter)
gebr.	gebräuchlich
gebräuchl.	gebräuchlicher
gek. (aus)	gekürzt
Geldw.	Geldwesen
Gen.	Genitiv
geogr.	geographisch
Geogr.	Geographie
Geom.	Geometrie
germ.	germanisch
Ges.	Gesellschaft
gesellsch.	gesellschaftlich
gew.	gewöhnlich
ggf.	gegebenenfalls
Ggs.	Gegensatz
griech.	griechisch

H

Handarb.	Handarbeiten
handw.	handwerklich (~e)
Handw.	Handwerk
hebr.	hebräisch
hist.	historisch
hochd.	hochdeutsch
Hochd.	Hochdeutsch (~e, ~en)

I

i. best.	in bestimmten
i. d.	in der
i. d. B.	in der Bedeutung
i. Vbdg. m.	in Verbindung mit
ind.	indisch
Indefinitpron.	Indefinitpronomen
indekl.	indeklinierbar
Indianerspr.	Indianersprache
indon.	indonesisch
Inf.	Infinitiv
Interj.	Interjektion
Interrogativpron.	Interrogativpronomen
intr.	intransitiv
inzw.	inzwischen
iron.	ironisch
ital.	italienisch

J

Jägerspr.	Jägersprache
jap.	japanisch
Jh.	Jahrhundert(s)
jidd.	jiddisch
jmd.	jemand
jmdm.	jemandem
jmdn.	jemanden
jmds.	jemandes

K

Kardinalz.	Kardinalzahl
Karnevalsges.	Karnevalsgesellschaft
kath.	katholisch
Kaufmannsspr.	Kaufmannssprache
Kfz-T.	Kraftfahrzeugtechnik
Kfz-W.	Kraftfahrzeugwesen
Kinderspr.	Kindersprache
kirchenlat.	kirchenlateinisch
kirchl.	kirchlich
Kochk.	Kochkunst
Komp.	Komparativ
Konj.	Konjunktion
Kosef.	Koseform
Kosew.	Kosewort
Kunsthandw.	Kunsthandwerk
künstl.	künstlich
Kurzf.	Kurzform (von)

L

Ländern.	Ländername
landw.	landwirtschaftlich
Landw.	Landwirtschaft
lat.	lateinisch
lautm.	lautmalend
linksrh.	linksrheinisch

M

ma.	mittelalterlich
MA	Mittelalter
männl.	männlich (~e, ~er, ~en, ~es)
mask.	maskulin
Mask.	Maskulina
Math.	Mathematik
md.	mitteldeutsch

med.	medizinisch
Med.	Medizin
mfrz.	mittelfranzösisch
mhd.	mittelhochdeutsch
Milit.	Militär
mlat.	mittellateinisch
mniederd.	mittelniederdeutsch
mniederl.	mittelniederländisch
mündl.	mündlich

N

n. Chr.	nach Christus
N.	Nomen
Nebenf.	Nebenform (~en)
Neutr.	neutrum
Neutr.	Neutrum, Neutra
niederl.	niederländisch
Nom.	Nominativ
nordd.	norddeutsch

O

o.	ohne
o. Art.	ohne Artikel
o. Pl.	ohne Plural
Obj.	Objekt
od.	oder
od. Ä.	oder Ähnliche(s)
offz.	offiziell
Ordinalz.	Ordinalzahl
Ortsn.	Ortsname
ostmd.	ostmitteldeutsch

P

Paläont.	Paläontologie
Part.	Partizip
Part. I	Partizip I
Part. II	Partizip II
Perf.	Perfekt
pers.	persönlich
Pers.	Person
Personalpron.	Personalpronomen
Personenn.	Personenname
Pharm.	Pharmazie
physik.	physikalisch
Physiol.	Physiologie

Pl.	Plural
Pl. ungebr.	Plural ungebräuchlich
Plusq.	Plusquamperfekt
polit.	politisch
Polizeiw.	Polizeiwesen
polynes.	polynesisch
Possessivpron.	Possessivpronomen
Postw.	Postwesen
präd.	prädikativ
Präfix-V.	Präfix-Verb
prähist.	prähistorisch
Präp.	Präposition (~en)
Präs.	Präsens
Prät.	Präteritum
Pron.	Pronomen, Pronomina
provenz.	provenzalisch
Psych.	Psychologie

R

RA	Redensart
RAen	Redensarten
Raumf.	Raumfahrt
rechtl.	rechtlich
rechtsrh.	rechtsrheinisch
Rechtsspr.	Rechtssprache
refl.	reflexiv
Reflexivpron.	Reflexivpronomen
Rel.	Religion
Relativpron.	Relativpronomen
Reziprokpron.	Reziprokpronomen
rhein.	rheinisch
rückgeb.	rückgebildet
Rundf.	Rundfunk
russ.	russisch

S

s.	siehe
s. a.	siehe auch
s. u.	siehe unter
s. v.	sub voce, unter dem Stichwort
scherzh.	scherzhaft
Schimpfw.	Schimpfwort
schriftl.	schriftlich
Schuhmacherhandw.	Schuhmacherhandwerk
Schülerspr.	Schülersprache
schw.	schwach (gebeugt)

schw. V.	schwaches Verb	unpers.	unpersönlich
Seemannsspr.	Seemannssprache	unr.	unregelmäßig
Seew.	Seewesen	unr. Pl.	unregelmäßiger Plural
Sg.	Singular	unr. V.	unregelmäßiges Verb
slaw.	slawisch	urspr.	ursprünglich
Soldatenspr.	Soldatensprache	usw.	und so weiter
Sortenpl.	Sortenplural		
soz.	sozial		

V

Soziol.	Soziologie	v. a.	vor allem
span.	spanisch	v. Chr.	vor Christus
spätahd.	spätalthochdeutsch	V.	Verb(en)
spätlat.	spätlateinisch	Vbdg.	Verbindung (~en)
spätmhd.	spätmittelhochdeutsch	verächtl.	verächtlich
Spitzn.	Spitzname (~n)	Verkehrsw.	Verkehrswesen
spött.	spöttisch	vermutl.	vermutlich
sprachl.	sprachlich	verw.	verwandt
Sprachw.	Sprachwissenschaft	vgl.	vergleiche
st. V.	starkes Verb	viell.	vielleicht
St.	Sankt	Vkl.	Verkleinerungsform
standarddt.	standarddeutsch (~e)	vlat.	vulgärlateinisch
Standarddt.	Standarddeutsch (~e, ~en)	volkst.	volkstümlich (~e, ~er, ~en)
Steuerw.	Steuerwesen	Vorn.	Vorname (~n)
Straßenn.	Straßenname	vulg.	vulgär
subst.	substantivisch, substantiviert		
Subst.	Substantiv		

W

südamerik.	südamerikanisch	wahrsch.	wahrscheinlich
Sup.	Superlativ	weibl.	weiblich (~e, ~er, ~en, ~es)
Syn.	Synonym	westfläm.	Westflämisch
		widerrechtl.	widerrechtlich

T

		Wiederholungsz.	Wiederholungszahlwort
		Winzerspr.	Winzersprache
tamil.	tamilisch	wirtsch.	wirtschaftlich
techn.	technisch	Wirtsch.	Wirtschaft
trans.	transitiv	wissensch.	wissenschaftlich
trennb.	trennbar (~e, ~er, ~en, ~em, ~es)	wörtl.	wörtlich
türk.	türkisch		

U

Z

u.	und	z. B.	zum Beispiel
u. Ä.	und Ähnliche (~s, ~m)	Zahlw.	Zahlwort
u. z.	und zwar	Zeitungsw.	Zeitungswesen
übertr.	übertragen (~er)	Zool.	Zoologie
ugs.	umgangssprachlich	Zus.	Zusammensetzung (~en)
unbest.	unbestimmt	zusges. aus	zusammengesetzt aus
unflekt.	unflektiert	zusgez. aus	zusammengezogen aus
ung.	ungarisch	zw.	zwischen
ungebr.	ungebräuchlich		

Symbole

+	plus	⟨...⟩	etymologische Angaben
*	Idiom	'	Apostroph
®	Warenzeichen	ˈ	Hauptbetonungszeichen in der internationalen Lautschrift IPA
~	Tilde, Wiederholungszeichen		
≃	Tilde mit Wechsel zur Großschreibung	ˌ	Nebenbetonungszeichen in der internationalen Lautschrift IPA
|	Morphemtrennstrich im Stichwort und seinen Formen		
ǀ	Stimmritzenverschlusslaut in der internationalen Lautschrift IPA	·	Zeichen für unmittelbar davorstehenden geschärften Vokal oder Konsonanten in der internationalen Lautschrift IPA
↑	Verweispfeil; Verweis auf im Wörterbuch enthaltenes Stichwort	... / ...	alternative Wortteile oder -formen; mit Leerzeichen davor und dahinter in der internationalen Lautschrift IPA
<...>	grammatische Information; Grapheme		
[ ]	Lautschrift der internationalen Lautschrift IPA		
[RA]	Redensart	**Fettdruck**	Stichwort, Aufzählungsnummern/-buchstaben bei mehrfacher Bedeutung, Idiome, Hinweis auf Redensarten
[RAen]	Redensarten		
[auch:]	Angabe von Synonymen		
(...)	stilistische Angaben, Zuordnung zu (Fach-)Bereichen, fakultative Auslassungen, deutsch übersetzte Beispiele	*Kursivdruck*	kölsche Sprachbeispiele, Metasprache
		„...“	Zitate

VI. ORTHOGRAPHIE- UND AUSSPRACHE-REGELN

1.	Konstante Schreibung der Wortstämme	92
2.	Fremdwörter	93
3.	Eigennamen	93
4.	Homonyme	93
5.	Vokale	93
5.1	Gleiche Vokallänge im Deutschen und im Kölschen	93
5.2	Langer Vokal im Kölschen ist im Deutschen kurz	95
5.3	Kurzer Vokal im Kölschen ist im Deutschen lang	96
5.4	Unterschiedliche Vokale im deutschen und im kölschen Wort	97
5.5	Offene und geschlossene Vokale	97
6.	Konsonanten	98
6.1	Realisierungen von dt. <b>	98
6.2	Realisierungen von dt. <chs>, <cht>, <ch>	98
6.3	dt. <ch>/<g> → kö. <h>	99
6.4	Realisierungen von dt. <ck>	99
6.5	Realisierungen von dt. <f>/<ff>	99
6.6	<gg> im kölschen Wort	99
6.7	Realisierungen von dt. <nd>/<nt>	100
6.8	Realisierungen von dt. <pf>	100
6.9	Realisierungen von dt. <p>/<pp>	100
6.10	Realisierungen von dt. <s>/<ss>	101
6.11	dt. <t>/<tt> → kö. <d>/<dd>	101
6.12	unregelmäßig vorkommende Konsonanten-Änderungen	101
7.	Lautung und Schreibung	102
7.1	Auslautverhärtung	102
7.2	Das Phonem /g/	103
7.3	Die Suffixe -ig, -lich und -isch	103
7.4	Kurzvokal + stimmhaftes ch [j], s [z] bzw. (s)ch [ʒ]	104

8.	**Tilgung**		104
	8.1 Anlaut-h-Tilgung		104
	8.2 Inlaut-Tilgung		104
		8.2.1 Inlaut-a-Tilgung	104
		8.2.2 Inlaut-e-Tilgung	104
		8.2.3 Inlaut-n-Tilgung	104
		8.2.4 Inlaut-r-Tilgung	105
		8.2.5 Inlaut-i-Tilgung	105
	8.3 Auslaut-Tilgung		105
		8.3.1 Auslaut-e-Tilgung	105
		8.3.2 Auslaut-el/-en/-er-Tilgung	105
		8.3.3 Auslaut-n-Tilgung	105
		8.3.4 Auslaut-r-Tilgung	106
		8.3.5 Auslaut-t-Tilgung	106
9.	**Hinzufügung**		106
	9.1 Inlaut-Hinzufügung		106
		9.1.1 Inlaut-e-Hinzufügung	106
		9.1.2 Inlaut-s-Hinzufügung	107
		9.1.3 Inlaut-t-Hinzufügung	107
		9.1.4 Inlaut-n-Hinzufügung	107
	9.2 Auslaut-Hinzufügung		107
		9.2.1 Auslaut-e-Hinzufügung	107
		9.2.2 Auslaut-s(ch)-Hinzufügung	107
10.	**Ableitungen**		107
	10.1 Das Diminutivsuffix -*che*		107
	10.2 Divergenzen bei Prä- und Suffixen		108
11.	**Mischformen**		108

1. Konstante Schreibung der Wortstämme

Die Schreibung der Wortstämme, Präfixe, Suffixe und Endungen bleibt bei der Flexion der Wörter, in Zusammensetzungen und Ableitungen weitgehend konstant.

1.1 Wortstämme können sich verändern durch

1.1.1 Umlaut (z. B. **Band – Bänder**);

1.1.2 durch Ablaut (z. B. **singe – sung – gesunge**);

1.1.3 durch Vokal-Wechsel von **e** zu **i** (z. B. **benemme** – do **benimms** dich – hä **benimmp** sich).

1.2 Im Kölschen gibt es darüber hinaus weitere Veränderungen bei Wortstämmen:

1.2.1 Bei vielen Zahlwörtern treten im Kölschen Stammänderungen auf – meist im Zuge von Derivation oder Komposition: **vier – veete/veetens/veezehn/veezig; drei – drücksehn; fünf – fuffzig; aach – achzig**;

1.2.2 Bei einigen Verben im Kölschen tritt wie im Deutschen ein Vokal-Wechsel von **e** zu **i** in den Präsensformen der 2. und 3. Person Singular auf (Gleichzeitig können weitere Änderungen am Wortstamm auftreten.): **gevve** – do **giss** – hä **gitt**;

1.2.3 Bei einigen Wörtern im Kölschen tritt Auslaut-**t**-Tilgung bei nicht flektierten Wortformen auf. In den entsprechenden flektierten Formen und im Zuge von Derivation tritt das **t** jedoch wieder zum Wortstamm hinzu: **schlääch – schläächt, Ak – Akt**;

1.2.4 Bei kölschen Nomina, die auf <ngk> enden, wird in der Pluralform auslautendes <k> getilgt: **Mungk – Müng**;

1.2.5 Bei kölschen Nomina, die auf <mt>/<md> enden, wird <t>/<d> vor Null-Morphem zu <p>/<b>. In den entsprechenden flektierten Formen und im Zuge von Derivation wird jedoch <mt>/<md> geschrieben: **Amp – Ämter, Hemb – Hemde(r)**;

1.2.6 Einige Pluralformen von Nomina, die auf <nd>/<nt> enden, werden im Kölschen mit <ng> realisiert bei gleichzeitiger Vokalumlautung: **Hand – Häng; Wand – Wäng; Zant – Zäng; Bund – Büng**;

1.2.7 Einige wenige Nomina, die im Deutschen auf <~ilie> bzw. <~inie> enden, enden im Kölschen im Singular auf <~illich> bzw. <~innich> aus. Die Pluralform jedoch wird am Wortende wie im Deutschen mit „ie" geschrieben: **Famillich – Famillie; Linnich – Linnie**;

1.2.8 Einige Substantive verändern bei der Pluralbildung ihre Vokallänge von kurz zu lang: **Badd – Bäder** oder umgekehrt von lang zu kurz: **Dür/Dör – Dürre/Dörre; Bühß – Büsse**.

1.3 Allgemein gilt, dass ein Wortstamm möglichst konstant geschrieben wird, selbst wenn er in unterschiedlicher Umgebung divergierend ausgesprochen wird. Dies betrifft insbesondere die schriftliche Invarianz gegenüber Auslautverhärtung (z. B. [bloˑt] [ˈbloˑdə] **Blod – blode**).

1.4 In einigen Fällen werden gleichlautende Wörter – ebenso wie im Deutschen – unterschiedlich geschrieben (z. B. **leere ≠ lehre** (dt. *lernen ≠ lehren*)).

2. Fremdwörter

Fremdwörter, die im Deutschen parallele Schreibweisen zulassen, werden im Kölschen bevorzugt in der Originalsprache geschrieben. Bei Fremdwörtern, bei denen sich eine „eingekölschte" Schreibung durchgesetzt hat, wird diese benutzt und zusätzlich zur Angabe der Ursprungssprache das Wort in der Originalschreibweise angegeben.

3. Eigennamen

Vornamen, Familiennamen, Namen von Kölner Vororten usw. wurden nur aufgenommen, wenn sie in Lautung und Schreibung vom Deutschen abweichen. Kölsch geschriebene Straßennamen wurden angegeben, wenn sie historisch interessant sind sowie von Musikern und Dichtern, die mit dem geistigen oder politischen Leben Kölns in Verbindung gebracht werden.

4. Homonyme

Homonyme erhalten getrennte Einträge und werden nach Häufigkeit oder Bekanntheitsgrad mit Indizes (hochgestellten Nummern) durchgezählt: **bedde**[1] (dt. *bitten*) – **bedde**[2] (dt. *beten*).

5. Vokale

Nachstehend erfolgt eine Gegenüberstellung der Darstellung von **Vokalen** im Deutschen und im Kölschen:

5.1 Gleiche Vokallänge im kölschen und im deutschen Wort: Bleibt die Vokallänge im deutschen und im kölschen Wort gleich, richtet sich die Schreibweise des kölschen Wortes nach der des deutschen Wortes. Dies bedeutet im Einzelnen:

5.1.1 Bei einem **einzelnen Vokal** im deutschen Wort wird ein einzelner Vokal im kölschen Wort geschrieben: **Dag, vun** (dt. *Tag, von*);

5.1.2 bei einem **kurzen Vokal vor einem Doppelkonsonant** im deutschen Wort wird auch im kölschen Wort nach dem kurzen Vokal ein Doppelkonsonant geschrieben: **künne** (dt. *können*). Ein kurzer Vokal im Deutschen kann in einigen kölschen Wörtern als „Schwa" gesprochen werden, das hier aber nur in der Lautschrift angezeigt wird: **akkurat** [akəˈraˑt] (dt. *akkurat*);

5.1.3 bei einem **Diphthong** im deutschen Wort kann im kölschen Wort auch ein **Diphthong** stehen: **kaufe** (dt. *kaufen*). In anderen Wörtern wiederum steht statt des Diphthongs ein **langer Einzelvokal**, dessen Länge durch **Verdopplung des Vokalbuchstabens** angezeigt wird: **fuul** (dt. *faul*);

5.1.4 bei einem **Dehnungszeichen hinter Vokal(en)** im deutschen Wort steht im kölschen Wort ein analoges Dehnungszeichen:

    5.1.4.1 **Dehnungs-h** im deutschen Wort steht auch im kölschen Wort: **Hohn** (dt. *Huhn*);

    5.1.4.2 bei **doppeltem Vokal**-Buchstaben im deutschen Wort steht auch im kölschen Wort ein Doppelvokal: **Hoor** (dt. *Haar*). Teilweise steht auch für **<ee>** im deutschen Wort im Kölschen **<ie>** oder **<ei>**: **Klie, Schnei** (dt. *Klee, Schnee*);

    5.1.4.3 für **<ie>** im deutschen Wort wird bei einigen kölschen Wörtern das **Vokal**graphem **verdoppelt**: **Breef** (dt. *Brief*). Ist im deutschen Wort die **Vokallänge doppelt** markiert (z. B. durch Kennzeichnung am Vokal sowie Schreibung von ß), wird die Doppelkennzeichnung auch im kölschen Wort vorgenommen: **scheeße** (dt. *schießen*).
    <ie> im deutschen Wort kann im Kölschen auch **<ei>** sein: **sei** (dt. *sie*);

    5.1.4.4 steht im deutschen Wort ein **Diphthong** vor **<ß>** (z. B. *reißen*), kennzeichnen wir im kölschen Wort die Vokallänge auch hier trotz des nachstehenden **<ß>**: **rieße** (dt. *reißen*);

    5.1.4.5 steht **<ei>** im deutschen Wort und wird im Kölschen **langes [iː]** gesprochen, verdoppeln wir nicht den Vokal <i>, sondern schreiben dafür **<ie>**: **Pief** (dt. *Pfeife*), **Iel** (dt. *Eile*);

    5.1.4.6 wenn ein deutsches Wort **im Stamm einen Diphthong** enthält (*Dauer, Feuer, Bauer*), der im kölschen Wort als **Langvokal vor [ɐ̯]** (= unsilbisches <r>) realisiert wird, so wird der lange Vokal im Kölschen **verdoppelt**, obwohl Vokalbuchstabe + <r> im Morphemauslaut immer lang gesprochen wird: **Duur, Füür, Buur**;

    5.1.4.7 haben wir im kölschen Wort einen **Diphthong**, wo das deutsche Wort einen **langen Einzelvokal** hat, schreiben wir im kölschen Wort den Diphthong: hä **deit** (dt. *(er) tut*).

    5.1.4.8 **Silbenfugen-h**: Wird im deutschen Wort nach einem betonten Vokal ein <h> geschrieben, um die Silbenfuge zu markieren (z. B. *sehen*), wird dieses *h* im kölschen Wort übernommen, wenn auch im kölschen Wort (oder einer Ableitung dieses Wortes) eine Silbenfuge auftaucht: **räuhig, Rauh** (dt. *ruhig, Ruhe*). Auch wenn sich entsprechende Ableitungen nicht bilden lassen, wird das Silbenfugen-h beibehalten, damit die Analogie zur Schreibweise der deutschen Wörter erkennbar ist: **Koh, Köh** (dt. *Kuh, Kühe*). Wenn sich der Wortstamm des kölschen Wortes von dem des deutschen mit Silbenfugen-h so unterscheidet, dass ein <h> nicht möglich ist, wird es natürlich auch nicht übernommen: **sinn, gonn** (dt. *sehen, gehen*), obwohl es bei flektierten Formen wieder auftreten kann: hä **geiht** (dt. *(er) geht*). Gibt es im kölschen Wort nach betontem Vokal eine Silbenfuge, wird nach dem Vokal das <h> eingesetzt: **lühe** (dt. *löten*).

5.2 Langer Vokal im Kölschen ist im Deutschen kurz: Ist im deutschen Wort ein Vokal kurz und der Vokal des entsprechenden kölschen Wortes lang, kennzeichnen wir im kölschen Wort die Vokallänge durch

- 5.2.1 einen **Doppelvokal**, wobei entweder der Vokalbuchstabe des deutschen Wortes oder der jeweils gesetzte Vokalbuchstabe gedoppelt wird: **maache, Treechter** (dt. *machen, Trichter*), **deechte** (dt. *dichten*). Zusätzlich kann die Vokallänge angezeigt werden durch:

    - 5.2.1.1 **r-Tilgung**:

        - 5.2.1.1.1 unter **Beibehaltung des folgenden Konsonanten**:

            deutscher Vokal + <r> + Konsonant1 (+ <e>) wird zu kölschem Langvokal + Konsonant1: **gään, Heen, apaat, Ääd, Määz** (dt. *gern, Hirn, apart, Erde, März*);

        - 5.2.1.1.2 unter **Änderung des folgenden Konsonanten**:

            deutscher Vokal + <r> + Konsonant1 (+<e>) wird zu kölschem Langvokal + Konsonant2:

            | rbs → z: | **Ääz** (dt. *Erbse*); |
            | rkt → t: | **Maat** (dt. *Markt*); |
            | rp → sch: | **Knoosch** (dt. *Knorpel*); |
            | rs → sch: | **Fääsch, Disköösch** (dt. *Ferse, Diskurs*); |
            | rsch → z: | **Heez** (dt. *Hirsch*); |
            | rst → sch: | **Gääsch, Woosch** (dt. *Gerste, Wurst*); |
            | rst → ts: | **eets** (dt. *erst*); |
            | rt → d: | **aadig, Göödel** (dt. *artig, Gürtel*); |
            | rz → t: | **koot, Pooz** (dt. *kurz, Pforte*); |

    - 5.2.1.2 **t-Tilgung**: **Aal, deech, naachs, Frooch** (dt. *Alte, dicht, nachts, Frucht*);

    - 5.2.1.3 **nachgestelltes <ß>**: **looße, naaß** (dt. *lassen, nass*);

    - 5.2.1.4 **Doppelvokal** und **Konsonanten-Reduzierung**: **föödere, gääl, Aap** (dt. *füttern, gelb, Affe*);

5.2.2 durch **<ie>-Dehnung** und **Reduzierung der Konsonanten**: **liere** (dt. *lernen*), **Riedich** (dt. *Rettich*)

5.2.3 durch **Diphthongierung**: **Rauh** (dt. *Ruhe*);

5.2.3.1 zusätzlich zur **Diphthongierung** kann eine **Reduzierung der Konsonanten** auftreten: **schnäuve** (dt. *schnüffeln*), **spreuze** (dt. *spritzen*);

5.2.4 durch **h-Dehnung** und zusätzlichem **Konsonantenwechsel von <chs> zu <ß>**: **Dahß** (dt. *Dachs*), **wähßele** (dt. *wechseln*), **Qhß** (dt. *Ochse*);

5.3 Kurzer Vokal im Kölschen ist im Deutschen lang: Steht im deutschen Wort ein Langvokal oder Diphthong und ist der Vokal des entsprechenden kölschen Wortes kurz, wird die Vokalkürze im kölschen Wort angezeigt durch:

5.3.1 Monophthongierung: steht im deutschen Wort ein **Diphthong**, wird die Vokalkürze im kölschen Wort durch Schreibung des **einzelnen Vokalbuchstabens** gekennzeichnet: **Buch** (dt. *Bauch*), **üch** (dt. *euch*);

5.3.2 Doppelkonsonanz: hat das deutsche Wort einen **langen Einzelvokal**, der nicht explizit längengekennzeichnet ist, kennzeichnen wir die Vokalkürze des kölschen Wortes durch **Verdopplung** oder **Erweiterung des dem Kurzvokal folgenden Konsonantenbuchstabens**: **Ovve** (dt. *Ofen*), **Gading** (dt. *Gardine*). Dies gilt nicht, wenn

5.3.2.1 der konsonantische Laut **im Schriftsystem nicht üblich ist zu verdoppeln** ist, wie <ch> oder <sch>: **Dusch** (dt. *Dusche*), **Rusch** (dt. *Rüsche*);

5.3.2.2 der Konsonant einem der Laute [j], [f], [ʀ], [x], die auf das Phonem /g/ zurückgehen, entspricht. In diesen Fällen bleibt es bei der einfachen Notierung des/der Konsonanten hinter dem Vokal; **müge** (dt. *mögen*), **Schwiger|sch** (dt. *Schwägerin*), **Vugel** (dt. *Vogel*);

5.3.2.3 ein <s> [z] im deutschen Wort steht, um die **Stimmhaftigkeit des Konsonanten beizubehalten**: **dusele** (dt. *dösen*), **Schnüsel** (dt. *Schnösel*), **knüselig** (dt. *knüselig*);

5.3.2.4 nach einem Kurzvokal <z> oder <k> folgt. Zur Darstellung der Vokalkürze schreiben wir – wie im Deutschen – **<tz>** bzw. **<ck>**: **Bretzel** (dt. *Brezel*), **Kackerlack** (dt. *Kakerlake*);

5.3.2.5 der Konsonantenbuchstabe nicht verdoppelt wird bei einigen einsilbigen Wörtern (meistens **Funktionswörtern**): **dun** (dt. *tun*), **han** (dt. *haben*), **sin** (dt. *sein*), **ze** (dt. *zu*).

5.3.3 Wegfall der Dehnungszeichen: **de** (dt. *die*), **se** (dt. *sie*), **rüche/ruche** (dt. *riechen*)

5.3.4 Wegfall der Dehnungszeichen plus Konsonantenhäufung:

<ie>:	**sibbe** (dt. *sieben*), **Spill** (dt. *Spiel*), **livvere** (dt. *liefern*);
Dehnungs-h:	**zälle** (dt. *zählen*), **Bunn** (dt. *Bohne*), **beg<u>e</u>rre** (dt. *begehren*);
Monophthongierung:	**suffe** (dt. *saufen*), **Emmer** (dt. *Eimer*), **Wigg** (dt. *Weide*), **Zung** (dt. *Zaun*), **Bruck** (dt. *Braut*), **schöckele** (dt. *schaukeln*), **krütze** (dt. *kreuzen*), **Zant** (dt. *Zahn*);
<ß>:	**stüsse** (dt. *stoßen*).

5.3.4.1 Davon ausgeschlossen sind **Funktionswörter** (**im** (dt. *ihm*), **oder** (dt. *oder*), **z<u>e</u>mlich** (dt. *ziemlich*)) und Wörter, die bei Doppelkonsonanz zu falscher Aussprache führen würden (**Gefi<u>s</u>els** (dt. *Geniesel*), **lige** (dt. *liegen*)).

5.4 **Unterschiedliche Vokale im deutschen und im kölschen Wort**: In vielen kölschen Wörtern liegen zu den entsprechenden deutschen Wörtern ähnliche Vokalveränderungen vor, wobei diese Vokalveränderungen jedoch nicht generell auftreten. Für die qualitativen Vokalunterschiede zw. dem Deutschen und dem Kölschen lassen sich daher keine eindeutigen Regeln formulieren. Im kölschen Wort schreiben wir den Vokalbuchstaben, der dem jeweiligen Vokal zugeordnet ist. Die möglichen Vokalunterschiede sind in Bhatt: Kölsche Schreibregeln, S. 29ff. aufgeführt.

5.5 **Problemfälle bei der Verschriftung offener und geschlossener Vokale bei Vokaländerung**: Im Kölschen werden Vokallängen und -kürzen gesprochen, die im Deutschen im nativen Wortschatz nicht vorkommen. Im Deutschen sind offenes **o** und **ö** immer kurz: *Motte, können* und geschlossenes **o**, **ö** sowie **e** sind normalerweise immer lang: *schon, hören, sehen*.

5.5.1 Im Kölschen hingegen kommen zusätzlich **kurzes geschlossenes o und ö** vor: **Sonn**, **dönn** (dt. *Sohn, dünn*). Im Wörterbucheintrag markieren wir diese Vokale aus Gründen der einfacheren Lesbarkeit durch **Unterstreichung**: **S<u>o</u>nn**, **d<u>ö</u>nn**; die Schreibweise bleibt allerdings **o** bzw. **ö**.

5.5.2 Im Kölschen gibt es häufig **kurzes geschlossenes e** vor zwei Konsonantenbuchstaben: **bedde** (dt. *beten*). Im Wörterbucheintrag markieren wir diesen Vokal aus Gründen der einfacheren Lesbarkeit durch **Unterstreichung**: **b<u>e</u>dde**. Die Schreibweise bleibt allerdings **e**.

5.5.3 Im Kölschen gibt es auch **langes offenes o und ö**: **Rod**, **Tröt** (dt. *Rat, Tröte*). Im Wörterbucheintrag markieren wir diese Vokale aus Gründen der einfacheren Lesbarkeit durch ein **Häkchen**: **Ro̯d**, **Trö̯t**. Die Schreibweise bleibt allerdings **o** bzw. **ö**.

5.5.4 Dies gilt auch bei **Diphthongen**, z. B. *Zeugni*s: dt. [ɔy] und kö.[øy].

5.5.5 Im Kölschen gibt es neben langen auch **geschärfte Vokale** (rheinische Schärfung). Es kann vorkommen, dass sich deutsches und kölsches Wort lediglich in dieser Vokalqualität unterscheiden, z. B. **Schwabe** dt.: [ˈʃvaːbə], kö.: [ˈʃva·bə].

6. Konsonanten

Nachstehend erfolgt eine Gegenüberstellung der Darstellung von Konsonanten im Deutschen und im Kölschen:

6.1 Realisierungen von dt. <b>

6.1.1 In- und auslautendes **<b>** im Deutschen wird im Kölschen in vielen Fällen zu **<v>/<vv>**. Im Inlaut wird dieses **[v]**, im Auslaut **[f]** gesprochen. **Nach Langvokal** oder Diphthong wird der Einzelbuchstabe **<v>**: **Grave, Grav, gläuve** (dt. *Graben, Grab, glauben*), **nach kurzem Vokal** der Doppelbuchstabe **<vv>**: **üvver** (dt. *über*) geschrieben.

6.1.2 Im Anlaut kann **<b>** des deutschen Wortes im Kölschen zu **<p>** wechseln: **Puckel** (dt. *Buckel*), **Poosch** (dt. *Bursche*).

6.1.3 In Einzelfällen kann deutsches **<b>** im Kölschen auch als **<f>** realisiert werden: **Gaffel** (dt. *Gabel*).

6.2 Realisierungen von dt. <chs>, <cht>, <ch>

6.2.1 Das Konsonantencluster **<chs>** wird innerhalb eines Morphems **nach kurzem Vordervokal** (= i, ü, e, ä, ö) im Kölschen wie im Deutschen [ks] gesprochen: **sechs**. **<chs> nach langem Vordervokal** (i, e, ä, ö, ü, ei/ai, eu/äu) wird im Deutschen zwar [çs] gesprochen, im Kölschen jedoch [ks][1]. Daher wird die Schreibung <chs> trotzdem beibehalten, zumal auch in der Umgangssprache wie im Kölschen <chs> als [ks] realisiert wird: **nöchste** (dt. *nächste*).

6.2.2 Im kölschen Wort kann das **Auslaut-t** des Konsonantenclusters **<cht> nach Langvokal** im Wortstammauslaut eines deutschen Wortes, in welchem ein Kurzvokal steht, getilgt werden. Die Vokallänge wird dann durch **Verdopplung des Vokagraphems** angezeigt: **Naach** (dt. *Nacht*), **schlääch** (dt. *schlecht*). Folgt bei Ableitung eines solchen Wortes im Deutschen dem <cht> – im Kölschen dem <ch> – ein <s>, wird im Kölschen <ch> lautlich durch [k] realisiert. Bei der Schreibweise richten wir uns nach der des Wortstammes: **naachs** (dt. *nachts*).

6.2.3 Folgt im Deutschen einem langen Hintervokal (= a, o, u, au) der Laut [x] und ist der Langvokal im Kölschen umgelautet (zu ä, ö, ü, äu), wird im kölschen Wort anstelle von [x] ein [k] gesprochen, das auch <k> geschrieben wird: **söke** (dt. *suchen*). Eine zusätzliche Längenkennzeichnung erübrigt sich, da [k] nach Kurzvokal <ck> geschrieben wird wie in **Söck** (dt. *Socken*).

---

[1] Anm.: Nach langen Zentral- und Hintervokalen (aː, uː, oʊ, oː, ɔː) wird im Deutschen **<chs>** nicht [ks] gesprochen, sondern nur nach langen Vordervokalen (iː, ɪː, eː, ɛː, yː, ʏː, œː, øː, ɛː – graphisch: *i, e, ü, ö, ä*).

6.3 dt. <ch>/<g> zu kö. <h>

6.3.1 <g> oder <ch> im deutschen Wort kann im kölschen Wort **wegfallen**. An dieser Position wird dann im Kölschen ein <h> **eingefügt**: **Nǫhber** (dt. *Nachbar*), **Rähn** (dt. *Regen*). Ein kurzer Vokal im Kölschen wird dadurch im Kölschen lang.

6.3.2 Wird <g> oder <ch> **im Auslaut, vor <s> oder vor <t>** im kölschen Wort **getilgt**, wird das getilgte <g> bzw. <ch> im Kölschen durch <h> ersetzt: **sähs** (dt. *sagst*).

6.3.3 Ist der Vokal eines deutschen Wortes kurz, der des kölschen Wortes aber lang, d. h. wurde eine Längenkennzeichnung des Stammvokals durch Verdopplung des Vokalbuchstabens vorgenommen (z. B. **maache** (dt. *machen*), wird bei **flektierten Verbformen**, wo <g> oder <ch> vor <s> oder <t> ausfällt, statt Vokalverdopplung plus <h>-Ersetzung nur eine Längenkennzeichnung vorgenommen, und zwar wird **für das weggefallene <g> bzw. <ch> ein <h> ersetzt**: **mähs** (dt. *machst*).

6.4 Realisierungen von dt. <ck>

6.4.1 <ck> im deutschen Wort kann im Kölschen **[g]** gesprochen werden, das als <gg> geschrieben wird: **Daggel** (dt. *Dackel*), **waggele** (dt. *wackeln*) (s. 6.6.1).

6.4.2 Selten kommt ein Wechsel von <ck> im Deutschen zu <pp> im Kölschen vor: **knappig** (dt. *knackig*), **Schlupp** (dt. *Schluck*).

6.5 Realisierungen von dt. <f>/<ff>

6.5.1 <f> im deutschen Wort kann im Kölschen **[p]** gesprochen werden, das auch als <p> geschrieben werden: **Dörp** (dt. *Dorf*), **gappe** (dt. *gaffen*).

6.5.2 <f> im deutschen Wort kann im Kölschen stimmhaft werden. Wir schreiben dann <v>: **Deuvel** (dt. *Teufel*), **Schwävel** (dt. *Schwefel*).

6.5.3 Ebenso tritt ein Wechsel von <f> im deutschen Wort zu <b> im Kölschen auf: **knibbelig** (dt. *kniffelig*).

6.6 <gg> im kölschen Wort

6.6.1 Steht im Deutschen <k>/<ck> nach einem Kurzvokal, wird dieses <k>/<ck> in einigen Fällen im Kölschen lautlich durch **[g]** realisiert. Zur Kennzeichnung der Vokalkürze schreiben wir hierfür den Doppelkonsonanten <gg>: **Rögge** (dt. *Rücken*).

6.6.1.1 Bei **nicht erweiterbaren Wörtern**, schreiben wir entsprechend der Lautung **<ck>**: **zoröck** (dt. *zurück*).

6.6.2 Steht im Deutschen **<d> oder <t> hinter einem Vorderdiphthong** (= *ei, eu, äu*), wird in einigen Fällen im Kölschen der Diphthong durch einen **kurzen Vordervokal** (= *i, ü, e, ä, ö*) ersetzt und **[d]/[t]** durch **[g]**. Zur Kennzeichnung der Vokalkürze schreiben wir auch hier den Doppelkonsonanten **<gg>**: **schnigge** (dt. *schneiden*), **lügge** (dt. *läuten*). Dies gilt auch für Wörter, die in nicht erweiterter Form mit **auslautendem [k]** gesprochen werden: **Zigg** (dt. *Zeit*). Erweiterte Formen sind **Zigge**, **beizigge** (dt. *Zeiten, beizeiten*). Die Schreibung des Stammes richtet sich also nach der erweiterten Form, damit er immer erhalten bleibt.

6.6.2.1 Bei **nicht erweiterbaren** Wörtern, schreiben wir entsprechend der Lautung **<ck>**: **Lück** (dt. *Leute*), **zick** (dt. *seit*).

6.7 Realisierungen von dt. <nd>/<nt>

Die deutschen Konsonantencluster **<nd>/<nt>** werden im Kölschen häufig **<ng>**: **Püngel** (dt. *Bündel*), **binge** (dt. *binden*), **drunger** (dt. *drunter*) oder **<ngk>**: **Mungk** (dt. *Mund*), **Hungk** (dt. *Hund*) geschrieben.

6.8 Realisierungen von dt. <pf>

6.8.1 Deutsches **<pf>** wird unabhängig von der lautlichen Umgebung im Kölschen meistens **<p>** geschrieben: **Pääd** (dt. *Pferd*), **höppe** (dt. *hüpfen*), **Kopp** (dt. *Kopf*).

6.8.2 Deutsches **<pf>** kann im Kölschen **[f]** gesprochen werden, das **im Wortanlaut <f>, nach kurzem Vokal <ff>** realisiert wird: **Farrer** (dt. *Pfarrer*), **Flich** (dt. *Pflicht*), **Fau** (dt. *Pfau*); **Offer** (dt. *Opfer*), **koffer**, (dt. *kupfern*).

6.8.3 In Einzelfällen kann deutsches **<pf>** nach kurzem Vokal im Kölschen durch **stimmhaftes [v]** realisiert werden, das wir **<vv>** schreiben: **Givvel** (dt. *Gipfel*).

6.8.4 Selten kann deutsches **<pf>** nach kurzem Vokal im Kölschen durch **stimmhaftes [b]** realisiert werden, das wir **<bb>** schreiben: **Zibbel** (dt. *Zipfel*), **zöbbele** (dt. *zupfen*).

6.9 Realisierungen von dt. <p>/<pp>

Im Kölschen wird ein **<p>** des deutschen Wortes **nach einem Kurzvokal** häufig zu **<bb>**: **dubbelt** (dt. *doppelt*), **Rebb** (dt. *Rippe*).

6.10 Realisierungen von dt. <s>/<ss>

6.10.1 Deutsches <s> oder auch <sch> nach einem kurzen Vokal wird im Kölschen lautlich häufig als **stimmhaftes [z]** bzw. **[ʒ]** realisiert, das durch <s> bzw. <sch> verschriftet wird: **gru̱sele** (dt. *gruseln*), **Karu̱sell** (dt. *Karussell*), **ku̱schele** (dt. *kuscheln*).

6.10.2 Das **lautverschobene <s>** in deutschen Wörtern wurde in vielen kölschen Wörtern **nicht verschoben** und ist <t> geblieben: **dat** (dt. *das(s)*), **et** (dt. *es*), **wat** (dt. *was*).

6.10.3 Im Kölschen kann für <s> im deutschen Wort <z> stehen: **Zabel** (dt. *Säbel*), **Zupp** (dt. *Suppe*), **zick** (dt. *seit*), **Fazung** (dt. *Fasson*).

6.10.4 Deutsches <s> kann im kölschen Wort auch zu <sch> werden: **öftersch** (dt. *öfters*), **Gepiepsch** (dt. *Gepieps(e)*), **meeschtens** (dt. *meistens*). Diese Formen sind allerdings veraltend.

6.11 dt. <t>/<tt> zu kö. <d>/<dd>

6.11.1 Folgt im Deutschen dem **Anlaut-t** ein **Langvokal oder ein Diphthong**, beginnt das Wort im Kölschen in der Regel mit <d>: **Dag** (dt. *Tag*), **deile** (dt. *teilen*); unabhängig davon, ob im Kölschen der Diphthong erhalten bleibt oder zu einem Langvokal monophthongiert: **Duuv** (dt. *Taube*)[1].

6.11.2 Folgt im Deutschen dem **Anlaut-t** ein <r> + Kurzvokal und ist der Vokal auch im Kölschen kurz, sprechen wir im Kölschen oft **Anlaut-[d]**: **drinke** (dt. *trinken*).

6.11.3 Auch in der **Wortmitte** und am **Wortende** kann <t>/<tt> zu <d>/<dd> werden: **tredde** (dt. *treten*), **Leider** (dt. *Leiter*), **Arbeid** (dt. *Arbeit*), **Re̱dd** (dt. *Ritt*).

6.12 Andere, weniger regelmäßig vorkommende Konsonanten-Änderungen

6.12.1 Deutsches <bs>/<ps> wird in wenigen kölschen Wörtern zu <bb>/<pp>: **schubbe/schuppe, Schnibbel, stuppe** (dt. *schupsen, Schnipsel, stupsen*).

6.12.2 Deutsches <d> kann vor allem **am Wortanfang** im Kölschen zu <t> werden: **tirek, trentele** (dt. *direkt, trendeln*).

6.12.3 In kölschen Wörtern kann **am Wortanfang** <k> statt deutschem <g> stehen: **Kluck, Kalosche** (dt. *Glucke, Galoschen*).

---

[1] Bei den Diphthongen gibt es einige wenige Ausnahmen: dt. t*auschen* – kö. **tuusche**, dt. *trauern* – kö. **troore**, es findet aber immer Monophthongierung statt.

6.12.4 Im Kölschen **enden** einige Wörter **auf <m>**, die im Deutschen **wortfinal** mit **<n>** geschrieben werden: **Be<u>s</u>em** (dt. *Besen*).

6.12.5 Wörter, die im Deutschen **in der Wortmitte <r>** geschrieben werden, können im Kölschen statt dessen ein **<l> oder <n>** aufweisen: **Aplekus, labbelig, Knigg** (dt. *Aprikose, labberig, Kreide*).

6.12.6 Häufiger findet man im Kölschen Wörter, die **auf <rre>/<re> und <le> enden** und die im Deutschen mit **<rn> bzw. <ln>** geschrieben werden: **Farre, vürre/v<u>ö</u>rre, foodere, funkele** (dt. *Farn, vorn, futtern, funkeln*).

6.12.7 In kölschen **Zahlwörtern** (selten auch in anderen Wörtern) wird in deutschen Endsilben wie z. B. *-zig* und *-zehn* statt des **<z>** teilweise ein **<s>/<<u>s</u>>** geschrieben: **nüngsig, drücksehn** (dt. *neunzig, dreizehn*). **difi<u>s</u>il** (dt. *diffizil*).

6.12.8 In kölschen Wörtern kann **auslautendes deutsches <tt>** auch **<tz>** sein: **Latz** (dt. *Latte*).

6.12.9 **Deutsches <t>/<tt>** kann im Kölschen auch als **<p>/<bb>** realisiert werden: **Pott, Samp, Z<u>ö</u>bbel** (dt. *Topf, Samt, Zottel*).

7. Lautung und Schreibung

7.1 Die **Auslautverhärtung** hat im Kölschen – ebenso wie im Deutschen – keinen Einfluss auf die Schreibweise:

7.1.1 <b>/[b] → <b>/[p]   **rebbe – gerebb/Rebb** (dt. *rippen, gerippt/Rippe*);

7.1.2 <d>/[d] → <d>/[t]   **schwaade – schwaad!/schwaads** (dt. *reden, red!/redest*);

7.1.3 <g>/[j] → <g>/[ɧ]   **säge – säg!/sägt** (dt. *sägen, säg!/sägt*);

7.1.4 <g>/[ʀ] → <g>/[x]   **Dage – Dag/dags** (dt. *Tage, Tag/tags*);

7.1.5 <gg>/[g] → <gg>/[k]   **strigge – Strigg** (dt. *streiten, Streit*);

7.1.6 <s>/[z] → <s>/[s]   **bl<u>o</u>se – bl<u>o</u>s!/bl<u>o</u>st!** (dt. *blasen, blas!/blast!*);

7.1.7 <v>/[v] → <v>/[f]   **blieve – bliev!/blievt!** (dt. *bleiben, bleib!/bleibt!*);
Auch wenn im Kölschen die Ableitungen nicht immer analog zu 7.1.1-7.1.7 existieren, so behalten wir in

Anlehnung an die deutschen Entsprechungen das Prinzip bei (z. B. **Brand – Bränd, Balg – Bälg, Wǫǫd – Wǫ̈ǫ̈d** (dt. *Brand – Brände; Balg – Bälge(r); Wort – Worte*).

7.2 Das Phonem **/g/** besitzt im Kölschen verschiedene Aussprachevarianten. /g/ wird – unabhängig von seiner Artikulation in bestimmten lautlichen Umgebungen – immer <g> geschrieben (Ausnahme s. 7.2.1).

7.2.1 Steht **<gg>** wortmedial im kölschen Wort nach kurzem Vokal wird immer [g] gesprochen (vgl. 7.1.5). Die Schreibung <gg> orientiert sich dabei an der Schreibung deutscher Wörter, bei denen nach kurzem Vokal ebenfalls <gg> steht: **aanbaggere** [ˈaːnˌbagərə] (dt. *anbaggern*).

Ansonsten steht <g> für:

7.2.2 [j̊] im Morphemanlaut und im Silbenanlaut nach Vordervokal (*i, e, ä, ö, ü, ei/ai, eu/äu*): **Gold** [j̊olt]; **beege** [ˈbeːj̊ə] (dt. *Gold, biegen*) und **im Silbenanlaut nach r oder l: schmirgele** [ˈʃmɪrj̊ələ], **würge** [ˈvʏrj̊ə] (dt. *schmirgeln, würgen*); **balge** [ˈbalj̊ə] (dt. *balgen*). Das Graphem <g> wird in diesen Fällen immer [j̊] gesprochen. Im Fall von **beege, würge** und **balge** ist die Lautung [j̊] erst durch Bildung der Infinitivform an die Verbstämme **beeg-, würg-** und **balg-** entstanden, deren auslautendes <g> hier [f̊] artikuliert würde (vgl. 7.2.4);

7.2.3 [ʀ] im Silbenanlaut nach Zentral- und Hintervokal (= *a, u, o, au*): **Mage** [maːʀə] (dt. *Magen*); **fuge** [ˈfuˑʀə] (dt. *fugen*), **frǫge** [ˈfrɔˑʀə] (dt. *fragen*), **Auge** [ˈɔʊʀə] (dt. *Augen*). Im Fall von **fuge** und **frǫge** ist die Lautung [ʀ] erst durch Bildung der Infinitivform an die Verbstämme **fug-** und **frǫg-** entstanden, deren auslautendes <g> hier [x] artikuliert würde (vgl. 7.2.5);

7.2.4 [f̊] nach Vordervokal (*i, e, ä, ö, ü, ei/ai, eu/äu*), *l* oder *r* im Silbenauslaut: **Kreeg** [kreːf̊] (dt. *Krieg*), **fäg** [fɛːf̊] (dt. *feg!*); **Balg** [balf̊] (dt. *Balg*); **Burg** [bʊrf̊] (dt. *Burg*). Dabei kann dem <g> einer der stimmlosen Konsonanten *t* oder *s* folgen: **Kreegsjǫhre** [ˈkreːf̊sˌjɔːrə] (dt. *Kriegsjahre*), **äugs** [øʏf̊s] (dt. *äugst*); **fägt** [fɛːf̊t] (dt. *fegt*). Bei Ableitung oder Flexion wird <g> in einigen dieser Beispiele [j̊] gesprochen (vgl. 7.2.2): **Kreege, fäge, Burge, äuge;**

7.2.5 [x] nach Zentral- oder Hintervokal (= *a, u, o, au*) im Silbenauslaut: **Dag** [daːx] (dt. *Tag*), **Frǫg** [frɔˑx] (dt. *Frage*). Dabei kann dem <g> einer der stimmlosen Konsonanten *t* oder *s* folgen: **meddags** [ˈmedaːxs] (dt. *mittags*); ehr **daugt** [dɔʊˑxt] (dt. *(ihr) taugt*).

7.3 Die Suffixe -ig, -lich und -isch

7.3.1 Das Suffix **<ig>** wird [ɪf̊] artikuliert, abgeleitete Formen auf <ige-> spricht man [ɪj̊ə]. Dabei wird er Laut [g] auslautverhärtet zu [f̊] (vgl. 7.2.2 u. 7.2.4): **iwig** [ˈiˑvɪf̊], **iwige** [ˈiˑvɪj̊ə] (dt. *ewig, ewige*).

7.3.2 Das Suffix **<lich>** artikuliert man im Kölschen [lɪf̊], die abgeleitete Form <liche> [lɪf̊ə]: **herrlich** [ˈhɛrlɪf̊], **herrliche** [ˈhɛrlɪf̊ə]. Allerdings tritt im Kölschen neben [lɪf̊ə] auch die Artikulation [lɪj̊ə] auf: [ˈhɛrlɪj̊ə], was möglicherweise entweder auf die Unkenntnis der korrekten Schreibweise des Wortes zurückzuführen ist oder auf ein im Kölschen häufig auftretendes Phänomen, wenn <ch> vor <e> (= Schwa) auftritt wie z. B. bei **Durchenander** ['dʊrjə‚nandə] (<lige-> statt <liche->; vgl. dazu 7.3.1).

7.3.3 Das Suffix **<-isch->** sowie die davon abgeleiteten Formen <ische-> verhalten sich im Deutschen und im Kölschen gleich: **technisch** ['tɛʃnɪʃ], **technische** ['tɛʃnɪʃə]. Bei Wörtern auf <ische> tritt eine Verwechslung mit <ige> wie in 7.3.2 fast nie auf: *[teçnɪjə]. Man hört aber vereinzelt für **komische** ['koˑmɪjə].

7.4 Folgt einem kurzen Vokal ein stimmhaftes **<ch>** [j], **<s>** [z] bzw. **<(s)ch>** [ʒ], zeigen wir dies, um es im Lemma kenntlich zu machen, durch **Unterstreichung** an: **Qua̱selei, ku̱schele, Duṟchenander** (dt. *Quasselei, kuscheln, Durcheinander*). Grundsätzlich bleibt es aber bei der Schreibweise <ch>, <s> bzw. <sch>.

8. Tilgung

8.1 Anlaut-h-Tilgung

Im Kölschen wird in einigen **Richtungsadverbien**, die im Deutschen mit <h> anlauten, dieses <h> getilgt: **erö̱m, eran, erüvver, ere̱n** (dt. *herum, heran, herüber, herein*).

8.2 Inlaut-Tilgung

8.2.1 Inlaut-a-Tilgung
Deutsches **<a>** in unbetonter Silbe kann im Kölschen **getilgt** werden: **Schlo̱t, Kni̱n**g, **Mo̱nd** (dt. *Salat, Kaninchen, Monat*).

8.2.2 Inlaut-e-Tilgung

8.2.2.1 Im Kölschen wird **<e>** in der letzten Silbe des **Partizips II** getilgt, wenn der entsprechende kölsche Verbstamm **auf <d> endet**: **gebildt, gearbeidt, veravscheedt** (dt. *gebildet, gearbeitet, verabschiedet*);

8.2.2.2 Lautet im Deutschen ein Wort **nach Diphthong auf <er>** aus, so fällt in der Regel im kölschen Wort das <e> zw. dem Doppelvokal und dem auslautenden <r> weg (vgl. 5.1.4.6): **Buur/Boor, Stüür/Stöör, suur/soor** (dt. *Bauer, Steuer, sauer*);

8.2.2.3 Steht ein deutsches **<e> in unbetonter Silbe** und wird lautlich als [ə] (= Schwa) realisiert, so kann es im Kölschen getilgt werden: **Apptit, grad** (dt. *Appetit, gerade*).

8.2.3 Inlaut-n-Tilgung
Im Kölschen kann **wortmediales <n>** getilgt werden, wenn zw. <n> und dem folgenden oder voran stehenden Konsonanten die **Silbengrenze** verläuft: **drüge, Löger, Kuvent** (dt. *trocknen, Lügner, Konvent*);

8.2.4 Inlaut-r-Tilgung
Im Kölschen kann ein **wortmediales <r>** wegfallen. Wenn der voranstehende Vokal kurz ist, wird der dem <r> folgende Konsonant verdoppelt, um der Vokalkürze Rechnung zu tragen: **schluffe, hadd, fott** (dt. *schlurfen, hart, fort*);

8.2.5 Inlaut-i-Tilgung
Im Kölschen kann in der vorletzten Silbe eines Wortes ein **unsilbisches <i> vor einem Vokal** – meist vor Schwa – getilgt werden: **Andive, Kumede** (dt. *Endivie, Komödie*).

8.3 Auslaut-Tilgung

8.3.1 Auslaut-e-Tilgung
In Wörtern, die im Deutschen **auf Schwa auslauten**, wird dieses im Kölschen in vielen Fällen lautlich wie auch schriftlich **getilgt**: **Blom, Rauh** (dt. *Blume, Ruhe*). Das gilt auch für das **Plural-Suffix -e** in Zusammenhang mit **Umlautung des Stammvokals: Stöhl, Föß, Fesch** (dt. *Stühle, Füße, Fisch*). Diese Regel gilt jedoch nicht generell, da in manchen Fällen im Kölschen das Plural-Suffix -e erhalten bleibt: **Desche, Diere** (dt. *Tische, Tiere*). Ebenso bleibt bei vielen Verben – insbesondere den starken – im Kölschen das **Konjugationssuffix -e** der 1. Person Singular Präsens erhalten: ich **schlofe** (dt. *ich schlafe*), während bei der 1. und 3. Person Singular Präteritum bei schwachen Hilfs- und Modalverben kein explizites Suffix vorhanden ist: ich **hatt**, hä **sollt**, ich **kunnt** (dt. *ich hatte, er sollte, ich konnte*). Das Singular-Suffix-e von Adjektiven bei femininen Substantiven im Nominativ und im Akkusativ ist optional tilgbar[1] die **grön(e) Fläsch** (dt. *die grüne Flasche*).
In seltenen Fällen (meist Nomina) kann ein voranstehender Konsonant mit getilgt werden: **Bei, Miel, Bier** (dt. *Biene, Mulde, Birne*).

8.3.2 Auslaut-el/-en/-er-Tilgung
<-el>/<-en>/<-er> am Wortende können im Kölschen **getilgt** werden: **Schnetz, Kood, Vergess, Poss, Treff, uns** (dt. *Schnitzel, Kordel, Vergessen, Pfosten, Treffer, unser*);

8.3.3 Auslaut-n-Tilgung
Steht im Deutschen im **Wortauslaut <n>**, wird im Kölschen gewöhnlich das **auslautende <n>** getilgt: **beege** (dt. *biegen*). Beginnt das folgende Wort mit einem Vokal, einem Dental (= *t, d*) oder mit <h>, ist die Tilgung des Auslaut-n optional: ene **gode(n)** Qvend, ene **gode(n)** Dag, ene **leeve(n)** Här (dt. *ein guter Abend, ein guter Tag, ein lieber Herr*). Gelegentlich wird auch ein voran stehendes <r> mit getilgt: **bleche, bleie, stöhle** (dt. *blechern, bleiern, stählern*).

1　Ausnahmen sind Adjektive mit Langvokal plus stl. /s/ wie *groß, wieß, naß*, nicht aber *gries*, da das *s* hier das Phonem /z/ ist (*die große Vas*; falsch ist: *die groß Vas vs. *gries(e) Hoor*). Schreibtechnisch unterscheiden wir deshalb die beiden Grapheme ß und s. Zum anderen ist Auslaut-e nicht tilgbar bei Adjektiven auf *-ig* (*die schäbbige Botz*, falsch ist: **die schäbbig Botz*).

8.3.4 Auslaut-r-Tilgung

Im Kölschen kann ein **auslautendes <r>** getilgt werden: **mih, dä, hee, wä, veezehn** (dt. *mehr, der, hier, wer, vierzehn* (s. a. 1.2.1));

8.3.5 Auslaut-t-Tilgung

Steht im Deutschen **im Auslaut eines phonologischen Wortes**[1] ein [t] hinter [s], [f], [k], [ç] oder [x], wird dieses **Auslaut-t** im Kölschen für gewöhnlich **getilgt**: **Gespens, Tak, Deens, Punk, Rass, Weetschaff, deech, schlääch, Naach, Rezepp** (dt. *Gespenst, Takt, Dienst, Punkt, Rast, Wirtschaft, dicht, schlecht, Nacht, Rezept*). Dies gilt auch für Komposita, die aus zwei phonologischen Wörtern bestehen, wobei das Auslaut-t des ersten phonologischen Wortes getilgt wird: **deenslich, pünklich, Rassstätt** (dt. *dienstlich, pünktlich, Raststätte*). Ebenso verhält es sich, wenn ein **Fugen-s** zw. zwei Wortkomponenten eingefügt wird: **Weetschaffsdür** (dt. *Wirtschaftstür*). Zur Kennzeichnung der **Vokalkürze bei Auslaut-t-Tilgung** wird, wenn nur ein einziger Konsonant folgt, der dem Vokal folgende Konsonantenbuchstabe verdoppelt, sofern dieser zu verdoppeln ist: **Rass, Weetschaff** (dt. *Rast, Wirtschaft*). Ist der Konsonant ein [k], schreiben wir abweichend von der Regel kein <ck>, sondern tilgen lediglich das wortfinale <t>: **Ak, Tak** (dt. *Akt, Takt*).

8.3.5.1
Nicht getilgt wird **Auslaut-t hinter [l] und [n]**, dementsprechend wird es auch schriftlich realisiert: **Gewal**t, **Zement** (dt. *Gewalt, Zement*).

8.3.5.2
Steht Auslaut-t nach [m] bzw. [ŋ], wird im Deutschen ein schwaches [p] bzw. [k] zw. [m] bzw. [ŋ] und [t] gesprochen. Im Kölschen wird dieses bei Auslaut-t-Tilgung deutlich artikuliert. Daher wird das [p] nach [m] wie auch das [k] nach [ŋ] anstatt des auslautenden [t] geschrieben: **Amp** (dt. *Amt*), **Hemb** (dt. *Hemd*), **unbedingk** (dt. *unbedingt*). In flektierter Form tritt das wortfinale <t> lautlich wie auch schriftlich hinzu, wobei <p> und <k> wegfallen: **Ämter** (dt. *Ämter*), **Hemde(r)** (dt. *Hemden*), **unbedingte** (dt. *unbedingte*).

9. Hinzufügung

9.1 Inlaut-Hinzufügung

9.1.1 Inlaut-e-Hinzufügung

Im Kölschen kann zw. zwei Konsonanten ein **Schwa <e> eingefügt** werden (u. U. auch erweitert <el>), wenn zw. ihnen eine Silbengrenze verläuft oder sie am Ende eines einsilbigen Wortes stehen: **kläverig, Beddeler, Wammes** (dt. *klebrig, Bettler, Wams*).

---

[1] Das phonologische Wort (z. B. *Weetschaff*) unterscheidet sich hier von dem morphologischen (*Weetschaft*), da die Auslaut-[t]-Tilgung nur für diese Wortform gilt. Innerhalb der bisher verwendeten Kategorien Morphem, Silbe oder Wort lässt sich die [t]-Tilgung nicht zufriedenstellend erklären. Erst bei der Hinzunahme des „phonologischen Wortes" ist eine Beschreibung und Erklärung möglich. Während *Weetschaff* und die Pluralform *Weetschafte* jeweils ein phonologisches Wort sind, besteht das Kompositum *Weetschaffsdür* aus zwei phonologischen Wörtern: *Weetschaff* und *Dür*.

9.1.2 Inlaut-s-Hinzufügung
Im Kölschen wird in Komposita häufig ein **Fugenmorphem <s>** zw. die beteiligten Wortkomponenten gesetzt, wo dieses im Deutschen nicht auftritt: **Botterammspapier, Ääpelszupp** (dt. *Butterbrotpapier, Kartoffelsuppe*).

9.1.3 Inlaut-t-Hinzufügung
erscheint nur noch in heute **veralteten Formen** wie **ihter, hühter, fröhter** (dt. *eher, höher, früher*).

9.1.4 Inlaut-n-Hinzufügung
Ein „n" kann hinter einem Vokal eingefügt werden, wenn ein Vokal, ein „d" oder ein „h" im selben Wort folgt: **Flanze(n)öl, Pelle(n)driher, Geläge(n)heit** (dt. *Pflanzenöl, Pillendreher, Gelegenheit*), außerdem vor einem Fugen-s: **Kümpche(n)sschnedd** (dt. *Topfschnitt*). In der gesprochenen Sprache kann auch zw. einzelnen Wörtern, die diese Bedingungen erfüllen, ein „n" eingefügt werden.

9.2 Auslaut-Hinzufügung

9.2.1 Auslaut-e-Hinzufügung

9.2.1.1 Im Kölschen wird an einige wenige Wörter ein **wortfinales <e>** angefügt: **Dinge, Proppe, Döppe** (dt. *Ding, Pfropf, Topf*);

9.2.1.2 Wörter, vor allem Verben, die im Deutschen **auf <ln> oder <rn> enden**, lauten im Kölschen **auf <le> bzw. <re>** aus: **beddele, bläddere** (dt. *betteln, blättern*).

9.2.2 Auslaut-s(ch)-Hinzufügung
Bei einigen Wörtern kann im Kölschen ein **wortfinales <s>/<sch> angehängt** werden: **Gediers, üvverecks, Gröns, Geflaastersch** (dt. *Getier, übereck, Grün, Geflatter*).

10. Ableitungen

10.1 Das **Diminutivsuffix -che** (dt. *-chen*) hat **im Kölschen zwei Realisierungsformen**, abhängig von dem jeweils voranstehenden Laut. Es wird jedoch immer <che> geschrieben. Geht dem Diminutiv einer der Laute [f], [s] oder [ʃ] voran, wird das Diminutiv im Kölschen [jə] gesprochen: **Drüüvche** [ˈdryːfjə], **Kätzche** [ˈkɛtsjə], **Wööschche** [ˈvøːʃjə] (dt. *Träubchen, Kätzchen, Würstchen*). Nach allen anderen Konsonanten und Vokalen wird [ɧə] artikuliert: **Dröppche** [ˈdrœpɧə], **Bettche** [ˈbɛtɧə], **Fleckche** [ˈflɛkɧə], **Höörche** [ˈhœːɐ̯ɧə], **Rüümche** [ˈryːmɧə], **Männche** [ˈmɛnˑɧə], **Hängche** [ˈhɛŋɧə], **Ballche** [ˈbɛlˑɧə], **Eiche** [ˈeɪ̯ɧə] (dt. *Tröpfchen, Bettchen, Fleckchen, Härchen, Geschichtchen, Männchen, Händchen, Bällchen, Eichen*).

10.2 Divergenzen bei Prä- und Suffixen zwischen dem Kölschen und dem Deutschen

10.2.1 Das **Präfix ver-** kann im Kölschen für die deutschen Präfixe *er-, per-, wahr-* und *vor-* gesetzt werden: **Ver|käldung, ver|plex, ver|haftig, ver|bei** (dt. *Erkältung, perplex, wahrhaftig, vorbei*);

10.2.2 Im Kölschen wird häufig statt des deutschen Suffix *-ander* das kölsche Suffix *-ein* gesetzt: **Durchenein** (dt. *Durcheinander*);

10.2.3 Das deutsche Suffix *-heim* wird im Kölschen oft durch das Suffix *-em* realisiert: **Merrem, Müllem** (dt. *Merheim, Mülheim*);

10.2.4 Für das deutsche Suffix *-heit* steht im Kölschen manchmal das Suffix *-erei*: **Do̱mm|erei** (dt. *Dummheit*);

10.2.5 Bei den Präsens-Partizipien kann das deutsche Suffix *-end* im Kölschen durch das Suffix *-ig* ersetzt werden: **ro̱s|ig/ro̱s|ig, wöd|ig, glöhn|ig** (dt. *rasend, wütend, glühend*);

10.2.6 Das Suffix *-es* kann im Kölschen sowohl an Verben als auch an Nomina und Adjektive angehängt werden. In Verbindung mit Verben bildet es Personenbezeichnungen: **Hüül|es** (dt. *Heulsuse*), sowie Bezeichnungen von Gegenständen: **Schnurr|es** (dt. *Schnurrbart*). Zusammen mit Nomina bildet *-es* Personenbezeichnungen: **Kavalör|es** (dt. *Kavalier*) und Benennungen von Handlungen/Handlungsergebnisse: **Köpp|es** (dt. *Kopfsprung*), sowie Verkürzungen aus Namen: **Ner|es, Nell|es** (dt. *Werner, Kornelius*) und aus *-haus*: **Back|es** (dt. *Backhaus*). In Verbindung mit Adjektiven bezeichnet *-es* Personen: **Muff|es** (dt. *Griesgram*);

10.2.7 Im Kölschen tritt zur **Kennzeichnung weiblicher Personen** neben dem Suffix **-in** das Suffix **-sch** auf: **Nihersch, Schwigersch** (dt. *Näherin, Schwägerin*);

10.2.8 Im Kölschen werden **Substantivierungen aus einsilbigen Adjektiven** zumeist durch Anhängen des Suffix *-de* gebildet: **Hüh|de, Wärm|de, Deck|de** (dt. *Höhe, Wärme, Dicke*).

10.3

Einige Nomen haben im Deutschen und im Kölschen zwar dieselbe Form im Singular, sie unterscheiden sich aber beim Plural, z. B. **Wanderung**, kö.: **Wanderunge** (dt. *Wanderungen*); **Schwank**, kö. **Schwänk** (dt. *Schwänke*).

11. Mischformen

Es gibt Komposita, die ganz oder teilweise vom Deutschen ins Kölsche übernommen wurden, obwohl es für die einzelnen Bestandteile der Komposita kölsche Entsprechungen gibt, z. B. **Heff** (dt. *Hefe*), aber **Hefedeilche** (dt. *Hefeteilchen*).

VII. WÖRTERVERZEICHNIS

KÖLSCH – DEUTSCH

A – Z

aach [aːx] <Kardinalz.> {5.2.1.2; 6.2.2}: acht, (als Ziffer: 8).
Aach, de [aːx] <N.; kein Pl.> {5.2.1.2}: Acht, Obacht, Aufmerksamkeit, i. best. Wendungen ***A. gevve** (A. geben = vorsichtig, achtsam sein, Obacht geben); ***sich en A. nemme** (sich in A. nehmen = vorsichtig sein, aufpassen).
aach|däg|ig [ˈaːxˌdɛˑjɪʃ] <Adj.; ~e> {5.2.1.2; 6.2.2}: achttägig, über acht Tage andauernd. Tbl. A5.2
aach|dausend [ˈaːxˈdou̯ˌzənt / ˈ-ˌ-- / ˌ-ˈ--] <Kardinalz.> {s. u. ↑aach ↑dausend}: achttausend, (als Ziffer: 8000).
aach|deil|ig [ˈaːxˌdei̯ˑlɪʃ] <Adj.; ~e> {5.2.1.2; 6.2.2}: achtteilig, aus acht Teilen bestehend. Tbl. A5.2
aach|eck|ig [ˈaːxˌɛkɪʃ] <Adj.; ~e> {5.2.1.2; 6.2.2}: achteckig, acht Ecken aufweisend. Tbl. A5.2
aach|en|halv [ˈaːrənˈhalf / ˌ--ˈ-] <Bruchz.; zu ↑aach> {s. u. ↑aach ↑halv}: achteinhalb.
aacher|lei [ˈaːrəleɪ̯ˑ] <best. Gattungsz.; zu ↑aach; indekl.> {5.2.1.2; 6.2.2}: achterlei.
aach|hundert [ˈaːxˈhʊnˌdet / ˈ-ˌ-- / ˌ-ˈ--] <Kardinalz.> {s. u. ↑aach}: achthundert, (als Ziffer: 800).
aach|jöhr|ig [ˈaːxˌjœˑrɪʃ] <Adj.; ~e> {5.2.1.2; 6.2.2}: achtjährig, **1.** acht Jahre alt. **2.** über acht Jahre andauernd. Tbl. A5.2
aach|kant|ig [ˈaːxˌkantɪʃ] <Adj.; ~e> {5.2.1.2; 6.2.2}: achtkantig, **1.** mit acht Kanten versehen: *en ~e Mutter* (eine ~e Mutter). **2.** adv. meist i. d. Vbdg. ***einer a. erusschmieße** (jmdn. a. rauswerfen); ***a. erusfleege** (a. rausfliegen). Tbl. A5.2
aach|mǫl [ˈaːxˌmɔˑl / ˈ-ˈ-] <Wiederholungsz., Adv.; zu ↑aach> {5.2.1.2; 6.2.2}: achtmal, (mit Ziffer: 8-mǫl).
aach|sigg|ig [ˈaːxˌzɪgɪʃ] <Adj.; ~e> {5.2.1.2; 6.2.2}: achtseitig, acht Seiten aufweisend; acht Seiten umfassend. Tbl. A5.2
aach|stell|ig [ˈaːxˌʃtɛlɪʃ] <Adj.; ~e> {5.2.1.2; 6.2.2}: achtstellig, acht Stellen/Ziffern aufweisend (bzgl. Zahlen). Tbl. A5.2
aach|stöck|ig [ˈaːxˌʃtœkɪʃ] <Adj.; ~e> {5.2.1.2; 6.2.2}: achtstöckig, acht Stockwerke hoch. Tbl. A5.2
aach|stünd|ig [ˈaːxˌʃtʏnˑdɪʃ] <Adj.; ~e> {5.2.1.2; 6.2.2}: achtstündig, die Dauer von acht Stunden umfassend. Tbl. A5.2
aacht... [aːxt] <Ordinalz.; zu ↑aach; ~e> {5.2.1}: acht....
aachte [ˈaːxtə] <V.; schw.; *han*; geaach [jə'|aːx]> {5.2.1; 8.3.3}: **a)** achten, anerkennen, ehren, respektieren,
schätzen [auch: ↑ihre, ↑aan|erkenne, *en Ihre halde*]; **b)** aufpassen [auch: ↑op|passe]. (1)
aach|tel [ˈaːxtəl] <Bruchz.; zu ↑aach> {5.2.1}: achtel, (mit Ziffer: 1/8).
Aacht|er|bahn, de [ˈaːxtɐˌbaˑn] <N.; ~e> {5.2.1}: Achterbahn.
Aachter|gäss|chen [ˈaːxtɐˌjɛsjə] <N.; Straßenn.> {s. u. ↑Gassˈ}: Achtergässchen; Straße in Köln-Altstadt/Süd. *aachter* ist das altkölnische Wort für *hinter*, hier verweist dies auf die Lage gleich hinter der Severinstraße. Bis 1816 hieß die Straße *In der Packesgasse*.
Aachter|stroß [ˈaːxtɐˌʃtrɔˑs] <N.; Straßenn.> {s. u. ↑Stroß}: Achterstraße, Straße in Köln-Altstadt/Süd. *aachter* ist das altkölnische Wort für *hinter*, hier verweist dies auf die Lage gleich hinter der Severinstraße.
Ääd, de [ɛˑt] <N.; o. Pl.> {5.2.1.1.1; 5.4; 8.3.1}: Erde, **1.** Erdboden; Erdreich, Boden [auch: ↑Ääd|rich]; ***Himmel un Ä. (met Blodwoosch)** (Speise aus Kartoffeln u. Äpfeln mit gebratener Blutwurst); **[RA]** *Veezehn, fuffzehn, Loch en de Ä.!* (gesagt, wenn jmd. hinkt; (übertr.) wenn etw. unstimmig ist); ***unger de Ä. bränge** (beerdigen). **2.** Erdball, Erdkugel, Planet, Globus. **3.** Fußboden; Boden, Grund: *Dat Klein sitz op der Ä.* (Die Kleine sitzt auf dem Fußboden.).
Ääd|appel, der [ˈɛːtˌapəl / ˈɛːˌdapəl] <N.; ~|äppel> {s. u. ↑Ääd ↑Appel}: Kartoffel [auch: ↑Äәpel].
Ääd|äppels|buch, der [ˈɛːdəpəlsˌbʊx] <N.; ~|büch> {s. u. ↑Ääd ↑Appel ↑Buchˈ}: Kartoffelbauch, dicker Bauch, Leib [auch: ↑Ääpels|buch].
Ääd|äppels|schlǫt, der (*et* veraltet) [ˈɛːdəpəlsˌʃlɔˑt] <N.; kein Pl.> {s. u. ↑Ääd ↑Appel ↑Schlǫt}: Kartoffelsalat (der) [auch: ↑Ääpel|schlǫt].
Ääd|äppels|kloß, der [ˈɛːdəpəlsˌkloˑs] <N.; ~|klöß (meist Pl.)> {s. u. ↑Ääd ↑Appel}: Kartoffelkloß [auch: ↑Ääpels|-kloß].
Ääd|äppels|knedd|er, der [ˈɛːdəpəlsˌknedɐ] <N.; ~> {s. u. ↑Ääd|äppel ↑Knedder}: Kartoffelstampfer [auch: ↑Ääpels|knedder, ↑Knedd|er].
Ääd|äppels|nas, de [ˈɛːdəpəlsˌnaˑs] <N.; ~e> {s. u. ↑Ääd ↑Appel ↑Nas}: Kartoffelnase, (verächtl. für) knollige, plumpe Nase.
Ääd|äppels|riev, de [ˈɛːdəpəlsˌriˑf] <N.; ~e> {s. u. ↑Ääd ↑Appel ↑Riev}: Kartoffelreibe [auch: ↑Ääpels|riev], **[RA]** *e Geseech wie en Ä.* (pockennarbig).

Ääd|äppels|schell|er, der ['ɛːdɛpəls‚ʃelɐ] <N.; ~> {s. u. ↑Ääd ↑Ääpel ↑schelle¹}: Kartoffelschäler [auch: ↑Ääpel|schell|er].

Ääd|äppels|schiev, de ['ɛːdɛpəls‚ʃiˑf] <N.; ~e> {s. u. ↑Ääd ↑Appel ↑Schiev}: Kartoffelscheibe [auch: ↑Ääpel|schiev].

Ääd|äppels|stemm, de ['ɛːdɛpəls‚ʃtemˑ] <N.; ~e [-‚ʃtemə]> {s. u. ↑Ääd ↑Appel ↑Stemm}: dumpfe, unklare Stimme [auch: ↑Ääpels|stemm].

Ääd|äppels|zupp, de ['ɛːdɛpəls‚tsʊp] <N.; ~e (Sortenpl.)> {s. u. ↑Ääd ↑Appel ↑Zupp}: Kartoffelsuppe [auch: ↑Ääpels|zupp].

Ääd|bevve, et ['ɛːt‚bevə] <N.; ~> {5.3.2; 5.5.2; 6.1.1; s. u. ↑Ääd ↑bevve}: Erdbeben.

Ääd|ferke/~|firke, et ['ɛːt‚ferkə / -fɪrkə] <N.; ~> {s. u. ↑Ääd ↑Ferke/Firke}: Erdferkel.

aad|ig ['aˑdɪʃ] <Adj.; ~e; ~er, ~ste> {5.2.1.1.2}: artig, **1. a)** brav, wohlerzogen; *en a. Kind* (ein ~es Kind); **b)** äußerlich nett, niedlich, hübsch; *en a. Kleidche* (ein ~es Kleidchen); **c)** dem Wesen nach wohlerzogen, freundlich; *en a. Mädche* (ein ~es Mädchen); **d)** ansehnlich, beträchtlich, ordentlich, groß; *en a. Stöck Prummetaat* (ein großes Stück Pflaumenkuchen); **e)** merkwürdig, seltsam (hier wird das ursprüngliche Wort ironisch gebraucht). **2.** verrückt **[RA]** *Bes de a.?* (Bist du verrückt?) [auch: ↑av|ge|schmack, ↑be|klopp, ↑be|stuss, ↑be|titsch, ↑jeck, ↑kalver|ig, ↑knatsch|jeck, ↑läppsch, ↑rader|doll, ↑stapel|jeck/stabel|~, ↑ver|dötsch, ↑ver|kindsch, ↑ver|röck, *mem Bömmel behaue; en Ääz am Kieme/Wandere (han); (se) nit all op de Dröht/Reih (han); ene Nähl em Zylinder (han); ene Ratsch em Kappes (han); schwatz em Geseech (sin)*]. Tbl. A5.2

Aadig|keit, de ['aˑdɪʃkeɪt] <N.; ~e> {5.2.1.1.2}: Artigkeit, **1.** <o. Pl.> Freundlichkeit, freundliche Gesinnung (veraltend). **2.** <meist Pl.> Aufmerksamkeit, Anerkennung, Schmeichelei.

Ääd|rich, et ['ɛːt‚rɪʃ] <N.; o. Pl.> {5.3.1; s. u. ↑Ääd}: Erdreich.

Aal¹, de [aˑl] <N.; subst. Adj.; ~e> {5.2.1.2; 8.3.1}: Alte, alte Frau, (derb für) Ehegattin [auch: *aal* ↑*Schruuv (2)/*↑*Schartek (2)/*↑*Fräu|che (2)*].

Aal², der [aˑl] <N.; subst. Adj.; ~e> {5.2.1.2; 8.3.1}: Alte, alter Mann, Greis, (derb für) Ehegatte [auch: *aale* ↑*Büggel (3)/*↑*Bemm/*↑*Knopp (2)*].

Aal Muur am Bach [aˑl‚muˑɐ̯lam'bax] <N.; Straßenn.> {s. u. ↑Muur/Moor}: Alte Mauer am Bach; Straße in Köln-Altstadt/Süd. Die Lage beschreibt den Verlauf der südlichen Stadtgrenze des römischen Kölns; ab 1344 hieß die Straße *iuxta Antiquum murum* (= bei der alten römischen Stadtmauer) u. ab 1571 *Hinder der alter Mauren*.

Aal Sand|kuul, de [aˑl 'zant‚kuˑl] <N.; Straßenn.> {s. u. ↑ald¹ ↑Kuul}: Alte Sandkaul (Sandgrube), Straße in Widdersdorf. *Sandkaul* wurde eine Kies- u. Sandgrube genannt; hier lieferte die alte Sandkaul das Material für den Haus- u. Straßenbau bis um 1900, als sie verfüllt wurde u. man eine neue Grube anlegte, die Neue Sandkaul.

Aal Wall|gass [aˑl'val‚jas] <N.; Straßenn.> {s. u. ↑ald¹ ↑Gass¹}: Alte Wallgasse; Straße in Köln-Altstadt/Nord. Eigentlich müsste es Wahlgasse heißen; hier war der Sitz der Welschen Kaufleute; *welsch* kommt aus dem Italienischen bzw. Französischen u. ist die Bezeichnung für fremdländische Kaufleute. Bis 1816 hatte die Straße die Namen *Die wals gaß, In der Wahlengasse* nächst der Friesenstraße u. in der Franzosenzeit *Rue du vieux fossé*.

Aale Düxer Poss|wäg [‚aˑlədʏkse̞'pɔsvɛːʃ] <N.; Straßenn.> {s. u. ↑ald¹ ↑Düx ↑Poss ↑Wäg}: Alter Deutzer Postweg; Straße in Köln-Ostheim, Köln-Porz-Gremberghoven, Köln-Rath-Heumar. Sie war eine alte Postkutschenstraße der Thurn- u. Taxis-Postgesellschaft, die seit dem 15. Jh. bestand. Die Straße führte von Deutz über Spich bis Siegburg.

Aale|grave|gäss|che [‚aˑlə'jraˑvə‚jɛsjə] <N.; Straßenn.> {s. u. ↑ald¹ ↑Grave ↑Gass¹}: Altengrabengäßchen; Straße in Köln-Altstadt/Nord. Der Altengraben erinnert an die 2. Kölner Stadterweiterung im Jahr 1106 mit der Einbeziehung der Stadtteile Oversburg, Niederich u. dem Gebiet um die Apostelnkirche, der im Bau eines Walls mit Graben bestand. Bis 1816 hatte die Straße die Namen *Off dem aldengrabe* u. *Passage des fossés*.

aan [aːn] <Adv.> {5.2.1}: an, **a)** mit *sin, han* u. allen möglichen anderen Verben verbunden: *a. sin* (angekleidet sein); *a. han* ((ein Kleidungsstück) angezogen haben); **b)** ähnlich mit *blieve, krige, looße: Ich krige der Ovve nit a.* (Ich bekomme den Ofen nicht a.); *Loss et Füür/Leech/de Lamp a.!* (Lass das Feuer/Licht/die Lampe a.!).

aan|-, Aan|- [a:n] <Präfix> {5.2.1}: an-, An-, i. Vbdg. m. V., N., Adj. u. anderen Wortteilen: ~kumme (~kommen), ~drang (~drang), ~genähm (~genehm), ~fangs (~fangs).

aan|äkele ['a:n|ɛˑkələ] <trennb. Präfix-V.; schw.; *han*; äkelte a. ['ɛˑkəltə]; ~|geäkelt [-jə|ɛˑkəlt]> {5.4; 9.2.1.2}: anekeln [auch: ˌaan|kotze (1), ˌaan|widdere]. (6)

aan|backe ['a:nbakə] <trennb. Präfix-V.; unr.; *han*; backte a. ['baktə]; ~|gebacke [-jəbakə]>: anbacken, **1. a)** kurze Zeit, nicht fertig backen; **b)** nur kurze Zeit zum Backen im Backofen sein. **2.** sich während des Backens an der Backform festsetzen. (9)

aan|baggere ['a:nbagərə] <trennb. Präfix-V.; schw.; *han*; baggerte a. ['bagɐtə]; ~|gebaggert [-jəbagɐt]> {9.2.1.2}: anbaggern, flirten, anmachen [auch: ˌaan|maache (5), ˌbaggere (3)]. (4)

aan|bahne ['a:nbaˑnə] <trennb. Präfix-V.; schw.; *han*; bahnte a. ['baˑntə]; ~|gebahnt [-jəbaˑnt]>: anbahnen, **a)** in die Wege leiten; **b)** <sich a.> sich andeuten. (5)

aan|bälke ['a:nbɛlkə] <trennb. Präfix-V.; schw.; *han*; bälkte a. ['bɛlktə]; ~|gebälk [-jəbɛlk]>: anschreien, anblaffen [auch: ˌaan|blaffe (1), ˌaan|blöke, ˌaan|brölle/~|brülle (b), ˌaan|kotze (2), ˌaan|maache (4), ˌaan|motze, ˌaan|ranze, ˌaan|schnauze, ˌav|ranze, ˌav|rotze]. (41)

Aan|bau, der ['a:nbo̯ʊ] <N.; ~te>: Anbau.

aan|baue ['a:nbo̯ʊə] <trennb. Präfix-V.; schw.; *han*; baute a. ['bo̯ʊˑtə]; ~|gebaut [-jəbo̯ʊˑt]>: anbauen, **1.** hinzubauen. **2.** anpflanzen. (11)

Aan|bau|schrank, der ['a:nbo̯ʊˌʃraŋk] <N.; ~|schränk>: Anbauschrank.

aan|bedde ['a:nbedə] <trennb. Präfix-V.; schw./unr.; *han*; bedte/bädte a. ['beˑtə / 'bɛːtə]; ~|gebedt/~|gebädt [-jəbet / -jəbɛːt]> {5.3.2; 6.11.3}: anbeten, **1.** ein höheres Wesen betend verehren. **2.** vergöttern, überschwänglich verehren. (13)

aan|beddele ['a:nbɛdələ] <trennb. Präfix-V.; schw.; *han*; beddelte a. ['bɛdəltə]; ~|gebeddelt [-jəbɛdəlt]> {6.11.3; 9.2.1.2}: anbetteln. (6)

aan|beede ['a:nbeˑdə] <trennb. Präfix-V.; st.; *han*; bodd a. [bot]; ~|gebodde [-jəbodə]> {5.1.4.3; 6.11.3}: anbieten, präsentieren, darbieten, vorsetzen, empfehlen. (15)

aan|behalde ['a:nbəhaldə] <trennb. Präfix-V.; st.; *han*; beheeldt a. [bə'heːlt]; ~|behalde [-bə‚haldə]> {6.11.3}: anbehalten, (Kleidungsstücke) nicht ausziehen. (90)

aan|belange ['a:nbəlaŋə] <trennb. Präfix-V.; schw.; *han*; belangte a. [bə'laŋtə]; ~|belangk [-bə‚laŋˑk]>: anbelangen, betreffen: *Wat mich aanbelangk, gonn ich hüggfröh schlofe.* (Was mich anbelangt, gehe ich heute früh schlafen.). (49)

aan|belle ['a:nbɛlə] <trennb. Präfix-V.; schw.; *han*; bellte a. ['bɛlˑtə]; ~|gebellt [-jəbɛlˑt]>: anbellen [auch: ˌaan|kläffe (a)]. (91)

aan|be|treffe ['a:nbə‚trɛfə] <trennb. Präfix-V.; unpers., nur 3. Pers.; st.; *han*; betrof a. [bə'trɔˑf]; ~|betroffe [-bə‚trɔfə]>: anbetreffen, [nur noch i. d. **RA**]: was jmdn./etw. anbetrifft: *Wat mich aanbetriff, maach wat do wells!* (Was mich (an)betrifft, mach was du willst!). (192)

aan|be|zahle ['a:nbə‚tsaˑlə] <trennb. Präfix-V.; schw.; be|zahlte a. [bə'tsaːltə]; ~|be|zahlt [-bə‚tsaːlt]>: an(be)zahlen, **1.** <han> einen Teilbetrag von etw. bezahlen: *Ich han dat Kleid aanbezahlt.* (Ich habe das Kleid anbezahlt.). **2.** <sin> etw. wurde bereits teilweise bezahlt: *Dat Kleid es ald aanbezahlt.* (Das Kleid ist schon anbezahlt.). (61)

aan|bieße ['a:nbiˑsə] <trennb. Präfix-V.; st.; *han*; bess a. [bes]; ~|gebesse [-jəbesə]> {5.1.4.5}: anbeißen, **1.** ein Stück von etw. abbeißen: *De Ratte han de Brüdcher aangebesse.* (Die Ratten haben die Brötchen angebissen.). **2.** den Köder an der Angel anfressen: *De Fesch han nit aangebesse.* (Die Fische haben nicht angebissen.). (25)

aan|binge ['a:nbɪŋə] <trennb. Präfix-V.; st.; *han*; bung a. [bʊŋˑ]; ~|gebunge [-jəbʊŋə]> {6.7}: anbinden, anleinen, anschnüren, festbinden. (26)

aan|blaffe ['a:nblafə] <trennb. Präfix-V.; schw.; *han*; blaffte a. ['blaftə]; ~|geblaff [-jəblaf]>: anblaffen. **1.** heftig anfahren, zurechtweisen [auch: ˌaan|bälke, ˌaan|blöke, ˌaan|brölle/~|brülle, ˌaan|kotze (2), ˌaan|maache (4), ˌaan|motze, ˌaan|ranze, ˌaan|schnauze, ˌav|ranze, ˌav|rotze]. **2.** anbellen [auch ˌaan|kläffe (b)]. (27)

aan|blecke[1] ['a:nblɛkə] <trennb. Präfix-V.; *han*; bleckte a. ['blɛktə]; ~|gebleck [-jəblɛk]>: anblecken, die Zähne fletschen, heftig anfahren, zurechtweisen. (88)

aan|blecke[2] ['a:nblekə] <trennb. Präfix-V.; schw.; *han*; bleckte a. ['blektə]; ~|gebleck [-jəblek]> {5.5.2}: anblicken [auch: ˌaan|luure/~|loore (1), ˌaan|sinn (1)]. (88)

aan|blinke ['aːnblɪŋkə] <trennb. Präfix-V.; schw.; *han*; blinkte a. ['blɪŋktə]; ~|geblink [-jəblɪŋk]>: anblinken, mit Lichtsignal auf etw. aufmerksam machen. (41)

aan|blinzele ['aːnblɪntsələ] <trennb. Präfix-V.; schw.; *han*; blinzelte a. ['blɪntsəltə]; ~|geblinzelt [-jəblɪntsəlt]> {9.2.1.2}: anblinzeln. (6)

aan|blöke ['aːnblœːkə] <trennb. Präfix-V.; schw.; *han*; blökte a. ['blœːktə]; ~|geblök [-jəblœːk]> {5.5.3}: anherrschen, anblöken [auch: ꜜaan|bälke, ꜜaan|blaffe (1), ꜜaan|brölle/~|brülle, ꜜaan|kläffe (b), ꜜaan|kotze (2), ꜜaan|maache (4), ꜜaan|motze, ꜜaan|ranze, ꜜaan|schnauze, ꜜav|ranze, ꜜav|rotze]. (178)

aan|blose ['aːnbloːzə] <trennb. Präfix-V.; st.; *han*; blees a. [bleːs]; ~|geblose [-jəbloːzə] {5.5.3}: anblasen. (30)

aan|bohre ['aːnboː(e)rə] <trennb. Präfix-V.; schw.; *han*; bohrte a. ['boːetə]; ~|gebohrt [-jəboːet]>: anbohren. (31)

aan|bränge ['aːnbrɛŋə] <trennb. Präfix-V.; unr.; *han*; braht a. [braːt]; ~|gebraht [-jəbraːt]> {5.4}: anbringen. (33)

aan|brause/~|bruuse ['aːnbraʊzə / -bruːzə] <trennb. Präfix-V.; *aan|bruuse* veraltet; schw.; *han*; brauste a. ['braʊstə]; ~|gebraus [-jəbraʊs]> {(5.1.3)}: anbrausen, anrasen [auch: ꜜaan|rase/~|rose, ꜜaan|sause]. (149)

aan|breche ['aːnbrɛçə] <trennb. Präfix-V.; st.; *han*; broch a. [broːx]; ~|gebroche [-jəbroxə]>: anbrechen, **1.** nicht ganz durchbrechen, zerbrechen: *Ich han der Zih bloß aangebroche*. (Ich habe die Zehe nur angebrochen.). **2. a)** etw. anfangen zu verbrauchen; **b)** beginnen: *Hä hät e neu Pakett aangebroche.* (Er hat ein neues Paket angebrochen.); *De Naach brich aan.* (Die Nacht bricht an.). (34)

aan|bremse ['aːnbrɛmzə] <trennb. Präfix-V.; schw.; *han*; bremste a. ['brɛmstə]; ~|gebrems [-jəbrɛms]>: anbremsen. (87)

aan|brenne ['aːnbrɛnə] <trennb. Präfix-V.; unr.; *han* u. *sin*; brannt a. [brant]; ~|gebrannt [-jəbrant]>: anbrennen. (35)

aan|brode ['aːnbroːdə] <trennb. Präfix-V.; st.; *han*; breedt a. [breːt]; ~|gebrode [-jəbroːdə] {5.5.3; 6.11.3}: anbraten. (36)

aan|brölle/~|brülle ['aːnbrølə / -brʏlə] <trennb. Präfix-V.; schw.; *han*; bröllte a. ['brølˑtə]; ~|gebröllt [-jəbrølˑt]> {5.4}: anbrüllen [auch: ꜜaan|bälke, ꜜaan|blaffe (1), ꜜaan|blöke, ꜜaan|kläffe (b), ꜜaan|kotze (2), ꜜaan|maache (4), ꜜaan|motze, ꜜaan|ranze, ꜜaan|schnauze, ꜜav|ranze, ꜜav|rotze]. (91)

aan|brumme ['aːnbrʊmə] <trennb. Präfix-V.; schw.; *han*; brummte a. ['brʊmˑtə]; ~|gebrummp [-jəbrʊmˑp]>: anbrummen. (40)

Aan|daach, de ['aːndaːx] <N.; ~te> {5.2.1.2; 8.3.5}: Andacht.

aan|danze ['aːndantsə] <trennb. Präfix-V.; schw.; *han*; danzte a. ['dantstə]; ~|gedanz [-jədants]> {6.11.1}: antanzen, erscheinen. (42)

aan|däue ['aːndɔʏə] <trennb. Präfix-V.; Formen mischbar; unr./schw.; *han*; daut/däute a. [daʊt / 'dɔʏˑtə]; ~|gedaut/~|gedäut [-jə.daʊt / -jə.dɔʏˑt]>: anschieben. (43)

aan|decke ['aːndekə] <trennb. Präfix-V.; schw.; *han*; deckte a. ['dektə]; ~|gedeck [-jədek] {5.5.2}: andicken, verdicken, eine Flüssigkeit dicker machen: *Se hät de Zaus met Mähl aangedeck.* (Sie hat die Soße mit Mehl angedickt.). (88)

aan|deechte/~|dichte ['aːndeːçtə / -dɪçtə] <trennb. Präfix-V.; schw.; *han*; ~|gedeech [-jədeːç]> {5.2.1; 5.4}: andichten, zuschreiben, nachsagen. (131)

aan|deene ['aːndeˑnə] <trennb. Präfix-V.; schw.; *han*; deente a. ['deˑntə]; ~|gedeent [-jədeˑnt]> {5.1.4.3}: andienen, anbieten. (44)

Aan|deil, der ['aːndeɪl] <N.; ~(e)-deɪl / -deɪˑlə]> {6.11.1}: Anteil, **1.** Teil. **2.** <o. Pl.> Mitgefühl.

aan|docke ['aːndɔkə] <trennb. Präfix-V.; schw.; *han*; dockte a. ['dɔktə]; ~|gedock [-jədɔk]>: andocken, anlegen, ankoppeln: *Se han mem Raumscheff an der Raumstation aangedock.* (Sie haben mit dem Raumschiff an der Raumstation angedockt.). (88)

Aan|drag, der ['aːndraˑx] <N.; ~|dräg [-drɛˑɟ]> {6.11.2}: Antrag.

aan|drage ['aːndraˑʁə] <trennb. Präfix-V.; st.; *han*; drog a. [droːx]; ~|gedrage [-jədraˑʁə]> {6.11.2}: antragen, **1.** vorbringen. **2.** verleumden, denunzieren. (48)

Aan|dräg|er, der ['aːndrɛˑjə] <N.; ~> {6.11.2}: Verleumder, Denunziant.

aan|dressiere/~|eere ['aːndrɛˌsiˑ(e)rə / -eˑrə] <trennb. Präfix-V.; schw./unr.; *han*; dressierte a. [drɛˈsiˑetə]; ~|dressiert [-drɛˌsiˑet] ⟨frz. dresser⟩ {(5.1.4.3)}: andressieren, anerziehen. (3) (2)

aan|drieve ['aːndriˑvə] <trennb. Präfix-V.; st.; *han*; drevv a. [dref]; ~|gedrevve [-jədrevə]> {5.1.4.5; 6.1.1; 6.11.2}: antreiben, **1. a)** vorwärts treiben; **b)** ansporen, anstacheln [auch: ꜜaan|sporne, ꜜaan|stachele]; **c)** veranlassen. **2.** in Bewegung setzen u. halten. **3. a)** anschwemmen; **b)** herantreiben. (51)

aan|drihe ['aːndriˑə] <trennb. Präfix-V.; schw.; han; drihte a. ['driˑtə]; ~|gedriht [-ˌjədriˑt]> {5.1.4.1}: andrehen, **1.** einschalten, anstellen. **2.** befestigen, festdrehen. **3.** aufschwatzen. (37)

aan|drinke ['aːndrɪŋkə] <trennb. Präfix-V.; st.; han; drunk a. [drʊŋk]; ~|gedrunke [-ˌjədrʊŋkə]> {6.11.2}: antrinken. (52)

aan|dröcke ['aːndrøkə] <trennb. Präfix-V.; schw.; han; dröckte a. ['drøktə]; ~|gedröck [-ˌjədrøk]> {5.5.1}: andrücken, mit Druck an etw. befestigen. (88)

aan|drohe/~|dräue ['aːndroˑə / -drøy̑ə] <trennb. Präfix-V.; aan|dräue veraltet; schw.; han; drohte a. ['droˑtə]; ~|gedroht [-ˌjədroˑt]> {(5.1.4.8)}: androhen. (37) (11)

aan|drüge ['aːndryˌjə] <trennb. Präfix-V.; schw.; drügte a. ['drʏçtə]; ~|gedrüg [-ˌjədryç]> {5.4; 6.11.2; 8.2.3}: antrocknen, **1.** <han> etw. ein wenig trocknen: *Ich han de Botz jet aangedrüg.* (Ich habe die Hose ein wenig getrocknet.). **2.** <sin> an etw. trocken werden u. ankleben: *Dä Püree es am Teller aangedrüg.* (Das Püree ist am Teller angetrocknet.). (103)

aan|dügge ['aːndʏɡə] <trennb. Präfix-V.; schw.; han; düggte a. ['dʏktə]; ~|gedügg [-ˌjədʏk]> {5.3.1; 6.6.2}: andeuten. (208)

aan|dun ['aːndʊn] <trennb. Präfix-V.; unr.; han; dät a. [dɛˑt]; ~|gedon [-ˌjədɔn]> {5.3.2.5; 6.11.1}: antun, **1. a)** sich etw. gönnen; **b)** jmdn./sich Böses zufügen: *Met däm Kääl han ich mer jet aangedon.* (Mit dem Kerl bin ich gestraft!). **2.** jmdn. anziehen, bezaubern: *Dat Mädche hät et mer aangedon.* (Das Mädchen hat es mir angetan.). **3.** sich etw. anziehen: *Ich dun mer en Jack aan.* (Ich ziehe mir eine Jacke an.) [auch: †aan|trecke (3b), †kleide]. ***sich ene Däu a.*** (sich wichtig machen, sich etw. einbilden, hochnäsig sein). **4.** etwas aufsetzen: *Dun der Brell aan, dann sühs de jet!* (Setz die Brille auf, dann siehst du was!); *Hä deit der Hot aan, weil et drusse kald es.* (Er setzt den Hut auf, weil es draußen kalt ist.). (53)

aan|dünste ['aːndʏnstə] <trennb. Präfix-V.; schw.; han; ~|gedüns [-ˌjədʏns]>: andünsten. (54)

aan|ecke ['aːn|ɛkə] <trennb. Präfix-V.; schw.; han; eckte a. ['ɛktə]; ~|geeck [-ˌjə|ɛk]>: anecken, **1.** versehentlich an etw. anstoßen. **2.** unangenehm auffallen. (88)

aan|eigne ['aːn|eɪ̑ɲnə] <trennb. Präfix-V.; schw.; han; eignete a. ['eɪ̑ɲnətə]; ~|geeignet [-ˌjə|eɪ̑ɲnət]>: aneignen, **1.** etw. widerrechtl. an sich nehmen. **2.** sich in etw. üben, etw. lernen. (57)

aan|erkenne ['aːn|ɛɐ̯ˌkɛnə] <trennb. Präfix-V.; unr.; han; erkannt a. [ɛɐ̯'kant]; ~|erkannt [-|ɛɐ̯ˌkant]>: anerkennen. (35)

aan|er|trecke ['aːn|ɛɐ̯ˌtrɛkə] <trennb. Präfix-V.; st.; han; er|trok a. [ɛɐ̯'troˑk]; ~|er|trocke [-|ɛɐ̯ˌtrɔkə]>: anerziehen. (190)

aan|fäädige ['aːnfɛːdɪˌjə] <trennb. Präfix-V.; schw.; han; fäädigte a. ['fɛːdɪçtə]; ~|gefäädig [-ˌjəfɛːdɪç]> {5.2.1.1.2; 5.4; 6.11.3}: anfertigen. (7)

aan|fache ['aːnfaxə] <trennb. Präfix-V.; schw.; han; fachte a. ['faxtə]; ~|gefach [-ˌjəfax]>: anfachen. (123)

aan|fäge ['aːnfɛˑjə] <trennb. Präfix-V.; schw.; han; fägte a. ['fɛːçtə]; ~|gefäg [-ˌjəfɛːç]> {5.4}: anfegen, <meist im Part. II i. Vbdg. m. *kumme*>: *Se kome met de Mopeds aangefäg.* (Sie kamen mit Mopeds angefegt.). (103)

aan|fahre ['aːnfaːrə] <trennb. Präfix-V.; st.; han; fuhr/fohr a. [fuˑɐ̯ / foˑɐ̯]; ~|gefahre [-ˌjəfaːrə]>: anfahren, **1.** losfahren, starten. **2.** heranfahren <meist im Part. II i. Vbdg. m. *kumme*>: *aangefahre kumme.* **3.** zu einem best. Ort fahren. **4.** etw. mit dem Fahrzeug herbeibringen. **5.** jmdn. mit dem Fahrzeug verletzen. **6.** in heftigem Ton zurechtweisen. **7.** (eine Maschine/die Produktion) in Betrieb nehmen. (62)

Aan|fall, der ['aːnfal] <N.; ~|fäll [-fɛl]>: Anfall, **a)** plötzlich auftretende Attacke [auch: †Be|gɔv|ung]; **b)** Stimmung, Anwandlung.

aan|falle ['aːnfalə] <trennb. Präfix-V.; st.; han; feel a. [feˑl]; ~|gefalle [-ˌjəfalə]>: anfallen, **1.** plötzlich angreifen: *Ene Hungk hät mich aangefalle.* (Ein Hund hat mich angefallen.). **2.** entstehen, sich ergeben: *Huh Koste sin aangefalle.* (Hohe Kosten sind angefallen.). (64)

Aan|fang, der ['aːnfaŋ] <N.; ~|fäng [-fɛŋˑ]>: Anfang.

aan|fange ['aːnfaŋə] <trennb. Präfix-V.; st.; han; fing a. [fɪŋ]; ~|gefange [-ˌjəfaŋə]>: anfangen, **1.** beginnen. **2.** voranstellen, an den Anfang (einer Aussage od. Ä.) stellen. (65)

Aan|fäng|er, der ['aːnˌfɛŋə] <N.; ~>: Anfänger.

aan|fangs ['aːnfaŋs] <Adv.> {5.2.1}: anfangs.

aan|fauche ['aːnfaȗxə] <trennb. Präfix-V.; schw.; han; fauchte a. ['faȗxtə]; ~|gefauch [-ˌjəfaȗx]>: anfauchen, anfahren. (123)

aanfechte

aan|fechte/~|fäächte ['aːnfɛçtə / -fɛːçtə] <trennb. Präfix-V.; ~|fäächte veraltend; st.; han; ~|gefochte [-jəfɔxtə]> {(5.2.1; 5.4)}: anfechten. (69) (60)

aan|feinde ['aːnfa͜ɪndə] <trennb. Präfix-V.; schw.; han; -feindte a. ['fa͜ɪntə]; ~|gefeindt [-jəfa͜ɪnt]>: anfeinden.(28)

aan|feuchte ['aːnfø͜yçtə] <trennb. Präfix-V.; schw.; han; ~|gefeuch [-jəfø͜yç]>: anfeuchten. (131)

aan|feuere ['aːnfɔ͜yərə] <trennb. Präfix-V.; schw.; han; feuerte a. ['fɔ͜yɐtə]; ~|gefeuert [-jəfɔ͜yɐt]> {9.2.1.2}: anfeuern. (4)

aan|flaadere/~|fladdere ['aːnflaːdərə / -fladərə] <trennb. Präfix-V.; schw.; sin; flaaderte/fladderte a. ['flaːdɐtə / 'fladɐtə]; ~|geflaadert/~|gefladdert [-jəflaːdɐt / -jəfladɐt]> {5.2.1.4; 6.11.3; 9.2.1.2}: anflattern, <meist im Part. II i. Vbdg. m. *kumme*>: *Dä Vugel kom aangeflaadert.* (Der Vogel kam angeflattert.) [auch: ↑aan|fladdere]. (4)

aan|flanze/~|planze ['aːnflantsə / -plantsə] <trennb. Präfix-V.; schw.; han; flanzte a. ['flantstə]; ~|geflanz [-jəflants]> {6.8.1/6.8.2}: anpflanzen. (42)

aan|fleege ['aːnfleːjə] <trennb. Präfix-V.; st.; han; flog a. [floːx]; ~|gefloge [-jəfloːʀə]> {5.1.4.3}: anfliegen, <meist im Part. II i. Vbdg. m. *kumme*>: *aangefloge kumme* (angeflogen kommen). (16)

aan|flehe ['aːnfleːə] <trennb. Präfix-V.; schw.; han; flehte a. ['fleːtə]; ~|gefleht [-jəfleːt]>: anflehen. (37)

aan|fletsche ['aːnflɛtʃə] <trennb. Präfix-V.; schw.; han; fletschte a. ['flɛtʃtə]; ~|gefletsch [-jəflɛtʃ]>: anfletschen. (110)

aan|fleute ['aːnfløytə] <trennb. Präfix-V.; schw.; han; ~|gefleut [-jəfløyt]> {5.2.3; 6.8.2}: anpfeifen, ein Spiel durch Pfeifen eröffnen. (72)

aan|flitze ['aːnflɪtsə] <trennb. Präfix-V.; schw.; han; flitzte a. ['flɪtstə]; ~|geflitz [-jəflɪts]>: anflitzen, <meist im Part. II i. Vbdg. m. *kumme*>: *aangeflitzt kumme* [auch: ↑eraan|jöcke, ↑aan|laufe (1), ↑aan|renne, ↑aan|wetze]. (114)

aan|flunkere ['aːnflʊŋkərə] <trennb. Präfix-V.; schw.; han; flunkerte a. ['flʊŋkɐtə]; ~|geflunkert [-jəflʊŋkɐt]> {9.2.1.2}: anflunkern, anlügen, beschwindeln [auch: *einem jet vum Pääd verzälle*]. (4)

aan|föhle ['aːnføːlə] <trennb. Präfix-V.; schw./unr.; han; föhlte/fohlt a. ['føːltə / foːlt]; ~|geföhlt/~|gefohlt [-jəføːlt / -jəfoːlt]> {5.4}: anfühlen, **a)** prüfend betasten, anfassen; **b)** <sich a.> durch den Tastsinn od. Ä. ein best. Gefühl vermitteln. (73)

aan|föhre/~|führe ['aːnføː(ɐ̯)rə / -fyː(ɐ̯)rə] <trennb. Präfix-V.; unr./st./schw.; han; föhte/foht a. ['føːtə / foːt]; ~|geföht/~|gefoht [-jəføːt / -jəfoːt]> {5.4}: anführen. (74) (31)

aan|fölle/~|fülle ['aːnfølə / -fʏlə] <trennb. Präfix-V.; schw.; han; föllte a. ['føl·tə]; ~|geföllt [-jəfølˑt]> {5.5.1}: anfüllen, vollständig füllen: *Die Bud es mit aalem Krom aangeföllt.* (Das Zimmer ist mit alten Sachen angefüllt.). (91)

aan|foodere ['aːnfoˑdərə] <trennb. Präfix-V.; schw.; han; fooderte a. ['foˑdɐtə]; ~|gefoodert [-jəfoˑdɐt]> {5.2.1.4; 5.4; 6.11.3; 9.2.1.2}: anfuttern. (4)

aan|föödere ['aːnføˑdərə] <trennb. Präfix-V.; schw.; han; fööderte a. ['føˑdɐtə]; ~|geföödert [-jəføˑdɐt]> {5.2.1.4; 5.4; 6.11.3; 9.2.1.2}: anfüttern. (4)

aan|fordere ['aːnfɔrdərə] <trennb. Präfix-V.; schw.; han; forderte a. ['fɔrdɐtə]; ~|gefordert [-jəfɔrdɐt]> {9.2.1.2}: anfordern. (4)

aan|fresse ['aːnfrɛsə] <trennb. Präfix-V.; st.; han; froß a. [froːs]; ~|gefresse [-jəfrɛsə]>: anfressen, annagen, anessen, langsam auflösen. (59)

aan|friere/~|freere ['aːnfriɐ̯rə / -freˑrə] <trennb. Präfix-V.; st.; sin; fror a. [froːɐ̯]; ~|gefrore [-jəfroːrə]> {(5.1.4.3)}: anfrieren, **1.** an etw. festfrieren. **2.** ein wenig gefrieren. **3.** <han> leicht gefrieren lassen. (195) (194)

aan|fründe, sich ['aːnfrʏndə] <trennb. Präfix-V.; schw.; han; fründte a. ['frʏntə]; ~|gefründt [-jəfrʏnt]> {5.3.1}: sich anfreunden [auch: ↑be|fründe]. (28)

aan|funke ['aːnfʊŋkə] <trennb. Präfix-V.; schw.; han; funkte a. ['fʊŋktə]; ~|gefunk [-jəfʊŋk]>: anfunken, durch Funkspruch anrufen. (41)

aan|funkele ['aːnfʊŋkələ] <trennb. Präfix-V.; schw.; han; funkelte a. ['fʊŋkəltə]; ~|gefunkelt [-jəfʊŋkəlt]> {9.2.1.2}: anfunkeln, mit funkelnden Augen/Blicken ansehen. (6)

aan|fuule ['aːnfuːlə] <trennb. Präfix-V.; schw.; han; fuulte a. ['fuːltə]; ~|gefuult [-jəfuːlt]> {5.1.3}: anfaulen. (102)

aan|gaffe ['aːnjafə] <trennb. Präfix-V.; schw.; han; gaffte a. ['jaftə]; ~|gegaff [-jəjaf]>: angaffen. (27)

aan|galoppiere/~|eere ['aːnjalo·piˑ(ɐ̯)rə / -eˑrə] <trennb. Präfix-V.; schw./unr.; sin; galoppierte a. [jalo'piˑɐ̯tə]; ~|galoppiert [-jalo·piˑɐ̯t] ⟨frz. galoper⟩> {(5.1.4.3)}: angaloppieren. (3) (2)

Aan|ge|bodd, et ['aːnjə‚bɔt] <N.; ~e> {5.3.2; 5.5.1}: Angebot.

aan|gebọre ['a:nJə‚boːrə] <Adj.; Part. II von ↑gebäre u. Präfix *aan*; ~> {5.5.3}: angeboren. Tbl. A3.2

aan|geeße ['a:nJeːsə] <trennb. Präfix-V.; st.; goss a. [jɔs]; ~|gegosse [-jəjɔsə]> {5.1.4.3}: angießen, **1.** <han> ein wenig Flüssigkeit auf etw. schütten: *Ich han de Blome bloß aangegosse*. (Ich habe die Blumen nur angegossen.). **2.** <sin> mit ein wenig Flüssigkeit versehen: *De Soot es aangegosse*. (Die Saat ist angegossen.). (79)

aan|gefte ['a:nJeftə] <trennb. Präfix-V.; schw.; han; ~|gegeff [-jəjef]> {5.5.2}: angiften. (89)

aan|ge|hüre/~|höre ['a:nJə‚hyː(ɐ̯)rə / -‚høː(ɐ̯)rə] <trennb. Präfix-V.; Formen mischbar; schw./st.; han; gehürte/ gehoot a. [jə'hyːɐ̯tə / jə'hoːt]; ~|gehürt/~|gehoot [-jə‚hyːɐ̯t / -jə‚hoːt]> {5.4}: angehören. (21) (179)

Aan|geläge(n)|heit, de ['a:nJəlɛːjən‚fjeɪ̯t] <N.; ~e> {5.4; 9.1.4}: Angelegenheit.

aan|ge|messe ['a:nJə‚mɛsə] <Adj.; ~>: angemessen, richtig bemessen; adäquat. Tbl. A3.1

aan|ge|nähm ['a:nJə‚nɛˑm] <Adj.; ~(e); ~er, ~ste> {5.4}: angenehm. Tbl. A2.3

Aan|ge|seech, et ['a:nJə‚zeːʃ] <N.; ~ter> {5.2.1.2; 5.4; 8.3.5}: Angesicht.

aan|gevve ['a:nJevə] <trennb. Präfix-V.; st.; han; gọv a. [jɔˑf]; ~|gegovve/~|gegevve [-jəjovə / -jəjevə]> {5.3.2; 5.5.2; 6.1.1}: angeben, **1.** anreichen [auch: ↑aan|recke]. **2.** nennen, mitteilen. **3.** prahlen, angeben [auch: ↑brüste, ↑strunze, ↑protze, ↑op|schnigge, ↑op|-spille, ↑renommiere/~eere, ↑schwadroniere/~eere, *deck/groß dun, der decke Wellem spille/markiere/ ~eere, Gedöns/Buhei maache, en große/decke Lepp reskiere/~eere*]. (81)

Aan|gewẹnn|de, de ['a:nJə‚vendə] <N.; ~> {5.2.4; 5.5.2; 10.2.8}: Angewohnheit.

aan|gewẹnne ['a:nJə‚venə] <trennb. Präfix-V.; schw.; han; gewẹnnte a. [jə'ventə]; ~|gewẹnnt [-jəvent]> {5.3.4; 5.5.2}: angewöhnen, **1.** vertraut machen, beibringen, anerziehen: *Mer muss de Pänz Oodnung a*. (Man muss den Kindern Ordnung beibringen.). **2.** <sich a.> sich etw. durch Gewohnheit aneignen. (10)

aan|gliche ['a:nJlıʃə] <trennb. Präfix-V.; st.; han; glech a. [jleʃ]; ~|gegleche [-jəjleʃə] {5.3.1}: angleichen. (187)

aan|gliddere ['a:nJlɪdərə] <trennb. Präfix-V.; schw.; han; glidderte a. ['jlɪdetə]; ~|gegliddert [-jəjlɪdet]> {5.3.2; 9.2.1.2}: angliedern. (4)

aan|glotze ['a:nJlotsə] <trennb. Präfix-V.; schw.; han; glotzte a. ['jlotstə]; ~|geglotz [-jəjlots]>: anglotzen. (114)

aan|gonn ['a:nJon] <trennb. Präfix-V.; st.; ging a. [jɪŋ]; ~|gegange [-jəjaŋə]> {5.3.4; 8.2.2.3}: angehen, **1.** <sin> zu brennen, zu leuchten beginnen. **2.** <han> gegen jmdn. vorgehen, ihn angreifen. **3.** <sin> auf einen Ort zugehen, hingehen: *op Neppes a*. (Richtung Nippes gehen); ***op heim a.** (heimgehen). (83)

aan|griefe ['a:nJriːfə] <trennb. Präfix-V.; st.; *han*; greff a. [jref]; ~|gegreffe [-jəjrefə]> {5.1.4.5}: angreifen. (86)

aan|gringe ['a:nJrɪŋə] <trennb. Präfix-V.; schw.; han; gringte a. ['jrɪŋtə]; ~|gegringk [-jəjrɪŋk]> {5.3.1}: **1.** einen mit verzogenem Gesicht ansehen; jmdm. Gesichter schneiden, Grimassen/verzerrte Mienen machen. **2.** höhnisch anlächeln. (49)

aan|grinse ['a:nJrɪnsə] <trennb. Präfix-V.; schw.; han; grinste a. ['jrɪnˑstə]; ~|gegrins [-jəjrɪnˑs]>: angrinsen. (87)

aan|grunze ['a:nJrʊntsə] <trennb. Präfix-V.; schw.; han; grunzte a. ['jrʊntstə]; ~|gegrunz [-jəjrʊnts]>: angrunzen. (42)

aan|gurte ['a:nJʊxtə] <trennb. Präfix-V.; schw.; han; ~|gegurt [-jəjʊxt]>: angurten. (58)

aan|halde ['a:nhaldə] <trennb. Präfix-V.; st.; *han*; heeldt a. [heːlt]; ~|gehalde [-jəhaldə]> {6.11.3}: anhalten. (90)

aan|halftere ['a:nhalftərə] <trennb. Präfix-V.; schw.; han; halfterte a. ['halftetə]; ~|gehalftert [-jəhalftet]> {9.2.1.2}: anhalftern, einem Pferd das Halfter anlegen. (4)

aan|han ['a:nhan] <trennb. Präfix-V.; unr.; *han*; hatt a. [hat]; ~|gehatt [-jəhat]> {5.3.2.5}: anhaben, **1.** ein Kleidungsstück tragen: *neu Schohn a*. (neue Schuhe a.). **2.** <nur im Inf. i. Vbdg. m. Modalverben; gew. verneint> jmdm., einer Sache Schaden zufügen: *Dat Wedder kunnt im nix a*. (Das Wetter konnte ihm nichts a./machte ihm nichts aus.). (92)

Aan|hang, der ['a:nhaŋ] <N.; ~|häng [-hɛŋˑ]>: Anhang.

aan|hange ['a:nhaŋə] <trennb. Präfix-V.; st.; *han*; hing a. [hɪŋ]; ~|gehange [-jəhaŋə]> {5.4}: anhängen, jmdm., einer Sache anhaften. (65)

aan|hänge ['a:nhɛŋə] <trennb. Präfix-V.; schw.; han; hängte a. ['hɛŋˑtə]; ~|gehängk [-jəhɛŋˑk]>: anhängen, **1.** ein Fahrzeug mit einem anderen verbinden, es ankuppeln: *ene Schlofwage an der Zog a*. (den Schlafwagen an den Zug a.). **2.** an etw. anschließen, anfügen: *noch 3 Dag Urlaub a*. (noch 3 Tage Urlaub a.).

aanhauche

3. jmdm. etw. Übles in die Schuhe schieben: *einem ene Mood a.* (jmdm. einen Mord a.). (49)

aan|hauche [ˈaːnhaʊ̯xə] <trennb. Präfix-V.; schw.; *han*; hauchte a. [ˈhaʊ̯xtə]; ~|gehauch [-jəhaʊ̯x]>: anhauchen. (123)

aan|haue [ˈaːnhaʊ̯ə] <trennb. Präfix-V.; unr./schw.; *han*; haute a. [ˈhaʊ̯ˑtə]; ~|gehaue/~|gehaut [-jəhaʊ̯ə / -jəhaʊ̯ˑt]>: anhauen, anbetteln: *Dä hat mich ald widder för ene Fuffi aangehaue.* (Er hat mich wieder um 50 € angehauen.). (94)

aan|häufe [ˈaːnhøʏfə] <trennb. Präfix-V.; schw.; *han*; häufte a. [ˈhøʏftə]; ~|gehäuf [-jəhøʏf]>: anhäufen. (108)

aan|hefte [ˈaːnhɛftə] <trennb. Präfix-V.; schw.; *han*; ~|geheff [-jəhɛf]>: anheften, lose an etw. befestigen, etw. mit Reißnägeln anheften [auch: ↑aan|penne, ↑aan|steche¹ (2)]. (89)

aan|heize [ˈaːnhɛɪ̯tsə] <trennb. Präfix-V.; schw.; *han*; heizte a. [ˈhɛɪ̯tstə]; ~|geheiz [-jəhɛɪ̯ts]>: anheizen, **1.** zu heizen beginnen: *Mer moote der Ovve ald em September a.* (Wir mussten den Ofen schon im September a.). **2.** steigern, schüren: *De Stimmung em Stadion wor bei däm Spill ärg aangeheiz.* (Die Stimmung im Stadion war bei dem Spiel stark angeheizt.). (112)

aan|heuere [ˈaːnhɔʏərə] <trennb. Präfix-V.; schw.; *han*; heuerte a. [ˈhɔʏetə]; ~|geheuert [-jəhɔʏet]> {9.2.1.2}: anheuern, **a)** Dienst auf einem Schiff antreten; **b)** (übertr.) sich/jmd. für einen Job bewerben. (4)

aan|hevve [ˈaːnhevə] <trennb. Präfix-V.; st.; *han*; hovv a. [hof]; ~|gehovve [-jəhovə]> {5.3.2; 5.5.2; 6.1.1}: anheben. (98)

aan|hieroede [ˈaːnhiːroˑdə] <trennb. Präfix-V.; schw.; *sin*; hieroedte a. [ˈhiːroˑtə]; ~|gehieroedt [-jəhiːroˑt]> {5.1.4.5; 5.5.3; 6.11.3}: anheiraten, <meist als Part. II>: *Dat Züff (ge)hööt nit bei de Famillich, dat es bloß aangehierodt.* (Sophie gehört nicht zur Familie, sie ist nur angeheiratet.). (197)

aan|himmele [ˈaːnhɪmələ] <trennb. Präfix-V.; schw.; *han*; himmelte a. [ˈhɪməltə]; ~|gehimmelt [-jəhɪməlt]> {9.2.1.2}: anhimmeln. (6)

aan|hoste [ˈaːnhoˑstə] <trennb. Präfix-V.; schw.; *han*; ~|gehos [-jəhoˑs]> {5.4}: anhusten. (101)

aan|hüre/~|höre [ˈaːnhyː(ɐ)rə / -høː(ɐ)rə] <trennb. Präfix-V.; Formen mischbar; schw./unr.; *han*; hürte/hoot a. [ˈhyˑɐ̯tə / ˈhoːt]; ~|gehürt/~|gehoot [-jəhyˑɐ̯t / -jəhoːt] {5.4}: anhören, **1.** aufmerksam zuhören. **2.** <sich a.>

durch einen typischen Klang/ein typisches Geräusch einen best. Eindruck vermitteln: *Do höös dich aan, als wörs de verkäld.* (Du klingst verschnupft.). **3.** angehören: *Hä hööt dem FC aan.* (Er gehört dem 1. FC Köln an.). (21) (179)

aan|hüüle [ˈaːnhyˑlə] <trennb. Präfix-V.; schw.; *han*; hüülte a. [ˈhyˑltə]; ~|gehüült [-jəhyˑlt]> {5.1.3}: anheulen. (102)

aan|jage [ˈaːnjaˑʀə] <trennb. Präfix-V.; schw.; *sin*; jagte a. [ˈjaˑxtə]; ~|gejag [-jəjaˑx]>: anjagen, <meist im Part. II i. Vbdg. m. *kumme*>: *Se kome met ehre Mopeds aangejag.* (Sie kamen mit ihren Mopeds angejagt.). (103)

aan|kaare [ˈaːnkaˑrə] <trennb. Präfix-V.; schw.; *han*; kaarte a. [ˈkaˑɐ̯tə]; ~|gekaart [-jəkaˑɐ̯t]> {5.2.1.1.1}: ankarren, mit einem Fahrzeug anliefern. (100)

aan|käche [ˈaːnkɛçə] <trennb. Präfix-V.; schw.; *han*; kächte a. [ˈkɛçtə]; ~|gekäch [-jəkɛç]> {5.3.1}: ankeuchen, <meist im Part. II i. Vbdg. m. *kumme*>: *Om letzte Penn kom hä aangekäch.* (In letzter Minute kam er angekeucht.). (123)

aan|kämfe [ˈaːnkɛmfə] <trennb. Präfix-V.; schw.; *han*; kämfte a. [ˈkɛmftə]; ~|gekämf [-jəkɛmf]> {6.8.2}: ankämpfen, Widerstand leisten. (105)

aan|katsche [ˈaːnkatʃə] <trennb. Präfix-V.; schw.; *han*; katschte a. [ˈkatʃtə]; ~|gekatsch [-jəkatʃ]>: durch Kratzer od. Beulen leicht beschädigen, verkratzen, verbeulen; <meist Par. 2>: *aangekatschte Äppel* (Äpfel mit braunen Stellen)). (110)

aan|käue [ˈaːnkøʏə] <trennb. Präfix-V.; schw.; *han*; käute a. [ˈkøʏˑtə]; ~|gekäut [-jəkøʏˑt]> {5.1.3}: anessen, etw. anfangen zu essen: *Wäm (ge)hüre die aangekäute Plätzcher?* (Wem gehören die angebissenen Kekse?). (11)

aan|kaufe [ˈaːnkoʊ̯fə] <trennb. Präfix-V.; unr.; *han*; kaufte a. [ˈkoʊ̯ftə]; ~|gekauf [-jəkoʊ̯f]>: ankaufen. (106)

aan|kette [ˈaːnkɛtə] <trennb. Präfix-V.; schw.; *han*; ~|gekett [-jəkɛt]>: anketten, an die Kette legen. (113)

aan|kieve [ˈaːnkiˑvə] <trennb. Präfix-V.; schw.; *han*; kievte a. [ˈkiˑftə]; ~|gekiev [-jəkiˑf]> {5.1.4.5; 6.5.2}: ankeifen, jmd. mit keifender Stimme zurechtweisen. (158)

aan|kläffe [ˈaːnklɛfə] <trennb. Präfix-V.; schw.; *han*; kläffte a. [ˈklɛftə]; ~|gekläff [-jəklɛf]>: ankläffen, **a)** laut anbellen (Hund) [auch: ↑aan|belle]; **b)** <verallg.>: jmdn. anschnauzen [auch: ↑aan|bälke, ↑aan|blaffe (2), ↑aan|blöke, ↑aan|brölle/~|brülle, ↑aan|kotze (2), ↑aan|maache (4), ↑aan|motze, ↑aan|ranze, ↑aan|schnauze, ↑av|ranze, ↑av|rotze]. (27)

Aan|klag, de ['aːnˌklaˑx] <N.; ~e> {8.3.1}: Anklage.
aan|klage ['aːnklaˑʀə] <trennb. Präfix-V.; schw.; *han*; klagte a. ['klaˑxtə]; ~|geklag [-jəklaˑx]>: anklagen. (103)
aan|klammere ['aːnklamərə] <trennb. Präfix-V.; schw.; *han*; klammerte a. ['klamɐtə]; ~|geklammert [-jəklamɐt]> {9.2.1.2}: anklammern, **1.** mit einer Klammer befestigen. **2.** <sich a.> sich krampfhaft festhalten. (4)
aan|kleistere ['aːnkle̯ɪstərə] <trennb. Präfix-V.; schw.; *han*; kleisterte a. ['kle̯ɪstɐtə]; ~|gekleistert [-jəkle̯ɪstɐt]> {9.2.1.2}: ankleistern, ankleben. (4)
aan|klemme ['aːnklɛmə] <trennb. Präfix-V.; schw.; *han*; klemmte a. ['klɛmˑtə]; ~|geklemmp [-jəklɛmˑp]>: anklemmen. (40)
aan|klevve ['aːnkleve̯ə] <trennb. Präfix-V.; unr.; klävte a. ['klɛːftə]; ~|gekläv [-jəklɛːf]> {5.3.2; 5.5.2; 6.1.1}: ankleben, **1.** <sin> anhaften, festsitzen: *Dä kläv an dir wie en Klett.* (Der klebt an dir wie eine Klette.). **2.** <han> etw. ankleben; [auch: ↑aan|lieme, ↑aan|pappe]. (22)
aan|klicke ['aːnklɪkə] <trennb. Präfix-V.; schw.; *han*; klickte a. ['klɪktə]; ~|geklick [-jəklɪk]>: anklicken, (Datenverarb.) auf der Benutzeroberfläche mithilfe der Maus anwählen: *Do häs widder et verkehte Wood aangeklick.* (Du hast wieder das falsche Wort angeklickt.) [auch: *däue op*]. (88)
aan|klinge ['aːnklɪŋə] <trennb. Präfix-V.; st.; *han*; klung a. [klʊŋ]; ~|geklunge [-jəklʊŋə]>: anklingen, andeuten, mitklingen. (26)
aan|kloppe ['aːnklɔpə] <trennb. Präfix-V.; schw.; *han*; kloppte a. ['klɔptə]; ~|geklopp [-jəklɔp]> {6.8.1}: anklopfen. (75)
aan|knabbere ['aːnknabərə] <trennb. Präfix-V.; schw.; *han*; knabberte a. ['knabɐtə]; ~|geknabbert [-jəknabɐt]> {9.2.1.2}: anknabbern [auch: ↑aan|nage]. (4)
aan|knackse ['aːnknaksə] <trennb. Präfix-V.; schw.; *han*; knackste a. ['knakstə]; ~|geknacks [-jəknaks]>: anknacksen. (87)
aan|kniepe ['aːnkniːpə] <trennb. Präfix-V.; schw.; *han*; kniepte a. ['kniːptə]; ~|gekniep [-jəkniːp]>: anzwinkern, zuzwinkern. (75)
aan|knipse ['aːnknɪpsə] <trennb. Präfix-V.; schw.; *han*; knipste a. ['knɪpstə]; ~|geknips [-jəknɪps]>: anknipsen, (das elektr. Licht) anmachen, einschalten [auch: ↑aan|maache (1b), ↑aan|schalte/~|schalde, ↑en|schalte/~|schalde (1)]. (87)

aan|knöddele ['aːnknœdələ] <trennb. Präfix-V.; schw.; *han*; knöddelte a. ['knœdəltə]; ~|geknöddelt [-jəknœdəlt]> {5.3.2; 5.5.1; 6.11.3; 9.2.1.2}: anknoten. (6)
aan|knöppe ['aːnknœpə] <trennb. Präfix-V.; schw.; *han*; knöppte a. ['knœptə]; ~|geknöpp [-jəknœp]> {6.8.1}: anknöpfen. (75)
aan|koche ['aːnkɔxə] <trennb. Präfix-V.; schw.; *han*; kochte a. ['kɔxtə]; ~|gekoch [-jəkɔx]>: ankochen, etw. kurze Zeit kochen: *Spargel soll nor koot aangekoch weede.* (Spargel soll nur kurz angekocht werden.). (123)
aan|koppele ['aːnkɔpələ] <trennb. Präfix-V.; schw.; *sin*; koppelte a. ['kɔpəltə]; ~|gekoppelt [-jəkɔpəlt]> {9.2.1.2}: ankoppeln. (6)
aan|kotze ['aːnkɔtsə] <trennb. Präfix-V.; schw.; *han*; kotzte a. ['kɔtstə]; ~|gekotz [-jəkɔts]>: ankotzen, **1.** anekeln, anwidern [auch: ↑aan|äkele, ↑aan|widdere]. **2.** grob anfahren [auch: ↑aan|bälke, ↑aan|blaffe (1), ↑aan|bölke, ↑aan|brölle/~|brülle, ↑aan|kläffe (b), ↑aan|maache (4), ↑aan|motze, ↑aan|ranze, ↑aan|schnauze, ↑av|ranze, ↑av|ro̯tze]. (114)
aan|kralle, sich ['aːnkralə] <trennb. Präfix-V.; schw.; *han*; krallte a. ['kralˑtə]; ~|gekrallt [-jəkralˑt]>: sich ankrallen, festkrallen. (91)
aan|kratze ['aːnkratsə] <trennb. Präfix-V.; schw.; *han*; kratzte a. ['kratstə]; ~|gekratz [-jəkrats]>: ankratzen. (114)
aan|krige ['aːnkrɪɣə] <trennb. Präfix-V.; unr.; *han*; kräg/kräht a. [krɛːɣ / krɛːt]; ~|(ge)kräge/~|gekräɣ/~|gekräht [-(jə)ˌkrɛːjə / -jəˌkrɛːɣ / -jəˌkrɛːt]> {5.3.4.1}: ankriegen, **1.** anbekommen: *Dat Kleid krige ich nit aan, dat es ze klein.* (Das Kleid bekomme ich nicht an, es ist zu klein.); *Kriss de dä Apparat aan?* (Bekommst du den Apparat an?). **2.** ansprechen: *Hä hät et Marie aan(ge)kräge wäge dä neu Wonnung.* (Er hat Maria wegen der neuen Wohnung angesprochen.). (117)
aan|krigge ['aːnkrɪɣə] <trennb. Präfix-V.; *aan|knigge* veraltet; schw.; *han*; kriggte a. ['krɪktə]; ~|gekrigg [-jəkrɪk]> {5.3.4; 6.6.2}: ankreiden. (208)
aan|krütze ['aːnkrʏtsə] <trennb. Präfix-V.; schw.; *han*; krützte a. ['krʏtstə]; ~|gekrütz [-jəkrʏts]> {5.3.4}: ankreuzen, in einem Text/einer Liste mit einem Kreuz markieren. (114)
aan|kumme ['aːnkʊmə] <trennb. Präfix-V.; st.; *sin*; kɔm a. [kɔˑm]; ~|(ge)kumme [-(jə)ˌkʊmə]> {5.4}: ankommen, erreichen. (120)

aan|kündige ['aːnkʏnˑdɪjə] <trennb. Präfix-V.; schw.; *han*; kündigte a. ['kʏnˑdɪftə]; ~|gekündig [-jəkʏnˑdɪfj]>: ankündigen. (7)
aan|kuppele ['aːnkʊpələ] <trennb. Präfix-V.; schw.; *han*; kuppelte a. ['kʊpəltə]; ~|gekuppelt [-jəkʊpəlt]> {9.2.1.2}: ankuppeln. (6)
aan|kurvele ['aːnkʊrˑvələ] <trennb. Präfix-V.; schw.; *han*; kurvelte a. ['kʊrˑvəltə]; ~|gekurvelt [-jəkʊrˑvəlt]> {6.1.1; 9.2.1.2}: ankurbeln. (6)
aan|ku<u>sch</u>ele, sich ['aːnkʊʒələ] <trennb. Präfix-V.; schw.; *han*; ku<u>sch</u>elte a. ['kʊʒəltə]; ~|geku<u>sch</u>elt [-jəkʊʒəlt]> {6.10.1; 7.4; 9.2.1.2}: sich ankuscheln, -schmiegen. (6)
aan|laache ['aːnlaːxə] <trennb. Präfix-V.; schw.; *han*; laachte a. ['laːxtə]; ~|gelaach [-jəlaːx]> {5.2.1}: anlachen. (123)
Aan|lag, de ['aːnlaˑx] <N.; ~e> {8.3.1}: Anlage, **1.** nach einem Plan für einen best. Zweck gestaltete Flächen, Bauten od. Ä.: *städtische, öffentliche ~e* (städtische, öffentliche ~n). **2.** Vorrichtung, Einrichtung: *en Hifi-A.* (eine Hifi-A.).
aan|läge ['aːnlɛˑjə] <trennb. Präfix-V.; unr.; *han*; laht a. [laːt]; ~|gelaht/~|geläg [-jəlaːt / -jəlɛˑfj]> {5.4}: anlegen, **1.** (an etw./jmdn.) legen/lehnen. **2.** (auf etw./jmdn.) zielen. **3.** (ein Kleidungsstück) anziehen. **4.** planvoll erstellen, gestalten. **5. a)** investieren; **b)** zahlen, ausgeben, *einem eine a.* (jmdm. einen ausgeben, jmdn. einladen) [auch: ↑us|ge<u>vv</u>e]. **6.** absehen, abzielen. **7.** <sich a.> Streit suchen. **8.** landen, festmachen. (125)
aan|lähne ['aːnlɛˑnə] <trennb. Präfix-V.; schw.; *han*; lähnte a. ['lɛːntə]; ~|gelähnt [-jəlɛːnt]> {5.4}: anlehnen, **1. a)** (etw./ jmd./sich) an jmd./etw. lehnen: *sich mem Rögge an de Wand a.* (sich mit dem Rücken an die Wand a.); **b)** <sich a.> (übertr.) jmd. in seiner Meinung folgen: *Se han sich an sing Idee aangelähnt.* (Sie sind seinen Ideen gefolgt.). **2.** nicht ganz schließen, offen lassen: *Et Finster es bloß aangelähnt.* (Das Fenster ist nur angelehnt.). (5)
aan|lange ['aːnlaŋə] <trennb. Präfix-V.; schw.; langte a. ['laŋˑtə]; ~|gelangk [-jəlaŋˑk]>: anlangen, **1.** <sin> ankommen. **2.** <han> anfassen. (49)
aan|läss|lich ['aːnlɛslɪfj] <Präp. + vun + Dat.>: anlässlich.
aan|laste ['aːnlastə] <trennb. Präfix-V.; schw.; *han*; ~|gelass [-jəlas]>: anlasten, **a)** Schuld zuschreiben; **b)** aufbürden. (68)

aan|laufe ['aːnlo<u>ʊ</u>fə] <trennb. Präfix-V.; st.; *sin*; leef a. [leˑf]; ~|gelaufe [-jəlo<u>ʊ</u>fə]>: anlaufen, **1.** herbeilaufen <meist im Part. II i. Vbdg. m. *kumme*>: *aangelaufe kumme* [auch: ↑aan|flitze, ↑eraan|jöcke, ↑aan|renne, ↑aan|wetze]. **2.** Anlauf nehmen. **3.** auf etw. zulaufen, einen best. Ort ansteuern. **4.** beginnen, anfangen. **5.** eine best. Farbe annehmen (z. B. Gesicht, Silber). (128)
aan|lecke ['aːnlɛkə] <trennb. Präfix-V.; schw.; *han*; leckte a. ['lɛktə]; ~|geleck [-jəlɛk]>: anlecken. (88)
aan|lege ['aːnleˑjə] <trennb. Präfix-V.; st.; *han*; log a. [loˑx]; ~|gelo<u>g</u>e [-jəloːʀə]> {5.4}: anlügen. (14)
aan|leiere ['aːnla<u>ɪ</u>ərə] <trennb. Präfix-V.; schw.; *han*; leierte a. ['la<u>ɪ</u>etə]; ~|geleiert [-jəla<u>ɪ</u>et]> {9.2.1.2}: anleiern. (4)
aan|leite ['aːnle<u>ɪ</u>tə] <trennb. Präfix-V.; st.; *han*; ~|geleit [-jəle<u>ɪ</u>t]>: anleiten. (72)
aan|l<u>e</u>se ['aːnlezə] <trennb. Präfix-V.; st.; *han*; l<u>o</u>s a. [loˑs]; ~|gel<u>e</u>se [-jəlezə]> {5.3.4.1; 5.5.2}: anlesen, **1.** nur die ersten Seiten von etw. lesen. **2.** sich etw. durch Lesen aneignen. (130)
aan|leuchte ['aːnlø<u>ʏ</u>ftə] <trennb. Präfix-V.; schw.; *han*; ~|geleuch [-jəlø<u>ʏ</u>fj]>: anleuchten. (131)
aan|lieme ['aːnliˑmə] <trennb. Präfix-V.; schw.; *han*; liemte a. ['liˑmtə]; ~|geliemp [-jəliˑmp]> {5.1.4.5}: anleimen [auch: ↑aan|kle<u>vv</u>e, ↑aan|pappe]. (122)
aan|liere/~|leere ['aːnliˑ(<u>e</u>)rə / -leˑ(<u>e</u>)rə] <trennb. Präfix-V.; schw./unr.; *han*; lierte a. ['liˑetə]; ~|geliert [-jəliˑet]> {5.2.1.4/5.2.2; 8.2.3}: anlernen. (3) (2)
aan|lige ['aːnlɪjə] <trennb. Präfix-V.; st.; *han*; l<u>o</u>g a. [loˑx]; ~|geläge [-jəlɛˑjə] {5.3.4.1}: anliegen, **1.** der Körperform anpassen: *Dat Kleid litt aan wie en zweite Hugg.* (Das Kleid liegt an wie eine zweite Haut.). **2.** zu erledigen sein: *Wat litt aan?* (Was liegt an?). (132)
aan|linge ['aːnlɪŋə] <trennb. Präfix-V.; schw.; *han*; lingte a. ['lɪŋtə]; ~|gelingk [-jəlɪŋˑk]> {5.3.4}: anleinen, an die Leine nehmen. (49)
aan|livvere ['aːnlɪvərə] <trennb. Präfix-V.; schw.; *han*; livverte a. ['lɪvetə]; ~|gelivvert [-jəlɪvet]> {5.3.4; 6.5.2; 9.2.1.2}: anliefern. (4)
aan|locke ['aːnlɔkə] <trennb. Präfix-V.; schw.; *han*; lockte a. ['lɔktə]; ~|gelock [-jəlɔk]>: anlocken. (88)
aan|lo<u>o</u>ße ['aːnloˑsə] <trennb. Präfix-V.; st.; *han*; leet/leeß a. [leːt / leˑs]; ~|gelo<u>o</u>ße [-jəloˑsə]> {5.2.1.3; 5.5.3}: anlassen, **1.** mittels Anlasser starten [auch: ↑aan|maache (1c), ↑aan|schmieße]. **2.** anbehalten, nicht ausziehen. **3.** nicht ausmachen. **4.** <sich a.> (sich) erweisen

(als): *Dat liet sich god aan.* (Das erweist sich als positiv.). (135)

aan|lüe ['a:nly:ə] <trennb. Präfix-V.; schw.; *han*; lüte a. ['ly·tə]; ~|gelüt [-jəly·t]> {5.4}: anlöten. (37)

aan|luure/~|loore ['a:nlu·(ɐ)rə / -lo·rə] <trennb. Präfix-V.; schw./unr.; *han*; luurte a. ['lu·ɐtə]; ~|geluurt [-jəlu·ɐt]>: ansehen, anschauen, angucken, **1.** anblicken [auch: ꜙaan|blꬳcke²]. **2.** betrachten [auch: ꜙbe|kicke, ꜙbe|luure/~|loore, ꜙbe|sinn (1)]. **3.** beurteilen, einschätzen [auch: ꜙaan|sinn (3) ꜙbe|traachte (2)]. (100) (134)

aan|maache ['a:nma:xə] <trennb. Präfix-V.; unr.; *han*; maht a. [ma:t]; ~|gemaht [-jəma:t] {5.2.1}: anmachen, **1. a)** anzünden; **b)** anstellen, anknipsen, einschalten [auch: ꜙaan|knipse, ꜙaan|schalte/~|schalde, ꜙen|schalte/~|schalde (1)]; **c)** anstellen, anlassen, per Anlasser starten [auch: ꜙaan|looße (1), ꜙaan|schmieße]. **2.** anrühren, anmengen. **3.** belästigen, bedrängen [auch: ꜙbe|lämmere, ꜙtribbeliere/~eere, ꜙvexiere/~eere, ꜙtransioniere/~eere; *jet ze drieße han*]. **4.** grob anfahren [auch: ꜙaan|bälke, ꜙaan|blaffe (1), ꜙaan|blöke, ꜙaan|brölle/~|brülle, ꜙaan|kläffe (b), ꜙaan|kotze (2), ꜙaan|motze, ꜙaan|ranze, ꜙaan|schnauze, ꜙav|ranze, ꜙav|rotze]. **5.** ansprechen, anbandeln [auch: ꜙaan|baggere]. (136)

aan|mahne ['a:nma·nə] <trennb. Präfix-V.; schw.; *han*; mahnte a. ['ma·ntə]; ~|gemahnt [-jəma·nt]>: anmahnen. (5)

aan|marschiere/~eere ['a:nmaˌʃi·(ɐ)rə / -e·rə] <trennb. Präfix-V.; schw./unr.; *sin*; marschierte a. [ma'ʃi·ɐtə]; ~|marschiert [-maˌʃi·ɐt] ⟨frz. marcher⟩ {(5.1.4.3)}: anmarschieren. (3) (2)

aan|meckere ['a:nmɛkərə] <trennb. Präfix-V.; schw.; *han*; meckerte a. ['mɛketə]; ~|gemeckert [-jəmɛkət]> {9.2.1.2}: anmeckern. (4)

aan|meede ['a:nme·də] <trennb. Präfix-V.; schw.; *han*; meedte a. ['me·tə]; ~|gemeedt [-jəme·t]> {5.1.4.3; 6.11.3}: anmieten. (197)

aan|melde ['a:nmɛl·də] <trennb. Präfix-V.; schw.; *han*; meldte a. ['mɛl·tə]; ~|gemeldt [-jəmɛl·t]>: anmelden. (28)

Aan|melde|friss, de ['a:nmɛldəˌfrɪs] <N.; ~|friste> {s. u. ꜙFriss}: Anmeldefrist.

aan|merke ['a:nmɛrkə] <trennb. Präfix-V.; schw.; *han*; merkte a. ['mɛrktə]; ~|gemerk [-jəmɛrk]>: anmerken. (41)

aan|messe ['a:nmɛsə] <trennb. Präfix-V.; st.; *sin*; moß a. [mɔ·s]; ~|gemesse [-jəmɛsə]>: anmessen, **1.** nach Maß anfertigen: *Dä Schohmächer moß im de Stivvele aan.* (Der Schuhmacher maß ihm die Stiefel an.). **2.** passen, geeignet sein: *För dä Aanlass es ding Kledage nit aangemesse.* (Für den Anlass ist deine Kleidung nicht angemessen/geeignet.). (59)

aan|moderiere/~eere ['a:nmodəˌri·(ɐ)rə / -e·rə] <trennb. Präfix-V.; schw./unr.; *han*; moderierte a. [modə'ri·ɐtə]; ~|moderiert [-modəˌri·ɐt] ⟨spätlat. moderare⟩> {(5.1.4.3)}: anmoderieren. (3) (2)

aan|mole ['a:nmɔ·lə] <trennb. Präfix-V.; schw.; *han*; molte a. ['mɔ·ltə]; ~|gemolt [-jəmɔ·lt]> {5.5.3}: anmalen [auch: ꜙaan|pinsele]. (148)

aan|moße, sich ['a:nmɔ·sə] <trennb. Präfix-V.; schw.; *han*; moßte a. ['mɔ·stə]; ~|gemoß [-jəmɔ·s]> {5.5.3}: sich anmaßen. (32)

aan|motze ['a:nmɔtsə] <trennb. Präfix-V.; schw.; *han*; motzte a. ['mɔtstə]; ~|gemotz [-jəmɔts]>: anmotzen [auch: ꜙaan|bälke, ꜙaan|blaffe (1), ꜙaan|blöke, ꜙaan|brölle/~|brülle, ꜙaan|kläffe (b), ꜙaan|kotze (2), ꜙaan|maache (4), ꜙaan|ranze, ꜙaan|schnauze, ꜙav|ranze, ꜙav|rotze]. (114)

aan|nage ['a:nna·ʀə] <trennb. Präfix-V.; schw.; *han*; nagte a. ['na·xtə]; ~|genag [-jəna·x]>: annagen [auch: ꜙaan|knabbere]. (103)

aan|nähle ['a:nnɛ·lə] <trennb. Präfix-V.; schw.; *han*; nählte a. ['nɛ·ltə]; ~|genählt [-jənɛ·lt]> {5.4; 6.3.1}: annageln. (61)

aan|neete ['a:nne·tə] <trennb. Präfix-V.; schw.; *han*; ~|geneet [-jəne·t]> {5.1.4.3}: annieten. (104)

aan|neeße ['a:nne·sə] <trennb. Präfix-V.; schw.; *han*; neeßte a. ['ne·stə]; ~|geneeß [-jəne·s]> {5.1.4.3}: anniesen, jmdm. ins Gesicht niesen. (32)

aan|nemme ['a:nnɛmə] <trennb. Präfix-V.; st.; *han*; nohm a. [nɔ·m]; ~|genomme [-jənomə]> {5.3.4; 5.5.2}: annehmen, **1. a)** etw. in Empfang nehmen: *e Geschenk a.* (ein Geschenk a.); **b)** mit etw. einverstanden sein. **2.** seine Zustimmung geben: *en Enladung a.* (eine Einladung a.). **3.** sich etw. zu Eigen machen, zulegen: *der Ööcher Singsang a.* (den Aachener Singsang a.); *Lihr a.* (sich belehren lassen). **4.** aufnehmen, zulassen: *em Kindergaade nit aangenomme wääde* (im Kindergarten nicht angenommen werden). **5.** eindringen, haften lassen: *Dä Stoff nemmp Färv god aan.* (Dieser Stoff nimmt Farbe gut an.). **6. a)** vermuten, meinen, glauben: *Ich nemmen aan, hä es krank.* (Ich nehme an, er

ist krank.); **b)** voraussetzen: *aangenomme, dat ...* (angenommen, dass ...). (143)
aan|nihe ['aːn̩niˑə] <trennb. Präfix-V.; schw.; *han*; nihte a. ['niˑtə]; ~|geniht [-jəniˑt]> {5.4}: annähen. (37)
aan|öde ['aːn|øːdə] <trennb. Präfix-V.; schw.; *han*; ödte a. ['øˑtə]; ~|geödt [-jə|øːt]>: anöden. (197)
aan|packe ['aːnpakə] <trennb. Präfix-V.; schw.; *han*; packte a. ['paktə]; ~|gepack [-jəpak]>: anpacken, **1.** anfassen, berühren: *Pack mich nit aan!* (Fass mich nicht an!); *einer met Samphändschohn a.* (jmdn. verhätscheln). **2.** helfen: *Pack ens met aan!* (Hilf mal!). (88)
aan|pappe ['aːnpapə] <trennb. Präfix-V.; schw.; *han*; pappte a. ['paptə]; ~|gepapp [-jəpap]>: anpappen, **1.** <han> notdürftig od. behelfsmäßig ankleben. **2.** <sin> festkleben, festsitzen; [auch: ↑aan|klevve, ↑aan|lieme]. (75)
aan|passe ['aːnpasə] <trennb. Präfix-V.; schw.; *han*; passte a. ['pastə]; ~|gepass [-jəpas]>: anpassen. (67)
aan|pecke ['aːnpekə] <trennb. Präfix-V.; schw.; *han*; peckte a. ['pektə]; ~|gepeck [-jəpek] {5.5.2}: anpicken. (88)
aan|penne ['aːnpenə] <trennb. Präfix-V.; schw.; *han*; pennte a. ['penˑtə]; ~|gepennt [-jəpenˑt] {5.5.2}: anpinnen, anheften [auch: ↑aan|hefte, ↑aan|steche¹ (2)]. (10)
aan|piele ['aːnpiˑlə] <trennb. Präfix-V.; schw.; *han*; pielte a. ['piˑltə]; ~|gepielt [-jəpiˑlt] {5.1.4.5}: anpeilen. (45)
aan|pinkele ['aːnpɪŋkələ] <trennb. Präfix-V.; schw.; *han*; pinkelte a. ['pɪŋkəltə]; ~|gepinkelt [-jəpɪŋkəlt]> {9.2.1.2}: anpinkeln, **1.** an etw. urinieren. **2.** ausfällig werden; [auch: ↑aan|pisse]. (6)
aan|pinsele ['aːnpɪnˑzələ] <trennb. Präfix-V.; schw.; *han*; pinselte a. ['pɪnˑzəltə]; ~|gepinselt [-jəpɪnˑzəlt]> {9.2.1.2}: anpinseln, anmalen [auch: ↑aan|mole]. (6)
aan|pirsche, sich ['aːnpɪxʃə] <trennb. Präfix-V.; schw.; *han*; pirschte a. ['pɪxʃtə]; ~|gepirsch [-jəpɪxʃ]>: sich anpirschen, heranschleichen. (110)
aan|pisse ['aːnpɪsə] <trennb. Präfix-V.; schw.; *han*; pisste a. ['pɪstə]; ~|gepiss [-jəpɪs]>: (derb) anpissen, **1.** an etw. od. jmd. urinieren. **2.** ausfällig werden; [auch: ↑aan|pinkele]. **3.** <sich a.> sich anstellen. (67)
aan|pöbele ['aːnpøːbələ] <trennb. Präfix-V.; schw.; *han*; pöbelte a. ['pøːbəltə]; ~|gepöbelt [-jəpøːbəlt] {9.2.1.2}: anpöbeln. (6)
aan|pöhle ['aːnpœˑlə] <trennb. Präfix-V.; schw.; *han*; pöhlte a. ['pœˑltə]; ~|gepöhlt [-jəpœˑlt] {5.5.3; 6.8.1}: anpflocken, **a)** an einem Pflock/Pfahl befestigen; **b)** mit Pflöcken befestigen. (61)
aan|pralle ['aːnpralə] <trennb. Präfix-V.; schw.; *han*; prallte a. ['praˑltə]; ~|geprallt [-jəpraˑlˑt]>: anprallen, heftig anstoßen. (91)
aan|prangere ['aːnpraŋərə] <trennb. Präfix-V.; schw.; *han*; prangerte a. ['praŋətə]; ~|geprangert [-jəpraŋət]> {9.2.1.2}: anprangern. (4)
aan|presse ['aːnprɛsə] <trennb. Präfix-V.; schw.; *han*; presste a. ['prɛstə]; ~|gepress [-jəprɛs]>: anpressen, andrücken. (67)
aan|priese ['aːnpriˑzə] <trennb. Präfix-V.; st.; *han*; pres a. [pres]; ~|geprese [-jəprezə] {5.1.4.5}: anpreisen. (147)
aan|probiere/~eere ['aːnproˌbiˑ(ẹ)rə / -eˑrə] <trennb. Präfix-V.; schw./unr.; *han*; probierte a. [proˈbiˑẹtə]; ~|probiert [-proˌbiˑẹt] ⟨lat. probare⟩> {(5.1.4.3)}: (Kleidung, Hut, Brille etc.) anprobieren. (3) (2)
aan|pumpe ['aːnpʊmpə] <trennb. Präfix-V.; schw.; *han*; pumpte a. ['pʊmptə]; ~|gepump [-jəpʊmp]>: anpumpen. (180)
aan|quasele ['aːnkvazələ] <trennb. Präfix-V.; schw.; *han*; quaselte a. ['kvazəltə]; ~|gequaselt [-jəkvazəlt]> {6.10.1; 9.2.1.2}: anquasseln [auch: ↑aan|quatsche]. (6)
aan|quatsche ['aːnkvatʃə] <trennb. Präfix-V.; schw.; *han*; quatschte a. ['kvatʃtə]; ~|gequatsch [-jəkvatʃ]>: anquatschen [auch: ↑aan|quasele]. (110)
Aan|rääch, et ['aːnrɛːʃ] <N.; ~te> {5.2.1.2; 5.4}: Anrecht.
aan|räge ['aːnrɛˑjə] <trennb. Präfix-V.; schw.; *han*; rägte a. ['rɛˑjtə]; ~|geräg [-jərɛˑj]> {5.4}: anregen [auch: ↑aan|reize (b)]. (103)
aan|ranze ['aːnrantsə] <trennb. Präfix-V.; schw.; *han*; ranzte a. ['rantstə]; ~|geranz [-jərants]>: anranzen, anraunzen, anschnauzen, ausschimpfen; derb/grob anfahren: *Wäge singer schläächte Arbeid woodt hä vun singem Chef aangeranz.* (Wegen seiner schlechten Arbeit wurde er von seinem Chef zurechtgewiesen.) [auch: ↑aan|bälke, ↑aan|blaffe (1), ↑aan|blöke, ↑aan|brölle/~|brülle, ↑aan|kläffe (b), ↑aan|kotze (2), ↑aan|maache (4), ↑aan|motze, ↑aan|schnauze, ↑av|ranze, ↑av|rotze]. (42)
aan|rase/~|rose ['aːnraˑzə / -rɔˑzə] <trennb. Präfix-V.; *aan|rose* veraltet; schw.; *sin*; raste a. ['raˑstə]; ~|geras [-jəraˑs]> {(5.5.3)}: anrasen, <meist im Part. II i. Vbdg. m. *kumme*>: *aangeras kumme* [auch: ↑aan|brause/~|bruuse, ↑aan|sause]. (149)

aan|rauche [ˈaːnrou̯xə] <trennb. Präfix-V.; schw.; *han*; rauchte a. [ˈrou̯xtə]; ~|gerauch [-jərou̯x]>: anrauchen, **1.** nur wenige Züge an einer Zigarette machen. **2.** mit Rauch belästigen, Rauch ins Gesicht blasen. (123)

aan|räuchere [ˈaːnrøy̑ɦərə] <trennb. Präfix-V.; schw.; *han*; räucherte a. [ˈrøy̑ɦetə]; ~|geräuch(ert) [-jərøy̑ɦ(et)]> {9.2.1.2}: anräuchern, leicht/kurz räuchern. (4)

aan|raue [ˈaːnrou̯ə] <trennb. Präfix-V.; schw.; *han*; raute a. [ˈrou̯·tə]; ~|geraut [-jərou̯·t]>: anrauen. (11)

aan|rechne [ˈaːnrɛɦnə] <trennb. Präfix-V.; schw.; *han*; rechente a. [ˈrɛɦəntə]; ~|gerechent [-jərɛɦənt]>: anrechnen, **a)** in Rechnung stellen; **b)** bewerten; ***einem jet huh a.** (jmd. etw. hoch a., honorieren); **c)** gegen etw. aufrechnen: *De U-Haff woodt im op sing Strof aangerechent.* (Die U-Haft wurde ihm auf seine Strafe angerechnet.). (150)

aan|recke [ˈaːnrɛkə] <trennb. Präfix-V.; schw.; *han*; reckte a. [ˈrɛktə]; ~|gereck [-jərɛk]> {5.3.1; 5.5.2}: anreichen [auch: ↑aan|gevve (1)]. (88)

Aan|reech, de [ˈaːnreːɦ] <N.; ~te> {5.2.1.2; 5.4; 8.3.1}: Anrichte.

aan|reechte/~|richte [ˈaːnreːɦtə / -rɪɦtə] <trennb. Präfix-V.; schw.; *han*; ~|gereech [-jəreːɦ]> {5.2.1; 5.4}: anrichten, **1.** Speisen fertig machen u. auftragen. **2.** etw. Negatives verursachen: *en Verwöstung a.* (eine Verwüstung verursachen). (131)

aan|reihe [ˈaːnreɪ̯ə] <trennb. Präfix-V.; schw.; *han*; reihte a. [ˈreɪ̯·tə]; ~|gereiht [-jəreɪ̯·t]>: anreihen, mit großen Stichen (Reihstichen), lose annähen, anheften. (37)

aan|reise [ˈaːnreɪ̯·zə] <trennb. Präfix-V.; schw.; *sin*; reiste a. [ˈreɪ̯·stə]; ~|gereis [-jəreɪ̯·s]>: anreisen. (149)

aan|reize [ˈaːnreɪ̯tsə] <trennb. Präfix-V.; schw.; *han*; reizte a. [ˈreɪ̯tstə]; ~|gereiz [-jəreɪ̯ts]>: anreizen, **a)** den Anreiz zu etw. geben; **b)** anregen, wecken [auch: ↑aan|räge]. (112)

aan|rempele [ˈaːnrɛmpələ] <trennb. Präfix-V.; schw.; *han*; rempelte a. [ˈrɛmpəltə]; ~|gerempelt [-jərɛmpəlt]> {9.2.1.2}: anrempeln. (6)

aan|renne [ˈaːnrɛnə] <trennb. Präfix-V.; unr.; *han*; rannt a. [rant]; ~|gerannt [-jərant]>: anrennen, <meist im Part. II i. Vbdg. m. *kumme*>: *Se kome flöck aangerannt.* (Sie kamen schnell angerannt.) [auch: ↑aan|flitze, ↑eraan|jöcke, ↑aan|laufe (1), ↑aan|wetze]. (35)

aan|retze [ˈaːnrɛtsə] <trennb. Präfix-V.; schw.; *han*; retzte a. [ˈretstə]; ~|geretz [-jərets]> {5.5.2}: anritzen. (114)

aan|rieße [ˈaːnriːsə] <trennb. Präfix-V.; st.; *han*; ress a. [res]; ~|geresse [-jərɛsə] {5.1.4.5}: anreißen, **1.** zu zerreißen beginnen. **2.** zur Sprache bringen. (25)

aan|rigge [ˈaːnrɪgə] <trennb. Präfix-V.; st.; *han*; redt a. [ret]; ~|geredde [-jəredə]> {5.3.4; 6.6.2}: anreiten, **1.** <meist im Part. II i. Vbdg. m. *kumme*>: *aangeredde kumme*. **2.** auf ein best. Ziel (Hindernis, Feind od. Ä.) zureiten. **3.** zu reiten beginnen. **4.** (ein Pferd) abrichten, zureiten [auch: ↑en|rigge (2a)]. (133)

aan|röchlig [ˈaːnrøɦlɪɦ] <Adj.; ~e; ~er, ~ste> {5.5.1}: anrüchig, anstößig. Tbl. A5.2

aan|röcke [ˈaːnrøkə] <trennb. Präfix-V.; schw.; *sin*; röckte a. [ˈrøktə]; ~|geröck [-jərøk]> {5.5.1}: anrücken. (88)

aan|röde [ˈaːnroː·də] <trennb. Präfix-V.; st.; *han*; reedt a. [reːt]; ~|geröde [-jəroː·də]> {5.5.3; 6.11.3}: anraten. (36)

aan|rodere/~|rudere [ˈaːnroː·dərə / -ruː·dərə] <trennb. Präfix-V.; schw.; *sin*; roderte a. [ˈroː·detə]; ~|gerodert [-jəroː·det]> {5.4; 9.2.1.2}: anrudern, <meist im Part. II i. Vbdg. m. *kumme*>: *aangerodert kumme*. (4)

aan|rofe [ˈaːnroː·fə] <trennb. Präfix-V.; st.; *han*; reef a. [reː·f]; ~|gerofe [-jəroː·fə]> {5.4}: anrufen [auch: ↑telefoniere/~eere]. (151)

aan|röhre/~|rühre [ˈaːnrøː·(ə)rə / -ryː·(ə)rə] <trennb. Präfix-V.; schw.; *han*; röhte a. [ˈrø·tə]; ~|geröht [-jərø·t]> {5.4}: anrühren. (186) (31)

aan|rolle [ˈaːnrɔlə] <trennb. Präfix-V.; schw.; *han*; rollte a. [ˈrɔl·tə]; ~|gerollt [-jərɔl·t]>: anrollen, **1. a)** losfahren; **b)** heranrollen. **2.** <oft im Part. II i. Vbdg. m. *kumme*>: *Se komen aangerollt.* (Sie kamen angerollt.). **3.** rollend heranschaffen. (91)

aan|roste [ˈaːnrɔstə] <trennb. Präfix-V.; schw.; *sin*; ~|geross [-jərɔs]>: anrosten, zu rosten beginnen, ein wenig rostig werden. (68)

aan|röste [ˈaːnrœstə] <trennb. Präfix-V.; schw.; *han*; ~|geröss [-jərœs]>: anrösten, leicht rösten. (152)

aan|rotze [ˈaːnrɔtsə] <trennb. Präfix-V.; schw.; *han*; rotzte a. [ˈrɔtstə]; ~|gerotz [-jərɔts]>: anrotzen, **1.** anspucken. **2.** beschimpfen. (114)

aan|ruusche [ˈaːnruːʃə] <trennb. Präfix-V.; schw.; *sin*; ruuschte a. [ˈruːʃtə]; ~|geruusch [-jəruːʃ]> {5.1.3}: anrauschen, <meist im Part. II i. Vbdg. m. *kumme*>: *Mer kome aangeruusch.* (Wir kamen angerauscht.). (110)

ääns [ɛːnts] <Adj.; ~e; ~ter, ~este> {5.2.1.1.2; 5.4}: ernst, **1.** nicht sorglos-heiter, streng: *ene ~e Kääl* (ein ~er Kerl). **2.** eindringlich: *e ä. Wöödche* (ein ~es Wörtchen). **3.** wichtig: *jet ä. nemme* (etw. e. nehmen). **4.** Besorgnis erregend, gefahrvoll: *en ~e Lag* (eine ~e Lage). Tbl. A1

Ääns, der [ɛ·nts̲] <N.; kein Pl. ⟨mhd. ernest, ahd. ernust⟩> {5.2.1.1.1; 5.4; 6.11.3; 8.3.5}: Ernst, **a)** Ernsthaftigkeit; **b)** Humorlosigkeit; **c)** i. d. Vbdg. *em Ä.* (ernsthaft, wirklich) [auch: ↑wirklich²].

Aan|sag, de [ˈaːnzaˑx] <N.; ~e> {8.3.1}: Ansage, Ankündigung.

aan|sage [ˈaːnzaˑʀə] <trennb. Präfix-V.; unr.; *han*; saht a. [zaːt]; ~|gesaht [-jəzaːt]>: ansagen. (155)

aan|säge [ˈaːnzɛˑjə] <trennb. Präfix-V.; schw.; *han*; sägte a. [ˈzɛˑfjtə]; ~|gesäg [-jəzɛˑfj]>: ansägen. (103)

aan|sammele [ˈaːnzamələ] <trennb. Präfix-V.; schw.; *han*; sammelte a. [ˈzaməltə]; ~|gesammelt [-jəzaməlt]> {9.2.1.2}: ansammeln. (6)

aan|sauge [ˈaːnzoʊ̯ʀə] <trennb. Präfix-V.; schw.; *han*; saugte a. [ˈzoʊ̯xtə]; ~|gesaug [-jəzoʊ̯x]>: ansaugen, durch Saugen anziehen. (103)

aan|sause [ˈaːnzoʊ̯zə] <trennb. Präfix-V.; schw.; *sin*; sauste a. [ˈzoʊ̯stə]; ~|gesaus [-jəzoʊ̯s]>: ansausen, <meist im Part. II i. Vbdg. m. *kumme*>: *aangesaus kumme* [auch: ↑aan|brause/~|bruuse, ↑aan|rase/~|ʀos̲e]. (149)

aan|schaffe [ˈaːnʃafə] <trennb. Präfix-V.; schw.; *han*; schaffte a. [ˈʃaftə]; ~|geschaff [-jəʃaf]>: anschaffen, **1.** etw. Beständiges erwerben, kaufen. **2. a)** Geld verdienen; **b)** Prostitution betreiben; **c)** stehlen. (27)

aan|schalte/~|schalde [ˈaːnʃaltə / -ʃaldə] <trennb. Präfix-V.; schw.; *han*; ~|geschalt [-jəʃalt]> {(6.11.3)}: anschalten [auch: ↑aan|knipse, ↑aan|maache (1b), ↑en|schalte/~|schalde (1)]. (58) (28)

aan|schecke, sich [ˈaːnʃekə] <trennb. Präfix-V.; schw.; *han*; scheckte a. [ˈʃektə]; ~|gescheck [-jəʃek]> {5.5.2}: sich anschicken. (88)

aan|scheeße [ˈaːnʃeˑsə] <trennb. Präfix-V.; st.; *han*; schoss a. [ʃɔs]; ~|geschosse [-jəʃɔsə]> {5.1.4.3}: anschießen, mit einem Schuss treffen. (79)

aan|scherre [ˈaːnʃeʀə] <trennb. Präfix-V.; *aan|scherre* veraltet; schw.; *han*; scherrte a. [ˈʃextə]; ~|gescherr [-jəʃex]> {5.5.2}: anschirren, anspannen; (einem Zugtier) das Geschirr anlegen [auch: ↑aan|schirre]. (93)

aan|schinge [ˈaːnʃɪŋə] <trennb. Präfix-V.; st.; *han*; schung a. [ʃʊŋ]; ~|geschunge [-jəʃʊŋə]> {5.3.4}: anscheinen, bescheinen. (26)

aan|schirre [ˈaːnʃɪʀə] <trennb. Präfix-V.; schw.; *han*; schirrte a. [ˈʃɪxtə]; ~|geschirr [-jəʃɪx]>: anschirren, anspannen; (einem Zugtier) das Geschirr anlegen [auch: ↑aan|scherre]. (93)

Aan|schlag, der [ˈaːnʃlaːx] <N.; ~|schläg [-ʃlɛˑfj]>: Anschlag.

aan|schlage/~|schlonn [ˈaːnʃlaˑʀə / -ʃlɔn] <trennb. Präfix-V.; st.; *han*; schlog a. [ʃloˑx]; ~|geschlage [-jəʃlaˑʀə]> {(5.3.2; 5.4)}: anschlagen. (48) (163)

aan|schläg|ig [ˈaːnʃlɛˑjɪfj] <Adj.; ~e; ~er, ~ste>: anschlägig, klug, gelehrig, pfiffig: *ene ~e Kopp* (ein pfiffiger Kopf). Tbl. A5.2

aan|schleeße [ˈaːnʃleˑsə] <trennb. Präfix-V.; st.; *han*; schloss a. [ʃlɔs]; ~|geschlosse [-jəʃlɔsə]> {5.1.4.3}: anschließen. (79)

aan|schleiche/~|schliche [ˈaːnʃleɪ̯çə / -ʃlɪfjə] <trennb. Präfix-V.; *aan|schliche* veraltet; st.; *sin*; schlech a. [ʃlefj]; ~|geschleche [-jəʃlefjə]> {(5.3.1)}: anschleichen, **1.** <meist im Part. II i. Vbdg. m. *kumme*> heranschleichen, sich langsam (heimlich) nähern: *Se komen aangeschleche.* (Sie haben sich angeschlichen.). **2.** <sich a.> sich schleichend nähern: *Se han sich aangeschleche.* (Sie haben sich angeschlichen.). (161) (187)

aan|schleife [ˈaːnʃleɪ̯fə] <trennb. Präfix-V.; schw.; *han*; schleifte a. [ˈʃleɪ̯ftə]; ~|geschleif [-jəʃleɪ̯f]>: anschleppen. (108)

aan|schliefe [ˈaːnʃliːfə] <trennb. Präfix-V.; st.; *han*; schleff a. [ʃlef]; ~|geschleffe [-jəʃlefə]> {5.1.4.5}: anschleifen, anspitzen, durch Schleifen anschärfen. (86)

Aan|schluss, der [ˈaːnˌʃlʊs] <N.; ~|schlüss>: Anschluss.

aan|schmaachte [ˈaːnʃmaːxtə] <trennb. Präfix-V.; schw.; *han*; ~|geschmaach [-jəʃmaːx]> {5.2.1}: anschmachten. (1)

aan|schmeege [ˈaːnʃmeˑjə] <trennb. Präfix-V.; schw.; *han*; schmeegte a. [ˈʃmeˑfjtə]; ~|geschmeeg [-jəʃmeˑfj]> {5.1.4.3}: anschmiegen. (103)

aan|schmiere/~|schmeere [ˈaːnʃmiː(ɐ̯)ʀə / -ʃmeːʀə] <trennb. Präfix-V.; ~|*schmeere* veraltend; schw./unr.; *han*; schmierte a. [ˈʃmiːɐ̯tə]; ~|geschmiert [-jəʃmiːɐ̯t]> {(5.1.4.3)}: anschmieren, **1.** beschmieren, beschmutzen [auch: ↑be|schmiere/~eere (2)]. **2.** täuschen, betrügen [auch: ↑bedrege, ↑be|drieße, ↑be|scheiße (2), ↑be|tuppe², ↑en|läge (2), ↑foppe, ↑lappe² (2), ↑lieme (2), ↑tüte², ↑uze, ↑ver|schöckele, ↑ver|aasche, ↑ver|uze, *einer för der Jeck halde*]. (3) (2)

aan|schmieße ['aːnʃmiːsə] <trennb. Präfix-V.; st.; *han*; schm**e**ss a. [ʃmes]; ~|geschm**e**sse [-jəʃmesə]> {5.1.4.5}: anschmeißen, anwerfen, in Gang setzen [auch: ˈaan|maache (1c), ˈaan|l**oo**ße (1)]. (25)

aan|schnalle ['aːnʃnalə] <trennb. Präfix-V.; schw.; *han*; schnallte a. [ˈʃnalˑtə]; ~|geschnallt [-jəʃnalˑt]>: anschnallen. (91)

Aan|schnall|gurt, der ['aːnʃnalˌjʊxt] <N.; ~e>: Anschnallgurt.

aan|schnauze ['aːnʃnaʊtsə] <trennb. Präfix-V.; schw.; *han*; schnauzte a. [ˈʃnaʊtstə]; ~|geschnauz [-jəʃnaʊts]>: anschnauzen [auch: ˈaan|bälke, ˈaan|blaffe (1), ˈaan|bl**ö**ke, ˈaan|br**ö**lle/~|brülle, ˈaan|kläffe (b), ˈaan|kotze (2), ˈaan|maache (4), ˈaan|motze, ˈaan|ranze, ˈav|r**o**tze, ˈav|ranze]. (112)

aan|schnigge ['aːnʃnɪɡə] <trennb. Präfix-V.; st.; *han*; schn**e**dt a. [ʃnet]; ~|geschn**e**dde [-jəʃnedə]> {5.3.4; 6.6.2}: anschneiden, **1.** durch Abschneiden des ersten Stückes zu verbrauchen beginnen. **2.** (übertr.) ansprechen, zur Sprache bringen. (133)

aan|schöckele ['aːnʃœkələ] <trennb. Präfix-V.; schw.; *han*; schöckelte a. [ˈʃœkəltə]; ~|geschöckelt [-jəʃœkəlt]> {5.3.4; 9.2.1.2}: anschaukeln, **1.** anschwanken <meist im Part. II i. Vbdg. m. *kumme*>: aangeschöckelt kumme [auch: ˈaan|schwanke]. **2.** (Schaukel) anschubsen, anstoßen. (6)

aan|scholdige ['aːnʃolˑdɪjə] <trennb. Präfix-V.; schw.; *han*; sch**o**ldigte a. [ˈʃolˑdɪʃtə]; ~|gesch**o**ldig [-jəʃolˑdɪʃ]> {5.5.1}: anschuldigen [auch: ˈbe|zichtige]. (7)

aan|schrieve ['aːnʃriːvə] <trennb. Präfix-V.; st.; *han*; schr**e**vv a. [ʃref]; ~|geschr**e**vve [-jəʃrevə]> {5.1.4.5; 6.1.1}: anschreiben [auch: *ene Deckel maache*]; **[RA]** Schriev(t) der (Üch) en Mark aan! (Gut gemacht! Wörtl.: Schreibt euch eine Mark an!). (51)

aan|schröme ['aːn,ʃrœˑmə] <trennb. Präfix-V.; schw.; schrömte a. [ˈʃrœˑmtə]; ~|geschrömp [-jəʃrœˑmp]>: **1.** <han> markieren, durch ein Zeichen kenntlich machen [auch: ˈmarkiere/~eere (1)]. **2.** <sin> i. Vbdg. m. *kumme*: aangeschrömp kumme (gegangen kommen). (118)

aan|schruuve ['aːnʃruːvə] <trennb. Präfix-V.; schw.; *han*; schruuvte a. [ˈʃruːftə]; ~|geschruuv [-jəʃruːf]> {5.1.3; 6.1.1}: anschrauben. (158)

aan|schüre ['aːnʃyː(ɐ)rə] <trennb. Präfix-V.; schw.; *han*; schürte a. [ˈʃyːɐtə]; ~|geschürt [-jəʃyːɐt]>: anschüren, (ein Feuer) anfachen. (21)

aan|schwaade ['aːn,ʃvaˑdə] <trennb. Präfix-V.; schw.; *han*; schwaadte a. [ˈʃvaˑtə]; ~|geschwaadt [-jəʃvaˑt]> {5.2.1.4}: ansprechen [auch: ˈaan|spreche (2)]. (197)

aan|schwanke ['aːnʃvaŋkə] <trennb. Präfix-V.; schw.; *han*; schwankte a. [ˈʃvaŋktə]; ~|geschwank [-jəʃvaŋk]>: anschwanken, <meist im Part. II i. Vbdg. m. *kumme*>: aangeschwank kumme [auch: ˈaan|schöckele]. (41)

aan|schwänzele ['aːnʃvɛntsələ] <trennb. Präfix-V.; schw.; *han*; schwänzelte a. [ˈʃvɛntsəltə]; ~|geschwänzelt [-jəʃvɛntsəlt]> {9.2.1.2}: anschwänzeln, <meist im Part. II i. Vbdg. m. *kumme*>: aangeschwänzelt kumme. (6)

aan|schwätze ['aːnʃvɛtsə] <trennb. Präfix-V.; schw.; *han*; schwätzte a. [ˈʃvɛtstə]; ~|geschwätz [-jəʃvɛts]> {8.2.4}: anschwärzen, **1.** schwarz machen. **2.** anschwärzen, denunzieren, beschuldigen, etw. verraten. (114)

aan|schweiße ['aːnʃvɛɪsə] <trennb. Präfix-V.; schw.; *han*; schweißte a. [ˈʃvɛɪstə]; ~|geschweiß [-jəʃvɛɪs]>: anschweißen. (32)

aan|schwelle[1] ['aːnʃvelə] <trennb. Präfix-V.; st.; *sin*; schw**o**ll a. [ʃvol]; ~|geschw**o**lle [-jəʃvolə]> {5.5.2}: anschwellen, **1.** dicker, lauter werden. **2.** bedrohlich wachsen, zunehmen. (183)

aan|schwelle[2] ['aːnʃvelə] <trennb. Präfix-V.; schw.; *sin*; schwellte a. [ˈʃvɛlˑtə]; ~|geschwellt [-jəʃvɛlˑt]>: anschwellen, schwellen lassen. (91)

aan|schwemme[1] ['aːnʃvɛmə] <trennb. Präfix-V.; schw.; *han*; schwemmte a. [ˈʃvɛmˑtə]; ~|geschwemmp [-jəʃvɛmˑp]>: anschwemmen: *Et Rhinghuhwasser schwemmp vill Dreck aan.* (Das Rheinhochwasser schwemmt viel Dreck an.). (40)

aan|schwemme[2] ['aːnʃvɛmə] <trennb. Präfix-V.; st.; *sin*; schw**o**mm a. [ʃvom]; ~|geschw**o**mme [-jəʃvomə]> {5.5.2}: anschwimmen, **1. a)** auf etw. zuschwimmen; **b)** sich schwimmend nähern <meist im Part. II i. Vbdg. m. *kumme*> aangeschwomme kumme. **2.** gegen etw. a. (z. B. die Strömung). (109)

aan|schwvve ['aːnʃveve] <trennb. Präfix-V.; unr.; *sin*; schwävte a. [ˈʃvɛˑftə]; ~|geschwäv [-jəʃvɛˑf]> {5.3.4; 5.5.2; 6.1.1}: meist i. Vbdg. mit *kumme*: anschweben, schwebend herankommen. (22)

aan|segele ['aːnzeːjələ] <trennb. Präfix-V.; schw.; *sin*; segelte a. [ˈzeːjəltə]; ~|gesegelt [-jəzeːjəlt]> {9.2.1.2}:

ansegeln, <meist im Part. II i. Vbdg. m. *kumme*>: *aangesegelt kumme*. (6)
aan|seile ['a:nzɛɪ·lə] <trennb. Präfix-V.; schw.; *han*; seilte a. ['zɛɪ·ltə]; ~|geseilt [-jəzɛɪ·lt]>: anseilen. (45)
aan|senge ['a:nzɛŋə] <trennb. Präfix-V.; schw.; *han*; sengte a. ['zɛŋtə]; ~|gesengk [-jəzɛŋ·k]>: ansengen. (49)
aan|setze ['a:nzɛtsə] <trennb. Präfix-V.; unr./schw.; *han*; setzte/satz a. ['zɛtstə / zats]; ~|gesetzt/~|gesatz [-jəzɛts / -jəzats]>: ansetzen. (173)
Ääns|fall, der ['ɛ·nts,fal] <N.; ~|fäll [-fɛl·]> {s. u. ↑Ääns}: Ernstfall.
ääns|haff ['ɛ·ntshaf] <Adj.; ~|hafte [-haftə]; ~|hafter, ~ste> {5.2.1.1.2; 5.4}: ernsthaft [auch: ↑ihr|lich]. Tbl. A4.2.1
aan|singe ['a:nzɪŋə] <trennb. Präfix-V.; st.; *han*; sung a. [zʊŋ]; ~|gesunge [-jəzʊŋə]>: ansingen. (26)
aan|sinn ['a:nzɪn] <trennb. Präfix-V.; st.; *han*; sǫh/sǫch a. [zɔ· / zɔ·x]; ~|gesinn [-jəzɪn]> {5.3.4; 8.2.2.3}: ansehen, **1.** anschauen, anblicken [auch: ↑aan|blɛcke²]. **2.** anschauen, betrachten [auch: ↑be|kicke, ↑be|luure/~|loore, ↑be|sinn (1)]. **3.** beurteilen, einschätzen; [auch: ↑aan|luure/~|loore (3), ↑be|traachte (2)]. (175)
Aan|sinn, et [a:n'zɪn] <N.; kein Pl.> {5.3.4; 8.2.2.3}: nur in der Vbdg. ***vum A.** (vom Sehen): *Dä kenn ich vum A.* (Den kenne ich vom Sehen.).
aan|spanne ['a:nʃpanə] <trennb. Präfix-V.; schw.; spannte a. ['ʃpan·tə]; ~|gespannt [-jəʃpan·t]>: anspannen, **1.** <han> (ein Zugtier) vor etw. spannen. **2.** <han> straffer spannen. **3.** <sin> anstrengen. (10)
aan|spare ['a:nʃpa:rə] <trennb. Präfix-V.; schw.; *han*; sparte a. ['ʃpa:tə]; ~|gespart [-jəʃpa:t]>: ansparen. (21)
aan|späue/~|speie ['a:nʃpøʏ·ə / -ʃpɛɪə] <trennb. Präfix-V.; ~|speie veraltend; schw.; *han*; späute a. ['ʃpøʏ·tə]; ~|gespäut [-jəʃpøʏ·t]> {5.1.3}: anspeien, anspucken, (veraltet:*aanspaue*). (11)
aan|spaziere/~eere ['a:nʃpa,tsi·(ɐ̯)rə / -e·rə] <trennb. Präfix-V.; schw./unr.; *sin*; spazierte a. [ʃpa'tsi·ɐ̯tə]; ~|spaziert [-ʃpa,tsi·ɐ̯t] ⟨lat. spatiari⟩> {(5.1.4.3)}: anspazieren, <meist im Part. II i. Vbdg. m. *kumme*>: *aanspaziert kumme*. (3) (2)
aan|spetze ['a:nʃpɛtsə] <trennb. Präfix-V.; schw.; *han*; spetzte a. ['ʃpɛtstə]; ~|gespetz [-jəʃpɛts]> {5.5.2}: anspitzen, **1.** spitz machen [auch: ↑spetze]. **2.** anstacheln, antreiben. (114)

aan|spille ['a:nʃpɪlə] <trennb. Präfix-V.; schw.; *han*; spillte a. ['ʃpɪltə]; ~|gespillt [-jəʃpɪlt]> {5.3.4}: anspielen, **1.** jmdm. zuspielen. **2.** versteckt hinweisen. **3.** ein Lied anspielen. (91)
aan|spöle ['a:nʃpø·lə] <trennb. Präfix-V.; schw.; *han*; spölte/spolt a. ['ʃpø·ltə / ʃpo:lt]; ~|gespölt/~|gespolt [-jəʃpø·lt / -jəʃpo:lt]> {5.4}: anspülen. (73)
aan|sporne ['a:nʃpɔrnə] <trennb. Präfix-V.; schw.; *han*; spornte a. ['ʃpɔrntə]; ~|gespornt [-jəʃpɔrnt]>: anspornen [auch: ↑aan|drieve (1b), ↑aan|stachele]. (193)
aan|spreche ['a:nʃprɛçə] <trennb. Präfix-V.; st.; *han*; sprǫch a. [ʃprɔ·x]; ~|gesproche [-jəʃprɔxə]>: ansprechen, **1.** *jet a.* (etw. a. (z. B. ein Problem)). **2.** *eine a.* (jmdn. a.) [auch: ↑aan|schwaade]. (34)
aan|spretze ['a:nʃprɛtsə] <trennb. Präfix-V.; schw.; *han*; spretzte a. ['ʃprɛtstə]; ~|gespretz [-jəʃprɛts]> {5.5.2}: anspritzen. (114)
aan|springe ['a:nʃprɪŋə] <trennb. Präfix-V.; st.; sprung a. [ʃprʊŋ·]; ~|gesprunge [-jəʃprʊŋə]>: anspringen, **1.** <han> mit einem Sprung auf jmdn. stürzen: *Die Katz hät dat Mädche aangesprunge.* (Die Katze hat das Mädchen angesprungen.). **2.** <sin> in Gang kommen: *Der Motor springk nit aan.* (Der Motor springt nicht an.). **3.** <sin> zustimmend auf etw. eingehen: *Op su e Aangebodd springk jeder aan.* (Auf so ein Angebot springt jeder an.). (26)
Aan|sprǫch, der ['a:nʃprɔx] <N.; ~|sprǫch> {5.5.1}: Anspruch, **1.** Forderung: ***ene A. stelle** (beanspruchen, auf etw. A. erheben; fordern, verlangen). **2.** Recht, Anrecht: *ene A. op mih Luhn* (A. auf Lohnerhöhung).
aan|sprǫchs|voll ['a:nʃprɔxs,fol] <Adj.; ~e> {5.5.1}: anspruchsvoll. Tbl. A2.2
aan|stachele ['a:nʃtaxələ] <trennb. Präfix-V.; schw.; *han*; stachelte a. ['ʃtaxəltə]; ~|gestachelt [-jəʃtaxəlt]> {9.2.1.2}: anstacheln, anfeuern, anspornen [auch: ↑aan|drieve (1b), ↑aan|sporne]. (6)
aan|stakse ['a:nʃtaksə] <trennb. Präfix-V.; schw.; *sin*; stakste a. ['ʃtakstə]; ~|gestaks [-jəʃtaks]>: anstaksen, <meist im Part. II i. Vbdg. m. *kumme*>: *aangestaks kumme*. (87)
Aanstalt, de ['a:nʃtalt] <N.; ~e> {5.2.1}: Anstalt, **1. a)** öffentliche Einrichtung u. das sie beherbergende Gebäude; **b)** Heilstätte für Nerven- u. Geisteskranke, Trinker, Rauschgiftsüchtige usw.: *en geschlossene A.*

(eine geschlossene A.). **2.** *(kein)* ~e maache ((keine) Anstalten machen; etw. (nicht) tun wollen).

aan|ständ|ig [ˈaːnʃtɛnˑdɪʃ] <Adj.; ~e; ~er, ~ste>: anständig [auch: ↑manier|lich, ↑fazüng|lich]. Tbl. A5.2

aan|stänkere [ˈaːnʃtɛŋkərə] <trennb. Präfix-V.; schw.; han; stänkerte a. [ˈʃtɛŋkətə]; ~|gestänkert [-jəʃtɛŋkət]> {9.2.1.2}: anstänkern, sich mit groben, beleidigenden Worten gegen jmdn./etw. wenden. (4)

aan|stappe [ˈaːnʃtapə] <trennb. Präfix-V.; schw.; *sin*; stappte a. [ˈʃtaptə]; ~|gestapp [-jəʃtap]> {6.8.1}: anstapfen, <meist im Part. II i. Vbdg. m. *kumme*>: *aangestapp kumme*. (75)

aan|staue [ˈaːnʃtauə] <trennb. Präfix-V.; schw.; han; staute a. [ˈʃtauˑtə]; ~|gestaut [-jəʃtauˑt]>: anstauen: *Et Blod dät sich a.* (Das Blut staute sich an.). (11)

aan|staune [ˈaːnʃtauˑnə] <trennb. Präfix-V.; schw.; han; staunte a. [ˈʃtauˑntə]; ~|gestaunt [-jəʃtauˑnt]>: anstaunen. (138)

aan|steche[1] [ˈaːnʃtɛʃə] <trennb. Präfix-V.; st.; *han*; stǫch a. [ʃtɔx]; ~|gestoche [-jəʃtɔxə]> {6}: anstecken, **1.** anzünden: *en Kääz a.* (eine Kerze anzünden). **2.** an etw. stecken [auch: ↑aan|penne, ↑aan|hefte]. **3.** auf jmdn. übertragen; sich zuziehen (bes. Krankheit). (34)

aan|steche[2] [ˈaːnʃtɛʃə] <trennb. Präfix-V.; st.; *han*; stǫch a. [ʃtɔx]; ~|gestoche [-jəʃtɔxə]>: anstechen, (ein Fass) anzapfen. (34)

Aan|steeg, der [aːnˌʃteˑʃ] <N.; ~e> {5.1.3}: Anstieg.

aan|stefte [ˈaːnʃtɛftə] <trennb. Präfix-V.; schw.; han; ~|gesteff [-jəʃtɛf]> {5.4}: anstiften. (89)

aan|steige [ˈaːnʃtɛɪˑjə] <trennb. Präfix-V.; st.; *sin*; steeg a. [ʃteˑʃ]; ~|gesteege [-jəʃteˑjə]>: ansteigen. (181)

aan|stelle [ˈaːnʃtɛlə] <trennb. Präfix-V.; schw./unr.; *han*; stellte/stallt a. [ˈʃtɛlˑtə / ˈʃtalt]; ~|gestellt/~|gestallt [-jəʃtɛlˑt / -jəʃtalt]>: anstellen, **1. a)** anlehnen, an etw. stellen; **b)** sich hinten an eine Reihe stellen. **2.** <sich a.> sich in einer best. Weise verhalten: *Stell dich nit esu aan!* (Stell dich nicht so an!). **3. a)** etw. versuchen zu tun: *Der Dokter hät alles met im aangestellt.* (Der Arzt hat alles mit ihm angestellt.); **b)** etw. Schlechtes anstellen: *Wat häs do do ald widder aangestellt!* (Was hast du da wieder angestellt!). (182)

aan|stemme [ˈaːnʃtɛmə] <trennb. Präfix-V.; schw.; *han*; stemmte a. [ˈʃtɛmˑtə]; ~|gestemmp [-jəʃtɛmˑp]> {5.5.2}: anstimmen. (40)

aan|steuere [ˈaːnʃtɔyərə] <trennb. Präfix-V.; schw.; han; steuerte a. [ˈʃtɔyətə]; ~|gesteuert [-jəʃtɔyət]> {9.2.1.2}: ansteuern, auf etw. zusteuern: *mem Boot en Insel a.* (mit dem Boot eine Insel a.). (4)

aan|stiere [ˈaːnʃtiˑ(ə)rə] <trennb. Präfix-V.; schw.; han; stierte a. [ˈʃtiˑətə]; ~|gestiert [-jəʃtiˑət]>: anstieren, anstarren. (3)

aan|stinke [ˈaːnʃtɪŋkə] <trennb. Präfix-V.; st.; *han*; stunk a. [ʃtʊŋk]; ~|gestunke [-jəʃtʊŋkə]>: anstinken, **1.** (jmdn.) anwidern. **2.** (gegen jmdn./etw.) machtlos sein, nichts unternehmen können: *Gäge su einer kanns do nit a.* (Gegen so einen kannst du nicht a.). (52)

aan|stivvele [ˈaːnʃtɪvələ] <trennb. Präfix-V.; schw.; stivvelte a. [ˈʃtɪvəltə]; ~|gestivvelt [-jəʃtɪvəlt]> {5.3.4; 6.5.2; 9.2.1.2}: anstiefeln, **1.** <*sin*; meist im Part. II i. Vbdg. m. *kumme*> herankommen, heranlaufen: *aangestivvelt kumme*. **2.** <han> anstiften: *Dä hät mich dozo aangestivvelt.* (Er hat mich dazu angestiftet.) [auch: ↑animiere/~eere]. (6)

aan|stöbbe [ˈaːnʃtøbə] <trennb. Präfix-V.; schw.; *han*; stöbbte a. [ˈʃtøptə]; ~|gestöbb [-jəʃtøp]> {5.3.4; 5.5.1}: anstauben, <meist im Part. II>: *aangestöbbte Klamotte* (angestaubte Kleidung). (167)

aan|stöckele [ˈaːnʃtøkələ] <trennb. Präfix-V.; schw.; *han*; stöckelte a. [ˈʃtøkəltə]; ~|gestöckelt [-jəʃtøkəlt]> {5.5.1; 9.2.1.2}: anstückeln, anstücken, kleine Stücke anfügen. (6)

aan|stolziere/~eere [ˈaːnʃtolˌtsiˑ(ə)rə / -eˑrə] <trennb. Präfix-V.; schw./unr.; *sin*; stolzierte a. [ʃtolˈtsiˑətə]; ~|stolziert [-ʃtolˌtsiˑət] ⟨mhd. stolzieren⟩> {(5.1.4.3)}: anstolzieren, <meist im Part. II i. Vbdg. m. *kumme*>: *aanstolzeet kumme*. (3) (2)

aan|stonn [ˈaːnʃtɔn] <trennb. Präfix-V.; st.; *han*; stundt a. [ʃtʊnt]; ~|gestande [-jəʃtandə]> {5.3.4; 8.2.2.3}: anstehen. (185)

aan|störme/~|stürme [ˈaːnʃtørˑmə / -ʃtʏrˑmə] <trennb. Präfix-V.; schw.; *sin*; störmte a. [ˈʃtørˑmtə]; ~|gestörmp [-jəʃtørˑmp]>: anstürmen, **1.** gegen etw. stürmend andrängen; angreifen. **2.** <meist im Part. II i. Vbdg. m. *kumme*> sich eilig u. ungestüm nähern: *aangestürmp kumme*. (127)

aan|sträufe [ˈaːnʃtrøyfə] <trennb. Präfix-V.; unr.; *han*; sträufte a. [ˈʃtrøyftə]; ~|gesträuf [-jəʃtrøyfl] {5.1.3}: anstreifen, schnell überziehen, anziehen [auch: ↑aan|streife/~|streife (2)]. (108)

Aan|strech, der [ˈaːnˌʃtreʃ] <N.; ~e> {5.5.2}: Anstrich.

aan|strecke [ˈaːnʃtrekə] <trennb. Präfix-V.; schw.; *han*; streckte a. [ˈʃtrektə]; ~|gestreck [-jəʃtrek]> {5.5.2}: anstricken. (88)

aan|strenge [ˈaːnʃtrɛŋə] <trennb. Präfix-V.; schw.; *han*; strengte a. [ˈʃtrɛŋtə]; ~|gestrengk [-jəʃtrɛŋk]>: anstrengen, **1.** <sich a.> sich Mühe geben. **2.** stark beanspruchen, strapazieren: *Lese strengk aan.* (Lesen strengt an.). **3.** (ein gerichtliches Verfahren) einleiten. (49)

Aan|streng|ung, de [ˈaːnˌʃtrɛŋʊŋ] <N.; ~e>: Anstrengung.

aan|striche [ˈaːnʃtrɪʃə] <trennb. Präfix-V.; st.; *han*; strech a. [ʃtreʃ]; ~|gestreche [-jəʃtreʃə]> {5.3.1}: anstreichen. (187)

Aan|strich|er, der [ˈaːnʃtrɪʃə] <N.; ~> {5.3.1}: Anstreicher.

aan|striefe/~|streife [ˈaːnʃtriːfə / -ʃtreɪfə] <trennb. Präfix-V.; unr.; *han*; striefte a. [ˈʃtriːftə]; ~|gestrief [-jəʃtriːf]> {5.1.4.5}: anstreifen, **1.** leicht berühren. **2.** schnell überziehen [auch: ↑aan|sträufe]. (108)

aan|strohle [ˈaːnʃtroːlə] <trennb. Präfix-V.; schw.; *han*; strohlte a. [ˈʃtroːltə]; ~|gestrohlt [-jəʃtroːlt]> {5.5.3}: anstrahlen, Licht auf jmdn./etw. richten. (61)

aan|ströme [ˈaːnʃtrøːmə] <trennb. Präfix-V.; schw.; *sin*; strömte a. [ˈʃtrøːmtə]; ~|geströmp [-jəʃtrøːmp]>: anströmen, **1.** strömend heranfließen. **2.** <meist im Part. II i. Vbdg. m. *kumme*> in großer Zahl herbeikommen: *De Lück kome aangeströmp.* (Die Leute kamen angeströmt.). (118)

aan|stüsse [ˈaːnʃtʏsə] <trennb. Präfix-V.; st.; *han*; stoss a. [ʃtɔs]; ~|gestosse/~|gestüsse [-jəʃtɔsə / -jəʃtʏsə]> {5.4; 5.3.4}: anstoßen. (188)

aan|suffe [ˈaːnzʊfə] <trennb. Präfix-V.; st.; *han*; soff a. [zɔf]; ~|gesoffe [-jəzɔfə]> {5.3.4}: ansaufen, betrinken: *Häs do der Mod aangesoffe?* (Hast du dir Mut angetrunken?). (119)

aan|taaste [ˈaːntaːstə] <trennb. Präfix-V.; schw.; *han*; ~|getaas [-jətaːs]> {5.2.1}: antasten. (101)

aan|tatsche [ˈaːntatʃə] <trennb. Präfix-V.; schw.; *han*; tatschte a. [ˈtatʃtə]; ~|getatsch [-jətatʃ]>: antatschen, anfassen. (110)

aan|tippe [ˈaːntɪpə] <trennb. Präfix-V.; schw.; *han*; tippte a. [ˈtɪptə]; ~|getipp [-jətɪp]>: antippen, jmdn. leicht berühren. (75)

aan|trabe [ˈaːntraːbə] <trennb. Präfix-V.; schw.; *han*; trabte a. [ˈtraːptə]; ~|getrab [-jətraːp]>: antraben, **1.** zu traben beginnen. **2.** <meist im Part. II i. Vbdg. m. *kumme*> sich trabend nähern: *aangetrab kumme*. (189)

aan|trainiere/~eere [ˈaːntrɛˌniːˈ(ɡ)rə / -eːrə] <trennb. Präfix-V.; schw./unr.; *han*; trainierte a. [trɛˈniːɡtə]; ~|trainiert [-trɛˌniːˈɡt]⟨frz. traîner⟩> {(5.1.4.3)}: antrainieren. (3) (2)

aan|transportiere/~eere [ˈaːntranspɔxˌtiːˈ(ɡ)rə / -eːrə] <trennb. Präfix-V.; schw./unr.; *han*; transportierte a. [transpɔxˈtiːɡtə]; ~|transportiert [-transpɔxˌtiːˈɡt]⟨frz. transporter⟩> {(5.1.4.3)}: antransportieren. (3) (2)

aan|trecke [ˈaːntrɛkə] <trennb. Präfix-V.; st.; *han*; trok a. [trɔk]; ~|getrocke [-jətrɔkə]>: anziehen, **1. a)** an sich ziehen, heranziehen; **b)** in seinen Bann ziehen, anlocken. **2.** festziehen. **3. a)** <sich a.> sich Kleidung anziehen; **b)** jmdm. Kleidung anlegen [auch: ↑aan|dun (3), ↑kleide]. (190)

Aan|tredd, der [ˈaːntret] <N.; ~(e)> {5.5.2; 6.11.3}: Antritt.

aan|tredde [ˈaːntredə] <trennb. Präfix-V.; st.; *han*; trodt a. [trɔt]; ~|getrodde [-jətrɔdə]> {5.3.4; 5.5.2; 6.11.3}: antreten. (191)

aan|treffe [ˈaːntrɛfə] <trennb. Präfix-V.; st.; *han*; trof a. [trɔf]; ~|getroffe [-jətrɔfə]>: antreffen. (192)

aan|trödele [ˈaːntrœːdələ] <trennb. Präfix-V.; schw.; *sin*; trödelte a. [ˈtrœːdəltə]; ~|getrödelt [-jətrœːdəlt]> {5.5.3; 9.2.1.2}: antrödeln, langsam herankommen. (6)

aan|tuckere [ˈaːntʊkərə] <trennb. Präfix-V.; schw.; *sin*; tuckerte a. [ˈtʊkətə]; ~|getuckert [-jətʊkət]> {9.2.1.2}: antuckern, **1.** sich tuckernd nähern. **2.** <meist im Part. II i. Vbdg. m. *kumme*>: *aangetuckert kumme*. (4)

aan|vertraue [ˈaːnfɛtraʊə] <trennb. Präfix-V.; schw.; *han*; vertraute a. [fɛˈtraʊˑtə]; ~|vertraut [-fɛˌtraʊˑt]>: anvertrauen. (11)

aan|visiere/~eere [ˈaːnvɪˌziːˈ(ɡ)rə / -eːrə] <trennb. Präfix-V.; schw./unr.; *han*; visierte a. [vɪˈziːɡtə]; ~|visiert [-vɪˌziːˈɡt]⟨frz. viser⟩> {(5.1.4.3)}: anvisieren. (3) (2)

aan|waggele [ˈaːnvaɡələ] <trennb. Präfix-V.; schw.; *sin*; waggelte a. [ˈvaɡəltə]; ~|gewaggelt [-jəvaɡəlt]> {6.4.1; 6.6.1; 9.2.1.2}: anwackeln, sich langsam nähern <meist im Part. II i. Vbdg. m. *kumme*>: *aangewaggelt kumme*. (6)

aan|wähle [ˈaːnvɛːlə] <trennb. Präfix-V.; schw.; *han*; wählte a. [ˈvɛːltə]; ~|gewählt [-jəvɛːlt]>: anwählen. (61)

aan|wahße [ˈaːnvasə] <trennb. Präfix-V.; st.; *sin*; wohß a. [voːs]; ~|gewahße [-jəvasə]> {5.2.4; 6.3.1}: anwachsen. (199)

Aan|wandl|ung, de ['a:nvantlʊŋ] <N.; ~e>: Anwandlung.

aan|wärme ['a:nvɛrˑmə] <trennb. Präfix-V.; schw.; *han*; wärmte a. ['vɛrˑmtə]; ~|gewärmp [-jəvɛrˑmp]>: anwärmen. (127)

aan|watschele ['a:nvadʒələ] <trennb. Präfix-V.; schw.; *sin*; wat<u>sch</u>elte a. ['vadʒəltə]; ~|gewat<u>sch</u>elt [-jəvadʒəlt]> {6.10.1; 9.2.1.2}: anwatscheln, sich watschelnd nähern <meist im Part. II i. Vbdg. m. *kumme*>: aangewatschelt kumme. (6)

aan|wende ['a:nvɛnˑdə] <trennb. Präfix-V.; unr.; *han*; wandt a. [vant]; ~|gewandt/~|gewendt [-jəvant / -jəvɛnˑt]>: anwenden. (205)

aan|w<u>e</u>rfe/~|wirfe ['a:nverfə / -vɪrfə] <trennb. Präfix-V.; st.; *han*; w<u>o</u>rf a. [vorf]; ~|gew<u>o</u>rfe [-jəvorfə] {5.5.2/5.4}: anwerfen. (206)

aan|w<u>e</u>rve/~|wirve ['a:nverˑvə / -vɪrˑvə] <trennb. Präfix-V.; st.; *han*; w<u>o</u>rv a. [vorˑf]; ~|gew<u>o</u>rve [-jəvorvə]> {5.4/5.5.2; 6.1.1}: anwerben. (184)

aan|wetze ['a:nvɛtsə] <trennb. Präfix-V.; schw.; *sin*; wetzte a. ['vɛtstə]; ~|gewetz [-jəvɛts]>: anwetzen, sich eilig nähern <meist im Part. II i. Vbdg. m. *kumme*>: aangewetz kumme [auch: ↑aan|flitze, ↑eraan|jöcke, ↑aan|-laufe (1), ↑aan|renne]. (114)

aan|widdere ['a:nvɪdərə] <trennb. Präfix-V.; schw.; *han*; widderte a. ['vɪdətə]; ~|gewiddert [-jəvɪdət]> {5.3.2; 9.2.1.2}: anwidern, anekeln, abstopen [auch: ↑aan|äkele, ↑aan|kotze (1)]. (4)

aan|wiese ['a:nvi:zə] <trennb. Präfix-V.; st.; *han*; w<u>e</u>s a. [ves]; ~|gew<u>e</u>se [-jəvezə]> {5.1.4.5}: anweisen. (147)

aan|winkele ['a:nvɪŋkələ] <trennb. Präfix-V.; schw.; *han*; winkelte a. ['vɪŋkəltə]; ~|gewinkelt [-jəvɪŋkəlt]> {9.2.1.2}: anwinkeln. (6)

aan|winsele ['a:nvɪnˑzələ] <trennb. Präfix-V.; schw.; *han*; winselte a. ['vɪnˑzəltə]; ~|gewinselt [-jəvɪnˑzəlt]> {9.2.1.2}: anwinseln. (6)

aan|woozele ['a:nvo:tsələ] <trennb. Präfix-V.; schw.; *sin*; woozelte a. ['vo:tsəltə]; ~|gewoozelt [-jəvo:tsəlt]> {5.2.1.1.1; 5.4; 9.2.1.2}: anwurzeln. (6)

aan|zälle ['a:ntsɛlə] <trennb. Präfix-V.; st./schw.; *han*; zallt/zällte a. [tsalt / 'tsɛltə]; ~|gezallt/~|gezällt [-jətsalt / -jətsɛlt]> {5.3.4}: anzählen. (196) (91)

aan|zappe ['a:ntsapə] <trennb. Präfix-V.; schw.; *han*; zappte a. ['tsaptə]; ~|gezapp [-jətsap]> {6.8.1}: anzapfen, **1. a)** eine Flüssigkeit zapfend entnehmen: *e Faaß a.* (ein Fass a.); **b)** durch techn. Manipulationen heimlich Telefone abhören: *en Leidung a.* (eine Leitung a.); **c)** von jmdm. Geld leihen. **2.** etw. nach u. nach aus jmdm. herausholen, -bekommen. (75)

aan|zeddele ['a:ntsɛdələ] <trennb. Präfix-V.; schw.; *han*; zeddelte a. ['tsɛdəltə]; ~|gezeddelt [-jətsɛdəlt]> {5.5.2; 6.11.3; 9.2.1.2}: anzetteln. (6)

aan|zeichne ['a:ntsɛɪʄnə] <trennb. Präfix-V.; schw.; *han*; zeichnete a. ['tsɛɪʄəntə]; ~|gezeichent [-jətsɛɪʄənt]>: anzeichnen. (150)

Aan|zeig, de ['a:ntsɛɪˑʄ] <N.; ~e [-tsɛɪˑjə]> {8.3.1}: Anzeige.

aan|zeige ['a:ntsɛɪˑjə] <trennb. Präfix-V.; schw.; *han*; zeigte a. ['tsɛɪˑʄtə]; ~|gezeig [-jətsɛɪˑʄ]>: anzeigen. (103)

Aan|zog, der ['a:ntsox] <N.; ~|zög> {5.5.1}: Anzug.

aan|zwiefele ['a:ntsviˑfələ (-tsviˑvələ)] <trennb. Präfix-V.; schw.; *han*; zwiefelte a. ['tsviˑfəltə]; ~|gezwiefelt [-jətsviˑfəlt]> {5.1.4.5; 9.2.1.2}: anzweifeln. (6)

Aap, de [a:p] <N.; ~e> {5.2.1.4; 6.5.1}: Affe (der), **1.** Säugetier; ***en A. krige** (zu viel kriegen, sich aufregen, etwa: *de Begovung krige*); ***de A. luuse/fluhe** (Pech haben; abweisende Antwort, Abfertigung): *Do kanns mer de A. luuse.* (Lass mich damit in Ruhe!); **[RA]** *Hee hät sich en A. gefluht.* (Hier hat jmd. Pech gehabt, z. B. schlechte Karten beim Skat.); ***de A. met einem maache** (jmdn. ausnutzen, an der Nase herumführen/anführen; vgl. *der Molli/de Aap/der Jeck met einem maache*). **2.** mit Fell überzogener Rucksack.

aape ['a:pə] <V.; schw.; *han*; aapte ['a:ptə]; geaap [jə'a:p]> {5.2.1.4; 5.4; 6.5.1}: äffen, irreführen, narren, täuschen. (75)

Aape|fott, de ['a:pə,fot] <N.; ~|fött> {s. u. ↑Aap ↑Fott}: Affenhintern, Hinterteil des Affen; (scherzh. als Schimpfw.) *Do verzälls Käu, do A.!* (Du redest Unsinn, du Dummkopf!); ***en A. krige** (nichts bekommen, leer ausgehen).

Aape|jack, de ['a:pə,jak] <N.; ~e; ~|jäck(|el)|che [-jɛk(əl)ʄə]> {s. u. ↑Aap ↑Jack¹}: kurze uniformartige Jacke von Soldaten, Spielmannsleuten, Zirkusleuten usw.

Aape|klöös|che, et ['a:pə,kloeˑsjə] <N.; ~r> {s. u. ↑Aap ↑Kloos}: pfiffiges, verschmitztes Kind.

Ääpel, der ['ɛ:pəl] <N.; verkürzt aus *Äädappel*; ~>: Kartoffel, **1.** Gemüse [auch: ↑Ääd|appel]. **2.** (scherzh.) Kopf [auch: ↑Kopp, ↑Däts, ↑Küül|es, ↑Kappes, ↑Da<u>s</u>el].

Ääpelsbuch

Ääpels|buch, der [ˈɛːpəlsˌbʊx] <N.; ~|büch]> {9.1.2; s. u. ↑Buch¹}: Kartoffelbauch, dicker Bauch, Leib [auch: ↑Ääd|äppels|buch].

Ääpel|schell|er, der [ˈɛːpəlˌʃelɐ] <N.; ~> {5.3.2; 5.5.2}: Kartoffelschäler [auch: ↑Ääd|ääpels|schell|er].

Ääpel|schiev, de [ˈɛːpəlˌʃiːf] <N.; ~e> {s. u. ↑Schiev}: Kartoffelscheibe [auch: ↑Ääd|äppels|schiev].

Ääpel|schlǫt, der (*et* veraltet) [ˈɛːpəlˌʃlɔˑt] <N.; kein Pl.> {s. u. ↑Schlǫt}: Kartoffelsalat (der) [auch: ↑Ääd|äppel|schlǫt].

Ääpels|kloß, der [ˈɛːpəlsˌkloːs] <N.; ~|klöß (meist Pl.)> {9.1.2}: Kartoffelkloß [auch: ↑Ääd|äppels|kloß].

Ääpels|knedd|er, der [ˈɛːpəlsˌknedɐ] <N.; ~> {5.5.2; 6.11.3}: Kartoffelstampfer [auch: ↑Ääd|äppels|knedder, ↑Knedd|er].

Äppels|nas, de [ˈɛːpəlsˌnaˑs] <N.; ~e> {s. u. ↑Appel ↑Nas}: Kartoffelnase, (verächtl. für) knollige, plumpe Nase.

Ääpels|riev, de [ˈɛːpəlsˌriˑf] <N.; ~e> {9.1.2; s. u. ↑Riev}: Kartoffelreibe [auch: ↑Ääd|äppels|riev], **[RA]** *e Geseech wie en Ä.* (pockennarbig).

Ääpels|stemm, de [ˈɛːpəlsˌʃtemˑ] <N.; ~e [-ʃtemə]> {s. u. ↑Stemm}: dumpfe, unklare Stimme [auch: ↑Ääd|äppels|stemm].

Ääpels|zupp, de [ˈɛːpəlsˌt͡sʊp] <N.; ~e (Sortenpl.)> {9.1.2; s. u. ↑Zupp}: Kartoffelsuppe [auch: ↑Ääd|äppels|zupp].

Aape|noss, de [ˈaːpəˌnos] <N.; ~|nöss> {s. u. ↑Aap ↑Noss}: Erdnuss.

aap|ig [ˈaːpɪʃ] <Adj.; ~e; ~er, ~ste> {5.2.1.4; 6.5.1}: affig, gekünstelt, geziert, kokett. Tbl. A5.2

Aasch, der [aːʃ] <N.; Ääsch [ɛːʃ]> {5.2.1.1.1}: Arsch [auch: ↑Fott]; ***dem Düuvel em A. nit dauge** (nichts taugen, äußerst verschlagen sein); ***am A. lecke** (in Ruhe lassen [auch: *der Naache däue; der Hubbel blose*]); ***Leck mich am A.!** (1. Lass mich in Ruhe!; 2. Ausruf des Erstaunens; auch: *Do bes jeck!; Jeck verzäll!*); **[RA]** *Leck ens am A. es och ene Danz, wann och keine flöcke.* (Leck mich am A. ist auch ein Tanz, wenn auch kein schneller!); **[RA]** *Do kanns mich ens e Pläggelche am A. lecke.* (Du kannst mich mal am A. lecken!); ***einem geiht der A. op Grundies** (jmdm. geht der A. auf Grundeis; er hat große Angst); ***der A. op han** (den A. offen haben, nicht recht bei Verstand, verrückt sein); ***einem en der A. kruffe** (jmdm. in den A. kriechen, unterwürfig sein); ***am A. vun der Welt** (am Ende der Welt, sehr abgelegen); ***em/am A. sin** (zerstört/vernichtet sein); ***am A. e Trötche!** (von wegen!).

Aasch|backe, et [ˈaːʃˌbakə] <N.; ~> {s. u. ↑Aasch}: Arschbacke (die) [auch: ↑Fott|backe].

Aasch|kruffl|er/~|kröffl~, der [ˈaːʃˌkrʊfɐ / -krøf-] <N.; ~> {s. u. ↑Aasch}: Schleimer, Kriecher, (wörtl.) Arschkriecher [auch: ↑Raddfahrer (2)].

Aasch|loch, et [ˈaːʃˌlox] <N.; ~|löcher> {s. u. ↑Aasch}: Arschloch, (Schimpfw.) *Do schön geblömp A.!* (wörtl.) Du schön geblümtes A.!.

Aat, de [aːt] <N.; ~e> {5.2.1.1.1}: Art, Eigenart, Verhaltensweise; Sorte; ***dat et nor esu en A. hät** (ordentlich, richtig).

aate [ˈaːtə] <V.; schw.; *sin*; geaat [jəˈaːt]> {5.2.1.1.1}: arten. (104)

Aate|schotz, der [ˈaːtəˌʃot͡s] <N.; ~(e)> {s. u. ↑Aat ↑Schotz}: Artenschutz.

~|aat|ig [ˈaːtɪʃ] <Suffix; adjektivbildend; ~e; ~er, ~ste> {5.2.1.1.1}: -artig, i. Vbdg. m. N., Adj. u. Präp.: *schlag~* (schlag~), *god~* (gut~), *av~* (ab~). Tbl. A5.2

Aaz, der [aːt͡s] <N.; Ääz [ɛːt͡s]> {5.2.1.1.1; 8.3.5}: Arzt, (selten gebraucht; gebräuchl.: ↑Dokter, scherzh. ↑Minsche|fleck|er).

Ääz, de [ɛːt͡s] <N.; ~e; ~che [-jə] ⟨mhd. erbeiȝ, arwiȝ, ahd. arawiȝ, araweiȝ⟩> {5.2.1.1.2; 5.4; 8.3.1}: Erbse, **1.** Hülsenfrucht; (übertr.) ***aal ~e** (längst erledigte, vergessene Angelegenheiten, Schnee von gestern); *Aal ~e opwärme* (alte Geschichten aufs Tapet bringen); ***wie op ~e gonn** (unsicher, mit kleinen, trippelnden Schritten gehen); ***en A. am Kieme han, *en Ä. am Wandere han** (verrückt sein, spinnen); ***Brod der en Ä.!** (Lass mich in Ruhe!). **2.** (übertr. scherzh.) Kopf. **3.** Beiname: kleiner, dicker, rundlicher Mensch.

Ääz², et [ˈɛːt͡s] <N.; ~e ⟨mhd. erze⟩> {5.2.1.1.1; 5.4}: Erz.

Ääz|bischoff, der [ˈɛːt͡sˌbɪʃof] <N.; ~|bischöff> {s. u. ↑Ääz² ↑Bischoff}: Erzbischof.

Ääze|bär, der [ˈɛːt͡səˌbeːɐ̯] <N.; ~e> {s. u. ↑Ääz¹}: (wörtl.) Erbsenbär **1.** ein in Erbsenstroh gehüllter Bursche, der früher auch an Fastnachtstagen öffentlich umherlief od. geführt wurde; ein alter Fastnachtsbrauch i. d. sinnbildlichen Darstellung des Kampfes zw. Winter u. Sommer. **2.** (scherzh.) Grießgram; bärbeißiger, grimmiger Mensch.

Ääze|mähl, et [ˈɛːt͡səˌmɛːl] <N.; kein Pl.> {s. u. ↑Ääz¹ ↑Mähl}: Erbs(en)mehl.

Ääze|ries|er ['ɛ:tsə,ri:zə] <N.; Neutr.; nur Pl.> {s. u. ↑Ääz¹ ↑Ries²}: Erbsenreiser, Zweige od. dünne Ästchen, an denen die Erbse rankt.

Ääze|strüh, et ['ɛ:tsə,ʃtry·] <N.; kein Pl.> {s. u. ↑Ääz¹ ↑Strüh}: Erbsenstroh, getrocknetes Erbsenkraut.

Ääze|zäll|er, der ['ɛ:tsə,tsɛlə] <N.; ~> {5.3.4; s. u. ↑Ääz¹}: Kleinigkeitskrämer, Haarspalter, Umstandskrämer, allzu genauer, in kleinlichster Weise wirtschaftender/ rechnender Mensch; Geizhals [auch: ↑Pingels|fott (1), ↑Klein|ig|keits|kriemer, ↑Kränz|chens|drieß|er].

Ääze|zäll|erei, de [,ɛ:tsə,tsɛlə'reɪ̯·] <N.; o. Pl.> {5.3.4; s. u. ↑Ääz¹}: Erbsenzählerei, kleinliches Verhalten.

Ääze|zupp, de ['ɛ:tsə,tsʊp] <N.; ~e (Sortenpl.)> {s. u. ↑Ääz¹ ↑Zupp}: Erbsensuppe.

abonneere/~iere [abo'ne·rə / -i·rə] <V.; unr.; han; abonneete [abo'ne·tə]; abonneet [abo'ne·t] ⟨frz. abonner⟩> {5.1.4.3}: abonnieren. (2) (3)

abonniere/~eere [abo'ni·(e̯)rə / -e·rə] <V.; schw.; han; abonnierte [abo'ni·e̯tə]; abonniert [abo'ni·e̯t] ⟨frz. abonner⟩> {(5.1.4.3)}: abonnieren. (3) (2)

ab|strak [ap'strak] <Adj.; ~te; ~ter, ~ste> {8.3.5}: abstrakt; theoretisch. Tbl. A4.1.1

Ab|tredd, der ['ap,tret] <N.; i. best. Komposita ab-, sonst ↑av; ~e> {5.5.2; 6.11.3; 11}: Abtritt, Abort, Toilette, Klosett [auch: ↑Lokus, ↑Höff|che, AB]; ***op der A./ Emmer/et Höffche/et Hüüsche/der Klo/Lokus gonn** (austreten gehen).

Ab|tredds|deckel, der ['aptrets,dɛkəl] <N.; ~e> {s. u. ↑Ab|tredd ↑Deckel}: Klodeckel.

Achs, de [aks] <N.; ~e> {8.3.1}: Achse.

ach|zehn ['axtse·n] <Kardinalz.> {8.3.5}: achtzehn, (als Ziffer: 18).

ach|zehn|hundert ['axtse·n'hʊn·det / ,--'-- / '--,--] <Kardinalz.> {s. u. ↑ach|zehn}: achtzehnhundert, (als Ziffer: 1800).

ach|zehnt... ['ax,tse:nt-] <Ordinalz.; zu ↑ach|zehn; ~e> {8.3.5}: achtzehnt...

ach|zig ['axtsɪç] <Kardinalz.> {8.3.5}: achtzig, (als Ziffer: 80).

ackere ['akərə] <V.; schw.; han; ackerte ['akətə]; geackert [jə'laket]> {9.2.1.2}: ackern, **1. a)** den Acker bestellen; **b)** mit dem Pflug bearbeiten. **2.** viel u. mühselig arbeiten. (4)

Acker|pääd, et ['ake,pɛ:t] <N.; ~(er) [-pɛ·t / -pɛ·də]; ~|pääd|che [-pɛ·tfjə]> {s. u. ↑Pääd}: Arbeitspferd, Kaltblüter.

ad [at] <Adv.; in lässiger Sprechweise statt ↑ald²>: schon, bereits.

Adam-Wrede-Stroß [,a:dam-'vre·də,ʃtro·s] <N.; Straßenn.> {s. u. ↑Stroß}: Adam-Wrede-Straße; Straße in Köln-Nippes. Adam Wrede (*1875 †1960) war Sprachforscher u. Kunsthistoriker; außerdem war er Lehrer am Schillergymnasium.

addiere/~eere [a'di·(e̯)rə / -e·rə] <V.; schw./unr.; han; addierte [a'di·e̯tə]; addiert [a'di·e̯t] ⟨lat. addere⟩> {(5.1.4.3)}: addieren [auch: ↑zosamme|trecke/ zesamme|~ (4)].

Adel, et [a'de·l] <N.; weibl. Vorn.> {8.3.1}: Adele.

adjüs [a'tʃʏs] <Adv.>: adieu, Abschiedswort: A., bes morge! (A., bis morgen!) [auch: ↑ad|tschüs, ↑tschüss].

Adress, de [a'drɛs] <N.; ~e> {8.3.1}: Adresse, Anschrift.

Adress|boch, et [a'drɛs,box] <N.; ~|böcher; ~|böch|el|che [-bø·jəlfjə]> {s. u. ↑Boch¹}: Adressbuch.

ad|tschüs [a'tʃʏs] <Adv.>: adieu, Abschiedswort: *A., bes morge!* (A., bis morgen!) [auch: ↑adjüs, ↑tschüss].

Aduch [a'dʊx] <N.; Personenn.> {8.3.5}: Aduch, altköln. Geschlecht Aduch ↑Richmodis vun Aduch.

Aduch|stroß [a'dʊx,ʃtro·s] <N.; Straßenn.> {s. u. ↑Stroß}: Aduchstraße; Straße in Köln-Neustadt/Nord. Aduch war der Name einer altkölnischen Patrizierfamilie. Auf diese Familie bezieht sich die Sage von ↑Richmodis von Aduch.

Advents|kalender [at'vɛntska,lɛndɐ] <N.; ~>: Adventkalender.

Aeltgen-Dünwald-Stroß [,ɛltjən'dyn·alt,ʃtro·s] <N.; Straßenn.> {s. u. ↑Stroß}: Aeltgen-Dünwald-Straße; Straße in Köln-Dünnwald. Aeltgen Dünwald (*1955 †1629) war Hebamme in Köln u. wurde als Hexe hingerichtet.

Agathe, et [a'ja·tə] <N.; weibl. Vorn.>: Agathe.

Ägidius|stroß [ɛ'ji:dɪjʊs,ʃtro·s] <N.; Straßenn.> {s. u. ↑Stroß}: Ägidiusstraße; Straße in Köln-Sülz. Ägidius Romanus (*1646 †1684) war Abt von St. Pantaleon u. Erbauer von Gut Weißhaus an der Luxemburger Straße.

Agilof|stroß ['aʀɪlof,ʃtro·s] <N.; Straßenn.> {s. u. ↑Stroß}: Agilofstraße; Straße in Köln-Neustadt/Süd. Agilolf war einerseits ein heiliger Märtyrer u. andererseits Erzbischof von Köln (747-751).

Agrippa|stroß, de [a'jrɪpaˌʃtroˑs] <N.; Straßenn.> {s. u. ↑Stroß}: Agrippastraße, zw. Hohe Straße u. Fleischmengergasse (Köln-Altstadt/Süd): Marcus Vispanius Agrippa (*64/63 v. Chr. †12 v. Chr.) war ein römischer Feldherr in Köln; er holte die Ubier um 38 v. Chr. in die Gegend um Köln.

Agrippina|ufer/~|ofer [aˌjrɪ'piːnaˌuˑfɐ / -oˑfɐ] <N.; Straßenn.> {s. u. ↑Ufer/Ofer}: Agrippinaufer; Straße in Köln-Neustadt/Süd. Julia Agrippina die Jüngere (*15 n. Chr. †59 n. Chr.) erwirkte 50 n. Chr. eine Rangerhöhung für ihren Geburtsort Köln. Köln bekam das römische Bürgerrecht u. den neuen Namen Colonia Claudia Ara Agrippinensium (CCAA). Sie war die Gattin von Claudius u. Mutter von Kaiser Nero, in dessen Auftrag sie ermordet wurde.

Ägypte [ɛ'jɪptə] <N.; Ländern.> {7.2.2; 8.3.3}: Ägypten.

ägypt|isch [ɛ'jɪptɪʃ] <Adj.; ~e> {7.2.2; 7.3.3}: ägyptisch, aus Ägypten. Tbl. A1

Ägyptisch Rüs|che, et [ɛˌjɪptɪʃ 'ryˑsjə] <N.; nur Diminutiv; ~r> {s. u. ↑Rus}: Reseda (die) (Heilpflanze).

ahne ['aˑnə] <V.; schw.; han; ahnte ['aˑntə]; geahnt [jə'|aˑnt]>: ahnen [auch: ↑vörus|sinn/vürus|-]. (5)

Ajuja! [a'juːja] <Interj.>: klangmalender Ausruf der Freude u. zur Aufmunterung im Karneval: *A., A., jetz geiht et widder A., jetz geiht et loss. Treck im e paar, treck im e paar, treck im e paar mem Reeme. Mer han däm Mädche nix gedon, et wor zo ärg am Rähne.* (aus dem kölschen Liedgut).

Ak, der [ak] <N.; Akte ['aktə]> {8.3.5}: Akt.

Äkel, der ['ɛːkəl] <N.; kein Pl.> {5.4}: Ekel, Gefühl des Widerwillens, des Abscheus.

äkele ['ɛˑkələ] <V.; gebräuchl.: fies sin; schw.; han; äkelte ['ɛˑkəltə]; geäkelt [jə'|ɛˑkəlt]> {5.4; 9.2.1.2}: ekeln, 1. <sich a.> Ekel empfinden: *Et Marie äkelt sich vür Müüs.* (Maria ekelt sich vor Mäusen.). 2. hinausekeln: *einer usem Huus ä.* (jmdn. aus dem Haus e.). (6)

Aki, der [a'ki] <N. ⟨frz.: acquis⟩>: Geschick, 1. Geschicklichkeit, Schwung, Dreh, Schnelligkeit [auch: ↑Wupptizität]. 2. Stoß beim Billardspiel.

Akkood, der [a'kɔːt] <N.; ~e> {5.2.1.1.1; 5.5.3}: Akkord.

akkurat [ˌakəˈraˑt] <Adj.; ~e; ~er, ~ste>: akkurat, genau, passend, exakt. Tbl. A1

Akkusativ|objek, et [a'kʊzaˌtiˑfjɔp,jɛk] <N.; ~te> {8.3.5}: Akkusativobjekt, (Sprachw.): Ergänzung eines (trans.) Verbs im Akkusativ.

äk(e)l|ig ['ɛˑk(ə)lɪfj] <Adj.; ~e; ~er, ~ste> {5.4; (9.1.1)}: eklig, 1. a) ekelerregend, widerwärtig, abstoßend: *ene ~e Usschlag* (ein ~er Ausschlag); b) charakterlich unangenehm, unmanierlich, abstoßend, unausstehlich: *ene ~e Typ* (ein ~er/gemeiner Typ). 2. <Adv.> (steigernd, verstärkend): gehörig, außerordentlich: *Dat deit ä. wih.* (Das tut e. weh.); [auch: ↑fies¹]. Tbl. A5.2

Akte, de ['aktə] <N.; ~>: Akte.

Akte|koffer, der ['aktəˌkofɐ] <N.; ~e> {s. u. Koffer¹}: Aktenkoffer.

Alaaf! [a'laːf] <Interj.>: ein Ausruf, Lob- u. Trinkspruch wie *Hoch!* od. *Hurra!*; urspr. *all af* (alles (andere) weg).

aläät [a'lɛːt] <Adj.; ~e; ~er, ~(e)ste> {5.2.1.1.1; 5.4}: alert, 1. munter, flink, rührig, behänd(e): *a. wie e Wiselche* (f. wie ein Wiesel). 2. geistig beweglich, aufgeweckt: *ene ~e Jung* (ein munterer Junge). Tbl. A1

Alabaster|balg, der [ala'bastɐˌbalfj] <N.; ~|bälg/~|bälger [-bɛlˑfj / -bɛlˑjɐ]> {s. u. ↑Balg}: Alabasterkörper.

Alarich|stroß ['alarɪfjˌʃtroˑs] <N.; Straßenn.> {s. u. ↑Stroß}: Alarichstraße; Straße in Köln-Deutz. Alarich (*um 370 †410) war der erste sicher bekannte König der Westgoten; im Jahre 410 eroberte er als erster Germane Rom. Die Straße hieß bis 1914 *Alter Grabengassenweg*.

Albäät, der ['albɛːt] <N.; männl. Vorn.> {5.2.1.1.1; 5.4}: Albert, Kurzf. von Adalbert, auch *Bäätes*.

Albertus-Magnus-Platz [alˌbɛxtʊsˈmaŋnʊsˌplats] <N.; Straßenn.>: Albertus-Magnus-Platz; Vorplatz der Kölner Universität in Köln-Lindenthal. Albertus Magnus (*1193 †1280) war Theologe der Hochscholastik; er lehrte an der Kölner Ordensschule u. war Lehrer von Thomas von Aquin. Im Jahr 1931 wurde er von Papst Pius XI heilig gesprochen. Auch die Kölner Universität ist nach ihm benannt.

Albrech, der ['albrɛfj] <N.; männl. Vorn.> {8.3.5}: Albrecht.

Album, et ['albʊm] <N.; Albe ['albə] (unr. Pl.)>: Album.

ald¹ [alt] <Adj.; aal(e) [aˑl(ə)]; älder, äldste ['ɛldə / 'ɛlˑtstə] {6.11.3}: alt, betagt: *Ming Groß es ald a.* (Meine Großmutter ist schon a.); *Ich han en aale Groß.* (Ich habe eine ~e Großmutter.); *Unse Ühm es ald ene aale Mann.* (Unser Onkel ist schon ein ~er Mann.); **aale Bemm, *aale Büggel* (abw. alter Mann, Greis); **aal Ääze/*

Kamelle (längst erledigte, vergessene Angelegenheiten, Schnee von gestern). Tbl. A7.1

Ald, et [alt] <N.; kein Pl.> {6.11.3}: (abw.) junge Frau: *Luur ens, wat dat A. do för e Fübbesche aanhät!* (Guck mal, was die Tussi da für einen kurzen Rock trägt!).

ald² [aˑlt] <Adv.; in lässiger Sprechweise ↑ad>: schon, bereits.

Ald|er, et [ˈaldɐ] <N.; ~> {6.11.3}: Alter.

Ald|er|dum, et [ˈaldɐˌduˑm] <N.; ~|dümer; ~|düm|che> {6.11.3}: Altertum, **1.** älteste hist. Zeit eines Volkes. **2.** <Diminutiv> *Alderdümche*: Antiquitätchen [auch: *Antiquitätche*, ↑Antik|che].

Ald|er Maat, der [ˈaldɐˌmaːt] <N.; Straßenn.> {s. u. ↑ald¹ ↑Maat}: Alter Markt (Platz in der Kölner Altstadt/Nord nahe dem Dom). In der Römerzeit wurde das Gelände als Hafen genutzt; später ist er versandet u. wurde aufgrund der Stadterweiterung zugeschüttet, als mercatus coloniae wurde er im Jahr 922 n.Chr. zum ersten Mal urkundlich erwähnt; um 1000 n. Chr. erfolgte die Teilung des ursprünglichen Marktplatzes in den Heumarkt u. Alter Markt; bis 1816 hatte der Markt die Namen Der große Markt u. in der Franzosenzeit Le grand marché.

ald|mod|isch [ˈaltˌmoˑdɪʃ] <Adj.; ~e> {7.3.3; s. u. ↑ald¹}: altmodisch, konservativ, unmodern. Tbl. A1

Ald|räusch|er/~|rüsch|~, der [ˈaltˌrøyʃɐ / -ryʃ-] <N.; ~ <mhd. altriuze> {s. u. ↑ald¹}: Altwarenhändler, Schrotthändler.

Ald|ver|stand, et [ˈaltfɐˌʃtant] <N.; kein Pl.> {s. u. ↑ald¹}: Altkluger, ein über sein Alter hinaus verständiges od. wie ein erwachsener Mensch altklug sprechendes Kind.

Ald|wiever|sommer, der [altˈviˑvɐˌzomɐ] <N.; ~> {s. u. ↑ald¹ ↑Wiev ↑Sommer}: Altweibersommer.

älend [ˈɛːlɛnt] <Adj.; ~e; ~er, ~ste> {5.4}: elend [auch: ↑hungs|miserabel, ↑malätz|ig]. Tbl. A2.1

Älend, et [ˈɛˑlɛnt] <N.; kein Pl.> {5.4}: Elend, ***e Häufche Ä.** (kranker, schwacher Mensch, Häufchen Elend/Unglück).

älend|ig [ˈɛːlɛnˑdiʃ] <Adj.; ~e; ~er, ~ste> {5.4}: elend, elendig. Tbl. A5.2

Älends|kirch, de [ˈɛˑlɛntsˌkɪrʃ] <N.; Eigenn.> {s. u. ↑Älend ↑Kirch}: Elendskirche „St. Gregorius im Elend", spätbarocke Kirche im Severinsviertel.

Älends|veedel, et [ˈɛːlɛntsˌfeˑdəl] <N.; ~e> {s. u. ↑Älend ↑Veedel}: Elendsviertel.

Alexianer|stroß [alɛksˈjaˑnɐˌʃtroːs] <N.; Straßenn.> {s. u. ↑Stroß}: Alexianerstraße; Straße in Köln-Altstadt/Süd. Der Orden der Alexianer ist ein Orden für Krankenpflege, der im 14. Jh. zur Pflege der Pestkranken in der Lungengasse gegründet wurde.

Aliaster, der [ˌalɪˈastɐ] <N.; ~e>: Oleander (Strauchpflanze).

Alkohol|tess, der [ˈalkohoːlˌtɛs] <N.; ~|tests> {s. u. ↑Tess}: Alkoholtest.

all [alˑ] <Indefinitpron. u. unbest. Zahlw.; im Sg. nur b. Massennomina möglich; im Pl. unflektiert; ~e [ˈalə]> {8.3.1}: all, alle, alles, sämtliche, **1.** <mit N.> **a)** <flekt. attr. o. Art.:>: *Hä hät ~es (a. si) Geld verlore.* (Er hat alles (all sein) Geld verloren.); *~es (a. die) Freud* (alle (all die) Freude); *a. Stöhl wore kapodd* (a. Stühle waren kaputt); **b)** <unflekt. vor best. Art., Demonstrativ- od. Possessivpron.>: *A. die Puute sin op Trab...* (Alle Kinder sind unterwegs...; aus einem Martinslied). **2.** <o. N.> **a)** <alleinstehend nur im Sg. Neutr.>: *~es es kapodd.* (Alles ist kaputt.); *~es zo singer Zigg.* (Alles zu seiner Zeit.); **b)** <nur im Pl. hinter betontem best. Art. o. betontem Pers.-Pron.; auch in Distanzstellung b. unbetontem Art. bzw. Pers.-Pron. möglich>: *Sei a. kumme zesamme.* (Sie alle kommen zusammen.); *Se kummen a. zesamme.* (Sie kommen alle zusammen.): ***se nit all han** (spinnen); ***~e naslang** (a. naselang, oft, häufig, dauernd, ständig; sich in kurzen zeitlichen Abständen wiederholend); ***~e zwei** (beide). Tbl.P7.8.1/Tbl. P7.8.2

all|bei|enein [ˈalbɐɪəˈnɛɪn] <Adv.>: alle beieinander, alle zusammen [auch: ↑bei|enander, ↑bei|enein, ↑bei|samme, ↑ze|samme].

All|dag, der [ˈaldaˑx] <N.; ~e> {6.11.1}: Alltag.

All|dags|minsch, der [ˈaldaˑxsˌmɪnʃ] <N.; ~e> {s. u. ↑Dag ↑Minsch¹}: Alltagsmensch.

alle|beids [ˈaləˈbɐɪts / ˌ--ˈ-] <Indefinitpron. u. unbest. Zahlw.; ~e> {8.3.1; 9.2.2}: beide, b. attr. Gebrauch: *~e Kääls* (b. Kerle); alleinstehend: *Se wore a. hee.* (Sie waren b. hier.) [auch: *alle zwei*, ↑beids].

alle|dags [ˈaləˈdaˑ(x)s / ˌ--ˈ-] <Adv.> {9.2.2; s. u. ↑Dag}: alle Tage, jeden Tag, täglich.

allein¹ [aˈlɐɪn] <Adj.; nur präd. od. adv.>: allein, **a)** ohne die Anwesenheit/Gegenwart eines anderen od. anderer, getrennt von anderen, ohne Gesellschaft, für sich: *einer a. looße* (jmdn. a. lassen); **b) *a. stonn** (unver-

allein

heiratet, ledig sein); **c)** einsam, vereinsamt: *sich ärg a. föhle* (sich a. fühlen); **d)** ohne fremde Hilfe/Unterstützung/ fremdes Zutun: *Dat han ich a. gemaht.* (Das hab ich a. gemacht.); **e)** *vun a. (von sich aus, automatisch).

allein[2] [a'lẹi̯·n] <Adv.>: allein, **a)** nur, ausschließlich: *Hä a. es dodran schold.* (Er a. ist daran schuld.); **b)** von allem anderen abgesehen, anderes nicht gerechnet, schon (häufig in Vbdg. mit *ald*): *a. dä Gedanke* (a. der Gedanke).

alle|mann ['alə'man / ‚--'-] <Indefinitpron.; indekl.>: jedermann, jeder [auch: ↑sämp|liche].

alle|mol(de) ['alə'mɔl(də) / ‚--'-(-)] <Indefinitpron. u. unbest. Zahlw.; indekl.> {5.5.3}: allemale, alle, alle insgesamt, allesamt, sämtliche [auch: ↑sämp|liche].

alle|mol(d)e ['alə'mɔl(d)ə] <Adv.; veraltet> {5.5.3} **1.** alle: *Do go' mer a. her.* (Da gehen wir a. hin.). **2.** immer, jedesmal.

allent|halve ['alənt‚hal·və / '--'--] <Adv.> {6.1.1}: allenthalben, allgemein, allseits.

Aller|hellige [‚alə'helɪjə] <N.; kein Pl.> {s. u. ↑hell|ig}: Allerheiligen, **a)** kath. Feiertag; **b)** [RA] *A. Rief, es et Chressdag wieß un stiev.* (A. Reif, ist es Weihnachten weiß u. steif.).

aller|lei ['alələi̯·] <unbest. Gattungsz.; indekl.>: allerlei.

aller|miets ['alə'mi:ts / ‚--'-] <Indefinitpron. u. unbest. Zahlw.>: verstärkend für ↑miets¹; ~te} {5.1.4.5}: allermeist.

Aller|siele [‚alə'zi·lə] <N.; kein Pl.> {s. u. ↑Siel}: Allerseelen.

Alle|wis|ies|blom, de [‚alə'vɪzjəs‚blo:m] <N.; ~e> {s. u. ↑Wies¹/Wis ↑les ↑Blom}: Lilie, **1.** weiße Lilie. **2.** Madonnenlilie.

all|ze/~|zo ['altsə / -tso] <Adv.> {5.5.1}: allzu, zu sehr.

Alpin|iss, der ['alpɪ‚nɪs] <N.; ~|iste>: Alpinist.

alsu ['alzʊ] <Adv.> {5.4}: also, **1.** folglich, demzufolge, demnach, somit, mithin. **2. a)** fasst Vorausgegangenes zusammen, nimmt es erläuternd od. weiterführend auf; **b)** dient der Fortsetzung eines unterbrochenen Gedankenganges.

Alt, et [alt] <N.; ~s (Sortenpl.)> {6.11.3}: Altbier, obergäriges, meist dunkles, bitter-würziges Bier, das hauptsächlich in Düsseldorf gebraut u. getrunken wird [auch: ↑Alt|bier].

Altar, der [al'ta:(ɐ̯)] <N.; Altär [al'tɛ·ɐ̯]>: Altar.

Alt|bier, et ['alt‚bi·ɐ̯] <N.; ~e (Sortenpl.)> {s. u. ↑Alt ↑Bier²}: Altbier, obergäriges, meist dunkles, bitter-würziges Bier, das hauptsächlich in Düsseldorf gebraut u. getrunken wird [auch: ↑Alt].

Alteration, de ['altərats‚jo:n] <N.; ~e>: Aufregung, heftige Gefühlsbewegung, Erregung: *vör luuter A.* (vor lauter A.) [auch: ↑Op|räg|ung, ↑Alteration; *der Düuvel loss sin*].

alteriere/~eere [altə'ri·(ɐ̯)rə / -e·rə] <V.; schw./unr.; *han*; alterierte [altə'ri·ɐ̯tə]; alteriert [altə'ri·ɐ̯t] ⟨lat. alterare⟩> {(5.1.4.3)}: alterieren, aufregen, ärgern, beunruhigen; **1.** <sich a.> sich aufregen/ärgern [auch: ↑ärgere, ↑op|räge, ↑wurme]. **2.** verändern, abändern [auch: ↑av|ändere]. (3) (2)

am [am] <Präp. + best. Art.; m. Dat.>: am, zus. gezogen aus *an dem* (an dem).

Am aale Poss|hoff [am‚a·lə'pɔshɔf] <N.; Straßenn.> {s. u. ↑ald¹ ↑Poss ↑Hoff}: Am Alten Posthof; Straße in Köln-Altstadt/Nord. In der Nähe befand sich die Thurn- u. Taxis-Poststelle.

Am Bayen|toon [am'bai̯ən‚to:n] <N.; Straßenn.> {s. u. ↑Toon}: Am Bayenturm; Straße in Köln-Altstadt/Süd. Sie entstand als Teil der acht Kilometer langen ma. Stadtbefestigung am Anfang des 13. Jh.. Der Bayenturm ist das südliche Bollwerk der 3. großen Stadterweiterung. Bei seiner Erstürmung im Jahre 1262 soll erstmals aus Kölner Kehlen der Schlachtruf erklungen sein: „Kölle alaaf!".

Am Belder|stöck|che/Bilder|~ [am'beldɐ‚ʃtœkçə / -bɪldɐ-] <N.; Straßenn.> {s. u. ↑Beld/Bild ↑Stock}: Am Bilderstöckchen; Straße in Köln-Bilderstöckchen. Ein *Bilderstock* ist ein Wegekapellchen, meist Ziel von Prozessionen. Als Grenzmarke urkundlich erstmals 1556 erwähnt, gab es dem Stadtteil seinen Namen.

Am Boll|werk [am'bɔl‚vɛrk] <N.; Straßenn.>: Am Bollwerk; Straße in Köln-Altstadt/Nord. Der Name bezieht sich auf einen Teil der Kölner Stadtbefestigung, der im 17. Jh. erbaut wurde. Bis 1816 hatte die Straße den Namen *Rue du Bastion*.

Am Claren|hoff [am'kla:rən‚hɔf] <N.; Straßenn.> {s. u. ↑Hoff}: Am Clarenhof; Straße in Köln-Weiden. Familie Claren bewirtschaftete diesen Hof um 1800 als Halfen (Pächter, die die Hälfte des Ertrages an den Eigentümer abgeben) eines Kleinhofes.

Am Dom|hoff [am'doːm‚hɔf] <N.; Straßenn.> {s. u. ↑Hoff}: Am Domhof; Straße in Köln-Altstadt/Nord. Der Dom ist Sitz des Erzbischofs als Kirchenfürst u. Stadtherr. Die Hofanlage beinhaltete auch mehrere Kirchen. Im 14. Jh. hieß die Straße *in der Spoirgasse*, was sich evtl. von Spormacher (Speermacher) od. dem Personennamen Spor ableitet.

Am Duffes|ba(a)ch [am'dʊfəs‚ba(ː)x] <N.; Straßenn.> {s. u. ↑Baach}: Am Duffesbach, Straße in Köln-Neustadt-Süd zw. Eifelplatz u. Am Weidenbach. Den Duffesbach, dessen Bez. auf den ehem. *Hürther Baach* zurückgeht, nannte man früher nur *de Baach*; *Duffes* wegen der an ihm gelegenen Mühle *tuifhaus* (Flurbezeichnung 16. Jh.). Der Duffesbach entspringt bei Hürth u. wird heute in der Höhe des Klettenbergparks unterirdisch abgeleitet; er bildet einen Teil der Kölner Kanalisation; früher war er ein wichtiger Wasserlieferant für Handwerker an den Straßen Blaubuch, Mühlenbach, Am Weidenbach, Rothgerberbach u. Filzengraben; er erhielt die Bezeichnung nach dem an ihm gelegenen *Tuifhaus*, einer vom Duffesbach angetriebenen Mühle, in der Tuffstein zu Draß vermahlen u. gelagert wurde.

Am Flut|grave [am'fluːt‚ɪraˑvə] <N.; Straßenn.> {s. u. ↑Grave}: Am Flutgraben; Straße in Köln-Holweide. Die Bezeichnung besteht seit 150-200 Jahren. Der Graben wurde von den Wiesenbauern am Strundener Bach zur Entwässerung angelegt.

Am Franke|toon [am'fraŋkə‚toːn] <N.; Straßenn.> {s. u. ↑Toon}: Am Frankenturm; Straße in Köln-Altstadt/Nord. Der Frankenturm ist der 1191/1192 erbaute Teil einer Stadtbefestigung u. diente als Kriminalgefängnis. Er trägt seinen Namen vermutlich nach dem Burggrafen Franco, der im 12. Jh. lebte. Bis 1816 trug die Straße die Namen *Unter Pöster, Rue des poteaux, Am Frankenthurm* u. *Rue de la tour des Francs*.

Am Fuul|baach [am'fuːl‚baːx] <N.; Straßenn.> {s. u. ↑fuul ↑Baach}: Am Faulbach; Straße in Köln-Mülheim. Der Name bezieht sich tatsächlich auf die träge Fließgeschwindigkeit, so dass keine Mühlen betrieben werden konnten. Er war jedoch sehr fischreich. Heute fließt der Faulbach in der Nähe dieser Straße in den Rhein.

Am Hoff [am'hɔf] <N.; Straßenn.> {s. u. ↑Hoff}: Am Hof; Straße in Köln-Altstadt/Nord). Hier war der Amtssitz des Erzbischofs als Kirchenfürst u. Stadtoberhaupt, der 1163 von Reinald von Dassel errichtet u. 1674 abgerissen wurde. Im 11. Jh. gab es hier vermutlich einen fränkischen Königshof. Bis 1816 hatte die Straße die Namen *Am hofe, Unter straße, Universitätsstraße* u. *Rue de l'université*.

Am Kölner Bredd [am‚kœlnɐ'brɛt] <N.; Straßenn.> {s. u. ↑Bredd}: Am Kölner Brett; Straße in Köln-Ehrenfeld. *Kölner Brett* ist die Bezeichnung für die Halterung von Fensterdekorationen (Gardinenstange), die maßgeblich von der Firma Messing-Müller entwickelt wurde, die an dieser Straße ansässig ist.

Am Krade|pohl [‚am'kraˑdə‚poˑl] <N.; Straßenn.> {s. u. ↑Krad¹ ↑Pohl¹}: Am Kradepohl (Froschteich), Straße in Meschenich. *Krade* ist kölsch für *Frösche*; Bezeichnung für einen Froschteich; bis 1966 hieß die Straße *Gartenstraße*.

Am Kümp|che(n)s|hoff [am'kʏmpə(n)s‚hɔf] <N.; Straßenn.> {s. u. ↑Kump ↑Hoff; 9.1.4}: Am Kümpchenshof; Straße in Köln-Neustadt/Nord. Der „Kümpchenshof" wird erstmals 1395 als „Hof Reuschenberg" erwähnt. Später wird er wegen eines dort angebrachten Geweihs „Zum Hirsch" genannt, bzw. „Zum Hirschenskümpchen", woraus sich dann der volkstümliche Name „Kümpchenshof" entwickelte. Zu Beginn des 19. Jh. wurde im Kümpchenshof Wein gezapft. Der Sage nach soll auf diesem Bauernhof Jan von Werth (Reitergeneral des Dreißigjährigen Krieges) gedient haben.

Am Ley|stapel [am'laɪ‚ʃtaˑpəl] <N.; Straßenn.> {s. u. ↑Ley}: Am Leystapel; Straße in Köln-Altstadt-Süd. „Leyen" sind Dachschiefern; der Name „Leystapel" kommt vom ma. Handelsprivileg des Stapelrechts, welches den Kölnern das Recht einräumte, die Handelsschiffe zum Anhalten zu zwingen, um ihre Ware den Kölnern zum Kauf freizugeben. Die Handelsschiffe mussten ihre Waren drei Tage stapeln. So hatten die Kölner unbegrenzten Zugriff auf alle Waren Europas u. erhöhten ihren Lebensstandard nicht unbedeutend.

Am Ling|che [am'lɪŋə] <N.; Straßenn.> {s. u. ↑Ling⁴}: Am Lingchen (benannt nach einem Lindenbaum), Straße in Worringen.

Am Malz|böchel [am 'malts‚bøʃəl] <N.; Straßenn.> {s. u. ↑Böchel}: Am Malzbüchel; Straße in Köln-Altstadt/Süd zw. „An der Malzmühle" u. „Heumarkt" (*Büchel* = Anhöhe), benannt nach den Mälzern. Noch heute ist das Abfallen des Geländes ab dem Waidmarkt zum Rhein hin augenfällig. Dieses vorhandene Gefälle des Baches, notwendig um ein Mühlrad mit Wasserkraft zu

Am Puffels|kooche

betreiben, bewog die Stadtväter Kölns im Jahr 1572, „am Baach" eine Mühle erbauen zu lassen (Malzmühle). Die Straße führt an der Malzmühle vorbei; liegt im ältesten Teil Kölns (St. Martin) u. wird bereit 1159/69 als Malzbuchen erwähnt; bis 1816 hatte die Straße die Namen Agrippinaplatz, Place Agrippine.

Am Puffels|kooche [am'pʊfəlsˌkoˑxə] <N.; Straßenn.>: Am Puffelskooche, Straße in Köln-Dünnwald (*Puffelskoche* = Hefekuchen mit Apfel „Nationalbackware Dünnwalds").

Am Rinke|pohl [am'rɪŋkəˌpoˑl] <N.; Straßenn.> {s. u. ↑Pohl¹}: Am Rinkenpfuhl (Pohl = Pfuhl); Straße in Köln-Altstadt/Süd. Ein Pfuhl ist ein Teich; hier ist es der Teich des Rinckenhofes, der im Besitz der Patrizierfamilie Rinck war. Der Teich diente bis 1810 auch als Pferdetränke. Bis 1959 hieß die Straße *Am Rinkenpohl*, *Rinckenpfuhl* u. *Fossé Rinck*.

Am Römer|toon [am'røˑməˌtoːn] <N.; Straßenn.> {s. u. ↑Toon}: Am Römerturm; Straße in Köln-Altstadt/Nord. Der Römerturm ist der einzige nordwestliche Eckturm der römischen Stadtmauer aus dem 1., 2. u. 3. Jh. u. der besterhaltene Teil der römischen Stadtbefestigung in Köln. Auffallend ist seine reiche ornamentale Ausschmückung mit Hilfe unterschiedlicher Gesteine. Bis 1833 wurde der Turm als Wohnhaus genutzt. 1874 ging er in das Eigentum der Stadt über.

Am Trutze|berg [am'trʊtsənˌberɟ] <N.; Straßenn.> {s. u. ↑Berg/Birg}: Am Trutzenberg; Straße in Köln-Altstadt/Süd. Der Hof Trutzenberg war bis zur Franzosenzeit, also am Anfang des 19. Jh., im Besitz des Freiherrn von Hatzfeld zu Schönstein.

Am Vür|ge|birgs|tor [am'fyːɟəbɪrˑfjsˌtoːɟ] <N.; Straßenn.> {s. u. ↑Vür|ge|birg}: Am Vorgebirgstor; Straße in Köln-Zollstock. Das Vorgebirgstor war eines der ma. Stadttore nach Westen (Richtung Vorgebirge).

Am Weyer|tor [am'vaɾɛˌtoːɟ] <N.; Straßenn.>: Am Weyertor; Straße in Köln-Altstadt/Süd. Das Weyertor bildete den Durchlass in der ma. Stadtmauer nach Westen, Richtung Weyertal, mit Ausrichtung nach Trier u. Luxemburg.

Am Wigge|ba(a)ch [am 'vɪɟəˌba(ː)x] <N.; Straßenn.> {s. u. ↑Wigg² ↑Baach}: Am Weidenbach, Straße in Köln-Altstadt/Süd zw. Salierring u. „Neue Weyerstraße"; 1325 „bacstraze" (Bachstraße), 1355 „wiydenbach", am Ende des Weidenbachs lag das „Kloster Weidenbach" (1402-1793) u. die Abtei St. Pantaleon. 1571 findet die Straße Erwähnung im Mercatorplan als „Off der weschbach". 1797 heißt sie „Auf der kleinen Feldbach", u. 1812/13 erhält sie für kurze Zeit den französischen Namen „Ruisseau des Saules" – Weidenbach. Die Straße ist Teil des Duffesbach, der in reichsstädtischer Zeit bei der Bachpforte in die Stadt trat u. oberirdisch durch die Straßen Weidenbach, Rothgerberbach, Blaubach, Mühlenbach, Filzengraben in den Rhein floss; im MA hieß die Straße *Off der weschbach*, was auf das Reinigen der Wäsche zurückgeht; im 15. Jh. befindet sich hier auch das Kloster Weidenbach; um 1325 wurde die Straße *bacstraze*, was Bachstraße heißt, genannt u. 1355 wird der Name *wiydenbach* im Zusammenhang mit mehreren Wohnstätten bezeugt.

Ameis, de ['aːmeɪ̯ˑs] <N.; ~e> {8.3.1}: Ameise [auch: ↑Seckǫm].

Amelung, der [ˌaməˈlʊŋ] <N.; veraltend; kein Pl.>: Verlangen, 1. starkes inneres Bedürfnis. 2. ausdrücklicher Wunsch, nachdrücklich geäußerte Bitte.

Amerau! [ˌaməˈraʊ̯] <N.; kein Pl.>: angenehme Ruhe!, verkürzt aus *angenähme Rauh!* (angenehme Ruhe!); kurzes Abschiedswort nach einem abendlichen Besuch.

amesiere/~eere [aməˈziˑ(ɛ̯)rə / -eˑrə] <V.; schw./unr.; han; amesierte [aməˈziˑɛ̯tə]; amesiert [aməˈziˑɛ̯t] (frz. s'amuser, refl. Form von: amuser)> {(5.1.4.3)}: amüsieren, 1. <sich a.> sich vergnügen. 2. <sich a.> sich über jmdn. od. etw. lustig machen. 3. jmdn. belustigen/erheitern. (3) (2)

Amm, de [amˑ] <N.; ~e [aməˑ]> {8.3.1}: Amme, Kinderfrau.

Amp, et [amˑp] <N.; Ämter ['ɛmˑtə]; Ämp|che ['ɛmˑpfjə] {8.3.5}: Amt.

Ämp|ches|jeck, der [ˈɛmˑpfjəsˌjɛk] <N.; ~e> {9.1.2; s. u. ↑Amp}: jmd., der im öffentlichen Leben u. in Vereinen auf Ehrenpöstchen, Ehrenämter erpicht ist.

amp|lich [ˈampliʃ] <Adj.; ~e> {8.3.5}: amtlich. Tbl. A1

Amp|mann, der [ˈamˑpˌman] <N.; Amps|lück [ˈampsˌlʏk]> {8.3.5}: Amtmann, Vorsteher, Leiter der Verwaltungsstelle einer Behörde/eines Bezirks.

Amsterdam|er Stroß [ˈamstədamɛˌʃtrɔˑs] <N.; Straßenn.> {s. u. ↑Stroß}: Amsterdamer Straße; Straße in Köln-Neustadt/Nord. Die Straße folgte dem früheren Mauspfad. Um 1752 verlief dort eine Zoll-Linie. Im Rahmen des Ausbaus der Neustadt erhielt das lange, nach Niehl führende Straßenstück seinen Namen nach der niederländischen Hauptstadt.

an [an] <Präp.; m. Dat. u. Akk.; im Ggs. zum Adv. u. Präfix ↑aan>: an.; **a)** <Dat.> lokal: **am**; zus. gezogen aus *an + dem*: am (= anr dem); **b)** <Akk.> direktional: **an't**; zus. gezogen aus *an + et*: ans (= an das).

An de Dominikaner [ˌandədomɪnɪˈkaˑnə] <N.; Straßenn.>: An den Dominikanern; Straße in Köln-Altstadt/Nord. Hier ließen sich in der ersten Hälfte des 13. Jh. Predigermönche, nämlich die Dominikaner, nieder. Sie gründeten 1248 ein Studium Generale Teutonicum. Albertus Magnus, Thomas von Aquin u. Meister Eckhart hielten sich hier zu Studien- u. Lehrzwecken auf. 1571 hieß die Straße *Prediker cloister* u. bis 1816 hatte sie die Namen *Thomas-Aquin-Straße* u. *Rue Thomas d'Aquin*. 1900-1989 befand sich hier die Kölner Hauptpost.

An der Bott|müll [andeˈbɔtˌmʏl] <N.; Straßenn.> {s. u. ↑Müll¹}: An der Bottmühle; Straße in Köln-Altstadt/Süd. Hier war der Mühlenturm in der ma. Stadtmauer, in der Mitte zw. dem Bayenturm u. der Severinstorburg. Der viergeschossige, teils mit Efeu bewachsene, runde Turm befindet sich auf einer erhöhten Fläche u. ist umgeben von einer zum Straßenniveau steil abfallenden Grünfläche, die von einer altersschwachen Steinmauer umgeben ist. Auf einer im 16. Jh. auf der stadteinwärts gelegenen Seite der Stadtmauer als Wehrplateau angelegten Wallplattform wurde 1587 eine hölzerne Windmühle, die Bockwindmühle errichtet u. 1677 bis 1678 durch ein steinernes Mühlengebäude ersetzt. Die anfängliche kegelförmige Dachkonstruktion wurde später um ein weiteres Geschoss erhöht u. mit einer Plattform abgeschlossen. Im Zuge diverser Umbauten entfiel offensichtlich auch die wirtschaftliche Nutzung als Windmühle.

An der Burg|muur/~|moor [ˌandeˈbʊrɟˌmuˑɐ / -moˑɐ] <N.; Straßenn.> {s. u. ↑Muur/Moor¹}: An der Burgmauer, Straße in Köln.

An der Deckstein|er Müll [andeˈdɛkˌʃteɪnəˈmʏl] <N.; Straßenn.> {s. u. ↑Müll¹}: An der Decksteiner Mühle; Straße in Köln-Lindenthal. Bereits am 1316 gibt es die erste urkundliche Erwähnung der Decksteiner Mühle durch Friedrich von Lahnstein als Komtur des Deutschordens; 400 Jahre später verkaufte Kaspar Barden Hemer 1723 dem Offizial des Kölner Erzbischofs Johann Heinrich Moers zwei Mühlen, eine Windmühle bei Melaten u. eine Wassermühle bei Deckstein für 1.750 Taler. Der letzte Pächter des Decksteiner Hofes in der kurkölnischen Zeit war Mathias Horn. 1802 kam auch der Decksteiner Hof in den Besitz des Staates. Der Freiherr von Fürstenberg wurde im Jahre 1867 neuer Besitzer des Hofes. Durch einen Großbrand wurde der Gutshof am Ende des 19. Jh. vernichtet; an ihn erinnert heute noch die Gaststätte Decksteiner Mühle, die Anfang des 20. Jh. weitgehend bekannt wurde durch ihre beiden großen Tanzsäle u. den Vergnügungspark, dessen Glanzstück ein 70 m hoher Aussichtsturm war.

An der Dränk [ˌandeˈdrɛŋk] <N.; Straßenn.>: An der Dränk (Dränk = Altes Rückstaubecken), Straße in Köln-Esch/Auweiler. „De Dränk" ist ein jahrhundertealtes Rückstaubecken eines toten Rheinarmes bei Esch, in dem früher Fische geangelt wurden u. das Vieh getränkt wurde; Teil des Naturdenkmals um den Stadtteil Esch.

An der Eich [andeˈeɪʃ] <N.; Straßenn.> {s. u. ↑Eich}: An der Eiche; Straße in Köln-Altstadt/Süd. Der Name ist seit 1512 bezeugt. Unbekannt ist, warum seit jeher dieses Plätzchen freigehalten wurde. 1571 hieß die Straße *An der eichen*.

An der Flora [andeˈfloˑra] <N.; Straßenn.>: An der Flora; Straße in Köln-Riehl. Die Flora ist eine nach einem Entwurf von Peter Josef Lenné in den Jahren 1862 bis 1864 angelegte Gartenanlage, die dem Lebensstil des Adels nachempfunden wurde als botanischer Lust- u. Ziergarten.

An der Groov [andeˈɟroˑf] <N.; Straßenn.>: An der Groov; Insel in Köln-Porz-Zündorf. „Groov" od. „Werth" sind Bezeichnung für eine Insel, die durch Flussablagerungen entstanden ist. Die Zündorfer Groov wurde 1852 im Süden mit dem Festland verbunden. Heute ist sie ein vielbesuchtes Naherholungsgebiet.

An der Hahne|pooz [ˌandeˈhaˑnəˌpoːts] <N.; Straßenn.> {s. u. ↑Pooz}: An d'r Hahnepooz/Hahnentorburg, kleine Straße in Köln-Altstadt/Süd am Rudolfplatz. Toranlage der ma. Stadtbefestigung aus dem 13. Jh., eigentlich Hagenerpforte, 1812/1813 zur Zeit der Franzosenherrschaft wurde daraus *Porte des Coqs* (Hahnenpforte).

An der Ling [ˌandeˈlɪŋˑ] <N.; Straßenn.> {s. u. ↑Ling⁴}: An der Ling (Ling = Linde), Straße in Longerich.

An der Malz|müll [ˌandeˈmaltsˌmʏl] <N.; Straßenn.> {s. u. ↑Müll¹}: An der Malzmühle, Straße in Köln-Altstadt/Süd zw. Mühlenbach u. Am Malzbüchel. Die Straße besteht seit dem MA u. war damals eine Handwerkerstraße, in der zu der Zeit wichtige Persönlichkeiten lebten; noch heute ist dort die Handwerkskammer u. ein Handwerkerladen; die Malzmühle war eine städtische Rats-Malzmühle, die 1572-1853 Am Duffesbach stand.

An der Räächs|schull [andɐˈrɛːʃs‚ʃʊl] <N.; Straßenn.> {s. u. ↑Rääch ↑Schull}: An der Rechtschule; Straße in Köln-Altstadt/Nord. Es ist die alte Bezeichnung für die Juristenfakultät der alten Universität zu Köln, die 1401 an dieser Straße ein Haus bezog. 1571 hies die Straße Hinter der alter Mauren, was darauf hinweist, dass diese Straße den Verlauf der südlichen Stadtgrenze des römischen Kölns beschreibt.

An Groß Sank Martin [an‚ɡroːszaŋk‚maxˈtiːn] <N.; Straßenn.>: An Groß St. Martin; Straße in Köln-Altstadt/Nord. Groß St. Martin ist eine der zwölf Romanischen Kirchen in der Kölner Altstadt. Die dreischiffige Basilika mit ihrem kleeblattförmigen Ostchor u. dem quadratischen Vierungsturm mit vier Ecktürmchen ist eines der markantesten Wahrzeichen im linksrheinischen Stadtpanorama. Die Basilika wurde im 12. Jh. in der Rheinvorstadt, einer ehemaligen Rheininsel, auf den Fundamenten römischer Bauten errichtet u. 1172 von Erzbischof Philipp I. geweiht.

An Lyskirche [anˈlʏskɪrçə] <N.; Straßenn.>: An Lyskirchen; Straße in Köln-Altstadt/Süd. Ursprünglich nahm man an, Lyskirchen sei die Kirche des Lisolph gewesen u. habe für den Namen des Grundherrn gestanden, der sich hier seine Kirche erbaute. Diese Besitzverhältnisse sind aber schon seit 948 nicht mehr aktuell, als der Besitz St. Severin zugeschrieben wurde. Lyskirchen war im 10. Jh. ein Vorort Kölns außerhalb der Stadtmauer um die Kirche Maria Lyskirchen gruppiert u. wurde um 1100 nach Köln eingemeindet. 1571 hieß die Straße voir lieskirchen u. bis 1816 trug sie den Namen Rue de Lyskirchen.

An Zint Agatha [an‚tsɪntlaˈjaːtə] <N.; Straßenn.> {s. u. ↑Zint(er) ↑Agathe}: An St. Agatha; Straße in Köln-Altstadt/Nord. Die heilige Agatha lebte um 250. Sie ging als Märtyrerin u. Patronin gegen Feuergefahr in die Geschichte ein. Die Augustinerinnen errichteten dort 1313 ein Frauenkloster. Von 1459 bis 1865 gehörte das Kloster den Benediktinerinnen. Bis 1816 trug die Straßen die Namen Hosengasse, In der Wingertgasse, Weingartengasse, Antoniterstraße, Blindgasse u. Rue des vignes.

An Zint Jan [‚antsɪnt ˈjan] <N.; Straßenn.> {s. u. ↑Zint(er)}: An Zint Jan (Zint Jan = St. Johann Baptist); Straße in Köln-Altstadt/Süd am Karl-Berbuer-Platz. „Zint Jan" ist die Kölnische Sprachform für die Pfarrkirche St. Johann Baptist u. wird urkundlich das erste Mal 948 erwähnt.

An Zint Kathrin [an‚tsɪntˈkatrɪn] <N.; Straßenn.> {s. u. ↑Zint(er) ↑Kathrin}: An St. Katharinen; Straße in Köln-Altstadt/Süd. Seit 1218 bestand hier ein Hospital zu Ehren der Heiligen Maria u. Katharina u. des Heiligen Kreuzes. Bis 1816 hatte die Straße die Namen Katharinengäßchen, Kreutzfahrerplatz u. Place des croisés.

An Zint Magdalen [an‚tsɪntmaxdaˈleːn] <N.; Straßenn.> {s. u. ↑Zint(er)}: An St. Magdalenen; Straße in Köln-Altstadt/Süd. Gegenüber von St. Severin befand sich bis zu ihrem Abbruch im Jahre 1802/1805 die Kapelle St. Maria Magdalena. Die Längsseite, die an der Kapelle vorbeiführte, trägt heute ihren Namen als eine Verlängerung der Kartäusergasse. Bis 1816 hieß die Straße In der Hütte u. In der Hütte ohnweit St. Magdalenenkirche.

Anarch|iss, der [‚ana(ɡ)ˈfjɪs] <N.; ~|iste ⟨frz. anarchiste < griech. anarchía⟩>: Anarchist.

ander... [andɐ] <Indefinitpron. ⟨mhd., ahd. ander⟩>: ander... **1.** gibt an, dass ein Wesen od. Ding nicht identisch ist mit dem, dem es gegenübergestellt wird; **2.** nicht gleich, verschieden, andersartig.

ändere [ˈɛndərə] <V.; schw.; han; änderte [ˈɛndɐtə]; geändert [jəˈɛndɐt]> {9.2.1.2}: ändern, **1.** modifizieren, umändern, wandeln: sing Meinung ä. (seine Meinung ä.). **2.** <sich a.> anders werden, sich verändern: Hügg hät sich et Wedder geändert. (Heute hat sich das Wetter geändert.). (4)

anders|eröm [ˈandəs|ə‚røm· / ˈandəzə‚røm·] <Adv.> {5.5.1}: andersherum, **1.** in die andere Richtung. **2.** <als Adj. nicht flektierbar>: homosexuell, schwul [auch: ↑wärm (2)].

andert|halv [ˈandətˈhaləf / ‚--ˈ-] <Bruchz.; zu ↑eine³> {6.1.1}: anderthalb, (als Ziffer: 1 ½).

Andive, de [anˈdiːvə] <N.> {5.4; 8.2.5}: Endivie.

Andive|schlot, der (et veraltet) [anˈdiːvə‚ʃlɔt] <N.; kein Pl.> {s. u. ↑Andive ↑Schlot}: Endiviensalat.

Andrees, der [ˈandreːs] <N.; männl. Vorn.>: Andreas.

Anekdöt|che, et [‚anɛkˈdøtʃə] <N.; nur Diminutiv; ~r>: Anekdötchen [auch: ↑Kreppche (3b); ↑Stöckel|che].

an|enander [ˌanəˈnandɐ] <Adv.>: aneinander [auch: ↑an|enein].

an|enein [ˌanəˈneɪn] <Adv.>: aneinander [auch: ↑an|enander].

angele [ˈaŋələ] <V.; schw.; han; angelte [ˈaŋəltə]; geangelt [jəˈaŋəlt]> {9.2.1.2}: angeln, **1.** Fische fangen: *Mer gonn off Forelle a.* (Wir gehen oft Forellen a.) [auch: ↑fesche]; ***ene Mann/en Frau a.** (einen Mann/eine Frau a., finden). **2.** etw. zu ergreifen versuchen: *Hä angelte noh singem Schlössel.* (Er angelte nach seinem Schlüssel.); ***sich eine a.** (sich einen einfangen, geohrfeigt werden). (6)

Angel|schnur/~|schnor, de [ˈaŋəlˌʃnuːɐ̯ / -ʃnoːɐ̯] <N.; ~|schnür/~|schnör> {s. u. ↑Schnur/Schnor}: Angelschnur.

Angenies, et [ˈaŋəniːs] <N.; weibl. Vorn.>: Agnes [auch: ↑Nees, ↑Nies].

Ang(e)nis/Agnis, der [ˈaŋəˌniːs / aŋˈniːs] <N.>: Anis.

Angs, de [aŋˑs] <N.; Ängs [ɛŋˑs] {8.3.5}: Angst [auch: ↑Kadangs, ↑Schess ↑Strang (4)]; ***A. han** (sich ängstigen, vor jmdn. fürchten).

ängs|lich [ˈɛŋˑslɪç] <Adj.; gebräuchl.: ↑bang; ~e; ~er, ~ste> {8.3.5}: ängstlich [auch: ↑bammel|ig (3), ↑bang (1a), ↑bange(n)|dress|ig, ↑be|dresse (2a), ↑dress|ig², ↑feig, ↑habbel|ig, ↑kopp|scheu]. Tbl. A1

Angs|schweiß, der [ˈaŋˑsˌʃveɪ̯s] <N.> {s. u. ↑Angs}: Angstschweiß.

ängstige, sich [ˈɛŋstrɪjə] <V.; schw.; han; ängstigte [ˈɛŋstrɪftə]; geängstig [jəˈɛŋstrɪft]>: sich ängstigen [auch: *Angs han*]. (7)

an|hand [anˈhant] <Präp.; i. Vbdg. m. *vun* + Dat.>: anhand.

animiere/~eere [anɪˈmiː(ɐ̯)rə / -eːrə] <V.; schw./unr.; *han*; animierte [anɪˈmiːɐ̯tə]; animiert [anɪˈmiːɐ̯t] ⟨lat. animare, frz. animer⟩> {(5.1.4.3)}: animieren, anstiften [auch: ↑aan|stivvele (2)]. (3) (2)

ankere [ˈaŋkərə] <V.; schw.; *han*; ankerte [ˈaŋkɐtə]; geankert [jəˈaŋkɐt]> {9.2.1.2}: ankern. (4)

Ann/Änn, et [anˑ / ɛnˑ] <N.; weibl. Vorn.; Änn|che [ˈɛnçə]>: Anna.

Anne|kathring, et [ˈanəkaˌtrɪŋ] <N.>: **1.** <weibl. Vorn.> Anna Katharina. **2.** <Eigenn.> Figur im Kölner Stockpuppentheater „Hänneschen-Theater".

annektiere/~eere [anɛkˈtiː(ɐ̯)rə / -eːrə] <V.; schw./unr.; *han*; annektierte [anɛkˈtiːɐ̯tə]; annektiert [anɛkˈtiːɐ̯t] ⟨frz. annexer⟩> {(5.1.4.3)}: annektieren. (3) (2)

Annonce, de [aˈnɔŋs] <N.; ~ [aˈnɔŋsə] ⟨frz. annonce⟩>: Annonce, Anzeige in einer Zeitung od. Zeitschrift.

annonciere/~eere [anɔŋˈsiː(ɐ̯)rə / -eːrə] <V.; schw./unr.; *han*; annoncierte [anɔŋˈsiːɐ̯tə]; annonciert [anɔŋˈsiːɐ̯t] ⟨lat. annuntiare, frz. annoncer⟩> {(5.1.4.3)}: annoncieren, anzeigen. (3) (2)

Anno|stroß [ˈanoˌʃtroːs] <N.; Straßenn.> {s. u. ↑Stroß}: Annostraße; Straße in Köln-Altstadt/Süd. Anno II. von Köln wurde 1056 Erzbischof von Köln.

annulliere/~eere [anʊˈliː(ɐ̯)rə / -eːrə] <V.; schw./unr.; *han*; annullierte [anʊˈliːɐ̯tə]; annulliert [anʊˈliːɐ̯t] ⟨spätlat. annullare⟩> {(5.1.4.3)}: annullieren. (3) (2)

an|stell [anˈʃtɛl] <Adv.; i. d. Vbdg. *a. vun*> {8.3.1}: anstelle, statt, stellvertretend für.

Antenn, de [anˈtɛn] <N.; ~e [anˈtɛnə]> {8.3.1}: Antenne.

Antenne|mass, der [anˈtɛnəˌmas] <N.; ~|maste> {s. u. ↑Mass¹}: Antennenmast.

Anti|chress, der [ˈantɪˌkres] <N.; ~|chreste> {s. u. ↑Chress¹}: Antichrist.

antik [anˈtɪk] <Adj.; ~e ⟨frz. antique⟩> {2; 5.3.2.4}: antik, alt, klassisch. Tbl. A1

Antik|che, et [anˈtɪkçə] <N.; ~r ⟨frz. antique⟩> {5.3.2.4}: Antiquität.

Antoniter|stroß [ˌantoˈnɪtɐˌʃtroːs] <N.; Straßenn.> {s. u. ↑Stroß}: Antoniterstraße; Straße in Köln-Altstadt/Nord. Seit 1298 betrieb der Antoniterorden hier ein Kloster. 1802 war die Antoniterkirche die erste Pfarrkirche der evangelischen Gemeinde, 1290 in *Twergasse* benannt, wobei „twer" quer bedeutet. Bis 1816 hatte die Straße die Namen *Achterstraße, Hinter St. Anton, Friedensgasse* u. *Rue de la paix*.

Antun, der [ˈantun] <N.; männl. Vorn.> {5.4}: Anton [auch: ↑Tünn].

Antuns|gass, de [ˈantʊnsˌjas] <N.; Straßenn.> {s. u. ↑Gass¹}: Antonsgasse; Straße in Köln-Altstadt/Nord. St. Antonius Eremita der Große (*252 †356), Einsiedlermönch in Ägypten u. Heiliger, war Patron der Antonitermönche u. Schutzheiliger gegen Feuer, Pest u. Seuchen. Bis 1816 hatte die Straße die Namen *St. Thenisgaß, Tonegas, In St. Antonii Gässgen, Antonstraße* u. *Rue St. Antoine*.

Antwood

Antwǫǫd, de ['ant‚vɔːt] <N.; ~e> {5.2.1.1.2}: Antwort, *A. gevve ((be)antworten).
antwǫǫde ['antvɔːdə] <V.; schw.; han; antwǫǫdte ['antvɔːtə]; geantwǫǫdt [jə'|antvɔːt]> {5.2.1; 5.5.3; 8.2.4}: antworten, erwidern, entgegnen [auch: ↑be|antwǫǫde, ↑gevve (4)]. (197)
apaat [a'paːt] <Adj.; ~e; ~er, ~(e)ste (frz. à part = beiseite, besonders, eigenartig)> {2; 5.2.1.1.1}: apart, von eigenartigem Reiz; bes. reizvoll, geschmackvoll: *en ~e Frau* (eine ~e Frau). Tbl. A1
Apethek, de [ap(ə)'teˑk] <N.; ~e> {5.4; 8.2.2.3; 8.3.1}: Apotheke.
Apethek|er, der [ap(ə)'teˑkɐ] <N.; ~> {5.4; 8.2.2.3}: Apotheker [auch: Pelle(n)|drih|er/Pille(n)|~].
Apostele|pääd, et [a'pɔstələ‚pɛːt] <N.; ~(er) [-pɛˑt / -pɛˑdə]> {9.2.1.1; ↑Pääd}: scherzh.: Füße (wörtl.: Apostelpferd).
Apostel|kluster [a'pɔstəl‚kluˑstɐ] <N.; Straßenn.> {s. u. ↑Kluster}: Apostelnkloster; Straße in Köln-Altstadt/Nord. Das Apostelnkloster war die 1035 geweihte Basilikakirche des 1201 gegründeten Apostelnstiftes. St. Aposteln gehört zu den zwölf großen Kölner Romanischen Kirchen. Bis 1940 hieß die Straße Pilgrimgasse.
Apostel|stroß [a'pɔstəl‚ʃtrɔˑs] <N.; Straßenn.> {s. u. ↑Stroß}: Apostelnstraße; Straße in Köln-Altstadt/Nord. Diese Straße führt schon seit dem MA auf die Nordfassade des gleichnamigen Apostelnklosters zu. Das älteste Zeugnis für St. Aposteln findet man 965.
Appel, der ['apəl] <N.; Äppel ['ɛpəl]; Äppel|che ['ɛpəlçə]> {6.8.1}: Apfel, *Äppelche för der Doosch a) Ersparnis, Rücklage, Notgroschen; b) Begehrenswertes (z. B. nettes Mädchen).
Appel|kään, der ['apəl‚kɛːn] <N.; ~e> {s. u. ↑Appel ↑Kään}: Apfelkern.
Appel|ketsch, de ['apəl‚ketʃ] <N.; ~|ketsche [-kedʒə]> {s. u. ↑Appel ↑Ketsch²}: Apfelkerngehäuse.
Appel|kompott, et ['apəlkɔm‚pɔt] <N.; ~e (Sortenpl.)> {s. u. ↑Appel ↑Kompott}: Apfelkompott, Apfelbrei, Apfelmus.
Appel|koon, der ['apəl‚koːn] <N.; ~> {s. u. ↑Appel ↑Koon²}: Apfelkorn, Korn mit einem Schuss Apfelsaft.
Appel|krom, der ['apəl‚kroˑm] <N.; kein Pl.> {s. u. ↑Appel ↑Krom}: Obststand, früher an den Stadttoren (Severinstor, Hahnentor, Eigelsteintor).

Appel|krugg, et ['apəl‚krʊk] <N.; o. Pl.> {s. u. ↑Appel ↑Krugg}: Apfelkraut.
Appell|hoff|platz [a'pɛlɔf‚plats] <N.; Straßenn.> {s. u. ↑Hoff}: Appellhofplatz; Platz in Köln-Altstadt/Nord. Hier befand sich das Appellationsgericht, das 1824-1826 erbaut wurde. Heute beherbergt das 1893 neuerbaute Gerichtsgebäude das Finanz- u. Verwaltungsgericht.
Appel|schimmel, der ['apəl‚ʃɪməl] <N.; ~e> {s. u. ↑Appel}: Apfelschimmel.
Appelsin, de [‚apəl'ziːn] <N.; ~e> {6.9.1; 8.3.1}: Apfelsine.
Appelsine|baum, der [‚apəl'ziːnə‚boʊm] <N.; ~|bäum [-bøˑym]> {s. u. ↑Appelsin ↑Baum}: Orangenbaum, Apfelsinenbaum.
Appelsine|funk, der [apəl'ziːnə‚fʊŋk] <N.; ~e> {s. u. ↑Appelsin ↑Funk}: (scherzh.) Funke des Traditionskorps' „Nippeser Bürgerwehr".
Appelsine|hugg, de [‚apəl'ziːnə‚hʊk] <N.; o. Pl.> {s. u. ↑Appelsin ↑Hugg}: Orangenhaut. **1.** orangefarbene Haut. **2.** Haut mit apfelsinenschalenähnlicher Oberfläche.
Appelsine|marmelad, de [‚apəl'ziːnəmamə‚laˑt] <N.; ~e (Sortenpl.)> {s. u. ↑Appelsin ↑Marmelad}: Orangenmarmelade.
Appelsine|saff, der [‚apəl'ziːnə‚zaf] <N.; ~|säff> {s. u. ↑Appelsin ↑Saff}: Orangensaft.
Appelsine|schal, de [‚apəl'ziːnə‚ʃaˑl] <N.; ~e> {s. u. ↑Appelsin ↑Schal¹}: Orangenschale.
Appel|taat, de ['apəl‚taːt] <N.; ~e> {s. u. ↑Appel ↑Taat}: Apfeltorte, **[RA]** *Su e Bützche vun enem Nützche, jo, dat schmeck wie A.* (So ein Küsschen von einem Mädchen, ja, das schmeckt wie A. (aus einem kölschen Lied von Willi Ostermann)).
Appel|taats|ge|seech, et ['apəl‚taːtsjəzeːʃ] <N.; ~ter> {9.1.2; s. u. ↑Appel ↑Taat ↑Ge|seech}: Pfannkuchengesicht, breites, aufgeschwemmtes Gesicht, (wörtl.) Apfeltortengesicht.
Appel|tiff, de ['apəl‚tɪf] <N.; ~e> {s. u. ↑Appel ↑Tiff}: (Schimpfw.) wildes Kind, Göre, Lümmel.
Appetit, der [ap(ə)'tɪt] <N.; kein Pl.> {8.2.2.3}: Appetit.
appetitt|lich [ap(ə)'tɪtlɪʃ] <Adj.; ~e; ~er, ~ste> {8.2.2.3}: appetitlich. Tbl. A1
Aprel/April, der [a'prel / a'prɪl] <N.; ~e (Pl. ungebr.)> {5.5.2}: April.

Aprikus, de [aprɪˈkuːs] <N.; ~e> {5.4; 8.3.1}: Aprikose [auch: ↑Katömmel|che].

April/Aprel, der [aˈprɪl / aˈprel] <N.; ~e (Pl. ungebr.)>: April.

Aprils|jeck/Aprels|~, der [aˈprɪls͜ˌjɛk / aˈprels-] <N.; ~e> {s. u. ↑Aprel/April}: Aprilsjeck, jmd., der sich am 1. April zum Narren halten lässt, wird A. gerufen u. ausgelacht.

Aquino|stroß [aˈkviːnoˌʃtrɔːs] <N.; Straßenn.> {s. u. ↑Stroß}: Aquinostraße; Straße in Köln-Neustadt/Nord. Thomas von Aquni(o) war im 13. Jh. Dominikanermönch. Er war Schüler von Albertus Magnus, dem Lehrer an der Universität zu Köln.

Arbeid, de [ˈarbeɪ̯t] <N.; ~e [ˈarbeɪ̯ˑdə]> {6.11.3}: Arbeit.

arbeide [ˈarbeɪ̯ˑdə] <V.; schw.; *han*; arbeidte [ˈarbeɪ̯tə]; gearbeidt [jəˈ|arbeɪ̯t]> {6.11.3}: arbeiten, tätig sein; ***sich zom Schänzche a.*** (sich kaputt arbeiten, totarbeiten). (197)

Arbeid|er, der [ˈarbeɪ̯ˑdə] <N.; ~> {6.11.3}: Arbeiter.

Arbeids|botz, de [ˈarbeɪ̯ts͜ˌbots] <N.; ~e> {s. u. ↑Arbeid}: Arbeitshose.

Arbeids|deens, der [ˈarbeɪ̯ts͜ˌdeːns] <N.; ~te> {s. u. ↑Arbeid; ↑Deens}: Arbeitsdienst.

Arbeids|dier, et [ˈarbeɪ̯ts͜ˌdiˑɐ̯] <N.; ~e> {s. u. ↑Arbeid ↑Dier}: Arbeitstier, i. d. Arbeit bes. fleißige, übereifrige Person [auch: ↑Arbeids|pääd].

Arbeids|häng [ˈarbeɪ̯ts͜ˌhɛŋ] <N.; fem.; nur Pl.> {s. u. ↑Arbeid}: Arbeiterhände, zu groben Arbeiten geeignete Hände.

Arbeids|heff, et [ˈarbeɪ̯ts͜ˌhɛf] <N.; ~|hefte> {s. u. ↑Arbeid ↑Heff¹}: Arbeitsheft.

Arbeids|kiddel, der [ˈarbeɪ̯ts͜ˌkɪdəl] <N.; ~e> {s. u. ↑Arbeid ↑Kiddel}: Arbeitskittel.

Arbeids|kolleg, der [ˈarbeɪ̯ts͜koˌleˑfj] <N.; ~e> {s. u. ↑Arbeid ↑Kolleg¹}: Arbeitskollege.

Arbeids|mann [ˈarbeɪ̯ts͜ˌman] <N.; ~|lück [-lʏk]> {s. u. ↑Arbeid ↑Lück¹}: Arbeiter, hauptsächlich Handwerker.

Arbeids|pääd, et [ˈarbeɪ̯ts͜ˌpɛːt] <N.; ~(er) [-pɛˑt -pɛˑdə]; ~|pääd|che [-pɛˑtʃə]> {s. u. ↑Arbeid ↑Pääd}: Arbeitspferd [auch: ↑Arbeids|dier].

Arbeids|platz, der [ˈarbeɪ̯ts͜ˌplats] <N.; ~|plätz> {s. u. ↑Arbeid}: Arbeitsplatz.

Arbeids|schredd, der [ˈarbeɪ̯ts͜ˌʃret] <N.; ~> {s. u. ↑Arbeid ↑Schredd}: Arbeitsschritt.

Arbeids|zemmer, et [ˈarbeɪ̯ts͜ˌtsemə] <N.; ~e> {s. u. ↑Arbeid ↑Zemmer}: Arbeitszimmer.

Architek, der [ˌarfjɪˈtɛk] <N.; ~te> {8.3.5}: Architekt.

ärg¹ [ɛrfj] <Adj.; ~e [ˈɛrˑjə]; ~er, ~ste [ˈɛrˑjə / ˈɛrˑfjstə]> {5.4}: arg, **a)** unangenehm groß, stark, heftig: *~e Ping* (*~e Schmerzen*); (auch in Bezug auf Positives:) *en ~e Freud* (eine goße Freude). Tbl. A5.1.1

ärg² [ɛrfj] <Adv.; komparierbar; mih, am mietste/et miets [miˑ / ˈmiːtstə / miːts͜]> {5.4}: arg, sehr, <intensivierend b. Adj. u. V.> *Et es ä. heiß.* (Es ist sehr heiß); *Dat Trin es ä. am Kriesche.* (Die Katrin weint sehr.) *Dat deit mer ä. Leid.* (Sie/Das tut mir sehr Leid.), *sich ä. freue* (sich sehr freuen) [auch: ↑fies²].

Ärger, der [ˈɛrjə] <N.> Ärger [auch: ↑Öschel].

ärgere [ˈɛrˑjərə] <V.; schw.; *han*; ärgerte [ˈɛrˑjətə]; geärgert [jəˈ|ɛrˑjət]> {9.2.1.2}: ärgern, **1. a)** ärgerlich machen, in Ärger versetzen: *Dä ärgert mich.* (Der ärgert mich.); **b)** durch Ärgern in einen best. Zustand bringen: *einer zo Dud ä.* (jmd. zu Tode ä.). **2.** <sich a.> **a)** ärgerlich, verstimmt, aufgebracht sein [auch: ↑fuchse, ↑kujoniere/~eere, ↑kraue (2), ↑kreuzige (2), ↑öschele ↑transioniere/~eere, ↑trieze, ↑wurme]; **b)** durch Sichärgern in einen best. Zustand geraten: *sich zo Dud ä.* (sich zu Tode ä.); ***sich schwatz ä.*** (sich schwarz ä., sehr ä.). (4)

ärm [ɛrm] <Adj.; ~e; ~er, ~ste> {5.4}: arm, **1.** mittellos; ***ä. weede*** (verarmen). **2.** bedauernswert; ***et ~e Dier han/krige*** (trübsinnig, schwermütig sein/werden [auch: **der Möpp han**]); ***~e Höösch*** (armes Würstchen, armseliger Mensch); ***~e Schluffe***, ***~e Sock*** (armer Mensch). Tbl. A2.3

Ärm, der [ɛrm] <N.; ~e> {5.4}: Arm (Körperglied).

Ärm|band, et [ˈɛrmˌbant] <N.; ~|bänder> {s. u. ↑Ärm ↑Band¹}: Armband.

Ärm|band|uhr/~|ohr, de [ˈɛrmbantˌuˑɐ̯ / -oˑɐ̯] <N.; ~e> {s. u. ↑Ärm ↑Uhr¹/Ohr¹}: Armbanduhr.

Ärm|broch, der [ˈɛrmˌbrox] <N.; ~|bröch> {s. u. ↑Ärm ↑Broch¹}: Armbruch.

Ärme, der u. de [ˈɛrˑmə] <N.; ~> {5.4}: der/die Arme [auch: ↑Hunger|ligg|er, *ärme Schluffe/Sock, nackige Luus*].

Ärme|lücks|kind, et [ɛrməˈlyks͜ˌkɪnt] <N.; ~er> {s. u. ↑ärm ↑Lück¹}: Kind armer Leute.

Ärme|rääch, et [ˈɛrməˌrɛːfj] <N.> {s. u. ↑ärm ↑Rääch}: Armenrecht, alter Begriff für das Recht auf vorläufige Befreiung von Gerichts- u. Anwaltskosten eines Rechtsstreites auf Grund eines behördlichen Armutszeugnisses; heute: Prozesskostenhilfe.

Ärmod, de [ˈɛrmoːt] <N.> {5.4; 6.11.3}: Armut.

ärm|sill|ig ['ɛrm͜ˌzɪlɪŋ] <Adj.; ~e; ~er, ~ste> {s. u. ↑ärm ↑sill|ig}: armselig, **a)** sehr arm, aufgrund von materieller Armut kümmerlich, dürftig: *dat ä. Hüüsche* (das ~e Häuschen); **b)** als klein, wertlos, arm, unzureichend usw. empfunden, unzulänglich, jämmerlich: *ene ~e Gittaspiller* (ein ~er Gitarrenspieler). Tbl. A5.2

arrangiere/~eere [araŋˈʒiˑ(ᵊ)rə / -eˑrə] <V.; schw./unr.; han; arrangierte [araŋˈʒiˑᵊtə]; arrangiert [araŋˈʒiˑᵊt] ⟨frz. *arranger*⟩ {(5.1.4.3)}: arrangieren. (3) (2)

Arress, der [aˈrɛs] <N.; Arreste [aˈrɛstə]> {8.3.5}: Arrest, Haft.

Arress|zell, de [aˈrɛs͜ˌtsɛlˑ] <N.; ~e [-tsɛlə]> {s. u. ↑Arress ↑Zell}: Arrestzelle.

Art|iss, der [aˈtɪs] <N.; ~|iste>: Artist.

Artikel, der [aˈtɪkəl] <N.; ~>: Artikel.

Äsch, de [ɛʃ] <N.; kein Pl.> {5.4; 8.3.1}: Asche.

Äsche|krütz, et [ˈɛʃə͜ˌkrʏts] <N.; ~e; ~che [-jə]> {s. u. ↑Äsch ↑Krütz}: Aschenkreuz, (kirchl. Brauch) am Aschermittwoch mit Asche auf die Stirn gedrücktes Kreuz.

Äsche|puddel, et [ˈɛʃə͜ˌpʊdəl] <N.; Eigenn.> {6.11.3; s. u. ↑Äsch}: Aschenputtel (Märchengestalt).

Äscher|medd|woch, der [ˌɛʃəˈmɛtvɔx] <N.; o. Pl.> {s. u. ↑Äsch ↑Medde}: Aschermittwoch.

Äsche|schoss, et [ˈɛʃə͜ˌʃɔs] <N.; ~|schösser> {s. u. ↑Äsch}: Aschenkasten, Kasten aus Eisenblech unter dem Ofenrost zur Aufnahme der Asche.

äse [ˈɛˑzə] <V.; schw.; han; äste [ˈɛˑstə]; geäs [jəˈɛˑs]>: äsen, fressen, grasen. (149)

Aspek, der [asˈpɛk] <N.; ~te> {8.3.5}: Aspekt [auch: ↑Gesichs|punk].

Ass, der [as] <N.; Äss [ɛs]; Äss|che [ˈɛsjə]> {8.3.5}: Ast.

Asthma, et [ˈasmaˑ] <N.; kein Pl.>: Asthma.

asthmatisch [asˈmaˑtɪʃ] <Adj.; ~e; ~er, ~ste> {7.3.3}: asthmatisch. Tbl. A1

Athe|iss, der [ˌatəˈɪs] <N.; ~|iste>: Atheist.

Attack, de [aˈtak] <N.; ~e> {8.3.1}: Attacke.

Attess, et [aˈtɛs] <N.; Atteste [aˈtɛstə]> {8.3.5}: Attest.

ätze [ˈɛtsə] <V.; schw.; han; ätzte [ˈɛtstə]; geätz [jəˈɛts]>: ätzen, korrodieren. (114)

Auf|gab, de [ˈaʊfˌjaˑp] <N.; i. best. Komposita *auf-*, *gab-*, sonst ↑op|~, Op|~, ↑Gav; ~e> {8.3.5; 11}: Aufgabe, Hausaufgabe.

Auf|lag, de [ˈaʊflaˑx] <N.; i. best. Komposita *auf-*, sonst ↑op|~, Op|~; ~e> {8.3.1; 11}: Auflage, Gesamtheit der zu einem Termin gedruckten Exemplare: *De eetste A. wor flöck vergreffe.* (Die erste A. war schnell vergriffen.).

Auf|sich, de [ˈaʊfˌzɪç] <N.; i. best. Komposita *auf-*, sonst ↑op; ~te> {8.3.5; 11}: Aufsicht.

Auf|zog, der [ˈaʊftsox] <N.; i. best. Komposita *auf-*, sonst ↑op|~, Op|~; ~|zög> {5.5.1; 11}: Aufzug, Fahrstuhl [auch: ↑Fahr|stohl; i. d. B. Kleidung ↑Op|zog].

Aug, et [oʊx] <N.; ~e [ˈoʊʁə]; Äug|el|che [ˈøyˌjəlçə]> {8.3.1}: Auge, **1.** Sehorgan; **de ~e zomaache/zodun* (auch: *de Döpp/Fott zodun* sterben, krepieren); **de ~e gonn einem üvver* (die ~n gehen jmdm. über; überwältigt sein); **e A. zodröcke* (ein A. zudrücken; nachsichtig/wohlwollend übersehen, hinwegsehen). **2.** (übertr. Schimpfw.) **schääl A.*

Aug|appel, der [ˈoʊxˌapəl] <N.; ~|äppel> {s. u. ↑Appel}: Augapfel.

äuge [ˈøyˑjə] <V.; schw.; han; äugte [ˈøyˑftə]; geäug [jəˈøyˑfj]>: äugen, lauernd zu jmdm. od. auf etw. hinsehen. (103)

Auge|bleck, der [ˈoʊʁəˌblek] <N.; ~e> {s. u. ↑Bleck}: Augenblick [auch: ↑Momang].

Auge|brau, de [ˈoʊʁəˌbraʊˑ] <N.; ~e [-braʊə]> {s. u. ↑Aug ↑Brau}: Augenbraue.

Auge|deckel, der [ˈoʊʁəˌdɛkəl] <N.; ~e>: Augenlid [auch: ↑Auge|lid].

Auge|droppe [ˈoʊʁəˌdrɔpə] <N.; mask.; nur Pl.> {s. u. ↑Droppe}: Augentropfen.

Auge|lidd, et [ˈoʊʁəˌlɪt] <N.; ~er> {s. u. ↑Lidd}: Augenlid [auch: ↑Auge|deckel].

Auge|moß, et [ˈoʊʁəˌmɔˑs] <N.; o. Pl.> {s. u. ↑Moß}: Augenmaß, **mem hölzer A.* (nach Gutdünken, Pi mal Daumen, ungefähr).

Auge|stään, der [ˈoʊʁəˌʃtɛˑn] <N.; ~e> {s. u. ↑Stään}: Augenstern, Geliebte(r) [auch: ↑Auge|trus, ↑Lecker|che, ↑Leev|che].

Auge|stüsser, der [ˈoʊʁəˌʃtʏsɐ] <N.; ~> {s. u. ↑Stüsser¹}: Libelle [auch: ↑Libell].

Auge|trus, der [ˈoʊʁəˌtruˑs] <N.; kein Pl.> {s. u. ↑Trus}: Augentrost, **1. a)** auf Wiesen weit verbreitete kleine Pflanze; **b)** (übertr.) Geliebte(r). **2.** Ehrenpreis.

Auge|trüst|er, der [ˈoʊʀəˌtryˑstɐ] <N.; ~> {s. u. ↑Trus}: Schmeichler, (wörtl.) Augentröster [auch: ↑Hunnig|fleeg (2), ↑Schmus|büggel (2), *söß Heu*].

Auguss, der [aʊˈjʊs] <N.; Auguste (Pl. ungebr.)> {8.3.5}: August (8. Monat).

Auguss|appel, der [aʊˈjʊsˌapəl] <N.; ~|äppel> {s. u. ↑Auguss ↑Appel}: Augustapfel.

Aus|kunf, de [ˈaʊsˌkʊnf] <N.; i. best. Komposita *aus*, sonst ↑us; ~|künf> {8.3.5; 11}: Auskunft.

Australie [aʊsˈtraːlɪə] <N.; Ländern.>: Australien.

av[1] [af] <Präp.; m. Dat.> {6.1.1}: ab, **a)** i. festen Vbdg.: *Mer livvere a. Werk.* (Wir liefern a. Werk.); **b)** b. zeitlicher od. anderer Reihenfolge: *a. nächstem/dem nächste Mondag* (a. nächstem/dem nächsten Montag); *a. däm nächste Heff* (a. dem nächsten Heft).

av[2] [af] <Adv.> {6.1.1}: ab, **1. a)** herunter, hinunter, nieder: *Dun dä Helm a.!* (Nimm den Helm a.!); **b)** abgetrennt, los: *Die Färv es baal a.* (Die Farbe ist bald a.); **c)** in Vbdg. mit *sin*: ermattet, müde sein: *Ich ben ganz a.* (Ich bin völlig ermattet.) [auch: ↑beet]. **2.** **a. un zo* (a. und zu); **a. un aan* (a. und an): gelegentlich, von Zeit zu Zeit.

av|-, Av|- [af] <Präfix> {6.1.1}: ab-, Ab-, i. Vbdg. m. V., N. u. Adj.: ~*rieve* (~reiben), ~*stand* (~stand), ~*aatig* (~artig).

av|aat|ig [ˈafˈaːtɪf] <Adj.; ~e; ~er, ~ste> {5.2.1.1.1}: abartig, vom Normalen abweichend. Tbl. A5.2

av|ändere [ˈafˌɛndərə] <trennb. Präfix-V.; schw.; *han*; änderte av [ˈɛndətə]; ~|geändert [-jəˌɛndət]> {9.2.1.2}: abändern [auch: ↑alteriere/~eere (2)]. (4)

av|arbeide [ˈafˌarˌbeɪˑdə] <trennb. Präfix-V.; schw.; *han*; arbeidte av [ˈarbeɪˑtə]; ~|gearbeidt [-jəˌarbeɪˑt]> {6.11.3}: abarbeiten, **1.** durch Arbeiten erledigen: *Üvverstunde a.* (Überstunden a.). **2.** <sich a.> längere Zeit im Übermaß arbeiten; sich abplagen: *sich stundelang a.* (sich stundenlang a.) [auch: ↑av|placke, ↑av|rackere/~|racke, ↑racke, ↑rackere]. (197)

av|ätze [ˈafˌɛtsə] <trennb. Präfix-V.; schw.; *han*; ätzte av [ˈɛtstə]; ~|geätz [-jəˌɛts]>: abätzen, durch ätzende Mittel reinigen od. entfernen. (114)

av|baue [ˈafboʊə] <trennb. Präfix-V.; schw.; *han*; baute av [ˈboʊˑtə]; ~|gebaut [-jəboʊˑt]>: abbauen. (11)

av|beddele [ˈafbɛdələ] <trennb. Präfix-V.; schw.; *han*; beddelte av [ˈbɛdəltə]; ~|gebeddelt [-jəbɛdəlt]> {6.11.3; 9.2.1.2}: abbetteln. (6)

av|beege [ˈafbeˑjə] <trennb. Präfix-V.; st.; bog av [boˑx]; ~|geboge [-jəboːʀə]> {5.1.4.3}: abbiegen, **1.** <sin> eine andere Richtung einschlagen. **2.** <han> **a)** in eine andere Richtung biegen: *ene Finger noh hinge a.* (einen Finger nach hinten a.); **b)** einer Sache geschickt eine andere Wendung geben u. dadurch eine unerwünschte Entwicklung verhindern: *ene Strigg a.* (einen Streit a., verhindern). (16)

av|be|rofe [ˈafbəˌroˑfə] <trennb. Präfix-V.; st.; *han*; be|reef av [bəˈreˑf]; ~|be|rofe [-bəˌroˑfə]> {5.4}: abberufen, von einer Stelle abberufen. (151)

av|bestelle [ˈafbəˌʃtɛlə] <trennb. Präfix-V.; schw./unr.; *han*; bestellte/bestallt av [bəˈʃtɛlˑtə / bəˈʃtalt]; ~|bestellt/~|bestallt [-bəˌʃtɛlˑt / -bəˌʃtalt]>: abbestellen. (182)

av|be|zahle [ˈafbəˌtsaˑlə] <trennb. Präfix-V.; schw.; *han*; be|zahlte av [bəˈtsaːltə]; ~|be|zahlt [-bəˌtsaːlt]>: ab(be)zahlen, **a)** in Raten zahlen [auch: ↑av|stoddere (a)]; **b)** zurückzahlen. (61)

av|bieße [ˈafbiːsə] <trennb. Präfix-V.; st.; *han*; bess av [bes]; ~|gebesse [-jəbesə]> {5.1.4.5}: abbeißen [auch: ↑av|knabbere, ↑av|knäuele, ↑av|knage, ↑av|nage]. (25)

av|bilde/~|belde [ˈafbɪlˑdə / -belˑdə] <trennb. Präfix-V.; schw.; *han*; bildte av [ˈbɪlˑtə]; ~|gebildt [-jəbɪlˑt]> {(5.5.2)}: abbilden. (28)

av|binge [ˈafbɪŋə] <trennb. Präfix-V.; st.; *han*; bung av [bʊŋˑ]; ~|gebunge [-jəbʊŋə]> {6.7}: abbinden, **1.** etw. losbinden/-machen. **2.** i. d. Heilkunde: *en Oder, en Waaz a.* (eine Ader, Warze a.). (26)

av|bläddere [ˈafblɛdərə] <trennb. Präfix-V.; schw.; blädderte av [ˈblɛdətə]; ~|gebläddert [-jəblɛdət]> {6.11.3; 9.2.1.2}: abblättern, **1.** <sin> (von Pflanzen, Blüten) einzelne Blätter verlieren: *De Ruse sin avgebläddert.* (Die Rosen sind abgeblättert.). **2.** <sin> sich in Blättchen lösen u. abfallen: *De Färv bläddert av.* (Die Farbe blättert ab.). **3.** <han> (Blätter od. Ä.) von etw. entfernen. (4)

av|blende [ˈafblɛnˑdə] <trennb. Präfix-V.; schw.; *han*; blendte av [ˈblɛnˑtə]; ~|geblendt [-jəblɛnˑt]>: abblenden. (28)

av|bletze [ˈafbletsə] <trennb. Präfix-V.; schw.; *sin*; bletzte av [ˈbletstə]; ~|gebletz [-jəblets]> {5.5.2}: abblitzen, abgewiesen werden. (114)

av|blieve [ˈafbliˑvə] <trennb. Präfix-V.; st.; *sin*; blevv av [blef]; ~|geblevve [-jəblevə]> {5.1.4.5; 6.1.1}: abbleiben. (29)

av|blocke ['afblɔkə] <trennb. Präfix-V.; schw.; *han*; blockte av ['blɔktə]; ~|geblock [-jəblɔk]>: abblocken. (88)

av|blose ['afblɔːzə] <trennb. Präfix-V.; st.; *han*; blees av [bleːs]; ~|geblose [-jəblɔːzə] {5.5.3}: abblasen. (30)

av|boche ['afboːxə] <trennb. Präfix-V.; schw.; *han*; bochte av ['boːxtə]; ~|geboch [-jəboːx] {5.4}: abbuchen. (123)

av|bööschte ['afbøːʃtə] <trennb. Präfix-V.; schw.; *han*; ~|geböösch [-jəbøːʃ]> {5.2.1.1.2; 5.4}: abbürsten. (19)

av|böße/~|büße ['afbøˑsə / -byˑsə] <trennb. Präfix-V.; schw.; *han*; bößte av ['bøˑstə]; ~|geböß [-jəbøˑs]>: abbüßen, verbüßen, sühnen. (32)

av|bränge ['afbrɛŋə] <trennb. Präfix-V.; unr.; *han*; braht av [braːt]; ~|gebraht [-jəbraːt]> {5.4}: abbringen. (33)

av|brause¹/~|bruuse¹ ['afbraʊ̯ˑzə / -bruˑzə] <trennb. Präfix-V.; *av|bruuse* veraltet; schw.; *sin*; brauste av ['braʊ̯ˑstə]; ~|gebraus [-jəbraʊ̯ˑs]> {(5.1.3)}: abbrausen, wegrasen, fortrasen, geräuschvoll u. rasch davonfahren: *met Vollgas a.* (mit Vollgas a.) [auch: ↑av|sause]. (149)

av|brause²/~|bruuse² ['afbraʊ̯ˑzə / -bruˑzə] <trennb. Präfix-V.; *av|bruuse* veraltet; schw.; *han*; brauste av ['braʊ̯ˑstə]; ~|gebraus [-jəbraʊ̯ˑs]> {(5.1.3)}: abbrausen, abduschen, mit der Brause abspülen/-duschen: *Mer han der Hungk kald avgebraus.* (Wir haben den Hund kalt abgebraust.) [auch: ↑av|dusche]. (149)

av|breche ['afbrɛçə] <trennb. Präfix-V.; st.; *han*; broch av [broˑx]; ~|gebroche [-jəbroxə]>: abbrechen; **a)** abknicken, wegbrechen [auch: ↑av|knicke]; **b)** abreißen, einreißen [auch: ↑av|rieße (1), ↑en|rieße (1)]; **c)** aufgeben, aufhören, beenden [auch: ↑op|gevve (4), ↑av|rieße (2b)]. (34)

av|bremse ['afbrɛmzə] <trennb. Präfix-V.; schw.; *han*; bremste av ['brɛmstə]; ~|gebrems [-jəbrɛms]>: abbremsen. (87)

av|brenne ['afbrɛnə] <trennb. Präfix-V.; unr.; *han*; brannt av [brant]; ~|gebrannt [-jəbrant]>: abbrennen. (35)

Av|broch, der ['afbrox] <N.; ~|bröch]> {5.5.1}: Abbruch.

av|bröckele ['afbrœkələ] <trennb. Präfix-V.; schw.; *han*; bröckelte av ['brœkəltə]; ~|gebröckelt [-jəbrœkəlt]> {9.2.1.2}: abbröckeln. (6)

av|bröhe ['afbrøˑə] <trennb. Präfix-V.; schw.; *han*; bröhte av ['brøˑtə]; ~|gebröht [-jəbrøˑt]> {5.4}: abbrühen. (37)

av|brumme ['afbrʊmə] <trennb. Präfix-V.; schw.; *han*; brummte av ['brʊmˑtə]; ~|gebrummp [-jəbrʊmˑp]>: abbrummen, eine Gefängnisstrafe absitzen. (40)

av|bütze ['afbʏtsə] <trennb. Präfix-V.; schw.; *han*; bützte av ['bʏtstə]; ~|gebütz [-jəbʏts]>: abküssen [auch: ↑av|knuutsche]. (114)

av|checke [ˈafˌtʃɛke] <trennb. Präfix-V.; schw.; *han*; checkte av ['tʃɛktə]; -gecheck [-jəˌtʃɛk]>: abchecken, überprüfen. (88)

av|dämpe ['afdɛmpə] <trennb. Präfix-V.; schw.; *han*; dämpte av ['dɛmptə]; ~|gedämp [-jədɛmp]> {6.8.1}: abdämpfen, beim Reinigen Flecken durch heißen Wasserdampf entfernen. (180)

av|danke ['afdaŋkə] <trennb. Präfix-V.; schw.; *han*; dankte av ['daŋktə]; ~|gedank [-jədaŋk]>: abdanken. (41)

av|danze ['afdantsə] <trennb. Präfix-V.; schw.; *han*; danzte av ['dantstə]; ~|gedanz [-jədants]> {6.11.1}: abtanzen, weggehen, verschwinden: *Danz av!* (Verschwinde!) [auch: ↑fott|gonn (1)]. (42)

av|däue ['afdøʏ̯ə] <trennb. Präfix-V.; Formen mischbar; unr./schw.; daut/däute av [daʊ̯t / 'døʏ̯ˑtə]; ~|gedaut/ ~|gedäut [-jədaʊ̯t / -jədøʏ̯ˑt]>: abstoßen, **1.** <han> einen beiseite schieben, sich nicht um einen kümmern: *Jetz weed dä Klein widder avgedäut.* (Jetzt wird der Kleine wieder abgeschoben.). **2.** <han> jmd., sich abstoßen: *Do muss dich vun der Wand avdäue.* (Du musst dich von der Wand abstoßen.). **3.** <sin> schwerfällig weggehen: *Luur ens, wat dä avdäut!* (Schau mal, wie schwerfällig er von dannen zieht!). (43)

av|decke ['afdɛkə] <trennb. Präfix-V.; schw.; *han*; deckte av ['dɛktə]; ~|gedeck [-jədɛk]>: abdecken, **1.** abnehmen, entfernen: *Daachpanne, et Daach a.* (Dachziegel, das Dach a.). **2.** zum Schutz belegen, bedecken: *der Boddem a.* (den Boden a.). (88)

av|deckele ['afdɛkələ] <trennb. Präfix-V.; schw.; *han*; deckelte av ['dɛkəltə]; ~|gedeckelt [-jədɛkəlt]> {9.2.1.2}: zurechtweisen, scharf tadeln. (6)

Av|deck|er, der ['afdɛkɐ] <N.; ~>: Abdecker, jmd., der verendete Tiere abdeckt.

av|deechte/~|dichte ['afdeːçtə / -dɪçtə] <trennb. Präfix-V.; schw.; *han*; ~|gedeech [-jədeːç]> {5.2.1; 5.4}: abdichten, dicht machen. (131)

av|deile ['afdeɪ̯lə] <trennb. Präfix-V.; schw.; *han*; deilte av ['deɪ̯ltə]; ~|gedeilt [-jədeɪ̯lt]> {6.11.1}: abteilen. (45)

av|donnere ['afdonərə] <trennb. Präfix-V.; schw.; *sin*; donnerte av ['donətə]; ~|gedonnert [-jədonət]> {5.5.1; 9.2.1.2}: abdonnern, mit donnerndem Geräusch davonfahren. (4)

av|dötze ['afdœtsə] <trennb. Präfix-V.; schw.; *sin*; dötzte av ['dœtstə]; ~|gedötz [-jədœts]>: davonschlendern, wegschlendern, gemütlich langsam weggehen. (114)

av|drage ['afdraˑʀə] <trennb. Präfix-V.; st.; *han*; drog av [droˑx]; ~|gedrage [-jədraˑʀə]> {6.11.2}: abtragen. (48)

av|dränge ['afdrɛŋə] <trennb. Präfix-V.; schw.; *han*; drängte av ['drɛŋˑtə]; ~|gedrängk [-jədrɛŋˑk]>: abdrängen. (49)

av|drieße ['afdriːsə] <trennb. Präfix-V.; st.; *sin*; dr<u>e</u>ss av [dres]; ~|gedr<u>e</u>sse [-jədresə]>: (derb) weggehen; *Drieß av!* (Geh!). (25)

av|drieve ['afdriˑvə] <trennb. Präfix-V.; st.; *han*; dr<u>e</u>vv av [dref]; ~|gedr<u>e</u>vve [-jədrevə]> {5.1.4.5; 6.1.1; 6.11.2}: abtreiben. (51)

av|drifte ['afdrɪftə] <trennb. Präfix-V.; schw.; *sin*; ~|gedriff [-jədrɪf]>: abdriften. (89)

av|drihe ['afdriˑə] <trennb. Präfix-V.; schw.; drihte av ['driˑtə]; ~|gedriht [-jədriˑt]> {5.1.4.1}: abdrehen, **1.** <han> durch Drehen abstellen: *der Ovven, et Wasser a.* (den Ofen, das Wasser a.). **2.** <han> durch eine drehende Bewegung von etw. abtrennen, lösen: *ene Knopp vum Mantel a.* (einen Knopf vom Mantel a.). **3.** <han> wegdrehen, abwenden: *et Geseech a.* (das Gesicht abwenden). **4.** <han> (einen Film, Filmszenen) zu Ende drehen. **5.** <sin/han> eine andere Richtung einschlagen, einen anderen Kurs nehmen: *Dat Flugzeug es/hät noh Weste avgedrieht.* (Das Flugzeug ist/hat nach Westen abgedreht.). (37)

av|drinke ['afdrɪŋkə] <trennb. Präfix-V.; st.; *han*; drunk av [drʊŋk]; ~|gedrunke [-jədrʊŋkə]> {6.11.2}: abtrinken, von oben wegtrinken. (52)

Av|drock[1], der ['afdrok] <N.; ~|dröck> {5.5.1}: Abdruck, durch Eindrücken Entstandenes: *Finger~* (Finger~), *Wahß~* (Wachs~).

Av|drock[2], der ['afdrok] <N.; ~e> {5.5.1}: Abdruck, **1.** etw. Abgedrucktes. **2.** <o. Pl.> das (Ab)drucken.

av|drocke ['afdrokə] <trennb. Präfix-V.; schw.; *han*; drockte av ['droktə]; ~|gedrock [-jədrok]> {5.5.1}: abdrucken, veröffentlichen, publizieren. (88)

av|dröcke ['afdrøkə] <trennb. Präfix-V.; schw.; *han*; dröckte av ['drøktə]; ~|gedröck [-jədrøk]> {5.5.1}: abdrücken, **1.** abpressen: *de Luff, en Oder a.* (die Luft, eine Ader a.). **2.** drückend von etw. entfernen; wegdrücken: *et Boot vum Ufer a.* (das Boot vom Ufer abstoßen). **3.** den Abzug einer Schusswaffe betätigen: *Dä hät dreimol avgedröck.* (Er hat dreimal abgedrückt.). **4. a)** durch Eindrücken in eine weiche Masse nachbilden: *Zäng en Gips a.* (Zähne in Gips a.); **b)** <sich a.> sich abzeichnen: *Foßspure hatten sich em Boddem avgedröck.* (Fußspuren hatten sich im Boden abgedrückt.). **5.** bezahlen: *Doför moot ich ene Hunni a.* (Dafür musste ich einen Hunderter bezahlen.) [auch: ↑be|rappe, ↑be|zahle, ↑bleche[1], ↑latze]. (88)

av|dröppe ['afdrœpə] <trennb. Präfix-V.; schw.; *sin*; dröppte av ['drœptə]; ~|gedröpp [-jədrœp]> {5.4; 6.8.1; 6.11.2}: abtropfen. (75)

av|drossele ['afdrɔsələ] <trennb. Präfix-V.; schw.; *han*; drosselte av ['drɔsəltə]; ~|gedrosselt [-jədrɔsəlt]> {9.2.1.2}: abdrosseln, **1.** die Luftröhre völlig zudrücken. **2.** Zufuhr von etw. verringern, unterbinden. (6)

av|drüge ['afdrʏjə] <trennb. Präfix-V.; schw.; *han*; drügte av ['drʏftə]; ~|gedrüg [-jədrʏfj]> {5.4; 6.11.2; 8.2.3}: abtrocknen. (103)

av|dun ['afdʊn] <trennb. Präfix-V.; unr.; *han*; dät av [dɛˑt]; ~|gedon [-jədon]> {5.3.2.5; 6.11.1}: abtun, **1.** ausziehen. **2.** übergehen, leugnen, bestreiten, ignorieren [auch: ↑leugne, ↑be|strigge (1)]. (53)

av|dunkele ['afdʊŋkələ] <trennb. Präfix-V.; schw.; *han*; dunkelte av ['dʊŋkəltə]; ~|gedunkelt [-jədʊŋkəlt]> {9.2.1.2}: abdunkeln. (6)

av|dusche ['afdʊʃə] <trennb. Präfix-V.; schw.; *han*; duschte av ['dʊʃtə]; ~|gedusch [-jədʊʃ]>: abduschen [auch: ↑av|brause[2]/~|bruuse[2]]. (110)

av|düüe ['afdyːə] <trennb. Präfix-V.; schw.; düüte av ['dyˑtə]; ~|gedüüt [-jədyˑt]> {5.1.3; 6.11.1}: abtauen, **1.** <han> von Eis befreien, zum Schmelzen bringen. **2.** <sin> von Eis frei werden, wegschmelzen. (56)

av|ebbe ['afˌɛbə] <trennb. Präfix-V.; schw.; *sin*; ebbte av ['ɛptə]; ~|geebb [-jəˌɛp]>: abebben. (167)

Avekat, der [ˌaveˈkaˑt] <N.; ~e; veraltend>: Advokat, (Rechts)anwalt.

av|erkenne ['afˌɛɐ̯ˌkɛnə] <trennb. Präfix-V.; unr.; *han*; erkannt av [ɛɐ̯ˈkant]; ~|erkannt [-ˌɛɐ̯ˌkant]>: aberkennen, absprechen. (35)

av|esse ['afˌɛsə] <trennb. Präfix-V.; st.; *han*; oß av [ɔˑs]; ~|gegesse [-jəˌɛsə]>: abessen. (59)

av|fäädige ['afˌfɛːdɪjə] <trennb. Präfix-V.; schw.; *han*; fäädigte av ['fɛːdɪftə]; ~|gefäädig [-jəfɛːdrfj]> {5.2.1.1.2; 5.4; 6.11.3}: abfertigen. (7)

av|fackele ['afakələ] <trennb. Präfix-V.; schw.; *han*; fackelte av ['fakəltə]; ~|gefackelt [-jəfakəlt]> {9.2.1.2}: abfackeln. (6)

av|fäddeme ['afɛdəmə] <trennb. Präfix-V.; schw.; *han*; fäddemte av ['fɛdəmtə]; ~|gefäddemp [-jəfɛdəmp]> {5.3.2; 6.12.4; 9.2.1.2}: abfädeln, (Bohnen) abziehen, von den Fäden befreien. (144)

av|fäge ['afɛˑjə] <trennb. Präfix-V.; schw.; fägte av ['fɛːɧtə]; ~|gefäg [-jəfɛːɧ]> {5.4}: abfegen, 1. <han> durch Kehren entfernen [auch: ↑av|kehre¹/~|kerre¹]. 2. <sin> rasch davonlaufen/-fahren. (103)

av|fahre ['afaːrə] <trennb. Präfix-V.; st.; *sin*; fuhr/fohr av [fuˑɐ̯ / foˑɐ̯]; ~|gefahre [-jəfaːrə]>: abfahren. (62)

Av|fahrt, de ['afaːt] <N.; ~e> {s. u. ↑Fahrt}: Abfahrt.

Av|fall, der ['afal] <N.; ~|fäll [-fɛlˑ]>: Abfall.

av|falle ['afalə] <trennb. Präfix-V.; st.; *sin*; feel av [feˑl]; ~|gefalle [-jəfalə]>: abfallen. (64)

av|fälsche ['afɛlʃə] <trennb. Präfix-V.; schw.; *han*; fälschte av ['fɛlʃtə]; ~|gefälsch [-jəfɛlʃ]>: abfälschen, in eine andere Richtung lenken: *Dä Ball wor avgefälsch.* (Der Ball war abgefälscht.). (110)

av|färve ['afɛrvə] <trennb. Präfix-V.; schw.; *han*; färvte av ['fɛrftə]; ~|gefärv [-jəfɛrˑf]> {5.4; 6.1.1}: abfärben. (66)

av|fasse ['afasə] <trennb. Präfix-V.; schw.; *han*; fasste av ['fastə]; ~|gefass [-jəfas]>: abfassen, formulieren. (67)

av|feddere ['afedərə] <trennb. Präfix-V.; schw.; *han*; fedderte av ['fedətə]; ~|gefeddert [-jəfedət]> {5.3.4; 5.5.2; 9.2.1.2}: abfedern. (4)

av|feuere ['afɔyərə] <trennb. Präfix-V.; schw.; *han*; feuerte av ['fɔyətə]; ~|gefeuert [-jəfɔyet]> {9.2.1.2}: abfeuern, abschießen. (4)

av|fiele ['afiˑlə] <trennb. Präfix-V.; schw.; *han*; fielte av ['fiˑltə]; ~|gefielt [-jəfiˑlt]> {5.1.4.5}: abfeilen. (45)

av|fiere/~|feere ['afiˑ(ɐ̯)rə / -feˑrə] <trennb. Präfix-V.; schw./unr.; *han*; fierte av ['fiˑɐ̯tə]; ~|gefiert [-jəfiˑɐ̯t]> {5.1.4.5}: abfeiern. (3) (2)

av|finge ['afɪŋə] <trennb. Präfix-V.; st.; *han*; fung av [fʊŋ]; ~|gefunge [-jəfʊŋə]> {6.7}: abfinden, 1. entschädigen. 2. <sich a.> a) sich einigen, vergleichen; b) sich mit jmdm./etw. zufrieden geben; sich in etw. fügen [auch: ↑föge (b), *sich en jet ↑schecke (2), en de suure/soore Appel bieße*]. (26)

av|fla(a)che ['afla(ː)xə] <trennb. Präfix-V.; schw.; fla(a)chte av ['fla(ː)xtə]; ~|gefla(a)ch [-jəfla(ː)x]> {5.2.1}: abflachen, 1. <han> flach(er) machen. 2. <sin> flacher werden. 3. <sin> im Niveau sinken. (123)

av|flämme ['aflɛmə] <trennb. Präfix-V.; schw.; *han*; flämmte av ['flɛmˑtə]; ~|geflämmp [-jəflɛmˑp]>: abflämmen. (40)

av|flaue ['aflaʊ̯ə] <trennb. Präfix-V.; schw.; *sin*; flaute av ['flaʊ̯tə]; ~|geflaut [-jəflaʊ̯t]>: abflauen, schwächer werden. (11)

av|fleege ['afleˑjə] <trennb. Präfix-V.; st.; *han*; flog av [floˑx]; ~|gefloge [-jəfloːʀə]> {5.1.4.3}: abfliegen, 1. davonfliegen. 2. zum Zweck der Besichtigung od. Kontrolle überfliegen. (16)

av|fleeße ['afleˑsə] <trennb. Präfix-V.; st.; *sin*; floss av [flɔs]; ~|geflosse [-jəflɔsə]> {5.1.4.3}: abfließen. (79)

av|fleute ['aflɔytə] <trennb. Präfix-V.; schw.; *han*; ~|gefleut [-jəflɔyt]> {5.2.3}: abpfeifen, (durch Pfeifen) unterbrechen, beenden: *Dä hät dat Spill längs avgefleut.* (Er hat das Spiel längst abgepfiffen.). (72)

Av|flog, der ['afloˑx] <N.; ~|flög [-fløˑ]> {5.4}: Abflug.

Av|floss, der ['aflos] <N.; ~|flöss [-fløsˑ]> {5.5.1}: Abfluss.

av|föhle ['aføˑlə] <trennb. Präfix-V.; schw./unr.; *han*; föhlte/fohlt av ['føˑltə / foˑlt]; ~|geföhlt/~|gefohlt [-jəføˑlt / -jəfoˑlt]> {5.4}: abfühlen. (73)

av|föhre/~|führe ['aføˑ(ɐ̯)rə / -fyˑ(ɐ̯)rə] <trennb. Präfix-V.; unr./st./schw.; *han*; föhte/foht av ['føˑtə / foːt]; ~|geföht/~|gefoht [-jəføˑt / -jəfoːt]> {5.4}: abführen. (74) (31)

Av|föhr|meddel/~|führ|~, et ['aføˑɐ̯ˌmedəl / -fyˑɐ̯-] <N.; ~(e)> {5.4; s. u. ↑Meddel}: Abführmittel.

Av|folg, de ['afoləɧ] <N.; ~e> {5.5.1; 8.3.1}: Abfolge.

av|fölle/~|fülle ['afølə / -fylə] <trennb. Präfix-V.; schw.; *han*; föllte av ['føltə]; ~|geföllt [-jəfølˑt]> {5.5.1}: abfüllen. (91)

av|föödere ['aføˑdərə] <trennb. Präfix-V.; schw.; *han*; fööderte av ['føˑdətə]; ~|geföödert [-jəføˑdət]> {5.2.1.4; 5.4; 6.11.3; 9.2.1.2}: abfüttern, 1. die Fütterung vornehmen: *De Pänz weeden avgeföödert.* (Die Kinder werden abgefüttert.). 2. mit Futterstoff versehen: *ene Mantel a.* (einen Mantel a.). (4)

av|fordere ['afordərə] <trennb. Präfix-V.; schw.; *han*; forderte av ['fordətə]; ~|gefordert [-jəfordət]> {9.2.1.2}: abfordern. (4)

av|foto|grafiere/~|eere ['afotəˌɡraˌfiˑ(ɐ̯)rə / -eˑrə] <trennb. Präfix-V.; schw./unr.; *han*; foto|grafierte av

[ˌfotəjraˈfiˑɛtə]; ~|foto|grafiert [-fotəjraˌfiˑɛt] ⟨zu: griech. gráphein⟩> {(5.1.4.3)}: abfotografieren. (3) (2)

av|fresse [ˈaffrɛsə] <trennb. Präfix-V.; st.; *han*; froß av [frɔˑs]; ~|gefresse [-jəfrɛsə]>: abfressen, **1.** etw. wegfressen: *Et Kning hät Blädder vum Kappes avgefresse.* (Das Kaninchen hat Blätter vom Kohl abgefressen.). **2.** kahl fressen: *De Vügel fresse der Holunder av.* (Die Vögel fressen den Holunder ab.). (59)

av|froge [ˈaffrɔˑʀə] <trennb. Präfix-V.; unr.; *han*; frogte av [ˈfrɔˑxtə]; ~|gefrog [-jəfrɔˑx]> {5.5.3}: abfragen. (76)

Av|fuhr/~|fohr, de [ˈaffuˑɐ̯ / foˑɐ̯] <N.; ~e>: Abfuhr [auch: ꜜSchasewitt].

av|fuule [ˈaffuˑlə] <trennb. Präfix-V.; schw.; *han*; fuulte av [ˈfuˑltə]; ~|gefuult [-jəfuˑlt]> {5.1.3}: abfaulen. (102)

Av|gang, der [ˈafjaŋ] <N.; ~|gäng [-jɛŋˑ]>: Abgang.

av|gaunere [ˈafjaʊ̯nəʀə] <trennb. Präfix-V.; schw.; *han*; gaunerte av [ˈjaʊ̯nətə]; ~|gegaunert [-jəjaʊ̯nət]> {9.2.1.2}: abgaunern. (4)

av|gebröht [ˈafjəbrøˑt] <Adj.; Part. II von ꜜbröhe; ~e; ~er; ~ste> {5.4}: abgebrüht, abgestumpft, rücksichtslos: *ene ~e Kääl* (ein ~er Kerl). Tbl. A1

av|gedriht [ˈafjəˌdriˑt] <Adj.; Part. II von ꜜav|drihe; ~e; ~er; ~ste> {5.1.4.1}: abgedreht, verrückt; *voll a. han/sin* (völlig verrückt sein). Tbl. A1

av|geeße [ˈafjeˑsə] <trennb. Präfix-V.; st.; *han*; goss av [jɔs]; ~|gegosse [-jəjɔsə]> {5.1.4.3}: abgießen. (79)

av|geföllt [ˈafjəfølˑt] <Adj.; Part. II von ꜜav|fölle; ~e; ~er; ~ste> {5.5.1}: abgefüllt, (übertr.) betrunken. Tbl. A1

av|gegreffe [ˈafjəjrɛfə] <Adj.; Part. II von *avgriefe*; ~; ~ner; ~nste> {5.5.2}: abgegriffen, durch häufiges Anfassen abgenutzt [auch: ꜜschlessꞏig, ꜜschubbꞏig, ꜜverschlesse. Tbl. A3.2

av|geläge [ˈafjəlɛːjə] <Adj.; Part. II von *avlige*; ~; ~ner; ~nste> {5.4}: abgelegen, entfernt liegend [auch: *am Aasch vun der Welt; am Löffelseng*]. Tbl. A3.2

av|gelde [ˈafjɛldə] <trennb. Präfix-V.; st.; *han*; goldt av [jɔlˑt]; ~|gegolde [-jəjɔldə]> {6.11.3}: abgelten. (80)

av|gemagert [ˈafjəˌmaˑʀɛt] <Adj.; Part. II von ꜜav|magere; ~e>: mager, abgemagert. Tbl. A1

av|gerode [ˈafjəʀoˑdə] <trennb. Präfix-V.; st.; *han*; gereedt av [jəˈreːt]; ~|gerode [-jəʀɔˑdə]> {5.5.3; 6.11.3}: abgeraten, sich, ohne es zu merken, von etw. entfernen; abkommen: *Se wore vum Wäg a.* (Sie waren vom Weg a.). (36)

av|geschmack [ˈafjəʃmak] <Adj.; ~te; ~ter, ~ste> {8.3.5}: abgeschmackt, geistlos, töricht, albern, banal, nichtssagend [auch: ꜜaadꞏig (2), ꜜbe|klopp, ꜜbe|stuss, ꜜbe|titsch, ꜜjeck, ꜜkalverꞏig, ꜜknatsch|jeck, ꜜläppsch, ꜜrader|doll, ꜜstapel|jeck/stabel|~, ꜜver|dötsch, ꜜver|kindsch, ꜜver|röck, *mem Bömmel behaue; en Ääz am Kieme/Wandere (han); (se) nit all op de Dröht/Reih (han); ene Nähl em Zylinder (han); ene Ratsch em Kappes (han); schwatz em Geseech (sin)*]. Tbl. A4.1.1

av|getakelt [ˈafjətaˑkəlt] <Adj.; Part. II von ꜜav|takele; ~e; ~er, ~ste>: abgetakelt, verlebt, ausgedient, heruntergekommen. Tbl. A1

av|gevve [ˈafjɛvə] <trennb. Präfix-V.; st.; *han*; gov av [jɔˑf]; ~|gegovve/~|gegevve [-jəjovə / -jəjɛvə]> {5.3.4; 5.5.2; 6.1.1}: abgeben, **1.** etw. abliefern, hergeben. **2.** (übertr.) **a)** sich benehmen wie, eine Figur vorstellen, eine Rolle spielen: *Gevv nit al Hännesche av.* (Führ dich nicht so albern auf.); **b)** sich mit etw. abgeben, sich befassen mit; sich mit jmdm. abgeben. (81)

av|gewenne¹ [ˈafjəvɛnə] <trennb. Präfix-V.; st.; *han*; gewonn av [jəˈvɔn]; ~|gewonne [-jəvɔnə]> {5.5.2}: abgewinnen. (82)

av|gewenne² [ˈafjəvɛnə] <trennb. Präfix-V.; schw.; *han*; gewennte av [jəˈvɛntə]; ~|gewennt [-jəvɛnt]> {5.3.4; 5.5.2}: abgewöhnen. (10)

av|gliche [ˈafjlɪçə] <trennb. Präfix-V.; st.; *han*; glech av [jleç]; ~|geglechche [-jəjleçə]> {5.3.4.1}: abgleichen, vergleichend abstimmen; aufeinander anpassen. (187)

av|gonn [ˈafjɔn] <trennb. Präfix-V.; st.; *sin*; ging av [jɪŋ]; ~|gegange [-jəjaŋə]> {5.3.4; 8.2.2.3}: abgehen. (83)

Av|goss/~|guss, der [ˈafjɔs / -jʊs] <N.; ~|göss> {5.5.1}: Abguss.

av|grase [ˈafjʀaˑzə] <trennb. Präfix-V.; schw.; *han*; graste av [ˈjʀaˑstə]; ~|gegras [-jəjʀaˑs]>: abgrasen, **1.** abweiden: *Et Veeh hät de Wiss avgegras.* (Das Vieh hat die Wiese abgeweidet.). **2.** absuchen: *Mer han de ganze Stroß noh im avgegras.* (Wir haben die ganze Straße nach ihm abgesucht.). (149)

av|grave [ˈafjʀaˑvə] <trennb. Präfix-V.; st.; *han*; grov av [jʀoˑf]; ~|gegrave [-jəjʀaˑvə]> {6.1.1}: abgraben, abtragen, ableiten; *einem et Wasser a.* (jmdm. keine Möglichkeit mehr lassen, völlig unterdrücken). (85)

av|grenze [ˈafjʀɛntsə] <trennb. Präfix-V.; schw.; *han*; grenzte av [ˈjʀɛntstə]; ~|gegrenz [-jəjʀɛnts]>: abgrenzen. (42)

Av|grund, der ['afˌjrʊnt] <N.; ~|gründ [-jrʏn·t]> {7.2.2}: Abgrund.

av|hääde ['afhɛ·də] <trennb. Präfix-V.; schw.; *han*; häädte av ['hɛ·tə]; ~|gehäädt [-jəhɛ·t]> {5.2.1.1.2; 5.4; 6.11.3}: abhärten. (197)

av|hacke ['afhakə] <trennb. Präfix-V.; schw.; *han*; hackte av ['haktə]; ~|gehack [-jəhak]>: abhacken. (88)

av|halde ['afhaldə] <trennb. Präfix-V.; st.; *han*; heeldt av [he:lt]; ~|gehalde [-jəhaldə] {6.11.3}: abhalten. (90)

av|halftere ['af.halˑftərə] <trennb. Präfix-V.; schw.; *han*; halfterte av ['halˑftetə]; ~gehalftert [-jə.halˑftɛt]>: abhalftern. (4)

av|han ['afhan] <trennb. Präfix-V.; unr.; *han*; hatt av [hat]; ~|gehatt [-jəhat]> {5.3.2.5}: abhaben, gelöst, entfernt haben: *Häs do dä Flecke av?* (Hast du den Flecken entfernt?). (92)

av|handele ['afhan·dələ] <trennb. Präfix-V.; schw.; *han*; handelte av ['han·dəltə]; ~|gehandelt [-jəhan·dəlt]> {9.2.1.2}: abhandeln; **1.** ablocken, abluchsen [auch: ↑av|handele, ↑av|knöppe, ↑av|klüngele]. **2.** ausführen, berichten. (6)

Av|hang, der ['afhaŋ] <N.; ~|häng [-hɛŋ·]>: Abhang.

av|hange ['afhaŋə] <trennb. Präfix-V.; st.; *han*; hing av [hɪŋ]; ~|gehange [-jəhaŋə]> {5.4}: abhängen, **1.** durch längeres Hängen mürbe werden: *Die Woosch es god avgehange.* (Die Wurst ist gut abgehangen.). **2. a)** durch etw. bedingt sein: *vum Wedder a.* (vom Wetter a.); **b)** auf jmdn. od. etw. angewiesen: *finanziell vun de Eldere a.* (finanziell von den Eltern a.). (65)

av|hänge ['afhɛŋə] <trennb. Präfix-V.; schw.; *han*; hängte av ['hɛŋ·tə]; ~|gehängk [-jəhɛŋ·k]>: abhängen, **1.** herunternehmen: *Ich han de Wäsch avgehängk.* (Ich habe die Wäsche abgehängt.). **2.** abhängig sein: *Et hängk vum Wedder av, ov ich kumme.* (Es hängt vom Wetter ab, ob ich komme.). (49)

av|hängig ['afhɛŋɪç] <Adj.; ~e; ~er, ~ste>: abhängig, **a)** von etw. entscheidend bedingt/beeinflusst; **b)** auf jmdn. od. etw. angewiesen. Tbl. A5.2

Av|hängig|keit, de ['afhɛŋɪçkeɪt] <N.; ~e>: Abhängigkeit.

av|haue ['afhaʊə] <trennb. Präfix-V.; unr./schw.; haute av ['haʊ·tə]; ~|gehaue/~|gehaut [-jəhaʊə / -jəhaʊ·t]>: abhauen, **1.** <han> abschlagen [auch: ↑av|haue, ↑av|kloppe]. **2.** <sin> weggehen; fliehen [auch: ↑durch|brenne (2)]. (94)

av|hefte ['afhɛftə] <trennb. Präfix-V.; schw.; *han*; ~|geheff [-jəhɛf]>: abheften. (89)

av|heile ['afheɪ·lə] <trennb. Präfix-V.; schw.; *han*; heilte av ['heɪltə]; ~|geheilt [-jəheɪlt]>: abheilen. (45)

av|helfe ['afhɛlfə] <trennb. Präfix-V.; st.; *han*; holf av [holf]; ~|geholfe [-jəholfə]>: abhelfen. (97)

av|hetze, sich ['afhɛtsə] <trennb. Präfix-V.; schw.; *han*; hetzte av ['hɛtstə]; ~|gehetz [-jəhɛts]>: sich abhetzen, sich bis zur Erschöpfung beeilen: *Ich han mich avgehetz, för de Bahn ze krige.* (Ich habe mich sehr beeilt, um die Bahn zu bekommen.) [auch: ↑ploge; ↑zaue]. (114)

av|hevve ['afhevə] <trennb. Präfix-V.; st.; *han*; hovv av [hof]; ~|gehovve [-jəhovə]> {5.3.4; 5.5.2; 6.1.1}: abheben, **1. a)** abnehmen, herunternehmen: *Kaate a.* (Karten a.); **b)** <sich a.> sich ablösen: *De Koosch hivv sich av.* (Die Kruste löst sich.). **2.** sich etw. auszahlen lassen: *Geld a.* **3. a)** <sich a.> gegenüber einem Hintergrund, Untergrund, seiner Umgebung deutlich unterscheidbar hervortreten; **b)** etw. optisch gegenüber etw. hervortreten lassen. **4. a)** (Fliegerspr.) sich in die Luft erheben; **b)** eingebildet sein: *Dä hivv baal av.* (Er ist größenwahnsinnig.). (98)

av|hoke ['afhɔ·kə] <trennb. Präfix-V.; schw.; *han*; hokte av ['hɔ·ktə]; ~|gehok [-jəhɔ·k]> {5.5.3}: abhaken, **1.** von einem Haken abnehmen: *e leserdeil vum Kran a.* (ein Eisenteil vom Kran a.). **2.** mit einem Haken versehen: *de Name op der Liss a.* (die Namen auf der Liste a.). **3.** erledigen: *Die Froge wore flöck avgehok.* (Die Fragen waren schnell abgehakt, erledigt.). (178)

av|holle ['afholə] <trennb. Präfix-V.; unr.; *han*; hollt av [holt]; ~|gehollt [-jəholt]> {5.3.4; 5.5.1}: abholen. (99)

av|holze ['afholtsə] <trennb. Präfix-V.; schw.; *han*; holzte av ['holtstə]; ~|geholz [-jəholts]> {5.5.1}: abholzen, fällen, roden. (42)

av|hoste ['afho·stə] <trennb. Präfix-V.; schw.; *han*; ~|gehos [-jəho·s]> {5.4}: abhusten. (101)

av|hubbele ['afhʊbələ] <trennb. Präfix-V.; schw.; *han*; hubbelte av ['hʊbəltə]; ~|gehubbelt [-jəhʊbəlt]> {5.3.2; 5.4; 9.2.1.2}: abhobeln. (6)

av|hügge ['afhʏgə] <trennb. Präfix-V.; schw.; *han*; hüggte av ['hʏktə]; ~|gehügg [-jəhʏk]> {5.3.4; 6.6.2}: abhäuten, Haut abziehen. (208)

av|hungere ['afhʊŋərə] <trennb. Präfix-V.; schw.; *han*; hungerte av ['hʊŋetə]; ~|gehungert [-jəhʊŋət]> {9.2.1.2}: abhungern, **1.** durch Hungern bewirken, dass man an Körpergewicht verliert: *Ich han 10 Pund avgehungert.* (Ich habe 10 Pfund abgehungert.). **2.** <sich a.> sehr hungern; sich durch Hunger entkräften: *Dat hät sich bes op de Knoche avgehungert.* (Sie hat sich bis auf die Knochen abgehungert.). (4)

av|hüre/~|höre ['afhy:(ɐ)rə / -hø:(ɐ)rə] <trennb. Präfix-V.; Formen mischbar; schw./unr.; *han*; hürte/hoot av ['hy·ɐtə / 'ho:t]; ~|gehürt/~|gehoot [-jəhy·ɐt / -jəho:t]> {5.4}: abhören, abhorchen, überwachen. (21) (179)

av|isoliere/~eere ['af|ɪzo‚li·(ɐ)rə / -e·rə] <trennb. Präfix-V.; schw./unr.; *han*; isolierte av [ɪzo'li·ɐtə]; ~|isoliert [-|ɪzo‚li·ɐt] (frz. isoler)> {5.1.4.3)}: abisolieren. (3) (2)

av|jage ['afja·ʀə] <trennb. Präfix-V.; schw.; *han*; jagte av ['ja·xtə]; ~|gejag [-jəja·x]>: abjagen. (103)

av|jöcke ['afjøkə] <trennb. Präfix-V.; schw.; *sin*; jöckte av ['jøktə]; ~|gejöck [-jəjøk]>: abhauen, laufen gehen, verschwinden, abschwirren. (88)

av|kaare ['afka·rə] <trennb. Präfix-V.; schw.; *han*; kaarte av ['ka·(ɐ)tə]; ~|gekaart [-jəka·(ɐ)t]> {5.2.1.1.1}: abkarren, mit der Karre abtransportieren: *Die Stein woodten avgekaart.* (Die Steine wurden abgekarrt.). (100)

av|kaate ['afka:tə] <trennb. Präfix-V.; schw.; *han*; ~|gekaat [-jəka:t] {5.2.1.1.1}: abkarten, zum Nachteil eines anderen heimlich verabreden; meist als Part. II verwendet: *e avgekaat Spill* (ein abgekartetes Spiel). (104)

av|kacke ['afkakə] <trennb. Präfix-V.; schw.; *han*; kackte av ['kaktə]; ~|gekack [-jəkak]>: abkacken, abstürzen. (88)

av|kamesöle ['afkamə‚zœ·lə] <trennb. Präfix-V.; schw.; *han*; kamesölte av [kamə'zœ·ltə]; ~|kamesölt [-kamə‚zœ·lt]>: verprügeln, eigtl.: jmdm. das Kamisol gehörig abklopfen. (148)

av|kämme ['afkɛmə] <trennb. Präfix-V.; schw.; *han*; kämmte av ['kɛm·tə]; ~|gekämmp [-jəkɛm·p]>: abkämmen, **1.** mit dem Kamm entfernen. **2.** systematisch absuchen. (40)

av|kanzele ['afkantsələ] <trennb. Präfix-V.; schw.; *han*; kanzelte av ['kantsəltə]; ~|gekanzelt [-jəkantsəlt]> {9.2.1.2}: abkanzeln, zurechtweisen. (6)

av|kappe ['afkapə] <trennb. Präfix-V.; schw.; *han*; kappte av ['kaptə]; ~|gekapp [-jəkap]>: abkappen. (75)

av|kapsele ['afkapsələ] <trennb. Präfix-V.; schw.; *han*; kapselte av ['kapsəltə]; ~|gekapselt [-jəkapsəlt] {9.2.1.2}: abkapseln. (6)

av|kassiere/~eere ['afka‚si·(ɐ)rə / -e·rə] <trennb. Präfix-V.; schw./unr.; *han*; kassierte av [ka'si·ɐtə]; ~|kassiert [-ka‚si·ɐt] (ital. incassare)> {(5.1.4.3)}: abkassieren, Geld von jmdm. kassieren. (3) (2)

av|käue ['afkøyə] <trennb. Präfix-V.; schw.; *han*; käute av ['køy·tə]; ~|gekäut [-jəkøy·t]> {5.1.3}: abkauen, abessen. (11)

av|kaufe ['afkoʊfə] <trennb. Präfix-V.; unr.; *han*; kaufte av ['koʊftə]; ~|gekauf [-jəkoʊf]>: abkaufen. (106)

av|kehre/~|kerre ['afke:rə / -kerə] <trennb. Präfix-V.; *av|kerre* veraltet; schw./unr.; *han*; kehrte av ['ke:ɐtə]; ~|gekehrt [-jəke:ɐt] {(5.3.4; 5.5.2)}: abkehren, abfegen, aufkehren, durch Kehren entfernen [auch: ↑av|fäge (1)]. (31) (107)

av|kette ['afkɛtə] <trennb. Präfix-V.; schw.; *han*; ~|gekett [-jəkɛt]>: abketten. (113)

av|kicke ['afkɪkə] <trennb. Präfix-V.; schw.; *han*; veraltet; kickte av ['kɪktə]; ~|gekick [-jəkɪk]> {5.4; 6.12.3}: abgucken, absehen, abschreiben (hinsichtl. Hausaufgaben, Schularbeiten, Klassenarbeiten, Probearbeiten) [auch: ↑av|luure/~|loore]. (88)

av|kippe ['afkɪpə] <trennb. Präfix-V.; schw.; *han*; kippte av ['kɪptə]; ~|gekipp [-jəkɪp]>: abkippen. (75)

av|klabastere ['afkla‚bastərə] <trennb. Präfix-V.; schw.; *han*; klabasterte av [kla'bastɐtə]; ~|klabastert [-kla‚bastɐt]> {9.2.1.2}: abklabastern [auch: ↑av|klappere]. (4)

av|klappere ['afklapərə] <trennb. Präfix-V.; schw.; *han*; klapperte av ['klapɐtə]; ~|geklappert [-jəklapɐt]> {9.2.1.2}: abklappern [auch: ↑av|klabastere]. (4)

av|kläre ['afklɛ·rə] <trennb. Präfix-V.; schw.; *han*; klärte av ['klɛ·ɐtə]; ~|geklärt [-jəklɛ·ɐt]>: abklären. (21)

Av|klatsch, der ['afklatʃ] <N.; ~e>: Abklatsch, billige Nachbildung.

av|klatsche ['afklatʃə] <trennb. Präfix-V.; schw.; *han*; klatschte av ['klatʃtə]; ~|geklatsch [-jəklatʃ]>: abklatschen. (110)

av|kläue ['afkløyə] <trennb. Präfix-V.; schw.; *han*; kläute av ['kløy·tə]; ~|gekläut [-jəkløy·t]> {5.1.3}: abnehmen, wegnehmen, klauen, **1.** jmdm. etw. heimlich entwenden, wegstibitzen [auch: ↑jöcke[3], ↑kläue, ↑mopse, ↑räubere, ↑raube, ↑ripsche, ↑stelle[3], ↑stritze]. **2.** die schriftl. Arbeit eines anderen abschreiben. (11)

av|klemme ['afklɛmə] <trennb. Präfix-V.; schw.; *han*; klemmte av ['klɛm·tə]; ~|geklemmp [-jəklɛm·p]>: abklemmen. (40)

av|klevve ['afklevə] <trennb. Präfix-V.; unr.; *han*; klävte av ['klɛːftə]; ~|gekläv [-ˌjəklɛːf]> {5.3.4; 5.5.2; 6.1.1}: abkleben. (22)

av|klinge ['afklɪŋə] <trennb. Präfix-V.; st.; *sin*; klung av [klʊŋ]; ~|geklunge [-ˌjəklʊŋə]>: abklingen. (26)

av|kloppe ['afklɔpə] <trennb. Präfix-V.; schw.; *han*; kloppte av ['klɔptə]; ~|geklopp [-ˌjəklɔp]> {6.8.1}: abklopfen; **1.** abschlagen [auch: ↑av|schlage/~|schlonn; ↑av|haue]. **2.** abklappern, absuchen. (75)

av|klüngele ['afklʏŋələ] <trennb. Präfix-V.; schw.; *han*; klüngelte av ['klʏŋəltə]; ~|geklüngelt [-ˌjəklʏŋəlt]> {9.2.1.2}: abluchsen **1.** in unlauterer Weise, durch geheime Machenschaften, auf verschlungenen Pfaden in durchaus eigennütziger Weise an etw. zu gelangen suchen. **2.** von jmdm. etw. zum Nachteil anderer auf hintergründige Weise erlangen, erschleichen. [auch: ↑av|luchse; ↑av|handele; ↑av|knöppe, ↑av|klüngele]. (6)

av|knabbere ['afknabərə] <trennb. Präfix-V.; schw.; *han*; knabberte av ['knabətə]; ~|geknabbert [-ˌjəknabet]> {9.2.1.2}: abknabbern, abnagen, abbeißen [auch: ↑av|bieße, ↑av|knäuele, ↑av|knage, ↑av|nage]. (4)

av|knage ['afknaˑʀə] <trennb. Präfix-V.; schw.; *han*; knagte av ['knaˑxtə]; ~|geknag [-ˌjəknaˑx]>: abnagen, abknabbern [auch: ↑av|bieße, ↑av|knabbere, ↑av|knäuele, ↑av|nage]. (103)

av|knappe ['afknapə] <trennb. Präfix-V.; schw.; *han*; knappte av ['knaptə]; ~|geknapp [-ˌjəknap]>: abknappen, **1.** knackend brechen; mürbes Gebäck abknappen, abzwicken. **2.** (übertr.) abkürzen, abzwacken. (75)

av|knapse ['afknapsə] <trennb. Präfix-V.; schw.; *han*; knapste av ['knapstə]; ~|geknaps [-ˌjəknaps]>: aufbringen, erübrigen: *Die Nüsele för e Ies kann ich grad noch a.* (Das Geld für ein Eis kann ich gerade noch a.). (87)

av|knäuele ['afknɔy̆ələ] <trennb. Präfix-V.; schw.; *han*; knäuelte av ['knɔy̆əltə]; ~|geknäuelt [-ˌjəknɔy̆əlt]> {9.2.1.2}: abkauen, abbeißen, gemächlich Stückchen abnagen [auch: ↑av|bieße, ↑av|knabbere, ↑av|knage, ↑av|nage]. (6)

av|knibbele ['afknɪbələ] <trennb. Präfix-V.; schw.; *han*; knibbelte av ['knɪbəltə]; ~|geknibbelt [-ˌjəknɪbəlt]> {9.2.1.2}: abknibbeln, kleine Stücke abmachen. (6)

av|knicke ['afknɪkə] <trennb. Präfix-V.; schw.; *han*; knickte av ['knɪktə]; ~|geknick [-ˌjəknɪk]>: abknicken [auch: ↑av|breche (a)]. (88)

av|knipse ['afknɪpsə] <trennb. Präfix-V.; schw.; *han*; knipste av ['knɪpstə]; ~|geknips [-ˌjəknɪps]>: **1.** abfotografieren. **2.** (übertr.) abschießen, aus einer Stellung entfernen. (87)

av|knöppe ['afknœpə] <trennb. Präfix-V.; schw.; *han*; knöppte av ['knœptə]; ~|geknöpp [-ˌjəknœp]> {6.8.1}: abknöpfen [auch: ↑av|luchse]. (75)

av|knuutsche ['afknuːtʃə] <trennb. Präfix-V.; schw.; *han*; knuutschte av ['knuːtʃtə]; ~|genuutsch [-ˌjəknuːtʃ]>: abknutschen, küssen, abküssen, liebkosen [auch: ↑av|bütze]. (110)

av|koche ['afkɔxə] <trennb. Präfix-V.; schw.; *han*; kochte av ['kɔxtə]; ~|gekoch [-ˌjəkɔx]>: abkochen. (123)

av|koffere ['afkofərə] <trennb. Präfix-V.; schw.; *han*; kofferte av ['kofetə]; ~|gekoffert [-ˌjəkofet]> {5.5.1; 6.8.2; 9.2.1.2}: abkupfern. (4)

av|köhle ['afkøˑlə] <trennb. Präfix-V.; schw.; *han*; köhlte av ['køˑltə]; ~|geköhlt [-ˌjəkøˑlt]> {5.4}: abkühlen, **1.** auf eine niedrigere Temperatur bringen: *Et es jet avgeköhlt.* (Es ist kühler geworden.). **2.** <sich a.> kühl(er) werden, an Wärme verlieren: *Die Zupp muss noch a.* (Die Suppe muss noch a.). (61)

av|kommandiere/~eere ['afkomanˌdiˑ(ɡ̊)rə / -eˑrə] <trennb. Präfix-V.; schw./unr.; *han*; kommandierte av [komanˈdiˑɡ̊tə]; ~|kommandiert [-komanˌdiˑɡ̊t] ⟨frz. commander⟩ {(5.1.4.3)}: abkommandieren. (3) (2)

av|kömm|lich ['afkœmlɪŋ] <Adj.; ~e; ~er, ~ste> {7.3.2}: abkömmlich. Tbl. A1

av|kööze ['afkøːtsə] <trennb. Präfix-V.; schw.; *han*; köözte av ['køːtstə]; ~|gekööz [-ˌjəkøːts]> {5.2.1.1.1; 5.4}: abkürzen, **1.** räumlich kürzer machen: *ene Wäg a.* (einen Weg a.). **2.** in seiner Zeitdauer beschränken; vorzeitig beenden: *ene Vürdrag a.* (einen Vortrag a.). **3.** (in Sprache u. Schrift) kürzer ausdrücken: *minge Name a.* (meinen Namen a.). (112)

av|kötte ['afkœtə] <trennb. Präfix-V.; schw.; *han*; ~|gekött [-ˌjəkœt]>: erbetteln. (113)

av|kratze ['afkratsə] <trennb. Präfix-V.; schw.; kratzte av ['kratstə]; ~|gekratz [-ˌjəkrats]>: abkratzen, **1.** <han> kratzend entfernen. **2.** <sin> sterben [auch: ↑av|nibbele, ↑av|nippele, ↑baschte (2), ↑drop|gonn (1), ↑fott|maache (3), ↑fott|sterve, ↑frecke, draan↑gläuve (4), ↑heim|gonn (b), ↑hin|sterve, ↑kapodd|gonn (3), ↑öm|kumme (2), ↑sterve, ↑us|futze, ↑ver|recke, *de Auge/Döpp/Fott zo|dun/zo|maache*]. (114)

av|krige ['afkrɪˌjə] <trennb. Präfix-V.; unr.; han; kräg/kräht av [krɛːɟ / krɛːt]; ~(|ge)kräge/~|gekräg/~|gekräht [-(jə)ˌkrɛːjə / -jəˌkrɛːɟ / -jəˌkrɛːt]> {5.3.4.1}: abkriegen, abbekommen. (117)

av|kumme ['avˌkʊmə] <trennb. Präfix-V.; st.; sin; kọm av [kɔˑm]; ~(|ge)kumme [-(jə)ˌkʊmə]> {5.4}: abkommen, *vum Thema a. (abschweifen). (120)

Av|kumme, et ['afkʊmə] <N.; ~> {5.4}: Abkommen, Vereinbarung.

Av|kürz|ung, de ['afkʏrtsʊŋ] <N.; i. best. Komposita kürz-, sonst ↑koot; ~e> {11}: Abkürzung.

av|lade ['aflaˑdə] <trennb. Präfix-V.; st.; han; lod av [loˑt]; ~|gelade [-jəlaˑdə]>: abladen. (124)

av|läge ['aflɛˑjə] <trennb. Präfix-V.; unr.; han; laht av [laːt]; ~|gelaht/~|geläg [-jəlaːt / -jəlɛˑɟ]> {5.4}: ablegen; 1. a) abnehmen, ausziehen; b) abgewöhnen, loskommen. 2. a) abstellen, deponieren; b) abheften. 3. auslaufen, wegfahren, in See stechen. (125)

av|lagere ['aflaˑʀɐrə] <trennb. Präfix-V.; schw.; han; lagerte av ['laˑʀɐtə]; ~|gelagert [-jəlaˑʀɐt]> {9.2.1.2}: ablagern, abstellen. (4)

av|lähne ['aflɛˑnə] <trennb. Präfix-V.; schw.; han; lähnte av ['lɛːntə]; ~|gelähnt [-jəlɛːnt]> {5.4}: ablehnen, 1. (Angebotenes) nicht annehmen: en Enladung a. (eine Einladung a.) [auch: ↑av|schlage/~|schlonn (2)]. 2. einer Forderung od. Ä. nicht stattgeben: de Zahlung a. (die Zahlung a.). 3. nicht gelten lassen, nicht gutheißen; missbilligen: de Regierung a. (die Regierung a.). 4. als nicht in Betracht kommend zurückweisen: de Verantwortung a. (die Verantwortung a.). 5. sich weigern, etw. zu tun: a. zo danze (a. zu tanzen). (5)

av|latsche ['afˌlaˑtʃə] <trennb. Präfix-V.; schw.; han; latschte av ['laˑtʃtə]; ~|gelatsch [-jəˌlaˑtʃ]>: ablatschen, (Schuhe) abnutzen. (110)

Av|lauf, der ['afˌloʊ̯f] <N.; ~|läuf> {s. u. ↑Lauf¹}: Ablauf.

av|laufe ['afloʊ̯fə] <trennb. Präfix-V.; st.; sin; leef av [leˑf]; ~|gelaufe [-jəloʊ̯fə]>: ablaufen. (128)

Av|laut, der ['afloʊ̯t] <N.; ~e>: Ablaut, (Sprachw.) gesetzmäßiger Vokalwechsel i. d. Stammsilbe etymologisch verw. Wörter.

av|lecke ['aflɛkə] <trennb. Präfix-V.; schw.; han; leckte av ['lɛktə]; ~|geleck [-jəlɛk]>: ablecken. (88)

av|leddere ['aflɛdərə] <trennb. Präfix-V.; schw.; han; ledderte av ['lɛdətə]; ~|geleddert [-jəlɛdət]> {5.3.4; 5.5.2; 9.2.1.2}: abledern. (4)

av|leechte/~|lichte ['afleːçtə / -lɪçtə] <trennb. Präfix-V.; schw.; han; ~|geleech [-jəleːç]> {5.2.1; 5.4}: ablichten, fotografieren. (131)

av|leiste ['aflei̯stə] <trennb. Präfix-V.; schw.; han; ~|geleis [-jəlei̯s]>: ableisten. (101)

av|leite ['aflai̯tə] <trennb. Präfix-V.; schw.; han; ~|geleit [-jəlai̯t]>: ableiten. (72)

av|lenke ['aflɛŋkə] <trennb. Präfix-V.; schw.; han; lenkte av ['lɛŋktə]; ~|gelenk [-jəlɛŋk]>: ablenken. (41)

Av|lenk|ung, de ['aflɛŋkʊŋ] <N.; ~e>: Ablenkung.

av|lese ['aflezə] <trennb. Präfix-V.; st.; han; lọs av [lɔˑs]; ~|gelese [-jəlezə]> {5.3.4.1; 5.5.2}: ablesen. (130)

av|livvere ['aflɪvərə] <trennb. Präfix-V.; schw.; han; livverte av ['lɪvetə]; ~|gelivvert [-jəlɪvet]> {5.3.4; 6.5.2; 9.2.1.2}: abliefern. (4)

av|lọọße ['aflɔˑsə] <trennb. Präfix-V.; st.; han; leet/leeß av [leːt / leˑs]; ~|gelọọße [-jəlɔˑsə]> {5.2.1.3; 5.5.3}: ablassen, 1. abfließen lassen: Loss ens et Wasser av! (Lass mal das Wasser ablaufen!). 2. von jmdm./etw. lassen; aufgeben: Dä Hungk liet nit vun im av. (Der Hund lässt nicht von ihm ab.). (135)

av|lötsche ['afløtʃə] <trennb. Präfix-V.; schw.; han; lötschte av ['løtʃtə]; ~|gelötsch [-jəløtʃ]> {5.5.1}: ablutschen.(110)

av|luchse ['aflʊksə] <trennb. Präfix-V.; schw.; han; luchste av ['lʊkstə]; ~|geluchs [-jəlʊks]>: abluchsen, abschwindeln, in schlauer, listiger Weise, wie ein Luchs etw. an sich ziehen, jmdm. abnehmen, entziehen [auch: ↑av|knöppe, ↑av|handele, ↑av|klüngele]. (87)

av|lüse/~|löse ['aflyzə / -løˑzə] <trennb. Präfix-V.; schw.; han; lüste av ['lyˑstə]; ~|gelüs [-jəlyˑs]> {5.4}: ablösen, 1. losmachen, trennen [auch: ↑av|piddele, ↑av|rieße (1), ↑av|hevve, ↑loss|maache]. 2. eine Abgabe, Verpflichtung durch Geld erledigen, beenden. 3. an jmds. Stelle treten, jmds. Platz übernehmen, ersetzen. (149)

av|luure/~|loore ['afluˑ(ɐ̯)rə / -loˑrə] <trennb. Präfix-V.; schw./unr.; han; luurte av ['luˑɐ̯tə]; ~|geluurt [-jəluˑɐ̯t]>: abgucken [auch: ↑av|kicke]. (100) (134)

av|maache ['afmaːxə] <trennb. Präfix-V.; unr.; han; maht av [maːt]; ~|gemaht [-jəmaːt]> {5.2.1}: abmachen. (136)

av|magere ['afmaˑʀɐrə] <trennb. Präfix-V.; schw.; han; magerte av ['maˑʀɐtə]; ~|gemagert [-jəmaˑʀɐt]> {9.2.1.2}: abmagern. (4)

av|mahne ['afmaˑnə] <trennb. Präfix-V.; schw.; *han*; mahnte av ['maˑntə]; ~|gemahnt [-jəmaˑnt]>: abmahnen. (5)

av|marschiere/~eere ['afma‚ʃiˑ(ɐ̯)rə / -eˑrə] <trennb. Präfix-V.; schw./unr.; *sin*; marschierte av [ma'ʃiˑɐ̯tə]; ~|marschiert [-ma‚ʃiˑɐ̯t] ⟨frz. marcher⟩> {(5.1.4.3)}: abmarschieren. (3) (2)

av|melde ['afmɛlˑdə] <trennb. Präfix-V.; schw.; *han*; meldte av ['mɛlˑtə]; ~|gemeldt [-jəmɛlˑt]>: abmelden. (28)

av|messe ['afmɛsə] <trennb. Präfix-V.; st.; *han*; mɔß av [mɔˑs]; ~|gemesse [-jəmɛsə]>: abmessen. (59)

av|metzele ['afmɛtsələ] <trennb. Präfix-V.; schw.; *han*; metzelte av ['mɛtsəltə]; ~|gemetzelt [-jəmɛtsəlt]> {9.2.1.2}: abmetzeln, niedermetzeln, niedermachen. (6)

av|mihe ['afmiˑə] <trennb. Präfix-V.; schw.; *han*; mihte av ['miˑtə]; ~|gemiht [-jəmiˑt]> {5.4}: abmähen. (37)

av|mildere/~|meldere ['afmɪlˑdərə / -melˑdərə] <trennb. Präfix-V.; schw.; *han*; milderte av ['mɪlˑdetə]; ~|gemildert [-jəmɪlˑdet]> {(5.5.2); 9.2.1.2}: abmildern. (4)

av|moderiere/~eere ['afmodə‚riˑ(ɐ̯)rə / -eˑrə] <trennb. Präfix-V.; schw./unr.; *han*; moderierte av [modə'riˑɐ̯tə]; ~|moderiert [-modə‚riˑɐ̯t] ⟨spätlat. moderare⟩> {(5.1.4.3)}: abmoderieren. (3) (2)

av|möhe, sich ['afmøˑə] <trennb. Präfix-V.; schw.; *han*; möhte av ['møˑtə]; ~|gemöht [-jəmøˑt]> {5.4}: sich abmühen, sich große Mühe machen um etw., großen Fleiß aufwenden für/verwenden auf [auch: ˈav|plɔge, ˈav|quäle (1a), ˈav|rackere, ˈav|murkse (2), ˈav|schufte, sich ˈMöh gevve, sich zɔm Schänzche ˈarbeide]. (37)

av|mɔle ['afmɔˑlə] <trennb. Präfix-V.; schw.; *han*; mɔlte av ['mɔˑltə]; ~|gemɔlt [-jəmɔˑlt]> {5.5.3}: abmalen, malend genau wiedergeben; **[RA]** *Do well ich nit avgemolt sin.* (Dort möchte ich nicht wohnen.). (148)

av|montiere/~eere ['afmɔn‚tiˑ(ɐ̯)rə / -eˑrə] <trennb. Präfix-V.; schw./unr.; *han*; montierte av [mɔn'tiˑɐ̯tə]; ~|montiert [-mɔn‚tiˑɐ̯t] ⟨frz. monter⟩> {(5.1.4.3)}: abmontieren. (3) (2)

av|möpse ['av‚mœpsə] <trennb. Präfix-V.; schw.; *han*; möpste av ['mœpstə]; ~|gemöps [-jəmœps]>: umbringen [auch: ˈav|murkse (1), ˈmööde, ˈmöpse, ˈöm|bränge (1)]. (87)

av|murkse ['afmʊrksə] <trennb. Präfix-V.; schw.; *han*; murkste av ['mʊrkstə]; ~|gemurks [-jəmʊrks]>: abmurksen, **1.** umbringen, töten [auch: ˈav|möpse, ˈmööde, ˈmöpse, ˈöm|bränge (1)]. **2.** <sich a.> sich

furchtbar abquälen mit einer Arbeit [auch: ˈav|plɔge, ˈav|quäle (1a), ˈav|rackere, ˈav|möhe, sich ˈMöh gevve, sich zɔm Schänzche ˈarbeide]. (87)

av|nabele ['afnaˑbələ] <trennb. Präfix-V.; schw.; *han*; nabelte av ['naˑbəltə]; ~|genabelt [-jənaˑbəlt]> {9.2.1.2}: abnabeln. (6)

av|nage ['afnaˑʀə] <trennb. Präfix-V.; schw.; *han*; nagte av ['naˑxtə]; ~|genag [-jənaˑx]>: abnagen, abknabbern, abbeißen [auch: ˈav|bieße, ˈav|knabbere, ˈav|knäuele, ˈav|knage]. (103)

av|nemme ['afnemə] <trennb. Präfix-V.; st.; *han*; nɔhm av [nɔˑm]; ~|genomme [-jənomə]> {5.3.4; 5.5.2}: abnehmen, **1.** herunternehmen: *de Gadinge a.* (die Gardinen a.). **2.** jmdm. etw. aus der Hand nehmen, etw. für jmdn. übernehmen: *der Frau die schwere Täsch/der Wäg nohm Possamp a.* (der Frau die Tasche/den Weg zum Postamt a.). **3.** prüfen, ob vorschriftmäßig: *der TÜV a.* **4.** sich von jmdm. ein Versprechen geben lassen: *de Bich a.* (die Beichte a.). **5.** (widerrechtl.) wegnehmen: *de Breeftäsch a.* (die Brieftasche a.). **6.** an Körpergewicht verlieren: *Ich muss 10 Killo a.* (143)

Av|nemm|er, der ['afnemɐ] <N.; ~> {5.3.4}: Abnehmer.

av|nibbele ['afnɪbələ] <trennb. Präfix-V.; schw.; *sin*; nibbelte av ['nɪbəltə]; ~|genibbelt [-jənɪbəlt]> {9.2.1.2}: sterben [auch: ˈav|kratze (2), ˈav|nippele, ˈbaschte (2), ˈdrɔp|gɔnn (1), ˈfott|maache (3), ˈfott|sterve, ˈfrecke, dran ˈgläuve (4), ˈheim|gɔnn (b), ˈhin|sterve, ˈkapodd|gɔnn (3), ˈöm|kumme (2), ˈsterve, ˈus|futze, ˈver|recke, *de Auge/Döpp zodun/zomaache*]. (6)

av|nihe ['afniˑə] <trennb. Präfix-V.; schw.; *han*; nihte av ['niˑtə]; ~|geniht [-jəniˑt]> {5.4}: abnähen. (37)

Av|nih|er, der ['afniˑɐ] <N.; ~> {5.4}: Abnäher.

av|nippele ['afnɪpələ] <trennb. Präfix-V.; schw.; *sin*; nippelte av ['nɪpəltə]; ~|genippelt [-jənɪpəlt]> {9.2.1.2}: sterben [auch: ˈav|kratze (2), ˈav|nibbele, ˈbaschte (2), ˈdrɔp|gɔnn (1), ˈfott|maache (3), ˈfott|sterve, ˈfrecke, ˈgläuve (4), ˈheim|gɔnn (b), ˈhin|sterve, ˈkapodd|gɔnn (3), ˈöm|kumme (2), ˈsterve, ˈus|futze, ˈver|recke, *de Auge/Döpp zodun/zomaache*]. (6)

av|nötze/~|notze ['afnøtsə / -notsə] <trennb. Präfix-V.; schw.; *han*; nötzte/notzte av ['nøtstə / 'notstə]; ~|genötz/~|genotz [-jənøts / -jənots]> {5.5.1}: verschleißen, **1.** abnutzen: *Die notze der Teppich ärg av.* (Die nutzen den Teppich sehr ab.). **2.** <sich a.> abnützen: *Die Reife han sich flöck avgenotz.* (Die Reifen haben sich schnell abgenutzt.). (114)

av|ordeile/~|urdeile ['af|oxdeɪ·lə / -ʊxdeɪ·lə] <trennb. Präfix-V.; schw.; *han*; ordeilte av ['oxdeɪltə]; ~|geordeilt [-jə|oxdeɪlt]> {5.5.1; 6.11.3}: aburteilen. (45)

av|pääle ['afpɛːlə] <trennb. Präfix-V.; nur 3. Pers.; schw.; *sin*; päälte av ['pɛːltə]; ~|gepäält [-jəpɛːlt]> {5.2.1.1.1; 5.4}: abperlen. (102)

av|packe ['afpakə] <trennb. Präfix-V.; schw.; *han*; packte av ['paktə]; ~|gepack [-jəpak]>: abpacken. (88)

av|passe ['afpasə] <trennb. Präfix-V.; schw.; *han*; passte av ['pastə]; ~|gepass [-jəpas]>: abpassen. (67)

av|pause/~|puuse ['afpaʊ·zə / -puˑzə] <trennb. Präfix-V.; *av|puuse* veraltet; schw.; *han*; pauste av ['paʊ·stə]; ~|gepaus [-jəpaʊ·s]> {(5.1.3)}: abpausen. (149)

av|penne ['afpenə] <trennb. Präfix-V.; schw.; *han*; pennte av ['pentə]; ~|gepennt [-jəpenˑt]> {5.5.2}: abpinnen (Schülerspr.), abschreiben [auch: ↑av|schrieve]. (10)

av|petsche ['afpetʃə] <trennb. Präfix-V.; schw.; *han*; petschte av ['petʃtə]; ~|gepetsch [-jəpetʃ]> {5.5.2}: abzwicken, abkneifen, **1.** mit zwei wie eine Zange gebogenen Fingern od. durch die Kneifzange etw. abzwicken, **sich selver jet a.* (verzichten, sich etw. entziehen, freiwillig entbehren, um zu sparen). **2.** ein übervolles Glas oben abtrinken, absaugen. **3.** die Darmentleerung vorzeitig beenden. (110)

av|piddele ['afpɪdələ] <trennb. Präfix-V.; schw.; *han*; piddelte av ['pɪdəltə]; ~|gepiddelt [-jəpɪdəlt]> {9.2.1.2}: abknibbeln, kleine Stückchen, Bröckchen von einem Brötchen, Kuchen abmachen [auch: ↑av|pöttele]. (6)

av|placke, sich ['afplakə] <trennb. Präfix-V.; schw.; *han*; plackte av ['plaktə]; ~|geplack [-jəplak]>: sich abarbeiten, (schwer) arbeiten. (88)

av|platze ['afplatsə] <trennb. Präfix-V.; schw.; *sin*; platzte av ['platstə]; ~|geplatz [-jəplats]>: abplatzen. (114)

av|plöcke ['afpløkə] <trennb. Präfix-V.; schw.; *han*; plöckte av ['pløktə]; ~|geplöck [-jəpløk]> {5.5.1; 6.8.1}: abpflücken. (88)

av|ploge, sich ['afploˑʀə] <trennb. Präfix-V.; *han*; plogte av ['ploˑxtə]; ~|geplog [-jəploˑx]> {5.5.3}: sich abplagen [auch: ↑av|möhe, ↑av|quäle (1a)]. (103)

av|pöttele ['afpøtələ] <trennb. Präfix-V.; schw.; *han*; pöttelte av ['pøtəltə]; ~|gepöttelt [-jəpøtəlt]> {9.2.1.2}: abknibbeln, mit den Fingernägeln, Fingerspitzen abklauben, abmachen, Stückchen nach u. nach abbrechen [auch: ↑av|piddele]. (6)

av|pralle ['afpralə] <trennb. Präfix-V.; schw.; *sin*; prallte av ['pralˑtə]; ~|geprallt [-jəpralˑt]>: abprallen. (91)

av|presse ['afprɛsə] <trennb. Präfix-V.; schw.; *han*; presste av ['prɛstə]; ~|gepress [-jəprɛs]>: abpressen, **1.** herauspressen. **2.** abnötigen, abzwingen. (67)

av|pumpe ['afpʊmpə] <trennb. Präfix-V.; schw.; *han*; pumpte av ['pʊmptə]; ~|gepump [-jəpʊmp]>: abpumpen. (180)

av|putze ['afpʊtsə] <trennb. Präfix-V.; schw.; *han*; putzte av ['pʊtstə]; ~|geputz [-jəpʊts]>: abputzen [auch: ↑av|wäsche]. (114)

av|quäle, sich ['afkvɛ·lə] <trennb. Präfix-V.; schw.; *han*; quälte av ['kvɛˑltə]; ~|gequält [-jəkvɛˑlt]>: sich abquälen, **a)** sich unter Qualen abmühen [auch: ↑av|möhe, ↑av|ploge, ↑av|schufte; ↑av|rackere; ↑av|murkse; ↑schinde; ↑ploge; *Möh gevve; zom Schänzche arbeide*]; **b)** sich mühsam abzwingen [auch: ↑av|ringe (2)]. (148)

av|quelle/~|qualle ['afkvɛlə / -kvalə] <trennb. Präfix-V.; *av|qualle* veraltet; schw.; *han*; quellte av ['kvɛlˑtə]; ~|gequellt [-jəkvɛlˑt]>: abquellen, Kartoffeln mit ihrer Schale (Quallmänner), Gemüse abkochen. (91)

av|rackere/~|racke, sich ['afrakərə / -rakə] <trennb. Präfix-V.; schw.; *han*; rackerte av ['rakətə]; ~|gerackert [-jərakəʀt]> {9.2.1.2}: sich abrackern/abarbeiten [auch: ↑av|arbeide (2), ↑racke, ↑rackere, ↑av|ploge, ↑av|quäle (1a), ↑av|rackere, ↑av|möhe, *sich ↑Möh gevve, sich zom Schänzche ↑arbeide*]. (4) (88)

av|räge, sich ['afrɛ·jə] <trennb. Präfix-V.; schw.; *han*; rägte av ['rɛˑjtə]; ~|geräg [-jərɛˑj]> {5.4}: sich abregen. (103)

av|rähne, sich ['afrɛ·nə] <trennb. Präfix-V.; unpers., nur 3. Pers. Sg.; schw.; *han*; rähnte av ['rɛˑntə]; ~|gerähnt [-jərɛˑnt]> {5.4; 6.3.1}: sich abregnen. (5)

av|ranze ['afrantsə] <trennb. Präfix-V.; schw.; *han*; ranzte av ['rantstə]; ~|geranz [-jərants]>: herunterputzen, ausschimpfen [auch: ↑aan|bälke, ↑aan|blaffe (1), ↑aan|blöke, ↑aan|brölle/~|brülle, ↑aan|kläffe (b), ↑aan|kotze (2), ↑aan|maache (4), ↑aan|motze, ↑aan|ranze, ↑aan|schnauze, ↑av|rotze]. (42)

av|rasiere/~|eere ['afraˌziˑ(ʀ)rə / -eˑrə] <trennb. Präfix-V.; schw./unr.; *han*; rasierte av [raˈziˑʀətə]; ~|rasiert [-raˌziˑʀt] ⟨niederl. raseren, frz. raser⟩ {(5.1.4.3)}: abrasieren [auch: ↑fott|rasiere/~|eere]. (3) (2)

av|raspele ['afraspələ] <trennb. Präfix-V.; schw.; *han*; raspelte av ['raspəltə]; ~|geraspelt [-jəraspəlt]> {9.2.1.2}: abraspeln, grob abfeilen. (6)

av|reagiere/~eere, sich ['afrea‚ji·(e̯)rə / -e·rə] <trennb. Präfix-V.; schw./unr.; *han*; reagierte av [rea'ji·etə]; ~|reagiert [-rea‚ji·et] ⟨nach frz. réaction⟩> {(5.1.4.3)}: sich abreagieren. (3) (2)

av|rechne ['afrεɧnə] <trennb. Präfix-V.; schw.; *han*; rechente av ['rεɧəntə]; ~|gerechent [-jərεɧənt]>: abrechnen, **1.** eine Summe abziehen. **2.** eine Schlussrechnung aufstellen, Geldangelegenheit in Ordnung bringen. **3.** jmdn. zur Rechenschaft ziehen. (150)

av|reechte/~|richte ['afre:ɧtə / -rɪɧtə] <trennb. Präfix-V.; schw.; *han*; ~|gereech [-jəre:ɧ]> {5.2.1; 5.4}: abrichten. (131)

av|reegele/~|riegele ['afre:jələ / -ri:jələ] <trennb. Präfix-V.; schw.; *han*; reegelte av ['re:jəltə]; ~|gereegelt [-jəre:jəlt]> {5.1.4.3; 9.2.1.2}: abriegeln. (6)

av|reise ['afreɪ·zə] <trennb. Präfix-V.; schw.; *han*; reiste av ['reɪstə]; ~|gereis [-jəreɪ·s]>: abreisen. (149)

av|renne ['afrεnə] <trennb. Präfix-V.; unr.; *han*; rannt av [rant]; ~|gerannt [-jərant]>: abrennen, <han> suchend rennen: *Dä hät halv Kölle noh däm Mädche avgerannt.* (Er hat halb Köln nach dem Mädchen abgerannt.). (35)

av|riegele/~|reegele ['afri:jələ / -re:jələ] <trennb. Präfix-V.; schw.; *han*; riegelte av ['ri:jəltə]; ~|geriegelt [-jəri:jəlt]> {9.2.1.2}: abriegeln. (6)

av|rieße ['afri:sə] <trennb. Präfix-V.; st.; *ress* av [res]; ~|geresse [-jərεsə]> {5.1.4.5}: abreißen, **1.** <han> **a)** durch ruckhaftes Reißen lösen, abtrennen; **b)** hastig, mit einem Ruck entfernen; [auch: ↑av|breche (b)]. **2.** <sin> **a)** sich (infolge starker Belastung, Beanspruchung) von jmdm. od. etw. ablösen, abgehen; entzweigehen, zerreißen: *Der Schohnsreeme ress av.* (Der Schnürsenkel riss ab.); **b)** plötzlich unterbrochen werden, aufhören: *Der Kontak es avgeresse.* (Der Kontakt ist abgerissen.) [auch: ↑av|breche (c)]. **3.** <han> niederreißen, (ein baufälliges od. nicht mehr gebrauchtes Bauwerk) durch Niederreißen beseitigen. **4.** <han> (ein Kleidungsstück) durch unachtsames Tragen stark abnutzen, zerschleißen. **5.** <han> (einen Dienst od. Ä., eine vorgeschriebene (Dienst-/Ausbildungs)zeit) voll ableisten. **6.** **eine a.* (laut furzen, laut hörbar eine Blähung ablassen). (25)

Av|rieß|kalender, der ['afri:ska‚lεn·də] <N.; ~e> {5.1.4.5}: Abreißkalender.

av|rieve ['afri·və] <trennb. Präfix-V.; st.; *han*; revv av [ref]; ~|gerevve [-jərevə]> {5.1.4.5; 6.1.1}: abreiben. (51)

av|rigge ['afrɪgə] <trennb. Präfix-V.; st.; *sin*; redt av [ret]; ~|geredde [-jəredə]> {5.3.4; 6.6.2}: abreiten, **1.** wegreiten, davonreiten. **2.** suchend/kontrollierend entlangreiten. **3.** (ein Pferd) müde reiten. (133)

av|ringe ['afrɪŋə] <trennb. Präfix-V.; st.; *han*; rung av [rʊŋ·]; ~|gerunge [-jərʊŋə]>: abringen, **1.** von jmdm./etw. durch intensive Bemühung erlangen; abzwingen. **2.** <sich a.> *sich e fründlich Laache a.* (sich ein Lächeln abringen) [auch: ↑av|quäle (b)]. (26)

av|rocke ['afrɔkə] <trennb. Präfix-V.; st.; *han*; rockte av ['rɔktə]; ~|gerock [-jərɔk]>: abrocken. (88)

av|röcke ['afrøkə] <trennb. Präfix-V.; schw.; *sin*; röckte av ['røktə]; ~|geröck [-jərøk]> {5.5.1}: abrücken, **1.** wegschieben. **2.** ein wenig entfernen. **3.** distanzieren, lossagen. **4.** abmarschieren. (88)

av|rode ['afrɔ·də] <trennb. Präfix-V.; st.; *han*; reedt av [re:t]; ~|gerode [-jərɔ·də]> {5.5.3; 6.11.3}: abraten. (36)

av|rofe ['afro·fə] <trennb. Präfix-V.; st.; *han*; reef av [re·f]; ~|gerofe [-jəro·fə]> {5.4}: abrufen, Bereitstehendes anfordern. (151)

av|rolle ['afrɔlə] <trennb. Präfix-V.; schw.; *han*; rollte av ['rɔl·tə]; ~|gerollt [-jərɔl·t]>: abrollen. (91)

av|roppe ['afrɔpə] <trennb. Präfix-V.; schw.; *han*; roppte av ['rɔptə]; ~|geropp [-jərɔp]> {5.4; 6.8.1}: abrupfen [auch: ↑av|zuppe ↑av|zöbbele]. (75)

av|röste ['afrøstə] <trennb. Präfix-V.; schw.; *han*; ~|geröss ['afjərøs]> {5.5.1}: abrüsten. (152)

av|rötsche ['afrøtʃə] <trennb. Präfix-V.; schw.; *sin*; rötschte av ['røtʃtə]; ~|gerötsch [-jərøtʃ]> {5.5.1}: abrutschen, abgleiten, herunterrutschen. (110)

av|rotze ['afrɔtsə] <trennb. Präfix-V.; schw.; *han*; rotzte av ['rɔtstə]; ~|gerotz [-jərɔts]>: anschnauzen, derb anfahren [auch: ↑aan|bälke, ↑aan|blaffe (1), ↑aan|blöke, ↑aan|brölle/~|brülle, ↑aan|kläffe (b), ↑aan|kotze (2), ↑aan|maache (4), ↑aan|motze, ↑aan|ranze, ↑aan|schnauze, ↑av|ranze]. (114)

av|rubbele ['afrʊbələ] <trennb. Präfix-V.; schw.; *han*; rubbelte av ['rʊbəltə]; ~|gerubbelt [-jərʊbəlt]> {9.2.1.2}: abrubbeln. (6)

av|runde ['afrʊnˑdə] <trennb. Präfix-V.; schw.; *han*; rundte av ['rʊnˑtə]; ~|gerundt [-jərʊnˑt]>: abrunden. (28)

av|rüüme ['afryˑmə] <trennb. Präfix-V.; schw.; *han*; rüümte av ['ryˑmtə]; ~|gerüümp [-jəryˑmp]> {5.1.3}: abräume, wegräumen. (122)

av|ruusche ['afruːʃə] <trennb. Präfix-V.; schw.; *sin*; ruuschte av ['ruːʃtə]; ~|geruusch [-jəruːʃ]> {5.1.3}: abrauschen. (110)

av|sacke ['afzakə] <trennb. Präfix-V.; schw.; *han*; sackte av ['zaktə]; ~|gesack [-jəzak]>: absacken. (88)

av|saddele ['afzadələ] <trennb. Präfix-V.; schw.; *han*; saddelte av ['zadəltə]; ~|gesaddelt [-jəzadəlt]> {6.11.3; 9.2.1.2}: absatteln. (6)

av|sage ['afzaˑʀə] <trennb. Präfix-V.; unr.; *han*; saht av [zaːt]; ~|gesaht [-jəzaːt]>: absagen. (155)

av|säge ['afzɛˑjə] <trennb. Präfix-V.; schw.; *han*; sägte av ['zɛˑɧtə]; ~|gesäg [-jəzɛˑɧ]>: absägen, **1.** etw. mittels einer Säge trennen. **2.** (auch i. d. Bed.) einen von einer Stelle verdrängen. (103)

av|sahne ['afzaˑnə] <trennb. Präfix-V.; schw.; *han*; sahnte av ['zaˑntə]; ~|gesahnt [-jəzaˑnt]>: absahnen, **1.** Rahm von der Milch entfernen. **2.** einheimsen. (5)

av|sähne ['afzɛˑnə] <trennb. Präfix-V.; schw.; *han*; sähnte av ['zɛˑntə]; ~|gesähnt [-jəzɛˑnt]> {5.4; 6.3.1}: absegnen. (5)

Av|satz, der ['afzats] <N.; ~|sätz>: Absatz, **1.** erhöhter Teil der Schuhsohle unter der Ferse [auch: ↑Hack¹ (2), ↑Qod]; **[RA]** *Däm han ich nit unger de Avsätz geloot.* (Ich kenne ihn nicht genau.). **2.** Unterbrechung in einem fortlaufend gedruckten od. geschriebenen Text. **3.** (Kaufmannsspr.) Verkauf: *A. vun Ware* (A. von Waren).

av|sauge ['afzoʊˑʀə] <trennb. Präfix-V.; schw.; *han*; saugte av ['zoʊˑxtə]; ~|gesaug [-jəzoʊˑx]>: absaugen. (103)

av|sause ['afzaʊˑzə] <trennb. Präfix-V.; schw.; *han*; sauste av ['zaʊˑstə]; ~|gesaus [-jəzaʊˑs]>: absausen [auch: ↑av|brause¹/~|bruuse¹]. (149)

av|schaffe ['afʃafə] <trennb. Präfix-V.; schw.; *han*; schaffte av ['ʃaftə]; ~|geschaff [-jəʃaf]>: abschaffen. (27)

av|schalte/~|schalde ['afʃaltə / -ʃaldə] <trennb. Präfix-V.; schw.; *han*; ~|geschalt [-jəʃalt]> {(6.11.3)}: abschalten [auch: ↑us|maache (1)]. (58) (28)

av|schätze ['afʃɛtsə] <trennb. Präfix-V.; schw.; *han*; schätzte av ['ʃɛtstə]; ~|geschätz [-jəʃɛts]>: abschätzen. (114)

av|schave ['afʃaˑvə] <trennb. Präfix-V.; schw.; *han*; schavte av ['ʃaˑftə]; ~|geschav [-jəʃaˑf]> {6.1.1}: abschaben, abwetzen. (158)

av|schecke ['afʃekə] <trennb. Präfix-V.; schw.; *han*; scheckte av ['ʃektə]; ~|gescheck [-jəʃek]> {5.5.2}: abschicken [auch: ↑av|sende]. (88)

Av|scheed, der ['afʃeˑt] <N.; ~e> {5.1.4.3}: Abschied.

av|scheeße ['afʃeˑsə] <trennb. Präfix-V.; st.; *han*; schoss av [ʃɔs]; ~|geschosse [-jəʃɔsə]> {5.1.4.3}: abschießen, **1.** niederschießen. **2.** (übertr.) jmdn. aus seiner Stellung entfernen. (79)

av|schelle ['afʃelə] <trennb. Präfix-V.; schw.; *han*; schellte av ['ʃeltə]; ~|geschellt [-jəʃelt]> {5.3.4, 5.5.2}: abschälen. (91)

av|scheppe ['afʃɛpə] <trennb. Präfix-V.; schw.; *han*; scheppte av ['ʃɛptə]; ~|geschepp [-jəʃɛp]> {5.4; 6.8.1}: abschöpfen. (75)

av|schere/~|scherre ['afʃe(ˑ)ʀə / -ʃeʀə] <trennb. Präfix-V.; *av|scherre* veraltet; schw.; *han*; scherte av ['ʃeˑʀ̥tə]; ~|geschert [-jəʃeˑʀ̥t]> {(5.3.4; 5.5.2)}: abscheren, abschneiden. (21) (93)

av|schiebe ['afʃiˑbə] <trennb. Präfix-V.; st.; *han*; schob av [ʃoˑp]; ~|geschobe [-jəʃoˑbə]>: abschieben, **1.** ausweisen. **2.** <sin> weggehen: *Schieb av!* (Verschwinde, hau ab!). (8)

av|schinde, sich ['afʃɪnˑdə] <trennb. Präfix-V.; schw.; *han*; schindte av ['ʃɪnˑtə]; ~|geschindt [-jəʃɪnˑt]>: sich abschinden. (28)

av|schirme ['afʃɪrˑmə] <trennb. Präfix-V.; schw.; *han*; schirmte av ['ʃɪrˑmtə]; ~|geschirmp [-jəʃɪrˑmp]>: abschirmen. (127)

av|schlaachte ['afʃlaːxtə] <trennb. Präfix-V.; schw.; *han*; ~|geschlaach [-jəʃlaːx]> {5.2.1}: abschlachten. (1)

av|schlaffe ['afʃlafə] <trennb. Präfix-V.; schw.; schlaffte av ['ʃlaftə]; ~|geschlaff [-jəʃlaf]>: abschlaffen, **a)** <han> schlaff machen; **b)** <sin> schlaff werden, sich entspannen. (27)

av|schlage/~|schlonn ['afʃlaˑʀə / -ʃlɔn] <trennb. Präfix-V.; st.; *han*; schlog av [ʃloˑx]; ~|geschlage [-jəʃlaˑʀə]> {(5.3.2; 5.4)}: abschlagen, ablehnen, **1.** etw. durch Schlagen gewaltsam von etw. trennen, abhauen: *ene Ass vum Baum a.* (einen Ast vom Baum a.) [auch:

avschlecke

↑av|haue, ↑av|kloppe]. **2.** ablehnen, verweigern, nicht gewähren: *ene Wunsch a.* (einen Wunsch a.) [auch: ↑av|lähne (1), ↑av|winke, ↑us|schlage, ↑zorock|wiese, *jet ↑blose/↑fleute (4)/↑hoste, denke wie Goldschmiddsjung*]. (48) (163)

av|schlecke [ˈafʃlɛkə] <trennb. Präfix-V.; schw.; *han*; schleckte av [ˈʃlɛktə]; ~|geschleck [-jəʃlɛk]>: abschlecken, ablecken. (88)

av|schleeße [ˈafʃleˑsə] <trennb. Präfix-V.; st.; *han*; schloss av [ʃlɔs]; ~|geschlosse [-jəʃlɔsə]> {5.1.4.3}: abschließen, **1.** zuschließen, versperren; verschließen, wegschließen: *de Dür a.* (die Tür a., zuschließen) [auch: ↑zo|schleeße]. **2.** absondern, trennen: *luffdeech a.* (luftdicht a.). **3.** beenden, zum Abschluss bringen, zu Ende führen: *de Schull a.* (die Schule a., beenden). **4.** mit etw. enden, aufhören; mit jmdm./etw. zu einem Ende kommen: *mem Levve a.* (mit dem Leben a.). **5.** vereinbaren: *en Versicherung a.* (eine Versicherung a.). (79)

av|schleppe [ˈafʃlɛpə] <trennb. Präfix-V.; schw.; *han*; schleppte av [ˈʃlɛptə]; ~|geschlepp [-jəʃlɛp]>: abschleppen. (75)

Av|schlepp|seil, et [ˈafʃlɛpˌzeɪ̯l] <N.; ~/~e [-zeˑɪ̯l(ə)]>: Abschleppseil.

av|schliefe [ˈafʃliːfə] <trennb. Präfix-V.; st.; *han*; schleff av [ʃlef]; ~|geschleffe [-jəʃlefə]> {5.1.4.5}: abschleifen. (86)

Av|schloss/~|schluss, der [ˈaf‚ʃlɔs / -‚ʃlʊs] <N.; ~|schlöss/ ~|schlüss> {5.5.1}: Abschluss.

av|schmecke [ˈafʃmɛkə] <trennb. Präfix-V.; schw./unr.; *han*; schmeckte/schmok av [ˈʃmɛktə / ʃmɔˑk]; ~|geschmeck [-jəʃmɛk]>: abschmecken. (164)

av|schmeddere [ˈafʃmɛdərə] <trennb. Präfix-V.; schw.; *han*; schmedderte av [ˈʃmɛdətə]; ~|geschmeddert [-jəʃmɛdət]> {6.11.3; 9.2.1.2}: abschmettern. (4)

av|schmelze [ˈafʃmeltsə] <trennb. Präfix-V.; st.; schmolz av [ʃmolts]; ~|geschmolze [-jəʃmoltsə]> {5.5.2}: abschmelzen, **1.** <sin> flüssig werden u. zerlaufen. **2.** <han> flüssig machen u. zerlaufen lassen. (50)

av|schmiere/~|schmeere [ˈafʃmiː(ə̯)rə / -ʃmeːrə] <trennb. Präfix-V.; *av|schmeere* veraltend; schw./unr.; *han*; schmierte av [ˈʃmiːə̯tə]; ~|geschmiert [-jəʃmiːə̯t]> {(5.1.4.3)}: abschmieren. (3) (2)

av|schmieße [ˈafʃmiːsə] <trennb. Präfix-V.; st.; *han*; schmess av [ʃmes]; ~|geschmesse [-jəʃmesə]> {5.1.4.5}: abschmeißen, abwerfen. (25)

av|schminke [ˈafʃmɪŋkə] <trennb. Präfix-V.; schw.; *han*; schminkte av [ˈʃmɪŋktə]; ~|geschmink [-jəʃmɪŋk]>: abschminken. (41)

av|schmirgele [ˈafʃmɪrˑjələ] <trennb. Präfix-V.; schw.; *han*; schmirgelte av [ˈʃmɪrˑjəltə]; ~|geschmirgelt [-jəʃmɪrˑjəlt]> {9.2.1.2}: abschmirgeln. (6)

av|schmücke [ˈafʃmʏkə] <trennb. Präfix-V.; schw.; *han*; schmückte av [ˈʃmʏktə]; ~|geschmück [-jəʃmʏk]> {5.5.1}: abschmücken. (88)

av|schnalle [ˈafʃnalə] <trennb. Präfix-V.; schw.; *han*; schnallte av [ˈʃnalˑtə]; ~|geschnallt [-jəʃnalˑt]>: abschnallen, **1.** eine Schnalle öffnen/entfernen. **2.** (geistig) nicht folgen können, verwirrt sein. (91)

Av|schnedd, der [ˈafʃnet] <N.; ~(e)> {5.5.2; 6.11.3}: Abschnitt.

av|schnibbele [ˈafʃnɪbələ] <trennb. Präfix-V.; schw.; *han*; schnibbelte av [ˈʃnɪbəltə]; ~|geschnibbelt [-jəʃnɪbəlt]> {6.9; 9.2.1.2}: abschnippeln. (6)

av|schnigge [ˈafʃnɪgə] <trennb. Präfix-V.; st.; *han*; schnedd av [ʃnet]; ~|geschnedde [-jəʃnedə]> {5.3.4; 6.6.2}: abschneiden, durch Schneiden von etw. trennen; **[RA]** *Do kanns do der en Schiev vun a.* (Daran kannst du dir ein Beispiel nehmen.). (133)

av|schnüre/~|schnöre [ˈafʃnyː(ə̯)rə / -ʃnøː(ə̯)rə] <trennb. Präfix-V.; schw./unr.; *han*; schnürte av [ˈʃnyˑə̯tə]; ~|geschnürt [-jəʃnyˑə̯t]> {(5.4)}: abschnüren. (21) (165)

av|schödde [ˈafʃødə] <trennb. Präfix-V.; st.; *han*; schodt av [ʃot]; ~|geschodt/~|geschödt [-jəʃot / -jəʃøt]> {5.5.1; 6.11.3}: abschütten, **1.** einen Teil einer Flüssigkeit aus einem Gefäß herausschütten: *Wasser us dem Glas a.* (Wasser aus dem Glas a.). **2.** von etw. schütten, (etw. Gekochtes) vom Kochwasser befreien: *de Ääpel a.* (die Kartoffeln a., übertr.) urinieren). (166)

av|schöddele [ˈafʃødələ] <trennb. Präfix-V.; schw.; *han*; schöddelte av [ˈʃødəltə]; ~|geschöddelt [-jəʃødəlt]> {5.5.1; 6.11.3; 9.2.1.2}: abschütteln, **1.** durch Schütteln entfernen. **2.** sich von etw. frei machen, jmdn. loswerden; **[RA]** *Dä schöddelt dat av wie Wasser.* (Er geht leicht über etw. hinweg.). (6)

av|schotte [ˈafʃɔtə] <trennb. Präfix-V.; schw.; *han*; ~|geschott [-jəʃɔt]>: abschotten. (113)

av|schrabbe [ˈafʃrabə] <trennb. Präfix-V.; schw.; *han*; schrabbte av [ˈʃraptə]; ~|geschrabb [-jəʃrap]>: abschaben, abkratzen, (bes. die feine, dünne Schale neuer Kartoffeln, junger Möhrchen). (167)

av|schräge ['aʃrɛˑjə] <trennb. Präfix-V.; schw.; *han*; schrägte av ['ʃrɛˑɲtə]; ~|geschräg [-jəʃrɛˑɲ]>: abschrägen. (103)

av|schramme ['aʃramə] <trennb. Präfix-V.; schw.; *han*; schrammte av ['ʃramˑtə]; ~|geschrammp [-jəʃramˑp]>: abschrammen. (40)

av|schrecke ['aʃrɛkə] <trennb. Präfix-V.; schw.; *han*; schreckte av ['ʃrɛktə]; ~|geschreck [-jəʃrɛk]>: abschrecken, **1.** zurückschrecken. **2.** nach dem Kochen mit kaltem Wasser begießen: *Ich han de Eier avgeschreck.* (Ich habe die Eier abgeschreckt, mit kaltem Wasser übergossen.). (88)

av|schrieve ['aʃriˑvə] <trennb. Präfix-V.; st.; *han*; schrevv av [ʃrɛf]; ~|geschrevve [-jəʃrevə]> {5.1.4.5; 6.1.1}: abschreiben [auch: ↑av|penne]. (51)

av|schrigge ['aʃrɪɡə] <trennb. Präfix-V.; st.; *han*; schredt av ['ʃret]; ~|geschredde [-jəʃredə]> {5.3.4; 6.6.2}: abschreiten. (133)

av|schrööme ['aʃrœˑmə] <trennb. Präfix-V.; schw.; *han*; schröömte av ['ʃrœˑmtə]; ~|geschröömp [-jəʃrœˑmp]>: **1.** durch *Schrööm* (Striche) markieren, abstecken. **2.** forteilen, eiligst weggehen [auch: ↑av|socke, *tirre gonn*]. (118)

av|schrubbe ['aʃrʊbə] <trennb. Präfix-V.; schw.; *han*; schrubbte av ['ʃrʊptə]; ~|geschrubb [-jəʃrʊp]>: abschrubben. (167)

av|schruuve ['aʃruˑvə] <trennb. Präfix-V.; schw.; *han*; schruuvte av ['ʃruˑftə]; ~|geschruuv [-jəʃruˑf]> {5.1.3; 6.1.1}: abschrauben. (158)

av|schufte, sich ['aʃʊftə] <trennb. Präfix-V.; schw.; *han*; ~|geschuff [-jəʃʊf]>: sich abschuften/abmühen [auch: ↑av|möhe; ↑av|rackere; ↑av|murkse; ↑schinde; ↑ploge; *Möh gevve; zom Schänzche arbeide*]. (89)

av|schuppe ['aʃʊpə] <trennb. Präfix-V.; schw.; *han*; schuppte av ['ʃʊptə]; ~|geschupp [-jəʃʊp]>: abschuppen. (75) (167)

av|schürvele ['aʃyrˑvələ] <trennb. Präfix-V.; schw.; *han*; schürvelte av ['ʃyrˑvəltə]; ~|geschürvelt [-jəʃyrˑvəlt]> {5.4; 6.5.2; 9.2.1.2}: abschürfen, abschleifen, abnutzen, verschleißen. (6)

Av|schuum, der ['aʃuːm] <N.; o. Pl.> {5.1.3}: Abschaum.

av|schüüre/~|schööre ['aʃyˑ(ɐ̯)rə / -ʃøˑ(ɐ̯)rə] <trennb. Präfix-V.; schw.; *han*; schüürte av ['ʃyˑɐ̯tə]; ~|geschüürt [-jəʃyˑɐ̯t]> {5.1.4.6; 8.2.2.2}: abscheuern. (100) (186)

av|schwaade [aʃvaˑdə] <trennb. Präfix-V.; schw.; *han*; schwaadte av ['ʃvaˑtə]; ~|geschwaadt [-jəʃvaˑt]> {5.2.1.4}: abschwatzen. (197)

av|schwäche ['aʃvɛçə] <trennb. Präfix-V.; schw.; *han*; schwächte av ['ʃvɛçtə]; ~|geschwäch [-jəʃvɛç]>: abschwächen. (123)

av|schweife ['aʃvɐɪ̯fə] <trennb. Präfix-V.; schw.; *sin*; schweifte av ['ʃvɐɪ̯ftə]; ~|geschweif [-jəʃvɐɪ̯f]>: abschweifen. (108)

av|schwelle ['aʃvelə] <trennb. Präfix-V.; st.; *sin*; schwoll av [ʃvol]; ~|geschwolle [-jəʃvolə]> {5.5.2}: abschwellen, **1.** i. d. Schwellung zurückgehen. **2.** leiser werden. (183)

av|schwenke ['aʃvɛŋkə] <trennb. Präfix-V.; schw.; *han*; schwenkte av ['ʃvɛŋktə]; ~|geschwenk [-jəʃvɛŋk]>: abschwenken. (41)

av|schwirre ['aʃvɪrə] <trennb. Präfix-V.; schw.; *sin*; schwirrte av ['ʃvɪxtə]; ~|geschwirr [-jəʃvɪx]>: abschwirren. (93)

av|schwöre ['aʃvøˑ(ɐ̯)rə] <trennb. Präfix-V.; st.; *han*; schwor/schwörte av [ʃvoːɐ̯ / 'ʃvøːtə]; ~|geschwore [-jəʃvoːrə]>: abschwören. (170)

av|sechere ['afzeçərə] <trennb. Präfix-V.; schw.; *han*; secherte av ['zeçətə]; ~|gesechert [-jəzeçət] {5.5.2; 9.2.1.2}: absichern. (4)

av|seife ['afzɐɪ̯fə] <trennb. Präfix-V.; schw.; *han*; seifte av ['zɐɪ̯ftə]; ~|geseif [-jəzɐɪ̯f]>: abseifen. (108)

av|seihe ['afzɐɪ̯ə] <trennb. Präfix-V.; schw.; *han*; seihte av ['zɐɪ̯tə]; ~|geseiht [-jəzɐɪ̯t]>: abseihen. (37)

av|seile ['afzɐɪ̯lə] <trennb. Präfix-V.; schw.; *han*; seilte av ['zɐɪ̯ltə]; ~|geseilt [-jəzɐɪ̯lt]>: abseilen. (45)

av|seits ['afzɐɪ̯ts] <Präp.; i. Vbdg. m. *vun* + Dat.; i. best. Abl. ~*seit*~, sonst ↑Sigg'> {6.1.1; 11}: abseits.

av|sende ['afzɛnˑdə] <trennb. Präfix-V.; st.; *han*; sandt av [zant]; ~|gesandt [-jəzant]>: absenden [auch: ↑av|schecke]. (171)

av|senge ['afzɛŋə] <trennb. Präfix-V.; schw.; *han*; sengte av ['zɛŋtə]; ~|gesengk [-jəzɛŋˑk]>: absengen. (49)

av|senke ['afzɛŋkə] <trennb. Präfix-V.; schw.; *han*; senkte av ['zɛŋktə]; ~|gesenk [-jəzɛŋk]>: absenken. (41)

av|serviere/~eere ['afzɛˌviˑ(ɐ̯)rə / -eˑrə] <trennb. Präfix-V.; schw./unr.; *han*; servierte av [zɛˈviˑɐ̯tə]; ~|serviert [-zɛˌviˑɐ̯t] ⟨frz. servir⟩ {(5.1.4.3)}: abservieren. (3) (2)

av|setze[1] ['afzetsə] <trennb. Präfix-V.; st.; *han*; sɔß av [zɔːs]; ~|gesesse [-jəzɛsə]> {5.5.2}: absitzen, **1.** absteigen: *vum Pääd a.* (vom Pferd a.). **2.** eine Strafe durch Haft abbüßen. (172)

av|setze² ['afzɛtsə] <trennb. Präfix-V.; unr./schw.; *han*; setzte/satz av ['zɛtstə / zats]; ~|gesetz/~|gesatz [-jəzɛts / -jəzats]>: absetzen, **1.** herunternehmen: *der Hot a.* (den Hut a.) [geläufiger: ↑us|dun]. **2.** abstellen, niedersetzen: *ene schwere Koffer a.* (einen schweren Koffer a.). **3.** mit dem Auto mitnehmen u. rauslassen: *Ich han et zo Hus avgesatz.* (Ich habe sie zu Hause abgesetzt.). **4.** <sich a.> sich heimlich davonmachen: *Dä hät sich noh Amerika avgesatz.* (Er hat sich nach Amerika abgesetzt.). (173)

av|singe ['afzɪŋə] <trennb. Präfix-V.; st.; *han*; sung av [zʊŋ]; ~|gesunge [-jəzʊŋə]>: absingen: *vum Bladd a.* (vom Blatt a.). (26)

av|sinke ['afzɪŋkə] <trennb. Präfix-V.; st.; *sin*; sunk av [zʊŋk]; ~|gesunke [-jəzʊŋkə]>: absinken. (52)

av|sinn ['afzɪn] <trennb. Präfix-V.; st.; *han*; sǫh/sǫch av [zɔˑ / zɔˑx]; ~|gesinn [-jəzɪn]> {5.3.4; 8.2.2.3}: absehen. (175)

av|socke ['afzɔkə] <trennb. Präfix-V.; schw.; *sin*; sockte av ['zɔktə]; ~|gesock [-jəzɔk]>: wegrennen, fortrennen, schnell davonrennen/-fahren [auch: ↑av|schröme (2), *tirre gonn*]. (88)

av|söke ['afzøˑkə] <trennb. Präfix-V.; unr./schw.; *han*; sok av [zoːk]; ~|gesok/~|gesök [-jəzoːk / -jəzøˑk]> {5.4; 6.2.3}: absuchen. (176) (178)

av|solviere/~eere ['afzɔl,viˑ(ɡ)rə / -eˑrə] <trennb. Präfix-V.; schw./unr.; *han*; solvierte av [zɔl'viˑɡtə]; ~|solviert [-zɔl,viˑɡt] ⟨lat. absolvere⟩> {(5.1.4.3)}: absolvieren, ableisten, bestehen. (3) (2)

av|sọndere ['afzondərə] <trennb. Präfix-V.; schw.; *han*; sọnderte av ['zondətə]; ~|gesọndert [-jəzondət]> {9.2.1.2}: absondern. (4)

av|sorbiere/~eere ['afzɔr,biˑ(ɡ)rə / -eˑrə] <trennb. Präfix-V.; schw./unr.; *han*; sorbierte av [zɔr'biˑɡtə]; ~|sorbiert [-zɔr,biˑɡt] ⟨lat. absorbere⟩> {(5.1.4.3)}: absorbieren, aufsaugen. (3) (2)

av|spacke ['afpakə] <trennb. Präfix-V.; schw.; *han*; spackte av ['paktə]; ~|gespack [-jəpak]>: sparen, abzwacken. (88)

av|spalde ['afpaldə] <trennb. Präfix-V.; st.; *han*; spaldte av ['paltə]; ~|gespalde [-jəpaldə]> {6.11.3}: abspalten, abhacken. (63)

av|spanne ['afpanə] <trennb. Präfix-V.; schw.; *han*; spannte av ['panˑtə]; ~|gespannt [-jəpanˑt]>: abspannen. (10)

av|spare ['afpaˑrə] <trennb. Präfix-V.; schw.; *han*; sparte av ['paːtə]; ~|gespart [-jəpaːt]>: absparen. (21)

av|specke ['afpɛkə] <trennb. Präfix-V.; schw.; *han*; speckte av ['pɛktə]; ~|gespeck [-jəpɛk]>: abspecken. (88)

av|speise ['afpeɪzə] <trennb. Präfix-V.; schw.; *han*; speiste av ['peɪstə]; ~|gespeis [-jəpeɪˑs]>: abspeisen, abfertigen, vertrösten. (149)

av|spenst|ig ['afpɛnstɪʃ] <Adj.; nur i. d. Vbdg. *a. maache*>: abspenstig; ***einem jet a. maache** (jmdn. etw. ausspannen).

av|sperre ['afpɛrə] <trennb. Präfix-V.; schw.; *han*; sperrte av ['pɛxtə]; ~|gesperr [-jəpɛx]>: absperren. (93)

av|spille ['afpɪlə] <trennb. Präfix-V.; schw.; *han*; spillte av ['pɪltə]; ~|gespillt [-jəpɪlt]> {5.3.4}: abspielen. (91)

av|splęddere ['afplędərə] <trennb. Präfix-V.; schw.; splędderte av ['plędətə]; ~|gesplęddert [-jəplędət]> {5.5.2; 6.11.3; 9.2.1.2}: absplittern, **1.** <han> in Splittern von etw. ablösen. **2.** <sin> sich in Splittern ablösen. **3.** <han; sich a.> sich abspalten [auch: ↑av|spließe]. (4)

av|spließe ['afpliːsə] <trennb. Präfix-V.; st.; *han*; spless av [ples]; ~|gesplesse [-jəplesə]> {5.1.4.5}: absplittern [auch: ↑av|splęddere]. (25)

av|spole/~|spule ['afpoˑlə / -puˑlə] <trennb. Präfix-V.; schw.; *han*; spolte av ['poˑltə]; ~|gespolt [-jəpoˑlt]> {5.4}: abspulen. (148)

av|spöle ['afpøˑlə] <trennb. Präfix-V.; schw.; *han*; spölte/spolt av ['pøˑltə / poːlt]; ~|gespölt/~|gespolt [-jəpøˑlt / -jəpoːlt]> {5.4}: abspülen. (73)

av|spreche ['afprɛʃə] <trennb. Präfix-V.; st.; *han*; sprǫch av [proːx]; ~|gesproche [-jəproxə]>: absprechen. (34)

av|spreize ['afpreɪtsə] <trennb. Präfix-V.; schw.; *han*; spreizte av ['preɪtstə]; ~|gespreiz [-jəpreɪts]>: abspreizen. (112)

av|sprenge ['afprɛŋə] <trennb. Präfix-V.; schw.; *han*; sprengte av ['prɛŋˑtə]; ~|gesprengk [-jəprɛŋˑk]>: absprengen. (49)

av|sprętze ['afpretsə] <trennb. Präfix-V.; schw.; *han*; sprętzte av ['pretstə]; ~|gesprętz [-jəprets]> {5.5.2}: abspritzen. (114)

av|springe ['afprɪŋə] <trennb. Präfix-V.; st.; *sin*; sprung av [prʊŋˑ]; ~|gesprunge [-jəprʊŋə]>: abspringen. (26)

Av|sproch, de ['afʃproˑx] <N.; ~e> {5.5.3; 8.3.1}: Absprache, Verabredung.

av|stamme ['afʃtamə] <trennb. Präfix-V.; schw.; *han/sin*; stammte av ['ʃtamˑtə]; ~|gestammp [-jəʃtamˑp]>: abstammen. (40)

Av|stand, der ['afʃtant] <N.; ~|ständ [-ʃtɛnˑt]>: Abstand.

av|statte ['afʃtatə] <trennb. Präfix-V.; schw.; *han*; ~|gestatt [-jəʃtat]>: abstatten. (113)

av|stäuve ['afʃtøyˑvə] <trennb. Präfix-V.; schw.; *han*; stäuvte av ['ʃtøyˑftə]; ~|gestäuv [-jəʃtøyˑf]> {5.1.3; 6.1.1}: abstauben, einheimsen, sich etw. (auf nicht ganz korrekte Weise) aneignen, mitgehen lassen [auch: ↑av|stöbbe (2)]. (158)

av|steche[1] ['afʃtɛʃə] <trennb. Präfix-V.; st.; *han*; stoch av [ʃtɔˑx]; ~|gestoche [-jəʃtɔxə]> {6}: abstecken. (34)

av|steche[2] ['afʃtɛʃə] <trennb. Präfix-V.; st.; *han*; stoch av [ʃtɔˑx]; ~|gestoche [-jəʃtɔxə]>: abstechen. (34)

Av|stech|er, der ['afʃtɛʃɐ] <N.; ~e>: Abstecher.

av|steige ['afʃteiˑjə] <trennb. Präfix-V.; st.; *sin*; steeg av [ʃteˑj]; ~|gesteege [-jəʃteˑjə]>: absteigen. (181)

av|stelle[1] ['afʃtɛlə] <trennb. Präfix-V.; schw./unr.; *han*; stellte/stallt av ['ʃtɛlˑtə / ʃtalt]; ~|gestellt/~|gestallt [-jəʃtɛlˑt / -jəʃtalt]>: abstellen. (182)

av|stelle[2] ['afʃtɛlə] <trennb. Präfix-V.; schw.; *han*; stellte av ['ʃtɛlˑtə]; ~|gestellt [-jəʃtɛlˑt]>: abstillen. (91)

Av|stell|platz, der ['afʃtɛlˌplats] <N.; ~|plätz>: Abstellplatz.

av|stemme ['afʃtɛmə] <trennb. Präfix-V.; schw.; *han*; stemmte av ['ʃtɛmˑtə]; ~|gestemmp [-jəʃtɛmˑp]> {5.5.2}: abstimmen. (40)

av|stempele ['afʃtɛmpələ] <trennb. Präfix-V.; schw.; *han*; stempelte av ['ʃtɛmpəltə]; ~|gestempelt [-jəʃtɛmpəlt]> {9.2.1.2}: abstempeln. (6)

av|steppe ['afʃtɛpə] <trennb. Präfix-V.; schw.; *han*; steppte av ['ʃtɛptə]; ~|gestepp [-jəʃtɛp]>: absteppen, mit Steppnähten versehen. (75)

av|sterve/~|stirve ['afʃtɛrvə / -ʃtɪrvə] <trennb. Präfix-V.; st.; *sin*; storv av [ʃtɔrˑf]; ~|gestorve [-jəʃtɔrvə]> {5.5.2/5.4}: absterben. (184)

av|stöbbe ['afʃtøbə] <trennb. Präfix-V.; schw.; *han*; stöbbte av ['ʃtøptə]; ~|gestöbb [-jəʃtøp]> {5.3.4; 5.5.1}: abstauben, **1.** Staub entfernen. **2.** (übertr.) einheimsen, sich etw. (auf nicht ganz korrekte Weise) aneignen [auch: ↑av|stäuve]. (167)

av|stoddere ['afʃtɔdərə] <trennb. Präfix-V.; schw.; *han*; stodderte av ['ʃtɔdətə]; ~|gestoddert [-jəʃtɔdət]> {6.11.3; 9.2.1.2}: abstottern, **a)** etw. in Raten bezahlen [auch: ↑av|be|zahle (a)]; **b)** einen best. Betrag ratenweise zahlen. (4)

av|stonn ['afʃtɔn] <trennb. Präfix-V.; st.; *han*; stundt av [ʃtʊnt]; ~|gestande [-jəʃtandə]> {5.3.4; 8.2.2.3}: abstehen. (185)

av|stoppe ['afʃtɔpə] <trennb. Präfix-V.; schw.; *han*; stoppte av ['ʃtɔptə]; ~|gestopp [-jəʃtɔp]>: abstoppen. (75)

av|stötze ['afʃtøtsə] <trennb. Präfix-V.; schw.; *han*; stötzte av ['ʃtøtstə]; ~|gestötz [-jəʃtøts]> {5.5.1}: abstützen, etw. gegen Einsturz schützen; sich anlehnen. (114)

av|strampele, sich ['afʃtrampələ] <trennb. Präfix-V.; *han*; strampelte av ['ʃtrampəltə]; ~|gestrampelt [-jəʃtrampəlt]> {9.2.1.2}: sich abstrampeln. (6)

av|sträufe ['afʃtrøyfə] <trennb. Präfix-V.; schw.; *han*; sträufte av ['ʃtrøyftə]; ~|gesträuf [-jəʃtrøyf]> {5.1.3}: abstreifen [auch: ↑av|striefe/~|streife]. (108)

av|striche ['afʃtrɪʃə] <trennb. Präfix-V.; st.; *han*; strech av [ʃtreʃ]; ~|gestreche [-jəʃtreʃə]> {5.3.1}: abstreichen, abziehen. (187)

av|striefe/~|streife ['afʃtriːfə / -ʃtreɪfə] <trennb. Präfix-V.; unr.; *han*; striefte av ['ʃtriːftə]; ~|gestrief [-jəʃtriːf]> {5.1.4.5}: abstreifen [auch: ↑av|sträuve]. (108)

av|strigge ['afʃtrɪgə] <trennb. Präfix-V.; st.; *han*; stredt av [ʃtret]; ~|gestredde [-jəʃtredə]> {5.3.4; 6.6.2}: abstreiten, ableugnen, nicht wahr haben wollen. (133)

av|strofe ['afʃtroˑfə] <trennb. Präfix-V.; schw.; *han*; strofte av ['ʃtroˑftə]; ~|gestrof [-jəʃtroˑf]> {5.5.3}: abstrafen, bestrafen. (108)

av|strohle ['afʃtroˑlə] <trennb. Präfix-V.; schw.; *han*; strohlte av ['ʃtroˑltə]; ~|gestrohlt [-jəʃtroˑlt]> {5.5.3}: abstrahlen. (61)

av|ströme ['afʃtrøːmə] <trennb. Präfix-V.; schw.; *sin*; strömte av ['ʃtrøːmtə]; ~|geströmp [-jəʃtrøːmp]>: abströmen. (118)

av|stufe ['afʃtuˑfə] <trennb. Präfix-V.; schw.; *han*; stufte av ['ʃtuˑftə]; ~|gestuf [-jəʃtuˑf]>: abstufen. (108)

av|stumpe ['afʃtʊmpə] <trennb. Präfix-V.; schw.; stumpte av ['ʃtʊmptə]; ~|gestump [-jəʃtʊmp]> {6.8.1}: abstumpfen, **1.** <han> **a)** stumpf machen; **b)** gefühllos, teilnahmslos machen. **2.** <sin> gefühllos, teilnahmslos werden. (180)

avstürze

av|stürze/~|stööze ['afʃtʏxtsə / -ʃtøːtsə] <trennb. Präfix-V.; av|stööze veraltend; schw.; sin; stürzte av ['ʃtʏxtstə]; ~|gestürz [-jəʃtʏxts]> {(5.2.1.1.1; 5.4)}: abstürzen. (42)

av|stüsse ['afʃtʏsə] <trennb. Präfix-V.; st.; han; stoss av [ʃtɔs]; ~|gestosse/~|gestüsse [-jəʃtɔsə / -jəʃtʏsə]> {5.4; 5.3.4}: abstoßen, 1. von sich wegstoßen. 2. <sich a.> sich mit einem kräftigen Stoß von etw. wegbewegen, entfernen. 3. verkaufen. 4. von etw. abtrennen. 5. mit Widerwillen, Abscheu, Ekel erfüllen. (188)

av|suffe ['afzʊfə] <trennb. Präfix-V.; st.; sin; soff av [zɔf]; ~|gesoffe [-jəzɔfə] {5.3.4}: absaufen, ertrinken. (119)

av|taaste ['aftaːstə] <trennb. Präfix-V.; schw.; han; ~|getaas [-jətaːs]> {5.2.1}: abtasten. (101)

av|takele ['aftaˑkələ] <trennb. Präfix-V.; schw.; han; takelte av ['taˑkəltə]; ~|getakelt [-jətaˑkəlt]> {9.2.1.2}: abtakeln. (6)

av|tauche ['aftaʊxə] <trennb. Präfix-V.; schw.; sin; tauchte av ['taʊxtə]; ~|getauch [-jətaʊx]>: abtauchen. (123)

av|tele|foniere/~eere ['aftələfoˌniˑ(ɐ̯)rə / -eˑrə] <trennb. Präfix-V.; schw./unr.; han; telefonierte av [teləfoˈniˑɐ̯tə]; ~|telefoniert [-teləfoˌniˑɐ̯t]> {(5.1.4.3)}: abtelefonieren, 1. telefonisch absagen. 2. eine Telefonkarte/einen Geldbetrag vertelefonieren. (3) (2)

av|tippe ['aftɪpə] <trennb. Präfix-V.; schw.; han; tippte av ['tɪptə]; ~|getipp [-jətɪp]>: abtippen. (75)

av|töne ['aftøˑnə] <trennb. Präfix-V.; schw.; han; tönte av ['tøːntə]; ~|getönt [-jətøːnt]>: abtönen (Farbe). (146)

av|trainiere/~eere ['aftrɛˌniˑ(ɐ̯)rə / -eˑrə] <trennb. Präfix-V.; schw./unr.; han; trainierte av [trɛˈniˑɐ̯tə]; ~|trainiert [-trɛˌniˑɐ̯t] ⟨frz. traîner⟩> {(5.1.4.3)}: abtrainieren. (3) (2)

av|transportiere/~eere ['aftranspɔxˌtiˑ(ɐ̯)rə / -eˑrə] <trennb. Präfix-V.; schw./unr.; han; transportierte av [transpɔxˈtiˑɐ̯tə]; ~|transportiert [-transpɔxˌtiˑɐ̯t] ⟨frz. transporter⟩> {(5.1.4.3)}: abtransportieren. (3) (2)

av|trecke ['aftrɛkə] <trennb. Präfix-V.; st.; han; trok av [trɔk]; ~|getrocke [-jətrɔkə]>: abziehen, 1. von etw. ziehen. 2. wegnehmen; [RA] *Däm muss mer e Fööderche a.* (Dem muss man ein Fütterchen a. = Er ist zu dick.). 3. die Wasserspülung betätigen. (190)

av|tredde ['aftredə] <trennb. Präfix-V.; st.; han; trodt av [trɔt]; ~|getrodde [-jətrodə]> {5.3.4; 5.5.2; 6.11.3}: abtreten. (191)

av|trenne ['aftrɛnə] <trennb. Präfix-V.; schw.; han; trennte av ['trɛnˑtə]; ~|getrennt [-jətrɛnˑt]>: abtrennen. (10)

av|trotze ['aftrɔtsə] <trennb. Präfix-V.; schw.; han; trotzte av ['trɔtstə]; ~|getrotz [-jətrɔts]>: abtrotzen. (114)

av|tuppe ['afˌtʊpə] <trennb. Präfix-V.; schw.; han; tuppte av ['tʊptə]; ~|getupp [-jəˌtʊp] {6.8.1}: abtupfen. (75)

ävver ['ɛvɐ] <Konj.; nebenordn.> {5.3.2; 5.4; 6.1.1}: aber, jedoch, dagegen, allerdings: *Hä schleef, ä. it wor wach.* (Er schlief, a. sie war wach.).

av|verlange ['afˌfɛˌlaŋə] <trennb. Präfix-V.; schw.; han; verlangte av [fɐˈlaŋˑtə]; ~|verlangk [-fɐˌlaŋˑk]>: abverlangen. (49)

av|waade ['afvaˑdə] <trennb. Präfix-V.; schw.; han; waadte av ['vaˑtə]; ~|gewaadt [-jəvaˑt]> {5.2.1.1.2; 6.11.3}: abwarten; warten bis. (197)

av|wäge ['afvɛˑjə] <trennb. Präfix-V.; schw.; han; wägte av ['vɛˑɧtə]; ~|gewäg [-jəvɛˑɧ]>: abwägen. (103)

av|wähle ['afvɛˑlə] <trennb. Präfix-V.; schw.; han; wählte av ['vɛˑltə]; ~|gewählt [-jəvɛˑlt]>: abwählen. (61)

av|wälze ['afvɛltsə] <trennb. Präfix-V.; schw.; han; wälzte av ['vɛltstə]; ~|gewälz [-jəvɛlts]>: abwälzen. (42)

av|wandele ['afvanˑdələ] <trennb. Präfix-V.; schw.; han; wandelte av ['vanˑdəltə]; ~|gewandelt [-jəvanˑdəlt]> {9.2.1.2}: abwandeln. (6)

av|wandere ['afvanˑdərə] <trennb. Präfix-V.; schw.; sin; wanderte av ['vanˑdetə]; ~|gewandert [-jəvanˑdet]> {9.2.1.2}: abwandern. (4)

av|wäsche ['afvɛʃə] <trennb. Präfix-V.; st.; han; wosch av [voʃ]; ~|gewäsche [-jəvɛʃə]> {5.4}: abwaschen, abwischen [auch: ↑av|putze]. (200)

av|weckele ['afvekələ] <trennb. Präfix-V.; schw.; han; weckelte av ['vekəltə]; ~|geweckelt [-jəvekəlt]> {5.5.2; 9.2.1.2}: abwickeln. (6)

av|weege/~|wooge ['afveˑjə / -voˑʀə] <trennb. Präfix-V.; schw./st.; han; Formen von ↑weege² u. ↑wooge sind mischbar; weegte av ['veˑɧtə]; ~|geweeg [-jəveˑɧ]> {5.1.4.3; (5.5.3)}: abwiegen. (203) (212)

av|weegele/~|wiegele ['afveːjələ / -viːjələ] <trennb. Präfix-V.; schw.; han; weegelte av ['veˑjəltə]; ~|geweegelt [-jəveˑjəlt]> {5.1.4.3; 9.2.1.2}: abwiegeln. (6)

av|weet|schafte ['afveːtʃaftə] <trennb. Präfix-V.; schw.; han; ~|geweetschaff [-jəveːtʃaf]> {5.2.1.1.1; 5.4}: abwirtschaften. (89)

av|wehre/~|werre ['afveˑrə / -verə] <trennb. Präfix-V.; av|werre veraltet; schw./unr.; han; wehrte av ['veˑɐ̯tə]; ~|gewehrt [-jəveˑɐ̯t]> {(5.3.4; 5.5.2)}: abwehren, abweisen, ablehnen [auch: ↑av|wiese; ↑av|wehre/~|werre; ↑av|fäädige; ↑av|wippe; ↑ze|röck|wiese/zo|~; de *Aap luuse; einer/keiner/nix an sich eraanlooße; e Körvche gevve*]. (31) (107)

av|weiche/~|wiche ['afveɪ·ɧə / -vɪɧə] <trennb. Präfix-V.; st.; *sin*; wech av [veʃ]; ~|geweche [-jəveɧə] {(5.3.1)}: abweichen. (161) (187)

av|weide/~|wigge ['afveɪ·də / -vɪgə] <trennb. Präfix-V.; schw.; *han*; weidte av ['veɪ·tə]; ~|geweidt [-jəveɪ·t]>: abweiden. (197) (208)

av|wende ['afvɛn·də] <trennb. Präfix-V.; unr.; *han*; wandt av [vant]; ~|gewandt/~|gewendt [-jəvant / -jəvɛn·t]>: abwenden. (205)

av|werfe/~|wirfe ['afverfə / -vɪrfə] <trennb. Präfix-V.; st.; *han*; worf av [vorf]; ~|geworfe [-jəvorfə] {5.5.2/5.4}: abwerfen. (206)

av|werte ['afve·ɐ̯tə] <trennb. Präfix-V.; schw.; *han*; ~|gewert [-jəve·ɐ̯t]>: abwerten. (58)

av|werve/~|wirve ['afver·və / -vɪr·və] <trennb. Präfix-V.; st.; *han*; worv av [vor·f]; ~|geworve [-jəvorvə] {5.4/5.5.2; 6.1.1}: abwerben. (184)

av|wetze ['afvɛtsə] <trennb. Präfix-V.; schw.; *han* u. *sin*; wetzte av ['vɛtstə]; ~|gewetz [-jəvɛts]>: abwetzen, durch Reibung, Gebrauch verschleißen [auch: ↑durch|wetze]. (114)

av|wichse ['afvɪksə] <trennb. Präfix-V.; schw.; *han*; wichste av ['vɪkstə]; ~|gewichs [-jəvɪks]>: abwichsen. (87)

av|wiegele/~|weegele ['afvi·jələ / -ve·jələ] <trennb. Präfix-V.; schw.; *han*; wiegelte av ['vi·jəltə]; ~|gewiegelt [-jəvi·jəlt] {9.2.1.2/5.1.4.3}: abwiegeln. (6)

av|wiese ['afvi·zə] <trennb. Präfix-V.; st.; *han*; wes av [ves]; ~|gewese [-jəvezə] {5.1.4.5}: abweisen [auch: ↑av|wehre/~|werre; ↑av|fäädige; ↑av|wippe; ↑ze|röck|wiese/zo|~; de ↑*Aap luuse; einer/keiner/nix an sich eraan|looße, e Körv|che gevve*]. (147)

av|wimmele ['afvɪmələ] <trennb. Präfix-V.; schw.; *han*; wimmelte av ['vɪmltə]; ~|gewimmelt [-jəvɪmlt]> {9.2.1.2}: abwimmeln. (6)

av|winke ['afvɪŋkə] <trennb. Präfix-V.; schw./st.; *han*; winkte/wunk av ['vɪŋktə / vʊŋk]; ~|gewink/~|gewunke [-jəvɪŋk / -jəvʊŋkə]>: abwinken. (41) (52)

av|winkele ['afvɪŋkələ] <trennb. Präfix-V.; schw.; *han*; winkelte av ['vɪŋkəltə]; ~|gewinkelt [-jəvɪŋkəlt] {9.2.1.2}: abwinkeln. (6)

av|wonne ['afvonə] <trennb. Präfix-V.; schw.; *han*; wonnte av ['vontə]; ~|gewonnt [-jəvont] {5.3.4; 5.5.1}: abwohnen. (10)

av|würge ['afvʏr·jə] <trennb. Präfix-V.; schw.; *han*; würgte av ['vʏr·ɧtə]; ~|gewürg [-jəvʏr·ɧ]>: abwürgen. (39)

av|zabele ['aftsa·bələ] <trennb. Präfix-V.; schw.; *han*; zabelte av ['tsa:bəltə]; ~|gezabelt [-jətsa·bəlt] {5.4; 6.10.3; 9.2.1.2}: absäbeln. (6)

av|zälle ['aftsɛlə] <trennb. Präfix-V.; st./schw.; *han*; zallt/zällte av [tsalt / 'tsɛltə]; ~|gezallt/~|gezällt [-jətsalt / -jətsɛlt] {5.3.4}: abzählen, **1.** eine Reihe, Gruppe, beim Spiel durch Zählen genau feststellen. **2.** leicht ermessen, entscheiden: *Dat kann mer sich an fünf Fingere a.* (Das ist offensichtlich.). (196) (91)

av|zappe ['aftsapə] <trennb. Präfix-V.; schw.; *han*; zappte av ['tsaptə]; ~|gezapp [-jətsap] {6.8.1}: abzapfen, zapfend entnehmen. (75)

av|zäune/~|zünge ['aftsøynə / -tsʏŋə] <trennb. Präfix-V.; schw.; *han*; zäunte av ['tsøyntə]; ~|gezäunt [-jətsøynt] {(5.3.4)}: abzäunen. (138) (26)

Av|zeiche, et ['af·tseɪɧə] <N.; ~>: Abzeichen.

av|zeichne ['aftseɪɧnə] <trennb. Präfix-V.; schw.; *han*; zeichente av ['tseɪɧəntə]; ~|gezeichent [-jətseɪɧənt]>: abzeichnen. (150)

av|ziele ['aftsi·lə] <trennb. Präfix-V.; schw.; *han*; zielte av ['tsi·ltə]; ~|geziel [-jətsi·lt]>: abzielen. (45)

av|zische ['aftsɪʃə] <trennb. Präfix-V.; schw.; *sin*; zischte av ['tsɪʃtə]; ~|gezisch [-jətsɪʃ]>: abzischen. (110)

av|zöbbele ['aftsœbələ] <trennb. Präfix-V.; schw.; *han*; zöbbelte av ['tsœbəltə]; ~|gezöbbelt [-jətsœbəlt] {5.5.1; 6.8.4; 9.2.1.2}: abzupfen [auch: ↑av|roppe, ↑av|zuppe]. (6)

av|zocke ['aftsɔkə] <trennb. Präfix-V.; schw.; *han*; zockte av ['tsɔktə]; ~|gezock [-jətsɔk]>: abzocken. (88)

av|zoddele ['aftsɔdələ] <trennb. Präfix-V.; schw.; *sin*; zoddelte av ['tsɔdəltə]; ~|gezoddelt [-jətsɔdəlt] {6.11.3; 9.2.1.2}: abzotteln. (6)

Av|zog, der ['aftsox] <N.; ~|zög> {5.5.1}: Abzug.

av|zünge/~|zäune ['aftsʏŋə / -tsɔynə] <trennb. Präfix-V.; schw.; *han*; züngte av ['tsʏŋtə]; ~|gezüngk [-jətsʏŋk] {5.3.4}: abzäunen. (26) (138)

av|zuppe ['aftsʊpə] <trennb. Präfix-V.; schw.; *han*; zuppte av ['tsʊptə]; ~|gezupp [-jətsʊp] {6.8.1}: abzupfen [auch: ↑av|roppe, ↑av|zöbbele]. (75)

av|zwacke ['aftsvakə] <trennb. Präfix-V.; schw.; *han*; zwackte av ['tsvaktə]; ~|gezwack [-jətsvak]>: abzwacken. (88)

av|zweige ['aftsveːr̯jə] <trennb. Präfix-V.; schw.; zweigte av ['tsveːr̯n̩tə]; ~|gezweig [-jətsveːr̯n̩]>: abzweigen. **1.** <sin> seitlich abgehen, in eine andere Richtung führen. **2.** <han> von etw. wegnehmen: *e bessche Geld vum Gehald a.* (etwas Geld vom Gehalt a.). (103)

av|zwinge ['aftsvɪŋə] <trennb. Präfix-V.; st.; *han*; zwung av ['tsʊŋˑ]; ~|gezwunge [-jətsvʊŋə]>: abzwingen. (26)

av|zwitschere ['aftsvɪtʃərə] <trennb. Präfix-V.; schw.; *han*; zwitscherte av ['tsvɪtʃetə]; ~|gezwitschert [-jətsvɪtʃet]> {9.2.1.2}: abzwitschern. (4)

Ax, de [aks] <N.; Äx/Axe [ɛks / 'aksə> {8.3.5}: Axt.

Baach, der (*de* veraltet) [baːx] <N.; **Bääch** [bɛːɧ]> {5.2.1}: Bach (der).

baal [baˑl] <Adv.; komparierbar; eher/ehter, am ehtste/et ehsch/ehts ['eˑɐ / 'eˑtɐ / 'eːt͡stə / eˑʃ / eˑt͡s]> {5.2.1.4}: bald, **1. a)** in(nerhalb) kurzer Zeit; **b)** schnell, rasch. **2.** fast, nahezu, beinahe [auch: ↑bei|nǫh, ↑bei|nǫ̈chs, ↑quasi, ↑fass²].

Bään(d), der [bɛˑn(t)] <N.; männl. Vorn.> {5.2.1.1.1; 5.4}: Bernd.

Baas, der [baˑs] <N.; ~e [baˑsə]; veraltet ⟨niederl. baas⟩>: Chef, **1.** Vorgesetzter (allg.). **2.** Meister in einem Gewerbebetrieb (Fabrik, Werkstatt). **3.** (übertr.) der Erste, Beste, Tüchtigste unter vielen.

Bääsch, der [bɛːʃ] <N.; ~e> {5.2.1.1.1; 5.4}: Barsch.

Baat, der [baːt] <N.; **Bäät** [bɛːt]> {5.2.1.1.1}: Bart, **1.** Gesichtsbart; **esu ene B. han* (längst bekannt/altbekannt sein): *Dä Wetz hät su ene B.* (Der Witz hat einen solchen B., ist schon sehr alt); **[RA]** *Der B. es av.* (Der B. ist ab.: jetzt ist es zu Ende; nun ist es aber genug!); **einem öm der B. gonn* (jmnd. umschmeicheln). **2.** unterer, geschweifter Teil des Schlüssels.

Bäät|es, der ['bɛːtəs] <N.; männl. Vorn.> {5.2.1.1.1; 5.4}: Bert, Kurzf. von Hubert, Robert, ...bert.

Baat|mann, der ['baːt‚man] <N.; ~|männer> {s. u. ↑Bart}: bärtiger Mann, Bartträger.

Baat|manns|krog, der ['baːtmans‚kroˑx] <N.; ~|krög> {s. u. ↑Baat ↑Krog}: Bartmannskrug, bauchiger Krug (Ursprung: Frechen) mit Reliefbild eines bärtigen Mannes am Ausguss.

Baat|schrabb|er, der ['baːt‚ʃrabɐ] <N.; ~> {s. u. ↑Baat}: (scherzh.) Barbier.

Baba|ditz|che, et [baˈba‚dɪt͡sjə] <N.; ~r>: Säugling, Wickelkind [auch: ↑Ditz¹, ↑Weckel|ditz|che].

Bäbbel, der ['bɛbəl] <N.; ~e>: (abw.) Mund [auch: ↑Bagger (2), ↑Belder|lade, ↑Bleff, ↑Bratsch (1), ↑Fress (1), ↑Klapp (2), ↑Lappe (4), ↑Mungk, ↑Muul, ↑Rand (2), ↑Schnäbbel, ↑Schnauz, ↑Schnüss].

babbele ['babələ] <V.; schw.; *han*; babbelte ['babəltə]; gebabbelt [jəˈbabəlt]>: plappern [auch: ↑bäbbele]. (6)

bäbbele ['bɛbələ] <V.; schw.; *han*; bäbbelte ['bɛbəltə]; gebäbbelt [jəˈbɛbəlt]>: plappern [auch: ↑babbele]. (6)

Babbel|jött|che, et [‚babəlˈjœtʃə] <N.; ~r ⟨frz. papillote⟩>: Lockenwickler [auch: ↑Klotz (2b), ↑Locke|weckl|er].

Bäbbels|muul, de ['bɛbəls‚muˑl] <N.; ~|müüler/~|muule> {s. u. ↑Muul}: Plappermaul (das) [auch: ↑Bäbbels|-schnüss, ↑Brei|muul, ↑Quatsch|muul, ↑Quatsch|-schnüss, ↑Ratsch (4), ↑Schand|muul, ↑Schlabber|muul (2), ↑Schlabber|schnüss (2), ↑Schnadder, ↑Schwaad|-lappe, ↑Schwaad|schnüss, ↑Schratels|hungk, ↑Schratels|muul, ↑Seiver|schnüss].

Bäbbels|schnüss, de ['bɛbəls‚ʃnʏs] <N.; ~e>: Plappermaul, schwatzhafte Person [auch: ↑Bäbbels|muul, ↑Brei|muul, ↑Quatsch|muul, ↑Quatsch|schnüss, ↑Ratsch (4), ↑Schand|muul, ↑Schlabber|muul (2), ↑Schlabber|schnüss (2), ↑Schnadder, ↑Schwaad|-lappe, ↑Schwaad|schnüss, ↑Schratels|hungk, ↑Schratels|muul, ↑Seiver|schnüss].

backe ['bakə] <V.; unr.; *han*; backte ['baktə]; gebacke [jəˈbakə]>: backen; **gebacke Prumme* (Von wegen! Du wurdest betrogen.). (9)

Backe, et ['bakə] <N.; ~; **Bäck(|el)|che** ['bɛk(əl)ɧə]>: Backe (die), **1. a)** Pobacke; **b) [RA]** *Der Schweiß läuf mer alle vier ~n erav.* (Der Schweiß läuft mir alle vier Backen – Wangen und Pobacken – herunter.). **2. a)** Wange; **b) [RA]** *Däm ka' mer et Vatterunser durch de B. blose.* (Dem kann man das Vaterunser durch die B. blasen. (Beschreibung für einen schmächtigen, mageren Mann)).

Backe|knoche, der ['bakə‚knɔxə] <N.; ~>: Backenknochen.

Bäcker, der ['bɛkɐ] <N.; ~>: Bäcker [auch: ↑Röggel|ches|-konditter; ↑Mähl|sack].

Back|es, et ['bakəs] <N.; verkürzt aus *Backhuus*, ~|ese/ ~|ese>: Backhaus, Bäckerei (als gewerblicher Betrieb) [auch: ↑Back|huus]; **noch nit lans Schmitz' B. sin* (noch nicht alles überstanden haben/noch nicht am Ziel sein; der Weg zum Staupenschlag, d. h. zur öffentlichen Auspeitschung, führte früher vom Frankenturm (Gefängnis) zum Severinstor. Das Backhaus des Bäckers Schmitz, Severinstr. 5, war der Überlieferung nach einst das letzte Haus auf diesem Weg. Hatten die Delinquenten die Strecke lebend überstanden, waren sie frei.).

Backe|zant, der ['bakə‚t͡sant] <N.; ~|zäng [-t͡sɛŋˑ] (unr. Pl.)> {s. u. ↑Zant}: Backenzahn.

Back|huus, et ['bak‚huːs] <N.; ~|hüüser [-hyˑzɐ]> {s. u. ↑Huus}: Backhaus, Bäckerei (als gewerblicher Betrieb) [auch: ↑Back|es].

Back|obs, et ['bak‚ɔps] <N.; kein Pl.> {8.3.5}: Backobst.

Back|ovve, der ['bak,ovə] <N.; ~|övve(ns); ~|övv|che [-øf,jə]> {s. u. ↑Ovve}: Backofen.
Back|röhr[1], de ['bak,rø·ɐ̯] <N.; ~e> {8.3.1}: Backröhre [auch: ↑Back|rühr/~|röhr].
Back|röhr[2]/**~|rühr**, et ['bak,rø·ɐ̯ / -ry·ɐ̯] <N.; ~e> {s. u. ↑Röhr[2]/Rühr}: Backrohr [auch: ↑Back|röhr].
Back|stein, der ['bak,ʃteɪn] <N.; ~|stein [-ʃteːn]>: Backstein, Ziegelstein [auch: ↑Ziegel|stein].
Badd, et [bat] <N.; Bäder ['bɛ·də] (unr. Pl.)> {5.3.2}: Bad, 1. a) das Baden i. d. Wanne; b) das Baden im Meer, einem See, usw. 2. a) Badezimmer; b) Schwimmbad. 3. best. chem. Lösung: *Silverb.* (Silberbad).
bade ['ba·də] <V.; schw.; *han*; badte ['ba·tə]; gebadt [jə'ba·t]>: baden. (197)
Bade|aan|zog, der ['ba·də,a:ntsɔx] <N.; ~|zög> {s. u. ↑Zog[1]}: Badeanzug.
Bade|botz, de ['ba·də,bɔts] <N.; ~e; ~|bötz|che>: Badehose, Schwimmhose [auch: ↑Schwemm|botz].
Bade|büdd, de ['ba·də,bʏt] <N.; ~e> {s. u. ↑Büdd}: Badewanne.
Bade|meister, der ['ba·də,meɪstə] <N.; ~>: Bademeister.
Bade|zemmer, et ['ba·də,tsemə] <N.; ~e> {s. u. ↑Zemmer}: Badezimmer.
Bagage, de [ba'jeːʃ] <N. ⟨frz. bagage⟩> {2}: 1. Gepäck. 2. (abw.) Familie: *Do kütt die ganze B.* (Da kommen sie alle, die ganze Familie.) [auch: ↑Schwitt]. 3. unangenehme, lästige Mitbewohner, Nachbarn u.ä.
Bagger, der ['bagɐ] <N.; ~e>: Bagger, 1. große Baumaschine. 2. (abw.) Mund [auch: ↑Bäbbel, ↑Belder|lade, ↑Bleff, ↑Bratsch (1), ↑Fress (1), ↑Klapp (2), ↑Lappe (4), ↑Mungk, ↑Muul, ↑Rand (2), ↑Schnäbbel, ↑Schnauz, ↑Schnüss].
baggere ['bagərə] <V.; schw.; *han*; baggerte ['bagetə]; gebaggert [jə'baget]> {9.2.1.2}: baggern, 1. mit einem Bagger ausschlammen. 2. unmäßig essen, Essen in sich rein stopfen. 3. flirten, anmachen [auch: ↑aan|maache (5); ↑aan|baggere]. (4)
Bahn, de [ba·n] <N.; ~e; Bähn|che ['bɛ·nʃə]>: Bahn, 1. Weg, den sich jmd./etw. bahnt. 2. Strecke in einer vorgeschriebenen Richtung: *Satelliteb.* (Satellitenb.). 3. a) in einer best. Breite u. Länge abgesteckte od. abgeteilte Strecke für sportliche Wettkämpfe: *Kägelb., Rennb.*; b) abgeteilte Spur: *Fahrb.* 4. breiter Streifen, zugeschnittenes Teilstück: *Stoff-/Tapeteb.* 5. Verkehrsmittel: *Stroße-/Ieserb.*
bahne ['ba·nə] <V.; schw.; *han*; bahnte ['ba·ntə]; gebahnt [jə'ba·nt]>: bahnen. (5)
Bahn|hoff, der ['ba:n,hɔf] <N.; ~|höff> {s. u. ↑Hoff}: Bahnhof; ***buure B.** (bes. breites Gesäß/breiter Hintern/Arsch).
Bahn|hoffs|veedel, et ['ba:nhɔfs,fe·dəl] <N.; ~e> {s. u. ↑Hoff ↑Veedel}: Bahnhofsviertel.
Bahn|steig, der ['ba:n,ʃteɪfj] <N.; ~/~e [-ʃteːɪʃ / -ʃteːɪjə]>: Bahnsteig.
Bahr, de [ba:(ɐ̯)] <N.; ~e> {8.3.1}: Bahre.
Balance, de [ba'laŋs] <N. ⟨frz. balance⟩>: Balance, Gleichgewicht.
balanciere/~eere [balaŋ'siː(ɐ̯)rə / -eːrə] <V.; schw./unr.; *han*; balancierte [balaŋ'siːɐ̯tə]; balanciert [balaŋ'siːɐ̯t] ⟨frz. balancer⟩> {(5.1.4.3)}: balancieren. (3) (2)
Balg, et [balfj] <N.; Bälg/Bälger [bɛlˑfj / bɛlˑjə]; Bälg|el|che ['bɛlˑjəlfjə]>: Balg, 1. Tierleib; (übertr.) Leib des Menschen [auch: ↑Liev]; (scherzh.) ***ene B. am Liev han** (sehr dick sein): *Dä Kääl hät der villleich ene B. am Liev.* (Der Kerl hat vielleicht einen B. am Leib, ist sehr dick.); ***der Deuvel/Düüvel em B./Liev han** (böse, gewieft, bes. frech sein); ***ene B. Wachs** (eine Tracht Prügel): *Do häs ene B. Wachs verdeent.* (Du hast eine Tracht Prügel verdient.) [auch: *Aska met Schohnähl*]. 2. (meist abw.): (unartiges, schlecht erzogenes) Kind [auch: ↑Blag, ↑Panz].
balge ['balˑjə] <V.; schw.; *han*; balgte ['balˑfjtə]; gebalg [jə'balˑfj]>: balgen. (39)
Balg|ping, de ['balfj,pɪŋˑ] <N.; kein Pl.> {s. u. ↑Balg ↑Ping}: Leibschmerzen [auch: ↑Buch|ping].
Balke, der ['balkə] <N.; ~>: Balken.
bälke ['bɛlkə] <V.; schw.; *han*; bälkte ['bɛlktə]; gebälk [jə'bɛlk]>: schreien, 1. heulen, aus vollem Halse brüllen [auch: ↑blöke (2), ↑brölle/brülle]. 2. schreiend, unschön singen [auch: ↑schöpe]. (41)
Bälk|es, der ['bɛlkəs] <N.; ~|ese/~|ese>: Schreibalg, wüster Schreier, Schreihals [auch: ↑Schrei|hals, ↑Bröll|es].
Balke|woog, de ['balkə,vɔːx] <N.; ~e> {s. u. ↑Woog}: Balkenwaage.
Balk|has, der ['balk,ha·s] <N.; ~e> {s. u. ↑Has}: (scherzh.) Katze [auch: ↑Daach|has, ↑Katz].

Bälk|muul, de ['bɛlkˌmuˑl] <N.; ~|müüler/~|muule [-myˑlɐ / -muˑlə]> {s. u. ↑Muul}: Plappermaul (das), Schwätzer, ~in [auch: ↑Schwaad|schnüss, ↑Seiver|schnüss, ↑Bätsch|muul, ↑Bälk|schnüss, ↑Bätsch|schnüss, ↑Bätsch].

Balkon, der [bal'kɔŋˑ] <N.; -s> ⟨frz. balcon⟩>: Balkon.

Bälk|schnüss, de ['bɛlkˌʃnʏs] <N.; ~e>: Plappermaul (das), Schwätzer, ~in [auch: ↑Schwaad|schnüss, ↑Seiver|schnüss, ↑Bätsch|muul, ↑Bälk|muul, ↑Bätsch|schnüss, ↑Bätsch].

Ball[1], der [bal] <N.; Bäll [bɛlˑ]; Bäll|che ['bɛlˑfjə]>: Ball, **1.** Spielball. **2.** <Diminutiv> *Bällche* (Bällchen): Klößchen aus Mark u. geriebener, trockener Semmel, Suppenklößchen.

Ball[2], der [bal] <N.; Bäll [bɛlˑ]>: Ball, Ballfest.

Ballass, der [ba'las / '--] <N.; Ballaste (Pl. selten)> {8.3.5}: Ballast.

Balle, der ['balə] <N.; ~>: Ballen.

ballere ['balərə] <V.; schw.; *han*; ballerte ['balɐtə]; geballert [jə'balɐt]> {9.2.1.2}: ballern, schießen. (4)

Ball|spill, et ['balˌʃpɪl] <N.; ~|spill [-ˌʃpɪlˑ]> {s. u. ↑Spill}: Ballspiel.

Ball|wähßel, der ['balˌvɛːsəl] <N.; ~e> {s. u. ↑Wähßel}: Ballwechsel.

balsamiere/~eere [balza'miˑ(ɐ̯)rə / -eˑrə] <V.; schw./unr.; *han*; balsamierte [balza'miˑɐ̯tə]; balsamiert [balzaˌmiˑɐ̯t] ⟨mhd. balsemen⟩> {(5.1.4.3)}: balsamieren, durch Behandlung mit konservierenden Mitteln vor Verwesung schützen. (3) (2)

Balt|es, der ['baltəs] <N.; männl. Vorn.>: Kurzf. von Balthasar.

Bammel, der ['baməl] <N.; ~e> : **1.** baumelndes, herabhängendes Büschel Fäden, Fransen an Decken, Kissen, Mützen [auch: ↑Bömmel]. **2.** Angst, Furcht.

bammele ['bamələ] <V.; schw.; *han*; bammelte ['bamɐltə]; gebammelt [jə'bamɐlt]> {5.3.4; 9.2.1.2}: baumeln. (6)

bammel|ig ['baməlɪŋ] <Adj.; ~e; ~er, ~ste> {5.3.4; 9.2.1.2}: **1.** baumelnd. **2.** schwindelig. **3.** ängstlich [auch: ↑ängs|lich, ↑bang (1a), ↑bange(n)|dress|ig, ↑be|dresse (2a), ↑dress|ig[2], ↑feig, ↑habbel|ig, ↑kopp|scheu]. Tbl. A5.2

bampel|ig ['bampəlɪŋ] <Adj.; ~e>: schlotternd, herunterhängend. Tbl. A5.2

Banan, de [ba'naˑn] <N.; ~e; Banän|che [ba'nɛːnfjə]> {8.3.1}: Banane.

Band[1], et [bant] <N.; Bänder ['bɛndɐ]; Bänd|che ['bɛnˑtfjə]>: Band, **1.** Gewebestreifen. **2.** kurz für: ↑Schleife|band, ↑Hoor|band, ↑Färv|band, ↑Ton|band, ↑Fleeß|band, ↑Födder|band, ↑Mess|band, ↑Broch|band [auch: ↑Bängel[1]]; *am laufende B. (immer wieder, in einem fort, fortwährend).

Band[2], der [bant] <N.; Bänd [bɛnˑt]>: Band, Buchband.

Band[3], de [banˑt] <N.; ~e> {8.3.1}: Bande, Umrandung um Sportarenen, meist mit Werbeaufdruck; Banderole.

Band[4], de [banˑt] <N.; ~e> {8.3.1}: Bande, Banditenbande, Verbrecherbande.

Band[5], et [bant] <N.; meist Pl. ~e>: Band, enge Beziehung.

Band[6], de [bɛnt] <N.; ~s ⟨engl. band⟩>: Band, Gruppe von Musikern, die moderne Musik spielen.

Band|age, de [ban'daˑʃ] <N.; ~ [ban'daˑʒə] ⟨frz. bandage⟩>: Bandage.

Band|hoke, der ['bantˌhoˑkə] <N.; ~> {s. u. ↑Hoke}: Bandhaken (Werkzeug des Fassbinders).

bändige ['bɛnˑdɪjə] <V.; schw.; *han*; bändigte ['bɛnˑdɪʃtə]; gebändig [jə'bɛnˑdɪʃ]>: bändigen. (7)

Band|moß, et ['bantˌmoˑs] <N.; ~e> {s. u. ↑Moß}: Bandmaß, aufrollbares Metermaß.

Band|schiev, de ['bantˌʃiˑf] <N.; ~e> {s. u. ↑Schiev}: Bandscheibe.

bang [baŋˑ] <Adj.; ~e; ~er, ~ste> {8.3.1}: bange, **1. a)** ängstlich, verängstigt, besorgt, von Furcht erfüllt: *Dat wore ~e Minutte!* (Das waren ~e Minuten!); *Et es mer b. zomot.* (Mir ist b. zumute.); *Dä Klein es b. för der Hans Muff.* (Der Kleine fürchtet sich vor Knecht Ruprecht.) [auch: ↑ängs|lich, ↑bammelig (3), ↑bange(n)|dress|ig, ↑be|dresse (2a), ↑dress|ig[2], ↑feig, ↑habbel|ig, ↑kopp|scheu]; **b)** *nit b. (beherzt, mutig u. entschlossen); *nit b. för (unbesorgt); *sich nit b. för jet maache (keine Angst vor etw. haben, sich etw. zutrauen): *Do maach ich mich nit b. för.* (Da habe ich keine Angst vor.). **2.** schüchtern. Tbl. A2.5

Bang|botz, de [ˈbaŋˌbots] <N.; ~e>: Feigling [auch: ↑Botzen|dress|er, ↑Feig|ling, *bedresse Retz*].

Bängel, der ['bɛŋəl] <N.; ~e> {6.7}: Bändel, Band, **1.** Band, Schnur, Kordel, je nach Zush.: *Schohns~* (Schuh~, Schnürriemen), *Strump~* (Strumpf~), *Schützel~* (Schürzen~): *üvver der offe Schohns~ stolpere* (über das offene Schuh~ stolpern) [auch: ↑Band[1]]. **2.** (übertr.) *am B. han* (unter Kontrolle haben): *Dat hatt dä Kääl fass am B.* (Sie hat den Kerl unter Kontrolle.).

3. (übertr.) *am B. han* (am Hals haben): *Jetz han ich dä ald widder am B.* (Jetzt habe ich den schon wieder am Hals.).

Bange(n)|dress|er, der ['baŋə(n)ˌdresɐ] <N.; ~> {9.1.4; s. u. ↑Dress}: Angsthase, Feigling, der vor Angst in die Hose macht [auch: *bedresse Retz*].

bange(n)|dress|ig ['baŋə(n)ˌdresɪŋ] <Adj.; ~e; ~er, ~ste {9.1.4; s. u. ↑Dress}: feige [auch: ↑ängs|lich, ↑bamme|lig (3), ↑bang (1a), ↑be|dresse (2a), ↑dress|ig², ↑feig, ↑habbel|ig, ↑kopp|scheu]. Tbl. A5.2

Bang|mäch|er, der ['baŋˌmɛɧɐ] <N.; ~> {5.4}: Bangmacher, **1.** jmd., der Unangenehmes, Böses ankündigt, Angst u. Furcht erregt. **2.** (übertr.) Schreckgestalt, Vogelscheuche.

Bank¹, de [baŋk] <N.; Bänk [beŋk]; Bänk(el)|che ['beŋk(əl)ɧə]>: Bank, **1. a)** Sitzgelegenheit; **b)** (Sport) Auswechselbank; **c)** *durch de B.* (durch die B., ausnahmslos). **2.** div. Handwerkstische. **3.** (kurz für) Sandbank.

Bank², de [baŋk] <N.; ~e>: Bank, **1. a)** Geld- u. Kreditunternehmen; **b)** Gebäude, in dem sich die Bank befindet; [auch: ↑Spar|kass}. **2.** (beim Glücksspiel) Bankhalter, der gegen alle anderen Spieler spielt od. den Einsatz verwaltet.

Bankrött|er, der [baŋ'krœtɐ] <N.; ~>: Bankrotteur, Betrüger.

banne ['banə] <V.; schw.; *han*; bannte ['banˑtə]; gebannt [jə'banˑt]>: bannen. (10)

Bär, der [beˑɐ̯] <N.; ~e; ~che>: Bär.

Bärb/Bärbel, et [bɛrp / 'bɛrbəl] <N.; weibl. Vorn.; Bärb|che ['bɛrpɧə]>: Kurzf. von Barbara.

Barbarossa|pla(a)tz, der [babaˈrosaˌpla(ː)ts] <N.; Straßenn.>: Barbarossaplatz, Platz in Köln-Neustadt/Süd. Friedrich I., genannt Barbarossa (*ca. 1122 †1190) aus dem Haus der Staufer, war von 1147 bis 1152 unter dem Namen Friedrich III. Herzog von Schwaben bekannt seit 1152 war er erster römisch-deutscher König (rex Romanorum) u. seit 1155 deutscher Kaiser. Seinen Beinamen Barbarossa (barba „Bart", rossa „rot/rötlich") erhielt er in Italien wegen seines rötlich schimmernden Bartes.

Bärbel|che, et ['bɛrbəlɧə] <N.>: **1.** <weibl. Vorn.> Kosef. von Barbara. **2.** <Eigenn.> Bärbelchen, Figur des Kölner Stockpuppentheaters „Hänneschen-Theater", Freundin (in Kinderstücken Schwester) des Protagonisten Hänneschen.

Bärbels|kann, de ['bɛrbəlsˌkanˑ] <N.; ~e [-kanə] {9.1.2; s. u. ↑Kann}: bauchige Kanne.

Bäre|knies, der ['beˑ(ɐ̯)rəˌkniːs] <N.; kein Pl.>: Kitt, Faserkitt des Dachdeckers.

Bäre|köttel, der ['beˑ(ɐ̯)rəˌkøtəl] <N.; ~e>: Fleischrolle, Roulade, (wörtl.) Bärenköttel [auch: ↑Roulad].

Bärm, der [bɛrˑm] <N.; ~>: Haufen, **1.** Haufen ungedroschener Frucht auf dem Felde. **2.** Haufen, Menge; *ene ganze B.* (eine ganze Menge) [auch: ↑Haufe].

barm|hätz|ig [barmˈhɛtsɪŋ] <Adj.; ~e; ~er, ~ste (aus älterem armherzi, eigtl. = ein Herz für die Armen (habend))>: barmherzig. Tbl. A5.2

Barm|hätzig|keit, de [barmˈhɛtsɪŋkeɪt] <N.; o. Pl.> {s. u. ↑Hätz}: Barmherzigkeit.

Barrikad, de [ˌbarɪˈkaˑt] <N.; ~e ⟨frz. barricade⟩> {8.3.1}: Barrikade, Sperre.

Barthel, der ['baxtəl] <N.; männl. Vorn.>: Kurzf. von Bartholomäus [auch: ↑Barthelmies].

Barthelmies, der [ˌbaxtəlˈmiːs] <N.; männl. Vorn.>: Bartholomäus [auch: ↑Barthel].

Barung, der [baˈruŋˑ] <N.; ~e> {5.3.2; 5.4}: Baron.

Bärv, der [bɛrˑf] <N.; ~e> {5.4; 6.1.1; 8.3.1}: Barbe, Flussbarbe.

Bas, de [baˑs] <N.; ~e> {8.3.1}: Base, Kusine [auch: ↑Kusin].

Basch, der [baʃ] <N.; Bäsch [bɛʃ]>: Riss, Sprung im Glas, Stein, Ton, Eis u. a.

baschte ['baʃtə] <V.; schw.; *sin*; gebasch [jəˈbaʃ]> {5.4; 8.2.4}: bersten, **1.** bersten, zerspringen, platzen, explodieren, Risse bekommen, in Stücke gehen. **2.** sterben, verenden, krepieren, auf Menschen bezogen, meist nur in Ausdrücken heftigster Gefühlserregung [auch: ↑av|kratze (2), ↑av|nibbele, ↑av|nippele, ↑drop|gonn (1), sich ↑fott|maache (3), ↑fott|sterve, ↑frecke, dran ↑gläuve (2), ↑heim|gonn (b), ↑hin|sterve, ↑kapodd|gonn (3), ↑öm|kumme (2), ↑sterve, ↑us|futze, ↑ver|recke, *de Auge/ Döpp/Fott zo|dun/zo|maache*].

3.*ze basch(te) (viel, genug, reichlichmehr als genug, im Überfluss): *Die han Flüh ze b.* (Die haben Geld im Überfluss.). (19)

Base|le|man|es, der [ˌbazələˈmaːnəs] <N.; ~|ese/~|ese ⟨span. beso = Handkuss⟩>: **1.** Handkuss, Kompliment,

Kratzfuß unter Verneigung u. Verbeugung; übertriebene mit leerem Geschwätz verbundene Höflichkeit; *ene B. maache (sich verbeugen) [auch: ene Deener maache]. 2. Umschweife, Getue, Buhei.

Baselum, et [ˌbazəˈlʊm] <N.; ~s; Baselüm|che [bazəˈlʏmfjə]>: 1. Arbeiterkittel, Handwerkerkittel, der bis zu den Hüften reicht, blusenartig, aus blauem Leinen. 2. (übertr. spött.) unansehnliches, altmodisches Kleidungsstück.

Baske, der [ˈbaskə] <N.; ~>: Baske.

Baske|mötz, de [ˈbaskəˌmøts] <N.; ~e> {s. u. ↑Mötz}: Baskenmütze.

Bass[1], der [bas] <N.; Bäss [bɛs]>: Bass, 1. tiefe Männer(sing)stimme. 2. tiefstes u. größtes Streichinstrument. 3. (kurz für) Bassgitarre.

Bass[2], der [bas] <N.; Baste [ˈbastə] (Pl. selten)> {8.3.5}: Bast (pflanzlicher Faserstoff).

Bassin, et [baˈsɛŋˑ] <N.; ~s ⟨frz. bassin⟩>: Bassin, künstl. erbauter Wasserbehälter, angelegtes Wasserbecken.

Bass|iss, der [baˈsɪs] <N.; ~|iste>: Bassist.

bastele [ˈbastələ] <V.; schw.; han; bastelte [ˈbastəltə]; gebastelt [jəˈbastəlt]> {9.2.1.2}: basteln [auch: ↑fisternölle, ↑knuuve (2)]. (6)

Batiss[1], der [baˈtɪs] <N.; Batiste [baˈtɪstə] (Pl. selten) ⟨frz. batiste⟩>: Batist (feines Gewebe).

Batiss[2], der [ˌbaˈtɪs] <N.; männl. Vorn. ⟨frz. Baptiste⟩> {2; 8.3.5}: Baptist.

Bätsch, der/de [bɛtʃ] <N.; ~e>: 1. <der B.> Geschwätz. 2. <de B.> Mundwerk. 3. <de B.> Schwätzer(in).

bätsche [ˈbɛtʃə] <V.; schw.; han; bätschte [ˈbɛtʃtə]; gebätsch [jəˈbɛtʃ]>: klatschen, tratschen, viel u. unnütz reden; ausplaudern, verraten. (110)

Bätsch|möhn, de [ˈbɛtʃˌmøˑn] <N.; ~e> {s. u. ↑Möhn}: Klatschweib, Tratschweib [auch: ↑Bätsch|schnüss, ↑Bälk|schnüss, ↑Seiver|schnüss, ↑Schwaad|schnüss, ↑Schwaad|lappe, ↑Traatsch].

Bätsch|muul, de [ˈbɛtʃˌmuˑl] <N.; ~|müüler/~|muule> {s. u. ↑Muul}: Plappermaul, Tratschweib, Schwätzer, ~in [auch: ↑Schwaad|schnüss, ↑Seiver|schnüss, ↑Bälk|muul, ↑Bälk|schnüss, ↑Bätsch|schnüss, ↑Bätsch].

Bätsch|schnüss, de [ˈbɛtʃnʏs] <N.; ~e>: Klatschweib, Tratschweib [auch: ↑Schwaad|lappe, ↑Schwaad|schnüss, ↑Seiver|muul, ↑Seiver|schnüss, ↑Bätsch|muul, ↑Bälk|muul, ↑Bälk|schnüss, ↑Bätsch].

Batze, der [ˈbatsə] <N.; ~>: Batzen.

Batze|stöck, et [ˈbatsəˌʃtøk] <N.; ~/~e/~er> {s. u. ↑Stöck}: Rindfleischstück, Stück Rindfleisch des hinteren Oberschenkels; (wörtl.) Batzenstück.

Bau, der [boʊ] <N.; ~te [ˈboʊtə]>: Bau, 1. <o. Pl.> das Bauen, Errichten. 2. <o. Pl.> Baustelle. 3. <Pl. Baute> (größeres) Bauwerk, Gebäude. 4. Höhle. 5. <o. Pl.> Gefängnis [auch: ↑Blech[2], ↑Bleche Botz, ↑Ge|fäng|nis, ↑Knass].

Bau|arbeid|er, der [ˈboʊarˌbeˑdə] <N.; ~> {s. u. ↑Ar|beid|er}: Bauarbeiter.

baue [ˈboʊə] <V.; schw.; han; baute [ˈboʊtə]; gebaut [jəˈboʊt]>: bauen, errichten. (11)

Bau|johr, et [ˈboʊˌjoˑ(ɐ̯)] <N.; ~e> {s. u. ↑Johr}: Baujahr.

Bau|klotz, der/et [ˈboʊˌklɔts] <N.; ~|klötz>: Bauklotz, *Bauklötz staune (völlig erstaunt sein).

Baum, der [boʊm] <N.; Bäum [bøym]; Bäum|che [ˈbøymfjə]>: Baum; *kruuse Baum (Ulme).

Baum|ääd, de [ˈboʊmˌɛˑt] <N.; o. Pl.> {s. u. ↑Ääd}: Baumerde, Humuserde, Walderde.

bäume, sich [ˈbøyˑmə] <V.; schw.; han; bäumte [ˈbøyˑmtə]; gebäump [jəˈbøymp]>: sich bäumen. (122)

Baum|haaz, et [ˈboʊmˌhaːts] <N.; o. Pl.> {s. u. ↑Haaz[1]}: Baumharz; aus dem Holz von Nadelbäumen austretende, zähflüssig-klebrige Absonderung.

Baum|huus, et [ˈboʊmˌhuːs] <N.; ~|hüüser [-hyˑzə]> {s. u. ↑Huus}: Baumhaus.

Baum|koche, der [ˈboʊmˌkoˑxə] <N.; ~> {s. u. ↑Koche}: Baumkuchen.

Baum|krun, de [ˈboʊmˌkruˑn] <N.; ~e> {s. u. ↑Baum ↑Krun}: Baumkrone, oberer Teil des Baumes [auch: ↑Krun (2)].

Baum|läuf|er, der [ˈboʊmˌløyfə] <N.; ~e>: Baumläufer, Specht.

Baum|noss, de [ˈboʊmˌnos] <N.; ~|nöss> {s. u. ↑Noss}: Walnuss.

Baum|schull, de [ˈboʊmˌʃʊlˑ] <N.; ~e [-ʃʊlə]> {s. u. ↑Schull}: Baumschule.

Baum|stamm, der [ˈboʊmˌʃtam] <N.; ~|stämm [-ʃtɛmˑ]>: Baumstamm.

Baum|sterve/~|stirve, et [ˈboʊmˌʃtervə / -ʃtɪrvə] <N.; kein Pl.> {5.5.4/5.4; 6.1.1}: Baumsterben.

Baum|stump, der [ˈboʊmˌʃtʊmp] <N.; ~|stümp> {s. u. ↑Stump}: Baumstumpf.

Baum|woll, de [ˈboʊmˌvɔlˑ] <N.; o. Pl.> {s. u. ↑Woll}: Baumwolle.

Baum|woll|gaan, et [ˈboʊmvɔlˑˌjaːn] <N.; ~e> {s. u. ↑Gaan}: Baumwollgarn.

Baum|woll|hemb, et [ˈboʊmvɔlˑˌhemp] <N.; ~|hemde(r) [-hemdə / -hemdɐ]> {s. u. ↑Hemb}: Baumwollhemd.

Bau|stell, de [ˈboʊˌʃtɛlˑ] <N.; ~e [-ˌʃtɛlə]> {s. u. ↑Stell}: Baustelle.

bauze [ˈbaʊtsə] <V.; schw.; han; bauzte [ˈbaʊtstə]; gebauz [jəˈbaʊts]>: heulen, weinen (lautm. Wort), aus Ungeduld/ärgerlich/vor Wut heulen [auch: ↑gringe (2), ↑hüüle, ↑knaatsche, ↑kriesche, ↑quaatsche]. (112)

Baye|stroß [ˈbaɪəˌʃtroːs] <N.; Straßenn.> {s. u. ↑Stroß}: Bayenstraße; Straße in Köln-Altstadt/Süd. Diese Straße hatte im MA keinen individuellen Namen u. wurde nur, wie viele andere Bereiche, als Uferbereich (in Litore Rheni) bezeichnet. Später wurden die Uferbereiche den an ihnen endenden Straßen, Höfen od. Toren zugeordnet, hier also der Bayenturm, die Bayenpforte u. auch ein Hof im Besitz von St. Clara, der den Namen Bayen trug.

Bayen|toon, Am [amˈbaɪənˌtoːn] <N.; Straßenn.> {s. u. ↑Toon}: Am Bayenturm; Straße in Köln-Altstadt/Süd. Sie entstand als Teil der acht Kilometer langen ma. Stadtbefestigung am Anfang des 13. Jh. Der Bayenturm ist das südliche Bollwerk der 3. großen Stadterweiterung. Bei seiner Erstürmung im Jahre 1262 soll erstmals aus Kölner Kehlen der Schlachtruf erklungen sein: „Kölle alaaf!".

be|aachte [bəˈaːxtə] <nicht trennb. Präfix-V.; schw.; han; be|aach [bəˈaːx]> {5.2.1}: beachten, berücksichtigen, befolgen. (1)

be|aan|sproche [bəˈaːnˌʃproxə] <nicht trennb. Präfix-V.; schw.; han; be|aansprochte [bəˈaːnˌʃproxtə]; be|aansproch [bəˈaːnˌʃprox]> {5.5.1}: beanspruchen, **1.** auf etw. Anspruch erheben; fordern, verlangen [auch: ene Aansproch stelle]. **2. a)** von etw. Gebrauch machen, verwenden, ausnutzen [auch: ↑us|nötze/~|notze, de Aap/der Molli/Jeck maache]; **b)** (jmdm. od. einer Sache) viel abverlangen; großen Anforderungen aussetzen: Däm singe Job beaansproch dä ärg. (Sein Beruf beansprucht ihn völlig.); **c)** benötigen, brauchen: vill Zigg b. (viel Zeit b.). (123)

be|ackere [bəˈakərə] <nicht trennb. Präfix-V.; schw.; han; be|ackerte [bəˈakətə]; be|ackert [bəˈakɛt]> {9.2.1.2}: beackern, **1.** (einen Acker) bebauen. **2.** (mit einem Anliegen) hartnäckig bearbeiten: einer esu lang b., bes dat hä zostempp (jmdn. so lange b., bis er zustimmt). (4)

be|antwoode [bəˈantvɔːdə] <nicht trennb. Präfix-V.; schw.; han; be|antwoodte [bəˈantvɔːtə]; be|antwoodt [bəˈantvɔːt]> {5.2.1; 5.5.3; 8.2.4}: beantworten [auch: ↑antwoode, ↑gevve (4)]. (197)

be|arbeide [bəˈarbeɪdə] <nicht trennb. Präfix-V.; schw.; han; be|arbeidte [bəˈarbeɪtə]; be|arbeidt [bəˈarbeɪt]> {6.11.3}: bearbeiten, **1.** sich mit einem Gesuch, einem Fall als entspr. Instanz prüfend od. erforschend beschäftigen u. darüber befinden: dä Aandrag b. (den Antrag b.). **2. a)** zu einem best. Zweck körperliche Arbeit an etw. wenden: der Boddem b. (den Boden b.); **b)** mit etw. behandeln: de Schohn met Schohnswichs b. (die Schuhe mit Schuhcreme b.). **3.** mit etw. heftig schlagen, wiederholt auf jmdn. einschlagen: einer met de Füüs b. (jmdn. mit den Fäusten b.). **4. a)** unter einem best. Gesichtspunkt neu gestalten/überarbeiten/verändern: ene Tex b. (einen Text b.); **b)** durchforschen, untersuchen; über etw. wissensch. arbeiten: e Thema b. (ein Thema b.). **5.** eindringlich auf jmdn. einreden, einwirken, um ihn von etw. zu überzeugen od. für etw. zu gewinnen: einer politisch b. (jmdn. politisch b.). (197)

be|äuge [bəˈøʏjə] <nicht trennb. Präfix-V.; schw.; han; be|äugte [bəˈøʏft͡ə]; be|äug [bəˈøʏf]>: beäugen, kritisch mustern, genau betrachten; prüfen. (103)

be|baue [bəˈboʊə] <nicht trennb. Präfix-V.; schw.; han; be|baute [bəˈboʊˑtə]; be|baut [bəˈboʊˑt]>: bebauen, bearbeiten, **1.** (ein Gelände/Grundstück) mit einem Gebäude od. mit Bauten versehen. **2.** (den Boden) bestellen u. für den Anbau nutzen: der Acker b. (den Acker b.). (11)

be|beldere/~|bildere [bəˈbeldərə / -bɪldərə] <nicht trennb. Präfix-V.; schw.; han; be|belderte [bəˈbeldətə]; be|beldert [bəˈbeldɛt]> {5.5.2; 9.2.1.2}: bebildern, mit Bildern versehen, illustrieren: e Boch b. (ein Buch b.). (4)

be|bildere/~|beldere [bəˈbɪldərə / -beldərə] <nicht trennb. Präfix-V.; schw.; han; be|bilderte [bəˈbɪldətə]; be|bildert [bəˈbɪldɛt]> {9.2.1.2}: bebildern, mit Bildern versehen, illustrieren: e Boch b. (ein Buch b.). (4)

Becher|gass [ˈbɛʃəˌjas] <N.; Straßenn.> {s. u. ↑Gass¹}: Bechergasse; Straße in Köln-Altstadt/Nord. Wahrsch. wurden im MA in dieser Gasse Becher, ob aus Holz od. Leder od. anderen Stoffen angeboten; auch gibt es Aufzeichnungen darüber, dass sich 1271 ein Lebkuchenbäcker hier befand u. aus der Bäckergasse allmählich Becherergasse geworden ist.

Becke, et ['bɛkə] <N.; ~>: Becken, **1.** Waschbecken, Schwimmbecken. **2.** (geogr.) breite, meist fruchtbare Senkung, Mulde, Kessel. **3.** (med.) Knochen zw. Beinen u. Lendenwirbelsäule. **4.** Musikinstrument: zwei tellerförmige Metallscheiben, die gegeneinander geschlagen werden.

Becke|broch, der ['bɛkə‚brɔx] <N.; ~|bröch> {s. u. ↑Broch¹}: Beckenbruch, Bruch eines Beckenknochens.

Becke|knoche, der ['bɛkə‚knɔxə] <N.; ~>: Beckenknochen.

Becke|rand, der ['bɛkə‚rant] <N.; ~|ränder>: Beckenrand.

be|daach [bə'da:x] <Adj., Part. II von ↑be|denke; ~te; ~ter, ~ste> {5.2.1.2; 6.2.2}: bedacht, überlegt, besonnen, umsichtig. Tbl. A4.1.1

Bedaach, der [bə'da:x] <N.> {5.2.1.2}: Bedacht, nur in Wendungen wie: *met B., ohne B.* (mit B., ohne B.).

be|danke, sich [bə'daŋkə] <nicht trennb. Präfix-V.; schw.; han; be|dankte [bə'daŋktə]; be|dank [bə'daŋk]>: sich bedanken, **a)** <sich b. för> jmdm. für etw. danken: *Ich b. mich för dat Geschenk.* (Ich b. mich für das Geschenk.); **b)** <sich b. bei> (iron.) etw. ablehnen: *Bedank dich bei däm!* ((iron.) In ihm findest du den Schuldigen = Er ist dafür verantwortlich). (41)

Bedd, et [bɛt] <N.; ~er ['bɛdə] {6.11.3}: **1.** Bett [auch: ↑Fall¹, ↑Fluh|kess, ↑Lappe|kess]. **2.** Beet [auch: ↑Beet].

Bedd|bank, de ['bɛt‚baŋk] <N.; ~|bänk> {5.3.2; 5.5.2; 6.11.3}: Betbank.

Bedd|broder, der ['bɛt‚bro·də] <N.; ~|bröder> {5.3.2; 5.5.2; 6.11.3; s. u. ↑Broder}: Betbruder, Frömmler; Scheinheiliger.

Bedd|doch, et ['bɛt‚do·x] <N.; ~|döcher> {s. u. ↑Bedd ↑Doch¹}: Betttuch, Leintuch, Laken [auch: ↑Ling|doch].

Bedd|dress|er, der ['bɛt‚drɛsə] <N.; ~> {s. u. ↑Bedd}: **1.** Bettscheißer [auch: ↑Bedd|seck|er]. **2.** (übertr.) Feigling.

bedde¹ ['bɛdə] <V.; unr.; han; gebedde [jə'bɛdə]> {5.4; 6.11.3}: bitten, erbitten. (12)

bedde² ['bɛdə] <V.; schw./unr.; han; bedte/bädte ['be·tə / 'bɛ·tə]; gebedt/gebädt [jə'bet / jə'bɛ·t]> {5.3.4; 6.11.3}: beten. (13)

beddel|ärm ['bɛdəl'|ɛrm] <Adj.; ~e> {s. u. ↑beddele ↑ärm}: bettelarm. Tbl. A2.3

beddele ['bɛdələ] <V.; schw.; han; beddelte ['bɛdəltə]; gebeddelt [jə'bɛdəlt]> {6.11.3; 9.2.1.2}: betteln [auch: ↑kötte, ↑heische, *lans de Dürre gonn*]. (6)

Beddel|ei, de [‚bɛdə'ler·] <N.; ~e [-erə]> {6.11.3}: Bettelei.

Beddel|er, der ['bɛdələ] <N.; ~> {6.11.3; 9.1.1}: Bettler.

Beddel|mann, der ['bɛdəl‚man] <N.; ~|männer> {s. u. ↑beddele}: Bettler.

Beddels|krom, der ['bɛdəls‚kro·m] <N.; kein Pl.> {6.11.3; 9.1.2; s. u. ↑Krom}: Bettelkram, **1.** armselige Wirtschaft, Verhältnisse. **2.** altes, minderwertiges Zeug, Plunder.

Beddels|lück ['bɛdəls‚lʏk] <N.; nur Pl.> {6.11.3; 9.1.2; s. u. ↑Lück¹}: Bettelleute, Bettler.

Beddels|volk, et ['bɛdəls‚fɔlk] <N.; o. Pl.> {6.11.3; 9.1.2; s. u. ↑Volk}: Bettelvolk, lästige Bettler.

Beddels|wiev, et ['bɛdəls‚vi:f] <N.; ~er [-vi·və]> {6.11.3; 9.1.2; s. u. ↑Wiev}: Bettelweib, lästige, unangenehm bettelnde Person.

Bedd|jack, de ['bɛt‚jak] <N.; ~e> {s. u. ↑Bedd ↑Jack¹}: Bettjacke.

Bedd|jacke|veedel, et ['bɛtjakə‚fe·dəl] <N.; ~> {s. u. ↑Bedd ↑Veedel}: Nachtjackenviertel, die Straßen Großer u. Kleiner Griechenmarkt, Thieboldsgasse u. a., in denen sich früher manche Frauen den ganzen Morgen über im Unterrock zeigten (Wrede).

Bedd|kant, de ['bɛt‚kant] <N.; ~e> {s. u. ↑Bedd ↑Kant}: Bettkante.

Bedd|kaste, de ['bɛt‚kastə] <N.; ~|käste> {s. u. ↑Bedd}: Bettkasten.

Bedd|lad, de ['bɛt‚la·t] <N.; ~e> {s. u. ↑Bedd ↑Lad}: Bettkasten, Bettgestell.

Bedd|ross, der ['bɛt‚rɔs] <N.; ~|roste> {s. u. ↑Bedd; ↑Ross²}: Bettrost.

Bedd|seck|er, der ['bɛt‚zɛkə] <N.; ~> {s. u. ↑Bedd}: **1.** Bettnässer. **2.** (übertr.) Feigling.

Bedd|strüh, et ['bɛt‚ʃtry·] <N.; kein Pl.> {s. u. ↑Bedd ↑Strüh}: Dost, wilder Majoran, Origanum.

Bedd|vür|läg|er/~|vör|~, der ['bɛtfy:ɐ̯‚lɛ·jə / -fø:ɐ̯‚~] <N.; ~(e)> {5.4; s. u. ↑Bedd}: Bettvorleger.

Bedd|wäsch, de ['bɛt‚vɛʃ] <N.; o. Pl.> {s. u. ↑Bedd ↑Wäsch}: Bettwäsche.

Bedd|zeug, et ['bɛt‚tsɔyf] <N.; o. Pl.> {s. u. ↑Bedd}: Bettzeug.

bedeck

be|deck [bəˈdɛk] <Adj.; ~te; ~ter, ~ste> {8.3.5}: bedeckt, **1.** bewölkt, verhangen. **2.** belegt, heiser, rau (Stimme) [auch: ↑heiser]. Tbl. A4.1.1

be|decke [bəˈdɛkə] <nicht trennb. Präfix-V.; schw.; *han*; be|deckte [bəˈdɛktə]; be|deck [bəˈdɛk]>: bedecken, **1. a)** mit etw. zudecken, um zu verhüllen od. zu verbergen: *dä Dude met enem Doch b.* (den Leichnam mit einem Tuch b.); **b)** (übertr.) *sich bedeck halde* (sich nicht äußern, keine Stellung beziehen); *et Geseech met de Häng b.* (das Gesicht mit den Händen b.). **2.** sich über etw./jmdn. ausbreiten: *Dä Rock bedeck de Kneen.* (Der Rock bedeckt die Knie/reicht über die Knie.). (88)

be|deene [bəˈdeːnə] <nicht trennb. Präfix-V.; schw.; *han*; be|deente [bəˈdeːntə]; be|deent [bəˈdeːnt]> {5.1.4.3}: bedienen. (44)

Be|deen|ung, de [bəˈdeːnʊŋ] <N.; ~e> {5.1.4.3}: Bedienung. **1.** <Pl. selten> in einer Gaststätte od. in einem Geschäft bedienende Person; Kellner(in). **2.** <o. Pl.> das Bedienen eines Kunden, Gastes. **3.** das Handhaben, Steuern von Geräten.

be|denke [bəˈdɛŋkə] <nicht trennb. Präfix-V.; unr.; *han*; be|daach [bəˈdaːx]; be|daach [bəˈdaːx]>: bedenken, **1. a)** über etw. nachdenken, genau überlegen, erwägen, durchdenken: *Hä hatt god bedaach, wat hä sage wollt.* (Er hatte sorgfältig bedacht, was er sagen wollte.); **b)** in Betracht ziehen, beachten: *Do muss b., dat dä noch ärg jung es.* (Du musst b., dass er noch sehr jung ist.); **[RA]** *Däm es nix bedaach.* (Der hält nichts in Ehren.). **2.** <b. met> mit etw. beschenken; jmdm./einer Sache etw. zuteil werden lassen: *Die han sich gägesiggig met wölle Wööd bedaach.* (Sie bedachten sich gegenseitig mit Schimpfwörtern.). **3.** <sich b.> (vor einer Entscheidung) mit sich zurate gehen, sich kurz besinnen: *Ich han mich ene Moment bedaach un dann ungerschrevve.* (Ich bedachte mich einen Augenblick und unterschrieb dann.). (46)

Be|denk|zigg, de [bəˈdɛŋkˌtsɪk] <N.; o. Pl.> {s. u. ↑Zigg}: Bedenkzeit.

be|dinge [bəˈdɪŋə] <nicht trennb. Präfix-V.; nur 3. Pers. Sg.; st.; *han*; be|dung [bəˈdʊŋ]; be|dunge [bəˈdʊŋə]>: bedingen, **a)** bewirken, zur Folge haben; **b)** erfordern, voraussetzen (vereinzelt i. best. RAen): *Et eine bedingk et andere.* (Eines bedingt das andere.) [auch: ↑us|bedinge]. (26)

be|dingk [bəˈdɪŋk] <Adj.; nur adv.> {6.7}: bedingt, beschränkt, eingeschränkt: *Dat es nor b. richtig.* (Das ist nur b. richtig.). Tbl. A4.2.3.

be|dörfe/~|dürfe [bəˈdørfə (-dørvə) / -dʏrfə (-dʏrvə)] <nicht trennb. Präfix-V.; unr.; *han*; be|dorf [bəˈdorf]; be|dorf [bəˈdorf]> {5.5.1}: bedürfen [auch: ↑ge|bruche (2), *nüdig han*]. (47)

Be|drag, der [bəˈdraːx] <N.; ~|dräg [-drɛːf]> {6.11.2}: Betrag.

be|drage [bəˈdraːʀə] <nicht trennb. Präfix-V.; st.; *han*; be|drog [bəˈdroːx]; be|drage [bəˈdraːʀə]> {6.11.2}: betragen, **1.** sich belaufen auf; ausmachen. **2.** <sich b.> sich benehmen, sich verhalten. (48)

be|dränge [bəˈdrɛŋə] <nicht trennb. Präfix-V.; schw.; *han*; be|drängte [bəˈdrɛŋtə]; be|drängk [bəˈdrɛŋk]>: bedrängen. (49)

be|drege [bəˈdreːjə] <nicht trennb. Präfix-V.; st.; *han*; be|drog [bəˈdroːx]; be|droge [bəˈdrɔːʀə]> {5.4}: betrügen [auch: ↑aan|schmiere/~eere (2), ↑be|drieße, ↑be|scheiße (2), ↑be|schummele, ↑be|tuppe², ↑eren|läge (2), ↑foppe, ↑lackiere (2), ↑lappe² (2), ↑lieme (2), ↑ver|schöckele, ↑uze, ↑ver|aasche, ↑ver|uze, *einer för der Jeck halde*]. (14)

Be|dress, der [bəˈdres] <N.; ~|che [-jə] (kein Pl.; meist Diminutiv)>: Übervorteilung, Betrügerei, Spitzbüberei, Betrug [auch: ↑Bedrög|erei, ↑Fuutel, ↑Tuntel|ei (2)].

be|dresse [bəˈdresə] <Adj.; Part. II von ↑be|drieße; ~; ~ner, ~nste>: beschissen, **1. a)** schlecht, erbärmlich: *Mir geiht et b.* (Mir geht's b.); **b) [RA]** *B. wör gestrunz!* (B. wäre geprahlt!), als negative Antwort auf die Frage: *Wie geiht et der?* (Wie geht es dir?). **2. a)** ängstlich, feige: *Do ben ich zo b. för.* (Dazu bin ich zu ä.) [auch: ↑ängs|lich, ↑bammelig (3), ↑bang (1a), ↑bange(n)|dress|ig, ↑dress|ig², ↑feig, ↑habbel|ig, ↑kopp|scheu]; **b)** **b. Retz!* (Feigling!, Angsthase!). Tbl. A3.2

be|drieße [bəˈdriːsə] <nicht trennb. Präfix-V.; st.; *han*; be|dress [bəˈdres]; be|dresse [bəˈdresə]> {5.1.4.5}: bescheißen, betrügen, übervorteilen [auch: ↑aan|schmiere/~eere (2), ↑bedrege, ↑be|scheiße (2), ↑be|tuppe², ↑eren|läge (2), ↑foppe, ↑lappe² (2), ↑lieme (2), ↑tüte², ↑uze, ↑ver|schöckele, ↑ver|aasche, ↑ver|uze, *einer för der Jeck halde*]. (25)

be|drieve [bəˈdriːvə] <nicht trennb. Präfix-V.; st.; *han*; be|drevv [bəˈdref]; be|drevve [bəˈdrevə]> {5.1.4.5; 6.1.1; 6.11.2}: betreiben. (51)

be|drinke, sich [bə'drɪŋkə] <nicht trennb. Präfix-V.; st.; han; be|drunk [bə'drʊŋk]; be|drunke [bə'drʊŋkə]> {6.11.2}: sich betrinken, bis zum Rausch Alkohol trinken [auch: ↑be|suffe]. (52)

be|drocke [bə'drokə] <nicht trennb. Präfix-V.; schw.; han; be|drockte [bə'droktə]; be|drock [bə'drok]> {5.5.1}: bedrucken, **a)** Buchstaben, Text auf etw. drucken: *et Breefpapeer met der Adress b.* (das Briefpapier mit der Adresse b.); **b)** ein Muster auf etw. drucken. (88)

be|dröcke [bə'drøkə] <nicht trennb. Präfix-V.; unpers., nur 3. Pers.; schw.; han; be|dröckte [bə'drøktə]; be|dröck [bə'drøk]> {5.5.1}: bedrücken, auf jmdm. lasten; traurig, niedergeschlagen machen [auch: ↑be|klemme, ↑dröcke (3)]. (88)

Be|drog, der [bə'drox] <N.; kein Pl.> {5.5.1; 6.11.2}: Betrug.

Be|drögler, der [bə'drœːjɐ] <N.; ~> {5.4; 6.11.1}: Betrüger [auch: ↑Filou, ↑Fuutel|er].

Be|drög|erei, de [bə‚drœːjə'reɪ·] <N.; ~e [-ərɛɪə]> {5.4; 6.11.1}: Betrügerei [auch: ↑Bedress|che, ↑Fuutel, ↑Tuntel|ei (2)].

be|drohe/~|dräue [bə'droːə / -drøːjə] <nicht trennb. Präfix-V.; *be|dräue* veraltet; schw.; han; be|drohte [bə'droːtə]; be|droht [bə'droːt]> {(5.1.4.8)}: bedrohen. (37) (11)

be|dröppelt [bə'drœpəlt] <Adj.; ~e> {6.8.1; 6.11.2}: betrübt [auch: ↑be|dröv]. Tbl. A1

be|dröv [bə'drøːf] <Adj.; Part. II von ↑be|dröve; ~te; ~ter, ~ste> {5.4; 6.1.1; 6.11.2}: betrübt, traurig, bekümmert [auch: ↑be|dröppelt]. Tbl. A4.1.1

be|dröve [bə'drøːvə] <nicht trennb. Präfix-V.; schw.; han; be|drövte [bə'drøːftə]; be|dröv [bə'drøːf]> {5.4; 6.1.1; 6.11.2}: betrüben, traurig machen/stimmen, bekümmern. (158)

be|dügge [bə'dʏɡə] <nicht trennb. Präfix-V.; schw.; han; be|düggte [bə'dʏktə]; be|dügg [bə'dʏk]> {5.3.4; 6.6.2}: bedeuten, **1. a)** für einen best. Inhalt stehen; **b)** notwendig zur Folge haben; **c)** auf etw. Zukünftiges hindeuten. **2.** wichtig/ernst genommen werden. **3.** zu verstehen geben. (208)

be|dun, sich [bə'dʊn] <nicht trennb. Präfix-V.; unr.; han; be|dät [bə'dɛːt]; be|don [bə'don]> {5.3.2.5; 6.11.1}: sich betun, **1.** sich befassen, beschäftigen. **2.** sich mit etw. begnügen, sich behelfen mit einer Sache. **3.** sich zieren. (53)

be|dusele, sich [bə'dʊzələ] <nicht trennb. Präfix-V.; schw.; han; be|duselte [bə'dʊzəltə]; be|duselt [bə'dʊzəlt]> {5.3.2.3; 7.4; 9.2.1.2}: sich beduseln, leicht betrinken [auch: ↑be|säusele]. (6)

be|duselt [bə'dʊzəlt] <Adj.; Part. II von ↑be|dusele; ~e> {5.3.2.3, 7.4}: beduselt, betrunken [auch: ↑be|soffe, ↑stääne|voll, *de Röggel|cher wärm han*]. Tbl. A1

be|duure/~|doore [bə'duː(ə̯)rə / -doːrə] <nicht trennb. Präfix-V.; schw./unr.; han; be|duurte [bə'duːə̯tə]; be|duurt [bə'duːə̯t]> {5.1.4.6; 8.2.2.2}: bedauern [auch: ↑be|met|leide, ↑be|gööze, ↑be|duure/~|doore; ↑be|klage, *einem Leid dun*]. (100) (134)

beede ['beːdə] <V.; st.; han; bodd [bot]; gebodde [jə'bodə]> {5.1.4.3; 6.11.3}: bieten. (15)

beege ['beːjə] <V.; st.; han; bog [boːx]; geboge [jə'boːʀə]> {5.1.4.3}: biegen. (16)

be|ende [bə'ɛndə] <nicht trennb. Präfix-V.; gebräuchl.: *en Eng(k) maache*; schw.; han; be|endte [bə'ɛntə]; be|endt [bə'ɛnt]>: beenden [auch: *fäädig maache*]. (28)

be|en|drocke [bə'ɛndrokə] <nicht trennb. Präfix-V.; schw.; han; be|en|drockte [bə'ɛndroktə]; be|en|drock [bə'ɛndrok] {5.5.1}: beeindrucken, auf jmdn. einen starken Eindruck machen, jmdm. imponieren. (88)

be|en|flusse [bə'ɛnflʊsə] <nicht trennb. Präfix-V.; schw.; han; be|en|flusste [bə'ɛnflʊstə]; be|en|fluss [bə'ɛnflʊs]>: beeinflussen, auf jmdn./etw. Einfluss ausüben. (67)

be|enträchtige [bə'ɛntrɛçtɪjə] <nicht trennb. Präfix-V.; schw.; han; be|enträchtigte [bə'ɛntrɛçtɪçtə]; be|enträchtig [bə'ɛntrɛçtɪç]>: beeinträchtigen, **a)** auf jmdn./etw. eine behindernde/negative Wirkung ausüben: *Dä Rähn hät dat Fess beenträchtig.* (Der Regen hat das Fest beeinträchtigt.); **b)** verschlechtern, (in seinem Wert) mindern: *Alkohol beenträchtig de Reaktion.* (Alkohol beeinträchtigt das Reaktionsvermögen.). (7)

Beer, de [beːɐ̯] <N.; ~e> {8.3.1}: Beere.

be|erdige [bə'eːɐ̯dɪjə] <nicht trennb. Präfix-V.; schw.; han; be|erdigte [bə'eːɐ̯dɪçtə]; be|erdig [bə'eːɐ̯dɪç]>: beerdigen, bestatten, einen Verstorbenen auf einem Friedhof begraben, bestatten, beisetzen: *Wann weed hä beerdig?* (Wann wird er beerdigt?) [auch: ↑be|grave, ↑bei|setze[2], *unger de Ääd bränge*]. (7)

Be|erdig|ung, de [bə'eːɐ̯dɪjʊŋ] <N.; i. best. Komposita *erd-*, sonst ↑Ääd; ~e> {11}: Beerdigung [auch: ↑Be|gräbb|nis].

↑ge|löste; *op einer/jet erpich/jeck/versesse sin; einem en der Nas steche*]. (31)

be|gier|ig [bə'ji:(ɐ̯)rɪʃ] <Adj.; ~e; ~er, ~ste>: begierig, erpicht, versessen [auch: ↑be|näut; *op jet erpich sin; en der Nas steche*]. Tbl. A5.2

Be|ging, de [be'jɪŋ·] <N.; ~e [-jɪŋə]; ⟨lat. beggina, begina⟩> {5.3.2; 8.3.1}: Begine, Nonne [auch: ↑Nonn].

Be|ginge|bütz|che, et [be'jɪŋə‚bʏt͡s‚jə] <N.; ~r> {s. u. ↑Be|ging}: Küsschen, Kuss auf Stirn od. Wange als Ausdruck der Höflichkeit od. freundschaftlichen Verbundenheit.

Be|ginge|draach/~|traach, de [bə'jɪŋə‚dra:x / -tra:x] <N.; ~te> {s. u. ↑Be|ging ↑Draach/Traach}: Nonnentracht [auch: ↑Nonne|draach/~|traach].

Be|ginge|kluster, et [bə'jɪŋə‚klu·stɐ] <N.; ~|klüster> {s. u. ↑Be|ging ↑Kluster}: Nonnenkloster [auch: ↑Nonne|kluster].

be|gläuvige [bə'jlɔy̆vɪjə] <nicht trennb. Präfix-V.; schw.; *han*; be|gläuvigte [bə'jlɔy̆vɪʃtə]; be|gläuvigt [bə'jlɔy̆vɪʃ]> {5.1.3; 6.1.1}: beglaubigen, von amtl. Stelle als richtig/ wahr/echt bestätigen. (7)

be|gliche [bə'jlɪʃə] <nicht trennb. Präfix-V.; st.; *han*; be|glech [bə'jleʃ]; be|gleche [bə'jleʃə]> {5.3.4.1}: begleichen, bezahlen, löhnen: *de Rechnung b.* (die Rechnung b.). (187)

be|glöcke [bə'jlœkə] <nicht trennb. Präfix-V.; schw.; *han*; be|glöckte [bə'jlœktə]; be|glöck [bə'jlœk]> {5.5.1}: beglücken, **a)** mit großem Glück erfüllen, glücklich machen: *de Pänz met Geschenke b.* (die Kinder mit Geschenken b.); **b)** (iron.) *De Tant hät uns met ehrem Besök beglöck.* (Die Tante hat uns mit ihrem Besuch beglückt.). (88)

be|glöck|wünsche [bə'jlœk‚vʏnʃə] <nicht trennb. Präfix-V.; schw.; *han*; be|glöck|wünschte [bə'jlœk‚vʏnʃtə]; be|glöck|wünsch [bə'jlœk‚vʏnʃ]>: beglückwünschen, **a)** jmdm. zu etw. gratulieren: *einer zo singer bestande Pröfung b.* (jmdm. zu seiner bestandenen Prüfung b.); **b)** <sich b.> stolz darauf sein: *Hä kunnt sich b.* (Er konnte sich b.). (110)

be|gnadige [bə'jna·drjə] <nicht trennb. Präfix-V.; schw.; *han*; be|gnadigte [bə'jna·drɪʃtə]; be|gnadig [bə'jna·drɪʃ]>: begnadigen, jmdm. Gnade gewähren; jmdm. die Strafe erlassen; amnestieren. (7)

be|gnöge, sich [bə'jnø·jə] <nicht trennb. Präfix-V.; schw.; *han*; be|gnögte [bə'jnø·ʃtə]; be|gnög [bə'jnø·ʃ]> {5.4}: sich begnügen, sich mit etw. zufrieden geben, sich auf etw. beschränken. (103)

be|göbbele [bə'jœbələ] <nicht trennb. Präfix-V.; schw.; *han*; be|göbbelte [bə'jœbəltə]; be|göbbelt [bə'jœbəlt]> {9.2.1.2}: vollkotzen, durch Erbrechen beschmutzen [auch: ↑be|kotze]. (6)

Begonie, de ['be'jo:nɪə] <N.; ~>: Begonie (Blühpflanze).

be|gonn [bə'jɔn] <nicht trennb. Präfix-V.; st.; *han*; be|ging [bə'jɪŋ]; be|gange [bə'jaŋə]> {5.3.4; 8.2.2.3}: begehen. (83)

be|gööze [bə'jœ:t͡sə] <V.; schw.; *han*; be|göözte [bə'jœ:t͡stə]; be|gööz [bə'jœ:t͡s]>: bejammern, beklagen, bedauern [auch: ↑be|duure/~|doore, ↑be|klage; ↑be|met|leide, *einem Leid dun*]. (112)

Be|gov|ung, de [bə'jɔ·vʊŋ] <N.> {5.5.3; 6.1.1}: eigentl. „Begabung", nur i. d. Wendung *de B. krige*: **a)** zu viel kriegen; auch: *en Aap krige*; **b)** sich ekeln: *Wann ich Austere esse mööt, kräht ich de B.* (Wenn ich Austern essen müsste, würde ich mich ekeln.).

Be|gräbb|nis, et [bə'jrɛpnɪs] <N.; ~se> {5.3.2}: Begräbnis, Beerdigung [auch: ↑Be|erdig|ung].

be|gradige [bə'jra·drjə] <nicht trennb. Präfix-V.; schw.; *han*; be|gradigte [bə'jra·drɪʃtə]; be|gradig [bə'jra·drɪʃ]>: begradigen: *ene Fluss b.* (einen Fluss b.). (7)

be|grapsche [bə'jrapʃə] <nicht trennb. Präfix-V.; schw.; *han*; be|grapschte [bə'jrapʃtə]; be|grapsch [bə'jrapʃ]>: begrapschen, anfassen, befühlen, betasten. (110)

be|grave [bə'jra·və] <nicht trennb. Präfix-V.; st.; *han*; be|grov [bə'jro·f]; be|grave [bə'jra·və]> {6.1.1}: begraben [auch: ↑be|erdige, ↑bei|setze[2], *unger de Ääd bränge*]. (85)

Be|greff, der [bə'jref] <N.; ~e> {5.5.2}: Begriff.

be|grenz [bə'jrɛns] <Adj.; Part. II von ↑begrenze; ~te; ~ter, ~teste> {8.3.5}: begrenzt, auf ein gewisses Maß beschränkt; nicht umfassend: *Hä hät ene ärg begrenzte Horizont.* (Er hat einen sehr begrenzten Horizont.); *Dat es nor b. möglich.* (Das ist nur b. möglich.). Tbl. A4.1.2

be|grenze [bə'jrɛn·t͡sə] <nicht trennb. Präfix-V.; schw.; *han*; be|grenzte [bə'jrɛn·t͡stə]; be|grenz [bə'jrɛn·t͡s]>: begrenzen, **1.** die Grenze von etw. bilden; am Ende von etw. stehen: *De Wiss weed vum Wald begrenz.* (Die Wiese wird vom Wald begrenzt.). **2.** beschränken, einengen, einengend festlegen: *de Geschwindigleit op 50 km/h b.* (die Geschwindigkeit auf 50 km/h b.). (42)

be|gribbele [bə'jrɪbələ] <nicht trennb. Präfix-V.; schw.; *han*; be|gribbelte [bə'jrɪbəltə]; be|gribbelt [bə'jrɪbəlt]> {5.3.2; 5.4; 9.2.1.2}: überdenken. (6)

be|griefe [bə'jri:fə] <nicht trennb. Präfix-V.; st.; *han*; be|greff [bə'jref]; be|greffe [bə'jrefə]> {5.1.4.5}: begreifen, erfassen [auch: ↑checke (2), ↑kapiere/~eere, ↑klicke (2), ↑schnalle (2), ↑ver|stonn]. (86)

be|gröne [bə'jrø·nə] <nicht trennb. Präfix-V.; schw.; *han*; be|grönte [bə'jrø·ntə]; be|grönt [bə'jrø·nt]> {5.4}: begrünen. (146)

be|größe [bə'jrø·sə] <nicht trennb. Präfix-V.; schw.; *han*; be|größte [bə'jrø·stə]; be|größ [bə'jrø·s]> {5.4}: begrüßen, 1. mit Gruß empfangen. 2. positiv bewerten. (32)

be|gründe [bə'jryn·də] <nicht trennb. Präfix-V.; schw.; *han*; be|gründte [bə'jryn·tə]; be|gründt [bə'jryn·t]>: begründen, 1. den Grund zu etw. legen, die Grundlage für etw. schaffen. 2. Gründe, etw. als Grund für etw. angeben: *Dat es durch nix zo b.* (Das ist durch nichts zu b.). 3. <sich b.> in etw. seinen Grund finden, sich aus etw. erklären: *Wie begründt sich däm sing Idee?* (Wie begründet sich seine Idee?). (28)

be|günstige [bə'jʏnstɪjə] <nicht trennb. Präfix-V.; schw.; *han*; be|günstigte [bə'jʏnstɪftə]; be|günstig [bə'jʏnstɪf]>: begünstigen, bevorteilen, **a)** jmdm./einer Sache/einem Vorhaben günstig/förderlich sein; positiv beeinflussen; **b)** bevorzugen, favorisieren, bes. fördern; **c)** (Rechtsspr.) (einen Täter) unterstützen, (ihn) bevorteilen, sich seiner Bestrafung zu entziehen. (7)

be|hacke [bə'hakə] <nicht trennb. Präfix-V.; schw.; *han*; be|hackte [bə'haktə]; be|hack [bə'hak]>: behacken, mit der Hacke bearbeiten. (88)

be|hage [bə'ha·ʁə] <nicht trennb. Präfix-V.; schw.; *han*; be|hagte [bə'ha·xtə]; be|hag [bə'ha·x]>: behagen, zusagen, gefallen; Behagen bereiten. (103)

be|halde [bə'haldə] <nicht trennb. Präfix-V.; st.; *han*; be|heeldt [bə'he:lt]; be|halde [bə'haldə]> {6.11.3}: behalten, **1. a)** festhalten, nicht hergeben; **b)** zurückhalten; **c)** an einem Ort belassen, *jet för sich b.* (etw. für sich b., nicht weitererzählen, geheimhalten). **2. a)** nicht verlieren; bewahren: *Ich b. dä Ring.* (Ich behalte den Ring/gebe den Ring nicht ab); **b)** sich als bleibenden Schaden zugezogen haben: *Vun däm Unfall hät hä e stiev Bein b.* (Von dem Unfall hat er ein steifes Bein zurückbehalten.). **3.** im Gedächtnis bewahren, sich merken: *Dat kann ich god b.* (Das kann ich gut b.). (90)

Be|häld|er, der [bə'hɛldə] <N.; ~> {6.11.3}: Behälter.

be|hämmere [bə'hɛmərə] <nicht trennb. Präfix-V.; schw.; *han*; be|hämmerte [bə'hɛmətə]; be|hämmert [bə'hɛmət]> {9.2.1.2}: behämmern, **a)** mit dem Hammer bearbeiten, unablässig auf etw. einschlagen: *Dat Blech müsse mer noch b.* (Das Blech müssen wir noch b.); **b)** <Part. II> verrückt: *Dä es behämmert.* (Er ist verrückt.). (4)

be|handele [bə'han·dələ] <nicht trennb. Präfix-V.; schw.; *han*; be|handelte [bə'han·dəltə]; be|handelt [bə'han·dəlt]> {9.2.1.2}: behandeln, **1.** mit jmdm./etw. in einer best. Weise umgehen/verfahren: *Dat muss vürsichtig behandelt weede.* (Das muss vorsichtig behandelt werden.). **2.** (mit einer Substanz, die eine best. Wirkung hat) bearbeiten/in Berührung bringen: *jet met Wachs b.* (etw. mit Wachs b.). **3. a)** auf best. Weise (künstlerisch) darstellen/ausführen: *En singem Boch behandelt hä Rassismus-Probleme.* (In seinem Buch behandelt er Rassismus-Probleme.); **b)** (eine Angelegenheit, ein Thema besprechen/durchsprechen: *Künne mer dat och morge b.?* (Können wir das auch morgen b.?); **c)** (wissensch.) analysieren u. darlegen: *e Thema wessenschafflich b.* (ein Thema wissenschaftlich b.). **4. a)** (einen Patienten) zu heilen versuchen: *ene Kranke ambulant b.* (einen Kranken ambulant b.); **b)** (eine Krankheit/Verletzung) zu heilen versuchen: *en Wund met Salv b.* (eine Wunde mit Salbe b.). (6)

be|hänge [bə'hɛŋə] <nicht trennb. Präfix-V.; schw.; *han*; be|hängte [bə'hɛŋ·tə]; be|hängk [bə'hɛŋ·k]>: behängen, **a)** an etw./jmdm. Gegenstände so befestigen, dass sie herabhängen: *der Chressbaum met Lametta b.* (den Weihnachtsbaum mit Lametta b.); **b)** übermäßig schmücken: *Ming Frau behängk sich gään met Schmuck.* (Meine Frau behängt sich gern mit Schmuck.). (49)

be|harre [bə'harə] <nicht trennb. Präfix-V.; schw.; *han*; be|harrte [bə'haxtə]; be|harr [bə'hax]>: beharren, auf etw. bestehen, an etw. festhalten, dabei bleiben: *op singem Standpunk b.* (auf seinem Standpunkt b.) [auch: ↑harre]. (93)

be|hätz [bə'hɛts] <Adj.; Part. II von mhd. *beherzen*; ~te; ~ter, ~teste> {5.4; 8.2.4; 8.3.5}: beherzt, mutig u. entschlossen [auch: *nit bang*]. Tbl. A4.1.2

be|hätzige [bə'hɛtsɪjə] <nicht trennb. Präfix-V.; schw.; *han*; be|hätzigte [bə'hɛtsɪjtə]; be|hätzig [bə'hɛtsɪj]> {5.4; 8.2.4}: beherzigen. (7)

be|haue [bə'hauə] <nicht trennb. Präfix-V.; unr./schw.; *han*; be|haute [bə'hau·tə]; be|haue/be|haut [bə'hauə / bə'hau·t]>: behauen, durch Hauen (mit einer Axt, einem Hammer od. Ä.) bearbeiten; *mem Bömmel b. sin (verrückt sein). (94)

behaupte [bə'hauptə] <nicht trennb. Präfix-V.; schw.; *han*; behaup [bə'houp]>: behaupten, **1.** mit Bestimmtheit aussprechen, überzeugt sagen; (noch Unbewiesenes) als sicher ausgeben: *Hät dä dat em Ääns behaup?* (Hat der das ernsthaft behauptet?) [auch: ↑sage, *Rääch behalde*]. **2. a)** erhalten, bewahren; erfolgreich verteidigen: *singe Platz b.* (seinen Platz b.); **b)** <sich b.> sich gegen alle Widerstände halten (u. durchsetzen): *sich en ener Position b.* (sich in einer Position b.); **c)** (Sport) siegen: *De Franzuse kunnte sich met 3:0 b.* (Die Franzosen konnten sich mit 3:0 b.). (19)

be|heize [bə'heɪtsə] <nicht trennb. Präfix-V.; schw.; *han*; be|heizte [bə'heɪtstə]; be|heiz [bə'heɪts]>: beheizen, **a)** einen Raum durch Heizen warm machen, durch od. mit etw. heizen: *de Wonnung b.* (die Wohnung b.); **b)** (Technik) einer Sache Wärme zuführen, mit Wärme versorgen: *Die Schiev weed elektrisch beheiz.* (Die Scheibe wird elektrisch beheizt.). (112)

Be|helf, der [bə'hɛlf] <N.; ~e>: Behelf, Notlösung [auch: ↑Nud|lös|ung].

be|helfe, sich [bə'hɛlfə] <nicht trennb. Präfix-V.; st.; *han*; be|holf [bə'holf]; be|holfe [bə'holfə]>: sich behelfen, **a)** sich mit einem (unzureichenden) Ersatz helfen, sich durch jmdn./etw. Ersatz schaffen: *sich met ener Deck b.* (sich mit einer Decke b.); **b)** ohne jmdn./etw. zurechtkommen; auch so, ohne Hilfe fertig werden: *Kanns do dich ohne Auto b.?* (Kannst du dich ohne Auto b.?). (97)

be|hellige [bə'hɛlɪjə] <nicht trennb. Präfix-V.; schw.; *han*; be|helligte [bə'hɛlɪjtə]; be|hellig [bə'hɛlɪj]>: behelligen, (mit etw. Unangenehmem/Lästigem) konfrontieren; in störender Weise bedrängen; belästigen: *de Lück met Froge b.* (die Leute mit Fragen b.). (7)

be|herberge [bə'hɛrˌbɛr·jə] <nicht trennb. Präfix-V.; schw.; *han*; be|herbergte [bə'hɛrˌbɛr·jtə]; be|herberg [bə'hɛrˌbɛr·j]>: beherbergen, **a)** als Gast bei sich aufnehmen; jmdm. Unterkunft bieten: *ene Fründ üvver Naach b.* (einen Freund über Nacht b.); **b)** in sich enthalten; den Raum für jmdn./etw. bieten: *Dat kleine Zemmer kann all die Lück nit b.* (Das kleine Zimmer kann all die Leute nicht b.). (39)

be|herrsche [bə'hɛxʃə] <nicht trennb. Präfix-V.; schw.; *han*; be|herrschte [bə'hɛxʃtə]; be|herrsch [bə'hɛxʃ]>: beherrschen, **1. a)** über jmdn./etw. Macht ausüben; als Herrscher regieren: *Dä Diktator beherrsch si Volk.* (Der Diktator beherrscht sein Volk.) [auch: ↑unger|joche]; **b)** (übertr.) *Dä weed vun singer Fresssuch völlig beherrsch.* (Er wird von seiner Fresssucht völlig beherrscht.). **2.** <sich b.> zügeln, bezähmen, zurückhalten, unter Kontrolle halten: *Bei Güdscher kann ich mich nit b.* (Bei Süßigkeiten kann ich mich nicht b.). **3.** Fähigkeit besitzen [auch: *jet drop han*]. (110)

be|hevve [bə'hevə] <nicht trennb. Präfix-V.; st.; *han*; be|hovv [bə'hof]; be|hovve [bə'hovə]> {5.3.4; 5.5.2; 6.1.1}: beheben, beseitigen, aufheben. (98)

be|hexe [bə'hɛksə] <nicht trennb. Präfix-V.; schw.; *han*; be|hexte [bə'hɛkstə]; be|hex [bə'hɛks]>: behexen, **1.** verzaubern, durch Zauberspruch verwandeln. **2.** stark in seinen Bann ziehen. (71)

be|hindere [bə'hɪndərə] <nicht trennb. Präfix-V.; schw.; *han*; be|hinderte [bə'hɪndətə]; be|hindert [bə'hɪndət]> {9.2.1.2}: behindern. (4)

be|höde [bə'hø·də] <nicht trennb. Präfix-V.; schw.; *han*; be|hödte [bə'hø·tə]; be|hödt [bə'hø·t]> {5.4; 6.11.3}: behüten [auch: ↑be|op|sichtige, ↑op|passe)]. (197)

bei [beɪ] <Präp.; m. Dat. u. Akk.>: bei, zu, **1.** <mit Dat.> **a)** (räumlich) *Hürth b. Kölle* (Hürth b. Köln); **b)** (zeitlich) *b. Dag un b. Naach* (b. Tag und b. Nacht); **c)** (m. konditionalem Nebensinn) wenn … dann: *b. Glatties weed gestreut* (b. Glatteis wird gestreut); **d)** (m. kausalem Nebensinn) wegen, infolge: *B. dä Hetz blieve mer leever zo Hus.* (B. der Hitze bleiben wir lieber zu Hause.); **e)** (m. adversativem, konzessivem Nebensinn) trotz, ungeachtet: *b. aller Fründschaff* (b. aller Freundschaft); **f)** *bei einer bei* (ganz nah zu jemandem); **g)** <lokal> **beim**; zus. gezogen aus *bei + dem*: beim (= bei dem). **2.** <mit Akk.> **a)** zu (auf die Frage zu wem): *Ich gonn b. der Friseur.* (Ich gehe zum Friseur.) [auch: ↑noh²]; **b)** <direktional> **bei'**: zur; zus. gezogen aus *bei + et*: bei das.

Bei, de [beɪ·] <N.; veraltend; ~e ['beɪə]> {5.1.4.3; 8.3.1}: Biene [gebräuchl.: ↑Bien].

bei|be|halde ['beɪbəhaldə] <trennb. Präfix-V.; st.; *han*; be|heeldt b. [bə'he:lt]; ~|be|halde [-bəhaldə] {6.11.3}: beibehalten, an etw. festhalten, bei etw. bleiben; nicht aufgeben. (90)

Bei|bladd, et ['beɪblat] <N.; ~|blädder> {6.11.3}: Beiblatt.

bei|bränge ['beɪbrɛŋə] <trennb. Präfix-V.; unr.; *han*; braht b. [bra:t]; ~|gebraht [-jəbra:t]> {5.4}: beibringen, **1.** herbeischaffen. **2.** lehren, beibringen, vermitteln [auch: ↑be|lehre/~|lihre (1a), ↑lehre/lihre]. **3.** etw. (Schlechtes) zufügen, antun. **4.** eine schlechte Nachricht schonend übermitteln. (33)

Bei|drag, et ['beɪdra:x] <N.; ~|dräg [-drɛ·ɱ]> {6.11.2}: Beitrag.

bei|drage ['beɪdra·ʀə] <trennb. Präfix-V.; st.; *han*; drog b. [dro·x]; ~|gedrage [-jədra·ʀə]> {6.11.2}: beitragen. (48)

bei|drags|flicht|ig ['beɪdra:(x)s,flɪɱtɪɱ] <Adj.; ~e> {6.8.2; 6.11.1}: beitragspflichtig. Tbl. A5.2

bei|drihe ['beɪdri·ə] <trennb. Präfix-V.; schw.; *han*; drihte b. ['dri·tə]; ~|gedriht [-jədri·t]> {5.1.4.1}: beidrehen, (Seemannsspr.) die Richtung ändern u. langsamer werden: *Dat Scheff drihte bei un laht aan.* (Das Schiff drehte bei und legte an.). (37)

beids [beɪts] <Indefinitpron. u. unbest. Zahlw.; ~e> {8.3.1; 9.2.2}: beide, bei attr. Gebrauch: ~*e Kääls* (b. Kerle) [auch: *alle zwei*, ↑alle|beids]; ***op ~e Sigge** (beidseitig); alleinstehend: *Se wore b. hee.* (Sie waren b. hier.).

beid|sigg|ig ['beɪt,zɪgɪɱ] <Adj.; ~e>: beidseitig [auch: *op beidse Sigge*]. Tbl. A5.2

be|iele, sich [bə'i·lə] <nicht trennb. Präfix-V.; schw.; *han*; be|ielte [bə'i:ltə]; be|ielt [bə'i:lt]> {5.1.4.5}: sich beeilen; [gebräuchl.: ↑ploge; auch: ↑zaue, *vöran maache, flöck maache, der Reeme drop dun, Gas gevve, Kood scheeße looße*]. (45)

bei|enander [beɪə'nandɐ] <Adv.>: beieinander [auch: ↑all|bei|enein, ↑bei|enein, ↑bei|samme, ↑ze|samme].

bei|enein [beɪə'neɪn] <Adv.>: beieinander, zusammen [auch: ↑all|bei|enein, ↑bei|enander, ↑bei|samme, ↑ze|samme].

beiere ['baɪərə] <V.; schw.; *han*; beierte ['baɪɐtə]; gebeiert [jə'baɪɐt]> {9.2.1.2}: beiern, **1.** den Rand einer ruhenden Glocke i. best. Rhythmus anschlagen (veralteter Brauch). **2.** (übertr.) etw. unablässig wiederholen, jmdm. in den Ohren liegen. (4)

Beie|schwarm, der ['beɪə,ʃvarm] <N.; ~|schwärm [-ʃvɛrm]> {8.2.3; s. u. ↑Bei}: Bienenschwarm.

Bei|fahr|er, der ['beɪfa:ʀɐ] <N.; ~>: Beifahrer.

Bei|fahrer|setz, der ['beɪfa:ʀə,zets] <N.; ~(e)> {s. u. ↑Setz}: Beifahrersitz.

Bei|fall, der ['beɪfal] <N.; kein Pl.>: Beifall.

bei|flichte ['beɪflɪɱtə] <trennb. Präfix-V.; schw.; *han*; ~|geflich [-jəflɪɱ]> {6.8.2}: beipflichten, zustimmen. (131)

bei|geeße ['beɪje·sə] <trennb. Präfix-V.; st.; *han*; goss b. [jɔs]; ~|gegosse [-jəjɔsə]> {5.1.4.3}: (hin)zugießen [auch: ↑bei|schödde]. (79)

Bei|ge|schmack, der ['beɪjəʃmak] <N.; o. Pl.>: Beigeschmack.

Bei|hau, der ['beɪhaʊ / beɪ'haʊ] <N.; o. Pl.>: **1.** Beigabe; ein beim Fleischverkauf beigehauener Knochen od. ein Stück Fleisch, Fett od. anderes, zum Ausgleich des Gewichtes. **2.** (allg.) Zugabe; [auch: ↑Bei|lag].

be|ihre [bə'i·(ə)ʀə] <nicht trennb. Präfix-V.; schw.; *han*; be|ihrte [bə'i·ɐtə]; be|ihrt [bə'i·ɐt]> {5.4}: beehren. (31)

bei|kumme ['beɪkʊmə] <trennb. Präfix-V.; st.; *sin*; kom b. [kɔm]; ~|(ge)kumme [-(jə),kʊmə]> {5.4}: beikommen, **a)** mit jmdm. fertig werden, jmdm. gewachsen sein u. sich ihm gegenüber durchsetzen: *einem nit b. künne* (jmdm. nicht gewachsen sein); **b)** etw./ein Problem bewältigen/lösen: *Mer hät versök däm Problem op ander Aat beizekumme.* (Man hat versucht das Problem anders zu lösen.) [auch: ↑be|wältige, ↑meistere (1)]. (120)

Bei|lag, de ['beɪla·x] <N.; ~e> {8.3.1}: Beilage [auch: ↑Bei|hau].

bei|läge ['beɪlɛ·jə] <trennb. Präfix-V.; unr.; *han*; laht b. [la:t]; ~|gelaht/~|geläg [-jəla:t / -jəlɛ:ɱ]> {5.4}: beilegen, **1.** dazulegen, beifügen; zu einer Sache hinzufügen: *ene Freiömschlag b.* (einen Freiumschlag b.). **2. a)** (einen best. Sinn) zuerkennen, beimessen: *ener Saach zovill Geweech b.* (einer Sache zu viel Gewicht b.); **b)** (eine best. (zusätzliche) Bez.) geben, verleihen: *sich ene Künslername b.* (sich einen Künstlernamen b.). **3.** schlichten, aus der Welt schaffen: *Dä Strigg es beigelaht woode.* (Der Streit wurde beigelegt.). (125)

Bei|leid, et ['beɪleɪt] <N.; kein Pl.>: Beileid.

Bei|leids|kaat, de ['beɪleɪts,ka:t] <N.; ~e> {s. u. ↑Kaat}: Beileidskarte.

bei|lige ['beɪlɪjə] <trennb. Präfix-V.; st.; *han*; log b. [lɔ·x]; ~|geläge [-jəlɛ:jə]> {5.3.4.1}: beiliegen, einer Sache beigefügt sein. (132)

beim

beim [beɪm] <Präp. + best. Art.; m. Dat.>: beim, zus. gezogen aus *bei dem* (bei dem).

bei|menge ['beɪmɛŋə] <trennb. Präfix-V.; schw.; *han*; mengte b. [ˈmɛŋˑtə]; ~|gemengk [-jəmɛŋˑk]>: beimengen, zusätzlich unter etw. mengen. (49)

bei|messe ['beɪmɛsə] <trennb. Präfix-V.; st.; *han*; moß b. [moˑs]; ~|gemesse [-jəmɛsə]>: beimessen, (einen best. Sinn) zuerkennen, zuschreiben. (59)

bei|mische ['beɪmɪʃə] <trennb. Präfix-V.; schw.; *han*; mischte b. [ˈmɪʃtə]; ~|gemisch [-jəmɪʃ]>: beimischen, beimengen. (110)

Bein, et [beɪn] <N.; ~ [beɪˑn]>: Bein, **[RA]** *Wat mer nit em Kopp hät, muss mer en de B. han.* (Was man nicht im Kopf hat, muss man in den ~en haben.).

Bein|fleisch, et ['beɪnˌfleɪʃ] <N.; kein Pl.>: Beinfleisch.

Bein|läng|(de), de ['beɪnˌlɛŋˑdə] <N.; ~> {s. u. ↑Läng|(de)}: Beinlänge.

bei|nöchs [beɪˈnœˑks] <Adv.> {5.5.3}: beinahe, fast, (wörtl.) beinächst [auch: ↑bei|noh, ↑baal, ↑quasi, ↑fass²].

bei|noh [beɪˈnoˑ / '-,- / '-'-] <Adv.> {5.5.3}: beinahe, fast [auch: ↑bei|nöchs, ↑baal, ↑quasi, ↑fass²].

bei|packe ['beɪpakə] <trennb. Präfix-V.; schw.; *han*; packte b. [ˈpaktə]; ~|gepack [-jəpak]>: beipacken. (88)

Bei|pack|zeddel, der ['beɪpakˌtsɛdəl] <N.; ~e> {s. u. ↑Zeddel}: Beipackzettel.

Bei|rod, der ['beɪroˑt] <N.; ~|röd> {5.5.3}: Beirat.

bei|samme [beɪˈzamə] <Adv.>: beisammen, beieinander, zusammen [auch: ↑all|bei|enein, ↑bei|enander, ↑bei|enein, ↑zo|samme].

bei|schaffe ['beɪʃafə] <trennb. Präfix-V.; schw.; *han*; schaffte b. [ˈʃaftə]; ~|geschaff [-jəʃaf]>: beischaffen, herbeischaffen, heranholen, beschaffen. (27)

bei|scheeße ['beɪʃeˑsə] <trennb. Präfix-V.; st.; *han*; schoss b. [ʃɔs]; ~|geschosse [-jəʃɔsə] {5.1.4.3}: beischießen, dazutun, Geld für etw. beisteuern, einen Beitrag leisten: *5 € bei dat Geschenk b.* (5 € zu dem Geschenk b.) [auch: ↑dobei|dun, ↑zo|scheeße (2a)]. (79)

Bei|schlof, der ['beɪʃloˑf] <N.; kein Pl.> {5.5.3}: Beischlaf.

bei|schödde ['beɪʃødə] <trennb. Präfix-V.; st.; *han*; schodt b. [ʃot]; ~|geschodt/~|geschödt [-jəʃot / -jəʃøt]> {5.5.1; 6.11.3}: beischütten, hinzuschütten [auch: ↑bei|geeße]. (166)

bei|setze¹ ['beɪzetsə] <trennb. Präfix-V.; st.; *han*; soß b. [zoˑs]; ~|gesesse [-jəzɛsə]> {5.5.2}: beisitzen. (172)

bei|setze² ['beɪzɛtsə] <trennb. Präfix-V.; unr./schw.; *han*; setzte/satz b. [ˈzɛtstə / zats]; ~|gesetz/~|gesatz [-jəzɛts / -jəzats]>: beisetzen, beerdigen [auch: ↑be|erdige, ↑be|grave, *unger de Ääd bränge*]. (173)

Bei|setz|er, der ['beɪzɛtsɐ] <N.; ~> {5.5.2}: Beisitzer.

bei|sigg [beɪˈzɪk] <Adv> {5.3.4; 6.6.2; 8.3.1}: beiseite.

Bei|spill, et ['beɪʃpɪl] <N.; ~|spill [-ʃpɪlˑ]> {5.3.4}: Beispiel.

bei|springe ['beɪʃprɪŋə] <trennb. Präfix-V.; st.; *sin*; sprung b. [ʃprʊŋˑ]; ~|gesprunge [-jəʃprʊŋə]>: beispringen, a) beistehen, eilig zu Hilfe kommen: *einem en der Nud b.* (jmdm. i. d. Not zu Hilfe kommen); b) aushelfen: *Hä wor im ald off met Geld beigesprunge.* (Er hat ihm schon oft mit Geld ausgeholfen.). (26)

Beißel, der ['beɪsəl] <N.; ~e>: Beitel, Beißel, Meißel, Stemmeisen.

Bei|stell|desch, der ['beɪʃtɛlˌdeʃ] <N.; ~(e)> {s. u. ↑Desch}: Beistelltisch.

bei|stemme ['beɪʃtemə] <trennb. Präfix-V.; schw.; *han*; stemmte b. [ˈʃtemˑtə]; ~|gestemmp [-jəʃtemˑp]> {5.5.2}: beistimmen, zustimmen, Recht geben: *Ich stemme der voll un ganz bei.* (Ich gebe dir völlig Recht.). (40)

bei|stonn ['beɪʃtɔn] <trennb. Präfix-V.; st.; *han*; stundt b. [ʃtʊnt]; ~|gestande [-jəʃtandə]> {5.3.4; 8.2.2.3}: beistehen, helfen, zur Seite stehen. (185)

bei|stüüre/~|stööre ['beɪʃtyˑ(ɐ̯)rə / -ʃtøˑ(ɐ̯)rə] <trennb. Präfix-V.; schw./unr.; *han*; stüürte b. [ˈʃtyˑɐ̯tə]; ~|gestüürt [-jəʃtyˑɐ̯t]> {5.1.4.6}: beisteuern, beitragen, dazugeben: *Se han 500 € för de Reparatur am Auto beigestüürt.* (Sie haben 500 € für die Reparatur am Auto beigesteuert.). (100) (186)

Bei|tredd, der ['beɪˌtret] <N.; ~(e)> {5.5.2; 6.11.3}: Beitritt.

bei|tredde ['beɪtredə] <trennb. Präfix-V.; st.; *sin*; trodt b. [troˑt]; ~|getrodde [-jətrodə]> {5.3.4; 5.5.2; 6.11.3}: beitreten, a) sich einer Abmachung, einem Übereinkommen, Vertrag od. Ä. anschließen: *enem Pak b.* (einem Pakt b.); b) Mitglied einer Vereinigung, Organisation od. Ä. werden: *dem Verein b.* (dem Verein b.). (191)

Bei|wage, der ['beɪˌvaˑʁə] <N.; ~>: Beiwagen.

bei|zigge [beɪˈtsɪɡə] <Adv.> {5.3.4}: beizeiten, rechtzeitig.

be|johe [bə'jo·ə] <nicht trennb. Präfix-V.; schw.; han; be|johte [bə'jo·tə]; be|joht [bə'jo·t]> {5.5.3}: bejahen, akzeptieren. (37)

be|jöömere [bə'jœːmərə] <nicht trennb. Präfix-V.; schw.; han; be|jöömerte [bə'jœːmɛtə]; be|jöömert [bə'jœːmɛt]> {5.2.1.4; 5.5.3; 9.2.1.2}: bejammern, beklagen: si Schecksal b. (sein Schicksal b.). (4)

be|jubele [bə'juːbələ] <nicht trennb. Präfix-V.; schw.; han; be|jubelte [bə'juːbəltə]; be|jubelt [bə'juːbəlt]> {9.2.1.2}: bejubeln. (6)

be|kakele [bə'ka·kələ] <nicht trennb. Präfix-V.; schw.; han; be|kakelte [bə'ka·kəltə]; be|kakelt [bə'ka·kəlt]> {9.2.1.2}: bekakeln, über etw. mit jmdm. ungezwungen reden. (6)

be|kämfe [bə'kɛmfə] <nicht trennb. Präfix-V.; schw.; han; be|kämfte [bə'kɛmftə]; be|kämf [bə'kɛmf]> {6.8.2}: bekämpfen. (105)

be|kannt [bə'kant] <Adj.; Part. II von ↑be|kenne; ~e; ~er, ~este>: bekannt, **1. a)** gekannt, gewusst; berühmt, prominent; **b)** *b. sin wie ene bunte Hungk (b. sein wie ein bunter Hund, überall b. sein); *b. maache (b. machen, vorstellen). **2.** geläufig, nicht fremd, nicht neu sein: Die Pröfung wor nit schwer, et Mieste wor mer b. (Die Prüfung war nicht schwer, das Meiste (die meisten Aufgaben) war mir b.). Tbl. A1

Bekannte, der u. de [bə'kantə] <N.; subst. Adj.; ~>: Bekannte.

Bekannte|kreis, der [bə'kantə‚krɛɪs] <N.; ~e [-krɛɪ·zə]>: Bekanntenkreis.

Bekannt|schaff, de [bə'kant‚ʃaf] <N.; ~|schafte>: Bekanntschaft.

be|kehre/~|kerre [bə'keːrə / -keːrə] <nicht trennb. Präfix-V.; be|kerre veraltet; schw./unr.; han; be|kehrte [bə'keːɐ̯tə]; be|kehrt [bə'keːɐ̯t]>: bekehren, **1.** für einen Glauben/ eine best. Ansicht gewinnen: Hä leet sich nit b. (Er ließ sich nicht b.). **2.** einen Glauben/eine Meinung verkünden/annehmen; konvertieren: sich/einer zom Islam b. (sich/jmdn. zum Islam b.). (31) (107)

be|kenne [bə'kɛnə] <nicht trennb. Präfix-V.; unr.; han; be|kannt; be|kannt [bə'kant]>: bekennen, **1.** offen zugeben, aussprechen; eingestehen: sing Sünde b. (seine Sünden b.). **2.** <sich b.> **a)** zu jmdm./ etw. überzeugt stehen: sich zom Islam b. (sich zum Islam b.); **b)** sich für jmdn. erklären: sich för der Scholdige b. (sich als Schuldiger erklären; **c)** sich eine best. Eigen- schaft zuerkennen u. dafür einstehen: sich schuldig b. (sich schuldig b.). (35)

be|kerre/~|kehre [bə'keːrə / -keːrə] <nicht trennb. Präfix-V.; be|kerre veraltet; schw./unr.; han; be|kehrte [bə'keːɐ̯tə]; be|kehrt [bə'keːɐ̯t]>: bekehren, **1.** für einen Glauben/ eine best. Ansicht gewinnen: Hä leet sich nit b. (Er ließ sich nicht b.). **2.** einen Glauben/eine Meinung verkünden/annehmen; konvertieren: sich/einer zom Islam b. (sich/jmdn. zum Islam b.). (107) (31)

be|kicke [bə'kɪkə] <nicht trennb. Präfix-V.; schw.; han; be|kickte [bə'kɪktə]; be|kick [bə'kɪk] {5.4; 6.12.3}: besehen, ansehen; [geläufiger: ↑aan|luure/~|loore (2), ↑aan|sinn (2), ↑be|luure/~|loore, ↑be|sinn (1), ↑be|- traachte (1)]. (88)

be|kläbbele [bə'klɛbələ] <nicht trennb. Präfix-V.; schw.; han; be|kläbbelte [bə'klɛbəltə]; be|kläbbelt [bə'klɛbəlt]> {9.2.1.2}: beflecken, bekleckern, besudeln, mit Flecken beschmutzen: et Deschdoch b. (das Tischtuch b.) [auch: ↑be|knase, ↑ver|knüsele]. (6)

be|klage [bə'klaːʁə] <nicht trennb. Präfix-V.; schw.; han; be|klagte [bə'klaːxtə]; be|klag [bə'klaːx]>: beklagen, **1. a)** über einen Verlust/Todesfall Empfindungen des Schmerzes/der Trauer äußern: der Dud vun enem Fründ b. (den Tod eines Freundes b.); **b)** bedauern; über etw. klagen: der politische Wandel b.: (den politischen Wandel b.) [auch: ↑be|duure/~|doore; ↑be|mɛt|leide; ↑doore²/duure²; ↑begööze, einem Leid dun]. **2.** <sich b.> jmdm. gegenüber seine Unzufriedenheit über ein Unrecht od. Ä. klagend äußern: sich üvver singe Chef b. (sich über seinen Vorgesetzten b.). (103)

be|klatsche [bə'klatʃə] <nicht trennb. Präfix-V.; schw. han; be|klatschte [bə'klatʃtə]; be|klatsch [bə'klatʃ]>: beklatschen, applaudieren, Beifall spenden. (110)

be|kläue [bə'kløːə] <nicht trennb. Präfix-V.; schw.; han; be|kläute [bə'kløːy·tə]; be|kläut [bə'kløːy·t]> {5.1.3}: beklauen, bestehlen. (11)

be|klemme [bə'klɛmə] <nicht trennb. Präfix-V.; unpers., nur 3. Pers.; schw.; han; be|klemmte [bə'klɛmtə]; be|klemmp [bə'klɛmp]>: beklemmen, beengen, bedrücken [auch: ↑be|dröcke, ↑dröcke (3)]. (40)

be|klevve [bə'klevə] <nicht trennb. Präfix-V.; unr.; han; be|klävte [bə'klɛfta]; be|kläv [bə'klɛf]> {5.3.4; 5.5.2; 6.1.1}: bekleben, etw. auf etw. kleben, zukleben: en Wand met Plakate b. (eine Wand mit Plakaten b.). (22)

be|klopp [bə'klɔp] <Adj.; Part. II von ↑be|kloppe; ~te; ~ter, ~ste> {8.3.5}: bekloppt, **a)** blöd, verrückt [auch: ↑aad|ig (2), ↑blöd, ↑av|ge|schmack, ↑be|stuss, ↑be|titsch, ↑jeck, ↑kalver|ig, ↑knatsch|jeck, ↑läppsch, ↑rader|doll, ↑stapel|jeck/stabel|~, ↑ver|dötsch, ↑ver|kindsch, ↑ver|röck, mem Bömmel behaue; en Ääz am Kieme/Wandere (han); (se) nit all op de Dröht/Reih (han); ene Nähl em Zylinder (han); ene Ratsch em Kappes (han); schwatz em Geseech (sin)]; **b)** *B. un drei es elf!* (B. plus drei ergibt elf! = Du bist verrückt!). Tbl. A4.1.1

be|kloppe [bə'klɔpə] <nicht trennb. Präfix-V.; schw.; han; be|kloppte [bə'klɔptə]; be|klopp [bə'klɔp]> {6.8.1}: beklopfen, durch Klopfen untersuchen, abklopfen. (75)

Be|kloppte, der u. de [bə'klɔptə] <N.; ~>: der/die Verrückte.

be|knase [bə'knaːzə] <nicht trennb. Präfix-V.; schw.; han; be|knaste [bə'knaːstə]; be|knas [bə'knaːs]>: beschmutzen, beflecken mit Klebrigem [auch: ↑be|kläbbele (1), ↑be|schmuddele, ↑ver|knüsele]. (149)

be|kneee/~|kneene [bə'kneːə / -kneːnə] <nicht trennb. Präfix-V.; *be|kneene* veraltend; schw.; han; be|kneete [bə'kneːtə]; be|kneet [bə'kneːt]> {5.1.4.3; (9.1.1)}: beknien, dringend u. ausdauernd bitten. (56) (44)

be|koche [bə'kɔxə] <nicht trennb. Präfix-V.; schw.; han; be|kochte [bə'kɔxtə]; be|koch [bə'kɔx]>: bekochen, für jmdn. kochen: *Em Moment bekoch in sing Tant.* (Zur Zeit bekocht ihn seine Tante.). (123)

be|kömmere [bə'kœmərə] <nicht trennb. Präfix-V.; schw.; han; be|kömmerte [bə'kœmətə]; be|kömmert [bə'kœmət]> {5.5.1; 9.2.1.2}: bekümmern, **1.** betrüben; jmdm. Kummer/Sorge bereiten: *Ming Krankheit bekömmerte in.* (Meine Krankheit betrübte ihn.). **2.** <sich b. öm> sich kümmern um, für jmdn./etw. sorgen: *sich öm einer b.* (sich um jmdn. kümmern). (4)

be|kömmert [bə'kœmət] <Adj.; Part. II von ↑be|kömmere; ~e; ~er, ~ste> {5.1.1; 5.1.2}: bekümmert, traurig, bedrückt. Tbl. A1

be|köppe, sich [bə'kœpə] <nicht-trennb. Präfix-V.; beköppte [bə'kœptə]; be|köpp [bə'kœp]>: nachdenken, überlegen. (75)

be|köstige [bə'kœstɪjə] <nicht trennb. Präfix-V.; schw.; han; be|köstigte [bə'kœstɪftə]; be|köstig [bə'kœstɪf]>: beköstigen, mit Essen versorgen. (7)

be|kotze [bə'kɔtsə] <nicht trennb. Präfix-V.; schw.; han; be|kotzte [bə'kɔtstə]; be|kotz [bə'kɔts]>: bekotzen, mit Erbrochenem beschmutzen: *Dä Besoffene hät sich vun bovve bes unge bekotz.* (Der Betrunkene hat sich von oben bis unten mit Erbrochenem beschmutzt.) [auch: ↑be|göbbele]. (114)

be|kränze [bə'krɛntsə] <nicht trennb. Präfix-V.; schw.; han; be|kränzte [bə'krɛntstə]; be|känz [bə'krɛnts]>: bekränzen, mit Girlanden/einem Kranz schmücken. (42)

be|kreege [bə'kreːjə] <nicht trennb. Präfix-V.; schw.; han; be|kreegte [bə'kreːftə]; be|kreeg [bə'kreːf]> {5.1.4.3}: bekriegen, bekämpfen, Krieg führen. (103)

be|kriesche [bə'kriːʃə] <nicht trennb. Präfix-V.; st.; han; be|kresch [bə'krɛʃ]; be|kresche [bə'krɛʃə]>: beweinen, weinend betrauern, beklagen. (116)

be|kritzele [bə'krɪtsələ] <nicht trennb. Präfix-V.; schw.; han; be|kritzelte [bə'krɪtsəltə]; be|kritzelt [bə'krɪtsəlt]> {9.2.1.2}: bekritzeln. (6)

be|krütze, sich [bə'krʏtsə] <nicht trennb. Präfix-V.; schw.; han; be|krützte [bə'krʏtstə]; be|krütz [bə'krʏts]> {5.3.4.1}: sich bekreuzigen. (114)

be|kumme [bə'kʊmə] <nicht trennb. Präfix-V.; st.; sin; bekom [be'kɔːm]; bekumme [bə'kʊmə]> {5.4}: bekommen; jmdm. [nicht] zuträglich sein; [un]günstig für jmdn./etw. sein: *Die Zupp es mer nit b.* (Die Suppe ist mir nicht bekommen). (120)

be|lade [bə'laːdə] <nicht trennb. Präfix-V.; st.; han; be|lod [bə'loːt]; be|lade [bə'laːdə]>: beladen. (124)

Be|lag, der [bə'laːx] <N.; ~|läg [-lɛˑfj]>: Belag.

be|läge [bə'lɛˑjə] <nicht trennb. Präfix-V.; unr.; han; be|laht [bə'laːt]; be|laht/be|läg [bə'laːt / bə'lɛˑfj]> {5.4}: belegen, **1. a)** auf etw. legen: *der Boddem met Parkett b.* (den Boden mit Parkett b.); **b)** (mit einem Belag) versehen: *et Brüdche met Woosch b.* (das Brötchen mit Wurst b.); **[RA]** *en belahte Zung han* (eine belegte Zunge haben). **2. a)** für jmdn./sich selbst sichern/reservieren: *en Vürlesung an der Uni b.* (eine Vorlesung an der Uni b.); **b)** (Sport) (einen Platz i. d. Rangordnung) einnehmen, erreichen: *De Franzuse han der drette Platz belaht.* (Die Franzosen belegten den 3. Platz.); **c)** für etw. (bes. die Unterbringung von Personen) nutzen: *Et Hotel es voll belaht.* (Das Hotel ist voll belegt.). **3.** (durch ein Dokument od. Ä.) nachweisen, beweisen: *Kanns do ding Theorie och b.?* (Kannst du deine Theorien auch b.?). (125)

be|lagere [bə'laˑʀeʀə] <nicht trennb. Präfix-V.; schw.; *han*; be|lagerte [bə'laˑʀetə]; be|lagert [bə'laˑʀet]> {9.2.1.2}: belagern. (4)

be|lämmere [bə'lɛmərə] <nicht trennb. Präfix-V.; schw.; *han*; be|lämmerte [bə'lɛmetə]; be|lämmert [bə'lɛmet]> {9.2.1.2}: belämmern, belästigen; nerven [auch: ↑be|lästige (a), ↑tribbeliere/~eere, ↑vexiere/~eere, ↑transioniere/~eere; *jet ze drieße han*]. (4)

Belang, der [bə'laŋ] <N.; ~e>: Belang, **1.** Bedeutung, Wichtigkeit, meist i. d. Vbdg. *vun/ohne B. sin* (von/ohne Bedeutung sein). **2.** <Pl.> Interessen, Angelegenheiten: *För däm sing ~e reck dat.* (Für seine ~e reicht das.).

be|lange [bə'laŋə] <nicht trennb. Präfix-V.; schw.; *han*; be|langte [bə'laŋˑtə]; be|langk [bə'laŋˑk]>: belangen, **a)** (Rechtsspr.) zur Verantwortung ziehen, verklagen: *Dä han se gereechlich belangk.* (Den haben sie gerichtlich belangt.); **b)** <unpers.> (veraltend) an(be)langen, betreffen: *Wat mich (aan)belangk, su ...* (Was mich (an)belangt, so ...). (49)

be|laste [bə'lastə] <nicht trennb. Präfix-V.; unr.; *han*; be|lass [bə'las]>: belasten, **1. a)** mit einer Last versehen, schwer machen, beschweren; **b)** in seiner Existenz, in seinem (Lebens)wert beeinträchtigen: *FCKW deit de Ömwelt b.* (FCKW belastet die Umwelt). **2. a)** stark in Anspruch nehmen: *et Gedächnis nit met unwichtigem Krom b.* (das Gedächtnis nicht mit unwichtigen Dingen b.); **b)** jmdm./einer Sache zu schaffen machen, schwer auf jmdm./etw. lasten: *Zo vill Fett deit der Mage b.* (Zu viel Fett belastet den Magen.). **3.** (Rechtsspr.) als schuldig erscheinen lassen: *einer vür Gereech b.* (jmdn. vor Gericht b.). **4.** (Geldw.) mit einer finanziellen Last belegen; jmdm., einer Sache eine finanzielle Schuld auferlegen: *Mi Huus es met ener huh Hypothek belass.* (Mein Haus ist mit einer hohen Hypothek belastet.). (20)

be|lästige [bə'lɛstrɪjə] <nicht trennb. Präfix-V.; schw.; *han*; be|lästigte [bə'lɛstrɪftə]; be|lästig [bə'lɛstrɪʃ]>: belästigen, **a)** stören, jmdn. zur Last fallen; unbequem/lästig werden: *einer met Froge b.* (jmdn. mit Fragen b.) [auch: ↑be|lämmere, ↑tribbeliere/~eere, ↑vexiere/~eere, ↑transioniere/~eere; *jet ze drieße han*]; **b)** bedrängen; jmdm. gegenüber zudringlich werden: *Hä hät dat Mädche immer widder belästig.* (Er hat das Mädchen immer wieder belästigt.). (7)

be|lauere [bə'laʊərə] <nicht trennb. Präfix-V.; schw.; *han*; be|lauerte [bə'laʊetə]; be|lauert [bə'laʊet]> {9.2.1.2}: belauern, lauernd beobachten, was jmd. tut. (4)

be|laufe, sich [bə'lɔʊfə] <nicht trennb. Präfix-V.; nur 3. Pers.; st.; *han*; be|leef [bə'leˑf]; be|laufe [bə'lɔʊfə]>: sich belaufen, <sich b. op> betragen, ausmachen: *Dä Schade beläuf sich op 1000 €.* (Der Schaden beläuft sich auf 1000 €.). (128)

Beld/Bild, et [belt / bɪlt] <N.; ~er; ~|che> {5.5.2}: Bild, *~er maache* (fotografieren, knipsen).

belde/bilde ['belˑdə / bɪlˑdə] <V.; schw.; *han*; beldte ['belˑtə]; gebeldt [jə'belˑt]> {5.5.2}: bilden. (28)

Belder|boch/Bilder|~, et ['beldəˌbɔːx / 'bɪldə-] <N.; ~|böcher; ~|böch|el|che [-bøˑjəlfjə]> {s. u. ↑Beld/Bild ↑Boch'}: Bilderbuch.

Belder|bütz|er/Bilder|~, der ['beldəˌbytsɐ / 'bɪldə-] <N.; ~> {s. u. ↑Beld/Bild ↑bütze}: (scherzh.) Frömmler.

Beldere ['beldərə] <N.; Pl.>: Zahnfleisch, zahnloser Kiefer: *Dä käut ald op de B.* (Der kaut schon auf dem Z.).

Belder|lade, der ['beldəˌlaˑdə] <N.; ~|läde> {s. u. ↑Beldere, ↑Lade}: (scherzh.) Mund [auch: ↑Bäbbel, ↑Bagger (2), ↑Bleff, ↑Bratsch (1), ↑Fress (1), ↑Klapp (2), ↑Lappe (4), ↑Mungk, ↑Muul, ↑Rand (2), ↑Schnäbbel, ↑Schnauz, ↑Schnüss].

Belder|rahme/Bilder|~, der ['beldəˌraˑmə / 'bɪldə-] <N.; ~; ~|rähm|che [-rɛːmʃə]> {s. u. ↑Beld/Bild}: Bilderrahmen.

Belder|stöck|che/Bilder|~, **Am** [am'beldəˌʃtœkʃə / -bɪldə-] <N.; Straßenn.> {s. u. ↑Beld/Bild ↑Stock}: Am Bilderstöckchen; Straße in Köln-Bilderstöckchen. Ein „Bilderstock" ist ein Wegekapellchen, meist Ziel von Prozessionen. Als Grenzmarke urkundlich erstmals 1556 erwähnt, gab es dem Stadtteil seinen Namen.

Beld|zeidung/Bild|~, de ['beltˌtseɪdʊŋ / 'bɪlt-] <N.; Eigenn.; ~e> {s. u. ↑Beld/Bild ↑Zeid|ung}: BILD (Zeitung); täglich erscheinende deutsche Boulevardzeitung mit höchst subjektiver u. nicht immer wahrheitsgetreuer Berichterstattung.

be|lecke [bə'lɛkə] <nicht trennb. Präfix-V.; schw.; *han*; be|leckte [bə'lɛktə]; be|leck [bə'lɛk]>: belecken, mit der Zunge befeuchten: *en Breefmark b.* (eine Briefmarke b.). (88)

be|leechte/~|lichte [bə'leːçtə / -'lɪçtə] <nicht trennb. Präfix-V.; schw.; *han*; be|leech [bə'leːç] {5.2.1}: belichten, (Fot.) Licht (auf einen Film, eine Platte od. Fotopapier) einwirken lassen: *ene Film b.* (einen Film b.). (131)

be|lege [bə'le:jə] <nicht trennb. Präfix-V.; st.; *han*; be|log [bə'lo·x]; be|lo̱ge [bə'lɔ:rə]> {5.4}: belügen, anschwindeln, die Unwahrheit sagen: *Do häs mich beloge.* (Du hast mich belogen.) [auch: *einem jet vum Pääd verzälle*]. (14)

be|lehre/~|lihre [bə'le·rə / -li·(ɐ̯)rə] <nicht trennb. Präfix-V.; unr./schw.; *han*; be|lehte [bə'le:tə]; be|leht [bə'le:t]> {(5.4)}: belehren, **1. a)** lehren, unterweisen; **b)** informieren, aufklären. **2.** von einer irrigen Ansicht abbringen: *Hä es nit zo b.* (Er ist nicht zu b.). (129) (31)

be|leidige [bə'leɪdɪjə] <nicht trennb. Präfix-V.; schw.; *han*; be|leidigte [bə'leɪdɪftə]; be|leidig [bə'leɪdɪʃ]>: beleidigen. (7)

be|leuchte [bə'løyftə] <nicht trennb. Präfix-V.; schw.; *han*; be|leuch [bə'løyʃ]>: beleuchten, **1. a)** Licht auf jmdn./ etw. werfen, anleuchten: *Die Kääz hät si Geseech nor schwach beleuch.* (Die Kerze hat sein Gesicht nur schwach beleuchtet.); **b)** mit Licht versehen (um es hell/sichtbar zu machen): *Mer müsse et Trappenhuus besser b.* (Wir müssen das Treppenhaus besser b.). **2.** (geistig) betrachten/untersuchen: *e Problem nöher b.* (ein Problem näher b.). (131)

be|lichte/~|leechte [bə'lɪftə / -'le:ftə] <nicht trennb. Präfix-V.; schw.; *han*; be|lich [bə'lɪʃ]> {(5.2.1)}: belichten, (Fot.) Licht (auf einen Film, eine Platte od. Fotopapier) einwirken lassen: *ene Film b.* (einen Film b.). (131)

be|lieb [bə'li·p] <Adj.; i. best. Komposita *lieb*, sonst ↑*leev*; ~te; ~ter, ~ste {8.3.5; 11}: beliebt, geschätzt [auch: ↑*ge|le̱dde*]. Tbl. A4.1.1

be|livvere [bə'lɪvərə] <nicht trennb. Präfix-V.; schw.; *han*; be|livverte [bə'lɪvetə]; be|livvert [bə'lɪvet]> {5.3.4; 6.5.2; 9.2.1.2}: beliefern, etw. an einen Abnehmer liefern: *Der Bäcker hät uns jeden Dag met Brud belivvert.* (Der Bäcker hat uns täglich mit Brot beliefert.). (4)

Bell/Bella/Bill/Billa, et [bɛl / 'bɛla / bɪl / 'bɪla] <N.; weibl. Vorn.; Bell|che/Bill|che> {5.5.2}: Kurzf. von Sybilla/ Sybille.

belle ['bɛlə] <V.; schw.; *han*; bellte ['bɛl·tə]; gebellt [jə'bɛl·t]>: bellen [auch: ↑*kläffe*]. (91)

bellig ['bɛlɪʃ] <Adj.; ~e ['bɛlɪjə]; ~er, ~ste ['bɛlɪjɐ / 'bɛlɪʃtə]> {5.5.2}: billig. Tbl. A5.1.1

bellige ['bɛlɪjə] <V.; schw.; *han*; be̱lligte ['bɛlɪftə]; gebe̱lligt [jə'bɛlɪʃ]> {5.5.2}: billigen. (7)

Bell|rämmel, der ['bɛl,rɛməl] <N.; ~e>: **1.** männl. Kaninchen. **2.** (Schimpfw.) *boore B.* (ungehobelter Mensch ohne Benehmen).

be|lo̱oße [bə'lɔ·sə] <nicht trennb. Präfix-V.; st.; *han*; be|leet/be|leeß [bə'le:t / bə'le·s]; be|lo̱oße [bə'lɔ·sə]> {5.2.1.3; 5.5.3}: belassen. (135)

be|löstige [bə'løstɪjə] <nicht trennb. Präfix-V.; schw.; *han*; be|löstigte [bə'løstɪftə]; be|löstig [bə'løstɪʃ]> {5.5.1}: belustigen. (7)

be|lüfte [bə'lʏftə] <nicht trennb. Präfix-V.; schw.; *han*; be|lüff [bə'lʏf]>: belüften. (89)

be|luhne/~|lohne [bə'lu·nə / -lo·nə] <nicht trennb. Präfix-V.; schw.; *han*; be|luhnte [bə'lu:ntə]; be|luhnt [bə'lu:nt]> {5.4}: belohnen, **a)** (zum Dank, als Anerkennung für etw.) (mit etw.) beschenken, auszeichnen: *Mer woodte rich beluhnt.* (Wir wurden reich belohnt.); **b)** (eine Tat/ Leistung) anerkennen, vergelten: *Sing Usduur woodt beluhnt.* (Seine Ausdauer wurde belohnt.). (5)

be|luure/~|loore [bə'lu·(ɐ̯)rə / -lo·rə] <nicht trennb. Präfix-V.; schw./unr.; *han*; be|luurte [bə'lu·ɐ̯tə]; be|luurt [bə'lu·ɐ̯t]>: begucken, beschauen, betrachten, **a)** anschauen, (genau) besehen, betrachten: *dat Beld vun alle Sigge b.* (das Bild von allen Seiten b.); **b)** <sich b.> sich gägesiggig b. (sich gegenseitig/einander b.): *Ich han mich em Speegel beluurt.* (Ich betrachtete mich im Spiegel.); [auch: ↑*aan|luure/~|loore* (2), ↑*aan|sinn* (2), ↑*be|kicke*, ↑*be|sinn* (1), ↑*be|traachte* (1), ↑*be|jäuge*, ↑*mustere*]. (100) (134)

be|luusche [bə'lu:ʃə] <nicht trennb. Präfix-V.; schw.; *han*; be|luuschte [bə'lu:ʃtə]; be|luusch [bə'lu:ʃ]> {5.1.3}: belauschen [auch: ↑*luusche* (1), ↑*luustere* (1), ↑*be|luustere*]. (110)

be|luustere [bə'lu:stərə] <nicht trennb. Präfix-V.; schw.; *han*; be|luusterte [bə'lu:stetə]; be|luustert [bə'lu:stet]> {5.1.3; 9.2.1.2}: belauschen [auch: ↑*luusche* (1), ↑*luustere* (1), ↑*be|luusche*]. (4)

be|mängele [bə'mɛŋələ] <nicht trennb. Präfix-V.; schw.; *han*; be|mängelte [bə'mɛŋəltə]; be|mängelt [bə'mɛŋəlt]> {9.2.1.2}: bemängeln. (6)

be|manne [bə'manə] <nicht trennb. Präfix-V.; schw.; *han*; be|mannte [bə'man·tə]; be|mannt [bə'man·t]>: bemannen, mit einer Mannschaft ausrüsten, besetzen. (10)

be|merke [bə'mɛrkə] <nicht trennb. Präfix-V.; schw.; *han*; be|merkte [bə'mɛrktə]; be|merk [bə'mɛrk]>: bemerken, feststellen [auch: ↑fass|stelle; ↑merke; ↑mɔt|krige; *de Nas an jet krige; gewahr wääde/weede*]. (41)

be|messe [bə'mɛsə] <nicht trennb. Präfix-V.; st.; *han*; be|moß [bə'mɔˑs]; be|messe [bə'mɛsə]>: bemessen, **a)** festlegen, zuteilen, dosieren: *Drinkgeld god b.* (Trinkgeld gut b.); **b)** <sich b.> nach etw. berechnet/festgelegt werden: *de Stüür nohm Enkumme b.* (die Steuer nach dem Einkommen b.). (59)

be|mɛt|leide [bə'mɛtlɛɪdə] <nicht trennb. Präfix-V.; schw.; *han*; be|mɛt|leidte [bə'mɛt‚lɛɪ·tə]; be|mɛt|leidt [bə'mɛt‚lɛɪ·t]>: bemitleiden, bedauern [auch: ↑be|duure/~|doore, ↑be|klage; ↑doore²/duure²; ↑begööze, *einem Leid dun*]. (197)

Bemm, der [bɛm] <N.>: nur i. d. Vbdg. **aale B.* (unangenehmer alter Mann, Greis) [auch: ↑Aal², *aale* ↑Büggel *(3)/*↑Knopp *(2)*].

be|möhe [bə'møˑə] <nicht trennb. Präfix-V.; schw.; *han*; be|möhte [bə'møˑtə]; be|möht [bə'møˑt]> {5.4}: bemühen [auch: ↑ploge (2a), ↑gevve (2b)]. (37)

be|mole [bə'moˑlə] <nicht trennb. Präfix-V.; schw.; *han*; be|molte [bə'moˑltə]; be|molt [bə'moˑlt]> {5.5.3}: bemalen, **a)** mit Farbe streichen: *de Wand met Ölfärv b.* (die Wand mit Ölfarbe b.); **b)** (meist iron.) sich in übertriebener Weise schminken: *et Geseech b.* (das Gesicht schminken) [auch: ↑be|pinsele (3)]. (148)

be|mustere [bə'mʊstərə] <nicht trennb. Präfix-V.; schw.; *han*; be|musterte [bə'mʊstətə]; be|mustert [bə'mʊstət]> {9.2.1.2}: bemustern, mit Mustern versehen, beliefern; jmdm. Muster zuschicken. (4)

be|muttere [bə'mʊtərə] <nicht trennb. Präfix-V.; schw.; *han*; be|mutterte [bə'mʊtətə]; be|muttert [bə'mʊtət]> {9.2.1.2}: bemuttern. (4)

be|nage [bə'naˑʀə] <nicht trennb. Präfix-V.; schw.; *han*; be|nagte [bə'naˑxtə]; be|nag [bə'naˑx]>: benagen. (103)

benaue [bə'noʊ̯·ə / bə'naʊ̯ə] <V.; nur Part. II gebr.; schw.; *han*; be|naut [bə'noʊ̯·t / bə'naʊ̯·t]>: beängstigen, beengen. (11)

benaut [bə'noʊ̯·t / bə'naʊ̯·t] <Adj.; Part. II von ↑benaue; ~e; ~er, ~(e)ste>: beengt, **1.** verängstigt, beunruhigt, beklommen. **2.** schwül. Tbl. A1

be|näut [bə'nɔʏt] <Adj.; Part. II von veraltet *benäue*; nur präd.>: **1.** begierig, scharf: *Do ben ich nit b. dröm.* (Darauf bin ich nicht scharf.). **2.** neugierig: *Do ben ich nit b. dröm.* (Das will ich gar nicht wissen.).

be|neide [bə'nɛɪ̯də] <nicht trennb. Präfix-V.; schw.; *han*; be|neidte [bə'nɛɪ̯·tə]; be|neidt [bə'nɛɪ̯·t]>: beneiden, missgönnen. (197)

Be|nɛmm, der [bə'nem] <N.; kein Pl.> {5.5.2}: Benimm, Benehmen [auch: ↑Be|nɛmme].

be|nɛmme, sich [bə'nemə] <nicht trennb. Präfix-V.; st.; *han*; be|nohm [bə'noˑm]; be|nomme [bə'nomə]> {5.3.4; 5.5.2}: sich benehmen, sich (in einer best. Weise) verhalten, betragen: *It benimmp sich immer vürbildlich.* (Sie benimmt sich immer vorbildlich.); *Hä kann sich nit b.* (Er kann sich nicht b.). (143)

Be|nɛmme, et [bə'nemə] <N.; kein Pl.> {5.3.4; 5.5.2}: Benehmen, Benimm [auch: ↑Be|nɛmm].

be|nenne [bə'nɛnə] <nicht trennb. Präfix-V.; unr.; *han*; be|nannt; be|nannt [bə'nant]>: benennen, **1.** mit einem Namen versehen; jmdm./einer Sache einen best. Namen geben: *en Stroß noh enem Deechter b.* (eine Straße nach einem Dichter b.). **2.** (für eine best. Aufgabe) namhaft machen; als geeignet angeben: *einer als Zeuge b.* (jmdn. als Zeugen b.). (35)

Bɛnesis|stroß [‚benəzɪs‚ʃtroˑs] <N.; Straßenn.> {s. u. ↑Stroß}: Benesisstraße; Straße in Köln-Altstadt/Nord; benannt nach dem Hofgut Benesis hinter St. Aposteln. Seit dem 13. Jh. war er im Besitz des Geschlechtes von der Lintgasse; danach folgten verschiedene Besitzerwechsel, die auch Namenswechsel mit sich brachten.

be|netze [bə'nɛtsə] <nicht trennb. Präfix-V.; schw.; *han*; be|netzte [bə'nɛtstə]; be|netz [bə'nɛts]>: benetzen, leicht befeuchten, anfeuchten. (114)

be|nevvele [bə'nevələ] <nicht trennb. Präfix-V.; schw.; *han*; be|nevvelte [bə'nevəltə]; be|nevvelt [bə'nevəlt]> {5.3.4; 5.5.2; 6.1.1; 9.2.1.2}: benebeln, **a)** (von alkoholischen Getränken) jmdm. den Verstand trüben, jmdn. nicht mehr klar denken lassen: *Hä wor vum Wing benevvelt.* (Er war vom Wein benebelt.); **b)** leicht betäuben: *Dä Döff dät en b.* (Der Duft benebelte ihn.). (6)

Bengel, der ['bɛŋəl] <N.; ~(e)s>: Bengel, frecher Junge.

benne ['benə] <Präp.; m. Dat.> {5.5.2}: binnen, innerhalb.

be|nohbert [bə'noˑbət] <Adj.; ~e> {5.5.3; 6.3.1}: benachbart. Tbl. A1

be|noh|deilige [bə'noˑdeɪ̯‚lɪjə] <nicht trennb. Präfix-V.; schw.; *han*; be|noh|deiligte [bə'noˑ‚deɪ̯lɪftə]; be|noh|deilig [bə'noˑ‚deɪ̯lɪŋ]> {6.3.1; 6.11.1}: benachteiligen, diskriminieren. (7)

be|nǫh|richtige [bə'nɔˑrɪçtɪjə] <nicht trennb. Präfix-V.; schw.; han; be|nǫh|richtigte [bə'nɔˑrɪçtɪçtə]; be|nǫh|richtig [bə'nɔˑrɪçtɪç]> {5.2.1; 5.4, 5.5.3; 6.3.1}: benachrichtigen, informieren, in Kenntnis setzen [auch: *Bescheid sage*]. (7)

be|note [bə'noːtə] <nicht trennb. Präfix-V.; schw.; han; be|not [bə'noˑt]>: benoten, (Amtsdt.) bewerten. (201)

be|nǫtze [bə'nɔtsə] <nicht trennb. Präfix-V.; schw.; han; be|nǫtzte [bə'nɔtstə]; be|nǫtz [bə'nɔts]> {5.5.1}: benutzen, **a)** etw. gebrauchen: *Werkzüg b.* (Werkzeug b.) [auch: ↑bruche (2)]; **b)** gebrauchen, verwenden: *der Keller als Partyraum b.* (den Keller als Partyraum b.) [auch: ↑nǫtze/nǫtze (1)]; [auch: ↑ge|bruche (1)]. (114)

be|obachte [bə'loˑbaxtə] <nicht trennb. Präfix-V.; schw.; han; be|obach [bə'loˑbax]>: beobachten. (131)

be|ömmele, sich [bə'løməlǝ] <nicht trennb. Präfix-V.; schw.; han; be|ömmelte [bə'ləməltə]; be|ömmelt [bə'løməlt]> {9.2.1.2}: meist i. d. Vbdg. *sich b. vör Laache* (sich kaputtlachen). (4)

be|op|sichtige [bə'lopzɪçtɪjə] <nicht trennb. Präfix-V.; schw.; han; be|op|sichtigte [bə'lopzɪçtɪçtə]; be|op|sichtig [bə'lopzɪçtɪç]>: beaufsichtigen; [gebräuchl.: ↑op|passe (b)] [auch: ↑be|höde]. (7)

be|ordeile/~|urdeile [bə'loxdeɪ̯lə / -ʊx-] <nicht trennb. Präfix-V.; schw.; han; be|ordeilte [bə'loxdeɪ̯ltə]; be|ordeilt [bə'loxdeɪ̯lt]> {5.5.1; 6.11.3}: beurteilen. (45)

be|packe [bə'pakə] <nicht trennb. Präfix-V.; schw.; han; be|packte [bə'paktə]; be|pack [bə'pak]>: bepacken, aufladen. (88)

be|pinkele [bə'pɪŋkələ] <nicht trennb. Präfix-V.; schw.; han; be|pinkelte [bə'pɪŋkəltə]; be|pinkelt [bə'pɪŋkəlt]> {9.2.1.2}: bepinkeln. (6)

be|pinsele [bə'pɪnˑzələ] <nicht trennb. Präfix-V.; schw.; han; be|pinselte [bə'pɪnˑzəltə]; be|pinselt [bə'pɪnˑzəlt]> {9.2.1.2}: bepinseln, **1.** mit etw. einpinseln, (mit einem Pinsel) bestreichen: *der Koche met Ei b.* (den Kuchen mit Ei b.). **2.** anstreichen, bemalen: *de Wäng met Färv b.* (die Wände mit Farbe b.). **3.** sich übertrieben schminken [auch: ↑be|mǫle (b)]. (6)

be|pisse [bə'pɪsə] <nicht trennb. Präfix-V.; schw.; han; be|pisste [bə'pɪstə]; be|piss [bə'pɪs]>: bepissen, bepinkeln. (67)

be|platsche [bə'platʃə] <nicht trennb. Präfix-V.; schw.; han; be|platschte [bə'platʃtə]; be|platsch [bə'platʃ]>: beplatschen, nass machen, bespritzen [auch: ↑be|plätsche]. (110)

be|plätsche [bə'plɛtʃə] <nicht trennb. Präfix-V.; schw.; han; be|plätschte [bə'plɛtʃtə]; be|plätsch [bə'plɛtʃ]> {5.4}: bespritzen, nass machen [auch: ↑be|platsche]. (110)

bequäm [bə'kvɛˑm] <Adj.; ~e; ~er, ~ste> {5.4}: bequem [auch: ↑kǫmmod]. Tbl. A2.3

be|quäme, sich [bə'kvɛˑmə] <nicht trennb. Präfix-V.; schw.; han; be|quämte [bə'kvɛˑmtə]; be|quämp [bə'kvɛˑmp]> {5.4}: sich bequemen, sich endlich zu etw. entschließen, wozu man keine Lust hatte: *Noh ener Zigg hät e sich ens bequämp mer ze schrieve.* (Nach einiger Zeit bequemte er sich mir zu schreiben.). (126)

be|quatsche [bə'kvatʃə] <nicht trennb. Präfix-V.; schw.; han; be|quatschte [bə'kvatʃtə]; be|quatsch [bə'kvatʃ]>: bequatschen, **a)** über etw. ausführlich reden; sich unterhalten; **b)** überreden. (110)

be|rappe [bə'rapə] <nicht trennb. Präfix-V.; schw.; han; be|rappte [bə'raptə]; be|rapp [bə'rap]>: berappen, (widerwillig) bezahlen: *Ich moot vill Geld doför b.* (Ich musste viel Geld dafür b.) [auch: ↑av|dröcke (5), ↑be|zahle, ↑bleche¹, ↑latze]. (75)

be|räuhige/~|ruhige [bə'rø̯ɪjə / -ruːɪjə] <nicht trennb. Präfix-V.; *be|räuhige* veraltet; schw.; han; be|räuhigte [bə'rø̯ɪçtə]; be|räuhig [bə'rø̯ɪç]> {5.1.4.8}: beruhigen. (7)

be|rechne [bə'rɛçnə] <nicht trennb. Präfix-V.; schw.; han; be|rechente [bə'rɛçəntə]; be|rechent [bə'rɛçənt]>: berechnen, veranschlagen. (150)

be|recht|ig [bə'rɛçtɪç] <Adj.; i. best. Komposita *-rech*, sonst ↑rääch|~; ~te> {8.3.5; 11}: berechtigt. Tbl. A5.2

be|rechtige [bə'rɛçtɪjə] <nicht trennb. Präfix-V.; schw.; han; be|rechtigte [bə'rɛçtɪçtə]; be|rechtig [bə'rɛçtɪç]>: berechtigen. (7)

Be|reech/~|rich, der [bə'reːç / -'rɪç] <N.; ~te> {5.2.1.2; 5.4}: Bericht.

Be|reechs|heff/~|richs|~, et [bə'reːçsˌhɛf / -'rɪçs-] <N.; ~|hefte> {s. u. ↑Be|reech/~|rich ↑Heff¹}: Berichtsheft.

be|reechte/~|richte [bə'reːçtə / -rɪçtə] <nicht trennb. Präfix-V.; schw.; han; be|reech [bə'reːç]> {5.2.1; 5.4}: berichten, jmdm. einen Sachverhalt, ein Geschehen sachlich u. nüchtern darstellen, mitteilen. (131)

be|reichere [bə'reɪ̯çərə] <nicht trennb. Präfix-V.; schw.; han; be|reicherte [bə'reɪ̯çətə]; be|reichert [bə'reɪ̯çət]> {9.2.1.2}: bereichern, **1.** reichhaltiger machen; vergrößern, erweitern: *si Wesse b.* (sein Wissen b.). 2. <sich b.> sich (auf Kosten anderer) Gewinn, Vorteile verschaffen: *sich op Koste vun andere b.* (sich auf Kosten anderer b.). (4)

Bereit|schaff, de [bə'reɪt‚ʃaf] <N.; ~|schafte>: Bereitschaft.

Bereit|schaffs|deens, der [bə'rtʃafs‚deːns] <N.; ~te> {s. u. ↑Bereit|schaff; ↑Deens}: Bereitschaftsdienst.

be|reise [bə'reɪ·zə] <nicht trennb. Präfix-V.; schw.; *han*; be|reiste [bə'reɪ·stə]; be|reis [bə'reɪ·s]>: bereisen. (149)

be|reue [bə'røy̆ə] <nicht trennb. Präfix-V.; schw.; *han*; be|reute [bə'røy̆·tə]; be|reut [bə'røy̆·t]>: bereuen, Reue über etw. empfinden; bedauern: *sing Sünde b.* (seine Sünden b.) [auch: ↑be|duure/~|doore; ↑be|klage; ↑be|met|leide; ↑doore²/duure²; ↑begööze, *einem Leid dun*]. (11)

Berg/Birg, der [berfj / bɪrfj] <N.; ~ [berˑfj / bɪrˑfj]> {5.5.2}: Berg.

Berg|geis/Birg|~, der ['berfj‚jeɪs / 'bɪrfj-] <N.; ~ter> {s. u. ↑Berg/Birg; ↑Geis²}: Berggeist.

Be|rich/~|reech, der [bə'rɪfj / -'reːfj] <N.; ~te> {8.3.5}: Bericht.

Be|rich|er|statt|ung, de [bə'rɪfjɛɐ‚ʃtatʊŋ] <N.; i. best. Komposita nur *Be|rich*, sonst auch ↑Be|reech; ~e> {8.3.5; 11}: Berichterstattung.

be|richtige [bə'rɪfjtɪ‚jə] <nicht trennb. Präfix-V.; schw.; *han*; be|richtigte [bə'rɪfjtɪftə]; be|richtig [bə'rɪfjtɪfj]>: berichtigen, korrigieren, richtig stellen. (7)

be|ringe [bə'rɪŋə] <nicht trennb. Präfix-V.; schw.; *han*; be|ringte [bə'rɪŋ·tə]; be|ringk [bə'rɪŋ·k]>: beringen. (49)

be|risele [bə'rɪzələ] <nicht trennb. Präfix-V.; schw.; *han*; be|riselte [bə'rɪzəltə]; be|riselt [bə'rɪzəlt]> {5.3.4.1; 7.4; 9.2.1.2}: berieseln, 1. a) über ein Gebiet/eine Fläche gleichmäßig/dünn Wasser rieseln lassen: *de Felder, der Gaade b.* (die Felder, den Garten b.); b) (selten) rieselnd auf jmdn./etw. niedergehen. 2. mit einer gewissen Stetigkeit auf andere einwirken/sie zu beeinflussen suchen, ohne dass sie sich dessen bewusst werden: *de Kunde met Reklame/Musik b.* (die Kunden mit Werbung/Musik b.); *sich met Musik b. looße* (sich mit Musik b. lassen). (6)

be|röck|sichtige [bə'rœkzɪftɪ‚jə] <nicht trennb. Präfix-V.; schw.; *han*; be|röck|sichtigte [bə'rœkzɪftɪftə]; be|röck|sichtig [bə'rœkzɪftɪfj]> {6.6.1.1}: berücksichtigen. (7)

be|rode [bə'roːdə] <nicht trennb. Präfix-V.; st.; be|reedt [bə'reːt]; be|rode [bə'roːdə]> {5.5.3; 6.11.3}: beraten, 1. a) <han> jmdm. einen Rat geben: jmdn. gut/schlecht b.: *Ich looße mich leever vum Fachmann b.* (Ich lasse mich lieber vom Fachmann b.); b) <sin> *god/schlääch b. sin* (gut/schlecht b. sein, mit einem best. Verhalten richtig/falsch handeln). 2. <han> a) gemeinsam überlegen u. besprechen, über etw. Rat halten: eine Angelegenheit/ein Vorhaben beraten: *Se han lang dodrüvver b.* (Sie haben lange darüber b.); b) beratschlagen: *Mer han lang b., wat mer dun solle.* (Wir haben lange b., was wir tun sollen.); c) <sich b.> sich mit jmdm. (über etw.) besprechen: *Ich muss mich eets met mingem Aanwalt b.* (Ich muss mich zuerst mit meinem Anwalt b.). (36)

be|rod|schlage [bə'roːt‚ʃlaˑʀə] <nicht trennb. Präfix-V.; nur im Inf.; schw.; *han*; be|rod|schlog [bə'roːt‚ʃlɔ·x]; be|rod|schlage [bə'roːt‚ʃlaˑʀə]> {5.5.3; 6.11.3}: beratschlagen, gemeinsam überlegen u. ausführlich besprechen: *met einem üvver eine Plan b.* (mit jmdm. über einen Plan b.). (48)

Be|rof, der [bə'roˑf] <N.; ~e> {5.4}: Beruf.

be|rofe¹ [bə'roːfə] <nicht trennb. Präfix-V.; st.; *han*; be|reef [bə'reˑf]; be|rofe [bə'roːfə]> {5.4}: berufen, 1. jmdn. in ein (hohes) Amt einsetzen: *Hä es als Professor an de Uni en Kölle b. woode.* (Er ist als Professor an die Uni in Köln b. worden.). 2. <sich b.> sich (zur Rechtfertigung/zum Beweis) auf jmdn./etw. beziehen: *Ich kann mich do op minge Kolleg b.* (Ich kann mich da auf meinen Kollegen b.). (151)

be|rofe² [bə'roːfə] <Adj.; Part. II von ↑be|rofe¹; nur präd.> {5.4}: berufen, bes. befähigt, begabt, geeignet, prädestiniert für etw.: *Do föhls dich b. zo helfe.* (Du fühlst dich b. zu helfen.).

be|rof|lich [bə'roˑflɪfj] <Adj.; ~e> {5.4; 7.3.2}: beruflich, dienstlich. Tbl. A1

Be|rofs|schull, de [bə'roˑfs‚ʃʊl·] <N.; ~e [-ʃʊlə]> {s. u. ↑Be|rof ↑Schull}: Berufsschule.

Be|rof|ung, de [bə'roˑfʊŋ] <N.; ~e> {5.1.1}: Berufung.

Be|rof|ungs|friss, de [bə'roˑfʊŋs‚frɪs] <N.; ~|friste> {s. u. ↑Be|rof|ung; ↑Friss}: Berufungsfrist.

be|röhre/~|rühre [bə'rø·(ɐ)rə / -'ryˑ(ɐ)rə] <nicht trennb. Präfix-V.; schw.; *han*; be|röhte [bə'rø·tə]; be|röht [bə'rø·t]> {5.4}: berühren, anrühren, leicht anfassen. (186) (31)

be|ruhe [bə'ruˑə] <nicht trennb. Präfix-V.; schw.; *han*; be|ruhte [bə'ruˑtə]; be|ruht [bə'ruˑt]>: beruhen, <b. op> sich auf etw. gründen/stützen; ***jet op sich b. looße** (etw.

auf sich b. lassen, etw. nicht weiterverfolgen; ablassen von etw.). (37)

be|ruhige/~|räuhige [bəˈruːɪjə / -rɔʏɪjə] <nicht trennb. Präfix-V.; be|räuhige veraltet; schw.; han; be|ruhigte [bəˈruːɪɦtə]; be|ruhig [bəˈruːɪɦ]> {(5.1.4.8)}: beruhigen, **a)** allmählich wieder zur Ruhe bringen; besänftigen; ruhigstellen: *Ich han dä Klein met enem Nüggel beruhig.* (Ich habe den Kleinen mit einem Schnuller beruhigt.); **b)** <sich b.> ruhig werden, sich besänftigen, zur Ruhe kommen: *Et Meer hät sich beruhig.* (Das Meer hat sich beruhigt.). (7)

b**es**[1] [bes] <Präp.; m. Akk.> {5.5.2}: bis, **1.** (räumlich) *b. Kölle* (b. Köln). **2.** (zeitlich) *b. hügg* (b. heute). **3.** <i. Vbdg. m. *op*> **a)** einschließlich: *b. op der letzte Platz besatz* (b. auf den letzten Platz besetzt); **b)** mit Ausnahme (von): *B. op dich woren se all do.* (B. auf dich waren alle da.). **4.** <i. Vbdg. m. *zo* vor Zahlen> gibt die obere Grenze an: *Hee han b. zo 1000 Lück Plaatz.* (Hier haben b. zu 1000 Leute Platz.).

b**es**[2] [bes] <Adv.; i. d. Vbdg. mit *zo* weglassbar u. ohne Einfluss auf die Beugung> {5.5.2}: bis, gibt die obere Grenze eines Spielraumes an: *Pänz b. (zo) 11 Johr* (Kinder b. (zu) 11 Jahren).

b**es**[3] [bes] <Konj.> {5.5.2}: bis, **1.** nebenordn. zw. (Zahl)-Adj.: *100 b. 200 Minsche woren do.* (100 b. 200 Menschen waren da.). **2.** unterordn.: *Hä waad, b. de Poss kütt.* (Er wartet, b. die Post kommt.); *Do geihs nit spille, b. (dat) do ding Aufgab gemaht häs.* (Du gehst nicht (eher) spielen, b. (dass) du deine Hausaufgaben gemacht hast.).

be|sabbele [bəˈzabələ] <nicht trennb. Präfix-V.; schw.; han; be|sabbelte [bəˈzabəltə]; be|sabbelt [bəˈzabəlt]> {9.2.1.2}: besabbeln, besabbern, mit Speichel beschmutzen: *Do häs dich ald widder besabbelt.* (Du hast dich schon wieder besabbert.) [auch: ↑be|seivere]. (6)

be|sage [bəˈzaʀə] <nicht trennb. Präfix-V.; schw.; han; be|saht [bəˈzaːt]; be|saht [bəˈzaːt]>: besagen, ausdrücken, bedeuten: *Dat besäht nix.* (Das besagt nichts.). (155)

be|sänftige [bəˈzɛnftɪjə] <nicht trennb. Präfix-V.; schw.; han; be|sänftigte [bəˈzɛnftɪɦtə]; be|sänftig [bəˈzɛnftɪɦ]>: besänftigen, beruhigen, beschwichtigen. (7)

be|säusele, sich [bəˈzɔʏzələ] <nicht trennb. Präfix-V.; schw.; han; be|säuselte [bəˈzɔʏzəltə]; be|säuselt [bəˈzɔʏzəlt]> {9.2.1.2}: sich besäuseln, sich leicht betrinken [auch: ↑be|dusele]. (6)

be|schädige [bəˈʃɛˑdrɪjə] <nicht trennb. Präfix-V.; schw.; han; be|schädigte [bəˈʃɛˑdrɪɦtə]; be|schädig [bəˈʃɛˑdrɪɦ]>: beschädigen [auch: ↑kapodd|maache, ↑ramponiere/~eere]. (7)

be|schaffe[1] [bəˈʃafə] <nicht trennb. Präfix-V.; schw.; han; be|schaffte [bəˈʃaftə]; be|schaff [bəˈʃaf]>: beschaffen, besorgen, herbeischaffen. (27)

be|schaffe[2] [bəˈʃafə] <Adj.; Part. II von mhd. *beschaffen* (= erschaffen); ~>: beschaffen, i. best. Weise geartet: *Wie es dä Wäg b.?* (Wie ist der Weg b.?). Tbl. A3.2

be|schäftige [bəˈʃɛftɪjə] <nicht trennb. Präfix-V.; schw.; han; be|schäftigte [bəˈʃɛftɪɦtə]; be|schäftig [bəˈʃɛftɪɦ]>: beschäftigen. (7)

be|schalle [bəˈʃalə] <nicht trennb. Präfix-V.; schw.; han; be|schallte [bəˈʃalˑtə]; be|schallt [bəˈʃalˑt]>: beschallen, mit Ultraschall untersuchen. (91)

be|schatte [bəˈʃatə] <nicht trennb. Präfix-V.; schw.; han; be|schatt [bəˈʃat]>: beschatten, heimlich beobachten, überwachen. (113)

be|scheechte/~|schichte [bəˈʃeːɦtə / -ʃɪɦtə] <nicht trennb. Präfix-V.; schw.; han; be|scheech [bəˈʃeːɦ] {5.2.1; 5.4}: beschichten, mit einer Schicht versehen. (131)

be|scheeße [bəˈʃeːsə] <nicht trennb. Präfix-V.; st.; han; be|schoss [bəˈʃɔs]; be|schosse [bəˈʃɔsə] {5.1.4.3}: beschießen, **a)** (längere Zeit hindurch) auf jmdn./etw. schießen; **b)** (Kernphysik) Elementarteilchen auf etw. auftreffen lassen. (79)

Bescheid, der [bəˈʃeɪt] <N.; ~e>: Bescheid.

be|scheide [bəˈʃeɪdə] <nicht trennb. Präfix-V.; st.; han; be|scheed [bəˈʃeˑt]; be|scheede [bəˈʃeˑdə]>: bescheiden, **1.** <sich b.> sich begnügen. **2.** <meist im Passiv> zuteil werden lassen: *Im wor winnig Glöck bescheede.* (Ihm war wenig Glück beschieden.). (159)

be|scheinige [bəˈʃaɪnɪjə] <nicht trennb. Präfix-V.; schw.; han; be|scheinigte [bəˈʃaɪnɪɦtə]; be|scheinig [bəˈʃaɪnɪɦ]>: bescheinigen, (schriftl.) bestätigen. (7)

be|scheiße [bəˈʃaɪsə] <nicht trennb. Präfix-V.; st.; han; be|schess [bəˈʃes]; be|schesse [bəˈʃesə]>: bescheißen, **1.** <sich b.> sich besudeln. **2.** (übertr.) übervorteilen, betrügen [auch: ↑aan|schmiere/~eere (2), ↑bedrege, ↑be|drieße, ↑be|tuppe[2], ↑eren|läge (2), ↑foppe, ↑lappe[2] (2), ↑lieme (2), ↑ver|schöckele, ↑uze, ↑tüte[2], ↑ver|aasche, ↑ver|uze, *einer för der Jeck halde*]. (160)

be|schenke [bə'ʃɛŋkə] <nicht trennb. Präfix-V.; schw.; *han*; be|schenkte [bə'ʃɛŋktə]; be|schenk [bə'ʃɛŋk]>: beschenken, mit Gaben/einem Geschenk bedenken: *de Pänz met Spillzüg b.* (die Kinder mit Spielzeug b.).(41)

be|schere/~|scherre [bə'ʃe:(ɐ)rə / -ʃerə] <nicht trennb. Präfix-V.; *be|scherre* veraltet; schw.; *han*; be|scherte [bə'ʃe:ɐtə]; be|schert [bə'ʃe:ɐt]> {(5.3.4; 5.5.2)}: bescheren. (21) (93)

Be|schess, der [bə'ʃes] <N.; kein Pl.> {5.5.2}: Beschiss, Täuschung, Betrug.

be|schildere/~|scheldere [bə'ʃɪldərə / -ʃeldərə] <nicht trennb. Präfix-V.; schw.; *han*; be|schelderte [bə'ʃeldɐtə]; be|scheldert [bə'ʃeldɐt]> {9.2.1.2; (5.5.2)}: beschildern. (4)

be|schinge [bə'ʃɪŋə] <nicht trennb. Präfix-V.; st.; *han*; be|schung [bə'ʃʊŋ]; be|schunge [bə'ʃʊŋə]> {5.3.4}: bescheinen, auf jmdn./etw. scheinen; bestrahlen: *Ich looße mich vun der Sonn b.* (Ich lasse mich von der Sonne b.). (26)

be|schirme [bə'ʃɪrˑmə] <nicht trennb. Präfix-V.; schw.; *han*; be|schirmte [bə'ʃɪrˑmtə]; be|schirmp [bə'ʃɪrˑmp]>: beschirmen, **a)** beschützen; **b)** etw. wie einen Schirm über etw. ausbreiten: *de Auge met der Hand b.* (die Augen mit der Hand b.). (127)

be|schlabbere [bə'ʃlabərə] <nicht trennb. Präfix-V.; schw.; *han*; be|schlabberte [bə'ʃlabɐtə]; be|schlabbert [bə'ʃlabɐt]> {9.2.1.2}: beschlabbern, bekleckern, **a)** jmdn. od. etw. beim Essen durch Verschütten breiiger od. flüssiger Speise/Suppe/Getränke beschmutzen: *Häs de ald widder der Desch beschlabbert?* (Hast du schon wieder den Tisch bekleckert?) [auch: ↑voll|schlabbere]; **b)** <sich b.> sich beschmieren/bekleckern/beschmutzen: *Ich han mich vun bovve bes unge beschlabbert.* (Ich habe mich von oben bis unten bekleckert.). (4)

be|schlage¹/~|schlonn [bə'ʃlaˑʀə / -ʃlɔn] <nicht trennb. Präfix-V.; st.; be|schlog [bə'ʃloˑx]; be|schlage [bə'ʃlaˑʀə]> {(5.3.2; 5.4)}: beschlagen, **1.** <han> mit einem Beschlag versehen; etw. mit Nägeln auf etw. befestigen: *e Pääd met neu Hufe b.* (ein Pferd mit neuen Hufen b.). **2. a)** <sin> mit einer dünnen Schicht (bes. aus Wassertröpfchen) überziehen; anlaufen: *Der Brell es b.* (Die Brille ist b.); **b)** <han> mit etw. überziehen: *Dä Damp hät et Finster b.* (Der Dampf hat das Fenster b.). (48) (163)

be|schlage² [bə'ʃlaˑʀə] <Adj.; Part. II von ↑be|schlage¹; ~; ~ner, ~nste>: beschlagen, bewandert, erfahren, kundig: *Der Pitter es b. em Foßball.* (Peter ist b. im Fußball.). Tbl. A3.2

be|schlag|nahme [bə'ʃlaːxˌnaˑmə] <nicht trennb. Präfix-V.; schw.; *han*; be|schlag|nahmte [bə'ʃlaːxˌnaˑmtə]; be|schlag|nahmp [bə'ʃlaːxˌnaˑmp]>: beschlagnahmen, konfiszieren. (126)

be|schleeße [bə'ʃleˑsə] <nicht trennb. Präfix-V.; st.; *han*; be|schloss [bə'ʃlɔs]; be|schlosse [bə'ʃlɔsə]> {5.1.4.3}: beschließen, **a)** einen best. Entschluss fassen: *Hä hät beschlosse Kuns zo studiere.* (Er hat beschlossen Kunst zu studieren.); **b)** sich mit Stimmenmehrheit für etw. entscheiden; einen Mehrheitsbeschluss über etw. fassen: *Der Bundesdag beschlüüß e neu Gesetz.* (Der Bundestag beschließt ein neues Gesetz.); **c)** über etw. (beraten u.) abstimmen: *Et woodt hüher Kindergeld beschlosse.* (Es wurde höheres Kindergeld beschlossen.). (79)

be|schleiche/~|schliche [bə'ʃleɪ̯ʃə / -ʃlɪʃə] <nicht trennb. Präfix-V.; *be|schliche* veraltet; st.; *han*; be|schlech [bə'ʃleʃ]; be|schleche [bə'ʃleʃə]> {(5.3.1)}: beschleichen, (von Gefühlen, Gemütsbewegungen u. Ä.) langsam u. unmerklich erfassen, überkommen: *E unrühig Geföhl beschlech in.* (Ein beunruhigendes Gefühl beschlich ihn.). (161) (187)

be|schleunige [bə'ʃlɔɪ̯nɪʃə] <nicht trennb. Präfix-V.; schw.; *han*; be|schleunigte [bə'ʃlɔɪ̯nɪʃtə]; be|schleunig [bə'ʃlɔɪ̯nɪʃ]>: beschleunigen [auch: *ene Däu drop dun*]. (7)

Be|schluss, der [bə'ʃlʊs] <N.; ~|schlüss>: Beschluss, Entscheidung.

be|schmiere/~|schmeere [bə'ʃmi:(ɐ)rə / -ʃme:rə] <nicht trennb. Präfix-V.; *be|schmeere* veraltend; schw./unr.; *han*; be|schmierte [bə'ʃmi:ɐtə]; be|schmiert [bə'ʃmi:ɐt]> {(5.1.4.3)}: beschmieren, **1.** etw. auf etw. schmieren, streichen; bestreichen: *Brud met Botter b.* (Brot mit Butter b.). **2.** an der Oberfläche schmutzig machen: *de Deschdeck, de Häng met Färv b.* (die Tischdecke, die Hände mit Farbe b.) [auch: ↑aan|schmiere/~eere (1)]. **3. a)** etw. unordentlich, beschreiben, bemalen: *et Boch met Randmolereie b.* (das Buch mit Randzeichnungen b.); **b)** (größere Freiflächen mit pol. Parolen) bemalen, verunzieren: *Die Muur wor met Hokekrütze beschmiert.* (Die Mauer war mit Hakenkreuzen beschmiert.); **c)** mit

beschmieße

literarisch minderwertigen Texten voll schreiben: *Haufe vun Papier b.* (Berge voll Papier b.). (3) (2)

be|schmieße [bəˈʃmiːsə] <nicht trennb. Präfix-V.; st.; *han*; be|schmess [bəˈʃmes]; be|schmesse [bəˈʃmesə]> {5.1.4.5}: beschmeißen, bewerfen. (25)

be|schmuddele [bəˈʃmʊdələ] <nicht trennb. Präfix-V.; schw.; *han*; be|schmuddelte [bəˈʃmʊdəltə]; be|schmuddelt [bəˈʃmʊdəlt]> {9.2.1.2}: beschmutzen [auch: ↑be|kläbbele, ↑be|knase, ↑knase, ↑ver|knüsele]. (6)

be|schnigge [bəˈʃnɪɡə] <nicht trennb. Präfix-V.; st.; *han*; be|schnedt [bəˈʃnet]; be|schnedde [bəˈʃnedə]> {5.3.4; 6.6.2}: beschneiden, **1. a)** durch Schneiden kürzen, in die gewünschte Form bringen: *en Heck b.* (eine Hecke b.); **b)** am Rand gerade bzw. glatt schneiden: *Fotos vürm Enklevve b.* (Fotos vorm Einkleben b.). **2.** schmälern, einschränken, kürzen: *däm sing Räächte b.* (seine Rechte b.). **3.** (aus rituellen od. med. Gründen) jmdm. die Vorhaut entfernen. (133)

be|schnüffele [bəˈʃnʏfələ] <nicht trennb. Präfix-V.; schw.; *han*; be|schnüffelte [bəˈʃnʏfəltə]; be|schnüffelt [bəˈʃnʏfəlt]> {9.2.1.2}: beschnüffeln, **1.** (von Tieren) an etw. schnüffeln. **2.** vorsichtig prüfen [auch: ↑be|schnuppere (2)]. **3.** bespitzeln. (6)

be|schnuppere [bəˈʃnʊpərə] <nicht trennb. Präfix-V.; schw.; *han*; be|schnupperte [bəˈʃnʊpətə]; be|schnuppert [bəˈʃnʊpət]> {9.2.1.2}: beschnuppern, **1.** an etw. schnuppern. **2.** vorsichtig prüfend kennen zu lernen versuchen [auch: ↑be|schnüffele (2)]. (4)

be|schnuuve [bəˈʃnuːvə] <nicht trennb. Präfix-V.; schw.; *han*; be|schnuuvte [bəˈʃnuːftə]; be|schnuuv [bəˈʃnuːf]> {5.1.3; 6.5.2}: beschnüffeln, (zu schnaufen). (158)

be|schödde [bəˈʃødə] <nicht trennb. Präfix-V.; st.; *han*; be|schodt [bəˈʃot]; be|schodt/beschödt [bəˈʃot / bəˈʃøt]> {5.5.1; 6.11.3}: beschütten, etw. auf jmdn./etw. schütten: *de Blome met Wasser b.* (die Blumen mit Wasser b.). (166)

be|scholdige [bəˈʃolˑdɪjə] <nicht trennb. Präfix-V.; schw.; *han*; be|scholdigte [bəˈʃolˑdɪftə]; be|scholdig [bəˈʃolˑdɪf]> {5.5.1}: beschuldigen, jmdm. etw. zur Last legen, jmdm. die Schuld an etw. geben. (7)

be|schönige [bəˈʃøːnɪjə] <nicht trennb. Präfix-V.; schw.; *han*; be|schönigte [bəˈʃøːnɪftə]; be|schönig [bəˈʃøːnɪf]>: beschönigen. (7)

Be|schoss, der [bəˈʃos] <N.; veraltet; o. Pl.> {5.5.1}: Beschuss.

Beschot, de [bəˈʃɔˑt] <N.; veraltet; ~e>: Muskat [auch: ↑Muskat].

be|schötze [bəˈʃøtsə] <nicht trennb. Präfix-V.; schw.; *han*; be|schötzte [bəˈʃøtstə]; be|schötz [bəˈʃøts]> {5.5.1}: beschützen, Gefahr von jmdm./etw. abhalten; (vor jmdm./etw.) schützen. (114)

Be|schötz|er, der [bəˈʃøtsɐ] <N.; ~> {5.5.1}: Beschützer.

be|schränk [bəˈʃrɛŋk] <Adj.; Part. II von ↑be|schränke; ~te; ~ter, ~ste> {8.3.5}: beschränkt, geistig unbeweglich; engstirnig. Tbl. A4.1.1

be|schranke [bəˈʃraŋkə] <nicht trennb. Präfix-V.; schw.; *han*; be|schrankte [bəˈʃraŋktə]; be|schrank [bəˈʃraŋk]>: beschranken, (Eisenb.) mit Schranken versehen; <meist Part. II> *ene beschrankte Bahnüvvergang* (ein beschrankter Bahnübergang). (41)

be|schränke [bəˈʃrɛŋkə] <nicht trennb. Präfix-V.; schw.; *han*; be|schränkte [bəˈʃrɛŋktə]; be|schränk [bəˈʃrɛŋk]>: beschränken, **a)** einschränken, begrenzen, einengen; **b)** <sich b.> sich mit etw. begnügen. (41)

Be|schränk|ung, de [bəˈʃrɛŋkʊŋ] <N.; ~e (Pl. selten)>: Beschränkung.

be|schrefte [bəˈʃreftə] <nicht trennb. Präfix-V.; schw.; *han*; be|schreff [bəˈʃref] {5.5.2}: beschriften. (89)

Be|schreft|ung, de [bəˈʃrefˌtʊŋ] <N.; ~e> {5.5.2}: Beschriftung.

be|schreie [bəˈʃreɪə] <nicht trennb. Präfix-V.; schw.; *han*; be|schreite [bəˈʃreɪtə]; be|schreit [bəˈʃreɪt]>: beschreien. (11)

be|schrieve [bəˈʃriˑvə] <nicht trennb. Präfix-V.; st.; *han*; be|schrevv [bəˈʃref]; be|schrevve [bəˈʃrevə]> {5.1.4.5; 6.1.1}: beschreiben, **1.** mit Schriftzeichen versehen; vollschreiben: *3 Sigge b.* (3 Seiten b.). **2.** ausführlich schildern, darstellen, erklären: *der Polizei de Täter b.* (der Polizei die Täter b.). (51)

be|schrigge [bəˈʃrɪɡə] <nicht trennb. Präfix-V.; st.; *han*; be|schredt [bəˈʃret]; be|schredde [bəˈʃredə]> {5.3.4; 6.6.2}: beschreiten. (133)

be|schummele [bəˈʃʊmələ] <nicht trennb. Präfix-V.; schw.; *han*; be|schummelte [bəˈʃʊməltə]; be|schummelt [bəˈʃʊməlt]> {9.2.1.2}: beschummeln, ein wenig betrügen: *einer beim Spill b.* (jmdn. beim Spiel b.) [auch: ↑be|tuppe, ↑tüte]. (6)

Be|schüpp|che, et [bəˈʃypçə] <N.; ~r>: kleiner Betrug, Betrügerei [auch: ↑Be|dress|che].

be|schwaade [bə'ʃvaːdə] <nicht trennb. Präfix-V.; schw.; han; be|schwaadte [bə'ʃvaːtə]; be|schwaadt [bə'ʃvaːt]> {5.2.1.4}: beschwatzen, 1. überreden, bereden. 2. bereden, beklönen; mit jmdm. ausführlich über etw. reden. (197)

Be|schwerde, de [bə'ʃveːɐdə] <N.; ~>: Beschwerde.

Be|schwerde|friss, de [bə'ʃveːɐdəˌfrɪs] <N.; ~|friste> {s. u. ↑Friss}: Beschwerdefrist.

be|schwere [bə'ʃveːrə] <nicht trennb. Präfix-V.; schw.; han; be|schwerte [bə'ʃveːɐtə]; be|schwert [bə'ʃveːɐt]>: beschweren, 1. mit etw. Schwererem belasten (um eine Sache an ihrem Platz festzuhalten): dä Breef met enem Stein b. (den Brief mit einem Stein b.). 2. <sich b.> sich beklagen, sich (bei jmdm.) über jmdn./etw. beschweren: Ich han mich deswäge ald off beschwert. (Ich habe mich deswegen schon oft beschwert.). (21)

be|schwichtige [bə'ʃvɪçtɪɡə] <nicht trennb. Präfix-V.; schw.; han; be|schwichtigte [bə'ʃvɪçtɪçtə]; be|schwichtig [bə'ʃvɪçtɪç]>: beschwichtigen. (7)

be|schwindele [bə'ʃvɪndələ] <nicht trennb. Präfix-V.; schw.; han; be|schwindelte ['ʃvɪndəltə]; be|schwindelt [bə'ʃvɪndəlt]> {9.2.1.2}: beschwindeln. (6)

be|schwöre [bə'ʃvøːɐrə] <nicht trennb. Präfix-V.; st.; han; be|schwor/be|schwörte [bə'ʃvoːɐ / bə'ʃvøːɐtə]; be|schwore [bə'ʃvoːrə]>: beschwören, 1. durch einen Schwur bekräftigen: jet vür Gereech b. (etwas vor Gericht b.). 2. eindringlich/inständig bitten; anflehen: Ich han en beschwore dat blieve ze looße. (Ich beschwor ihn das sein zu lassen.). 3. a) durch Magie, Suggestion od. Ä. Macht über jmdn./etw. erlangen: Schlange b. (Schlangen b.); b) bannen: der Düüvel met Zauberspröch b. (den Teufel mit Zauberformeln b.). (170)

be|seege [bə'zeːjə] <nicht trennb. Präfix-V.; schw.; han; be|seegte [bə'zeːfjtə]; be|seeg [bə'zeːfj]> {5.1.4.3}: besiegen [auch: ↑üvver|winde (1)]. (103)

be|seivere [bə'zeɪˑvərə] <nicht trennb. Präfix-V.; schw.; han; be|seiverte [bə'zeɪˑvətə]; be|seivert [bə'zeɪˑvət]> {6.1.1; 9.2.1.2}: beseibeln, beseibern, mit durch Seiber ausfließendem Speichel benetzen/beschmutzen: Dat Babaditzche beseivert sich/si Jäckelche. (Das Baby beschmutzt sich/sein Jäckchen.) [auch: ↑be|sabbele]. (4)

Besem, der ['bezəm] <N.; ~e> {5.3.2.3; 5.5.2; 6.13.4}: Besen, 1. Gerät zum Fegen, Kehren. 2. (Schimpfw.) jmd., der hinter allem her ist.

Besem|still, der ['bezəmˌʃtɪl] <N.; ~ -[ˌtɪl·]> {s. u. ↑Besem ↑Still}: Besenstiel.

Besem|struch, der ['bezəmˌʃtrʊx] <N.; ~|strüch> {s. u. ↑Besem ↑Struch}: Heidekraut, Erika, Besenheide (Heide wurde früher zum Besenbinden benutzt) [auch: ↑Heide|krugg, ↑Heid¹ (2)].

be|senne, sich [bə'zɛnə] <nicht trennb. Präfix-V.; st.; han; be|sonn [bə'zɔn]; be|sonne [bə'zɔnə]> {5.5.2}: sich besinnen, 1. nachdenken, überlegen: Ich han mich anders besonne. (Ich habe mich anders besonnen.). 2. a) sich an jmdn./etw. erinnern: Ich kann mich nit op singe Name b. (Ich kann mich nicht auf seinen Namen b.) [auch: ↑ent|senne, ↑er|enne/erinnere (2), ↑noh|denke (1)]; b) sich bewusst werden: Hä besonn sich drop sing Arbeid fäädig ze maache. (Er besann sich darauf seine Arbeit fertig zu machen.). (82)

Be|setz, der [bə'zɛts] <N.; kein Pl.> {5.5.2}: Besitz.

be|setze¹ [bə'zɛtsə] <nicht trennb. Präfix-V.; st.; han; be|soß [bə'zɔs]; be|sesse [bə'zɛsə]> {5.5.2}: besitzen, im Besitz, als Eigentum, im Gebrauch haben (meist einfach 'han'). (172)

be|setze² [bə'zɛtsə] <nicht trennb. Präfix-V.; unr./schw.; han; be|setzte/be|satz [bə'zɛtstə / bəzats]; be|setz/be|satz [bə'zɛts / bə'zats]>: besetzen, 1. mit etw. verzieren: en Jack met Pelz b. (eine Jacke mit Pelz b.). 2. belegen; reservieren, für sich in Anspruch nehmen: Die 3 Plätz nevven mir sin besetz. (Die 3 Plätze neben mir sind besetzt.). 3. an jmdn. vergeben: Die Stell weed neu besatz. (Die Stelle wird neu besetzt.). 4. a) Land erobern/militärisch einnehmen: en Stadt b. (eine Stadt b./einnehmen); b) in Besitz nehmen: Die däten dat unbewonnte Huus b. (Sie besetzten das unbewohnte Haus.); c) mit Posten versehen u. kontrollieren: De Polizei hatt sämpliche Usgäng besetz. (Die Polizei hatte alle Ausgänge besetzt.). (173)

Be|setz|er, der [bə'zɛtsɐ] <N.; ~> {5.5.2}: Besitzer.

be|sichtige [bə'zɪçtɪɡə] <nicht trennb. Präfix-V.; schw.; han; be|sichtigte [bə'zɪçtɪçtə]; be|sichtig [bə'zɪçtɪç]>: besichtigen, prüfend betrachten: en Wonnung b. (eine Wohnung b.) [auch: ↑be|luure/~|loore]. (7)

be|sie [bə'ziːə] <nicht trennb. Präfix-V.; schw.; han; be|site [bə'ziːtə]; be|sit [bə'ziːt]> {5.4}: besäen, mit Samen bestreuen; Samen auf etw. streuen. (56)

be|siedele [bəˈziːdələ] <nicht trennb. Präfix-V.; schw.; *han*; be|siedelte [bəˈziːdəltə]; be|siedelt [bəˈziːdəlt]> {9.2.1.2}: besiedeln. (6)

be|siegele [bəˈziːjələ] <nicht trennb. Präfix-V.; schw.; *han*; be|siegelte [bəˈziːjəltə]; be|siegelt [bəˈziːjəlt]> {9.2.1.2}: besiegeln. (6)

be|siele [bəˈziːlə] <nicht trennb. Präfix-V.; schw.; *han*; be|sielte [bəˈziːltə]; be|sielt [bəˈziːlt]> {5.1.4.3}: beseelen. (45)

be|sigge [bəˈzɪɡə] <nicht trennb. Präfix-V.; schw.; *han*; be|siggte [bəˈzɪktə]; be|sigg [bəˈzɪk]> {5.3.4; 6.6.2}: besaiten, (Musik): (ein Streich- od. Zupfinstrument) mit Saiten versehen. (208)

be|singe [bəˈzɪŋə] <nicht trennb. Präfix-V.; st.; *han*; be|sung [bəˈzʊŋ]; be|sunge [bəˈzʊŋə]>: besingen, **1.** etw., künstlerisch darstellen: *Der Rhing es off besunge woode.* (Der Rhein ist oft besungen worden.). **2.** Gesang auf einen Tonträger aufnehmen: *en CD met kölsche Krätzcher b.* (eine CD mit einer best. Art von kölschen Liedern b.) [auch: ↑be|spille, ↑be|spreche (2)]. (26)

be|sinn [bəˈzɪn] <nicht trennb. Präfix-V.; st.; *han*; be|soh/be|soch [bəˈzɔː / bəˈzɔːx]; be|sinn [bəˈzɪn]> {5.3.4; 8.2.2.3}: besehen, **1.** etw./jmdn. besehen, sorgfältig ins Auge fassen, betrachten, genau ansehen [auch: ↑aan|luure/~|loore (2), ↑aan|sinn (2), ↑be|kicke, ↑be|luure/~||oore, ↑be|traachte (1)]. **2.** prüfend ansehen; sorgfältig prüfen. (175)

Be|sinn, et [bəˈzɪn] <N.; kein Pl.> {5.3.4; 8.2.2.3}: Ansehen.

be|soffe [bəˈzɔfə] <Adj.; Part. II von ↑be|suffe; ~; ~ner, ~nste>: besoffen, (völlig) betrunken; (übertr.) nicht recht bei Verstand. Tbl. A3.2

Be|sök, der [bəˈzøːk] <N.; ~e> {5.4; 6.2.3}: Besuch, **1.** das Besuchen. **2.** <o. Pl.> Gast, Gäste.

be|söke [bəˈzøːkə] <nicht trennb. Präfix-V.; unr./schw.; *han*; be|sok [bəˈzoːk]; be|sok/be|sök [bəˈzoːk / bəˈzøːk]> {5.4; 6.2.3}: besuchen, **a)** jmdn. aufsuchen u. sich für eine best. Zeit dort aufhalten: *Fründe b.* (Freunde b.); **b)** jmdn. aus beruflichen Gründen zu Hause aufsuchen: *Der Dokter besök sing Patiente.* (Der Arzt besucht seine Patienten.); **c)** etw. zu einem best. Zweck aufsuchen: *de Schull b.* (die Schule b.); **d)** an etw. teilnehmen: *der Kölsch-Kurs b.* (den Kölsch-Kurs b.). (176) (178)

Be|sök|er, der [bəˈzøːkə] <N.; ~> {5.4; 6.2.3}: Besucher.

be|solde [bəˈzɔldə] <nicht trennb. Präfix-V.; schw.; *han*; be|soldte [bəˈzɔltə]; be|soldt [bəˈzɔlt]> {5.5.1}: besolden. (28)

be|solle [bəˈzɔlə] <nicht trennb. Präfix-V.; schw.; *han*; be|sollte [bəˈzɔltə]; be|sollt [bəˈzɔlt]> {5.3.4; 5.5.1}: besohlen, Schuhe mit Sohlen versehen: *Dot mer de Stivvele neu b.!* (B. Sie mir (bitte) die Stiefel neu!). (91)

be|some [bəˈzɔːmə] <nicht trennb. Präfix-V.; schw.; *han*; be|somte [bəˈzɔːmtə]; be|somp [bəˈzɔːmp]> {5.5.3}: besamen, männl. Samen (künstl.) auf weibl. Eizellen bringen. (118)

besonder [bəˈzɔndə] <Adj.; im Positiv nur attr.; ~e> {5.5.1}: besonder..., ausgeprägt, speziell, beachtlich: *Ich han kein ~e Loss op Kinema hügg.* (Ich habe keine ~e Lust auf Kino.). Tbl. A2.6

Besonder|heit, de [bəˈzɔndəhɛɪt] <N.; ~e> {5.5.1}: Besonderheit.

besonders [bəˈzɔndəs] <Adv.> {5.5.1}: besonders.

be|sorg [bəˈzɔrɕ] <Adj.; Part. II von ↑be|sorge; ~te; ~ter, ~ste> {5.5.1; 8.3.5}: besorgt, von (Für)sorge um jmdn./etw. erfüllt. Tbl. A4.1.1

be|sorge [bəˈzɔrɕə] <nicht trennb. Präfix-V.; schw.; *han*; be|sorgte [bəˈzɔrɕtə]; be|sorg [bəˈzɔrɕ]> {5.5.1}: besorgen. (39)

be|spanne [bəˈʃpanə] <nicht trennb. Präfix-V.; schw.; *han*; be|spannte [bəˈʃpantə]; be|spannt [bəˈʃpant]>: bespannen. (10)

be|späue/~|speie [bəˈʃpøːjə / ˈʃpeɪə] <nicht trennb. Präfix-V.; *be|speie* veraltend (veraltet: *bespaue*); schw.; *han*; be|späute [bəˈʃpøːtə]; be|späut [bəˈʃpøːt]> {5.1.3}: bespucken, bespeien, auf jmdn./etw. spucken. (11)

be|spetzele [bəˈʃpɛtsələ] <nicht trennb. Präfix-V.; schw.; *han*; be|spetzelte [bəˈʃpɛtsəltə]; be|spetzelt [bəˈʃpɛtsəlt]> {5.5.2; 9.2.1.2}: bespitzeln [auch: ↑lunke, ↑spingkse]. (6)

be|spille [bəˈʃpɪlə] <nicht trennb. Präfix-V.; schw.; *han*; be|spillte [bəˈʃpɪltə]; be|spillt [bəˈʃpɪlt]> {5.3.4}: bespielen, etw. auf einen Ton- od. Datenträger aufnehmen [auch: ↑be|singe (2), ↑be|spreche (2)]. (91)

be|spreche [bəˈʃprɛɕə] <nicht trennb. Präfix-V.; st.; *han*; be|sproch [bəˈʃprɔːx]; be|sproche [bəˈʃprɔxə]>: besprechen; **1.** über etwas sprechen. **2.** (einen Tonträger) durch Sprechen eines Textes mit einer Aufnahme versehen [auch: ↑be|spille]. (34)

be|sprenge [bə'ʃprɛŋə] <nicht trennb. Präfix-V.; schw.; han; be|sprengte [bə'ʃprɛŋtə]; be|sprengk [bə'ʃprɛŋk]>: besprengen. (49)

be|spretze [bə'ʃpretsə] <nicht trennb. Präfix-V.; schw.; han; be|spretzte [bə'ʃpretstə]; be|spretz [bə'ʃprets]> {5.5.2}: bespritzen, **a)** spritzend nass machen, befeuchten: *der Gaade mem Schlauch b.* (den Garten mit dem Schlauch b.); **b)** durch Spritzen beschmutzen: *Dat Auto hät mich vun bovve bes unge bespretz.* (Das Auto hat mich von oben bis unten bespritzt.). (114)

be|springe [bə'ʃprɪŋə] <nicht trennb. Präfix-V.; st.; han; be|sprung [bə'ʃprʊŋ]; be|sprunge [bə'ʃprʊŋə]>: bespringen, (von Säugetieren) begatten [auch: ↑decke¹, ↑knüüze, ↑hegge, ↑höggele]. (26)

be|spröhe [bə'ʃprøˑə] <nicht trennb. Präfix-V.; schw.; han; be|spröhte [bə'ʃprøtə]; be|spröht [bə'ʃprøˑt]> {5.4}: besprühen. (37)

bess [bɛs] <Adv.; Sup. von ↑wall: et bess, am beste> {8.3.5}: best....

Bess, der [bes] <N.; ~> {5.5.2}: Biss.

bess|che ['besjə] <Indefinitpron.; indekl.> {5.5.2}: bisschen, wenig, **1.** <i. d. Funktion eines Adj.> wenig: *Hä hät kei b. Zigg för mich.* (Er hat kein b. Zeit für mich.). **2.** <meist in Vbdg. mit *e* (↑e(n)), i. d. Funktion eines Adv.> etwas, ein wenig: *Ich well e b. spaziere gonn.* (Ich will ein w. spazieren gehen.) [auch: ↑jet].

Besse, der ['besə] <N.; ~> {5.5.2}: Bissen.

besser¹ ['bɛsɐ] <Adv.; Komp. von ↑wall; et bess, am beste [bɛs / 'bɛstə]>: besser, lieber, klugerweise: *Loss dat b. blieve!* (Lass das b. bleiben!).

besser² ['bɛsɐ] <Adj.; Komp. von ↑god; ~e; beste/et bess ['bɛstə / ət bɛs]>: besser. Tbl. A2.6

bessere ['bɛsərə] <V.; schw.; han; besserte ['bɛsətə]; gebessert [jə'bɛsət]> {9.2.1.2}: bessern, <sich b.> sich bessern, besser werden. (4)

bess|ig ['besɪʃ] <Adj.; ~e; ~er, ~ste> {5.5.2}: bissig, gefährlich. Tbl. A5.2

best... [bɛst] <Adj.; Sup. zu ↑god; ~e>: best..., **1.** so gut wie irgend möglich. **2.** <Subst.> Beste. Tbl. A1

Be|stand, der [bə'ʃtant] <N.; ~|ständ [-ʃtɛnˑt]>: Bestand.

be|ständ|ig [bə'ʃtɛnˑdɪʃ] <Adj.; ~e; ~er, ~ste>: beständig, **a)** gleich bleibend: *b. Wedder* (~es Wetter); **b)** widerstandsfähig, dauerhaft: *en ~e Fründschaff* (eine ~e Freundschaft). Tbl. A5.2

be|stärke [bə'ʃtɛrkə] <nicht trennb. Präfix-V.; schw.; han; be|stärkte [bə'ʃtɛrktə]; be|stärk [bə'ʃtɛrk]>: bestärken, ermutigen. (41)

be|stätige [bə'ʃtɛˑtɪjə] <nicht trennb. Präfix-V.; schw.; han; be|stätigte [bə'ʃtɛˑtɪftə]; be|stätig [bə'ʃtɛˑtɪʃ] ⟨mhd. bestætigen⟩>: bestätigen. (7)

be|staune [bə'ʃtaʊ̯nə] <nicht trennb. Präfix-V.; schw.; han; be|staunte [bə'ʃtaʊ̯ntə]; be|staunt [bə'ʃtaʊ̯nt]>: bestaunen. (138)

be|stäuve [bə'ʃtøy̯və] <nicht trennb. Präfix-V.; schw.; han; be|stäuvte [bə'ʃtøy̯ftə]; be|stäuv [bə'ʃtøy̯f]> {5.1.3; 6.1.1}: bestäuben. (158)

beste ['bɛstə] <Adv.; Sup. von ↑wall: am beste, et bess>: beste; am besten.

be|steche [bə'ʃtɛçə] <nicht trennb. Präfix-V.; st.; han; be|stoch [bə'ʃtɔx]; be|stoche [bə'ʃtɔxə]>: bestechen, jmdn. durch Geschenke, Geldzahlungen od. Ä. bei Verletzung einer Amts- od. Dienstpflicht für seine eigenen Ziele gewinnen: *Beamte met Geld b.* (Beamte mit Geld b.). (34)

be|stecke [bə'ʃtekə] <nicht trennb. Präfix-V.; schw.; han; be|steckte [bə'ʃtektə]; be|steck [bə'ʃtek]> {5.4}: besticken, mit Stickerei verzieren. (88)

be|steige [bə'ʃteɪ̯jə] <nicht trennb. Präfix-V.; st.; han; be|steeg [bə'ʃteˑj]; be|steege [bə'ʃteˑjə]>: besteigen, ersteigen, hinaufsteigen. (181)

be|stelle¹ [bə'ʃtɛlə] <nicht trennb. Präfix-V.; schw./unr.; han; be|stellte/be|stallt [bə'ʃtɛlˑtə / bə'ʃtalt]; be|stellt/be|stallt [bə'ʃtɛlˑt / bə'ʃtalt] ⟨mhd. bestellen⟩>: bestellen, **1. a)** veranlassen, dass etw. geliefert, gebracht wird: *Esse b.* (Essen b.); *et Aufgebot b.* (das Aufgebot b.; sich zur Trauung anmelden); **b)** reservieren lassen, vorbestellen: *Kaate b.* (Karten vorb.). **2.** den Ort, Zeitpunkt für jmds. Erscheinen festlegen: *einer ovends bei sich b.* (jmdn. abends zu sich b.). **3.** ausrichten: *einem Größ b.* (jmdm. Grüße b.). **4.** für einen best. Zweck einsetzen, als etw. wählen: *einer zom Verteidiger b.* (jmdn. zum Verteidiger b.). **5. a)** (den Boden) bearbeiten: *der Acker b.* (den Acker b.); **b)** ***god/schlääch bestellt sin öm einer/jet***: i. best. Weise bestellt sein um jmdn./etw.: *Öm dich es et schlääch bestellt.* (Um dich ist es schlecht bestellt.). (182)

be|stelle² [bə'ʃtɛlə] <nicht trennb. Präfix-V.; st.; han; be|stoll [bə'ʃtɔl]; be|stolle [bə'ʃtɔlə]> {5.3.4}: bestehlen, berauben, jmdm. etw. stehlen, unrechtmäßig wegnehmen. (183)

be|stemme [bə'ʃtemə] <nicht trennb. Präfix-V.; schw.; han; be|stemmte [bə'ʃtemˑtə]; be|stemmp [bə'ʃtemˑp] ‹mhd. bestimmen›> {5.5.2}: bestimmen, **1.** über etw., was zu geschehen hat, entscheiden: *ene Oot b.* (einen Ort b.). **2.** für jmdn./etw. vorsehen: *Dat Geld es för dich bestemmp.* (Das Geld ist für dich bestimmt.). **3.** (wissensch.) ermitteln, klären; definieren: *et Alder vun däm Fundstöck b.* (das Alter des Fundstückes b.). **4.** über etw. frei verfügen: *Do kanns üvver mi Geld nit b.* (Du kannst über mein Geld nicht b.). **5.** entscheidend beeinflussen: *sich vun Geföhle b. looße* (sich von Gefühlen b. lassen). (40)

be|stemmp¹ [bə'ʃtemˑp] <Adj.; Part. II von ↑be|stemme; ~|stemmte [-ʃtemˑtə]; ~|stemmter, ~ste [-ʃtemˑtɐ / -ʃtemˑpstə]> {5.1.1; 5.1.2; 8.3.5}: bestimmt, **1.** feststehend, festgelegt: *Dat es nor för bestemmte Lück.* (Das ist nur für ~e Leute.). **2.** entschieden, fest, energisch: *Hä säht et fründlich, ävver b.* (Er sagt es freundlich, aber b.). Tbl. A4.2.4

be|stemmp² [bə'ʃtemˑp] <Adv.> {5.5.2; 8.3.5}: bestimmt, gewiss, sicher.

Be|stemmp|heit, de [bə'ʃtemˑpˌheɪt] <N.; ~e> {5.5.2; 8.3.5.2}: Bestimmtheit.

Be|stemm|ung, de [bə'ʃtemʊŋ] <N.; ~e> {5.5.2}: Bestimmung.

Beste|mo, de ['bɛstəˌmoˑ] <N.; o. Pl.>: Großmutter, **1.** (von '**Beste Mo**oder') Mutter des Vaters od. der Mutter. **2.** <Eigenn.> Marizebell (Maria Sybilla): Figur des Kölner Stockpuppentheaters „Hänneschen-Theater"; Frau des Nikela Knoll (Besteva).

Beste|va, der ['bɛstəˌfaˑ] <N.; o. Pl.>: Großvater, **1.** (von '**Beste Va**tter') Vater des Vaters od. der Mutter. **2.** <Eigenn.> Nikela Knoll: Figur des Kölner Stockpuppentheaters „Hännesche-Theater"; Mann der Mariezebell Knoll (Bestemo).

be|stöcke [bə'ʃtøkə] <nicht trennb. Präfix-V.; schw.; han; be|stöckte [bə'ʃtøktə]; be|stöck [bə'ʃtøk]> {5.5.1}: bestücken, mit etw. versehen; ausstatten. (88)

be|stohle [bə'ʃtoˑlə] <nicht trennb. Präfix-V.; schw.; han; be|stohlte [bə'ʃtoˑltə]; be|stohlt [bə'ʃtoˑlt]> {5.4}: bestuhlen, mit Stühlen ausstatten. (61)

be|stonn [bə'ʃtɔn] <nicht trennb. Präfix-V.; st.; han; be|stundt [bə'ʃtʊnt]; be|stande [bə'ʃtandə]> {5.3.4;

8.2.2.3}: bestehen, **1. a)** da/vorhanden sein; existieren: *Dodrüvver besteiht keine Zwiefel.* (Darüber besteht kein Zweifel.); **b)** (fort)dauern, bleiben, Bestand haben: *An däm Plaatz kann dinge Lade nit bestonn.* (In dieser Lage kann dein Laden nicht b.). **2. a)** hergestellt, zusammengesetzt sein: *Dat Huus besteiht us Holz.* (Das Haus besteht aus Holz.); **b)** in etw. seinen Inhalt, sein Wesen haben: *Sing Arbeid bestundt us Keste-Stivvele.* (Seine Arbeit bestand aus Kisten-Einordnen.). **3. a)** erfolgreich absolvieren: *de Pröfung b.* (die Prüfung b.); **b)** durchstehen, ertragen: *Schecksalsschläg b.* (Schicksalsschläge b.); **c)** sich bewähren: *em Kampf b.* (im Kampf b.); **d)** standhalten, sich vor jmdm. behaupten: *Ming Arbeid kann vür jeder Kritik bestonn.* (Meine Arbeit kann vor jeder Kritik bestehen.). **4.** auf etw. beharren, auf etw. dringen: <mit Dat.> *op singem Rääch b.* (auf seinem Recht b.); <mit Akk.> *op si Rääch b.* (auf sein Recht b.). (185)

be|störme/~|stürme [bə'ʃtørˑmə / -ʃtyrˑmə] <nicht trennb. Präfix-V.; schw.; han; be|störmte [bə'ʃtørˑmtə]; be|störmp [bə'ʃtørˑmp]>: bestürmen. (127)

be|strecke [bə'ʃtrekə] <nicht trennb. Präfix-V.; schw.; han; be|streckte [bə'ʃtrektə]; be|streck [bə'ʃtrek]> {5.5.2}: bestricken, **1.** jmdn. mit selbstgetrickten Pullis usw. versehen. **2.** (übertr.) verzaubern, betören. (88)

be|streike [bə'ʃtraɪkə] <nicht trennb. Präfix-V.; schw.; han; be|streikte [bə'ʃtraɪktə]; be|streik [bə'ʃtraɪk]>: bestreiken. (178)

be|streue [bə'ʃtrɔyə] <nicht trennb. Präfix-V.; schw.; han; be|streute [bə'ʃtrɔyˑtə]; be|streut/be|straut (veraltend) [bə'ʃtrɔyˑt / bə'ʃtroʊt]>: bestreuen. (11)

be|striche [bə'ʃtrɪʃə] <nicht trennb. Präfix-V.; st.; han; be|strech [bə'ʃtreʃ]; be|streche [bə'ʃtreʃə]> {5.3.1}: bestreichen, etw. auf, über etw. streichen: *et Brud met Levverwoosch b.* (das Brot mit Leberwurst b.). (187)

be|strigge [bə'ʃtrɪgə] <nicht trennb. Präfix-V.; st.; han; be|stredt [bə'ʃtret]; be|stredde [bə'ʃtredə]> {5.3.4; 6.6.2}: bestreiten, **1.** etw. ableugnen, für nicht zutreffend erklären: *dä Vürwurf b.* (den Vorwurf b.). **2. a)** finanzieren; die Kosten für etw. tragen: *Do muss dingen Ungerhald selvs b.* (Du musst deinen Unterhalt selbst b.); **b)** durchführen, ausführen: *ene Wettkampf b.* (einen Wettkampf b.). (133)

be|strofe [bə'ʃtroˑfə] <nicht trennb. Präfix-V.; schw.; han; be|strofte [bə'ʃtroˑftə]; be|strof [bə'ʃtroˑf]> {5.5.3}: bestrafen, **a)** jmdm. eine Strafe auferlegen: *Hä woodt* met enem Balg Wachs bestrof. (Er wurde mit einer Tracht Prügel bestraft.); **b)** (übertr.) bestraft durch das Leben: *Hä es vum Levve genog bestrof.* (Er ist vom Leben genug bestraft.); **c)** (eine Tat, ein Verbrechen) mit Strafe belegen, ahnden: *Blödheit muss bestrof wääde.* (Dummheit muss bestraft werden.); *****bestrọf weede/wääde** (strafbar sein): *Sing Untate weede bestrof.* (Seine Untaten sind strafbar.). (108)

be|strọhle [bə'ʃtrɔ·lə] <nicht trennb. Präfix-V.; schw.; *han*; be|strọhlte [bə'ʃtrɔ·ltə]; be|strọhlt [bə'ʃtrɔ·lt]> {5.5.3}: bestrahlen, **a)** hell erleuchten: *de Bühn b.* (die Bühne b.); **b)** (Med.) mit Strahlen behandeln. (61)

be|stuss [bə'ʃtʊs] <Adj.; ~te; ~ter, ~teste> {8.3.5}: bestusst, nicht recht bei Verstand [auch: ˈaadǀig (2), ˈavǀgeǀschmack, ˈbeǀklopp (a), ˈbeǀtitsch, ˈjeck, ˈkalverǀig, ˈknatschǀjeck, ˈläppsch, ˈraderǀdoll, ˈstapellǀjeck/stabelǀ~, ˈverǀdötsch, ˈverǀkindsch, ˈverǀröck, *mem Bömmel behaue; en Ääz am Kieme/Wandere (han); (se) nit all op de Dröht/Reih (han); ene Nähl em Zylinder (han); ene Ratsch em Kappes (han); schwatz em Geseech (sin)*]. Tbl. A4.1.1

be|stüüre/~|stööre [bə'ʃty·(ə)rə / -ʃtø·(ə)rə] <nicht trennb. Präfix-V.; schw.; *han*; be|stüürte [bə'ʃty·ətə]; be|stüürt [bə'ʃty·ət]> {5.4}: besteuern, mit Steuern belegen. (100) (186)

be|suffe, sich [bə'zʊfə] <nicht trennb. Präfix-V.; st.; *han*; be|soff [bə'zɔf]; be|soffe [bə'zɔfə]> {5.3.4}: sich besaufen/betrinken [auch: ˈbeǀdrinke]. (119)

bes|wiele [bes'vi·lə] <Adv.> {s. u. ˈbes¹ ˈWiel}: bisweilen, manchmal, gelegentlich, hin u. wieder, ab u. zu.

be|taaste [bə'ta·stə] <nicht trennb. Präfix-V.; schw.; *han*; be|taas [bə'ta·s]> {5.2.1}: betasten, mit den Fingerspitzen berühren. (101)

be|tanke [bə'taŋkə] <nicht trennb. Präfix-V.; schw.; *han*; be|tankte [bə'taŋktə]; be|tank [bə'taŋk]> : betanken.(41)

be|tätige [bə'tɛ·tɪjə] <nicht trennb. Präfix-V.; schw.; *han*; be|tätigte [bə'tɛ·tɪftə]; be|tätig [bə'tɛ·tɪfɪ]> : **1.** bedienen: *de Brems b.* (die Bremse b.). **2.** <sich b.> sich betätigen, i. best. Weise tätig sein. (7)

be|tatsche [bə'tatʃə] <nicht trennb. Präfix-V.; schw.; *han*; be|tatschte [bə'tatʃtə]; be|tatsch [bə'tatʃ]> : betatschen, ungeniert mit der ganzen Hand betasten. (110)

be|täube [bə'tɔyꞏbə] <nicht trennb. Präfix-V.; schw.; *han*; be|täubte [bə'tɔyꞏptə]; be|täub [bə'tɔyꞏp]> : betäuben, narkotisieren. (189)

be|teilige [bə'taɪlɪjə] <nicht trennb. Präfix-V.; schw.; *han*; i. best. Vbdg. *Teil*, sonst ˈDeil; be|teiligte [bə'taɪlɪftə]; be|teilig [bə'taɪlɪfɪ]> {11}: beteiligen, teilhaben/teilnehmen lassen. (7)

be|teuere [bə'tɔyərə] <nicht trennb. Präfix-V.; schw.; *han*; be|teuerte [bə'tɔyətə]; be|teuert [bə'tɔyət]> {9.2.1.2}: beteuern. (4)

be|titele [bə'tɪtlə] <nicht trennb. Präfix-V.; schw.; *han*; be|titelte [bə'tɪtəltə]; be|titelt [bə'tɪtəlt]> {9.2.1.2}: betiteln, **a)** mit einem Titel versehen; **b)** mit einem Titel anreden; **c)** nennen, beschimpfen. (6)

be|titsch [bə'tɪtʃ] <Adj.; ~te; ~ter, ~ste>: blöde [auch: ˈaadǀig (2), ˈavǀgeǀschmack, ˈbeǀklopp (a), ˈbeǀstuss, ˈjeck, ˈkalverǀig, ˈknatschǀjeck, ˈläppsch, ˈraderǀdoll, ˈstapellǀjeck/stabelǀ~, ˈverǀdötsch, ˈverǀkindsch, ˈverǀröck, *mem Bömmel behaue; en Ääz am Kieme/Wandere (han); (se) nit all op de Dröht/Reih (han); ene Nähl em Zylinder (han); ene Ratsch em Kappes (han); schwatz em Geseech (sin)*]. Tbl. A4.1.1

be|tone [bə'to·nə] <nicht trennb. Präfix-V.; schw.; *han*; be|tonte [bə'to·ntə]; be|tont [bə'to·nt]>: betonen. (146)

betoniere/~eere [beto'ni·(ə)rə / -e·rə] <V.; schw./unr.; *han*; betonierte [beto'ni·ətə]; betoniert [beto'ni·ət] ‹frz. *bétonner*› {(5.1.4.3)}: betonieren. (3) (2)

be|töre [bə'tø·rə] <nicht trennb. Präfix-V.; schw.; *han*; be|törte [bə'tø·ətə]; be|tört [bə'tø·ət]>: betören. (21)

be|traue [bə'traʊə] <nicht trennb. Präfix-V.; schw.; *han*; be|traute [bə'traʊ·tə]; be|traut [bə'traʊ·t]>: betrauen, anvertrauen. (11)

be|träufele [bə'trɔyfələ] <nicht trennb. Präfix-V.; schw.; *han*; be|träufelte [bə'trɔyfəltə]; be|träufelt [bə'trɔyfəlt]> {9.2.1.2}: beträufeln. (6)

be|trecke [bə'trɛkə] <nicht trennb. Präfix-V.; st.; *han*; be|trọk [bə'trɔ·k]; be|trocke [bə'trɔkə]>: beziehen, **1.** bespannen, überziehen: *de Bedder b.* (die Betten b.). **2. a)** in etw. einziehen: *en neu Wonnung b.* (eine neue Wohnung b.); **b)** (Milit.) in eine best. Stellung gehen: *singe Poste b.* (seinen Posten b.). **3.** regelmäßig erhalten: *de Zeidung durch de Poss b.* (die Zeitung durch die Post b.). **4.** <sich b.> **a)** sich auf etw. berufen: *Ich b. mich op Üüre Breef vum ...* (Ich beziehe mich auf Ihr Schreiben vom ...); **b)** jmdn./etw. betreffen, an etw. anknüpfen: *Die Kritik betrok sich op ding Arbeid.* (Diese Kritik bezog sich auf deine Arbeit.); **c)** in Zusammenhang bringen; gedanklich verknüpfen; in Bezie-

betreffe

hung setzen: *Dat betrick alles op sich.* (Sie bezieht alles auf sich.). (90)

be|treffe [bə'trɛfə] <nicht trennb. Präfix-V.; unpers., nur 3. Pers.; st.; han; be|trof [bə'trɔˑf]; be|troffe [bə'trɔfə]>: betreffen, **1.** jmdn. angehen: *Dat betriff mich nit.* (Das betrifft mich nicht.). **2.** i. best. Weise seelisch treffen, bestürzt machen: *Singe Dud hät mich ärg betroffe.* (Sein Tod hat mich tief betroffen.). (192)

be|treue [bə'trɔɥə] <nicht trennb. Präfix-V.; schw.; han; be|treute [bə'trɔɥˑtə]; be|treut [bə'trɔɥˑt]>: betreuen, umsorgen, sich kümmern. (11)

be|trodde [bə'trɔdə] <Adj.; Part. II von ↑be|tredde; ~; ~ner, ~nste> {5.3.2; 5.5.1}: betreten, betroffen, verlegen, peinlich berührt. Tbl. A3.2

be|truure/~|troore [bə'truˑ(ɐ)rə / -troˑrə] <nicht trennb. Präfix-V.; schw.; han; be|truurte [bə'truˑɐ̯tə]; be|truurt [bə'truˑɐ̯t]> {5.1.4.6}: betrauern. (100) (134)

better ['bɛtɐ] <Adj.; ~e; ~er, ~ste> {5.5.2}: bitter, **1.** von herbem Geschmack: *~e Schokolad* (~e Schokolade). **2.** schmerzlich, als kränkend empfunden: *de ~e Wohrheit* (die ~e Wahrheit). Tbl. A2.6

Bettere, der ['bɛtərə] <N.; ~> {5.5.2}: Bittere, bitter schmeckender Schnaps, Bitterschnaps, -likör [auch: ↑Mage|better].

Better|schokelad, de ['bɛtɐʃokəˌlaˑt] <N.; o. Pl.> {5.5.2}: Bitterschokolade.

be|tüddele/~|tüttele [bə'tʏdələ / -tʏtələ] <nicht trennb. Präfix-V.; schw.; han; be|tüddelte [bə'tʏdəltə]; be|tüddelt [bə'tʏdəlt]> {5.3.2; 6.11.3; 9.2.1.2}: betütern, **1.** jmdn. in besonderer, oft übertriebener Weise umsorgen. **2.** <sich b.> sich einen Schwips antrinken. (6)

be|tuppe[1] [bə'tʊpə] <nicht trennb. Präfix-V.; schw.; han; be|tuppte [bə'tʊptə]; be|tupp [bə'tʊp]> {6.8.1}: betupfen, **1.** tupfend berühren: *de Wund met enem Doch b.* (die Wunde mit einem Tuch b.). **2.** mit Tupfen versehen: *ene Stoff b.* (einen Stoff mit Tupfen versehen). **3.** betrügen, bescheißen [auch: ↑be|scheiße, ↑be|drieße[. (75)

be|tuppe[2] [bə'tʊpə] <nicht trennb. Präfix-V.; schw.; han; be|tuppte [bə'tʊptə]; be|tupp [bə'tʊp]>: betuppen, bemogeln, reinlegen, übers Ohr hauen, ausschmieren, übervorteilen [auch: ↑aan|schmiere/~eere (2), ↑bedrege, ↑be|drieße, ↑be|schummele, ↑be|scheiße (2), ↑eren|läge (2), ↑foppe, *einer* ↑*kumme sinn*; *einem eine* ↑*lappe*[2] (2), ↑lieme (2), ↑tüte[2], ↑uze, ↑ver|

schöckele, ↑ver|aasche, ↑ver|uze, *einer för der Jeck halde*]. (75)

Beug, de [bøɥˑɟ] <N.; ~e ['bøɥˑjə] ⟨mhd. biuge⟩> {8.3.1}: Beuge. **1.** Innenseite einer Gliedmaße im Bereich eines Gelenks, bes. des Knies od. Ellenbogens. **2.** (Turnen) Rumpfbeuge.

beuge ['bøɥˑjə] <V.; schw.; han; beugte ['bøɥfjˑtə]; gebeug [jə'bøɥˑfj]>: beugen, **1. a)** biegen, krümmen; **b)** <sich b.> sich in eine Richtung neigen. **2. a)** zwingen nachzugeben; **b)** <sich b.> sich fügen. **3.** Recht/Gesetz willkürlich auslegen. **4.** (Sprachwiss.) flektieren. (103)

be|un|ruhige/~|räuhige [bə'|ʊnˌruːɪjə / -røɥɪjə] <nicht trennb. Präfix-V.; *be|un|räuhige* veraltet; schw.; han; be|un|ruhigte [bə'|ʊnˌruːɪftə]; be|un|ruhig [bə'|ʊnˌruːɪfj]> {(5.1.4.8)}: beunruhigen, **1.** in Unruhe, Sorge versetzen: *Ich wor dodrüvver ärg beunruhig.* (Ich war darüber sehr beunruhigt.). **2.** <sich b.> unruhig werden, sich Sorgen machen: *Do bruchs dich wäge mir nit ze b.* (Du brauchst dich um mich nicht zu sorgen.). (7)

be|urdeile/~|ordeile [bə'|ʊxˌdeɪ̯ˑlə / -|ɔxdeɪ̯ˑlə] <nicht trennb. Präfix-V.; schw.; han; be|urdeilte [bə'|ʊxˌdeɪ̯ltə]; be|urdeilt [bə'|ʊxˌdeɪ̯lt]> {6.11.1}: beurteilen. (45)

be|urkunde [bə'|uːɐ̯kʊnˑdə] <nicht trennb. Präfix-V.; schw.; han; be|urkundte [bə'|uːɐ̯kʊnˑtə]; be|urkundt [bə'|uːɐ̯kʊnˑt]>: beurkunden, urkundlich festhalten: *ene Verdrag b.* (einen Vertrag b.). (28)

be|urlaube [bə'|uːɐ̯ɡlaʊ̯ˑbə] <nicht trennb. Präfix-V.; schw.; han; be|urlaubte [bə'|uːɐ̯ɡlaʊ̯ptə]; be|urlaub [bə'|uːɐ̯ɡlaʊ̯p]>: beurlauben, **a)** freigeben, Urlaub gewähren/geben; **b)** vorläufig von seinen Dienstpflichten entbinden, suspendieren. (189)

be|völkere [bə'fœlkərə] <nicht trennb. Präfix-V.; schw.; han; be|völkerte [bə'fœlkətə]; be|völkert [bə'fœlkɐt]> {9.2.1.2}: bevölkern. (4)

be|voll|mächtige [bə'fɔlmɛçtɪjə] <nicht trennb. Präfix-V.; schw.; han; be|voll|mächtigte [bə'fɔlmɛçtɪftə]; be|voll|mächtig [bə'fɔlmɛçtɪfj]>: bevollmächtigen. (7)

be|vör [bə'føːɐ̯] <Konj.; s. u. ↑be|vür/~|vör>: bevor, ehe.

bevör|-, Bevör|- [bə'føːɐ̯] <Präfix> {5.4}: bevor-/Bevor-, i. Vbdg. m. V. u. N.: *~stonn* (~stehen), *~mundung* (~mundung).

be|vür/~|vör [bə'fyːɐ̯ / -føːɐ̯] <Konj.; unterordn.>: bevor, ehe [gebräuchl.: ↑ih].

bevür|-, Bevür|- [bə'fy:ɐ̯] <Präfix> {5.4}: bevor-/Bevor-, i. Vbdg. m. V. u. N.: *~stonn* (~stehen), *~mundung* (~mundung).

bevür|munde/bevör|~, de [bə'fy:ɐ̯ˌmʊnˑdə / bə'føːɐ̯-] <N.; i. best. Komposita *mund*, sonst ↑Mungk; ~e> {11}: bevormunden.

bevür|stonn/bevör|~ [bə'fy:ɐ̯ˌʃtɔn / bə'føːɐ̯-] <trennb. Präfix-V.; st.; *han*; stundt b. [ʃtʊnt]; ~|gestande [-jəʃtandə]> {5.3.4; 8.2.2.3}: bevorstehen, (in naher Zukunft) zu erwarten sein: *Dat steiht uns noch bevör.* (Das steht uns noch bevor.). (185)

bevve ['bevə] <V.; unr.; *han*; bävte ['bɛːftə]; gebäv [jə'bɛːf]> {5.3.4; 5.5.2; 6.1.1}: beben, **1.** erzittern, erbeben: *Der Boddem hät unger uns Föß gebäv.* (Der Boden bebte unter unseren Füßen.). **2.** infolge einer starken Erregung, von Kälte, Fieber u. Ä. zittern: *Hä es vür Wod am B.* (Er bebt vor Wut.). **3.** große Angst haben: *Et dät ziddere un b., wie hä et aangebröllt hät.* (Sie zitterte und bebte, als er sie anbrüllte.). (22)

Bevve, et ['bevə] <N.; ~> {5.3.2; 5.5.2; 6.6.1; 8.3.3}: Beben.

be|waache [bə'vaːxə] <nicht trennb. Präfix-V.; schw.; *han*; be|waachte [bə'vaːxtə]; be|waach [bə'vaːx]> {5.2.1}: bewachen, über jmdn./etw. wachen. (123)

be|waffne [bə'vafnə] <nicht trennb. Präfix-V.; schw.; *han*; be|waffnete [bə'vafnətə]; be|waffnet [bə'vafnət]>: bewaffnen. (23)

be|wäge[1] [bə'vɛːjə] <nicht trennb. Präfix-V.; schw.; *han*; be|wägte [bə'vɛːftə]; be|wäg [bə'vɛːf]> {5.4}: bewegen, **1. a)** bewirken, verursachen, dass jmd./etw. seine Lage/Stellung verändert; **b)** <sich b.> seine Lage verändern [auch: ↑wäge[1]]; **c)** <sich b.> sich an einen anderen Ort begeben [auch: ↑wäge[1]]. **2. a)** erregen, ergreifen, rühren; **b)** innerlich beschäftigen. (103)

be|wäge[2] [bə'vɛːjə] <nicht trennb. Präfix-V.; st.; *han*; be|wog [bə'voːx]; be|woge [bə'voːʀə]> {5.4}: bewegen, (durch Gründe, Motive) veranlassen, bestimmen, zu einem best. Entschluss bringen. (24)

be|wäg|lich [bə'vɛːfˌlɪç] <Adj., ~e; ~er, ~ste> {5.1.1; 5.4; 7.3.2}: beweglich, **1.** leicht zu bewegen. **2.** wendig, schnell reagierend. Tbl. A1

Be|wäg|ung, de [bə'vɛːjʊŋ] <N.; ~e> {5.4}: Bewegung.

be|wahre [bə'vaːʀə] <nicht trennb. Präfix-V.; schw.; *han*; be|wahrte [bə'vaːtə]; be|wahrt [bə'vaːt]>: bewahren, **1.** behüten, schützen: *einer vür singer eige Dommheit b.* (jmdn. vor seiner eigenen Dummheit b.). **2. a)** aufbewahren, verwahren: *Schmuck em Kässche b.* (Schmuck in einem Kästchen aufbewahren); **b)** (übertr.) *jet em Gedächnis b.* (etw. im Gedächnis b.). (31)

be|währe, sich [bə'vɛːʀə] <nicht trennb. Präfix-V.; schw.; *han*; be|währte [bə'vɛː(ɐ̯)tə]; be|währt [bə'vɛː(ɐ̯)t]>: sich bewähren, sich als geeignet/zuverlässig erweisen. (31)

Be|währ|ungs|friss, de [bə'vɛːʀʊŋsˌfrɪs] <N.; ~|friste> {s. u. ↑Friss}: Bewährungsfrist.

be|wältige [bə'vɛltɪjə] <nicht trennb. Präfix-V.; schw.; *han*; be|wältigte [bə'vɛltɪftə]; be|wältig [bə'vɛltɪf]>: bewältigen, **a)** mit etw. Schwierigem fertig werden, etw. meistern [auch: ↑bei|kumme (b), ↑meistere (1), ↑üvver|winde (2)]; **b)** (übertr.) aufessen [auch: ↑op|krige (3), jet gemüüz krige, ↑op|esse; ↑fott|esse; ↑fott|putze; ↑bewältige; ↑ver|kimmele; ↑ver|spachtele; ↑ver|tilge; Zaldat maache; ↑ver|kamesöle; ↑ver|kasematuckele; ↑ver|pinsele; ↑ver|putze;]. (7)

be|wässere [bə'vɛsəʀə] <nicht trennb. Präfix-V.; schw.; *han*; be|wässerte [bə'vɛsɐtə]; be|wässert [bə'vɛsɐt]> {9.2.1.2}: bewässern. (4)

be|weete [bə'veːtə] <nicht trennb. Präfix-V.; schw.; *han*; be|weet [bə'veːt]> {5.2.1.1.1; 5.4}: bewirten. (104)

be|weet|schafte [bə'veːtʃaftə] <nicht trennb. Präfix-V.; schw.; *han*; be|weet|schaff [bə'veːtʃaf]> {5.2.1.1.1; 5.4}: bewirtschaften, **1.** (bes. einen landw. Betrieb, eine Gaststätte) leiten, betreiben, versorgen: *ene Buurehoff met Gewenn b.* (einen Bauernhof rentabel b.). **2.** bestellen, landw. bearbeiten: *e Stöck Land b.* (ein Stück Land b.). (89)

be|weih|räuchere [bə'veɪˌʀɔʏçəʀə] <nicht trennb. Präfix-V.; schw.; *han*; be|weih|räucherte [bə'veɪˌʀɔʏçətə]; be|weih|räuchert [bə'veɪˌʀɔʏçət]> {9.2.1.2}: beweihräuchern. (4)

be|wellige [bə'velɪjə] <nicht trennb. Präfix-V.; schw.; *han*; be|welligte [bə'velɪftə]; be|wellig [bə'velɪf]> {5.5.2}: bewilligen, gewähren, genehmigen, zugestehen. (7)

be|wende [bə'vɛnˑdə] <nicht trennb. Präfix-V.; nur im Inf.; unr.; *han*>: bewenden, nur i. d. Vbdg. *et bei jet b. looße* (es bei etw. b. lassen = es mit etw. genug, gut, abgetan, erledigt sein lassen). (205)

be|werfe/~|wirfe [bə'verfə / -vɪrfə] <nicht trennb. Präfix-V.; st.; *han*; be|worf [bə'vorf]; be|worfe [bə'vorfə]> {5.5.2/5.4}: bewerfen, **1. a)** etw. auf jmdn./etw. werfen: *De Pänz han sich met Schneibäll beworfe.* (Die Kinder haben sich (gegenseitig) mit Schneebällen beworfen.); **b)** (übertr.) jmdn., jmds. Namen mit Schmutz bewerfen: *Dä hät minge gode Name met Dreck beworfe.* (Er hat mich in übler Weise verleumdet/beleidigt.). **2.** (Bauw.) durch Bewerfen verputzen: *en Muur met Spies b.* (eine Mauer mit Mörtel b.). (206)

be|werk|stellige [bə'vɛrkˌʃtɛlɪjə] <nicht trennb. Präfix-V.; schw.; *han*; be|werk|stelligte [bə'vɛrkˌʃtɛlɪçtə]; be|werk|stellig [bə'vɛrkˌʃtɛlɪç]>: bewerkstelligen, zustande bringen, erreichen [auch: ↑hin|krige]. (7)

be|werte [bə've:ɐ̯tə] <nicht trennb. Präfix-V.; schw.; *han*; be|wert [bə've:ɐ̯t]>: bewerten. (58)

be|werve/~|wirve, sich [bə'verˑvə / -vɪrˑvə] <nicht trennb. Präfix-V.; st.; *han*; be|worv [bə'vorˑf]; be|worve [bə'vorvə]> {5.4/5.5.2; 6.1.1}: sich bewerben, sich um eine Stelle bemühen. (184)

Be|wies, der [bə'viːs] <N.; ~e [bə'viˑzə]> {5.1.4.5}: Beweis.

be|wiese [bə'viˑzə] <nicht trennb. Präfix-V.; st.; *han*; be|wes [bə'ves]; be|wese [bə'vezə]> {5.1.4.5}: beweisen, **1.** den Beweis für etw. liefern, führen; nachweisen: *sing Unschold b.* (seine Unschuld b.). **2.** einen Beweis von etw. geben; erkennen lassen, zeigen: *Singe Bleck bewies alles.* (Sein Blick beweist alles.). (147)

Be|wies|meddel, et [bə'viːsˌmedəl] <N.; ~(e)> {s. u. ↑Be|wies ↑Meddel}: Beweismittel.

Be|wies|stöck, et [bə'viːsˌʃtøk] <N.; ~/~e/~er> {s. u. ↑Be|wies ↑Stöck}: Beweisstück.

be|wirke [bə'vɪrkə] <nicht trennb. Präfix-V.; schw.; *han*; be|wirkte [bə'vɪrktə]; be|wirk [bə'vɪrk]>: bewirken, verursachen. (41)

be|wohr|heite, sich [bə'voˑhɛɪ̯tə] <nicht trennb. Präfix-V.; schw.; *han*; be|wohr|heit [bə'voˑhɛɪ̯t] {5.5.3}: sich bewahrheiten, sich als wahr/richtig erweisen. (72)

be|wölke, sich [bə'vølkə] <nicht trennb. Präfix-V.; schw.; *han*; be|wölkte [bə'vølktə]; be|wölk [bə'vølk]>: sich bewölken. (41)

be|wonne [bə'vonə] <nicht trennb. Präfix-V.; schw.; *han*; be|wonnte [bə'vontə]; be|wonnt [bə'vont]> {5.3.4; 5.5.1}: bewohnen, in/auf etw. wohnen. (10)

be|woss [bə'vos] <Adj.; ~te; ~ter, ~teste> {5.5.1; 8.3.5}: bewusst. Tbl. A4.1.1

Be|woss|sin, et [bə'vosˌzɪn] <N.; kein Pl.> {5.3.1; s. u. ↑be|woss}: Bewusstsein.

be|wundere [bə'vʊndərə] <nicht trennb. Präfix-V.; schw.; *han*; be|wunderte [bə'vʊndətə]; be|wundert [bə'vʊndət]> {9.2.1.2}: bewundern. (4)

be|zahle [bə'tsaˑlə] <nicht trennb. Präfix-V.; schw.; *han*; be|zahlte [bə'tsaːltə]; be|zahlt [bə'tsaːlt]>: (be)zahlen, jmdm. für etw. den Gegenwert in Geld zahlen: *de Meet b.* (die Miete b.) [auch: ↑av|dröcke (5), ↑be|rappe, ↑ble‑che¹, ↑latze]. (61)

be|zähme [bə'tsɛˑmə] <nicht trennb. Präfix-V.; schw.; *han*; be|zähmte [bə'tsɛːmtə]; be|zähmp [bə'tsɛːmp]>: bezähmen, zügeln, beherrschen, in Schranken halten, im Zaum halten, bändigen [auch: ↑be|herrsche]. (126)

be|zaubere [bə'tsaʊ̯ˑbərə] <nicht trennb. Präfix-V.; schw.; *han*; be|zauberte [bə'tsaʊ̯ˑbətə]; be|zaubert [bə'tsaʊ̯ˑbet]> {9.2.1.2}: bezaubern. (4)

be|zeichne [bə'tsɛɪ̯çnə] <nicht trennb. Präfix-V.; schw.; *han*; be|zeichente [bə'tsɛɪ̯çntə]; be|zeichent [bə'tsɛɪ̯çnt]>: bezeichnen. (150)

be|zeuge [bə'tsɔy̯ˑjə] <nicht trennb. Präfix-V.; schw.; *han*; be|zeugte [bə'tsɔy̯ˑçtə]; be|zeug [bə'tsɔy̯ˑç]>: bezeugen, etw. als Zeuge erklären; beglaubigen, bestätigen, bekräftigen. (103)

be|zichtige [bə'tsɪçtɪjə] <nicht trennb. Präfix-V.; schw.; *han*; be|zichtigte [bə'tsɪçtɪçtə]; be|zichtig [bə'tsɪçtɪç]>: bezichtigen [auch: ↑aan|scholdige]. (7)

be|ziffere [bə'tsɪfərə] <nicht trennb. Präfix-V.; schw.; *han*; be|zifferte [bə'tsɪfətə]; be|ziffert [bə'tsɪfet]> {9.2.1.2}: beziffern. (4)

be|zirze [bə'tsɪxtsə] <nicht trennb. Präfix-V.; schw., *han*; be|zirzte [bə'tsɪxtstə]; be|zirz [bə'tsɪxts]>: bezirzen. (42)

Be|zog, der [bə'tsox] <N.; ~|zög> {5.5.1}: Bezug.

be|zwecke [bə'tsvɛkə] <nicht trennb. Präfix-V.; schw.; *han*; be|zweckte [bə'tsvɛktə]; be|zweck [bə'tsvɛk]>: bezwecken, einen Zweck verfolgen; beabsichtigen: *Wat bezwecks do domet?* (Was bezweckst du damit?) [auch: ↑vür|han|vör|~]. (88)

be|zwiefele [bə'tsviˑfələ (-tsviˑvələ)] <nicht trennb. Präfix-V.; schw.; *han*; be|zwiefelte [bə'tsviˑfəltə]; be|zwiefelt [bə'tsviˑfəlt]> {5.1.4.5; 9.2.1.2}: bezweifeln, an etw. zweifeln; anzweifeln. (6)

be|zwinge [bə'tsvɪŋə] <nicht trennb. Präfix-V.; st.; *han*; be|zwung [bə'tsvʊŋˑ]; be|zwunge [bə'tsvʊŋə]>: bezwingen, **1. a)** besiegen, überwinden, Gewalt bekommen über jmdn./etw.; fertig werden mit jmdm./etw.: *ene Gegner em Sport b.* (einen Gegner im Sport b.) [auch:

↑üvver|winde (1)]; **b)** (übertr.) unterdrücken: *sing Neugier b.* (seine Neugier b.). **2.** trotz Schwierigkeiten bewältigen: *ene Birg b.* (einen Berg b., ersteigen). (26)

Bibels|kenn, et [ˈbiːbəlsˌkenˑ] <N.; ~e [-kenə]> {s. u. ↑Kenn¹}: **1.** (scherzh.) ein langes spitzes Kinn. **2.** (übertr.) Frömmler.

Biber|bedd|doch, et [ˌbiːbɐˈbɛtˌdoˑx] <N.; ~|döcher> {s. u. ↑Bedd ↑Doch¹}: Biberbetttuch.

Bich, de [bɪʃ] <N.; ~te> {5.3.1; 8.3.1; 8.3.5}: Beichte.

Bich|stohl, der [ˈbɪʃˌʃtoˑl] <N.; ~|stöhl> {s. u. ↑Bich ↑Stohl¹}: Beichtstuhl.

bichte [bɪʃtə] <V.; schw.; *han*; gebich [jəˈbɪʃ]> {5.3.1}: beichten. (131)

Bien, de [biːn] <N.; ~e> {8.3.1}: Biene [auch: ↑Bei (veraltet)].

Biene|büggel, der [ˈbiːnəˌbygəl] <N.; ~e> {s. u. ↑Büggel}: (nur i. d. Wendung) *aale B.* (unangenehmer alter Mann) [auch: *aale Bemm*].

Biene|schwarm, der [ˈbiːnəˌʃvarm] <N.; ~|schwärm [-ʃvɛrˑm]>: Bienenschwarm.

Biene|stech, der [ˈbiːnəˌʃteʃ] <N.; ~> {5.5.2}: Bienenstich, **1.** Anschwellung des Stiches einer Biene. **2.** Hefekuchen mit Pudding- od. Cremefüllung u. Mandelkaramellbelag.

Biene|wachs, der [ˈbiːnəˌvaks] <N.; i. best. Komposita *Wachs*, sonst ↑Wahß¹; ~e (Sortenpl.)> {11}: Bienenwachs.

Biene|wachs|kääz, de [ˈbiːnəvaksˌkɛːts] <N.; i. best. Komposita *Wachs*, sonst ↑Wahß¹; ~e> {11; s. u. ↑Kääz}: Bienenwachskerze.

Bier¹, de [biˑɐ̯] <N.; Birre [ˈbɪrə] (unr. Pl.); ~che> {5.2.2; 8.3.1}: Birne, **1.** Frucht des Birnbaums. **2.** birnenförmige Glühlampe. **3.** (übertr., scherzh.) Kopf; ***en weiche B. han** (eine weiche B. haben, etw. beschränkt sein).

Bier², et [biˑɐ̯] <N.; ~e [ˈbiˑ(ɐ̯)rə] (Sortenpl.); ~che>: Bier (alkoholisches Getränk).

Bier|brau|er, de [ˈbiˑɐ̯ˌbrou̯ˑɐ̯] <N.; ~>: Bierbrauer.

Bier|buch, der [ˈbiˑɐ̯ˌbʊx] <N.; ~|büch> {s. u. ↑Buch¹}: Bierbauch.

Bier|bud, de [ˈbiˑɐ̯ˌbuˑt] <N.; ~e; ~|büd|che> {s. u. ↑Bier² ↑Bud}: Bierbude.

Bier|dos, de [ˈbiˑɐ̯ˌdoˑs] <N.; ~e> {s. u. ↑Dos}: Bierdose.

Bier|fääß|che/~|fäss|~, et [ˈbiˑɐ̯ˌfɛːsjə / -fɛs-] <N.; ~r> {s. u. ↑Faaß/Fass}: Bierfässchen.

Bier|fläsch, de [ˈbiˑɐ̯ˌflɛʃ] <N.; ~e> {s. u. ↑Fläsch}: Bierflasche.

Bier|fried|hoff, der [ˈbiˑɐ̯friˑtˌhɔf] <N.; ~|höff> {s. u. ↑Hoff}: (scherz.) Bauch (wörtl. Bierfriedhof).

Bier|glas, et [ˈbiˑɐ̯ˌjlaːs] <N.; ~|gläser [-jlɛˑze]; ~|gläs|che [-jlɛːsjə]>: Bierglas [auch: ↑Stang (2), ↑Stöß|che].

Bier|heff, de [ˈbiˑɐ̯ˌhef] <N.; ~e (Sortenpl.)> {s. u. ↑Heff²}: Bierhefe.

Bier|woosch, de [ˈbiˑɐ̯ˌvoːʃ] <N.; ~|wöösch> {s. u. ↑Woosch}: Bierwurst.

Bies, et [biˑs] <N.; ~ter> {8.3.5}: Biest, **[RA]** *Wä sich selvs nix gönnt, es e B.* (Wer sich selbst nichts gönnt, ist ein B. = Man sollte sich selbst auch etw. gönnen.).

bieße [ˈbiːsə] <V.; st.; *han*; bess [bes]; gebesse [jəˈbesə]> {5.1.4.5}: beißen, mit den Zähnen in etw. eindringen: *Bieß de Zäng zesamme!* (Beiß die Zähne zusammen!). (25)

Bieß|ring, der [ˈbiːsˌrɪŋ] <N.; ~ [-rɪŋˑ]> {5.1.4.5}: Beißring.

Biest|erei, de [ˌbiˑstəˈreɪ̯ˑ] <N.; ~e [-əˈreɪ̯ə]>: Biesterei, Gemeinheit.

biest|ig [ˈbiˑstɪʃ] <Adj.; ~e; ~er, ~ste>: biestig, gemein, niederträchtig, widerlich. Tbl. A5.2

Bild/Beld, et [bɪlt / belt] <N.; ~er; Bild|che>: Bild, ***~er maache** (fotografieren).

bilde/belde [ˈbɪlˑdə / ˈbelˑdə] <V.; schw.; *han*; bildte [ˈbɪlˑtə]; gebildt [jəˈbɪlˑt]>: bilden. (28)

Bilder|boch/Belder|~, et [ˈbɪldɐˌboˑx / ˈbeldɐ-] <N.; ~|böcher; ~|böch|el|che [-bøˑjəlʃə]> {s. u. ↑Bild/Beld ↑Boch¹}: Bilderbuch.

Bilder|bütz|er/Belder|~, der [ˈbɪldɐˌbytsɐ / ˈbeldɐ-] <N.; ~> {s. u. ↑Bild/Beld ↑bütze}: (scherzh.) Frömmler.

Bilder|rahme/Belder|~, der [ˈbɪldɐˌraˑmə / ˈbeldɐ-] <N.; ~; ~|rähm|che [-rɛːmʃə]> {s. u. ↑Bild/Beld}: Bilderrahmen.

Bild|zeidung/Beld|~, de [ˈbɪltˌtseɪ̯dʊŋ / ˈbelt-] <N.; Eigenn.; ~e> {s. u. ↑Bild/Beld ↑Zeid|ung}: BILD (Zeitung); täglich erscheinende deutsche Boulevardzeitung mit höchst subjektiver u. nicht immer wahrheitsgetreuer Berichterstattung.

Bill/Billa/Bell/Bella, et [bɪl / ˈbɪla / bel / ˈbela] <N.; weibl. Vorn.; Bill|che [ˈbɪlʃə]>: Kurzf. von Sybille/Sybilla.

Bimmel, de [ˈbɪməl] <N.; ~e>: Bimmel, Glocke, Schelle, Klingel.

bimmele [ˈbɪmələ] <V.; schw.; *han*; bimmelte [ˈbɪməltə]; gebimmelt [jəˈbɪməlt]> {9.2.1.2}: bimmeln. (6)

bimse ['bɪmˑzə] <V.; schw.; *han*; bimste ['bɪmˑstə]; gebims [jə'bɪmˑs]>: bimsen, **1.** (mit Bimsstein) putzen, abreiben. **2.** prügeln [auch: ↑bläue, ↑dresche (2), ↑dropp|haue, ↑kamesöle, ↑kiele¹ (2), ↑kloppe (2), ↑pisele, ↑prinze, ↑prügele, ↑schlage/ schlonn, ↑schmecke¹, ↑schnave, ↑wachse², ↑wichse (2), *einem e paar ↑trecke*]. **3.** schleifen, drillen. (87)

Bims|stein, der ['bɪmˑsˌʃteɪn] <N.; ~ [-ʃteɪˑn]>: Bimsstein.

Bind, de [bɪnˑt] <N.; ~e ['bɪnˑdə] {8.3.1}: Binde.

binge [bɪŋə] <V.; st.; *han*; bung [bʊŋˑ]; gebunge [jə'bʊŋə]> {6.7}: binden, *der Schlips b.* (die Krawatte b.). (26)

Binz, de [bɪnts] <N.; ~e ['bɪntsə]; ~che [-jə]>: (eigentl.) kleinste Murmel/Kegelkugel; kleines, schmächtiges Kind.

Bio|graphie, de [ˌbioˌɟra'fiˑ] <N.; ~ [-ɟra'fiˑə]>: Biographie.

Bio|koss, de ['bioˌkɔs] <N.; kein Pl.> {8.3.5}: Biokost.

Bio|lade, der ['bioˌlaˑdə] <N.; ~|läde>: Bioladen.

Bio|loge, der [ˌbio'loˑʀə] <N.; ~>: Biologe.

Bio|logie, de [ˌbiolo'jiˑ] <N.; kein Pl.>: Biologie.

Birg/Berg, der [bɪrʃ / berʃ] <N.; ~ [bɪrˑʃ / berˑʃ]> {5.4}: Berg.

Birre|baum, der ['bɪrəˌboʊm] <N.; ~|bäum [-bøyˑm]; ~|bäum|che [-bøyˑmʃə]> {s. u. ↑Bier¹}: Birnbaum.

Birre|krugg, et ['bɪrəˌkrʊk] <N.; o. Pl.> {s. u. ↑Bier¹ ↑Krugg}: Birnenkraut [auch: ↑Röbe|krugg].

Bischoff, der [bɪʃɔf] <N.; Bischöff ['bɪʃœf]> {5.3.2}: Bischof.

bläck [blɛk] <Adj.; ~e> {5.4}: blank, **1.** nackt, unbekleidet: *Lauf nit op ~e Föß, dun der Schluffe an!* (Lauf nicht barfuß, zieh dir Pantoffeln an!). **2.** <Subst.> *der Bläcke*: der bloße Hintern. Tbl. A1

Bläcke, der ['blɛkə] <N.; ~> {5.4}: Nackter, Nudist.

Bläck|föß ['blɛkˌføˑs] <N.; mask.; nur Pl.> {s. u. ↑Foß}: **1.** nackte Füße: *Ich laufe op/met B.* (Ich laufe barfuß.) [auch: ↑bläck|föß]. **2.** Bläck Fööss (so geschrieben): Name einer bekannten Kölner Band. Die Mitglieder traten ursprünglich barfuß auf.

Bladd, et [blat] <N.; Blädder ['blɛdə]; Bädd|che ['blɛtʃə]> {6.11.3}: Blatt, **1.** Teil einer Blüte, eines Baums. **2.** Papierseite; <Diminutiv> **a)** kleines Blatt Papier; **b)** Zeitung.

bläddere ['blɛdərə] <V.; schw.; *han*; bläddderte ['blɛdətə]; gebläddert [jə'blɛdət]> {6.11.3; 9.2.1.2}: blättern, **1.** Blätter umwenden: *Blädder ens 3 Sigge wigger!* (Blätter bitte 3 Seiten weiter!). **2.** Blätter verlieren: *De Bäum bläddere ald.* (Die Bäume blättern schon, verlieren schon ihre Blätter.). (4)

Bladd|gold, et ['blatˌjɔlt] <N.; kein Pl.> {s. u. ↑Bladd}: Blattgold.

Bladd|luus, de ['blatˌluːs] <N.; ~|lüüs [-lyˑs]> {s. u. ↑Bladd ↑Luus}: Blattlaus.

Bladd|schlot, der (*et* veraltet) ['blatˌʃlɔˑt] <N.; kein Pl.> {s. u. ↑Bladd ↑Schlot}: Blattsalat (der).

blaffe ['blafə] <V.; schw.; *han*; blaffte ['blaftə]; geblaff [jə'blaf]>: blaffen, kläffen. (27)

Blaffets|muul, de ['blafətsˌmuːl] <N.; ~|müüler> {↑Muul}: **1.** großes Mundwerk. **2.** Großmaul, Schwätzer.

Blag, et [blaˑx] <N.; ~e ['blaˑʀə]>: Blag, ungezogenes Kind [auch: ↑Panz, ↑Balg].

Blam, de [blaˑm] <N.; veraltet; kein Pl. ⟨frz. blâme⟩>: Blamage, Schimpf, Schande [auch: ↑Blam|age].

Blam|age, de [bla'maˑʃ] <N.; ~ [bla'maˑʒə] ⟨frz. blâme⟩>: Blamage, Schimpf, Schande [auch: ↑Blam (veraltet)].

blamiere/~eere [bla'miˑ(ˑ)rə / -eˑrə] <V.; schw./unr.; *han*; blamierte [bla'miˑətə]; blamiert [bla'miˑət] ⟨frz. blâmer⟩> {(5.1.4.3)}: blamieren. (3) (2)

blank [blaŋk] <Adj.; ~e; ~er, ~ste>: blank, **1.** glatt, glänzend: *~e Schohn* (~de Schuhe). **2.** pleite: *Ich ben b.* (Ich bin p.). **3.** offenkundig, rein: *der ~e Neid.* Tbl. A1

blänke ['blɛŋkə] <V.; schw.; *han*; blänkte ['blɛŋktə]; geblänk [jə'blɛŋk]>: glänzen, leuchten, *b. gonn* ((Schule) schwänzen). (41)

Blänke|gängler, der ['blɛŋkəˌjɛŋə] <N.; ~>: Schulschwänzer.

blänk|ig ['blɛŋkɪʃ] <Adj.; ~e; ~er, ~ste> {5.4}: blank, glänzend. Tbl. A5.2

blass [blas] <Adj.; ~e; ~er, ~este>: blass, bleich, fahl; im Farbton nicht kräftig: *b. weede/wääde* (verblassen, erblassen, bleich werden). Tbl. A2.7

Bläss, de [blɛs] <N.; kein Pl.> {8.3.1}: **1.** Blässe, das Blasssein. **2.** Falbe, helles Pferd.

Blatz, der [plats] <N.; Blätz [plɛts]>: Blatz, süßes Brot aus Weizenmehl.

blau [blaʊ] <Adj.; ~e; ~er, ~ste>: blau, **1.** von blauer Farbe. **2.** völlig betrunken. **3.** Farbe des Traditionskorps „Blaue Funken" von 1870 im Kölner Karneval. Tbl. A2.9

Blau|ba(a)ch, der (früher de) ['blaʊˌbaˑ(ː)x] <N.; Straßenn.> {s. u. ↑Baach}: Blaubach, zw. Waidmarkt u. Rothgerberbach gelegen, wird auch älter „Bloobach" in schriftlicher Überlieferung „in ripa", um 1200 „super ripam" u. im 16. Jh. „super rivolum", auch „under blaferber" meist aber „uff der bach" genannt. Es folgt die französische Bez. „Rue des Teinturers" (Färber), hergeleitet vom historischen Namen „under blaferber". Die Zunft der Färber, welche sich am Waidmarkt u. Blaubach zu damaliger Zeit angesiedelt hatten u. mit Hilfe des natürlichen Rohstoffes „Waid" (Isatis tinctoria) u. des Bachwassers Tuche färbten, waren für diesen Abschnitt „der Baach" die ersten Namensgeber.

Bläu|che, et ['bløʏʄə] <N.; subst. Adj.; nur Diminutiv; ~r>: Blauling, Bläuling (blauer Schmetterling).

bläue ['bløʏə] <V.; schw.; han; bläute ['bløʏ·tə]; gebläut [jə'bløʏ·t]>: bläuen, schlagen [auch: ↑bimse (2), ↑dresche (2), ↑drop|haue, ↑kamesöle, ↑kiele¹ (2), ↑kloppe (2), ↑pisele, ↑prinze, ↑prügele, ↑schlage/schlonn, ↑schmecke¹, ↑schnave, ↑wachse², ↑wichse (2), *einem e paar ↑trecke]. (11)

blau-gold [ˌblaʊ·ˈjolt] <Adj.; ~e> {s. u. ↑blau ↑gold}: blaugold, Farben des Traditionskorps „Bürgergarde blaugold" von 1904 im Kölner Karneval. Tbl. A3.1

Blau|leech, et ['blaʊ·ˌleːʄ] <N.; ~ter> {s. u. ↑Leech}: Blaulicht.

Blech¹, et [blɛʄ] <N.; ~e>: Blech, 1. dünn ausgewalztes Metall. 2. kurz für Backblech.

Blech², de [blɛʄ] <N.; kein Pl.>: Gefängnis (das), (Kurzf.) ~e Botz (scherzh.) Gefängnis; (wörtl.) blecherne Hose [auch: ↑Bau (5), ↑Bleche Botz, ↑Ge|fäng|nis, ↑Knass].

Blech|büchs, de ['blɛʄˌbʏks] <N.; ~e> {s. u. ↑Büchs}: Blechbüchse.

Blech|dos, de ['blɛʄˌdoːs] <N.; ~e; ~|dös|che> {s. u. ↑Dos}: Blechdose.

bleche¹ ['blɛʄə] <V.; schw.; han; blechte ['blɛʄtə]; geblech [jə'blɛʄ] ⟨rotwelsch Blech = Geld⟩>: zahlen [auch: ↑av|dröcke (5), ↑be|rappe, ↑be|zahle, ↑latze]. (123)

bleche² ['blɛʄə] <Adj.; ~/selten: blechere> {8.3.3}: blechern, aus Blech. Tbl. A3.1

Bleche Botz, de [ˌblɛʄəˈbots] <N.; kein Pl.>: Gefängnis, verallgemeinert von dem Gefängnis „Bleche Botz", das an der Stelle des 1943 zerstörten Polizeipräsidiums Ecke Schildergasse u. Krebsgasse stand. Es wurde von dem Blechschläger Alexander Hittorff gekauft, der den Spitznamen „der bleche Alexander" trug. Der Name des Baumeisters war Butz. Vermutlich entstand der Name Bleche Botz aus der Kombination dieser beiden Namen.

Blech|emmer, der ['blɛʄˌɛmɐ] <N.; ~e> {s. u. ↑Emmer}: Blecheimer.

Blech|kess, de ['blɛʄˌkes] <N.; ~|keste; ~|che> {s. u. ↑Kess}: Blechkiste.

Blech|kump, de ['blɛʄˌkʊmp] <N.; ~e> {s. u. ↑Kump}: Blechschüssel.

Blech|schade, der ['blɛʄˌʃaːdə] <N.; ~|schäde>: Blechschaden.

Blech|schläg|er, der ['blɛʄˌʃlɛ·jɐ] <N.; ~>: (scherzh.) Installateur.

Bleck, der [blek] <N.; ~e> {5.5.2}: Blick.

blecke¹ ['blekə] <V.; schw.; han; bleckte ['blektə]; gebleck [jə'blek]> {5.5.2}: blicken. (88)

blecke² ['blɛkə] <V.; schw.; han; bleckte ['blɛktə]; gebleck [jə'blɛk]>: blecken: de Zäng b. (die Zähne b.). (88)

Bleck|punk, der ['blekˌpʊŋk] <N.; ~te> {s. u. ↑Bleck ↑Punk}: Blickpunkt.

Bleck|richt|ung, de ['blekˌrɪʄtʊŋ] <N.; i. best. Komposita richt-, sonst ↑reechte; ~e> {11; s. u. ↑Bleck}: Blickrichtung.

Bleck|winkel, der ['blekˌvɪŋkəl] <N.; ~e> {s. u. ↑Bleck}: Blickwinkel.

Bleff, de [blɛf] <N.; ~e>: (abw.) großer Mund [auch: ↑Bäbbel, ↑Bagger (2), ↑Belder|lade, ↑Bratsch (1), ↑Fress (1), ↑Klapp (2), ↑Lappe (4), ↑Mungk, ↑Muul, ↑Rand (2), ↑Schnäbbel, ↑Schnauz, ↑Schnüss, ↑Brei|muul, ↑Seiver|schnüss].

Blei, et [bleɪ] <N.; ~e (Sortenpl.)>: Blei.

bleich/blich [bleɪʄ / blɪʄ] <Adj.; ~e; ~er, ~ste>: bleich, a) unnatürlich blass; b) von sehr heller, fast weißlicher Farbe: et ~e Mondleech (das ~e Mondlicht). Tbl. A1

Bleich, de [bleɪʄ] <N.; ~e> {8.3.1}: **1.** Bleiche. **2.** Bleichplatz, Trockenplatz.

bleiche/bliche ['bleɪʄə / 'blɪʄə] <V.; schw.; han; bleichte ['bleɪʄtə]; gebleich [jə'bleɪʄ]>: bleichen, aufhellen, heller machen (bes. Wäsche). (123) (187)

bleie ['bleɪə] <Adj.; ~> {8.3.3}: bleiern. Tbl. A3.1

Blei|steff, der ['bleɪˌʃtef] <N.; ~|stefte> {s. u. ↑Steff²}: Bleistift.

Blei|steff|spetz|er, der ['bleɪˌʃtefˌʃpetsɐ] <N.; ~e> {s. u. ↑Steff² ↑Spetz}: Bleistiftspitzer.

Blei|wieß, et ['bleɪˌviːs] <N.; o. Pl.> {5.1.4.5}: Bleiweiß, bleihaltige, bes. haltbare weiße Malerfarbe.

Blend, de [blɛnˑt] <N.; ~e ['blɛnˑdə]> {8.3.1}: Blende, **1.** Vorrichtung, die direkt einfallende, unerwünschte Lichtstrahlen fern hält: *de B. erunderklappe* (die B. herunterklappen). **2. a)** (Optik) Vorrichtung zur Begrenzung des Querschnitts von Strahlenbündeln in einem optischen System; **b)** (Film, Fot.) Einrichtung an der Kamera, mit der man das Objektiv verkleinern bzw. vergrößern u. damit die Belichtung regulieren kann. **3.** Stoffstreifen, der als Schmuck an Kleidung u. Wäsche angebracht wird: *en B. am Krage opsetze* (eine B. am Kragen aufsetzen).

blende ['blɛnˑdə] <V.; schw.; *han*; blendte ['blɛnˑtə]; geblendt [jə'blɛnˑt]>: blenden. (28)

Bless, de [blɛs] <N.; ~e> {8.3.1}: Blesse. **1.** weißer Fleck od. Streifen auf der Stirn od. dem Nasenrücken meist. bei Pferden u. Rindern. **2.** Tier mit Blesse.

Bletz, der [blets] <N.; ~e> {5.5.2}: Blitz, ***wie ene geölte B.** (blitzschnell).

bletze ['bletsə] <V.; schw.; *han*; bletzte ['bletstə]; gebletzt [jə'blets]> {5.5.2}: blitzen, **1.** <unpers.> als Blitz in Erscheinung treten. **2.** plötzlich aufleuchten, im Licht glänzen. **3.** mit Blitzlicht fotografieren. **4.** sich unbekleidet in der Öffentlichkeit zeigen. **5.** (übertr.) Hervorschauen des Unterrocks. (114)

bletze|blank ['bletsə'blaŋk] <Adj.; ~e> {5.5.2; 9.1.1}: blitzblank. Tbl. A1

bletz|ig ['bletsiɲ] <Adj.; ~e; ~er, ~ste> {5.5.2}: **1.** glänzend. **2.** aufbrausend, zornig. Tbl. A5.2

Bletz|leech, et ['blets, leːɲ] <N.; ~ter> {s. u. ↑Bletz ↑Leech}: Blitzlicht.

Bletz|schlag, der ['blets, ʃlaːx] <N.; ~|schläg [-ʃlɛˑɲ]> {s. u. ↑Bletz}: Blitzschlag.

blich/bleich [blɪɲ / bleɪɲ] <Adj.; *blich* veraltet; ~e; ~er, ~ste> {5.3.1}: bleich, **a)** unnatürlich blass; **b)** von sehr heller, fast weißlicher Farbe: *et ~e Mondleech* (das ~e Mondlicht). Tbl. A1

bliche/bleiche ['blɪɲə / 'bleɪɲə] <V.; schw.; *han*; blech ['bleɲ]; gebleche [jə'bleɲə]> {5.3.1}: bleichen, aufhellen, heller machen (bes. Wäsche). (187) (123)

blieve ['bliˑvə] <V.; st.; *sin*; blevv [blef]; geblevve [jə'blevə]> {5.1.4.5; 6.1.1}: bleiben, **1. a)** eine best. Stelle, einen Ort nicht verlassen; verbleiben, verweilen: *Mer b. zo Hus.* (Wir b. zu Hause.); **b)** in seinem augenblicklichen Zustand verharren: *einem treu b.* (jmdm. treu b.); **c)** <mit Gleichsetzungsnominativ> eine grundlegende Eigenschaft behalten: *Fründe b.* (Freunde b.); **d)** <mit Inf.> eine Stellung, Lage, Haltung nicht verändern: *om Stohl setze b.* (auf dem Stuhl sitzen b.); **e)** (als Rest) übrig bleiben: *im blevv kein Wahl* (ihm blieb keine Wahl); **f)** <mit Inf. mit *ze*> (für die Zukunft) zu tun übrig bleiben: *et bliev avzewaade, ov...* (es bleibt abzuwarten, ob...). **2.** etw. nicht ändern, nicht aufgeben: *bei singer Meinung b.* (bei seiner Meinung b.). (29)

blind/bling [blɪnt / blɪŋ] <Adj.; *bling* veraltet; ~e; ~er, ~ste> {(6.7)}: blind, *bling* nur noch i. d. Vbdg. ***~e Mömmes** (Blindekuh). Tbl. A2.1

Blind|darm, der ['blɪntˌdarm] <N.; ~|därm [-dɛrˑm]> {s. u. ↑blind ↑Darm}: Blinddarm.

Blinde, der ['blɪnˑdə] <N.; subst. Adj.; nur b. männl. Pers.; ~>: Blinde (der) [auch: ↑Bling (1)].

Blinde|hungk, der ['blɪnˑdəˌhʊŋk] <N.; ~|hüng [-hyŋˑ]> {s. u. ↑Hungk}: Blindenhund.

Blinde|schreff, de ['blɪnˑdəˌʃref] <N.; ~|schrefte (Pl. selten)> {s. u. ↑Schreff}: Blindenschrift, Brailleschrift.

Blind|gänger, der ['blɪntˌjɛŋə] <N.; ~>: Blindgänger.

Bling, der [blɪŋ] <N.; ~e> {6.7; 8.3.1}: **1.** der Blinde [auch: ↑Blinde]. **2.** (im Kartenspiel) Stock; zwei Blätter od. Karten beiseite gelegt, zunächst unbesehen, erst von dem, der ein Spiel ankündigt u. macht, aufgenommen.

blinke ['blɪŋkə] <V.; schw.; *han*; blinkte ['blɪŋktə]; geblink [jə'blɪŋk]>: blinken, **1.** blitzend, funkelnd leuchten, glänzen. **2.** Blinkzeichen geben. (41)

blinzele ['blɪntsələ] <V.; schw.; *han*; blinzelte ['blɪntsəltə]; geblinzelt [jə'blɪntsəlt]> {9.2.1.2}: blinzeln. (6)

Block, der [blɔk] <N.>: Block. **1.** <Pl. Blöck>: kantiger Brocken aus hartem Material. **2.** <Pl. Blocks, selten: Blöck>: in sich geschlossene, ein Quadrat bildende Gruppe von Häusern innerhalb eines Stadtgebietes. **3.** <Pl. Blöck, selten: Blocks>: Gruppe von Staaten, die sich unter best. wirtschaftlichen, strategischen o. ä. Aspekten zusammengeschlossen haben. **4.** <Pl. Blöck u. Blocks>: eine best. Anzahl an einer Kante zusammengeklebter od. -gehefteter Papierbogen, die einzeln abgerissen werden können.

Blockad, de [blɔ'kaˑt] <N.; ~e>: Blockade.

blocke ['blɔkə] <V.; schw.; *han*; blockte ['blɔktə]; geblock [jə'blɔk]>: blocken. (88)

Block|schreff, de ['blɔk,ʃref] <N.; o. Pl.> {s. u. ↑Schreff}: Blockschrift, lateinische Druckschrift mit gleichmäßig stark gezogenen, blockförmig erscheinenden Buchstaben.

Blod, et [bloˑt] <N.; kein Pl.> {5.4; 6.11.3}: Blut.

blöd [bløˑt] <Adj.; ~e; ~er, ~ste [ˈbløːdə / ˈbløˑtstə]> {8.3.1}: blöd, schwachsinnig, beknackt, einfältig [auch: ↑aad|ig (2), ↑av|ge|schmack, ↑be|stuss, ↑be|titsch, ↑jeck, ↑kalver|ig, ↑knatsch|jeck, ↑läppsch, ↑rader|doll, ↑stapel|jeck/stabel|~, ↑ver|dötsch, ↑ver|kindsch, ↑ver|röck, *mem Bömmel behaue; en Ääz am Kieme/Wandere (han); (se) nit all op de Dröht/Reih (han); ene Nähl em Zylinder (han); ene Ratsch em Kappes (han); schwatz em Geseech (sin)*]. Tbl. A2.1

blod|ärm [ˈbloˑt,ɛrm] <Adj.; ~e; ~er, ~ste> {s. u. ↑Blod ↑ärm}: blutarm, anämisch, ohner Blut; (übertr.) ohne Pepp/Elan. Tbl. A2.3

Blod|ärmod, de [ˈbloˑt,ɛrmoːt] <N.; kein Pl.> {s. u. ↑Blod ↑Ärmod}: Blutarmut.

Blod|badd, et [ˈbloˑt,bat] <N.; ~|bäder [-bɛˑdɐ] (unr. Pl.)> {s. u. ↑Blod ↑Badd}: Blutbad.

Blod|boch, de [ˈbloˑt,boˑx] <N.; ~e> {s. u. ↑Blod ↑Boch²}: Blutbuche.

Blod|drock, der [ˈbloˑt,drɔk] <N.; o. Pl.> {s. u. ↑Blod ↑Drock¹}: Blutdruck.

blode [ˈbloˑdə] <V.; schw.; han; blodte [ˈbloˑtə]; geblodt [jəˈbloˑt]> {5.4; 6.11.3}: bluten. (197)

Blod|egel, der [ˈbloˑt,eˑjəl] <N.; ~(e)> {s. u. ↑Blod}: Blutegel.

blöder|wies [,bløːdəˈviˑs] <Adv.>: blöderweise.

Blod|fett, et [ˈbloˑt,fɛt] <N.; ~e (meist Pl.)> {s. u. ↑Blod}: Blutfett.

Blod|fink, der [ˈbloˑt,fɪŋk] <N.; ~e> {s. u. ↑Blod}: Dompfaff, Gimpel.

Blod|fleck(e), der [ˈbloˑt,flɛk(ə)] <N.; ~/~e> {s. u. ↑Blod ↑Fleck/Flecke¹}: Blutfleck(en).

Blod|gier, de [ˈbloˑt,jiːɐ̯] <N.; kein Pl.> {s. u. ↑Blod}: Blutgier, Mordlust.

Blod|grupp, de [ˈbloˑt,jrʊp] <N.; ~e> {s. u. ↑Blod ↑Grupp}: Blutgruppe.

Blöd|heit, de [ˈbløˑt,hɛɪ̯t] <N.; ~e>: Dummheit: *Dat es ding eige B.* (Das ist deine eigene D.) [auch: ↑Domm|heit].

Blod|huh|drock, der [bloˑtˈhuˑdrɔk] <N.; o. Pl.> {s. u. ↑Blod ↑huh ↑Drock¹}: Bluthochdruck.

Blod|hungk, der [ˈbloˑt,hʊŋk] <N.; ~|hüng [-hʏŋˑ]> {s. u. ↑Blod ↑Hungk}: Bluthund.

blod|ig [ˈbloˑdɪʃ] <Adj.; ~e; ~er, ~ste> {5.4; 6.11.3}: blutig, blutend. Tbl. A5.2

Blod|krebs, der [ˈbloˑt,krɛps] <N.; o. Pl.> {s. u. ↑Blod}: Blutkrebs, Leukämie.

Blod|kreis|lauf, der [ˈbloˑt,krɛɪ̯slɔʊ̯f] <N.; ~|läuf (Pl. ungebr.)> {s. u. ↑Blod}: Blutkreislauf.

Blod|lach, de [ˈbloˑt,laˑx] <N.; i. best. Komposita *-lach*, sonst ↑Pohl¹; ~e> {11; s. u. ↑Blod}: Blutlache.

Blod|oder, de [ˈbloˑt,ɔˑdɐ] <N.; ~e; ~|öder|che> {s. u. ↑Blod ↑Oder}: Blutader.

Blod|prob, de [ˈbloˑt,proˑp] <N.; ~e> {s. u. ↑Blod ↑Prob}: Blutprobe.

Blods|broder, der [ˈbloˑts,broˑdɐ] <N.; ~|bröder> {s. u. ↑Blod ↑Broder}: Blutsbruder.

Blods|bröder|schaff, de [ˈbloˑts,brøˑdɐʃaf] <N.; ~|schafte> {s. u. ↑Blod ↑Broder}: Blutsbrüderschaft.

Blod|schwerre, der [ˈbloˑt,ʃvɛrə] <N.; ~> {s. u. ↑Blod ↑Schwerre}: Blutgeschwür.

Blods|dröpp|che, et [ˈbloˑts,drœpʃə] <N.; ~r> {s. u. ↑Blod ↑Droppe}: Bluttröpfchen, Fuchsie.

Blods|droppe, der [ˈbloˑts,drɔpə] <N.; ~> {s. u. ↑Blod ↑Droppe}: Blutstropfen.

Blöd|senn, der [ˈbløˑt,zen] <N.; o. Pl.> {s. u. ↑Senn}: Blödsinn, Unsinn.

blöd|senn|ig [ˈbløˑt,zenɪʃ] <Adj.; ~e; ~er, ~ste> {s. u. ↑blöd ↑Senn}: blödsinnig. Tbl. A5.2

Blod|spender, der [ˈbloˑt,ʃpɛnˑdɐ] <N.; ~> {s. u. ↑Blod}: Blutspender.

Blods|ver|wandt|schaff, de [ˈbloˑtsfɐ,vantʃaf] <N.; ~|schafte> {s. u. ↑Blod; ↑ver|wandt}: Blutsverwandtschaft.

Blod|ver|geeße, et [ˈbloˑtfɐˌjeˑsə] <N.; kein Pl.> {5.1.4.3; s. u. ↑Blod ↑geeße}: Blutvergießen.

Blod|ver|geft|ung, de [ˈbloˑtfɐˌjeftʊŋ] <N.; ~e> {s. u. ↑Blod; 5.5.2}: Blutvergiftung.

Blod|ver|loss, der [ˈbloˑtfɐ,lɔs] <N.; ~|loste> {s. u. ↑Blod ↑Ver|loss¹}: Blutverlust.

Blod|woosch, de [ˈbloˑt,voˑʃ] <N.; ~|wöösch> {s. u. ↑Blod ↑Woosch}: Blutwurst, **1.** geräucherte Blutwurst, die im Ggs. zur Flönz zum Braten geeignet ist; ***Himmel un Ääd met B.** (Speise aus Kartoffeln u. Äpfeln mit gebratener B.); ***Leppe wie e Veedelpund B. han** (aufge quollene Lippen haben). **2. [RA]** *Sag ens „B."!* (Sag mal „B."! Test, ob jmd. Kölsch spricht).

Blod|zucker, der ['bloˑt,tsʊkə] <N.; kein Pl.> {s. u. ↑Blod}: Blutzucker.

Blod|zucker|speegel, der ['bloˑttsʊkə,ʃpeˑjəl] <N.; ~e (Pl. ungebr.)> {s. u. ↑Blod ↑Speegel}: Blutzuckerspiegel.

blöhe ['bløˑə] <V.; schw.; *han*; blöhte ['bløˑtə]; geblöht [jə'bløˑt] {5.4}: blühen. (37)

blöke ['blœːkə] <V.; schw.; *han*; blökte ['blœːktə]; geblökt [jə'blœːk] {5.5.3}: blöken, **1.** (von Schafen u. Rindern) die Stimme ertönen lassen. **2.** (auch i. d. Bed.) schreien: *Blök doch nit esu!* (Schrei doch nicht so!) [auch: ↑bälke (1), ↑brölle/brülle]. (178)

Blök|erei, de [,blœːkə'reɪˑ] <N.; ~e [-ə'reɪə]> {5.5.3}: Blökerei, Weinen, Schreierei.

blökse ['blœːksə] <V.; schw.; *han*; blökste ['blœːkstə]; geblöks [jə'blœːks]>: rülpsen, aufstoßen [auch: ↑böke (2), ↑bökse, ↑gölpsche, ↑op|stüsse (4a)]. (87)

Blom, de [bloːm] <N.; ~e; Blöm|che> {5.4; 8.3.1}: Blume.

Blöm|ches|kaffee, der ['bløːmʃəs,kafe] <N.; o. Pl.> {9.1.2; s. u. ↑Blom}: Blümchenkaffee, dünner Kaffeeaufguss, der das Blumenmuster in der Tasse erkennen lässt.

Blome|ääd, de ['bloːmə,ɛˑt] <N.; o. Pl.> {s. u. ↑Blom ↑Ääd}: Blumenerde.

Blome|beet/~|bedd, et ['bloːmə,beˑt / -bɛt] <N.; ~e/~|er [-beˑtə / -bɛdə]> {s. u. ↑Blom ↑Beet/Bedd}: Blumenbeet.

Blome|bredd, et ['bloːmə,brɛt] <N.; ~er> {s. u. ↑Blom ↑Bredd}: Blumenbrett.

Blome|droht, der ['bloːmə,droˑt] <N.; ~|dröht> {s. u. ↑Blom ↑Droht}: Blumendraht.

Blome|kaste, der ['bloːmə,kastə] <N.; ~|käste> {s. u. ↑Blom}: Blumenkasten.

Blome|kohl, der ['bloːmə,koːl] <N.; i. best. Komposita *-kohl*, sonst ↑Kappes; o. Pl.> {11; s. u. ↑Blom}: Blumenkohl.

Blome|lade, der ['bloːmə,laˑdə] <N.; ~|läde> {s. u. ↑Blom}: Blumengeschäft.

Blome|maat, der ['bloːmə,maːt] <N.; ~|määt> {s. u. ↑Blom ↑Maat}: Blumenmarkt.

Blome|pott, der ['bloːmə,pɔt] <N.; ~|pött> {s. u. ↑Blom ↑Pott}: Blumentopf.

Blome|some, der ['bloːmə,zoˑmə] <N.; ~> {s. u. ↑Blom ↑Som(e)}: Blumensamen.

Blome|struuß, der ['bloːmə,ʃtruːs] <N.; ~|strüüß> {s. u. ↑Blom ↑Struuß}: Blumenstrauß.

Blöö, der [blœː] <N.; veraltet; ~s ⟨frz. bleu⟩>: Polizist, (die Uniform war früher blau).

Blooder, de ['bloˑdə] <N.; ~e> {5.5.3; 6.11.3}: Blatter, mit wässeriger Flüssigkeit gefüllte Blase auf der Haut [auch: ↑Blos (1b)].

Blos, de [bloːs] <N.; ~e ['bloˑzə]; Blös|che ['blœːsjə]> {5.5.3; 8.3.1}: Blase, **1. a)** mit Gas gefüllter kugelförmiger Hohlraum: *~e us Seifeschuum* (~n aus Seifenschaum); **b)** mit Flüssigkeit gefüllter Hohlraum unter der Oberhaut: *Ich han ald -e an de Häng.* (Ich habe schon -n an den Händen.). **2.** Harnblase. **3.** Tüte: *Häs de en Plastik~ för mich?* (Hast du eine Plastiktüte für mich?). **4.** Dicksack, Fettsack, Fettwanst.

Blos|balg, der ['bloːs,balfj] <N.; ~|bälg(er) [-bɛlˑfj / -bɛlˑjə]> {s. u. ↑blose ↑Balg}: Blasebalg.

blose ['bloˑzə] <V.; st.; *han*; blees [bleːs]; geblose [jə'bloˑzə] {5.5.3}: blasen, **1.** mit dem Mund pusten; **[RA]** *Däm kaˑ mer et Vatterunser durch de Backe b.* (sehr dünn sein; auch: *Däm sing Botz kütt baal allein.*); ***einem der Hubbel b.; *einem jet b./drieße/hoste** (jmdn. in Ruhe lassen; auch: *der Naache däue; am Aasch lecke, jet blose, jet drieße*). **2.** auf einem Blasinstrument spielen [auch: ↑tröte (1)]. **3.** kräftig wehen (Wind, Sturm). **4.** durch Blasen formen: *Glas met der Muul b.* (Glas mit dem Mund b.). **5.** (vulg.) durch Fellatio zum Samenerguss bringen. **6. *Blos der (mer) jet!** (Dann eben nicht!; ganz u. gar nicht gewillt sein, das zu tun, was der andere von einem erwartet od. verlangt). (30)

Blös|er, der ['blœːzə] <N.; ~> {5.5.3}: Bläser.

Blos|instrument, et ['bloːs|ɪnstrʊ,mɛnt] <N.; ~e> {s. u. ↑Blos}: Blasinstrument.

Blos|kapell, de ['bloː,ska,pɛlˑ] <N.; ~e [-ka,pɛlə]> {s. u. ↑Blos ↑Kapell[2]}: Blaskapelle.

Blos|lämp|che, et ['bloːs,lɛmpfjə] <N.; ~r> {s. u. ↑Blos}: Löwenzahn, Pusteblume, (wörtl.) Blaslämpchen [auch: ↑Kette|blom].

Blos|musik, de ['bloːs,mʊzɪk] <N.; ~e> {s. u. ↑Blos}: Blasmusik.

Blos|röhr/~|rühr, et ['bloːs,røˑɐ̯ / -ryˑɐ̯] <N.; ~e> {s. u. ↑Blos ↑Röhr[2]/Rühr}: Blasrohr.

Blöt, de [bløˑt] <N.; ~e> {5.4; 8.3.1}: Blüte.

Blöte|bladd, et ['bløˑtə,blat] <N.; ~|blädder> {s. u. ↑Blöt ↑Bladd}: Blütenblatt.

Blötsch, der [bløtʃ] <N.; Blöt<u>sch</u>e ['blødʒə]>: Delle, Druckstelle [auch: ↑Büül].

blötsche ['bløtʃə] <V.; schw.; *han*; bl<u>ö</u>tschte ['bløtʃtə]; geblötsch [jə'bløtʃ]>: einbeulen, eindrücken [auch: ↑<u>en</u>|blötsche, ↑<u>en</u>|büüle]. (110)

Blötsch|kopp, der ['bløtʃˌkɔp] <N.; ~|köpp> {s. u. ↑Kopp}: Dummkopf.

Bluff, der [blœf] <N.; ~s>: Bluff, bewusste Irreführung; Täuschung.

bluffe ['blœfə] <V.; schw.; *han*; bluffte ['blœftə]; gebluff [jə'blœf]>: bluffen, bewusst irreführen, täuschen. (27)

Blus, de [bluːs] <N.; ~e> {8.3.1}: Bluse.

blus|ig [bluːˌzɪf] <Adj.; ~ige>: blusig.　Tbl. A5.2

Boch[1], et [boːx] <N.; Böcher ['bøːɥef]; Böch|el|che ['bøːˌjəlɥə]> {5.4}: Buch.

Boch[2], de [boːx] <N.; ~e ['boːxə]> {5.4; 8.3.1}: Buche.

Boch|band, der ['boːxˌbant] <N.; -|bänd [-bɛnˑt]> {s. u. ↑Boch[1] ↑Band[2]}: Buchband.

Boch|bing|er, der ['boːxˌbɪŋɐ] <N.; ~> {6.7; s. u. ↑Boch[1]}: Buchbinder.

Boch|drock|er, der ['boːxˌdrokɐ] <N.; ~> {s. u. ↑Boch[1] ↑Drock[2]}: Buchdrucker [auch: ↑Drock|er].

boche/buche ['boːxə / 'buːxə] <V.; schw.; *han*; bochte ['boːxtə]; geboch [jə'boːx]> {5.4}: buchen. (123)

Böchel, der ['bøːɥəl] <N.; ~e; ~che> {5.5.1}: Büchel, **1.** Anhöhe, Hügel. **2.** <Straßenn.>: *(der) Kromme B.* (Krummer B. (Straße in Köln)): *Hä wonnt om Kromme B.* (Er wohnt auf dem Krummen B.).

Bochem ['boxəm] <N.; Ortsn.> {5.3.2.1; 5.5.1}: Buchheim (Vorort Kölns).

Böche|mai, der ['bøːɥəˌmaɪ] <N.; kein Pl.> {s. u. ↑Boch[2]}: junges Laub der Buche, das als Maibaum genutzt wird.

Böcher|bredd, et ['bøːɥɐˌbrɛt] <N.; ~er> {s. u. ↑Boch[1] ↑Bredd}: Bücherbrett.

Böcher|ei, de [ˌbøːɥəˈreɪ] <N.; ~e -[ˈeɪə]> {5.4}: Bücherei.

Böcher|regal, et ['bøːɥɐreˈjaːl] <N.; ~e> {s. u. ↑Boch[1]}: Bücherregal.

Böcher|schaaf, et ['bøːɥɐˌʃaːf] <N.; ~|schääf(er)> {s. u. ↑Boch[1]}: Bücherschrank [auch: ↑Böcher|schrank].

Böcher|schrank, der ['bøːɥɐˌʃraŋk] <N.; ~|schränk> {s. u. ↑Boch[1]}: Bücherschrank [auch: ↑Böcher|schaaf].

Boch|fink, der ['boːxˌfɪŋk] <N.; ~e> {s. u. ↑Boch[2]}: Buchfink.

Boch|höll/~|hüll, de ['boːxˌhøl / -hʏl·] <N.; ~e [-hølə]> {s. u. ↑Boch[1] ↑Höll[2]/Hüll}: Buchhülle.

Bustab, der ['buˑˌʃtaˑp] <N.; ~e> {6.1.1; 8.3.1}: Buchstabe.

Boch|stötz, de ['boːxˌʃtøts] <N.; ~e> {s. u. ↑Boch[1] ↑Stötz}: Buchstütze.

Boch|weize, der ['boːxˌveɪtsə] <N.; ~ (Sortenpl.)> {s. u. ↑Boch[2]}: Buchweizen [auch: ↑Bock|weis (veraltet)].

Boch|weize|panne|koche, der [ˌboːxveɪtsəˈpanəˌkoˑxə] <N.; ~> {s. u. ↑Boch[2] ↑Panne|koche}: Buchweizenpfannkuchen, Pfannkuchen aus Buchweizenmehl; *opgonn wie ene B.* (aufgehen wie ein B. = dick werden, verfetten).

Bock, der [bok] <N.; Böck [bøk]; Böck|che ['bøkɥə]> {5.5.1}: Bock.

bocke ['bokə] <V.; schw.; *han*; bockte ['boktə]; gebock [jəˈbok]> {5.5.1}: bocken, **1.** störrisch stehen bleiben. **2.** trotzig sein. **3.** brünftig sein. **4.** koitieren, vögeln, pimpern. (88)

böcke, sich ['bøkə] <V.; schw.; *han*; böckte ['bøktə]; geböck [jəˈbøk]> {5.5.1}: sich bücken. (88)

Böckem, der ['bøkəm] <N.; ~e> {5.5.1}: Bückling, geräucherter Hering.

Bock|mess, der ['bokˌmes] <N.; kein Pl.> {s. u. ↑Bock ↑Mess[1]}: Bockmist.

Bocks|hoon, et ['boksˌhoːn] <N.; ~|höönner> {s. u. ↑Hoon}: Bockshorn, **1.** Horn des Ziegenbocks. **2.** <o. Pl.> *en et B. jage* (ins B. jagen, Angst einjagen, ängstigen, jmdn. einschüchtern): *Loss dich nit en et B. jage.* (Lass dich nicht einschüchtern, dir keine Angst einjagen.).

Böckteröck, de ['bœktəˌrœk] <N.; ~e>: **1.** Wachtel. **2.** kölsches Original: Böckteröck Wauwau.

Bock|woosch, de ['bokˌvoːʃ] <N.; ~|wöösch> {s. u. ↑Woosch}: Bockwurst.

Boddem, der ['bodəm] <N.; Böddem> {5.3.2; 5.5.1; 6.13.4}: Boden, Erde, *der B. läge* (Boden (Teppich, Laminat usw.) verlegen).

Boddem|fross, der ['bodəmˌfros] <N.; ~|fröss> {s. u. ↑Boddem; ↑Fross}: Bodenfrost.

Boge, der ['boːʁə] <N.; Böge ['bøːjə]> {5.5.3}: Bogen, **1. a)** gebogene Linie, Biegung; **b)** bogenförmiger Gegenstand od. Körperteil: *Elle~* (Ell(en)~). **2.** gewölbtes Tragwerk: *Tor~* (Tor~), *Bröcke~* (Brücken~). **3.** Schusswaffe: *Feil un B.* (Pfeil und B.). **4.** (Musik) mit Ross- od. Kunsthaaren bespannter Stab aus elastischem Hartholz zum Spielen von Saiteninstrumenten. **5.** rechteckig zugeschnittenes, meist genormtes Schreib- od. Packpapier: *ene B. Papier* (ein B. Papier).

Boge|scheeße, et ['boːʀəˌʃeˑsə] <N.; kein Pl.> {5.1.4.3; s. u. ↑Boge}: Bogenschießen.

Boge|schötz, der ['boːʀəˌʃøts] <N.; ~e> {s. u. ↑Boge ↑Schötz}: Bogenschütze.

bohre ['boː(ɐ̯)ʀə] <V.; schw.; *han*; bohrte ['boːɐ̯tə]; gebohrt [jə'boːɐ̯t]>: bohren. (31)

Bohr|maschin, de ['boːɐ̯maˌʃiːn] <N.; ~e> {s. u. ↑Maschin}: Bohrmaschine.

Bohr|wing/~|wind, de ['boːɐ̯ˌvɪŋˑ / -vɪnˑt] <N.; ~e [-vɪŋə / -vɪndə]> {s. u. ↑Wing² ↑Wind²}: Bohrwinde, halbmondförmiger Bügel, in den man den Bohrer steckt.

Bök, der [bœːk] <N.; ~e>: **1.** Brüll, Schrei. **2.** Rülpser, Aufstoßen aus dem Magen.

böke ['bœːkə] <V.; schw.; *han*; bökte ['bœːktə]; gebök [jə'bœːk]> {5.5.3; 8.2}: blöken, **1.** schreien, brüllen, das dumpfe Brüllen des Rindviehs [auch: ↑blöke]. **2.** rülpsen, aufstoßen [auch: ↑blökse, ↑bökse, ↑gölpsche, ↑op|stüsse (4a)]. (178)

Bök|es, der ['bœːkəs] <N.; ~ese/~|ese>: Schreihals (Kind) [auch: ↑Bröll|es].

bökse ['bœːksə] <V.; schw.; *han*; bökste ['bœːkstə]; geböks [jə'bœːks]>: rülpsen, aufstoßen [auch: ↑blökse, ↑böke (2), ↑gölpsche, ↑op|stüsse (4a)]. (87)

boldere ['bolˑdərə] <V.; schw.; *han*; bolderte ['bolˑdetə]; geboldert [jə'bolˑdet]>: laut sein, **1.** lärmend, geräuschvoll arbeiten, poltern. **2.** schreien, schimpfen. (4)

Bolder|ovend, der ['bolˑdeˌɔˑvənt] <N.; ~e> {s. u. ↑boldere ↑Ovend}: Polterabend.

Bolder|wage, der ['bolˑdeˌvaˑʀə] <N.; ~> {5.5.1}: Bollerwagen.

Boldrian, der ['boldʀiaːn] <N.; ~e>: Polterer, lauter, lärmender Mensch [auch: ↑Rabbele|kan|es, ↑Rubbele(n)|dor|es, ↑Flaaster, ↑Flaaster|kaste].

Böll, der [bølˑ] <N.; kein Pl.>: Fettwanst, dicker Kerl, Dicksack [auch: ↑Dramm|es, ↑Knubbele|futz, ↑Föttchen-an-der-Ääd, ↑Kröbel (a), ↑Krott|aasch (b), ↑Krugg|stoppe, ↑Mähl|sack (c), ↑Maschin (2), ↑Mobbel/Möbbel, ↑Mölm|pupp|er, ↑Muggel, *buure Trampel, Knubbelefutz em Leimloch*].

Böll|aasch, der ['bølˑˌlaːʃ] <N.; ~|ääsch> {s. u. ↑Aasch}: Mensch mit sehr dickem Gesäß.

bollere ['boləʀə] <V.; schw.; *han*; bollerte ['boletə]; gebollert [jə'bolet]> {5.5.1; 9.2.1.2}: bollern, (Schallwort) kollern, rollen, knurren (im Magen). (4)

böllere ['bøləʀə] <V.; schw.; *han*; böllerte ['bøletə]; geböllert [jə'bølet]> {9.2.1.2}: böllern, mit Böllern schießen. (4)

Boll|werk, Am [am'bolˌvɛʀk] <N.; Straßenn.>: Am Bollwerk; Straße in Köln-Altstadt/Nord. Der Name bezieht sich auf einen Teil der Kölner Stadtbefestigung, der im 17. Jh. erbaut wurde. Bis 1816 hatte die Straße den Namen *Rue du Bastion*.

Bolster, de ['bolste] <N.; ~e>: Bohnenhülse, Erbsenhülse.

Bolze, der ['boltsə] <N.; ~>: Bolzen, dicker Metall- od. Holzstift; ***versoffe Bölzche** (Schnapseule, Mensch, der gern einen trinkt, Trinker); ***verfresse Bölzche** (Mensch, der viel isst, Fresssack).

Bomb, de [bomˑp] <N.; ~e> {8.3.1}: Bombe.

bombadiere/~eere [bomba'di(ɐ̯)ʀə / -eˑʀə] <V.; schw./unr.; *han*; bombadierte [bomba'diˑɐ̯tə]; bombadiert [bomba'diˑɐ̯t] ⟨frz. bombarder⟩> {5.5.1; (5.1.4.3)}: bombardieren. (3) (2)

bombe ['bomˑbə] <V.; schw.; *han*; bombte ['bomˑptə]; gebomb [jə'bomˑp] {5.5.1}: bomben, **1.** bombardieren. **2.** (Sport Jargon) mit großer Wucht (aufs Tor) schießen: *der Ball en et Tor b.* (den Ball ins Tor b.). (189)

Bomm, de [bom] <N.; ~e>: **1.** dicke Kugel, Kanonenkugel. **2.** (übertr.) sehr dicker, kugelartiger Klicker aus Eisen od. Stein.

Bomme|klotz, der ['boməˌklɔts] <N.; ~|klötz>: gefüllte Pfingstrose [auch: ↑Pääds|rus, ↑Pings|rus].

Bömmel, der ['bøməl] <N.; ~e>: **1.** Baumelndes, Quaste, Troddel, bes. Gehänge am Ohrring, an der Uhrkette: *Ming Groß hät en Pelzmötz, die wor schön düür un die hät och vill Geld gekoss un et wore ~e dran.* (Meine Großmutter hat eine Pelzmütze, die war schön teuer u. die hat auch viel Geld gekostet u. es waren Quasten daran. (scherzh. gesungen in Kirchenliedmanier)); ***mem B. behaue sin** (verrückt sein) [auch: ↑be|klopp]. **2.** Klöppel der Glocke.

Bommel|age, de ['boməlaˑʃ] <N.; ~ ['boməlaˑʒə]>: Anhänger, Gehänge an Ohrringen, Halsketten, Uhrketten, Armbändern [auch: ↑Ge|bommel|s].

bommele ['bomələ] <V.; schw.; *han*; bommelte ['boməltə]; gebommelt [jə'boməlt]> {5.3.4; 5.5.1; 9.2.1.2}: baumeln. (6)

Bonn|er Stroß [ˈbɔnɐˌʃtrɔːs] <N.; Straßenn.> {s. u. ↑Stroß}: Bonner Straße; Straße, die durch Köln-Neustadt-Süd, Köln-Marienburg, Köln-Raderberg u. Köln-Bayenthal verläuft. Sie diente in der Römerzeit als Herrstraße von Köln nach Bonn. Vor der Stadterweiterung verlief hier teilweise der ma. Bischofsweg.

Bonner Wall, der [ˌbɔnɐˈval] <N.; Straßenn.> {s. u. ↑Wall}: Bonner Wall, Straße in Köln-Neustadt/Süd. Teil der äußeren, im Rahmen der Neustadt angelegten Wallstraße, der südlichste der parallel zu den Ringen verlaufenden Straßen westlich der Ringe.

Bood[1], et [boːt] <N.; ~e; Bööd|che [ˈbœːtʃə]> {5.2.1.1.2; 5.5.3; 8.3.1}: Borte, gemustertes Band als Verzierung auf Kleidungsstücken, Gardinen od. Ä.

Bood[2], et [boːt] <N.; ~e> {5.2.1.1.2; 5.5.3}: Bord, an der Wand befestigtes Brett: *e B. för Böcher* (ein B. für Bücher).

Bood[3], der [boːt] <N.; ~e (Pl. selten)> {5.2.1.1.2; 5.5.3}: Bord, oberer Rand eines Schiffes.

bööde [ˈbœːdə] <V.; schw.; *han*; böödte [ˈbœːtə]; geböödt [jəˈbœːt]>: mit Bordüre einfassen. (197)

Boor/Buur, der [boːɐ̯ / buːɐ̯] <N.; ~e [boːrə / buːrə]> {5.1.4.6; 8.2.2.2}: Bauer.

boore/buure [ˈboː(ɐ̯)rə / ˈbuː(ɐ̯)rə] <Adj.; ~> {5.1.3; 9.2.1.1}: bäurisch, (abw.) unfein, plump, grobschlächtig; *b. Fott/Bahnhoff* (stark entwickeltes, breites Gesäß/breiter Hintern/ Arsch); *för ene b. Jux* (nur so zum Spaß); *b. Pack* (veräcktl. als Schimpfw.: Bauernvolk); *b. Sau* (unhöflicher Mensch ohne Manieren; **[RA]** „Ein alter Spruch bleibt ewig neu: *Buure Säu sin buure Säu!*"); *b. Trampel* (Bauerntrampel; massive, plumpe, ungeschlachte Person). Tbl. A3.1

Boore|hoff/Buure|~, der [ˈboː(ɐ̯)rəˌhɔf / ˈbuː(ɐ̯)rə-] <N.; ~|höff> {s. u. ↑Boor/Buur ↑Hoff}: Bauernhof.

Boore|kiddel/Buure|~, der [ˈboː(ɐ̯)rəˌkɪdəl / ˈbuː(ɐ̯)rə-] <N.; ~e> {s. u. ↑Boor/Buur ↑Kiddel}: Bauernkittel, Kittel aus blauem Leinen.

Boore|pääd/Buure|~, et [ˈboː(ɐ̯)rəˌpɛːt / ˈbuː(ɐ̯)rə-] <N.; ~/-er [-pɛːt / -pɛːdə]> {s. u. ↑Boor/Buur ↑Pääd}: schwerer Ackergaul.

Boore|sack|doch/Buure|~, et [ˈboː(ɐ̯)rəˈzakdoːx / ˈbuː(ɐ̯)rə-] <N.; ~|döcher> {s. u. ↑Boor/Buur ↑Doch}: Finger statt Tuch beim Schneuzen.

Böösch, de [bøːʃ] <N.; ~te> {5.2.1.1.2; 5.4; 8.3.1}: Bürste, **1.** mit Borsten bestecktes Gerät zum Entfernen von Schmutz, zum Auftragen von Pasten, zum Glätten der Haare, usw. **2.** Geschlechtsorgan der Kuh. **3.** <Pl.> (scherzh.) Haare.

bööschte [ˈbøːʃtə] <V.; schw.; *han*; geböösch [jəˈbøːʃ]> {5.2.1.1.2; 5.4}: bürsten, **1.** mit einer Bürste entfernen od. glätten. **2.** geschlechtlich verkehren, beischlafen, koitieren, vögeln, pimpern [auch: ↑bumse (3), ↑döppe (1), ↑höggele, ↑poppe, ↑rammele (2), ↑tuppe (3)]. (19)

Bööschte|kopp, der [ˈbøːʃtəˌkɔp] <N.; ~|köpp> {s. u. ↑Böösch ↑Kopp}: Mensch mit struppigem Haar.

Bööschte|schnedd, der [ˈbøːʃtəˌʃnet] <N.; ~(e)> {s. u. ↑Böösch ↑Schnedd}: Bürsten(haar)schnitt.

bööscht|ig [ˈbøːʃtɪç] <Adj.; ~e; ~er, ~ste> {5.2.1.1.2; 5.4}: borstig, struppig, rau: *~e Hoore* (~e Haare), *en ~e Aat* (eine ~e Art). Tbl. A5.2

Boot, et [boːt] <N.; ~e [ˈboːtə], Bööt|che [ˈbøːtʃə]>: Boot.

Borrasch, der [ˈbɔraʃ] <N.; kein Pl. ⟨frz. bourrache, ital. borragine⟩>: Gurkenkraut, Borretsch.

Bösch, der [bøʃ] <N.; ~> {5.5.1}: Busch, *hingern B. halde* (verschweigen) **1.** Strauch. **2.** Wald.

Bösch|el, der [ˈbøʃəl] <N.; ~e> {5.5.1}: Büschel.

Boß/Buß, de [boːs / buːs] <N.; ~e> {5.4; 8.3.1}: Buße.

böße/büße [ˈbøːsə / ˈbyːsə] <V.; schw.; *han*; bößte [ˈbøːstə]; geböß [jəˈbøːs]> {5.4}: büßen. (32)

Bote|deens, der [ˈboːtəˌdeːns] <N.; ~te> {s. u. ↑Deens}: Botendienst.

Bottel, de [ˈbɔtəl] <N.; ~e>: Hagebutte, Frucht der Heckenrose [auch: ↑Heel].

Botter, de [ˈbɔtɐ] <N.; kein Pl.> {5.5.1}: Butter, *einem zeige, wat de B. koss* (jmdm. seine Stärke beweisen, jmdn. einschüchtern); *sinn, wat de B. koss* (sehen, was Sache ist).

Botter|amm, de [ˈbɔtəramˑ] <N.; ~e [ˈbɔtəramə]> {s. u. ↑Botter}: Butterbrot [auch: ↑Brögg].

Botteramms|papier, et [ˈbɔtəˌramsˌpaˌpiːɐ̯] <N.; o. Pl.> {9.1.2; s. u. ↑Botter}: Butterbrotpapier.

Botter|bier, de [ˈbɔtəˌbiːɐ̯] <N.; ~|birre [-bɪrə] (unr. Pl.)> {s. u. ↑Botter ↑Bier¹}: Butterbirne (saftige Schmelzbirne).

Botter|blom, de [ˈbɔtəˌbloːm] <N.; ~e; ~|blöm|che> {s. u. ↑Botter ↑Blom}: Butterblume [auch: ↑Dodder|blom].

Botter|bretzel, der [ˈbɔtəˌbretsəl] <N.; ~e> {s. u. ↑Botter ↑Bretzel}: Butterbrezel.

Botter|creme/~|kräm, de ['botɐˌkrɛːm] <N.; o. Pl.> {s. u. ↑Botter}: Buttercreme.

Botter|döppe, et ['botɐˌdøpə] <N.; ~> {s. u. ↑Botter ↑Döppe}: Buttertopf, Butterdose [auch: ↑Botter|dos].

Botter|dos, de ['botɐˌdoˑs] <N.; ~e> {s. u. ↑Botter ↑Dos}: Butterdose [auch: ↑Botter|döppe].

Botter|faaß, et ['botɐˌfaːs] <N.; ~|fääßer> {s. u. ↑Botter ↑Faaß/Fass}: Butterfass.

Botter|maat, der ['botɐˌmaːt] <N.; Straßenn.> {s. u. ↑Botter ↑Maat}: Buttermarkt; Straße in Köln-Altstadt/Nord. Der Buttermarkt ist kein richtiger Marktplatz wie z. B. der Heumarkt, sondern eine schmale, eng bebaute Gasse in der Rheinvorstadt, auf dem seit ca. dem 12. Jh. Butterverkäufer ihre Stände hatten. Hier standen schöne Bürgerhäuser, die den Wohlstand ihrer Bewohner präsentierten. Sie markieren von alters her das romantische Rheinpanorama. Heute haben Kneipen, Bistros usw. die kleinen Einzelhandelsgeschäfte, die Grundnahrungsmittel feilboten, vertrieben. Im 19. Jh. sank das Niveau dieser Straße so sehr, dass man sie in das Verzeichnis der verbotenen Straßen aufnehmen musste. Ab 1935 wurde die Westseite u. die Rheinseite (teilweise) abgerissen u. die Häuser wurden renoviert. Das Sozialgefüge verbesserte sich somit, doch im Zweiten Weltkrieg wurde die Innenstadt fast völlig zerstört.

Botter|milch, de ['botɐˌmɪləʃ] <N.; ~e (Sortenpl.)> {s. u. ↑Botter}: Buttermilch.

Botter|schlot, der (et veraltet) ['botɐˌʃlɔt] <N.; kein Pl.> {s. u. ↑Botter ↑Schlot}: Kopfsalat (der), sehr zarter grüner Salat [auch: ↑Kopp|schlot, ↑Kropp|schlot].

Botter|stölp, de ['botɐˌʃtølp] <N.; ~e> {s. u. ↑Botter}: 1. Sumpfdotterblume. 2. Hahnenfuß.

Botter|vugel, der ['botɐˌfʊʁəl / -fuˑl] <N.; ~|vügel [-fʏjəl / -fyˑl]> {s. u. ↑Botter ↑Vugel}: gelber od. weißgelblicher Schmetterling, Zitronenfalter, (wörtl.) Buttervogel.

botter|weich ['botɐ'veʁʃ] <Adj., ~e> {5.5.1}: butterweich, **a)** sehr weich, so weich wie Butter: *Die Birre sin b. (Die Birnen sind b.)*; **b)** *einer b. schlage/schlonn* (jmdn. verprügeln [auch: *einer windelweich schlage/schlonn*]). Tbl. A1

Bott|müll, An der [andɐˈbɔtˌmʏl] <N.; Straßenn.> {s. u. ↑Müll¹}: An der Bottmühle; Straße in Köln-Altstadt/Süd. Hier war der Mühlenturm in der ma. Stadtmauer, in der Mitte zw. dem Bayenturm u. der Severinstorburg. Der viergeschossige, teils mit Efeu bewachsene, runde Turm befindet sich auf einer erhöhten Fläche u. ist umgeben von einer zum Straßenniveau steil abfallenden Grünfläche, die von einer altersschwachen Steinmauer umgeben ist. Auf einer im 16. Jh. auf der stadteinwärts gelegenen Seite der Stadtmauer als Wehrplateau angelegten Wallplattform wurde 1587 eine hölzerne Windmühle, die Bockwindmühle errichtet u. 1677 bis 1678 durch ein steinernes Mühlengebäude ersetzt. Die anfängliche kegelförmige Dachkonstruktion wurde später um ein weiteres Geschoss erhöht u. mit einer Plattform abgeschlossen. Im Zuge diverser Umbauten entfiel offensichtlich auch die wirtschaftliche Nutzung als Windmühle.

Botz, de [bots] <N.; ~e; Bötz|che ['bøtsjə]>: Hose, **1.** *de B. aanhan* (bestimmen, herrschen; wörtl. die Hosen anhaben); [RA] *Däm sing B. kütt baal allein.* (Er ist sehr dünn; auch: *Däm ka' mer et Vatterunser durch de Backe blose.*); [RA] *en de B. gonn* (danebengehen, in die H. gehen). **2.** *Bleche B. (Gefängnis).

Botze|bein, et ['botsəˌbeɪn] <N.; ~ [-beɪn]>: Hosenbein.

Botze|bügel, der ['botsəˌbyːjəl] <N.; ~e>: Hosenbügel.

Botze|bund, et ['botsəˌbʊnt] <N.; ~|bünd/~|büng [-bʏnˑt / -bʏŋˑ]>: Hosenbund.

Botze|kääl|che, et ['botsəˌkɛˑlʃə] <N.; ~r> {s. u. ↑Kääl}: Hosenmatz [auch: ↑Botze|mann].

Botze|klammer, de ['botsəˌklamɐ] <N.; ~e>: Hosenklammer.

Botze|knopp, der ['botsəˌknɔp] <N.; ~|knöpp> {s. u. ↑Knopp¹}: Hosenknopf.

Botze|latz, der ['botsəˌlats] <N.; ~e>: Hosenlatz, **1.** Latz an einer Hose. **2.** Hosen(schlitz)klappe.

Botze|mann, der ['botsəˌman] <N.; ~|männer>: Hosenmatz [auch: ↑Botze|kääl|che].

Botzen|dress|er, der ['botsənˌdresɐ] <N.; ~>: Hosenscheißer, **1.** jmd., der in die Hose macht. **2.** (übertr.): kleiner Junge. **3.** (übertr.): Feigling.

Botze|noht, de ['botsəˌnɔˑt] <N.; ~|nöht> {s. u. ↑Noht}: Hosennaht.

Botze|schlag, der ['botsəˌʃlaːx] <N.; ~|schläg [-ʃlɛˑʃ]>: Hosenschlag, abklappbarer Teil z. B. an Lederhosen.

Botze|täsch, de ['botsəˌtɛʃ] <N.; ~e> {s. u. ↑Täsch}: Hosentasche.

bovve ['bovə] <Präp.; i. Vbdg. m. *vun* + Dat.> {5.3.2; 5.5.1; 6.1.1}: oberhalb.

bovve(n) ['bovə(n)] <Adv.> {5.3.2; 5.5.1; 6.1.1}: oben, **a)** an einer höher gelegenen Stelle [auch: ↑ovve]; **b)** *Jan b. (munter).

bovve(n)|- ['bovən] <Präfix> {5.3.2; 5.5.1; 6.1.1}: oben-, i. Vbdg. m. Adv. u. Präp.: *~dren, ~eröm* (~drin, ~herum).

bovven|dren [ˌbovən'dren] <Adv.> {5.3.1}: obendrein, überdies, außerdem, noch dazu.

bovven|drop [ˌbovən'drop] <Adv.> {5.3.1; 5.5.1}: obendrauf, auf alles andere, auf allem anderen: *Läg die Zeidung b.* (Lege die Zeitung o.); *Dat Heff litt b.* (Das Heft liegt o.).

bovven|drüvver [ˌbovən'drʏvɐ] <Adv.> {5.3.2}: obendrüber.

bovven|durch [ˌbovən'dʊrfj] <Adv.>: obendurch.

bovven|eröm ['bovənəˌrøm·] <Adv.> {8.1; 5.5.1}: obenherum.

bövverscht... ['bøveʃt] <Adj.; Sup. zu ↑bovve; ~e> {5.3.2; 5.5.1; 6.1.1}: oberst.... Tbl. A1

Bovve|sigg, de ['bovəˌzɪk] <N.; ~e> {s. u. ↑Sigg¹}: Oberseite.

Bowl, de [bo·l] <N.; ~e ⟨engl. bowl⟩> {8.3.1}: Bowle, **1.** Getränk aus Wein, Schaumwein, Zucker u. Früchten. **2.** Gefäß zum Bereiten u. Auftragen einer Bowle.

boxe ['boksə] <V.; schw.; *han*; boxte ['bokstə]; gebox [jə'boks]>: boxen. (71)

Brand, der [brant] <N.; Bränd [brɛn·t]>: Brand, **1.** großes Feuer. **2.** <o. Pl.> großer Durst.

Brand|hääd, der ['brantˌhɛːt] <N.; ~e [-hɛ·də] {s. u. ↑Hääd¹}: Brandherd.

Brand|hoke, der ['brantˌhoːkə] <N.; ~> {s. u. ↑Hoke}: Schürhaken [auch: ↑Stoch|ieser].

Brand|holz, et ['brantˌholts] <N.; ~|hölzer> {s. u. ↑Holz}: Brandholz, Brennholz.

Brand|leider, de ['brantˌleɪdə] <N.; ~e> {s. u. ↑Leider}: Feuerleiter [auch: ↑Feuer|leider].

Brand|meister, der ['brantˌmeɪstə] <N.; ~>: Brandmeister.

Brand|mol, et ['brantˌmoːl] <N.; ~e> {s. u. ↑Mol²}: Brandmal.

Brand|muur/~|moor, de ['brantˌmuːɐ / -moːɐ] <N.; ~e> {s. u. ↑Muur/Moor¹}: Brandmauer.

Brand|salv, de ['brantˌzalf] <N.; ~e> {s. u. ↑Salv}: Brandsalbe.

Brand|soll, de ['brantˌzol·] <N.; ~e [-zolə]> {s. u. ↑Soll¹}: Brandsohle.

Brand|wing, der ['brantˌvɪŋ] <N.; ~e (Sortenpl.)> {s. u. ↑Wing¹}: Branntwein.

Bräng, de [brɛŋ·] <N.; kein Pl.>: Bedrängnis [auch: ↑Bredouille].

bränge ['brɛŋə] <V.; unr.; *han*; braht [braːt]; gebraht [jə'braːt]> {5.4}: bringen, an einen best. Ort schaffen; *sing Schöfcher en et Drüge b.* (finanziell an erster Stelle für sich selbst sorgen); *unger de Ääd b.* (beerdigen, bestatten); *op et Tapet b.* (aufs Tapet bringen, ansprechen). (33)

Bräng|schold, de ['brɛŋˌʃolt] <N.; ~e> {5.4; s. u. ↑Schold}: Bringschuld.

Brasel, der ['brazəl] <N.; kein Pl.> {6.11.1; 7.4}: **1.** mühevolle, vielschichtige Arbeit. **2.** Durcheinander; [auch: ↑Brass]. **3.** Probleme, Schwierigkeiten.

brasele ['brazələ] <V.; schw.; *han*; braselte ['brazəltə]; gebraselt [jə'brazəlt]> {6.10.1; 9.2.1.2}: brasseln, hantieren, **1.** fortgesetzt mühevoll, rastlos arbeiten, wuseln: *Wat bes de ald der ganzen Dag am B.?* (Was wuselst du schon den ganzen Tag?) [auch: ↑krose]. **2.** an etw. umständlich herumarbeiten: *Bes de immer noch an däm Radio am B.?* (Arbeitest du immer noch an dem Radio?). (6)

Brasel|ei/Brasel|erei, de [ˌbrazə'leɪ· / ˌbrazələ'reɪ·] <N.; ~e [-ə'reɪə]> {6.10.1}: Wühlarbeit, plan- u. ziellose Arbeit.

Brasele|manes, der ['brazələˌmaːnəs] <N.; ~|ese/~|ese> {6.10.1}: **1.** Umstandskrämer; jmd., der unnötig lange od. umständlich an etw. arbeitet [auch: ↑Öm|stands|kriml|er]. **2.** jmd., der mit viel Geschick etw. tut.

Brasilie [bra'ziːli̯ə] <N.; Ländern.>: Brasilien.

Brass, der [bras] <N.; kein Pl.>: Stress, lästige od. anstrengende Arbeit [auch: ↑Brasel]; *em B. sin* (Stress haben): *Hä es em B.* (Er arbeitet angestrengt.).

Bratsch, de [braːtʃ] <N.; ~e>: **1.** (abw.) großer Mund [auch: ↑Bäbbel, ↑Bagger (2), ↑Belder|lade, ↑Bleff, ↑Fress (1), ↑Klapp (2), ↑Lappe (4), ↑Mungk, ↑Muul, ↑Rand (2), ↑Schnäbbel, ↑Schnauz, ↑Schnüss]. **2.** (abw.) sehr dicke Frau [auch: ↑Matsch², ↑Matsch|ann].

Brau, de [braʊ·] <N.; ~e ['braʊə]> {8.3.1}: Braue.

Bräu, et [brøy] <N.; kein Pl.>: enthalten in Namen für kölsche Brauereien u. Wirtshäuser.

braue ['braʊə] <V.; schw.; *han*; braute ['braʊtə]; gebraut [jə'braʊt]>: brauen. (11)

Brau|er, der ['braʊɐ] <N.; ~>: Brauer.

Brau|erei, de [ˌbroʊəˈreɪ̯ˑ] <N.; ~e [-əˈreɪ̯ə]>: Brauerei.
Brau|erei|pääd, et [broʊəˈreɪ̯ˑˌpɛːt] <N.; ~(er) [-pɛˑt / -pɛˑdə]> {s. u. ↑Pääd}: Brauereipferd, Pferd von Kölsch-Brauereien, das Bierwagen zog (bes. der Sester-Brauerei) [auch: ↑Sester|pääd]; *en Fott wie e B. (bes. breites Gesäß/breiter Hintern/Arsch).
Bräu|es, et [ˈbrøy̯ˑəs] <N.; verkürzt aus *Bräu* u. *Haus*; ~|ese/~|ese> {5.1.3}: Brauhaus, Brauerei.
Brau|meister, der [ˈbroʊˌmeɪ̯stə] <N.; ~>: Braumeister.
Braus/Bruus, de [braʊ̯ˑs / bruˑs] <N.; *Bruus* veraltend; ~e> {8.3.1}: Brause, 1. Dusche. 2. a) auf der Zunge prickelnde Süßigkeit; b) Brausepulver.
brause¹/bruuse¹ [ˈbraʊ̯ˑzə / ˈbruˑzə] <V.; *bruuse* veraltet; schw.; han; brauste [ˈbraʊ̯ˑstə]; gebraus [jəˈbraʊ̯ˑs]> {(5.1.4.5)}: brausen, eilen. (149)
brause²/bruuse² [ˈbraʊ̯ˑzə / ˈbruˑzə] <V.; *bruuse* veraltet; schw.; han; brauste [ˈbraʊ̯ˑstə]; gebraus [jəˈbraʊ̯ˑs]> {(5.1.3)}: brausen, duschen, (auch i. d. Bed.) schäumen [auch: ↑dusche]. (149)
Brause|kopp, der [ˈbraʊ̯zəˌkɔp] <N.; ~|köpp> {s. u. ↑Braus/Bruus ↑Kopp}: Brausekopf, Duschkopf.
Brauwiler [ˈbroʊˌviːlə] <N.; Ortsn.> {5.1.3}: Brauweiler (Ort bei Köln).
brav [braˑf] <Adj.; ~e [ˈbraˑvə]>: brav.   Tbl. A1
Brech|bunn, de [ˈbrɛɕˌbʊn] <N.; ~e [-bʊnə]; ~|bünn|che [-bʏnˑɕə]> {s. u. ↑Bunn}: Brechbohne [auch: ↑Schnibbels|bunn].
breche [ˈbrɛɕə] <V.; st.; han; broch [brɔˑx]; gebroche [jəˈbrɔxə]>: brechen, 1. etw. durch Druck od. mit Gewalt in zwei od. mehr Teile zerlegen. 2. erbrechen, sich übergeben, kotzen [auch: ↑kotze, ↑göbbele, ↑huh|kumme (4), ↑üvver|gevve (2)].   (34)
Brech|ieser, et [ˈbrɛɕˌliˑzə] <N.; ~(e)> {s. u. ↑Ieser}: Brecheisen.
Brech|meddel, et [ˈbrɛɕˌmedəl] <N.; ~(e)> {s. u. ↑Meddel}: Brechmittel, 1. Mittel für Brechreiz. 2. (überrtr.) ekelhafte, widerwärtige Person [auch: ↑Dreck|puddel, ↑Dreck|lavumm, ↑Dreck|sau (2), ↑Freese (3), ↑Friko, ↑Knüsel (2), ↑Puddel (2), ↑Sau|dier (2), ↑Sau|oos, ↑Schand|ferke/~|firke].
Brech|stang, de [ˈbrɛɕˌʃtaŋˑ] <N.; ~e [-ʃtaŋə]> {s. u. ↑Stang (1)}: Brechstange.
Bredd, et [brɛt] <N.; ~er; ~|che> {6.11.3}: Brett.

Bredder|bud, de [ˈbrɛdəˌbuˑt] <N.; ~e> {s. u. ↑Bredd ↑Bud}: Bretterbude.
Bredder|ver|schlag, der [ˈbrɛdəfəˌʃlaːx] <N.; ~|schläg [-ʃlɛˑɕ]> {s. u. ↑Bredd}: Bretterverschlag.
Bredd|spill, et [ˈbrɛtˌʃpɪl] <N.; ~ [-ʃpɪlˑ]> {s. u. ↑Bredd ↑Spill}: Brettspiel.
Bredouille, de [breˈdulja] <N. (frz. bredouille)>: Klemme, Bedrängnis, bes. Geldklemme, Geldverlegenheit [auch: ↑Bräng].
Breef, der [breˑf] <N.; ~e; ~che [-jə]> {5.1.4.3}: Brief, **[RA]** *Do häs de noch kei ~che vun.* (Das ist noch nicht sicher/geklärt.).
Breef|boge, der [ˈbreˑfˌboːʀə] <N.; ~|böge> {s. u. ↑Breef ↑Boge}: Briefbogen.
Breef|drägler, der [ˈbreˑfˌdrɛˑjə] <N.; ~> {s. u. ↑Breef ↑Drägler}: Briefträger [auch: ↑Poss|büggel].
Breef|duuv, de [ˈbreˑfˌduˑf] <N.; ~e> {s. u. ↑Breef ↑Duuv}: Brieftaube.
Breef|fründ(in), der [ˈbreˑfˌfrʏnt / -frʏndɪn] <N.; ~e> {s. u. ↑Breef ↑Fründ}: Brieffreund(in).
Breef|kaste, der [ˈbreˑfˌkastə] <N.; ~|käste> {s. u. ↑Breef}: Briefkasten.
Breef|mark, de [ˈbreˑfˌmark] <N.; ~e> {s. u. ↑Breef ↑Mark}: Briefmarke [gebräuchl.: ↑Frei|mark].
Breef|marke|album, et [ˈbreˑfˌmarkəˌalbʊm] <N.; ~|albe [-albə]> {s. u. ↑Breef}: Briefmarkenalbum.
Breef|marke|samml|ung, de [ˈbreˑfmarkəˌzamlʊŋ] <N.; ~e> {s. u. ↑Breef}: Briefmarkensammlung.
Breef|öm|schlag, der [ˈbreˑfˌømˌʃlaːx] <N.; ~|schläg [-ʃlɛˑɕ]> {s. u. ↑Breef}: Briefumschlag, Kuvert.
Breef|täsch, de [ˈbreˑfˌtɛʃ] <N.; ~e> {s. u. ↑Breef ↑Täsch}: Brieftasche.
Breef|wähßel, der [ˈbreˑfˌvɛːsəl] <N.; ~e> {s. u. ↑Breef ↑Wähßel}: Briefwechsel.
Breef|woog, de [ˈbreˑfˌvoːx] <N.; ~e> {s. u. ↑Breef ↑Woog}: Briefwaage.
Brei, der [breɪ̯] <N.; ~e>: Brei.
Brei|appel, der [ˈbreɪ̯ˌapəl] <N.; ~|äppel> {s. u. ↑Appel}: Kochapfel, sehr weicher Apfel, bes. geeignet zur Herstellung von Apfelkompott [auch: ↑Koch|appel].
breid [breɪ̯t] <Adj.; ~e; ~er, ~ste> {6.11.3}: breit, 1. a) große Ausdehnung in seitlicher Richtung: *Maach dich nit esu b.!* (Mach dich nicht so b.!) b) **[RA]** *Unglöck hät b. Föß.* (Unglück hat ~e Füße., Ein Unglück kommt selten

allein.); *~er maache (verbreitern). 2. betrunken, besoffen. Tbl. A2.1

Breid(e), de ['breɪ̯·də / breɪ̯·t] <N.; o. Pl.> {6.11.3; 8.3.1}: Breite, *en de B. gonn (dick werden): *Et Marie es en de B. gegange.* (Maria ist in die B. gegangen = hat zugenommen.).

Breid|lauf/~|lauch, et ['breɪ̯t,loʊ̯f / -loʊ̯x] <N.; ~e> {s. u. ↑breid ↑Lauf²/Lauch}: Breitlauch, Porree [auch: ↑Breid-|öllig].

Breid|öllig, et ['breɪ̯t,øliʃ] <N.; ~e> {s. u. ↑breid}: Breitlauch, Porree [auch: ↑Breid|lauf/~|lauch].

Breid|schwanz, der ['breɪ̯t,ʃvants] <N.; ~|schwänz (Sortenpl.)> {s. u. ↑breid}: Breitschwanz, Persianer aus dem glatten, moiréähnlichen Fell nicht ausgetragener od. ganz junger Karakullämmer.

Breid|sigg, de ['breɪ̯t,zɪk] <N.; ~e> {s. u. ↑breid ↑Sigg¹}: Breitseite.

Breid Stroß, de ['breɪ̯·t,ʃtro·s] <N.; Straßenn.> {s. u. ↑breid ↑Stroß}: Breite Straße in Köln-Altstadt-Nord. Im MA hieß sie „Lata platea" was auf Lateinisch „Breite Straße" bedeutet. Der Name lässt sich aber nicht auf die Breite der Straße zurückführen, sondern auf die Verkehrsbedeutung der Straße. Im frühen MA hieß die Straße Ehrenstraße.

Brei|muul, de ['breɪ̯,muˑl] <N.; ~|müüler/~|muule> {s. u. ↑Muul}: Breimaul (das), (übertr.) langweilige(r), umständliche(r), unnütze(r) Schwätzer(in), Labermaul: *Dät dat doch ens sing B. zomaache!* (Würde sie doch endlich schweigen!) [auch: ↑Bäbbels|muul, ↑Bäbbels|schnüss, ↑Quatsch|muul, ↑Quatsch|schnüss, ↑Ratsch (4), ↑Schlabber|muul (2), ↑Schlabber|schnüss (2), ↑Schnadder, ↑Schwaad|lappe, ↑Schwaad|schnüss, ↑Seiver|lappe, ↑Seiver|muul (2), ↑Seiver|schnüss]

Brell/Brill, der [brel / brɪl] <N.; ~e> {5.5.2; 8.3.1}: Brille (die), **1.** Gestell mit Gläsern zum Schutz der Augen od. der Verbesserung der Sehschärfe [auch: ↑Schääl (2)]. **2.** Toilettensitz.

Brelle(n)|dräg|er/Brille|~, der ['brelə(n),drɛˑjə / 'brɪlə-] <N.; ~> {s. u. ↑Brell/Brill ↑Dräg|er; 9.1.4}: Brillenträger.

Brelle|ge|stell/Brille|~, et ['brelə,jəʃtɛl / 'brɪlə-] <N.; ~e> {s. u. ↑Brell/Brill}: Brillengestell.

Brelle|glas/Brille|~, et ['brelə,jlaːs / 'brɪlə-] <N.; ~|gläser [-jlɛˑzə]> {s. u. ↑Brell/Brill}: Brillenglas.

Brems¹, de [brɛmˑs] <N.; ~e> {8.3.1}: Bremse (Hemmvorrichtung).

Brems², de [brɛmˑs] <N.; ~e> {8.3.1}: Bremse (Insekt).

bremse ['brɛmˑzə] <V.; schw.; han; bremste ['brɛmˑstə]; gebrems [jə'brɛmˑs]>: bremsen. (87)

Brems|flöss|ig|keit/~|flüss|~, de ['brɛms,fløsɪŋkeɪ̯t / -flʏs-] <N.; ~e (Sortenpl.)> {5.5.1}: Bremsflüssigkeit.

Brems|klotz, der ['brɛms,klɔts] <N.; ~|klötz>: (scherzh.) Frikadelle [auch: ↑Elefante|mömmes, ↑Frikadell, ↑Knass|pralin].

Brems|leech, et ['brɛms,leːʃ] <N.; ~ter> {s. u. ↑Leech}: Bremslicht.

Brems|vür|richt|ung/~|vör|~, de ['brɛmsfyːɐ̯,rɪŋtʊŋ / -føːɐ̯-] <N.; i. best. Komposita *richt*, sonst ↑reechte; ~e> {11}: Bremsvorrichtung.

Brems|wäg, der ['brɛms,vɛˑj] <N.; ~(e) [-vɛˑj / -vɛˑjə]> {s. u. ↑Wäg}: Bremsweg.

brenne ['brɛnə] <V.; unr.; han; brannt [brant]; gebrannt [jə'brant]>: brennen. (35)

Brenn|erei, de [,brɛnə'reɪ̯] <N.; ~e [-ə'reɪ̯ə]>: Brennerei.

Brenn|holz, et ['brɛn,hɔlts] <N.; ~|hölzer>: Brennholz.

Brenn|schir, de ['brɛn,ʃiˑɐ̯] <N.; ~e> {s. u. ↑Schir}: Brennschere.

Bresch, de [brɛʃ] <N.; kein Pl.> {8.3.1}: Bresche.

Bretzel, der ['bretsəl] <N.; ~e> {5.3.2.4; 5.5.2}: Brezel, **1.** Gebäckstück von einer charakteristischen, geschlungenen Form. **2.** (übertr.) Gesäß.

Bretzels|geiß, de ['bretsəls,jeɪ̯s] <N.; ~(t)e> {s. u. ↑Bretzel ↑Geiß}: Schimpfw. für dünne, schlecht gelaunte Frau.

Brill/Brell, der [brɪl / brel] <N.; ~e> {5.5.2; 8.3.1}: Brille (die), **1.** Gestell mit Gläsern zum Schutz der Augen od. der Verbesserung der Sehschärfe [auch: ↑Schääl (2)]. **2.** Toilettensitz.

Brille|dräg|er/Brelle|~, der ['brɪlə,drɛˑjə / 'brelə-] <N.; ~> {s. u. ↑Brill/Brell ↑dräge}: Brillenträger.

Brille|ge|stell/Brelle|~, et ['brɪləjəʃtɛl / 'brelə-] <N.; ~e> {s. u. ↑Brill/Brell}: Brillengestell.

Brille|glas/Brelle|~, et ['brɪlə,jlaːs / 'brelə-] <N.; ~|gläser [-jlɛˑzə]> {s. u. ↑Brill/Brell}: Brillenglas.

Britz, de [brɪts] <N.; ~e>: **1.** Bretterzaun, Bretterwand. **2.** im Kölner Stockpuppentheater (Hänneschen-Theater) Wand, hinter der die Puppenspieler stehen.

Broch¹, der [brox] <N.; Bröch [brøʃ]] {5.5.1}: Bruch, **1.** Brechen, Auseinanderbrechen, Zerbrechen; *en de Bröch gonn* (in die Brüche, kaputtgehen, zerbrechen). **2.** Einbruch.

Broch², der [brɔx] <N.; Bröch [brøʃ]> {5.5.1}: Bruch, Moorboden, Sumpf.

Broch|band, et ['brɔx‚bant] <N.; ~|bänder> {s. u. ↑Broch¹ ↑Band¹}: Bruchband, (med.) Bandage, mit der das Heraustreten eines Eingeweidebruchs verhindert werden soll.

Broch|bud, de ['brɔx‚buˑt] <N.; ~e> {s. u. ↑Broch¹ ↑Bud}: Bruchbude.

Broch|deil, der ['brɔx‚deɪl] <N.; ~(e) [-deɪl / -deɪ‧lə]> {s. u. ↑Broch¹ ↑Deil}: Bruchteil.

bröch|ig ['brøʃɪç] <Adj.; ~e; ~er, ~ste> {5.5.1}: brüchig, morsch, spröde.   Tbl. A5.2

Broch|lade, der ['brɔx‚laˑdə] <N.; ~|läde> {s. u. ↑Broch¹}: Ramschladen, Geschäft mit geringer Auswahl od. Ramschware [auch: ↑Broch|bud].

Broch|stöck, et ['brɔx‚ʃtøk] <N.; ~/~e/~er> {s. u. ↑Broch¹ ↑Stöck}: Bruchstück.

Broch|strech, der ['brɔx‚ʃtreʃ] <N.; ~(e)> {s. u. ↑Broch¹ ↑Strech}: Bruchstrich.

Bröck¹, de [brøk] <N.; ~e> {5.5.1; 8.3.1}: Brücke.

Bröck² [brøk] <N.; Ortsn.> {5.5.1}: Brück (Ortsteil von Köln).

brocke ['brɔkə] <V.; schw.; han; brockte ['brɔktə]; gebrock [jə'brɔk]>: brocken, brechen, bröckeln, in Brocken zerteilen: *Brud (en de Zupp) b.* (Brot (in die Suppe) b.) [auch: ↑bröckele].   (88)

Brocke, der ['brɔkə] <N.; ~>: Brocken.

Brökke|boge, der ['brøkə‚boːʀə] <N.; ~|böge> {s. u. ↑Bröck¹ ↑Boge}: Brückenbogen.

Brökke|dag, der ['brøkə‚daːx] <N.; ~/~|däg/~e [-daˑx / -dɛˑç / -daˑʀə]> {s. u. ↑Bröck¹ ↑Dag}: Brückentag.

Brökke|feiler, der ['brøkə‚faɪlə] <N.; ~> {6.8.2; s. u. ↑Bröck¹}: Brückenpfeiler.

Brökke|geländer, et ['brøkəjə‚lɛnˑdə] <N.; ~> {s. u. ↑Bröck¹}: Brückengeländer.

bröckele ['brœkələ] <V.; schw.; han; bröckelte ['brœkəltə]; gebröckelt [jə'brœkəlt]> {9.2.1.2}: bröckeln [auch: ↑brocke].   (6)

Brökke|stroß ['brøkə‚ʃtrɔˑs] <N.; Straßenn.> {s. u. ↑Bröck¹ ↑Stroß}: Brückenstraße; Straße in Köln-Altstadt/Nord. Wegen ihres Namens u. ihres zum Rhein führenden Verlaufes ist sie eine echte Brückenstraße; auch nach A. Wrede erreichte man so die Stelle des Rheinufers, an der die alte Römerbrücke über den Rhein führte.

Brod, de [broːt] <N.; Pl. ungebr.; ~e> {5.4; 6.11.3}: Brut.

Brod|ääpel, der ['brɔːt‚ɛːpəl] <N.; ~> {s. u. ↑Brode}: Bratkartoffel.

Brod|appel, der ['brɔːt‚apəl] <N.; ~|äppel> {s. u. ↑Brode ↑Appel}: Bratapfel.

brode ['broˑdə] <V.; st.; han; breedt [breːt]; gebrode [jə'broːdə]> {5.5.3; 6.11.3}: braten, brutzeln [auch: ↑brödsche].   (36)

Brode, der ['broˑdə] <N.; ~> {5.5.3; 6.11.3}: Braten, ***der B. rüche*** (den B. riechen; merken, ahnen, dass etw. Unangenehmes droht).

bröde ['brøˑdə] <V.; schw.; han; brödte ['brøˑtə]; gebrödt [jə'brøˑt]> {5.4; 6.11.3}: brüten.   (197)

brodele ['broːdələ] <V.; schw., han; brodelte ['broːdəltə]; gebrodelt [jə'broːdəlt]> {9.2.1.2}: brodeln.   (6)

Broder, der ['broˑdə] <N.; Bröder ['brøˑdə]> {5.4}: Bruder, ***wärme B.*** (Homosexueller).

Broder|schaff, de ['broˑdə‚ʃaf] <N.; ~|schafte> {s. u. ↑5.4}: Bruderschaft.

Brod|fesch, der ['brɔːt‚feʃ] <N.; ~(e) [-feʃ / -feʃə]> {s. u. ↑Brode ↑Fesch}: Bratfisch.

Brod|fett, et ['brɔːt‚fɛt] <N.; ~e (Sortenpl.)> {s. u. ↑Brode}: Bratfett.

Brod|hähn|che, et ['broʊt‚hɛːnʃə] <N.; ~r> {s. u. ↑Brode ↑Hähn|che (2)}: Brathähnchen [auch: ↑Hähn|che (2)].

Brod|herring, der ['brɔːt‚herɪŋ] <N.; ~e> {s. u. ↑Brode ↑Herring}: Brathering.

Brod|kaste, der ['broˑt‚kastə] <N.; ~|käste> {s. u. ↑Brod}: Brutkasten.

Brod|pann, de ['brɔːt‚panˑ] <N.; ~e [-panə]> {s. u. ↑Brode ↑Pann¹}: Bratpfanne.

Brod|ross, der ['brɔːt‚rɔs] <N.; ~|roste> {s. u. ↑brode; ↑Ross²}: Bratrost.

brödsche ['brœtʃə] <V.; schw.; han; brödschte ['brœtʃtə]; gebrödsch [jə'brœtʃ]>: schmoren, braten [auch: ↑brode].   (110)

Brod|woosch, de ['brɔːt‚voːʃ] <N.; ~|wöösch> {s. u. ↑Brode ↑Woosch}: Bratwurst, **[RA]** *koote Kühl met lang B.* (Grünkohl mit B.).

Brögg, de [brøk] <N.; ~e ['brøgə]>: Butterbrot [auch: ↑Botteramm].

Bröh, de [brøˑ] <N.; ~e ['brøˑə]> {5.4; 8.3.1}: Brühe.

bröhe ['brøˑə] <V.; schw.; han; bröhte ['brøˑtə]; gebröht [jə'brøˑt]> {5.4}: brühen.   (37)

Bröhl [brøˑl] <N.; Ortsn.> {5.4}: Brühl (Ort bei Köln).

bröh|wärm [ˈbrøːˈvɛrm] <Adj.; ~e> {s. u. ↑Bröh ↑wärm}: brühwarm, **a)** aktuell, akut, gerade bekannt geworden: *en ~e Neuigkeit (eine ~e Neuigkeit)*; **b)** sofort, unverzüglich (nachdem man etw. seinerseits erfahren hat): *en Nachrich b. wiggerverzälle* (eine Nachricht b. weitererzählen).　Tbl. A2.3

Bröh|woosch, de [ˈbrøːˌvoːʃ] <N.; ~|wöösch> {s. u. ↑Bröh ↑Woosch}: Brühwurst, Siedewurst [auch: ↑Siede|woosch].

Bröh|wörfel, der [ˈbrøːˌvørfəl] <N.; ~e> {s. u. ↑Bröh ↑Wörfel}: Brühwürfel.

Bröll/Brüll, der [brøl / brʏl] <N.; ~e> {5.5.1}: Brüll.

Bröll|aap/Brüll|~, de [ˈbrølˌlaːp / ˈbrʏl-] <N.; ~e> {s. u. ↑Bröll/Brüll ↑Aap}: Brüllaffe (der), **1.** Affe, der kräftige Brülllaute od. Heullaute von sich gibt. **2.** (übertr.) laut schreiender, schimpfender Mensch.

brölle/brülle [ˈbrølə / ˈbrʏlə] <V.; schw.; han; bröllte [ˈbrøltə]; gebröllt [jəˈbrølˑt]> {5.4}: brüllen [auch: ↑bälke (1), ↑blöke (2)].　(91)

Bröll|erei/Brüll|~, de [ˌbrøləˈreɪ̯ˑ / brʏl-] <N.; ~e [-əˈreɪ̯ə]> {5.5.1}: Brüllerei.

Bröll|es/Brüll|es, der [ˈbrøləs / ˈbrʏləs] <N.; ~|ese/~|ese> {5.5.1}: Schreihals, schreiender Mensch, schreiendes Kind.

Bröll|hoste/Brüll|~, der [ˈbrølˌhoˑstə / ˈbrʏlˌ-] <N.; o. Pl.> {s. u. ↑Bröll/Brüll ↑Hoste}: bes. starker Husten; Keuchhusten.

Broomel, de [ˈbrɔːməl] <N.; ~e> {5.2.1}: Brombeere.

Broomele|heck, de [ˈbrɔːmələˌhɛk] <N.; ~e> {9.1.1; s. u. ↑Broomel}: Brombeerhecke.

Broomele|struch, der [ˈbrɔːmələˌʃtrʊx] <N.; ~|strüch> {9.1.1; s. u. ↑Broomel ↑Struch}: Brombeerstrauch.

Brosch, de [brɔʃ] <N.; ~e> {8.3.1}: Brosche.

Bross, de [brɔs] <N.; Bröss [brøs]; Bröss|che [ˈbrøsjə]> {5.5.1; 8.3.5}: Brust, Busen, Mädchenbrust [auch: ↑Memm (2a), ↑Mops (4), ↑Titt].

Bross|bein, et [ˈbrɔsˌbeɪ̯n] <N.; ~ [-beɪ̯ˑn]> {s. u. ↑Bross}: Brustbein.

Bross|bild/~|beld, et [ˈbrɔsˌbɪlt / -belt] <N.; ~er> {s. u. ↑Bross ↑Bild/Beld}: Brustbild.

Bross|büggel, der [ˈbrɔsˌbyɡəl] <N.; ~e> {s. u. ↑Bross ↑Büggel}: Brustbeutel.

Bross|kamell, de [ˈbrɔskaˌmɛlˑ] <N.; ~e [-kaˌmɛlə]> {s. u. ↑Bross ↑Kamell}: Hustenbonbon.

Bross|korv, der [ˈbrɔsˌkorf] <N.; ~|körv [-kørˑf]> {s. u. ↑Bross ↑Korv}: Brustkorb.

Bross|krebs, der [ˈbrɔsˌkrɛps] <N.; o. Pl.> {s. u. ↑Bross}: Brustkrebs.

Bross|schwemme, et [ˈbrɔsˌʃvemə] <N.; kein Pl.> {5.5.2; s. u. ↑Bross}: Brustschwimmen.

Bross|stöck, et [ˈbrɔsˌʃtøk] <N.; ~/~e/~er> {s. u. ↑Bross ↑Stöck}: Bruststück.

Bross|täsch, de [ˈbrɔsˌtɛʃ] <N.; ~e> {s. u. ↑Bross ↑Täsch}: Brusttasche.

Bross|tee, der [ˈbrɔsˌteˑ] <N.; ~s (Sortenpl.)> {s. u. ↑Bross}: Brusttee.

Bross|waaz, de [ˈbrɔsˌvaːts] <N.; ~e> {s. u. ↑Bross ↑Waaz}: Brustwarze [auch: ↑Nibbel|che].

Bross|weckel, der [ˈbrɔsˌvekəl] <N.; ~e> {5.5.2; s. u. ↑Bross}: Brustwickel.

bröste, sich [ˈbrøstə] <V.; schw.; han; gebröss [jəˈbrøs]>: sich brüsten [auch: ↑aan|gevve (3), ↑strunze].　(68)

Bruch, der [brʊx] <N.; Brüch [brʏʃ]> {5.3.1}: Brauch.

bruche [ˈbrʊxə] <V.; unr.; han; broht [brɔːt]; gebruch/gebroht [jəˈbrʊx / jəˈbrɔːt]> {5.3.1}: brauchen, **1.** benötigen: *Dä kaˈ mer för alles b.* (Den kann man zu allem b. = Er ist sehr gefällig.). [auch: ↑ge|bruche (1)]. **2.** gebrauchen, verwenden, benutzen: *Dat kann ich nit mih b.* (Das kann ich nicht mehr b.). **3.** verbrauchen, aufbrauchen: *Ich b. em Mond för 100 € Strom.* (Ich brauche monatlich für 100 € Strom.). **4.** <mit Inf. (mit ze/zo); verneint> brauchen: *Do bruchs hügg nit ze kumme.* (Du brauchst heute nicht zu kommen.).　(38)

Bruck, de [brʊk] <N.; Brück [brʏk]> {5.3.4; 6.6.2.1}: Braut.

Bruck|lück [ˈbrʊkˌlʏk] <N.; nur Pl.> {s. u. ↑Bruck ↑Lückˈ}: Brautleute.

Brud, et [bruˑt] <N.; ~e> {5.4; 6.11.3}: Brot, ***fottgonn wie geschnedde B.** (weggehen wie warme Semmeln, gut zu verkaufen); **[RA]** *Wä B. schnigge kann, darf och hierode.* (Wer B. schneiden kann, darf auch heiraten.); **[RA]** *Dä gönnt mer noch nit ens en Schnedd B.* (Der gönnt mir nicht mal eine Schnitte B. = Der ist sehr neidisch); **[RA]** *Waˈ mer dä süht, muss mer glatt en Schnedd B. dobei esse.* (Wenn man den sieht, muss man wahrhaftig eine Scheibe B. dazu essen (so dick ist er).).

Brud|blech, et ['bruˑt‚blɛfj] <N.; ~e> {s. u. ↑Brud}: Brotblech.

Brud|büggel, der ['bruˑt‚bʏgəl] <N.; ~e> {s. u. ↑Brud ↑Büggel}: Brotbeutel.

Brüd|che, et ['bryˑtʃə] <N.; ~r> {5.4; 6.11.3}: Brötchen.

Brüd|ches|deig, der ['bryˑtʃəs‚de͜ɪfj] <N.; ~e (Sortenpl.)> {s. u. ↑Brud ↑Deig}: Brötchenteig.

Brud|deig, der ['bruˑt‚de͜ɪfj] <N.; ~e (Sortenpl.)> {s. u. ↑Brud ↑Deig}: Brotteig.

Bruddel, der ['brʊdəl] <N.; kein Pl.>: Fehler, bes. bei Handarbeit [auch: ↑Murks].

bruddele ['brʊdələ] <V.; schw.; han; bruddelte ['brʊdəltə]; gebruddelt [jə'brʊdəlt]>: fehlerhaft arbeiten, schludern, **1.** beim Stricken, Häkeln Maschen od. Stiche fallen lassen, Fäden verwirren. **2.** nachlässig, oberflächlich, unsauber arbeiten [auch: ↑huddele, ↑murkse, ↑schlunze (a), ↑schluddere]. (6)

Bruddels|arbeid, de ['brʊdəls‚arbe͜ɪt] <N.; ~e> {s. u. ↑Arbeid}: fehlerhafte, unordentliche Arbeit [auch: ↑Bruddels|krom].

Bruddels|krom, der ['brʊdəls‚krɔˑm] <N.; kein Pl.> {s. u. ↑Krom}: fehlerhafte, unordentliche Arbeit [auch: ↑Bruddels|arbeid].

Brud|grümmel/~|grömmel, der ['bruˑt‚ɟrʏməl / -‚ɟrɵməl] <N.; ~e> {s. u. ↑Brud ↑Grümmel}: Brotkrume, Brotkrümel.

Brud|häär, der ['bruˑt‚hɛˑɐ̯] <N.; ~e [-hɛːrə]> {s. u. ↑Brud ↑Häär}: Chef, (wörtl.) Brotherr [auch: ↑Baas].

Brud|kaste, der ['bruˑt‚kastə] <N.; ~|käste> {s. u. ↑Brud}: Brotkasten.

Brud|knäbbel|che, et ['bruˑt‚knɛbəlfjə] <N.; ~r> {s. u. ↑Brud}: Brotkrüstchen, Endstück eines Brotlaibes.

Brud|koosch, de ['bruˑt‚koːʃ] <N.; ~te; ~|köösch|che [-køˑʃjə]> {s. u. ↑Brud ↑Koosch}: Brotkruste.

Brud|korv, der ['bruˑt‚kɔrf] <N.; ~|kǫrv [-kørˑf]; ~|kǫrv|che [-kørˑfjə]> {s. u. ↑Brud ↑Kǫrv}: Brotkorb.

Brud|metz, et ['bruˑt‚mɛts] <N.; ~er> {s. u. ↑Brud ↑Metz}: Brotmesser.

brud|nüd|ig ['bruˑt'nyˑdɪfj] <Adj.; ~e> {s. u. ↑Brud ↑nüd|ig}: so nötig wie das tägliche Brot, äußerst nötig. Tbl. A5.2

Brud|schiev, der ['bruˑt‚ʃiˑf] <N.; ~e> {s. u. ↑Brud ↑Schiev}: Brotscheibe.

Brud|schnäuz|er, der ['bruˑt‚ʃnɔ͜ʏtsɐ] <N.; ~e> {s. u. ↑Brud}: **1.** dichter, starker, buschiger Schnurrbart, Schnauzbart. **2.** (übertr.) Mann mit einem solchen Schnäuzer.

Brud|schnedd, de ['bruˑt‚ʃnet] <N.; ~(e)> {s. u. ↑Brud ↑Schnedd[2]}: Brotschnitte [auch: *Schnedd Brud*].

Brud|zupp, de ['bruˑt‚tsʊp] <N.; ~e (Sortenpl.)> {s. u. ↑Brud ↑Zupp}: Brotsuppe.

Brüll/Bröll, der [brʏl / brøl] <N.; ~e>: Brüll.

Brüll|aap/Bröll|~, de ['brʏl‚aːp / 'brøl-] <N.; ~e> {s. u. ↑Brüll/Bröll ↑Aap}: Brüllaffe (der), **1.** Affe, der kräftige Brülllaute od. Heullaute von sich gibt. **2.** (übertr.) laut schreiender, schimpfender Mensch.

brülle/brölle ['brʏlə / 'brølə] <V.; schw.; han; brüllte ['brʏlˑtə]; gebrüllt [jə'brʏlˑt]> {5.4}: brüllen [auch: ↑bälke (1), ↑blöke (1, 2)]. (91)

Brüll|erei/Bröll|~, de [‚brʏlə're͜ɪˑ / brøl-] <N.; ~e [-ə're͜ɪə]> {5.5.1}: Brüllerei.

Brüll|es/Bröll|es, der ['brʏləs / 'brøləs] <N.; ~|ese/~|ese> {5.5.1}: Schreihals, schreiender Mensch, schreiendes Kind.

Brüll|hoste/Bröll|~, der ['brʏl‚hoˑstə / 'brøl‚-] <N.; o. Pl.> {s. u. ↑Brüll/Bröll ↑Hoste}: bes. starker Husten; Keuchhusten.

Brumm, de [brʊmˑ] <N.; ~e ['brʊmə]>: Schmeißfliege [auch: ↑Dress|fleeg].

brumme ['brʊmə] <V.; schw.; han; brummte ['brʊmˑtə]; gebrummp [jə'brʊmˑp]>: brummen. (40)

brung [brʊŋ] <Adj.; ~e; ~er, ~ste> {5.3.4}: braun, **1. a)** von brauner Farbe sein; **b)** sonnengebräunt. **2.** nationalsoz. Gesinnung. Tbl. A2.5

Brung, der [brʊŋ] <N.; ~e; Brüng|che ['brʏŋˑfjə]> {5.3.4; 8.3.2}: Braune (braunes Pferd).

Brunne, der ['brʊnə] <N.; ~>: Brunnen [auch: ↑Pötz].

Bruno|stroß [bruːno‚ʃtrɔˑs] <N.; Straßenn.> {s. u. ↑Stroß}: Brunostraße; Straße in Köln-Neustadt/Süd. Entweder erinnert diese Straße an Erzbischof Bruno I. (*925 †965) von Köln, der nach seinem Tod in Köln ab 1870 in der ganzen Erzdiözese Köln als Heiliger verehrt wurde, od. an den heiligen Bruno von Köln (*um 1032 †1101) aus der Kölner Patrizierfamilie Hardefust u. Begründer des Kartäuserordens. In Köln kam es 1335 zu einer Niederlassung des Kartäuserordens. Um 1794 hieß die Straße *Zwergstraße*, ab 1816 *Rue Saint Bruno* u. ab 1836 *Bruno Gasse*.

Brüssel|er Stroß [brʏsələˌ(t)roːs] <N.; Straßenn.> {s. u. ↑Stroß}: Brüsseler Straße; Straße in Köln-Neustadt/Süd u. Nord. Der kleine nördliche Teil der Brüsseler Straße verläuft auf dem ma. Wegestück Alter Bischofsweg, der mittlere Teil zw. Aachener Straße u. Antwerpener Straße auf dem ehemaligen Wegestück Neuer Bischofsweg.

Brutto|ver|deens, der ['brʊtofɐˌdeːns] <N.; ~te> {s. u. ↑Ver|deens¹}: Bruttoverdienst.

Bruus/Braus, de [bruːs / braʊ̯ːs] <N.; *Bruus* veraltend; ~e> {5.1.3; 8.3.1}: Brause, **1.** Dusche. **2. a)** auf der Zunge prickelnde Süßigkeit; **b)** Brausepulver.

bruuse¹/brause¹ ['bruːzə / 'braʊ̯ːzə] <V.; *bruuse* veraltet; schw.; *han*; bruuste ['bruːstə]; gebruus [jə'bruːs]> {5.1.4.5}: brausen, eilen. (149)

bruuse²/brause² ['bruːzə / 'braʊ̯ːzə] <V.; *bruuse* veraltet; schw.; *han*; bruuste ['bruːstə]; gebruus [jə'bruːs]> {5.1.3}: brausen, duschen, (auch i. d. Bed.) schäumen [auch: ↑dusche]. (149)

bubbele ['bʊbələ] <V.; schw.; *han*; veraltend; bubbelte ['bʊbəltə]; gebubbelt [jə'bʊbəlt]>: plappern, quasseln, sprechen [auch: plappere, ↑quasele, ↑quatsche¹, ↑schwaade]. (6)

Bubbel|wasser, et ['bʊbəlˌvasɐ] <N.; ~e (Sortenpl.)>: scherzh. für Sekt.

Bubi|kopp, der ['bʊbɪˌkɔp] <N.; ~|köpp> {s. u. ↑Kopp}: Bubikopf, dem kurzen Herrenschnitt ähnliche Kurzhaarfrisur für Damen.

Buch¹, der [bʊx] <N.; Büch [bʏʃ]; Büch|el|che ['bʏʃəlçə]> {5.3.1}: Bauch.

Buch², de [bʊx] <N.; ~te> {8.3.5}: Bucht.

Buch|danz, der ['bʊxˌdants] <N.; ~|dänz> {s. u. ↑Buch¹ ↑Danz}: Bauchtanz.

buche/boche ['buːxə / 'boːxə] <V.; schw.; *han*; buchte ['buːxtə]; gebuch [jə'buːx] {5.4}: buchen. (123)

Buch|lade, der ['bʊx'laːdə] <N.; ~|läde> {s. u. ↑Buch¹}: Bauchladen.

Buch|ping, de ['bʊxˌpɪŋ] <N.; kein Pl.> {s. u. ↑Buch¹ ↑Ping}: Bauchweh, Bauchschmerzen; ***kein Plaatz för B. han** (keinen Platz für B. haben = sehr schmal, dünn sein).

Büchs, de [bʏks] <N.; ~e> {8.3.1}: Büchse, **1.** Dose, u. a. Konservendose. **2.** Jagdgewehr.

buch|satt ['bʊxˈzat] <Adj.; ~e> {s. u. ↑Buch¹}: pappsatt, vollauf gesättigt, vollgefressen; (wörtl.) bauchsatt [auch: ↑deck|satt]. Tbl. A1

Buch|schoss, der ['bʊxˌʃɔs] <N.; ~|schöss> {s. u. ↑Buch¹ ↑Schoss²}: Bauchschuss.

Büchse|bier, et ['bʏksəˌbiːɐ̯] <N.; ~e (Sortenpl.)>: Dosenbier.

Büchse|fleisch, et ['bʏksəˌflaɪ̯ʃ] <N.; kein Pl.>: Büchsenfleisch.

Büchse|milch, de ['bʏksəˌmɪləç] <N.; ~e (Sortenpl.)>: Büchsenmilch, Dosenmilch, Kondensmilch, Kaffeesahne.

Büchsen|öffn|er, der ['bʏksənˌœfnɐ] <N.; i. best. Abl.: *öffne*, sonst ↑op|maache; ~> {11}: Büchsenöffner, Dosenöffner.

Büchse|zupp, de ['bʏksəˌtsʊp] <N.; ~; ~|züpp|che> {s. u. ↑Zupp}: Dosensuppe.

Bud, de [buːt] <N.; ~e ['buːdə]; Büd|che ['bʏtʃə] {8.3.1}: Bude, (meist abw.) heruntergekommenes Haus, Zimmer, heruntergekommene Wohnung, heruntergekommener Laden [auch: ↑Kau].

Budapess ['bʊdaˌpɛs] <N.; Ortsn.> {8.3.5}: Budapest.

Büd|che, et ['bʏtʃə] <N.; ~r>: Kiosk, Trinkhalle: *Luur ens, ov et B. noch op hät!* (Schau mal, ob das K. noch geöffnet hat!).

Büdd, de [bʏt] <N.; ~e; ~che {6.11.3}: Bütte, **1.** Bottich, Zuber. **2.** Wanne. **3.** Bütt(e), einem Fass ähnliches Vortragspult für den Büttenredner bei einer Karnevalssitzung.

buddele ['bʊdələ] <V.; schw.; *han*; buddelte ['bʊdəltə]; gebuddelt [jə'bʊdəlt]> {9.2.1.2}: buddeln [auch: ↑grave]. (6)

Buddh|iss, der [bʊ'dɪs] <N.; ~|iste>: Buddhist.

Bügel, der ['byːjəl] <N.; ~e>: Bügel.

Bügel|bredd, et ['byːjəlˌbrɛt] <N.; ~er> {s. u. ↑Bredd}: Bügelbrett.

bügele ['byːjələ] <V.; schw.; *han*; bügelte ['byːjəltə]; gebügelt [jə'byːjəlt]> {9.2.1.2}: bügeln. (6)

Bügel|fald, de ['byːjəlˌfalt] <N.; ~e> {s. u. ↑Fald}: Bügelfalte.

bügel|frei ['byːjəlfraɪ̯] <Adj.; ~e>: bügelfrei. Tbl. A2.9

Bügel|ieser, et ['byːjəlˌiːzɐ] <N.; ~(e)> {s. u. ↑Ieser}: Bügeleisen.

Bügel|wäsch, de ['by:jəl‚vɛʃ] <N.; o. Pl.> {s. u. ↑Wäsch}: Bügelwäsche.

Büggel, der ['bʏgəl] <N.; ~e; ~che> {5.3.4; 6.6.2}: Beutel, **1.** sackähnliches Behältnis. **2.** (übertr.) Hodensack bei Tieren, Menschen; **[RA]** *Do kanns mer ens der B. bütze.* (Du kannst mir mal den Buckel runterrutschen.). **3.** (Schimpfw.) **aale B.* (unangenehmer, alter Kerl, Greis; [auch: ↑Aal², *aale* ↑*Bemm*/↑*Knopp (2)*]).

Büggel|dier, et ['bʏgəl‚di·ɐ] <N.; ~e> {s. u. ↑Büggel ↑Dier}: (scherzh. für) Beuteltier.

Buhei, der [bʊ'haɪ] <N.; kein Pl.>: Buhei (das), Getue, übertriebenes Verhalten: *Maach doch nit esu ene B. dodröm!* (Mach doch nicht so ein B./Getue darum!) [auch: ↑Ge|dön|s].

Buhei|mäch|er, der [bʊ'haɪ‚mɛfjɐ] <N.; ~> {5.4}: jmd., der viel Getue um etw. macht.

Bühn, de [by:n] <N.; ~e> {8.3.1}: Bühne.

Bühne|arbeid|er, der ['by:nə|ar‚beɪ·dɐ] <N.; ~> {s. u. ↑Arbeid|er}: Bühnenarbeiter.

Bühne|stöck, et ['by:nə‚ʃtøk] <N.; ~/~e/~er> {s. u. ↑Stöck}: Bühnenstück.

Bühß, de [by·s] <N.; veraltet; Büsse ['bʏsə]> {5.2.4; 8.3.1}: Büchse, Gewehr, heute nur noch gebr. in ↑Knabühß [gebräuchl.: ↑Büchs].

Bukaress ['bʊka‚rɛs] <N.; Ortsn.> {8.3.5}: Bukarest.

Bulgare, der [bʊl'ja:rə] <N.; ~>: Bulgare, Einw. von Bulgarien.

Bulgarie [‚bʊl'ja:riː] <N.; Ländern.>: Bulgarien.

Bulgar|in, de [‚bʊl'ja:rɪn] <N.; ~ne>: Bulgarin, Einwohnerin von Bulgarien.

Bull|aug, et ['bʊl‚oʊ·x] <N.; ~e [-oʊʀə]> {s. u. ↑Aug}: Bullauge.

Bulle, der ['bʊlə] <N.; ~>: Bulle, Stier.

Bulle|bieß|er, der ['bʊlə‚bi:sɐ] <N.; ~> {5.1.4.5}: Bullenbeißer, unfreundlicher, grober Mensch.

bummele ['bʊmələ] <V.; schw.; *han*; bummelte ['bʊməltə]; gebummelt [jə'bʊməlt]> {9.2.1.2}: bummeln [auch: ↑flaniere/~eere, ↑gängele (1)]. (6)

Bums, der [bʊm·s] <N.; ~e>: Bums, dumpfer Knall, Fall, Stoß.

bumse ['bʊmzə] <V.; schw.; *han*; bumste ['bʊm·stə]; gebums [jə'bʊm·s]>: bumsen, **1.** rumsen, dumpf dröhnen. **2.** heftig gegen etw. prallen, schlagen, klopfen. **3.** koitieren, pimpern, beischlafen, vögeln [auch: ↑bööschte (2), ↑döppe (1), ↑höggele, ↑poppe, ↑rammele (2), ↑tuppe (3)]. (87)

Bums|kopp, der ['bʊm·s‚kɔp] <N.; ~|köpp> {s. u. ↑Kopp}: Dickschädel.

Bund, der [bʊnt] <N.; Bünd [bʏn·t]>: Bund, **1. a)** Vereinigung; **b)** der föderative Gesamtstaat; **c)** kurz für Bundeswehr. **2.** Einfassung eines Rocks, einer Hose in der Taille. **3.** Querleiste auf dem Griffbrett von Zupfinstrumenten.

Bund|botz, de ['bʊnt‚bots] <N.; ~e>: Bundhose.

Bünd|che, et ['bʏn·tfjə] <N.; ~r>: Bündchen, Einfassung an Ärmel od. Halsausschnitt [auch: ↑Bund (2)].

Bundes|dag, der ['bʊn·dəs‚da:x] <N.; o. Pl.> {s. u. ↑Dag}: Bundestag.

Bundes|liga, de ['bʊn·dəs‚li:ja] <N.; ~|lige [-'li:jə] (unr. Pl.)>: Bundesliga.

Bundes|poss, de ['bʊndəs‚pɔs] <N.; kein Pl.> {s. u. ↑Poss}: Bundespost.

Bundes|regier|ung/~|regeer|~, de ['bʊn·dəsre‚ji·rʊŋ / -re‚je·r-] <N.; ~e> {s. u. ↑Regier|ung/Regeer|~}: Bundesregierung.

Bundes|rod, der ['bʊn·dəs‚rɔt] <N.; o. Pl.> {s. u. ↑Rod}: Bundesrat.

Bundes|stroß, de ['bʊn·dəs‚ʃtrɔ·s] <N.; ~e> {s. u. ↑Stroß}: Bundesstraße.

Bünd|nis, et ['bʏntnɪs] <N.; ~se>: Bündnis.

Bunker, der ['bʊŋkɐ] <N.; ~(e)>: Bunker.

bunkere ['bʊŋkərə] <V.; schw.; *han*; bunkerte ['bʊŋketə]; gebunkert [jə'bʊŋket]> {9.2.1.2}: bunkern. (4)

Bunn, de [bʊn·] <N.; ~e ['bʊnə]; Bünn|che ['bʏn·fjə]> {5.3.4; 8.3.1}: Bohne (Hülsenfrucht): *~e fitsche* (~n schnitzeln); **[RA]** *Drieß en der Ries, mer han ~e gekoch!* (Pfeif drauf!); **en de ~e sin* (unkonzentriert sein).

bünne ['bʏnə] <V.; schw.; *han*; bünnte ['bʏn·tə]; gebünnt [jə'bʏn·t]>: dielen, den Fußboden eines Raumes mit Dielen belegen. (10)

Bunne|gemös, et ['bʊnəjə‚mø·s] <N.; kein Pl.> {s. u. ↑Bunn ↑Gemös}: Bohnengemüse.

Bunne|kaffee, der ['bʊnə‚kafe] <N.; ~s (Sortenpl.)> {s. u. ↑Bunn}: Bohnenkaffee.

Bunne|krugg, et ['bʊnə‚krʊk] <N.; ~|krügger> {s. u. ↑Bunn ↑Krugg}: Bohnenkraut.

Bunne|latz/~|latt, de ['bʊnə‚lats / -lat] <N.; ~e> {s. u. ↑Bunn ↑Latz² ↑Latt}: Bohnenstange [auch: ↑Bunne|rohm (1), ↑Bunne|stang].

Bunne|rohm, de ['bʊnə‚roːm] <N.; ~e> {s. u. ↑Bunn ↑Rohm¹}: Bohnenstange, **1.** in den Boden gesteckte Stange, an der die Bohne in die Höhe ranken kann. **2.** (scherzh.) langer, dürrer, hagerer Mensch; [auch: ↑Bunne|stang, ↑Bunne|latz].

Bunn|es, der ['bʊnəs] <N.; ~|ese/~|ese>: **a)** kleiner dicker Junge; **b)** <Diminutiv> *Bünnesche*: niedliches kleines Kind.

Bunne|schlot, der (et veraltet) ['bʊnə‚ʃlɔt] <N.; kein Pl.> {s. u. ↑Bunn ↑Schlot}: Bohnensalat (der).

Bunne|stang, de ['bʊnə‚ʃtaŋ] <N.; ~e [-‚ʃtaŋə]> {s. u. ↑Bunn ↑Stang (1)}: Bohnenstange [auch: ↑Bunne|rohm (1), ↑Bunne|latz].

Bunne|strüh, et ['bʊnə‚ʃtryː] <N.; kein Pl.> {s. u. ↑Bunn ↑Strüh}: Bohnenstroh.

Bunne|zupp, de ['bʊnə‚tsʊp] <N.; ~e (Sortenpl.)> {s. u. ↑Bunn ↑Zupp}: Bohnensuppe.

Bünn|nähl, der ['bʏnnɛːl] <N.; ~> {s. u. ↑Nähl}: **1.** dicker Nagel zum Festnageln der Fußbodendielen. **2.** (scherzh.) Schreiner.

Bunt, et [bʊnt] <N.; o. Pl.>: Bunte(s), [nur noch i. d. **RA**]: *e Büddche B.* (bunte Wäsche).

Bunt|spech, der ['bʊnt‚ʃpɛʃ] <N.; ~te> {s. u. ↑Spech}: Buntspecht.

Bunt|steff, der ['bʊnt‚ʃtef] <N.; ~|stefte> {s. u. ↑Steff²}: Buntstift, Farbstift.

Bunt|wäsch, de ['bʊnt‚vɛʃ] <N.; ~e (Sortenp.)> {s. u. ↑Wäsch}: Buntwäsche.

Burg, de [bʊrʃ] <N.; ~e ['bʊrˑjə]>: Burg.

Bürg, der [bʏrʃ] <N.; ~e ['bʏrˑjə]> {8.3.1}: Bürge.

bürge ['bʏrˑjə] <V.; schw.; *han*; bürgte ['bʏrʃtə]; gebürg [jə'bʏrʃ]>: bürgen. (39)

Bürger, der ['bʏrˑjə] <N.; ~>: Bürger.

Bürger|kreeg, der ['bʏrˑjə‚kreːʃ] <N.; ~e> {s. u. ↑Kreeg}: Bürgerkrieg.

Bürger|meister, der [‚bʏrˑjə'meistə] <N.; ~>: Bürgermeister.

Bürger|steig, der ['bʏrˑjə‚ʃteʃ] <N.; ~/~e [-‚ʃteʃ / -‚ʃteːjə]>: Bürgersteig [auch: ↑Trottoir].

Bürger|stroß [bʏrˑjə‚ʃtroːs] <N.; Straßenn.> {s. u. ↑Stroß}: Bürgerstraße; Straße in Köln-Altstadt/Nord. Im 12. Jh. wurden die heutigen Straßen Bürgerstraße u. Judengasse ausschließlich als *inter Iudeos* bezeichnet. Um für den Erzbischof unzugänglich zu sein, wurde ab ca. 1135 das Bürgerhaus im Judenviertel eingerichtet. Mit dem Erstarken des bürgerlichen Selbstbewusstseins im 14. u. 15. Jh., das sich mit dem Bau des Rathausturms (1406 bis 1414) ein sichtbares Symbol geschaffen hat, begann die Bezeichnungsform „Bürgerstraße" zu überwiegen.

Burg|muur/~|moor, de ['bʊrʃ‚muːɐ̯ / -moːɐ̯] <N.; ~e> {s. u. ↑Muur/Moor¹}: Burgmauer.

Burg|muur/~|moor, An der [‚andɐ'bʊrʃ‚muːɐ̯ / -moːɐ̯] <N.; Straßenn.> {s. u. ↑Muur/Moor¹}: An der Burgmauer (Straße in Köln).

Burgund, et [bʊr'jʊnt] <N.; Ortsn.>: Burgund (französische Landschaft).

Burgund|er, der [bʊr'jʊnˑdə] <N.; Eigenn.>: Burgunder (Wein aus Burgund).

Bürro, et ['bʏro] <N.; ~s> {5.3.2}: Büro.

Bürro|klammer, de ['bʏro‚klamɐ] <N.; ~e> {s. u. ↑Bürro}: Büroklammer.

Büsel|che, et ['bʏzəlʃə] <N.; nur Diminutiv; ~r>: kleines, pausbackiges Kind.

Bus|halte|stell, de ['bʊshaltə‚ʃtɛlˑ] <N.; i. best. Komposita *halte*, sonst ↑halde; ~e [-‚ʃtɛlə]> {8.3.1; 11}: Bushaltestelle.

Buß/Boß, de [buːs / boːs] <N.; ~e> {(5.4); 8.3.1}: Buße.

büße/böße ['byːsə / 'bøːsə] <V.; schw.; *han*; büßte ['byːstə]; gebüß [jə'byːs]> {(5.4)}: büßen. (32)

Bustab, der ['bʊ‚ʃtaːp] <N.; ~e> {6.1.1; 8.3.1}: Buchstabe.

bustabiere/~eere [‚bʊʃta'biˑ(ə)rə / -eˑrə] <V.; schw./unr.; *han*; bustabierte [‚bʊʃta'biˑətə]; bustabiert [‚bʊʃta'biˑət] ⟨mhd. buochstaben⟩> {5.1.4.3}: buchstabieren. (3) (2)

Bütten|red, de ['bʏtən‚reːt] <N.; i. best. Komposita *bütt*, sonst ↑Büdd; ~e> {8.3.1; 11; s. u. ↑Red/ Redd²}: Büttenrede.

Butz, der [bʊts] <N.; Bütz [bʏts]; Bütz|che ['bʏtsˑjə]>: **1.** Stoß, (noch gebr. i. d. Redensart): *B. widder B.* (wie du mir, so ich dir), missverstandener Text aus dem Martinslied: *Der hellige Zinter Määtes*: eigentl. *Butz, Butz, Butz widibutz* (sinnleerer Kinderreim wie Tri, tra, trulala). **2.** Kuss; <meist Diminutiv> *Bützche* (Küsschen).

bütze ['bʏtsə] <V.; schw.; *han*; bützte ['bʏtstə]; gebütz [jə'bʏts]>: küssen, jmdm. einen od. mehrere Küsse geben [auch: ↑knuutsche (1), ↑schnüsele]; **[RA]** *Do kanns mer ens der Büggel b.!* (Du kannst mir mal den Buckel runterrutschen!). (114)

Butze|kopp, der ['bʊtsə,kɔp] <N.; ~|köpp> {s. u. ↑Kopp}: Spiel unter Kindern, bei dem im Scherz die Köpfe geneneinander gestoßen werden u. „Butzekopp" gerufen wird.

Butze|schiev, de ['bʊtsə,ʃiˑf] <N.; ~e> {s. u. ↑Schiev}: Butzenscheibe.

Büül, de [byˑl] <N.; ~e> {5.1.3; 8.3.1}: Beule.

büüle ['byˑlə] <V.; schw.; *han*; büülte ['byˑltə]; gebüült [jə'byˑlt]> {5.1.3}: beulen, Falten werfen im Stoff. (102)

Büüle|pess, de ['byˑlə,pɛs] <N.; kein Pl.> {s. u. ↑Büül ↑Pess}: Beulenpest.

Buur/Boor, der [buˑɐ̯ / boˑɐ̯] <N.; ~e ['buˑrə / 'boˑrə]> {5.1.4.6; 8.2.2.2}: Bauer.

Buur|bank|strǫß/Boor|~ ['buˑɐ̯baŋk,ʃtrɔˑs / boˑɐ̯-] <N.; Straßenn.> {s. u. ↑Buur/Boor ↑Bank² ↑Strǫß}: Bauerbankstraße; Straße in Köln-Zollstock. Bauerbänke waren genossenschaftliche Zusammenschlüsse von Höfen, die um u. teilweise auch innerhalb der ma. Stadtmauer lagen. Fünf gab es bis 1798 im Kölner Raum: Eigelstein, Friesenstraße, Schaafenstraße, Severinstraße u. Weyerstraße. Diese Handwerkerzünften ähnliche Vereinigungen beschäftigten sich mit Schutzleistungen, der Infrastruktur, der Fruchtfolge, der Beweidung u. der Gerichts- u. Strafgewalt. Die Bauerbankstraße in Zollstock erinnert an die „Kappesboore-Zunf", also die Gemüsebauern-Zunft.

buure/boore ['buˑ(ɐ̯)rə / 'boˑ(ɐ̯)rə] <Adj.; ~> {5.1.3; 9.2.1.1}: bäurisch, (abw.) unfein, plump, grobschlächtig; ***b. Fott/Bahnhoff** (stark entwickeltes, breites Gesäß/breiter Hintern/ Arsch); ***för ene b. Jux** (nur so zum Spaß); ***b. Pack** (verächtl. als Schimpfw.: Bauernvolk); ***b. Sau** (Flegel, unhöflicher Mensch ohne Manieren; **[RA]** Ein alter Spruch bleibt ewig neu: *Buure Säu sin buure Säu!*; ***b. Trampel** (Bauerntrampel; massive, plumpe, ungeschlachte Person). Tbl. A3.1

Buure|hoff/Boore|~, der ['buˑ(ɐ̯)rə,hɔf / 'boˑ(ɐ̯)rə-] <N.; ~|höff> {s. u. ↑Buur/Boor ↑Hoff}: Bauernhof.

Buure|kiddel/Boore|~, der ['buˑ(ɐ̯)rə,kɪdəl / 'boˑ(ɐ̯)rə-] <N.; ~e> {s. u. ↑Buur/Boor ↑Kiddel}: Bauernkittel, Kittel aus blauem Leinen.

Buure|pääd/Boore|~, et ['buˑ(ɐ̯)rə,pɛːt / 'boˑ(ɐ̯)rə-] <N.; ~/~er [-pɛːt / -pɛˑdə]> {s. u. ↑Buur/Boor ↑Pääd}: schwerer Ackergaul.

Buure|sack|doch/Boore|~, et ['buˑ(ɐ̯)rə'zakdoˑx / 'boˑ(ɐ̯)rə-] <N.; ~|döcher> {s. u. ↑Buur/Boor ↑Doch¹}: Finger statt Tuch beim Schneuzen.

Buusch, der [buːʃ] <N.; ~e; Büüsch|che ['byːʃjə]> {5.1.3}: Bausch.

buusch|ig ['buːʃɪʃ] <Adj.; ~e; ~er, ~ste> {5.1.3}: bauschig. Tbl. A5.2

Cäcillie|stroß [tsɛˈtsɪlɪjə‿ʃtroˑs] <N.; Straßenn.> {s. u. ↑Stroß}: Cäcilienstraße; Straße in Köln-Altstadt/Süd. Im MA führte diese Straße am Lagerhaus der gleichnamigen Kirche vorbei bis zum östlichen Ende des Neumarkts.

Camping|desch, der [ˈkɛmpɪŋˌdeʃ] <N.; ~(e)> {s. u. ↑Desch}: Campingtisch.

Camping|stohl, der [ˈkɛmpɪŋˌʃtoˑl] <N.; ~|stöhl> {s. u. ↑Stohl¹}: Campingstuhl.

Camping|us|röst|ung, de [ˈkɛmpɪŋˌʊsrøstʊŋ] <N.; ~e> {5.5.1}: Campingausrüstung.

chasse [ˈʃasə] <V.; schw., han; chasste [ˈʃastə]; gechass [jəˈʃas]>: hinauswerfen, -befördern, entlassen [auch: ↑erus|werfe/~|wirfe, ↑erus|schmieße]. (67)

~|che [hə] <Suffix; Diminutiv; ~r>: -chen, i. Vbdg. m. N.: *Bedd~* (Bett~).

checke [ˈtʃɛkə] <V.; schw., han; checkte [ˈtʃɛktə]; gecheck [jəˈtʃɛk]>: checken, 1. kontrollieren. 2. kapieren [auch: ↑be|griefe, ↑kapiere/~eere, ↑klicke (2), ↑schnalle (2), ↑ver|stonn]. (88)

Cell|iss, der [tʃəˈlɪs] <N.; ~|iste>: Cellist.

Chirurg, der [ʃɪˈrʊrʃ] <N.; ~e [ʃɪˈrʊrjə]>: Chirurg [auch: ↑Knoche|fleck|er, ↑Knoche|dokter].

Chirurg|ie, de [ˌʃɪrʊˈjiˑ] <N.; kein Pl.>: Chirurgie.

Chlodwig|platz [ˌkloˈtvɪʃˌplats] <N.; Straßenn.>: Chlodwigplatz; Platz in Köln-Altstadt/Süd. Der Merowinger Chlodwig I. (*um 466 †511) wurde als Nachfolger seines Vaters Childerich I. um 482 König der salischen Franken. Er beseitigte skrupellos alle fränkischen Kleinkönige u. übernahm deren Herrschaftsgebiete. Aus machtpolitischen Erwägungen trat er zum christlichen Glauben über. Die Benennung erfolgte in der Stadtverordneten-Versammlung 1883.

Chress¹, der [kres] <N.; Chreste [ˈkrestə]> {5.5.2; 8.3.5}: Christ.

Chress², der [kres] <N.; männl. Vorn.> {5.4; 8.3.5}: Kurzf. von Christian [auch: ↑Chrestian ↑Chrestoph].

Chress|baum, der [ˈkresˌbo͡ʊm] <N.; ~|bäum [-bø͡yˑm]> {s. u. ↑Chress¹}: Christbaum, Weihnachtsbaum.

Chress|baum|kugel, de [ˈkresbo͡ʊmˌkuˑɾəl] <N.; ~e> {s. u. ↑Chress¹}: Christbaumkugel.

Chress|baum|schmuck, der [ˈkresbo͡ʊmˌʃmʊk] <N.; kein Pl.> {s. u. ↑Chress¹}: Christbaumschmuck.

Chress|dag, der [ˈkresˌdaːx] <N.; ~/~|däg/~e [-daˑx / -dɛˑʃ] / -daˑɾə]> {s. u. ↑Chress¹ ↑Dag}: Weihnachtstag, <Pl.> Weihnachten, christl. Fest; [RA] *Allerhellige Rief, es et C. wieß un stiev.* (Allerheiligen Reif, ist es W. weiß und steif.).

Chress|dags|zigg, de [ˈkresdaˑxsˌtsɪk] <N.; o. Pl.> {s. u. ↑Chress ↑Dag ↑Zigg}: Weihnachtszeit [auch: ↑Weih|nachts|zigg].

Chress|demokrat, der [ˈkresdemoˌkraˑt] <N.; ~e> {s. u. ↑Chress¹}: Christdemokrat.

Chress|fess, et [ˈkresˌfɛs] <N.; ~|feste> {s. u. ↑Chress¹ ↑Fess}: Christfest, Weihnachtsfest.

Chress|kind, et [ˈkresˌkɪnt] <N.; o. Pl.> {s. u. ↑Chress¹}: Christkind, 1. Jesus Christus in plastischer od. bildl. Darstellung als neugeborenes Kind. 2. am Jesuskind orientierte Kindergestalt, die in der Vorstellung der Kinder zu Weihnachten Geschenke bringt. 3. <Diminutiv> *Chresskindche*: Weihnachtsgeschenk.

chress|lich [ˈkreslɪʃ] <Adj.; ~e; ~er, ~ste> {5.5.2; 7.3.2; 8.3.5}: christlich. Tbl. A1

Chress|mett, de [ˈkresˌmɛt] <N.; kein Pl.> {s. u. ↑Chress¹ ↑Mett¹}: Christmette.

Chress|naach, de [ˈkresˌnaːx] <N.; o. Pl.> {s. u. ↑Chress¹ ↑Naach}: Christnacht, Nacht von Heiligabend auf den ersten Weihnachtstag.

Chress|rus, de [ˈkresˌruˑs] <N.; ~e> {s. u. ↑Chress¹ ↑Rus}: Christrose.

Chreste|minsch, der [ˈkrestəˌmɪnʃ] <N.; ~e> {s. u. ↑Chress¹ ↑Minsch¹}: Christenmensch.

Chrestian, der [ˈkrestɪˌaˑn] <N.; männl. Vorn.> {5.4}: Christian [auch: ↑Chress²].

Chrestoph, der [ˈkrestof] <N.; männl. Vorn.> {5.4}: Christoph [auch: ↑Chress²].

Chrestoph|stroß, de [ˈkrestofˌʃtroˑs] <N.; Straßenn.> {s. u. ↑Stroß}: Christophstraße, Straße in Köln-Altstadt/Nord. Bis zum Abbruch 1806 stand neben der Basilika St. Gereon die Pfarrkirche zum hl. Christopherus, erbaut im 12. Jh. Früher hieß die Straße *Hinter St. Gereon*; an ihrem Ende befand sich die Gereonsturburg, in der reichsstädtischen Zeit ein finsteres Gefängnis.

Chron|iss, der [kroˈnɪs] <N.; ~|iste>: Chronist.

Cilli/Cilly, et [tsɪlɪ] <N.; weibl. Vorn.>: Kurzf. von Cäcilie.

Claren|hoff, Am [amˈklaːɾənˌhof] <N.; Straßenn.> {s. u. ↑Hoff}: Am Clarenhof; Straße in Köln-Weiden. Familie Claren bewirtschaftete diesen Hof um 1800 als Halfen

(Pächter, die die Hälfte des Ertrages an den Eigentümer abgeben) eines Kleinhofes.
Clique, de [klɪk] <N.; ~ ⟨frz. clique = klatschen⟩>: Clique.
Cognac/Kognak/Konjak, der [ˈkonjak] <N.; ~e (Sortenpl.) ⟨frz. cognac⟩>: Cognac, Kognak, **a)** (eigtl.) aus Weinsorten des Gebiets um die französische Stadt Cognac hergestellter französischer Weinbrand; **b)** (allg.) Weinbrand.
Cognak|bunn/Kognak|~/Konjak|~, de [ˈkonjakˌbʊnˑ] <N.; ~e [-bʊnə]> {s. u. ↑Bunn}: Kognakbohne.
Cognak|fläsch/Kognak|~/Konjak|~, de [ˈkonjakˌflɛʃ] <N.; ~e>: Kognakflasche.
Cognak|glas/Kognak|~/Konjak|~, et [ˈkonjakˌjlaːs] <N.; ~|gläser [-jlɛˑzɐ]>: Kognakglas.
Cognak|schwenk|er/Kognak|~/Konjak|~, der [ˈkonjakˌʃvɛŋkɐ] <N.; ~>: Kognakschwenker.
Colombine [ˌkolomˈbiːnə] <N.; Eigenn.; Pl.>: Colombina Colonia, erste Kölner Damen-Karnevalsges.

Courage, de [kʊˈraˑʃ] <N.; kein Pl. ⟨frz. courage⟩>: Courage, Beherztheit, Schneid, Mut, Unerschrockenheit.
courageet [kuraˈʒeˑt] <Adj.; ~e; ~er, ~(e)ste ⟨frz. courage⟩> {2; 5.1.4.3}: couragiert, mutig, beherzt.   Tbl. A1
Cousin, der [kʊˈzɛŋˑ] <N.; ~s; ⟨frz. cousin⟩>: Cousin, Vetter.
Cousine, de [kʊˈziːn] <N.; ~ [kuˈziːnə]; ⟨frz. cousine⟩>: Cousine, Kusine, Base [auch: ↑Kusin].
Cowboy|hot, der [ˈkaʊˑbɔyˑˌhoˑt] <N.; ~|höt ⟨engl. cowboy⟩> {s. u. ↑Hot}: Cowboyhut.
Creme/Kräm, de [krɛːm] <N.; ~s ⟨frz. crème⟩>: Creme, **1.** Salbe zur Pflege der Haut. **2.** dickflüssige od. schaumige, lockere Süßspeise.
Creme|schnedd|che/Kräm|~, et [ˈkrɛːmˌʃnetʃə] <N.; nur Diminutiv; ~r> {s. u. ↑Schnedd²}: Cremeschnittchen, scherzh. für eine mollige Frau u. für einen Homosexuellen.

D-Zog, der ['deˑˌtsɔx] <N.; D-Zög [-tsøfj]> {s. u. ↑Zog¹}: D-Zug, Abk. für Durchgangszug; **[RA]** *En aal Frau es doch keine D.* (Eine alte Frau ist doch kein D. = Treib mich nicht an!).

dä¹ [dɛː] <best. Art. betont; Sg. mask. Nom. u. Akk.> {5.4; 8.3.4}: der. Tbl. Art1

dä² [dɛː] <Demonstrativpron.; Sg. mask. Nom. u. Akk.>: dieser, diesen; **dä ehr** (der ihr, denen ihr, deren). Tbl. P5.1

dä³! [dɛ] <Interj.>: **1.** bei der Übergabe einer Sache: „bitte!": *D.! Do häs de dat Boch, wat ich der metgebraht han.* (Bitte! Da hast du das Buch, das ich dir mitgebracht habe.). **2.** Ausruf bei unangenehmer Überraschung: *D.! Jetz ha' mer dä Dress.* (Nun haben wir den Mist.); *D.! Jetz es mer dat Döppe eravgefalle.* (Nun ist mir der Topf heruntergefallen.). **3.** im Sinne von „siehst du": *D.! Jetz häs de ding Aufgabe och fädig.* (Siehst du, jetzt hast du deine Hausaufgaben auch erledigt.).

dä⁴ [dɛː] <Relativpron.; Sg. mask. Nom.u. Akk.> {5.4; 8.3.4}: der; den, **1.** <3. Pers. Sg. mask. Nom.>: der, welcher: *Dä Kääl, d. dat säht, es jeck.* (Der Kerl, d. (welcher) das sagt, spinnt.). **2.** <3. Pers. Sg. mask. Akk.>: den, welchen: *Dä Kääl, d. ich gester getroffe han, es jeck.* (Der Kerl, d. (welchen) ich gestern getroffen habe, spinnt.). Tbl. P4

Daach, et [daːx] <N.; **Däächer** ['dɛːfjɐ]; **Dääch|el|che** ['dɛːfjəlfjə]> {5.2.1}: Dach.

Daach|antenn, de ['daːxˌlanˌtɛn·] <N.; ~e [-anˌtɛnə]> {s. u. ↑Daach ↑Antenn}: Dachantenne.

Daach|boddem, der ['daːxˌbɔdəm] <N.; ~|böddem> {s. u. ↑Daach ↑Boddem}: Dachboden.

Daach|deck|er, der ['daːxˌdɛkɐ] <N.; ~> {s. u. ↑Daach}: Dachdecker [auch: ↑Leien|decker, ↑Leyen|decker].

Daach|feesch, der ['daːxˌfeːʃ] <N.; ~te> {s. u. ↑Daach ↑Feesch}: Dachfirst.

Daach|finster, de/et ['daːxˌfɪnstɐ] <N.; ~e> {s. u. ↑Daach ↑Finster}: Dachfenster, Speicherfenster, Kippfenster, Dachluke, Mansardenfenster [auch: ↑Kipp|finster ↑Läuve|finster, ↑Stipp|finster].

Daach|ge|päck|dräg|er, der ['daːxjəpɛkˌdrɛ·jɐ] <N.; ~e> {s. u. ↑Daach ↑Dräg|er}: Dachgepäckträger.

Daach|ge|schoss, et ['daːxjəˌʃɔs] <N.; ~e> {s. u. ↑Daach}: Dachgeschoss.

Daach|givvel, der ['daːxˌjɪvəl] <N.; ~e> {s. u. ↑Daach ↑Givvel¹}: Dachgiebel.

Daach|has, der ['daːxˌhaˑs] <N.; ~e> {s. u. ↑Daach ↑Has}: Dachhase, scherzh. für Katze [auch: ↑Balk|has].

Daach|kall, de ['daːxˌkalˑ] <N.; ~e [-kalə]> {s. u. ↑Daach ↑Kall¹}: Dachrinne.

Daach|kammer, de ['daːxˌkamɐ] <N.; ~e> {s. u. ↑Daach}: Dachkammer.

Daach|latt/~|latz, de ['daːxˌlat / -lats] <N.; ~e> {s. u. ↑Daach, ↑Latt ↑Latz²}: Dachlatte.

Daach|lawin, de ['daːxlaˌviːn] <N.; ~e> {s. u. ↑Daach ↑Lawin}: Dachlawine.

Daach|pann, de ['daːxˌpanˑ] <N.; ~e [-panə]> {s. u. ↑Daach ↑Pann¹}: Dachpfanne, Dachziegel.

Daach|papp, de ['daːxˌpap] <N.; ~e (Sortenpl.)> {s. u. ↑Daach ↑Papp³}: Dachpappe.

Daach|stohl, der ['daːxˌʃtoˑl] <N.; ~|stöhl> {s. u. ↑Daach ↑Stohl¹}: Dachstuhl.

Daach|wonn|ung, de ['daːxˌvɔnʊŋ] <N.; ~e> {s. u. ↑Daach; 5.5.1}: Dachwohnung.

Daach|zemmer, et ['daːxˌtsemɐ] <N.; ~e> {s. u. ↑Daach ↑Zemmer}: Dachzimmer.

Dadderich, der ['dadərɪfj] <N.; kein Pl.> {6.11.1; 6.11.3}: Tatterich, **1.** Zittern in den Händen; **a)** beim Katzenjammer, allg. bei Alkoholikern: Zittern, Stottern, albern Schwatzen; **b)** bei Altersschwachen. **2.** (übertr.) Angstgefühl.

dadder|ig ['dadərɪfj] <Adj.; ~e; ~er, ~ste> {6.11.1; 6.11.3}: tatterig, zittrig. Tbl. A5.2

Dag, der [daːx] <N.; Dag/Däg/Dage [daˑx / dɛˑfj / 'daˑrə]> {6.11.1}: Tag; *dis Dag [daˑx] (dieser Tage).

dag|däg|lich ['daːfj'dɛˑfjlɪfj] <Adj.; ~e> {s. u. ↑Dag ↑dägl|ich}: tagtäglich. Tbl. A1

Dag|draum, der ['daːxˌdrɔʊm] <N.; ~|dräum [-drøyˑm]> {s. u. ↑Dag ↑Draum}: Tagtraum, Wachtraum.

Dage|bau, der ['daˑʀəˌbɔʊ] <N.; o. Pl.> {s. u. ↑Dag ↑Bau}: Tagebau.

Dage|geld, et ['daˑʀəˌjɛlt] <N.; Pl. ungebr. ~er> {s. u. ↑Dag ↑Geld}: Tagegeld. **1.** Pauschbetrag, der für Verpflegungskosten bei Dienstreisen abgerechnet werden kann. **2.** von der Krankenversicherung bei Krankenhausaufenthalt gezahlte Vergütung für einen Tag.

Dage|luhn/~|lohn, der ['daˑʀəˌluːn / -loːn] <N.; ~|lühn/~|löhn [-lyˑn / -løˑn]> {s. u. ↑Dag ↑Luhn/Lohn}: Tagelohn, Tagesverdienst.

Dage|lühn|er/~|löhn|~, der ['daːʀəˌlyːnɐ / -løːn-] <N.; ~> {s. u. ↑Dag ↑Luhn}: Tagelöhner.

Dages|deens, der ['daːʀəsˌdeːns] <N.; ~te> {s. u. ↑Dag; ↑Deens}: Tagesdienst.

Dages|leech, et ['daːʀəsˌleːfj] <N.; o. Pl.> {s. u. ↑Dag ↑Leech}: Tageslicht.

Dages|zigg, de ['daːʀəsˌtsɪk] <N.; ~e> {s. u. ↑Dag ↑Zigg}: Tageszeit.

dage|wies ['daːʀəviːs] <Adv.> {6.11.1}: tageweise.

Daggel/Täggel, der ['dagəl / 'tɛgəl] <N.; ~e> {6.6.1}: Dackel [auch: ↑Dahß|hungk].

daggele ['dagələ] <V.; schw.; han; daggelte ['dagəltə]; gedaggelt [jə'dagəlt]> {6.4.1; 6.6.1; 9.2.1.2}: dackeln, schaukelnd gehen wie ein Dackel. (6)

Daggels|bein ['dagəlsˌbeɪn] <N.; Neutr.; nur Pl.> {9.1.2; s. u. ↑Daggel/Täggel}: O-Beine, (wörtl.) Dackelbeine.

~|däg|ig ['dɛːjɪfj] <Suffix; adjektivbildend; ~e> {6.11.1}: -tägig, die Dauer von einer best. Anzahl von Tagen angebend/umfassend, i. Vbdg. m. Kardinalz.: aach~, veezehn~ (acht~, vierzehn~). Tbl. A5.2

däg|lich ['dɛːfjlɪfj] <Adj.; ~e> {5.4; 6.11.3; 7.3.2}: täglich, adv.: jeden Dag. Tbl. A1

dags|drop [ˌdaːxs'drop] <Adv.> {s. u. ↑Dag ↑drop}: tagsdrauf.

dags|üvver ['daːxsˌʏvɐ] <Adv.> {s. u. ↑Dag ↑üvver²}: tagsüber.

Dags|zigg, de [ˌdaːxs'tsɪk] <N.; ~e> {8.2.2.3; s. u. ↑Dag ↑Zigg}: Tageszeit, [nur i. d. **RA**]: de D. sage (begrüßen); sonst ↑Dages|zigg.

Dahß, der [daːs] <N.; ~e> {5.2.4}: Dachs.

Dahße|bein ['daːsəˌbeɪn] <N.; Neutr.; nur Pl.> {9.1.1; s. u. ↑Dahß}: Dachsbeine, krumme Beine.

Dahß|hungk, der ['daːsˌhʊŋk] <N.; ~|hüng [-hʏŋˑ]> {s. u. ↑Dahß ↑Hungk}: Dachshund, Dackel [auch: ↑Daggel, ↑Täggel].

dä|jinnige ['dɛːjɪnɪjə] <Demonstrativpron.; 3. Pers. Sg. mask. Nom. u. Akk.; verstärkend für: ↑dä², mit nachfolgendem Relativsatz> {5.3.2; s. u. ↑dä²}: derjenige, denjenigen, <mit nachfolgendem Relativsatz>: d., dä dat gedon hät (d., der das getan hat) [auch: ↑dä²]. Tbl. P5.1

Dal, et [daːl] <N.; Däler ['dɛːlə] {6.11.1}: Tal.

Daler, der ['daːlə] <N.; ~> {6.11.1}: Taler.

Dalles, der ['daləs] <N. ⟨jidd. dalles, hebr. dallût = Armut⟩>: Dalles, Armut, Not, Geldverlegenheit; *der D. han (seelisch zerbrochen sein).

Dam, de [daːm] <N.; ~e> {8.3.1}: Dame.

Damass, der [da'mas] <N.; Damaste> {8.3.5}: Damast (einfarbiges, feines (Seiden)gewebe mit eingewebtem Muster).

Dame|hot, der ['daːməˌhoːt] <N.; ~|höt> {s. u. ↑Hot}: Damenhut.

Damf/Damp, der [damf / damp] <N.; Dämf [dɛmf]> {6.8.2}: Dampf, 1. sichtbarer feuchter Dunst. 2. Rauch, Qualm. 3. Nebel; [auch: ↑Schwadem]. 4. Hungergefühl [auch: ↑Kohldamf/~|damp].

Damf|bügel|ieser/Damp|~, et ['damfˌbyːjəlˌiːzɐ / 'damp-] <N.; ~(e)> {s. u. ↑Damf/Damp (1) ↑Ieser}: Dampfbügeleisen.

dämfe ['dɛmfə] <V.; schw.; han; dämfte ['dɛmftə]; gedämf [jə'dɛmf] ⟨mhd. dempfen, ahd. demphan⟩> {6.8.2}: dämpfen [auch: ↑dämpe (2)]. (180)

Damf|er, der ['damfɐ] <N.; i. best. Abl. nur Damf, nicht Damp; ~> {6.8.2; 11}: Dampfer.

Däm|fer, der ['dɛmfɐ] <N.; ~> {6.8.2}: Dämpfer, Rüge.

Damf|koch|pott/Damp|~, der ['damfˌkɔxˌpɔt / damp-] <N.; ~|pött> {s. u. ↑Damf/Damp ↑Pott}: Dampfkochtopf.

Damf|lokomotiv/Damp|~, de ['damflokomoˌtiːf / damp-] <N.; ~e> {s. u. ↑Damf/Damp (2)}: Dampflokomotive.

Damf|nudel/Damp|~, de ['damfˌnuːdəl / damp] <N.; ~e> {s. u. ↑Damf/Damp (1)}: Dampfnudel.

Damf|walz/Damp|~, de ['damfˌvalts / 'damp-] <N.; ~e> {s. u. ↑Damf/Damp (2) ↑Walz}: Dampfwalze.

dämme ['dɛmə] <V.; schw.; han; dämmte ['dɛmˑtə]; gedämmp [jə'dɛmˑp]>: dämmen. (40)

Dämmer|leech, et ['dɛməˌleːfj] <N.; o. Pl.> {s. u. ↑Leech}: Dämmerlicht.

däm|nächs [dɛmˈnɛːks] <Adv.>: demnächst; in nächster Zeit, bald, in Kürze.

däm|noh ['dɛmˌnɔː] <Adv.>: demnach; folglich, also.

Damp/Damf, der [damp / damf] <N.; Dämp [dɛmp]> {6.8.1}: Dampf, 1. sichtbarer feuchter Dunst. 2. Rauch, Qualm. 3. Nebel; [auch: ↑Schwadem]. 4. Hungergefühl [auch: ↑Kohldamf/~|damp].

Damp|bügel|ieser/Damf|~, et ['dampˌbyːjəlˌiːzɐ / 'damf-] <N.; ~(e)> {s. u. ↑Damp/Damf ↑Ieser}: Dampfbügeleisen.

dämpe ['dɛmpə] <V.; schw.; *han*; dämpte ['dɛmptə]; gedämp [jə'dɛmp]> {(5.4); 6.8.1}: **1.** dampfen. **2.** dämpfen [auch: ↑dämfe]. (180)

dämp|ig ['dɛmpɪfj] <Adj.; ~e; ~er, ~ste> {5.4; 6.8.1}: dampfig, **1.** dunstig, neblig. **2.** rauchig, qualmig. **3.** kurzatmig. Tbl. A5.2

Damp|koch|pott/Damf|~, der ['damp‚kɔx‚pɔt / damf-] <N.; ~|pött> {s. u. ↑Damp/Damf ↑Pott}: Dampfkochtopf.

Damp|lokomotiv/Damf|~, de ['damplokomo‚ti·f / damf-] <N.; ~e> {s. u. ↑Damp/Damf}: Dampflokomotive.

Damp|nudel/Damf|~, de ['damp‚nu:dəl / damf-] <N.; ~e> {s. u. ↑Damp/Damf (1)}: Dampfnudel.

Damp|walz/Damf|~, de ['damp‚valts / 'damf-] <N.; ~e> {s. u. ↑Damp/Damf ↑Walz}: Dampfwalze.

dank [daŋk] <Präp.; m. Dat.>: dank.

Dank|bar|keit, de ['daŋkba:(ɐ)keɪt] <N.; o. Pl.>: Dankbarkeit.

danke ['daŋkə] <V.; schw.; *han*; dankte ['daŋktə]; gedank [jə'daŋk]>: danken. (41)

Dank|goddes|deens, der ['daŋk‚jɔdəs‚de·ns] <N.; ~te> {s. u. ↑Godd¹ ↑Deens}: Dankgottesdienst.

dann [dan] <Konj.; nebenordn.> {5.4}: **1.** denn. **2.** dann.

Dann/Tann, de [dan· / tan·] <N.; ~e ['danə / 'tanə] {6.11.1; 8.3.1}: Tanne.

Dannäl|che, et [da'nɛ·lfjə] <N.; ~r>: Elritze (kleiner Weißfisch).

dänne ['dɛnə] <Adj.; ~> {5.4; 6.11.1}: tannen, aus Tannenholz bestehend. Tbl. A3.1

Danne|baum/Tanne|~, der ['danə‚bɔʊm / tanə-] <N.; ~|bäum [-bɔy·m]> {s. u. ↑Dann/Tann}: Tannenbaum.

Dänne|bösch/Tanne|~, der ['dɛnə‚bøʃ / tanə-] <N.; ~> {5.4; s. u. ↑Dann/Tann ↑Bösch}: Tannenbusch, Tannenwald.

Danne|grön|s/Tanne|~, et ['danə‚jrø·ns / 'tanə-] <N.; Neutr.; Pl.> {s. u. ↑Dann/Tann ↑Grön|s}: Tannengrün, abgeschnittene Tannenzweige.

Danne|haaz/Tanne|~, der ['danə‚ha:ts / 'tanə-] <N.; ~e> {s. u. ↑Dann/Tann ↑Haaz¹}: Tannenharz.

Danne|nol/Tanne|~/~|nodel, de ['danə‚nɔ·l / 'tanə- / -nɔ:dəl] <N.; ~|nolde/~|nodele [-nɔ·ldə / -nɔ:dələ]> {s. u. ↑Dann/Tann ↑Nol/Nodel}: Tannennadel.

Danne|zappe/Tanne|~, der ['danə‚tsapə / tanə-] <N.; ~> {s. u. ↑Dann/Tann ↑Zappe}: Tannenzapfen.

Danne|zweig/Tanne|~/~|zwig, der ['danə‚tsveɪfj / 'tanə- / -tsvɪfj] <N.; ~|zweig [-tsve·ɐ̯fj] / veraltet; ~|zwige> {s. u. ↑Dann/Tann ↑Zweig/Zwig}: Tannenzweig.

dänns [dɛn·s] <Adv.> {5.4; 8.3.2; 9.2.2}: dannen, nur i. d. Vbdg. *vun d.* (von woher): *Wo küss de vun d.?* (Wo kommst du her?).

Danz, der [dants] <N.; Dänz [dɛnts]; Dänz|che ['dɛntsjə] 〈mhd. tanz, mniederd. dans, danz, wohl über das Mniederl. < (a)frz. danse〉> {6.11.1}: Tanz, **1.** rhythmische Bewegungen zu Musik; **[RA]** *Leck ens am Aasch och ene D., wann och keine flöcke.* (Leck mich am Arsch ist auch ein T. wenn auch kein schneller.). **2.** (übertr.) <bes. im Diminutiv> *Dänzche*: Streit, Zwist, lebhafte Auseinandersetzung.

Danz|bar, de ['dants‚ba:(ɐ)] <N.; ~s> {s. u. ↑Danz}: Tanzbar, Bar, in der auch getanzt wird.

Danz|bär, der ['dants‚be·ɐ̯] <N.; ~e> {s. u. ↑Danz ↑Bär}: Tanzbär.

Danz|bein, et ['dants‚beɪn] <N.> {s. u. ↑Danz ↑Bein}: nur in der Wendung *et D. schwinge* (das T. schwingen = ausgelassen, ausdauernd tanzen).

Danz|boddem, der ['dants‚bɔdəm] <N.; ~|böddem> {s. u. ↑Danz ↑Boddem}: Tanzboden, Tanzsaal, Tanzlokal [auch: ↑Danz|huus].

danze ['dantsə] <V.; schw.; *han*; danzte ['dantstə]; gedanz [jə'dants]> {6.11.1}: tanzen. (42)

Dänz|er, der ['dɛntsɐ] <N.; ~> {6.11.1}: Tänzer.

Danz|fläch, de ['dants‚flɛfj] <N.; ~e> {s. u. ↑Danz ↑Fläch}: Tanzfläche.

Danz|grupp, de ['dants‚jrʊp] <N.; ~e>: Tanzgruppe.

Danz|huus, et ['dants‚hu:s] <N.; ~|hüüser [-hy·zɐ]> {s. u. ↑Danz ↑Huus}: Tanzlokal, Tanzsaal [auch: ↑Danz|boddem].

Danz|kapell, de ['dantska‚pɛl·] <N.; ~e [-ka‚pɛlə]> {s. u. ↑Danz ↑Kapell²}: Tanzkapelle.

Danz|kursus/~|kurs, der ['dants‚kurzʊs / -kʊxs] <N.; ~|kurse [-kʊrzə]>: Tanzkurs; **a)** Lehrgang für das Tanzen; **b)** Gesamtheit der Teilnehmer eines Tanzkurses.

Danz|lehrer, der ['dants‚le·(ɐ)rɐ] <N.; ~> {s. u. ↑Danz}: Tanzlehrer.

Danz|marie|che, et ['dantsma‚ri·fjə] <N.; ~r> {s. u. ↑Danz}: Tanzmariechen, Tänzerin in einer Karnevalsges.

Danz|meister, der ['dantsˌmeɪstə] <N.; ~> {s. u. ↑Danz}: Tanzmeister, Leiter u. Tanzlehrer der Tanzgruppe einer Karnevalsges.

Danz|musik, de ['dantsˌmʊzɪk] <N.; ~e> {s. u. ↑Danz ↑Musik}: Tanzmusik.

Danz|muus, de ['dantsˌmuːs] <N.; ~|müüs [-myːs]> {s. u. ↑Danz ↑Muus}: Tanzmaus; Maus, die sich durch ererbte Veränderung in den Gleichgewichtsorganen ständig gleichsam tanzend im Kreis bewegt.

Danz|offizier, der ['dantsˌɔfɪˌtsiːɐ̯] <N.; ~e> {s. u. ↑Danz}: Tanzoffizier, Tänzer in einer Karnevalsges.

Danz|ǫvend, der ['dantsˌɔ·vənt] <N.; ~e> {s. u. ↑Danz ↑Ǫvend}: Tanzabend.

Danz|partner, der ['dantsˌpaxtnɐ] <N.; ~> {s. u. ↑Danz}: Tanzpartner.

Danz|schohn ['dantsˌʃoːn] <N.; mask.; nur Pl.> {s. u. ↑Danz ↑Schoh}: Tanzschuhe.

Danz|schredd, der ['dantsˌʃret] <N.; ~> {s. u. ↑Danz ↑Schredd}: Tanzschritt.

Danz|schull, de ['dantsˌʃʊl·] <N.; ~e [-ʃʊlə]> {s. u. ↑Danz ↑Schull}: Tanzschule.

Danz|stund, de ['dantsˌʃtʊn·t] <N.; ~(e)]> {s. u. ↑Danz ↑Stund}: Tanzstunde.

Danz|unger|reech/~|rich, der ['dantsˌʊŋəreːʃ / -rɪʃ] <N.; ~te (Pl. selten)> {s. u. ↑Danz ↑Unger|reech/~|rich}: Tanzunterricht.

Danz|ver|an|stalt|ung, de ['dantsveˌanʃtaltʊŋ] <N.; ~e> {s. u. ↑Danz}: Tanzveranstaltung.

Danz|ver|gnöge, et ['dantsfɐˌɟnøˑjə] <N.; ~> {s. u. ↑Danz ↑Ver|gnöge}: Tanzvergnügen.

Darm, der [darm] <N.; Därm [dɛr·m]>: Darm, **1.** Gedärm. **2.** (übertr.) *ene langen D.* (ein langer, hagerer Mensch).

Darm|sigg, de ['darmˌzɪk] <N.; ~e> {s. u. ↑Darm ↑Sigg²}: Darmsaite.

Darm|spöllung, de ['darmˌʃpøˑlʊŋ] <N.; ~e> {s. u. ↑Darm; 5.4}: Darmspülung.

dar|stelle ['daˑˌʃtɛlə] <trennb. Präfix-V.; schw./unr.; *han;* stellte/stallt d. [ˈʃtɛl·tə / ʃtalt]; dar|gestellt, -gestallt [-jəˌʃtɛl·t / -jəˌʃtal·t]>: darstellen. (182)

Dar|stell|ung, de ['daˑˌʃtɛlʊŋ] <N.; ~e>: Darstellung.

Dasel, der ['dazəl] <N.; ~e>: (scherzh.) Kopf [auch: ↑Kopp, ↑Küül|es, ↑Kappes, ↑Däts, ↑Ääpel].

dä|selve [dɛ'zɛl·və] <Demonstrativpron.; Sg. mask. Nom. u. Akk.; verstärkend für ↑dä² {s. u. ↑dä² ↑selv...}: derselbe [auch: ↑dä²]. Tbl. P5.1

Dassel|stroß [ˌdasəlˌʃtrɔ·s] <N.; Straßenn.> {s. u. ↑Stroß}: Dasselstraße; Straße in Köln-Neustadt/Süd. Reinald Graf von Dassel (*1120 †1167) war Reichskanzler des Heiligen Römischen Reiches Deutscher Nation unter Kaiser Friedrich Barbarossa, Erzkanzler u. Erzbischof von Köln. 1164 brachte von Dassel die Gebeine der Heiligen Drei Könige von Mailand nach Köln. Sein Leichnam wurde nach Köln überführt u. im Dom beigesetzt. Die Dasselstraße folgt dem Verlauf des ma. Bischofswegs.

dat¹ [dat] <best. Art. betont; Sg. Neutr. Nom. u. Akk.> {6.10.2}: das, **1.** vor N.: **a)** <Nom.> *D. Mädche süht lecker us.* (D. Mädchen sieht nett aus.); **b)** <Akk.> *Ich kenne d. Bild.* (Ich kenne d. Bild.). **2.** vor weibl. Vornamen: die: *d. Marie* ((d.) Marie). **3.** vor weibl. Vor- u. Zunamen: *d. Mollse Kätt* (Katharina Moll). Tbl. Art1

dat² [dat] <Demonstrativpron.; Sg. Neutr. Nom. u. Akk.> {6.10.2}: das, dieses, **1.** <3. Pers. Sg. Neutr. Nom.> das: *d. Döppe, nit dat andere* (d. Topf, nicht der andere). **2.** <3. Pers. Sg. Neutr. Akk.> dieses: *Ich han genau d. Bild hügg gekauf.* (Ich habe genau d. Bild gekauft.). Tbl. P5.1

dat³ [dat] <Konj.; unterordn.> {6.10.2}: dass.

dat⁴ [dat] <Relativpron.; 3. Pers. Sg. Neutr. Nom. u. Akk.> {6.10.2}: das; welches, **1.** <3. Pers. Sg. neutr Nom.>: *dat Kind, d. uns besök hät* (das Kind, d. (welches) uns besucht hat). **2.** <3. Pers. Sg. neutr Akk.>: *dat Blösche, d. ich der gester gegovve han* (das Tütchen, d. (welches) ich dir gestern gegeben habe). Tbl. P4

datiere/~eere [da'tiˑ(ɐ̯)rə / -eˑrə] <V.; schw./unr.; *han;* datierte [da'tiˑɐ̯tə]; datiert [da'tiˑɐ̯t] ⟨frz. *dater*⟩> {(5.1.4.3)}: datieren. (3) (2)

Dativ|objek, et ['daˑtɪfˌɔpˌjɛk] <N.; ~te> {8.3.5}: Dativobjekt.

dat|jinnige ['datjɪnɪjə] <Demonstrativpron.; 3. Pers. Sg. Neutr. Nom. u. Akk.; verstärkend für ↑dat², mit nachfolgendem Relativsatz> {5.3.2; s. u. ↑dat}: dasjenige: *Ich meine d., dat do geläge hät.* (Ich meine d., das da gelegen hat.) [auch: ↑dat²]. Tbl. P5.1

Däts, der [dɛ·ts] <N.; ~e>: (scherzh.) Kopf [auch: ↑Kopp, ↑Ääpel, ↑Kappes, ↑Dasel, ↑Küül|es].

dat|selve [dat'zɛl·və] <Demonstrativpron.; Sg. Neutr. Nom. u. Akk.; verstärkend für ↑dat²> {s. u. ↑dat¹ ↑selv...}: dasselbe [auch: ↑dat²]. Tbl. P5.1

Dattel, de [datəl] <N.; ~e>: Dattel.

Dattel|palm, de ['datəl,paləm] <N.; ~e> {s. u. ↑Palm²}: Dattelpalme.

Dau, Em [em'daʊ̯] <N.; Straßenn.>: Im Dau; Straße in Köln-Altstadt/Süd. Der Name Dau bezieht sich auf den um 1344 entstandenen Gutshof „Zum Dauwe", dessen Name sich wiederum aus dem Lateinischen „ad roreum" = zum Tau ableitet. 1591 war er im Besitz des damaligen Bürgermeisters Melchior von Mulhem. Die Straße führte mitten über den Hof, welcher zw. 1615 u. zur Säkularisation im Jahre 1802 Kloster der Unbeschuhten Karmeliterinnen war. Später war der Gutshof ein Heim für französische Veteranen, im Anschluss königlich-preußisches Proviantamt. In der ersten Hälfte des 20. Jh. befand sich in diesem Gebäude das Museum für Volkshygiene; nach seiner Zerstörung während des Zweiten Weltkriegs wurde er nicht wiederaufgebaut.

Däu, der [døy̯] <N.; kein Pl.>: Stoß: *Gevv dä Dür ens ene D.!* (Stoß die Tür mal auf!); *Rötsch ens ene D.!* (Rutsch mal ein Stückchen!). ***keine D.** (kein bisschen/Stück, nichts): *Dä hät sich keine D. aangestrengk.* (Er hat sich kein bisschen angestrengt.); ***sich enen D. aandun** (sich wichtig machen, aufspielen; sich etw. einbilden, hochnäsig sein); ***ene D. dropdun** (beschleunigen); ***ene D. op Sigg gonn/rötsche** (rutschen).

däue [døyə] <V.; Formen mischbar; unr./schw.; han; daut/däute [doʊ̯t / 'døy·tə]; gedaut/gedäut [jə'doʊ̯t / jə'døy̯·t]>: drücken, schieben, **1.** stoßen; ***einem der Naache d.** (jmdn. in Ruhe lassen); **[RA]** *Do kanns mer ens der Naache d.!* (Du kannst mir mal den Nachen schieben! = Ich werde deiner Bitte nicht nachkommen, ich lehne deine Bitte ab; auch: *Do kanns mer ens der Hubbel blose, jet blose, jet drieße; Do kanns mich ens am Aasch lecke*); ***unger de Wess d.** (vorhalten): *Däu mer dat nit unger de Wess!* (Halt mir das nicht vor!) [auch: ↑dränge(2), ↑dröcke (2b), ↑puffe, ↑schiebe (1), ↑schurvele, ↑schubbe¹/schuppe¹, ↑schubse, ↑stuppe, ↑stüsse]. **2.** drängeln: *Däu nit esu!* (Drängel nicht so!) [auch: ↑dränge (1), ↑drängele, ↑dröcke (2a), ↑schiebe (2)]. **3.** (übertr.): trotz Sattseins weiter essen: *Ich ben am D.* (Ich esse, obwohl ich eigentlich satt bin.). **4.** (übertr.): Stuhlgang haben: *Dä Klein es am D.* (Der Kleine macht gerade die Windel voll.) [auch: ↑dröcke (1)]. **5.** (übertr.): vorantreiben, forcieren: *Do muss de ens e bessche dran d.* (Das musst du ein wenig forcieren.) [auch: ↑dränge (3)]. **6.** große Wärme erzeugen, heizen: *Dä Ovve es ävver am D.* (Der Ofen gibt aber viel Wärme ab.). **7.** drücken: *Däu ens op die Muustaas!* (Drück mal die Maustaste!). (43)

Dauer|fross, der ['daʊ̯ɐ,frɔs] <N.; i. best. Komposita *Dauer*, sonst ↑Duur; ~|fröss> {11; s. u. ↑Fross}: Dauerfrost.

Dauer|kaat, de ['daʊ̯ɐ,ka:t] <N.; i. best. Komposita *Dauer*, sonst ↑Duur; ~e> {11; s. u. ↑Kaat}: Dauerkarte.

Dauer|lauf, der ['daʊ̯ɐ,loʊ̯f] <N.; i. best. Komposita *Dauer*, sonst ↑Duur; ~|läuf> {11}: Dauerlauf.

Dauer|lötsch|er, der ['daʊ̯ɐ,løtʃɐ] <N.; i. best. Komposita *Dauer*, sonst ↑Duur; ~(e)> {11; s. u. ↑Lötsch|er}: Dauerlutscher.

Dauer|rähn, der ['daʊ̯ɐ,rɛn] <N.; i. best. Komposita *Dauer*, sonst ↑Duur; o. Pl.> {11; s. u. ↑Rähn}: Dauerregen.

Dauer|schlof, der ['daʊ̯ɐ,ʃlɔf] <N.; i. best. Komposita *Dauer*, sonst ↑Duur; o. Pl.> {11; s. u. ↑Schlof¹}: Dauerschlaf.

Dauer|woosch, de ['daʊ̯ɐ,voːʃ] <N.; i. best. Komposita *Dauer*, sonst ↑Duur; ~|wöösch> {11; s. u. ↑Woosch}: Dauerwurst.

Dauer|zo|stand, der ['daʊ̯ɐ,tsoˑʃtant] <N.; i. best. Komposita *Dauer*, sonst ↑Duur; ~|ständ [-ʃtɛnˑt]> {11; s. u. ↑Zo|stand}: Dauerzustand.

Dauf, de [doʊ̯f] <N.; ~e> {6.11.1; 8.3.1}: Taufe.

Dauf|becke, et ['doʊ̯f,bɛkə] <N.; ~> {s. u. ↑Dauf}: Taufbecken [auch: ↑Dauf|stein].

Dauf|boch, et ['doʊ̯f,bɔˑx] <N.; ~|böcher> {s. u. ↑Dauf ↑Boch¹}: Taufbuch, Taufregister.

däufe ['døy̯fə] <V.; schw.; han; däufte ['døy̯ftə]; gedäuf [jə'døy̯f]> {5.1.3; 6.11.1}: taufen, **1. a)** an jmdm. die Taufe vollziehen; **b)** einem Täufling bei der Taufe od. einer Sache feierlich einen Namen geben. **2.** (scherzh.) Getränke (Milch, Wein, Bier) durch Wasser verdünnen. (108)

Dauf|kääz, de ['doʊ̯f,kɛːts] <N.; ~e> {s. u. ↑Dauf ↑Kääz}: Taufkerze.

Dauf|kapell, de ['doʊ̯fka,pɛlˑ] <N.; ~e [-ka,pɛlə]> {s. u. ↑Dauf ↑Kapell¹}: Taufkapelle.

Dauf|kesse, et ['doʊ̯f,kɛsə] <N.; ~> {s. u. ↑Dauf ↑Kesse}: Taufkissen.

Dauf|kleid|che, et ['doʊf‚kleɪ̯tʃə] <N.; ~r> {s. u. ↑Dauf}: Taufkleidchen.

Dauf|name, der ['doʊf‚naˑmə] <N.; ~> {s. u. ↑Dauf ↑Name}: Taufname.

Dauf|sching, der ['doʊf‚ʃɪŋ] <N.; ~ [-ʃɪŋˑ]> {s. u. ↑Dauf ↑Sching¹}: Taufschein.

Dauf|stein, der ['doʊf‚ʃteɪ̯n] <N.; ~ [-ʃteɪ̯·n]> {s. u. ↑Dauf}: Taufstein [auch: ↑Dauf|becke].

dauge ['doʊˑʀə] <V.; schw.; han; daugte ['doʊˑxtə]; gedaug [jə'doʊˑx]> {6.11.1}: taugen, eignen: *Dat Metz daug nit för Brud ze schnigge.* (Das Messer taugt nicht zum Brotschneiden.); *Dä daug nit.* (Er ist hinterlistig/böse/schlecht.); **[RA]** *Dä daug dem Düüvel em Aasch nit.* (Er taugt dem Teufel im Arsch nicht. = Er ist äußerst hinterlistig/böse/schlecht.). (103)

Dauge|nix, der ['doʊˑʀə‚nɪks] <N.; ~e> {6.11.1; s. u. ↑nix}: Taugenichts.

Daun, de [daʊ̯·n] <N.; ~e> {8.3.1}: Daune.

Daune|deck, de ['daʊ̯·nə‚dɛk] <N.; ~e> {s. u. ↑Daun ↑Deck²}: Daunendecke.

Daune|fedder, de ['daʊ̯·nə‚fedə] <N.; ~e> {s. u. ↑Daun ↑Fedder}: Daunenfeder.

dausend ['doʊˑzənt] <Kardinalz.> {6.11.1}: tausend, (als Ziffer: 1000).

Dausend|er, der ['doʊˑzəndɐ] <N.; ~> {s. u. ↑dausend>: Tausender. **1.** tausend Euro. **2.** (Math.) Tausenderstelle. **3.** Berg von tausend Meter Höhe.

dausend|jöhrlig ['doʊˑzənt‚jœˑrɪç] <Adj.; ~e> {6.11.1}: tausendjährig, **1.** tausend Jahre alt. **2.** über tausend Jahre andauernd. Tbl. A5.2

dausend|mol ['doʊˑzənt‚moˑl / '--ˈ-] <Wiederholungsz., Adv.; zu ↑dausend> {6.11.1}: tausendmal, (mit Ziffer: 1000-mol).

dauv [doʊf] <Adj.; ~e; ~er, ~ste> {6.1.1; 6.11.1}: taub, **1.** nicht hörend, hörbehindert. **2. a)** gefühllos: *Ming Fingere sin d. vür Käld.* (Meine Finger sind t. vor Kälte.); **b)** glanzlos, trüb, matt: *Dä Speegel es ganz d.* (Der Spiegel ist ganz matt.). Tbl. A1

Dauv, der u. de [doʊˑf] <N.; subst. Adj.; ~e> {6.1.1; 6.11.1; 8.3.1}: Taube (der u. die), **1.** Dummkopf. **2.** Taube(r), gehörloser od. gefühlloser Mensch: **[RA]** *Dat häs de keinem D. gefleut.* (Das hast du keinem Dummkopf gepfiffen. = Das gibt Rache.)).

Dauv|heit, de ['doʊfheɪ̯t] <N.; o. Pl.> {6.1.1; 6.11.1}: Taubheit.

David|stään, der ['daˑvɪt‚ʃtɛˑn] <N.; o. Pl.> {s. u. ↑Stään}: Davidstern.

de¹ [də] <best. Art. unbetont; Sg. fem., Nom. u. Akk.> {5.3.3}: die, **1.** <3. Pers. Sg. fem. Nom.>: *Hügg kütt d. Mamm ze Besök.* (Heute kommt Mama zu Besuch.). **2.** <3. Pers. Sg. fem. Akk.>: *Ich han d. Mülltonn op d. Stroß gerollt.* (Ich habe d. Mülltonne auf d. Straße gerollt.). **3.** <3. Pers. Pl.>: *D. Pänz gonn en d. Schull.* (D. Kinder gehen in d. Schule.). Tbl. Art2

de² [də] <Personalpron. unbetont; 2. Pers. Sg. Nom.> {5.3}: du, nicht am Satzanfang: *Wo bes d.?* (Wo bist d.?) vs. *Do weiß nit, wat d. wells.* (Du weißt nicht, was d. willst.) [auch: ↑do²]. Tbl. P1

~|de [də] <Suffix; nomenbildend> {10.2.8} i. Vbdg. m. Adj.: *Wigg~* (Weite) u. subst. V.: *Schämm~* (Scham).

deck [dek] <Adj.; ~e; ~er, ~ste> {5.5.2}: dick, **1.** massig, beleibt, nicht dünn; **[RA]** *Wa' mer dä süht, muss mer glatt en Schnedd Brud dobei esse.* (Wenn man den sieht muss man wahrhaftig eine Scheibe Brot dazu essen (so d. ist er).); ***d. weede/wääde** (~er werden, zunehmen, verdicken); ***d. maache** (verdicken). **2. a)** ***et d. han** (überdrüssig/leid sein); **b)** ***d. dun;** ***der ~e Wellem maache/spille/ makeere,** ***en ~e/große Lepp reskiere/~eere** (prahlen, angeben, sich aufspielen, Sprüche kopfen) [auch: ↑aan|gevve (3), ↑brüste, ↑strunze, ↑protze, ↑op|schnigge, ↑op|spille, ↑renommiere/~eere, ↑schwadroniere/~eere, *groß dun, Gedöns/Buhei maache*]. **3.** <subst.> ***de ~e us de Dönne söke/nit finge** (die ~en aus den Dünnen suchen/nicht finden = beim Suchen nicht zielgerichtet vorgehen). Tbl. A1

Deck¹, de [dɛk] <N.; ~e> {8.3.1}: Decke, oberer Abschluss eines Raumes, Plafond.

Deck², de [dɛk] <N.; ~e> {8.3.1}: Decke, Stoffstück zum Zudecken.

Deck³, et [dɛk] <N.; ~s>: Deck (auf Schiffen), meist i. d. Vbdg. *an/op D.* (an/auf Deck).

Deck|bladd, et ['dɛk‚blat] <N.; ~|blädder> {s. u. ↑Bladd}: Deckblatt.

Deck|de, de ['dekdə] <N.; kein Pl.> {5.5.2; 10.2.8}: Dicke.

decke¹ ['dɛkə] <V.; schw.; han; deckte ['dɛktə]; gedeck [jə'dɛk]>: decken, **1.** auf etw. legen, bedecken. **2.** nichts mehr durchscheinen lassen: *Die Färv deck* *god.* (Die Farbe deckt gut.). **3.** gegen etw. schützen, abschirmen, einen Schutz für etw. darstellen. **4.** befriedigen: *der Bedarf d.* (den Bedarf d.). **5.** finanziell absichern. **6.** <sich d.> zusammenfallen, gleich sein: *Dat deck sich met minger Meinung.* (Das deckt sich mit meiner Meinung.). **7.** (Sport) abschirmen. **8.** begatten, bespringen [auch: ↑knüüze; ↑hegge; ↑höggele, ↑be|springe]. (88)

decke² ['dekə] <V.; schw.; han; deckte ['dektə]; gedeck [jə'dek]> {5.5.2}: dicken, dickflüssig/zähflüssig machen/werden. (88)

Deckel, der ['dɛkəl] <N.; ~e>: Deckel, **1.** aufklappbarer od. abnehmbarer Verschluss eines Gefäßes, Behälters. **2.** vorderer od. hinterer Teil des steifen Umschlags, in den ein Buch eingebunden ist. **3.** (scherzh.) Kopfbedeckung; *einem eine op der D. gevve (jmdm. eins auf den D. geben; einen draufkriegen, jmdn. zurechtweisen); *eine op der D. krige (eins auf den D. bekommen/kriegen = gerügt, zurechtgewiesen werden; eine Niederlage erleiden). **4.** Bierdeckel; *ene D. maache (anschreiben lassen).

Decke|lamp, de ['dekə‚lamp] <N.; ~e> {s. u. ↑Lamp}: Deckenlampe.

deckele ['dekələ] <V.; schw.; han; deckelte ['dekəltə]; gedeckelt [jə'dekəlt]> {9.2.1.2}: abkanzeln. (6)

Deck|färv, de ['dɛk‚fɛrˑf] <N.; ~e> {s. u. ↑Färv}: Deckfarbe.

Deck|häut|er, der ['dek‚hɔyte] <N.; i. best. Komposita *haut*, sonst ↑Hugg; ~> {11; s. u. ↑deck}: Dickhäuter.

Deck|hengs, der ['dɛk‚heŋˑs] <N.; ~te> {s. u. ↑Hengs}: Deckhengst.

Deck|hoor, et ['dek‚hoˑ(ɐ)] <N.; o. Pl.> {s. u. ↑Hoor}: Deckhaar.

Deck|kopp, der ['dekkɔp] <N.; ~|köpp> {s. u. ↑deck ↑Kopp}: Dickkopf, Dickschädel, eigensinniger Mensch, Trotzkopf, Klotzkopf [auch: ↑Klotz|kopp, ↑Trotz|kopp].

deck|köpp|ig ['dekkœpɪŋ] <Adj.; ~e; ~er, ~ste> {s. u. ↑deck ↑Kopp}: dickköpfig, eigensinnig. Tbl. A5.2

deck|liev|ig ['dek‚liːvɪŋ] <Adj.; ~e; ~er, ~ste> {s. u. ↑deck ↑Liev}: dickleibig. Tbl. A5.2

Deck|milch, de ['dek‚mɪləŋ] <N.; ~e (Sortenpl.)> {s. u. ↑deck}: Dickmilch.

deck|satt ['dek'zat] <Adj.; ~e> {s. u. ↑deck}: dickesatt, vollauf gesättigt [auch: ↑buch|satt]. Tbl. A1

Deckstein|er Müll, An der [andeˈdɛk‚ʃtɐɪneˈmʏl] <N.; Straßenn.> {s. u. ↑Müll¹}: An der Decksteiner Mühle; Straße in Köln-Lindenthal. Bereits 1316 gibt es die erste urkundliche Erwähnung der Decksteiner Mühle durch Friedrich von Lahnstein als Komtur des Deutschordens; 400 Jahre später verkaufte Kaspar Barden Hemer 1723 dem Offizial des Kölner Erzbischofs Johann Heinrich Moers zwei Mühlen, eine Windmühle bei Melaten u. eine Wassermühle bei Deckstein für 1.750 Taler. Der letzte Pächter des Decksteiner Hofes in der kurkölnischen Zeit war Mathias Horn. 1802 kam auch der Decksteiner Hof in den Besitz des Staates. Der Freiherr von Fürstenberg wurde im Jahre 1867 neuer Besitzer des Hofes. Durch einen Großbrand wurde der Gutshof am Ende des 19. Jh. vernichtet; an ihn erinnert heute noch die Gaststätte Decksteiner Mühle, die Anfang des 20. Jh. weitgehend bekannt wurde durch ihre beiden großen Tanzsäle u. den Vergnügungspark, dessen Glanzstück ein 70 m hoher Aussichtsturm war.

Deck|wieß, et ['dɛk‚viːs] <N.; kein Pl.> {s. u. ↑wieß}: Deckweiß.

deech [deːʃ] <Adj.; ~te; ~ter, ~ste> {5.2.1.2; 5.4; 6.2.2}: dicht, **a)** zusammengedrängt, zusammenstehend, eng beieinander; **b)** undurchdringlich; **c)** fest abschließend, undurchlässig; *~ter weede/wääde/maache (verdichten); *nit ganz d. sin (nicht ganz d./verrückt sein; nicht ganz bei Verstand sein, spinnen). Tbl. A4.1.1

Deech|kuns/Dich|~, de ['deːʃ‚kʊns / 'dɪʃ-] <N.; ~|küns> {s. u. ↑deechte/dichte ↑Kuns}: Dichtkunst.

Deechte, de ['deːʃtə] <N.; ~> {5.2.1; 5.4}: Dichte.

deechte/dichte¹ ['deːʃtə / 'dɪʃtə] <V.; schw.; han; gedeech [jəˈdeːʃ]> {5.2.1; 5.4}: (ab)dichten, dicht machen. (131)

deechte/dichte² ['deːʃtə / 'dɪʃtə] <V.; schw.; han; gedeech [jəˈdeːʃ]> {5.2.1; 5.4}: dichten, reimen, ein Gedicht machen. (131)

Deecht|er/Dicht|~, der ['deːʃte / 'dɪʃt-] <N.; ~> {5.2.1; 5.4}: Dichter.

deef [deːf] <Adj.; ~e; ~er, ~ste ['deːfe / 'deːfstə] {5.1.4.3; 6.11.1}: tief, weit nach unten reichend; *~er weede/wääde/maache (vertiefen). Tbl. A1

Deef|de, de ['deːfdə] <N.; ~> {5.1.4.3; 6.11.1; 10.2.8}: Tiefe.

Deef|schlof, der ['deːf‚ʃlɔf] <N.; o. Pl.> {s. u. ↑deef ↑Schlof¹}: Tiefschlaf.

deene ['deːnə] <V.; schw.; *han*; deente ['deːntə]; gedeent [jə'deːnt]> {5.1.4.3}: dienen. (44)

Deen|er, der ['deːnɐ] <N.; ~> {5.1.4.3}: Diener, *ene D. maache* (einen D. machen, sich verbeugen).

Deen|er|schaff, de ['deːnɐˌʃaf] <N.; ~|schafte> {5.1.4.3}: Dienerschaft.

deen|lich ['deːnlɪfj] <Adj.; ~e; ~er, ~ste> {5.1.4.3; 7.3.2}: dienlich, nützlich, förderlich. Tbl. A1

Deens, der [deːns] <N.; Deenste ['deːnstə]> {5.1.4.3; 8.3.5}: Dienst.

Deens|aan|tredd, der ['deːnsˌaːntret] <N.; ~e> {s. u. ↑Deens ↑Tredd}: Dienstantritt.

Deens|ald|er, et ['deːnsˌaldə] <N.; o. Pl.> {s. u. ↑Deens ↑Ald|er}: Dienstalter.

Deens|äld|ste, der/die ['deːnsˌɛltstə] <N.> {8.2.2.3; s. u. ↑Deens ↑ald¹}: Dienstälteste (der/die).

Deens|häär, der ['deːnsˌhɛːɐ] <N.; ~e [-hɛːrə]> {s. u. ↑Deens ↑Häär}: Dienstherr.

Deens|iefer, der ['deːnsˌiːfɐ] <N.; kein Pl.> {s. u. ↑Deens ↑Iefer}: Diensteifer.

Deens|johr, et ['deːnsˌjoː(ɐ)] <N.; ~e> {s. u. ↑Deens ↑Johr}: Dienstjahr.

deens|lich ['deːnslɪfj] <Adj.; ~e> {s. u. Deens}: dienstlich; a) beruflich; b) unpersönlich, formell. Tbl. A1

Deens|mäd|che, de ['deːnsˌmɛːtʃə] <N.; ~r> {s. u. ↑Deens}: Dienstmagd, Dienstmädchen.

Deens|pistol, de ['deːnsˌpɪstoːl] <N.; ~e> {s. u. ↑Deens ↑Pistol}: Dienstpistole.

Deens|reis, de ['deːnsˌreːɪs] <N.; ~e> {s. u. ↑Deens ↑Reis}: Dienstreise.

Deens|schluss, der ['deːnsˌʃlʊs] <N.; kein Pl.> {s. u. ↑Deens ↑Schluss}: Dienstschluss.

Deens|stell, de ['deːnsˌʃtɛl] <N.; ~e [-ʃtɛlə]> {s. u. ↑Deens ↑Stell}: Dienststelle.

Deens|ver|häld|nis, et ['deːnsfɐˌhɛltnɪs] <N.; ~se> {s. u. ↑Deens ↑Ver|häld|nis}: Dienstverhältnis.

Deens|wäg, der ['deːnsˌvɛːfj] <N.; Pl. selten ~(e) [-vɛːfj / -vɛːjə]> {s. u. ↑Deens ↑Wäg}: Dienstweg.

Deens|wage, der ['deːnsˌvaːʀə] <N.; ~> {s. u. ↑Deens}: Dienstwagen.

Deens|wonn|ung, de ['deːnsˌvonʊŋ] <N.; ~e> {s. u. ↑Deens; 5.3.2; 5.5.1}: Dienstwohnung.

Deens|zigg, de ['deːnsˌtsɪk] <N.; ~e> {s. u. ↑Deens ↑Zigg}: Dienstzeit, festgesetzte Gesamtdauer des Dienstes bzw. der Arbeitszeit, insbes. der Militärdienstzeit.

Deepe|gass, de ['deːpəˌjas] <N.; Straßenn.> {s. u. ↑Gass¹}: Thieboldsgasse in Köln-Altstadt/Süd, sie verbindet Neumarkt u. Rothgerberbach. Für die französische Straßenbenennung erdachte Wallraf 1812 den Namenspatron „Theobald". Der ursprüngliche Straßenname ist im Dialekt erhalten geblieben, was entweder von „tief" od. „Dieb" stammt.

Deev, der [deːf] <N.; ~e> {5.1.4.3; 6.1.1}: Dieb.

Defek, der [deˈfɛk] <N.; ~te> {8.3.5}: Defekt [auch: ↑Fähler].

deft|ig ['dɛftɪfj] <Adj.; ~e; ~er, ~ste>: deftig, **1.** kräftig u. nahrhaft: *e d. Hämmche* (eine ~e Schweinshaxe). **2.** derb, rustikal: *ene ~e Spass* (ein ~er Spaß). **3.** unangenehm, stark; beträchtlich: *en ~e Avfohr* (eine ~e Abfuhr). Tbl. A5.2

Deftig|keit, de ['dɛftɪfjkeɪt] <N.; ~e (Pl. selten)>: Deftigkeit, **1.** das Deftigsein. **2.** Ehrentitel des kölschen Bauern im Dreigestirn: *Seine D., der Kölner Bauer*.

dehne ['deːnə] <V.; schw.; *han*; dehnte ['deːntə]; gedehnt [jə'deːnt]>: dehnen. (5)

Dehn|ungs|zeiche, et ['deːnʊŋsˌtseɪfjə] <N.; ~>: Dehnungszeichen.

Deich¹, der [deɪfj] <N.; ~e>: Deich.

Deich², der [deɪfj] <N.; ~e> {6.11.1}: Teich.

Deich|broch, der ['deɪfjˌbrox] <N.; ~|bröch> {s. u. ↑Broch¹}: Deichbruch.

Deich|graf, der ['deɪfjˌjraːf] <N.; ~e>: Deichgraf.

Deig, der [deɪfj] <N.; ~e ['deɪjə]> {6.11.1}: Teig.

Deig|kump, de ['deɪfjˌkʊmp] <N.; ~e/~|kümp> {s. u. ↑Deig ↑Kump}: Teigschüssel.

Deig|spretz, de ['deɪfjˌʃprets] <N.; ~e> {s. u. ↑Deig ↑Spretz}: Teigspritze, Spritztüte, Dressiersack [auch: ↑Dressier|sack].

Deil, der/et [deɪl] <N.; ~(e) [deɪl / deɪlə]; ~che ['deɪlfjə]> {6.11.1}: Teil, **1.** <der D.> etw., was mit anderem zusammen ein Ganzes bildet; [RA] *Dä bieß noch ene Muusköttel en drei D.* (Der beißt noch ein Mausekotstück in drei ~e./Er ist geizig.). **2.** <et D.> **a)** Ding, Sache; **b)** einzelnes Stück.

Deil|che, et ['deɪlfjə] <N.; ~r> {6.11.1}: Teilchen (Gebäckstück, meist aus Hefeteig).

deile ['deɪ·lə] <V.; schw.; *han*; deilte ['deɪltə]; gedeilt [jə'deɪlt]> {6.11.1}: teilen. (45)
~|deil|ig ['deɪ·lɪŋ] <Suffix; adjektivbildend; ~e> {6.11.1}: -teilig, ein best. Anzahl von Teilen aufweisend, i. Vbdg. m. Kardinalz.: *aach~, ein~, nüng~, sibbe~* (acht~, ein~, neun~, sieben~). Tbl. A5.2
deils [deɪls] <Adv.> {6.11.1}: teils, teilweise.
Delikat|ess, de [ˌdelɪka'tɛs] <N.; ~e> {8.3.1}: Delikatesse.
Dell, de [dɛl·] <N.; ~e ['dɛlə]> {8.3.1}: Delle [gebräuchl.: ↑Blötsch, ↑Katsch, ↑Ketsch¹].
Dell|bröck ['dɛl,brøk] <N.; Ortsn.> {s. u. ↑Bröck²}: Dellbrück, rechtsrh. Kölner Vorort.
dem|nächs [dəm'nɛ·ks] <Adv.>: demnächst.
Demod, de ['de·mo:t] <N.; kein Pl.> {5.4; 6.11.3}: Demut.
demöd|ig ['de·mø·dɪŋ] <Adj.; ~e; ~er, ~ste> {5.4; 6.11.3}: demütig. Tbl. A5.2
Demonstrativ|pronome, et [demonstra'ti·fpro'no·mə] <N.; ~>: Demonstrativpron., hinweisendes Fürwort: *dä, die, dat ... hee|do* (dieser, diese, dieses, jener, jene, jenes ... hier/da).
denke ['dɛŋkə] <V.; unr.; *han*; daach [da:x] gedaach [jə'da:x]>: denken. (46)
Denk|er|steen, de ['dɛŋkɐˌʃte·n] <N.; ~e> {s. u. ↑Steen}: Denkerstirn.
Denk|fähler, der ['dɛŋk,fɛ·lɐ] <N.; ~> {s. u. ↑Fähler}: Denkfehler.
Denk|mol, et ['dɛŋk,mo·l] <N.; ~|möler> {s. u. ↑Mol²}: Denkmal.
Denk|paus/~|puus, de ['dɛŋk,pau̯·s / -pu·s] <N.; ~e> {s. u. ↑Paus¹/Puus¹}: Denkpause.
Denk|püüs|che, et ['dɛŋk,py·sjə] <N.; ~r> {s. u. ↑Puus¹/Paus¹}: Denkpäuschen, (scherzh.) Nickerchen, kurzes Schläfchen.
Denk|schreff, de ['dɛŋk,ʃrɛf] <N.; ~|schrefte> {s. u. ↑Schreff}: Denkschrift.
Denk|spill, et ['dɛŋk,ʃpɪl] <N.; ~ [-ʃpɪl·]> {s. u. ↑Spill}: Denkspiel.
Denk|wies, de ['dɛŋk,vi·s] <N.; ~e> {s. u. ↑Wies²}: Denkweise.
Denk|zeddel, der ['dɛŋk,tsɛdəl] <N.; ~e> {s. u. ↑Zeddel}: Denkzettel, **a)** exemplarische Strafe od. als Warnung angesehene unangenehme Erfahrung; **b)** (übertr.) Ohrfeige [auch: ↑Gelz (3), ↑Juv¹, ↑Fimm, ↑Firm|bängel,

↑Tatsch, ↑Wa|männ|che, ↑Tachtel, ↑Knall|zigar, ↑Ohr|fig, ↑Klatsch, e ↑Dillen|dötz|che krige].
der¹ [dɐ] <best. Art. unbetont; Sg. mask. Nom. u. Akk.> {5.3}: der: *D. Pitter hät hügg frei.* (Peter hat heute frei.); *Mer kann d. Sprit baal ni' mih bezahle.* (Man kann das Benzin bald nicht mehr bezahlen.). Tbl. Art2
der² [dɐ] <Personalpron. unbetont; 2. Pers. Sg. Dat. von ↑do²> {5.3.2.5; 5.4}: dir: *Ich han d. dat Boch doch ald gegovve.* (Ich habe d. das Buch doch schon gegeben.) [auch: dir]. Tbl. P1
derr [dɛx] <Prt.>: dorthin.
Desch, der [deʃ] <N.; ~(e); ~che/~el|che [-jə / -əlʃə]> {5.5.2; 6.11.1}: Tisch.
Desch|deck, de ['deʃ,dɛk] <N.; ~e> {s. u. ↑Desch ↑Deck²}: Tischdecke.
Desch|doch, et ['deʃ,do·x] <N.; ~|döcher> {s. u. ↑Desch ↑Doch¹}: Tischtuch.
Desche|schoss, et ['deʃəˌʃɔs] <N.; ~|schösser> {9.1.1; s. u. ↑Desch ↑Schoss¹}: Tischlade.
Desche|stempel, der ['deʃəˌʃtɛmpəl] <N.; ~e> {9.1.1; s. u. ↑Desch}: Tischbein.
Desch|feuer|zeug, et ['deʃ,fɔy̯etsɔy̯ʃ] <N.; i. best. Komposita *Feuer*, sonst ↑Füür/Föör; ~e> {11; s. u. ↑Desch ↑Feuer|zeug}: Tischfeuerzeug.
Desch|ge|bedd, et ['deʃjə,bet] <N.; ~er> {s. u. ↑Desch ↑Ge|bedd}: Tischgebet.
Desch|grell/~|grill, der ['deʃ,jrel / -jrɪl] <N.; ~s> {s. u. ↑Desch ↑Grell/Grill}: Tischgrill.
Desch|kaat, de ['deʃ,ka:t] <N.; ~e> {s. u. ↑Desch ↑Kaat}: Tischkarte.
Desch|kant, de ['deʃ,kant] <N.; ~e> {s. u. ↑Desch ↑Kant}: Tischkante.
Desch|lamp, de ['deʃ,lamp] <N.; ~e> {s. u. ↑Desch ↑Lamp}: Tischlampe.
Desch|nohber, der ['deʃ,no·bɐ] <N.; ~e> {s. u. ↑Desch ↑Nohber}: Tischnachbar.
Desch|ood(e)n|ung, de ['deʃ,ɔ:d(ə)nʊŋ] <N.; ~e (Pl. ungebr.)> {s. u. ↑Desch; 5.2.1.1.1; 5.5.3}: Tischordnung.
Desch|plaat, de ['deʃ,pla:t] <N.; ~e> {s. u. ↑Desch ↑Plaat¹}: Tischplatte.
de|selve [də'zɛlvə] <Demonstrativpron.>: dieselbe.
Dessin, et [de'sɛŋ] <N.; ~s> {5.3.2; 5.5.2}: Dessin, Muster.
deste ['dɛstə] <Konj.; unterordn.> {5.4}: desto, umso.

Destel, de ['dɛstəl] <N.; ~e> {5.5.2}: Distel, **1.** Pflanze mit stacheligen Blättern. **2.** <Pl.> (übertr.) Bartstoppeln.

Destel|fink, der ['dɛstəl‚fɪŋk] <N.; ~e> {s. u. ↑Destel}: Distelfink, Stieglitz.

des|wäge ['dɛsˌvɛˑjə] <Adv.> {5.4}: deswegen.

deutsch [dɔʏtʃ] <Adj.; ~e; ~er, ~(e)ste>: deutsch [auch: dütsch (veraltet)].   Tbl. A1

Deutsch|arbeid, de ['dɔʏtʃ|arˌbeɪt / '-‚--] <N.; ~e> {s. u. ↑Arbeid}: Deutscharbeit.

Deutsch|stund, de ['dɔʏtʃˌʃtʊnˑt] <N.; ~(e)> {s. u. ↑Stund}: Deutschstunde.

Deutsch|unger|reech/~|rich, der ['dɔʏtʃ‚ʊŋereːɦ / -rɪʃ] <N.; ~te (Pl. selten)> {s. u. ↑Unger|reech/~|rich}: Deutschunterricht.

Deuvel, der ['dɔʏ·vəl] <N.; ~(e)> {6.5.2; 6.11.1}: Teufel [auch: ↑Düüvel]; *****der D. em Balg/Liev han** (böse, gewieft, bes. frech sein); *****dem D. em Aasch nit dauge** (äußerst hinterhältig/böse/schlecht sein); **[RA]** *Der D. drieß immer op eine Haufe.* (Der T. scheißt immer auf einen Haufen. = Geld kommt immer zu Geld); **[RA]** *Löstig geläv un sillig gestorve es dem D. de Rechnung verdorve.* (Lustig gelebt u. selig gestorben ist dem T. die Rechnung verdorben.).

Deuvels|kreis, der ['dɔʏvəlsˌkreɪs] <N.; in einigen Komposita nur *Deuvel*, sonst auch ↑Düüvel; o. Pl.> {s. u. ↑Deuvel ↑Kreis}: Teufelskreis.

di [di(ˑ)] <Possessivpron.; 2. Pers. Sg.; beim Neutrum zwingend, außerdem bei Neutr./Mask./Fem. Sg. im Nom. u. Akk. bei Vater, Mutter, Bruder, Schwester> {5.3.1}: dein, deine, **1.** bei Neutr. Sg. *di*, nur selten *ding*: *d. (ding) Boch* (d. Buch); *d. (ding) Kind* (d. Kind). **2.** bei Bez. von Eltern u. Geschwistern im Sg. mask. u. fem. *di*, nur selten *ding(e)*: *d. (ding) Mutter* (d. Mutter); *d. (dinge) Broder* (d. Bruder); [auch: ↑ding].   Tbl. P2.2

Dialek, der [ˌdiaˈlɛk] <N.; ~te> {8.3.5}: Dialekt.

Dialog, der [ˌdiaˈloˑx] <N.; ~e [ˌdiaˈloˑʀə]>: Dialog.

dich[1] [dɪʃ] <Personalpron.; 2. Pers. Sg. Akk. von ↑do[2]>: dich.   Tbl. P1

dich[2] [dɪʃ] <Reflexivpron.; 2. Pers. Sg. Akk. zu ↑sich>: dich.   Tbl. P3

Dich|kuns/Deech|~, de ['dɪʃˌkʊns / 'deːʃ-] <N.; ~|küns> {s. u. ↑dichte/deechte ↑Kuns}: Dichtkunst.

dichte[1]**/deechte**[1] ['dɪʃtə / 'deːʃtə] <V.; schw.; *han*; gedich [jəˈdɪʃ]>: (ab)dichten, dicht mache.   (131)

dichte[2]**/deechte**[2] ['dɪʃtə / 'deːʃtə] <V.; schw.; *han*; gedich [jəˈdɪʃ]>: dichten, reimen, ein Gedicht machen.   (131)

Dicht|er/Deecht|~, der ['dɪʃtə / 'deːʃt-] <N.; ~> {5.2.1; 5.4}: Dichter.

Dicht|ung, de ['dɪʃtʊŋ] <N.; ~e>: Dichtung.

die[1] [di] <best. Art. betont; Sg. fem., od. Nom. u. Akk.>: die, **1.** <3. Pers. Sg. fem. Nom.>: *D. Vas steiht om Desch.* (D. Vase steht auf dem Tisch.). **2.** <3. Pers. Sg. fem. Akk.>: *Ich han d. Vas op der Desch gestallt.* (Ich habe d. Vase auf den Tisch gestellt.). **3.** <3. Pers. Pl. Nom.>: *D. Lück hee luure nor zo.* (D. Leute schauen nur zu.). **4.** <3. Pers. Pl. Akk.>: *Mer han d. Lück getroffe.* (Wir haben d. Leute getroffen.).   Tbl. Art1

die[2] [diˑ] <Demonstrativpron.>: die, diese, **1.** <3. Pers. Sg. fem. Nom.>: *Nor d. Lück kumme hee durch.* (Nur d. Leute kommen hier durch.). **2.** <3. Pers. Sg. fem. Akk.>: *Ich han mer ävver d. Kaat usgesök.* (Ich habe mir aber d. Karte ausgesucht.). **3.** <3. Pers. Pl. Nom.>: *D. Böcher kumme widder en et Regal.* (D. Bücher kommen wieder ins Regal.). **4.** <3. Pers. Pl. Akk.>: *Ich well ävver d. Schohn, nit die andere.* (Ich will aber d. Schuhe, nicht die anderen.).   Tbl. P5.1

die[3] [di] <Relativpron.; 3. Pers. Sg. fem. u. 3. Pers. Pl., Nom. u. Akk.>: die, welche, **1.** <3. Pers. Sg. fem. Nom.>: *die Muus, d. en der Fall setz* (die Maus, d./welche in der Falle sitzt). **2.** <3. Pers. Sg. fem. Akk.>: *die Muus, d. mer gefange han* (die Maus, d./welche wir gefangen haben). **3.** <3. Pers. Pl. Nom.>: *Rof ens die Pänz, d. em Gaade am Spille sin!* (Ruf die Kinder, d./welche im Garten spielen!). **4.** <3. Pers. Pl. Akk.>: *die Pänz, d. ich gesinn han* (die Kinder, d./welche ich gesehen habe).   Tbl. P4

die|jinnige ['diˑjɪnɪˌjə] <Demonstrativpron.; 3. Pers. Sg. fem. u. 3. Pers. Pl., Nom. u. Akk.; verstärkend für ↑die[2], mit nachfolgendem Relativsatz> {5.3.2}: diejenige, **1.** <3. Pers. Sg. fem. Nom.>: *d., die dat gedon hät* (d., die das getan hat). **2.** <3. Pers. Sg. fem. Akk.>: *d., die ich gester aangerofe han* (d., die ich gestern angerufen habe). **3.** <3. Pers. Pl. Nom.>: *d., die gester ald hee wore* (~n, die gestern schon hier waren). **4.** <3. Pers. Pl. Akk.>: *d., die mer gester getroffe han* (~n, die wir gestern getroffen haben); [auch: ↑die[2]].   Tbl. P5.1

Dier, et [diˑɐ̯] <N.; ~e> {6.11.1}: Tier, *****et ärme D. han/krige** (trübsinnig, schwermütig, depressiv sein/werden, Depressionen haben [auch: *der* ↑Möpp han]).

Dier|aaz, der ['ti·ɐ̯ˌla:ts] <N.; |~ääz> {s. u. ↑Dier ↑Aaz}: Tierarzt; Veterinär.

Dier|fründ, der ['di·ɐ̯ˌfrʏnt] <N.; ~e> {s. u. ↑Dier ↑Fründ}: Tierfreund.

die|selve [di'zɛl·və] <Demonstrativpron.; Sg. fem. u. Pl., Nom. u. Akk.; verstärkend für ↑die²> {6.1.1}: dieselbe(n) [auch: ↑die²]. Tbl. P5.1

diffi̱sill [dɪfɪ'zɪl] <Adj.; ~e; ~er, ~ste ⟨frz. difficile⟩> {2; 5.3.2; 6.12.7}: diffizil, schwierig, **1.** (auf Sachen, bes. Stoffe, bezogen) empfindlich im Tragen [auch: ↑emfind|lich, ↑fimsch|ig (2), ↑gööz|ig, ↑krüddel|ig (3), ↑pingel|ig (1)]. **2.** (auf Menschen, bes. Kranke bezogen) schwierig zu behandeln, zu pflegen. Tbl. A2.2

Dill[1], de [dɪl·] <N.; ~e ['dɪlə]> {5.3.4; 8.3.1}: Diele, **1.** Holzbrett [auch: ↑Ge|bünn]. **2.** Vorraum.

Dill[2], der [dɪl] <N.>: Dill, **1.** Gewürzkraut. **2.** Penis [auch: ↑Ge|maach, ↑Ge|mäch|s, ↑Löll (1), ↑Lör|es (2), ↑Lömmel (2), ↑Nipp, ↑Pitz, ↑Schnibbel (3), ↑Reeme (2); ↑Prügel (1b)]; **[RA]** (derb) *Leck mich am D.!* (Ausruf des Erstaunens).

dille ['dɪlə] <V.; schw.; *han*; dillte ['dɪl·tə]; gedillt [jə'dɪl·t]> {5.3.4}: dielen, mit Dielen, Brettern belegen. (91)

Dille|boddem, der ['dɪləˌbodəm] <N.; ~|boddem> {s. u. ↑Dill ↑Boddem}: Dielenboden.

Dille|bredd, et ['dɪləˌbrɛt] <N.; ~er> {s. u. ↑Dill¹ ↑Bredd}: Dielenbrett.

Dille(n)|dopp, der ['dɪlə(n)ˌdɔp] <N.; ~|döpp; ~|döpp|che> {9.1.4}: Kreisel, Holzkreisel [auch: ↑Dopp]; <Diminutiv> *Dilledöppcher:* Kindertanzkorps der Karnevalsges. Altstädter.

Dillen|dötz|che, et ['dɪlənˌdœtsjə] <N.; ~r>: Ohrfeige, nur i. d. Vbdg.: ***e D. krige** (eine Ohrfeige bekommen, geohrfeigt werden) [auch: ↑Gelz (3), ↑Juv¹, ↑Fimm, ↑Firm|bängel, ↑Tatsch, ↑Wa|männ|che, ↑Tachtel, ↑Knall|zigar, ↑Ohr|fig, ↑Klatsch, ↑Denk|zeddel (b)].

ding [dɪŋ·] <Possessivpron.; 2. Pers. Sg.; ~e> {5.3.4.1}: dein, deine, **1.** <attr.>: *~e Desch* (d. Tisch) [bei Neutr. sowie bei mask. u. fem. im Nom. u. Akk. bei Vater, Mutter, Bruder, Schwester auch: ↑di]. **2.** <Subst.>: *der, et ~e, de D.* (der, das D., die D., die ~en). Tbl. P2.2/Tbl. P2.9

Dinge, et ['dɪŋə] <N.; ~r; Ding|el|che> {9.2.1.1}: Ding; ***kromm ~re maache** (etw. Unerlaubtes, Rechtswidriges tun).

dinget|halver ['dɪŋətˌhal·və] <Adv.> {s. u. ↑ding ↑halv}: deinethalben, dir zuliebe, um deinetwillen: *Ich ben d. hee.* (Ich bin d. hier.) [auch: ↑dinget|wäge].

dinget|wäge ['dɪŋətˌvɛ·jə] <Adv.> {s. u. ↑ding ↑wäge³}: deinetwegen, **1.** dir zuliebe, um deinetwillen: *Ich ben d. hee.* (Ich bin d. hier.). **2.** von dir aus: *D. künne mer gonn?* (D. können wir gehen?); [auch: ↑dinget|halver].

Dins|dag, der ['dɪnsˌda:x] <N.; ~|däg/~e [-dɛ·ɟ / -daˑʀə]> {5.3.3; s. u. ↑Dag}: Dienstag.

dins|dags ['dɪnsˌda·(x)s] <Adv.> {5.3.3; s. u. ↑Dag}: dienstags.

Diplom|arbeid, de [dɪ'plo·mlarˌbeɪ̯t] <N.; ~e> {s. u. ↑Arbeid}: Diplomarbeit.

dir [di:ɐ̯] <Personalpron. betont; 2. Pers. Sg. Dat. von ↑do²>: dir. Tbl. P1

direk[1]/**tirek**[1] [dɪ'rɛk / tɪ'rɛk] <Adj.; ~te; ~ter, ~ste> {8.3.5; (5.5.2)}: direkt. Tbl. A4.1.1

direk[2]/**tirek**[2] [dɪ'rɛk / tɪ'rɛk] <Adv.> {8.3.5}: direkt, geradezu, ausgesprochen, regelrecht.

direkte|mang/tirekte|~ [dɪ'rɛktə'maŋ / tɪ'rɛktə-] <Adv. ⟨frz. directement⟩> {(6.13.2)}: geradewegs, sofort, unmittelbar.

Dirigier, der [dɪrɪ'ji·ɐ̯] <N.; kein Pl.>: Führung, Leitung.

dirigiere/~eere [dɪrɪ'ji·(ɐ̯)rə / -e·rə] <V.; schw./unr.; *han*; dirigierte [dɪrɪ'ji·ɐ̯tə]; dirigiert [dɪrɪ'ji·ɐ̯t] ⟨lat. dirigere⟩> {(5.1.4.3)}: dirigieren, führen, leiten, lenken. (3) (2)

dis [dɪs] <Demonstrativpron.; 3. Pers. Sg. fem. u. Neutr. Akk.; ~e ['dizə] {5.3.4.1}: dies, nur bei Zeitangaben (die Demonstrativpron. *dieser, diese, dieses* werden mit ↑dä² ↑die² ↑dat² ausgedrückt): *~e Mond* (~en Monat = in ~em Monat); *~e Morge* (heute Morgen); *d. Woch* (~e Woche = in d~er Woche); *d. Johr* (~es Jahr = in ~em Jahr); *öm d. Zigg* (zu ~er Zeit); ***d. Dag** (~er Tage = **1.** in den nächsten Tagen. **2.** in den letzten Tagen, neulich). Tbl. P5.2

dise [dɪzə] <Demonstrativpron.>: diesen (nur bei Zeitangaben): *dise Ovend* (heute Abend).

Diskett, de [dɪs'kɛt] <N.; ~e> {8.3.1}: Diskette.

Diskette|lauf|werk, et [dɪs'kɛtəˌlɔʊ̯fvɛrk] <N.; ~e>: Diskettenlaufwerk.

Dis|köösch, der [dɪs'kø:ʃ] <N.> {5.2.1.1.2}: Diskurs, Vortrag, Rede, Unterhaltung.

diskutiere/~eere [dɪskʊ'ti·(ɐ̯)rə / -e·rə] <V.; schw./unr.; *han*; diskutierte [dɪskʊ'ti·ɐ̯tə]; diskutiert [dɪskʊ'ti·ɐ̯t] ⟨lat. discutere⟩> {(5.1.4.3)}: diskutieren. (3) (2)

disponiere/~eere [dɪspo'ni·(ɐ̯)rə / -e·rə] <V.; schw./unr.; *han*; disponierte [dɪspo'ni·ɐ̯tə]; disponiert [dɪspo'ni·ɐ̯t] ⟨lat. disponere⟩> {(5.1.4.3)}: disponieren. (3) (2)

dit [dɪt] <Demonstrativpron.; indekl.> {5.3.4.1; 6.10.2}: dies, nur noch i. d. Wendung *d. un dat* (d. und das).

Ditz[1], der [dɪts] <N.; ~e; ~che [-jə]> 1. <meist Diminutiv> Wickelkind, Säugling, Kleinkind [auch: ↑Baba|ditz|che, ↑Weckel|ditz|che]. 2. **[RA]** *Do jecken D.!* (zu jmdm., der einen dummen Witz gemacht hat od. sich dumm angestellt hat) [auch: ↑Doll].

Ditz[2], der [dɪts] <N.; ~e; ~che [-jə]>: Schmutz im Augenwinkel.

Divertissement|che, et [ˌdivɛtɪsə'mɛntʃə] <N.; ~r>: 1. Zerstreuung, Vergnügen. 2. heiteres, parodistisch angelegtes Theaterspiel voll Scherz u. Spott echt kölscher Art, musikalisch unterbaut u. durchzogen mit bekannten Melodien, durch die die Anspielungen u. kleinen satirischen Kritiken städtischer, parteipolitischer u. anderer Verhältnisse farbig untermalt werden.

do[1] [dɔ·] <Adv.> {5.5.3}: da, (scherzh.) *D. komen se un d. däten se un d. wor et esu.* (D. kamen sie und d. taten sie und d. war es so; gesagt, wenn jemand nicht mehr genau weiß, was er erzählen wollte).

do[2] [do·] <Personalpron. betont; 2. Pers. Sg. Nom.> {5.4}: du [auch: ↑de²]. Tbl. P1

do[3] [dɔ·] <Konj.; unterordn.> {5.5.3}: da, weil.

do[1]- [dɔ] <Präfix; adverbbildend; unbetont> {5.4}: da-, i. Vbdg. m. Präp., Adv.: *~bei* (~bei); *~nevve* (~neben).

do[2]- [dɔ·] <Präfix; betont> {5.5.3}: da-, i. Vbdg. m. V. u. anderen Wortteilen: *~blieve* (~bleiben); *~mols* (~mals).

Dobbel, der ['dɔbəl] <N.; ~e; Döbbel|che>; meist Diminutiv>: würfelförmig geschnittene Stückchen Kartoffeln, Möhren, Speck.

döbbele ['dœbələ] <V.; schw.; *han*; döbbelte ['dœbəltə]; gedöbbelt [jə'dœbəlt]> {9.2.1.2}: würfeln. (6)

do|bei [dɔ'beɪ̯] <Adv.>: dabei.

do|bei|- [dɔ'beɪ̯] <Präfix>: hinzu-, dazu-, i. Vbdg. m. V.: *~deechte* (~dichten), *~gehüre* (~gehören).

do|bei|be|zahle [dɔ'beɪ̯bə,tsa·lə] <trennb. Präfix-V.; schw.; *han*; be|zahlte d. [bə'tsa·ltə]; d. be|zahlt [-bə'tsa·lt]> {s. u. ↑do|bei|~ ↑be|zahle}: zuzahlen, draufzahlen; eine best. Summe zusätzlich zahlen: *ene Euro d.* (einen Euro z.). (61)

do|bei|deechte/~|dichte [dɔ'beɪ̯de:ftə / -dɪftə] <trennb. Präfix-V.; schw.; *han*; ~|gedeech [-jədeːfj]> {5.2.1; 5.4}: hinzudichten. (131)

do|bei|denke [dɔ'beɪ̯dɛŋkə] <trennb. Präfix-V.; unr.; *han*; daach d. [da:x]; ~|gedaach [-jədaːx]>: hinzudenken, in Gedanken hinzufügen. (46)

do|bei|dun [dɔ'beɪ̯dʊn] <trennb. Präfix-V.; unr.; *han*; dät d. [dɛ·t]; ~|gedon [-jədɔn]> {5.3.2.5; 6.11.1}: hinzutun, beifügen, hinzufügen, beigeben, hinzugeben, beiheften; hinzusetzen [auch: ↑bei|scheeße, ↑zo|scheeße (2a)]. (53)

do|bei|(ge)hüre/~|höre [dɔ'beɪ̯(jə)ˌhy:(ɐ̯)rə / -hø:(ɐ̯)rə] <trennb. Präfix-V.; Formen mischbar; schw./st.; *han*; (ge)|hürte/ (ge)|hoot d. [(jə)'hy·ɐ̯tə / (jə)hoːt]; ~|(ge)|hürt/~|gehoot [-(jə)hy·ɐ̯t / -jəhoːt]> {5.4}: dazugehören. (21) (179)

do|bei|krige [dɔ'beɪ̯krɪjə] <trennb. Präfix-V.; unr.; *han*; kräg/kräht d. [krɛːj / krɛːt]; ~|(ge)|kräge/~|gekräg/ ~|gekräht [-(jə)ˌkrɛːjə / -jəˌkrɛːj / -jəˌkrɛːt]> {5.3.4.1}: hinzukriegen, -bekommen, zusätzlich bekommen, noch dazubekommen. (117)

do|bei|kumme [dɔ'beɪ̯kʊmə] <trennb. Präfix-V.; st.; *sin*; kom d. [kɔ·m]; ~|(ge)|kumme [-(jə)ˌkʊmə]> {5.4}: hinzukommen. (120)

do|bei|nemme [dɔ'beɪ̯nemə] <trennb. Präfix-V.; st.; *han*; nohm d. [nɔ·m]; ~|genomme [-jənɔmə]> {5.3.4; 5.5.2}: hinzunehmen. (143)

do|bei|rechne [dɔ'beɪ̯rɛfjnə] <trennb. Präfix-V.; schw.; *han*; rechente d. ['rɛfjəntə]; ~|gerechent [-jərɛfjənt]>: hinzurechnen, dazurechnen. (150)

do|bei|setze[1] [dɔ'beɪ̯zɛtsə] <trennb. Präfix-V.; st.; *han*; soß d. [zɔ·s]; ~|gesesse [-jəzɛsə]> {5.5.2}: dabeisitzen, daneben sitzen. (172)

do|bei|setze[2] [dɔ'beɪ̯zɛtsə] <trennb. Präfix-V.; unr./schw.; *han*; setzte/satz d. ['zɛtstə / zats]; ~|gesetz/~|gesatz [-jəzɛts / -jəzats]>: hinzusetzen, dazusetzen, sich (zu jmdm.) setzen. (173)

do|bei|verdeene [dɔ'beɪ̯fɐˌdeːnə] <trennb. Präfix-V.; schw.; *han*; verdeente d. [fɐ'deːntə]; ~|verdeent [-fɐdeːnt]> {5.1.4.3}: hinzuverdienen. (44)

do|benne [dɔ'bɛnə] <Adv.> {5.5.2}: d(a)rinnen [auch: ↑do|dren, ↑do|ren].

do|blieve ['dɔˑbliˑvə] <trennb. Präfix-V.; st.; sin; blevv do [blef]; ~|geblevve [-jəblevə]> {5.1.4.5; 6.1.1}: dableiben. (29)

doch [dɔx] <Adv.>: doch; als bejahende Antwort auf eine negierte Aussage od. Frage: *Do bes ävver noch kein dressig!?. – D.!* (Du bist aber noch keine dreißig!? – D.!); kurz für ↑en|doch!; **o'h 'n doch!* („och en doch": oh doch!).

Doch[1], et [dɔx] <N.; Döcher ['døˑfje]; Döch|el|che ['døˑjəlfjə]> {5.4; 6.11.1}: Tuch.

Doch[2], der [dɔx] <N.; ~te> {8.3.5}: Docht.

Doch|färv|er, der ['dɔˑx,fɛrˑve] <N.; ~> {s. u. ↑Doch[1] ↑Färv}: Tuchfärber.

Doch|mäch|er, der ['dɔˑx,mɛfje] <N.; ~> {5.4; s. u. ↑Doch[1]}: Tuchmacher.

docke ['dɔkə] <V.; schw.; han; dockte ['dɔktə]; gedock [jə'dɔk]>: docken, **1.** ins Dock bringen. **2.** (ein Raumfahrzeug) ankoppeln. (88)

Dodder, der ['dɔdɐ] <N.; ~e/Dödder ['dɔdɐrə / 'dœdɐ]> {6.11.3}: Dotter.

Dodder|aasch, der ['dɔdɐˌjaːʃ] <N.; ~|ääsch> {s. u. ↑Dodder ↑Aasch}: scherzh. für einen Menschen, der langsam u. schwerfällig geht.

Dodder|blom, de ['dɔdɐˌbloːm] <N.; ~e; ~|blöm|che> {s. u. ↑Dodder ↑Blom}: Dotterblume, Butterblume [auch: ↑Botter|blom].

do|dra(a)n ['dɔˌdra(ː)n / ˌ-'-] <Adv.>: daran.

do|dren [dɔ'drenˑ] <Adv.> {5.5.2}: darin, da hinein [auch: ↑do|benne, ↑do|ren].

do|dröm [dɔ'drøm˙ / '-,-] <Adv.> {5.5.1}: darum, deshalb [auch: ↑do|röm, ↑dröm].

do|drop [dɔ'drop / '-,-] <Adv.> {5.3.1; 5.5.1}: da(d)rauf.

do|drus [dɔ'drʊs / '-,-] <Adv.> {5.3.1}: da(d)raus [auch: ↑do|rus].

do|drüvver [dɔ'drʏvɐ / '-,--] <Adv.> {5.3.2}: da(d)rüber [auch: ↑do|rüvver].

do|durch [dɔ'dʊrfj / '-,-] <Adv.>: dadurch.

Döff, der [døf] <N.; Döfte ['døftə] {5.5.1; 8.3.5}: Duft.

do|för [dɔ'føːɐ / '-,-] <Adv.> {(5.4)}: dafür.

döfte ['døftə] <V.; schw.; han; gedöff [jə'døf]> {5.5.1}: duften. (89)

do|gäge [dɔ'jɛˑjə / '-,--] <Adv.> {5.4}: dagegen [auch: ↑do|widder].

do|han [dɔˑhan] <trennb. Präfix-V.; unr.; han; hatt do [hat]; ~|gehatt [-jəhat]> {5.3.2.5}: dahaben, **1.** vorrätig, zur Verfügung haben: *Hä hät genog Kölsch do.* (Er hat genug Kölsch da.). **2.** bei sich haben: *Hügg hatte mer der Steuerpröfer do.* (Heute hatten wir den Steuerprüfer da.). (92)

do|heim [dɔˑheːrˑm] <Adv.>: daheim [auch: *zo* ↑*Hus (b)*].

do|her [dɔˑhɛx / '-,-] <Adv.>: daher, dahin, **1.** daher: *Ming Mamm kütt d.* (Meine Mutter kommt d.). **2.** dahin: *Läg dat Boch d.!* (Leg das Buch d.!) [auch: ↑do|hin].

do|hin [dɔˑhɪn / '-,-] <Adv.>: dahin [auch: ↑do|her (2)].

do|hinger [dɔˑhɪŋɐ] <Adv.> {6.7}: dahinter.

do|hinger|kumme [dɔˑhɪŋekʊmə] <trennb. Präfix-V.; st.; sin; kom d. [kɔˑm]; ~(|ge)kumme [-(jə),kʊmə]> {5.4}: dahinterkommen, erfahren, ergründen. (120)

dohin|raafe [dɔˑhɪnraːfə] <trennb. Präfix-V.; schw.; han; raafte d. ['raːftə]; ~|geraaf [-jəraːf]> {5.2.1.4}: hinwegraffen, dahinraffen. (108)

Dokter, der ['dɔktɐ] <N.; Döktersch ['dœktɐʃ]> {5.4}: Doktor.

doktere [dɔktɐrə] <V.; schw.; han; dokterte ['dɔktɐtə]; gedoktert [jə'dɔktɐt]> {9.2.1.2}: doktern. (4)

Dokter|hot, der ['dɔktɐˌhoˑt] <N.; ~|höt> {s. u. ↑Dokter ↑Hot}: Doktorhut.

Dökter|sch, de ['dœktɐʃ] <N.> {5.4}: Doktorin.

dolde ['dɔldə] <V.; schw.; han; doldte ['dɔlˑtə]; gedoldt [jə'dɔlˑt]> {5.5.1}: dulden, aus Nachsicht fortbestehen lassen: *Hüng weede hee em Huus nit gedoldt.* (Hunde werden in diesem Haus nicht geduldet.). (28)

doll [dɔl] <Adj.; ~e; ~er, ~ste> {6.11.1}: toll, **1.** verwirrt, verrückt, unsinnig: *Der Pitter es d., wann e bei däm Wedder schwemme geiht.* (Peter ist verrückt, wenn er bei diesem Wetter schwimmen geht.). **2.** übermütig, unbändig: *Uns Katz es ganz d.* (Unsere Katze ist ganz unbändig). **3.** besonders gut: *Die Musik fingen ich d.* (Diese Musik finde ich t.). Tbl. A2.2

Doll, der [dɔlˑ] <N.; subst. Adj.; ~e ['dɔlə]> {6.11.1; 8.3.1}: Tolle (der), harmlos scheltend gebraucht.

dolle ['dɔlə] <V.; schw.; han; dollte ['dɔlˑtə]; gedollt [jə'dɔlˑt]> {6.11.1}: tollen. (91)

Doll|erei, de [ˌdɔləˈreɪˑ] <N.; ~e [-əˈreɪə]> {6.11.1}: Tollerei, das Herumtollen; **us Jux un D.* (aus Übermut, nicht ernst gemeint, übermütig).

Doll|heit, de ['dɔlhɛɪ̯t] <N.; ~e> {6.11.1}: Tollheit, Ausgelassenheit, übermütiger Streich, Ulk.

Doll|huus, et ['dɔl,huːs] <N.; ~|hüüser [-hyːzə]> {s. u. ↑Doll ↑Huus}: Irrenhaus, Irrenanstalt, psychiatrische Klinik [auch: ↑Jecken|aanstalt, ↑Klaps|müll].

Döl̲m|es, der ['dølməs] <N.; ~|es̲e/~|ese>: Tölpel.

Dol̲omitte [,dolo'mɪtə] <N.; Ortsn.; Pl.>: Dolomiten, Teil der Alpen in Italien.

do̲|lo̲oße ['doːloˑsə] <trennb. Präfix-V.; st.; *han*; leet/leeß do̲ [leːt / leˑs]; ~|gelo̲oße [-jəloˑsə]> {5.2.1.3; 5.5.3}: dalassen, irgendwo zurücklassen; nicht mit sich nehmen. (135)

Dom|bau|hött, de ['doˑmbou̯,høt] <N.; ~e> {s. u. ↑Hött}: Dombauhütte, Werkstatt der Steinmetze, Schreiner u. Glasmaler des Domes.

do|met¹ ['dɔmet / -'-] <Adv.> {5.5.2}: damit: *Fott d.!* (Weg d.!).

do|met² [dɔ'met] <Konj.; unterordn.> {5.5.2}: damit, zu dem Zweck, dass ...: *Do muss der Führersching maache, d. de fahre darfs.* (Du musst den Führerschein machen, d. du fahren darfst.).

Dom|hoff, Am [am'doˑm,hɔf] <N.; Straßenn.> {s. u. ↑Hoff}: Am Domhof; Straße in Köln-Altstadt/Nord. Der Dom ist Sitz des Erzbischofs als Kirchenfürst u. Stadtherr. Die Hofanlage beinhaltete auch mehrere Kirchen. Im 14. Jh. hieß die Straße *in der Spoirgasse*, was sich evtl. von Spormacher (Speermacher) od. dem Personennamen Spor ableitet.

Dom̲inikaner, An de [,andədomɪnɪˑkaˑnɐ] <N.; Straßenn.>: An den Dominikanern; Straße in Köln-Altstadt/Nord. Hier ließen sich in der ersten Hälfte des 13. Jh. Predigermönche, nämlich die Dominikaner, nieder. Sie gründeten 1248 ein Studium Generale Teutonicum; Albertus Magnus, Thomas von Aquin u. Meister Eckhart hielten sich hier zu Studien- u. Lehrzwecken auf. 1571 hieß die Straße *Prediker cloister* u. bis 1816 hatte sie die Namen *Thomas-Aquin-Straße* u. *Rue Thomas d'A-quin*. 1900-1989 befand sich hier die Kölner Hauptpost.

do̲mm [dom] <Adj.; ~e; dömmer, dömmste ['dømə / 'dømˑstə] {5.5.1}: dumm, ***för d. verschließe** (für d. halten, unterschätzen) [auch: ↑aad|ig (2), ↑blöd, ↑av|ge|schmack, ↑be|stuss, ↑be|titsch, ↑jeck, ↑kalver|ig, ↑knatsch|jeck, ↑läppsch, ↑ohß|ig ↑rader|doll, ↑stapel|jeck/stabel|~, ↑ver|dötsch, ↑ver|kindsch, ↑ver|röck, *mem Bömmel behaue; en Ääz am Kieme/Wandere (han); (se) nit all op de Dröht/Reih (han); ene Nähl em Zylinder (han); ene Ratsch em Kappes (han); schwatz em Geseech (sin)*]. Tbl. A7.2.2

Domm|erei, de [,domə'reɪ̯] <N.; ~e [-ə'reɪ̯ə]> {5.5.1}: Dummheit [auch: ↑Domm|heit].

Domm|heit, de ['domhɛɪ̯t] <N.; ~e> {5.5.1}: Dummheit [auch: ↑Domm|erei].

do̲|mols ['dɔˑmɔls] <Adv.> {5.5.3}: damals.

Döner|bud, de ['døˑnə,buˑt] <N.; ~e> {s. u. ↑Bud}: Dönerimbiss, (Steh-)Restaurant, in dem Döner verkauft wird.

do|nevve [do'nevə] <Adv.> {5.3.2; 5.5.2}: daneben.

do|nevve|- [do'nevə] <Präfix> {5.3.2; 5.5.2}: vorbei-, daneben-, i. Vbdg. m. V.: *~scheeße* (~schießen).

do|nevve|gonn [do'nevəjɔn] <trennb. Präfix-V.; st.; *sin*; ging d. [jɪŋ]; ~|gegange [-jəjaŋə]> {5.3.4; 8.2.2.3}: danebengehen, vorbeigehen. (83)

do|nevve|scheeße [do'nevəʃeˑsə] <trennb. Präfix-V.; st.; *han*; schoss d. [ʃos]; ~|geschosse [-jəʃoˑsə]> {5.1.4.3}: vorbeischießen, beim Schießen das Ziel verfehlen. (79)

donevve|treffe [do'nevətrɛfə] <trennb. Präfix-V.; st.; *han*; trof d. [troˑf]; ~|getroffe [-jətrofə]>: danebentreffen, vorbeitreffen, nicht treffen. (192)

dönn [dønˑ] <Adj.; ~e; ~er, ~ste ['dønə / 'dønˑstə]> {5.5.1}: dünn [auch: ↑fisell|ig (1)]. Tbl. A2.4

Dönn|darm, der ['dønˑ,darm] <N.; ~|därm [-dɛrˑm]> {s. u. ↑dönn ↑Darm}: Dünndarm.

Dönn|dress, der ['dønˑ,dres] <N.; kein Pl.> {s. u. ↑dönn}: Durchfall, Dünnschiss, Diarrhö [auch: ↑Dönn|schess, ↑Dress (1b), ↑Flöcke-maach-vöran, ↑Scheuter, ↑Schisela|wupptich].

Dönn|drock, der ['dønˑ,drɔk] <N.; ~e> {s. u. ↑dönn ↑Drock²}: Dünndruck, Druck auf Dünndruckpapier.

Donner, der ['donɐ] <N.; ~e> {5.5.1}: Donner.

Donner|balke, der ['donɐ,balkə] <N.; ~> {s. u. ↑Donner ↑Balke}: Donnerbalken.

donnere ['donərə] <V.; schw.; donnerte ['donɐtə]; gedonnert [jə'donɐt]> {5.5.1; 9.2.1.2}: donnern, **1.** <unpers.; han> als Donner hörbar werden: *Et bletz un donnert.* (Es blitzt und donnert.). **2.** <han> ein donnerähnliches Geräusch verursachen. **3.** <sin> sich mit donnerähnlichem Geräusch fortbewegen, irgendwohin bewegen. **4.** <han> mit Wucht irgendwohin schleudern, schießen. **5.** <han> laut schimpfen. (4)

Donner|kiel, et ['dɔnɐˌkiːl] <N.; ~e> {s. u. ↑Donner ↑Kiel}: Donnerkeil, **1.** prähist. Werkzeug. **2.** versteinertes, keilförmiges Gehäuseende des Belemniten (vgl. Duden). **3.** (übertr.) Pfundskerl: *Der Pötze Fuss, dat es e D.* (Liedzeile aus „Der Pötze Fuss" von August Batzem). **4.** <o. Art.> [Betonungswechsel: --'-] Ausruf des Erstaunens.

Donner|schlag, der ['dɔnɐˌʃlaːx] <N.; ~|schläg [-ʃlɛˑʃ]> {s. u. ↑Donner}: Donnerschlag, Geräusch des Donners; [RA] *Maach doch nit us enem Futz ene D.* (Mach doch nicht aus einem Furz einen D. = Bausch doch nicht alles auf).

Donners|dag, der ['dɔnəsˌdaːx] <N.; ~e/~|däg [-daˑʀə / -dɛˑʃ]> {s. u. ↑Donner ↑Dag}: Donnerstag.

donners|dags ['dɔnəsˌdaˑ(x)s] <Adv.> {s. u. ↑Donner ↑Dag}: donnerstags.

Donner|wedder, et ['dɔnɐˌvɛdɐ] <N.; ~e> {s. u. ↑Donner ↑Wedder}: Gewitter, **1.** mit Blitzen u. Donner verbundenes Unwetter: *Glich gitt et e D.* (Gleich gibt es ein G.). **2.** (übertr.) heftiger Streit: *Bei Schmitzens gov et e D.* (Schmitzens haben einen heftigen Streit ausgetragen.). **3.** [Betonungswechsel: '--'--] Fluch, Ausruf des Staunens u. in bes. Wendungen: *D., wat ene Schoss!* (D., was für ein anziehendes Mädchen!). **4.** (übertr.) [Betonungswechsel: '--'--] Pfundskerl.

dönn|flüss|ig/~|flöss|~/ ['dønˌflʏsɪʃ / -fløs-] <Adj.; ~e; ~er, ~ste> {s. u. ↑dönn ↑flüss|ig/flöss|-}: dünnflüssig [auch: ↑zupp|ig]. Tbl. A5.2

Dönn|schess, der ['dønˑˌʃes] <N.; kein Pl.> {s. u. ↑dönn ↑Schess}: Dünnschiss, Diarrhö, Durchfall [auch: ↑Dönn|dress, ↑Dress (1b), ↑Flöcke-maach-vöran, ↑Scheuter, ↑Schisela|wupptich].

do|noh [doˈnɔˑ / '-ˌ-] <Adv.> {5.5.1; 6.3.1}: danach, mit der Betonung auf der ersten Silbe: demnach.

Doochter, de ['dɔːxtɐ] <N.; Dööchter ['dœːʃtɐ]> {5.2.1; 5.5.3; 6.11.1}: Tochter.

Doon, der [dɔːn] <N.; Dööner ['dœːnɐ]> {5.2.1.1.1; 5.5.3}: Dorn.

Doone|ge|strüpp|(s), et ['dɔːnəjəˌʃtrʏp(s)] <N. 〈mhd. struppe = Buschwerk〉> {s. u. ↑Doon ↑Ge|strüpp|(s)}: Dornengestrüpp.

Doone|hegg, de ['dɔːnəˌhɛk] <N.; ~e> {s. u. ↑Doon ↑Hegg}: Dornenhecke, Dornbusch.

Doone|struch, der ['dɔːnəˌʃtrʊx] <N.; ~|strüch> {s. u. ↑Doon ↑Struch}: Dornenstrauch.

Door/Duur, de [doˑɐ̯ / duˑɐ̯] <N.; *Door* veraltet; kein Pl.> {5.1.4.6; 8.2.2.2}: Dauer.

döör/düür [døˑɐ̯ / døy̯ˑɐ̯] <Adj.; ~e; ~er, ~ste ['døːrə / 'døːɐ̯stə]> {5.1.4.6; 6.11.1; 8.2.2.2}: teuer, ***~er weede/wääde/maache*** (verteuern); ****geschenk ze döör/düür*** (untauglich; wörtl.: geschenkt zu teuer). Tbl. A2.6

Döör|de/Düür|~, de ['døˑɐ̯də / dyˑɐ̯-] <N.; ~> {5.1.4.6; 6.11.1; 8.2.2.2}: hoher Preisstand.

doore¹/duure¹ ['doˑrə / 'duˑ(ɐ̯)rə] <V.; unr.; *han*; doote ['doˑtə]; gedoot [jəˈdoˑt]> {5.1.4.6; 8.2.2.2}: (an)dauern, **1.** zeitlich erstrecken. **2.** Bestand haben, unverändert bestehen bleiben. (134) (100)

doore²/duure² ['doˑrə / 'duˑ(ɐ̯)rə] <V.; schw./unr.; *han*; doote ['doˑtə]; gedoot [jəˈdoˑt]> {5.1.4.6}: bedauern: *et doot mich, do doos mich* (ich bedaure es, dich) [auch: ↑be|duure/~|doore; ↑be|klage; ↑be|met|leide; ↑begööze, ↑be|reue, *einem Leid dun*]. (134) (100)

Doosch, der [doːʃ] <N.; kein Pl.> {5.2.1.1.2; 5.4}: Durst, [RA] *D. es schlemmer wie Heimwih.* (D. ist schlimmer als Heimweh.).

dööschte ['døːʃtə] <V.; schw.; *han*; gedöösch [jəˈdøːʃ]> {5.2.1.1.2; 5.4}: dürsten. (19)

dööscht|ig ['døːʃtɪʃ] <Adj.; ~e; ~er, ~ste> {5.2.1.1.2; 5.4}: durstig. Tbl. A5.2

Dopp, der [dɔp] <N.; Döpp [dœp]; Döpp|che ['dœpʃə]>: **1.** Holzkreisel [auch: ↑Dille(n)|dopp], ****der D. schmecke*** (den Kreisel schlagen). **2.** Haufen; ****ene D. schmecke*** (einen Haufen machen (fäk.); scheißen).

Döpp [dœp] <N.; Pl.>: Augen, ****de D. zomaache/zudun*** (schlafen; sterben, krepieren; auch: *sich die Fott zodun*), ****et op de D. han*** (schlecht sehen, fehlsichtig sein, übersehen); etw. Offensichtliches nicht sehen): *Do häs et ävver op de D. Sühs de dä Hein do hinge dann nit?* (Du hast es aber auf den A. Siehst du Hein da hinten denn nicht?).

Döpp|ches|kick|er, der ['dœpʃəsˌkɪkɐ] <N.; ~> {5.4; 6.13.3; 9.1.2; s. u. ↑Döppe}: Topfgucker.

Döpp|ches|leck|er, der ['dœpʃəsˌlɛkɐ] <N.; ~> {9.1.2; s. u. ↑Döppe}: Topflecker.

Döpp|ches|nas, de ['dœpʃəsˌnaˑs] <N.; ~e> {9.1.2; s. u. ↑Döppe ↑Nas}: Topfnase, Nase wie ein umgestülptes Töpfchen, Stupsnase.

döppe ['dœpə] <V.; schw.; *han*; döppte ['dœptə]; gedöpp [jəˈdœp]>: koitieren, vögeln, **1.** Geschlechtsverkehr ausüben, beischlafen, pimpern [auch: ↑bööschte (2),

Dreikamf

Drei|kamf, der ['dreɪˌkamf] <N.; o. Pl.> {s. u. ↑Kamf}: Dreikampf.
Drei|künninge [ˌdreɪ'kʏnɪŋə] <N.; Eigenn.> {s. u. ↑Künning}: Dreikönige, Dreikönigsfest.
Drei|länder|eck, et [dreɪ'lɛnˑdəˌlɛk] <N.; ~e>: Dreiländereck.
drei|mol ['dreɪˌmɔˑl / '-'-] <Wiederholungsz., Adv.; zu ↑drei>: dreimal, (mit Ziffer: 3-mol).
Drei|satz, der ['dreɪˌzatz] <N.; o. Pl.>: Dreisatz.
Drei|spetz, der ['dreɪˌʃpetsˌ] <N.; ~e> {s. u. ↑Spetz}: Dreispitz.
Drei|sprung, der ['dreɪˌʃprʊŋ] <N.; o. Pl.>: Dreisprung.
Drei|veedels|botz, de [dreɪ'feˑdəlsˌbotsˌ] <N.; ~e> {9.1.2; s. u. ↑Veedel}: Dreiviertelhose.
Drei|veedels|jack, de [dreɪ'feˑdəlsˌjak] <N.; ~e> {9.1.2; s. u. ↑Veedel ↑Jack¹}: Dreivierteljacke.
Drei|veedels|maue [dreɪ'feˑdəlsˌmaʊə] <N.; fem.; nur Pl.> {9.1.2; s. u. ↑Veedel}: Dreiviertelärmel.
Drei|veedel|stund, de [dreɪˌfeˑdəlˈʃtʊnˑt] <N.; o. Pl.> {s. u. ↑Veedel ↑Stund}: Dreiviertelstunde.
Drei|veedel|tak, der [dreɪ'feˑdəlˌtak] <N.; ~te> {s. u. ↑Veedel ↑Tak}: Dreivierteltakt.
Drei|zack, der ['dreɪˌtsak] <N.; ~e>: Dreizack.
Drei|zemmer|wonn|ung, de [dreɪ'tsemәˌvonʊŋ] <N.; ~e> {s. u. ↑Zemmer; 5.3.2; 5.5.1}: Dreizimmerwohnung.
drell [drel] <Adj.; ~e; ~er, ~ste>: **1.** toll, schwindelig: *Mer weed et ganz d.* (Mir wird ganz schwindlig). **2.** ungeduldig: *Dä hät et ävver d.* (Der ist aber u., hat es aber eilig.); *Dä mäht mich ganz d.* (Der macht mich ganz u.). **3.** unbegreiflich: *Dat wor däm ze d.* (Das war ihm unbegreiflich/zu schwer.). Tbl. A2.2
Drell¹/Drill¹, der [drel / drɪl] <N.; ~e> {5.5.2}: Drill, Drillich, Leinengewebe.
Drell²/Drill², der [drel / drɪl] <N.; o. Pl.> {5.5.2}: Drill, das Drillen, mechanisches Einüben von Fertigkeiten beim Militär.
Drell|botz/Drill|~, de ['drelˌbotsˌ / drɪl-] <N.; ~e> {s. u. ↑Drell¹/Drill¹}: Drillichhose, Leinenhose.
drelle/drille ['drelə / 'drɪlə] <V.; schw.; *han*; drellte ['drelˑtə] gedrellt [jəˈdrelˑt] {5.5.2}: drillen. (18)
dremsche ['drɛmʃə] <V.; schw.; *han*; dremschte ['drɛmʃtə] gedremsch [jəˈdrɛmʃ]>: hüsteln, schwach husten [auch: ↑hemsche (2)]. (110)

dren [drenˑ] <Adv.> {5.5.2}: drin, drinnen, hinein, herein, **1.** auf die Frage wo: drin (darin): *Zucker es ald d.* (Zucker ist schon d.). **2.** ohne Schärfung [dren] auf die Frage wohin: darein: *Dun et d.!* (Leg/Stell/Setz/Gib es d.!).
dren|däue ['drendøyə] <trennb. Präfix-V.; Formen mischbar; unr./schw.; *han*; daut/däute d. [doʊt / 'døyˑtə]; ~|gedaut/~|gedäut [-jədoʊt / -jədøyˑt]>: hineinpressen, -schieben [auch: ↑eren|stoppe, ↑en|däue (2), ↑eren|däue]. (43)
dren|dun ['drendʊn] <trennb. Präfix-V.; unr.; *han*; dät d. [dɛˑt]; ~|gedon [-jədon]> {5.3.2.5; 6.11.1}: hineintun [auch: ↑eren|dun]. (53)
dren|fusche ['drenfʊʃə] <trennb. Präfix-V.; schw.; *han*; fuschte d. ['fʊʃtə]; ~|gefusch [-jəfʊʃ]> {6.8.2}: hineinpfuschen, in etw. pfuschen: *sich vun keinem en sing Arbeid d. looße* (sich von niemandem in seine Arbeit h. lassen) [auch: ↑eren|fusche]. (110)
dren|griefe ['drenˌriːfə] <trennb. Präfix-V.; st.; *han*; greff d. [ʃref]; ~|gegreffe [-jəˌrefə]> {5.1.4.5}: hineingreifen, in etw. greifen: *en e Pakett d.* (in ein Paket h.) [auch: ↑eren|griefe]. (86)
dren|halde ['drenhaldə] <trennb. Präfix-V.; st.; *han*; heeldt d. [heːlt]; ~|gehalde [-jəhaldə]> {6.11.3}: hineinhalten, [auch: ↑eren|halde]. (90)
dren|kneee/~|kneene, sich ['drenkneˑə / -kneˑnə] <trennb. Präfix-V.; ~|kneene veraltend; schw.; *han*; kneete d. ['kneˑtə]; ~|gekneet [-jəkneˑt]> {5.1.4.3; (9.1.1)}: sich hineinknien/ausgiebig mit etw. beschäftigen/befassen [auch: ↑eren|kneee/~|kneene]. (56) (44)
dren|packe ['drenpakə] <trennb. Präfix-V.; schw.; *han*; packte d. ['paktə]; ~|gepack [-jəpak]>: hineinpacken, -greifen [auch: ↑eren|packe]. (88)
dren|schlage/~|schlonn ['drenʃlaˑʀə / -ʃlon] <Präfix-V.; st.; *han*; schlog d. [ʃloˑx]; ~|geschlage [-jəʃlaˑʀə]> {(5.3.2; 5.4)}: hineinschlagen [auch: ↑eren|schlage/~|schlonn]. (48) (163)
dren|schmieße ['drenʃmiːsə] <trennb. Präfix-V.; st.; *han*; schmess d. [ʃmes]; ~|geschmesse [-jəʃmesə]> {5.1.4.5}: hineinschmeißen, -werfen [auch: ↑eren|-schmieße]. (25)
dren|schwaade ['drenʃvaˑdə] <trennb. Präfix-V.; schw.; *han*; schwaadte d. ['ʃvaˑtə]; ~|geschwaadt [-jəʃvaˑt]> {5.2.1.4}: hineinreden, **1.** sich redend ins Gespräch einmischen, dazwischenreden: *Schwaad mer nit dren!*

(Red mir nicht rein!). **2.** sich (redend u. Einfluss nehmend) einmischen: *einem en en Saach d.* (jmdm. in eine Angelegenheit h.). (197)

dren|setze ['drɛnzɛtsə] <trennb. Präfix-V.; unr./schw.; han; setzte/satz d. ['zɛtstə / zats]; ~|gesetz/~|gesatz [-jəzɛts / -jəzats]>: hineinsetzen, **1.** in etw. setzen: *et Titti en et Bett d.* (das Baby ins Bett h.). **2.** <sich d.> sich in etw. setzen: *Dä Stachel hät sich deef en et Fleisch drengesetz.* (Der Stachel hat sich tief ins Fleisch hereingesetzt.). (173)

dren|spreche ['drɛnʃprɛʃə] <trennb. Präfix-V.; st.; han; sprǫch d. [ʃproˑx]; ~|gesproche [-jəʃprɔxə]>: hineinsprechen [auch: ↑eren|schwaade, ↑eren|spreche]. (34)

dren|springe ['drɛnʃprɪŋə] <trennb. Präfix-V.; st.; sin; sprung d. [ʃprʊŋˑ]; ~|gesprunge [-jəʃprʊŋə]>: hineinspringen [auch: ↑eren|springe]. (26)

dren|stoppe ['drɛnʃtɔpə] <trennb. Präfix-V.; schw.; han; stǫppte d. ['ʃtɔptə]; ~|gestopp [-jəʃtɔp]> {5.5.1; 6.8.1}: hineinstopfen, -pressen [auch: ↑en|däue (2), ↑eren|däue, ↑eren|stoppe]. (75)

dren|wahße ['drɛnvaːsə] <trennb. Präfix-V.; st.; sin; wohß d. [voˑs]; ~|gewahße [-jəvaːsə]> {5.2.4; 6.3.1}: hineinwachsen [auch: ↑eren|wahße]. (199)

dresche ['drɛʃə] <V.; st.; han; drosch [drɔʃ]; gedrosche [jə'drɔʃə]>: dreschen, **1.** Getreidekörner, Samen lösen. **2.** prügeln [auch: ↑bimse (2), ↑bläue, ↑drop|haue, ↑kamesöle, ↑kiele¹ (2), ↑kloppe (2), ↑pisele, ↑prinze, ↑prügele, ↑schlage/schlonn, ↑schmecke¹, ↑schnave, ↑wachse², ↑wichse (2), *einem e paar ↑trecke*]. **3.** mit Wucht irgendwohin schlagen, schießen. (50)

Dresch|maschin, de ['drɛʃmaˌʃiːn] <N.; ~e> {s. u. ↑Maschin}: Dreschmaschine.

dress|-, Dress|- [drɛs] <Präfix; i. Vbdg. m. N. sowie Adj.; in Zus. unflektierbar>: scheiß-/Scheiß-, **1.** drückt in Bildungen mit N. aus, dass jmd./etw. negativ angesehen wird: *~wedder* (~wetter), *~aufgabe* (~hausaufgaben). **2.** drückt in Bildungen mit Adj. eine Verstärkung aus: *~egal* (~egal).

Dress, der [drɛs] <N.; ~; ~che>: Scheiße (die), **1. a)** Bauchwind; **b)** Dünnschiss, starker Durchfall [auch: ↑Dönn|dress, ↑Dönn|schess, ↑Flöcke-maach-vöran, ↑Scheuter, ↑Schisela|wupptich]; **c)** Kot; **d)** [RA] *Däm wünschen ich der glöhndigen D.!* (Ihm wünsche ich glühenden Durchfall (bei großer Verärgerung)); **e)** [RA] *D. am Schoh!* (Von wegen!); ***Dress!*** (Verdammt!. **2.** (übertr.) geringste Kleinigkeit, Minderwertiges. **3.** *einem der glöhn(d)igen/glöhdigen D. wünsche* (jmdn. verwünschen).

dress|egal ['drezeˈjaːl] <Adj.; nur präd.>: scheißegal.

Dress|emmer, der ['drɛsˌɛmɐ] <N.; ~e> {5.3.4}: Koteimer, Ersatz für einen Nachttopf.

Dress|er, der ['drɛsɐ] <N.; ~>: Scheißer, Schisser [auch: ↑Botzen|dress|er].

Dress|fleeg, de ['drɛsˌfleˑʃ] <N.; ~e> {5.1.4.3; 8.3.1}: Schmeißfliege [auch: ↑Brumm].

dressiere/~eere [drɛˈsiˑ(ɐ)rə / -eˑrə] <V.; schw./unr.; han; dressierte [drɛˈsiˑɐ̯tə]; dressiert [drɛˈsiˑɐ̯t] (frz. *dresser*)> {(5.1.4.3)}: dressieren, erziehen. (3) (2)

Dressier|sack, der [drɛˈsiˑɐ̯ˌzak] <N.; ~|säck>: Spritztüte, Teigspritze, Dressiersack [auch: ↑Deig|spretz].

dres|sig¹ ['drɛsɪʃ] <Kardinalz.> {5.3.4; 5.5.2}: dreißig, (als Ziffer: 30).

dress|ig² ['drɛsɪʃ] <Adj.; ~e; ~er, ~ste>: ängstlich, feige [auch: ↑ängs|lich, ↑bammelig (3), ↑bang (1a), ↑bange(n)|dress|ig, ↑be|dresse (2a), ↑feig, ↑habbelig, ↑kopp|scheu]. Tbl. A5.2

dres|sig|dausend ['drɛsɪʃˈdoʊ̯zənt] <Kardinalz.> {s. u. ↑dres|sig¹ dausend}: dreißigtausend, (als Ziffer: 30.000).

Dress|kääl, der ['drɛsˌkɛːl] <N.; ~s [-kɛˑls]> {5.2.1.1.1; 5.4}: Scheißkerl, erbärmlicher, feiger Mensch.

Dressor, de [drɛˈsoˑɐ̯] <N.; ~e> {5.4}: Dressur.

Dressor|ak, der [drɛˈsoˑɐ̯ˌak] <N.; ~te> {s. u. ↑Dressor ↑Ak}: Dressurakt.

Dressor|pääd, et [drɛˈsoˑɐ̯ˌpɛːt] <N.; ~(er) [-pɛˑt / -pɛˑdə]> {s. u. ↑Dressor ↑Pääd}: Dressurpferd.

Dressor|rigge, et [drɛˈsuˑɐ̯ˌrɪɡə] <N.; kein Pl.> {5.3.4; 6.2.2; s. u. ↑Dressor}: Dressurreiten.

Dress|verzäll, der [ˌdrɛsfɐˈtsɛl] <N.; kein Pl.>: Unsinn, langweiliges, sinnloses Geschwätz [auch: ↑Käu, ↑Futz|verzäll, ↑Piss|verzäll, ↑Quatsch|verzäll, ↑Käu|verzäll, ↑Schwaad|verzäll].

Dress|wedder, et ['drɛsˌvɛdɐ] <N.; kein Pl.> {s. u. ↑Dress ↑Wedder}: Schmuddelwetter, nasskaltes, regnerisches Wetter, bei dem leicht Schmutz, Matsch auf den Straßen u. Wegen entsteht.

drett... [drɛt] <Ordinalz.; zu ↑drei; ~e> {5.5.2}: dritt....

drett [drɛt-] <Adv.; zu ↑drei> {5.5.2}: dritt, i. d. Wendung *ze/zo d.* (zu d.).

dret|tel ['drɛtəl] <Bruchz.; zu ↑drei> {5.5.2}: drittel, (mit Ziffer: 3).

dret|tens ['drɛtəns] <Adv.; zu ↑drei> {5.5.2}: drittens, (mit Ziffer: 3.).

Drevv, der [drɛf] <N.; kein Pl.> {5.3.4; 5.5.2; 6.1.1; 6.11.2}: Trieb, Antrieb, Elan: *Ich han hügg Morge gar keine D.* (Ich habe heute Morgen gar keinen Elan.).

Drick|es, der ['drɪkəs] <N.; männl. Vorn.>: **1.** Kurzf. von Heinrich, Hendrich. **2.** (übertr.) kleiner Mensch: *A, do kleine D.!* (Na, Kleiner!).

drieße ['dri:sə] <V.; st.; han; dress [drɛs]; gedresse [jə'drɛsə]> {5.1.4.5}: scheißen, kacken, den Darm entleeren; **Drieß mer (der) jet!* (Rutsch mir den Buckel runter!, Lass mich in Ruhe!); **einem jet d./blose/hoste* (jmdn. in Ruhe lassen); **Drieß jet drop!* (Mach dir nichts draus!, Stör dich nicht dran! Ärger dich nicht!); [RA] *Drieß en der Ries, mer han Bunne gekoch!* (Pfeif drauf!); [RA] *Der Düüvel drieß immer op eine Haufe.* (Der Teufel scheißt immer auf einen Haufen. = Geld kommt immer zu Geld.); **einem de Fott d. drage* (jmdn. ständig bedienen, übertrieben verwöhnen); **jet ze d. han* (jmdn. belästigen, ständig nerven): *Wat häs de dann jetz ald widder ze d.?* (Womit belästigst du mich denn jetzt schon wieder?) [auch: ↑be||ästige (a), ↑be||ämmere, ↑tribbeliere/~eere, ↑vexiere/~eere, ↑transioniere/~eere]; [RA] *Drink noch jet, dann stöbb et beim D. nit esu!* (Trink noch etw., dann staubt es beim Stuhlgang nicht so!); [RA] *Su genau drieß kei Hohn.* (So genau scheißt kein Huhn. = Sei nicht so genau!). (25)

Drieß|er|ei, de [ˌdri:sˌə'reɪ] <N.; o. Pl.> {s. u. ↑drieße}: (derb) Scheißerei; **a)** Darmentleerung; **b)** Durchfall: **de D. han* (die S., Durchfall haben).

Drieß|huus, et ['dri:sˌhu:s] <N.; ~|hüüser [-hy·zə]> {s. u. ↑Huus}: Scheißhaus, Abort, Abtritt.

drieve ['dri·və] <V.; st.; drevv [drɛf]; gedrevve [jə'drɛvə]> {5.1.4.5; 6.1.1; 6.11.2}: treiben, **1.** <han> jmdn./etw. veranlassen sich in eine best. Richtung zu begeben: *Mer han die Hääd op de Wis gedrevve.* (Wir haben die Herde auf die Wiese getrieben.). **2. a)** <sin; han> von einer Strömung (fort)bewegt werden: *Dat Bredd es/hät om Rhing gedrevve.* (Das Brett ist/hat auf dem Rhein getrieben.); **b)** <sin> in eine best. Richtung, auf ein Ziel zu bewegt werden: *Dat Bredd es an et Ufer gedrevve.* (Das Brett ist ans Ufer getrieben.). (51)

Driev|huus, et ['dri:fˌhu:s] <N.; ~|hüüser [-hy·zə]> {5.1.4.5; 6.1.1; 6.11.1; s. u. ↑Huus}: Treibhaus.

Drih, der [dri:] <N.; ~s> {5.4}: Dreh, **1.** Drehung [auch: ↑Kihr/Kehr, ↑Kurv]. **2.** Einfall, Kunstgriff, mit dem sich ein Problem lösen lässt: *Ich han dä D. erus.* (Ich habe den D. heraus. = Ich kann es jetzt.).

Drih|bank, de ['dri:ˌbaŋk] <N.; ~|bänk> {s. u. ↑Drih}: Drehbank.

Drih|boch, et ['dri:ˌbo·x] <N.; ~|böcher> {s. u. ↑Drih ↑Boch¹}: Drehbuch.

Drih|bröck, de ['dri:ˌbrøk] <N.; ~e> {s. u. ↑Drih ↑Bröck¹}: Drehbrücke.

Drih|bühn, de ['dri:ˌby:n] <N.; ~e> {s. u. ↑Drih ↑Bühn}: Drehbühne.

Drih|dür/~|dör, de ['dri:ˌdy:ɐ̯ / -dø:ɐ̯] <N.; ~|dürre/~|dörre [-dyrə / -dørə] (unr. Pl.)> {s. u. ↑Drih ↑Dür/Dör}: Drehtür.

drihe ['dri·ə] <V.; schw.; han; drihte ['dri·tə]; gedriht [jə'dri·t]> {5.1.4.1}: drehen, <sich d.> sich drehen; (auch i. d. Bed.) sich (ver)ändern, sich umwandeln: *Noh de Lällbecksjohre hät dä sich ganz gedriht.* (Nach der Pubertät hat er sich völlig verändert.). (37)

Drih|er, der ['dri·ɐ] <N.; ~> {5.4}: Dreher.

Drih|orgel, de ['dri:ˌorjəl] <N.; ~e> {s. u. ↑Drih ↑Orgel}: Drehorgel, Leierkasten.

Drih|paus/~|puus, de ['dri:ˌpau̯s / -pu·s] <N.; ~e> {s. u. ↑Drih ↑Paus¹/Puus¹}: Drehpause.

Drih|schiev, de ['dri:ˌʃi·f] <N.; ~e> {s. u. ↑Drih ↑Schiev}: Drehscheibe.

Drih|stohl, der ['dri:ˌʃto·l] <N.; ~|stöhl> {s. u. ↑Drih ↑Stohl¹}: Drehstuhl.

Drih|strom, der ['dri:ˌʃtro:m] <N.; kein Pl.> {s. u. ↑Drih}: Drehstrom.

Drih|ung, de ['dri·oŋ] <N.; ~e> {5.4}: Drehung.

Drih|wurm, der ['dri:ˌvorm] <N.; ~|würm [-vyr·m]> {s. u. ↑Drih}: Drehwurm.

Drill¹/Drell¹, der [drɪl / drɛl] <N.; ~e>: Drill, Drillich, Leinengewebe.

Drill²/Drell², der [drɪl / drɛl] <N.; kein Pl.>: Drill, das Drillen, mechanisches Einüben von Fertigkeiten beim Militär.

Drill|botz/Drell|~, de ['drɪlˌbots / drɛl-] <N.; ~e> {s. u. ↑Drill¹/Drell¹ ↑Botz}: Drillichhose, Leinenhose.

drille/drelle ['drɪlə / 'drɛlə] <V.; schw.; han; drillte ['drɪl·tə]; gedrillt [jə'drɪl·t]> {(5.5.2)}: drillen. (18)

dringe ['drɪŋə] <V.; st.; *han*; drung [drʊŋ˙]; gedrunge [jə'drʊŋə]>: dringen. (26)

Drink|becher, der ['drɪŋk‿bɛʃɐ] <N.; ~> {s. u. ↑drinke}: Trinkbecher.

drinke ['drɪŋkə] <V.; st.; *han*; drunk [drʊŋk]; gedrunke [jə'drʊŋkə]> {6.11.2}: trinken, Flüssigkeit zu sich nehmen; **[RA]** *Drink noch jet, dann stöbb et beim Drieße nit esu!* (Trink noch etw., dann staubt es beim Stuhlgang nicht so!). (52)

Drink|geld, et ['drɪŋk‿jɛlt] <N.; ~er> {6.11.3}: Trinkgeld.

Drink|glas, et ['drɪŋk‿jlaːs] <N.; ~|gläser [-‿jlɛˑzə]> {s. u. ↑drinke ↑Glas}: Trinkglas.

Drink|leed, et ['drɪŋk‿leˑt] <N.; ~er> {s. u. ↑drinke ↑Leed}: Trinklied.

Drink|sproch, der ['drɪŋk‿ʃprox] <N.; ~|spröch> {s. u. ↑drinke ↑Sproch²}: Trinkspruch.

Drink|wasser, et ['drɪŋk‿vasɐ] <N.; o. Pl.> {s. u. ↑drinke}: Trinkwasser.

Drock¹, der [drok] <N.; Dröck [drøk]> {5.5.1}: Druck, **1.** auf eine Fläche wirkende Kraft. **2.** <o. Pl.> **a)** Betätigung durch das Drücken: *ene leichte D. op dä Knopp* (ein leichter D. auf den Knopf); **b)** Gefühl des Druckes an einer best. Körperstelle: *Ich han ärge D. em Kopp.* (Ich habe starken D. im Kopf.). **3.** <o. Pl.> Zwang: *D. usübe* (D. ausüben); *däm D. nohgevve* (dem D. nachgeben); *unger D. stonn* (unter Druck stehen); *D. maache* (treiben).

Drock², der [drok] <N.; ~e> {5.5.1}: Druck, **a)** <o. Pl.> das Drucken: *jet en D. gevve* (etw. in D. geben); **b)** <Pl.> gedrucktes Werk, Bild: *ne aale D.* (ein alter D.); **c)** <o.Pl.> Art od. Qualität, in der etw. gedruckt ist: *ene kursive D.* (kursiver D.).

drocke ['drokə] <V.; schw.; *han*; drockte ['droktə]; gedrock [jə'drok]> {5.5.1}: drucken. (88)

dröcke ['drøkə] <V.; schw.; *han*; dröckte ['drøktə]; gedröck [jə'drøk]> {5.5.1}: drücken, schieben, stoßen, **1.** Druck ausüben, pressen [auch: ↑däue (4)]. **2. a)** drängen, drängeln [auch: ↑däue (2), ↑dränge (1), ↑drängele, ↑schiebe (2)]; **b)** jmdn. schiebend irgendwohin bewegen [auch: ↑däue (1), ↑dränge (2), ↑puffe, ↑schiebe (1), ↑schurvele, ↑schubbe¹/schuppe¹, ↑schubse, ↑stuppe, ↑stüsse]. **3.** bedrücken [auch: ↑be|dröcke, ↑be|klemme]. **4.** sich einer Situation, Aufgabe entziehen. (88)

Dröcke|berg|er, der ['drøkə‿bɛrjə] <N.; ~> {5.5.1}: Drückeberger.

Drock|er, der ['drokɐ] <N.; ~> {5.5.1}: Drucker [auch: ↑Boch|drock|er].

Dröck|er, der ['drøkɐ] <N.; ~> {5.5.1}: Drücker, Türdrücker.

Drock|erei, de [‿drokə'reɪ˙] <N.; ~e [-ə'reɪə]> {5.5.1}: Druckerei.

Drock|fähler, der ['drok‿fɛˑlɐ] <N.; ~> {s. u. ↑Drock² ↑Fähler}: Druckfehler.

Drock|knopp, der ['drokknop] <N.; ~|knöpp; ~|knöpp|che> {s. u. ↑Drock¹ ↑Knopp¹}: Druckknopf.

Drock|koch|pott, der ['drokkox‿pot] <N.; ~|pött> {s. u. ↑Drock¹ ↑Pott}: Druckkochtopf.

dröck|lich ['drøklɪʃ] <Adj.; ~e; ~er, ~ste; veraltet> {5.5.1; 7.3.2}: **1.** treuherzig. **2.** herzlich. **3.** natürlich. **4.** drollig. **5.** umgänglich, kameradschaftlich. Tbl. A1

Drock|luff, de ['drok‿lʊf] <N.; o. Pl.> {s. u. ↑Drock¹ ↑Luff}: Druckluft.

Drock|meddel, et ['drok‿medəl] <N.; ~(e)> {s. u. ↑Drock¹ ↑Meddel}: Druckmittel.

Drock|plaat, de ['drok‿plaːt] <N.; ~e> {s. u. ↑Drock² ↑Plaat¹}: Druckplatte.

Drock|saach, de ['drok‿zaːx] <N.; ~e> {s. u. ↑Drock² ↑Saach}: Drucksache.

Drock|schreff, de ['drok‿ʃref] <N.; o. Pl.> {s. u. ↑Drock² ↑Schreff}: Druckschrift.

Drock|stell, de ['drok‿ʃtɛlˑ] <N.; ~e [-‿ʃtɛlə]> {s. u. ↑Drock¹ ↑Stell}: Druckstelle.

Drock|well, de ['drok‿vɛlˑ] <N.; ~e [-‿vɛlə]> {s. u. ↑Drock¹ ↑Well}: Druckwelle.

Drog¹, de [droːx] <N.; ~e ['droˑʀə]> {8.3.1}: Droge.

Drog², der [droːx] <N.; kein Pl.> {5.4; 6.11.2}: Trug, das Trügen; Betrug, Täuschung.

Drog|erie, de [‿drojə'riˑ] <N.; ~ [‿drojə'riˑə] ⟨frz. droguerie⟩> {2}: Drogerie.

Drog|erie|maat, der [drojə'riˑ‿maːt] <N.; ~|määt {s. u. ↑Maat}: Drogeriemarkt.

Droge|such, de ['droˑʀə‿zʊx] <N.; o. Pl.> {s. u. ↑Drog¹ ↑Such}: Drogensucht.

Droh|breef, der ['droː‿breˑf] <N.; ~e> {s. u. ↑Breef}: Drohbrief.

drohe/dräue ['droːə / 'drøyə] <V.; *dräue* veraltet; schw.; han; drohte ['droːtə]; gedroht [jə'droːt]> {(5.1.4.8)}: drohen. (37) (11)

Drohn, de [droːn] <N.; ~e> {8.3.1}: Drohne.

dröhne ['drøːnə] <V.; schw.; han; dröhnte ['drøːntə]; gedröhnt [jə'drøːnt]>: dröhnen. (5)

Droht, der [drɔːt] <N.; Dröht [drœːt] {5.5.3}: Draht.

Droht|böösch, de ['drɔːt,bøːʃ] <N.; ~te> {s. u. ↑Droht ↑Böösch}: Drahtbürste.

Droht|esel, der ['drɔːt,ezəl] <N.; ~e> {s. u. ↑Droht ↑Esel}: Drahtesel, scherzh. für ein altes Fahrrad.

Droht|ge|stell, et ['drɔːtjəʃtɛl] <N.; ~e> {s. u. ↑Droht}: Drahtgestell.

Droht|gitter, et ['drɔːt,jɪtə] <N.; ~> {s. u. ↑Droht}: Drahtgitter.

Droht|glas, et ['drɔːt,jlaːs] <N.; o. Pl.> {s. u. ↑Droht}: Drahtglas, Sicherheitsglas mit eingewalztem Draht.

Droht|schir, de ['drɔːt,ʃiːɐ̯] <N.; ~e> {s. u. ↑Droht ↑Schir}: Drahtschere.

Droht|seil, et ['drɔːt,zeɪl] <N.; ~/~e [-zeɪˈl(ə)]> {s. u. ↑Droht}: Drahtseil.

Droht|seil|ak, der ['drɔːtzeɪl,lak] <N.; ~te> {s. u. ↑Droht ↑Ak}: Drahtseilakt.

Droht|zang, de ['drɔːt,tsaŋ] <N.; ~e [-tsaŋə]> {s. u. ↑Droht ↑Zang}: Drahtzange.

dröm [drømˑ] <Adv.> {5.5.1}: darum, drum, deshalb [auch: ↑do|dröm, ↑do|röm].

dröm|binge ['drømbɪŋə] <trennb. Präfix-V.; st.; han; bung d. [bʊŋ]; ~|gebunge [-jəbʊŋə]> {6.7}: herumbinden, um etw. binden, durch Binden um etw. befestigen. (26)

dröm|eröm|- [,drømə'rømˑ] <Präfix {s. u. ↑dröm ↑eröm}: drumrum-, i. Vbdg. m. V.: ~laufe (~laufen).

Dröm|eröm, et [,drømə'rømˑ] <N.; kein Pl.>: Drumherum.

dröm|eröm|laufe [drømə'rømˈloʊfə] <trennb. Präfix-V.; st.; sin; leef d. [leˑf]; ~|gelaufe [-jəloʊfə]>: a) um jmdn./etw. herum laufen; b) ringsherum verlaufen. (128)

dröm|eröm|schwaade [drømə'rømˈʃvaːdə] <trennb. Präfix-V.; schw.; han; schwaadte d. ['ʃvaːtə]; ~|geschwaadt [-jəʃvaːt]> {5.2.1.4}: drumherumreden. (197)

drop [drop] <Adv.> {5.3.1; 5.5.1; 6.5.1}: d(a)rauf.

drop|- [drop] <Präfix> {5.3.1; 5.5.1; 6.5.1}: drauf-, i. Vbdg. m. V.: ~bezahle (~zahlen).

drop|be|zahle ['dropbətsaːlə] <trennb. Präfix-V.; schw.; han; be|zahlte d. [bə'tsaːltə]; ~|be|zahlt [-bətsaːlt]>: drauf(be)zahlen. (61)

drop|dun ['dropdʊn] <trennb. Präfix-V.; unr.; han; dät d. [dɛːt]; ~|gedon [-jədɔn]> {5.3.2.5; 6.11.1}: drauftun, **1.** drauflegen; *der Reeme d. (sich beeilen). **2.** dazutun; *ene Däu d. (beschleunigen). (53)

Drop|gäng|er, der ['dropjɛŋɐ] <N.; ~>: Draufgänger.

drop|gevve ['dropjevə] <trennb. Präfix-V.; st.; han; gov d. [jɔˑf]; ~|gegovve/~|gegevve [-jəjovə / -jəjevə]> {5.3.4; 5.5.2; 6.1.1}: draufgeben, **1.** etw. über das Gewicht geben, über das Maß messen. **2.** jmdn. leicht schlagen: *Hald de Muul, söns gevv ich der eine drop!* (Halt den Mund, sonst bekommst du eine Ohrfeige!) [auch: ↑bläue, ↑dresche (2), ↑drop|haue, ↑en|dresche, ↑fetze, ↑kloppe (2), ↑lange (2), ↑latsche (2), ↑pisele, ↑prügele, ↑scheuere, ↑schlage/schlonn, ↑schmecke¹, ↑schnave, ↑tachtele, ↑tatsche, ↑titsche (2), ↑watsche, ↑wichse (2,) ↑zoppe (2), *einem e paar trecke, *einem eine schmiere/schmeere]. **3.** jmdn. zurechtweisen: *Däm han ich ävver eine dropgegovve.* (Dem habe ich es aber gegeben.). (81)

drop|gonn ['dropjɔn] <trennb. Präfix-V.; st.; sin; ging d. [jɪŋ]; ~|gegange [-jəjaŋə]> {5.3.4; 8.2.2.3}: draufgehen, **1.** sterben; bei etw. umkommen, zugrunde gehen: *Bei däm Unfall es de ganze Famillich dropgegange.* (Bei dem Unfall ist die ganze Familie umgekommen.) [auch: ↑av|kratze (2), ↑av|nibbele, ↑av|nippele, ↑baschte (2), *sich* ↑fott|maache (3), ↑fott|sterve, ↑frecke, ↑gläuve (4), ↑heim|gonn (b), ↑hin|sterve, ↑kapodd|gonn (3), ↑öm|kumme (2), ↑sterve, ↑us|futze, ↑ver|recke, *de Auge/Döp/Fott zo|dun/zo|maache*]. **2. a)** durch od. für etw. verbraucht werden: *Mi ganz Geld es dropgegange.* (Mein ganzes Geld ist draufgegangen.); **b)** bei etw. kaputtgehen: *Bei däm Sturm sin ming Blome dropgegange.* (Bei dem Sturm sind meine Blumen kaputtgegangen.). (83)

drop|halde ['drophaldə] <trennb. Präfix-V.; st.; han; heeldt d. [heːlt]; ~|gehalde [-jəhaldə]> {6.11.3}: draufhalten, **1.** auf eine best. Stelle halten: *Kanns do hee ens der Finger d.* (Kannst du hier bitte einen Finger d.). **2.** auf etw. zielen. **3.** *der Duume d. (zurückhalten, einbehalten, sparen). (90)

drop|han ['drophan] <trennb. Präfix-V.; unr.; han; hatt d. [hat]; ~|gehatt [-jəhat]> {5.3.2.5}: draufhaben, **1.** etw. einstudiert, gelernt haben; etw. beherrschen, in seinem

Repertoire haben: *Ich han die ganze Leeder vum Ostermann drop.* (Ich kann Ostermanns Lieder alle auswendig.) [auch: ↑be|herrsche, *e Hängche för jet han*]. **2.** mit einer best. Geschwindigkeit fahren: *Dä hatt mindestens 230 km/h drop.* (Er fuhr mit mindestens 230 km/h.). (92)

drop|haue ['drophaʊə] <trennb. Präfix-V.; unr./schw.; *han*; haute d. ['haʊ·tə]; ~|gehaue/~|gehaut [-jəhaʊə / -jəhaʊ·t]>: draufhauen, auf jmdn./etw. schlagen [auch: ↑bimse (2), ↑bläue, ↑dresche (2), ↑kamesöle, ↑kiele¹ (2), ↑kloppe (2), ↑pisele, ↑prinze, ↑prügele, ↑schlage/schlonn, ↑schmecke¹, ↑schnave, ↑wachse², ↑wichse (2), **einem e paar* ↑trecke]. (94)

drop|helfe ['drophɛlfə] <trennb. Präfix-V.; st.; *han*; holf d. [holf]; ~|geholfe [-jəholfə]>: draufhelfen. (97)

drop|jöcke ['dropjøkə] <trennb. Präfix-V.; schw.; *han*; jöckte d. ['jøktə]; ~|gejöck [-jəjøk]>: verjubeln, vergeuden [auch: ↑drop|maache (1), ↑durch|bränge (3), ↑ver|fumfeie, ↑ver|jöcke, ↑ver|jubele, ↑ver|juckele, ↑ver|juxe, ↑ver|klüngele (1a), ↑ver|plempere, ↑ver|prasse, ↑ver|tüddele (2)]. (88)

drop|klatsche ['dropklatʃə] <trennb. Präfix-V.; schw.; *han*; klatschte d. ['klatʃtə]; ~|geklatsch [-jəklatʃ]>: draufklatschen, **1.** draufwerfen. **2.** dick aufschmieren, aufstreichen. (110)

drop|knalle ['dropknalə] <trennb. Präfix-V.; schw.; *han*; knallte d. ['knal·tə]; ~|geknallt [-jəknal·t]>: draufknallen. (91)

drop|krige ['dropkrɪjə] <trennb. Präfix-V.; i. d. Vbdg.: *eine/jet d.* (eins/etw. d.); unr.; *han*; kräg/kräht d. [krɛːɟ / krɛːt]; ~|(ge)kräge/~|gekräg/~|gekräht [-(jə)ˌkrɛːjə / -jəˌkrɛːfɟ / -jəˌkrɛːt]> {5.3.4.1}: draufkriegen, draufbekommen, **1.** scharf getadelt, streng bestraft werden. **2.** besiegt werden. **3.** einen Schicksalsschlag erleiden. [auch: *einer op der Deckel krige*]. (117)

drop|kumme ['dropkʊmə] <trennb. Präfix-V.; st.; *sin*; kom d. [koˑm]; ~|(ge)kumme [-(jə)ˌkʊmə]> {5.4}: draufkommen, die Hintergründe von etw. herausbekommen: *Se sin im flöck dropgekumme.* (Sie sind ihm schnell draufgekommen.). (120)

drop|läge ['droplɛːjə] <trennb. Präfix-V.; unr.; *han*; laht d. [laːt]; ~|gelaht/~|geläg [-jəlaːt / -jəlɛːfɟ]> {5.4}: drauflegen, **1.** auf eine best. Stelle legen. **2.** zu etw. als noch fehlenden Betrag hinzufügen: *Do muss de noch 3 € d.* (Da musst du noch 3 € d.). (125)

drop|loss|fahre [drop'lɔsfaːrə] <trennb. Präfix-V.; st.; *sin*; fuhr/fohr d. [fuˑɐ̯ / foˑɐ̯]; ~|gefahre [-jəfaːrə]>: drauflosfahren. (62)

drop|loss|gonn [drop'lɔsˌjɔn] <trennb. Präfix-V.; st.; *sin*; ging d. [jɪŋ]; ~|gegange [-jəjaŋə]> {5.3.4; 8.2.2.3}: drauflosgehen. (83)

drop|loss|rigge [drop'lɔsrɪɡə] <trennb. Präfix-V.; st.; *sin*; redt d. [ret]; ~|geredde [-jəredə]> {5.3.4; 6.6.2}: drauflosreiten. (133)

drop|loss|schänge [drop'lɔsʃɛŋə] <trennb. Präfix-V.; unr.; *han*; schant d. [ʃant]; ~|geschannt [-jəʃant]> {5.4}: drauflosschimpfen. (157)

drop|loss|scheeße [drop'lɔsʃeːsə] <trennb. Präfix-V.; st.; *han*; schoss d. [ʃɔs]; ~|geschosse [-jəʃɔsə]> {5.1.4.3}: drauflosschießen. (79)

drop|loss|schwaade [drop'lɔsʃvaːdə] <trennb. Präfix-V.; schw.; *han*; schwaadte d. ['ʃvaˑtə]; ~|geschwaadt [-jəʃvaˑt]> {5.2.1.4}: drauflosreden. (197)

drop|maache ['dropmaːxə] <trennb. Präfix-V.; unr.; *han*; maht d. [maːt]; ~|gemaht [-jəmaːt]> {5.2.1}: draufmachen, **1.** verschwenden [auch: ↑drop|jöcke, ↑durch|bränge (3), ↑ver|fumfeie, ↑ver|jöcke, ↑ver|jubele, ↑ver|juckele, ↑ver|juxe, ↑ver|klüngele (1a), ↑ver|plempere, ↑ver|prasse, ↑ver|tüddele (2)]. **2.** schnell verschleißen, verbrauchen. **3.** i. d. Vbdg. *eine d.* (einen d., spontan irgendwo feiern). (136)

Droppe, der ['drɔpə] <N.; ~; Dröpp|che ['drœpfɟə]> {6.8.1; 6.11.2}: Tropfen.

dröppe ['drœpə] <V.; schw.; *han*; dröppte ['drœptə]; gedröpp [jə'drœp]> {5.4; 6.8.1; 6.11.2}: tropfen. (75)

dröppele ['drœpələ] <V.; schw. dröppelte ['drœpəltə]; gedröppelt [jə'drœpəlt]> {6.8.1; 6.11.2; 9.2.1.2}: tröpfeln, **1.** <han> tropfen lassen: *Saff op der Löffel d.* (Saft auf den Löffel t.). **2.** <han> in kleinen Tropfen regnen: *Et dröppelt.* (Es tröpfelt.). **3.** <sin> in Tropfen niederfallen: *Blod es us der Wund gedröppelt.* (Blut ist aus der Wunde getröpfelt.). (6)

Droppe|fäng|er, der ['drɔpəˌfɛŋɐ] <N.; ~> {s. u. ↑Droppe ↑fange}: Tropfenfänger, an einem Gefäß, bes. an der Tülle einer Kaffeekanne, angebrachter kleiner Schwamm zum Auffangen restlicher Tropfen nach dem Ausschenken.

droppe|wies ['drɔpəviˑs] <Adv.> {6.11.2; 6.8.1}: tropfenweise.

durch|denke² [dʊrfj'dɛŋkə] <nicht trennb. Präfix-V.; unr.; *han*; ~|daach [-'daːx]; ~|daach [-'daːx]>: durchdenken, vollständig, in allen Einzelheiten, hinsichtlich der Möglichkeiten u. Konsequenzen überdenken: *Die Saach es nit genog durchdaach.* (Die Sache ist nicht hinreichend durchdacht.); *Ich han dä Plan noch ens durchdaach.* (Ich habe den Plan noch einmal durchdacht.). (46)

durch|diskutiere/~eere ['dʊrfjdɪskʊˌtiː(ẹ)rə / -eˑrə] <trennb. Präfix-V.; schw./unr.; *han*; diskutierte d. [dɪskʊˌtiˑẹtə]; ~|diskutiert [-dɪskʊˌtiˑẹt] (lat. discutere)> {(5.1.4.3)}: durchdiskutieren. (3) (2)

durch|dörfe/~|dürfe ['dʊrfjdørfə (-dørvə) / -dʏrfə (-dʏrvə)] <trennb. Präfix-V.; unr.; *han*; dọrf d. [dɔrf]; ~|gedọrf [-jədɔrf]> {5.5.1}: durchdürfen. (47)

durch|dränke [dʊrfj'drɛŋkə] <nicht trennb. Präfix-V.; schw.; *han*; ~|dränkte [-'drɛŋktə]; ~|dränk [-'drɛŋk]> {6.11.2}: durchtränken, mit Feuchtigkeit durchziehen: *Der Rähn hät der Boddem durchdränk.* (Der Regen hat den Boden durchtränkt.). (41)

durch|drevve [dʊrfj'drevə] <Adj.; Part. II von mhd. *durchtrīben*; ~; ~ner, ~nste> {5.3.4; 5.5.2; 6.1.1}: durchtrieben, raffiniert, gewieft, in allen Listen, Kniffen erfahren, eine entspr. Art erkennen lassend: *ene d. Poosch* (ein ~er Bursche) [auch: ↑hinger|lest|ig, dubbelt gefläach, ↑gau, ↑ge|revve, ↑durch|drevve, ↑filou|isch, ↑ver|schlage²]. Tbl. A3.2

durch|drieve ['dʊrfjdriˑvə] <trennb. Präfix-V.; st.; *han*; drẹvv d. [dref]; ~|gedrevve [-jədrevə]> {5.1.4.5; 6.1.1; 6.11.2}: durchtreiben, **1.** jmdn/ein Tier/o. ä. durch etw. treiben, antreiben: *Köh durch e Gadder d.* (Kühe durch ein Gatter d.). **2.** mittels eines Werkzeuges o. ä. durch etw. treiben/in etwas eindringen: *ene Bolze durch e Bredd d.* (einen Bolzen durch ein Brett d.). (51)

durch|drihe ['dʊrfjdriˑə] <trennb. Präfix-V.; schw.; drihte d. ['driˑtə]; gedriht [-jədriˑt]> {5.1.4.1}: durchdrehen, **1.** <han> mit einer Drehbewegung durch eine Maschine laufen lassen: *För Rievkoche ze maache, muss de eets de Ääpel d.* (Um Reibekuchen machen zu können, musst du zuerst die Kartoffeln d.). **2.** <han/sin> kopflos werden, die Nerven verlieren: *Vür der Prüfung hät/es dä durchgedriht.* (Vor der Prüfung hat/ist er durchgedreht.) [auch: ↑us|raste (2)]. **3.** <han> (von Rädern eines Fahrzeugs) sich auf der Stelle drehen: *Op däm Ies han de Rädder durchgedriht.* (Auf dem Eis haben die Räder durchgedreht.). **4.** <han> (Film) ohne Unterbrechung aufnehmen: *Mer müsse hügg der ganze Dag d.* (Wir müssen heute den ganzen Tag, ohne Unterbrechung filmen.). (37)

durch|dringe¹ ['dʊrfjdrɪŋə] <trennb. Präfix-V.; st.; *sin*; drung d. [drʊŋˑ]; ~|gedrunge [-jədrʊŋə]>: durchdringen, **1. a)** durch etw. Bedeckendes od. Ä. dringen: *Der Rähn es durch de Klamotte durchgedrunge.* (Der Regen drang durch die Kleider durch.); **b)** (übertr.) *Dat Gerüch es bes nohm Chef durchgedrunge.* (Das Gerücht ist bis zum Chef durchgedrungen.). **2.** aufgrund seiner Stärke, Intensität od. Ä. in alle Teile eines Körpers od. Raumes dringen; <meist im Part. I> jmdn. durchdringend/mit durchdringendem Blick ansehen: *Sing Stemm es nit durchgedrunge.* (Seine Stimme drang nicht durch.). **3.** unter Überwindung von Hindernissen seine Absicht erreichen; sich mit etw. durchsetzen: *Domet wees do bei däm Beamte nit d.* (Damit wirst du bei dem Beamten nicht d.). (26)

durch|dringe² [dʊrfj'drɪŋə] <nicht trennb. Präfix-V.; st.; *han*; ~|drung [-'drʊŋˑ]; ~|drunge [-'drʊŋə]>: durchdringen, **1.** durch etw. durchdringen: *Die Strohle künne de deckste Wäng d.* (Die Strahlen können die dicksten Wände d.). **2.** innerlich ganz erfüllen: *Dat Geföhl hät in ganz durchdrunge.* (Das Gefühl hat ihn völlig durchdrungen.). (26)

durch|dröcke ['dʊrfjdrøkə] <trennb. Präfix-V.; schw.; *han*; dröckte d. ['drøktə]; ~|gedröck [-jədrøk]> {5.5.1}: durchdrücken, **1.** durchpressen, durch etw., bes. ein Sieb od. Ä. drücken: *Klatschkis durch et Sieb d.* (Quark durch das Sieb d.) [auch: ↑durch|paasche]. **2.** so weit wie möglich nach hinten drücken, zu einer Geraden strecken: *et Krütz d.* (das Kreuz d.). **3.** (Wäsche) leicht drückend waschen: *Mer darf dä Wollpulli nor d.* (Man darf den Pullover nur d.). **4.** gegen starken Widerstand mit Kraftaufwand, Hartnäckigkeit, Zähigkeit durchsetzen: *Hä hät singe Welle durchgedröck.* (Er hat seinen Willen durchgedrückt.); [auch: ↑durch|däue]. (88)

durch|dröppe ['dʊrfjdrœpə] <trennb. Präfix-V.; schw.; *sin*; dröppte d. ['drœptə]; ~|gedröpp [-jədrœp]> {5.4; 6.8.1; 6.11.2}: durchtropfen, durch etw. hindurchtropfen: *Hee es Wasser durchgedröpp.* (Hier ist Wasser durchgetropft.). (75)

durch|drüge ['dʊrfjdrʏjə] <trennb. Präfix-V.; schw.; *sin*; drügte d. ['drʏjtə]; ~|gedrüg [-jədrʏfj] {5.4; 6.11.2; 8.2.3}: durchtrocknen, ganz u. gar trocken werden: *De Hoore sin noch nit durchgedrüg.* (Die Haare sind noch nicht durchgetrocknet.). (103)

durch|enander [ˌdʊrʒəˈnandɐ / dʊrjəˈnandɐ / ˈ--,--] <Adv.>: durcheinander [auch: ↑durch|enein].

durch|enander|- [ˌdʊrʒəˈnandɐ / ˌdʊrjəˈnandɐ] <Präfix>: durcheinander-, i. Vbdg. m. V.: ~*bränge* (~bringen).

Durch|en|ander, et [ˈdʊrʒəˌnandɐ / ˈdʊrjəˌnandɐ] <N.; kein Pl.> {7.4; s. u. ↑enander}: Durcheinander [auch: ↑Kürmel, ↑Durch|enein].

durch|enander|bränge [dʊrʒəˌnandɐˌbrɛŋə / dʊrjəˈnandɐ-] <trennb. Präfix-V.; unr.; *han*; braht d. [braːt]; ~|gebraht [-jəbraːt]> {5.4}: durcheinanderbringen, beirren, verstören [auch: ↑durch|enein|bränge]. (33)

durch|enander|koche [dʊrʒəˌnandɐˌkɔxə / dʊrjəˈnandɐ-] <trennb. Präfix-V.; schw.; *han*; kochte d. [ˈkɔxtə]; ~|gekoch [-jəkɔx]>: zusammenkochen, durcheinanderkochen [auch: ↑zosamme|koche/zesamme|~, durch|enein|koche]. (123)

durch|enein [ˌdʊrʒəˈneɪn / dʊrjəˈneɪn / ˈ--,--] <Adv.>: durcheinander [auch: ↑durch|enander].

durch|enein|- [ˌdʊrʒəˈneɪn / dʊrjəˈneɪn] <Präfix>: durcheinander-; i. Vbdg. m. V.: ~*koche* (~kochen).

Durch|enein, et [ˈdʊrʒəˌneɪn / ˈdʊrjəˌneɪn] <N.; kein Pl.> {7.4}: Durcheinander [auch: ↑Kürmel, ↑Durch|en|ander].

durch|enein|bränge [dʊrʒəˌneɪnˌbrɛŋə / dʊrjəˌneɪn-] <trennb. Präfix-V.; unr.; *han*; braht d. [braːt]; ~|gebraht [-jəbraːt]> {5.4}: durcheinanderbringen, beirren, verstören [auch: ↑durch|enander|bränge]. (33)

durch|enein|koche [dʊrʒəˌneɪnˌkɔxə / dʊrjəˌneɪn-] <trennb. Präfix-V.; schw.; *han*; kochte d. [ˈkɔxtə]; ~|gekoch [-jəkɔx]>: zusammenkochen, durcheinanderkochen [auch: ↑zosamme|koche/zesamme|~, durch|enander|koche]. (123)

durch|fahre[1] [ˈdʊrfˌfaːrə] <trennb. Präfix-V.; st.; *sin*; fuhr/fohr d. [fuːɐ̯ / foːɐ̯]; ~|gefahre [-jəfaːrə]>: durchfahren, **a)** sich mit einem Fahrzeug durch, zw. etw. hindurch fortbewegen: *unger ener Bröck d.* (unter einer Brücke d.); **b)** fahrend, auf seiner Fahrt durchkommen: *Dä Zog fährt en Bröhl durch.* (Der Zug fährt in Brühl durch.); **c)** eine best. Strecke, Zeit ohne Unterbrechung fahren: *Dä Zog fährt bes Münche durch.* (Der Zug fährt bis München durch.). (62)

durch|fahre[2] [dʊrfˈfaːrə] <nicht trennb. Präfix-V.; st.; *han*; ~|fuhr/~|fohr [-ˈfuːɐ̯ / -foːɐ̯]; ~|fahre [-ˈfaːrə]>: durchfahren, **1. a)** fahrend durchqueren: *en Stadt d.* (eine Stadt d.); **b)** (eine Strecke) fahrend zurücklegen: *Hä hät die Streck en Rekordzigg d.* (Er hat die Strecke in Rekordzeit d.). **2.** jmdm. plötzlich bewusst werden u. eine heftige Empfindung auslösen: *Ene schlemme Gedanke durchfuhr en.* (Ein schlimmer Gedanke durchfuhr ihn.). (62)

Durch|fahrt, de [ˈdʊrfˌfaːt] <N.; ~e> {s. u. ↑Fahrt}: Durchfahrt.

Durch|fahrts|stroß, de [ˈdʊrfˌfaːtsˌʃtroːs] <N.; ~e> {s. u. ↑Fahrt ↑Stroß}: Durchfahrtsstraße.

durch|falle[1] [ˈdʊrfˌfalə] <trennb. Präfix-V.; st.; *sin*; feel d. [feːl]; ~|gefalle [-jəfalə]>: durchfallen, **1.** durch eine Öffnung hindurch nach unten fallen: *Klein Stein falle durch dä Ross durch.* (Kleine Steine fallen durch den Rost durch.) [auch: ↑durch|fleege[1] (3), ↑durch|rassele]. **2. a)** (von einem Theaterstück od. Ä.) keinen Erfolg haben: *Dat Stöck es beim Publikum durchgefalle.* (Das Stück ist beim Publikum durchgefallen.); **b)** (eine Prüfung) nicht bestehen: *Hä es bei der Pröfung durchgefalle.* (Er ist bei der Prüfung durchgefallen.). (64)

durch|falle[2] [dʊrfˈfalə] <nicht trennb. Präfix-V.; st.; *sin*; ~|feel [-ˈfeːl]; ~|falle [-ˈfalə]>: durchfallen, fallend zurücklegen: *Dä Stein hät dat Rühr en 2 Sekunde durchfalle.* (Der Stein hat das Rohr in 2 Sekunden durchfallen.). (64)

durch|färve [ˈdʊrfˌfɛrˑvə] <trennb. Präfix-V.; schw.; *han*; färvte d. [ˈfɛrˑftə]; ~|gefärv [-jəfɛrˑf]> {5.4; 6.1.1}: durchfärben, **1.** vollständig, an allen Stellen (gleichmäßig) färben: *Stoff gleichmäßig d.* (Stoff gleichmäßig d.). **2.** Farbe (durch etw.) durchdringen lassen; abfärben: *Die Ungerlag hät durch et Papier durchgefärv.* (Die Unterlage hat durch das Papier durchgefärbt.). (66)

durch|feddere [ˈdʊrfˌfedərə] <trennb. Präfix-V.; schw.; *han*; feddderte d. [ˈfedətə]; ~|gefeddert [-jəfedət]> {5.3.4; 5.5.2; 9.2.1.2}: durchfedern, federnd nach unten bewegen. (4)

durch|feuchte [dʊrfˈføɥçtə] <trennb. Präfix-V.; schw.; *han*; ~|feuch [-føɥç]>: durchfeuchten, mit Feuchtigkeit durchdringen: *Dat Holz es vum Rähn ganz durchfeuch.* (Das Holz ist vom Regen ganz durchfeuchtet.). (131)

durch|fiere/~|feere [ˈdʊrfˌfiˑrə / -feːrə] <trennb. Präfix-V.; schw./unr.; *han*; fierte d. [ˈfiˑtə]; ~|gefiert [-jəfiˑt]> {5.1.4.5}: durchfeiern, über eine best. Zeit ohne Pause feiern: *Mer han de ganze Naach durchgefiert.* (Wir haben die ganze Nacht durchgefeiert.). (3) (2)

durch|filze ['dʊrɟfɪltsə] <trennb. Präfix-V.; schw.; *han*; filzte d. ['fɪltstə]; ~|gefilz [-jəfɪlts]>: durchfilzen, gründlich durchsuchen: *Mer han dä ööntlich durchgefilz.* (Wir haben ihn gründlich durchsucht.). (42)

durch|finge ['dʊrɟfɪŋə] <trennb. Präfix-V.; st.; *han*; fung d. [fʊŋ]; ~|gefunge [-jəfʊŋə] {6.7}: durchfinden, **1.** zu einem angestrebten Ziel hinfinden. **2.** <sich d.> die Übersicht behalten, sich zurechtfinden: *Bei däm Durchenander fingen ich mich nit mih durch.* (Bei diesem Durcheinander finde ich mich nicht mehr durch.); *Ich kannt dat Dörp zwor nit, han mich ävver leich durchgefunge.* (Ich kannte das Dorf zwar nicht, habe mich aber leicht durchgefunden.). (26)

durch|fleege[1] ['dʊrɟfleˑjə] <trennb. Präfix-V.; st.; *sin*; flog d. [floˑx]; ~|gefloge [-jəfloːʀə] {5.1.4.3}: durchfliegen, **1.** durch etw. fliegen, sich im Flug durch etw. hindurchbewegen: *Dat Flugzeug es grad durch en Wolk durchgefloge.* (Das Flugzeug ist gerade durch eine Wolke durchgeflogen.). **2.** ohne Unterbrechung, ohne Zwischenlandung bis zum Ziel fliegen: *Mir sin en einem durchgefloge.* (Wir sind ohne Aufenthalt durchgeflogen.). **3.** in einer Prüfung durchfallen: *Hä es em Exame durchgefloge.* (Er ist im Examen durchgeflogen.) [auch: ↑durch|falle[1] (2b), ↑durch|rassele]. (16)

durch|fleege[2] ['dʊrɟ'fleˑjə] <trennb. Präfix-V.; st.; *han*; ~|flog [-'floˑx]; ~|gefloge [-'floːʀə] {5.1.4.3}: durchfliegen, **a)** fliegend durchqueren, durchstoßen: *Mir han grad de Wolke durchfloge.* (Wir haben gerade die Wolken durchflogen.); **b)** (eine best. Strecke) fliegend zurücklegen: *Dat Flugzeug hät ald en wigge Streck durchfloge.* (Das Flugzeug hat schon eine große Strecke durchflogen.). (16)

durch|fleeße ['dʊrɟfleˑsə] <trennb. Präfix-V.; st.; *han*; floss d. [flɔs]; ~|geflosse [-jəflɔsə] {5.1.4.3}: durchfließen, durch etw. fließen, sich fließend durch etw. hindurchbewegen: *Et Wasser es durch dat Rohr durchgeflosse.* (Das Wasser ist durch das Rohr durchgeflossen.). (79)

durch|flöge[1]/**~|plöge**[1] ['dʊrɟfløˑjə / -pløˑjə] <trennb. Präfix-V.; schw.; *han*; flögte d. ['fløˑɟtə]; ~|geflög [-jəfløˑɟ]> {5.4; 6.8.1/6.8.2}: durchpflügen, gründlich pflügen: *Se han der Boddem durchgeflög.* (Sie haben den Boden durchgepflügt). (103)

durch|flöge[2]/**~|plöge**[2] [dʊrɟ'fløˑjə / -pløˑjə] <nicht trennb. Präfix-V.; schw.; *han*; ~|flögte [-'fløˑɟtə]; ~|flög [-'fløˑɟ]> {5.4; 6.8.1/6.8.2}: durchpflügen, **1.** einen Bereich über eine gewisse Strecke durchfurchen: *Hä hät et letzte Feld durchflög.* (Er hat das letzte Feld durchpflügt.). **2.** genau, bis ins Einzelne durchgehen, prüfen: *ene Tex noh Fähler d.* (einen Text nach Fehlern d.). (103)

durch|flutsche ['dʊrɟflʊtʃə] <trennb. Präfix-V.; schw.; *sin*; flutschte d. ['flʊtʃtə]; ~|geflutsch [-jəflʊtʃ]>: durchflutschen, durchgleiten, durchschlüpfen, **1.** durch etw. gleiten, hindurchschlüpfen. **2.** (übertr.) einer Situation entkommen. (110)

durch|föhle ['dʊrɟføˑlə] <trennb. Präfix-V.; schw./unr.; *han*; föhlte/fohlt d. ['føˑltə / foːlt]; ~|geföhlt/~|gefohlt [-jəføˑlt / -jəfoˑlt]> {5.4}: durchfühlen, **a)** durch etw. hindurch fühlen; **b)** (übertr.) *Bei däm, wat hä saht, kunnt mer sing Wod d.* (Bei seinen Worten fühlte man seine Wut durch.). (73)

durch|föhre/~|führe ['dʊrɟføˑ(ɡ)rə / -fyˑ(ɡ)rə] <trennb. Präfix-V.; unr./st./schw.; *han*; föhte/foht d. ['føˑtə / foːt]; ~|geföht/~|gefoht [-jəføˑt / -jəfoːt] {5.4}: durchführen, **a)** so, wie das Betreffende geplant wurde, in allen Einzelheiten verwirklichen: *ene Plan d.* (einen Plan d.); **b)** in der für das angestrebte Ergebnis erforderlichen Weise vornehmen, damit beschäftigt sein; ausführen: *en Operation d.* (eine Operation d.); **c)** bis zu Ende führen, konsequent einhalten u. vollenden: *Dat liet sich op Duur nit d.* (Das lässt sich auf Dauer nicht d.); **d)** stattfinden lassen, veranstalten: *De Versammlung kunnt ohne Störunge durchgeführt weede.* (Die Versammlung konnte ohne Störungen durchgeführt werden.). (74) (31)

durch|foodere, sich ['dʊrɟfoˑdərə] <trennb. Präfix-V.; schw.; *han*; fooderte d. ['foˑdetə]; ~|gefoodert [-jəfoˑdet] {5.2.1.4; 5.4; 6.11.3; 9.2.1.2}: sich durchfuttern. (4)

durch|föödere ['dʊrɟføˑdərə] <trennb. Präfix-V.; schw.; *han*; fööderte d. ['føˑdetə]; ~|geföödert [-jəføˑdet]> {5.2.1.4; 5.4; 6.11.3; 9.2.1.2}: durchfüttern, **a)** unter Schwierigkeiten über einen best. Zeitraum ernähren, durchbringen: *Se moot ehr fünf Pänz allein d.* (Sie musste ihre fünf Kinder allein d.); **b)** jmdn. (der sich nicht selbst ernähren kann od. will) vorübergehend mit ernähren, versorgen: *Hä liet sich vun singer Frau d.* (Er lässt sich von seiner Frau d.). (4)

durch|forme ['dʊrɟfɔrmə] <trennb. Präfix-V.; schw.; *han*; formte d. ['fɔrmtə]; ~|geformp [-jəfɔrmp]>: durchformen, sorgfältig, bis ins Einzelne formen. (127)

durch|forsche [dʊrɟ'fɔxʃə] <nicht trennb. Präfix-V.; schw.; *han*; ~|forschte [-'fɔxʃtə]; ~|forsch [-'fɔxʃ]>: durchforschen, a) methodisch (wissensch.) untersuchen; b) gründlich durchsuchen, absuchen. (110)

durch|forste [dʊrɸˈfɔxstə] <nicht trennb. Präfix-V.; schw.; *han*; ~|fors [-ˈfɔxs]>: durchforsten, **1.** (Forstw.) (Baumbestände) planmäßig ausholzen, von minderwertigen Stämmen befreien. **2.** auf etw. Bestimmtes hin kritisch durchsehen: *aal Akte d.* (alte Akten d.). (54)

durch|fresse [ˈdʊrɸfrɛsə] <trennb. Präfix-V.; st.; *han*; frǫß d. [frǫˑs]; ~|gefresse [-jəfrɛsə]>: durchfressen, **1. a)** durch Fressen, Nagen verursachen: *De Müüs han e Loch durch dä Kis durchgefresse.* (Die Mäuse haben ein Loch durch den Käse durchgefressen.); **b)** (von Ungeziefer) durch Fraß zerstören: *De Motte han dä Teppich durchgefresse.* (Die Motten haben den Teppich durchgefressen.); **c)** (von best. chem. Stoffen) durch zersetzende Einwirkung zerstören: *Säure friss dä Stoff durch.* (Säure frisst den Stoff durch.). **2.** <sich d.> **a)** sich fressend einen Weg durch etw. bahnen: *Dä Wurm hät sich durch der Appel durchgefresse.* (Der Wurm hat sich durch den Apfel durchgefressen.); **b)** bei anderen, auf Kosten anderer essen: *Hä friss sich en der ganze Famillich durch.* (Er frisst sich in der ganzen Familie durch.); **c)** etw./eine große Menge von etw. mühsam durcharbeiten: *sich durch ene Stapel Akte d.* (sich durch einen Stapel Akten d.). (59)

durch|friere/~|freere [ˈdʊrɸfriːrə / -freːrə] <trennb. Präfix-V.; st.; *sin*; fror d. [froːɐ̯]; ~|gefrǫre [-jəfrɔːrə]> {(5.1.4.3)}: durchfrieren, **a)** vollständig, bis zum Grund gefrieren: *Dä Sie es bes zom Grund durchgefrore.* (Der See ist bis zum Grund durchgefroren.); **b)** völlig von der Kälte durchdrungen werden, vor Kälte fast starr werden.): *De Pänz wore ganz durchgefrore.* (Die Kinder waren ganz durchgefroren.). (195) (194)

durch|frǫge, sich [ˈdʊrɸfrɔːʀə] <trennb. Präfix-V.; unr.; *han*; frǫgte d. [ˈfrɔːxtə]; ~|gefrǫg [-jəfrɔːx]> {5.5.3}: sich durchfragen, durch mehrmaliges Fragen nach dem Weg an sein Ziel gelangen: *Ich han mich nohm Bahnhoff durchgefrog.* (Ich habe mich zum Bahnhof durchgefragt.). (76)

durch|furche [dʊrɸˈfʊrçə] <nicht trennb. Präfix-V.; schw.; *han*; ~|furchte [-ˈfʊrçtə]; ~|furch [-ˈfʊrç]>: durchfurchen, mit Furchen durchziehen. (123)

durch|fusche [ˈdʊrɸfʊʃə] <trennb. Präfix-V.; schw.; *han*; fuschte d. [ˈfʊʃtə]; ~|gefusch [-jəfʊʃ]> {6.8.2}: durchpfuschen, **1.** jmdn. od. sich heimlich durchschleusen (Sperre, Kontrolle). **2.** eine Prüfung durch Mogeln bestehen. **3.** oberflächlich putzen. (110)

durch|fuule [ˈdʊrɸfuːlə] <trennb. Präfix-V.; schw.; *sin*; fuulte d. [ˈfuːltə]; ~|gefuult [-jəfuːlt]> {5.1.3}: durchfaulen, durch u. durch faulen, von Fäulnis ganz zerstört werden: *Dä Balke es ganz durchgefuult.* (Der Balken ist völlig durchgefault.). (102)

Durch|gang, der [ˈdʊrɸjaŋ] <N.; ~|gäng [-jɛŋ]>: Durchgang.

Durch|gangs|lager, et [ˈdʊrɸjaŋsˌlaːʀə] <N.; ~>: Durchgangslager.

Durch|gangs|strǫß, de [ˈdʊrɸjaŋsˌʃtrɔːs] <N.; ~e> {s. u. ↑Strǫß}: Durchgangsstraße.

durch|geeße [ˈdʊrɸjeˑsə] <trennb. Präfix-V.; st.; *han*; goss d. [jɔs]; ~|gegosse [-jəjɔsə]> {5.1.4.3}: durchgießen, durch ein Sieb od. Ä. gießen. (79)

durch|gevve [ˈdʊrɸjevə] <trennb. Präfix-V.; st.; *han*; gǫv d. [jɔːf]; ~|gegǫvve/~|gegevve [-jəjɔvə / -jəjevə]> {5.3.4; 5.5.2; 6.1.1}: durchgeben, (eine Nachricht) direkt übermitteln, mitteilen: *e Telegramm telefonisch d.* (ein Telegramm telefonisch d.). (81)

durch|glöhe/~|glöhne [ˈdʊrɸjløˑə / -jlønə] <trennb. Präfix-V.; schw.; glöhte d. [ˈjløtə]; ~|geglöht [-jəjløːt]> {5.4}: durchglühen, **1.** <han> vollständig, bis ins Innerste zum Glühen bringen: *Metall d.* (Metall d.). **2.** <sin> vollständig/durch u. durch glühen: *Dä Klütte es noch nit ganz durchgeglöht.* (Der Brikett ist noch nicht ganz durchgeglüht.). **3.** <sin> durch zu starke Hitze-/Strombelastung entzweigehen: *Dä Heizovve es durchgeglöht.* (Der Heizofen ist durchgeglüht.). (37) (5)

durch|gonn [ˈdʊrɸjɔn] <trennb. Präfix-V.; st.; *sin*; ging d. [jɪŋ]; ~|gegange [-jəjaŋə]> {5.3.4; 8.2.2.3}: durchgehen. (83)

durch|grave [ˈdʊrɸjraːvə] <trennb. Präfix-V.; st.; *han*; grǫv d. [jrɔːf]; ~|gegrave [-jəjraːvə]> {6.1.1}: durchgraben, **1.** durch etw. graben: *Ene Tunnel woodt durch dä Birg durchgegrave.* (Ein Tunnel wurde durch den Berg durchgegraben.). **2.** <sich d.> sich grabend einen Weg durch etw. bahnen: *De Molter han sich durchgegrave.* (Die Maulwürfe haben sich durchgegraben.). (85)

durch|griefe [ˈdʊrɸjriːfə] <trennb. Präfix-V.; st.; *han*; greff d. [jref]; ~|gegreffe [-jəjrefə]> {5.1.4.5}: durchgreifen, durchlangen, **1.** durch etw. hindurchgreifen: *Durch dä Zung kann mer nit met de Häng d.* (Durch den Zaun kann man nicht mit den Händen d.). **2.** drastische Maßnahmen ergreifen, energisch einschreiten, dazwischenfahren: *De Schmier hät hadd gäge de Demonstrante durchgegreffe.* (Die Polizei griff hart gegen die Demonstranten durch.). (86)

durch|halde ['dʊrfjhaldə] <trennb. Präfix-V.; st.; *han*; heeldt d. [heːlt]; ~|gehalde [-jəhaldə]> {6.11.3}: durchhalten, **a)** ausharren, nicht aufgeben, sich gedulden: *Mer müsse bes zom Eng d.* (Wir müssen bis zum Schluss d.); **b)** etw. aushalten, durchstehen, verkraften: *ene Streik d.* (einen Streik d.). (90)

durch|han ['dʊrfjhan] <trennb. Präfix-V.; unr.; *han*; hatt d. [hat]; ~|gehatt [-jəhat]> {5.3.2.5}: durchhaben, **1.** sich von Anfang bis Ende mit etw. befasst, es durchgelesen, durchgearbeitet od. Ä. haben: *e Boch d.* (ein Buch d.). **2.** (durch Schneiden, Sägen od. Ä.) in zwei Teile zerteilt haben: *Hä hät dä Ass endlich durch.* (Er hat den Ast endlich durch(gesägt).). (92)

durch|hange ['dʊrfjhaŋə] <trennb. Präfix-V.; st.; *han*; hing d. [hɪŋ]; ~|gehange [-jəhaŋə]> {5.4}: durchhängen, **1.** in der Mitte nach unten hängen, sich durchbiegen: *Dat Bredd em Regal hängk durch.* (Das Brett im Regal hängt durch.) [auch: ↑durch|hänge (1)]. **2.** in schlechter körperlicher od. seelischer Verfassung, müde, abgespannt sein: *Noh sechs Stund Schull hängk mer richtig durch.* (Nach sechs Stunden Schule hängt man völlig durch.) [auch: ↑durch|hänge (2)]. (65)

durch|hänge ['dʊrfjhɛŋə] <trennb. Präfix-V.; schw.; *han*; hängte d. ['hɛŋtə]; ~|gehängk [-jəhɛŋˑk]>: durchhängen, **1.** in der Mitte durchbiegen [auch: ↑durch|hange (1)]. **2.** müde, abgespannt sein [auch: ↑durch|hange (2)]. (49)

durch|haue ['dʊrfjhaʊə] <trennb. Präfix-V.; unr./schw.; *han*; haute d. ['haʊˑtə]; ~|gehaue/~|gehaut [-jəhaʊə / -jəhaʊˑt]>: durchhauen, **1. a)** in zwei Teile hauen; **b)** <sich d.> sich durch Hauen einen Weg bahnen. **2.** kräftig verprügeln [auch: ↑durch|bläue, ↑op|mische (2), ↑ver|bimse (1), ↑ver|bläue, ↑ver|dresche, ↑ver|kamesöle, ↑ver|kloppe, ↑ver|möbele, ↑ver|prügele, ↑ver|trimme, ↑zer|bläue, ↑zer|schlage¹/~|schlonn (3)]. **3.** (von elektr. Leitungen) zerstören: *Der Bletz hät de Leidung durchgehaue.* (Der Blitz hat die Leitung durchgehauen.). (94)

durch|hechele ['dʊrfjhɛçələ] <trennb. Präfix-V.; schw.; *han*; hechelte d. ['hɛçəltə]; ~|gehechelt [-jəhɛçəlt]> {9.2.1.2}: durchhecheln, sich über jmdn./etw. in spött., boshafter Weise (öffentlich) äußern: *Däm singe Fis-*ternöll woodt en alle Zeidunge durchgehechelt. (Seine Affäre wurde in allen Zeitungen durchgehechelt.). (6)

durch|heize ['dʊrfjhɛɪtsə] <trennb. Präfix-V.; schw.; *han*; heizte d. ['hɛɪtstə]; ~|geheiz [-jəhɛɪts]>: durchheizen, **a)** gründlich heizen: *De Wonnung es god durchgeheiz.* (Die Wohnung ist gut durchgeheizt.); **b)** (über einen best. Zeitraum) ohne Unterbrechung heizen: *de Naach üvver d.* (die Nacht über d.). (112)

durch|hungere, sich ['dʊrfjhʊŋərə] <trennb. Präfix-V.; schw.; *han*; hungerte d. ['hʊŋətə]; ~|gehungert [-jəhʊŋət]> {9.2.1.2}: sich durchhungern, sich hungernd durchschlagen. (4)

durch|ixe ['dʊrfjɪksə] <trennb. Präfix-V.; schw.; *han*; ixte d. ['ɪkstə]; ~|geix [-jəɪks]>: durchixen, durch Übertippen mit dem Buchstaben x ungültig, unleserlich machen, durchstreichen. (71)

durch|jage [dʊrfj'jaˑʀə] <nicht trennb. Präfix-V.; schw.; *han*; ~|jagte [-'jaˑxtə]; ~|jag [-'jaˑx]>: durchjagen, jagend, rasend durchqueren. (103)

durch|jöcke ['dʊrfjjœkə] <trennb. Präfix-V.; schw.; *sin*; jöckte d. ['jœktə]; -gejöck [-jəjœk]>: durchbrausen, durchpeitschen. (88)

durch|kamesöle ['dʊrfjkaməˌzœˑlə] <trennb. Präfix-V.; schw.; *han*; kamesölte d. [kamə'zœˑltə]; ~|kamesölt [-kaməˌzœˑlt]>: durchprügeln. (148)

durch|kämfe¹ ['dʊrfjkɛmfə] <trennb. Präfix-V.; schw.; *han*; kämfte d. ['kɛmftə]; ~|gekämf [-jəkɛmf]> {6.8.2}: durchkämpfen, **1.** über einen best. Zeitraum ohne Unterbrechung kämpfen. **2.** gegen starke Widerstände mit großem Einsatz u. großer Beharrlichkeit durchsetzen: *si Rääch d.* (sein Recht d.). **3. a)** <sich d.> sich mit großer Anstrengung, Mühe einen Weg bahnen; **b)** unter großen Mühen seine Existenz behaupten; **c)** sich nach inneren Kämpfen zu etw. entschließen; sich durchringen: *Hä hät sich dozo durchgekämf, et Rauche draanzogevve.* (Er hat sich dazu durchgekämpft, das Rauchen aufzugeben.) [auch: ↑üvver|winde (3)]. (105)

durch|kämfe² [dʊrfj'kɛmfə] <nicht trennb. Präfix-V.; schw.; *han*; ~|kämfte [-'kɛmftə]; ~|kämf [-'kɛmf]> {6.8.2}: durchkämpfen, (eine best. Zeitspanne) unter körperlichen od. seelischen Qualen verbringen: *Mer han manche Naach durchkämf.* (Wir haben manche Nacht durchkämpft.); häufig im Part. I: *en durchkämfte Naach* (eine durchkämpfte Nacht). (105)

durch|kämme¹ [ˈdʊrʄkɛmə] <trennb. Präfix-V.; schw.; *han*; kämmte d. [ˈkɛmˑtə]; ~|gekämmp [-jəkɛmˑp]>: durchkämmen, auskämmen; gründlich, kräftig kämmen: *Et hät de Hoore durchgekämmp.* (Sie hat das Haar durchgekämmt.). (40)

durch|kämme² [dʊrʄˈkɛmə] <nicht trennb. Präfix-V.; schw.; *han*; ~|kämmte [-ˈkɛmˑtə]; ~|kämmp [-ˈkɛmˑp]>: durchkämmen, durchstöbern, in einem größeren Einsatz gründlich u. systematisch durchsuchen: *De Schmier hät et ganze Veedel durchkämmp.* (Die Polizei durchkämmte das ganze Viertel.). (40)

durch|käue [ˈdʊrʄkøʏə] <trennb. Präfix-V.; schw.; *han*; käute d. [ˈkøʏˑtə]; ~|gekäut [-jəkøʏˑt]> {5.1.3}: durchkauen, **1.** gründlich kauen: *fresch gebacke Brud god d.* (frisches Brot gut d.). **2.** ausführlich, bis zum Überdruss behandeln, besprechen: *e Thema gründlich d.* (ein Thema gründlich besprechen). (11)

durch|klemme [ˈdʊrʄˌklɛmə] <trennb. Präfix-V.; st.; *sin*; klomm d. [klɔm]; -geklomme [-jəklɔmə]> {5.5.2}: durchklettern. (109)

durch|klinge [ˈdʊrʄklɪŋə] <trennb. Präfix-V.; st.; klung d. [klʊŋ]; ~|geklunge [-jəklʊŋə]>: durchklingen, **a)** <sin> vor anderen Klängen hervorstechen, bes. deutlich hörbar sein: *Sing Stemm klung am lautste durch.* (Seine Stimme klang am lautesten durch.); **b)** <han/sin> andeutungsweise zum Ausdruck kommen, mitschwingen: *En singer Stemm es/hät Unsicherheit durchgeklunge.* (In seiner Stimme ist/hat Unsicherheit durchgeklungen.). (26)

durch|knedde [ˈdʊrʄknedə] <trennb. Präfix-V.; schw.; *han*; ~|geknedt [-jəknet]> {5.3.4; 5.5.2; 6.11.3}: durchkneten, **a)** gründlich kneten: *der Deig d.* (den Teig d.); **b)** (kräftig) massieren: *einer d., de Muskele d.* (jmdn. d., die Muskeln d.). (111)

durch|knöppe [ˈdʊrʄknœpə] <trennb. Präfix-V.; schw.; *han*; knöppte d. [ˈknœptə]; ~|geknöpp [-jəknœp]> {6.8.1}: durchknöpfen, von oben bis unten zuknöpfen: *et Hemb d.* (das Hemd d.); <meist im Part. II> *e durchgeknöpp Kleid* (ein durchgeknöpftes Kleid; ein Kleid, das sich von oben bis unten knöpfen lässt). (75)

durch|krige [ˈdʊrʄkrɪjə] <trennb. Präfix-V.; unr.; *han*; kräg/kräht d. [krɛːʄ / krɛːt]; ~|(ge)kräge/~|gekräg/ ~|gekräht [-(jə)ˌkrɛːjə / -jəˌkrɛːʄ / -jəˌkrɛːt]> {5.3.4.1}: durchkriegen, durchbekommen. (117)

durch|krose [ˈdʊrʄkrɔˑzə] <trennb. Präfix-V.; schw.; *han*; kroste d. [ˈkrɔˑstə]; ~|gekros [-jəkrɔˑs]>: durchkramen, kramend durchsuchen: *Dä hät de Schublad durchgekros.* (Er kramte die Schublade durch.). (149)

durch|kruffe [ˈdʊrʄkrʊfə] <trennb. Präfix-V.; st.; *han*; kroff d. [krɔf]; ~|gekroffe [-jəkrɔfə]>: durchkriechen, kriechend durchqueren. (119)

durch|krütze¹ [ˈdʊrʄkrʏtsə] <trennb. Präfix-V.; schw.; *han*; krützte d. [ˈkrʏtstə]; ~|gekrütz [-jəkrʏts]> {5.3.4.1}: durchkreuzen, mit einem Kreuz durchstreichen: *Ich han de Fähler durchgekrütz.* (Ich habe die Fehler durchgekreuzt.). (114)

durch|krütze² [dʊrʄˈkrʏtsə] <nicht trennb. Präfix-V.; schw.; *han*; ~|krützte [-ˈkrʏtstə]; ~|krütz [-ˈkrʏts]> {5.3.4.1}: durchkreuzen, **1.** kreuz u. quer durchfahren, durchwandern od. Ä.: *Afrika d.* **2.** durch entspr. Gegenmaßnahmen behindern, vereiteln: *Ich han sing Avsichte durchkrütz.* (Ich habe seine Absichten d.). (114)

durch|kumme [ˈdʊrʄkʊmə] <trennb. Präfix-V.; st.; *sin*; kom d. [kɔˑm]; ~|(ge)kumme [-(jə)ˌkʊmə]> {5.4}: durchkommen. (120)

durch|künne [ˈdʊrʄkʏnə] <trennb. Präfix-V.; unr.; *han*; kunnt d. [kʊnt]; ~|gekunnt [-jəkʊnt]> {5.4}: durchkönnen, durchdürfen. (121)

durch|lade [ˈdʊrʄlaˑdə] <trennb. Präfix-V.; st.; *han*; lod d. [loˑt]; ~|gelade [-jəlaˑdə]>: durchladen, eine Patrone in den Lauf bringen u. damit die Waffe schussbereit machen: *e Gewehr d.* (ein Gewehr d.). (124)

durch|lässig [ˈdʊrʄlɛsɪʄ] <Adj.; i. best. Komposita *läss-*, sonst ↑*looße*¹; ~e; ~er, ~ste> {11}: durchlässig, porös, undicht. Tbl. A5.2

durch|laufe¹ [ˈdʊrʄloʊfə] <trennb. Präfix-V.; st.; leef d. [leˑf]; ~|gelaufe [-jəloʊfə]>: durchlaufen, **1.** <sin> **a)** sich laufend durch, zw. etw. hindurchbewegen: *Hä es einfach durch die Avsperrung durchgelaufe.* (Er lief einfach durch die Absperrung durch.); **b)** (von flüssigen Stoffen) durchrinnen, durchsickern: *Dä Kaffee es noch nit ganz durchgelaufe.* (Der Kaffee ist noch nicht ganz durchgelaufen.). **2.** <sin> laufend durchkommen: *Se kom evvens hee durchgelaufe.* (Sie kam eben hier durchgelaufen.). **3.** <sin> (eine best. Zeit, Strecke) ohne Unterbrechung laufen: *Mir sin bes nohm Nüümaat durchgelaufe.* (Wir sind bis zum Neumarkt durchgelaufen.). **4.** <sin> (Ballspiele) an der gegnerischen Abwehr vorbeilaufen, sie überlaufen: *Dä Meddelstörmer leef* *durch de Avwehr durch.* (Der Mittelstürmer lief durch die Abwehr durch.). **5.** <han> durch vieles Laufen verschleißen: *Hä hät sing Schohn ald durchgelaufe.* (Er hat seine Schuhe schon durchgelaufen.). (128)

durch|laufe[2] [dʊʀʃ'loʊfə] <nicht trennb. Präfix-V.; st.; *han*; ~|leef [-'le·f]; ~|laufe [-'loʊfə]>: durchlaufen, **1.** (eine best. Strecke) laufend zurücklegen: *Hä durchleef die Streck en fünf Minutte.* (Er durchlief die Strecke in fünf Minuten.). **2.** (ein Gebiet) laufend durchqueren: *Beim Köln-Marathon han mer halv Kölle d.* (Beim Köln-Marathon haben wir halb Köln d.) [auch: ↑durch|renne]. **3.** (von Empfindungen, Gemütsbewegungen) plötzlich durch den ganzen Körper hindurch spürbar werden: *Ene Schudder durchleef mich.* (Ein Schauder durchlief mich.). **4.** hinter sich bringen, absolvieren: *Hä hät de Schull en 11 Johr d.* (Er hat die Schule in 11 Jahren d.). (128)

durch|lege, sich ['dʊʀʃle·jə] <trennb. Präfix-V.; st.; *han*; log d. [lo·x]; ~|geloge [-jəlo·ʀə]> {5.4}: sich durchlügen, sich mit Lügen durchhelfen. (14)

durch|lese ['dʊʀʃlezə] <trennb. Präfix-V.; st.; *han*; los d. [lo·s]; ~|gelese [-jəlezə]> {5.3.4.1; 5.5.2}: durchlesen, von Anfang bis Ende, ganz lesen: *Ich han dä Breef zweimol durchgelese.* (Ich habe den Brief zweimal durchgelesen.). (130)

durch|leuchte [dʊʀʃ'løyftə] <nicht trennb. Präfix-V.; schw.; *han*; ~|leuch [-'løyf]>: durchleuchten, **1.** Lichtstrahlen, Röntgenstrahlen durch etw./jmds. Körper durchdringen lassen, um das Innere zum Zweck einer Prüfung, Untersuchung sichtbar zu machen: *Ich han mer de Lung d. looße.* (Ich habe mir die Lunge d. lassen.). **2.** Klarheit über etw./jmdn. gewinnen, etw. aufklären, in allen Einzelheiten kritisch untersuchen: *en Aangelägenheit bes en et Kleinste d.* (eine Angelegenheit bis ins Kleinste d.). (131)

durch|levve [dʊʀʃ'levə] <nicht trennb. Präfix-V.; unr.; *han*; ~|lävte [-'lɛftə]; ~|läv [-'lɛ:f]> {5.3.4; 5.5.2; 6.1.1}: durchleben, (eine best. Zeit, eine Situation) von Anfang bis Ende erleben: *en schön Jugend d.* (eine schöne Jugend d.). (22)

durch|lige ['dʊʀʃlɪjə] <trennb. Präfix-V.; st.; *han*; log d. [lo·x]; ~|geläge [-jəlɛ·jə]> {5.3.4.1}: durchliegen, **1.** durch beständiges Daraufliegen verschleißen: *de Matratz d.* (die Matratze d.). **2.** <sich d.> sich wund liegen. (132)

durch|ligge [dʊʀʃ'lɪgə] <nicht trennb. Präfix-V.; unr.; *han*; ~|ledt [-'let]; ~|ledde [-'ledə]> {5.3.4; 6.6.2}: durchleiden, (eine best. Zeit, eine Situation) leidend durchleben: *en fiese Zigg d. müsse* (eine unangenehme Zeit d. müssen). (133)

durch|löchere [dʊʀʃ'lœfjəʀə] <nicht trennb. Präfix-V.; schw.; *han*; ~|löcherte [-'lœfjɐtə]; ~|löchert [-'lœfjɐt]> {9.2.1.2}: durchlöchern, **1.** viele Löcher in etw. machen: *en Schiev d.* (eine Scheibe d.). **2.** auf etw. so einwirken, dass es nicht mehr fest in sich gefügt, nicht mehr stabil ist; schwächen: *beim Foßball de Avwehr d.* (beim Fußball die Abwehr d.). (4)

durch|looße ['dʊʀʃlo·sə] <trennb. Präfix-V.; st.; *han*; leet/leeß d. [le:t / le·s]; ~|geloße [-jəlɔ·sə]> {5.2.1.3; 5.5.3}: durchlassen. (135)

durch|lotse ['dʊʀʃlo:tsə] <trennb. Präfix-V.; schw.; *han*; lotste d. ['lo:tstə]; ~|gelots [-jəlo·ts]>: durchlotsen. (87)

durch|lüfte ['dʊʀʃlyftə] <trennb. Präfix-V.; schw.; *han*; ~|gelüff [-jəlyf]>: durchlüften, gründlich lüften. (89)

durch|luure/~|loore ['dʊʀʃlu·(ə)ʀə / -lo·ʀə] <trennb. Präfix-V.; schw./unr.; *han*; luurte d. ['lu·ɐtə]; ~|geluurt [-jəlu·ɐt]>: durchschauen, durchblicken, durchgucken, hindurchschauen, hindurchsehen. (100) (134)

durch|maache ['dʊʀʃma·xə] <trennb. Präfix-V.; unr.; *han*; maht d. [ma:t]; ~|gemaht [-jəma:t]> {5.2.1}: durchmachen. (136)

durch|marschiere/~eere ['dʊʀʃmaʃi·(ɐ)ʀə / -e·ʀə] <trennb. Präfix-V.; schw./unr.; *sin*; marschierte d. [maʃi·ɐtə]; ~|marschiert [-maʃi·ɐt] ⟨frz. marcher⟩> {(5.1.4.3)}: durchmarschieren. (3) (2)

durch|menge ['dʊʀʃmɛŋə] <trennb. Präfix-V.; schw.; *han*; mengte d. ['mɛŋtə]; ~|gemengk [-jəmɛŋ·k]>: durchmengen, durchrühren, gründlich miteinander vermengen [auch: ↑durch|rühre/~|röhre]. (49)

durch|messe ['dʊʀʃmɛsə] <trennb. Präfix-V.; st.; *han*; moß d. [mɔ·s]; ~|gemesse [-jəmɛsə]>: durchmessen. (59)

durch|mische ['dʊʀʃmɪʃə] <trennb. Präfix-V.; schw.; *han*; mischte d. ['mɪʃtə]; ~|gemisch [-jəmɪʃ]>: durchmischen, gründlich mischen. (110)

durch|müsse ['dʊʀʃmysə] <trennb. Präfix-V.; unr.; *han*; moot d. [mo:t]; ~|gemoot [-jəmɔ:t]>: (hin)durchmüssen, durchdürfen. (142)

durch|nässe [dʊʀʃ'nɛsə] <nicht trennb. Präfix-V.; schw.; *han*; ~|nässte [-'nɛstə]; ~|näss [-'nɛs]>: durchnässen, mit Nässe durchdringen. (67)

durch|nemme ['dʊrʃnemə] <trennb. Präfix-V.; st.; *han*; nǫhm d. [noˑm]; ~|genǫmme [-jənomə]> {5.3.4; 5.5.2}: durchnehmen. (143)

durch|nummeriere/~eere ['dʊrʃnʊmə‚riˑ(ɐ)rə / -eˑrə] <trennb. Präfix-V.; schw./unr.; *han*; nummerierte d. [nʊməˈriˑɐ̯tə]; ~|nummeriert [-nʊmə‚riˑɐ̯t] ⟨lat. numerare⟩> {(5.1.4.3)}: durchnummerieren. (3) (2)

durch|ǫdeme ['dʊrʃ|oˑdəmə] <trennb. Präfix-V.; schw.; *han*; ǫdemte d. ['oˑdəmtə]; ~|geǫdemp [-jə|oˑdəmp]> {5.5.3; 6.11.3; 9.1.1}: durchatmen. (144)

durch|organisiere/~eere ['dʊrʃ|ɔrˌganɪˌziˑ(ɐ)rə / -eˑrə] <trennb. Präfix-V.; schw./unr.; *han*; organisierte d. [ɔrganɪˈziˑɐ̯tə]; ~|organisiert [-ɔrˌganɪˌziˑɐ̯t] ⟨frz. organiser⟩> {(5.1.4.3)}: durchorganisieren. (3) (2)

durch|paasche ['dʊrʃpaːʃə] <trennb. Präfix-V.; schw.; *han*; paaschte d. ['paːʃtə]; ~|gepaasch [-jəpaːʃ]>: durchdrängeln, 1. <sich d.> sich drängelnd durch eine Menge bewegen. 2. durch etw. (bes. ein Sieb od. Ä.) durchpressen [auch: ↑durch|dröcke]. (110)

durch|pauke ['dʊrʃpaʊ̯kə] <trennb. Präfix-V.; schw.; *han*; paukte d. ['paʊ̯ktə]; ~|gepauk [-jəpaʊ̯k]>: durchpauken. (178)

durch|pause/~|puuse ['dʊrʃpaʊ̯zə / -puˑzə] <trennb. Präfix-V.; ~|puuse veraltet; schw.; *han*; pauste d. ['paʊ̯stə]; ~|gepaus [-jəpaʊ̯s]> {(5.1.3)}: durchpausen. (149)

durch|peitsche ['dʊrʃpaɪ̯tʃə] <trennb. Präfix-V.; schw.; *han*; peitschte d. ['paɪ̯tʃtə]; ~|gepeitsch [-jəpaɪ̯tʃ]>: durchpeitschen. (110)

durch|plane ['dʊrʃplaˑnə] <trennb. Präfix-V.; schw.; *han*; plante d. ['plaˑntə]; ~|geplant [-jəplaˑnt]>: durchplanen, vollständig planen. (146)

durch|probiere/~eere ['dʊrʃproˌbiˑ(ɐ)rə / -eˑrə] <trennb. Präfix-V.; schw./unr.; *han*; probierte d. [proˈbiˑɐ̯tə]; ~|probiert [-proˌbiˑɐ̯t] ⟨lat. probare⟩> {(5.1.4.3)}: durchprobieren, durchkosten. (3) (2)

durch|quere [dʊrʃˈkveː(ɐ)rə] <nicht trennb. Präfix-V.; schw.; *han*; ~|querte [-ˈkveːɐ̯tə]; ~|quert [-ˈkveːɐ̯t]>: durchqueren. (21)

durch|quetsche ['dʊrʃkvɛtʃə] <trennb. Präfix-V.; schw.; *han*; quetschte d. ['kvɛtʃtə]; ~|gequetsch [-jəkvɛtʃ]>: durchquetschen. (110)

durch|radele ['dʊrʃraːdələ] <trennb. Präfix-V.; schw.; *sin*; radelte d. ['raːdəltə]; ~|geradelt [-jəraˑdəlt]> {9.2.1.2}: durchradeln, **a)** durch etw. hindurchradeln: *zwesche zwei Bäum d.* (zw. zwei Bäumen d.); **b)** radelnd passieren: *Die zwei sin hee evvens durchgeradelt.* (Die beiden sind hier eben durchgeradelt.). (6)

durch|rähne ['dʊrʃrɛˑnə] <trennb. Präfix-V.; unpers., nur 3. Pers. Sg.; schw.; *han*; rähnte d. ['rɛˑntə]; ~|gerähnt [-jərɛˑnt]> {5.4; 6.3.1}: durchregnen: *En der Köch rähnt et durch.* (In der Küche regnet es durch.). (5)

durch|rase/~|rǫse ['dʊrʃraˑzə / -rɔˑzə] <trennb. Präfix-V.; ~|rose veraltet; schw.; *han*; raste d. ['raˑstə]; ~|geras [-jəraˑs]> {(5.5.3)}: durchrasen, mit rasender Geschwindigkeit durchqueren. (149)

durch|rassele ['dʊrʃrasələ] <trennb. Präfix-V.; schw.; *sin*; rasselte d. ['rasəltə]; ~|gerasselt [-jərasəlt]> {9.2.1.2}: durchrasseln, durchfallen [auch: ↑durch|falle¹ (2b), ↑durch|fleege¹ (3)]. (6)

durch|rechne ['dʊrʃrɛʃnə] <trennb. Präfix-V.; schw.; *han*; rechente d. ['rɛʃəntə]; ~|gerechent [-jərɛʃənt]>: durchrechnen. (150)

durch|recke ['dʊrʃrekə] <trennb. Präfix-V.; schw.; *han*; reckte d. ['rektə]; ~|gereck [-jərek]> {5.3.1; 5.5.2}: durchreichen. (88)

Durch|reis, de ['dʊrʃraɪ̯s] <N.; ~e> {8.3.1}: Durchreise.

durch|reise ['dʊrʃraɪ̯zə] <trennb. Präfix-V.; schw.; *sin*; reiste d. ['raɪ̯stə]; ~|gereis [-jərəɪ̯s]>: durchreisen, **1.** reisend durch einen Ort, ein Gebiet kommen, ohne die Reise dort (länger) zu unterbrechen: *Mer sin durch Rom nor durchgereis.* (Wir sind durch Rom nur durchgereist.). **2.** eine best. Zeit, Strecke ohne Unterbrechung reisen: *Se sin de ganze Nach (bes noh Berlin) durchgereis.* (Sie sind die ganze Nacht (bis nach Berlin) durchgereist.). (149)

durch|renne ['dʊrʃrɛnə] <trennb. Präfix-V.; unr.; *sin*; rannt d. [rant]; ~|gerannt [-jərant]>: durchrennen, mit großem Tempo durchlaufen [auch: ↑durch|laufe² (2)]. (35)

durch|rieße ['dʊrʃriːsə] <trennb. Präfix-V.; st.; *han*; ress d. [res]; ~|geresse [-jərɛsə]> {5.1.4.5}: durchreißen, **1.** <han> in zwei Teile reißen: *e Papier en der Medde d.* (ein Papier in der Mitte d.). **2.** <sin> durch Reißen geteilt werden: *Der Faddem es durchgeresse.* (Der Faden ist durchgerissen.). (25)

durch|rieve ['dʊrʃriˑvə] <trennb. Präfix-V.; st.; *han*; revv d. [ref]; ~|gerevve [-jərevə]> {5.1.4.5; 6.1.1}: durchreiben, durch vieles Reiben abnützen, beschädigen. (51)

durch|risele ['dʊrʃrɪzələ] <trennb. Präfix-V.; schw.; *sin*; riselte d. ['rɪzəltə]; ~|geriselt [-jərɪzəlt]> {5.3.4.1; 7.4; 9.2.1.2}: durchrieseln. (6)

durch|röddele ['dʊrʧrødələ] <trennb. Präfix-V.; schw.; *han*; röddelte d. ['rødəltə]; ~|geröddelt [-jərødəlt]> {5.5.3; 6.11.3; 9.2.1.2}: durchrütteln. (6)

durch|rofe ['dʊrʧroˑfə] <trennb. Präfix-V.; st.; *han*; reef d. [reˑf]; ~|gerofe [-jəroˑfə]> {5.4}: durchrufen. (151)

durch|röhre/~|rühre ['dʊrʧrøˑ(ɐ)rə / -ryˑ(ɐ)rə] <trennb. Präfix-V.; schw.; *han*; röhte d. ['røˑtə]; ~|geröht [-jərøˑt]> {5.4}: durchrühren [auch: ↑durch|menge]. (186) (31)

durch|rolle ['dʊrʧrɔlə] <trennb. Präfix-V.; schw.; *sin*; rollte d. ['rɔlˑtə]; ~|gerollt [-jərɔlˑt]>: durchrollen. (91)

durch|roste ['dʊrʧrɔstə] <trennb. Präfix-V.; schw.; *sin*; ~|geross [-jərɔs]>: durchrosten. (68)

durch|rötsche ['dʊrʧrøtʃə] <trennb. Präfix-V.; schw.; *sin*; rötschte d. ['røtʃtə]; ~|gerötsch [-jərøtʃ]> {5.5.1}: durchrutschen [auch: ↑durch|flutsche]. (110)

durch|sacke ['dʊrʧzakə] <trennb. Präfix-V.; schw.; *sin*; sackte d. ['zaktə]; ~|gesack [-jəzak]>: durchsacken, nach unten sacken. (88)

Durch|sag, de ['dʊrʧzaˑx] <N.; ~e> {8.3.1}: Durchsage.

durch|sage ['dʊrʧzaˑʀə] <trennb. Präfix-V.; unr.; *han*; saht d. [zaˑt]; ~|gesaht [-jəzaˑt]>: durchsagen. (155)

durch|säge ['dʊrʧzɛˑjə] <trennb. Präfix-V.; schw.; *han*; sägte d. ['zɛˑftə]; ~|gesäg [-jəzɛˑf]>: durchsägen, in zwei Teile sägen. (103)

durch|schalle ['dʊrʧʃalə] <trennb. Präfix-V.; schw.; *han*; schallte d. ['ʃalˑtə]; ~|geschallt [-jəʃalˑt]>: durchschallen. (91)

durch|schaue [dʊrʧ'ʃaʊ̯ə] <nicht trennb. Präfix-V.; schw.; *han*; ~|schaute [-'ʃaʊ̯tə]; ~|schaut [-'ʃaʊ̯t]>: durchschauen, wahre Absichten, Zusammenhängen erkennen: *Do bes durchschaut.* (Du bist durchschaut.). (11)

durch|scheeße ['dʊrʧʃeˑsə] <trennb. Präfix-V.; st.; *han*; schoss d. [ʃɔs]; ~|geschosse [-jəʃɔsə]> {5.1.4.3}: durchschießen, durch eine Öffnung schießen. (79)

durch|schimmere ['dʊrʧʃɪmərə] <trennb. Präfix-V.; schw.; *han*; schimmerte d. ['ʃɪmɐtə]; ~|geschimmert [-jəʃɪmɐt]> {9.2.1.2}: durchschimmern. (4)

durch|schinge ['dʊrʧʃɪŋə] <trennb. Präfix-V.; st.; *han*; schung d. [ʃʊŋ]; ~|geschunge [-jəʃʊŋə]> {5.3.4}: durchscheinen, mit seinem Schein durch etw. durchdringen: *De Sonn schung (durch de Wolke) durch.* (Die Sonne schien (durch die Wolken) durch.). (26)

Durch|schlag, der ['dʊrʧʃlaːx] <N.; ~|schläg [-ʃlɛˑf]>: Durchschlag, Durchschrift, Duplikat [auch: ↑Durch|schreff].

durch|schlage¹/~|schlonn ['dʊrʧʃlaˑʀə / -ʃlɔn] <trennb. Präfix-V.; st.; schlog d. [ʃloˑx]; ~|geschlage [-jəʃlaˑʀə]> {(5.3.2; 5.4)}: durchschlagen, **1.** <*han*> **a)** mit einem Schlag durchtrennen: *3 Stein op eimol d.* (3 Steine auf einmal d.); **b)** schlagend durch etw. treiben: *ene Nähl (durch de Wand) d.* (einen Nagel (durch die Wand) d.) **2.** <*sin*> durch etw. durchdringen: *Mir es de Krause durchgeschlage.* (Meine Dauerwelle ist durchgeschlagen.). **3.** <sich d.; *han*> **a)** unter Überwindung von Hindernissen, Gefahren ein sicheres Ziel erreichen: *sich bes noh der Grenz d.* (s. bis zur Grenze d.); **b)** mühsam seine Existenz behaupten: *Nohm Kreeg han se sich met Möh un Nud durchgeschlage.* (Nach dem Krieg haben sie sich mit Mühe u. Not durchgeschlagen.). (48) (163)

durch|schlage² [dʊrʧ'ʃlaˑʀə] <nicht trennb. Präfix-V.; st.; *han*, ~|schlog [-'ʃloˑx]; ~|schlage [-'ʃlaˑʀə]>: durchschlagen, mit einem Schlag durchdringen: *Dä Hagel hät de Schiev d.* (Der Hagel hat die Scheibe d.). (48)

durch|schlängele, sich ['dʊrʧʃlɛŋələ] <trennb. Präfix-V.; schw.; *han*; schlängelte d. ['ʃlɛŋəltə]; ~|geschlängelt [-jəʃlɛŋəlt]> {9.2.1.2}: sich durchschlängeln, **a)** sich durch etw. schlängeln; **b)** (übertr.) *Hä hät sich si Levve lang bloß üvverall durchgeschlängelt.* (Er hat sich sein Leben lang überall durchgeschlängelt. = Er hat Schwierigkeiten überall geschickt umgangen.). (6)

durch|schleife ['dʊrʧʃleɪ̯fə] <trennb. Präfix-V.; schw.; *han*; schleifte d. ['ʃleɪ̯ftə]; ~|geschleif [-jəʃleɪ̯f]>: durchschleifen, durchschleppen, **a)** jmdm. unter Anstrengungen helfen, ein best. Leistungsziel zu erreichen; **b)** unter eigenen Entbehrungen mitversorgen, unterhalten.(108)

durch|schleuse ['dʊrʧʃlɔʏ̯zə] <trennb. Präfix-V.; schw.; *han*; schleuste d. ['ʃlɔʏ̯stə]; ~|geschleus [-jəʃlɔʏ̯s]>: durchschleusen. (149)

durch|schlofe ['dʊrʧʃloˑfə] <trennb. Präfix-V.; st.; *han*; schleef d. [ʃleːf]; ~|geschlofe [-jəʃlɔˑfə]> {5.5.3}: durchschlafen. (162)

durch|schmecke ['dʊrʧʃmɛkə] <trennb. Präfix-V.; schw./unr.; *han*; schmeckte/schmok d. ['ʃmɛktə / ʃmɔˑk]; ~|geschmeck [-jəʃmɛk]>: durchschhmecken, herausschmecken. (164)

durch|schmuggele ['dʊrʃʃmʊgələ] <trennb. Präfix-V.; schw.; *han*; schmuggelte d. ['ʃmʊgəltə]; ~|geschmuggelt [-jəʃmʊgəlt]> {9.2.1.2}: durchschmuggeln. (6)

Durch|schnedd, der ['dʊrʃʃnet] <N.; o. Pl.> {5.5.2; 6.11.3}: Durchschnitt.

durch|schnedd|lich ['dʊrʃʃnetlɪʃ] <Adj.; ~e; ~er; ~ste> {5.5.2: 6.11.3}: durchschnittlich [auch: ↑ordinär, ↑ge|wöhn|lich]. Tbl. A1

Durch|schnedds|ald|er, et ['dʊrʃʃnets,aldɐ] <N.; o. Pl.> {s. u. ↑Schnedd¹ ↑Ald|er}: Durchschnittsalter.

Durch|schnedds|ge|schwind|ig|keit, de ['dʊrʃʃnetsjəʃvɪnˑdɪŋkeɪt] <N.; ~e> {s. u. ↑Schnedd¹}: Durchschnittsgeschwindigkeit.

Durch|schnedds|minsch, der ['dʊrʃʃnets,mɪnʃ] <N.; ~e> {s. u. ↑Schnedd¹ ↑Minsch¹}: Durchschnittsmensch.

durch|schnigge ['dʊrʃʃnɪgə] <trennb. Präfix-V.; st.; *han*; schnedt d. [ʃnet]; ~|geschnedde [-jəʃnedə]> {5.3.4; 6.6.2}: durchschneiden, in zwei Teile schneiden; schneidend durchtrennen. (133)

durch|schöckele ['dʊrʃʃœkələ] <trennb. Präfix-V.; schw.; *han*; schöckelte d. ['ʃœkəltə]; ~|geschöckelt [-jəʃœkəlt]> {5.3.4; 9.2.1.2}: durchschaukeln, durchrütteln. (6)

durch|schöddele ['dʊrʃʃødələ] <trennb. Präfix-V.; schw.; *han*; schöddelte d. ['ʃødəltə]; ~|geschöddelt [-jəʃødəlt]> {5.5.1; 6.11.3; 9.2.1.2}: durchschütteln. (6)

Durch|schreff, de ['dʊrʃʃref] <N.; ~|schrefte> {5.5.2; 8.3.5}: Durchschrift, DDurchschlag, Duplikat [auch: ↑Durch|schlag].

durch|schrieve ['dʊrʃʃriˑvə] <trennb. Präfix-V.; st.; *han*; schrevv d. [ʃref]; ~|geschrevve [-jəʃrevə]> {5.1.4.5; 6.1.1}: durchschreiben. (51)

durch|schüüre/~|schööre ['dʊrʃʃyˑ(ɐ̯)rə / -ʃø(ɐ̯)rə] <trennb. Präfix-V.; schw.; *han*; schüürte d. ['ʃyˑɐ̯tə]; ~|geschüürt [-jəʃyˑɐ̯t]> {5.1.4.6; 8.2.2.2}: durchscheuern, durch ständiges Scheuern, Reiben schadhaft machen. (100) (186)

durch|schweiße ['dʊrʃʃveɪsə] <trennb. Präfix-V.; schw.; *han*; schweißte d. ['ʃveɪstə]; ~|geschweiß [-jəʃveɪs]>: durchschweißen, durch Schweißen durchtrennen. (32)

durch|schweißte ['dʊrʃʃveɪstə] <trennb. Präfix-V.; schw.; *han*; ~|geschweiß [-jəʃveɪs]> {5.2.3}: durchschwitzen, mit Schweiß durchnässen. (169)

durch|schwemme ['dʊrʃʃvemə] <nicht trennb. Präfix-V.; st.; *han*; ~|schwomm [-'ʃvom]; ~|schwomme [-'ʃvomə]> {5.5.2}: durchschwimmen, **1.** sich schwimmend durch, unter, zw. etw. hindurchbewegen. **2.** eine best. Zeit, Strecke ohne Unterbrechung schwimmen. (109)

durch|seihe ['dʊrʃzeɪə] <trennb. Präfix-V.; schw.; *han*; seihte d. ['zeɪˑtə]; ~|geseiht [-jəzeɪˑt]>: durchseihen, durchsieben. (37)

durch|setze¹ ['dʊrʃzetsə] <trennb. Präfix-V.; st.; *han*; soß d. [zoˑs]; ~|gesesse [-jəzesə] {5.5.2}: durchsitzen, durch viel Sitzen abnutzen. (172)

durch|setze² ['dʊrʃzetsə] <trennb. Präfix-V.; unr./schw.; *han*; setzte/satz d. ['zetstə / zats]; ~|gesetz/~|gesatz [-jəzets / -jəzats]>: durchsetzen: *Mer han uns gäge üch durchgesetz.* (Wir haben uns gegen euch durchgesetzt.). (173)

durch|setze³ [dʊrʃ'zetsə] <nicht trennb. Präfix-V.; unr./schw.; *han*; ~|setzte/~|satz [-'zetstə / -'zats]; ~|setz/~|satz [-'zets / -'zats]>: durchsetzen, in größerer Anzahl einstreuen, verteilen: *Kis met Pefferkööner d.* (Käse mit Pfefferkörnern d.). (173)

durch|sicht|ig ['dʊrʃzɪʃtɪʃ] <Adj.; i. best. Komposita *sicht-*, sonst ↑Seech; ~e; ~er, ~ste> {11}: durchsichtig, **1.** transparent. **2.** leicht durchschaubar. Tbl. A5.2

durch|sickere ['dʊrʃzɪkərə] <trennb. Präfix-V.; schw.; *sin*; sickerte d. ['zɪkətə]; ~|gesickert [-jəzɪkət]> {9.2.1.2}: durchsickern. (4)

durch|siebe ['dʊrʃziˑbə] <trennb. Präfix-V.; schw.; *han*; siebte d. ['ziˑptə]; ~|gesieb [-jəziˑp]>: durchsieben, durchseihen. (189)

durch|sinn ['dʊrʃzɪn] <trennb. Präfix-V.; st.; *han*; soh/soch d. [zoˑ / zoˑx]; ~|gesinn [-jəzɪn] {5.3.4; 8.2.2.3}: durchsehen. (175)

durch|söke¹ ['dʊrʃzøˑkə] <trennb. Präfix-V.; unr./schw.; *han*; sok d. [zoˑk]; ~|gesok/~|gesök [-jəzoˑk / -jəzøˑk]> {5.4; 6.2.3}: durchsuchen, bis in den letzten Winkel, ganz u. gar absuchen: *Ich han alles durchgesök, ävver nix gefunge.* (Ich habe alles durchgesucht, aber nichts gefunden.). (176) (178)

durch|söke² [dʊrʃ'zøˑkə] <nicht trennb. Präfix-V.; unr./schw.; *han*; ~|sok [-'zoˑk]; ~|sok/~|sök [-'zoˑk / -'zøˑk]> {5.4; 6.2.3}: durchsuchen, **a)** in etw. gründlich suchen, um etw./jmdn. zu finden: *Se han et ganze Huus noh im durchsok.* (Sie haben das ganze Haus nach ihm durchsucht.); **b)** in jmds. Kleidung nach etw., was er verbor-

durchspille

gen halten könnte, suchen: *einer noh Waffe d.* (jmdn. nach Waffen d.). (176) (178)

durch|spille ['dʊrfjʃpɪlə] <trennb. Präfix-V.; schw.; *han*; spillte d. ['ʃpɪltə]; ~|gespillt [-jəʃpɪlt]> {5.3.4}: durchspielen. (91)

durch|spöle ['dʊrfjʃpøˑlə] <trennb. Präfix-V.; schw.; *han*; spölte/spolt d. ['ʃpøˑltə / ʃpoːlt]; ~|gespölt/~|gespolt [-jəʃpøˑlt / -jəʃpoːlt]> {5.4}: durchspülen, gründlich spülen: *De Wäsch met klor Wasser god d.* (Die Wäsche mit klarem Wasser gut d.). (73)

durch|spreche ['dʊrfjʃprɛɦə] <trennb. Präfix-V.; st.; *han*; sproch d. [[proˑx]; ~|gesproche [-jəʃproxə]>: durchsprechen, von Anfang bis Ende, eingehend besprechen: *ene Plan müngchesmoß d.* (einen Plan bis ins Detail d.). (34)

durch|steche[1] ['dʊrfjʃtɛɦə] <trennb. Präfix-V.; st.; *han*; stoch d. [ʃtɔˑx]; ~|gestoche [-jəʃtoxə]>: durchstechen, durch etw. stechen: *met der Nodel durch der Stoff d.* (mit der Nadel durch den Stoff d.). (34)

durch|steche[2] [dʊrfj'ʃtɛɦə] <nicht trennb. Präfix-V.; st.; *han*; ~|stoch [-'ʃtɔˑx]; ~|stoche [-'ʃtoxə]>: durchstechen, mit einem Stich durchdringen/durchbohren: *et Uhrläppche d.* (das Ohrläppchen d.). (34)

durch|steche[3] ['dʊrfjʃtɛɦə] <trennb. Präfix-V.; st.; *han*; stoch d. [ʃtɔˑx]; ~|gestoche [-jəʃtoxə]> {6}: durchstecken, durch eine Öffnung stecken: *ene Breef unger der Dür d.* (einen Brief unter der Tür d.). (34)

durch|steige ['dʊrfjʃteɪˑjə] <trennb. Präfix-V.; st.; *sin*; steeg d. [ʃteˑɦ]; ~|gesteege [-jəʃteˑjə]>: durchsteigen, 1. durch etw. steigen. 2. verstehen. (181)

durch|stelle ['dʊrfjʃtɛlə] <trennb. Präfix-V.; schw./unr.; *han*; stellte/stallt d. ['ʃtɛlˑtə / ʃtalt]; ~|gestellt/~|gestallt [-jəʃtɛlˑt / -jəʃtalt]>: durchstellen. (182)

durch|stöbere [dʊrfj'ʃtøːbərə] <nicht trennb. Präfix-V.; schw.;*han*; ~|stöberte [-'ʃtøːbetə]; ~|stöbert [-'ʃtøːbet]> {9.2.1.2}: durchstöbern. (4)

durch|stonn ['dʊrfj'ʃtɔn] <trennb. Präfix-V.; st.; *han*; stundt d. [ʃtʊnt]; ~|gestande [-jəʃtandə]> {5.3.4; 8.2.2.3}: durchstehen. (185)

durch|sträufe [dʊrfj'ʃtrɔʏfə] <nicht trennb. Präfix-V.; unr.; *han*; ~|sträufte [-'ʃtrɔʏftə]; ~|sträuf [-'ʃtrɔʏf]> {5.1.3}: durchstreifen, 1. ziellos durchwandern: *der Wald d.* (den Wald d.). 2. (in einem Gebiet) Kontrollgänge/-fahrten durchführen: *De Schmier durchsträuf dat Veedel.* (Die Polizei durchstreift das Viertel.) [auch: ↑durch|striefe/~|streife]. (108)

durch|strecke ['dʊrfjʃtrɛkə] <trennb. Präfix-V.; schw.; *han*; streckte d. ['ʃtrɛktə]; ~|gestreck [-jəʃtrɛk]>: durchstrecken, völlig strecken: *Ärm un Bein d.* (Arme und Beine d.). (88)

durch|striche ['dʊrfjʃtrɪɦə] <trennb. Präfix-V.; st.; *han*; strech d. [ʃtrɛɦ]; ~|gestreche [-jəʃtrɛɦə]> {5.3.1}: durchstreichen. (187)

durch|striefe/~|streife [dʊrfj'ʃtriːfə / -ʃtrɛɪfə] <nicht trennb. Präfix-V.; unr.; *han*; ~|striefte [-'ʃtriːftə]; ~|strief [-'ʃtriːf]> {5.1.4.5}: durchstreifen, 1. ziellos durchwandern: *der Wald d.* (den Wald d.). 2. (in einem Gebiet) Kontrollgänge/-fahrten durchführen: *De Schmier durchstrief dat Veedel.* (Die Polizei durchstreift das Viertel.) [auch: ↑durch|sträufe]. (108)

durch|ströme [dʊrfj'ʃtrømə] <nicht trennb. Präfix-V.; schw.;*han*; ~|strömte [-'ʃtrømtə]; ~|strömp [-ˌʃtrømp]>: durchströmen; (übertr.) *E Glöcksgeföhl durchströmten in.* (Ein Gefühl des Glücks durchströmte ihn.). (118)

durch|stüsse[1] ['dʊrfjʃtʏsə] <trennb. Präfix-V.; st.; *han*; stoss d. [ʃtɔs]; ~|gestosse/~|gestüsse [-jəʃtɔsə / -jəʃtʏsə]> {5.4; 5.3.4}: durchstoßen, 1. <han> durch etw. stoßen: *en Ieserstang durch et Ies d.* (die Eisenstange durch die Eisdecke d.). 2. <sin> (bes. Milit.) bis zu einem best. Ziel vorstoßen: *De Soldate sin bes noh der Hauptstadt durchgestosse.* (Die Soldaten sind bis zur Hauptstadt durchgestoßen.). (188)

durch|stüsse[2] [dʊrfj'ʃtʏsə] <nicht trennb. Präfix-V.; st.; *han*; ~|stoss [-'ʃtɔs]; ~|stosse/~|stüsse [-'ʃtɔsə / -'ʃtʏsə] {5.4; 5.3.4}: durchstoßen, stoßend durchdringen: *Bei däm Unfall hät singe Kopp de Windschutzschiev durchstosse.* (Bei dem Unfall durchstieß sein Kopf die Windschutzscheibe.). (188)

durch|suffe ['dʊrfjzʊfə] <trennb. Präfix-V.; st.; *han*; soff d. [zɔf]; ~|gesoffe [-jəzɔfə] {5.3.4}: durchsaufen, durchzechen, 1. kräftig trinkend durchfeiern: *bes morgens d.* 2. <sich d.> auf Kosten anderer (viel) Alkohol trinken: *Dä süff sich üverall durch.* (Der säuft sich überall durch.). (119)

durch|taaste, sich ['dʊrfjtaːstə] <trennb. Präfix-V.; schw.; *han*; ~|getaas [-jətaːs] {5.2.1}: sich durchtasten/tastend durchfinden: *Ich han mich bes nohm Schalter*

durchgetaas. (Ich tastete mich bis zum Schalter durch.). (101)

durch|trainiere/~eere [ˈdʊrftrɛˌniˑ(ɐ̯)rə / -eˑrə] <trennb. Präfix-V.; schw./unr.; *han*; trainierte d. [trɛˈniˑɐ̯tə]; ~|trainiert [-trɛˌniˑɐ̯t] 〈frz. traîner〉 {(5.1.4.3)}: durchtrainieren, (bes. Sport): (etw.) gründlich, konsequent trainieren: *singe Liev d.* (seinen Körper d.). (3) (2)

durch|trecke[1] [ˈdʊrftrɛkə] <trennb. Präfix-V.; st.; trok d. [trɔˑk]; ~|getrocke [-jətrɔkə]>: durchziehen, **1.** <han> durch etw. ziehen: *der Gummi d.* (das Gummiband d.). **2.** <han> gleichmäßig bis zum Anschlag ziehen: *et Ruder (god) d.* (das Ruder (gut) d.). **3.** <han> (trotz Hindernissen) ablaufen lassen, zu Ende führen: *Et Programm weed durchgetrocke.* (Das Programm wird d.). **4.** <sin> durch ein Gebiet ziehen: *E Gewedder trick durch.* (Ein Gewitter zieht durch.). **5.** <han; sich d.> bis zum Ende in etw. zu verfolgen sein: *Dat Motiv trick sich wie ene rude Faddem durch et ganze Stöck.* (Das Motiv zieht sich wie ein roter Faden durch das ganze Stück.). **6.** <sin> (Kochk.) eine Marinade od. Ä. einziehen lassen u. dadurch den gewünschten Geschmack erhalten: *Der Schlot es god durchgetrocke.* (Der Salat ist gut durchgezogen.). (190)

durch|trecke[2] [dʊrfˈtrɛkə] <nicht trennb. Präfix-V.; st.; *han*; ~|trok [-ˈtrɔˑk]; ~|trocke [-ˈtrɔkə]>: durchziehen, **1.** ein Gebiet od. Ä. kreuz u. quer durchstreifen od. durchqueren: *Karawane d. de Wüste.* (Karawanen d. die Wüste.). **2.** linienförmig quer durch etw. verlaufen: *Flüss d. de Landschaff.* (Flüsse d. die Landschaft.). **3.** in etw. durchgängig enthalten sein: *Die Frog durchtrick et ganze Boch.* (Diese Frage durchzieht das ganze Buch.). (190)

durch|tredde [ˈdʊrftredə] <trennb. Präfix-V.; st.; trodt d. [trɔˑt]; ~|getrodde [-jətrodə]> {5.3.4; 5.5.2; 6.11.3}: durchtreten, **1.** <han> auf einen Hebel bis zum Anschlag treten: *de Brems d.* (das Bremspedal d.). **2.** <sin> (von flüssigen u. gasförmigen Stoffen) durch eine abschließende Wand dringen: *Blod trot durch der Verband durch.* (Blut trat durch den Verband durch.). **3.** <sin> durchgehen, aufrücken. (191)

durch|trenne [dʊrfˈtrɛnə / ˈ-ˌ--] <(nicht) trennb. Präfix-V.; schw.; *han*; ~|trennte/trennte d. [-ˈtrɛnˑtə]; ~|(ge)trennt [-(jə)ˈtrɛnˑt]>: durchtrennen, in zwei Teile trennen: *Im han se ene Nerv durch(ge)trennt.* (Ihm wurde ein Nerv durch(ge)trennt.). (10)

durch|waache[1] [ˈdʊrfvaːxə] <trennb. Präfix-V.; schw.; *han*; waachte [ˈvaːxtə]; ~|gewaach [-jəvaːx]> {5.2.1}: durchwachen, (eine best. Zeit) ohne Unterbrechung wachen: *Mer han de ganze Naach durchgewaach.* (Wir haben die ganze Nacht durchgewacht.). (123)

durch|waache[2] [dʊrfˈvaːxə] <nicht trennb. Präfix-V.; schw.; *han*; ~|waachte [-ˈvaːxtə]; ~|waach [-ˈvaːx]> {5.2.1}: durchwachen, wachend verbringen: *Se han drei Nääch durchwaach.* (Sie haben 3 Nächte durchwacht.). (123)

durch|wage, sich [ˈdʊrfvaˑʀə] <trennb. Präfix-V.; schw.; *han*; wagte d. [ˈvaˑxtə]; ~|gewag [-jəvaˑx]>: sich (durch)wagen, wagen sich durch etw. durchzubewegen: *Ich han mich durch die Lück nit durchgewag.* (Ich habe mich durch die Menge nicht durchgewagt.). (103)

durch|wähle [ˈdʊrfvɛˑlə] <trennb. Präfix-V.; schw.; *han*; wählte d. [ˈvɛˑltə]; ~|gewählt [-jəvɛˑlt]>: durchwählen, direkt einwählen. (61)

durch|wahße[1] [ˈdʊrfvaːsə] <trennb. Präfix-V.; st.; *sin*; wohß d. [voˑs]; ~|gewahße [-jəvaːsə] {5.2.4; 6.3.1}: durchwachsen, durch etw. wachsen: *De Blome sin durch der Droht durchgewahße.* (Die Blumen sind durch den Maschendraht durchgewachsen.). (199)

durch|wahße[2] [dʊrfˈvaːsə] <Adj.; Part. II von †durch|wahße[1]; ~; ~ner, ~nste> {5.2.4; 6.3.1}: durchwachsen, **a)** (von etw. Gewachsenem) durchzogen, durchsetzt: *d. Speck* (~er (von magerem Fleisch in Schichten durchzogener) Speck); **b)** (scherzh.) abwechselnd besser u. schlechter: *Et Wedder es hügg d.* (Das Wetter ist heute d.). Tbl. A3.2

durch|walke [ˈdʊrfvalkə] <trennb. Präfix-V.; schw.; *han*; walkte d. [ˈvalktə]; ~|gewalk [-jəvalk]>: durchwalken, durchprügeln. (41)

durch|wandere[1] [ˈdʊrfvanˌdərə] <trennb. Präfix-V.; schw.; *sin*; wanderte d. [ˈvanˌdɛtə]; ~|gewandert [-jəvanˑdɛt]> {9.2.1.2}: durchwandern, ohne Unterbrechung wandern: *Mer sin Dag un Naach durchgewandert.* (Wir sind Tag und Nacht durchgewandert.). (4)

durch|wandere[2] [dʊrfˈvanˌdərə] <nicht trennb. Präfix-V.; schw.; *sin*; -wanderte [-ˈvanˌdɛtə]; ~|wandert [-vanˌdɛt] {9.2.1.2}: durchwandern, wandernd durchqueren: *Mer han et Zillertal durchwandert.* (Wir haben das Zillertal durchwandert.). (4)

durch|wärme ['dʊrɧvɛrˑmə] <trennb. Präfix-V.; schw.; *han*; wärmte d. ['vɛrˑmtə]; ~|gewärmp [-jəvɛrˑmp]>: durchwärmen. (127)

durch|wäsche ['dʊrɧvɛʃə] <trennb. Präfix-V.; st.; *han*; wosch d. [voˑʃ]; ~|gewäsche [-jəvɛʃə] {5.4}: durchwaschen, durchwischen. (200)

durch|wate ['dʊrɧvaˑtə] <trennb. Präfix-V.; schw.; *sin*; ~|gewat [-jəvaˑt]>: durchwaten, durch etw. waten: *Hä es durch de Baach durchgewat.* (Er ist durch den Bach durchgewatet.). (201)

durch|weiche[1] ['dʊrɧveɪ̯ɧə] <trennb. Präfix-V.; schw.; *sin*; weichte d. ['veɪ̯çtə]; ~|geweich [-jəveɪ̯ɧ]>: durchweichen, ganz u. gar von Nässe durchdrungen u. dadurch weich werden: *Dä Karton es hee ganz durchgeweich.* (Der Karton ist hier (an dieser Stelle) ganz durchgeweicht.). (123)

durch|weiche[2] [dʊrɧ'veɪ̯ɧə] <nicht trennb. Präfix-V.; schw.; *han*; ~|weichte [-'veɪ̯çtə]; ~|weich [-'veɪ̯ɧ]>: durchweichen, durchnässen u. dadurch weich machen: *Der Rähn hät der Boddem ganz durchweich.* (Der Regen hat den Boden völlig durchweicht.). (123)

durch|welle/~|wolle ['dʊrɧvelə / -volə] <trennb. Präfix-V.; unr.; *han*; wollt d. [volt]; ~|gewollt [-jəvolt]> {5.5.2/5.5.1}: durchwollen, **a)** etw., eine Stelle als Durchgang benutzen wollen: *Mer wolle hee durch.* (Wir wollen hier durch); **b)** sich einen Durchgang durch etw. schaffen wollen: *durch dä Morass d.* (durch den Morast d.). (204) (211)

durch|werfe/~|wirfe ['dʊrɧverfə / -vɪrfə] <trennb. Präfix-V.; st.; *han*; worf d. [vorf]; ~|geworfe [-jəvorfə]> {5.5.2/5.4}: durchwerfen, durch etw. werfen: *der Ball durch de Pöhl d.* (den Ball durch die Pfosten d.). (206)

durch|wetze ['dʊrɧvɛtsə] <trennb. Präfix-V.; schw.; *han*; wetzte d. ['vɛtstə]; ~|gewetz [-jəvɛts]>: durchwetzen, abwetzen, durch langes Tragen abnutzen [auch: ↑av|wetze]. (114)

durch|wintere [dʊrɧ'vɪntərə] <nicht trennb. Präfix-V.; schw.; *han*; ~|winterte [-'vɪntətə]; ~|wintert [-'vɪntət]> {9.2.1.2}: durchwintern, (Pflanzen) durch den Winter bringen: *Ich han de Geranie em Keller durchwintert.* (Ich habe die Geranien im Keller durchwintert.). (4)

durch|wirke [dʊrɧ'vɪrkə] <nicht trennb. Präfix-V.; schw.; *han*; ~|wirkte [-'vɪrktə]; ~|wirk [-'vɪrk]>: durchwirken, durchweben: *Dä Stoff es met Goldfäddem durchwirk.* (Der Stoff ist mit Goldfäden durchwirkt). (41)

durch|wisele, sich ['dʊrɧvɪzələ] <trennb. Präfix-V.; schw.; *han*; wiselte d. ['vɪzəltə]; ~|gewiselt [-jəvɪzəlt]> {5.3.4.1; 6.10.1; 9.2.1.2}: sich durchwieseln, -schlängeln. (6)

durch|witsche ['dʊrɧvɪtʃə] <trennb. Präfix-V.; schw.; *sin*; witschte d. ['vɪtʃtə]; ~|gewitsch [-jəvɪtʃ]>: durchwitschen, gerade noch entkommen: *Dä Flüchling es durch de Avsperrung durchgewitsch.* (Der Flüchtling ist durch die Absperrung durchgewitscht.). (110)

durch|wöhle[1] ['dʊrɧvøˑlə] <trennb. Präfix-V.; schw.; *han*; wöhlte d. ['vøˑltə]; ~|gewöhlt [-jəvøˑlt]> {5.1.4.1}: durchwühlen, **1.** wühlend durchsuchen: *Mer han sing Klamotte durchgewöhlt.* (Wir haben seine Sachen durchgewühlt). **2.** <sich d.> etw. durchdringen, sich durch etw. durcharbeiten: *Müüs han sich hee durchgewöhlt.* (Mäuse haben sich hier durchgewühlt.). (61)

durch|wöhle[2] [dʊrɧ'vøˑlə] <nicht trennb. Präfix-V.; schw.; *han*; ~|wöhlte [-'vøˑltə]; ~|wöhlt [-'vøˑlt]> {5.1.4.1}: durchwühlen, wühlend durchsuchen: *Se han et Schaaf noh Geld durchwöhlt.* (Sie haben den Schrank nach Geld durchwühlt.). (61)

durch|wooschtele, sich ['dʊrɧvoːʃtələ] <trennb. Präfix-V.; schw.; *han*; wooschtelte d. ['voːʃtəltə]; ~|gewooschtelt [-jəvoːʃtəlt]> {5.2.1.1.2; 5.4; 6.10.4; 9.2.1.2}: sich durchwursteln, behelfsmäßig/unzulänglich durchbringen. (6)

durch|wuchere [dʊrɧ'vuˑxərə] <nicht trennb. Präfix-V.; schw.; *han*; ~|wucherte [-'vuˑxetə]; ~|wuchert [-'vuˑxet]> {9.2.1.2}: durchwuchern, wuchernd durchziehen: *Der Gaade es met Unkrugg durchwuchert.* (Der Garten ist von Unkraut durchwuchert.). (4)

durch|zälle ['dʊrɧtsɛlə] <trennb. Präfix-V.; st./schw.; *han*; zallt/zällte d. [tsalt / 'tsɛltə]; ~|gezallt/~|gezällt [-jətsalt / -jətsɛlt]> {5.3.4}: durchzählen, von Anfang bis Ende zählend erfassen. (196) (91)

Durch|zog, der ['dʊrɧtsox] <N.; o. Pl.> {5.5.1}: Durchzug, starker Luftzug, der durch zwei einander gegenüberliegende Fenster-/Türöffnungen od. Ä. entsteht.

durch|zucke [dʊrɧ'tsʊkə] <nicht trennb. Präfix-V.; schw.; *han*; ~|zuckte [-'tsʊktə]; ~|zuck [-'tsʊk]>: durchzucken, **1.** mit zuckenden Lichterscheinungen erfüllen: *Ene Bletz durchzuckte der Himmel.* (Ein Blitz durchzuckte den Himmel.). **2.** (von Gedanken, Gefühlen od. Ä.) jmdn. plötzlich durchdringen, jmdm. ins Bewusstsein kommen: *Op eimol dät in en Idee d.* (Plötzlich durchzuckte ihn eine Idee.). (88)

durch|zwänge ['dʊrɸtsvɛŋə] <trennb. Präfix-V.; schw.; *han*; zwängte d. ['tsvɛŋ·tə]; ~|gezwängk [-jətsvɛŋ·k]>: durchzwängen, durch etw. zwängen: *Dä Panz hät singe Kopp durch et Gitter durchgezwängk.* (Das Kind hat seinen Kopf durch das Gitter durchgezwängt.). (49)

Dür|es, der ['dy·rəs] <N.; männl. Vorn.>: Theo, Kurzf. von Theodor.

dürfe¹/dörfe¹ ['dʏrfə (dʏrvə) / 'dœrfə (dœrvə)] <V.; unr.; *han*; durf [dʊrf]; geduref [jə'dʊrf]>: dürfen, berechtigt sein, die Erlaubnis haben: *De Pänz dörfe ni' mih erus zom Spille.* (Die Kinder dürfen nicht mehr nach draußen zum Spielen.). (55)

dürfe²/dörfe² ['dʏrfə (dʏrvə) / 'dœrfə (dœrvə)] <V.; mit Inf. als Modalverb; unr.; *han*; durf [dʊrf]; geduref [jə'dʊrf]>: dürfen, die Erlaubnis haben, berechtigt, autorisiert sein, etw. zu tun: *Dä dorf hügg nit spille gonn.* (Er durfte heute nicht spielen gehen.). (55)

Dür|flögel/Dör|~, der ['dy:ɐ̯,flø:jəl / 'dø:ɐ̯-] <N.; ~e> {s. u. ↑Dür/Dör ↑Flögel}: Türflügel.

Dür|foste/Dör|~, der ['dy:ɐ̯,fɔstə / dø:ɐ̯-] <N.; ~> {s. u. ↑Dür/Dör ↑Foste}: Türpfosten.

Dür|greff/Dör|~, der ['dy:ɐ̯,ɡref / 'dø:ɐ̯-] <N.; ~e> {s. u. ↑Dür/Dör ↑Greff}: Türgriff, Türklinke.

Dür|klink/Dör|~, de ['dy:ɐ̯,klɪŋk / 'dø:ɐ̯-] <N.; ~e> {s. u. ↑Dür/Dör ↑Klink}: Türklinke.

Dür|öffn|er/Dör|~, der ['dy:ɐ̯,œfnɐ / 'dø:ɐ̯-] <N.; i. best. Abl.: *öffne*, sonst ↑op|maache; ~> {↑↑; s. u. ↑Dür/Dör}: Türöffner.

Dürpel, der ['dʏrpəl] <N.; ~e>: Türschwelle, Eingangs- od. Hausschwelle.

Dürpel|gäng|er, der ['dʏrpəl,jɛŋɐ] <N.; ~>: Müßiggänger.

Dür|rahme/Dör|~, der ['dy:ɐ̯,ra·mə / 'dø:ɐ̯-] <N.; ~> {s. u. ↑Dür/Dör ↑Rahme}: Türrahmen.

Dür|riegel/Dör|~, der ['dy:ɐ̯,ri·jəl / 'dø:ɐ̯-] <N.; ~e> {s. u. ↑Dür/Dör ↑Riegel}: Türriegel.

~|dürr|ig ['dʏrɪç] <Suffix; adjektivbildend; ~e> {5.3.2; 6.11.1}: -türig, eine best. Anzahl an Türen aufweisend, i. Vbdg. m. Kardinalz.: *zwei~* (zwei~). Tbl. A5.2

Dür|schild/Dör|~/~|scheld, et ['dy:ɐ̯,ʃɪlt / 'dø:ɐ̯- / -ʃelt] <N.; ~er> {s. u. ↑Dür/Dör ↑Schild¹/Scheld¹}: Türschild, Namensschild.

Dür|schloss/Dör|~, et ['dy:ɐ̯,ʃlɔs / 'dø:ɐ̯-] <N.; ~|schlösser [-,ʃlœsɐ]> {s. u. ↑Dür/Dör ↑Schloss}: Türschloss.

Dür|spald/Dör|~, der ['dy:ɐ̯,ʃpalt / 'dø:ɐ̯-] <N.; ~e> {s. u. ↑Dür/Dör ↑Spald}: Türspalt.

Düs, de [dy·s] <N.; ~e> {8.3.1}: Düse.

Dusch, de [dʊʃ] <N.; ~e> {8.3.1}: Dusche [auch: ↑Braus/Bruus].

dusche ['dʊʃə] <V.; schw.; *han*; duschte ['dʊʃtə]; gedusch [jə'dʊʃ]>: duschen [auch: ↑brause² (1)]. (110)

Dusch|vür|hang/~|vör|~, der ['dʊʃ,fy:ɐ̯haŋ / -fø:ɐ̯-] <N.; ~|häng [-hɛŋ·]>: Duschvorhang.

Düse|fleeg|er, der ['dy:zə,fle·jɐ] <N.; ~> {s. u. ↑Fleeg|er}: Düsenflugzeug.

Dusel, der ['dʊzəl] <N.; ~e; Düsel|che ['dy:zəlɸə]> {6.11.1; 7.4}: Dusel, 1. Schwindelgefühl. 2. Halbschlaf. 3. unverdientes Glück, müheloser Erfolg: *Do häs de ävver D. gehatt.* (Da hattest du aber Glück.). 4. Dummkopf, Transuse, Tollpatsch, Trottel [auch: ↑Dusel|dier, ↑Trons|kann].

Dusel|dier, et ['dʊzəl,di·ɐ̯] <N.; ~e> {s. u. ↑Dusel ↑Dier}: Dummkopf, Trottel, (wörtl.) Duseltier.

dusele ['dʊzələ] <V.; schw.; *han*; duselte ['dʊzəltə]; geduselt [jə'dʊzəlt]> {5.3.2.3; 5.4; 7.4; 9.2.1.2}: dösen: *Dä wor der ganze Dag am D.* (Er hat den ganzen Tag gedöst.). (6)

Dusel|ei, de [,dʊzə'leɪ·] <N.; ~e [-eɪə]> {5.3.2.3; 6.11.1; 7.4}: Duselei.

dusel|ig ['dʊzəlɪç] <Adj.; ~e; ~er, ~ste>: duselig, 1. schlaftrunken. 2. taumelnd, schwindelig. 3. tollpatschig, dumm: *Do ~e Kump!* (Du Tollpatsch!). Tbl. A5.2

Dusel|ig|keit, de ['dʊzəlɪçkeɪt] <N.; ~e> {6.11.1; 7.4}: Dusseligkeit.

düster/duster ['dy:stɐ / 'du:stɐ] <Adj.; ~e; ~er, ~ste>: düster, ziemlich dunkel [auch: ↑dunkel]. Tbl. A2.6

düüe ['dy:ə] <V.; schw.; *han*; düüte ['dy·tə]; gedüüt [jə'dy·t]> {5.1.3; 6.11.1}: tauen. (56)

Duume, der ['du·mə] <N.; ~; Düüm|che ['dy:mɸə]> {5.1.3}: Daumen, erster Finger der Hand, *der D. drophalde* (zurückhalten, einbehalten, sparen).

Duume|balle, der ['du·mə,balə] <N.; ~> {s. u. ↑Duume}: Daumenballen.

duume|breid ['du·mə'breɪt] <Adj.; ~e> {s. u. ↑Duume ↑breid}: daumenbreit. Tbl. A2.1

Düüme|ling, der ['dyˑmə‚lɪŋ] <N.; Eigenn.> {5.1.3; 9.1.1}: Däumling, durch ihre Winzigkeit charakterisierte Märchengestalt.

Duume|nähl, der ['duˑmə‚nɛˑl] <N.; ~> {s. u. ↑Duume ↑Nähl}: Daumennagel.

Duumen|av|drock, der ['duˑmen‚afdrok] <N.; ~|dröck> {s. u. ↑Duume ↑Av|drock¹}: Daumenabdruck.

Duume|schruuv, de ['duˑmə‚ʃruˑf] <N.; ~e> {s. u. ↑Duume ↑Schruuv}: Daumenschraube.

Duur/Door, de [duˑɐ̯ / doˑɐ̯] <N.; kein Pl.> {5.1.4.6; 8.2.2.2}: Dauer.

düür/döör [dyˑɐ̯ / døˑɐ̯] <Adj.; ~e; ~er, ~ste ['dyːrə / 'dyːɐ̯stə]> {5.1.4.6; 6.11.1; 8.2.2.2}: teuer, hochpreisig; *~er weede/wääde/maache (verteuern). Tbl. A2.6

Düür|de/Döör|de, de ['dyˑɐdə / døˑɐdə] <N.; ~> {5.1.4.6; 6.11.1; 8.2.2.2; 10.2.8}: hoher Preisstand.

duure¹/doore¹ ['duˑ(ɐ̯)rə / 'doˑrə] <V.; schw.; han; duurte ['duˑɐ̯tə]; geduurt [jə'duˑɐ̯t]> {5.1.4.6; 8.2.2.2}: (an)dauern, 1. zeitlich erstrecken. 2. Bestand haben, unverändert bestehen bleiben. (100) (134)

duure²/doore² ['duˑ(ɐ̯)rə / doˑrə] <V.; schw./unr.; han; duurte [duˑɐ̯tə]; geduurt [jə'duˑɐ̯t]> {5.1.4.6}: bedauern [auch: ↑be|duure/~|doore, ↑be|klage, ↑be|met|leide, ↑begööze, ↑be|reue, *einem Leid dun*]. (100) (134)

Duuv, de [duˑf] <N.; ~e ['duˑvə]; Düüv|che ['dyˑfjə]> {5.1.3; 6.1.1; 6.11.1; 8.3.1}: Taube.

Duuve(n)|ei, et ['duˑvə(n)‚aɪ] <N.; ~er> {s. u. ↑Duuv ↑Ei; 9.1.4}: Taubenei.

Duuve|gass ['duˑvə‚jas] <N.; Straßenn.> {s. u. ↑Duuv ↑Gass¹}: Taubengasse; Straße in Köln-Altstadt/Süd. Der Name der Straße hat eigentlich mit Tauben nichts zu tun, sondern ist wohl nach einem Gutshof namens „Daufhof" im St. Mauritiusviertel benannt, der nicht weiter belegt ist.

Düüvel, der ['dyˑvəl] <N.; ~(e)> {5.1.3; 6.1.1; 6.11.1}: Teufel [auch: ↑Deuvel]; *dem D. em Aasch nit dauge (äußerst hinterhältig/böse/schlecht sein); *Scher dich zom D.! (Mach, dass du wegkommst!); *der D. em Balg/Liev han (böse, gewieft, bes. frech sein); *der D. es loss (es gibt Streit, Aufregung); *Weiß der D.! (Weiß der T.! = Keine Ahnung!); *der D. an de Wand mole (den T. an die Wand malen = ein Unglück dadurch heraufbeschwören, dass man darüber spricht); *der D. em Liev han (den T. im Leib haben = wild u. unbeherrscht, sehr temperamentvoll sein);

*einer zom D. wünsche (jmdn. zum T. wünschen = jmdn. weit fort wünschen); **[RA]** *Der D. drießt immer op eine Haufe.* (Der T. scheißt immer auf einen Haufen. = Geld kommt immer zu Geld.); **[RA]** *Dat Huus steiht op Stippe, der D. soll et wippe. Kniesbüggel!* (Spruch, der im Anschluss an das Martinslied *Der hellige Zinter Määtes* gerufen wird, wenn keine Süßigkeiten gegeben werden.).

Düüvels|brode, der ['dyˑvəls‚broˑdə] <N.; ~> {s. u. ↑Düüvel ↑Brode}: Teufelsbraten, verderbter, gerissener Mensch (Wrede).

Düüvels|kääl, der ['dyˑvəls‚kɛːl] <N.; ~s [-kɛˑls]> {s. u. ↑Düüvel ↑Kääl}: Teufelskerl.

Düüvels|keesch, de ['dyˑvəls‚keːʃ] <N.; ~e> {s. u. ↑Düüvel ↑Keesch}: Teufelskirsche, Tollkirsche, giftige Beere.

Düüvels|klau, de ['dyˑvəls‚klaʊ̯] <N.; ~e [-klaʊ̯ə]> {s. u. ↑Düüvel ↑Klau}: Teufelsklaue.

Düüvels|mess, de ['dyˑvəls‚mɛs] <N.; ~e> {s. u. ↑Düüvel ↑Mess²}: Teufelsmesse.

Düüvels|zeug, et ['dyˑvəls‚tsøyfj] <N.; kein Pl.> {s. u. ↑Düüvel}: Teufelszeug, für gefährlich gehaltene Sache.

Duuve|mess, der ['duˑvə‚mes] <N.; kein Pl.> {s. u. ↑Duuv; ↑Mess¹}: Taubenmist.

Duuve|scheeße, et ['duˑvə‚ʃeˑsə] <N.; kein Pl.> {s. u. ↑Duuv ↑Scheeße}: Taubenschießen, als Sport betriebenes Schießen auf Tauben.

Duuve|schlag, der ['duˑvə‚ʃlaːx] <N.; ~|schläg [-ʃlɛˑfj]> {s. u. ↑Duuv}: Taubenschlag.

Duuve|züchter, der ['duˑvə‚tsyfjtə] <N.; ~> {s. u. ↑Duuv ↑züchte}: Taubenzüchter.

Düü|wedder, et ['dyː‚vɛdɐ] <N.; kein Pl.> {5.1.3; 6.11.1; s. u. ↑Wedder}: Tauwetter.

Düx [dʏks] <N.; Ortsn.> {5.3.1}: Deutz (Stadtteil von Köln); *Düxer Kirmes (Deutzer Kirmes).

Düxer Bröck, de ['dʏksɐ 'brøk] <N.; Eigenn.> {s. u. ↑Düx ↑Bröck¹}: Deutzer Brücke (Kölner Rheinbrücke in der Altstadt-Nord). Der Vorläufer der Deutzer Brücke war die Hindenburgbrücke (im Volksmund auch schlicht „Hängebrücke"). Seit 1822 hatte eine Schiffbrücke, deren Mittelteil für durchfahrende Schiffe ausgefahren werden konnte, das erst 1888 eingemeindete Deutz mit dem linksrheinischen Ufer verbunden. Vorher gab es nur Fährbetrieb zw. den beiden Rheinufern. Die Kettenhängebrücke wurde 1915 in Betrieb genommen. Im Zweiten Weltkrieg wurde sie schwer beschädigt u.

stürzte am 28.02.1945 ein. 1947-48 wurde an ihrer Stelle die Deutzer Brücke gebaut, die man Ende der 70er Jahre um zwei Fahrbahnen erweiterte.

Düx|er Frei|heit [ˌdʏksəˈfreɪhɛɪt] <N.; Straßen.> {s. u. ↑Düx}: Deutzer Freiheit; Straße in Köln-Deutz. „Freiheit" wurde im MA eine unbefestigte Stadt benannt, die den Landesherren keine Abgaben od. Dienste zu leisten hatte u. der eine niedere Gerichtsbarkeit (bei geringfügigen Straftaten u. Marktangelegenheiten) zugestanden wurde. Diesen Status erhielt das im Jahr 1230 zur Stadt erhobene Deutz (ebenso wie Mülheim) 1322 od. 1386. Eine kontinuierliche Besiedlung auf dem Deutzer Gebiet begann mit dem Bau des Castrum Divitensium im 4. Jh. unter Kaiser Konstantin. Es wurde zum Schutz der CCAA (Colonia Claudia Ara Agrippinensium) errichtet u. durch eine feste Brücke mit der römischen Colonia verbunden. Als Deutz 1888 nach Köln eingemeindet worden war, ließ die Gemeinde von 1891-1896 an der Deutzer Freiheit im neroromanischen Stil die große Kirche Neu Sankt Heribert als Pfarrkirche bauen. Die Deutzer Freiheit war Ausgangs- u. Endstelle wichtiger rechtsrheinischer Handelswege durch das bergische Land u. nach Norddeutschland usw. Heute ist die Deutzer Freiheit eine sehr belebte Geschäfts- u. Wohnstraße. 1368 hieß sie *up der breyder straßen*; 1632 *Freiheit, Brucker Stras, Bruggerstraisse*; ab dem 19. Jh. *Freiheitsstraße*.

e [ə] <Personalpron. unbetont; 3. Pers. Sg. mask. Nom.> {8.3.4}: er, nicht am Satzanfang: *Wo es e?* (Wo ist e.?) vs. *Hä es hee.* (Er ist hier.). [auch: ↑hä]   Tbl. P1

e(n)¹ [ə(n)] <unbest. Art.; Nom. u. Akk. Neutr. *en* vor Vokalen> {5.3.1; 8.3.1}: ein, eine, **1.** <Nom.>: *E Glöck, dat et nit rähnt.* (E. Glück, dass es nicht regnet.). **2.** <Akk.>: *Ich han e Bild gekauf.* (Ich habe e. Bild gekauft.).   Tbl. Art3

e(n)² [ə(n)] <Indefinitpron. unbetont; Nom. u. Akk. Neutr. *en* vor Vokalen> {5.3.1; 8.3.1}: ein: *E Hohn es ene Vugel.* (Ein Huhn ist ein Vogel.).   Tbl. P7.1.2

ech [ɛʃ] <Adj.; ~te> {8.3.5}: echt, **1.** unverfälscht, original. **2.** [als Verstärkung unflekt.] richtig, besonders: *Dä Film es e. god!* (Der Film ist richtig gut!).   Tbl. A4.1.1

echauffiere/~eere, sich [ˌeʃoˈfiˑ(ɐ̯)rə / -eˑrə] <V.; schw./unr.; *han*; echauffierte [ˌeʃoˈfiˑɐ̯tə]; echauffiert [ˌeʃoˈfiˑɐ̯t] ⟨frz. (s')échauffer = (sich) erhitzen, über das Vlat. zu lat. excalefacere⟩>: sich echauffieren, aufregen, empören.   (3) (2)

Echs, de [ɛks̱] <N.; ~e> {8.3.1}: Echse.

Eck¹, de [ɛk] <N.; ~e; ~(el)|che [-(əl)fjə]> {8.3.1}: Ecke, *****en Eck av han** (verrückt sein, spinnen).

Eck², et [ɛk] <N.>: Eck, (geogr.) z. B. *Et* (Biersorte/Straße) - *Eck* Bez. für eine Gaststätte: *Gester Ovend wore mer em Gustav-E./em Gilden-E.* (Gestern Abend waren wir im Gustav-E./Gilden-E.).

Eck|bredd|che, et [ˈɛkˌbrɛtfjə] <N.; ~r> {s. u. ↑Bredd}: Eckregal.

eckersch [ˈɛkɐʃ] <Adv.; veraltet>: **1.** nur. **2.** doch.

Eck|fahn, de [ˈɛkˌfaˑn] <N.; ~e; ~|fähn|che [-fɛːnfjə]> {s. u. ↑Fahn}: Eckfahne.

Eck|finster, de/et [ˈɛkˌfɪnstɐ] <N.; ~e> {s. u. ↑Finster}: Eckfenster (das).

Eck|huus, et [ˈɛkˌhuːs] <N.; ~|hüüser [-hyˑzɐ]> {s. u. ↑Huus}: Eckhaus.

eck|ig [ˈɛkɪʃ] <Adj.; ~e>: eckig.   Tbl. A5.2

~|eck|ig [ˈɛkɪʃ] <Suffix; adjektivbildend; ~e>: -eckig, eine gewisse Anzahl an Ecken aufweisend, i. Vbdg. m. Kardinalz.: *aach~* (acht~).   Tbl. A5.2

Eck|schaaf, et [ˈɛkˌʃaːf] <N.; ~|schääf(er)>: Eckschrank, dreieckiger Schrank, der in die Ecke eines Raumes eingepasst ist.

Eck|schääf|che, et [ˈɛkˌʃɛːfjə] <N.; ~r>: Buckel, Rücken [auch: ↑Reuz, ↑Puckel].

Eck|zant, der [ˈɛkˌtsant] <N.; ~|zäng [-tsɛŋ] (unr. Pl.)> {s. u. ↑Zant}: Eckzahn.

Eck|zemmer, et [ˈɛkˌtsemɐ] <N.; ~e> {s. u. ↑Zemmer}: Eckzimmer.

Ed/Eddi, der [et / ˈedi] <N.; männl. Vorn.> {5.5.2}: Ede, Kurzf. von Eduard.

edel [ˈeˑdəl] <Adj.; ~/edle [ˈeˑtlə]; edler, ~ste [ˈeˑtlɐ / ˈeˑdəlstə]>: edel.   Tbl. A6

Edel|stein, der [ˈeˑdəlˌʃtei̯n] <N.; ~ [-ʃtei̯ˑn]>: Edelstein.

Edel|tann/~|dann, de [ˈeˑdəlˌtanˑ / -danˑ] <N.; ~e [-ˈtanə / -ˈdanə]; ~|tänn|che [-tɛnˑfjə] {s. u. ↑Tann/Dann}: Edeltanne.

eesch [eˑʃ] <Adv.> {5.2.1.1.2; 8.3.5}: erst, zuerst [auch: ↑eets].

eescht... [eˑʃt] <Ordinalz.; zu ↑eine³; ~e> {5.2.1.1.2}: erst... [auch: ↑eetst²...].

eesch|tens [ˈeˑʃtəns] <Adv.; zu ↑eine³> {5.2.1.1.2}: erstens, (mit Ziffer: 1.) [auch: ↑eets|tens].

eets [eˑts] <Adv.> {5.2.1.1.2; 8.3.5}: erst, zuerst [auch: ↑eesch].

eetst... [eˑtst] <Ordinalz.; zu ↑eine³; ~e> {5.2.1.1.2}: erst... [auch: ↑eescht²...].

eets|tens [ˈeˑtsəns] <Adv.; zu ↑eine³> {5.2.1.1.2}: erstens, (mit Ziffer: 1.) [auch: ↑eesch|tens].

Effe, et [ˈefə] <N.> {5.3.1; 5.3.2; 5.5.2}: Efeu, Kletterpflanze [auch: ↑Klemm-op].

Effek, der [eˈfɛk] <N.; ~te> {8.3.5}: Effekt.

egal [eˈjaˑl] <indekl. Adj.>: egal. **1.** gleichartig. **2.** gleichgültig.

Egel, der [ˈeˑjəl] <N.; ~(e)>: Egel [auch: ↑Blod|egel].

Ego|iss, der [ˌeˑjoˈɪs] <N.; ~|iste>: Egoist.

ego|ist|isch [ˌeˑjoˈɪstɪʃ] <Adj.; ~e; ~er, ~ste> {7.3.3}: egoistisch, selbstsüchtig.   Tbl. A1

Ehr [eːɐ̯] <Personalpron.; 3. Pers. Pl. Nom.>: Sie, höfliche Anredeform bei Personen, die man siezt; (wörtl.) Ihr: *E. künnt erenkumme.* (S. können eintreten.).   Tbl. P1

ehr¹ [eːɐ̯] <Personalpron.; 2. Pers. Pl. Nom. von ↑se²> {5.4}: ihr: *E. hat jo Rääch.* (I. habt ja Recht.) [auch: ↑er²].   Tbl. P1

ehr² [eːɐ̯] <Personalpron.; 3. Pers. Sg. Dat. fem. von ↑sei¹ ↑it ↑se¹> {5.4}: ihr: *Ich han die Schmitzens getroffe un e. gesaht, dat do küss.* (Ich habe Frau Schmitz getroffen und i. gesagt, dass du kommst.) [auch: ↑er³].   Tbl. P1

ehr³ [eːɐ̯] <Possessivpron.; 3. Pers. Sg. fem. u. 3. Pers. Pl.; ~e> {5.4}: ihr, ihre, **1.** <3. Pers. Sg. fem. von ↑se¹ ↑sei¹>: ihr, ihre: *Do kütt ~e Broder.* (Da kommt i. Bruder.); *E. Kleid es gestrief.* (I. Kleid ist gestreift.). **2.** auch als Subst.: *der ~e* (der Ihre). **3.** <2. Pers. Pl. von ↑se²> ihr, ihre: *Die Kääls kome allein. E. Fraue wore zo Hus geblevve.* (Die Männer kamen allein. I. Frauen waren zu Hause geblieben.). **4.** Zur Verstärkung kann eine Nominalphrase im Dat. od. *denne* vor *ehr...* stehen (*denne Pänz e...., (vun) denne e....*). Tbl. P2.4, P2.7/Tbl. P2.9

ehres|gliche [ˈeːɐ̯rəsˌjlɪxə / '--,-- / ,--'--] <Pron.; indekl.> {s. u. ↑ehr¹ ↑glich¹}: ihresgleichen.

ehret|halve(r) [ˈeː(ɐ̯)rətˌhalˑvə / -halvɐ] <Adv.> {6.10.2; s. u. ↑ehr¹ ↑halv}: ihrethalben, **1.** ihr zuliebe: *E. sin mer fröher noh Hus gefahre.* (I. (Wegen ihr) sind wir früher nach Hause gefahren.). **2.** ihnen (Pl.) zuliebe: *E. sin mer fröher noh Hus gefahre.* (I. (Wegen ihnen)...). **3.** aus Gründen, die Sie betreffen: *E. han ich mich för dä Kääl engesatz.* (I. habe ich mich für den Kerl eingesetzt.); [auch: ↑ehretIwäge].

ehret|wäge [ˈeː(ɐ̯)rətˌvɛˑjə] <Adv.> {6.10.2; s. u. ↑ehr¹ ↑wäge³}: ihretwegen, **1.** ihr zuliebe: *E. sin mer fröher noh Hus gefahre.* (I. (wegen ihr) sind wir früher nach Hause gefahren.). **2.** ihnen (Pl.) zuliebe: *E. sin mer fröher noh Hus gefahre.* (I. (wegen ihnen)...). **3.** aus Gründen, die Sie betreffen: *E. han ich mich för dä Kääl engesatz.* (I. habe ich mich für den Kerl eingesetzt.); [auch: ↑ehret|halver].

ehrze [ˈeːɐ̯tsə] <V.; schw.; *han*; ehrzte [ˈeːɐ̯tstə]; geehrz [jəˈʔeːɐ̯ts]>: siezen. (42)

ei(n) [eɪ(n)] <Indefinitpron. betont; Sg. Neutr. Nom. u. Akk.; *ein* vor Vokal od. „h"˃: ein, **1.** <3. Pers. Sg. Nom.>: *E. Beld es vun der Wand gefalle.* (E. Bild ist von der Wand gefallen.). **2.** <3. Pers. Sg. Akk.>: *Ich han e. Beld gekauf.* (Ich habe e. Bild gekauft.). Tbl. P7.1.1

Ei, et [aɪ] <N.; ~er; ~che>: Ei; *Spinat met Ei* (scherzh.) Mitglieder der Karnevalsges. „Ehrengarde"; **[RA]** *Un e Ei!* (Von wegen!).

Ei|bedd|zemmer, et [ˈeɪbɛtˌtsemɐ] <N.; ~e> {s. u. ↑ei(n) ↑Bedd ↑Zemmer}: Einbettzimmer.

Eich, de [eɪʃ] <N.; ~e> {8.3.1}: Eiche.

Eich, An der [andəˈʔeɪʃ] <N.; Straßenn.> {s. u. ↑Eich}: An der Eiche; Straße in Köln-Altstadt/Süd. Der Name ist seit 1512 bezeugt. Unbekannt ist, warum seit jeher dieses Plätzchen freigehalten wurde. 1571 hieß die Straße *An der eichen*.

Eich|amp, et [ˈeɪʃˌʔamˑp] <N.; ~|ämter> {s. u. ↑Amp}: Eichamt.

Eiche|bösch, der [ˈeɪʃəˌbøʃ] <N.; ~> {s. u. ↑Bösch}: Eichenwald.

Eiche|desch, der [ˈeɪʃəˌdeʃ] <N.; ~(e)> {s. u. ↑Desch}: Eichentisch.

Eiche|laub/~|lauv, et [ˈeɪʃəˌlaʊ̯p / -loʊ̯f] <N.; kein Pl.> {s. u. ↑Laub¹/ Lauv}: Eichenlaub.

Eiche|schaaf, et [ˈeɪʃəˌʃaːf] <N.; ~|schääf(er); ~|schääf|che [-ˈʃɛːfjə]>: Eichenschrank.

Eich|höön|che, et [ˈeɪʃˌhøːnʃə] <N.; ~r> {s. u. ↑Hoon}: Eichhörnchen; scherzh. für Rothaarige.

Eich|moß, et [ˈeɪʃˌmɔˑs] <N.; kein Pl.> {s. u. ↑Moß}: Eichmaß.

Eich|strech, der [ˈeɪʃˌʃtreʃ] <N.; ~e> {s. u. ↑Strech}: Eichstrich.

Eid, der [eɪt] <N.; ~e>: Eid.

Eidechs, de [ˈaɪˌdɛks] <N.; ~e> {8.3.1}: Eidechse.

Ei|dodder, der [ˈaɪˌdɔdɐ] <N.; ~e/~|dödder [-dɔdərə / -dœdɐ]> {s. u. ↑Dodder}: Eidotter.

Eier|döpp|che, et [ˈaɪˑɐˌdøpʃə] <N.; ~r> {s. u. ↑Döppe}: Eierbecher, (wörtl.) Eiertöpfchen.

Eier|koll, de [ˈaɪˑɐˌkɔl] <N.; ~e [-kɔlə] (meist Pl.)> {s. u. ↑Koll}: Eierkohle, eiförmige Kohle.

Eier|kopp, der [ˈaɪˑɐˌkɔp] <N.; ~|köpp> {s. u. ↑Kopp}: Eierkopf.

Eier|laufe, et [ˈaɪˑɐˌloʊ̯fə] <N.; kein Pl.>: Eierlaufen.

Eier|panne|koche, der [ˈaɪˑɐˌpanəˌkɔˑxə] <N.; ~> {s. u. ↑Pann¹ ↑Koche}: Eierpfannkuchen.

Eier|prumm, de [ˈaɪˑɐˌprʊˑm] <N.; ~e [-prʊmə]> {s. u. ↑Prumm}: Eierpflaume, große, dickfleischige gelbe Pflaume.

Eier|schal, de [ˈaɪˑɐˌʃaˑl] <N.; ~e> {s. u. ↑Schal¹}: Eierschale.

Eier|schniggler, der [ˈaɪˑɐˌʃnɪɡlɐ] <N.; ~e> {5.3.4; 6.6.2}: Eierschneider.

Eier|stech, der [ˈaɪˑɐˌʃtɛʃ] <N.; o. Pl.> {s. u. ↑Stech}: Eierstich.

Eifel, de [ˈeɪfəl] <N.; Ortsn.>: Eifel, nordwestlicher Teil des Rheinischen Schiefergebirges.

Eifel|wall, der ['eɪfəl‚val] <N.; Straßenn.> {s. u. ↑Eifel ↑Wall}: Eifelwall, einer der parallel zu den Ringen verlaufenden Straßen westlich der Ringe zw. Vorgebirgswall u. Luxemburger Wall.

Eifer|such, de ['aɪfɐ‚zʊx] <N.; i. best. Komposita *eifer*, sonst ↑lefer; o. Pl.> {11; s. u. ↑Such}: Eifersucht.

Ei|gääl, et ['aɪ‚jɛːl] <N.; ~> {s. u. ↑gääl}: Eigelb.

eige ['eːʁ jə] <Adj.; ~>: eigen, **1.** jmdm. selbst gehörend: *Singe e. Broder gläuv im nit.* (Sein ~er Bruder glaubt ihm nicht.). **2.** einer Person, Sache zugehörend u. für sie typisch: *Dat Laache es im e.* (Das Lachen ist ihm e.). **3.** fast übertrieben sorgfältig, genau; pingelig, penibel: *Dä es dodren ärg e.* (Er ist darin sehr e.). **4.** eigenartig, eigenwillig, eigensinnig: *Dat Kleid hät en e. Klör.* (Das Kleid hat eine eigenartige Farbe.), *Et Marie es e ganz e. Minsch.* (Maria ist eine ganz eigenwillige Frau.). Tbl. A3.1

Eige|bau, der ['eːʁ jə‚boʊ] <N.; o. Pl.>: Eigenbau.

Eige|be|darf, der ['eːʁ jəbə‚darf] <N.; kein Pl.>: Eigenbedarf.

Eige|dum, et ['eːʁ jədu·m] <N.; kein Pl.>: Eigentum.

Eige|düm|er, der ['eːʁ jədy·mɐ] <N.; ~>: Eigentümer.

Eige|heit, de ['eːʁ jəheɪt] <N.; ~e>: Eigenheit.

Eige|levve, et ['eːʁ jə‚levə] <N.; o. Pl.> {s. u. ↑Levve}: Eigenleben.

Eige|lob/~|lovv, et ['eːʁ jə‚loːp / -lof] <N.; kein Pl.> {s. u. ↑Lob/Lovv}: Eigenlob.

Eigen|aat, de ['eːʁ jən‚aːt] <N.; ~e> {s. u. ↑Aat}: Eigenart.

Eige|name, der ['eːʁ jə‚naːmə] <N.; ~>: Eigenname.

Eige|notz, der ['eːʁ jə‚nots] <N.; kein Pl.> {5.5.1}: Eigennutz.

eige|nötz|ig ['eːʁ jə‚nøtsɪʃ] <Adj.; ~e; ~er, ~ste> {5.5.1}: eigennützig. Tbl. A5.2

eigent|lich[1] ['eːʁ (jə)ntlɪʃ] <Adj.; ~e> {7.3.2}: eigentlich, wirklich, tatsächlich. Tbl. A1

eigent|lich[2] ['eːʁ (jə)ntlɪʃ] <Adv.> {7.3.2}: eigentlich, **a)** in Wirklichkeit; **b)** im Grunde, genau genommen.

Eige|schaff, de ['eːʁ jəʃaf] <N.; ~|schafte>: Eigenschaft.

Eige|senn, der ['eːʁ jə‚zen] <N.; kein Pl.> {s. u. ↑Senn}: Eigensinn.

eige|senn|ig ['eːʁ jə‚zenɪʃ] <Adj.; ~e; ~er, ~ste> {5.5.2}: eigensinnig. Tbl. A5.2

Eige|tor, et ['eːʁ jə‚toːɐ] <N.; ~e>: Eigentor.

eigne, sich ['eːʁ ɲə] <V.; schw.; *han*; eignete ['eːʁ ɲəntə]; geeignet [jə'leːʁ ɲənt]>: sich eignen. (150)

ei|mol ['eːʁ‚moːl] <Adv.>: einmal. **1.** irgendwann, einst: *E. han ich mer fies et Fell verbrannt.* (E. hab ich mir einen schlimmen Sonnenbrand zugezogen.); ***op e.*** (auf einmal; abrupt, in einem Augenblick) [auch: ↑eins[3]]. **2.** genau einmal: *Dat mähs de bloß noch e., söns kriss de eine getitsch.* (Das machst du nur noch e., sonst bekommst du eine gescheuert.).

ei|mol|ig ['eːʁmoːlɪʃ] <Adj.; ~e>: einmalig; ein Mal stattfindend, (mit Ziffer: 1-mol|ig). Tbl. A5.2

ein [eːʁn] <Indefinitpron. betont> {8.3.1}: eine, **1.** <3. Pers. Sg. Nom.>: *E. Fläsch wor kapodd.* (E. Flasche war kaputt.). **2.** <3. Pers. Sg. Akk.>: *Ich han e. Fläsch gedrunke.* (Ich habe e. Flasche getrunken.). Tbl. P7.1.1

Ein|bahn|stroß, de ['aɪnba·n‚ʃtroːs] <N.; ~e> {s. u. ↑Stroß}: Einbahnstraße.

ein|däg|lig ['eːʁn‚dɛ·jɪʃ] <Adj.; ~e>: eintägig, die Dauer eines Tages umfassend. Tbl. A5.2

ein|deil|ig ['eːʁn‚deɪlɪʃ] <Adj.; ~e>: einteilig, aus nur einem Teil bestehend. Tbl. A5.2

ein|dürr|ig ['eːʁn‚dʏrɪʃ] <Adj.; ~e>: eintürig, nur eine Tür habend. Tbl. A5.2

eine[1] ['eːʁnə] <V.; schw.; *han*; einte ['eːʁntə]; geeint [jə'leːʁnt]>: einen, (sich) einigen. (138)

eine[2] ['eːʁnə] <Indefinitpron. betont> {9.2.1.1}: **1.** <3. Pers. Sg. Nom.> ein: *E. Mann kom ze späd.* (E. Mann kam zu spät.). **2.** <3. Pers. Sg. Akk.> einen: *Ich han e. Mann erwisch.* (Ich habe e. Mann erwischt.). Tbl. P7.1.1

eine[3] ['eːʁnə] <Kardinalz.> {9.2.1.1}: eins, (als Ziffer: 1) beim Zählen: eins, zwei, drei ....

einer ['eːʁnɐ] <Indefinitpron. betont; Sg. Nom. u. Akk.; allein stehend>: einer, jemand, irgendeiner: *Hät e. Doosch?* (Hat e./j. Durst?); *Es e. em Keller?* (Ist j. im Keller?); *Häs do e. gesinn?* (Hast du j. gesehen?).

Ein|er, der ['eːʁnɐ] <N.; ~>: Einer (Ruderboot).

einer|lei ['eːʁnɐleːʁ] <best. Gattungsz.; zu ↑eine[3]; indekl.>: völlig gleichartig; einheitlich.

ein|fach ['eːʁnfax] <Adj.; ~e; ~er, ~ste>: einfach, **1.** nur einmal gemacht, gefertigt: *ene ~e Knöddel* (ein ~er Knoten). **2. a)** leicht verständlich, durchführbar: *en ~e Aufgab* (eine ~e Aufgabe); **b)** leicht einsehbar; einleuchtend: *us däm ~e Grund* (aus dem ~en Grund).

3. keinen großen Aufwand, Luxus treibend od. aufweisend: ~e *Verháldnisse* (~e Verhältnisse). Tbl. A1

Ein|famillie|huus, et [ˈeɪnfaˈmɪliəˌhuːs] <N.; ~|hüüser [-hyˈzɐ]> {s. u. ↑Famillich ↑Huus}: Einfamilienhaus.

ein|händ|ig [ˈeɪnˌhɛnˈdɪfʃ] <Adj.; ~e>: einhändig, mit nur einer Hand. Tbl. A5.2

ein|ig [ˈeɪˈnɪfʃ] <Adj.; nur präd.>: einig.

einige, sich [ˈeɪˈnɪjə] <V.; schw.; *han*; einigte [ˈeɪˈnɪfʃtə]; geeinig [jəˈeɪˈnɪfʃ]>: sich einigen. (7)

Einig|keit, de [ˈeɪˈnɪfʃkeɪt] <N.; kein Pl.>: Einigkeit.

Einig|ung, de [ˈeɪˈnɪjʊŋ] <N.; ~e>: Einigung.

ein|jöhr|ig [ˈeɪnˌjœˈrɪfʃ] <Adj.; ~e>: einjährig, **1.** ein Jahr alt. **2.** die Dauer eines Jahres umfassend. Tbl. A5.2

ein|kenn|ig [ˈeɪnˌkɛnɪfʃ] <Adj.; ~e; ~er, ~ste>: **1.** schüchtern, scheu, ablehnend Fremden gegenüber, misanthropisch (fremdeln). **2.** eigensinnig, stur. **3.** wortkarg, einsilbig. Tbl. A5.2

eins[1] [eɪns] <Adj.; nur i. d. Vbdg. *e. sin (e. sein, einig sein)>: eins, einig: *Mer sin e.* (Wir sind uns e.).

eins[2] [eɪns] <Indefinitpron. betont; Sg. Neutr. Nom. u. Akk. von ↑ei(n); indekl.; veraltet> {8.2.2.3}: ein(e)s: *Ich han gester e. gekauf.* (Ich habe gestern e. gekauft, z. B. ein Brot) [auch: ↑eint].

eins[3] [eɪns] <Adv.> nur i. d. Vbdg. *op eins (auf einmal; abrupt, in einem Augenblick) [auch: ↑einmɔl (1)].

ein|sigg|lig [ˈeɪnˌzɪgɪfʃ] <Adj.; ~e>: einseitig, **1.** nur eine Körperhälfte betreffend. **2.** nur eine Seite von Objekten (Papier, Stoff) betreffend. **3. a)** subjektiv, parteiisch; **b)** nur auf einen Sachbereich beschränkt, nicht vielseitig. Tbl. A5.2

ein|sprǫch|lig [ˈeɪnˌʃprɔˈxɪfʃ] <Adj.; ~e>: einsprachig, **a)** in nur einer Sprache abgefasst; **b)** nur eine Sprache sprechend. Tbl. A5.2

ein|stell|ig [ˈeɪnˌʃtɛlɪfʃ] <Adj.; ~e>: einstellig, nur aus einer Ziffer bestehend (bzgl. Zahlen). Tbl. A5.2

ein|stemm|ig [ˈeɪnˌʃtɛmɪfʃ] <Adj.; ~e>: einstimmig, **1.** nur aus einer Stimme bestehend; (Musik): homofon, monodisch, unisono. **2.** ohne Gegenstimme; einhellig, einig, einmütig, einträchtig, einvernehmlich. Tbl. A5.2

ein|stöck|lig [ˈeɪnˌʃtœkɪfʃ] <Adj.; ~e>: einstöckig, nur ein Stockwerk hoch. Tbl. A5.2

ein|stünd|lig [ˈeɪnˌʃtʏnˈdɪfʃ] <Adj.; ~e>: einstündig, die Dauer einer Stunde umfassend. Tbl. A5.2

eins|wiele [ˈeɪnsˈviˈlə] <Adv.> {s. u. ↑Wiel}: einstweilen.

eint [eɪnt] <Indefinitpron. betont; Sg. Neutr. Nom. u. Akk. von ↑ei(n); indekl.; veraltet> {8.2.2.3}: ein(e)s: *Ich han gester e. gekauf* (Ich habe gestern e. gekauft, z. B. ein Brot) [auch: ↑eins[2]].

Einzel, et [ˈeɪntsəl] <N.; ~>: Einzel, Spiel, bei dem nur ein einzelner Spieler gegen einen anderen spielt (meist Tennis).

Einzel|deil, et [ˈeɪntsəlˌdeɪl] <N.; ~(e) [-deɪl / -deɪˈlə]> {s. u. ↑Deil}: Einzelteil.

Einzel|fahr|sching, der [ˈeɪntsəlˌfaːɐ̯ʃɪŋ] <N.; ~ [-ʃɪŋˈ]> {s. u. ↑Sching[1]}: Einzelfahrschein.

Einzel|fall, der [ˈeɪntsəlˌfal] <N.; ~|fäll [-fɛlˈ]>: Einzelfall.

Einzel|gäng|er, der [ˈeɪntsəlˌjɛŋɐ] <N.; ~>: Einzelgänger.

Einzel|haff, de [ˈeɪntsəlˌhaf] <N.; kein Pl.> {s. u. ↑Haff}: Einzelhaft.

Einzel|handel, der [ˈeɪntsəlˌhanˈdəl] <N.; kein Pl.>: Einzelhandel.

Einzel|kind, et [ˈeɪntsəlˌkɪnt] <N.; ~er>: Einzelkind.

Einzel|pack|ung, de [ˈeɪntsəlˌpakʊŋ] <N.; ~e>: Einzelpackung.

Einzel|stöck, et [ˈeɪntsəlˌʃtøk] <N.; ~/~e/~er> {s. u. ↑Stöck}: Einzelstück.

Einzel|zemmer, et [ˈeɪntsəlˌtsɛmɐ] <N.; ~e> {s. u. ↑Zemmer}: Einzelzimmer.

Ein|zemmer|wǫnn|ung, de [eɪnˈtsɛmɐˌvɔnʊŋ] <N.; ~e> {s. u. ↑Zemmer5.3.2; 5.5.1}: Einzimmerwohnung.

Ei(er)|schnei, der [ˈaɪ(ˈe)ˌʃneɪˈ] <N.; kein Pl.> {s. u. ↑Schnei}: Eischnee.

Eis|kuns|laufe, et [ˈaɪskʊnsˌlɔʊfə] <N.; i. best. Komposita *Eis*, sonst ↑les; kein Pl.> {11; s. u. ↑Kuns}: Eiskunstlaufen [auch: ↑Eis|laufe].

Eis|laufe, et [ˈaɪsˌlɔʊfə] <N.; i. best. Komposita *Eis*, sonst ↑les; kein Pl.> {11}: Eis(kunst)laufen [auch: ↑Eis|kuns|laufe].

Eiter|büül, de [ˈaɪtɐˌbyˈl] <N.; ~e> {s. u. ↑Büül}: Eiterbeule.

eitere [ˈeɪtərə] <V.; schw.; *sin*; eiterte [ˈeɪtətə]; geeitert [jəˈeɪtɐtət]> {9.2.1.2}: eitern. (4)

Eiter|hääd, der [ˈaɪtɐˌhɛːt] <N.; ~e [-hɛˈdə]> {s. u. ↑Hääd}: Eiterherd.

Ei|wieß, et [ˈaɪˌviːs] <N.; ~e (Pl. selten)> {s. u. ↑wieß}: Eiweiß: *zwei/drei/vier Eiweiß zo Schnei schlage* (zwei/drei/vier Eiweiß zu Schnee schlagen).

Eiz|che, et [ˈeɪtsˌjə] <N.; ~r>: Eiterpickel, Hautpickel.

Ei|zell, de ['aɪ̯ˌt͡sɛlˑ] <N.; ~e [-t͡sɛlə]> {s. u. ↑Zell}: Eizelle.

eja [ə'jaː] <Partikel>: ja.

elans [ə'lanˑs] <Präp.; m. vorangestelltem Akk.>: entlang, **a)** vorbei: *Mer gonn der Rhing e.* (Wir gehen den Rhein e.) [auch: ↑lans]; **b)** **Jeck loss Jeck e.!* (etwa: Sei tolerant!).

Eldere ['ɛldərə] <N.; nur Pl.> {6.11.3; 9.2.1}: Eltern.

Elder|huus, et ['ɛldərˌhuːs] <N.; ~|häuser [-hyˑzɐ]> {8.3.1; s. u. ↑Eldere ↑Huus}: Elternhaus.

Elefant, der [ˌelə'fant] <N.; ~e; Elefänt|che [ˌelə'fɛntʃə]>: Elefant.

Elefante|foß, der [elə'fantəˌfoˑs] <N.; ~|föß> {s. u. ↑Foß}: Elefantenfuß, standfester runder Trittschemel.

Elefante|hugg, de [elə'fantəˌhʊk] <N.; o. Pl.> {s. u. ↑Hugg}: Elefantenhaut.

Elefante|huus, de [elə'fantəˌhuːs] <N.; ~|hüüser [-hyˑzɐ]> {s. u. ↑Huus}: Elefantenhaus.

Elefante|mömmes, der [elə'fantəˌmømes] <N.; ~e> {8.3.1}: (scherzh.) Frikadelle [auch: ↑Brems|klotz, ↑Knass|pralin, ↑Frikadell].

Elefante|park, der [elə'fantəˌpark] <N.; ~s>: Elefantenpark.

elegant [elə'jant] <Adj.; ~e>: elegant, schick.   Tbl. A1

elf ['eləf] <Kardinalz.> {5.5.2}: elf, **a)** (als Ziffer: 11); **b)** **Beklopp un drei es e.* (Verrückt plus drei ergibt e. = Du bist verrückt.).

Elfer|rod, der ['eləvəˌroˑt] <N.; ~|röd> {s. u. ↑Rod}: Elferrat, ein aus Mitgliedern des Vorstandes einer Karnevalsgesellschaft u. aus anderen Mitgliedern gebildeter Rat, dessen Sprecher gew. der Präsident der jeweiligen Gesellschaft ist.

Elf|meter|scheeße, et [eləfˈmeˑtəˌʃeˑsə] <N.; kein Pl.> {5.1.4.3}: Elfmeterschießen.

Ell, de [ɛlˑ] <N.; ~e ['ɛlə]> {8.3.1}: Elle, Knochen im Unterarm.

Elle|boge, der ['ɛləˌbɔːʀə] <N.; ~|böge> {s. u. ↑Boge}: Ellenbogen.

Elle|boge|ge|lenk, et ['ɛləˌbɔːʀəjəlɛŋk] <N.; ~e> {s. u. ↑Boge}: Ellbogengelenk.

Els, et [ɛlˑs] <N.; weibl. Vorn.; ~che [-jə]> {8.3.1}: Else, Kurzf. von Elisabeth; Nebenf. *Lisbeth, Lis, Sett, Settche*.

em [em] <Präp. + best. Art.; m. Dat.> {5.5.2}: im, zus. gezogen aus *en dem* (in dem).

Em Dau [em'daʊ̯] <N.; Straßenn.>: Im Dau; Straße in Köln-Altstadt/Süd. Der Name Dau bezieht sich auf den um 1344 entstandenen Gutshof „Zum Dauwe", dessen Name sich wiederum aus dem Lateinischen „ad roreum" = zum Tau ableitet. 1591 war er im Besitz des damaligen Bürgermeisters Melchior von Mulhem. Die Straße führte mitten über den Hof, welcher zw. 1615 u. zur Säkularisation im Jahre 1802 Kloster der Unbeschuhten Karmeliterinnen war. Später war der Gutshof ein Heim für französische Veteranen, im Anschluss königlich-preußisches Proviantamt. In der ersten Hälfte des 20. Jh. befand sich in diesem Gebäude das Museum für Volkshygiene; nach seiner Zerstörung während des Zweiten Weltkriegs wurde er nicht wiederaufgebaut.

Em Ferkulum [em'fɛrkʊlʊm] <N.; Straßenn.>: Im Ferkulum; Straße in Köln-Altstadt/Süd. Ferkulum stammt aus dem Lateinischen „fericulum" für Tragegestell;. In diesen brachten die Bauern ihre „Naturalsteuern" (den Zehnten) zur Abgabestelle ihres Gutsherren, dem Stift St. Severin, der in etwa dort lag, wo heute das Stollwerck-Plätzchen ist.

Em Klapper|hoff [emˌ'klapɐˌhɔf] <N.; Straßenn.> {s. u. ↑Hoff}: Im Klapperhof; Straße in Köln-Alstadt/Nord. Der Klapperhof war ein Gutshof, der seit 1617 nach seinem damaligen Besitzer Jakob Klapper benannt wurde. Zuvor war der Hof im Besitz verschiedener Eigentümer u. wechselte auch entsprechend seiner Besitzer mehrere Male seinen Namen. Erstmals wurde er 1271 urkundlich erwähnt. Im Haus Nummer 14 wohnte der Jurist u. Dombauförderer August Reichensperger.

Em Laach [ˌem'laˑx] <N.; Straßenn.>: *Em L.:* Straße in Köln-Altstadt/Nord zw. Neumarkt u. Schaafenstraße, urspr. *Im Loch*, was auf einen Durchbruch durch die z. T. noch im späten MA existierende Stadtmauer hinweisen könnte. In der Franzosenzeit fälschlicherweise in *Rue du lac* (See) umgetauft (vgl. Maria Laach).

Em Media|park [em'meˑdɪaˌpark] <N.; Straßenn.>: Im Mediapark; Platz in Köln-Neustadt/Nord. Der Mediapark ist ein 200.000 Quadratmeter großes Gelände auf dem ehemaligen Güterbahnhof Köln-Gereon, auf dem von 1989 bis 2004 Wohnungen, Ladengeschäfte, Gewerbeflächen, Büros, Gastronomie u. großzügige Grünanlagen entstanden. Der Schwerpunkt liegt in der Ansiedlung von Unternehmen aus dem Bereich der Medien- u. Informationstechnologie. Eine farbige Stahlbrücke für Fußgänger über die Eisenbahntrasse verbindet den Mediapark mit dem Inneren Grüngürtel im Bereich des Herkulesbergs.

Em Steuver|hoff [emʼʃtøyvehɔf] <N.; Straßenn.> {s. u. ↑Hoff}: Im Stavenhof; Straße in Köln-Altstadt/Nord. Der Stavenhof war ein Gutshof, der auch Steuven- od. Steuverhof genannt wurde u. am Eigelstein stand.

Emanz, de [eʼmantṣ] <N.; ~e>: Emanze.

emanzipeet [ˌemantṣɪʼpeˑt] <Adj.; ~e>: emanzipiert, unabhängig. Tbl. A1

Emfang, der [emʼfaŋ] <N.; Emfäng [emʼfɛŋˑ]> {6.8.2}: Empfang.

emfind|lich [ɛmʼfɪntlɪʃ] <Adj.; ~e; ~er, ~ste> {6.8.2; 7.3.2}: empfindlich [auch: ↑diffiṣill (1), ↑fimsch|ig (2), ↑gȫz|ig, ↑krüddel|ig (3), ↑pingel|ig (1)]. Tbl. A1

Emmer, der [ʼɛmɐ] <N.; ~e; ~che> {5.3.4}: Eimer, *op der E./Abtredd/et Höffche/et Hüüsche/der Klo/Lokus gonn (austreten), *sich nevven der E. setze (sich irren, reingefallen sein); [RA] *Do häs de dich ävver nevven der E. gesatz.* (Da hast du dich aber verrechnet/verkalkuliert.).

en[1] [en] <Präp.; m. Dat. u. Akk.> {5.5.2}: in, **1.** <Dat.> **a)** *Hä es fließig en singem Berof.* (Er ist fleißig in seinem Beruf.); **b)** (räumlich) *Mer sin en Kölle.* (Wir sind in Köln.); **c)** (zeitlich) *En drei Dag han ich Urlaub.* (In drei Tagen habe ich Urlaub.); **d)** (modal) *Hä geiht en Stivvele danze.* (Er geht in Stiefeln tanzen.). **2.** <Akk.> **a)** *Hä es en et Stina verknallt.* (Er ist in Christine verliebt.); **b)** (räumlich) *Mer fahre en et Städtche.* (Wir fahren ins Städtchen.); ent / en't: ins (= in das); **c)** (zeitlich) *En einem Johr maachen ich ming Pröfung.* (In einem Jahr mache ich meine Prüfung.).

en[2] [ən] <Personalpron. unbetont; 3. Pers. Sg. mask. Akk. von ↑hä> {5.3.4.1; 5.4}: ihn, nicht am Satzanfang: *Ich han en gesinn.* (Ich habe ihn gesehen.) [auch: ↑in]. Tbl. P1

en[3] [ən] <unbest. Art.; Nom u. Akk. fem.> {5.3.1; 8.3.1}: eine, **1.** <Nom.>: *Dat es en Frog, op die ich kein Antwood weiß.* (Das ist eine Frage, auf die ich keine Antwort weiß.). **2.** <Akk.>: *Ich han däm en Fläsch an der Kopp geschmesse.* (Ich habe dem eine Flasche an den Kopf geschmissen.). Tbl. Art3

en[4] [ən] <Indefinitpron. unbetont; Nom u. Akk. fem.> {5.3.1; 8.3.1}: eine: *En Flitsch es e Musikinstrument.* (Eine Mandoline ist ein Musikinstrument.). Tbl. P7.1.2

en|-, En|- [en] <Präfix> {5.3.1; 5.5.2}: ein-, Ein-, i. Vbdg. m. V., N. u. Adj.: ~*baue* (~bauen), ~*broch* (~bruch), ~*verstande* (-verstanden).

~|en [en] <Suffix; adverbbildend> {5.3.1; 5.5.2}: -ein: *johr~* (jahr~), *querfeld~* (querfeld~).

En der Spetz [ˌendeʼʃpets] <N.; Straßenn.> {s. u. ↑Spetz}: Kleine Spitzengasse, von ehem. *Große Spitzengasse* u. *Kleine Spitzengasse* ist nur noch der letzte Name erhalten geblieben. 1952 schlossen sich die Bewohner der beiden Gassen zur Gemeinschaft *Golde Spetz* zusammen. Seitdem wird auch dieser Name für *En der Spetz* benutzt. Die Bez. bezieht sich auf die Lage u. nicht, wie man vermuten könnte u. auch das nachgenannte Lied nahelegt, auf Spitzenklöpplerinnen. Die Bez. ist wesentlich älter (seit Mitte des 13. Jh. belegt) als der Beruf.: *En der Spetz, En der Spetz, en der Golde Spetz.* (so der Anfang eines bekannten Karnevalsliedes).

enä [əʼnɛː] <Adv.; *en* zur Verstärkung als betonte Form zu ↑nä>: nein.

enander [əʼnandɐ] <Reziprokpron.> {5.3.1}: einander, **a)** gegenseitig, einer dem anderen: *e. de Hand gevve* (e. die Hand geben); **b)** wird häufig in Vbdg. m. Präp. als Adv. verwendet: *met~* (mit~); *unger~* (unter~); *en~* (in~).

en|arbeide [ʼenˌlarbeiˑdə / ʼenarˌbeiˑdə] <trennb. Präfix-V.; schw.; *han*; arbeidte **en** [ʼarbeiˑtə]; ~|gearbeidt [-jəlarbeiˑt]> {6.11.3}: einarbeiten, **1.** praktisch mit einer Arbeit vertraut machen: *ene Neue e.* (einen Neuling e.). **2.** in etw. sinnvoll einfügen, hineinarbeiten: *Muster en et Holz e.* (Verzierungen ins Holz e.). (197)

en|äschere [ʼenˌlɛʃərə] <trennb. Präfix-V.; schw.; *han*; äscherte **en** [ʼɛʃətə]; ~|geäschert [-jəlɛʃət]> {9.2.1.2}: einäschern, **1.** (Gebäude) niederbrennen, in Schutt u. Asche legen: *Dat Füür hät de halve Stadt engeäschert.* (Das Feuer äscherte die halbe Stadt ein.). **2.** (einen Leichnam) nach der Sitte der Feuerbestattung verbrennen: *Dä Dude es engeäschert woode.* (Der Leichnam wurde eingeäschert.). (4)

en|balsamiere/~eere [ʼenbalzaˌmiˑ(e)rə / -eˑrə] <trennb. Präfix-V.; schw./unr.; *han*; balsamierte **en** [balzaˈmiˑetə]; ~|balsamiert [-balzaˌmiˑet] (mhd. balsemen)> {(5.1.4.3)}: einbalsamieren. (3) (2)

En|band, der [ʼenbant] <N.; ~|bänd [-bɛnˑt]>: Einband, Bucheinband.

en|baue ['enbɔʊə] <trennb. Präfix-V.; schw.; *han*; baute **en** ['bɔʊ·tə]; ~|gebaut [-jəbɔʊ·t]>: einbauen. (11)

En|bau|köch, de ['enbɔʊˌkøf] <N.; ~e> {s. u. ↑Köch}: Einbauküche.

En|bau|schrank, der ['enbɔʊˌʃraŋk] <N.; ~|schränk>: Einbauschrank.

en|beege ['enbe·jə] <trennb. Präfix-V.; st.; bog **en** [bo·x]; ~|geboge [-jəbɔːʀə]> {5.1.4.3}: einbiegen, **1.** <han> nach innen (um)biegen, einwärts biegen, krümmen: *de Zihe e.* (die Zehen e.). **2.** <sin> die bisherige Richtung ändern u. in eine Seitenstraße, einen Seitenweg od. Ä. hineingehen, -fahren: *Dä Wage es noh links engeboge.* (Der Wagen ist nach links eingebogen.). (16)

en|begreffe ['enbəˌʀefə] <Adj.> {5.5.2}: inbegriffen, **a)** prädikativ: *Et Porto es e.* (Das Porto ist i.); **b)** erstarrte Form postnominal, der Kasus des voranstehenden Substantivs richtet sich nach dem Bezugsnomen des Hauptsatzes: *Dat koss 15 €, et Porto e.* (hier Nominativ: Das kostet 15 €, Porto i.); *Ich han kei Dier gesinn, dinge Hungk e.* (hier Akk.: Ich habe kein Tier gesehen, deinen Hund i.).

en|behalde ['enbəhaldə] <trennb. Präfix-V.; st.; *han*; beheeldt **en** [bə'heːlt]; ~|behalde [-bəhaldə]> {6.11.3}: einbehalten. (90)

en|be|rechne ['enbəʀɛçnə] <trennb. Präfix-V.; schw.; *han*; be|rechente **en** [bə'ʀɛçəntə]; ~|be|rechent [-bəʀɛçənt]>: einberechnen, einkalkulieren. (150)

en|be|rofe ['enbəʀo·fə] <trennb. Präfix-V.; st.; *han*; be|reef **en** [bə'ʀeːf]; ~|be|rofe [-bəʀo·fə]> {5.4}: einberufen, zusammentrommeln; einziehen, rekrutieren. (151)

en|betoniere/~eere ['enbetoˌni·(ɐ̯)ʀə / -e·ʀə] <trennb. Präfix-V.; schw./unr.; *han*; betonierte **en** [beto'ni·ɐ̯tə]; ~|betoniert [-betoˌni·ɐ̯t] ⟨frz. *bétonner*⟩> {(5.1.4.3)}: einbetonieren. (3) (2)

en|be|trecke ['enbətʀɛkə] <trennb. Präfix-V.; st.; *han*; betrok **en** [bə'tʀɔk]; ~|betrocke [-bətʀɔkə]>: einbeziehen [auch: ↑en|rechne, ↑met|rechne (2)]. (190)

en|bilde/~|belde ['enbɪl·də / -bel·də] <trennb. Präfix-V.; schw.; *han*; bildte **en** ['bɪl·tə]; ~|gebildt [-jəbɪl·t]> {(5.5.2)}: einbilden, <sich e.> **1.** sich vorstellen, sich einreden; (irrtümlich) annehmen, von etw. überzeugt sein: *Hä bild sich en, hä wör der Napoleon.* (Er bildet sich ein Napoleon zu sein.). **2.** übermäßig, unangemessen, unberechtigterweise stolz sein: *Do bruchs do* *dir nix drop enzebilde.* (Darauf brauchst du dir gar nichts einzubilden.). (28)

En|bild|ung/~|beld|~, de ['enbɪl·dʊŋ / -beld-] <N.> {5.5.2}: Einbildung, **1.** <Pl ~e> trügerische, falsche Vorstellung. **2.** <o. Pl.> Hochmut, Überheblichkeit; **[RA]** *E. es och en Bildung.* (E. ist auch eine Bildung.).

En|bild|ungs|kraff/~|beld|~, de ['enbɪl·dʊŋsˌkraf / -beld-] <N.; o. Pl.> {s. u. ↑Bild/Beld ↑Kraff}: Einbildungskraft.

en|binge ['enbɪŋə] <trennb. Präfix-V.; st.; *han*; bung **en** [bʊŋ·]; ~|gebunge [-jəbʊŋə]> {6.7}: einbinden, **1.** (Geheftetes, Druckbogen) mit einem Einband versehen, binden: *e Boch en Ledder e.* (ein Buch in Leder e.). **2. a)** in etw. binden, bindend einhüllen; **b)** durch feste (Ver)bindung einbeziehen, einfügen: *e Gebiet en et Verkehrsnetz e.* (ein Gebiet ins Verkehrsnetz e.). (26)

en|bläue ['enbløʏə] <trennb. Präfix-V.; schw.; *han*; bläute **en** ['bløʏ·tə]; ~|gebläut [-jəbløʏ·t]>: einbläuen, durch ständige, eindringliche Wiederholung beibringen. (11)

En|bleck, der ['enblek] <N.; ~e> {5.5.2}: Einblick.

en|blende ['enblɛn·də] <trennb. Präfix-V.; schw.; *han*; blendte **en** ['blɛn·tə]; ~|geblendt [-jəblɛn·t]>: einblenden. (28)

en|blötsche ['enbløtʃə] <trennb. Präfix-V.; schw.; *han*; blötschte **en** ['bløtʃtə]; ~|geblötsch [-jəbløtʃ]>: einbeulen, eindrücken, eindellen, mit einer Delle, Beule versehen [auch: ↑blötsche, ↑en|büüle, ↑en|dröcke]. (110)

en|böße/~|büße ['enbø·sə / -by·sə] <trennb. Präfix-V.; schw.; *han*; bößte **en** ['bø·stə]; ~|geböß [-jəbø·s]>: einbüßen. (32)

en|bränge ['enbʀɛŋə] <trennb. Präfix-V.; unr.; *han*; braht **en** [bʀaːt]; ~|gebraht [-jəbʀaːt] {5.4}: einbringen, **1.** etw. hineinbringen: *de Ernte e.* (die Ernte e.). **2.** offiziell zur Beschlussfassung vorlegen: *e Gesetz em Bundesdag e.* (ein Gesetz im Bundestag e.). **3.** mit euch bringen, eintragen: *Dat brängk nix en.* (Das bringt nichts ein.). (33)

en|breche ['enbʀɛçə] <trennb. Präfix-V.; st.; *han*; broch **en** [bʀɔ·x]; ~|gebroche [-jəbʀɔxə]>: einbrechen, **1.** <sin> gewaltsam in ein Gebäude eindringen. **2.** <sin> plötzlich beginnen: *Der Winter broch en.* (Der Winter brach ein.). **3.** <sin> **a)** einstürzen: *Dat Huus es en der Medde engebroche.* (Das Haus ist in der Mitte eingebrochen.); **b)** hindurchbrechend nach unten fallen: *om Ies e.* (auf dem Eis e.) **c)** hindurchbrechend eindringen: *Wasser es en der Stolle engebroche.* (Wasser ist in den Stollen eingebrochen.). **4.** <han> gewaltsam eindrücken, durchbrechend einreißen: *en Muur e.* (eine Mauer e.). (34)

en|brenne ['ɛnbrɛnə] <trennb. Präfix-V.; unr.; brannt <u>e</u>n [brant]; ~|gebrannt [-jəbrant]>: einbrennen, **1.** <han> durch Brennen, Sengen od. Ä. in etw. entstehen lassen; in etw. brennen: *enem Dier e Zeiche e.* (einem Tier ein Zeichen e.). **2.** <*han;* sich e.> sich tief einprägen; unvergesslich bleiben: *Dat hät sich en mingem Gedächnis engebrannt.* (Das hat sich in meinem Gedächtnis eingebrannt.). **3.** <han> (Mehl) mit Fett rösten, bräunen. (35)

<u>En</u>|br<u>o</u>ch, der ['ɛnbrɔx] <N.; ~|br<u>ö</u>ch> {5.5.1}: Einbruch.

en|brocke ['ɛnbrɔkə] <trennb. Präfix-V.; schw.; *han;* brockte <u>e</u>n ['brɔktə]; ~|gebrock [-jəbrɔk]>: einbrocken, **1.** in etw. brockenweise hineintun, einbröckeln: *Brud en de Zupp e.* (Brot in die Suppe e.). **2.** jmdm. (bes. sich selbst) Schwierigkeiten einhandeln: *Dat häs do der selver engebrock.* (Das hast du dir selbst eingebrockt.). (88)

en|buchte ['ɛnbʊxtə] <trennb. Präfix-V.; schw.; *han;* ~|gebuch [-jəbʊx]>: einbuchten. (1)

en|buddele ['ɛnbʊdələ] <trennb. Präfix-V.; schw.; *han;* buddelte <u>e</u>n ['bʊdəltə]; ~|gebuddelt [-jəbʊdəlt]> {9.2.1.2}: einbuddeln, eingraben. (6)

en|bügele ['ɛnby:jələ] <trennb. Präfix-V.; schw.; *han;* bügelte <u>e</u>n ['by:jəltə]; ~|gebügelt [-jəby:jəlt] {9.2.1.2}: einbügeln, durch Bügeln hineinpressen: *Falde e.* (Falten e.). (6)

en|bunkere ['ɛnbʊŋkərə] <trennb. Präfix-V.; schw.; *han;* bunkerte <u>e</u>n ['bʊŋkətə]; ~|gebunkert [-jəbʊŋkət]> {9.2.1.2}: einbunkern. (4)

en|bürgere ['ɛnbyrˑjərə] <trennb. Präfix-V.; schw.; *han;* bürgerte <u>e</u>n ['byrˑjətə]; ~|gebürgert [-jəbyrˑjət]> {9.2.1.2}: einbürgern. (4)

<u>En</u>|bürger|ung, de ['ɛnbyrjərʊŋ] <N.; ~e>: Einbürgerung.

en|büüle ['ɛnbyˑlə] <trennb. Präfix-V.; schw.; *han;* büülte <u>e</u>n ['byˑltə]; ~|gebüült [-jəbyˑlt] {5.1.3}: einbeulen, eine Beule in etw. machen [auch: ↑blötsche, ↑en|blötsche, ↑en|dröcke]. (102)

en|checke ['ɛntʃɛkə] <trennb. Präfix-V.; schw.; *han;* checkte <u>e</u>n ['tʃɛktə]; ~|gecheck [-jətʃɛk]>: einchecken. (88)

Encoeur/Enkör, et [aŋ'kø:ɐ̯] <N.; veraltet>: Dekolleté; scherzh. für nacktes Dekolleté: *encoeur de bläck.*

en|creme/~|kräme ['ɛnˌkrɛːmə] <trennb. Präfix-V.; schw.; *han;* cremte en ['krɛːmtə]; <u>e</u>n|gecremp [-jəˌkrɛmp] ⟨frz. crème < afrz. craime, cresme⟩>: eincremen, einschmieren. (40)

en|dämme ['ɛndɛmə] <trennb. Präfix-V.; schw.; *han;* dämmte <u>e</u>n ['dɛmˑtə]; ~|gedämmp [-jədɛmˑp]>: eindämmen. (40)

en|danze, sich ['ɛndantsə] <trennb. Präfix-V.; schw.; *han;* danzte <u>e</u>n ['dantstə]; ~|gedanz [-jədants]> {6.11.1}: sich eintanzen. (42)

en|däue ['ɛndøyə] <trennb. Präfix-V.; Formen mischbar; unr./schw.; *han;* daut/däute <u>e</u>n [dɑʊ̯t / 'døyˑtə]; ~|gedaut/~|gedäut [-jədɑʊ̯t / -jədøyˑt]>: eindrücken, **1.** (an einer Stelle) nach innen drücken u. dadurch beschädigen: *Der Kotflögel wor engedäut.* (Der Kotflügel war eingedrückt.) [auch: ↑en|büüle, ↑en|blötsche, ↑en|dröcke]. **2.** in etw. (hinein)drücken: *Do muss dä Knopp fass e.* (Du musst den Knopf fest e.) [auch: ↑eren|däue, ↑eren|stoppe, ↑en|dröcke]. (43)

ende ['ɛnˑdə] <V.; schw.; *han;* endte ['ɛnˑtə]; geendt [jəˈɛn·t]>: enden, beenden [auch: ↑op|hüre/~|höre, *fäädig weede/wääde*]. (28)

en|decke[1] ['ɛndɛkə] <trennb. Präfix-V.; schw.; *han;* deckte <u>e</u>n ['dɛktə]; ~|gedeck [-jədɛk]>: eindecken, **1. a)** <sich e.> sich mit Vorräten versehen, sich versorgen: *sich met Ääpel e. (*sich mit Kartoffeln e.); **b)** überhäufen, überschütten: *einer met Froge e.* (jmdn. mit Fragen e.). **2.** schützend od. sichernd bedecken: *et Daach met Panne e.* (das Dach mit Ziegeln e.). (88)

en|decke[2] ['ɛndekə] <trennb. Präfix-V.; schw.; *han;* deckte <u>e</u>n ['dektə]; ~|gedeck [-jədek]> {5.5.2}: eindicken, **1.** dick(er), zähflüssig machen: *Zaus met Mähl e.* (Soße mit Mehl e.). (88)

en|deile ['ɛnderˑlə] <trennb. Präfix-V.; schw.; *han;* deilte <u>e</u>n ['derltə]; ~|gedeilt [-jəderlt]> {6.11.1}: einteilen. (45)

en|deutsche ['ɛndɔytʃə] <trennb. Präfix-V.; schw.; *han;* deutschte <u>e</u>n ['dɔytʃtə]; ~|gedeutsch [-jədɔytʃ]>: eindeutschen. (110)

en|doch [ən'dɔx] <Adv.; *en* zur Verstärkung als betonte Form zu ↑doch>: doch, als gegensätzliche Antwort auf eine negativ formulierte Aussage od. Frage): *Do bes doch nit etwa met dinger Verkäldung schwemme gegange? – E.!* (Du bist mit deiner Erkältung doch nicht etwa schwimmen gegangen? – D.!) [auch scherzh. *endä* auf ein vorangegangenes *enä*].

en|docke ['endɔkə] <trennb. Präfix-V.; schw.; *han*; dockte en ['dɔktə]; ~|gedock [-jədɔk]>: eindocken, ins Dock bringen. (88)

en|döse ['endøˑzə] <trennb. Präfix-V.; schw.; *sin*; döste en ['døˑstə]; ~|gedös [-jədøˑs]>: eindösen, eindämmern, einschlummern, **1.** in Halbschlaf geraten: *Ich wor grad engedös.* (Ich war gerade eingedöst.) [auch: ↑en|nüre/ ~|nöre, ↑en|nickel. **2.** (ohne Qualen) sterben: *Hä wor friedlich engedös.* (Er war friedlich entschlafen/gestorben.). (149)

En|drag, der ['endraːx] <N.; ~|dräg [-drɛˑfj]> {6.11.2}: Eintrag.

en|drage ['endraˑʀə] <trennb. Präfix-V.; st.; *han*; drog en [droˑx]; ~|gedrage [-jədraˑʀə]> {6.11.2}: eintragen, einschreiben, **a)** in etw. schreiben: *singe Name en et Klasseboch e.* (seinen Namen ins Klassenbuch e.); **b)** (Amtsspr.) eine rechtsgültige Eintragung vornehmen: *ene Betrieb en et Handelsregister e.* (eine Firma ins Handelsregister e.). (48)

en|dresche ['endrɛʃə] <trennb. Präfix-V.; st.; *han*; drosch en [drɔʃ]; ~|gedrosche [-jədrɔʃə]>: eindreschen, <e. op> einschlagen auf [auch: ↑bläue, ↑dresche (2), ↑drop|gevve (2), ↑drop|haue, ↑fetze, ↑kloppe (2), ↑lange (2), ↑latsche (2), ↑pisele, ↑prügele, ↑scheuere, ↑schlage/schlonn, ↑schmecke¹, ↑schnave, ↑tachtele, ↑tatsche, ↑titsche (2), ↑watsche, ↑wichse (2,) ↑zoppe (2), *einem e paar trecke, *einem eine schmiere/schmeere]. (50)

en|drieve ['endriˑvə] <trennb. Präfix-V.; st.; *han*; drevv en [dref]; ~|gedrevve [-jədrevə]> {5.1.4.5; 6.1.1; 6.11.2}: eintreiben, **1.** in den Stall treiben: *et Veeh e.* (das Vieh e.). **2.** einen Geldbetrag einziehen: *de Zinse e.* (die Zinsen e.) (51)

en|drihe ['endriˑə] <trennb. Präfix-V.; schw.; *han*; drihte en ['driˑtə]; ~|gedriht [-jədriˑt]> {5.1.4.1}: eindrehen. (37)

en|dringe ['endrɪŋə] <trennb. Präfix-V.; st.; *sin*; drung en [drʊŋ]; ~|gedrunge [-jədrʊŋə]>: eindringen. (26)

En|drock, der ['endrɔk] <N.; ~|dröck> {5.5.1}: Eindruck, **1.** Vertiefung [auch: ↑Blötsch]. **2.** prägende Wirkung.

en|dröcke ['endrøkə] <trennb. Präfix-V.; schw.; *han*; dröckte en ['drøktə]; ~|gedröck [-jədrøk]> {5.5.1}: eindrücken, **1.** (an einer Stelle) nach innen drücken u. dadurch beschädigen: *Der Kotflögel wor engedröck.* (Der Kotflügel war eingedrückt.) [auch: ↑en|blötsche, ↑en|büüle]. **2.** in etw. (hinein)drücken: *Du muss dä Knopp fass e.* (Du musst den Knopf fest e.); [auch: ↑en|däue]. (88)

en|dröve, sich ['endrøˑvə] <trennb. Präfix-V.; schw.; *han*; drövte en ['drøˑftə]; ~|gedröv [-jədrøˑfʲ]> {5.4; 6.1.1; 6.11.2}: sich eintrüben. (158)

en|drüge ['endrʏjə] <trennb. Präfix-V.; schw.; *sin*; drügte en ['drʏfjtə]; ~|gedrüg [-jədrʏfj]> {5.4; 6.11.2; 8.2.3}: eintrocknen. (103)

End|spill, et ['ɛnˑtˌʃpɪl] <N.; i. best. Komposita end, sonst: *eng(k)* (vgl. ↑Eng¹/Engk); ~ [-ʃpɪlˑ]> {11; s. u. ↑Spill}: Endspiel.

en|dübbele ['endʏbələ] <trennb. Präfix-V.; schw.; *han*; dübbelte en ['dʏbəltə]; ~|gedübbelt [-jədʏbəlt]> {5.3.2; 9.2.1.2}: eindübeln. (6)

en|dusele ['endʊzələ] <trennb. Präfix-V.; schw.; *sin*; duselte en ['dʊzəltə]; ~|geduselt [-jədʊzəlt]> {5.3.2.3; 5.4; 7.4; 9.2.1.2}: eindösen, im Begriff sein einzuschlafen. (6)

ene¹ ['ənə] <unbest. Art.; Nom u. Akk. mask.> {5.3.1}: ein, **1.** <3. Pers. Sg. Nom.>: *Dat es e. bekloppte Kääl.* (Das ist e. verrückter Kerl.). **2.** <3. Pers. Sg. Akk.>: *Nemm der e. Stohl!* (Nimm dir ~en Stuhl!). Tbl. Art3

ene²/ne [('ə)nə] <Indefinitpron. unbetont; Nom u. Akk. mask.> {5.3.1}: eine: *E. halve Hahn es e Röggelche met Kis.* (E. halber Hahn ist ein Röggelchen mit Käse.). Tbl. P7.1.2

en|enander [enə'nandɐ] <Adv.>: ineinander [auch: ↑en|enein].

en|enein [enəˌneɪn] <Adv.>: ineinander [auch: ↑en|enander].

en|enge ['en|ɛŋə] <trennb. Präfix-V.; schw.; *han*; engte en ['ɛŋˑtə]; ~|geengk [-jə|ɛŋˑk]>: einengen. (49)

Energie, de [enəˈjiˑ] <N.; ~ [enɐˈjiˑə]>: Energie.

en|fäddeme ['enfɛdəmə] <trennb. Präfix-V.; schw.; *han*; fäddemte en ['fɛdəmtə]; ~|gefäddemp [-jəfɛdəmp]> {5.3.2; 6.12.4; 9.2.1.2}: einfädeln. (144)

en|fahre ['enfaːʀə] <trennb. Präfix-V.; st.; *han*; fuhr/fohr en [fuˑɐ̯ / foˑɐ̯]; ~|gefahre [-jəfaːrə]>: einfahren, **1.** <sin> in etw. (hinein)fahren; fahrend in etw. gelangen: *Dä Zog fäht op Gleis 3 en.* (Der Zug fährt auf Gleis 3 ein.). **2.** <han> (als Ernte) in die Scheune bringen: *et Koon e.* (das Korn e.). **3.** <han> durch heftiges Darauffahren beschädigen, zerstören: *Ene Besoffene hät mi Garagetor engefahre.* (Ein Betrunkener hat mein Garagentor eingefahren.). **4.** <han> **a)** <sich e.> sich an ein best. Fahrzeug gewöhnen: *Ich muss mich noch e.* (Ich muss mich noch e.) **b)** durch entspr. Fahrweise allmählich zu voller Leistungsfähigkeit bringen: *Dä muss si neu Auto noch e.* (Er muss sein neues Auto noch e.). **5.** <han>: den einziehbaren Teil eines Apparates mechanisch od. elektrisch nach innen bringen: *de Antenn e.* (die Antenne e.). (62)

En|fahrt, de ['ɛnfaːt] <N.; ~e>: Einfahrt.

En|fall, der ['ɛnfal] <N.; ~|fäll [-fɛl·]>: Einfall, Idee.

en|falle ['ɛnfalə] <trennb. Präfix-V.; st.; *sin*; feel en [feːl]; ~|gefalle [-jəfalə]>: einfallen. (64)

en|fange ['ɛnfaŋə] <trennb. Präfix-V.; st.; *han*; fing en [fɪŋ]; ~|gefange [-jəfaŋə]>: einfangen. (65)

en|färve ['ɛnfɛrˑvə] <trennb. Präfix-V.; schw.; *han*; färvte en ['fɛrˑftə]; ~|gefärv [-jəfɛrˑf]> {5.4; 6.1.1}: einfärben. (66)

en|fasse ['ɛnfasə] <trennb. Präfix-V.; schw.; *han*; fasste en ['fastə]; ~|gefass [-jəfas]>: einfassen. (67)

en|ferche ['ɛnfɛrɧə] <trennb. Präfix-V.; schw.; *han*; ferchte en ['fɛrɧtə]; ~|geferch [-jəfɛrɧ]> {6.8.2}: einpferchen, einsperren. (123)

en|fette ['ɛnfɛtə] <trennb. Präfix-V.; schw.; *han*; ~|gefett [-jəfɛt]>: einfetten, mit Fett einreiben: *et Geseech e.* (das Gesicht e.). (113)

en|finge, sich ['ɛnfɪŋə] <trennb. Präfix-V.; st.; *han*; fung en [fʊŋ]; ~|gefunge [-jəfʊŋə] {6.7}: sich einfinden. (26)

en|fläächte ['ɛnflɛːɧtə] <trennb. Präfix-V.; schw.; *han*; ~|geflääch [-jəflɛːɧ]> {5.2.1; 5.4}: einflechten. (1)

en|flanze/~|planze ['ɛnflantsə / -plantsə] <trennb. Präfix-V.; schw.; *han*; flanzte en ['flantstə]; ~|geflanz [-jəflants]> {6.8.1/6.8.2}: einpflanzen. (42)

en|fleege ['ɛnfleˑjə] <trennb. Präfix-V.; st.; flog en [floːx]; ~|geflogе [-jəfloːʀə]> {5.1.4.3}: einfliegen, **1. a)** <sin> (von Flugzeugen od. Ä.) in einen umgrenzten Bereich, ein best. Gebiet od. Ä. hineinfliegen: *Die sin en fremb Huhheitsgebiet engefloge.* (Die sind in fremdes Hoheitsgebiet eingeflogen.); **b)** <han> (von Flugzeugen od. Ä.) mit einem Flugzeug od. Ä. an einen Ort, in ein Gebiet bringen, transportieren: *Freiwellige Helfer woodten engefloge.* (Freiwillige Helfer wurden eingeflogen.). **2.** <han> **a)** <sich e.> sich im Fliegen üben: *Hä moot sich eets e.* (Er musste sich zuerst e.); **b)** ein Flugzeug o. Ä. in Flugübungen ausprobieren u. durch entspr. Flugweise allmählich zu voller Leistungsfähigkeit bringen: *Dä Tesspilot muss die neue Maschin noch e.* (Der Testpilot muss die neue Maschine noch e.). (16)

en|fleeße ['ɛnfleˑsə] <trennb. Präfix-V.; st.; *sin*; floss en [flɔs]; ~|geflosse [-jəflɔsə]> {5.1.4.3}: einfließen. (79)

En|floss/~|fluss, der ['ɛnflɔs / -flʊs] <N.; ~|flöss/~|flüss> {(5.5.1)}: Einfluss.

en|flöße ['ɛnfløˑsə] <trennb. Präfix-V.; schw.; *han*; flößte en ['fløˑstə]; ~|geflöß [-jəfløˑs]>: einflößen. (32)

en|föge ['ɛnføˑjə] <trennb. Präfix-V.; schw.; *han*; fögte en ['føˑftə]; ~|gefög [-jəføˑfj]> {5.4}: einfügen, **1.** in etw. fügen, einsetzen: *e Deil en et Puzzle e.* (ein Teil ins Puzzle e.). **2.** <sich e.> sich anpassen: *Dä well sich nit e.* (Er will sich nicht e.). (103)

en|föhle, sich ['ɛnføˑlə] <trennb. Präfix-V.; schw./unr.; *han*; föhlte/fohlt en ['føˑltə / foˑlt]; ~|geföhlt/~|gefohlt [-jəføˑlt / -jəfoˑlt]> {5.4}: sich einfühlen, sich in jmdn./jmds. Lage, Zustand od. Ä. hineinversetzen. (73)

En|föhr|ung/~|führ|~, de ['ɛnføː(ɐ̯)rʊŋ / -fyː(ɐ̯)r-] <N.; ~e> {5.4}: Einführung.

en|fölle/~|fülle ['ɛnfølə / -fʏlə] <trennb. Präfix-V.; schw.; *han*; föllte en ['føltə]; ~|geföllt [-jəføltə] {5.5.1}: einfüllen. (91)

en|fresse, sich ['ɛnfrɛsə] <trennb. Präfix-V.; st.; *han*; froß en [froːs]; ~|gefresse [-jəfrɛsə]>: sich einfressen, zerstörend, ätzend od. Ä. eindringen. (59)

en|friere/~|freere ['ɛnfriɐrə / -freˑrə] <trennb. Präfix-V.; st.; fror en [froːɐ̯]; ~|gefrore [-jəfroːrə]> {(5.1.4.3)}: einfrieren, **1.** <sin> **a)** durch Frosteinwirkung unbenutzbar, unbrauchbar werden: *De Wasserleidung es engefrore.* (Die Wasserleitung ist eingefroren.); **b)** festfrieren, zu Eis werden: *Dat Wasser em Iesfach friert en.* (Das Wasser im Eisfach friert ein.); **c)** von Eis umgeben sein u. festgehalten werden: *Dat Scheff es em Hafe engefrore.* (Das Schiff ist im Hafen eingefroren.). **2.** <han> durch Kälteeinwirkung haltbar machen: *Levvensmeddel e.* (Lebensmittel e.). **3.** <han> auf dem augenblicklichen Stand belassen; nicht weiterführen: *der Kontak met im e.* (den Kontakt mit ihm e.). (195) (194)

eng [ɛŋˑ] <Adj.; ~e ['ɛŋə]; ~er, ~ste ['ɛŋɐ / 'ɛŋˑstə]>: eng, spack [auch: ↑schnack[1] (2), ↑spack]. Tbl. A2.5

Eng[1]**/Engk**, et [ɛŋˑ / ɛŋˑk] <N.; Eng|de ['ɛŋˑdə]; Eng|che ['ɛŋˑɧə]> {6.7; 8.3.1}: Ende, ***am E.** (verkürzt u. als ein Wort empfunden: am E.; **1.** letztendlich, schließlich; **2.** vielleicht, möglicherweise); ***en E. maache** (beenden, vervollständigen, vollenden) [auch: *fäädig maache, Schluss maache*].

Eng

Eng²/Eng|de, de [ɛŋˑ / 'ɛŋˑdə] <N.; kein Pl.> {8.3.1; 10.2.8}: Enge.

En|gang, der ['enˌjaŋ] <N.; ~|gäng [-ˌjɛŋˑ]>: Eingang.

en|gangs ['enˌjaŋs] <Adv.>: eingangs, zu Beginn, am Anfang, einleitend.

En|gangs|dür/~|dör, de ['enˌjaŋsˌdyːe̞ / -dø:e̞] <N.; ~|dürre/~|dörre [-dʏrə / -dørə] (unr. Pl.)> {s. u. ↑Dür/Dör}: Eingangstür.

En|gangs|hall, de ['enˌjaŋsˌhalˑ] <N.; ~e [-halə]> {s. u. ↑Hall¹}: Eingangshalle.

en|ge|bildt/~|be̞ldt ['enˌjəbɪlˑt / -belˑt] <Adj.; Part. II von ↑en|bilde/~|be̞lde; ~e; ~er, ~ste> {8.2.2.1; (5.5.2)}: eingebildet. Tbl. A1

En|gebo̞rene, der u. de ['enˌjəboːrənə] <N.; subst. Adj.; ~> {5.5.3}: Eingeborene (der u. die).

Engel, der ['ɛŋəl] <N.; ~(e); ~che>: Engel.

Engels|ge|seech, et ['ɛŋəlsˌjəˌzeːʃ] <N.; ~ter; ~tel|che [-təlʃə]> {s. u. ↑Ge|seech}: Engelsgesicht, zartes, engelsgleiches Gesicht.

Engels|mien, de ['ɛŋəlsˌmiːn] <N.; ~e> {s. u. ↑Mien}: Engelsmiene.

En|ge|maht|s, et ['enˌjəmaːts] <N.; kein Pl.> {5.2.1.4; 6.3.2; 8.3.1; 9.2.2}: Eingemachte (das).

en|gestonn ['enˌjəʃtɔn] <trennb. Präfix-V.; st.; han; gestund en [jə'ʃtʊnt]; ~|gestande [-jəˌʃtandə] {5.3.4; 5.4; 8.2.2.3}: eingestehen, zugeben, bekennen, offen aussprechen. (185)

en|gevve ['enˌjevə] <trennb. Präfix-V.; st.; han; gov en [jɔˑf]; ~|gego̞vve/~|gegevve [-jəˌjovə / -jəˌjevə] {5.3.4; 5.5.2; 6.1.1}: eingeben, 1. (eine Arznei) verabreichen. 2. (Datenverarb.) Daten in einen PC eingeben. 3. in jmdm. einen Gedanken aufkommen lassen: *Dat es däm vum hellige Geis engegovve woode.* (Das ist ihm vom heiligen Geist eingegeben worden.). (81)

en|gewe̞nne ['enˌjəvenə] <trennb. Präfix-V.; schw.; han; gewe̞nnte en [jə'ventə]; ~|gewe̞nnt [-jəvent]> {5.3.4; 5.5.2}: eingewöhnen, an eine neue Umgebung, an neue Verhältnisse gewöhnen. (10)

en|gipse ['enˌjɪpsə] <trennb. Präfix-V.; schw.; han; gipste en ['jɪpstə]; ~|gegips [-jəˌjɪps]>: eingipsen. (87)

Engk|stö̞ck/End|~, et ['ɛŋkˑˌʃtøk / ɛnt-] <N.; i. best. Komposita *end*, sonst ↑Eng¹/Engk; ~e/~er> {(11); s. u. ↑Eng¹/Engk ↑Stö̞ck}: Endstück.

en|gliddere ['enˌjlɪdərə] <trennb. Präfix-V.; schw.; han; glidderte en ['ˌjlɪdetə]; ~|geglidderd [-jəˌjlɪdet]> {5.3.4; 9.2.1.2}: eingliedern. (4)

en|gonn ['enˌjɔn] <trennb. Präfix-V.; st.; sin; ging en [jɪŋ]; ~|gegange [-jəˌjaŋə]> {5.3.4; 8.2.2.3}: eingehen. (83)

en|grave ['enˌjraˑvə] <trennb. Präfix-V.; st.; han; grov en [jroˑf]; ~|gegrave [-jəˌjraˑvə]> {6.1.1}: eingraben. (85)

en|graviere/~eere ['enˌjraˌviˑ(e̞)rə / -eˑrə] <trennb. Präfix-V.; schw./unr.; han; gravierte en [ˌjraˈviˑe̞rtə]; ~|graviert [-ˌjraˌviˌe̞t] ⟨frz. graver⟩> {(5.1.4.3)}: eingravieren. (3) (2)

En|gre̞ff, der ['enˌjref] <N.; ~e> {5.5.2}: Eingriff.

en|grenze ['enˌjrɛnˑtsə] <trennb. Präfix-V.; schw.; han; grenzte en ['ˌjrɛnˑtstə]; ~|gegrenz [-jəˌjrɛnˑts]>: eingrenzen. (42)

en|griefe ['enˌjriːfə] <trennb. Präfix-V.; st.; han; gre̞ff en [jref]; ~|gegre̞ffe [-jəˌjrefə]> {5.1.4.5}: eingreifen. (86)

Engs [ɛŋˑs]: Ende, nur i. Vbdg. mit Altersangaben: *Engs veezig* (Ende vierzig).

en|hacke ['enhakə] <trennb. Präfix-V.; schw.; han; hackte en ['haktə]; ~|gehack [-jəhak]>: einhacken, <e. op> immer wieder auf/nach jmdm./etw. hacken. (88)

en|halde ['enhaldə] <trennb. Präfix-V.; st.; han; heeldt en [heːlt]; ~|gehalde [-jəhaldə]> {6.11.3}: einhalten, 1. bei sich halten, zurückhalten, unterdrücken: *Dat Klein kunnt nit mih e.* (Die Kleine konnte ihren Harndrang nicht mehr unterdrücken.). 2. befolgen, erfüllen, sich daran halten, danach richten: *ene Termin, e Versproche e.* (einen Termin, ein Versprechen e.). 3. (Schneiderei) durch Falten, Abnäher die Weite, Breite von etw. verringern: *de Maue jet e.* (die Ärmel etw. e.). (90)

en|hämmere ['enhɛmərə] <trennb. Präfix-V.; schw.; han; hämmerte en ['hɛmətə]; ~|gehämmert [-jəhɛmet]> {9.2.1.2}: einhämmern. (4)

en|hamstere ['enhamstərə] <trennb. Präfix-V.; schw.; han; hamsterte en ['hamstətə]; ~|gehamstert [-jəhamstet]> {9.2.1.2}: einhamstern, einheimsen. (4)

en|handele ['enhanˑdələ] <trennb. Präfix-V.; schw.; han; handelte en ['hanˑdəltə]; ~|gehandelt [-jəhanˑdəlt]> {9.2.1.2}: einhandeln. (6)

en|hänge ['enhɛŋə] <trennb. Präfix-V.; schw.; han; hängte en ['hɛŋˑtə]; ~|gehängk [-jəhɛŋˑk]>: einhängen, auflegen [auch: ↑op||äge (1)]. (49)

en|hauche ['enhaʊxə] <trennb. Präfix-V.; schw.; han; hauchte en ['haʊxtə]; ~|gehauch [-jəhaʊx]>: einhauchen. (123)

en|haue ['enhaʊə] <trennb. Präfix-V.; unr./schw.; han; haute en ['haʊ·tə]; ~|gehaue/~|gehaut [-jəhaʊə / -jəhaʊ·t]>: einhauen. (94)

en|hefte ['enhɛftə] <trennb. Präfix-V.; schw.; han; ~|geheff [-jəhɛf]>: einheften. (89)

en|heize ['enhɛɪtsə] <trennb. Präfix-V.; schw.; han; heizte en ['hɛɪtstə]; ~|geheiz [-jəhɛɪts]>: einheizen, 1. a) Feuer machen, heiß machen: *der Ovve e.* (den Ofen e.); b) durch Heizen für Wärme sorgen, vollständig durchwärmen. 2. mit Nachdruck, gehörig die Meinung sagen: *Däm han ich ävver engeheiz.* (Dem hab ich aber die Meinung gesagt.). (112)

en|hierǫde ['en,hi:rɔ·də / '--,--] <trennb. Präfix-V.; schw.; han; hierǫdte en ['hi:rɔ·tə]; ~|gehierǫdt [-jəhi:rɔ·t]> {5.1.4.5; 5.5.3; 6.11.3}: einheiraten. (197)

en|hǫke ['enhɔ·kə] <trennb. Präfix-V.; schw.; han; hǫkte en ['hɔ·ktə]; ~|gehǫk [-jəhɔ·k] {5.5.3}: einhaken. (178)

en|holle ['enholə] <trennb. Präfix-V.; unr.; han; hollt en [holt]; ~|gehollt [-jəholt] {5.3.4; 5.5.1}: einholen. (99)

en|hölle ['en,hølə] <trennb. Präfix-V.; schw.; han; höllte en ['høl·tə]; ~|gehöllt [-jəhøl·t]> {5.5.1}: einhüllen. (91)

en|hüre/~|höre, sich ['enhy:(ɐ̯)rə / -hø:(ɐ̯)rə] <trennb. Präfix-V.; Formen mischbar; schw./unr.; han; hürte/hoot en ['hy·ɐ̯tə / 'ho:t]; ~|gehürt/~|gehoot [-jəhy·ɐ̯t / -jəho:t]> {5.4}: sich einhören, durch wiederholtes Hören kennen u. verstehen lernen. (21) (179)

en|imfe ['en|ɪmfə] <trennb. Präfix-V.; schw.; han; imfte en ['ɪmftə]; ~|geimf [-jə|ɪmf]> {6.8.2}: einimpfen. (105)

en|jage ['enja·ʀə] <trennb. Präfix-V.; schw.; han; jagte en ['ja·xtə]; ~|gejag [-jəja·x]>: einjagen, hervorrufen, bewirken (meist i. d. Vbdg. *Angst/Schrecken e.*). (103)

en|kalkuliere/~|eere ['enkalkʊ·li·(ɐ̯)rə / -e·rə] <trennb. Präfix-V.; schw./unr.; han; kalkulierte en [,kalkʊ'li·ɐ̯tə]; ~|kalkuliert [-kalkʊ,li·ɐ̯t] ⟨lat. calculare⟩> {(5.1.4.3)}: einkalkulieren. (3) (2)

en|kapsele ['enkapsələ] <trennb. Präfix-V.; schw.; han; kapselte en ['kapsəltə]; ~|gekapselt [-jəkapsəlt]> {9.2.1.2}: einkapseln. (6)

en|kassiere/~|eere ['enka,si·(ɐ̯)rə / -e·rə] <trennb. Präfix-V.; schw./unr.; han; kassierte en [ka'si·ɐ̯tə]; ~|kassiert [-ka,si·ɐ̯t] ⟨von ital. incassare⟩> {(5.1.4.3)}: einkassieren. (3) (2)

En|kauf, der ['enkɔʊf] <N.; ~|käuf>: Einkauf.

en|kaufe ['enkɔʊfə] <trennb. Präfix-V.; unr.; han; kaufte en ['kɔʊftə]; ~|gekauf [-jəkɔʊf]>: einkaufen. (106)

En|kaufs|büggel, der ['enkɔʊfs,bʏɡəl] <N.; ~e> {s. u. ↑Büggel}: Einkaufsbeutel.

En|kaufs|korv, der ['enkɔʊfs,korf] <N.; ~|körv [-kør·f]> {s. u. ↑Korv}: Einkaufskorb.

En|kaufs|täsch, de ['enkɔʊfs,tɛʃ] <N.; ~e> {s. u. ↑Täsch}: Einkaufstasche.

En|kaufs|wage, der ['enkɔʊfs,va·ʀə] <N.; ~>: Einkaufswagen.

En|kaufs|zeddel, der ['enkɔʊfs,tsɛdəl] <N.; ~e> {s. u. ↑Zeddel}: Einkaufszettel.

Enkel[1], der ['ɛŋkəl] <N.; ~e>: Enkel(kind).

Enkel[2], der ['ɛŋkəl] <N.; ~e>: Enkel, Fußknöchel.

Enkel|dǫchter, de ['ɛŋkəl,dɔ:xtə] <N.; ~|döǫchter> {s. u. ↑Dǫochter}: Enkeltochter.

en|kellere ['enkɛlərə] <trennb. Präfix-V.; schw.; han; kellerte en ['kɛlətə]; ~|gekellert [-jəkɛlət]> {9.2.1.2}: einkellern. (4)

Enkel|sonn, der ['ɛŋkəl,zon] <N.; ~|sönn [-zøn·]> {s. u. ↑Sonn[2]}: Enkelsohn.

en|kerkere ['enkɛrkərə] <trennb. Präfix-V.; schw.; han; kerkerte en ['kɛrkətə]; ~|gekerkert [-jəkɛrkət]> {9.2.1.2}: einkerkern. (4)

en|kerve/~|kirve ['enker·və / -kɪr·və] <trennb. Präfix-V.; schw.; han; kervte en ['ker·ftə]; ~|gekerv [-jəker·f]> {5.4/5.5.2; 6.1.1}: einkerben. (66)

en|kessele ['enkɛsələ] <trennb. Präfix-V.; schw.; han; kesselte en ['kɛsəltə]; ~|gekesselt [-jəkɛsəlt]> {9.2.1.2}: einkesseln. (6)

en|kiele ['enki·lə] <trennb. Präfix-V.; veraltend; schw.; han; kielte en ['kil·tə]; ~|gekielt [-jəkil·t] {5.1.4.5}: einkeilen, herandrängen. (45)

en|klage ['enkla·ʀə] <trennb. Präfix-V.; schw.; han; klagte en ['kla·xtə]; ~|geklag [-jəkla·x]>: einklagen, zustehendes Geld o. Ä. durch Klage vor Gericht einzutreiben versuchen. (103)

en|klammere ['enklamərə] <trennb. Präfix-V.; schw.; han; klammerte en ['klamətə]; ~|geklammert [-jəklamət]> {9.2.1.2}: einklammern. (4)

En|klang, der ['enklaŋ] <N.; o. Pl.>: Einklang.

en|klappe ['enklapə] <trennb. Präfix-V.; schw.; *han*; klappte **en** ['klaptə]; ~|geklapp [-jəklap]>: einklappen, hochklappen, zusammenklappen. (75)

en|kleide ['enkleɪ̯də] <trennb. Präfix-V.; schw.; *han*; kleidte **en** ['kleɪ̯tə]; ~|gekleidt [-jəkleɪ̯t]>: einkleiden, **a)** mit neuer Kleidung vollständig ausstatten; **b)** mit Uniform, Berufskleidung, od. Ä. versehen. (197)

en|kleistere ['enkleɪ̯stərə] <trennb. Präfix-V.; schw.; *han*; kleisterte **en** ['kleɪ̯stətə]; ~|gekleistert [-jəkleɪ̯stət]> {9.2.1.2}: einkleistern, bekleistern, mit Kleister versehen. (4)

en|klemme ['enklɛmə] <trennb. Präfix-V.; schw.; *han*; klemmte **en** ['klɛm·tə]; ~|geklemmp [-jəklɛm·p]>: einklemmen. (40)

en|klevve ['enklevə] <trennb. Präfix-V.; unr.; *han*; klävte **en** ['klɛːftə]; ~|gekläv [-jəklɛːf] {5.3.4; 5.5.2; 6.1.1}: einkleben. (22)

en|klinke ['enklɪŋkə] <trennb. Präfix-V.; schw.; klinkte **en** ['klɪŋktə]; ~|geklink [-jəklɪŋk]>: einlinken, **a)** <han> durch Betätigen eines Hebels od. Ä. in eine Haltevorrichtung (bes. eine Tür mit der Klinke) einschnappen, einrasten lassen: *de Dür leis e.* (die Tür leise e.); **b)** <sin> in eine Haltevorrichtung einschnappen, einrasten: *Ich hoot de Dür e.* (Ich hörte die Tür e.). (41)

en|kloppe ['enklɔpə] <trennb. Präfix-V.; schw.; *han*; kloppte **en** ['klɔptə]; ~|geklopp [-jəklɔp]> {6.8.1}: einklopfen. (75)

en|knicke ['enknɪkə] <trennb. Präfix-V.; schw.; knickte **en** ['knɪktə]; ~|geknick [-jəknɪk]>: einknicken, **1.** <han> so umbiegen, dass ein Knick in etw. entsteht: *ene Pappdeckel e.* (ein Stück Pappe e.). **2.** <sin> einen Knick bekommen: *Mir sin de Knee engeknick.* (Mir sind die Knie eingeknickt.). (88)

en|koche ['enkɔxə] <trennb. Präfix-V.; schw.; *han*; kochte **en** ['kɔxtə]; ~|gekoch [-jəkɔx]>: einkochen, **1.** durch Kochen (u. gleichzeitiges luftdichtes Verschließen) haltbar machen, konservieren: *Keesche e.* (Kirschen e.). **2.** durch Gekochtwerden Wasser abgeben, verdampfen u. dadurch konzentrierter, dickflüssiger werden: *Die Zaus muss noch jet e.* (Die Soße muss noch etw. e.). (123)

en|kölsche ['enkœlʃə] <trennb. Präfix-V.; schw.; *han*; kölschte **en** ['kœlʃtə]; ~|gekölsch [-jəkœlʃ]>: einkölschen, **1.** Wörter aus dem Hochd., anderen Mundarten od. Sprachen in Ausspr. u. Formbildung dem Kölschen anpassen. **2.** kölsche Eigenart übernehmen; [auch: ↑ver|kölsche]. (110)

Enkör/Encoeur, et [aŋ'køːe̯] <N.>: Dekolleté, scherzh. für nacktes Dekolleté: *encoeur de bläck*.

en|kraache ['enkraːxə] <trennb. Präfix-V.; schw.; *sin*; kraachte **en** ['kraːxtə]; ~|gekraach [-jəkraːx]> {5.2.1}: einkrachen. (123)

en|kräme/~|creme ['en‚krɛːmə] <trennb. Präfix-V.; schw.; *han*; krämte **en** ['krɛːmtə]; en|gekrämp ['enjə‚krɛːmp]> {5.4; 8.3.1}: eincremen. (40)

en|kreise ['enkreɪ̯zə] <trennb. Präfix-V.; schw.; *han*; kreiste **en** ['kreɪ̯stə]; ~|gekreis [-jəkreɪ̯s]>: einkreisen, einzingeln. (149)

en|krige ['enkrɪjə] <trennb. Präfix-V.; unr.; *han*; kräg/kräht **en** [krɛːj / krɛːt]; ~|(ge)kräge/~|gekräg/~|gekräht [-(jə)‚krɛːjə / -jə‚krɛːj / -jə‚krɛːt]> {5.3.4.1}: einkriegen, **1.** einholen. **2.** <sich e.> Fassung, Beherrschung wieder finden: *Ich kunnt mich nit e. vör Laache.* (Ich konnte mich nicht e. vor Lachen.). (117)

En|kumme, et ['enkʊmə] <N.; ~> {5.4}: Einkommen.

En|kummens|stüür/~|stöör, de ['enkʊməns‚ʃtyːe̯ / -‚ʃtøːe̯] <N.; ~e> {5.4; s. u. ↑Stüür/Stöör}: Einkommenssteuer.

en|kuschele ['enkʊʒələ] <trennb. Präfix-V.; schw.; *han*; kuschelte **en** ['kʊʒəltə]; ~|gekuschelt [-jəkʊʒəlt]> {6.10.1; 7.4; 9.2.1.2}: einkuscheln, **a)** <sich e.> sich kuschelnd in etw. schmiegen: *sich en de Deck e.* (sich in die Decke e.); **b)** warm zudecken u. die Kissen festdrücken: *de Pänz e.* (die Kinder e.). (6)

en|lade[1] ['enlaːdə] <trennb. Präfix-V.; st.; *han*; lod **en** [loːt]; ~|gelade [-jəlaːdə]>: einladen, Ladung in ein Transportfahrzeug schaffen u. verstauen. (124)

en|lade[2] ['enlaːdə] <trennb. Präfix-V.; st.; *han*; lod **en** [loːt]; ~|gelade [-jəlaːdə]>: einladen, **a)** als Gast zu sich bitten; **b)** jmdn. bitten an etw. teilzunehmen, bei etw. mitzumachen. (124)

En|lad|ung, de ['enlaːdʊŋ] <N.; ~e>: Einladung.

En|lag, de ['en‚laːx] <N.; ~e> {8.3.1}: Einlage.

en|läge ['enlɛːjə] <trennb. Präfix-V.; unr.; *han*; laht **en** [laːt]; ~|gelaht/~|geläg [-jəlaːt / -jəlɛːj]> {5.4}: einlegen, **1.** eine Sache in etw. hineinlegen: *ene Film en de Kamera e.* (einen Film in die Kamera e.). **2.** (Kochk.) in eine spezielle Flüssigkeit legen: *Herring e.* (Hering e.). **3.** (Kunsthandw.) als Verzierung in Oberflächen von Gegenständen aus Holz, Metall u. a. einfügen: *Mosaiksteincher e.* **4.** Haare mithilfe von Lockenwickeln in eine best. Form bringen: *Ich muss mer de Hoor e. looße.* (Ich muss (mir) die Haare e.lassen.). **5.** zusätzlich dazwischenschieben, einfügen: *en Paus e.* (eine Ruhepause e.). **6.** offiziell aussprechen, mit Nachdruck geltend machen: *Protess e.* (Protest e.). (125)

en|lagere ['enlaʀɐʀə] <trennb. Präfix-V.; schw.; *han*; lagerte **en** ['laˑʀɐtə]; ~|gelagert [-jəlaˑʀɐt]> {9.2.1.2}: einlagern. (4)

En|land, et ['enˑlant] <N.; o. Pl.>: Inland.

En|lass, der ['enlas] <N.; i. best. Komposita *lass*, sonst ↑*looße*¹; o. Pl.> {11}: Einlass.

En|lauf, der ['enlo̯ʊf] <N.; ~|läuf>: Einlauf.

en|laufe ['enlo̯ʊfə] <trennb. Präfix-V.; st.; leef **en** [leˑf]; ~|gelaufe [-jəlo̯ʊfə]>: einlaufen, **1.** (Sport) **a)** <sin> (von Sportlern) in die Wettkampfstätte, auf das Spielfeld od. Ä. laufen: *De Mannschafte laufe en et Stadion en.* (Die Mannschaften laufen in das Stadion ein.); **b)** <sin> bei einem Wettbewerb im Laufen einen best. Abschnitt beginnen: *en et Ziel e.* (ins Ziel e.); **c)** <han; sich e.> sich vor einem Wettbewerb od. Ä. durch best. Übungen u. a. vorbereiten: *De Sprinter sin sich am E.* (De Sprinter sind dabei sich einzulaufen.). **2.** <sin> **a)** fahrend im Bahnhof ankommen: *Der Zog läuf grad en.* (Der Zug läuft gerade ein.); **b)** in den Hafen hineinfahren: *Dat Scheff es gester engelaufe.* (Das Schiff ist gestern eingelaufen.). **3.** <sin> in ein Gefäß, einen Behälter od. Ä. (hinein)fließen: *Gangk bade, et Wasser läuf ald en!* (Geh baden, das Wasser läuft schon ein!). **4.** <sin> eingehen: *Dä Pullover es beim Wäsche engelaufe.* (Der Pulli ist beim Waschen eingelaufen.). **5.** <han> (neue) Schuhe durch Tragen ausweiten u. so bequemer machen. **6.** <han; sich e.> durch Inbetriebsein allmählich die vorgesehene Leistungsfähigkeit erreichen: *Dä neue Motor muss sich eets e.* (Der neue Motor muss sich erst e.). (128)

en|leite ['enlɛʀtə] <trennb. Präfix-V.; schw.; *han*; ~|geleit [-jəlɛʀt]>: einleiten. (72)

en|lenke ['enlɛŋkə] <trennb. Präfix-V.; schw.; lenkte **en** ['lɛŋktə]; ~|gelenk [-jəlɛŋk]>: einlenken, **1. a)** <sin> in eine andere Richtung fahren, einbiegen: *Hä dät en en Siggestroß e.* (Er lenkte in eine Seitenstraße ein.); **b)** <han> in eine andere Richtung lenken: *en Raket en en andere Bahn e.* (eine Rakete in eine andere Bahn e.). **2.** <han> von seiner ablehnenden, starren Haltung abgehen u. sich nachgiebiger zeigen: *Zom Schluss hät hä doch engelenk.* (Schließlich lenkte er doch ein.). (41)

en|lese ['enlezə] <trennb. Präfix-V.; st.; *han*; los **en** [loˑs]; ~|gelese [-jəlezə] {5.3.4.1; 5.5.2}: einlesen, **1.** <sich e.> sich durch (längeres) Lesen mit einem Werk od. Ä. vertraut machen: *sich en e Thema e.* (sich in ein Thema e.). **2.** (Datenverarb.) Informationsmaterial, Daten in einen PC eingeben/übertragen: *Dat Programm liss dä Tex en der Speicher en.* (Das Programm liest den Text in den Speicher ein.). (130)

en|leuchte ['enløyfjtə] <trennb. Präfix-V.; schw.; *han*; ~|geleuch [-jələyfj]>: einleuchten, verständlich/klar werden. (131)

en|levve, sich ['enlevə] <trennb. Präfix-V.; unr.; *han*; lävte **en** ['lɛˑftə]; ~|geläv [-jəlɛːf]> {5.3.4, 5.5.2; 6.1.1}: sich einleben, sich an eine neue Umgebung gewöhnen. (22)

en|livvere ['enlɪvərə] <trennb. Präfix-V.; schw.; *han*; livverte **en** ['lɪvɐtə]; ~|gelivvert [-jəlɪvɐt]> {5.3.4; 6.5.2; 9.2.1.2}: einliefern. (4)

en|loche ['enlɔxə] <trennb. Präfix-V.; schw.; *han*; lochte **en** ['lɔxtə]; ~|geloch [-jəlɔx]>: einlochen, **1.** ins Gefängnis bringen, einsperren: *Dä han se 3 Mond engeloch.* (Er kam für drei Monate ins Gefängnis.). **2.** (Golf): (den Ball) ins Loch spielen. (123)

en|looße ['enloˑsə] <trennb. Präfix-V.; st.; *han*; leet/leeß **en** [leˑt / leˑs]; ~|gelooße [-jəloˑsə] {5.2.1.3; 5.5.3}: einlassen, **1.** einlaufen/-fließen lassen: *et Wasser en de Büdd e.* (das Wasser in die Badewanne e.). **2.** in eine feste, harte Materie einfügen u. dort befestigen; genau einpassen, einsetzen. **3.** <sich e.> Kontakt aufnehmen, Umgang pflegen, verkehren: *Loss dich met däm nit en!* (Lass dich mit ihm nicht ein!). **4.** <sich e.> auf etw. eingehen: *sich op e Abenteuer e.* (sich auf ein Abenteuer e.). (135)

en|lügge ['enlʏgə] <trennb. Präfix-V.; schw.; *han*; lüggte **en** ['lʏktə]; ~|gelügg [-jəlʏk]> {5.3.4; 6.6.2}: einläuten, durch Läuten den Beginn von etw. verkünden/anzeigen. (208)

en|lulle ['enlʊlə] <trennb. Präfix-V.; schw.; *han*; lullte **en** ['lʊlˑtə]; ~|gelullt [-jəlʊlˑt]>: einlullen. (91)

en|lüse/~|löse ['enlyˑzə / løˑzə] <trennb. Präfix-V.; schw.; *han*; lüste **en** ['lyˑstə]; ~|gelüs [-jəlyˑs]> {5.4}: einlösen, einhalten, erfüllen. (149)

en|maache ['enmaːxə] <trennb. Präfix-V.; unr.; *han*; maht **en** [maːt]; ~|gemaht [-jəmaːt]> {5.2.1}: einmachen, einkochen, einwecken, konservieren. (136)

En|marsch, der ['enmaxʃ] <N.; ~|märsch>: Einmarsch.

en|marschiere/~eere ['enma‚ʃi·(g)rə / -e·rə] <trennb. Präfix-V.; schw./unr.; *sin*; marschierte en [ma'ʃi·gtə]; ~|marschiert [-ma‚ʃi·gt] ⟨frz. marcher⟩> {(5.1.4.3)}: einmarschieren. (3) (2)

en|massiere/~eere ['enma‚si·(g)rə / -e·rə] <trennb. Präfix-V.; schw./unr.; *han*; massierte en [ma'si·gtə]; ~|massiert [-ma‚si·gt]> {(5.1.4.3)}: einmassieren. (3) (2)

en|medde [en'medə] <Adv.; mit *vun*> {5.5.2; 6.11.3}: inmitten.

en|meede, sich ['enme·də] <trennb. Präfix-V.; schw.; *han*; meedte a. ['me·tə]; ~|gemeedt [-jəme·t]> {5.1.4.3; 6.11.3}: sich einmieten/ bei jmdm. ein Zimmer, eine Wohnung mieten. (197)

en|meißele ['enme̱ɪsələ] <trennb. Präfix-V.; schw.; *han*; meißelte en ['me̱ɪsəltə]; ~|gemeißelt [-jəme̱ɪsəlt]> {9.2.1.2}: einmeißeln. (6)

en|mische ['enmɪʃə] <trennb. Präfix-V.; schw.; *han*; mischte en ['mɪʃtə]; ~|gemisch [-jəmɪʃ]>: einmischen, **1.** (selten) in etw. (hinein)mischen: *Dä hät zo vill Rud engemisch.* (Er hat zu viel Rot eingemischt.). **2.** <sich e.> sich mit etw. befassen, an etw. beteiligen, womit man eigtl. nichts zu tun hat, was einen nicht betrifft: *Muss do dich en alles e.?* (Musst du dich in alles e.?) [auch: ↑en|schalte/~|schalde (2b)]. (110)

en|montiere/~eere ['enmɔn‚ti·(g)rə / -e·rə] <trennb. Präfix-V.; schw./unr.; *han*; montierte en [mɔn'ti·gtə]; ~|montiert [-mɔn‚ti·gt]> {(5.1.4.3)}: einmontieren. (3) (2)

en|motte ['enmɔtə] <trennb. Präfix-V.; schw.; *han*; ~|gemott [-jəmɔt]>: einmotten. (113)

en|mumme [en'mʊmə] <trennb. Präfix-V.; schw.; *han*; mummte en ['mʊm·tə]; ~|gemummp [-jəmʊm·p]>: einmumme(l)n [auch: ↑en|mummele, ↑en|murkele, ↑murkele]. (40)

en|mummele ['enmʊmələ] <trennb. Präfix-V.; schw.; *han*; mummelte en ['mʊməltə]; ~|gemummelt [-jəmʊməlt]> {9.2.1.2}: einmummen, einhüllen, dick, fest in (warme) Kleidung, Decken od. Ä. einhüllen: *De Pänz sin god engemummelt.* (Die Kinder sind gut eingemummelt.) [auch: ↑en|murkele, ↑en|mumme, ↑murkele]. (6)

en|münde ['enmʏn·də] <trennb. Präfix-V.; schw.; *sin/han*; mündte en ['mʏn·tə]; ~|gemündt [-jəmʏn·t]>: einmünden. (28)

en|murkele ['enmʊrkələ] <trennb. Präfix-V.; schw.; *han*; murkelte en ['mʊrkəltə]; ~|gemurkelt [-jəmʊrkəlt]> {9.2.1.2}: einmummeln [auch: ↑en|mummele, ↑en|mumme, ↑murkele]. (6)

en|muure/~|moore ['enmu·(g)rə / -mo·rə] <trennb. Präfix-V.; schw.; *han*; muurte en ['mu·gtə]; ~|gemuurt [-jəmu·gt]> {5.1.4.6; 8.2.2.2}: einmauern. (100)

en|nähle ['enne̱·lə] <trennb. Präfix-V.; schw.; *han*; nählte en ['nɛ·ltə]; ~|genählt [-jənɛ·lt] {5.4; 6.3.1}: einnageln, einschlagen. (61)

enne ['enə] <Adv.> {5.5.2}: innen; *noh e. (einwärts).

Enne|deens, der ['enə‚de·ns] <N.; o. Pl.> {s. u. ↑enne ↑Deens}: Innendienst.

Enne|drock, der ['enə‚drɔk] <N.; o. Pl.> {s. u. ↑enne ↑Drock¹}: Innendruck.

Enne|dür/~|dör, de ['enə‚dy·ɐ̯ / -dø·ɐ̯] <N.; ~|dürre/~|dörre [-dyrə / -dørə] (unr. Pl.)> {s. u. ↑enne ↑Dür/Dör}: Innentür.

Enne|levve, et ['enə‚levə] <N.; ~ (Pl. selten)> {s. u. ↑enne ↑Levve}: Innenleben.

Enne|minister, der ['enəmɪ‚nɪstə] <N.; ~> {s. u. ↑enne}: Innenminister.

Enne|minister|ium, et ['enəmɪnɪs‚te:rɪʊm] <N.; ~|ie [-ɪə]> {s. u. ↑enne}: Innenministerium.

en|nemme ['ennemə] <trennb. Präfix-V.; st.; *han*; nohm en [no·m]; ~|genomme [-jənomə] {5.3.4; 5.5.2}: einnehmen. (143)

Ennen|antenn, de ['enən|an‚tɛn·] <N.; ~e [-an‚tɛnə]> {s. u. ↑enne ↑Antenn}: Zimmerantenne, Innenantenne [auch: ↑Zemmer|antenn].

Ennen|architek, der ['enən|arʃɪ‚tɛk] <N.; ~te> {s. u. ↑enne ↑Architek}: Innenarchitekt.

Enne|politik, de ['enəpolɪ‚tɪk] <N.; kein Pl.> {s. u. ↑enne}: Innenpolitik.

enner... ['enə] <Adj.; im Positiv nur attr.; kein Komp.; ~e; ~ste> {5.5.2}: inner.... Tbl. A2.6

Ennere Grön|göödel [‚enərə'jrø·n‚jø:dəl] <N.; Straßenn.> {s. u. ↑enne ↑grön ↑Göödel}: Innerer Grüngürtel. Die Kölner Grüngürtel sind planmäßig angelegte Grünzonen, die sich halbkreisförmig um die Stadt Köln an beiden Ufern des Rheins legen. Sie sind aus den ehemaligen Festungsrayons des Kölner Festungsrings entstanden. Der Innere Grüngürtel reicht ca. 7 km vom Rhein bei Köln-Riehl bis zur Luxemburger Straße (bis in die 1960er Jahre nur bis zur Zülpicher Straße). Erst am Rheinufer ist mit dem Friedenspark um Fort I mit erhalten gebliebenen Festungsterrassen als Blumengarten wieder ein Stück Grüngürtel zu sehen. Sein Gegenstück ist der Rosengarten um Fort X am Neusser Wall. Dazwischen liegen große Park- u. Wiesenflächen u. der damals angelegte 4 ha große Aachener Weiher an der Aachener Straße. Der Innere Grüngürtel wird zur Innenstadt hin von der ringförmig um die Neustadt herumgeführten Bahnlinie u. zu den Vororten von der Inneren Kanalstraße / Universitätsstraße begrenzt. Die Anlage erfolgte im Wesentlichen zw. 1922 u. 1924. Manche Freiflächen des Inneren Grüngürtels mussten unmittelbar nach Ende des 2. Weltkrieges als Schuttabladefläche für einen Teil des Trümmerschutts von 30 Millionen m³ des zu über 80 Prozent zerstörten Köln dienen (zum Beispiel im Inneren Grüngürtel Herkulesberg u. Mont Klamott am Aachener Weiher, aber auch an verkehrsgünstigen, mit dem Zug erreichbaren Stellen im Äußeren Grüngürtel). In einigen Randbereichen wurde der Innere Grüngürtel dann auch bebaut (mit Hochhäusern u. Fernsehturm Colonius, aber auch mit den Gebäuden der Naturwissenschaften als Erweiterung des Universitätscampus).

Ennere Kanal|stroß [ˌenərəka'naˑlˌʃtroːs] <N.; Straßenn.> {s. u. ↑enne ↑Stroß}: Innere Kanalstraße; Teil des 2. linksrheinischen Ringes um die Stadt. Sie verläuft durch die Stadtteile Lindenthal, Ehrenfeld, Neuehrenfeld, Nippes u. Neustadt/Nord u. folgt dem Verlauf der Abwässer-Sammelkanalanlage für die 1888 eingemeindeten Vororte u. ist ca. 4,7 Kilometer lang. Sie wurde 1907 fertig gestellt u. erhielt ihren heutigen Namen im Jahr 1928. In der NS-Zeit von 1938 bis 1945 wurden einzelne Abschnitt für diesen Zeitraum in Mackensenstraße, Litzmannstraße, Ludendorffstraße u. Lettow-Vorbeck-Straße umbenannt. Das nördliche Halbrund bekam 1945 wieder seinen alten Namen zurück. Die südlichen Teile in der Lindenthal u. Sülz heißen inzwischen Universitätsstraße, das Stück in Zollstock Pohligstraße.

enner|lich ['enəlɪç] <Adj.; ~e> {5.5.2; 7.3.2}: innerlich, inwendig. Tbl. A1

en|neste, sich ['ennestə] <trennb. Präfix-V.; schw.; han; ~|geness [-jənes]> {5.5.2}: sich einnisten, **1.** sich in etw. ein Nest bauen: *De Vügel han sich ungerem Daach engeness.* (Die Vögel haben sich unter dem Dach eingenistet.). **2.** (übertr.) sich unerwünscht an einem Ort/bei jmdm. für längere Zeit niederlassen: *Hä hät sich bei mer engeness.* (Er hat sich bei mir eingenistet.). (68)

Enne|störm|er/~|stürm|~, der ['enəˌʃtørmɐ / -ˌʃtʏrmɐ] <N.; ~> {s. u. ↑enne ↑Storm/Sturm}: Innenstürmer.

Enne|täsch, de ['enəˌtɛʃ] <N.; ~e> {s. u. ↑enne ↑Täsch}: Innentasche.

en|nevvele ['ennevələ] <trennb. Präfix-V.; schw.; han; nevvelte en ['nevəltə]; ~|genevvelt [-jənevəlt]> {5.3.4; 5.5.2; 6.1.1; 9.2.1.2}: einnebeln, mit (künstl.) Nebel, Qualm od. Ä. einhüllen. (6)

Enne|wand, de ['enəˌvant] <N.; ~|wäng [-vɛŋˑ]> {s. u. ↑enne}: Innenwand.

en|nicke ['ennɪkə] <trennb. Präfix-V.; schw.; sin; nickte en ['nɪktə]; ~|genick [-jənɪk]>: einnicken [auch: ↑en|nüre/~|nöre, ↑en|döse]. (88)

enn|ig ['enɪç] <Adj.; ~e; ~er, ~ste> {5.5.2}: innig. Tbl. A5.2

en|nihe ['enniˑə] <trennb. Präfix-V.; schw.; han; nihte en ['niˑtə]; ~|geniht [-jəniˑt]> {5.4}: einnähen. (37)

Enn|ung, de ['enʊŋ] <N.; ~e> {5.5.2}: Innung.

en|nüre/~|nöre ['enny:(ə)rə / -nø:(ə)rə] <trennb. Präfix-V.; schw.; han; nürte en ['nyːɐ̯tə]; ~|genürt [-jənyːɐ̯t]>: sanft einschlummern, entschlummern [auch: ↑en|nicke, ↑en|döse]. (21)

en|odeme ['enˌɔˑdəmə] <trennb. Präfix-V.; schw.; han; odemte en ['ɔˑdəmtə]; ~|geodemp [-jəˌɔˑdəmp]> {5.5.3; 6.11.3; 9.1.1}: einatmen. (144)

en|öle ['enˌœˑlə] <trennb. Präfix-V.; schw.; han; ölte en ['œˑltə]; ~|geölt [-jəˈœˑlt]> {5.5.3}: einölen. (148)

en|ordne/~|oodene ['enɔxtnə / -ɔːdənə] <trennb. Präfix-V.; en|oodene veraltend; schw.; han; ordnete en ['ɔxtnətə]; ~|geordnet [-jəɔxtnət]> {(5.2.1.1.1; 5.5.3; 9.1.1)}: einordnen. (57) (145)

en|packe ['enpakə] <trennb. Präfix-V.; schw.; han; packte en ['paktə]; ~|gepack [-jəpak]>: einpacken. (88)

en|parke ['enparkə] <trennb. Präfix-V.; schw.; han; parkte en ['parktə]; ~|gepark [-jəpark]>: einparken. (41)

en|passe ['enpasə] <trennb. Präfix-V.; schw.; han; passte en ['pastə]; ~|gepass [-jəpas]>: einpassen. (67)

en|pauke ['enpaʊkə] <trennb. Präfix-V.; schw.; han; paukte en ['paʊktə]; ~|gepauk [-jəpaʊk]>: einpauken. (178)

en|peitsche ['enpaɪtʃə] <trennb. Präfix-V.; schw.; han; peitschte en ['paɪtʃtə]; ~|gepeitsch [-jəpaɪtʃ]>: einpeitschen, gewaltsam, unter Anwendung strenger Maßnahmen beibringen. (110)

en|pendele, sich ['enpɛnˑdələ] <trennb. Präfix-V.; schw.; *han*; pendelte **en** ['pɛnˑdəltə]; ~|gependelt [-jəpɛnˑdəlt]> {9.2.1.2}: sich einpendeln, sich auf eine mittlere Norm hin bewegen, einen Mittelwert erreichen. (6)

en|penne ['enpɛnə] <trennb. Präfix-V.; schw.; *sin*; pennte **en** ['pɛnˑtə]; ~|gepennt [-jəpɛnˑt]>: einpennen, einschlafen. (10)

en|pinsele ['enpɪnˑzələ] <trennb. Präfix-V.; schw.; *han*; pinselte **en** ['pɪnˑzəltə]; ~|gepinselt [-jəpɪnˑzəlt]> {9.2.1.2}: einpinseln. (6)

en|plane ['enplaˑnə] <trennb. Präfix-V.; schw.; *han*; plante **en** ['plaˑntə]; ~|geplant [-jəplaˑnt]>: einplanen. (146)

en|pökele ['enpøˑkələ] <trennb. Präfix-V.; schw.; *han*; pökelte **en** ['pøˑkəltə]; ~|gepökelt [-jəpøˑkəlt]> {9.2.1.2}: einpökeln, (Kochk.) einsalzen. (6)

en|pötte ['enpœtə] <trennb. Präfix-V.; schw.; *han*; ~|gepött [-jəpœt]> {5.4; 6.12.9}: eintopfen. (113)

en|präge ['enprɛˑjə] <trennb. Präfix-V.; schw.; *han*; prägte **en** ['prɛˑftə]; ~|gepräg [-jəprɛˑfj]>: einprägen, **1.** in etw. prägen; prägend hineindrücken, -pressen. **2. a)** so eindringlich ins Bewusstsein bringen, dass es nicht vergessen wird, im Gedächtnis haften bleibt: *Hä dät inne e. pünklich ze sin.* (Er prägte ihnen ein pünktlich zu sein.) **b)** <sich e.> im Gedächtnis haften bleiben, nicht vergessen werden: *Dat Stöck präg sich leich en.* (Die Melodie prägt sich leicht ein.); *sich ene Name e.* (sich einen Namen e.; genau merken). (103)

en|prassele ['enprasələ] <trennb. Präfix-V.; schw.; *sin*; prasselte **en** ['prasəltə]; ~|geprasselt [-jəprasəlt]> {9.2.1.2}: einprasseln. (6)

en|presse ['enprɛsə] <trennb. Präfix-V.; schw.; *han*; presste **en** ['prɛstə]; ~|gepress [-jəprɛs]>: ein-, hineinpressen. (67)

en|programmiere/~eere ['enproˌjraˌmiˑ(e̜)rə / -eˑrə] <trennb. Präfix-V.; schw./unr.; programmierte **en** [proˌjra'miˑe̜tə]; *han* ~|programmiert [-proˌjraˌmiˑe̜t] ⟨von frz. programmer⟩> {(5.1.4.3)}: einprogrammieren. (3) (2)

en|prügele ['enpryˑjələ] <trennb. Präfix-V.; schw.; *han*; prügelte **en** ['pryːjəltə]; ~|geprügelt [-jəpryːjəlt]> {9.2.1.2}: einprügeln, **1.** auf jmdn. heftig einschlagen: *Zo fünft han se op dä Jung engeprügelt.* (Zu fünft haben sie auf den Jungen eingeprügelt.). **2.** etwas mithilfe von Prügel beibringen, einprägen: *Däm han ich de Vokabele engeprügelt.* (Ich habe ihm die Vokabeln eingeprügelt.). (6)

en|pudere ['enpuˑdərə] <trennb. Präfix-V.; schw.; *han*; puderte **en** ['puˑdetə]; ~|gepudert [-jəpuˑdet]> {9.2.1.2}: einpudern. (4)

en|quartiere/~eere ['enkva̩tiˑ(e̜)rə / -eˑrə] <trennb. Präfix-V.; schw./unr.; *sin*; quartierte **en** [kva'tiˑe̜tə]; ~|quartiert [-kva̩tiˑe̜t] ⟨nach frz. quartier⟩> {(5.1.4.3)}: einquartieren. (3) (2)

en|quetsche ['enkvɛtʃə] <trennb. Präfix-V.; schw.; *han*; quetschte **en** ['kvɛtʃtə]; ~|gequetsch [-jəkvɛtʃ]>: einquetschen. (110)

en|rahme ['enraˑmə] <trennb. Präfix-V.; schw.; *han*; rahmte **en** ['raˑmtə]; ~|gerahmp [-jəraˑmp]>: einrahmen. (126)

en|rähne ['enrɛˑnə] <trennb. Präfix-V.; unpers., nur 3. Pers. Sg.; schw.; rähnte **en** ['rɛˑntə]; ~|gerähnt [-jərɛˑnt]> {5.4; 6.3.1}: einregnen, **1.** <*han*; sich e; unpers.> zu einem Dauerregen ausarten; nicht aufhören zu regnen: *Et schingk sich esu richtig enzerähne.* (Es scheint sich so richtig einzuregnen.). **2.** <*sin*> durch Dauerregen an einem Ort festgehalten werden: *Se sin en de Berg engerähnt.* (Sie sind in den Bergen eingeregnet.). (5)

en|ramme ['enramə] <trennb. Präfix-V.; schw.; *han*; rammte **en** ['ramˑtə]; ~|gerammp [-jəramˑp]>: einrammen, **1.** in etw. rammen: *Pöhl en de Ääd e.* (Pfähle in die Erde e.). **2.** rammend zertrümmern: *de Pooz met enem Balke e.* (das Tor mit einem Balken e.). (40)

en|raste ['enrastə] <trennb. Präfix-V.; schw.; *sin*; ~|gerass [-jəras]>: einrasten [auch: ↑raste²]. (68)

en|räuchere ['enrøyfjərə] <trennb. Präfix-V.; schw.; *han*; räucherte **en** ['røyfjetə]; ~|geräuch(ert) [-jərøyfj(et)]> {9.2.1.2}: einräuchern. (4)

en|rechne ['enrɛʃnə] <trennb. Präfix-V.; schw.; *han*; rechente **en** ['rɛʃəntə]; ~|gerechent [-jərɛʃənt]>: einrechnen, in eine (Be)rechnung einbeziehen [auch: ↑en|be|trecke, ↑met|rechne (2)]. (150)

en|recke ['enrekə] <trennb. Präfix-V.; schw.; *han*; reckte **en** ['rektə]; ~|gereck [-jərek]> {5.3.1; 5.5.2}: einreichen, abgeben, aushändigen. (8)

en|rede/~|redde ['enreˑdə / -redə] <trennb. Präfix-V.; **en|redde** veraltet; schw.; *han*; redte **en** ['reˑtə]; ~|geredt [-jəreˑt]> {(5.3.4; 5.5.2)}: einreden. (197) (111)

en|reechte/~|richte ['enreːfjtə / -rɪfjtə] <trennb. Präfix-V.; schw.; *han*; ~|gereech [-jəreːfj]> {5.2.1; 5.4}: einrichten. (131)

en|reihe ['enrɛɪ̯ə] <trennb. Präfix-V.; schw.; *han*; reihte **en** ['rɛɪ̯·tə]; ~|gereiht [-jərɛɪ̯·t]>: einreihen, **a)** <sich **e.**> sich in eine Reihe, an einen Platz stellen: *sich en de Schlang e.* (sich in die (Warte-)Schlange e.); **b)** in eine Reihe, Ordnung eingliedern; einer Gruppe zuordnen: *einer bei de Deechter e.* (jmdn. unter die Dichter e.); [auch: *en de Reih stelle*]. (37)

En|reis, de ['enrɛɪ̯s] <N.; ~e> {8.3.1}: Einreise.

en|reise ['enrɛɪ̯·zə] <trennb. Präfix-V.; schw.; *sin*; reiste **en** ['rɛɪ̯s·tə]; ~|gereis [-jərɛɪ̯·s]>: einreisen. (149)

en|renke ['enrɛŋkə] <trennb. Präfix-V.; schw.; *han*; renkte **en** ['rɛŋktə]; ~|gerenk [-jərɛŋk]>: einrenken. (41)

en|renne ['enrɛnə] <trennb. Präfix-V.; unr.; *han*; rannt **en** [rant]; ~|gerannt [-jərant]>: einrennen. (35)

en|retze ['enretsə] <trennb. Präfix-V.; schw.; *han*; retzte **en** ['retstə]; ~|geretz [-jərets]> {5.5.2}: einritzen. (114)

En|richt|ung, de ['enrɪçtʊŋ] <N.; i. best. Komposita *richt*, sonst ↑*reechte*; ~e> {11}: Einrichtung.

en|rieße ['enri:sə] <trennb. Präfix-V.; st.; *ress* **en** [res]; ~|geresse [-jərɛsə]> {5.1.4.5}: einreißen, **1.** <han> abreißen, niederreißen: *e Huus, ahl Stadtveedele e.* (ein Haus, alte Stadtviertel e.) [auch: ↑*av*|*breche (b)*]. **2. a)** <han> (vom Rand her) einen Riss in etw. machen: *Ich han leider dä Geldsching engeresse.* (Ich habe leider den Geldschein eingerissen.); **b)** <sin> einen Riss bekommen; brüchig werden: *Der Stoff rieß üvverall en.* (Der Stoff reißt überall ein.). **3.** <sin> zur üblen Angewohnheit werden; um sich greifen: *Hee sin komische Sitte engeresse.* (Hier sind merkwürdige Sitten eingerissen.). (25)

en|rieve ['enri·və] <trennb. Präfix-V.; st.; *han*; revv **en** [ref]; ~|gerevve [-jəreva]>: einreiben, eincremen, einsalben [auch: ↑*en*|*schmiere/~eere*]. (51)

en|rigge ['enrɪɡə] <trennb. Präfix-V.; st.; redt **en** [ret]; ~|geredde [-jəredə]> {5.3.4; 6.6.2}: einreiten, **1.** <sin> reitend hereinkommen. **2.** <han> **a)** (ein Pferd) an einen Reiter, an das Gerittenwerden gewöhnen [auch: ↑*aan*|*rigge (4)*]; **b)** <sich **e.**> sich ans Reiten, an ein Pferd gewöhnen. (133)

en|röcke ['enrøkə] <trennb. Präfix-V.; schw.; röckte **en** ['røktə]; ~|geröck [-jərøk]> {5.5.1}: einrücken, **1.** <sin> **a)** (bes. Milit.) sich geordnet an einen Ort begeben; **b)** (Milit.) zum Militärdienst eingezogen werden. **2.** <han> Text etw. weiter rechts vom Rand beginnen lassen: *de Üvverschreff e.* (die Überschrift e.). (88)

en|röhre/~|rühre ['enrø·(ɐ̯)rə / -ry·(ɐ̯)rə] <trennb. Präfix-V.; schw.; *han*; röhte **en** ['rø·tə]; ~|geröht [-jərø·t] (5.4}: einrühren. (186) (31)

en|rolle ['enrɔlə] <trennb. Präfix-V.; schw.; rollte **en** ['rɔl·tə]; ~|gerollt [-jərɔl·t]>: einrollen, **1. a)** <han> zu einer Rolle wickeln; zusammenrollen: *der Teppich, en Landkaat e.* (den Teppich, eine Landkarte e.); **b)** <han; sich **e.**> sich rollenförmig in sich zusammenkrümmen; zusammenrollen: *Der Igel rollt sich en.* (Der Igel rollt sich ein.). **2.** <sin> rollend einfahren: *Der Zog es grad engerollt.* (Der Zug ist gerade eingerollt.). (91)

en|roste ['enrɔstə] <trennb. Präfix-V.; schw.; *sin*; ~|geross [-jərɔs]>: einrosten. (68)

en|rüüme ['enry·mə] <trennb. Präfix-V.; schw.; *han*; rüümte **en** ['ry·mtə]; ~|gerüümp [-jəry·mp]> {5.1.3}: einräumen. (122)

ens [əns] <Adv.>: mal, einmal.

en|sacke[1] ['enzakə] <trennb. Präfix-V.; schw.; *han*; sackte **en** ['zaktə]; ~|gesack [-jəzak]>: einsacken, **a)** in einen Sack, in Säcke füllen: *Häs do ald de Ääpel engesack?* (Hast du die Kartoffeln schon eingesackt?); **b)** (schnell) an sich nehmen u. einstecken; an sich bringen: *Hä hät dat ganze Geld engesack.* (Er hat das ganze Geld eingesackt.). (88)

en|sacke[2] ['enzakə] <trennb. Präfix-V.; schw.; *sin*; sackte **en** ['zaktə]; ~|gesack [-jəzak]>: einsacken, einsinken: *Die Kaar sack deef em Boddem en.* (Die Karre sackt tief im Boden ein.); *De Stroßedeck es engesack.* (Die Straßendecke ist eingesackt.). (88)

en|sähne ['enzɛ·nə] <trennb. Präfix-V.; schw.; *han*; sähnte **en** ['zɛ·ntə]; ~|gesähnt [-jəzɛ·nt]> {5.4; 6.3.1}: einsegnen, **a)** konfirmieren; **b)** segnend (ein)weihen. (5)

en|salze ['enzaltsə] <trennb. Präfix-V.; schw.; *han*; salzte **en** ['zaltstə]; ~|gesalz [-jəzalts]>: einsalzen. (42)

en|sammele ['enzamələ] <trennb. Präfix-V.; schw.; *han*; sammelte **en** ['zaməltə]; ~|gesammelt [-jəzamelt]> {9.2.1.2}: einsammeln. (6)

En|satz, der ['enzats] <N.; ~|sätz>: Einsatz, **1.** zum Einsetzen best. Teil. **2.** das Eingesetztwerden an der Front. **3.** (übertr.) Engagement.

En|satz|wage, der ['enzats͜va·ʁə] <N.; ~>: Einsatzwagen.

en|saue ['enzoʊ̯ə] <trennb. Präfix-V.; schw.; *han*; saute **en** ['zoʊ̯·tə]; ~|gesaut [-jəzoʊ̯·t]>: einsauen. (11)

en|sauge ['enzoʊ̯·ʀə] <trennb. Präfix-V.; schw.; *han*; saugte en ['zoʊ̯·xtə]; ~|gesaug [-jəzoʊ̯·x]>: einsaugen, einziehen. (103)

en|säume/~|süume ['enzøy̯·mə / zy·mə] <trennb. Präfix-V.; schw.; *han*; säumte en ['zøy̯·mtə]; ~|gesäump [-jəzøy̯m·p]> {(5.1.3)}: einsäumen, a) mit einem Saum versehen: *e Kleid e.* (ein Kleid e.); b) umrahmen, einfassen, umgrenzen: *ene Platz met Bäum e.* (einen Platz mit Bäumen e.). (122)

en|schalte/~|schalde ['enʃaltə / -ʃaldə] <trennb. Präfix-V.; schw.; *han*; ~|geschalt [-jəʃalt]> {(6.11.3)}: einschalten, 1. anschalten, anmachen [auch: ↑aan|knipse, ↑aan|maache (1b), ↑aan|schalte/~|schalde]. 2. a) jmdn. einschalten, hinzuziehen; b) sich einschalten [auch: ↑en|mische (1)]. (58) (28)

en|schärfe/~|schärpe ['enʃɛrfə / -ʃɛrpə] <trennb. Präfix-V.; en|*schärpe* veraltend; schw.; *han*; schärfte en ['ʃɛrftə]; ~|geschärf [-jəʃɛrf]> {(6.5.1)}: einschärfen. (105) (180)

en|schätze ['enʃɛtsə] <trennb. Präfix-V.; schw.; *han*; schätzte en ['ʃɛtstə]; ~|geschätz [-jəʃɛts]>: einschätzen. (114)

en|schecke ['enʃekə] <trennb. Präfix-V.; schw.; *han*; scheckte en ['ʃektə]; ~|gescheck [-jəʃek]> {5.5.2}: einsenden. (88)

en|scheeße ['enʃe·sə] <trennb. Präfix-V.; st.; schoss en [ʃɔs]; ~|geschosse [-jəʃɔsə]> {5.1.4.3}: einschießen, 1. <han> durch Schießen zertrümmern: *de Stadtmuur e.* (die Stadtmauer e.). 2. <han> a) eine neue Schusswaffe durch Schießen gebrauchstüchtig, treffsicher machen: *neu Gewehre om Scheeßstand e.* (neue Gewehre auf dem Schießstand e.); b) <sich e.> wiederholt auf das gleiche Ziel schießen u. auf diese Weise treffsicher werden: *Hä mööt sich eesch e.* (Er müsste sich erst e.); c) <sich e.> jmdn./etw. mit Worten od. Gedanken wiederholt zum Angriffsziel machen: *De Massemedie hatte sich op der Verteidigungsminister engeschosse.* (Die Massenmedien hatten sich auf den Verteidigungsminister eingeschossen.). 3. <han> mithilfe eines entspr. Apparats in etw. (hinein)schießen: *Spikes en de Reife e.* (Spikes in die Reifen e.) *ene Dübbel e.* (einen Dübel e.). 4. <han> als Einlage geben; beisteuern: *Geld e.* (Geld beisteuern). 5. <sin> hineinströmen: *Wie de Schleus op wor, schoss et Wasser en.* (Nach Öffnen der Schleuse schoss das Wasser ein.); (Med.) *De Milch es engeschosse.* (Die Milch ist eingeschossen (in die Brust einer Wöchnerin)). (79)

en|scheffe ['enʃefə] <trennb. Präfix-V.; schw.; *han*; scheffte en ['ʃeftə]; ~|gescheff [-jəʃef]> {5.5.2}: einschiffen, 1. vom Land aufs Schiff bringen: *Passagiere, Ware e.* 2. <sich e.> sich zu einer Reise an Bord eines Schiffes begeben: *Hä hät sich en Genua noh Amerika engescheff.* (Er schiffte sich in Genua nach Amerika ein.). (27)

en|scheppe ['enʃɛpə] <trennb. Präfix-V.; schw.; *han*; scheppte en ['ʃɛptə]; ~|geschepp [-jəʃɛp]> {5.4; 6.8.1}: 1. Essen austeilen. 2. a) *sich eine e. (sich einen einfangen, Prügel bekommen): *Dä hät sich eine engeschepp.* (Der hat Prügel bekommen.); b) *einem eine e. (jmdn. verhauen, schlagen, prügeln; jmdn. beleidigen, böse Bemerkungen über jmdn. machen). (75)

en|schiebe ['enʃi·bə] <trennb. Präfix-V.; st.; *han*; schob en [ʃo·p]; ~|geschobe [-jəʃo·bə]>: einschieben, 1. in etw. hineinschieben: *et Backblech e.* (das Backblech (in den Herd) e.). 2. einfügen, einen Einschub machen: *e Zitat e.* (ein Zitat e.). (8)

en|schlage/~|schlonn ['enʃla·ʀə / -ʃlɔn] <trennb. Präfix-V.; st.; *han* u. *sin*; schlog en [ʃlo·x]; ~|geschlage [-jəʃla·ʀə]> {(5.3.2; 5.4)}: einschlagen, 1. schlagend in etw. hineintreiben: *ene Nähl en de Wand e.* (einen Nagel in die Wand e.). 2. durch Schlagen zertrümmern: *einem der Kopp e.* (jmdm. den Schädel e.). 3. knallend, krachend auftreffen u. dabei zünden: *Der Bletz hät/es engeschlage.* (Der Blitz hat/ist eingeschlagen.). 4. jmdn. unentwegt schlagen: *met der Schmeck op et Pääd e.* (mit der Peitsche auf das Pferd e.). 5. *der Plaggen e.* (betroffen, bestürzt, verlegen sein): *Im schleiht der Plaggen en.* (Er ist bestürzt.). 6. einwickeln, locker einpacken: *e Boch e.* (ein Buch e., mit einem Schutzumschlag versehen). 7. a) einen best. Weg wählen; in eine best. Richtung gehen: *der köötste Wäg nohm Bahnhoff e.* (den kürzesten Weg zum Bahnhof e.); b) (übertr.) *de juristische Laufbahn e.* (die juristische Laufbahn e.). 8. a) jmds. Hand zustimmend ergreifen, etw. durch Handschlag bestätigen: *en en Hand e.* (in eine Hand e.); *Die Wedd gild, schlag en!* (Die Wette gilt, schlag ein!); b) (übertr.) zusagen: *Wie mer im die Stell aangebodde hät, schlog hä en.* (Als man ihm die Stelle anbot, schlug er ein/sagte er zu.). 9. (Verkehrsw.) durch Drehen des Lenkrades die Stellung der Vorderräder u. damit die Fahrtrichtung ändern: *noh rähts/links e.* (nach rechts/links e.). 10. (Schneiderei) nach innen umlegen: *der Saum 5 cm* breid e. (den Saum 5 cm breit e.). **11. a)** sich erfolgreich in eine best. Richtung hin entwickeln: *En der Schull hät hä (god) engeschlage.* (In der Schule hat er (gut) eingeschlagen.); *Dä neue Metarbeider schingk enzeschlage.* (Der neue Mitarbeiter scheint einzuschlagen.); **b)** rasch großen Anklang finden, Erfolg haben: *Dä Film hät üvverall engeschlage.* (Dieser Film hat überall eingeschlagen.). (48) (163)

en|schleeße ['enʃleˑsə] <trennb. Präfix-V.; st.; *han*; schloss en [ʃlɔs]; ~|geschlosse [-jəʃlɔsə]> {5.1.4.3}: einschließen. (79)

en|schleeß|lich ['enʃleːslɪŋ] <Adv.; mit vorangestelltem *bes (zom/zor)*; kann prä- u. postnominal stehen> {5.1.4.3}: einschließlich.

en|schleiche/~|schliche, sich ['enʃlɛɪ̯çə / -ʃlɪçə] <trennb. Präfix-V.; *en|schliche* veraltet; st.; *han*; schlech en [ʃleç]; ~|geschleche [-jəʃleçə]> {(5.3.1)}: sich einschleichen, vorsichtig, heimlich eindringen. (161) (187)

en|schleppe ['enʃlɛpə] <trennb. Präfix-V.; schw.; *han*; schleppte en ['ʃlɛptə]; ~|geschlepp [-jəʃlɛp]>: einschleppen. (75)

en|schleuse ['enʃlø̯ˑzə] <trennb. Präfix-V.; schw.; *han*; schleuste en ['ʃlø̯ˑstə]; ~|geschleus [-jəʃlø̯ˑs]>: einschleusen. (149)

en|schliefe ['enʃliːfə] <trennb. Präfix-V.; st.; *han*; schleff en [ʃlef]; ~|geschleffe [-jəʃlefə]> {5.1.4.5}: einschleifen, eingravieren. (86)

en|schlieme, sich ['enʃliˑmə] <trennb. Präfix-V.; schw.; *han*; schliemte en ['ʃliˑmtə]; ~|geschliemp [-jəʃliˑmp]> {5.1.4.5}: sich einschleimen/einschmeicheln/anbiedern [auch: *einem öm der Bart gonn, einem en de Fott kruffe*]. (122)

en|schlofe ['enʃloˑfə] <trennb. Präfix-V.; st.; *sin*; schleef en [ʃleːf]; ~|geschlofe [-jəʃloˑfə]> {5.5.3}: einschlafen, einnicken. (162)

en|schlöfere ['enʃlœˑfərə] <trennb. Präfix-V.; schw.; *han*; schlöferte en ['ʃlœˑfetə]; ~|geschlöfert [-jəʃlœˑfet]> {5.5.3; 9.2.1.2}: einschläfern. (4)

en|schmelze ['enʃmɛltsə] <trennb. Präfix-V.; st.; *han*; schmolz en [ʃmɔlts]; ~|geschmolze [-jəʃmɔltsə]> {5.5.2}: einschmelzen. (50)

en|schmiere/~|schmeere ['enʃmiˑɐ̯rə / -ʃmeːrə] <trennb. Präfix-V.; *en|schmeere* veraltend; schw./unr.; *han*; schmierte en ['ʃmiːɐ̯tə]; ~|geschmiert [-jəʃmiːɐ̯t] {(5.1.4.3)}: einschmieren, eincremen, einfetten [auch: ↑en|rieve]. (3) (2)

en|schmieße ['enʃmiːsə] <trennb. Präfix-V.; st.; *han*; schmess en [ʃmes]; ~|geschmesse [-jəʃmesə]> {5.1.4.5}: einschmeißen, einwerfen. (25)

en|schmuggele ['enʃmʊɡələ] <trennb. Präfix-V.; schw.; *han*; schmuggelte en ['ʃmʊɡəltə]; ~|geschmuggelt [-jəʃmʊɡəlt]> {9.2.1.2}: einschmuggeln. (6)

en|schnappe ['enʃnapə] <trennb. Präfix-V.; schw.; *sin*; schnappte en ['ʃnaptə]; ~|geschnapp [-jəʃnap]>: einschnappen. (75)

En|schnedd, der ['enʃnet] <N.; ~(e)> {5.5.2; 6.11.3}: Einschnitt.

en|schneie ['enʃneɪ̯ə] <trennb. Präfix-V.; schw.; *sin*; schneite en ['ʃneɪ̯tə]; ~|geschneit [-jəʃneɪ̯t]>: einschneien. (11)

en|schnetze ['enʃnetsə] <trennb. Präfix-V.; schw.; *han*; schnetzte en ['ʃnetstə]; ~|geschnetz [-jəʃnets]> {5.5.2}: einschnitzen. (114)

en|schnigge ['enʃnɪɡə] <trennb. Präfix-V.; st.; *han*; schnedt en [ʃnet]; ~|geschnedde [-jəʃnedə]> {5.3.4; 6.6.2}: einschneiden. (133)

en|schnüre/~|schnöre ['enʃnyː(ɐ̯)rə / -ʃnøː(ɐ̯)rə] <trennb. Präfix-V.; schw./unr.; *han*; schnürte en ['ʃnyˑɐ̯tə]; ~|geschnürt [-jəʃnyˑɐ̯t] {(5.4)}: einschnüren. (21) (165)

en|schödde ['enʃødə] <trennb. Präfix-V.; st.; *han*; schodt en [ʃɔt]; ~|geschodt/~|geschödt [-jəʃɔt / -jəʃøt]> {5.5.1; 6.11.3}: einschütten, einschenken, eingießen. (166)

En|schoss, der ['enʃɔs] <N.; ~|schöss> {5.5.1}: Einschuss.

En|schoss|loch, et ['enʃɔs,lɔx] <N.; ~|löcher> {s. u. ↑Schoss²}: Einschussloch.

En|schoss|stell, de ['enʃɔsˌʃtɛl] <N.; ~e [-ʃtɛlə]> {s. u. ↑Schoss² ↑Stell}: Einschussstelle.

en|schränke ['enʃrɛŋkə] <trennb. Präfix-V.; schw.; *han*; schränkte en ['ʃrɛŋktə]; ~|geschränk [-jəʃrɛŋk]>: einschränken. (41)

en|schrieve ['enʃriˑvə] <trennb. Präfix-V.; st.; *han*; schrevv en [ʃref]; ~|geschrevve [-jəʃrevə]> {5.1.4.5; 6.1.1}: einschreiben. (51)

en|schrigge ['enʃrɪɡə] <trennb. Präfix-V.; st.; *sin*; schredt en [ʃret]; ~|geschredde [-jəʃredə]> {5.3.4; 6.6.2}: einschreiten. (133)

en|schrumpele ['enʃrʊmpələ] <trennb. Präfix-V.; schw.; *sin*; schrumpelte en ['ʃrʊmpəltə]; ~|geschrumpelt

[-jəʃrʊmpəlt]> {6.8.1; 9.2.1.2}: einschrumpfen, eintrocknen, (durch Trocknen) kleiner u. dabei runzlig werden. (6)

en|schruuve ['enʃruːvə] <trennb. Präfix-V.; schw.; han; schruuvte en ['ʃruːftə]; ~|geschruuv [-jəʃruːf]> {5.1.3; 6.1.1}: einschrauben. (158)

en|schüchtere ['enʃʏħtərə] <trennb. Präfix-V.; schw.; han; schüchterte en ['ʃʏħtetə]; ~|geschüchtert [-jəʃʏħtet]> {9.2.1.2}: einschüchtern. (4)

en|schulle ['enʃʊlə] <trennb. Präfix-V.; schw.; han; schullte en ['ʃʊltə]; ~|geschullt [-jəʃʊlt]> {5.3.2}: einschulen, in einer Schule aufnehmen. (91)

en|schunkele ['enˌʃʊŋkələ] <V.; schw.; han; schunkelte en ['ʃʊŋkəltə]; ~|geschunkelt [-jəʃʊŋkəlt]> {9.2.1.2}: einschunkeln, die Arme untergehakt allmählich in eine seitliche Wiegebewegung geraten. (6)

en|schüüme ['enʃyːmə] <trennb. Präfix-V.; schw.; han; schüümte en ['ʃyːmtə]; ~|geschüümp [-jəʃyːmp]> {5.1.3}: einschäumen. (122)

en|schweiße ['enʃveɪsə] <trennb. Präfix-V.; schw.; han; schweißte en ['ʃveɪstə]; ~|geschweiß [-jəʃveɪs]>: einschweißen. (32)

en|schwenke ['enʃvɛŋkə] <trennb. Präfix-V.; schw.; schwenkte en ['ʃvɛŋktə]; ~|geschwenk [-jəʃvɛŋk]>: einschwenken, 1. <sin> a) mit einer Schwenkung einbiegen: *Do muss rähts e.* (Du musst rechts e.); b) (übertr.) *op een neue politische Kurs e.* (auf einen neuen politischen Kurs e.). 2. <han> nach innen schwenken, drehen: *Dä Kran schwenk en.* (Der Arm des Krans schwenkt (nach innen) ein.). (41)

En|seech/~|sich, de ['enzeːħ / -zɪħ] <N.; ~te> {5.4; 5.2.1.2/8.3.5}: Einsicht.

en|seife ['enzeɪfə] <trennb. Präfix-V.; schw.; han; seifte en ['zeɪftə]; ~|geseif [-jəzeɪf]>: einseifen, 1. mit Seife einreiben. 2. jmdn. in betrügerischer Absicht wortgewandt von etw. überzeugen/zu etw. überreden: *Do häs dich vun däm Schwaadlappe ganz schön e. looße.* (Du hast dich von dem Schwätzer ganz schön e. lassen.). (108)

en|setze[1] ['enzɛtsə] <trennb. Präfix-V.; st.; han; soß en [zoːs]; ~|gesesse [-jəzɛsə]> {5.5.2}: einsitzen, eindrücken (nicht i. d. B. „in Haft sein"): *Ich han dat neue Sofa ald engesesse.* (Ich habe das neue Sofa schon eingesessen.). (172)

en|setze[2] ['enzɛtsə] <trennb. Präfix-V.; unr./schw.; han; setzte/satz en ['zɛtstə / zats]; ~|gesetz/~|gesatz [-jəzɛts / -jəzats]>: einsetzen, 1. einfügen, einarbeiten. 2. bestimmen, verwenden. 3. als Einsatz geben. 4. prompt od. erneut beginnen. 5. <sich e.>: sich anstrengen. (173)

en|sickere ['enzɪkərə] <trennb. Präfix-V.; schw.; sin; sickerte en ['zɪketə]; ~|gesickert [-jəzɪkɐt]> {9.2.1.2}: einsickern. (4)

en|singe ['enzɪŋə] <trennb. Präfix-V.; st.; han; sung en [zʊŋ]; ~|gesunge [-jəzʊŋə]>: einsingen. (26)

en|sinke ['enzɪŋkə] <trennb. Präfix-V.; st.; sin; sunk en [zʊŋk]; ~|gesunke [-jəzʊŋkə]>: einsinken. (52)

en|sinn ['enzɪn] <trennb. Präfix-V.; st.; han; soħ/soch en [zoː / zoːx]; ~|gesinn [-jəzɪn]> {5.3.4; 8.2.2.3}: einsehen. (175)

En|sinn, et ['enzɪn] <N.> {5.3.4; 5.4; 8.2.2}: Einsehen, nur i. d. Vbdg. *e/kei E. han* (kein E./Verständnis haben).

en|spanne ['enʃpanə] <trennb. Präfix-V.; schw.; han; spannte en ['ʃpanˑtə]; ~|gespannt [-jəʃpanˑt]>: einspannen. (10)

en|spare ['enʃpaːrə] <trennb. Präfix-V.; schw.; han; sparte en ['ʃpaːtə]; ~|gespart [-jəʃpaːt]>: einsparen. (21)

en|speichere ['enʃpeɪħərə] <trennb. Präfix-V.; schw.; han; speicherte en ['ʃpeɪħetə]; ~|gespeichert [-jəʃpeɪħet]> {9.2.1.2}: einspeichern. (4)

en|sperre ['enʃpɛrə] <trennb. Präfix-V.; schw.; han; sperrte en ['ʃpɛxtə]; ~|gesperr [-jəʃpɛx]>: einsperren. (93)

en|spille ['enʃpɪlə] <trennb. Präfix-V.; schw.; han; spillte en ['ʃpɪltə]; ~|gespillt [-jəʃpɪlt]> {5.3.4}: einspielen. (91)

en|sprenge ['enʃprɛŋə] <trennb. Präfix-V.; schw.; han; sprengte en ['ʃprɛŋˑtə]; ~|gesprengk [-jəʃprɛŋˑk]>: einsprengen. (49)

en|spretze ['enʃprɛtsə] <trennb. Präfix-V.; schw.; han; spretzte en ['ʃprɛtstə]; ~|gespretz [-jəʃprɛts]> {5.5.2}: einspritzen. (114)

en|springe ['enʃprɪŋə] <trennb. Präfix-V.; st.; sin; sprung en [ʃprʊŋˑ]; ~|gesprunge [-jəʃprʊŋə]>: einspringen, aushelfen. (26)

En|sproch, der ['enʃprox] <N.; ~|sproch> {5.5.1}: Einspruch.

en|spröhe ['enʃprøːə] <trennb. Präfix-V.; schw.; han; spröhte en ['ʃprøːtə]; ~|gespröht [-jəʃprøːt] {5.4}: einsprühen. (37)

en|stampe ['enʃtampə] <trennb. Präfix-V.; schw.; *han*; stampte **en** ['ʃtamptə]; ~|gestamp [-jəʃtamp]> {6.8.1}: einstampfen. (180)

En|stand, der ['enʃtant] <N.; ~|ständ [-ʃtɛn·t]>: Einstand, kleine Feier, Umtrunk zum Dienstantritt; nicht äquivalent zu Gleichstand i. d. Sportsprache: *Zom E. gov hä e Pittermännche us.* (Zum E. gab er ein 10-l-Fass Kölsch aus.).

en|stanze ['enʃtantsə] <trennb. Präfix-V.; schw.; *han*; stanzte **en** ['ʃtantstə]; ~|gestanz [-jəʃtants]>: einstanzen. (42)

en|steche[1] ['enʃtɛɧə] <trennb. Präfix-V.; st., *han*; stoch **en** [ʃtɔ·x]; ~|gestoche [-jəʃtɔxə]> {6}: einstecken, **1. a)** in etw. dafür Vorgesehenes (hinein)stecken; **b)** durch Hineinstecken an einer best. Stelle befestigen. **2.** in den Briefkasten einwerfen. **3.** in die Tasche od. Ä. stecken, um es bei sich zu haben. **4.** für sich behalten, in Anspruch nehmen. **5.** hinnehmen, ohne sich zu wehren; hinunterschlucken. (34)

en|steche[2] ['enʃtɛɧə] <trennb. Präfix-V.; st., *han*; stoch **en** [ʃtɔ·x]; ~|gestoche [-jəʃtɔxə]>: einstechen, **1.** in etw. hineinstechen. **2.** durch Hineinstechen durchlöchern u. durchlässig machen. **3.** (Kartenspiel) ausgespielte Karten (überraschend) mit einem Trumpf stechen. (34)

en|stecke ['enʃtekə] <trennb. Präfix-V.; schw.; *han*; steckte **en** ['ʃtektə]; ~|gesteck [-jəʃtek]> {5.4}: einsticken. (88)

En|steeg, der ['enʃte·ɧ] <N.; ~e> {5.1.4.3}: Einstieg.

en|steige ['enʃter·jə] <trennb. Präfix-V.; st.; *sin*; steeg **en** [ʃte·ɧ]; ~|gesteege [-jəʃte·jə]>: einsteigen. (181)

En|steig|er, der ['enʃter·jə] <N.; ~>: Einsteiger.

en|stelle ['enʃtɛlə] <trennb. Präfix-V.; schw./unr.; *han*; stellte/stallt **en** ['ʃtɛl·tə / ʃtalt]; ~|gestellt/~|gestallt [-jəʃtɛl·t / -jəʃtalt]>: einstellen. (182)

En|stell|platz, der ['enʃtɛlˌplats] <N.; ~|plätz>: Einstellplatz.

En|stell|ung, de ['enʃtɛlʊŋ] <N.; ~e>: Einstellung.

En|stell|ungs|tess, der ['enʃtɛlʊŋsˌtɛs] <N.; ~|tests> {s. u. ↑Tess}: Einstellungstest.

en|stemme ['enʃtemə] <trennb. Präfix-V.; schw.; *han*; stemmte **en** ['ʃtem·tə]; ~|gestemmp [-jəʃtem·p]> {5.5.2}: einstimmen. (40)

en|stippe ['enʃtɪpə] <trennb. Präfix-V.; schw.; *han*; stippte **en** ['ʃtɪptə]; ~|gestipp [-jəʃtɪp]>: eintunken [auch: ↑zoppe (1)]. (75)

en|stivvele ['enʃtɪvələ] <trennb. Präfix-V.; schw.; *han*; stivvelte **en** ['ʃtɪvəltə]; ~|gestivvelt [-jəʃtɪvəlt]> {5.3.2; 5.4; 9.2.1.2}: einstapeln. (6)

en|stöbbe ['enʃtøbə] <trennb. Präfix-V.; schw.; stöbbte **en** ['ʃtøptə]; ~|gestöbb [-jəʃtøp]> {5.3.4; 5.5.1}: einstauben, **1. a)** <sin> (nach u. nach) völlig staubig werden: *Die aal Böcher sin all engestöbb.* (Die alten Bücher sind alle eingestaubt.); **b)** <han> staubig machen: *Beim Oprüüme han ich mich ärg engestöbb.* (Beim Aufräumen habe ich mich sehr eingestaubt.). **2.** <han> einstäuben: die Oberfläche von etw. ganz bestäuben: *der Koche met Puderzucker e.* (den Kuchen mit Puderzucker e.). (167)

en|stölpe ['enʃtølpə] <trennb. Präfix-V.; schw.; *han*; stölpte **en** ['ʃtølptə]; ~|gestölp [-jəʃtølp]> {5.5.1}: einstülpen, nach innen stülpen. (180)

en|stonn ['enʃtɔn] <trennb. Präfix-V.; st.; *han*; stundt **en** [ʃtʊnt]; ~|gestande [-jəʃtandə] {5.3.4; 8.2.2.3}: einstehen, **a)** sich verbürgen, garantieren; **b)** für jmdn., für einen Schaden geradestehen, aufkommen. (185)

en|stöpsele ['enʃtœpsələ] <trennb. Präfix-V.; schw.; *han*; stöpselte **en** ['ʃtœpsəltə]; ~|gestöpselt [-jəʃtœpsəlt]> {9.2.1.2}: einstöpseln. (6)

en|störme/~|stürme ['enʃtør·mə / -ʃtyr·mə] <trennb. Präfix-V.; schw.; *sin*; störmte **en** ['ʃtør·mtə]; ~|gestörmp [-jəʃtør·mp]>: einstürmen. (127)

en|streue ['enʃtrɔʏə] <trennb. Präfix-V.; schw.; *han*; streute **en** ['ʃtrɔʏ·tə]; ~|gestreut/~|gestraut (veraltet) [-jəʃtrɔʏ·t / -jəʃtrɔʊt]>: einstreuen. (11)

en|striche ['enʃtrɪɧə] <trennb. Präfix-V.; st.; *han*; strech **en** [ʃtreɧ]; ~|gestreche [-jəʃtreɧə] {5.3.1}: einstreichen; **1.** aufstreichen. **2.** einkassieren, einsacken. (187)

en|ströme ['enʃtrø·mə] <trennb. Präfix-V.; schw.; *sin*; strömte **en** ['ʃtrø:mtə]; ~|geströmp [-jəʃtrø·mp]>: einströmen. (118)

en|studiere/~|eere ['enʃtʊˌdi·(e)rə / -e·rə] <trennb. Präfix-V.; schw./unr.; *han*; studierte **en** [ʃtʊˈdi·etə]; ~|studiert [-ʃtʊˌdi·et] ⟨lat. studere⟩> {(5.1.4.3)}: einstudieren, einüben. (3) (2)

en|stufe ['enʃtu·fə] <trennb. Präfix-V.; schw.; *han*; stufte **en** ['ʃtu·ftə]; ~|gestuf [-jəʃtu·f]>: einstufen. (108)

En|sturz/~|stooz, der ['enʃtʊxts / -ʃto·ts] <N.; ~|stürz/~|stööz> {(5.2.1.1.1; 5.4)}: Einsturz.

en|stürze/~|stööze ['enʃtyxtsə / -ʃtø·tsə] <trennb. Präfix-V.; **en**|stööze veraltend; schw.; *han* u. *sin*; stürzte **en**

enstüsse

['ʃtʏxtstə]; ~|gestürz [-jəʃtʏxts]> {(5.2.1.1.1; 5.4)}: einstürzen, <sin> zusammenstürzen, in sich zusammenbrechen: *Et Huus es engestürz.* (Das Haus ist eingestürzt.). (42)

en|stüsse ['enʃtʏsə] <trennb. Präfix-V.; st.; *han*; stoss **en** [ʃtɔs]; ~|gestosse/~|gestüsse [-jəʃtɔsə / -jəʃtʏsə]> {5.4; 5.3.4}: einstoßen. (188)

Ent, de [ɛnt] <N.; ~e> {8.3.1}: Ente.

en|tätowiere/~eere ['ɛntɛto'viˑ(ɐ̯)rə / -eˑrə] <trennb. Präfix-V.; schw./unr.; *han*; tätowierte **en** [tɛto'viˑɐ̯t]; ~|tätowiert [-tɛto‚viˑɐ̯t] ⟨frz. tatouer, zu polynes. tatau⟩> {(5.1.4.3)}: eintätowieren. (3) (2)

en|tauche ['entaʊxə] <trennb. Präfix-V.; schw.; tauchte **en** ['taʊxtə]; ~|getauch [-jətaʊx]>: eintauchen, **1.** <han> (in eine Flüssigkeit) tauchen: *der Pinsel en de Färv e.* (den Pinsel in die Farbe e.). **2.** <sin> unter die Wasseroberfläche gelangen, unter Wasser gehen: *Dä Tünn es mem Kopp zoeets en et Wasser engetauch.* (Toni ist mit dem Kopf voran ins Wasser eingetaucht.) (123)

Ente|fott, de ['ɛntə‚fɔt] <N.; ~|fött> {s. u. ↑Ent ↑Fott}: Entenpopo, ein an den wackelnden Bürzel einer Ente erinnerndes Gesäß; ***einem geiht de Muul wie en E.** (jmd. spricht/plappert(schwatzt sehr schnell).

Enter|hoke, der ['ɛntə‚hoˑkə] <N.; ~> {s. u. ↑Hoke}: Enterhaken.

ent|gäge[1] [ɛnt'ʃɛˑjə] <Adv.> {5.4}: entgegen, **1.** (in Richtung) auf jmdn./etw. hin, zu. **2.** entgegengesetzt, zuwider.

ent|gäge[2] [ɛnt'ʃɛˑjə] <Präp.; m. Dat.> {5.4}: entgegen, im Widerspruch, im Gegensatz zu: *E. mingem Rod es hä avgereis.* (E. meinem Rat ist er abgereist.).

Ent|gäge|kumme, et [ɛnt'ʃɛˑjəkʊmə] <N.; kein Pl.> {5.4; s. u. ↑ent|gäge[1]}: Entgegenkommen.

ent|halde [ɛnt'haldə] <nicht trennb. Präfix-V.; st.; *han*; ent|heeldt [ɛnt'heˑlt]; ent|halde [ɛnt'haldə]> {6.11.3}: enthalten, **1.** zum Inhalt haben, umfassen. **2.** <sich e.> auf etw. verzichten. (90)

en|tippe ['entɪpə] <trennb. Präfix-V.; schw.; *han*; tippte **en** ['tɪptə]; ~|getipp [-jətɪp]>: eintippen, durch Niederdrücken von Tasten in etw. eingeben: *Et Passwood en der Computer e.* (Das Passwort in den Computer e.). (75)

ent|luuse [ɛnt'luˑzə] <nicht trennb. Präfix-V.; schw.; *han*; ent|luuste [ɛnt'luˑstə]; ent|luus [ɛnt'luˑs]> {5.1.3}: entlausen [auch: ↑luuse (a)]. (149)

en|trainiere/~eere ['ɛntrɛ‚niˑ(ɐ̯)rə / -eˑrə] <trennb. Präfix-V.; schw./unr.; *han*; trainierte **en** [trɛ'niˑɐ̯t]; ~|trainiert [-trɛ‚niˑɐ̯t] ⟨frz. traîner⟩> {(5.1.4.3)}: eintrainieren. (3) (2)

en|träufele ['entrøyfələ] <trennb. Präfix-V.; schw.; *han*; träufelte **en** ['trøyfəltə]; ~|geträufelt [-jətrøyfəlt]> {9.2.1.2}: einträufeln. (6)

en|trecke ['entrɛkə] <trennb. Präfix-V.; st.; *han u. sin*; trok **en** [trɔˑk]; ~|getrocke [-jətrɔkə]>: einziehen. (190)

En|tredd, der ['entrɛt] <N.; ~e> {5.5.2; 6.11.3}: Eintritt.

en|tredde ['entrɛdə] <trennb. Präfix-V.; st.; *han u. sin*; trodt **en** [trɔˑt]; ~|getrodde [-jətrɔdə]> {5.3.4; 5.5.2; 6.11.3}: eintreten. (191)

En|tredds|geld, et ['entrɛts‚jɛlt] <N.; ~er> {s. u. ↑En|tredd}: Eintrittsgeld.

En|tredds|kaat, de ['entrɛts‚kaːt] <N.; ~e> {s. u. ↑En|tredd ↑Kaat}: Eintrittskarte.

En|tredds|pries, der ['entrɛts‚priːs] <N.; ~e> {s. u. ↑En|tredd ↑Pries}: Eintrittspreis.

en|treffe ['entrɛfə] <trennb. Präfix-V.; st.; *sin*; trof **en** [trɔˑf]; ~|getroffe [-jətrɔfə]>: eintreffen. (192)

en|trichtere ['entrɪʃtərə] <trennb. Präfix-V.; schw.; *han*; trichterte **en** ['trɪʃtətə]; ~|getrichtert [-jətrɪʃtət]> {9.2.1.2}: eintrichtern. (4)

en|trommele ['entromələ] <trennb. Präfix-V.; schw.; *han*; trommelte **en** ['tromәltə]; ~|getrommelt [-jətromәlt]> {5.5.1; 9.2.1.2}: eintrommeln. (6)

en|trudele ['entruːdələ] <trennb. Präfix-V.; schw.; *sin*; trudelte **en** ['truːdəltə]; ~|getrudelt [-jətruːdəlt]> {9.2.1.2}: eintrudeln. (6)

ent|schärfe/~|schärpe [ɛnt'ʃɛrfə / 'ʃɛrpə] <nicht trennb. Präfix-V.; ~|schärpe veraltet; schw.; *han*; ent|schärfte [ɛnt'ʃɛrftə]; ent|schärf [ɛnt'ʃɛrf]> {(6.5.1)}: entschärfen, deeskalieren. (105) (180)

Ent|scheid|ung, de [ɛnt'ʃeɪ‚dʊŋ] <N.; ~e>: Entscheidung.

Ent|scheid|ungs|spill, et [ɛnt'ʃeɪ‚dʊŋs‚ʃpɪl] <N.; ~ [-ʃpɪlˑ]> {s. u. ↑Spill}: Entscheidungsspiel.

ent|schiede [ɛnt‚ʃiˑdə] <Adj.; Part. II von *entscheide*; ~e; ~ner, ~nste>: entschieden, **a)** eine eindeutige Meinung vertretend u. fest entschlossen: *ene ~ne Gegner* (ein ~er Gegner); **b)** eindeutig, klar ersichtlich: *Dat geiht e. zo wigg.* (Das geht e. zu weit.). Tbl. A3.1

ent|schlössele [ɛnt'ʃløsələ] <nicht trennb. Präfix-V.; schw.; *han*; ent|schlösselte [ɛnt'ʃløsәltə]; ent|schlösselt [ɛnt'ʃløsəlt]> {5.5.1}: entschlüsseln. (6)

ent|scholdige [ɛnt'ʃoldɪjə] <nicht trennb. Präfix-V.; schw.; han; ent|scholdigte [ɛnt'ʃoldɪftə]; ent|scholdig [ɛnt'ʃoldɪfj]> {5.5.1}: entschuldigen, verzeihen. (7)

ent|senne, sich [ɛnt'zenə] <nicht trennb. Präfix-V.; st.; han; ent|sonn [ɛnt'zon]; ent|sonne [ɛnt'zonə]> {5.5.2}: sich entsinnen/erinnern: *Entsenns de dich an dä wärme Sommer vör drei Johr?* (Entsinnst du dich an den warmen Sommer vor drei Jahren?) [auch: ↑be|senne (2a), ↑erennere/erinnere (2), ↑noh|denke (1)]. (82)

en|tuusche ['entu:ʃə] <trennb. Präfix-V.; schw.; han; tuuschte en ['tu:ʃtə]; ~|getuusch [-jətu:ʃ]> {5.1.3}: eintauschen. (110)

ent|weckele [ɛnt'vekələ] <nicht trennb. Präfix-V.; schw.; han; ent|weckelte [ɛnt'vekəltə]; ent|weckelt [ɛnt'vekəlt]> {5.5.2; 9.2.1.2}: entwickeln. (6)

ent|weder ['ɛntve:dɐ / ˌ-'--] <Konj.; nebenordn.>: entweder.

ent|werfe/~|wirfe [ɛnt'vɛrfə / -vɪrfə] <nicht trennb. Präfix-V.; st.; han; ent|worf [ɛnt'vɔrf]; ent|worfe [ɛnt'vɔrfə]> {5.5.2}: entwerfen. (206)

Ent|worf/~|wurf, der [ɛnt'vɔrf / -vʊrf] <N.; ~|wörf/~|würf [-vørˑf / -vʏrˑf]> {5.5.1}: Entwurf.

en|übe ['en|y·bə] <trennb. Präfix-V.; schw.; han; übte en ['y·ptə]; ~|geüb [-jə|y·p]>: einüben. (189)

en|verstande ['ɛnfɐˌʃtandə] <Adj.; Part. II von veraltet *sich einverstehen* (= übereinstimmen); nur präd.>: einverstanden.

en|wachse/~|wahße¹ ['envaksə / -va:sə] <trennb. Präfix-V.; schw.; han; wachste en ['vakstə]; ~|gewachs [-jəvaks]> {(5.2.4; 6.3.1)}: einwachsen, mit (Bohner-)wachs bestreichen, einreiben: *de Kufe vum Schlitte e.* (die Kufen vom Schlitten e.). (87) (32)

en|wahße² ['enva:sə] <trennb. Präfix-V.; st.; sin; wohß en [vo·s]; ~|gewahße [-jəva:sə] {5.2.4; 6.3.1}: einwachsen, **1.** an der Stelle, an der die betreffende Pflanze od. Ä. eingepflanzt wurde, anwachsen, einwurzeln: *Die Bäumcher sin god engewahße.* (Die Bäumchen sind gut eingewachsen.). **2.** in umgebendes Gewebe od. Ä. hineinwachsen: *Dä Zihenähl es engewahße.* (Der Zehennagel ist eingewachsen.). (199)

en|wähßele ['envɛːsələ] <trennb. Präfix-V.; schw.; han; wähßelte en ['vɛːsəltə]; ~|gewähßelt [-jəvɛːsəlt]> {5.2.4; 6.3.1}: einwechseln. (6)

en|wandere ['envanˑdərə] <trennb. Präfix-V.; schw.; sin; wanderte en ['vanˑdətə]; ~|gewandert [-jəvanˑdət]> {9.2.1.2}: einwandern. (4)

En|wander|er, der ['envanˑdərɐ] <N.; ~>: Einwanderer.

En|wander|ung, de ['envanˑdərʊŋ] <N.; ~e>: Einwanderung.

en|weckele ['envekələ] <trennb. Präfix-V.; schw.; han; weckelte en ['vekəltə]; ~|geweckelt [-jəvekəlt]> {5.5.2; 9.2.1.2}: einwickeln. (6)

en|weiche ['envɛɪfjə] <trennb. Präfix-V.; schw.; han; weichte en ['vɛɪftə]; ~|geweich [-jəvɛɪfj]>: einweichen. (123)

en|weihe ['envɛɪə] <trennb. Präfix-V.; schw.; han; weihte en ['vɛɪˑtə]; ~|geweiht [-jəvɛɪˑt]>: einweihen. (37)

en|wellige ['envelɪjə] <trennb. Präfix-V.; schw.; han; welligte en ['velɪftə]; ~|gewellig [-jəvelɪfj]> {5.5.2}: einwilligen, seine Zustimmung zu etw. geben, sich mit etw. einverstanden erklären. (7)

En|wellig|ung, de ['envelɪjʊŋ] <N.; ~e> {5.5.2}: Einwilligung.

en|wende ['envɛnˑdə] <trennb. Präfix-V.; unr.; han; wandt en [vant]; ~|gewandt/~|gewendt [-jəvant / -jəvɛnˑt]>: einwenden. (205)

en|wendig ['envɛnˑdɪfj] <Adj.; ~e>: inwendig. Tbl. A5.2

en|werfe/~|wirfe ['envɛrfə / -vɪrfə] <trennb. Präfix-V.; st.; han; worf en [vɔrf]; ~|geworfe [-jəvɔrfə] {5.5.2/5.4}: einwerfen. (206)

en|wevve ['envevə] <trennb. Präfix-V.; unr.; han; wävte en ['vɛːftə]; ~|gewäv [-jəvɛːf]> {5.3.4; 5.5.2; 6.1.1}: einweben. (22)

en|wiese ['envi·zə] <trennb. Präfix-V.; st.; han; wes en [ves]; ~|gewese [-jəvezə]> {5.1.4.5}: einweisen. (147)

en|winke ['envɪŋkə] <trennb. Präfix-V.; schw./st.; han; winkte/wunk en ['vɪŋktə / vʊŋk]; ~|gewink/~|gewunke [-jəvɪŋk / -jəvʊŋkə]>: einwinken, in eine best. Richtung dirigieren; einweisen: *Fahrzeug op Parkplätz e.* (Fahrzeuge auf Parkplätze e.). (41) (52)

en|winkele ['envɪŋkələ] <trennb. Präfix-V.; schw.; han; winkelte en ['vɪŋkəltə]; ~|gewinkelt [-jəvɪŋkəlt]> {9.2.1.2}: einwinkeln. (6)

en|wirke ['envɪrkə] <trennb. Präfix-V.; schw.; han; wirkte en ['vɪrktə]; ~|gewirk [-jəvɪrk]>: einwirken. (41)

en|zäune/~|zünge ['ɛntsɔynə / -tsʏŋə] <trennb. Präfix-V.; schw.; han; zäunte en ['tsɔyntə]; ~|gezäunt [-jətsɔynt]> {(5.3.4)}: einzäunen. (138) (26)

en|zeichne ['ɛntsɛɪfjnə] <trennb. Präfix-V.; schw.; han; zeichente en ['tsɛɪfjəntə]; ~|gezeichent [-jətsɛɪfjənt]>: einzeichnen. (150)

en|zementiere/~eere ['entsɛmɛn̩ˌtiˑ(ɐ̯)rə / -eˑrə] <trennb. Präfix-V.; schw./unr.; *han*; zementierte en [tsɛmɛn'tiˑɐ̯tə]; ~|zementiert [-tsɛmɛn̩ˌtiˑɐ̯t] ⟨nach frz. cimenter⟩> {(5.1.4.3)}: einzementieren. (3) (2)

En|zog, der ['entsox] <N.; ~|zög> {5.5.1}: Einzug, **1.** das Einziehen. **2.** (Druckw.) Abstand vom linken Zeilenrand.

en|zotiere/~eere ['entsɔˌtiˑ(ɐ̯)rə / -eˑrə] <trennb. Präfix-V.; schw./unr.; *han*; zotierte en [tsɔ'tiˑɐ̯tə]; ~|zotiert [-tsɔˌtiˑɐ̯t] ⟨ital. sortire < lat. sortiri⟩> {(5.1.4.3)}: einsortieren. (3) (2)

en|zwänge ['entsvɛŋə] <trennb.; schw.; *han*; zwängte en ['tsvɛŋˑtə]; ~|gezwängk [-jətsvɛŋˑk]>: einzwängen. (49)

en|zwesche [en'tsveʃə] <Adv.> {s. u. ↑zwesche}: inzwischen.

er¹ [ɐ] <Pron. unbetont; partitiver Gen. Sg. u. Pl.> {8.3.2}: derer, deren, ihrer: *Ich han er drei.* (Ich habe derer drei.); *Häs de noch Milch? Ich han er noch.* (Hast du noch Milch? Habe ich noch.) [auch: ↑erer, ↑es, ↑eres].

er² [ɐ] <Personalpron. unbetont; 2. Pers. Pl. Nom.> {5.3.4.1; 5.4}: ihr, nicht am Satzanfang: *Do hat er Rääch.* (Da habt ihr Recht.) [auch: ↑ehr¹]. Tbl. P1

er³ [ɐ] <Personalpron. unbetont; 3. Pers. Sg. Dat. fem.> {5.4}: ihr, nicht am Satzanfang: *Ich han er gesaht, dat do küss.* (Ich habe ihr gesagt, dass du kommst.) [auch: ↑ehr²]. Tbl. P1

er|aachte [ɛɐ̯'aːxtə] <nicht trennb. Präfix-V.; schw.; *han*; er|aach [ɛɐ̯'aːx] {5.2.1}: erachten, aufgrund von Überlegungen eine best. Meinung von etw. haben; für etw. halten, als etw. ansehen. (1)

eraan|- [ə'raːn] <Präfix> {5.2.1; 8.1}: heran-, herbei-, i. Vbdg. m. V.: *~bränge* (~bringen).

eraan|bilde/~belde [ə'raːnbɪlˑdə / -belˑdə] <trennb. Präfix-V.; schw.; *han*; bildte e. ['bɪlˑtə]; ~|gebildt [-jəbɪlˑt]> {(5.5.2)}: heranbilden, **1.** in einer besonderen Weise auf ein best. Ziel hin ausbilden: *Dä Betrieb bild Fachlück eraan.* (Die Firma bildet Fachkräfte heran.). **2.** <sich e.> im Verlauf einer erfolgreichen Ausbildung entstehen, sich entwickeln: *Si Talent hät sich eraangebildt.* (Sein Talent bildete sich heran.) (28)

eraan|bränge [ə'raːnbrɛŋə] <trennb. Präfix-V.; unr.; *han*; braht e. [braːt]; ~|gebraht [-jəbraːt]> {5.4}: heranbringen, herbeibringen, **1.** in die Nähe des Sprechenden od. einer anderen Person, einer Sache bringen. **2.** mit einer Sache vertraut machen. (33)

eraan|dörfe/~|dürfe [ə'raːndørfə (-dørvə) / -dʏrfə (-dʏrvə)] <trennb. Präfix-V.; unr.; *han*; dorf e. [dorf]; ~|gedorf [-jədorf]> {5.5.1}: herandürfen. (47)

eraan|drage [ə'raːndraˑʀə] <trennb. Präfix-V.; st.; *han*; drog e. [droˑx]; ~|gedrage [-jədraˑʀə]> {6.11.2}: herantragen, **1.** in die Nähe, an den Ort des Sprechenden, an eine best. Stelle tragen. **2.** (ein Anliegen od. Ä.) jmdm. gegenüber vorbringen. (48)

eraan|fahre [ə'raːnfaːʀə] <trennb. Präfix-V.; st.; *sin*; fuhr/fohr e. [fuˑɐ̯ / foˑɐ̯]; ~|gefahre [-jəfaˑrə]>: heranfahren. (62)

eraan|föhre/~|führe [ə'raːnføˑ(ɐ̯)rə / -fyˑ(ɐ̯)rə] <trennb. Präfix-V.; unr./st./schw.; *han*; föhte/foht e. ['føˑtə / foːt]; ~|geföht/~|gefoht [-jəføˑt / -jəfoːt]> {5.4}: heranführen, **1. a)** jmdn. in die Nähe, an den Ort des Sprechenden führen; **b)** etw. in die Nähe einer best. Stelle führen. **2.** jmdm. ein Wissensgebiet od. Ä. näher bringen u. sein Interesse dafür wecken: *eine an e Problem e.* (jmdn. an ein Problem h.). (74) (31)

eraan|gonn [ə'raːnjɔn] <trennb. Präfix-V.; st.; *sin*; ging e. [jɪŋ]; ~|gegange [-jəjaŋə]> {5.3.4; 8.2.2.3}: (he)rangehen, **1.** sich jmdm./einer Sache nähern: *noh an der Zung e.* (nah an den Zaun h.). **2.** mit etw. beginnen; etw. in Angriff nehmen, anpacken: *an die Aufgab e.* (an die Aufgabe h.). (83)

eraan|holle [ə'raːnholə] <trennb. Präfix-V.; unr.; *han*; hollt e. [holt]; ~|gehollt [-jəholt]> {5.3.4; 5.5.1}: (he)ranholen. (99)

eraan|jöcke [ə'raːnjøkə] <trennb. Präfix-V.; schw.; *sin*; jöckte e. ['jøktə]; ~|gejöck [-jəjøk]>: herbeieilen, eilends herbeikommen; <meist im Part. II i. Vbdg. m. *kumme*>: *eraangejöck kumme* (herbeigeeilt kommen) [auch: ↑aan|flitze, ↑aan|laufe (1), ↑aan|renne, ↑aan|wetze]. (88)

eraan|kumme [ə'raːnkʊmə] <trennb. Präfix-V.; st.; *sin*; kɔm e. [kɔˑm]; ~(|ge)kumme [-(jə)ˌkʊmə]> {5.4}: herankommen, **1. a)** sich jmdm., einer Sache nähern; näher kommen: *De Diere kome noh eraan.* (Die Tiere kamen dicht heran.); **b)** (übertr.) *jet an sich e. looße* (etw. an sich h. lassen; nicht voreilig aktiv werden, sondern abwarten, wie sich etw. gestaltet, wenn es akut wird); **c)** in zeitliche Nähe rücken: *De Ferie kome langsam eraan.* (Langsam kamen die Ferien heran.); ***nix an sich e. looße** (nichts an sich h. lassen; sich innerlich gegen alle Dinge, die einen seelisch aus dem Gleichgewicht bringen könnten od. Ä., abschirmen; sich abschotten). **2.** (übertr.) in Kontakt treten: *An dä kütt mer nit eraan.* (An ihn ist nicht heranzukommen.). (120)

eraan|künne [əˈraːnkʏnə] <trennb. Präfix-V.; unr.; *han*; *kunnt* e. [kʊnt]; ~|gekunnt [-jəkʊnt]> {5.4}: herankönnen. (121)

eraan|locke [əˈraːnlɔkə] <trennb. Präfix-V.; schw.; *han*; *lockte* e. [ˈlɔktə]; ~|gelock [-jəlɔk]>: herbeilocken. (88)

eraan|looße [əˈraːnloˑsə] <trennb. Präfix-V.; st.; *han*; *leet/leeß* e. [leːt / leˑs]; ~|gelooße [-jəloˑsə]> {5.2.1.3; 5.5.3}: heranlassen, hierher/in die Nähe von sich/jmdm./etw. kommen lassen; ***einer/keiner/nix an sich e.*** (jmdm./niemandem/nichts die Möglichkeit geben, sich einem zu nähern, mit einem persönlicheren Kontakt aufzunehmen; jmdn. abweisen). (135)

eraan|maache, sich [əˈraːnmaːxə] <trennb. Präfix-V.; unr.; *han*; *maht* e. [maːt]; ~|gemaht [-jəmaːt]> {5.2.1}: sich heranmachen, **1.** mit etw. tatkräftig beginnen; etw. in Angriff nehmen: *sich an de Arbeid e.* (sich an die Arbeit h.). **2.** sich jmdm. i. best. Absicht auf nicht bes. feine Art nähern: *sich an e Mädche e.* (sich an ein Mädchen h.). (136)

eraan|müsse [əˈraːnmʏsə] <trennb. Präfix-V.; unr.; *han*; *moot* e. [moːt]; ~|gemoot [-jəmoːt]>: heranmüssen, eine Arbeit, Aufgabe übernehmen müssen: *Ald de Pänz müsse em Huushald eraan.* (Schon die Kinder müssen im Haushalt heran, mithelfen.). (142)

eraan|pirsche, sich [əˈraːnpɪrʃə] <trennb. Präfix-V.; schw.; *han*; *pirschte* e. [ˈpɪrʃtə]; ~|gepirsch [-jəpɪrʃ]>: sich heranpirschen/-schleichen. (110)

eraan|recke [əˈraːnrɛkə] <trennb. Präfix-V.; schw.; *han*; *reckte* e. [ˈrɛktə]; ~|gereck [-jərɛk]> {5.3.1; 5.5.2}: heranreichen, erreichen: *Et Kind kann noch nit an et Regal e.* (Das Kind kann noch nicht an das Regal h.). (88)

eraan|riefe [əˈraːnriːfə] <trennb. Präfix-V.; schw.; *sin*; *riefte* e. [ˈriːftə]; ~|gerief [-jəriːf]> {5.1.4.5}: heranreifen, **a)** allmählich den Zustand der Reife erreichen: *Et Koon, Obs rief eraan.* (Das Getreide, Obst reift heran.). **b)** langsam (durch Vervollkommnung) zu etw. Bestimmtem werden: *Dä Lällbeck es zom Erwahßene eraangerief.* (Der Jugendliche ist zum Erwachsenen herangereift.). **c)** (übertr.) einen Entschluss, die Ausführung eines Plans h. lassen. (108)

eraan|röcke [əˈraːnrøkə] <trennb. Präfix-V.; schw.; *röckte* e. [ˈrøktə]; ~|geröck [-jərøk]> {5.5.1}: heranrücken, **a)** <*han*> etw. in die Nähe des Sprechenden, nahe an eine best. Stelle rücken: *der Stohl an der Desch e.* (den Stuhl an den Tisch h.); **b)** <*sin*> in die Nähe des Sprechenden, nahe an eine best. Stelle rücken: *deech an einer/jet e.* (dicht an jmdn./etw. h.). (88)

eraan|schaffe [əˈraːnʃafə] <trennb. Präfix-V.; schw.; *han*; *schaffte* e. [ˈʃaftə]; ~|geschaff [-jəʃaf]>: heranschaffen, herbeischaffen. (27)

eraan|schleiche/~|schliche [əˈraːnʃlei̯çə / -ʃlɪçə] <trennb. Präfix-V.; ~|*schliche* veraltet; st.; *schlech* e. [ʃleç]; ~|geschleche [-jəʃleçə]> {(5.3.1)}: heranschleichen, **a)** <*sin*> in die Nähe von jmdm./etw., an den Ort des Sprechenden schleichen; **b)** <*han*; sich e.> sich in die Nähe von jmdm./etw., an den Ort des Sprechenden schleichen. (161) (187)

eraan|schleife [əˈraːnʃlei̯fə] <trennb. Präfix-V.; schw.; *han*; *schleifte* e. [ˈʃlei̯ftə]; ~|geschleif [-jəʃlei̯f]>: herbeitragen, herbeischleppen. (108)

eraan|taaste, sich [əˈraːntaːstə] <trennb. Präfix-V.; schw.; *han*; ~|getaas [-jətaːs]> {5.2.1}: sich herantasten, **1.** sich in die Nähe von jmdm./etw., an den Ort des Sprechenden tasten: *Ich han mich em Düstere an ihn eraangetaas.* (Ich tastete mich in der Dunkelheit an ihn heran.). **2.** vorsichtige Nachforschungen anstellen, um Aufschluss über jmdn./etw. zu erhalten: *sich an e Geheimnis e.* (sich an ein Geheimnis h.). (101)

eraan|traue, sich [əˈraːntrau̯ə] <trennb. Präfix-V.; schw.; *han*; *traute* e. [ˈtrau̯tə]; ~|getraut [-jətrau̯t]>: sich herantrauen, **a)** sich in die Nähe von jmdm./etw. trauen: *Hä dät sich nit an dat Mädche e.* (Er traute sich nicht an das Mädchen heran.); **b)** (übertr.) *sich nit an en Saach e.* (sich nicht trauen, eine Sache in Angriff zu nehmen). (11)

eraan|trecke [əˈraːntrɛkə] <trennb. Präfix-V.; st.; *trok* e. [troˑk]; ~|getrocke [-jətrɔkə]>: heranziehen, **1.** <*sin*> heranrücken, sich nähern: *De Armee es flöck eraangetrocke.* (Die Armee ist schnell herangerückt.). **2.** <*han*> zu sich hinbewegen: *der Desch zo sich e.* (den Tisch zu sich h.). **3.** <*han*> **a)** aufziehen: *Plänzcher e.* (Pflänzchen h.); **b)** systematisch auf ein best. Ziel hin, zu einem best. Zweck ausbilden: *ene Nohfolger e.* (einen Nachfolger h.). **4.** <*han*> jmd./etw. zu etw. (einer Meinung, Aufgabe) beauftragen: *Lück, die jet vun dä*

eraantredde

Saach verstonn, e. (Sachverständige h.); *et Gesetzboch e.* (das Gesetzbuch h.). (190)

eraan|tredde [ə'ra:ntredə] <trennb. Präfix-V.; st.; *sin*; trodt e. [tro·t]; ~|getrodde [-jətrodə] {5.3.4; 5.5.2; 6.11.3}: herantreten. (191)

eraan|wage, sich [ə'ra:nva·ʀə] <trennb. Präfix-V.; schw.; *han*; wagte e. ['va·xtə]; ~|gewag [-jəva·x]>: sich heranwagen, **a)** wagen, sich jmdm./etw. zu nähern; **b)** (übertr.) sich an ein heikles Problem heranwagen, sich damit auseinandersetzen. (103)

eraan|wahße [ə'ra:nva:sə] <trennb. Präfix-V.; st.; *sin*; wohß e. [vo·s]; ~|gewahße [-jəva:sə]> {5.2.4; 6.3.1}: heranwachsen. (199)

eraan|welle/~|wolle [ə'ra:nvelə / -volə] <trennb. Präfix-V.; unr.; *han*; wollt e. [volt]; ~|gewollt [-jəvolt]> {5.5.2/5.5.1}: heranwollen. (204) (211)

eraan|winke [ə'ra:nvɪŋkə] <trennb. Präfix-V.; schw./st.; *han*; winkte/wunk e. ['vɪŋktə / vʊŋk]; ~|gewink/~|gewunke [-jəvɪŋk / -jəvʊŋkə]>: heranwinken, herbeiwinken. (41) (52)

eran [ə'ran] <Adv.> {8.1}: heran, herbei: *Die Hüüser stundte bes an et Ufer e.* (Die Häuser standen bis ans Ufer h.).

er|arbeide [ɛɐ̯'|arbɐɪ·də] <nicht trennb. Präfix-V.; schw.; *han*; er|arbeidte [ɛɐ̯'|arbɐɪ·tə]; er|arbeidt [ɛɐ̯'|arbɐɪ·t]> {6.11.3}: erarbeiten, **1.** durch Arbeit erwerben, bekommen: *Hä hät sich sing Stellung selvs erarbeidt.* (Er hat sich seine jetzige Position allein erarbeitet.). **2.** sich durch intensives Studium, Bemühen geistig zu Eigen machen: *der Seminarstoff selvs e.* (den Seminarstoff selbst e.). **3.** in gemeinsamer Arbeit, Diskussion od. Ä. erstellen/ausarbeiten: *ene Plan/e Programm/Modell e.* (einen Plan/ein Programm/Modell e.). (197)

erav [ə'raf] <Adv.> {6.1.1; 8.1}: herab, hinab, herunter, abwärts: *Vum Berg e. dät ene ärge Wind blose.* (Vom Berg herunter blies ein starker Wind); **der Rhing e.* (rheinabwärts) [auch: ꜛerunder, ꜛerunger].

erav|- [ə'rav] <Präfix> {6.1.1; 8.1}: herab-, herunter-, hinunter-, nieder-, i. Vbdg. m. V.: *~bränge* (~bringen); *~brenne* (~brennen) [auch: ꜛerunder|-, ꜛerunger|-].

erav|bommele [ə'rafbomələ] <trennb. Präfix-V.; schw.; *han*; bommelte e. ['bomɛltə]; ~|gebommelt [-jəbomɛlt]> {5.3.4; 5.5.1; 9.2.1.2}: herunterbaumeln [auch: ꜛerunder|bommele/erunger|~]. (6)

erav|bränge [ə'rafbrɛŋə] <trennb. Präfix-V.; unr.; *han*; braht e. [bra:t]; ~|gebraht [-jəbra:t]> {5.4}: hinunterbringen, **1. a)** nach unten bringen, schaffen: *der Müll e.* (den Müll h.); **b)** nach unten bringen, begleiten: *der Besök e.* (den Besuch h.). **2.** es fertig bringen, etw. hinunterzuschlucken, zu essen od. zu trinken: *dä drüge Koche nit e.* (den trockenen Kuchen nicht h.); [auch: ꜛerunder|bränge/erunger|~]. (33)

erav|brenne [ə'rafbrɛnə] <trennb. Präfix-V.; unr.; brannt e. [brant]; ~|gebrannt [-jəbrant]>: herab-, niederbrennen, **1.** <han> (von der Sonne) eine starke, sengende Hitze nach unten strahlen: *De Sonn brennt op de Felder erav.* (Die Sonne brennt auf die Felder h.). **2.** <sin> vollkommen abbrennen; sich durch Brennen verzehren: *Dat Huus es völlig eravgebrannt.* (Das Haus ist völlig niedergebrannt.); [auch: ꜛerunder|brenne/erunger|~]. (35)

erav|däue [ə'rafdɔyə] <trennb. Präfix-V.; Formen mischbar; unr./schw.; *han*; daut/däute e. [dɔʊt / 'dɔy·tə]; ~|gedaut/~|gedäut [-jədɔʊt / -jədɔy·t]>: herunter-, herab-, niederdrücken, nach unten drücken: *de Dürklink e.* (die Klinke h.) [auch: ꜛerav|drȍcke, ꜛerunder|däue/ erunger|~, ꜛerunder|drȍcke/erunger|~ (1)]. (43)

erav|dörfe/~|dürfe [ə'rafdørfə (-dɔrvə) / -dʏrfə (-dʏrvə)] <trennb. Präfix-V.; unr.; *han*; dorf e. [dɔrf]; ~|gedorf [-jədɔrf]> {5.5.1}: hinunterdürfen [auch: ꜛerunder|dörfe/erunger|~/~|dürfe]. (47)

erav|drage [ə'rafdra·ʀə] <trennb. Präfix-V.; st.; *han*; drog e. [dro·x]; ~|gedrage [-jədra·ʀə]> {6.11.2}: hinuntertragen [auch: ꜛerunder|drage/erunger|~]. (48)

erav|drȍcke [ə'rafdrøkə] <trennb. Präfix-V.; schw.; *han*; drȍckte e. ['drøktə]; ~|gedrȍck [-jədrøk]> {5.5.1}: herab-, herunterdrücken, nach unten drücken: *de Dürklink e.* (die Türklinke h.) [auch: ꜛerav|däue, ꜛerunder|däue/ erunger|~, ꜛerunder|drȍcke/erunger|~ (1)]. (88)

erav|fahre [ə'raffa:rə] <trennb. Präfix-V.; st.; fuhr/fohr e. [fu·ɐ̯ / fo·ɐ̯]; ~|gefahre [-jəfa:rə]>: hinunterfahren, **1.** <sin> sich fahrend nach unten bewegen: *der Rhing e.* (den Rhein h.). **2.** <han> jmdn./etw. nach unten fahren: *der Wage en de Deefgarage e.* (den Wagen in die Tiefgarage h.); [auch: ꜛerunder|fahre/erunger|~]. (62)

erav|falle [ə'raffalə] <trennb. Präfix-V.; st.; *sin*; feel e. [fe·l]; ~|gefalle [-jəfalə]>: herunterfallen, **1.** nach unten fallen: *de Leider e.* (die Leiter h.). **2.** (scherzh.) *de Trapp e.* (sehr kurz geschnittene Haare haben): *Bes de de*

Trapp eravgefalle? (Warst du beim Friseur?); [auch: ˈerunder|falle/ eruger|~]. (64)

erav|fleeße [əˈrafflesə] <trennb. Präfix-V.; st.; *sin*; floss e. [flɔs]; ~|geflosse [-jəflɔsə] {5.1.4.3}: herab-, herunterfließen. (79)

erav|föhre/~|führe [əˈraffø(ɐ̯)rə / -fy(ɐ̯)rə] <trennb. Präfix-V.; unr./st./schw.; *han*; föhte/foht e. [ˈfø·tə / foːt]; ~|geföht/~|gefoht [-jəfø·t / -jəfoːt]> {5.4}: herab-, hinunterführen, nach unten führen [auch: ˈerunder|führe/ eruger|~/~|führe]. (74) (31)

erav|gelange [əˈrafjəlaŋə] <trennb. Präfix-V.; schw.; *sin*; gelangte e. [jəˈlaŋ·tə]; ~|gelangk [-jəlaŋ·k]>: hinuntergelangen [auch: ˈerunder|gelange/eruger|~]. (49)

erav|gonn [əˈrafjɔn] <trennb. Präfix-V.; st.; *sin*; ging e. [jɪŋ]; ~|gegange [-jəjaŋə]> {5.3.4; 8.2.2.3}: hinunter-, heruntergehen, nach unten gehen [auch: ˈerunder|gonn/eruger|~]. (83)

erav|halde [əˈrafhaldə] <trennb. Präfix-V.; st.; *han*; heeldt e. [heːlt]; ~|gehalde [-jəhaldə]> {6.11.3}: hinunter-, herunterhalten, am Boden, unten halten [auch: ˈerunder|halde/eruger|~]. (90)

erav|hange [əˈrafhaŋə] <trennb. Präfix-V.; st.; *han*; hing e. [hɪŋ]; ~|gehange [-jəhaŋə]> {5.4}: herunter-, herabhängen: *De Blädder hingen erav.* (Die Blätter hingen herunter.). (65)

erav|hänge [əˈrafhɛŋə] <trennb. Präfix-V.; schw.; *han*; hängte e. [ˈhɛŋ·tə]; ~|gehängk [-jəhɛŋ·k]>: herunter-, herabhängen: *de Wäsch en der Keller e.* (die Wäsche in den Keller h.) [auch: ˈerunder|hänge/eruger|~]. (49)

erav|holle [əˈrafholə] <trennb. Präfix-V.; unr.; *han*; hollt e. [holt]; ~|gehollt [-jəholt]> {5.3.4; 5.5.1}: herunterholen, **1.** von oben nach unten holen. **2.** (ein Flugzeug od. Ä.) abschießen. **3.** einziehen, einholen: *et Segel e.* (das Segel h.); [auch: ˈerunder|holle/eruger|~]. (99)

erav|kippe [əˈrafkɪpə] <trennb. Präfix-V.; schw.; kippte e. [ˈkɪptə]; ~|gekipp [-jəkɪp]>: hinunterkippen, **1.** <han> **a)** etw. nach unten kippen: *Sand vum Laster e.* (Sand vom LKW h.); **b)** hastig, mit einem Zug trinken: *ene Schabau e.* (einen Schnaps h.) [auch: ˈerav|schödde, ˈerunder|schödde/eruger|~]. **2.** <sin> nach unten gekippt werden; [auch: ˈerunder|kippe/eruger|~]. (75)

erav|klappe [əˈrafklapə] <trennb. Präfix-V.; schw.; klappte e. [ˈklaptə]; ~|geklapp [-jəklap]>: herunterklappen, **a)** <han> von oben nach unten klappen: *der Abtreddsdeckel e.* (den Klodeckel h.); **b)** <sin> nach unten klap-

pen, sich ruckartig nach unten bewegen: *Sing Kennlad dät e.* (Sein Unterkiefer klappte herunter.); [auch: ˈerunder|klappe/eruger|~]. (75)

erav|klatsche [əˈrafklatʃə] <trennb. Präfix-V.; schw.; *han*; klatschte e. [ˈklatʃtə]; ~|geklatsch [-jəklatʃ]>: **1.** herunterwerfen, -schmeißen. **2.** herunterfallen; [auch: ˈerav|knalle (1+2), ˈerunder|klatsche/eruger|~, ˈerunder|knalle/eruger|~ (1+2)]. (110)

erav|klemme [əˈrafklɛmə] <trennb. Präfix-V.; st.; *sin*; klomm e. [klɔm]; ~|geklomme [-jəklɔmə]> {5.5.2}: herunterklettern [auch: ˈerunder|klemme/eruger|~]. (109)

erav|knalle [əˈrafknalə] <trennb. Präfix-V.; schw.; *han*; knallte e. [ˈknal·tə]; ~|geknallt [-jəknal·t]>: herunterknallen, **1.** herunterfallen. **2.** herunterwerfen; [auch: ˈerav|klatsche, ˈerunder|klatsche/eruger|~, ˈerunder|knalle/eruger|~]. **3.** mit einem Knall aufschlagen. (91)

erav|krempele [əˈrafkrɛmpələ] <trennb. Präfix-V.; schw.; *han*; krempelte e. [ˈkrɛmpəltə]; ~|gekrempelt [-jəkrɛmpəlt]> {9.2.1.2}: herunterkrempeln [auch: ˈerunder|krempele/ eruger|~]. (6)

erav|kumme [əˈrafkʊmə] <trennb. Präfix-V.; st.; *sin*; kɔm e. [kɔ·m]; ~(|ge)kumme [-(jə),kʊmə]> {5.4}: herunterkommen [auch: ˈerunder|kumme/eruger|~]. (120)

erav|künne [əˈrafkʏnə] <trennb. Präfix-V.; unr.; *han*; kunnt e. [kʊnt]; ~|gekunnt [-jəkʊnt]> {5.4}: hinunterkönnen [auch: ˈerunder|künne/eruger|~]. (121)

erav|kurvele [əˈrafkʊrˑvələ] <trennb. Präfix-V.; schw.; *han*; kurvelte e. [ˈkʊrˑvəltə]; ~|gekurvelt [-jəkʊrˑvəlt]> {6.1.1; 9.2.1.2}: herunterkurbeln [auch: ˈerunder|kurvele/ eruger|~]. (6)

erav|laufe [əˈrafloʊ̯fə] <trennb. Präfix-V.; st.; *sin*; leef e. [leˑf]; ~|gelaufe [-jəloʊ̯fə]>: hinunterlaufen, **1.** nach unten laufen, sich fortbewegen: *Ich leef de Trapp erav.* (Ich lief die Treppe hinunter.) [auch: ˈerav|renne, ˈerunder|renne/eruger|~]. **2.** an/über etw. nach unten fließen, rinnen, **[RA]** *Der Schweiß läuf mer alle vier Backen erav.* (Der Schweiß läuft mir alle 4 Backen (Wangen und Pobacken) herunter.); **ieskald der Röggen e.* (eiskalt den Rücken h. = sich schaudern vor Angst/Entsetzen); [auch: ˈerunder|laufe/eruger|~]. (128)

erav|leiere [əˈrafla͜ɪ̯rərə] <trennb. Präfix-V.; *han*; leierte e. [ˈla͜ɪ̯rətə]; ~|geleiert [-jəla͜ɪ̯rət]> {9.2.1.2}: herunterleiern [auch: ˈerunder|leiere/eruger|~]. (4)

erav|lese [ə'raflezə] <trennb. Präfix-V.; st.; *han*; lǫs e. [lɔ·s]; ~|gelese [-jəlezə] {5.3.4.1; 5.5.2}: herunterlesen [auch: ˈerunder|lese/erunger|~]. (130)

erav|letsche [ə'rafletʃə] <trennb. Präfix-V.; schw.; *han*; -letschte e. ['letʃtə]; ~|geletsch [-jəletʃ]>: herabgleiten, nach unten gleiten. (110)

erav|lǫǫße [ə'raflɔ·sə] <trennb. Präfix-V.; st.; *han*; leet/leeß e. [le:t / le·s]; ~|gelǫǫße [-jəlɔ·sə] {5.2.1.3; 5.5.3}: herablassen, **1.** herunterlassen: nach unten sinken, gleiten lassen. **2.** <sich e.> (iron.) sich schließlich zu etw. bereit finden, was man eigtl. als unter seiner Würde betrachtet: *Hä leet sich dozo erav met mir ze schwaade.* (Er ließ sich dazu herab, mit mir zu reden.); [auch: ˈerunder|lǫǫße/erunger|~]. (135)

erav|luure/~|loore [ə'raflu·(ę)rə / -lo·rə] <trennb. Präfix-V.; schw./unr.; *han*; luurte e. ['lu·ętə]; ~|geluurt [-jəlu·ęt]>: herabblicken, -sehen, hinunterblicken, -schauen, nach unten schauen [auch: ˈerunder|luure/ erunger|~/ ~|loore]. (100) (134)

erav|maache [ə'rafma:xə] <trennb. Präfix-V.; unr.; *han*; maht e. [ma:t]; ~|gemaht [-jəma:t]> {5.2.1}: heruntermachen, erniedrigen, herabsetzen [auch: ˈerunder|maache/erunger|~]. (136)

erav|müsse [ə'rafmʏsə] <trennb. Präfix-V.; unr.; *han*; mǫǫt e. [mɔ:t]; ~|gemǫǫt [-jəmɔ:t]>: hinunter-, hinab-, herabmüssen [auch: ˈerunder|müsse/ erunger|~]. (142)

erav|rähne [ə'rafrɛnə] <trennb. Präfix-V.; unpers., nur 3. Pers. Sg.; schw.; *sin*; rähnte e. ['rɛ·ntə]; ~|gerähnt [-jərɛ·nt]> {5.4; 6.3.1}: niederregnen, (wie Regen) niedergehen: *Konfetti dät e.* (Konfetti regnete nieder.). (5)

erav|recke [ə'rafrekə] <trennb. Präfix-V.; schw.; *han*; reckte e. ['rektə]; ~|gereck [-jərek]> {5.3.1; 5.5.2}: hinunterreichen [auch: ˈerunder|recke/erunger|~]. (88)

erav|renne [ə'rafrɛnə] <trennb. Präfix-V.; unr.; *sin*; rannt e. [rant]; ~|gerannt [-jərant]>: herunterrennen [auch: ˈerav|laufe (1), ˈerunder|laufe/erunger|~ (1), ˈerunder|renne/erunger|~]. (35)

erav|rieße [ə'rafri:sə] <trennb. Präfix-V.; st.; *han*; ress e. [res]; ~|geresse [-jərɛsə]> {5.1.4.5}: herab-, herunterreißen [auch: ˈerunder|rieße/erunger|~]. (25)

erav|rofe [ə'rafro·fə] <trennb. Präfix-V.; st.; *han*; reef e. [re·f]; ~|gerofe [-jəro·fə]> {5.4}: hinunterrufen [auch: ˈerunder|rofe/erunger|~]. (151)

erav|rolle [ə'rafrɔlə] <trennb. Präfix-V.; schw.; rollte e. ['rɔl·tə]; ~|gerollt [-jərɔl·t]>: hinunterrollen, **1.** <sin> nach unten rollen: *Der Stein es der Hang eravgerollt.* (Der Stein rollte den Hang hinunter.). **2.** <han> jmdn./ etw. nach unten rollend bewegen: *Fääßer e.* (Fässer h.); [auch: ˈerunder|rolle/erunger|~]. (91)

erav|rötsche [ə'rafrøtʃə] <trennb. Präfix-V.; schw.; *han*; rötschte e. ['røtʃtə]; ~|gerötsch [-jərøtʃ]> {5.5.1}: herab-, hinabrutschen [auch: ˈerunder|rötsche/ erunger|~]. (110)

erav|schecke [ə'rafʃekə] <trennb. Präfix-V.; schw.; *han*; scheckte e. ['ʃektə]; ~|gescheck [-jəʃek]> {5.5.2}: hinunterschicken, nach unten schicken [auch: ˈerunder|schecke/erunger|~]. (88)

erav|scheeße [ə'rafʃe·sə] <trennb. Präfix-V.; st.; *han*; schoss e. [ʃɔs]; ~|geschosse [-jəʃɔsə]> {5.1.4.3}: herab-, herunterschießen. (79)

erav|schlecke [ə'rafʃlekə] <trennb. Präfix-V.; schw.; *han*; schleckte e. ['ʃlektə]; ~|geschleck [-jəʃlek]> {5.5.2}: herunter-, hinunterschlucken [auch: ˈerunder|schlecke/ erunger|~]. (88)

erav|schlinge [ə'rafʃlɪŋə] <trennb. Präfix-V.; st.; *han*; schlung e. [ʃlʊŋ]; ~|geschlunge [-jəʃlʊŋə]>: hinunterschlingen, gierig od. hastig essen, verschlingen [auch: ˈerunder|schlinge/erunger|~]. (26)

erav|schmieße [ə'rafʃmi:sə] <trennb. Präfix-V.; st.; *han*; schmess e. [ʃmes]; ~|geschmesse [-jəʃmesə]> {5.1.4.5}: herunter-, hinunterschmeißen, -werfen, herunterwerfen [auch: ˈerunder|schmieße/erunger|~]. (25)

erav|schödde [ə'rafʃødə] <trennb. Präfix-V.; st.; *han*; schodt e. [ʃot]; ~|geschodt/~|geschödt [-jəʃot / -jəʃøt]> {5.5.1; 6.11.3}: hinunterschütten [auch: ˈerav|kippe (1), ˈerunder|kippe/erunger|~ (1), ˈerunder|schödde/erunger|~]. (166)

erav|schruuve [ə'rafʃru·və] <trennb. Präfix-V.; schw.; *han*; schruuvte e. ['ʃru·ftə]; ~|geschruuv [-jəʃru·f]> {5.1.3; 6.1.1}: herunterschrauben [auch: ˈerunder|schruuve/ erunger|~]. (158)

erav|setze [ə'rafzɛtsə] <trennb. Präfix-V.; unr./schw.; *han*; setzte/satz e. ['zɛtstə / zats]; ~|gesetz/~|gesatz [-jəzɛts / -jəzats]>: herab-, heruntersetzen, niedriger, geringer werden lassen; reduzieren, senken: den Preis, die Kosten h: *Die Botze woren eravgesatz.* (Die Hosen waren (im Preis) heruntergesetzt.) [auch: ˈerunder|setze/erunger|~]. (173)

erav|sinke [ə'rafzɪŋkə] <trennb. Präfix-V.; st.; *sin*; sunk e. [zʊŋk]; ~|gesunke [-jəzʊŋkə]>: herabsinken [auch: ↑erunder|sinke/erunger|~]. (52)

erav|sinn [ə'rafzɪn] <trennb. Präfix-V.; st.; *han*; sǫh/sǫch e. [zɔ· / zɔ·x]; ~|gesinn [-jəzɪn] {5.3.4; 8.2.2.3}: hinuntersehen [auch: ↑erunder|sinn/erunger|~]. (175)

erav|solle [ə'rafzolə] <trennb. Präfix-V.; unr.; *han*; sollt e. [zolt]; ~|gesollt [-jəzolt] {5.5.1}: hinuntersollen [auch: ↑erunder|solle/erunger|~]. (177)

erav|spille [ə'raf∫pɪlə] <trennb. Präfix-V.; schw.; *han*; spillte e. ['∫pɪltə]; ~|gespillt [-jə∫pɪlt] {5.3.4}: herunterspielen, **1.** (ein Musikstück) völlig ausdruckslos spielen. **2.** verniedlichen, bewusst als unbedeutende, geringfügige Angelegenheit darstellen: *Hä hät dat eravgespillt, dat e de Stüür bedroge hät.* (Er hat den Steuerbetrug heruntergespielt.); [auch: ↑erunder|spille/ erunger|~]. (91)

erav|spöle [ə'raf∫pø·lə] <trennb. Präfix-V.; schw.; *han*; spölte/spolt e. ['∫pø·ltə / ∫po·lt]; ~|gespölt/~|gespolt [-jə∫pø·lt / -jə∫po·lt] {5.4}: hinunterspülen, **1.** nach unten spülen, schwemmen: *jet der Klo e.* (etw. die Toilette h.). **2. a)** mithilfe eines Getränks hinunterschlucken: *de Tablett met Wasser e.* (die Tablette mit Wasser h.); **b)** (übertr.) *singe Ärger/sing Sorge (met enem Schabau) e.* (seinen Ärger/seine Sorgen (mit einem Schnaps) h.); [auch: ↑erunder|spöle/erunger|~]. (73)

erav|springe [ə'raf∫prɪŋə] <trennb. Präfix-V.; st.; *sin*; sprung e. [∫prʊŋ·]; ~|gesprunge [-jə∫prʊŋə]>: hinunterspringen [auch: ↑erunder|springe/erunger|~]. (26)

erav|steige [ə'raf∫teɪ·jə] <trennb. Präfix-V.; st.; *sin*; steeg e. [∫te·j]; ~|gesteege [-jə∫te·jə]>: hinuntersteigen [auch: ↑erunder|steige/erunger|~]. (181)

erav|sträufe [ə'raf∫trɵʏfə] <trennb. Präfix-V.; unr.; *han*; sträufte e. ['∫trɵʏftə]; ~|gesträuf [-jə∫trɵʏf] {5.1.3}: herunterstreifen, nach unten streifen [auch: ↑erunder|striefe/erunger|~/~|streife, ↑erav|striefe/~|streife, ↑erunder|sträufe/ erunger|~]. (108)

erav|striefe/~|streife [ə'raf∫tri:fə / -∫treɪfə] <trennb. Präfix-V.; unr.; *han*; striefte e. ['∫tri:ftə]; ~|gestrief [-jə∫tri:f] {5.1.4.5}: herunterstreifen, nach unten streifen [auch: ↑erunder|striefe/erunger|~/~|streife, ↑erav|sträufe, ↑erunder|sträufe/ erunger|~]. (108)

erav|stufe [ə'raf∫tu·fə] <trennb. Präfix-V.; schw.; *han*; stufte e. ['∫tu·ftə]; ~|gestuf [-jə∫tu·f]: herunterstufen, niedriger (bes. in eine niedrigere Lohn-/Gehaltsgruppe) einstufen [auch: ↑erunder|stufe/erunger|~]. (108)

erav|stürze/~|stööze [ə'raf∫tʏxtsə / -∫tø:tsə] <trennb. Präfix-V.; ~|*stööze* veraltend; schw.; stürzte e. ['∫tʏxtstə]; ~|stürz [-jə∫tʏxts] {(5.2.1.1.1; 5.4)}: herunter-, hinunterstürzen, <sin> **a)** fallend nach unten stürzen: *Ich ben eravgestürz.* (Ich bin heruntergestürzt.); **b)** <han; sich e.> sich fallend nach unten stürzen: *Ich han mich eravgestürz.* (Ich habe mich heruntergestürzt.); [auch: ↑erunder|stürze/erunger|~/~|stööze]. (42)

erav|stüsse [ə'raf∫tʏsə] <trennb. Präfix-V.; st.; stoss e. [∫tɔs]; ~|gestosse/~|gestüsse [-jə∫tɔsə / -jə∫tʏsə]> {5.4; 5.3.4}: herab-, hinunterstoßen, **1.** <han> nach unten stoßen: *einer de Trapp e.* (jmdn. die Treppe h.). **2.** <sin> (von Raubvögeln) sich plötzlich in Richtung auf etw. unten Befindliches stürzen; [auch: ↑erunder|stüsse/erunger|~]. (188)

erav|tauche [ə'raftaʊxə] <trennb. Präfix-V.; schw.; *sin*; tauchte e. ['taʊxtə]; ~|getauch [-jətaʊx]>: hinuntertauchen [auch: ↑erunder|tauche/erunger|~]. (123)

erav|trainiere/~eere [ə'raftrɛ,ni·(ɐ)rə / -e·rə] <trennb. Präfix-V.; schw./unr.; *han*; trainierte e. [trɛ'ni·ɐtə]; ~|trainiert [-trɛ'ni·ɐt] ⟨frz. *traîner*⟩ {(5.1.4.3)}: heruntertrainieren, abnehmen. (3) (2)

erav|trecke [ə'raftrɛkə] <trennb. Präfix-V.; st.; trok e. [trɔ·k]; ~|getrocke [-jətrɔkə]>: hinunter-, herabziehen, **1.** <han> jmdn./etw. von oben nach unten ziehen: *Ich han de Deschdeck eravgetrocke.* (Ich habe die Tischdecke heruntergezogen.). **2.** <sin> von einem höheren Stockwerk in ein niedrigeres ziehen: *De Schmitzens sin vun der dretten op de eetste Etage eravgetrocke.* (Familie Schmitz ist vom dritten auf den ersten Stock heruntergezogen.). **3.** <han> jmdn. durch einen best. Einfluss auf eine geistig, moralisch od. soz. niedrigere Ebene ziehen: *Hä hät et met singe schläächte Aangewende ganz eravgetrocke.* (Er hat sie durch seine schlechten Angewohnheiten ganz heruntergezogen.); [auch: ↑erunder|trecke/erunger|~]. (190)

erav|tredde [ə'raftrɛdə] <trennb. Präfix-V.; st.; *han*; trodt e. [trɔ·t]; ~|getrodde [-jətrɔdə]> {5.3.4; 5.5.2; 6.11.3}: niedertreten, etw. Aufrechtes durch Darauftreten umknicken, flach machen: *Strüh e.* (Stroh n.) [auch: ↑erunder|tredde/erunger|~]. (191)

erav|welle/~|wolle [ə'rafvɛlə / -volə] <trennb. Präfix-V.; unr.; *han*; wollt e. [volt]; ~|gewollt [-jəvolt]> {5.5.2/5.5.1}: herunterwollen [auch: ↑erunder|welle/ erunger|~/~|wolle]. (204) (211)

erav|werfe/~|wirfe [ə'rafvɛrfə / -vɪrfə] <trennb. Präfix-V.; st.; *han*; w**o**rf e. [vɔrf]; ~|gew**o**rfe [-jəvɔrfə]> {5.5.2/ 5.4}: hinunterwerfen [auch: ꜛerunder|w**e**rfe/ erunger|~/~|wirfe, ꜛerunder|klatsche/ erunger|-]. (206)

erav|würge [ə'rafvʏrˑjə] <trennb. Präfix-V.; schw.; *han*; würgte e. ['vʏrˑɧtə]; ~|gewürg [-jəvʏrˑɧ]>: hinunterwürgen [auch: ꜛerunder|würge/erunger|~]. (39)

erav|zwinge [ə'raftsvɪŋə] <trennb. Präfix-V.; st.; *han*; zwung e. [tsvʊŋˑ]; ~|gezwunge [-jətsvʊŋə]>: niederzwingen [auch: ꜛerunder|zwinge/erunger|~]. (26)

er|barme, sich [ɛɐ̯'barmə] <nicht trennb. Präfix-V.; schw.; *han*; er|barmte [ɛɐ̯'barˑmtə]; er|barmp [ɛɐ̯'barˑmp]>: sich erbarmen, jmdm. aus Mitleid helfen. (127)

Erbarme, et [ɛɐ̯'barmə] <N.; kein Pl.>: Erbarmen.

er|baue [ɛɐ̯'boʊ̯ə] <nicht trennb. Präfix-V.; schw.; *han*; er|baute [ɛɐ̯'boʊ̯ˑtə]; er|baut [ɛɐ̯'boʊ̯ˑt]>: erbauen. (11)

Erbel, de ['ɛrˑbəl] <N.; ~e>: Erdbeere.

Erbele|taat, de ['ɛrˑbələˌtaːt] <N.; ~e> {9.1.1; s. u. ꜛTaat}: Erdbeertorte.

er|beute [ɛɐ̯'bɔʏtə] <nicht trennb. Präfix-V.; schw.; *han*; er|beut [ɛɐ̯'bɔʏt]>: erbeuten. (72)

Erd|bebe, et ['eːɐ̯tˌbeˑbə] <N.; i. best. Komposita *erd*-, sonst ꜛÄäd; ~> {11}: Erdbeben [auch: ꜛÄäd|bevve].

Erd|deil, der ['eːɐ̯tˌdeɪ̯l] <N.; i. best. Komposita *erd*-, sonst ꜛÄäd; ~(e) [-deɪ̯l / -deɪ̯ˑlə] {11; s. u. ꜛDeil}: Erdteil.

Erd|ge|schoss, et ['eːɐ̯tjəʃɔs] <N.; i. best. Komposita *erd*-, sonst ꜛÄäd; ~e> {11}: Erdgeschoss.

Erd|männ|che, et ['eːɐ̯tˌmɛnɧə] <N.; i. best. Komposita *erd*-, sonst ꜛÄäd; ~r> {11}: Erdmännchen.

Erd|noss|botter, de ['eːɐ̯tnɔsˌbɔtə] <N.; i. best. Komposita *erd*-, sonst ꜛÄäd; kein Pl.> {11; s. u. ꜛNoss ꜛBotter}: Erdnussbutter.

Erd|öl, et ['eːɐ̯tˌœˑl] <N.; i. best. Komposita *erd*-, sonst ꜛÄäd> {11; s. u. ꜛÖl}: Erdöl.

Erd|öm|fang, der ['eːɐ̯tˌømfaŋ / '--ˌ-] <N.; i. best. Komposita *erd*-, sonst ꜛÄäd; o. Pl.> {11}: Erdumfang.

Er|drag, der [ɛɐ̯'draːx] <N.; ~|dräg [-drɛˑɧ]> {6.11.12}: Ertrag.

er|drage [ɛɐ̯'draˑʀə] <nicht trennb. Präfix-V.; st.; *han*; er|drog [ɛɐ̯'droˑx]; er|drage [ɛɐ̯'draˑʀə]> {6.11.2}: ertragen [auch: ꜛus|halde (1)]. (48)

er|dräume [ɛɐ̯'drɔʏˑmə] <nicht trennb. Präfix-V.; schw.; *han*; er|dräumte [ɛɐ̯'drɔʏˑmtə]; er|dräump [ɛɐ̯'drɔʏˑmp]> {6.11.2}: erträumen. (122)

er|dröcke [ɛɐ̯'drøkə] <nicht trennb. Präfix-V.; schw.; *han*; er|dröckte [ɛɐ̯'drøktə]; er|dröck [ɛɐ̯'drøk]> {5.5.1}: erdrücken. (88)

Erd|rötsch, der ['eːɐ̯tˌrøtʃ] <N.; i. best. Komposita *erd*-, sonst ꜛÄäd; ~e> {11; s. u. ꜛRötsch¹}: Erdrutsch.

ere ['eːrə] <Pron. unbetont>: derer, deren.

eren [ə'ren] <Adv.> {5.3.1; 5.5.2; 8.1}: herein, hinein.

eren|- [ə'ren] <Präfix> {5.3.1; 5.5.2; 8.1}: herein-, hinein-, i. Vbdg. m. V.: *~bränge* (~bringen).

eren|arbeide [ə'renˌarbeɪ̯ˑdə / ə'renarˌbeɪ̯ˑdə] <trennb. Präfix-V.; schw.; *han*; e. ['arbeɪ̯ˑtə]; ~|gearbeidt [-jəarbeɪ̯ˑt] {6.11.3}: aufarbeiten, durch vermehrte Arbeit ausgleichen: *die verlore Zigg widder e.* (den Zeitverlust wieder aufholen). (197)

eren|bedde [ə'renbedə] <trennb. Präfix-V.; unr.; *han*; ~|gebedde [-jəbedə]> {5.4; 6.11.3}: herein-, hineinbitten. (12)

eren|bemöhe [ə'renbəˌmøˑə] <trennb. Präfix-V.; schw.; *han*; bemöhte e. [bə'møˑtə]; ~|bemöht [-bəmøˑt]> {5.4}: herein-, hineinbemühen. (37)

eren|bieße [ə'renbiːsə] <trennb. Präfix-V.; st.; *han*; bess e. [bes]; ~|gebesse [-jəbesə]> {5.1.4.5}: hineinbeißen, in etw. beißen. (25)

eren|blose [ə'renbloˑzə] <trennb. Präfix-V.; st.; *han*; blees e. [bleˑs]; ~|geblose [-jəbloˑzə]> {5.5.3}: hineinblasen, 1. nach drinnen, ins Innere blasen. 2. in ein Blasinstrument blasen. 3. kräftig nach drinnen, ins Innere wehen. (30)

eren|bränge [ə'renbrɛŋə] <trennb. Präfix-V.; unr.; *han*; braht e. [braːt]; ~|gebraht [-jəbraːt]> {5.4}: herein-, hineinbringen. (33)

eren|breche [ə'renbrɛɧə] <trennb. Präfix-V.; st.; *sin*; broch e. [brɔˑx]; ~|gebroche [-jəbrɔxə]>: hereinbrechen, 1. a) (ab)brechen u. nach innen stürzen, fallen; b) (von großen Wassermassen) sich mit großer Gewalt über etw. ergießen. 2. a) jmdn. plötzlich, unerwartet u. hart treffen: *E Unglöck es üvver die Famillich erengebroche.* (Ein Unglück brach über die Familie herein.); b) plötzlich beginnen, anbrechen: *De Naach brich eren.* (Die Nacht bricht herein.). (34)

eren|däue [ə'rendɔʏ̯ə] <trennb. Präfix-V.; Formen mischbar; unr./schw.; *han*; daut/däute e. [doʊ̯t / 'dɔʏ̯ˑtə] ~|gedaut/~|gedäut [-jədoʊ̯t / -jədɔʏ̯ˑt]>: hineinpressen, -schieben [auch: ꜛeren|stoppe, ꜛen|däue (2), ꜛdren|däue]. (43)

eren|denke, sich [əˈrendɛŋkə] <trennb. Präfix-V.; unr.; *han*; daach e. [daːx]; ~|gedaach [-jədaːx]>: sich hineindenken, <sich e. en> sich hineinversetzen in, sich vertraut machen mit: *sich en einer e.* (sich in jmdn. h.); *sich en dat Problem e.* (sich mit dem Problem vertraut machen). (46)

eren|dörfe/~|dürfe [əˈrendørfə (-dørvə) / -dʏrfə (-dʏrvə)] <trennb. Präfix-V.; unr.; *han*; dorf e. [dorf]; ~|gedorf [-jədorf]> {5.5.1}: herein-, hineindürfen, eintreten dürfen. (47)

eren|drage [əˈrendraˑʀə] <trennb. Präfix-V.; st.; *han*; drog e. [droˑx]; ~|gedrage [-jədraˑʀə]> {6.11.2}: herein-, hineintragen. (48)

eren|dränge [əˈrendrɛŋə] <trennb. Präfix-V.; schw.; *han*; drängte e. [ˈdrɛŋˑtə]; ~|gedrängk [-jədrɛŋˑk]>: herein-, hineindrängen. (49)

eren|drieve [əˈrendriˑvə] <trennb. Präfix-V.; st.; *han*; drevv e. [dref]; ~|gedrevve [-jədrevə]> {5.1.4.5; 6.1.1; 6.11.2}: hineintreiben, **1.** <han> **a)** in etw. treiben: *et Veeh en der Stall e.* (das Vieh in den Stall h.); **b)** in etw. treiben, treibend hineinbewegen: *De Strömung driev et Boot en de Buch eren.* (Die Strömung treibt das Boot in die Bucht hinein.); **c)** jmdn. bewegen, nach drinnen, ins Innere zu gehen: *de Pänz bei Rähn en e Huus e.* (die Kinder bei Regen ins Haus h.); **d)** in etw. hineindrängen, verwickeln. **2.** <han> **a)** in etw. treiben, schlagen: *ene Nähl en de Wand e.* (einen Nagel in die Wand h.); **b)** in etw. treiben, bohren (u. dadurch herstellen): *ene Stolle en der Birg e.* (einen Stollen in den Berg h.). **3.** <sin> in etw. getrieben, hineinbewegt werden: *Et Boot es en de Buch erengedrevve.* (Das Boot ist in die Bucht hineingetrieben.). (51)

eren|dun [əˈrendʊn] <trennb. Präfix-V.; unr.; *han*; dät e. [dɛt]; ~|gedon [-jədʊn]> {5.3.2.5; 6.11.1}: hineintun [auch: ↑dren|dun]. (53)

eren|fahre [əˈrenfaːʀə] <trennb. Präfix-V.; st.; *han u. sin*; fuhr/fohr e. [fuˑɐ̯ / foˑɐ̯]; ~|gefahre [-jəfaːrə]>: herein-, hineinfahren. (62)

eren|falle [əˈrenfalə] <trennb. Präfix-V.; st.; *sin*; feel e. [feˑl]; ~|gefalle [-jəfalə]>: hereinfallen, **1.** von draußen nach drinnen fallen. **2. a)** aus Gutgläubigkeit od. wegen Täuschung betrogen werden u. dadurch Schaden, Nachteile haben: *bei enem Geschäff e.* (bei einem Geschäft h.) [auch: ↑eren|fleege (2), ↑eren||läge (2)]; **b)** aus Gutgläubigkeit od. Dummheit auf jmdn./etw. eingehen u. dadurch einer Täuschung zum Opfer fallen: *op ene Trick e.* (auf einen Trick h.). **3.** hineinfallen: in etw. fallen: *en et Wasser e.* (ins Wasser h.) **4.** hineinfallen: Licht od. Ä.: *Ene Leechstrohl feel durch de Retze eren.* (Ein Lichtstrahl fiel durch die Ritzen hinein.) (64)

eren|finge [əˈrenfɪŋə] <trennb. Präfix-V.; st.; *han*; fung e. [fʊŋ]; ~|gefunge [-jəfʊŋə]> {6.7}: hineinfinden, **1.** den Weg in etw. finden: *en de Höhl e.* (in die Höhle h.). **2.** <sich e.> **a)** in etw. eindringen u. sich damit vertraut machen: *sich en en Arbeid e.* (sich in eine Arbeit h.); **b)** sich in etw. (hin)einleben u. damit abfinden: *sich en si Schicksal e.* (sich in sein Schicksal h.). (26)

eren|fleege [əˈrenfleˑjə] <trennb. Präfix-V.; st.; *sin*; flog e. [floˑx]; ~|gefloge [-jəfloːʀə]> {5.1.4.3}: herein-, hineinfliegen, **1.** von draußen nach drinnen fliegen: *Ene Vugel dät e.* (Ein Vogel flog herein.). **2.** von jmdm. getäuscht, betrogen werden u. dadurch Schaden, Nachteile haben: *Bei dem Geschäff met dem Pitter ben ich ärg erengefloge.* (Bei dem Geschäft mit Peter bin ich betrogen worden.) [auch: ↑eren|falle (2a), ↑eren||läge (2)]. (16)

eren|flutsche [əˈrenflʊtʃə] <trennb. Präfix-V.; schw.; *sin*; flutschte e. [ˈflʊtʃtə]; ~|geflutsch [-jəflʊtʃ]>: hineinschlüpfen, **1.** nach drinnen schlüpfen: *en et Zemmer e.* (ins Zimmer h.). **2. a)** in etw. schlüpfen: *en der Mantel e.* (in den Mantel h.); **b)** (übertr.) *en en neue Roll e.* (in die neue Rolle h.). (110)

eren|föhre/~|führe [əˈrenføˑ(ɐ̯)rə / -fyˑ(ɐ̯)rə] <trennb. Präfix-V.; unr./st./schw.; *han*; föhte/foht e. [ˈføˑtə / foːt]; ~|geföht/~|gefoht [-jəføˑt / -jəfoːt]> {5.4}: herein-, hineinführen, in etw. führen. (74) (31)

eren|fresse [əˈrenfrɛsə] <trennb. Präfix-V.; st.; *han*; froß e. [froˑs]; ~|gefresse [-jəfrɛsə]>: hineinfressen, **1.** <sich e.> sich in etw. fressen. **2.** gierig essen, hineinschlingen. **3.** in sich fressen: *Kummer en sich e.* (Kummer in sich h.). (59)

eren|fusche [əˈrenfʊʃə] <trennb. Präfix-V.; schw.; *han*; fuschte e. [ˈfʊʃtə]; ~|gefusch [-jəfʊʃ]> {6.8.2}: hineinpfuschen, in etw. pfuschen: *sich vun keinem en sing Arbeid e. looße* (sich von niemandem in seine Arbeit h. lassen) [auch: ↑dren|fusche]. (110)

eren|geeße [əˈrenjeˑsə] <trennb. Präfix-V.; st.; *han*; goss e. [jos]; ~|gegosse [-jəjosə]> {5.1.4.3}: hineingießen, -schütten. (79)

eren|gelange [ə'renjəlaŋə] <trennb. Präfix-V.; schw.; *sin*; gelangte e. [jə'laŋ·tə]; ~|gelangk [-jəlaŋ·k]>: hineingelangen. (49)

eren|gerode [ə'renjərɔ·də] <trennb. Präfix-V.; st.; *sin*; gereedt e. [jə're·t]; ~|gerode [-jərɔ·də]> {5.5.3; 6.11.3}: hineingeraten. (36)

eren|gevve [ə'renjevə] <trennb. Präfix-V.; st.; *han*; gov e. [jɔ·f]; ~|gegovve/~|gegevve [-jəjovə / -jəjevə]> {5.3.4; 5.5.2; 6.1.1}: hereingeben. (81)

eren|gonn [ə'renjɔn] <trennb. Präfix-V.; st.; *sin*; ging e. [jɪŋ]; ~|gegange [-jəjaŋə]> {5.3.4; 8.2.2.3}: hereingehen, sich hineinbegeben, **1.** ins Innere gehen, betreten, einkehren. **2.** hineinpassen: **a)** Platz, Raum finden, in etw. Platz haben; **b)** passen; die entspr. Größe haben, so dass es in etw. gefügt, gesteckt usw. werden kann: *En die Kann gonn 2 Litter eren.* (In die Kanne passen zwei Liter hinein.) [auch: ↑eren|passe]. (83)

eren|griefe [ə'renjri:fə] <trennb. Präfix-V.; st.; *han*; greff e. [jref]; ~|gegreffe [-jəjrefə]> {5.1.4.5}: hineingreifen, in etw. greifen [auch: ↑dren|griefe]. (86)

eren|halde [ə'renhaldə] <trennb. Präfix-V.; st.; *han*; heeldt e. [he:lt]; ~|gehalde [-jəhaldə]> {6.11.3}: hineinhalten [auch: ↑dren|halde]. (90)

eren|helfe [ə'renhɛlfə] <trennb. Präfix-V.; st.; *han*; holf e. [holf]; ~|geholfe [-jəholfə]>: hineinhelfen, in etw. helfen: *einem en der Mantel e.* (jmdm. in den Mantel h.). (97)

eren|hierode [ə'renhi:rɔ·də] <trennb. Präfix-V.; schw.; *han*; hierodte e. ['hi:rɔ·tə]; ~|gehierodt [-jəhi:rɔ·t]> {5.1.4.5; 5.5.3; 6.11.3}: (hin)einheiraten, durch Heirat (in eine Familie) kommen: *en en riche Famillich e.* (in eine reiche Familie h.). (197)

eren|holle [ə'renholə] <trennb. Präfix-V.; unr.; *han*; hollt e. [holt]; ~|gehollt [-jəholt]> {5.3.4; 5.5.1}: hereinholen, -bringen. (99)

eren|interpretiere/~eere [ə'ren|ɪntepre‚ti·(ə)rə / -e·rə] <trennb. Präfix-V.; schw./unr.; *han*; interpretierte e. [ɪntepre'ti·ətə]; ~|interpretiert [-ɪntepre‚ti·ət] ⟨lat. interpretari⟩> {(5.1.4.3)}: hineininterpretieren, deuten. (3) (2)

eren|klemme [ə'renklemə] <trennb. Präfix-V.; st.; *sin*; klomm e. [klom]; ~|geklomme [-jəklomə]> {5.5.2}: hineinklettern. (109)

eren|kneee/~|kneene, sich [ə'renkne·ə / -kne·nə] <trennb. Präfix-V.; ~|*kneene* veraltend; schw.; *han*; kneete e. ['kne·tə]; ~|gekneet [-jəkne·t]> {5.1.4.3; (9.1.1)}: sich hineinknien/ausgiebig mit etw. beschäftigen/befassen [auch: ↑dren|kneee/~kneene]. (56) (44)

eren|krige [ə'renkrɪjə] <trennb. Präfix-V.; unr.; *han*; kräg/ kräht e. [krɛ:fj / krɛ:t]; ~(|ge)kräge/~|gekräg/~|gekräht -(jə)‚krɛ:jə / -jə‚krɛ:fj / -jə‚krɛ:t]> {5.3.4.1}: hereinkriegen, -bekommen, hineinkriegen, -bekommen. (117)

eren|kruffe [ə'renkrʊfə] <trennb. Präfix-V.; st.; *sin*; kroff e. [krɔf]; ~|gekroffe [-jəkrɔfə]>: hineinkriechen, ins Innere kriechen; *****einem en de Fott e.** (einschmeicheln, jmdm. hinten h.; sich in würdeloser Form unterwürfig-schmeichlerisch jmdm. anderem gegenüber zeigen). (119)

eren|kumme [ə'renkʊmə] <trennb. Präfix-V.; st.; *sin*; kɔm e. [kɔ·m]; ~(|ge)kumme [-(jə)‚kʊmə]> {5.4}: herein-, hineinkommen. (120)

eren|künne [ə'renkʏnə] <trennb. Präfix-V.; unr.; *han*; kunnt e. [kʊnt]; ~|gekunnt [-jəkʊnt]> {5.4}: herein-, hineindürfen. (121)

eren|laache [ə'renla:xə] <trennb. Präfix-V.; schw.; *han*; laachte e. ['la·xtə]; ~|gelaach [-jəla:x]> {5.2.1}: i. d. Vbdg. *en sich e.* (in sich hineinlachen, innerlich lachen). (123)

eren|läge [ə'renlɛ·jə] <trennb. Präfix-V.; unr.; *han*; laht e. [la:t]; ~|gelaht/~|geläg [-jəla:t / -jəlɛ·fj]> {5.4}: hereinlegen, **1.** von draußen nach drinnen legen. **2.** jmdn. durch geschicktes Vorgehen zu etw. veranlassen, wodurch die betreffende Person Schaden erleidet: *Wie ich dat Auto gekauf han, ben ich erengelaht woode.* (Beim Kauf des Autos bin ich hereingelegt worden.) [auch: ↑aan|schmiere/~eere (2), ↑bedrege, ↑be|drieße, ↑be|scheiße (2), ↑be|tuppe[2], ↑eren|falle (2a), ↑eren|-fleege (2), ↑foppe, ↑lappe[2] (2), ↑lieme (2), ↑ver|schöckele, ↑uze, ↑tüte[2], ↑ver|aasche, ↑ver|uze, *einer för der Jeck halde*]. **3.** <sich e.> sich hineinlegen, ins Innere legen. **4.** hineinlegen, einbringen **a)** sein Gefühl bei etw. beteiligt sein lassen: *Si ganz Hätz en dat Spill e.* (Sein ganzes Herz in das Spiel h.); **b)** hineindeuten, interpretieren. (125)

eren|laufe [ə'renloʊfə] <trennb. Präfix-V.; st.; *sin*; leef e. [le·f]; ~|gelaufe [-jəloʊfə]>: herein-, hineinlaufen [auch: ↑eren|renne]. (128)

eren|leuchte [ə'renløʏfjtə] <trennb. Präfix-V.; schw.; *han*; ~|geleuch [-jəløʏfj]>: hineinleuchten. (131)

eren|looße [əˈrenlɔːsə] <trennb. Präfix-V.; st.; *han*; leet/ leeß e. [leːt / leːs]; ~|gelooße [-jəlɔːsə]> {5.2.1.3; 5.5.3}: (her)ein-, hineinlassen. (135)

eren|luure/~|loore [əˈrenluː(ə)rə / -loːrə] <trennb. Präfix-V.; schw./unr.; *han*; luurte e. [ˈluːətə]; ~|geluurt [-jəluːət]>: hereinschauen, hineinblicken, -gucken, -schauen, -sehen. (100) (134)

eren|müsse [əˈrenmʏsə] <trennb. Präfix-V.; unr.; *han*; moot e. [mɔːt]; ~|gemoot [-jəmɔːt]>: herein-, hineinmüssen. (142)

eren|nemme [əˈrennemə] <trennb. Präfix-V.; st.; *han*; nohm e. [nɔːm]; ~|genomme [-jənomə]> {5.3.4; 5.5.2}: hereinnehmen. (143)

erennere/erinnere [ɛˈrenərə / ɛˈrɪnərə] <V.; schw.; *han*; erennerte/erinnerte [ɛˈrenətə / ɛˈrɪnətə]; erennert/erinnert [ɛˈrenət / ɛˈrɪnət]> {9.2.1.2; 5.1.1}: erinnern, **1.** aufmerksam machen, etw. nicht zu vergessen. **2.** <sich e.> sich erinnern [gebräuchl: ↑ent|senne; auch: ↑nqh|denke (1)]. (4)

Er|enner|ung, de [ɛˈrenərʊŋ] <N.; ~e> {5.5.2}: Erinnerung.

eren|packe [əˈrenpakə] <trennb. Präfix-V.; schw.; *han*; packte e. [ˈpaktə]; ~|gepack [-jəpak]>: hineinpacken, -greifen [auch: ↑dren|packe]. (88)

eren|passe [əˈrenpasə] <trennb. Präfix-V.; schw.; *han*; passte e. [ˈpastə]; ~|gepass [-jəpas]>: hineinpassen [auch: ↑eren|gonn (2)]. (67)

eren|platsche [əˈrenplatʃə] <trennb. Präfix-V.; schw.; *sin*; platschte e. [ˈplatʃtə]; ~|geplatsch [-jəplatʃ]>: hineinplatschen, -tappen. (110)

eren|platze [əˈrenplatsə] <trennb. Präfix-V.; schw.; *sin*; platzte e. [ˈplatstə]; ~|geplatz [-jəplats]>: herein-, hineinplatzen. (114)

eren|pumpe [əˈrenpʊmpə] <trennb. Präfix-V.; schw.; *han*; pumpte e. [ˈpʊmptə]; ~|gepump [-jəpʊmp]>: hineinpumpen. (180)

eren|rähne [əˈrenrɛːnə] <trennb. Präfix-V.; unpers., nur 3. Pers. Sg.; schw.; *han*; rähnte e. [ˈrɛːntə]; ~|gerähnt [-jərɛːnt]> {5.4; 6.3.1}: herein-, hineinregnen. (5)

eren|rassele [əˈrenrasələ] <trennb. Präfix-V.; schw.; *sin*; rasselte e. [ˈrasəltə]; ~|gerasselt [-jərasəlt]> {9.2.1.2}: herein-, hineinrasseln. (6)

eren|recke [əˈrenrekə] <trennb. Präfix-V.; schw.; *han*; reckte e. [ˈrektə]; ~|gereck [-jərek]> {5.3.1; 5.5.2}: herein-, hineinreichen, **1.** nach drinnen reichen, geben. **2.** in etw. reichen, sich erstrecken. (88)

eren|renne [əˈrenrɛnə] <trennb. Präfix-V.; unr.; *sin*; rannt e. [rant]; ~|gerannt [-jərant]>: herein-, hineinrennen [auch: ↑eren|laufe]. (35)

eren|rieße [əˈrenriːsə] <trennb. Präfix-V.; st.; *han*; ress e. [res]; ~|geresse [-jərɛsə]> {5.1.4.5}: hineinreißen. (25)

eren|rigge [əˈrenrɪgə] <trennb. Präfix-V.; st.; *han*; redt e. [ret]; ~|geredde [-jəredə] {5.3.4; 6.6.2}: hineinreiten, **1.** <sin> nach drinnen, ins Innere reiten: *en der Stall e.* (in den Stall h.). **2.** <han> durch ein best. Handeln in eine schwierige, unangenehme Lage bringen; <sich e.> *Hä hät sich selver erengeredde.* (Er hat sich (selbst) hineingeritten.). (133)

eren|rofe [əˈrenroːfə] <trennb. Präfix-V.; st.; *han*; reef e. [reːf]; ~|gerofe [-jəroːfə]> {5.4}: herein-, hineinrufen. (151)

eren|rötsche [əˈrenrøtʃə] <trennb. Präfix-V.; schw.; *sin*; rötschte e. [ˈrøtʃtə]; ~|gerötsch [-jərøtʃ]> {5.5.1}: hineinrutschen. (110)

eren|rüche/~|ruche [əˈrenryçə / -rʊxə] <trennb. Präfix-V.; st.; *han*; roch e. [rɔx]; ~|geroche [-jərɔxə]> {5.3.3}: hineinriechen. (154) (153)

eren|schecke [əˈrenʃekə] <trennb. Präfix-V.; schw.; *han*; scheckte e. [ˈʃektə]; ~|gescheck [-jəʃek]> {5.5.2}: hereinschicken. (88)

eren|scheeße [əˈrenʃeːsə] <trennb. Präfix-V.; st.; schoss e. [ʃɔs]; ~|geschosse [-jəʃɔsə]> {5.1.4.3}: hineinschießen, **1.** <han> in etw. schießen. **2.** <sin> **a)** (bes. Flüssigkeit) in etw. schießen, sich äußerst (heftig u.) schnell hineinbewegen: *Milch schüüß en de Bruss eren.* (Milch schießt in die Brust ein.); **b)** mit großer Eile u. Heftigkeit hineinlaufen. (79)

eren|schlage/~|schlonn [əˈrenʃlaːʀə / -ʃlɔn] <trennb. Präfix-V.; st.; *han*; schlog e. [ʃloːx]; ~|geschlage [-jəʃlaːʀə]> {(5.3.2; 5.4)}: hineinschlagen [auch: ↑dren|schlage/~|schlonn]. (48) (163)

eren|schleddere [əˈrenʃledərə] <trennb. Präfix-V.; schw.; *sin*; schledderte e. [ˈʃledətə]; ~|geschleddert [-jəʃledət]> {5.5.2; 6.11.3; 9.2.1.2}: hineinschlittern. (4)

eren|schmieße [əˈrenʃmiːsə] <trennb. Präfix-V.; st.; *han*; schmess e. [ʃmes]; ~|geschmesse [-jəʃmesə]> {5.1.4.5}: hineinschmeißen, -werfen [auch: ↑dren|schmieße]. (25)

eren|schmuggele [əˈrenʃmʊgələ] <trennb. Präfix-V.; schw.; *han*; schmuggelte e. [ˈʃmʊgəltə]; ~|geschmuggelt [-jəʃmʊgəlt]> {9.2.1.2}: herein-, hineinschmuggeln, **1.** in etw. schmuggeln: *Droge en et Land e.* (Drogen ins

Land h.). **2.** <sich e.> sich in etw. schmuggeln: *sich en et Kino e.* (sich ins Kino h.). (6)

er̲e̲n|schneie [əˈrenʃneːɐ] <trennb. Präfix-V.; schw.; schneite e. [ˈʃneːtə]; ~|geschneit [-jəʃneːt]>: hereinschneien, **1.** <sin> unangemeldet, überraschend zu jmdm. kommen: *Deit mer Leid, dat ich noch esu späd e.* (Entschuldigen Sie, wenn ich noch so spät hereinschneie.). **2.** <unpers; han> hineinschneien: in etw./ins Innere schneien. (11)

er̲e̲n|schnigge [əˈrenʃnɪɡə] <trennb. Präfix-V.; st.; *han*; schne̲dt e. [ʃnet]; ~|geschne̲dde [-jəʃnedə]> {5.3.4; 6.6.2}: hineinschneiden. (133)

er̲e̲n|scho̲dde [əˈrenʃødə] <trennb. Präfix-V.; st.; *han*; scho̲dt e. [ʃot]; ~|gescho̲dt/~|gescho̲dt [-jəʃot / -jəʃøt]> {5.5.1; 6.11.3}: hineinschütten. (166)

er̲e̲n|schrieve [əˈrenʃriːvə] <trennb. Präfix-V.; st.; *han*; schre̲vv e. [ʃref]; ~|geschre̲vve [-jəʃrevə]> {5.1.4.5; 6.1.1}: hineinschreiben. (51)

er̲e̲n|schwaade [əˈrenʃvaːdə] <trennb. Präfix-V.; schw.; *han*; schwaadte e. [ˈʃvaːtə]; ~|geschwaadt [-jəʃvaːt]> {5.2.1.4}: hineinreden, **1.** in etw. reden: *en et Leere e.* (ins Leere h., reden, ohne einen Zuhörer zu erreichen). **2.** hineinsprechen: in etw. sprechen: *en et Mikrofon e.* (ins Mikrofon h.). **3.** <sich e.> durch Reden in einen bestimmten Zustand kommen: *sich en Wod e.* (sich in Wut h.). (197)

er̲e̲n|setze [əˈrenzɛtsə] <trennb. Präfix-V.; unr./schw.; *han*; setzte/satz e. [ˈzɛtstə / zats]; ~|gesetz/~|gesatz [-jəzɛts / -jəzats]>: hineinsetzen, **1.** in etw. setzen: *et Titti en et Bett e.* (das Baby ins Bett h.). **2.** <sich e.> **a)** sich nach drinnen/ins Innere setzen: *Drusse es et ze kald, ich setz mich eren.* (Draußen ist es zu kalt, ich setze mich nach drinnen, ins Haus.); **b)** sich in etw. setzen: *Dä Stachel hät sich deef en et Fleisch erengesetz.* (Der Stachel hat sich tief ins Fleisch hereingesetzt.). (173)

er̲e̲n|sinn [əˈrenzɪn] <trennb. Präfix-V.; st.; *han*; so̲h/so̲ch e. [zoː / zoːx]; ~|gesinn [-jəzɪn]> {5.3.4; 8.2.2.3}: hereinsehen. (175)

er̲e̲n|so̲lle [əˈrenzolə] <trennb. Präfix-V.; unr.; *han*; so̲llt e. [zolt]; ~|geso̲llt [-jəzolt]> {5.5.1}: herein-, hineinsollen; hereindürfen. (177)

er̲e̲n|spaziere/~eere [əˈrenpaˌtsiˑ(ɐ)rə / -eˑrə] <trennb. Präfix-V.; schw./unr.; *sin*; spazierte e. [ˌpaˈtsiˑɐtə]; ~|spaziert [-ˌpaˌtsiˑɐt] ⟨lat. spatiari⟩> {(5.1.4.3)}: herein-, hineinspazieren. (3) (2)

er̲e̲n|spreche [əˈrenʃprɛçə] <trennb. Präfix-V.; st.; *han*; spro̲ch e. [ʃproːx]; ~|gesproche [-jəʃproxə]>: hineinsprechen [auch: ↑er̲e̲n|schwaade, ↑dr̲e̲n|spreche]. (34)

er̲e̲n|springe [əˈrenʃprɪŋə] <trennb. Präfix-V.; st.; *sin*; sprung e. [ʃprʊŋˑ]; ~|gesprunge [-jəʃprʊŋə]>: hineinspringen [auch: ↑dr̲e̲n|springe]. (26)

er̲e̲n|steche [əˈrenʃtɛçə] <trennb. Präfix-V.; st.; *han*; sto̲ch e. [ʃtoːx]; ~|gestoche [-jəʃtoxə] {6}: **1.** herein-, hineinstecken. **2.** herein-, hineinstechen. (34)

er̲e̲n|steigere, sich [əˈrenʃtɐiˑjərə] <trennb. Präfix-V.; schw.; *han*; steigerte e. [ˈʃtɐiˑjətə]; ~|gesteigert [-jəʃtɐiˑjət]> {9.2.1.2}: sich hineinsteigern. (4)

er̲e̲n|stelle[1] [əˈrenʃtɛlə] <trennb. Präfix-V.; schw./unr.; *han*; stellte/stallt e. [ˈʃtɛlˑtə / ʃtalt]; ~|gestellt/~|gestallt [-jəʃtɛlˑt / -jəʃtalt]>: herein-, hineinstellen. (182)

er̲e̲n|stelle[2], sich [əˈrenʃtelə] <trennb. Präfix-V.; st.; *han*; sto̲ll e. [ʃtol]; ~|gesto̲lle [-jəʃtolə]> {5.3.4}: sich hineinstehlen. (183)

er̲e̲n|stolpere [əˈrenʃtolpərə] <trennb. Präfix-V.; schw.; *sin*; sto̲lperte e. [ˈʃtolpətə]; ~|gesto̲lpert [-jəʃtolpət]> {9.2.1.2}: hineinstolpern. (4)

er̲e̲n|stoppe [əˈrenʃtopə] <trennb. Präfix-V.; schw.; *han*; sto̲ppte e. [ˈʃtoptə]; ~|gestopp [-jəʃtop]> {5.5.1; 6.8.1}: hineinstopfen, -pressen [auch: ↑en|däue (2), ↑er̲e̲n|däue, ↑dr̲e̲n|stoppe]. (75)

er̲e̲n|ströme [əˈrenʃtrøːmə] <trennb. Präfix-V.; schw.; *sin*; strömte e. [ˈʃtrøːmtə]; ~|geströmp [-jəʃtrøːmp]>: herein-, hineinströmen. (118)

er̲e̲n|stürze/~stööze [əˈrenʃtʏxtsə / -ʃtøːtsə] <trennb. Präfix-V.; ~|stööze veraltend; schw.; *han* u. *sin*; stürzte e. [ˈʃtʏxtstə]; ~|gestürz [-jəʃtʏxts]> {(5.2.1.1.1; 5.4)}: herein-, hineinstürzen. (42)

er̲e̲n|stüsse [əˈrenʃtʏsə] <trennb. Präfix-V.; st.; stoss e. [ʃtos]; ~|gestosse/~|gestüsse [-jəʃtosə / -jəʃtʏsə]> {5.4; 5.3.4}: hineinstoßen. (188)

er̲e̲n|trecke [əˈrentrɛkə] <trennb. Präfix-V.; st.; *han*; trok e. [troːk]; ~|getrocke [-jətrokə]>: hineinziehen, -zerren, nach drinnen ziehen. (190)

er̲e̲n|tre̲dde [əˈrentredə] <trennb. Präfix-V.; st.; *sin*; tro̲dt e. [troːt]; ~|getro̲dde [-jətrodə]> {5.3.4; 5.5.2; 6.11.3}: herein-, hineintreten. (191)

er̲e̲n|versetze [əˈrenfɐˌzɛtsə] <trennb. Präfix-V.; st./schw.; *han*; versetzte/versatz e. [fɐˈzɛtstə / fɐˈzats]; ~|versetz/ ~|versatz [-fɐzɛts / -fɐzats]>: hineinversetzen, **1.** in etw. versetzen: *sich en en ander Zigg erenversatz* *föhle* (sich in eine andere Zeit hineinversetzt fühlen). **2.** <sich e.> sich versetzen, hineindenken: *sich en däm sing Lag e.* (sich in seine Lage versetzen). (173)

ere**n|wage**, sich [ə'renvaˑʀə] <trennb. Präfix-V.; schw.; *han*; wagte e. ['vaˑxtə]; ~|gewag [-jəvaˑx]>: sich herein-, hineinwagen. (103)

ere**n|wahße** [ə'renvaːsə] <trennb. Präfix-V.; st.; *sin*; wohß e. [voˑs]; ~|gewahße [-jəvaːsə] {5.2.4; 6.3.1}: hineinwachsen [auch: ↑dr**e**n|w**a**hße]. (199)

ere**n|w**e**lle/~|w**o**lle** [ə'renvelə / -volə] <trennb. Präfix-V.; unr.; *han*; w**o**llt e. [volt]; ~|gew**o**llt [-jəvolt]> {5.5.2/ 5.5.1}: hereinwollen, -dürfen, hineinwollen. (204) (211)

ere**n|w**e**rfe/~|wirfe** [ə'renverfə / -vɪrfə] <trennb. Präfix-V.; st.; *han*; w**o**rf e. [vorf]; ~|gew**o**rfe [-jəvorfə]> {5.5.2/ 5.4}: herein-, hineinwerfen, **1.** nach drinnen, ins Innere werfen. **2.** <sich e.> sich in etw. werfen, hineinfallen lassen. **3.** (Licht od. Ä.) in etw. werfen, fallen lassen. (206)

ere**n|würge** [ə'renvyrˑjə] <trennb. Präfix-V.; schw.; *han*; würgte e. ['vyrˑftə]; ~|gewürg [-jəvyrˑfj]>: herein-, hineinwürgen. (39)

ere**n|zoppe** [ə'rentsopə] <trennb. Präfix-V.; schw.; *han*; zoppte e. ['tsoptə]; ~|gezopp [-jətsop]>: (hin)eintunken. (75)

ere**n|zwänge** [ə'rentsvɛŋə] <trennb. Präfix-V.; schw.; *han*; zwängte e. ['tsvɛŋˑtə]; ~|gezwängk [-jətsvɛŋˑk]>: hineinzwängen, **1.** in etw. zwängen. **2.** <sich e.> sich in etw. zwängen. (49)

ere**n|zwinge** [ə'rentsvɪŋə] <trennb. Präfix-V.; st.; *han*; zwung e. [tsvʊŋˑ]; ~|gezwunge [-jətsvʊŋə]>: hineinzwingen, **1.** nach dort drin, ins Innere zwingen. **2.** in etw. (einen Zustand usw.) zwingen. (26)

ere**r** ['ərə] <Pron. unbetont; partitiver Gen. Pl.>: derer, deren, ihrer: *Ich han e. nit mih vill.* (Ich habe derer nicht mehr viele.) [auch: ↑er[1], ↑es, ↑eres].

ere**s** ['ərəs] <Pron. unbetont; partitiver Gen. Sg. u. Pl.>: derer, deren, ihrer: *Häs de noch Kaffee?- Ich han e. noch.* (Hast du noch Kaffee? – Habe ich noch.) *Häs de noch Milch? – Ich han e. noch.* (Hast du noch Milch? – Habe ich noch.) [vgl. auch: ↑es, ↑er[1], ↑erer].

er|fa**hre**[1] [ɛɐ̯'faːrə] <nicht trennb. Präfix-V.; st.; *han*; er|fuhr/er|fohr [ɛɐ̯'fuˑɐ̯ / ɛɐ̯'foˑɐ̯]; er|fahre [ɛɐ̯'faːrə]>: erfahren. (62)

er|fa**hre**[2] [ɛɐ̯'faːrə] <Adj.; Part. II von ↑er|fahre[1]; ~; ~ner, ~nste>: erfahren, reich an Erfahrung, Kenntnis; kundig, versiert: *ene e. Dokter* (ein ~er Arzt). Tbl. A3.2

Er|fi**nder|geis**, der [ɛɐ̯'fɪndɐˌjeɪs] <N.; i. best. Komposita *finde*, sonst ↑*finge*; o. Pl.> {11; s. u. ↑Geis[1]}: Erfindergeist.

er|fi**nge** [ɛɐ̯'fɪŋə] <nicht trennb. Präfix-V.; st.; *han*; er|fung [ɛɐ̯'fʊŋ]; er|funge [ɛɐ̯'fʊŋə] {6.7}: erfinden. (26)

er|fle**he** [ɛɐ̯'fleˑə] <nicht trennb. Präfix-V.; schw.; *han*; er|flehte [ɛɐ̯'fleˑtə]; er|fleht [ɛɐ̯'fleˑt]>: erflehen. (37)

Erfo**lg**, der [ɛɐ̯'folj] <N.; ~e [ɛɐ̯'folˑjə] {5.5.1}: Erfolg.

er|fö**lle/~|f**ü**lle** [ɛɐ̯'følə / -fʏlə] <nicht trennb. Präfix-V.; schw.; *han*; er|föllte [ɛɐ̯'føltə]; er|föllt [ɛɐ̯'følt] {5.5.1}: erfüllen. (91)

Er|fö**ll|ung/~|f**ü**ll|~**, de [ɛɐ̯'føloŋ / -fʏl-] <N.; ~e> {5.5.1}: Erfüllung.

er|fo**rsche** [ɛɐ̯'fɔrʃə] <nicht trennb. Präfix-V.; schw.; *han*; er|forschte [ɛɐ̯'fɔrʃtə]; er|forsch [ɛɐ̯'fɔrʃ]>: erforschen, ergründen, analysieren. (110)

er|fre**sche** [ɛɐ̯'freʃə] <nicht trennb. Präfix-V.; schw.; *han*; er|freschte [ɛɐ̯'freʃtə]; er|fresch [ɛɐ̯'freʃ]> {5.5.2}: erfrischen. (110)

Er|fre**sch|ung**, de [ɛɐ̯'freʃoŋ] <N.; ~e> {5.5.2}: Erfrischung.

Er|fre**sch|ungs|doch**, et [ɛɐ̯'freʃoŋsˌdoˑx] <N.; ~|döcher> {s. u. ↑Er|fr**e**sch|ung ↑Doch[1]}: Erfrischungstuch.

er|frie**re/~|fr**e**ere** [ɛɐ̯'friˑrə / -freˑrə] <nicht trennb. Präfix-V.; st.; *sin*; er|fror [ɛɐ̯'froˑɐ̯]; er|frore [ɛɐ̯'froːrə] {(5.1.4.3)}: erfrieren, **a)** durch übermäßige Frosteinwirkung umkommen: *Em Kreeg sin vill Soldate erfrore.* (Im Krieg sind viele Soldaten erfroren.); **b)** durch Frosteinwirkung eingehen: *De Blome sin üvver Naach erfrore.* (Die Blumen sind über Nacht erfroren.). (195) (194)

er|gä**nze** [ɛɐ̯'jɛntsə] <nicht trennb. Präfix-V.; schw.; *han*; er|gänzte [ɛɐ̯'jɛntstə]; er|gänz [ɛɐ̯'jɛnts]>: ergänzen, vervollständigen. (42)

Er|gä**nz|ung**, de [ɛɐ̯'jɛntsoŋ] <N.; ~e>: Ergänzung.

er|ga**ttere** [ɛɐ̯'jatərə] <nicht trennb. Präfix-V.; schw.; *han*; er|gatterte [ɛɐ̯'jatetə]; er|gattert [ɛɐ̯'jatet]> {9.2.1.2}: ergattern. (4)

er|gau**nere** [ɛɐ̯'jaʊnərə] <nicht trennb. Präfix-V.; schw.; *han*; er|gaunerte [ɛɐ̯'jaʊnetə]; er|gaunert [ɛɐ̯'jaʊnet]> {9.2.1.2}: ergaunern. (4)

er|gie**b|ig** [ɛɐ̯'jiˑbɪʃ] <Adj.; i. best. Komposita *geb-/gieb-*, sonst ↑g**e**vve; ~e; ~er, ~ste> {11}: ergiebig. Tbl. A5.2

er|gö**tze** [ɛɐ̯'jœtsə] <nicht trennb. Präfix-V.; schw.; *han*; er|götzte [ɛɐ̯'jœtstə]; er|götz [ɛɐ̯'jœts]>: ergötzen, erfreuen. (114)

erhalde

er|halde [ɛɐ̯'haldə] <nicht trennb. Präfix-V.; st.; *han*; er|heeldt [ɛɐ̯'heːlt]; er|halde [ɛɐ̯'haldə]> {6.11.3}: erhalten, **1. a)** in seinem Bestand, Zustand bewahren: *Gemös fresch e.* (Gemüse frisch e.); **b)** aufrechterhalten: *der Fridde e.* (den Frieden aufrechterhalten). **2.** bekommen: *enen Befähl e.* (einen Befehl e.) [auch: ↑krige (1)]. (90)

er|holle, sich [ɛɐ̯'holə] <nicht trennb. Präfix-V.; unr.; *han*; er|hollt [ɛɐ̯'holt]; er|hollt [ɛɐ̯'holt]> {5.3.4; 5.5.1}: sich erholen. (99)

er|hüre/~|höre [ɛɐ̯'hyː(ɐ̯)rə / -'høː(ɐ̯)rə] <nicht trennb. Präfix-V.; Formen mischbar; schw./unr.; *han*; er|hürte/er|hoot [ɛɐ̯'hyːɐ̯tə / ɛɐ̯'hoːt]; er|hürt/er|hoot [ɛɐ̯'hyːɐ̯t / ɛɐ̯'hoːt]> {5.4}: erhören. (21) (179)

erinnere/er**e**nnere [ɛ'rɪnərə / ɛ'rɛnərə] <V.; schw.; *han*; erinnerte/er**e**nnerte [ɛ'rɪnətə / ɛ'rɛnətə]; erinnert/er**e**nnert [ɛ'rɪnət / ɛ'rɛnət]> {9.2.1.2, (5.1.1)}: erinnern, **1.** aufmerksam machen, etw. nicht zu vergessen. **2.** <sich e.> sich erinnern [gebräuchl.: ↑ent|s**e**nne; auch: ↑noh|denke (1)]. (4)

er|kämfe [ɛɐ̯'kɛmfə] <nicht trennb. Präfix-V.; schw.; *han*; er|kämfte [ɛɐ̯'kɛmftə]; er|kämf [ɛɐ̯'kɛmf]> {6.8.2}: erkämpfen. (105)

er|kaufe [ɛɐ̯'kou̯fə] <nicht trennb. Präfix-V.; unr.; *han*; er|kaufte [ɛɐ̯'kou̯ftə]; er|kauf [ɛɐ̯'kou̯f]> erkaufen. (106)

er|kenne [ɛɐ̯'kɛnə] <nicht trennb. Präfix-V.; unr.; *han*; er|kannt; er|kannt [ɛɐ̯'kant]>: erkennen. (35)

Erkenn|ungs|deens, der [ɛɐ̯'kɛnʊŋsˌdeːns] <N.; ~te> {s. u. ↑Deens}: Erkennungsdienst.

er|kläre [ɛɐ̯'klɛːrə] <nicht trennb. Präfix-V.; schw.; *han*; er|klärte [ɛɐ̯'klɛːɐ̯tə]; er|klärt [ɛɐ̯'klɛːɐ̯t]>: erklären [auch: ↑usenander|p**o**sementiere/~eere, ↑ver|klickere, ↑ver|kl**o**re]. (21)

er|klinge [ɛɐ̯'klɪŋə] <nicht trennb. Präfix-V.; st.; *sin*; er|klung [ɛɐ̯'klʊŋ]; er|klunge [ɛɐ̯'klʊŋə]>: erklingen. (26)

er|krige, sich [ɛɐ̯'krɪjə] <nicht trennb. Präfix-V.; unr.; *han*; er|kräg~/|kräht [ɛɐ̯'krɛːɕ / -'krɛːt]; er|kräg(e)~/|kräht [ɛɐ̯'krɛːɕ / -'krɛːjə / -'krɛːt]> {5.3.4.1}: sich erholen, genesen, gesunden. (117)

er|kunde [ɛɐ̯'kʊndə] <nicht trennb. Präfix-V.; schw.; *han*; er|kundte [ɛɐ̯'kʊnˑtə]; er|kundt [ɛɐ̯'kʊnˑt]>: erkunden, auskundschaften, erforschen. (28)

er|kundige, sich [ɛɐ̯'kʊnˑdɪjə] <nicht trennb. Präfix-V.; schw.; *han*; er|kundigte [ɛɐ̯'kʊnˑdɪçtə]; er|kundig [ɛɐ̯'kʊnˑdɪç]>: sich erkundigen. (7)

er|läge [ɛɐ̯'lɛːjə] <V.; unr.; *han*; er|laht [ɛɐ̯'laːt]; er|laht/er|läg [ɛɐ̯'laːt / ɛɐ̯'lɛːɕ]> {5.4}: erlegen. (125)

er|laube [ɛɐ̯'lau̯bə] <nicht trennb. Präfix-V.; schw.; *han*; er|laubte [ɛɐ̯'lau̯ptə]; er|laub [ɛɐ̯'lau̯p]>: erlauben, gestatten, berechtigen. (189)

er|ledige [ɛɐ̯'leːdɪjə] <nicht trennb. Präfix-V.; schw.; *han*; er|ledigte [ɛɐ̯'leːdɪçtə]; er|ledig [ɛɐ̯'leːdɪç]>: erledigen, abwickeln, abschließen. (7)

er|leichtere [ɛɐ̯'lei̯çtərə] <nicht trennb. Präfix-V.; schw.; *han*; er|leichterte [ɛɐ̯'lei̯çtətə]; er|leichtert [ɛɐ̯'lei̯çtət]> {9.2.1.2}: erleichtern. (4)

er|l**e**vve [ɛɐ̯'lɛvə] <nicht trennb. Präfix-V.; unr.; *han*; er|lävte [ɛɐ̯'lɛːftə]; er|läv [ɛɐ̯'lɛːf]> {5.3.2; 5.5.2; 6.1.1}: erleben [auch: ↑ver|spanne²]. (22)

er|ligge [ɛɐ̯'lɪɡə] <nicht trennb. Präfix-V.; unr.; *han*; er|l**e**tt [ɛɐ̯'lɛt]; er|l**e**dde [ɛɐ̯'lɛdə]> {5.3.4; 6.6.2}: erleiden, erdulden. (133)

er|lüse/~|löse [ɛɐ̯'lyːzə / -'løːzə] <nicht trennb. Präfix-V.; schw.; *han*; er|lüste [ɛɐ̯'lyːstə]; er|lüs [ɛɐ̯'lyːs]> {5.4}: erlösen. (149)

er|mahne [ɛɐ̯'maːnə] <nicht trennb. Präfix-V.; schw.; *han*; er|mahnte [ɛɐ̯'maːntə]; er|mahnt [ɛɐ̯'maːnt]>: ermahnen. (5)

Er|mäßig|ung, de [ɛɐ̯'mɛːsɪjʊŋ] <N.; i. best. Komposita *maß*, sonst: ↑Moß; ~e> {11}: Ermäßigung.

er|m**e**ddele [ɛɐ̯'mɛdələ] <nicht trennb. Präfix-V.; schw.; *han*; er|m**e**ddelte [ɛɐ̯'mɛdəltə]; er|m**e**ddelt [ɛɐ̯'mɛdəlt]> {5.5.2; 6.11.3; 9.2.1.2}: ermitteln, herausbekommen, -finden [auch: ↑erus|krige]. (6)

er|messe [ɛɐ̯'mɛsə] <nicht trennb. Präfix-V.; st.; *han*; er|moß [ɛɐ̯'mɔs]; er|messe [ɛɐ̯'mɛsə]>: ermessen. (59)

er|muntere [ɛɐ̯'mʊntərə] <nicht trennb. Präfix-V.; schw.; *han*; er|munterte [ɛɐ̯'mʊntətə]; er|muntert [ɛɐ̯'mʊntət]> {9.2.1.2}: ermuntern, jmdm. Mut u. Lust machen, etw. zu tun; durch Worte od. Beispiel ermutigen: *einer e. ze schwaade* (jmdn. zum Reden e.). (4)

er|nenne [ɛɐ̯'nɛnə] <nicht trennb. Präfix-V.; unr.; *han*; er|nannt; er|nannt [ɛɐ̯'nant]>: ernennen. (35)

er|niddrige [ɛɐ̯'nɪdrɪjə] <nicht trennb. Präfix-V.; schw.; *han*; er|niddrigte [ɛɐ̯'nɪdrɪçtə]; er|niddrig [ɛɐ̯'nɪdrɪç]> {5.3.4}: erniedrigen. (7)

Er|nööchter|ung, de [ɛɐ̯'nøːçtərʊŋ] <N.; ~e> {5.2.1}: Ernüchterung.

ernte ['ɛrntə] <V.; schw.; *han*; geernt [jə'|ɛrnt]>: ernten, einbringen. (58)

Ernte|dank|fess, et [ɛrntə'daŋk‚fɛs] <N.; ~|feste> {s. u. ↑Fess}: Erntedankfest.

Ernte|wage, der ['ɛrntə‚vaˑʀə] <N.; ~>: Erntewagen.

Ernte|zigg, de ['ɛrntə‚tsɪk] <N.; ~e> {s. u. ↑Zigg}: Erntezeit.

er|obere [ɛɐ̯'|oˑbərə] <nicht trennb. Präfix-V.; schw.; *han*; er|oberte [ɛɐ̯'|oˑbetə]; er|obert [ɛɐ̯'|oˑbet]> {9.2.1.2}: erobern. (4)

eröm [ə'ʀømˑ] <Adv.> {5.5.1; 8.1}: herum, **1.** entlang: *Gangk do e.!* (Geh da entlang!). **2.** vorbei, vorüber: *De Zigg geiht gar nit e.!* (Die Zeit geht gar nicht vorbei!); *Küss de morgen ens e.?* (Kommst du morgen mal vorbei?). **3.** öm ... eröm (um ... herum, gegen, circa): *öm drei Uhr e.* (gegen drei Uhr).

eröm|- [ə'ʀømˑ] <Präfix> {5.5.1; 8.1}: herum-, i. Vbdg. m. V.: *~beege* (~biegen).

eröm|ärgere, sich [ə'ʀømˑ|ɛrˑjərə] <trennb. Präfix-V.; schw.; *han*; ärgerte e. ['ɛrˑjetə]; ~|geärgert [-jə|ɛrˑjet]> {9.2.1.2}: sich herumärgern. (4)

eröm|balge, sich [ə'ʀømˑbalˑjə] <trennb. Präfix-V.; schw.; *han*; balgte e. ['balˑfjtə]; ~|gebalg [-jəbalˑfj]>: sich herumbalgen [auch: ↑eröm|rölze]. (39)

eröm|ballere [ə'ʀømˑbalərə] <trennb. Präfix-V.; schw.; *han*; ballerte e. ['baletə]; ~|geballert [-jəbalet]> {9.2.1.2}: herumballern, herumschießen, durch die Gegend schießen. (4)

eröm|bastele [ə'ʀømˑbastələ] <trennb. Präfix-V.; schw.; *han*; bastelte e. ['bastəltə]; ~|gebastelt [-jəbastəlt]> {9.2.1.2}: herumbasteln. (6)

eröm|beege [ə'ʀømˑbeˑjə] <trennb. Präfix-V.; st.; *han*; bog e. [boˑx]; ~|geboge [-jəbɔˑʀə] {5.1.4.3}: herumbiegen, herumdrücken. (16)

eröm|bläddere [ə'ʀømˑblɛdərə] <trennb. Präfix-V.; schw.; *han*; bläderte e. ['blɛdetə]; ~|gebläddert [-jəblɛdet]> {6.11.3; 9.2.1.2}: herumblättern. (4)

eröm|blöke [ə'ʀømˑblœːkə] <trennb. Präfix-V.; schw.; *han*; blökte e. ['blœːktə]; ~|geblök [-jəblœːk]> {5.5.3}: herumbrüllen, herumblöken, herumschreien. (178)

eröm|bränge [ə'ʀømˑbrɛŋə] <trennb. Präfix-V.; unr.; *han*; braht e. [braːt]; ~|gebraht [-jəbraːt]> {5.4}: vorbeibringen: *Ich bränge der dat Boch morgen eröm.* (Ich bringe dir das Buch morgen vorbei.). (33)

eröm|danze [ə'ʀømˑdantsə] <trennb. Präfix-V.; schw.; *sin*; danzte e. ['dantstə]; ~|gedanz [-jədants]> {6.11.1}: herumtanzen, **1.** sich ausgelassen wie im Tanz bewegen: *De Mädcher däten em Zemmer e.* (Die Mädchen tanzten im Zimmer herum.). **2.** im (Halb)kreis um jmdn./etw. tanzen: *öm ene Baum e.* (um einen Baum h.). (42)

eröm|däue [ə'ʀømˑdɔy̆ə] <trennb. Präfix-V.; Formen mischbar; unr./schw.; *han*; daut/däute e. [dɑu̯t / 'dɔy̆ˑtə]; ~|gedaut/~|gedäut [-jədɑu̯t / -jədɔy̆ˑt]>: herumdrücken. (43)

eröm|doktere [ə'ʀømˑdɔktərə] <trennb. Präfix-V.; schw.; *han*; dokterte e. ['dɔktetə]; ~|gedoktert [-jədɔktet]> {9.2.1.2}: herumdoktern. (4)

eröm|döse [ə'ʀømˑdøˑzə] <trennb. Präfix-V.; schw.; *han*; döste e. ['døˑstə]; ~|gedös [-jədøˑs]>: herumdösen, über längere Zeit dösen. (149)

eröm|drage [ə'ʀømˑdraˑʀə] <trennb. Präfix-V.; st.; *han*; drog e. [droˑx]; ~|gedrage [-jədraˑʀə]> {6.11.2}: herumtragen. (48)

eröm|drieve [ə'ʀømˑdriˑvə] <trennb. Präfix-V.; st.; *han*; drevv e. [dref]; ~|gedrevve [-jədrevə]> {5.1.4.5; 6.1.1; 6.11.2}: herumtreiben, **1.** ohne best. Ziel durch die Gegend treiben. **2.** <sich e.> sich meist ohne Beschäftigung bald hier, bald dort aufhalten: *Wo häs do dich der ganzen Dag erömgedrevve?* (Wo hast du dich den ganzen Tag herumgetrieben?) [auch: *op Jöck sin, op Redd sin*]. (51)

eröm|drihe [ə'ʀømˑdriˑə] <trennb. Präfix-V.; schw.; *han*; drihte e. ['driˑtə]; ~|gedriht [-jədriːt]> {5.1.4.1}: (her)umdrehen, herumwenden; umkehren. (37)

eröm|fahre [ə'ʀømˑfaˑrə] <trennb. Präfix-V.; st.; *sin*; fuhr/fohr e. [fuˑɐ̯ / foˑɐ̯]; ~|gefahre [-jəfaːrə]>: herumfahren. (62)

eröm|föhre/~|führe [ə'ʀømˑføˑ(ɐ̯)rə / -fyˑ(ɐ̯)rə] <trennb. Präfix-V.; unr./st./schw.; *han*; föhte/foht e. ['føˑtə / foːt]; ~|geföht/~|gefoht [-jəføˑt / -jəfoːt]> {5.4}: herumführen, **1. a)** in einem Gebiet, Ort, Gebäude od. Ä. hierhin u. dorthin führen, um etw. zu zeigen: *einer en Kölle e.* (jmdn. in Köln h.); **b)** rund um etw. führen: *einer öm der Hüüserblock e.* (jmdn. um den Häuserblock h.). **2. a)** (etw.) um etw. führen: *en Muur öm et Grundstöck e.* (eine Mauer um das Grundstück h.); **b)** um etw. in bogenförmiger Umschließung führen: *Die neu Stroß föht öm Kölle e.* (Die neue Straße führt um Köln herum.). (74) (31)

erömfroge

eröm|froge [ə'røm·fro·ʀə] <trennb. Präfix-V.; unr.; *han*; froɡte e. ['fro·xtə]; ~|gefroɡ [-jəfro·x]> {5.5.3}: herumfragen. (76)

eröm|fuchtele [ə'røm·fʊxtələ] <trennb. Präfix-V.; schw.; *han*; fuchtelte e. ['fʊxtəltə]; ~|gefuchtelt [-jəfʊxtəlt]> {9.2.1.2}: herumfuchteln. (6)

eröm|fuhr|werke/~|fohr|~ [ə'røm·fu·ę̣,vɛrkə] <trennb. Präfix-V.; schw.; *han*; fuhrwerkte e. ['fu·ę̣vɛrktə]; ~|gefuhrwerk [-jəfu·ę̣,vɛrk]>: herumfuhrwerken, längere Zeit mit etw. heftig, unkontrolliert u. planlos hantieren. (41)

eröm|fummele [ə'røm·fʊmələ] <trennb. Präfix-V.; schw.; *han*; fummelte e. ['fʊməltə]; ~|gefummelt [-jəfʊməlt]> {9.2.1.2}: herumfummeln, sich an etw. zu schaffen machen. (6)

eröm|gevve [ə'røm·jevə] <trennb. Präfix-V.; st.; *han*; gov e. [jo·f]; ~|gegovve/~|gegevve [-jəjovə / -jəjevə]> {5.3.4; 5.5.2; 6.1.1}: herumgeben, herumreichen. (81)

eröm|gonn [ə'røm·jon] <trennb. Präfix-V.; st.; *sin*; ging e. [jɪŋ]; ~|gegange [-jəjaŋə]> {5.3.4; 8.2.2.3}: herumgehen. (83)

eröm|hange [ə'røm·haŋə] <trennb. Präfix-V.; st.; *han*; hing e. [hɪŋ]; ~|gehange [-jəhaŋə]> {5.4}: herumhängen, sich irgendwo zum bloßen Zeitvertreib aufhalten: *en der Disco e.* (in der Disco h.). (65)

eröm|hänge [ə'røm·hɛŋə] <trennb. Präfix-V.; schw.; *han*; hängte e. ['hɛŋ·tə]; ~|gehängk [-jəhɛŋ·k]>: herumhängen, unordentlich irgendwo aufhängen: *Loss ding Saache hee nit e.* (Lass deine Klamotten hier nicht h.). (49)

eröm|hantiere/~eere [ə'røm·han,ti·(ę̣)rə / -e·rə] <trennb. Präfix-V.; schw./unr.; *han*; hantierte e. [han'ti·ę̣tə]; ~|hantiert [-han,ti·ę̣t] ⟨afrz. hanter⟩> {(5.1.4.3)}: herumhantieren. (3) (2)

eröm|höppe [ə'røm·høpə] <trennb. Präfix-V.; schw.; *sin*; höppte e. ['høptə]; ~|gehöpp [-jəhøp]> {5.5.1; 6.8.1}: herumspringen. (75)

eröm|hure/~|hore [ə'røm·hu·(ę̣)rə / -ho·(ę̣)rə] <trennb. Präfix-V.; schw.; *han*; hurte e. ['hu·ę̣tə]; ~|gehurt [-jəhu·ę̣t]>: herumhuren, ständig zu Huren gehen. (21)

eröm|hüre/~|höre [ə'røm·hy·(ę̣)rə / -hø·(ę̣)rə] <trennb. Präfix-V.; Formen mischbar; schw./unr.; *han*; hürte/hoot e. ['hy·ę̣tə / 'ho:t]; ~|gehürt/~|gehoot [-jəhy·ę̣t / -jəho:t]> {5.4}: umhören, herumhorchen. (21) (179)

eröm|irre [ə'røm·|ɪrə] <trennb. Präfix-V.; schw.; *sin*; irrte e. ['ɪxtə]; ~|geirr [-jə|ɪx]>: herumirren, umherirren, durch die Gegend irren. (93)

eröm|knuuve [ə'røm·knu·və] <trennb. Präfix-V.; schw.; *han*; knuuvte e. ['knu·ftə]; ~|geknuuv [-jəknu·f]>: herumbasteln. (158)

eröm|kommandiere/~eere [ə'røm·koman,di·(ę̣)rə / -e·rə] <trennb. Präfix-V.; schw./unr.; *han*; kommandierte e. [koman'di·ę̣tə]; ~|kommandiert [-koman,di·ę̣t] ⟨frz. commander⟩> {(5.1.4.3)}: herumkommandieren, (jmdn.) ständig kommandieren. (3) (2)

eröm|krige [ə'røm·krɪjə] <trennb. Präfix-V.; unr.; *han*; kräg/kräht e. [krɛ:ʃ / krɛ:t]; ~|(|ge)kräge/~|gekräg/~|gekräht [-(jə),krɛ:jə / -jə,krɛ:ʃ / -jə,krɛ:t]> {5.3.4.1}: herumkriegen, **1.** überreden, überzeugen, umstimmen: *Ich han mi Vatter erömkräge/erömgekräg.* (Ich habe meinen Vater herumgekriegt, umgestimmt.). **2.** Zeitspanne überbrücken: *Mer krigen de Zigg ald eröm.* (Wir kriegen die Zeit schon herum.). (117)

eröm|krose [ə'røm·kro·zə] <trennb. Präfix-V.; schw.; *han*; kroste e. ['kro·stə]; ~|gekros [-jəkro·s]>: herumkramen, herumstöbern. (149)

eröm|kruffe [ə'røm·krʊfə] <trennb. Präfix-V.; st.; *sin*; kroff e. [krof]; ~|gekroffe [-jəkrofə]>: herumkriechen. (119)

eröm|kumme [ə'røm·kʊmə] <trennb. Präfix-V.; st.; *sin*; kom e. [ko·m]; ~|(|ge)kumme [-(jə),kʊmə]> {5.4}: herumkommen, **1. a)** um etw. herumfahren: *Dä kütt mem Bus nit do eröm.* (Er kommt mit dem Bus nicht dort herum.); **b)** etw. umschließen/-fassen können. **2.** etw. Unangenehmes umgehen/vermeiden können: *Öm dat Knöllche wääden ich nit e.* (Um das Protokoll werde ich nicht h.). **3.** reisen u. dadurch etw. von der Welt sehen, etw. erleben: *Dä es en der ganze Welt erömgekumme.* (Der ist in der ganzen Welt herumgekommen.). **4.** zu jmdm. zu Besuch kommen: *Wann kutt ehr noch ens eröm?* (Wann kommt ihr nochmal zu Besuch?). **5.** <unpers.> einbringen, einträglich sein: *Dobei kütt nix eröm.* (Das bringt nichts ein.). (120)

eröm|kurve [ə'røm·kʊr·və] <trennb. Präfix-V.; schw.; *sin*; kurvte e. ['kʊr·ftə]; ~|gekurv [-jəkʊr·f]>: herumkurven, herumfahren. (66)

eröm|laufe [ə'røm·loʊfə / -,-'--] <trennb. Präfix-V.; st.; *sin*; leef e. [le·f]; ~|gelaufe [-jəloʊfə]>: herumlaufen, **1.** ohne best Ziel von einer Stelle zur andern laufen. **2.** im Kreis/Bogen um etw. laufen. **3.** sich in unordentlicher od. schmutziger Kleidung in der Öffentlichkeit zeigen [auch: ↑eröm|renne]. (128)

erömǀlige [əˈrømˑlɪˌjə] <trennb. Präfix-V.; st.; *han*; lọg e. [lɔˑx]; ~ǀgeläge [-ˌjəlɛːjə]> {5.3.4.1}: herumliegen, lässig irgendwo liegen, unordentlich verstreut liegen. (132)

erömǀlömmele [əˈrømˑlømələ] <trennb. Präfix-V.; schw.; *han*; lọ̈mmelte e. [ˈløməltə]; ~ǀgelömmelt [-jəløməlt]> {5.5.1; 9.2.1.2}: herumlümmeln. (6)

erömǀlungere [əˈrømˑlʊŋərə] <trennb. Präfix-V.; schw.; *han/sin*; lungerte e. [ˈlʊŋətə]; ~ǀgelungert [-jəlʊŋet]> {9.2.1.2}: herumlungern, sich irgendwo untätig aufhalten. (4)

erömǀmatsche [əˈrømˑmatʃə] <trennb. Präfix-V.; schw.; *han*; matschte e. [ˈmatʃtə]; ~ǀgematsch [-jəmatʃ]>: herummatschen, **1.** im Schmutz, Schlamm herumwühlen. **2.** mit Flüssigkeit, Essen, Farbe od. Ä. kleckern. (110)

erömǀmemme [əˈrømˑmɛmə] <trennb. Präfix-V.; schw.; *han*; memmte e. [ˈmɛmˑtə]; ~ǀgememmp [-jəmɛmˑp]>: schwächeln, leidend tun, jammern [auch: ↑gọ̈ọ̈ze, ↑jammere, ↑jọ̈ọ̈mere, ↑pingele]. (40)

erömǀmenge [əˈrømˑmɛŋə] <trennb. Präfix-V.; schw.; *han*; mengte e. [ˈmɛŋˑtə]; ~ǀgemengk [-jəmɛŋˑk]>: herummengen, herumrühren. (49)

erömǀmurkse [əˈrømˑmʊrksə] <trennb. Präfix-V.; schw.; *han*; murkste e. [ˈmʊrkstə]; ~ǀgemurks [-jəmʊrks]>: herummurksen, sich an etw. unsachgemäß zu schaffen machen. (87)

erömǀmuuse [əˈrømˑmuˑzə] <trennb. Präfix-V.; schw.; *han*; muuste e. [ˈmuˑstə]; ~ǀgemuus [-jəmuˑs]> {5.1.3}: herummausen, (übertr.) heimlich durchsuchen, durchstöbern, um etw. zu stibitzen od. zu erfahren. (149)

erömǀnöttele [əˈrømˑnøtələ] <trennb. Präfix-V.; schw.; *han*; nọ̈ttelte e. [ˈnøtəltə]; ~ǀgenöttelt [-jənøtəlt]> {5.5.1; 8.2.4; 9.2.1.2}: herumnörgeln; fortwährend nörgeln. (6)

erömǀploge, sich [əˈrømˑploˑʁə] <trennb. Präfix-V.; schw.; *han*; plọgte e. [ˈploˑxtə]; ~ǀgeplog [-jəploˑx]> {5.5.3}: sich herumplagen, <sich e. met> sich mit etw. fortwährend (erfolglos) plagen. (103)

erömǀquäle, sich [əˈrømˑkvɛˑlə] <trennb. Präfix-V.; schw.; *han*; quälte e. [ˈkvɛˑltə]; ~ǀgequält [-jəkvɛˑlt]>: sich herumquälen/-plagen. (148)

erömǀquengele [əˈrømˑkvɛŋələ] <trennb. Präfix-V.; schw.; *han*; quengelte e. [ˈkvɛŋəltə]; ~ǀgequengelt [-jəkvɛŋəlt]> {9.2.1.2}: herumquengeln, herumnörgeln. (6)

erömǀrecke [əˈrømˑrekə] <trennb. Präfix-V.; schw.; *han*; rẹckte e. [ˈrektə]; ~ǀgereck [-jərek]> {5.3.1; 5.5.2}: herumreichen, **a)** etw. von einem zum anderen reichen: *dat neue Boch e.* (das neue Buch h.); **b)** jmdn. allen nur möglichen Personen vorstellen; **[RA]** *Reck en eröm, hä weed gebütz!* (Reich ihn herum, er wird geküsst! (wenn jmdm. etw. zu verdanken ist).). (88)

erömǀreise [əˈrømˑreɪzə] <trennb. Präfix-V.; schw.; *sin*; reiste e. [ˈreɪstə]; ~ǀgereis [-jəreɪs]>: herumreisen, ziellos reisen. (149)

erömǀrenne [əˈrømˑrɛnə] <trennb. Präfix-V.; unr.; *sin*; rannt e. [rant]; ~ǀgerannt [-jərant]>: herumrennen [auch: ↑erömǀlaufe]. (35)

erömǀrieße [əˈrømˑriːsə] <trennb. Präfix-V.; st.; *han*; rẹss e. [res]; ~ǀgerẹsse [-jərɛsə]> {5.1.4.5}: herumreiße, hektisch in eine andere Richtung reißen. (25)

erömǀrigge [əˈrømˑrɪɡə] <trennb. Präfix-V.; st.; *sin*; rẹdt e. [ret]; ~ǀgerẹdde [-jəredə]> {5.3.4; 6.6.2}: herumreiten; **1.** durch die Gegend reiten. **2.** fortwährend über das selbe unangenehme Thema reden. (133)

erömǀrode [əˈrømˑroˑdə] <trennb. Präfix-V.; st.; *han*; reedt e. [reːt]; ~ǀgerode [-jəroˑdə]> {5.5.3; 6.11.3}: herumraten. (36)

erömǀrödsele [əˈrømˑrœˑtsələ] <trennb. Präfix-V.; schw.; *han*; rọ̈dselte e. [ˈrœˑtsəltə]; ~ǀgerödselt [-jərœˑtsəlt]> {5.5.3; 6.11.3; 9.2.1.2}: herumrätseln. (6)

erömǀrölze [əˈrømˑrøltsə] <trennb. Präfix-V.; schw.; *han*; rọ̈lzte e. [ˈrøltstə]; ~ǀgerölz [-jərølts]>: herumbalgen, herumtollen; am Boden od. im Bett balgend/ringend/raufend sich hin- u. herrollen, herumwälzen [auch: ↑erömǀbalge]. (42)

erömǀrötsche [əˈrømˑrøtʃə] <trennb. Präfix-V.; schw.; *sin*; rọ̈tschte e. [ˈrøtʃtə]; ~ǀgerötsch [-jərøtʃ]> {5.5.1}: herumrutschen. (110)

erömǀsaue [əˈrømˑzoʊə] <trennb. Präfix-V.; schw.; *han*; saute e. [ˈzoʊtə]; ~ǀgesaut [-jəzoʊt]>: rumsauen. (11)

erömǀschecke [əˈrømˑʃekə] <trennb. Präfix-V.; schw.; *han*; schẹckte e. [ˈʃektə]; ~ǀgescheck [-jəʃek]> {5.5.2}: vorbei-, herumschicken. (88)

erömǀschlage/~ǀschlonn, sich [əˈrømˑʃlaˑʁə / -ˈʃlɔn] <trennb. Präfix-V.; st.; *han*; schlog e. [ʃloˑx]; ~ǀgeschlage [-jəʃlaˑʁə]> {(5.3.2; 5.4)}: sich herumschlagen, **1.** sich auseinandersetzen/herumstreiten. **2.** sich mit etw. abmühen [auch: ↑avǀmöhe; ↑avǀschufte; ↑avǀrackere; ↑avǀmurkse; ↑schinde; ↑ploge; *Möh gevve; zom Schänzche arbeide*]. (48) (163)

eröm|schlawenzele [ə'røm·ʃla͜ˌvɛntsələ] <trennb. Präfix-V.; schw.; *sin*; schlawenzelte e. [ʃla'vɛntsəltə]; ~|schlawenzelt [-ʃla͜ˌvɛntsəlt]> {9.2.1.2}: herumscharwenzeln, sich bei jmdm. anbiedernd einschmeicheln/einschleimen. (6)

eröm|schleife [ə'røm·ʃlei̯fə] <trennb. Präfix-V.; schw.; *han*; schleifte e. ['ʃlei̯ftə]; ~|geschleif [-jəʃlei̯f]>: herumschleifen, herumschleppen. (108)

eröm|schnäuve [ə'røm·ʃnœy̯və] <trennb. Präfix-V.; schw.; *han*; schnäuvte e. ['ʃnœy̯ftə]; ~|geschnäuv [-jəʃnœy̯f]> {5.2.3.1; 6.5.2}: neugierig herumschnüffeln [auch: ↑erömschnüffele, ↑schnäuse (2)]. (158)

erömschnüffele [ə'røm·ʃnyfələ] <trennb. Präfix-V.; schw.; *han*; schnüffelte e. ['ʃnyfəltə]; ~|geschnüffelt [-jəʃnyfəlt]> {9.2.1.2}: herumschnüffeln [auch: ↑erömschnäuve, ↑schnäuse (2)]. (6)

erömschreie [ə'røm·ʃrei̯ə] <trennb. Präfix-V.; schw.; *han*; schreite e. ['ʃrei̯tə]; ~|geschreit [-jəʃrei̯t]>: herumschreien. (11)

erömsetze[1] [ə'røm·zɛtsə / --'--] <trennb. Präfix-V.; st.; *han*; soß e. [zo:s]; ~|gesesse [-jəzɛsə] {5.5.2}: herumsitzen, **1.** fortwährend irgendwo müßig sitzen: *Ich kann hee nit bloß e.* (Ich kann hier nicht nur h.). **2.** im (Halb)kreis um etw. sitzen: *öm der Desch e.* (um den Tisch h.). (172)

erömsetze[2] [ə'røm·zɛtsə] <trennb. Präfix-V.; unr./schw.; *han*; setzte/satz e. ['zɛtstə / zats]; ~|gesetz/~|gesatz [-jəzɛts / -jəzats]>: herumsetzen, **a)** <sich e.> sich zu mehreren im (Halb)kreis um jmdn./etw. setzen; **b)** <sich e.> sich zu jmdm. hinsetzen: *Kumm, setz dich eröm!* (Komm, setz dich zu mir!); **c)** (etw.) im (Halb)kreis um etw. setzen. (173)

erömspreche, sich [ə'røm·ʃprɛçə] <trennb. Präfix-V.; st.; *han*; sproch e. [ʃpro:x]; ~|gesproche [-jəʃproxə]>: sich herumsprechen. (34)

erömstäuve [ə'røm·ʃtœy̯və] <trennb. Präfix-V.; schw.; *han*; stäuvte e. ['ʃtœy̯ftə]; ~|gestäuv [-jəʃtœy̯f] {5.2.3; 6.1.1}: herumstöbern. (158)

erömstelle [ə'røm·ʃtɛlə] <trennb. Präfix-V.; schw./unr.; *han*; stellte/stallt e. ['ʃtɛl·tə / ʃtalt]; ~|gestellt/~|gestallt [-jəʃtɛl·t / -jəʃtalt]>: herumstellen, **a)** <sich e.> sich zu mehreren im (Halb)kreis um jmdn./etw. setzen; **b)** (etw.) im (Halb)kreis um etw. setzen. (182)

erömstochere [ə'røm·ʃtɔxərə] <trennb. Präfix-V.; schw.; *han*; stocherte e. ['ʃtɔxɐtə]; ~|gestochert [-jəʃtɔxɐt]> {9.2.1.2}: herumstochern. (4)

erömstolziere/~eere [ə'røm·ʃtɔlˌtsi·(ɐ̯)rə / -e·rə] <trennb. Präfix-V.; schw./unr.; *sin*; stolzierte e. [ʃtɔl'tsi·ɐ̯tə]; ~|stolziert [-ʃtɔlˌtsi·ɐ̯t] ⟨mhd. stolzieren⟩> {(5.1.4.3)}: herumstolzieren, umherstolzieren. (3) (2)

erömstonn [ə'røm·ʃtɔn] <trennb. Präfix-V.; st.; *han*; stundt e. [ʃtʊnt]; ~|gestande [-jəʃtandə]> {5.3.4; 8.2.2.3}: herumstehen. (185)

erömsträufe [ə'røm·ʃtrøy̯fə] <trennb. Präfix-V.; schw.; *han*; sträufte e. ['ʃtrøy̯ftə]; ~|gesträuf [-jəʃtrøy̯f] {5.1.3}: umherstreifen, umherziehen. (108)

erömstüsse [ə'røm·ʃtysə] <trennb. Präfix-V.; st.; *han*; stoss e. [ʃtɔs]; ~|gestosse/~|gestüsse [-jəʃtɔsə / -jəʃtysə] {5.4; 5.3.4}: herumstoßen. (188)

erömtelefoniere/~eere [ə'røm·teləfoˌni·(ɐ̯)rə / -e·rə] <trennb. Präfix-V.; schw./unr.; *han*; telefonierte e. [teləfo'ni·ɐ̯tə]; ~|telefoniert [-teləfoˌni·ɐ̯t] {(5.1.4.3)}: herumtelefonieren. (3) (2)

erömtirvele [ə'røm·tɪrvələ] <trennb. Präfix-V.; schw.; *han*; tirvelte e. ['tɪrvəltə]; ~|getirvelt [-jətɪrvəlt]> {6; 9.2.1.2}: herumwirbeln, **1.** <han> jmdn./etw. im Kreise, aus der einen in die andere Richtung wirbeln. **2.** <sin> sich wirbelnd (um die eigene Achse) drehen, sich wild im Kreis drehen: *De Danzmariecher tirvelten eröm.* (Die Tanzmariechen wirbelten herum.). (6)

erömtobe [ə'røm·to·bə] <trennb. Präfix-V.; schw.; *han*; tobte e. ['to·ptə]; ~|getob [-jəto·p]>: herumtoben, **1.** <han/sin> ausgelassen, laut lärmend u. schreiend umherlaufen. **2.** <han> sich tobend gebärden. (189)

erömtrecke [ə'røm·trɛkə] <trennb. Präfix-V.; st.; *han*; trok e. [tro:k]; ~|getrocke [-jətrokə]>: herumziehen. (190)

erömtrödele [ə'røm·trœ·dələ] <trennb. Präfix-V.; schw.; *han*; trödelte e. ['trœ·dəltə]; ~|getrödelt [-jətrœ·dəlt]> {5.5.3; 9.2.1.2}: herumtrödeln, fortwährend trödeln. (6)

erömturne [ə'røm·tʊrnə] <trennb. Präfix-V.; schw.; *han*; turnte e. ['tʊrntə]; ~|geturnt [-jətʊrnt]>: herumturnen, **1.** <han> spielerisch turnen. **2.** <sin> sich irgendwo (zw. Hindernissen od. Ä.) so bewegen, als seien es Turnübungen: *om Daach e.* (auf dem Dach h.). (193)

erömwälze [ə'røm·vɛltsə] <trennb. Präfix-V.; schw.; *han*; wälzte e. ['vɛltstə]; ~|gewälz [-jəvɛlts]>: herumwälzen, herumtollen. (42)

eröm|weckele [əˈrøm·vekələ] <trennb. Präfix-V.; schw.; *han*; w**e**ckelte e. [ˈvekəltə]; ~|gew**e**ckelt [-jəvekəlt]> {5.5.2; 9.2.1.2}: herumwickeln, um etw. wickeln. (6)

eröm|werfe/~|wirfe [əˈrøm·verfə / -vɪrfə] <trennb. Präfix-V.; st.; *han*; w**o**rf e. [vorf]; ~|gew**o**rfe [-jəvorfə]> {5.5.2/5.4}: herumwerfen, **1.** (unachtsam) durch die Gegend werfen: *De Pänz han et Spillzüg em Zemmer erömgeworfe.* (Die Kinder haben ihr Spielzeug im Zimmer herumgeworfen.). **2.** heftig u. mit Schwung in eine andere Richtung, auf die andere Seite drehen: *der Hebel, et Steuer e.* (den Hebel, das Steuer h.). (206)

eröm|zabbele [əˈrøm·tsabələ] <trennb. Präfix-V.; schw.; *han*; zabbelte e. [ˈtsabəltə]; ~|gezabbelt [-jətsabəlt]> {6.9; 9.2.1.2}: herumzappeln. (6)

eröm|zänke, sich [əˈrøm·tsɛŋkə] <trennb. Präfix-V.; schw.; *han*; zänkte e. [ˈtsɛŋktə]; ~|gezänk [-jətsɛŋk]> {5.4}: sich herumstreiten. (41)

erop [əˈrop] <Adv.> {5.3.1; 5.5.1; 6.5.1; 8.1}: herauf, hinauf, nach oben: *Erav geiht et flöcker wie e.* (Herunter geht es schneller als h.); **der Rhing e.* (rheinaufwärts).

erop|- [əˈrop] <Präfix> {5.3.1; 5.5.1; 6.5.1; 8.1}: herauf-, hinauf-, hoch-, i. Vbdg. m. V.: *~bränge* (~bringen).

erop|arbeide, sich [əˈrop͵arbeɪ·də / əˈrobar͵beɪ·də] <trennb. Präfix-V.; schw.; *han*; arbeidte e. [ˈarbeɪ·tə]; ~|gearbeidt [-jə|arbeɪ·t]> {6.11.3}: sich heraufarbeiten, **1. a)** von einer tieferen Stelle nach oben arbeiten; **b)** sich unter Anspannung der Kräfte, durch angestrengte Tätigkeit hinaufbewegen. **2.** sich hocharbeiten. (197)

erop|bedde [əˈropbedə] <trennb. Präfix-V.; unr.; *han*; ~|gebedde [-jəbedə]> {5.4; 6.11.3}: herauf-, hinaufbitten: *einer e.* (jmdn. h./bitten heraufzukommen). (12)

erop|bemöhe [əˈropbə͵møˑə] <trennb. Präfix-V.; schw.; *han*; bemöhte e. [bəˈmøˑtə]; ~|bemöht [-bəmøˑt]> {5.4}: heraufbemühen, **1.** (jmdn.) bitten freundlicherweise heraufzukommen: *Darf ich dich noch ens e.?* (Darf ich dich noch einmal h.?). **2.** <sich e.> freundlicherweise heraufkommen: *Däts do dich noch ens e.?* (Würdest du dich noch einmal h.?). (37)

erop|be|schwöre [əˈropbə͵ʃvoː(ɐ̯)rə] <trennb. Präfix-V.; st.; *han*; be|schwor/be|schwörte e. [bəˈʃvoːɐ̯ / bəˈʃvøːɐ̯tə]; ~|be|schwore [-bə͵ʃvoːrə]>: heraufbeschwören, **1.** durch best. (unüberlegte, unbedachte) Handlungen eine missliche Situation od. Ä. verursachen: *en Gefahr, Unheil e.* (eine Gefahr, Unheil h.). **2.** an etw. Vergangenes erinnern u. es (zur Mahnung) eindringlich darstellen: *de Vergangenheit e.* (die Vergangenheit h.). (170)

erop|bränge [əˈropbrɛŋə] <trennb. Präfix-V.; unr.; *han*; braht e. [braːt]; ~|gebraht [-jəbraːt]> {5.4}: herauf-, hinauf-, hochbringen, nach oben bringen [auch: ↑huh|bränge]. (33)

erop|däue [əˈropdøʏ̯ə] <trennb. Präfix-V.; Formen mischbar; unr./schw.; *han*; daut/däute e. [doʊ̯t / ˈdøʏ̯·tə]; ~|gedaut/~|gedäut [-jədoʊ̯t / -jədøʏ̯·t]>: hinauf-, hochschieben. (43)

erop|dörfe/~|dürfe [əˈropdørfə (-dørvə) / -dʏrfə (-dʏrvə)] <trennb. Präfix-V.; unr.; *han*; d**o**rf e. [dorf]; ~|ged**o**rf [-jədorf]> {5.5.1}: herauf-, hinaufdürfen. (47)

erop|drage [əˈropdraˑʀə] <trennb. Präfix-V.; st.; *han*; drog e. [droˑx]; ~|gedrage [-jədraˑʀə]> {6.11.2}: herauf-, hinauf-, hochtragen, nach oben tragen [auch: ↑huh|drage]. (48)

erop|drieve [əˈropdriˑvə] <trennb. Präfix-V.; st.; *han*; drevv e. [dref]; ~|gedrevve [-jədrevə]> {5.1.4.5; 6.1.1; 6.11.2}: hinauftreiben, hochtreiben, **1.** nach oben treiben. **2.** in die Höhe treiben, erhöhen: *de Priese e.* (die Preise h.) [auch: ↑huh|drieve]. (51)

erop|fahre [əˈropfaˑrə] <trennb. Präfix-V.; st.; *han u. sin*; fuhr/fohr e. [fuˑɐ̯ / foˑɐ̯]; ~|gefahre [-jəfaˑrə]>: herauf-, hinauf-, hochfahren [auch: ↑huh|fahre]. (62)

erop|falle [əˈropfalə] <trennb. Präfix-V.; st.; *sin*; feel e. [feˑl]; ~|gefalle [-jəfalə]>: hinauffallen, nur i. d. Wendung *de Trapp e.* (die Treppe h.). (64)

erop|föhre/~|führe [əˈropføˑ(ɐ̯)rə / -fyˑ(ɐ̯)rə] <trennb. Präfix-V.; unr./st./schw.; *han*; föhte/foht e. [ˈføˑtə / foːt]; ~|geföht/~|gefoht [-jəføˑt / -jəfoːt]> {5.4}: herauf-, hinaufführen. (74) (31)

erop|gelange [əˈropjəlaŋə] <trennb. Präfix-V.; schw.; *sin*; gelangte e. [jəˈlaŋ·tə]; ~|gelangk [-jəlaŋ·k]>: hinaufgelangen. (49)

erop|gonn [əˈropjɔn] <trennb. Präfix-V.; st.; *sin*; ging e. [jɪŋ]; ~|gegange [-jəjaŋə] {5.3.4; 8.2.2.3}: hinaufgehen, hochgehen [auch: ↑huh|gonn (1a)]. (83)

erop|helfe [əˈrophɛlfə] <trennb. Präfix-V.; st.; *han*; h**o**lf e. [holf]; ~|geh**o**lfe [-jəholfə]>: hinaufhelfen. (97)

erop|holle [əˈropholə] <trennb. Präfix-V.; unr.; *han*; h**o**llt e. [holt]; ~|geh**o**llt [-jəholt]> {5.3.4; 5.5.1}: heraufholen [auch: ↑huh|holle]. (99)

erop|klemme [ə'ropklemə] <trennb. Präfix-V.; st.; *sin*; klomm e. [klɔm]; ~|geklomme [-jəklɔmə]> {5.5.2}: hinaufklettern, -steigen, hochklettern, -steigen, nach oben klettern. (109)

erop|krempele [ə'ropkrɛmpələ] <trennb. Präfix-V.; schw.; *han*; krempelte e. ['krɛmpəltə]; ~|gekrempelt [-jəkrɛmpəlt]> {9.2.1.2}: hochkrempeln [auch: ↑huh|-krempele, ↑huh|sträufe]. (6)

erop|kruffe [ə'ropkrʊfə] <trennb. Präfix-V.; st.; *sin*; krɔff e. [krɔf]; ~|gekroffe [-jəkrɔfə]>: hochkriechen. (119)

erop|kumme [ə'ropkʊmə] <trennb. Präfix-V.; st.; *sin*; kɔm e. [kɔˑm]; ~|(ge)kumme [-(jə),kʊmə]> {5.4}: herauf-, hochkommen [auch: ↑huh|kumme (1a)]. (120)

erop|künne [ə'ropkʏnə] <trennb. Präfix-V.; unr.; *han*; kʊnnt e. [kʊnt]; ~|gekunnt [-jəkʊnt]> {5.4}: herauf-, hinaufkönnen, -dürfen [auch: ↑huh|künne]. (121)

erop|kurvele [ə'ropkʊrˑvələ] <trennb. Präfix-V.; schw.; *han*; kurvelte e. ['kʊrˑvəltə]; ~|gekurvelt [-jəkʊrˑvəlt]> {6.1.1; 9.2.1.2}: hochkurbeln. (6)

erop|laufe [ə'roplo͡ʊfə] <trennb. Präfix-V.; st.; *sin*; leef e. [leˑf]; ~|gelaufe [-jəlo͡ʊfə]>: hinauflaufen, hochlaufen, nach oben laufen. (128)

erop|looße [ə'roplɔˑsə] <trennb. Präfix-V.; st.; *han*; leet/leeß e. [leːt / leˑs]; ~|gelooße [-jəlɔˑsə]> {5.2.1.3; 5.5.3}: herauf-, hinauflassen. (135)

erop|luure/~|loore [ə'ropluˑ(g)rə / -loˑrə] <trennb. Präfix-V.; schw./unr.; *han*; luurte e. ['luˑɐ̯tə]; ~|geluurt [-jəluˑɐ̯t]>: hinaufsehen, -blicken, -schauen [auch: ↑huh|luure/~|loore]. (100) (134)

erop|müsse [ə'ropmʏsə] <trennb. Präfix-V.; unr.; *han*; mɔɔt e. [mɔːt]; ~|gemɔɔt [-jəmɔːt]>: herauf-, hinaufmüssen [auch: ↑huh|müsse (1)]. (142)

erop|nemme [ə'ropnemə] <trennb. Präfix-V.; st.; *han*; nɔhm e. [nɔˑm]; ~|genomme [-jənɔmə]> {5.3.4; 5.5.2}: hochnehmen, nach oben nehmen. (143)

erop|recke [ə'roprekə] <trennb. Präfix-V.; schw.; *han*; reckte e. ['rektə]; ~|gereck [-jərek]> {5.3.1; 5.5.2}: hinaufreichen [auch: ↑huh|recke²]. (88)

erop|rofe [ə'roproˑfə] <trennb. Präfix-V.; st.; *han*; reef e. [reˑf]; ~|gerofe [-jəroˑfə]> {5.4}: hinaufrufen. (151)

erop|rötsche [ə'roprøtʃə] <trennb. Präfix-V.; schw.; *sin*; rötschte e. ['røtʃtə]; ~|gerötsch [-jərøtʃ]> {5.5.1}: hochrutschen [auch: ↑huh|rötsche]. (110)

erop|schecke [ə'ropʃekə] <trennb. Präfix-V.; schw.; *han*; scheckte e. ['ʃektə]; ~|gescheck [-jəʃek]> {5.5.2}: hinauf-, herauf-, hochschicken. (88)

erop|schleiche/~|schliche [ə'ropʃle͡ɪ̯ɣə / -ʃlɪɣə] <trennb. Präfix-V.; *erop|schliche* veraltet; st.; schlech e. [ʃleɣ]; ~|gescheche [-jəʃleɣə]> {(5.3.1)}: hochschleichen, **1.** <sin> nach oben schleichen: *de Trapp e.* (die Treppe h.). **2.** <*han*; sich e.> sich nach oben schleichen: *Ich schlech mich de Trapp erop.* (Ich schlich mich die Treppe hoch.). (161) (187)

erop|schruuve [ə'ropʃruˑvə] <trennb. Präfix-V.; schw.; *han*; schruuvte e. ['ʃruˑftə]; ~|geschruuv [-jəʃruˑf]> {5.1.3; 6.1.1}: hinaufschrauben, hochschrauben [auch: ↑huh|schruuve]. (158)

erop|schwinge, sich [ə'ropʃvɪŋə] <trennb. Präfix-V.; st.; *han*; schwung e. [ʃvʊŋ]; ~|geschwunge [-jəʃvʊŋə]>: sich hinaufschwingen. (26)

erop|setze [ə'ropzɛt͡sə] <trennb. Präfix-V.; unr./schw.; *han*; setzte/satz e. ['zɛt͡stə / zat͡s]; ~|gesetz/~|gesatz [-jəzɛt͡s / -jəzat͡s]>: herauf-, hinaufsetzen, erhöhen. (173)

erop|solle [ə'ropzolə] <trennb. Präfix-V.; unr.; *han*; sollt e. [zolt]; ~|gesollt [-jəzolt]> {5.5.1}: herauf-, hinauf-, hochsollen, herauf-, hinaufdürfen [auch: ↑huh|solle]. (177)

erop|steige [ə'ropʃte͡ɪ̯ə] <trennb. Präfix-V.; st.; *sin*; steeg e. [ʃteˑɣ]; ~|gesteege [-jəʃteˑɣə]>: heraufsteigen, **a)** von unten nach oben steigen: *de Trapp e.* (die Treppe h.); **b)** (übertr.) *Nevvel steig (vum Tal) erop.* (Nebel steigt (vom Tal) herauf.). (181)

erop|sträufe [ə'ropʃtrø͡ʏfə] <trennb. Präfix-V.; unr.; *han*; sträufte e. ['ʃtrø͡ʏftə]; ~|gesträuf [-jəʃtrø͡ʏf]> {5.1.3}: heraufstreifen, hochschieben [auch: ↑erop|striefe/~|streife]. (86)

erop|striefe/~|streife [ə'ropʃtriːfə / -ʃtre͡ɪ̯fə] <trennb. Präfix-V.; unr.; *han*; striefte e. ['ʃtriːftə]; ~|gestrief [-jəʃtriːf]> {5.1.4.5}: heraufstreifen, hochschieben [auch: ↑erop|sträufe]. (86)

erop|trecke [ə'roptrɛkə] <trennb. Präfix-V.; st.; *han*; trɔk e. [trɔˑk]; ~|getrocke [-jətrɔkə]>: hinaufziehen, hochziehen [auch: ↑huh|trecke (1)]. (190)

erop|welle/~|wolle [ə'ropvelə / -volə] <trennb. Präfix-V.; unr.; *han*; wollt e. [volt]; ~|gewollt [-jəvolt]> {5.5.2/ 5.5.1}: hinauf-, herauf-, hochwollen [auch: ↑huh|welle/~|wolle]. (204) (211)

erpich [ɛɐ̯'pɪfj] <Adj.; Sup. ungebr.; ~te; ~ter, ~ste> {8.3.5}: erpicht, meist i. d. Vbdg. ***op jet e. sin** (auf etw. e. sein, auf etw. begierig/versessen sein). Tbl. A4.1.1

er|presse [ɛɐ̯'prɛsə] <nicht trennb. Präfix-V.; schw.; *han*; er|presste [ɛɐ̯'prɛstə]; er|press [ɛɐ̯'prɛs]>: erpressen; nötigen. (67)

er|reechte/~|richte [ɛɐ̯'re:fjtə] <nicht trennb. Präfix-V.; schw.; *han*; er|reech [ɛɐ̯'re:fj]> {5.2.1; 5.4}: errichten, erbauen. (131)

er|reiche [ɛɐ̯'reɪfjə] <nicht trennb. Präfix-V.; schw.; *han*; er|reichte [ɛɐ̯'reɪfjtə]; er|reich [ɛɐ̯'reɪfj]>: erreichen, bewirken. (123)

Erri, der ['ɛri·] <N.; männl. Vorn.>: Kurzf. von Ernst.

er|rode [ɛɐ̯'rɔ·də] <nicht trennb. Präfix-V.; st.; *han*; er|reedt [ɛɐ̯'re:t]; er|rode [ɛɐ̯'rɔ·də]> {5.5.3; 6.11.3}: erraten, enträtseln. (36)

Errungen|schaff, de [ɛ'rʊŋən‚ʃaf] <N.; ~|schafte>: Errungenschaft.

Ersatz|deens, der [ɛɐ̯'zats‚de·ns] <N.; ~te> {s. u. ↑Deens}: Ersatzdienst.

Ersatz|deil, et [ɛɐ̯'zats‚deɪl] <N.; ~(e) [-deɪl / -deɪ·lə]> {s. u. ↑Deil}: Ersatzteil.

Ersatz|deil|lager, et [ɛɐ̯'zatsdeɪl‚la·ʀə] <N.; ~> {s. u. ↑Deil}: Ersatzteillager.

Ersatz|meddel, et [ɛɐ̯'zats‚mɛdəl] <N.; ~(e)> {s. u. ↑Meddel}: Ersatzmittel.

er|schaffe [ɛɐ̯'ʃafə] <nicht trennb. Präfix-V.; st.; *han*; er|schof [ɛɐ̯'ʃo·f]; er|schaffe [ɛɐ̯'ʃafə]>: erschaffen. (156)

er|scheeße [ɛɐ̯'ʃe·sə] <nicht trennb. Präfix-V.; st.; *han*; er|schoss [ɛɐ̯'ʃɔs]; er|schosse [ɛɐ̯'ʃɔsə]> {5.1.4.3}: erschießen. (79)

er|schlage/~|schlonn [ɛɐ̯'ʃla·ʀə / -ʃlɔn] <nicht trennb. Präfix-V.; st.; *han*; er|schlog [ɛɐ̯'ʃlo·x]; er|schlage [ɛɐ̯'ʃla·ʀə]> {(5.3.2; 5.4)}: erschlagen. (48) (163)

er|schüttere [ɛɐ̯'ʃʏtərə] <nicht trennb. Präfix-V.; schw.; *han*; er|schütterte [ɛɐ̯'ʃʏtetə]; er|schüttert [ɛɐ̯'ʃʏtet]> {9.2.1.2}: erschüttern. (4)

er|schwere [ɛɐ̯'ʃve:(ɐ̯)rə] <nicht trennb. Präfix-V.; schw.; *han*; er|schwerte [ɛɐ̯'ʃve:ɐ̯tə]; er|schwert [ɛɐ̯'ʃve:ɐ̯t]>: erschweren. (21)

er|setze [ɛɐ̯'zɛtsə] <nicht trennb. Präfix-V.; unr./schw.; *han*; er|setzte/er|satz [ɛɐ̯'zɛtstə / ɛɐ̯'zats]; er|setz/ er|satz [ɛɐ̯'zɛts / ɛɐ̯'zats]>: ersetzen. (173)

er|spare [ɛɐ̯'ʃpa:rə] <nicht trennb. Präfix-V.; schw.; *han*; er|sparte [ɛɐ̯'ʃpa:tə]; er|spart [ɛɐ̯'ʃpa:t]>: ersparen, nur i. d. Vbdg. *erspart blieve* (erspart bleiben): *Et bliev einem nix erspart.* (Es bleibt einem nichts erspart.). (21)

er|steche [ɛɐ̯'ʃtɛfjə] <nicht trennb. Präfix-V.; st.; *han*; er|stoch [ɛɐ̯'ʃtɔ·x]; er|stoche [ɛɐ̯'ʃtɔxə]>: erstechen. (34)

er|steigere [ɛɐ̯'ʃteɪ‚jərə] <nicht trennb. Präfix-V.; schw.; *han*; er|steigerte [ɛɐ̯'ʃteɪ‚jetə]; er|steigert [ɛɐ̯'ʃteɪ‚jet]> {9.2.1.2}: ersteigern. (4)

er|stelle [ɛɐ̯'ʃtɛlə] <nicht trennb. Präfix-V.; schw./unr.; *han*; er|stellte/er|stallt [ɛɐ̯'ʃtɛl·tə / ɛɐ̯'ʃtalt]; er|stellt/er|stallt [ɛɐ̯'ʃtɛl·t / ɛɐ̯'ʃtalt]>: erstellen. (182)

er|strigge [ɛɐ̯'ʃtrɪɡə] <nicht trennb. Präfix-V.; st.; *han*; er|stredt [ɛɐ̯'ʃtret]; er|stredde [ɛɐ̯'ʃtredə]> {5.3.4; 6.6.2}: erstreiten, streitend erringen, erkämpfen. (133)

er|tappe [ɛɐ̯'tapə] <nicht trennb. Präfix-V.; schw.; *han*; er|tappte [ɛɐ̯'taptə]; er|tapp [ɛɐ̯'tap]>: ertappen. (75)

er|töne [ɛɐ̯'tø·nə] <nicht trennb. Präfix-V.; schw.; *sin*; er|tönte [ɛɐ̯'tø:ntə]; er|tönt [ɛɐ̯'tø:nt]>: ertönen. (146)

er|trecke [ɛɐ̯'trɛkə] <nicht trennb. Präfix-V.; st.; *han*; er|trok [ɛɐ̯'tro·k]; er|trocke [ɛɐ̯'trɔkə]>: erziehen. (190)

erunder [ə'rʊndɐ] <Adv.> {6.11.3; 8.1}: herunter, herab; hinunter, hinab [auch: ↑erav, ↑erunger].

erunder|- [ə'rʊndɐ] <Präfix> {6.11.3; 8.1}: herunter-, hinunter-, nieder-, i. Vbdg. m. V.: ~beuge (~beugen) [auch: ↑erav|-, ↑erunger|-].

erunder|bedde/erunger|~ [ə'rʊndɐbɛdə / ə'rʊŋɐ-] <trennb. Präfix-V.; schw./unr.; *han*; bedte/bädte e. ['be·tə / 'bɛ:tə]; ~|gebedt/~|gebädt [-jəbet / -jəbɛ:t]> {5.3.4; 6.11.3}: herunterbeten, routinemäßig u. ohne innere Beteiligung beten. (13)

erunder|beege/erunger|~ [ə'rʊndɐbe·jə / ə'rʊŋɐ-] <trennb. Präfix-V.; st.; *han*, bog e. [bo·x]; ~|geboge [-jəbɔ·ʀə]> {5.1.4.3}: herunterbiegen, -drücken. (16)

erunder|beuge/erunger|~ [ə'rʊndɐbɔʏ·jə / ə'rʊŋɐ-] <trennb. Präfix-V.; schw.; *han*; beugte e. ['bɔʏ·ftə]; ~|gebeug [-jəbɔʏ·fj]>: herunter-, niederbeugen. (103)

erunder|bommele/erunger|~ [ə'rʊndɐbomələ / ə'rʊŋɐ-] <trennb. Präfix-V.; schw.; *han*; bommelte e. ['bomeltə]; ~|gebommelt [-jəbɔməlt]> {5.3.4; 5.5.1; 9.2.1.2}: herunterbaumeln [auch: ↑erav|bommele]. (6)

erunder|bränge/erunger|~ [ə'rʊndɐbrɛŋə / ə'rʊŋɐ-] <trennb. Präfix-V.; unr.; *han*; braht e. [bra:t]; ~|gebraht

[-jəbraːt]> {5.4}: herunter-, hinunterbringen, -begleiten [auch: ˈeravǀbränge]. (33)

erunderǀbrenne/erungerǀ~ [əˈrʊndebrɛnə / əˈrʊŋe-] <trennb. Präfix-V.; unr.; brannt e. [brant]; ~ǀgebrannt [-jəbrant]>: herunter-, niederbrennen, **1.** <han> (von der Sonne) eine starke, sengende Hitze nach unten strahlen: *De Sonn brennt op de Felder erunder.* (Die Sonne brennt auf die Felder herunter.). **2.** <sin> vollkommen abbrennen; sich durch Brennen verzehren: *Dat Huus es bes op de Grundmuure erundergebrannt.* (Das Haus ist bis auf die Grundmauern heruntergebrannt.); [auch: ˈeravǀbrenne]. (35)

erunderǀdäue/erungerǀ~ [əˈrʊndedøyə / əˈrʊŋe-] <trennb. Präfix-V.; Formen mischbar; unr./schw.; *han*; daut/däute e. [dɔʊ̯t / ˈdøy̆ˑtə]; ~ǀgedaut/~ǀgedäut [-jədɔʊ̯t / -jədøy̆ˑt]>: herunter-, niederdrücken [auch: ˈeravǀdäue, ˈeravǀdröcke, ˈerunderǀdröcke/erungerǀ~ (1)]. (43)

erunderǀdörfe/erungerǀ~/~ǀdürfe [əˈrʊndedørfə / əˈrʊŋe- / (-dørvə) / -dʏrfə / (-dʏrvə)] <trennb. Präfix-V.; unr.; *han*; dorf e. [dɔrf]; ~ǀgedorf [-jədɔrf]> {5.5.1}: herunterdürfen [auch: ˈeravǀdörfe/~ǀdürfe]. (47)

erunderǀdrage/erungerǀ~ [əˈrʊndedraˑʀə / əˈrʊŋe-] <trennb. Präfix-V.; st.; *han*; drog e. [droˑx]; ~ǀgedrage [-jədraˑʀə]> {6.11.2}: herunter-, hinuntertragen [auch: ˈeravǀdrage]. (48)

erunderǀdröcke/erungerǀ~ [əˈrʊndedrøkə / əˈrʊŋe-] <trennb. Präfix-V.; schw.; *han*; dröckte e. [ˈdrøktə]; ~ǀgedröck [-jədrøk]> {5.5.1}: herunterdrücken, **1.** nach unten drücken: *de Dürklink e.* (die Türklinke h.) [auch: ˈeravǀdröcke, ˈeravǀdäue, ˈerunderǀdäue/erungerǀ~]. **2.** durch Einflussnahme verringern, auf ein niedrigeres Niveau bringen, senken: *der Luhn e.* (den Lohn h.). (88)

erunderǀfahre/erungerǀ~ [əˈrʊndefaːrə / əˈrʊŋe-] <trennb. Präfix-V.; st.; *han* u. *sin*; fuhr/fohr e. [fuˑe̯ / foˑe̯]; ~ǀgefahre [-jəfaːrə]>: herunter-, hinunterfahren [auch: ˈeravǀfahre]. (62)

erunderǀfalle/erungerǀ~ [əˈrʊndefalə / əˈrʊŋe-] <trennb. Präfix-V.; st.; *sin*; feel e. [feˑl]; ~ǀgefalle [-jəfalə]>: herunter-, hinunter-, niederfallen [auch: ˈeravǀfalle]. (64)

erunderǀfleege/erungerǀ~ [əˈrʊndefleˑjə / əˈrʊŋe-] <trennb. Präfix-V.; st.; *sin*; flog e. [floˑx]; ~ǀgefloge [-jəfloːʀə]> {5.1.4.3}: herunterfliegen [auch: ˈeravǀfleege]. (16)

erunderǀföhre/erungerǀ~/~ǀführe [əˈrʊndeføˑ(e̯)rə / əˈrʊŋe- / -fy(e̯)rə] <trennb. Präfix-V.; unr./st./schw.; *han*; föhte/foht e. [ˈføˑtə / foːt]; ~ǀgeföht/~ǀgefoht [-jəføˑt / -jəfoːt]> {5.4}: hinunterführen [auch: ˈeravǀführe/~ǀführe]. (74) (31)

erunderǀgelange/erungerǀ~ [əˈrʊndejəlaŋə / əˈrʊŋe-] <trennb. Präfix-V.; schw.; *sin*; gelangte e. [jəˈlaŋˑtə]; ~ǀgelangk [-jəlaŋˑk]>: hinuntergelangen [auch: ˈeravǀgelange]. (49)

erunderǀgonn/erungerǀ~ [əˈrʊndejɔn / əˈrʊŋe-] <trennb. Präfix-V.; st.; *sin*; ging e. [jɪŋ]; ~ǀgegange [-jəjaŋə]> {5.3.4; 8.2.2.3}: herunter-, hinunter-, niedergehen [auch: ˈeravǀgonn]. (83)

erunderǀhalde/erungerǀ~ [əˈrʊndehaldə / əˈrʊŋe-] <trennb. Präfix-V.; st.; *han*; heeldt e. [heːlt]; ~ǀgehalde [-jəhaldə]> {6.11.3}: herunter-, niederhalten [auch: ˈeravǀhalde]. (90)

erunderǀhandele/erungerǀ~ [əˈrʊndehanˑdələ / əˈrʊŋe-] <trennb. Präfix-V.; schw.; *han*; handelte e. [ˈhanˑdəltə]; ~ǀgehandelt [-jəhanˑdəlt]> {9.2.1.2}: herunterhandeln, durch Handeln den Preis von etw. senken. (6)

erunderǀhänge/erungerǀ~ [əˈrʊndehɛŋə / əˈrʊŋe-] <trennb. Präfix-V.; schw.; *han*; hängte e. [ˈhɛŋˑtə]; ~ǀgehängk [-jəhɛŋˑk]>: herunterhängen [auch: ˈeravǀhänge]. (49)

erunderǀhaue/erungerǀ~ [əˈrʊndehaʊ̯ə / əˈrʊŋe-] <trennb. Präfix-V.; unr./schw.; *han*; haute e. [ˈhaʊ̯ˑtə]; ~ǀgehaue/~ǀgehaut [-jəhaʊ̯ə / -jəhaʊ̯ˑt]>: herunterhauen [auch: ˈklätsche (1), ˈklatsche (2), ˈlange, ˈlatsche (2), ˈscheuere, ˈtachtele, ˈtatsche, ˈtitsche (2), ˈwatsche, ˈzoppe (2), *einem e paar ˈtrecke, *einem eine ˈschmiere/ schmeere]. (94)

erunderǀhevve/erungerǀ~ [əˈrʊndeheʋə / əˈrʊŋe-] <trennb. Präfix-V.; st.; *han*; hovv e. [hɔf]; ~ǀgehovve [-jəhɔʋə]> {5.3.4; 5.5.2; 6.1.1}: herunterheben [auch: ˈeravǀhevve]. (98)

erunderǀholle/erungerǀ~ [əˈrʊndehɔlə / əˈrʊŋe-] <trennb. Präfix-V.; unr.; *han*; hollt e. [hɔlt]; ~ǀgehollt [-jəhɔlt]> {5.3.4; 5.5.1}: herunterholen [auch: ˈeravǀholle]. (99)

erunderǀkippe/erungerǀ~ [əˈrʊndekɪpə / əˈrʊŋe-] <trennb. Präfix-V.; schw.; kippte e. [ˈkɪptə]; ~ǀgekipp [-jəkɪp]>: hinunterkippen, **1.** <han> **a)** nach unten kippen: *Sand vum Laster e.* (Sand vom LKW h.) **b)** hastig, mit einem Zug trinken: *ene Schabau e.* (einen Schnaps h.) [auch: ˈeravǀschödde, ˈerunderǀschödde/erungerǀ~]. **2.** <sin>

nach unten kippen: *Et Glas es vum Deschrand erundergekipp.* (Das Glas ist vom vom Tischrand heruntergekippt.); [auch: ↑erav|kippe]. (75)

erunder|klappe/erunger|~ [ə'rʊndeklapə / ə'rʊŋe-] <trennb. Präfix-V.; schw.; klappte e. ['klaptə]; ~|geklapp [-jəklap]>: herunterklappen, **a)** <han> von oben nach unten klappen: *der Abtreddsdeckel e.* (den Klodeckel h.); **b)** <sin> nach unten klappen, sich ruckartig nach unten bewegen: *Sing Kennlad dät e.* (Sein Unterkiefer klappte herunter.); [auch: ↑erav|klappe]. (75)

erunder|klatsche/erunger|~ [ə'rʊndeklatʃə / ə'rʊŋe-] <trennb. Präfix-V.; schw.; *han*; klatschte e. ['klatʃtə]; ~|geklatsch [-jəklatʃ]>: **1.** herunterwerfen [auch: ↑erunder|werfe/ erunger|werfe/~|wirfe, ↑erav|werfe/~|wirfe. **2.** herunterfallen, [auch: ↑erav|klatsche, ↑erav|knalle (1+2), ↑erunder|knalle/erunger|~ (1+2)]. (110)

erunder|klemme/erunger|~ [ə'rʊndeklɛmə / ə'rʊŋe-] <trennb. Präfix-V.; st.; *sin*; klomm e. [klom]; ~|geklomme [-jəklomə]> {5.5.2}: herunter-, hinunterklettern [auch: ↑erav|klemme]. (109)

erunder|knalle/erunger|~ [ə'rʊndeknalə / ə'rʊŋe-] <trennb. Präfix-V.; schw.; *han*; knallte e. ['knalˑtə]; ~|geknallt [-jəknalˑt]>: herunterknallen, **1.** herunterfallen. **2.** herunterwerfen; [auch: ↑erav|klatsche, ↑erunder|klatsche/erunger|~, ↑erav|knalle]. **3.** mit einem Knall aufschlagen. (91)

erunder|kratze/erunger|~ [ə'rʊndekratsə / ə'rʊŋe-] <trennb. Präfix-V.; schw.; *han*; kratzte e. ['kratstə]; ~|gekratz [-jəkrats]>: herunter-, abkratzen. (114)

erunder|krempele/erunger|~ [ə'rʊndekrɛmpələ / ə'rʊŋe-] <trennb. Präfix-V.; schw.; *han*; krempelte e. ['krɛmpəltə]; ~|gekrempelt [-jəkrɛmpəlt]> {9.2.1.2}: herunterkrempeln [auch: ↑erav|krempele]. (6)

erunder|krige/erunger|~ [ə'rʊndekrɪjə / ə'rʊŋe-] <trennb. Präfix-V.; unr.; *han*; kräg/kräht e. [krɛːj/ krɛːt]; ~(|ge)|kräg(e)/~(|ge)|kräht [-(jə)ˌkrɛːj / -(jə)ˌkrɛːjə / -(jə)ˌkrɛːt]> {5.3.4.1}: herunterbekommen. (117)

erunder|kumme/erunger|~ [ə'rʊndekʊmə / ə'rʊŋe-] <trennb. Präfix-V.; st.; *sin*; kom e. [koˑm]; ~(|ge)kumme [-(jə)ˌkʊmə]> {5.4}: herunterkommen [auch: ↑erav|kumme]. (120)

erunder|künne/erunger|~ [ə'rʊndekʏnə / ə'rʊŋe-] <trennb. Präfix-V.; unr.; *han*; kunnt e. [kʊnt]; ~|gekunnt [-jəkʊnt]> {5.4}: herunter-, hinunterkönnen, herunterdürfen [auch: ↑erav|künne]. (121)

erunder|kurvele/erunger|~ [ə'rʊndekʊrˑvələ / ə'rʊŋe-] <trennb. Präfix-V.; schw.; *han*; kurvelte e. ['kʊrˑvəltə]; ~|gekurvelt [-jəkʊrˑvəlt]> {6.1.1; 9.2.1.2}: herunterkurbeln [auch: ↑erav|kurvele]. (6)

erunder|laufe/erunger|~ [ə'rʊndelo͡ʊfə / ə'rʊŋe-] <trennb. Präfix-V.; st.; *sin*; leef e. [leˑf]; ~|gelaufe [-jəlo͡ʊfə]>: herunter-, hinunterlaufen, **1.** nach unten laufen: *Ich leef de Trapp erunder.* (Ich lief die Treppe hinunter.) [auch: ↑erav|renne, ↑erunder|renne/ erunger|~]. **2.** nach unten fließen, rinnen; **[RA]** *Der Schweiß läuf mer alle vier Backen erunder.* (Der Schweiß läuft mir alle 4 Backen (Wangen u. Pobacken) herunter.). **3.** nach unten laufen, sich nach unten ausbreiten: *ieskald der Rögge e.* (eiskalt den Rücken h.); [auch: ↑erav|laufe]. (128)

erunder|leiere/erunger|~ [ə'rʊndela͡ɪərə / ə'rʊŋe-] <trennb. Präfix-V.; schw.; *han*; leierte e. ['la͡ɪətə]; ~|geleiert [-jəla͡ɪət]> {9.2.1.2}: herunterleiern [auch: ↑erav|leiere]. (4)

erunder|lese/erunger|~ [ə'rʊndelezə / ə'rʊŋe-] <trennb. Präfix-V.; st.; *han*; los e. [loˑs]; ~|gelese [-jəlezə]> {5.3.4.1; 5.5.2}: herunterlesen [auch: ↑erav|lese]. (130)

erunder|looße/erunger|~ [ə'rʊndeloˑsə / ə'rʊŋe-] <trennb. Präfix-V.; st.; *han*; leet/leeß e. [leːt / leˑs]; ~|gelooße [-jəloˑsə]> {5.2.1.3; 5.5.3}: herunter-, hinunterlassen [auch: ↑erav|looße]. (135)

erunder|luure/erunger|~/~|loore [ə'rʊndelu·(g)rə / ə'rʊŋe-/ -loˑrə] <trennb. Präfix-V.; schw./unr.; *han*; luurte e. ['luˑɡtə]; ~|geluurt [-jəluˑɡt]>: heruntersehen, -blicken, hinunterblicken, -schauen [auch: ↑erav|luure/~|loore]. (100) (134)

erunder|maache/erunger|~ [ə'rʊndemaːxə / ə'rʊŋe-] <trennb. Präfix-V.; unr.; *han*; maht e. [maːt]; ~|gemaht [-jəmaːt]> {5.2.1}: heruntermachen, erniedrigen, herabsetzen [auch: ↑erav|maache]. (136)

erunder|müsse/erunger|~ [ə'rʊndemʏsə / ə'rʊŋe-] <trennb. Präfix-V.; unr.; *han*; mot e. [moːt]; ~|gemot [-jəmoːt]>: herunter-, hinuntermüssen [auch: ↑erav|müsse]. (142)

erunder|nemme/erunger|~ [ə'rʊndenɛmə / ə'rʊŋe-] <trennb. Präfix-V.; st.; *han*; nohm e. [noˑm]; ~|genomme [-jənomə]> {5.3.4; 5.5.2}: herunternehmen. (143)

erunder|putze/erunger|~ [ə'rʊndepʊtsə / ə'rʊŋe-] <trennb. Präfix-V.; schw.; *han*; putzte e. ['pʊtstə]; ~|geputz [-jəpʊts]>: herunterputzen, -machen. (114)

erunder|rassele/erunger|~ [əˈrʊndɐrasələ / əˈrʊŋɐ-] <trennb. Präfix-V.; schw.; rasselte e. [ˈrasəltə]; ~|gerasselt [-jərasəlt]> {9.2.1.2}: herunterrasseln, **1.** <sin> rasselnd nach unten gleiten: *Hä leet de Rollade e.* (Er ließ die Rollläden h.). **2.** <han> fehlerfrei, aber ohne innere Beteiligung hastig u. monoton aufsagen: *e Gedeech e.* (ein Gedicht herunterleiern). (6)

erunder|recke/erunger|~ [əˈrʊndɐrekə / əˈrʊŋɐ-] <trennb. Präfix-V.; schw.; *han*; reckte e. [ˈrektə]; ~|gereck [-jərek]> {5.3.1; 5.5.2}: herunterreichen, -geben [auch: ↑erav|recke]. (88)

erunder|renne/erunger|~ [əˈrʊndɐrɛnə / əˈrʊŋɐ-] <trennb. Präfix-V.; unr.; *sin*; rannt e. [rant]; ~|gerannt [-jərant]>: herunterrennen [auch: ↑erav|laufe (1), ↑erav|renne, ↑erunder|laufe/erunger|~ (1)]. (35)

erunder|rieße/erunger|~ [əˈrʊndɐriːsə / əˈrʊŋɐ-] <trennb. Präfix-V.; st.; *han*; ress e. [res]; ~|geresse [-jəresə]> {5.1.4.5}: herunterreißen, **1. a)** etw. von einer höher gelegenen Stelle nach unten reißen; **b)** etw. von jmdm./sich/etw. durch Reißen entfernen: *de Tapet e.* (die Tapete h.). **2.** heruntermachen, ins Elend reißen; [auch: ↑erav|rieße]. (25)

erunder|rofe/erunger|~ [əˈrʊndɐroˑfə / əˈrʊŋɐ-] <trennb. Präfix-V.; st.; *han*; reef e. [reˑf]; ~|gerofe [-jəroˑfə]> {5.4}: herunter-, hinunterrufen, nach unten rufen [auch: ↑erav|rofe]. (151)

erunder|rolle/erunger|~ [əˈrʊndɐrolə / əˈrʊŋɐ-] <trennb. Präfix-V.; schw.; rollte e. [ˈrɔlˑtə]; ~|gerollt [-jərolˑt]>: hinunterrollen, **1.** <sin> nach unten rollen: *Der Stein es der Hang erundergerollt.* (Der Stein rollte den Hang hinunter.). **2.** <han> jmdn./etw. nach unten rollend bewegen: *Fääßer e.* (Fässer h.); [auch: ↑erav|rolle]. (91)

erunder|rötsche/erunger|~ [əˈrʊndɐrøtʃə / əˈrʊŋɐ-] <trennb. Präfix-V.; schw.; *sin*; rötschte e. [ˈrøtʃtə]; ~|gerötsch [-jərøtʃ]> {5.5.1}: herunterrutschen [auch: ↑erav|rötsche]. (110)

erunder|sage/erunger|~ [əˈrʊndɐˌzaˑʀə / əˈrʊŋɐ-] <trennb. Präfix-V.; unr.; *han*; saht e. [zaːt]; ~|gesaht [-jəzaːt]>: heruntersagen, -leiern. (155)

erunder|schecke/erunger|~ [əˈrʊndɐʃekə / əˈrʊŋɐ-] <trennb. Präfix-V.; schw.; *han*; scheckte e. [ˈʃektə]; ~|gescheck [-jəʃek]> {5.5.2}: herunter-, hinunterschicken [auch: ↑erav|schecke]. (88)

erunder|schlecke/erunger|~ [əˈrʊndɐʃlekə / əˈrʊŋɐ-] <trennb. Präfix-V.; schw.; *han*; schleckte e. [ˈʃlektə]; ~|geschleck [-jəʃlek]> {5.5.2}: herunter-, hinunterschlucken [auch: ↑erav|schlecke]. (88)

erunder|schlinge/erunger|~ [əˈrʊndɐʃlɪŋə / əˈrʊŋɐ-] <trennb. Präfix-V.; st.; *han*; schlung e. [ʃlʊŋ]; ~|geschlunge [-jəʃlʊŋə]>: hinunterschlingen, gierig od. hastig essen, verschlingen [auch: ↑erav|schlinge]. (26)

erunder|schmieße/erunger|~ [əˈrʊndɐʃmiːsə / əˈrʊŋɐ-] <trennb. Präfix-V.; st.; *han*; schmess e. [ʃmes]; ~|geschmesse [-jəʃmesə]> {5.1.4.5}: herunter-, hinunterschmeißen, hinunterwerfen [auch: ↑erav|schmieße]. (25)

erunder|schödde/erunger|~ [əˈrʊndɐʃødə / əˈrʊŋɐ-] <trennb. Präfix-V.; st.; *han*; schodt e. [ʃot]; ~|geschodt/ ~|geschödt [-jəʃot / -jəʃøt]> {5.5.1; 6.11.3}: hinunterschütten [auch: ↑erav|kippe (1), ↑erav|schödde, ↑erunder|kippe/erunger|~ (1)]. (166)

erunder|schöddele/erunger|~ [əˈrʊndɐʃødələ / əˈrʊŋɐ-] <trennb. Präfix-V.; schw.; *han*; schöddelte e. [ˈʃødəltə]; ~|geschöddelt [-jəʃødəlt]> {5.5.1; 6.11.3; 9.2.1.2}: herunterschütteln. (6)

erunder|schruuve/erunger|~ [əˈrʊndɐʃruːvə / əˈrʊŋɐ-] <trennb. Präfix-V.; schw.; *han*; schruuvte e. [ˈʃruːftə]; ~|geschruuv [-jəʃruːf]> {5.1.3; 6.1.1}: herunterschrauben [auch: ↑erav|schruuve]. (158)

erunder|setze/erunger|~ [əˈrʊndɐzetsə / əˈrʊŋɐ-] <trennb. Präfix-V.; unr./schw.; *han*; setzte/satz e. [ˈzɛtstə / zats]; ~|gesetz/~|gesatz [-jəzɛts / -jəzats]>: herunter-, herabsetzen [auch: ↑erav|setze]. (173)

erunder|sinke/erunger|~ [əˈrʊndɐzɪŋkə / əˈrʊŋɐ-] <trennb. Präfix-V.; st.; *sin*; sunk e. [zʊŋk]; ~|gesunke [-jəzʊŋkə]>: herab-, niedersinken [auch: ↑erav|sinke]. (52)

erunder|sinn/erunger|~ [əˈrʊndɐzɪn / əˈrʊŋɐ-] <trennb. Präfix-V.; st.; *han*; soh/soch e. [zoˑ / zoˑx]; ~|gesinn [-jəzɪn]> {5.3.4; 8.2.2.3}: hinuntersehen, -blicken [auch: ↑erav|sinn]. (175)

erunder|solle/erunger|~ [əˈrʊndɐzolə / əˈrʊŋɐ-] <trennb. Präfix-V.; unr.; *han*; sollt e. [zolt]; ~|gesollt [-jəzolt]> {5.5.1}: herunter-, hinuntersollen, herunter-, hinunterdürfen [auch: ↑erav|solle]. (177)

erunder|spille/erunger|~ [əˈrʊndɐʃpɪlə / əˈrʊŋɐ-] <trennb. Präfix-V.; schw.; *han*; spillte e. [ˈʃpɪltə]; ~|gespillt [-jəʃpɪlt]> {5.3.4}: herunterspielen, **1.** (ein Musikstück) völlig ausdruckslos spielen. **2.** verniedlichen, bewusst als unbedeutende, geringfügige Angelegenheit darstellen: *Hä hät dat erundergespillt, dat e de Stüür bedroge hät.* (Er hat den Steuerbetrug heruntergespielt.); [auch: ↑erav|spille]. (91)

erunder|spöle/erunger|~ [ə'rʊndeʃpøˑlə / ə'rʊŋe-] <trennb. Präfix-V.; schw.; *han*; spölte/spolt e. ['ʃpøˑltə / ʃpoːlt]; ~|gespölt/~|gespolt [-jəʃpøˑlt / -jəʃpoːlt]> {5.4}: hinunterspülen [auch: ↑erav|spöle]. (73)

erunder|springe/erunger|~ [ə'rʊndeʃprɪŋə / ə'rʊŋe-] <trennb. Präfix-V.; st.; *sin*; sprung e. [ʃprʊŋˑ]; ~|gesprunge [-jəʃprʊŋə]>: herunter-, hinunterspringen [auch: ↑erav|springe]. (26)

erunder|steige/erunger|~ [ə'rʊndeʃtɛɪˑjə / ə'rʊŋe-] <trennb. Präfix-V.; st.; *sin*; steeg e. [ʃteˑfj]; ~|gesteege [-jəʃteˑjə]>: herunter-, hinuntersteigen [auch: ↑erav|steige]. (181)

erunder|sträufe/erunger|~ [ə'rʊndeʃtrɔʏfə / ə'rʊŋe-] <trennb. Präfix-V.; unr.; *han*; sträufte e. ['ʃtrɔʏftə]; ~|gesträuf [-jəʃtrɔʏf]> {5.1.3}: herunterstreifen, nach unten streifen [auch: ↑erav|striefe/~|streife, ↑erunder|striefe/erunger|~/~|streife, ↑erav|sträufe]. (108)

erunder|striefe/erunger|~/~|streife [ə'rʊndeʃtriːfə / ə'rʊŋe / -ʃtrɛɪfə] <trennb. Präfix-V.; unr.; *han*; striefte e. ['ʃtriːftə]; ~|gestrief [-jəʃtriːf]> {5.1.4.5}: herunterstreifen, nach unten streifen [auch: ↑erav|striefe/~|streife, ↑erunder|sträufe/erunger|~, ↑erav|sträufe]. (108)

erunder|stufe/erunger|~ [ə'rʊndeʃtuˑfə / ə'rʊŋe-] <trennb. Präfix-V.; schw.; *han*; stufte e. ['ʃtuˑftə]; ~|gestuf [-jəʃtuˑf]>: herunterstufen, niedriger (bes. in eine niedrigere Lohn-/Gehaltsgruppe) einstufen [auch: ↑erav|stufe]. (108)

erunder|stürze/erunger|~/~|stööze [ə'rʊndeʃtʏxtsə / ə'rʊŋe- / -ʃtøːtsə] <trennb. Präfix-V.; ~|*stööze* veraltend; schw.; stürzte e. ['ʃtʏxtstə]; ~|gestürz [-jəʃtʏxts]> {(5.2.1.1.1; 5.4)}: herunter-, hinunterstürzen, <sin> **a)** fallend nach unten stürzen: *Ich ben erundergestürz.* (Ich bin heruntergestürzt.); **b)** <han; sich e.> sich herunterstürzen: *Ich han mich erundergestürz.* (Ich habe mich heruntergestürzt.); [auch: ↑erav|stürze/~|stööze]. (42)

erunder|stüsse/erunger|~ [ə'rʊndeʃtʏsə / ə'rʊŋe-] <trennb. Präfix-V.; st.; stoss e. [ʃtɔs]; ~|gestosse/~|gestüsse [-jəʃtɔsə / -jəʃtʏsə]> {5.4; 5.3.4}: herunter-, hinunterstoßen, **1.** <han> nach unten stoßen: *einer de Trapp e.* (jmdn. die Treppe h.) **2.** <sin> (von Raubvögeln) sich plötzlich in Richtung auf etw. unten Befindliches stürzen; [auch: ↑erav|stüsse]. (188)

erunder|tauche/erunger|~ [ə'rʊndetaʊxə / ə'rʊŋe-] <trennb. Präfix-V.; schw.; *sin*; tauchte e. ['taʊxtə]; ~|getauch [-jətaʊx]>: hinuntertauchen [auch: ↑erav|tauche]. (123)

erunder|trecke/erunger|~ [ə'rʊndetrɛkə / ə'rʊŋe-] <trennb. Präfix-V.; st.; *han*; trok e. [trɔˑk]; ~|getrocke [-jətrɔkə]>: herunter-, hinunterziehen [auch: ↑erav|trecke]. (190)

erunder|tredde/erunger|~ [ə'rʊndetredə / ə'rʊŋe-] <trennb. Präfix-V.; st.; *han*; trodt e. [trɔˑt]; ~|getrodde [-jətrɔdə]> {5.3.4; 5.5.2; 6.11.3}: herunter-, niedertreten [auch: ↑erav|tredde]. (191)

erunder|weet|schafte/erunger|~ [ə'rʊndeveːtʃaftə / ə'rʊŋe-] <trennb. Präfix-V.; schw.; *han*; ~|geweetschaff [-jəveˑtʃaf]> {5.2.1.1.1; 5.4}: herunterwirtschaften. (89)

erunder|welle/erunger|~/~|wolle [ə'rʊndevelə / ə'rʊŋe- / -volə] <trennb. Präfix-V.; unr.; *han*; wollt e. [volt]; ~|gewollt [-jəvolt]> {5.5.2/5.5.1}: herunterwollen [auch: ↑erav|welle/~|wolle]. (204) (211)

erunder|werfe/erunger|~/~|wirfe [ə'rʊndeverfə / ə'rʊŋe- / -vɪrfə] <trennb. Präfix-V.; st.; *han*; worf e. [vorf]; ~|geworfe [-jəvorfə]> {5.5.2/5.4}: herunter-, hinunterwerfen [auch: ↑erav|werfe/~|wirfe, ↑erunder|klatsche/erunger|~]. (206)

erunder|würge/erunger|~ [ə'rʊndevʏrˑjə / ə'rʊŋe-] <trennb. Präfix-V.; schw.; *han*; würgte e. ['vʏrˑfjtə]; ~|gewürg [-jəvʏrˑfj]>: herunter-, hinunterwürgen [auch: ↑erav|würge]. (39)

erunder|zwinge/erunger|~ [ə'rʊndetsvɪŋə / ə'rʊŋe-] <trennb. Präfix-V.; st.; *han*; zwung e. [tsvʊŋˑ]; ~|gezwunge [-jətsvʊŋə]>: niederzwingen [auch: ↑erav|zwinge]. (26)

erunger [ə'rʊŋe] <Adv.> {6.7; 8.1}: herunter, herab; hinab, hinunter [auch: ↑erav, ↑erunder].

erunger|- [ə'rʊŋe] <Präfix> {6.11.3; 8.1}: herunter-, hinunter-, nieder-, i. Vbdg. m. V.: ~*beuge* (~beugen) [auch: ↑erav|-, ↑erunder|-].

erus [ə'rʊs] <Adv.> {5.3.1; 8.1}: heraus, hinaus, **a)** von drinnen nach draußen; **b)** **mem Radd e.* (nicht da, nicht zu Hause); **c)** **et Schoss e. han* (verrückt sein).

erus|- [ə'rʊs] <Präfix> {5.3.1; 8.1}: heraus-, hinaus-, i. Vbdg. m. V.: ~*bränge* (~bringen) [auch: *eruus|-* (veraltet)].

erusäkele

erus|äkele [ə'rʊs|ɛ·kələ] <trennb. Präfix-V.; schw.; *han*; äkelte e. ['ɛ·kəltə]; ~|geäkelt [-jə|ɛ·kəlt]> {5.4; 9.2.1.2}: hinausekeln, -graulen. (6)

erus|arbeide [ə'rʊs‚|arbe̝ɪ·də / ə'rʊzar‚be̝ɪ·də] <trennb. Präfix-V.; schw.; *han*; arbeidte e. ['arbe̝ɪ·tə]; ~|gearbeidt [-jə|arbe̝ɪ·t]> {6.11.3}: herausarbeiten. (197)

erus|bilde/~|belde, sich [ə'rʊsbɪl·də / -bel·də] <trennb. Präfix-V.; schw.; *han*; bildte e. ['bɪl·tə]; ~|gebildt [-jəbɪl·t]> {(5.5.2)}: sich herausbilden, allmählich aus etw. entstehen, sich aus etw. entwickeln. (28)

erus|blöke [ə'rʊsbloe·kə] <trennb. Präfix-V.; schw.; *han*; blökte e. ['bloe·ktə]; ~|geblök [-jəbloe:k]> {5.5.3}: herausbrüllen, -blöken, -schreien [auch: ↑erus|brölle]. (178)

erus|bränge [ə'rʊsbrɛŋə] <trennb. Präfix-V.; unr.; *han*; braht e. [bra:t]; ~|gebraht [-jəbra:t]> {5.4}: herausbringen, hinausbegleiten. (33)

erus|breche [ə'rʊsbrɛçə] <trennb. Präfix-V.; st.; broch e. [brɔ·x]; ~|gebroche [-jəbrɔxə]>: herausbrechen, **1. a)** <han> brechend aus einem Ganzen lösen: *Steincher us dem Mosaik e.* (Steinchen aus dem Mosaik h.); **b)** <sin> sich durch starken Druck od. Ä. (brechend) aus einem Ganzen lösen: *Ene große Stein es us der Felswand erusgebroche.* (Ein großer Stein brach aus der Felswand heraus.). **2.** <sin> (von Gefühlsäußerungen) plötzlich u. unvermittelt zum Ausbruch kommen: *Et es us im erusgebroche wie e Donnerwedder.* (Es brach aus ihm heraus wie ein Gewitter.). (34)

erus|brölle/~|brülle [ə'rʊsbrølə / -brʏlə] <trennb. Präfix-V.; schw.; *han*; bröllte e. ['brøl·tə]; ~|gebröllt [-jəbrøl·t]> {5.4}: herausbrüllen [auch: ↑erus|blöke]. (91)

erus|däue [ə'rʊsdøʏə] <trennb. Präfix-V.; Formen mischbar; unr./schw.; *han*; daut/däute e. [doʊt / 'døʏ·tə]; ~|gedaut/~|gedäut [-jədoʊt / -jədøʏ·t]>: herausdrücken, hinausschieben. (43)

erus|dörfe/~|dürfe [ə'rʊsdørfə (-dørvə) / -dʏrfə (-dʏrvə)] <trennb. Präfix-V.; unr.; *han*; dorf e. [dorf]; ~|gedorf [-jədorf]> {5.5.1}: heraus-, hinausdürfen. (47)

erus|drage [ə'rʊsdra·ʀə] <trennb. Präfix-V.; st.; *han*; drog e. [dro·x]; ~|gedrage [-jədra·ʀə]> {6.11.2}: heraus-, hinaustragen. (48)

erus|dränge [ə'rʊsdrɛŋə] <trennb. Präfix-V.; schw.; *han*; drängte e. ['drɛŋ·tə]; ~|gedrängk [-jədrɛŋ·k]>: hinausdrängen, **1. a)** nach draußen drängen; **b)** <sich e.> sich nach draußen drängen. **2. a)** jmdn. aus etw. drängen; **b)** aus einer Gemeinschaft, Stellung usw. drängen. (49)

erus|drieve [ə'rʊsdri·və] <trennb. Präfix-V.; st.; drevv e. [dref]; ~|gedrevve [-jədrevə]> {5.1.4.5; 6.1.1; 6.11.2}: hinaustreiben, **1.** <han> **a)** nach draußen treiben: *et Veeh op de Wigg e.* (das Vieh auf die Weide h.); **b)** zwingen hinauszugehen. **2.** <sin> vom Ufer wegtreiben/weggetrieben werden: *Et Boot es op de Sie erusgedrevve.* (Das Boot ist aufs Meer herausgetrieben.). (51)

erus|drihe [ə'rʊsdri·ə] <trennb. Präfix-V.; schw.; *han*; drihte e. ['dri·tə]; ~|gedriht [-jədri·t]> {5.1.4.1}: herausdrehen, -schrauben. (37)

erus|dun [ə'rʊsdʊn] <trennb. Präfix-V.; unr.; *han*; dät e. [dɛ·t]; ~|gedon [-jədɔn]> {5.3.2.5; 6.11.1}: heraustun, von innen nach außen legen. (53)

erus|fäge [ə'rʊsfɛ·jə] <trennb. Präfix-V.; schw.; *han* u. *sin*; fägte e. ['fɛ·jtə]; ~|gefäg [-jəfɛ:j]> {5.4}: hinauseilen, nach draußen jagen: *Mer han dä do erusgefäg.* (Wir haben ihn dort herausgejagt.); *Dä es us der Kirch erusgefäg.* (Er ist aus der Kirche hinausgeeilt.). (103)

erus|fahre [ə'rʊsfa·rə] <trennb. Präfix-V.; st.; *han* u. *sin*; fuhr/ fohr e. [fu·ɐ̯ / fo·ɐ̯]; ~|gefahre [-jəfa·rə]>: heraus-, hinausfahren. (62)

erus|falle [ə'rʊsfalə] <trennb. Präfix-V.; st.; *sin*; feel e. [fe·l]; ~|gefalle [-jəfalə]>: herausfallen, von drinnen nach draußen fallen: *Dä Klein es usem Bedd erusgefalle.* (Der Kleine ist aus dem Bett herausgefallen.). (64)

erus|filtere [ə'rʊsfɪltərə] <trennb. Präfix-V.; schw.; *han*; filterte e. ['fɪltətə]; ~|gefiltert [-jəfɪltət]> {9.2.1.2}: herausfiltern. (4)

erus|finge [ə'rʊsfɪŋə] <trennb. Präfix-V.; st.; *han*; fung e. [fʊŋ]; ~|gefunge [-jəfʊŋə]> {6.7}: heraus-, hinausfinden. (26)

erus|fleege [ə'rʊsfle·jə] <trennb. Präfix-V.; st.; *sin*; flog e. [flo·x]; ~|gefloge [-jəflo·ʀə]> {5.1.4.3}: herausfliegen, **1. a)** von drinnen nach draußen fliegen; **b)** herausfallen. **2.** hinausgeworfen werden. (16)

erus|fleeße [ə'rʊsfle·sə] <trennb. Präfix-V.; st.; *sin*; floss e. [flɔs]; ~|geflosse [-jəflɔsə]> {5.1.4.3}: (her)ausfließen, auslaufen. (79)

erus|flutsche [ə'rʊsflʊtʃə] <trennb. Präfix-V.; schw.; *han*; flutschte e. ['flʊtʃtə]; ~|geflutsch [-jəflʊtʃ]>: herausflutschen, **1.** heraus-, hinausgleiten. **2.** entschlüpfen: *Dat es mer esu erusgeflutsch.* (Das ist mir entschlüpft = Ich wollte es gar nicht sagen.) [auch: ↑erus|rötsche]. (110)

erus|föhle [ə'rʊsfø·lə] <trennb. Präfix-V.; schw./unr.; *han*; föhlte/fohlt e. ['fø·ltə / fo·lt]; ~|geföhlt/~|gefohlt [-jəfø·lt /

-jəfoˑlt]> {5.4}: herausfühlen, durch starkes Einfühlungsvermögen bemerken. (73)

erus|föhre/~|führe [əˈrʊsføˑ(ɐ̯)rə / -fyˑ(ɐ̯)rə] <trennb. Präfix-V.; unr./st./schw.; *han*; föhte/foht e. [ˈføˑtə / foːt]; ~|geföht/~|gefoht [-jəføˑt / -jəfoːt]> {5.4}: herausführen. (74) (31)

erus|fordere [əˈrʊsfɔrdərə] <trennb. Präfix-V.; schw.; *han*; forderte e. [ˈfɔrdətə]; ~|gefordert [-jəfɔrdət]> {9.2.1.2}: herausfordern, **1. a)** jmdn. auffordern, sich zum Kampf zu stellen; **b)** (Sport) einen Titelinhaber zu einem Kampf um seinen Titel auffordern. **2.** etw. heraufbeschwören; jmdn. bewusst reizen, um eine Reaktion zu erreichen; provozieren: *en Gefahr leichfäädig e.* (eine Gefahr leichtfertig h.). (4)

erus|frickele [əˈrʊsfrɪkələ] <trennb. Präfix-V.; schw.; *han*; frickelte e. [ˈfrɪkəltə]; ~|gefrickelt [-jəfrɪkəlt]> {9.2.1.2}: heraus-, hervorkramen [auch: ↑erus|frößele]. (6)

erus|frößele [əˈrʊsfrøˑsələ] <trennb. Präfix-V.; schw.; *han*; frößelte e. [ˈfrøˑsəltə]; ~|gefrößelt [-jəfrøˑsəlt]> {9.2.1.2}: heraus-, hervorkramen [auch: ↑erus|frickele]. (6)

erus|fusche, sich [əˈrʊsfʊʃə] <trennb. Präfix-V.; schw.; *han*; fuschte e. [ˈfʊʃtə]; ~|gefusch [-jəfʊʃ]> {6.8.2}: sich fortstehlen. (110)

erus|gevve [əˈrʊsjevə] <trennb. Präfix-V.; st.; *han*; gov e. [jɔˑf]; ~|gegovve/~|gegevve [-jəjovə / -jəjevə]> {5.3.4; 5.5.2; 6.1.1}: herausgeben. (81)

erus|gonn [əˈrʊsjɔn] <trennb. Präfix-V.; st.; *sin*; ging e. [jɪŋ]; ~|gegange [-jəjaŋə]> {5.3.4; 8.2.2.3}: herausgehen, **1.** nach draußen gehen: *us dem Huus e.* (aus dem Haus (heraus)gehen). **2.** sich aus etw. lösen, entfernen lassen: *Dä Flecke geiht nie mih erus.* (Der Fleck geht nie mehr raus.). **3.** der richtige, vorgeschriebene Weg nach draußen: *Durch wat för en Dür geiht et erus?* (Durch welche Tür geht es hinaus?). **4.** nach etw. gelegen, gerichtet sein u. Durchlass od. Durchblick haben, gewähren: *Dat Zemmer geiht noh Weste erus.* (Das Zimmer geht nach Westen hinaus.). **5.** überschreiten: *Dä geiht noch üvver däm sing Forderunge erus.* (Er geht noch über dessen Forderungen hinaus.). **6.** ein Lokal od. Ä. aufsuchen: *Mir gonn hügg Ovend ganz groß erus.* (Wir gehen heute Abend ganz groß aus.). (83)

erus|griefe [əˈrʊsˌriːfə] <trennb. Präfix-V.; st.; *han*; greff e. [ˌref]; ~|gegreffe [-jəˌrefə]> {5.1.4.5}: heraus-, hinausgreifen. (86)

erus|halde [əˈrʊshaldə] <trennb. Präfix-V.; st.; *han*; heeldt e. [heːlt]; ~|gehalde [-jəhaldə]> {6.11.3}: heraus-, hinaushalten. (90)

erus|han [əˈrʊshan] <trennb. Präfix-V.; unr.; *han*; hatt e. [hat]; ~|gehatt [-jəhat]> {5.3.2.5}: heraushaben, **1.** aus etw. entfernt haben: *Häs do dä Fleck erus?* (Hast du den Flecken entfernt?). **2. a)** etw. begriffen, verstanden haben, sodass die betreffende Sache beherrscht wird: *Der Pitter hät erus, wie mer Rollbredd fäht.* (Peter kann gut Skateboard fahren); **b)** die Lösung von etw. gefunden haben: *Häs de't erus?* (Hast du es erraten?); **c)** etw. durch Ermittlungen festgestellt haben. (92)

erus|hange [əˈrʊshaŋə] <trennb. Präfix-V.; st.; *han*; hing e. [hɪŋ]; ~|gehange [-jəhaŋə]> {5.4}: hinaus-, heraushängen, aus etw. nach draußen hängen: *de Fahn us dem Finster e.* (die Fahne aus dem Fenster h.). (65)

erus|hänge [əˈrʊshɛŋə] <trennb. Präfix-V.; schw.; *han*; hängte e. [ˈhɛŋtə]; ~|gehängk [-jəhɛŋk]> {5.4}: hinaus-, heraushängen, nach draußen hängen: *de Wäsch zom Drüje e.* (die Wäsche zum Trocknen h.). (49)

erus|haue [əˈrʊshaʊ̯ə] <trennb. Präfix-V.; unr./schw.; *han*; haute e. [ˈhaʊ̯tə]; ~|gehaue/~|gehaut [-jəhaʊ̯ə / -jəhaʊ̯t]>: heraushauen. (94)

erus|helfe [əˈrʊshɛlfə] <trennb. Präfix-V.; st.; *han*; holf e. [holf]; ~|geholfe [-jəholfə]> {5.3.4}: heraushelfen. (97)

erus|hevve [əˈrʊshevə] <trennb. Präfix-V.; st.; *han*; hovv e. [hof]; ~|gehovve [-jəhovə]> {5.3.4; 5.5.2; 6.1.1}: heraus-, hinaus-; hervorheben. (98)

erus|holle [əˈrʊsholə] <trennb. Präfix-V.; unr.; *han*; hollt e. [holt]; ~|gehollt [-jəholt]> {5.3.4; 5.5.1}: heraus-, hervorholen. (99)

erus|hüre/~|höre [əˈrʊshyː(ɐ̯)rə / -høː(ɐ̯)rə] <trennb. Präfix-V.; Formen mischbar; schw./unr.; *han*; hürte/hoot e. [ˈhyˑɐ̯tə / ˈhoːt]; ~|gehürt/~|gehoot [-jəhyːɐ̯t / -jəhoːt]> {5.4}: heraushören. (21) (179)

erus|jage [əˈrʊsjaˑʁə] <trennb. Präfix-V.; schw.; *han*; jagte e. [ˈjaˑxtə]; ~|gejag [-jəjaˑx]>: hinausjagen, **1.** <han> jmdn./etw. nach draußen jagen: *Ich han dä erusgejag.* (Ich habe ihn hinausgejagt.). **2.** <sin> nach draußen jagen, eilen: *Mer sin do erusgejag.* (Wir sind dort hinausgejagt.). (103)

erus|kehre/~|kerre [əˈrʊskeːrə / -kerə] <trennb. Präfix-V.; ~|kerre veraltet; schw./unr.; *han*; kehrte e. [ˈkeːɐ̯tə]; ~|gekehrt [-jəkeːɐ̯t] {(5.3.4; 5.5.2)}: heraus-, hervorkehren. (31) (107)

erus|klamüsere [əˈrʊsklaˌmyˑzərə] <trennb. Präfix-V.; schw.; *han*; klamüserte e. [klaˈmyˑzɐtə]; ~|klamüsert [-klaˌmyˑzɐt] {9.2.1.2}: herausklamüsern, (gedanklich) herausfinden, ergründen, ermitteln, herausbekommen, ausfindig machen. (4)

erus|klemme [əˈrʊsklɛmə] <trennb. Präfix-V.; st.; *sin*; klomm e. [klɔm]; ~|geklomme [-jəklɔmə] {5.5.2}: heraus-, hinausklettern. (109)

erus|knuuve [əˈrʊsknuˑvə] <trennb. Präfix-V.; schw.; *han*; knuuvte e. [ˈknuˑftə]; ~|geknuuv [-jəknuˑf]>: herausfinden, ermitteln. (158)

erus|kratze [əˈrʊskratsə] <trennb. Präfix-V.; schw.; *han*; kratzte e. [ˈkratstə]; ~|gekratz [-jəkrats]>: herausputzen [auch: ↑op|donnere, ↑op|kladunjele (2), ↑op|kratze (2), ↑op|takele]. (114)

erus|krige [əˈrʊskrɪjə] <trennb. Präfix-V.; unr.; *han*; kräg/kräht e. [krɛːʝ / krɛːt]; ~|(ge)kräge/~|gekräg/~|gekräht [-(jə)ˌkrɛːjə / -jəˌkrɛːʝ / -jəˌkrɛːt] {5.3.4.1}: herausbekommen, **1.** aus etw. lösen, entfernen können: *dä Fleck us der Botz e.* (den Fleck aus der Hose h.). **2. a)** die Lösung von etw. finden; **b)** etw., was verborgen od. unklar ist, worüber jmd. gern Bescheid wüsste, durch geschicktes Vorgehen ermitteln, merken: *Ich han nit eruskräge, wä der Mörder wor.* (Ich habe nicht herausbekommen, wer der Mörder war.) [auch: ↑er|meddele]. **3.** eine best. Summe als Wechselgeld zurückgezahlt bekommen: *Ich han 3 € erus(ge)kräge.* (Ich habe 3 € herausbekommen.). (117)

erus|krose [əˈrʊskrɔːzə] <trennb. Präfix-V.; schw.; *han*; kroste e. [ˈkrɔːstə]; ~|gekros [-jəkrɔːs]>: hervorkramen, herausholen, -kramen. (149)

erus|kruffe [əˈrʊskrʊfə] <trennb. Präfix-V.; st.; *sin*; kroff e. [krɔf]; ~|gekroffe [-jəkrɔfə]>: herauskriechen. (119)

erus|kumme [əˈrʊskʊmə] <trennb. Präfix-V.; st.; *sin*; kom e. [kɔˑm]; ~|(ge)kumme [-(jə)ˌkʊmə] {5.4}: herauskommen. (120)

erus|künne [əˈrʊskʏnə] <trennb. Präfix-V.; unr.; *han*; kunnt e. [kʊnt]; ~|gekunnt [-jəkʊnt] {5.4}: heraus-, hinauskönnen, heraus-, hinausdürfen. (121)

erus|läge [əˈrʊslɛˑjə] <trennb. Präfix-V.; unr.; *han*; laht e. [laːt]; ~|gelaht/~|geläg [-jəlaːt / -jəlɛˑʝ]> {5.4}: heraus-, hinauslegen. (125)

erus|lähne, sich [əˈrʊslɛˑnə] <trennb. Präfix-V.; schw.; *han*; lähnte e. [ˈlɛːntə]; ~|gelähnt [-jəlɛːnt]> {5.4}: sich hinaus-, herauslehnen, hinausbeugen. (5)

erus|laufe [əˈrʊslou̯fə] <trennb. Präfix-V.; st.; *sin*; leef e. [leˑf]; ~|gelaufe [-jəlou̯fə]>: heraus-, hinauslaufen, hinauseilen [auch: ↑erus|renne]. (128)

erus|lege [əˈrʊsleˑjə] <trennb. Präfix-V.; st.; *han*; log e. [loˑx]; ~|geloge [-jəlɔːʀə]> {5.4}: herauslügen, durch Lügen aus einer misslichen Lage, von einem Verdacht befreien. (14)

erus|lese [əˈrʊslezə] <trennb. Präfix-V.; st.; *han*; los e. [lɔˑs]; ~|gelese [-jəlezə] {5.3.4.1; 5.5.2}: herauslesen, interpretieren. (130)

erus|locke [əˈrʊslɔkə] <trennb. Präfix-V.; schw.; *han*; lockte e. [ˈlɔktə]; ~|gelock [-jəlɔk]>: heraus-, hervorlocken. (88)

erus|looße [əˈrʊsloˑsə] <trennb. Präfix-V.; st.; *han*; leet/leeß e. [leːt / leˑs]; ~|gelooße [-jəloˑsə] {5.2.1.3; 5.5.3}: heraus-, hinauslassen. (135)

erus|lüse/~|löse [əˈrʊslyːzə / -løːzə] <trennb. Präfix-V.; schw.; *han*; lüste e. [ˈlyˑstə]; ~|gelüs [-jəlyˑs] {5.4}: herauslösen. (149)

erus|luure/~|loore [əˈrʊsluː(ɐ̯)rə / -loˑrə] <trennb. Präfix-V.; schw./unr.; *han*; luurte e. [ˈluːɐ̯tə]; ~|geluurt [-jəluˑɐ̯t]>: heraus-, hinausschauen. (100) (134)

erus|maache [əˈrʊsmaːxə] <trennb. Präfix-V.; unr.; *han*; maht e. [maːt]; ~|gemaht [-jəmaːt] {5.2.1}: herausmachen, **1.** aus etw. entfernen: *Flecke usem Kleid e.* (Flecken aus dem Kleid h.). **2.** <sich e.> sich in wirtschaftlicher/gesellschaftlicher Hinsicht gut entwickeln: *Dä Franz hät sich ävver erusgemaht.* (Franz hat sich aber gemacht.). (136)

erus|müsse [əˈrʊsmʏsə] <trennb. Präfix-V.; unr.; *han*; moot e. [mɔːt]; ~|gemoot [-jəmɔːt]>: hinaus-, herausmüssen. (142)

erus|nemme [əˈrʊsnɛmə] <trennb. Präfix-V.; st.; *han*; nohm e. [noˑm]; ~|genomme [-jənɔmə] {5.3.4; 5.5.2}: herausnehmen, **1. a)** aus dem Inneren eines Behälters od. Ä. nehmen, entfernen: *Wäsch us dem Schaaf e.* (Wäsche aus dem Schrank h.); **b)** (ein Organ) operativ entfernen: *einem de Mandele e.* (jmdm. die Mandeln h.). **2.** jmdn. nicht länger in seiner gewohnten Umge-

bung lassen: *Mer han dat Klein us der Schull erusgenomme.* (Wir haben die Kleine aus der Schule herausgenommen.). **3.** sich dreisterweise erlauben; sich anmaßen: *sich jet erusnemme* (sich etw. herausnehmen, wagen). **4.** hinausnehmen (meist i. Vbdg. m. „mit"): nach draußen (mit)nehmen: *der Hungk met en der Gaade e.* (den Hund mit in den Garten h.). (143)

erus|pecke [əˈrʊspekə] <trennb. Präfix-V.; schw.; *han*; peckte e. [ˈpektə]; ~|gepeck [-jəpek]> {5.5.2}: herauspicken, einzeln heraussuchen. (88)

erus|piddele [əˈrʊspɪdələ] <trennb. Präfix-V.; schw.; *han*; piddelte e. [ˈpɪdəltə]; ~|gepiddelt [-jəpɪdəlt]> {9.2.1.2}: herauspiddeln, -knibbeln, mit großer Fingerfertigkeit herausholen. (6)

erus|platze [əˈrʊsplatsə] <trennb. Präfix-V.; schw.; *sin*; platzte e. [ˈplatstə]; ~|geplatz [-jəplats]>: herausplatzen. (114)

erus|posaune [əˈrʊspoˌzaʊ̯nə] <trennb. Präfix-V.; schw.; *han*; posaunte e. [poˈzaʊ̯ntə]; ~|posaunt [-poˌzaʊ̯nt]>: hinausposaunen, -trompeten. (138)

erus|presse [əˈrʊsprɛsə] <trennb. Präfix-V.; schw.; *han*; presste e. [ˈprɛstə]; ~|gepress [-jəprɛs]>: herauspressen, **1.** aus etw. pressen: *de letzte Droppe e.* (die letzten Tropfen h.). **2.** von jmdm. erlangen, wobei er unter Druck gesetzt wird: *us einem e Geständnis e.* (aus jmdm. ein Geständnis h.). (67)

erus|putze [əˈrʊspʊtsə] <trennb. Präfix-V.; schw.; *han*; putzte e. [ˈpʊtstə]; ~|geputz [-jəpʊts]>: herausputzen, zurechtmachen. (114)

erus|rage [əˈrʊsraˑʀə] <trennb. Präfix-V.; schw.; *han*; ragte e. [ˈraˑxtə]; ~|gerag [-jəraˑx]>: heraus-, hervor-, hinausragen. (103)

erus|recke [əˈrʊsrekə] <trennb. Präfix-V.; schw.; *han*; reckte e. [ˈrektə]; ~|gereck [-jərek]> {5.3.1; 5.5.2}: hinausreichen. (88)

erus|renne [əˈrʊsrɛnə] <trennb. Präfix-V.; unr.; *sin*; rannt e. [rant]; ~|gerannt [-jərant]>: hinausrennen [auch: ↑erus|laufe]. (35)

erus|rieße [əˈrʊsriːsə] <trennb. Präfix-V.; st.; *han*; ress e. [res]; ~|geresse [-jərɛsə]> {5.1.4.5}: herausreißen, -ziehen. (25)

erus|röcke [əˈrʊsrøkə] <trennb. Präfix-V.; schw.; *han*; röckte e. [ˈrøktə]; ~|geröck [-jərøk]> {5.5.1}: herausrücken. (88)

erus|rofe [əˈrʊsroˑfə] <trennb. Präfix-V.; st.; *han*; reef e. [reˑf]; ~|gerofe [-jəroˑfə]> {5.4}: herausrufen. (151)

erus|roppe [əˈrʊsrɔpə] <trennb. Präfix-V.; schw.; *han*; roppte e. [ˈrɔptə]; ~|geropp [-jərɔp]> {5.4; 6.8.1}: herausrupfen. (75)

erus|rötsche [əˈrʊsrøtʃə] <trennb. Präfix-V.; schw.; *sin*; rötschte e. [ˈrøtʃtə]; ~|gerötsch [-jərøtʃ]> {5.5.1}: herausrutschen [auch: ↑erus|flutsche (2)]. (110)

erus|schaffe [əˈrʊsʃafə] <trennb. Präfix-V.; schw.; *han*; schaffte e. [ˈʃaftə]; ~|geschaff [-jəʃaf]>: herausschaffen. (27)

erus|schecke [əˈrʊsʃekə] <trennb. Präfix-V.; schw.; *han*; scheckte e. [ˈʃektə]; ~|gescheck [-jəʃek]> {5.5.2}: heraus-, hinausschicken. (88)

erus|scheeße [əˈrʊsʃeˑsə] <trennb. Präfix-V.; st.; *han*; schoss e. [ʃɔs]; ~|geschosse [-jəʃɔsə]> {5.1.4.3}: hinausschießen, **1.** <han> nach draußen schießen: *am Finster e.* (zum Fenster h.). **2.** <sin> **a)** sich äußerst (heftig u.) schnell hinausbewegen; **b)** mit großer Eile u. Heftigkeit hinauslaufen: *us der Dür erusgeschosse kumme* (zur Tür herausgeschossen kommen). **3.** <sin> sich über etw. hinausbewegen. (79)

erus|schelle [əˈrʊsʃelə] <trennb. Präfix-V.; schw.; *han*; schellte e. [ˈʃeltə]; ~|geschellt [-jəʃelt]> {5.3.4, 5.5.2}: herausschälen. (91)

erus|schlage/~|schlonn [əˈrʊsʃlaˑʀə / -ʃlɔn] <trennb. Präfix-V.; st.; *han* u. *sin*; schlog e. [ʃloˑx]; ~|geschlage [-jəʃlaˑʀə]> {(5.3.2; 5.4)}: herausschlagen. (48) (163)

erus|schleudere [əˈrʊsʃlɔy̯dərə] <trennb. Präfix-V.; schw.; *han*; schleuderte e. [ˈʃlɔy̯dətə]; ~|geschleudert [-jəʃlɔy̯dət]> {9.2.1.2}: herausschleudern. (4)

erus|schmecke [əˈrʊsʃmɛkə] <trennb. Präfix-V.; schw./unr.; *han*; schmeckte/schmok e. [ˈʃmɛktə / ʃmɔˑk]; ~|geschmeck [-jəʃmɛk]>: herausschmecken. (164)

erus|schmieße [əˈrʊsʃmiːsə] <trennb. Präfix-V.; st.; *han*; schmess e. [ʃmes]; ~|geschmesse [-jəʃmesə]> {5.1.4.5}: heraus-, hinausschmeißen, heraus-, hinauswerfen [auch: ↑erus|werfe/~|wirfe, ↑chasse]. (25)

erus|schmuggele [əˈrʊsʃmʊgələ] <trennb. Präfix-V.; schw.; *han*; schmuggelte e. [ˈʃmʊgəltə]; ~|geschmuggelt [-jəʃmʊgəlt]> {9.2.1.2}: hinausschmuggeln, etw./ jmdn./ sich aus etw. (einem Land, einem Gebäude od. Ä.) nach draußen schmuggeln. (6)

erus|schnigge [əˈrʊsʃnɪɡə] <trennb. Präfix-V.; st.; *han*; schnedt e. [ʃnet]; ~|geschnedde [-jəʃnedə]> {5.3.4; 6.6.2}: herausschneiden. (133)

erus|schreie [əˈrʊsʃreɪə] <trennb. Präfix-V.; schw.; *han*; schreite e. [ˈʃreɪˑtə]; ~|geschreit [-jəʃreɪˑt]>: hinaus-, herausschreien. (11)

erus|schrieve [əˈrʊsʃriˑvə] <trennb. Präfix-V.; st.; *han*; schrevv e. [ʃref]; ~|geschrevve [-jəʃrevə]> {5.1.4.5; 6.1.1}: herausschreiben. (51)

erus|schruuve [əˈrʊsʃruˑvə] <trennb. Präfix-V.; schw.; *han*; schruuvte e. [ˈʃruˑftə]; ~|geschruuv [-jəʃruˑf]> {5.1.3; 6.1.1}: (her)ausschrauben. (158)

erus|schwaade, sich [əˈrʊsʃvaˑdə] <trennb. Präfix-V.; schw.; *han*; schwaadte e. [ˈʃvaˑtə]; ~|geschwaadt [-jəʃvaˑt]> {5.2.1.4}: sich herausreden, **a)** sich durch Ausreden von einem Verdacht od. Ä. befreien: *Dä deit sich e.* (Er redet sich heraus.); **b)** sich als Ausrede auf etw. berufen: *Hä schwaad sich op et schläächte Wedder erus.* (Er redet sich auf das schlechte Wetter heraus.). (197)

erus|schwemme [əˈrʊsʃvemə] <trennb. Präfix-V.; st.; *sin*; schwomm e. [ʃvom]; ~|geschwomme [-jəʃvomə]> {5.5.2}: hinausschwimmen. (109)

erus|setze [əˈrʊszɛtsə] <trennb. Präfix-V.; unr./schw.; *han*; setzte/satz e. [ˈzɛtstə / zats]; ~|gesetz/~|gesatz [-jəzɛts / -jəzats]>: hinaussetzen, **1. a)** nach draußen setzen; **b)** <sich e.> sich nach draußen setzen. **2.** hinauswerfen. (173)

erus|sinn [əˈrʊszɪn] <trennb. Präfix-V.; st.; *han*; sǫh/sǫch e. [zɔˑ / zɔˑx]; ~|gesinn [-jəzɪn]> {5.3.4; 8.2.2.3}: herausschauen, nach draußen sehen. (175)

erus|söke [əˈrʊszøˑkə] <trennb. Präfix-V.; unr./schw.; *han*; sok e. [zoːk]; ~|gesok/~|gesök [-jəzoˑk / -jəzøˑk]> {5.4; 6.2.3}: heraussuchen, hervorsuchen. (176) (178)

erus|solle [əˈrʊszolə] <trennb. Präfix-V.; unr.; *han*; sollt e. [zolt]; ~|gesollt [-jəzolt]> {5.5.1}: hinaus-, heraussollen, -dürfen. (177)

erus|springe [əˈrʊsʃprɪŋə] <trennb. Präfix-V.; st.; *sin*; sprung e. [ʃprʊŋˑ]; ~|gesprunge [-jəʃprʊŋə]>: hervor-, hinaus-, herausspringen. (26)

erus|sprudele [əˈrʊsʃpruːdələ] <trennb. Präfix-V.; schw.; sprudelte e. [ˈʃpruːdəltə]; ~|gesprudelt [-jəʃpruːdəlt]> {9.2.1.2}: herausprudeln, **1.** <sin> aus dem Inneren von etw. nach außen sprudeln. **2.** <han> hastig, überstürzt reden: *Hä sprudelt dä Tex einfach esu erus.* (Er sprudelt den Text nur so heraus.). (6)

erus|staffiere/~eere [əˈrʊsʃtaˌfiˑ(g̊)rə / -eˑrə] <trennb. Präfix-V.; schw./unr.; *han*; staffierte e. [ʃtaˌfiˑg̊tə]; ~|staffiert [-ʃtaˌfiˑg̊t] ⟨afrz. estoffer⟩> {(5.1.4.3)}: herausstaffieren, -putzen. (3) (2)

erus|steche[1] [əˈrʊsʃtɛçə] <trennb. Präfix-V.; st.; *han*; stǫch e. [ʃtɔˑx]; ~|gestoche [-jəʃtɔxə]> {s. u. ↑steche[1]}: heraus-, hervorstechen. (34)

erus|steche[2] [əˈrʊsʃtɛçə] <trennb. Präfix-V.; st.; *han*; stǫch e. [ʃtɔˑx]; ~|gestoche [-jəʃtɔxə]> {s. u. ↑steche[2]}: hervorstechen. (34)

erus|steige [əˈrʊsʃteɪˑjə] <trennb. Präfix-V.; st.; *sin*; steeg e. [ʃteˑj]; ~|gesteege [-jəʃteˑjə]>: hinaussteigen, nach draußen steigen. (181)

erus|stelle[1] [əˈrʊsʃtɛlə] <trennb. Präfix-V.; schw./unr.; *han*; stellte/stallt e. [ˈʃtɛlˑtə / ʃtalt]; ~|gestellt/~|gestallt [-jəʃtɛlˑt / -jəʃtalt]>: heraus-, hinausstellen. (182)

erus|stelle[2], sich [əˈrʊsʃtelə] <trennb. Präfix-V.; st.; *han*; stǫll e. [ʃtol]; ~|gestolle [-jəʃtolə]> {5.3.4}: sich hinausstehlen. (183)

erus|stippe [əˈrʊsʃtɪpə] <trennb. Präfix-V.; schw.; *han*; stippte e. [ˈʃtɪptə]; ~|gestipp [-jəʃtɪp]>: herausstrecken: *Hä stipp der Buch erus.* (Er streckt den Bauch heraus.) [auch: ↑erus|strecke]. (75)

erus|störme/~|stürme [əˈrʊsʃtørˑmə / -ʃtʏrˑmə] <trennb. Präfix-V.; schw.; *sin*; störmte e. [ˈʃtørˑmtə]; ~|gestörmp [-jəʃtørˑmp]>: hinausstürmen, -eilen, -rennen. (127)

erus|strecke [əˈrʊsʃtrɛkə] <trennb. Präfix-V.; schw.; *han*; streckte e. [ˈʃtrɛktə]; ~|gestreck [-jəʃtrɛk]>: hinaus-, herausstrecken [auch: ↑erus|stippe]. (88)

erus|striche [əˈrʊsʃtrɪʃə] <trennb. Präfix-V.; st.; *han*; strech e. [ʃtreʃ]; ~|gestreche [-jəʃtreʃə]> {5.3.1}: herausstreichen, **1.** aus einem Text streichen. **2.** durch lobendes Erwähnen auf jmdn./sich/etw. besonders aufmerksam machen. (187)

erus|ströme [əˈrʊsʃtrøˑmə] <trennb. Präfix-V.; schw.; *sin*; strömte e. [ˈʃtrøˑmtə]; ~|geströmp [-jəʃtrøːmp]>: heraus-, hinausströmen. (118)

erus|stürze/~|stööze [əˈrʊsʃtʏxtsə / -ʃtøːtsə] <trennb. Präfix-V.; ~|*stööze* veraltend; schw.; *sin*; stürzte e. [ˈʃtʏxtstə]; ~|gestürz [-jəʃtʏxts]> {(5.2.1.1.1; 5.4)}: heraus-, hinausstürzen, **1.** .<han; sich e.> sich nach draußen stürzen: *Hä stürzten sich et Finster erus.* (Er stürzte sich zum Fenster hinaus.). **2.** <sin> nach draußen stürzen, gehetzt hinauseilen, -rennen. (42)

erus|traue, sich [ə'rʊstraʊ̯ə] <trennb. Präfix-V.; schw.; *han*; traute e. ['traʊ̯·tə]; ~|getraut [-jətraʊ̯·t]>: sich heraus-, hervortrauen, sich hinauswagen, sich trauen hervorzukommen. (11)

erus|trecke [ə'rʊstrɛkə] <trennb. Präfix-V.; st.; *han*; trok e. [trɔ·k]; ~|getrocke [-jətrɔkə]>: hinaus-, heraus-, hervorziehen; hinauszögern. (190)

erus|tredde [ə'rʊstredə] <trennb. Präfix-V.; st.; *sin*; trodt e. [trɔ·t]; ~|getrodde [-jətrɔdə]> {5.3.4; 5.5.2; 6.11.3}: hinaus-, hervortreten. (191)

erus|trenne [ə'rʊstrɛnə] <trennb. Präfix-V.; schw.; *han*; trennte e. ['trɛn·tə]; ~|getrennt [-jətrɛn·t]>: heraustrennen, von einem Stück abtrennen u. herausnehmen. (10)

erus|wage, sich [ə'rʊsva·ʁə] <trennb. Präfix-V.; schw.; *han*; wagte e. ['va·xtə]; ~|gewag [-jəva·x]>: sich hervor-, herauswagen. (103)

erus|wahße [ə'rʊsva·sə] <trennb. Präfix-V.; st.; *sin*; wohß e. [vo·s]; ~|gewahße [-jəva·sə] {5.2.4; 6.3.1}: heraus-, hinauswachsen. (199)

erus|wäsche [ə'rʊsvɛʃə] <trennb. Präfix-V.; st.; *han*; wosch e. [vo·ʃ]; ~|gewäsche [-jəvɛʃə] {5.4}: herauswaschen. (200)

erus|welle/~|wolle [ə'rʊsvelə / -volə] <trennb. Präfix-V.; unr.; *han*; wollt e. [volt]; ~|gewollt [-jəvolt]> {5.5.2/5.5.1}: heraus-, hinauswollen. (204) (211)

erus|werfe/~|wirfe [ə'rʊsverfə / -vɪrfə] <trennb. Präfix-V.; st.; *han*; worf e. [vorf]; ~|geworfe [-jəvorfə]> {5.5.2/5.4}: heraus-, hinauswerfen, -befördern [auch: ˈerus|schmieße, ˈchasse]. (206)

erus|winde/~|winge, sich [ə'rʊsvɪn·də / -vɪŋə] <trennb. Präfix-V.; ~|winge veraltet; st.; *han*; wand e. [vant]; ~|gewunde [-jəvʊŋə]> {(6.7)}: sich herauswinden, sich durch besonderes Geschick aus einer unangenehmen, heiklen Lage befreien. (209) (210)

erus|winke [ə'rʊsvɪŋkə] <trennb. Präfix-V.; schw./st.; *han*; winkte/wunk e. ['vɪŋktə / vʊŋk]; ~|gewink/~|gewunke [-jəvɪŋk / -jəvʊŋkə]>: herauswinken. (41) (52)

erus|zerre [ə'rʊstsɛrə] <trennb. Präfix-V.; schw.; *han*; zerrte e. ['tsɛxtə]; ~|gezerr [-jətsɛx]>: herauszerren. (93)

erus|zotiere/~|eere [ə'rʊstso(x)ti·(ɐ)rə / -e·rə] <Präfix-V.; schw./unr.; *han*; zotierte e. [tso'ti·ɐtə]; ~|zotiert [-tso·ti·ɐt] ⟨ital. sortire; lat. sortiri⟩> {(5.1.4.3)}: hinausschaffen, -bringen, nach draußen schaffen. (3) (2)

erüvver [ə'rʏvɐ] <Adv.> {5.3.2; 6.1.1; 8.1}: herüber, hinüber.

erüvver|- [ə'rʏvɐ] <Präfix> {5.3.2; 6.1.1; 8.1}: herüber-, hinüber-, i. Vbdg. m. V.: *~bränge* (~bringen).

erüvver|bedde [ə'rʏvɐbedə] <trennb. Präfix-V.; unr.; *han*; ~|gebedde [-jəbedə]> {5.4; 6.11.3}: herüberbitten. (2)

erüvver|beuge [ə'rʏvɐbøy̆·jə] <trennb. Präfix-V.; schw.; *han*; beugte e. ['bøy̆·ɟtə]; ~|gebeug [-jəbøy̆·ɟ]>: hinüberbeugen, über jmdn./etw. nach drüben beugen. (103)

erüvver|bränge [ə'rʏvɐbrɛŋə] <trennb. Präfix-V.; unr.; *han*; braht e. [bra·t]; ~|gebraht [-jəbra·t]> {5.4}: herüberbringen. (33)

erüvver|däue [ə'rʏvɐdøy̆·jə] <trennb. Präfix-V.; Formen mischbar; unr./schw.; *han*; daut/däute e. [daʊ̯t / 'døy̆·tə]; ~|gedaut/~|gedäut [-jədaʊ̯t / -jədøy̆·t]>: her(über)schieben. (43)

erüvver|dörfe/~|dürfe [ə'rʏvɐdœrfə (-dœrvə) / -dʏrfə (-dʏrvə)] <trennb. Präfix-V.; unr.; *han*; dorf e. [dorf]; ~|gedorf [-jədorf]> {5.5.1}: herüber-, hinüberdürfen. (47)

erüvver|drage [ə'rʏvɐdra·ʁə] <trennb. Präfix-V.; st.; *han*; drog e. [dro·x]; ~|gedrage [-jədra·ʁə]> {6.11.2}: hinübertragen, nach drüben tragen. (48)

erüvver|fahre [ə'rʏvɐfa·rə] <trennb. Präfix-V.; st.; *sin*; fuhr/fohr e. [fu·ɐ̯ / fo·ɐ̯]; ~|gefahre [-jəfa·rə]>: herüber-, hinüberfahren. (62)

erüvver|föhre/~|führe [ə'rʏvɐføː·(ɐ)rə / -fyː·(ɐ)rə] <trennb. Präfix-V.; unr./st./schw.; *han*; föhte/foht e. ['føː·tə / fo:t]; ~|geföht/~|gefoht [-jəføː·t / -jəfo:t]> {5.4}: herüber-, hinüberführen. (74) (31)

erüvver|gelange [ə'rʏvɐjəlaŋə] <trennb. Präfix-V.; schw.; *sin*; gelangte e. [jə'laŋ·tə]; ~|gelangk [-jəlaŋ·k]>: hinübergelangen. (49)

erüvver|gevve [ə'rʏvɐjevə] <trennb. Präfix-V.; st.; *han*; gov e. [jo·f]; ~|gegovve/~|gegevve [-jəjovə / -jəjevə]> {5.3.4; 5.5.2; 6.1.1}: herübergeben. (81)

erüvver|gonn [ə'rʏvɐjɔn] <trennb. Präfix-V.; st.; *sin*; ging e. [jɪŋ]; ~|gegange [-jəjaŋə]> {5.3.4; 8.2.2.3}: herüber-, hinübergehen. (83)

erüvver|griefe [ə'rʏvɐjri:fə] <trennb. Präfix-V.; st.; *han*; greff e. [jref]; ~|gegreffe [-jəjrefə]> {5.1.4.5}: hinübergreifen. (86)

erüvver|größe [ə'rʏvɐjrøː·sə] <trennb. Präfix-V.; schw.; *han*; größte e. ['jrøː·stə]; ~|gegröß [-jəjrøː·s]> {5.4}: herübergrüßen. (32)

erüvver|hange [əˈrʏvehaŋə] <trennb. Präfix-V.; st.; *han*; hing e. [hɪŋ]; ~|gehange [-jəhaŋə]> {5.4}: herüber-, hinüberhängen: von dort drüben bis auf diese Seite hängen: *De Heck vum Nohber hing bes en minge Gaade erüvver.* (Die Hecke des Nachbarn hing bis in meinen Garten herüber.). (65)

erüvver|hänge [əˈrʏvehɛŋə] <trennb. Präfix-V.; schw.; *han*; hängte e. [ˈhɛŋˑtə]; ~|gehängk [-jəhɛŋˑk]>: herüberhängen: *Ich han de Wäsch erüvvergehängk.* (Ich habe die Wäsche herübergehängt.). (49)

erüvver|helfe [əˈrʏvehɛlfə] <trennb. Präfix-V.; st.; *han*; holf e. [holf]; ~|geholfe [-jəholfə]>: herüber-, hinüberhelfen. (97)

erüvver|holle [əˈrʏveholə] <trennb. Präfix-V.; unr.; *han*; hollt e. [holt]; ~|gehollt [-jəholt]> {5.3.4; 5.5.1}: herüberholen. (99)

erüvver|höppe [əˈrʏvehøpə] <trennb. Präfix-V.; schw.; *sin*; höppte e. [ˈhøptə]; ~|gehöpp [-jəhøp]> {5.5.1; 6.8.1}: herüberhüpfen, -springen. (75)

erüvver|klemme [əˈrʏveklɛmə] <trennb. Präfix-V.; st.; *sin*; klomm e. [klom]; ~|geklomme [-jəklomə]> {5.5.2}: herüberklettern. (109)

erüvver|kumme [əˈrʏvekʊmə] <trennb. Präfix-V.; st.; *sin*; kom e. [koˑm]; ~(|ge)kumme [-(jə)ˌkʊmə]> {5.4}: herüberkommen. (120)

erüvver|künne [əˈrʏvekʏnə] <trennb. Präfix-V.; unr.; *han*; kunnt e. [kʊnt]; ~|gekunnt [-jəkʊnt]> {5.4}: herüber-, hinüberkönnen, hinüberdürfen. (121)

erüvver|lähne, sich [əˈrʏvelɛˑnə] <trennb. Präfix-V.; schw.; *han*; lähnte e. [ˈlɛːntə]; ~|gelähnt [-jəlɛːnt]> {5.4}: sich hinüberlehnen, über etw. lehnen. (5)

erüvver|laufe [əˈrʏveloʊfə] <trennb. Präfix-V.; st.; *sin*; leef e. [leˑf]; ~|gelaufe [-jəloʊfə]>: herüber-, hinüberlaufen. (128)

erüvver|looße [əˈrʏveloˑsə] <trennb. Präfix-V.; st.; *han*; leet/leeß e. [leːt / leˑs]; ~|gelooße [-jəloˑsə]> {5.2.1.3; 5.5.3}: herüber-, hinüberlassen. (135)

erüvver|luure/~|loore [əˈrʏveluˑ(ɐ̯)rə / -loˑrə] <trennb. Präfix-V.; schw./unr.; *han*; luurte e. [ˈluˑɐ̯tə]; ~|geluurt [-jəluˑɐ̯t]>: herüber-, hinüberschauen. (100) (134)

erüvver|müsse [əˈrʏvemʏsə] <trennb. Präfix-V.; unr.; *han*; moot e. [moːt]; ~|gemoot [-jəmoːt]>: herüber-, hinübermüssen. (142)

erüvver|recke [əˈrʏverɛkə] <trennb. Präfix-V.; schw.; *han*; reckte e. [ˈrɛktə]; ~|gereck [-jərek]> {5.3.1; 5.5.2}: herüber-, hinüberreichen. (88)

erüvver|rette [əˈrʏverɛtə] <trennb. Präfix-V.; schw.; *han*; ~|gerett [-jərɛt]>: hinüberretten. (113)

erüvver|rofe [əˈrʏveroˑfə] <trennb. Präfix-V.; st.; *han*; reef e. [reˑf]; ~|gerofe [-jəroˑfə]> {5.4}: hinüberrufen. (151)

erüvver|schecke [əˈrʏveʃekə] <trennb. Präfix-V.; schw.; *han*; scheckte e. [ˈʃektə]; ~|gescheck [-jəʃek]> {5.5.2}: herüber-, hinüberschicken. (88)

erüvver|schiele/~|schääle [əˈrʏveʃiːlə / -ʃɛˑlə] <trennb. Präfix-V.; schw.; *han*; schielte e. [ˈʃiːltə]; ~|geschielt [-jəʃiːlt]> {(5.1.4.3)}: (he)rüberschielen. (45)

erüvver|schröme [əˈrʏveˌʃrœˑmə] <trennb. Präfix-V.; schw.; *sin*; schrömte e. [ˈʃrœˑmtə]; ~|geschrömp [-jəˌʃrœˑmp]>: hinübereilen. (118)

erüvver|schwemme [əˈrʏveʃvemə] <trennb. Präfix-V.; st.; *sin*; schwomm e. [ʃvom]; ~|geschwomme [-jəʃvomə]> {5.5.2}: herüber-, hinüberschwimmen. (109)

erüvver|setze [əˈrʏvezɛtsə] <trennb. Präfix-V.; unr./schw.; *han*; setzte/satz e. [ˈzɛtstə / zats]; ~|gesetz/~|gesatz [-jəzɛts / -jəzats]>: hinübersetzen, nach drüben setzen: *die Vas e.* (die Vase h.); <sich e.>: *sich bei einer e.* (sich zu jmdm. h.). (173)

erüvver|sinn [əˈrʏvezɪn] <trennb. Präfix-V.; st.; *han*; soh/soch e. [zoˑ / zoˑx]; ~|gesinn [-jəzɪn]> {5.3.4; 8.2.2.3}: herüber-, hinübersehen. (175)

erüvver|solle [əˈrʏvezolə] <trennb. Präfix-V.; unr.; *han*; sollt e. [zolt]; ~|gesollt [-jəzolt]> {5.5.1}: herüber-, hinübersollen. (177)

erüvver|spille [əˈrʏveʃpɪlə] <trennb. Präfix-V.; schw.; *han*; spillte e. [ˈʃpɪltə]; ~|gespillt [-jəʃpɪlt]> {5.3.4}: hinüberspielen. (91)

erüvver|spingkse [əˈrʏveˌʃpɪŋksə] <trennb. Präfix-V.; schw.; *han*; spingkste e. [ˈʃpɪŋkstə]; ~|gespingks [-jəˌʃpɪŋks]>: herüberäugen. (87)

erüvver|springe [əˈrʏveʃprɪŋə] <trennb. Präfix-V.; st.; *sin*; sprung e. [ˌʃprʊŋˑ]; ~|gesprunge [-jəʃprʊŋə]>: herüber-, hinüberspringen. (26)

erüvver|stelle [əˈrʏveʃtɛlə] <trennb. Präfix-V.; schw./unr.; *han*; stellte/stallt e. [ˈʃtɛlˑtə / ʃtalt]; ~|gestellt/~|gestallt [-jəʃtɛlˑt / -jəʃtalt]>: herüber-, hinüberstellen. (182)

erüvver|trecke [ə'rʏvɛtrɛkə] <trennb. Präfix-V.; st.; *han* u. *sin*; trɔk e. [trɔ·k]; ~|getrocke [-jətrɔkə]>: herüber-, hinüberziehen. (190)

erüvver|wähßele [ə'rʏvɛvɛːsələ] <trennb. Präfix-V.; schw.; *han*, auch *sin*; wähßelte e. ['vɛːsəltə]; ~|gewähßelt [-jəvɛːsəlt]> {5.2.4; 6.3.1}: hinüberwechseln. (6)

erüvver|welle/~|wolle [ə'rʏvɛvɛlə / -volə] <trennb. Präfix-V.; unr.; *han*; wollt e. [volt]; ~|gewollt [-jəvolt]> {5.5.2/5.5.1}: herüber-, hinüberwollen. (204) (211)

erüvver|werfe/~|wirfe [ə'rʏvɛvɛrfə / -vɪrfə] <trennb. Präfix-V.; st.; *han*; worf e. [vorf]; ~|geworfe [-jəvorfə]> {5.5.2/5.4}: herüber-, hinüberwerfen. (206)

erüvver|winke [ə'rʏvɛvɪŋkə] <trennb. Präfix-V.; schw./st.; *han*; winkte/wunk e. ['vɪŋktə / vʊŋk]; ~|gewink/~|gewunke [-jəvɪŋk / -jəvʊŋkə]>: hinüberwinken, nach drüben winken. (41) (52)

Erv|deil, et ['ɛrf,deɪl] <N.; o. Pl.> {s. u. ↑Erve ↑Deil}: Erbe, Erbteil.

erve ['ɛr·və] <V.; schw.; *han*; ervte ['ɛr·ftə]; geerv [jə'ɛr·f]> {6.1.1}: erben. (66)

Erve, der ['ɛr·və] <N.; ~> {6.1.1}: Erbe (der), Nachkomme.

Erv|fähler, der ['ɛrffɛːlɐ] <N.; ~> {s. u. ↑Erve ↑Fähler}: Erbfehler.

Erv|schaff, de ['ɛrfʃaf] <N.; ~|schafte> {6.1.1}: Erbschaft.

Erv|schaffs|aan|ge|läge(n)heit, de ['ɛrfʃafs,aːnjəlɛːjənheɪt] <N.; ~e> {s. u. ↑Erv|schaff; 5.4; 9.1.4}: Erbschaftsangelegenheit.

Erv|schaffs|stüür/~|stöör, de ['ɛrfʃafs,ʃtyːr / -ʃtøːɐ̯] <N.; ~e> {s. u. ↑Erv|schaff ↑Stüür/Stöör}: Erbschaftssteuer.

Erv|sching, der ['ɛrf,ʃɪŋ] <N.; ~ [-ʃɪŋ·]> {s. u. ↑Erve ↑Sching¹}: Erbschein.

Erv|sünd, de ['ɛrf,zʏn·t] <N.; ~e> {s. u. ↑Erve ↑Sünd}: Erbsünde.

Erv|tant, de ['ɛrf,tant] <N.; ~e> {s. u. ↑Erve ↑Tant}: Erbtante.

er|wäge [ɛɐ̯'vɛːjə] <nicht trennb. Präfix-V.; schw.; *han*; er|wägte [ɛɐ̯'vɛːft̬ə]; er|wäg [ɛɐ̯'vɛːfj]>: erwägen. (103)

er|wähne [ɛɐ̯'vɛːnə] <nicht trennb. Präfix-V.; schw.; *han*; er|wähnte [ɛɐ̯'vɛːntə]; er|wähnt [ɛɐ̯'vɛːnt]>: erwähnen, andeuten. (5)

er|wandere [ɛɐ̯'vanˑdərə] <nicht trennb. Präfix-V.; schw.; *han*; er|wanderte [ɛɐ̯'vanˑdɛt̬ə]; er|wandert [ɛɐ̯'vanˑdɛt]> {9.2.1.2}: erwandern, durch Wandern kennen lernen, für sich erschließen. (4)

er|wische [ɛɐ̯'vɪʃə] <nicht trennb. Präfix-V.; schw.; *han*; er|wischte [ɛɐ̯'vɪʃtə]; er|wisch [ɛɐ̯'vɪʃ]>: erwischen, ertappen. (110)

er|wünsch [ɛɐ̯,vʏnʃ] <Adj.; Part. II von veraltet *erwünschen*; ~te; ~ter, ~ste> {8.3.5}: erwünscht. Tbl. A4.1.1

er|würge [ɛɐ̯'vʏrˑjə] <nicht trennb. Präfix-V.; schw.; *han*; er|würgte [ɛɐ̯'vʏrˑft̬ə]; er|würg [ɛɐ̯'vʏrˑfj]>: erwürgen, erdrosseln. (39)

er|zeuge [ɛɐ̯'tsøʏˑjə] <nicht trennb. Präfix-V.; schw.; *han*; er|zeugte [ɛɐ̯'tsøʏˑft̬ə]; er|zeug [ɛɐ̯'tsøʏˑfj]>: erzeugen, **1.** entstehen lassen: *Rieve erzeug Hetz.* (Reibung erzeugt Wärme.). **2.** produzieren, hervorbringen: *Dä Generator erzeug Strom.* (Der Generator erzeugt Strom.). (103)

er|ziele [ɛɐ̯'tsiːlə] <nicht trennb. Präfix-V.; schw.; *han*; er|zielte [ɛɐ̯'tsiːltə]; er|zielt [ɛɐ̯'tsiːlt]>: erzielen. (45)

er|zwinge [ɛɐ̯'tsvɪŋə] <nicht trennb. Präfix-V.; st.; *han*; er|zwung [ɛɐ̯'tsvʊŋˑ]; er|zwunge [ɛɐ̯'tsvʊŋə]>: erzwingen. (26)

es [əs] <Pron. unbetont; partitiver Gen. Sg. u. Pl.>: derer, deren, dessen, ihrer: *Ich han es nit mih vill.* (Ich habe d. nicht mehr viel(e).) *Häs de noch Milch? Ich han es noch.* (Hast du noch Milch? Habe ich noch.); *Ich ben es satt.* (Ich bin d. überdrüssig.) [auch: ↑erer, ↑er¹, ↑eres].

~|es [əs] <Suffix; nomenbildend; ~|ese/~|ese>: **1.** <der> **a)** Verb+*es* für Personen (z. B. Hüül|~); **b)** Verb+*-es* für Gegenstände (z. B. Schnurr|~). **2.** <der> Nomen+*es* für Personen (z. B. Kavalör|~). **3.** <der; ohne Pl.> **a)** Namen+*es* (z. B. Nand|~; aus Ferdinand; Ner|~; aus Reiner, Werner); **b)** bei Namen auf ~ius wird *ius* zu *es* (Nell|~; aus Kornelius). **4.** <et> Verkürzung von *-haus* (z. B. Back|~).

Esel, der ['ezəl] <N.; ~e> {5.3.2.3; 5.5.2}: Esel.

Esels|ge|dold, de [,ezəlsjə'dolt] <N.; kein Pl.> {s. u. ↑Esel ↑Ge|dold}: Eselsgeduld.

esels|grau ['ezəls'ɪ̯raʊ̯ˑ] <Adj.; ~e> {s. u. ↑Esel}: eselsgrau. Tbl. A2.9

Esels|keesch, de ['ezəls,keːʃ] <N.; ~e> {s. u. ↑Esel ↑Keesch}: Sauerkirsche, Schattenmorelle.

Esels|kopp, der ['ezəls,kɔp] <N.; ~|köpp> {s. u. ↑Esel ↑Kopp}: dummer Mensch.

Esels|uhr/~|ohr, der ['ezəls,uːɐ̯ / -oːɐ̯] <N.; ~e> {s. u. ↑Esel ↑Uhr²/Ohr²}: Eselsohr.

Ess|appel, der ['ɛsˌlapəl] <N.; ~|äppel> {s. u. ↑Appel}: Essapfel [auch: ↑Koch|appel].

Ess|desch, der ['ɛsˌdeʃ] <N.; ~(e)> {s. u. ↑Desch}: Esstisch.

esse ['ɛsə] <V.; st.; *han*; ǫß [ɔˑs]; *gegesse* [jəˈjɛsə]>: essen, (ver)speisen; ***jet op en Üv e.** (etw. auf der Hand/ Faust e.). (59)

Esse, et ['ɛsə] <N.; ~>: Essen, Speise.

Essens|zigg, de ['ɛsənsˌtsɪk] <N.; ~e> {s. u. ↑Zigg}: Essenszeit.

Essig, der ['ɛsɪŋ] <N.; ~e (Sortenpl.)>: Essig.

Essig|gurk, de ['ɛsɪŋˌjʊrk] <N.; ~e> {s. u. ↑Gurk}: Essiggurke.

Ess|kuschtei, de ['ɛskʊʃˌteɪ̯ˑ] <N.; ~e> {s. u. ↑Kuschtei}: Esskastanie.

Ess|löffel, der ['ɛsˌlœfəl] <N.; ~e> {s. u. ↑Löffel}: Esslöffel.

Ess|zemmer, et ['ɛsˌtsemə] <N.; ~e> {s. u. ↑Zemmer}: Esszimmer.

esu¹/su¹ [əˈzuˑ / zuˑ] <Adv.> {5.4}: so; solch, **1.** so: *Dat geiht e.: …* (Das geht so: …); *E. es et.* (So ist es.). **2.** solch: *E. en große Äädäppel han ich noch nie gesinn.* (Solch große Kartoffeln habe ich noch nie gesehen.).

esu²/su² [əˈzuˑ / zuˑ] <Konj.; unterordn.> {5.4}: so; i. d. Vbdg. *esu dat* (so dass).

esu|gar/su|~ [əˌzʊˈjaːɐ̯ / zʊ-] <Adv.> {s. u. ↑su¹/esu¹}: sogar.

esu|lang/su|~ [əzʊˈlaŋˑ / zʊ-] <Konj.; unterordn.> {s. u. ↑esu¹/su¹}: solange.

esu|off/su|~ [əzʊˈlɔf / zʊ-] <Konj.; unterordn.> {s. u. ↑esu¹/su¹ ↑off}: sooft.

esu|vill/su|~ [əzʊˈfɪl / zʊ-] <Konj.; unterordn.> {s. u. ↑esu¹/su¹ ↑vill¹}: soviel.

esu|wie/su|~ [əzʊˈviˑ / zʊ-] <Konj.> {s. u. ↑esu¹/su¹}: sowie, unterordn.: *E. ich fäädig bin, kumme ich.* (S. ich fertig bin, komme ich.).

esu|wigg/su|~ [əzʊˈvɪk / zʊ-] <Konj.; unterordn.> {s. u. ↑esu¹/su¹ ↑wigg}: soweit.

et¹ [ət] <best. Art. unbetont; Sg. mask. Nom.> {5.4; 6.10.2}: das, **1.** vor Nomen **a)** <Nom.> *Et Esse steiht om Desch.* (D. Essen steht auf dem Tisch.); **b)** <Akk.> *Hä muss dis Woch en et Spidol han* (Er muss diese Woche ins Krankenhaus.); *** et ärme Dier han** (depressiv sein). **2.** vor weibl. Vornamen: die: *et Marie* (Marie). **3.** vor weibl. Vor-u. Zunamen: *et Mollse Kätt* (Katharina Moll). Tbl. Art2

et² [ət] <Personalpron.; 3. Pers. Sg. Neutr. Nom. u. Akk.> {5.4; 6.10.2}: es, **1.** <Nom.> **a)** <Neutr.> es: *Et es ärg kapodd (dat Boch).* (Es ist sehr kaputt (das Buch).); **b)** <fem.> bei weibl. Personen, die man duzt: sie: *Do kütt et.* (Da kommt s.) (vgl. *Do kütt se, (de Frau Schmitz).* (Da kommt sie, (die Frau Schmitz).)); **c)** <unpers.> et: *Et es am Rähne.* (Es regnet.). **2.** <Akk.> **a)** <Neutr.> es: *Ich han et gelese (dat Boch).* (Ich habe es gelesen (das Buch).); **b)** <fem.> sie: *Ich han et getroffe, (et Marie).* (Ich habe s. getroffen, (die Maria).). Tbl. P1

Etage, de [eˈtaˑʃ] <N.; ~e [eˈtaˑʒə] ⟨frz. étage⟩> {2}: Etage, Stockwerk: *Et Marie wonnt op der drette E.* (Maria wohnt auf der dritten E.) [auch: Ge|schoss (2), ↑Stock²].

Etage|bedd, et [eˈtaˑʒəˌbɛt] <N.; ~er ⟨frz. étage⟩> {s. u. ↑Bedd}: Etagenbett.

Etage|klo, der [eˈtaˑʒəˌkloˑ] <N.; ~s>: Toilette im Treppenhaus.

Etage|wonn|ung, de [eˈtaˑʒəˌvonʊŋ] <N.; ~e ⟨frz. étage⟩> {5.3.2; 5.5.1}: Etagenwohnung.

Etappe, de [eˈtap] <N.; Etappe [eˈtapə] ⟨frz. étape⟩> {2}: Etappe.

Etappe(n)|has, der [eˈtapə(n)ˌhaˑs] <N.; ~e ⟨frz. étape⟩> {s. u. ↑Has; 9.1.4}: Etappenhase; Schauspiel im Millowitsch-Theater.

Etappe|seeg, der [eˈtapəˌzeˑʃ] <N.; ~e> {s. u. ↑Seeg}: Etappensieg.

Etikett/Etekett, et [ˌetɪˈkɛt / ˌetəˈkɛt] <N.; ~e> {(5.1.1)}: Etikett.

Etikette/Etekette, de [ˌetɪˈkɛtə / ˌetəˈkɛtə] <N.; ~> {(5.1.1)}: Etikette, Menge der gesellsch. Regeln/Umgangsformen.

et|selve [ətˈtsɛlvə] <Demonstrativpron.>: dasselbe.

Eu¹, der [ɔy] <N.; kein Pl.>: Freude (die), Spaß: *Do krige mer noch Eu.* ((iron.) Da bekommen wir noch Spaß.).

Eu², der u. et [ɔy] <N.; männl. u. weibl. Vorn.>: **a)** <der> Kurzf. von Eugen; **b)** <et> Kurzf. von Eugenie.

Europa|meister, der [ɔyˈroˑpaˌmeɪ̯stɐ] <N.; ~>: Europameister.

Europa|meister|schaff, de [ɔyˈroˑpaˌmeɪ̯stɐʃaf] <N.; ~|schafte>: Europameisterschaft.

Ev, et [eˑf] <N.; weibl. Vorn.; ~che [-jə]>: Kurzf. von Eva.

Evangelliss, der [ˌefaŋje'lɪs] <N.; ~|iste ⟨mhd. evangeliste⟩>: Evangelist.

Ever|green, der ['ɛvɐˌjriːn] <N.; ~s ⟨engl. evergreen⟩>: Evergreen.

evve ['evə] <Adj.; wenig gebr.; ~> {5.5.2; 6.1.1}: eben [auch: ↑glatt (1)]. Tbl. A3.1

evvens ['evəns] <Adv.> {5.3.2; 5.5.2; 6.1.1}: eben, **1.** <zur Verstärkung>: *Dann blievs e. do!* (Dann bleib e. da!). **2.** (zeitlich) vorhin: *Ich wor e. en der Köch.* (Ich war e. (vorhin) in der Küche.). **3.** für kurze Zeit: *Hald ens e. fass!* (Halt mal e. fest!). **4.** gerade so: *Dat hät noch ens e. geflupp.* (Das ist gerade e. nochmal gut gegangen.).

ewä! [əvɛː] <Interj.>: ätsch, Ausdruck der Schadenfreude: *Ich han ävver drei Autos, ewä!* (Ich habe aber drei Autos, ä.!).

Exame, et [ɛ'ksaˑmə] <N.; ~>: Examen.

Examens|angs, de [ɛ'ksaˑmənsˌlaŋˑs] <N.; ~|ängs> {s. u. ↑Angs}: Examensangst.

Examens|arbeid, de [ɛ'ksaˑmənsˌlarbeɪ̯ˑt] <N.; ~e> {s. u. ↑Arbeid}: Examensarbeit.

Examens|not, de [ɛ'ksaˑmənsˌnoˑt] <N.; ~e> {s. u. ↑Not}: Examensnote.

Existenz|angs, de [ɛksɪs'tɛntsˌlaŋˑs] <N.; ~|ängs> {s. u. ↑Angs}: Existenzangst.

Explizier, der [ˌɛksplɪ'tsiːɐ̯] <N.; kein Pl.>: Auseinandersetzung.

expliziere/~eere [ɛksplɪ'tsiˑ(ɐ̯)rə / -eˑrə] <V.; schw./unr.; han; explizierte [ɛksplɪ'tsiˑɐ̯tə]; expliziert [ɛksplɪ'tsiˑɐ̯t] ⟨lat. explicare⟩> {2; (5.1.4.3)}: auseinandersetzen, **1.** erklären. **2.** <sich e.> streiten. (3) (2)

expré [ɛks'preˑ] <Adv. ⟨lat. expressus⟩> {2}: extra, express, **1.** ausdrücklich, eigens, mit Absicht. **2.** aus Trotz.

Extra|bladd, et ['ɛkstraˌblat] <N.; ~|blädder> {s. u. ↑Bladd}: Extrablatt.

Extrak, der [ɛks'trak] <N.; ~te> {8.3.5}: Extrakt.

Extra|woosch, de ['ɛkstraˌvoːʃ] <N.; ~|wöösch> {s. u. ↑Woosch}: Extrawurst.

Faach, et [faːx] <N.; Fäächer ['fɛːfjɐ]> {5.2.1}: Fach [auch: ↑Fach].

fäächte/fechte ['fɛːfjtə / 'fɛfjtə] <V.; fäächte veraltend; st.; han; gefochte [jə'foxtə]> {5.2.1; 5.4}: fechten. (60) (69)

fäädig ['fɛːdɪfj] <Adj.; ~e> {5.2.1.1.2; 5.4}: fertig, **1. a)** vollendet, im endgültigen Zustand befindlich, zu Ende: *De Zupp es f.* (Die Suppe ist f.); **b)** ausgereift, vollkommen: *Dat Marie es en ~e Frau.* (Die Marie ist eine ~e (erwachsene/ausgereifte) Frau.); **c)** am Ende mit etw.: *Ich ben f. met dir.* (Ich bin f. mit dir.); **d)** zustande, zuwege gebracht; bewältigt: *Se weed met ehre Pänz nit f.* (Sie wird mit ihren Kindern nicht f.); *****f. weede/wääde** (enden); *****f. maache** (beenden, vervollständigen, vollenden) [auch: *en Eng/Engk maache, Schluss maache*]; *****einer f. maache** (1. in schärfstem Ton zurechtweisen, abkanzeln. 2. völlig besiegen, körperlich erledigen; 3. zusammenschlagen). **2.** vollständig vorbereitet, bereit: *f. för zo gonn* (f. zum Aufbruch). **3.** erschöpft, am Ende (Komp. u. Sup. evtl. möglich): *Hügg ben ich noch ~er wie gester.* (Heute bin ich noch erschöpfter als gestern.). Tbl. A5.2

fäädige ['fɛːdɪjə] <V.; schw.; han; fäädigte ['fɛːdɪftə]; gefäädig [jə'fɛːdɪfj]> {5.2.1.1.2; 5.4; 6.11.3}: fertigen, erzeugen. (7)

fään[1] [fɛːn] <Adj.; ~e; ~er, ~ste ['fɛːnɐ / 'fɛːnstə]> {5.2.1.1.1; 5.4}: fern. Tbl. A2.4

fään[2] [fɛːn] <Präp.; i. Vbdg. m. vun + Dat.> {5.2.1.1.1; 5.4}: fern: *f. vun allem Fastelovendsgetirvels* (f. allen Karnevaltrubels; *****vun ~s** (von weitem, aus der Ferne).

Fään[1]**/Fään|de**, de [fɛːn / 'fɛːndə] <N.; kein Pl.> {5.2.1.1.1; 5.4; 8.3.1; 10.2.8}: Ferne.

Fään[2], der [fɛːn] <N.; männl. Vorn.>: Ferdi, Kurzf. von Ferdinand [auch: ↑Fädenand].

Faar, de [faːɐ̯] <N.; ~e> {5.2.1.1.1; 6.8.2; 8.3.1}: Pfarre.

Faar|amp, et ['faːɐ̯ˌamˑp] <N.; ~|ämter> {s. u. ↑Faar ↑Amp}: Pfarramt.

Faar|huus, et ['faːɐ̯ˌhuːs] <N.; ~|hüüser [-ˌhyˑzɐ]> {s. u. ↑Faar ↑Huus}: Pfarrhaus.

Faar|kirch, de [faːɐ̯'kɪrfj] <N.; ~e> {s. u. ↑Faar ↑Kirch}: Pfarrkirche.

Faas, de [faːs] <N.; veraltet; ~e> {5.2.1.2; 8.3.2}: Fastenzeit (die) [auch: ↑Faaste, ↑Faaste|zigg].

Fääsch, de [fɛːʃ] <N.; ~te> {5.2.1.1.2; 5.4; 8.3.1}: Ferse [auch: ↑Hack[1] (1)].

Faaß/Fass, et [faːs / fas] <N.; Fääßer ['fɛːsɐ]; Fääß|che ['fɛːsjə]> {5.2.1.3}: Fass.

faaste ['faːstə] <V.; schw.; han; gefaas [jə'faːs]> {5.2.1}: fasten [auch: ↑faste]. (101)

Faaste, et ['faːstə] <N.; ~e>; kein Pl.> {5.2.1}: Fasten [auch: ↑Faaste|zigg, ↑Faas (veraltet)].

Faaste|mond, der ['faːstəˌmɔnt] <N.; ~> {s. u. ↑Faaste ↑Mond[2]}: Fastenmonat [auch: ↑Faste|mond].

Faaste|zigg, de ['faːstəˌtsɪk] <N.; ~e> {s. u. ↑Faaste ↑Zigg}: Fastenzeit [auch: ↑Faaste, ↑Faas (veraltet), ↑Faste|zigg].

Fabel|deecht|er/~|dicht|~, der ['faˑbəlˌdeːfjtɐ / -dɪfjt-] <N.; ~> {s. u. ↑Deecht|er}: Fabeldichter.

Fabel|dier, et ['faˑbəlˌdiˑɐ̯] <N.; ~e> {s. u. ↑Dier}: Fabeltier.

Fabel|wese, et ['faˑbəlˌveːzə] <N.; ~>: Fabelwesen.

Fabrik, de [faˈbrɪk] <N.; ~e ⟨frz. fabrique⟩>: Fabrik.

Fabrik|arbeid, de [faˈbrɪkˌarbeˑt / faˈbrɪgarˌbeɪ̯t] <N.; ~e> {s. u. ↑Arbeid}: Fabrikarbeit.

Fabrik|arbeid|er, der [faˈbrɪkˌarbeɪ̯dɐ / faˈbrɪgarˌbeɪ̯dɐ] <N.; ~> {s. u. ↑Arbeid|er}: Fabrikarbeiter.

Fabrikat|ions|fähler, der [fabrɪkaˈtsjoˑnsˌfɛˑlɐ] <N.; ~> {s. u. ↑Fähler}: Fabrikationsfehler.

Fabrik|hall, de [faˈbrɪkˌhalˑ] <N.; ~e [-halə]> {s. u. ↑Hall[1]}: Fabrikhalle.

Fabrik|war, de [faˈbrɪkˌvaˑɐ̯] <N.; ~e> {s. u. ↑War}: Fabrikware.

fabriziere/~eere [fabrɪˈtsiˑ(ɐ̯)rə / -eˑrə] <V.; schw./unr.; han; fabrizierte [fabrɪˈtsiˑɐ̯tə]; fabriziert [fabrɪˈtsiˑɐ̯t] ⟨lat. fabricare⟩> {(5.1.4.3)}: fabrizieren. (3) (2)

Fach, et [fax] <N.; Fächer ['fɛfjə]>: Fach [auch: ↑Faach].

Fach|aaz, der ['faxˌaːts] <N.; ~|ääz> {5.2.1.1.2}: Facharzt.

Fach|arbeid|er, der ['faxˌarbeɪ̯dɐ / '--ˌ--] <N.; ~> {6.11.3}: Facharbeiter.

Fach|begreff, der ['faxbəˌjref] <N.; ~e> {5.5.2}: Fachbegriff.

Fach|boch, et ['faxˌboˑx] <N.; ~|böcher> {5.4}: Fachbuch.

Fächer, der ['fɛfjɐ] <N.; ~e>: Fächer.

Fach|ge|spräch, et ['faxjəˌprɛˑfj] <N.; ~e>: Fachgespräch.

Fach|lück ['faxˌlʏk] <N.; nur Pl.> {5.3.1; 6.6.2.1}: Fachleute.

Fach|schaff, de ['faxˌʃaf] <N.; ~|schafte>: Fachschaft.

Fach|sproch, de ['faxˌproˑx] <N.; ~e> {5.5.3; 8.3.1}: Fachsprache.

Fach|us|drock, der ['fax,ʊsdrok / '--,-] <N.; ~|dröck> {5.5.1}: Fachausdruck.
Fach|werk|huus, et ['faxvɛrk,huːs] <N.; ~|hüüser [-hyˑzə]> {s. u. ↑Huus}: Fachwerkhaus.
Fach|wesse, et ['fax,vesə] <N.; kein Pl.> {5.5.2}: Fachwissen.
Fach|wood, et ['fax,voːt] <N.; ~|wööder [-vœˑdə]> {5.2.1.1.2; 5.5.3}: Fachwort.
Fach|zeidung, de ['fax,tsɛɪdʊŋ] <N.; ~e> {6.11.3}: Fachzeitung.
Fackel, de ['fakəl] <N.; ~e>: Fackel; bes. Laterne beim Martinszug.
Fackel|dräg|er, der ['fakəl,drɛˑjɐ] <N.; ~> {s. u. ↑Drägler}: Fackelträger.
fackele ['fakələ] <V.; schw.; *han*; fackelte ['fakəltə]; gefackelt [jə'fakəlt]> {9.2.1.2}: fackeln, zögern, zaudern: *Hee weed nit lang gefackelt.* (Hier wird nicht lange gezögert.). (6)
Fackel|zog, der ['fakəl,tsoŋ] <N.; ~|zög> {s. u. ↑Zog¹}: Fackelzug.
fad [faˑd] <Adj.; ~e; ~er, ~ste> {8.3.1}: fade. Tbl. A2.1
Faddem, der ['fadəm] <N.; Fäddem ['fɛdəm]; Fäddem|che ['fɛdəmʃə]> {5.3.2; 6.13.4}: Faden.
Fädenand, der ['fɛdənant] <N.; männl. Vorn.> {5.4; 8.2.4}: Ferdinand [auch: ↑Ferdi, ↑Fään²].
Fäg, de [fɛːʃ] <N.; ~e ['fɛːjə]>: resolute, zänkische Frau [auch: ↑Krabitz (a), ↑Kratz|böösch, ↑Widder|böösch (2)].
fäge ['fɛˑjə] <V.; schw.; fägte ['fɛːʃtə]; gefägt [jə'fɛːʃ]> {5.4}: fegen, **1.** <han> kehren: *der Boddem f.* (den (Fuß)boden f.) [auch: ↑kehre¹, ↑kerre]. **2.** <han> **a)** mit einer (ausholenden) Bewegung von etw. entfernen, herunterwischen: *Se dät met der Hand de Hefte vum Desch f.* (Sie fegte mit der Hand die Hefte vom Tisch.); **b)** (übertr.) (Sport) überlegen, klar besiegen: *Hä hät der Pitter vum Platz gefäg.* (Er hat Peter vom Platz gefegt.). **3.** <sin> **a)** wehen: *Der Sturm dät üvver der Platz f.* (Der Sturm fegte über den Platz.); **b)** schnell laufen: *Hä fäg wie jeck öm de Eck.* (Er rast wie verrückt um die Ecke.) [auch: ↑jöcke¹]. **4.** <han>; sich f.>: sich zanken, streiten: *Hä hät sich mem Marie gefäg.* (Er hat sich mit Maria gestritten.) [auch: ↑fetze, ↑käbbele, ↑knäbbele (2), ↑öschele (3), ↑strigge, ↑zänke]. (103)

Fäg|er, der ['fɛˑjɐ] <N.; ~> {5.4}: Feger, **1.** Kehrbesen. **2.** (übertr.) **a)** resoluter, zänkischer Mann; Draufgänger; **b)** Frau, die viele Männerbekanntschaften hat; **c)** lebhaftes Kind, Wildfang.
Fäg|füür/~|föör, et ['fɛːʃ,fyːɐ / -føːɐ] <N.; o. Pl.> {5.4; 8.3.1; s. u. ↑Füür/Föör}: Fegefeuer [auch: ↑Fege|füür/~|föör].
Fagott, et [fa'jot] <N.; ~e>: Fagott.
Fagott|iss, der [fajɔ'tɪs] <N.; ~|iste>: Fagottist.
fäh|ig ['fɛːɪʃ] <Adj.; ~e; ~er, ~ste>: fähig. Tbl. A5.2
fahl [faːl] <Adj.; ~e; ~er, ~ste>: fahl, **1.** von blasser Färbung, fast farblos. **2.** rücksichtslos, unbarmherzig. Tbl. A2.2
fähl|-, Fähl|- [fɛːl] <Präfix> {5.4}: fehl-, Fehl-, i. Vbdg. m. V. u. N.: *~schlage* (~schlagen); *~greff* (~griff).
fähle ['fɛːlə] <V.; schw.; *han*; fählte ['fɛːltə]; gefählt [jə'fɛːlt]> {5.4}: fehlen, **1. a)** nicht existieren; **b)** nicht zur Verfügung stehen; [auch: ↑mangele¹] **c)** nicht anwesend sein: *Ding Pänz fähle baal jeden Dag.* (Deine Kinder fehlen fast jeden Tag.). **2.** <unpers.> nicht in genügendem Ausmaß vorhanden sein, nicht ausreichen, mangeln: *Et fählt inne an allem.* (Es fehlt ihnen an allem.). (61)
Fähler, der ['fɛːlɐ] <N.; ~> {5.4}: Fehler.
fähler|frei ['fɛːlɐ,frɛɪ] <Adj.; ~e; ~er, ~ste> {5.4}: fehlerfrei. Tbl. A2.9
fähler|haff ['fɛːlɐhaf] <Adj.; ~|hafte; ~|hafter, ~ste> {5.4}: fehlerhaft. Tbl. A4.2.1
Fähl|greff, der ['fɛːl,jref] <N.; ~e> {5.5.2}: Fehlgriff.
Fähl|schlag, der ['fɛːl,ʃlaːx] <N.; ~|schläg [-ʃlɛˑʃ]>: Fehlschlag.
Fähl|tredd, der ['fɛːl,tret] <N.; ~e> {5.5.2; 6.11.3}: Fehltritt.
Fahn, de [faˑn] <N.; ~e; Fähn|che ['fɛːnʃə]> {8.3.1}: Fahne.
Fahne|fluch, de ['faˑnə,flʊx] <N.; o. Pl.> {s. u. ↑Fahn ↑Fluch²}: Fahnenflucht, Desertion.
Fahne|mass, der ['faˑnə,mas] <N.; ~|maste> {s. u. ↑Mass¹}: Fahnenmast.
Fähr, de [fɛːɐ] <N.; ~e> {8.3.1}: Fähre.
fahre ['faˑrə] <V.; st.; fuhr/fohr [fuˑɐ / foˑɐ]; gefahre [jə'faˑrə]>: fahren, **1. a)** <sin> (von Fahrzeugen) sich rollend, gleitend (mithilfe einer antreibenden Kraft) fortbewegen: *Dä Zog es vun Kölle noh Hamburg gefahre.* (Der Zug ist von Köln nach Hamburg gefahren.); **b)** <han; sich f.; (unpers.)> best. Fahreigenschaften haben: *Dat Auto fäht sich schlääch.* (Das Auto fährt sich schlecht.); *Op der Stroß fäht et sich schlääch.* (Auf

dieser Straße fährt es sich schlecht.). **2.** <sin> sich mit einem Fahrzeug auf eine best. Weise fortbewegen: *Ich ben vürsichtig gefahre*. (Ich bin vorsichtig gefahren.); *Ich ben vun Kölle noh Bonn gefahre*. (Ich bin von Köln nach Bonn gefahren.); *De Pänz sin en Urlaub gefahre*. (Die Kinder sind in Urlaub gefahren.). (62)

Fahrer|fluch, de ['faːrɐˌflʊx] <N.; o. Pl.> {s. u. ↑Fluch²}: Fahrerflucht, Unfallflucht.

Fahrer|huus, et ['faːrɐˌhuːs] <N.; ~|hüüser [-hyˑzə]> {s. u. ↑Huus}: Fahrerhaus.

Fahrer|setz, der ['faːrɐˌzets] <N.; ~(e)> {s. u. ↑Setz}: Fahrersitz.

Fahr|gass, de ['faː(ɐ̯)ˌjas] <N.; ~|gäss> {s. u. ↑Gass²}: Fahrgast.

Fahr|geläge(n)|heit, de ['faː(ɐ̯)jəlɛˑjənhe̯ɪt] <N.; ~e> {5.4; 9.1.4}: Fahrgelegenheit.

Fahr|geld, et ['faː(ɐ̯)ˌjɛlt] <N.; ~er>: Fahrgeld.

Fahr|ge|schäff, et ['faː(ɐ̯)jəʃɛf] <N.; ~|schäfte> {s. u. ↑Ge|schäff}: Fahrgeschäft.

Fahr|ge|stell, et ['faː(ɐ̯)jəʃtɛl] <N.; ~e>: Fahrgestell.

Fahr|kaat, de ['faː(ɐ̯)ˌkaːt] <N.; ~e> {s. u. ↑Kaat}: Fahrkarte.

Fahr|kaate|automat, der ['faː(ɐ̯)kaːtəˌaʊtoˌmaˑt] <N.; ~e> {s. u. ↑Kaat}: Fahrkartenautomat.

Fahr|kaate|kontroll, de ['faː(ɐ̯)kaːtəkɔnˌtrɔlˑ] <N.; ~e [-kɔntrɔlə]> {s. u. ↑Kaat ↑Kontroll}: Fahrkartenkontrolle.

Fahr|kaate|schalt|er, der ['faː(ɐ̯)kaːtəˌʃaltɐ] <N.; ~e> {s. u. ↑Kaat}: Fahrkartenschalter.

Fahr|kuns, de ['faː(ɐ̯)ˌkʊns] <N.; ~|küns> {s. u. ↑Kuns}: Fahrkunst.

Fahr|küns|ler, der ['faː(ɐ̯)ˌkʏnslɐ] <N.; ~> {s. u. ↑Küns|ler}: Fahrkünstler (meist iron. gemeint).

Fahr|plan, der ['faː(ɐ̯)ˌplaˑn] <N.; ~|plän>: Fahrplan.

Fahr|pries, der ['faː(ɐ̯)ˌpriːs] <N.; ~e> {s. u. ↑Pries}: Fahrpreis.

Fahr|pröf|ung, de ['faː(ɐ̯)ˌprøˑfʊŋ] <N.; ~e> {5.4}: Fahrprüfung.

Fahr|radd, et ['faː(ɐ̯)ˌrat] <N.; ~|rädder> {s. u. ↑Radd}: Fahrrad.

Fahr|radd|kett, de ['faː(ɐ̯)ratˌkɛt] <N.; ~e> {s. u. ↑Radd ↑Kett}: Fahrradkette.

Fahr|radd|reife, der ['faː(ɐ̯)ratˌre̯ɪfə] <N.; ~> {s. u. ↑Radd}: Fahrradreifen.

Fahr|radd|schlössel, der ['faː(ɐ̯)ratˌʃløsəl] <N.; ~e> {s. u. ↑Radd ↑Schlössel}: Fahrradschlüssel.

Fahr|radd|ständ|er, der ['faː(ɐ̯)ratˌʃtɛnˑdɐ] <N.; ~> {s. u. ↑Radd}: Fahrradständer.

Fahr|radd|tour, der ['faːratˌtuːɐ̯] <N.; ~e; ~|tourche> {s. u. ↑Radd}: Fahrradtour.

Fahr|radd|wäg, der ['faː(ɐ̯)ratˌvɛːç] <N.; ~(e) [-vɛˑç / -vɛˑjə]> {s. u. ↑Radd ↑Wäg}: Fahrradweg.

Fahr|sching, der ['faː(ɐ̯)ˌʃɪŋ] <N.; ~ [-ʃɪŋˑ]> {s. u. ↑Sching'}: Fahrschein.

Fahr|schull, de ['faː(ɐ̯)ˌʃʊlˑ] <N.; ~e [-ʃʊlə]> {s. u. ↑Schull}: Fahrschule.

Fahr|stohl, der ['faː(ɐ̯)ˌʃtoˑl] <N.; ~|stöhl> {s. u. ↑Stohl¹}: Fahrstuhl, Aufzug [auch: ↑Auf|zog].

Fahr|streck, de ['faː(ɐ̯)ˌʃtrɛk] <N.; ~e> {s. u. ↑Streck²}: Fahrstrecke.

Fahr|stund, de ['faː(ɐ̯)ˌʃtʊnˑt] <N.; ~(e)> {s. u. ↑Stund}: Fahrstunde.

Fahrt, de [faːt] <N.; ~e> {8.2.4}: Fahrt.

Fahrte|schriev|er, der ['faːtəˌʃriːvɐ] <N.; ~e> {5.1.4.5; 6.1.1; s. u. ↑Fahrt}: Fahrtenschreiber.

Fahrte|schwemm|er, der/et ['faːtəˌʃvemɐ] <N.; o. Pl.> {5.5.2; s. u. ↑Fahrt}: Fahrtenschwimmer, Schwimmprüfung.

Fahrt|koste ['faːtˌkɔstə] <N.; nur Pl.> {s. u. ↑Fahrt}: Fahrtkosten.

Fahrt|unger|brech|ung, de ['faːtǀʊŋɐˌbrɛçʊŋ] <N.; ~e> {s. u. ↑Fahrt}: Fahrtunterbrechung.

Fahr|ver|bodd, et ['faːfɐˌbot] <N.; ~e> {s. u. ↑Ver|bodd}: Fahrverbot.

Fahr|ver|halde, et ['faːfɐˌhaldə] <N.; kein Pl.> {s. u. ↑Ver|halde}: Fahrverhalten.

Fahr|zigg, de ['faːˑˌtsɪk] <N.; ~e> {s. u. ↑Zigg}: Fahrzeit.

Fald, de [falt] <N.; ~e ['faldə]; Fäld|che ['fɛltʃə]> {6.11.3; 8.3.1}: Falte.

Fald|bladd, et ['faltˌblat] <N.; ~|blädder> {6.11.3; s. u. ↑Bladd}: Faltblatt.

Fald|boot, et ['faltˌboˑt] <N.; ~e> {6.11.3}: Faltboot.

falde ['faldə] <V.; unr.; *han*; faldte ['faltə]; gefalde [jə'faldə]> {6.11.3}: falten. (63)

Falder, der ['faldɐ] <N.; ~e ⟨mhd. vêvalter⟩> {6.11.3}: Falter [auch: ↑Fifalder, ↑Vivalder].

Falde|rock, der ['faldə‚rɔk] <N.; ~|röck> {s. u. ↑Fald}: Faltenrock.

fald|ig ['faldɪʃ] <Adj.; ~e; ~er, ~ste> {6.11.3}: faltig [auch: ↑krünkel|ig, ↑schrumpel|ig]. Tbl. A5.2

Fald|kaat, de ['falt‚ka:t] <N.; ~e> {6.11.3; s. u. ↑Kaat}: Faltkarte.

Falk, der [falk] <N. ~e> {8.3.1}: Falke.

Fall[1], de [fal·] <N.; ~e ['falə]> {8.3.1}: Falle.

Fall[2], der [fal] <N.; Fäll [fɛl·]>: Fall.

Fall|dür/~|dör, de ['fal‚dy:ɐ̯ / -dø:ɐ̯] <N.; ~|dürre/~|dörre [-dyrə / -dørə] (unr. Pl.)> {s. u. ↑Dür/Dör}: Falltür.

falle ['falə] <V.; st.; sin; feel [fe·l]; gefalle [jə'falə]>: fallen, abwärts bewegt werden; *met der Dür en et Huus f. (mit der Tür ins Haus f., vorpreschen, vorstürmen, drauflosreden); *nit op de Muul gefalle sin (schlagfertig sein). (64)

fälle ['fɛlə] <V.; schw.; han; fällte ['fɛl·tə]; gefällt [jə'fɛl·t]>: fällen, **1.** umschlagen; umhauen: *ene Baum f.* (einen Baum f.). **2.** aussprechen, verkünden: *e Urdeil f.* (ein Urteil f.). (91)

fäll|ig ['fɛlɪʃ] <Adj.; ~e>: fällig. Tbl. A5.2

Fall|obs, et ['fal‚ɔps] <N.; kein Pl.> {s. u. ↑Obs}: Fallobst.

Fall|such, de ['fal‚zʊx] <N.; o. Pl.> {s. u. ↑Such}: Fallsucht, Epilepsie.

falsch [falʃ] <Adj.; ~e; ~er, ~este>: falsch, **1.** verkehrt, nicht richtig [gebräuchl.: ↑ver|keht]. **2.** (meist i. d. B.): ärgerlich, böse: *Bes mer nit f.!* (Sei mir nicht böse!) [auch: ↑kodd]. Tbl. A1

fälsche ['fɛlʃə] <V.; schw.; han; fälschte ['fɛlʃtə]; gefälsch [jə'fɛlʃ]>: fälschen. (110)

Falsch|geld, et ['falʃ‚jɛlt] <N.; o. Pl.>: Falschgeld, **[RA]** *erömlaufe wie F.* (nicht wissen, wo man hingehört).

Falz, de [falts] <N.; Ortsn.>: Pfalz, Gebiet in Rheinland-Pfalz.

Fälz|er, der ['fɛltsɐ] <N.; ~>: Pfälzer. **1.** Einw. der Pfalz. **2.** Wein aus der Pfalz.

Falz|graf, der ['falts‚jra·f] <N.; ~e> {s. u. ↑Falz ↑Graf}: Pfalzgraf, (im MA.) richterlicher Vertreter des Königs in seiner Pfalz.

fälz|isch ['fɛltsɪʃ] <Adj.>: pfälzisch. Tbl. A1

Famillich, de [fa'mɪlɪʃ] <N.; Famillie [fa'mɪlɪjə> {5.3.2; 8.3.1}: Familie.

Famillie|album, et [fa'mɪlɪjə‚albʊm] <N.; ~|albe [-albə] (unr. Pl.)> {s. u. ↑Famillich}: Familienalbum.

Famillie|bild/~|beld, et [fa'mɪlɪjə‚bɪlt / -belt] <N.; ~er> {s. u. ↑Famillich ↑Bild/Beld}: Familienbild, Familienfoto, **[RA]** *E Fastelovendsspillche gitt e ~che.* (Ein Karnevalsspielchen ergibt ein ~chen. = Sex in der Karnevalszeit könnte (im November) zu Nachwuchs führen.).

Famillie|fess, et [fa'mɪlɪjə‚fɛs] <N.; ~|feste> {s. u. ↑Famillich ↑Fess}: Familienfest, Familienfeier.

Famillie|grav, et [fa'mɪlɪjə‚jra:f] <N.; ~|gräver [-jrɛ·və]> {s. u. ↑Famillich ↑Grav}: Familiengrab.

Famillie|levve, et [fa'mɪlɪjə‚levə] <N.; o. Pl.> {s. u. ↑Famillich ↑Levve}: Familienleben.

Famillie|met|glidd/~|gleed, et [fa'mɪlɪjə‚metˌjlɪt / -jle·t] <N.; ~er> {s. u. ↑Famillich ↑Met|glidd/~|gleed}: Familienmitglied.

Famillie|minister, der [fa'mɪlɪjəmɪ‚nɪstə] <N.; ~> {s. u. ↑Famillich}: Familienminister.

Famillie|name, der [fa'mɪlɪjə‚na·mə] <N.; ~> {s. u. ↑Famillich}: Familienname, Nachname [auch: ↑Nọh|name].

Famillie|pack|ung, de [fa'mɪlɪjə‚pakʊŋ] <N.; ~e> {s. u. ↑Famillich}: Familienpackung.

Famillie|pläät/~|plaat, de [fa'mɪlɪjə‚plɛ:t / -pla:t] <N.; ~e> {s. u. ↑Famillich ↑Pläät/Plaat[2]}: bes. breite Glatze.

Famillie|pott, der [fa'mɪlɪə‚pot] <N.; ~|pött> {s. u. ↑Famillich ↑Pott}: bes. großer Topf.

Famillie|rääch, et [fa'mɪlɪjə‚rɛ:ʃ] <N.; o. Pl.> {s. u. ↑Famillich ↑Rääch}: Familienrecht, Teil des bürgerlichen Rechts, der sich mit der Familie befasst.

Famillie|senn, der [fa'mɪlɪjə‚zen] <N.; o. Pl.> {s. u. ↑Famillich ↑Senn}: Familiensinn.

Famillie|setz, der [fa'mɪlɪjə‚zets] <N.; ~(e)> {s. u. ↑Famillich ↑Setz}: Familiensitz.

Famillie|stand, der [fa'mɪlɪjə‚ʃtant] <N.; ~|ständ [-ʃtɛn·t]> {s. u. ↑Famillich}: Familienstand.

Famillie|vatter, der [fa'mɪlɪjə‚fatɐ] <N.; ~|vätter> {s. u. ↑Famillich ↑Vatter/Va}: Familienvater.

Famillie|wappe, de [fa'mɪlɪjə‚vapə] <N.; ~> {s. u. ↑Famillich ↑Wappe}: Familienwappen.

Fang, der [faŋ] <N.; Fäng [fɛŋ·]>: Fang, **a)** das Fangen; **b)** beim Fangen gemachte Beute.

fange ['faŋə] <V.; st.; han; fing [fɪŋ]; gefange [jə'faŋə]>: fangen, ergreifen, schnappen; *eine f.* (eine Ohrfeige bekommen). (65)

Fang|ieser, et ['faŋˌli·zɐ] <N.; ~(e)> {s. u. ↑Ieser}: Fangeisen.

Fang|ling, de ['faŋˌlɪŋˑ] <N.; ~e [-lɪŋə]> {s. u. ↑Ling¹}: Fangleine.
Fant, der [fant] <N.; veraltet; ~e>: Junge.
Fänt, der [fɛnt] <N.; ~e>: Junge.
Farre, der ['farə] <N.; ~> {6.13.6; 9.2.1.1}: Farn.
Farrei, de [faˈraɪˑ] <N.; ~e>: Pfarrei, **a)** unterste kirchliche Behörde mit einem Pfarrer an der Spitze: *en F. met 2000 Siele* (eine P. von 2000 Seelen); **b)** Pfarramt, Pfarrhaus.
Farre|krugg, et ['farəˌkrʊk] <N.; ~|krügger> {s. u. ↑Farre ↑Krugg}: Farnkraut.
Färv, de [fɛrf] <N.; ~e ['fɛrˑvə] {5.4; 6.1.1; 8.3.1}: **1.** Farbe [auch: ↑Klör (1)]. **2.** Hautfarbe, Gesichtsfarbe, Teint [auch: ↑Klör (2), ↑Teint].
Färv|band, et ['fɛrəfˌbant] <N.; ~|bänder> {s. u. ↑Färv ↑Band¹}: Farbband.
Färv|döppe, de ['fɛrəfˌdøpə] <N.; ~> {s. u. ↑Färv ↑Döppe}: Farbtopf.
färve ['fɛrˑvə] <V.; schw.; *han*; färvte ['fɛrˑftə]; gefärv [jəˈfɛrˑf]> {5.4; 6.1.1}: färben. (66)
Färve|pra(a)ch, de ['fɛrvəˌpra(ː)x] <N.> {s. u. ↑Färv ↑Pra(a)ch}: Farbenpracht.
Färver|gass ['fɛrvəˌjas] <N.; Straßenn.> {s. u. ↑Färv ↑Gass¹}: Färbergasse; Straße in Köln-Altstadt/Süd. Der Name nimmt Bezug auf das benachbarte ehemalige Färberquartier Blaubach u. Waidmark; an dieser Gasse steht seit 150 Jahren der Wasserturm, der heute ein Restaurant beherbergt.
Färv|kaste, der ['fɛrəfˌkastə] <N.; ~|käste> {s. u. ↑Färv}: Farbkasten.
Färv|min, de ['fɛrəfˌmiːn] <N.; ~e> {s. u. ↑Färv ↑Min¹}: Farbmine.
Fasch|iss, der [faˈʃɪs] <N.; ~|iste ⟨ital. fascista⟩>: Faschist.
fass¹ [fas] <Adj.; Sup. ungebr.; faste/faaste ['fastə / 'faːstə]; faster/faaster, fas(tes)te/faas(tes)te ['fastə / 'faːstə / fas(təs)tə / 'faːs(təs)tə] {5.4; 8.3.5}: fest, von harter Beschaffenheit, stabil, stark: *e f. Föttche* (ein ~er Popo). Tbl. A4.2.2/Tbl. A7.2.1.1
fass² [fas] <Adv.> {8.3.5}: fast [auch: ↑bei|noh, ↑bei|nöchs, ↑baal, ↑quasi].
fass|- [fas] <Präfix> {5.4; 8.3.5}: fest-, i. Vbdg. m. V.: ~*bieße* (~beißen).
Fass/Faaß, et [fas / faːs] <N.; Fässer ['fɛsə]; Fäss|che ['fɛsjə]>: Fass.

fass|bieße, sich ['fasbiːsə] <trennb. Präfix-V.; st.; *han*; b<u>e</u>ss f. [bes]; ~|g<u>e</u>besse [-jəbesə]> {5.1.4.5}: sich festbeißen, **a)** krampfartig in etw. beißen; sich in etw. verbeißen: *Dä Hungk hät sich en däm Bein fassgebesse.* (Der Hund hat sich in dem Bein festgebissen.); **b)** (übertr.) *sich an enem Problem f.* (sich an einem Problem f., nicht mehr davon los kommen). (25)
fass|binge ['fasbɪŋə] <trennb. Präfix-V.; st.; *han*; bung f. [bʊŋˑ]; ~|g<u>e</u>bunge [-jəbʊŋə]> {6.7}: festbinden. (26)
fass|däue ['fasdøʏə] <trennb. Präfix-V.; Formen mischbar; unr./schw.; *han*; daut/däute f. [doʊt / 'døʏˑtə]; ~|gedaut/~|gedäut [-jədoʊt / -jədøʏˑt]>: festdrücken, zusammendrücken. (43)
fasse ['fasə] <V.; schw.; *han*; fasste ['fastə]; gefass [jəˈfas]>: fassen, **1.** ergreifen, festhalten [auch: ↑packe]. **2.** festnehmen, gefangen nehmen. (67)
fass|fahre ['fasfaːrə] <trennb. Präfix-V.; st.; *sin*; fuhr/fohr f. [fuˑɐ̯ / foˑɐ̯]; ~|g<u>e</u>fahre [-jəfaːrə]>: festfahren. (62)
fass|fresse, sich ['fasfrɛsə] <trennb. Präfix-V.; st.; *han*; froß f. [froːs]; ~|g<u>e</u>fresse [-jəfrɛsə]>: festfressen. (59)
fass|halde ['fashaldə] <trennb. Präfix-V.; st.; *han*; heeldt f. [heːlt]; ~|g<u>e</u>halde [-jəhaldə]> {6.11.3}: festhalten. (90)
fass|hange ['fashaŋə] <trennb. Präfix-V.; st.; *han*; hing f. [hɪŋ]; ~|g<u>e</u>hange [-jəhaŋə]> {5.4}: festhängen: *Ich hing en de Dorne fass.* (Ich hing in den Dornen fest.). (65)
fass|hoke ['fashɔˑkə] <trennb. Präfix-V.; schw.; *han*; hokte f. ['hɔˑktə]; ~|g<u>e</u>hok [-jəhɔˑk]> {5.5.3}: festhaken, verhaken. (178)
fass|klammere ['fasklamərə] <trennb. Präfix-V.; schw.; *han*; klammerte f. ['klamətə]; ~|geklammet [-jəklamɛt]> {9.2.1.2}: festklammern, **1.** mit Klammern befestigen. **2.** <sich f.> sich krampfhaft festhalten, anklammern. (4)
fass|klemme ['fasklɛmə] <trennb. Präfix-V.; schw.; *han*; klemmte f. ['klɛmˑtə]; ~|g<u>e</u>klemmp [-jəklɛmˑp]>: festklemmen. (40)
fass|klevve ['fasklevə] <trennb. Präfix-V.; unr.; klävte f. ['klɛːftə]; ~|g<u>e</u>kläv [-jəklɛːf]> {5.3.4; 5.5.2; 6.1.1}: festkleben, **1.** <sin> fest an etw. kleben, haften, festsitzen: *Der Käues es an der Schohsoll fassgekläv.* (Der Kaugummi ist an der Schuhsohle festgeklebt.). **2.** <han> durch Ankleben befestigen: *de Schohsoll f.* (die Schuhsohle f.). (22)
fass|kloppe ['fasklɔpə] <trennb. Präfix-V.; schw.; *han*; kloppte f. ['klɔptə]; ~|g<u>e</u>klopp [-jəklɔp]> {6.8.1}: festklopfen. (75)

fass|knöddele ['fasknødələ] <trennb. Präfix-V.; schw.; han; knöddelte f. ['knødəltə]; ~|geknöddelt [-jəknødəlt]> {5.3.4; 5.5.1; 6.11.3; 9.2.1.2}: festknoten, festbinden, anbinden. (6)

fass|kralle, sich ['faskralə] <trennb. Präfix-V.; schw.; han; krallte f. ['kral·tə]; ~|gekrallt [-jəkral·t]>: sich festkrallen. (91)

fass|läge ['faslɛ·jə] <trennb. Präfix-V.; unr.; han; laht f. [la:t]; ~|gelaht/~|geläg [-jəla:t / -jəlɛ·ŋ]> {5.4}: festlegen. (125)

fass|lese, sich ['fasleze] <trennb. Präfix-V.; st.; han; los f. [lɔ·s]; ~|gelese [-jələzə]> {5.3.4.1; 5.5.2}: sich festlesen. (130)

fass|lige ['faslɪ·jə] <trennb. Präfix-V.; st.; han; log f. [lo·x]; ~|geläge [-jəlɛ·jə]> {5.3.4.1}: festliegen. (132)

fass|maache ['fasma:xə] <trennb. Präfix-V.; unr.; han; maht f. [ma:t]; ~|gemaht [-jəma:t]> {5.2.1}: festmachen, befestigen. (136)

fass|nähle ['fasnɛ·lə] <trennb. Präfix-V.; schw.; han; nählte f. ['nɛ·ltə]; ~|genählt [-jənɛ·lt]> {5.4; 6.3.1}: festnageln, 1. durch Annageln befestigen: *Belder f.* (Bilder f.). 2. festlegen: *Ich leet mich op nix f.* (Ich ließ mich auf nichts f.). (61)

fass|nemme ['fasnemə] <trennb. Präfix-V.; st.; han; nohm f. [no·m]; ~|genomme [-jənomə]> {5.3.4; 5.5.2}: festnehmen. (143)

fass|nihe ['fasni·ə] <trennb. Präfix-V.; schw.; han; nihte f. ['ni·tə]; ~|genäht [-jəni·t]> {5.4}: festnähen. (37)

Fasson|schnedd, der [fa'sɔŋˌʃnet] <N.; i. best. Komposita *Fasson-*, sonst ↑*Fazung*; ~e ⟨frz. façon⟩> {11; s. u. ↑*Schnedd*¹}: Fassonschnitt.

fass|penne ['faspenə] <trennb. Präfix-V.; schw.; han; pennte f. ['pen·tə]; ~|gepennt [-jəpen·t]> {5.5.2}: festpinnen, mit Reißzwecken od. Ä. (an etw.) fest anbringen. (10)

fass|sauge, sich ['faszoʊ·Rə] <trennb. Präfix-V.; schw.; han; saugte f. ['zoʊ·xtə]; ~|gesaug [-jəzoʊ·x]>: sich festsaugen. (103)

fass|schnalle ['fasʃnalə] <trennb. Präfix-V.; schw.; han; schnallte f. ['ʃnal·tə]; ~|geschnallt [-jəʃnal·t]>: festschnallen. (91)

fass|schrieve ['fasʃri·və] <trennb. Präfix-V.; st.; han; schrevv f. [ʃref]; ~|geschrevve [-jəʃrevə]> {5.1.4.5; 6.1.1}: festschreiben, festlegen, festsetzen. (51)

fass|schruuve ['fasʃru·və] <trennb. Präfix-V.; schw.; han; schruuvte f. ['ʃru·ftə]; ~|geschruuv [-jəʃru·f]> {5.1.3; 6.1.1}: festschrauben. (158)

fass|schwaade, sich ['fasʃva·də] <trennb. Präfix-V.; schw.; han; schwaadte f. ['ʃva·tə]; ~|geschwaadt [-jəʃva·t]> {5.2.1.4}: sich festreden. (197)

fass|setze¹ ['faszetsə] <trennb. Präfix-V.; st.; han; soß f. [zo·s]; ~|gesesse [-jəzɛsə]> {5.5.2}: festsitzen. (172)

fass|setze² ['faszɛtsə] <trennb. Präfix-V.; unr./schw.; han; setzte/satz f. ['zɛtstə / zats]; ~|gesetz/~|gesatz [-jəzɛts / -jəzats]>: festsetzen. (173)

fass|steche ['fasʃtɛʃə] <trennb. Präfix-V.; st.; han; stoch f. [ʃtɔ·x]; ~|gestoche [-jəʃtɔxə]> {6}: feststecken. (34)

fass|stelle ['fasʃtɛlə] <trennb. Präfix-V.; schw./unr.; han; stellte/stallt f. ['ʃtɛl·tə / ʃtalt]; ~|gestellt/~|gestallt [-jəʃtɛl·t / -jəʃtalt]>: feststellen, 1. a) in Erfahrung bringen, ermitteln; b) bemerken, erkennen [auch: ↑be|merke, ↑merke, ↑met|krige; *de Nas an jet krige; gewahr wääde/weede*]. 2. festmachen, arretieren. (182)

fass|stonn ['fasʃtɔn] <trennb. Präfix-V.; st.; han; stundt f. [ʃtʊnt]; ~|gestande [-jəʃtandə]> {5.3.4; 8.2.2.3}: feststehen. (185)

fass|trecke ['fastrɛkə] <trennb. Präfix-V.; st.; han; trok f. [tro·k]; ~|getrocke [-jətrɔkə]>: festziehen. (190)

fass|tredde ['fastredə] <trennb. Präfix-V.; st.; han; trodt f. [tro·t]; ~|getrodde [-jətrodə]> {5.3.4; 5.5.2; 6.11.3}: festtreten, durch Drauftreten eine Sache fest, zusammenhängend machen: *de Ääd f.* (die Erde f.); **[RA]** *Dat tridd sich fass.* (Das tritt sich fest. (wenn etw. gefallen ist).). (191)

fass|wahße ['fasva·sə] <trennb. Präfix-V.; st.; sin; wohß f. [vo·s]; ~|gewahße [-jəva·sə]> {5.2.4; 6.3.1}: festwachsen, fest (an)wachsen. (199)

faste ['fastə] <V.; schw.; han; gefass [jə'fas]>: fasten [auch: ↑*faaste*]. (68)

Fasteleer, der [ˌfastə'le:ɐ] <N.; o. Pl.>: Fastnacht [auch: ↑*Fastelovend*].

Fastelovend, der [ˌfastə'lo·vənt] <N.; o. Pl.> {s. u. ↑*Qvend*}: Fastelabend, Fastnacht, Karneval [auch: ↑*Fasteleer*].

Fastelovends|gesell|schaff, de [fastə'lo·vəntsjəˌzɛl·ʃaf] <N.; ~|schafte> {s. u. ↑*Qvend*}: Karnevalsges.

Fastelovends|jeck, der [fastə'lɔːvənts̩ˌjɛk] <N.; ~e> {s. u. ↑Qvend}: Karnevalsjeck, **1.** an Karneval Maskierter. **2.** jmd., der Karneval liebt.
Fastelovends|kostüm, et [fastə'lɔːvənts̩kosˌtyːm] <N.; ~e> {s. u. ↑Qvend}: Karnevalskostüm.
Fastelovends|leed, et [fastə'lɔːvənts̩ˌleːt] <N.; ~er> {s. u. ↑Qvend ↑Leed}: Karnevalslied.
Fastelovends|prinz, der [ˌfastə'lɔːvənts̩ˌprɪnts̩] <N.; ~e> {s. u. ↑Fastelovend ↑Prinz}: Karnevalsprinz.
Fastelovends|sitz|ung, de [fastə'lɔːvənts̩ˌzɪtsʊŋ] <N.; i. best. Abl.: *sitz*-, sonst ↑setze¹; ~e> {11; s. u. ↑Qvend}: Karnevalssitzung [auch kurz: *Sitzung*].
Fastelovends|stöck, et [ˌfastə'lɔːvənts̩ˌʃtøk] <N.; ~/~e/~er; ~elche> {s. u. ↑Fastelovend ↑Stöck}: Theaterstück mit karnevalistischem Thema.
Fastelovends|verein, der [fastə'lɔːvənts̩fɐˌʔeɪn] <N.; ~e> {s. u. ↑Qvend}: Karnevalsverein.
Fastelovends|zigg, de [fastə'lɔːvənts̩ˌtsɪk] <N.; ~e> {s. u. ↑Qvend ↑Zigg}: Karnevalszeit [auch: *fünfte Johreszigg*].
Faste|mond, der ['fastəˌmɔːnt] <N.; ~> {s. u. ↑faste ↑Mond²}: Fastenmonat [auch: ↑Faaste|mond].
Faste|zigg, de ['fastəˌtsɪk] <N.; ~e> {s. u. ↑faste ↑Zigg}: Fastenzeit [auch: ↑Faaste, ↑Faas (veraltet), ↑Faaste|zigg].
Fata Morgana, de ['faːta mɔr'jaːna] <N.; ~s>: Fata Morgana, Luftspiegelung.
Fau, der [faʊ] <N.; ~e> {6.8.2}: Pfau.
fauche ['faʊxə] <V.; schw.; *han*; fauchte ['faʊxtə]; gefauch [jə'faʊx]>: fauchen. (123)
Faue(n)|aug, et ['faʊə(n)ˌʔoːʊx] <N.; ~e [-oːʊʀə]> {s. u. ↑Fau ↑Aug; 9.1.4}: Pfauenauge, Schmetterling mit auffallenden, den Flecken auf den Schwanzfedern von Pfauen ähnelnden Flecken auf den Flügeln.
Faue|fedder, de ['faʊəˌfedɐ] <N.; ~e> {s. u. ↑Fau ↑Fedder}: Pfauenfeder, [Schwanz]feder eines Pfaus.
Faue|radd, et ['faʊəˌrat] <N.; ~|rädder> {s. u. ↑Fau ↑Radd}: Pfauenrad, Rad eines Pfaus.
Fazung, et [fa'tsʊŋ] <N.; kein Pl. ⟨frz. façon⟩> {2; 5.3.2; 5.4; 6.11.3}: Fasson, **1.** Machart, Form: *Dat Kleid hät jo gar kei F.* (Das Kleid ist ja ganz aus der Form.). **2.** (übertr.) merkwürdig aussehende Person: *Wat es dat dann för e F.?* (Wie sieht die denn aus?).

fazüng|lich [fa'tsʏŋlɪç] <Adj.; ~e; ~er, ~ste> {2; 5.4; 6.10.3; 7.3.2}: **1.** gut geformt, wohlgeformt. **2.** anständig, manierlich [auch: ↑aan|ständ|ig, ↑manier|lich]. Tbl. A1
Fech|kamf, der ['fɛçˌkamf] <N.; ~|kämf> {8.3.5; s. u. ↑Kamf}: Fechtkampf.
Fech|kuns, der ['fɛçˌkʊns] <N.; ~|küns> {8.3.5; s. u. ↑Kuns}: Fechtkunst.
Fech|meister, der ['fɛçˌmeɪstɐ] <N.; ~> {8.3.5}: Fechtmeister.
fechte/fäächte ['fɛçtə / 'fɛːçtə] <V.; *fäächte* veraltend; st.; *han*; gefochte [jə'fɔxtə]>: fechten. (69) (60)
Fedder, de ['fedɐ] <N.; ~e> {5.3.2; 5.5.2}: Feder.
Fedder|ball, der ['fedɐˌbal] <N.; ~|bäll [-bɛlˑ]> {s. u. ↑Fedder}: Federball, **1.** kleiner Federball. **2.** <o. Pl.> dem Tennis verw. Spiel mit einem Federball.
Fedder|ball|spill, et ['fedɐbalˌʃpɪl] <N.; ~ [-ʃpɪlˑ]> {s. u. ↑Fedder ↑Spill}: Federballspiel.
Fedder|bedd, et ['fedɐˌbɛt] <N.; ~er> {s. u. ↑Fedder ↑Bedd}: Federbett.
feddere ['fedɐrə] <V.; schw.; *han*; fedderte ['fedɐtə]; gefeddert [jə'fedɐt]> {5.3.4; 5.5.2; 9.2.1.2}: federn. (4)
Fedder|fuchs|er, der ['fedɐˌfʊksɐ] <N.; ~> {s. u. ↑Fedder}: Federfuchser.
Fedder|ge|weech, et ['fedɐjəˌveːç] <N.; ~te> {s. u. ↑Fedder ↑Ge|weech}: Federgewicht.
Fedder|hald|er, der ['fedɐˌhaldɐ] <N.; ~e> {6.11.3; s. u. ↑Fedder}: Federhalter.
Fedder|kesse, et ['fedɐˌkesə] <N.; ~> {s. u. ↑Fedder ↑Kesse}: Federkissen.
Fedder|kiel, der ['fedɐˌkiːl] <N.; ~e> {s. u. ↑Fedder ↑Kiel}: Federkiel.
Fedder|kleid, et ['fedɐˌkleɪt] <N.; o. Pl.> {s. u. ↑Fedder}: Federkleid, Gefieder.
fedder|leich ['fedɐˌleɪç] <Adj.; ~te> {s. u. ↑Fedder ↑leich}: federleicht. Tbl. A4.1.1
Fedder|lese, et ['fedɐˌlezə] <N.; kein Pl.> {5.5.2; s. u. ↑Fedder}: Federlesen: **[RA]** *kei F. maache* (kein F. machen = keine großen Umstände machen).
Fedder|mäpp|che, et ['fedɐˌmɛpʃə] <N.; ~r> {s. u. ↑Fedder}: Federmäppchen.
Fedder|schmuck, der ['fedɐˌʃmʊk] <N.; kein Pl.> {s. u. ↑Fedder}: Federschmuck.
Fedder|veeh, et ['fedɐˌfeː] <N.; o. Pl.> {s. u. ↑Fedder ↑Veeh/ Veech}: Federvieh.

Fedder|wieße, der ['fedɐˌviːsə] <N.; ~> {s. u. ↑Fedder ↑wieß}: Federweiße.

Feeber/Fieber, et ['feːbɐ / 'fiːbɐ] <N.; ~ (Pl. selten)> {5.1.4.3}: Fieber.

feebere ['feːbərə] <V.; schw.; han; feeberte ['feːbətə]; gefeebert [jə'feːbət]> {5.1.4.3; 9.2.1.2}: fiebern [auch: ↑fiebere]. (4)

Feeber|kurv/Fieber|~, de ['feːbɐˌkʊrˑf / 'fiːbɐ-] <N.; ~e> {s. u. ↑Feeber/Fieber ↑Kurv}: Fieberkurve.

Feer/Fier, de [feːɐ̯ / fiːɐ̯] <N.; ~e> {5.1.4.5; 8.2.2.2}: Feier.

feere/fiere ['feˑrə / fiˑ(ɐ̯)rə] <V.; unr.; han; feete ['feˑtə]; gefeet [jə'feˑt]> {5.1.4.5}: feiern. (2) (3)

Feesch, de [feːʃ] <N.; ~te> {5.2.1.1.2; 5.4}: First (der).

Feffer|münz, de [ˌfɛfɐˌmʏnts] <N.; kein Pl. ⟨mhd. minz(e), ahd. minza < lat. menta⟩>: Pfeffermünz, Minze, Pflanze mit vierkantigem Stängel u. kleinen, meist lila Blüten, deren Stängel u. Blätter stark duftende ätherische Öle enthalten.

Fege|füür/~|föör, et ['feˑjəˌfyːɐ̯ / -føːɐ̯] <N.; o. Pl.> {s. u. ↑Füür/ Föör}: Fegefeuer [auch: ↑Fäg|füür/~|föör].

Fei, et [faɪ̯] <N.; weibl. Vorn.; ~che>: Kurzf. von Sophie, Sophia [auch: ↑Züff].

feig [faɪ̯ŋ] <Adj.; ~e [faɪ̯jə]; ~er, ~ste ['faɪ̯je / 'faɪ̯ŋstə]> {8.3.1}: feige, bang [auch: ↑ängs|lich, ↑bammelig (3), ↑bang (1a), ↑bange(n)|dress|ig, ↑be|dresse (2a), ↑dress|ig², ↑habbel|ig, ↑kopp|scheu]. Tbl. A5.1.1

Feig/Fig, de [faɪ̯ŋ / fɪŋ] <N.; ~e ['faɪ̯jə]> {8.3.1}: Feige.

Feige|baum, der ['faɪ̯jəˌboʊ̯m] <N.; ~|bäum [-bøy̆ˑm]>: Feigenbaum.

Feige|bladd, et ['faɪ̯jəˌblat] <N.; ~|blädder> {s. u. ↑Bladd}: Feigenblatt.

Feig|ling, der ['faɪ̯ŋlɪŋ] <N.; ~e>: Feigling [auch: ↑Botzen|dress|er, ↑Bang|botz, *bedresse Retz*].

Feil, der [faɪ̯l] <N.; ~e>: Pfeil [auch: ↑Piel].

Feil|er, der ['faɪ̯lə] <N.; ~> {6.8.2}: Pfeiler. [auch: ↑Pilar].

Feil|geff, et ['faɪ̯lˌjef] <N.; ~|gefte> {s. u. ↑Feil ↑Geff}: Pfeilgift, zur Herstellung von Giftpfeilen verwendetes Gift.

Feil|reecht|ung/~|richt|~, de ['faɪ̯lˌreːʃtʊŋ / 'rɪʃtʊŋ] <N.; ~e> {s. u. ↑Feil ↑reechte/richte}: Pfeilrichtung, Richtung, in die ein Pfeil weist.

Feil|stroß, de ['faɪ̯lˌʃtroˑs] <N.; Straßenn.> {s. u. ↑Feil ↑Stroß}: Pfeilstraße (Straße in Köln parallel zum Ring).

fein [faɪ̯n] <Adj.; ~e; ~er, ~ste>: fein [auch: ↑fing]. Tbl. A2.4

Feind|schaff, de ['faɪ̯ntʃaf] <N.; ~|schafte>: Feindschaft.

feind|sill|ig ['faɪ̯ntˌzɪlɪŋ] <Adj.; ~e; ~er, ~ste> {s. u. ↑sill|ig}: feindselig. Tbl. A5.2

Feind|sillig|keit, de ['faɪ̯ntzɪlɪŋkeɪ̯t] <N.; ~e> {5.3.2}: Feindseligkeit.

Fein|ge|föhl, et ['faɪ̯njəˌføˑl] <N.; i. best. Komposita *fein-*, sonst ↑fing; o. Pl.> {11; s. u. ↑Ge|föhl}: Feingefühl.

Fein|koss, de ['faɪ̯nˌkɔs] <N.; i. best. Komposita *fein-*, sonst ↑fing; kein Pl.> {11; s. u. ↑Koss}: Feinkost.

Fein|koss|ge|schäff, et ['faɪ̯nkɔsjəˌʃɛf] <N.; i. best. Komposita *fein-*, sonst ↑fing; ~|schäfte> {11; s. u. ↑Koss ↑Ge|schäff}: Feinkostgeschäft.

Fein|wäsch, de ['faɪ̯nˌvɛʃ] <N.; i. best. Komposita *fein-*, sonst ↑fing; o. Pl.> {11; s. u. ↑Wäsch}: Feinwäsche.

Fein|wäsch|meddel, et ['faɪ̯nvɛʃˌmedəl] <N.; i. best. Komposita *fein-*, sonst ↑fing; ~(e)> {11; s. u. ↑Wäsch ↑Meddel}: Feinwaschmittel.

feis [feɪ̯s] <Adj.; Sup. ungebr.; ~te; ~ter, ~(tes)te> {8.3.5}: feist, füllig, mollig, plump. Tbl. A4.1.2

Feld|arbeid, de ['fɛltˌarbeɪ̯t / 'fɛltdarˌbeɪ̯t] <N.; ~e> {s. u. ↑Arbeid}: Feldarbeit.

Feld|bedd, et ['fɛltˌbɛt] <N.; ~er> {s. u. ↑Bedd}: Feldbett.

Feld|blom, de ['fɛltˌbloːm] <N.; ~e> {s. u. ↑Blom}: Feldblume.

Feld|duuv, de ['fɛltˌduˑf] <N.; ~e> {s. u. ↑Duuv}: Feldtaube [auch: ↑Feld|ratz, ↑Ratz (2)].

Feld|fläsch, de ['fɛltˌflɛʃ] <N.; ~e> {s. u. ↑Fläsch}: Feldflasche.

Feld|has, der ['fɛltˌhaˑs] <N.; ~e> {s. u. ↑Has}: Feldhase.

Feld|hohn, et ['fɛltˌhoːn] <N.; ~|höhner> {s. u. ↑Hohn}: Feldhuhn.

Feld|köch, de ['fɛltˌkøʃ] <N.; ~e> {s. u. ↑Köch}: Feldküche.

Feld|lager, et ['fɛltˌlaʁɐ] <N.; ~>: Feldlager.

Feld|mösch, de ['fɛltˌmøʃ] <N.; ~e> {s. u. ↑Mösch¹}: Feldspatz.

Feld|muus, de ['fɛltˌmuːs] <N.; ~|müüs [-myˑs]> {s. u. ↑Muus}: Feldmaus.

Feld|poss, de ['fɛltˌpɔs] <N.; kein Pl.> {s. u. ↑Poss}: Feldpost.

Feld|ratz, de ['fɛltˌrats] <N.; ~e> {s. u. ↑Ratz}: Feldtaube [auch: ↑Feld|duuv, ↑Ratz (2)].

Feld|schlot, der (*et* veraltet) ['fɛltˌʃlɔˑt] <N.; kein Pl.> {s. u. ↑Schlot}: Feldsalat (der) [auch: ↑Koon|schlot].

Feld|wäg, der ['fɛlt,vɛːɟ] <N.; ~(e) [-vɛ·ɟ / -vɛ·jə]> {s. u. ↑Wäg}: Feldweg.
Felge, de ['fɛljə] <N.; ~ ⟨mhd. velge, ahd. felga⟩>: Felge.
Fell, et [fɛl] <N.; ~e>: Fell, **1. a)** <Pl. ungebr.> Tierbehaarung; **b)** abgezogenes Fell. **2.** Haut; ***einem et F. üvver de Uhre trecke** (jmdn. betrügen).
Felse, der ['fɛl·zə] <N.; ~>: Felsen.
Felse|kupp, de ['fɛl·s,kʊp] <N.; ~e> {9.1.1; s. u. ↑Kupp¹}: Felskuppe.
fels|ig ['fɛl·zɪf] <Adj.; ~e; ~er, ~ste>: felsig.   Tbl. A5.2
Felz/Filz, der [felts / fɪlts] <N.; ~e (Sortenpl.)> {5.5.2}: Filz.
Felz|hot/Filz|~, der ['felts,hoˑt / fɪlts-] <N.; ~|höt> {s. u. ↑Felz/Filz ↑Hot}: Filzhut.
Felz|luus/Filz|~, de ['felts,luːs / fɪlts-] <N.; ~|lüüs [-lyˑs]> {s. u. ↑Felz/Filz ↑Luus}: Filzlaus.
Felz|steff/Filz|~, de ['fels,ʃtef / fɪlts-] <N.; ~|stefte> {s. u. ↑Felz/Filz ↑Steff²}: Filzstift.
Femin|iss, der ['femɪ,nɪs] <N.; ~|iste>: Feminist.
Ferch, der [fɛrʃ] <N.; ~e> {6.8.2}: Pferch.
Ferie ['feːrijə] <N.; Pl.>: Ferien.
Ferie|gass, der ['feːrijə,jas] <N.; ~|gäss> {s. u. ↑Gass²}: Feriengast.
Ferie|lager, et ['feːrijə,laʀe] <N.; ~>: Ferienlager.
Ferie|wonn|ung, de ['feːrijə,vonʊŋ] <N.; ~e> {5.3.2; 5.5.1}: Ferienwohnung.
Ferie|zigg, de ['feːrijə,tsɪk] <N.; ~e> {s. u. ↑Zigg}: Ferienzeit.
Ferke/Firke, et ['ferkə / 'fɪrkə] <N.; ~> {5.5.2}: Ferkel, **a)** junges Hausschwein; **b)** (Schimpfw.) *Do dreckelig F.!* (Du Schmutzferkel!).
Ferkes|äug|el|che/Firkes|~, et ['ferkəs,ɵyjəlfjə / 'fɪrkəs-] <N.; ~r> {s. u. ↑Ferke/Firke}: Schweinsäuglein.
Ferkes|kopp/Firkes|~, der ['ferkəs,kɔp / 'fɪrkəs-] <N.; ~|köpp> {s. u. ↑Ferke/Firke ↑Kopp}: Schweinskopf.
Ferkes|krom/Firkes|~, der ['ferkəs,kroˑm / 'fɪrkəs-] <N.; kein Pl.> {s. u. ↑Ferke/Firke ↑Krom}: Schweinskram.
Ferkes|stätz/Firkes|~, der ['ferkəs,ʃtɛts / 'fɪrkəs-] <N.; ~e> {9.1.2; s. u. ↑Ferke/Firke ↑Stätz}: Ringelschwanz.
Ferkes|wellem/Firkes|~, der [,ferkəs'veləm / 'fɪrkəs-] <N.> {9.1.2; s. u. ↑Ferke/Firke}: [nur i. d. **RA**] *Dä geiht eraan wie F.* (Er handelt unbeherrscht/draufgängerisch.).
Ferkulum, Em [em'ferkʊlʊm] <N.; Straßenn.>: Im Ferkulum; Straße in Köln-Altstadt/Süd. Ferkulum stammt aus dem Lateinischen „fericulum" für Tragegestell. In diesen brachten die Bauern ihre „Naturalsteuern" (den Zehnten) zur Abgabestelle ihres Gutsherren, dem Stift St. Severin, der in etwa dort lag, wo heute das Stollwerck-Plätzchen ist.
Fern|glas, et ['fɛrn,jlaːs] <N.; i. best. Komposita *fern-*, sonst ↑fään¹; ~|gläser [-jlɛ·ze]> {11}: Fernglas.
Fern|seh|spill, et ['fɛrnzeˑ,ʃpɪl] <N.; i. best. Komposita *fern-, seh*, sonst ↑fään¹ ↑sinn; ~ [-ʃpɪlˑ]> {11; s. u. ↑Spill}: Fernsehspiel; ***fernseh luure** (fernsehen).
Fern|stroß, de ['fɛrn,ʃtroˑs] <N.; i. best. Komposita *fern-*, sonst ↑fään¹; ~e> {11; s. u. ↑Stroß}: Fernstraße.
Fesch, der [feʃ] <N.; ~/~e [feʃˑ / 'feʃə]> {5.5.2}: Fisch.
Fesch|adler, der ['feʃ,latlə] <N.; ~> {s. u. ↑Fesch}: Fischadler.
Fesch|aug, et ['feʃ,oʊ̯·x] <N.; ~e [-oʊ̯ʀə]> {s. u. ↑Fesch ↑Aug}: Fischauge.
Fesch|be|steck, et ['feʃbə,ʃtɛk] <N.; ~e> {s. u. ↑Fesch}: Fischbesteck.
Fesch|blos, de ['feʃ,bloˑs] <N.; ~e> {s. u. ↑Fesch ↑Blos}: Fischblase.
Fesch|brüd|che, et ['feʃ,bryˑtʃə] <N.; ~r> {s. u. ↑Fesch ↑Brüd|che}: Fischbrötchen.
Fesch|deich, der ['feʃ,deʃ] <N.; ~e> {s. u. ↑Fesch ↑Deich²}: Fischteich.
fesche ['feʃə] <V.; schw.; han; feschte ['feʃtə]; gefesch [jə'feʃ]> {5.5.2}: fischen, angeln [auch: ↑angele]. (110)
Fesch|ei, et ['feʃ,laɪ̯] <N.; ~er> {s. u. ↑Fesch}: Fischei.
Fesch|er, der ['feʃe] <N.; ~> {5.1.1}: Fischer.
Fesch|fabrik, de ['feʃfa,brɪk] <N.; ~e> {s. u. ↑Fesch}: Fischfabrik.
Fesch|fooder, et ['feʃ,foˑde] <N.; kein Pl.> {s. u. ↑Fesch ↑Fooder¹}: Fischfutter.
Fesch|gaffel, de ['feʃ,jafəl] <N.; ~e> {s. u. ↑Fesch ↑Gaffel¹}: Fischgabel.
Fesch|ge|reech/~|rich, et ['feʃjə,reˑʃ / -rɪʃ] <N.; ~te> {s. u. ↑Fesch ↑Ge|reech²/~|rich²}: Fischgericht.
Fesch|ge|schäff, et ['feʃjə,ʃef] <N.; ~|schäfte> {s. u. ↑Fesch ↑Ge|schäff}: Fischgeschäft [auch: ↑Fesch||lade].
Fesch|grot, de ['feʃ,jroˑt] <N.; ~|gröt> {s. u. ↑Fesch ↑Grot}: Fischgräte.

Fesch|gröte|dessin/~|muster, et ['feʃˌɪrœ·tədeˌsɛŋ / -ˌmʊstə] <N.; ~s/~> {s. u. ↑Fesch ↑Grot}: Fischgrätenmuster.

Fesch|lade, der ['feʃˌla·də] <N.; ~|läde> {s. u. ↑Fesch}: Fischladen [auch: ↑Fesch|ge|schäff].

Fesch|maat, der ['feʃˌma:t] <N.; ~|määt> {s. u. ↑Fesch ↑Maat}: **a)** Fischmarkt; **b)** Straße in der Altstadt-Nord direkt am Rhein.

Fesch|mähl, et ['feʃˌmɛ:l] <N.; o. Pl.> {s. u. ↑Fesch ↑Mähl}: Fischmehl.

Fesch|metz, et ['feʃˌmɛts] <N.; ~er> {s. u. ↑Fesch ↑Metz}: Fischmesser.

Fesch|otter, der ['feʃˌɪotə] <N.; ~e> {s. u. ↑Fesch}: Fischotter.

Fesch|reiher, der ['feʃˌreɪɐ] <N.; ~> {s. u. ↑Fesch}: Fischreiher.

Fesch|restaurant, et ['feʃrɛstoˌraŋ·] <N.; ~s> {s. u. ↑Fesch}: Fischrestaurant.

Fesch|stäb|che, et ['feʃˌʃtɛ:pçə] <N.; ~r> {s. u. ↑Fesch}: Fischstäbchen.

Fesch|ver|geft|ung, de ['feʃfɐˌjeftʊŋ] <N.; ~e> {s. u. ↑Fesch; 5.5.1}: Fischvergiftung.

Fesch|zupp, de ['feʃˌtsʊp] <N.; ~e> {s. u. ↑Fesch ↑Zupp}: Fischsuppe.

~|fess [fɛs] <Suffix; adjektivbildend; als Suffix -fess, sonst ↑fass¹; ~|feste; ~|fester, ~|festeste} {8.3.5; 11}: -fest, i. Vbdg. m. N. u. V.: *saddel~* (sattel~), *rieß~* (reiß~). Tbl. A4.2.2

Fess, et [fɛs] <N.; Feste ['fɛstə]> {8.3.5}: Fest.

Fess|ak, der ['fɛsˌɪak] <N.; ~te> {s. u. ↑Fess ↑Ak}: Festakt.

Fess|dag, der ['fɛsˌda:x] <N.; ~|däg/~e [-dɛ·fj / -daˈʁə]> {s. u. ↑Fess ↑Dag}: Festtag.

Fess|komitee, et ['fɛskomiˌte·] <N.; ~s> {s. u. ↑Fess}: Festkomitee.

fess|lich ['fɛslɪç] <Adj.; ~e; ~er, ~ste> {7.3.2; 8.3.5}: festlich. Tbl. A1

Fess|plaat, de ['fɛsˌpla:t] <N.; ~e> {s. u. ↑Fess ↑Plaat¹}: Festplatte.

Fess|platz, der ['fɛsˌplats] <N.; ~|plätz> {s. u. ↑Fess}: Festplatz.

Fess|schreff, de ['fɛsˌʃref] <N.; ~|schrefte> {s. u. ↑Fess ↑Schreff}: Festschrift.

Fess|zelt, et ['fɛsˌtsɛlt] <N.; ~e> {s. u. ↑Fess}: Festzelt.

Fess|zog, der ['fɛsˌtsox] <N.; ~|zög> {s. u. ↑Fess ↑Zog¹}: Festzug.

fett [fɛt] <Adj.; ~e; ~er, ~(e)ste>: fett, **1. a)** viel Fett enthaltend; **b)** überfettet; **c)** sehr dick, mit viel Fettgewebe ausgestattet; ***~gemaht Stochieser** (magere Person, Hänfling). **2.** üppig, kräftig. **3.** (gedruckte Buchstaben) durch besondere Breite u. Größe gekennzeichnet. Tbl. A1

Fett|aug, et ['fɛtˌɪoʊ·x] <N.; ~e [-oʊʁə]> {s. u. ↑Aug}: Fettauge.

fette ['fɛtə] <V.; schw.; *han*; gefett [jəˈfɛt]>: fetten. (113)

Fett|fleck(e), der ['fɛtˌflɛk(ə)] <N.; ~/~e> {s. u. ↑Fleck/Flecke¹}: Fettfleck(en).

fett|ig ['fɛtɪç] <Adj.; ~e; ~er, ~ste>: fettig. Tbl. A5.2

Fett|levver, de ['fɛtˌlevɐ] <N.; ~e> {s. u. ↑Levver}: Fettleber.

Fett|polster, et ['fɛtˌpolstɐ] <N.; ~e> {s. u. ↑Polster}: Fettpolster.

Fett|spektakel, et [ˌfɛtʃpɛkˈta:kəl] <N.; ~e>: Fettwanst, Dicksack, Fettsack.

Fett|such, de ['fɛtˌzʊx] <N.; o. Pl.> {s. u. ↑Such}: Fettsucht.

Fett|wols, de ['fɛtˌvols] <N.; ~te> {s. u. ↑Wols}: Fettwulst.

Fett|zell, de ['fɛtˌtsɛl·] <N.; ~e [-tsɛlə]> {s. u. ↑Zell}: Fettzelle.

Fetz, der [fɛts] <N.; ~e>: Junge, Halbstarker, Flegel [auch: ↑Fisel (3), ↑Flägel, ↑Grön|schnabel, ↑Lällbeck, ↑Lömmel (1a), ↑Schnuddels|jung].

fetze, sich ['fɛtsə] <V.; schw.; *han*; fetzte ['fɛtstə]; gefetzt [jəˈfɛts]>: sich streiten/prügeln/schlagen: *Die Kääls han sich der ganzen Ovend gefetz.* (Die Kerle haben sich den ganzen Abend gestritten, geprügelt.) [auch: ↑fäge (4), ↑käbbele, ↑knäbbele (2), ↑öschele (3), ↑strigge, ↑zänke; ↑bläue, ↑dresche (2), ↑drop|gevve (2), ↑drop|haue, ↑en|dresche, ↑kloppe (2), ↑lange (2), ↑latsche (2), ↑pisele, ↑prügele, ↑scheuere, ↑schlage/schlonn, ↑schmecke¹, ↑schnave, ↑tachtele, ↑tatsche (2), ↑titsche (2), ↑watsche, ↑wichse (2,), ↑zoppe (2), *einem e paar trecke, *einem eine schmiere/ schmeere*]. (114)

Fetze, der ['fɛtsə] <N.; ~>: Fetzen, Stofffetzen.

feuch [føyfj] <Adj.; ~te; ~ter, ~ste> {8.3.5}: feucht, klamm, nass. Tbl. A4.1.1

Feucht|ig|keit, de ['fɔyftɪfjkeɪt] <N.; o. Pl.>: Feuchtigkeit.

Feucht|ig|keits|creme/~|kräm, de ['fɔyftɪfjkeɪtsˌkrɛ:m] <N.; ~s> {s. u. ↑Kräm}: Feuchtigkeitscreme.

feuere ['fɔyərə] <V.; schw.; *han*; feuerte ['fɔyətə]; gefeuert [jəˈfɔyət]> {9.2.1.2}: feuern, **1.** Ofen beheizen. **2.** schießen. **3.** werfen, schleudern. **4.** (fristlos) entlassen, hinauswerfen [auch: ↑wippe¹ (2)]. **5.** *einem eine f.* (jmdm. eine f.; jmdm. eine Ohrfeige geben; jmdn. ohrfeigen/schlagen). (4)

Feuer|leider, de ['fɔyˑɐˌleɪdə] <N.; i. best. Komposita *feuer-*, sonst ↑Füür/Föör; ~e} {11; s. u. ↑Leider}: Feuerleiter [auch: ↑Brandleider].

Feuer|zeug, et ['fɔyˑɐˌtsɔyfj] <N.; i. best. Komposita auch: *feuer-*, sonst ↑Füür/Föör; ~e} {11}: Feuerzeug.

feukele ['føykələ] <V.; schw.; *han*; feukelte ['føykəltə]; gefeukelt [jəˈføykəlt]>: **1.** umsorgen, verhätscheln. **2.** (jmdm.) schmeicheln. (6)

Fibb(es), der [fɪp / fɪbəs] <N.; männl. Vorn.>: Kurzf. von Philipp [auch: *Fibbes*].

Fichte|nol/~|nodel, de ['fɪftəˌnɔːl / -nɔːdəl] <N.; ~|nolde/ ~|nodele} {s. u. ↑Nol/Nodel}: Fichtennadel.

Fichte|zappe, der ['fɪftəˌtsapə] <N.; ~> {s. u. ↑Zappe}: Fichtenzapfen.

Fiddel, de ['fɪdəl] <N.; ~e> {5.3.4}: Fiedel.

fiddele ['fɪdələ] <V.; schw.; *han*; fiddelte ['fɪdəltə]; gefiddelt [jəˈfɪdəlt]> {5.3.4; 9.2.1.2}: fiedeln, **1.** (ohne große Kunstfertigkeit, schlecht) auf der Geige spielen. **2.** an etw. herumschneiden. (6)

Fiduz, der [fɪˈduːts] <N.; kein Pl. ⟨lat. fiducia⟩>: Fiduz (das), Lust, Freude; nur i. d. Verwendung *keine F. op/an/zo jet han* (keine Lust auf/an/zu etw. haben).

Fieber/Feeber, et ['fiˑbɐ / 'feˑbɐ] <N.; ~ (Pl. selten)>: Fieber.

fiebere ['fiˑbərə] <V.; schw.; *han*; fieberte ['fiˑbətə]; gefiebert [jəˈfiˑbət]> {9.2.1.2}: fiebern [auch: ↑feebere]. (4)

Fiel, de [fiˑl] <N.; ~e> {5.1.4.5; 8.3.1}: Feile.

fiele ['fiˑlə] <V.; schw.; *han*; fielte ['fiˑltə] gefielt [jəˈfiˑlt]> {5.1.4.5}: feilen [auch: ↑raspele (1)]. (45)

fiepsche ['fiːpʃə] <V.; schw.; *han*; fiepschte ['fiːpʃtə]; gefiepsch [jəˈfiːpʃ]> {9.2.2}: fiepen, einen spitzen, hohen Ton von sich geben (z. B. Mäuse) [auch: ↑piepsche, ↑piepse]. (110)

Fier/Feer, de [fiːɐ / feːɐ] <N.; ~e> {5.1.4.5; 8.2.2.2}: Feier.

Fier|dag/Feer|~, der ['fiːɐˌdaːx / feːɐ-] <N.; ~|däg/~|dage [-dɛˑfj / -daˑʀə]> {s. u. ↑Fier/Feer ↑Dag}: Feiertag.

fier|dags ['fiˑɐˌdaˑ(x)s] <Adv.> {s. u. ↑Fier ↑Dag}: feiertags.

fiere/feere ['fiˑ(g)rə / 'feˑrə] <V.; schw.; *han*; fierte ['fiˑɐtə]; gefiert [jəˈfiˑɐt]> ⟨mhd. vêren⟩ {5.1.4.5}: feiern. (3) (2)

Fier|ovend/Feer|~, der ['fiːɐˌɔˑvənt / feˑɐ-] <N.; ~e> {s. u. ↑Fier/Feer ↑Ovend}: Feierabend.

fies¹ [fiːs] <Adj.; ~e ['fiːzə]; ~er, ~te ['fiːze / 'fiːstə]>: fies, ekelhaft, unangenehm, schlecht: *Wat es dat ene ~e Kääl!* (Ist das ein ~er Kerl!; Aussehen od. Charakter); ***fies för jet sin** (sich ekeln); ***fiese Mömmes** (mürrischer, unangenehmer Mensch, Ekel, Murrkopf). Tbl. A2.7

fies² [fiːs] <Adv.>: sehr, arg: *Ich ben f. möd.* (Ich bin sehr müde.); *Do häs de dich ävver f. verdon.* (Da liegst du aber arg daneben.).

Fifalder, der [fɪˈfalˑdɐ] <N.; ~e ⟨mhd. vīvalter; lat. papilio⟩>: Falter, Schmetterling [auch: ↑Falder, ↑Vivalder].

Fifi, der ['fɪfɪ] <N.; ~s>: scherzh. für Perücke, Haarteil [auch: ↑Pürk].

Fig/Feig, de [fɪfj / faɪˑfj] <N.; *Fig* veraltet; ~e ['fɪjə] {5.3.1; 8.3.1}: Feige [auch: ↑Feig].

Figur, de [fɪˈjuːɐ] <N.; ~e [fɪˈjuˑ(g)rə]; Figürche [fɪˈjyˑɐfjə]>: Figur, **1.** Körperform, Gestalt, äußere Erscheinung eines Menschen. **2.** [künstlerische] Darstellung eines menschlichen, tierischen od. abstrakten Körpers. **3.** [geometrisches] Gebilde aus Linien od. Flächen, Umrisszeichnung o. Ä.

Film, der [fɪləm] <N.; ~e [fɪləmə]> {9.1.1}: Film.

filme ['fɪlˑmə] <V.; schw.; *han*; filmte ['fɪlˑmtə]; gefilmp [jəˈfɪlˑmp]>: filmen. (70)

Filou, der [fɪˈluˑ] <N.; ~s ⟨frz. filou⟩>: Filou; raffinierter, schlauer Kerl, kleiner Betrüger [auch: ↑Be|drög|er, ↑Fuutel|er].

filou|isch [fɪˈluˑɪʃ] <Adj.; ~e; ~er, ~ste ⟨frz. filou⟩> {2; 7.3.3}: raffiniert, ausgefuchst [auch: ↑gau, ↑ge|räuch, ↑ge|revve, ↑durch|drevve, dubbelt gefläāch, ↑hinger|lestjig, ↑verschlage²]. Tbl. A1

filtere ['fɪltərə] <V.; schw.; *han*; filterte ['fɪltətə]; gefiltert [jəˈfɪltət]> {9.2.1.2}: filtern. (4)

Filter|tüt, de ['fɪlˑtəˌtyːt] <N.; ~e> {s. u. ↑Tüt}: Filtertüte.

Filter|zigarett/~|zarett, de ['fɪltətsɪjəˌrɛt / -tsaˌrɛt] <N.; ~e> {s. u. ↑Zarett}: Filterzigarette.

Filz/Felz, der [fɪlts / felts] <N.; ~e (Sortenpl.)>: Filz.

filze ['fɪltsə] <V.; schw.; *han*; filzte ['fɪltstə]; gefilz [jəˈfɪlts]>: filzen, **1.** durchsuchen. **2.** bestehlen, berauben. (42)

Filz|hot/Felz|~, der ['fɪltsˌhoˑt / felts-] <N.; ~|höt> {s. u. ↑Filz/Felz ↑Hot}: Filzhut.

Filz|luus/Felz|~, de ['fɪlts̬‚luːs / felts̬-] <N.; ~|lüüs [-lyˑs]> {s. u. ↑Filz/Felz ↑Luus}: Filzlaus.

Filz|steff/Felz|~, de ['fɪls‚ʃtef / felts̬-] <N.; ~|stefte> {s. u. ↑Filz/Felz ↑Steff²}: Filzstift.

Fimm, de [fɪmˑ] <N.; ~e ['fɪmə]>: Ohrfeige [auch: ↑Gelz (3), ↑Juv¹, ↑Firm|bängel, ↑Tatsch, ↑Wa|männ|che, ↑Tachtel, ↑Knall|zigar, ↑Ohr|fig, ↑Klatsch, ↑Denk|zeddel (b), e ↑Dillen|dötz|che krige].

fimschlig ['fɪmʃrɪʃ] <Adj.; ~e; ~er, ~ste>: **1.** angefault, verfault, verdorben: *Die ~e Prumme künnt Ehr behalde.* (Die ~en Pflaumen können Sie behalten.) [auch: ↑fukak|ig]. **2.** empfindlich, mimosenhaft: *Wat bes de su f.?* (Wieso bist du so empfindlich?) [auch: ↑emfind|lich, ↑diffisill (1), ↑gööz|ig, ↑krüddel|ig (3), ↑pingel|ig (1)]. **3.** schäbig, armselig: *Luur ens, wat dat Nies för ene ~e Mantel aanhät!* (Sieh mal, welch schäbigen Mantel Agnes trägt!) [auch: ↑schäbb|ig]. Tbl. A5.2

Fin, et [fiːn] <N.; weibl. Vorn.; ~che> {8.3.1}: Fine, Kurzf. von Josephine.

Finanz|amp, et [fɪ'nants̬‚amˑp] <N.; ~|ämter> {s. u. ↑Amp}: Finanzamt.

finanziere/~eere [fɪnan'tsiˑ(e̞)rə / -eˑrə] <V.; schw./unr.; han; finanzierte [fɪnan'tsiˑe̞tə]; finanziert [fɪnan'tsiˑe̞t] ⟨frz. financer⟩> {(5.1.4.3)}: finanzieren. (3) (2)

fing [fɪŋ] <Adj.; ~(e) [fɪŋˑ / 'fɪŋə]; ~er, ~ste> {5.3.4}: fein [auch: ↑fein]. Tbl. A2.5

finge ['fɪŋə] <V.; st.; han; fung [fʊŋ]; gefunge [jə'fʊŋə]> {6.7}: finden. (26)

Finger, der ['fɪŋe] <N.; ~e>: Finger, ***sich en der F. schnigge** (sich irren); ***lang ~e maache** (stehlen); ***en de ~e krige** (erwischen); ***sich jet us de ~e sauge** (sich etw. ausdenken/erfinden).

Finger|av|drock, der ['fɪŋe‚afdrok / '---‚-] <N.; ~|dröck> {s. u. ↑Av|drock¹}: Fingerabdruck.

fingere ['fɪŋərə] <V.; schw.; han; fingerte ['fɪŋetə]; gefingert [jə'fɪŋet]> {9.2.1.2}: fingern. (4)

Finger|färv, de ['fɪŋe‚fɛrˑf] <N.; ~e> {s. u. ↑Färv}: Fingerfarbe.

Finger|hand|schoh/~|händ|sche, der ['fɪŋe‚hantʃoˑ / -hɛntʃə] <N.; ~|händ|schohn ['hɛntʃoˑn]> {s. u. ↑Hand|schoh/Händ|sche}: Fingerhandschuh.

Finger|hot, der ['fɪŋe‚hoˑt] <N.; ~|höt> {s. u. ↑Hot}: Fingerhut.

Finger|kupp, de ['fɪŋe‚kʊp] <N.; ~e> {s. u. ↑Kupp¹}: Fingerkuppe.

Finger|nähl, der ['fɪŋe‚nɛˑl] <N.; ~> {s. u. ↑Nähl}: Fingernagel.

Finger|spetz, de ['fɪŋe‚ʃpets̬] <N.; ~e> {s. u. ↑Spetz}: Fingerspitze.

Finger|spetze|ge|föhl, et ['fɪŋe‚ʃpetsəjə‚føˑl] <N.; o. Pl.> {s. u. ↑Spetz ↑Ge|föhl}: Fingerspitzengefühl [auch: ↑Höhner|kläu|che].

Fink, der [fɪŋk] <N.; ~e>: Fink (Singvogel).

Finke|schlag, der ['fɪŋkə‚ʃlaːx] <N.; o. Pl.>: Finkenschlag, das Zwitschern des Finken.

Finster, de/et ['fɪnste] <N.; ~e> {5.4}: Fenster (das).

Finster|bank, de ['fɪnste‚baŋk] <N.; ~|bänk> {s. u. ↑Finster}: Fensterbank.

Finster|bredd, et ['fɪnste‚brɛt] <N.; ~er> {s. u. ↑Finster ↑Bredd}: Fensterbrett.

Finster|glas, et ['fɪnste‚jlaːs] <N.; o. Pl.> {s. u. ↑Finster}: Fensterglas.

Finster|krütz, et ['fɪnste‚krʏts̬] <N.; ~e> {s. u. ↑Finster ↑Krütz}: Fensterkreuz.

Finster|lade, der ['fɪnste‚laˑdə] <N.; ~|läde> {s. u. ↑Finster}: Fensterladen.

Finster|ledder, et ['fɪnste‚lede] <N.; ~e> {s. u. ↑Finster ↑Ledder}: Fensterleder.

Finster|platz, der ['fɪnste‚plats̬] <N.; ~|plätz> {s. u. ↑Finster}: Fensterplatz.

Finster|pütz|er, der ['fɪnste‚pʏtse] <N.; ~> {s. u. ↑Finster ↑Pütz|er}: Fensterputzer.

Finster|rahme, der ['fɪnste‚raˑmə] <N.; ~> {s. u. ↑Finster}: Fensterrahmen.

Finster|schiev, de ['fɪnste‚ʃiˑf] <N.; ~e> {s. u. ↑Finster ↑Schiev}: Fensterscheibe.

Fint, de [fɪnt] <N.; ~e> {8.3.1}: Finte.

Fipp, de [fɪp] <N.; ~e; ~che>: Zigarette, Glimmstängel [auch: ↑Zarett, ↑Zigarett, ↑Flöpp²].

Firke/Ferke, et ['fɪrkə / 'ferkə] <N.; ~> {5.4}: Ferkel, **a)** junges Hausschwein; **b)** (Schimpfw.) *Do dreckeligˑ F.!* (Du Schmutz~!).

Firm|bängel, der ['fɪrm‚bɛŋəl] <N.; ~e>: Ohrfeige [auch: ↑Gelz (3), ↑Juv¹, ↑Fimm, ↑Tatsch, ↑Wa|männ|che, ↑Tachtel, ↑Knall|zigar, ↑Ohr|fig, ↑Klatsch, ↑Denk|zeddel (b), e ↑Dillen|dötz|che krige].

firme ['fɪr·mə] <V.; schw.; *han*; firmte ['fɪr·mtə]; gefirmp [jə'fɪr·mp]>: firmen. (127)

Firme|wage, der ['fɪr·mə‚va·ʀə] <N.; ~>: Firmenwagen.

Firsich|baum, der ['fɪrzɪfj‚bou̯m] <N.; in best, Komposita *Firsich*, sonst ↑Peesch; ~|bäum [-bøy·m] {s. u. ↑Baum}: Pfirsichbaum, rosa blühender Obstbaum mit Pfirsichen als Früchten.

Firsich|blöt, de ['fɪrzɪfj‚blø·t] <N.; in best, Komposita *Firsich*, sonst ↑Peesch; ~e> {s. u. ↑Blöt}: Pfirsichblüte. **1.** Blüte eines Pfirsichbaums. **2.** <o. Pl.> das Blühen der Pfirsichbäume.

Firsich|bowl, de ['fɪrzɪfj‚bo·l] <N.; in best, Komposita *Firsich*, sonst ↑Peesch; ~e> {s. u. ↑Bowl}: Pfirsichbowle, Bowle, die mit Pfirsichen angesetzt wird.

Fisel, der ['fɪzəl] <N.; ~e>: **1.** Stückchen, Kleinigkeit. **2.** feiner Regen, feiner Schnee. **3.** Halbstarker, Flegel [auch: ↑Fetz, ↑Flägel, ↑Grön|schnabel, ↑Lällbeck, ↑Lömmel (1a), ↑Schnuddels|jung].

fisele ['fɪzələ] <V.; schw.; *han*; fiselte ['fɪzəltə]; gefiselt [jə'fɪzəlt]> {5.3.4.1; 7.4; 9.2.1.2}: nieseln, fein, staubartig regnen od. schneien: *Rähnt et? Nä, et es am F.* (Regnet es? Nein, es nieselt.) [auch: ↑fispele, ↑grisele, ↑risele (2)]. (6)

fiselig ['fɪzəlɪfj] <Adj.; ~e; ~er, ~ste>: **1.** dünn, zart [auch: ↑dönn]. **2.** rieselnd, nieselndfein regnend. Tbl. A5.2

Fisels|rähn, der ['fɪzəls‚rɛ·n] <N.; kein Pl.> {9.1.2; s. u. ↑Rähn}: Sprühregen, Nieselregen.

Fisematente [‚fɪzəma'tɛntə] <N.; Pl. (vgl. visipatent, aus lat. visae patentes)> {2; 5.4; 6.11.1; 7.4}: Fisimatenten, **1.** unnütze Umstände [auch: ↑Ge|dön|s, ↑Buhei, ↑Spektakel]; [meist i. d. **RA**]: *Maach kein F.!* (Mach nicht so ein Theater!). **2.** Ausflüchte.

fispele ['fɪspələ] <V.; schw.; *han*; fispelte ['fɪspəltə]; gefispelt [jə'fɪspəlt]> {9.2.1.2}: fispeln, **1.** lispeln, flüstern. **2.** nieseln [auch: ↑fisele, ↑grisele, ↑risele (2)]. (6)

fispere ['fɪspərə] <V.; schw.; *han*; fisperte ['fɪspətə]; gefispert [jə'fɪspet]> {9.2.1.2}: tuscheln, wispern. (4)

Fister|nöll, der [‚fɪstə'nøl] <N.; ~e>: Liebschaft, Liebesabenteuer, Verhältnis, bes.: ↑Fastelovendsfisternöll: *Et Nies hät ene F. mem Pitter.* (Agnes hat eine L. mit Peter.).

fisternölle [‚fɪstə'nølə] <V.; schw.; *han*; fisternöllte [‚fɪstə'nøltə]; fisternöllt [‚fɪstə'nølt]>: basteln, tüfteln, mit viel Fingerfertigkeit ausführen [auch: ↑bastele, ↑knuuve (2)]. (91)

Fitsch|bunn, de ['fɪtʃ‚bʊn·] <N.; ~e [-bʊnə]> {s. u. ↑Bunn}: Schnittbohne, Bobbybohne, Fitzbohne.

fitsche ['fɪtʃə] <V.; schw.; *han*; fitschte ['fɪtʃtə]; gefitsch [jə'fɪtʃ]>: nur i. d. Vbdg. *Bunne f.* (Bohnen schnitzeln; (grüne Bohnen) mit langen, schrägen Schnitten zerkleinern): *Et Marie es am Bunne F.* (Marie zerkleinert die Bohnen.). (110)

Fitsch|müll, de ['fɪtʃ‚mʏl·] <N.; ~e [-mʏlə]> {s. u. ↑Müll¹}: Gerät zum Schneiden grüner Bohnen.

Fitz¹, der [fɪts] <N.; meist Diminutiv; ~che [-jə]>: Kleinigkeit, ein bisschen.

Fitz², de [fɪts] <N.>: scherzh. für einen kleinen Mann.

Fitze|mann, der ['fɪtsə‚man] <N.; ~|männer>: kleiner Junge, Bürschchen.

fixe ['fɪksə] <V.; schw.; *han*; fixte ['fɪkstə]; gefix [jə'fɪks]>: fixen, Drogen spritzen [auch: ↑scheeße (2)]. (71)

Fix|koste ['fɪks‚kostə] <N.; Pl.>: Fixkosten.

Fix|punk, der ['fɪks‚pʊŋk] <N.; ~te> {s. u. ↑Punk}: Fixpunkt.

Fix|stään, der ['fɪks‚ʃtɛ·n] <N.; ~e> {s. u. ↑Stään}: Fixstern.

flaach/flach [fla·x / flax] <Adj.; ~e; ~er, ~ste> {5.2.1}: flach, eben, glatt. Tbl. A1

Flääch, de [flɛ·fj] <N.; ~te> {5.2.1.2; 5.4; 8.3.1}: Flechte.

fläächte ['flɛ·fjtə] <V.; schw.; *han*; geflääch [jə'flɛ·fj]> {5.2.1; 5.4}: flechten. (1)

flaadere ['fla·dərə] <V.; schw.; *han*; flaaderte ['fla·dətə]; geflaadert [jə'fla·dət] {5.2.1.4; 6.11.3; 9.2.1.2}: flattern [auch: ↑fladdere, ↑flaastere]. (4)

Flaader|muus/Fledder|~, de ['fla·də‚mu·s / 'fledɐ-] <N.; ~|müüs [-my·s]> {5.3.2; 5.5.2; s. u. ↑Muus}: Fledermaus.

Flaaster, de ['fla·stə] <N.; ~e>: fahriger, zerstreuter, unvorsichtiger Mensch, Trampel [auch: ↑Flaaster|kaste ↑Rabbele|kan|es, ↑Boldrian, ↑Rubbele(n)|dor|es].

flaastere ['fla·stərə] <V.; schw.; *han*; flaasterte ['fla·stətə]; geflaastert [jə'fla·stet] {5.2.1; 9.2.1.2}: fliegen, flattern, **1.** mit kurzen Flügelschlägen fliegen. **2.** flattern, wehen. **3.** schwenken. **4.** *eine geflaastert krige* (eine Ohrfeige bekommen, geohrfeigt werden). (4)

flaaster|ig ['fla·stərɪfj] <Adj.; ~e; ~er, ~ste> {5.2.1}: flatterig, **1.** unruhig, unregelmäßig: *ene ~e Puls* (ein ~er Puls). **2.** flatterhaft, unbeständig: *ene ~e Kääl* (ein ~er Kerl). Tbl. A5.2

Flaaster|kaste, der ['flaːstə,kastə] <N.>: fahriger, zerstreuter, unvorsichtiger Mensch, Trampel [auch: ↑Flaaster ↑Rabbele|kan|es, ↑Boldrian, ↑Rubbele(n)|dor|es].

Flab|es, der ['flaːbəs] <N.; ~|ese/~|ese>: **1.** Gesichtsmaske. **2.** Larve. **3.** alberner, läppischer Mensch.

flach/flaach [flax / flaːx] <Adj.; ~e; ~er, ~ste>: flach, eben, glatt. Tbl. A1

Fläch, de [flɛfj] <N.; ~e> {8.3.1}: Fläche.

Flach|bau, der ['flax,boʊ] <N.; ~te>: Flachbau.

Flach|daach, et ['flax,daːx] <N.; ~|däächer> {s. u. ↑Daach}: Flachdach.

Fläche|brand, der ['flɛfjə,brant] <N.; ~|bränd [-brɛnˑt]>: Flächenbrand.

Fläche|moß, et ['flɛfjə,mɔˑs] <N.; ~e> {s. u. ↑Moß}: Flächenmaß.

Flach|zang, de ['flax,tsaŋˑ] <N.; ~e [-tsaŋə]> {s. u. ↑Zang}: Flachzange.

flackere ['flakərə] <V.; schw.; han; flackerte ['flakɛtə]; geflackert [jə'flakɛt]> {9.2.1.2}: flackern. (4)

fladdere ['fladərə] <V.; schw.; han; fladderte ['fladɛtə]; gefladdert [jə'fladɛt]> {6.11.3; 9.2.1.2}: flattern [auch: ↑flaadere]. (4)

Flade, der ['flaːdə] <N.; ~>: Fladen.

Flade|brud, et ['flaːdə,bruˑt] <N.; ~e> {s. u. ↑Brud}: Fladenbrot.

Fläg, de [flɛˑfj] <N.> {5.4; 6.8.2; 8.3.1}: Pflege.

fläge ['flɛˑjə] <V.; schw.; han; flägte ['flɛˑfjtə]; gefläg [jə'flɛˑfj]> {5.4; 6.8.2}: pflegen, **1.** versorgen. **2.** gewohnt sein. (103)

Fläge|deens, der ['flɛˑjə,deˑns] <N.; ~te> {s. u. ↑Fläg; ↑Deens}: Pflegedienst.

Fläge|doochter, de ['flɛˑjə,dɔːxtə] <N.; ~|dööchter> {s. u. ↑Fläg ↑Doochter}: Pflegetochter.

Fläge|eldere, de ['flɛˑjə,ɛldərə] <N.; Pl.> {s. u. ↑Fläg ↑Eldere}: Pflegeeltern, Ehepaar, das ein Kind in Pflege genommen hat.

Fläge|fall, der ['flɛˑjə,fal] <N.; ~|fäll [-fɛlˑ]> {s. u. ↑Fläg ↑Fall²}: Pflegefall, Person, die wegen Gebrechlichkeit pflegebedürftig ist (deren Leiden durch einen [weiteren] Krankenhausaufenthalt aber nicht mehr zu heilen ist).

Fläge|geld, et ['flɛˑjə,jɛlt] <N.; ~er> {s. u. ↑Fläg ↑Geld}: Pflegegeld, von einer Versicherung (z. B. Unfallversicherung, Pflegeversicherung) bezahlte Leistung für die häusliche Pflege von Personen.

Fläge|heim, et ['flɛˑjə,heɪm] <N.; ~e> {s. u. ↑Fläg ↑Heim}: Pflegeheim, öffentliche od. private Anstalt zur Pflege körperlich od. geistig schwer behinderter od. alter Menschen.

Fläge|kind, et ['flɛˑjə,kɪnt] <N.; ~er> {s. u. ↑Fläg ↑Kind}: Pflegekind, bei Pflegeeltern od. einer entsprechenden Person aufwachsendes Kind.

Flägel, der ['flɛˑjəl] <N.; ~e> {5.4}: Flegel, Halbstarker [auch: ↑Fisel (3), ↑Fetz, ↑Flägel, ↑Grön|schnabel, ↑Lällbeck, ↑Lömmel (1a), ↑Schnuddels|jung, *buure Sau*].

Fläge|mutter, de ['flɛˑjə,mʊtə] <N.; ~|mütter> {s. u. ↑Fläg ↑Mutter}: Pflegemutter, a) weibl. Teil der Pflegeeltern; b) Frau, die ein Kind in Pflege genommen hat.

Fläg|er, der ['flɛˑjə] <N. ⟨mhd. pflegære, spätahd. flegare⟩> {5.4; 6.8.2}: Pfleger.

Fläge|satz, der ['flɛˑjə,zats] <N.; ~|sätz> {s. u. ↑Fläg ↑Satz}: Pflegesatz, festgesetzte tägliche Kosten für die Unterbringung eines Patienten im Krankenhaus.

Fläge|sonn, der ['flɛˑjə,zɔn] <N.; ~|sönn [-zønˑ]> {s. u. ↑Fläg ↑Sonn²}: Pflegesohn, männliches Pflegekind.

Fläge|vatter, der ['flɛˑjə,fatə] <N.; ~|vätter> {s. u. ↑Fläg ↑Vatter}: Pflegevater, männlicher Teil der Pflegeeltern.

Fläge|ver|secher|ung, de ['flɛˑjəfɐ,zɛfjərʊŋ] <N.; ~e> {s. u. ↑Fläg; 5.5.1}: Pflegeversicherung, Versicherung, die für die Kosten der Pflege bei Pflegebedürftigkeit eintritt.

Flagg|scheff, et ['flak,ʃef] <N.; ~e> {s. u. ↑Scheff}: Flaggschiff.

Fläg|schaff, de ['flɛfj,ʃaf] <N.; ~|schafte> {5.4; 6.8.2}: Pflegschaft.

Flahß, der [flaːs] <N.> {5.2.4}: Flachs.

Flamm, de [flamˑ] <N.; ~e ['flamə]> {8.3.1}: Flamme.

flamme ['flamə] <V.; schw.; sin; flammte ['flamˑtə]; geflammp [jə'flamˑp]>: flammen, **1.** mit hoch schießender, aufschlagender Flamme brennen, lodern. **2.** vor Erregung leuchten, funkeln. (40)

flämme ['flɛmə] <V.; schw.; han; flämmte ['flɛmˑtə]; geflämmp [jə'flɛmˑp]>: flämmen, abbrennen. (40)

Flamme|dud, der ['flamə,duˑt] <N.; o. Pl.> {s. u. ↑Dud}: Flammentod, Tod durch Verbrennen.

Flamme|schwäät, et ['flamə,ʃvɛːt] <N.; ~er> {s. u. ↑Schwäät}: Flammenschwert.

Flamme|werf|er/~|wirf|~, der ['flamə‚verfɐ / -vɪrf-] <N.; ~> {5.5.2}: Flammenwerfer.

Flanell|hemb, et [fla'nɛl·‚hemp] <N.; ~|hemde(r) [-hemdə / -hemdə]> {s. u. ↑Hemb}: Flanellhemd.

flaniere/~eere [fla'ni·(ɐ)rə / -e·rə] <V.; schw./unr.; *han*; flanierte [fla'ni·ɐtə]; flaniert [fla'ni·ɐt] ⟨frz. flâner⟩> {(5.1.4.3)}: flanieren, bummeln, schlendern [auch: ↑bummele, ↑gängele (1)]. (3) (2)

Flanz/Planz, de [flants / plants] <N.; ~e> {6.8.2; 8.3.1}: Pflanze.

flanze/planze ['flantsə / 'plantsə] <V.; schw.; *han*; flanzte ['flantstə]; geflanz [jə'flants]> {6.8.2}: pflanzen. (42)

Flanze|geff/Planze|~, et ['flantsə‚jef / 'plantsə-] <N.; ~|gefte> {s. u. ↑Flanz/Planz ↑Geff}: Pflanzengift. **1.** aus Pflanzen stammendes Gift. **2.** Gift, das Unkrautpflanzen vertilgt.

Flanze|koss/Planze|~, de ['flantsə‚kɔs / 'plantsə-] <N.> {s. u. ↑Flanz/Planz; ↑Koss}: Pflanzenkost.

Flanze(n)|öl/Planze(n)|~, et ['flantsə(n)‚œ·l / 'plantsə(n)-] <N.; ~e (Sortenpl.)> {s. u. ↑Flanz/Planz ↑Öl; 9.1.4}: Pflanzenöl.

Flanze|schotz/Planze|~, der ['flantsə‚ʃɔts / 'plantsə-] <N.> {s. u. ↑Flanz/Planz ↑Schotz}: Pflanzenschutz, Schutz von Nutzpflanzen gegen Schädlinge, Krankheiten sowie Unkraut.

Flanze|schotz|meddel/Planze|~, et ['flantsəʃɔts‚medəl / 'plantsə-] <N.; ~(e)> {s. u. ↑Flanz/Planz ↑Schotz ↑Meddel}: Pflanzenschutzmittel, Pestizid.

flanz|lich ['flantslɪʃ] <Adj.; ~e> {6.8.2; 7.3.2}: pflanzlich; vegetarisch. Tbl. A1

Flapp, der [flap] <N.; ~e>: Klaps, leichter Schlag.

Flapp|uhr/~|ohr, et ['flap‚u·ɐ / 'o·ɐ / 'fla‚bu·ɐ] <N.; ~e> {s. u. ↑Uhr²/Ohr²}: **1.** durch eine Mütze (od. Ä.) umgeknicktes Ohr. **2.** läppischer Mensch.

Fläsch, de [flɛʃ] <N.; ~e> {5.4; 8.3.1}: Flasche.

Fläsche|bier[1], de ['flɛʃə‚bi·ɐ] <N.; ~|birre [-bɪrə]> {s. u. ↑Fläsch ↑Bier[1]}: Flaschenbirne, längliche Birne.

Fläsche|bier[2], et ['flɛʃə‚bi·ɐ] <N.; ~e (Sortenpl.)> {s. u. ↑Fläsch}: Flaschenbier, Notlösung für Kölsch-Genießer.

Fläsche|böösch, de ['flɛʃə‚bøːʃ] <N.; ~te> {s. u. ↑Fläsch ↑Böösch}: Flaschenbürste.

Fläsche|glas, et ['flɛʃə‚jlaːs] <N.; o. Pl.> {s. u. ↑Fläsch}: Flaschenglas.

fläsche|grön ['flɛʃə'jrøːn] <Adj.; ~e> {s. u. ↑Fläsch ↑grön}: flaschengrün. Tbl. A2.4

Fläsche|hals, der ['flɛʃə‚hals] <N.; ~|häls [-hɛl·s]> {s. u. ↑Fläsch}: Flaschenhals.

Fläsche|kind, et ['flɛʃə‚kɪnt] <N.; ~er> {s. u. ↑Fläsch}: Flaschenkind.

Fläsche|milch, de ['flɛʃə‚mɪləʃ] <N.> {s. u. ↑Fläsch}: Flaschenmilch.

Fläsche|öffn|er, der ['flɛʃə‚œfnɐ] <N.; i. best. Abl.: *öffne*, sonst ↑op|maache; ~> {11; s. u. ↑Fläsch}: Flaschenöffner.

Fläsche|pand, et ['flɛʃə‚pant] <N.> {s. u. ↑Fläsch ↑Pand}: Flaschenpfand.

Fläsche|poss, de ['flɛʃə‚pɔs] <N.> {s. u. ↑Fläsch ↑Poss}: Flaschenpost.

Fläsche|wing, der ['flɛʃə‚vɪŋ] <N.; ~e (Sortenpl.)> {s. u. ↑Fläsch ↑Wing[1]}: Flaschenwein.

Fläsche|zog, der ['flɛʃə‚tsox] <N.; ~|zög> {s. u. ↑Fläsch ↑Zog[1]}: Flaschenzug.

Flaster, et ['flastɐ] <N.; ~> {6.8.2}: Pflaster, **1.** Straßenpflaster [auch: ↑Pavei, ↑Kopp|stein|flaster]. **2.** Heftpflaster [auch: ↑Plooster].

flastere ['flastərə] <V.; schw.; *han*; flasterte ['flastɐtə]; geflastert [jə'flastɐt]> {6.8.2; 9.2.1.2}: pflastern, mit Pflastersteinen versehen [auch: ↑paveie]. (4)

Flaster|möll|er, der ['flastɐ‚mœ·lɐ] <N.; ~> {s. u. ↑Flaster ↑Möll|er}: Pflastermaler, jmd., der Bürgersteig-/Straßenpflaster bemalt [auch: ↑Paveie|möll|er].

Flaster|stein, der ['flastɐ‚ʃtɛin] <N.; ~ [-ʃtɛi·n]> {s. u. ↑Flaster ↑Stein}: Pflasterstein, **1.** für Straßenpflaster verwendeter Stein. **2.** dicker, runder Pfefferkuchen mit harter Zuckerglasur [auch: ↑Paveie|stein].

Flatsch, der [flatʃ] <N.; ~e/Flatsche ['flatʃə / 'fladʒə]> {8.3.2}: Flatsche(n), weiche od. flüssige Masse, Hingegossenes, Ausgeschüttetes.

flatsche ['flatʃə] <V.; schw.; *sin*; flatschte ['flatʃtə]; geflatsch [jə'flatʃ]>: klatschend aufschlagen, aufklatschen [auch: ↑op|klatsche] **1.** klatschend fallen. **2.** klatschend hinwerfen. (110)

Flatsch|muul, de ['flatʃ‚muːl] <N.; ~|müüler/~|muule [-my·lɐ / -mu·lə]> {s. u. ↑Muul}: Plappermaul (das) [auch: ↑Brei|muul, ↑Schwaad|lappe, ↑Seiver|muul, ↑Schwaad|schnüss, ↑Seiver|schnüss].

flau [flɑʊ̯] <Adj.; ~e; ~er, ~ste>: flau, **1. a)** übel, schlecht: *Mer es et e bessche f. em Buch.* (Mir ist ein wenig übel im Magen.) [auch: ↑ku**sch**ele|mimmet|ig, ↑plümerant]; **b)** schwach, matt, kraftlos: *e f. Lüffche* (eine schwache Brise). **2.** (Wirtsch.) schlecht, nicht den Erwartungen entsprechend: *Et Geschäff läuf jet f.* (Das Geschäft läuft schlecht.). Tbl. A2.9

fläze, sich ['flɛ:tsə] <V.; schw.; *han*; fläzte ['flɛ:tstə]; gefläz [jə'flɛ:ts]>: sich fläzen, in nachlässiger Haltung halb sitzen, halb liegen; sich halb setzen, halb legen; sich hinlümmeln, hinflegeln. (112)

Fleck/Flecke¹, der [flɛk / 'flɛkə] <N.; ~e> {8.3.2}: Fleck, Flecken; *****vum Fleck weg** (sofort).

flecke ['flekə] <V.; schw.; *han*; fl**e**ckte ['flektə]; gefl**e**ck [jə'flɛk]> {5.5.2}: flicken. (88)

Flecke¹/**Fleck**, der [flɛkə / flɛk] <N.; ~> {9.2.1.1}: Flecken, Fleck.

Flecke², der ['flekə] <N.; ~; Fl**e**ck|el|che ['flekəlɕə]> {5.5.2}: Flicken.

fleck|ig ['flɛkɪɕ] <Adj.; ~e; ~er, ~ste>: fleckig. Tbl. A5.2

Fleck|schnied|er, der ['flek,ʃni:də] <N.; ~> {5.5.2; s. u. ↑Schnied|er¹}: Flickschneider.

Fleck|schuster, der ['flek,ʃʊstə] <N.; ~> {5.5.2}: Flickschuster.

Fleck|zeug, et ['flek,tsɔʏɕ] <N.; kein Pl.> {5.5.2}: Flickzeug.

Fledder|muus/Flaader|~, de ['flede,mu:s / 'fla:də-] <N.; ~|müüs [-my·s]> {5.3.2; 5.5.2; s. u. ↑Muus}: Fledermaus.

Fleeg, de [fle·ɕ] <N.; ~e ['fle·jə]> {5.1.4.3; 8.3.1}: Fliege, **1.** Insekt; **[RA]** *en jeder Hand en F. han* (leer ausgehen, nichts haben). **2.** kurze Krawatte.

fleege ['fle·jə] <V.; st.; *sin*; flog [flo·x] geflöge [jə'flø:Rə]> {5.1.4.3}: fliegen, sich durch die Luft bewegen; *****eine f. looße** (furzen, pupsen; eine Blähung entweichen lassen); ***de fleegende Hetz** (Hitzewallung). (16)

Fleege|dreck, der ['fle·jə,drɛk] <N.> {s. u. ↑Fleeg}: Fliegendreck [auch: ↑Fleege|dr**e**ss].

Fleege|dress, der ['fle·jə,dres] <N.> {s. u. ↑Fleeg}: Fliegenscheiße [auch: ↑Fleege|dreck].

Fleege|droht, der ['fle·jə,dro·t] <N.; o. Pl.> {s. u. ↑Fleeg ↑Droht}: Fliegendraht.

Fleege|fäng|er, der ['fle·jə,fɛŋə] <N.; ~> {s. u. ↑Fleeg}: Fliegenfänger, **1.** mit Leim überzogener Papierstreifen, an dem Fliegen kleben bleiben. **2.** (übertr.) nur auf seinen Vorteil bedachter Angeber, Windbeutel.

Fleege|pilz/~|pelz, der ['fle·jə,pɪlts / -pelts] <N.; ~e> {s. u. ↑Fleeg ↑Pilz/P**e**lz}: Fliegenpilz.

Fleege|plog, de ['fle·jə,plo·x] <N.; ~e> {s. u. ↑Fleeg ↑Plog²}: Fliegenplage.

Fleeg|er, der ['fle·jə] <N.; ~> {5.1.4.3}: Flieger, **1.** Pilot. **2.** Flugzeug [auch: ↑Flog|zeug]. **3.** Angehöriger der Luftwaffe.

Fleege|schwarm, der ['fle·jə,ʃvarm] <N.; ~|schwärm [-ʃvɛr·m]> {s. u. ↑Fleeg}: Fliegenschwarm.

Fleere, der ['fle:Rə] <N.>: Flieder.

Fleere|struch, der ['fle:Rə,ʃtRʊx] <N.; ~|strüch> {s. u. ↑Struch}: Fliederstrauch.

Fleeß|band, et ['fle·s,bant] <N.; ~|bänder> {5.1.4.3; ↑Band¹}: Fließband.

Fleeß|band|arbeit, de ['fle·sbant,arbeɪ·t] <N.> {5.1.4.3; s. u. ↑Arbeid}: Fließbandarbeit.

fleeße ['fle·sə] <V.; st.; *han*; floss [flɔs] geflosse [jə'flɔsə]> {5.1.4.3}: fließen. (79)

flehe ['fle·ə] <V.; schw.; *han*; flehte ['fle·tə]; gefleht [jə'fle·t]>: flehen. (37)

Fleisch, et ['fleɪʃ] <N.>: Fleisch.

Fleisch|bröh, de ['fleɪʃ,brø·] <N.; ~e> {s. u. ↑Bröh}: Fleischbrühe.

Fleisch|extrak, der ['fleɪʃ,ɛks,trak] <N.; ~te> {s. u. ↑Extrak}: Fleischextrakt.

Fleisch|ge|reech/~|rich, et ['fleɪʃjə,re·ɕ / -rɪɕ] <N.; ~te> {s. u. ↑Ge|reech¹/~|rich}: Fleischgericht.

Fleisch|hoke, der ['fleɪʃ,ho·kə] <N.; ~> {s. u. ↑Hoke}: Fleischhaken.

fleisch|ig ['fleɪʃɪɕ] <Adj.; ~e; ~er, ~ste>: fleischig. Tbl. A5.2

Fleisch|klumpe, der ['fleɪʃ,klʊmpə] <N.; ~>: Fleischklumpen.

fleisch|lich ['fleɪʃlɪɕ] <Adj.; ~e; ~er, ~ste> {7.3.2}: fleischlich. Tbl. A1

Fleisch|metz, et ['fleɪʃ,mɛts] <N.; ~er> {s. u. ↑Metz}: Fleischmesser.

Fleisch|pott, der ['fleɪʃ,pɔt] <N.; ~|pött> {s. u. ↑Pott}: Fleischtopf.

Fleisch|schlot, der (*et* veraltet) ['fleɪʃʃlo·t] <N.; kein Pl.> {s. u. ↑Schlot}: Fleischsalat (der).

Fleisch|tomat, de ['flɛɪʃtoˌmaˑt] <N.; ~e> {s. u. ↑T**o**mat}: Fleischtomate.
Fleisch|ver|geft|ung, de ['flɛɪʃfɐˌjeftʊŋ] <N.; ~e> {5.5.1}: Fleischvergiftung.
Fleisch|woosch, de ['flɛɪʃˌvoːʃ] <N.; ~|wöösch> {s. u. ↑Woosch}: Fleischwurst.
Fleisch|wund, de ['flɛɪʃˌvʊnˑt] <N.; ~e> {s. u. ↑Wund}: Fleischwunde.
fletsche ['flɛtʃə] <V.; schw.; han; fletschte ['flɛtʃtə]; gefletsch [jə'flɛtʃ]>: fletschen: *Dä Hungk fletsch de Zäng*. (Der Hund fletscht die Zähne.). (110)
Flett, de [flɛt] <N.; ~e>: Gartennelke.
Fleut, de [fløyt] <N.; ~e; ~|che> {5.3.1; 8.3.1}: Flöte, Pfeife. **1.** (Musik) rohrförmiges Blasinstrument. **2.** hohes, schlankes Sektglas. **3.** (Schimpfw.) ungeschickter, unfähiger Mensch.
Fleut|ches|bein ['fløytʃjəsˌbeɪn] <N.; Neutr.; nur Pl.> {9.1.2; s. u. ↑Fleut}: dünne Beine; (wörtl.) Flötenbeine.
fleute ['fløytə] <V.; schw.; han; gefleut [jə'fløyt]> {5.2.3}: flöten, **1. a)** pfeifen: *op de Fingere f.* (auf den Fingern p.); **b)** zwitschern. **2.** Flöte spielen; [RA] *Dat häs de keinem Dauv gefleut.* (Das hast du keinem Tauben geflötet. = Das gibt Rache.). **3. *f. gonn** (verloren gehen, verlieren). **4. *einem jet f.** (jmdn. etwas abschlagen) [auch: ↑av|schlage, ↑av|winke; ↑us|schlage; ↑z**o**|röck|wiese, *denke wie Goldschmiddsjung; einem jet blose/hoste*]. (72)
Fleute|kessel, der ['fløytəˌkɛsəl] <N.; ~e> {s. u. ↑Fleut ↑Kessel}: Flötenkessel, Pfeifkessel.
Fleute|kis, der ['fløytəˌkiˑs] <N.> {s. u. ↑Fleut ↑Kis}: Quarkkäse; [RA] *F.!* (Das hast du nun davon!); (wörtl.) Flötenkäse.
Fleute|mann, der ['fløytəˌman] <N.; ~|männer> {s. u. ↑Fleut}: Pfeifer im Trommler- u. Pfeiferkorps; (wörtl.) Flötenmann.
Fleuten-Arnöld|che, et ['fløytənˌlaː(ɹ)nœltʃə] <Personennn.> {s. u. ↑Fleut}: Flöten-Arnöldchen, Kölsches Original (Arnold Wenger), 1839-1902, spielte in Kneipen Querflöte; verewigt im Ostermann-Lied *Un et Arnöldche fleut*.
Fleute|spill|er, der ['fløytəˌʃpɪlɐ] <N.; ~> {s. u. ↑Fleut ↑Spill}: Flötenspieler.
Fleut|ko**nzäät**, et ['fløytkonˌtsɛːt] <N.; ~e> {s. u. ↑fleute ↑K**o**nzäät}: Pfeifkonzert.

Flich, de [flɪç] <N.; ~te> {6.8.2; 8.3.5}: Pflicht.
Flich|bei|drag, der ['flɪçˌbeɪdraːx] <N.; ~|dräg [-drɛˑɸ]> {s. u. ↑Flich ↑Bei|drag}: Pflichtbeitrag.
Flich|deil, der ['flɪçˌdeɪl] <N.; ~(e) [-deɪl / -deɪˑlə]> {s. u. ↑Flich ↑Deil}: Pflichtteil.
Flich|fa(a)ch, et ['flɪçˌfa(ː)x] <N.; ~|fä(ä)cher> {s. u. ↑Flich ↑Fa(a)ch}: Pflichtfach.
Flich|ge|föhl, et ['flɪçjəˌføˑl] <N.; o. Pl.> {s. u. ↑Flich ↑Ge|föhl}: Pflichtgefühl.
Flich|iefer, der ['flɪçˌiːfɐ] <N.> {s. u. ↑Flich ↑iefer}: Pflichteifer.
Flich|johr, et ['flɪçˌjoˑ(ɹ)] <N.; o. Pl.> {s. u. ↑Flich ↑J**o**hr}: Pflichtjahr.
~|flicht|ig ['flɪçtɪç] <Suffix; adjektivbildend; ~e> {6.8.2}: -pflichtig, i. Vbdg. m. N.: *schull~* (schul~), *beidrags~* (beitrags~). Tbl. A5.2
Flich|ver|teidig|er, der ['flɪçfɐˌteɪˑdɪjə] <N.; ~> {s. u. ↑Flich ↑ver|teidige}: Pflichtverteidiger.
flid|ig ['fliˑdɪç] <Adj.; ~e; ~er, ~ste>: **1.** ekelhaft, hässlich, schlecht. **2.** schlechte Laune verbreitend, nervös, hektisch [auch: ↑iggel|ig]. Tbl. A5.2
Fließ, der [fliːs] <N.> {5.1.4.5}: Fleiß.
Fließ|arbeid, de [ˈfliːsˌlarbeɪˑt / '--,-] <N.; ~e> {s. u. ↑Fließ ↑Arbeid}: Fleißarbeit.
fließ|ig ['fliːsɪç] <Adj.; ~e; ~er, ~ste> {5.1.4.5}: fleißig [auch: ↑nascht|ig]. Tbl. A5.2
Fließ|käät|che, et ['fliːsˌkɛːtʃə] <N.; ~r> {s. u. ↑Fließ ↑Kaat}: Fleißkärtchen.
flimmere ['flɪmərə] <V.; schw.; han; flimmerte ['flɪmɐtə]; geflimmert [jə'flɪmɐt]>: flimmern. (4)
Flimmer|kess, de ['flɪmɐˌkes] <N.; ~|keste> {s. u. ↑flimmere ↑K**e**ss}: Fernseher, Fernsehgerät.
Flint, de [flɪnt] <N.; ~e> {8.3.1}: Flinte.
Flitsch[1], de [flɪtʃ] <N.; ~e>: **1.** Schleuder. **2. a)** Mandoline; **b)** Ukulele.
Flitsch[2], de [flɪtʃ] <N.; ~e; ~che [-jə]>: Flittchen, Schlampe [auch: ↑Flitt|che, ↑Flüpp|che ↑Rüff|che].
flitsche ['flɪtʃə] <V.; schw.; han; flitschte ['flɪtʃtə]; geflitsch [jə'flɪtʃ]>: flitschen. (110)
Flitt|che, et ['flɪtʃə] <N.; ~r>: Flittchen, Schlampe [auch: ↑Flüpp|che, ↑Flitsch[2] ↑Rüff|che].
Flitter|woche ['flɪtɐˌvɔxə] <N.; fem.; nur Pl.>: Flitterwochen.

flitze ['flɪtsə] <V.; schw.; *han*; flitzte ['flɪtstə]; geflitz [jə'flɪts]>: flitzen [auch: ↑laufe, ↑renne¹]. (114)
Flitze|boge, der ['flɪtsə‚boːʀə] <N.; ~|böge> {9.1.1; s. u. ↑Boge}: Flitzbogen, Pfeilbogen.
Flitz|kiddel, der ['flɪts‚kɪdəl] <N.; ~e> {s. u. ↑Kiddel}: jmd., der bei der Arbeit sehr geschäftig ist; (wörtl.) Flitzkittel [auch: ↑Flitz|punjel].
Flitz|punjel, der ['flɪts‚pʊnjəl] <N.; ~e> {s. u. ↑Punjel}: jmd., der bei der Arbeit sehr geschäftig ist [auch: ↑Flitz|kiddel].
Flöbb, der [flœp] <N.>: gutmütiger, stets bereitwilliger, nachgiebiger, zuweilen auch etw. einfältiger, harmloser Mensch [auch: ↑Flöbbes].
Flöbbes, der [flœbəs] <N.>: gutmütiger, stets bereitwilliger, nachgiebiger, zuweilen auch etw. einfältiger, harmloser Mensch [auch: ↑Flöbb].
Floch/Fluch¹, der [floːx / fluːx] <N.; Flöch/Flüch [fløːfj / flyːfj]> {5.4}: Fluch.
floche/fluche ['floːxə / 'fluːxə] <V.; schw.; *han*; flochte ['floːxtə]; gefloch [jə'floːx]> {5.4}: fluchen. (123)
Flock¹, de [flɔk] <N.; ~e> {8.3.1}: Flocke.
Flock², der [flɔk] <N.; Flöck [flœk] ⟨mhd. pflock⟩>: Pflock.
flöck [flœk] <Adj.; ~e; ~er, ~ste>: schnell, rasch, zügig,
a) mit relativ hoher, großer Geschwindigkeit;
b) [RA] „*Leck ens am Aasch" es och ene Danz, wann och keine ~e!* („Leck mich am Arsch" ist auch ein Tanz, wenn auch kein ~er!). Tbl. A1
Flöcke-maach-vöran, der [‚fløkəmaːx'føran] <N.; Kurzf.: Flöcke> {5.2.1; s. u. ↑flöck ↑vör|an}: Durchfall, Dünnschiss, Diarrhö: *Ich han der F.* (Ich habe D.) [auch: ↑Dönn|dress, ↑Dönn|schess, ↑Dress (1b), ↑Scheuter, ↑Schisela|wupptich].
flock|ig ['flɔkɪfj] <Adj.; ~e; ~er, ~ste>: flockig. Tbl. A5.2
Flog¹, der [floːx] <N.; Flög [fløːfj]> {5.4}: Flug.
Flog², der [floːx] <N.; Flög [fløːfj]> {5.4; 6.8.2}: Pflug [auch: ↑Plog¹].
flöge/plöge ['fløːjə / 'pløːjə] <V.; schw.; *han*; flögte ['fløːjtə]; geflög [jə'fløːfj]> {5.4; 6.8.2}: pflügen. (103)
Flögel, der ['fløːjəl] <N.; ~e> {5.4}: Flügel.
Flögel|dür/~|dör, de ['fløːjəl‚dyːɐ̯ / -døːɐ̯] <N.; ~|dürre/~|dörre [-dyrə / -dørə] (unr. Pl.)> {s. u. ↑Flögel ↑Dür/Dör}: Flügeltür.
flögel|lahm ['fløːjəlaːm] <Adj.; ~e; ~er, ~ste {s. u. ↑Flögel}: flügellahm. Tbl. A2.3

Flog|hafe, der ['floːx‚haːfə] <N.; ~|häfe> {s. u. ↑Flog¹}: Flughafen.
Flog|platz, der ['floːx‚plats] <N.; ~|plätz> {s. u. ↑Flog¹}: Flugplatz.
Flog|reis, de ['floːx‚ʀeɪ̯s] <N.; ~e> {s. u. ↑Flog¹ ↑Reis}: Flugreise.
Flog|sching, der ['floːx‚ʃɪŋ] <N.; ~ [-ʃɪŋ·]> {s. u. ↑Flog¹ ↑Sching¹}: Flugkarte, Flugschein, Flugticket.
Flog|zeug, et ['floːx‚tsɔʏfj] <N.; ~e> {(11); s. u. ↑Flog¹}: Flugzeug [auch: ↑Fleeg|er (2)].
Flog|zeug|av|sturz, der ['floːxtsɔʏfj‚afʃtʊxts] <N.; ~|stürz [-ʃtʏxts]> {s. u. ↑Flog|zeug ↑Stooz/Sturz}: Flugzeugabsturz.
Flog|zeug|un|glöck, et ['floːxtsɔʏfj‚ʊnjlœk] <N.; ~e> {s. u. ↑Flog|zeug ↑Glöck}: Flugzeugunglück.
Flönz, de [flønts] <N.>: 1. einfache frische Blutwurst; *F. met Musik* (frische Blutwurst mit Zwiebeln [auch: ↑Kölsche Kaviar]). 2. früher auch: *Plunze* (aus dem Bayrischen: Wurstende).
Flöpp, de [flœp] <N.; ~e>: Zigarette, Glimmstängel [auch: ↑Zarett, ↑Zigarett, ↑Fipp].
flöppe ['flœpə] <V.; schw.; *han*; flöppte ['flœptə]; geflöpp [jə'flœp]>: rauchen, qualmen [auch: ↑qualme (2), ↑rauche (1)]. (75)
Flora, An der [andɐ'floːra] <N.; Straßenn.>: An der Flora; Straße in Köln-Riehl. Die Flora ist eine nach einem Entwurf von Peter Josef Lenné in den Jahren 1862 bis 1864 angelegte Gartenanlage, die dem Lebensstil des Adels nachempfunden wurde als botanischer Lust- u. Ziergarten.
Floss¹/Fluss, der [flɔs / flʊs] <N.; Flöss/Flüss [fløs / flʏs]> {5.5.1}: Fluss.
Floss², de [flɔs] <N.; ~e> {8.3.1}: Flosse.
Floss|ärm/Fluss|~, der ['flɔs‚ɛrm / flʊs-] <N.; ~e> {s. u. ↑Floss¹/Fluss ↑Ärm}: Flussarm.
Floss|bedd/Fluss|~, et ['flɔs‚bɛt / flʊs-] <N.; ~er> {s. u. ↑Floss¹/Fluss ↑Bedd}: Flussbett.
flöss|ig/flüss|~ ['fløsɪfj / 'flʏs-] <Adj.; ~e> {5.5.1}: flüssig, liquid. Tbl. A5.2
Flöss|ig|gas/Flüss|~, et ['fløsɪfj‚jaːs / 'flʏs-] <N.> {s. u. ↑flöss|ig/flüss|~}: Flüssiggas.
Flöss|ig|keit/Flüss|~, de ['fløsɪfjkeɪ̯t / 'flʏs-] <N.; ~e> {(5.5.1)}: Flüssigkeit.

Floss|lauf/Fluss|~, der ['flɔs,lou̯f / flus-] <N.; ~|läuf> {s. u. ↑Floss¹/Fluss}: Flusslauf.
Flötsch, de [fløtʃ] <N.; ~e>: dicke Nase.
Flott, de [flɔt] <N.; ~e> {8.3.1}: Flotte.
Fluch¹/Floch, der [fluˑx / floˑx] <N.; Flüch [flyˑfj]>: Fluch.
Fluch², de [flʊx] <N.; ~te> {8.3.5}: Flucht.
fluche/floche ['fluˑxə / 'floˑxə] <V.; schw.; han; fluchte ['fluˑxtə]; gefluch [jə'fluˑx]>: fluchen. (123)
Flüch|ling, der ['flyfjlɪŋ] <N.; ~e> {8.3.5}: Flüchtling.
Flüch|lings|lager, et ['flyfjlɪŋs,laˑʀə] <N.; ~> {s. u. ↑Flüch|ling}: Flüchtlingslager.
flüchte ['flyfjtə] <V.; schw.; sin; geflüch [jə'flyfj]>: flüchten, fliehen. (131)
flücht|ig ['flyfjtɪfj] <Adj.; ~e; ~er, ~ste>: flüchtig, **1.** <nicht steigerbar> flüchtend od. geflüchtet: *ene ~e Verbrecher* (ein ~er Verbrecher). **2. a)** von kurzer Dauer (u. geringer Intensität); im Vorübergehen, nebenbei (erfolgend): *ene ~e Bleck* (ein ~er Blick); **b)** oberflächlich, ungenau: *Ich kennen dä nor f.* (Ich kenne ihn nur f.); **c)** fehlerhaft, weil zu rasch u. unkonzentriert ausgeführt: *en ärg ~e Arbeid* (eine sehr ~e Arbeit). **3.** rasch vorübergehend, nicht lange bestehend, vergänglich: *~e Glöcksmomente* (~e Augenblicke des Glücks). Tbl. A5.2
Flücht|ig|keits|fähler, der ['flyfjtɪfjkɛrts,fɛˑlɐ] <N.; ~> {s. u. ↑Fähler}: Flüchtigkeitsfehler.
fludder|ig ['flʊdərɪfj] <Adj.; ~e> {6.2.2}: zerlumpt, zerfetzt, zerrissen. Tbl. A5.2
Flüglop, der ['flyfj|ɔp] <N.; kein Pl.> {s. u. ↑op¹}: Leichtfuß.
Fluh, de [fluˑ] <N.; Flüh [flyˑ]> {5.4}: Floh (der).
fluhe ['fluˑə] <V.; schw.; han; fluhte ['fluˑtə]; gefluht [jə'fluˑt]> {5.4}: flöhen, nach Flöhen absuchen; *****en Aap f.** (Pech haben): *Hee hät sich en Aap gefluht.* (Hier hat jmd. Pech gehabt, z. B. schlechte Karten beim Skat.). (37)
Fluh|kess, de ['fluˑˌkes] <N.; ~|keste> {s. u. ↑Fluh ↑Kess}: (wörtl.) Flohkiste, scherzh. für Bett; [auch: ↑Lappe|kess].
Fluh|leider, de ['fluˑˌlei̯dɐ] <N.; ~e> {s. u. ↑Fluh ↑Leider}: (wörtl.) Flohleiter, scherzh. für Laufmasche.
Fluh|maat, der ['fluˑˌmaːt] <N.; ~|määt> {s. u. ↑Fluh ↑Maat}: Flohmarkt, Trödelmarkt [auch: ↑Trödel|maat].
Fluh|zirkus, der ['fluˑˌtsɪrkʊs] <N.> {s. u. ↑Fluh}: Flohzirkus.
Flümm, de [flʏmˑ] <N.> ~e [flʏmə]>: Wollflöckchen [auch: ↑Wöll|che].
Flümm|che, et [flʏmˑfjə] <N.; ~r>: festgedrehtes Papierstückchen, das mit Hilfe eines Gummis abgeschossen wird.
flunkere ['flʊŋkərə] <V.; schw.; han; flunkerte ['flʊŋkɐtə]; geflunkert [jə'flʊŋkɐt]> {9.2.1.2}: flunkern. (4)
Flüpp|che, et ['flʏpfjə] <N.; ~r> {5.4}: Flittchen, Schlampe [auch: ↑Flitt|che, ↑Flitsch² ↑Rüff|che].
fluppe ['flʊpə] <V.; unpers., nur 3. Pers. Sg.; schw.; han; fluppte ['flʊptə]; geflupp [jə'flʊp]>: gelingen, klappen: *Hät et geflupp?* (Ist es gelungen?) [auch: ↑fumpe ↑ge|linge, ↑glöcke, ↑klappe (3)]. (75)
Fluss/Floss¹, der [flʊs / flɔs] <N.; Flüss/Flöss [flʏs / fløs]> {(5.5.1)}: Fluss.
Fluss|ärm/Floss|~, der ['flʊsˌɛrm / flɔs-] <N.; ~e> {s. u. ↑Fluss/Floss¹ ↑Ärm}: Flussarm.
Fluss|bedd/Floss|~, et ['flʊsˌbɛt / flɔs-] <N.; ~er> {s. u. ↑Fluss/Floss¹ ↑Bedd}: Flussbett.
flüss|ig/flöss|~ ['flʏsɪfj / 'fløs-] <Adj.; ~e> {5.5.1}: flüssig, liquid. Tbl. A5.2
Flüss|ig|gas/Flöss|~, et ['flʏsɪfjˌjaˑs / 'fløs-] <N.> {s. u. ↑flüss|ig/flöss|~}: Flüssiggas.
Flüss|ig|keit/Flöss|~, de ['flʏsɪfjkei̯t / 'fløs-] <N.; ~e> {(5.5.1)}: Flüssigkeit.
Fluss|lauf/Floss|~, der ['flus,lou̯f / flɔs-] <N.; ~|läuf> {s. u. ↑Fluss/Floss¹}: Flusslauf.
flüstere ['flʏstərə] <V.; schw.; han; flüsterte ['flʏstɐtə]; geflüstert [jə'flʏstɐt]> {9.2.1.2}: flüstern. (4)
Flüster|tüt, de ['flʏstɐˌtyːt] <N.; ~e> {s. u. ↑Tüt}: Flüstertüte, scherzh. für Megaphon.
flute ['fluˑtə] <V.; schw.; han; geflut [jə'fluˑt]>: fluten. (201)
Flut|grave, Am [amˈfluˑtˌjraˑvə] <N.; Straßenn.> {s. u. ↑Grave}: Am Flutgraben; Straße in Köln-Holweide. Die Bezeichnung besteht seit 150-200 Jahren. Der Graben wurde von den Wiesenbauern am Strundener Bach zur Entwässerung angelegt.
Flut|leech, et ['fluˑt,leːfj] <N.> {s. u. ↑Leech}: Flutlicht.
Flutsch-Eren, der [ˌflʊdʒəˈren] <N.> {s. u. ↑flutsche}: Schlupfloch.
flutsche ['flʊtʃə] <V.; schw.; han; flutschte ['flʊtʃtə]; geflutsch [jə'flʊtʃ]>: flutschen, gleiten, schlüpfen. (110)
flutsch|ig ['flʊtʃɪfj] <Adj.; ~e; ~er, ~ste>: glitschig [auch: ↑gletsch|ig, ↑letsch|ig]. Tbl. A5.2
Fluum, der [fluːm] <N.> {5.1.3}: Flaum, **1.** weiche Bauchfeder. **2.** erster Bartwuchs.

fluusch|ig ['fluːʃɪfʒ] <Adj.; ~e; ~er, ~ste> {5.1.3}: flauschig, weich. Tbl. A5.2

Foch, de [fɔx] <N.; ~e>: Ofenklappe, Schieber am Ofen, mit dem der Luftzug für die Feuerung geregelt wird [auch: ↑Ovve|foch].

föge ['føːjə] <V.; schw.; han; fögte ['føːftə]; gefög [jəˈføːfʒ]> {5.4}: fügen; **a)** an-, einfügen; **b)** <sich f.> sich unterordnen [auch: ↑av|finge (2b), *sich en jet sche̱cke, en der suure Appel bieße*]. (103)

Fög|ung, de ['føːjʊŋ] <N.; ~e> {5.4}: Fügung.

Föhl-ens, der ['føːləns] <N.> {5.4}: Sexualtrieb.

föhle ['føːlə] <V.; schw./unr.; han; föhlte/fohlt ['føːltə / foːlt]; geföhlt/gefohlt [jəˈføːlt / jəˈfoːlt]> {5.4}: fühlen, **1.** mit dem Tastsinn, den Nerven wahrnehmen; körperlich spüren; *sich fies an de Fott f. (sich irren); *dran f. künne (offensichtlich sein): *Do ka' mer doch dran f.* (Das ist doch offensichtlich.). **2.** seelisch empfinden, etw. instinktiv fühlen. **3.** <sich f.> **a)** von seinem körperlichen od. seelischen Zustand, von seiner Lage, Situation od. Ä. eine best. Empfindung haben; **b)** sich in seinem Gefühl für etw. halten; **c)** auf etw. stolz u. davon ganz durchdrungen sein. (73)

Föhl|er, der ['føːlɐ] <N.; ~> {5.4}: Fühler.

Föhn|wedder, et ['føːnˌvɛdɐ] <N.> {s. u. ↑Wedder}: Föhnwetter.

Fohr/Fuhr, de [foːɐ̯ / fuːɐ̯] <N.; ~e> {5.4; 8.3.1}: Fuhre.

föhre/führe ['føː(ɐ̯)rə / 'fy:(ɐ̯)rə] <V.; unr./st.; han; föhte/foht ['føːtə / foːt]; geföht/gefoht [jəˈføːt / jəˈfoːt]> {5.4}: führen (74) (31)

Föhr|er/Führ|~, der ['føː(ɐ̯)rɐ / 'fy:(ɐ̯)r-] <N.; ~> {5.4}: Führer.

Föhr|er|huus/Führ|er|~, et ['føː(ɐ̯)rɐˌhuːs / 'fy:(ɐ̯)rɐ-] <N.; ~|hüüser [-hyˑzɐ]> {5.4; s. u. ↑Huus}: Führerhaus.

Föhr|er|sching/Führ|er|~, der ['føː(ɐ̯)rɐˌʃɪŋ / 'fy:(ɐ̯)rɐ-] <N.; ~|sching [-ˌʃɪŋ]> {5.4; s. u. ↑Sching¹}: Führerschein.

Föhr|er|se̱tz/Führ|er|~, der ['føː(ɐ̯)rɐˌzɛts / 'fy:(ɐ̯)rɐ-] <N.; ~(e)> {5.4; s. u. ↑Se̱tz}: Führersitz.

Fohr|knääch/Fuhr|~, der ['foːɐ̯ˌknɛːfʒ / fuːɐ̯-] <N.; ~te> {s. u. ↑Fohr/Fuhr ↑Knääch}: Fuhrknecht.

Fohr|lück/Fuhr|~ ['foːɐ̯ˌlʏk / fuːɐ̯-] <N.; nur Pl.> {s. u. ↑Fohr/Fuhr ↑Lück¹}: Fuhrleute.

Fohr|mann/Fuhr|~, der ['foːɐ̯ˌman / fuːɐ̯-] <N.; ~|lück> {s. u. ↑Fohr/Fuhr}: Fuhrmann, [RA] *Beim F. wor et et Pääd.* (Beim F. war das Pferd schuld. = Es wird immer ein Schuldiger gesucht.).

Föhr|ung/Führ|~, de ['føː(ɐ̯)rʊŋ / fy:(ɐ̯)r-] <N.; ~e> {5.4}: Führung.

Föhr|ungs|kraff/Führ|~, de ['føː(ɐ̯)rʊŋsˌkraf / 'fy:(ɐ̯)r-] <N.; ~|kräfte> {s. u. ↑föhre/führe ↑Kraff}: Führungskraft.

Föhr|ungs|maach/Führ|~, de ['føː(ɐ̯)rʊŋsˌmaːx / fy:(ɐ̯)r-] <N.; ~|määch> {s. u. ↑föhre/führe ↑Maach¹}: Führungsmacht.

Föhr|ungs|qualitäte/Führ|~ ['føː(ɐ̯)rʊŋskvaliˌtɛːtə / 'fy:(ɐ̯)r-] <N.; fem. nur Pl.> {s. u. ↑föhre/führe}: Führungsqualitäten.

Föhr|ungs|roll/Führ|~, de ['føː(ɐ̯)rʊŋsˌrɔl / fy:(ɐ̯)r-] <N.; ~e> {s. u. ↑föhre/führe ↑Roll}: Führungsrolle.

Föhr|ungs|spe̱tz/Führ|~, de ['føː(ɐ̯)rʊŋsˌʃpɛts / fy:(ɐ̯)r-] <N.; ~e> {s. u. ↑föhre/führe ↑Spe̱tz}: Führungsspitze.

Föhr|ungs|wäßel/Führ|~, der ['føː(ɐ̯)rʊŋsˌvɛːsəl / fy:(ɐ̯)r-] <N.; ~> {s. u. ↑föhre/führe ↑Wäßel}: Führungswechsel.

fohr|werke/fuhr|~ ['foːɐ̯ˌvɛrkə / 'fuːɐ̯-] <nicht trennb. Präfix-V.; schw.; han; fohr|werkte ['foːɐ̯ˌvɛrktə]; gefohr|werk [jəˈfoːɐ̯ˌvɛrk]>: fuhrwerken, mit etw. hantieren. (41)

Folg, de [fɔlfʒ] <N.; ~e ['fɔlˑjə]> {5.5.1; 8.3.1}: Folge.

folge ['fɔlˑjə] <V.; schw.; sin; folgte ['fɔlˑftə]; gefolg [jəˈfɔlˑfʒ]>: folgen, **1.** hintergehen, hinterherfahren. **2.** (übertr.) gehorchen: *Do solls dinger Mutter f.!* (Du sollst deiner Mutter gehorchen!). (39)

folgere ['fɔljərə] <V.; schw.; han; folgerte ['fɔljɐtə]; gefolgert [jəˈfɔljɐt]> {9.2.1.2}: folgern. (4)

fölle/fülle ['følə / 'fʏlə] <V.; schw.; *han*; föllte ['føltə]; gefö̱llt [jəˈfølˑt]> {5.5.1}: füllen [auch: *voll maache*]. (91)

Fölle, et ['følə] <N.; ~> {5.3.4; 5.5.1}: Fohlen.

Föll|er/Füll|~, der ['følɐ / 'fʏl-] <N.; ~> {5.5.1}: Füller.

Föll|sel/Füll|~, et ['følzəl / 'fʏl-] <N.; ~> {5.5.1}: Füllsel.

Föll|ung/Füll|~, de ['følʊŋ / 'fʏl-] <N.; ~e> {5.5.1}: Füllung.

foltere ['fɔltərə] <V.; schw.; han; folterte ['fɔltɐtə]; gefoltert [jəˈfɔltɐt]>: foltern. (4)

Folter|knääch, der ['fɔltɐˌknɛːfʒ] <N.; ~te> {s. u. ↑Knääch}: Folterknecht.

Fooder¹, et ['foːdɐ] <N.; Fööder|che ['føːdɐfʒə]> {5.3.4; 5.4; 6.11.3}: Futter, [RA] *Däm muss mer e Fööderche avtrecke.* (Dem muss man ein Fütterchen abziehen. = Er ist zu dick.).

Fooder² , et ['foːdɐ] <N.; ~> {5.3.4; 5.4; 6.11.3}: Futter, **1.** Stoff od. Material auf der Innenseite von Kleidungsstücken, Briefumschlägen. **2.** Bohrfutter: Vorrichtung zum Einspannen des Werkstücks.

foodere ['foːdərə] <V.; schw.; *han*; fooderte ['foːdetə]; gefoodert [jə'foːdet]> {5.2.1.4; 5.4; 6.11.3; 9.2.1.2}: futtern, viel essen. (4)

föödere ['føːdərə] <V.; schw.; *han*; fööderte ['føːdetə]; geföödert [jə'føːdet]> {5.2.1.4; 5.4; 6.11.3; 9.2.1.2}: füttern, **1.** Futter, Essen reichen. **2.** mit Stoff überziehen. (4)

Fooder|hüüs|che, et ['foːdɐˌhyːsjə] <N.; ~r> {s. u. ↑Fooder¹ ↑Huus}: Futterhäuschen.

Fooder|kaat, de ['foːdɐˌkaːt] <N.; ~e> {s. u. ↑Fooder¹ ↑Kaat}: Speisekarte.

Fooder|knoll, de ['foːdɐˌknolˑ] <N.; ~e [-knolə]> {s. u. ↑Fooder¹ ↑Knoll}: Futterknolle, Runkelrübe.

Fooder|platz, der ['foːdɐˌplats] <N.; ~|plätz> {s. u. ↑Fooder¹}: Futterplatz.

Fooder|sack, der ['foːdɐˌzak] <N.; ~|säck> {s. u. ↑Fooder¹}: Futtersack.

Föör/Füür, et [føːɐ̯ / fyːɐ̯] <N.; veraltet; ~; ~che> {5.1.4.6; 8.2.2.2}: Feuer, **e ~che maache* (ein F. machen); **för einer de Hand en et F. läge* (bürgen, sich für jmdn. verbürgen); (auch i. d. B.) *weld F.* (roter Ausschlag im Gesicht).

Föör|lauv, et ['føːɐ̯ˌloʊ̯f] <N.>: Fetthenne, Hauswurz, Pflanze mit fleischigen Blättern u. strahligen Blüten.

Föösch/Fürs, der [føːʃ / fʏxs] <N.; ~te> {5.2.1.1.2; 5.4}: Fürst.

foppe ['fopə] <V.; schw.; *han*; foppte ['foptə]; gefopp [jə'fop]>: foppen (auch: ↑aan|schmiere/~eere (2), ↑eren|läge (2), *einem eine* ↑*lappe² (2),* ↑*lieme (2),* ↑*ver|-schöckele,* ↑*uze,* ↑*tüte²,* ↑*ver|aasche,* ↑*ver|uze, einer für der Jeck halde*). (75)

för¹ [føːɐ̯] <Präp.; m. Akk.> {5.4}: für; **fört / för't**: fürs (= für das).

för² [føːɐ̯] <Konj.; unterordn.; *för* + Inf. mit ↑ze² od. ↑zo²> {5.4}: um, zum Anschluss eines finalen od. konsekutiven Infinitivsatzes: **a)** <final> *Hä kütt f. der Fernseher ze repariere.* (Er kommt u. den Fernseher zu reparieren.); **b)** <konsekutiv> *Hä hät genog Einfloss f. dat durchzesetze.* (Er hat genug Einfluss um das durchzusetzen.).

för|-, För|- [føːɐ̯ / fyːɐ̯] <Präfix> {5.4}: für-, Für-, i. Vbdg. m. Adj., Pron. u. N.: *~sorglich* (~sorglich), *~enander* (~einander), *~sproch* (~sprache).

~|för/~|für [føːɐ̯ / fyːɐ̯] <Suffix; adverbbildend> {5.4}: -für, i. Vbdg. m. Adv.: *do~, wo~* (da~, wo~).

fordere ['fordərə] <V.; schw.; *han*; forderte ['fordetə]; gefordert [jə'fordet]> {9.2.1.2}: fordern. (4)

fördere ['fœrdərə] <V.; schw.; *han*; förderte ['fœrdetə]; gefördert [jə'fœrdet]> {9.2.1.2}: fördern, **1.** unterstützen, verstärken. **2.** aus der Erde heraufholen, durch Abbau gewinnen. (4)

Forell, de [fo'rɛlˑ] <N.; ~e [fo'rɛlə]> {8.3.1}: Forelle.

för|enander [ˌføː(ɐ̯)rə'nandɐ] <Adv.>: füreinander [auch: ↑för|enein/für|~].

för|enein [ˌføː(ɐ̯)rə'neɪn] <Adv.> füreinander [auch: ↑för|enander/für|~].

Form, de [form] <N.; ~e>: Form.

Form|bladd, de ['formˌblat] <N.; ~|blädder> {s. u. ↑Bladd}: Formblatt.

Förm|che, et ['fœrmʃə] <N.; ~r>: Förmchen, Sandkastenspielzeug für Kinder.

forme ['formə] <V.; schw.; *han*; formte ['formtə]; geformp [jə'formp]>: formen. (127)

Form|fähler, der ['formˌfɛːlɐ] <N.; ~> {s. u. ↑Fähler}: Formfehler.

formuliere/~eere [fomʊ'liː(ɐ̯)rə / -ˈeːrə] <V.; schw./unr.; *han*; formulierte [fomʊ'liːɐ̯tə]; formuliert [fomʊ'liːɐ̯t] ⟨frz. *formuler*⟩> {(5.1.4.3)}: formulieren. (3) (2)

Fors, der [foxs] <N.; ~te> {8.3.5}: Forst.

Fors|amp, et ['foxsˌlamˑp] <N.; ~|ämter> {s. u. ↑Fors ↑Amp}: Forstamt.

forsche ['foxʃə] <V.; schw.; *han*; forschte ['foxʃtə]; geforsch [jə'foxʃ]>: forschen. (110)

Fors|huus, et ['foxsˌhuːs] <N.; ~|hüüser [-hyːzə]> {s. u. ↑Fors ↑Huus}: Forsthaus.

för|sorg|lich ['føːɐ̯zorflɪʃ] <Adj.; ~e; ~er, ~ste> {5.5.1}: fürsorglich. Tbl. A1

För|sproch, de ['føːɐ̯ˌʃproːx] <N.> {5.5.3}: Fürsprache.

Förtner, der ['fœxtnɐ] <N.; ~ ⟨mhd. p(f)ortenære⟩>: Pförtner.

Förtner|huus, et ['fœxtnɐˌhuːs] <N.; ~|hüüser [-hyːzə]> {s. u. ↑Förtner ↑Huus}: Pförtnerhaus.

Förtner|log, de [fœxtnɐˌloˑʃ] <N.; ~e> {s. u. ↑Förtner ↑Log}: Pförtnerloge.

Fort|schredd, der [ˈfɔxtˌʃret] <N.;i. best. Komposita *fort*, sonst ↑fott; ~e> {11; s. u. ↑Schredd}: Fortschritt.

fort|schredd|lich [ˈfɔxtˌʃretlɪʃ] <Adj.; i. best. Komposita *fort*, sonst ↑fott; ~e> {11; s. u. ↑Schredd}: fortschrittlich, zeitgemäß. Tbl. A1

Foß, der [foˑs] <N.; Föß [føˑs]> {5.4}: Fuß, ***ze/zo F.** (zu Fuß); ***jet an de Föß han** (reich/wohlhabend sein); ***Hand un F. han** (Hand und F. haben = durchdenken, sinnvoll sein); **[RA]** *Nä, wat du' mer de Föß wih.* (Ausruf des Erstaunens, eher abfällig; ***us de Föß kumme** (fertig werden).

Foß|angel, de [ˈfoˑsˌaŋəl] <N.; ~e> {s. u. ↑Foß}: Fußangel.

Foß|av|drock, der [ˈfoˑsafˌdrɔk] <N.; ~|dröck> {s. u. ↑Foß ↑Av|drock¹}: Fußabdruck.

Foß|badd, et [ˈfoˑsˌbat] <N.; ~|bäder [-bɛˑdə] (unr. Pl.)> {s. u. ↑Foß ↑Badd}: Fußbad.

Foß|ball, der [ˈfoˑsˌbal] <N.; ~|bäll [-bɛlˑ]> {s. u. ↑Foß}: Fußball.

Foß|balle, der [ˈfoˑsˌbalə] <N.; ~> {s. u. ↑Foß}: Fußballen.

Foß|ball|er, der [ˈfoˑsˌbalɐ] <N.; ~> {s. u. ↑Foß}: Fußballspieler.

Foß|ball|fan, der [ˈfoˑsbalˌfɛnˑ] <N.; ~s> {s. u. ↑Foß}: Fußballfan.

Foß|ball|feld, et [ˈfoˑsbalˌfɛlt] <N.; ~er> {s. u. ↑Foß}: Fußballfeld.

Foß|ball|länder|spill, et [ˌfoˑsbaˈlɛndɐˌʃpɪl / '--,--,-] <N.; ~ [-ˌʃpɪlˑ]> {s. u. ↑Foß ↑Spill}: Fußballländerspiel.

Foß|ball|mann|schaff, de [ˈfoˑsbalˌmanʃaf] <N.; ~|schafte> {s. u. ↑Foß}: Fußballmannschaft.

Foß|ball|schoh, der [ˈfoˑsbalˌʃoˑ] <N.; ~n> {s. u. ↑Foß ↑Schoh}: Fußballschuh.

Foß|ball|spill, et [ˈfoˑsbalˌʃpɪl] <N.; ~ [-ˌʃpɪlˑ]> {s. u. ↑Foß ↑Spill}: Fußballspiel.

Foß|ball|verein, der [ˈfoˑsbalfɐˈʔeɪn] <N.; ~e> {s. u. ↑Foß}: Fußballverein.

Foß|ball|welt|meister, der [ˌfoˑsbalˈvɛltˌmeɪstɐ] <N.; ~> {s. u. ↑Foß}: Fußballweltmeister.

Foß|ball|welt|meister|schaff, de [ˌfoˑsbalˈvɛltˌmeɪstɐʃaf] <N.; ~|schafte> {s. u. ↑Foß}: Fußballweltmeisterschaft.

Foß|bank, de [ˈfoˑsˌbaŋk] <N.; ~|bänk; ~|bänk(|el)|che> {s. u. ↑Foß}: Fußbank.

Foß|boddem, der [ˈfoˑsˌbɔdəm] <N.; ~|böddem> {s. u. ↑Foß ↑Boddem}: Fußboden [auch: ↑Ääd].

Foß|boddem|heiz|ung, de [ˈfoˑsbɔdəmˌheɪtsʊŋ] <N.; ~e> {s. u. ↑Foß ↑Boddem}: Fußbodenheizung.

Föß|che för Föß|che [ˈføˑsjəføːɐ̯ˈføˑsjə] {s. u. ↑Foß}: langsam, gemächlich, der Reihe nach [auch: ↑lahm (3), ↑lang(k)|sam, ↑lör|ig, ↑schlɔf|mötz|ig].

Foß|eng/~|engk, et [ˈfoˑsˌɛŋˑ / -ɛŋkˑ] <N.; ~|engde> {s. u. ↑Foß ↑Eng¹/Engk}: Fußende.

Foß|fall, der [ˈfoˑsˌfal] <N.; ~|fäll [-fɛlˑ]> {s. u. ↑Foß}: Fußfall.

Foß|gäng|er, der [ˈfoˑsˌjɛŋɐ] <N.; ~> {s. u. ↑Foß}: Fußgänger.

Foß|gäng|er|ampel, de [ˈfoˑsjɛŋɐˌampəl] <N.; ~e> {s. u. ↑Foß}: Fußgängerampel.

Foß|ge|lenk, et [ˈfoˑsjəˌlɛŋk] <N.; ~e> {s. u. ↑Foß}: Fußgelenk.

Foß|lies, de [ˈfoˑsˌliːs] <N.; ~te> {s. u. ↑Foß ↑Lies}: Fußleiste.

Foß|marsch, der [ˈfoˑsˌmaxʃ] <N.; ~|märsch> {s. u. ↑Foß}: Fußmarsch.

Foß|matt, de [ˈfoˑsˌmat] <N.; ~e> {s. u. ↑Foß ↑Matt}: Fußmatte.

Foß|nähl, der [ˈfoˑsˌnɛˑl] <N.; ~> {s. u. ↑Foß ↑Nähl}: Fußnagel.

Foß|pädd|che, et [ˈfoˑsˌpɛtʃə] <N.; ~r> {s. u. ↑Foß ↑Padd}: Fußpfad.

Foß|pilz/~|pelz, der [ˈfoˑsˌpɪlts / -pɛlts] <N.> {s. u. ↑Foß ↑Pilz/Pelz}: Fußpilz.

Foß|sack, der [ˈfoˑsˌzak] <N.; ~|säck> {s. u. ↑Foß}: Fußsack.

Foß|soldat, der [ˈfoˑszɔlˌdaˑt] <N.; ~e> {s. u. ↑Foß}: Fußsoldat, Infanterist.

Foß|soll, de [ˈfoˑsˌzɔlˑ] <N.; ~e [-zɔlə]> {s. u. ↑Foß ↑Soll¹}: Fußsohle.

Foß|spetz, de [ˈfoˑsˌʃpets] <N.; ~e> {s. u. ↑Foß ↑Spetz}: Fußspitze.

Foß|spor~|spur, de [ˈfoˑsˌʃpoːɐ̯ / -ʃpuːɐ̯] <N.; ~e> {s. u. ↑Foß ↑Spor/Spur}: Fußspur.

Foß|spray, der u. et [ˈfoˑsˌʃprɛˑ] <N.; ~s> {s. u. ↑Foß}: Fußspray.

Foß|stötz, de [ˈfoˑsˌʃtøts] <N.; ~e> {s. u. ↑Foß ↑Stötz}: Fußstütze.

Foß|tappe, der ['foːsˌtapə] <N.; ~> {s. u. ↑Foß ↑Tappe}: Fußstapfen.

Foß|tredd, der ['foːsˌtret] <N.; ~e> {s. u. ↑Foß ↑Tredd}: Fußtritt.

Foß|volk, et ['foːsˌfolk] <N.> {s. u. ↑Foß ↑Volk}: Fußvolk.

Foß|wäg, der ['foːsˌvɛːŋ] <N.; ~(e) [-vɛːŋ / -vɛːjə]> {s. u. ↑Foß ↑Wäg}: Fußweg.

Foste, der ['fostə] <N.; ~> {6.8.2}: Pfosten, Pfahl [auch: ↑Pohl² (2), ↑Mass¹].

Foste|schoss, der ['fostəˌʃos] <N.; ~|schöss> {s. u. ↑Foste ↑Schoss²}: Pfostenschuss.

Foto, et ['foto] <N.; ~s> {5.3; 5.5.1}: Foto, *e F. maache (fotografieren).

Foto|apparat, der ['fotoapaˌraːt] <N.; ~e> {5.3; 5.5.1}: Fotoapparat, Kamera.

foto|grafiere/~eere [ˌfotəˌjraˈfiːɐ̯rə / -eːrə] <V.; schw./unr.; *han*; **foto|grafierte** [ˌfotəˌjraˈfiːɐ̯tə]; **foto|grafiert** [ˌfotəˌjraˈfiːɐ̯t] ⟨zu griech. *gráphein*⟩> {(5.1.4.3)}: fotografieren [auch: ↑knipse², e *Foto maache*]. (3) (2)

fott [fot] <Adv.> {8.2.4}: fort, **1.** weg: *Nemm dat do f.!* (Nimm das da w.!). **2.** abwesend: *Die sin ald zick drei Woche f.* (Sie sind schon seit 3 Wochen a.).

fott|- [fot] <Präfix> {8.2.4}: fort-, weg-, i. Vbdg. m. V.: *~bewäge* (~bewegen).

Fott, de [fot] <N.; **Fött** [føt]; **Föttche** ['føtʃə]>: Gesäß; Hintern, ***en Hellige-F.-Angenies*** (Frömmlerin); ***Föttchen-an-der-Ääd*** (kleiner Mensch); ***einem de F. drieße drage***, ***einem de F. hingerherdrage/nohdrage*** (jmdn. ständig bedienen/übertrieben verwöhnen); ***sich fies an de F. föhle*** (sich irren); ***einem en de F. kruffe*** (einschmeicheln, duckmäusern, jmdn. in den Hintern kriechen; sich in würdeloser Form unterwürfig-schmeichlerisch einem anderen gegenüber zeigen); ***en de F. gekneffe sin*** (betrogen/veräppelt worden sein); ***en F. wie e Brauereipääd/Sesterpääd*** (bes. breites Gesäß/breiter Hintern/Arsch); ***buure F.*** (stark entwickeltes, breites Gesäß/breiter Hintern/Arsch); ***de F. zodun*** (sterben, krepieren; auch: *de Döpp zomaache/zodun*); ***op de F./et Föttche gefalle*** (reingefallen sein).

Fott|backe, et ['fotˌbakə] <N.; ~> {s. u. ↑Fott}: Gesäßbacke [auch: ↑Aasch|backe].

fott|be|wäge ['fotbəˌvɛːjə] <trennb. Präfix-V.; schw.; *han*; **bewägte f.** [bəˈvɛːʃtə]; **~|bewäg** [-bəvɛːʃ]> {5.4}: fortbewegen, wegbewegen; <sich f.>: sich fortbewegen, vorwärts bewegen. (103)

fott|blieve ['fotbliːvə] <trennb. Präfix-V.; st.; *sin*; **blevv f.** [blef]; **~|geblevve** [-jəblevə]> {5.1.4.5; 6.1.1}: fortbleiben, wegbleiben, **1.** wegbleiben von einem best. Ort. **2.** ausbleiben: *De Gäss sin fottgeblevve.* (Die Gäste sind ausgeblieben.). **3.** plötzlich aussetzen: *einem bliev de Luff fott* (jmdm. bleibt die Luft weg). **4.** wegfallen, unberücksichtigt bleiben: *Dä Satz kann f.* (Dieser Satz kann weggelassen werden.). (29)

fott|blose ['fotbloːzə] <trennb. Präfix-V.; st.; *han*; **blees f.** [bleːs]; **~|geblose** [-jəbloːzə]> {5.5.3}: wegblasen, fortblasen. (30)

fott|bränge ['fotbrɛŋə] <trennb. Präfix-V.; unr.; *han*; **braht f.** [braːt]; **~|gebraht** [-jəbraːt]> {5.4}: fortbringen, wegbringen, beseitigen. (33)

Fött|chen-an-der-Ääd, et [ˌføtʃənˈʔaːndɐˌɛːd] <N.; ~> {s. u. ↑Ääd}: kleiner Mensch, Knirps.

Fött|ches|föhl|er, der ['føtʃəsˌføːlɐ] <N.; ~> {9.1.2; s. u. ↑föhle}: Pograpscher.

fott|däue ['fotdøʏə] <trennb. Präfix-V.; Formen mischbar; unr./schw.; *han*; **daut/däute f.** [doʊ̯t / ˈdøʏ̯tə]; **~|gedaut/~|gedäut** [-jədoʊ̯t / -jədøʏ̯t]>: fort-, wegschieben, fort-, wegschubsen. (43)

fott|dörfe/~|dürfe ['fotdørfə (-dørvə) / -dʏrfə (-dʏrvə)] <trennb. Präfix-V.; unr.; *han*; **dorf f.** [dorf]; **~|gedorf** [-jədorf]> {5.5.1}: fort-, wegdürfen. (47)

fott|drage ['fotdraːʁə] <trennb. Präfix-V.; st.; *han*; **drog f.** [droːx]; **~|gedrage** [-jədraːʁə]> {6.11.2}: weg-, forttragen. (48)

fott|dränge ['fotdrɛŋə] <trennb. Präfix-V.; schw.; *han*; **drängte f.** ['drɛŋtə]; **~|gedrängk** [-jədrɛŋk]>: fort-, wegdrängen. (49)

fott|drieve ['fotdriːvə] <trennb. Präfix-V.; st.; **drevv f.** [dref]; **~|gedrevve** [-jədrevə]> {5.1.4.5; 6.1.1; 6.11.2}: fort-, wegtreiben, **1.** <han> vertreiben, forttreiben. **2.** <sin> forttreiben. (51)

fott|drihe ['fotdriːə] <trennb. Präfix-V.; schw.; *han*; **drihte f.** ['driːtə]; **~|gedriht** [-jədriːt]> {5.1.4.1}: wegdrehen. (37)

fott|drinke ['fotdrɪŋkə] <trennb. Präfix-V.; st.; *han*; **drunk f.** [drʊŋk]; **~|gedrunke** [-jədrʊŋkə]> {6.11.2}: wegtrinken, austrinken. (52)

fott|dun ['fotdʊn] <trennb. Präfix-V.; unr.; *han*; **dät f.** [dɛːt]; **~|gedon** [-jədon]> {5.3.2.5; 6.11.1}: forttun, wegtun, weglegen, wegstecken, beseitigen. (53)

fott|düüe ['fɔtdy:ə] <trennb. Präfix-V.; schw.; düüte f. ['dy·tə]; ~|gedüüt [-jədy·t]> {5.1.3; 6.11.1}: wegtauen, **1.** <sin> wegschmelzen: *Et Ies es fottgedüüt.* (Das Eis ist weggeschmolzen.). **2.** <han> wegschmelzen: *De Sonn hät et Ies fottgedüüt.* (Die Sonne hat das Eis weggeschmolzen.). (56)

fott|esse ['fɔtǀɛsə] <trennb. Präfix-V.; st.; *han*; ɔß f. [ɔ·s]; ~|gegesse [-jəjɛsə]>: wegessen, **1.** so viel essen, dass für andere nichts übrig bleibt: *einem jet f.* (jmdm. etw. w.). **2.** aufessen: *De Praline woren em Nu fottgegesse.* (Die Pralinen waren im Nu aufgegessen.) [auch: ↑op|esse; ↑fott|putze; ↑bewältige; ↑ver|kimmele; ↑ver|spachtele; ↑ver|tilge; Zaldat maache; ↑ver|kamesöle; ↑ver|kasematuckele; ↑ver|pinsele; ↑ver|putze;]. (59)

fott|fäge ['fɔtfɛ·jə] <trennb. Präfix-V.; schw.; *han*; fägte f. ['fɛ·ftə]; ~|gefäg [-jəfɛ:fj]> {5.4}: wegfegen, fortfegen [auch: ↑fott|kehre/~|kerre]. (103)

fott|fahre ['fɔtfa·rə] <trennb. Präfix-V.; st.; *han* u. *sin*; fuhr/fohr f. [fu·ɐ̯ / fo·ɐ̯]; ~|gefahre [-jəfa:rə]>: wegfahren, fortfahren. (62)

fott|falle ['fɔtfalə] <trennb. Präfix-V.; st.; *sin*; feel f. [fe·l]; ~|gefalle [-jəfalə]>: wegfallen, fortfallen. (64)

fott|fleege ['fɔtfle·jə] <trennb. Präfix-V.; st.; *sin*; flog f. [flo·x]; ~|geflɔge [-jəflɔ:ʁə]> {5.1.4.3}: wegfliegen, fortfliegen, sich fliegend entfernen. (16)

fott|flitsche ['fɔtflɪtʃə] <trennb. Präfix-V.; schw.; *han*; flitschte f. ['flɪtʃtə]; ~|geflitsch [-jəflɪtʃ]>: fort-, wegflitschen. (110)

fott|föhre/~|führe ['fɔtfø·(ɐ̯)rə / -fy·(ɐ̯)rə] <trennb. Präfix-V.; unr./st./schw.; *han*; föhte/foht f. ['fø·tə / 'fo:t]; ~|geföht/~|gefoht [-jəfø·t / -jəfo:t]> {5.4}: fort-, wegführen, wegbringen. (74) (31)

fott|fresse ['fɔtfrɛsə] <trennb. Präfix-V.; st.; *han*; frɔß f. [frɔ·s]; ~|gefresse [-jəfrɛsə]>: wegfressen. (59)

fott|fusche, sich ['fɔtfʊʃə] <trennb. Präfix-V.; schw.; *sin*; fuschte f. ['fʊʃtə]; ~|gefusch [-jəfʊʃ]> {6.8.2}: sich fort-/wegschleichen. (110)

fott|geeße ['fɔtje·sə] <trennb. Präfix-V.; st.; *han*; goss f. [jɔs]; ~|gegosse [-jəjɔsə]> {5.1.4.3}: weggießen, fortgießen, -schütten, wegschütten. (79)

Fott|ge|seech, et ['fɔtjə‚ze:ʃ] <N.; ~ter {s. u. ↑Fott ↑Ge|seech}: Arschgesicht, nicht ganz so plump wie die dt. Entsprechung.

fott|gevve ['fɔtjevə] <trennb. Präfix-V.; st.; *han*; gɔv f. [jɔ·f]; ~|gegovve/~|gegevve [-jəjɔvə / -jəjevə]> {5.3.4; 5.5.2; 6.1.1}: fortgeben, weggeben. (81)

fott|gonn ['fɔtjɔn] <trennb. Präfix-V.; st.; *sin*; ging f. [jɪŋ]; ~|gegange [-jəjaŋə]> {5.3.4; 8.2.2.3}: fortgehen, weggehen, **1.** sich von einem Ort entfernen. **2. a)** verschwinden: *Die Zantping sin vun allein fottgegange.* (Die Zahnschmerzen sind von allein weggegangen.); **b)** sich entfernen, beseitigen lassen: *Dä Flecke geiht nit fott.* (Der Fleck geht nicht weg.). **3.** verkauft od. für etw. verbraucht werden; **[RA]** *DIe Kaate gonn fott wie geschnedde Brud.* (Die Karten gehen weg wie warme Semmeln/geschnittenes Brot.). (83)

fott|halde ['fɔthaldə] <trennb. Präfix-V.; st.; *han*; heeldt f. [he:lt]; ~|gehalde [-jəhaldə]> {6.11.3}: weghalten, etw. von jmdm./sich/etw. entfernt halten: *Do muss dich vun däm f.* (Du musst dich von ihm/ihr w.). (90)

fott|han ['fɔthan] <trennb. Präfix-V.; unr.; *han*; hatt f. [hat]; ~|gehatt [-jəhat]> {5.3.2.5}: weghaben, **1.** entfernt, beseitigt haben: *Et hät jet jeduurt, bes se dä Flecke fott hatt.* (Es dauerte einige Zeit, bis sie den Fleck beseitigt hatte.). **2.** (bes. etw. Unangenehmes) bekommen, erhalten haben: *Die hät ehr Strof fott.* (Die hat ihre Strafe bekommen.); ***eine f. han** (1. (leicht) betrunken sein; 2. nicht recht bei Verstand, verrückt sein). (92)

fott|hänge ['fɔthɛŋə] <trennb. Präfix-V.; schw.; *han*; hängte f. ['hɛŋ·tə]; ~|gehängk [-jəhɛŋ·k]>: weghängen, forthängen, von einer Stelle wegnehmen u. an eine andere (dafür vorgesehene) Stelle hängen: *de Klamotte f.* (die Kleider w.). (49)

fott|helfe ['fɔthɛlfə] <trennb. Präfix-V.; st.; *han*; hɔlf f. [hɔlf]; ~|gehɔlfe [-jəhɔlfə]>: hinweghelfen, <f. üvver> hinweghelfen über (z. B. einen Schicksalsschlag). (97)

fott|holle ['fɔthɔlə] <trennb. Präfix-V.; unr.; *han*; hɔllt f. [hɔlt]; ~|gehɔllt [-jəhɔlt]> {5.3.4; 5.5.1}: wegholen, fortholen. (99)

fott|hüre/~|höre ['fɔthy:(ɐ̯)rə / -hø:(ɐ̯)rə] <trennb. Präfix-V.; Formen mischbar; schw./unr.; *han*; hürte/hoot f. ['hy·ɐ̯tə / 'ho:t]; ~|gehürt/~|gehoot [-jəhy·ɐ̯t / -jəho:t]> {5.4}: weg-, hinweghören. (21) (179)

fott|jage ['fɔtja·rə] <trennb. Präfix-V.; schw.; *han*; jagte f. ['ja·xtə]; ~|gejag [-jəja·x]>: wegjagen, fortjagen. (103)

fott|kehre/~|kerre ['fɔtke:rə / -kerə] <trennb. Präfix-V.; ~|kerre veraltet; schw./unr.; *han*; kehrte f. ['ke:ɐ̯tə];

~|gekehrt [-ˌjəke:ɐ̯t]> {(5.3.4; 5.5.2)}: weg-, fortkehren [auch: ↑fott|fäge]. (31) (107)

fott|kippe ['fɔtkɪpə] <trennb. Präfix-V.; schw.; *han*; kippte f. ['kɪptə]; ~|gekipp [-ˌjəkɪp]>: weg-, fortkippen, weggießen, -schütten [auch: ↑fott|schödde]. (75)

Fott|knöppels|fingere ['fɔtknøpəlsˌfɪŋərə] <N.; mask.; nur Pl.> {9.2.1.1; s. u. ↑Fott ↑Knöppel}: [nur i. d. **RA**] *Bliev met dinge F. dovun!* (Bleib mit deinen (ungeschickten) Fingern davon!).

fott|kratze ['fɔtkratsə] <trennb. Präfix-V.; schw.; *han*; kratzte f. ['kratstə]; ~|gekratz [-ˌjəkrats]>: weg-, fortkratzen, durch Kratzen entfernen. (114)

fott|krige ['fɔtkrɪjə] <trennb. Präfix-V.; unr.; *han*; kräg/kräht f. [krɛ:ɟ / krɛ:t]; ~(|ge)kräge/~|gekräg/~|gekräht [-(jə)ˌkrɛ:jə / -jəˌkrɛ:ɟ / -jəˌkrɛ:t]> {5.3.4.1}: fort-, wegkriegen, **1.** wegkriegen: *Ich krige dä Fleck nit fott.* (Ich kriege den Fleck nicht weg.). **2.** fortkriegen, wegbewegen: *Mer krige dat Schaaf nit fott.* (Wir kriegen den Schrank nicht weg.). (117)

fott|krose ['fɔtkro·zə] <trennb. Präfix-V.; schw.; *han*; kroste f. ['kro·stə]; ~|gekros [-ˌjəkro·s]>: verlegen [auch: ↑ver|krose]. (149)

fott|kruffe ['fɔtkrʊfə] <trennb. Präfix-V.; st.; *sin*; kroff f. [krɔf]; ~|gekroffe [-ˌjəkrɔfə]>: fort-, wegkriechen. (119)

fott|kumme ['fɔtkʊmə] <trennb. Präfix-V.; st.; *sin*; kom f. [ko·m]; ~(|ge)kumme [-(jə)kʊmə]> {5.4}: fort-, wegkommen, **1.** wegkommen, sich von einem Ort entfernen. **2.** vorwärts kommen: *em Schnei nit f.* (im Schnee nicht w.). **3.** verloren gehen. **4.** hinwegkommen, über-, verwinden: *üvver ene Verluss f.* (über einen Verlust h.). (120)

fott|künne ['fɔtkʏnə] <trennb. Präfix-V.; unr.; *han*; kunnt f. [kʊnt]; ~|gekunnt [-ˌjəkʊnt]> {5.4}: weg-, fortkönnen, wegdürfen. (121)

fott|läge ['fɔtlɛ·jə] <trennb. Präfix-V.; unr.; *han*; laht f. [la:t]; ~|gelaht/~|geläg [-jəla:t / -jəlɛ·ɟ]> {5.4}: fortlegen, weglegen. (125)

fott|laufe ['fɔtlo͡ʊfə] <trennb. Präfix-V.; st.; *sin*; leef f. [le·f]; ~|gelaufe [-ˌjəlo͡ʊfə]>: fort-, weglaufen, wegrasen, **a)** einen Ort laufend verlassen [auch: ↑fott|renne]; **b)** seine gewohnte Umgebung plötzlich u. ohne sich zu verabschieden verlassen. (128)

fott|locke ['fɔtlɔkə] <trennb. Präfix-V.; schw.; *han*; lockte f. ['lɔktə]; ~|gelock [-ˌjəlɔk]>: weglocken, fortlocken. (88)

fott|looße ['fɔtlo·sə] <trennb. Präfix-V.; st.; *han*; leet/leeß f. [le:t / le·s]; ~|gelooße [-ˌjəlo·sə]> {5.2.1.3; 5.5.3}: fort-, weglassen, **1.** weggehen lassen: *Sing Mutter wollt in nit f.* (Seine Mutter wollte ihn nicht f.). **2.** aus-, weglassen: *der Avsender f.* (den Absender w.). (135)

fott|luure/~|loore ['fɔtlu·(ə)rə / -lo·rə] <trennb. Präfix-V.; schw./unr.; *han*; luurte f. ['lu·ɐ̯tə]; ~|geluurt [-ˌjəlu·ɐ̯t]>: wegsehen, -gucken, -schauen, fortschauen, hinwegblicken [auch: ↑fott|sinn]. (100) (134)

fott|maache ['fɔtma:xə] <trennb. Präfix-V.; unr.; *han*; maht f. [ma:t]; ~|gemaht [-ˌjəma:t]> {5.2.1}: fort-, wegmachen, **1. a)** etw. beseitigen, entfernen; **b)** abtreiben. **2.** <sich f.> sich entfernen, einen Ort verlassen. **3.** <sich f.> (übertr.) sterben [auch: ↑av|kratze (2), ↑av|nibbele, ↑av|nippele, ↑baschte (2), ↑drop|gonn (1), ↑fott|sterve, ↑frecke, *dran* ↑*gläuve (4)*, ↑heim|gonn (b), ↑hin|sterve, ↑kapodd|gonn (3), ↑öm|kumme (2), ↑sterve, ↑us|futze, ↑ver|recke, *de Auge/ Döpp zo|dun/ zo|maache*]. (136)

fott|müsse ['fɔtmʏsə] <trennb. Präfix-V.; unr.; *han*; moot f. [mo:t]; ~|gemoot [-ˌjəmo:t]>: weg-, fortmüssen. (142)

fott|nemme ['fɔtnemə] <trennb. Präfix-V.; st.; *han*; nohm f. [no·m]; ~|genomme [-ˌjənɔmə]> {5.3.4; 5.5.2}: fort-, wegnehmen. (143)

fott|operiere/~|eere ['fɔt|opəˌri·(ə)rə / -e·rə] <trennb. Präfix-V.; schw./unr.; *han*; operierte f. [opəˈri·ɐ̯tə]; ~|operiert [-|opəˌri·ɐ̯t] ⟨lat. operari⟩> {(5.1.4.3)}: wegoperieren, operativ entfernen. (3) (2)

fott|packe ['fɔtpakə] <trennb. Präfix-V.; schw.; *han*; packte f. ['paktə]; ~|gepack [-ˌjəpak]>: wegpacken. (88)

fott|putze ['fɔtˌpʊtsə] <trennb. Präfix-V.; schw.; *han*; putzte f. ['pʊtstə]; ~|geputz [-ˌjəpʊts]>: wegputzen. **1.** durch Putzen entfernen. **2.** bis auf den letzten Rest aufessen [auch: ↑op|esse, ↑fott|esse, ↑bewältige, ↑ver|kimmele, ↑ver|spachtele, ↑ver|tilge; *Zaldat maache*; ↑ver|kamesöle; ↑ver|kasematuckele; ↑ver|pinsele, ↑ver|putze;]. **3.** (in einem sportlichen Wettkampf o. Ä.) überlegen besiegen: *die deutsche Mannschaft wurde von den Brasilianern weggeputzt.* (114)

fott|radiere/~|eere ['fɔtraˌdi·(ə)rə / -e·rə] <trennb. Präfix-V.; schw./unr.; *han*; radierte f. [raˈdi·ɐ̯tə]; ~|radiert [-raˌdi·ɐ̯t] ⟨lat. radere⟩> {(5.1.4.3)}: weg-, ausradieren. (3) (2)

fott|rasiere/~|eere ['fɔtraˌzi·(ə)rə / -e·rə] <trennb. Präfix-V.; schw./unr.; *han*; rasierte f. [raˈzi·ɐ̯tə]; ~|rasiert [-raˌzi·ɐ̯t]

⟨niederl. raseren < frz. raser⟩> {(5.1.4.3)}: weg-, abrasieren [auch: ↑av|rasiere/~eere]. (3) (2)

fott|renne ['fɔtrɛnə] <trennb. Präfix-V.; unr.; *sin*; rannt f. [rant]; ~|gerannt [-jərant]>: fortrennen, wegrasen, -rennen [auch: ↑fott|laufe (a)]. (35)

fott|rieße ['fɔtriːsə] <trennb. Präfix-V.; st.; *han*; ress f. [res]; ~|geresse [-jərɛsə]> {5.1.4.5}: fort-, wegreißen. (25)

fott|rigge ['fɔtˌrɪgə] <V.; st.; *han u. sin*; redt f. [ret]; ~|geredde [-jə'redə]> {5.3.4; 6.6.2}: wegreiten. (133)

fott|röcke ['fɔtrøkə] <trennb. Präfix-V.; schw.; röckte f. ['røktə]; ~|geröck [-jərøk]> {5.5.1}: wegrücken, **1.** <*han*> fortrücken: *der Schrank f.* (den Schrank w.). **2.** <*sin*> fortrücken: *Se dät vun im f.* (Sie rückte von ihm weg.). (88)

fott|rolle ['fɔtrɔlə] <trennb. Präfix-V.; schw.; rollte f. ['rɔlˑtə]; ~|gerollt [-jərɔlˑt]>: wegrollen, **1.** <*sin*> **a)** fortrollen; **b)** sich rollend über etw. hinwegbewegen: *üvver jet/einer f.* (über etw./jmdn. w.). **2.** <*han*> fort-, wegrollen: *Ich han der Kis fottgerollt.* (Ich habe den Käse weggerollt.). (91)

fott|rötsche ['fɔtrøtʃə] <trennb. Präfix-V.; schw.; *sin*; rötschte f. ['røtʃtə]; ~|gerötsch [-jərøtʃ]> {5.5.1}: weg-, fortrutschen. (110)

fott|rüüme ['fɔtryˑmə] <trennb. Präfix-V.; schw.; *han*; rüümte f. ['ryˑmtə]; ~|gerüümp [-jəryˑmp]> {5.1.3}: wegräumen, beiseite räumen. (122)

fott|sacke ['fɔtzakə] <trennb. Präfix-V.; schw.; *sin*; sackte f. ['zaktə]; ~|gesack [-jəzak]>: wegsacken. (88)

fott|schaffe ['fɔtʃafə] <trennb. Präfix-V.; schw.; *han*; schaffte f. ['ʃaftə]; ~|geschaff [-jəʃaf]>: weg-, fortschaffen. (27)

fott|schecke ['fɔtʃɛkə] <trennb. Präfix-V.; schw.; *han*; scheckte f. ['ʃɛktə]; ~|gescheck [-jəʃek]> {5.5.2}: fort-, wegschicken. (88)

fott|scheeße ['fɔtʃeˑsə] <trennb. Präfix-V.; st.; *han*; schoss f. [ʃɔs]; ~|geschosse [-jəʃɔsə]> {5.1.4.3}: wegschießen, **1.** durch einen Schuss von etw. entfernen od. abtrennen. **2.** durch Schießen töten. (79)

Fott|scheid, de ['fɔtˌʃeɪ̯t] <N.; -e> {s. u. ↑Fott ↑Scheid²}: (scherzh.) Mittelscheitel (der) [auch: ↑Meddel|scheid].

fott|schere/~|scherre, sich ['fɔtʃeːərə / -ʃerə] <trennb. Präfix-V.; ~|*scherre* veraltet; schw.; *han*; scherte f. ['ʃeːətə]; ~|geschert [-jəʃeːət]> {5.3.4; 5.5.2)}: sich weg-/fortscheren/entfernen/fortmachen. (21) (93)

fott|schleeße ['fɔtʃleˑsə] <trennb. Präfix-V.; st.; *han*; schloss f. [ʃlɔs]; ~|geschlosse [-jəʃlɔsə]> {5.1.4.3}: weg-, einschließen. (79)

fott|schleiche/~|schliche ['fɔtʃleɪ̯çə / -ʃlɪçə] <trennb. Präfix-V.; ~|*schliche* veraltet; st.; schlech f. [ʃleç]; ~|geschleche [-jəʃleçə]> {(5.3.1)}: wegschleichen, **a)** <*sin*> davonschleichen; **b)** <*han*; sich f.> sich davonschleichen. (161) (187)

fott|schleife ['fɔtʃleɪ̯fə] <trennb. Präfix-V.; schw.; *han*; schleifte f. ['ʃleɪ̯ftə]; ~|geschleif [-jəʃleɪ̯f]>: wegschleppen, **1.** etw./jmdn. fortschleppen. **2.** <sich f.> sich fortschleppen. (108)

fott|schleudere ['fɔtʃløy̯ˑdərə] <trennb. Präfix-V.; schw.; *han*; schleuderte f. ['ʃløy̯ˑdetə]; ~|geschleudert [-jəʃløy̯ˑdet]> {9.2.1.2}: weg-, fortschleudern. (4)

fott|schmieße ['fɔtʃmiˑsə] <trennb. Präfix-V.; st.; *han*; schmess f. [ʃmes]; ~|geschmesse [-jəʃmesə]> {5.1.4.5}: weg-, fortschmeißen, weg-, fortwerfen. (25)

fott|schnappe ['fɔtʃnapə] <trennb. Präfix-V.; st.; *han*; schnappte f. ['ʃnaptə]; ~|geschnapp [-jəʃnap]>: fort-, wegschnappen. (75)

fott|schnigge ['fɔtʃnɪgə] <trennb. Präfix-V.; st.; *han*; schnedt f. [ʃnet]; ~|geschnedde [-jəʃnedə]> {5.3.4; 6.6.2}: wegschneiden. (133)

fott|schödde ['fɔtʃødə] <trennb. Präfix-V.; st.; *han*; schodt f. [ʃot]; ~|geschodt/~|geschödt [-jəʃot / -jəʃøt]> {5.5.1; 6.11.3}: weg-, fort-, ausschütten, weg-, fort-, ausgießen [auch: ↑fott|kippe]. (166)

fott|schwemme ['fɔtʃvemə] <trennb. Präfix-V.; st.; *sin*; schwomm f. [ʃvom]; ~|geschwomme [-jəʃvomə]> {5.5.2}: weg-, fortschwimmen. (109)

fott|setze ['fɔtzɛtsə] <trennb. Präfix-V.; unr./schw.; *han*; setzte/satz f. ['zɛtstə / zats]; ~|gesetz/~|gesatz [-jəzɛts / -jəzats]>: wegsetzen, **a)** <sich f.> sich von einer Stelle an eine andere setzen: *Hä hät sich fottgesatz.* (Er hat sich weggesetzt.); **b)** von einer Stelle an eine andere (dafür vorgesehene) Stelle setzen: *Wann do wigger schwätz, muss ich dich f.* (Wenn du weiter schwatzt, muss ich dich w.). (173)

fott|sinn ['fɔtzɪn] <trennb. Präfix-V.; st.; *han*; soh/soch f. [zoˑ / zoˑx]; ~|gesinn [-jəzɪn]> {5.3.4; 8.2.2.3}: wegsehen [auch: ↑fott|luure/~|loore]. (175)

fott|solle ['fɔtzolə] <trennb. Präfix-V.; unr.; *han*; sollt f. [zolt]; ~|gesollt [-jəzolt]> {5.5.1}: wegsollen, wegdürfen, wegmüssen. (177)

fott|spöle ['fɔtʃpø·lə] <trennb. Präfix-V.; schw.; *han*; spölte/spolt f. ['ʃpø·ltə / ʃpo:lt]; ~|gespölt/~|gespolt [-jəʃpø·lt / -jəʃpo:lt]> {5.4}: wegspülen, fortspülen. (73)

fott|springe ['fɔtʃprɪŋə] <trennb. Präfix-V.; st.; *sin*; sprung f. [ʃprʊŋ·]; ~|gesprunge [-jəʃprʊŋə]>: wegspringen, fortspringen, zur Seite springen. (26)

fott|steche ['fɔtʃtɛʃə] <trennb. Präfix-V.; st.; *han*; stǫch f. [ʃtɔ·x]; ~|gestoche [-jəʃtɔxə]> {6}: wegstecken. (34)

fott|stelle[1] ['fɔtʃtɛlə] <trennb. Präfix-V.; schw./unr.; *han*; stellte/stallt f. ['ʃtɛl·tə / ʃtalt]; ~|gestellt/~|gestallt [-jəʃtɛl·t / -jəʃtalt]>: wegstellen, fortstellen. (182)

fott|stelle[2], sich ['fɔtʃtelə] <trennb. Präfix-V.; st.; *han*; stǫll f. [ʃtol]; ~|gestolle [-jəʃtolə]> {5.3.4}: sich wegstehlen, fortstehlen. (183)

fott|sterve/~|stirve ['fɔtʃtɛrvə / -ʃtɪrvə] <trennb. Präfix-V.; st.; *sin*; storv f. [ʃtorf]; ~|gestorve [-jəʃtorvə]> {5.5.2/5.4}: wegsterben, plötzlich, unerwartet sterben [auch: ↑av|kratze (2), ↑av|nibbele, ↑av|nippele, ↑baschte (2), ↑drop|gonn (1), (sich) ↑fott|maache (3), ↑frecke, (dran) ↑gläuve (4), ↑heim|gonn (b), ↑hin|sterve, ↑kapodd|gonn (3), ↑öm|kumme (2), ↑us|futze, ↑ver|recke, *de Auge/Döpp zodun/zomaache*]. (184)

fott|striche ['fɔtʃtrɪʃə] <trennb. Präfix-V.; st.; *han*; strech f. [ʃtreʃ]; ~|gestreche [-jəʃtreʃə]> {5.3.1}: weg-, fort-, ausstreichen. (187)

fott|stuppe ['fɔtʃtʊpə] <trennb. Präfix-V.; schw.; *han*; stuppte f. ['ʃtʊptə]; ~|gestupp [-jəʃtʊp]> {6.12.1}: fort-, wegstoßen [auch: ↑fott|stüsse]. (75)

fott|stüsse ['fɔtʃtʏsə] <trennb. Präfix-V.; st.; *han*; stoss f. [ʃtos]; ~|gestosse/~|gestüsse [-jəʃtosə / -jəʃtʏsə]> {5.4, 5.3.4}: fort-, wegstoßen, -schubsten [auch: ↑fott|stuppe]. (188)

fott|suffe ['fɔtzʊfə] <trennb. Präfix-V.; st.; *han*; soff f. [zɔf]; ~|gesoffe [-jəzofə]> {5.3.4}: wegsaufen. (119)

fott|trecke ['fɔttrɛkə] <trennb. Präfix-V.; st.; trǫk f. [tro·k]; ~|getrocke [-jətrɔkə]>: wegziehen, **1.** <han> ziehend von einer Stelle entfernen, beiseite ziehen; fortziehen: *einem de Bedddeck f.* (jmdm. die Bettdecke w.). **2.** <sin> fortziehen, umziehen: *Ich ben letz Johr fottgetrocke.* (Ich bin letztes Jahr weggezogen.). (190)

fott|tredde ['fɔttredə] <trennb. Präfix-V.; st.; trǫdt f. [tro·t]; ~|getrodde [-jətrodə]> {5.3.4; 5.5.2; 6.11.3}: wegtreten, **1.** <han> von sich treten: *der Ball f.* (den Ball w.). **2.** <sin> **a)** (bes. Milit.) abtreten: *Hä leet de Kompanie f.* (Er ließ die Kompanie w.); **b)** (übertr.) (geistig) weggetreten, geistesabwesend sein; **c)** an eine andere Stelle treten, zurücktreten, beiseite treten: *Sid esu god un dot vun de Gleise f.!* (Bitte von den Gleisen w.!). (191)

fott|trüste ['fɔttry·stə] <trennb. Präfix-V.; schw.; *han*; ~|getrüs [-jətry·s]> {5.4}: hinwegtrösten, jmdn. über etw. tröstend hinwegbringen: *Dat ville Geld trüs mich üvver dä Verluss nit fott.* (Das viele Geld tröstet mich über den Verlust nicht weg.). (101)

fott|wäsche ['fɔtvɛʃə] <trennb. Präfix-V.; st.; *han*; wosch f. [voʃ]; ~|gewäsche [-jəvɛʃə]> {5.4}: fort-, wegwaschen, fort-, wegwischen, abwischen. (200)

fott|welle/~|wolle ['fɔtvelə / -volə] <trennb. Präfix-V.; unr.; *han*; wollt f. [volt]; ~|gewollt [-jəvolt]> {5.5.2/ 5.5.1}: fort-, wegwollen, ausgehen wollen. (204) (211)

fott|werfe/~|wirfe ['fɔtverfə / -vɪrfə] <trennb. Präfix-V.; st.; *han*; worf f. [vorf]; ~|geworfe [-jəvorfə]> {5.5.2/5.4}: weg-, fortwerfen. (206)

fott|zaubere ['fɔttsaʊ·bərə] <trennb. Präfix-V.; schw.; *han*; zauberte f. ['tsaʊ·betə]; ~|gezaubert [-jətsaʊ·bet]> {9.2.1.2}: weg-, fortzaubern. (4)

foutu/futü [fʊ'ty·] <Adv. (frz. foutu)> {2}: futsch, verschwunden, weg: *Minge Brell es f.* (Meine Brille ist w.).

Fox, der [fɔks] <N.; Föx [fœks]; Föx|che ['fœksjə]: Zigarette.

Fraach, de [fra:x] <N.; ~te> {5.2.1.2}: Fracht.

Fraach|scheff, et ['fra:x.ʃef] <N.; ~e> {s. u. ↑Fraach ↑Scheff}: Frachtschiff.

frack [frak] <Adj.; ~e>: trotzig, boshaft, störrisch, widerborstig [auch: ↑nitsch|ig]. Tbl. A1

Frack[1], der [frak] <N.>: Trotz, Bosheit, Boshaftigkeit, Rache, Heimtücke: *us F.* (aus Trotz, aus Bosheit, aus Rache) [auch: ↑Frack|ig|keit].

Frack[2], der [frak] <N.; Fräck [frɛk]>: Frack (Kleidungsstück).

Frack[3], et [frak] <N.; ~s>: Wrack.

Frack|botz, de ['frak,bots] <N.; ~e> {s. u. ↑Botz}: Frackhose.

Frack|hemb, et ['frak,hemp] <N.; ~|hemde(r) [-hemdə / -hemdə]> {s. u. ↑Hemb}: Frackhemd.

frack|ig ['frakɪʃ] <Adj., ~e>: frech, boshaft, trotzig.

Frack|ig|keit, de ['frakɪʃkert] <N.>: Trotz, Boshaftigkeit, Heimtücke [auch: ↑Frack[1]].

Frack|stöck, et ['frak͜ˌtøk] <N.; ~/~e/~er> {s. u. ↑Stöck}: heruntergekommer Mensch, Widerling: *Dä Pitter es e richtig F.* (Peter ist richtig heruntergekommen.).

Frage|boge, der ['fraˑʀə͜ˌboːʀə] <N.; ~|böge; i. best. Komposita *frag-*, sonst ↑Frog> {11; s. u. ↑Boge}: Fragebogen.

Frängel, der ['frɛŋəl] <N.; ~>: **1.** derber Knüppel. **2.** (übertr.) schwerer Mensch. **3.** (übertr.) derbes Stück Brot.

Franje(le) ['franjə(lə)] <N.; fem.; nur Pl.>: Fransen [auch: ↑Frans].

Franke|toon, Am [am'fraŋkə͜ˌtoːn] <N.; Straßenn.> {s. u. ↑Toon}: Am Frankenturm; Straße in Köln-Altstadt/Nord. Der Frankenturm ist der 1191/1192 erbaute Teil einer Stadtbefestigung u. diente als Kriminalgefängnis. Er trägt seinen Namen vermutlich nach dem Burggrafen Franco, der im 12. Jh. lebte. Bis 1816 trug die Straße die Namen *Unter Pöster*, *Rue des poteaux*, *Am Frankenthurm* u. *Rue de la tour des Francs*.

Frans, de [fransˑ] <N.; ~e> {8.3.1}: Franse, herabhängender Faden als Abschluss u. Verzierung eines Gewebes [auch: ↑Franje(le)]; ***sich ~e an de Muul schwaade** (viel reden/plappern, quasseln, sülzen; auch: *sich de Muul fuselig schwaade*).

franse ['franˑzə] <V.; schw.; *han*; franste ['franˑstə]; gefrans [jə'fransˑ]>: fransen, fransig werden, Fransen bilden an der Kante: *Dä Stoff/Dat Kleid/Die Deschdeck frans.* (Der Stoff/Das Kleid/Die Tischdecke franst.). (87)

frans(el)ig ['franz(əl)ɪʃ] <Adj.; ~e; ~er, ~ste> {9.1.1}: fransig. Tbl. A5.2

Franzus, der [fran'tsuˑs] <N.; aber: *Französin*; ~e> {5.4; 8.3.1}: Franzose.

Fräs, de [frɛˑs] <N.; ~e> {8.3.1}: Fräse, Maschine, mit deren Hilfe Werkstücke geformt werden; Fräsmaschine.

fräse ['frɛˑzə] <V.; schw.; *han*; fräste ['frɛˑstə]; gefräs [jə'frɛˑsˑ]>: fräsen. (149)

Fraß/Froß, der [fraˑs / frɔˑs] <N.; *Froß* veraltet>: Fraß, nicht schmackhaftes Essen; ***einer beim Fraß krige** (jmdn. am Kragen packen, zur Rede stellen).

Fratz, der [frats] <N.; ~e>: Fratz, **1.** freches, schelmisches Kind. **2.** Fratze, Grimasse.

fratzig ['fratsɪʃ] <Adj.; ~e; ~er, ~ste>: frech [auch: ↑dreck|(el)ig (2), nupp|ig]. Tbl. A5.2

Frau, de [fraʊˑ] <N.; ~e ['fraʊə]>: Frau.

Fräu|che, et ['frɔy̆ˑfjə] <N.; ~r>: Fräuchen, **1.** kleine od. junge Frau. **2.** (auch i. d. B.) altes Mütterchen [auch: ↑Aal[1], aal ↑Schruuv (2), aal ↑Schartek (2)].

Fraue|huus, et ['fraʊə͜ˌhuːs] <N.; ~|hüüser [-hyˑzɐ]> {s. u. ↑Huus}: Frauenhaus.

Frau|lück ['fraʊˑˌlʏk] <N.; Pl.> {s. u. ↑Lück[1]}: Frauen.

Frau|minsch, et ['fraʊˑˌmɪnʃ] <N.> {s. u. ↑Minsch[2]}: Frau (auch abw.) Frauensperson, Frauenzimmer.

frech [frɛʃ] <Adj.; ~e>: frech; ***su f. wie Stroße(n)dreck** (rotzfrech).

Frech|heit, de ['frɛʃhe͜ɪt] <N.; ~e>: Frechheit.

frecke ['frɛkə] <V.; schw.; *sin*; freckte ['frɛktə]; gefreck [jə'frɛk]>: verrecken, sterben; [auch: ↑av|kratze (2), ↑av|nibbele, ↑av|nippele, ↑baschte (2), ↑drop|gonn (1), (sich) ↑fott|maache (3), ↑fott|sterve, (dran) ↑gläuve (4), ↑heim|gonn (b), ↑hin|sterve, ↑kapodd|gonn (3), ↑öm|kumme (2), ↑sterve, ↑us|futze, ↑ver|recke, *de Auge/Döpp zodun/zomaache*]; ***för et F. nit** (ums V. nicht, überhaupt/ganz und gar nicht): *Dä hööt doch för et F. nit.* (Er gehorcht ums V. nicht.). (88)

freere/friere ['freˑ(ə)ʀə / 'friˑ(ə)ʀə] <V.; st.; *han*; fror [froˑɐ̯]; gefrore [jə'froːʀə]> {5.1.4.3}: frieren. (194) (195)

Frees, der [freˑs] <N.; ~e> {5.1.4.3; 8.3.1}: Friese.

Freese, et ['freˑzə] <N.; ~>: **1.** Fieberfrösteln, Schüttelfrost. **2.** ***et Freese krige** (zu viel kriegen, sich ekeln): *Wann ich dat esse mööt, kräht ich et F.* (Wenn ich das essen müsste, würde mir schlecht.). **3.** (übertr.) Widerling, Ekel, abscheulicher, ekelhafter Mensch: *Dä Pitter es e widderlich F.* (Peter ist ein Widerling.) [auch: ↑Brech|meddel, ↑Dreck|sau (2), ↑Friko, ↑Puddel (2), ↑Sau|dier (2), ↑Sau|oos, ↑Schand|ferke/~|firke].

Freese|stroß, de ['freˑzə͜ˌʃtroˑs] <N.; Straßenn.> {s. u. ↑Frees ↑Stroß}: Friesenstraße, Straße in der Neustadt-Nord zw. Friesenwall u. Magnusstraße.

Freese|wall, der [ˌfreˑzə'val] <N.; Straßenn.> {s. u. ↑Freese ↑Wall}: Friesenwall, einer der parallel zu den Ringen verlaufenden Straßen östlich der Ringe zw. Hildeboldplatz u. Mittelstraße.

Frees|ig|keit, de ['freˑzɪʃˌke͜ɪt] <N.; ~e>: Unverschämtheit, Gemeinheit.

frei [fre͜ɪ] <Adj.; ~e; ~er, ~ste>: frei, **1.** unabhängig, ungebunden, in Freiheit befindlich: *ene ~e Metarbeider* (ein ~er Mirarbeiter); *f. sproche* (f. sprechen). **2.** nicht behindert, nicht beeinträchtigt: *ene ~e Bleck op der Dom* (ein ~er Blick auf den Dom). **3.** offen, unbedeckt: *om ~e Feld* (auf ~em Feld). **4.** unbenutzt, verfügbar: *Es dä Stohl f.?* (Ist der Stuhl f.?); *Wann häs do ene ~e Dag?* (Wann hast du einen ~en Tag?). Tbl. A2.9

~|**frei** [freɪ] <Suffix; adjektivbildend; ~e; ~er, ~ste>: -frei, i. Vbdg. m. V. u. N.: *bügel~* (bügel~), *fähler~* (fehler~). Tbl. A2.9

Frei|**badd**, et ['freɪˌbat] <N.; ~|bäder [-bɛˑdə] (unr. Pl.)> {s. u. ↑Badd}: Freibad.

Frei|**bier**, et ['freɪˌbiˑɐ̯] <N.>: Freibier.

Frei|**breef**, der ['freɪˌbreˑf] <N.; ~e> {s. u. ↑Breef}: Freibrief.

freie ['freɪə] <V.; schw.; *han*; freite ['freɪtə]; gefreit [jə'freɪt]>: freien. (11)

Frei|**er**, der ['freɪˑɐ̯] <N.; ~>: Freier, **1.** jmd., der um ein Mädchen freit. **2.** (auch i. d. B.) Spinngewebe; Spinnfäden, die von der Zimmerdecke herabhängen.

frei|**erus** [ˌfreɪˑə'rʊs] <Adv.> {s. u. ↑erus}: freiheraus.

Frei|**fahrt**, de ['freɪˌfaːt] <N.; ~e> {s. u. ↑Fahrt}: Freifahrt.

Frei|**geis**, der ['freɪˌjeɪs] <N.; ~ter> {s. u. ↑Geis¹}: Freigeist.

Frei|**ge**|**päck**, et ['freɪˌjəpɛk] <N.>: Freigepäck.

frei|**händ**|**ig** ['freɪˌhɛnˑdɪʃ] <Adj.; ~e>: freihändig. Tbl. A5.2

Frei|**heit**, de ['freɪheɪt] <N.; ~e>: Freiheit.

Frei|**heits**|**strof**, de ['freɪheɪtsˌʃtrɔˑf] <N.; ~e> {s. u. ↑Strof}: Freiheitsstrafe.

Frei|**kaat**, de ['freɪˌkaːt] <N.; ~e> {s. u. ↑Kaat}: Freikarte.

frei|**kumme** ['freɪˌkʊmə] <trennb. Präfix-V.; st.; *sin*; kɔm f. [kɔˑm]; ~|gekumme [-jəˌkʊmə]>: freikommen. (120)

Frei|**land**|**rus**, de ['freɪlandˌruˑs] <N.; ~e; ~|rüs|che [-ryˑsjə]> {s. u. ↑Rus}: Freilandrose.

Frei|**lauf**, der ['freɪˌloʊf] <N.; o. Pl.>: Freilauf.

Frei|**mark**, de ['freɪˌmark] <N.; ~e> {s. u. ↑Mark}: Briefmarke, Freimarke (auch: ↑Breef|mark).

frei|**möd**|**ig** ['freɪˌmøˑdɪʃ] <Adj.; ~e; ~er, ~ste>: freimütig, geradeheraus. Tbl. A5.2

Frei|**öm**|**schlag**, der ['freɪˌømˌʃlaˑx] <N.; ~|schläg [-ʃlɛˑʃ]>: Freiumschlag.

Frei|**schwemm**|**er**, der/et ['freɪˌʃvemɐ] <N.> {5.5.2}: Freischwimmer.

Frei|**sproch**, der ['freɪˌʃprɔx] <N.; ~|spröch> {s. u. ↑Sproch²}: Freispruch.

Frei|**stund**, de ['freɪˌʃtʊnˑt] <N.; ~(e)> {s. u. ↑Stund}: Freistunde.

frei|**well**|**ig** [ˌfreɪ'velɪʃ] <Adj.; ~e>: freiwillig. Tbl. A5.2

Frei|**zeiche**, et ['freɪˌtsɛɪçə] <N.>: Freizeichen.

Frei|**zigg**, de ['freɪˌtsɪk] <N.> {s. u. ↑Zigg}: Freizeit.

frei|**zög**|**ig** ['freɪˌzøˑjɪʃ] <Adj.; ~e; ~er, ~ste>: freizügig, **1.** freigiebig. **2.** frivol, offenherzig. Tbl. A5.2

fremb [fremp] <Adj.; fremde; fremder, ~ste> {5.5.2; 8.3.5}: fremd, **1.** von anderer Herkunft, nicht der eigenen Kultur/Person zugehörig. **2.** unbekannt, nicht vertraut, ungewohnt. Tbl. A4.2.4

Fremb|**che**, et ['frempçə] <N.; ~r> {5.5.2; 8.3.5}: **1.** fremde Taube im Schlag. **2.** (übertr.) Fremde (der u. die), Ausländer(in).

Fremb|**körper**, der ['fremp,kœrpɐ] <N.; ~> {s. u. ↑fremb}: Fremdkörper.

Fremb|**sproch**, de ['fremp,ʃprɔˑx] <N.; ~e> {s. u. ↑fremb ↑Sproch¹}: Fremdsprache.

Fremb|**ver**|**scholde**, de ['frempfɐ,ʃolˑdə] <N.; o. Pl.> {s. u. ↑fremb ↑Scholde}: Fremdverschulden.

Fremb|**wood**, et ['fremp,voːt] <N.; ~|wöö̌der [-vœˑdə]> {s. u. ↑fremb ↑Wood¹}: Fremdwort.

Fremde¹, der u. de ['fremdə] <N.; ~> {5.5.2; 8.3.5}: Fremde (der u. die), **a)** jmd., der aus einer anderen Gegend, einem anderen Land stammt, der an einem Ort fremd ist; **b)** jmd., der einem unbekannt ist, den man nicht kennt.

Fremde², de ['fremdə] <N.; o. Pl.> {5.5.2; 8.3.5}: Fremde, unbekanntes, fern der eigenen Heimat liegendes Land; Ggs.: Heimat.

Fremde|**zemmer**, et ['fremdə,tsemɐ] <N.; ~e> {s. u. ↑Zemmer}: Fremdenzimmer.

fresch [freʃ] <Adj.; ~e; ~er, ~ste> {5.5.2}: frisch. Tbl. A1

Fresch|**koss**, de ['freʃ,kɔs] <N.; kein Pl.> {s. u. ↑fresch; ↑Koss}: Frischkost.

Fress, de [frɛs] <N.; ~e> {8.3.1}: Fresse, (derb) **1.** Mund [auch: ↑Bäbbel, ↑Bagger (2), ↑Belder|lade, ↑Bleff, ↑Bratsch (1), ↑Klapp (2), ↑Lappe (4), ↑Mungk, ↑Muul, ↑Rand (2), ↑Schnäbbel, ↑Schnauz, ↑Schnüss]. **2.** Gesicht [auch: ↑Ge|seech, ↑Masaräng, ↑Mazarin, ↑Vis|age].

Fress|**döppe**, et ['frɛs,døpə] <N.; ~> {s. u. ↑Döppe}: Fressnapf.

fresse ['frɛsə] <V.; st.; *han*; froß [frɔˑs]; gefresse [jə'frɛsə]>: fressen. (59)

Fresse, et ['frɛsə] <N.; kein Pl.>: Fressen, (derb abw.) Essen.

Fress|klötsch, der ['frɛsˌkløtʃ] <N.; ~e>: Fresssack, **a)** verfressener Mensch [auch: ↑Fress|sack]; **b)** <o. Pl.> Kölsches Original (Johann Arnold Klütsch, 1775-1845).

Fress|korv, der ['frɛsˌkɔrf] <N.; ~|körv [-kør·f]> {s. u. ↑Korv}: Fresskorb.

Fress|pakett, et ['frɛspaˌkɛt] <N.; ~e> {s. u. ↑Pakett}: Fresspaket.

Fress|sack, der ['frɛsˌzak] <N.; ~|säck; ~|säck(|el)|che>: Fresssack, <Diminutiv>: Kind, das gerne u. viel isst [auch: ↑Fress|klötsch (a)].

Fress|such, de ['frɛsˌzʊx] <N.; kein Pl.> {s. u. ↑Such}: Fresssucht.

Freud, de [frɔyˑt] <N.; ~e> {8.3.1}: Freude, **[RA]** *Maach der F. sulang et geiht, et Levve duurt kein Iwigkeit!* (Mach dir F., solange es geht, das Leben dauert keine Ewigkeit!).

freud|ig ['frɔyˑdɪf] <Adj.; ~e; ~er, ~ste>: freudig. Tbl. A5.2

freue ['frɔyə] <V.; schw./unr.; han; freute ['frɔyˑtə]; gefreut/gefraut [jəˈfrɔyˑt / jəˈfraʊt]>: freuen, **1.** <sich f.> Freude empfinden: *Ich freu mich.* (Ich freue mich.). **2.** erfreuen, jmdm. Freude bereiten: *Dat freut mich.* (Das freut mich.). (11)

frickele ['frɪkələ] <V.; schw.; han; frickelte ['frɪkəltə]; gefrickelt [jəˈfrɪkəlt]> {9.2.1.2}: hantieren, wursteln, wühlen, mit viel Aufwand hantieren [auch: ↑frößele]. (6)

Frickelei, de [frɪkəˈleɪ] <N.; ~e>: Wurstelei [auch: ↑Ge|frickel|s, ↑Ge|woosch|tel|s, ↑Wooscht|elei].

Fridde, der ['frɪdə] <N.; kein Pl.> {5.3.4}: Frieden.

fried [friˑt] <Adj.; ~e; ~er, ~ste>: widerstandsfähig, abgehärtet, unempfindlich, zäh, robust: *Dä Schäng es ävver e f. Pööschche.* (Jean ist aber ein zäher Bursche.). Tbl. A2.1

Frie|dag, der ['friːˌdaːx] <N.; ~|däg/~e [-dɛˑfj / -daˑʁə]> {5.1.4.5; s. u. ↑Dag}: Freitag.

frie|dags ['friːˌdaˑ(x)s] <Adv.> {5.1.4.5; s. u. ↑Dag}: freitags.

Fried|hoff, der ['friˑtˌhɔf] <N.; i. best. Komposita *Fried-*, sonst ↑Fridde; ~|höff> {11; s. u. ↑Hoff}: Friedhof [auch: ↑Kirch|hoff].

Fried|hoffs|kapell, de ['friˑtˌhɔfskaˌpɛlˑ] <N.; i. best. Komposita *Fried-*, sonst ↑Fridde; ~e [-kaˌpɛlə]> {11; s. u. ↑Hoff ↑Kapellˑ}: Friedhofskapelle.

Fried|hoffs|muur/~|moor, de ['friˑtˌhɔfsˌmuˑɐ̯ / -moˑɐ̯] <N.; i. best. Komposita *Fried-*, sonst ↑Fridde; ~e> {11; s. u. ↑Hoff ↑Muur/Moorˑ}: Friedhofsmauer.

Fried|hoffs|rauh, de ['friˑtˌhɔfsˌrɔʊˑ] <N.; kein Pl.> {s. u. ↑Hoff ↑Rauh}: Friedhofsruhe.

friemele/frimmele ['friːmələ / 'frɪmələ] <V.; *frimmele* veraltet; schw.; han; friemelte ['friːməltə]; gefriemelt [jəˈfriːməlt]> {9.2.1.2}: **1.** eine kleine weiche Masse zw. den Fingerspitzen od. Handflächen hin- u. herreiben, bis sie sich zu einem Kügelchen formt. **2.** basteln. (6)

friere/freere ['friˑ(ɐ̯)rə / 'freˑ(ɐ̯)rə] <V.; st.; han; fror [froˑɐ̯]; gefrore [jəˈfroːrə]>: frieren. (195) (194)

Frikadell, de [ˌfrɪkaˈdɛlˑ] <N.; ~e [ˌfrɪkaˈdɛlə] {8.3.1}: Frikadelle [auch: ↑Brems|klotz, ↑Knass|pralin, ↑Elefante|mömmes].

Frikadelle|dänz|er, der [frɪkaˈdɛləˌdɛntsɐ] <N.; ~> {s. u. ↑Frikadell ↑Dänz|er}: Geizhals, frühere Bezeichnung für enen jungen Mann, der ein Mädchen ausführte, ihr aber nicht mehr als eine Frikadelle spendieren konnte [auch: ↑Geiz|hals, ↑Ääze|zäll|er, ↑Knies|büggel; ↑Knies|kopp].

Friko, et ['frɪko] <N.; ~s>: widerliche Person [auch: ↑Brech|meddel, ↑Dreck|lavumm, ↑Dreck|puddel, ↑Dreck|sau (2), ↑Freese (3), ↑Knüsel (2), ↑Puddel (2), ↑Sau|dier (2), ↑Sau|oos, ↑Schand|ferke/~|firke].

frimmele/friemele ['frɪmələ / 'friːmələ] <V.; *frimmele* veraltet; schw.; han; frimmelte ['frɪməltə]; gefrimmelt [jəˈfrɪməlt]> {9.2.1.2}: **1.** eine kleine weiche Masse zw. den Fingerspitzen od. Handflächen hin- u. herreiben, bis sie sich zu einem Kügelchen formt. **2.** basteln. (6)

fringe ['frɪŋə] <V.; st.; han; frung [frʊŋ]; gefrunge [jəˈfrʊŋə]>: wringen. (26)

fringse ['frɪŋˑzə] <V.; schw.; han; fringste ['frɪŋˑstə]; gefrings [jəˈfrɪŋˑs]>: klauen; von Kardinal Frings legitimiertes „Klauen" von Kohle, das nach Kriegsende überlebenswichtig war. (87)

Frisor/Frisur, de [frɪˈzoˑɐ̯ / frɪˈzuˑɐ̯] <N.; ~e> {5.4}: Frisur.

Friss, de [frɪs] <N.; Friste ['frɪstə]> {8.3.5}: Frist.

Frisur/Frisor, de [frɪˈzuˑɐ̯ / frɪˈzoˑɐ̯] <N.; ~e>: Frisur.

Fritte [frɪtə] <N.; fem. (meist Pl.)> {8.3.1}: Fritte.

Fritte|bud, de ['frɪtəˌbuˑt] <N.; ~e> {s. u. ↑Bud}: Frittenbude, Imbissstube.

Frog, de [froˑx] <N.; ~e ['froˑʁə]> {5.5.3; 8.3.1}: Frage.

froge ['froːʀə] <V.; unr.; *han*; frǫgte ['froːxtə]; gefrǫg [jəˈfroːx]> {5.5.3}: fragen. (76)

Frǫge|zeiche, et ['froːʀə‚tseɪ̯çə] <N.; ~> {s. u. ↑Frǫg}: Fragezeichen.

Fröh|(de), de ['frøːˈ(də)] <N.> {5.4; 8.3.1; (10.2.8)}: Frühe.

fröh¹ [frøː] <Adj.; ~e; ~er, ~ste/et ~ts> {5.4}: früh, **1.** zeitig: *am ~e Morge* (am ~en Morgen). **2.** frühzeitig, vorzeitig: *ene ~e Zog* (ein ~er Zug). **3.** alt, älter: *en ~ster Zigg* (in ~ester Zeit). Tbl. A2.8

fröh² [frøː] <Adv.> {5.4}: früh, morgens.

Fröh|bier, de ['frøːˌbiːɐ̯] <N.; ~|birre [-bɪrə] (unr. Pl.)> {s. u. ↑fröh¹ ↑Bier¹}: Frühbirne.

Fröh|deens, der ['frøːˌdeːns] <N.; ~te> {s. u. ↑fröh¹ ↑Deens}: Frühdienst.

fröher¹ ['frøːɐ] <Adj.; Komp. von ↑fröh¹; ~e> {5.4}: früher, **1.** vergangen, zurückliegend: *en ~e Zigge* (in ~en Zeiten). **2.** ehemalig: *der ~e Bürgermeister vun Kölle* (der ~e Bürgermeister von Köln). Tbl. A2.6

fröher² ['frøːɐ] <Adv.> {5.4}: früher, ehemals, einst, in früherer Zeit [auch: *fröhter* (veraltet)].

Fröh|er|kenn|ung, de ['frøːˈɛrˌkɛnʊŋ] <N.> {s. u. ↑fröh¹}: Früherkennung.

Fröh|geburt/~|geboot, de ['frøːjəˌbuːɐ̯t / -jəˌboːt] <N.; ~e> {s. u. ↑fröh¹ ↑Geburt/Geboot}: Frühgeburt.

Fröh|goddes|deens, der ['frøːˌjodəsdeːns] <N.; ~te> {s. u. ↑fröh¹ ↑Godd¹ ↑Deens}: Frühgottesdienst.

Fröh|jǫhr, et ['frøːˌjoː(ɐ̯)] <N.; ~e> {s. u. ↑fröh¹ ↑Jǫhr}: Frühjahr, Frühling.

Fröh|jǫhrs|blom, de ['frøːjoː(ɐ̯)sˌbloːm] <N.; ~e> {s. u. ↑fröh¹ ↑Jǫhr ↑Blom}: Frühlingsblume.

Fröh|jǫhrs|leed, et ['frøːjoː(ɐ̯)sˌleːt] <N.; ~er> {s. u. ↑fröh¹ ↑Jǫhr ↑Leed}: Frühlingslied.

Fröh|jǫhrs|möd|ig|keit, de ['frøːjoː(ɐ̯)sˌmøːdɪçkeɪ̯t] <N.; o. Pl.> {s. u. ↑fröh¹ ↑Jǫhr; 5.4}: Frühjahrsmüdigkeit.

Fröh|jǫhrs|putz, der ['frøːjoː(ɐ̯)sˌpʊts] <N.> {s. u. ↑fröh¹ ↑Jǫhr}: Frühjahrsputz.

Fröh|jǫhrs|zigg, de ['frøːjoː(ɐ̯)sˌtsɪk] <N.; ~e> {s. u. ↑fröh¹ ↑Jǫhr ↑Zigg}: Frühlingszeit.

Fröh|keesch, de ['frøːˌkeːʃ] <N.; ~e> {s. u. ↑fröh¹ ↑Keesch}: Frühkirsche [auch: ↑Mai|keesch].

Fröh|mess, de ['frøːˌmɛs] <N.; ~e> {s. u. ↑fröh¹ ↑Mess²}: Frühmesse.

fröh|mǫrgens [ˌfrøːˈmorjəns] <Adv.> {s. u. ↑fröh¹ ↑mǫrgens}: frühmorgens.

Fröh|rent, de ['frøːˌrɛnt] <N.; ~e> {s. u. ↑fröh¹ ↑Rent}: Frührente.

Fröh|scheech/~|schich, de ['frøːˌʃeːç / -ʃɪç] <N.; ~te> {s. u. ↑fröh¹ ↑Scheech/Schich}: Frühschicht.

Fröh|schobbe, der ['frøːˌʃobə] <N.; ~> {s. u. ↑fröh¹ ↑Schobbe¹}: Frühschoppen.

Fröh|sǫmmer, der ['frøːˌzomɐ] <N.; ~ (Pl. selten)> {s. u. ↑fröh¹ ↑Sǫmmer}: Frühsommer.

Fröh|sport, der ['frøːˌʃpoxt] <N.; kein Pl.> {s. u. ↑fröh¹}: Frühsport.

fröhstens ['frøːstəns] <Adv.> {5.4; 8.2.2.3}: frühestens.

Fröh|stöck, et ['frøːˌʃtøk] <N.; ~e> {s. u. ↑fröh¹ ↑Stöck}: Frühstück.

fröh|stöcke ['frøːˌʃtøkə] <nicht trennb. Präfix-V.; schw.; *han*; fröh|stöckte ['frøːˌʃtøktə]; gefröh|stöck [jəˈfrøːˌʃtøk]> {5.5.1}: frühstücken. (88)

Fröh|stöcks|bredd|che, et ['frøːʃtøksˌbrɛtʃə] <N.; nur Diminutiv; ~r> {s. u. ↑fröh¹ ↑Stöck ↑Bredd}: Frühstücksbrettchen.

Fröh|stöcks|ei, et ['frøːʃtøksˌlaɪ̯] <N.; ~er> {s. u. ↑fröh¹ ↑Stöck}: Frühstücksei.

Fröh|stöcks|paus/~|puus, de ['frøːʃtøksˌpaʊ̯s / -puːs] <N.; ~e> {s. u. ↑fröh¹ ↑Stöck ↑Paus¹/Puus¹}: Frühstückspause.

Fröh|stöcks|speck, der/et ['frøːʃtøksˌʃpɛk] <N.; kein Pl.> {s. u. ↑fröh¹ ↑Stöck}: Frühstücksspeck (der).

fröh|zigg|ig ['frøːˌtsɪgɪç] <Adj.; ~e; ~er, ~ste> {s. u. ↑fröh¹ ↑Zigg}: frühzeitig. Tbl. A5.2

Frollein, et ['frolaɪ̯n] <N.; ~s>: Fräulein.

Front, de [front] <N.; ~e>: Front.

Front|dür/~|dör, de ['frontˌdyːɐ̯ / -døːɐ̯] <N.; ~|dürre/ ~|dörre [-dyrə / -dørə] (unr. Pl.)> {s. u. ↑Dür/Dör}: Fronttür.

Front|schiev, de ['frontˌʃiːf] <N.; ~e> {s. u. ↑Schiev}: Frontscheibe.

Front|sigg, de ['frontˌzɪk] <N.; ~e> {s. u. ↑Sigg¹}: Frontseite.

Front|wähßel, der ['frontˌvɛːsəl] <N.; ~e> {s. u. ↑Wähßel}: Frontwechsel.

Frooch/Fruch, de [froːx / frʊx] <N.; Frööch [frøːç]> {5.2.1.2; 5.4}: Frucht [auch: ↑Obs].

Frosch, der [froʃ] <N.; Frösch [frœʃ]>: Frosch.

Frosch|aug, et ['frɔʃˌloʊ̯ˑx] <N.; ~e [-oʊ̯ʀə]> {s. u. ↑Aug}: Froschauge.

Frosch|künning, der ['frɔʃˌkʏnɪŋ] <N.; Eigenn.> {s. u. ↑Künning}: Froschkönig, in einen Frosch verwandelter Prinz aus dem Märchen der Gebrüder Grimm.

Frosch|schenkel, der ['frɔʃˌɛŋkəl] <N.; ~e>: Froschschenkel.

Frǫß/Fraß, der [frɔˑs / fraˑs] <N.; *Frǫß* veraltend; kein Pl.> {5.5.3}: Fraß, nicht schmackhaftes Essen.

Fross, der [frɔs] <N.; Fröss [frœs] {8.3.5}: Frost.

Fross|büül, de ['frɔsˌbyˑl] <N.; ~e> {s. u. ↑Fross ↑Büül}: Frostbeule; (übertr.) jmd, der oft friert.

Frößel, der ['frøˑsəl] <N.>: planlose, nervöse Arbeit.

frößele [frøˑsələ] <V.; schw.; han; frößelte ['frøˑsəltə]; gefrößelt [jə'frøˑsəlt]> {9.2.1.2}: hantieren, wursteln, wühlen, mit viel Aufwand hantieren [auch: ↑frickele]. (6)

Fross|gefahr, de ['frɔsjəˌfaː(ɐ̯)] <N.; o. Pl.> {s. u. ↑Fross}: Frostgefahr.

Fross|grenz, de ['frɔsˌjɾɛnts] <N.; ~e> {s. u. ↑Fross ↑Grenz}: Frostgrenze.

Fross|schade, der ['frɔsˌʃaˑdə] <N.; ~|schäde> {s. u. ↑Fross}: Frostschaden.

Fross|schotz, der ['frɔsˌʃɔts] <N.; kein Pl.> {s. u. ↑Fross ↑Schotz}: Frostschutz.

Fross|schotz|meddel, et ['frɔsʃɔtsˌmedəl] <N.; ~(e)> {s. u. ↑Fross ↑Schotz ↑Meddel}: Frostschutzmittel.

Frottee|hand|doch, et ['frɔteːˌhandoˑx] <N.; ~|döcher> {s. u. ↑Doch¹}: Frotteehandtuch.

Fruch/Frooch, de [frʊx / froːx] <N.; Früch [frʏʃ]> {8.3.5}: Frucht [auch: ↑Obs].

fruch|bar ['frʊxbaː(ɐ̯)] <Adj.; ~e; ~er, ~ste> {8.3.5}: fruchtbar. Tbl. A2.6

Fruch|bar|keit, de ['frʊxbaː(ɐ̯)keɪ̯t] <N.; o. Pl.> {8.3.5}: Fruchtbarkeit.

Fruch|becher, der ['frʊxˌbɛçɐ] <N.; ~> {s. u. ↑Fruch/Frooch}: Fruchtbecher.

Fruch|blos, de ['frʊxˌblɔˑs] <N.; ~e> {s. u. ↑Fruch/Frooch ↑Blos}: Fruchtblase.

Fruch|fleisch, et ['frʊxˌflɛɪ̯ʃ] <N.; kein Pl.> {s. u. ↑Fruch/Frooch}: Fruchtfleisch.

frucht|ig ['frʊxtɪʃ] <Adj.; ~e; ~er, ~ste>: fruchtig. Tbl. A5.2

fruh [fruˑ] <Adj.; ~e; ~er, ~ste> {5.4}: froh. Tbl. A2.8

Fruh|senn, der ['fruˑˌzen] <N.; kein Pl.> {s. u. ↑fruh ↑Senn}: Frohsinn.

Fründ, der [frʏnt] <N.; ~e> {5.3.1}: Freund, *god F. sin met einem (mit jmdn. gut F. sein, gut auskommen).

Fründ|in, de ['frʏndɪn] <N.; ~ne> {5.3.1}: Freundin.

fründ|lich ['frʏntlɪʃ] <Adj.; ~e; ~er, ~ste> {5.3.1; 7.3.2}: freundlich. Tbl. A1

Fründ|lich|keit, de ['frʏntlɪʃkeɪ̯t] <N.; ~e> {5.3.1}: Freundlichkeit.

Fründ|schaff, de ['frʏntʃaf] <N.; ~|schafte> {5.3.1}: Freundschaft.

Fründ|schaffs|deens, der ['frʏntʃafsˌdeˑns] <N.; ~te> {↑Fründ|schaff ↑Deens}: Freundschaftsdienst.

Fründ|schaffs|spill, et ['frʏntʃafsˌʃpɪl] <N.; ~ [-ˌʃpɪlˑ]> {s. u. ↑Fründ|schaff ↑Spill}: Freundschaftsspiel.

Fruss, der [frus] <N.; kein Pl.> {8.3.5}: Frust.

Fubbel, der ['fʊbəl] <N.; ~e; Fübbel|che ['fʏbəlʃə]>: Fetzen, Stofffetzen, verschlissenes Kleid [auch: ↑Fuddel].

fubbel|ig ['fʊbəlɪʃ] <Adj.; ~e; ~er, ~ste>: zerrissen, zerlumpt. Tbl. A5.2

Fübbes|che, et ['fʏbəsʃə] <N.; nur Diminutiv; ~r>: kurzes Kleidungsstück: *Dat es doch vill ze ald för dat F.* (Die ist doch viel zu alt für das kurze Kleid (den kurzen Rock/Mantel etc.).).

Fuchs|bau, der ['fʊksˌboʊ̯] <N.; i. best. Komposita *Fuchs*-, sonst ↑Fuss; ~te> {11}: Fuchsbau.

fuchse ['fʊksə] <V.; unpers., nur 3. Pers. Sg.; schw.; han; fuchste ['fʊkstə]; gefuchs [jə'fʊks]>: ärgern, verdrießen: *Dat hät en gefuchs.* (Das hat ihn geärgert.) [auch: ↑ver|dreeße]. (87)

Fuchs|jag, de ['fʊksˌjaˑx] <N.; i. best. Komposita *Fuchs*-, sonst ↑Fuss; ~de> {11; s. u. ↑Jag}: Fuchsjagd.

Fuchs|schwanz, der ['fʊksˌʃvants] <N.; i. best. Komposita *Fuchs*-, sonst ↑Fuss; ~|schwänz> {11}: Fuchsschwanz, **1.** Schwanz eines Fuchses. **2.** eingriffige Säge.

fuchtele ['fʊxtələ] <V.; schw.; han; fuchtelte ['fʊxtəltə]; gefuchtelt [jə'fʊxtəlt]> {9.2.1.2}: fuchteln. (6)

Fuddel, der ['fʊdəl] <N.; ~e; Füddel|che ['fʏdəlʃə]>: Lappen, dünner, billiger Stoff; minderwertige Kleidung: *Wat häs do dann för e Füddelche aan?* (Was hast du denn für einen Fummel an?) [auch: ↑Fubbel].

Fuddels|krom, der ['fʊdəlsˌkrɔˑm] <N.; kein Pl.> {s. u. ↑Krom}: knifflige Arbeit/Aufgabe, Knifelei [auch: ↑Piddels|krom ↑Fummels|krom].

fuff|zehn ['fʊftse·n] <Kardinalz.> {5.4}: fünfzehn, **a)** (als Ziffer: 15); **b)** *****koote f. maache** (kurzen Prozess machen = energisch, ohne weitere Umstände mit jmdm., etw. verfahren; jmdn. skrupellos töten) **c) [RA]** *Veezehn, f., Loch en de Ääd!* (gesagt, wenn jmd. hinkt; (übertr.) wenn etw. unstimmig ist).
fuff|zehnte ['fʊftse:ntə] <Ordinalzahl>: fünfzehnte.
fuff|zehn|hundert ['fʊftse·n'hʊn·det / ‚--'-- / '--,--] <Kardinalz.> {s. u. ↑fuff|zehn}: fünfzehnhundert, (als Ziffer: 1500).
fuff|zig ['fʊftsɪʃ] <Kardinalz.> {5.4}: fünfzig, (als Ziffer: 50).
Fuff|zig|er|jọhre ['fʊftsɪje‚jo·rə] <N.; Neutr.; nur Pl.> {s. u. ↑fuff|zig ↑Jọhr}: Fünfzigerjahre.
Fuff|zig|euro|sching, der [‚fʊftsɪʃ'|ɔyro‚ʃɪŋ] <~ -[ʃɪŋ·]> {s. u. ↑fuff|zig ↑Sching¹}: Fünfzigeuroschein, Geldschein der europ. Währung.
Fug, de [fu·x] <N.; ~e ['fu·ʀə]> {8.3.1}: Fuge, **1.** schmaler ausgefüllter Zwischenraum zw. zwei Bauteilen, Mauersteinen od. Ä. **2.** (Sprachw.) Stelle, an der die Bestandteile einer Zusammensetzung zusammentreffen. **3.** Musikstück.
fuge ['fu·ʀə] <V.; schw.; *han*; fugte ['fu·xtə]; gefug [jə'fu·x]>: fugen. (103)
Fuhr/Fohr, de [fu·ɐ̯ / fo·ɐ̯] <N.; ~e> {8.3.1}: Fuhre.
führe/föhre ['fy·(ɐ̯)rə / 'fø·(ɐ̯)rə] <V.; schw.; *han*; führte ['fy·ɐ̯tə]; geführt [jə'fy·ɐ̯t]>: führen. (31) (74)
Führ|er/Föhr|~, der ['fy·(ɐ̯)re / fø:(ɐ̯)r-] <N.; ~> {5.4}: Führer.
Führ|er|huus/Föhr|er|~, et ['fy·(ɐ̯)re‚hu·s / 'fø·(ɐ̯)re-] <N.; ~|hüüser [-hy·zɐ]> {5.4; s. u. ↑Huus}: Führerhaus.
Führ|er|sching/Föhr|er|~, der ['fy·(ɐ̯)re‚ʃɪŋ / 'fø:(ɐ̯)re-] <N.; ~|sching [-ʃɪŋ·]> {5.4; s. u. ↑Sching¹}: Führerschein.
Führ|er|setz/Föhr|er|~, der ['fy·(ɐ̯)re‚zets / 'fø:(ɐ̯)re-] <N.; ~(e)> {5.4; s. u. ↑Setz}: Führersitz.
Fuhr|knääch/Fohr|~, der ['fu·ɐ̯‚knɛːʃ / fo·ɐ̯-] <N.; ~te> {s. u. ↑Fuhr/Fohr ↑Knääch}: Fuhrknecht.
Fuhr|lück/Fohr|~ ['fu·ɐ̯‚lyk / fo·ɐ̯-] <N.; Pl.> {s. u. ↑Fuhr/Fohr ↑Lück¹}: Fuhrleute.
Fuhr|mann/Fohr|~, der ['fu·ɐ̯‚man / fo·ɐ̯-] <N.; ~|lück> {s. u. ↑Fuhr/Fohr}: Fuhrmann, **[RA]** *Beim F. wor et et Pääd.* (Beim F. war das Pferd schuld. = Es wird immer ein Schuldiger gesucht.).
Führ|ung/Föhr|~, de ['fy·(ɐ̯)rʊŋ / fø:(ɐ̯)r-] <N.; ~e> {5.4}: Führung.

Führ|ungs|kraff/Föhr|~, de ['fy·(ɐ̯)rʊŋs‚kraf / 'fø:(ɐ̯)r-] <N.; ~|kräfte> {s. u. ↑führe/föhre ↑Kraff}: Führungskraft.
Führ|ungs|maach/Föhr|~, de ['fy·(ɐ̯)rʊŋs‚ma:x / fø:(ɐ̯)r-] <N.; ~|määch> {s. u. ↑führe/föhre ↑Maach¹}: Führungsmacht.
Führ|ungs|qualitäte/Föhr|~ ['fy·(ɐ̯)rʊŋskvalɪ‚tɛ·tə / 'fø:(ɐ̯)r-] <N.; fem.; nur Pl.> {s. u. ↑führe/föhre}: Führungsqualitäten.
Führ|ungs|roll/Föhr|~, de ['fy·(ɐ̯)rʊŋs‚rɔl· / fø:(ɐ̯)r-] <N.; ~e> {s. u. ↑führe/föhre ↑Roll}: Führungsrolle.
Führ|ungs|spetz/Föhr|~, de ['fy·(ɐ̯)rʊŋs‚ʃpets / fø:(ɐ̯)r-] <N.; ~e> {s. u. ↑führe/föhre ↑Spetz}: Führungsspitze.
Führ|ungs|wähßel/Föhr|~, der ['fy·(ɐ̯)rʊŋs‚vɛ:səl / fø:(ɐ̯)r-] <N.; ~> {s. u. ↑führe/föhre ↑Wähßel}: Führungswechsel.
fuhr|werke/fohr|~ ['fu·ɐ̯‚vɛrkə / 'fo·ɐ̯-] <nicht trennb. Präfix-V.; schw.; *han*; fuhr|werkte ['fu·ɐ̯vɛrktə]; gefuhr|werk [jə'fu·ɐ̯vɛrk]>: fuhrwerken, mit etw. hantieren. (41)
fukak|ig ['fʊkakɪʃ] <Adj., ~e; ~er, ~ste>: angefault, eingedellt (Früchte). Tbl. A5.2
fülle/fölle ['fʏlə / 'følə] <V.; schw.; *han*; füllte ['fʏl·tə]; gefüllt [jə'fʏl·t]>: füllen (auch: *voll maache*). (91)
Füll|er/Föll|~, der ['fʏle / 'føl-] <N.; ~> {5.5.1}: Füller.
Füll|sel/Föll|~, et ['fʏlzəl / 'føl-] <N.; ~> {5.5.1}: Füllsel.
Füll|ung/Föll|~, de ['fʏlʊŋ / 'føl-] <N.; ~e> {5.5.1}: Füllung.
fummele ['fʊmələ] <V.; schw.; *han*; fummelte ['fʊməltə]; gefummelt [jə'fʊməlt]> {9.2.1.2}: fummeln. (6)
Fummel|ei, de [‚fʊmə'leɪ] <N.; ~e [-eɪə]>: Fummelei.
Fummels|krom, der ['fʊməls‚kro·m] <N.; kein Pl.> {s. u. ↑Krom}: knifflige Arbeit/Aufgabe, Kniffelei [auch: ↑Fuddels|krom ↑Piddels|krom].
fumpe [fʊmpə] <V.; schw.; han; fumpte [fʊmptə] gefump [jəfʊmp]>: gelingen, geraten, klappen, glücken [auch: ↑fluppe]. (180)
Fundamental|iss, der [‚fʊndamɛnta'lɪs] <N.; ~|iste>: Fundamentalist, jmd., der kompromisslos an seinen [ideologischen, religiösen] Grundsätzen festhält.
Fund|saach, de ['fʊnt‚za:x] <N.; ~e> {s. u. ↑Saach}: Fundsache.
Fund|stell, de ['fʊnt‚ʃtɛl·] <N.; ~e [-‚ʃtɛlə]> {s. u. ↑Stell}: Fundstelle.
Fund|stöck, et ['fʊnt‚ʃtøk] <N.; ~/~e/~er> {s. u. ↑Stöck}: Fundstück.

fünf [fʏnəf] <Kardinalz.>: fünf, **a)** (als Ziffer: 5); **b)** *Dä hät sing f. Minutte.* (Er hat seine f. Minuten. = Er dreht ab.).
Fünf, de ['fʏnəf] <N.; ~e ['fʏnˑvə]>: Riss in der Kleidung in Form des römischen Zahlzeichens V für fünf.
fünf|dausend ['fʏnəfˌdoʊˑzənt / '-ˌ-- / ˌ-'---] <Kardinalz.> {s. u. ↑dausend}: fünftausend, (als Ziffer: 5000).
Fünf|dausend|meter|lauf, der [ˌfʏnəfdoʊˑzənt'meˑtəˌloʊf] <N.; ~|läuf> {s. u. ↑dausend}: Fünftausendmeterlauf.
fünf|en|halv ['fʏnˑvən'haləf / ˌ--'-] <Bruchz.; zu ↑fünf> {s. u. ↑halv}: fünfeinhalb, (als Ziffer: 5 ½).
fünf|er|lei ['fʏnˑvɐleɪ̯ˑ] <best. Gattungsz.; zu ↑fünf; indekl.>: fünferlei.
fünf|mol ['fʏnəfˌmoˑl / '-'-] <Wiederholungsz., Adv.; zu ↑fünf>: fünfmal, (mit Ziffer: 5-mol).
fünf|setz|lig ['fʏnəfˌzetsɪʃ] <Adj.; ~e>: fünfsitzig, fünf Sitze aufweisend (Auto). Tbl. A5.2
Fünf|stääne|hotel, et [fʏnəfˈʃtɛˑnəhoˌtɛlˑ] <N.; ~s> {s. u. ↑Stään}: Fünfsternehotel.
Funk, der [fʊŋk] <N.; ~e (meist Pl.)> {8.3.1}: Funke; militärisch gegliederte Söldnertruppe, die sich in der Zeit der Anwerbung von Soldaten (17. Jh.) aus vielerlei Gestalten, Abenteurern zusammensetzte (Wrede) Heute: Mitglieder einer Karnevalsges. Rote Funken, Blaue Funken, Rosa Funken.
funke ['fʊŋkə] <V.; schw.; han; funkte ['fʊŋktə]; gefunk [jəˈfʊŋk]>: funken, per Funk senden; ***et funk** (sich ineinander verlieben): *Zwesche denne hät et gefunk.* (Sie haben sich ineinander verliebt.). (41)
Funke, der ['fʊŋkə] <N.; ~>: Funke(n), glühendes kleines Teilchen.
funkele ['fʊŋkələ] <V.; schw.; han; funkelte ['fʊŋkəltə]; gefunkelt [jəˈfʊŋkəlt]> {9.2.1.2}: funkeln, aufleuchten: *De Stääne f.* (Die Sterne f.). (6)
funkel|nagel|neu ['fʊŋkəlˈnaˑrəlˈnøy̯ˑ] <Adj.; i. best. Komposita *Nagel*, sonst ↑Nähl; ~e> {11}: funkelnagelneu, gerade erst hergestellt. Tbl. A2.9
Funke|marie|che, et ['fʊŋkəmaˌriˑʃə] <N.; ~r>: Funkenmariechen: Tanzkünstlerin eines der Kölner Funkenkorps, die in ihrem Ursprung auf eine Marketenderin der ehem. kölnischen Stadtsoldaten, scherzh. Funken genannt, zurückzuführen ist.
Funke|rähn, der ['fʊŋkəˌrɛˑn] <N.; kein Pl.> {s. u. ↑Rähn}: Funkenregen.

Funk|huus, et ['fʊŋkˌhuːs] <N.; ~|hüüser [-hyˑzə]> {s. u. ↑Huus}: Funkhaus.
Funk|sproch, der ['fʊŋkˌʃprox] <N.; ~|spröch> {s. u. ↑Sproch²}: Funkspruch.
Funk|streif, de ['fʊŋkˌʃtreɪ̯f] <N.> {s. u. ↑Streif}: Funkstreife.
Funz, de [fʊnts] <N.; ~e>: Fotze, **1.** (vulg.) Vagina [auch: ↑Mösch², ↑Prumm]. **2.** vulg. Schimpfw.
Funzel, de ['fʊntsəl] <N.; ~e>: Lampe, die nicht viel Licht gibt.
Fupp, der [fʊp] <N.; kein Pl.>: **1. a)** Sprung; **b)** (übertr.) Augenblick. **2.** Schwung.
für|-, Für|- [fyːɐ̯] <Präfix; s. u. för|-, För|-> für-, Für-.
Furch, de [fʊrç] <N.; ~e> {8.3.1}: Furche.
furch|bar ['fʊrçbaˑ(ɐ̯)] <Adj.; ~e; ~er, ~ste> {8.3.5}: furchtbar. Tbl. A2.6
für|enander/för|~ [ˌfyː(ɐ̯)rəˈnandə / føː(ɐ̯)r-] <Adv.>: füreinander [auch: ↑für|enein/för|~].
für|enein/för|~ [ˌfyː(ɐ̯)rəˈneɪ̯n / føː(ɐ̯)r-] <Adv.>: füreinander [auch: ↑für|enander/för|~].
Fürs/Föösch, der [fʏxs / føːʃ] <N.; ~te> {8.3.5}: Fürst.
Für|sproch/För|~, de ['fyːɐ̯ˌʃproˑx / føːɐ̯-] <N.; o. Pl.> {5.5.3}: Fürsprache.
Fürste|dum/Fööschte|~, et ['fʏrstəˌduˑm / føːʃtə-] <N.; ~|dümer> {s. u. ↑Fürs/Föösch}: Fürstentum.
Fusch, der [fʊʃ] <N.; kein Pl.> {6.8.2}: Pfusch.
Fusch|blädd|che, et ['fʊʃˌblɛtʃə] <N.; ~r> {s. u. ↑Fusch ↑Bladd}: Pfuschzettel.
fusche ['fʊʃə] <V.; schw.; han; fuschte ['fʊʃtə]; gefusch [jəˈfʊʃ]> {6.8.2}: pfuschen, schummeln, mogeln. (110)
Fusch|er, der ['fʊʃɐ] <N.; ~> {6.8.2}: Pfuscher.
Fuṣel, der ['fʊzəl] <N.; ~e ['fʊzələ]; Füṣel|che ['fʏzəlʃə> {7.4}: Fussel, Fluse.
fuṣele ['fʊzələ] <V.; schw.; han; fuṣelte ['fʊzəltə]; gefuṣelt [jəˈfʊzəlt]> {6.10.1; 7.4; 9.2.1.2}: fusseln, flusen. (6)
fuṣel|lig ['fʊzəlɪʃ] <Adj.; ~e; ~er, ~ste> {7.4}: flusig, fusselig, **a)** voller Flusen; **b)** ***sich de Muul f. schwaade** (viel reden/plappern/sülzen ohne überzeugen zu können; auch: *sich Franse an de Muul schwaade*). Tbl. A5.2
Fuss, der [fʊs] <N.; Füss [fʏs]>: Fuchs, **1.** kleines rothaariges Raubtier mit buschigem Schwanz. **2.** Pferd mit rötlichem Fell. **3.** (auch i. d. B.) rothaariger Mensch. **4.** <Diminutiv> Füss|che, et: Kupfergeldmünze.

fuss|ig ['fʊsɪfj] <Adj.; ~e/fusse [-ɪ̯ə / 'fʊsə]>: **1.** rothaarig; fuchsfarbig, rötlich: *Et Katrin es f.* (Katrin hat rotbraune Haare.). **2.** angefault, braun, faulig (Obst): *Die Äppel sin jo ald f.* (Die Äpfel weisen ja schon braune Stellen auf.). Tbl. A5.2

futü/foutu [fʊ'ty·] <Adv. ⟨frz. foutu⟩> {2}: futsch, verschwunden, weg: *Minge Brell es f.* (Meine Brille ist w.).

Futz, der [fʊts] <N.; Fütz [fʏts]; Fütz|che ['fʏts̩ʲə]> {8.2.4}: Furz, **1.** entweichende Darmblähung; **ene F. em Kopp han* (hochnäsig/eingebildet sein). **2.** (übertr.) Kleinigkeit; **[RA]** *Maach doch nit us enem F. ene Donnerschlag!* (Mach doch nicht aus einem F. einen Donnerschlag! = Bausch doch nicht alles auf!).

futz|drüg ['fʊts'dryfj] <Adj.; ~e [-drʏ̯ʲə]> {s. u. ↑Futz ↑drüg}: furztrocken, sehr trocken: *Dä Koche es f.* (Der Kuchen ist f.) [auch: ↑knochen|drüg]. Tbl. A5.1.1

futze[1] ['fʊts̩ə] <V.; schw.; han; futzte ['fʊts̩tə]; gefutz [jə'fʊts̩]> {8.2.4}: furzen; pupsen [auch: *eine fleege looße*]; **Tṛọne f. künne* (kaputtlachen). (114)

futze[2] ['fʊts̩ə] <Adj.>: klitzeklein, winzig, sehr klein: *Die Schmitze es e f. Fräuche.* (Frau Schmitz ist eine sehr kleine Frau.) [auch: ↑klitze(|klein)]

Futz(e)|- ['fʊts̩(ə)] <Präfix; in Zus. unflektierbar>: Futz(e)-: **a)** schlecht, minderwertig: *Futzidee* (Futzidee, blöde Idee), *Futzkess* (abfällig für: Fernseher); **b)** klein: *Futzemann*.

Futze|fäng|er, der ['fʊts̩ə,fɛŋɐ] <N.; ~>: scherzh. für Dreivierteljacke; (wörtl.) Furzfänger.

Futze|mann, der ['fʊts̩ə,man] <N.; ~|männer>: kleiner Junge, Bürschchen.

Futz|idee, de [,fʊts̩|i'de·] <N.; ~ [-i'de·ə] ⟨frz. idée⟩>: dumme, blöde Idee.

Futze|kanöff|che, et ['fʊts̩əka,nœfjə] <N.; ~r> {s. u. ↑Futz(e)|~}: kleine Person.

Futz|kess, de ['fʊts̩,kes] <N.; ~|keste> {s. u. ↑Kess}: (abw.) Fernseher.

Futz|kesse, et ['fʊts̩,kesə] <N.; ~> {s. u. ↑Kesse}: Furzkissen.

Futz|kuhl/~|kuul, de ['fʊts̩,ku·l] <N.; ~e>: (wörtl.) Furzkuhle, scherzh. für Bett [auch: ↑Lappe|kess, ↑Fluh|kess].

Futz|verzäll, der ['fʊts̩fɐ,tsɛl] <N.; kein Pl.; ~che>: Unsinn [auch: ↑Käu (2), ↑Käu|verzäll, ↑Piss|verzäll, ↑Dress|verzäll, ↑Schwaad|verzäll, ↑Sęck (2), ↑Sęck|verzäll].

fuul [fu:l] <Adj.; ~e ['fu·lə]; ~er, ~ste ['fu·lɐ / 'fu·lstə]> {5.1.3}: faul; **~e Kis* (Faulenzer, wörtl.: fauler Käse). Tbl. A2.2

Fuul|baach, Am [am'fu:l,ba:x] <N.; Straßenn.> {s. u. ↑fuul ↑Baach}: Am Faulbach; Straße in Köln-Mülheim. Der Name bezieht sich tatsächlich auf die träge Fließgeschwindigkeit, so dass keine Mühlen betrieben werden konnten. Er war jedoch sehr fischreich. Heute fließt der Faulbach in der Nähe dieser Straße in den Rhein.

fuule ['fu·lə] <V.; schw.; han; fuulte ['fu·ltə]; gefuult [jə'fu·lt]> {5.1.3}: faulen [auch: *fukakig weede*]. (102)

fuulenze ['fu:lɛntsə] <V.; schw.; han; fuulenzte ['fu:lɛntstə]; gefuulenz [jə'fu:lɛnts]> {5.1.3}: faulenzen. (42)

Fuul|enz|er, der ['fu:lɛntsɐ] <N.; ~> {5.1.3}: Faulenzer.

Fuul|haufe, der ['fu:l,hoʊfə] <N.; ~> {s. u. ↑fuul}: **a)** Komposthaufen, Dunghaufen: *Dä hät sing ganze Klamotte op eine F. gelaht.* (Er hat all seine Kleidungsstücke auf einen Haufen gelegt.); (übertr.) Haufen ungeordneter Dinge; **b)** (auch i. d. B.) Faulenzer.

Fuul|heit, de ['fu:l,hɛɪt] <N.> {5.1.3}: Faulheit.

Füür/Föör, et [fy:ɐ̯ / fø:ɐ̯] <N.; ~; ~che> {5.1.4.6; 8.2.2.2}: Feuer, **e ~che maache* (feuern); **för einer de Hand en et F. läge* (sich für jmdn. verbürgen); (auch i. d. B.) *weld F.* (roter Ausschlag im Gesicht).

füür|rud ['fy:ɐ̯'ru·t] <Adj.; ~e [-ru:də]> {s. u. ↑Füür ↑rud}: feuerrot. Tbl. A2.1

Fuus, de [fu:s] <N.; Füüs [fy:s] {5.1.3; 8.3.5}: Faust, geballte Hand; **en F. en der Täsch maache* (Ärger herunterschlucken, ohnmächtig seinen Zorn, seine Wut gegen jmdn. verbergen).

Fuus|ball, der ['fu:s,bal] <N.; o. Pl.> {s. u. ↑Fuus}: Faustball.

fuus|deck ['fu:s'dek] <Adj.; ~e> {s. u. ↑Fuus ↑deck}: faustdick, meist i. d. Vbdg. **et f. hinger de Uhre han* (es f. hinter den Ohren haben = harmlos wirken, dabei schlau, gerissen sein). Tbl. A1

Fuus|hand|schoh/~|händ|sche, der ['fu:s,hantʃo· / -hɛntʃə] <N.; ~|händ|schohn [-hɛntʃo·n]> {s. u. ↑Fuus ↑Hand|schoh/Händ|sche}: Fausthandschuh.

Fuus|rääch, et ['fu:s,rɛ:fj] <N.> {s. u. ↑Fuus ↑Rääch}: Faustrecht.

Fuus|regel, de ['fu:s,re:jəl] <N.; ~e> {s. u. ↑Fuus}: Faustregel.

Fuus|schlag, der ['fu:s,ʃla:x] <N.; ~|schläg [-ʃlɛ·fj]> {s. u. ↑Fuus}: Faustschlag.

Fuutel, der ['fu:təl] <N.; ~e>: Betrug, Pfusch [auch: ↑Bedress|che, ↑Bedrög|erei, ↑Tuntel|ei (2)].

fuutele ['fu:tələ] <V.; schw.; *han*; fuutelte ['fu:təltə]; gefuutelt [jə'fu:təlt]> {9.2.1.2}: pfuschen (im Spiel). (6)

Fuutel|ei, de [ˌfu:tə'leːɪ̯] <N.; ~e [-eɪ̯ə]>: Betrügerei [auch: ↑Be|drög|erei, ↑Be|dress|che, ↑Be|schüpp|che, ↑Ge|fuutels, ↑Schüngel|ei].

Fuutel|er, der [ˌfu:tə'lɐ] <N.; ~>: Betrüger [auch: ↑Be|drög|er, ↑Filou, ↑Bankrött|er].

Gaade, der ['ja·də] <N.; Gääde ['jɛ·də]> {5.2.1.1.2}: Garten.

Gaade|arbeid, de ['ja·də‚ar‚bei̯·t] <N.; ~e> {s. u. ↑Gaade ↑Arbeid}: Gartenarbeit.

Gaade|bank, de ['ja·də‚baŋk] <N.; ~|bänk> {s. u. ↑Gaade}: Gartenbank.

Gaade|fess, et ['ja·də‚fɛs] <N.; ~|feste> {s. u. ↑Gaade ↑Fess}: Gartenfest.

Gaade|huus, et ['ja·də‚hu:s] <N.; ~|hüüser [-hy·zɐ]> {s. u. ↑Gaade ↑Huus}: Gartenhaus.

Gaade|laub, de ['ja·də‚lau̯·p] <N.; ~e> {s. u. ↑Gaade ↑Laub²}: Gartenlaube.

Gaade|muur/~|moor, de ['ja·də‚mu·ɐ̯ / -mo·ɐ̯] <N.; ~e> {s. u. ↑Gaade ↑Muur/Moor¹}: Gartenmauer.

Gaade|pooz, de ['ja·də‚po:ts] <N.; ~e> {s. u. ↑Gaade ↑Pooz}: Gartentor.

Gaade|schlauch, der ['ja·də‚ʃlou̯x] <N.; ~|schläuch> {s. u. ↑Gaade}: Gartenschlauch.

Gaade|stohl, der ['ja·də‚ʃto·l] <N.; ~|stöhl> {s. u. ↑Gaade ↑Stohl¹}: Gartenstuhl.

gääl [jɛ:l] <Adj.; ~e ['jɛ·l(ə)]> {5.2.1.4; 5.4}: gelb, von gelber Farbe; <subst.> *G. sök ene Kääl. (G. sucht einen Kerl.; scherzh. zu einer Frau, die gelbe Kleidung trägt).   Tbl. A2.2

Gääle, der ['jɛ·lə] <N.; ~>: in den Mund geräuschvoll hochgezogener Rotz, der dann ausgespuckt wird.

Gaan, et [ja:n] <N.; ~e> {5.2.1.1.1}: Garn.

gään [jɛ·n] <Adv.; komparierbar; leever, am leevste/et leevs ['le·vɐ / 'le:fstə / le:fs]> {5.2.1.1.1; 5.4}: gern.

Gään|ge|döpp, de ['jɛ·n‚jədœp] <N.; kein Pl.>: **a)** i. d. Vbdg. *de Frau G.* (sexuellen Genüssen zugeneigte Frau, Nymphomanin) [auch: *jöckig* ↑*Radies|che (2b)*]; **b)** hochnäsige Frau.

Gaan|knäuel, et ['ja:n‚knøy̯əl] <N.; ~e> {s. u. ↑Gaan}: Garnknäuel.

Gaan|roll, de ['ja:n‚rol·] <N.; ~e [-rolə]; ~|röll|che [-rœl·fjə]> {s. u. ↑Gaan ↑Roll}: Garnrolle.

Gääsch¹, de [jɛ:ʃ] <N.; ~te (Sortenpl.)> {5.2.1.1.2; 5.4; 8.3.1}: Gerste, Graupe.

Gääsch², der [jɛ:ʃ] <N.; ~(e)>: Parkaufseher, heute auch: Gärtner.

Gääschte|koon, et ['jɛ:ʃtə‚ko:n] <N.; ~|kööner> {s. u. ↑Gääsch¹ ↑Koon¹}: Gerstenkorn.

Gääschte|zupp, de ['jɛ:ʃtə‚tsʊp] <N.; o. Pl.> {s. u. ↑Gääsch¹ ↑Zupp}: Gerstensuppe.

Gabbeck, der ['jabɛk] <N.; kein Pl.>: Gaffer, Kopf an Uhren, der beim Uhrenschlag den Mund bewegt, wörtl. Gaffmaul [auch: ↑Platz|gabbeck].

Gabeko, der ['jabe‚ko·] <N.; Abk.>: Schnaps, **Ga**nz **be**llige **Ko**on [auch: ↑Klore, ↑Schabau].

Gabi/Gaby, et ['ja·bi] <N.; weibl. Vorn.>: Gabi, Gaby, Kurzf. von Gabriele.

Gadder, et ['jadɐ] <N.; ~e> {6.11.3}: Gatter.

Gaderob, de [‚jadə'ro·p] <N.; ~e> {8.2.4; 8.3.1}: Garderobe.

Gaderobe|hoke, der [jadə'ro·bə‚ho·kə] <N.; ~> {s. u. ↑Gaderob ↑Hoke}: Garderobenhaken.

Gaderobe|ständ|er, der [jadə'ro·bə‚ʃtɛn·dɐ] <N.; ~e> {s. u. ↑Gaderob}: Garderobenständer.

Gading, de [ja'dɪŋ·] <N.; ~e [ja'dɪŋə]> {5.3.2; 8.2.4; 8.3.1}: Gardine.

Gadinge|prädig, de [ja'dɪŋə‚prɛ·dɪʃ] <N.; ~te> {s. u. ↑Gading ↑Prädig}: Gardinenpredigt.

Gadinge|röll|che, et [ja'dɪŋə‚rœl·fjə] <N.; ~r> {s. u. ↑Gading}: Gardinenröllchen.

Gadinge|schnur/~|schnor, de [je'dɪŋə‚ʃnu·ɐ̯ / -ʃno·ɐ̯] <N.; ~|schnür> {s. u. ↑Gading ↑Schnur/Schnor}: Gardinenschnur.

Gadinge|stang, de [ja'dɪŋə‚ʃtaŋ·] <N.; ~e [-ʃtaŋə]> {s. u. ↑Gading ↑Stang (1)}: Gardinenstange.

gaffe ['jafə] <V.; schw.; *han*; gaffte ['jaftə]; gegaff [jə'jaf]>: gaffen.   (27)

Gaffel¹, de ['jafəl] <N.; ~e ['jafələ]; Gäffel|che ['jɛfəlfjə]> {5.3.1; 6.1.3}: Gabel.

Gaffel², de ['jafəl] <N.; ~e ['jafələ]>: Gaffel, Verbund von Gewerbetreibenden im MA.

Gaffe|rei, de [jafə'rei̯·] <N.; ~e [jafə'rei̯ə]>: fortwährendes Gaffen.

Gage, de [ja·ʃ] <N.; ~ ['ja·ʒə] ⟨frz. gage⟩> {2}: Gage.

gäge ['jɛ·jə] <Präp.; m. Akk.> {5.4}: gegen, versus [auch: ↑widder²].

gäge(n)|-, Gäge(n)|- ['jɛ:jə(n)] <Präfix> {5.4}: gegen-, Gegen-, i. Vbdg. m. N. u. Adj.: *~deil* (~teil), *~siggig* (~seitig).

Gäge|bei|spill, et ['jɛ·jə‚bei̯‚ʃpɪl] <N.; ~ [-ʃpɪl·]> {5.3.4}: Gegenbeispiel.

Gäge|ge|weech, et ['jɛ·jəjə,veːfj] <N.; ~te> {5.2.1.2; 5.4/ 8.3.5}: Gegengewicht.
Gäge|künning, der ['jɛ·jə,kʏnɪŋ] <N.; ~e> {5.3.2; 5.4}: Gegenkönig.
Gäge|leech, et ['jɛ·jə,leːfj] <N.; ~ter> {5.2.1.2; 5.4}: Gegenlicht.
Gäge|leist|ung, de ['jɛ·jə,leɪstʊŋ] <N.; ~e> {s. u. ↑gäge}: Gegenleistung.
Gäge|meddel, et ['jɛ·jə,medəl] <N.; ~(e)> {5.5.2; 6.11.3}: Gegenmittel.
gäge|nander [,jɛ·jə'nandɐ / '--,--] <Adv.> {8}: gegeneinander [auch: ↑gäge|nein].
Gägend, de ['jɛ·jənt] <N.; ~e> {5.4}: Gegend.
Gäge(n)|deil, et ['jɛ·jə(n),deɪl] <N.; o. Pl.> {6.11.1; 9.1.4}: Gegenteil.
gäge(n)|enein [,jɛ·jə(n)'ənəɪn] <Adv.> {9.1.4}: gegeneinander [auch: ↑gäge|nander].
gägen|üvver[1] [,jɛ·jən'|ʏvɐ] <Präp.> {5.3.2; 6.1.1}: gegenüber; **a)** <i. Vbdg. m. vun + Dat.>: *g. vun der Kirch* (gegenüber der Kirche); **b)** <mit vorangestelltem Dat.>: *der Kirch g.* (der Kirche gegenüber) [auch: ↑vis-à-vis[1]].
gägen|üvver[2] [,jɛ·jən'|ʏvɐ] <Adv.> {5.3.2; 6.1.1}: gegenüber, auf der entgegengesetzten Seite: *Sing Eldere wonne schräg g.* (Seine Eltern wohnen schräg g.); [auch: ↑vis-à-vis[2]].
Gägen|üvver|stell|ung, de [,jɛ·jən'|ʏvɐ,ʃtɛlʊŋ] <N.; ~e> {5.3.2; 6.1.1}: Gegenüberstellung.
Gäge|paps, der ['jɛ·jə,paps] <N.; ~|päps> {8.3.5}: Gegenpapst.
Gäge|satz, der ['jɛ·jə,zats] <N.; ~|sätz> : Gegensatz.
gäge|sätz|lich ['jɛ·jəzɛtslɪf] <Adj.; ~e; ~er> {7.3.2}: gegensätzlich. Tbl. A1
Gäge|sigg, de ['jɛ·jə,zɪk] <N.> {5.3.4; 8.3.1}: Gegenseite.
gäge|sigg|ig ['jɛ·jə,zɪgɪf / ,--'--] <Adj.; ~e> {5.4}: gegenseitig. Tbl. A5.2
Gäge|sigg|ig|keit, de [,jɛ·jə'zɪgɪfkeɪt] <N.; o. Pl.> {5.3.4}: Gegenseitigkeit, wechselseitiges Verhältnis; ***op G. (beruhe)*** (auf G. (beruhen)).
Gäge|spill|er, der ['jɛ·jə,ʃpɪlɐ] <N.; ~> {5.3.4}: Gegenspieler.
Gäge|stand, der ['jɛ·jə,ʃtant] <N.; ~|ständ [-ʃtɛn·t]>: Gegenstand.
Gäge|stemm, de ['jɛ·jə,ʃtem·] <N.; ~e [-ʃtemə]> {5.5.2}: Gegenstimme.
Gäge|stöck, et ['jɛ·jə,ʃtøk] <N.; ~/~e/~er> {5.5.1}: Gegenstück.
Gäge|tor, et ['jɛ·jə,toːɐ̯] <N.; ~e>: Gegentor.
Gäge|verkehr, der ['jɛ·jəfɐ,keːɐ̯] <; kein Pl.>: Gegenverkehr.
Gäge|wind, der ['jɛ·jə,vɪnt] <N.; o. Pl.>: Gegenwind.
Galaxis, de [ja'laksɪs] <N.; Galaxie [jala'ksi·ə]>: Galaxis.
Galerie, de [jalə'ri·] <N.; ~ [jalə'ri·ə] ⟨ital. galleria⟩>: Galerie.
Galer|iss, der [,jalə'rɪs] <N.; ~|iste>: Galerist.
Galge, der ['jal·jə] <N.; ~>: Galgen.
Galge|friss, de ['jaljə,frɪs] <N.; ~|friste> {s. u. ↑Friss}: Galgenfrist.
Galge|mohl|zigg, de ['jal·jə,mɔ·ltsɪk] <N.; ~e> {s. u. ↑Mohl|zigg}: Galgenmahlzeit, Henkersmahl.
Galge|penn, der ['jaljə,pen] <N.; ~ [-pen·]> {s. u. ↑Penn[1]}: scherzh. für Möhre, Mohrrübe, Karotte; wörtl: Galgenstift [auch: ↑Muhr].
Galge|vugel, der ['jal·jə,fʊɐ̯əl / -fuːl] <N.; ~|vügel [-fʏjəl / -fyːl]> {s. u. ↑Vugel}: Galgenvogel.
Galions|figur, de [jalɪ'jɔ·nsfɪ,juːɐ̯] <N.; ~e>: Galionsfigur.
Gall, de [jal·] <N.; ~e ['jalə] {8.3.1}: Galle.
Galle|blos, de ['jalə,bloːs] <N.; ~e> {s. u. ↑Blos}: Gallenblase.
Galle|flüss|ig|keit/~|flöss|~, de ['jalə,flʏsɪfkeɪt / -fløs-] <N.; o. Pl.> {(5.5.1)}: Gallenflüssigkeit.
Galle|stein, der ['jalə,ʃteɪn] <N.; ~ [-ʃteːn]>: Gallenstein.
Gallie ['jalɪə] <N.; Ortsn.>: Gallien.
Galopp, der [ja'lɔp] <N.; ~s u. ~e (Pl. ungebr.) ⟨frz. galop⟩>: Galopp, schnellste Gangart bes. des Pferdes; ***em G.*** (im G. = sehr schnell; in großer Hetze, weil die Zeit drängt).
galoppiere/~eere [jalo'piː(ɡ)rə / -eːrə] <V.; schw./unr.; *sin*; galoppierte [jalo'piːɐ̯tə]; galoppiert [jalo'piːɐ̯t] ⟨frz. galoper⟩> {(5.1.4.3)}: galoppieren. (3) (2)
Galopp|renne, et [ja'lɔp,rɛnə] <N.; ~>: Galopprennen.
Galosche/Kalosche [ja'lɔʃə / ka'lɔʃə] <N.; fem.; nur Pl. ⟨frz. galoche⟩> {2}: Galoschen.
Gamasch/Kamasch, de [ja'maʃ / ka'maʃ] <N.; ~e (meist Pl.) ⟨frz. gamache⟩> {2; 8.3.1}: Gamasche.
gammele ['jaməlɐ] <V.; schw.; *han*; gammelte ['jaməltə]; gegammelt [jə'jamɐlt]> {9.2.1.2}: gammeln. (6)

Gams|baat, der ['jams,ba:t] <N.; ~|bäät> {s. u. ↑Baat}: Gamsbart.

Gams|bock, der ['jams,bɔk] <N.; ~|böck> {s. u. ↑Bock}: Gamsbock.

Gang[1], der [jaŋ] <N.; Gäng [jɛŋ·]; Gängel|che ['jɛŋəlçə]>: Gang, **1.** umschlossener od. überdachter Weg: *ene ungerirdische G.* (ein unterirdischer G.); ***huh Wäng, lang Gäng** (Pseudo-Chinesisch für Gefängnis). **2.** Art des Gehens; *ene komische G.* (ein merkwürdiger G.); ***e Gängelche maache** (spazieren gehen; einen Spaziergang machen); ***en de Gäng kumme** (sich beeilen). **3.** eine der Stufen der Übersetzung des Getriebes: *der eetste/ eeschte, zweite, drette, vierte/veete, fünfte G.* (der 1., 2., 3., 4., 5. G.). **4.** einzelnes Gericht in der Speisefolge einer Mahlzeit: *Dat Esse hatt fünf Gäng.* (Das Essen hatte 5 Gänge.).

Gang[2], de [jɛŋ·] <N.; ~s>: Bande, Zusammenschluss von Verbrechern od. verwahrlosten Jugendlichen [auch: ↑Band[4]].

gäng[1] [jɛŋ·] <Adj.; nur adv.>: rasch, schnell [auch: ↑flöck].

gäng[2] [jɛŋ] <Adv.>: schnellstens, schleunigst [auch: ↑schleunigs].

Gängel|che, et ['jɛŋəlçə] <N.; ~r>: Spaziergang.

gängele ['jɛŋələ] <V.; schw.; gängelte ['jɛŋəltə]; gegängelt [jə'jɛŋəlt]> {9.2.1.2}: gängeln, **1.** <sin> langsam spazieren, planlos schlendern [auch: ↑bummele, ↑flaniere/~eere]. **2.** <han> kleine Kinder langsam führend gehen lehren. **3.** <han> dauernd bevormunden, beeinflussen. (6)

gäng|ig ['jɛŋɪʃ] <Adj.; ~e; ~er, ~ste>: gängig, **1.** üblich, gebräuchlich. **2.** (wieder) beweglich. Tbl. A5.2

Gans, de [jans] <N.; Gäns [jɛns] ⟨mhd., ahd. gans)>: Gans.

Gänse|blöm|che, et ['jɛn·zə,blø:mfçə] <N.; ~r> {s. u. ↑Blom}: Gänseblümchen [auch: ↑Matt|söß|che, ↑Matz|rüs|che, ↑Moß|halde|leev|che].

Gänse|bro̊de, der ['jɛn·zə,bro·də] <N.; ~> {s. u. ↑Bro̊de}: Gänsebraten.

Gänse|bross, de ['jɛn·zə,brɔs] <N.; o. Pl.> {s. u. ↑Bross}: Gänsebrust.

Gänse|ei, et ['jɛn·zə,ai] <N.; ~er>: Gänseei.

Gänse|fedder, de ['jɛn·zə,fedə] <N.; ~e> {s. u. ↑Fedder}: Gänsefeder.

Gänse|hugg, de ['jɛn·zə,hʊk] <N.; o. Pl.> {s. u. ↑Hugg}: Gänsehaut.

Gänse|levver, de ['jɛn·zə,levɐ] <N.; ~e> {s. u. ↑Levver}: Gänseleber.

ganz [jants] <Adj.; ~e>: ganz, **1.** heil, unversehrt, unbeschädigt. **2.** vollständig, gänzlich. Tbl. A1

ganz|dags ['jants,da·(x)s] <Adv.> {s. u. ↑ganz ↑Dag}: ganztags.

Ganz|dags|schull, de ['jantsda:xs,ʃʊl] <N.; ~e [-ʃʊlə]> {s. u. ↑Dag ↑Schull}: Ganztagsschule.

gappe ['japə] <V.; schw.; han; gappte ['japtə]; gegapp [jə'jap]> {6.5.1}: **1.** gähnen; [RA] *Gapp nit, wann jeder gapp! Gapp, wann Godd gapp, dann Godd gitt Gapp.* (Gähne nicht, wenn jeder gähnt! Gähne, wenn Gott gähnt, denn Gott gibt das Gähnen.). **2.** offen stehen, auseinanderklaffen: *Die Schohn g.* (Die Schuhe klaffen oben auseinander.). (75)

Gapp|erei, de [,japə'rei·] <N.; ~e [-ə'reiə]>: Gähnerei.

gar[1] [ja:ɐ] <Adj.; ~e>: gar, **1.** fertig gekocht, gebraten od. gebacken, gut durchgekocht, durchgebacken *et ~e Fleisch* (das ~e Fleisch), oft in Bezug auf kochen, braten: *et g. gebrode Fleisch vum Knoche avlüse* (das g. gebratene Fleisch vom Knochen ablösen); *de Äädäppel g. koche* (die Kartoffeln g. kochen); *De Äädäppel sin noch nit g.* (Die Kartoffeln sind noch nicht g.). **2.** ***nit ganz gar sin** (verrückt sein, spinnen): *Dä es nit ganz g.* (Er ist verrückt.) [auch: *noch ene Wall koche müsse*]. Tbl. A2.6

gar[2] [ja:ɐ] <Adv.>: gar, (verstärkend bei Verneinungen) überhaupt: *g. nit* (g. nicht).

Garage, de [ja'ra·ʃ] <N.; ~ [ja'ra·ʒə] ⟨frz. garage⟩> {2}: Garage, Raum zum Einstellen von Kraftfahrzeugen.

Garage(n)|en|fahrt, de [ja'ra·ʒə(n),enfa:t] <N.; ~e ⟨frz. garage⟩> {s. u. ↑Fahrt; 9.1.4}: Garageneinfahrt.

Garage|po̊oz, de [ja'ra·ʒə,po:ts] <N.; ~e ⟨frz. garage⟩> {s. u. ↑Po̊oz}: Garagentor.

garanteet [,jaran'te·t] <Adv.> {5.1.4.3; 8.2.4}: garantiert, mit Sicherheit, bestimmt.

Garantie, de [,jaran'ti·] <N.; ~e [,jaran'ti·ə]>: Garantie.

Garantie|friss, de [jaran'ti·,frɪs] <N.; ~|friste> {s. u. ↑Friss}: Garantiefrist.

Garantie|sching, der [jaran'ti·,ʃɪŋ] <N.; ~ [-ʃɪŋ·]> {s. u. ↑Garantie; ↑Sching[1]}: Garantieschein.

Garantie|zigg, de [jaran'ti·,tsɪk] <N.; ~e> {s. u. ↑Garantie; ↑Zigg}: Garantiezeit.

Gard, de [ˌjaˑt] <N.; ~e ⟨(a)frz. garde, zu: garder = schützen, bewachen, aus dem Germ.⟩> {8.3.1}: Garde; Regiment für den persönlichen Schutz eines Monarchen; Leibgarde.

Garda|see, der [ˈjardaˌzeˑ] <N.; Ortsn.>: Gardasee.

Gardenie [jaˈdeːnɪjə] <N.; fem.; Pl.>: Gardenien.

Gard|iss, der [jae̯ˈdɪs] <N.; ~|iste>: Gardist.

gäre [ˈjɛːrə] <V.; schw.; *han*; gärte [ˈjɛːe̯tə]; gegärt [jəˈjɛːe̯t]>: gären, 1. sich teilweise zersetzen: *Dat Bier gärt*. (Das Bier gärt.). 2. in jmdm. Unruhe verursachen: *Em Volk gärt et*. (Im Volk gärt es.). (21)

Garnitur, de [janɪˈtuˑe̯] <N.; ~e ⟨frz. garniture⟩>: Garnitur.

Gas, et [jaˑs] <N.; ~e>: Gas.

Gas|flamm, de [ˈjaˑsˌflamˑ] <N.; ~e [-flamə]> {s. u. ↑Flamm}: Gasflamme.

Gas|fläsch, de [ˈjaˑsˌflɛʃ] <N.; ~e> {s. u. ↑Fläsch}: Gasflasche.

Gas|ge|roch, der [ˈjaˑsjəˌrox] <N.; ~|röch> {s. u. ↑Ge|roch}: Gasgeruch.

Gas|hääd, der [ˈjaˑsˌhɛːt] <N.; ~e [-hɛːdə]> {s. u. ↑Hääd¹}: Gasherd.

Gas|heiz|ung, de [ˈjaˑsˌhee̯tsʊŋ] <N.; ~e>: Gasheizung.

Gas|lamp, de [ˈjaˑsˌlamp] <N.; ~e> {s. u. ↑Lamp}: Gaslampe.

Gas|latään, de [ˈjaˑslaˌtɛːn] <N.; ~e> {s. u. ↑Latään/Lantään}: Gaslaterne.

Gas|leech, et [ˈjaˑsˌleːʃ] <N.; ~ter> {s. u. ↑Leech}: Gaslicht.

Gas|ovve, der [ˈjaˑsˌovə] <N.; ~|övve(ns)> {s. u. ↑Ovve}: Gasofen.

Gas|patron, de [ˈjaˑspaˌtroˑn] <N.; ~e> {s. u. ↑Patron¹}: Gaspatrone.

Gas|röhr/~|rühr, et [ˈjaˑsˌrøːe̯ / -ryːe̯] <N.; ~e> {s. u. ↑Röhr²/Rühr}: Gasrohr.

Gass¹, de [jas] <N.; ~e [ˈjasə]; Gäss|che [ˈjɛsjə]> {8.3.1}: Gasse.

Gass², der [jas] <N.; Gäss [jɛs]> {8.3.5}: Gast.

gass|fründ|lich [ˈjasˌfryntlɪç] <Adj.; ~e; ~er, ~ste> {s. u. ↑Gass² ↑fründ|lich}: gastfreundlich. Tbl. A1

Gass|huus, et [ˈjasˌhuːs] <N.; ~|hüüser [-hyˑzə]> {s. u. ↑Gass² ↑Huus}: Gasthaus.

gass|lich [ˈjaslɪç] <Adj.; ~e; ~er, ~ste> {8.3.5}: gastlich, gastfreundlich. Tbl. A1

Gass|spill, et [ˈjasˌʃpɪl] <N.; ~ [-ʃpɪlˑ]> {s. u. ↑Gass² ↑Spill}: Gastspiel.

Gass|weet, der [ˈjasˌveːt] <N.; ~e> {s. u. ↑Gass² ↑Weet}: Gastwirt.

Gäste|hand|doch, et [ˈjɛstəˌhandoˑx] <N.; ~|döcher> {s. u. ↑Gass² ↑Doch¹}: Gästehandtuch.

gatz [jats] <Adj.; meist präd.; Komp. u. Sup. ungebr.; ~e>: a) herb, bitter, widerwärtig, auf den Geschmack verdorbener Lebens- u. Genussmittel bezogen; b) zu teuer. Tbl. A1

gau [jau̯] <Adj.; ~e; ~er, ~ste>: flink, schnell; gerissen, schlitzohrig, gerieben, raffiniert, listig, gewieft, gescheit [auch: ↑ge|räuch, *dubbelt gefläach*, ↑ge|revve, ↑durch|drevve, ↑filou|isch, ↑hinger|lest|ig, ↑ver|schlage²]. Tbl. A2.9

Gau|gitsch|er, der [ˈjau̯ˌjɪtʃe] <N.; ~>: listiger Mensch, Pfiffikus, Schlaukopf, Schlitzohr.

Gau|ig|keit, de [ˈjau̯ɪʃˌkee̯t] <N.; o. Pl.>: 1. Eile, Schnelligkeit. 2. Schläue, Gerissenheit.

Gaume, der [ˈjau̯mə] <N.; ~>: Gaumen.

Gaume|plaat, de [ˈjau̯məˌplaːt] <N.; ~e> {s. u. ↑Plaat¹}: Gaumenplatte.

Gauner, der [ˈjau̯ne] <N.; ~>: Gauner.

gaunere [ˈjau̯nərə] <V.; schw.; *han*; gaunerte [ˈjau̯nete]; gegaunert [jəˈjau̯net]> {9.2.1.2}: gaunern, im Spiel übervorteilen, betrügen. (4)

Gav, de [jaˑf] <N.; ~e [ˈjaˑvə]> {6.1.1; 8.3.1}: Begabung.

Gazell, de [jaˈtsɛlˑ] <N.; ~e [jaˈtsɛlə]> {8.3.1}: Gazelle.

Ge|äss, et [jəˈɛs] <N.; kein Pl.> {8.3.5}: Geäst.

Ge|babbel|s, et [jəˈbabəls] <N.; kein Pl.> {9.2.2}: Gebabbel, 1. kindliches Geplauder. 2. Getratsch, unnützes, törichtes Geschwätz.

Ge|bäck, et [jəˈbɛk] <N.; ~e (Sortenpl.)>: Gebäck.

Ge|bälk|s, et [jəˈbɛlks] <N.; kein Pl.>: Weinen, Geschrei, widerliches Singen, Brüllen, Johlen aus Übermut.

gebäre [jəˈbɛːrə] <nicht trennb. Präfix-V.; nur Part. II gebr.; st.; *han*; gebore [jəˈbɔːrə]>: gebären. (77)

Ge|bätsch, et [jəˈbɛtʃ] <N.; ~s>: Geschwätz.

Ge|bedd, et [jəˈbet] <N.; ~er> {5.3.2; 5.5.2; 6.11.3}: Gebet.

Ge|bedd|boch, et [jəˈbetˌboˑx] <N.; ~|böcher> {s. u. ↑Ge|bedd ↑Boch¹}: Gebetbuch.

Ge|bell, et [jəˈbɛl] <N.; kein Pl.>: Gebell.

Ge|bess, et [jəˈbes] <N.; ~e> {5.5.2}: Gebiss.

Gebiet, et [jə'bi·t] <N.; ~e> {7.2.2}: Gebiet.
ge|bildt [jə'bɪl·t] <Adj.; Part. II von ↑bilde; ~e; ~er, ~ste> {8.2.2.1}: gebildet. Tbl. A1
Ge|bimmel|s, et [jə'bɪməls] <N.; kein Pl.> {9.2.2}: Gebimmel [auch: ↑Schell|erei].
Ge|birg, et [jə'bɪrfj] <N.; ~e [-,bɪrjə]>: Gebirge.
ge|birg|ig [jə'bɪrjɪfj] <Adj.; ~e; ~er, ~ste>: gebirgig. Tbl. A5.2
Ge|birgs|schluch, de [jə'bɪr·fjs,ʃlʊx] <N.; ~te> {s. u. ↑Ge|birg ↑Schluch}: Gebirgsschlucht.
Ge|blök|(s), et [jə'blœ:k(s)] <N.; kein Pl.> {5.5.3; 8.3.1; (9.2.2)}: Gebrüll, Geblöke [auch: ↑Ge|bröll|(s)].
ge|blömp [jə'blø:mp] <Adj.; Part. II von mhd. *blüemen*; ~|blömte [-blø:mtə]> {5.4; 8.3.5}: geblümt, mit Blumen gemustert; **[RA]** (derb, Schimpfw.) *Do schön g. Aaschloch!* (wörtl.:) Du schön ~es Arschloch!). Tbl. A4.2.4
Ge|bodd, et [jə'bot] <N.; ~e> {5.3.2; 5.5.1}: Gebot.
Ge|bommel|s, et [jə'boməls] <N.; kein Pl.>: Gehänge/Anhänger (an Ohrringen, Hals-/Uhrketten, Armbändern) [auch: ↑Bommel|age].
Geboot/Geburt, de [jə'bo:t / jə'bu:ɐ̯t] <N.; *Geboot* veraltend; ~e> {5.2.1.1.1; 5.4}: Geburt [auch: ↑Nidder|kunf].
Geboots|dag, der [jə'bo:ts,da:x] <N.; ~e/~|däg [-da·ʀə / -dɛ·fj]> {s. u. ↑Geburt/Geboot ↑Dag}: Geburtstag.
Geboots|dags|fier/~|feer, de [jə'bo:tsda:xs,fi·ɐ̯ / -fe:ɐ̯] <N.; ~e> {s. u. ↑Geboot ↑Dag ↑Fier/Feer}: Geburtstagsfeier.
Geboots|dags|ge|schenk, et [jə'bo:tsda:xs,jə,ʃɛŋk] <N.; ~e> {s. u. ↑Geboot ↑Dag}: Geburtstagsgeschenk.
Geboots|dags|kaat, de [jə'bo:tsda:xs,ka:t] <N.; ~e> {s. u. ↑Geboot ↑Dag ↑Kaat}: Geburtstagskarte.
Geboots|dags|kind, et [jə'bo:tsda:xs,kɪnt] <N.; ~er> {s. u. ↑Geboot ↑Dag}: Geburtstagskind.
Ge|bösch, et [jə'bøʃ] <N.; ~e> {5.5.1}: Gebüsch.
Ge|bräu, et [jə'brø̯y] <N.>: Gebräu.
ge|broche [jə'brɔxə] <Adj.; Part. II von ↑breche; ~>: gebrochen, **a)** geknickt: *ene g. Leechstrohl* (ein ~er Lichtstrahl); **b)** niedergeschlagen u. des Lebensmutes beraubt: *ene g. Minsch* (ein ~er Mensch); **c)** mit vielen Fehlern eine Fremdspr. sprechen; **d)** durch innere od. äußere Umstände gestört/beeinträchtigt: *e g. Verhäldnis* (ein ~es Verhältnis). Tbl. A3.2
Ge|brödsch, et [jə'brœ:tʃ] <N.>: nur i. d. Vbdg. *ärm G.* (arme, schwache od. kranke Person).

Ge|bröll|(s)/~|brüll(s), et [jə'brøl(s) / -bryl(s)] <N.; kein Pl.> {5.5.1; 9.2.2}: Gebrüll [auch: ↑Ge|blök|s].
Ge|bruch, der [jə'brʊx] <N.; ~|brüch> {5.3.1}: Gebrauch, **1.** <o. Pl.> das Gebrauchen; Benutzung, Anwendung; **2.** <meist Pl.> Sitte, Brauch.
ge|bruche [jə'brʊxə] <nicht trennb. Präfix-V.; schw.; *han*; gebruchte [jə'brʊxtə]; gebruch [jə'brʊx]> {5.3.1}: gebrauchen, **1.** benutzen, verwenden [auch: ↑be|notze (a), ↑bruche (1+2), ↑notze/nötze (1)]. **2.** brauchen, benötigen [auch: ↑be|dörfe/~|dürfe, *nüdig han*]. (123)
Ge|bruddel|s, et [jə'brʊdəls] <N.; kein Pl.>: **1.** Fehlstiche beim Handarbeiten. **2.** Verworrenes, Durcheinander.
Ge|bühr, de [jə'by:ɐ̯] <N.; ~e>: Gebühr.
Ge|bünn, et [jə'byn·] <N.; ~e [-bynə]>: Dielenfußboden, (Fuß)boden aus langen, schmalen Fußbodenbrettern [auch: ↑Dill·]; ***kei G. em Liev han** (sagt man zu jmdm., der immer weiter isst.).
Geburt/Geboot, de [jə'bu:ɐ̯t / jə'bo:t] <N.; ~e>: Geburt [auch: ↑Nidder|kunf].
Geburts|aan|zeig/Geboots|~, de [jə'bu:ɐ̯ts|a:n,tseɪ·fj / jə'bo:ts-] <N.; ~|zeige [-tseɪjə]> {s. u. ↑Geburt/Geboot ↑Aan|zeig}: Geburtsanzeige.
Geburts|datum/Geboots|~, et [jə'bu:ɐ̯ts,da·tʊm / jə'bo:ts-] <N.; ~|date [-da·tə] (unr. Pl.)> {s. u. ↑Geburt/Geboot}: Geburtsdatum.
Geburts|fähl|er/Geboots|~, der [jə'bu:ɐ̯ts,fɛ·le / jə'bo:ts-] <N.; ~> {s. u. ↑Geburt/Geboot ↑Fähler}: Geburtsfehler.
Geburts|huus/Geboots|~, et [jə'bu:ɐ̯ts,hu:s / jə'bo:ts-] <N.; ~|hüüser [-hy·ze]> {s. u. ↑Geburt/Geboot ↑Huus}: Geburtshaus.
Geburts|johr/Geboots|~, et [jə'bu:ɐ̯ts,jo·(ɐ̯) / jə'bo:ts-] <N.; ~e> {s. u. ↑Geburt/Geboot ↑Johr}: Geburtsjahr.
Geburts|name/Geboots|~, der [jə'bu:ɐ̯ts,na·mə / jə'bo:ts-] <N.; ~> {s. u. ↑Geburt/Geboot}: Geburtsname.
Geburts|oot/Geboots|~, der [jə'bu:ɐ̯ts,ɔ:t / jə'bo:ts-] <N.; ~e> {s. u. ↑Geburt/Geboot ↑Oot}: Geburtsort.
Geburts|sching/Geboots|~, der [jə'bu:ɐ̯ts,ʃɪŋ / jə'bo:ts-] <N.; ~|sching [-ʃɪŋ·]> {s. u. ↑Geburt/Geboot ↑Sching'}: Geburtsschein.
Geburts|urkund/Geboots|~, de [jə'bu:ɐ̯ts|u·ɐ̯,kʊnt / jə'bo:ts-] <N.; ~e> {s. u. ↑Geburt/Geboot ↑Ur|kund}: Geburtsurkunde.
Ge|däch|nis, et [jə'dɛfjnɪs] <N.; ~se> {8.3.5}: Gedächtnis.

Gefälligkeit

Ge|däch|nis|schwund, der [jə'dɛçnɪs‚ʃvʊnt] <N.; o. Pl.> {s. u. ↑Ge|däch|nis}: Gedächtnisschwund.

Ge|danke, der [jə'daŋkə] <N.; ~>: Gedanke.

Ge|danke|bletz, der [jə'daŋkə‚blets] <N.; ~e> {s. u. ↑Bletz}: Gedankenblitz.

Ge|danke|frei|heit, de [jə'daŋkə‚freɪheɪt] <N.; o. Pl.>: Gedankenfreiheit.

Ge|danke|sprung, der [jə'daŋkə‚ʃprʊŋ] <N.; ~|sprüng [-ʃprʏŋ·]>: Gedankensprung.

Ge|därm|s, et [jə'dɛrˑms] <N.; kein Pl.> {9.2.2}: Gedärm.

gedeck [jə'dɛk] <Adj.; Part. II von ↑decke¹; ~te> {8.3.5}: gedeckt, (bei Farben) matt; *****e g. Müsterche** (ein Muster, bei dem man Schmutz nicht sieht).   Tbl. A4.1.1

Ge|deech/~|dich, et [jə'de:ç / -dɪç] <N.; ~te> {5.2.1.2; 5.4}: Gedicht [auch: ↑Rüüm|che].

ge|deihe [jə'deɪə] <nicht trennb. Präfix-V.; st.; sin; gedeihte [jə'deɪˑtə]; gedeiht [jə'deɪˑt]>: gedeihen, geraten.   (78)

ge|deilt [jə'deɪlt] <Adj.; ~e> {6.11.1}: geteilt.   Tbl. A1

Ge|denk|dag, der [jə'dɛŋk‚da:x] <N.; ~e/~|däg [-daˑʀə / -dɛˑç]> {s. u. ↑Dag}: Gedenktag.

Ge|denk|fier/~|feer, de [jə'dɛŋk‚fiˑɐ̯ / -fe:ɐ̯] <N.; ~e> {s. u. ↑Fier/Feer}: Gedenkfeier.

Ge|denk|minutt, de [jə'dɛŋkmɪˌnʊt] <N.; ~e> {s. u. ↑Minutt}: Gedenkminute.

Ge|denk|stein, der [jə'dɛŋk‚ʃteɪn] <N.; ~ [-ʃteɪˑn]>: Gedenkstein.

Ge|denk|stund, de [jə'dɛŋk‚ʃtʊnˑt] <N.; ~(e)> {s. u. ↑Stund}: Gedenkstunde.

Ge|dich/~|deech, et [jə'dɪç / -de:ç] <N.; ~te> {5.2.1.2; 5.4}: Gedicht [auch: ↑Rüüm|che].

Ge|dier|s, et [jə'diˑɐ̯s] <N.; kein Pl.> {6.11.1; 9.2.2}: Getier, **1.** Tiere allg. **2.** (bes.) Ungeziefer.

Ge|dold, de [jə'dolt] <N.; kein Pl.> {5.5.1}: Geduld.

ge|dolde, sich [jə'doldə] <nicht trennb. Präfix-V.; schw.; han; gedoldte [jə'doltə]; gedoldt [jə'doltˑ]> {5.5.1}: sich gedulden, warten.   (28)

ge|dold|ig/~|döld|~ [jə'dolˑdɪç / -dølˑd-] <Adj.; ~e; ~er, ~ste> {5.5.1}: geduldig.   Tbl. A5.2

Ge|dolds|faddem, der [jə'doltsˌfadəm] <N.; o. Pl.> {s. u. ↑Ge|dold ↑Faddem}: Geduldsfaden.

Ge|dolds|prob, de [jə'doltsˌproˑp] <N.; o. Pl.> {s. u. ↑Ge|dold ↑Prob}: Geduldsprobe.

Ge|dolds|spill, et [jə'doltsˌʃpɪl] <N.; ~ [-ʃpɪlˑ]> {s. u. ↑Ge|dold ↑Spill}: Geduldsspiel.

Ge|döns, et [jə'døˑns] <N.; kein Pl.> {9.2.2}: Gedöns, Getue, Aufhebens, **1.** auffälliges, umständliches Gebahren. **2.** Unruhe erweckendes Treiben, Lärm; [auch: ↑Ge|dresse (3)].

Ge|drängel|s, et [jə'drɛŋəls] <N.; kein Pl.> {9.2.2}: Gedrängel, Drängelei [auch: ↑Ge|knubbel|s].

Ge|dresse, et [jə'drɛsə] <N.; kein Pl.>: Scheiße, **1.** (derb) [RA]: Dä hät e Geseech wie ene Haufe G. (Er hat ein Gesicht wie ein Haufen S.). **2.** *****e stief G.** (derb: steifer, stinkfauler Mensch). **3.** Getue, Aufhebens [auch: ↑Ge|döns].

Geech, de [jeːç] <N.; kein Pl.> {5.2.1.2; 5.4}: Gicht.

Geechten|broch, der ['jeːçtən‚brox] <N.; ~|bröch {s. u. ↑Geech ↑Broch¹}: Gichtbruch, **a)** Schlaganfall, Lähmung; **b)** (übertr.) ein vom Schlaganfall Gelähmter.

Geesch, de [jeːʃ] <N.; ~te> {5.2.1.2; 5.4}: Gischt.

geeße ['jeːsə] <V.; st.; han; goss [jɔs]; gegosse [jə'jɔsə]> {5.1.4.3}: gießen.   (79)

Geeß|kann, de ['jeːsˌkan] <N.; ~e [-kanə]> {5.1.4.3; s. u. ↑Kann}: Gießkanne, **1.** Gefäß zum Blumengießen. **2.** [RA] Wat hälds de dann vum Geeßkännche? (Zustimmung: Ich auch!): Ich muss noch de Finstere putze. Antwort: Wat hälds de dann vum Geeßkännche?

Ge|fääch/~|fech, et [jə'fɛːç / -fɛç] <N.; ~te> {5.2.1.2; 5.4}: Gefecht.

Gefahr, de [jə'faː(ɐ̯)] <N.; ~e>: Gefahr.

ge|fähr|lich [jə'fɛːɐ̯lɪç] <Adj.; ~e; ~er, ~ste> {7.3.2}: gefährlich, **a)** riskant; **b)** *****en ~e Schnüss han** (scharfzüngig sein).   Tbl. A1

ge|falle [jə'falə] <nicht trennb. Präfix-V.; st.; han; gefeel [jə'feˑl]; gefalle [jə'falə]>: gefallen.   (64)

Gefalle¹, der [jə'falə] <N.; ~>: Gefallen, **1.** Gefälligkeit: Du' mer ene G. un gangk ens för mich der Müll eravbränge. (Tu mir einen G. und bring für mich den Müll hinunter.). **2.** Gefallen: [RA] Du' mer ene G.! (Tu mir einen Gefallen! Ausruf der Empörung).

Gefalle², et [jə'falə] <N.; kein Pl.>: Gefallen, persönliche Freude: An däm Kleid fingen ich G. (An dem Kleid finde ich G.).

ge|fäll|ig [jə'fɛlɪç] <Adj.; ~e; ~er, ~ste>: gefällig.   Tbl. A5.2

Gefäll|ig|keit, de [jə'fɛlɪçkeɪt] <N.; ~e>: Gefälligkeit [auch: ↑Gefalle¹].

ge|fäll|igs [jə'fɛlɪ(ɦ)s] <Adv.> {8.3.5}: gefälligst.
Ge|fangene, der u. de [jə'faŋənə] <N.; subst. Adj.; ~>: Gefangene (der u. die).
Ge|fange|schaff, de [jə'faŋəʃaf] <N.; ~|schafte>: Gefangenschaft.
Ge|fäng|nis, et [jə'fɛŋnɪs] <N.; ~se>: Gefängnis [auch: ↑Bau (5), ↑Blech², ↑Bleche Botz, ↑Knass].
Ge|fäng|nis|muur/~|moor, de [jə'fɛŋnɪsˌmuˑɐ̯ / -moˑɐ̯] <N.; ~e> {s. u. ↑Muur/Moor¹}: Gefängnismauer.
Ge|fäng|nis|strof, de [jə'fɛŋnɪsˌʃtroˑf] <N.; ~e> {s. u. ↑Strof}: Gefängnisstrafe.
Ge|fäng|nis|zell, de [jə'fɛŋnɪsˌtsɛlˑ] <N.; ~e [-tsɛlə]> {s. u. ↑Zell}: Gefängniszelle [auch: ↑Kaschott].
Ge|fech/~|fääch, et [jə'fɛɦ / -fɛːɦ] <N.; ~te> {8.3.5}: Gefecht.
Geff, et [jef] <N.; Gefte ['jeftə]> {5.5.2; 8.3.5}: Gift.
Geff|gas, et ['jefˌjaˑs] <N.; ~e> {s. u. ↑Geff}: Giftgas.
Geff|köch, de ['jefˌkøɦ] <N.; ~e> {s. u. ↑Geff ↑Köch}: Giftküche.
Geff|möll/~|müll, der ['jefˌmøl / '-ˌmʏl] <N.; kein Pl.> {s. u. ↑Geff ↑Möll/Müll²}: Giftmüll.
Geff|nodel/~|nol, de ['jefˌnoːdəl / -noˑl] <N.; ~|nodele/ ~|nolde [-noːdələ / -noˑldə]> {s. u. ↑Geff ↑Nodel/ Nol}: Giftnadel.
Geff|nudel, de ['jefˌnuːdəl] <N.; ~e> {s. u. Geff}: Giftnudel.
Geff|pilz/~|pelz, der ['jefˌpɪlts / -pelts] <N.; ~e> {s. u. ↑Geff ↑Pilz/Pelz}: Giftpilz.
Geff|schlang, de ['jefˌʃlaŋ] <N.; ~e [-ʃlaŋə]> {s. u. ↑Geff ↑Schlang}: Giftschlange.
Geff|schrank, der ['jefˌʃraŋk] <N.; ~|schränk> {s. u. ↑Geff}: Giftschrank.
Geff|zwerg, der ['jefˌtsverɦ] <N.; ~e> {s. u. ↑Geff}: Giftzwerg.
Ge|fisel|s, et [jə'fɪzəls] <N.; kein Pl.> {5.3.3; 6.11.1; 7.4; 9.2.2}: Geriesel, feiner Staub, Sprühregen, feiner Schnee.
Ge|fispel|s, et [jə'fɪspəls] <N.; kein Pl.>: heimliches Geflüster, Tuschelei.
Ge|flaaster|(sch), et [jə'flaːstɐ(ʃ)] <N.; kein Pl.> {5.2.1; 9.2.2}: Geflatter.
ge|fläg [jə'flɛˑɦ] <Adj.; Part. II von ↑fläge; ~te; ~ter, ~ste> {5.4; 6.8.2; 8.3.5}: gepflegt, in gutem Zustand; von best. Güte; auf einem best. Niveau. Tbl. A4.1.1

ge|flapp [jə'flap] <Adj.; ~te; ~ter, ~ste> {8.3.5}: geflappt, verrückt, albern; ***jet g.** (einfältig) [auch: ↑läppsch; ↑jeck; ↑av|ge|schmack; ↑kalver|ig; ↑ver|kindsch, ↑larig, ↑tüttelig/tüddel~, ↑lüsch, ↑luusch]. Tbl. A4.1.1
ge|fleck [jə'flɛk] <Adj.; ~te> {8.3.5}: gefleckt. Tbl. A4.1.1
ge|fleut [jə'fløyt] <Adv.>: Ausdruck des Widerspruchs: Von wegen! Oft mit dem Zusatz *ävver*; (wörtl.) geflötet; **[RA]** *Dat häs de keinem Dauv gefleut.* (Androhung von Rache).
Ge|flögel, et [jə'fløːjəl] <N.; kein Pl.> {5.4}: Geflügel.
Ge|flögel|schir, de [jə'fløːjəlˌʃiˑɐ̯] <N.; ~e> {s. u. ↑Ge|flögel ↑Schir}: Geflügelschere.
Ge|flögel|schlot, der (*et* veraltet) [jə'fløːjəlˌʃloˑt] <N.; kein Pl.> {s. u. ↑Ge|flögel ↑Schlot}: Geflügelsalat (der).
ge|flögelt [jə'fløːjəlt] <Adj.; ~e> {5.4}: geflügelt. Tbl. A1
Ge|flögel|zoch, de [jə'fløːjəlˌtsox] <N.; ~te> {s. u. ↑Ge|flögel ↑Zoch}: Geflügelzucht.
Ge|föhl, et [jə'føˑl] <N.; ~e> {5.4}: Gefühl.
ge|föhl|voll [jə'føˑlˌfɔl] <Adj.; ~e> {5.4}: gefühlvoll, empfindsam. Tbl. A2.2
Ge|föhls|ärmod, de [jə'føˑlsˌɛrmoːt] <N.; kein Pl.> {s. u. ↑Ge|föhl ↑Ärmod}: Gefühlsarmut.
Ge|föhls|dusel|ei, de [jə'føˑlsduːzəˌleɪˑ] <N.; ~e [-eɪə]> {s. u. ↑Ge|föhl ↑Dusel|ei}: Gefühlsduselei.
Ge|föhls|levve, et [jə'føˑlsˌlevə] <N.; o. Pl.> {s. u. ↑Ge|föhl ↑Levve}: Gefühlsleben.
Ge|föhls|minsch, der [jə'føˑlsˌmɪnʃ] <N.; ~e> {s. u. ↑Ge|föhl ↑Minsch¹}: Gefühlsmensch.
Ge|föhls|saach, de [jə'føˑlsˌzaːx] <N.; o. Pl.> {s. u. ↑Ge|föhl ↑Saach}: Gefühlssache.
Ge|frickel|s, et [jə'frɪkəls] <N.; kein Pl.>: Wurstelei [auch: ↑Frickelei, ↑Ge|woosch|tel|s, ↑Woosch|telei].
ge|friere/~|freere [jə'friɐ̯rə / -freˑrə] <nicht trennb. Präfix-V.; st.; gefror [jə'froˑɐ̯]; gefrore [jə'froːrə]> {(5.1.4.3)}: gefrieren, **1.** <sin> durch Kälte zu Eis erstarren/fest u. hart werden: *Et Wasser gefriert zo Ies.* (Das Wasser gefriert zu Eis.). **2.** <han> einfrieren: *Mer han der Fesch gefrore.* (Wir haben den Fisch gefroren.). (195) (194)
Gefrier|fach, et [jə'friːɐ̯ˌfax] <N.; i. best. Komposita *fach*-, sonst ↑Faach; ~|fächer> {11}: Gefrierfach.
Gefrier|punk, der [jə'friːɐ̯ˌpʊŋk] <N.; o. Pl.> {s. u. ↑Punk}: Gefrierpunkt.
Gefrier|schotz|meddel, et [jə'friːɐ̯ʃotsˌmedəl] <N.; ~(e)> {s. u. ↑Schotz ↑Meddel}: Gefrierschutzmittel.

Gefrier|schrank, der [jə'fri:ɐ̯ˌʃraŋk] <N.; ~|schränk>: Gefrierschrank.

ge|frog [jə'frɔ·x] <Adj.; Part. II von ↑froge; ~te; ~ter, ~ste> {5.5.3; 8.3.5}: gefragt, begehrt, angesagt [auch: *op einer/jet erpich/jeck/versesse sin; einem en der Nas steche*]. Tbl. A4.1.1

geft|ig ['jɛftɪŋ] <Adj.; ~e; ~er, ~ste> {5.5.2}: giftig, **1.** gifthaltig, toxisch. **2.** bösartig, zornig. Tbl. A5.2

Ge|fusel|s, et [jə'fʊzəls] <N.; kein Pl.> {6.11.1; 7.4; 9.2.2}: Fusseln, Gewebefasern, Fadenteile.

Ge|fuutel|s, et [jə'fu:təls] <N.; kein Pl.>: Betrügerei.

Ge|giefel|s, et [jə'ji:fəls] <N.; kein Pl.>: Gekicher, meist das halbunterdrückte Lachen von Kindern, Mädchen.

Ge|grümmel|s/~|grömmel|~, et [jə'ˌrʏməls / -ˌrømǝl-] <N.; kein Pl.> {5.3.2; 6.13.3; 9.2.2}: Krümel.

Ge|hack|s, et [jə'haks] <N.; kein Pl.> {8.2.2.3; 8.3.5; 9.2.2}: Gehacktes, Hackfleisch.

ge|häss|ig [jə'hɛsɪŋ] <Adj.; ~e; ~er, ~ste>: gehässig, boshaft. Tbl. A5.2

Ge|heen|(s), et [jə'he:n(s)] <N.; ~|heene [-he·nə]> {5.2.1.1.2; 5.4; (9.2.2)}: Gehirn (Hirn), **a)** Gehirnmasse; **b)** (übertr.) Verstand.

Ge|heen|schlag, der [jə'he:nˌʃla:x] <N.; ~|schläg [-ʃlɛ·ŋ]> {s. u. ↑Ge|heen|(s)}: Gehirnschlag.

Ge|heens|kaste, der [jə'he:nsˌkastə] <N.; ~|käste> {s. u. ↑Ge|heen|(s)}: (wörtl.) Gehirnkasten, scherzh. für Verstand.

geheim [jə'he͜im] <Adj.; ~e; ~er, ~ste>: geheim. Tbl. A2.3

Geheim|agent, der [jə'he͜imˌa·ˌjɛnt] <N.; ~e>: Geheimagent.

Geheim|deens, der [jə'he͜imˌde:ns] <N.; ~te> {s. u. ↑Deens}: Geheimdienst.

Geheim|dür/~|dör, de [jə'he͜imˌdy·ɐ̯ / -dø·ɐ̯] <N.; ~|dürre/~|dörre [-dʏrə / -dørə] (unr. Pl.)> {s. u. ↑Dür/Dör}: Geheimtür.

Geheim|fach, et [jə'he͜imˌfax] <N.; i. best. Komposita *fach*-, sonst ↑Faach; ~|fächer> {11}: Geheimfach.

Geheim|gang, der [jə'he͜imˌjaŋ] <N.; ~|gäng [-ˌjɛŋ·]>: Geheimgang.

Geheim|meddel, et [jə'he͜imˌmedəl] <N.; ~(e)> {s. u. ↑Meddel}: Geheimmittel.

Geheim|nis, et [jə'he͜imˌnɪs] <N.; ~se>: Geheimnis.

Geheim|nis|kramer, der [jə'he͜imnɪsˌkra·mɐ] <N.; ~> {s. u. ↑Kram|er}: Geheimniskrämer.

Geheim|nummer, de [jə'he͜imˌnʊmɐ] <N.; ~e>: Geheimnummer.

Geheim|polizei, de [jə'he͜impolɪˌtse͜i·] <N.; ~e [-polɪˌtse͜iə]>: Geheimpolizei.

Geheim|poliz|iss, der [jə'he͜impolɪˌtsɪs] <N.; ~|iste> {s. u. ↑geheim; ↑Poliz|iss}: Geheimpolizist.

Geheim|rats|ecke [jə'he͜imˌra·tsˌɛkə] <N.; i. best. Komposita *Rat*-, sonst ↑Rod; fem.; nur Pl.> {11}: Geheimratsecken.

Geheim|rezepp, et [jə'he͜imˌre·ˌtsɛp] <N.; ~|rezepte> {s. u. ↑Rezepp}: Geheimrezept.

Geheim|schreff, de [jə'he͜imˌʃref] <N.; ~|schrefte> {s. u. ↑Schreff}: Geheimschrift.

Geheim|sproch, de [jə'he͜imˌʃprɔ·x] <N.; ~e> {s. u. ↑Sproch¹}: Geheimsprache.

Geheim|tipp, der [jə'he͜imˌtɪp] <N.; ~s>: Geheimtipp.

Geheim|zeiche, et [jə'he͜imˌtse͜iŋə] <N.; ~>: Geheimzeichen.

ge|hemmp [jə'hɛmp] <Adj.; Part. II von *hemme*; ~|hemmte [-hɛmtə]; ~|hemmter, ~ste [-hɛmtɐ / -hɛmpstə]> {8.3.5}: gehemmt, voller Hemmungen. Tbl. A4.2.4

Ge|höͤöch, et [jə'hœːŋ] <N.; ~|höͤöchter [-hœːŋtɐ]; ⟨mniederd. *geȟuchte*⟩> {8.3.5}: Behausung, Gehege.

Ge|höpp|s, et [jə'høps] <N.; kein Pl.> {5.5.1; 8.2.2.3; 9.2.2}: Gehüpfe.

(ge)|höre/~|hüre [(jə)'hø:(ɐ̯)rə / -hy:(ɐ̯)rə] <nicht trennb. Präfix-V.; Formen mischbar; st.; *han*; (ge)hoot/gehürt [(jə)'ho:t / jəhy·ɐ̯t]; gehoot/gehürt [jə'ho:t / jəhy·ɐ̯t]>: gehören, **1.** jmds. Besitz/Eigentum sein: *Dat (ge)hööt mir.* (Das gehört mir.). **2.** <sich g.> sich schicken: *Dat (ge)hööt sich nit.* (Das gehört sich nicht.). **3.** Glied od. Teil eines Ganzen sein, zu etw. zählen: *Dä (ge)hööt bei uns Famillich.* (Er gehört zu unserer Familie.). **4.** an einer best. Stelle passend, am Platze sein: *Et Radd (ge)hööt nit en de Wonnung.* (Das Fahrrad gehört nicht in die Wohnung.). **5.** für etw. erforderlich, Voraussetzung sein: *Do (ge)hööt vill Mod zo.* (Da gehört viel Mut zu.) (179) (21)

Ge|huddel|s, et [jə'hʊdəls] <N.; kein Pl.> {5.3.2; 9.2.2}: Gehudel, nicht fachgerechte, schlechte Arbeit.

(ge)|hüre/~|höre [(jə)'hy:(ɐ̯)rə / -hø:(ɐ̯)rə] <nicht trennb. Präfix-V.; Formen mischbar; schw.; *han*; (ge)hürte [(jə)'hy·ɐ̯tə]; gehürt [jə'hy·ɐ̯t]> {5.4}: gehören; vgl. (ge)|höre/~|hüre. (21) (179)

Geier, der [ˈjaɪ̯ˑɐ] <N.; ~>: Geier.
Geig, de [ˈjeɪ̯ˑfj] <N.; ~e [ˈjeɪ̯ˑjə]> {8.3.1}: Geige [auch: ↑Violin].
Geige|boge, der [ˈjeɪ̯ˑjə͜boːʀə] <N.; ~|böge> {s. u. ↑Geig ↑Boge}: Geigenbogen.
geil [jaɪ̯l] <Adj.; ~e; ~er, ~ste>: geil, **1.** gierig nach geschlechtlicher Befriedigung; [gebräuchl.: ↑rös|ig/ ros|~, ↑spetz ↑jöck|ig]. **2.** in begeisternder Weise schön, gut; großartig, toll. Tbl. A2.2
Geis¹, der [jeɪ̯s] <N.; kein Pl.> {8.3.5}: Geist, **1.** Verstand. **2.** Gesinnung, Haltung.
Geis², der [jeɪ̯s] <N.; ~ter> {8.3.5}: Geist, **1.** geistiges Wesen: *der Hellige G.* (der Heilige G.). **2.** Gespenst.
Geis³, der [jeɪ̯s] <N.; o. Pl.>: Geist, klares Destillat von unvergorenen, mit Alkohol versetzten Früchten, bes. Beerenfrüchten.
Geisel, de [ˈjeɪ̯ˑzəl] <N.; ~e>: Geisel.
Geiß, de [jeɪ̯s] <N.; ~(t)e>: Geiß, Zicke (weibl. Ziege).
Geiß|baat, der [ˈjeɪ̯s͜baːt] <N.; ~|bäät> {s. u. ↑Baat}: Geißbart, als hohe Staude wachsende Pflanze.
Geiß|bladd, et [ˈjeɪ̯s͜blat] <N.; ~|blädder> {s. u. ↑Bladd}: Geißblatt, Pflanze, die gern von Ziegen gegessen wird [auch: ↑Je|länger|je|leever (1)].
Geiß|bock, der [ˈjeɪ̯s͜bok] <N.; ~|böck> {s. u. ↑Bock}: Geißbock, **1.** Ziegenbock. **2.** Maskottchen des 1. FC Köln.
Geiß(t)e(n)|baat, der [ˈjeɪ̯s(t)ə(n)͜baːt] <N.; ~|bäät> {(9.1.3; 9.1.4)}; s. u. ↑Baat}: Geißenbart, scherzh. für Knebelbart.
Geiß(t)e|hääd, de [ˈjeɪ̯s(t)ə͜hɛˑt] <N.; ~e> {s. u. ↑Hääd²}: Ziegenherde, Geißenherde.
Geiß(t)e|heet, der [ˈjeɪ̯s(t)ə͜heːt] <N.; ~e> {s. u. ↑Geiß ↑Heet}: Ziegenhirt.
Geiß(t)e|milch, de [ˈjeɪ̯s(t)ə͜mɪləfj] <N.; o. Pl.> {(9.1.3)}: Geißenmilch.
Geiße|pitter, der [ˈjeɪ̯sə͜pɪtɐ] <N.> {s. u. ↑Geiß ↑Pitter}: Ziegenpeter, Mumps.
Geiß(t)e|stätz, der [ˈjeɪ̯sə͜ʃtɛts] <N.; ~e> {(9.1.3); s. u. ↑Stätz}: Geißenschwanz.
Geister|bahn, de [ˈjeɪ̯stɐ͜baˑn] <N.; ~e>: Geisterbahn.
geistere [ˈjeɪ̯stərə] <V.; schw.; *sin*; geisterte [ˈjeɪ̯stətə]; gegeistert [jəˈjeɪ̯stət]> {9.2.1.2}: geistern, wie ein Geist umgehen. (4)

Geister|fahr|er, der [ˈjeɪ̯stə͜faːʀɐ] <N.; ~>: Geisterfahrer, Falschfahrer.
Geister|stadt, de [ˈjeɪ̯stə͜ʃtat] <N.; ~|städt>: Geisterstadt.
Geister|stund, de [ˈjeɪ̯stə͜ʃtʊnˑt] <N.; ~(e)> {s. u. ↑Stund}: Geisterstunde.
Geister|zog, der [ˈjeɪ̯stə͜tsox] <N.; ~|zög> {s. u. ↑Zog¹}: Geisterzug, **1.** Umzug von als dunkle Gestalten verkleideter Personen am Karnevalssamstag. **2.** leer fahrender Personenzug.
Ge|jööm|er, et [jəˈjœːmɐ] <N.; kein Pl.> {5.3.4; 5.5.3}: Gejammer, Gestöhn, Gewimmer.
Ge|käch|s, et [jəˈkɛfjs] <N.; kein Pl.> {5.3.1; 9.2.2}: Gekeuche.
Ge|kläbbel|s, et [jəˈklɛbəls] <N.; kein Pl.>: Schmutz [auch: ↑Knas].
Ge|knäbbel|s, et [jəˈknɛbəls] <N.; kein Pl.>: Wortstreit, Wortwechsel.
Ge|knöddel|s, et [jəˈknødəls] <N.; kein Pl.> {5.3.4; 5.5.1; 6.11.3; 9.2.2}: vielfach verschlungener Knoten, vielfältige Verschnürung [auch: ↑Knöddel|ei].
Ge|knöttel|s, et [jəˈknøtəls] <N.; kein Pl.>: mürrisches Gebrumm, Nörgelei [auch: ↑Knöttel|ei].
Ge|knotter, et [jəˈknotɐ] <N.; kein Pl.>: Knötern, Nörgeln, Murren; leiser Vorwurf.
Ge|knubbel|s, et [jəˈknʊbəls] <N.; kein Pl.>: **1.** nicht glatt sitzende Kleidung. **2.** Menschenmenge, dichtgedrängter Haufen.
Ge|knüsel|s, et [jəˈknyzəls] <N.; kein Pl.>: unsaubere Arbeit [auch: ↑Knüsel|ei].
Ge|kribbel|s, et [jəˈkrɪbəls] <N.; kein Pl.>: Kribbeln, nervöser Reiz der Haut, starker Juckreiz.
Ge|krünkel|s/~|krüngdel|~, et [jəˈkryŋkəls / -kryŋdəl-] <N.; kein Pl.>: zerknittertes Zeug.
Ge|krüsel|s, et [jəˈkryzəls] <N.; kein Pl.> {5.3.1; 6.11.1; 9.2.2}: Gekräusel.
Ge|küüm|s, et [jəˈkyːms] <N.; kein Pl.>: Geseufze [auch: ↑Küüm|erei].
Ge|läg¹, et [jəˈlɛˑfj] <N.; ~|läge [-lɛˑjə]> {5.4; 8.3.1}: Gelage, **1.** gemeinsames reichliches Essen u. Trinken. **2.** (verächtl.) Saufkumpane, Schnapsbruder.
Ge|läg², et [jəˈlɛˑfj] <N.; ~|läge [-lɛˑjə]> {5.4; 8.3.1}: Gelege.
ge|läge [jəˈlɛˑjə] <Adj.; Part. II von ↑lige; ~; ~ner, ~nste> {5.4}: gelegen, in einem günstigen Augenblick, zu

jmds. Absichten passend: *Dat Geld kütt mer ärg g.* (Das Geld kommt mir sehr g.). Tbl. A3.2

Ge|läge(n)|heit, de [jə'lɛːjə(n)ˌheɪt] <N.; ~e> {5.4; 9.1.4}: Gelegenheit.

Ge|läge(n)|heits|arbeid, de [jə'lɛːjə(n)heɪtsˌlarˌbeɪt] <N.; ~e> {s. u. ↑Ge|läge(n)|heit ↑Arbeid}: Gelegenheitsarbeit.

Ge|läge(n)|heits|arbeid|er, der [jə'lɛːjə(n)heɪtsˌlarˌbeɪdə] <N.; ~> {s. u. ↑Ge|läge(n)|heit ↑Arbeid|er}: Gelegenheitsarbeiter.

gelägent|lich [jə'lɛːjəntlɪʃ] <Adj.; ~e> {5.4; 7.3.2}: gelegentlich, bei Gelegenheit. Tbl. A1

Geländer, et [jə'lɛnˈdə] <N.; ~>: Geländer.

ge|lange [jə'laŋə] <nicht trennb. Präfix-V.; schw.; *sin*; gelangte [jə'laŋˈtə]; gelangk [jə'laŋˈk]>: gelangen. (49)

Ge|lapp|s, et [jə'laps] <N.; ~|läpps [-lɛps]>: Flickerei, Flickarbeit, Flickwerk (meist verächtl.).

Ge|läuf|s, et [jə'løyfs] <N.; kein Pl.> {5.1.3; 8.2.2.3; 9.2.2}: Lauferei, Gelaufe, **a)** dauerndes, meist lästiges u. belästigendes Hin- u. Herlaufen; **b)** eilige, notwendige, dicht aufeinander folgende od. mehrfach zu einem Ziel hin gemachte Gänge (Wrede).

Gelb|such, de ['jɛlpˌzʊx] <N.; i. best. Komposita *gelb*, sonst ↑gääl, o. Pl.> {11; s. u. ↑Such}: Gelbsucht.

Geld, et [jɛlt] <N.; ~er>: Geld, **1.** <o. Pl.> vom Staat geprägtes od. auf Papier gedrucktes Zahlungsmittel. **2.** <meist Pl.> größere Summe.

Geld|breef|dräg|er, der ['jɛltbreˑfˌdrɛˑjə] <N.; ~> {s. u. ↑Breef ↑Dräg|er}: Geldbriefträger.

Geld|büggel, der ['jɛltˌbʏɡəl] <N.; ~e> {s. u. ↑Büggel}: Geldbeutel, Geldbörse, Portemonnaie [auch: ↑Portemonnaie/Portmanee].

gelde ['jɛldə] <V.; st.; *han*; goldt [jolˑt]; gegolde [jə'joldə]> {6.11.3}: gelten. (80)

Geld|ge|schäff, et ['jɛltjəˌʃɛf] <N.; ~|schäfte> {s. u. ↑Ge|schäff}: Geldgeschäft.

Geld|ge|schenk, et ['jɛltjəˌʃɛŋk] <N.; ~e>: Geldgeschenk.

Geld|meddel, et ['jɛltˌmedəl] <N.; ~(e)> {s. u. ↑Meddel}: Geldmittel.

Geld|nud, de ['jɛltˌnuˑt] <N.; ~|nüde (veraltet)> {s. u. ↑Nud}: Geldnot.

Geld|sching, der ['jɛltˌʃɪŋ] <N.; ~ [-ʃɪŋˑ]> {s. u. ↑Sching¹}: Geldschein.

Geld|sorge ['jɛltˌzorjə] <N.; fem.; nur Pl.> {s. u. ↑Sorg}: Geldsorgen.

Geld|stöck, et ['jɛltˌʃtøk] <N.; ~/~e/~er> {s. u. ↑Stöck}: Geldstück.

Geld|strof, de ['jɛltˌʃtrɔˑf] <N.; ~e> {s. u. ↑Strof}: Geldstrafe.

Geld|verläge(n)|heit, de ['jɛltfɐˌlɛːjə(n)heɪt] <N.; ~e> {5.4; 9.1.4}: Geldverlegenheit.

Geld|wäsch, de ['jɛltˌvɛʃ] <N.; o. Pl.> {s. u. ↑Wäsch}: Geldwäsche.

ge|krönzelt [jə'krøntsəlt] <Adj.; Part. II von ↑krönzele; ~e, ~er, ~ste>: geziert, herausgeputzt. Tbl. A1

ge|ledde [jə'ledə] <Adj.; Part. II von ↑ligge; ~> {5.5.2; 6.11.3}: beliebt, nur i. d. Vbdg. *g. sin* (beliebt sein; (wörtl.) gelitten sein) [auch: ↑be|lieb]. Tbl. A3.2

Ge|lehte, der u. de [jə'leːtə] <N.; subst. Adj.; ~> {8.2.4}: Gelehrte (der u. die).

Ge|lenk, et [jə'lɛŋk] <N.; ~e>: Gelenk.

ge|lenk|ig [jə'lɛnkɪʃ] <Adj.; ~e; ~er, ~ste>: gelenkig, beweglich. Tbl. A5.2

Ge|lenk|pann, de [jə'lɛŋkˌpanˑ] <N.; ~e [-panə]> {s. u. ↑Pann¹}: Gelenkpfanne.

ge|lestig [jə'lestrɪʃ] <Adj.; ~e; ~er, ~ste> {5.5.2}: listig, klug, gewitzt [auch: ↑ge|wetz]. Tbl. A5.2

Gelier|meddel, et [ʒe'liːɐˌmedəl] <N.; ~(e)> {s. u. ↑Meddel}: Geliermittel.

ge|liert [jə'liˑɐt] <Adj.; Part. II von ↑liere; ~e> {5.2.2}: gelernt, (Part. II von ↑liere i. d. älteren Bed. „lehren") für einen best. Beruf ausgebildet. Tbl. A1

ge|linge [jə'lɪŋə] <nicht trennb. Präfix-V.; st.; *sin*; gelung [jə'lʊŋˑ]; gelunge [jə'lʊŋə]>: gelingen, **1.** zustande kommen: *Die Arbeid es god gelunge.* (Die Arbeit ist gut gelungen.) [auch: ↑fluppe, ↑glöcke, ↑klappe (3)]. **2.** <Part. gelunge> (übertr.) eigenartig, bemerkenswert, seltsam; drollig, komisch: *Wat do do aanhäs, süht ävver gelunge us.* (Was du da anhast, sieht aber komisch aus.). (26)

Ge|löss, et [jə'løs] <N.; ~|löste [-løstə] {5.5.1; 8.3.1; 8.3.5}: Gelüst(e).

ge|löste [jə'løstə] <nicht trennb. Präfix-V.; unpers.; schw.; *han*; gelöss [jə'løs] {5.5.1}: gelüsten, begehren: *Mich gelöss et noh enem Kölsch.* (Mich gelüstet nach einem Kölsch.) [auch: ↑begehre/~|gerre; ↑ge|löste; *op*

gelovve

einer/jet erpich/jeck/versesse sin; einem en der Nas steche]. (152)

ge|l̲o̲vve/~|lobe [jə'lovə / -lo:bə] <nicht trennb. Präfix-V.; schw.; han; gelovvte [jə'loftə]; gel̲o̲vv [jə'lof]> {5.3.4; 5.5.1; 6.1.1}: geloben. (66)

Ge|lügg|s, et [jə'lʏks] <N.; kein Pl.> {5.3.4; 6.6.2; 9.2.2}: Geläut.

gelunge [jə'lʊŋə] <Adj.; Part. II von ↑ge|linge; ~; ~ner, ~nste>: gelungen, geglückt, witzig, originell: *Die Frau hät e g. Hötche aan.* (Die Frau trägt ein originelles Hütchen.). Tbl. A3.2

ge|lüs [jə'lyˑs] <Adj.; Part. II von ↑lüse; ~te; ~ter, ~teste> {5.4; 8.3.5}: gelöst, frei von Sorge, Belastung (nach innerer Anspannung). Tbl. A4.1.2

Gelz, de [jɛlts] <N.; ~e> {8.3.1}: Gelze, **1.** verschnittene (kastrierte) Sau. **2.** (übertr.) magere Frau. **3.** Ohrfeige [auch: ↑Juv¹, ↑Fimm, ↑Firm|bängel, ↑Tatsch, ↑Wa|männ|che, ↑Tachtel, ↑Knall|zigar, ↑Ohr|fig, ↑Klatsch, ↑Denk|zeddel (b), ↑Dillen|dötz|che].

Ge|maach, et [jə'ma:x] <N.> {5.2.1.2; 5.4}: Gemächt, scherzh. für die männl. Geschlechtsorgane [auch: ↑Dill² (2), ↑Ge|mäch|s, ↑Löll (1), ↑Lömmel (2), ↑Lör|es (2), ↑Nipp, ↑Pitz, ↑Prügel (1b), ↑Reeme (2), ↑Schnibbel (3)].

Ge|mäch|s, et [jə'mɛʃs] <N.; kein Pl. ⟨mhd. gemaht (Pl. gemehte), ahd. gimaht(i) = Macht, Zeugungskraft⟩> {8.3.5; 9.2.2}: Gemächt, scherzh. für die männl. Geschlechtsorgane [auch: ↑Dill² (2), ↑Ge|maach, ↑Löll (1), ↑Lömmel (2), ↑Lör|es (2), ↑Nipp, ↑Pitz, ↑Prügel (1b), ↑Reeme (2), ↑Schnibbel (3)].

Ge|mang|brud, et [jə'maŋˌbruˑt] <N.; ~e> {s. u. ↑Brud}: Mischbrot, auch (Schimpfw.) *deck G.* (dicke Frau).

gemein [jə'meɪ̯n] <Adj.; ~e; ~er, ~ste>: gemein. Tbl. A2.4

Gemein|heit, de [jə'meɪ̯nheɪ̯t] <N.; ~e>: Gemeinheit.

Gemein|schaff, de [jə'meɪ̯nʃaf] <N.; ~|schafte>: Gemeinschaft.

Gemein|schaffs|geis, der [jə'meɪ̯nʃafsˌgeɪ̯s] <N.; o. Pl.> {s. u. ↑Gemein|schaff; ↑Geis¹}: Gemeinschaftsgeist.

Gemein|schaffs|schull, de [jə'maɪ̯nʃafsˌʃʊl] <N.; ~e [-ʃʊlə]> {s. u. ↑Schull}: Gemeinschaftsschule.

Gemm, de [jɛmˑ] <N.; ~e ['jɛmə]> {8.3.1}: Gemme.

Ge|möd, et [jə'møˑt] <N.; ~er> {5.4; 6.11.3}: Gemüt.

gemöd|lich [jə'møˑtlɪʃ] <Adj.; ~e; ~er, ~ste> {5.4; 6.11.3}: gemütlich, in angenehmer, behaglicher Atmosphäre: *ene ~e Ovend* (ein ~er Abend); ***sich ene ~e maache** (es sich g. machen). Tbl. A1

Ge|möd|lich|keit, de [jə'møˑtlɪʃkeɪ̯t] <N.; o. Pl.> {5.4; 6.11.3}: Gemütlichkeit.

Ge|möds|minsch, der [jə'møˑtsˌmɪnʃ] <N.; ~e> {s. u. ↑Ge|möd ↑Minsch¹}: Gemütsmensch.

Ge|möds|rauh, de [jə'møˑtsˌroʊ̯] <N.; o. Pl.> {s. u. ↑Ge|möd ↑Rauh}: Gemütsruhe.

gemodt [jə'moˑt] <Adv.>: gestimmt, gelaunt, sich in einer best. Gefühlslage, Stimmung befinden: *god g.* (wohlgemut).

Ge|mölsch, et [jə'mølʃ] <N.; kein Pl.>: Mischmasch, Gemisch, Melange, vielfach auf zubereitete, angemachte Speisen bezogen: *Su e G. mag ich nit.* (Solch einen Mischmasch mag ich nicht.).

Gemös, et [jə'møˑs] <N.; ~e> {5.4; 8.3.1}: Gemüse.

Gemös|bröh, de [jə'møˑsˌbrøˑ] <N.; ~e> {s. u. ↑Gemös ↑Bröh}: Gemüsebrühe.

Gemös|gaade, der [jə'møˑsˌjaˑdə] <N.; ~|gääde> {s. u. ↑Gemös ↑Gaade}: Gemüsegarten.

Gemös|saff, der [jə'møˑsˌzaf] <N.; ~|säff> {s. u. ↑Gemös ↑Saff}: Gemüsesaft.

Gemös|zupp, de [jə'møˑsˌtsʊp] <N.; ~e> {s. u. ↑Gemös ↑Zupp}: Gemüsesuppe.

Gen, et [jeˑn] <N.; ~e ['jeːnə]>: Gen.

genant [ʒɛ'nant] <Adj.; ~e; ~er, ~este ⟨frz. gênant⟩> {2}: genant, verlegen, sich genierend, schüchtern. Tbl. A1

genau [jə'naʊ̯] <Adj.; ~e; ~er, ~ste>: genau. Tbl. A2.9

Genau|ig|keit, de [jə'naʊ̯ɪŋkeɪ̯t] <N.; ~e>: Genauigkeit.

genau|(e)su [jə'naʊ̯(ə)ˌzuˑ] <Adv.> {s. u. ↑genau ↑esu¹/su¹}: genauso.

ge|neeße [jə'neˑsə] <nicht trennb. Präfix-V.; st.; han; genoss [jə'nɔs]; genosse [jə'nɔsə]> {5.1.4.3}: genießen. (79)

ge|nehmige [jə'neˑmɪjə] <nicht trennb. Präfix-V.; schw.; han; genehmigte [jə'neˑmɪçtə]; genehmig [jə'neˑmɪç]>: genehmigen. (7)

General, der [jenə'raˑl] <N.; General [jenə'rɛˑl]>: General.

General|prob, de [jenə'raˑlˌproˑp] <N.; ~e> {s. u. ↑Prob}: Generalprobe, letzte Probe vor der Premiere.

General|voll|maach, de [jenə'raˑlˌfɔlmaːx] <N.; ~te> {s. u. ↑Voll|maach}: Generalvollmacht, unbeschränkte Vollmacht.

Generation, de [ˌjenərats'joˑn] <N.; ~e>: Generation.
Genf [jɛnf] <N.; Ortsn.>: Genf.
Ge|nick, et [jə'nɪk] <N.; ~e>: Genick.
Ge|nick|schoss, der [jə'nɪkˌʃos] <N.; ~|schöss> {s. u. ↑Schoss²}: Genickschuss.
geniere, sich [ʒe'niˑ(ɐ)rə] <V.; schw.; han; genierte [ʒe'niˑɐ̯tə]; geniert [ʒe'niˑɐ̯t]>: sich genieren, eine Situation als unangenehm u. peinlich empfinden u. sich entsprechend gehemmt u. verschämt zeigen. (3)
genier|lich/geneer|~ [ʒe'niˑɐ̯lɪŋ / ʒe'neˑɐ̯-] <Adj.; ~e; ~er, ~ste> {(5.1.4.3)}: genierlich, blamabel, peinlich; schüchtern, gehemmt. Tbl. A1
Genitiv, der ['jenɪˌtiˑf] <N.; ~e>: Genitiv, 2. Fall.
Genitiv|objek, et ['jenɪtiˑfˌjɔp,jɛk] <N.; ~te> {s. u. ↑Objek}: Genitivobjekt.
genog [jə'noˑx] <Adv.> {5.4}: genug.
Genög|de, de [jə'nøˑɟ̞də] <N.; kein Pl.> {5.4; 10.2.8}: Genüge, a) Zufriedenheit; b) iron. für Durcheinander: *Wat en G.!* (Was für ein D.!).
ge|nöge [jə'nøˑjə] <nicht trennb. Präfix-V.; schw.; han; genögte [jə'nøˑɟ̞tə]; genög [jə'nøˑɟ̞]> {5.4}: genügen, ausreichen. (103)
genög|lich [jə'nøˑɟ̞lɪŋ] <Adj.; ~e; ~er, ~ste> {5.4; 7.3.2}: genügsam, 1. stillvergnügt, zufrieden. 2. behaglich, gemütlich. Tbl. A1
Genög|lich|keit, de [jə'nøˑɟ̞lɪŋkeɪ̯t] <N.; o. Pl.> {5.4; 7.3.2}: Zufriedenheit.
Genoss, der [jə'nos] <N.; Genöss [jə'nøs]> {5.5.1}: Genuss.
Genoss|meddel, et [jə'nosˌmedəl] <N.; ~(e)> {s. u. ↑Genoss ↑Meddel}: Genussmittel.
Genoss|such, de [jə'nosˌzʊx] <N.; o. Pl.> {s. u. ↑Genoss ↑Such}: Genusssucht.
Ge|nöttel|s, et [jə'nøtəls] <N.; kein Pl.> {5.5.1; 8.2.4; 9.2.2}: Nörgelei, Genörgel, Meckerei [auch: ↑Nöttel|ei].
Ge|nuschel|s, et [jə'nʊʒəls] <N.; kein Pl.> {6.11.1; 7.4; 9.2.2}: Genuschel.
Geograph, der [jeoˌjraˑf] <N.; ~e>: Geograph, Wissenschaftler auf dem Gebiet der Geographie.
Ge|öschell(s), et [jə'lœʒəl(s)] <N.; kein Pl.>: Zankerei, Nörgelei [auch: ↑Käbbel|ei].
Ge|päck, et [jə'pɛk] <N. ⟨Kollektivbildung zu *Pack* aus dem Niederd. < mniederl. pac⟩>: Gepäck.

Ge|päck|av|lag, de [jə'pɛkˌaflaˑx] <N.; ~e> {s. u. ↑Av|lag}: Gepäckablage.
Ge|päck|dräg|er, der [jə'pɛkˌdrɛˑjɐ] <N.; ~> {s. u. ↑Dräg|er}: Gepäckträger.
Ge|päck|netz, et [jə'pɛkˌnɛts] <N.; ~e>: Gepäcknetz.
Ge|päck|schalt|er, der [jə'pɛkˌʃaldɐ] <N.; ~> {s. u. ↑Schalt|er}: Gepäckschalter.
Ge|päck|sching, der [jə'pɛkʃɪŋ] <N.; ~ [-ʃɪŋˑ]> {s. u. ↑Sching¹}: Gepäckschein.
Ge|päck|stöck, et [jə'pɛkˌʃtøk] <N.; ~/~e/~er> {s. u. ↑Stöck}: Gepäckstück.
Ge|päck|wage, der [jə'pɛkˌvaˑɐ̯ə] <N.; ~>: Gepäckwagen.
Gepard, der [je'paxt] <N.; ~e [jeˑ'pardə] ⟨frz. guépard⟩>: Gepard.
Ge|piepsch, et [jə'piˑpʃ] <N.; kein Pl.> {6.11.4; 8.3.1}: Gepiepse, Gezwitscher.
Ge|quasel(s), et [jə'kvazəl(s)] <N.; kein Pl.> {6.11.1; 7.4}: Gequassel, Geschwätz.
ge|rääch [jə'rɛːʃ] <Adj.; ~te; ~ter, ~ste> {5.2.1.2; 5.4; 6.2.2}: gerecht, 1. objektiv; dem geltenden Recht entsprechend: *~te Aanspröch* (~e Ansprüche). **2.** legitim; dem (allg.) Empfinden von Gerechtigkeit, Wertmaßstäben entspr.: *~te Lehrer sin de beste.* (~e Lehrer sind die besten.). **3.** angemessen; best. Ansprüchen, Gegebenheiten angepasst, genügend, entspr.: *Ich ben nit ens g. en Rauh op et Hüüsche ze gonn.* (Ich kann nicht mal in Ruhe zur Toilette gehen.). Tbl. A4.1.1
Ge|räächt|ig|keit, de [jə'rɛːʃtɪŋkeɪ̯t] <N.; o. Pl.> {5.2.1; 5.4}: Gerechtigkeit.
Ge|räächt|ig|keits|ge|föhl, et [jə'rɛːʃtɪŋkeɪ̯tsjəˌføˑl] <N.; o. Pl.> {s. u. ↑Ge|räächt|ig|keit ↑Ge|föhl}: Gerechtigkeitsgefühl.
Ge|räächt|ig|keits|senn, der [jə'rɛːʃtɪŋkeɪ̯tsˌzen] <N.; o. Pl.> {s. u. ↑Ge|räächt|ig|keit ↑Senn}: Gerechtigkeitssinn.
ge|rahmp [jə'ramp] <Adj.; Part. II von ↑rahme; ~|rahmte [-ramtə] {8.3.5}: gerahmt. Tbl. A4.2.4
Ge|räm|sch, et [jə'rɛmʃ] <N.; kein Pl.>: **1.** Rahmenwerk, Fenstergitter. **2.** auch i. d. B.: **a)** Gerippe; **b)** knochige Person [auch: ↑Rebbe|ge|spens, ↑Knoche|ge|rämsch, ↑Ver|drügte, ↑Reuz (4), ↑Schmeck vum Dudewage (1), ↑Spenne|fleck|er, *schmalen Hering, fettgemaht Stochieser*].
Geranie, de [je'raːnɪə] <N.; ~>: Geranie.

Ge|rät, et [jə'rɛ·t] <N.; ~e>: Gerät.

ge|räuch [jə'røyʃ] <Adj.; ~te; ~ter, ~ste>: hinterlistig, hinterhältig, gerissen, Harmlosigkeit vortäuschend: *e g. Minsch* (eine gerissene Frau) [auch: ↑hinger|lest|ig, ↑gau, ↑ge|revve, ↑durch|drevve, ↑filou|isch, ↑ver|schlage², *dubbelt geflääch*]. Tbl. A4.1.1

Ge|räusch, et [jə'rɔyʃ] <N.; ~e>: Geräusch.

Gerd, der [jɛxt] <N.; männl. Vorn.>: Gerd, Kurzf. von Gerhard.

Gerda, et ['jɛr·da·] <N.; weibl. Vorn.>: Gerda.

ge|rebb [jə'rep] <Adj.; Part. II von ↑rebbe; ~te> {5.5.2; 8.3.5}: gerippt, mit Rippen-Struktur: *ene ~te Pullover* (ein ~er/mit Rippen versehener Pullover). Tbl. A4.1.1

ge|rech|fääd|ig [jə'rɛfɟ,fɛ:dɪfɟ] <Adj.; i. best. Komposita *-rech*, sonst ↑rääch|~; ~te; ~ter, ~|igste> {11; s. u. ↑fääd|ig}: gerechtfertigt. Tbl. A5.2

Ge|reech¹/~|rich¹, et [jə're:fɟ / -'rɪfɟ] <N.; ~te> {5.2.1.2; 5.4}: Gericht, öffentliche Institution, die vom Staat mit der Rechtsprechung betraut ist, Verstöße gegen Gesetze bestraft u. Streitigkeiten schlichtet.

Ge|reech²/~|rich², et [jə're:fɟ / -'rɪfɟ] <N.; ~te> {5.2.1.2; 5.4}: Gericht, als Mahlzeit angerichtete Speise.

Ge|rempel|s, et [jə'rɛmpəls] <N.; kein Pl.> {5.4; 9.2.2}: Gerümpel, geringwertiger Kram, wertloser Hausrat.

ge|renne [jə'renə] <nicht trennb. Präfix-V.; nur 3. Pers.; st.; *sin*; geronn [jə'ron·]; geronne [jə'ronə]> {5.5.2}: gerinnen. (82)

Gereon, der ['jere,jɔn] <N.; männl. Vorn.>: Gereon.

Gereons|driesch, der ['jerejɔns,dri:ʃ] <N.; Straßenn.>: Gereonsdriesch, kleine Seitenstraße der Gereonstraße in Köln-Altstadt-Nord. „Driesch" bedeutet Weide, Futterplatz; hier befand sich ein freier Platz östlich der Kirchen St. Gereon u. der Pfarrkriche St. Christoph, auf dem das klostereigene Vieh versorgt wurde; heute bietet sie Platz für den traditionellen Kölner Blumenmarkt (seit 1820).

Gereons|hoff [ˌjerejɔns,hɔf] <N.; Straßenn.> {s. u. ↑Gereon ↑Hoff}: Gereonshof; Straße in Köln-Altstadt/Nord. Der Name erinnert daran, dass zu dem Gereonskloster ebenfalls ein Gutshof gehörte, auf dem sich die Mönche u. Nonnen selbst versorgen konnten.

Gereons|kluster [ˌjerejɔns,klu·stɐ] <N.; Straßenn.> {s. u. ↑Gereon ↑Kluster}: Gereonskloster; Straße in Köln-Altstadt/Nord. Die erste Erwähnung des Gereonstiftes gab es im Jahr 866. Als Gründerin gilt die Mutter Konstantins des Großen, die Heilige Helena. Im MA war das freiadlige Gereonsstift eines der vornehmsten in Köln. Die Stifts- u. spätere Pfarrkirche besitzt einen markanten Dekagon-Turm. Das Kloster, das sich im Westen vor der Kirche befand, bestand bis zur Säkularisierung im Jahr 1806.

Gereons|mülle|gass [ˌjerejɔns'mylə,jas] <N.; Straßenn.> {s. u. ↑Gereon ↑Müll¹ ↑Gass¹}: Gereonsmühlengasse; Straße in Köln-Altstadt/Nord. Die Windmühle des Klosters St. Gereon stand auf der Stadtmauer, wo die Ernte verarbeitet wurde. Der Rest des Turmes der ehemaligen Gereonsmühle befindet sich am heutigen Hansaplatz.

Gereon|stroß, de ['jerejɔn,ʃtro·s] <N.; Straßenn.> {s. u. ↑Stroß}: Gereonstraße, Straße in Köln-Altstadt/Nord. Sie geht an einem Ende über in die Christophstraße, am anderen in „Unter Sachsenhausen". St. Gereon (*um 280 † um280) war nach der Legende ein Märtyrer, der mit der Thebäischen Legion für den römischen Kaiser gegen die Franken kämpfen sollte; als er sich als Christ zu erkennen gab, wurden er u. seine 318 Begleiter enthauptet; die heilige Helena, die Mutter Constantins, erbaute ihnen u. anderen Opfern zu Ehren die Kirche St. Gereon; im 13. Jh. wird die Straße charakterisierend auch als „Breite Straße" bezeichnet; hier standen das Haus des Generals Jan von Werth u. das Anwesen von Bürgermeister Balthasar von Mülheim, in dem Kaiser Napoleon während seines Köln-Aufenthaltes wohnte; bis ins 19. Jh. stand am Osteingang der Gereonstraße die Würfelpforte, Rest der ersten Stadterweiterung; Haus Nr. 12 war das Hermannshaus, in dem sich von 1290 bis 1353 eine Brauerei befand; die Gereonstraße war Namensgeber für den „Gereonsklub", einer Kunstvereinigung, die regelmäßig Ausstellungen, Vorträge u. Dichterlesungen zeigte.

Gereons|wall, der [ˌjerejɔns'val] <N.; Straßenn.> {s. u. ↑Wall}: Gereonswall, einer der parallel zu den Ringen verlaufenden Straßen östlich der Ringe zw. Thürmchenswall u. Friesenwall in Köln-Altstadt/Nord. Der Gereonswall war ein Teilstück der ma. Stadtumwallung an der Stadtmauer im Gereonsbezirk.

ge|revve [jə'revə] <Adj.; Part. II von ↑rieve; ~; ~ner, ~nste> {5.3.4; 5.5.2; 6.1.1}: gerieben, **1.** durch Reiben zerkleinert. **2.** durchtrieben, gerissen, verschlagen, mit allen

Kniffen u. Schlichen vertraut, raffiniert schlau [auch: ↑hinger|l<u>e</u>st|ig, ↑gau, ↑ge|räuch, ↑durch|dr<u>e</u>vve, ↑filou|isch, ↑ver|schlage², *dubbelt gefl<u>ää</u>ch*].   Tbl. A3.2

Ge|rich¹/~|reech¹, et [jə'rɪfj / -'reːfj] <N.; ~te> {8.3.5}: Gericht, öffentliche Institution, die vom Staat mit der Rechtsprechung betraut ist, Verstöße gegen Gesetze bestraft u. Streitigkeiten schlichtet.

Ge|rich²/~|reech², et [jə'rɪfj / -reːfj] <N.; ~te> {5.2.1.2; 5.4}: Gericht, als Mahlzeit angerichtete Speise.

Ge|riffel|s, et [jə'rɪfəls] <N.; kein Pl.>: ausgezupfte Fäden (Strickarbeit).

Germane, der [jɛr'maˑnə] <N.; ~>: Germane.

German|iss, der [jɛrma'nɪs] <N.; ~|iste>: Germanist, Wissenschaftler, der sich mit der dt. Sprache u. Literatur befasst.

Ge|r<u>o</u>ch, der [jə'rox] <N.; ~|r<u>ö</u>ch> {5.5.1}: Geruch, **1.** Duft. **2.** (übertr.) Ruf, Gerücht; **en keinem gode G. stonn* (in keinem guten Ruf stehen).

Ger<u>ö</u>ch, et [jə'røfj] <N.; ~te> {5.5.1; 8.3.5}: Gerücht.

Ge|r<u>o</u>chs|s<u>e</u>nn, der [jə'roxsˌzen] <N.; o. Pl.> {s. u. ↑Ge|r<u>o</u>ch ↑S<u>e</u>nn}: Geruchssinn.

Ge|rödd<u>e</u>l|s, et [jə'rødəls] <N.; kein Pl.> {5.1.1; 5.1.2; 6.11.3; 9.2.2}: Gerüttel.

ge|r<u>o</u>de [jə'roˑdə] <nicht trennb. Präfix-V.; st.; *sin*; gereedt [jə'reˑt]; ger<u>o</u>de [jə'roˑdə]> {5.5.3; 6.11.3}: geraten, **1. a)** ohne Absicht, zufällig an eine best. Stelle, irgendwohin gelangen: *Ich ben gäge de Leitplank g.* (Ich bin gegen die Leitplanke g.); **b)** <*g. an*> an jmd./etw. geraten: *Wie bes do dann an dä Kääl g.?* (Wie bist du denn an diesen Kerl g.?); **c)** in einen best. Zustand, eine best. Lage kommen: *en Schwierigkeite g.* (in Schwierigkeiten g.). **2. a)** gelingen, gut ausfallen: *De Frikadelle sin hügg (god) g.* (Die Frikadellen sind heute (gut) g.); **b)** best. Eigenschaften aufweisen: *Dä es e bessche koot g.* (Er ist ein bisschen (zu) kurz g.).   (36)

ge|r<u>o</u>nne [jə'ronə] <Adj.; Part. II von ↑ger<u>e</u>nne> {5.5.1}: geronnen.   Tbl. A3.2

Ge|r<u>ö</u>ss, et [jə'røs] <N.; ~|r<u>ö</u>ste [-røstə]> {5.5.1; 8.3.5}: Gerüst.

Ge|rümp<u>e</u>l|s, et [jə'rʏmpəls] <N.; kein Pl.> {9.2.2}: Gerümpel.

Ge|ruusch, et [jə'ruːʃ] <N.; kein Pl.> {5.1.3; 8.3.1}: Gerausche.

gerve ['jɛrˑvə] <V.; schw.; *han*; gervte ['jɛrˑftə]; gegerv [jə'jɛrˑf]> {6.1.1}: gerben.   (66)

ge|salv [jə'zalˑf] <Adj.; Part. II von ↑salve; ~te; ~ter, ~ste> {6.1.1; 8.3.5}: gesalbt, reich, vermögend; **g. sin* (vermögend/reich sein).   Tbl. A4.1.1

Ge|salv|te, der u. de [jə'zalftə] <N.; subst. Adj.; ~> {6.1.1}: Gesalbte (der u. die), (nur übertr.) jmd., der reich ist.

ge|salze [jə'zaltsə] <Adj.; Part. II von ↑salze; ~; ~ner, ~nste>: gesalzen, **a)** (von Preisen, Rechnungen u. Ä.) sehr hoch; **b)** derb, gepfeffert: *ene g. Balg Wachs* (eine g. Tracht Prügel); **c)** unfreundlich, grob.   Tbl. A3.2

ge|samp [jə'zamˑp] <Adj.; Part. II von mhd. *samenen* (= (ver)sammeln); ~|samte [-zamˑtə] {8.3.5}: gesamt, insgesamt, alles in allem.   Tbl. A4.2.4

Ge|samp|seeg, der [jə'zamˑpˌzeˑfj] <N.; ~e (Pl. selten)> {s. u. ↑ge|samp ↑Seeg}: Gesamtsieg.

Ge|samp|werk, et [jə'zamˑpˌvɛrk] <N.; ~e> {s. u. ↑ge|samp}: Gesamtwerk.

Ge|sang, der [jə'zaŋ] <N.; ~|säng [-zɛŋˑ]>: Gesang.

Ge|sang|boch, et [jə'zaŋˌboˑx] <N.; ~|böcher> {s. u. ↑Boch¹}: Gesangbuch.

Ge|sangs|schull, de [jə'zaŋsˌʃʊlˑ] <N.; ~e [-ʃʊlə]> {s. u. ↑Schull}: Gesangsschule.

Ge|sang|verein, der [jə'zaŋfɐˌʔɛɪn] <N.; ~e>: Gesang(s)verein.

ge|sätt|ig [jə'zɛtɪfj] <Adj.; Part. II von ↑sättige; ~te> {8.3.5}: gesättigt, **1.** (Essen) satt sein. **2.** (Chemie) löslichen Stoff in dem Maße enthaltend, wie sich maximal darin auflösen lässt.   Tbl. A5.2

Ge|schäff, et [jə'ʃɛf] <N.; ~|schäfte> {8.3.5}: Geschäft, **1.** Handel, Gewinn. **2.** Verkaufsraum [auch: ↑Lade]. **3.** **si G. maache* (seine Notdurft verrichten).

Ge|schäffs|breef, der [jə'ʃɛfsˌbreˑf] <N.; ~e> {s. u. ↑Ge|schäff ↑Breef}: Geschäftsbrief.

Ge|schäffs|föhr|er/~|führ|~, der [jə'ʃɛfsˌføˑ(ɐ)re / -fyˑ(ɐ)r-] <N.; ~> {5.4; s. u. ↑Ge|schäff}: Geschäftsführer.

Ge|schäffs|fründ, der [jə'ʃɛfsˌfrʏnt] <N.; ~e> {s. u. ↑Ge|schäff ↑Fründ}: Geschäftsfreund.

Ge|schäffs|geheim|nis, et [jə'ʃɛfsjəˌhɛɪmnɪs] <N.; ~se> {s. u. ↑Ge|schäff}: Geschäftsgeheimnis.

Geschäffs|idee, de [jə'ʃɛfsˌɪˌdeˑ] <N.; ~ [-ɪˌdeˑə]>: Geschäftsidee.

Ge|schäffs|johr, et [jə'ʃɛfsˌjoˑ(ɐ)] <N.; ~e> {s. u. ↑Ge|schäff ↑J<u>o</u>hr}: Geschäftsjahr.

Gewächs

g.> **a)** *****sich aan jet g.** (mit etw. beginnen, sich an etw. begeben); **b)** *****sich Möh g.** (sich bemühen); **c)** *****sich ene Däu g.** (sich einen Ruck g.). **3.** beim Kartenspiel die Karten austeilen. **4.** *****Antwǫǫd g.** ((be)antworten) [auch: ↑antwǫǫde, ↑be|antwǫǫde]. (81)

Ge|wächs, et [jə'vɛks] <N.; i. best. Abl.: *wächs*; sonst ↑wahßeˡ; ~e> {11}: Gewächs.

Ge|wächs|huus, et [jə'vɛks̬,hu:s] <N.; i. best. Abl.: *wächs*; sonst ↑wahßeˡ; ~|hüüser [-hy·ze̬]> {11; s. u. ↑Huus}: Gewächshaus.

Ge|waggel|s, et [jə'vagəls] <N.; kein Pl.> {6.6.1; 9.2.2}: Gewackel.

ge|wähde [jə'vɛ·də] <nicht trennb. Präfix-V.; nur im Inf. i. Vbdg. m. „looße"; schw.; *han*> {8.2.4}: gewähren.(197)

gewahr [jə'va:ɐ̯] <Adj.> nur i. d. Vbdg.: *g. weede/wääde*: gewahr werden, in Erfahrung bringen: *Dat dä Tünn em Spidol litt, ben ich vum Kätt g. woode.* (Dass Toni im Krankenhaus liegt, habe ich von Katharina erfahren.).

ge|währe [jə'vɛ:rə] <nicht trennb. Präfix-V.; schw.; *han*; gewährte [jə'vɛ:(ɐ̯)tə]; gewährt [jə'vɛ:(ɐ̯)t]>: gewähren, bewilligen, genehmigen. (31)

Ge|walt, de [jə'valt] <N.; ~e>: Gewalt.

Ge|walt|herr|schaff, de [jə'valt,hɛxʃaf] <N.>: Gewaltherrschaft.

gewalt|ig [jə'valtɪʃ] <Adj.; ~e>: gewaltig. Tbl. A5.2

Ge|walt|marsch, der [jə'valt,maxʃ] <N.; ~|märsch>: Gewaltmarsch.

Ge|walt|minsch, der [jə'valt,mɪnʃ] <N.; ~e> {s. u. ↑Minschˡ}: Gewaltmensch.

Ge|walt|ver|breche, et [jə'valtfɐ,brɛʃə] <N.; ~>: Gewaltverbrechen.

Ge|wand, et [jə'vant] <N.; Gewänder [jə'vɛn·də]>: Gewand.

Ge|wässer, et [jə'vɛse̬] <N.; ~>: Gewässer.

Gewatt, et [jə'vat] <N.; kein Pl.>: Gang, gewohnte Tätigkeit, Übung: *Ich kummen hügg gar nit richtig en et G.* (Ich komme heute gar nicht richtig in Gang.).

Ge|webb|s, et [jə'veps] <N.; kein Pl.> {5.3.2; 5.5.2; 6.1.1; 9.2.2}: Gewebe.

Ge|wedder, et [jə'vedɐ] <N.; ~> {5.5.2; 6.11.3}: Gewitter.

ge|weddere [jə'vedərə] <nicht trennb. Präfix-V.; unpers., nur 3. Pers. Sg.; schw.; *han*; gewedderte [jə'vedətə]; geweddert [jə'vedət]> {5.5.2; 6.11.3; 9.2.1.2}: gewittern, donnern u. blitzen. (4)

Ge|wedder|storm/~|sturm, der [jə'vedɐ,ʃtorm / -ʃtʊrm] <N.; ~|störm [-ʃtør·m]> {s. u. ↑Ge|wedder ↑Storm/Sturm}: Gewittersturm, Sturm vor einem losbrechenden Gewitter, während eines Gewitters.

Ge|wedder|wolk, de [jə'vedɐ,volək] <N.; ~e> {s. u. ↑Ge|wedder ↑Wolk}: Gewitterwolke.

Ge|weech, et [jə've:ʃ] <N.; ~te> {5.2.1.2; 5.4}: Gewicht, **1.** <o. Pl.> **a)** Schwere, die durch Wiegen ermittelt wird; **b)** physik. Kraft, mit der ein Körper sich bewegt. **2.** Körper von best. Schwere, der als Maßeinheit zum Wiegen dient. **3.** <o. Pl.> große Bedeutung; *****G. läge op jet** (etw. für wichtig halten u. Wert darauf legen).

Ge|wehr, et [jə've:ɐ̯] <N.; ~e>: Gewehr [auch: ↑Kna|bühß].

Ge|wehr|kolve, der [jə've:ɐ̯,kol·və] <N.; ~> {s. u. ↑Kolve}: Gewehrkolben.

Ge|wehr|lauf, der [jə've:ɐ̯,loʊ̯f] <N.; ~|läuf>: Gewehrlauf.

ge|wellt [jə'vel·t] <Adj.> {5.5.2}: nur i. d. Vbdg.: *g. sin* + Inf. m. *zo*: gewillt/geneigt/gesonnen/entschlossen sein zu; *****g. sin** (willens sein, bereit erklären).

Ge|wenn, der [jə'ven] <N.; ~e> {5.5.2}: Gewinn.

Gewenn|de, de [jə'vendə] <N.; ~> {5.3.3; 5.5.2; 10.2.8}: Gewohnheit, *****an der G. han** (die Gewohnheit haben, gewöhnlich tun) *Dat Nies hät esu an der G. de Nas huhzetrecke.* (Agnes hat so die G. die Nase hochzuziehen.).

ge|wenne[1] [jə'venə] <nicht trennb. Präfix-V.; st.; *han*; gewonn [jə'von·]; gewonne [jə'vonə]> {5.5.2}: gewinnen [auch: ↑seege]. (82)

ge|wenne[2] [jə'venə] <nicht trennb. Präfix-V.; schw.; *han*; gewennte [jə'ventə]; gewennt [jə'vent]> {5.3.4; 5.5.2}: gewöhnen, <g. an> **a)** jmd./etw.mit jmd./etw. vertraut machen: *der Hungk an der Maulkorv g.* (den Hund an den Maulkorb g.); **b)** <sich g. an> sich mit jmdm./etw. vertraut machen: *Ich han mich an dich gewennt.* (Ich habe mich an dich gewöhnt.). (10)

gewennt [jə'vent] <Adj.; Part. II von ↑gewenne[2]; ~e; ~er, ~ste> {5.3.4; 5.5.2}: gewohnt: üblich, vertraut, bekannt: *Däm sing Nöttelei ben ich ald g.* (Seine Nörgelei bin ich schon g.). Tbl. A1

Gewerk|schaff, de [jə'vɛrk,ʃaf] <N.; ~|schafte>: Gewerkschaft.

gewess [jə'ves] <Adj.; ~e; ~er> {5.5.2}: gewiss, **1.** nicht genau bestimmbar: *en ~e Frau Meier* (eine ~e Frau Meier); *en ~e Ähnlichkeit* (eine ~e Ähnlichkeit). **2.** sicher, unbestreitbar. Tbl. A2.7

Ge|wesse, et [jə'vesə] <N.> {5.5.2}: Gewissen.
Ge|wessens|bess, der [jə'vesəns‚bes] <N.; ~> {s. u. ↑Ge|wesse ↑Bess}: Gewissensbiss.
Ge|wessens|nud, de [jə'vesəns‚nuˑt] <N.; ~|nüd> {s. u. ↑Ge|wesse ↑Nud}: Gewissensnot.
Ge|wess|heit, de [jə'vesheɪt] <N.; ~e> {5.5.2}: Gewissheit.
ge|wetz [jə'vets] <Adj.; ~te; ~ter, ~teste> {5.5.2; 8.3.5}: gewitzt, geschickt, schlau. Tbl. A4.1.2
ge|wief [jə'viːf] <Adj.; ~te; ~ter, ~ste> {8.3.5}: gewieft, gescheit, gerissen. Tbl. A4.1.1
Ge|wöhl, et [jə'vøːl] <N.; kein Pl.> {5.4}: Gewühl.
gewöhn|lich [jə'vœːnlɪç] <Adj.; ~e; ~er, ~ste> {5.5.3}: gewöhnlich, **1.** durchschnittlich, einfach, normalen Verhältnissen entspr.: *ene ganz ~e Dag* (ein ganz ~er Tag) [auch: ↑ordinär (2)]. **2.** gewohnt, üblich, alltäglich: *singe ~e Gang nohm Dokter* (sein üblicher Arztbesuch). **3.** vulgär: *Dä Kääl sprich ärg g.* (Der Kerl spricht sehr vulgär.). Tbl. A1
Ge|woosch|tel|s, et [jə'voːʃtəls] <N.; kein Pl.> {5.2.1.1.2; 5.4; 6.11.4; 9.2.2}: Gewurstel, Wurstelei [auch: ↑Frickelei, ↑Ge|frickel|s, ↑Woosch|elei].
Ge|wööz, et [jə'vøːts] <N.; ~e> {5.2.1.1; 5.4}: Gewürz.
Ge|zabbel|s, et [jə'tsabəls] <N.; kein Pl.> {6.9; 9.2.2}: Gezappel.
ge|zack [jə'tsak] <Adj.; Part. II von *zacke*; das entspr. V. *zacke* ist nicht gebr.; ~te> {8.3.5}: gezackt. Tbl. A4.1.1
Ge|zänk|s, et [jə'tsɛŋks] <N.; kein Pl.> {5.4; 8.2.2.3; 9.2.2}: Gezänk, Gezanke, Zankerei.
Ge|zöbbel|s, et [jə'tsœbəls] <N.; kein Pl.> {5.4; 6.8.4; 9.2.2}: herabhängende Fetzen [auch: ↑Ge|zubbel|s].
Ge|zubbel|s, et [jə'tsʊbəls] <N.; kein Pl.> {5.4; 6.8.4; 9.2.2}: herabhängende Fetzen [auch: ↑Gezöbbels].
Ge|zumpel|s, et [jə'tsʊmpəls] <N.; kein Pl.>: Pack, Gesindel, Pöbel [auch: ↑Ge|sock|s].
Gick, de [jɪk] <N.>: [nur i. d. Vbdg.] *de G. schlage/schlonn*: **1. a)** zahlungsunfähig werden; **b)** misslingen, missraten. **2.** hinfallen, hinstürzen. **3.** sterben.
giefele/giffele ['jiːfələ / 'jɪfələ] <V.; schw.; *han*; giefelte ['jiːfəltə]; gegiefelt [jə'jiːfəlt]>: übermütig kichern, lachen, anhaltend lachen, gickeln. (6)
Giefels|muul, de ['jiːfəls‚muˑl] <N.; ~|müüler/~|muule [-myˑlə / -muˑlə]> {s. u. ↑Muul}: Lachmaul (das).
Gier, de [jiːɐ] <N.; kein Pl.>: Gier, maßloses Verlangen.
gier|ig ['jiːrɪç] <Adj.; ~e; ~er, ~ste>: gierig. Tbl. A5.2

giffele/giefele ['jɪfələ / 'jiːfələ] <V.; schw.; *han*; giffelte ['jɪfəltə]; gegiffelt [jə'jɪfəlt]>: übermütig kichern, anhaltend lachen, gickeln: *Dat es wie jeck am G.* (Sie ist wie verrückt am Lachen.). (6)
Gips, der [jɪps] <N.; ~e (Sortenpl.)>: Gips.
Gips|av|drock, der ['jɪps‚afdrok / '--,-] <N.; ~|dröck> {s. u. ↑Av|drock¹}: Gipsabdruck.
Gips|av|goss/~|guss, der ['jɪps‚afjos / -jʊs / '--,-] <N.; ~|göss/~|güss> {s. u. ↑Av|goss/~|guss}: Gipsabguss.
Gips|bedd, et ['jɪps‚bɛt] <N.; ~er> {s. u. ↑Bedd}: Gipsbett, an den Körper eines Patienten modellierte Schale aus Gips zur Ruhigstellung bes. der Wirbelsäule im Liegen.
Gips|bein, et ['jɪps‚beɪn] <N.; ~ [-beɪn]>: Gipsbein.
gipse ['jɪpsə] <V.; schw.; *han*; gipste ['jɪpstə]; gegips [jə'jɪps]>: gipsen. (87)
Gips|figur/~|figor, de ['jɪpsfi‚juːɐ / -fi‚joˑɐ] <N.; ~e; ~|figür|che [-fi‚jyˑɐçə]>: Gipsfigur.
Gips|kopp, der ['jɪps‚kɔp] <N.; ~|köpp> {s. u. ↑Kopp}: Gipskopf.
Gips|plaat, de ['jɪps‚plaːt] <N.; ~e> {s. u. ↑Plaat¹}: Gipsplatte.
Gips|ver|band, der ['jɪpsfɐ‚bant] <N.; ~|bänd [-bɛnˑt]>: Gipsverband.
Giraff, de [jɪ'raf] <N.; ~e> {8.3.1}: Giraffe.
Gisela, et ['jiˑzə‚laˑ] <N.; weibl. Vorn.>: Gisela.
Gitsch, der [jɪtʃ] <N.; ~e>: Guss, Wasserstrahl, kurzer Regenschauer [auch: ↑Gutsch, ↑Goss/Guss¹ (2)].
gitsche ['jɪtʃə] <V.; schw.; *han*; gitschte ['jɪtʃtə]; gegitsch [jə'jɪtʃ]>: (Wasser) spritzen, planschen. (110)
Gitsch|kaar, de ['jɪtʃ‚kaˑ(ɐ)] <N.; ~e> {s. u. ↑Kaar}: Sprengwagen.
Gitsch|kann, de ['jɪtʃ‚kanˑ] <N.; ~e [-kanə]> {s. u. ↑Gitsch ↑Kann}: Gießkanne, **1.** Gefäß zum Gießen von Pflanzen [auch: ↑Geeß|kann]. **2.** (übertr.) Mensch mit feuchter Aussprache [auch: ↑Spei|manes (1)].
Gitta¹, de ['jɪta] <N.; ~s> {5.3.2}: Gitarre.
Gitta², et ['jɪta] <N.; weibl. Vorn.>: Gitta, Kurzf. von Brigitta.
Gittar|iss, der [jɪta'rɪs] <N.; ~|iste> {5.3.2; 8.2.4}: Gitarrist.
Gitter, et ['jɪtɐ] <N.; ~>: Gitter.
Gitter|ross, der ['jɪtɐ‚rɔs] <N.; ~|roste> {s. u. ↑Ross²}: Gitterrost.
Givvel¹, der ['jɪvəl] <N.; ~e> {5.3.4; 6.1.1}: Giebel, ***ene G. av han** (verrückt sein, spinnen): *Dä hät kein Eck av, dä*

hät ene ganze G. av. (Der hat keine Ecke ab, sondern einen ganzen G. = der ist völlig verrückt.).
Givvel², der [ˈjɪvəl] <N.; ~e> {6.8.3}: Gipfel, Bergkuppe.
Givvel|finster, de/et [ˈjɪvəlˌfɪnstə] <N.; ~e> {s. u. ↑Givvel¹ ↑Finster}: Giebelfenster (das).
Givvel|huus, et [ˈjɪvəlˌhuːs] <N.; ~|hüüser [-hyˑzə]> {s. u. ↑Givvel¹ ↑Huus}: Giebelhaus.
Givvels|krütz, et [ˈjɪvəlsˌkryts] <N.; ~e(r)> {s. u. ↑Givvel² ↑Krütz}: Gipfelkreuz.
Gläbbich [ˈjlɛbɪʃ] <N.; Ortsn.>: Bergisch Gladbach. Im Osten Kölns angrenzende Stadt.
Gläbbich|er Wall, der [ˌjlɛbɪʃəˈval] <N.; Straßenn.> {s. u. ↑Gläbbich ↑Wall}: Gladbacher Wall, einer der parallel zu den Ringen verlaufenden Straßen westlich der Ringe, abgehend von der Krefelder Straße zw. Krefelder Wall u. Venloer Wall (unterbrochen vom Bahngelände des ehem. Güterbahnhofs). Der Gladbacher Wall ist Teil der äußeren, im Rahmen der Neustadt angelegten Wallstraßen, die den Weg der ma. Stadtmauer nachzeichnen. Nach der Aufhebung der Rayonbeschränkung 1911 u. der damit einhergehenden Steigerung des Eisenbahnverkehrs fiel ein Teil der Anlage neuer Gleise auf dem Gelände des damaligen Güterbahnhofs Gereon zum Opfer; nur ein kleines Reststück blieb bestehen.
Gläbbich|er Stroß [ˌjlɛbɪʃəˌʃtroˑs] <N.; Straßenn.> {s. u. ↑Gläbbich ↑Stroß}: Gladbacher Straße; Straße in Köln-Neustadt/Nord. Mönchengladbach (früher München-Gladbach bzw. Gladbach) ist eine Stadt am Niederrhein in Nordrhein-Westfalen, 45 Kilometer nordwestlich von Köln gelegen. Bereits vor der Stadterweiterung existierte diese Straße als Teil der Subbelrather Straße. Beim Ausbau der Neustadt wurde die Gladbacher Straße zur Torstraße, die zum damaligen Gladbacher Tor in der neuen, äußeren Umwallung führte.
Glanz, der [jlants] <N.; kein Pl. ⟨mhd. glanz, zu mhd., ahd. glanz⟩>: Glanz.
glänze [ˈjlɛntsə] <V.; schw.; han; glänzte [ˈjlɛntstə]; geglänz [jəˈjlɛnts] ⟨mhd. glenzen, ahd. glanzen⟩>: glänzen, glitzern, blinken. (42)
Glanz|ledder, et [ˈjlantsˌledə] <N.; ~> {s. u. ↑Ledder}: Glanzleder.
Glanz|leech, et [ˈjlantsˌleːʃ] <N.; ~ter> {s. u. ↑Leech}: Glanzlicht.

Glanz|leist|ung, de [ˈjlantsˌleɪstʊŋ] <N.; ~e>: Glanzleistung.
Glanz|papier/~|papeer, et [ˈjlantspaˌpiːɐ̯ / -paˌpeːɐ̯] <N.; o. Pl.> {s. u. ↑Papier/Papeer}: Glanzpapier.
Glanz|stöck, et [ˈjlantsˌʃtøk] <N.; ~/~e/~er> {s. u. ↑Stöck}: Glanzstück.
Glanz|zigg, de [ˈjlantsˌtsɪk] <N.; ~e> {s. u. ↑Zigg}: Glanzzeit.
Glas, et [jlaːs] <N.; Gläser [ˈjlɛˑzə]; Gläs|che [ˈjlɛːsjə]>: Glas.
Glas|aug, et [ˈjlaːsˌoʊ̯x] <N.; ~e [-oʊ̯ʀə]> {s. u. ↑Aug}: Glasauge.
Glas|blös|er, der [ˈjlaːsˌbløˑzə] <N.; ~> {5.5.3}: Glasbläser.
Glas|desch, der [ˈjlaːsˌdeʃ] <N.; ~(e)> {s. u. ↑Desch}: Glastisch.
Glas|dür/~|dör, de [ˈjlaːsˌdyːɐ̯ / -døːɐ̯] <N.; ~|dürre/~|dörre [-dyʀə / -døʀə] (unr. Pl.)> {s. u. ↑Dür/Dör}: Glastür.
Glas|finster, et [ˈjlaːsˌfɪnstə] <N.; ~e> {s. u. ↑Finster}: Glasfenster.
Glas|hött, de [ˈjlaːsˌhøt] <N.; ~e> {s. u. ↑Hött}: Glashütte.
Glas|huus, et [ˈjlaːsˌhuːs] <N.; ~|hüüser [-hyˑzə]> {s. u. ↑Huus}: Glashaus.
glas|ig [ˈjlaˑzɪʃ] <Adj.; ~e>: glasig. Tbl. A5.2
Glas|nudel, de [ˈjlaːsˌnuːdəl] <N.; ~e>: Glasnudel.
Glas|papier/~|papeer, et [ˈjlaːspaˌpiːɐ̯ / -paˌpeːɐ̯] <N.; o. Pl.> {s. u. ↑Papier/Papeer}: Glaspapier.
Glas|scherv/~|schirv, de [ˈjlaːsˌʃerˑf / -ʃɪrˑf] <N.; ~e> {s. u. ↑Scherv¹/Schirv¹}: Glasscherbe.
Glas|schiev, de [ˈjlaːsˌʃiːf] <N.; ~e> {s. u. ↑Schiev}: Glasscheibe.
Glas|schleff, der [ˈjlaːsˌʃlef] <N.; o. Pl.> {s. u. ↑Schleff}: Glasschliff.
Glas|spledder, der [ˈjlaːsˌʃpledə] <N.; ~e> {s. u. ↑Spledder}: Glassplitter.
glatt [jlat] <Adj.; ~e; ~er, ~(e)ste>: glatt, **1.** ohne Unebenheiten; ohne Halt, rutschig, glitschig: *jet g. striche* (etw. g. streichen); *en ~e Stroß* (eine ~e Straße) [auch: ↑evve, ↑letsch|ig, ↑rötsch|ig, ↑gletsch|ig]. **2.** ohne Komplikationen: *ene ~e Broch* (ein ~er Bruch). **3.** eindeutig: *en ~e Eins* (eine ~e Eins (Schulnote)). Tbl. A1
Glatt|ies, et [ˈjlatˌliːs / ˈjlaˌdiːs] <N.; o. Pl.> {s. u. ↑Ies}: Glatteis.

gläuve [ˈjləy·və] <V.; schw.; *han*; gläuvte [ˈjləy·ftə]; gegläuv [jəˈjləy·f]> {5.1.3; 6.1.1}: glauben, **1.** annehmen, der Meinung sein. **2.** für wahr erachten; *Jo, gläuvs de't?* (zum Ausdruck der Empörung: Ja, glaubst du es?). **3.** vom Glauben erfüllt sein. **4.** *dran g. müsse* (dem Schicksal nicht entrinnen, sterben) [auch: ↑av|kratze (2), ↑av|nibbele, ↑av|nippele, ↑baschte (2), ↑drop|gonn (1), ↑fott|maache (3), ↑fott|sterve, ↑frecke, ↑heim|gonn (b), ↑hin|sterve, ↑kapodd|gonn (3), ↑öm|kumme (2), ↑sterve, ↑us|, ↑ver|recke, *de Auge/Döpp zodun/ zomaache*]. (158)

Gleed/Glidd, et [jle:t / jlɪt] <N.; ~er> {5.1.4.3}: Glied.

Gleich|ge|weechs|senn, der [ˈjlaɪ̯ɕjəve:ɧs,zen] <N.; i. best. Komposita *gleich*; sonst ↑glich¹; o. Pl.> {11; s. u. ↑Ge|weech ↑Senn}: Gleichgewichtssinn.

Gleit|meddel, et [ˈjlaɪ̯t,medəl] <N.; ~(e)> {s. u. ↑Meddel}: Gleitmittel.

Gleit|zigg, et [ˈjlaɪ̯t,tsɪk] <N.; o. Pl.> {s. u. ↑Zigg}: Gleitzeit.

Gletscher, der [ˈjlɛtʃɐ] <N.; ~>: Gletscher.

gletsch|ig [ˈjletʃɪɧ] <Adj.; ~e; ~er, ~ste> {5.5.2}: glitschig, schlüpfrig, rutschig, glatt [auch: ↑letsch|ig, ↑rötsch|ig, ↑glatt]. Tbl. A5.2

glich¹ [jlɪɧ] <Adj.; ~e> {5.3.1}: gleich, übereinstimmend; unverändert. Tbl. A1

glich² [jlɪɧ] <Adv.> {5.3.1}: gleich, sofort, direkt.

gliche [ˈjlɪɧə] <V.; st.; *han*; glech [jleɧ]; gegleche [jəˈjleɧə]> {5.3.4.1}: gleichen, ähneln. (187)

glich|mäß|ig [ˈjlɪɧ,mɛ·sɪɧ] <Adj.; i. best. Komposita *maß-/mäß-*, sonst ↑Moß; ~e; ~er, ~ste> {11; s. u. ↑glich¹}: gleichmäßig. Tbl. A5.2

Glich|schredd, der [ˈjlɪɧ,ʃret] <N.; ~> {s. u. ↑glich¹ ↑Schredd}: Gleichschritt.

Glich|strom, der [ˈjlɪɧ,ʃtro:m] <N.; o. Pl.> {s. u. ↑glich¹}: Gleichstrom.

glich|zigg|ig [ˈjlɪɧ,tsɪgɪɧ] <Adj.; ~e> {s. u. ↑glich¹ ↑Zigg}: gleichzeitig. Tbl. A5.2

Glidd/Gleed, et [jlɪt / jle:t] <N.; ~er> {5.3.4}: Glied.

gliddere [ˈjlɪdərə] <V.; schw.; *han*; gliddderte [ˈjlɪdetə]; gegliddert [jəˈjlɪdet]> {5.3.4; 9.2.1.2}: gliedern. (4)

Glidder|ung/Gleeder|~, de [ˈjlɪdərʊŋ / jle:dər-] <N.; ~e> {5.3.4/5.1.4.3}: Gliederung.

Glock, de [jlɔk] <N.; ~e [ˈjlɔkə]; Glöck|che [ˈjlœkɧə]> {8.3.1}: Glocke.

Glöck, et [jløk] <N.; kein Pl.> {5.5.1}: Glück.

glöcke [ˈjløkə] <V.; schw.; *sin*; glöckte [ˈjløktə]; geglöck [jəˈjløk]> {5.5.1}: glücken, gelingen, geraten [auch: ↑fluppe, ↑ge|linge, ↑klappe (3)]. (88)

Glocke|blom, de [ˈjlɔkə,blo:m] <N.; ~e> {s. u. ↑Blom}: Glockenblume.

Glocke|gass [ˈjlɔkə,jas] <N.; Straßenn.> {s. u. ↑Glock ↑Gass¹}: Glockengasse; Straße in Köln-Altstadt/Nord. Der Name der Straße wird auf das Gewerbe der Glockengießer zurückgeführt. Nach dem Zweiten Weltkrieg entstand hier das neue Opernhaus; die Franzosen gaben 1796 dem Haus mit der Nummer 26/28 die Durchnummerierung „4711", aus der die weltberühmte Markenbezeichnung für eine Kölnisch-Wasser-Marke wurde; 1416 wurde dort das Bürgerhaus „Zum Balken" errichtet, das im 18. Jh. an den Kaufmann Wilhelm Mülhens überging, der das Kölnisch Wasser produzierte; ebenso gab es viele Wirtschaften u. einige Handwerkszünfte in der Glockengasse.

Glocke|ge|lügg|s, et [ˈjlɔkəjəlʏks] <N.; kein Pl.> {s. u. ↑Ge|lügg|s}: Glockengeläut.

Glocke|schlag, der [ˈjlɔkə,ʃla:x] <N.; ~|schläg [-ʃlɛ·ɧ]>: Glockenschlag.

Glocke|seil, et [ˈjlɔkə,zeɪl] <N.; ~/~e [-zeɪ̯l(ə)]>: Glockenseil.

Glocke|spill, et [ˈjlɔkə,ʃpɪl] <N.; ~ [-ʃpɪl·]> {s. u. ↑Spill}: Glockenspiel.

Glocke|ton, der [ˈjlɔkə,to:n] <N.; ~|tön [-tø·n]>: Glockenton.

Glocke|toon, der [ˈjlɔkə,to:n] <N.; ~|töön [-tø·n]> {s. u. ↑Toon}: Glockenturm [auch: ↑Glocke|turm].

Glocke|turm, der [ˈjlɔkə,tʊrm] <N.; ~|türm [-tʏr·m]>: Glockenturm [auch: ↑Glocke|toon].

glöck|lich [ˈjløklɪɧ] <Adj.; ~e; ~er, ~ste> {5.5.1}: glücklich, froh, zufrieden. Tbl. A1

Glöcks|bring|er, de [ˈjløks,brɪŋe] <N.; i. best. Komposita *bring*; sonst ↑bränge; ~e> {11; s. u. ↑Glöck}: Glücksbringer.

Glöcks|ge|föhl, et [ˈjløksjə,fø·l] <N.; ~e> {s. u. ↑Glöck ↑Ge|föhl}: Glücksgefühl.

glöck|sill|ig [ˌjløkˈzɪlɪɧ] <Adj.; ~e; ~er, ~ste> {s. u. ↑Glöck ↑sill|ig}: glückselig. Tbl. A5.2

Glöcks|klie, der [ˈjløks,kli·] <N.; kein Pl.> {s. u. ↑Glöck ↑Klie}: Glücksklee.

Glöcks|penning, der ['jløks͜,pɛnɪŋ] <N.; ~e> {s. u. ↑Glöck ↑Penning}: Glückspfennig.
Glöcks|pilz/~|pelz, der ['jløks͜,pɪlts / -pelts͜] <N.; ~e> {s. u. ↑Glöck ↑Pilz/Pelz}: Glückspilz.
Glöcks|radd, et ['jløks͜,rat] <N.; ~|rädder> {s. u. ↑Glöck ↑Radd}: Glücksrad.
Glöcks|saach, de ['jløks͜,za:x] <N.> {s. u. ↑Glöck ↑Saach}: Glückssache; i. d. Vbdg. *jet es G.* (etw. ist G. = etw. ist allein einem glücklichen Zufall, Umstand zu verdanken).
Glöcks|spill, et ['jløks͜,ʃpɪl] <N.; ~ [-ʃpɪl·]> {s. u. ↑Glöck ↑Spill}: Glücksspiel.
Glöcks|stään, der ['jløks͜,ʃtɛ·n] <N.; ~(e)> {s. u. ↑Glöck ↑Stään}: Glücksstern.
Glöcks|strähn, de ['jløks͜,ʃtrɛ·n] <N.; ~e> {s. u. ↑Glöck ↑Strähn}: Glückssträhne.
Glöck|wunsch, der ['jløk,vʊnʃ] <N.; ~|wünsch> {s. u. ↑Glöck}: Glückwunsch.
Glod, de [jlo·t] <N.; ~e> {5.4; 6.11.3}: Glut.
glöhd|ig ['jlø·dɪʃ] <Adj.; ~e; ~er, ~ste> {5.4; 8.2.3}: glühend, rot leuchtend brennend; ***op ~e Kolle setze** (auf heißen Kohlen sitzen); ***einem der ~en Dress wünsche** (jmdm. sehr Schlechtes wünschen bei großer Verärgerung, jmdn. verwünschen). [auch: ↑glöhn(d)|ig]. Tbl. A5.2
glöhe/glöhne ['jlø·ə / 'jlø·nə] <V.; schw.; *han*; glöhte ['jlø·tə]; geglöht [jə'jlø·t]> {5.4}: glühen. (37) (5)
Glöh|faddem, der ['jlø:,fadəm] <N.; ~|fäddem> {5.4; s. u. ↑Faddem}: Glühfaden.
glöhne/glöhe ['jlø·nə / 'jlø·ə] <V.; schw.; *han*; glöhnte ['jlø·ntə]; geglöhnt [jə'jlø·nt]> {5.4}: glühen. (5) (37)
glöhn(d)|ig ['jlø·n(d)ɪʃ] <Adj.; ~e; ~er, ~ste> {5.4; 10.2.5}: glühend, rot leuchtend brennend; ***op ~e Kolle setze** (auf heißen Kohlen sitzen); ***einem der ~en Dress wünsche** (jmdm. sehr Schlechtes wünschen bei großer Verärgerung, jmdn. verwünschen). [auch: ↑glöhd|ig]. Tbl. A5.2
Glöh|wing, der ['jlø:,vɪŋ] <N.; ~ -vɪŋ·] (Sortenpl.)> {5.4; s. u. ↑Wing¹}: Glühwein.
Glöh|würm|che, et ['jlø·,vyrmʃə] <N.; ~r> {5.4}: Glühwürmchen.
glotze ['jlotsə] <V.; schw.; *han*; glotzte ['jlotstə]; geglotz [jə'jlots͜]>: glotzen, starren. (114)

Gluck/Kluck, de [jlʊk / klʊk] <N.; ~e> {8.3.1}: Glucke, brütende Henne.
Gnad, de [jna·t] <N.; ~e (Pl. ungebr.)> {8.3.1}: Gnade.
Gnade|friss, de ['jna·də,frɪs] <N.; ~|friste> {s. u. ↑Friss}: Gnadenfrist.
gnäd|ig ['jnɛ·dɪʃ] <Adj.; ~e; ~er, ~ste>: gnädig. Tbl. A5.2
göbbele ['jœbələ] <V.; schw.; *han*; göbbelte ['jœbəltə]; gegöbbelt [jə'jœbəlt] {9.2.1.2}: (er)brechen [auch: ↑breche (2), ↑huh|kumme (4), ↑kotze, ↑üvver|gevve (2)]. (6)
god [jo·t] <Adj.; ~e; besser, beste; et bess ['bɛsə / 'bɛstə / ət bɛs]> {5.4; 6.11.3}: gut, von zufriedenstellender Qualität; **[RA]** *Et hät noch immer g. gegange.* (Es ist noch immer gut gegangen.); ***g. gesennt sin** (gut gelaunt sein, gute Laune haben). Tbl. A7.1
God, et [jo·t] <N.; Göder ['jø·də] {5.4; 6.11.3}: Gut.
god|-, God|- [jo·t] <Präfix> {5.4; 6.11.3}: gut-, Gut-, i. Vbdg. m. V., N. u. Adj.: *~heiße* (~heißen), *~sching* (~schein), *~mödig* (~mütig).
god|aat|ig ['jo·t|a:tɪʃ] <Adj.; ~e; ~er, ~ste> {5.4; 6.11.2}: gutartig. Tbl. A5.2
Godd¹, der [jɔt] <N.; Gödder ['jœdə]> {6.11.3}: Gott, **[RA]**: *Öm ~es welle!* (Um ~es willen!); ***eine G. un Pott sin** (zusammengehören, eng befreundet sein; (des Reims wegen, wie z. B. dt. „aus die Maus")).
Godd², de [jɔt] <N.; ~e; Göddche ['jœtʃə]>: Patin, Patentante [auch: ↑Godde|möhn]; Diminutiv auch Patenkind; Pate/Patenonkel heißt ↑Patt od. ↑Patt|ühm/~|ohm.
Godde|möhn, de ['jɔdə,mø·n] <N.; ~e> {s. u. ↑Möhn}: Patin, Patentante [auch: ↑Godd²].
Goddes|deens, der ['jɔdəs,de·ns] <N.; ~te> {s. u. ↑Godd¹ ↑Deens}: Gottesdienst.
Goddes|draach, de ['jɔdəs,dra:x] <N.; ~te> {s. u. ↑Godd¹ ↑Draach/Traach}: Gottestracht, feierlicher Umzug, Prozession mit dem Allerheiligsten; bes.: Müllemer Goddesdraach (Schiffsprozession auf dem Rhein).
Goddes|luhn/~|lohn, der ['jɔdəs,lu:n / -lo:n] <N.; o. Pl.> {s. u. ↑Godd¹ ↑Luhn/Lohn}: Gotteslohn, **a)** Belohnung einer guten Tat durch Gott: *jet för G. dun* (etw. für G. tun); **b)** unentgeltliches Tun.
Goddes|wäg ['jɔdəs,vɛ:ʃ] <N.; Straßenn.> {s. u. ↑Godd ↑Wäg}: Gottesweg; Straße in Köln-Zollstock, Verlängerung der Sülzburgstraße. Der Name bezeichnet den

Weg der Gottestracht-Prozession am Pfingstdienstag von St. Pantaleon bis zur Nikolauskirche in Sülz.

Göddin, de [ˈjœdɪn] <N.; ~ne>: Göttin.

gödd|lich [ˈjœtlɪŋ] <Adj.; ~e; ~er, ~ste> {5.4; 6.11.3; 7.3.2}: göttlich, **1.** <nicht steigerbar> von Gott stammend, einem Gott zugehörend. **2.** (scherzh.) herrlich, Gott ähnlich/gleich. Tbl. A1

godds|erbärm|lich [ˈjɔts|ɛrˈbɛrmlɪŋ] <Adj.; ~e> {s. u. ↑Godd¹ ↑er|bärm|lich}: gotterbärmlich. Tbl. A1

god|hätz|ig [ˈjoˑthɛtsɪŋ] <Adj.; ~e; ~er, ~ste> {5.4; 6.11.2}: gutherzig. Tbl. A5.2

god|heiße [ˈjoˑtheɪ̯sə] <trennb. Präfix-V.; st.; han; heeß g. [heˑs]; ~|geheiße [-jəheɪ̯sə]>: gutheißen. (96)

God|heit, de [ˈjoˑtheɪ̯t] <N.; o. Pl.> {5.4; 6.11.3}: Gutheit, Gutmütigkeit, Wohlwollen, Güte.

god|maache [ˈjoˑtmaːxə] <trennb. Präfix-V.; unr.; han; maht g. [maːt]; ~|gemaht [-jəmaːt]> {5.2.1}: (wieder) gutmachen, ausgleichen, vergelten. (136)

god|möd|ig [ˈjoˑtmøˑdɪŋ] <Adj.; ~e; ~er, ~ste> {5.4; 6.11.2}: gutmütig. Tbl. A5.2

God|möd|ig|keit, de [ˈjoˑtmøˑdɪŋkeɪ̯t] <N.; ~e> {s. u. ↑god; 5.4; 6.11.3}: Gutmütigkeit.

God|sching, der [ˈjoˑtʃɪŋ] <N.; ~ [-ʃɪŋˑ]> {s. u. ↑god ↑Sching¹}: Gutschein.

God|schreff, de [ˈjoˑtʃref] <N.; ~|schrefte> {5.5.2; 8.3.5}: Gutschrift.

god|schrieve [ˈjoˑtʃriˑvə] <trennb. Präfix-V.; st.; han; schrevv g. [ref]; geschrevve [-jəʃrevə]> {5.1.4.5; 6.1.1}: gutschreiben. (51)

god|well|ig [ˈjoˑtvelɪŋ] <Adj.; ~e; ~er, ~ste> {s. u. ↑god ↑well|ig¹}: gutwillig. Tbl. A5.2

Goethe [ˈjøˑtə] <N.; Personenn.>: Goethe, Johann Wolfgang von: deutscher Dichter.

Gold, et [jɔlt] <N.; kein Pl.> {5.5.1}: Gold.

golde [ˈjɔlˑdə] <Adj.; ~> {5.5.1}: golden. Tbl. A3.1

Gold|esel, der [ˈjɔltˌezəl] <N.; ~e> {s. u. ↑Gold ↑Esel}: Goldesel.

Gold|faddem, der [ˈjɔltˌfadəm] <N.; ~|fäddem> {s. u. ↑Gold ↑Faddem}: Goldfaden.

Gold|fedder, de [ˈjɔltˌfedɐ] <N.; ~e> {s. u. ↑Gold ↑Fedder}: Goldfeder.

Gold|fesch, der [ˈjɔltˌfeʃ] <N.; ~(e) [feʃˑ / ˈfeʃə] {s. u. ↑Gold ↑Fesch}: Goldfisch, (übertr.) reiche Heiratspartie; reiche Erbin.

Gold|fuss, der [ˈjɔltˌfʊs] <N.; ~|füss> {s. u. ↑Gold ↑Fuss}: Goldfuchs (Pferd mit goldbrauner Mähne).

Gold|gass [ˈjɔltˌjas] <N.; Straßenn.> {s. u. ↑Gold ↑Gass¹}: Goldgasse; Straße in Köln-Altstadt/Nord. Bereits im 12. Jh. wurde diese Straße als *plateu auri* („Goldgasse") bezeichnet.Unter den Franzosen bekam diese Gasse von Ferdinand Franz Wallraf den Namen *Rue de la tête d'Or* („Straße vom Goldenen Kopf"); der goldene Kopf war das Hauszeichen eines Goldschmiedes.

Gold|hamster, der [ˈjɔltˌhamstɐ] <N.; ~e> {s. u. ↑Gold}: Goldhamster.

gold|ig [ˈjɔlˑdɪŋ] <Adj.; ~e; ~er, ~ste> {5.5.1}: goldig, niedlich. Tbl. A5.2

Gold|lack, der [ˈjɔldˌlak] <N.; ~e> {s. u. ↑Gold}: Goldlack, Pflanze mit schmalen, dunkelgrünen Blättern u. gelben od. dunkelroten, stark duftenden Blüten [auch: ↑Stock|vijul].

Gold|lies, de [ˈjɔltˌliːs] <N.; ~te> {s. u. ↑Gold ↑Lies}: Goldleiste.

Gold|määl, de [ˈjɔltˌmɛˑl] <N.; ~e> {s. u. ↑Gold ↑Määl}: Goldmerle, Pirol.

Gold|min, de [ˈjɔltˌmiːn] <N.; ~e> {s. u. ↑Gold ↑Min¹}: Goldmine.

Gold|rähn, der [ˈjɔltrɛˑn] <N.; kein Pl.> {s. u. ↑Gold ↑Rähn}: Goldregen.

Gold|schmidd, der [ˈjɔltˌʃmɪt] <N.; ~e> {s. u. ↑Gold ↑Schmidd¹}: Goldschmied, **1.** (Berufsbez.) Handwerker, der Schmuck usw. aus Gold od. anderen Edelmetallen anfertigt; **[RA]** *Denk wie ~sjung!* (Denke: „Leck mich am Arsch!"). **2.** goldgrüner Laufkäfer.

Gold|schnedd, der [ˈjɔltˌʃnet] <N.; o. P.> {s. u. ↑Gold ↑Schnedd¹}: Goldschnitt, mit Blattgold versehene Schnittflächen eines Buches.

Gold|stään, der [ˈjɔltˌʃtɛˑn] <N.; ~(e)> {s. u. ↑Gold ↑Stään}: Goldstern.

Gold|stätz|che, et [ˈjɔltˌʃtɛtsjə] <N.; ~r> {s. u. ↑Gold}: kleine Birne von goldgelber Farbe.

Gold|stöck, et [ˈjɔltˌʃtøk] <N.; ~/~e/~ere; ~|stöck(|el)che [-ˈʃtøk(əl)jə]> {s. u. ↑Gold ↑Stöck}: Goldstück.

Gold|wäsch, de [ˈjɔltˌvɛʃ] <N.; o. Pl.> {s. u. ↑Gold ↑Wäsch}: Goldwäsche.

Gold|woog, de [ˈjɔltˌvɔːx] <N.; ~e> {s. u. ↑Gold ↑Woog}: Goldwaage, Feinwaage für Edelmetall; ***alles op de G. läge** (alles wortwörtlich, übergenau nehmen, penibel

Goldzant

sein): *Läg nit alles op de G.!* (Leg nicht alles auf die G.!).
Gold|zant, der [ˈjɔltˌtsant] <N.; ~|zäng [-tsɛn] (unr. Pl.)> {s. u. ↑Gold ↑Zant}: Goldzahn.
Golf¹, der [jɔlf] <N.> {5.5.1}: Golf, größere Meeresbucht.
Golf², et [jɔlf] <N.> {5.5.1}: Golf, Rasenspiel mit Hartgummiball u. Schläger.
Golf|platz, der [ˈjɔlfˌplats] <N.; ~|plätz> {s. u. ↑Golf²}: Golfplatz.
gölpsche [ˈjœlpʃə] <V.; schw.; *han*; gölpschte [ˈjœlpʃtə]; gegölpsch [jəˈjœlpʃ]> {5.5.1; 6.10.4}: rülpsen [auch: ↑blökse, ↑böke (2), ↑bökse, ↑op|stüsse (4a)]. (110)
gonn [jɔn] <V.; st.; *sin*, selten *han*; ging [jɪŋ]; gegange [jəˈjaŋə]> {5.3.4; 8.2.2.3}: gehen, sich fortbewegen; *go' mer (g. wir; zu einem einzigen empfundenen Wort zusgez. aus g. mer); *mem Plumeau lans der Rhing g. (sich prostituieren); *lans de Dürre g. (betteln g.); [RA] *Et hät noch immer god gegange.* (Es ist noch immer gut gegangen.); *op der Abtredd g./*op et Höffche/Hüüsche g./*op der Emmer/Klo g. (zur Toilette g., austreten); *blänke g. ((Schule) schwänzen); *heische g. (heischen, betteln; um Gaben bitten g., Spenden einsammeln); *tata g. (Kinderspr.: spazieren gehen); *stempele g. (stempeln g., Arbeitslosenunterstützung beziehen); *fleute g. (verloren g., verlieren); *stäuve g. (sich aus dem Staub machen, weglaufen); *stefte g. (stiften g., ausreißen; Reißaus nehmen); *laufe g. (weglaufen, laufen g.; ausreißen); *tirre g. (weglaufen, ausreißen; Reißaus nehmen); *kaaschte g. (weglaufen, abhauen); *op jet g./tredde (etw. betreten/seinen Fuß auf etw. setzen, ein Event besuchen); *einem öm der Baat g. (jmdn. umschmeicheln); *op hönn Sigg g. (auf die andere Seite g.; überwechseln); *ene Rötsch/Däu op Sigg g. (ein Stückchen zur Seite g.; rutschen); *loss gonn! (mach mal!, wörtl.: lass gehen!); *üvver de Hotschnor g. (zu viel werden). (83)
gönne [ˈjœnə] <V.; unr./schw.; *han*; gonnt [ˈjɔnt]; gegonnt/gegönnt [jəˈjɔnt / jəˈjœnˑt]> {5.5.1}: gönnen, nicht neiden; [RA] *Wä sich selvs nix gönnt, es e Bies.* (Wer sich selbst nichts gönnt, ist ein Biest. = Man sollte sich selbst auch etw. gönnen). (84)
Göödel, der [ˈjøːdəl] <N.; ~e> {5.2.1.1.2; 5.4}: Gürtel.
Göösch, de [jøːʃ] <N.; ~e> {5.2.1.1.1; 5.4; 8.3.1}: Goldammer.

Goot/Gurt, der [joːt / jʊxt] <N.; *Goot* veraltend; ~e> {5.2.1.1.1; 5.4}: Gurt.
Gööz, de [jœːts] <N.; ~e>: Jammerlappen, wehleidige, empfindliche, ständig klagende, jammernde Person [auch: ↑Knaatsch¹, ↑Küüm|brezel, ↑Kröötsch, ↑Krügg|che Röhr|mich|nit|aan (2), ↑Quaatsch, ↑Träne(n)|dier (1)].
gööze [ˈjœːtsə] <V.; schw.; *han*; göözte [ˈjœːtstə]; gegööz [jəˈjœːts]>: (herum)jammern, ständig klagen [auch: ↑eröm|memme, ↑jammere, ↑jöömere, ↑pingele]. (112)
Göözenich, der [ˈjøːtsənɪʃ] <N.; Eigenn.> {5.2.1.1.1; 5.4}: Gürzenich. Der Festsaal Gürzenich wurde zw. 1441 u. 1447 als „Rathes Tanzthaus" für 80.000 Gulden gebaut. Das Gelände gehörte bis 1233 dem Dürener Landadelsgeschlecht der Herren von Gürzenich. Dort stand das Haus „Louvenbergh". Dieses Gebäude wechselte im Laufe der Jahre häufig den Besitzer, jedoch blieb sein Name immer erhalten [auch: ↑Gürzenich].
Göözenich|stroß [ˈjøːtsənɪʃˌʃtroːs] <N.; Straßenn.> {s. u. ↑Göözenich ↑Stroß}: Gürzenichstraße; Straße in Köln-Altstadt/Nord. Die Straße entstand durch den Bau der damaligen Hängebrücke, heute Deutzer Brücke.
göözlig [ˈjœːtslɪʃ] <Adj.; ~e; ~er, ~ste>: wehleidig, empfindlich, ständig klagend, jammernd [auch: ↑emfind|lich, ↑fimsch|lig (2), ↑krüddel|lig (3), ↑pingel|lig (1)]. Tbl. A5.2
Gorilla, der [joˈrɪla] <N.; ~s>: Gorilla.
Goss/Guss¹, der [jɔs / jʊs] <N.; *Göss/Güss* [jœs / jʏs]> {5.5.1}: Guss, **1. a)** das Gießen von Metall; **b)** gegossenes Erzeugnis (aus Metall). **2. a)** mit Schwung geschüttete, gegossene Flüssigkeit; **b)** kurz für Regenguss; [auch: ↑Gitsch, ↑Gutsch]. **3.** kurz für Zuckerguss, etc.
Goss|ieser/Guss|~, et [ˈjɔsˌiːzə / ˈjʊs-] <N.; o. Pl.> {s. u. ↑Goss/ Guss¹ ↑ieser}: Gusseisen.
Goswin-Peter-Gath-Stroß [ˈjɔsvɪnˌpeˑteˈjat͡ʃtroːs] <N.; Straßenn.> {s. u. ↑Pitter ↑Stroß}: Goswin-Peter-Gath-Straße; Straße in Köln-Ehrenfeld. Goswin Peter Gath (*1898 †1959) war Heimatforscher, Schriftsteller u. Mundartdichter.
Gote|ring [ˈjoˑtəˌrɪŋ] <N.; Straßenn.> {s. u. ↑Ring²}: Gotenring; halbkreisförmige Straße in Köln-Deutz als Teil der rechtsrheinischen Ringstraße. 1910 wurde der Gotenring nach Auflassung der Deutzer Umwallung als Allee neu angelegt; seine Fortsetzung im Norden bildete die

heutige Graf-Geßler-Straße (damals Düsseldorfer Straße), bis er ab 1913 durch die damalige Mülheimer Straße weitergeführt wurde; östlich des Gotenrings entstand nach 1926 das „Germanenviertel".

grad[1] [ˌjraˑt] <Adv.> {8.2.2.3; 8.3.1}: g(e)rade, **1.** soeben. **2.** erst recht, zum Trotz.

grad[2] [ˌjraˑt] <Adj.; ~e; ~er, ~ste [ˈjraːdə / ˈjraˑtstə]> {8.2.2.3; 8.3.1}: gerade, nicht gebogen. Tbl. A2.1

grad|us [ˌjraˑt|ʊs] <Adv.> {s. u. ↑grad[2] ↑us[2]}: geradeaus.

Graf, der [ˌjraˑf] <N.; ~e>: Graf.

Grafe-vun-Berg-Stroß [ˌˌjraˑfəfʊnˈbərfj,ˌtroˑs] <N.; Straßenn.> {s. u. ↑Berg/Birg ↑Stroß}: Grafen-von-Berg-Straße; Straße in Köln-Fühlingen. Die Grafen von Berg waren ein ma. Adelsgeschlecht, das im nach ihm benannten „Bergischen Land" residierte. Ihr Stammsitz war auf Schloß Burg an der Wupper.

Gramm, et [ˌjramˑ] <N.; ~>: Gramm.

Grammatik, de [ˌjraˈmatɪk] <N.; ~e>: Grammatik.

grammatisch [ˌjraˈmatɪʃ] <Adj.; ~e>: grammatisch. Tbl. A1

Granat[1], der [ˌjraˈnaˑt] <N.; ~e>: Granat; hartes, stark glänzendes, meist braunrotes Mineral.

Granat[2], de [ˌjraˈnaˑt] <N.; ~e> {8.3.1}: Granate.

Granat|appel, der [ˌjraˈnaˑt,lapəl] <N.; ~|äppel> {s. u. ↑Granat[1] ↑Appel}: Granatapfel.

Grand, der [ˌjranˑ] <N. ⟨frz. grand⟩> {2}: Grand, höchstes Spiel beim Skat, bei dem nur die Buben Trumpf sind.

Granit, der [ˌjraˈnɪt] <N.; ~e (Sortenpl.)>: Granit.

Granit|spledder, der [ˌjraˈnɪt,ʃpledə] <N.; ~e> {s. u. ↑Spledder}: Granitsplitter.

Grapsch, der [ˌjrapʃ] <N.; ~e [ˈjrapʃə]>: schneller, hastiger Griff, Zugriff.

grapsche [ˈjrapʃə] <V.; schw.; *han*; grapschte [ˈjrapʃtə]; gegrapsch [jəˈjrapʃ]>: grapschen, greifen. (110)

Gras, et [ˌjraːs] <N.; Gräser [ˈjrɛˑzə]>: Gras.

grase [ˈjraˑzə] <V.; schw.; *han*; graste [ˈjraˑstə]; gegras [jəˈjraˑs]>: grasen. (149)

Gras|möck, de [ˈjraːs,møk] <N.; ~e> {s. u. ↑Möck}: Grasmücke.

gras|ührig/~|öhr|~ [ˈjraːs,lyˑ(ə)rɪfj / -(ø)ˑer-] <Adj.; ~e; ~er, ~ste> {5.4}: grasöhrig, **1.** griesgrämig, übellaunig [auch: ↑muuz|ig]. **2.** übernächtigt. Tbl. A5.2

Gratin, et [ˌjraˈtɛŋˑ] <N.; ~s ⟨frz. gratin⟩> {2}: Gratin, überbackenes Gericht.

grau [ˌjraʊˑ] <Adj.; ~e>: grau. Tbl. A2.9

Grau|brud, et [ˈjraʊˑ,bruˑt] <N.; ~e> {s. u. ↑Brud}: Graubrot.

Gräu|che, et [ˈjrɔyˑfjə] <N.; ~r>: Grautier, Grauschimmel.

graue [ˈjraʊə] <V.; schw.; *han*; graute [ˈjraʊˑtə]; gegraut [jəˈjraʊˑt]>: grauen, <unpers., nur 3. Pers.>: *Mir graut et vür dir.* (Mir graut (es) vor dir.). (11)

Grau|schimmel, der [ˈjraʊˑ,ʃɪməl] <N.; ~e>: Grauschimmel.

Grav, et [ˌjraːf] <N.; Gräver [ˈjrɛˑvə]> {6.1.1}: Grab.

grave [ˈjraˑvə] <V.; st.; *han*; grov [ˌjroˑf]; gegrave [jəˈjraˑvə]> {6.1.1}: graben. (85)

Grave, der [ˈjraˑvə] <N.; Gräve [ˈjrɛˑvə]> {6.1.1}: Graben.

Graveur, der [ˌjraˈvøˑɐ̯] <N.; ~e ⟨frz. graveur⟩> {2}: Graveur.

graviere/~eere [ˌjraˈviˑ(ə)rə / -eˑrə] <V.; schw./unr.; *han*; gravierte [ˌjraˈviˑɐ̯tə]; graviert [ˌjraˈviˑɐ̯t] ⟨frz. graver⟩> {(5.1.4.3)}: gravieren. (3) (2)

Grav|mol, et [ˈjraːf,moˑl] <N.; ~|möler> {s. u. ↑Grav ↑Mol[2]}: Grabmal.

Grav|stein, der [ˈjraːf,ʃteɪn] <N.; ~ [-ʃteɪ̯n]> {s. u. ↑Grav}: Grabstein.

Gravur/Gravor, de [ˌjraˈvuˑɐ̯ / ˌjraˈvoˑɐ̯] <N.; ~e> {(5.4)}: Gravur.

Greech, der [ˌjreˑfj] <N.; ~e> {5.1.4.3; 8.3.1}: Grieche.

Greeche|land [ˈjreˑfjə,lant] <N.; Ländern.> {s. u. ↑Greech}: Griechenland.

Greeß, et [ˌjreˑs] <N.; ~e (Sortenpl.)> {5.1.4.3}: Grieß (der).

Greeß|brei, der [ˈjreˑs,breɪ] <N.; ~e> {s. u. ↑Greeß}: Grießbrei.

Greeß|mähl, et [ˈjreˑs,mɛːl] <N.; o. Pl.> {s. u. ↑Greeß ↑Mähl}: Grießmehl.

Greeß|mähl|zupp, de [ˈjreˑsmɛːl,tsʊp] <N.; ~e> {s. u. ↑Greeß ↑Mähl ↑Zupp}: Grießsuppe.

Greev, de [ˌjreˑf] <N.; ~e (meist Pl.)> {5.1.4.3; 6.1.1; 8.3.1}: Griebe, **1. a)** Rückstand von ausgelassenem Speck: Schmalz; **b)** würfelförmiges Stückchen Speck. **2.** Ausschlag am Mund.

Greeve|schmalz, de [ˌjreˑvə,ʃmalts] <N.; o. Pl.> {s. u. ↑Greev}: Griebenschmalz.

Greff, der [ˌjref] <N.; ~e> {5.4, 5.5.2}: Griff.

Greffel, der [ˈjrefəl] <N.; ~e> {5.5.2}: Griffel, **1.** Schreibstift für Schiefertafeln. **2.** <meist Pl.> Finger.

Greffele|kess, de [ˈjrefələ,kes] <N.; ~|keste> {9.1.1; s. u. ↑Greffel ↑Kess}: Griffelkasten.

gr<u>e</u>ff|ig ['jrɛfɪŋ] <Adj.; ~e; ~er, ~ste> {5.5.2}: griffig, handlich. Tbl. A5.2
Gr<u>e</u>ll/Grill, der [jrel / jrɪl] <N.; ~s> {5.5.2}: Grill.
gr<u>e</u>lle/grille ['jrɛlə / 'jrɪlə] <V.; schw.; *han*; gr<u>e</u>llte ['jrɛl·tə]; gegr<u>e</u>llt [jə'jrɛl·t]> {5.5.2}: grillen. (91)
Grenz, de [jrɛn·ts] <N.; ~e> {8.3.1}: Grenze.
grenze ['jrɛn·tsə] <V.; schw.; *han*; grenzte ['jrɛn·tstə]; gegrenz [jə'jrɛn·ts]>: grenzen, <g. an> *Sölz grenz an Kletteberg*. (Sülz grenzt an Klettenberg.). (42)
Grenz|poliz|iss, der ['jrɛntspolɪˌtsɪs] <N.; ~|iste> {s. u. ↑P<u>o</u>liz|iss}: Grenzpolizist.
Grenz|üvver|tr<u>e</u>dd, der ['jrɛntsˌʏvɛtrɛt] <N.; ~(e)> {s. u. ↑Tr<u>e</u>dd}: Grenzübertritt.
Grenz|wäät, der ['jrɛn·tsˌvɛ·t] <N.; ~e> {s. u. ↑Wäät}: Grenzwert.
gribbele ['jrɪbələ] <V.; schw.; *han*; gribbelte ['jrɪbəltə]; gegribbelt [jə'jrɪbəlt]> {5.3.2; 5.4; 9.2.1.2}: grübeln, nachdenken, sinnen [auch: ↑simeliere/~eere (2)]. (6)
griefe ['jri:fə] <V.; st.; *han*; gr<u>e</u>ff [jref]; gegr<u>e</u>ffe [jə'jrefə]> {5.1.4.5}: greifen. (86)
grie|laache ['jri:ˌla:xə] <nicht trennb. Präfix-V.; schw.; *han*; grie|laachte ['jri:ˌla:xtə]; gegrie|laach [jə'jri:la:x]> {5.2.1}: griemeln, **1.** schadenfroh, spöttisch, verstohlen schmunzeln. **2.** heimlich in sich hineinlachen [auch: ↑griemele, ↑griemitzele]. (123)
Grie|läch|er, der ['jri:ˌlɛʃe] <N.; ~>: verschmitzt lächelnder Spötter.
Grie|läch|erei, de [ˌjri:lɛʃe'reɪ] <N.; ~e [-ə'reɪə]>: lustige, zum Lachen reizende Spötterei.
griemele ['jri:mələ] <V.; schw.; *han*; griemelte ['jri:məltə]; gegriemelt [jə'jri:məlt]> {9.2.1.2}: griemeln, in sich hineinlachen [auch: ↑grie|laache (2), ↑griemitzele]. (6)
griemitzele ['jri:mɪtsələ] <V.; schw.; *han*; griemitzelte ['jri:ˌmɪtsəltə]; gegriemitzelt [jə'jri:ˌmɪtsəlt]> {9.2.1.2}: griemeln, in sich hineinlachen [auch: ↑grie|laache (2), ↑griemele]. (6)
gries [jri:s] <Adj.; ~e; ~er, ~te ['jri:ze / 'jri:stə]> {5.1.4.5}: greis, [nur i. d. B.] grau, ergraut. Tbl. A2.7
Gries, der [jri:s] <N.; ~e>: Blondkopf.
Griet, et [jri·t] <N.; weibl. Vorn.> {5.2.2}: Greta, Grete, Kurzf. von Margareta/Marg(a)rete.
Grill/Gr<u>e</u>ll, der [jrɪl / jrel] <N.; ~s>: Grill.
grille/gr<u>e</u>lle ['jrɪlə / 'jrelə] <V.; schw.; *han*; grillte ['jrɪl·tə]; gegrillt [jə'jrɪl·t]>: grillen. (91)

Grimass, de [jrɪ'mas] <N.; ~e> {8.3.1}: Grimasse.
gringe ['jrɪŋə] <V.; schw.; *han*; gringte ['jrɪŋtə]; gegringk [jə'jrɪŋk]> {5.3.4}: greinen, **1.** Fratzen schneiden, das Gesicht weinerlich verziehen. **2.** weinerlich klagen, jammern [auch: ↑bauze, ↑hüüle, ↑knaatsche, ↑kriesche, ↑quaatsche]. **3.** grinsen. (49)
Gring|pott, der ['jrɪŋˌpɔt] <N.; ~|pött; ~|pött|che> {s. u. ↑Pott}: ständig weinendes Kind [auch: ↑Hüül|dopp (2), ↑Knaatsch|kopp].
grinse ['jrɪn·zə] <V.; schw.; *han*; grinste ['jrɪn·stə]; gegrins [jə'jrɪn·s]>: grinsen. (87)
Gripp, de [jrɪp] <N.; ~e (Pl. ungebr.)> {8.3.1}: Grippe.
Grippe|well, de ['jrɪpəˌvɛl·] <N.; o. Pl.> {s. u. ↑Well}: Grippewelle.
Gris<u>e</u>l, der ['jrɪzəl] <N.; ~e> {5.3.2.3; 7.4; 8.2.2.3}: Geriesel, Frösteln, Schauder.
gris<u>e</u>le ['jrɪzələ] <V.; schw.; *han*; gris<u>e</u>lte ['jrɪzəltə]; gegris<u>e</u>lt [jə'jrɪzəlt]> {5.3.4.1; 7.4; 9.2.1.2}: rieseln [auch: ↑fis<u>e</u>le, ↑fispele (2), ↑ris<u>e</u>le]. (6)
gris<u>e</u>l|ig ['jrɪzəlɪŋ] <Adj.; ~e; ~er, ~ste>: körnig. Tbl. A5.2
Grog, der [jrɔk] <N.; ~s ⟨engl. grog⟩>: Grog.
Grömmel/Grümmel, der ['jrømǝl / 'jrʏmǝl] <N.; ~e> {5.3.2; 6.13.3}: Krümel, kleine Krume; ***ene G. en der Tröt han** (einen Frosch im Hals haben = heiser sein).
grömmel|ig/grümmel|~ ['jrømǝlɪŋ / 'jrʏmǝl-] <Adj.; ~e; ~er, ~ste> {5.3.2; 6.12.3}: krümelig. Tbl. A5.2
grömmele/grümmele ['jrømǝlǝ / 'jrʏmǝlǝ] <V.; schw.; *han*; grömmelte ['jrʏmǝltǝ]; gegrümmelt [jə'jrʏmǝlt]> {5.3.2; 9.2.1.2}: krümeln. (6)
grön [jrø·n] <Adj.; ~e> {5.4}: grün, **1.** von grüner Farbe: *g. Männcher* (~e Männchen); **[RA]** *G. steiht alle Jecke schön*. (G. steht allen Jecken schön/gut.). **2.** ***einem nit g. sin** (jmdm. nicht grün (wohlgesonnen) sein; jmdn. ablehnen). **3.** unreif, sauer. **4.** ökologisch, umweltbewusst. **5.** unreif, naiv. Tbl. A2.4
Grön|donners|dag, der [jrø·n'dɔnesˌda:x] <N.; o. Pl.> {s. u. ↑grön ↑Donner ↑Dag}: Gründonnerstag.
gröne ['jrø·nə] <V.; schw.; *han*; grönte ['jrø·ntə]; gegrönt [jə'jrø·nt]> {5.4}: grünen. (146)
Grön|fink, der ['jrø·n'fɪŋk] <N.; ~e> {s. u. ↑grön}: Grünfink.
grön-gääl ['jrø·n'jɛ·l] <Adj.; ~e> {s. u. ↑grön ↑gääl}: grüngelb, Farben des Traditionskorps „Ehrengarde" von 1902 im Kölner Karneval, (scherzh.) *Spinat met Ei* (Spinat mit Ei). Tbl. A2.2

Grön|land ['jʀøːn‚lant] <N.; Ländern.> {s. u. ↑grön}: Grönland.

grön|lich ['jʀøˑnlɪʃ] <Adj.; ~e> {5.4}: grünlich, sich im Farbton dem Grün nähernd. Tbl. A1

grön-rud ['jʀøˑn'ruˑt] <Adj.; ~e> {s. u. ↑grön ↑rud}: grün-rot, Farben des Traditionskorps „Altstädter" von 1922 im Kölner Karneval. Tbl. A2.1

Grön|s, et [jʀøˑns] <N.; kein Pl.> {5.4; 9.2.2}: Grün, **1.** Grünpflanzen, Grünfutter. **2.** Kräuter.

Grön|schnabel, der ['jʀøˑn‚ʃnaˑbəl] <N.; ~|schnäbel> {s. u. ↑grön}: Grünschnabel, Flegel, Halbstarker [auch: ↑Fisel (3), ↑Fetz, ↑Flägel, ↑Grön|schnabel, ↑Lällbeck, ↑Lömmel (1a), ↑Schnuddels|jung].

Grön|span, der ['jʀøˑn‚ʃpaˑn] <N.; o. Pl.> {s. u. ↑grön}: Grünspan.

Grön|striefe/~|streife, der ['jʀøˑn‚ʃtriˑfə / -‚ʃtʀɛɪfə] <N.; ~> {s. u. grön ↑Striefe/Streife}: Grünstreifen.

Groov, An der [andeˑ'jʀoˑf] <N.; Straßenn.>: An der Groov; Insel in Köln-Porz-Zündorf. „Groov" od. „Werth" sind Bezeichnung für eine Insel, die durch Flussablagerungen entstanden ist. Die Zündorfer Groov wurde 1852 im Süden mit dem Festland verbunden. Heute ist sie ein vielbesuchtes Naherholungsgebiet.

Gros, et [jʀoˑ] <N. (frz. gros)> {2}: Gros, **1.** überwiegender Teil einer Gruppe. **2.** altes Mengenmaß: 12 Dutzend.

Grosche, der ['jʀɔʃə] <N.; ~; Gröschel|che>: Groschen, **a)** Münze der ehem. dt. Währung; *ene schläächte G. (heimtückischer Mensch, der falsch, link handelt; falscher Fuffziger); **b)** (übertr.) Geld.

groß [jʀoˑs] <Adj.; ~e; größer, größte/grötste ['jʀøˑse / 'jʀøˑstə / jʀøˑtʃtə]>: groß, **1. a)** von einer gewissen Größe, Ausdehnung, Bedeutung, Anzahl, Länge, Grad; *größer maache (vergrößern); *größer wääde/weede (vergrößern); *größer sin wie (überragen, sich über jmdn./etw. hinausragen, weit übertreffen); **b)** erwachsen; **c)** älter: *minge ~e Broder* (mein -er Bruder); **d)** großartig. **2.** *en ~e Muul han*; *g. dun; *en ~e/decke Lepp reskiere/~eere (prahlen, angeben, Sprüche klopfen) [auch: ↑aan|gevve (3), ↑brüste, ↑strunze, ↑protze, ↑op|schnigge, ↑op|spille, ↑renomiere/~eere, ↑schwadroniere/~eere, ↑deck (2b) dun, der ↑decke (2b) Wellem maache/ spille/markiere/~eere, Gedöns/Buhei maache). **3.** bedeutsam. Tbl. A7.2.2

Groß[1], de [jʀoˑs] <N.>: Oma, Kurz- u. Kosef. von Großmutter.

Groß[2], der [jʀoˑs] <N.; Größ [jʀøˑs] {5.4}: Gruß.

Groß Sank Martin, An [an‚jʀoːszaŋk‚maxˈtiːn] <N.; Straßenn.> {8.3.5}: An Groß St. Martin; Straße in Köln-Altstadt/Nord. Groß St. Martin ist eine der zwölf Romanischen Kirchen in der Kölner Altstadt. Die dreischiffige Basilika mit ihrem kleeblattförmigen Ostchor u. dem quadratischen Vierungsturm mit vier Ecktürmchen ist eines der markantesten Wahrzeichen im linksrheinischen Stadtpanorama. Die Basilika wurde im 12. Jh. in der Rheinvorstadt, einer ehemaligen Rheininsel, auf den Fundamenten römischer Bauten errichtet u. 1172 von Erzbischof Philipp I. geweiht.

Größe, de ['jʀøˑsə] <N.; ~e>: Größe.

groß|aat|ig ['jʀoˑs‚aːtɪʃ] <Adj.; ~e; ~er, ~ste>: großartig [auch: ↑groß (1d)]. Tbl. A5.2

Groß|bau|stell, de ['jʀoˑsboʊ‚ʃtɛlˑ / '-‚--] <N.; ~e [-ʃtɛlə]> {s. u. ↑Stell}: Großbaustelle.

Groß|deil, der ['jʀoˑs‚deɪl] <N.; o. Pl.> {s. u. ↑Deil}: Großteil.

Große Bude|gass [‚jʀoˑsə'buˑdə‚jas] <N.; Straßenn.> {s. u. ↑Bud ↑Gass[1]}: Große Budengasse; Straße in Köln-Altstadt/Nord. In diesem Viertel wohnten im MA die Boten. Aus dieser Zeit stammt auch die Straßenbezeichnung „die boten gaß".

Große Kreeg|maat [‚jʀoˑsə'kreɪfj‚maːt] <N.; Straßenn.> {s. u. ↑Kreeg ↑Maat}: Großer Griechenmarkt; Straße in Köln-Altstadt/Süd am Neumarkt.

Große Neu|gass [‚jʀoˑsə‚nøʏ‚jas] <N.; Straßenn.> {s. u. ↑Gass[1]}: Große Neugasse; Straße in Köln-Altstadt/Nord. Diese Straße wurde 1197 erstmals als „nova platea" notiert. Seit 1572 gab es rund 400 Jahre lang an anderer Stelle (zw. Komödienstraße u. Unter Sachsenhausen) ebenfalls eine Kleine Neugasse; diese ist in die Nord-Süd-Fahrt eingegangen u. ist Teil der heutigen Tunisstraße.

Große Sand|kuul/~|kuhl [‚jʀoˑsə'zant‚kuˑl] <N.; Straßenn.> {s. u. ↑Kuul/Kuhl}: Große Sandkaul; Straße in Köln-Altstadt/Nord. An dieser Stelle befand sich eine Sanddüne als Nachlass aus der Eiszeit, die später in einer Sandgrube (Kaul – Kuhle – Grube) gewerblich abgebaut wurde. Die Römer errichteten in ihr ein Bühnentheater. Im späten MA befand sich dort das Gelände der Pfarre St. Alban. Am Fuß des Hügels, auf dem die Kirche St. Maria in Capitolio errichtet wurde, lag die besagte große Sandgrube.

Große Telegraphe|stroß [ˌjroˑsətelə'jraˑfəˌʃtroˑs] <N.; Straßenn.> {s. u. ↑Stroß}: Große Telegraphenstraße; Straße in Köln-Altstadt/Süd. Auf dem Turm der Pantaleonskirche, in der Nähe dieser Straße, befand sich seit 1832 eine Station der „Optischen Telegraphenleitung Berlin – Köln – Koblenz", welche der schnellen Nachrichtenübermittlung zw. der preußischen Hauptstadt u. der wichtigen Garnison in der Etappe vor der französischen Grenze diente.

Große Witsch|gass [ˌjroˑsə'vɪtʃˌjas] <N.; Straßenn.> {s. u. ↑Gass¹}: Große Witschgasse; Straße in Köln-Altstadt/Süd. Im Jahr 948 wurde diese Gasse als *platea wizechini* nachgewiesen u. zählt zu den ältesten belegten Straßennamen der Stadt Köln.

größe [ˈjrøˑsə] <V.; schw.; han; größte [ˈjrøˑstə]; gegröß [jəˈjroˑs]> {5.4}: grüßen. (32)

Groß|eldere [ˈjroˑsˌɛldərə] <N.; Pl.> {s. u. ↑Eldere}: Großeltern.

Groß|en|kauf, der [ˈjroˑslenˌkoʊf / ˈ-ˌ--] <N.; ~|käuf>: Großeinkauf.

Groß|föösch/~|fürs, der [ˈjroˑsˌføːʃ / -fʏxs] <N.; ~te> {s. u. ↑Föösch/Fürs}: Großfürst.

Großglockner, der [ˌjroˑsˈjloknɐ] <N.; Ortsn.>: Großglockner.

Groß|handel, der [ˈjroˑsˌhandəl] <N.; ~>: Großhandel.

groß|jöhr|ig [ˈjroˑsˌjœrɪʃ] <Adj.; ~e>: großjährig. Tbl. A5.2

groß|kareet [ˈjroˑskaˑreˑt] <Adj.; ~e> {s. u. ↑kareet}: großkariert; anmaßend, überheblich. Tbl. A1

groß|kotz|ig [ˈjroˑsˌkotsɪʃ] <Adj.; ~e; ~er, ~ste>: großkotzig, prahlerisch, großspurig. Tbl. A5.2

Groß|maach, de [ˈjroˑsˌmaːx] <N.; ~|määchte> {s. u. ↑Maach¹}: Großmacht.

Groß|maat, der [ˈjroˑsˌmaːt] <N.; ~|määt> {s. u. ↑Maat}: Großmarkt.

groß|masch|ig [ˈjroˑsˌmaʃɪʃ] <Adj.; ~e; ~er, ~ste>: großmaschig. Tbl. A5.2

Groß|schnauz, de [ˈjroˑsˌʃnaʊts] <N.; ~e> {s. u. ↑Schnauz}: Großschnauze.

Groß|stadt, de [ˈjroˑsˌʃtat] <N.; ~|städt>: Großstadt.

Groß|tant, de [ˈjroˑsˌtant] <N.; ~e> {s. u. ↑Tant}: Großtante.

größten|deils [ˈjrøːstənˈdeɪls] <Adv.> {s. u. ↑Deil ↑groß}: größtenteils.

Groß|vatter/~|va, der [ˈjroˑsˌfatə] <N.; ~|vätter> {s. u. ↑Vatter/Va}: Großvater.

groß|zög|ig [ˈjroˑsˌzøˑjrɪʃ] <Adj.; ~e; ~er, ~ste>: großzügig. Tbl. A5.2

Grot, der [jroˑt] <N.; Gröt [jrœˑt]> {5.5.3; 8.3.1}: Gräte, **1.** Fischgräte. **2.** <nur Pl.> (scherzh.) Knochen: *Pass op un brech der nit de Gröt!* (Pass auf und brich dir nicht die Knochen!).

grovv [jrof] <Adj.; ~e; grövver, grövvste [ˈjrœve / ˈjrœfstə]> {5.3.2}: grob, **1.** derb, rauh in seiner Beschaffenheit: *~e Häng* (~e Hände); *~e Kiss* (~er Kies). **2.** unscharf, oberflächlich, nur das Nötigste betrachtend: *en ~e Ömresse* (in ~en Umrissen). **3.** barsch, unhöflich, derb im Umgang: *Bes nit esu g.!* (Sei nicht so g.!). Tbl. A1

Gruff, de [jrof] <N.; Grufte [ˈjroftə]> {8.3.5}: Gruft.

Grümmel/Grömmel, der [ˈjryməl / ˈjrøməl] <N.; ~e> {5.3.2; 6.13.3}: Krümel, kleine Krume; *ene G. en der Tröt han* (einen Frosch im Hals haben = heiser sein).

grummele [ˈjroməlɐ] <V.; schw.; han; grummelte [ˈjroməltə]; gegrummelt [jəˈjroməlt]> {9.2.1.2}: grummeln, **1.** brummen, knurren. **2.** knurren, rumoren (im Magen). (6)

grümmele/grömmele [ˈjryməlɐ / ˈjrøməlɐ] <V.; schw.; han; grümmelte [ˈjryməltə]; gegrümmelt [jəˈjryməlt]> {5.3.2; 9.2.1.2}: krümeln. (6)

grümmel|ig/grömmel|~ [ˈjryməlɪʃ / ˈjrøməl-] <Adj.; ~e; ~er, ~ste> {5.3.2; 6.12.3}: krümelig. Tbl. A5.2

Grund, der [jront] <N.; Gründ [jrynˑd]>: Grund.

Grund|be|greff, der [ˈjrontbəˌjref] <N.; ~e> {s. u. ↑Be|greff}: Grundbegriff.

Grund|be|setz, der [ˈjrontbəˌzets] <N.; kein Pl.> {s. u. ↑Be|setz}: Grundbesitz.

Grund|färv, de [ˈjrontˌferˑf] <N.; ~e> {s. u. ↑Färv}: Grundfarbe.

Grund|gebühr, de [ˈjrontjəˌbyːɐ] <N.; ~e>: Grundgebühr.

Grund|ge|setz, et [ˈjrontjəˌzets] <N.; ~e>: Grundgesetz.

Grund|ies, et [ˈjrontˌliːs] <N.; kein Pl.> {s. u. ↑Ies}: Grundeis.

Grund|kurs, der [ˈjrontˌkʊxs] <N.; ~e [-kørzə]>: Grundkurs.

Grund|lag, de [ˈjrontˌlaˑx] <N.; ~e> {s. u. ↑Lag}: Grundlage.

grund|läg|end [ˈjrontˌlɛˑjənt] <Adj.; ~e; ~er, ~ste> {s. u. ↑läge}: grundlegend. Tbl. A2.1

gründ|lich [ˈjryntlɪʃ] <Adj.; ~e; ~er, ~ste> {7.3.2}: gründlich. Tbl. A1

Grund|muur/~|moor, de [ˈjrʊntˌmuˑɐ̯ / -moˑɐ̯] <N.; ~e> {s. u. ↑Muur/Moor¹}: Grundmauer.
Grund|rääch, et [ˈjrʊntˌrɛːfŋ] <N.; ~te> {s. u. ↑Rääch}: Grundrecht.
grund|sätz|lich [ˈjrʊntˌzɛtslɪfŋ / ˌ-ˈ--] <Adj.; ~e> {7.3.2}: grundsätzlich. Tbl. A1
Grund|schull, de [ˈjrʊntˌʃʊlˑ] <N.; ~e [-ʃʊlə]> {s. u. ↑Schull}: Grundschule.
Grund|stöck, et [ˈjrʊntˌʃtøk] <N.; ~/~e/~er> {s. u. ↑Stöck}: Grundstück.
Grund|stüür/~|stöör, de [ˈjrʊntˌʃtyˑɐ̯ / -ˌʃtøˑɐ̯] <N.; ~e> {s. u. ↑Stüür/Stöör}: Grundsteuer.
Grund|üvvel, et [ˈjrʊntˌʏvəl] <N.; ~e> {s. u. ↑Üvvel}: Grundübel.
Grund|wasser, et [ˈjrʊntˌvasɐ] <N.; o. Pl.>: Grundwasser.
Grund|wasser|speegel, der [ˈjrʊntvasɐˌʃpeˑjəl] <N.; o. Pl.> {s. u. ↑Speegel}: Grundwasserspiegel.
grunze [ˈjrʊntsə] <V.; schw.; han; grunzte [ˈjrʊntstə]; gegrunz [jəˈjrʊnts]>: grunzen. (42)
Grupp, de [jrʊp] <N.; ~e> {8.3.1}: Gruppe.
grusele [ˈjrʊzələ] <V.; schw.; han; gruselte [ˈjrʊzəltə]; gegruselt [jəˈjrʊzəlt]> {5.3.2.3; 7.4; 9.2.1.2}: gruseln, **1.** <unpers., 3. Pers.>: *Et grusel mich.* (Mir ist unheimlich, mich gruselt.). **2.** <sich g. vür/vör>: *Dä grusel sich vörm Dunkele.* (Er gruselt sich vor der Dunkelheit.).(6)
Grusel|film, der [ˈjrʊzəlˌfɪləm] <N.; ~e> {s. u. ↑grusele}: Gruselfilm, Horrorfilm.
grusel|ig [ˈjrʊzəlɪfŋ] <Adj.; ~e; ~er, ~ste> {5.3.2.3}: gruselig, grausig, unheimlich. Tbl. A5.2
Güds|che, et [ˈjyːtsjə] <N.; ~r> {9.2.2}: Süßigkeit, Gebäck, Leckerei, Süßes [auch: ↑Söß|krɔm].
Gulasch, der [ˈjʊlaʃ] <N.>: Gulasch.
Gulasch|kanon, de [ˈjʊlaʃkaˌnoˑn] <N.; ~e> {s. u. ↑Kanon}: Gulaschkanone.
Gulasch|zupp, de [ˈjʊlaʃˌtsʊp] <N.; ~e> {s. u. ↑Zupp}: Gulaschsuppe.
Gulde, der [ˈjʊlˑdə] <N.; ~>: Gulden, ehemalige niederländische Währungseinheit.
gült|ig [ˈjʏltɪfŋ] <Adj.; ~e; ~er, ~ste>: gültig. Tbl. A5.2
Gummi¹, der [ˈjʊmɪ] <N.; kein Pl.>: Gummi, aus natürlichem od. synthetischem Kautschuk hergestelltes Produkt.

Gummi², der [ˈjʊmɪ] <N.; ~s; Gümmi|che [ˈjymɪfŋə]>: Gummi, Gummiband.
Gummi|bär|che, et [ˈjʊmɪˌbeˑɐ̯fŋə] <N.; nur Diminutiv; ~r>: Gummibärchen.
Gummi|bötz|che, et [ˈjʊmɪˌbøtsjə] <N.; nur Diminutiv; ~r>: Gummihöschen.
Gummi|haaz, der [ˈjʊmɪˌhaːts] <N.; ~e (Sortebnpl.)> {s. u. ↑Haaz¹}: Gummiharz, Harz von verschiedenen Gewächsen, das als Klebstoff verwendet wird.
Gummi|hand|schoh/~|händsche, der [ˈjʊmɪˌhɛntʃoˑ / -ˌhɛntʃə] <N.; ~|schohn [-ʃoˑn]> {s. u. ↑Hand|schoh, ↑Händ|sche}: Gummihandschuh.
Gummi|knöppel, der [ˈjʊmɪˌknøpəl] <N.; ~e> {s. u. ↑Knöppel}: Gummiknüppel.
Gummi|popp, de [ˈjʊmɪˌpɔp] <N.; ~e> {s. u. ↑Popp}: Gummipuppe.
Gummi|reife, der [ˈjʊmɪˌreɪfə] <N.; ~> {s. u. ↑Reife¹}: Gummireifen.
Gummi|schoh, der [ˈjʊmɪˌʃoˑ] <N.; ~n> {s. u. ↑Schoh}: Gummischuh.
Gummi|soll, de [ˈjʊmɪˌzɔlˑ] <N.; ~e [-zɔlə]> {s. u. ↑Soll¹}: Gummisohle.
Gummi|stivvel, der [ˈjʊmɪˌʃtɪvəl] <N.; ~e> {s. u. ↑Stivvel¹}: Gummistiefel.
Gummi|strump, der [ˈjʊmɪˌʃtrʊmp] <N.; ~|strümp> {s. u. ↑Strump}: Gummistrumpf.
Gummi|zog, der [ˈjʊmɪˌtsox] <N.; ~|zög> {s. u. ↑Zog¹}: Gummizug.
Günnei, der [ˈjʏnaɪ̯ˑ] <N.; männl. Vorn.> {8.3.5}: Kurzf. von Günt(h)er.
Guns, de [jʊns] <N.; kein Pl.> {8.3.5}: Gunst, **a)** wohlwollende, entgegenkommende Haltung; **b)** <Pl. + zo> *zo ~te* (zugunsten/zu ~en).
günst|ig [ˈjʏnstɪfŋ] <Adj.; ~e; ~er, ~ste>: günstig. Tbl. A5.2
Gurk, de [jʊrk] <N.; ~e; Gürk|che {8.3.1}: Gurke, <Diminutiv>: Gewürzgurke vgl. ↑Gürk|che [auch: ↑Kommker].
Gürk|che, et [ˈjʏrkfŋə] <N.; nur Diminutiv; vgl. ↑Gurk (Salatgurke); ~r: Gewürzgurke.
Gurke|hubbel, der [ˈjʊrkəˌhʊbəl] <N.; ~e> {s. u. ↑Hubbel²}: Gurkenhobel.
Gurke|schlot, der (et veraltet) [ˈjʊrkəˌʃlɔˑt] <N.; kein Pl.> {s. u. ↑Schlot}: Gurkensalat (der).
Gurt/Goot, der [jʊxt / joːt] <N.; ~e>: Gurt.

Gürzenich, der ['jʏxtsənɪʃ] <N.; Eigenn.>: Gürzenich [auch: ↑Göözenich].

Guss¹/Goss, der [jʊs / jɔs] <N.; Güss/Göss [jʏs / jøs]> {5.5.1}: Guss, **1. a)** mit Schwung geschüttete, gegossene Flüssigkeit; **b)** kurz für Regenguss; [auch: ↑Jutsch]. **2. a)** das Gießen; **b)** gegossenes Erzeugnis. **3.** kurz für Zuckerguss, etc.

Guss², et [jʊs] <N.; weibl. Vorn.> {8.3.5}: Kurzf. von Auguste.

Guss|ieser/Goss|~, et ['jʊsˌliːzɐ / 'jɔs-] <N.; o. Pl.> {s. u. ↑Guss¹/Goss ↑leser}: Gusseisen.

Gustav, der ['jʊsˌtaf] <N.; männl. Vorn.>: Gustav.

Güter|zog, der ['jyːteˌtsox] <N.; ~|zög> {s. u. ↑Zog¹}: Güterzug.

Gutsch, der [jʊtʃ] <N.; ~e>: Guss, Wasserguss, Wasserstrahl; plötzlicher starker Regenguss [auch: ↑Gitsch, ↑Goss/ Guss¹ (2)].

gutsche ['jʊtʃə] <V.; schw.; *han*; gutschte ['jʊtʃtə]; gegutsch [jə'jʊtʃ]>: gießen, **1.** Wasser ausschütten. **2.** in Strömen regnen. (110)

Gymnasium, et [jʏm'naːzɪjʊm] <N.; Gymnasie [jʏm'naːzɪɐ]>: Gymnasium.

Gymnastik, de [jʏm'nastɪk] <N.; kein Pl.>: Gymnastik.

Gyros, der ['jyːrɔs] <N.; ~ ⟨ngriech. gyros⟩>: Gyros.

hä [hɛː] <Personalpron. betont; 3. Pers. Sg. mask. Nom.>: er [auch: ↑e, aber nicht am Satzanfang]. Tbl. P1

Hääd¹, der [hɛːt] <N.; ~e ['hɛˑdə]> {5.2.1.1.1; 5.4}: Herd [auch: ↑Ovve (2)].

Hääd², de [hɛːt] <N.; ~e ['hɛˑdə]> {5.2.1.1.1; 8.3.1}: Herde, **1.** Tierherde. **2.** (übertr.) *en Hääd: eine große Anzahl, Menge, viele: Hä hät en H. Böcher gelese. (Er hat viele Bücher gelesen.) [auch: ↑Rötsch³, ↑Püngel (2)].

hääde ['hɛˑdə] <V.; schw.; *han*; häädte ['hɛˑtə]; gehäädt [jə'hɛːt]> {5.2.1.1.2; 5.4; 6.11.3}: härten. (197)

Hääde|dier, de ['hɛˑdə‚diˑɐ̯] <N.; ~e> {s. u. ↑Hääd² ↑Dier}: Herdentier.

hääde|wies ['hɛˑdə‚viːs] <Adv.> {s. u. ↑Hääd²}: herdenweise, scharenweise.

Hääd|füür/~|föör, et ['hɛːt‚fyːɐ̯ / -føːɐ̯] <N.; ~> {s. u. ↑Hääd¹ ↑Füür/Föör}: Herdfeuer.

Hääd|plaat, de ['hɛːt‚plaːt] <N.; ~e> {s. u. ↑Hääd¹ ↑Plaat¹}: Herdplatte.

Häär, der [hɛːɐ̯] <N.; ~e ['hɛːrə]> {5.4}: Herr, alleinstehend od. in Komposita; (in der Anrede vor Namen wie im Deutschen: Herr: *Herr Müller*).

Ääre|fahr|radd, et ['hɛːrə‚faːrat] <N.; ~|rädder> {s. u. ↑Häär ↑Radd}: Herrenfahrrad.

Ääre|klo, der ['hɛːrə‚kloˑ] <N.; ~s> {s. u. ↑Häär}: Herrentoilette, Herrenklosett.

Ääre|koss, de ['hɛːrə‚kɔs] <N.; kein Pl.> {↑Häär, ↑Koss}: erlesene Speise, feines Essen.

Ääre|mann|schaff, de ['hɛːrə‚manʃaf] <N.; ~|schafte> {s. u. ↑Häär}: Herrenmannschaft.

Ääre|sitz|ung, de ['hɛːrə‚zɪtsʊŋ] <N.; i. best. Abl.: *sitz*, sonst ↑setze¹; ~e> {11; s. u. ↑Häär}: Herrensitzung, Karnevalssitzung, die nur für Männer zugelassen ist.

Ääre|unger|wäsch/~|under|~, de ['hɛːrə‚ʊŋəvɛʃ / -ʊndə-] <N.; o. Pl.> {s. u. ↑Häär ↑unger¹ ↑Wäsch}: Herrenunterwäsche.

Haaz¹, der [haːts] <N.; ~e ⟨mhd. harz, ahd. harz(uh)⟩> {5.2.1.1.1}: Harz, zähflüssig-klebrige Absonderung von Nadelbäumen.

Haaz², der [haːts] <N.; Ortsn.> {5.2.1.1.1}: Harz (dt. Mittelgebirge).

Haaz|er, der [haːtsɐ] <N.> {5.2.1.1.1}: Harzer (Käse), Magermilchkäse aus Sauermilch.

habbel|ig ['habəlɪŋ] <Adj.; ~e; ~er, ~ste>: ängstlich nervös, aufgeregt [auch: ↑ängs|lich, ↑bammelig (3), ↑bang (1a), ↑bange(n)|dress|ig, ↑be|dresse (2a), ↑dress|ig², ↑feig, ↑kopp|scheu]. Tbl. A5.2

Habbich, der ['habɪʃ] <N.; ~te> {5.3.2; 8.3.5}: Habicht.

Hab|such, de ['haˑp‚zʊx] <N.; i. best. Komposita *hab*, sonst ↑han> {11; s. u. ↑Such}: Habsucht.

Hack¹, de [hak] <N.; ~e> {8.3.1}: Hacke, **1.** Ferse [auch: ↑Fääsch]. **2.** Absatz des Schuhes [auch: ↑Av|satz (1), ↑Ood].

Hack², de [hak] <N.; ~e> {8.3.1}: Hacke, Gerät zum Bearbeiten des Bodens [auch: ↑Hau²].

Hack|bredd, et ['hak‚brɛt] <N.; ~er> {s. u. ↑Bredd}: Hackbrett, **1.** einfaches Brett mit Handgriff, auf dem man Speisezutaten klein hackt. **2.** (Musik) Saiteninstrument.

Hack|brode, der ['hak‚broˑdə] <N.; ~> {s. u. ↑Brode}: Hackbraten.

hacke ['hakə] <V.; schw.; *han*; hackte ['haktə]; gehack [jə'hak]>: hacken. (88)

Hacke|beil, et ['hakə‚beɪl] <N.; ~>: Hack(e)beil.

Hack|metz, et ['hak‚mɛts] <N.; ~er> {s. u. ↑Metz}: Hackmesser.

hadd [hat] <Adj.; haade ['haˑdə]; hääder/haader, häädste/haadste ['hɛˑdə / 'haˑdə / 'hɛˑtstə / 'haˑtstə]> {6.11.3; 8.2.4}: hart, **1.** stabil, fest. **2. a)** unsanft: *h. lige, setze* (h. liegen, sitzen); **b)** dicht, nah: *h. dran* (dicht dabei/ dran, ganz nahe bei). Tbl. A7.2.1

hadd|dress|ig ['hat‚drɛsɪŋ] <Adj.; ~e; ~er, ~ste> {s. u. ↑hadd}: hartleibig, verstopft [auch: ↑hadd|liev|ig]. Tbl. A5.2

hadd|hätz|ig ['hat‚hɛtsɪŋ] <Adj.; ~e; ~er, ~ste> {6.11.3; 8.2.4}: hartherzig. Tbl. A5.2

hadd|liev|ig ['hat‚liˑvɪŋ] <Adj.; ~e; ~er, ~ste> {s. u. ↑hadd ↑Liev}: hartleibig, verstopft [auch: ↑hadd|dress|ig]. Tbl. A5.2

Hafe, der ['haˑfə] <N.; Häfe ['hɛˑfə]>: Hafen.

Hafe|gass ['haˑfəˌjas] <N.; Straßenn.> {s. u. ↑Hafe ↑Gass¹}: Hafengasse; Straße in Köln-Altstadt/Nord. Die Gasse soll an die Hafenanlagen aus der Römerzeit u. dem MA erinnern. Der alte Römerhafen befand sich jedoch dort, wo sich heute der Alter Markt befindet. Die Hafengasse ist nicht befahrbar, da sie nur aus einer einzigen Treppe besteht; es gibt auch nur das Haus mit der Nr. 2; bereits Jahrhunderte zuvor gab es eine weitere Hafengasse, die parallel zum Rhein vor der Häuserfront lag u. seit 1887 „Frankenwerft" heißt. Die

Hafengasse kommt in dem Gedicht von Willi Ostermann „Wa" mer vürnehm weed" vor.

~|haff [haf] <Suffix; adjektivbildend; ~|hafte [-haftə]; ~|hafter, ~|haffste> {8.3.5}: -haft, i. Vbdg. m. N. u. Adj.: *fähler~* (fehler~), *schmack~* (schmack~), *sess~* (sess~), *krank~* (krank~). Tbl. A4.2.1

Haff, de [haf] <N.; kein Pl.> {8.3.5}: Haft.

Haff|befähl/~|befell, der ['hafbə,fɛːl / -bəfel] <N.; ~e> {s. u. ↑Haff ↑Befähl/Befell}: Haftbefehl.

Haff|flich|ver|sicher|ung, de ['hafflɪĥfɐ,zɪĥərʊŋ] <N.; i. best. Komposita *sicher-*, sonst ↑secher; ~e> {11; s. u. ↑Haff ↑Flich}: Haftpflichtversicherung.

Häff|ling, der ['hɛf,lɪŋ] <N.; ~e> {8.3.5}: Häftling.

Haff|strof, de ['haf,ʃtrɔːf] <N.; ~e> {s. u. ↑Haff ↑Strof}: Haftstrafe.

hafte[1] ['haftə] <V.; schw.; *han*; *gehaff* [jə'haf] (mhd. haften)>: haften, festkleben. (89)

hafte[2] ['haftə] <V.; schw.; *han*; *gehaff* [jə'haf]>: haften, <h. met/för> bürgen: *Hä haff met singem Vermöge för dä Verdrag.* (Er haftet mit seinem Vermögen für den Vertrag.). (89)

Hagel, der ['haʀəl] <N.; ~ (Pl. selten)>: Hagel.

hagele ['haʀələ] <V.; schw.; *han*; *hagelte* ['haʀəltə]; *gehagelt* [jə'haʀəlt]> {9.2.1.2}: hageln. (6)

Hagel|schuur~/~|schoor, de ['haʀəl,ʃuːɐ̯ / -ʃoːɐ̯] <N.; ~e> {s. u. ↑Schuur/Schoor}: Hagelschauer (der).

hagel|voll ['haʀəl'fɔl] <Adj.; ~e>: volltrunken. Tbl. A2.2

Hagel|zucker, der ['haʀəl,tsʊkə] <N.>: Hagelzucker.

haggele ['hagələ] <V.; schw.; *han*; *haggelte* ['hagəltə]; *gehaggelt* [jə'hagəlt]> {6.4.1; 6.6.1; 9.2.1.2}: ungleichmäßig (zer)hacken, (zer)schneiden, häckseln. (6)

Hahn, der [haːn] <N.; *Hähn* [hɛːn]; ~*che* ['hɛːnɲə]>: Hahn, **1.** männl. Haushuhn; *ene halve H.* (Roggenbrötchen mit mittelaltem Käse, Zwiebeln u. Senf [auch: *Röggelche met Kis*]). **2.** Vorrichtung zum Öffnen u. Schließen von Rohrleitungen, Wasserhahn. **3.** Vorrichtung an Schusswaffen zum Auslösen des Schusses.

Hahn|appel, der ['haːn,apəl] <N.; ~|äppel> {s. u. ↑Appel}: Weißdornbeere, Hahnendornbeere.

Hähn|che, et ['hɛːnɲə] <N.; ~r>: Hähnchen, **1.** <Diminutiv> zu ↑Hahn (1). **2.** Brathähnchen [auch: ↑Brod|hähn|che].

Hahne|hätz, et ['haːnə,hɛts] <N.; ~er>: wörtl.: Hahnenherz; nur i. d. Vbdg. „verdrüg H." (sehr dünner Mensch) [auch: schmal ↑Hemb; ↑ver|drüge].

Hahne|kamm, der ['haːnə,kam] <N.; ~|kämm [-kɛmˑ]>: Hahnenkamm.

Hahne|peck, der ['haːnə,pek] <N.> {5.5.2}: Hahnenpick, nach herkömmlicher Meinung befruchtete Stelle im Eidotter der Eiweißschnur (Wrede).

Hahne|pooz, de ['haːnə,poːts] <N.; Eigenn.> {s. u. ↑Pooz}: Hahnentor, altes Stadttor am Rudolfplatz, erbaut im 13. Jh., Tor der Hahnentorburg (Teil der ma. Stadtmauer).

Hahne|pooz, An der [,andeˈhaːnə,poːts] <N.; Straßenn.> {s. u. ↑Pooz}: An d'r Hahnepooz/Hahnentorburg, kleine Straße in Köln-Altstadt/Süd am Rudolfplatz. Toranlage der ma. Stadtbefestigung aus dem 13. Jh., eigentlich Hagenerpforte, 1812/1813 zur Zeit der Franzosenherrschaft wurde daraus *Porte des Coqs* (Hahnenpforte).

Hahne|schrei, der ['haːnə,ʃreɪ] <N.; ~/~e [-ʃreɪ / -ʃreɪə]>: Hahnenschrei.

Hahne|stech, der ['haːnə,ʃteʃ] <N.; ~> {s. u. ↑Stech}: Hahnenstich, Hahnenpick im Eidotter.

Hahne|stroß ['haːnə,ʃtroːs] <N.; Straßenn.> {s. u. ↑Hahn ↑Stroß}: Hahnenstraße; Straße in Köln-Altstadt/Süd. Die Hahnenstraße verband die Stadtgrenze von 1106 mit der Stadterweiterung von 1180 u. der sogenannten großen Stadtmauer. „Hahnen" lässt sich auf den Namen eines Anwohners mit Namen Hageno von Anselm zurückführen, der im Westen vor der römischen Stadtmauer einen kleinen Wald (Hag) besaß; die Straße weist in Richtung dieses Wäldchens. Anfang des 19. Jh. dachte man bei dem Straßennamen an Hähne, da noch heute in der Hahnentorburg die in Stein gemeißelte Bezeichnung „Porte des coqs" zu lesen ist.

Hahne|tor|burg, de ['haːnətoːɐ̯,bʊrʃ] <N.; Eigenn.> {s. u. ↑Burg}: Hahnentorburg, eine von ursprünglich zwölf Torburgen in der acht Kilometer langen ma. Stadtmauer (1180-1220) von Köln, sicherte den westlichen Zugang zur Stadt an der Straße nach Melaten, Aachen u. Jülich. Sie liegt heute in der Altstadt von Köln am Rudolfplatz als Teil der neuzeitlichen Ringstraße.

Hahne|tredd, der ['haːnə,tret] <N.; o Pl.> {s. u. ↑Tredd}: Hahnentritt, best. Muster, Dessin auf Stoffen.

Hahne|tredd|dessin/~|muster, et ['haːnə,tretdə,sɛŋ / -,mʊstə] <N.; ~s/~> {s. u. ↑Hahn ↑Tredd}: Hahnentrittmuster.

Hai|fesch, der ['haɪ,feʃ] <N.; ~(e) [feʃˑ / 'feʃə]> {s. u. ↑Fesch}: Haifisch.

Häkel|deck, de ['hɛˑkəl‚dɛk] <N.; ~e> {s. u. ↑Deck²}: Häkeldecke.

häkele ['hɛˑkələ] <V.; schw.; *han*; häkelte ['hɛˑkəltə]; gehäkelt [jə'hɛˑkəlt]> {9.2.1.2}: häkeln. (6)

Häkel|nodel/~|nol, de ['hɛˑkəl‚nɔːdəl / -nɔˑl] <N.; ~|nodele/~|nolde [-nɔːdələ / -nɔˑldə]> {s. u. ↑Nodel/Nol}: Häkelnadel.

hald|bar ['haltbaː(ɐ̯)] <Adj.; ~e; ~er, ~ste>: haltbar, robust, strapazierfähig. Tbl. A2.6

halde ['haldə] <V.; st.; *han*; heeldt [heːlt]; gehalde [jə'haldə]> {6.11.3}: halten, gefasst haben u. nicht loslassen; festhalten; *****de Muul h.** (schweigen); *****en Ihre h.** (ehren); *****einer för der Jeck h.** (jmdn. veräppeln, veralbern, anschmieren, täuschen, betrügen, foppen, verarschen, reinlegen); *****em Zaum h.** (zügeln). (90)

~|hald|ig ['haldɪŋ] <Suffix; adjektivbildend; ~e; ~er, ~ste> {6.11.3} -haltig, i. Vbdg. m. N.: *stech~*, *zucker~* (stich~, zucker~). Tbl. A5.2

Halfter, et ['halˑftɐ] <N.; ~e>: Halfter, Pferdegeschirr.

Hall¹, de [hal] <N.; ~e ['halə]> {8.3.1}: Halle.

Hall², der [hal] <N.; ~e (Pl. ungebr.)>: Hall.

halle ['halə] <V.; schw.; *han*; hallte ['halˑtə]; gehallt [jə'halˑt]>: hallen. (91)

Halle|badd, et ['halə‚bat] <N.; ~|bäder [-bɛˑdɐ] (unr. Pl.)> {s. u. ↑Badd}: Hallenbad.

Halle|bau, der ['halə‚boʊ̯] <N.; ~te [-boʊ̯ˑtə]>: Hallenbau.

Halle|foß|ball, der ['halə‚foˑsbal] <N.; o. Pl.> {s. u. ↑Foß}: Hallenfußball.

Halm, der [halm] <N.; ~e>: Halm.

Hals, der [hals] <N.; Häls [hɛlˑs]>: Hals, Körperteil; *****ene Jeck am H. han** (mit üblen Konsequenzen rechnen müssen): *Wann do mich noch ens belügs, häs de ävver ene Jeck am Hals.* (Wenn du mich nochmal belügst, musst du mit üblen Konsequenzen rechnen.).

Hals|av|schnigg|er, der ['halzaf‚ʃnɪgɐ] <N.; ~> {5.3.4; 6.6.2}: Halsabschneider.

Hals|doch, et ['hals‚doˑx] <N.; ~|döcher> {s. u. ↑Doch¹}: Halstuch.

Hals|kett, de ['hals‚kɛt] <N.; ~e> {s. u. ↑Kett}: Halskette.

Hals|kraus, de ['hals‚kraʊ̯ˑs] <N.; ~> {s. u. ↑Kraus}: Halskrause.

Hals|ping ['hals‚pɪŋˑ] <N.; Pl.> {s. u. ↑Ping}: Halsschmerzen.

Hals|schlag|oder, de ['halsʃlaːx‚ɔˑdɐ] <N.; ~e> {s. u. ↑Oder}: Halsschlagader.

Hals|us|schnedd, der ['halzʊs‚ʃnet / 'halsǀus‚ʃnet] <N.; ~(e)> {s. u. ↑Schnedd¹}: Halsausschnitt.

halv [haləf] <Adj.; ~e ['halˑvə] > {6.1.1}: halb, die Hälfte von etw. umfassend; zur Hälfte; *****ene ~e Hahn** (Roggenbrötchen mit mittelaltem Käse, Zwiebeln u. Senf.); **[RA]** *För dich ene ~e Gode!* (scherzh.: Für dich einen ~en Guten! = Du taugst nichts!) Tbl. A1

Halv, et [haləf] <N.; ~e> {6.1.1; 8.3.1}: Halbe (das), Glas mit ½ Liter Inhalt.

Halv|better|schokelad, de ['haləf‚beteʃokə‚laˑt] <N.> {s. u. ↑halv ↑better ↑Schokelad}: Halbbitterschokolade.

Halv|broder, der ['haləf‚broˑdɐ] <N.; ~|bröder> {s. u. ↑halv ↑Broder}: Halbbruder.

Hälv|che, et ['hɛləfjə] <N.; ~r> {6.1.1}: ein halber Liter, Maßeinheit.

halv|dags ['haləf‚da·(x)s] <Adv.> {s. u. ↑halv ↑Dag}: halbtags.

Hälv|de, de ['hɛləfdə] <N.; ~>: Hälfte.

Halv|edel|stein, der ['haləfleˑdəl‚ʃteɪ̯n] <N.; ~ [-ʃteɪ̯ˑn]> {s. u. ↑halv}: Halbedelstein.

Halv|finale, et ['haləffɪ‚naˑlə] <N.> {s. u. ↑halv}: Halbfinale.

Halv|ge|hang, et ['haləfjə‚haŋ] <N.; ~e> {s. u. ↑halv}: in äußerem Erscheinen, Haltung, Kleidung nachlässige Person; von: *sich hange looße* [auch: ↑Hang|dier (b)].

halv|hätz|ig ['haləf‚hɛtsɪŋ] <Adj.; ~e; ~er, ~ste> {6.1.1}: halbherzig. Tbl. A5.2

Halv|johr, et ['haləf‚joˑ(ɐ̯)] <N.; ~e> {s. u. ↑halv ↑Johr}: Halbjahr.

Halv|kreis, der ['haləf‚kreɪ̯s] <N.; ~e [-kreɪ̯ˑzə]> {s. u. ↑halv}: Halbkreis.

Halv|kugel, de ['haləf‚kuːrəl] <N.; ~e> {s. u. ↑halv}: Halbkugel.

halv|lang ['haləf‚laŋ] <Adj.; ~e> {6.1.1}: halblang: *e h. Kleid* (ein ~es Kleid). Tbl. A7.2.2

halv|linge ['haləf‚lɪŋə] <Adj.; ~> {s. u. ↑halv ↑linge}: halbleinen. Tbl. A3.1

Halv|linge, et ['haləf‚lɪŋə] <N.; o. Pl.> {s. u. ↑halv ↑Linge}: Halbleinen.

halv|mass ['haləf‚mas] <Adv.> {s. u. ↑halv ↑Mass¹}: halbmast.

Halv|mond, der ['haləf‚mɔˑnt] <N.; ~> {s. u. ↑halv ↑Mond¹}: Halbmond.

Halv|pension, de ['haləfpaŋˌzjoːn] <N.; ~e> {s. u. ↑halv}: Halbpension.

Halv|schoh, der ['haləfˌʃoː] <N.; ~n> {s. u. ↑halv ↑Schoh}: Halbschuh.

Halv|schützel, de ['haləfˌʃʏtsəl] <N.; ~e> {s. u. ↑halv ↑Schützel}: Halbschürze.

Halv|schwester, de ['haləfˌʃvɛstə] <N.; ~e> {s. u. ↑halv}: Halbschwester.

halv|sigge ['haləfˌzɪgə] <Adj.; ~> {s. u. ↑halv ↑sigge}: halbseiden, zwielichtig. Tbl. A3.1

halv|sigg|ig ['haləfˌzɪgɪç] <Adj.; ~e> {6.1.1}: halbseitig, a) halbe Körperseite, b) halbe Buchseite. Tbl. A5.2

halv|stark ['haləfˌʃtark] <Adj.; ~e> {6.1.1}: halbstark, wie ein Halbstarker. Tbl. A7.2.2

Halv|stivvel, de ['haləfˌʃtɪvəl] <N.; ~e> {s. u. ↑halv ↑Stivvel¹}: Halbstiefel.

halv|wägs ['haləfˌvɛːfjs] <Adv.> {s. u. ↑halv ↑Wäg}: halbwegs.

Halv|zigg, de ['haləfˌtsɪk] <N.; ~e> {s. u. ↑halv ↑Zigg}: Halbzeit.

Hamburg ['hamˌbʊrfj] <N.; Ortsn.>: Hamburg, 1. Stadt. 2. Bundesland.

Hamburg|er¹, der ['hamˌbʊrjɐ] <N.; ~>: Hamburge, Einw. der Stadt od. des Bundeslandes Hamburg.

Hamburg|er², der ['hamˌbʊrjɐ] <N.; ~>: Hamburger, zw. den getoasteten Hälften eines weichen Brötchens servierte heiße Rinderhackfleischscheibe.

Hamburg|er|in, de ['hambʊrjɐˌrɪn] <N.; ~ne>: Hamburgerin (Einwohnerin der Stadt od. des Bundeslandes Hamburg).

Hämer|gass, de ['hɛːmɐˌjas] <N.; Straßenn.> {s. u. ↑Gass¹}: Hämergasse (an der Breitestr.) in der Altstadt-Nord.

Hämfel|che, et ['hɛmfəlfjɐ] <N.; ~r>: eine Hand voll; (verkürzt aus „handvoll"): e *Hämfelche Salz* (eine Handvoll Salz).

Hämm|che, et ['hɛmˑfjɐ] <N.; ~r>: Eisbein: *H. met suure Kappes* (E. mit Sauerkraut = kölsches Gericht).

Hammel, der ['haməl] <N.; ~(e)>: Hammel.

Hammel|brode, der ['haməlˌbroˑdə] <N.; ~> {s. u. ↑Brode}: Hammelbraten.

Hammel|fleisch, et ['haməlˌflɛɪʃ] <N.; kein Pl.>: Hammelfleisch.

Hammel|hääd, de ['haməlˌhɛːt] <N.; ~e> {s. u. ↑Hääd²}: Hammelherde.

hämmere ['hɛmərə] <V.; schw.; *han*; hämmerte ['hɛmətə]; gehämmert [jə'hɛmət]> {9.2.1.2}: hämmern, mit einem Hammer schlagen. (4)

Hammer|werfe/~|wirfe, et ['hamɐˌverfə / -vɪrfə] <N.; ~> {5.4/5.5.2}: Hammerwerfen.

Hamster|backe, et ['hamˑstɐˌbakə] <N.; ~ (meist Pl.)>: Hamsterbacke.

hamstere ['hamˑstɐrə] <V.; schw.; *han*; hamsterte ['hamˑstətə]; gehamstert [jə'hamˑstət]> {9.2.1.2}: hamstern. (4)

Hamster|kauf, der ['hamˑstɐˌkoʊf] <N.; ~|käuf>: Hamsterkauf.

han¹ [han] <V.; unr.; *han*; hatt [hat]; gehatt [jə'hat]> {5.3.2.5}: haben, besitzen: *Hä hät vill Geld.* (Er hat/besitzt viel Geld.); **[RA]** *H. es besser wie krige.* (H. ist besser als bekommen.); ***Domet hät et sich.** (Damit ist es genug, reicht es.); ***Dä hät se nit all.** (Er hat sie nicht alle. = Er ist verrückt.); ***de Schnüss vüran h.** (vorlaut sein); **[RA]** *Wä lang hät, liet lang hange.* (Wer lang hat, lässt lang hängen = Wer hat, der hat.); ***jet an de Föß h.** (etw. an den Füßen h. = reich sein); ***jet en der Mau/de Maue h.** (etw. im Ärmel h. = stark sein); **[RA]** *Wat mer nit em Kopp hät, muss mer en de Bein h.* (Was man nicht im Kopf hat, muss man in den Beinen h.); ***Angs/Kadangs h.** (sich ängstigen, Angst vor jmdm./etw. h.) ↑ängstige; ***leev h.** (lieben/lieb h.); ***en große Muul h.** (prahlen); ***leev h.** (lieb h., lieben); ***leever h.** (vorziehen, bevorzugen, den Vorzug geben, lieber mögen); ***jet loss h.** (etw. los h. = praktische od. theoretische Kenntnisse in einem best. Gebiet haben); ***nüdig h.** (bedürfen, benötigen, brauchen); ***en gefährliche Schnüss h.** (scharfzüngig sein). (92)

han² [han] <V.; Hilfsverb; unr.; *han*; hatt [hat]; gehatt [jə'hat]> {5.3.2.5}: haben, dient als Hilfsverb mit dem Part. II zur Bildung des Perf. u. Plusq.: *Ich h. gegesse.* (Ich habe gegessen.); ***ha' mer** (h. wir; zu einem einzigen empfundenen Wort zusgez. aus *h. mer*). (92)

Hanak, der [ha'naˑk] <N.; ~e>: 1. Gauner, Schurke, Halunke, Lump. 2. Schelm.

Hanak|erei, de [haˌnaˑkə'rɛɪˑ] <N.; ~e [haˌnaˑkə'rɛɪə]>: übler Streich.

Hand, de [hant] <N.; Häng [hɛŋˑ] (unr. Pl.); Häng|che ['hɛŋˑfjɐ]>: Hand, **[RA]** *Dun der Finger us der Nas un* *gevv der Tant e Hängche!* (scherzh. wenn ein Kind zur Höflichkeit erzogen werden soll); **[RA]** *Dä kann mih met der Muul wie andere met de Häng.* (Er kann mehr mit dem Mund als andere mit den Händen. = Er redet nur, tut aber nichts); **[RA]** *Die zwei können sich de H. gevve.* (Die beiden gleichen sich. (meist negativ gemeint); *****einem jet en de Häng däue** (jmdn. bestechen); *****H. un Foß han** (H. und Fuß haben, durchdenken, sinnvoll sein); *****e Hängche för jet han** (etw. draufhaben, Geschick für etw. haben); *****för einer de H. en et Füür läge** (bürgen, sich für jmdn. verbürgen); *****en jeder H. en Fleeg han** (leer ausgehen).

Hand|arbeid, de ['handar‚beɪ̯t] <N.; ~e> {s. u. ↑Arbeid}: Handarbeit.

Hand|arbeids|ge|schäff, et ['handar‚beɪ̯tsjə‚ʃɛf] <N.; ~|schäfte> {s. u. ↑Arbeid ↑Ge|schäff}: Handarbeitsgeschäft.

Hand|arbeids|korv, der ['handar‚beɪ̯ts‚kɔrf] <N.; ~|körv [-kør·f]> {s. u. ↑Arbeid ↑Korv}: Handarbeitskorb.

Hand|balle, der ['hant‚balə] <N.; ~>: Handballen, Daumenballen.

hand|be|drevve ['hantbə‚drevə] <Adj.; *Hand* + Part. II von ↑be|drieve; ~> {5.3.4; 5.5.2}: handbetrieben. Tbl. A3.2

Hand|be|wäg|ung, de ['hantbə‚vɛ·jʊŋ] <N.; ~e> {5.4}: Handbewegung.

Hand|boch, et ['hant‚boːx] <N.; ~|böcher> {s. u. ↑Boch¹}: Handbuch.

hand|breid ['hant'breɪ̯t / '-‚-] <Adj.; ~e> {s. u. ↑breid}: handbreit. Tbl. A2.1

Hand|brems, de ['hant‚brɛmˑs] <N.; ~e> {s. u. ↑Brems}: Handbremse.

Hand|doch, et ['han‚doːx] <N.; ~|döcher> {s. u. ↑Doch¹}: Handtuch.

Handel, der ['han·dəl] <N.; ~>: Handel.

handele ['han·dələ] <V.; schw.; han; handelte ['han·dəltə]; gehandelt [jə'han·dəlt]> {9.2.1.2}: handeln, **1.** mit etw. einen Handel/ein Geschäft betreiben: *met Bunne h.* (mit Bohnen h.) *****met Zitrone gehandelt han** (sich verkalkuliert haben). **2.** etw. verkaufen, vertreiben; zum Kauf anbieten: *Bunne wääde hügg günstig gehandelt.* (Bohnen werden heute günstig gehandelt.). **3.** um den Preis von etw. feilschen: *Dä liet nit met sich h.* (Der lässt nicht mit sich h.). **4. a)** tätig werden, tätig eingreifen: *Mer müsse tirek h.* (Wir müssen sofort h.); **b)** i. best. Weise vorgehen, verfahren: *Se han eige- mächtig gehandelt.* (Sie haben eigenmächtig gehandelt.). **5.** zum Thema haben, behandeln: *Dat Boch handelt vun …* (Das Buch handelt von …). **6.** <sich h.; unpers.> jmd./etw. Bestimmtes sein: *Et handelt sich öm si Broder.* (Es handelt sich um seinen Bruder.); um etw. gehen, auf etw. Bestimmtes ankommen: *Et handelt sich doröm, dat …* (Es handelt sich darum, dass …). (6)

Handels|maach, de ['han·dəls‚maːx] <N.; ~|määch> {s. u. ↑Maach¹}: Handelsmacht.

Handels|mess, de ['han·dəls‚mɛs] <N.; ~e> {s. u. ↑Mess³}: Handelsmesse.

Handels|rääch, et ['han·dəls‚rɛːʃ] <N.; o. Pl.> {s. u. ↑Rääch}: Handelsrecht.

Handels|schull, de ['han·dəls‚ʃʊlˑ] <N.; ~e [-ʃʊlə]> {s. u. ↑Schull}: Handelsschule.

Handels|stroß, de ['han·dəls‚ʃtroˑs] <N.; ~e> {s. u. ↑Stroß}: Handelsstraße.

Handels|wäg, der ['han·dəls‚vɛːʃ] <N.; ~(e) [-vɛˑʃ / -vɛˑjə]> {s. u. ↑Wäg}: Handelsweg.

Hand|fäg|er, der ['hant‚fɛˑjɐ] <N.; ~> {s. u. ↑Fäg|er}: Handfeger.

hand|ge|arbeidt ['hantjə‚larbeɪ̯t] <Adj.; *Hand* + Part. II von ↑arbeide; ~e> {8.2.2.1}: handgearbeitet. Tbl. A1

Hand|ge|päck, et ['hantjə‚pɛk] <N.; kein Pl.>: Handgepäck.

hand|ge|schrevve ['hantjə‚ʃrevə] <Adj.; *Hand* + Part. II von ↑schrieve; ~> {5.3.4; 5.5.2; 6.1.1}: handgeschrieben. Tbl. A3.2

hand|ge|streck ['hantjə'ʃtrek] <Adj.; *Hand* + Part. II von ↑strecke¹; ~te> {5.5.2}: handgestrickt. Tbl. A4.1.1

~|händ|ig ['hɛn·dɪʃ] <Suffix; adjektivbildend; ~e>: -händig, mit einer best. Anzahl von Händen, i. Vbdg. m. Kardinalz.: *zwei~* (zwei~). Tbl. A5.2

Hand|kis, der ['hant‚kiˑs] <N.; kein P.> {s. u. ↑Kis}: Handkäse, aus Quark, Kümmel u. Salz hergestellter, mit der Hand geformter, kleiner Käse von flacher, kreisrunder Form; *****H. met Musik** (Handkäse, der mit einer Marinade aus Essig, Öl, Zwiebeln u. Pfeffer übergossen gegessen wird).

Hand|koffer, der/de ['hant‚kofɐ] <N.; ~e> {s. u. ↑Koffer¹}: Handkoffer, kleiner Koffer.

Händl|er, der ['hɛn·tlɐ] <N.; ~>: Händler.

Handl|ung, de ['hanˑtlʊŋ] <N.; ~e>: Handlung, **1.** Tat. **2.** Stoff einer Dichtung: *en spannende H.* (eine spannende H.). **3.** Laden, Geschäft: *en Zooh.* (eine Zooh.).

Hand|op|läge, et ['handop‚lɛˑjə] <N.; kein Pl.> {5.4}: Handauflegen.

Hand|rögge, der ['hant‚røgə] <N.; ~> {s. u. ↑Rögge}: Handrücken.

Händ|sche, der ['hɛntʃə] <N.; ~|schohn [-ʃoˑn]> {9.2.1.1}: Handschuh, verkürzt aus *Händschoh* [auch: ↑Hand|schoh].

Hand|schoh, der ['hantˌʃoˑ] <N.; Pl. ist an beiden Kompositumsteilen markiert; Händ|schohn ['hɛntˌʃoˑn] {s. u. ↑Schoh}: Handschuh [auch: ↑Händ|sche].

Hand|schreff, de [hantˌʃref] <N.; ~te> {s. u. ↑Schreff}: Handschrift.

hand|schreff|lich ['hantʃreflıf] <Adj.; ~e> {5.5.2; 8.3.5}: handschriftlich. Tbl. A1

Hand|speegel, der ['hantˌʃpeˑjəl] <N.; ~e> {s. u. ↑Speegel}: Handspiegel.

Hand|spill, et ['hantˌʃpɪl] <N.; o. Pl> {s. u. ↑Spill}: Handspiel.

Hand|stäuv|er, der ['hantˌʃtɔyˑvɐ] <N.; ~> {s. u. ↑Stäuv|er}: Handfeger, **a)** Handbesen; **b)** Staubwedel; (wörtl.) Handstäuber.

Hand|täsch, de ['hanttɛʃ] <N.; ~e> {s. u. ↑Täsch}: Handtasche [auch: ↑Kabass].

hand|ver|lese ['hantfɐ‚lezə] <Adj.; *Hand* + Part. II von ↑ver|lese; ~> {5.3.2.3; 5.5.2}: handverlesen, mit der Hand verlesen; sorgfältig/genau ausgesucht. Tbl. A3.2

Hand|wage, der ['hantˌvaˑʀə] <N.; ~>: Handwagen.

hand|wärm ['hant'vɛrm] <Adj.; ~e> {s. u. ↑wärm}: handwarm. Tbl. A2.3

Hand|wäsch, de ['hantˌvɛʃ] <N.; o. Pl.>: Handwäsche.

Hand|zeiche, et ['hantˌtseɪʁə] <N.; ~>: Handzeichen.

Hang, der [haŋ] <N.; Häng [hɛŋˑ]>: Hang.

Hang|dier, et ['haŋˌdiˑɐ] <N.; ~e> {s. u. ↑Dier}: **a)** antriebsloser, lethargischer Mensch [auch: ↑Träne(n)|dier (2)]; **b)** in äußerem Erscheinen, Haltung, Kleidung nachlässige Person, Schlampe; früher: jmd, der stundenlang an der Theke stand u. soff; (wörtl.) Hängtier; [auch: ↑Halv|ge|hang].

hange ['haŋə] <V.; st.; *han*; hing [hɪŋ]; gehange [jə'haŋə]> {5.4}: hängen, **1. a)** an etw. befestigt sein: *De Belder h. an der Wand.* (Die Bilder h. an der Wand.); **b)** sich frei schwebend festhalten: *Dä Sportler hing am Reck.* (Der Sportler hing am Reck.); **c)** (übertr.) *De Nohbere hinge en de Finstere.* (Die Nachbarn lehnten sich weit aus dem Fenster.). **2. a)** sich festgesetzt haben, haften: *An däm Schoh hängk Dreck.* (An dem Schuh haftet Schmutz.); **b)** lange irgendwo bleiben (u. nicht weggehen): *Dä Kääl hängk jeden Ovend en de Weetschaff.* (Der Kerl hängt jeden Abend in der Kneipe.); **c)** (übertr.) *Alles bliev widder an mir h.* (Alles bleibt wieder an mir h.). **3.** jmdm., einer Sache gegenüber sehr positiv eingestellt sein: *Hä hängk am Levve.* (Er hängt am Leben.). **4.** [RA] *Wä lang hät, liet lang h.* (Wer lang hat, lässt lang hängen = Wer hat, der hat.); **sich h. looße* (sich hängen lassen, vernachlässigen); **einer h. looße* (jmdn. h. lassen = jmdn. im Stich lassen). (65)

hänge ['hɛŋə] <V.; schw.; *han*; hängte ['hɛŋˑtə]; gehängk [jə'hɛŋˑk]>: hängen, **1. a)** jmdn./etw. mit dem oberen Ende an einer best. Stelle frei beweglich befestigen: *e Beld an de Wand h.* (ein Bild an die Wand h.); **b)** <sich h.> mit den Händen etw. ergreifen u. festhalten u. ohne Stütze von unten frei beweglich sein: *sich an en Stang h.* (sich an eine Stange h.); **c)** (übertr.) *sich an et Telefon h.* (sich ans Telefon h.); **d)** <sich h.> jmdn./etw. ergreifen u. festhalten u. mit seinem Gewicht nach unten ziehen: *sich einem an der Hals h.* (sich jmdm. an den Hals h.). **2.** <sich h.> (übertr.) *sich an einer h.* (sich an jmdn. h. = jmdm. lästig fallen). **3.** mit einem um den Hals gelegten Strick an etw. aufhängen u. dadurch töten: *Mer h. dä an der nächste Baum.* (Wir h. ihn an den nächsten Baum.); **met H. un Würge* (mit großer Mühe; gerade noch, gerade eben, kaum): *Dä hät met H. un Würge bestande.* (Er hat mit H. und Würgen bestanden.). (49)

hange|blieve ['haŋə‚bliˑvə] <trennb. Präfix-V.; st.; *sin*; blevv h.* [blef]; ~|geblevve [-jə'blevə]>: hängenbleiben, **1)** haften bleiben. **2)** in der Schule nicht versetzt werden. (29)

Hänge|bröck, de ['hɛŋə‚brøk] <N.; ~e> {s. u. ↑Bröck¹}: Hängebrücke.

Hänge|bross, de ['hɛŋə‚bros] <N.; ~|bröss> {s. u. ↑Bross}: Hängebrust.

Hänge|buch, der ['hɛŋə‚bʊx] <N.; ~|büch; ~|büch|el|che> {s. u. ↑Buch¹}: Hängebauch.

Hänge|lamp, de ['hɛŋə‚lamp] <N.; ~e> {s. u. ↑Lamp}: Hängelampe.

Hänge|matt, de ['hɛŋəˌmat] <N.; ~e> {s. u. ↑Matt}: Hängematte.

Hang|es, der [haŋəs] <N.; ~|ese/~|ese>: Kleiderablage, Wandgarderobe mit Haken od. Knöpfen.

Hännes|che, et ['hɛnəsˌjə] <N.>: Hänschen, **a)** Kosef. von Hans, Johannes; **b)** Hans Knoll: Protagonist des gleichnamigen Stockpuppentheaters (Hänneschen-Theater, offz.: Puppenspiele der Stadt Köln); *et H. maache (herumalbern).

Hännes|che|kirmes, de ['hɛnəsjəˌkɪrməs] <N.; ~se>: Im Mai stattfindender Jahrmarkt auf dem Eisenmarkt mit Führungen durch das Theater, Puppenvorführungen, Aufführungen verschiedener Künstler der kölschen Szene (Musik, Zauberei, etc.), Kinderattraktionen, etc.

Hans Muff, der [ˌhansˈmʊf] <N.>: **1.** (urspr.) Neck- od. Spottname wie Hanswurst für eine lustige Person, einen Spaßmacher. Muff ist in übertr. Bed. ein mürrischer Mensch. **2.** Knecht Ruprecht, der Begleiter des heiligen Nikolaus.

Hansa|ring ['hanzaˌrɪŋ] <N.; Straßenn.> {s. u. ↑Ring²}: Hansaring; Teil der inneren Ringstaßen in Köln-Neustadt/Nord. Hansa steht für „Hanse" (ahd. für „Bund"), welche ein ma. Verbund von Kaufleuten war u. zur gegenseitigen Unterstützung gegenüber dem Ausland mit bis zu 160 Hansestädten, darunter auch Köln, gegründet wurde. Der Hansaring ist ein Ringabschnitt mit Grünanlagen; um 1900 entstanden hier wichtige Gebäude wie die Handelshochschule (später Hansagymnasium) u. das Kunstgewerbemuseum; 1925 wurde das damals höchste Geschäftshaus Europas, das Hansa-Hochhaus, vollendet.

Hans|woosch, der [ˌhansˈvoːʃ] <N.; ~te> {s. u. ↑Woosch}: Hanswurst.

Hantier, der [hanˈtiːɐ̯] <N.; kein Pl.>: **1.** Handhabung. **2.** Betrieb. **3.** Geschäftigkeit.

hantiere/~eere [hanˈtiːɐ̯rə / -eˑrə] <V.; schw./unr.; han; hantierte [hanˈtiːɐ̯tə]; hantiert [hanˈtiːɐ̯t] ⟨afrz. hanter⟩> {(5.1.4.3)}: hantieren. (3) (2)

Happe, der [ˈhapə] <N.; ~; Häpp|che [ˈhɛpfjə]>: Happen.

Harf, de [harf] <N.; ~e> {8.3.1}: Harfe.

harre [ˈharə] <V.; schw.; han; harrte [ˈhaxtə]; geharr [jəˈhax]>: harren [gebräuchl.: ↑waade]. (93)

Has, der [haˑs] <N.; ~e [ˈhaˑzə]; Häs|che [ˈhɛːsjə]> {8.3.1}: Hase, **[RA]** Hätt der Hungk nit gedresse, hätt der Jäger der H. (ge)kräge. (Hätte der H. nicht geschissen, hätte der Jäger den Hasen gekriegt.; Bemerkung, wenn jmd. ständig sagt „Hätte ich doch …!".).

Häschel, der [ˈhɛʃəl] <N.; veraltet>: Hirse.

Hase|foß, der [ˈhaˑzəˌfoˑs] <N.; ~|föß> {s. u. ↑Foß}: Hasenfuß.

Hasel|noss, de [ˈhaˑzəlˌnos] <N.; ~|nöss> {s. u. ↑Noss}: Haselnuss.

Hase|peffer, der [ˈhaˑzəˌpɛfɐ] <N.; kein Pl.> {s. u. ↑Peffer}: Hasenpfeffer.

haspele [ˈhaspələ] <V.; schw.; han; haspelte [ˈhaspəltə]; gehaspelt [jəˈhaspəlt]> {9.2.1.2}: haspeln, hastig, überstürzt sprechen. (6)

Hass, de [has] <N.; kein Pl.> {8.3.5}: Hast, überstürzte Eile; planloses, aufgeregtes Handeln.

hasse [ˈhasə] <V.; schw.; han; hasste [ˈhastə]; gehass [jəˈhas]>: hassen. (67)

haste [ˈhastə] <V.; schw.; han; gehass [jəˈhas]>: hasten, eilen. (68)

hast|ig [ˈhastɪʃ] <Adj.; ~e; ~er, ~ste>: hastig. Tbl. A5.2

hätschele [ˈhɛtʃələ] <V.; schw.; han; hätschelte [ˈhɛtʃəltə]; gehätschelt [jəˈhɛtʃəlt]> {9.2.1.2}: hätscheln, **1.** zärtlich liebkosen [auch: ↑karessiere/~eere, ↑knüvvele, ↑knuuve (1), ↑poussiere/~eere]. **2.** jmdn. verwöhnen u. anderen bevorzugen. (6)

Hatz, de [hats] <N.>: Hatz, Hetzjagd [auch: ↑Hetz¹ (3)].

Hätz, et [hɛts] <N.; ~er; ~che [-jə]> {5.4; 8.2.4}: Herz, **1.** Organ. **2.** <meist Diminutiv> Liebchen, Herzchen [auch: ↑Leev|che, ↑Lecker|che].

Hätz|aan|fall, der [ˈhɛtsˌlaːnˌfal] <N.; ~|fäll [-fɛlˑ]> {s. u. ↑Hätz}: Herzanfall.

Hätz|ass, et [ˌhɛtsˈlas] <N.; ~e> {s. u. ↑Hätz}: Herzass (Spielkarte).

Hätz|asthma, et [ˌhɛtsˈlasmaˑ] <N.; kein Pl.> {s. u. ↑Hätz}: Herzasthma.

Hätz|blädd|che, et [ˈhɛtsˌblɛtfjə] <N.; ~r> {s. u. ↑Hätz ↑Bladd}: Herzblättchen, **1.** (Gartenbau) inneres, junges, noch nicht voll entwickeltes Blatt einer Pflanze. **2.** geliebte Person. **3.** Kartenspiel.

Hätz|blod, et [ˈhɛtsˌbloˑt] <N.; kein Pl.> {s. u. ↑Hätz ↑Blod}: Herzblut, bes. i. d. Wendung *si H. gevve för einer* (alles für einen opfern).

Hätz|chirurg, der [ˈhɛtsʃɪˌrʊrˑʃ] <N.; ~e> {s. u. ↑Hätz}: Herzchirurg.

Hätz|chirurg|ie, de ['hɛtsʃɪrʊˌɟiˑ] <N.; kein Pl.> {s. u. ↑Hätz}: Herzchirurgie.

Hätz|dam, de [ˌhɛts'daˑm] <N.; ~e> {s. u. ↑Hätz ↑Dam}: Herzdame (Spielkarte).

Hätz|droppe ['hɛtsˌdrɔpə] <N.; mask.; nur Pl.> {s. u. ↑Hätz ↑Droppe}: Herztropfen.

Hätz|dud, der ['hɛtsˌduˑt] <N.; o. Pl.> {s. u. ↑Hätz ↑Dud}: Herztod.

hätze ['hɛtsə] <V.; schw.; han; hätzte ['hɛtstə]; gehätz [jə'hɛts]> {5.4; 8.2.4}: herzen. (114)

Hätzens|aan|ge|läge(n)|heit, de ['hɛtsənsˌlaːnˌjəlɛːjə(n)-ˌhei̯t] <N.; ~e> {s. u. ↑Hätz; 5.4; 9.1.4}: Herzensangelegenheit.

Hätzens|be|dürf|nis, et ['hɛtsənsbəˌdʏrfnɪs] <N.; ~se> {s. u. ↑Hätz}: Herzensbedürfnis.

hätzens|god ['hɛtsəns'joˑt] <Adj.; ~e> {s. u. ↑Hätz ↑god}: herzensgut. Tbl. A7.1

Hätzens|kind, et ['hɛtsənsˌkɪnt] <N.; ~er> {s. u. ↑Hätz}: Herzenskind, Kosew. für ein Kind, eine geliebte Person (meist i. d. Anrede).

Hätze(ns)|kühl|che/~|küül|~, et ['hɛtsə(ns)ˌkyˑlʃə] <N.; ~r> {9.1.1; s. u. ↑Hätz}: Herzgrube, Herzkuhle, Herzensgrund, Innerstes; [RA]: *Dat deit mer wih bes en et H.* (Das tut mir sehr weh.); [RA]: *usem deefste H.* (aus tiefem Herzen).

Hätzens|loss, de ['hɛtsəns'los] <N.; kein Pl.> {s. u. ↑Hätz ↑Loss}: Herzenslust.

Hätzens|saach, de ['hɛtsənsˌzaːx] <N.; ~e> {s. u. ↑Hätz ↑Saach}: Herzenssache.

Hätzens|stümp|che, et ['hɛtsənsˌʃtʏmpfʃə] <N.; ~r> {s. u. ↑Hätz ↑Stümp|che}: Kosew. für ein kleines Kind.

Hätzens|wunsch, der ['hɛtsənsˌvʊnʃ] <N.; ~|wünsch> {s. u. ↑Hätz}: Herzenswunsch.

Hätz|fähler, der ['hɛtsˌfɛːlɐ] <N.; ~> {s. u. ↑Hätz ↑Fähler}: Herzfehler.

Hätz|flimmere, et ['hɛtsˌflɪmərə] <N.; kein Pl.> {9.2.1.2; s. u. ↑Hätz}: Herzflimmern.

hätz|förm|ig ['hɛtsˌfœrmɪç] <Adj.; ~e> {s. u. ↑Hätz}: herzförmig. Tbl. A5.2

Hätz|gägend, de ['hɛtsˌjɛˑjənt] <N.; o. Pl.> {s. u. ↑Hätz ↑Gägend}: Herzgegend.

hätz|haff ['hɛtsˌhaf] <Adj.; ~|hafte; ~|hafter, ~ste> {5.4; 8.2.4}: herzhaft, **1.** kräftig, mit Entschlossenheit: *e h. Laache* (ein ~es Lachen). **2.** nahrhaft, deftig, würzig: *en ~hafte Mohlzigg* (eine ~e Mahlzeit). Tbl. A4.2.1

~|hätz|ig ['hɛtsɪç] <Suffix; adjektivbildend; ~e> {5.2.1.1.2; 5.4}: -herzig, eine best. Charaktereigenschaft ausdrückend, i. Vbdg. m. Adj.: *god~* (gut~), *hadd~* (hart~), *weich~* (weich~). Tbl. A5.2

Hätz|infark, der ['hɛtsˌɪnˌfark] <N.; ~te> {s. u. ↑Hätz ↑Infark}: Herzinfarkt.

Hätz|jage, et ['hɛtsˌjaˑʀə] <N.; kein Pl.> {s. u. ↑Hätz}: Herzjagen.

Hätz|jung, der [ˌhɛts'jʊŋ] <N.; ~e [-jʊŋə]> {s. u. ↑Hätz ↑Jung}: Herzbube (Spielkarte).

Hätz|kammer, de ['hɛtsˌkamɐ] <N.; ~e> {s. u. ↑Hätz}: Herzkammer.

Hätz|keesch, de ['hɛtsˌkeːʃ] <N.; ~e> {s. u. ↑Hätz ↑Keesch}: Herzkirsche, Süßkirsche mit meist dunkelrotem, saftigem Fruchtfleisch.

Hätz|klapp, de ['hɛtsˌklap] <N.; ~e> {s. u. ↑Hätz ↑Klapp}: Herzklappe.

Hätz|klappe|fähler, der ['hɛtsklapəˌfɛːlɐ] <N.; ~> {s. u. ↑Hätz ↑Fähler}: Herzklappenfehler.

Hätz|kloppe, et ['hɛtsˌklɔpə] <N.; kein Pl.> {s. u. ↑Hätz ↑Kloppe}: Herzklopfen.

hätz|krank ['hɛtsˌkraŋk] <Adj.; ~e> {s. u. ↑Hätz}: herzkrank. Tbl. A1

Hätz|krank|heit, de ['hɛtsˌkraŋkhei̯t] <N.; ~e> {s. u. ↑Hätz}: Herzkrankheit.

Hätz|künning, der [ˌhɛts'kʏnɪŋ] <N.; ~e> {s. u. ↑Hätz ↑Künning}: Herzkönig (Spielkarte).

hätz|lich ['hɛtslɪç] <Adj.; ~e; ~er, ~ste> {5.4; 7.3.2; 8.2.4}: herzlich. Tbl. A1

Hätz|lich|keit, de ['hɛtslɪçkei̯t] <N.; ~e> {5.4; 8.2.4}: Herzlichkeit.

Hätz|massage, de ['hɛtsmaˌsaˑʃ] <N.; ~ [-masaˑʒə]> {s. u. ↑Hätz}: Herzmassage.

Hätz|meddel, et ['hɛtsˌmedəl] <N.; ~(e)> {s. u. ↑Hätz ↑Meddel}: Herzmittel.

Hätz|muskel, de ['hɛtsˌmʊskəl] <N.; ~e> {s. u. ↑Hätz}: Herzmuskel.

Hätz|operation, de ['hɛtsǀopəratsˌjoˑn] <N.; ~e> {s. u. ↑Hätz}: Herzoperation.

Hätz|patient, der ['hɛtspatsˌjɛnt] <N.; ~e> {s. u. ↑Hätz}: Herzpatient.

Hätz|schlag, der ['hɛts̪ˌʃlaːx] <N.; ~|schläg [-ʃlɛˑŋ̊]> {s. u. ↑Hätz}: Herzschlag.

Hätz|schredd|maach|er, de ['hɛts̪ʃretˌmaːxɐ] <N.; ~> {5.2.1; s. u. ↑Hätz ↑Schredd ↑maache}: Herzschrittmacher.

Hätz|spezial|iss, der ['hɛts̪[petsjaˌlɪs] <N.; ~|iste> {s. u. ↑Hätz}: Herzspezialist.

Hätz|stech, der ['hɛts̪ˌʃteʃ] <N.; ~> {s. u. ↑Hätz ↑Stech}: Herzstich.

Hätz|stöck, et ['hɛts̪ˌʃtøk] <N.; ~/~e/~er> {s. u. ↑Hätz ↑Stöck}: Herzstück.

Hätz|transplantation, de ['hɛts̪transplantats̪joˑn] <N.; ~e> {s. u. ↑Hätz}: Herztransplantation.

Hätz|ver|sage, et ['hɛts̪fɐˌzaˑʀə] <N.; kein Pl.> {s. u. ↑Hätz}: Herzversagen.

Hau[1], der [haʊ̯] <N.; Häu [hɔy̑ˑ]; Häu|che ['hɔy̑fjə]>: Hau, **1.** Schlag. **2.** geistiger Mangel; *ene H. met der Pann han (verrückt sein, spinnen).

Hau[2], de [haʊ̯ˑ] <N.; ~e ['haʊ̯ˑə]; Häu|che ['hɔy̑ˑfjə] {8.3.1}: Haue, Hacke [auch: ↑Hack[2]].

Haub, de [haʊ̯p] <N.; ~e> {8.3.1}: Haube.

Haubitz, de [haʊ̯ˈbɪts̪] <N.; ~e> {8.3.1}: Haubitze.

Hauch, der [haʊ̯x] <N.; ~e (Pl. ungebr.)>: Hauch.

hauch|dönn ['haʊ̯xˈdøn] <Adj.; ~e> {s. u. ↑dönn}: hauchdünn. Tbl. A2.4

hauche ['haʊ̯xə] <V.; schw.; han; hauchte ['haʊ̯xtə]; gehauch [jəˈhaʊ̯x]>: hauchen. (123)

haue ['haʊ̯ə] <V.; unr./schw.; han; haute ['haʊ̯ˑtə]; gehaue/gehaut [jəˈhaʊ̯ə / jəˈhaʊ̯ˑt]>: hauen [auch: ↑schmecke[1], ↑ver|solle (2)]. (94)

Haufe, der ['hoʊ̯fə] <N.; ~; Häuf|che ['høyfjə]>: Haufen, **1.** Anhäufung von Dingen: *ene H. Stein* (ein H. Steine); ***jet üvver der H. werfe*** (etw. umstoßen/zunichte machen/verwerfen/abwandeln), [RA] *jet/einer üvver der H. renne/fahre* (unvorsichtig od. mutwillig umrennen, überfahren); ***Häufcher maache*** (aufhäufeln). **2.** eine große Anzahl, Menge; sehr viel: *ene H. Arbeid* (ein H. Arbeit). **3.** Schar, Menge: *ene H. Lück* (eine Schar Leute); ***sich op eine H. dun*** (sich (als Partner) zusammenfinden): *Et Marie un der Pitter han sich op eine H. gedon.* (Maria und Peter sind jetzt ein Paar.). **4.** Kotausscheidung, <oft im Diminutiv: Häufche>: *Hät dat Klein ald e Häufche gemaht?* (Hat die Kleine schon Aa gemacht?); ***Häufche Älend*** (Häufchen Elend/Unglück); [RA] *Der Düüvel drieß immer op eine H.* (Der Teufel scheißt immer auf einen H. = Geld kommt immer zu Geld.).

häufe ['høy̑fə] <V.; schw.; han; häufte ['høy̑ftə]; gehäuf [jəˈhøy̑f]>: häufen, **1.** in Mengen sammeln. **2.** <sich h.> zahlreicher werden. (108)

häufele ['høy̑fələ] <V.; schw.; han; häufelte ['høy̑fəltə]; gehäufelt [jəˈhøy̑fəlt]> {9.2.1.2}: häufeln, zu Häufchen aufschichten. (6)

haufe|wies ['hoʊ̯fəviˑs] <Adv.>: haufenweise.

haup|-, Haup|- [hoʊ̯p] <Präfix> {8.3.5}: haupt-, Haupt-, i. Vbdg. m. N. u. Adj.: *~film* (~film), *~amplich* (~amtlich).

Haup, et [hoʊ̯p] <N.; Häupter ['høy̑ptɐ]> {8.3.5}: Haupt, **1.** Kopf. **2.** wichtigste Person; (An)führer: *et H. vun der Famillich* (das H. der Familie).

haup|amp|lich ['hoʊ̯pˌamplɪʃ] <Adj.; ~e> {8.3.5}: hauptamtlich. Tbl. A1

Haup|bahn|hoff, der ['hoʊ̯pbaːnˌhɔf] <N.; ~|höff> {5.3.2}: Hauptbahnhof.

haup|be|rof|lich ['hoʊ̯pbəˌroˑflɪʃ] <Adj.; ~e> {5.4}: hauptberuflich. Tbl. A1

Haup|beschäftig|ung, de ['hoʊ̯pbəˈʃɛftɪjʊŋ] <N.; ~e>: Hauptbeschäftigung.

Haup|deil, der ['hoʊ̯pˌdeɪl] <N.; ~(e) [-deɪl / -deɪlə]> {6.11.1}: Hauptteil.

Haup|en|gang, der ['hoʊ̯pˌlenˌjaŋ] <N.; ~|gäng [-ˌjɛŋˑ]>: Haupteingang.

Haup|figur, de ['hoʊ̯pfɪˌjuˑɐ̯] <N.; ~e> {5.4}: Hauptfigur.

Haup|film, der ['hoʊ̯pˌfɪləm] <N.; ~e>: Hauptfilm.

Haup|gereech, et ['hoʊ̯pjəˌreːʃ] <N.; ~te> {5.2.1.2; 5.4}: Hauptgericht.

Haup|ge|schäff, et ['hoʊ̯pjəˌʃɛf] <N.; ~|schäfte> {8.3.5}: Hauptgeschäft.

Haup|ge|schäffs|stroß, de [ˌhoʊ̯pjəˈʃɛfsˌʃtroˑs] <N.; ~e> {s. u. ↑Ge|schäff ↑Stroß}: Hauptgeschäftsstraße.

Haup|ge|schäffs|zigg, de [ˌhoʊ̯pjəˈʃɛfsˌts̪ɪk] <N.; ~e> {s. u. ↑Ge|schäff ↑Zigg}: Hauptgeschäftszeit.

Haup|ge|weech, et ['hoʊ̯pjəveːʃ] <N.> {5.4; 5.2.1.2/ 8.3.5}: Hauptgewicht.

Haup|gewenn, der ['hoʊ̯pjəˌven] <N.; ~e> {5.5.2}: Hauptgewinn.

Haup|grund, der ['hoʊ̯pˌjrʊnt] <N.; ~|gründ [-ˌjryntˑ]>: Hauptgrund.

Häupling

Häup|ling, der ['hɔy·plɪŋ] <N.; ~e> {8.3.5}: Häuptling.
Haup|mann, der ['hoʊ·p,man] <N.; ~|männer>: Hauptmann.
Haup|mohl|zigg, de ['hoʊ·p,mɔːltsɪk / ˌ-'--] <N.; ~e> {s. u. ↑Mohl|zigg}: Hauptmahlzeit.
Haup|nenn|er, der ['hoʊ·p,nɛnɐ] <N.; ~>: Hauptnenner.
Haup|person, de ['hoʊ·ppɛ(r)ˌzoːn] <N.; ~e>: Hauptperson.
Haup|poss, de ['hoʊ·ppɔs] <N.; kein Pl.> {8.3.5}: Hauptpost.
Haup|poss|amp, et ['hoʊ·ppɔzamˑp / -'--] <N.; ~|ämter> {s. u. ↑Poss ↑Amp}: Hauptpostamt.
Haup|roll, de ['hoʊ·p,rɔlˑ] <N.; ~e [-rɔlə]> {8.3.1}: Hauptrolle.
Haup|saach, de ['hoʊ·p,zaːx] <N.; ~e> {5.2.1; 8.3.1}: Hauptsache.
haup|säch|lich ['hoʊ·p,zɛçlɪç / ˌ-'--] <Adj.; ~e>: hauptsächlich. Tbl. A1
Haup|satz, der ['hoʊ·p,zats] <N.; ~|sätz>: Hauptsatz.
Haup|schlag|oder, de ['hoʊ·pʃlaːxˌoˑdɐ] <N.; ~e> {s. u. ↑Oder}: Hauptschlagader.
Haup|schlössel, der ['hoʊ·p,ʃløsəl] <N.; ~e> {5.5.1}: Hauptschlüssel.
Haup|schold, de ['hoʊ·p,ʃɔlt] <N.; o. Pl.> {5.5.1}: Hauptschuld.
Haup|schull, de ['hoʊ·p,ʃʊlˑ] <N.; ~e [-ʃʊlə]> {5.3.2; 8.3.1}: Hauptschule.
Haup|schull|av|schluss, de ['hoʊ·pʃʊlˌafʃlʊs] <N.; ~|schlüss> {s. u. ↑Schull ↑Schluss}: Hauptschulabschluss.
Haup|stadt, de ['hoʊ·p,ʃtat] <N.; ~|städt>: Hauptstadt.
Haup|stroß, de ['hoʊ·p,ʃtrɔˑs] <N.; ~e> {5.5.3; 8.3.1}: Hauptstraße.
Haup|verkehrs|stroß, de [ˌhoʊ·pfɛ'keːɐsˌʃtrɔˑs] <N.; ~e> {s. u. ↑Stroß}: Hauptverkehrsstraße.
Haup|verkehrs|zigg, de [ˌhoʊ·pfɛ'keːɐsˌtsɪk] <N.; ~e> {s. u. ↑Zigg}: Hauptverkehrszeit.
Haup|wood, et ['hoʊ·p,vɔːt] <N.; ~|wööder [-vœˑdə]> {5.2.1.1; 5.5.3; 6.11.3}: Hauptwort.
hausiere/~eere [haʊ'ziː(ɐ)rə / -eˑrə] <V.; schw./unr.; han; hausierte [haʊ'ziˑɐ̯tə]; hausiert [haʊ'ziˑɐ̯t]> {(5.1.4.3)}: hausieren. (3) (2)
Haut|aaz, der ['haʊtˌlaːts] <N.; i. best. Komposita *haut-*, sonst ↑Hugg; ~|ääz> {11; s. u. ↑Aaz}: Hautarzt.

Haver, der ['haˑvɐ] <N.; kein Pl.>: Hafer.
Haver|brei, der ['haˑvɐˌbreɪ] <N.; ~e>: Haferbrei.
Haver|flocke, de ['haˑvɐˌflɔkə] <N.; ~ (meist Pl.>: Haferflocke.
Haver|koon, et ['haˑvɐˌkoːn] <N.; ~|kööner> {s. u. ↑Haver ↑Koon¹}: Haferkorn.
Haver|mähl, et ['haˑvɐˌmɛːl] <N.; o. Pl.> {s. u. ↑Mähl}: Hafermehl.
Haver|strüh, et ['haˑvɐˌʃtryˑ] <N.; kein Pl.> {s. u. ↑Strüh}: Haferstroh, bes. lange, trockene Halme.
Hech, der [hɛʃ] <N.; ~te> {8.3.5}: Hecht.
hechele ['hɛʃələ] <V.; schw.; han; hechelte ['hɛʃəltə]; gehechelt [jə'hɛʃəlt]> {9.2.1.2}: hecheln. (6)
Hechel|känz|che, et ['hɛʃəlˌkrɛntsjə] <N.; ~r>: Kaffeekränzchen.
Heck|dür/~dör, de ['hɛkˌdyːɐ̯ / -døːɐ̯] <N.; ~|dürre/~|dörre [-dyrə / -dørə] (unr. Pl.)> {s. u. ↑Dür/Dör}: Hecktür.
Heck|klapp, de ['hɛkklap] <N.; ~e> {s. u. ↑Klapp}: Heckklappe.
Heck|schiev, de ['hɛkˌʃiˑf] <N.; ~e> {s. u. ↑Schiev}: Heckscheibe.
hee [heː] <Adv.> {5.1.4.3; 8.3.4}: hier, an dieser Stelle, an diesem Ort; *****h. un do** (sporadisch: h. und da).
hee|- [heː] <Präfix; adverbbildend> {5.1.4.3; 8.3.4}: hier-, i. Vbdg. m. Präp. u. Adv.: *~bei*, *~eröm* (*~bei*, *~herum*).
hee|bei ['heˑ(·)ˌbeɪ] <Adv.>: hierbei.
hee|dran ['heˑ(·)ˌdran / ˌ-'--] <Adv.>: hieran.
hee|dren ['heˑ(·)ˌdrenˑ / ˌ-'--] <Adv.> {5.5.2}: hierin.
hee|dröm ['heˑ(·)ˌdrømˑ / ˌ-'--] <Adv.> {5.5.1}: hierum.
hee|drop ['heˑ(·)ˌdrop / ˌ-'--] <Adv.> {5.3.1; 5.5.1}: hierauf.
hee|drunger ['heˑ(·)ˌdrʊŋɐ / ˌ-'---] <Adv.> {6.7}: hierunter.
hee|drus ['heˑ(·)ˌdrʊs / ˌ-'--] <Adv.> {5.3.1}: hieraus.
hee|durch ['heˑ(·)ˌdʊrʃ / ˌ-'--] <Adv.>: hierdurch.
hee|eraan ['heˑ(·)əˌraˑn / ˌ-'--] <Adv.>: hieran.
hee|erav ['heˑ(·)əˌraf / ˌ--'-] <Adv.> {6.1.1}: hierhinab.
hee|eren ['heˑ(·)əˌren / ˌ-'--] <Adv.> {5.3.1; 5.5.2}: hierhinein, hier(he)rein.
hee|eröm ['heˑ(·)əˌrømˑ / ˌ--'-] <Adv.> {5.5.1}: hierherum.
hee|erop ['heˑ(·)əˌrop / ˌ--'-] <Adv.> {5.3.1; 5.5.1}: hierherauf, hierhinauf.
hee|erus ['heˑ(·)əˌrʊs / ˌ--'-] <Adv.> {5.3.1}: hierhinaus.

hee|erüvver ['he(·)ə‚ryvɐ / ‚--'--] <Adv.> {5.3.2}: hierhinüber.

hee|för ['he(·)‚fø:ɐ̯ / ‚-'--] <Adv.> {5.4}: hierfür, hierzu.

hee|gäge ['he(·)‚jɛ·jə / ‚-'--] <Adv.> {5.4}: hiergegen.

hee|her ['he(·)‚hɛx / ‚-'-] <Adv.>: hierher, hierhin.

hee|hin ['he(·)‚hɪn / ‚-'-] <Adv.>: hierhin.

hee|hinger ['he(·)‚hɪŋɐ / ‚-'--] <Adv.> {6.7}: hierhinter.

hee|met ['he(·)‚met] <Adv.> {5.5.2}: hiermit.

Heen, et [he·n] <N.; ~e> {5.2.1.1.1; 5.4}: Gehirn.

hee|nevve ['he(·)‚nevə / ‚-'--] <Adv.> {5.3.2; 5.5.2}: hierneben.

Heen|schlag, der ['he·n‚ʃla:x] <N.; ~|schläg [-ʃlɛ·ŋ̊]> {s. u. ↑Heen}: Hirnschlag.

Heens|kaste, der ['he·ns‚kastə] <N.; ~|käste> {9.1.2; s. u. ↑Heen}: Gehirnkasten, (derb) Schädel, Kopf.

hee|rüvver ['he(·)‚ryvɐ / ‚-'--] <Adv.> {5.3.2}: hierüber.

Heet, der [he:t] <N.; ~e> {5.2.1.1.1; 5.4}: Hirt.

hee|vun ['he(·)‚fʊn] <Adv.> {5.4}: hiervon.

hee|vür/~|vör ['he(·)‚fy:ɐ̯ / -fø:ɐ̯] <Adv.>: hiervor.

Heez, der [he:ts] <N.; ~e> {5.2.1.1.2; 5.4}: Hirsch [auch: ↑Hirsch].

hee|zo ['he(·)tso· / ‚-'-] <Adv.>: hierzu.

hee|zwesche [he(·)'tsvɛʃə / '-‚--] <Adv.> {5.5.2}: hierzwischen.

Hefe|brud, et ['he·fə‚bru·t] <N.; i. best. Komposita Hefe, sonst ↑Heff²; ~e> {11; s. u. ↑Brud}: Hefebrot.

Hefe|deig, der ['he·fə‚deɪ̯ç] <N.; i. best. Komposita Hefe, sonst ↑Heff²; ~e (Sortenpl.)> {11; s. u. ↑Deig}: Hefeteig.

Hefe|deil|che, et ['he·fə‚deːɪ̯lʃə] <N.; i. best. Komposita Hefe, sonst ↑Heff²; ~r> {11; s. u. ↑Deil}: Hefeteilchen (Backwerk aus Hefe).

Hefe|koche, et ['he·fə‚ko·xə] <N.; i. best. Komposita Hefe, sonst ↑Heff²; ~> {11; s. u. ↑Koche}: Hefekuchen.

Hefe|zopp, et ['he·fə‚tsɔp] <N.; i. best. Komposita Hefe, sonst ↑Heff²; ~|zöpp> {11; s. u. ↑Zopp}: Hefezopf.

Heff¹, et [hɛf] <N.; Hefte ['hɛftə]; ~che> {8.3.5}: Heft, **a)** best. Anzahl von Blättern, die durch einen Einband zusammengehalten werden: *Dat H. hät luuter leddige Sigge.* (Das H. hat lauter leere Seiten.); **b)** einzelne Nummer einer Zeitschrift.

Heff², de [hɛf] <N.; ~e (Sortenpl.)> {5.3.2; 5.5.2; 8.3.1}: Hefe.

Heff|flaster, de ['hɛfˌflastɐ] <N.; ~> {8.3.5; s. u. ↑Flaster}: Heftpflaster.

Heff|klammer, de ['hɛfˌklamɐ] <N.; ~e> {8.3.5}: Heftklammer [auch: ↑Bürro|klammer].

Heff|maschin, de ['hɛfmaˌʃi:n] <N.; ~e> {8.3.5; s. u. ↑Maschin}: Heftmaschine.

Heff|zweck, der ['hɛfˌtsvɛk] <N.; ~e> {8.3.1; 8.3.5}: Heftzwecke, Reißzwecke [auch: ↑Rieß|zweck].

hefte ['hɛftə] <V.; schw.; *han*; geheff [jə'hɛf]>: heften. (89)

Hegg, de [hɛk] <N.; ~e ['hɛgə]> {6.6.1; 8.3.1}: Hecke.

hegge ['hɛgə] <V.; schw.; *han*; heggte ['hɛktə]; gehegg [jə'hɛk]> {6.4.1; 6.6.1}: hecken, sich paaren/begatten (Tiere) [auch: ↑decke¹; ↑knüüze; ↑höggele, ↑be|springe]. (88)

Hegge|rüs|che, et ['hɛgə‚ry·sjə] <N.; ~r> {s. u. ↑Hegg ↑Rus}: Heckenröschen.

Hegge|schir, de ['hɛgə‚ʃi·ɐ̯] <N.; ~e> {s. u. ↑Hegg ↑Schir}: Heckenschere.

Hegge|taatsch, de ['hɛgə‚ta:tʃ] <N.; ~e>: Zaungrasmücke.

Heia, de ['haɪ̯a] <N.; ~s>: Wiege, Heia(bett).

Heid¹, de [heɪ̯·t] <N.; ~e> {8.3.1}: Heide, **1.** flache mit Heidekraut (Erika) bewachsene Fläche. **2.** <o. Pl.> Heidekraut, Erika [auch: ↑Besem|struch, ↑Heide|krugg].

Heid², der u. de [heɪ̯·t] <N.; ~e> {8.3.1}: Heide, Heidin.

Heide|krugg, et ['heɪ̯də‚krʊk] <N.; o. Pl.> {s. u. ↑Krugg}: Heidekraut, Erika [auch: ↑Besem|struch, ↑Heid¹ (2)].

Heide|rüs|che, et ['heɪ̯də‚ry·sjə] <N.; ~r> {s. u. ↑Rus}: Heideröschen.

Heidewitzka [‚haɪ̯de'vɪtska·]: Kunstwort, Ausruf bekannt aus dem Ostermann-Lied „Heidewitzka, Herr Kapitän!", Parodie des Hitlergrußes.

Heiermann, der ['haɪ̯·ɐ‚man] <N.; ~|männer ⟨rotwelsch, Geheimsprache⟩>: Heiermann; Münze der ehemaligen deutschen Währung (Fünfmarkstück).

heil [heɪ̯l] <Adj.; ~e>: heil, **1.** gesund, geheilt. **2.** unversehrt, ganz; nicht zerbrochen. Tbl. A2.2

Heil, et [heɪ̯l] <N.; kein Pl.>: Heil, Wohlergehen, Glück.

heile ['heɪ̯·lə] <V.; schw.; *han*; heilte ['heɪ̯ltə]; geheilt [jə'heɪ̯lt]>: heilen, **1.** gesund machen. **2.** gesund werden [auch: ↑huh|kumme (2)]. (45)

Heil|kuns, de ['heɪ̯l‚kʊns] <N.; ~|küns> {s. u. ↑Kuns}: Heilkunst.

Heil|salv, de ['heɪ̯l‚zalˑf] <N.; ~e> {s. u. ↑Salv}: Heilsalbe.

Heil|ung, de [ˈhɛɪ̯ˑlʊŋ] <N.; ~e>: Heilung.
heim [hɛɪ̯m] <Adv.>: heim, nach Hause; ***op h. aangonn** (heimgehen) [auch: *nọh ↑Hus (a)*].
Heim, et [hɛɪ̯m] <N.; ~e>: Heim, **1.** <Pl. ungebr.> jmds. Wohnung, Zuhause. **2. a)** öffentliche Einrichtung zur Unterbringung hilfsbedürftiger Personen; **b)** Haus für Treffen best. Personengruppen.
Heim|arbeid, de [ˈhɛɪ̯marˌbɛɪ̯t] <N.; ~e> {s. u. ↑Arbeid}: Heimarbeit.
Heimat, de [ˈhɛɪ̯maːt] <N.; ~e>: Heimat.
Heimat|deecht|er/~|dicht|~, der [ˈhɛɪ̯maːtˌdeːfjtɐ / -dɪfjt-] <N.; ~> {s. u. ↑Deecht|er}: Heimatdichter.
Heimat|leed, der [ˈhɛɪ̯maːtˌleːt] <N.; ~er> {s. u. ↑Leed}: Heimatlied.
Heimat|stadt, de [ˈhɛɪ̯maːtˌʃtat] <N.; ~|städt>: Heimatstadt.
heim|bränge [ˈhɛɪ̯mbrɛŋə] <trennb. Präfix-V.; unr.; han; braht h. [braːt]; ~|gebraht [-jəbraːt]> {5.4}: heimbringen, heimbegleiten. (33)
heim|dörfe/~|dürfe [ˈhɛɪ̯mdørfə (-dørvə) / -dʏrfə (-dʏrvə)] <trennb. Präfix-V.; unr.; han; dorf h. [dorf]; ~|gedorf [-jədorf]> {5.5.1}: heimdürfen, sich heimbegeben dürfen. (47)
Heimer|müüs|che, et [ˈhɛɪ̯rməˌmyːsjə] <N.; ~r> {s. u. ↑Muus}: Heimchen.
heim|fahre [ˈhɛɪ̯mfaːrə] <trennb. Präfix-V.; st.; *han u. sin*; fuhr/fohr h. [fuːɐ̯ / foːɐ̯]; ~|gefahre [-jəfaːrə]>: heimfahren, heimreisen. (62)
Heim|fahrt, de [ˈhɛɪ̯mfaːt] <N.; ~e> {s. u. ↑Fahrt}: Heimfahrt.
heim|finge [ˈhɛɪ̯mfɪŋə] <trennb. Präfix-V.; st.; *han*; fung h. [fʊŋ]; ~|gefunge [-jəfʊŋə]> {6.7}: heimfinden, heimkehren. (26)
heim|fleege [ˈhɛɪ̯mfleːˑjə] <trennb. Präfix-V.; st.; *sin*; flog h. [floːx]; ~|gefloge [-jəfloːʁə]> {5.1.4.3}: heimfliegen, an seinen Heimatort/in die Heimat fliegen. (16)
heim|föhre/~|führe [ˈhɛɪ̯mføˑ(ɐ̯)rə / -fyˑ(ɐ̯)rə] <trennb. Präfix-V.; unr./st./schw.; *han*; föhte/foht h. [ˈføˑtə / foːt]; ~|geföht/~|gefoht [-jəføˑt / -jəfoːt]> {5.4}: heimführen, heim geleiten. (74) (31)
heim|gonn [ˈhɛɪ̯mˌjɔn] <trennb. Präfix-V.; st.; *sin*; ging h. [ɟɪŋ]; ~|gegange [-jəjaŋə]> {5.3.4; 8.2.2.3}: heimgehen, **a)** nach Hause gehen; **b)** sterben [auch: ↑av|kratze (2), ↑av|nibbele, ↑av|nippele, ↑baschte (2), ↑drop|gonn (1), *sich* ↑fott|maache (3), ↑fott|sterve, ↑frecke, ↑hin|sterve, *dran* ↑gläuve (4), ↑kapodd|gonn (3), ↑öm|kumme (2), ↑sterve, ↑us|futze, ↑ver|recke, *de Auge/ Döpp/Fott zodun/zomaache*]. (83)
heim|holle [ˈhɛɪ̯mholə] <trennb. Präfix-V.; unr.; *han*; hollt h. [holt]; ~|gehollt [-jəholt]> {5.3.4; 5.5.1}: heimholen. (99)
heim|kumme [ˈhɛɪ̯mkʊmə] <trennb. Präfix-V.; st.; *sin*; kɔm h. [kɔˑm]; ~|(ge)kumme [-(jə)ˌkʊmə]> {5.4}: heimkommen. (120)
heim|künne [ˈhɛɪ̯mkʏnə] <trennb. Präfix-V.; unr.; *han*; kunnt h. [kʊnt]; ~|gekunnt [-jəkʊnt]> {5.4}: heimkönnen, sich heimbegeben können. (121)
heim|laufe [ˈhɛɪ̯mloʊ̯fə] <trennb. Präfix-V.; st.; *sin*; leef h. [leːf]; ~|gelaufe [-jəloʊ̯fə]>: heimlaufen, nach Hause gehen/laufen. (128)
heim|leuchte [ˈhɛɪ̯mløʏ̯fjtə] <trennb. Präfix-V.; schw.; *han*; ~|geleuch [jəˈløʏ̯fj]>: heimleuchten, **a)** voranleuchten; **b)** jmdn. gehörig zurechtweisen. (131)
heim|lich [ˈhɛɪ̯ˑmlɪfj] <Adj.; ~e> {7.3.2}: heimlich. Tbl. A1
heim|müsse [ˈhɛɪ̯mmʏsə] <trennb. Präfix-V.; unr.; *han*; mɔɔt h. [mɔːt]; ~|gemɔɔt [-jəmɔːt]> {5.4}: heimmüssen, sich heimbegeben müssen. (142)
heim|nemme [ˈhɛɪ̯mnemə] <trennb. Präfix-V.; st.; *han*; nɔhm h. [nɔˑm]; ~|genomme [-jənomə]> {5.3.4; 5.5.2}: heimnehmen, nach Hause nehmen. (143)
Heim|rääch, et [ˈhɛɪ̯mrɛːfj] <N.; o. Pl.> {s. u. ↑Rääch}: (Sport) Heimrecht.
Heim|reis, de [ˈhɛɪ̯mrɛɪ̯ˑs] <N.; ~e> {s. u. ↑Reis}: Heimreise.
heim|schecke [ˈhɛɪ̯mʃekə] <trennb. Präfix-V.; schw.; *han*; scheckte h. [ˈʃektə]; ~|gescheck [-jəʃek]> {5.5.2}: heimschicken, nach Hause schicken. (88)
heim|schleife [ˈhɛɪ̯mˌʃlɛɪ̯fə] <trennb. Präfix-V.; schw.; *han*; schleifte h. [ˈʃlɛɪ̯ftə]; ~|geschleif [-jəˌʃlɛɪ̯f]>: nach Hause schleppen. (108)
heim|söke [ˈhɛɪ̯mzøˑkə] <trennb. Präfix-V.; unr./schw.; *han*; sok h. [zoːk]; ~|gesok/~|gesök [-jəzoːk / -jəzøˑk]> {5.4; 6.2.3}: heimsuchen. (176) (178)
Heim|spill, et [ˈhɛɪ̯mˌʃpɪl] <N.; ~ [-ˌʃpɪlˑ]> {s. u. ↑Spill}: Heimspiel.
heim|traue, *sich* [ˈhɛɪ̯mtraʊ̯ə] <trennb. Präfix-V.; schw.; *han*; traute h. [ˈtraʊ̯tə]; ~|getraut [-jətraʊ̯t]>: sich heimtrauen, sich trauen, nach Hause zu seiner Familie zu gehen <meist verneint>: *Hä dät sich met däm*

schläächte Zeugnis nit h. (Er traute sich mit dem schlechten Zeugnis nicht heim.). (11)

Heim|tück|er, et ['heɪmtʏkɐ] <N.; ~>: Heimtücker.

Heim|wäg, der ['heɪmvɛːfŋ] <N.; ~(e) [-vɛˑfŋ / -vɛˑjə]> {s. u. ↑Wäg}: Heimweg.

heim|welle/~|wolle ['heɪmvelə / -volə] <trennb. Präfix-V.; unr.; *han*; w**o**llt h. [volt]; ~|gew**o**llt [-jəvolt]> {5.5.2/ 5.5.1}: heimwollen, sich heimbegeben wollen. (204) (211)

Heim|wih, et ['heɪmviˑ] <N.; kein Pl.> {s. u. ↑wih}: Heimweh, Sehnsucht nach der Heimat; **[RA]** *Doosch es schlemmer wie H.* (Durst ist schlimmer als H.).

heim|zahle ['heɪmtsaˑlə] <trennb. Präfix-V.; schw.; *han*; zahlte h. ['tsaːltə]; ~|gezahlt [-jətsaːlt]>: heimzahlen, sich revanchieren. (61)

Hein, der [haɪn] <N.; männl. Vorn.>: Kurzf. von Heinrich.

Hei(n)ze|mann, der ['haɪ(n)tsə‚man] <N.; ~|männer; ~|männ|che> {8.2.3}: Heinzelmann.

heische ['haɪʃə] <V.; st.; *han*; heesch ['heːʃ]; geheische [jə'haɪʃə]>: heischen, betteln, fordern, verlangen, beanspruchen; ***h. gonn*** (um Gaben bitten gehen, Spenden einsammeln). (95)

heiser ['heˑzɐ] <Adj.; ~e; ~er, ~ste>: heiser [auch: ↑be|deck (2)]. Tbl. A2.6

Heiser|keit, de ['heˑzekeɪt] <N.; o. Pl.>: Heiserkeit.

heiß [haɪs] <Adj.; ~e; ~er, ~este>: heiß, **1.** äußerst warm: *Pass op! Dä Kaffee es h.* (Pass auf! Der Kaffee ist h.); ***h. maache*** (erhitzen); ***einem de Höll heiß maache*** (jmdm. zusetzen). **2.** erregend; begeisternd; heftig: *~e Musik* (~e Musik); *ene ~e Disputeer* (ein ~er Wortwechsel). Tbl. A1

heiß|blöd|ig ['haɪs‚bløˑdɪfŋ] <Adj.; ~e; ~er, ~ste> {5.4; 6.11.3}: heißblütig. Tbl. A5.2

heiße ['haɪsə] <V.; st.; *han*; heeß [heˑs]; geheiße [jə'haɪsə]>: heißen. (96)

Heiß|hunger, der ['haɪs‚hʊŋɐ] <N.; kein Pl.>: Heißhunger [auch: ↑Kenn|wasser].

Heiß|luff, de ['haɪs‚lʊf] <N.; o. Pl.> {s. u. ↑Luff}: Heißluft.

Heiß|mangel, de ['haɪs‚maŋəl] <N.; ~e>: Heißmangel.

Heiz|deck, de ['heɪts‚dɛk] <N.; ~e> {s. u. ↑Deck²}: Heizdecke.

heize ['heɪtsə] <V.; schw.; *han*; heizte ['heɪtstə]; geheiz [jə'heɪts]>: heizen. (112)

Heize|feiz, der ['haɪtsə‚faɪts] <N.; ~e>: lebhaftes Kerlchen, Spaßvogel.

Heiz|er, der ['heɪtsɐ] <N.; ~>: Heizer.

Heiz|kesse, et ['heɪts‚kesə] <N.; ~> {s. u. ↑Kesse}: Heizkissen.

Heiz|lüft|er, der ['heɪts‚lʏftɐ] <N.; ~e>: Heizlüfter.

Heiz|öl, et ['heɪts‚œˑl] <N.; ~e (Sortenpl.)> {s. u. ↑Öl}: Heizöl.

Heiz|ovve, der ['heɪts‚ovə] <N.; ~|övve(ns)> {s. u. ↑Ovve}: Heizofen.

Heiz|plaat, de ['heɪts‚plaːt] <N.; ~e> {s. u. ↑Plaat¹}: Heizplatte.

Heiz|röhr/~|rühr, et ['heɪts‚røˑɐ / -ryˑɐ] <N.; ~e> {s. u. ↑Röhr²/Rühr}: Heizrohr.

Heiz|ung, de ['heɪtsʊŋ] <N.; ~e>: Heizung.

Heiz|ungs|keller, der ['heɪtsʊŋs‚kɛlɐ] <N.; ~e>: Heizungskeller.

Heiz|ungs|röhr/~|rühr, et ['heɪtsʊŋs‚røˑɐ / -ryˑɐ] <N.; ~e> {s. u. ↑Röhr²/Rühr}: Heizungsrohr.

Held, der [hɛlt] <N.; ~e>: Held, **1.** mutiger, unerschrockener Mensch. **2.** Held Carneval: Vorgänger von Prinz Carneval.

helfe ['hɛlfə] <V.; st.; *han*; holf [holf]; geholfe [jə'holfə]>: helfen. (97)

Helgoland ['hɛljo‚lant] <N.; Ortsn.>: Helgoland.

hell [hɛl] <Adj.; ~e; ~er, ~ste>: hell. Tbl. A2.2

hellig ['hɛlɪfŋ] <Adj.; ~e> {5.3.4; 5.5.2}: heilig; Ehrfurcht einflößend; ***der ~e Mann*** (der ~e Mann, St. Nikolaus); *en ↑Hellige-Fott-Angenies* (Frömmlerin). Tbl. A5.2

Hellig|dum, et ['hɛlɪfŋ‚duˑm] <N.; ~|dümer> {5.3.4; 5.5.2}: Heiligtum.

Hellige, der/de ['hɛlɪjə] <N.; ~> {5.3.4; 5.5.2}: Heilige(r), **a)** jmd., der sein Leben für den Glauben hingegeben hat; **b)** (ugs.) sehr frommer, tugendhafter Mensch; ***ene komische H.*** (ein komischer H. = ein seltsamer Kautz).

Hellige-Fott-Angenies, de [‚hɛlɪjəfot'|aŋəniˑs] <N.> {s. u. ↑hellig}: Frömmlerin.

Hellige-Klemm-op-de-Lück, der [‚hɛlɪjəklem'opde‚lʏk] <N.; o. Pl.> {s. u. ↑hellig ↑klemme¹ ↑Lück}: Schleimer, Scheinheiliger.

Hellige|bild|che/~|beld|~, et ['hɛlɪjəbɪltʃə / belt-] <N.; ~r> {s. u. ↑hellig ↑Bild/Beld}: Heiligenbildchen, bildl. Darstellung eines/einer Heiligen; **[RA]** *E Fastelovendsspillche gitt e H.* (Ein Karnevalsspielchen gibt ein H. =

Karneval (Febr./März) gezeugte Kinder kommen in der Advent-/Weihnachtszeit (Nov./Dez.) zur Welt.).

Hellige|mann, der [ˌhelɪjəˈman] <N.; Personenn.> {s. u. ↑h**ell**|ig}: heiliger Mann, heiliger Nikolaus [auch: *Zinter Kloos*].

Hellige|sching, der [ˈhelɪjəˌʃɪŋ] <N.; ~ [-ʃɪŋˑ]> {s. u. ↑h**ell**|ig ↑Sching²}: Heiligenschein.

Hellige|schring/~|schrein, der [ˈhelɪjəˌʃrɪŋ / -ˌʃreɪn] <N.; ~ [ʃrɪŋˑ]> {s. u. ↑h**ell**|ig ↑Schring/Schrein}: Heiligenschrein.

Hellig|keit¹, de [ˈhelɪŋkeɪt] <N.; ~e> {5.3.4; 5.5.2}: Heiligkeit.

Hellig|keit², de [ˈhɛlɪŋkeɪt] <N.; ~e>: Helligkeit.

Hellig|ovend, der [ˌhelɪŋˈoˑvənt] <N.; ~e> {s. u. ↑h**ell**|ig ↑Ovend}: Heiligabend, heiliger Abend, Tag vor Weihnachten, Weihnachtsabend.

hell|op [ˈhɛlop] <Adv.> {s. u. ↑op¹}: hellauf.

Helm, der [hɛləm] <N.; ~(e) [ˈhɛlˑm(ə)]>: Helm.

Helpe [ˈhɛlpə] <N.; Pl.>: Hosenträger.

Helpe|botz, de [ˈhɛlpəˌbots] <N.; ~e>: Trägerhose, Hose mit Trägern.

Hemb, et [hemp] <N.; H**em**de(r) [ˈhemdə / ˈhemdɐ] {5.5.2; 8.3.5}: Hemd, hauptsächlich von männl. Personen getragenes, den Oberkörper bedeckendes Kleidungsstück; *****schmal H.** (sehr dünner Mensch) [auch: ↑Hahne|hätz, verdrüg; ↑ver|drüge].

Hembs|ärm, der [ˈhempsˌɛrm] <N.; ~e> {s. u. ↑H**em**b ↑Ärm}: Hemdsärmel [auch: ↑Hembs|mau].

Hembs|knopp/Hemde|~, der [ˈhempsˌknɔp / ˈhemdə-] <N.; ~|knöpp> {9.1.2; s. u. ↑H**em**b ↑Knopp¹}: Hemdenknopf

Hembs|mau, de [ˈhempsˌmaʊ] <N.; ~e [-maʊə]> ~|mäu|che [-mɔyˑfjə]> {s. u. ↑H**em**b}: Hemdsärmel [auch: ↑Hembs|ärm].

Hemde|knöpp|che, et [ˈhemdəˌknœpfjə] <N.; ~r> {s. u. ↑H**em**b ↑Knopp¹}: Schleierkraut.

Hemm|schwell, de [ˈhɛmˌʃvɛlˑ] <N.; ~e [-ʃvɛlə]> {s. u. ↑Schwell}: Hemmschwelle.

Hemsch, der [hɛmʃ] <N.; kein Pl.>: **1.** das Räuspern. **2.** kurzer leichter Husten

hemsche [ˈhɛmʃə] <V.; schw.; han; hemschte [ˈhɛmʃtə] gehemsch [jəˈhɛmʃ]>: **1.** sich räuspern. **2.** hüsteln [auch: ↑dremsche]. (110)

Hengs, der [hɛŋˑs] <N.; ~te> {8.3.5}: Hengst.

Henkel, der [ˈhɛŋkəl] <N.; ~e; ~che>: Henkel.

Henkel|mann, der [ˈhɛŋkəlˌman] <N.; ~|männer>: Henkelmann, **1.** Gefäß für warme Speisen meist aus Aluminium in einem Gestell mit Tragegriff [auch: ↑Mit|che]. **2.** scherzh. für die LANXESS-Arena (früher: Kölnarena); Veranstaltungs- u. Sporthalle, über der ein Stahlbogen mit einer Spannweite von 184 m u. einer Höhe von 76 m angebracht ist. Diese Konstruktion erinnert an einen Henkelmann u. wurde deshalb von den Kölnern so getauft. Die LANXESS-Arena ist ein neues Wahrzeichen der Stadt.

Henkel|pött|che, et [ˈhɛŋkəlˌpœtfjə] <N.; ~r> {s. u. ↑Pott}: Henkeltöpfchen, **1. a)** kleines Gefäß; **b)** Bierkrug mit Henkel. **2.** Nachttopf.

Henkers|knääch, der [ˈhɛŋkesˌknɛːfj] <N.; ~te> {s. u. ↑Knääch}: Henkersknecht.

Henkers|mohl|zigg, de [ˈhɛŋkesˌmoˑltsɪk] <N.; ~e> {↑Mohl|zigg}: Henkersmahl.

her [hɛx] <Adv.>: **1.** her: *Kumm h.!* (Komm h.!). **2.** hin: *Dun dat do h.!* (Leg das da hin!).

her|- [hɛx / hɛr] <Präfix; allein stehend nur [hɛx]>: her-, hin-, i. Vbdg. m. V.: ~*wage* (~wagen).

her|bedde [ˈhɛxbedə / hɛr-] <trennb. Präfix-V.; unr.; han; ~|gebedde [-jəbedə]> {5.4; 6.11.3}: herbitten, zu sich bitten. (12)

her|be|möhe [ˈhɛxbəˌmøˑə / hɛr-] <trennb. Präfix-V.; schw.; han; be|möhte h. [bəˈmøˑtə]; ~|be|möht [-bəmøˑt]> {5.4}: herbemühen, hinbemühen, **1.** jmdn. an den Ort des Sprechenden bemühen: *Darf ich dich ens h.?* (darf ich dich einmal h.?). **2.** <sich h.> sich an den Ort des Sprechenden bemühen: *Kanns de dich ens evvens h.?* (Kannst du dich mal eben h.?). (37)

Her|berg, de [ˈhɛrˌbɛrˑfj] <N.; ~e [-bɛrjə]> {8.3.1}: Herberge.

her|bestelle [ˈhɛxbəˌʃtɛlə / hɛr-] <trennb. Präfix-V.; schw./unr.; han; bestellte/bestallt h. [bəˈʃtɛlˑtə / bəˈʃtalt]; ~|bestellt/~bestallt [-bəˌʃtɛlˑt / -bəˌʃtalt]>: herbestellen, hinbestellen. (182)

her|be|wäge [ˈhɛxbəˌvɛˑjə / hɛr-] <trennb. Präfix-V.; schw.; han; bewägte h. [bəˈvɛːfjtə]; ~|bewäg [-bəvɛːfj]> {5.4}: her-, hinbewegen. (103)

her|bränge [ˈhɛxbrɛŋə / hɛr-] <trennb. Präfix-V.; unr.; han; braht h. [braːt]; ~|gebraht [-jəbraːt]> {5.4}: her-, hinbringen, **1.** herbeiholen. **2.** hinführen, hinleiten [auch: ↑hin|bränge]. (33)

her|dörfe/~|dürfe ['hɛxdørfə (-dørvə) / hɛr- / -dʏrfə (-dʏrvə)] <trennb. Präfix-V.; unr.; *han*; d**o**rf h. [dɔrf]; ~|ged**o**rf [-jədɔrf]> {5.5.1}: her-, hindürfen. (47)

her|drage ['hɛxdraˑʀə / hɛr-] <trennb. Präfix-V.; st.; *han*; dr**o**g h. [droˑx]; ~|gedrage [-jədraˑʀə]> {6.11.2}: hintragen,-bringen [auch: ˈhin|drage]. (48)

her|drieße ['hɛxdriːsə / hɛr-] <trennb. Präfix-V.; st.; *han*; dr**e**ss h. [drɛs]; ~|gedr**e**sse [-jədrɛsə]> {5.1.4.5}: (derb) hinscheißen, an eine best. Stelle scheißen [auch: ˈhin|drießə]. (25)

her|drieve ['hɛxdriˑvə / hɛr-] <trennb. Präfix-V.; st.; *han*; dr**e**vv h. [drɛf]; ~|gedr**e**vve [-jədrɛvə]> {5.1.4.5; 6.1.1; 6.11.2}: hertreiben. (51)

her|fahre ['hɛxfaːrə / hɛr-] <trennb. Präfix-V.; st.; *han* u. *sin*; fuhr/fohr h. [fuˑɐ̯ / foˑɐ̯]; ~|gefahre [-jəfaːrə]>: her-, hinfahren [auch: ˈhin|fahre]. (62)

her|falle ['hɛxfalə / hɛr-] <trennb. Präfix-V.; st.; *sin*; feel h. [feˑl]; ~|gefalle [-jəfalə]>: herfallen <h. üvver>, **1.** jmdn. (ein Land od. Ä.) unerwartet hart angreifen; sich auf jmdn. stürzen: *üvver einer h.* (über jmdn. herfallen); (übertr.) *met Froge üvver einer h.* (mit Fragen über jmdn. h., ihn mit Fragen bestürmen); (übertr.) kritisieren: *De Zeidunge sin üvver dä Sänger hergefalle.* (Die Zeitungen sind über den Sänger hergefallen = haben ihn heftig kritisiert.). **2.** hastig, gierig u. in großen Mengen von etw. zu essen, fressen beginnen: *üvver et Fröhstöck h.* (über das Frühstück h.). (64)

her|finge ['hɛxfɪŋə / hɛr-] <trennb. Präfix-V.; st.; *han*; fung h. [fʊŋ]; ~|gefunge [-jəfʊŋə]> {6.7}: her-, hinfinden [auch: ˈhin|finge]. (26)

her|fleege ['hɛxfleˑjə / hɛr-] <trennb. Präfix-V.; st.; *sin*; flog h. [floˑx]; ~|gefl**o**ge [-jəflɔːʀə]> {5.1.4.3}: her-, hinfliegen [auch: ˈhin|fleege]. (16)

her|föhre/~|führe ['hɛxføˑ(ɐ̯)rə / hɛr- / -fyˑ(ɐ̯)rə] <trennb. Präfix-V.; unr./st./schw.; *han*; föhte/foht h. ['føˑtə / foːt]; ~|geföht/|gefoht [-jəføˑt / -jəfoːt]> {5.4}: her-, hinführen. (74) (31)

her|gehüre/~|höre ['hɛx(jə)hyˑ(ɐ̯)rə / hɛr- / -høː(ɐ̯)rə] <trennb. Präfix-V.; Formen mischbar; schw./st.; *han*; (ge)|hürte/~|hoot h. [(jə)ˈhyˑɐ̯tə / -hoːt]; ~|gehürt/|hoot [-jəhyˑɐ̯t / -jəhoːt]> {5.4}: her-, hingehören [auch: ˈhin|(ge)|hüre/~|höre]. (21) (179)

her|gero**de** ['hɛxjərɔˑdə / hɛr-] <trennb. Präfix-V.; st.; *sin*; gereedt h. [jəˈreˑt]; ~|ger**o**de [-jərɔˑdə]> {5.5.3; 6.11.3}: hin-, hergeraten, an eine best. Stelle, an einen best. Ort geraten [auch: ˈhin|ger**o**de]. (36)

her|gevve ['hɛxjevə / hɛr-] <trennb. Präfix-V.; st.; *han*; g**o**v h. [jɔˑf]; ~|geg**o**vve/~|geg**e**vve [-jəjɔvə / -jəjevə]> {5.3.4; 5.5.2; 6.1.1}: hergeben. (81)

her|gonn ['hɛxjɔn / hɛr-] <trennb. Präfix-V.; st.; *sin*; ging h. [jɪŋ]; ~|gegange [-jəjaŋə]> {5.3.4; 8.2.2.3}: her-, hingehen [auch: ˈhin|gonn]. (83)

her|halde ['hɛxhaldə / hɛr-] <trennb. Präfix-V.; st.; *han*; heeldt h. [heːlt]; ~|gehalde [-jəhaldə]> {6.11.3}: herhalten, (anstelle eines anderen/von etw. anderem) zu/für/als etw. benutzt werden <meist i. Vbdg. m. „müsse">: *Dä muss för die andere h.* (Er muss für die anderen h.). (90)

her|han ['hɛxhan / hɛr-] <trennb. Präfix-V.; unr.; *han*; hatt h. [hat]; ~|gehatt [-jəhat]> {5.3.2.5}: herhaben, **1.** von jmdm./ irgendwoher haben: *Wo häs do dat dann her?* (Wo hast du diese Nachricht denn her?). **2.** hinhaben: *Wo wells do dat Bild h.?* (Wo willst du das Bild hinhaben?) [auch: ˈhin|han]. (92)

her|holle ['hɛxholə / hɛr-] <trennb. Präfix-V.; unr.; *han*; h**o**llt h. [hɔlt]; ~|geh**o**llt [-jəhɔlt]> {5.3.4; 5.5.1}: herholen, -bringen. (99)

her|hüre/~|höre ['hɛxhyː(ɐ̯)rə / hɛr- / -høː(ɐ̯)rə] <trennb. Präfix-V.; Formen mischbar; schw./unr.; *han*; hürte/hoot h. ['hyˑɐ̯tə / 'hoːt]; ~|gehürt/~|gehoot [-jəhyˑɐ̯t / -jəhoːt]> {5.4}: her-, hinhören [auch: ˈhin|hüre/~|höre]. (21) (179)

her|jage ['hɛxjaˑʀə / hɛr-] <trennb. Präfix-V.; schw.; *han* u. *sin*; jagte h. ['jaˑxtə]; ~|gejag [-jəjaˑx]>: herjagen. (103)

her|krige ['hɛxkrɪjə / hɛr-] <trennb. Präfix-V.; unr.; *han*; kräg/ kräht h. [krɛːʃ / krɛːt]; ~(|ge)kräge/~|gekräg/ ~|gekräht [-(jə)ˌkrɛːjə / -jəˌkrɛːʃ / -jəˌkrɛːt]> {5.3.4.1}: herkriegen, -bekommen. (117)

her|kumme ['hɛxkʊmə / hɛr-] <trennb. Präfix-V.; st.; *sin*; k**o**m h. [kɔm]; ~(|ge)kumme [-(jə)ˌkʊmə]> {5.4}: her-, hinkommen, -gelangen [auch: ˈhin|kummeˈ]. (120)

Her|kunf, de ['heːɐ̯ˌkʊnf] <N.; ~|künf> {8.3.5}: Herkunft.

her|künne ['hɛxkʏnə / hɛr-] <trennb. Präfix-V.; unr.; *han*; kunnt h. [kʊnt]; ~|gekunnt [-jəkʊnt]> {5.4}: herkönnen, -dürfen. (121)

her|läge ['hɛxlɛˑjə / hɛr-] <trennb. Präfix-V.; unr.; *han*; laht h. [laːt]; ~|gelaht/~|geläg [-jəlaːt / -jəlɛːʃ]> {5.4}: herlegen. (125)

her|laufe ['hɛxlɔʊ̯fə / hɛr-] <trennb. Präfix-V.; st.; *sin*; leef h. [le·f]; ~|gelaufe [-jəlɔʊ̯fə]>: herlaufen, **1.** in Richtung auf jmdn. laufen [auch: ↑hin|laufe, ↑hin|renne]. **2.** jmdn. laufend begleiten: *nevve einem h.* (neben jmdm. h.). (128)

her|leite ['hɛxlaɪ̯tə / hɛr-] <trennb. Präfix-V.; schw.; *han*; geleit [jə'laɪ̯t]>: herleiten. (72)

her|locke ['hɛxlɔkə / hɛr-] <trennb. Präfix-V.; schw.; *han*; lockte h. ['lɔktə]; ~|gelock [-jəlɔk]>: her-, hinlocken [auch: ↑hin|locke]. (88)

her|maache ['hɛxma:xə / hɛr-] <trennb. Präfix-V.; unr.; *han*; maht h. [ma:t]; ~|gemaht [-jəma:t]> {5.2.1}: (etw.) hermachen. (136)

her|müsse ['hɛxmʏsə / hɛr-] <trennb. Präfix-V.; unr.; *han*; mǫǫt h. [mɔ:t]; ~|gemǫǫt [-jəmɔ:t]>: her-, hinmüssen [auch: ↑hin|müsse]. (142)

her|nemme ['hɛxnemə / hɛr-] <trennb. Präfix-V.; st.; *han*; nǫhm h. [no·m]; ~|genomme [-jənomə]> {5.3.4; 5.5.2}: hernehmen. (143)

her|passe ['hɛxpasə / hɛr-] <trennb. Präfix-V.; schw.; *han*; passte h. ['pastə]; ~|gepass [-jəpas]>: hin-, herpassen [auch: ↑hin|passe]. (67)

her|reechte/~|richte ['hɛxre:ɸtə / hɛr- / -rɪɸtə] <trennb. Präfix-V.; schw.; *han*; ~|gereech [-jəre:ɸ]> {5.2.1; 5.4}: herrichten. (131)

Herr|godd, der ['hɛr‿jɔt] <N.; o. Pl.; ~|gödd|che [-jœtɸə]> {s. u. ↑Godd¹}: Herrgott.

Herr|godds|bedrög|er, der ['hɛr‿jɔts͜bə͜drø:jɐ] <N.; ~> {s. u. ↑Godd¹ ↑Be|drög|er}: größter Betrüger, Erzbetrüger, Erzlump.

Herr|godds|blom, de ['hɛr‿jɔts͜,blo:m] <N.; ~e> {s. u. ↑Godd¹ ↑Blom}: Passionsblume.

Herr|godds|dage|deev, der ['hɛr‿jɔts͜,daːʀədeːf] <N.; ~e> {9.1.2; s. u. ↑Godd¹ ↑Dag ↑Deev}: Tagedieb, Faulenzer, der Gott die Zeit stiehlt.

Herr|godds|döppe, et ['hɛr‿jɔts͜,døpə] <N.; ~; ~|döpp|che> {s. u. ↑Godd¹}: sehr dummer Kerl.

Herr|godds|fröh|(de) ['hɛr‿jɔts͜,frø·(də)] <N.; fen.> {s. u. ↑Godd¹ ↑Fröh|(de)}: nur i. d. Vbdg. **en aller H.** (in aller Herrgottsfrühe).

Herr|godds|fuulenz|er, der [,hɛr‿jɔts'fu:lɛntsɐ] <N.; ~> {9.1.2; s. u. ↑Godd¹ ↑fuul}: Erzfaulenzer.

Herr|godds|gaffel, de ['hɛr‿jɔts͜,jafəl] <N.; ~e> {s. u. ↑Godd¹ ↑Gaffel¹}: (wörtl.) Herrgottsgabel, scherzh. für Hand statt Gabel beim Essen.

Herr|godds|grieläch|er, der ['hɛr‿jɔts͜,jri:lɛɸə] <N.; ~> {s. u. ↑Godd¹}: Mensch, der alles belächelt, bespöttelt.

Herr|godds|ohr|fig, de ['hɛr‿jɔts͜,lo:ɐ̯fɪɸ] <N.; ~e> {9.1.2; s. u. ↑Godd¹ ↑Feig/Fig}: Ohrfeige Gottes, scherzh. für Schlaganfall; jäher, plötzlicher Tod.

Herring, der ['hɛrɪŋ] <N.; ~(e)> {5.3.2; 5.5.2}: Hering, **1.** Fisch. **2.** Spottname für einen dürren, hageren Menschen; ***schmalen H.** (magere Person, Hänfling). **3.** schmaler Holz- od. Metallpflock, der der Befestigung der Zeltschnüre im Boden dient.

Herrings|bändig|er, der ['hɛrɪŋs͜,bɛn·drjɐ] <N.; ~> {s. u. ↑Herring}: (scherzh. spött. für) Gehilfe in einem Lebensmittelgeschäft.

Herrings|kopp, der ['hɛrɪŋs͜,kɔp] <N.; ~|köpp> {s. u. ↑Herring ↑Kopp}: Heringskopf (Schimpfname).

Herrings|schlǫt, der (*et* veraltet) ['hɛrɪŋs͜,ʃloˑt] <N.; kein Pl.> {s. u. ↑Herring ↑Schlǫt}: Heringsalat, Salat mit Heringsstückchen, Gürkchen u. roter Beete.

Herrings|tǫnn, de ['hɛrɪŋs͜,tonˑ] <N.; ~e [-tonə]> {s. u. ↑Herring ↑Tǫnn}: Heringsfass.

herr|lich ['hɛrlɪɸ] <Adj.; ~e; ~er, ~ste> {7.3.2}: herrlich, himmlisch. Tbl. A1

Herr|lich|keit, de ['hɛrlɪɸkeɪ̯t] <N.; ~e>: Herrlichkeit.

Herr|schaff, de ['hɛxʃaf] <N.; ~|schafte> : **1.** <o. Pl.> Recht u. Macht, über jmdn. zu herrschen. **2. a)** <Pl.> Damen u. Herren; **b)** <o. Pl.> Dienstherr von Hausangestellten.

herrsche ['hɛxʃə] <V.; schw.; *han*; herrschte ['hɛxʃtə]; geherrsch [jə'hɛxʃ]>: herrschen. (110)

Herrsch|such, de ['hɛxʃ͜,zʊx] <N.; o. Pl.> {s. u. ↑Such}: Herrschsucht.

her|schecke ['hɛxʃekə / hɛr-] <trennb. Präfix-V.; schw.; *han*; scheckte h. ['ʃektə]; ~|gescheck [-jəʃek]> {5.5.2}: her-, hinschicken [auch: ↑hin|schecke]. (88)

her|schiele/~|schääle ['hɛxʃi:lə / hɛr- / -ʃɛ·lə] <trennb. Präfix-V.; schw.; *han*; schielte h. ['ʃi:ltə]; ~|geschielt [-jəʃi:lt]> {(5.1.4.3)}: herschielen [auch: ↑hin|schiele/ ~|schääle]. (45)

her|schleife ['hɛxʃleɪ̯fə / hɛr-] <trennb. Präfix-V.; schw.; *han*; schleifte h. ['ʃleɪ̯ftə]; ~|geschleif [-jəʃleɪ̯f]>: hinschleppen, **1.** an einen best. Ort schleppen. **2.** <sich h.> **a)** sich mit großer Mühe (da)hinbewegen, an eine best. Stelle schleppen (z. B. vor Müdigkeit, Schwäche);

b) unter ständigen Verzögerungen verlaufen; sich hinziehen; [auch: ↑hin|schleife]. (108)

her|setze ['hɛxzɛtsə / hɛr-] <trennb. Präfix-V.; unr./schw.; *han*; setzte/satz h. ['zɛtstə / zats]; ~|gesetz/~|gesatz [-jəzɛts / -jəzats]>: hersetzen, **1.** an den Ort/in die Nähe des Sprechenden setzen. **2.** <sich h.> sich zum Sprechenden setzen: *Setz dich her!* (Setz dich her (zu mir)!). **3.** **hinger einem h.* (jmdm. nachsetzen). (173)

her|sinn ['hɛxzɪn / hɛr-] <trennb. Präfix-V.; st.; *han*; soh/soch h. [zoˑ / zoˑx]; ~|gesinn [-jəzɪn] > {5.3.4; 8.2.2.3}: her-, hinsehen. (175)

her|stamme ['hɛxʃtamə / hɛr-] <trennb. Präfix-V.; schw.; *han*; stammte h. ['ʃtamˑtə]; ~|gestammp [-jəʃtamˑp]>: herstammen, **1.** abstammen. **2.** herkommen. (40)

her|stelle ['hɛxʃtɛlə / hɛr-] <trennb. Präfix-V.; schw./unr.; *han*; stellte/stallt h. ['ʃtɛltə / ʃtalt]; ~|gestellt/~|gestallt [-jəʃtɛlˑt / -jəʃtalt]>: herstellen. (182)

her|trecke ['hɛxtrɛkə / hɛr-] <trennb. Präfix-V.; st.; *han*; trok h. [trɔk]; ~|getrocke [-jətrɔkə]>: herziehen, **1.** <han> ziehend mit sich führen: *e Kind hinger sich h.* (ein Kind hinter sich h.). **2.** <sin> vor, hinter od. neben jmdm. (einem Fahrzeug od. Ä.) hergehen/-laufen: *De Pänz troken hingerm Zirkuswage her.* (Die Kinder zogen hinter dem Zirkuswagen her.). **3.** <sin> an den Ort des Sprechenden umziehen: *Se sin eesch vör kootem hergetrocke.* (Sie sind erst kürzlich hergezogen.). **4.** <sin/ han> über einen Abwesenden schlecht/ gehässig reden: *De Nohbere sin/han üvver dat Mädche hergetrocke.* (Die Nachbarn zogen über das Mädchen her.) [auch: *einer durch de Zäng trecke*]. (190)

herv [hɛrf] <Adj.; ~e; ~er, ~ste> {6.1.1}: herb. Tbl. A1

her|vör|- [hɛˈføːɐ̯] <Präfix; s. u. ↑her|vür|->: hervor-.

Hervs, der [hɛrfs] <N.; ~te> {6.1.1; 8.3.5}: Herbst.

Hervs|dag, der ['hɛrˑfsˌdaːx] <N.; ~|däg/~e [-dɛˑɟ / daˑʀə]> {s. u. ↑Hervs ↑Dag}: Herbsttag.

Hervs|färve ['hɛrˑfsˌfɛrvə] <N.; fem.; nur Pl.> {s. u. ↑Hervs ↑Färv}: Herbstfarben.

Hervs|ferie ['hɛrˑfsˌfeːʀɪə] <N.; Pl.> {s. u. ↑Hervs}: Herbstferien.

Hervs|laub/~|lauv, et ['hɛrˑfsˌlaʊp / -loʊf] <N.; kein Pl.> {s. u. ↑Hervs¹ ↑Laub¹/Lauv¹}: Herbstlaub.

hervs|lich ['hɛrˑfslɪç] <Adj.; ~e; ~er, ~ste> {6.1.1; 7.3.2; 8.3.5}: herbstlich. Tbl. A1

Hervs|mess, de ['hɛrˑfsˌmɛs] <N.; ~e> {s. u. ↑Hervs ↑Mess³}: Herbstmesse.

Hervs|storm/~|sturm, der ['hɛrˑfsˌʃtɔrm / -ʃtʊrm] <N.; ~|störm [-ʃtørˑm]> {s. u. ↑Hervs ↑Storm/Sturm}: Herbststurm.

Hervs|zigg, de ['hɛrˑfsˌtsɪk] <N.; ~e> {s. u. ↑Hervs ↑Zigg}: Herbstzeit.

her|vür|- [hɛˈfyːɐ̯-] <Präfix>: hervor-, i. Vbdg. m. V.: ~bränge (~bringen).

hervür|bränge/hervör|~ [hɛˈfyːɐ̯ˌbrɛnə / hɛˈføːɐ̯-] <trennb. Präfix-V.; unr.; *han*; braht h. [braːt]; ~|gebraht [-jəbraːt]> {5.4}: hervorbringen. (33)

hervür|dun/hervör|~ [hɛˈfyːɐ̯ˌdʊn / hɛˈføːɐ̯-] <trennb. Präfix-V.; unr.; *han*; dät h. [dɛˑt]; ~|gedon [-jədɔn]> {5.3.2.5; 6.11.1}: hervortun. (53)

hervür|gonn/hervör|~ [hɛˈfyːɐ̯ˌjɔn / hɛˈføːɐ̯-] <trennb. Präfix-V.; st.; *sin*; ging h. [jɪŋ]; ~|gegange [-jəjaŋə]> {5.3.4; 8.2.2.3}: hervorgehen. (83)

hervür|rofe/hervör|~ [hɛˈfyːɐ̯ˌroˑfə / hɛˈføːɐ̯-] <trennb. Präfix-V.; st.; *han*; reef h. [reˑf]; ~|gerofe [-jəroˑfə]> {5.4}: hervorrufen. (151)

hervür|zaubere/hervör|~ [hɛˈfyːɐ̯ˌtsaʊˑbərə / hɛˈføːɐ̯-] <trennb. Präfix-V.; schw.; *han*; zauberte h. ['tsaʊˑbɛtə]; ~|gezaubert [-jətsaʊˑbɛt]> {9.2.1.2}: hervorzaubern. (4)

her|wage, sich ['hɛxvaˑʀə / hɛr-] <trennb. Präfix-V.; schw.; *han*; wagte h. ['vaˑxtə]; ~|gewag [-jəvaˑx]>: sich hinwagen, es wagen hinzugehen/-kommen/-fahren usw. [auch: ↑hin|wage]. (103)

her|welle/~|wolle ['hɛxvɛlə / hɛr- / -volə] <trennb. Präfix-V.; unr.; *han*; wollt h. [vɔlt]; ~|gewollt [-jəvɔlt]> {5.5.2/5.5.1}: herwollen: *Ich wollt hee nit her.* (Ich wollte hier nicht her.). (204) (211)

her|winke ['hɛxvɪŋkə / hɛr-] <trennb. Präfix-V.; schw./st.; *han*; winkte/wunk h. ['vɪŋktə / vʊŋk]; ~|gewink/~|gewunke [-jəvɪŋk / -jəvʊŋkə]>: herwinken, **1.** hierher zum Sprechenden winken: *Dat Mädche hät evvens zo mir hergewink.* (Das Mädchen hat eben zu mir hergewinkt.). **2.** durch Winken auffordern herzukommen; herbeiwinken. (41) (52)

her|zaubere ['hɛxtsaʊˑbərə / hɛr-] <trennb. Präfix-V.; schw.; *han*; zauberte h. ['tsaʊˑbɛtə]; ~|gezaubert [-jətsaʊˑbɛt]> {9.2.1.2}: herzaubern, herbeizaubern. (4)

her|zeige ['hɛxtseːɐ̯jə / hɛr-] <trennb. Präfix-V.; schw.; *han*; zeigte h. ['tseːɐ̯ɟtə]; ~|gezeig [-jətseːɐ̯ɟ]>: herzeigen, vorzeigen. (103)

her|ziele ['hɛxtsi:lə / hɛr-] <trennb. Präfix-V.; schw.; *han*; zielte h. ['tsi:ltə]; ~|gezielt [-jətsi:lt]>: hinzielen, auf etw. (als Ziel der Handlung od. (Rede)absicht) abzielen [auch: ↑hin|ziele]. (45)

Hetz[1], de [hɛts] <N.; ~e (Pl. ungebr.)> {8.3.1}: Hetze, **1.** übertriebene Eile, große Hast. **2.** <o. Pl.> gehässige, verleumderische, Äußerungen u. Handlungen. **3.** (Jägerspr.) Hetzjagd [auch: ↑Hatz].

Hetz[2], de [hɛts] <N.; ~e> {5.5.2; 8.3.1}: Hitze, **1.** sehr starke, als unangenehm empfundene Wärme. **2.** durch Erregung, Fieber od. Ä. hervorgerufener Zustand; ***de (fleegende) H.** (Med.: plötzliche Hitzewallung, bes. während des Klimakteriums). **3.** heftige Erregung; Zornesaufwallung.

Hetz|bladd, et ['hɛts̩,blat] <N.; ~|bládder> {s. u. ↑Bladd}: Hetzblatt.

hetze ['hɛtsə] <V.; schw.; *han*; hetzte ['hɛtstə]; gehetz [jə'hɛts]>: hetzen. (114)

Hetze|blös|che, et ['hɛtsə,blœ·sjə] <N.; ~r> {s. u. ↑Hetz[2] ↑Blös}: Hitzebläschen.

Hetze|frei ['hɛtsə,freɪ] <N.; o. Art.> {5.5.2}: Hitzefrei, schulfreie Zeit wegen großer Hitze.

Hetz|erei, de [hɛtsə'reɪ·] <N.; ~e [-ə'reɪə]>: Hetzerei, **1.** <o. Pl.> fortwährendes Hetzen. **2. a)** <o. Pl.> fortwährendes, wiederholtes Hetzen/Aufstacheln/Aufwiegeln/Lästern; **b)** hetzerische Äußerung od. Handlung.

Hetze|schild/~|scheld, et ['hɛtsə,ʃɪlt / -ʃɛlt] <N.; ~e> {s. u. ↑Hetz[2] ↑Schild[2]/Scheld[2]}: Hitzeschild, (Raumf.) Schutzschild an Raumfahrzeugen gegen die hohen Temperaturen beim Wiedereintritt in die Erdatmosphäre.

Hetze|wall|ung, de ['hɛtsə,valʊŋ] <N.; ~e> {s. u. ↑Hetz[2]}: Hitzewallung.

Hetze|well, de ['hɛtsə,vɛl·] <N.; ~e [-vɛlə]> {s. u. ↑Hetz[2] ↑Well}: Hitzewelle.

Hetz|hungk, der ['hɛts,hʊŋk] <N.; ~|hüng [-hyŋ·]> {s. u. ↑Hungk}: Hetzhund.

hetz|ig ['hɛtsɪç] <Adj.; ~e; ~er, ~ste> {5.5.2}: hitzig, leidenschaftlich. Tbl. A5.2

Hetz|jag, de ['hɛts,ja·x] <N.; ~de> {s. u. ↑Jag}: Hetzjagd.

Hetz|kopp, der ['hɛts,kɔp] <N.; ~|köpp> {s. u. ↑Hetz[2] ↑Kopp}: Hitzkopf.

Hetz|red/~|redd, de ['hɛts,re·t / -ret] <N.; ~e> {s. u. ↑Red/Redd[2]}: Hetzrede.

Hetz|schlag, der ['hɛts,ʃla:x] <N.; ~|schläg [-ʃlɛ·fj]> {s. u. ↑Hetz[2]}: Hitzschlag.

Heu, et [hɔy] <N.>: Heu, getrocknetes Gras; ***e söß H.** (Schmeichler, Schleimer): *Dä Pitter es e richtig söß H.* (Peter ist ein richtiger Schmeichler.).

Heu|bärm, der ['hɔy,bɛrm] <N.; ~> {s. u. ↑Heu ↑Bärm}: Heuhaufen.

Heu|blom, de ['hɔy,blo:m] <N.; ~e> {s. u. ↑Blom}: Heublume.

Heu|boddem, der ['hɔy,bodəm] <N.; ~|böddem> {s. u. ↑Boddem}: Heuboden.

heuchele ['hɔyfjələ] <V.; schw.; *han*; heuchelte ['hɔyfjəltə]; geheuchelt [jə'hɔyfjəlt]> {9.2.1.2}: heucheln. (6)

Heu|dier, et ['hɔy,di·ɐ] <N.; ~e> {s. u. ↑Dier}: Trampel.

heuere ['hɔyərə] <V.; schw.; *han*; heuerte ['hɔyɐtə]; geheuert [jə'hɔyɐt]> {9.2.1.2}: heuern, **1.** anheuern. **2.** (ein Schiff) mieten, chartern. (4)

Heu|gaffel, de ['hɔy,jafəl] <N.; ~e> {s. u. ↑Gaffel[1]}: Heugabel.

Heu|maat, der ['hɔy,ma:t] <N.; Straßenn.> {s. u. ↑Maat}: Heumarkt; Platz in Köln-Altstadt/Nord. Der Heumarkt ist eine seit dem 13. Jh. bestehende Platzfläche in der Nähe des Rheins, der sich im MA zum Zentrums Köln entwickelte. Zuvor bildete er eine Einheit zusammen mit dem Alter Markt u. ist noch heute neben dem Alter Markt der größte Platz der Kölner Altstadt. Sein Name erschien urkundlich das erste Mal als *forum feni* (= Heumarkt) im Jahr 1269. Der namengebende Heuverkauf lässt sich auch zu späterer Zeit noch belegen. Der Heumarkt galt als Vorläufer der öffentlichen Kölner Waren- u. Produktenbörse, 1727/1730 wurde dort ein schmuckes Börsenhaus errichtet; 1904 wurde auf dem südlichen Teil des Platzes eine Markthalle errichtet, die jedoch im Zweiten Weltkrieg völlig zerstört wurde; erst gegen Ende des 20. Jh. erschuf die Stadt einen gepflasterten Platz mit einer großen Tiefgarage darunter.

Heu|mond, der ['hɔy,mo·nt] <N.; o. Pl.> {s. u. ↑Mond[2]}: Heumonat (Juli).

Heu|pääd, et ['hɔy,pɛ:t] <N.; ~(er) [-pɛ·t / -pɛ·də]> {s. u. ↑Pääd}: Heupferd, Heuschrecke, Grashüpfer [auch: ↑Heu|schreck, ↑Höpper|ling].

Heu|schnuppe, der ['hɔy,ʃnʊpə] <N.; o. Pl.> {s. u. ↑Schnuppe}: Heuschnupfen.

Heu|schreck, der ['hɔy,ʃrɛk] <N.; ~e> {8.3.1}: Heuschrecke [auch: ↑Höpper|ling, ↑Heu|pääd].

Heu|wage, der ['hɔy̆ˌvaˑʀə] <N.; ~>: Heuwagen, ***Heuwägelche** (wird gesagt, wenn man sich ständig verspricht, ein Wort nicht herausbekommt).
Hevv|amm, de ['hevamˑ] <N.; ~e [-amə]> {5.3.2; 5.5.2; 6.1.1; s. u. ↑Amm}: Hebamme.
hevve ['hevə] <V.; st.; han; hovv [hof]; gehovve [jə'hovə]> {5.3.4; 5.5.2; 6.1.1}: heben. (98)
Hevvel, der ['hevəl] <N.; ~e> {5.3.2; 5.5.2; 6.1.1}: Hebel.
Hex, de [hɛks] <N.; ~e> {8.3.1}: Hexe.
hexe ['hɛksə] <V.; schw.; han; hexte ['hɛkstə]; gehex [jə'hɛks]>: hexen, **1.** zaubern. **2.** (übertr.) sehr schnell arbeiten: *Hetz mich nit! Ich kann doch nit hexe.* (Hetz mich nicht! Ich kann doch nicht hexen.). (71)
Hexe|danz, der ['hɛksəˌdants] <N.; ~|dänz> {s. u. ↑Danz}: Hexentanz.
Hexe|huus, et ['hɛksəˌhuːs] <N.; ~|hüüser [-hyˑzə]; ~|hüüs|che [-hyˑsʃə]> {s. u. ↑Huus}: Hexenhaus.
Hexe|köch, de ['hɛksəˌkøʃ] <N.; ~e> {s. u. ↑Köch}: Hexenküche.
Hexe|meister, der ['hɛksəˌmɛɪstə] <N.; ~>: Hexenmeister.
Hexe|milch, de ['hɛksəˌmɪləʃ] <N.; kein Pl.>: Hexenmilch, (Med.): milchartige Absonderung aus der Brustdrüse Neugeborener.
Hex|erei, de [hɛksə'ʀɛɪˑ] <N.; ~e [-ə'ʀɛɪə]>: Hexerei.
Hexe|schoss, der ['hɛksəˌʃos] <N.; o. Pl.> {s. u. ↑Schoss²}: Hexenschuss, plötzlich auftretende Rückenschmerzen.
Hexe|stech, der ['hɛksəˌʃtɛʃ] <N.; ~> {s. u. ↑Stech}: Hexenstich.
Hierod, de ['hiːʀɔˑt] <N.; ~e> {5.1.4.5; 5.5.3; 6.11.3}: Heirat.
hierode ['hiːʀoˑdə] <V.; schw.; han; hierodte ['hiːʀoˑtə]; gehierodt [jə'hiːʀoˑt]> {5.1.4.5; 5.5.3; 6.11.3}: heiraten, eine Ehe schließen; **[RA]** *Wä Brud schnigge kann, darf och h.* (Wer Brot schneiden kann, darf auch h.). (197)
Hierods|aan|drag, der ['hiːʀoˑtsǀaːnˌdraːx] <N.; ~|dräg [-dʀɛˑʃ]> {s. u. ↑Hierod ↑Aan|drag}: Heiratsantrag.
Hierods|aan|zeig, de ['hiːʀoˑtsǀaːnˌtsɛɪˑʃ] <N.; ~e [-tsɛɪjə]> {s. u. ↑Hierod ↑Aan|zeig}: Heiratsanzeige.
Hierods|annonce, de ['hiːʀoˑtsǀaˌnɔŋs] <N.; ~ [-aˌnɔŋsə]> {s. u. ↑Hierod}: Heiratsannonce.
Hierods|maat, der ['hiːʀoˑtsˌmaːt] <N.; ~|määt> {s. u. ↑Hierod ↑Maat}: Heiratsmarkt.
Hierods|schwindl|er, der ['hiːʀoˑtsˌʃvɪntlə] <N.; ~> {s. u. ↑Hierod}: Heiratsschwindler.

Hierods|urkund, de ['hiːʀoˑtsǀuːɐ̯kʊnt] <N.; ~e> {s. u. ↑Hierod ↑Ur|kund}: Heiratsurkunde.
Hilfs|arbeid|er, der ['hɪlfsǀarˌbɛɪˑdə] <N.; ~> {s. u. ↑Arbeid|er}: Hilfsarbeiter.
Hilfs|meddel, et ['hɪlfsˌmedəl] <N.; ~(e)> {s. u. ↑Meddel}: Hilfsmittel.
Hilfs|schull, de ['hɪlfsˌʃʊlˑ] <N.; veraltet; ~e [-ʃʊlə]> {s. u. ↑Schull}: Sonderschule [gebräuchl.: ↑Sonder|schull].
Himbeer, de ['hɪmbeˑɐ̯] <N.; ~e> {8.3.1}: Himbeere [auch: ↑Humpel/Humbel].
Himbeer|geis, der ['hɪmbeˑɐ̯ˌjɛɪs] <N.; o. Pl.> {s. u. ↑Geis³}: Himbeergeist.
Himbeer|marmelad, de ['hɪmbeˑɐ̯mamə̩laˑt] <N.; ~e (Sortenpl.)> {s. u. ↑Marmelad}: Himbeermarmelade.
Himbeer|saff, de ['hɪmbeˑɐ̯ˌzaf] <N.; ~|säff> {s. u. ↑Saff}: Himbeersaft.
Himmel, der ['hɪməl] <N.; o. Pl.>: Himmel, ***H. un Ääd (met Blodwoosch)** (Speise aus Kartoffeln u. Äpfeln (mit gebratener Blutwurst)); ***H. un Minsche** (Gott und die Welt, sehr viele Leute, Menschengewühl).
Himmel|bedd, et ['hɪməlˌbɛt] <N.; ~er> {s. u. ↑Bedd}: Himmelbett.
Himmel|donner|wedder, et ['hɪməlˌdonəˌvɛdə] <N.; kein Pl.> {s. u. ↑Donner ↑Wedder}: Himmeldonnerwetter.
himmele ['hɪmələ] <V.; schw.; himmelte ['hɪməltə]; gehimmelt [jə'hɪməlt]> {9.2.1.2}: **1.** <sin> kaputtgehen: *Die Flimmerkiss es am H.* (Das Fernsehgerät geht kaputt.); ***gehimmelt sin** (vernichtet sein). **2.** <han> kaputtmachen: *Ich han minge neue Computer gehimmelt.* (Ich habe meinen neuen Computer kaputtgemacht.) (6)
Himmel|fahrt, de ['hɪməlˌfaːt] <N.; ~e> {s. u. ↑Fahrt}: Himmelfahrt, kurz für „Christi Himmelfahrt"; ***en H.** (eine lange, beschwerliche Fahrt/Reise, Mordstour).
Himmel|fahrts|nas, de ['hɪməlfaːtsˌnaˑs] <N.; ~e> {s. u. ↑Fahrt ↑Nas}: Himmelfahrtsnase.
Himmel|rich, et ['hɪməlˌʀɪʃ] <N.; o. Pl.> {s. u. ↑Rich}: Himmelreich.
Himmels|kund, de ['hɪməlsˌkʊnt] <N.; o. Pl.> {8.3.1}: Himmelskunde.
Himmels|leider, de ['hɪməlsˌlɛɪdə] <N.; o. Pl.> {s. u. ↑Leider}: Himmelsleiter.
Himmels|maach, de ['hɪməlsˌmaːx] <N.; ~|määchte> {s. u. ↑Maach¹}: Himmelsmacht.

Höffgelenk

Höff|ge|lenk, et ['høfjə,lɛŋk] <N.; ~e> {s. u. ↑Höff}: Hüftgelenk.
Höff|halt|er, der ['høf,haltɐ] <N.; i. best. Komposita *halt*-, sonst ↑halde; ~> {11; s. u. ↑Höff}: Hüfthalter.
Höff|stöck, et ['høf,ʃtøk] <N.; ~/~e/~er> {s. u. ↑Höff ↑Stöck}: Hüftstück, Rindfleisch aus der Hüfte des geschlachteten Rindes.
Hof|ieser/Huf|~, et ['ho·f,li·ze / 'hu·f-] <N.; ~(e)> {s. u. ↑Ieser}: Hufeisen.
Höf|lich|keit, de ['hø·flɪfjkeɪt] <N.; ~e>: Höflichkeit.
Hof|nähl/Huf|~, der ['ho·f,nɛ·l / 'hu·f-] <N.; ~> {s. u. ↑Nähl}: Hufnagel.
Hof|schmidd/Huf|~, der ['ho·f,ʃmɪt / 'hu·f-] <N.; ~e> {s. u. ↑Schmidd¹}: Hufschmied.
höggele ['hœgələ] <V.; schw.; han; höggelte ['hœgəltə]; gehöggelt [jə'hœgəlt]>: koitieren, vögeln, pimpern, Geschlechtsverkehr ausüben, beischlafen [auch: ↑bööschte (2), ↑bumse (3), ↑döppe (1), ↑poppe, ↑rammele (2), ↑tuppe (3), ↑decke¹; ↑knüüze; ↑hegge; ↑be|springe]. (6)
Hohenzollernbröck, de [,ho·ən'tsɔlen,brøk] <N.; Eigenn.> {s. u. ↑Bröck¹}: Hohenzollernbrücke (Kölner Rheinbrücke; Eisenbahnbrücke vom Hauptbahnhof in der Altstadt/Nord nach Deutz). Die Hohenzollernbrücke ist eine in mehreren Etappen gebaute Eisenbahnverbindung zw. Köln u. Deutz: von 1855 bis 1859, von 1907 bis 1911 (hier erfolgte 1911 die feierliche Einweihung durch Kaiser Wilhelm II.), von 1946 bis 1948 u. von 1988 bis 1991;. Heute ist sie eine sechsgleisige Eisenbahnbrücke mit Fuß- u. Radwegen an den Seiten. Die Hohenzollernbrück führt in gerader Richtung auf den Domchor zu, erst kurz davor biegen die Gleise in den Bahnhof ab.
Hohenzollern|ring [,ho·ən'tsɔlen,rɪŋ] <N.; Straßenn.> {s. u. ↑Ring²}: Hohenzollernring; ein Teil der inneren Ringstraßen in Köln-Neustadt/Nord. Die Benennung der Ringstraßenabschnitte unter Hermann Josef Stübben erfolgte unter historischen Gesichtspunkten; zunächst wurden die Namen für die mittleren u. nördlichen Abschnitte festgesetzt: Hohenstaufen-, Hohenzollern-, Kaiser-Wilhelm-, u. Hansaring; am Hohenzollernring fand 1882 die Grundsteinlegung für den Bau des ersten Hauses der Neustadt statt; im selben Jahr wurde die Ringstraße vom damaligen Gereons- bis zum Weyertor eröffnet (Kaiser-Wilhelm-Ring über Hohenzollern- u. Hohenstaufenring bis hin zum Barbarossaplatz); ein Jahr später wurden der Abschnitt Habsburgring, der erst zum Hohenstaufenring gehörte, gemeinsam mit den südlichen Ringabschnitten Salier- bis Ubierring benannt.
Höhe|punk, der ['hø·ə,pʊŋk] <N.; i. best. Komposita *Höhe*, sonst ↑Hüh; ~te> {11; s. u. ↑Punk}: Höhepunkt.
Höhl, de [hø·l] <N.; ~e ['hø·lə]> {8.3.1}: Höhle.
höhle ['hø·lə] <V.; schw.; han; höhlte ['hø·ltə]; gehöhlt [jə'hø·lt]>: (aus)höhlen. (61)
Hohn, et [ho:n] <N.; Höhner ['hø:nɐ]; Höhn|che ['hø:nɟə]> {5.4}: Huhn, 1. Haushuhn, Henne; **[RA]** *Su genau drieß kei H.* (So genau scheißt kein H. = Man sollte es nicht so genau nehmen). 2. <im Pl. als Eigenn.>: *Höhner*: Kölner Musikgruppe.
Höhner|aug, et ['hø:nɐ,oʊ·x] <N.; ~e [-oʊʁə]> {s. u. ↑Hohn ↑Aug}: Hühnerauge.
Höhner|bein, et ['hø:nɐ,beɪn] <N.; ~ [-beɪ·n]> {s. u. ↑Hohn}: Hühnerbein.
Höhner|bröh, de ['hø:nɐ,brø·] <N.; ~e> {s. u. ↑Hohn ↑Bröh}: Hühnerbrühe.
Höhner|bross, de ['hø:nɐ,bros] <N.; o. Pl.> {s. u. ↑Hohn ↑Bross}: Hühnerbrust.
Höhner|ei, et ['hø:nɐ,aɪ] <N.; ~er> {s. u. ↑Hohn}: Hühnerei.
Höhner|fleisch, et ['hø:nɐ,fleɪʃ] <N.; kein Pl.> {s. u. ↑Hohn}: Hühnerfleisch.
Höhner|fooder, et ['hø:nɐ,fo·dɐ] <N.; kein Pl.> {s. u. ↑Hohn ↑Fooder¹}: Hühnerfutter.
Höhner|fott, de ['hø:nɐ,fot] <N.; ~|fött> {s. u. ↑Hohn ↑Fott}: Hühnerpopo.
Höhner|fött|che, et ['hø:nɐ,føtɟə] <N.; ~r> {s. u. ↑Hohn}: scherzh. für die geschrumpfte Haut am Ellenbogen.
Höhner|gass ['hø:nɐ,jas] <N.; Straßenn.> {s. u. ↑Hohn ↑Gass¹}: Hühnergasse; Straße in Köln-Altstadt/Nord. An dieser Stelle hatten die Geflügelhändler ihre Verkaufsbuden, die sogenannten „Gaddemen", welche 1414 als Neubauten belegt sind. Im frühen MA war dies ein rechtlicher Sonderbereich mit einer eigenen Gerichtsbarkeit. Der Name dieser Gasse erscheint erstmals nach dem 15. Jh. u. bezieht sich auf den kleinen Hühnermarkt am südlichen Ende des Alter Markts. Sie ist eine der winzigsten Gassen in Köln.

Höhner|hätz, et ['hø:nɐˌhɛts] <N.; ~er> {s. u. ↑Hohn ↑Hätz}: Hühnerherz (rote, schwarz-braune Herzkirsche).

Höhner|hoff, der ['hø:nɐˌhɔf] <N.; ~|höff> {s. u. ↑Hohn ↑Hoff}: Hühnerhof.

Höhner|hugg, de ['hø:nɐˌhʊk] <N.; o. Pl.> {s. u. ↑Hohn ↑Hugg}: Hühnerhaut.

Höhner|kau, de ['hø:nɐˌkaʊ˙] <N.; ~e [-kaʊə]> {s. u. ↑Hohn ↑Kau}: Hühnerkaue, **a)** Verschlag für Federvieh, bes. Hühner; **b)** (scherzh.) armseliges Zimmer; einfache, schäbige Wohnung.

Höhner|klau, de ['hø:nɐˌklaʊ˙] <N.; ~e [-klaʊə]; ~|kläu|che [-klɔy˙ʃə]> {s. u. ↑Hohn ↑Klau}: Hühnerklaue, *****mem Höhnerkläuche** (diplomatisch geschickt, mit Fingerspitzengefühl).

Höhner|klein, et ['hø:nɐˌkleɪn] <N.; kein Pl.> {s. u. ↑Hohn}: Hühnerklein.

Höhner|leider, de ['hø:nɐˌleɪdɐ] <N.; ~e> {s. u. ↑Hohn ↑Leider}: Hühnerleiter, **a)** Stiege im Hühnerhaus; **b)** (scherzh.) kleine enge Treppe.

Höhner|mess, der ['hø:nɐˌmes] <N.; kein Pl.> {s. u. ↑Hohn; ↑Mess¹}: Hühnermist.

Höhner|stall, der ['hø:nɐˌʃtal] <N.; ~|ställ [-ʃtɛl˙]> {s. u. ↑Hohn}: Hühnerstall.

Höhner|volk, et ['hø:nɐˌfolk] <N.; o. Pl.> {s. u. ↑Hohn ↑Volk}: Hühnervolk.

Höhner|zoch, de ['hø:nɐˌtsox] <N.; ~te> {s. u. ↑Hohn ↑Zoch}: Hühnerzucht.

Höhner|züngel|che, et ['hø:nɐˌtsyŋəlçə] <N.; nur Diminutiv; ~r> {s. u. ↑Hohn}: schmales, abstehendes, störendes Stückchen Nagelhaut.

Höhner|zupp, de ['hø:nɐˌtsʊp] <N.; ~e (Sortenpl.); ~|züpp|che> {s. u. ↑Hohn ↑Zupp}: Hühnersuppe.

hoke ['hɔ˙kə] <V.; schw.; han; hokte ['hɔ˙ktə]; gehok [jə'hɔ˙k]> {5.5.3}: haken, **1.** mit einem Haken befestigen. **2.** hängen bleiben, klemmen: *Der Schlössel hok em Schloss.* (Der Schlüssel hakt im Schloss.). (178)

Hoke, der ['hɔ˙kə] <N.; ~; Hök|che ['hœkʃə]> {5.5.3}: Haken, winkelig od. rund gebogenes Stück Metall, Holz od. Kunststoff.

Hoke|krütz, et ['hɔ˙kəˌkrʏts] <N.; ~e> {s. u. ↑Hoke ↑Krütz}: Hakenkreuz.

Hoke|nas, de ['hɔ˙kəˌna˙s] <N.; ~e> {s. u. ↑Hoke ↑Nas}: Hakennase.

holderdipolder [ˌhol˙dedɪ'pol˙də] <Adv.> {5.5.1; 6.11.3}: holterdiepolter; übereilt, eilig.

Höll¹, de [hœl˙] <N.; ~e> {8.3.1}: Hölle, *****de H. op Ääde** (die H. auf Erden); *****einem et Levve zor H. maache** (jmdn. schikanieren; jmdm. durch Schikanen das Leben unerträglich machen); *****einem de H. heiß maache** (jmdn. heftig zusetzen).

Höll²/Hüll, de [hœl˙ / hʏl˙] <N.; ~e ['hølə]> {5.5.1; 8.3.1}: Hülle.

holle ['holə] <V.; unr.; han; hollt [holt]; gehollt [jə'holt]> {5.3.4; 5.5.1}: holen. (99)

Hölle|fahrt, de ['hœləˌfa:t] <N.; ~e> {s. u. ↑Fahrt}: Höllenfahrt.

Hölle|hungk, der ['hœləˌhʊŋk] <N.; o. Pl.> {s. u. ↑Hungk}: Höllenhund, Wachhund am Eingang zur Unterwelt.

Hölle|maschin, de ['hœləmaˌʃi:n] <N.; ~e> {s. u. ↑Maschin}: Höllenmaschine, Gerät, Maschine od. Ä., die viel Lärm macht.

Hölle|spektakel, et ['hœləʃpɛkˌta:kəl] <N.; o. Pl.>: Höllenspektakel.

Hollwigg [hol'vɪk] <N.; Ortsn.> {5.3.4; 5.5.1; 8.3.1}: Holweide (rechtsrh. Stadtteil von Köln).

Hollywood|schöckel, de ['hɔlɪvutˌʃœkəl] <N.; ~e> {s. u. ↑Schöckel}: Hollywoodschaukel.

Hölp, de [hølp] <N.; kein Pl.> {5.5.1; 6.5.1; 8.3.1}: Hilfe.

Holunder|struch, der [ho'lʊn˙dɐˌʃtrʊx] <N.; ~|strüch> {s. u. ↑Struch}: Holunderstrauch.

Holz, et [holts] <N.; Hölzer ['høltsɐ]; Hölz|che ['høltsʃə]> {5.5.1}: Holz, **1.** <o. Pl.> feste, harte Substanz des Stammes, der Äste u. Zweige von Bäumen u. Sträuchern; *****vill H. vür der Dür han** (einen großen Busen haben). **2.** Holzsorte.

Holz|appel, der ['holtsˌapəl] <N.; ~|äppel> {s. u. ↑Holz ↑Appel}: Holzapfel (wildwachsender Apfel).

Holz|äsch, de ['holtsˌɛʃ] <N.; kein Pl.> {s. u. ↑Holz ↑Äsch}: Holzasche.

Holz|bein, et ['holtsˌbeɪn] <N.; ~ [-beɪn]> {s. u. ↑Holz}: Holzbein.

Holz|bock, der ['holtsˌbok] <N.; ~|böck> {s. u. ↑Holz ↑Bock}: Holzbock.

Holz|boddem, et ['holtsˌbodəm] <N.; ~|böddem> {s. u. ↑Holz ↑Boddem}: Holzboden.

Holz|bredd, et ['holtsˌbrɛt] <N.; ~er> {s. u. ↑Holz ↑Bredd}: Holzbrett.

Holz|bröck, de ['hɔlts̠ˌbrøk] <N.; ~-e> {s. u. ↑Holz ↑Bröck¹}: Holzbrücke.

Hölz|che, et ['hœlts̠ˌjə] <N.; ~r> {5.5.1}: Hölzchen, Stöckchen, **[RA]**: *vum H. op et Stöckche kumme* (vom H. aufs Stöckchen kommen); **[RA]** *de Muul mem H. opstippe* (hungern).

Holz|desch, der ['hɔlts̠ˌdeʃ] <N.; ~(e)> {s. u. ↑Holz ↑Desch}: Holztisch.

Holz|dübbel, der ['hɔlts̠ˌdʏbəl] <N.; ~-e> {s. u. ↑Holz ↑Dübbel}: Holzdübel.

Holz|dür/~|dör, de ['hɔlts̠ˌdyːɐ / -døːɐ] <N.; ~|dürre/~|dörre [-dʏrə / -dørə] (unr. Pl.)> {s. u. ↑Holz ↑Dür/Dör}: Holztür.

hölze ['hœlts̠ə] <Adj.; ~-e> {5.5.1}: hölzern, **1.** aus Holz. **2.** steif, ungelenk.   Tbl. A2.6

Holz|figur, de ['hɔlts̠fɪˌjuːɐ] <N.; ~-e> {s. u. ↑Holz}: Holzfigur.

Holz|gass ['hɔlts̠ˌjas] <N.; Straßenn.> {s. u. ↑Holz ↑Gass¹}: Holzgasse; Straße in Köln-Altstadt/Süd. An dieser Stelle befand sich ein Umschlagplatz für das Holz, das vorwiegend vom Oberrhein u. aus dem Bergischen nach Köln geliefert wurde u. zum Holzmarkt gebracht wurde. Der Rat verpachtete das Gelände der Holzgasse u. des Holzmarkt für den Holzverkauf. Ihr französischer Name „Rue des Bois" wurde 1584 als Verballhornung Butzellgasse genannt.

Holz|ge|röss, et ['hɔlts̠jəˌrøs] <N.; ~|röste> {s. u. ↑Holz, ↑Ge|röss}: Holzgerüst.

Holz|hammer, der ['hɔlts̠ˌhamɐ] <N.; ~|hämmer> {s. u. ↑Holz}: Holzhammer.

Holz|hött, de ['hɔlts̠ˌhøt] <N.; ~-e> {s. u. ↑Holz ↑Hött}: Holzhütte.

Holz|huus, et ['hɔlts̠ˌhuːs] <N.; ~|hüüser [-hyˑzɐ]; ~|hüüs|che [-hyˑsʃə]> {s. u. ↑Holz ↑Huus}: Holzhaus.

holz|ig ['hɔlts̠ɪŋ] <Adj.; ~-e; ~-er, ~-ste> {5.5.1}: holzig.   Tbl. A5.2

Holz|kess, de ['hɔlts̠ˌkes] <N.; ~|keste> {s. u. ↑Holz ↑Kess}: Holzkiste.

Holz|kitt, der ['hɔlts̠ˌkɪt] <N.; kein Pl.> {s. u. ↑Holz}: Holzkitt.

Holz|klotz, der ['hɔlts̠ˌklɔts̠] <N.; ~|klötz> {s. u. ↑Holz}: Holzklotz.

Holz|klumpe, der ['hɔlts̠ˌklʊmpə] <N.; ~> {s. u. ↑Holz}: Holzpantine, Holzklumpen.

Holz|koll, de ['hɔlts̠ˌkɔlˑ] <N.; ~-e [-kɔlə] (Sortenpl.)> {s. u. ↑Holz ↑Koll}: Holzkohle.

Holz|kopp, der ['hɔlts̠ˌkɔp] <N.; ~|köpp> {s. u. ↑Holz ↑Kopp}: Holzkopf, **1.** aus Holz geschnitzter Kopf einer Puppenspielfigur. **2.** halsstarriger Mensch.

Holz|liem, der ['hɔlts̠ˌliːm] <N.; kein Pl.> {s. u. ↑Holz ↑Liem}: Holzleim.

Holz|löffel, der ['hɔlts̠ˌlœfəl] <N.; ~-e> {s. u. ↑Holz}: Holzlöffel.

Holz|maat ['hɔlts̠ˌmaːt] <N.; Straßenn.> {s. u. ↑Holz ↑Maat}: Holzmarkt; Platz in Köln-Altstadt/Süd. Auf dem Holzmarkt wurde früher Bau- u. Brennholz gehandelt. In den Jahren 1370/1380 gab es die „Ordnung vom Holzmarkt", die u. a. verbot, zw. dem Salzgassentor u. dem Wytzgassentor Holz zu lagern; 1427 wurde auch der Holzhandel zw. der *Salzpforte* u. der *Vylzengravenpforte* verboten.

Holz|moß, et ['hɔlts̠ˌmɔˑs] <N.; o. Pl.> {s. u. ↑Holz ↑Moß}: Holzmaß.

Holz|nähl, der ['hɔlts̠ˌnɛˑl] <N.; ~> {s. u. ↑Holz ↑Nähl}: Holznagel.

Holz|pääl, de ['hɔlts̠ˌpɛˑl] <N.; ~-e [-pɛːlə]> {s. u. ↑Holz ↑Pääl}: Holzperle.

Holz|penn, de ['hɔlts̠ˌpen] <N.; ~ [-penˑ]> {s. u. ↑Holz ↑Penn¹}: Holzstift.

Holz|plaat, de ['hɔlts̠ˌplaːt] <N.; ~-e> {s. u. ↑Holz ↑Plaat¹}: Holzplatte.

Holz|ross, der ['hɔlts̠ˌrɔs] <N.; ~|roste> {s. u. ↑Holz ↑Ross²}: Holzrost.

Holz|scheit, et ['hɔlts̠ˌʃeɪt] <N.; ~-e> {s. u. ↑Holz}: Holzscheit.

Holz|schlag, der ['hɔlts̠ˌʃlaːx] <N.; o. Pl.> {s. u. ↑Holz}: Holzschlag, das Schlagen von Holz.

Holz|schnedd, der ['hɔlts̠ˌʃnet] <N.; ~(e)> {s. u. ↑Holz ↑Schnedd¹}: Holzschnitt.

Holz|schoh, der ['hɔlts̠ˌʃoˑ] <N.; ~n> {s. u. ↑Holz ↑Schoh}: Holzschuh.

Holz|schotz|meddel, et ['hɔlts̠ʃɔts̠ˌmedəl] <N.; ~(e)> {s. u. ↑Holz ↑Schotz ↑Meddel}: Holzschutzmittel.

Holz|schruuv, de ['hɔlts̠ˌʃruˑf] <N.; ~-e> {s. u. ↑Holz ↑Schruuv}: Holzschraube.

Holz|spill|saache ['hɔlts̠ˌ[pɪlzaːxə / ˈ--,--] <N.; fem.; nur Pl.> {s. u. ↑Holz ↑Spill ↑Saach}: Holzspielsachen, Holzspielzeug.

Holz|spill|zeug, et ['hɔlts̬ˌʃpɪlts̬øyfj] <N.; ~e> {s. u. ↑Holz ↑Spill ↑Zeug}: Holzspielzeug.

Holz|spledder, der ['hɔlts̬ˌʃpledɐ] <N.; ~e> {s. u. ↑Holz ↑Spledder}: Holzsplitter.

Holz|stab/~|stav, der ['hɔlts̬ˌʃtaːp / -ˌʃtaːf] <N.; ~|stäb [-ˌʃtɛ·p]; ~|stäb|che [-ˌʃtɛːpfjə]> {s. u. ↑Holz ↑Stab/ Stav}: Holzstab.

Holz|trapp/~|trepp, de ['hɔlts̬ˌtrap / -trɛp] <N.; ~e> {s. u. ↑Holz ↑Trapp ↑Trepp}: Holztreppe.

Holz|wäg, der ['hɔlts̬ˌvɛːfj] <N.; ~(e) [-vɛ·fj / -vɛ·jə]> {s. u. ↑Holz ↑Wäg}: Holzweg, i. d. Wendung *om H. sin (mit einer Vorstellung, Meinung sehr irren).

Holz|woll, de ['hɔlts̬ˌvɔlˑ] <N.; o. Pl.> {s. u. ↑Holz ↑Woll}: Holzwolle.

Honig|koche, der ['hoːnɪfjˌkoˑxə] <N.; i. best. Komposita *Honig*, sonst ↑Hunnig; ~> {11; s. u. ↑Koche}: Honigkuchen.

Honig|koche|pääd, et ['hoːnɪfjkoˑxəˌpɛːt] <N.; i. best. Komposita *Honig*, sonst ↑Hunnig> {11; s. u. ↑Koche ↑Pääd}: Honigkuchenpferd, i. d. Wendung *grinse/ strohle wie e H.*: über das ganze Gesicht lachen, sich sehr freuen.

Honig|melon, de ['hoːnɪfjmeˌloˑn] <N.; i. best. Komposita *Honig*, sonst ↑Hunnig; ~e> {11; s. u. ↑Melon}: Honigmelone.

hönn [høn] <Adv.>: nur noch i. d. Vbdg. (op) h. *Sigg* (zur, auf Seite; überwechseln): *Gangk ens h. Sigg/op h. Sigg!* (Geh mal zur Seite/auf die andere Seite!).

Hoon, et [hɔːn] <N.; Hööner ['hœːnɐ]; Höön|che ['hœːnfjə]> {5.2.1.1.1; 5.5.3}: Horn, Beule.

Hoon|balle, der ['hɔːnˌbalə] <N.; ~> {s. u. ↑Hoon}: Hornballen.

Hoon|brell/~|brill, der ['hɔːnˌbrel / -brɪl] <N.; ~e> {s. u. ↑Hoon ↑Brell/Brill}: Hornbrille (die).

Höön|che, et ['hœːnfjə] <N.; ~r> {5.2.1.1.1; 5.5.3}: Hörnchen, 1. (wie ein Horn) gebogenes Gebäckstück aus Blätter- od. Hefeteig. 2. (in vielen Arten vorkommendes) Pflanzen fressendes Nagetier unterschiedlicher Größe. 3. Beule am Kopf.

Hoon|hugg, de ['hɔːnˌhʊk] <N.; ~|hügg (Pl. ungebr.)> {s. u. ↑Hoon ↑Hugg}: Hornhaut.

Hoon|knopp, der ['hɔːnˌknɔp] <N.; ~|knöpp> {s. u. ↑Hoon ↑Knopp¹}: Hornknopf.

Hoon|stroß ['hɔːnˌʃtroˑs] <N.; Straßenn.> {s. u. ↑Hoon ↑Stroß}: Hornstraße; Straße in Köln-Neuehrenfeld. Die Hornstraße hat ihren Namen wegen ihrer Nähe zum Schlacht- u. Viehhof, welcher 1895 eröffnet wurde; hier wurde Anfang der 1970er Jahre auch zw. dem Schlachthof u. dem Bahndamm das erste Kölner „Eros-Center", Europas erstes Hochhausbordell, gebaut. In diesem Hochhaus befindet sich heute das „Pascha".

Hoon|veeh/~|veech, et ['hɔːnˌfeˑ(fj)] <N.; o. Pl.> {s. u. ↑Hoon ↑Veeh/Veech}: Hornvieh.

Hoor, et [hɔˑ(ɐ̯)] <N.; ~e ['hɔˑrə]; Höör|che ['hœːɐ̯fjə]> {5.1.4.2; 5.5.3}: Haar, *H. op de Zäng han (streitlustig sein).*, **[RA]** *Besser en Pläät wie gar kein H.!* (Besser eine Glatze als gar kein H.!).

Hoor|aan|satz, der ['hɔˑˌlaːnˌzats̬] <N.; ~|sätz> {s. u. ↑Hoor}: Haaransatz.

Hoor|band, et ['hɔˑˌbant] <N.; ~|bänder> {s. u. ↑Hoor ↑Band¹}: Haarband.

Hoor|böösch, de ['hɔˑˌbøːʃ] <N.; ~te> {s. u. ↑Hoor ↑Böösch}: Haarbürste.

Hoor|böschel, der ['hɔˑˌbøʃəl] <N.; ~e> {s. u. ↑Hoor ↑Bösch|el}: Haarbüschel.

Hoor|praach/~|prach, de ['hɔˑˌpraːx / -prax] <N.; o. Pl.> {s. u. ↑Hoor ↑Praach/Prach}: Haarpracht.

hööre (sich) [hœˑ(ɐ̯)rə] <V.; schw.; han; höörte ['hœːɐ̯tə]; gehöört [jəˈhœɐ̯t]> {5.5.3}: haaren. (100)

Hoor|färv, de ['hɔˑˌfɛrf] <N.; ~e> {s. u. ↑Hoor ↑Färv}: Haarfarbe.

Hoor|festiger, der ['hɔˑˌfɛstɪjɐ] <N.; ~> {s. u. ↑Hoor}: Haarfestiger.

höörig ['hœˑ(ɐ̯)rɪfj] <Adj.; ~e; ~er, ~ste> {5.5.3}: haarig, heikel. Tbl. A5.2

Hoor|klammer, de ['hɔˑˌklamɐ] <N.; ~e; ~|klämmer|che; meist Diminutiv> {s. u. ↑Hoor}: Haarklammer.

hoor|klein ['hɔˑˈkleɪn] <Adj.; ~e> {s. u. ↑Hoor}: haarklein, ganz genau, ausführlich. Tbl. A2.4

Hoor|netz, et ['hɔˑˌnets̬] <N.; ~e> {s. u. ↑Hoor}: Haarnetz.

Hoor|nodel/~|nol, de ['hɔˑˌnoːdəl / -noˑl] <N.; ~|nodele/ ~|nolde; ~|nödel|che> {s. u. ↑Hoor ↑Nodel/ Nol}: Haarnadel.

Hoor|schlopp, der ['hɔˑˌʃlɔp] <N.; ~|schlöpp> {s. u. ↑Hoor ↑Schlopp}: Haarschleife.

Hoor|schnedd, der ['hɔˑˌʃnet] <N.; ~(e)> {s. u. ↑Hoor ↑Schnedd¹}: Haarschnitt.

Hoor|spang, de ['hɔˑˌʃpaŋ] <N.; ~e [-ˌʃpaŋə]; ~|späng|che [-ˌʃpɛŋfjə]> {s. u. ↑Hoor ↑Spang}: Haarspange.

Hoor|spetz, de ['hoːˌʃpets] <N.; ~e> {s. u. ↑Hoor ↑Spetz}: Haarspitze.

Hoor|strähn, de [hoːˌʃtrɛˑn] <N.; ~e> {s. u. ↑Hoor ↑Strähn}: Haarsträhne.

Hoor|us|fall, der ['hoːˌʊsˌfal] <N.; o. Pl.> {s. u. ↑Hoor}: Haarausfall.

Hoor|wäsch|meddel, et ['hoːvɛʃˌmedəl] <N.; ~(e)> {s. u. ↑Hoor ↑Wäsch ↑Meddel}: Haarwaschmittel.

Hoor|zibbel, der ['hoːˌtsɪbəl] <N.; ~e> {s. u. ↑Hoor ↑Zibbel}: Haarsträhne, Haarzipfel.

höösch ['hœːʃ] <Adj.; ~e>: leise, **1.** still, ruhig, geräuschlos, klammheimlich. **2.** vorsichtig, behutsam, sacht. **3.** (nur adv.) unauffällig, unbemerkt. Tbl. A1

Höösch, der [hœːʃ] <N.; ~te>: Leisetreter; *****ärme H.** (armseliger Mensch, armes Würstchen).

hööst|ig ['hœːstɪʃ] <Adj., ~e>: hastig, eilig [auch: ↑iel|ig, ↑holder|dipolder, ↑jih|lich; *en der Juch sin*]. Tbl. A5.2

Höpp|burg, de ['høpˌbʊrʃ] <N.; ~e [-bʊrˑjə]>: Hüpfburg.

Hoppe, der ['hopə] <N.; ~> {6.8.1}: Hopfen.

höppe ['høpə] <V.; schw.; *sin*; höppte ['høptə]; gehöpp [jə'høp]> {5.5.1; 6.8.1}: hüpfen. (75)

Hoppe|ditz|che, et ['hopəˌdɪtsjə] <N.; ~r>: (scherzh.) Presslufthammer.

Höppe|käss|che, et ['høpəˌkɛsjə] <N.; ~r> {5.4; 6.8.1; s. u. ↑Käss|che}: Himmel u. Hölle, Hüpfkästchen (Kinderspiel) [auch: ↑Höppe|mötz|che (1)].

Höppe|krad, de ['høpəˌkraˑt] <N.; ~e> {5.4; 6.8.1; s. u. ↑Krad'}: Frosch, (wörtl.) Hüpfkröte.

hoppele ['hopələ] <V.; schw.; *sin*; hoppelte ['hopəltə]; gehoppelt [jə'hopəlt]> {9.2.1.2}: hoppeln. (6)

Höppele|pöpp(el), der ['høpələˌpøp(əl)] <N.>: **1.** Person mit hinkendem, humpelndem Gang [auch: ↑Höpper|ling (2), ↑Waggel|ent]. **2.** (scherzh.) Hase, Kaninchen.

Höppe|mötz|che, et ['høpəˌmøtsjə] <N.; ~r> {5.4; 6.8.1}: s. u. ↑Mötz. **1.** Himmel u. Hölle, Hüpfkästchen (Kinderspiel); (wörtl.) Hüpfmützchen [auch: ↑Höppe|käss|che]. **2.** (scherzh.) Tänzerin. **3.** <im Pl. als Eigenn.> *De Höppemötzjer*: Tanzgruppe im Kölner Karneval.

Höpper|ling, der ['høpəˌlɪŋ] <N.; ~e>: **1.** Heuspringer, Heuschrecke; Wiesengrille. **2.** (übertr.) hinkende Person [auch: ↑Höppele|pöpp(el) (1), ↑Waggel|ent].

hopse ['hopsə] <V.; schw.; *sin*; hopste ['hopstə]; gehops [jə'hops]>: hopsen. (87)

Hor/Hur, de [hoˑɐ̯ / huˑɐ̯] <N.; ~e> {5.4; 8.3.1}: Hure, Dirne, Nutte, Prostituierte, Straßendirne [auch: ↑Nutt].

horche ['horçə] <V.; schw.; *han*; horchte ['horçtə]; gehorch [jə'horç]>: horchen, lauschen. (123)

hore/hure ['hoˑ(ɐ̯)rə / huˑ(ɐ̯)rə] <V.; schw.; *han*; horte ['hoˑɐ̯tə]; gehort [jə'hoˑɐ̯t]>: huren. (21)

höre/hüre ['høˑ(ɐ̯)rə / 'hyː(ɐ̯)rə] <V.; Formen mischbar; unr.; *han*; hoot/hürte ['hoːt / hyˑɐ̯tə]; gehoot/gehürt [jə'hoːt / jə'hyˑɐ̯t]>: hören, anhören, zuhören; *****No hör!** (Was du nicht sagst!). (179) (21)

Hore|pack/Hure|~, et ['hoˑ(ɐ̯)rəˌpak / 'huˑ(ɐ̯)rə-] <N.; kein Pl.> {s. u. ↑Hor/Hur}: Hurenpack.

Hork|es, der ['horkəs] <N.; kein Pl.>: **1.** schleimiger Auswurf. **2.** jmd., der ständig Schleim geräuschvoll in den Rachen zieht u. dann ausspuckt.

Hormon|speegel, der [hor'moˑnˌʃpeˑjəl] <N.; o. Pl.> {s. u. ↑Speegel}: Hormonspiegel.

Hormon|spretz, de [hor'moˑnˌʃprets] <N.; ~e> {s. u. ↑Spretz}: Hormonspritze.

Horniss, de [hor'nɪs] <N.; ~e> {8.3.1}: Hornisse.

Hornisse|ness, et [hor'nɪsəˌnes] <N.; ~|nester> {s. u. ↑Ness'}: Hornissennest.

hoste ['hoˑstə] <V.; schw.; *han*; gehos [jə'hoˑs]> {5.4}: husten; *****einem jet h./drieße** (jmdn. etw. abschlagen; jmdn. in Ruhe lassen) [auch: ↑av|schlage, ↑av|winke; ↑us|schlage, ↑zo|röck|wiese, *denke wie Goldschmiddsjung; einem jet blose/fleute*]. (101)

Hoste, der ['hoˑstə] <N.; ~ (Pl. selten)> {5.4}: Husten.

Hoste|droppe, der ['hoˑstəˌdropə] <N.; ~ (meist Pl.)> {s. u. ↑Hoste ↑Droppe}: Hustentropfen.

Hoste|kamell, de ['hoˑstəkaˌmɛlˑ] <N.; ~e [-kaˌmɛlə]> {s. u. ↑Hoste ↑Kamell}: Hustenbonbon.

Hoste|meddel, et ['hoˑstəˌmedəl] <N.; ~(e)> {s. u. ↑Hoste ↑Meddel}: Hustenmittel.

Hoste|saff, der ['hoˑstəˌzaf] <N.; ~|säff> {s. u. ↑Hoste ↑Saff}: Hustensaft.

Hoste|tee, der ['hoˑstəˌteˑ] <N.; ~s (Sortenpl.)> {s. u. ↑Hoste}: Hustentee.

Hot, der [hoˑt] <N.; Höt [høˑt]; Höt|che ['høˑtʃə] ⟨mhd., ahd. huot⟩> {5.4}: Hut; .

Hot|band, et ['hoˑtˌbant] <N.; ~|bänder> {s. u. ↑Hot ↑Band'}: Hutband, Schmuckband am Hut.

Höt|che, et ['høˑtʃə] <N.; ~r> {5.4}: Hütchen, **1.** kleiner Hut. **2.** Holz- od. Kunststofffigürchen bei Brettspielen.

Höt|che|spill, et ['hø·tʃə‚ʃpɪl] <N.; ~ [-ʃpɪl·]> {s. u. ↑Höt|che ↑Spill}: Hütchenspiel.

Hotel, et [ho'tɛl·] <N.; ~s>: Hotel.

Hotel|hall, de [ho'tɛl·‚hal·] <N.; ~e [-halə]> {s. u. ↑Hall¹}: Hotelhalle.

Hotel|kett, de [ho'tɛl·‚kɛt] <N.; ~e> {s. u. ↑Kett}: Hotelkette.

Hotel|köch, de [ho'tɛl·‚køfj] <N.; ~e> {s. u. ↑Köch}: Hotelküche.

Hotel|scheff, et [ho'tɛl·‚ʃef] <N.; ~e> {s. u. ↑Scheff}: Hotelschiff.

Hotel|spöl, der [ho'tɛl·‚ʃpø:l] <N.; kein Pl.> {s. u. ↑Spöl}: große Menge an zu spülendem Geschirr: *Dat es der ävver villeich ene H.* (Hier gibt es aber viel zu spülen.).

Hotel|zemmer, et [ho'tɛl·‚tsemə] <N.; ~e> {s. u. ↑Zemmer}: Hotelzimmer.

Hot|form, de ['ho·t‚for·m] <N.; ~e> {s. u. ↑Hot}: Hutform, **1.** Form eines Hutes. **2.** Modell zum Formen von Hüten.

Hot|koffer, der/de ['ho·t‚kofe] <N.; ~e> {s. u. ↑Hot ↑Koffer¹}: Hutkoffer [auch: ↑Hot|schachtel].

Hot|kremp, et ['ho·t‚krɛmp] <N.; ~e> {s. u. ↑Hot ↑Kremp}: Hutkrempe.

Hot|mächer, et ['ho·t‚mɛfjɐ] <N.; ~> {5.4; s. u. ↑Hot}: Hutmacher.

Hot|mächer|in, et ['ho·t‚mɛfjərɪn] <N.; ~ne> {5.4; s. u. ↑Hot}: Hutmacherin.

Hot|nodel/~|nol, de ['ho·t‚nɔ·dəl / -nɔ·l] <N.; ~|nodele/ ~|nolde> {s. u. ↑Hot ↑Nodel/Nol}: Hutnadel.

Hot|schachtel, et ['ho·t‚ʃaxtəl] <N.; ~e> {s. u. ↑Hot}: Hutschachtel [auch: ↑Hot|koffer].

Hotsche, der ['hodʒə] <N.; ~>: klobiger Schuh, Clog.

Hot|schnur/~|schnor, et ['ho·t‚ʃnu·ɐ / -ʃnɔ·ɐ] <N.; ~|schnür> {s. u. ↑Hot ↑Schnur/Schnor}: Hutschnur, **1.** Zierschnur/-band an der Hutkrempe. **2.** *jet geiht einem üvver de H.* (etw. geht jmdm. zu weit, wird einem zu viel).

Hött, de [høt] <N.; ~e> {5.5.1; 8.3.1}: **a)** Hütte [auch: ↑Kau]; **b)** Nische, kleine Erweiterung eines Raumes im Sinne von „Ecke".

Hubäät, der ['hʊbɛ:t] <N.; männl. Vorn.> {5.2.1.1.1}: Hubert; (Schimpfw.) *Do schöne H.!* (Du Angeber, feiner Pinkel!).

Hubbel¹, der ['hʊbəl] <N.; ~e> {5.3.2}: Hubel, Hübel, **a)** Unebenheit; **b)** Hügel, kleinere Bodenerhebung; *einem der H. blose* (einen mit ewas in Ruhe lassen) [auch: *der Naache däue*; *am Aasch lecke, einem jet blose/drießle*].

Hubbel², der ['hʊbəl] <N.; ~e> {5.3.2; 5.4}: Hobel.

Hubbel|bank, de ['hʊbəl‚baŋk] <N.; ~|bänk> {s. u. ↑Hubbel²}: Hobelbank.

hubbele ['hʊbələ] <V.; schw.; han; hubbelte ['hʊbəltə]; gehubbelt [jə'hʊbəlt]> {5.3.2; 5.4; 9.2.1.2}: hobeln. (6)

hubbel|ig ['hʊbəlɪfj] <Adj.; ~e; ~er, ~ste> {5.3.2; 5.4}: hügelig, uneben. Tbl. A5.2

Hubbel|spon, der ['hʊbəl‚ʃpɔ·n] <N.; ~|spön/~|spien [-ʃpœ·n / -ʃpi·n]> {s. u. ↑Hubbel² ↑Spon}: Hobelspan.

hüchs... [hy·ks] <Adj.; Sup. zu ↑huh; ~te> {5.4}: höchst.... Tbl. A7.1

Hüchs... [hy·ks] <Präfix> {5.4}: Höchst-, i. Vbdg. m. N.: ~|strof (Höchststrafe).

Hüchs|ge|schwind|ig|keit, de ['hy·ksjə‚ʃvɪn·dɪfjkeɪt] <N.; ~e>: Höchstgeschwindigkeit.

Hüchs|leist|ung, de ['hy·ks‚leɪstʊŋ] <N.; ~e>: Höchstleistung.

Hüchs|moß, et ['hy·ks‚mɔ·s] <N.; o. Pl.> {5.5.3}: Höchstmaß.

Hüchs|strof, de ['hy·ks‚ʃtrɔ·f] <N.; ~e> {5.5.3}: Höchststrafe.

Hüchs|temperator, de ['hy·ks‚tɛmpra‚to·ɐ] <N.; ~e> {5.4}: Höchsttemperatur.

hüchstens ['hy·kstəns] <Adv.> {5.4}: höchstens.

Huck, de [hʊk] <N.; ~e> {5.4; 8.3.1}: Hocke.

hucke ['hʊkə] <V.; schw.; han; huckte ['hʊktə]; gehuck [jə'hʊk]> {5.4}: hocken [auch: ↑hutsche]. (88)

Huddel, der ['hʊdəl] <N.; kein Pl.> {5.3.2}: Hudelei, schlechte (Hand)arbeit [auch: ↑Huddels|arbeid].

huddele ['hʊdələ] <V.; schw.; han; huddelte ['hʊdəltə]; gehuddelt [jə'hʊdəlt]> {5.3.2; 9.2.1.2}: hudeln, nachlässig/unordentlich arbeiten [auch: ↑bruddele (2), ↑murkse, ↑schluddere, ↑schlunze (a)]. (6)

Huddels|arbeid, de ['hʊdəls‚larbeɪt] <N.; ~e> {9.1.2; s. u. ↑Huddel ↑Arbeid}: Pfuscharbeit [auch: ↑Huddel].

Huddels|krom, der ['hʊdəls‚krɔ·m] <N.; kein Pl.> {9.1.2; s. u. ↑Huddel ↑Krom}: **1.** nachlässige Arbeit. **2.** unbrauchbares Gerät.

Huddels|pitter, der [‚hʊdəls'pɪtɐ] <N.; ~> {5.3.2; s. u. ↑Pitter}: jmd., der gewohnheitsmäßig nachlässig arbeitet, Hudeler.

Huf

Huf/Hof, der [huˑf / hoˑf] <N.; ~>: Huf.
Huf|bladd/Hof|~, et ['huˑf‚blat / 'hoˑf-] <N.; ~|blädder>: Huflattichblatt.
Huff|aad, de ['hʊfaːt] <N.; kein Pl. ⟨mhd. hoffart, assimiliert aus: hochvart = Art, vornehm zu leben; edler Stolz, Übermut, aus *hoch* u. *Fahrt* in der alten allgemeinen Bed. »Verlauf, Umstand«⟩> {5.2.1.1.1; 5.4}: Hoffart, **1.** Hochmut, anmaßender Stolz, Überheblichkeit. **2.** [fast nur noch i. d. **RA**] *H. ligg Ping.* (Hochmut leidet Schmerzen. = Wer schön sein will, muss leiden).
huffääd|ig ['hʊfɛːdɪʃ] <Adj.; ~e; ~er, ~ste ⟨spätmhd. hoffertig für mhd. hochvertec = stolz, prachtvoll⟩> {5.2.1.1.2; 5.4}: hochmütig, eitel, eingebildet, anmaßend stolz, verletzend überheblich.   Tbl. A5.2
Huffaads|pinsel, der ['hʊfaːts‚pɪnˑzəl] <N.; ~e> {s. u. ↑Huff|aad}: hochmütiger, eingebildeter, eitler Mensch.
Huf|ieser/Hof|~, et ['huˑf‚iˑze / 'hoˑf-] <N.; ~(e)> {s. u. ↑Ieser}: Hufeisen.
Huf|nähl/Hof|~, der ['huˑf‚nɛˑl / 'hoˑf-] <N.; ~> {s. u. ↑Nähl}: Hufnagel.
Huf|schmidd/Hof|~, der ['huˑf‚ʃmɪt / 'hoˑf-] <N.; ~e> {s. u. ↑Schmidd¹}: Hufschmied.
Hugg, de [hʊk] <N.; Hügg [hʏk]; Hügg|che ['hʏkʃə]> {5.3.4; 6.6.2}: Haut.
hügg [hʏk] <Adv.> {5.3.4; 6.6.2; 8.3.1}: heute.
hügge ['hʏɡə] <V.; schw.; *han*; hüggte ['hʏktə]; gehügg [jə'hʏk]> {5.3.4; 6.6.2}: häuten.   (208)
Hugg|färv, de [hʊk‚fɛrf] <N.; ~e> {s. u. ↑Hugg ↑Färv}: Hautfarbe.
hügg|ig ['hʏɡɪʃ] <Adj.; ~e> {5.3.4}: heutig.   Tbl. A5.2
Hugg|salv, de [hʊk‚zalˑv] <N.; ~e> {s. u. ↑Hugg ↑Salv}: Hautsalbe.
Hugg|schir|che, et ['hʊk‚ʃiˑɐ̯ʃə] <N.; nur Diminutiv; ~r> {s. u. ↑Hugg ↑Schir}: Hautschere.
hügg|ze|dags ['hʏktsə‚daˑ(x)s] <Adv.> {9.2.2; s. u. ↑hügg ↑Dag}: heutzutage.
huh [huˑ] <Adj.; ~e; hüher/hühter, hüchste ['hyˑɐ̯ / 'hyːtɐ / 'hyːkstə] {5.4; 6.3.1}: hoch; ***einem jet h. aanrechne** (jmdm. etw. hoch anrechnen, honorieren).   Tbl. A7.1
Huh, et [huˑ] <N.; ~s> {5.4; 6.3.1}: Hoch, Hochdruckgebiet.
huh|-, Huh|- [huˑ] <Präfix> {5.4; 6.3.1}: hoch-, Hoch-, i. Vbdg. m. V., N. u. Adj: *~arbeide* (~arbeiten), *~adel* (~adel), *~kantig* (~kant|ig).

Hüh|(de), de ['hyˑ(də)] <N.; Hüh|de> {5.4; 8.3.1; (10.2.8)}: Höhe.
Huh Pǫǫz ['huˑ'poːts] <N.; Straßenn.> {s. u. ↑huh ↑Pǫǫz}: Hohe Pforte; Straße in Köln-Altstadt/Süd. Die Hohe Pforte war das südliche Stadttor in der römischen Stadtmauer; sie ist heute die Verlängerung der Hohe Straße. Es ist davon auszugehen, dass sie im späteren MA durch eine Feuersbrunst zerstört wurde, da sie später in den Aufzeichnungen nicht mehr erwähnt wurde.
Huh|adel, der ['huˑ‚aˑdəl] <N.; kein Pl.>: Hochadel.
Huh|altar, der ['huˑ‚alˑtaː(ɐ̯) <N.; ~|altär [-alˑtɛˑɐ̯]>: Hochaltar.
Huh|amp, et ['huˑ‚amˑp] <N.; ~|ämter> {8.3.5}: Hochamt.
huh|arbeide, sich ['huˑ‚ɐrbeɪˑdə / 'huˑar‚beɪˑdə] <trennb. Präfix-V.; schw.; *han*; arbeidte h. ['arbeɪˑtə]; ~|gearbeidt [-jə‚arbeɪˑt]> {6.11.3}: sich hocharbeiten.   (197)
huh|beege ['huˑbeˑjə] <trennb. Präfix-V.; st.; *han*; bog h. [boˑx]; ~|geboge [-jəboːʀə]> {5.1.4.3}: hochbiegen, nach oben biegen.   (16)
huh|binge ['huˑbɪŋə] <trennb. Präfix-V.; st.; *han*; bung h. [bʊŋˑ]; ~|gebunge [-jəbʊŋə]> {6.7}: hochbinden, in die Höhe binden: *de Hoore h.* (das Haar h.).   (26)
huh|bränge ['huˑbrɛŋə] <trennb. Präfix-V.; unr.; *han*; braht h. [braːt]; ~|gebraht [-jəbraːt]> {5.4}: hochbringen, nach oben bringen [auch: ↑erop|bränge].   (33)
Huh|deutsch, et ['huˑdɔʏtʃ] <N.; kein Pl.>: Hochdeutsch.
huh|dörfe/~|dürfe ['huˑdørfə (-dørvə) / -dʏrfə (-dʏrvə)] <trennb. Präfix-V.; unr.; *han*; dorf h. [dorf]; ~|gedorf [-jədorf]> {5.5.1}: hochdürfen, hinaufdürfen.   (47)
huh|drage ['huˑdraˑʀə] <trennb. Präfix-V.; st.; *han*; drog h. [droˑx]; ~|gedrage [-jədraˑʀə]> {6.11.2}: hochtragen, hinauftragen, nach oben tragen [auch: ↑erop|drage]. (48)
huh|drieve ['huˑdriˑvə] <trennb. Präfix-V.; st.; *han*; drevv h. [drefˑ]; ~|gedrevve [-jədrevə]> {5.1.4.5; 6.1.1; 6.11.2}: hochtreiben, **1.** nach oben treiben, hinauftreiben: *de Köh op de Alm h.* (die Kühe auf die Alm h.). **2.** (bewusst u. forciert) eine Erhöhung bei etw. bewirken: *de Priese h.* (die Preise h.); [auch: ↑erop|drieve].   (51)
huh|drihe ['huˑdriˑə] <trennb. Präfix-V.; schw.; *han*; drihte h. ['driˑtə]; ~|gedriht [-jədriˑt]> {5.1.4.1}: hochdrehen, hochkurbeln.   (37)
Huh|drock, der ['huˑdrok] <N.; o. Pl.> {5.5.1}: Hochdruck.

huh|fahre ['huˑfaːʀə] <trennb. Präfix-V.; st.; *han* u. *sin*; fuhr/ fohr h. [fuˑe̯ / foˑe̯]; ~|gefahre [-jəfaːʀə]>: hochfahren [auch: ↑er**op**|fahre]. (62)

huh|fleege ['huˑfleˑjə] <trennb. Präfix-V.; st.; *sin*; flog h. [floˑx]; ~|gefloge [-jəfloːʀə]> {5.1.4.3}: hochfliegen. (16)

huh|ge|feesch ['huˑjə‚feːʃ] <Adj.; ~te; ~ter, ~ste> {s. u. ↑huh ↑Feesch}: hochmütig, (wörtl.) hochgefirstet [auch: ↑huh|p**öö**z|ig, ↑huff**ää**d|ig, ↑huh|n**ä**s|ig, ↑huh|ge|givvelt]. Tbl. A4.1.1

huh|ge|givvelt ['huˑjə‚ɪvəlt] <Adj.; ~e; ~er, ~ste> {s. u. ↑huh ↑Givvel¹}: hochmütig, (wörtl.) hochgegiebelt [auch: ↑huh|p**öö**z|ig, ↑huff**ää**d|ig, ↑huh|n**ä**s|ig, ↑huh|ge|feesch]. Tbl. A1

huh|ge|schlosse ['huˑjəˈʃlɔsə] <Adj.; ~> {s. u. ↑huh}: hochgeschlossen. Tbl. A3.2

huh|ge|stoche ['huˑjəˌʃtɔxə] <Adj.; Part. II von ↑steche²; ~; ~ner, ~nste> {s. u. ↑huh}: hochgestochen. Tbl. A3.2

huh|gonn ['huˑjɔn] <trennb. Präfix-V.; st.; *sin*; ging h. [jɪn]; ~|gegange [-jəˌjaŋə]> {5.3.4; 8.2.2.3}: hochgehen, **1. a)** sich nach oben, in die Höhe bewegen: *Der Vürhang geiht huh.* (Der Vorhang geht hoch.); **b)** (übertr.) *De Priese gonn huh.* (Die Preise gehen hoch/steigen.); **c)** nach oben gehen; hinaufgehen: *de Trapp h.* (die Treppe h.); [auch: ↑er**op**|gonn]; **d)** explodieren: *Do ging en Bomb huh.* (Da ging eine Bombe hoch.). **2.** in Wut/Zorn geraten: *Weil keiner op in gehoot hatt, ging hä huh.* (Weil niemand auf ihn hörte, ging er hoch.). **3.** (von illegalen Vereinigungen, Unternehmungen od. Ä.) von der Polizei od. Ä. aufgedeckt werden: *Die Verbrecherband es huhgegange.* (Die Verbrecherbande ist hochgegangen.). (83)

huh|halde ['huˑhaldə] <trennb. Präfix-V.; st.; *han*; heeldt h. [heːlt]; ~|gehalde [-jəhaldə]> {6.11.3}: hochhalten, **1.** in die Höhe halten: *de Ärme h.* (die Arme h.). **2.** in Ehren halten; aus Achtung weiterhin bewahren: *de Wohrheit h.* (die Wahrheit h.). (90)

Huh|heit, de ['huˑhe̞ɪt] <N.; ~e> {5.4}: Hoheit.

Huh|heits|rääch, et ['huˑhe̞ɪtsˌʀɛːç] <N.; ~te> {s. u. ↑R**ää**ch}: Hoheitsrecht.

huh|hevve ['huˑhevə] <trennb. Präfix-V.; st.; *han*; hovv h. [hof]; ~|gehovve [-jəhovə]> {5.3.4; 5.5.2; 6.1.1}: hochheben, erheben. (98)

huh|holle ['huˑhɔlə] <trennb. Präfix-V.; unr.; *han*; hollt h. [hɔlt]; ~|geholit [-jəhɔlt]> {5.3.4; 5.5.1}: hochholen [auch: ↑er**op**|holle]. (99)

huh|höppe ['huˑhøpə] <trennb. Präfix-V.; schw.; *sin*; höppte h. ['høptə]; ~|geh**öpp** [-jəhøp]> {5.5.1; 6.8.1}: hochhüpfen, hochhopsen. (75)

huh|jage ['huˑjaˑʀə] <trennb. Präfix-V.; schw.; *han*; jagte h. ['jaˑxtə]; ~|gejag [-jəjaːx]>: hochjagen. (103)

huh|jubele ['huˑjuːbələ] <trennb. Präfix-V.; schw.; *han*; jubelte h. ['juːbəltə]; ~|gejubelt [-jəjuːbəlt]> {9.2.1.2}: hochjubeln. (6)

huh|kämme ['huˑkɛmə] <trennb. Präfix-V.; schw.; *han*; kämmte h. ['kɛmˑtə]; ~|gekämmp [-jəkɛmˑp]>: hochkämmen. (40)

huh|kant ['huˑkant] <Adv.>: hochkant, auf die/der Schmalseite: *Böcher h. en et Regal stelle* (Bücher h. ins Regal stellen).

huh|kant|ig ['huˑkantɪŋ] <Adj.; ~e> {5.4; 6.3.1}: hochkant(ig), auf der/die Schmalseite. Tbl. A5.2

huh|karät|ig ['huˑkaˌʀɛːtɪç] <Adj.; ~e; ~er, ~ste> {s. u. ↑huh}: hochkarätig. Tbl. A5.2

huh|klappe ['huˑklapə] <trennb. Präfix-V.; schw.; klappte h. ['klaptə]; ~|geklapp [-jəklap]>: hochklappen, **1.** <han> nach oben klappen: *der Setz h.* (den Sitz h.). **2.** <sin> schnell einklappen, hochklappen: *Dä Setz es op eimol huhgeklapp.* (Der Sitz ist plötzlich hochgeklappt.). (75)

huh|krempele ['huˑkʀɛmpələ] <trennb. Präfix-V.; schw.; *han*; krempelte h. ['kʀɛmpəltə]; ~|gekrempelt [-jəkʀɛmpəlt]> {9.2.1.2}: hoch-, aufkrempeln [auch: ↑er**op**|krempele, ↑huh|sträufe]. (6)

huh|krige ['huˑkʀɪjə] <trennb. Präfix-V.; unr.; *han*; kräg/kräht h. [kʀɛːç / kʀɛːt]; ~|(ge)kräge/~|gekräg/~|gekräht [-(jə)ˌkʀɛːjə / -jəˌkʀɛːç / -jəˌkʀɛːt]> {5.3.4.1}: hochkriegen, -bekommen. (117)

huh|kumme ['huˑkʊmə] <trennb. Präfix-V.; st.; *sin*; kom h. [kɔm]; ~|(ge)kumme [-(jə)ˌkʊmə]> {5.4}: hochkommen, **1. a)** heraufkommen: *De Pänz solle h.* (Die Kinder sollen h.) [auch: ↑er**op**|kumme]; **b)** aufstehen, sich erheben: *usem Sessel h.* (aus dem Sessel h.) [auch: ↑**op**|stonn (1)]. **2.** gesund werden: *Noh der Operation kom hä flöck widder huh.* (Nach der Operation kam er schnell wieder hoch.) [auch: ↑heile (2)]. **3.** beruflich, gesellsch. vorwärts kommen: *em Berof h.* (im Beruf h.) [auch: ↑**op**|steige, ↑**op**|röcke (2)]. **4.** sich übergeben: *Et Esse kom im widder huh.* (Das Essen kam ihm wieder hoch.) [auch: ↑breche (2), ↑göbbele, ↑kotze, ↑üvver|gevve (2)] (120)

huh|künne ['huːkʏnə] <trennb. Präfix-V.; unr.; *han*; kunnt h. [kʊnt]; ~|gekunnt [-jəkʊnt]> {5.4}: hochkönnen, hinaufkönnen, -dürfen [auch: ↑er<u>o</u>p|künne]. (121)

huh|läge ['huːlɛːjə] <trennb. Präfix-V.; unr.; *han*; laht h. [laːt]; ~|gelaht/~|geläg [-jəlaːt / -jəlɛˑfj]> {5.4}: hochlegen. (125)

huh|l<u>e</u>vve ['huːlevə] <trennb. Präfix-V.; unr.; *han*; lävte h. ['lɛːftə]; ~|geläv [-jəlɛːf]> {5.3.4; 5.5.2; 6.1.1}: hochleben. (22)

huh|luure/~|loore ['huːluː(ę)rə / -loːrə] <trennb. Präfix-V.; schw./unr.; *han*; luurte h. ['luˑętə]; ~|geluurt [-jəluˑęt]>: hochgucken, hochblicken, hochschauen [auch: ↑er<u>o</u>p|luure/~|loore]. (100) (134)

Huh|mod, der ['huˑmoˑt] <N.; kein Pl.> {5.4; 6.11.3}: Hochmut.

huh|möd|ig ['huˑmøˑdɪfj] <Adj.; ~e; ~er, ~ste> {5.4; 6.3.1}: hochmütig [auch: ↑huh|pȫz|ig]. Tbl. A5.2

huh|müsse ['huˑmʏsə] <trennb. Präfix-V.; unr.; *han*; m<u>o</u>ot h. [moːt]; ~|gem<u>o</u>ot [-jəmoːt]>: hochmüssen, **1.** hinaufmüssen [auch: ↑er<u>o</u>p|müsse]. **2.** (aus dem Bett) aufstehen müssen. (142)

huh|näs|ig ['huˑnɛˑzɪfj] <Adj.; ~e; ~er, ~ste> {s. u. ↑huh}: hochnäsig. Tbl. A5.2

huh|n<u>e</u>mme ['huˑnemə] <trennb. Präfix-V.; st.; *han*; n<u>o</u>hm h. [noːm]; ~|gen<u>o</u>mme [-jənomə]> {5.3.4; 5.5.2}: hochnehmen. (143)

huh|nüd|ig ['huˑ'nydɪfj] <Adj.; ~e> {s. u. ↑huh ↑nüd|ig}: hochnötig. Tbl. A5.2

huh|päppele ['huˑpɛpələ] <trennb. Präfix-V.; schw.; *han*; päppelte h. ['pɛpəltə]; ~|gepäppelt [-jəpɛpəlt]> {9.2.1.2}: hochpäppeln. (6)

Huh|p<u>o</u>oze|b<u>ö</u>chel ['huˑpoːtsə‚bøfjəl] <N.; Straßenn.> {s. u. ↑huh ↑P<u>o</u>oz ↑B<u>ö</u>chel}: Hochpfortenbüchel; Straße in Köln-Altstadt/Süd. Dieser Büchel ist eine Anhöhe direkt hinter der Hohen Pforte, dem Stadtmauerdurchlass an der Hohe Straße. Die topografische Erhebung in dieser Gegend u. das römische Stadttor dienten in den Schreinsbüchern zur Lokalisierung von Grundbesitz u. sind als Bezugspunkte zu diesem Straßennamen verschmolzen.

huh|pȫz|ig ['huˑpœːtsɪfj] <Adj.; ~e; ~er, ~ste> {s. u. ↑huh ↑P<u>o</u>oz}: hochmütig, eingebildet, arrogant, (wörtl.) hochpförtig [auch: ↑huh|möd|ig, huh|näs|ig]. Tbl. A5.2

huh|priese ['huˑpriːzə] <trennb. Präfix-V.; st.; *han*; pr<u>e</u>s h. [pres]; ~|gepr<u>e</u>se [-jəprezə]> {5.1.4.5}: hochpreisen, loben. (147)

huh|pr<u>o</u>zent|ig ['huˑproˑtsɛntɪfj] <Adj.; ~e; ~er, ~ste> {s. u. ↑huh}: hochprozentig. Tbl. A5.2

huh|rage ['huˑraˑʀə] <trennb. Präfix-V.; schw.; *han*; ragte h. ['raˑxtə]; ~|gerag [-jəraˑx]>: hochragen, nach oben, in die Höhe ragen. (103)

huh|rang|ig ['huˑraŋɪfj] <Adj.; ~e; ~er, ~ste> {s. u. ↑huh}: hochrangig. Tbl. A5.2

huh|ranke ['huˑraŋkə] <trennb. Präfix-V.; schw.; *han*; rankte h. ['raŋktə]; ~|gerank [-jəraŋk]>: hochranken, **a)** <*han*; sich h.> sich in die Höhe ranken: *Welde Wing deit sich an der Muur h.* (Wilder Wein rankt sich an der Mauer hoch.) [auch: ↑ranke (1)]; **b)** <*sin*> hochranken: *An e paar Bäum wor Efeu huhgerank.* (An einigen Baumstämmen war Efeu hochgerankt.). (41)

huh|rechne ['huˑrɛfjnə] <trennb. Präfix-V.; schw.; *han*; rechente h. ['rɛfjəntə]; ~|gerechent [-jərɛfjənt]>: hochrechnen, eine Hochrechnung durchführen. (150)

huh|recke¹, sich ['huˑrɛkə] <trennb. Präfix-V.; schw.; *han*; reckte h. ['rɛktə]; ~|gereck [-jərɛk]>: sich hochrecken, aufrecken [auch: ↑op|recke]. (88)

huh|r<u>e</u>cke² ['huˑrekə] <trennb. Präfix-V.; schw.; *han*; r<u>e</u>ckte h. ['rektə]; ~|ger<u>e</u>ck [-jərek]> {5.3.1; 5.5.2}: hochreichen [auch: ↑er<u>o</u>p|recke]. (88)

huh|rieße ['huˑriːsə] <trennb. Präfix-V.; st.; *han*; r<u>e</u>ss h. [res]; ~|ger<u>e</u>sse [-jəresə]> {5.1.4.5}: hochreißen. (25)

huh|rötsche ['huˑrøtʃə] <trennb. Präfix-V.; schw.; *sin*; rötschte h. ['røtʃtə]; ~|gerötsch [-jərøtʃ]> {5.5.1}: hoch-, heraufrutschen [auch: ↑er<u>o</u>p|rötsche]. (110)

huh|schalte/~|schalde ['huˑʃaltə / -ʃaldə] <trennb. Präfix-V.; schw.; *han*; ~|geschalt [-jəʃalt]> {(6.11.3)}: hochschalten, (bei Motorfahrzeugen) in einen höheren Gang schalten: *en der veete Gang h.* (in den vierten Gang h.). (58) (28)

huh|scheeße ['huˑʃeˑsə] <trennb. Präfix-V.; st.; *sin*; schoss h. [ʃos]; ~|geschosse [-jəʃosə]> {5.1.4.3}: hochschießen, **1.** aufschießen, schnell in die Höhe wachsen. **2.** sich rasch nach oben bewegen: *Hä es de Trapp huhgeschosse.* (Er schoss die Treppe hoch.). (79)

huh|schlage/~|schlonn ['huˑʃlaˑʀə / -ʃlon] <trennb. Präfix-V.; st.; schlog h. [ʃloˑx]; ~|geschlage [-jəʃlaˑʀə]> {(5.3.2; 5.4)}: hochschlagen, **1.** <*han*> nach oben klappen: *der Krage h.* (den Kragen hochklappen). **2.** <*sin*> in die

Höhe schlagen: *De Flamme sin huhgeschlage.* (Die Flammen sind hochgeschlagen.). (48) (163)

huh|schöckele ['huˑʃœkələ] <trennb. Präfix-V.; schw.; *han*; schöckelte h. ['ʃœkəltə]; ~|geschöckelt [-jəʃœkəlt]> {5.3.4; 9.2.1.2}: hochschaukeln. (6)

huh|schrecke ['huˑʃrɛkə] <trennb. Präfix-V.; schw.; *han*; schreckte h. ['ʃrɛktə]; ~|geschreck [-jəʃrɛk]>: hochschrecken, aufschrecken: *et Weld h.* (das Wild h.) [auch: ↑op|schrecke¹]. (88)

huh|schruuve ['huˑʃruˑvə] <trennb. Präfix-V.; schw.; *han*; schruuvte h. ['ʃruˑftə]; ~|geschruuv [-jəʃruˑf]> {5.1.3; 6.1.1}: hochschrauben [auch: ↑erop|schruuve]. (158)

huh|schwanger ['huˑʃvaŋɐ] <Adj.; ~e> {s. u. ↑huh}: hochschwanger. Tbl. A2.6

Huh|seil, et ['huˑzeɪl] <N.; ~/~e [-zeɪl(ə)]>: Hochseil.

Huh|setz, der ['huˑzetṣ] <N.; ~(e)> {5.5.2}: Hochsitz.

huh|setze ['huˑzɛtṣə] <trennb. Präfix-V.; unr./schw.; *han*; setzte/satz h. ['zɛtṣtə / zatṣ]; ~|gesetz/~|gesatz [-jəzɛtṣ / -jəzatṣ]>: hochsetzen. (173)

huh|sinn ['huˑzɪn] <trennb. Präfix-V.; st.; *han*; sọh/sọch h. [zoˑ / zoˑx]; ~|gesinn [-jəzɪn]> {5.3.4; 8.2.2.3}: hochsehen, nach oben sehen. (175)

huh|solle ['huˑzolə] <trennb. Präfix-V.; unr.; *han*; sollt h. [zolt]; ~|gesollt [-jəzolt]> {5.5.1}: hoch-, hinaufsollen, -dürfen [auch: ↑erop|solle]. (177)

Huh|sommer, der ['huˑzomɐ] <N.; o. Pl.> {5.5.1}: Hochsommer.

Huh|spann|ungs|mass, der ['huˑʃpanʊŋsˌmas] <N.; ~|maste> {s. u. ↑Mass¹}: Hochspannungsmast.

huh|spille ['huˑʃpɪlə] <trennb. Präfix-V.; schw.; *han*; spillte h. ['ʃpɪltə]; ~|gespillt [-jəʃpɪlt]> {5.3.4}: hochspielen, aufbauschen. (91)

huh|spöle ['huˑʃpøˑlə] <trennb. Präfix-V.; schw.; *han*; spölte/spolt h. ['ʃpøˑltə / ʃpoːlt]; ~|gespölt/~|gespolt [-jəʃpøˑlt / -jəʃpoːlt]> {5.4}: hochspülen, an die Oberfläche spülen. (73)

huh|springe ['huˑʃprɪŋə] <trennb. Präfix-V.; st.; *sin*; sprung h. [ʃprʊŋˑ]; ~|gesprunge [-jəʃprʊŋə]>: hoch-, aufspringen. (26)

Huh|sprọch, de ['huˑˌʃproˑx] <N.; ~e (Pl. selten)> {s. u. ↑Sprọch¹}: Hoch-, Standard-, Schriftsprache.

Huh|stapl|er, der ['huˑˌʃtaˑplɐ] <N.; ~> {s. u. ↑stapele}: Hochstapler, Angeber, Prahler, Großtuer.

huh|steche ['huˑʃtɛʃə] <trennb. Präfix-V.; st.; *han*; stọch h. [ʃtoˑx]; ~|gestoche [-jəʃtoxə]> {6}: hochstecken. (34)

huh|steige ['huˑʃteɪjə] <trennb. Präfix-V.; st.; *sin*; steeg h. [ʃteˑʃ]; ~|gesteege [-jəʃteˑjə]>: hochsteigen, **1.** sich (senkrecht) nach oben bewegen: *Rakete steige huh.* (Raketen steigen hoch.). **2.** (von Emotionen) langsam in jmdm. aufkommen, sich in jmdm. regen: *Wod/Freud steig en mer huh.* (Wut/Freude steigt in mir hoch.). (181)

huh|stelle ['huˑʃtɛlə] <trennb. Präfix-V.; schw./unr.; *han*; stellte/stallt h. ['ʃtɛltə / ʃtalt]; ~|gestellt/~|gestallt [-jəʃtɛlˑt / -jəʃtalt]>: hochstellen. (182)

huh|stemme ['huˑʃtɛmə] <trennb. Präfix-V.; schw.; *han*; stemmte h. ['ʃtɛmˑtə]; ~|gestemmp [-jəʃtɛmˑp]>: hochstemmen. (40)

huh|stonn ['huˑʃtɔn] <trennb. Präfix-V.; st.; *han*; stundt h. [ʃtʊnt]; ~|gestande [-jəʃtandə]> {5.3.4; 8.2.2.3}: hochstehen, nach oben/in die Höhe stehen: *Sing Hoore stundten huh.* (Seine/Ihre Haare standen hoch.). (185)

huh|sträufe ['huˑʃtrøyfə] <trennb. Präfix-V.; schw.; *han*; sträufte h. ['ʃtrøyftə]; ~|gesträuf [-jəʃtrøyf]>: hochkrempeln, aufkrempeln, hochsteigen, aufstreifen, zurückstreifen, hochschieben [auch: ↑erop|krempele, ↑huh|krempele, ↑op|striefe/~|streife]. (108)

huh|striefe/~|streife ['huˑʃtriːfə / -ʃtreɪfə] <trennb. Präfix-V.; unr.; *han*; strieftte h. ['ʃtriːftə]; ~|gestrief [-jəʃtriːf]> {5.1.4.5}: hochstreifen, aufstreifen, zurückstreifen, hochschieben [auch: ↑erop|krempele, ↑huh|krempele, ↑huh|sträufe]. (108)

Huh|strọß, de ['huˑˌʃtrɔˑs] <N.; Straßenn.>: Hohe Straße (Einkaufsstraße in der Kölner Altstadt). Diese Straße war die Hauptstraße des römischen Kölns, die zu der Zeit die einzige durchgehend gepflasterte Straße der Stadt war. Ihre geradlinige Führung parallel zur östlichen Grenze des römischen Kölns u. ihre bis ins 13. Jh. gebräuchliche Bezeichnung *Steinstraße* verweisen auf ihren römischen Ursprung. Im MA war sie in sieben verschiedene Straßenabschnitte mit unterschiedlichen Bezeichnungen unterteilt; 1812 hieß die Straße *Rue Haute*, seit 1816 *Hohe Straße*. Seit Mitte des 19. Jh. wichen die kleinen Bürger- u. Geschäftshäuser den großen Kaufhäusern. 1948 wurde sie als erste Straße Deutschlands zur autofreien Fußgängerzone erklärt. In den 1960er Jahren wurde auch der Querverkehr unterbunden. Heute ist die 680 Meter lange Hohe Straße eher eine Straße der Touristen.

huh|trecke ['huˑtrɛkə] <trennb. Präfix-V.; st.; *han*; trɔk h. [troˑk]; ~|getrocke [-jətrɔkə]>: hochziehen, **1.** <han> nach oben/in die Höhe ziehen [auch: ↑er*o*p|trecke]. **2.** <sich h.> (übertr.): sich unentwegt mit etw. beschäftigen: *Foßball, do kann dä sich dran huhtrecke.* (Fußball, bei dem Thema ist er Feuer u. Flamme.). (190)

huh|voll ['huˑfɔl] <Adj.; ~e> {s. u. ↑huh}: hochvoll, bis zum Rand gefüllt. Tbl. A2.2

huh|wahße ['huˑvaːsə] <trennb. Präfix-V.; st.; *sin*; wohß h. [voˑs]; ~|gewahße [-jəvaːsə] {5.2.4; 6.3.1}: hochwachsen, in die Höhe wachsen. (199)

Huh|wasser, et ['huˑvasɐ] <N.; ~>: Hochwasser.

huh|welle/~|wolle ['huˑvelə / -volə] <trennb. Präfix-V.; unr.; *han*; w*o*llt h. [volt]; ~|gewollt [-jəvolt]> {5.5.2/5.5.1}: hochwollen, hinaufwollen, -dürfen [auch: ↑er*o*p|welle/~|wolle]. (204) (211)

huh|werfe/~|wirfe ['huˑverfə / -vɪrfə] <trennb. Präfix-V.; *han*; w*o*rf h. [vorf]; ~|geworfe [-jəvorfə]> {5.5.2/5.4}: hochwerfen, in die Höhe/Luft werfen: *ene Ball h.* (einen Ball h.). (206)

Huh|zigg, de ['huˑtsɪk] <N.; ~e> {5.3.4; 6.6.1}: Hochzeit.

Huh|ziggs|bild/~|beld, et ['huˑtsɪks,bɪlt / -belt] <N.; ~er> {s. u. ↑Huh|zigg ↑Bild/B*e*ld}: Hochzeitsbild.

Huh|ziggs|dag, der ['huˑtsɪks,daːx] <N.; ~|däg/~e [-dɛˑŋ / -daʀə]> {s. u. ↑Huh|zigg ↑Dag}: Hochzeitstag.

Huh|ziggs|fier/~|feer, de ['huˑtsɪks,fiˑɐ / -feːɐ] <N.; ~e> {s. u. ↑Huh|zigg ↑Fier/Feer}: Hochzeitsfeier.

Huh|ziggs|kleid, et ['huˑtsɪks,klɛɪt] <N.; ~er> {s. u. ↑Huh|zigg}: Hochzeitskleid.

Huh|ziggs|kutsch, de ['huˑtsɪks,kʊtʃ] <N.; ~e> {s. u. ↑Huh|zigg ↑Kutsch}: Hochzeitskutsche.

Huh|ziggs|naach, de ['huˑtsɪks,naːx] <N.; ~|nääch> {s. u. ↑Huh|zigg ↑Naach}: Hochzeitsnacht.

Huh|ziggs|reis, et ['huˑtsɪks,rɛɪˑs] <N.; ~e> {s. u. ↑Huh|zigg ↑Reis}: Hochzeitsreise.

huh|züchte ['huˑtsʏftə] <trennb. Präfix-V.; schw.; *han*; ~|gezüch [-jətsʏft]>: hochzüchten, **1. a)** (Landw.) Hochzucht betreiben: *et Veeh met Medikamente h.* (das Vieh mit Medikamenten h.); **b)** (übertr.) ein hochgezüchteter Motor (ein sehr leistungsfähiger, aber auch sehr empfindlicher Motor). **2.** in übertriebener (schädlicher) Weise entwickeln: *Geföhle en einem h.* (Gefühle in jmdm. h.). (131)

Hula-Hoop-Reife, der [hʊlaˈhʊp,rɛɪfə] <N.; ~>: Hula-Hoop-Reifen.

Hüll/Höll², de [hʏlˑ / høːlˑ] <N.; ~e ['hʏlə / 'høːlə]> {8.3.1}: Hülle.

Humbel/Humpel, de ['hʊmbəl / 'hʊmpəl] <N.; veraltet; ~e>: Himbeere [auch: ↑Himbeer].

Humm, de [hʊmˑ] <N.; ~e ['hʊmə]>: **1.** Hummel [auch: ↑Hummel]. **2.** Störung: *Dä Mixer hät en H.* (Der Mixer hat eine S., funktioniert nicht richtig).

humme [hʊmə] <V.; schw.; *han*; hummte ['hʊmˑtə]; gehummp [jəˈhʊmˑp]>: summen [auch: ↑summe]. (40)

Hummel, de ['hʊməl] <N.; ~e>: Hummel [auch: ↑Humm (1)].

Hummele|brud, de ['hʊmələ,bruˑt] <N.; o. Pl.> {9.1.1; s. u. ↑Brud}: trockenes, fade schmeckendes Brot.

Humor|iss, der [,hʊmoˈrɪs] <N.; ~|iste>: Humorist.

Humpe, der ['hʊmpə] <N.; ~>: Humpen.

Humpel/Humbel, de ['hʊmpəl / 'hʊmbəl] <N.; veraltet; ~e>: Himbeere [auch: ↑Himbeer].

humpele ['hʊmpələ] <V.; schw.; humpelte ['hʊmpəltə]; gehumpelt [jəˈhʊmpəlt]> {9.2.1.2}: humpeln, **a)** <han/sin> ungleichmäßig gehen: *Dä Jung hät/es gehumpelt.* (Der Junge hat/ist gehumpelt.); **b)** <sin> sich humpelnd fortbewegen: *Ich ben an de Dür gehumpelt.* (Ich bin an die Türe gehumpelt.). (6)

hundert ['hʊnˑdet] <Kardinalz.>: (ein)hundert, (als Ziffer: 100).

Hundert|meter|lauf, der [hʊnˈdetˈmeˑte,loʊf] <N.; ~|läuf>: Hundertmeterlauf.

hundert|mol ['hʊnˑdet,moˑl / '--'-] <Wiederholungsz., Adv.; zu ↑hundert>: hundertmal, (mit Ziffer: 100-mol).

Hunger|doch, et ['hʊŋɐ,doˑx] <N.> {s. u. ↑Doch¹}: Hungertuch, Symbol des Fastens; *am H. nage** (am H. nagen).

hungere ['hʊŋərə] <V.; schw.; *han*; hungerte ['hʊŋetə]; gehungert [jəˈhʊŋet]> {9.2.1.2}: hungern. (4)

Hunger|küns|ler, der ['hʊŋɐ,kʏnslɐ] <N.; ~> {s. u. ↑Küns|ler}: Hungerkünstler [auch: ↑Hunger|liggler].

Hunger|ligg|er, der ['hʊŋɐ,lɪɡɐ] <N.; ~> {5.3.1; 6.6.2}: Hungerleider, armer Schlucker [auch: ↑Hunger|künsler, *ärme Schluffe/Sock, nack(el)ige Luus*].

Hunger|luhn/~|lohn, der ['hʊŋɐ,luˑn / -loˑn] <N.; ~|lühn (Pl. selten)> {s. u. ↑Luhn/Lohn}: Hungerlohn.

Hungers|nud, de ['hʊŋəsˌnuˑt] <N.; ~|nüd> {s. u. ↑Nud}: Hungersnot.

Hungk, der [hʊŋk] <N.; Hüng [hγŋˑ]; Hüng|che ['hγŋˑfjə]> {6.7}: Hund, **[RA]** *Küss de üvver der H., küss de üvver der Stätz.* (Kommst du über den H., kommst du über den Schwanz.; wenn der schwierigste Teil geschafft ist, gelingt auch der Rest/ man kann auch mit wenig Geld auskommen.); **[RA]** *Hätt der H. nit gedresse, hätt der Jäger der Has kräge.* (Hätte der H. nicht geschissen, hätte der Jäger den Hasen gekriegt.; Bemerkung, wenn jmd. ständig sagt „Hätte ich doch …!"); ***bekannt sin wie ene bunte H.** (bekannt sein wie ein bunter H.; sehr bekannt sein); **[RA]** *Dä läuf wie ene hadddressigen H.* (Er läuft wie ein H. mit Verstopfung.); ***ene kromme H.** (ein unehrlicher Mensch, falscher Fuffziger); ***ene suuren H.** (ein saurer Wein).

hungr|ig ['hʊŋrɪfj] <Adj.; ~e; ~er, ~ste>: hungrig. Tbl. A5.2

Hungs|dag ['hʊŋˑsˌdaˑx] <N.; i. best. Komposita *Hung-*, sonst ↑Hungk; mask.; nur Pl.> {6.7; 11; s. u. ↑Dag}: Hundstage.

Hungs|dress, der ['hʊŋˑsˌdres] <N.; i. best. Komposita *Hung-*, sonst ↑Hungk; kein Pl.> {6.7; 9.1.2; 11}: Hundekot [auch: ↑Hungs|köttel].

Hungs|fäng|er, der ['hʊŋˑsˌfɛŋɐ] <N.; i. best. Komposita *Hung-*, sonst ↑Hungk; ~> {6.7; 9.1.2; 11}: Hundefänger.

Hungs|fooder, et ['hʊŋˑsˌfoˑdɐ] <N.; i. best. Komposita *Hung-*, sonst ↑Hungk; kein Pl.> {6.7; 9.1.2; 11; s. u. ↑Fooder¹}: Hundefutter.

Hungs|gass ['hʊŋˑsˌjas] <N.; Straßenn.> {s. u. ↑Hungk ↑Gass¹}: Huhnsgasse; Straße in Köln-Altstadt/Süd. Ihr eigentlicher Name war *Hundsgasse*, da früher hier ein Haus mit Namen *Zum Hündchen* stand. Man vermutet, dass sich A. Mercator bei der Straßenbeschriftung auf seinem Stadtplan von 1571 vertan hat, da die heutige *Taubengasse* damals den Namen *Die hondts gaß* erhielt. Auch die Franzosen machten aus der eigentlichen *Rue de chien* die *Rue de la poule*.

Hungs|ge|bell, et ['hʊŋˑsjəˌbɛl] <N.; i. best. Komposita *Hung-*, sonst ↑Hungk; kein Pl.> {6.7; 9.1.2; 11}: Hundegebell.

Hungs|haufe, der ['hʊŋˑsˌhoʊfə] <N.; i. best. Komposita *Hung-*, sonst ↑Hungk; ~>: {6.7; 9.1.2; 11; s. u. ↑Haufe}: Hundehaufen, -kot.

Hungs|hött, de ['hʊŋˑsˌhøt] <N.; i. best. Komposita *Hung-*, sonst ↑Hungk; ~e> {6.7; 9.1.2; 11; s. u. ↑Hött}: Hundehütte.

Hungs|keesch, de ['hʊŋˑsˌkeːʃ] <N.; i. best. Komposita *Hung-*, sonst ↑Hungk; ~e> {6.7; 11; s. u. ↑Keesch}: Hundskirsche, giftige Tollkirsche.

Hungs|köttel, der ['hʊŋˑsˌkøtəl] <N.; i. best. Komposita *Hung-*, sonst ↑Hungk; ~e> {6.7; 9.1.2; 11; s. u. ↑Köttel}: Hundeköttel, Hundekot, Hundekotklumpen, Hundedreck: *De Stroß es voll met ~e.* (Die Straße ist voller Hundekotklumpen.) [auch: ↑Hungs|dress].

Hungs|levve, et ['hʊŋˑsˌlevə] <N.; i. best. Komposita *Hung-*, sonst ↑Hungk; o. Pl.> {6.7; 9.1.2; 11; s. u. ↑Levve}: Hundeleben.

Hungs|ling, de ['hʊŋsˌlɪŋ] <N.; i. best. Komposita *Hung-*, sonst ↑Hungk; ~e [-lɪŋə]> {6.7; 9.1.2; 11; s. u. ↑Ling¹}: Hundeleine.

Hungs|madam, de ['hʊŋˑsmaˌdam'] <N.; i. best. Komposita *Hung-*, sonst ↑Hungk; ~e; ~|madäm|che [-ma'dɛmˑfjə] {6.7; 9.1.2; 11}: Schoßhundbesitzerin.

hungs|miserabel ['hʊŋˑsmɪzəˈraˑbəl] <Adj.; ~/~|miserable [-mɪzəˈraˑblə] {s. u. ↑Hungk}: hundsmiserabel, sehr elend [auch: ↑älend, ↑malätz|ig]. Tbl. A6

hungs|möd ['hʊŋˑsˌmøˑt] <Adj.; ~e> {s. u. ↑Hungk ↑möd}: hundemüde [auch: ↑dud|möd]. Tbl. A2.1

Hungs|schlitte, der ['hʊŋˑsˌʃlɪtə] <N.; i. best. Komposita *Hung-*, sonst ↑Hungk; ~> {6.7; 9.1.2; 11}: Hundeschlitten.

Hungs|stüür/~|stöör, de ['hʊŋˑsˌʃtyˑɐ / -ˌʃtøˑɐ] <N.; i. best. Komposita *Hung-*, sonst ↑Hungk; ~e> {6.7; 9.1.2; 11; s. u. ↑Stüür/Stöör}: Hundesteuer.

Hungs|wedder, et ['hʊŋˑsˌvedɐ] <N.; i. best. Komposita *Hung-*, sonst ↑Hungk; kein Pl.> {6.7; 9.1.2; 11; s. u. ↑Wedder}: Hundewetter.

Hunnig, der ['hʊnɪfj] <N.; ~e (Sortenpl.)> {5.3.2}: Honig.

Hunnig|bier, de ['hʊnɪfjˌbiˑɐ] <N.; ~|birre [-bɪrə] (unr. Pl.)> {s. u. ↑Hunnig ↑Bier¹}: Honigbirne (bes. süße Birnensorte).

Hunnig|fleeg, de ['hʊnɪfjˌfleˑfj] <N.; ~e> {s. u. ↑Hunnig ↑Fleeg}: Honigfliege, **1.** Biene [auch: ↑Bien, ↑Bei]. **2.** Schmeichler [auch: *söß Heu*].

Hup, de [huˑp] <N.; ~e> {8.3.1}: Hupe.

hupe ['huˑpə] <V.; schw.; *han*; hupte ['huˑptə]; gehup [jə'huˑp]: hupen. (75)

Huppet Huhot, der [ˌhʊpətˈhuːhoːt] <N.; Personenn.>: Kobold, der am Bayenturm sein Unwesen getrieben haben soll.

Hur/Hor, de [huːɐ̯ / hoːɐ̯] <N.; ~e> {8.3.1}: Hure, Dirne, Nutte, Prostituierte [auch: ↑Nutt ↑Trottoir|schwalv].

hure/hore [ˈhuː(ɐ̯)rə / hoː(ɐ̯)rə] <V.; schw.; *han*; hurte [ˈhuːɐ̯tə]; gehurt [jəˈhuːɐ̯t]>: huren. (21)

Hure|-/Hore|- [ˈhuː(ɐ̯)rə / ˈhoː(ɐ̯)rə] <Präfix>: (derb) Huren-/ Scheiß-, i. Vbdg. m. N.: *Dä Hurebrell es ald widder fott.* (Die Scheißbrille ist schon wieder weg.).

hüre/höre [ˈhyː(ɐ̯)rə / ˈhøː(ɐ̯)rə] <V.; Formen mischbar; schw.; *han*; hürte/hoot [ˈhyːɐ̯tə / ˈhoːt]; gehürt/gehoot [jəˈhyːɐ̯t / jəˈhoːt]> {5.4}: hören; ***No hür!*** (Was du nicht sagst!). (21) (179)

Hure|pack/Hore|~, et [ˈhuː(ɐ̯)rəˌpak / ˈhoː(ɐ̯)rə-] <N.; kein Pl.> {s. u. ↑Hur/Hor}: Hurenpack.

Hüre|sage, et [ˈhyː(r)əˌzaːʀə] <N.; kein Pl.> {5.4}: Hörensagen.

Hür|fähler, der [ˈhyːɐ̯ˌfɛːlə] <N.; o. Pl.> {5.4; s. u. ↑Fähler}: Hörfehler.

Hür|spill, et [hyːɐ̯ˌʃpɪl] <N.; ~ [-ˌʃpɪlˑ]> {5.4; s. u. ↑Spill}: Hörspiel.

Hür|tess, der [ˈhyːɐ̯ˌtɛs] <N.; ~|tests> {5.4; s. u. ↑Tess}: Hörtest.

Hus [hus] <N.; Neutr.> {5.3.1; 8.3.1}: nur i. d. Vbdg. *noh H.* u. *zo/ze H.* **a)** *noh H.*: nach Hause [auch: ↑heim]; **b)** *ze/zo H.*: zu Hause [auch: ↑dɔ|heim].

hutsche [ˈhʊtʃə] <V.; schw.; *han*; hutschte [ˈhʊtʃtə]; gehutsch [jəˈhʊtʃ]>: hocken [auch: ↑hucke]. (110)

Hüül|balg, der [ˈhyːlˌbalfj] <N.; ~|bälg(er) [-bɛlˑfj / -bɛlˑjə]> {5.1.4.5; s. u. ↑Balg}: Schreihals.

Hüül|besem, der [ˈhyːlˌbezəm] <N.; ~e> {5.1.3; s. u. ↑Besem}: (scherzh.) Staubsauger.

Hüül|dopp, der [ˈhyːlˌdɔp] <N.; ~|döpp> {5.1.3}: großer Brummkreisel, **1.** Kreisel, der einen heulenden Ton erzeugt, wenn er schnell gedreht wird. **2.** (übertr.) Kind, das ständig heult [auch: ↑Gring|pott, ↑Knaatsch|kopp].

Hüül|döppe, et [ˈhyːlˌdøpə] <N.; ~>: scherzh. für großes Gefäß/Behältnis.

hüüle [ˈhyːlə] <V.; schw.; *han*; hüülte [ˈhyːltə]; gehüült [jəˈhyːlt]> {5.1.3}: heulen [auch: ↑bauze, ↑gringe (2), ↑knaatsche, ↑kriesche, ↑quaatsche]. (102)

Hüül|es, der [ˈhyːləs] <N.; ~|ese/~|ese> {5.1.3}: jmd., der ständig heult.

Huus, et [huːs] <N.; Hüüser [ˈhyːzɐ]; Hüüs|che [ˈhyːsjə]> {5.1.3}: Haus, ***op et Hüüsche gonn*** (zur Toilette gehen); ***met der Dür en et H. falle*** (mit der Tür ins H. fallen = ohne Umschweife zum Thema kommen, vorpreschen, vorstürmen).

Huus|ap(e)thek, de [ˈhuːzap(ə)ˌteːk] <N.; ~e> {s. u. ↑Huus ↑Ap(e)thek}: Hausapotheke.

Huus|arbeid, de [ˈhuːza(r)ˌbeɪ̯t] <N.; ~e> {s. u. ↑Huus ↑Arbeid}: Hausarbeit.

Huus|arress, der [ˈhuːsˌaˌrɛs / ˈhuːzaˌrɛs] <N.; ~|arreste> {s. u. ↑Huus ↑Arress}: Hausarrest.

Huus|be|setz|er[1], der [ˈhuːsbəˌzɛtsɐ] <N.; ~> {s. u. ↑Huus ↑Be|setz|er}: Hausbesitzer.

Huus|be|setz|er[2], der [ˈhuːsbəˌzɛtsɐ] <N.; ~> {s. u. ↑Huus}: Hausbesetzer.

Huus|be|sök, der [ˈhuːsbəˌzøːk] <N.; ~e> {s. u. ↑Huus ↑Be|sök}: Hausbesuch.

Huus|boot, et [ˈhuːsˌboːt] <N.; ~e> {s. u. ↑Huus}: Hausboot.

Huus|dier, et [ˈhuːsˌdiːɐ̯] <N.; ~e> {s. u. ↑Huus ↑Dier}: Haustier.

Huus|dür/~|dör, de [ˈhuːsˌdyːɐ̯ / -døːɐ̯] <N.; ~|dürre/ ~|dörre [-dyrə / -dørə] (unr. Pl.)> {s. u. ↑Huus ↑Dür/Dör}: Haustür.

Huus|dür|schlössel/~|dör|~, der [ˈhuːsdyːɐ̯ˌʃløsəl / -døːɐ̯-] <N.; ~e> {s. u. ↑Huus ↑Dür/Dör ↑Schlössel}: Haustürschlüssel.

huuse [ˈhuːzə] <V.; schw.; *han*; huuste [ˈhuːstə]; gehuus [jəˈhuːs]> {5.1.3}: hausen. (149)

huus|eige [ˈhuːsˈeɪ̯jə] <Adj.; ~> {s. u. ↑Huus}: hauseigen, zum Haus gehörend. Tbl. A3.1

Huus|en|gang, der [ˈhuːzɛnˌjaŋ] <N.; ~|gäng [-jɛŋˑ]> {s. u. ↑Huus}: Hauseingang.

Hüüser|block, der [ˈhyːzɐˌblɔk] <N.; ~|bløck> {s. u. ↑Huus}: Häuserblock.

Hüüser|front, de [ˈhyːzɐˌfrɔnt] <N.; ~e> {s. u. ↑Huus}: Häuserfront.

Huus|flur, der [ˈhuːsˌfluːɐ̯] <N.; ~e> {s. u. ↑Huus}: Hausflur.

Huus|frau, de [ˈhuːsˌfraʊ̯ˑ] <N.; ~e> {s. u. ↑Huus}: Hausfrau.

Huus|fründ, der [ˈhuːsˌfrʏnt] <N.; ~e> {s. u. ↑Huus ↑Fründ}: Hausfreund.

Huus|ge|bruch, der [ˈhuːsjəˌbrʊx] <N.; o. Pl.> {s. u. ↑Huus ↑Ge|bruch}: Hausgebrauch.

Huus|geis, der ['hu:s‚jeɪs] <N.; ~ter> {s. u. ↑Huus ↑Geis²}: Hausgeist.
Huus|givvel, der ['hu:s‚jɪvəl] <N.; ~e> {s. u. ↑Huus ↑Givvel¹}: Hausgiebel.
Huus|häär, der ['hu:s‚hɛ·ɐ̯] <N.; ~e ['hɛ:rə]> {s. u. ↑Huus ↑Häär}: Hausherr.
Huus|hald, der ['hu:s‚halt] <N.; ~e (Pl. ungebr.)> {6.11.3; s. u. ↑Huus}: Haushalt.
huus|halde ['hu:s‚haldə] <trennb. Präfix-V.; nur im Inf.; st.; han> {5.1.3, 6.11.3}: haushalten. (90)
Huus|halds|boch, et ['hu:shalts‚bo·x] <N.; ~|böcher> {s. u. ↑Huus|hald ↑Boch¹}: Haushaltsbuch.
Huus|halds|geld, et ['hu:shalts‚jɛlt] <N.; o. Pl.> {s. u. ↑Huus|hald}: Haushaltsgeld.
Huus|halds|ge|rät, et ['hu:shaltsjə‚rɛ·t] <N.; ~e> {s. u. ↑Huus|hald}: Haushaltsgerät.
Huus|halds|poste, der ['hu:shalts‚pɔstə] <N.; ~> {s. u. ↑Huus|hald ↑Poste}: Haushaltsposten.
Huus|herr|in, de ['hu:s‚hɛrɪn] <N.; ~ne> {s. u. ↑Huus}: Hausherrin.
Huus|kapell, de ['hu:ska‚pɛl·] <N.; ~e [-ka‚pɛlə]> {s. u. ↑Huus ↑Kapell²}: Hauskapelle.
Huus|katz, de ['hu:s‚kats] <N.; ~e; ~|kätz|che> {s. u. ↑Huus ↑Katz}: Hauskatze.
Huus|kleid, et ['hu:s‚kleɪt] <N.; ~er> {s. u. ↑Huus}: Hauskleid.
Huus|knääch, der ['hu:s‚knɛ:fj] <N.; ~te> {s. u. ↑Huus ↑Knääch}: Hausknecht.
hüüs|lich ['hy:slɪfj] <Adj.; ~e; ~er, ~ste> {5.1.3; 7.3.2}: häuslich, **1.** <nicht steigerbar> das Zuhause betreffend: *~e Arbeid* (~e Arbeit); ***sich h. enrichte*** (es sich bequem/gemütlich machen). **2.** in häuslichen Dingen erfahren: *ene ~e Kääl* (ein ~er Mann). Tbl. A1

Huus|mann, de ['hu:s‚man] <N.; ~|männer> {s. u. ↑Huus}: Hausmann.
Huus|manns|koss, de ['hu:smans‚kɔs] <N.; kein Pl.> {s. u. ↑Huus ↑Koss}: Hausmannskost.
Huus|meddel, et ['hu:s‚medəl] <N.; ~(e); ~che> {s. u. ↑Huus ↑Meddel}: Hausmittel.
Huus|möll/~|müll, der ['hu:s‚møl / '-‚mʏl] <N.; kein Pl.> {s. u. ↑Huus ↑Möll/Müll²}: Hausmüll.
Huus|musik, de ['hu:s‚mʊzɪk] <N.; kein Pl.> {s. u. ↑Huus ↑Musik}: Hausmusik.
Huus|nummer, de ['hu:s‚nʊmɐ] <N.; ~e> {s. u. ↑Huus}: Hausnummer.
Huus|putz, der ['hu:s‚pʊts] <N.; kein Pl.> {s. u. ↑Huus}: Hausputz.
Huus|rääch, et ['hu:s‚rɛ:fj] <N.; ~te> {s. u. ↑Huus ↑Rääch}: Hausrecht.
Huus|schlössel, der ['hu:s‚ʃløsəl] <N.; ~e> {s. u. ↑Huus ↑Schlössel}: Hausschlüssel.
Huus|schof, et ['hu:s‚ʃɔ·f] <N.; ~e> {s. u. ↑Huus ↑Schof}: Hausschaf.
Huus|ver|bodd, et ['hu:sfɐ‚bot] <N.; ~e> {s. u. ↑Huus ↑Ver|bodd}: Hausverbot.
Huus|verwalt|er, der ['hu:sfɐ‚valtɐ] <N.; ~> {s. u. ↑Huus}: Hausverwalter.
Huus|weet, der ['hu:s‚ve·t] <N.; ~e> {s. u. ↑Huus ↑Weet}: Hauswirt.
Hüvvel, der ['hʏvəl] <N.; ~e> {5.3.2}: Hügel, Erhöhung, **a)** kleine Erhöhung auf einer Fläche, kleiner Berg, Bodenerhebung [auch: ↑Hubbel¹]; **b)** (übertr.) aufgehäufte Menge von etw., eine Menge, ein Haufen [auch: ↑Dotz].
Hygiene, de [hʏˌjeˑnə] <N.; kein Pl.>: Hygiene.

Imi, der ['ɪmɪ] <N.; ~s>: Imitierter; unechter Kölner, Zugereister.

Imm, de [ɪmˑ] <N.; veraltet; ~e ['ɪmə]; ~che ['ɪmfjə]> {8.3.1}: Biene, Imme [auch: ↑Bien, ↑Bei].

immer|grön ['ɪmɐˌjrøˑn] <Adj.; ~e> {s. u. ↑grön}: immergrün. Tbl. A2.4

Immer|grön, et ['ɪmɐˌjrøˑn] <N.; kein Pl.> {s. u. ↑grön}: Immergrün, **1.** in mehreren Arten vorkommende, als Kraut od. Halbstrauch wachsende Pflanze mit gegenständigen, lederartigen Blättern u. einzelnen blauen, roten od. weißen Blüten (Duden). **2. [RA]**: *Die aal Frau I. säht: „Enä, wat es dat schön!"* (Die alte Frau I. sagt: „Nein, was ist das schön!"; auch in einem bek. Lied des ehem. Colonia-Duetts).

Imperfek, et ['ɪmpɛrˌfɛk] <N.; kein Pl.> {8.3.5}: Imperfekt (gramm. Vergangenheitsform).

in [ɪn] <Personalpron. betont; 3. Pers. Sg. mask. Akk. von ↑hä> {5.3.4.1}: ihn: *Ich han i. gesinn, nit it.* (Ich habe i. gesehen, nicht sie.) [auch: en²]. Tbl. P1

~|in [ɪn] <Suffix>: -in, weibl. Form: *Fründ~* (Freund~) [auch: ↑~|sch].

Inbus|schlössel, der ['ɪmbʊsˌʃløsəl] <N.; ~e> {s. u. ↑Schlössel}: Inbusschlüssel, Inbus®, gebildet aus: **In**nensechskantschlüssel der Firma **B**auer **u**nd **S**chaurte. (Technik): meist sechskantiges, hakenähnlich gebogenes, längliches Werkzeug zum Anziehen od. Lockern von Inbusschrauben (Duden), gew. falsch ausgesprochen.

Indefinit|pronome, et ['ɪndefɪniːtproˌnoˑmə] <N.; ~> {s. u. ↑Pronome}: Indefinitpronomen, unbest. Pron., z. B. *kein, einer* (kein, jemand).

Indianer|häup|ling, der [ɪndɪˈaˑnɐˌhøyplɪŋ] <N.; ~e> {s. u. ↑Häup|ling}: Indianerhäuptling.

Indie ['ɪndɪe] <N.; Ländern.>: Indien

Indonesie [ˌɪndoˈneːzɪə] <N.; Ländern.>: Indonesien.

Infark, der [ɪnˈfark] <N.; ~te> {8.3.5}: Infarkt.

Infektion, de [ˌɪnfɛksˈjoˑn] <N.; ~e>: Infektion, Ansteckung.

Infektions|krank|heit, de [ɪnfɛksˈjoˑnsˌkraŋkheɪt] <N.; ~e>: Infektionskrankheit.

inne ['ɪnə] <Personalpron.; 3. Pers. Pl. Dat. von ↑se²> {5.3.4}: ihnen. Tbl. P1

In|schreff, de ['ɪnʃref] <N.; ~|schrefte> {5.5.2; 8.3.5}: Inschrift.

Insek, et [ɪnˈzɛk] <N.; ~te> {8.3.5}: Insekt.

Insekte|plog, de [ɪnˈzɛktəˌploˑx] <N.; ~e> {s. u. ↑Plog²}: Insektenplage.

Insekte|polver, et [ɪnˈzɛktəˌpolˑvɐ] <N.; o. Pl.> {s. u. ↑Polver}: Insektenpulver.

Insekte|stech, de [ɪnˈzɛktəˌʃteç] <N.; ~> {s. u. ↑Stech}: Insektenstich.

Insel, de ['ɪnzəl] <N.; ~e>: Insel.

ins|ge|samp [ˌɪnsjəˈzamˑp / '--,-] <Adv.> {8.3.5}: insgesamt [auch: ↑zo̱ˌsamme/ ze|~ (2)].

Installateur, der [ˌɪnʃtalaˈtøːɐ̯] <N.; ~e>: Installateur, Klempner [auch: ↑Lüh|büggel].

installiere/~eere [ɪnstaˈliˑ(ɐ̯)rə / -eˑrə] <V.; schw./unr.; han; installierte [ɪnstaˈliˑɐ̯tə]; installiert [ɪnstaˈliˑɐ̯t] ⟨mlat. installare⟩> {(5.1.4.3)}: installieren, einrichten, ausstatten. (3) (2)

Intelligenz, de [ˌɪntəlɪˈjɛnts] <N.; o. Pl.>: Intelligenz.

Intelligenz|tess, der [ɪntəlɪˈjɛntsˌtɛs] <N.; ~|tests> {s. u. ↑Tess}: Intelligenztest.

interessant [ɪntrəˈsant] <Adj.; ~e; ~er, ~este>: interessant. Tbl. A1

Interesse, et [ɪnˈtrɛsə] <N.; ~>: Interesse.

interesseet [ɪntrəˈseˑt] <Adj.; Part. II von ↑interessiere/ ~eere; ~e; ~er, ~este> {5.1.4.3}: interessiert, Interesse zeigend, aufmerksam. Tbl. A1

Interessent, der [ˌɪntrəˈsɛnt] <N.; ~e>: Interessent.

interessiere/~eere [ɪntrəˈsiˑ(ɐ̯)rə / -eˑrə] <V.; schw./unr.; han; interessierte [ɪntrəˈsiˑɐ̯tə]; interessiert [ɪntrəˈsiˑɐ̯t] ⟨frz. (s')intéresser⟩> {(5.1.4.3)}: interessieren. (3) (2)

Intern|liss, der [ˌɪntɛˌnɪs] <N.; ~|liste>: Internist.

interpretiere/~eere [ɪntepreˈtiˑ(ɐ̯)rə / -eˑrə] <V.; schw./unr.; han; interpretierte [ɪntepreˈtiˑɐ̯tə]; interpretiert [ɪntepreˈtiˑɐ̯t] ⟨lat. interpretari⟩> {(5.1.4.3)}: interpretieren, deuten. (3) (2)

Invalidd, der [ˌɪnvaˈlɪt] <N.; ~e> {5.3.2; 8.3.1}: Invalide.

irgend ['ɪrjənt] <Adv.>: irgend.

irgend|ei(n) ['ɪrjəntˈ|eɪ(n) / '--,- / ,--'-] <Indefinitpron. betont; 3. Pers. Sg. Neutr. Nom. u. Akk.; *ein* vor Vokal od. „h"> {s. u. ↑ei(n)}: irgendein [auch: ↑ei(n)]. Tbl. P7.1.1

irgend|ein ['ɪrjəntˈ|eɪn / '--,- / ,--'-] <Indefinitpron. betont; 3. Pers. Sg. fem. Nom. u. Akk.>: irgendeine [auch: ↑ein]. Tbl. P7.1.1

irgend|eine ['ɪrjəntˈ|eɪnə / '-,-- / ,--'--] <Indefinitpron. betont; 3. Pers. Sg. mask. Nom. u. Akk.>: irgendein, irgendeinen [auch: ↑eine²]. Tbl. P7.1.1

irgend|einer ['ɪrjənt'|eɪnɐ / '--,-- / ,--'--] <Indefinitpron. betont; allein stehend>: irgendeiner, irgendwer, irgend eine Person: *Hät hee i. Doosch?* (Hat hier i. Durst?).

irgend|eins ['ɪrjənt'|eɪns / '--,- / ,--'-] <Indefinitpron. betont; Sg. Neutr. Nom. u. Akk. von ↑ei(n); indekl.>: irgendein(e)s.

irgend|jet ['ɪrjənt'jɛt / '--,- / ,--'-] <Indefinitpron.; Sg. Neutr. Nom. u. Akk., nicht bei Personen; indekl.> {s. u. ↑jet}: irgend(et)was.

irgend|wä ['ɪrjənt'vɛ: / '--,- / ,--'-] <Interrogativpron.; Sg. mask. u. fem. Nom. u. Akk. bei Personen> {s. u. ↑wä¹}: irgendwer, irgendeiner, irgendjemand. Tbl. P6.1

irgend|wäm ['ɪrjɛnt'vɛm / '--,- / ,--'-] <Indefinitpron.>: irgendwem. Tbl. P6.1

irgend|wann ['ɪrjənt'van / '--,- / ,--'-] <Adv.>: irgendwann, zu irgendeinem Zeitpunkt.

irgend|welche ['ɪrjənt'vɛlɟə / '--,-- / ,--'--] <Indefinitpron.; Pl.; indekl.>: irgendwelche.

irgend|wie ['ɪrjənt'vi· / '--,- / ,--'-] <Adv.>: irgendwie.

irgend|wọ ['ɪrjənt'vɔ· / '--,- / ,--'-] <Adv.> {s. u. ↑wọ}: irgendwo.

irgend|wọ|her ['ɪrjəntvɔ·'hɛx / '---,- / ,---'-] <Adv.> {s. u. ↑wọ}: irgendwohin,-woher.

irgend|wọ|hin ['ɪrjəntvɔ·'hɪn / '---,- / ,---'-] <Adv.> {s. u. ↑wọ}: irgendwohin.

Irm, et [ɪrm] <N.; weibl. Vorn.>: Kurzf. von Irmgard; (Schimpfw.) *Do jeck ~che!* (nett gemeint, etwa: Du verrücktes Huhn!).

irre ['ɪrə] <V.; schw.; *sin*; irrte ['ɪxtə]; geirr [jə'lɪx]>: irren [gebräuchl.: ↑ver|dun]. (93)

isoliere/~eere [ɪzo'li·(g̊)rə / -e·rə] <V.; schw./unr.; *han*; isolierte [ɪzo'li·g̊tə]; isoliert [ɪzo'li·g̊t] ⟨frz. isoler⟩> {(5.1.4.3)}: isolieren. (3) (2)

~|iss [ɪs] <Suffix; bildet mask. Nomina; ~|iste [-ɪstə]> {8.3.5}: -ist, i. Vbdg. m. N.: *Bass~* (Bass~).

it [ɪt] <Personalpron. betont; 3. Pers. Sg. Neutr. Nom. u. Akk.> {5.4; 6.10.2}: (wörtl.) es, bezogen auf ein Mädchen, eine Frau, die man duzt: sie: *Am Mondag wor i. noch hee gewäs.* (Am Montag war s. noch hier.) [auch: ↑se¹, ↑sei¹]. Tbl. P1

Italie [ɪ'ta:lɪjə] <N.; Ländern.>: Italien.

Italiäner, der [,ɪtal'jɛ·nɐ] <N.; ~> {5.4}: Italiener [auch scherzh.: ↑Spagetti|fress|er]

iw|ig ['i·vɪfj] <Adj.; ~e> {5.4}: ewig. Tbl. A5.2

Iwig|keit, de ['i·vɪfjkeɪt] <N.; ~e> {5.4}: Ewigkeit, **[RA]** *Maach der Freud sulang et geiht, et Levve duurt kein I.!* (Mach dir Freude, solange es geht, das Leben dauert keine E.).

Jach, de [jax] <N.; ~te> {8.3.5}: Jacht (Yacht).
Jack[1], de [jak] <N.; ~e; Jäck(|el)|che ['jɛk(əl)ɧə]> {8.3.1}: Jacke.
Jack[2], der [jak] <N.; männl. Vorn.>: Kurzf. von Jakob [auch: *Jacky*].
Jacke|kleid, et ['jakə‚klɛɪt] <N.; ~er>: Kostüm, Jackenkleid.
Jacke|täsch, de ['jakə‚tɛʃ] <N.; ~e {s. u. ↑Täsch}: Jackentasche.
Jag, de [jaˑx] <N.; ~de ['jaˑxdə]>: Jagd.
jage ['jaˑʀə] <V.; schw.; *han*; jagte ['jaˑxtə]; gejag [jə'jaˑx]>: jagen; *einer en et Bockshoon j.* (jmdn. einschüchtern); *en e Muusloch j.* (vertreiben). (103)
Jäg|er, der [jɛˑjɐ] <N.; ~>: Jäger, [RA] *Hätt der Hungk nit gedresse, hätt der J. der Has kräge.* (Hätte der Hund nicht geschissen, hätte der J. den Hasen gekriegt. Bemerkung, wenn jmd. ständig sagt „Hätte ich doch ...!").
Jäger|hot, der ['jɛˑjɐ‚hoˑt] <N.; ~|höt> {s. u. ↑Hot}: Jägerhut.
Jäger|schnetzel, et ['jɛˑjɐ‚ʃnetsəl] <N.; ~e> {s. u. ↑Schnetzel}: Jägerschnitzel.
Jäger|sproch, de ['jɛˑjɐ‚prɔˑx] <N.; o. Pl.> {s. u. ↑Sproch[1]}: Jägersprache.
Jag|hoon, et ['jaˑx‚hoːn] <N.; ~|hööner> {s. u. ↑Jag ↑Hoon}: Jagdhorn.
Jag|hött, de ['jaˑx‚høt] <N.; ~e> {s. u. ↑Jag ↑Hött}: Jagdhütte.
Jag|hungk, der ['jaˑx‚hʊŋk] <N.; ~|hüng [-hyŋ]> {s. u. ↑Jag ↑Hungk}: Jagdhund.
Jag|huus, et ['jaˑx‚huːs] <N.; ~|hüüser [-hyˑzɐ]> {s. u. ↑Jag ↑Huus}: Jagdhaus.
Jag|metz, et ['jaˑx‚mɛts] <N.; ~er> {s. u. ↑Jag ↑Metz}: Jagdmesser.
Jag|sching, der ['jaˑx‚ʃɪŋ] <N.; ~ [-ʃɪŋˑ]> {s. u. ↑Jag ↑Sching[1]}: Jagdschein.
Jag|trieb, der ['jaˑx‚triːp] <N.; i. best. Komposita *trieb*, sonst ↑Drevv; o. Pl.> {11; s. u. ↑Jag}: Jagdtrieb.
Jakobs|leider, de ['jaˑkops‚lɛɪdɐ] <N.; ~e> {s. u. ↑Leider}: Jakobsleiter. **1.** <o. Pl.> Himmelsleiter. **2.** mit Holzsprossen versehene Strickleiter an Schiffen.
Jakobs|wäg, de ['jaˑkops‚vɛːɧ] <N.; o. Pl.> {s. u. ↑Wäg}: Jakobsweg, Pilgerweg.

jammere ['jamərə] <V.; schw.; *han*; jammerte ['jamɛtə]; gejammert [jə'jamet]> {9.2.1.2}: jammern [auch: ↑jöömere, ↑eröm|memme, ↑gööze, ↑pingele]. (4)
Jan, der [janˑ] <N.; männl. Vorn.>: Jan, Kurzf. von Johannes; *J. bovve* (munter).
Jan un Griet [‚janˈun'jriˑt] <N.; Personenn.> {3}: Kölner Legendengestalten.
Jan vun Werth/Wääth, der [‚janˑfʊn'vɛːt / -vɛːt] <N.>: **1.** <Personenn.> berühmter General im 30-jährigen Krieg. **2.** <o. Art.; Eigenn.>Traditionskorps im Kölner Karneval von 1925.
Jan-Wellem-Stroß [janˈveləm‚ʃtrɔˑs] <N.; Straßenn.> {s. u. ↑Jan ↑Wellem ↑Stroß}: Jan-Wellem-Straße; Straße in Köln-Mülheim. Jan Wellem ist der kölsche Name des Kurfürsten Johann Wilhelm II., Herzog von Jülich u. Berg (*1658-1716). Er regierte von 1679 bis 1716 u. bemühte sich intensiv um seine Untertanen in Mülheim. Das Jan-Wellem-Denkmal steht am Eingang zum Mülheimer Stadtpark, das 1914 von der Firma Andreae zu ihrem 200. Firmenjubiläum gestiftet wurde. Unter Jan Wellem begann die industrielle Entwicklung in Mülheim, da er auch den Kölner Protestanten Arbeit u. Steuerfreiheit bot. Noch ein Jahr vor seinem Tod erneuerte er die Grundrechte in Mülheim: Freiheit von allen Abgaben, Stellung von Schöffen am Obergericht, Unantastbarkeit der Bürger u. Güter der Stadt. 1700 ließ er zw. Mülheim u. Riehl eine fliegende Brücke errichten.
jäte ['jɛˑtə] <V.; schw.; *han*; gejät [jə'jɛˑt]>: jäten. (201)
jaule ['jaʊ̯lə] <V.; schw.; *han*; jaulte ['jaʊ̯ltə]; gejault [jə'jaʊ̯lt]>: jaulen. (45)
je[1] [jeˑ] <Konj.; unterord.> {5.5.2}: je, **1.** setzt zwei Komp. zueinander in Beziehung: *Je fröher do küss, ömsu besser.* Je. früher du kommst, umso besser.). **2.** i. d. Vbdg. *je nohdäm*: je nachdem, abhängig von einem best. Umstand.
je[2] [jeˑ] <Präp.; m. Akk. ohne Art.; auch wie das Adv. ↑je[1] gebraucht u. keine Rektion ausübend>: je, pro: *för 20 € je Person* (für 20 € pro Person).
je[3] [jeˑ] <Adv.; verkürzt aus „jemols"̈>: jemals.
jeck [jɛk] <Adj.; ~e; ~er, ~ste>: jeck, **1.** verrückt: *Dä Pitter es doch j., wann dä su jet säht.* (Peter ist doch v., wenn er so etw. behauptet.) [auch: ↑aad|ig (2), ↑av|ge|schmack, ↑be|klopp (a), ↑be|stuss, ↑be|titsch, ↑kalver|ig, ↑knatsch|jeck, ↑läppsch, ↑rader|doll, ↑sta-

pel|jeck/stabel|~, ↑ver|dötsch, ↑ver|kindsch, ↑ver|röck, *mem Bömmel behaue; en Ääz am Kieme/Wandere (han); (se) nit all op de Dröht/Reih (han); ene Nähl em Zylinder (han); ene Ratsch em Kappes (han); schwatz em Geseech (sin)*]; **[RA]** *Wann de j. wees, muss de der en Kapp maache looße.* (Wenn du v. wirst, musst du dir eine Narrenkappe machen lassen. = Sei nicht so v.!); **[RA]** *Do ~en Ditz!* (zu jmdn., der einen dummen Witz gemacht hat od. sich dumm angestellt hat); ***Do bes j.!*** (Ausruf des Erstaunens; auch: *Leck mich am Aasch!; Jeck verzäll!*). **2.** eigenartig, ausgefallen: *Die Tapet hät e j. Muster.* (Die Tapete hat ein eigenariges Muster.); *Et Marie hät e j. Kleid aan.* (Maria hat ein ausgefallenes Kleid an.) [auch: ↑jeck|ig]. **3.** albern: *Stell dich nit esu j. aan.* (Sei nicht so albern!); ***~e Schottel*** (Ulknudel). [auch: ↑läppsch; ↑ge|flapp; ↑av|ge|schmack; ↑kalver|ig; ↑ver|kindsch] **4.** lustig: *Fastelovend si' mer all j.* (An Karneval sind wir alle verrückt.). **5.** ***j. sin op einer*** (verrückt sein auf jmdn./nach jmdm., sehr verliebt in jmdn. sein): *Der Pitter es j. op et Marie.* (Peter ist verrückt auf/nach Maria.); ***j. sin op jet*** (auf/nach etw. verrückt sein, etw. unbedingt haben wollen). **6.** *****jecke ...** (Ausruf: von wegen ...). Tbl. A1

Jeck, der [jɛk] <N.; ~e> : Jeck, **1.** Jeck, Narr, Verrückte (der); **[RA]**: *J. loss J. elans!* (etwa: Sei tolerant!); **[RA]**: *Jede J. es anders.* (Jeder J. ist anders (bei Menschen, die sich bes. auffällig kleiden od. geben).); *****einer för der J. halde, *met einem der J. maache** (jmdn. veräppeln, verablern, anführen, reinlegen); *****ene J. am Hals han** (mit üblen Konsequenzen rechnen müssen); **[RA]**: *J. verzäll!* (Ausdruck der Verwunderung: Sag bloß!). **2.** (im Karneval für Maskierte) *Fastelovendsj., Karnevalsj.* **3.** Liebhaber von etw.: *Päädsj.* (Pferdenarr).

Jecken|aanstalt, de [ˈjɛkənˌaːnʃtalt] <N.; ~e> {s. u. ↑Aanstalt}: Irrenanstalt, Irrenhaus, psychiatrische Klinik [auch: ↑Doll|huus, ↑Klaps|müll].

Jeck|erei, de [ˌjɛkəˈreːɪ] <N.; ~e [-əˈreːɪə]>: Jeckerei, Scherz, Spaß.

Jecke|zahl, de [ˈjɛkəˌtsaːl] <N.; ~e>: Elf = ist die kölsche Jeckenzahl [auch: ↑Elf].

Jeck|heit, de [ˈjɛkˌheɪt] <N.; ~e>: Jeckheit.

jeck|ig [ˈjɛkɪç] <Adj.; ~e; ~er, ~ste>: komisch, merkwürdig, sonderbar. Tbl. A5.2

jede [ˈjeːdə] <Indefinitpron.>: jede(n).

jeder|ein [ˈjeːdəˌeɪn] <Indefinitpron. u. unbest. Zahlw.; 3. Pers. Sg. mask.; Dekl. an „jed...", nicht an „ein": ein jeder; <Dat.> *jedem|ein*>: einem jeden. Tbl. P7.2

jeder|zigg [ˈjeːdəˈtsɪk / ˈ--,-] <Adv.> {s. u. ↑Zigg}: jederzeit.

Je|länger|je|leever, der [jeˈlɛŋəjeˈleːvɐ] <N.; kein Pl.> {s. u. ↑leev}: Jelängerjelieber, **1.** Geißblatt [auch: ↑Geiß|bladd]. **2.** Stiefmütterchen (nur in Köln). **3.** (scherzh.) große Person.

je|mols [ˈjeːmoːls] <Adv.> {5.5.3}: jemals.

jet [jɛt] <Indefinitpron.; Sg. Nom. u. Akk., nicht bei Personen; indekl.>: etwas, **1.** nicht näher Bestimmtes: *Ich hüre j.* (Ich höre e.); *Ich well der ens j. sage.* (Ich will dir mal w. sagen.); *Hä hät sich gester j. gekauf.* (Er hat sich gestern e. gekauft.). **2.** ein wenig, ein bisschen: *Du' mer ens j. Salz.* (Gib mir mal e. Salz.); *Et es ald j. späd för nohm Kinema ze gonn.* (Es ist schon e. spät, um ins Kino zu gehen.). **3.** etwas, das bedeutsam erscheint: *Dat es der j.* (Das ist vielleicht e.); *Dat well j. heiße.* (Das will e. heißen.).

Jett, et [jɛt] <N.; weibl. Vorn.; ~che: Kurzf. von Henriette.

jetz [jɛts] <Adv.> {5.5.1; 8.3.5}: jetzt [auch: jitz (veraltet)].

jetz|ig [ˈjɛtsɪç] <Adj.; ~e> {5.5.2}: jetzig. Tbl. A5.2

jih [jiː] <Adj.; ~e; ~er, ~ste> {5.4}: jäh, **1.** steil. **2.** schnell, plötzlich. Tbl. A2.8

Jih|hoos, der [ˈjiːhoːs] <N.; kein Pl.> {s. u. ↑jih}: Jähzorn.

jih|hööst|ig [ˈjiːˌhœːstɪç] <Adj.; ~e; ~er, ~ste> {5.4}: jähzornig. Tbl. A5.2

jih|lich [ˈjiːlɪç] <Adj.; ~e>: eilig [auch: ↑iel|ig, ↑hööstig, ↑holder|dipolder; *en der Juch sin*]. Tbl. A1

jih|lings [ˈjiːlɪŋs] <Adv.> {s. u. ↑jih}: jählings.

jo [joː] <Adv.>: ja; ***ja jo dat!*** [jaˈjoːdat] (ja sicher! und ob!).

jö! [jø] <Interj.>: voran, vorwärts.

Jöck, der [jøk] <N.; kein Pl.> {5.5.1; 8.3.2}: Jucken, Juckreiz, *****op J. sin** (unterwegs sein, sich herumtreiben) [auch: ↑unger|wägs/~|wähs; *mem Radd erus sin*].

jöcke[1] [ˈjøkə] <V.; schw.; *han*; jöckte [ˈjøktə]; gejöck [jəˈjøk]>: eilen, jagen [auch: ↑iele (1), ↑schröme (2), ↑fäge]. (88)

jöcke[2] [ˈjøkə] <V.; schw.; *han*; jöckte [ˈjøktə]; gejöck [jəˈjøk]> {5.5.1}: jucken, **1.** Juckreiz empfinden: *Ming Hand jöck.* (Meine Hand juckt.); <unpers.> *Mich jöck et.* (Mich juckt es.). **2.** *<sich j.>* sich kratzen: *Ich muss mich ens j.* (Ich muss mich mal k.). (88)

jöcke³ ['jøkə] <V.; schw.; *han*; jöckte ['jøktə]; gejöck [jə'jøk]>: stehlen: *Hä hät dä Steff gejöck.* (Er hat den Stift geklaut.) [auch: ↑av|kläue (1), ↑kläue, ↑mopse, ↑räubere, ↑raube, ↑ripsche, ↑stelle³, ↑stritze]; ***jöcke looße** (sich beeilen). (88)

Jöcke|bömmel, der ['jøkə‚bøməl] <N.; ~e>: Schürzenjäger [auch: ↑Schmeck|lecker (2) ↑Schwittjee ↑Schmaach|lappe].

Jöcke|mobil, et ['jøkəmo‚bi·l] <N.; ~e>: (scherzh.) Auto.

jöck|ig ['jøkɪʃ] <Adj.; ~e; ~er, ~ste>: geil, gierig nach sexueller Befriedigung [auch: ↑rös|ig/ ros|~, ↑spetz, ↑geil (1)]. Tbl. A1

Jöck|polver, et ['jøk‚pol·vɐ] <N.; ~> {5.5.1; s. u. ↑Polver}: Juckpulver.

Johannes|brud, et [jo'hanəs‚bru·t] <N.; o. Pl.> {s. u. ↑Brud}: Johannesbrot.

Johannis|druuv, de [jo'hanɪs‚dru·f] <N.; ~e; ~|drüüv|che> {s. u. ↑Druuv}: Johannisbeere.

Johannis|druuve|moss, der [jo'hanɪs‚dru·və‚mɔs] <N.; ~|moste (Pl. selten)> {s. u. ↑Druuv; ↑Moss}: Johannisbeermost.

Johannis|stroß [jo'hanɪs‚trɔ·s] <N.; Straßenn.> {s. u. ↑Stroß}: Johannisstraße; Straße in Köln-Altstadt/Nord. Bis 1806 stand in diesem Viertel die Klosteranlage „Johanniterkommende St. Johannes u. Cordula", von der die Straße ihren Namen hat.

John, der [jɔn·] <N.; männl. Vorn.> {8.3.1}: (Kosef.) Johnny.

Johr, et [jo·(ɐ)] <N.; ~/~e [- / 'jɔ·rə]; Johr|che ['jœ·ɐʃə]> {5.5.3}: Jahr.

jöhre, sich ['jœ·rə] <V.; schw.; *han*; jöhrte ['jœ·(ɐ)tə]; gejöhrt [jə'jœ·(ɐ)t]> {5.5.3}: sich jähren. (31)

johre|lang ['jo·rə‚laŋ / '--'-] <Adv.; ~e> {s. u. ↑Johr}: jahrelang. Tbl.A7.2.2

johr|en [‚jo·(ɐ)'|en] <Adv.> {s. u. ↑Johr}: jahrein.

Johres|friss, de ['jo·rəs‚frɪs] <N.; ~|friste> {s. u. ↑Johr; ↑Friss}: Jahresfrist.

Johres|zigg, de ['jo·rəs‚tsɪk] <N.; ~e> {s. u. ↑Johr ↑Zigg}: Jahreszeit, eigtl. *vier* ~e, in Köln jedoch scherzh. fünf: *de fünfte J.* (die fünfte J. = Karnevalszeit).

Johr|gang, der ['jo·(ɐ)‚jaŋ] <N.; ~|gäng [-‚jɛŋ·]> {s. u. ↑Johr}: Jahrgang.

Johr|ge|däch|nis, et ['jo·(ɐ)jə‚dɛʃnɪs] <N.; ~se> {s. u. ↑Johr ↑Ge|däch|nis}: Jahrgedächtnis.

Johr|hundert, et [‚jo'hʊn·det] <N.; ~e> {s. u. ↑Johr}: Jahrhundert.

~|jöhr|ig ['jœ·rɪʃ] <Suffix; adjektivbildend; ~e> {5.5.3}: -jährig, eine best. Anzahl von Jahren alt; die Dauer einer best. Anzahl von Jahren umfassend, i. Vbdg. m. Kardinalz.: *dausend~* (tausend~). Tbl. A5.2

johr|us [‚jo·(ɐ)'|ʊs] <Adv.> {s. u. ↑Johr ↑us²}: jahraus.

jömmich! ['jømɪʃ] <Interj.> {5.5.1; 7.3.2}: jemine.

jöömere ['jœːmərə] <V.; schw.; *han*; jöömerte ['jœːmɐtə]; gejöömert [jə'jœːmet]> {5.2.1.4; 5.5.3; 9.2.1.2}: jammern, wehklagen, vor sich hin weinen [auch: ↑eröm|memme, ↑gööze, ↑jammere, ↑pingele]. (4)

Jöömer|geiß, de ['jœːmɐ‚jeɪs] <N.; ~e> {s. u. ↑jöömere ↑Geiß}: Schnulzensängerin (abw.; wörtl.: Jammerziege).

Journal|iss, der [‚ʒʊrna'lɪs] <N.; ~|iste ⟨frz. journaliste⟩>: Journalist.

jubele ['ju:bələ] <V.; schw.; *han*; jubelte ['ju:bəltə]; gejubelt [jə'ju:bəlt]> {9.2.1.2}: jubeln. (6)

Juch, de [jʊx] <N.; kein Pl.>: *en der J. sin* (eilig/in großer Eile sein); *einer en de J. schlage/schlonn* (jmdn. verjagen, vertreiben; jmdn. bedrängen, ängstigen).

Jüdd, der [jʏt] <N.; ~e> {5.3.2; 8.3.1}: Jude, Angehöriger der jüdischen Glaubensgemeinschaft.

Jüdde|gass ['jʏdə‚jas] <N.; Straßenn.> {s. u. ↑Jüdd ↑Gass¹}: Judengasse; Straße in Köln-Altstadt/Nord. Hier befand sich im MA das Judenviertel. Schon im Jahre 321 wurde eine Synagogengemeinschaft urkundlich erwähnt.

jüddele ['jʏdələ] <V.; schw.; *han*; jüddelte ['jʏdəltə]; gejüddelt [jə'jʏdəlt]> {5.3.2; 9.2.1.2}: handeln [auch: ↑maggele (1)]. (6)

Jüdde|stään, der ['jʏdə‚ʃtɛ·n] <N.; ~e> {s. u. ↑Jüdd ↑Stään}: Judenstern.

Jüdde|veedel, et ['jʏdə‚fe·dəl] <N.; ~(e)> {s. u. ↑Jüdd ↑Veedel}: Judenviertel.

Juffer, de ['jʊfɐ] <N.; ~e>: Jungfrau.

Jufferen|hüng|che, et ['jʊfərən‚hʏŋ·ʃə] <N.; ~r> {9.1.1; s. u. ↑Hungk}: Schoßhündchen, (wörtl.) Jungfrauenhündchen.

Jugend, de ['ju·ʀənt] <N.; kein Pl.>: Jugend.

Jugend|amp, et ['ju·ʀənt‚am·p] <N.; ~|ämter> {s. u. ↑Amp}: Jugendamt.

Jugend|arbeid, de ['juːʀəntˌlarˌbeɪ̯t] <N.; o. Pl.> {s. u. ↑Arbeid}: Jugendarbeit.
jugend|frei ['juːʀəntˌfʀeɪ̯] <Adj.; ~e>: jugendfrei. Tbl. A2.9
Jugend|fründ, der ['juːʀəntˌfʀʏnt] <N.; ~e> {s. u. ↑Fründ}: Jugendfreund.
jugend|lich ['juːʀəntlɪʃ] <Adj.; ~e; ~er, ~ste>: jugendlich. Tbl. A1
Jugend|schwarm, der ['juːʀəntˌʃvarm] <N.; ~|schwärm [-ʃvɛrˑm]>: Jugendschwarm.
Jugend|strof, de ['juːʀəntˌʃtrɔˑf] <N.; ~e> {s. u. ↑Strof}: Jugendstrafe.
Jugend|sünd, de ['juːʀəntˌzʏnˑt] <N.; ~e> {s. u. ↑Sünd}: Jugendsünde.
Jul, et [juːl] <N.; weibl. Vorn.>: Kurzf. von Julia.
jung [jʊŋ] <Adj.; ~e; jünger, jüngste ['jʏŋe / 'jʏŋstə]>: jung, jugendlich. Tbl. A7.2.2
Jung, der [jʊŋ] <N.; Junge ['jʊŋə]; Jüng|el|che ['jʏŋəlɦə]> {8.3.1}: Junge, **1.** männl. Kind. **2.** Ausruf wie dt. „Junge, Junge": *J., dä Pitter hät der villeich ene Balg am Liev!* (Junge, Junge, Peter ist viell. dick!). **3.** Bauer im Kartenspiel.
Jung|dier, et ['jʊŋˌdiˑɐ̯] <N.; ~e> {s. u. ↑Dier}: Jungtier.
Jung|frau, de ['jʊŋˌfʀaʊ̯ˑ] <N.; ~e>: Jungfrau, **1.** weibl. Person, die noch keinen Geschlechtsverkehr gehabt hat. **2.** Teil des Kölner Dreigestirns, bestehend aus Prinz, Bauer u. Jungfrau. In Köln wird die Jungfrau durch einen Mann dargestellt. **3.** Sternkreiszeichen.
Jung|gesell, der ['jʊŋjəˌzɛlˑ] <N.; ~e [-jəˌzɛlə]> {s. u. ↑Gesell}: Junggeselle.
Jung|geselle|bud, de ['jʊŋjəzɛləˌbuˑt] <N.; ~e> {s. u. ↑Bud}: Junggesellenbude.
Jung|geselle|zigg, de ['jʊŋjəzɛləˌtsɪk] <N.; o. Pl.> {s. u. ↑Zigg}: Junggesellenzeit.

jüngs [jʏŋˑs] <Adv.> {8.3.5}: jüngst, kürzlich, neulich [auch: ↑neu|lich, ↑letz², ↑ver|längs, *vör kootem*].
junkere ['jʊŋkərə] <V.; schw.; *han*; junkerte ['jʊŋkətə]; gejunkert [jə'jʊŋkət]>: kläglich heulen, winseln. (4)
Jupp, der [jʊp] <N.; männl. Vorn.; Jüpp|che ['jʏpɦə]> {5.4}: Joseph, Josef.
Jupp-Schmitz-Plätz|che [jʊp'ʃmɪtsˌplɛtsjə] <N.; Straßenn.>: Jupp-Schmitz-Plätzchen; Platz in Köln-Altstadt/Nord. Jupp Schmitz (*1901 †1991) war ein Komponist u. Interpret kölnischer Mundartlieder. Ihm zu Ehren wurde auf dem Plätzchen ein Denkmal aufgestellt. Begraben ist er auf Melaten.
Jur|iss, der [jʊˑ'rɪs] <N.; ~|iste>: Jurist.
Jutsch, de [jʊtʃ] <N.; ~e; Jütsch(el)che ['jʏtʃjə / 'jʏtʃəlɦə]>: dünne Gerte, Weidenrute; ***en dönn/schmal J.*** (eine lange, schmale Frau).
juuze ['juːtsə] <V.; schw.; *han*; juuzte ['juːtstə]; gejuuz [jə'juːts]> {5.1.3}: jauchzen, laut lachen; laut aufschreien. (112)
Juv¹, de [juˑf] <N.; ~e>: Ohrfeige, Schlag [auch: ↑Gelz (3), ↑Fimm, ↑Firm|bängel, ↑Tatsch, ↑Wa|männ|che, ↑Tachtel, ↑Knall|zigar, ↑Ohr|fig, ↑Klatsch, ↑Denk|zeddel (b), *e ↑Dillen|dötz|che krige*].
Juv², de [juˑf] <N.; ~e>: Döbel (kleiner Weißfisch, als Köderfisch verwendet) [auch: ↑Speckjuv].
Jux, der [jʊks] <N.; ~e (Pl. ungebr.) ⟨lat. iocus⟩>: Jux, Spaß, Scherz; ***us J. un Dollerei*** (spaßeshalber, übermütig); ***för ene buure J.*** (spaßeshalber, nur um den Effekt zu sehen).
juxe ['jʊksə] <V.; schw.; *han*; juxte ['jʊkstə]; gejux [jə'jʊks]>: scherzen. (71)
jux|ig ['jʊksɪɦ] <Adj.; ~e; ~er, ~ste>: ulkig, lustig, komisch; merkwürdig [auch: ↑jeck, ↑jeck|ig]. Tbl. A5.2

Kaffee|tass, de ['kafe͜,tas] <N.; ~e> {s. u. ↑Tass¹}: Kaffeetasse.

Kaffee|teut, de ['kafe͜,tøyt] <N.; ~e>: **1.** Kaffeekanne [auch: ↑Kaffee|pott]. **2.** (scherzh.) leidenschaftlicher Kaffeetrinker.

Käfig, der ['kɛ·vɪfj / 'kɛ·fɪfj] <N.; ~e ['kɛ·vɪjə / 'kɛ·fɪjə]>: Käfig.

Kägel, der ['kɛ·jəl] <N.; ~e> {5.4}: Kegel, **1.** kegelförmiges Gebilde. **2.** zum Kegelspiel benutzte Figur. **3.** uneheliches Kind; *met Kind un K. (mit Kind und K.; allesamt).

Kägel|bahn, de ['kɛ·jəl,ba·n] <N.; ~e> {s. u. ↑Kägel}: Kegelbahn.

Kägel|broder, der ['kɛ·jəl,bro·de] <N.; ~|bröder> {s. u. ↑Kägel ↑Broder}: Kegelbruder, jmd., der im gleichen Kegelclub ist, in dem man selbst auch Mitglied ist.

kägele ['kɛ·jələ] <V.; schw.; *han*; kägelte ['kɛ·jəltə]; gekägelt [jə'kɛ·jəlt]> {5.4; 9.2.1.2}: kegeln, (beim Kegelspiel) die Kugel werfen; **[RA]** *Wä met kägelt, muss och met opsetze.* (Wer mit kegelt, muss auch mit aufsetzen). (6)

Kägel|verein, der ['kɛ·jəl,vɐ,ɛɪn] <N.; ~e> {s. u. ↑Kägel}: Kegelclub.

Kagge|dotz, der ['kagə,dots] <N.; ~|dötz>: kleines Kind, das noch unbeholfen ist; Nesthäkchen [auch: ↑Knagge|dotz].

Kahn|fahrt, de ['ka:n,fa:t] <N.; ~e> {s. u. ↑Fahrt}: Kahnfahrt.

Kains|mol, et ['kaɪns,mɔ·l] <N.; ~|möler> {s. u. ↑Mol²}: Kainsmal.

Kaiser, der ['keɪze] <N.; ~>: Kaiser.

Kaiser|krun, de ['keɪze,kru·n] <N.; ~e> {s. u. ↑Krun}: Kaiserkrone.

Kaiser|schnedd, der ['keɪze,ʃnet] <N.; ~(e)> {s. u. ↑Schnedd¹}: Kaiserschnitt.

Kajütt, de [ka'jʏt] <N.; ~e> {5.3.2; 8.3.1}: Kajüte.

Kakao|baum, der [ka'kaʊ·,bɔʊm] <N.; ~|bäum [-bøy·m]>: Kakaobaum.

Kakao|botter, de [ka'kaʊ·,botɐ] <N.; kein Pl.> {s. u. ↑Botter}: Kakaobutter.

Kakao|bunn, de [ka'kaʊ·,bʊn·] <N.; ~e [-bʊnə]> {s. u. ↑Bunn}: Kakaobohne.

Kakao|polver, et [ka'kaʊ·,pol·vɐ] <N.; ~> {s. u. ↑Polver}: Kakaopulver.

kakele ['ka·kələ] <V.; schw.; *han*; kakelte ['ka·kəltə]; gekakelt [jə'ka·kəlt]> {9.2.1.2}: gackern. (6)

kald [kalt] <Adj.; kaal(e) ['ka·lə]; kälder, käldste ['kɛldə / 'kɛl·tstə]> {6.11.3}: kalt. Tbl. A7.1

Käld, de [kɛl·t] <N.; kein Pl.> {6.11.3; 8.3.1}: Kälte.

kald|blöd|ig ['kalt,blø·dɪfj] <Adj.; ~e; ~er, ~ste> {s. u. ↑kald ↑Blod}: kaltblütig. Tbl. A5.2

Kald|blöd|ig|keit, de ['kaltblø·dɪfj,keɪt] <N.; o. Pl.> {6.11.3; 5.4}: Kaltblütigkeit.

kald|hätz|ig ['kalt,hɛtsɪfj] <Adj.; ~e; ~er, ~ste> {6.11.3}: kaltherzig. Tbl. A5.2

Kald|hätz|ig|keit, de ['kalthɛtsɪfj,keɪt] <N.; o. Pl.> {6.11.3; 5.4; 8.2.4}: Kaltherzigkeit.

Kald|luff, de ['kalt,lʊf] <N.; o. Pl.> {s. u. ↑kald ↑Luff}: Kaltluft.

Kald|meed, de ['kalt,me·t] <N.; ~e> {s. u. ↑kald ↑Meed}: Kaltmiete.

Kalender, der [ka'lɛn·de] <N.; ~e>: Kalender.

Kalender|bladd, et [ka'lɛn·de,blat] <N.; ~|blädder> {s. u. ↑Bladd}: Kalenderblatt.

Kalender|johr, et [ka'lɛn·de,jɔ·(ɐ̯)] <N.; ~e> {s. u. ↑Johr}: Kalenderjahr.

Kalender|woch, de [ka'lɛn·de,vɔx] <N.; ~e> {s. u. ↑Woch}: Kalenderwoche.

Kalifornie [kalɪ'fɔrnɪə] <N.; Ortsn.>: Kalifornien.

Kalk¹, der ['kalk] <N.; ~e (Sortenpl.)>: Kalk, **1.** Kalziumkarbonat: *Em Wasser us Kölle gitt et extra vill K.* (Im Kölner Wasser ist besonders viel K.). **2.** Baustoff: *Rühr noch jet K. dobei!* (Rühr noch etwas K. dazu!). **3.** als Knochensubstanz vorkommendes, im Blut enthaltenes Kalzium: *Bei Kalkmangel kritt mer schläächte Zäng.* (Bei Kalkmangel bekommt man schlechte Zähne.); **[RA]** *Bei däm riselt ald der K.* (Er wird senil.).

Kalk² ['kalk] <N.; Ortsn.>: Kalk (rechtsrh. Vorort Kölns).

Kalk|boddem, der ['kalk,bodəm] <N.; ~|böddem> {s. u. ↑Boddem}: Kalkboden, kalkhaltiger Boden.

kalke/kälke ['kalkə / 'kɛlkə] <V.; schw.; *han*; kalkte/kälkte ['kalktə / 'kɛlktə]; gekalk/gekälk [jə'kalk / jə'kɛlk]>: kalken; [gebräuchl.: ↑wieße]. (41)

Kalk|emmer, der ['kalk,ɛmɐ] <N.; ~e> {s. u. ↑Emmer}: Kalkeimer.

Kalk|er Haup|stroß, de [,kalke'hɔʊ·p,ʃtrɔ·s] <N.; Straßenn.> {s. u. ↑Kalk² ↑Stroß}: Kalker Hauptstraße, große Straße im rechtsrh. Vorort Kalk.

Kalk|kuhl/~|kuul, de ['kalkkuˑl] <N.; ~e> {s. u. ↑Kuhl/Kuul}: Kalkgrube.

kalkuliere/~eere [ˌkalkʊ'liˑ(ɐ)rə / -eˑrə] <V.; schw./unr.; han; kalkulierte [ˌkalkʊ'liˑɐ̯tə]; kalkuliert [ˌkalkʊ'liˑɐ̯t] ⟨lat. calculare⟩> {(5.1.4.3)}: kalkulieren. (3) (2)

kalk|wieß ['kalk'viːs] <Adj.; ~e> {s. u. ↑wieß}: kalkweiß, kreideweiß. Tbl. A1

Kall[1], de [kalˑ] <N.; ~e ['kalə]>: Rinne, **1.** Regenrinne. **2.** Rinne längs der Kegelbahn: *Hä hät en K. geschmesse.* (Er hat einen Fehlwurf (neben die Bahn) gemacht.).

Kall[2], der [kal] <N.>: Unterhaltung, Gerede: *Hür op met dem K.!* (Lass das G.!) [auch: ↑Verzäll, ↑Klaaf[1]].

kalle ['kalə] <V.; schw.; han; veraltend; kallte ['kalˑtə]; gekallt [jə'kalˑt]>: sprechen, reden, quatschen [auch: ↑klaafe (1), ↑plappere, ↑quasele, ↑quatsche[1], ↑redde, ↑rede, ↑schnäbbele, ↑schnaddere (2), ↑schwaade, ↑schwätze[2] (1+2)]. (91)

Kallen|dress|er, der ['kalən,drɛsɐ] <N.; ~>: früher Steinskulptur am Haus Alter Markt 40 gegenüber dem Rathaus Altermarktseite, ein Kerlchen in hockender Stellung, der seine Notdurft in die Regenrinne verrichtet, offenbar zum Hohn dargestellt, was die an Götz von Berlichingen erinnernde Gebärde beweist. Nach der Zerstörung im Zweiten Weltkrieg ließ der Architekt Jupp Engels eine solche Figur von Mataré schaffen u. an seinem Haus am Altermarkt anbringen.

Kalosche/Galosche [ka'lɔʃə / ja'lɔʃə] <N.; fem.; nur Pl. ⟨frz. galoche⟩> {6.13.3}: Galoschen.

Kalv, et [kaləf] <N.; Kälver ['kɛlˑvɐ]; Kälv|che ['kɛlˑfjə]> {6.1.1}: Kalb, ***K. Moses** (großer Tor, sehr läppischer, ungeschickter Mensch, Tollpatsch).

kalve ['kalˑvə] <V.; schw.; han; kalvte ['kalˑftə]; gekalv [jə'kalˑf] {6.1.1}: kalben. (66)

Kalv|erei, de [ˌkalˑvə'reɪˑ] <N.; ~e [-ə'reɪə]> {6.1.1}: Kalberei, dummes, kindisches Benehmen; Tollerei.

kalver|ig ['kalvərɪʃ] <Adj.; ~e> {6.1.1}: albern [auch: ↑aad|ig (2), ↑av|ge|schmack, ↑be|klopp (a), ↑be|stuss, ↑be|titsch, ↑jeck (1), ↑knatsch|jeck, ↑läppsch, ↑rader|doll, ↑stapel|jeck/stabel|~, ↑ver|dötsch, ↑ver|-kindsch, ↑ver|röck, *mem Bömmel behaue; en Ääz am Kieme/Wandere (han); (se) nit all op de Dröht/Reih (han); ene Nähl em Zylinder (han); ene Ratsch em Kappes (han); schwatz em Geseech (sin)*]. Tbl. A5.2

Kälver|zäng ['kɛlˑvɐˌtsɛŋ] <N.; mask.; nur Pl.> {s. u. ↑Kalv ↑Zant}: Kälberzähne, große Graupen.

Kalv|fleisch, et ['kaləfˌfleɪʃ] <N.; kein Pl.> {s. u. ↑Kalv}: Kalbfleisch.

Kalvs|auge ['kalˑfsˌoʊɐ̯ə] <N.; Neutr.; nur Pl.> {s. u. ↑Kalv}: Kalbsaugen, (i. d. B.) Glotzaugen.

Kalvs|bries, et ['kalˑfsˌbriˑs] <N.; ~> {s. u. ↑Kalv}: Kalbsbries.

Kalvs|brode, der ['kalˑfsˌbroˑdə] <N.; ~> {s. u. ↑Kalv ↑Brode}: Kalbsbraten.

Kalvs|bross, de ['kalˑfsˌbrɔs] <N.; o. Pl.> {s. u. ↑Kalv ↑Bross}: Kalbsbrust.

Kalvs|fell, et ['kalˑfsˌfɛl] <N.; ~e> {s. u. ↑Kalv}: Kalbsfell.

Kalvs|kopp, der ['kalˑfsˌkɔp] <N.; ~|köpp> {s. u. ↑Kalv ↑Kopp}: Kalbskopf, **1.** (als Speise zubereiteter) Kopf des geschlachteten Kalbes. **2.** (Schimpfw.) dummer, einfältiger Mensch.

Kalvs|ledder, et ['kalˑfsˌlɛdɐ] <N.; o. Pl.> {s. u. ↑Kalv ↑Ledder}: Kalbsleder.

Kalvs|levver, de ['kalˑfsˌlɛvɐ] <N.; ~e> {s. u. ↑Kalv ↑Levver}: Kalbsleber.

Kalvs|levver|woosch, de ['kalˑfsˌlɛvɐvoːʃ] <N.; ~|wöösch> {s. u. ↑Kalv ↑Levver ↑Woosch}: Kalbsleberwurst.

Kalvs|medaillon, et ['kalˑfsmedalˌjɔŋˑ] <N.; ~s> {s. u. ↑Kalv}: Kalbsmedaillon.

Kalvs|niere|brode, der ['kalˑfsˌniˑrəˌbroˑdə] <N.; ~> {s. u. ↑Kalv ↑Brode}: Kalbsnierenbraten.

Kalvs|schnetzel, et ['kalˑfsˌʃnɛtsəl] <N.; ~e> {s. u. ↑Kalv ↑Schnetzel}: Kalbschnitzel, panierte Kalbfleischscheibe zum Braten.

Kamasch/Gamasch, de [ka'maʃ / ja'maʃ] <N.; ~e ⟨frz. gamache⟩> {6.13.3; 8.3.1}: Gamasche, **a)** bis zum Knöchel od. bis zum Knie reichende, über Schuhen u. Strümpfen getragene Bekleidung der Beine; **b)** (auch i. d. B.) Angst.

Kamelie [ka'meːlɪjə] <N.; fem.; Pl.>: Kamelien.

Kamell, de [ka'mɛlˑ] <N.; ~e [ka'mɛlə]> {8.3.1}: Karamelle, Bonbon aus Karamell; *~e!* (trad. Ruf beim Karnevalszug); ***aal Ääze/~e** (längst erledigte, vergessene Angelegenheiten, Schnee von gestern).

kamelle [ka'mɛlə] <V.; schw.; han>: sagen, nur i. d. Vbdg. *jet ze k. han* (etw. zu s. haben, wichtig sein): *Wat häs do dann hee ze k.?* (Was hast du denn hier schon zu sagen?). (91)

Kamelle|dom, der [ka'mɛləˌdoˑm] <N.>: scherzh. für Schokoladenfabrik Stollwerk, 1872 - 1975 in der Nähe der

Severinskirche. Die Fabrik erhielt im Volksmund diesen Namen, weil sie aus mehreren Türmen bestand.
Kamerad, der [ˌkaməˈraˑt] <N.; ~e>: Kamerad.
Kamerad|schaff, de [ˌkaməˈraˑtʃaf] <N.; ~|schafte>: Kameradschaft.
Kamesol, der/et [ˌkaməˈzɔˑl] <N.; Kamesöler [ˌkaməˈzœˑlɐ] ⟨frz. camisole = langes Unterhemd⟩> {5.5.3}: Kamisol, kurze Jacke mit Ärmeln: *Wat häs do dann do för e Kamesölche aan?* (Was hast du denn da für eine seltsame Jacke an?); *en Rock un K. (feingemacht).
kamesöle [kaməˈzœˑlə] <V.; schw.; han; kamesölte [kaməˈzœˑltə]; kamesölt [kaməˈzœˑlt]>: prügeln [auch: ↑bimse (2), ↑bläue, ↑dresche (2), ↑drop|haue, ↑kiele¹ (2), ↑kloppe (2), ↑pisele, ↑prinze, ↑prügele, ↑schlage/schlonn, ↑schmecke¹, ↑schnave, ↑wachse², ↑wichse (2), *einem e paar ↑trecke]. (148)
Kamf, der [kamf] <N.; Kämf [kɛmf]> {6.8.2}: Kampf.
kämfe [ˈkɛmfə] <V.; schw.; han; kämfte [ˈkɛmftə]; gekämf [jəˈkɛmf] {6.8.2}: kämpfen. (105)
Kamf|geis, der [ˈkamfˌjeɪs] <N.; o. Pl.> {s. u. ↑Kamf ↑Geis'}: Kampfgeist.
Kamf|ge|weech, et [ˈkamfjəˌveːʃ] <N.; o. Pl.> {s. u. ↑Kamf ↑Ge|weech}: Kampfgewicht.
Kamf|meddel, et [ˈkamfˌmedəl] <N.; ~(e)> {s. u. ↑Kamf ↑Meddel}: Kampfmittel.
Kamille|badd, et [kaˈmɪləˌbat] <N.; ~|bäder [-bɛˑdə] (unr. Pl.)> {s. u. ↑Badd}: Kamillenbad.
Kamille|tee, der [kaˈmɪləˌteˑ] <N.; ~s (Sortenpl.)>: Kamillentee.
Kamins|fägler, der [kaˈmiːnsˌfɛˑjɐ] <N.; ~> {9.1.2; s. u. ↑Fägler}: Kaminfeger, Schornsteinfeger.
Kamm, der [kam] <N.; Kämm [kɛmˑ]>: Kamm.
kämme [ˈkɛmə] <V.; schw.; han; kämmte [ˈkɛmˑtə]; gekämmp [jəˈkɛmˑp]>: kämmen. (40)
Kammer, de [ˈkamɐ] <N.; ~e>: Kammer.
Kammer|deen|er, der [ˈkamɐˌdeˑnɐ] <N.; ~> {s. u. ↑Deen|er}: Kammerdiener.
Kammer|jäg|er, der [ˈkamɐˌjɛˑjɐ] <N.; ~>: Kammerjäger.
Kammer|pott, der [ˈkamɐˌpɔt] <N.; ~|pött> {s. u. ↑Pott}: Nachttopf.
Kammiss/Kommiss, der [kaˈmɪs / koˈmɪs] <N.> {5.4}: Kommiss.

Kammiss|brud/Kommiss|~, et [kaˈmɪsˌbruˑt / koˈmɪs-] <N.; ~e> {s. u. ↑Brud ↑Kammiss/Kommiss}: Kommissbrot, Soldatenbrot.
Kammiss|kopp/Kommiss|~, der [kaˈmɪsˌkɔp / koˈmɪs-] <N.; ~|köpp> {s. u. ↑Kopp ↑Kammiss/Kommiss}: Kommisskopf. **1.** Soldat allg., bes.: barscher Unteroffizier. **2.** (übertr.) Mensch mit barschem Wesen, gern befehlend.
Kanalje, de [kaˈnaljə] <N.; ~ ⟨frz. canaille⟩>: Kanaille, Schurke.
Kanalje|vugel, der [kaˈnaljəˌfʊʀəl / -fuˑl] <N.; ~|vügel [-fyˌjəl / -fyˑl]> {s. u. ↑Vugel}: Kanarienvogel, aus Kanalje (= frz. canaille) u. Kanaren: (scherzh. od. als Zungenbrecher) *Sag ens: „Kanaljevügelcheszüngelcheszüppche"!* (Sag mal: „Kanarienvögelchenzüngelchensüppchen"!).
Kanal|stroß, Ennere [ˌenəʀəkaˈnaˑlˌʃtrɔˑs] <N.; Straßenn.> {s. u. ↑enne ↑Stroß}: Innere Kanalstraße; Teil des 2. linksrheinischen Ringes um die Stadt. Sie verläuft durch die Stadtteile Lindenthal, Ehrenfeld, Neuehrenfeld, Nippes u. Neustadt/Nord u. folgt dem Verlauf der Abwässer-Sammelkanalanlage für die 1888 eingemeindeten Vororte u. ist ca. 4,7 Kilometer lang. Sie wurde 1907 fertig gestellt u. erhielt ihren heutigen Namen im Jahr 1928. In der NS-Zeit von 1938 bis 1945 wurden einzelne Abschnitt für diesen Zeitraum in Mackensenstraße, Litzmannstraße, Ludendorffstraße u. Lettow-Vorbeck-Straße umbenannt. Das nördliche Halbrund bekam 1945 wieder seinen alten Namen zurück. Die südlichen Teile in der Lindenthal u. Sülz heißen inzwischen Universitätsstraße, das Stück in Zollstock Pohligstraße.
Kanal|stroß, Üssere [ˌyˑsəʀə kaˈnaˑlˌʃtrɔˑs] <N.; Straßenn.> {s. u. ↑usse ↑Stroß}: Äußere Kanalstraße; Straße in Köln-Bilderstöckchen/Ehrenfeld. Unter dieser Straße liegen die Sammelkanäle für die Abwässer Kölns.
Kaneel/Kaniel, der [kaˈneːl / kaˈniːl] <N. ⟨frz. canelle⟩> {2}: Zimt, Stangenzimt.
Kann, de [kan] <N.; ~e [ˈkanə]; Känn|che [ˈkɛnˑʃə]> {8.3.1}: Kanne.
Kanon, de [kaˈnoˑn] <N.; ~e> {8.3.1}: Kanone, (übertr.) außergewöhnlicher Mensch; hervorragender Gelehrter, Künstler usw.

Kanone|röhr/~|rühr, et [ka'noˑnəˌrøˑe̯ / -ryˑe̯] <N.; ~e> {s. u. ↑Röhr²/Rühr}: Kanonenrohr.

Kant, de [kant] <N.; ~e> {8.3.1}: Kante.

Kant|hoke, der ['kantˌhɔˑkə] <N.; ~> {s. u. ↑Hoke}: Kanthaken.

Kant|holz, et ['kantˌhɔlts] <N.; ~|hölzer> {s. u. ↑Holz}: Kantholz.

kant|ig ['kantɪʃ] <Adj.; ~e; ~er, ~ste>: kantig. Tbl. A5.2

~|kant|ig ['kantɪʃ] <Suffix; adjektivbildend; ~e>: -kantig, eine best. Anzahl an Kanten aufweisend, i. Vbdg. m. Kardinalz.: *aach~* (acht~). Tbl. A5.2

Kantin, de [kan'tiːn] <N.; ~e> {8.3.1}: Kantine.

Kantine|esse, et [kan'tiˑnəˌɛsə] <N.; o. Pl.>: Kantinenessen.

Kantine|koss, de [kan'tiˑnəˌkɔs] <N.; kein Pl.> {s. u. ↑Koss}: Kantinenkost.

Kanül, de [ka'nyˑl] <N.; ~e> {8.3.1}: Kanüle.

Kanzel, de ['kantsəl] <N.; ~e>: Kanzel.

Kapäus|che, et [ka'pɔy̆ˑsjə] <N.; nur Diminutiv; ~r> {6.1.2}: Abstellraum, Kabäuschen.

Kapell¹, de [ka'pɛlˑ] <N.; ~e> {8.3.1}: Kapelle (kleine Kirche).

Kapell², de [ka'pɛlˑ] <N.; ~e> {8.3.1}: Kapelle (kleines Orchester).

Kapell|meister, der [ka'pɛlˑˌmeistɐ] <N.; ~>: Kapellmeister, **[RA]** *Herr K., schmießt der Reemen op de Orgel!* (Herr K., bitte fangen Sie an! (wörtl.) Herr K., schmeißen Sie den Riemen auf die Orgel!).

kapiere/~eere [ka'piˑrə / -eˑrə] <V.; schw./unr.; *han*; kapierte [ka'piˑetə]; kapiert [ka'piˑet] ⟨lat. capere⟩ {(5.1.4.3)}: kapieren [auch: ↑be|griefe, ↑checke (2), ↑klicke (2), ↑schnalle (2), ↑ver|stonn]. (3) (2)

Kapital|iss, der [ˌkapɪta'lɪs] <N.; ~|iste>: Kapitalist.

Kapitel, et [ka'pɪtəl] <N.; ~(e)>: Kapitel.

Kaplon, der [ka'plɔˑn] <N.; Kaplön [ka'plœˑn]> {5.5.3}: Kaplan.

Kaplons|ge|möd, et [ka'plɔˑnsjəˌmøˑt] <N.; o. Pl.> {9.1.2; s. u. ↑Kaplon ↑Ge|möd}: Gemüt wie ein Pferd.

kapodd [ka'pɔt] <Adj.; ~e; ~er, ~(en)ste> {5.4; 6.11.3}: kaputt, **1.** entzwei; defekt; nicht mehr funktionierend; *k. maache* (zerstören); *k. sin* (vernichtet/zerstört sein). **2.** müde, erschöpft. Tbl. A2.1

kapodd|- [ka'pɔt] <Präfix> {5.4; 6.11.3}: kaputt-, i. Vbdg. m. V.: *~gonn* (~gehen).

kapodd|gonn [ka'pɔtjɔn] <trennb. Präfix-V.; st.; *sin*; ging k. [jɪŋ]; ~|gegange [-jəˌjaŋə] {5.3.4; 8.2.2.3}: kaputtgehen, **1.** schadhaft werden, entzweigehen. **2.** (wirtsch.) ruiniert werden, zugrunde gehen. **3.** sterben, krepieren; **[RA]** *Ich gonn kapodd, geihs de met?* (Ich gehe kaputt, gehst du mit?) [auch: ↑av|kratze (2), ↑av|nibbele, ↑av|nippele, ↑baschte (2), ↑drop|gonn (1), *sich ↑fott|maache (3)*, ↑fott|sterve, ↑frecke, *dran ↑gläuve (4)*, ↑heim|gonn (b), ↑hin|sterve, ↑öm|kumme (2), ↑sterve, ↑us|futze, ↑ver|recke, *de Auge/Döpp zo|dun/zo|maache*]. (83)

kapodd|krige [ka'pɔtkrɪjə] <trennb. Präfix-V.; unr.; *han*; kräg/kräht k. [krɛːʃ / krɛːt]; ~(|ge)kräge/~|gekräg/ ~|gekräht [-(jə)ˌkrɛːjə / -jəˌkrɛːʃ / -jəˌkrɛːt]> {5.3.4.1}: kaputtkriegen. (117)

kapodd|laache [ka'pɔtlaːxə] <trennb. Präfix-V.; schw.; *han*; laachte k. ['laːxtə]; ~|gelaach [-jəlaːx] {5.2.1}: kaputtlachen. (123)

kapodd|maache [ka'pɔtmaːxə] <trennb. Präfix-V.; unr.; *han*; maht k. [maːt]; ~|gemaht [-jəmaːt] {5.2.1}: kaputtmachen, zerbrechen, beschädigen [auch: ↑be|schädige, ↑ramponiere/~eere]. (136)

Kapodd|mächer, der [ka'pɔtˌmɛʃɐ] <N.; ~> {5.4; s. u. ↑kapodd}: Kaputtmacher, jmd., der alles kaputtmacht.

kapodd|scheeße [ka'pɔtʃeˑsə] <trennb. Präfix-V.; st.; *han*; schoss k. [ʃɔs]; ~|geschosse [-jəʃɔsə]> {5.1.4.3}: totschießen [auch: ↑dud|scheeße]. (79)

kapodd|schlage/~|schlonn [ka'pɔtʃlaˑrə / -ʃlɔn] <trennb. Präfix-V.; st.; *han*; schlog k. [ʃlɔˑx]; ~|geschlage [-jəʃlaˑrə] {(5.3.2; 5.4)}: kaputtschlagen [auch: ↑zer|-schlage¹/~|schlonn (1)]. (48) (163)

Kapott|hod, der [ka'pɔtˌhoˑt] <N.; ~|höd; meist im Diminutiv ~|höd|che [-høˑtʃə] ⟨frz. capote (Mantel mit Kapuze) als Vkl. zu cape, dem vlat. cappa (Mantel)⟩ {s. u. ↑Hod}: ein aus Linon gemachter, mit Seide od. Taft überzogener Kopfputz, der durch zwei unter dem Kinn gebundene Bänder gehalten wird (Wrede).

Kapp, de [kap] <N.; ~e> {8.3.1}: Kappe, Mütze [auch: ↑Mötz]; **[RA]** *Wann de jeck wees, muss de der en K. maache looße.* (Wenn du verrückt wirst, musst du dir eine Narrenkappe machen lassen. = Sei nicht so verrückt.).

kappe ['kapə] <V.; schw.; *han*; kappte ['kaptə]; gekapp [jə'kap]>: kappen, beschneiden, zurückschneiden; stutzen. (75)

Kappe|fahrt, de ['kapə‚fa:t] <N.; ~e> {s. u. ↑Fahrt}: Kappenfahrt; Narrenfahrt, Umzug von Mitgliedern einer Karnevalsges., die die gleichen Kappen tragen.

Kappe|ge|seech, et ['kapəjə‚ze:ʃ] <N.; ~ter> {s. u. ↑Ge|seech}: Hutgesicht; nur i. d. Vbdg.: *Dä hät e aadig K.* (Er hat ein ausgesprochenes H. = Ihm stehen Hüte sehr gut.).

Kappes, der ['kapəs] <N.; ~e; Käppes|che ['kɛpəsjə] ⟨lat. caput = Kopf⟩> {2}: Kohl, **1.** Gemüse *wieße K., rude K., suure K.* (Weiß~, Rot~, Sauerkraut). **2.** (übertr.) wertloses, leeres Geschwätz, fauler Zauber. **3.** (scherzh.) Kopf [auch: ↑Küül|es, ↑Däts, ↑Daṣel, ↑Ääpel].

Kappes|buur/~|boor, der ['kapəs‚bu:ɐ̯ / -bo:ɐ̯] <N.; ~e [-bu·rə]> {s. u. ↑Buur/Boor}: Gemüsebauer; Bauer, der Gemüse anpflanzt.

Kappes|kopp, der ['kapəs‚kɔp] <N.; ~|köpp> {s. u. ↑Kopp}: Kohlkopf, (übertr.) Dickkopf.

Kappes|schlọt, der (*et* veraltet) ['kapəs‚ʃlɔˑt] <N.; kein Pl.> {s. u. ↑Schlọt}: Weißkohlsalat (der).

Kapsel, de ['kapsəl] <N.; ~e>: Kapsel.

Kaputz, de [ka'pʊt͡s] <N.; ~e> {5.3.2.4; 8.3.1}: Kapuze.

Karabiner|hǫke, der [kara'bi:nə‚hɔˑkə] <N.; ~> {s. u. ↑Hǫke}: Karabinerhaken.

Karaff, de [ka'raf] <N.; ~e> {8.3.1}: Karaffe.

Karawan, de [‚kara'va·n] <N.; ~e> {8.3.1}: Karawane.

Kardinal, der [kadɪ'na·l] <N.; Kardinäl [kadɪ'nɛ·l]>: Kardinal, höchster Würdenträger nach dem Papst.

Kardinal-Frings-Strọß [‚kadɪna:l'frɪŋs‚ʃtrɔˑs] <N.; Straßenn.> {s. u. ↑Strọß}: Kardinal-Frings-Straße; Straße in Köln-Altstadt/Nord. Joseph Kardinal Frings (*1887 †1978) war von 1942 bis 1969 Erzbischof von Köln, seit 1946 Kardinal u. seit dem 22.6.1967 Kölner Ehrenbürger.

Kardinals|hot, der [kadɪ'na·ls‚hoˑt] <N.; ~|höt> {s. u. ↑Hot}: Kardinalshut.

kareet [ka're·t] <Adj.; ~e> {5.1.4.3}: kariert, **1.** mit Karos gemustert: *ene ~e Rock* (ein ~er Rock). **2.** (übertr.) benommen, krank, wirr; ohne erkennbaren Sinn: *Hä luurt k. us der Wäsch.* (Er sieht krank aus.). Tbl. A1

Karess|ant, der [‚karə'sant] <N.; ~e ⟨frz. caresser = liebkosen⟩> {s. u. ↑Karesseer}: Freier, Liebhaber, Kavalier.

Karesseer, der [‚karə'se:ɐ̯] <N. ⟨frz. caresser = liebkosen⟩> {2}: Freierei, Liebelei.

karessiere/~eere [karə'si·(ɐ̯)rə / -e·rə] <V.; schw./unr.; *han*; karessierte [karə'si·ɐ̯tə]; karessiert [karə'si·ɐ̯t] ⟨frz. caresser⟩> {(5.1.4.3)}: liebkosen, karessieren, eine Liebschaft haben [auch: ↑poussiere/~eere, ↑hätschele (1), ↑knüvvele, ↑knuuve (1)]. (3) (2)

Kar|frie|dag, der [ka'fri:‚da:x] <N.; o. Pl.> {s. u. ↑Frie|dag}: Karfreitag.

Karikatur|iss, der [‚karɪkatʊ'rɪs] <N.; ~|iste>: Karikaturist.

Karl-Berbuer-Strọß [karlbɛr'by:ɐ̯‚ʃtrɔˑs] <N.; Straßenn.> {s. u. ↑Strọß}: Karl-Berbuer-Straße; Straße in Köln-Altstadt/Süd. Karl Berbuer (*1900 †1977) war Kölner Komponist u. Karnevalist.

Karmenad, de [‚karmə'na·t] <N.; ~e ⟨frz. carbonnade⟩> {2}: Kotelett, abgewandelt aus dem frz. Karbonade (Rostbraten).

Karneval|iss, der [‚karnəva'lɪs] <N.; ~|iste>: Karnevalist.

Karote, de [ka'ro:tə] <N.; ~>: Rote Beete.

Karott, de [ka'rɔt] <N.; ~e> {8.3.1}: Karotte, rote Rübe, rote Beete.

Karpe, der ['karpə] <N.; Kärpe ['kɛrpə] {6.8.1}: Karpfen.

Karrier[1], de [ka'je:ɐ̯] <N.; ~e ⟨frz. carrière⟩> {2; 8.3.1}: Karriere.

Karrier[2], der [ka'je:ɐ̯] <N. ⟨frz. carrière⟩> {2}: Hetze, Eile: *Hä es en einem K. gelaufe.* (Er ist in großer Eile gelaufen.).

karr|ig ['karɪʃ] <Adj.; ~e; ~er; ~ste>: geizig, knauserig: *Dä Pitter es en richtig ~e Sau.* (Peter ist ausgesprochen g.) [auch: ↑kniest|ig, ↑kniep|ig, ↑schrabb|ig]. Tbl. A5.2

Karr|ig|keit, de ['karɪʃ‚keɪt] <N. o. Pl.>: Geiz [auch: ↑Kiep|ig|keit, ↑Kniep|ig|keit, ↑Kniest|ig|keit ↑Schrabb|ig|keit].

Karro, et ['karoˑ] <N.; ~s> {5.3.2}: Karo, **1.** auf der Spitze stehendes Viereck. **2.** <o. Pl.> Spielkartenfarbe [auch: ↑Rutt (3)].

Karro|ass, et [‚karo·'as] <N.; ~e> {s. u. ↑Karro}: Karoass (Spielkarte) [auch: ↑Rutte|ass].

Karro|dam, de [‚karo·'da·m] <N.; ~e> {s. u. ↑Karro ↑Dam}: Karodame (Spielkarte) [auch: ↑Rutte|dam].

Karro|jung, der [‚karo·'jʊŋ·] <N.; ~e [-jʊŋə]> {s. u. ↑Karro ↑Jung}: Karobauer (Spielkarte) [auch: ↑Rutte|jung].

Karro|künning, der [ˌkaroˑˈkʏnɪŋ] <N.; ~e> {s. u. ↑Karro ↑Künning}: Karokönig (Spielkarte) [auch: ↑Rutte|künning].

Kartei|kaat, de [kaˈtaɪ̯ˌkaːt] <N.; ~e> {s. u. ↑Kaat}: Karteikarte.

Kartei|kaste, der [kaˈtaɪ̯ˌkastə] <N.; ~|käste>: Karteikasten.

Karton, der [kaˈtɔŋˑ] <N.; ~s> {8.2.4}: Karton.

Kartäuser/Kartüüser, der [kaˈtɔy̯ze / kaˈtyˑze] <N.; ~ ⟨lat. Ordo Cartusiensis⟩>: Kartäuser. Die Kartäuser sind ein katholischer Halb-Eremiten-Orden, der auf den Heiligen Bruno von Köln zurückgeht u. 1170 gegründet wurde.

Kartäuser|gass/Kartüüser|~ [kaˈtɔy̯zeˌjas / kaˈtyˑze-] <N.; Straßenn.> {s. u. ↑Gass¹}: Kartäusergasse; Straße in Köln-Altstadt/Süd. Die Kartäuser sind ein katholischer Einsiedlerorden, der im Jahr 1084 vom heiligen Bruno gegründet wurde.

Kartäuser|hoff/Kartüüser|~ [kaˈtɔy̯zeˌhɔf / kaˈtyˑze-] <N.; Straßenn.> {s. u. ↑Hoff}: Kartäuserhof; Straße in Köln-Altstadt/Süd.

Kartäuser|wall/Kartüüser|~, der [kaˌtɔy̯ˈzeˑval / kaˈtyˑze-] <N.; Straßenn.> {s. u. ↑Wall}: Kartäuserwall, einer der parallel zu den Ringen verlaufenden Straßen östlich der Ringe zw. Panthaleonswall u. Severinswall. Teilstück der Kölner Wallanlage um die ma. Stadtmauer herum.

Karusell, et [ˌkarʊˈzɛlˑ / ˌkarəˈzɛlˑ] <N.; ~s ⟨frz. carrousel; ital. carosello⟩>: Karussell.

Karuselle|brems~, de [ˌkarʊˈzɛləˌbrɛmˑs / karəˈzɛlə-] <N.; ~e> {9.1.1; s. u. ↑Karusell ↑Brems}: scherzh. für eine in Kleidung, Schminke, Schmuck usw. auffällige Frau.

Kar|woch, de [ˈkaːˌvɔx] <N.; o. Pl.> {s. u. ↑Woch}: Karwoche.

Kasään, de [kaˈzɛˑn] <N.; ~e> {5.2.1.1.1; 8.3.1}: Kaserne.

Kaschott, et [kaˈʃɔt] <N.; ~e; Kaschött|che [kaˈʃœtʃə] ⟨frz. cachot⟩> {2}: Arrestzelle, Gefängnis.

Kasett, de [kaˈzɛt] <N.; ~e> {8.3.1}: Kassette.

Kasette|spill|er, der [kaˈzɛtaˌʃpɪlɐ] <N.; ~> {s. u. ↑Spill}: Kassettenspieler, Kassettenrekorder.

Kass, de [kas] <N.; ~e> {8.3.1}: Kasse.

Käss|che, et [ˈkɛsʃə] <N.; ~r> {8.3.5}: Kästchen.

Kasse|boch, et [ˈkasəˌbɔx] <N.; ~|böcher> {s. u. ↑Boch¹}: Kassenbuch.

Kasse|brell/~|brill, der [ˈkasəˌbrɛl / -brɪl] <N.; ~e> {s. u. ↑Brell/Brill}: Kassenbrille (die).

Kasse|ge|stell, et [ˈkasəjəˌʃtɛl] <N.; ~e>: Kassengestell, preiswerte von der Krankenkasse bezahlte Brillenfassung.

Kasse|patient, der [ˈkasəpatsˌjɛnt] <N.; ~e>: Kassenpatient.

Kasse|zeddel, der [ˈkasəˌtsɛdəl] <N.; ~e> {s. u. ↑Zeddel}: Kassenzettel, Kassenbon.

kassiere/~eere [kaˈsiˑ(ɐ̯)rə / -eˑrə] <V.; schw./unr.; han; kassierte [kaˈsiˑɐ̯tə]; kassiert [kaˈsiˑɐ̯t] ⟨ital. incassare⟩> {(5.1.4.3)}: kassieren. (3) (2)

Kaste, der [ˈkastə] <N.; Käste [ˈkɛstə]; Käss|che [ˈkɛsʃə]>: Kasten.

Kaste|wage, der [ˈkastəˌvaˑʁə] <N.; ~>: Kastenwagen.

Katalog, der [ˌkataˈloˑx] <N.; ~e [ˌkataˈloˑʁə]>: Katalog.

Katömmel|che, et [kaˈtœmǝlʃə] <N.; nur Diminutiv; ~r>: Aprikose. 1. frühreife Frucht. 2. (übertr., spött.) kleine, dicke, stumpfe Nase [auch: ↑Katömmelches|nas].

Katömmel|ches|nas, de [kaˈtœmǝlʃəsˌnaːs] <N.; ~e>: kleine, dicke, stumpfe Nase.

Kathring, et [kaˈtrɪŋ] <N.; weibl. Vorn.>: Kurzf. von Katharina [auch: ↑Trina, ↑Tring].

Katsch, der/de [katʃ] <N.; Katsche [ˈkadʒə]>: Delle, Kerbe, Scharte, Schnitt.

katsche [ˈkatʃə] <V.; schw.; han; katschte [ˈkatʃtə]; gekatsch [jəˈkatʃ]>: kerben, schneiden. (110)

Kätt, et [kɛt] <N.; weibl. Vorn.> {5.3.2.}: Käthe, Kurzf. von Katharina.

Katten|bug [ˈkatənˌbuˑx] <N.; Straßenn.> Kattenbug; Straße in Köln-Altstadt/Süd. Die Straße erhielt diesen Namen, weil sie die Form eines Katzenbuckels hatte.

Katz, de [kats] <N.; ~e; Kätz|che [ˈkɛtsʃə]> {8.3.1}: Katze, Kätzchen.

Katze|aug, et [ˈkatsəˌoʊ̯x] <N.; ~e [-oʊ̯ʁə]> {s. u. ↑Aug}: Katzenauge. 1. Auge einer Katze. 2. (übertr.) Rückstrahler am Fahrrad od. Auto.

Katze|desch, der [ˈkatsəˌdɛʃ] <N.; ~(e)> {s. u. ↑Desch}: Katzentisch, scherzh. für einen kleinen, etw. abseits einer Festtafel stehenden Tisch.

Katze|ge|sang, der [ˈkatsəjəˌzaŋ] <N.; ~|säng [-zɛŋˑ]>: Katzengesang, unschöner Gesang.

Katze|kis|che, et [ˈkatsəˌkiˑsʃə] <N.; ~r>: Wegmalve.

Katze|sprung, der ['katsə‚[prʊŋ] <N.; ~|sprüng [-‚[prʏŋ·]>: Katzensprung, geringe Entfernung.

Kau, de [kaʊ̯·] <N.; ~e [kaʊ̯ə]> {8.3.1}: Kaue, **1.** Hütte, einfaches Häuschen. **2.** einfaches, kleines Zimmer. **3.** einfache Liegestatt, Pritsche.

Käu, der [køy] <N.; kein Pl.>: **1.** schlechtes Essen: *Su ene K. mag ich nit.* (So ein schlechtes Essen mag ich nicht.) [auch: ↑Fraß]. **2.** (übertr.) Unsinn; langweiliges, sinnloses Geschwätz: *Dat es K., wat dä verzällt.* (Das ist Unsinn, was der erzählt.); *Wat ene K.!* (Welch ein Unsinn!) [auch: ↑Käu|verzäll, ↑Futz|verzäll, ↑Piss|verzäll, ↑Dress|verzäll, ↑Schwaad|verzäll, ↑Seck (2), ↑Seck|verzäll].

käue ['køyə] <V.; schw.; han; käute ['køy·tə]; gekäut [jə'køy·t]> {5.1.3}: kauen, essen, **1.** (Essbares) mit den Zähnen zerkleinern. **2.** an etw. nagen/knabbern: *an de Nähl k.* (an den Fingernägeln k.). **3.** (übertr.) langsam sprechen. (11)

Käu|erei, de [‚køyə'reɪ·] <N.; ~e [-ə'reɪə] (Pl. ungebr.)> {5.1.3}: Kauen, (verächtl.) langsames Kauen.

Käu|es, der ['køyəs] <N.; ~|ese> {5.1.3}: Kaugummi.

Kauf, der [koʊ̯f] <N.; Käuf [køyf]>: Kauf.

kaufe ['koʊ̯fə] <V.; unr.; han; kaufte ['koʊ̯ftə]; gekauf [jə'koʊ̯f]>: kaufen, gegen Bezahlung erwerben; **op Schrupp k.* (auf Kredit k.). (106)

Käuf|er, der ['køyfe] <N.; ~>: Käufer.

Kauf|es, et ['koʊ̯fəs] <N.; ~|ese/~|ese>: Kaufhaus.

Kauf|lade, der ['koʊ̯f‚la·də] <N.; ~|läde>: Kaufladen.

Kauf|lück ['koʊ̯f‚lʏk] <N.; Pl.> {s. u. ↑Lück¹}: Kaufleute.

kaum [koʊ̯m] <Adv.>: kaum.

Käu|verzäll, der [‚køyfe'tsɛl] <N.; kein Pl.>: Unsinn, langweiliges, sinnloses Geschwätz [auch: ↑Käu (2), ↑Futz|verzäll, ↑Piss|verzäll, ↑Dress|verzäll, ↑Schwaad|verzäll ↑Seck (2), ↑Seck|verzäll].

Kavalör|es, der [‚kava'lø·rəs] <N.; ~|ese/~|ese>: Kavalier [auch: ↑Tupp|es, ↑Luschewa/ ↑Lischowa].

Kavents|mann, der [ka'vɛnts‚man] <N.; ~|männer>: großes, ansehnliches Stück, Prachtexemplar [auch: ↑Kabänes (1) ↑Kratz|hannes].

Kaviar, der ['kavɪ‚ja·ɐ̯] <N.; o. Pl.>: Kaviar, Rogen vom Stör; **Kölsche K.* (frische Blutwurst mit Zwiebeln [auch: *Flönz met Musik*]).

kaviere/~eere [ka'vi·(ɐ̯)rə / -e·rə] <V.; schw./unr.; han; kavierte [ka'vi·ɐ̯tə]; kaviert [ka'vi·ɐ̯t]>: zusichern, bestimmt versichern, garantieren, verbürgen: *Dat ~n ich dir.* (Das kann ich dir versichern.) [auch: ↑ver|bürge (2)]. (3) (2)

Kay|gass ['kaɪ̯jas] <N.; Straßenn.> {s. u. ↑Gass¹}: Kaygasse; Straße in Köln-Altstadt/Süd. Sie wurde nach der dort lebenden Familie *Keige, Keye* od. *Keie* benannt, die seit 1257 als bekannt überliefert wird. Die Straße kommt in dem bekannten Lied der Vier Botze „En der Kaygass Nummer Null" vor.

Keesch, de [ke·ʃ] <N.; ~e> {5.2.1.1.1; 8.3.1}: Kirsche.

Keesch|baum, der ['ke·ʃ‚boʊ̯m] <N.; ~|bäum [-bøy·m]> {s. u. ↑Keesch}: Kirschbaum.

Keesch|blöt, de ['ke·ʃ‚blø·t] <N.; ~e> {s. u. ↑Keesch ↑Blöt}: Kirschblüte.

Keesche|zigg, de ['ke·ʃə‚tsɪk] <N.; ~e (Pl. ungebr.)> {s. u. ↑Keesch ↑Zigg}: Kirschenzeit, Reifezeit der Kirschen.

keesch|groß ['ke·ʃ‚ro·s] <Adj.; ~e> {s. u. ↑Keesch}: kirschgroß. Tbl. A7.2.2

Keesch|holz, et ['ke·ʃ‚holts] <N.; o. Pl.> {s. u. ↑Keesch ↑Holz}: Kirschholz.

Keesch|kään, der ['ke·ʃ‚kɛ·n] <N.; ~e> {s. u. ↑Keesch ↑Kään}: Kirschkern.

Keesch|koche, der ['ke·ʃ‚ko·xə] <N.; ~> {s. u. ↑Keesch ↑Koche}: Kirschkuchen.

keesch|rud ['ke·ʃ‚ru·t] <Adj.; ~e> {s. u. ↑Keesch ↑rud}: kirschrot. Tbl. A2.1

Keesch|saff, der ['ke·ʃ‚zaf] <N.; ~|säff> {s. u. ↑Keesch ↑Saff}: Kirschsaft.

Keesch|taat, de ['ke·ʃ‚ta·t] <N.; ~e> {s. u. ↑Keesch ↑Taat}: Kirschtorte.

Kehr/Kihr, de [ke·ɐ̯ / ki·ɐ̯] <N.; ~e> {8.3.1}: Kehre, **1.** Wendung an einem Weg, Wegebiegung, Straßenkurve; **de K. krige* (rechtzeitig fertig werden, regeln, hinbekommen): *Ich krige hügg Morge de K. nit.* (Ich werde heute Morgen mit meiner Arbeit nicht fertig.). **2. a)** das Wenden, die Wendung.; **b)** Rückkehr, Umkehr; [auch: ↑Kurv, ↑Drih (1)].

kehre¹/kerre ['ke·rə / 'kerə] <V.; kerre veraltet; schw.; han; kehrte ['ke·ɐ̯tə]; gekehrt [jə'ke·ɐ̯t]>: kehren, fegen, mit dem Besen reinigen [auch: ↑fäge (1)]. (31) (107)

kehre² ['ke·rə] <V.; schw.; han; kehrte ['ke·ɐ̯tə]; gekehrt [jə'ke·ɐ̯t]>: kehren, drehen, wenden. (31)

Kehr|männ|che, et ['ke·ɐ̯‚mɛn·fjə] <N.; ~r>: Straßenreiniger, Müllmann.

Kehr|schöpp, de [ˈkeːɐ̯ˌʃøp] <N.; ~e> {s. u. ↑Schöpp}: Kehrschaufel.

keile, sich [ˈkaɪlˑə] <V.; schw.; han; keilte [ˈkaɪlˑtə]; gekeilt [jəˈkaɪlˑt]>: sich keilen/prügeln/raufen/balgen [auch: ↑kiele²]. (45)

Keil|reeme, der [ˈkaɪlˌreːmə] <N.; ~> {s. u. ↑Reeme}: Keilriemen.

Keim|zell, de [ˈkaɪmˌtsɛlˑ] <N.; i. best. Komposita *Keim*, sonst ↑Kiem²; ~e [-tsɛlə]> {11; s. u. ↑Zell}: Keimzelle.

kei(n) [keɪ(n)] <Indefinitpron. betont; 3. Pers. Sg. Neutr. Nom. u. Akk.; *kein* vor Vokal od. „h">: kein, keins, **1.** <attr.> **a)** nicht (irgend)ein: *k. Wood sage* (k. Wort sagen); **b)** nichts an: *k. Geld* (k. Geld); **c)** kehrt das zugehörige Adj. ins Gegenteil: *Dat es k. schlääch Boch.* (Das ist k. schlechtes Buch, sondern ein recht gutes). **2.** <allein stehend> durch hervorhebende Umstellung aus eigtl. attr. Gebrauch verselbstständigt: *Geld hät dä k.* (Geld hat der k.). Tbl. P7.4

kein [keɪn] <Indefinitpron. betont; Sg. fem. Nom. u. Akk u. Pl. Nom., Dat. u. Akk.> {8.3.1}: keine, **1.** <attr.> **a)** nicht (irgend)ein: *k. Lück kenne* (k. Leute kennen); **b)** nichts an: *k. Zigg* (~e Zeit) **c)** kehrt das zugehörige Adj. ins Gegenteil: *Dat es k. schläächte Frau.* (Das/Sie ist k. schlechte (eine recht gute) Frau); **d)** vor Zahlwörtern; nicht ganz: *Dä es noch k. 18.* (Der ist noch k. 18.). **2.** <allein stehend> durch hervorhebende Umstellung aus eigtl. attr. Gebrauch verselbstständigt: *Loss han ich k.* (Lust habe ich ~e.). Tbl. P7.4

keine [ˈkeɪnə] <Indefinitpron. betont; 3. Pers. Sg. mask. Nom. u. Akk.> {9.2.1.1}: kein, keinen. Tbl. P7.4

keinem [ˈkeɪnəm] <Indefinitpron. betont; 3. Pers. Sg. mask. u. Neutr. Dat.>: keinem. Tbl. P7.4

keiner¹ [ˈkeɪnə] <Indefinitpron. betont; 3. Pers. Sg. fem. Dat.>: keiner: *Hä käuf k. Frau Blome.* (Er kauft k. Frau Blumen.). Tbl. P7.4

keiner² [ˈkeɪnə] <Indefinitpron. betont; allein stehend>: keiner, keinen, niemand: *K. bewäg sich!* (K. rührt sich!); *Ich kenne k., dä dat deit.* (Ich kenne k., der das macht.).

keiner|lei [ˈkeɪnəleɪˑ] <unbest. Gattungsz.; indekl>: keinerlei.

keins [keɪns] <Indefinitpron. betont; Sg. Neutr. Nom. u. Akk. von ↑kei(n); indekl.> {8.2.2.3}: kein(e)s.

Kell, de [kɛlˑ] <N.; ~e [ˈkɛlə] ⟨mhd. kelle, ahd. kella⟩>: Kelle. **1.** großer Schöpflöffel. **2.** aus einer flachen, runden Scheibe an einem Stiel bestehendes Gerät, mit dem best., auf größere Entfernung sichtbare Signale gegeben werden können. **3.** Maurerwerkzeug zum Auftragen u. Glätten des Mörtels.

Keller, der [ˈkɛlɐ] <N.; ~(e)>: Keller.

Keller|dür/~|dör, de [ˈkɛlɐˌdyːɐ̯ / -døːɐ̯] <N.; ~|dürre/ ~|dörre [-dʏrə / -dørə] (unr. Pl.)> {s. u. ↑Dür/Dör}: Kellertür.

Keller|ei, de [ˌkɛləˈreɪˑ] <N.; ~e [-eɪə]>: Weingut mit Lagerkellern für Wein od. Sekt.

Keller|finster, de/et [ˈkɛlɐˌfɪnstɐ] <N.; ~e> {s. u. ↑Finster}: Kellerfenster.

Keller|trapp/~|trepp, de [ˈkɛlɐˌtrap / -trɛp] <N.; ~e> {s. u. ↑Trapp ↑Trepp}: Kellertreppe.

Kenn¹, et [kenˑ] <N.; ~e> {5.5.2}: Kinn.

Kenn², der [kɛn] <N.; kein Pl.>: Kenntnis: *keine K. vun jet han* (keine K. über etwas besitzen, etw. nicht kennen).

kenne [ˈkɛnə] <V.; unr.; han; kannt [ˈkant]; gekannt [jəˈkant]>: kennen, vertraut sein; ***Dat hatt ich ävver nit gekannt!*** (Das hat mich völlig überrascht.). (35)

kenne|liere/~|leere [ˈkɛnəˌliˑ(ɐ)rə / -leːrə] <trennb. Präfix-V.; schw.; han; lierte k. [ˈliˑtə]; ~|geliert [-jəˌliˑɐ̯t]> {s. u. ↑liere}: kennenlernen. (3) (2)

Kenn|hoke, der [ˈkenˑˌhoːkə] <N.; ~> {s. u. ↑Kenn¹ ↑Hoke}: Kinnhaken.

Kenn|lad, de [ˈkenˑˌlaˑt] <N.; ~e> {s. u. ↑Kenn¹ ↑Lad}: Kinnlade, Unterkiefer; **[RA]** *Do fällt mer de K. erav.* (Da fällt mir die K. herunter.).

Kenn|reeme, der [ˈkenˑˌreːmə] <N.; ~> {s. u. ↑Kenn¹ ↑Reeme}: Kinnriemen.

Kenn|wasser, et [ˈkenˑˌvasɐ] <N.; o. Pl.> {s. u. ↑Kenn¹}: Kinnwasser, **a)** Speichelansammlung; **b)** (übertr.) Hunger, Appetit; **c)** (übertr.) Lust.

Kenn|wood, et [ˈkɛnˌvɔːt] <N.; ~|wööder [-vœˑdə]> {s. u. ↑Wood¹}: Kennwort.

Kenn|zeiche, et [ˈkɛnˌtsɛɪʃə] <N.; ~>: Kennzeichen.

kentere [ˈkɛntərə] <V.; schw.; sin; kenterte [ˈkɛntətə]; gekentert [jəˈkɛntət]>: kentern. (4)

Kerker, der [ˈkɛrkɐ] <N.; ~e>: Kerker.

Kern|energie, de [ˈkɛrnˌenɐˌjiˑ] <N.; i. best. Komposita *Kern*, sonst ↑Kään; o. Pl.> {11}: Kernenergie.

Kern|kraff, de [ˈkɛrnˌkraf] <N.; i. best. Komposita *Kern*, sonst ↑Kään; o. Pl.> {11; s. u. ↑Kraff}: Kernkraft.

Kern|kraff|strom, der ['kɛrnkraf‚ʃtroːm] <N.; i. best. Komposita *Kern*, sonst ↑Kään; o. Pl.> {11; s. u. ↑Kraff}: Kernkraftstrom.

Kern|seif, de ['kɛrn‚zeɪ̯f] <N.; i. best. Komposita *Kern*, sonst ↑Kään; ~e> {11; s. u. ↑Seif}: Kernseife.

kerre/kehre[1] ['kerə / 'keːrə] <V.; *kerre* veraltet; unr.; *han*; kehrte ['keːɐ̯tə]; gekehrt [jə'keːɐ̯t]> {5.3.4; 5.5.2}: kehren, fegen [auch: ↑fäge (1)]. (107) (31)

Kerv/Kirv, et [kerf / kɪrf] <N.; ~e> {5.5.2; 6.1.1; 8.3.1}: Kerbe, **1.** schmale, nach innen (unten) spitz zulaufende Vertiefung. **2.** Gesäßspalte.

kerve/kirve ['kerˑvə / 'kɪrˑvə] <V.; schw.; *han*; kervte ['kerˑftə]; gekerv [jə'kerˑf]> {5.5.2; 6.1.1}: kerben. (66)

Kervel/Kirvel, der ['kerˑvəl / 'kɪrˑvəl] <N.; kein Pl.> {5.5.2; 6.1.1}: Kerbel.

Kess, de [kes] <N.; Keste ['kestə]; ~che [-jə]> {5.5.2; 8.3.1; 8.3.5}: Kiste, **1.** großer rechteckiger Behälter. **2.** (scherzh.) Fernseher: *Setz de ald widder vör dä K.?* (Siehst du schon wieder fern?). **3.** (abw.) Sarg. **4.** (scherzh.) Bett. **5.** (übertr.) Homosexueller, Tunte [auch: ↑Tunt].

Kesse, et ['kesə] <N.; ~; Kess|el|che ['kesəlçə]> {5.5.2}: Kissen.

Kesse|be|zog, der ['kesəbə‚tsox] <N.; ~|zög> {s. u. ↑Kesse ↑Zog[1]}: Kissenbezug.

Kessel, der ['kɛsəl] <N.; ~e; ~che>: Kessel.

Kessels|fleck|er, der ['kɛsəls‚flekɐ] <N.; ~> {5.5.2}: Kesselflicker.

kestlig ['kestɪʃ] <Adj.; ~e; ~er, ~ste> {5.5.2}: tuntig, bei Homosexuellen: übertrieben die femininen Eigenschaften hervorkehrend: *Dä es ävver ärg k.!* (Der ist aber sehr t.!). Tbl. A5.2

Ketsch[1], de [ketʃ] <N.; Ketsche ['kedʒə]>: Delle, Kerbe, Einschnitt [auch: ↑Katsch].

Ketsch[2], de [ketʃ] <N.; Ketsche ['kedʒə]>: Kerngehäuse.

Kett, de [kɛt] <N.; ~e> {8.3.1}: Kette.

kette ['kɛtə] <V.; schw.; *han*; ~|gekett [-jəkɛt]>: ketten, mit einer Kette anbinden, an etw. befestigen: *dä Hungk an ene Plock k.* (den Hund an einen Pflock k.). (113)

Kette|blom, de ['kɛtə‚bloːm] <N.; ~e> {s. u. ↑Blom}: Löwenzahn, Kettenblume [auch: ↑Blǫs|lämp|che].

Kette||karusell, et ['kɛtəkarə‚zɛlˑ / -karʊ‚sɛlˑ] <N.; ~s> {s. u. ↑Karusell}: Kettenkarussell.

Ketten|hungk, der ['kɛtən‚hʊŋk] <N.; ~|hüng [-hyŋˑ]> {s. u. ↑Hungk}: Kettenhund.

Kette|rauch|er, der ['kɛtə‚rɔʊ̯xɐ] <N.; ~>: Kettenraucher.

Kette|säg, de ['kɛtə‚zɛˑʃ] <N.; ~e> {s. u. ↑Säg}: Kettensäge.

Kette|schlǫt, der (*et* veraltet) ['kɛtə‚ʃlɔˑt] <N.; kein Pl.> {s. u. ↑Schlǫt}: Löwenzahnblättersalat (der), (wörtl.) Kettensalat.

Keuch|hoste, der ['kɔʏ̯ʃ‚hoˑstə] <N.; kein Pl.> {s. u. ↑Hoste}: Keuchhusten.

Keup|strǫß ['kɔʏ̯p‚ʃtrɔˑs] <N.; Straßenn.> {s. u. ↑Strǫß}: Keupstraße; Straße inn Köln-Mülheim. Die Straße wurde benannt nach Maria Sibylle Petronella Keup (*1811 †1890), die im Jahre 1868 durch die Schenkung eines Hauses, eines Grundstücks u. einer Geldsumme die Grundlage schuf für den Bau des Dreikönigshospitals, das 1975 geschlossen wurde.

Kevver, der/de ['kevɐ] <N.; ~e> {5.3.2; 5.5.2; 6.5.2}: Käfer, **1.** zur Ordnung der Insekten gehörendes Tier. **2.** Taschenuhr.

kevvere/kivvere ['kevərə / 'kɪvərə] <V.; schw.; *han*; kevverte ['kevɐtə]; gekevvert [jəkevet]> {9.2.1.2}: kernen, Samenfrüchte (Bohnen, Erbsen usw.) aus der Schote lösen. (4)

Kevvere|dos, de ['kevərə‚doˑs] <N.; ~e> {9.1.1; s. u. ↑Kevver ↑Dos}: Käferdose, Dose/Schachtel, in der Kinder gefangene Mai- u. Marienkäfer verwahren.

kicke[1] ['kɪkə] <V.; schw.; *han*; kickte ['kɪktə]; gekick [jə'kɪk]> {5.4; 6.12.3}: gucken [auch: ↑luure/loore, ↑sinn]. (88)

kicke[2] ['kɪkə] <V.; schw.; *han*; kickte ['kɪktə]; gekick [jə'kɪk]>: kicken, bolzen, Fußball spielen [auch: ↑scheeße (3)]. (88)

Kiddel, der ['kɪdəl] <N.; ~e> {6.11.3}: Kittel.

Kiefer[1], der ['kiːfɐ] <N.; ~e>: Kiefer; Schädelknochen, in dem die Zähne sitzen.

Kiefer[2], de ['kiːfɐ] <N.; ~e>: Kiefer, **1.** harzreicher Nadelbaum. **2.** <o. Pl.> Holz der Kiefer.

Kiefer|nǫdel/~|nǫl, de ['kiːfɐ‚nɔːdəl / -nɔˑl] <N.; ~|nǫdele/ ~|nǫlde> {s. u. ↑Nǫdel/Nǫl}: Kiefernnadel.

Kiel, der [kiːl] <N.; ~e> {5.1.4.5}: Keil, Werkzeug aus Holz od. Metall.

kiele[1] ['kiˑlə] <V.; schw.; *han*; kielte ['kiˑltə]; gekielt [jə'kiˑlt] {5.1.4.5}: keilen, **1.** Baum keilen, spalten. **2.** <sich k.>

sich prügeln [auch: ↑bimse (2), ↑bläue, ↑dresche (2), ↑drop|haue, ↑kamesöle, ↑kloppe (2), ↑pisele, ↑prinze, ↑prügele, ↑schlage/ schlonn, ↑schmecke¹, ↑schnave, ↑wachse², ↑wichse (2), *einem e paar ↑trecke]. (45)

kiele², sich ['ki·lə] <V.; schw.; han; keilte ['kaɪl·tə]; gekeilt [jə'kaɪl·t]> {5.1.4.5}: sich keilen/prügeln/raufen [auch: ↑keile]. (45)

Kiem¹, de [ki·m] <N.; ~e> {8.3.1}: Kieme, Atmungsorgan von Fischen.

Kiem², der [ki:m] <N.; ~e> {5.1.4.3}: Keim, Schößling einer Pflanze.

Kiem|bladd, et ['ki:m,blat] <N.; ~|blädder> {s. u. ↑Kiem² ↑Bladd}: Keimblatt.

kieme ['ki·mə] <V.; schw.; han; kiemte ['ki·mtə]; gekiemp [jə'ki·mp]> {5.1.4.5}: keimen, Keime ausbilden, zu sprießen beginnen; *en Ääz am K. han (eine Erbse am Keimen haben = verrückt sein, spinnen). (122)

Kiep, de [ki:p] <N.; ~e> {8.3.1}: Kiepe, hoher Tragkorb, der auf dem Rücken getragen wird.

kiep|ig ['ki:pɪŋ] <Adj.; ~e; ~er, ~ste>: knauserig, geizig [auch: ↑kniest|ig, ↑karr|ig, ↑schrabb|ig]. Tbl. A5.2

Kiep|ig|keit, de ['ki:pɪŋkeɪt] <N.; o. Pl.>: Geiz [auch: ↑Karrig|keit, ↑Kniep|ig|keit, ↑Kniest|ig|keit ↑Schrabb|ig|keit].

kieve ['ki·və] <V.; schw.; han; kievte ['ki·ftə]; gekiev [jə'ki·f]> {5.1.4.5; 6.5.2}: keifen. (158)

Kihr/Kehr, de [ki·ɐ̯ / ke·ɐ̯] <N.; ~e> {5.4; 8.3.1}: Kehre, **1.** Wendung an einem Weg, Wegebiegung, Straßenkurve; *de K. krige (rechtzeitig fertig werden, regeln, hinbekommen): Ich krige hügg Morge de K. nit. (Ich werde heute Morgen mit meiner Arbeit nicht fertig.). **2. a)** das Wenden, die Wendung.; **b)** Rückkehr, Umkehr; [auch: ↑Kurv, ↑Drih (1)].

Killo|gramm, et ['kɪlo,jram] <N.; ~>: Kilogramm [gebräuchl.: Killo od. zwei Pund (zwei Pfund)].

Killo|meter, der [ˌkɪlo'me·tɐ] <N.; ~e>: Kilometer.

Killo|meter|geld, et [kɪlo'me·tɐ,jɛlt] <N.; o. Pl.>: Kilometergeld.

Killo|meter|stein, der [kɪlo'me·tɐˌʃteɪn] <N.; ~ [-ʃteɪ·n]>: Kilometerstein.

Killo|meter|zäll|er, der [kɪlo'me·tɐˌtsɛlɐ] <N.; ~> {5.3.4}: Kilometerzähler.

kimmele ['kɪmələ] <V.; schw.; han; kimmelte ['kɪmɛltə]; gekimmelt [jə'kɪmɛlt]>: essen. (6)

Kind, et [kɪnt] <N.; ~er>: Kind; *met K. un Kägel (allesamt; mit Kind und Kegel) [auch: ↑Panz, ↑Stropp, ↑Quǫs, ↑Kingk (veraltet)].

Kind|dauf, de ['kɪnd,doʊf] <N.; ~e> {s. u. ↑Dauf}: Kindtaufe.

Kinder|fess, et ['kɪndɐ,fɛs] <N.; ~|feste> {s. u. ↑Fess}: Kinderfest.

Kinder|gaade, der ['kɪndɐ,ja·də] <N.; ~|gääde> {s. u. ↑Gaade}: Kindergarten [auch: ↑Ver|wahr|schull].

Kinder|geld, et ['kɪndɐ,jɛlt] <N.; o. Pl.>: Kindergeld.

Kinder|kranke|huus, et ['kɪndɐ,kraŋkəhu:s] <N.; ~|hüüser [-hy·zə]> {s. u. ↑Huus}: Kinderkrankenhaus.

Kinder|krank|heit, der ['kɪndɐ,kaŋkheɪt] <N.; ~e>: Kinderkrankheit.

Kinder|krǫm, der ['kɪndɐ,krɔ·m] <N.; kein Pl.> {s. u. ↑Krǫm}: Kinderkram.

kinder|leich ['kɪndɐˌleɪç] <Adj.; ~te> {8.3.5}: kinderleicht, einfach, simpel. Tbl. A4.1.1

Kinder|mäd|che, et ['kɪndɐˌmɛ·tʃə] <N.; ~r>: Kindermädchen.

Kinder|sǫtz, der ['kɪndɐ,zets] <N.; ~(e)> {s. u. ↑Sǫtz}: Kindersitz.

Kinder|spill, et ['kɪndɐˌʃpɪl] <N.; ~ [-ʃpɪl·]> {s. u. ↑Spill}: Kinderspiel.

Kinder|wage, der ['kɪndɐ,va·ʀə] <N.; ~>: Kinderwagen.

Kinder|zemmer, et ['kɪndɐˌtsemɐ] <N.; ~e> {s. u. ↑Zemmer}: Kinderzimmer.

Kind|heit, de ['kɪn·dheɪt] <N.; o. Pl.>: Kindheit.

Kinema, et ['kɪnəma·] <N.; ~s ‹engl. cinema›> {2}: Kino, **1.** Lichtspielhaus. **2. [RA]** Maach nit su e K.! (Mach nicht so ein Theater!).

Kingk, et [kɪŋk] <N.; veraltet; Kinder ['kɪndɐ] {6.7}: Kind [auch: ↑Kind, ↑Panz, ↑Stropp, ↑Quǫs].

Kinkerlitz|che, et ['kɪŋkɐˌlɪtsjə] <N.; nur Diminutiv; ~r>: Kinkerlitzchen, Nichtigkeiten, Albernheiten.

Kipp¹, de [kɪp] <N.; ~e> {8.3.1}: Kippe, Spitze, bes.: Zigarettenstummel.

Kipp², de [kɪp] <N.; ~e> {8.3.1}: Kippe, kurz für ↑Mǫll|kipp/ Müll|~.

Kipp|aasch, der ['kɪp,a:ʃ] <N.; ~|ääsch> {s. u. ↑Aasch}: großes Gesäß; (wörtl.) Kipparsch.

kippe ['kɪpə] <V.; schw.; kippte ['kɪptə]; gekipp [jə'kɪp]>: kippen, **1.** <sin> sich neigen, das Übergewicht bekommen: *vum Stohl k.* (vom Stuhl k.). **2.** <han> aus seiner ruhenden Lage in eine schräge Stellung bringen: *Mer müsse dat Schaaf k.* (Wir müssen den Schrank k.). **3.** <han> (den Inhalt von etw.) durch Neigen, Schräghalten des Behältnisses ausschütten: *Sand op de Stroß k.* (Sand auf die Straße k.). **4.** <han> (ein (scharfes) alkoholisches Getränk) meist schnell, mit einem Zug trinken: *eine kippe* (einen Schnaps trinken) [auch: ↑petsche (2)]. (75)

Kipp|finster, de/et ['kɪp.fɪnstɐ] <N.; ~e> {s. u. ↑Finster}: Kippfenster (das) [auch: ↑Daach|finster ↑Läuve|finster ↑Stipp|finster].

Kirch, de [kɪrfj] <N.; ~e> {8.3.1}: Kirche.

Kirche|bank, de ['kɪrfjə,baŋk] <N.; ~|bänk>: Kirchenbank.

Kirche|chor, der ['kɪrfjə,koːɐ̯] <N.; ~|chör>: Kirchenchor.

Kirche|deen|er, der ['kɪrfjə,deːnɐ] <N.; ~> {s. u. ↑Deen|er}: Kirchendiener.

Kirche|fess, et ['kɪrfjə,fɛs] <N.; ~|feste> {s. u. ↑Fess}: Kirchenfest.

Kirche|finster, de/et ['kɪrfjə,fɪnstɐ] <N.; ~e> {s. u. ↑Finster}: Kirchenfenster (das).

Kirche|gäng|er, der ['kɪrfjə,jɛŋɐ] <N.; ~>: Kirchgänger [auch: ↑Hellige-Fott-Angenies].

Kirche|glock, de ['kɪrfjə,jlɔk] <N.; ~e> {s. u. ↑Glock}: Kirchenglocke.

Kirche|johr, et ['kɪrfjə,joː(ɐ̯)] <N.; ~e> {s. u. ↑Johr}: Kirchenjahr.

Kirche|kuns, de ['kɪrfjə,kʊns] <N.; ~|küns> {s. u. ↑Kuns}: Kirchenkunst.

Kirche|leed, et ['kɪrfjə,leːt] <N.; ~er> {s. u. ↑Leed}: Kirchenlied.

Kirche|musik, de ['kɪrfjə,mʊzɪk] <N.; o. Pl.> {s. u. ↑Musik}: Kirchenmusik.

Kirche|muus, de ['kɪrfjə,muːs] <N.; ~|müüs [-myːs]> {s. u. ↑Muus}: Kirchenmaus.

Kirche|rääch, et ['kɪrfjə,rɛːfj] <N.; ~te> {s. u. ↑Rääch}: Kirchenrecht.

Kirche|register, et ['kɪrfjərə,jɪstɐ] <N.; ~e>: Kirchenregister.

Kirche|scheff, et ['kɪrfjə,ʃef] <N.; ~e> {s. u. ↑Scheff}: Kirchenschiff.

Kirche|schlössel, der ['kɪrfjə,ʃløsəl] <N.; ~e> {s. u. ↑Schlössel}: Osterglocke, gelbe Narzisse [auch: ↑Oster|glock].

Kirche|stüür/~|stöör, de ['kɪrfjə.ʃtyːɐ̯ / -ʃtøːɐ̯] <N.; ~e> {s. u. ↑Stüür/Stöör}: Kirchensteuer.

Kirch|hoff, der ['kɪrfj,hɔf] <N.; ~|höff> {s. u. ↑Hoff}: Friedhof [auch: ↑Fried|hoff].

Kirch|hoffs|kapell, de ['kɪrfj,hɔfska,pɛlˑ] <N.; ~e [-ka,pɛlə]> {s. u. ↑Hoff ↑Kapell¹}: Friedhofskapelle.

Kirch|hoffs|muur/~|moor, de ['kɪrfjhɔfs,muːɐ̯ / -moːɐ̯] <N.; ~e> {s. u. ↑Hoff ↑Muur/Moor¹}: Friedhofsmauer.

Kirch|hoffs|rauh, de ['kɪrfjhɔfs,roʊ̯ˑ] <N.; kein Pl.> {s. u. ↑Hoff ↑Rauh}: Friedhofsruhe.

Kirch|toon, der ['kɪrfj,toːn] <N.; ~|töön [-tøːn]> {s. u. ↑Toon}: Kirchturm [auch: Kirch|turm].

Kirch|turm, der ['kɪrfj,tʊrm] <N.; ~|türm [-tʏrˑm]> {s. u. ↑Turm}: Kirchturm [auch: Kirch|toon].

Kirmes, de ['kɪrməs] <N.; ~se>: Kirmes, **1.** Jahrmarkt. **2.** Kirchweihe.

Kirmes|bud, de ['kɪrməs,buːt] <N.; ~e> {s. u. ↑Bud}: Kirmesbude, Jahrmarktsbude, Jahrmarktsstand.

kirre [kɪrə] <V.; schw.; han; kirrte ['kɪxtə] gekirr [jə'kɪx]>: zähmen. (93)

Kirv/Kerv, et [kɪrf / kerf] <N.; ~e> {5.4; 6.1.1; 8.3.1}: Kerbe, **1.** schmale, nach innen (unten) spitz zulaufende Vertiefung. **2.** Gesäßspalte.

kirve/kerve ['kɪrˑvə / 'kerˑvə] <V.; schw.; han; kirvte ['kɪrˑftə]; gekirv [jə'kɪrˑf]> {5.4; 6.1.1}: kerben. (66)

Kirvel/Kervel, der ['kɪrˑvəl / 'kerˑvəl] <N.; kein Pl.> {5.4; 6.1.1}: Kerbel.

Kis, der [kiˑs] <N.; ~ (Sortenpl.)> {5.4; 8.3.1}: Käse, aus Milch hergestelltes Nahrungsmittel; *Röggelche met K.* (Roggenbrötchen mit mittelaltem Holländer K. u. Senf; auch: *halve Hahn*); *ene fuule K.* (Faulpelz).

Kis|bläddche, et ['kiˑs,blɛtfjə] <N.; nur Diminutiv; ~r> {s. u. ↑Kis ↑Bladd}: Käseblättchen, (spött.) kleine Zeitung, die nichts Wesentliches enthält.

Kisel, der ['kɪzəl] <N.; ~e> {5.3.2.3; 7.4}: Kiesel, **1.** kleiner Stein. **2.** Hagelkorn.

Kis|koche, der ['kiˑs,kɔxə] <N.; ~> {s. u. ↑Kis ↑Koche}: Käsekuchen.

Kis|koosch, de ['kiˑs,koːʃ] <N.; ~te> {s. u. ↑Kis ↑Koosch}: Käsekruste, Käserinde.

Kis|metz, et ['kiˑs,mɛts] <N.; ~er> {s. u. ↑Kis ↑Metz}: Käsemesser.

Kiss, der [kɪs] <N.; kein Pl.> {5.3.4}: Kies, grobkörniger od. steiniger Sand.

Kiss|kuhl/~|kuul, de ['kɪsˌkuˑl] <N.; ~e> {s. u. ↑Kiss}: Kiesgrube.
kitsch|ig ['kɪtʃɪfj] <Adj.; ~e; ~er, ~ste>: kitschig. Tbl. A5.2
kitte [kɪtə] <V.; schw.; han; gekitt [jə'kɪt]>: kitten, verkitten, mit Kitt ausfüllen/abdichten. (113)
kitzele ['kɪt̢sələ] <V.; schw.; han; kitzelte ['kɪt̢səltə]; gekitzelt [jə'kɪt̢səlt]> {9.2.1.2}: kitzeln. (6)
kitzel|ig ['kɪt̢səlɪfj] <Adj.; ~e; ~er, ~ste>: kitzelig. Tbl. A5.2
Kivitt, de [kɪ'vɪt] <N.; ~e; ~che>: Schildmöwentaube; *schääl K. (Schimpfw.).
Kivver|ääz, de ['kɪveˌɛːt̢s] <N.; ~e> {s. u. ↑Ääz¹}: grüne, aus der Schale gelöste Erbse.
kivvere/kevvere ['kɪvərə / 'kevərə] <V.; schw.; han; kivverte ['kɪvetə]; gekivvert [jəkɪvet]> {9.2.1.2}: kernen, Samenfrüchte (Bohnen, Erbsen usw.) aus der Schote lösen. (4)
Kiwif, der [ki'viːf] <N. ⟨frz. „Qui vive?"⟩>: Hut, Achtsamkeit; *om K. sin/stonn (aufpassen, Obacht geben, auf dem Posten sein, parat (bereit) stehen; auf der Hut sein).
Klaaf¹, der [klaːf] <N.; ~s>: Gespräch, Gerede, Plauderei, bes.: *Kölsche K.* (die kölnische Sprache, Mundart).
Klaaf², de [klaːf] <N.; o. Pl.>: geschwätzige Frau.
klaafe ['klaːfə] <V.; schw.; han; klaafte ['klaːftə]; geklaaf [jə'klaːf]>: erzählen, reden, **1.** ein Schwätzchen halten, plaudern [auch: ↑kalle, ↑plappere, ↑quasele, ↑quatsche¹, ↑redde/ rede, ↑schnäbbele, ↑schnaddere (2), ↑schwaade, ↑schwätze² (1)]. **2.** verraten, tratschen [auch: ↑klatsche (6), ↑schwätze² (3), ↑tratsche (2), ↑us|quasele, ↑us|quatsche (1)]. (108)
Klaaf|muul, de ['klaːfˌmuːl] <N.; ~|müüler/~|muule> {s. u. ↑Muul}: Tratschmaul (das), Schwätzer [auch: ↑Tratsch|muul, ↑Seiver|muul, ↑Seiver|schnüss, ↑Brei|muul, ↑Schwaad|schnüss, ↑Tratsch²].
klabastere [kla'bastərə] <V.; schw.; han; klabasterte [kla'bastetə]; klabastert [kla'bastet]> {9.2.1.2}: klabastern, schwerfällig, langsam gehen: *Ich ben gester en de Stadt klabastert.* (Ich bin gestern gemächlich in die Stadt gegangen.) [auch: ↑dötze]. (4)
Kläbbel, der ['klɛbəl] <N.; ~e>: Schmutzklümpchen, Dreckspritzer [auch: ↑Knies¹].
kläbbele ['klɛbələ] <V.; schw.; han; kläbbelte ['klɛbəltə]; gekläbbelt [jə'klɛbəlt]> {9.2.1.2}: beschmutzen [auch: ↑be|knase, ↑be|schmuddele, ↑knase, ↑knüsele (a), ↑schmuddele, ↑ver|knüsele]. (6)

kladunjele, sich [kla'dʊnjələ] <V.; schw.; han; kladunjelte [kla'dʊnjəltə]; kladunjelt [kla'dʊnjəlt]> {9.2.1.2}: sich schminken/herausputzen. (6)
klaffe ['klafə] <V.; schw.; han; klaffte ['klaftə]; geklaff [jə'klaf]>: klaffen, Spalte/Zwischenraum bilden. (27)
kläffe ['klɛfə] <V.; schw.; han; kläffte ['klɛftə]; gekläff [jə'klɛf]>: kläffen [auch: ↑belle]. (27)
Klag, de [klaˑx] <N.; ~e ['klaˑʀə] {8.3.1}: Klage.
klage ['klaˑʀə] <V.; schw.; han; klagte ['klaˑxtə]; geklag [jə'klaˑx]>: klagen, **1. a)** jammern; **b)** sich beschweren. **2.** bei Gericht Klage führen. (103)
Klage|leed, et ['klaˑʀəˌleˑt] <N.; ~er> {s. u. ↑Leed}: Klagelied.
Klage|muur/~|moor, de ['klaˑʀəˌmuˑɐ̯ / -moˑɐ̯] <N.; ~e> {s. u. ↑Muur/Moor¹}: Klagemauer.
Kläg|er, der ['klɛˑjɐ] <N.; ~>: Kläger.
Klammer, de ['klamɐ] <N.; ~e; Klämmer|che ['klɛmɐfjə]>: Klammer.
Klammer|aap, de ['klamɐˌaːp] <N.; ~e> {s. u. ↑Aap}: Klammeraffe (der), **1.** Affenart. **2.** scherzh.: @ = at-Zeichen.
Klammer|büggel, der ['klamɐˌbʏɡəl] <N.; ~e> {s. u. ↑Büggel}: Klammerbeutel.
Klämmer|che, et ['klɛmɐfjə] <N.; nur Diminutiv; ~r>: Klämmerchen, Haarklammer.
klammere ['klamərə] <V.; schw.; han; klammerte ['klametə]; geklammert [jə'klamet]> {9.2.1.2}: klammern, **1.** mit einer Klammer zusammenhalten. **2.** <sich k. aan>: sich krampfhaft festhalten an. (4)
Klammer|gass, et ['klamɐˌjas] <N.; o. Pl.> {s. u. ↑Gass¹}: ein Kartenspiel.
Klammer|greff, der ['klamɐˌjref] <N.; ~e> {s. u. ↑Greff}: Klammergriff.
Klang, der [klaŋ] <N.; Kläng [klɛŋˑ]>: Klang.
Klang|färv, de ['klaŋˌfɛrˑf] <N.; ~e> {s. u. ↑Färv}: Klangfarbe.
Klapp, de [klap] <N.; ~e> {8.3.1}: Klappe, **1.** bewegliche Vorrichtung zum Öffnen u. Schließen: *Maach die K. op!* (Öffne die K.!). **2.** (salopp, meist abw.) Mund: *Hald de K.!* (Sei still!) [auch: ↑Bäbbel, ↑Bagger (2), ↑Belder|lade, ↑Bleff, ↑Bratsch (1), ↑Fress (1), ↑Lappe (4), ↑Mungk, ↑Muul, ↑Rand (2), ↑Schnäbbel, ↑Schnauz, ↑Schnüss].
Klapp|bedd, et ['klapˌbɛt] <N.; ~er> {s. u. ↑Bedd}: Klappbett [auch: ↑Schrank|bedd].

klappe ['klapə] <V.; schw.; *han*; klappte ['klaptə]; geklapp [jə'klap]>: klappen, **1.** etw. in eine best. Richtung bewegen. **2.** eine Klappe betätigen: *op un zo k.* (auf und zu k.). **3.** gelingen [auch: ↑fluppe, ↑ge|linge, ↑glöcke]; **[RA]** *Klapp et? – Eja, un wann et zesammeklapp.* (Klappt es? – Ja, und wenn es zusammenklappt.). (75)

klappere ['klapərə] <V.; schw.; *han*; klapperte ['klapɐtə]; geklappert [jə'klapɐt]> {9.2.1.2}: klappern. (4)

Klapper|hoff, Em [em,'klapɐ,hɔf] <N.; Straßenn.> {s. u. ↑Hoff}: Im Klapperhof; Straße in Köln-Alstadt/Nord. Der Klapperhof war ein Gutshof, der seit 1617 nach seinem damaligen Besitzer Jakob Klapper benannt wurde. Zuvor war der Hof im Besitz verschiedener Eigentümer u. wechselte auch entsprechend seiner Besitzer mehrere Male seinen Namen. Erstmals wurde er 1271 urkundlich erwähnt. Im Haus Nummer 14 wohnte der Jurist u. Dombauförderer August Reichensperger.

Klapper|schlang, de ['klapɐˌʃlaŋˑ] <N.; ~e [-ʃlaŋə]> {s. u. ↑Schlang}: Klapperschlange.

Klapp|metz, et ['klap,mɛts] <N.; ~er> {s. u. ↑Metz}: Klappmesser.

Klapp|radd, et ['klap,rat] <N.; ~|rädder; ~|rädd|che> {s. u. ↑Radd}: Klapprad.

Klapp|stohl, der ['klap,ʃtoˑl] <N.; ~|stöhl {s. u. ↑Stohl¹}: Klappstuhl.

Klaps|müll, de ['klaps,mʏlˑ] <N.; ~e [-mʏlə]> {s. u. ↑Müll¹}: Irrenanstalt, Irrenhaus, psychiatrische Klinik [auch: ↑Doll|huus, ↑Jecken|aanstalt].

kläre ['klɛˑrə] <V.; schw.; *han*; klärte ['klɛˑɐtə]; geklärt [jə'klɛˑɐt]>: klären, **1. a)** durch Untersuchungen feststellen; **b)** <sich k.> sich herausstellen. **2. a)** reinigen; **b)** <sich k.> sauber, klar werden. (21)

Klarinett, de [ˌklari'nɛt] <N.; ~e> {8.3.1}: Klarinette.

Klarinett|iss, der [ˌklarɪnɛ'tɪs] <N.; ~|iste>: Klarinettist.

Klass, de [klas] <N.; ~e> {8.3.1}: Klasse.

Klasse|boch, et ['klasə,boˑx] <N.; ~|böcher> {s. u. ↑Boch¹}: Klassenbuch.

Klassen|arbeid, de ['klasənar,bɐɪˑt] <N.; ~e> {s. u. ↑Arbeid}: Klassenarbeit.

Klasse|zemmer, et ['klasə,tsɛmə] <N.; ~e> {s. u. ↑Zemmer}: Klassenzimmer.

~|klass|ig ['klasɪʃ] <Suffix; adjektivbildend; ~e>: -klassig, einer gewissen Klasse zugehörig, ein gewisses Ansehen haben, i. Vbdg. m. Ordinalz.: *drett~, eets~* (dritt~, erst~). Tbl. A5.2

Klatsch, de [klatʃ] <N.; ~e>: Ohrfeige [auch: ↑Gelz (3), ↑Juv¹, ↑Fimm, ↑Firm|bängel, ↑Tatsch, ↑Wa|männ|che, ↑Tachtel, ↑Knall|zigar, ↑Ohr|fig, ↑Denk|zeddel (b), *e ↑Dillen|dötz|che krige*].

Klätsch¹, der [klɛtʃ] <N.; ~e>: Schlag, **1. a)** Schlag, das Schlagen; **b)** elektr. Schlag. **2. a)** durch falsche Lagerung od. Zubereitung matschig gewordene Speise; **b)** kleine Zutat wie Senf, Butter, Ketchup od. Ä. zum Essen, nach Augenmaß bemessen: *ene K. Mostert* (ein S. Senf).

Klätsch², de [klɛtʃ] <N.; ~e> {5.4; 8.3.1}: Klatsche.

Klätsch|aug, et ['klɛtʃˌoʊˑx] <N.; ~e [-oʊʀə]> {s. u. ↑Aug}: Triefauge.

klatsche ['klatʃə] <V.; schw.; *han*; klatschte ['klatʃtə]; geklatsch [jə'klatʃ]>: klatschen, **1.** applaudieren. **2.** (zu)schlagen: *Klatsch de Dür nit esu!* (Schlag die Tür nicht so laut zu!); *Dä hät mer e paar geklatsch.* (Er hat mich geohrfeigt.) [auch: ↑erunder|haue/erunger|~, ↑klätsche (1), ↑lange, ↑latsche (2), ↑scheuere, ↑tachtele, ↑tatsche, ↑titsche (2), ↑watsche, ↑zoppe (2), *einem e paar ↑trecke, *einem eine ↑schmiere/ schmeere*]. **3.** werfen: *Ich han dat Boch en de Eck geklatsch.* (Ich habe das Buch in die Ecke geworfen.) [auch: ↑schmacke]. **4.** stark regnen: *Et es am Klatsche.* (Es regnet sehr stark.) [auch: ↑siefe (1)]. **5.** hörbar fallen. **6.** etw. ausplaudern [auch: ↑klaafe (2), ↑schwätze² (3), ↑tratsche (2), ↑us|quasele, ↑us|quatsche (1)]. (110)

klätsche ['klɛtʃə] <V.; schw.; *han*; klätschte ['klɛtʃtə]; geklätsch [jə'klɛtʃ]> {5.4}: klatschen, **1.** leicht schlagen [auch: ↑erunder|haue/erunger|~, ↑klatsche (2), ↑lange, ↑latsche (2), ↑scheuere, ↑tachtele, ↑tatsche, ↑titsche (2), ↑watsche, ↑zoppe (2), *einem e paar ↑trecke, *einem eine ↑schmiere/ schmeere*. **2.** grob auftragen, auf bzw. an etw. schmieren. **3.** *eine geklätsch krige* (einen elektr. Schlag erhalten). **4.** etw. Weiches klatschend an/auf etw. streichen; *Klätsch, minge Mann es Müürer* (scherzh. wenn man einen Schlag Sahne, Senf od. Ä. aufträgt). (110)

Klätsch|frisur~/|frisor, de ['klɛtʃfrɪˈzuˑɐ / -frɪˈzoˑɐ] <N.; ~e> {s. u. ↑Frisur/Frisor}: fettige Haare.

klätsch|ig ['klɛtʃɪʃ] <Adj.; ~e; ~er, ~ste>: klebrig, **1.** teigig, schmierig. **2.** triefend (auf Augen bezogen). Tbl. A5.2

Klatsch|kis, der ['klatʃˌki·s] <N.; o. Pl.> {s. u. ↑Kis}: Quark, (wörtl.) Klatschkäse.

Klatsch|kis|strudel, der ['klatʃki·sˌʃtru:dəl] <N.; ~> {s. u. ↑Kis}: Quarkstrudel, mit Quark gefüllter Strudel.

Klätsch|kopp, der ['klɛtʃˌkɔp] <N.; ~|köpp> {s. u. ↑Kopp}: **a)** fettendes ungepflegtes Haar; **b)** (übertr.) Mensch mit fettendem, ungepflegtem Haar.

Klatsch|mohn, der [klatʃˌmo·n] <N.; o. Pl.> {s. u. ↑Mohn}: Klatschmohn [auch: ↑Schlofˌmohn].

Klatsch|muul, de ['klatʃˌmu·l] <N.; ~|müüler/~|muule> {s. u. ↑Muul}: Plappermaul (das) [auch: ↑Schwaad|schnüss, ↑Seiver|muul, ↑Seiver|schnüss].

klätsch|naaß ['klɛtʃ'na:s] <Adj.; ~e> {5.4; s. u. ↑naaß}: klatschnass, triefnass, tropfnass: *Ich han ~e Hoore.* (Ich habe ~e Haare.); <subst.> *zwesche K. un Knochendrüg* (Antwort, wenn man die genaue Ortsangabe nicht kennt, (wörtl.) zw. K. und Knochentrocken) [auch: ↑seck|naaß, ↑piss|naaß]. Tbl. A1

Klatsch|rus, de ['klatʃˌru·s] <N.; ~e> {s. u. ↑Rus}: Klatschmohn, (wörtl.) Klatschrose.

Klau, de [klao̯·] <N.; ~e ['klao̯ə]> {8.3.1}: Klaue.

Kläu, der [kløy̑] <N.> {5.1.3; 8.3.1}: Diebstahl, Klauen (das); *mem Höhnerkläuche* (diplomatisch geschickt, mit Fingerspitzengefühl).

kläue ['kløyə] <V.; schw.; *han*; kläute ['kløy̑·tə]; gekläut [jə'kløy̑·t]> {5.1.3}: klauen, stehlen [auch: ↑av|kläue (1), ↑jöcke³, ↑mopse, ↑räubere, ↑raube, ↑ripsche, ↑stelle³, ↑stritze]. (11)

Kläu|manes, der [kløy'ma·nəs] <N.; ~se> {s. u. ↑kläue}: Dieb [auch: ↑Deev].

Kläv, der [klɛ:f] <N.; kein Pl.> {5.4; 6.1.1; 8.3.2}: Kleber, Klebriges.

Kläv|botz, de ['klɛ:fˌbɔts] <N.; ~e> {s. u. ↑Kläv}: jmd., der nicht weggeht, z. B. aus der Kneipe (dessen Hose „kleben bleibt") [auch: ↑Kläv|broder, ↑Kläv|ledder].

Kläv|broder, der ['klɛ:fˌbro·də] <N.; ~|bröder> {s. u. ↑Kläv ↑Broder}: jmd., der nicht weggeht, z. B. aus der Kneipe (der „kleben bleibt") [auch: ↑Kläv|ledder, ↑Kläv|botz].

kläver|ig ['klɛ:vərɪç] <Adj.; ~e; ~er, ~ste> {5.4; 9.1.1}: klebrig [auch: ↑klevver|ig]. Tbl. A5.2

Kläv|es, der ['klɛ:vəs] <N.; o. Pl.> {5.4; 6.1.1}: Klebstoff, Klebemittel, Kleber.

Kläv|ledder, et ['klɛ:fˌledə] <N.; ~e> {s. u. ↑Kläv ↑Ledder}: jmd., der nicht weggeht, z. B. aus der Kneipe (der „kleben bleibt") [auch: ↑Kläv|botz, ↑Kläv|broder].

Kläv|schmölz|che, et ['klɛ:fˌʃmœltsˌjə] <N.; ~r> {s. u. ↑Kläv ↑Schmölz|che}: unermüdliche Trinkges (die „kleben bleibt").

Kled|age, de [kle'da·ʃ] <N.; scherzh. französierende Bildung zusges. aus „Kleid" u. der frz. Endung „-age"; ~ [kle'da·ʒə]>: Kleidung.

Klei, de [klei̯·] <N.; ~e (Sortenpl.)> {8.3.1}: Kleie.

Kleid, et [klei̯t] <N.; ~er; Kleid|che ['klei̯tʃə]>: Kleid.

kleide ['klei̯·də] <V.; schw.; *han*; kleidte ['klei̯·tə]; gekleid [jə'klei̯·t]>: kleiden [auch: ↑aan|dun (3), ↑aan|trecke (3b)]. (197)

Kleider|böösch, de ['klei̯dəˌbø:ʃ] <N.; ~te> {s. u. ↑Böösch}: Kleiderbürste.

Kleider|bügel, der ['klei̯dəˌby:jəl] <N.; ~e>: Kleiderbügel.

Kleider|hoke, der ['klei̯dəˌho·kə] <N.; ~> {s. u. ↑Hoke}: Kleiderhaken.

Kleider|rock, der ['klei̯dəˌrɔk] <N.; ~|röck>: Kleiderrock.

Kleider|schaaf, et ['klei̯dəˌʃa:f] <N.; ~|schääf(er)>: Kleiderschrank.

Kleider|ständ|er, der ['klei̯dəˌʃtɛn·də] <N.; ~>: Kleiderständer.

klein [klei̯·n] <Adj.; ~e; ~er, ~ste ['klei̯nə / 'klei̯nstə]>: klein, winzig. Tbl. A2.4

Klein Sand|kuul [klei̯n'zantˌku·l] <N.; Straßenn.> {s. u. ↑Kuul}: Kleine Sandkaul; Straße in Köln-Altstadt/Nord. Bei der Sandkaul handelt es sich um die Überreste einer aus der Eisenzeit stammenden Sanddüne, auf der zw. 1441 u. 1447 der Gürzenich gebaut wurde.

Klein Spetze|gass [klei̯n'ʃpetsəˌjas] <N.; Straßenn.> {s. u. ↑spetz ↑Gass¹}: Kleine Spitzengasse; Straße in Köln-Altstadt/Süd. Zu diesem Namen gibt es zwei Erklärungsvorschläge; der eine bezieht sich auf eine spitz hervorragende Häusergruppe; der andere auf eine spitz zulaufende Sackgasse.

Kleine Kreeg|maat [ˌklei̯nəˈkre·ʃˌma:t] <N.; Straßenn.> {s. u. ↑Kreeg ↑Maat}: Kleiner Griechenmarkt; Straße in Köln-Altstadt/Süd.

Klein|geis, der ['klei̯nˌjei̯s] <N.; ~ter> {s. u. ↑Geis¹}: Kleingeist.

Klein|ig|keit, de ['klei̯·nɪçkei̯t] <N.; ~e>: Kleinigkeit.

Klein|ig|keits|krimer, der ['kleːɾˌnɪŋkeɪ̯ts̩ˌkriːmə] <N.; ~> {s. u. ↑Krim|er}: Kleinigkeitskrämer, Umstandskrämer, Haarspalter [auch: ↑Pingels|fott, ↑Ääze|zäll|er, ↑Kränz|chens|drieß|er].

klein|kareet ['kleɪ̯nkaˌreːt] <Adj.; ~e> {s. u. ↑kareet}: kleinkariert, (abw.) kleinlich, engstirnig, spießbürgerlich [auch: ↑pingel|ig (2)]. Tbl. A1

Klein|kreeg, der ['kleɪ̯nˌkreːŋ] <N.; ~e> {s. u. ↑Kreeg}: Kleinkrieg.

Klein|kuns, de ['kleɪ̯nˌkʊns] <N.; ~|küns> {s. u. ↑Kuns}: Kleinkunst.

klein|laut ['kleɪ̯nˌlou̯t] <Adj.; ~e>: kleinlaut. Tbl. A1

klein|lich ['kleɪ̯nlɪŋ] <Adj.; ~e; ~er, ~ste>: kleinlich. Tbl. A1

klein|möd|ig ['kleɪ̯nˌmøːdɪŋ] <Adj.; ~e; ~er, ~ste>: kleinmütig. Tbl. A5.2

Klein|stadt, de ['kleɪ̯nˌʃtat] <N.; ~|städt>: Kleinstadt.

Kleister, der ['kleɪ̯stɐ] <N., ~ (Sortenpl.)>: Kleister (Klebstoff aus Stärke u. Wasser).

kleistere ['kleɪ̯stərə] <V.; schw.; han; kleisterte ['kleɪ̯stətə]; gekleistert [jə'kleɪ̯stət]> {9.2.1.2}: kleistern, Kleister auf z. B. Tapetenbahnen schmieren. (4)

Klemm, de [klɛmˑ] <N.; ~e ['klɛmə]> {8.3.1}: Klemme.

Klemm-op, der [klɛmˈlop] <N.; kein Pl.> {s. u. ↑op²}: Efeu, Kletterpflanze, Schlingpflanze; *ene hellige **Klemm-op-de-Lück** (Scheinheiliger).

klemme¹ ['klɛmə] <V.; st.; sin; klomm [klom]; geklomme [jə'klomə]> {5.5.2}: klimmen, klettern; *op jet k. (erklettern, erklimmen, ersteigen). (109)

klemme² ['klɛmə] <V.; schw.; han; klemmte ['klɛmˑtə]; geklemmp [jə'klɛmˑp]>: klemmen, 1. einquetschen. 2. stehlen. (40)

Klemm|rus, de ['klɛmˌruːs] <N.; ~e> {s. u. ↑Rus}: Kletterrose.

Klemm|seil, et ['klɛmˌzeɪ̯l] <N.; ~/~e ['zeɪ̯l(ə)]>: Kletterseil.

Klemm|zog, der ['klɛmˌtsox] <N.; ~|zög> {5.5.2; s. u. ↑Zog¹}: Klimmzug.

Klett, de [klɛt] <N.; ~e> {8.3.1}: Klette.

Klette|berg ['klɛtəˌbɛrŋ] <N.; Ortsn.>: Klettenberg (Stadtteil von Köln).

Klette|berg|göödel [ˌklɛtəbɛrŋˈjøːdəl] <N.; Straßenn.> {s. u. ↑Göödel}: Klettenberggürtel; Teil der Gürtel als dritten Ringstraße um den linksrheinischen Stadtkern in Köln-Klettenberg. Der Gürtel stellt eine Verbindung zw. den linksrheinischen Kölner Stadtteilen her. Klettenberg gehört seit dem 1.4.1888 neben anderen ehemaligen Dörfern zur Stadt Köln.

klevve ['klevə] <V.; unr.; han; klävte ['klɛːftə]; gekläv [jə'klɛːf]> {5.3.4; 5.5.2; 6.1.1}: kleben, 1. durch Klebstoff an/auf etw. haften: *Ungerm Desch kläv ene Käues.* (Unter dem Tisch klebt ein Kaugummi.); *k. blieve (sitzen bleiben; in der Schule nicht versetzt werden); *einem eine k. (jmd. eine Ohrfeige geben); *eine k. han (betrunken sein). 2. Klebkraft haben: *Dat kläv god.* (Das klebt gut.). 3. a) klebrig sein: *Die Kamell kläv.* (Das Bonbon klebt.); b) etw. an sich kleben haben: *Dä Desch kläv voll Käues.* (Der Tisch klebt voll Kaugummi.). 4. etw. an etw. befestigen: *en Breefmark op de Kaat k.* (eine Briefmarke auf die Karte k.). (22)

klevver|ig ['klevərɪŋ] <Adj.; ~e; ~er, ~ste> {5.3.2; 5.5.2; 6.1.1; 9.1.1}: klebrig [auch: ↑kläver|ig]. Tbl. A5.2

klicke ['klɪkə] <V.; schw.; han; klickte ['klɪktə]; geklick [jə'klɪk]>: klicken, 1. einen kurzen, feinen, metallisch klingenden Ton von sich geben: *Dä Fotoapparat hät noch nit geklick.* (Die Kamera hat noch nicht geklickt.). 2. <unpers.> begreifen, verstehen: *Hät et jetz endlich bei dir geklick?* (Hast du das jetzt endlich verstanden?) [auch: ↑be|griefe, ↑checke (2), ↑kapiere/~eere, ↑schnalle (2), ↑ver|stonn]. (88)

Klicker, der ['klɪkɐ] <N.; ~e>: Klicker, Murmel [auch: ↑Ommer].

Klie, de [kliː] <N.; kein Pl.> {5.1.4.2}: Klee.

Klie|bladd, et ['kliːˌblat] <N.; ~|blädder> {s. u. ↑Klie ↑Bladd}: Kleeblatt.

Klima|wähßel, der ['kliːmaˌvɛːsəl] <N.; ~e> {s. u. ↑Wähßel}: Klimawechsel.

klimpere ['klɪmpərə] <V.; schw.; han; klimperte ['klɪmpətə]; geklimpert [jə'klɪmpət]> {9.2.1.2}: klimpern. (4)

Kling, de [klɪŋˑ] <N.; ~e ['klɪŋə]> {8.3.1}: Klinge.

klinge ['klɪŋə] <V.; st.; han; klung [klʊŋ]; geklunge [jə'klʊŋə]>: klingen. (26)

Klingel, de ['klɪŋəl] <N.; ~e>: Klingel [gebräuchl.: ↑Schell].

Klingel|büggel, der ['klɪŋəlˌbʏɡəl] <N.; ~e> {s. u. ↑Büggel}: Klingelbeutel.

Klingel|knopp, der ['klɪŋəlˌknop] <N.; ~|knöpp> {s. u. ↑Knopp¹}: Klingelknopf [gebräuchl.: ↑Schelle|knopp].

Klingel|pötz, der ['klɪŋəlˌpøts] <N.; Eigenn.> {5.5.1}: Klingelpütz, a) Gefängnis, das bis zum Ende der sechziger Jahre an der gleichnamigen Straße lag. Inzwischen ist das Gefängnis nach Köln-Ossendorf umgezogen, wird aber noch immer K. genannt.; **b**) (übertr.) Gefängnis (allg.) [auch: ↑Blech², ↑Bau, ↑Knass]; **c**) <Straßenn.> Straße in Köln-Altstadt/Nord. Der Namensteil „Klingel" ist zurückzuführen auf den Grundbesitzer Clingelmann, „Pütz" auf einen Brunnen. Hier befand sich an einem Gartenweg ein Trink- u. Brauchwasserbrunnen. 1426 wurde hier das großflächige Augustinerkloster „Herrenlichnam" errichtet;. In den Jahren 1814 bis 1818 baute man an dieser Stelle das preußische Kriminalgefängnis, das bis 1968 bestand.

Klink, de [klɪŋk] <N.; ~e> {8.3.1}: Klinke.

Klipp, de [klɪp] <N.; ~e> {8.3.1}: Klippe.

klitze(|klein) ['klɪtsə('klɛˑn)] <Adj.; klitze nicht flektierbar; ~e>: klitzeklein, winzig, sehr klein: *Die Schmitze es e k. Fräuche.* (Frau Schmitz ist eine sehr kleine Frau.) [auch: ↑futze²]. Tbl. A2.4

klob|ig ['kloˑbɪʃ] <Adj.; ~e; ~er, ~ste>: klobig. Tbl. A5.2

Klo|böösch, de ['kloˑˌbøːʃ] <N.; ~te> {s. u. ↑Böösch}: Klobürste.

Klo|brell/~|brill, der ['kloˑˌbrel / -brɪl] <N.; ~e> {s. u. ↑Brell/Brill}: Klobrille (die).

Klo|deckel, der ['kloˑˌdɛkəl] <N.; ~e>: Klodeckel.

Klo|dör/~|dür, de ['kloˑˌdøːɐ̯ / -dyːɐ̯] <N.; ~|dörre/~|dürre [-døːrə / -dyːrə] (unr. Pl.)> {s. u. ↑Dör/Dür}: Toilettentür.

Klo|finster, de/et ['kloˑˌfɪnstɐ] <N.; ~e> {s. u. ↑Finster}: Toilettenfenster.

Klo|frau, de ['kloˑˌfraʊ̯] <N.; ~e> {s. u. ↑Frau}: Toilettenfrau.

klog [kloˑx] <Adj.; ~e ['kloˑɣə]; klöger, klögste ['kløˑjɐ / 'kløˑɣ̊stə]> {5.4}: klug. Tbl. A5.1.2

Kloos/Klöös, der [kloˑs / kløˑs] <N.; männl. Vorn. (niederl. Klas)> {5.1.3; 5.5.3}: Klaus; Zinter Kloos (St. Nikolaus).

Klöös|che, et ['kløˑsjə] <N.; nur Diminutiv; ~r> {5.1.3; 5.5.3}: Nachschlüssel, Dietrich, (wörtl.) Kläuschen.

Klo|papier, et ['kloˑˌpaˈpiːɐ̯] <N.; o. Pl.>: Toilettenpapier.

Klöpp [klœp] <N.; mask.; nur Pl.> {5.4; 6.8.1; 8.3.2}: Schläge, Haue, Prügel, Hiebe, Abreibung, (wörtl.) Klopf(en) [auch: ↑Prügel, ↑Schor|es, ↑Schrom (2), ↑Schrübb, *Balg Wachs, eine vör die Schwaad krige, Ress krige*].

kloppe ['klɔpə] <V.; schw.; *han*; kloppte ['klɔptə]; geklopp [jəˈklɔp]> {6.8.1}: klopfen. **1. a)** klopfen, schlagen: *der Teppich k.* (den Teppich k.) **b)** <unpers.> anklopfen: *Et klopp an der Dür.* (Es klopft an der Tür.); **c)** etw. in etw. hineinschlagen: *ene Nähl en de Wand k.* (einen Nagel in die Wand schlagen). **2.** <sich k.> sich prügeln: *Die han sich geklopp.* (Die haben sich geschlagen.) [auch: ↑bimse (2), ↑bläue, ↑dresche (2), ↑drop|haue, ↑kamesöle, ↑kiele¹ (2), ↑pisele, ↑prinze, ↑prügele, ↑schlage/schlonn, ↑schmecke¹, ↑schnave, ↑wachse², ↑wichse (2), *einem e paar ↑trecke*]. (75)

Kloppe, et ['klɔpə] <N.; kein Pl.> {6.8.1}: Klopfen.

klöppele ['klœpələ] <V.; schw.; *han*; klöppelte ['klœpəltə]; geklöppelt [jəˈklœpəlt]> {9.2.1.2}: klöppeln. (6)

Klopp|erei, de [ˌklɔpəˈreːɪ̯] <N.; ~e [-əˈreːɪ̯ə]>: Klopperei, Schlägerei [auch: ↑Schläg|erei].

Klopp|hengs, der ['klɔpˌhɛŋs] <N.; ~te> {s. u. ↑Hengs}: bes. wilder Hengst.

Klopp|zeiche, et ['klɔpˌtsɛɪ̯çə] <N.; ~> {6.8.1}: Klopfzeichen.

klor [kloːɐ̯] <Adj.; ~e; ~er, ~ste ['kloːre / 'klɔˑstə]> {5.5.3}: klar, **1.** durchsichtig, ungetrübt; deutlich: *k. Wasser* (~es Wasser), *en k. Zupp* (eine ~e Suppe); *ene ~e Himmel* (ein ~er (wolkenloser) Himmel); *~e Ömress* (~e Umrisse). **2.** nicht belegt/heiser, deutlich vernehmbar: *en k. Stemm* (eine ~e Stimme). **3.** sachlich-nüchtern: *ene ~e Gedanke* (ein ~er Gedanke). **4.** eindeutig, exakt, verständlich: *ene ~e Explizeer* (eine ~e Erklärung). Tbl. A2.6

Klör, de [kløːɐ̯] <N.; ~e ⟨frz. couleur⟩> {2}: **1.** Farbe, Färbung, Tönung [auch: ↑Färv (1)]; **2.** Gesichtsfarbe, Hautfarbe, Teint; [auch: ↑Färv (2) ↑Teint].

Klore, der ['kloːrə] <N.; ~> {5.5.3}: Klare, Schnaps, bes. Korn.

klöre ['klœˑ(ɐ̯)rə] <V.; schw.; *han*; klörte ['klœˑɐ̯tə]; geklört [jəˈklœˑɐ̯t]> {5.5.3}: kolorieren, bunt färben. (21)

Klor|heit, de ['kloˑhɛɪ̯t] <N.; ~e> {5.5.3}: Klarheit.

Klor|sich|höll/~|hüll, de ['kloˑzɪfɪˌhøl / -ˌhyl] <N.; i. best. Komposita *sich(t)*-, sonst auch ↑Seech; ~e [-høːlə]> {8.3.5; 11; s. u. ↑klor ↑Höll²/Hüll}: Klarsichthülle.

Klor|tex, der ['kloˑˌtɛks] <N.> {s. u. ↑klor ↑Tex}: Klartext.

Kloß, der [kloˑs] <N.; Klöß [kløˑs]>: Kloß, Knödel.

Klötsch, der [klœtʃ] <N.; ~e>: **a)** schwerer, massiger Mensch; **b)** jmd., der dauernd u. viel isst [auch: ↑Fress|klötsch].

Klotsche, der [ˈklɔdʒə] <N.; ~>: **1.** Clog, klobiger, hinten offener Holzschuh. **2.** holländische Holzpantine; [auch: ↑Klumpe].

Klotz, der/et [klɔts] <N.; Klötz [klœts]>: Klotz, **1.** Klumpen. **2.** <Pl.> (übertr.) **a)** Hoden; **b)** Lockenwickler [auch: ↑Locke|weckl|er, ↑Babbel|jött|che]; **c)** Kegel.

Klotz|aug, et [ˈklɔtsˌoʊˑx] <N.; ~e [-oʊɐ̯ə]> {s. u. ↑Aug}: Glotzauge, (wohl Vermischung von „glotzen" u. „Klotz").

klotz|ig [ˈklɔtsɪʃ] <Adj.; ~e; ~er, ~ste>: klotzig, **1. a)** von grober, kantiger Form; **b)** gewaltig, enorm. **2.** trotzig, dickköpfig, stur.   Tbl. A5.2

Klotz|kopp, der [ˈklɔtsˌkɔp] <N.; ~|köpp> {s. u. ↑Kopp}: Klotzkopf, trotziger Mensch, Dickkopf, Trotzkopf [auch: ↑Deck|kopp, ↑Trotz|kopp].

Klub, de [klʊp] <N.; ~s>: Pümpel, Saugglocke zur Abflussreinigung.

Kluck/Gluck, de [klʊk / ɟlʊk] <N.; ~e> {6.13.3; 8.3.1}: Glucke, brütende Henne.

Klümp|che, et [ˈklʏmpfʃə] <N.; nur Diminutiv; ~r>: Klümpchen, **a)** kleines Stück; **b)** bes. ↑Klümp|ches|zucker (Würfelzucker).

Klümp|ches|zucker, der [ˈklʏmpfʃəsˌtsʊkɐ] <N.> {9.1.2; s. u. ↑Klümp|che}: Würfelzucker.

klumpe [ˈklʊmpə] <V.; schw.; *han*; klumpte [ˈklʊmptə]; geklump [jəˈklʊmp]>: klumpen.   (180)

Klumpe, der [ˈklʊmpə] <N.; ~>: Klumpen, **1.** unförmiges Stück [auch: ↑Knubbel (2)]. **2.** Clog, klobiger, hinten offener Holzschuh. **3.** holländische Holzpantine; [auch: ↑Klotsche].

Klump|foß, der [ˈklʊmpˌfoˑs] <N.; ~|föß> {s. u. ↑Foß}: Klumpfuß.

klump|ig [ˈklʊmpɪʃ] <Adj.; ~e; ~er, ~ste>: klumpig, in/mit Klumpen.   Tbl. A5.2

Klüngel, der [ˈklʏŋəl] <N.>: Vetternwirtschaft, **1.** unlautere, eigennützige, geheime Abmachung zum persönlichen Vorteil. **2.** (trad.) *kölsche K.:* Verfahren nach dem Motto „Eine Hand wäscht die andere" ohne dem Allgemeinwohl zu schaden; d. h. Einsatz von kompetenten Kräften aus dem Bekanntenkreis unter Umgehung bürokratischer Umwege. Nicht abw., leider oft im Sinne von 1. missverstanden.

klüngele [ˈklʏŋələ] <V.; schw.; *han*; klüngelte [ˈklʏŋəltə]; geklüngelt [jəˈklʏŋəlt]> {9.2.1.2}: klüngeln.   (6)

Klüngel|ei, de [ˌklʏŋəˈleɪ̯] <N.; ~e [-eɪ̯ə]>: Klüngelei.

Klunt, de [klʊnt] <N.; ~e>: liederliche Frau, Hure, Schlampe.

Kluster, et [ˈkluˑstɐ] <N.; Klüster [ˈklyˑstɐ]> {5.4}: Kloster, **a)** Gebäude od. Gesamtheit der in einem Kloster lebenden Personen; **b)** <Diminutiv> *Klüsterche* (Kölner Krankenhaus in der Südstadt).

Kluster|broder, der [ˈkluˑstɐˌbroˑdɐ] <N.; ~|bröder> {s. u. ↑Kluster ↑Broder}: Klosterbruder, Mönch.

Klüster|che, et [ˈklyˑstɐfʃə] <N.; Eigenn.> {s. u. ↑Kluster}: Klösterchen. So genannt nach dem im 9. Jh. erbauten Severinskloster, das heute das Krankenhaus der Augustinerinnen ist.

Kluster|gaade, der [ˈkluˑstɐˌjaˑdə] <N.; ~|gääde> {s. u. ↑Kluster ↑Gaade}: Klostergarten.

Kluster|kirch, de [ˈkluˑstɐˌkɪrʃ] <N.; ~e> {s. u. ↑Kluster ↑Kirch}: Klosterkirche.

Kluster|muur/~|moor, de [ˈkluˑstɐˌmuˑɐ̯ / -moˑɐ̯] <N.; ~e> {s. u. ↑Kluster ↑Muur/Moor¹}: Klostermauer.

Kluster|pooz, de [ˈkluˑstɐˌpoːts] <N.; ~e> {s. u. ↑Kluster ↑Pooz}: Klosterpforte.

Kluster|schull, de [ˈkluˑstɐˌʃʊlˑ] <N.; ~e [-ʃʊlə]> {s. u. ↑Kluster ↑Schull}: Klosterschule.

Kluster|stroß [ˈkluˑstɐˌʃtroˑs] <N.; Straßenn.> {s. u. ↑Kluster ↑Stroß}: Klosterstraße; Straße in Köln-Lindenthal. Die Klosterstraße ist benannt nach dem Kloster „Vom Guten Hirten", in der die Schwestern eine sehr bekannte Einrichtung für sog. „gefallene Mädchen" führten. Heute werden dort Heilpädagogen ausgebildet.

Klut, de [kluːt] <N.; ~e>: **a)** früher Hafenarbeiter, sog. *Rhingroller* [auch: ↑Rhing|roller]; **b)** Karnevalskostüm bestehend aus schwarzer Hose, weißem Hemd mit roten Bändchen an den Ärmeln u. hoher Ballonmütze.

Klütte, der [ˈklʏtə] <N.; ~>: Brikett.

Klütte|buur/~|boor, der [ˈklʏtəˌbuːɐ̯ / -boːɐ̯] <N.; ~e [-buˑrə]> {s. u. ↑Buur/Boor}: Briketthändler.

klütte|schwatz [ˈklʏtəˈʃvats] <Adj.; ~e> {s. u. ↑schwatz}: pechschwarz, so schwarz wie Brikett.   Tbl. A1

Knääch, der [knɛːʃ] <N.; ~te> {5.2.1.2; 5.4}: Knecht.

Knaatsch¹, de [knaːtʃ] <N.; o. Pl.>: Jammerlappen, Heulsuse, weinerliche, jammernde Person [auch: ↑Gööz, ↑Küüm|brezel, ↑Kröötsch, ↑Krügg|che Röhr|mich|nit|aan (2), ↑Quaatsch, ↑Träne(n)|dier (1)].

Knaatsch², der [knaːtʃ] <N.; kein Pl.>: Streit [auch: ↑Strigg, ↑Knies² ↑Öschel].

knaatsche ['kna:tʃə] <V.; schw.; *han*; knaatschte ['kna:tʃtə]; geknaatsch [jə'kna:tʃ]> {5.2.1}: knatschen, weinen, heulen [auch: ↑bauze, ↑gringe (2), ↑hüüle, ↑kriesche, ↑quaatsche]. (110)

knaatsch|ig ['kna:tʃɪŋ] <Adj.; ~e; ~er, ~ste> {5.2.1}: knatschig, weinerlich, in weinerlicher Stimmung. Tbl. A5.2

Knaatsch|kopp, der ['kna:tʃˌkɔp] <N.; ~|köpp> {s. u. ↑Kopp}: ständig weinendes Kind [auch: ↑Gringpott].

Knäbbel, der ['knɛbəl] <N.; ~e>: Endstück vom Brot [auch: ↑Knuuz (5)].

knäbbele ['knɛbələ] <V.; schw.; *han*; knäbbelte ['knɛbəltə]; geknäbbelt [jə'knɛbəlt]> {9.2.1.2}: **1.** knabbern [auch: ↑knabbere, ↑knäuele (2), ↑knage, ↑nage]. **2.** <sich k.> sich zanken [auch: ↑fäge (4), ↑fetze, ↑käbbele, ↑öschele (3), ↑strigge, ↑zänke]. (6)

Knäbbel|ei, de [ˌknɛbə'leɪ̯ˑ] <N.; ~e [-eɪ̯ə]>: Zankerei, Nörgelei, Disput um Kleinigkeiten, oft nicht ganz ernst gemeint.

knabbere ['knabərə] <V.; schw.; *han*; knabberte ['knabətə]; geknabbert [jə'knabət]> {9.2.1.2}: knabbern [auch: ↑knäbbele (1), ↑knäuele (2), ↑knage, ↑nage]. (4)

Kna|bühß, de [kna'by·s] <N.; ~|büsse [-'bʏsə]> {s. u. ↑Bühß}: Knallbüchse, zusges. aus „Knall" u. „Büchse": scherzh. für das Gewehr des Traditionskorps „Kölsche Funke Rut-Wieß" u. anderen; die K. hat in der Mündung des Laufs ein Blumensträußchen: (Funkenbefehl:) *Präsenteet die K.!* (Präsentiert das Gewehr!).

Knack|aasch, der ['knakˌa:ʃ] <N.; ~|ääsch> {s. u. ↑Aasch}: fester, rundlicher Popo; (wörtl.) Knackarsch.

knacke ['knakə] <V.; schw.; *han*; knackte ['knaktə]; geknack [jə'knak]>: knacken, **1.** zerbrechen: *Nöss k.* (Nüsse k.) [auch: ↑knackse (1)]. **2.** aufbrechen: *ene Safe k.* (einen Safe k.) [auch: ↑op|breche, ↑op|knacke; ↑op|schlage/~|schlonn]. **3.** entschlüsseln: *ene Code k.* (einen Code k.). **4.** durch Belastung Geräusch von sich geben: *der Boddem knack* (der Boden knackt) [auch: ↑knackse (1), ↑knappe (2)]. (88)

Knäcke|brud, et ['knɛkəˌbru·t] <N.; ~e (Sortenpl.)> {s. u. ↑Brud}: Knäckebrot.

knack|ig ['knakɪŋ] <Adj.; ~e; ~er, ~ste>: knackig. Tbl. A5.2

Knacks, der [knaks] <N.; ~e>: Knacks, **1.** knackender Ton. **2.** Riss, Sprung, Beschädigung.

knackse ['knaksə] <V.; schw.; *han*; knackste ['knakstə]; geknacks [jə'knaks]>: knacksen, knacken, **1.** zerbre-

chen [auch: ↑knacke (1)]. **2.** durch Belastung Geräuch von sich geben [auch: ↑knacke (4), ↑knappe]. (87)

knage [kna·rə] <V.; schw.; *han*; knagte ['kna·xtə]; geknag [jə'kna·x]>: nagen, an etw. (Knochen, Brot o. ä) herumbeißen [auch: ↑knabbere, ↑knäbbele (1), ↑knäuele (2), ↑nage]. (103)

Knagge|dotz, der ['knagəˌdɔts] <N.; ~|dötz>: kleines Kind, das noch unbeholfen ist; Nesthäkchen [auch: ↑Kagge|dotz].

Knagg|es, der ['knagəs] <N.; ~|ese/~|ese>: kleines Kerlchen, Knirps [auch: ↑Futze|mann, ↑Kääl (2), ↑Pöösch|che].

Knaggewarius, der [ˌknagə'va:rɪʊs] <N.; kein Pl.>: (scherzh.) Säugling.

Knall[1], der [knal] <N.; Knäll [knɛlˑ]>: Knall.

Knall[2], de [knalˑ] <N.; ~e ['knalə] (Pl. selten)>: (abw., derb) Hure, Dirne, Nutte, Prostituierte.

Knall|ääz, de ['knalˌɛ:ts] <N.; ~e> {s. u. ↑Knall[1] ↑Ääz[1]}: Knallerbse.

Knall|blädd|che, et ['knalˌblɛtʃə] <N.; nur Diminutiv; ~r> {s. u. ↑Bladd}: Knallblättchen, Munition für Kinderpistölchen.

knalle ['knalə] <V.; schw.; *han*; knallte ['knalˑtə]; geknallt [jə'knalˑt]>: knallen, einen Knall erzeugen. (91)

Knall|effek, der ['knalˌefɛk] <N.; o. Pl.> {s. u. ↑Knall[1] ↑Effek}: Knalleffekt, Überraschung, Pointe.

knall|eng ['knalˌɛŋ] <Adj.; ~e> {s. u. ↑Knall[1] ↑eng}: knalleng, extrem eng. Tbl. A2.5

Knall|erei, de [ˌknalə'reɪ̯ˑ] <N.; ~e [-ə'reɪ̯ə]>: Knallerei, dauerndes, unangenehmes Knallen.

Knall|gas, et ['knalˌja·s] <N.; o. Pl.> {s. u. ↑Knall[1] ↑Gas}: Knallgas, leicht explosives Gasgemisch.

knall|hadd ['knal'hat] <Adj.; ~|haad(e) [-'ha·də]> {s. u. ↑hadd}: knallhart. Tbl. A7.2.1

Knall|kopp, der ['knalˌkɔp] <N.; ~|köpp> {s. u. ↑Kopp}: Knallkopf, Dummkopf [auch: ↑Blötsch|kopp, ↑Klotz|kopp].

knall|rud ['knal'ru·t] <Adj.; ~e> {s. u. ↑Knall[1] ↑rud}: knallrot, grellrot. Tbl. A2.1

Knall|zigaar, de ['knaltsɪˌja·(g)] <N.; ~e> {s. u. ↑Zigaar}: Knallzigarre, Ohrfeige [auch: ↑Gelz (3), ↑Juv[1], ↑Fimm, ↑Firm|bängel, ↑Tatsch, ↑Wa|männ|che, ↑Tachtel, ↑Ohr|fig, ↑Klatsch, ↑Denk|zeddel (b), *e* ↑Dillen|dötz|che krige].

knappe ['knapə] <V.; schw.; *han*; knappte ['knaptə]; geknapp [jə'knap]> {6.4.2}: knacken, klappern, einen kurzen, knappen Laut geben [auch: ↑knacke (4), ↑knackse (2)]. (75)

knapp|ig ['knapɪfj] <Adj.; ~e; ~er, ~ste> {6.4.2}: knackig, knusprig, kross: *en ~e Woosch* (eine knackige Wurst). Tbl. A5.2

Knapp|keesch, de ['knap‚ke:ʃ] <N.; ~e> {6.4.2; s. u. ↑Keesch}: Kirsche mit festem Fleisch; Herzkirsche; (wörtl.) Knackkirsche.

knapse ['knapsə] <V.; schw.; *han*; knapste ['knapstə]; geknaps [jə'knaps]>: knapsen, knausern, sparen. (87)

Knas, der [kna:s] <N.>: klebriger Schmutz, Schmiere [auch: ↑Kläbbel].

knase ['kna·zə] <V.; schw.; *han*; knaste ['kna·stə]; geknas [jə'kna·s]>: kleckern, sich bekleckern mit Klebrigem [auch: ↑be|knase, ↑be|schmuddele, ↑kläbbele, ↑knüsele (a), ↑schmuddele, ↑ver|knüsele]. (149)

Knass, der [knas] <N.; Knäss [knɛs]> {8.3.5}: Knast, Gefängnis [auch: ↑Blech², ↑Bleche Botz, ↑Bau (5), ↑Ge|fäng|nis].

Knass|pralin, de ['knaspra‚li:n] <N.; ~e>: Frikadelle [auch: ↑Brems|klotz, ↑Frikadell, ↑Elefante|mömmes].

knatsch|- [knatʃ] <Präfix>: nur i. Vbdg. m. Adj. zur Verstärkung: völlig, ganz, total; bes. mit Wörtern i. d. B. *verrückt: ~jeck, ~ verdötsch* (völlig verrückt).

knatsche ['knatʃə] <V.; schw.; *han*; knatschte ['knatʃtə]; geknatsch [jə'knatʃ]>: knatschen, schmatzen (i. d. B. weinen s. ↑knaatsche). (110)

knatsch|jeck ['knatʃjɛk] <Adj.; ~e>: vollkommen verrückt, bekloppt, hirnverbrannt [auch: ↑aad|ig (2), ↑av|ge|schmack, ↑be|klopp (a), ↑be|stuss, ↑be|titsch, ↑jeck (1), ↑kalver|ig, ↑läppsch, ↑rader|doll, ↑stapel|jeck/stabel|~, ↑ver|dötsch, ↑ver|kindsch, ↑ver|röck, *mem Bömmel behaue; en Ääz am Kieme/Wandere (han); (se) nit all op de Dröht/Reih (han); ene Nähl em Zylinder (han); ene Ratsch em Kappes (han); schwatz em Geseech (sin)*]. Tbl. A1

Knäuel, der ['knɔyəl / 'knøyəl] <N.; ~e>: Knäuel, zu einer Kugel aufgewickelter Faden, zusammengeknülltes Papier; auch Menschengewühl.

knäuele ['knɔyələ] <V.; schw.; *han*; knäuelte ['knɔyəltə]; geknäuelt [jə'knɔyəlt]> {9.2.1.2}: **1.** knäueln. **2.** herumknabbern [auch: ↑knabbere, ↑knäbbele (1), ↑knage]. (6)

Knauf, der [knoʊf] <N.; Knäuf [knɔyf]>: Knauf.

knedde ['knedə] <V.; schw.; *han*; geknedt [jə'knet]> {5.3.4; 5.5.2; 6.11.3}: kneten [auch: ↑knetsche]. (111)

Knedd|er, der ['knedɐ] <N.; ~> {5.3.4; 5.5.2; 6.11.3}: Kneter; Stampfer, bes. *Ääpels~, Äädäppels~* [auch: ↑Ääpels|knedd|er].

Knee, et [kne·] <N.; ~n> {5.1.4.3}: Knie.

Knee|beug, de ['kne·‚bøy·fj] <N.; ~e> {s. u. ↑Knee ↑Beug}: Kniebeuge.

knee/kneene ['kne·ə / 'kne·nə] <V.; *kneene* veraltend; schw.; *han*; kneete ['kne·tə]; gekneet [jə'kne·t]> {5.1.4.3}: knien, **1.** sich auf die Knie begeben: *Dä kneet op der Ääd.* (Er kniet auf dem Boden.); *Knee dich!* (Knie dich!). **2.** <sich k. en> sich intensiv mit einer Sache beschäftigen: *sich en de Arbeid k.* (sich in die Arbeit k.). (56) (44)

Knee|fall, der ['kne·‚fal] <N.; ~|fäll [-fɛl·]> {s. u. ↑Knee}: Kniefall, **a)** das Fallen auf beide Knie als Zeichen der Verehrung od. Unterwerfung; **b)** (übertr.) anhaltendes Bitten: *Muss ich jetz Kneefäll maache?* (Muss ich dich jetzt ununterbrochen darum bitten?).

knee|frei ['kne·‚freɪ] <Adj.; ~e> {5.1.4.3}: kniefrei. Tbl. A2.9

Knee|ge|lenk, et ['kne·jə‚lɛŋk] <N.; ~e> {s. u. ↑Knee}: Kniegelenk.

knee|lang ['kne·‚laŋ] <Adj.; ~e> {5.1.4.3}: knielang, bis ans Knie reichend. Tbl. A7.2.2

kneene/knee ['kne·nə / 'kne·ə] <V.; *kneene* veraltend; schw.; *han*; kneente ['kne·ntə]; gekneent [jə'kne·nt]> {5.1.4.3; 9.1.1}: knien; s. u. ↑knee/kneene. (44) (56)

Knee|schiev, de ['kne·‚ʃi·f] <N.; ~e> {s. u. ↑Knee ↑Schiev}: Kniescheibe.

Knee|strump, der ['kne·‚ʃtrʊmp] <N.; ~|strümp> {s. u. ↑Knee ↑Strump}: Kniestrumpf.

Kneff, der [knef] <N.; ~e> {5.5.2}: Kniff, **1.** Bügelfalte. **2.** zerknitterte Stelle. **3.** List.

knespele ['knespələ] <V.; schw.; *han*; knespelte ['knespəltə]; geknespelt [jə'knespəlt]> {9.2.1.2}: basteln, **1.** handw. (aus Hobby) arbeiten. **2.** [RA] *Zom Donnerknespel!* (Verdammt nochmal!). (6)

knestere ['knesterə] <V.; schw.; *han*; knesterte ['knestetə]; geknestert [jə'knestet]> {5.5.2; 9.2.1.2}: knistern. (4)

knetsche ['knetʃə] <V.; schw.; *han*; knetschte ['knetʃtə]; geknetsch [jə'knetʃ]> {5.3.4; 5.5.2}: kneten [auch: ↑knedde]. (110)

knibbele ['knɪbələ] <V.; schw.; *han*; knibbelte ['knɪbəltə]; geknibbelt [jə'knɪbəlt]> {9.2.1.2}: knibbeln. (6)
knibbel|ig ['knɪbəlɪŋ] <Adj.; ~e; ~er, ~ste> {6.5.3; 9.1.1}: knifflig. Tbl. A5.2
Knibbels|arbeid, de ['knɪbəls,ˌarbeːrt] <N.; ~e> {s. u. ↑Arbeid}: schwierige, knifflige Arbeit, die viel Zeit, Geschick u. Geduld fordert.
knicke ['knɪkə] <V.; schw.; *han*; knickte ['knɪktə]; geknick [jə'knɪk]>: knicken. (88)
Knieb|es, der ['kni:bəs] <N.; ~|ese/~|ese>: abw. für Kopf.
kniefe ['kni:fə] <V.; nur Part. II gebr.; st.; *han*; kneff ['knɛf]; gekneffe [jə'knɛfə]> {5.1.4.5}: **1.** kneifen, zwicken [auch: ↑petsche (1)]; *en de Fott gekneffe sin* (reingefallen, betrogen, veröppelt worden sein). **2.** kneifen, sich vor etw. drücken: *Dä hät ald widder gekneffe.* (Er hat sich schon wieder davor gedrückt.). (86)
kniepe ['kni:pə] <V.; schw.; *han*; kniepte ['kni:ptə]; gekniep [jə'kni:p]>: zwinkern. (75)
kniep|ig ['kni:pɪŋ] <Adj.; ~e; ~er, ~ste>: geizig, knauserig [auch: ↑kniest|ig, ↑karr|ig, ↑schrabb|ig]. Tbl. A5.2
Kniep|ig|keit, de ['kni:pɪŋkeɪt] <N.; o. Pl.>: Geiz [auch: ↑Karrig|keit, ↑Kiep|ig|keit, ↑Kniest|ig|keit ↑Schrabb|ig|keit].
Knies[1], der [kni:s] <N.>: Schmutz, alter, festhaftender, oft klebriger, speckiger Schmutz an Möbeln, Kleidungsstücken usw. [auch: ↑Knüsel].
Knies[2], der [kni:s] <N.>: Streit, Zank, Groll, länger andauernder Streit: *Die zwei han K.* (Die zwei haben S.) [auch: ↑Strigg, ↑Knaatsch[2] ↑Öschel].
Knies|büggel, der ['kni:s,bygəl] <N.; ~e> {s. u. ↑Büggel}: Geizhals, Geizkragen [auch: ↑Knies|kopp].
Knies|kopp, der ['kni:s,kɔp] <N.; ~|köpp> {s. u. ↑Kopp}: Geizhals, Geizkragen [auch: ↑Knies|büggel].
kniest|ig ['kni:stɪŋ] <Adj.; ~e; ~er, ~ste>: geizig, knauserig [auch: ↑karr|ig, ↑kniep|ig, ↑schrabb|ig]. Tbl. A5.2
Kniestig|keit, de ['kni:stɪŋkeɪt] <N.; o. Pl.>: Geiz [auch: ↑Karrig|keit, ↑Kiep|ig|keit, ↑Kniep|ig|keit, ↑Schrabb|ig|keit].
Knigg, de [knɪk] <N.; ~e> {5.3.4; 6.6.2; 6.13.5; 8.3.1}: Kreide [gebräuchl.: ↑Krigg].
knigge|wieß ['knɪgə'vi:s] <Adj.; ~e> {s. u. ↑Knigg ↑wieß}: kreideweiß, kreidebleich [auch: ↑krigge|wieß]. Tbl. A1
Kning, et [knɪŋ] <N.; ~> {5.3.2; 8.2.1}: Kaninchen [auch scherzh.: ↑Höppele|pöpp(el) (2)].

Knings|auge ['knɪŋˑsˌoʊʀə] <N.; Neutr.; nur Pl.> {s. u. ↑Kning}: Kaninchenaugen, gerötete Augen.
Knings|stall, der ['knɪŋˑsˌʃtal] <N.; ~|ställ [-ˌʃtɛlˑ]> {s. u. ↑Kning ↑Stall}: Kaninchenstall.
Knipp, der [knɪp] <N.; ~e>: Hügel, Steigung.
Knipp|knoche/Knitz|~, der ['knɪp,knɔxə / knɪts-] <N.; ~>: weicher Knochenteil, Vorstufe vom Knochen, z. B. an Rippen od. Ohren.
knipse[1] ['knɪpsə] <V.; schw.; *han*; knipste ['knɪpstə]; geknips [jə'knɪps]>: knipsen, **1.** mit den Fingern Geräusch erzeugen. **2.** Schalter betätigen. **3.** Fahrkarte entwerten. (87)
knipse[2] ['knɪpsə] <V.; schw.; *han*; knipste ['knɪpstə]; geknips [jə'knɪps]>: knipsen, fotografieren [auch: ↑foto|grafiere/~eere, *e Foto maache*]. (87)
Knitz|knoche/Knipp|~, der ['knɪts,knɔxə / knɪp-] <N.; ~>: weicher Knochenteil, Vorstufe vom Knochen, z. B. an Rippen od. Ohren.
knobele ['kno:bələ] <V.; schw.; *han*; knobelte ['kno:bəltə]; geknobelt [jə'kno:bəlt]> {9.2.1.2}: knobeln. (6)
Knob|lauch, der ['knɔp,loʊx] <N.>: Knoblauch.
Knob|lauch|botter, de ['knɔploʊx,botə] <N.; kein Pl.> {s. u. ↑Botter}: Knoblauchbutter.
Knob|lauch|woosch, de ['knɔploʊx,voːʃ] <N.; ~|wöösch> {s. u. ↑Woosch}: Knoblauchwurst.
Knob|lauch|zih, der ['knɔploʊx,tsiˑ] <N.; ~e> {s. u. ↑Zih}: Knoblauchzehe (die).
Knoche, der ['knɔxə] <N.; ~>: Knochen.
Knoche|bau, der ['knɔxə,boʊ] <N.; o. Pl.>: Knochenbau.
Knoche|dokter, der ['knɔxə,dɔktə] <N.; ~|döktersch> {s. u. ↑Dokter}: Orthopäde, Chirurg, Chiropraktiker [auch: ↑Knoche|fleck|er, ↑Chirurg].
knoche(n)|drüg ['knɔxə(n)'dryŋ] <Adj.; ~e [-dryjə]> {s. u. ↑drüg; 9.1.4}: knochentrocken (im Kölschen nur wörtlich, nicht im übertragenen Sinne „mit trockenstem Humor"); <subst.> *zwesche Klätschnaaß un K.* (Antwort, wenn man die genaue Ortsangabe nicht kennt: zw. Klatschnass und K.) [auch: ↑futz|drüg]. Tbl. A5.1.1
Knoche|fleck|er, der ['knɔxə,flekə] <N.; ~> {5.5.2}: (scherzh.) Orthopäde, Chirurg, Chiropraktiker [auch: ↑Knoche|dokter, ↑Chirurg].
Knoche|ge|rämsch, et ['knɔxəjə,rɛmʃ] <N.; ~e (Pl. ungebr.)>: Knochengerippe, Knochengerüst, **a)** Skelett; **b)** (übertr.) sehr dürrer, knochiger Mensch, Hänf-

knuutsche ['knu:tʃə] <V.; schw.; *han*; knuutschte ['knu:tʃtə]; geknuutsch [jə'knu:tʃ]>: **1.** knutschen, küssen [auch: ↑bütze, ↑schnüsele]. **2.** {5.1.3} knautschen, zerdrücken, knittern: *Knuutsch die Jack nit esu!* (Zerknitter die Jacke nicht so!) (110)

Knuutsch|fleck(e), der ['knu:ts̬‚flɛk(ə)] <N.; ~|flecke> {s. u. ↑knuutsche ↑Fleck/Flecke¹}: Knutschfleck, Lutschfleck [auch: ↑Lötsch|fleck(e)].

knuuve ['knu·və] <V.; schw.; *han*; knuuvte ['knu·ftə]; geknuuv [jə'knu·f]>: **1.** liebkosen [auch: ↑knüvvele, ↑hätschele (1), ↑karessiere/~eere, ↑poussiere/~eere]. **2.** basteln, tüfteln, mit Geduld/Geschick/Überlegung arbeiten: *Die Fackel häs de ävver schön geknuuv.* (Die Laterne hast du aber schön gebastelt.) [auch: ↑bastele, ↑fisternölle]. (158)

Knüüv|er, der ['kny·ve] <N.; ~>: **1.** eigenartiger, heimlichtuender Mensch, der selber gern seine Nase in alles hineinsteckt, nicht immer sauber im Denken u. Handeln ist. **2.** umständlicher, langsamer Arbeiter, Geduldsarbeiter, Tiftler. **3.** Kleinigkeitskrämer, Knauser, übersparsamer Mensch (Wrede).

Knuuv|erei, de [‚knu·və'reɪ̯] <N.; ~e [-ə'reɪ̯ə]>: Bastelei, Geschicklichkeitsübung, Tüftelarbeit.

Knuuz, de [knu:ts] <N.; ~e; Knüüz|che ['kny:tsjə]>: **1.** Schlag, Stoß, Knuff, Puff mit der Faust. **2.** Beule. **3.** Haarknoten. **4.** Handknöchel. **5.** Endstück des Brotes [auch: ↑Knäbbel]. **6.** <Knüüz|che>: Vorsprung, Hügel.

knuuze ['knu:tsə] <V.; schw.; *han*; knuuzte ['knu:tstə]; geknuuz [jə'knu:ts]>: puffen, mit der Faust od. mit den Fingerknöcheln stoßen. (112)

knüüze ['kny:tsə] <V.; schw.; *han*; knüüzte ['kny:tstə]; geknüüz [jə'kny:ts]>: begatten, bespringen, vögeln insbesondere von Vögeln gesagt [auch: ↑decke¹, ↑hegge; ↑höggele, ↑be|springe]. (112)

knüvvele ['knʏvələ] <V.; schw.; *han*; knüvvelte ['knʏvəltə]; geknüvvelt [jə'knʏvəlt] {9.2.1.2}: liebkosen, knuddeln [auch: ↑knuuve (1), ↑hätschele (1), ↑karessiere/~eere, ↑poussiere/~eere]. (6)

Knuvv|lauf, der ['knʊf‚loʊ̯f] <N.; veraltet> {5.3.2; 5.4; 6.1.1; s. u. ↑Lauf²/Lauch}: Knoblauch [auch: ↑Knob|lauch].

Köb|es, der ['kø·bəs] <N.; ~|ese/~|ese>: **1.** <männl. Vorn.> Kosef. von Jakob. **2.** Kellner in einer kölschen Wirtschaft. Seinen Namen erhielt er möglicherweise vom „Jakobsweg", über den die Lehrlinge in früheren Zeiten bis nach Santiago de Compostella pilgerten u. sich unterwegs den Lohn in ihrer gewohnten Tätigkeit verdienten. Man fragte: „Geihs de köbesse?": *K., du' mer noch e Kölsch!* (Herr Ober, bitte noch ein Kölsch!).

Köbes|che, et ['kø·bəsjə] <N.; Eigenn.>: Köbeschen (Jakob) Schmitz: Figur im Kölner Stockpuppentheater „Hänneschen-Theater"; Sohn von Tünnes u. Freund von Schäls Tochter Rösche.

Koch, der [kɔx] <N.; Köch [kœfj]>: Koch.

Köch, de [køfj] <N.; ~e> {5.5.1; 8.3.1}: Küche.

Koch|appel, der ['kɔx‚apəl] <N.; ~|äppel> {s. u. ↑Appel}: Kochapfel [auch: ↑Brei|appel].

Koch|boch, et ['kɔx‚bo·x] <N.; ~|böcher> {s. u. ↑Boch¹}: Kochbuch.

Koch|büggel, der ['kɔx‚bʏgəl] <N.; ~e> {s. u. ↑Büggel}: Kochbeutel, hitzebeständige Kunststofftüte zum Erhitzen von Reis o.ä.

Koch|döppe, et ['kɔx‚døpə] <N.; ~> {s. u. ↑Döppe}: Kochtopf [auch: ↑Koch|pott].

Koch|duns, der ['kɔx‚dʊns] <N.; ~|düns> {s. u. ↑Duns}: Kochdunst.

koche ['kɔxə] <V.; schw.; *han*; kochte ['kɔxtə]; gekoch [jə'kɔx]>: kochen. (123)

Koche, der ['ko·xə] <N.; ~; Köch|el|che ['kø·jəlfjə] {5.4}: Kuchen.

Koche|blech, et ['ko·xə‚blɛfj] <N.; ~e> {s. u. ↑Koche}: Kuchenblech.

koch|ech ['kɔx‚ɛfj] <Adj.; ~te> {s. u. ↑ech}: kochecht, kochfest, kochbeständig. Tbl. A4.1.1

Köche|chef, der ['køfjə‚ʃɛf] <N.; ~s> {s. u. ↑Köch}: Küchenchef.

Köche|deens, der ['køfjə‚de·ns] <N.; ~te> {s. u. ↑Köch; ↑Deens}: Küchendienst.

Koche|deig, der ['ko·xə‚deɪ̯fj] <N.; ~e (Sortenpl.)> {s. u. ↑Koche ↑Deig}: Kuchenteig.

Köche|desch, der ['køfjə‚dɛʃ] <N.; ~(e)> {s. u. ↑Köch ↑Desch}: Küchentisch.

Köche|finster, de/et ['køfjə‚finstə] <N.; ~e> {s. u. ↑Köch ↑Finster}: Küchenfenster (das).

Köche|fründ, der ['køfjə‚frʏnt] <N.; ~e> {s. u. ↑Köch ↑Fründ}: Bratenwender.

Koche|gaffel, de ['ko·xə‚jafəl] <N.; ~e> {s. u. ↑Koche ↑Gaffel¹}: Kuchengabel.

Köche|hand|doch, et ['køfjə,hando·x] <N.; ~|döcher> {s. u. ↑Köch ↑Doch¹}: Geschirrtuch.

Köche|metz, et ['køfjə,mɛts] <N.; ~er> {s. u. ↑Köch ↑Metz}: Küchenmesser.

Köche|schaaf, et ['køfjə,ʃa:f] <N.; ~|schääf(er)> {s. u. ↑Köch}: Küchenschrank.

Köche|stohl, der ['køfjə,ʃto·l] <N.; ~|stöhl> {s. u. ↑Köch ↑Stohl¹}: Küchenstuhl.

Koche|teller, der ['ko·xə,tɛlə] <N.; ~> {s. u. ↑Koche}: Kuchenteller.

Köche|uhr/~|ohr, de ['køfjə,|u·ɐ̯ / -|o·ɐ̯] <N.; ~e> {s. u. ↑Köch ↑Uhr¹/Ohr¹}: Küchenuhr.

Köche|woog, de ['køfjə,vɔ·x] <N.; ~e> {s. u. ↑Köch ↑Woog}: Küchenwaage.

koch|fääd|ig ['kɔx,fɛ:dɪfj] <Adj.; ~e> {s. u. ↑fääd|ig}: kochfertig. Tbl. A5.2

koch|fess ['kɔxfɛs] <Adj.; Komp. selten, Sup. ungebr.; ~|feste [-,fɛstə]; ~|fester [-fɛstɐ]>: kochfest. Tbl. A4.2.2

Koch|ge|lägen|heit, de ['kɔxjə,lɛ:jənhɛɪ̯t] <N.; ~e> {5.4}: Kochgelegenheit.

Koch|kis, der ['kɔx,ki·s] <N.; o. Pl.> {s. u. ↑Kis}: Kochkäse.

Koch|kuns, de ['kɔx,kʊns] <N.; ~|küns> {s. u. ↑Kuns}: Kochkunst.

Koch|löffel, der ['kɔx,lœfəl] <N.; ~e> {s. u. ↑Löffel}: Kochlöffel.

Koch|mötz, de ['kɔx,møts] <N.; ~e> {s. u. ↑Mötz}: Kochmütze.

Koch|plaat, de ['kɔx,pla:t] <N.; ~e> {s. u. ↑Plaat¹}: Kochplatte.

Koch|pott, der ['kɔx,pɔt] <N.; ~|pött> {s. u. ↑Pott}: Kochtopf [auch: ↑Koch|döppe].

Koch|rezepp, et ['kɔxre,tsɛp] <N.; ~|rezepte> {s. u. ↑Rezepp}: Kochrezept.

Koch|schinke, der ['kɔx,ʃɪŋkə] <N.; ~>: Kochschinken.

Koch|stell, de ['kɔx,ʃtɛl·] <N.; ~e [-ʃtɛlə]> {s. u. ↑Stell}: Kochstelle.

Koch|wäsch, de ['kɔx,vɛʃ] <N.; kein Pl.> {s. u. ↑Wäsch}: Kochwäsche.

kodd [kɔt] <Adj.; nur präd.>: böse, nur i. d. Vbdg. *einem k. sin* (jmdm. b. sein) [auch: ↑falsch (2)].

Kodöng|che, et [ko'dœŋ·fjə] <N.; nur Diminutiv; ~r> {8.2.3}: Kondom.

koffein|frei [kɔfəˈ|i:n,freɪ̯] <Adj.; ~e>: koffeinfrei. Tbl. A2.9

koffer ['kofɐ] <Adj.; ~e> {5.5.1; 6.8.2}: kupfern, aus Kupfer: *ene ~e Pott* (ein ~er Topf). Tbl. A2.6

Koffer¹, der/de ['kofɐ] <N.; ~e; Köffer|che ['køfɐfjə]> {5.5.1}: Koffer, **1.** Behältnis mit aufklappbarem Deckel für Kleidungsstücke für die Reise. **2.** (übertr., spött.) Kopf: *Dä hät se nit all em K.* (Der ist verrückt.).

Koffer², et ['kofɐ] <N.; o. Pl.> {5.5.1; 6.8.2}: Kupfer.

Koffer|aan|häng|er, der ['kofɐ,a:nhɛŋɐ] <N.; ~> {s. u. ↑Koffer¹}: Kofferanhänger.

Koffer|ääz, et ['kofɐ,ɛ:ts] <N.; o. Pl.> {s. u. ↑Koffer² ↑Ääz²}: Kupfererz.

Koffer|berg|werk/~|birg|~, et ['kofɐ,bɛrfjvɛrk / -bɪrfj-] <N.; ~e> {s. u. ↑Koffer² ↑Berg/Birg}: Kupferbergwerk.

Koffer|daach, et ['kofɐ,da:x] <N.; ~|däächer> {s. u. ↑Koffer² ↑Daach}: Kupferdach.

Koffer|drock, der ['kofɐ,drɔk] <N.; ~e> {s. u. ↑Koffer² ↑Drock²}: Kupferdruck.

Koffer|droht, der ['kofɐ,drɔ·t] <N.; ~|dröht> {s. u. ↑Koffer² ↑Droht}: Kupferdraht.

Koffer|gass, de ['kofɐ,jas] <N.; Straßenn.> {s. u. ↑Koffer² ↑Gass¹}: Kupfergasse (Straße in Köln).

Koffer|geld, et ['kofɐ,jɛlt] <N.; o. Pl.> {s. u. ↑Koffer²}: Kupfergeld.

Koffer|greff, der ['kofɐ,jref] <N.; ~e> {s. u. ↑Koffer¹ ↑Greff}: Koffergriff.

Koffer|hammer, der ['kofɐ,hamɐ] <N.; ~|hämmer> {s. u. ↑Koffer²}: Kupferhammer.

Koffer|kann, de ['kofɐ,kan·] <N.; ~e [-kanə]> {s. u. ↑Koffer² ↑Kann}: Kupferkanne.

Koffer|kessel, der ['kofɐ,kɛsəl] <N.; ~e> {s. u. ↑Koffer²}: Kupferkessel.

Koffer|kuli, der ['kofɐ,kʊlɪ] <N.; ~s> {s. u. ↑Koffer¹}: Kofferkuli.

Koffer|münz, de ['kofɐ,mʏnts] <N.; ~e> {s. u. ↑Koffer² ↑Münz}: Kupfermünze.

Koffer|pann, de ['kofɐ,pan·] <N.; ~e [-panə]> {s. u. ↑Koffer² ↑Pann¹}: Kupferpfanne.

Koffer|penning, der ['kofɐ,pɛnɪŋ] <N.; ~e> {s. u. ↑Koffer² ↑Penning}: Kupferpfennig.

Koffer|radio, et ['kofɐ,ra:dɪo] <N.; ~s> {s. u. ↑Koffer¹}: Kofferradio.

Koffer|raum, der ['kofɐ,rɔʊ̯m] <N.; ~|räum> {s. u. ↑Koffer¹}: Kofferraum.

koffer|rud ['kofeˈruːt] <Adj.; ~e> {s. u. ↑Koffer² ↑rud}: kupferrot. Tbl. A2.1

Koffer|schloss, der ['kofɐˌʃlɔs] <N.; ~|schlösser> {s. u. ↑Koffer¹}: Kofferschloss.

Koffer|schlüssel, der ['kofɐˌʃløsəl] <N.; ~> {s. u. ↑Koffer¹ ↑Schlüssel}: Kofferschlüssel.

Koffer|schmidd, der ['kofɐˌʃmɪt] <N.; ~e> {s. u. ↑Koffer² ↑Schmidd¹}: Kupferschmied.

Koffer|stech, de ['kofɐˌʃtɛʃ] <N.; ~> {s. u. ↑Koffer² ↑Stech}: Kupferstich.

Koffer|stech|er, der ['kofɐˌʃtɛʃɐ] <N.; ~> {s. u. ↑Koffer²}: Kupferstecher; Künstler, der Kupferstiche herstellt.

Koffer|zigg, de ['kofɐˌtsɪk] <N.; o. Pl.> {s. u. ↑Koffer² ↑Zigg}: Kupferzeit, Chalkolithikum.

Kognak/Konjak/Cognac, der ['konjak] <N.; ~s (Sortenpl.) ⟨frz. cognac⟩> {2}: Cognac, Kognak, **a)** (eigtl.) aus Weinsorten des Gebiets um die französische Stadt Cognac hergestellter französischer Weinbrand; **b)** (allg.) Weinbrand.

Kognak|bunn/Cognac|~/Konjak|~, de ['konjakˌbʊnˑ] <N.; ~e [-bʊnə]> {s. u. ↑Bunn}: Kognakbohne.

Kognak|glas/Cognac|~/Konjak|~, et ['konjakˌlaːs] <N.; ~|gläser [-ˌjlɛˑzə]> : Kognakglas.

Kognak|fläsch/Cognac|~/Konjak|~, de ['konjakˌflɛʃ] <N.; ~e>: Kognakflasche.

Kognak|schwenk|er/Cognac|~/Konjak|~, der ['konjakˌʃvɛŋkɐ] <N.; ~>: Kognakschwenker.

Koh, de [koˑ] <N.; Köh [køˑ]> {5.4}: Kuh.

Kohberg, Der ahle, der [də 'aˑlə 'koˑˌbɛrf] <N.; Eigenn.>: früheres Tanzlokal in der Straße „Vor den Siebenburgen", heute noch bekannt durch das „Colonia-Lied" von Willi Ostermann: „Och, wat wor dat fröher schön doch en Colonia, wann d'r Franz mem Nies nohm ahle K. ging." (Ach, wie war es früher schön doch in Colonia, wenn Franz mit Agnes zum alten Kohberg ging.).

Koh|flade, der ['koˑˌflaˑdə] <N.; ~> {s. u. ↑Koh}: Kuhfladen.

Koh|foß, der ['koˑˌfoˑs] <N.; ~|föß> {s. u. ↑Koh ↑Foß}: Kuhfuß, **a)** Fuß der Kuh; **b)** (übertr.) Werkzeug zum Entfernen von Nägeln.

Koh|glock, de ['koˑˌjlɔk] <N.; ~e> {s. u. ↑Koh ↑Glock}: Kuhglocke.

Koh|handel, der ['koˑˌhanˑdəl] <N.; o. Pl.> {s. u. ↑Koh}: Kuhhandel, übles Tauschgeschäft.

Koh|hugg, de ['koˑˌhʊk] <N.; ~|hügg> {s. u. ↑Koh ↑Hugg}: Kuhhaut, Haut, Fell der Kuh; ***op kein K. gonn** (auf keine K. gehen = jedes Maß übersteigen).

Kohl, der [koːl] <N.; nur i. best. Komposita -kohl, sonst ↑Kappes; kein Pl.> {11}: Kohl [gebräuchl.: ↑Kappes].

köhl [køˑl] <Adj.; ~e; ~er, ~ste> {5.4}: kühl. Tbl. A2.2

Kohldamf/~|damp, der ['koːlˌdamf / -damp] <N.; o. Pl.> {s. u. ↑Damf/Damp}: Kohldampf, Hunger [auch: ↑Schless].

Köhl|de, de ['køˑldə] <N.; o. Pl.> {5.4; 10.2.8}: Kühle.

köhle ['køˑlə] <V.; schw.; han; köhlte ['køˑltə]; geköhlt [jəˈkøˑlt]> {5.4}: kühlen, kühl machen; ***si Mödche an einem k.** (seine Wut an jmdm. auslassen). (61)

Köhl|flüss|ig|keit/~|flöss|~, de ['køˑlˌflysɪʃkeɪt / -fløs-] <N.; ~e> {s. u. ↑köhl, 5.5.1}: Kühlflüssigkeit.

Kohl|roulad, de ['koːlroˌlaˑt] <N.; i. best. Komposita -kohl, sonst ↑Kappes; ~e> {11; s. u. ↑Roulad}: Kohlroulade.

Köhl|schrank, der ['køˑlˌʃraŋk] <N.; ~|schränk> {s. u. ↑köhl}: Kühlschrank [auch: ↑Ies|schrank, ↑Knurr|es].

Köhl|täsch, de ['køˑlˌtɛʃ] <N.; ~e> {s. u. ↑köhl ↑Täsch}: Kühltasche.

Köhl|wasser, et ['køˑlˌvasɐ] <N.; o. Pl.> {s. u. ↑köhl}: Kühlwasser.

Koh|mess, der ['koˑˌmes] <N.; kein Pl.> {s. u. ↑Koh ↑Mess¹}: Kuhmist.

Koh|milch, de ['koˑˌmɪləʃ] <N.; kein Pl.> {s. u. ↑Koh}: Kuhmilch.

Koh|stall, der ['koˑˌʃtal] <N.; ~|ställ [-ˌʃtɛlˑ]> {s. u. ↑Koh}: Kuhstall.

Koh|stalls-Annemarie, et ['koˑˌʃtals|anəmaˌrɪˑ] <N.; kein Pl.> {9.1.2; s. u. ↑Koh}: Kuhmagd.

Koh|stätz, der ['koˑˌʃtɛts] <N.; ~e> {s. u. ↑Koh ↑Stätz}: Kuhschwanz.

Kokos|noss, de ['koˑkosˌnos] <N.; ~|nöss> {s. u. ↑Noss}: Kokosnuss.

Kokos|palm, de ['koˑkosˌpaləm] <N.; ~e> {s. u. ↑Palm²}: Kokospalme.

Kolk|rav, de ['kɔlkˌraˑf] <N.; ~e> {s. u. ↑Rav}: Kolkrabe.

Koll, de [kol] <N.; ~e ['kolə]> {5.3.4; 5.5.1; 8.3.1}: Kohle, **1.** <nur mit Sortenpl.> im Bergbau gewonnener brauner bis schwarz glänzender fester Brennstoff. **2.** Heizmaterial; ***op glöhndige ~e setze** (auf heißen ~n sitzen).

Köll, der [kølˑ] <N.; o. Pl.>: schwarze Katze, Kuh od. Pferd.

Kölle ['kœlə] <N.; Ortsn.> {9.2.1.1}: Köln, **1.** Stadt im Westen Deutschlands: *K. am Rhing* (K. am Rhein). **2.** Karnevalsruf: *K. Alaaf* (entstanden aus *all-af*, was bed.: alles (andere) weg, Köln vorab, vor allem anderen).

Kolle|emmer, der ['kolə,|ɛmɐ] <N.; ~e> {s. u. ↑Koll ↑Emmer}: Kohleneimer.

Kolleg[1], der [ko'le:fj] <N.; ~e [ko'le·jə]> {8.3.1}: Kollege.

Kolleg[2], et [ko'le:fj] <N.; ~s>: Kolleg, Einrichtung, über die im Rahmen des zweiten Bildungsweges die Hochschulreife erworben werden kann.

Kollege|kreis, der [ko'le·jəkreɪs] <N.; ~e [-kreɪ·zə]>: Kollegenkreis.

Kolleg|heff, et [ko'le:fj,hɛf] <N.; ~|hefte> {s. u. ↑Heff¹}: Kollegheft.

Kolleg|in, de [ko'le·jɪn] <N.; ~ne>: Kollegin, weibl. Form zu ↑Kolleg¹.

Kolleg|mapp, de [ko'le:fj,map] <N.; ~e> {s. u. ↑Mapp}: Kollegmappe.

Kolle|kaste, der ['kolə,kastə] <N.; ~|käste> {s. u. ↑Koll}: Kohlenkasten.

Kolle|keller, der ['kolə,kɛlɐ] <N.; ~e> {s. u. ↑Koll}: Kohlenkeller.

Kolle|kuhl/~|kuul, de ['kolə,ku·l] <N.; ~e> {s. u. ↑Koll}: Kohlengrube.

Kolle|meis, de ['kolə,meɪs] <N.; ~e ⟨mhd. kolemeise, nach dem schwarzen Kopf⟩ {9.1.1; ↑Meis}: Kohlmeise; Meise mit blauschwarzem Hals u. Kopf.

Kolle|ovve, der ['kolə,|ovə] <N.; ~|övve(ns)> {s. u. ↑Koll ↑Ovve}: Kohlenofen.

Kolle|stöbb, der ['kolə,ʃtøp] <N.; kein Pl.> {s. u. ↑Koll ↑Stöbb}: Kohlenstaub.

Koll|rav, de [kol'ra:f] <N.; ~e; ~|räv|che [-rɛ·fjə] ⟨meist Diminutiv⟩> {6.1.1; s. u. ↑Koll}: Kohlrabi.

koll|rave|schwatz [kol'ra·və'ʃvats] <Adj.; ~e> {s. u. ↑Koll ↑Rav ↑schwatz}: kohlrabenschwarz, **1.** tiefschwarz, pechschwarz. **2.** sehr schmutzig. Tbl. A1

Kölner Bredd, Am [am,kœlnɐ'brɛt] <N.; Straßenn.> {s. u. ↑Bredd}: Am Kölner Brett; Straße in Köln-Ehrenfeld. „Kölner Brett" ist die Bezeichnung für die Halterung von Fensterdekorationen (Gardinenstange), die maßgeblich von der Firma Messing-Müller entwickelt wurde, die an dieser Straße ansässig ist.

Kolonie, de [kolo'ni·] <N.; ~ [kolo'ni·ə]>: Kolonie.

Kolonn, de [ko'lɔn·] <N.; ~e [ko'lɔnə]> {8.3.1}: Kolonne.

Koloss, der [ko'lɔs] <N.; Kolöss [ko'lœs]>: Koloss [auch: ↑Kavents|mann].

kölsch [kœlʃ] <Adj.; ~e>: kölnisch, **1.** aus Köln stammend: *Et Marie es e k. Mädche.* (Maria ist ein ~es Mädchen. = Maria stammt aus Köln.). **2.** die Kölner Mundart betreffend: *De ~e Sproch stirv nit us.* (Die ~e Sprache stirbt nicht aus.). Tbl. A1

Kölsch[1], et [kœlʃ] <N.; kein Pl.>: Stadtmundart Kölns.

Kölsch[2], et [kœlʃ] <N.; ~>: obergäriges Bier aus Köln; **[RA]** *K., Koon, un doheim e paar vör der Küüles* (Kalker Gedeck: K., Korn und zu Hause ein paar auf die Birne).

Kölsch[3], der [kœlʃ] <N.; kein Pl.>: Schleimhusten, Keuchhusten.

Kölsche, der u. de ['kœlʃə] <N.; ~>: Kölner(in).

Kölsche Kaviar ['kœlʃə 'kavia·ɐ] <Eigenn.>: frische Blutwurst mit Zwiebeln [auch: *Flönz met Musik*].

Kolve, der ['kol·və] <N.; ~> {5.5.1; 6.1.1}: Kolben.

Kombi|zang, de ['kɔmbi,tsaŋ·] <N.; ~e [-tsaŋə]> {s. u. ↑Zang}: Kombizange.

komisch ['ko·mɪʃ] <Adj.; ~e; ~er, ~ste> {7.3.3}: komisch, **1.** lustig [auch: ↑jeck|ig, ↑jux|ig]. **2.** merkwürdig, sonderbar; **ene ~e Hellige* (ein komischer H. = ein seltsamer Kautz). Tbl. A1

komischer|wies [,ko:mɪʃɐ'vi·s] <Adv.>: seltsamerweise.

Komkommer, de [kɔm'kɔmɐ] <N.; veraltend; ~e ⟨niederl. komkommer, frz. concombre⟩> {2}: Gurke [auch: ↑Gurk].

Komma|fähler, der ['kɔma,fɛ·lɐ] <N.; ~> {s. u. ↑Fähler}: Kommafehler.

kommandiere/~eere [koman'di·(ɐ)rə / -e·rə] <V.; schw./unr.; *han*; kommandierte [koman'di·ɐtə]; kommandiert [koman'di·ɐt] ⟨frz. commander⟩> {(5.1.4.3)}: kommandieren. (3) (2)

Kommelion, de [,kɔməl'jo·n] <N.> {5.4}: Kommunion.

Kommelions|paar, et [kɔməl'jo·ns,pa:(ɐ)] <N.; ~e> {s. u. ↑Kommelion}: Kommunionspaar, auch zu einer Person gesagt: *Dä Pitter es mi K.* (Peter ist mein Kommunionspartner.).

Kommer, der ['kɔmɐ] <N.; kein Pl.> {5.5.1}: Kummer.

kömmere ['kømərə] <V.; schw.; *han*; kömmerte ['kømɐtə]; gekömmert [jə'kømɐt]> {5.5.1; 9.2.1.2}: kümmern. (4)

Kommiss/Kammiss, der [kɔ'mɪs / ka'mɪs] <N.; kein Pl.>: Kommiss, Militär.

Kommiss|brud/Kammiss|~, et [ko'mɪs͵bruˑt / ka'mɪs-] <N.; ~e> {s. u. ↑Brud ↑Kommiss/Kammiss}: Kommissbrot, Soldatenbrot.

Kommiss|kopp/Kammiss|~, der [ko'mɪs͵kɔp / ka'mɪs-] <N.; ~|köpp> {s. u. ↑Kopp ↑Kommiss/Kammiss}: Kommisskopf, **1.** Soldat allg., bes.: barscher Unteroffizier. **2.** (übertr.) Mensch mit barschem Wesen, gern befehlend.

Kommod, de [ko'moˑt] <N.; ~e; K**o**mmöd|che [ko'mø·tʃə]>: Kommode.

Kommode(n)|hellige, der/de [ko'moˑdə(n)͵helɪɟə] <N.; ~> {s. u. ↑hellig; 9.1.4}: **a)** Heiligenfigur auf einer Kommode; **b)** (scherzh.) Scheinheilige(r).

Kommun|iss, der [͵komʊ'nɪs] <N.; ~|iste>: Kommunist.

kompak [kom'pak] <Adj.; ~te; ~ter, ~ste> {5.5.1; 8.3.5}: kompakt. Tbl. A4.1.1

Kompliment, et [komplə'mɛnt] <N.; ~e> {5.4}: Kompliment.

komplett [kom'plɛt] <Adj.; ~e> {5.5.1}: komplett. Tbl. A1

komplizeet [komplɪ'tseˑt] <Adj.; ~e; ~er, ~este> {5.1.4.3; 5.5.1}: kompliziert [auch: ↑diffisill]. Tbl. A1

Kompon|iss, der [kompo'nɪs] <N.; ~|iste>: Komponist.

Komposs, der [kom'pɔs] <N.; Komposte> {8.3.5}: Kompost.

Komposs|möll/~|müll, der [kom'pɔs͵møl / -mʏl] <N.; kein Pl.> {s. u. ↑Komposs ↑Möll/Müll²}: Kompostmüll.

Kompott, der [kom'pɔt] <N.; ~e (Sortenpl.) ⟨frz. compote⟩> {2; 5.5.1}: Kompott.

Kompress, de [kom'prɛs] <N.; ~e ⟨frz. compresse⟩> {2; 5.5.1; 8.3.1}: Kompresse.

Kompromess, der [kompro'mes] <N.; ~e> {5.5.2}: Kompromiss.

Kondens|striefe/~|streife, der [kon'dɛns͵ʃtriːfə / -ʃtreɪfə] <N.; ~> {s. u. ↑Striefe/Streife}: Kondensstreifen.

Kondition, de [kondɪtsˈjoˑn] <N.; ~e>: Kondition, **1.** Bedingung. **2.** <o. Pl.> körperliche Leistungsfähigkeit (im sportl. Bereich).

Konditter, der [kon'dɪtɐ] <N.; ~> {5.3.2; 5.5.1}: Konditor.

kondoliere/~eere [kondo'liˑ(ɡ)rə / -eˑrə] <V.; schw./unr.; han; kondolierte [kondo'liˑɡtə]; kondoliert [kondo'liˑɡt] ⟨lat. condolere⟩> {(5.1.4.3)}: kondolieren. (3) (2)

Konfek, et [kon'fɛk] <N.; ~te (Sortenpl.)> {8.3.5}: **1.** Konfekt, Pralinen [auch: ↑Pralin]. **2.** Gebäck, insbes. Teegebäck.

Konjak/Kognak/Cognac, der ['konjak] <N.; ~s (Sortenpl.) ⟨frz. cognac⟩> {2}: Cognac, Kognak, **a)** (eigtl.) aus Weinsorten des Gebiets um die französische Stadt Cognac hergestellter französischer Weinbrand; **b)** (allg.) Weinbrand.

Konjak|bunn/Kognak|~/Cognac|~, de ['konjak͵bʊn·] <N.; ~e [-bʊnə]> {s. u. ↑Bunn}: Kognakbohne.

Konjak|glas/Kognak|~/Cognac|~, et ['konjak͵ɟlaːs] <N.; ~|gläser [-͵ɟlɛˑze]>: Kognakglas.

Konjak|schwenk|er/Kognak|~/Cognac|~, der ['konjak͵ʃvɛŋkɐ] <N.; ~>: Kognakschwenker.

Konjak|fläsch/Kognak|~/Cognac|~, de ['konjak͵flɛʃ] <N.; ~e>: Kognakflasche.

Konkerrenz, de [koŋkɐ'rɛnts] <N.; ~e> {5.4}: Konkurrenz.

konkerriere/~eere [koŋkɐ'riˑ(ɡ)rə / -eˑrə] <V.; schw./unr.; han; konkurrierte [koŋkɐ'riˑɡtə]; konkurriert [koŋkɐ'riˑɡt] ⟨lat. concurrere⟩> {(5.1.4.3)}: konkurrieren. (3) (2)

Konsonant, der ['konzo͵nant] <N.; ~e>: Konsonant.

Kontak, der [kon'tak] <N.; ~te> {5.5.1; 8.3.5}: Kontakt.

Kontak|aan|zeig, de [kon'tak|aːn͵tseɪ·ɟ] <N.; ~e [-tseɪɟə]> {s. u. ↑Kontak ↑Aan|zeig}: Kontaktanzeige.

Kontak|lins, de [kon'tak͵lɪnˑs] <N.; ~e {s. u. ↑Kontak ↑Lins}: Kontaktlinse.

kontant [kon'tant] <Adj.; nur präd.>: befreundet: *Met einem k. sin.* (Mit jmdm. b. sein.) [auch: *god Fründ sin*].

Konter|bass, der ['kontɐ͵bas] <N.; ~|bäss> {5.5.1; 8.2.1; 9.1.1}: Kontrabass (großes, tief gestimmtes Streichinstrument).

Konto|us|zog, der ['konto͵ʊstsɔx] <N.; ~|zög> {s. u. ↑Zog¹}: Kontoauszug.

Kontrak, der [kon'trak] <N.; ~te> {5.5.1; 8.3.5}: Kontrakt, Vertrag.

Kontrass, der [kon'tras] <N.; Kontraste [kon'trastə]> {5.5.1; 8.3.5}: Kontrast, Gegensatz.

Kontrass|meddel, et [kon'tras͵medəl] <N.; ~(e)> {s. u. ↑Kontrass ↑Meddel}: Kontrastmittel.

Kontroll, de [kon'trɔl·] <N.; ~e [kon'trɔlə]> {5.5.1; 8.3.1}: Kontrolle, **a)** Überwachung; **b)** (kurz für) Verkehrskontrolle: *Dä es besoffe en en K. gekumme; jetz es hä singe Lappe loss.* (Er ist betrunken in eine Polizeik. gekommen; jetzt ist er seinen Führerschein los.).

kontrolliere/~eere [kontro'liˑ(ɡ)rə / -eˑrə] <V.; schw./unr.; han; kontrollierte [kontro'liˑɡtə]; kontrolliert [kontro'liˑɡt] ⟨frz. controler⟩> {(5.1.4.3)}: kontrollieren. (3) (2)

Konzäät, et [kɔn'tsɛːt] <N.; ~e> {5.2.1.1.1; 5.5.1}: Konzert.

Konzepp, et [kɔn'tsɛp] <N.; Konzepte [kɔn'tsɛptə]> {5.5.1; 8.3.5}: Konzept, **1.** Entwurf. **2.** klar umrissener Plan; *****usem K. kumme** (den Faden verlieren, verwirren); *****einer usem K. bränge** (jmdn. aus dem Konzept bringen, verwirren).

Kood, de [koːt] <N.; ~e; Köödǀche ['kœ·tʄə]> {5.2.1.1.1; 5.5.3; 8.3.2}: Kordel, *****K. scheeße looße** (sich beeilen); *****sich durch de K. maache** (fortrennen, laufen gehen).

Koon¹, et [kɔːn] <N.; Kööner ['kœːnɐ]> {5.2.1.1.1; 5.5.3}: Korn, **1.** kleine, rundliche Frucht mit fester Schale. **2.** <o. Pl.> Roggen.

Koon², et [kɔːn] <N.; Koon> {5.2.1.1.1; 5.5.3}: Korn, Kornbrandwein; **[RA]** *Kölsch, K., un doheim e paar vör der Küüles* (Kalker Gedeck: Kölsch, Korn und zu Hause ein paar auf den Kopf); *****dubbelte K.** (Doppelkorn).

Koonǀblom, de ['kɔːnˌbloːm] <N.; ~e> {s. u. ↑Koon¹ ↑Blom}: Kornblume.

Koonerǀfooder, et ['kœːnɐˌfoˑdɐ] <N.; kein Pl.> {s. u. ↑Koon¹ ↑Fooder¹}: Körnerfutter.

Koonerǀfresser, der ['kœːnɐˌfrɛsɐ] <N.; ~> {s. u. ↑Koon¹}: Körnerfresser.

Koonerǀmüll, de ['kœːnɐˌmʏlˑ] <N.; ~e [-mʏlə]> {s. u. ↑Koon¹ ↑Müll¹}: Getreidemühle.

Koonǀfeld, et ['kɔːnˌfɛlt] <N.; ~er> {s. u. ↑Koon¹}: Kornfeld.

Koonǀflett, de ['kɔːnˌflɛt] <N.; ~e> {s. u. ↑Koon¹}: Kornnelke, Kornrade.

köönǀig ['kœːnɪʃ] <Adj.; ~e; ~er, ~ste> {5.2.1.1.1; 5.5.3}: körnig. Tbl. A5.2

Koonǀkammer, de ['kɔːnˌkamɐ] <N.; ~e> {s. u. ↑Koon¹}: Kornkammer.

Koonǀschlot, der (et veraltet) ['kɔːnˌʃlɔˑt] <N.; kein Pl.> {s. u. ↑Koon¹ ↑Schlot}: Feldsalat, Rapunzel [auch: ↑Feldǀschlot].

Koonǀspeicher, der ['kɔːnˌʃpeɪʄə] <N.; ~> {s. u. ↑Koon¹}: Kornspeicher.

Koosch, de [koːʃ] <N.; ~te; Köösch|che ['køːʃʄə]> {5.2.1.2; 6.11.4; 8.2.4; 8.3.1}: **1.** Kruste, Rinde. **2.** (derb) Homosexueller.

koot [koːt] <Adj.; ~e; kööter, köötste (et kööts) ['køːtɐ / køːtstə]> {5.2.1.1.2; 5.4}: kurz, **1.** von geringer Länge od. Dauer; *****vör ~em** (kürzlich); **[RA]** *~e Kühl un lang Brodwoosch* (Grünkohl mit Bratwurst); *****kööter maache**

((ver)kürzen). **2.** nicht ausführlich. **3.** *~e fuffzehn maache (etw. ohne viel Federlesen machen). Tbl. A7.2.2

Koote, der ['koːtə] <N.; kein Pl.> {s. u. ↑koot}: Kurzschluss.

kooterǀhand ['koːtɐ'hant] <Adv.> {s. u. ↑koot}: kurzerhand.

Kootǀhoorǀdaggel, der ['koːthɔˑˌdagəl] <N.; ~e> {s. u. ↑koot ↑Hoor ↑Daggel}: Kurzhaardackel.

kootǀöm [koːt'ǀøm] <Adv.> {s. u. ↑koot ↑öm¹}: kurzum.

kööze ['køːtsə] <V.; schw.; *han*; köözte ['køːtstə]; gekööz [jə'køːts]> {5.2.1.1.1; 5.4}: kürzen [auch: ↑verǀkürze, *kööter maache*]. (112)

Kopischǀstroß ['koːpɪʃˌʃtroˑs] <N.; Straßenn.> {s. u. ↑Stroß}: Kopischstraße; Straße in Köln-Dellbrück. Sie wurde benannt nach dem Schriftsteller u. Maler August Kopisch (*26.5.1799 †6.2.1853). Er entdeckte 1826 die „Blaue Grotte" auf Capri wieder. 1836 schrieb er das Gedicht „Die Heinzelmännchen zu Köln".

Kopp, der [kɔp] <N.; Köpp [kœp]; Köppǀche ['kœpʄə]> {6.8.1}: Kopf [auch: ↑Küüǀles, ↑Däts, ↑Ääpel, ↑Kappes, ↑Dasel], **[RA]** *Meins de, ich hätt ene K. wie der Nüümaat?* (Meinst du ich hätte einen K. wie der Neumarkt, d. h. ich könnte mir alles merken?); **[RA]** *Wat mer nit em K. hät, muss mer en de Bein han.* (Was man nicht im K. hat, muss man in den Beinen haben.); *****ene Futz em K. han** (hochnäsig sein).

Koppǀball, der ['kɔpˌbal] <N.; ~ǀbäll [-bɛlˑ]> {s. u. ↑Kopp}: Kopfball.

Köppǀche, et ['kœpʄə] <N.; nur Diminutiv; ~r (engl. cup)>: Tasse (Trinkgefäß): *e K. Kaffee* (eine T. Kaffee) [auch: ↑Tass¹].

Koppǀdoch, et ['kɔpˌdoˑx] <N.; ~ǀdöcher> {s. u. ↑Kopp ↑Doch¹}: Kopftuch.

köppe ['kœpə] <V.; schw.; *han*; köppte ['kœptə]; gekööpp [jə'kœp]> {6.8.1}: köpfen, **1.** den Kopf abschlagen. **2.** einen Kopfball ausführen. (75)

Koppel¹, et ['kɔpəl] <N.; ~e>: Koppel; Gürtel einer Uniform.

Koppel², de ['kɔpəl] <N.; ~e>: Koppel, eingezäuntes Weideland.

Koppengǀ/ǀengk, et ['kɔpˌɛŋ / -ɛŋkˑ] <N.; ~ǀengde> {s. u. ↑Kopp ↑Eng¹/Engk}: Kopfende.

Köppǀer, der ['kœpɐ] <N.; ~> {5.4}: Kopfsprung [auch: ↑Köppǀes].

Köppǀes, der ['kœpəs] <N.; ~ǀese/~ǀese> {5.4; 6.8.1}: Kopfsprung [auch: ↑Köppǀer].

Kopp|geld, et ['kɔpˌjɛlt] <N.; o. Pl.> {s. u. ↑Kopp}: Kopfgeld.

Kopp|gripp, de ['kɔpˌjrɪp] <N.; kein Pl.> {s. u. ↑Kopp ↑Gripp}: Kopfgrippe.

Kopp|hör|er, der ['kɔpˌhøˑ(ɐ̯)re] <N.; ~> {s. u. ↑Kopp}: Kopfhörer.

Kopp|hugg, de ['kɔpˌhʊk] <N.; o. Pl.> {s. u. ↑Kopp ↑Hugg}: Kopfhaut.

Kopp|kesse, et ['kɔpˌkesə] <N.; ~> {s. u. ↑Kopp ↑Kesse}: Kopfkissen.

Kopp|luus, de ['kɔpˌluːs] <N.; ~|lüüs [-lyˑs]> {s. u. ↑Kopp ↑Luus}: Kopflaus.

Kopp|noss, de ['kɔpˌnos] <N.; ~|nöss> {s. u. ↑Kopp ↑Noss}: Kopfnuss.

Kopp|ping, de ['kɔppɪŋˑ] <N.; kein Pl.> {s. u. ↑Kopp ↑Ping}: Kopfschmerzen, **[RA]** *K. han wie e schääl Pääd* (K. haben wie ein schielendes Pferd = starke K. haben).

Kopp|pings|tablett, de ['kɔppɪŋstaˌblɛt] <N.; ~e> {9.1.2; s. u. ↑Kopp ↑Ping ↑Tablett²}: Kopfschmerztablette.

Kopp|rechne, et ['kɔpˌrɛɧnə] <N.; kein Pl.> {s. u. ↑Kopp}: Kopfrechnen.

kopp|scheu ['kɔpˌʃɵy] <Adj.; ~e> {s. u. ↑Kopp}: kopfscheu, verwirrt, unsicher, ängstlich [auch: ↑ängs|lich, ↑bammelig (3), ↑bang (1a), ↑bange(n)|dress|ig, ↑be|dresse (2a), ↑dress|ig², ↑feig, ↑habbel|ig]. Tbl. A2.9

Kopp|schlot, der (*et* veraltet) ['kɔpˌʃloˑt] <N.; kein Pl.> {s. u. ↑Kopp ↑Schlot}: Kopfsalat [auch: ↑Kropp|schlot, ↑Botter|schlot].

Kopp|schöddele, et ['kɔpˌʃødələ] <N.; kein Pl.> {5.4; 6.11.3; 9.2.1.2; s. u. ↑Kopp}: Kopfschütteln.

Kopp|schoss, der ['kɔpˌʃos] <N.; ~|schöss> {s. u. ↑Kopp ↑Schoss²}: Kopfschuss.

Kopp|schotz, der ['kɔpˌʃot͡s] <N.; kein Pl.> {s. u. ↑Kopp ↑Schotz}: Kopfschutz.

Kopp|stand, der ['kɔpˌʃtant] <N.; ~|stänʼd [-ʃtɛnˑt]> {s. u. ↑Kopp}: Kopfstand.

Kopp|stein|flaster, et ['kɔpʃtɛɪ̯nˌflastɐ] <N.; o. Pl.> {s. u. ↑Kopp ↑Flaster}: Pflaster, Kopfsteinpflaster [auch: ↑Flaster (1), ↑Pavei].

Kopp|stötz, de ['kɔpˌʃtøt͡s] <N.; ~e> {s. u. ↑Kopp ↑Stötz}: Kopfstütze.

kopp|üvver [kɔpˈlʏvɐ] <Adv.> {s. u. ↑Kopp ↑üvver²}: kopfüber.

Kopp|zer|breche, et ['kɔpt͡sɐˌbrɛɧə] <N.; kein Pl.> {s. u. ↑Kopp}: Kopfzerbrechen.

Kor, der [koːɐ̯] <N.; veraltet>: Geschmack, Kostprobe.

Korall, de [koˈralˑ] <N.; ~e [koˈralə]> {8.3.1}: Koralle.

Korinth, de [koˈrɪnt] <N.; ~e> {8.3.1}: Korinthe.

Korinthe|kack|er, der [koˈrɪntəˌkakɐ] <N.; ~>: Korinthenkacker.

Korke, der ['kɔrkə] <N.; ~> {8.3.3}: Korken.

Körper|bau, der ['kœrpɐˌboʊ̯] <N.; o. Pl.>: Körperbau.

Körper|deil, der ['kœrpɐˌdɛɪ̯l] <N.; ~(e) [-dɛɪ̯l / -dɛɪ̯ˑlə]> {s. u. ↑Deil}: Körperteil.

Körper|ge|weech, et ['kœrpɐjəˌveːɧ] <N.; o. Pl.> {s. u. ↑Ge|weech}: Körpergewicht.

Körper|stell, de ['kœrpɐˌʃtɛlˑ] <N.; ~e [-ʃtɛlə]> {s. u. ↑Stell}: Körperstelle.

korrek [koˈrɛk] <Adj.; ~te; ~ter, ~ste> {8.3.5}: korrekt [auch: ↑richt|ig']. Tbl. A4.1.1

Korv, der [korf] <N.; Körv [kørˑf]; Körv|che ['kørˑfjə]> {5.5.1; 6.1.1}: Korb; *einem e **Körv|che gevve*** (jmdn. abweisen) [auch: ↑av|wiese; ↑av|wehre/~|werre; ↑av|fäädige; ↑av|wippe; ↑ze|röck|wiese/zo|~; *de Aap luuse; einer/keiner/nix an sich eraanlooße*].

Koss, de [kos] <N.; kein Pl.> {8.3.5}: Kost, Nahrung, Verpflegung; ***de Auge K. gevve** *(den Augen etw. bieten).

koss|bar ['kɔsbaˑ(ɐ̯)] <Adj.; ~e; ~er, ste> {8.3.5}: kostbar [auch: ↑düür/döör]. Tbl. A2.6

Koss|gäng|er, der ['kosˌjɛŋɐ] <N.; ~> {s. u. ↑Koss}: Kostgänger.

Koss|geld, et ['kosˌjɛlt] <N.; o. Pl.> {s. u. ↑Koss}: Kostgeld, Geld für den Lebensunterhalt, Verpflegungsgeld.

koss|spill|ig ['kosˌʃpɪlɪɧ] <Adj.; ~e; ~er, ~ste> {s. u. ↑Koss ↑spille}: kostspielig. Tbl. A5.2

Koss|ver|ächt|er, der ['kosfɐˌlɛɧtɐ] <N.; ~> {s. u. ↑Koss}: Kostverächter, [meist i. d. **RA**] *keine K. sin* (sehr genießerisch sein).

Koste ['kɔstə] <N.; Pl.>: Kosten.

koste¹ ['kɔstə] <V.; schw.; *han*; gekoss [jəˈkɔs]>: kosten, einen best. Preis haben; ***einem zeige, wat de Botter koss*** (jmdn. einschüchtern). (68)

koste² ['kɔstə] <V.; schw.; *han*; gekoss [jəˈkɔs]>: kosten, auf seinen Geschmack prüfen, abschmecken. (68)

Köster, der ['køstɐ] <N.; ~> {5.5.1}: Küster.

Kostüm, et [kosˈtyˑm] <N.; ~e; ~che>: Kostüm.

Kött|broder, der ['kœt‚broˑdə] <N.; ~|bröder> {s. u. ↑Broder}: Bettler.

kötte ['kœtə] <V.; schw.; han; gekött [jə'kœt]>: betteln [auch: ↑beddele]. (113)

Köttel, der ['kœtəl] <N.; ~e> {5.3.2; 5.5.1}: Kötel, **1.** Kotklümpchen. **2.** (übertr.) kleiner Junge.

Köttels|krọm, der ['kœtəls‚krɔˑm] <N.; kein Pl.> {9.1.2; s. u. ↑Köttel ↑Krọm}: wertloser Kram.

Kött|erei, de [kœtə'reːɪ] <N.; ~e [-ə'reɪə]>: Bettelei.

Kotz|brocke, der ['kɔts‚brɔkə] <N.; ~>: Kotzbrocken, jmd., den man als äußerst abstoßend/widerwärtig empfindet.

kotze ['kɔtsə] <V.; schw.; han; kotzte ['kɔtstə]; gekotz [jə'kɔts]>: kotzen, (er)brechen [auch: ↑breche (2), ↑göbbele, ↑huh|kumme (4), ↑üvver|gevve (2)]. (114)

Kotz|gass ['kɔts‚jas] <N.; Straßenn.> {s. u. ↑Gass¹}: Kostgasse; Straße in Köln-Altstadt/Nord. Der ursprüngliche Name der Kostgasse war „Kotzgasse", wozu es zwei Erklärungen gibt, die erste bezieht sich auf einen „Kotzmenger", also einen Händler für tierische Innereien; die zweite bezieht sich auf „Kotze", einen groben Wollstoff für Pferdedecken. Max Wallraf gab der „Kotzgasse" den französischen Namen „Rue des traiteurs", der bei der Rückübersetzung ins Deutsche bestehen blieb.

Kotz|hoste, der ['kɔts‚hoˑstə] <N.; kein Pl.> {s. u. ↑Hoste}: Husten mit schleimigem Auswurf.

kotz|ig ['kɔtsɪʃ] <Adj.; nur präd.>: kotzübel, speiübel, kotzschlecht [auch: ↑kotz|schlääch, ↑kotz|üvvel].

Kotz|kümp|che, et ['kɔts‚kʏmpfʃə] <N.; nur Diminutiv; ~r> {s. u. ↑Kump}: **1.** Spucknapf. **2.** ***widderlich K.** (Kotzbrocken, widerlicher Mensch).

kotz|schlääch ['kɔts'ʃlɛːʃ] <Adj.; nur präd.> {s. u. ↑schlääch}: kotzschlecht, speiübel, kotzübel [auch: ↑kotz|ig, ↑kotz|üvvel].

kotz|üvvel ['kɔts‚ʏvəl] <Adj.; nur präd.> {s. u. ↑üvvel}: kotzübel, speiübel, kotzschlecht [auch: ↑kotz|ig, ↑kotz|schlääch].

Kọvvelenz [‚kovə'lɛnts] <N.; Ortsn.> {5.3.2; 5.5.1; 6.1.1; 9.1.1}: Koblenz.

Kraach/Krach, der [kraːx / krax] <N.; Krä(ä)ch [krɛ(ː)ʃ] (Pl. ungebr.)> {5.2.1}: Krach, **1.** Lärm [auch: ↑Radau]. **2.** Streit.

kraache ['kraːxə] <V.; schw.; han; kraachte ['kraːxtə]; gekraach [jə'kraːx]> {5.2.1}: krachen. (123)

Kraach|mandel, de ['kraːx‚mandəl] <N.; ~e> {5.2.1}: Krachmandel, Knackmandel.

krabbele ['krabələ] <V.; schw.; han; krabbelte ['krabəltə]; gekrabbelt [jə'krabəlt]> {9.2.1.2}: krabbeln, kraulen [auch: ↑kräuele, ↑kraule¹, ↑kraue (1)]. (6)

Krabitz, de [kra'bɪts] <N.; ~e; Krabitz|che [kra'bɪtsjə]>: **a)** leicht gereizte, kratzbürstige, zänkische, unverträgliche Frau [auch: ↑Fäg, ↑Widder|böösch (2), ↑Kratz|böösch]; **b)** <Diminutiv> ebensolches Kind.

krabitz|ig [kra'bɪtsɪʃ] <Adj.; ~e; ~er, ~ste>: kratzbürstig, eigensinnig, widerborstig, zänkisch, streitlustig. Tbl. A5.2

Krach/Kraach, der [krax / kraːx] <N.; Krä(ä)ch [krɛ(ː)ʃ] (Pl. ungebr.)>: Krach, **1.** Lärm [auch: ↑Radau]. **2.** Streit.

Krach|mäch|er/Kraach|~, der ['krax‚mɛʃɐ / kraːx-] <N.; ~> {5.4; s. u. ↑Krach/Kraach}: jmd., der Krach macht.

Krad¹, de [kraˑt] <N.; ~e> {5.4; 6.11.3; 8.3.1}: Kröte.

Krad², de [kraˑt] <N.; ~e>: ungehobelter, verlotterter Mensch ohne Manieren; **Suff~** (Trinker).

Krade|pack, et ['kraˑdə‚pak] <N.; p. Pl.> {s. u. ↑Krad¹ ↑Pack}: Pöbel.

krade|platt ['kraˑdə‚plat] <Adj.; nur präd.>: baff, völlig erstaunt [auch: ↑ver|basert, *vun de Söck*].

Krade|pohl, der ['kraˑdə‚poˑl] <N.; ~|pöhl> {s. u. ↑Krad¹ ↑Pohl¹}: Krötenpfuhl.

Krade|pohl, Am [am 'kraˑdə‚poˑl] <N.; Straßenn.> {s. u. ↑Krad¹ ↑Pohl¹}: Am Kradepohl (Froschteich), Straße in Meschenich. „Krade" ist kölnisch für Frosch; Bezeichnung für einen Froschteich; bis 1966 hieß die Straße Gartenstraße.

krad|ig ['kraˑdɪʃ] <Adj.; ~e; ~er, ~ste>: ungehobelt, unflätig, zänkisch, unmanierlich. Tbl. A5.2

Kraff, de [kraf] <N.; Kräfte ['krɛftə]> {8.3.5}: Kraft.

Kraff|fooder, et ['krafoˑdə] <N.; kein Pl.> {s. u. ↑Kraff ↑Fooder¹}: Kraftfutter.

Kraff|werk, et ['kraf‚vɛrk] <N.; ~e> {s. u. ↑Kraff}: Kraftwerk.

kräft|ig ['krɛftɪʃ] <Adj.; ~e; ~er, ~ste>: kräftig, mit körperlicher Kraft versehen; widerstandsfähig: *ene ~e Kääl* (ein ~er Kerl); *en ~e Flanz* (eine ~e Pflanze). Tbl. A5.2

Krage, der ['kraˑɹə] <N.; ~; Kräg|el|che ['krɛˑjəlʃə]>: Kragen.

Krage|knopp, der ['kraˑɹə‚knɔp] <N.; ~|knöpp, ~|knöpp|che> {s. u. ↑Knopp¹}: Kragenknopf.

Krakeel/Krakiel, der [ˌkra'keːl / ˌkra'kiːl] <N.; kein Pl.>: Wortwechsel, Zank, Geschrei.

krakeele [kra'keˑlə] <V.; schw.; *han*; krakeelte [kra'keˑltə]; krakeelt [kra'keˑlt]>: krakeelen. (102)

krakeel|ig [kra'keˑlɪfj] <Adj.; ~e; ~er, ~ste>: krakeelig, streitsüchtig. Tbl. A5.2

krall [kral] <Adj.; ~e; ~er, ~ste ['kralɐ / 'kralˑstə]>: drall, lebhaft, munter: *k. Äugelcher* (lebhafte Augen); *e k. Käälche* (ein munterer Bursche). Tbl. A2.2

Krall, de [kralˑ] <N.; ~e ['kralə]; Kräll|che ['krɛlˑfjə] {8.3.1}: Kralle.

kralle ['kralə] <V.; schw.; *han*; krallte ['kralˑtə]; gekrallt [jə'kralˑt]>: krallen. (91)

Kräm/Creme, de [krɛːm] <N.; ~s> {5.4; 8.3.1}: Creme, 1. Salbe zur Pflege der Haut. 2. dickflüssige od. schaumige, lockere Süßspeise.

Kräm|schnedd|che/Creme|~, et ['krɛːmˌʃnetfjə] <N.; nur Diminutiv; ~r> {s. u. ↑Schnedd²}: Cremeschnittchen, scherzh. für eine mollige Frau u. für einen Homosexuellen.

Kramf/Kramp¹, der [kramf / kramp] <N.; Krämf [krɛmf]> {6.8.2}: Krampf.

kramf|haff/kramp|~ ['kramfhaf / 'kramp-] <Adj.; ~|hafte; ~|hafter, ~ste> {6.8.2; (6.8.1)}: krampfhaft. Tbl. A4.2.1

Kramf|oder/Kramp|~, de ['kramfˌɔˑdɐ / 'kramp-] <N.; ~e> {s. u. ↑Kramf/Kramp¹↑Oder}: Krampfader.

Kramp¹/Kramf, der [kramp / kramf] <N.; Krämp [krɛmp]> {6.8.1}: Krampf.

Kramp², de [kramp] <N.; ~e> {8.3.1}: Krampe, U-förmiger Haken mit spitzen Enden.

Krämp|che, et ['krɛmpfjə] <N.; nur Diminutiv; ~r>: Häkchen, Krämpchen an Kleidungsstücken: *~r un Äugelcher* (H. und Ösen) [auch: Hök|che (↑Hoke)].

Kran, der [kraˑn] <N.; Krän [krɛˑn]>: Kran, Vorrichtung zum Versetzen od. Heben von Lasten.

Krane, der ['kraˑnə] <N.; ~; Krän|che ['krɛːnfjə]>: a) Zapfhahn; b) Wasserhahn.

Krane|berg|er, der/et ['kraˑnəˌbɛrjɐ] <N.; ~>: scherzh. für Leitungswasser [auch: ↑Leid|ungs|wasser].

krank [kraŋk] <Adj.; ~e; kränker, kränkste ['krɛŋkɐ / 'krɛŋkstə]>: krank [auch: ↑malad]. Tbl. A7.2.2

Kränk, de [krɛŋk] <N.; kein Pl.> {5.4}: Krankheit; körperliche, seelische od. geistige Störung; **de K. krige* (krank, verrückt werden).

Kranke, der/de ['kraŋkə] <N.; ~>: Kranke.

Kranke|bedd, et ['kraŋkəˌbɛt] <N.; ~er> {s. u. ↑Bedd}: Krankenbett.

Kranke|bladd, et ['kraŋkəˌblat] <N.; ~|blädder> {s. u. ↑Bladd}: Krankenblatt.

Kranke|geld, et ['kraŋkəˌjɛlt] <N.; o. Pl.>: Krankengeld.

Kranke|gymnastik, de ['kraŋkəjʏmˌnastɪk] <N.; kein Pl.>: Krankengymnastik.

Kranke|huus, et ['kraŋkəˌhuːs] <N.; ~|hüüser [-hyˑzɐ]> {s. u. ↑Huus}: Krankenhaus [auch: ↑Spidol].

Kranke|kass, de ['kraŋkəˌkas] <N.; ~e> {s. u. ↑Kass}: Krankenkasse.

kränkele ['krɛŋkələ] <V.; schw.; *han*; kränkelte ['krɛŋkəltə]; gekränkelt [jə'krɛŋkəlt]> {9.2.1.2}: kränkeln. (6)

Kranke|sching, der ['kraŋkəˌʃɪŋ] <N.; ~ [-ʃɪŋˑ]> {s. u. ↑Sching¹}: Krankenschein.

Kranke|schwester, de ['kraŋkəˌʃvɛstɐ] <N.; ~e>: Krankenschwester.

kranke|ver|sechert ['kraŋkəfɐˌzeɦɐt] <Adj.; nur präd.>: krankenversichert.

Kranke|wage, der ['kraŋkəˌvaˑʀə] <N.; ~>: Krankenwagen.

Kranke|zemmer, et ['kraŋkəˌtsemə] <N.; ~e> {s. u. ↑Zemmer}: Krankenzimmer.

krank|haff ['kraŋkhaf] <Adj.; ~|hafte; ~|hafter, ~ste>: krankhaft. Tbl. A4.2.1

Krank|heit, de ['kraŋkhɐɪt] <N.; ~e>: Krankheit.

Krank|öllig, et ['kraŋkˌøløɪfj] <N.; ~e [-øløɪjə]>: Kranker, jmd., der häufig krank ist; (wörtl.) Krankzwiebel.

Kran|wage, der ['kraˑnˌvaˑʀə] <N.; ~>: Kranwagen.

Kranz, der [krants] <N.; Kränz [krɛnts]; Känz|che ['krɛntsjə] ⟨mhd., spätahd. kranz, wahrsch. rückgeb. aus ahd. krenzen⟩>: Kranz, 1. Ringförmiges. 2. kranzförmiges Traggestell für Kölschgläser.

Kränz|chens|drieß|er, der ['krɛntsjənsˌdriːsɐ] <N.; ~>: Kleinigkeitskrämer, Haarspalter, (wörtl.) Kränzchenscheißer [auch: ↑Pingels|fott (1) ↑Ääzezäller, ↑Klein|ig|keits|krimer].

kränze ['krɛntsə] <V.; schw.; *han*; kränzte ['krɛntstə]; gekränz [jə'krɛnts]>: (be)kränzen. (42)

Krätz, de [krɛts] <N.; o. Pl.> {8.3.1}: Krätze, Räude [auch: ↑Kräu].

Kratz|böösch, de ['krats̩ˌbøːʃ] <N.; ~te> {s. u. ↑Böösch}: Kratzbürste [auch: ↑Krabitz (a), ↑Fäg, ↑Widder|böösch (2)].

kratz|bööscht|ig ['krats̩ˌbøːʃtɪç] <Adj.; ~e; ~er, ~ste> {5.2.1.1.2; 5.4}: kratzbürstig, zänkisch, unverträglich, unfreundlich [auch: ↑krabitz|ig]. Tbl. A5.2

Krätz|che, et ['krɛts̩jə] <N.; nur Diminutiv; ~r>: Streich, Erzählung od. Lied über eine lustige Begebenheit [auch: ↑Verzäll|che].

Krätz|ches|säng|er, der ['krɛts̩jəsˌzɛŋɐ] <N.; ~>: jmd., der „Krätzcher" im Lied erzählt.

kratze ['krats̩ə] <V.; schw.; han; kratzte ['krats̩tə]; gekratz [jə'krats̩]>: kratzen. (114)

Kratz|hannes, der [ˌkrats̩'hanəs] <N.; ~|hannes̩e/~|hannese>: riesiger Mensch, großer Gegenstand [auch: ↑Kabänes, ↑Kavents|mann].

Kratz|ieser, et ['krats̩ˌiːzə] <N.; ~(e)> {s. u. ↑Ieser}: Kratzeisen.

kratz|ig ['krats̩ɪç] <Adj.; ~e; ~er, ~ste>: kratzig. Tbl. A5.2

Kräu, de [krɔy] <N.; kein Pl.>: Krätze, Räude, (übertr.) Hautausschlag: *Wat häs de dann do för en K. am Liev?* (Was hast du denn da für einen H.?) [auch: ↑Krätz].

Kräu|balg, der ['krɔyˌbalf] <N.; ~|bälg(er) [-bɛlˑf] / -bɛlˑjə]> {s. u. ↑Balg}: Kind, das stört od. Unsinn treibt [auch: ↑Kräu|panz].

Kräu|bud, de ['krɔyˌbuːt] <N.; ~e> {s. u. ↑Bud}: schmutzige, verwahrloste Wohnung.

kraue ['kraʊə] <V.; schw.; han; kraute ['kraʊtə]; gekraut [jə'kraʊˑt]>: kraulen, **1.** streicheln, kraulen, kratzen: *hingerm Uhr k.* (hinter dem Ohr k.) [auch: ↑kräuele, ↑kraule¹, ↑krabbele]. **2.** ärgern, nerven: *Die Pänz han mich der ganzen Dag gekraut.* (Die Kinder haben mich den ganzen Tag genervt.) [auch: ↑ärgere (1a), ↑kujoniere/~eere, ↑kraue (2), ↑kreuzige, ↑trieze, ↑transioniere/~eere]. (11)

kräuele ['krɔyələ] <V.; schw.; han; kräuelte ['krɔyəltə]; gekräuelt [jə'krɔyəlt]> {5.1.3; 9.2.1.2}: kraulen [auch: ↑krabbele, ↑kraule¹, ↑kraue (1)]. (6)

kraule¹ ['kraʊˑlə] <V.; schw.; han; kraulte ['kraʊˑltə]; gekrault [jə'kraʊˑlt]>: kraulen [auch: ↑krabbele, ↑kräuele, ↑kraue (1)]. (45)

kraule² ['kraʊˑlə] <V.; schw.; han u. sin; kraulte ['kraʊˑltə]; gekrault [jə'kraʊˑlt] ⟨engl. crawl⟩>: kraulen (ein Schwimmstil). (45)

Kräu|panz, der ['krɔyˌpants̩] <N.; ~|pänz>: Kind, das stört od. Unsinn treibt [auch: ↑Kräu|balg].

Kraus, de [kraʊˑs] <N.; ~e> {8.3.1}: Krause, Kragen, Besatz.

Krause, de ['kraʊzə] <N.>: Krause, Dauerwelle: *Mir es de K. durchgeschlage.* (Mir ist die D. durchgeschlagen.).

Kräuter|botter, de ['krɔyteˌbote] <N.; i. best. Komposita *kraut*, sonst ↑Krugg; kein Pl.> {11; s. u. ↑Botter}: Kräuterbutter.

Krawall|minsch, et [kra'valˌmɪnʃ] <N.; ~e> {s. u. ↑Minsch²}: zänkisches Weib, immer schimpfende Frau [auch: ↑Krawall|möhn].

Krawall|möhn, de [kra'valˌmøˑn] <N.; ~e> {s. u. ↑Möhn}: zänkisches Weib, immer schimpfende Frau [auch: ↑Krawall|minsch].

Krebs, der [krɛps] <N.; ~e>: Krebs.

Krebs|wols, de ['krɛpsˌvols] <N.; ~te> {s. u. ↑Wols}: Krebswulst.

Kredit|kaat, de [kre'dɪtˌkaːt] <N.; ~e> {s. u. ↑Kaat}: Kreditkarte.

kreeche ['kreˑjə] <V.; st.; sin; kroch [krɔx]; gekroche [jə'krɔxə]> {5.1.4.3}: kriechen, krabbeln [gebräuchl.: ↑kruffe]. (115)

Kreech|erei, de [ˌkreˑjə'reɪ] <N.; ~e [-ə'reɪə]> {5.1.4.3}: Kriecherei, Unterwürfigkeit.

Kreeg, der [kreˑj] <N.; ~e ['kreˑjə]> {5.1.4.3}: Krieg.

kreege ['kreˑjə] <V.; schw.; han; kreegte ['kreˑjtə]; gekreeg [jə'kreˑj]> {5.1.4.3}: kriegen, Krieg führen. (103)

Kreeg|er, der ['kreˑjə] <N.; ~> {5.1.4.3}: Krieger.

Kreeg|maat, der ['kreˑjˌmaːt] <N.; Straßenn.> {s. u. ↑Kreeg ↑Maat}: Großer u. Kleiner Griechenmarkt (Kölner Straßen im gleichnamigen Viertel).

Kreeg|pooz ['kreˑjˌpoːts̩] <N.; Straßenn.> {s. u. ↑Kreeg ↑Pooz}: Griechenpforte; Straße in Köln-Altstadt/Süd. Die Griechenpforte ist das südlichste Tor der römischen Stadtmauer, das erst im 10. Jh. unter der Kaiserin Theophanu in die damals 900jährige Mauer gebrochen wurde, vermutlich um die Verbindung zw. der vor den Mauern gelegenen Pantaleonsabtei u. der Stadt zu erleichtern. Die Griechenpforte bildete bis 1180 die Grenze der Stadt; erst nach 1160 wurde sie als porta greca" bezeichnet.

Kreegs|danz, der ['kreˑjsˌdants̩] <N.; ~|dänz> {s. u. ↑Kreeg ↑Danz}: Kriegstanz.

Kreegs|deens, der ['kreˑfjs‚deˑns] <N.; ~te (Pl. selten)> {s. u. ↑Kreeg ↑Deens}: Kriegsdienst.

Kreegs|fad, der ['kreˑfjs‚faˑt] <N.; i. best. Komposita *Fad*, sonst ↑Padd; o. Pl.> {6.8.2; 11; s. u. ↑Kreeg}: Kriegspfad.

Kreegs|film, der ['kreˑfjs‚fɪləm] <N.; ~e> {s. u. ↑Kreeg}: Kriegsfilm.

Kreegs|foß, der ['kreˑfjs‚foˑs] <N.> {s. u. ↑Kreeg ↑Foß}: Kriegsfuß, nur i. d. **RA**: *met einem/jet om K. stonn* (mit jmdm./etw. auf K. stehen).

Kreegs|ge|fange|schaff, de ['kreˑfjsjə‚faŋəʃaf] <N.; o. Pl.> {s. u. ↑Kreeg}: Kriegsgefangenschaft.

Kreegs|kamerad, der ['kreˑfjskamə‚raˑt] <N.; ~e> {s. u. ↑Kreeg}: Kriegskamerad.

Kreegs|less, de ['kreˑfjs‚les] <N.; ~|leste> {s. u. ↑Kreeg; ↑Less}: Kriegslist.

Kreegs|rääch, et ['kreˑfjs‚rɛːfj] <N.; o. Pl.> {s. u. ↑Kreeg ↑Rääch}: Kriegsrecht.

Kreegs|rod, der ['kreˑfjs‚rɔˑt] <N.; ~|röd> {s. u. ↑Kreeg ↑Rod}: Kriegsrat.

Kreegs|scheff, et ['kreˑfjs‚ʃef] <N.; ~e> {s. u. ↑Kreeg ↑Scheff}: Kriegsschiff.

Kreegs|spill, et ['kreˑfjs‚ʃpɪl] <N.; ~ [-ʃpɪlˑ]> {s. u. ↑Kreeg ↑Spill}: Kriegsspiel.

Kreegs|spill|zeug, et ['kreˑfjs‚ʃpɪltsøyfj] <N.; ~e> {s. u. ↑Kreeg ↑Spill}: Kriegsspielzeug.

Kreegs|verbreche, et ['kreˑfjsfɐ‚brɛfjə] <N.; ~> {s. u. ↑Kreeg}: Kriegsverbrechen.

Kreegs|verbrech|er, der ['kreˑfjsfɐ‚brɛfjɐ] <N.; ~> {s. u. ↑Kreeg}: Kriegsverbrecher.

Kreegs|zigg, de ['kreˑfjs‚tsɪk] <N.; ~e> {s. u. ↑Kreeg ↑Zigg}: Kriegszeit.

kreel [kreːl] <Adj.; ~e ['kreˑlə]; ~er, ~ste ['kreˑlɐ / 'kreːlstə]>: munter, lebhaft, frisch. Tbl. A2.2

kreiere [kreˑ'liˑ(ɐ)rə] <V.; schw.; *han*; kreierte [kreˑ'liˑetə]; kreiert [kreˑ'liˑet]>: kreieren. (3)

Kreis, der [kreɪs] <N.; ~e ['kreɪˑzə]>: Kreis.

kreise ['kreɪˑzə] <V.; schw.; *han* u. *sin*; kreiste ['kreɪˑstə]; gekreis [jə'kreɪˑs]>: kreisen, sich kreisförmig bewegen: *De Planete kreise öm de Sonn*. (Die Planeten k. um die Sonne.). (149)

kreis|förm|ig ['kreɪs‚fœrmɪfj] <Adj.; ~e>: kreisförmig [auch: ↑rund]. Tbl. A5.2

Kreis|lauf, der ['kreɪs‚loʊf] <N.; o. Pl.>: Kreislauf; auch kurz für Blutkreislauf.

Kreis|lauf|meddel, et ['kreɪsloʊf‚medəl] <N.; ~(e)> {s. u. ↑Meddel}: Kreislaufmittel.

kreis|rund ['kreɪs'rʊnt] <Adj.; ~e>: kreisrund. Tbl. A2.1

Kreis|säg, de ['kreɪs‚zɛˑfj] <N.; ~e> {s. u. ↑Säg}: Kreissäge.

Kreiß|saal, der ['kreɪs‚zaːl] <N.; ~|sääl [-zɛˑl]>: Kreißsaal.

Kreis|verkehr, der ['kreɪsfɐ‚keːɐ̯] <N.; o. Pl.>: Kreisverkehr.

Kremp, de [krɛmp] <N.; ~e> {8.3.1}: Krempe, Hutrand.

krempele ['krɛmpələ] <V.; schw.; *han*; krempelte ['krɛmpəltə]; gekrempelt [jə'krɛmpəlt]> {9.2.1.2}: krempeln, in die Höhe rollen: *de Maue noh bovve k.* (die Ärmel nach oben k.). (6)

Krepp, de [krep] <N.; ~e; ~che> {5.5.2; 8.3.1}: **1. a)** Krippe; **b)** <Diminutiv> Krippenspiel [auch: ↑Kreppche (2), ↑Kreppeispill). **2.** Behältnis für Tierfutter. **3.** <Diminutiv> **a)** interessante erlebte Begebenheit: *Vörige Woch han ich villleich e ~che erläv.* (Vorige Woche ist mir doch was passiert.) [auch: ↑Kreppche (1a)]; **b)** Geschichte, erzählte Begebenheit [auch: ↑Kreppche (1b), ↑Ge|schichte (2), ↑Anekdöt|che, ↑Stöck|el|che].

Krepp|che, et ['krepfjə] <N.; ~r>: **1. a)** interessante erlebte Begebenheit [auch: ↑Krepp (3)]; **b)** Geschichte, erzählte Begebenheit: *Häs de dem Marie ald dat ~che met däm Hungk verzallt?* (Hast du Maria schon die Geschichte mit dem Hund erzählt?) [auch: ↑Ge|schichte (2)]. **2.** Krippenspiel [auch: ↑Krepp (1b), ↑Kreppe|spill].

Kreppe(n)|hännes|che, et [‚krepə(n)'hɛnəsjə] <N.; ~r> {s. u. ↑Krepp; 9.1.4}: **1.** Hänneschen-Theater, Kölner Stockpuppentheater (hat sich aus dem Krippenspiel entwickelt). **2.** (übertr.) Spaßmacher. **3.** (übertr.) lustige erlebte Geschichte.

Kreppe|spill, et ['krepə‚ʃpɪl] <N.; ~ [-ʃpɪlˑ]> {s. u. ↑Krepp ↑Spill}: Krippenspiel [auch: ↑Kreppche (2)].

kreuzige ['krɔytsɪjə] <V.; schw.; *han*; kreuzigte ['krɔytsɪfjtə]; gekreuzig [jə'krɔytsɪfj]>: kreuzigen, **1.** durch Annageln od. Festbinden an einem Kreuz zu Tode bringen. **2.** seelisch quälen, plagen [auch: ↑ärgere (1a), ↑kujoniere/~eere, ↑kraue (2), ↑transioniere/~eere, ↑trieze]. (7)

Kreuz|zog, der ['krɔyts‚tsox] <N.; i. best. Komposita *kreuz*, sonst ↑Krütz; ~|zög> {11; s. u. ↑Zog'}: Kreuzzug.

Kribbel, der ['krɪbəl] <N.; kein Pl.>: Kribbeln, **1.** prickelndes Hautgefühl; Kitzel, Juckreiz. **2.** Ungeduld, angespannte Erwartung; [auch: ↑Kribbel|ei, ↑Kribbele].

kribbele ['krɪbələ] <V.; schw.; *han*; kribbelte ['krɪbəltə]; gekribbelt [jə'krɪbəlt]> {9.2.1.2}: kribbeln, **1.** prickeln (bes. in eingeschlafenen Gliedern u. bei Niesreiz). **2.** herumkriechen (von einer großen Anzahl Insekten gesagt). (6)

Kribbele, et ['krɪbələ] <N.; kein Pl.> {9.2.1.2}: Kribbeln, **1.** prickelndes Hautgefühl; Kitzel, Juckreiz. **2.** Ungeduld, angespannte Erwartung; [auch: ↑Kribbel, ↑Kribbel|ei].

Kribbel|ei, de [ˌkrɪbə'leɪ̯] <N.; o. Pl.>: Kribbeln, **1.** prickelndes Hautgefühl; Kitzel, Juckreiz. **2.** Ungeduld, angespannte Erwartung; [auch: ↑Kribbel, ↑Kribbele].

kribbel|ig ['krɪbəlɪŋ] <Adj.; ~e; ~er, ~ste>: kribbelig, **1.** prickelnd. **2.** nervös, ungeduldig, angespannt. **3.** heikel, schwierig. Tbl. A5.2

kriesche ['kri·ʃə] <V.; st.; *han*; kresch [kreʃ]; gekresche [jə'kreʃə]>: weinen: *Fang jetz nit aan ze k.!* (Fang jetzt nicht an zu w.!) [auch: ↑bauze, ↑gringe (2), ↑hüüle, ↑knaatsche, ↑quaatsche]. (116)

Kriesche, et ['kri·ʃə] <N.; kein Pl.>: (das) Weinen, Heulen: [auch: ↑Ge|bälks, ↑Blök|erei].

krige ['krɪjə] <V.; unr.; *han*; kräg/kräht [krɛːɟ / krɛːt]; (ge)kräge/gekräg/gekräht [(jə)ˌkrɛːjə / jə̯ˌkrɛːɟ / jə̯ˌkrɛːt]> {5.3.4.1}: kriegen, **1.** bekommen, erhalten; **[RA]** *Han es besser wie k.* (Haben ist besser als bekommen.); ***Ress k.*** (Schläge bekommen, verprügelt werden); ***eine vör die Schwaad k.*** (Prügel beziehen); ***der Zängelchesdress k.*** (nervös werden bei einer feinmotorischen Arbeit); ***jet gemüüz k.*** (etw. bewältigt bekommen); ***de Begovung/en Aap k.*** (zu viel k., sich aufregen) [auch: ↑er|halde (2)]. **2.** greifen, fangen, nehmen; ***en de Fingere k.*** (erwischen) **[RA]** *Wann de nit oppass, dann ~n se dich.* (Wenn du nicht aufpasst, dann k. sie dich.; gesagt zu jmdm., den od. dessen Handlung man für verrückt hält); ***beim Wöllche k.*** (packen, ergreifen). **3.** hinbekommen, bewerkstelligen; ***jet mem Höhnerkläuche k.*** (etw. mit diplomatischem Geschick erreichen). **4.** nehmen: *Krig der e Stöck Koche!* (Nimm dir ein Stück Kuchen!) **5.** ***jet üvver sich/de Begovung k.*** (sich ekeln, zu viel k.). **6.** ***de Nas an jet k.*** (etw. merken). (117)

Krigg, de [krɪk] <N.; ~e> {5.3.4; 6.6.2; 8.3.1}: Kreide [auch: ↑Knigg].

krigge|wieß ['krɪgə'viːs] <Adj.; ~e> {s. u. ↑Krigg ↑wieß}: kreideweiß, kreidebleich [auch: ↑knigge|wieß]. Tbl. A1

krihe ['kri·ə] <V.; schw.; *han*; krihte ['kri·tə]; gekriht [jə'kri·t]> {5.4}: krähen, **1.** Laute des Hahns (kikeriki). **2.** laut aufschreien. **3.** jauchzen. **4.** sehr hoch, unschön singen/sprechen. (37)

Krim|er, der ['kri·mɐ] <N.; ~> {5.4}: Krämer.

Kriminal|iss, der [ˌkrɪmɪnaˈlɪs] <N.; ~|iste>: Kriminalist.

Kringel, der ['krɪŋəl] <N.; ~e>: Kringel.

kringele ['krɪŋələ] <V.; schw.; *han*; kringelte ['krɪŋəltə]; gekringelt [jə'krɪŋəlt]> {9.2.1.2}: kringeln. (6)

kritzele ['krɪtsələ] <V.; schw.; *han*; kritzelte ['krɪtsəltə]; gekritzelt [jə'krɪtsəlt]> {9.2.1.2}: kritzeln. (6)

Kröbel, der ['krœːbəl] <N.; ~e>: **a)** sehr kleines Kind; kleine, mickrige Person; **b)** (übertr.) kleine, mickrige Dinge, z. B. bei Pflanzen, Gemüse, usw.: *Wat es dat dann för ene K.?* (Was ist das denn für ein mikriges Ding?).

Kröck, de [krøk] <N.; ~e> {5.5.1; 8.3.1}: Krücke, **1.** Stock für Gehbehinderte. **2.** (übertr.) Türklinke. **3.** (abw.) **a)** unfähiger Mensch, Versager; **b)** etw., das nur schlecht funktioniert.

Krog, der [kroˑx] <N.; Krög [krøˑɟ]; Krög|el|che ['krøˑjəlɟə]> {5.4}: Krug.

Krǫhl, de [kroˑl] <N.; ~e> 5.5.3; 8.3.1}: Krähe.

Krǫhle|ness, et ['kroˑlə̩nes] <N.; ~|nester> {s. u. ↑Krǫhl ↑Ness¹}: Krähennest.

Krokodils|trǫne [krokoˈdiˑlsˌtroˑnə] <N.; fem.; nur Pl.> {s. u. ↑Trǫn¹}: Krokodilstränen.

kröll [krøl] <Adj.; ~e; ~er, ~ste>: kraus, lockig, gelockt, onduliert. Tbl. A2.2

Kröll, de [krølˑ] <N.; ~e ['krøləˑ]> {5.5.1; 8.3.1}: Krause, Locke, Krulle [auch: ↑Lock].

krölle ['krølə] <V.; schw.; *han*; kröllte ['krølˑtə]; gekröllt [jə'krølˑt]>: kräuseln, locken, Locken bilden: *Ming Hoore k. sich bei däm Wedder.* (Meine Haare k. sich bei dem Wetter.) [auch: ↑locke²]. (91)

Krölle|kopp, der ['krøləˌkɔp] <N.; ~|köpp> {s. u. ↑Kröll ↑Kopp}: Krauskopf [auch: ↑Locke|kopp].

kröll|ig ['krølɪŋ] <Adj.; ~e; ~er, ~ste>: kraus, lockig, gekräuselt, onduliert. Tbl. A5.2

Kröll|tubak/~|tabak, der ['krølˑˌtʊbak / -tabak] <N.> {s. u. ↑Kröll ↑Tubak/Tabak/}: krausgeschnittener Tabak.

Krom, der [kroˑm] <N.; kein Pl.; Kröm|che ['krœˑmʃə]> {5.5.3}: Kram, **a)** (unnütze, wertlose) Gegenstände, Sachen, Zeug; **b)** nicht näher bezeichnete, zu erledigende Angelegenheiten; **c)** <Diminutiv> Verkaufsstand, kleiner Laden.

krome ['kroˑmə] <V.; schw.; *han*; kromte ['kroˑmtə]; gekromp [jə'kroˑmp]> {5.5.3}: kramen.   (144)

kromm [krom] <Adj.; ~e; ~er, ~ste ['krome / 'kromˑstə]> {5.5.1}: krumm, **1.** nicht gerade geformt od. gewachsen. **2.** <subst.> [kromˑ] Spitzn.: *der Kromm.* **3.** *****en k. Holla** (jmd., der ständig stolpert); *****ene ~e Hungk** (unerhrlicher Mensch, falscher Fuffziger). Tbl. A2.3

Krömm|de, de ['krømˑdə] <N.; ~> {5.5.1; 10.2.8}: Krümmung, Biegung.

krömme ['krømə] <V.; schw.; *han*; krömmte ['krømˑtə]; gekrömmp [jə'krømˑp]> {5.5.1}: krümmen, biegen. (40)

Kromm, der [kromˑ] <N.; Spitzn.> {5.5.1}: (der) Krumme, Spitzn. für jmdn, der eine krumme Körperhaltung hat.

Krommets|vugel, der ['kromɛts͜fʊʀəl / -fuˑl] <N.; ~|vügel [-fyˑjəl / -fyˑl]> {5.4; s. u. ↑Vugel}: Krammetsvogel, Wacholderdrossel.

Kromm|holz, et ['krom͜hol͜ts] <N.; ~|hölzer> {s. u. ↑kromm ↑Holz}: Krummholz. **1.** <o. Pl.> krumm wachsendes Holz. **2.** für Schlittenkufen u. ä. verwendetes gekrümmtes Holz.

Krönzel, de ['krønt͜səl] <N.; ~e>: Stachelbeere, **1.**Strauchfrucht. **2.** zimperliche Frau.

krönzele, sich ['krønt͜sələ] <V.; schw.; *han*; krönzelte ['krønt͜səltə]; gekrönzelt [jə'krønt͜səlt]> {9.2.1.2}: sich herausputzen, aufwendig schminken. (6)

Krönzele|struch, der ['krønt͜sələˌʃtʀʊx] <N.; ~|strüch> {s. u. ↑Krönzel ↑Struch}: Stachelbeerstrauch.

Krönzele|taat, de ['krønt͜sələˌtaːt] <N.; ~e> {s. u. ↑Taat}: Stachelbeertorte.

Kröötsch, de [krœːtʃ] <N.; ~e>: zimperliche, fröstelnde, kränkelnde, häufig klagende Person: *Die Müllers es en K.* (Frau Müller klagt ständig über Kälte od. irgendwelche Wehwehchen.) [auch: ↑Gööz, ↑Knaatschˈ, ↑Küüm|brezel, ↑Krügg|che Röhr|mich|nit|aan (2), ↑Quaatsch, ↑Träne(n)|dier (1)].

kröötsche ['krœːtʃə] <V.; schw.; *han*; kröötschte ['krœːtʃtə]; gekröötsch [jə'krœːtʃ]>: kränkeln, auch: ständig klagen, stöhnen, nörgeln (meist auf Grund von Krankheit). (110)

Kropp, der [krop] <N.; Kröpp [krœp]> {6.8.1}: Kropf, **1.** Verdickung des Halses. **2.** (nur i. Vbdg. m. „Schlot") Kopf: *ene K. Schlot* (ein Kopf Salat).

Kröppel, der ['krøpəl] <N.; ~e> {5.5.1}: Krüppel.

kröppel|ig ['krøpəlɪʃ] <Adj.; ~e; ~er, ~ste> {5.5.1}: krüppelig, **1.** verkrüppelt. **2.** mickrig, klein (auf Dinge bezogen): *Wat häs de dann do för e k. Schirmche?* (Was hast du denn da für ein mickriges Schirmchen?).   Tbl. A5.2

Kropp|schlot, der (et veraltet) ['krop.ʃloˑt] <N.; kein Pl.> {s. u. ↑Kropp ↑Schlot}: Kopfsalat [auch: ↑Kopp|schlot, ↑Botter|schlot].

Kropp|zeug, et ['krop͜tsɔyʃ] <N.; o. Pl.> {s. u. ↑Kropp}: Kroppzeug, **1.** (abw.) unnützes Zeug; schlechte, mangelhafte Ware. **2.** (abw.) Gesindel, Pack.

Kros, der [kroːs] <N.; kein Pl.>: nicht leicht überschaubare Dinge/ Aufgaben: *Mer han der ene K. am Hals.* (Wir haben viel am Hals.) [auch: ↑Kros|arbeid].

Kros|arbeid, de ['kroːsˌlarbeˑt] <N.; ~e> {s. u. ↑Arbeid}: nicht leicht überschaubare Arbeiten [auch: ↑Kros].

krose ['kroˑzə] <V.; schw.; *han*; kroste ['kroˑstə]; gekros [jə'kroːs]>: wühlen, geschäftig arbeiten; (in Schubladen, Schränken usw.) suchen: *Wat bes de en dinger Täsch am Krose?* (Was wühlst du in deiner Tasche?) [auch: ↑brasele].   (149)

kross [kros] <Adj.; ~e; ~er, ~este>: knusprig, kross.
Tbl. A2.7

Krott, der [krot] <N.; Krött [krœt]>: Knirps, **a)** kleiner, frecher Junge: *Luur ens dä K.!* (Sieh mal, der freche Junge! od.: Sieh mal, der Kleine!); **b)** nettes kleines Mädchen.

Krott|aasch, der ['krotˌlaːʃ] <N.; ~|ääsch (Pl. ungebr.)> {s. u. ↑Aasch}: **a)** Gernegroß, frecher Knirps; **b)** kleine Person [auch: ↑Böll, ↑Dramm|es, ↑Knubbele|futz, ↑Föttchen-an-der-Ääd, ↑Kröbel (a), ↑Krugg|stoppe, ↑Mähl|sack (c), ↑Maschin (2), ↑Mobbel/Möbbel, ↑Mölm|puppˈer, ↑Muggel, *buure Trampel, Knubbelefutz em Leimloch*].

krott|ig ['krotɪʃ] <Adj.; ~e; ~er, ~ste>: klein, **1.** in Ausdehnung od. Umfang unter dem Durchschnitt. **2.** jung (bei Kindern). **3.** verhältnismäßig wenig Zeit beanspruchend, von verhältnismäßig kurzer Dauer. **4.** von verhältnismäßig geringer Menge, Anzahl. **5.** kleinlich, engstirnig, beschränkt. **6.** ungezogen, widerspenstig [auch: ↑krabitz|ig].   Tbl. A5.2

Krüddel, der ['krʏdəl] <N.; ~e>: **1.** Gereiztheit, Misslaune, Übellaunigkeit, Missgelauntheit. **2.** Nörgler.

krüddel|ig ['krʏdəlɪʃ] <Adj.; ~e; ~er, ~ste>: **1.** verdrießlich, misslaunig, missgelaunt, übellaunig [auch: ↑gras|öhr|ig, ↑muuz|ig]. **2.** unruhig, nervös [auch: ↑iggel|ig]. **3.** empfindlich, gereizt, leicht beleidigt [auch: ↑emfind|lich, ↑diffi̱sill (1), ↑fimsch|ig (2), ↑gö̱öz|ig, ↑pingel|ig (1)]. **4.** kleinlich, peinlich genau, pingelig [auch: ↑pingel|ig (3)]. **5.** heikel (auf Sachen bezogen). Tbl. A5.2

Kruff-Eṟen, der [ˌkrʊvəˈren] <N.; kein Pl.>: Unterschlupf, Bleibe [auch: ↑Kau].

Kruff|ääz, de ['krʊfˌɛːt͡s] <N.; ~e> {s. u. ↑Ääz¹}: Kriechererbse, am Boden gezogene Erbse (Wrede).

Kruff|bunn, de ['krʊfˌbʊn] <N.; ~e [-bʊnə]> {s. u. ↑Bunn}: Buschbohne, Gartenbohne, die als niedrige, buschige Pflanze wächst.

kruffe ['krʊfə] <V.; st.; *sin*; kroff [krɔf]; gekroffe [jəˈkrɔfə]>: kriechen [auch: ↑kreeche]; ***einem en de Fott k.** (duckmäusern). (119)

Kruff|es, et ['krʊfəs] <N.; zusges. aus *kruffe* u. *Huus*; ~es̱e/~ese; **Krüff|es|che** ['krʏfəsˌjə]>: kleines, armseliges Zimmer od. Haus [auch: ↑Kau].

Kruff|hohn, et ['krʊfˌhoːn] <N.; ~|höhner> {s. u. ↑Hohn}: Zwerghuhn, **1.** sehr kleines Huhn. **2.** (übertr.) kleine, langsame, schwächliche, unansehnliche Person.

Krugg, et [krʊk] <N.; **Krügger** ['krʏgɐ]; **Krügg|che** ['krʏkʃə]> {5.3.4}: Kraut, **1.** Gewürzpflanze. **2.** Brotaufstrich aus eingekochten Zuckerrüben od. Äpfeln.

Krugg|botteramm, de ['krʊkˌbɔtəramˑ] <N.; ~e [-bɔtəramə]> {s. u. ↑Krugg ↑Bo̱tter}: Butterbrot mit Aufstrich aus eingekochten Zuckerrüben od. Äpfeln.

Krügg|che Röhr|mich|nit|aan, et ['krʏkʃəˈrøːɛ̱mɪʃnɪtˈ|aːn] <N.> {5.4; s. u. ↑Krugg}: Rührmichnichtan, **1.** Springkraut, Balsamine. **2.** (übertr.) überempfindliche, sehr leicht zu kränkende Person [auch: ↑Gö̱öz, ↑Knaatsch¹, ↑Küüm|bre̱zel, ↑Krö̱ötsch, ↑Quaatsch, ↑Träne(n)|dier (1)].

Krugg|döppe, et ['krʊkˌdøpə] <N.; ~> {s. u. ↑Krugg ↑Döppe}: Krauttopf, Topf mit Brotaufstrich aus eingekochten Zuckerrüben od. Äpfeln.

krugge ['krʊgə] <V.; schw.; *han*; kruggte ['krʊktə]; gekrugg [jəˈkrʊk]> {5.3.4; 6.6.2}: jäten, (wörtl.) krauten. (208)

Krugg|stoppe, der ['krʊkˌʃtɔpə] <N.; veraltete Nebenform von ↑Krog (Krug); ~> {s. u. ↑Sto̱ppe}: (nur i. d. B.) kleine, dicke Person, (wörtl.) Krugstopfen [auch: ↑Bö̱ll,

↑Dramm|es, ↑Knubbele|futz, ↑Fö̱ttchen-an-der-Ääd, ↑Krö̱bel (a), ↑Krott|aasch (b), ↑Mähl|sack (c), ↑Maschin (2), ↑Mobbel/Möbbel (b), ↑Mö̱lm|pupp|er, ↑Muggel, *buure Trampel, Knubbelefutz em Leimloch*].

Krun, de [kruˑn] <N.; ~e> {5.4; 8.3.1}: Krone; **1.** herrschaftlicher Kopfschmuck z. B. von Königen, Päpsten usw. [auch: ↑Künnings|krun, ↑Paps|krun]. **2.** kurz für: Baumkrone, oberer Teil des Baumes [auch: ↑Baum|krun]. **3. a)** kurz für: Zahnkrone, oberer Teil eines Zahnes; **b)** aus Metall, Porzellan o. Ä. gefertigter Ersatz für eine Zahnkrone; [auch: ↑Zahn|krun]. **4.** geriffeltes Rädchen an Armband- od. Taschenuhren zum Aufziehen des Uhrwerks od. zum Stellen der Zeiger. **5.** Währungseinheit in Dänemark, Island, Norwegen u. Schweden. **6.** kurz für: Schaumkrone [auch: ↑Schuum|krun].

Krünkel/Krüngdel, de ['krʏŋkəl / 'krʏŋdəl] <N.; ~e>: Falte.

krünkele ['krʏŋkələ] <V.; schw.; *han*; krünkelte ['krʏŋkəltə]; gekrünkelt [jəˈkrʏŋkəlt]> {9.2.1.2}: knittern [auch: ↑knuddele]. (6)

krünkel|ig ['krʏŋkəlɪʃ] <Adj.; ~e; ~er, ~ste>: verknittert, faltig [auch: ↑fald|ig, ↑schrumpelig]. Tbl. A5.2

krü̱sele ['krʏzələ] <V.; schw.; *han*; krü̱selte ['krʏzəltə]; gekrü̱selt [jəˈkrʏzəlt]> {5.3.4.1; 7.4; 9.2.1.2}: kräuseln, kringeln. (6)

Kruss, de [krʊs] <N.; **Kruste** ['krʊstə]> {8.3.1; 8.3.5}: Kruste [gebräuchl.: ↑Koosch].

Krüss|che, et ['krʏsjə] <N.; nur Diminutiv; ~r> {8.3.5}: Krüstchen, nur i. d. Vbdg. *e K. Gulasch* (knuspriger Gulasch), sonst ↑Koosch, ***e K. wärm** (Imbiss aus Bratfleisch (Wrede).

krütz [krʏt͡s] <Adv.> {5.3.4.1}: kreuz, i. d. Vbdg. ***k. un quer** (k. und quer, durcheinander): *Ov k. oder quer, ov Knääch oder Häär, mer looßen nit, mer looßen nit vum Fasteleer.* (Ob k. oder quer, ob Knecht oder Herr, wir lassen nicht vom Karneval; aus dem kölschen Liedgut).

krütz|- [krʏt͡s] <Präfix> {5.3.4.1}: kreuz-, i. Vbdg. m. Adj. emotional verstärkend: *~brav* (~brav).

Krütz, et [krʏt͡s] <N.; ~e; ~che [-jə]> {5.3.4}: Kreuz, **1.** aus zwei sich rechtwinklig, seltener schräg schneidenden Linien bestehendes grafisches Zeichen: *Wä nit schrieve kann, muss drei ~e maache.* (Wer nicht schreiben kann, muss drei ~e machen.). **2.** aus zwei od. mehr sich rechtwinklig bzw. schräg schneidenden, verschieden ausgestalteten Balken od. Armen gebildeter Gegenstand, der häufig Zeichen od. Symbol für etw. ist. **3.** (christl. Rel.) **a)** bes. in der Kunst dargestelltes, von der Form des Kreuzes abgeleitetes christl. Symbol; **b)** Kreuzzeichen: das/ein K. schlagen (sich bekreuzigen): *e ~che maache (sich bekreuzigen); *drei ~e maache, wenn ... (drei ~e machen, wenn ...; froh, erleichtert sein, mit jmdm./etw. nichts mehr zu tun zu haben). **4.** <o. Pl.> Leid, schwere Bürde, die jmd. zu tragen hat. **5. a)** <o. Art.; o. Pl.> Farbe im Kartenspiel; **b)** <Pl. *Krütz*> Spiel mit Karten, bei dem Kreuz Trumpf ist; **c)** <Pl. *Krütz*> Spielkarte mit Kreuz als Farbe. **6.** (Musik) Zeichen, das die Erhöhung eines Tones um einen Halbton vorschreibt. **7.** Teil des Rückens im Bereich des Kreuzbeins; *einer op et K. läge (jmdn. aufs K. legen, betrügen).

Krütz|ass, et [ˌkryts̩ˈlas] <N.; ~e> {s. u. ↑Krütz}: Kreuzass (Spielkarte).

Krütz|blom, de [ˈkryts̩ˌbloːm] <N.; ~e> {s. u. ↑Krütz ↑Blom}: Kreuzblume, **1.** in zahlreichen Arten vorkommende Pflanze mit weißen, rosa bis roten od. blauen Blüten. **2.** (aus Blattwerk bestehendes Ornament an gotischen Türmen, Giebeln u. a.

krütz|brav [ˈkryts̩ˈbraːf] <Adj.; ~e>: kreuzbrav.   Tbl. A1

Krütz|dam, de [ˌkryts̩ˈdaːm] <N.; ~e> {s. u. ↑Krütz ↑Dam}: Kreuzdame (Spielkarte).

krütze [ˈkryts̩ə] <V.; schw.; *han*; krützte [ˈkryts̩tə]; gekrütz [jəˈkryts̩]> {5.3.4.1}: kreuzen. (114)

krütz|fidel [ˈkryts̩fɪˈdeːl] <Adj.; ~e>: kreuzfidel. Tbl. A2.2

krütz|förm|ig [ˈkryts̩ˌfœrmɪç] <Adj.; ~e> {s. u. ↑Krütz}: kreuzförmig.   Tbl. A5.2

Krütz|gang, der [ˈkryts̩ˌjaŋ] <N.; ~|gäng [-ˌjɛŋˑ]> {s. u. ↑Krütz}: Kreuzgang, um den Innenhof eines Klosters laufender, offener Bogengang.

Krütz|jung, der [ˌkryts̩ˈjʊŋˑ] <N.; ~e [-jʊŋə]> {s. u. ↑Krütz ↑Jung}: Kreuzbube (Spielkarte).

Krütz|künning, der [ˌkryts̩ˈkʏnɪŋ] <N.; ~e> {s. u. ↑Krütz ↑Künning}: Kreuzkönig (Spielkarte).

krütz|lahm [ˈkryts̩ˈlaːm] <Adj.; ~e> {s. u. ↑Krütz}: kreuzlahm, mit Schmerzen im Kreuz.   Tbl. A2.3

Krütz|schletz|schruuv, de [ˈkryts̩ʃletsˌʃruːf] <N.; ~e> {s. u. ↑Krütz ↑Schletz ↑Schruuv}: Kreuzschlitzschraube.

Krütz|schlössel, der [ˈkryts̩ˌʃløsəl] <N.; ~e> {s. u. ↑Krütz ↑Schlössel}: Kreuzschlüssel.

Krütz|spenn, de [ˈkryts̩ˌʃpenˑ] <N.; ~e [-ˌʃpenə]> {s. u. ↑Krütz ↑Spenn}: Kreuzspinne.

Krütz|stech, der [ˈkryts̩ˌʃtefʃ] <N.; ~> {s. u. ↑Krütz ↑Stech}: Kreuzstich, Zierstich aus zwei sich schräg kreuzenden einzelnen Stichen.

Krütz|wäg, der [ˈkryts̩ˌvɛːfʃ] <N.; ~(e) [-vɛːfʃ / -vɛːjə]> {s. u. ↑Krütz ↑Wäg}: Kreuzweg, **1.** Stelle, an der sich zwei Wege kreuzen. **2.** (kath. Kirche) **a)** bildl. od. plastische Darstellung des Kreuzweges in 14 Stationen in einer Kirche od. im Freien, die von den Gläubigen betend abgeschritten werden; **b)** Folge von Gebeten, die bes. in der Fastenzeit (beim Abschreiten des Kreuzweges) gesprochen werden.

krütz|wies [ˈkryts̩viːs] <Adv.> {5.3.4.1}: kreuzweise.

Krütz|zeiche, et [ˈkryts̩ˌtseɪfʃə] <N.; ~> {s. u. ↑Krütz}: Kreuzzeichen.

kruus [kruːs] <Adj.; ~e [ˈkruːzə]; ~er, ~te [ˈkruːzə / kruːstə]> {5.1.3}: kraus; *kruuse Baum (Ulme).   Tbl. A2.7

Kruus, de [kruːs] <N.; ~e> {5.1.3; 8.3.1}: Krause, gefälteter Kragen, Saum od. Besatz.

Kruus|kopp, der [ˈkruːsˌkɔp] <N.; ~|köpp> {s. u. ↑Kruus ↑Kopp}: Krauskopf.

Kubik|zahl, de [kʊˈbɪkˌtsaːl] <N.; ~e>: Kubikzahl; Zahl, die als dritte Potenz einer anderen darstellbar ist.

Küchel|che, et [ˈkyfʃəlfʃə] <N.; nur Diminutiv; ~r> {5.3.2.1}: Küken.

Kuckele|baum, der [ˈkʊkələˌboʊm] <N.; ~|bäum [-bøːyˑm]>: Purzelbaum [auch: ↑Tummeleut, ↑Tirvel], [meist i. d. *RA*]: *der K. schlage* (P. machen).

Kuckuck, der [ˈkʊkʊk / ˈkʊgʊk] <N.; ~e (Pl. ungebr.)>: Kuckuck.

Kuckucks|ei, et [ˈkʊkʊksˌlaɪ / ˈkʊgʊks-] <N.; ~er>: Kuckucksei.

Kuckucks|uhr/~|ohr, de [ˈkʊkʊksˌluːɐ̯ / -oːɐ̯ / ˈkʊgʊks-] <N.; ~e> {s. u. ↑Uhr¹/Ohr¹}: Kuckucksuhr.

Kude|gaad, de [ˈkʊdəˌjaːt] <N.; veraltet; ~e ‹frz. corps de garde›> {2; 5.2.1.1.1; 8.3.1}: Wachgarde, noch gebr. bei Karnevalskorps.

Kugel, de [ˈkuːʁəl] <N.; ~e>: Kugel.

Kugel|bletz, der [ˈkuːʁəlˌblets] <N.; ~e> {s. u. ↑Bletz}: Kugelblitz.

kugele [ˈkuːʁələ] <V.; schw.; *han*; kugelte [ˈkuːʁəltə]; gekugelt [jəˈkuːʁəlt]> {9.2.1.2}: kugeln. (6)

Kugel|ge|lenk, et [ˈkuːʁəlˌjəˌlɛŋk] <N.; ~e>: Kugelgelenk.

Kugel|lager, et ['kuːʀəlˌaˑʀɐ] <N.; ~>: Kugellager.
kugel|rund ['kuːʀəlˈʀʊnt] <Adj.; ~e>: kugelrund. Tbl. A2.1
Kugel|schriev|er, der ['kuːʀəlˌʃriˑvɐ] <N.; ~> {5.1.4.5; 6.1.1}: Kugelschreiber.
kugel|sạcher ['kuːʀəlˌzɛfjɐ] <Adj.; ~e>: kugelsicher. Tbl. A2.6
Kuhl/Kuul, de [kuˑl] <N.; ~e; Kühl|che/Küül|~ ['kyˑlfjə]> {8.3.1}: Kuhle, Grube.
Kühl [kyˑl] <N.; mask.; nur Pl.> {5.4}: Kohl, Krauskohl, Grünkohl, **[RA]** *koote K. met lang Brodwoosch* (Grünkohl mit Bratwurst).
Kuhlemann|stroß ['kuˑləmanˌʃtroˑs] <N.; Straßenn.> {s. u. ↑Stroß}: Kuhlemannstraße; Straße in Köln-Altstadt/Süd, benannt nach dem Schriftsteller Johannes Theodor Kuhlemann (*4.11.1891 †29.3.1939), dessen Pseudonym „Ithaka" war.
Kühler|haub, de ['kyˑlɐˌhaʊˑp] <N.; ~e> {s. u. ↑Haub}: Kühlerhaube.
kujaxe ['kuːˌjaksə] <V.; schw.; han; kujaxte ['kuːˌjakstə]; gekujax [jəˈkuːjaks]>: (herum)albern. (71)
Kujon, der [kʊˈjoˑn] <N.; veraltend; ~e ⟨frz. couillon⟩> {2}: Schuft, Schurke [auch: ↑Hanak].
kujoniere/~eere [kʊjəˈniˑ(g)rə / -eˑrə] <V.; schw./unr.; han; kujonierte [kʊjəˈniˑɐ̯tə]; kujoniert [kʊjəˈniˑɐ̯t] ⟨frz. coïnner⟩>: ärgern, quälen, plagen, gemein behandeln, bedrängen, schikanieren [auch: ↑ärgere (1a), ↑kraue (2), ↑kreuzige (2), ↑transioniere/~eere, ↑trieze]. (3) (2)
Kulẹtsch, der [kʊˈletʃ] <N.; kein Pl.>: Lakritze.
Kulẹtsch|hot, der [kʊˈletʃˌhoˑt] <N.; ~|höt> {s. u. ↑Hot}: **a)** der schwarzlackierte Helm der ehem. preußischen Polizisten; **b)** (übertr.) diese selbst (Wrede).
Kulẹtsch|stang, de [kʊˈletʃˌtaŋˑ] <N.; ~e [-ˌtaŋə]> {s. u. ↑Stang (1)}: Lakritzstange.
Kulẹtsch|wasser, et [kʊˈletʃˌvasɐ] <N.; o. Pl.>: durch Schütteln in Wasser aufgelöste Lakritze.
Kulli, der ['kʊlɪ] <N.; ~s> {5.3.2}: Kuli, Kugelschreiber.
Kultur/Kultor, de [kʊlˈtuˑɐ̯ / kʊlˈtoˑɐ̯] <N.; ~e> {(5.4)}: Kultur.
Kultur|büggel/Kultor|~, der [kʊlˈtuˑɐ̯ˌbyɡəl / kʊlˈtoˑɐ̯-] <N.; ~e> {s. u. ↑Kultur/Kultor, ↑Büggel}: Kulturbeutel.
Kumede, de [kʊˈmeˑdə] <N.; kein Pl.> {5.4; 8.2.5}: Komödie, **a)** Theater, Schauspiel; **b)** <als Eigenn.>: Theater des Heimatvereins Alt Köln.

Kumede|mäch|er, der [kʊˈmeˑdəˌmɛfjɐ] <N.; ~> {5.4; s. u. ↑Kumede}: Spaßmacher.
kumme ['kʊmə] <V.; st.; sin; kọm [kɔˑm]; (ge)kumme [(jə)ˈkʊmə] {5.4}: kommen, sich nähern; **[RA]** *Der Zog kütt!* (Der Zug kommt!: Ankündigung des Rosenmontagszugs); **[RA]** *Et kütt wie et kütt.* (Es kommt wie es kommt.); **[RA]** *Küss de hügg nit, küss de morge.* (Kommst du heute nicht, kommst du morgen.); ***en de Gäng k.** (in Schwung/auf Touren k.); ***einer k. sinn** (jmdn. über den Tisch ziehen [auch: ↑be|tuppe²]). (120)
Kump, de [kʊmp] <N.; ~e/Kümp ['kʊmpə / kʏmp]; Kümp|che ['kʏmpfjə]> {(8.3.2)}: Schüssel, **1.** tiefes, meist rundes od. ovales, oben offenes Gefäß [auch: ↑Schottel]. **2.** (derb) Dummkopf, Tölpel: *Do bes en duselige/blöd K.* (Du bist ein Dummkopf).
Kümp|che(n)s|hoff, Am [amˈkʏmpə(n)sˌhɔf] <N.; Straßenn.> {s. u. ↑Kump ↑Hoff; 9.1.2; 9.1.4}: Am Kümpchenshof; Straße in Köln-Neustadt/Nord. Der „Kümpchenshof" wird erstmals 1395 als „Hof Reuschenberg" erwähnt. Später wird er wegen eines dort angebrachten Geweihs „Zum Hirsch" genannt, bzw. „Zum Hirschenskümpchen", woraus sich dann der volkstümliche Name „Kümpchenshof" entwickelte. Zu Beginn des 19. Jh. wurde im Kümpchenshof Wein gezapft. Der Sage nach soll auf diesem Bauernhof Jan von Werth (Reitergeneral des Dreißigjährigen Krieges) gedient haben.
Kümp|che(n)s|schnẹdd, der ['kʏmpfjə(n)sˌʃnet] <N.; ~(e)> {9.1.2; 9.1.4; s. u. ↑Kump ↑Schnẹdd¹}: Haarschnitt, der so aussieht, als habe man eine Schüssel auf den Kopf gesetzt u. drumherum geschnitten [auch: ↑Pott|schnẹdd].
kund|dun ['kʊntˌdʊn] <trennb. Präfix-V.; unr.; han; dät k. [dɛˑt]; ~|gedon [-ˌjədoːn]> {5.3.2.5; 6.11.1}: kundtun, bekunden [auch: ↑künde, ↑ver|künde]. (53)
künde ['kʏnˑdə] <V.; schw.; han; kündte ['kʏnˑtə]; gekündt [jəˈkʏnˑt]>: künden, von etw. Kunde/Nachricht geben [auch: ↑kund|dun, ↑ver|künde]. (28)
Kunde|deens, der ['kʊnˑdəˌdeˑns] <N.; ~te> {s. u. ↑Deens}: Kundendienst.
Kunde|kreis, der ['kʊnˑdəˌkreɪs] <N.; o. Pl.>: Kundenkreis.
kündige ['kʏnˑdɪjə] <V.; schw.; han; kündigte ['kʏnˑdɪftə]; gekündig [jəˈkʏnˑdɪfj]>: kündigen. (7)
Kündig|ung, de ['kʏnˑdɪjʊŋ] <N.; ~e>: Kündigung.
Kündig|ung|friss, de ['kʏnˑdɪjʊŋsˌfrɪs] <N.; ~|friste> {s. u. ↑Friss}: Kündigungsfrist.

Kund|schaff, de ['kʊntʃaf] <N.; o. Pl.>: Kundschaft, jmds. Kunde.

kund|schafte ['kʊntʃaftə] <V.; schw.; *han*; gekundschaff [jə'kʊntʃaf]>: kundschaften. (89)

Kunibäät ['kʊnɪˌbɛːt] <N.; männl. Vorn.> {5.1.4.6}: Kunibert.

Kunibääts|gass ['kʊnibɛːtsˌjas] <N.; Straßenn.> {s. u. ↑Kunibäät ↑Gass¹}: Kunibertsgasse; Straße in Köln-Altstadt/Nord, benannt nach St. Kunibert, der Stiftskirche des Merowinger Erziehers u. Bischofs Kunibert (*623 †663). Die heutige Kirche entstand im 13. Jh. u. ist eine der zwölf erhaltenen romanischen Kirchen der Kölner Altstadt in den Grenzen der ma. Stadtmauer. Der „Bourdon" ist die drittgrößte Glocke Kölns.

künne¹ ['kʏnə] <V.; unr.; *han*; kunnt [kʊnt]; gekunnt [jə'kʊnt]> {5.4}: können, **1. a)** fähig/in der Lage sein, etw. auszuführen/zu leisten; *K. vör Laache!* (K. vor Lachen! = Du bist gar nicht in der Lage, das zu tun, was du tun willst.); **b)** weiterhin Kraft zu etw. haben: *Kanns do noch?* (Kannst du noch?). **2. [RA]** *Jetz kann ich nit mih!* (Ausruf des Erstaunens: Jetzt kann ich nicht mehr!); *Do kanns mich ens!* (Du kannst micht mal!); *Do kanns mer ens der Naache däue.* (Du kannst mir mal den Nachen schieben. = Ich werde deiner Bitte nicht nachkommen.). (121)

künne² ['kʏnə] <V.; mit Inf. als Modalverb; unr.; *han*; kunnt [kʊnt]; gekunnt [jə'kʊnt]> {5.4}: können, **a)** imstande sein, etw. zu tun: *Dä kann god fahre.* (Er kann gut fahren.); **b)** die Möglichkeit haben, etw. zu tun: *Do künne aach Lück dren setze.* (Da passen acht Leute hinein.); **c)** berechtigt sein, etw. zu tun: *Esu kanns de dat nit schrieve.* (So kannst du das nicht schreiben.); **d)** (schwächer als *dörfe*) zulassen: *Kann ich jetz gonn?* (Kann ich jetzt gehen?); **e)** die Möglichkeit/Erlaubnis haben, etw. zu tun/dürfen: *Die Idee künnt vun mir sin.* (Die Idee könnte von mir sein.). (121)

Künnig|in, de ['kʏnɪˌjɪn] <N.; ~ne> {5.3.2; 5.4}: Königin.

Künning, der ['kʏnɪŋ] <N.; ~e> {5.3.2}: König.

Künnings|blom, de ['kʏnɪŋsˌbloːm] <N.; ~e> {s. u. ↑Künning ↑Blom}: Königslilie.

Künnings|krun, de ['kʏnɪŋsˌkruːn] <N.; ~e> {s. u. ↑Künning ↑Krun}: Königskrone, Krone eines Königs als Zeichen seiner Würde [auch: ↑Krun¹)].

Kuns, de [kʊns] <N.; Küns [kʏns]> {8.3.5}: Kunst.

Kuns|fähler, der ['kʊnsˌfɛːlɐ] <N.; ~> {s. u. ↑Kuns ↑Fähler}: Kunstfehler.

kuns|ge|rääch ['kʊnsjəˌrɛːɕ] <Adj.; ~te> {s. u. ↑Kuns ↑ge|rääch¹}: kunstgerecht. Tbl. A4.1.1

Kuns|haaz, der ['kʊnsˌhaːts] <N.; ~e (Sortenpl.)> {s. u. ↑Kuns ↑Haaz¹}: Kunstharz.

Kuns|hall, de ['kʊnsˌhalˑ] <N.; ~ [-halə]> {s. u. ↑Kuns ↑Hall¹}: Kunsthalle.

Kuns|ies, et ['kʊnsˌiːs] <N.; kein Pl.> {s. u. ↑Kuns ↑Ies}: Kunsteis.

Kuns|ledder, et ['kʊnsˌledɐ] <N.; ~ (Sortenpl.)> {s. u. ↑Kuns ↑Ledder}: Kunstleder, Skai®.

Küns|ler, der ['kʏnslɐ] <N.; ~> {8.3.5}: Künstler.

küns|ler|isch ['kʏnslɐrɪʃ] <Adj.; ~e> {8.3.5}: künstlerisch, kreativ. Tbl. A1

küns|lich ['kʏnslɪç] <Adj.; ~e> {8.3.5}: künstlich. Tbl. A1

Kuns|möl|er, der ['kʊnsˌmœˑlɐ] <N.; ~> {s. u. ↑Kuns ↑Möl|er}: Kunstmaler.

Kuns|richt|ung, de ['kʊnsˌrɪɔtʊŋ] <N.; ~e> {s. u. ↑Kuns}: Kunstrichtung.

Kuns|schatz, der ['kʊnsˌʃats] <N.; ~|schätz> {s. u. ↑Kuns ↑Schatz}: Kunstschatz.

Kuns|schull, de ['kʊnsˌʃʊlˑ] <N.; ~e [-ʃʊlə]> {s. u. ↑Kuns ↑Schull}: Kunstschule.

Kuns|sigg, de ['kʊnsˌzɪk] <N.; o. Pl.> {s. u. ↑Kuns ↑Sigg³}: Kunstseide.

Kuns|stöck, et ['kʊnsˌʃtøk] <N.; ~/~e/~er {s. u. ↑Kuns ↑Stöck}: Kunststück.

Kuns|stoff, der ['kʊnsˌʃtɔf] <N.; ~e> {s. u. ↑Kuns}: Kunststoff.

Kuns|turne, et ['kʊnsˌtʊrˑnə] <N.; kein Pl.> {s. u. ↑Kuns}: Kunstturnen.

Kuns|verein, der ['kʊnsfɐˌeɪn] <N.; ~e> {s. u. ↑Kuns}: Kunstverein.

Kupp¹/Küpp, de [kʊp / kʏp] <N.; ~e> {8.3.1}: Kuppe, **1.** abgerundeter oberster Teil eines Bergs, Hutes od. Ä. **2.** Fingerkuppe.

Kupp², der [kʊp] <N.; Küpp [kʏp]>: Haufen: *ene K. Gemös* (eine Portion Gemüse); *ene K. Gedresse* (ein Kothaufen) [auch: Dotz].

kuppe ['kʊpə] <V.; schw.; *han*; kuppte ['kʊptə]; gekupp [jə'kʊp]>: aufhäufen. (75)

kuppele ['kʊpələ] <V.; schw.; *han*; kuppelte ['kʊpəltə]; gekuppelt [jə'kʊpəlt]> {9.2.1.2}: kuppeln, die Kupplung an einem Fahrzeug betätigen. (6)

Kur|fürs, der ['kuːɐ̯ˌfʏxs] <N.; ~te> {s. u. ↑Fürs}: Kurfürst.

Kur|fusch|er, der ['kuːɐ̯ˌfʊʃɐ] <N.; ~> {6.8.2}: Kurpfuscher.

kuriere/~eere [kʊ'riː(ɐ̯)rə / -eˑrə] <V.; schw./unr.; *han*; kurierte [kʊ'riːɐ̯tə]; kuriert [kʊ'riːɐ̯t] ⟨lat. curare⟩> {(5.1.4.3)}: kurieren. (3) (2)

Kürmel, der ['kʏrməl] <N.; kein Pl.>: Durcheinander.

Kürmels|bud, de ['kʏrməlsˌbuˑt] <N.; ~e> {9.1.2; s. u. ↑Bud}: unaufgeräumtes Zimmer, unaufgeräumte Wohnung: *Hee en dä K. fingk mer jo de Decke us de Dönne nit mih.* (Hier in dieser unaufgeräumten Bude findet man ja nichts mehr.).

Kur|schatte, der ['kuːɐ̯ˌʃatə] <N.; ~>: Kurschatten.

Kurv, de ['kʊrf] <N.; ~e> {8.3.1}: Kurve.

kurve ['kʊrˑvə] <V.; schw.; *sin*; kurvte ['kʊrˑftə]; gekurv [jə'kʊrˑf]>: kurven, **a)** in Kurven fahren, fliegen: *Die Kaar kurv öm de Eck.* (Das Auto kurvt um die Ecke.); **b)** (ziellos) umherfahren: *Em Urlaub sin se durch Spanie gekurv.* (Im Urlaub sind sie durch Spanien gekurvt.). (66)

Kurvel, de ['kʊrˑvəl] <N.; ~e> {6.1.1}: Kurbel [auch: ↑Schwengel].

kurvele ['kʊrˑvələ] <V.; schw.; *han*; kurvelte ['kʊrˑvəltə]; gekurvelt [jə'kʊrˑvəlt]> {6.1.1; 9.2.1.2}: kurbeln. (6)

kusch [kʊʃ] <Adj.; ~e; ~er, ~(e)ste>: **1.** ruhig. **2.** fügsam, gehorsam. **3.** kleinlaut, eingeschüchtert: *sich k. halde* (sich zurückhalten, ruhig halten). Tbl. A1

kusche ['kʊʃə] <V.; schw.; *han*; kuschte ['kʊʃtə]; gekusch [jə'kʊʃ]>: kuschen, beschwichtigen; sich still verhalten; eingeschüchtert sein. (110)

Kuschel|dier, et ['kʊʒəlˌdiˑɐ̯] <N.; ~e> {6.11.1; 7.4; s. u. ↑Dier}: Kuscheltier.

kuschele ['kʊʒələ] <V.; schw.; *han*; kuschelte ['kʊʒəltə]; gekuschelt [jə'kʊʒəlt]> {6.10.1; 7.4; 9.2.1.2}: kuscheln, anschmiegen. (6)

kuschele|mimmet|ig [ˌkʊʒələ'mɪmətɪʃ] <Adj.; nur präd.>: (scherzh., lautm.) flau, übel, schlecht [auch: ↑flau, ↑plümerant].

Kuschelemusch, der ['kʊʒələˌmʊʃ] <N.>: untereinander gekochte Speise, z. B. bei Irish Stew (Hammelfleisch, Weißkohl, Kartoffeln).

Kuschtei, de [kʊʃ'teɪ̯] <N.; ~e [kʊʃ'teɪ̯ə]> {5.4; 6.11.4}: Kastanie.

Kuschteie|baum, der [kʊʃ'teɪ̯əˌbɔʊ̯m] <N.; ~|bäum [-bøy̆ˑm]> {s. u. ↑Kuschtei}: Kastanienbaum.

Kuschteie|holz, et [kʊʃ'teɪ̯əˌhɔlts] <N.; ~|hölzer (Sortenpl.)> {s. u. ↑Kuschtei ↑Holz}: Kastanienholz.

Kusin, de [kʊ'ziːn] <N.; ~e> {8.3.1}: Kusine, Cousine, Base [auch: ↑Bas].

Küss, de ['kʏs] <N.; Küste ['kʏstə] {8.3.1; 8.3.5}: Küste.

Küss-de-hügg-nit-küss-de-morge, et [kʏstə'hʏknɪtˌkʏstəˌmɔrjə] <N.; kein Pl.> {s. u. ↑kumme ↑de² ↑hügg ↑morge}: Laisser-faire, Ungezwungenheit, Ungebundenheit; das Sich-gehen-lassen; (wörtl.) Kommst-du-heute-nicht-kommst-du-morgen.

Kutsch, de [kʊtʃ] <N.; ~e> {8.3.1}: Kutsche.

Kutt, de [kʊtˑ] <N.; ~e [kʊtə]>: Kutte, von Mönchen getragenes, langes, weites Gewand mit Kapuze.

Kuul, de [kuːl] <N.; ~e> {5.1.3}: Kugel.

Kuul/Kuhl, de [kuˑl] <N.; ~e; Kühl|che/Küül|~ ['kyˑlʃə]> {8.3.1}: Kuhle, Grube, Loch.

Küül|es, der ['kyːləs] <N.; ~|ese/~ese>: Kopf, **1.** Körperteil [auch: ↑Kopp, ↑Kappes, ↑Däts, ↑Daṣel, ↑Ääpel], **[RA]** *Kölsch, Koon, un doheim e paar vör der K.*(Kalker Gedeck: Kölsch, Korn und zu Hause ein paar auf die Birne.). **2.** (übertr.) dickköpfiger, starrköpfiger, eigensinniger Mensch [auch: ↑Klotz|kopp, ↑Bums|kopp].

Küül|kopp, der ['kyːlˌkɔp] <N.; ~|köpp> {5.1.3; s. u. ↑Kopp}: Kaulquappe, **1.** Larve des Frosches. **2.** eigensinniger Mensch, Starrkopf.

Küüm, der [kyːm] <N.; kein Pl.>: Wehklage, Gestöhn, Schnaufer.

Küüm|bretzel, der ['kyːmˌbretsəl] <N.; ~e> {s. u. ↑Bretzel}: Jammerlappen, jmd., der immer klagt u. stöhnt [auch: ↑Gööz, ↑Knaatsch¹, ↑Kröötsch, ↑Krügg|che Röhr|mich|nit|aan (2), ↑Quaatsch, ↑Träne(n)|dier (1)].

Küüm|broder, der ['kyːmˌbroˑdɐ] <N.; ~|bröder> {s. u. ↑Broder}: Jammerlappen, jmd., der immer klagt u. stöhnt [auch: ↑Kröötsch, ↑Gööz, ↑Knaatsch¹, ↑Küüm|bretzel].

küüme ['kyˑmə] <V.; schw.; *han*; küümte ['kyˑmtə]; geküümp [jə'kyˑmp]>: jammern, stöhnen: *Küüm nit esu, ander Lück han et och nit leich!* (Jammer nicht so, andere Leute haben es auch nicht leicht!). (122)

Küüm|eck, de ['ky:m,|ɛk] <N.; ~e> {s. u. ↑Eck¹}: Leserbriefteil einer Zeitung od. Zeitschrift [auch: ↑Mecker|eck].

Küüm|erei, de [ˌkyˑməˈreɪ̯ˑ] <N.; ~e [-əˈreɪ̯ə]>: fortdauerndes Stöhnen, Klagen.

Kuvent, et [kʊˈvɛnt] <N.; ~e> {5.4; 8.2.3}: Konvent.

Kuvents|möhn, de [kʊˈvɛnt͜sˌmøˑn] <N.; ~e> {9.1.2; s. u. ↑Kuvent ↑Möhn}: **1. a)** Bewohnerin eines Konvents, eines Heims (Stiftes) für alte, alleinstehende Frauen; **b)** (Schimpfw.) alte Frau. **2.** Karnevalsmaske eines Altfrauengesichts.

Küvvel, der [ˈkyvəl] <N.; ~e> {5.3.2; 6.1.1}: Kübel.

Küvvel|wage, der [ˈkʏvəlˌvaˑʀə] <N.; ~> {s. u. ↑Küvvel ↑Wage}: Kübelwagen.

küvvel|wies [ˈkʏvəlˌviˑs] <Adv.> {5.3.2; 6.1.1}: kübelweise.

Laach, Em [la·x] <N.; Straßenn.>: *Em L.*: Straße in Köln-Altstadt/Nord zw. Neumarkt u. Schaafenstraße, urspr. *Im Loch*, was auf einen Durchbruch durch die z. T. noch im späten MA existierende Stadtmauer hinweisen könnte. In der Franzosenzeit fälschlicherweise in Rue du lac (See) umgetauft (vgl. Maria Laach).

Laach|aan|fall, der ['la·x|a·n‚fal] <N.; ~|fäll [-fɛl·]> {s. u. ↑Laache}: Lachanfall.

Laach|duuv, de ['la·x‚du·f] <N.; ~e> {s. u. ↑Laache ↑Duuv}: 1. Lachtaube. 2. jmd, der viel lacht, meist auf Frauen bezogen.

laache ['la·xə] <V.; schw.; han; laachte ['la·xtə]; gelaach [jə'la·x]> {5.2.1}: lachen, sich belustigen äußern; *Künne vör L.!* (Können vor L.! = Du bist gar nicht in der Lage, das zu tun, was du tun willst.); *sich zom Schänzche l.* (sich kaputtlachen). (123)

Laache, et ['la·xə] <N.; subst. V.> {5.2.1}: Lachen, Gelächter.

Laach|fäld|cher ['la·x‚fɛltʃɐ] <N.; fem.; nur Diminutiv Pl.> {s. u. ↑Laache ↑Fald}: Lachfältchen.

Laach|gas, et ['la·x‚ja·s] <N.; o. Pl.> {s. u. ↑Laache}: Lachgas.

Laach|kramf/~|kramp, der ['la·x‚kramf / -kramp] <N.; ~|krämf/~|krämp [-krɛmf / -krɛmp]> {s. u. ↑Laache ↑Kramf/Kramp¹}: Lachkrampf.

Laach|möw, de ['la·x‚mø·f] <N.; ~e> {s. u. ↑Laache ↑Möw}: Lachmöwe.

Laach|nummer, de ['la·x‚nʊmɐ] <N.; ~e> {s. u. ↑Laache}: Lachnummer.

Laach|sack, der ['la·x‚zak] <N.; ~|säck> {s. u. ↑Laache}: Lachsack (Scherzartikel).

labbele ['labələ] <V.; schw.; han; labbelte ['labəltə]; gelabbelt [jə'labəlt]> {6.12.5; 9.2.1.2}: labbern, schlaff bewegen. (6)

labbel|ig ['labəlɪŋ] <Adj.; ~e; ~er, ~ste> {6.12.5}: ausgeleiert, labberig. Tbl. A5.2

Labber|dan|es, der [‚labe'da·nəs] <N.; ~|ese/~|ese>: läppischer, lässiger Mensch.

Labberitz, der ['labərɪts] <N.; ~e>: Einfaltspinsel [auch: ↑Labb|es, ↑Schauter].

Labb|es, der ['labəs] <N.; ~|ese/~|ese>: flegelhafter, unerfahrener junger Mann: *ene lange L.* (ein großer pubertärer Junge) [auch: ↑Labberitz].

Läb|dag/Läb|des|dags, der [‚lɛ:p'da·x / ‚lɛ·bdəs'da·xs] <N.> {5.4; s. u. ↑Dag}: Lebtag, nur i. d. Vbdg. *ze Läbdags/Läbdesdags: Dat han ich mi L. noch nit gesinn.* (Das habe ich noch nie im Leben gesehen.).

laboriere/~eere [labo'ri·(ɐ)rə / -e·rə] <V.; schw./unr.; han; laborierte [labo'ri·ɐtə]; laboriert [labo'ri·ɐt] ⟨lat. laborare⟩> {(5.1.4.3)}: laborieren, 1. planlos an etw. herumdoktern, wirtschaften. 2. leiden, zu tun haben mit, kränkeln an (Wrede). (3) (2)

Lack|göödel, der ['lak‚jø·dəl] <N.; ~e> {s. u. ↑Göödel}: Lackgürtel, **[RA]:** *Et Hemp mem L.*(Das Hemd mit dem L.; als scherzh. Antwort auf die Frage: Was ziehst du an?).

lackiere/~eere [la'ki·(ɐ)rə / -e·rə] <V.; schw./unr.; han; lackierte [la'ki·ɐtə]; lackiert [la'ki·ɐt] ⟨ital. laccare⟩> {(5.1.4.3)}: lackieren, 1. Lack auftragen, mit Lack bestreichen. 2. anschmieren, hinters Licht führen, betrügen (bes. im Part. *lackeet* = gebrandmarkt, blamiert) (Wrede). (3) (2)

Lack|ledder, et ['lak‚ledɐ] <N.; ~ (Sortenpl.)> {s. u. ↑Ledder}: Lackleder.

Lack|schoh, der ['lak‚ʃo·] <N.; ~n> {s. u. ↑Schoh}: Lackschuh.

Lad, de [la·t] <N.; ~e ['la·də]; Läd|che ['lɛ·tʃə]> {8.3.1}: Lade, (bes.) *Schub~* (Schub~), *Dude~* (Sarg).

lade ['la·də] <V.; st.; han; lod [lo·t]; gelade [jə'la·də]>: laden. (124)

Lade, der ['la·də] <N.; Läde ['lɛ·də]>: Laden.

Lade|desch, der ['la·də‚deʃ] <N.; ~(e)> {s. u. ↑Desch}: Ladentisch.

Lade|dür/~|dör, de ['la·də‚dy·ɐ / -dø·ɐ] <N.; ~|dürre/~|dörre [-dyrə / -dørə] (unr. Pl.)> {s. u. ↑Dür/Dör}: Ladentür.

Lade|ge|rät, et ['la·dəjə‚rɛ·t] <N.; ~e>: Ladegerät.

lädiere/~eere [lɛ'di·(ɐ)rə / -e·rə] <V.; schw./unr.; han; lädierte [lɛ'di·ɐtə]; lädiert [lɛ'di·ɐt] ⟨lat. laedere⟩> {(5.1.4.3)}: lädieren, beschädigen. (3) (2)

Laduck, der ['ladʊk] <N.; kein Pl.>: Lattichsalat.

Lag, de [la·x] <N.; ~e ['la·ʁə]> {8.3.1}: Lage.

läge ['lɛ·jə] <V.; unr.; han; laht [la·t]; gelaht/geläg [jə'la·t / jə'lɛ·ʃ]> {5.4}: legen, **1. a)** <o. Obj.> wenn eindeutig ist, was gelegt wird (Eier): *Dat aale Hohn läg/läht noch.* (Das alte Huhn legt noch.); **b)** <mit Obj.> bei Karten: *Ich looße mer jede Woche de Kaate l.* (Ich lasse mir

Lager

jede Woche die Karten l.); **c)** <mit Obj. u. direktion. Adv.>: *Hä läg/läht singe Hot op der Desch.* (Er legt seinen Hut auf den Tisch.); ***för einer de Hand en et Füür l.** (sich für jmdn. verbürgen). **2.** <sich l.> sich legen. (125)

Lager, et ['la·ʀɐ] <N.; ~>: Lager.

lagere ['la·ʀɐrə] <V.; schw.; *han*; lagerte ['la·ʀɐtə]; gelagert [jə'la·ʀɐt]> {9.2.1.2}: lagern. (4)

Lager|friss, de ['la·ʀɐˌfrɪs] <N.; ~|friste> {s. u. ↑Friss}: Lagerfrist.

Lager|füür/~|föör, et ['la·ʀɐˌfy:ɐ̯ / -fø:ɐ̯] <N.; ~> {s. u. ↑Füür/ Föör}: Lagerfeuer.

Lager|hall, de ['la·ʀɐˌhal·] <N.; ~e [-halə]> {s. u. ↑Hall¹}: Lagerhalle.

Lager|iss, der [ˌla:ʀɐ'ɾɪs] <N.; ~|iste>: Lagerist.

lahm [la:m] <Adj.; ~e; ~er, ~ste>: lahm, **1.** durch Körperschaden, Körperfehler od. Ä. gelähmt u. daher unbeweglich. **2.** ermüdet, kraftlos, schwach, matt. **3.** langsam [auch: ↑Föß|che för Föß|che, ↑lang(k)|sam, ↑lör|ig, ↑schlof|mötz|ig]. Tbl. A2.3

Lahm|aasch, der ['la:mˌla:ʃ] <N.; ~|ääsch> {s. u. ↑Aasch}: Lahmarsch.

lahm|aasch|ig ['la:mˌla:ʃɪʃ] <Adj.; ~e; ~er, ~ste> {s. u. ↑Aasch}: lahmarschig. Tbl. A5.2

lahme ['la·mə] <V.; schw.; *han*; lahmte ['la·mtə]; gelahmp [jə'la·mp]>: lahmen. (126)

Lähn, de [lɛ·n] <N.; ~e> {5.4; 8.3.1}: Lehne.

lähne ['lɛ·nə] <V.; schw.; *han*; lähnte ['lɛ:ntə]; gelähnt [jə'lɛ:nt]> {5.4}: lehnen. (5)

Lähn|stohl, der ['lɛ·nˌʃto·l] <N.; ~|stöhl> {s. u. ↑Lähn ↑Stohl¹}: Lehnstuhl, bequemer Stuhl mit Armlehnen u. hoher Rückenlehne.

Lake, et ['la·kə] <N.; ~>: Laken.

Lällbeck, der ['lɛlˌbɛk] <N.; ~e>: Grünschnabel, Flegel, Halbstarker, unreifer, schnoddriger Mensch; vorlauter, voreiliger Schwätzer [auch: ↑Fisel (3), ↑Fetz, ↑Flägel, ↑Grön|schnabel, ↑Lömmel (1a), ↑Schnuddels|jung, *buure Sau*]; ***em Lällbecksalder** (heranwachsend).

lalle ['lalə] <V.; schw.; *han*; lallte ['lal·tə]; gelallt [jə'lal·t]>: lallen. (91)

Lamäng, de/et [la'mɛŋ·] <N. ⟨frz. la main⟩>: Lamäng, Stegreif, nur i. d. Vbdg. *us der/usem L.* (aus der Lamäng/ dem Stegreif): *För dä Koche bruchen ich kei Rezepp, dat maachen ich usem/us der L.* (Für den Kuchen brauche ich kein Rezept, das mache ich aus dem Stegreif, d. h. ohne Vorbereitung.).

lamentiere/~eere [lamɛn'ti·(ɐ̯)rə / -e·rə] <V.; schw./unr.; *han*; lamentierte [lamɛn'ti·ɐ̯tə]; lamentiert [lamɛn'ti·ɐ̯t] ⟨lat. lamentari⟩> {(5.1.4.3)}: lamentieren, jammern, klagen. (3) (2)

Lamm, et [lam·] <N.; Lämmer ['lɛmɐ]; Lämm|che ['lɛm·fjə]>: Lamm.

Lamm|brode, der ['lamˑˌbrɔ·də] <N.; ~> {s. u. ↑Brode}: Lammbraten.

Lamp, de [lamp] <N.; ~e> {8.3.1}: Lampe.

lämpe ['lɛmpə] <V.; schw.; *han*; lämpte ['lɛmptə]; gelämp [jə'lɛmp]>: schlaff/locker/ungleichmäßig herunterhängen, zipfeln: *Dat Kleid lämp.* (Das Kleid hat einen ungleichmäßig langen Saum.). (180)

Lampe|doch, der ['lampəˌdɔx] <N.; ~te> {s. u. ↑Lamp ↑Doch²}: Lampendocht.

Lampe|fieber, et ['lampəˌfi·bɐ] <N.>: Lampenfieber.

Lampe|sching, der ['lampəˌʃɪŋ] <N.; kein Pl.> {s. u. ↑Lamp ↑Sching²}: Lampenschein.

Lampe|schirm, der ['lampəˌʃɪrm] <N.; ~e> {s. u. ↑Lamp ↑Schirm}: Lampenschirm.

Lamp(e)rie, de [ˌlamp(ə)'ri·] <N. ⟨frz. lambris = Täfelwerk⟩>: Lamperie, Lambris, Fußleiste.

Land|brud, et ['lantˌbru·t] <N.; ~e> {s. u. ↑Brud}: Landbrot.

Land|dag, der ['lantˌda:x] <N.; o. Pl.> {s. u. ↑Dag}: Landtag.

lande ['landə] <V.; schw.; *sin*; landte ['lan·tə]; gelandt [jə'lan·t]>: landen. (28)

Länder|spill, et ['lɛndɐˌʃpɪl] <N.; ~ [-ʃpɪl·]> {s. u. ↑Spill}: Länderspiel.

Landes|draach/~|traach, de ['landəsˌdra:x / -tra:x] <N.; ~te> {s. u. ↑Draach/Traach}: Landestracht.

Land|huus, et ['lantˌhu:s] <N.; ~|hüüser [-hy·zɐ]> {s. u. ↑Huus}: Landhaus.

Land|jäger, der ['lantˌjɛ·jɐ] <N.; ~>: Landjäger.

Land|maach, de ['lantˌma:x] <N.; ~|määchte> {s. u. ↑Maach¹}: Landmacht.

Land|plog, de ['lantˌplɔ·x] <N.; ~e> {s. u. ↑Plog²}: Landplage.

Land|rähn, der ['lantˌrɛ·n] <N.; o. Pl.> {s. u. ↑Rähn}: Landregen.

Land|schaff, de ['lantʃaf] <N.; ~|schafte> Landschaft.

Land|stroß, de ['lant‚ʃtroːs] <N.; ~e> {s. u. ↑Stroß}: Landstraße.

Land|ung, de ['landʊŋ] <N.; ~e>: Landung.

Land|weet|schaff, de ['lantveːt‚ʃaf] <N.; ~|schafte> {5.2.1.1.1}: Landwirtschaft.

Lang, der [laŋ·] <N.; Spitzn.> {8.3.1}: (der) Lange, Spitzn. für einen langen Mann.

lang[1] [laŋ] <Adj.; ~e; länger, längste ['lɛŋə / 'lɛŋ·stə]>: lang, *l. Fingere maache (stehlen); [RA] Wä l. hät, liet l. hange. (Wer l. hat, lässt l. hängen. = Wer hat, der hat.); *de Längde l. (längelang, der Länge nach). Tbl. A7.2.2

lang[2] [laŋ·] <Adv.> {8.3.1}: lange: *Dat weiß ich ald l.* (Das weiß ich schon l.).

Läng|(de), de ['lɛŋ·(də)] <N.; ~> {8.3.1; (10.2.8)}: Länge, **1. a)** best. räumliche Ausdehnung in einer Richtung (i. Vbdg. m. Maßangaben): *e Zemmer vun sechs Meter L.* (ein Zimmer von sechs Meter L.); **b)** hoher Wuchs, Größe: *Dä stundt do en singer volle L.* (Er stand da in voller L.); *de L. lang (längelang, der L. nach). **2.** zeitliche Ausdehnung, Dauer: *jet en de L. trecke* (etw. in die L. ziehen).

läng|de|lang ['lɛŋ·də'laŋ] <Adv.>: längelang, der Länge nach: *Ich ben l. gefalle.* (Ich bin der Länge nach gefallen.) [auch: *de Längde lang*].

lange ['laŋə] <V.; schw.; han; langte ['laŋ·tə]; gelangk [jə'laŋ·k]>: langen; **1.** ohrfeigen: *einem eine l.* (jmdn. ohrfeigen) [auch: ↑erunder|haue/erunger|~, ↑klätsche (1), ↑klatsche (2), ↑latsche (2), ↑tatsche, ↑titsche (2), ↑watsche, ↑zoppe (2), *einem e paar ↑trecke, *einem eine ↑schmiere/ schmeere]. **2.** langen, ausreichen, genüge [auch: ↑recke[2] (2)]. (49)

länge ['lɛŋə] <V.; schw.; han; längte ['lɛŋ·tə]; gelängk [jə'lɛŋ·k]>: längen, **1.** länger machen. **2.** verdünnen: *de Zupp met Wasser l.* (die Suppe mit Wasser verdünnen). (49)

Lange|wiel, de ['laŋə‚viːl] <N.> {s. u. ↑Wiel}: Langeweile.

Lang|hoor|daggel, der [‚laŋhɔ·'dagəl] <N.; ~e> {s. u. ↑lang[1] ↑Hoor ↑Daggel}: Langhaardackel.

lang|höör|ig ['laŋ‚hœ·(ɐ̯)rɪʃ] <Adj.; ~e; ~er, ~ste> {s. u. ↑höörig}: langhaarig. Tbl. A5.2

lang|jöhr|ig ['laŋ‚jœ·rɪʃ] <Adj.; ~e; ~er, ~ste>: langjährig, jahrelang. Tbl. A5.2

Lang|lauf, der ['laŋ‚loʊ̯f] <N.; o. Pl.>: Langlauf.

lang|möd|ig ['laŋ‚mø·drɪʃ] <Adj.; ~e; ~er, ~ste>: langmütig, sehr geduldig. Tbl. A5.2

längs [lɛŋ·s] <Adv.> {8.3.5}: längst, schon lange: *Dat han ich ald l. gesinn.* (Das habe ich schon l. gesehen.).

lang(k)|sam ['laŋ(k)‚zam] <Adj.; ~e; ~er, ~ste> {(6.7)}: langsam [auch: ↑Föß|che för Föß|che, ↑lahm (3), ↑lörig, ↑schlof|mötz|ig]. Tbl. A2.3

Lang|schlöf|er, der ['laŋ‚ʃlœ·fɐ] <N.; ~> {5.5.3}: Langschläfer.

Lang|spill|plaat, de ['laŋ‚ʃpɪl‚plaːt] <N.; ~e> {s. u. ↑Spill ↑Plaat}: Langspielplatte.

lang|stängel|ig ['laŋ‚ʃtɛŋəlɪʃ] <Adj.; ~e; ~er, ~ste>: langstängelig, langstielig. Tbl. A5.2

lang|wiel|ig ['laŋ‚viːlɪʃ] <Adj.; ~e; ~er, ~ste> {5.1.4.5}: langweilig. Tbl. A5.2

lans [lan·s] <Präp.; m. Akk., seltener m. Dat.> {5.4}: längs, **a)** an etw. in der ganzen Länge hin, entlang: *Hä geiht l. et Huus.* (Et geht am Haus längs vorbei/entlang.) [auch: ↑ela(a)ns (a)]; **b)** *mem Plumeau l. der Rhing gonn* (mit dem Federbett am Rhein entlang gehen, sich prostituieren); **c)** *l. de Nas gonn* (verpassen): *Der Film es mer l. de Nas gegange.* (Den Film habe ich verpasst.); **d)** *L. de Nas!* (Es ist dir entgangen!); **e)** *noch nit l. Schmitz Backes sin* (noch nicht alles überstanden haben, noch nicht am Ziel sein; der Weg zum Staupenschlag, d. h. zur öffentlichen Auspeitschung, führte früher vom Frankenturm (Gefängnis) zum Severinstor. Das Backhaus des Bäckers Schmitz, Severinstr. 5, war der Überlieferung nach das letzte Haus auf diesem Weg. Hatten die Delinquenten die Strecke lebend überstanden, waren sie frei.); **f)** *l. de Dürre gonn* (betteln gehen).

Lans|enein, der [lanzə'nein] <N.>: nur i. d. Vbdg. *stieve L.* (steife ungelenke Person) u. *fuule L.* (Faulpelz).

Lantään/Latään, de [lan'tɛ·n / la'tɛ·n] <N.; ~e> {5.2.1.1.1; 8.3.1}: Laterne.

Lappe, der ['lapə] <N.; ~; Läpp|che ['lɛpʃə]>: Lappen, **1.** kleines Stück Stoff, Leder od. Ä.: *Gevv mer ens ene L. för de Schohn ze putze!* (Gib mir mal einen L. zum Schuheputzen!); [RA] *Wann et schlemm es, du' mer e Läppche dröm!* (Wenn es schlimm ist, binden wir ein Läppchen drum! als Trost). **2.** (übertr.) Schuhsohle: *Ich han de L. durchgelaufe.* (Ich habe die Schuhsohlen durchgelaufen.); *einem durch de L. gonn* (1. entkommen: *Dä Kääl es mer durch de L. gegange.* (Der

Kerl ist mir entkommen.), **2.** verlieren, entgehen: *Mer sin 50 € durch de L. gegange.* (Ich habe 50 € verloren.)). **3.** (übertr.) Führerschein: *Noh däm Vürfall wor hä singe L. quitt.* (Nach dem Vorfall war er seinen Führerschein los.). **4.** (übertr.) Mund [auch: ↑Bäbbel, ↑Bagger (2), ↑Belder|lade, ↑Bleff, ↑Bratsch (1), ↑Fress (1), ↑Klapp (2), ↑Mungk, ↑Muul, ↑Rand (2), ↑Schnäbbel, ↑Schnauz, ↑Schnüss]; ***de L. schwaade** (viel reden).

lappe¹ ['lapə] <V.; schw.; *han*; lappte ['laptə]; gelapp [jə'lap]>: sohlen, In dem bekannten Lied „Schusterjungepolka": *Mer l., mer pappe, schlonn kräftig op dä Penn."* (Wir s., wir kleben, schlagen kräftig auf den Holzstift.) [auch: ↑solle³]. (75)

lappe² ['lapə] <V.; schw.; *han*; lappte ['laptə]; gelapp [jə'lap]>: **1.** <sich l.> sich leisten, sich herausnehmen: *Dä hät sich gestere villleich jet gelapp.* (Der hat sich gestern viell. etw. geleistet.); ***Wat lapp dich dann?** (Was fällt dir denn ein?). **2.** *einem eine l.* (jmdn. hereinlegen, foppen; jmdn. durch geschicktes Vorgehen zu etw. veranlassen, wodurch die betreffende Person Schaden erleidet) [auch: ↑aan|schmiere/~eere (2), ↑bedrege, ↑be|drieße, ↑be|scheiße (2), ↑be|tuppe², ↑eren|läge (2), ↑foppe, ↑lieme (2), ↑tüte², ↑uze, ↑ver|schöckele, ↑ver|aasche, ↑ver|uze, *einer för der Jeck halde*]. (75)

Lappe|kess, de ['lapə‚kes] <N.; ~|keste> {s. u. ↑Kess}: Lappenkiste, **1.** Kiste für alte Lappen. **2.** (übertr.) Bett.

läppere, sich ['lɛpərə] <V.; unpers., nur 3. Pers. Sg.; schw.; *han*; läpperte ['lɛpətə]; geläppert [jə'lɛpet]> {9.2.1.2}: sich läppern, sich allmählich häufen: *Dat läppert sich.* (Das läppert sich.). (4)

Lapp|ledder, et ['lap‚ledə] <N.; ~ (Sortenpl.)> {s. u. ↑Ledder}: Schuhsohlenleder.

läppsch [lɛpʃ] <Adj.; ~e; ~er, ~ste> {8.2.5}: läppisch, **1.** albern, blöde: *Bes nit esu l.!* (Sei nicht so a.!); *Wat häs de för e l. Hötche aan?* (Was trägst du für einen albernen Hut? [auch: ↑aad|ig (2), ↑av|ge|schmack, ↑be|klopp (a), ↑be|stuss, ↑be|titsch, ↑jeck (1), ↑kalver|ig, ↑knatsch|jeck, ↑rader|doll, ↑stapel|jeck/stabel|~, ↑ver|dötsch, ↑ver|kindsch, ↑ver|röck, *mem Bömmel behaue; en Ääz am Kieme/Wandere (han); (se) nit all op de Dröht/Reih (han); ene Nähl em Zylinder (han); ene Ratsch em Kappes (han); schwatz em Geseech (sin)*]. **2.** einfach, durchschnittlich: *Ich han doch glatt 150 € för su e paar ~e Schohn bezahlt.* (Ich habe doch tatsächlich 150 € für so ein Paar einfache Schuhe bezahlt.). Tbl. A1

Lapp|ührche/~|öhr/~, et ['lap‚y‿ɐçə / -ø‿ɐ̯-] <N.; nur Diminutiv; ~r> {s. u. ↑Uhr²/Ohr²}: (übertr.) Flickarbeit, Schwarzarbeit: *Do kanns de e L. maache.* (Da kannst du dir etw. nebenbei verdienen.).

lar|ig [la:rɪʃ] <Adj.; ~e; veraltend>: schlaff, lässig, einfältig [auch: ↑lüsch, ↑luusch, ↑läss|ig]. Tbl. A5.2

lärme ['lɛrmə] <V.; schw.; *han*; lärmte ['lɛrmtə]; gelärmp [jə'lɛrmp]>: lärmen [auch: *Radau maache*]. (127)

Lass, de [las] <N.; Laste ['lastə]> {8.3.5}: Last.

Lass|dier, et ['las‚di‿ɐ̯] <N.; ~e> {s. u. ↑Lass ↑Dier}: Lasttier.

Lass|esel, der ['las‚ezəl] <N.; ~e> {s. u. ↑Lass ↑Esel}: Lastesel.

läss|ig ['lɛsɪʃ] <Adj.; ~e; ~er, ~ste>: lässig [auch: ↑lar|ig, ↑lüsch, ↑luusch]. Tbl. A5.2

Lass|pääd, et ['las‚pɛ:t] <N.; ~(er) [-pɛ‿t / -pɛ‿də]> {s. u. ↑Lass ↑Pääd}: Lastpferd.

Lass|scheff, et ['las‚ʃef] <N.; ~e> {s. u. ↑Lass ↑Scheff}: Lastschiff.

Lass|schreff, de ['las‚ʃref] <N.; ~|schrefte> {s. u. ↑Lass ↑Schreff}: (Bankw.) Lastschrift, a) Verbuchung auf der Sollseite eines Kontos; b) kurz für Lastschriftverkehr.

Lass|wage, der ['las‚va‿ɐ̯ə] <N.; ~> {s. u. ↑Lass}: Lastwagen.

laste [lastə] <V.; schw.; *han*; gelass [jə'las]>: lasten. (68)

läst|ig ['lɛstɪʃ] <Adj.; ~e; ~er, ~ste>: lästig, unangenehm, störend. Tbl. A5.2

Latään/Lantään, de [la'tɛ‿n / lan'tɛ‿n] <N.; ~e> {5.2.1.1.1; 8.3.1}: Laterne.

Lat(n)ääne|pohl, der [la(n)'tɛ‿nə‚po‿l] <N.; ~|pöhl> {s. u. ↑Latään/Lantään ↑Pohl² (1)}: Laternenpfahl.

lating [la'tɪŋ] <Adj.; nur präd.> {5.3.4}: lateinisch.

Lating, et [la'tɪŋ] <N.> {5.3.4}: Latein.

Latsch, de [la‿tʃ] <N.; ~e>: schlampige Frau.

latsche ['la‿tʃə] <V.; schw.; latschte ['la‿tʃtə]; gelatsch [jə'la‿tʃ]>: latschen, **1.** <sin> lässig gehen [auch: ↑zöbbele (1), ↑zubbele (1)]. **2.** <han> ohrfeigen [auch: ↑erunder|haue/erunger|~, ↑klätsche (1), ↑klatsche (2), ↑lange, ↑scheuere, ↑tachtele, ↑tatsche, ↑titsche (2), ↑watsche, ↑zoppe (2), *einem e paar ↑trecke, *einem eine ↑schmiere/ schmeere*]. (110)

Latsche, der ['la‿tʃə] <N.; ~ (meist Pl.)>: Latschen.

Latt, de [lat] <N.; ~e>: Latte [auch: ↑Latz² (1)].
Latte|kess, de ['latə‚kes] <N.; ~|keste> {s. u. ↑Latt ↑**Kess**}: Lattenkiste.
Latte|ross, der ['latə‚rɔs] <N.; ~|roste> {s. u. ↑Latt; ↑Ross²}: Lattenrost.
Latte|schoss, der ['latə‚ʃos] <N.; ~|schöss> {s. u. ↑Latt ↑Schoss²}: Lattenschuss, Schuss an die Latte des Tors.
Latte|zung/~|zaun, der ['latə‚tsʊŋ / -tsaʊn] <N.; ~|züng [-tsʏŋˑ]> {s. u. ↑Latt ↑Zung² ↑Zaun}: Lattenzaun.
Latz¹, der [lats] <N.; ~e; Lätz|che ['lɛtsjə]>: Latz, **a)** Stück Stoff an Kleidungsstücken, das über der Brust getragen u. von Trägern gehalten wird; **b)** <Diminutiv> *Lätzche:* Lätzchen, das kleinen Kindern umgebunden wird, damit sie sich beim Essen nicht bekleckern, bes. *Schlabberlätzche.*
Latz², de [lats] <N.; ~e; Lätz|che ['lɛtsjə]> {6.13.8; 8.3.1}: Latte, **1.** langes Stück Holz [auch: ↑Latt]; ***tapezeete L.*** (tapezierte L.= langer, dürrer Mensch, Lulatsch). **2.** [RA] *se nit all op der L. han* (verrückt sein).
Latz|botz, de ['lats‚bots] <N.; ~e> {s. u. ↑Latz¹ ↑Botz}: Latzhose.
Lätz|che, et ['lɛtsjə] <N.; ~r> {s. u. ↑Latz¹}: Lätzchen.
latze ['latsə] <V.; schw.; *han*; latzte ['latstə]; gelatzt [jə'latst]>: bezahlen, löhnen [auch: ↑av|dröcke (5), ↑be|rappe, ↑be|zahle, ↑bleche¹]. (114)
Latz|schützel, de ['lats‚ʃʏtsəl] <N.; ~e> {s. u. ↑Latz¹ ↑Schützel}: Latzschürze.
lau [loʊ] <Adj.; ~e; ~er, ~ste>: lau, **1.** weder warm noch kalt. **2.** in nicht einschätzbarer Weise unsicher, unentschlossen, halbherzig. **3.** [laʊ] ***för l.*** (umsonst, ohne Vergütung, unentgeltlich). Tbl. A2.9
Laub¹/Lauv, et [laʊp / loʊf] <N.; *Lauv* veraltend; kein Pl.>: Laub.
Laub², de [laʊ‧p] <N.; ~e> {8.3.1}: Laube.
Laub|baum/Lauv|~, der ['laʊp‚boʊm / loʊf-] <N.; ~|bäum [-bøy‧m]> {s. u. ↑Laub¹/Lauv}: Laubbaum.
Laube|gang, der ['laʊ‧bə‚jaŋ] <N.; ~|gäng [-jɛŋˑ]>: Laubengang.
Laube|kolonie, de ['laʊ‧bəkolo‚ni‧] <N.; ~ [-kolo‚ni‧ə]>: Laubenkolonie.
Laub|frosch, der ['laʊp‚frɔʃ] <N.; ~|frösch> {s. u. ↑Laub¹}: Laubfrosch.

Laub|säg, de ['laʊp‚zɛ‧ʃ] <N.; ~e> {s. u. ↑Laub¹ ↑Säg}: Laubsäge.
Laub|wald, der ['laʊp‚valt] <N.; ~|wälder> {s. u. ↑Laub¹}: Laubwald.
Lauch/Lauf², et [loʊx / loʊf] <N.; kein Pl.>: Lauch, Porree.
Lauer, de ['laʊ‧ɐ] <N.>: Lauer, i. d. Wendungen *op der L. lige* (auf der L. liegen, in Erwartung von etw. sehr aufmerksam beobachten), *sich op de L. läge* (sich auf die L. legen, angestrengt/gespannt auf etw./jmdn. warten, um schnell reagieren zu können).
lauere [laʊərə] <V.; schw.; *han*; lauerte ['laʊetə]; gelauert [jə'laʊet]> {9.2.1.2}: lauern. (4)
Lauf¹, der [loʊf] <N.; Läuf [løyf]>: Lauf.
Lauf²/Lauch, et [loʊf / loʊx] <N.; kein Pl.>: Lauch.
laufe ['loʊfə] <V.; st.; *sin*; leef [le‧f]; gelaufe [jə'loʊfə]>: laufen, ***l. gonn*** (weglaufen, l. gehen, ausreißen) [auch: ↑flitze, ↑renne¹]. (128)
lauf|end ['loʊfənt] <Adj.; Part. I von ↑laufe; ~e>: laufend, ständig, fortgesetzt; ***am ~e Meter*** (am laufenden Meter = ständig). Tbl. A2.1
Läuf|er, der ['løyfe] <N.; ~>: Läufer.
Lauf|erei, de [‚loʊfə'rei] <N.; ~e [-ə'reiə]>: Lauferei.
läuf|ig ['løyfɪʃ] <Adj.; ~e; ~er, ~ste>: läufig, geschlechtlich erregt; ***l. Lische*** (mannstolle Frau); ***~e Schmaachlappe*** (Schwerenöter). Tbl. A5.2
Lauf|kund|schaff, de ['loʊf‚kʊntʃaf] <N.; o. Pl.>: Laufkundschaft; ständig wechselnde Kunden.
Lauf|masch, de ['loʊf‚maʃ] <N.; ~e> {s. u. ↑Masch}: Laufmasche.
Lauf|pass, der ['loʊf‚pas] <N.; ~|päss> {s. u. ↑Lauf¹ ↑Pass}: Laufpass, i. d. Wendungen *einem der L. gevve* (jmdm. den L. geben; sich von jmdm. trennen), *der L. krige* (den L. bekommen/erhalten; abgeschoben, entlassen werden).
Lauf|schoh, der ['loʊf‚ʃo‧] <N.; ~n> {s. u. ↑Schoh}: Laufschuh.
Lauf|schredd, der ['loʊf‚ʃret] <N.> {s. u. ↑Schredd}: Laufschritt, in der Fügung ***em L.*** (mit schnellen Schritten).
Lauf|stall, der ['loʊf‚ʃtal] <N.; ~|ställ [-ʃtɛl‧]>: Laufstall.
Lauf|steg, der ['loʊf‚ʃte‧ʃ] <N.; ~ [-ʃte‧ʃ]> {s. u. ↑Steg}: Laufsteg.
Lauf|stohl, der ['loʊf‚ʃto‧l] <N.; ~|stöhl> {s. u. ↑Stohl¹}: Laufstuhl.

Lauf|vugel, der ['lo͡ʊffʊʀəl / -fuˑl] <N.; ~|vügel [-fyˌjəl / -fyˑl]> {s. u. ↑Vugel}: Laufvogel.
Lauf|werk, et ['lo͡ʊf,vɛʁk] <N.; ~e>: Laufwerk.
Lauf|zeddel, der ['lo͡ʊf,tsɛdəl] <N.; ~e> {s. u. ↑Zeddel}: Laufzettel.
Lauf|zigg, de ['lo͡ʊf,tsɪk] <N.; ~e> {s. u. ↑Zigg}: Laufzeit. **1.** Gültigkeitsdauer eines Vertrages, Gesetzes, Tarifs, etc. **2.** Zeit, in der ein Film o. Ä. auf dem Spielplan steht.
Laug, de [lo͡ʊˑx] <N.; ~e ['lo͡ʊˑʀə]> {8.3.1}: Lauge.
Lauge|bretzel, der ['lo͡ʊˑʀə,bretsəl] <N.; ~e> {s. u. ↑Laug ↑Bretzel}: Laugenbrezel.
Lauge|brüd|che, et ['lo͡ʊʀə,bryˑtʃə] <N.; ~r> {s. u. ↑Laug ↑Brüd|che}: Laugenbrötchen.
Lau|mann, der ['la͡ʊ,man] <N.; ~|männer>: Mensch, der anderen gern bei der Arbeit zusieht ohne selbst mitzuarbeiten.
läumele ['løymələ] <V.; schw.; *sin*; läumelte ['løymәltә]; geläumelt [jə'løymәlt]> {9.2.1.2}: trendeln, langsam daherschlendern; langsam (schlingernd) rollen (z. B. eine Kegelkugel) [auch: ↑läumere, ↑trendele, ↑trentele, ↑trödele]. (6)
läumere ['løymәrә] <V.; schw.; *sin*; läumerte ['løymetə]; geläumert [jə'løymet]> {9.2.1.2}: trendeln, langsam daherschlendern; langsam (schlingernd) rollen (z. B. eine Kegelkugel) [auch: ↑läumele, ↑trendele, ↑trentele, ↑trödele]. (4)
Laurenz-Kiesgen-Stroß [ˌla͡ʊʀɛnts'kiˑsjən,ʃtʀɔˑs] <N.; Straßenn.> {s. u. ↑Stroß}: Laurenz-Kiesgen-Straße; Straße in Köln-Poll, benannt nach dem Volksschullehrer, Literaturhistoriker, Lyriker, Erzähler u. Mundartdichter Laurenz Kiesgen (*3.12.1869 †19.2.1957).
Laus|bengel, der ['la͡ʊˑs,bɛŋəl] <N.; i. best. Komposita *Laus*, sonst ↑Luus; ~e> {8.3.1; 11}: Lausebengel.
Lau|schepp|er, der ['la͡ʊ,ʃɛpɐ] <N.; ~>: Schmarotzer; jmd., der auf Kosten anderer isst u. trinkt.
Laus|jung, der ['la͡ʊˑs,jʊŋˑ] <N.; i. best. Komposita *Laus*, sonst ↑Luus; ~|junge [-jʊŋә]> {8.3.1; 11; s. u. ↑Jung}: Lausejunge.
Laut, der [lo͡ʊt] <N.; ~e>: Laut.
laut[1] [lo͡ʊt] <Adj.; ~e; ~er, ~(e)ste>: laut. Tbl. A1
laut[2] [lo͡ʊt] <Präp.; m. Dat.>: laut: *L. Wetterberich rähnt et hügg.* (L. Wetterbericht regnet es heute.).
laut|hals ['lo͡ʊt,hals] <Adv.>: lauthals.

Laut|schreff, de ['lo͡ʊt,ʃref] <N.; ~|schrefte> {s. u. ↑Schreff}: Lautschrift.
Laut|sprech|er, der ['lo͡ʊt,ʃpʀɛçɐ] <N.; ~>: Lautsprecher.
laut|stark ['lo͡ʊt,ʃtark] <Adj.; ~e>: lautstark. Tbl. A1
Lauv/Laub[1], et [lo͡ʊf / la͡ʊp] <N.; *Lauv* veraltend; kein Pl.> {6.1.1}: Laub.
Läuv, de [løˑf] <N.; ~e> {5.1.3; 6.1.1; 8.3.1}: Laube, Speicher; Mansarde.
Läuve|finster, de/et ['løˑvə,fɪnstə] <N.; ~e> {s. u. ↑Läuv ↑Finster}: Speicherfenster, Mansardenfenster, Dachfenster [auch: ↑Daach|finster ↑Kipp|finster ↑Stipp|finster].
Läuve|wonn|ung, de ['løˑvə,vonʊŋ] <N.; ~e> {s. u. ↑Läuv; 5.3.2; 5.5.1}: Mansardenwohnung, Dachwohnung.
Läuve|zemmer, et ['løˑvə,tsemə] <N.; ~e> {s. u. ↑Läuv ↑Zemmer}: Mansardenzimmer, Dachzimmer.
Lauv|wald/Laub|~, der ['lo͡ʊf,valt / la͡ʊp-] <N.; ~|wälder> {s. u. ↑Lauv/Laub[1]}: Laubwald.
lau|wärm ['la͡ʊˑvɛrm] <Adj.; ~e> {5.4}: lauwarm. Tbl. A2.3
Lavendel|öl, et [la'vɛnˑdəl,œˑl] <N.; kein Pl.> {s. u. ↑Öl}: Lavendelöl.
Lavumm, de [la'vumˑ] <N.; ~e [la'vumə]>: Tamburin, **1.** Schellentrommel. **2.** (übertr.) Gesäß, Hintern: *Do kriss es op de L.* (Du bekommst was auf den Hintern.) [auch: ↑Fott]. **3.** (übertr.) großes Butterbrot.
Lawin, de [la'viːn] <N.; ~e> {8.3.1}: Lawine.
Lawine|hungk, der [la'viːnə,hʊŋk] <N.; ~|hüng [-hyŋ]> {s. u. ↑Lawin ↑Hungk}: Lawinen(such)hund.
Lawine|un|glöck, et [la'viːne,ʊnˌjløk] <N.; ~e> {s. u. ↑Lawin ↑Un|glöck}: Lawinenunglück.
lebend|ig [le'bɛnˑdɪʃ] <Adj.; i. best. Komposita -*leb*-, sonst ↑levve; ~e; ~er, ~ste> {11}: lebendig, **1.** nicht tot (veraltet, aber noch scherzh. gebraucht: *labendig*). **2. a)** munter; **b)** nicht langweilig. Tbl. A5.2
lecke[1] ['lɛkə] <V.; schw.; *han*; leckte ['lɛktə]; geleck [jə'lɛk]>: lecken, (mit der Zunge). (88)
lecke[2] [lɛkə] <V.; schw.; *han*; leckte ['lɛktə]; geleck [jə'lɛk]>: lecken, leck sein. (88)
lecker ['lɛkɐ] <Adj.; ~e; ~er, ~ste>: lecker, **1.** wohlschmeckend, angenehm riechend. **2.** nett, lieb, putzig (vor allem auf Kinder u. Frauen bezogen). Tbl. A2.6
Lecker|besse, der ['lɛkɐ,bɛsə] <N.; ~> {s. u. ↑Besse}: Leckerbissen, etw. besonders Wohlschmeckendes.

Leckerǀche, et [ˈlɛkɐçə] <N.; nur Diminutiv; ~r>: Leckerchen, **1.** junges, gutaussehendes, begehrenswertes Mädchen. **2.** Kosename für die Partnerin: *Wat du' mer hügg, L.?* (Was machen wir heute, Schatz?). **3.** niedliches Kind. **4.** Leckerbissen für Tiere.

Leckerǀei, de [lɛkɐˈreɪ] <N.; ~e [-eɪə]> Leckerei. **1.** <o. Pl.> (dauerndes) Lecken. **2.** etw. besonders Leckeres/ Süßes.

Leckerǀgodǀs, et [ˈlɛkɐˌjoˑts] <N.; kein Pl.>: Süßes.

ledder [ˈledɐ] <Adj.; ~e> {5.3.4; 5.5.2}: ledern: *Dat Boch hät ene ~e Ömschlag.* (Das Buch hat einen ~en Umschlag.). Tbl. A2.6

Ledder, et [ˈledɐ] <N.; ~ (Sortenpl.)> {5.3.2; 5.5.2}: Leder.

Ledderǀball, der [ˈledɐˌbal] <N.; ~ǀbäll [-bɛlˑ]> {s. u. ↑Ledder ↑Ball¹}: Lederball.

Ledderǀbotz, de [ˈledɐˌbɔts] <N.; ~e> {s. u. ↑Ledder}: Lederhose.

Ledderǀenǀband, der [ˈledɐˌenbant] <N.; ~ǀbänd [-bɛnˑt]> {s. u. ↑Ledder ↑Enǀband}: Ledereinband.

Ledderǀfett, et [ˈledɐˌfɛt] <N.; ~e> {s. u. ↑Ledder}: Lederfett.

Ledderǀgöödel, der [ˈledɐˌjøˑdəl] <N.; ~e> {s. u. ↑Ledder ↑Göödel}: Ledergürtel.

Ledderǀhandǀschoh/~ǀhändǀsche, der [ˈledɐˌhantʃoˑ / -hɛntʃə] <N.; ~ǀhändǀschohn (Pl. ist an beiden Kompositumsteilen *Hand* u. *Schoh* markiert)> {s. u. ↑Ledder ↑Handǀschoh ↑Händǀsche}: Lederhandschuh.

Ledderǀhugg, de [ˈledɐˌhʊk] <N.; ~ǀhügg> {s. u. ↑Ledder ↑Hugg}: Lederhaut. **1.** (bei Wirbeltieren u. Menschen) unter der Epidermis liegende, zähe Hautschicht. **2.** den Augapfel umgebende Haut; Sklera.

Ledderǀjack, de [ˈledɐˌjak] <N.; ~e> {s. u. ↑Ledder ↑Jack¹}: Lederjacke.

Ledderǀknopp, der [ˈledɐˌknɔp] <N.; ~ǀknöpp> {s. u. ↑Ledder ↑Knopp¹}: Lederknopf.

Ledderǀkoffer, der [ˈledɐˌkɔfɐ] <N.; ~e> {s. u. ↑Ledder ↑Koffer¹}: Lederkoffer.

Ledderǀmantel, der [ˈledɐˌmantəl] <N.; ~ǀmäntele> {s. u. ↑Ledder}: Ledermantel.

Ledderǀmapp, de [ˈledɐˌmap] <N.; ~e> {s. u. ↑Ledder ↑Mapp}: Ledermappe.

Ledderǀreeme, der [ˈledɐˌreˑmə] <N.; ~> {s. u. ↑Ledder ↑Reeme}: Lederriemen.

Ledderǀschoh, der [ˈledɐˌʃoˑ] <N.; ~n> {s. u. ↑Ledder ↑Schoh}: Lederschuh.

Ledderǀsoll, de [ˈledɐˌzɔlˑ] <N.; ~e [-zolə]> {s. u. ↑Ledder ↑Soll¹}: Ledersohle.

Ledderǀstivvel, der [ˈledɐˌʃtɪvəl] <N.; ~e> {s. u. ↑Ledder ↑Stivvel¹}: Lederstiefel.

Ledderǀtäsch, de [ˈledɐˌtɛʃ] <N.; ~e> {s. u. ↑Ledder ↑Täsch}: Ledertasche.

leddǀig [ˈledɪç] <Adj.; ~e> {5.3.4; 5.5.2}: ledig; leer, **1.** ledig: *Dä es met 40 noch l.* (Er ist mit 40 noch l.); *Ich söke ene ~e Meddveeziger.* (Ich suche einen ~en Mittvierziger.). **2.** leer: *Mi Glas es ald widder l.* (Mein Glas ist schon wieder leer.); *Dat Huus steiht l.* (Das Haus steht leer.); *ene leddige Büggel* (eine leere Tasche); **l. maache* (leeren) [auch: ↑leer]. Tbl. A5.2

Leech, et [leˑʃ] <N.; ~ter> {5.2.1.2}: Licht.

Leechǀbleck, der [ˈleːʃˌblek] <N.; ~e> {s. u. ↑Leech ↑Bleck}: Lichtblick.

Leechǀeffek, der [ˈleːʃˌefɛk] <N.; ~te> {s. u. ↑Leech ↑Effek}: Lichteffekt, durch Licht erzeugter Effekt.

Leechǀgeschwindǀigǀkeit, de [ˈleːʃjəˌʃvɪnˑdɪʃkeɪt] <N.; o. Pl.> {s. u. ↑Leech}: Lichtgeschwindigkeit.

Leechǀhup, de [ˈleːʃˌhuˑp] <N.; ~e> {s. u. ↑Leech ↑Hup}: Lichthupe.

Leechǀjohr, et [ˈleːʃˌjoˑ(ɐ)] <N.; ~e> {s. u. ↑Leech ↑Johr}: Lichtjahr.

Leechǀkägel, der [ˈleːʃˌkɛˑjəl] <N.; ~e> {s. u. ↑Leech ↑Kägel}: Lichtkegel.

Leechǀleidǀung, de [ˈleːʃˌleɪdʊŋ] <N.; ~e> {s. u. ↑Leech; 6.11.3}: Lichtleitung.

Leechǀmaschin, de [ˈleːʃmaˈʃiːn] <N.; ~e> {s. u. ↑Leech ↑Maschin}: Lichtmaschine.

Leechǀmass, der [ˈleːʃˌmas] <N.; ~ǀmaste> {s. u. ↑Leech ↑Mass¹}: Lichtmast.

Leechǀmess, de [ˈleːʃˌmɛs] <N.; Eigenn.> {s. u. ↑Leech ↑Mess²}: Mariae Lichtmess.

Leechǀorgel, de [ˈleːʃˌɔrjəl] <N.; ~e> {s. u. ↑Leech ↑Orgel}: Lichtorgel.

Leechǀpunk, der [ˈleːʃˌpʊŋk] <N.; ~te> {s. u. ↑Leech ↑Punk}: Lichtpunkt, punktförmige Lichtquelle.

Leechǀquell, de [ˈleːʃˌkvɛlˑ] <N.; ~e [-kvɛlə]> {s. u. ↑Leech ↑Quell}: Lichtquelle.

Leechǀreklame, de [ˈleːʃreˌklaˑmə] <N.> {s. u. ↑Leech}: Lichtreklame.

Leech|schalt|er, der ['le:ŋˌʃaltɐ] <N.; i. best. Abl.: *schalte*, sonst ↑schalde; ~> {11; s. u. ↑Leech}: Lichtschalter.

Leech|schrank, de ['le:ŋˌʃraŋk] <N.; ~e> {s. u. ↑Leech ↑Schrank}: Lichtschranke.

Leech|strǫhl, der ['le:ŋˌʃtroˑl] <N.; ~e> {s. u. ↑Leech ↑Strǫhl}: Lichtstrahl.

Leechter|baum, der ['le:ʄtɐˌboʊm] <N.; ~|bäum [-bøyˑm]> {s. u. ↑Leech}: Lichterbaum.

Leech|ter|fess, et ['le:ʄtɐˌfɛs] <N.; ~|feste> {s. u. ↑Leech ↑Fess}: Lichterfest, jüdisches Fest der Tempeleinweihung im Dezember.

Leechter|glanz, der ['le:ʄtɐˌɟlants] <N.; kein Pl.> {s. u. ↑Leech}: Lichterglanz.

Leechter|kett, de ['le:ʄtɐˌkɛt] <N.; ~e> {s. u. ↑Leech ↑Kett}: Lichterkette.

Leechter|meer, et ['le:ʄtɐˌmeˑɐ̯] <N.; o. Pl.> {s. u. ↑Leech}: Lichtermeer.

Leech|ver|häld|nisse, de ['le:ʄfɐˌhɛltˌnɪsə] <N.; Neutr.; nur Pl.> {s. u. ↑Leech ↑Ver|häld|nis}: Lichtverhältnisse.

Leech|wähßel, der ['le:ŋˌvɛːsəl] <N.; ~e> {s. u. ↑Leech ↑Wähßel}: Lichtwechsel.

Leech|well, de ['le:ŋˌvɛl] <N.; ~e [-vɛlə]> {s. u. ↑Leech ↑Well}: (Physik) Lichtwelle, von einer Lichtquelle ausgestrahlte elektromagnetische Welle.

Leech|zeiche, et ['le:ŋˌtsɛɪ̯ʄə] <N.; ~> {s. u. ↑Leech ↑Zeiche}: Lichtzeichen, Lichtsignal.

Leed, et [leˑt] <N.; ~er; ~che> {5.1.4.3}: Lied, **[RA]** *Do kann ich e ~(che) vun singe.* (Das kenne ich zu Genüge.); **e Leedche vun jet singe künne* (schlechte Erfahrungen mit etw. haben).

Leeder|boch, et ['leˑdɐˌboˑx] <N.; ~|böcher> {s. u. ↑Leed ↑Boch¹}: Liederbuch.

Leeder|ǫvend, der ['leˑdɐˌɔvənt] <N.; ~e> {s. u. ↑Leed ↑Ǫvend}: Liederabend.

leer [leˑɐ̯] <Adj.; ~e>: leer, **1.** nicht mehr gefüllt; **l. maache* (leeren). **2.** Sinn u. Inhalt vermissen lassend [auch: ↑ledd|ig (2)]. Tbl. A2.6

leere¹ [leˑ(ɐ̯)rə] <V.; schw.; *han*; leerte ['leˑɐ̯tə]; geleert [jə'leˑɐ̯t]>: leeren [gebräuchl.: *leer maache*]. (100)

leere²/liere ['leˑrə / 'liˑ(ɐ̯)rə] <V.; unr.; *han*; leete ['leˑtə]; geleet [jə'leˑt]> {5.2.1; 8.2.3}: lernen. (2) (3)

Leer|god, et ['leˑɐ̯ˌjot] <N.; o. Pl.> {s. u. ↑God}: Leergut.

Leer|lauf, der ['leˑɐ̯ˌloʊ̯f] <N.; o. Pl.>: Leerlauf.

Leer|taas/~|tass, de ['leˑɐ̯ˌtaːs / -tas] <N.; ~te/~|taste> {s. u. ↑Taas/Tass²}: Leertaste.

leev [leˑf] <Adj.; ~e; ~er, ~ste ['leˑvɐ / 'leˑfstə]> {5.1.4.3; 6.1.1}: lieb, gut, liebenswert, putzig, schnuckelig; **l. han* (l. haben, lieben); **~er han* (lieber haben/mögen, vorziehen, bevorzugen, den Vorzug geben). Tbl. A1

Leev|che, et ['leˑfʄə] <N.; nur Diminutiv; ~r> {5.1.4.3; 6.1.1}: Liebchen, **1.** liebes, braves Kind: *Et Schängche es e L.* (Hänschen ist brav.). **2.** Geliebte(r): *Mi L. hät mich gester aangerofe.* (Mein Schatz hat mich gestern angerufen.). **3.** (iron.) nichtsnutziges Kind, Mädchen: *Dat es der villleich e L.!* (Die ist vielleicht ein Herzchen!). **4.** allg. freundliche Anrede: *Wat läuf, L.?* (Wie sieht's aus, Mädchen?); [auch: ↑Lecker|che, ↑Hätz (2)].

Leev(de), de [leˑf(də)] <N.; kein Pl.> {5.1.4.3; 6.1.1; 10.2.8}: Liebe.

leever ['leˑvɐ] <Adv.; Komp. von ↑gään; am leevste/et leevs ['leˑfstə / leˑfs]> {5.1.4.3; 6.1.1}: lieber, **1.** vorzugsweise: *Ich dät l. mem Zog fahre.* (Ich würde l. mit dem Zug fahren.). **2.** besser; klugerweise: *Maach dat l. hügg noch fäädig!* (Mach das l. heute noch fertig!).

leevs(te) [leˑfs(tə)] <Adv.; Sup. von ↑gään: et leevs, am leevste> {5.1.4.3; 6.1.1}: (am) liebsten.

leevs [leˑfs] <Adj.; Sup. zu ↑gään; ↑leev; ~te> {5.1.4.3; 6.1.1}: liebst..., bevorzugt, am meisten gemocht, geliebt. Tbl. A4.1.2

legal [leˈjaˑl] <Adj.; ~e>: legal. Tbl. A2.2

lege ['leˑɟə] <V.; st.; *han*; log [loˑx]; gelǫge [jəˈlɔːʀə]> {5.4}: lügen, die Unwahrheit sagen; **[RA]** *Ich wollt jet sage, wor ävver nit geloge.* (Beteuerung); **Lüg wigger!* (Lüg weiter!; scherzh., wenn man etw. bezweifelt); **Do mööt ich l.* (Da müsste ich l. = Ich weiß es nicht.). (14)

Legend, de [leˈjɛnt] <N.; ~e ⟨mhd. legende < mlat. legenda⟩> {8.3.1}: Legende.

leger [leˈʒeˑɐ̯] <Adj.; ~e; ~er, ~ste>: leger, leicht. Tbl. A2.6

Legislatur, de [ˌlejɪslaˈtuːɐ̯] <N.; ~e ⟨frz. législature < engl. legislature < lat. legislatio, legislativ⟩>: (Politik) Legislatur; kurz für Legislaturperiode.

legitim [leˈɟɪtiˑm] <Adj.; ~e>: legitim. Tbl. A2.3

legitimiere [ˌlejɪtɪˈmiˑrə] <V.; schw.; *han*; legitimierte [ˌlejɪtɪˈmiˑɐ̯tə]; legitimiert [ˌlejɪtɪˈmiˑɐ̯t] ⟨mlat. legitimare = (ein uneheliches Kind rechtlich) anerkennen⟩>: legitimieren. **1. a)** für legitim erklären; **b)** mit einem best. Recht, einer Vollmacht ausstatten. **2.** <sich l.> sich ausweisen. (3)

Leguan, der ['leˑjua·n] <N.; ~e ⟨niederl. leguaan < span. (la) iguana < Araua (südamerik. Indianerspr.) iuwana)⟩: Leguan.

lehre/lihre ['leˑrə / 'liˑ(ɐ)rə] <V.; unr.; *han*; lehte ['leːtə]; gelehrt [jə'leːt]>: lehren [auch: ↑be|lehre/~|lihre (1a), ↑bei|bränge (2)]. (129) (31)

Lehrer, der ['leˑ(ɐ)rə] <N.; ~>: Lehrer.

Lehrer|schaff, de ['leˑ(ɐ)rəʃaf] <N.; ~|schafte (Pl. selten)>: Lehrerschaft.

Lehrer|zemmer, et ['leˑ(ɐ)rə,tsemə] <N.; ~e> {s. u. ↑Zemmer}: Lehrerzimmer.

~|lei [leɪ·] <Suffix; Gattungsz.-bildend>: -lei, wird zur Bildung (un)best. Gattungsz. verwendet: *aacher~* (achter~); *viller~* (vieler~).

Lei¹, der [leɪ·] <N.; männl. Vorn.>: Leo, Leonhard, Kurzf. von ↑Leienad.

Lei², der [leɪ·] <N.>: Schiefer [auch: ↑Ley].

Leib|gard, de ['laɪp,jaˑrt] <N.; i. best. Komposita *Leib*, sonst ↑Liev; o. Pl.> {11}: Leibgarde.

Leib|ge|reech/~|rich, et ['laɪpjə,reːfj / -rɪfj] <N.; i. best. Komposita *Leib*, sonst ↑Liev; ~te> {11; s. u. ↑Ge|reech²/~|rich²}: Leibgericht.

Leib|haftige, der [,laɪp'haftɪjə] <N.; i. best. Komposita *Leib*, sonst ↑Liev; o. Pl.> {11}: Leibhaftige, Teufel [auch: ↑Düüvel, ↑Deuvel].

Leib|wäächter, der ['laɪp,vɛːfjtə] <N.; i. best. Komposita *Leib*, sonst ↑Liev; ~> {11; s. u. ↑Wäächter}: Leibwächter.

leich [leɪfj] <Adj.; ~te; ~ter, ~ste> {8.3.5}: leicht, **1.** von geringem Gewicht; nicht schwerfällig; dünn. **2.** einfach, ohne Schwierigkeiten; simpel. **3.** nicht gravierend, geringfügig: *ene ~te Schnuppe* (ein ~er Schnupfen). **4.** nicht belastend, bekömmlich: *l. Esse* (~es Essen). **5.** von geringem geistigen Anspruch; mühelos: *en ~te Frog* (eine ~e Frage). Tbl. A4.1.1

Leich/Lich, de [leɪfj / lɪfj] <N.; *Lich* veraltend; ~e> {8.3.1}: Leiche [auch: ↑Dude], **Dä geiht üvver ~e!* (Der geht über ~n!).

Leich|athlet, der ['leɪfjat,leˑt] <N.; ~e> {s. u. ↑leich}: Leichtathlet.

leiche|blass ['leɪfjə'blas] <Adj.; ~e>: {s. u. ↑Leich ↑blass}: leichenblass. Tbl. A2.7

Leiche|deil, et ['leɪfjə,deɪl] <N.; ~(e) [-deɪl(ə)]> {s. u. ↑Leich ↑Deil}: Leichenteil.

Leiche|doch, et ['leɪfjə,doˑx] <N.; ~|döcher> {s. u. ↑Leich ↑Doch¹}: Leichentuch.

Leiche|drägler, der ['leɪfjə,drɛˑjə] <N.; ~> {s. u. ↑Leich ↑Drägler}: Leichenträger.

Leiche|geff, et ['leɪfjə,jef] <N.; o. Pl.> {s. u. ↑Leich ↑Geff}: Leichengift.

Leiche|hall, de ['leɪfjə,hal] <N.; ~e [-halə]> {s. u. ↑Leich ↑Hall¹}: Leichenhalle.

Leiche|hemb, et ['leɪfjə,hemp] <N.; ~|hemde(r)> {s. u. ↑Leich ↑Hemb}: Leichenhemd, Sterbehemd.

Leiche|red/~|redd, de ['leɪfjə,reˑt / -ret] <N.; ~|redd veraltet; ~e> {s. u. ↑Leich ↑Red/Redd²}: Leichenrede.

Leiche|schau|huus, et ['leɪfjəʃoʊ,huːs] <N.; ~|hüüser [-hyˑzə] {s. u. ↑Leich ↑Huus}: Leichenschauhaus.

Leiche|wage, der ['leɪfjə,vaˑʀə] <N.; ~> {s. u. ↑Leich}: Leichenwagen.

Leiche|zog, der ['leɪfjə,tsox] <N.; ~|zög> {s. u. ↑Leich ↑Zog¹}: Leichenzug.

leich|fäädig ['leɪfj,fɛːdɪfj] <Adj.; ~e; ~er, ~ste> {s. u. ↑leich ↑fäädig}: leichtfertig. Tbl. A5.2

leich|fößig ['leɪfj,føˑsɪfj] <Adj.; ~e>: leichtfüßig.

Leich|ge|weech, et ['leɪfjə,veːfj] <N.; ~te> {s. u. ↑leich ↑Ge|weech}: Leichtgewicht.

leich|gläuvig ['leɪfj,jløʏˑvɪfj] <Adj.> {s. u. ↑leich ↑gläuve}: leichtgläubig. Tbl. A5.2

Leich|gläuvig|keit, de ['leɪfj,jløʏˑvɪfjkaɪt] <N.> {8.3.5; 5.1.3; 6.1.1}: Leichtgläubigkeit.

leich|hätzig ['leɪfj,hɛtsɪfj] <Adj.> {8.3.5}: leichtherzig, sorglos, unbekümmert. Tbl. A5.2

leich|levvig ['leɪfj,levɪfj] <Adj.; ~e; ~er, ~ste> {s. u. ↑leich ↑Levve}: leichtlebig. Tbl. A5.2

Leich|matros, der ['leɪfjma,troˑs] <N.; ~e> {s. u. ↑leich ↑Matros}: Leichtmatrose.

Leich|metall, et ['leɪfjme,tal] <N.; ~e> {s. u. ↑leich}: Leichtmetall.

Leich|senn, der ['leɪfj,zen] <N.; o. Pl.> {s. u. ↑leich ↑Senn}: Leichtsinn.

leich|sennig ['leɪfj,zenɪfj] <Adj.; ~e; ~er, ~ste> {s. u. ↑leich ↑Senn}: leichtsinnig. Tbl. A5.2

Leicht|ig|keit, de ['leɪfjtɪfjkeɪt] <N.>: Leichtigkeit.

leid [leɪt] <Adj.; nur präd.>: leid, nur noch i. d. Vbdg. **jet/einer l. sin/han* (etw./jmdn. leid/überdrüssig sein/haben): *Ich ben es l.* (Ich bin es l.).

Leid, et [leɪt] <N.; kein Pl.>: Leid, **1.** tiefer seelischer Schmerz. **2.** Unrecht, Böses; *einem L. dun (jmdm. Leid tun; 1. von jmdm. bedauert werden; 2. jmds. Mitgefühl erregen).

leid|drag|end [ˈleɪtˌdraˑʀənt] <Adj.; ~e> {s. u. ↑leid ↑drage}: leidtragend. Tbl. A1

Leid|drag|ende, der u. de [ˈleɪtˌdraˑʀəndə] <N.; ~> {6.11.2}: Leidtragende (der u. die).

leid|dun [ˈleɪˑtˌdʊn] <trennb. Präfix-V.; st.; han; dät I. [dɛˑt]; ~|gedon [-jəˌdɔn]> {5.3.2.5; 6.11.1}: leidtun. (53)

Leidens|mien, de [ˈlaɪdənsˌmiːn] <N.; i. best. Komposita *leide*, sonst ↑ligge; ~e> {11; s. u. ↑Mien}: Leidensmiene.

Leidens|wäg, der [ˈlaɪdənsˌvɛˑŋ] <N.; i. best. Komposita *leide*, sonst ↑ligge; ~(e) [-vɛˑŋ / -vɛˑjə]> {11; s. u. ↑Wäg}: Leidensweg.

leider [ˈleɪˑdə] <Adv.>: leider.

Leider, de [ˈleɪdə] <N.; ~e> {6.11.3}: Leiter, Steigleiter (weder für „Anführer" noch im techn. Sinne für „elektr. Leiter" gebr.).

Leider|wage, der [ˈleɪdəˌvaˑʀə] <N.; ~> {s. u. ↑Leider}: Leiterwagen.

leid|ge|pröf [ˈleɪtjəˈprøːf] <Adj.; *Leid* + Part. II von ↑pröfe; ~te; ~ter, ~ste> {s. u. ↑pröfe}: leidgeprüft. Tbl. A4.1.1

leid|möd|ig [ˈleɪtˌmøˑdɪŋ] <Adj.; ~e; ~er, ~ste>: schwermütig. Tbl. A5.2

Leid|ung, de [ˈleɪdʊŋ] <N.; ~e> {6.11.3}: Leitung, Rohr, Draht, etc. zum Leiten von Wasser, Gas, Elektrizität etc.

Leid|ungs|droht, der [ˈleɪdʊŋsˌdroˑt] <N.; ~|dröht> {s. u. ↑Leid|ung ↑Droht}: Leitungsdraht.

Leid|ungs|mass, der [ˈleɪdʊŋsˌmas] <N.; ~|maste> {s. u. ↑Leid|ung ↑Mass¹}: Leitungsmast.

Leid|ungs|netz, et [ˈleɪdʊŋsˌnɛts] <N.; ~e> {s. u. ↑Leid|ung}: Leitungsnetz.

Leid|ungs|röhr/~|rühr, et [ˈleɪdʊŋsˌʀøˑʀ̯ / -ryˑʀ̯] <N.; ~e> {s. u. ↑Leid|ung ↑Röhr²/Rühr}: Leitungsrohr.

Leid|ungs|wasser, et [ˈleɪdʊŋsˌvasə] <N.; o. Pl.> {s. u. ↑Leid|ung}: Leitungswasser [auch: ↑Krane|berg|er].

Leie|ge|birg/Leye|~, et [ˈlaɪəjəˌbɪrʃ] <N.; ~e> {s. u. ↑Lei² ↑Ley ↑Ge|birg}: Schiefergebirge, Gebirge, bei dessen Aufbau Schiefer überwiegt.

Leienad, der [ˈleɪənat] <N.; männl. Vorn.>: Leonhard; in dem Lied *Am dude Jüdd*: Alles war vum Tietze L. Leonhard Tietz war der Gründer des Kaufhauses Tietz, heute Kaufhof AG. Hermann Tietz, sein Bruder gründete das ehem. Kaufhaus Hertie.

Leienad-Tietz-Stroß [ˌleɪənatˈtiˑtsˌʃtroˑs] <N.; Straßenn.> {s. u. ↑Leienad ↑Stroß}: Leonhard-Tietz-Straße; Straße in Köln-Altstadt/Süd, benannt nach dem Kaufmann Alfred Leonhard Tietz (*3.3.1849 †15.11.1914), dem Gründer des ersten Kaufhauses in Köln (dem heutigen Kaufhof), das am 7.4.1914 eröffnet wurde. Am 11.7.1925 wurde in diesem Kaufhaus die erste Rolltreppe Deutschlands installiert.

Leien|daach/Leyen|~, et [ˈleɪənˌdaːx] <N.; ~|däächer> {s. u. ↑Lei² ↑Daach}: Schieferdach.

Leien|deck|er, der [ˈleɪənˌdɛkə] <N.; ~> {s. u. ↑Lei²}: Dachdecker [auch: ↑Leyen|decker, ↑Daach|decker].

Leie|plaat/Leye|~, de [ˈlaɪəˌplaːt] <N.; ~e> {s. u. ↑Lei² ↑Ley ↑Plaat¹}: Schieferplatte, (bes. zum Decken von Dächern verwendete) flache, viereckige Platte aus Schiefer.

leiere [ˈlaɪərə] <V.; schw.; han; leierte [ˈlaɪɐtə]; geleiert [jəˈlaɪɐt]> {9.2.1.2}: leiern. (4)

Leih|arbeid|er, der [ˈleɪˌarbeɪ̯də] <N.; i. best. Komposita *leihe*, sonst ↑liene; ~> {11; s. u. ↑Arbeid|er}: Leiharbeiter.

Leih|böcher|ei, de [ˈlaɪbøˑçəˈʀeɪ] <N.; i. best. Komposita *leihe*, sonst ↑liene; ~e [-eɪə]> {11; s. u. ↑Böcher|ei}: Leihbücherei.

Leih|friss, de [ˈleɪˌfrɪs] <N.; i. best. Komposita *leih-*, sonst ↑liene; ~|friste> {11; s. u. ↑Friss}: Leihfrist.

Leih|gav, de [ˈleɪˌjaˑf] <N.; i. best. Komposita *leihe*, sonst ↑liene; ~e> {11; s. u. ↑Gav}: Leihgabe.

Leih|gebühr, de [ˈleɪjəˌbyːʀ̯] <N.; i. best. Komposita *leihe*, sonst ↑liene; ~e> {11}: Leihgebühr.

Leih|wage, der [ˈleɪˌvaʀə] <N.; i. best. Komposita *leih-*, sonst ↑liehne; ~> {11}: Leihwagen.

Leim, der [leɪm] <N.; ~e (Sortenpl.) ⟨mhd. (md.) lem, ahd. leimo⟩> {5.1.4.7}: Lehm. **1.** aus Ton u. Sand bestehende, schwere, schmierig-klebrige, nahezu wasserundurchlässige, gelblich braune Erde. **2.** übertr. auf klätschiges Zeug, Trübes o. Ä. (Wrede).

Leim|boddem, der [ˈleɪmˌbɔdəm] <N.; ~|böddem> {s. u. ↑Leim ↑Boddem}: Lehmboden.

leime [ˈleɪmə] <Adj.> {5.1.4.7}: lehmig, aus Lehm: *en l. Muur* (eine lehmige Mauer). Tbl. A3.1

Leim|hött, de ['leɪm,høt] <N.; ~e> {s. u. ↑Leim ↑Hött}: Lehmhütte.

Lein|fad, der ['leɪn,fa·d] <N.; i. best. Komposita *Fad*, sonst ↑Padd; ~e> {11}: Leinpfad, Treidelpfad.

Lein|sam(e), der ['leɪn,za·m(ə)] <N.; i. best. Komposita *Same*, sonst ↑Som; ~|same> {11}: Leinsamen.

Lein|same|brud, et ['leɪn,za·məbru·t] <N.; i. best. Komposita *Same*, sonst ↑Som; ~e> {11; s. u. ↑Brud}: Leinsamenbrot.

leis [leɪ·s] <Adj.; ~e ['leɪzə]; ~er, ~te ['leɪzɐ / 'leɪ·stə]> {8.3.1}: leise [auch: ↑höösch]. Tbl. A2.7

leiste ['leɪstə] <V.; schw.; *han*; geleis [jə'leɪs]>: leisten, ausführen, schaffen. (101)

Leiste, der ['leɪstə] <N.; ~>: Leisten.

Leist|ung, de ['leɪstʊŋ] <N.; ~e>: Leistung.

Leist|ungs|drock, der ['leɪstʊŋs,drok] <N.; o. Pl.> {s. u. ↑Leist|ung ↑Drock¹}: Leistungsdruck.

Leist|ungs|grenz, de ['leɪstʊŋs,jrɛn·ts] <N.; o. Pl.> {s. u. ↑Leist|ung ↑Grenz}: Leistungsgrenze.

Leist|ungs|kurv, de ['leɪstʊŋs,kʊr·f] <N.; ~e> {s. u. ↑Leist|ung ↑Kurv}: Leistungskurve.

Leist|ungs|tess, der ['leɪstʊŋs,tɛs] <N.; ~|tests> {s. u. ↑Leist|ung ↑Tess}: Leistungstest.

Leit|beld/~|bild, et ['leɪt,belt / -bɪlt] <N.; ~er> {s. u. ↑leite ↑Beld/Bild}: Leitbild; Ideal, Vorbild.

Leit|dier, et ['leɪt,di·ɐ] <N.; ~e> {s. u. ↑leite ↑Dier}: Leittier.

leite ['laɪtə] <V.; schw.; *han*; geleit [jə'laɪt]>: leiten. (72)

Leit|faddem, der ['leɪt,fadəm] <N.; ~|fäddem> {s. u. ↑Faddem}: Leitfaden.

Leit|foste, der ['leɪt,fostə] <N.; ~> {s. u. ↑leite ↑Foste}: Leitpfosten.

Leit|plank, de ['leɪt,plaŋk] <N.; ~e> {s. u. ↑Plank}: Leitplanke.

Leit|sproch, der ['leɪt,ʃprox] <N.; ~|spröch> {s. u. ↑leite ↑Sproch²}: Leitspruch, Wahlspruch, Motto.

Leit|stell, de ['leɪt,ʃtɛl·] <N.; ~e [-ʃtɛlə]> {s. u. ↑leite ↑Stell}: Leitstelle.

Leit|ung, de ['leɪtʊŋ] <N.; ~e>: Leitung, Führung.

Lemmets|gaan, et ['lɛməts,ja:n] <N.> {9.1.2; s. u. ↑Gaan}: 1. Garn, aus dem Lampendocht gedreht wird (veraltet). 2. einfältiger, energieloser Mensch: *Wat es dat dann för e L.!* (Welch ein Weichei!) [auch: ↑Löömels|gaan].

lemm|isch ['lɛmɪʃ] <Adj.; ~e>: limburgisch, nur noch im Volkslied: *~e Kis* (Limburger Käse). Tbl. A1

Len(a), et [le·n / 'le:na] <N.; weibl. Vorn.>: Lena, Kurzf. von Helene u. Magdalena [auch: ↑Madelen].

Lend, de [lɛnt] <N.; ~e ['lɛndə] ⟨mhd. lende, ahd. lent⟩> {8.3.1}: Lende.

Lende|gägend, de ['lɛndə,jɛ·jənt] <N.; o. Pl.> {s. u. ↑Gägend}: Lendengegend.

Lende|schurz, der ['lɛndə,ʃʊxts] <N.; ~e>: Lendenschurz.

Lende|wirvel, der ['lɛndə,vɪrvəl] <N.; ~e> {s. u. ↑Wirvel}: Lendenwirbel.

lenke ['lɛŋkə] <V.; schw.; *han*; lenkte ['lɛŋktə]; gelenk [jə'lɛŋk]>: lenken. (41)

Lenk|radd, et ['lɛŋk,rat] <N.; ~|rädder> {s. u. ↑Radd}: Lenkrad.

Lenk|radd|schalt|ung, de ['lɛŋk,rat,ʃaltʊŋ] <N.; o. Pl.> {s. u. ↑Radd}: Lenkradschaltung.

Lenk|radd|schloss, et ['lɛŋk,rat,ʃlos] <N.; ~|schlösser> {s. u. ↑Radd ↑Schloss}: Lenkradschloss.

Lenk|stang, de ['lɛŋk,ʃtaŋ·] <N.; ~e [-ʃtaŋə]> {s. u. ↑Stang (1)}: Lenkstange.

Lenk|süül, de ['lɛŋk,zy·l] <N.; ~e> {s. u. ↑Süül}: (Kfz-T.) Lenksäule, Steuersäule.

Leopard, der [,leo'paxt] <N.; ~e [,leo'pardə] ⟨spätlat. leopardus < griech. leópardos⟩>: Leopard.

Lepp, de [lep] <N.; ~e> {5.5.2; 8.3.1}: Lippe, 1. *~e wie e Veedelspund Blodwoosch han* (aufgequollene ~n haben); *~en (decke/große) L. reskiere* (eine (dicke/ große) L. riskieren, großsprecherisch reden, angeben, prahlen, Sprüche klpfen) [auch: ↑aan|gevve (3), ↑brüste, ↑strunze, ↑protze, ↑op|schnigge, ↑op|spille, ↑renomiere/~eere, ↑schwadroniere/~eere, *deck/groß dun, der decke Wellem maache/spille/markiere/~eere, en große Muul han, Gedöns/Buhei maache*]. 2. (Spitzn.) *de L.*

Leppen|bill(a)/~|bell(a), et ['lepən,bɪl(a) / -bel(a)] <N.; Spitzn.> {s. u. ↑Lepp ↑Bell/Bella/Bill/Billa}: Spitzn. für Frauen mit aufgeworfenen Lippen, z. B. in dem Lied *Am dude Jüdd* von Willi Ostermann; (wörtl.) Lippenbilla.

Leppe|steff, der ['lepə,ʃtef] <N.; ~|stefte> {s. u. ↑Lepp ↑Steff²}: Lippenstift.

Lern|liefer, der ['lɛrn,li:fɐ] <N.; i. best. Komposita *lerne*, sonst ↑liere; kein Pl.> {11; s. u. ↑Iefer}: Lerneifer.

Lernmeddel

Lern|meddel, et ['lɛrnˌmedəl] <N.; i. best. Komposita *lerne*, sonst ↑liere; ~(e) (meist Pl.)> {11; s. u. ↑Meddel}: Lernmittel.
Lese, de [leːsə] <N.; ~e [leːzə]> {8.3.1}: Lese, Weinernte.
Les|aat, de ['lesˌaːt] <N.; ~e> {s. u. ↑lese ↑Aat}: Lesart.
lese ['lezə] <V.; st.; *han*; lọs [lɔˑs]; gelese [jə'lezə]> {5.3.4.1; 5.5.2}: lesen. (130)
Lese|boch, et ['lezəˌboˑx] <N.; ~|böcher> {s. u. ↑lese ↑Boch¹}: Lesebuch.
Lese|brell/~|brill, der ['lezəˌbrel / -brɪl] <N.; ~e> {s. u. ↑lese↑Brell/Brill}: Lesebrille (die).
Lese|lamp, de ['lezəˌlamp] <N.; ~e> {s. u. ↑lese ↑Lamp}: Leselampe.
Lese|lins, de ['leˑzəˌlɪns] <N.; ~e> {s. u. ↑lese ↑Lins}: Leselupe.
lesens|wäät ['lezənsˌvɛːt] <Adj.; ~e; ~er, ~este> {5.3.4.1; 5.5.2}: lesenswert. Tbl. A1
Lese|prob, de ['lezəˌproˑp] <N.; ~e> {s. u. ↑lese ↑Prob}: Leseprobe.
Lese|ratt, de ['lezəˌrat] <N.; ~e> {s. u. ↑lese ↑Ratt}: Leseratte.
Les|er|breef, der ['lezeˌbreˑf] <N.; ~e> {s. u. ↑lese ↑Breef}: Leserbrief.
Les|er|schaff, de ['leˑzeˌʃaf] <N.; ~|schafte (Pl. selten)> {5.3.4.1; 5.5.2}: Leserschaft.
Les|er|zo|schreff, de ['lezeˌtsoˑʃref] <N.; ~|schrefte> {s. u. ↑lese ↑Schreff}: Leserzuschrift, Leserbrief.
Lese|stöck, et ['lezəˌʃtøk] <N.; ~/~e/~er> {s. u. ↑lese ↑Stöck}: Lesestück.
Lese|zeiche, et ['lezəˌtseɪçə] <N.; ~> {s. u. ↑lese}: Lesezeichen.
Less, de [les] <N.; Leste ['lestə] {5.5.2; 8.3.5}: List.
Leste|pries, der ['lestəˌpriːs] <N.; ~e> {s. u. ↑Less ↑Pries}: Listenpreis.
lest|ig ['lestɪç] <Adj.; ~e; ~er, ~ste> {5.5.2}: listig. Tbl. A5.2
Les|ung, de ['lezʊŋ] <N.; ~e> {5.5.2; 7.4}: Lesung.
letsche ['letʃə] <V.; schw.; *han*; letschte ['letʃtə]; geletsch [jə'letʃ]>: rutschen, **1.** ausrutschen [auch: ↑us|letsche, ↑us|rötsche]. **2.** (bes. bei Büttenreden) in der Publikumsgunst durchfallen: *Dä han se geletsch.* (Der wurde ausgepfiffen.). (110)
letsch|ig ['letʃɪç] <Adj.; ~e; ~er, ~ste> {5.5.2}: glitschig, rutschig. Tbl. A5.2

Letter, de ['lɛte] <N.; ~e ⟨frz. lettre < lat. littera⟩>: Letter.
Letz, de [lets] <N.; ~e> {5.5.2; 8.3.1}: Litze.
letz¹ [lɛts] <Adj.; ~te>: letzt..., das Ende einer Folge bildend: *Dat es mi l. Geld.* (Das ist mein ~es Geld.); *et ~te Mol* (das ~e Mal). Tbl. A4.1.2
letz² [lɛts] <Adv.> {8.3.5}: letztens, zuletzt, neulich, kürzlich: *(Et) l. wore mer em Kinema.* (Neulich waren wir im Kino.); *Dä kom et l.* (Er kam zuletzt; Er war der Letzte.) [auch: ↑jüngs², ↑neu|lich, ↑ver|längs, *vör kootem*, *et letz*].
Leuch, de [løɥç] <N.; ~te> {8.3.1; 8.3.5}: Leuchte.
Leuch|bustab, der ['løɥçˌbʊˌʃtaˑp] <N.; ~e> {s. u. ↑leuchte ↑Bustab}: Leuchtbuchstabe.
Leuch|füür/~|föör, et ['løɥçˌfyːɐ / -føːɐ] <N.; ~> {s. u. ↑leuchte ↑Föör/Füür}: Leuchtfeuer.
Leuch|kevver, der ['løɥçˌkeve] <N.; ~e> {s. u. ↑leuchte ↑Kevver}: Leuchtkäfer.
Leuch|kraff, de ['løɥçˌkraf] <N.; ~|kräfte> {s. u. ↑leuchte ↑Kraff}: Leuchtkraft.
Leuch|kugel, de ['løɥçˌkuːʀəl] <N.; ~e> {s. u. ↑leuchte ↑Kugel}: Leuchtkugel.
Leuch|pistol, de ['løɥçpɪsˌtoˑl] <N.; ~e> {s. u. ↑Leuch ↑Pistol}: Leuchtpistole.
Leuch|reklame, de ['løɥçreˌklaˑmə] <N.; ~> {s. u. ↑Leuch}: Leuchtreklame.
Leuch|röhr, de ['løɥçˌrøˑɐ] <N.; ~e> {s. u. ↑Leuch ↑Röhr¹}: Leuchtröhre.
Leuch|schreff, de ['løɥçˌʃref] <N.; ~|schrefte> {s. u. ↑Leuch ↑Schreff}: Leuchtschrift.
Leuch|stoff|lamp, de ['løɥçˌʃtɔfˌlamp] <N.; ~e> {s. u. ↑leuchte ↑Lamp}: Leuchtstofflampe.
Leuch|stoff|röhr, de ['løɥçˌʃtɔfˌrøˑɐ] <N.; ~e> {s. u. ↑leuchte ↑Röhr¹}: Leuchtstoffröhre.
leuchte ['løɥçtə] <V.; schw.; *han*; geleuch [jə'løɥç]>: leuchten. (131)
Leucht|er, der ['løɥçte] <N.; ~e>: Leuchter.
Leuch|turm, der ['løɥçˌtʊrm] <N.; ~|türm [-tʏrˑm]> {8.3.5; s. u. ↑Leuch ↑Turm}: Leuchtturm.
leugne ['løɥɲnə] <V.; schw.; *han*; leugnete ['løɥɲnətə]; geleugnet [jə'løɥɲnət]>: leugnen, bestreiten [auch: ↑av|dun (2), ↑be|strigge (1)]. (23)
Leukoplass, et [ˌlɔɥko'plas] <N.; Markenn.> {8.3.5}: Leukoplast, Zinkoxid enthaltendes Heftpflaster ohne Mullauflage (Duden).

levve ['levə] <V.; unr.; *han*; lävte ['lɛːftə]; geläv [jə'lɛːf]> {5.3.4; 5.5.2; 6.1.1}: leben. (22)

Levve, et ['levə] <N.; ~> {5.3.2; 5.5.2; 6.1.1}: Leben, **1.** <Pl. ungebr.> das Lebendigsein, Existenz; **[RA]** *Ömesöns es der Dud, un dä koss noch et L.* (Umsonst ist der Tod und der kostet noch das L.); ***ussinn wie et iwige L.** (vor Gesundheit strotzen). **2.** <Pl. ungebr.> Dauer/Verlauf des Lebens; **[RA]** *Maach der Freud sulang et geiht, et L. duurt kein lewigkeit!* (Mach dir Freude, solange es geht, das L. dauert keine Ewigkeit!); **[RA]** *Wat soll dat schläächte L. nötze?* (Was soll das schlechte L. nützen? als Aufruf, sich etw. vom Leben zu machen); **[RA]** *Em L. nit!* (Im L. nicht! Niemals!). **3.** Art zu leben, Lebensweise. **4.** <o. Pl.> Lebensinhalt; **5.** der Alltag/ die Wirklichkeit, in der sich das Leben abspielt; die Gesamtheit der Lebensformen. **6.** Gesamtheit der Vorgänge, das Geschehen innerhalb eines Bereichs; **7.** <o. Pl.> Betriebsamkeit, lebhaftes Treiben. **8.** *****einem et L. zor Höll maache** (jmdn. schikanieren).

Levvens|aat, de ['levəns,aːt] <N.; o. Pl.> {s. u. ↑Levve ↑Aat}: Lebensart.

Levvens|ald|er, et ['levəns,aldɐ] <N.; ~> {s. u. ↑Levve ↑Ald|er}: Lebensalter.

Levvens|angs, de ['levəns,aŋˑs] <N.; o. Pl.> {s. u. ↑Levve ↑Angs}: Lebensangst.

Levvens|elexier, et ['levəns|elɛ,ksiˑɐ̯] <N.; ~e> {s. u. ↑Levve}: Lebenselexier.

Levvens|form, de ['levəns,fɔrˑm] <N.; ~e> {s. u. ↑Levve ↑Form}: Lebensform, Lebensweise.

Levvens|freud, de ['levəns,frɔy̯ˑt] <N.; o. Pl.> {s. u. ↑Levve ↑Freud}: Lebensfreude.

Levvens|gefahr, de ['levənsjə,faː(ɐ̯)] <N.; o. Pl.> {s. u. ↑Levve}: Lebensgefahr.

levvens|gefähr|lich ['levənsjə'fɛˑɐ̯lɪf] <Adj.; ~e> {s. u. ↑Levve}: lebensgefährlich. Tbl. A1

Levvens|ge|föhl, et ['levənsjə,føˑl] <N.; o. Pl.> {s. u. ↑Levve ↑Ge|föhl}: Lebensgefühl.

Levvens|inhalt, der ['levəns,ɪnhalt] <N.; ~e> {s. u. ↑Levve}: Lebensinhalt, Lebenssinn.

Levvens|johr, et ['levəns,joˑ(ɐ̯)] <N.; ~e> {s. u. ↑Levve ↑Johr}: Lebensjahr.

Levvens|kuns, de ['levəns,kʊns] <N.; o. Pl.> {s. u. ↑Levve ↑Kuns}: Lebenskunst.

Levvens|läng|lich ['levəns'lɛŋlɪf] <Adj.; ~e> {s. u. ↑Levve}: lebenslänglich. Tbl. A1

Levvens|öm|ständ ['levəns,ømˌʃtɛnˑt] <N.; mask.; nur Pl.> {s. u. ↑Levve ↑Öm|stand}: Lebensumstände.

Levvens|ovend, der ['levəns,ɔˑvənt] <N.; o. Pl.> {s. u. ↑Levve ↑Qvend}: Lebensabend.

Levvens|senn, der ['levəns,zen] <N.; o. Pl.> {s. u. ↑Levve ↑Senn}: Lebenssinn.

Levvens|unger|hald, der ['levəns|ʊŋɐ,halt] <N.; o. Pl.> {s. u. ↑Levve ↑Unger|hald}: Lebensunterhalt.

Levvens|wäg, der ['levəns,vɛːf] <N.; ~(e) [-vɛˑf] / -vɛˑjə]> {s. u. ↑Levve ↑Wäg}: Lebensweg.

levvens|wäät ['levəns,vɛːt] <Adj.; ~e; ~er, ~este> {5.3.2; 5.5.2; 6.1.1}: lebenswert. Tbl. A1

Levvens|weis|heit, de ['levəns,vaɪ̯shɛɪ̯t] <N.; ~e> {s. u. ↑Levve}: Lebensweisheit.

Levvens|werk, et ['levəns,vɛrk] <N.; o. Pl.> {s. u. ↑Levve}: Lebenswerk.

levvens|wicht|ig ['levəns,vɪʃtɪf] <Adj.; ~e> {s. u. ↑Levve}: lebenswichtig. Tbl. A5.2

Levvens|wies, de ['levəns,viˑs] <N.; ~e> {s. u. ↑Levve ↑Wies²}: Lebensweise.

Levvens|zeiche, et ['levəns,tseɪ̯ʃə] <N.; ~> {s. u. ↑Levve ↑Zeiche}: Lebenszeichen.

Levvens|zigg, de ['levəns,tsɪk] <N.; o. Pl.> {s. u. ↑Levve ↑Zigg}: Lebenszeit.

Levver, de ['levɐ] <N.; ~e> {5.3.2; 5.5.2; 6.1.1}: Leber, ***Einem es en Luus üvver de L. gelaufe.** (Jmd. ist schlecht gelaunt.).

Levver|fleck, der ['levɐ,flɛk] <N.; ~e> {s. u. ↑Levver ↑Fleck}: Leberfleck.

Levverkuse, et ['levɐ,kuˑzə] <N.; Ortsn.> {5.3.2; 5.5.2; 6.1.1; 8.3.3}: Leverkusen, rechtsrheinische Kleinstadt bei Köln.

Levver|tron, der ['levɐ,trɔˑn] <N.; o. Pl.> {s. u. ↑Levver ↑Tron²}: Lebertran.

Levver|woosch, de ['levɐ,voːʃ] <N.; ~|wöösch> {s. u. ↑Levver ↑Woosch}: Leberwurst.

Lexikon|en|drag, der ['lɛksɪkɔn,endraːx] <N.; ~|dräg [-drɛˑf]> {s. u. ↑En|drag}: Lexikoneintrag.

Ley, der [leɪ̯] <N.; kein Pl.>: Schiefer [auch: ↑Lei²].

Leye|ge|birg/Leie|~, et ['laɪ̯əjə,bɪrf] <N.> {s. u. ↑Ley ↑Lei² ↑Ge|birg}: Schiefergebirge, Gebirge, bei dessen Aufbau Schiefer überwiegt.

Leyen|daach/Leien|~, et ['leɪən,daːx] <N.; ~|däächer> {s. u. ↑Ley ↑Daach}: Schieferdach.
Leyen|deck|er, der ['leɪən,dɛkɐ] <N.; ~>: Dachdecker [auch: ↑Leien|decker, ↑Daach|decker].
Leye|plaat/Leie|~, de ['laɪə,plaːt] <N.; ~e> {s. u. ↑Ley ↑Lei² ↑Plaat¹}: Schieferplatte, (bes. zum Decken von Dächern verwendete) flache, viereckige Platte aus Schiefer.
Ley|stapel, Am [am'laɪˑˌʃtaˑpəl] <N.; Straßenn.> {s. u. ↑Ley}: Am Leystapel; Straße in Köln-Altstadt-Süd. „Leyen" sind Dachschiefern; der Name „Leystapel" kommt vom ma. Handelsprivileg des Stapelrechts, welches den Kölnern das Recht einräumte, die Handelsschiffe zum Anhalten zu zwingen, um ihre Ware den Kölnern zum Kauf freizugeben. Die Handelsschiffe mussten ihre Waren drei Tage stapeln. So hatten die Kölner unbegrenzten Zugriff auf alle Waren Europas u. erhöhten ihren Lebensstandard nicht unbedeutend.
Libanes, der [ˌlɪbaˈneˑs] <N.; ~e> {8.3.1}: Libanese, Einw. von Libanon.
Libell, de [lɪˈbɛlˑ] <N.; ~e [lɪˈbɛlə]> {8.3.1}: Libelle [auch: ↑Auge|stüss|er].
Lich/Leich, de [lɪʃ / leɪʃ] <N.; *Lich* veraltend; ~e> {5.3.1; 8.3.1}: Leiche [auch: ↑Dude], ***Dä geiht üvver ~e!** (Der geht über ~n!).
Lich|hoff [ˈlɪʃˌhɔf] <N.; Straßenn.> {s. u. ↑Lich ↑Hoff}: Lichhof; Straße in Köln-Altstadt/Süd. Lichhoff ist die kölsche Bezeichnung für den Leichenhof. Hier befand sich der Stiftsfriedhof von St. Maria im Capitol.
Lidd, et [lɪt] <N.; ~er> {5.3.2}: Lid.
lidder|lich [ˈlɪdəlɪʃ] <Adj.; ~e; ~er, ~ste> {5.3.4}: liederlich, ungepflegt, schlampig. Tbl. A1
Lid|schatte, der [ˈlɪʃtˌʃatə] <N.; i. best. Komposita *Lid*, sonst ↑Lidd; ~> {11; s. u. ↑Schatte}: Lidschatten.
Lid|strech, der [ˈlɪʃtˌʃtrɛʃ] <N.; i. best. Komposita *Lid*, sonst ↑Lidd; ~e> {11; s. u. ↑Strech}: Lidstrich.
Liebes|breef, der [ˈliˑbəsˌbreˑf] <N.; ~e> {s. u. ↑Breef}: Liebesbrief.
Liebes|deens, der [ˈliˑbəsˌdeːns] <N.; ~te> {s. u. ↑Deens}: Liebesdienst.
Liebes|ge|deech/~|dich, et [ˈliˑbəsjəˌdeːʃ / -dɪʃ] <N.; ~te> {s. u. ↑Ge|deech/~|dich}: Liebesgedicht.
Liebes|kuns, de [ˈliˑbəsˌkʊns] <N.; ~|küns> {s. u. ↑Kuns}: Liebeskunst.

Liebes|leed, et [ˈliˑbəsˌleˑt] <N.; ~er> {s. u. ↑Leed}: Liebeslied.
Liebes|levve, et [ˈliˑbəsˌlevə] <N.; o. Pl.> {s. u. ↑Levve}: Liebesleben, Sexualleben.
Liebes|naach, de [ˈliˑbəsˌnaːx] <N.; ~|näächte> {s. u. ↑Naach}: Liebesnacht.
Liebes|ness, et [ˈliˑbəsˌnes] <N.; ~|nester> {s. u. ↑Ness¹}: Liebesnest.
Liebes|pääl, de [ˈliˑbəsˌpɛˑl] <N.; ~e [-pɛːlə] (meist Pl.)> {s. u. ↑Pääl}: Liebesperlen.
Liebes|spill, et [ˈliˑbəsˌʃpɪl] <N.; ~ [-ˌʃpɪlˑ]> {s. u. ↑Spill}: Liebesspiel.
Lieblings|- [ˈliˑplɪŋs-] <Präfix; i. best. Komposita *lieb*, sonst ↑leev> {11}: Lieblings-.
Lieblings|färv, de [ˈliˑplɪŋsˌfɛrˑf] <N.; ~e> {s. u. ↑Färv}: Lieblingsfarbe.
Lieblings|leed, et [ˈliˑplɪŋsˌleˑt] <N.; ~er> {s. u. ↑Leed}: Lieblingslied.
Lieblings|wood, et [ˈliˑplɪŋsˌvɔːt] <N.; ~|wööder [-vœˑdə]> {s. u. ↑Wood¹}: Lieblingswort.
Lieb|schaff, de [ˈliˑpˌʃaf] <N.; ~|schafte ⟨mhd. liep-, liebeschaft⟩>: Liebschaft.
Liege|setz, der [ˈliˑjəˌzets] <N.; i. best. Komposita *lieg*, sonst ↑lige; ~(e)> {11; s. u. ↑Setz}: Liegesitz.
Liege|stohl, der [ˈliˑjəˌʃtoˑl] <N.; i. best. Komposita *lieg*, sonst ↑lige; ~|stöhl> {11; s. u. ↑Stohl¹}: Liegestuhl.
Liege|stötz, der [ˈliˑjəˌʃtøts] <N.; i. best. Komposita *lieg*, sonst ↑lige; ~e> {11; s. u. ↑Stötz}: Liegestütz.
Liege|wage, der [ˈliˑjəvaˑʁə] <N.; i. best. Komposita *lieg*, sonst ↑lige; ~> {11}: Liegewagen.
Liege|wies/~|wis, de [ˈliˑjəvis / -vɪs] <N.; i. best. Komposita *lieg*, sonst ↑lige; ~e/~wise> {11; s. u. ↑Wies¹/ Wis}: Liegewiese.
liehne [ˈliˑnə] <V.; schw.; han; liehnte [ˈliˑntə]; geliehnt [jəˈliːnt]> {5.1.4.5; 5.1.4.8}: leihen, **1. a)** entleihen [auch: ↑us|liehne (1), ↑ver|liehne]: *Ich liehne mer ens di Auto.* (Ich leih mir mal dein Auto.); **b)** verleihen: *Do häs mer dat Boch doch geliehnt.* (Du hast mir das Buch doch geliehen.); **[RA]** *Do kanns mer ens en Mark l.!* (Du kannst mir mal den Buckel runterrutschen!). **2.** sich etw. ausborgen: *Ich han mer ens di Auto geliehnt.* (Ich habe mir mal dein Auto ausgeliehen.) [auch: ↑us|liehne (2)]. **3.** zuteil werden lassen: *einem sing Stemm l.* (jmdn. seine Stimme l.). (5)

Liehn|wǫǫd, et ['liːnˌvɔːt] <N.; ~|wǫǫder [-vœˑdə]> {s. u. ↑Wǫǫd¹}: Lehnwort.
Liem, der [liːm] <N.; ~e (Sortenpl.)> {5.1.4.5}: Leim.
Liem|dö̧ppe, der ['liːmˌdø̧pə] <N.; ~> {s. u. ↑Liem ↑Dö̧ppe}: Leimtopf.
lieme ['liˑmə] <V.; schw.; han; liemte ['liˑmtə]; geliemp [jəˈliˑmp]> {5.1.4.5}: leimen, **1.** Holzteile mit Leim aneinanderkleben. **2.** hereinlegen, betrügen: *Do han se dich ävver geliemp!* (Da bist du aber reingelegt worden!) [auch: ↑aan|schmiere/~eere (2), ↑bedrege, ↑be|drieße, ↑be|scheiße (2), ↑be|tuppe², ↑eren|läge (2), ↑foppe, *einem eine* ↑*lappe*² *(2)*, ↑tüte², ↑uze, ↑ver|schöckele, ↑ver|aasche, ↑ver|uze, *einer för der Jeck halde*]. (122)
liere/leere² ['liˑ(ẹ)rə / 'leˑrə] <V.; schw.; han; lierte ['liˑẹtə]; geliert [jəˈliˑẹt]> {5.2.2; 8.2.3}: lernen. (3) (2)
Lies, de [liːs] <N.; ~te> {5.1.4.5; 8.3.1; 8.3.5}: Leiste.
Lieste|broch, der ['liːstəˌbrɔx] <N.; ~|bröch> {s. u. ↑Lies ↑Broch¹}: Leistenbruch.
Lieste|gägend, de ['liːstəˌjɛˑjənt] <N.; o. Pl.> {s. u. ↑Lies ↑Gägend}: Leistengegend.
Liev, der/et [liːf] <N.; ~er ['liˑve]> {5.1.4.5; 6.1.1}: Leib, Körper [auch: ↑Balg]; **[RA]** *Ich han hügg noch nix em L.* (Ich habe heute noch nichts gegessen.); ***kei Gebünn em L. han** (immer weiter essen, unersättlich sein); ***ene Balg am L. han** (sehr dick sein); ***der Deuvel em Liev han** (böse, bes. frech sein).
Liev|ping, de ['liːfˌpɪŋ] <N.; kein Pl.> {s. u. ↑Liev ↑Ping}: Leibschmerzen.
Liga, de ['liːjaˑ] <N.; Lige ['liːjə]>: Liga.
lige ['lɪjə] <V.; st.; han; log [loˑx]; geläge [jəˈlɛːjə]> {5.3.4.1}: liegen. (132)
ligge ['lɪgə] <V.; unr.; han; ledt [let]; geledde [jəˈledə]> {5.3.4; 6.6.2}: leiden, mögen: *Ich kunnt dä god l.* (Ich konnte ihn gut l.); ***geledde sin** (beliebt sein); ***l. möge** (l. mögen, gern haben): *Ich mööch l., hä köm baal.* (Ich hätte gern, wenn er bald käme.); **[RA]** *Huffaad ligg Ping.* (Hoffart leidet Schmerzen. = Hochmut kommt vor dem Fall.). (133)
Ligge, et ['lɪgə] <N.; ~> {5.3.4; 6.6.2}: Leiden.
Lihr¹, de [liːẹ] <N.; ~e> {8.3.1}: Lehre, **1.** <o. Pl.> Gelerntes, Erfahrung: *Dat soll der en L. sin!* (Das soll dir eine L. sein!). **2.** Lehrstelle, Ausbildung: *Minge Jung es ald en der L.* (Mein Sohn ist schon in der L./Ausbildung.). **3.** <o. Pl.> das Lehren.
Lihr², de [liːẹ] <N.; ~e ⟨mhd. lere⟩>: (Technik) Lehre, Gerät, Werkzeug, mit dem die Formen u. Maße eines Werkstücks überprüft werden.
Lihr|amp, et ['liːẹˌamˑp] <N.; o. Pl.> {s. u. ↑lihre ↑Amp}: Lehramt.
Lihr|boch, et ['liːẹˌbɔˑx] <N.; ~|böcher> {s. u. ↑lihre ↑Boch¹}: Lehrbuch.
lihre/lehre ['liˑ(ẹ)rə / 'leˑrə] <V.; schw.; han; lihrte ['liˑẹtə]; gelihrt [jəˈliˑẹt]> {5.4}: lehren [auch: ↑be|lehre/~|lihre (1a), ↑bei|bränge (2)]. (31) (129)
Lihr|gang, der ['liːẹˌjaŋ] <N.; ~|gäng [-jɛŋˑ]> {s. u. ↑lihre ↑Gang¹}: Lehrgang, Kurs.
Lihr|geld, et ['liːẹˌjɛlt] <N.; o. Pl.> {s. u. ↑Lihr}: Lehrgeld, ***L. för jet bezahle/kassiere** (L. für etwas zahlen/kassieren = aus schlechter Erfahrung lernen).
Lihr|jung, der ['liːẹˌjɔŋˑ] <N.; ~e [-jɔŋə]> {s. u. ↑Lihr¹ ↑Jung}: Lehrjunge, männl. Lehrling, Auszubildender.
Lihr|hääʳ, der ['liːẹˌhɛˑẹ] <N.; ~e [-hɛːrə]> {s. u. ↑Lihr¹ ↑Hääʳ}: Lehrherr, Ausbilder.
Lihr|johr, et ['liːẹˌjoˑ(ẹ)] <N.; ~e> {s. u. ↑Lihr¹ ↑Johr}: Lehrjahr.
Lihr|kraff, de ['liːẹˌkraf] <N.; ~|kräfte> {s. u. ↑lihre ↑Kraff}: Lehrkraft, Lehrer.
Lihr|mäd|che, et ['liːẹˌmɛˑtʃə] <N.; ~r> {s. u. ↑Lihr¹}: Lehrmädchen, weibl. Lehrling, Auszubildende.
Lihr|meddel, et ['liːẹˌmedəl] <N.; ~(e) (meist Pl.)> {s. u. ↑lihre ↑Meddel}: Lehrmittel.
Lihr|op|drag, der ['liːẹɔpˌdraːx] <N.; ~|dräg [-drɛˑfj]> {s. u. ↑lihre¹ ↑Op|drag}: Lehrauftrag.
Lihr|plan, der ['liːẹˌplaˑn] <N.; ~|plän> {s. u. ↑lihre ↑Plan¹}: Lehrplan.
Lihr|prob, de ['liːẹˌproˑp] <N.; ~e> {s. u. ↑lihre ↑Prob}: Lehrprobe.
Lihr|stell, de ['liːẹˌʃtɛl] <N.; ~e [-ʃtɛlə]> {s. u. ↑Lihr¹ ↑Stell}: Lehrstelle, Ausbildungsplatz.
Lihr|stoff, der ['liːẹˌʃtɔf] <N.; ~e> {s. u. ↑lihre}: Lehrstoff.
Lihr|stohl, der ['liːẹˌʃtoˑl] <N.; ~|stöhl> {s. u. ↑lihre ↑Stohl¹}: Lehrstuhl, planmäßige Stelle eines Professors an einer Universität od. Hochschule.
Lihr|ver|drag, der ['liːẹfəˌdraːx] <N.; ~|dräg [-drɛˑfj]> {s. u. ↑Lihr¹ ↑Ver|drag}: Lehrvertrag, Ausbildungsvertrag.

Lihrwerkstatt

Lihr|werk|statt, de ['li·ɐ̯ˌvɛrkʃtat] <N.; ~|stätt> {s. u. ↑Lihr}: Lehrwerkstatt.
Lihr|zigg, de ['li·ɐ̯ˌʃtɪk] <N.; ~e> {s. u. ↑Lihr¹ ↑Zigg}: Lehrzeit, Ausbildungszeit.
Likör|fläsch, de [liˈkø:ɐ̯ˌflɛʃ] <N.; ~e> {s. u. ↑Fläsch}: Likörflasche.
Likör|glas, et [liˈkø:ɐ̯ˌjlaːs] <N.; ~|gläser [-ˌjlɛ·zɐ]>: Likörglas.
Limburg|er, der ['lɪmbʊrˌjɐ] <N.; ~>: Limburger, Limburger Käse.
Limonad, de [lɪmoˈnaˑt / lɪməˈnaˑt] <N.; ~e [lɪmoˈnaˑdə / lɪməˈnaˑdə]> {8.3.1}: Limonade [auch: ↑Lömmelöm].
Lind, de [lɪnˑt] <N.; ~e> {8.3.1}: Linde [auch: ↑Ling⁴].
Linde|bladd, et ['lɪnˑdəˌblat] <N.; ~|blädder> {s. u. ↑Bladd}: Lindenblatt.
Linde|blöt, de ['lɪnˑdəˌbløˑt] <N.; ~e> {s. u. ↑Lind ↑Blöt}: Lindenblüte.
Linde|holz, et ['lɪnˑdəˌhɔlts] <N.; o. Pl.> {s. u. ↑Lind ↑Holz}: Lindenholz.
Linden|hoff ['lɪnˑdənˌhɔf] <N.; Straßenn.> {s. u. ↑Lind ↑Hoff}: Lindenhof; Straße in Köln-Lindenthal. Am Lindenhof wurde nach dem ersten Weltkrieg für die Professoren der Universitätskliniken ein Straßenrondell mit Villen gebaut. Den Platz bepflanzte man mit vier Linden.
Lindenthal|göödel ['lɪndənta:lˌjøːdəl] <N.; Straßenn.> {s. u. ↑Göödel}: Lindenthalgürtel; Teil der Gürtel als dritten Ringstraße um den linksrheinischen Stadtkern in Köln-Lindenthal. Der Gürtel stellt eine Verbindung zw. den linksrheinischen Kölner Stadtteilen her. Lindenthal wurde 1843 als Wohnkolonie zw. Köln u. dem heutigen Hohenlind gegründet. Am 1.4.1888 wurde Lindenthal nach Köln eingemeindet.
Ling¹, de [lɪŋˑ] <N.; ~e ['lɪŋə]> {5.3.4; 8.3.1}: Leine, Seil.
Ling² [lɪŋˑ] <N.; Ortsn.>: Lindenthal (westlicher Stadtteil von Köln).
Ling³, der [lɪŋ] <N.; o. Pl.> {5.3.4}: Lein (Pflanze, aus der Leinsamen gewonnen wird).
Ling⁴, de [lɪŋˑ] <N.; veraltet; ~e ['lɪŋə]> {8.3.1}: Linde; [auch: ↑Lind].
Ling|che, Am [amˈlɪŋçə] <N.; Straßenn.> {s. u. ↑Ling⁴}: Am Lingchen (benannt nach einem Lindenbaum), Straße in Worringen.

Ling|doch, et ['lɪŋˌdoˑx] <N.; ~|döcher> {s. u. ↑Bedd}: Bettlaken, Betttuch, Leintuch [auch: ↑Bedd|doch].
linge ['lɪŋə] <Adj.; ~> {5.3.4}: leinen, linnen: *e l. Läppche* (ein ~es Läppchen). Tbl. A3.1
Linge, et ['lɪŋə] <N.; ~; Subst. aus ↑linge> {5.3.4}: Leinen.
Linge|band, et ['lɪŋəˌbant] <N.; ~|bänder> {s. u. ↑Linge ↑Band}: Leinenband.
Linge|dänz|er, der ['lɪŋəˌdɛntsɐ] <N.; ~> {6.11.3; 9.1.1; s. u. ↑Ling¹}: Seiltänzer, **1.** Seilakrobat. **2.** (übertr.) **a)** einer, der vornehm tuend tänzelnd geht; **b)** der waghalsige Geschäfte treibt (Wrede).
Linge|doch, et ['lɪŋəˌdoˑx] <N.; ~|döcher> {s. u. ↑Linge ↑Doch¹}: Leinentuch.
Linge|en|band, der ['lɪŋəˌenbant] <N.; ~|bänd [-bɛnˑt]> {s. u. ↑Linge ↑En|band}: Leineneinband.
Linge|gaan, et ['lɪŋəˌjaːn] <N.; o. Pl.> {s. u. ↑Linge ↑Gaan}: Leinengarn.
Linge|kleid, et ['lɪŋəˌklɛɪt] <N.; ~er> {s. u. ↑Linge}: Leinenkleid.
Linge|schoh, der ['lɪŋəˌʃoˑ] <N.; ~n> {s. u. ↑Linge ↑Schoh}: Leinenschuh.
Ling|öl, et ['lɪŋˌœˑl] <N.; ~e (Sortenpl.)> {s. u. ↑Ling³ ↑Öl}: Leinöl.
Ling|wand, de ['lɪŋˌvant] <N.; ~|wäng [-vɛŋˑ]> {s. u. ↑Linge ↑Wand}: Leinwand.
Linie|bus, der ['lɪnɪəˌbʊs] <N.; i. best. Komposita *Linie*, sonst ↑Linnich; ~se> {11}: Linienbus.
Linie|flog, der ['lɪnɪəˌflo·x] <N.; i. best. Komposita *Linie*, sonst ↑Linnich; ~|flög> {11; s. u. ↑Flog¹}: Linienflug.
Linie|netz, et ['lɪnɪəˌnɛts] <N.; i. best. Komposita *Linie*, sonst ↑Linnich; ~e> {11}: Liniennetz.
Linie|richter/~|reecht|~, der ['lɪnɪəˌrɪçtɐ / -reːçtɐ] <N.; i. best. Komposita *Linie*, sonst ↑Linnich; ~> {11; s. u. ↑Richter/Reechter}: Linienrichter.
Linie|scheff, et ['lɪnɪəˌʃɛf] <N.; i. best. Komposita *Linie*, sonst ↑Linnich; ~e> {11; s. u. ↑Scheff}: Linienschiff.
Links|av|beeg|er, der ['lɪŋksˌafbeˑjɐ] <N.; ~> {5.1.4.3}: Linksabbieger.
Links|av|beeger|spor/~|spur, de ['lɪŋksˌafbeˑjɐˌʃpoːɐ̯ / -ˌpuːɐ̯] <N.; ~e> {s. u. ↑beege ↑Spor/Spur}: Linksabbiegerspur.
links|eröm ['lɪŋzəˌrøm] <Adv.> {s. u. ↑eröm}: linksherum.
Links|extrem|iss, der ['lɪŋksɛkstreˌmɪs] <N.; ~|iste>: Linksextrimist.

Links|kurv, de ['lɪŋks‚kʊrf] <N.; ~e> {s. u. ↑Kurv}: Linkskurve

Links|partei, de ['lɪŋks‚pa(x)‚taɪ] <N.; ~e> {s. u. ↑Partei}: Linkspartei.

Links|usse, der ['lɪŋks‚ʊsə] <N.; o. Pl.> {s. u. ↑usse}: Linksaußen, Stürmer auf der äußersten linken Seite des Spielfeldes.

Linnich, de ['lɪnɪfʃ] <N.; Linnie ['lɪnɪjə]> {5.3.2; 8.3.1}: Linie.

Lins, de [lɪnˑs] <N.; ~e> {8.3.1}: Linse, **1.** Hülsenfrucht: *~e, wo sin se? Em Döppe, se höppe, sin hadd wie ene Knoche, se koche drei Woche.* (~en, wo sind sie? Im Topf, sie hüpfen, sind hart wie ein Knochen, sie kochen drei Wochen.; Reimspruch). **2. a)** (Optik) gekrümmter durchsichtiger Körper, der durch Lichtbrechung eine optische Abbildung vermittelt; **b)** Objektiv einer Kamera; **c)** (Med.) glasklarer Teil des Auges.

Linse|zupp, de ['lɪnzə‚tsʊp] <N.; ~e (Sortenpl.)> {s. u. ↑Zupp}: Linsensuppe.

Lint|gass, de ['lɪnt‚jas] <N.; Straßenn.> {s. u. ↑Gass¹}: Lintgasse am Altermarkt. Hier arbeiteten früher die Korbflechter, die Körbe aus Lindenbast herstellten.

Lis, et [lɪs] <N.; weibl. Vorn.>: Lis, Kurzf. von Elisabeth: Lisa, Lisbeth, Lisett [auch: ↑Sett]; ***läufig ~che** (mannstolle Frau); ***verlaufe ~che** (Frau, die dauernd unterwegs ist).

Lischowa/Luschewa, der ['lɪʒova· / 'lʊʒəva·] <N.; ~ ⟨frz. liégeois = Lütticher⟩> {2}: Liebhaber [auch: ↑Tupp|es, ↑Kabänes].

Liss, de [lɪs] <N.; Liste ['lɪstə]> {8.3.1; 8.3.5}: Liste.

Litter, der ['lɪtɐ] <N.; kein Pl.>: Liter, Zeichen: l.

Litter|fläsch, de ['lɪtɐ‚flɛʃ] <N.; ~e> {s. u. ↑Fläsch}: Literflasche.

Litewka, de [lɪ'tɛfka·] <N.; ~s>: Litewka, Standarduniform der Senatoren u. Reservisten einer Karnevalsges.

Litfass|süül, de ['lɪtfas‚zy·l] <N.; ~e> {s. u. ↑Süül}: Litfasssäule, Plakatsäule [auch: ↑Peffer|dos (2), ↑Plakat|süül].

Litititi, der ['lɪtɪˌti] <N.; kein Pl.>: Spleen: *Do häs ene kleine L.!* (Du hast sie nicht alle!) [auch: ↑Rütütü, ↑Litz|che].

Litz|che, et ['lɪtsjə] <N.; kein Pl.; nur Diminutiv>: ***et L. krige** (zu viel kriegen, nervös, kribbelig werden), ***e L. han** (verrückt sein), [auch: ↑Rütütü, ↑Litititi].

Livver|ant, der [ˌlɪvə'rant] <N.; ~e> {5.3.4; 6.5.2}: Lieferant.

Livver|ante(n)|en|gang, der [ˌlɪvə'rantə(n)‚ˌen‚jaŋ] <N.; ~|gäng [-‚jɛŋˑ]> {s. u. ↑Livver|ant; 9.1.4}: Lieferanteneingang.

livvere ['lɪvərə] <V.; schw.; *han*; livverte ['lɪvɐtə]; gelivvert [jə'lɪvɐt]> {5.3.4; 6.5.2; 9.2.1.2}: liefern. (4)

Livver|friss, de ['lɪvɐ‚frɪs] <N.; ~|friste> {s. u. ↑livvere; ↑Friss}: Lieferfrist.

Livver|ling, der ['lɪvɐ‚lɪŋ] <N.; ~e; ~che> {5.3.4; 6.5.2}: Lerche.

Livver|sching, der ['lɪvɐ‚ʃɪŋ] <N.; ~ [-ʃɪŋˑ]> {5.3.4; 6.5.2; s. u. ↑Sching¹}: Lieferschein.

Livver|ung, de ['lɪvə‚rʊŋ] <N.; ~e> {5.3.4; 6.5.2}: Lieferung.

Livver|wage, der ['lɪvɐ'va·ʀə] <N.; ~> {5.3.4; 6.5.2}: Lieferwagen.

Livver|zigg, de ['lɪvɐ‚tsɪk] <N.; ~e> {5.3.4; 6.5.2; s. u. ↑Zigg}: Lieferzeit.

Lob/Lovv [lo·p / lof] <N.; *Lovv* veraltet; kein Pl.> {(6.1.1)}: Lob.

löbbele ['lœbələ] <V.; schw.; *han*; löbbelte ['lœbəltə]; gelöbbelt [jə'lœbəlt]>: saugen, lutschen; ***an ener Zigaar l.** (eine Zigarre im Mund haben, ohne eigtl. zu rauchen [auch: ↑lötsche]. (6)

Loch, et [lɔx] <N.; Löcher ['lœfʃə]; Löchel|che ['lœfʃəlfʃə]>: Loch.

loche ['lɔxə] <V.; schw.; *han*; lochte ['lɔxtə]; geloch [jə'lɔx]>: lochen. (123)

löchere ['lœfʃərə] <V.; schw.; *han*; löcherte ['lœfʃɐtə]; gelöchert [jə'lœfʃɐt]> {9.2.1.2}: löchern, jmdn. durch Fragen belästigen. (4)

löcher|ig ['lœfʃərɪfʃ] <Adj.; ~e; ~er; ~ste>: löcherig, mit vielen Löchern versehen. Tbl. A5.2

Loch|ieser, et ['lɔx‚iˑzɐ] <N.; ~(e)> {s. u. ↑Ieser}: Locheisen.

Loch|kaat, de ['lɔx‚ka:t] <N.; ~e> {s. u. ↑Kaat}: Lochkarte.

Loch|striefe/~|streife, der ['lɔx‚ʃtri·fə / -‚ʃtreɪfə] <N.; ~> {s. u. ↑Striefe/Streife}: Lochstreifen.

Loch|zang, de ['lɔx‚tsaŋˑ] <N.; ~e [-tsaŋə]> {s. u. ↑Zang}: Lochzange.

Lock, de [lɔk] <N.; ~e; Löck(el)|che [-'lœk(əl)fʃə]> {8.3.1}: Locke [auch: ↑Kröll].

locke¹ ['lɔkə] <V.; schw.; *han*; lockte ['lɔktə]; gelock [jə'lɔk]>: locken, ködern, jmdn. mit etw. (her)locken; reizen. (88)

locke² ['lɔkə] <V.; schw.; *han*; lockte ['lɔktə]; gelock [jə'lɔk]>: locken, in Locken legen [auch: ↑krölle]. (88)

Locke|kopf, der ['lɔkə,kɔp] <N.; ~|köpp> {s. u. ↑Kopp}: Lockenkopf [auch: ↑Krölle|kopp].

Locke|pra(a)ch, de ['lɔkə,pra(:)x] <N.; o. Pl.> {s. u. ↑Lock ↑Praach/Prach}: Lockenpracht.

locker ['lɔkɐ] <Adj.; ~e; ~er, ~ste>: locker, **1. a)** nicht fest, gelöst; **b)** nicht fest gespannt. **2.** ungehemmt, unkonventionell. Tbl. A2.6

lockere ['lɔkərə] <V.; schw.; *han*; lockerte ['lɔkətə]; gelockert [jə'lɔket]> {9.2.1.2}: lockern. (4)

Locke|schir, de ['lɔkə,ʃiːɐ̯] <N.; ~e> {s. u. ↑Schir}: Lockenschere.

Locke|stab/~|stav, der ['lɔkə,ʃtaːp / -ʃtaːf] <N.; ~|stäb [-ʃtɛːp]> {s. u. ↑Lock ↑Stab/Stav}: Lockenstab.

Locke|weck|ler, der ['lɔkə,vɛklɐ] <N.; ~> {5.5.2}: Lockenwickler [auch: ↑Klotz (2b), ↑Babbel|jött|che].

lock|ig ['lɔkɪʃ] <Adj.; ~e; ~er, ~ste>: lockig, onduliert [auch: ↑kröll, ↑kröll|ig]. Tbl. A5.2

Lock|meddel, et ['lɔk,medəl] <N.; ~(e)> {s. u. ↑Meddel}: Lockmittel.

Lock|rof, der ['lɔk,roːf] <N.; ~e> {s. u. ↑Rof}: Lockruf.

Lock|vugel, der ['lɔk,fʊɐ̯əl / -fuːl] <N.; ~|vügel [-fyjəl / -fyːl]> {s. u. ↑Vugel}: Lockvogel.

lodder|ig ['lɔdərɪʃ] <Adj.; ~e; ~er, ~ste>: **1.** locker, salopp hängend (Kleidungsstücke). **2.** nachlässig, unordentlich. Tbl. A5.2

Löffel, der ['lœfəl] <N.; ~e> {(5.4)}: Löffel.

löffel|ches|wies ['lœfəlʃəsviːs] <Adv.>: **1.** wie Löffel ineinanderliegend. **2.** löffelweise.

löffele ['lœfələ] <V.; schw.; *han*; löffelte ['lœfəltə]; gelöffelt [jə'lœfəlt]> {9.2.1.2}: löffeln. (6)

Löffels|eng, et ['lœfəls,ɛŋ] <N.> {9.1.1; s. u. ↑Eng¹/Engk}: [nur i. d. Wendung] *am L.* (sehr weit entfernt; am Arsch der Welt); (wörtl.) Löffelende.

Log, de [loːʃ] <N.; ~e ['loːʒə] ⟨frz. loge ⟩> {8.3.1}: Loge.

Lög|er, der ['løːjɐ] <N.; ~> {5.4; 8.2.3}: Lügner [auch: ↑Lüg|pitter].

Logik, de ['loːʀɪk] <N.; kein Pl. ⟨lat. logica < griech. logike⟩>: Logik.

logisch ['loːʀɪʃ] <Adj.; ~e; ~er, ~ste ⟨lat. logicus < griech. logikós⟩>: logisch. Tbl. A1

Lohn/Luhn, der [loːn / luːn] <N.; Löhn [løːn]>: Lohn.

lohne/luhne ['loːnə / 'luːnə] <V.; schw.; *han*; lohnte ['loːntə]; gelohnt [jə'loːnt]>: lohnen. (5)

löhne/lühne ['løːnə / 'lyːnə] <V.; schw.; *han*; löhnte ['løːntə]; gelöhnt [jə'løːnt]>: löhnen, Lohngeld auszahlen, bezahlen. (5)

Lohn|grupp/Luhn|~, de ['loːn,ɡrʊp / luːn-] <N.; ~e> {s. u. ↑Lohn/Luhn ↑Grupp}: Lohngruppe.

Lohn|koste/Luhn|~ ['loːn,kɔstə / luːn-] <N.; Pl.> {s. u. ↑Lohn/Luhn ↑Koste}: Lohnkosten.

Lohn|liss/Luhn|~, de ['loːn,lɪs / luːn-] <N.; ~|liste> {s. u. ↑Lohn/Luhn ↑Liss}: Lohnliste,.

Lohn|rund/Luhn|~, de ['loːn,rʊnt / luːn-] <N.; ~e> {s. u. ↑Lohn/Luhn ↑Rund}: Lohnrunde.

Lohn|steuer|kaat, de ['loːnʃtøyɐ,kaːt] <N.; i. best. Komposita nur: *lohn, steuer*, sonst auch ↑Luhn, ↑Stüür/Stöör; ~e> {11; s. u. ↑Lohn/Luhn ↑Kaat}: Lohnsteuerkarte.

Lohn|stüür/~|stöör, de ['loːnʃtyːɐ̯ / -ʃtøːɐ̯] <N.; i. best. Komposita nur: *lohn*, sonst auch ↑Luhn; ~e> {11; s. u. ↑Lohn/Luhn ↑Stüür/Stöör}: Lohnsteuer.

Lohn|tüt/Luhn|~, de ['loːn,tyːt / luːn-] <N.; ~e> {s. u. ↑Lohn/Luhn ↑Tüt¹}: Lohntüte.

Lohn|us|fall/Luhn|~, der ['loːn,ʊsfal/ luːn-] <N.; ~|fäll [-fɛl·]> {s. u. ↑Lohn/Luhn ↑Us|fall}: Lohnausfall.

Löhr|gass, de ['løːɐ̯,jas] <N.; Straßenn.>: Löhrgasse (Straße in Köln); ehemals Straße, in der Lohgerber ansässig waren, heutige Agrippastraße.

Lokal|deil, der ['lokal,deɪl] <N.; ~(e) [-deɪl / -deɪ·lə]> {s. u. ↑Deil}: Lokalteil, Lokalseite.

Lokal|rund, de ['lokal,rʊnt] <N.; ~e> {s. u. ↑Rund}: Lokalrunde.

Lokal|sigg, de ['lokal,zɪk] <N.; ~e> {s. u. ↑Sigg¹}: Lokalseite.

Lokal|ver|bodd, et ['lokalfɐ,bɔt] <N.; ~e> {s. u. ↑Ver|bodd}: Lokalverbot.

Lokomotiv, de [,lokomoˈtiːf] <N.; ~e> {8.3.1}: Lokomotive.

Löll, der [løl] <N.; ~e>: **1.** Penis [auch: ↑Dill² (2), ↑Ge|maach, ↑Ge|mäch|s, ↑Lömmel (2), ↑Lör|es (2), ↑Nipp, ↑Pitz, ↑Prügel (1b), ↑Reeme (2), ↑Schnibbel (3)]. **2.** Stöpsel, Pfropfen; ***ene L. em Uhr han*** (das Ohr verstopft haben, nicht gut hören) [auch: ↑Stoppe (1), ↑Proppe]. **3.** unschöner Gesang: *Jetz muss ich mer och noch dinge Löll aanhüre!* (Nun muss ich mir auch noch deine Gesänge anhören!).

Löll|hoon, et ['lœl,hɔːn] <N.; ~|höönner> {s. u. ↑Hoon}: (scherzh.) Hörgerät.

Lömmel, der ['lœməl] <N.; ~e> {5.5.1}: Lümmel, **1. a)** Flegel [auch: ↑Fisel (3), ↑Fetz, ↑Flägel, ↑Grön|schnabel, ↑Lällbeck, ↑Schnuddels|jung, *buure Sau*]; **b)** Bursche, Kerl, Halbstarker. **2.** Penis [auch: ↑Dill² (2), ↑Ge|maach, ↑Ge|mächs, ↑Löll (1), ↑Lör|es (2), ↑Nipp, ↑Pitz, ↑Prügel (1b), ↑Reeme (2), ↑Schnibbel (3)].

lömmele, sich ['lœmələ] <V.; schw.; *han*; lömmelte ['lœməltə]; gelömmelt [jə'lœməlt]> {5.5.1; 9.2.1.2}: sich lümmeln, nachlässig sitzen [auch: ↑löömele]. (6)

Lömmelöm, der [lœmə'lœm] <N.; kein Pl.>: (scherzh.) Limonade [auch: ↑Limonad].

Loni, et [loˑnɪ] <N.; weibl. Vorn.>: Kurzf. von Apollonia [auch: ↑Plünn].

löömele, sich ['lœːmələ] <V.; schw.; *han*; löömelte ['lœːməltə]; gelöömelt [jə'lœːməlt]> {5.2.1.4; 5.5.3; 9.2.1.2}: sich lümmeln, nachlässig sitzen [auch: ↑lömmele]. (6)

Löömelömm|che, et [ˌlœmə'lœmʃə] <N.; ~r>: Limonädchen.

Löömels|gaan, et ['lœːməls,jaːn] <N.> {9.1.2, s. u. ↑Gaan}: einfältiger, energieloser Mensch [auch: ↑Lemmets|gaan (2)].

Löör, der [løːɐ̯] <N.; männl. Vorn.>: Laurenz.

loore/luure ['loˑrə / 'luˑ(ɐ̯)rə] <V.; unr.; *han*; loote ['loˑtə]; geloot [jə'loˑt]>: sehen, schauen, gucken, ansehen: *Loor ens do, die Aap!* (Sieh mal da, den Affen!) [auch: ↑kicke¹, ↑sinn]. ***nohm Räächte l.** (kontrollieren, nach dem Rechten sehen). (134) (100)

looße¹ ['loˑsə] <V.; st.; *han*; leet/leeß [leːt / leˑs]; geloße [jə'lɔˑsə]> {5.2.1.3; 5.5.3}: lassen, belassen, **1.** veranlassen od. bewirken, dass jmd./etw. irgendwohin gelangt: *fresche Luff en et Zemmer l.* (frische Luft ins Zimmer l.). ***em Ress l.** (im Stich lassen, verlieren). **2. a)** <sich l.; i. Vbdg. m. Inf.> die Möglichkeit zu etw. bieten; i. best. Weise geeignet sein: *Et Finster liet sich nit opmaache.* (Das Fenster lässt sich nicht öffnen.); **b)** [RA] *Ich weiß nit, wo ich mich l. soll.* (Ich weiß nicht, wo ich mich lassen soll (bei innerer Unruhe od. Langeweile).). **3.** zurücklassen: *Ich han de Pänz zo Hus gelooße.* (Ich habe die Kinder zu Hause gelassen.). **4.** überlassen: *Ich kann der dat Boch bes morge l.* (Ich kann dir das Buch bis morgen lassen, du kannst es bis morgen behalten.). **5.** <als Imperativ i. Vbdg. m. Inf.> drückt eine freundliche Aufforderung aus: *Kumm, loss mer fiere!* (Komm, lass uns feiern!); ***loss gonn!** (mach mal!, wörtl.: lass gehen!). (135)

looße² ['loˑsə] <V.; Modalverb; st.; *han*; leet/leeß [leːt / leˑs]; geloße [jə'lɔˑsə]> {5.2.1.3; 5.5.3}: lassen, **1.** <i. Vbdg. m. Inf. + Akk.> veranlassen, bewirken: *Mer l. uns scheide.* (Wir lassen uns scheiden.). **2. a)** <i. Vbdg. m. Inf. + Akk.> zulassen, erlauben; dulden; nicht an etw. hindern: *einer verhungere l.* (jmdn. verhungern l.); **b)** <o. Inf.> jmdm. etw. zugestehen; jmdn. nicht behindern: *Mer l. der Dom en Kölle.* (Wir l. den Dom in Köln.); ***Kood scheeße l.** (sich beeilen); ***sin l.** (unterlassen); ***einem jet zokumme l.** (jmdm. etw. zukommen lassen/gewähren); ***jet op sich beruhe l.** (etw. auf sich beruhen lassen, nicht weiter verfolgen; ablassen von etw.). (135)

Lör|es, der ['løːrəs] <N.; ~|ese/~|ese> : **1.** langsamer, schwerfälliger, aber gutmütiger Mensch. **2.** Penis [auch: ↑Dill² (2), ↑Ge|maach, ↑Ge|mächs, ↑Löll (1), ↑Lömmel (2), ↑Nipp, ↑Pitz, ↑Prügel (1b), ↑Reeme (2), ↑Schnibbel (3)].

lör|ig [løːrɪʃ] <Adj.; ~e>: langsam, gemächlich [auch: ↑Föß|che für Föß|che, ↑lahm (3), ↑lang(k)|sam, ↑schlof|mötz|ig] Tbl. A5.2

Los, et [loˑs] <N.; ~e>: Los.

Los|büd|che, et ['loˑs,byˑtʃə] <N.; ~r> {s. u. ↑Bud}: Losbüdchen.

Lösch|bladd, et ['lœʃ,blat] <N.; ~|blädder> {s. u. ↑Bladd}: Löschblatt.

lösche ['lœʃə] <V.; schw.; *han*; löschte ['lœʃtə]; gelösch [jə'lœʃ]>: löschen. **1. a)** etw. Brennendes auslöschen: *en Kääz/et Füür/et Leech l.* (eine Kerze/das Feuer/das Licht l.); **b)** stillen: *der Doosch l.* (den Durst l.) [auch: ↑stelle (2)]. **2.** beseitigen, tilgen, austragen: *Punkte en Flensburg l. looße* (Punkte aus der Verkehrssünderdatei in Flensburg l. lassen) [auch: ↑us|drage (4)]. (110)

Lösch|emmer, der ['lœʃ,ɛmɐ] <N.; ~e> {s. u. ↑Emmer}: Löscheimer.

Lösch|kopp, der ['lœʃ,kɔp] <N.; ~|köpp> {s. u. ↑Kopp}: Löschkopf, an Tonbandgeräten zum Löschen magnetischer Aufzeichnungen.

Lösch|taas/~|tass, de ['lœʃ,taːs / -tas] <N.; ~|ta(a)ste> {s. u. ↑Taas/Tass²}: Löschtaste.

Lösch|zog, der ['lœʃ,tsɔx] <N.; ~|zög> {s. u. ↑Zog¹}: Löschzug.

lose ['lo·zə] <V.; schw.; *han*; loste ['lo·stə]; gelos [jə'lo·s]>: losen. (149)

löse/lüse ['lø·zə / 'ly·zə] <V.; schw.; *han*; löste ['lø·stə]; gelös [jə'lø·s]>: lösen, **1. a)** etw. lose machen, lockern: *der Schohnsbängel l.* (den Schnürsenkel l.); **b)** <sich l.> lose werden, sich lockern: *De Tapete/En Schruuv lüs sich.* (Die Tapete/Eine Schraube löst sich.); **c)** <sich l. vun> sich trennen von. **2.** klären, entwirren, erraten: *e Rödsel l.* (ein Rätsel l.). **3.** auflösen, aufheben, beendigen: *ene Verdrag l.* (einen Vertrag l.). **4.** besorgen, kaufen, käuflich erwerben: *Ih dat de op et Scheff geihs, muss de en Kaat l.* (Bevor du aufs Schiff gehst, musst du eine Karte l.). (149)

Löse|geld, et ['lø·zə,ɛlt] <N.; o. Pl.> {s. u. ↑löse ↑Geld}: Lösegeld.

Löse|meddel, et ['lø·zə,medəl] <N.; ~(e)> {s. u. ↑löse ↑Meddel}: Lösungsmittel.

loss[1] [lɔs] <Adj.; ~e> {5.3.2}: los, locker, nicht mehr fest; gelöst, abgetrennt: *Dä hät drei l. Zäng.* (Er hat drei ~e Zähne.). Tbl. A2.7

loss[2] [lɔs] <Adv.> {5.3.2}: los, **1.** <in Verben mit der Präp. *vun*> weg. **2.** <kurz für *los* + Verb der Bewegung im Part. II>: *Hä es glich op in l.* (Er ist gleich auf ihn los (gesprungen).). **3.** *l. sin* (los sein): *jet es l.* (irgendetw. Ungewöhnliches geschieht).

loss|- [lɔs] <Präfix> {5.3.2}: los-, i. Vbdg. m. V.: *~binge* (~binden).

~|loss [lɔs] <Suffix; adjektivbildend, ~|lose [-lo:zə] {5.3.2}: -los, i. Vbdg. m. N. u. Adv.: *arbeids~* (arbeits~), *selvs~* (selbst~). Tbl. A2.7

Loss, de [lɔs] <N.; Löss> {5.5.1; 8.3.5}: Lust, inneres Bedürfnis, Verlangen.

Loss-mich-gonn, der ['lɔsmɪŋ,jɔn] <N.; kein Pl.>: träger, gleichgültiger, phlegmatischer Mensch; (wörtl.) Lass-mich-gehen: *Dä Pitter es ene richtige L.* (Peter ist ein sehr phlegmatischer Mensch.).

loss|ballere ['lɔsbalərə] <trennb. Präfix-V.; schw.; *han*; ballerte. ['balɛtə]; ~|geballert [-jəbalɛt]> {9.2.1.2}: losballern, plötzlich anfangen zu schießen. (4)

loss|binge ['lɔsbɪŋə] <trennb. Präfix-V.; st.; *han*; bung l. [bʊŋ·]; ~|gebunge [-jəbʊŋə]> {6.7}: losbinden, von einer Befestigung die Leine lösen: *ene Hungk l.* (einen Hund l.). (26)

loss|breche ['lɔsbrɛʃə] <trennb. Präfix-V.; st.; broch l. [brɔ·x]; ~|gebroche [-jəbrɔxə]>: losbrechen, **a)** <han> abbrechen, mit schnellem, hartem Griff abmachen: *ene Ass l.* (einen Ast l.); **b)** <sin> sich plötzlich von etw. lösen, abbrechen. (34)

loss|dörfe/~|dürfe ['lɔsdørfə (-dørvə) / -dʏrfə (-dʏrvə)] <trennb. Präfix-V.; unr.; *han*; dorf l. [dɔrf]; ~|gedorf [-jədɔrf] {5.5.1}: losdürfen, losmüssen: *Mer dörfe noch nit loss.* (Wir dürfen noch nicht los.). (47)

loss|drihe ['lɔsdri·ə] <trennb. Präfix-V.; schw.; *han*; drihte l. ['dri·tə]; ~|gedriht [-jədri·t]> {5.1.4.1}: losdrehen. (37)

loss|fahre ['lɔsfa·rə] <trennb. Präfix-V.; st.; *sin*; fuhr/fohr l. [fu·ɐ̯ / fo·ɐ̯]; ~|gefahre [-jəfa·rə]>: losfahren. (62)

Loss|gaade, der ['lɔs,ja·də] <N.; ~|gääde> {s. u. ↑Loss ↑Gaade}: Lustgarten, parkartiger Garten.

Loss|ge|föhl, et ['lɔsjə,fø·l] <N.; ~e> {s. u. ↑Loss ↑Ge|föhl}: Lustgefühl.

Loss|ge|wenn, der ['lɔsjə,ven] <N.; o. Pl.> {s. u. ↑Loss ↑Ge|wenn}: Lustgewinn.

loss|gonn ['lɔsjɔn] <trennb. Präfix-V.; st.; *sin*; ging l. [jɪŋ]; ~|gegange [-jəjaŋə] {5.3.4; 8.2.2.3}: losgehen, **1.** sich auf den Weg machen. **2.** sich lösen, ablösen, abgehen. **3.** beginnen. **4.** angreifen: *Hä es op in lossgegange.* (Er hat ihn angegriffen.). (83)

loss|han ['lɔs,han] <trennb. Präfix-V.; unr.; *han*; hatt l. [hat]; ~|gehatt [-jəhat]>: verstehen, *jet l.* (etwas können); *vill l.* (viel können); *nix l.* (nichts verstehen). (92)

loss|iese ['lɔsi·zə] <trennb. Präfix-V.; schw.; *han*; ieste l. ['i·stə]; ~|geies [-jəi·s]> {5.1.4.5}: loseisen. (149)

loss|kaufe ['lɔskoʊ̯fə] <trennb. Präfix-V.; unr.; *han*; kaufte l. ['koʊ̯ftə]; ~|gekauf [-jəkoʊ̯f]>: loskaufen. (106)

loss|kriesche ['lɔskri:ʃə] <trennb. Präfix-V.; st.; *han*; kresch l. [kreʃ]; ~|gekresche [-jəkreʃə]>: losheulen, zu weinen anfangen. (116)

loss|krige ['lɔskrɪjə] <trennb. Präfix-V.; unr.; *han*; kräg/kräht l. [krɛ:j / krɛ:t]; ~|(ge)kräge/~|gekräg/~|gekräht [-(jə),krɛ:jə / -jə,krɛ:j / -jə,krɛ:t]> {5.3.4.1}: losbekommen, lockern, lösen. (117)

loss|kumme ['lɔskʊmə] <trennb. Präfix-V.; st.; *sin*; kɔm l. [kɔm]; ~|(ge)kumme [-(jə),kʊmə]> {5.4}: loskommen, fortkommen, freikommen. (120)

loss|künne ['lɔskʏnə] <trennb. Präfix-V.; unr.; *han*; kunnt l. [kʊnt]; ~|gekunnt [-jəkʊnt]> {5.4}: loskönnen, losmüssen: *Wann künne mer dann loss?* (Wann können wir denn (endlich) los?). (121)

loss|laache ['lɔslaːxə] <trennb. Präfix-V.; schw.; *han*; laachte l. ['laːxtə]; ~|gelaach [-jəlaːx]> {5.2.1}: loslachen, plötzlich zu lachen anfangen. (123)

loss|läge ['lɔslɛˑjə] <trennb. Präfix-V.; unr.; *han*; laht l. [laːt]; ~|gelaht/~|geläg [-jəlaːt / -jəlɛˑfj]> {5.4}: loslegen, anfangen. (125)

loss|laufe ['lɔsloʊfə] <trennb. Präfix-V.; st.; *sin*; leef l. [leˑf]; ~|gelaufe [-jəloʊfə]>: loslaufen, losrennen [auch: ↑loss|renne]. (128)

loss|looße ['lɔsloˑsə] <trennb. Präfix-V.; st.; *han*; leet/leeß l. [leːt / leˑs]; ~|gelooße [-jəloˑsə]> {5.2.1.3; 5.5.3}: loslassen. (135)

loss|maache ['lɔsmaːxə] <trennb. Präfix-V.; unr.; *han*; maht l. [maːt]; ~|gemaht [-jəmaːt]> {5.2.1}: losmachen, **1.** loslösen. **2.** *jet l.* (heftig feiern). (136)

loss|marschiere/~eere ['lɔsmaˌʃiˑ(ɐ)rə / -eˑrə] <trennb. Präfix-V.; schw./unr.; *sin*; marschierte l. [maˈʃiˑɐtə]; ~|marschiert [-maˌʃiˑɐt]> ⟨frz. marcher⟩> {(5.1.4.3)}: losmarschieren. (3) (2)

loss|müsse ['lɔsmʏsə] <trennb. Präfix-V.; unr.; *han*; moot l. [moːt]; ~|gemoot [-jəmoːt]>: losmüssen; losgehen od. -fahren müssen. (142)

Loss|objek, et ['losˌɔpˌjɛk] <N.; ~te> {s. u. ↑Loss ↑Objek}: Lustobjekt.

loss|platze ['lɔsplatsə] <trennb. Präfix-V.; schw.; *sin*; platzte l. ['platstə]; ~|geplatz [-jəplats]>: losplatzen, **a)** unbeherrscht/plötzlich etw. sagen. **b)** unbeherrscht/ plötzlich loslachen. (114)

loss|rase/~|rose ['lɔsraˑzə / -rɔˑzə] <trennb. Präfix-V.; *loss|rose* veraltet; schw.; *sin*; raste l. ['rastə]; ~|geras [-jəraˑs]> {(5.5.3)}: losrasen. (149)

loss|renne ['lɔsrɛnə] <trennb. Präfix-V.; unr.; *sin*; rannt l. [rant]; ~|gerannt [-jərant]>: losrennen, loslaufen [auch: ↑loss|laufe]. (35)

loss|rieße ['lɔsriːsə] <trennb. Präfix-V.; st.; *han*; ress l. [res]; ~|geresse [-jəresə]> {5.1.4.5}: losreißen. (25)

loss|sage, sich ['lɔsˌzaˑʁə] <trennb. Präfix-V.; unr.; *han*; saht l. [zaːt]; ~|gesaht [-jəzaːt]>: sich lossagen. (155)

loss|schänge ['lɔsʃɛŋə] <trennb. Präfix-V.; unr.; *han*; schannt l. [ʃant]; ~|geschannt [-jəʃant]> {5.4}: losschimpfen. (157)

loss|scheke ['lɔsʃekə] <trennb. Präfix-V.; schw.; *han*; scheckte l. ['ʃektə]; ~|gescheck [-jəʃek]> {5.5.2}: losschicken. (88)

loss|scheeße ['lɔsʃeˑsə] <trennb. Präfix-V.; st.; schoss l. [ʃɔs]; ~|geschosse [-jəʃɔsə]> {5.1.4.3}: losschießen, **1.** <han> zu schießen anfangen. **2.** <sin> **a)** sich plötzlich, schnell in Bewegung setzen; **b)** auf jmdn./etw. zustürzen. **3.** <han> zu sprechen anfangen; eilig etw. sagen od. berichten, was einem sehr am Herzen liegt: *No scheeß ald loss!* (Nun schieß schon los!). (79)

loss|schlage/~|schlonn ['lɔsʃlaˑʁə / -ʃlɔn] <trennb. Präfix-V.; st.; *han*; schlog l. [ʃloˑx]; ~|geschlage [-jəʃlaˑʁə]> {(5.3.2; 5.4)}: losschlagen. (48) (163)

Loss|schloss, et ['losˌʃlɔs] <N.; ~|schlösser> {s. u. ↑Loss ↑Schloss}: Lustschloss.

loss|schruuve ['lɔsʃruˑvə] <trennb. Präfix-V.; schw.; *han*; schruuvte l. ['ʃruˑftə]; ~|geschruuv [-jəʃruˑf]> {5.1.3; 6.1.1}: losschrauben, abschrauben. (158)

loss|solle ['lɔszɔlə] <trennb. Präfix-V.; unr.; *han*; sollt l. [zɔlt]; ~|gesollt [-jəzɔlt]> {5.5.1}: lossollen, losmüssen, losdürfen: *Mer sollte öm 3 loss.* (Wir sollten um 3 (Uhr) los.). (177)

Loss|spill, et ['losˌʃpɪl] <N.; ~ [-ʃpɪlˑ]> {s. u. ↑Loss ↑Spill}: Lustspiel, Komödie.

loss|steuere ['lɔsʃtɔyərə] <trennb. Präfix-V.; schw.; *sin*; steuerte l. ['ʃtɔyɐtə]; ~|gesteuert [-jəʃtɔyɐt]> {9.2.1.2}: lossteuern, **a)** sich in Richtung auf ein best. Ziel bewegen, (jmdn./etw.) ansteuern; **b)** (übertr.) *op de Pröfung l.* (auf die Prüfung l.). (4)

loss|störme/~|stürme ['lɔsʃtørˑmə / -ʃtʏrˑmə] <trennb. Präfix-V.; schw.; *sin*; störmte l. ['ʃtørmtə]; ~|gestörmp [-jəʃtørˑmp]>: losstürmen, losrasen. (127)

loss|trecke ['lɔstrɛkə] <trennb. Präfix-V.; st.; *sin*; trok l. [trɔˑk]; ~|getrocke [-jətrɔkə]>: losziehen, aufbrechen [auch: ↑op|breche, ↑op|maache; *sich op de Bein/ Lappe/Söck maache*], auch: *üvver einer/jet l.* (über jmdn./etw. herziehen, schimpfen). (190)

loss|tredde ['lɔstredə] <trennb. Präfix-V.; st.; *han*; trodt l. [trɔˑt]; ~|getrodde [-jətrodə]> {5.3.4; 5.5.2; 6.11.3}: lostreten, **a)** durch Darauftreten, Dagegentreten ablösen: *ene Stein l.* (einen Stein l.); **b)** in Gang bringen, aufwerfen: *Ene Disköösch üvver der kölsche Genitiv l.* (eine Diskussion über den kölschen Genitiv l.). (191)

loss|weede/~|wääde ['lɔsveˑdə / -vɛˑdə] <trennb. Präfix-V.; st.; *sin*; woodt l. [voːt]; ~(|ge)woode [-(jə)ˌvoˑdə]> {5.4; 5.2.1}: loswerden. (202) (198)

loss|welle/~|wolle ['lɔsvelə / -volə] <trennb. Präfix-V.; unr.; *han*; wollt l. [volt]; ~|gewollt [-jəvolt]> {5.5.2/5.5.1}: loswollen, losmüssen: *Mer wolle baal loss.* (Wir wollen bald los.). (204) (211)

löstlig ['løstɪʃ] <Adj.; ~e; ~er, ~ste> {5.5.1}: lustig, **1.** spaßig [auch: ↑jux|ig]. **2.** fröhlich; **[RA]** *L. geläv un sillig gestorve es dem Deuvel de Rechnung verdorve.* (Fröhlich gelebt und selig gestorben ist dem T. die Rechnung verdorben.). Tbl. A5.2

Lös|ungs|meddel, et ['lø·zʊŋsˌmedəl] <N.; ~(e)> {s. u. ↑löse ↑Meddel}: Lösungsmittel.

Lotos|blöt, de ['lo·tɔsˌbløˑt] <N.; ~e> {s. u. ↑Blöt}: Lotosblüte.

Lotos|setz, der ['lo·tɔsˌzets] <N.; o. Pl.> {s. u. ↑Setz}: Lotossitz, Schneidersitz, bei dem die Füße auf den Oberschenkeln liegen.

Lötsch|bier, de [lœtʃˌbiːɐ] <N.; ~|birre [-bɪrə] (unr. Pl.)> {s. u. ↑Bier¹}: bes. saftige Birne.

lötsche ['lœtʃə] <V.; schw.; *han*; lötschte ['lœtʃtə]; gelötsch [jə'lœtʃ]> {5.5.1}: lutschen [auch: ↑löbbele]. (110)

Lötschen|dötsch, der ['lœdʒənˌdœtʃ] <N.>: Blödmann, Dummkopf [auch: ↑Dötsche|mann].

Lötsch|er, der ['lœtʃɐ] <N.; ~(e)> {5.5.1}: Lutscher.

Lötsch|fleck(e), der [lœtʃˌflɛk(ə)] <N.; ~|flecke> {5.4; s. u. ↑Fleck/Flecke¹}: Lutschfleck [auch: ↑Knuutsch|fleck(e)].

lotse ['lo·tsə] <V.; schw.; *han*; lotste ['lo·tstə]; gelots [jə'lo·ts]>: lotsen. (87)

Lott, et [lɔt] <N.; weibl. Vorn.; ~che> {8.3.1}: Lotte, Kurzf. von Charlotte.

Lotter|bov, der ['lɔtɐˌboˑf] <N.; ~e> {5.4; 6.1.1; 8.3.1}: Lotterbube, Taugenichts, Lümmel [auch: ↑Fisel (3), ↑Fetz, ↑Flägel, ↑Grön|schnabel, ↑Lällbeck, ↑Lömmel (1a), ↑Schnuddels|jung, *buure Sau*].

Lotter|bov|erei, de [ˌlɔtəboˑvə'reːɐ] <N.; ~e [-ə'reɪə]> {s. u. ↑Bov}: Jungenstreich.

Lotter|levve, et ['lɔtɐˌlevə] <N.; o. Pl.> {s. u. ↑Levve}: Lotterleben, liederliche Lebensweise.

Lotter|weet|schaff, de ['lɔtɐˌveːtˌʃaf] <N.; o. Pl.> {5.2.1.1.1}: Lotterwirtschaft; Lotterigkeit.

Lotto|ge|wenn, der ['lɔtoˌjəˌven] <N.; ~e> {s. u. ↑Ge|wenn}: Lottogewinn,.

Lotto|künning, der ['lɔtoˌkʏnɪŋ] <N.; ~e> {s. u. ↑Künning}: Lottokönig.

Lotto|sching, der ['lɔtoˌʃɪŋ] <N.; ~|sching [-ʃɪŋˑ]> {s. u. ↑Sching¹}: Lottoschein.

Lotto|spill, et ['lɔtoˌʃpɪl] <N.; ~ [-ˌpɪlˑ]> {s. u. ↑Spill}: Lottospiel.

Lotto|zeddel, der ['lɔtoˌtsɛdəl] <N.; ~e> {s. u. ↑Zeddel}: Lottozettel, Lottoschein.

Louise/Luis, et [lu'liˑs / lə'vɪs] <N.; weibl. Vorn.>: Luise, Louise.

Lovv/Lob, et [lɔf / loˑp] <N.; *Lovv* veraltet; kein Pl.> {6.1.1}: Lob.

lovve ['lovə] <V.; schw.; *han*; lovvte ['lɔftə]; gelovv [jə'lɔf]> {5.3.4; 5.5.1; 6.1.1}: loben, (auch i. d. Bed.) geloben, versprechen. (66)

Löw, der [lœˑf] <N.; ~e ['lœˑvə]> {5.5.3; 8.3.1}: Löwe.

Löwe|aan|deil, der ['lœˑvəˌlaːndeɪl] <N.; ~(e) [-deɪl / -derˑlə]> {s. u. ↑Löw ↑Deil}: Löwenanteil.

Löwe|jag, de ['lœˑvəˌjaˑx] <N.; ~de> {s. u. ↑Löw ↑Jag}: Löwenjagd,.

Löwe|mähn, de ['lœˑvəˌmɛːn] <N.; ~e> {s. u. ↑Löw ↑Mähn}: Löwenmähne. **1.** die Mähne des Löwen. **2.** ziemlich langes, sehr fülliges Haar.

Löwe|müül|che, et ['lø·vəˌmyːlʃə] <N.; i. best. Komposita *Löwe*, sonst ↑Löw; ~r> {11; s. u. ↑Muul}: Löwenmäulchen.

luchse ['lʊksə] <V.; schw.; *han*; luchste ['lʊkstə]; geluchs [jə'lʊks]>: luchsen, **1.** aufmerksam spähend schauen. **2.** listig entwenden. (87)

Lü|büggel, der ['lyːˌbyɡəl] <N.; ~e> {s. u. ↑lüe ↑Büggel}: (scherzh.) Installateur; (wörtl.) Lötbeutel [auch: ↑Installateur].

Lück¹ [lʏk] <N.; Pl.; ~cher> {5.3.4; 6.6.2.1; 8.3.1}: Leute.

Lück², de [lʏk] <N.; ~e> {8.3.1}: Lücke.

lüe ['lyːə] <V.; schw.; *han*; lüte ['lyːtə]; gelüt [jə'lyːt]> {5.4}: löten. (37)

Luff, de [lʊf] <N.; Lüfte ['lʏftə]; Lüff|che ['lʏfʃə]> {8.3.5}: Luft.

Luff|aan|greff, der ['lʊvanˌjref] <N.; ~e> {s. u. ↑Luff ↑Aan|greff}: Luftangriff.

Luff|ballon, der ['lʊfbaˌlɔŋˑ] <N.; ~s> {s. u. ↑Luff}: Luftballon.

Luff|beld/~|bild, et ['lʊfˌbelt / -bɪlt] <N.; ~er> {s. u. ↑Luff ↑Beld/Bild}: Luftbild, Luftaufnahme.

Luff|be|wäg|ung, de ['lʊfbəˌvɛːjʊŋ] <N.; ~e (Pl. selten)> {s. u. ↑Luff; 5.4}: Luftbewegung.

Luff|blos, de ['lʊf,blɔˑs] <N.; ~e> {s. u. ↑Luff ↑Blos}: Luftblase.
Luff|bröck, de ['lʊf,brøk] <N.; o. Pl.> {s. u. ↑Luff ↑Bröck¹}: Luftbrücke.
Luff|drock, der ['lʊf,drok] <N.; o. Pl.> {s. u. ↑Luff ↑Drock¹}: Luftdruck.
Luff|fahrt, de ['lʊffaːt] <N.; ~e (Pl. selten)> {s. u. ↑Luff ↑Fahrt}: Luftfahrt.
Luff|feucht|ig|keit, de ['lʊfføyftɪŋkeɪt] <N.; o. Pl.> {s. u. ↑Luff}: Luftfeuchtigkeit.
Luff|filter, der ['lʊffɪltɐ] <N.; ~> {s. u. ↑Luff ↑filtere}: Luftfilter.
Luff|flott, de ['lʊfflɔt] <N.; ~e> {s. u. ↑Luff ↑Flott}: Luftflotte.
Luff|fraach, de ['lʊffraːx] <N.; ~te> {s. u. ↑Luff ↑Fraach}: Luftfracht.
Luff|ge|wehr, et ['lʊfjə,veːɐ] <N.; ~e> {s. u. ↑Luff}: Luftgewehr.
Luff|ge|päck, et ['lʊfjə,pɛk] <N.; o. Pl.> {s. u. ↑Luff}: Luftgepäck, Gepäck, das im Flugzeug verschickt wird.
Luff|höll/~|hüll, de ['lʊf,hølˑ / -hʏlˑ] <N.; ~e [-hølə]> {s. u. ↑Luff ↑Höll²/Hüll}: Lufthülle.
Luff|kesse, et ['lʊf,kesə] <N.; ~> {s. u. ↑Luff ↑Kesse}: Luftkissen.
Luff|kesse|boot, et ['lʊf,kesə,boˑt] <N.; ~e> {s. u. ↑Luff ↑Kesse ↑Boot}: Luftkissenboot, Luftkissenfahrzeug.
Luff|klapp, de ['lʊf,klap] <N.; ~e> {s. u. ↑Luff ↑Klapp}: Luftklappe.
Luff|klöß ['lʊf,kløˑs] <N.; mask.; nur Pl.> {s. u. ↑Luff}: Luftklöße (scherzh., wenn nicht gekocht wird).
Luff|köhl|ung, de ['lʊf,køˑlʊŋ] <N.; o. Pl.> {s. u. ↑Luff; 5.4}: Luftkühlung.
Luff|krank|heit, de ['lʊf,kraŋkheɪt] <N.; o. Pl.> {s. u. ↑Luff}: Luftkrankheit, beim Fliegen auftretendes Unwohlsein.
Luff|kur|oot, der ['lʊf,kuːɐ,ɔːt] <N.; ~e> {s. u. ↑Luff ↑Kur ↑Oot}: Luftkurort.
Luff|loch, et ['lʊf,lɔx] <N.; ~|löcher> {s. u. ↑Luff ↑Loch}: Luftloch.
Luff|mangel, der ['lʊf,maŋəl] <N.; o. Pl.> {s. u. ↑Luff ↑mangele¹}: Luftmangel; **a)** Atembeschwerden; **b)** Mangel an frischer Luft, an Sauerstoff.
Luff|masch, de ['lʊf,maʃ] <N.; ~e> {s. u. ↑Luff ↑Masch}: (Handarb.) Luftmasche.
Luff|matratz, de ['lʊfma,trats] <N.; ~e> {s. u. ↑Luff ↑Matratz}: Luftmatratze.

Luff|pirat, der ['lʊfpɪ,raˑt] <N.; ~e> s. u. ↑Luff): Luftpirat, Flugzeugentführer; Hijacker.
Luff|poss, de ['lʊf,pɔs] <N.; kein Pl.> {s. u. ↑Luff ↑Poss}: Luftpost.
Luff|poss|breef, der ['lʊfpɔs,breˑf] <N.; ~e> {s. u. ↑Luff ↑Poss ↑Breef}: Luftpostbrief.
Luff|poss|papier/~|papeer, et ['lʊf,pɔs,pa'piːɐ / -papeːɐ] <N.; o. Pl.> {s. u. ↑Luff ↑Poss ↑Papier/Papeer}: Luftpostpapier.
Luff|pump, de ['lʊf,pʊmp] <N.; ~e> {s. u. ↑Luff ↑Pump¹}: Luftpumpe.
Luff|raum, der ['lʊf,roʊm] <N.; ~|räum [-røˑym]> {s. u. ↑Luff ↑Raum}: Luftraum.
Luff|röhr, de ['lʊf,røˑɐ] <N.; ~e> {s. u. ↑Luff ↑Röhr¹}: Luftröhre.
Luff|scheech/~|schich, de ['lʊf,ʃeːɕ / -ʃɪɕ] <N.; ~te> {s. u. ↑Luff ↑Schich/Scheech}: Luftschicht.
Luff|scheff, et ['lʊf,ʃef] <N.; ~e> {s. u. ↑Luff ↑Scheff}: Luftschiff.
Luff|schlaach, de ['lʊf,ʃlaːx] <N.; ~te> {s. u. ↑Luff ↑Schlaach}: Luftschlacht, Luftkampf.
Luff|schlang, de ['lʊf,ʃlaŋˑ] <N.; ~e [-ʃlaŋə]> {s. u. ↑Luff ↑Schlang}: Luftschlange.
Luff|schloss, et ['lʊf,ʃlɔs] <N.; ~|schlösser> {s. u. ↑Luff ↑Schloss}: Luftschloss.
Luff|schotz, der ['lʊf,ʃɔts] <N.; o. Pl.> {s. u. ↑Luff ↑Schotz}: Luftschutz.
Luff|schotz|bunker, der ['lʊfʃɔts,bʊŋkɐ] <N.; ~(e)> {s. u. ↑Luff ↑Schotz}: Luftschutzbunker.
Luff|schotz|keller, der ['lʊfʃɔts,kɛlɐ] <N.; ~e> {s. u. ↑Luff ↑Schotz}: Luftschutzkeller.
Luff|speegel|ung, de ['lʊf,ʃpeˑjəlʊŋ] <N.; ~e> {s. u. ↑Luff; 5.1.4.3}: Luftspiegelung.
Luff|sprung, der ['lʊf,ʃprʊŋ] <N.; ~|sprüng [-ʃprʏŋˑ]> {s. u. ↑Luff}: Luftsprung.
Luff|stötz|punk, der ['lʊf,ʃtøts,pʊŋk] <N.; ~te> {s. u. ↑Luff ↑stötze ↑Punk}: Luftstützpunkt.
Luff|strom, der ['lʊf,ʃtroːm] <N.; ~|ström [-ʃtrøˑm]> {s. u. ↑Luff ↑Strom}: Luftstrom.
Luff|stroß, de ['lʊf,ʃtrɔˑs] <N.; ~e> {s. u. ↑Luff ↑Stroß}: Luftstraße, festgelegte Flugstrecke im Luftverkehr.
Luff|ver|kehr, der ['lʊffɐ,keːɐ] <N.; o. Pl.> {s. u. ↑Luff ↑ver|kehre}: Luftverkehr, Flugverkehr.

Luff|wäg, der [ˈlʊfˌvɛːfj] <N.; ~(e) [-vɛˑfj / -vɛˑjə]> {s. u. ↑Luff ↑Wäg}: Luftweg. **1.** <o. Pl.> Weg der Beförderung durch Flugzeuge. **2.** <Pl.> Atemwege.

Luff|wähßel, der [ˈlʊfˌvɛːsəl] <N.; ~e> {s. u. ↑Luff ↑Wähßel}: Luftwechsel.

Luff|widder|stand, der [ˈlʊfˌvɪdɛˈʃtant] <N.; ~|ständ [-ˌʃtɛnˑt]> {s. u. ↑Luff ↑Widder|stand}: Luftwiderstand.

Luff|wirvel, der [ˈlʊfˌvɪrvəl] <N.; ~e> {s. u. ↑Luff ↑Wirvel}: Luftwirbel.

Luff|woozel, de [ˈlʊfˌvoːtsəl] <N.; ~e> {s. u. ↑Luff ↑Woozel}: Luftwurzel, bei verschiedenen Pflanzen auftretende, über der Erde wachsende Wurzel.

Luff|zo|fuhr/~|fohr, de [ˈlʊfˌtsoˑfuˑe̯ / -foˑe̯] <N.; ~e> {s. u. ↑Luff ↑Zo|fuhr/~|fohr}: Luftzufuhr.

Luff|zog, der [ˈlʊfˌtsox] <N.; ~|zög> {s. u. ↑Luff ↑Zog¹}: Luftzug.

lüfte [ˈlʏftə] <V.; schw.; han; gelüff [jəˈlʏf]>: lüften. (89)

luft|ig [ˈlʊftɪfj] <Adj.; ~e; ~er, ~ste>: luftig. Tbl. A5.2

Lüft|ungs|klapp, de [ˈlʏftʊŋsˌklap] <N.; ~e> {s. u. ↑lüfte ↑Klapp}: Lüftungsklappe.

lügge [ˈlʏgə] <V.; schw.; han; lüggte [ˈlʏktə]; gelügg [jəˈlʏk]> {5.3.4; 6.6.2}: läuten, nur bei Glocken, nicht bei Klingeln (dann ↑schelle²). (208)

Lüg|pitter, der [ˈlʏfjˌpɪtɛ] <N.; ~> {s. u. ↑lege ↑Pitter}: Lügenpeter, Lügner [auch: ↑Lögler].

Luhn/Lohn, der [luːn / loːn] <N.; Lühn [lyːn] {5.4}: Lohn.

luhne/lohne [ˈluˑnə / ˈloˑnə] <V.; schw.; han; luhnte [ˈluːntə]; geluhnt [jəˈluːnt] {5.4}: lohnen [auch: ↑lohne]. (5)

lühne/löhne [ˈlyˑnə / ˈløˑnə] <V.; schw.; han; lühnte [ˈlyːntə]; gelühnt [jəˈlyːnt]> {5.4}: löhnen, Lohngeld auszahlen, bezahlen. (5)

Luhn|grupp/Lohn|~, de [ˈluːnˌjrʊp / loːn-] <N.; ~e> {s. u. ↑Luhn/Lohn ↑Grupp}: Lohngruppe

Luhn|koste/Lohn|~ [ˈluːnˌkɔstə / loːn-] <N.; Pl.> {s. u. ↑Luhn/Lohn ↑Koste}: Lohnkosten.

Luhn|liss/Lohn|~, de [ˈluːnˌlɪs / loːn-] <N.; ~|liste> {s. u. ↑Luhn/Lohn ↑Liss}: Lohnliste.

Luhn|rund/Lohn|~, de [ˈluːnˌrʊnˑt / loːn-] <N.; ~e> {s. u. ↑Luhn/Lohn ↑Rund}: Lohnrunde.

Luhn|tüt/Lohn|~, de [ˈluːnˌtyːt / loːn-] <N.; ~e> {s. u. ↑Luhn/Lohn ↑Tüt¹}: Lohntüte.

Luhn|us|fall/Lohn|~, der [ˈluːnˌʊsfal / loːn-] <N.; ~|fäll [-fɛlˑ]> {s. u. ↑Luhn/Lohn ↑Us|fall}: Lohnausfall.

Luis/Louise, et [ləˈvɪs / luˈliˑs] <N.; weibl. Vorn.>: Luise, Louise.

Luk, de [luˑk] <N.; ~e> {8.3.1}: Luke.

Lü|kolve, der [ˈlyːˌkɔlˑvə] <N.; ~> {s. u. ↑lüe ↑Kolve}: Lötkolben, **1.** Werkzeug zum Löten. **2.** (übertr.) dicke, rote (Trinker)nase.

Lü|lamp, de [ˈlyːˌlamp] <N.; ~e> {s. u. ↑lüe ↑Lamp}: Lötlampe.

Lumba, der [ˈlʊmbaˑ] <N.; veraltend ⟨frz. lombard = Wucherer⟩>: Pfandhaus, Leihhaus: *nohm L. drage* (ins P. bringen) [auch: ↑Pand|huus].

Lümmer|che, et [ˈlʏmɐfjə] <N.; nur Diminutiv; ~r>: Lendenbraten, Lendenstück, Schweineende, Schweinefilet.

lumpe, sich [ˈlʊmpə] <V.>: nur i. d. Wendung: ***sich nit lumpe l.** (freigebig/spendabel sein, gern spenden).

Lumpe, der [ˈlʊmpə] <N.; ~; Lümp|che [ˈlʏmpfjə]>: Lumpen; **1.** alter Lappen, Stofffetzen. **2.** <meist Pl.> abgetragene, zerschlissene Kleidung.

Lumpe|ball, der [ˈlʊmpəˌbal] <N.; ~|bäll [-bɛlˑ]> {s. u. ↑Lumpe ↑Ball²}: Lumpenball.

Lumpe|kääl, der [ˈlʊmpəˌkɛːl] <N.; ~s [-kɛˑls]> {s. u. ↑Lumpe ↑Kääl}: Lumpenkerl, Lumpenhund.

Lumpe|krim|er, der [ˈlʊmpəˌkrɪmɐ] <N.; ~>: Lumpensammler [auch: ↑Pluute|mann].

Lung, de [lʊŋ] <N.; ~e> {8.3.1}: Lunge.

Lunge|blös|che, et [ˈlʊŋəˌblœˑsjə] <N.; ~r (meist Pl.)> {s. u. ↑Lung ↑Blös}: Lungenbläschen.

Lunge|flögel, der [ˈlʊŋəˌfløːjəl] <N.; ~e> {s. u. ↑Flögel}: Lungenflügel.

Lunge|gass, de [ˈlʊŋəˌjas] <N.; Straßenn.>: Lungengasse (Kölner Straße).

Lunge|krebs, der [ˈlʊŋəˌkrɛps] <N.; kein Pl.>: Lungenkrebs.

lungere [ˈlʊŋərə] <V.; schw.; han; lungerte [ˈlʊŋɐtə]; gelungert [jəˈlʊŋɐt]> lungern. (4)

Lunge|zog, der [ˈlʊŋəˌtsox] <N.; ~|zög> {s. u. ↑Zog¹}: Lungenzug.

lunke [ˈlʊŋkə] <V.; schw.; han; lunkte [ˈlʊŋktə]; gelunk [jəˈlʊŋk]>: lugen, spinksen, heimlich/gespannt beobachten [auch: ↑be|spetzele, ↑spingkse]. (41)

Lunke [ˈlʊŋkə] <N.; Ortsn.>: alter Name des Vororts „Longerich".

Lunt, de [lʊnt] <N.; ~e> {8.3.1}: Lunte.

Lü|ovve, der ['ly:ˌovə] <N.; ~|övve(ns)> {5.4; s. u. ↑Ovve}: Lötofen.

Lup, de ['lu:p] <N.; ~e ⟨frz. loupe⟩> {8.3.1}: Lupe, Vergrößerungsglas.

Lü|pistol, de ['ly:pɪsˌto·l] <N.; ~e> {s. u. ↑Lüe ↑Pistol}: Lötpistole.

lupp|ig ['lʊpɪfj] <Adj.; ~e; ~er, ~ste>: hinterlistig. Tbl. A5.2

Lupp|ühr|che/~|öhr|~, et ['lʊpˌlyˈɐ̯fjə / -øˈɐ̯-] <N.; nur Diminutiv; ~r> {s. u. ↑Uhr²/Ohr²}: listiges Mädchen.

Lü|röhr/~|rühr, et ['ly:ˌrøˑɐ̯ / -ryˑɐ̯] <N.; ~e> {s. u. ↑Lüe ↑Röhr²/Rühr}: Lötrohr.

lüsch [lʏʃ] <Adj.; veraltet; ~e; ~er, ~(e)ste>: lose, nicht fest, schlaff, welk, matschig, einfältig, lässig (u. a. Nahrung: Salat, Gemüse, Brot) [auch: ↑lar|ig, ↑läss|ig, ↑luusch]. Tbl. A1

Luschewa/Lischowa, der ['lʊʒəvaˑ / 'lɪʒovaˑ] <N.; ~ ⟨frz. liégeois = Lütticher⟩> {2}: Liebhaber [auch: ↑Tupp|es, ↑Kabänes].

lüse/löse ['lyˑzə / 'løˑzə] <V.; schw.; han; lüste ['lyˑstə]; gelüs [jə'lyˑs]> {5.4}: lösen, **1. a)** etw. lose machen, lockern: *der Schohnsbängel l.* (den Schnürsenkel l.); **b)** <sich l.> lose werden, sich lockern: *De Tapet, en Schruuv lüs sich.* (Die Tapete, eine Schraube löst sich.); **c)** <sich l. vun> sich trennen von. **2.** etw. klären, entwirren: *e Rödsel l.* (ein Rätsel l.). **3.** auflösen: *ene Verdrag l.* (einen Vertrag l.). **4.** (einen Berechtigungsschein) käuflich erwerben: *Ih dat de op et Scheff geihs, muss de en Kaat l.* (Bevor du aufs Schiff gehst, musst du eine Karte l.). (149)

Lü|stell, de ['ly:ˌʃtɛl·] <N.; ~e [-ʃtɛlə]> {s. u. ↑Lüe ↑Stell}: Lötstelle.

Lüster|klemm, de ['lʏstəˌklɛm·] <N.; ~e [-klɛmə]> {s. u. ↑Klemm}: Lüsterklemme.

Lut, et [lu·t] <N.> {5.4}: Lot, **1.** <Pl. ~e> Senkblei, Messschnur mit Bleigewicht. **2.** <Pl. Lut> Gewichtseinheit: *För dä Pott recken drei L. Kaffee.* (Für die Kanne reichen drei L. Kaffee.).

luure/loore ['luˑ(ɐ̯)rə / 'loˑrə] <V.; schw.; han; luurte ['luˑɐ̯tə]; geluurt [jə'luˑɐ̯t]>: sehen, schauen, gucken, ansehen: *Luur ens do, die Aap!* (Sieh mal da, den Affen!) [auch: ↑kicke¹, ↑sinn]; *****nohm Räächte l.** (kontrollieren, nach dem Rechten sehen); **[RA]** *Wä luurt, dä kritt nix!* (Wer guckt, der bekommt nichts!). (100) (134)

Luur|erei, de [ˌluˑrə'rɛɪ·] <N.; o. Pl.>: das Schauen.

luus [lu·s] <Adj.; ~e; ~er, ~te>: **1.** pfiffig, verschmitzt, klug, gescheit, aufgeweckt aussehend: *Luur ens, dat ~e Käälche!* (Sieh mal, das pfiffige Kerlchen!); *Dä hät ävver l. Äugelcher.* (Der guckt aber aufgeweckt.). **2.** putzig, niedlich, schnuckelig: *Wat e l. Mädche!* (Was für ein niedliches Mädchen!). Tbl. A2.7

Luus, de [lu·s] <N.; Lüüs [lyˑs]> {5.1.3}: Laus, *****einem en L. en der Pelz setze** (1. jmdm. Unannehmlichkeiten bereiten, 2. jmdm. eine fixe Idee in den Kopf setzen); *****einem es en L. üvver de Levver gelaufe** (jmd. ist schlecht gelaunt); *****nackige L.** (armer Mensch).

luusch [lu·ʃ] <Adj.; veraltet; ~e; ~er, ~(e)ste>: lose, nicht fest, schlaff, welk, matschig, einfältig, lässig (u. a. Nahrung: Salat, Gemüse, Brot) [auch: ↑lar|ig, ↑läss|ig, ↑lüsch]. Tbl. A1

Luusch¹, der [lu·ʃ] <N.; kein Pl.>: Riedgras, Reet, Schilf, Röhricht.

Luusch², der [lu·ʃ] <N.; kein Pl.>: Matsch: *Dat Brut es all eine L.* (Das Brot ist völlig matschig/aufgeweicht.).

luusche ['lu·ʃə] <V.; schw.; han; luuschte ['lu·ʃtə]; geluusch [jə'lu·ʃ]> {5.1.3}: lauschen, **1.** heimlich belauschen, horchen in üblichem Sinne [auch: ↑be|luusche, ↑be|luustere]. **2.** aufhorchen, hören auf etw., zuhören in gutem Sinne; [auch: ↑luustere]. (110)

Luusch|gras, et ['lu·ʃˌjraːs] <N.; ~|gräser [-ˌjrɛˑzə]> {s. u. ↑Luusch¹ ↑Gras}: Schilfgras, Schilfrohr.

Luusch|hohn, et ['lu·ʃˌhoːn] <N.; ~|höhner; ~|höhn|che> {s. u. ↑Hohn}: **1.** Wasserhuhn, Blässhuhn. **2.** <Diminutiv>: Schleimer, eigennütziger Leisetreter.

luusch|ig ['lu·ʃɪfj] <Adj.; ~e; ~er, ~ste>: nicht fest geschlossen, schwammig, locker (bzgl. Salat- u. Kohlköpfe, sowie Gebackenes). Tbl. A5.2

Luusch|krom, der ['lu·ʃˌkroˑm] <N.; kein Pl.> {s. u. ↑Krom}: lockeres, loses, wenig haltbares, schlechtes Zeug.

Luus|pädd|che, et ['lu·sˌpɛtfjə] <N.; ~r> {s. u. ↑Luus ↑Padd}: scherzh. für Haarscheitel [auch: ↑Scheid²].

luuse ['lu·zə] <V.; schw.; han; luuste ['lu·stə]; geluus [jə'lu·s]> {5.1.3}: lausen, **a)** jmdn./etw. von Läusen frei machen (bes. den Kopf) lausen [auch: ↑ent|luuse]. **b)** *****einem de Pürk l.** (jmdm. den Kopf waschen/Vorwürfe machen, jmdn. zurechtweisen); *****de Aap l. künne** (abweisende Antwort, Abfertigung); **c)** *****einer l.** (jmdm. etw. abgewinnen, ablocken, jmdn. übervorteilen). (149)

luustere ['lu:stərə] <V.; schw.; han; luusterte ['lu:stɛtə]; geluustert [jə'lu:stɛt]> {5.1.3; 9.2.1.2}: lauschen, **1.** heimlich belauschen, horchen in üblichem Sinne [auch: ↑be||luusche, ↑be||luustere]. **2.** aufhorchen, hören auf etw., zuhören in gutem Sinne; [auch: ↑luusche]. (4)

Luuster|fink, der ['lu:stɐˌfɪŋk] <N.; ~e>: heimlicher Horcher.

luuter[1] ['lu:tɐ] <Adv.> {5.1.3}: immer, ständig, fortwährend, stets: *Et Marie hät l. gesunge.* (Maria hat i. gesungen.).

luuter[2] ['lu:tɐ] <Adj.; indekl.> {5.1.3}: lauter, ganz viele, nichts als: *Hee ligen l. Blädder eröm.* (Hier liegen l. Blätter herum.); *vör l. Arbeid* (vor l. Arbeit).

Luxemburg|er Stroß, de ['lʊksəmbʊrjɐˌʃtroˑs] <N.; Straßenn.>: Luxemburger Straße.

Luxemburger Wall, der ['lʊksəmbʊrjɐˌval] <N.; Straßenn.> {s. u. ↑Wall}: Luxemburger Wall, einer der parallel zu den Ringen verlaufenden Straßen westlich der Ringe, von der Luxemburger Straße abgehend, verbindet lückenhaft Zülpicher Wall u. Eifelwall.

Lü|zinn, der ['lyːˌtsɪnˑ] <N.; kein Pl.> {s. u. ↑lüe}: Lötzinn.

Lyskirche, An [an'lʏskɪrʄə] <N.; Straßenn.>: An Lyskirchen; Straße in Köln-Altstadt/Süd. Ursprünglich nahm man an, Lyskirchen sei die Kirche des Lisolph gewesen u. habe für den Namen des Grundherrn gestanden, der sich hier seine Kirche erbaute. Diese Besitzverhältnisse sind aber schon seit 948 nicht mehr aktuell, als der Besitz St. Severin zugeschrieben wurde. Lyskirchen war im 10. Jh. ein Vorort Kölns außerhalb der Stadtmauer um die Kirche Maria Lyskirchen gruppiert u. wurde um 1100 nach Köln eingemeindet. 1571 hieß die Straße *voir lieskirchen* u. bis 1816 trug sie den Namen *Rue de Lyskirchen*.

Maach[1], de [maːx] <N.; Määchte ['mɛːɧtə]> {5.2.1.2}: Macht.

Maach[2], de [maːx] <N.; kein Pl.> {5.2.1; 8.3.1}: Mache, Anfertigung; [meist i. d. **RA**] *en der M. han/sin* (in Arbeit haben/ sein).

Maach|aan|sproch, der ['maːxˌlaːnˌsprɔx] <N.; ~|spröch> {s. u. ↑Maach[1] ↑Aan|sproch}: Machtanspruch.

maache ['maːxə] <V.; unr.; *han*; *maht* [maːt]; *gemaht* [jəˈmaːt]> {5.2.1}: machen, **1.** machen **a)** anfertigen, bereiten, herstellen: *e Boch m.* (ein Buch verfassen) **b)** etw. verursachen, bewirken: *Gode Welle mäht leichte Föß.* (Guter Wille macht leichte Füße.); **c)** andere Verben vertretend u. fehlende ersetzend: *schwatz m. (schwärzen), *glatt m. (glätten); *wach m. (wecken, aufmuntern, aufwecken); **d)** wie *dun* (tun), das in seinem Gebrauch durch *maache* ziemlich beeinträchtigt wurde: *Och die Aale mahten dat esu.* (Auch die Alten machten das so.); *fettgemaht Stochieser (magere Person, Hänfling); *breider m. (verbreitern); *dreck(el)ig m. (beschmutzen, verschmutzen, verdrecken); *en Paus m. (pausieren); *e Foto m. (fotografieren); *ene Deckel m. (anschreiben lassen); *fäädig m. (beenden, vervollständigen, vollenden); *einer fäädig m. (1. in schärfstem Ton zurechtweisen, abkanzeln. 2. völlig besiegen, körperlich erledigen; 3. zusammenschlagen); *größer m. (vergrößern); *kapodd m. (zerstören); *kööter m. (kürzen); *leer m. (leeren); *Radau m. (lärmen, Krach m.); *sich durch de Kood m. (verpissen, verpieseln, sich davonmachen, verschwinden); *sich usem Stöbb m. (sich aus dem Staub machen, abhauen); *vöran m. (sich beeilen); *winniger m. (mindern, vermindern, verringern, der Intensität nach abschwächen, geringer werden, erscheinen lassen; vermindern, verringern); *ene Deener/Baselemanes m. (einen Diener m., sich verbeugen); *Häufcher m. (aufhäufe(l)n); *Ophevvens m. (Aufhebens m., übertrieben, ungerechtfertigt wichtig nehmen); *met einem der Jeck m. (jmdn. veräppeln, anschmieren, täuschen, betrügen, foppen, verarschen); *sich jeck m. (sich verrückt m. = sich unnötig aufregen); *us enem Futz ene Donnerschlag m. (aus einem Furz einen Donnerschlag machen = etw. aufbauschen); *Zaldat m. (aufessen) [auch: ↑op|esse; ↑fott|esse; ↑fott|putze; ↑bewältige; ↑ver|kimmele; ↑ver|spachtele; ↑ver|tilge; ↑ver|kamesöle; ↑ver|kasematuckele; ↑ver|pinsele; ↑ver|putze;]; *e Krützche m. (bekreuzigen); *e Füürche m. (feuern); *Bilder m. (fotografieren); *bekannt m. (vorstellen); *Drock m. (treiben). **2.** <sich m.> *sich maache* **a)** sich äußerlich aufmachen, herausputzen, -stellen. u. a.; **b)** *sich jet m. (sich verkleiden, maskieren); **c)** gedeihen, zunehmen, emporsteigen: *Dä hat sich ävver gemaht.* (Der hat sich aber gemacht.) **d)** <unpers.> *Et mäht sich god, dat...* (Es fügt/trifft sich gut, dass...); **e)** sich wegbewegen, sich begeben: *sich fott m.* **3.** <Part. gemaht> **a)** geschaffen, befähigt, berufen: *Do es dä wie gemaht för.* (Da ist der wie gemacht zu.) **b)** künstl. hergestellt; *gemahte Blome* (künstliche Blumen); **c)** zu etw. gekommen, wohlhabend; *ene gemahte Mann* (ein wohlhabender Mann). (136)

Maach|hunger, der [ˈmaːxˌhʊŋɐ] <N.; kein Pl.> {s. u. ↑Maach[1] ↑hungere}: Machthunger.

Maach|kamf, der [ˈmaːxˌkamf] <N.; ~|kämf> {s. u. ↑Maach[1] ↑Kamf}: Machtkampf.

Maach|meddel, et [ˈmaːxˌmedəl] <N.; ~(e)> {s. u. ↑Maach[1] ↑Meddel}: Machtmittel.

Maach|politik, de [ˈmaːxpolɪˌtɪk] <N.; kein Pl.> {s. u. ↑Maach[1]}: Machtpolitik.

Maach|position, de [ˈmaːxpozɪtsˌjoːn] <N.; ~e> {s. u. ↑Maach[1] ↑Position}: Machtposition.

Maach|prob, de [ˈmaːxˌproːp] <N.; ~e> {s. u. ↑Maach[1] ↑Prob}: Machtprobe.

Maach|stell|ung, de [ˈmaːxˌʃtɛlʊŋ] <N.; ~e> {s. u. ↑Maach[1]}: Machtstellung, Machtposition.

Maach|wähßel, der [ˈmaːxˌvɛːsəl] <N.; ~e> {s. u. ↑Maach[1] ↑Wähßel}: Machtwechsel.

Maach|woͅd, et [ˈmaːxˌvɔːt] <N.; ~|woͅöd [-voeˑt]> {s. u. ↑Maach[1] ↑Woͅd[2]}: Machtwort.

Maach|zentrum, et [ˈmaːxˌtsɛntrʊm] <N.; ~|zentre> {s. u. ↑Maach[1]}: Machtzentrum.

Määl, de [mɛːl] <N.; ~e> {5.2.1.1.1; 5.4; 8.3.1}: Merle, Amsel.

Maat, der [maːt] <N.; Määt [mɛːt]> {5.2.1.1.2}: Markt; [**RA**] *Jetz es ävver M.!* (Jetzt reicht es aber!).

Maat|bud, de [ˈmaːtˌbuːt] <N.; ~e> {s. u. ↑Maat ↑Bud}: Marktbude, Marktstand.

Maat|dag, der [ˈmaːtˌdaːx] <N.; ~/~e/~däg [-daˑx / -daˑʁə / -dɛˑɧ]> {s. u. ↑Maat ↑Dag}: Markttag.

Määtes, der [ˈmɛːtəs] <N.; männl. Vorn.> {5.2.1.1.1; 5.4; 8.2.4}: Kurzf. von Martin.

Määtes, Zint(er), der [tsɪnt(ɐ) 'mɛːtəs] <N.; Personenn.> {5.2.1.1.1}: St. Martin.

Määte(n)s|bier, de ['mɛːtə(n)s‚biːɐ̯] <N.; ~|birre [-bɪrə] (unr. Pl.)> {s. u. ↑Määtes ↑Bier¹; 9.1.4}: Martinsbirne (eine haltbare Winterbirne).

Määte(n)s|bild|che/~|beld|~, et ['mɛːtəns‚bɪltʃə / -belt-] <N.; ~r> {s. u. ↑Määtes ↑Bild/Beld}: Martinsbildchen.

Määte(n)s|dag, der ['mɛːtə(n)s‚daːx] <N.; ~/~e/~|däg [-daˑx / -daʀə / -dɛˑfj]> {s. u. ↑Määtes ↑Dag; 9.1.4}: Martinstag, Frist u. Zeit für Pachtzahlungen, Schlachtzeit für Schweine u. Zeit zum Einlegen der Wintervorräte im alten Köln [auch: ↑Martins|dag].

Määte(n)s|ovend, der [‚mɛːtə(n)s'ɔˑvənt] <N.; ~e> {s. u. ↑Määtes ↑Ovend; 9.1.4}: Martinsabend, Vorabend des Martinstages (11. Nov.).

Määte(n)s|zog, der ['mɛːtə(n)s‚tsox] <N.; ~|zög> {s. u. ↑Määtes ↑Zog¹; 9.1.4}: Martinszug, Umzug von Kindern mit Lichtern u. Laternen am Vorabend des Martinstages.

Maat|frau, de ['maːt‚frɑʊ̯] <N.; ~e> {s. u. ↑Maat}: Marktfrau [auch: ↑Maat|wiev].

Maat|geld, et ['maːt‚jɛlt] <N.; o. Pl.> {s. u. ↑Maat}: **1.** Geld für Einkäufe auf dem Markt. **2.** Marktgebühr.

Maat|hall, de ['maːt‚halˑ] <N.; ~e [-halə]> {s. u. ↑Maat ↑Hall¹}: Markthalle.

Maat|händl|er, der ['maːt‚hɛnˑtlə] <N.; ~> {s. u. ↑Maat ↑Händl|er}: Markthändler.

Maat|koloss, der ['maːtko‚lɔs] <N.; ~|kolöss [-ko‚lœs]> {s. u. ↑Maat}: **a)** schwergebaute Marktfrau, Marktweib; **b)** (übertr.) dickes, plumpes Weib [auch: ↑Trutschel].

Maat|korv, der ['maːt‚kɔrf] <N.; ~|körv [-kørˑf]> {s. u. ↑Maat ↑Korv}: Marktkorb, länglicher Korb mit niedriger Seitenwand.

Maat|lag, de ['maːt‚laˑx] <N.; ~e (Pl. selten)> {s. u. ↑Maat ↑Lag}: Marktlage, Wirtschaftslage.

Maat|lück¹ ['maːt‚lʏk] <N.; Pl.> {s. u. ↑Maat ↑Lück¹}: Marktleute.

Maat|lück², de ['maːt‚lʏk] <N.; ~e> {s. u. ↑Maat ↑Lück²}: Marktlücke.

Maat|platz, der ['maːt‚plats] <N.; ~|plätz> {s. u. ↑Maat}: Marktplatz.

Maat|pries, der ['maːt‚priːs] <N.; ~e> {s. u. ↑Maat ↑Pries}: Marktpreis, marktgängiger, handelsüblicher Preis.

Maat|schrei|er, der ['maːt‚ʃrɛɪ̯ɐ] <N.; ~> {s. u. ↑Maat ↑schreie}: Marktschreier.

Maat|stand, der ['maːt‚ʃtant] <N.; ~|ständ [-‚ʃtɛnˑt]> {s. u. ↑Maat ↑Stand}: Marktstand.

Maat|täsch, de ['maːt‚tɛʃ] <N.; ~e> {s. u. ↑Maat ↑Täsch}: Markttasche.

Maat|weet|schaff, de ['maːt‚veːtʃaf] <N.; o. Pl.> {s. u. ↑Maat; 5.2.1.1.1}: Marktwirtschaft.

Maat|wiev, et ['maːt‚viːf] <N.; ~er [-viˑvɐ]> {s. u. ↑Maat ↑Wiev}: Marktweib, **1.** Frau, die auf dem Markt Gemüse, Obst, Eier u. dgl. feilbietet. **2.** (salopp, meist abw.) derbes, robustes maulfertiges Weib.

Määz, der [mɛːts] <N.; kein Pl.> {5.2.1.1.1}: März.

Määze|bier, et ['mɛːtsə‚biːɐ̯] <N.; ~e (Sortenpl.)> {s. u. ↑Määz}: Märzenbier, im März gebrautes starkes Lagerbier.

Määz|sonn, de ['mɛːts‚zɔnˑ] <N.; o. Pl.> {s. u. ↑Määz ↑Sonn¹}: Märzsonne.

Mach|aat, de ['max‚aːt] <N.; i. best. Komposita mach-, sonst ↑maache; ~e> {11; s. u. ↑Aat}: Machart, Herstellungsart, Schnitt.

Mache|schaff, de ['maːxə‚ʃaf] <N.; i. best. Komposita mach-, sonst ↑maache; ~|schafte (meist Pl.)> {11}: Machenschaft.

mächt|ig ['mɛfjtɪfj] <Adj.; ~e; ~er, ~ste>: mächtig, **a)** stark an Kraft, Wille, Einfluss **b)** zu stark, groß, gewaltig (bzgl. Sachen u. Personen): *ene ~e Kääl* (ein ~er Kerl); **c)** überwältigend, (bzgl. Speisen): zu fett, zu kräftig, schnell sättigend: *De Zupp es ärg m.* (Die Suppe ist sehr m.). Tbl. A5.2

Mad, de [maˑt] <N.; ~e ⟨mhd. made, ahd. mado⟩> {8.3.1}: Made.

Mäd, de [mɛˑt] <N.; ~e ⟨mhd. maget, ahd. magad⟩> {5.4}: Magd.

Madagaskar [mada'jas‚kaɐ̯] <N.; Ländern.>: Madagaskar.

Madam, de [ma'dam] <N.; ~e; Madäm|che [ma'dɛmfjə]>: **1.** früher als höfliche, auch als schmeichlerische Anrede für eine stattliche, gesellsch. höher gestellte verheiratete Frau, noch bis ins 20. Jh. hinein gebraucht, bes. ehrerbietig von Dienstboten, Handwerksleuten, Geschäftsleuten usw. (Wrede). **2.** (spött.) das Wesen, die Art, bessere Stellung (Reichtum), Kleidung, Körperfülle kritisierend (Wrede): *Luur ens, die M. do!*.

madam|ig [ma'damɪfj] <Adj.; ~e; ~er, ~ste>: behäbig, schwerfällig, träge. Tbl. A5.2

Mäd|che, et ['mɛˑtʃə] <N.; ~r>: Mädchen, **1.** weibl. Person vom Kind bis zur heiratsfähigen Frau. **2.** Geliebte, Schatz, Braut. **3.** Dienstmädchen.
Mäd|che|handel, der ['mɛˑtʃə,hanˑdəl] <N.; o. Pl.> {s. u. ↑Mäd|che ↑Handel}: Mädchenhandel.
Mäd|che|händl|er, der ['mɛˑtʃə,hɛnˑtlɐ] <N.; ~> {s. u. ↑Mäd|che ↑Händl|er}: Mädchenhändler.
Mäd|che|hätz, et ['mɛˑtʃə,hɛts] <N.; ~er> {s. u. ↑Mäd|che ↑Hätz}: Mädchenherz.
Mäd|che|klass, de ['mɛˑtʃə,klas] <N.; ~e> {s. u. ↑Mäd|che ↑Klass}: Mädchenklasse.
Mäd|che|name, der ['mɛˑtʃə,naˑmə] <N.; ~> {s. u. ↑Mäd|che}: Mädchenname.
Mäd|che|schull, de ['mɛˑtʃə,ʃʊlˑ] <N.; ~e [-ʃʊlə]> {s. u. ↑Mäd|che ↑Schull}: Mädchenschule.
Mäd|ches|jeck, der ['mɛˑtʃəs,jɛk] <N.; ~e>: Schürzenjäger [auch: ↑Mäd|ches|läuf|er].
Mäd|ches|läuf|er, der ['mɛˑtʃəs,løyfɐ] <N.; ~>: Schürzenjäger [auch: ↑Mäd|ches|jeck].
Madelen, et [madəˈleˑn] <N.; weibl. Vorn.>: Kurzf. von Magdalena [auch: ↑Len(a)].
mad|ig ['maˑdɪʃ] <Adj.; ~e; ~er, ~ste>: madig.   Tbl. A5.2
Madonne|beld/~|bild, et [maˈdɔnə,bɛlt / -bɪlt] <N.; ~er> {s. u. ↑Beld/Bild}: Madonnenbild.
Madonne|ge|seech, et [maˈdɔnəjəˌzeːʃ] <N.; ~ter> {s. u. ↑Ge|seech}: Madonnengesicht.
Magazin, et [ˌmajaˈtsiːn] <N.; ~e>: Magazin.
Magde|burg ['maxtə,bʊrʃ] <N.; Ortsn.>: Magdeburg, Hauptstadt von Sachsen-Anhalt.
Mage, der ['maˑʀə] <N.; Mäge ['mɛˑjə]>: Magen.
Mage|better, der ['maˑʀə,bɛtɐ] <N.; ~> {s. u. ↑better}: Magenbitter, bitter schmeckender Schnaps, Bitterschnaps, -likör [auch: ↑Bettere].
Mage|dröcke, et ['maˑʀə,drøkə] <N.; kein Pl.> {s. u. ↑Mage ↑dröcke}: Magendrücken.
Mage|durch|broch, der ['maˑʀə,dʊrʃbrox] <N.; ~|bröch> {s. u. ↑Mage ↑Broch¹}: Magendurchbruch.
Mage|en|gang, der ['maˑʀə,ɛnjaŋ] <N.; ~|gäng [-jɛŋˑ]> {s. u. ↑Mage ↑En|gang}: Mageneingang.
Mage|gägend, de ['maˑʀə,jɛˑjənt] <N.; o. Pl.> {s. u. ↑Mage ↑Gägend}: Magengegend.
Mage|ge|schwür, et ['maˑʀəjəˌʃvyːɐ̯] <N.; ~e> {s. u. ↑Mage}: Magengeschwür.

Mage|grummele, et ['maˑʀəˌjrʊmələ] <N.; kein Pl.> {s. u. ↑Mage}: **1.** Magenknurren. **2.** Angstgefühl.
Mage|kramf/~|kramp, der ['maˑʀə,kramf / -kramp] <N.; ~|krämf> {s. u. ↑Mage ↑Kramf/Kramp¹}: Magenkrampf, Gastrospasmus.
Mage|krank|heit, de ['maˑʀə,kraŋkheɪt] <N.; ~e> {s. u. ↑Mage}: Magenkrankheit.
Mage|krebs, der ['maˑʀə,krɛps] <N.; kein Pl.> {s. u. ↑Mage ↑Krebs}: Magenkrebs.
Mage|kuhl/~|kuul, de ['maˑʀə,kuˑl] <N.; ~e>: Magengrube.
Mage|ping, de ['maˑʀə,pɪŋˑ] <N.; kein Pl.> {s. u. ↑Mage}: Magenschmerzen.
mager ['maˑʀɐ] <Adj.; ~e; ~er, ~ste>: mager, **1. a)** fettlos; **b)** gering, kärglich. **2.** abgemagert.   Tbl. A2.6
Mager|milch, de ['maˑʀɐ,mɪləʃ] <N.; kein Pl.>: Magermilch.
Mager|such, de ['maˑʀɐ,zʊx] <N.; kein Pl.> {s. u. ↑Such}: Magersucht.
Mage|saff, der ['maˑʀə,zaf] <N.; ~|säff> {s. u. ↑Mage ↑Saff}: Magensaft.
Mage|sond, de ['maˑʀə,zɔnˑt] <N.; ~e> {s. u. ↑Mage ↑Sond}: Magensonde.
Mage|speegel|ung, de ['maˑʀəˌʃpeˑjəlʊŋ] <N.; ~e> {s. u. ↑Mage; 5.1.4.3}: Magenspiegelung.
Mage|spöl|ung, de ['maˑʀəˌʃpøˑlʊŋ] <N.; ~e> {s. u. ↑Mage ↑Spöl}: Magenspülung.
Mage|tee, der ['maˑʀə,teˑ] <N.; ~s (Sortenpl.)>: Magentee.
Mage|us|gang, der ['maˑʀəˌʊsjaŋ] <N.; ~|gäng [-jɛŋˑ]> {s. u. ↑Mage ↑Us|gang}: Magenausgang,.
Mage|ver|stemm|ung, de ['maˑʀɐfɛˌʃtɛmʊŋ] <N.; ~e> {s. u. ↑Mage; 5.5.2}: Magenverstimmung.
Mage|wand, de ['maˑʀə,vant] <N.; ~|wäng [-vɛŋˑ]> {s. u. ↑Mage}: Magenwand.
maggele ['magələ] <V.; schw.; han; maggelte ['magəltə]; gemaggelt [jəˈmagəlt]> {5.3.2; 6.6.1; 9.2.1.2}: maggeln, **1.** tauschen, handeln, Verkauf vermitteln (bes. Immobilien) [auch: ↑jüddele]. **2.** heimlich/hinter eines anderen Rücken handeln.   (6)
Maggel|ei, de [ˌmagəˈleɪ̯] <N.; ~e [-eɪ̯ə]>: Schwarzhandel, verbotener Handel mit rationierten Waren.
Maggel|er, der ['magələ] <N.; ~>: Schwarzhändler, jmd., der heimlich Handel mit verbotenen Waren treibt.
Magie, de [maˈjiˑ] <N.; kein Pl.>: Magie; **schwatze M.** (schwarze M. = Beschwörung böser Geister).

Magister, der [ma'jɪstɐ] <N.; ~e>: Magister, akademischer Grad.

Magnesium, et [maŋ'neːzɪʊm] <N.; kein Pl.>: Magnesium.

Magnet, der [maŋ'neˑt] <N.; ~e>: Magnet.

Magnet|band, et [maŋ'neˑt‚bant] <N.; ~|bänder> {s. u. ↑Magnet ↑Band¹}: Magnetband.

Magnet|feld, et [maŋ'neˑt‚fɛlt] <N.; ~er> {s. u. ↑Magnet}: Magnetfeld.

Magnetismus, der [‚maŋne'tɪsmʊs] <N.; kein Pl.>: Magnetismus.

Magnet|nodel, de [maŋ'neˑt‚noːdəl] <N.; ~e> {s. u. ↑Nodel}: Magnetnadel.

Magnet|pol, der [maŋ'neˑt‚poˑl] <N.; ~e> {s. u. ↑Magnet}: Magnetpol; **a)** Pol eines Magneten; **b)** magnetischer Pol (der Erde).

Magnet|spul/~spol, de [maŋ'neˑt‚[puˑl / [poˑl] <N.; ~e> {s. u. ↑Magnet ↑Spul/Spol}: Magnetspule.

Magnolie, de [maŋ'noːlɪə] <N.; ~>: Magnolie.

Mahagoni, et [‚maha'joˑniˑ] <N.; kein Pl.>: Mahagoni.

Mahagoni|holz, et [maha'joˑni‚holts] <N.; o. Pl> {s. u. ↑Mahagoni ↑Holz}: Mahagoniholz.

Mahagoni|möbel, et [maha'joˑni‚møːbəl] <N.; ~e (meist Pl.)> {s. u. ↑Mahagoni ↑Möbel}: Mahagonimöbel.

Mähl, et [mɛːl] <N.; ~e (Sortenpl.)> {5.4}: Mehl.

mähl|ig ['mɛːlɪç] <Adj.; ~e; ~er, ~ste> {5.4}: mehlig, bemehlt. Tbl. A5.2

Mähl|papp, der ['mɛːl‚pap] <N.; o. Pl.> {s. u. ↑Mähl ↑Papp²}: Kleister, **a)** aus Mehl (bes. Roggenmehl) bereiteter Klebstoff für Tapete; **b)** (scherzh.) zähe Mehlspeise, Mehlbrei.

Mähl|sack, der ['mɛːl‚zak] <N.; ~|säck> {s. u. ↑Mähl}: Mehlsack, **a)** Sack für/mit Mehl; **b)** (übertr.) *en Botz wie ene M.* (unförmige Hose); **c)** (übertr.) dicke Person: *Dä liet sich falle wie ene M.* (Er fällt wie ein M., d. h. schwer u. plump.) [auch: ↑Böll, ↑Dramm|es, ↑Knubbele|futz, ↑Föttchen-an-der-Ääd, ↑Kröbel (a), ↑Krott|aasch (b), ↑Krugg|stoppe, ↑Maschin (2), ↑Mobbel/ Möbbel, ↑Mölm|pupp|er, ↑Muggel, *buure Trampel, Knubbelefutz em Leimloch*]; **d)** *Mählsäck* ((scherzh.) Mitglieder des Traditionskorps „Prinzengarde" von 1902); **e)** *Mählsack* ((scherzh.) Bäcker).

Mähl|schwetz, de ['mɛːl‚ʃvets] <N.; ~e> {5.5.2; s. u. ↑Mähl}: Mehlschwitze.

Mähl|stöbb, der ['mɛːl‚ʃtøp] <N.; kein Pl.> {s. u. ↑Mähl ↑Stöbb}: Mehlstaub.

Mähl|tau, der ['mɛːl‚taʊ] <N.; kein Pl. ⟨mhd. miltou, ahd. militou⟩> {s. u. ↑Mähl ↑Tau}: Mehltau (Pflanzenkrankheit).

Mähl|wurm, der ['mɛːl‚vʊrm] <N.; ~|würm [-vyrˑm]> {s. u. ↑Mähl}: Mehlwurm, **1.** gelbe, 2-3 cm lange Larve des schwarzen Mehlkäfers, die in altem Mehl lebt. **2.** (scherzh.) Bäcker. **3.** <Eigenn.> *Mählwurms Pitter*: Name einer Figur (Wirt) des Kölner Stockpuppentheaters „Hänneschen-Theater".

Mähl|zoot, de ['mɛːl‚tsoːt] <N.; ~e> {s. u. ↑Mähl ↑Zoot}: Mehlsorte.

Mähl|zupp, de ['mɛːl‚tsʊp] <N.; ~e> {s. u. ↑Mähl ↑Zupp}: Mehlsuppe.

Mähn, de [mɛˑn] <N.; ~e> {8.3.1}: Mähne, **1.** langes Halshaar vierfüßiger Tiere, bes. des Pferdes. **2.** langes, dichtes, über die Stirn fallendes Kopfhaar des Menschen.

Mahn|bescheid, der ['maːnbə‚ʃeɪt] <N.; ~e>: Mahnbescheid.

Mahn|breef, der ['maːn‚breˑf] <N.; ~e> {s. u. ↑Breef}: Mahnbrief, schriftl. Aufforderung, Mahnzettel für Gebührenzahlung, Steuerzahlung.

mahne ['maːnə] <V.; schw.; *han*; mahnte ['maːntə]; gemahnt [jə'maːnt]>: mahnen, **1.** eindringlich erinnern, eine Pflicht zu erfüllen, auffordern, (bes. an Schulder) mahnen, zum Zahlen auffordern. **2.** warnen. (5)

Mähne|kamm, der ['mɛːnə‚kam] <N.; ~|kämm [-kɛmˑ]>: Striegel zum Kämmen der Pferdemähne.

Mahn|ge|bühr, de ['maːnjə‚byˑr̩] <N.; ~e> {s. u. ↑mahne ↑Ge|bühr}: Mahngebühr.

Mahn|mol, et ['maːn‚moˑl] <N.; ~e/~|möler (selten)> {s. u. ↑Mol²}: Mahnmal.

Mahn|ung, de ['maːnʊŋ] <N.; ~e ⟨mhd. manunge⟩>: Mahnung.

Mahn|ver|fahre, et ['maːnfɐ‚faːrə] <N.; ~> {s. u. ↑mahne ↑Ver|fahre}: Mahnverfahren.

Mahn|waach, de ['maːn‚vaːx] <N.; ~e> {s. u. ↑mahne ↑Waach}: Mahnwache.

Mähr, de [mɛːr̩] <N.; ~e>: Mähre, altes Pferd [auch: ↑Stirk(s), ↑Schabrack].

Mai, der [maɪ] <N.; kein Pl.>: Mai, der 5. Monat des Jahres.

Mai|aan|daach, de ['maɪ(j)an,daːx] <N.; ~te> {s. u. ↑Mai ↑Aan|daach}: Maiandacht.

Mai|baum, der ['maɪ,boʊm] <N.; ~|bäum [-bøy·m]>: Maibaum, **1.** Fliederbaum. **2.** Birke, die bunt geschmückt in der Nacht zum 1. Mai von jungen Männern aufgestellt wird.

Mai|blom, de ['maɪ,bloːm] <N.; ~e> {s. u. ↑Blom}: Flieder als Schnittblume.

Mai|bowl, de ['maɪ,boˑl] <N.; ~e> {s. u. ↑Bowl}: Maibowle, Bowle mit frischem Waldmeister [auch: ↑Mai|drank].

Mai|danz, der ['maɪ,dants] <N.; ~|dänz> {s. u. ↑Mai ↑Danz}: Maitanz.

Mai|drank/~|drunk, der ['maɪ,draŋk / -druŋk] <N.; o. Pl.> {s. u. ↑Drank ↑Drunk}: durch Waldmeister, Erdbeeren, Pfirsiche gewürzter u. versüßter Wein [auch: ↑Mai|bowl].

Mai|fesch, der ['maɪ,feʃ] <N.; ~(e) [feʃ· / 'feʃə]> {s. u. ↑Fesch}: Maifisch (Rheinfisch).

Mai|fier|dag/~|feer|~, der ['maɪ,fiˑedaːx / -feːɐ-] <N.; ~|däg/~|dage [-dɛˑfj / -daˑʀə]> {s. u. ↑Mai ↑Fier/Feer ↑Dag}: Maifeiertag, Erster Mai.

Mai|fross, der ['maɪ,frɔs] <N.; ~|fröss> {s. u. ↑Fross}: Maifrost, (Winzerspr.) der von Bauern, Obstzüchtern u. Winzern gefürchtete Kälterückfall gegen Mitte Mai [auch: ↑Ies|hellige].

Mai|glöck|che, et ['maɪ,jlœkʃə] <N.; ~r; nur Diminutiv>: Maiglöckchen [auch: Mai|klötz|che (veraltet)].

mai|grön ['maɪ,jrøˑn / '-'-] <Adj.; ~e> {s. u. ↑grön}: maigrün, zartes, lichtes grün. Tbl. A2.4

Mai|kätz|che, et ['maɪ,kɛtsjə] <N.; ~r; nur Diminutiv>: Weidenkätzchen.

Mai|keesch, de ['maɪ,keːʃ] <N.; ~e> {s. u. ↑Keesch}: Frühkirsche [auch: ↑Fröh|keesch].

Mai|kevver, der ['maɪ,kevɐ] <N.; ~e> {s. u. ↑Kevver}: Maikäfer.

Mai|krugg, et ['maɪ,krʊk] <N.; ~|krügg; ~|krügg|che> {s. u. ↑Krugg}: Waldmeister, Würze der Maibowle.

Mai|künnig|in, de ['maɪ,kynɪjɪn] <N.; ~ne> {s. u. ↑Künnig|in}: Maikönigin.

Mai|naach, de ['maɪ,naːx] <N.; ~|näächte> {s. u. ↑Naach}: Mainacht, die Nacht zum 1. Mai, in der die jungen Männer der (heimlichen) Angebeteten einen Maibaum aufstellen, u. in der ausgelassen „in den Mai" getanzt wird.

Mai|ovend, der ['maɪ,ɔˑvənt] <N.; ~e> {s. u. ↑Qvend}: Maiabend, Tag vor Beginn des Maimonates, also der 30. April.

Mai|rähn, der ['maɪ,rɛˑn] <N.; kein Pl.> {s. u. ↑Rähn}: Mairegen, fördert nach früherem Volksglauben das Wachstum auch des Menschen: *Do muss dich ens en der M. stelle, dann wähß de.* (Du musst dich mal in den M. stellen, dann wächst du.).

Mai|riedich, der ['maɪ,riˑdɪʃ] <N.; ~e> {s. u. ↑Riedich}: Meerrettich.

Mai|riedich|zauß, de ['maɪriˑdɪʃ,tsaʊs] <N.; ~e> {s. u. ↑Riedich ↑Zauß}: Meerrettichsoße.

Mais|brud, et ['maɪs,bruˑt] <N.; ~e> {s. u. ↑Brud}: Maisbrot.

Maisch, der [maɪʃ] <N.; kein Pl.> {(8.3.1)}: Maisch(e), Stammwürze des Bieres u. Branntweins.

Maisch|büdd, de ['maɪʃ,byt] <N.; ~e; ~che> {s. u. ↑Büdd}: Maischbottich.

Mais|koon, et ['maɪs,koːn] <N.; ~|kööner> {s. u. ↑Koon¹}: Maiskorn.

Mais|kolve, der ['maɪs,kolˑvə] <N.; ~> {s. u. ↑Kolve}: Maiskolben.

Mais|mähl, et ['maɪs,mɛːl] <N.; o. Pl.> {s. u. ↑Mähl}: Maismehl.

Mai|wing, der ['maɪ,vɪŋ] <N.; ~e (Sortenpl.)> {s. u. ↑Wing¹}: Maiwein.

Makei, der [ma'kaɪˑ] <N.; kein Pl.>: **1.** mit Zucker u. Zimt verarbeiteter weicher Bauernkäse (Quark), auf Schwarzbrot gestrichen od. als Zukost (Süßspeise) genossen. **2.** schlammiger Dreck, Straßenschmutz.

Makril, de [ma'kriˑl] <N.; ~e> {5.4; 8.3.1}: Makrele.

Makron, de [ma'kroːn] <N.; ~e; Makrön|che [ma'krøːnʃə]> {8.3.1}: Makrone, rundes, kleines Feingebäck aus geriebenen Mandeln, Eiweiß u. Zucker.

Mal, et [maːl] <N.; weibl. Vorn.; ~che>: Kurzf. von Amalie, Malchen.

malad [ma'laˑt] <Adj.; meist präd.; ~e; ~er, ~ste ⟨frz. malade⟩>: malad, krank [auch: ↑krank]. Tbl. A2.1

Malaga ['mala,jaˑ] <N.; Eigenn.>: Malaga (span. Provinz).

malätz|ig [ma'lɛtsɪʃ] <Adj.; ~e; ~er, ~ste>: kränklich, elend, hinfällig, siech [auch: ↑älend, ↑hungs|miserabel]. Tbl. A5.2

Malätz|ig|keit, de [ma'lɛtsɪʃkeɪt] <N.; ~e (Pl. ungebr.)>: Übelkeit, Ermattung.

Maleste/Moleste [ma'lɛstə / mo'lɔstə] <N.; fem.; nur Pl.; *Maleste* (veraltet)> {5.4}: Molesten, Beschwerden, Schwierigkeiten.

Malheur, et [ma'løːɐ̯] <N.; ~e; ~che ⟨frz. malheur⟩>: Malheur, **1.** jeder Unglücksfall ohne Rücksicht auf Umfang u. Größe; Pech, unangenehme, widerwärtige Sache. **2.** <Diminutiv> uneheliches Kind.

mallich ['malɪf] <Indefinitpron.; veraltet; ~e>: jeder einzelne.

Malote/Melote [ma'lɔːtə / mə'lɔːtə] <N.; Eigenn.> {5.5.3}: Melaten-Friedhof, Kölner Friedhof, alte Flurbezeichnung, Ortsbezeichnung bei od. zu den Maladen (Leprosen, Aussätzigen).

malträtiere/~eere [maltrə'tiː(ɐ̯)rə / -eˑrə] <V.; schw./unr.; *han*; malträtierte [maltrə'tiˑɐ̯tə]; malträtiert [maltrə'tiˑɐ̯t] ⟨frz. maltraîter⟩ {(5.1.4.3)}: malträtieren, roh behandeln, misshandeln, quälen. (3) (2)

Malv, de [malˑf] <N.; ~e ['malvə] ⟨ital. malva < lat. malva⟩> {8.3.1}: Malve, Pflanze mit rosa bis blasslila Blüten.

Malz|böchel, Am [a'mm̩ alt͜s,bøfəl] <N.; Straßenn.> {s. u. ↑Böchel}: Am Malzbüchel; Straße in Köln-Altstadt/Süd zw. „An der Malzmühle" u. „Heumarkt (Büchel = Anhöhe), benannt nach den Mälzern. Noch heute ist das Abfallen des Geländes ab dem Waidmarkt zum Rhein hin augenfällig. Dieses vorhandene Gefälle des Baches, notwendig um ein Mühlrad mit Wasserkraft zu betreiben, bewog die Stadtväter Kölns im Jahr 1572, „am Baach" eine Mühle erbauen zu lassen (Malzmühle). Die Straße führt an der Malzmühle vorbei; liegt im ältesten Teil Kölns (St. Martin) u. wird bereit 1159/69 als Malzbuchelen erwähnt; bis 1816 hatte die Straße die Namen Agrippinaplatz, Place Agrippine.

Malz|boddem, der ['malt͜s,bodəm] <N.; ~|böddem> {s. u. ↑Boddem}: Malzboden, Speicher, auf dem die Braugerste auseinandergebreitet mehrere Tage liegen muss u. öfter gewendet wird.

Malz|kamell, de ['malt͜ska,mɛlˑ] <N.; ~e [-ka,mɛlə]>: Malzbonbon.

Malz|müll, de ['malt͜s,mylˑ] <N.; ~e [-mʏlə]>: Malzmühle, **1.** Mühle zum Schroten von Malz. **2.** (Eigen.) bekanntes Kölner Brauhaus.

Malz|müll, An der [andeˑ'malt͜s,mʏlˑ] <N.; Straßenn.> {s. u. ↑Müllˑ}: An der Malzmühle, Straße in Köln-Altstadt/Süd zw. Mühlenbach u. Am Malzbüchel. Die Straße besteht seit dem MA u. war damals eine Handwerkerstraße, in der zu der Zeit wichtige Persönlichkeiten lebten; noch heute ist dort die Handwerkskammer u. ein Handwerkerladen; die Malzmühle war eine städtische Rats-Malzmühle, die 1572-1853 Am Duffesbach stand.

Mamm, de [mamˑ] <N.; kein Pl.> {5.3.2}: Mama.

Mammut|knoche, der ['mamʊt,knɔxə] <N.; ~> {s. u. ↑Knoche}: Mammutknochen, erhaltener Knochen eines Mammuts.

Mamsell, de [mam'zɛlˑ] <N.; ~e [mam'zɛlə]; ~che [mam'zɛlˑfjə] ⟨frz. ugs. mam'selle, Kurzf. von Mademoiselle⟩>: Mamsell.

manch ei(n) [manʃ ei̯(n)] <Indefinitpron. u. unbest. Zahlw.; 3. Pers. Sg.> {s. u. ↑ei(n)}: manch ein... Tbl. P7.1.1

manch.../mänch... [manʃ / mɛnʃ] <Indefinitpron. u. unbest. Zahlw.; 3. Pers.; ~e>: manch. Tbl. P7.5

mancher|lei ['manʃɐlei̯ˑ] <unbest. Gattungsz.; indekl>: mancherlei.

Manchester|botz, de [man'ʒɛstɐ,bɔt͜s] <N.; ~e>: Manchesterhose, Breitcordhose, ~jeans.

manch|mol/mänch|~ ['manʃ,mɔˑl / 'mɛnʃ-] <Adv.> {(5.4)}: manchmal [auch: ↑zo|wiele].

Mandarin, de [,manda'riːn] <N.; ~e> {8.3.1}: Mandarine.

Mandarine|baum, der [manda'riːnə,boʊ̯m] <N.; ~|bäum [-bøy̯ˑm]> {s. u. ↑Mandarin ↑Baum}: Mandarinenbaum.

Mandarine|öl, et [manda'riːnə,œˑl] <N.; o. Pl.> {s. u. ↑Mandarin ↑Öl}: Mandarinenöl.

Mandarine|schal, de [manda'riːnə,ʃaˑl] <N.; ~e> {s. u. ↑Mandarin ↑Schalˑ}: Mandarinenschale.

Mandel, de ['mandəl] <N.; ~e; Mändel|che ['mɛndəlfjə]>: Mandel, **1.** Frucht des Mandelbaumes, Kernfrucht. **2.** <meist Pl.> Gaumenmandel.

Mandel|aug, et ['mandəl,oʊ̯x] <N.; ~e [-oʊ̯ɐ̯ə] (meist Pl.)> {s. u. ↑Mandel ↑Aug}: Mandelauge.

Mandel|baum, der ['mandəl,boʊ̯m] <N.; ~|bäum [-bøy̯ˑm]> {s. u. ↑Mandel ↑Baum}: Mandelbaum.

Mandel|kään, der ['mandəl,kɛːn] <N.; ~e> {s. u. ↑Mandel ↑Kään}: Mandelkern.

Mandel|öl, et ['mandəl,œˑl] <N.; o. Pl.> {s. u. ↑Mandel ↑Öl}: Mandelöl.

Mandolin, de [,mando'liːn] <N.; ~e> {8.3.1}: Mandoline, ***puddelige M.** (raffiniertes Luder).

Maneer/Manier, de [ma'neːɐ̯ / ma'niːɐ̯] <N.; ~e ⟨frz. manière⟩> {2; (5.1.4.3)}: Manier. **1.** Art u. Weise,

Brauch u. Sitte, Gewohnheit. **2.** gutes, anstandiges, gesellsch. einwandfreies Benehmen.

Manege, de [ˌmaˈneːʃ] <N.; ~ [maˈneːʒə]>: Manege.

~|manes [maˑnəs] <Suffix; i. Vbdg. m. N..>: -manes, drückt in Bildungen mit N. aus, dass jmd. etw. regelmäßig/unablässig tut: *Schluff*~ (jmd., der ständig langsam geht), *Quasele*~ (Schwätzer).

Man|es, der [ˈmaˑnəs] <N.; männl. Vorn.>: **1.** Kurzf. von Hermann [auch: ↑Männ (2)]. **2.** <Eigenn.>: *Speimanes* (Hermann Speichel): Figur des Kölner Stockpuppentheaters „Hänneschen-Theater", stotternder, buckliger, liebenswerter Kerl mit feuchter Aussprache.

Mang, de [maŋˑ] <N.; ~e [ˈmaŋə]; Mäng|che [ˈmɛŋˑŋ̊ə]> {6.7; 8.3.1}: größerer Korb aus Weidenzweigen geflochten.

Mangel[1], der [ˈmaŋel] <N.; Mängel [ˈmɛŋel] ⟨mhd. mangel⟩>: Mangel. **1.** <o. Pl.> Fehlen von etw., was man. **2.** <meist Pl.> technische Mängel.

Mangel[2], de [ˈmaŋel] <N.; ~e ⟨mhd. mange < mlat. manga(na), manganum < griech. mágganon⟩>: Mangel, größeres Gerät, in dem Wäsche zw. zwei rollenden Walzen geglättet wird; *einer en de M. nemme* (jmdn. in die M. nehmen; jmdm. sehr zusetzen).

Mangel|be|rof, der [ˈmaŋelbəˌroˑf] <N.; ~e> {s. u. ↑Be|rof}: Mangelberuf.

mangele[1] [ˈmaŋələ] <V.; unpers., nur 3. Pers. Sg.; schw.; *han*; mangelte [ˈmaŋəltə]; gemangelt [jəˈmaŋəlt] ⟨mhd. mang(e)len⟩> {9.2.1.2}: mangeln, fehlen, nicht od. nur in unzureichendem Maß bei jmdm. vorhanden sein: *Däm mangelt et an Geld.* (Es mangelt ihm an Geld.) [auch: ↑fähle]. (6)

mangele[2] [ˈmaŋələ] <V.; schw.; *han*; mangelte [ˈmaŋəltə]; gemangelt [jəˈmaŋəlt] ⟨mhd. mangen⟩> {9.2.1.2}: mangeln, auf der Mangel glätten. (6)

Mangel|er|schein|ung, de [ˈmaŋəlɛɐˌʃaɪnʊŋ] <N.; ~e>: Mangelerscheinung.

Mangel|war, de [ˈmaŋelˌvaː(ɐ̯)] <N.; ~e> {s. u. ↑War}: Mangelware.

Mangel|wäsch, de [ˈmaŋelˌvɛʃ] <N.; o. Pl.> {s. u. ↑Wäsch}: Mangelwäsche.

Mango|baum, der [ˈmaŋgoˌboːʊm] <N.; ~|bäum [-bøːy̆ˑm]> {s. u. ↑Baum}: Mangobaum.

Mango|saff, der [ˈmaŋgoˌzaf] <N.; ~|säff (Sortenpl.)> {s. u. ↑Saff}: Mangosaft.

Mangrov, de [maŋˈjroˑf] <N.; ~e ⟨engl. mangrove, zu span. mangle = eine Mangrovenart u. engl. grove = Gehölz⟩> {8.3.1}: Mangrove; Wald an Küsten der Tropen, dessen Bäume mit ihren Wurzeln aus dem Wasser herausragen.

Mangrove|baum, der [maŋˈjroˑvəˌboːʊm] <N.; ~|bäum [-bøːy̆ˑm]> {s. u. ↑Mangrov ↑Baum}: Mangrovenbaum.

mangs [maŋs] <Adj.; nur präd.>: weich, **1. a)** samtartig (Webstoff, Leder u. a.); **b)** (bzgl. der Haut des Körpers, der Glieder) sich zart anfühlend, geschmeidig. **2.** gut durchgeknetet: *Dä Deig es m.* (Der Teig ist w.). **3.** **jet m. sin* (viel Betrieb sein): *En der Stadt es ävver hügg jet m.* (In der Stadt ist aber heute viel los.).

Manier/Maneer, de [maˈniːɐ̯ / maˈneːɐ̯] <N.; ~e ⟨frz. manière⟩> {2; (5.1.4.3)}: Manier, **1.** Art u. Weise, Brauch u. Sitte, Gewohnheit. **2.** gutes, anstandiges, gesellsch. einwandfreies Benehmen.

manier|lich [maˈniːɐ̯lɪʃ] <Adj.; ~e; ~er, ~ste>: manierlich, gesittet, anständig, wohlerzogen [auch: ↑aan|ständ|ig, ↑fazüng|lich]. Tbl. A1

Manifess, et [ˌmanɪˈfɛs] <N.; Manifeste ⟨mlat. manifestum⟩> {8.3.5}: Manifest.

Manikür, de [ˌmanɪˈkyːɐ̯] <N.; ~e ⟨frz. manu-, manicure, zu lat. manus = Hand u. cura = Sorge, Pflege⟩> {8.3.1}: Maniküre.

Mankement|che, et [ˌmaŋkəˈmɛntʃə] <N.; veraltet; ~r>: **1.** Manko, Fehlendes. **2.** Fehler, Gebrechen, Schaden.

mankiere/~eere [maŋˈkiˑ(ɐ̯)rə / -eˑrə] <V.; veraltet; schw./unr.; *han*; mankierte [maŋˈkiˑɐ̯tə]; mankiert [maŋˈkiˑɐ̯t] ⟨zu ital. manco⟩> {(5.1.4.3)}: fehlen, (er)mangeln, ausbleiben. (3) (2)

Männ, der [mɛnˑ] <N.; kein Pl.>: **1.** Kosef. zu Mann für Ehemann, bes. auch für einen Jungen. **2.** Kurzf. von Hermann [auch: ↑Man|es].

Männ|che, et [ˈmɛnˑŋ̊ə] <N.; ~r>: Männchen, kleiner Mann.

Mannequin, et [ˈmanəˌkɛŋˑ] <N.; ~s ⟨frz. mannequin = eigentl. Modellpuppe⟩> {2}: Mannequin, Model.

Männer|be|rof, der [ˈmɛnɐbəˌroˑf] <N.; ~e> {s. u. ↑Be|rof}: Männerberuf.

Männer|botz, de [ˈmɛnɐˌbots] <N.; ~e> {s. u. ↑Botz}: Männerhose [auch: ↑Kääls|botz].

Männer|fründ|schaff, de [ˈmɛnɐˌfryntʃaf] <N.; ~|schafte> {5.3.1}: Männerfreundschaft.

Männer|saach, de ['mɛnˑɐˌzaːx] <N.; ~e> {s. u. ↑Saach}: Männersache.

Männer|stemm, de ['mɛnˑɐˌʃtemˑ] <N.; ~e> {s. u. ↑Stemm}: Männerstimme.

Männer|üvver|schoss, der ['mɛnˑɐˌyvɐʃos] <N.; o. Pl.> {s. u. ↑Üvver|schoss}: Männerüberschuss.

Männer|weet|schaff, de ['mɛnˑɐˌveːtʃaf] <N.; o. Pl.> {5.2.1.1.1}: Männerwirtschaft, frauenloser Haushalt.

Manni, der ['manɪ] <N.; männl. Vorn.>: Manni (Kurzf. von Manfred).

Männ|lich|keit, de ['mɛnlɪçkeɪt] <N.; o. Pl.>: Männlichkeit.

Manns|bild/~|beld, et ['manˑsˌbɪlt / belt] <N.; ~er> {s. u. ↑Bild/Beld}: Mannsbild, Gestalt eines Mannes [auch: ↑Manns|kääl].

Mann|schaff, de ['manˌʃaf] <N.; ~|schafte>: Mannschaft.

Mann|schaffs|geis, der ['manʃafsˌjeɪs] <N.; o. Pl.> {s. u. ↑Mann|schaff; ↑Geis¹}: Mannschaftsgeist.

Mann|schaffs|kamf, der ['manʃafsˌkamf] <N.; ~|kämf> {s. u. ↑Mann|schaff ↑Kamf}: Mannschaftskampf.

Mann|schaffs|kapitän, der ['manʃafskapɪˌtɛˑn] <N.; ~e> {s. u. ↑Mann|schaff}: Mannschaftskapitän, Spielführer.

Mann|schaffs|mess, de ['manʃafsˌmɛs] <N.; ~e> {s. u. ↑Mess⁴}: Mannschaftsmesse.

Mann|schaffs|op|stell|ung, de ['manʃafsˌopʃtelʊŋ] <N.; ~e> {s. u. ↑Mann|schaff}: Mannschaftsaufstellung.

Mann|schaffs|spill, de ['manʃafsˌʃpɪl] <N.; ~ [-ʃpɪlˑ]> {s. u. ↑Spill}: Mannschaftsspiel.

Mann|schaffs|sport, der ['manʃafsˌʃpɔxt] <N.; kein Pl.> {s. u. ↑Mann|schaff ↑Sport}: Mannschaftssport.

Mann|schaffs|wage, der ['manʃafsˌvaˑʀɐ] <N.; ~>: Mannschaftswagen.

manns|huh ['mansˈhuˑ] <Adj.; ~e> {s. u. ↑huh}: mannshoch.　　　　　　　　　　　　　　　Tbl. A7.1

manns|jeck ['manˑsˌjɛk] <Adj.; ~e; ~er, ~ste>: mannstoll, versessen auf Männer.　　　　　　　　Tbl. A1

Manns|kääl, der ['manˑsˌkɛːl] <N.; ~s [-kɛˑls]> {s. u. ↑Kääl}: Mann, urspr. großer, starker Mann [auch: ↑Manns|bild/~|beld].

Manns|läng|(de), de ['manˑsˌlɛŋˑ(də)] <N.; ~> {s. u. ↑Läng|(de)}: Größe eines Mannes.

Manns|lück ['manˑsˌlʏk] <N.; Pl.> {9.1.2; s. u. ↑Lück¹}: Männer.

Manns|volk, et ['manˑsˌfolk] <N.; o. Pl.> {9.1.2; s. u. ↑Volk}: Männerwelt.

mansche ['manʃə] <V.; schw.; *han*; manschte ['manʃtə]; gemansch [jə'manʃ]>: manschen, matschen [auch: ↑mölsche].　　　　　　　　　　　　　　(110)

Manschett, der [man'ʒɛt] <N.; ~e> {8.3.1}: Manschette.

Manschette|knopp, der [man'ʒɛtəˌknɔp] <N.; ~|knöpp> {s. u. ↑Knopp¹}: Manschettenknopf.

Mantel, der ['mantəl] <N.; Mäntele ['mɛntələ]>: Mantel.

Mantel|fooder, et ['mantəlˌfoˑdɐ] <N.; ~> {s. u. ↑Fooder²}: Mantelfutter.

Mantel|krage, der ['mantəlˌkraˑʀə] <N.; ~> {s. u. ↑Krage}: Mantelkragen.

Mantel|täsch, de ['mantəlˌtɛʃ] <N.; ~e> {s. u. ↑Täsch}: Manteltasche.

Manuskrip, et [ˌmanʊsˌkrɪp] <N.; ~te ⟨mlat. manuscriptum = eigenhändig Geschriebenes⟩> {8.3.5}: Manuskript.

Mao|iss, der [ˌmao'ɪs] <N.; ~|iste>: Maoist, Anhänger, Vertreter des Maoismus.

Mapp, de [map] <N.; ~e> {8.3.1}: Mappe.

Mäpp|che, et ['mɛpʃə] <N.; ~r>: (Feder)mäppchen.

Marathon|streck, de ['maratɔnˌʃtrɛk] <N.; ~e> {s. u. ↑Streck²}: Marathonstrecke, beim Marathonlauf zurückzulegende Strecke.

Marauz, de [maˈrʊʊts] <N.; ~e; Maräuz|che [maˈrøʏtsʃə]>: Katze.

Mär|che, et ['mɛːʁʃə] <N.; ~r>: Märchen.

Mär|che|boch, et ['mɛːʁʃəˌboˑx] <N.; ~|böcher> {s. u. ↑Boch¹}: Märchenbuch.

Mär|che|deecht|er/Dicht|~, der ['mɛːʁʃəˌdeːʃtɐ / -dɪʃtɐ] <N.; ~> {s. u. ↑Mär|che ↑Deecht|er/Dicht|~}: Märchendichter.

Mär|che|figur, de ['mɛːʁʃəfɪˌjuˑɐ̯] <N.; ~e> {s. u. ↑Mär|che ↑Figur}: Märchenfigur.

Mär|che|film, der ['mɛːʁʃəˌfɪləm] <N.; ~e> {s. u. ↑Mär|che ↑Film}: Märchenfilm.

Mär|che|land, et ['mɛːʁʃəˌlant] <N.; o. Pl.> {s. u. ↑Mär|che}: Märchenland.

Mär|che(n)|oper, de ['mɛːʁʃə(n)ˌoˑpɐ] <N.; ~e> {s. u. ↑Mär|che ↑Oper; 9.1.4}: Märchenoper.

Mär|che|prinz, der ['mɛːʁʃəˌprɪnts] <N.; ~e>: Märchenprinz.

Mär|che|prinz|esin, et ['mɛːɐ̯ɦəprɪnˌtsɛzɪn] <N.; ~ne> {s. u. ↑Prinzesin}: Märchenprinzessin.

Märche|spill, et ['mɛːɐ̯ɦəˌʃpɪl] <N.; ~ [-ˌʃpɪl·]> {s. u. ↑Märche ↑Spill}: Märchenspiel.

Märche|stund, de ['mɛːɐ̯ɦəˌʃtʊnt] <N.; ~(e)> {s. u. ↑Märche ↑Stund}: Märchenstunde.

Margarin, de [maɹ̯əˈriːn] <N.; ~e (Sortenpl.)> {8.3.1}: Margarine.

Margarine|fabrik, de [maɹ̯əˈriːnəfaˌbrɪk] <N.; ~e> {s. u. ↑Margarin ↑Fabrik}: Margarinefabrik.

Margeritt, de [ˌmaɹ̯əˈrɪt] <N.; ~e>: Margerite.

Margeritte|blom, de [maɹ̯əˈrɪtəˌbloːm / maˈjɹɪtə-] <N.; ~e ⟨frz. marguerite⟩> {5.3.2; s. u. ↑Blom}: Margerite.

Margeritte|struuß, der [maɹ̯əˈrɪtəˌʃtruːs] <N.; ~|strüüß> {s. u. ↑Mageritt ↑Struuß}: Margeritenstrauß.

Margot, et ['marjɔt] <N.; weibl. Vorn.>: Margot.

Maria Sief, der [maˌriːaˈziːf] <N.>: Regen an Maria Heimsuchung, 2. Juli, im älteren Volksglauben wetterkündender Merktag.

Maria Bedd|strüh, et [maˌriːa ˈbɛtˌʃtryː] <N.> {s. u. ↑Bedd ↑Strüh}: Weidenröschen, dessen Blüte rosenrot ist.

Maria-Hilf-Zupp, de [maˌriːaˈhɪlfˌtsʊp] <N.; ~e; ~|Züpp|che [-ˌtsypɦə]> {s. u. ↑Zupp}: scherzh. für einfache Suppe.

Mariann, et [ˌma(rɪ)ˈjan] <N.; weibl. Vorn.> {8.3.1}: Marianne.

Mariänn, et [marɪˈɛn] <N.; weibl. Vorn.; ~che> {5.4; 8.3.1}: Kurzf. von Marianne.

Maricke|tring, et [maˈrikəˌtrɪŋ] <N.; weibl. Vorn.>: Kurzf. von Maria Katharina.

Marie, et [maˈriː] <N.; weibl. Vorn.>: Kurzf. von Maria.

Marie- [maˈriːə] <Präfix>: Marien-, i. Vbdg. mit N.: ~|beld (~bild), ~|fess (~fest).

Marie|fess, et ['maˈriːəˌfɛs] <N.; ~|feste> {s. u. ↑Fess}: Marienfest.

Marie|kevver, der [maˈriəˌkevɐ] <N.; ~e> {s. u. ↑Kevver}: Marienkäfer.

Marie|kirch, de ['maˈriːəˌkɪrʃ] <N.; ~e> {s. u. ↑Kirch}: Marienkirche.

Marill, de [maˈrɪl] <N.; ~e [maˈrɪlə] ⟨wohl nach ital. armellino < lat. armeniacum (pomum) = Aprikose, eigtl. armenischer Apfel⟩>: Marille, Aprikose.

Marille|geis, der [maˈrɪləˌjeɪs] <N.; o. Pl.> {s. u. ↑Geis³}: Marillengeist, aus Aprikosen hergestellter Branntwein.

Marille|marmelad, de [maˈrɪləmaməˌlaˑt] <N.; ~e (Sortenpl.)> {s. u. ↑Marill ↑Marmelad}: Marillenmarmelade, aus Aprikosen hergestellte Marmelade.

Marin, de [maˈriːn] <N.; kein Pl.> {8.3.1}: Marine.

Marinad, de [ˌmarɪˈnaˑt] <N.; ~e ⟨frz. marinade, < lat. marinus, marin⟩> {8.3.1}: Marinade.

Marine|fleeg|er, der [maˈriːneˌfleˑjɐ] <N.; ~> {s. u. ↑Fleeg|er}: Marineflieger.

Marine|stötz|punk, der [maˈriːneˌʃtøtspʊŋk] <N.; ~te> {s. u. ↑stötze ↑Punk}: Marinestützpunkt.

Marine|zaldat, der [maˈriːnetsalˌdaˑt] <N.; ~e> {s. u. ↑Zaldat}: Marinesoldat.

Marionett, de [majoˈnɛt] <N.; ~e>: Marionette.

Marionette|bühn, de [majoˈnɛtəˌbyːn] <N.; ~e> {s. u. ↑Bühn}: Marionettenbühne, Marionettentheater.

Marionette|spill, et [majoˈnɛtəˌʃpɪl] <N.; ~ [-ˌʃpɪl·]> {s. u. ↑Spill}: Marionettenspiel, mit Marionetten gespieltes Theaterstück.

Marionette|spill|er, der [majoˈnɛtəˌʃpɪlɐ] <N.; ~> {s. u. ↑Spill|er}: Marionettenspieler.

Marionette|theater, et [majoˈnɛtəteˈaˑtɐ] <N.; ~> {s. u. ↑Theater}: Marionettentheater.

Marize|bill/~|bell, et [maˈrɪtsəˌbɪl· / -bel·] <N.> {s. u. ↑Bell/Bella/Bill/Billa}: 1. <weibl. Vorn.> Kurzf. von Maria Sibylla. 2. <Eigenn.> Marizebell (Maria Sybilla) Knoll: Figur des Kölner Stockpuppentheaters „Hänneschen-Theater", auch Bestemo genannt, Frau des Nikela Knoll (Besteva).

Märje|bild/~|beld, et ['mɛrjəˌbɪlt / -belt] <N.; ~er; ~che> {s. u. ↑Bild/Beld}: Marienbild, allg. Muttergottesfigur/-statue; Bild steht hier in der alten urspr. Bed. Gestalt, Figur (Plastik).

Märjens|rebb, de ['mɛrjənsˌrep] <N.; ~e> {s. u. ↑Rebb}: angeblich Dinosaurierknochen, der am Heumarkt gefunden wurde u. in der Kirche Maria im Kapitol abgegeben u. dort in der Vorhalle aufgehängt wurde (dort noch zu sehen); (wörtl.) Marienrippe.

Mark[1], de [mark] <N.; ~e> {8.3.1}: 1. Marke. 2. Kurzform für die ehem. dt. Währung Deutsche Mark; **[RA]** *Do kanns mer ens en M. liehne!* (Du kannst mir mal den Buckel runterrutschen!).

Mark[2], et [mark] <N.; kein Pl.> Mark, Knochenmark [auch: ↑Knoche|mark].

Mark|bäll|che, et ['markˌbɛlʃə] <N.; ~>: Markklößchen.

Markeartikel

Marke(n)|artikel, der ['markə(n)|a,tɪkəl] <N.; ~> {s. u. ↑Artikel}: Markenartikel.
Marke|botter, de ['markə,botə] <N.; kein Pl.> {s. u. ↑Botter}: Markenbutter.
Marke|name, der ['markə,na·mə] <N.; ~> {s. u. ↑Name}: Markenname.
Marke|schotz, der ['markə,ʃots] <N.; kein Pl.> {s. u. ↑Schotz}: Markenschutz.
Marketender, der [,makə'tɛn·də] <N.; ~e> {8.2.4}: a) Marketender; b) (veraltet) Feldwirt.
Marketender|sch, de [,makə'tɛn·deʃ] <N.; ~e>: a) Marketenderin; b) (veraltet) Feldwirtin.
Marke|war, de ['markə,va:ɐ] <N.; ~e> {s. u. ↑War}: Markenware, Markenartikel.
Marke|zeiche, et ['markə,tseɪɦə] <N.; ~>: Markenzeichen.
Mark|graf, der ['mark,jra·f] <N.; ~e ⟨mhd. markgrave⟩> {s. u. ↑Graf}: Markgraf; a) <o. Pl.> Adelstitel eines Fürsten im Rang zw. Graf u. Herzog; b) Träger des Titels Markgraf.
Mark|gräfin, de ['mark,jrɛ·fɪn] <N.; ~ne>: Markgräfin.
markiere/~eere [ma'ki·(ɐ)rə / -e·rə] <V.; schw./unr.; *han*; markierte [ma'ki·ɐtə]; markiert [ma'ki·ɐt] ⟨frz. marquer⟩> {(5.1.4.3)}: markieren, 1. kennzeichnen; durch ein Zeichen kenntlich machen [auch: ↑aan|schröme (1)]. 2. [RA] *jet m. welle* (etw. herauskehren; den Vornehmen, Reichen spielen; angeben): *Wat ~s do dann?* (Was stellt das vor, das du da machst?); **der decke Wellem m./maache/spille* (sich aufspielen, prahlen, angeben) [auch: ↑aan|gevve (3), ↑brüste, ↑strunze, ↑protze, ↑op|schnigge, ↑op|spille, ↑renommiere/~eere, ↑schwadroniere/~eere, *deck/groß dun, Gedöns/Buhei maache, en große decke Lepp reskiere/~eere*]. (3) (2)
Markier|ung, de [ma'ki·(ɐ)rʊŋ] <N.; ~e>: Markierung.
Markis, de [mar'ki·s] <N.; ~e ⟨frz. marquise⟩> {8.3.1}: Markise.
Markise|stoff, der [mar'ki·sə,ʃtof] <N.; ~e>: Markisenstoff.
Mark|knoche, der ['mark,knɔxə] <N.; ~> {s. u. ↑Knoche}: Markknochen.
Markmanns|gass, de ['markmans,jas] <N.; Straßenn.>: Markmannsgasse (Kölner Straße).
Marmelad, de [,mamə'la·t] <N.; ~e (Sortenpl.)> {8.3.1}: Marmelade.
Marmelade|brögg, et [mamə'la·də,brøk] <N.; ~e> {s. u. ↑Brögg}: Marmeladenbrot.
Marmelade|föll|ung/~|füll|~, de [mamə'la·də,fœlʊŋ / -fʏl-] <N.; ~e> {s. u. ↑Föll|ung/Füll|~}: Marmeladenfüllung.
Marmelade|glas, et [mamə'la·də,jla:s] <N.; ~|gläser [-jlɛ·zə]> {s. u. ↑Mamelad}: Marmeladenglas.
Marmel|stein, der ['marməl,ʃteɪn] <N.; ~ [-ʃteɪ·n]> {s. u. ↑Stein}: Marmelstein, Marmor [auch: ↑Marmor].
Marmor, der ['marmo:ɐ] <N. ⟨lat. marmor < griech. mármaros⟩>: Marmor [auch: ↑Marmel|stein].
Marmor|block, der ['marmo:ɐ,blɔk] <N.; ~|blöck> {s. u. ↑Block}: Marmorblock.
Marmor|desch, der ['marmo:ɐ,deʃ] <N.; ~(e)> {s. u. ↑Desch}: Marmortisch.
marmoriere/~eere [,mamə'ri·(ɐ)rə / -e·rə] <V.; schw./unr.; *han*; marmorierte [mamə'ri·ɐtə]; marmoriert [mamə'ri·ɐt] ⟨nach lat. marmorare⟩> {(5.1.4.3)}: marmorieren, mit marmorähnlichen Flecken u. Streifen bemalen. (3) (2)
Marmor|koche, der ['marmo:ɐ,ko·xə] <N.; ~> {s. u. ↑Koche}: Marmorkuchen.
Marmor|plaat, de ['marmo:ɐ,pla:t] <N.; ~e> {s. u. ↑Plaat¹}: Marmorplatte.
Marmor|süül, de ['marmo:ɐ,zy·l] <N.; ~e> {s. u. ↑Süül}: Marmorsäule.
Marmor|trapp/~|trepp, de ['marmo:ɐ,trap / -trɛp] <N.; ~e> {s. u. ↑Trapp ↑Trepp}: Marmortreppe.
Mar|mott, et [mar'mɔt] <N.; ~e; ~|mött|che [-'mœtɦə]>: Murmeltier [auch: ↑Murmel|dier].
Maron, de [ma'ro·n] <N.; ~e ⟨frz. marron < ital. marrone⟩> {8.3.1}: Marone, Esskastanie.
Marsch, der [maxʃ] <N.; Märsch [mɛxʃ]>: Marsch.
Marsch|befell/~|befähl, der ['maxʃbə,fel / -bə,fɛ:l] <N.; ~e> {s. u. ↑Befell/Befähl}: (Milit.) Marschbefehl.
Marsch|ge|päck, et ['maxʃjə,pɛk] <N.; kein Pl.> {s. u. ↑Ge|päck}: (Milit.) Marschgepäck.
marschiere/~eere [ma'ʃi·(ɐ)rə / -e·rə] <V.; schw./unr.; *sin*; marschierte [ma'ʃi·ɐtə]; marschiert [ma'ʃi·ɐt] ⟨frz. marcher⟩> {(5.1.4.3)}: marschieren. (3) (2)
Marsch|kolonn, de ['maxʃko,lɔn·] <N.; ~e [-kolənə]> {s. u. ↑Kolonn}: (Milit.) Marschkolonne.
Marsch|musik, de ['maxʃ,mʊzɪk] <N.> {s. u. ↑Musik}: Marschmusik.
Marsch|richt|ung/~|reecht|~, de ['maxʃ,rɪɦtʊŋ / -re:ʃt-] <N.; ~e> {s. u. ↑Reecht|ung/Richt|~}: Marschrichtung.

Marsch|schredd, der ['maxʃʃret] <N.; o. Pl.> {s. u. ↑Schredd}: Marschschritt.

Marsch|stivvel, der ['maxʃˌʃtɪvəl] <N.; ~e> {s. u. ↑Stivvel¹}: Marschstiefel.

Marsch|ver|fläg|ung, de ['maxʃfɐˌflɛˑjʊŋ] <N.; ~e> {5.4}: Marschverpflegung.

Mars|minsch, der ['maxsˌmɪnʃ] <N.; ~e> {s. u. ↑Minsch¹}: Marsmensch.

Marter|fahl, der ['maxtɐˌfaˑl] <N.; ~|fähl> {s. u. ↑Fahl}: Marterpfahl.

Martins|dag, der ['maxtiːnsˌdaːx] <N.; i. best. Komposita *Martin*, sonst ↑Määtes; ~|däg/~e [-dɛˑɟ / -daˑʀə]> {11; s. u. ↑Dag}: Martinstag, Frist u. Zeit für Pachtzahlungen, Schlachtzeit für Schweine u. Zeit zum Einlegen der Wintervorräte im alten Köln [auch: ↑Määtens|dag].

Martins|füür/~|föör, et ['maxtiːnsˌfyːɐ̯ / -føːɐ̯] <N.; i. best. Komposita *Martin*, sonst ↑Määtes; ~> {11; s. u. ↑Füür/Föör}: Martinsfeuer.

Martins|gans, de ['maxtiːnsˌjanˑs] <N.; i. best. Komposita *Martin*, sonst ↑Määtes; ~|gäns> {11}: Martinsgans.

Märtins|zog, der ['maçtiːnsˌtsox] <N.; ~|zög> {s. u. ↑Zog¹}: Martinszug, Umzug von Kindern mit Lichtern u. Laternen am Vorabend des Martinstages.

Märtyrer|dud, der ['mɛxtrɐˌduˑt] <N.; o. Pl.> {s. u. ↑Dud}: Märtyrertod.

Marx|iss, der [marˈksɪs] <N.; ~|iste>: Marxist.

Marzepan, der ['maxtsəˌpaˑn] <N.; kein Pl.> {5.4}: Marzipan.

Marzepan-Nugat-Brud, et ['maxtsəpaˑnˈnʊjatˌbruˑt] <N.; ~e> {s. u. ↑Marzepan ↑Nugat ↑Brud}: Marzipan-Nugat-Brot.

Marzepan|ääpel, de ['maxtsəpaˑnˌɛˑpəl] <N.; ~; ~che> {s. u. ↑Marzepan ↑Ääpel}: Marzipankartoffel.

Marzepan|brud, et ['maxtsəpaˑnˌbruˑt] <N.; ~e> {s. u. ↑Marzepan ↑Brud}: Marzipanbrot.

Marzepan|firkel|che/~|ferkel|~, et ['maxtsəpaˑnˌfɪrkəlçə / -ferkel-] <N.; ~r> {s. u. ↑Marzepan ↑Firke/Ferke}: Marzipanschweinchen.

Marzepan|taat, de ['maxtsəpaˑnˌtaːt] <N.; ~e> {s. u. ↑Marzepan ↑Taat}: Marzipantorte.

Masaräng, et [mazaˈrɛŋ] <N.; ~e; ~che>: Gesicht [auch: ↑Fress (2), ↑Ge|seech, ↑Mazarin, ↑Vis|age], eigtl.: Halskrause; benannt nach dem 1650 lebenden frz. Kardinal u. Politiker Jules Mazarin, der bes. breite Halskrausen in Mode brachte; noch in Drohungen wie: *Pass op, söns kriss de e paar op et M.!* (Pass auf, sonst kriegst du einen Schlag versetzt!) [auch: ↑Mazarin].

Masch, de [maʃ] <N.; ~e> {8.3.1}: Masche.

Masche|droht, der ['maʃəˌdrɔˑt] <N.; o. Pl.> {s. u. ↑Droht}: Maschendraht.

Masche|droht|zung, der ['maʃədrɔˑtˌtsʊŋ] <N.; ~|züng [-tsʏŋˑ]> {s. u. ↑Droht ↑Zung²}: Maschendrahtzaun.

Masche|war, de ['maʃəˌvaː(ɐ̯)] <N.; ~e> {s. u. ↑War}: Maschenware, Strick- u. Wirkware.

Maschin, de [maˈʃiːn] <N.; ~e> {8.3.1}: Maschine, **1.** allg.: Triebwerk. **2.** (übertr.) dicke, unförmige (weibl.) Person [auch: ↑Böll, ↑Dramm|es, ↑Knubbele|futz, ↑Föttchen-an-der-Ääd, ↑Kröbel (a), ↑Krott|aasch (b), ↑Krugg|stoppe, ↑Mähl|sack (c), ↑Mobbel/Möbbel, ↑Mölm|pupp|er, ↑Muggel, *buure Trampel, Knubbelefutz em Leimloch*].

Maschine(n)|arbeid, de [maˈʃiːnə(n)ˌarbei̯t] <N.; ~e> {s. u. ↑Arbeid; 9.1.4}: Maschinenarbeit.

Maschine|bau, der [maˈʃiːnəˌbou̯] <N.; o. Pl.> {s. u. ↑Bau}: Maschinenbau. **1.** das Bauen von Maschinen. **2.** Lehrfach an einer technischen Hochschule, in dem die Konstruktion von Maschinen gelehrt wird.

Maschine|fabrik, de [maˈʃiːnəfaˌbrɪk] <N.; ~e>: Maschinenfabrik.

Maschine(n)|öl, et [maˈʃiːnə(n)ˌœˑl] <N.; ~e (Sortenpl.)> {s. u. ↑Öl; 9.1.4}: Maschinenöl.

Maschine|pistol, de [maˈʃiːnəpɪsˌtoˑl] <N.; ~e> {s. u. ↑Pistol}: Maschinenpistole.

Maschine|schade, der [maˈʃiːnəˌʃaˑdə] <N.; ~|schäde> {s. u. ↑Schade}: Maschinenschaden.

Maschine|schreff, de [maˈʃiːnəˌʃref] <N.; o. Pl.> {s. u. ↑Schreff}: Maschinenschrift.

Maschin|iss, der ['maʃɪˌnɪs] <N.; ~|iste>: Maschinist.

Masel, der ['mazəl] <N.; kein Pl.> {6.11.1; 7.4}: Massel, unverdientes Glück.

Masere ['maˑzərə] <N.; fem.; Pl.> {9.2.1.2}: Masern.

Mask, de [mask] <N.; ~e> {8.3.1}: Maske.

Maske|ball, der ['maskəˌbal] <N.; ~|bäll [-bɛlˑ]> {s. u. ↑Ball²}: Maskenball.

Maske|beld|ner/~|bild|~, der ['maskəˌbeltnɐ / -bɪlt-] <N.; ~> {s. u. ↑Beld/Bild}: Maskenbildner.

Maskerad, de [ˌmaskəˈraˑt] <N.; ~e ⟨frz. mascarade < span. mascarada < älter ital. mascarata⟩> {8.3.1}: Maskerade.

Maske|spill, et [ˈmaskəˌʃpɪl] <N.; ~ [-ˌʃpɪlˑ]> {s. u. ↑Spill}: Maskenspiel.

maskiere/~eere [masˈkiˑ(ɡ̊)rə / -eˑrə] <V.; schw./unr.; *han*; maskierte [masˈkiˑɡ̊tə]; maskiert [masˈkiˑɡ̊t] ⟨frz. masquer⟩> {(5.1.4.3)}: maskieren, verkleiden [auch: ↑ver|kleide (1)]. (3) (2)

Maskier|ung/Maskeer|~, de [masˈkiˑ(ɡ̊)rʊŋ / masˈkeˑ(ɡ̊)r-] <N.; ~e>: Maskierung. 1. das Maskieren. 2. Verkleidung.

Maskott|che, et [masˈkɔtʃə] <N.; ~r ⟨frz. mascotte < provenz. mascoto⟩> {8.3.3}: Maskottchen, Glücksbringer: *Dem FC si M. es der Hennes.* (Das M. des 1. FC Köln ist der Geißbock Hennes).

Masoch|iss, der [ˌmazoˈxɪs] <N.; ~|iste>: Masochist.

Mass[1], der [mas] <N.; Maste [ˈmastə]> {8.3.5}: Mast, Pfahl, senkrecht stehende Stange.

Mass[2], de [mas] <N.; Maste [ˈmastə]> {8.3.5}: Mast, das Mästen von Tieren.

Mass|age, de [maˈsaˑʃ] <N.; ~ [maˈsaˑʒə] ⟨frz. massage⟩>: Massage.

Mass|age|öl, et [maˈsaˑʒəˌœˑl] <N.; ~e (Sortenpl.)> {s. u. ↑Öl}: Massageöl.

Mass|age|stab/~|stav, der [maˈsaˑʒəˌʃtaːp / -ˌʃtaːf] <N.; ~|stäb/ [-ˌʃteˑp]> {s. u. ↑Stab/Stav}: Massagestab.

Mass|baum, der [ˈmasˌbo̯ʊm] <N.; ~|bäum [-bøy̆ˑm]> {s. u. ↑Mass[1]}: Mastbaum.

Mass|darm, der [ˈmasˌdarm] <N.; ~|därm [-dɛrˑm]> {s. u. ↑Mass[2] ↑Darm}: Mastdarm.

Masse|aan|drang, der [ˈmasəˌlaːndraŋ] <N.; ~|dräng>: Massenandrang.

Masse|grav, et [ˈmasəˌɡ̊raːf] <N.; ~|gräver [-ˌɡ̊rɛˑvə]> {s. u. ↑Grav}: Massengrab.

Masse|mord, der [ˈmasəˌmɔxt] <N.; i. best. Komposita *mord*, sonst ↑Mɔɡ̊d; ~e> {11}: Massenmord.

Masse|mörd|er, der [ˈmasəˌmœrdə] <N.; i. best. Komposita *mord*, sonst ↑Mɔɡ̊d; ~> {11}: Massenmörder.

Mass|ent, de [ˈmasˌɛnt] <N.; ~e> {s. u. ↑Mass[2] ↑Ent}: Mastente.

Masse|sterve/~|stirve, et [ˈmasəˌʃtervə / -ˌʃtɪrvə] <N.; kein Pl.> {5.4/5.5.2}: Massensterben.

Masseuse, de [maˈsøˑs], de <N.; ~ [maˈsøˑzə] ⟨frz. masseuse⟩>: Masseuse. 1. weibl. Form zu Masseur. 2. Prostituierte in einem Massagesalon.

Mass|ferke/~|firke, et [ˈmasˌferkə / -fɪrkə] <N.; ~> {s. u. ↑Mass[2] ↑Ferke/Firke}: Mastferkel.

Mass|fooder, et [ˈmasˌfoˑde] <N.; kein Pl.> {s. u. ↑Mass[2] ↑Fooder¹}: Mastfutter.

Mass|gans, de [ˈmasˌjanˑs] <N.; ~|gäns> {s. u. ↑Mass[2]}: Mastgans.

Mass|hohn, et [ˈmasˌhoːn] <N.; ~|höhner> {s. u. ↑Mass[2] ↑Hohn}: Masthuhn.

massiere/~eere [maˈsiˑ(ɡ̊)rə / -eˑrə] <V.; schw./unr.; *han*; massierte [maˈsiˑɡ̊tə]; massiert [maˈsiˑɡ̊t] ⟨frz. masser⟩> {(5.1.4.3)}: massieren. (3) (2)

mass|ig [ˈmasɪʃ] <Adj.; ~e; ~er, ~ste>: massig, massenhaft. Tbl. A5.2

Mass|korv, der [ˈmasˌkorf] <N.; ~|körv [-kørˑf]> {s. u. ↑Mass[1] ↑Korv}: Mastkorb.

Mass|kur, de [ˈmasˌkuːɐ̯] <N.; ~e> {s. u. ↑Mass[2]}: Mastkur.

Maß|nahme [ˈmaˑsˌnaˑmə] <N.; i. best. Komposita *Maß*, sonst ↑Moß; nur Pl.> {8.3.1; 11}: Maßnahmen, Handlungen, Regelungen.

Mass|ohß, der [ˈmasˌɔːs] <N.; ~e> {s. u. ↑Mass[2] ↑Ohß}: Mastochse.

Maß|rägel/~|regel, de [ˈmaˑsˌrɛːjəl / -reːjəl] <N.; i. best. Komposita *Maß*, sonst ↑Moß; ~e> {11; s. u. ↑Rägel/Regel}: Maßregel.

Mass|sau, et [ˈmasˌzo̯ʊ] <N.; ~|säu [-zøy̆ˑ]> {s. u. ↑Mass[2] ↑Sau}: Mastschwein.

mäste [ˈmɛstə] <V.; schw.; *han*; gemäss [jəˈmɛs]>: mästen. (68)

Material, et [matreˈjaˑl] <N. ⟨mlat. materiale = stoffliche, dingliche Sache, Rohstoff, zu spätlat. materialis, material⟩>: Material.

Material|fähler, der [matreˈjaˑlˌfɛˑlə] <N.; ~> {s. u. ↑Fähler}: Materialfehler.

Material|iss, der [ˌmatrejaˈlɪs] <N.; ~|iste ⟨frz. matérialiste⟩>: Materialist.

Material|koste [matreˈjaˑlˌkɔstə] <N.; Pl.> {s. u. ↑Koste}: Materialkosten.

Material|pröf|ung, de [matreˈjaˑlˌprøˑfʊŋ] <N.; ~e> {5.4}: Materialprüfung.

Material|schlaach, de [matre'jaːlˌʃlaːx] <N.; ~te> {s. u. ↑Schlaach}: Materialschlacht, Schlacht mit starkem Einsatz von Kriegsmaterial.

Matjes|herring, der ['matjəsˌhɛrɪŋ] <N.; ~> {s. u. ↑Herring}: Matjeshering.

Matjö/Matschö, der [ma'tʃøː] <N.; männl. Vorn. ⟨frz. Mathieu⟩>: Kurzf. von Matthäus, Matthias [auch: ↑Mattes²/Matthes, ↑Matthies, ↑Thives, ↑Tibbes, ↑Tips].

Matratz, de [ma'trats] <N.; ~e> {8.3.1}: Matratze.

Matratze|ball, der [ma'tratsəˌbal] <N.; ~|bäll [-bɛlˑ]>: Matratzenball, nur i. d. Vbdg. *op der M. gonn (zu Bett gehen).

Matratze|lager, et [ma'tratsəˌlaːʀə] <N.; ~> {s. u. ↑Lager}: Matratzenlager.

Mätress, de [mɛ'trɛs] <N.; ~e ⟨frz. maîtresse, zu: Maître⟩> {8.3.1}: Mätresse. **1.** (früher) Geliebte eines Fürsten. **2.** Geliebte eines Ehemannes.

Matron, de [ma'troːn] <N.; ~e> {8.3.1}: Matrone, ältere (oft füllige) Frau.

Matros, der [ma'troːs] <N.; ~e> {8.3.1}: Matrose.

Matrose|blus, de [ma'trozeˌbluːs] <N.; ~e> {s. u. ↑Matros ↑Blus}: Matrosenbluse.

Matrose|krage, der [ma'trozeˌkraʀə] <N.; ~> {s. u. ↑Matros ↑Krage}: Matrosenkragen.

Matrose|mötz, der [ma'troːzəˌmøts] <N.; ~e> {s. u. ↑Mötz}: Matrosenmütze.

Matrose(n)|aanzog, der [ma'troːzə(n)ˌaːntsox] <N.; ~|zög> {s. u. ↑Aan|zog; 9.1.4}: Matrosenanzug.

Matsch¹, der [matʃ] <N.; kein Pl.>: Matsch, feuchter breiiger Schmutz.

Matsch², de [matʃ] <N.; kein Pl.>: (abw.) dicke Frau [auch: ↑Bratsch (2), ↑Matsch|ann].

Matsch|ann, et ['matʃˌan] <N.; kein Pl.>: dicke Frau (zu Anna) [auch: ↑Bratsch (2), ↑Matsch²].

matsche ['matʃə] <V.; schw.; han; matschte ['matʃtə]; gematsch [jə'matʃ]>: matschen, **1.** im Schlamm, in dreckiger Flüssigkeit rühren, wühlen. **2.** Speise auf dem Teller durcheinander mengen, durchstochern, ohne ordentlich durchzuessen, lustlos essen. **3.** Speisereste (Gekochtes) unappetitlich mischen (bes. auch Getränke). (110)

Matsch|ferke/~|firke, et ['matʃˌfɛrkə / -fɪrkə] <N.; ~> {s. u. ↑Ferke/Firke}: Kind, das gern matscht u. sich dabei beschmutzt; (wörtl.) Matschferkel.

matschig ['matʃɪʃ] <Adj.; ~e; ~er, ~ste>: durch Regenwetter, Schneeschmelze matschig, aufgeweicht, schmutzig, durchweiht [auch: ↑mölm|ig, ↑schlamm|ig]. Tbl. A5.2

Matschö/Matjö, der [ma'tʃøː] <N.; männl. Vorn. ⟨frz. Mathieu⟩> {2}: Kurzf. von Matthäus, Matthias [auch: ↑Mattes²/Matthes, ↑Matthies, ↑Thives, ↑Tibbes, ↑Tips].

Matsch|wedder, et ['matʃˌvɛdə] <N.; kein Pl.> {s. u. ↑Wedder}: Matschwetter.

Matt, de [mat] <N.; ~e> {8.3.1}: Matte.

Matterhoon, et ['matɐˌhoːn] <N.; Eigenn.>: Matterhorn, Berg in den Walliser Alpen.

Matt|es¹, der ['matəs] <N.; kein Pl.>: Kraft u. Stärke in den Muskeln: *Dä Pitter hät M. en de Maue.* (Peter hat kräftige Oberarmmuskeln.); **[RA]** *Jetz es ävver Mattes!* (Jetzt reicht's aber!).

Mattes²/Matthes, der ['matəs] <N.; männl. Vorn.>: Kurzf. von Matthias [auch: ↑Matjö/Matschö, ↑Matthies, ↑Thives, ↑Tibbes, ↑Tips]; **[RA]** *Wäge dem M.!* (Antwort auf ständige Warum-Fragen).

Matt|gold, et ['matˌjolt] <N.; kein Pl.> {s. u. ↑Gold}: Mattgold.

Matthies, der [ma'tiːs] <N.; männl. Vorn.>: Matthias [auch: ↑Mattes²/Matthes, ↑Matjö/Matschö, ↑Thives, ↑Tibbes, ↑Tips].

Matt|schiev, de ['maˌtʃiːf] <N.; ~e> {s. u. ↑Schiev}: Mattscheibe.

Matt|söß|che, et ['matˌzøːsjə] <N.; ~r> {s. u. ↑söß}: Mattsüßchen, Maßliebchen, Gänseblümchen [auch: ↑Matz|rüs|che ↑Moß|halde|leev|che].

Matz¹, der [mats] <N.; kein Pl.>: Kosew. für ein kleines Kerlchen.

Matz², de [mats] <N.; ~e>: Osterbrot der Juden.

Matz|rüs|che, et ['matsˌryːsjə] <N.; ~r> {s. u. ↑Rus}: Mattsüßchen, Gänseblümchen, Maßliebchen [auch: ↑Matt|söß|che, ↑Gänse|blöm|che, ↑Moß|halde|leev|che].

mau [maʊ] <Adj.; ~e; ~er, ~este>: mau, **1.** unwohl: *Et es mer esu m.* (Mir ist so u.). **2.** wie *flau* in wirtsch. Beziehung; (übertr.) nicht gut, bedenklich, unsicher; mittelmäßig, unbefriedigend, schlecht. Tbl. A2.9

Mau, de [maʊˑ] <N.; ~e ['maʊə]; Mäu|che ['mɔʏˑfjə]>: **1.** Ärmel. **2.** Oberarmmuskel: *Dä Pitter hät der villeich e paar ~e!* (Peter hat viell. kräftige Oberarmmuskeln!); ***jet en der M./de ~e han** (stark sein).

maue ['maʊə] <V.; schw.; *han*; maute ['maʊ·tə]; gemaut [jə'maʊ·t]>: miauen, (von Katzen) einen wie „miau" klingenden Laut von sich geben. (11)

Mauer|blöm|che, der ['maʊ·ɐ‚blø:mfjə] <N.; i. best. Komposita *Mauer*, sonst ↑Muur/Moor¹; ~r> {11; s. u. ↑Blom}: Mauerblümchen.

Mauer|stein, der ['mu·ɐ‚ʃtɛɪn / mo·ɐ‚-] <N.; i. best. Komposita *Mauer*, sonst ↑Muur/Moor¹; ~ [-‚ʃtɛɪ·n]> {11; s. u. ↑Stein}: Mauerstein. **1.** Baustein zur Herstellung von Mauerwerk. **2.** ungebrannter Baustein.

Mauerr|vör|sprung/~|vür|~, der ['mu·ɐ‚fø:ɐ‚ʃprʊŋ / mo·ɐ‚ / -fy·ɐ-] <N.; i. best. Komposita *Mauer*, sonst ↑Muur/Moor¹; ~|sprüng [-‚ʃpryŋ·]> {11; s. u. ↑Sprung}: Mauervorsprung.

Mau|kätz|che, et ['maʊ‚kɛts·jə] <N.; ~r>: Kätzchen, Kosew. der Kinder bes. für das kleine Spielkätzchen.

Maul|korv, der ['maʊl‚korf] <N.; i. best. Komposita *Maul*, sonst ↑Muul; ~|körv [-kør·f]> {11; s. u. ↑Korv}: Maulkorb.

Maul|täsch, de ['maʊl‚tɛʃ] <N.; i. best. Komposita *Maul*, sonst ↑Muul; ~e> {11; s. u. ↑Täsch}: Maultasche.

Mauritius|wall, der [moˈrɪtsɪʊs‚val] <N.; Straßenn.> {s. u. ↑Wall}: Mauritiuswall, einer der parallel zu den Ringen verlaufenden Straßen östlich der Ringe zw. Friesenwall u. Pantaleonswall.

mauschele ['maʊʃələ] <V.; schw.; *han*; mauschelte ['maʊʃəltə]; gemauschelt [jə'maʊʃəlt]> {9.2.1.2}: mauscheln, **1.** in undurchsichtiger Weise Geschäfte machen, Vorteile aushandeln. **2.** beim Kartenspiel betrügen. **3.** (absichtlich) undeutlich reden. **4.** Mauscheln spielen (ein Kartenspiel). (6)

Maut|stell, de ['maʊt‚ʃtɛl·] <N.; ~e [-‚ʃtɛlə]> {s. u. ↑Stell}: Mautstelle.

Maut|stroß, de ['maʊt‚ʃtro·s] <N.; ~e> {s. u. ↑Stroß}: Mautstraße.

Mayonnaise, de [‚majoˈne·s] <N.; ~ [‚majoˈne·zə] (Sortenpl.)>: Mayonnaise.

Mazarin, et [matsaˈrɪ·n] <N.; ~e; ~che>: Gesicht [auch: ↑Fress (2), ↑Ge|seech, ↑Masaräng, ↑Vis|age], eigtl.: Halskrause; benannt nach dem 1650 lebenden frz. Kardinal u. Politiker Jules Mazarin, der bes. breite Halskrausen in Mode brachte; noch in Drohungen wie: *Pass op, söns kriss de e paar op et M.!* (Pass auf, sonst kriegst du einen Schlag versetzt!) [auch: ↑Masaräng].

Mazarin|che, et [‚matsaˈrɪ·nfjə] <N.; ~r>: Bindestelle des Sackes (nach der Halskrause des Kardinals Mazarin benannt).

Mechan|iss, der ['meʃa‚nɪs] <N.; ~|iste>: Mechanist.

Mechel, der ['meʃəl] <N.; männl. Vorn.> {5.5.2}: Michel, Kurzf. von Michael.

meckere ['mɛkərə] <V.; schw.; *han*; meckerte ['mɛkətə]; gemeckert [jə'mɛkət]> {9.2.1.2}: meckern. (4)

Mecker|eck, de ['mɛkɐ‚ɛk] <N.; ~e> {s. u. ↑meckere ↑Eck¹}: Meckerecke, Platz in einer Zeitung od. Zeitschrift, an dem der Leser seiner Unzufriedenheit Ausdruck geben kann [auch: ↑Küüm|eck].

Mecker|geiß, de ['mɛkɐ‚jeɪs] <N.; ~e> {s. u. ↑Geiß}: Meckerziege, Querulant.

Meddag, der ['meda:x] <N.; ~e [-da·ʀə] (Pl. ungebr.)> {s. u. ↑Medde ↑Dag}: Mittag, ***schmale M.** (dünner Mensch).

Meddag|esse, et ['meda:x‚ɛsə] <N.; ~> {s. u. ↑Meddag ↑Esse}: Mittagessen [auch: ↑Meddags|mohl|zigg].

meddags ['meda·(x)s] <Adv.> {5.5.2; 6.11.3}: mittags.

Meddags|desch, der ['meda:xs‚deʃ] <N.; ~(e)> {s. u. ↑Meddag ↑Desch}: Mittagstisch, zum Mittagessen gedeckter Tisch.

Meddags|hetz, de ['meda:s‚hets] <N.; kein Pl.> {s. u. ↑Meddag ↑Hetz²}: Mittagshitze.

Meddags|mohl|zigg, de ['meda:x‚mo·ltsɪk] <N.; ~e> {s. u. ↑Meddag ↑Mohl|zigg}: Mittagessen [auch: ↑Meddag|esse].

Meddags|paus, de ['meda:xs‚paʊ·s] <N.; ~e> {s. u. ↑Meddag ↑Paus¹/Puus¹}: Mittagspause.

Meddags|rauh, de ['meda:xs‚roʊ·] <N.; kein Pl.> {s. u. ↑Meddag ↑Rauh}: Mittagsruhe; **a)** Ausruhen in der Mittagsstunde od. nach dem Mittagessen; **b)** mittägliche Ruhe, Zeit am frühen Nachmittag (etwa von eins bis drei).

Meddags|scheech/~|schich, de ['meda:xs‚ʃe·ʃ / -‚ʃɪʃ] <N.; ~te> {s. u. ↑Meddag ↑Scheech/Schich}: Mittagsschicht, um die Mittagszeit beginnende Arbeitsschicht.

Meddags|schlof, der ['meda:xs‚ʃlo·f] <N.; kein Pl.> {s. u. ↑Meddag ↑Schlof¹}: Mittagsschlaf.

Meddags|schlöf|che, et ['meda:xs‚ʃlœ·fjə] <N.; ~r> {s. u. ↑Meddag ↑Schlof¹}: Mittagsschläfchen, Nickerchen.

Meddags|sonn, de ['meda:xs‚zon·] <N.; o. Pl.> {s. u. ↑Meddag ↑Sonn¹}: Mittagssonne.

Meddags|stund, de ['meːdaːxsˌʃtʊnˑt] <N.; ~(e)> {s. u. ↑Meddag ↑Stund}: Mittagsstunde.

Meddags|zigg, de ['meːdaːxsˌtsɪk] <N.; ~e> {s. u. ↑Meddag ↑Zigg}: Mittagszeit.

Medd|dressig|er, der ['metˌdresɪi̯ɐ] <N.; ~> {s. u. ↑Medde ↑dressig}: Mittdreißiger, Mann Mitte dreißig.

Medde, de ['medə] <N.; ~ (Pl. selten)> {5.5.2; 6.11.3.}: Mitte.

meddel ['medəl] <Adj.; präd. verwendet; Komp.: ↑meddler...; Sup.: meddelste>: mittel, mäßig, durchschnittlich.

meddel|-, Meddel|- ['medəl] <Präfix> {5.5.2; 6.11.3}: mittel-, Mittel-, i. Vbdg. m. N. u. Adj.: ~alder (~alter), ~ald (~alt).

Meddel, et ['medəl] <N.; ~(e); ~che> {5.5.2; 6.11.3}: Mittel, Heilmittel.

Meddel|achs, de ['medəlˌaks] <N.; ~e> {s. u. ↑Achs}: Mittelachse; Symmetrieachse.

meddel|ald ['medəlˌalt] <Adj.; ~|aal(e) [-|aˑl(ə)]> {s. u. ↑ald¹}: mittelalt. Tbl. A7.1

Meddel|ald|er, et ['medəlˌaldɐ] <N.; o. Pl. ⟨nlat. medium aevum = mittleres Zeitalter⟩> {s. u. ↑Ald|er}: Mittelalter. 1. Zeitraum zw. Altertum u. Neuzeit; Abk.: MA. 2. Leute mittleren Alters.

Meddel|amerika ['medəlǀaˌmerɪka] <N.; kein Pl.>: Mittelamerika; Teil Amerikas, der den Übergang zw. Nord- u. Südamerika bildet.

Meddel|bau, der ['medəlˌbɔʊ̯] <N.; ~te> {s. u. ↑Bau}: Mittelbau. 1. mittlerer Teil eines aus mehreren Flügeln bestehenden Gebäudes. 2. <o. Pl.> Gruppe der Assistenten u. akademischen Räte an einer Hochschule.

Meddel|che, et ['medəlçə] <N.; ~r> {5.5.2; 6.11.3}: Mittelchen, Medikament.

Meddel|deil, der ['medəlˌdeɪ̯l] <N.; ~(e) [-deɪ̯l / -deɪ̯ˑlə]> {s. u. ↑Deil}: Mittelteil.

Meddel|deutsch, et ['medəlˌdɔʏ̯tʃ] <N.; kein Pl.>: Mitteldeutsch, die mitteldeutsche Mundart.

Meddel|ding(e), et ['medəlˌdɪŋ(ə)] <N.; ~(e)r (Pl. selten)> {s. u. ↑Dinge}: Mittelding.

Meddel|europa ['medəlǀɔʏ̯ˌroːpa] <N.; kein Pl.>: Mitteleuropa, mittlerer Teil Europas.

Meddel|europäer, der ['medəlǀɔʏ̯roˌpɛˑɐ] <N.; ~>: Mitteleuropäer, vgl. Europäer.

Meddel|feld, et ['medəlˌfɛlt] <N.; ~er>: Mittelfeld.

Meddel|feld|spill|er, der ['medəlfɛltˌʃpɪlɐ] <N.; ~> {s. u. ↑Spill|er}: Mittelfeldspieler, Halbstürmer.

Meddel|finger, der ['medəlˌfɪŋɐ] <N.; ~e>: Mittelfinger.

Meddel|foß, der ['medəlˌfoˑs] <N.; ~|föß> {s. u. ↑Foß}: Mittelfuß, Teil des Fußes zw. den Zehen u. der Fußwurzel.

Meddel|foß|knoche, der ['medəlfoˑsˌknɔxə] <N.; ~> {s. u. ↑Foß ↑Knoche}: Mittelfußknochen.

Meddel|gang, der ['medəlˌjaŋ] <N.; ~|gäng [-jɛŋˑ]> {s. u. ↑Gang¹}: Mittelgang.

Meddel|ge|birg, et ['medəljəˌbɪrj] <N.; ~e> {s. u. ↑Ge|birg}: Mittelgebirge, Gebirge mit meist abgerundeten Bergrücken u. Höhenunterschieden unter tausend Metern.

Meddel|ge|weech, et ['medəljəˌveːfj] <N.; o. Pl.> {s. u. ↑Ge|weech}: Mittelgewicht (Körpergewichtsklasse).

Meddel|hand, de ['medəlˌhant] <N.; ~|häng [hɛŋˑ]> {s. u. ↑Hand}: Mittelhand.

Meddel|huh|deutsch, et ['medəlhuˑdɔʏ̯tʃ] <N.; kein Pl.> {s. u. ↑huh}: Mittelhochdeutsch, die mittelhochdeutsche Sprache u. Literatur.

Meddel|klass, de ['medəlˌklas] <N.; ~e> {s. u. ↑Klass}: Mittelklasse. 1. Mittelschicht. 2. Güteklasse, Größenklasse. 3. <meist Pl.> Schulklasse der Mittelstufe.

Meddel|klasse|wage, der ['medəlklasəˌvaˑʀə] <N.; ~> {s. u. ↑Klass ↑Wage}: Mittelklassewagen.

Meddel|moß, et ['medəlˌmɔˑs] <N.; o. Pl.> {s. u. ↑Moß}: Mittelmaß.

Meddel|scheech/~|schich, de ['medəlˌʃeːfj / -ˌʃɪfj] <N.; o. Pl.> {s. u. ↑Scheech/Schich}: Mittelschicht.

Meddel|scheff, et ['medəlˌʃɛf] <N.; ~e> {s. u. ↑Scheff}: Mittelschiff, mittleres Schiff des Langhauses.

Meddel|scheid, de ['medəlˌʃeɪ̯t] <N.; ~e> {s. u. ↑Scheid²}: Mittelscheitel (der), [scherzh. auch: ↑Fott|scheid].

Meddel|schull, de ['medəlˌʃʊlˑ] <N.; ~e [-ʃʊlə]> {s. u. ↑Schull}: Mittelschule, Realschule.

Meddel|schwer|ge|weech, et ['medəlˌʃveˑɐ̯jəˌveːfj] <N.; o. Pl.> {s. u. ↑schwer ↑Ge|weech}: Mittelschwergewicht.

Meddels|mann, der ['medəlsˌman] <N.; ~|männer ⟨eigtl. = der in der Mitte befindliche Mann⟩> {s. u. ↑ver|meddele}: Mittelsmann, Vermittler, Unterhändler.

Meddels|person, de ['medəlspɛ(ɐ̯)ˌzoˑn] <N.; ~e> {s. u. ↑ver|meddele}: Mittelsperson.

Meddel|stell|ung, de ['medəlˌʃtɛlʊŋ] <N.; o. Pl.>: Mittelstellung, mittlere Position.

Meddel|stöck, et ['medəl‿ʃtøk] <N.; ~/~e/~er> {s. u. ↑Stöck}: Mittelstück.

Meddel|störmer, der ['medəl‿ʃtørmɐ] <N.; ~> {s. u. ↑Storm/Sturm}: Mittelstürmer.

Meddel|streck, de ['medəl‿ʃtrɛk] <N.; ~e> {s. u. ↑Streck²}: Mittelstrecke; **a)** mittlere Strecke, Entfernung; **b)** bei einem Laufwettbewerb über eine mittlere Distanz zurückzulegende Strecke.

Meddel|strecke|flog|zeug, et ['medəl‿ʃtrɛkə‿floːxtsøyfj] <N.; ~e> {s. u. ↑Streck² ↑Flog|zeug}: Mittelstreckenflugzeug, auf Mittelstrecken eingesetztes Flugzeug.

Meddel|strecke|lauf, der ['medəl‿ʃtrɛkə‿loʊ̯f] <N.; ~|läuf> {s. u. ↑Streck² ↑Lauf¹}: Mittelstreckenlauf, Laufwettbewerb über eine mittlere Strecke (z. B. über 800 m, 1 500 m).

Meddel|strecke|läuf|er, der ['medəl‿ʃtrɛkə‿løyfɐ] <N.; ~> {s. u. ↑Streck² ↑Läuf|er}: Mittelstreckenläufer.

Meddel|strecke|raket, de ['medəl‿ʃtrɛkəra‿keːt] <N.; ~e> {s. u. ↑Streck² ↑Raket}: Mittelstreckenrakete, Rakete mit mittlerer Reichweite.

Meddel|striefe/~|streife, der ['medəl‿ʃtriːfə / -ʃtreɪ̯fə] <N.; ~> {s. u. ↑Striefe/Streife}: Mittelstreifen, Grünstreifen zw. den Fahrbahnen der beiden Fahrtrichtungen, bes. auf Autobahnen.

Meddel|stroß, de ['medəl‿ʃtroːs] <N.; Straßenn.>: Mittelstraße; Einkaufsstraße in Köln-Altstadt/Nord. Die Mittelstraße lag „mitten" im Neubaugebiet des 1846 erstellten Apostelbezirks.

Meddel|wäät, der ['medəl‿vɛːt] <N.; ~e> {s. u. ↑Wäät}: Mittelwert; **a)** (Math.) arithmetisches Mittel, Durchschnittswert aus mehreren Zahlen; **b)** etwa in der Mitte liegender Wert innerhalb einer best. Skala: den M. errechnen, unterschreiten.

Meddel|wäg, der ['medəl‿vɛːfj] <N.; ~(e) [-vɛˑfj / -vɛˑjə]> {s. u. ↑Wäg}: Mittelweg; Kompromiss.

Meddel|wood, et ['medəl‿voːt] <N.; ~|wööder [-vœˑdə]> {s. u. ↑Wood¹}: (Sprachw.) Mittelwort, Partizip.

medde|mang [ˌmedə'maŋ] <Adv.> {s. u. ↑Medde}: mittenmang, mittendrin.

medde(n) ['medə(n)] <Adv.> {5.5.2; 6.11.3}: mitten, in der/die Mitte.

medden|dren ['medən'dreːnˑ / ˌ--'-] <Adv.> {s. u. ↑Medde ↑dren}: mittendrin.

medden|durch ['medən'dʊrfj / ˌ--'-] <Adv.> {s. u. ↑Medde}: mittendurch.

Medder|naach, de ['medɐˌnaːx] <N.; o. Pl.> {s. u. ↑Medde ↑Naach}: Mitternacht.

Medder|naachs|sonn, de ['medɐnaːxsˌzɔnˑ] <N.; o. Pl.> {s. u. ↑medde(n) ↑Naach ↑Sonn¹}: Mitternachtssonne.

Medder|naachs|stund, de ['medɐnaːxsˌʃtʊnˑt] <N.; ~(e)> {s. u. ↑medde(n) ↑Naach ↑Stund}: Mitternachtsstunde.

Medd|fuff|zig|er, der ['metˌfʊftsɪjɐ] <N.; ~> {s. u. ↑Medde ↑fuff|zig}: Mittfünfziger, Mann in den Fünfzigern.

meddler... ['metlɐ] <Adj.; Komp. zu ↑meddel; ~e; Sup.: meddelste ['medəlstə]> {5.5.2, 6.11.3}: mittler..., in der Mitte zw. anderen: *die drei ~e Böcher* (die drei ~en Bücher), *Dun mer ens dat meddelste Boch!* (Gib mir mal das mittelste Buch!). Tbl. A2.6

medd|ler|wiel [ˌmetlɐ'viˑl] <Adv.> {s. u. ↑Medde ↑Wiel}: mittlerweile.

Medd|sommer, der ['metˌzɔmɐ] <N.; ~ ⟨engl. midsummer⟩> {s. u. ↑Medde ↑Sommer}: Mittsommer, Zeit der Sommersonnenwende.

Medd|sommer|naach, de ['metzɔmɐˌnaːx] <N.; ~|näächte> {s. u. ↑Medde ↑Sommer ↑Naach}: Mittsommernacht. **1.** eine der kurzen, hellen Nächte im Mittsommer. **2.** Nacht der Sommersonnenwende.

Medd|vee|zig|er, der ['metˌfeːtsɪjɐ] <N.; ~> {s. u. ↑Medde ↑vee|zig}: Mittvierziger, Mann Mitte 40.

Medd|woch, der ['metvɔx] <N.; ~e> {s. u. ↑Medde ↑Woch}: Mittwoch.

Medd|woch|ovend, der [ˌmetvɔx'ɔˑvənt] <N.; ~e> {s. u. ↑Medd|woch ↑Ovend}: Mittwochabend.

medd|wochs ['metvɔxs] <Adv.> {5.5.2; 6.11.3}: mittwochs.

Media|park, Em [ɛm'meˑdɪaˌpark] <N.; Straßenn.>: Im Mediapark; Platz in Köln-Neustadt/Nord. Der Media-Park ist ein 200.000 Quadratmeter großes Gelände auf dem ehemaligen Güterbahnhof Köln-Gereon, auf dem von 1989 bis 2004 Wohnungen, Ladengeschäfte, Gewerbeflächen, Büros, Gastronomie u. großzügige Grünanlagen entstanden. Der Schwerpunkt liegt in der Ansiedlung von Unternehmen aus dem Bereich der Medien- u. Informationstechnologie. Eine farbige Stahlbrücke für Fußgänger über die Eisenbahntrasse verbindet den Mediapark mit dem Inneren Grüngürtel im Bereich des Herkulesbergs.

Medie|land|schaff, de ['meːdɪjə‚lantʃaf] <N.; o. Pl.>: Medienlandschaft, Gesamtheit der Massenmedien in ihrer Vielgestaltigkeit.

Meed, de [meːt] <N.; ~e> {5.1.4.3; 6.11.3; 8.3.1}: Miete.

Meed|auto, et ['meːt‚|aʊto] <N.; ~s>: Mietauto. **1.** Taxi. **2.** auf Zeit gemietetes Auto [auch: ↑Meed|wage].

Meed|boch, et ['meːt‚box] <N.; ~|böcher> {s. u. ↑Meed ↑Boch¹}: Mietbuch, Quittungsbuch für monatliche Mietzahlungen.

meede ['meːdə] <V.; schw.; *han*; meedte ['meːtə]; gemeedt [jə'meːt]> {5.1.4.3; 6.11.3}: mieten. (197)

Meeder, der ['meːdɐ] <N.; ~> {5.1.4.3; 6.11.3}: Mieter.

Meed|er|hüh|ung, de ['meːt‚|ɛɐ‚hyjʊŋ / 'meːdɐɐ‚hyjʊŋ] <N.; ~e> {s. u. ↑Meed; 5.4}: Mieterhöhung.

Meed|ge|setz, et ['meːtjə‚zɛts] <N.; ~e> {s. u. ↑Meed ↑Ge|setz}: Mietgesetz.

Meed|kauf, der ['meːt‚koʊf] <N.; ~|käuf> {s. u. ↑Meed ↑Kauf}: Mietkauf.

Meed|partei, de ['meːtpa‚taɪ] <N.; ~e> {s. u. ↑Meed ↑Par|tei}: Mietpartei.

Meed|pries, der ['meːt‚priːs] <N.; ~e> {s. u. ↑Meed ↑Pries}: Mietpreis.

Meed|rääch, et ['meːt‚rɛːʃ] <N.; o. Pl.> {s. u. ↑Meed ↑Rääch}: Mietrecht.

Meed|rägel|ung/~|regel|~, de ['meːt‚rɛːjəlʊŋ / -reːjəl~] <N.; ~e> {s. u. ↑Meed ↑Rägel/Regel}: Miet(en)regelung.

Meed|röck|stand, der ['meːd‚røk‚ʃtant] <N.; ~|ständ [-ʃtɛnt]> {5.4; s. u. ↑Meed}: Mietrückstand.

Meed|schold, de ['meːt‚ʃolt] <N.; ~e (meist Pl.)> {s. u. ↑Meed ↑Schold}: Mietschuld.

Meeds|huus, et ['meːts‚huːs] <N.; ~|hüüser [-hyːzɐ]> {s. u. ↑Meed ↑Huus}: Mietshaus.

Meeds|kasään, de ['meːtska‚zɛːn] <N.; ~e> {s. u. ↑Meed ↑Kasään}: Mietskaserne, umfangreicher Bau für viele Mietsleute/Familien, kasernenartiger Wohnblock.

Meeds|lück ['meːts‚lʏk] <N.; Pl.> {s. u. ↑Meed ↑Lück¹}: Mietsleute, Mieter (einer Wohnung, eines Hauses, usw.).

Meed|speegel, der ['meːt‚ʃpeːjəl] <N.; ~e> {s. u. ↑Meed ↑Speegel}: Mietspiegel.

Meed|us|fall, der ['meːdʊs‚fal / 'meːt‚|ʊsfal] <N.; ~|fäll [-fɛl]> {s. u. ↑Meed ↑Us|fall}: Mietausfall.

Meed|ver|drag, der ['meːtfɐ‚draːx] <N.; ~|dräg [-drɛːʃ]> {s. u. ↑Meed ↑Ver|drag}: Mietvertrag.

Meed|ver|häld|nis, et ['meːtfɐ‚hɛltnɪs] <N.; ~se> {s. u. ↑Meed ↑Ver|häld|nis}: Mietverhältnis.

Meed|wage, der ['meːt‚vaːʀə] <N.; ~> {s. u. ↑Meed}: Mietwagen [auch: ↑Meed|auto].

Meed|wonn|ung, de ['meːt‚vonʊŋ] <N.; ~e> {s. u. ↑Meed; 5.3.2; 5.5.1}: Mietwohnung.

Meed|wucher, der ['meːt‚vuːxɐ] <N.; kein Pl.> {s. u. ↑Meed ↑wuchere}: Mietwucher.

Meed|zins, der ['meːt‚tsɪnˑs] <N.; ~e> {s. u. ↑Meed ↑Zins}: Mietzins, Miete.

Meer|bleck, der ['meːɐ‚blek] <N.; o. Pl.> {s. u. ↑Bleck}: Meerblick.

Meer|boddem, der ['meːɐ‚bodəm] <N.; ~|böddem> {s. u. ↑Boddem}: Meeresboden.

Meeres|buch, de ['meːrəs‚box] <N.; ~te> {s. u. ↑Buch²}: Meeresbucht.

Meeres|speegel, der ['meːrəs‚ʃpeːjəl] <N.; i. best. Komposita nur *Meer*, sonst auch ↑Sie¹; ~e> {11; s. u. ↑Speegel}: Meeresspiegel, **1.** Spiegel des Meeres. **2.** (best. theoretische) Wasseroberfläche des Meeres, auf die sich die geodätischen Höhenmessungen beziehen: *Kölle litt 37,5 bes 118,04 Meter üvver dem M.* (Köln liegt 37,5 bis 118,04 Meter über dem M.).

Meer|katz, de ['meːɐ‚kats] <N.; ~e ⟨mhd. mer(e)katze, ahd. merikazza⟩> {s. u. ↑Katz}: Meerkatze, Affe mit lebhaft gezeichnetem Fell, rundlichem Kopf u. langem Schwanz.

Meer|schuum, der [meːɐ‚ʃuːm] <N.; i. best. Komposita nur *Meer*, sonst auch ↑Sie¹; ⟨von lat. spuma (maris), urspr. Bez. für die Koralle⟩> {11; s. u. ↑Schuum}: Meerschaum, an erstarrten Schaum erinnerndes, poröses, leichtes (u. daher auf Wasser schwimmendes) weißes, gelbliches, graues od. rötliches Mineral.

Meer|schuum|pief, de ['meːɐʃuːm‚piːf] <N.; i. best. Komposita nur *Meer*, sonst auch ↑Sie¹; ~e> {11; s. u. ↑Schuum ↑Pief}: Meerschaumpfeife.

meesch [meːʃ] <Indefinitpron. u. unbest. Zahlw.; veraltet; Sup. von ↑vill¹; ~te> {5.1.3; 6.10.4; 8.3.5}: meist, am meisten, **1.** die größte Anzahl, Menge von etw.: *Dä hät et ~te Geld.* (Er hat das ~e Geld.). **2. a)** der größte Teil (einer best. Anzahl od. Menge): *de ~te Mädcher* (die ~en Mädchen); **b)** <vor einem Adj. zur Umschreibung des Sup.:> *et m. verkaufte Boch* (das am meisten verkaufte Buch); [auch: ↑miets¹, ↑miesten|deils, ↑meeschten|deils, ↑miestens, ↑meesch|tens].

meeschten|deils ['meːʃtənˌdeɪ̯ls / '--'-] <Adv.> {s. u. ↑meeschtǀens ↑Deil}: größtenteils, meistenteils [auch: ↑meesch, ↑meeschǀtens, ↑miestenǀdeils, ↑miestens, ↑miets²].

meesch|tens ['meːʃtəns] <Adv.> {5.1.3; 6.10.4}: meistens [auch: ↑meesch, ↑meeschtenǀdeils, ↑miestenǀdeils, ↑miestens, ↑miets²].

Mega|hertz, et ['meːjaˌhɛxts] <N.; kein Pl.>: Megahertz, eine Million Hertz; Zeichen: MHz.

Mega|ohm, et ['meːjaˌoːm] <N.; kein Pl.>: Megaohm, eine Million Ohm; Zeichen: MΩ.

Mega|phon, et [ˌmeja'foːn] <N.; ~e>: Megaphon.

Mega|tonn, de ['meːjaˌtonˑ] <N.; ~e [-tonə]>: Megatonne, eine Million Tonnen; Zeichen: Mt.

Mega|watt, et ['meːjaˌvat] <N.; kein Pl.>: Megawatt, eine Million Watt; Zeichen: MW.

Mehr|wert|stüür/~|stöör, de ['meːɐ̯vɐˑɐ̯tsˌʃtyːɐ̯ / -ˌʃtøːɐ̯] <N.; i. best. Komposita mehr u. Wert, sonst ↑mih u. ↑Wäät; o. Pl.> {11; s. u. ↑Stüür/Stöör}: Mehrwertsteuer.

meide ['meɪ̯də] <V.; st.; han; meed [meːt]; gemiede [jə'miˑdə]>: meiden. (137)

Meierön|che, et ['maɪ̯əˌrœːnjə] <N.; ~r> {5.4}: Majoran.

Meil, de [maɪ̯ˑl] <N.; ~e> {8.3.1}: Meile.

Meile|stein, der ['maɪ̯ləˌʃteɪ̯n] <N.; ~ [-teɪ̯ˑn]> {s. u. ↑Stein}: Meilenstein, wichtiger Einschnitt, Wendepunkt o. Ä. in einer Entwicklung.

Meile|stivvele ['maɪ̯ləˌʃtɪvələ] <N.; mask.; nur Pl.> {s. u. ↑Stivvel¹}: Meilenstiefel, Siebenmeilenstiefel.

meine ['meɪ̯ˑnə] <V.; schw.; han; meinte ['meɪ̯ˑntə]; gemeint [jə'meɪ̯ˑnt]>: meinen, **1.** der Ansicht sein, die Auffassung haben: *Meins do, dä mäht dat?* (Meinst du, er macht das?). **2.** im Sinn/im Auge haben: *Wat för e Boch meins do?* (Welches Buch meinst du?). **3.** etw. mit einer best. Absicht, Einstellung od. Ä. sagen od. tun: *jet ääns m.* (etw. ernst m.). **4.** sagen: *Hä hät gemeint, dat ...* (Er meinte, dass ...). (138)

Mein|ungs|beld/~|bild/~|ung, de [meɪ̯nʊŋsˌbɛldʊŋ / -bɪld-] <N.; ~e (Pl. selten)> {5.5.2}: Meinungsbildung.

Mein|ungs|frei|heit, de ['meɪ̯nʊŋsˌfreɪ̯heɪ̯t] <N.; o. Pl.>: Meinungsfreiheit.

Mein|ungs|öm|frog, de ['meɪ̯nʊŋsˌømfroːx] <N.; ~e> {s. u. ↑Öm|frog}: Meinungsumfrage, demoskopische Erhebung.

Mein|ungs|tess, der ['meɪ̯nʊŋsˌtɛs] <N.; ~|tests> {s. u. ↑Tess}: Meinungstest, demoskopische Erhebung.

Meis, de [maɪ̯ˑs] <N.; ~e; ~che [-jə]> {8.3.1}: Meise.

Meißel, der ['meɪ̯səl] <N.; ~e>: Meißel.

meißele ['meɪ̯sələ] <V.; schw.; han; meißelte ['meɪ̯səltə]; gemeißelt [jə'meɪ̯səlt]> {9.2.1.2}: meißeln. (6)

Meister, der ['meɪ̯stɐ] <N.; ~>: Meister.

Meister|breef, der ['meɪ̯stɐˌbreˑf] <N.; ~e> {s. u. ↑Meister ↑Breef}: Meisterbrief.

meistere ['meɪ̯stərə] <V.; schw.; han; meisterte ['meɪ̯stɐtə]; gemeistert [jə'meɪ̯stɐt]> {9.2.1.2}: meistern, **1.** etw. bewältigen, bezwingen, handhaben [auch: ↑beiǀkumme (b), ↑be|wältige]. **2.** schulmeisterhaft auftreten: *einer m. welle* (jmdn. belehren/zurechtweisen wollen). (4)

Meister|klass, de ['meɪ̯stɐˌklas] <N.; ~e> {s. u. ↑Meister ↑Klass}: Meisterklasse.

Meister|pröf|ung, de ['meɪ̯stɐˌprøːfʊŋ] <N.; ~e> {5.4}: Meisterprüfung.

Meister|schaff, de ['meɪ̯stɐʃaf] <N.; ~|schafte>: Meisterschaft.

Meister|schaffs|kamf, der ['meɪ̯stɐʃafsˌkamf] <N.; ~|kämf> {s. u. ↑Meisterǀschaff ↑Kamf}: Meisterschaftskampf.

Meister|schaffs|spill, et ['meɪ̯stɐʃafsˌʃpɪl] <N.; ~ [-ʃpɪˑl-]> {s. u. ↑Meisterǀschaff ↑Spill}: Meisterschaftsspiel.

Meister|stöck, et ['meɪ̯stɐˌʃtøk] <N.; ~/~e/~er> {s. u. ↑Meister ↑Stöck}: Meisterstück.

meld/mild [melt / mɪlt] <Adj.; ~e; ~er, ~ste> {5.5.2}: mild, **1.** (bzgl. Sachen) weich, zart, nicht hart (u. a. Obst, Gemüse); zart, nicht zäh (bzgl. Fleisch). **2.** (bzgl. Personen) weichherzig, nachgiebig. Tbl. A2.1

melde ['mɛldə] <V.; schw.; han; meldte ['mɛltə]; gemeldt [jə'mɛlt]>: melden. (28)

Melde|amp, et ['mɛldəˌamˑp] <N.; ~|ämter> {s. u. ↑Amp}: Meldeamt, Einwohnermeldeamt.

Melde|flich, de ['mɛldəˌflɪʃ] <N.; ~te> {s. u. ↑Flich}: Meldepflicht.

Melde|friss, de ['mɛldəˌfrɪs] <N.; ~|friste> {s. u. ↑Friss}: Meldefrist.

meldere/mildere ['mɛldərə / 'mɪldərə] <V.; schw.; han; melderte ['meldətə]; gemeldert [jə'meldət]> {5.5.2; 9.2.1.2}: mildern, abschwächen, den Schmerz lindern; etw. mäßigen. (4)

Melde|stell, de ['mɛldəˌʃtɛlˑ] <N.; ~e [-ʃtɛlə]> {s. u. ↑Stell}: Meldestelle, Meldeamt.

Melde|zeddel, der ['mɛldə‚tsɛdəl] <N.; ~e> {s. u. ↑Zeddel}: Meldezettel, Anmeldeformular, das der Gast eines Hotels ausfüllen muss.

meliere/~eere [me'liː(ɐ)rə / -eˑrə] <V.; schw./unr.; han; melierte [me'liːɐtə]; meliert [me'liːɐt] (frz. *mêler*)> {(5.1.4.3)}: melieren, mischen, meist nur das Part. „meliert" gebraucht: gefleckt, gesprenkelt. (3) (2)

Melisse|geis, der [me'lɪsən‚jeɪs] <N.> {s. u. ↑Geis³}: Melissengeist ®, Karmelitergeist.

Melk|aan|lag, de ['mɛlk‚|aˑnlaˑx] <N.; ~e> {s. u. ↑Aan|lag}: Melkanlage.

melke ['mɛlkə] <V.; unr./schw.; han; melkte ['mɛlktə]; gemolke/gemelk [jə'mɔlkə / jə'mɛlk]>: melken, **1.** Milch aus dem Euter pressen: *en Koh m.* (eine Kuh m.). **2.** anpumpen, anbetteln, anschnorren. (139) (41)

Melk|emmer, der ['mɛlk‚|ɛmɐ] <N.; ~e> {s. u. ↑Emmer}: Melkeimer.

Melk|maschin, de ['mɛlkma‚ʃiːn] <N.; ~e> {s. u. ↑Maschin}: Melkmaschine.

Melon, de [me'loˑn] <N.; ~e> {5.5.2; 8.3.1}: Melone.

Melote/Malote [mə'lɔˑtə / ma'lɔˑtə] <N.; Eigenn.> {5.5.3}: Melaten, Kölner Friedhof, alte Flur-/Ortsbezeichnung bei od. zu den Maladen (Leprosen, Aussätzigen).

Melote|göödel [me'lɔˑtə‚gøːdəl] <N.; Straßenn.> {s. u. ↑Melote/Malote ↑Göödel}: Melatengürtel; Teil der Gürtel als dritten Ringstraße um den linksrheinischen Stadtkern in Köln-Braunsfeld. Der Gürtel stellt die Verbindung zw. den linksrheinischen Kölner Stadtteilen her. Benannt ist sie nach dem Melaten-Friedhof, an dem sie vorbeiführt. Der Ausdruck „Melaten" stammt vom französischen „malade" für „krank" od. „aussätzig". Auf dem Gelände des heutigen Friedhofs Melaten stand bis 1476 ein Leprosenhaus. Wegen der Schließung der Pfarrfriedhöfe durch die französischen Besatzer wurde ab 1810 der neue Zentralfriedhof eingerichtet.

Melz/Milz, de [mɛlts / mɪlts] <N.> {5.5.2}: Milz, Organ im Bauchraum, in dem u. a. Abwehrstoffe produziert, weiße Blutkörperchen aufgebaut u. rote Blutkörperchen abgebaut werden.

Melz|brand/Milz|~, der ['mɛlts‚brant / 'mɪlts-] <N.; o. Pl.> {s. u. ↑Melz/Milz ↑Brand}: Milzbrand.

Melz|ress/Milz|~, der ['mɛlts‚rɛs / 'mɪlts-] <N.; ~e> {s. u. ↑Melz/Milz ↑Ress¹}: Milzriss, Riss der Milz.

mem [mɛm] <Präp. + best. Art.; m. Dat.> {s. u. ↑met¹}: mit dem, zus. gezogen aus *met dem* (mit dem).

Memm, de [mɛmˑ] <N.; ~e ['mɛmə]; ~che ['mɛmˑçə]> {8.3.1}: Memme, Brust, Busen, **1.** Brustwarze; Mutterbrust. **2. a)** Frauenbrust, Busen [auch: ↑Bross, ↑Mops (4), ↑Titt]; **b)** <Diminutv> Mädchenbrust; kleine Frauenbrüste [auch: ↑Mimm|che²/Mimmel|che, ↑Mitz|che, ↑Titt(er)|che (2)]. **3.** (übertr.) Feigling, Weichei.

Memme(n)|drügg, et [‚mɛmə(n)'dryk] <N.; kein Pl.> {s. u. ↑Memm ↑Drügg; 9.1.4}: (abw.) Frau mit großen Brüsten [auch: ↑Memme|griet].

Memme|griet, et [‚mɛmə'jriˑt] <N.; kein Pl.> {s. u. ↑Memm ↑Griet}: (abw.) Frau mit dicken Brüsten [auch: ↑Memme(n)|drück].

Memme|spektakel, et ['mɛmə‚[pɛk'taːkəl] <N.; o. Pl.> {s. u. ↑Memm}: **1.** außerordentlich stark entwickelte Frauenbrüste, Busen [auch: ↑Memme|spill, ↑Milch|ge|schäff (2), ↑Vör|bau/Vür|~ (2)]. **2.** (übertr.) Frau mit außerordentlich stark entwickeltem Busen [auch: ↑Memme|spill].

Memme|spill, et ['mɛmə‚ʃpɪl] <N.; o. Pl.> {s. u. ↑Memm ↑Spill}: außerordentlich stark entwickelte Frauenbrüste [auch: ↑Memme|spektakel (1), ↑Milch|ge|schäff (2), ↑Vör|bau/Vür|~ (2)].

Memme|stipp|er, der ['mɛmə‚ʃtɪpɐ] <N.; ~> {s. u. ↑Memm}: (scherzh.) BH, Büstenhalter.

mendere/mindere ['mɛnˑdərə / 'mɪnˑdərə] <V.; schw.; han; menderte ['mɛnˑdɐtə]; gemendert [jə'mɛnˑdɐt]> {5.5.2; 9.2.1.2}: mindern, **1.** geringer werden/erscheinen lassen; vermindern, verringern [auch: *winniger maache*]. **2.** <sich m.> weniger werden; sich verringern [auch: *winniger weede*]. **3.** (Stricken): weniger Maschen nehmen, um enger zu stricken, abzunehmen od. zu schließen. (4)

menge ['mɛŋə] <V.; schw.; han; mengte ['mɛŋˑtə]; gemengk [jə'mɛŋˑk]>: mengen, **1.** vermischen. **2.** in der Speise stochern statt richtig zu essen. **3.** Teig/Salat zu einer guter Mischung rühren. **4.** beim Sprechen, Berichten durcheinandermengen, sich unklar ausdrücken. (49)

mengeliere/~eere [mɛŋə'liː(ɐ)rə / -eˑrə] <V.; schw./unr.; han; mengelierte [mɛŋə'liːɐtə]; mengeliert [mɛŋə'liːɐt]> {(5.1.4.3)}: vermengen, vermischen, <Part. I „mengeliert" als Adj.> mischfarbig, gesprenkelt, meliert [auch: ↑ver|mengeliere/~eere]. (3) (2)

Menge|lihr, de ['mɛŋə‚liˑɐ] <N.; o. Pl.> {s. u. ↑Lihr¹}: Mengenlehre.

Menge|rabatt, der ['mɛŋəra‚bat] <N.; ~e> {s. u. ↑Rabatt¹}: Mengenrabatt.

mer¹ [mɐ] <Personalpron. unbetont; 1. Pers. Pl. Nom.> {5.3.2.6}: wir; *Wie kumme m. dohin?* (Wie kommen w. dahin?) *Ha' mer genog?* (Haben w. genug?) [auch: ↑mir¹]. Tbl. P1

mer² [mɐ] <Personalpron. unbetont; 1. Pers. Sg. Dat. von ↑ich> {5.3.2.6}: mir: *du' mer = dun m.* (gib m.) [auch: ↑mir²]. Tbl. P1

mer³ [mɐ] <Indefinitpron.; 3. Pers. Sg. Nom.> {5.3.2.6}: man, in unbetonter, meist enklitischer Stellung: *Dat hät m. dovun!* (Das hat m. davon!).

Mergel, der ['mɛrˌjəl] <N.; kein Pl.>: Mergel, aus Ton u. Kalk bestehender Boden, früher als Düngemittel verwendet.

Merk|bladd, et ['mɛrk‚blat] <N.; ~|blädder; ~|blädd|che> {s. u. ↑Bladd}: Merkblatt.

Merk|boch, et ['mɛrk‚boˑx] <N.; ~|böcher> {s. u. ↑Boch¹}: Merkbuch, Notizbuch.

merke ['mɛrkə] <V.; schw.; han; merkte ['mɛrktə]; gemerk [jə'mɛrk]>: merken, **a)** erkennen, spüren, feststellen [auch: ↑be|merke, ↑fass|stelle (1b); ↑met|krige; *de Nas an jet krige; gewahr wääde/weede*]; **b)** behalten, fest im Gedächtnis halten. (41)

Merk|heff, et ['mɛrk‚hɛf] <N.; ~|hefte> {s. u. ↑Heff¹}: Merkheft.

Merk|sproch, der ['mɛrk‚ʃprox] <N.; ~|spröch> {s. u. ↑Sproch²}: Merkspruch.

Merk|woɵd, et ['mɛrk‚voːt] <N.; ~|wöɵder [-vœˑdə]> {s. u. ↑Woɵd¹}: (Theater) Merkwort, Stichwort für den Einsatz.

Merk|zeddel, der ['mɛrk‚tsɛdəl] <N.; ~e> {s. u. ↑Zeddel}: Merkzettel, Zettel mit kurzen Notizen.

Merk|mol, et ['mɛrk‚moˑl] <N.; ~e> {s. u. ↑Mol²}: Merkmal.

Merlo|stroß ['mɛrloː‚ʃtroˑs] <N.; Straßenn.> {s. u. ↑Stroß}: Merlostraße; Straße in Köln-Neustadt/Nord, benannt nach dem Kölner Kaufmann, Kunstsammler, Heimatforscher u. Dichter Johann Jakob Merlo (*25.10.1810 †27.10.1890).

Merrem ['mɛrəm] <N.; Ortsn.> {5.3.2; 5.5.2}: Merheim (Vorort im Osten Kölns).

Mespel, de ['mespəl] <N.; ~e> {5.5.2}: Mispel, Strauch od. kleiner Baum mit kleinen, birnenförmigen Früchten.

mess|-, Mess|- [mes] <Präfix> {5.5.2}: miss-, Miss-, i. Vbdg. m. V., N. u. Adj.: *~aachte* (~achten), *~gescheck* (~geschick), *~günstig* (~günstig).

Mess¹, der [mes] <N.; kein Pl.> {5.5.2; 8.3.5}: Mist, Dung, Dünger.

Mess², de [mɛs] <N.; ~e> {8.3.1}: Messe, Gottesdienst, Andacht.

Mess³, de [mɛs] <N.; ~e> {8.3.1}: Messe, Ausstellung, Exposition.

Mess⁴, de [mɛs] <N.; ~e> {8.3.1}: Messe, **1.** (auf größeren Schiffen) Speise- u. Aufenthaltsraum der Offiziere, Mannschaften; Schiffskantine. **2.** (auf größeren Schiffen) Tischgesellschaft von Offizieren, Mannschaften.

mess|aachte [mes'|aːxtə] <nicht trennb. Präfix-V.; schw.; *han*; mess|aach [mes'|aːx]> {5.2.1}: missachten, geringschätzen. (1)

Mess|band, et ['mɛs‚bant] <N.; ~|bänder> {s. u. ↑Band¹}: Messband.

Mess|beet, et ['mes‚beˑt] <N.; ~e> {s. u. ↑Mess¹ ↑Beet}: Mistbeet, Frühbeet mit einer Lage Mist, der bei der Zersetzung Wärme abgibt.

Mess|boch, et ['mɛs‚boˑx] <N.; ~|böcher> {s. u. ↑Boch¹}: Messbuch.

Mess|bruch, der ['mesbrʊx] <N.; ~|brüch> {5.3.1}: Missbrauch.

mess|bruche [mes'brʊxə] <nicht trennb. Präfix-V.; schw.; *han*; mess|bruchte [mes'brʊxtə]; mess|bruch [mes'brʊx]> {5.3.1}: missbrauchen, **1. a)** etw. falsch/nicht seiner eigtl. Bestimmung od. seinem eigtl. Verwendungszweck entspr. gebrauchen/benutzen; **b)** etw. in übermäßigem, sich schädlich auswirkendem Maß zu sich nehmen/anwenden. **2.** vergewaltigen. (123)

Mess|deen|er, der ['mɛs‚deˑnɐ] <N.; ~> {5.1.4.3}: Messdiener.

messe¹ ['mɛsə] <V.; st.; *han*; mɵß [mɔˑs]; gemesse [jə'mɛsə]>: messen. (59)

messe² ['mesə] <V.; schw.; *han*; messte ['mestə]; gemess [jə'mes]> {5.5.2}: missen, etw. entbehren, auf etw. verzichten; ***einer/jet god m. künne** (mit jmdm./etw. nichts zu tun haben wollen, jmdn./etw. verabscheuen). (67)

Messe|hall, de ['mɛsə‚halˑ] <N.; ~e [-halə]> {s. u. ↑Hall¹}: Messehalle, Ausstellungshalle.

Messe|katalog, der ['mɛsəkataˌloːx] <N.; ~e [-kataˌloˑʀə]>: Messekatalog.

Messe|neu|heit, de ['mɛsəˌnøyhe͜ɪt] <N.; ~e>: Messeneuheit.

Messer|bänk|che, et ['mɛse͜ɐˌbɛŋkçə] <N.; i. best. Komposita *Messer*, sonst ↑Metz; ~r> {11}: Messerbänkchen.

M̲ess|erfolg, der ['mesˌe͜ɐˌfolf] <N.; ~e [-e͜ɐˌfolˑjə]> {s. u. ↑Erfolg}: Misserfolg.

M̲ess|ernte, de ['mesˌɛrntə] <N.; ~>: Missernte.

Messer|schmidd, der ['mɛse͜ɐˌʃmɪt] <N.; i. best. Komposita *Messer*, sonst ↑Metz; ~e> {11; s. u. ↑Schmidd¹}: Messerschmied.

Messer|schnedd, der ['mɛse͜ɐˌʃnet] <N.; i. best. Komposita *Messer*, sonst ↑Metz; ~e> {11; s. u. ↑Schnedd¹}: Messerschnitt.

Messe|schlager, der ['mɛsəˌʃlaˑʀe] <N.; ~> {s. u. ↑Schlager}: Messeschlager, Messeneuheit.

Messer|spetz, de ['mɛse͜ɐˌʃpets] <N.; i. best. Komposita *Messer*, sonst ↑Metz; ~e> {11; s. u. ↑Spetz}: Messerspitze.

Messe|stand, der ['mɛsəˌʃtant] <N.; ~|ständ [-ʃtɛnˑt]>: Messestand.

Messer|stech|er, der ['mɛse͜ɐˌʃtɛçe] <N.; i. best. Komposita *Messer*, sonst ↑Metz; ~> {11; s. u. ↑Metz}: Messerstecher, Mensch, der bei einer Schlägerei drauflos sticht.

Messer|stech|erei, de [ˌmɛse͜ɐʃtɛçə'reːɪ] <N.; i. best. Komposita *Messer*, sonst ↑Metz; ~e [-ə'reɪə]> {11; s. u. ↑Metz}: Messerstecherei, blutige Schlägerei.

m̲ess|falle [mes'falə] <nicht trennb. Präfix-V.; st.; *han*; m̲ess|feel [mes'feːl]; m̲ess|falle [mes'falə]>: missfallen, nicht gefallen. (64)

M̲ess|falle, et ['mesˌfalə] <N.; kein Pl.>: Missfallen.

M̲ess|fink, der ['mesˌfɪŋk] <N.; ~e> {s. u. ↑Mess¹}: Schmutzfink, äußerlich od. innerlich unreiner Mensch, sittlich unsaubere Person [auch: ↑Dreck|knüsel, ↑Dreck|lavum, ↑Puddel, ↑Knüsel, ↑Dreck|sau (1), ↑Dreck|schwaad, ↑Schlunz].

m̲ess|fuul [mes'fuːl] <Adj.; ~e> {s. u. ↑Mess¹ ↑fuul}: mistfaul, durch u. durch faul, überaus träge. Tbl. A2.2

M̲ess|gaffel, de [mesˌjafəl] <N.; ~e> {s. u. ↑Mess¹ ↑Gaffel¹}: Mistgabel, langstieliges Gerät mit drei od. vier Zinken zum Aufnehmen des Mistes.

M̲ess|geburt/~|geboot, de ['mesjəˌbuːɐt / -jə'boːt] <N.; ~e> {(5.2.1.1; 5.4)}: Missgeburt, Person mit angeborener Missbildung (derbes Schimpfw.).

M̲ess|gerät, et ['mesjəˌrɛˑt] <N.; ~e>: Messgerät.

M̲ess|gescheck, et ['mesjəˌʃek] <N.; ~e> {5.5.2}: Missgeschick, 1. ungünstiges, widerwärtiges Schicksal. 2. Ungeschick, Gegensatz zu Geschicklichkeit.

M̲ess|gestalt, de ['mesjəˌʃtalt] <N.; ~e>: Missbildung, verwachsene Figur.

Mess|gewand, et ['mɛsjəˌvant] <N.; ~|gewänder [-jəvɛnˑdə]>: Messgewand.

m̲ess|glöcke [mes'jløkə] <nicht trennb. Präfix-V.; schw.; *han*; m̲ess|glöckte [mes'jløktə]; m̲ess|glöck [mes'jløk]> {5.5.1}: missglücken, nicht gelingen [auch: ↑mess|linge, *en de Botz gonn*]. (88)

m̲ess|gönne [mes'jønə] <nicht trennb. Präfix-V.; unr./schw.; *han*; m̲ess|gönnt [mes'jønt]; m̲ess|gonnt/~|gönnt [mes'jont / -'jønt]> {5.5.1}: missgönnen, jmdm. etw. neiden/nicht gönnen. (84)

M̲ess|greff, der ['mesˌjref] <N.; ~e> {5.5.2}: Missgriff, Fehlgriff; Versehen, Irrtum.

M̲ess|guns, de ['mesˌjʊns] <N.; kein Pl.> {8.3.5}: Missgunst, Abneigung; Neid.

m̲ess|günstig ['mesˌjʏnstɪç] <Adj.; ~e; ~er, ~ste>: missgünstig, neidisch. Tbl. A5.2

m̲ess|handele [mes'hanˑdələ] <nicht trennb. Präfix-V.; schw.; *han*; m̲ess|handelte [mes'hanˑdəltə]; m̲ess|handelt [mes'hanˑdəlt]> {9.2.1.2}: misshandeln, roh, brutal behandeln/vorgehen. (6)

M̲ess|handl|ung, de [mes'hanˑtlʊŋ] <N.; ~e>: Misshandlung.

M̲ess|haufe, der ['mesˌhoʊfə] <N.; ~> {s. u. ↑Mess¹}: Misthaufen.

M̲ess|hierod, de ['meshiːrɔt] <N.; kein Pl.> {5.1.4.5; 6.11.3}: Missheirat, verfehlte, unglückliche Heirat.

M̲ess|hoke, der ['mesˌhoˑkə] <N.; ~> {s. u. ↑Mess¹ ↑Hoke}: Misthaken, zweizinkiges Eisen mit Stiel zum Heraus- od. Herabziehen des Mistes.

M̲ess|hungk, der ['mesˌhʊŋk] <N.; ~|hüng [-hyŋˑ]> {s. u. ↑Mess¹ ↑Hungk}: (Schimpfw.) Misthund, Mistkerl.

Messing|bedd, et ['mɛsɪŋˌbɛt] <N.; ~er> {s. u. ↑Bedd}: Messingbett.

Messing|droht, der ['mɛsɪŋˌdrɔˑt] <N.; ~|dröht> {s. u. ↑Droht}: Messingdraht.

Messing|greff, der ['mɛsɪŋˌjref] <N.; ~e> {s. u. ↑Greff}: Messinggriff.

Messing|scheld/~|schild, et ['mɛsɪŋˌʃelt / -ʃɪlt] <N.; ~er> {s. u. ↑Scheld¹/Schild¹}: Messingschild.

Mess|kääl, der ['mes̩kɛːl] <N.; ~s [-kɛ·ls]> {s. u. ↑Mess¹ ↑Kääl}: Mistkerl.

Mess|kaar, de ['mes̩kaˑ(ɐ)] <N.; ~e> {s. u. ↑Mess¹ ↑Kaar}: Mistkarre.

Mess|kevver, der ['mes̩kevɐ] <N.; ~> {s. u. ↑Mess¹ ↑Kevver}: Mistkäfer.

Mess|klang, der ['mes̩klaŋ] <N.; ~|kläng [-klɛŋ·]> {s. u. ↑Klang}: Missklang.

Mess|kredit, der ['meskreˌdɪt] <N.; o. Pl.>: Misskredit, in den Wendungen: *en M. bränge* (in M. bringen; in schlechten Ruf bringen); *en M. kumme/gerode* (in M. kommen/geraten; an Ansehen verlieren; in Verruf kommen).

Mess|kuhl/~|kuul, de ['mes̩kuˑl] <N.; ~e> {s. u. ↑Mess¹}: Mistkuhle, Düngergrube, Jauchegrube.

Mess|küvvel, der ['mes̩kyvəl] <N.; ~e> {s. u. ↑Mess¹ ↑Küvvel}: Mistkübel.

Mess|latt, de ['mɛs̩lat] <N.; ~e> {s. u. ↑Latt}: Messlatte.

Mess|laut, der ['mes̩lɔʊt] <N.; ~e> {s. u. ↑Laut}: Misslaut, unschöner, falscher Laut.

mess|lich ['meslɪŋ] <Adj.; ~e; ~er, ~ste> {5.5.2}: misslich, **1. a)** bedenklich, ungewiss, schwierig; **b)** unangenehm, widerwärtig. **2.** verdrießlich, ärgerlich.   Tbl. A1

Mess|lich|keit, de ['meslɪŋˌkeɪt] <N.; ~e> {5.5.2}: Misslichkeit, Unannehmlichkeit.

mess|linge [mes'lɪŋə] <nicht trennb. Präfix-V.; st.; *sin*; mess|lung [mes'lʊŋ·]; mess|lunge [mes'lʊŋə]>: misslingen [auch: ↑mess|glöcke, *en de Botz gonn*].   (26)

Mess|mod, der ['mesmoˑt] <N.> {5.4; 6.11.3}: Missmut.

mess|mod|ig ['mesmoˑdɪŋ] <Adj.; ~e; ~er, ~ste {5.4; 6.11.3}>: missmutig, schwermütig, verdrießlich [auch: ↑gras|öhr|ig/~|ühr|~, *schlääch gesennt*].   Tbl. A5.2

mess|naaß ['mes'naːs] <Adj.; ~e> {s. u. ↑Mess¹ ↑naaß}: mistnass, durch u. durch nass; ganz durchnässt, (wörtl.) mistnass.   Tbl. A1

Mess|offer, et ['mɛs̩ɔfɐ] <N.; ~e> {s. u. ↑Offer}: Messopfer.

mess|rode [mes'roˑdə] <nicht trennb. Präfix-V.; st.; *sin*; mess|reedt [mes're:t]; mess|rode [mes'roˑdə]> {5.5.3; 6.11.3}: missraten [auch: ↑un|ge|rode].   (36)

Mess|schöpp, de ['mes̩ʃøp] <N.; ~e> {s. u. ↑Mess¹ ↑Schöpp}: Mistschaufel.

Mess|stab/~|stav, der ['mes̩ʃtaːp / -ʃtaːf] <N.; ~|stäb/ ~|stäv [-ʃtɛ·p / -ʃtɛ·f]> {s. u. ↑messe¹ ↑Stab/Stav}: Messstab, Stab mit Maßeinteilung.

Mess|stand, der ['mes̩ʃtant] <N.; ~|ständ [-ʃtɛn·t]>: Missstand.

Mess|stimm|ung, de ['mes̩ʃtɪmʊŋ] <N.; ~e> {5.5.2}: Missstimmung.

Mess|stöck, et ['mes̩ʃtøk] <N.; ~/~e/~er> {s. u. ↑Mess¹ ↑Stöck}: Miststück.

Mess|ton, der ['mes̩toːn] <N.; ~|tön [-tøˑn]> {s. u. ↑Ton¹}: Misston, unharmonischer Ton.

mess|traue [mes'traʊə] <nicht trennb. Präfix-V.; schw.; *han*; mess|traute [mes'traʊ·tə]; mess|traut [mes'traʊ·t]>: misstrauen, nicht trauen.   (11)

Mess|traue, et ['mestraʊə] <N.> {s. u. ↑traue}: Misstrauen.

Mess|trauens|aan|drag, der ['mestraʊənsˌaːndraːx] <N.; ~|dräg [-drɛ·ŋ]> {s. u. ↑mess|traue ↑Aan|drag}: Misstrauensantrag.

mess|trau|isch ['mestraʊɪʃ] <Adj.; ~e; ~er, ~ste>: misstrauisch, ohne rechtes Zutrauen.   Tbl. A1

Mess|veeh/~|veech, et ['mes̩feˑ / -feˑŋ] <N.; ~|veecher [-feˑŋə]> {s. u. ↑Mess¹ ↑Veeh/Veech}: Mistvieh.

Mess|ver|fahre, et ['mesfɐfaːrə] <N.; ~> {s. u. ↑messe¹}: Messverfahren.

Mess|ver|gnöge, et ['mesfɐˌɡnøˑjə] <N.; o. Pl.> {s. u. ↑Ver|gnöge}: Missvergnügen, Unzufriedenheit.

Mess|ver|häld|nis, et ['mesfɐˌhɛltnɪs] <N.; ~se> {s. u. ↑Ver|häld|nis}: Missverhältnis.

Mess|verstand, der ['mesfɐʃtant] <N.; kein Pl.>: Missverständnis, irrige Auffassung.

mess|ver|ständ|lich ['mesfɐˌʃtɛntlɪŋ] <Adj.; ~e; ~er, ~ste>: missverständlich.   Tbl. A1

mess|verstonn ['mesfɐʃtɔn] <nicht trennb. Präfix-V.; st.; *han*; mess|verstundt ['mesfɐʃtʊnt]; mess|verstande ['mesfɐʃtandə]> {5.3.4; 8.2.2.3}: missverstehen.   (185)

Mess|wäät, der ['mɛs̩vɛːt] <N.; ~e> {s. u. ↑messe¹ ↑Wäät}: Messwert.

Mess|wage, der ['mɛs̩vaˑʀə] <N.; ~> {s. u. ↑messe¹ ↑Wage}: Messwagen.

Mess|wedder, et ['mes̩vedɐ] <N.; kein Pl.> {s. u. ↑Mess¹ ↑Wedder}: Mistwetter.

Mess|wing, der ['mɛs‚vɪŋ] <N.; ~e (Sortenpl.)> {s. u. ↑Wing¹}: Messwein.

meste ['mestə] <V.; schw.; han; gem**e**ss [jə'mes]> {5.5.2}: misten, **1.** ausmisten. **2.** mit Mist düngen. (68)

Mestel, de ['mestəl] <N.; ~e> {5.5.2}: Mistel, auf Bäumen schmarotzende Pflanze mit kleinen gelben Blüten u. weißen, beerenartigen Früchten; beliebter Schmuck zu Weihnachten.

Mestel|zwig/~|zweig, der ['mestəl‚tsvɪŋ / -tsveɪŋ] <N.; ~e> {s. u. ↑Mestel ↑Zwig ↑Zweig}: Mistelzweig.

Meste|pohl, der ['mestə‚poˑl] <N.; ~|pöhl> {9.1.1; s. u. ↑Mess¹ ↑Pohl¹}: Mistpfuhl, **1.** Jauchegrube. **2.** Jauche.

met¹ [met] <Präp.; m. Dat.> {5.5.2}: mit, **a)** Art u. Weise: *met Vollgas gäge de Muur fahre* (mit Vollgas gegen die Mauer fahren); **[RA]** *mem Radd erus sin* (unterwegs sein); **b)** (zeitlich) in dem Augenblick, gleichzeitig: *M. der Zigg krige mer dat och.* (M. der Zeit kriegen wir das hin.); **c)** in Begleitung, enger Gemeinschaft, Verbundenheit: *Hä kom m. singer Frau.* (Er kam m. seiner Frau.); **d)** mittels eines Dinges/ einer Person: *Dat kriss de nor m. der Woozelsböösch rein.* (Das bekommst du nur m. der Wurzelbürste sauber.); **e)** bei Höchststeigerung: *m. de beste Arbeid* (eine der besten Arbeiten).

met² [met] <Adv.> {5.5.2}: mit, auch, neben anderem: *Dat gehööt m. bei ding Arbeid.* (Das gehört m. zu deiner Arbeit.).

met|-, Met|- [met] <Präfix> {5.5.2}: mit-, Mit-, i. Vbdg. m. V., N. u. Adj.: *~maache* (~machen), *~glidd* (~glied), *~leidig* (~leidig).

Metall|arbeid, de [met'al‚arbeɪ̯t] <N.; ~e> {s. u. ↑Arbeid}: Metallarbeit, Erzeugnis aus Metall.

Metall|arbeid|er, der [met'al‚arbeɪ̯də] <N.; ~> {s. u. ↑Arbeid|er}: Metallarbeiter.

Metall|geeß|er, der [met'al‚jesɐ] <N.; ~> {s. u. ↑geeße}: Metallgießer.

Metall|geeß|er|ei, de [met'aljesə‚reɪ̯] <N.; ~e [-eɪ̯ə]> {s. u. ↑geeße}: Metallgießerei.

Metall|kund, de [me'tal‚kʊnt] <N.; o. Pl.>: Metallkunde; Metallogie.

Metall|schiev, de [me'tal‚ʃiˑf] <N.; ~e> {s. u. ↑Schiev}: Metallscheibe.

Metall|steff, der [me'tal‚ʃtef] <N.; ~|stefte> {s. u. ↑Steff²}: Metallstift.

Metall|striefe/~|streife, der [me'tal‚ʃtriːfə / -ʃtreɪ̯fə] <N.; ~> {s. u. ↑Striefe/Streife}: Metallstreifen.

Metall|zigg, de [me'tal‚tsɪk] <N.; o. Pl.> {s. u. ↑Zigg}: Metallzeit, vorgeschichtliche Periode nach der Steinzeit.

Met|arbeid, de ['medar‚beɪ̯t] <N.; o. Pl.> {6.11.3}: Mitarbeit.

met|arbeide ['met‚arbeɪ̯də / 'medar‚beɪ̯də] <trennb. Präfix-V.; schw.; han; arbeidte m. ['arbeɪ̯tə]; ~|gearbeidt [-jə|arbeɪ̯t]> {6.11.3}: mitarbeiten. (197)

Met|arbeider, der ['medar‚beɪ̯dɐ] <N.; ~> {6.11.3}: Mitarbeiter.

Meta|sproch, de ['meta‚ʃprɔːx] <N.> {s. u. ↑Sproch¹}: (Sprachw.) Metasprache, Sprache od. Symbolsystem, das dazu dient, eine andere Sprache od. ein Symbolsystem zu beschreiben od. zu analysieren.

Metastas, de [‚metas'taˑs] <N.; ~e ⟨griech. metástasis⟩> {8.3.1}: Metastase; Tochtergeschwulst.

met|baue ['met‚boʊə] <trennb. Präfix-V.; schw.; han; baute m. ['boʊ̯tə]; ~|gebaut [-jə‚boʊ̯t]>: mitbauen. (11)

met|beede ['metbe‚də] <trennb. Präfix-V.; st.; han; bodd m. [bot]; ~|gebodde [-jəbodə]> {5.1.4.3; 6.11.3}: mitbieten, gleichzeitig bieten. (15)

Met|be|gründ|er, der ['metbə‚jrʏnˑdɐ] <N.; ~>: Mitbegründer.

Met|be|setz, der ['metbə‚zets] <N.; kein Pl.> {s. u. ↑Be|setz}: Mitbesitz.

Met|be|setz|er, der ['metbə‚zetsɐ] <N.; ~> {s. u. ↑Be|setz|er}: Mitbesitzer.

met|bestemme ['metbə‚ʃtemə] <trennb. Präfix-V.; schw.; han; bestemmte m. [bə'ʃtemˑtə]; ~|bestemmp [-bəʃtemˑp]> {5.5.2}: mitbestimmen. (40)

Met|be|stemm|ung, de ['metbə‚ʃtemʊŋ] <N.; ~e> {5.5.2}: Mitbestimmung.

Met|be|stemm|ungs|ge|setz, et ['metbəʃtemʊŋsjə‚zets] <N.; ~e> {s. u. ↑Be|stemm|ung ↑Ge|setz}: Mitbestimmungsgesetz.

Met|be|stemm|ungs|rääch, et ['metbəʃtemʊŋs‚rɛːʃ] <N.; ~te> {s. u. ↑Be|stemm|ung ↑Rääch}: Mitbestimmungsrecht.

Met|be|werv|er/~|wirv|~, der ['met‚bəverˑvə / -vɪrˑvə-] <N.; ~> {s. u. ↑be|werve/~|wirve}: Mitbewerber.

Met|be|wonn|er, der ['metbə‚vonɐ] <N.; ~> {s. u. ↑wonne}: Mitbewohner.

m**et**|**bränge** ['metbrɛŋə] <trennb. Präfix-V.; unr.; *han*; braht m. [braːt]; ~|gebraht [-jəbraːt]> {5.4}: mitbringen, **1.** jmdm. etw. zum Geschenk geben. **2.** bei sich haben (Geld, Schreibzeug, einen Begleiter). (33)

Met|**bräng**|**sel**, et ['met‚brɛŋˑzəl] <N.; ~> {s. u. ↑bränge}: Mitbringsel.

Met|**bürger**, der ['met‚bʏrˑjɐ] <N.; ~> {s. u. ↑Bürger}: Mitbürger.

m**et**|**deile** ['metdeɪˑlə] <trennb. Präfix-V.; schw.; *han*; deilte m. ['deɪltə]; ~|gedeilt [-jədeɪlt]> {6.11.1}: mitteilen, benachrichtigen, verkünden. (45)

Met|**deil**|**ung**, de ['met‚deɪlʊŋ] <N.; ~e> {6.11.1}: Mitteilung.

Met|**deil**|**ungs**|**be**|**dürf**|**nis**/~|**dörf**|~, et ['metdeɪlʊŋs‚bə‚dʏrfnɪs / -dørf-] <N.; o. Pl.> {s. u. ↑dürfe/ dörfe 6.11.1}: Mitteilungsbedürfnis.

Met|**deil**|**ungs**|**drang**, der ['metdeɪlʊŋs‚draŋ] <N.; o. Pl.> {s. u. ↑m**et**|deile}: Mitteilungsdrang.

m**et**|**denke** ['metdɛŋkɐ] <trennb. Präfix-V.; unr.; *han*; daach m. [daːx]; ~|gedaach [-jədaːx]>: mitdenken. (46)

m**et**|**dörfe**/~|**dürfe** ['metdørfə (-dørvə) / -dʏrfə (-dʏrvə)] <trennb. Präfix-V.; unr.; *han*; dorf m. [dɔrf]; ~|gedorf [-jədorf]> {5.5.1}: mitdürfen, mitgehen/-kommen/-fahren dürfen. (47)

m**et**|**dun** ['metdʊn] <trennb. Präfix-V.; unr.; *han*; dät m. [dɛːt]; ~|gedon [-jədɔn]> {5.3.2.5; 6.11.1}: **1.** teilnehmen, mitmachen. **2.** mitgeben, dazu tun. (53)

Meteor, der (selten: et) [‚meteˈjoˑɐ] <N.; ~e ⟨griech. metéoron⟩>: Meteor.

m**et**|**er**|**levve** ['metǀɛɐ‚levə] <trennb. Präfix-V.; unr.; *han*; er|lävte m. [ɛɐˈlɛːftə]; ~|er|läv [-ǀɛɐ‚lɛːf]> {5.3.2; 5.5.2; 6.1.1}: miterleben. (22)

Meter|**moß**, et ['meˑtɐ‚mɔˑs] <N. ~e> {s. u. ↑Moß}: Metermaß.

Meter|**war**, de ['meˑtɐ‚vaːɐ̯] <N.; o. Pl.> {s. u. ↑War}: Meterware.

m**et**|**esse** ['metǀɛsə] <trennb. Präfix-V.; st.; *han*; ǫß m. [ɔˑs]; ~|gegesse [-jəǀɛsə]>: mitessen, **1.** am Essen teilnehmen; **[RA]** *Kumm eren un ess jet met!* (Zur Begrüßung); *Wells de m.?* (Willst du m.?). **2.** ebenfalls verzehren; etw. Bestimmtes mitessen: *Hä hät de Speiseverzierung metgegesse.* (Er hat die Dekoration mitgegessen.). (59)

Met|**ess**|**er**, der ['metǀɛsɐ] <N.; ~>: Mitesser, **1.** Pickel. **2.** scherzh. Gast, einquartierte Person.

m**et**|**fahre** ['metfaːrə] <trennb. Präfix-V.; st.; *sin*; fuhr/fohr m. [fuˑɐ̯ / foˑɐ̯]; ~|gefahre [-jəfaːrə]>: mitfahren. (62)

Met|**fahr**|**er**, der ['met‚faːrɐ] <N.; ~> {s. u. ↑Fahr|er}: Mitfahrer.

Met|**fahr**|**ge**|**läge**(**n**)|**heit**, de ['metfaː(ɐ̯)jə‚lɛˑjənheɪt] <N.; ~e> {5.4; 9.1.4}: Mitfahrgelegenheit.

Met|**fahrt**, de ['met‚faːt] <N.; ~e> {s. u. ↑Fahrt}: Mitfahrt.

m**et**|**finanziere**/~**eere** ['metfɪnan‚tsiˑ(ɐ̯)rə / -eˑrə] <trennb. Präfix-V.; schw./unr.; *han*; finanzierte m. [fɪnanˈtsiˑɐtə]; ~|finanziert [-fɪnan‚tsiˑɐt] ⟨frz. financer⟩> {(5.1.4.3)}: mitfinanzieren, sich an der Finanzierung von etw. beteiligen. (3) (2)

m**et**|**fleege** ['metfleˑjə] <trennb. Präfix-V.; st.; *sin*; flog m. [floˑx]; ~|gefloge [-jəfloˑʀə]> {5.1.4.3}: mitfliegen. (16)

m**et**|**föhle** ['metføˑlə] <trennb. Präfix-V.; schw./unr.; *han*; föhlte/fohlt m. ['føˑltə / foˑlt]; ~|geföhlt/~|gefohlt [-jəføˑlt / -jəfoˑlt]> {5.4}: mitfühlen, mitempfinden. (73)

m**et**|**föhre**/~|**führe** ['metfø(ɐ̯)rə / -fy(ɐ̯)rə] <trennb. Präfix-V.; unr./st./schw.; *han*; föhte/foht m. ['føˑtə / foːt]; ~|geföht/~|gefoht [-jəføˑt / -jəfoːt]> {5.4}: mitführen, mithaben, dabeihaben. (74) (31)

Met|**ge**|**fangene**, der u. de ['metjə‚faŋənə] <N.; subst. Adj.; ~> {s. u. ↑Ge|fangene}: Mitgefangene.

Met|**geff**, de ['metjef] <N.; kein Pl.> {5.5.2; 8.3.5}: Mitgift.

Met|**geff**|**jäg**|**er**, der ['metjef‚jɛˑjɐ] <N.; ~> {s. u. ↑Jäg|er}: Mitgiftjäger.

Met|**geföhl**, et ['metjə‚føˑl] <N.; o. Pl.> {5.4}: Mitgefühl.

m**et**|**ge**|**nomme** ['metjənomə] <Adj.; Part. II von ↑m**et**|nemme; ~> {5.5.1}: mitgenommen, verbraucht, ramponiert: *Der Pitter süht hügg ärg m. us.* (Peter sieht heute recht m. aus.). Tbl. A3.2

m**et**|**gevve** ['metjevə] <trennb. Präfix-V.; st.; *han*; gǫv m. [jɔˑf]; ~|gegovve/~|gegevve [-jəjovə / -jəjevə]> {5.3.4; 5.5.2; 6.1.1}: mitgeben. (81)

Met|**gleed**/~|**glidd**, et ['metjleˑt / -jlɪt] <N.; ~er> {5.1.4.3/ 5.3.4}: Mitglied.

Met|**gleed**|**er**|**liss**/~|**glidd**|~, de ['metjleˑdɐ‚lɪs / -jlɪd-] <N.; ~|liste> {s. u. ↑Met|gleed/~|glidd ↑Liss}: Mitgliederliste.

Met|**gleed**|**er**|**ver**|**samml**|**ung**/~|**glidd**|~, de ['metjleˑdɐfɐ‚zamlʊŋ / -jlɪd-] <N.; ~e> {s. u. ↑Met|gleed/~|glidd}: Mitgliederversammlung.

Met|gleed|er|zahl/~|glidd|~, de ['metˌleˑdɐˌtsaˑl / -ˌlɪd-] <N.; ~e> {s. u. ↑**Met|gleed/~|glidd** ↑**Zahl**}: Mitgliederzahl.

Met|gleeds|bei|drag/~|glidds|~, der ['metˌleˑtsˌbeɪdraːx / -ˌlɪts-] <N.; ~|dräg [-drɛˑfj]> {s. u. ↑**Met|gleed/~|glidd** ↑**Bei|drag**}: Mitgliedsbeitrag.

Met|gleed|schaff/~|glidd|~, de ['metˌleˑtˌʃaf / -ˌlɪt-] <N.; ~|schafte> {s. u. ↑**Met|gleed/~|glidd**}: Mitgliedschaft.

Met|gleeds|kaat/~|glidds|~, de ['metˌleˑtsˌkaːt / -ˌlɪts-] <N.; ~e> {s. u. ↑**Met|gleed/~|glidd** ↑**Kaat**}: Mitgliedskarte.

Met|gleeds|land/~|glidds|~, et ['metˌleˑtsˌlant / -ˌlɪts-] <N.; ~|länder> {s. u. ↑**Met|gleed/~|glidd**}: Mitgliedsland.

Met|gleeds|staat/~|glidds|~, der ['metˌleˑtsˌʃtaˑt / -ˌlɪts-] <N.; ~e> {s. u. ↑**Met|gleed/~|glidd** ↑**Staat**¹}: Mitgliedstaat.

Met|gleeds|us|weis/~|glidds|~, der ['metˌleˑtsˌʊsviːs / -ˌlɪts-] <N.; ~e> {s. u. ↑**Met|gleed/~|glidd** ↑**Us|wies**}: Mitgliedsausweis.

Met|glidd/~|gleed, et ['metˌlɪt / -ˌleˑt] <N.; ~er> {5.3.4/ 5.1.4.3}: Mitglied.

met|gonn ['metˌɟɔn] <trennb. Präfix-V.; st.; sin; ging m. [ɟɪŋ]; ~|gegange [-ɟəˌɟaŋə]> {5.3.4; 8.2.2.3}: mitgehen, mitkommen, begleiten. (83)

met|halde ['methaldə] <trennb. Präfix-V.; st.; han; heeldt m. [heːlt]; ~|gehalde [-ɟəhaldə]> {6.11.3}: mithalten, mitmachen. (90)

met|helfe ['methɛlfə] <trennb. Präfix-V.; st.; han; holf m. [holf]; ~|geholfe [-ɟəholfə]>: mithelfen. (97)

Met|helf|er, der ['metˌhɛlfɐ] <N.; ~>: Mithelfer. **1.** Helfer. **2.** Mittäter.

Method, de [meˈtoˑt] <N.; ~e ⟨spätlat. methodus < griech. méthodos⟩> {8.3.1}: Methode.

met|hüre/~|höre ['methy:(ɐ̯)rə / -hø:(ɐ̯)rə] <trennb. Präfix-V.; Formen mischbar; schw./unr.; han; hürte/hoot m. ['hyˑɐtə / 'hoˑt]; ~|gehürt/~|gehoot [-ɟəhyˑɐt / -ɟəhoːt]> {5.4}: mithören. (21) (179)

Met|in|hab|er, der ['medɪnˌhaˑbɐ / 'metˌɪnhaˑbɐ] <N.; ~>: Mitinhaber.

Met|kämf|er, der ['metˌkɛmfɐ] <N.; ~> {s. u. ↑**Kämf|er**}: Mitkämpfer.

met|krige ['metkrɪɟə] <trennb. Präfix-V.; unr.; han; kräg/ kräht m. [krɛːfj / krɛːt]; ~(|ge)kräge/~|gekräg/~|gekräht [-(ɟə)ˌkrɛːɟə / -ɟəˌkrɛːfj / -ɟəˌkrɛːt]> {5.3.4.1}: mitkriegen, mitbekommen, bemerken, merken, wahrnehmen [auch: ↑**be|merke**, ↑**fass|stelle** (1b); ↑**merke** (a); *de Nas an jet krige*; gewahr wääde/weede]. (117)

met|kumme ['metkʊmə] <trennb. Präfix-V.; st.; sin; kom m. [koˑm]; ~(|ge)kumme [-(ɟə)ˌkʊmə]> {5.4}: mitkommen, mitgehen, begleiten. (120)

met|künne ['metkynə] <trennb. Präfix-V.; unr.; han; kunnt m. [kʊnt]; ~|gekunnt [-ɟəkʊnt]> {5.4}: mitkönnen, mitdürfen. (121)

met|laufe ['metloʊfə] <trennb. Präfix-V.; st.; sin; leef m. [leˑf]; ~|gelaufe [-ɟəloʊfə]>: mitlaufen. (128)

Met|läufer, der ['metløʏfɐ] <N.; ~>: Mitläufer, Jasager.

Met|laut, der ['metˌloʊt] <N.; ~e ⟨lat. (littera) consonans)⟩> {s. u. ↑**Laut**}: Mitlaut, Konsonant.

Met|leid, et ['metleɪt] <N.; kein Pl.>: Mitleid.

met|leid|ig ['metlɛrˑdrɪfj] <Adj.; i. best. Komposita *-leid-*, sonst ↑**ligge**; ~e; ~er, ~ste> {11}: mitleidig, mitfühlend, teilnahmsvoll. Tbl. A5.2

met|lese ['metlezə] <trennb. Präfix-V.; st.; han; los m. [lɔˑs]; ~|gelese [-ɟəlezə]> {5.3.4.1; 5.5.2}: mitlesen. (130)

met|ligge ['metlɪɟə] <trennb. Präfix-V.; unr.; han; ledt m. [let]; ~|geledde [-ɟələdə]> {5.3.4; 6.6.2}: mitleiden, mitfühlen. (133)

met|livvere ['metlɪvərə] <trennb. Präfix-V.; schw.; han; livverte m. ['lɪvɐtə]; ~|gelivvert [-ɟəlɪvɐt]> {5.3.4; 6.5.2; 9.2.1.2}: mitliefern. (4)

met|maache ['metmaːxə] <trennb. Präfix-V.; unr.; han; maht m. [maːt]; ~|gemaht [-ɟəmaːt]> {5.2.1}: mitmachen, **1.** bei etw. mitmachen, teilnehmen an etw. **2.** erleben, erleiden. (136)

Met|minsch, der ['metmɪnʃ] <N.; ~e> {5.4}: Mitmensch.

met|mische ['metmɪʃə] <trennb. Präfix-V.; schw.; han; mischte m. ['mɪʃtə]; ~|gemisch [-ɟəmɪʃ]>: mitmischen, mitmachen. (110)

met|müsse ['metmʏsə] <trennb. Präfix-V.; unr.; han; moot m. [mɔːt]; ~|gemoot [-ɟəmɔːt]>: mitmüssen. (142)

met|nemme ['metnemə] <trennb. Präfix-V.; st.; han; nohm m. [noˑm]; ~|genomme [-ɟənomə]> {5.3.4; 5.5.2}: mitnehmen. (143)

met|rauche ['metroʊxə] <trennb. Präfix-V.; schw.; han; rauchte m. ['roʊxtə]; ~|gerauch [-ɟəroʊx]>: mitrauchen, **a)** zusammen rauchen; **b)** passiv rauchen. (123)

met|rechne ['metrɛfjnə] <trennb. Präfix-V.; schw.; han; rechente m. ['rɛfjəntə]; ~|gerechent [-ɟərɛfjənt]>: mitrechnen, **1.** gleichzeitig mit einem anderen eine Rechnung ausführen. **2.** jmdn./etw. einbeziehen/berücksichtigen [auch: ↑en|be|trecke, ↑en|rechne]. (150)

met|reise ['metreɪ̯·zə] <trennb. Präfix-V.; schw.; *sin*; reiste m. ['reɪ̯·stə]; ~|gereis [-jəreɪ̯·s]>: mitreisen. (149)

met|rieße ['metri:sə] <trennb. Präfix-V.; st.; *han*; ress m. [res]; ~|geresse [-jəresə]> {5.1.4.5}: mitreißen. (25)

met|schleife ['metʃleɪ̯fə] <trennb. Präfix-V.; schw.; *han*; schleifte m. ['ʃleɪ̯ftə]; ~|geschleif [-jəʃleɪ̯f]>: mitschleifen, mitschleppen. (108)

Met|schnedd, der ['met‚ʃnet] <N.; ~(e)> {s. u. ↑Schnedd¹}: Mitschnitt, Aufzeichnung.

met|schnigge ['metʃnɪɡə] <trennb. Präfix-V.; st.; *han*; schnedt m. [ʃnet]; ~|geschnedde [-jəʃnedə]> {5.3.4; 6.6.2}: mitschneiden, (bes. Rundf., Ferns.) (eine Sendung od. Ä. zum Zwecke beliebiger Reproduzierbarkeit) aufzeichnen, auf Band aufnehmen. (133)

Met|schold, de ['metʃolt] <N.; o. Pl.> {5.5.1}: Mitschuld.

met|schrieve ['metʃriːvə] <trennb. Präfix-V.; st.; *han*; schrevv m. [ʃref]; ~|geschrevve [-jəʃrevə]> {5.1.4.5; 6.1.1}: mitschreiben, **1.** etw. anhören u. zugleich niederschreiben; <o. Akk.-Obj.> *Hä dät versöke metzeschrieve.* (Er versuchte mitzuschreiben.). **2.** an einer schriftl. (Prüfungs)arbeit teilnehmen: *de Klausure m.* (die Klausuren m.). (51)

Met|schül|er, der ['met‚ʃyːlə] <N.; ~>: Mitschüler.

met|schwinge ['metʃvɪŋə] <trennb. Präfix-V.; st.; *han*; schwung m. [ʃvʊŋ]; ~|geschwunge [-jəʃvʊŋə]>: mitschwingen. (26)

met|singe ['metzɪŋə] <trennb. Präfix-V.; st.; *han*; sung m. [zʊŋ]; ~|gesunge [-jəzʊŋə]>: mitsingen. (26)

met|solle ['metzolə] <trennb. Präfix-V.; unr.; *han*; sollt m. [zolt]; ~|gesollt [-jəzolt]> {5.5.1}: mitsollen, mitdürfen, mitkönnen. (177)

met|spille ['met‚ʃpɪlə] <trennb. Präfix-V.; schw.; *han*; spillte m. ['ʃpɪltə]; ~|gespillt [-jəʃpɪlt]> {5.3.4}: mitspielen, **1.** sich an einem Spiel beteiligen. **2.** jmdm. übel mitspielen/hart zusetzen. (91)

Met|spill|er, der ['met‚ʃpɪlə] <N.; ~> {s. u. ↑Spill|er}: Mitspieler.

met|spreche ['metʃprɛʃə] <trennb. Präfix-V.; st.; *han*; sproch m. [ʃproːx]; ~|gesproche [-jəʃproxə]>: mitsprechen, mitreden. (34)

Met|sproch, de ['met‚ʃproːx] <N.; o. Pl.> {s. u. ↑Sproch¹}: Mitsprache.

Met|sprochs|rääch, et ['met‚ʃproːxs‚rɛːʃ] <N.; o. Pl.> {s. u. ↑Sproch¹ ↑Rääch}: Mitspracherecht.

Mett¹, de [mɛt] <N.; o. Pl.> {8.3.1}: Christmette.

Mett², et [mɛt] <N.; o. Pl. ⟨mniederd. met = (gehacktes) Schweinefleisch ohne Speck < asächs. meti = Speise; mhd., ahd maz⟩>: Mett, Hackfleisch vom Schwein, das (mit Gewürzen vermischt) roh gegessen wird.

Met|tät|er, der ['mɛttɛ·tə] <N.; ~>: Mittäter.

met|trecke ['mettrɛkə] <trennb. Präfix-V.; st.; *han*; trok m. [troːk]; ~|getrocke [-jətrokə]>: mitziehen. (190)

Mett|woosch, de ['mɛt‚voːʃ] <N.; ~|wöösch; ~|wöösch|che> {s. u. ↑Woosch}: Mettwürstchen.

met|unger [met'ʊŋə] <Adv.> {s. u. ↑met² ↑unger¹}: mitunter.

met|verdeene ['metfɐ‚deːnə] <trennb. Präfix-V.; schw.; *han*; verdeente m. [fɐ'deːntə]; ~|verdeent [-fɐdeːnt]> {5.1.4.3}: mitverdienen. (44)

Met|ver|fass|er, der ['metfɐ‚fasə] <N.; ~>: Mitverfasser.

Met|ver|scholde, et ['metfɐ‚ʃolˑdə] <N.; kein Pl.> {5.5.1}: Mitverschulden.

met|welle/~|wolle ['metvelə / -volə] <trennb. Präfix-V.; unr.; *han*; wollt m. [volt]; ~|gewollt [-jəvolt]> {5.5.2/5.5.1}: mitwollen, mitdürfen. (204) (211)

Met|wess|er, der ['met‚vesə] <N.; ~> {5.5.2}: Mitwisser.

Met|wess|er|schaff, de ['met‚vesɐ‚ʃaf] <N.; ~|schafte> {5.5.2}: Mitwisserschaft.

met|wirke ['metvɪrkə] <trennb. Präfix-V.; schw.; *han*; wirkte m. ['vɪrktə]; ~|gewirk [-jəvɪrk]>: mitwirken. (41)

Met|wirken|de, der u. de ['met‚vɪrkəndə] <N.; ~>: Mitwirkende, mitwirkende Person.

Met|wirk|ung, de ['met‚vɪrkʊŋ] <N.; o. Pl.>: Mitwirkung.

Metz, et [mɛts] <N.; ~er; ~che [-ə]> {8.3.2}: Messer.

met|zälle ['mettsɛlə] <trennb. Präfix-V.; st./schw.; *han*; zallt/zällte m. [tsalt / 'tsɛltə]; ~|gezallt/~|gezällt [-jətsalt / -jətsɛlt]> {5.3.4}: mitzählen, **1.** bei einer Zählung auch berücksichtigen: *Do muss och die Pänz unger 14 m.* (Du musst auch die Kinder unter 14 m.). **2.** mit eingerechnet werden: *Fierdag zälle nit met.* (Feiertage zählen nicht mit.). (196) (91)

Metzger, der ['mɛtsjə] <N.; ~>: Metzger.

Metzger|ei, de [‚mɛtsjə'reɪ̯] <N.; ~e [-eɪ̯ə]>: Metzgerei, Fleischerei.

metzigge [mɛt'tsɪgə] <Adv.>: zeitweilig, manchmal [auch: ↑manch|mɔl].

Meut, de [mɔʏt] <N.; ~e (Pl. selten) ⟨frz. meute < afrz. muete⟩> {8.3.1}: Meute. **1.** Gruppe von Jagdhunden. **2.** (abw.) eine größere Zahl, Gruppe von Menschen.

mi [mi(:)] <Possessivpron.; 1. Pers. Sg.; beim Neutrum zwingend, außerdem bei Neutr. sowie bei Mask. u. Fem. im Nom. u. Akk. Sg. bei Vater, Mutter, Bruder, Schwester; sonst ↑ming> {5.3.1}: mein, meine, **1.** bei Neutr. Sg. *mi*, nur selten *ming*: *m. (ming) Boch* (m. Buch); *m. (ming) Kind* (m. Kind). **2.** bei Bez. von Eltern u. Geschwistern im Sg. mask. u. fem. *mi*, nur selten *ming*: *m. (minge) Vatter* (m. Vater); *m. (ming) Schwester* (m. Schwester); [auch: ↑ming]. Tbl. P2.1

mich[1] [mɪʃ] <Personalpron.; 1. Pers. Sg. Akk. von ↑ich>: mich. Tbl. P1

mich[2] [mɪʃ] <Reflexivpron.; 1. Pers. Sg. Akk. zu ↑sich>: mich. Tbl. P3

Mieb|es, der ['mi:bəs] <N.; männl. Vorn.>: Kurzf. von Bartholomäus; auch als Schimpfw.: *Do schääle M.!*.

Mieder, et ['mi:dɐ] <N.; ~> {(5.1.4.3)}: Mieder.

Mieder|botz, de ['mi:dɐˌbɔts] <N.; ~e> {s. u. ↑Mieder ↑Botz}: Miederhose.

Mieder|rock, der ['mi:dɐˌrɔk] <N.; ~|röck> {s. u. ↑Mieder ↑Rock}: Miederrock.

Mieder|ware ['mi:dɐˌvaˑrə] <N.; fem.; nur Pl.> {s. u. ↑Mieder ↑War}: Miederwaren.

Mief, der [mi:f] <N.; kein Pl.⟨urspr. wohl Soldatenspr., wahrsch. zu Muff⟩>: Mief, schlechte verbrauchte, stickige Luft.

Miel, de [miˑl] <N.; ~e> {5.2.2; 8.3.1}: Mulde, Tragmulde, bes. Fleischermulde, länglich rundes, aus Holz ausgehöhltes Gefäß.

Mien, de [mi:n] <N.; ~e> {8.3.1}: Miene, Gesichtszug.

Miene|spill, et ['mi:nəˌʃpɪl] <N.; o. Pl.> {s. u. ↑Spill}: Mienenspiel.

Mies|maach|er, der ['mi:sˌmaːxɐ] <N.; ~> {s. u. ↑maache}: Miesmacher.

mieste ['mi:stɐ] <Adv.; Sup. von ↑vill¹; am mieste, et miets> {5.1.4.5}: (am) meisten.

miesten|deils ['mi:stənˌdeɪls / '--'-] <Adv.> {s. u. ↑mieste ↑Deil}: meistenteils, zum größeren Teil, großenteils [auch: ↑meesch, ↑meeschten|deils, ↑meesch|tens, ↑miestens, ↑miets²].

miestens ['mi:stəns] <Adv.> {5.1.4.5}: meistens [auch: ↑meesch, ↑meeschten|deils, ↑meesch|tens, ↑miesten|deils, ↑miets²].

miets[1]... [mi:ts] <Indefinitpron. u. unbest. Zahlw.; Sup. von ↑vill¹; ~te> {5.1.4.5}: meist, am meisten, **a)** auf Menge, Zahl bezogen: *de ~te Lück* (die ~en Leute); **b)** Größe, Stärke: *Do mähs immer et ~te Spektakel.* (Du machst immer den ~en Lärm, das ~e Getue.); [auch: ↑meesch, ↑miesten|deils, ↑meeschten|deils, ↑miesten|deils, ↑meesch|tens].

miets[2] [mi:ts] <Adv.> {5.1.4.5}: meist, in der Regel, für gewöhnlich, in der Mehrzahl der Fälle, fast immer, meistens.

miets[3] [mi:ts] <Adv.; Sup. von ↑ärg²; et miets, am mieste> {5.1.4.5}: (am) meisten.

Migräne, de [mɪˈɡrɛːnə] <N.; ~ (Pl. ungebr.) ⟨frz. migraine < zu lat. hemicrania < griech. hemikranía⟩>: Migräne.

mih[1] [miˑ] <Adv.; Komparativ von ↑ärg²; am mieste/et miets ['mi:tstə / mi:ts]> {5.4; 8.3.4}: mehr, **1. a)** in höherem Maße: *Ich bruche dich m. wie söns.* (Ich brauch dich m. als sonst.); **b)** besser: *Do muss m. oppasse.* (Du musst b. aufpassen.). **2. a)** stärker: *Hä es widder m. en de Breid gegange.* (Er ist wieder m. in die Breite gegangen.); **b)** zu etw. Gegensätzlichem tendierend im Zusammenhang mit „wie": *Dat es m. schlääch wie rääch.* (Das ist m. schlecht als recht.). **3.** nicht Fortgesetztes (nicht als Komp.): *Do bes doch kei Babaditzche m.* (Du bist doch kein Baby m.); *Ich kann nit m.* (Ich kann nicht m.).

mih[2] [miˑ] <Indefinitpron. u. unbest. Zahlw.; Komp. von ↑vill¹> {5.4; 8.3.4}: mehr, über ein best. Maß hinausgehend: *M. wie de Hälfte wore krank.* (M. als die Hälfte waren krank.); *Ich bruche m. Geld.* (Ich brauche m. Geld.).

Mih|drescher, der ['miˑˌdrɛʃɐ] <N.; ~> {s. u. ↑mihe}: Mähdrescher.

mihe [miˑə] <V.; schw.; han; mihte ['miˑtə]; gemiht [jəˈmiˑt]> {5.4}: mähen. (37)

Mih|er, der ['miˑɐ] <N.; ~> {5.4}: Mäher.

Mih|ih, de ['miˑˌiˑ] <N.; ~e> {s. u. ↑mih² ↑Ih}: Mehrehe.

Mih|koste ['miˑˌkɔstə] <N.; Pl.> {s. u. ↑mih² ↑Koste}: Mehrkosten.

Mih|maschin, de ['miˑmaˌʃiːn] <N.; ~e> {s. u. ↑mihe ↑Maschin}: Mähmaschine.

Mikrob, de [mɪ'kroːp] <N.; ~e ⟨frz. microbe⟩> {8.3.1}: Mikrobe, Mikroorganismus.

Mikro|gramm, et ['mɪkro‚jram·] <N.; ~>: Mikrogramm, ein millionstel Gramm, Zeichen: μg.

Mikro|well, de ['mɪkro‚vɛl·] <N.; ~e [-vɛlə]> {5.5.1; 8.3.1}: Mikrowelle.

Milb, de ['mɪl·p] <N.; ~e ⟨mhd. milwe, ahd. mil[i]wa⟩> {8.3.1}: Milbe.

Milch, de [mɪləɧ] <N.; kein Pl.>: Milch.

Milch|baat, der ['mɪləɧ‚ba:t] <N.; ~|bäät ⟨nach den hellen ersten Barthaaren⟩> {s. u. ↑Milch ↑Baat}: Milchbart. 1. junger, unerfahrener Mann. 2. Milch die sich beim Trinken an der Oberlippe sammelt u. wie ein Bart aussieht.

Milch|brei, der ['mɪləɧ‚breɪ] <N.; ~e>: Milchbrei.

Milch|brüd|che, et ['mɪləɧ‚bryˑtɧə] <N.; ~r> {s. u. ↑Brüd|che}: Milchbrötchen, aus Weizenmehl u. Milch gebackenes Brötchen i. Ggs. zu dem mit Wasser gebackenen Brötchen.

Milch|döppe, et ['mɪləɧ‚døpə] <N.; ~> {s. u. ↑Döppe}: Milchtopf, meist irdener od. aus Steingut gemachter Topf, in dem früher der tägliche Bedarf an Milch geholt wurde.

Milch|drüs, de ['mɪləɧ‚dryˑs] <N.; ~e> {s. u. ↑Drüs}: Milchdrüse.

Milch|feeber/~|fieber, et ['mɪləɧ‚feˑbɐ / -fiˑbɐ] <N.; kein Pl.> {s. u. ↑Fieber/Feeber}: Milchfieber, ungefährlich, hervorgerufen durch die Milchdrüsen der Wöchnerin in der Kindbettzeit.

Milch|fläsch, de ['mɪləɧ‚flɛʃ] <N.; ~e> {s. u. ↑Fläsch}: Milchflasche.

Milch|ge|bess, et ['mɪləɧjə‚bes] <N.; ~e> {s. u. ↑Ge|bess}: Milchgebiss, aus den Milchzähnen bestehendes Gebiss.

Milch|ge|schäff, et ['mɪləɧjə‚ʃɛf] <N.; ~|schäfte> {s. u. ↑Ge|schäff}: 1. Geschäft, das Milch verkauft [auch: ↑Milch|lade]. 2. (scherzh.) große weibl. Brust [auch: ↑Memme|spektakel (1), ↑Memme|spill, ↑Vör|bau/Vür|~ (2)].

Milch|ge|seech, et ['mɪləɧjə‚ze:ɧ] <N.; ~ter> {s. u. ↑Ge|seech}: Milchgesicht, zartes, blasses Gesicht.

Milch|glas|schiev, de ['mɪləɧ‚jla:s‚ʃiˑf] <N.; ~e> {s. u. ↑Glas ↑Schiev}: Milchglasscheibe.

Milch|ies, et ['mɪləɧ‚li:s] <N.; o. Pl.> {s. u. ↑Ies}: Milcheis.

milch|ig ['mɪlɧɪɧ] <Adj.; ~e; ~er, ~ste>: milchig. Tbl. A5.2

Milch|kalv, et ['mɪləɧ‚kalf] <N.; ~|kälver [kɛl·vɐ]> {s. u. ↑Kalv}: Milchkalb, Kalb, das noch gesäugt wird.

Milch|kann, de ['mɪləɧ‚kanˑ] <N.; ~e [-kanə]; ~|känn|che [-kɛnˑɧə]> {s. u. ↑Kann}: Milchkanne.

Milch|känn|che, et ['mɪləɧ‚kɛnˑɧə] <N.; ~r>: Milchkännchen, Teil des Geschirrs für eine Kaffeetafel.

Milch|koh, de ['mɪləɧ‚koˑ] <N.; ~|köh> {s. u. ↑Koh}: Milchkuh.

Milch|koss, de ['mɪləɧ‚kɔs] <N.; kein Pl.> {s. u. ↑Koss}: Milchkost.

Milch|lade, der ['mɪləɧ‚laˑdə] <N.; ~|läde> {s. u. ↑Lade}: Milchladen, Milchgeschäft [auch: ↑Milch|ge|schäff (1)].

Milch|produk, et ['mɪləɧpro‚dʊk] <N.; ~te> {s. u. ↑Produk}: Milchprodukt.

Milch|pump, de ['mɪləɧ‚pʊmp] <N.; ~e> {s. u. ↑Pump¹}: Milchpumpe.

Milch|ries, der ['mɪləɧ‚ri:s] <N.; kein Pl.> {s. u. ↑Ries¹}: Milchreis.

Milch|schepp, de ['mɪləɧ‚ʃɛp] <N.; ~e> {s. u. ↑Schepp}: Milchschöpfe, Schöpfe/Gefäß aus Blech od. emailliert od. aus Aluminium für Milch zum Kochen/Wärmen/Aufbewahren.

Milch|stroß, de ['mɪləɧ‚ʃtrɔˑs] <N.; o. Pl.> {s. u. ↑Stroß}: Milchstraße.

Milch|tüt, de ['mɪləɧ‚ty:t] <N.; ~e> {s. u. ↑Tüt}: Milchtüte.

Milch|zant, der ['mɪləɧ‚tsant] <N.; ~|zäng [-tsɛŋˑ]; ~|zäng|che [-tsɛnˑɧə]> {s. u. ↑Zant}: Milchzahn.

Milch|zupp, de ['mɪləɧ‚tsʊp] <N.; ~e; ~|züpp|che [-tsypɧə]> {s. u. ↑Zupp}: Milchsuppe.

mild/meld [mɪlt / melt] <Adj.; ~e; ~er, ~ste>: mild, 1. (bzgl. Sachen) weich, zart, nicht hart (u. a. Obst, Gemüse); zart, nicht zäh (bzgl. Fleisch). 2. (bzgl. Personen) weichherzig, nachgiebig. Tbl. A2.1

mildere/meldere ['mɪl·dərə / 'mel·dərə] <V.; schw.; han; milderte ['mɪl·detə]; gemildert [jə'mɪl·det]> {9.2.1.2}: mildern, den Schmerz lindern; etw. mäßigen. (4)

Milieu, et [mɪl'jø·] <N.; ~s; ⟨frz. milieu, aus: mi- = mitten u. lieu < lat. locus = Ort, Stelle⟩>: Milieu. 1. soziales Umfeld, Umgebung, in der ein Mensch lebt u. die ihn prägt. 2. Stadtteil, Bereich, in dem sich Dirnen aufhalten [auch: ↑Veedel].

Militär|deens, der [mɪlɪ'te:ɐ‚deˑns] <N.; o. Pl.> {s. u. ↑Deens}: Militärdienst.

Militär|ge|reech/~|gerich, et [mɪlɪ'te:ɐ̯ɟəˌre:fŋ / -rɪfŋ] <N.; ~te> {s. u. ↑Ge|reech¹/~|rich¹}: Militärgericht.

Militär|kapell, de [mɪlɪ'te:ɐ̯kaˌpɛl·] <N.; ~e [-kaˌpɛlə]> {s. u. ↑Kapell²}: Militärkapelle, Musikkorps.

Militär|kranke|huus, et [mɪlɪ'te:ɐ̯ˌkraŋkəˌhu:s] <N.; ~|hüüser [-hy·ze]> {s. u. ↑Kranke|huus}: Militärkrankenhaus, Lazarett.

Militär|parad, de [mɪlɪ'te:ɐ̯paˌra·t] <N.; ~e> {s. u. ↑Parad}: Militärparade.

Militär|poliz|iss, der [mɪlɪ'te:ɐ̯polɪˌtsɪs] <N.; ~|iste>: Militärpolizist.

Militär|stötz|punk, der [mɪlɪ'te:ɐ̯ˌʃtøtspʊŋk] <N.; ~te> {s. u. ↑Stötz|punk}: Militärstützpunkt.

Militär|zigg, de [mɪlɪ'te:ɐ̯ˌtsɪk] <N.; o. Pl.> {s. u. ↑Zigg}: Militärzeit, Dienstzeit beim Militär.

Mill, et [mɪl·] <N.; weibl. Vorn.; ~che>: Kurzf. von Emilie [auch: *Milla, Milli*].

Milliard, de [mɪl'jar·t] <N.; ~e ⟨frz. milliard⟩>: Milliarde (in Ziffern: 1 000 000 000) tausend Millionen; Abk.: Md., Mrd..

Milli|gramm, et ['mɪlɪˌjram] <N.; o. Pl.>: Milligramm, 1/1000 Gramm; Zeichen: mg.

Milli|meter|arbeid, de [ˌmɪlɪ'me·teˌarbeɪ̯·t] <N.; o. Pl.> {s. u. ↑Arbeid}: Millimeterarbeit.

Milli|meter|papier/~|papeer, et [ˌmɪlɪ'me·tepaˌpi:ɐ̯ / -papeɐ̯] <N.; o. Pl.> {s. u. ↑Papier/Papeer}: Millimeterpapier.

Million, de [mɪl'jo·n] <N.; ~e; Milliön|che [mɪl'jø·nfjə]>: Million, (in Ziffern 1.000.000), 1. tausend mal tausend: *Dä hät 3 ~e om Konto.* (Er hat 3 ~en auf dem Konto.). 2. <Pl.> (allg., unbest.) eine ungeheure Menge.

Millionär, der [mɪljo'nɛ:ɐ̯] <N.; ~e>: Millionär.

Millione|ge|schäff, et [mɪl'jo·nəjəˌʃɛf] <N.; ~|schäfte> {s. u. ↑Ge|schäff}: Millionengeschäft.

Millione|schade, der [mɪl'jo·nəˌʃa·də] <N.; ~|schäde> {s. u. ↑Schade}: Millionenschaden.

Millione|ver|möge, et [mɪl'jo·nəfɐˌmø·jə] <N.; ~> {s. u. ↑Ver|möge}: Millionenvermögen.

Milz/Melz, de [mɪlts / melts] <N.; kein Pl.>: Milz.

Milz|brand/Melz|~, der ['mɪltsˌbrant / 'melts-] <N.; o. Pl.> {s. u. ↑Milz/Melz ↑Brand}: Milzbrand.

Milz|ress/Melz|~, der ['mɪltsˌres / melts-] <N.; ~e> {s. u. ↑Milz/Melz ↑Ress¹}: Milzriss.

Mimm|che¹, et ['mɪmfjə] <N.; ~r>: erst wenige Tage altes Kätzchen, das noch saugt.

Mimm|che²/Mimmel|che, et ['mɪmfjə / 'mɪməlfjə] <N.; ~r>: die kleine, noch zarte, sich entwickelnde weibl. Brust, eigtl.: Brustwärzchen [auch: ↑Memm (2b), ↑Mitz|che, ↑Titt(er)|che (2)].

mimmele [mɪmələ] <V.; schw.; han; mimmelte ['mɪməltə]; gemimmelt [jə'mɪməlt]>: langsam u. ohne Appetit essen. (6)

Mimos, de [mɪ'mo·s] <N.; ~e ⟨zu lat. mimus⟩> {8.3.1}: Mimose. 1. rosaviolett blühende Pflanze, die ihre Blätter bei der geringsten Erschütterung abwärts klappt; Sinnpflanze. 2. <meist Diminutiv: Mimös|che [mɪ'mø·sjə]> sehr empfindsamer Mensch.

Min¹, de [mi:n] <N.; ~e> {8.3.1}: Mine, 1. Bergwerk. 2. Sprengkörper. 3. Tinte, Graphit od. Ä. enthaltendes Stäbchen zum Schreiben.

Min²/Mina/Minna, et [mi:n / mi:na / 'mɪna] <N.; weibl. Vorn.; Min|che ['mi:nfjə]>: Kurzf. von weibl. Vorn. auf ~mine.

mindere/mendere ['mɪn·dərə / 'men·dərə] <V.; schw.; han; minderte ['mɪn·detə]; gemindert [jə'mɪn·det]> {9.2.1.2}: mindern, 1. geringer werden, erscheinen lassen; vermindern, verringern. 2. <sich m.> weniger werden; sich verringern. 3. (Stricken): weniger Maschen nehmen, um enger zu stricken, abzunehmen od. zu schließen [gebräuchl.: ↑av|nemme]. (4)

Minder|heit, de ['mɪn·deheɪ̯t] <N.; ~e>: Minderheit.

Minder|wäät/Mender|~, der ['mɪndəˌvɛ:t / 'mendə-] <N.; o. Pl.> {s. u. ↑mindere/mendere ↑Wäät}: Minderwert, geringerer Wert.

Mindes|- ['mɪn·dəs-] <Präfix> {8.3.5}: Mindest-, i. Vbdg. m. N.: ~|strof (~strafe).

Mindes|ald|er, et ['mɪn·dəsˌaldɐ] <N.; ~> {s. u. ↑Ald|er}: Mindestalter.

Mindes|av|stand, der ['mɪn·dəsˌafʃtant] <N.; ~|ständ [-ʃtɛn·t]> {s. u. ↑Av|stand}: Mindestabstand.

Mindes|be|drag, der ['mɪn·dəsbeˌdra·x] <N.; ~|dräg [-drɛ·fŋ]> {s. u. ↑Be|drag}: Mindestbetrag.

Mindes|bei|drag, der ['mɪn·dəsˌbeɪ̯dra·x] <N.; ~|dräg [-drɛ·fŋ]> {s. u. ↑Bei|drag}: Mindestbeitrag.

Mindes|ge|bodd, et ['mɪn·dəsjəˌbot] <N.; ~e> {s. u. ↑Ge|bodd}: Mindestgebot.

Mindes|lauf|zigg, de ['mɪn·dəsˌlou̯ftsɪk] <N.; ~e> {s. u. ↑laufe ↑Zigg}: Mindestlaufzeit.

Mindes|luhn/~|lohn, der ['mɪnˑdəsˌluːn / -loːn] <N.; ~|löhn [-lyˑn / -løˑn]> {s. u. ↑Luhn/Lohn}: Mindestlohn.
Mindes|moß, et ['mɪnˑdəsˌmɔˑs] <N.; o. Pl.> {s. u. ↑Moß}: Mindestmaß.
Mindes|pries, der ['mɪnˑdəsˌpriːs] <N.; ~e> {s. u. ↑Pries}: Mindestpreis.
Mindes|satz, der ['mɪnˑdəsˌzats] <N.; ~|sätz> {s. u. ↑Satz}: Mindestsatz, niedrigster Betrag, Tarif.
Mindes|strof, de ['mɪnˑdəsˌʃtrɔˑf] <N.; ~e> {8.3.5; s. u. ↑Strof}: Mindeststrafe.
Mindes|zigg, de ['mɪnˑdəsˌtsɪg] <N.; ~e> {s. u. ↑Zigg}: Mindestzeit.
Mine|arbeid|er, der ['miːnəˌarbeɪˑdɐ] <N.; ~> {s. u. ↑Arbeid}: Minenarbeiter.
Mine|feld, et ['miːnəˌfɛlt] <N.; ~er>: Minenfeld.
Mine|läg|er, der ['miːnəˌlɛˑjɐ] <N.; ~>: Minenleger.
Mineral|badd, et [mɪnəˈraˑlˌbat] <N.; ~|bäder [-bɛˑdɐ] (unr. Pl.)> {s. u. ↑Badd}: Mineralbad, Kurort mit heilkräftiger Mineralquelle.
Mineral|brunne/~|pötz, der [mɪnəˈraˑlˌbrʊnə / -pøts] <N.; ~/~e> {s. u. ↑Brunne ↑Pötz}: Mineralbrunnen, Mineralquelle.
Mineral|öl, et [mɪnəˈraˑlˌœˑl] <N.; ~e (Sortenpl.)> {s. u. ↑Öl}: Mineralöl.
Mineral|öl|stüür/~|stöör, de [mɪnəˈraˑlˌœˑlˌʃtyˑɐ̯ / -ˌʃtøˑɐ̯] <N.> {s. u. ↑Öl ↑Stüür/Stöör}: Mineralölsteuer.
Mineral|quell, de [mɪnəˈraˑlˌkvɛlˑ] <N.; ~e [-kvɛlə]> {s. u. ↑Quell}: Mineralquelle.
Mine|werf|er/~|wirf|~, der ['miːnəˌvɛrfɐ / -vɪrf-] <N.; ~> {s. u. ↑Min¹ ↑werfe/wirfe}: Minenwerfer, schweres Steilfeuergeschütz.
ming [mɪŋ] <Possessivpron.; 1. Pers. Sg.; ~e> {5.3.4.1}: mein, meine, **1.** <attr.>: *~e Desch* (m. Tisch), [bei Neutr. sowie bei Mask. u. Fem. im Nom. u. Akk. bei Vater, Mutter, Bruder, Schwester auch ↑mi]. **2.** <Subst.; [mɪŋˑ]>: *der, et ~e; de M.* (der, das Meine; die Meine, die Meinen). Tbl. P2.1/Tbl. P2.9
minges|gliche ['mɪŋəsˈjlɪçə / '--,-- / ,--'---] <Adv.> {↑ming ↑glich¹}: meinesgleichen.
minget|halver ['mɪŋətˌhalˑvɐ] <Adv.> {s. u. ↑ming ↑halv}: meinethalben, **1.** mir zuliebe, um meinetwillen: *Bes do m. hee?* (Bist du m. hier?). **2.** von mir aus: *M. kanns do gonn.* (M. kannst du gehen.). **3.** zum Beispiel, angenommen: *Stell der vür, do hätts Geld wie Heu – m. e paar Millione – dann bröhts de nit mih arbeide ze gonn.* (Stell dir vor, du hättest Geld wie Heu -m. ein paar Millionen – dann brauchtest du nicht mehr arbeiten zu gehen.); [auch: ↑minget|wäge].
minget|wäge ['mɪŋətˈvɛˑjə / '--,--] <Adv.> {s. u. ↑ming ↑wäge³}: meinetwegen, **1.** mir zuliebe, um meinetwillen: *Bes do m. hee?* (Bist du m. hier?). **2.** von mir aus: *M. kanns do gonn.* (M. kannst du gehen.). **3.** zum Beispiel, angenommen: *Stell der vür, do hätts Geld wie Heu – m. e paar Millione – dann bröhts de nit mih arbeide ze gonn.* (Stell dir vor, du hättest Geld wie Heu – m. ein paar Millionen – dann brauchtest du nicht mehr arbeiten zu gehen.); [auch: ↑minget|halver].
Mini|golf, et ['mɪniˌjɔlf] <N.; o. Pl.> {s. u. ↑Golf}: Minigolf.
Mini|rock, der ['mɪniˌrɔk] <N.; ~|röck> {s. u. ↑Rock}: Minirock.
Minister|rod, der [mɪˈnɪstɐˌrɔˑt] <N.; o. Pl.> {s. u. ↑Rod}: Ministerrat.
Minne|deens, der ['mɪnˑəˌdeˑns] <N.; ~te> {s. u. ↑Deens}: Minnedienst, (im MA.) höfischer Dienst des Ritters für die verehrte Frau.
Minne|leed, et ['mɪnˑəˌleˑt] <N.; ~er> {s. u. ↑Leed}: Minnelied, lyrisches Gedicht des Minnesangs.
Minsch¹, der [mɪnʃ] <N.; ~e; ~che/~el|che [-jə / -əlɕə]> {5.4}: Mensch, **1.** *Himmel un ~e (Gott und die Welt, sehr viele Leute, Menschengewühl). **2.** im Diminutiv als Kosew. für ein Kind: *mi ~(el)che* (mein Schätzchen).
Minsch², et [mɪnʃ] <N.; ~er>: Frau, **1.** positv: *e ärm/leev god (usw.) M.* **2.** verächtl.: *e schlääch/verlaufe/dreckelig (usw.) M.*
Minsche|aap, de ['mɪnʃəˌaːp] <N.; ~e> {s. u. ↑Minsch¹ ↑Aap}: Menschenaffe (der).
Minsche|ald|er, et ['mɪnʃəˌaldɐ] <N.; ~> {s. u. ↑Minsch¹ ↑Ald|er}: Menschenalter.
Minsche|beld/~|bild, et ['mɪnʃəˌbɛlt / -bɪlt] <N.; ~er; ~che> {s. u. ↑Minsch¹ ↑Beld/Bild}: Menschenbild.
Minsche|fleck|er, der ['mɪnʃəˌflɛkɐ] <N.; ~> {5.5.1; s. u. ↑Minsch¹}: (scherzh.) Doktor; (wörtl.) Menschenflicker [auch: ↑Dokter, ↑Aaz (selten)].
Minsche|fleisch, et ['mɪnʃəˌflɛɪʃ] <N.; kein Pl.> {↑Minsch¹}: Menschenfleisch.
Minsche|fress|er, der ['mɪnʃəˌfrɛsɐ] <N.; ~> {↑Minsch¹}: Menschenfresser.

Minsche|fründ, der ['mɪnʃə,frʏnt] <N.; ~e> {s. u. ↑Minsch¹ ↑Fründ}: Menschenfreund.

Minsche|ge|denke, et ['mɪnʃəjə,dɛŋkə] <N.; o. Pl.> {s. u. ↑Minsch¹ ↑Ge|denke}: Menschengedenken.

Minsche|ge|schlääch, de ['mɪnʃəjə,ʃlɛːɧ] <N.; ~ter> {s. u. ↑Minsch¹ ↑Ge|schlääch}: Menschengeschlecht.

Minsche|gestalt, de ['mɪnʃəjə,ʃtalt] <N.; ~e> {s. u. ↑Minsch¹}: Menschengestalt.

Minsche|ge|wöhl, et ['mɪnʃəjə,vøːl] <N.; kein Pl.> {s. u. ↑Minsch¹ ↑Ge|wöhl}: Menschengewühl, Menschenmenge [auch: ↑Minsche|spill, ↑Minsche|spektakel].

Minsche|hand, de ['mɪnʃə,hant] <N.; ~|häng [-hɛŋˑ]> {s. u. ↑Minsch¹}: Menschenhand.

Minsche|handel, de ['mɪnʃə,hanˑdəl] <N.; ~> {s. u. ↑Minsch¹}: Menschenhandel.

Minsche|hätz, et ['mɪnʃə,hɛts] <N.; ~er> {s. u. ↑Minsch¹ ↑Hätz}: Menschenherz.

Minsche|kenn|er, de ['mɪnʃə,kɛnɐ] <N.; ~> {s. u. ↑Minsch¹}: Menschenkenner.

Minsche|kennt|nis, de ['mɪnʃə,kɛntnɪs] <N.; o. Pl.> {s. u. ↑Minsch¹}: Menschenkenntnis.

Minsche|kett, de ['mɪnʃə,kɛt] <N.; ~e> {s. u. ↑Minsch¹ ↑Kett}: Menschenkette.

Minsche|kind, de ['mɪnʃə,kɪnt] <N.; ~er> {s. u. ↑Minsch¹}: Menschenkind.

Minsche|levve, et ['mɪnʃə,levə] <N.; ~> {s. u. ↑Minsch¹ ↑Levve}: Menschenleben, Zeitdauer des Lebens eines Menschen.

minsche|mög|lich ['mɪnʃəˈmøːɧlɪɧ] <Adj.; ~e> {s. u. ↑Minsch¹}: menschenmöglich. Tbl. A1

Minsche|offer, et ['mɪnʃə,ɔfɐ] <N.; ~> {s. u. ↑Minsch¹ ↑Offer}: Menschenopfer.

Minsche|op|lauf, der ['mɪnʃə,ɔploʊf] <N.; ~|läuf> {s. u. ↑Minsch¹}: Menschenauflauf.

Minsche|rääch, et ['mɪnʃə,rɛːɧ] <N.; ~te> {s. u. ↑Minsch¹ ↑Rääch}: Menschenrecht.

Minsche|rass, de ['mɪnʃə,ras] <N.; ~e> {s. u. ↑Minsch¹ ↑Rass²}: Menschenrasse.

minsche|scheu ['mɪnʃə,ʃøy] <Adj.; ~e; ~er, ~ste> {s. u. ↑Minsch¹}: menschenscheu. Tbl. A2.9

Minsche|schlag, der ['mɪnʃə,ʃlax] <N.; ~e> {s. u. ↑Minsch¹}: Menschenschlag.

Minsche|siel, de [,mɪnʃəˈziːl] <N.; nur im Sg. mit „kein"> {s. u. ↑Minsch¹ ↑Siel}: Menschenseele, Mensch.

Minsche|spektakel, et ['mɪnʃəʃpɛk,taːkəl] <N.; o. P.> {s. u. ↑Minsch¹}: große Menschenmenge, Unmenge Menschen [auch: ↑Minsche|ge|wöhl, ↑Minsche|spill].

Minsche|spill, et ['mɪnʃə,ʃpɪl] <N.; o. Pl.> {s. u. ↑Minsch¹ ↑Spill}: Menschenmenge [auch: ↑Minsche|ge|wöhl, ↑Minsche|spektakel].

Minsche|ver|stand, der ['mɪnʃəfɐ,ʃtant] <N.; kein Pl.> {s. u. ↑Minsch¹}: Menschenverstand.

Minsch|heit, de ['mɪnʃheɪt] <N.; o. Pl.> {5.4}: Menschheit.

minsch|lich ['mɪnʃlɪɧ] <Adj.; ~e; ~er, ~ste> {5.4}: menschlich. Tbl. A1

Minsch|lich|keit, de ['mɪnʃlɪɧkeɪt] <N.; o. Pl.> {5.4}: Menschlichkeit.

Minus|punk, der ['miˑnʊs,pʊŋk] <N.; ~te> {s. u. ↑Punk}: Minuspunkt.

Minus|stund, de ['miˑnʊs,ʃtʊnˑt] <N.; ~(e)> {s. u. ↑Stund}: Minusstunde, Stunde, die an der vollen Arbeitszeit fehlt.

Minus|zeiche, et ['miˑnʊs,tseɪɧə] <N.; ~> {s. u. ↑Zeiche}: Minuszeichen.

Minutt, de [mɪˈnʊt] <N.; ~e; Minütt|che [mɪˈnʏtɧə]> {5.3.2; 8.3.1}: Minute, **1.** Zeitangabe. **2.** (übertr.) Augenblick: *alle ~e/~(en)s* (alle Augenblicke, andauernd); **[RA]** *Alle ~ens kom keiner, un wann einer kom, dann wor hä et nit.* (Alle Augenblicke kam keiner, und wenn einer kam, dann war er es nicht (wenn man vergeblich wartet).); ***sing fünf ~e han** (abdrehen, durchdrehen, ausrasten); ***alle ~ens** (dauernd, alle naselangs, sich ständig wiederholend).

minutte|lang [mɪˈnʊtə,laŋ] <Adj.; ~e> {s. u. ↑Minutt}: minutenlang. Tbl. A7.2.2

Minutte|zeig|er, der [mɪˈnʊtə,tseɪˑjɐ] <N.; ~e> {s. u. ↑Minutt ↑Zeig|er}: Minutenzeiger.

mir¹ [miːɐ] <Personalpron. betont; 1. Pers. Pl. Nom.>: wir: *M. wore dise Sommer en Portugal un ehr?* (W. waren diesen Sommer in Portugal und ihr?) [vgl. auch: ↑mer¹]. Tbl. P1

mir² [miːɐ] <Personalpron. betont; 1. Pers. Sg. Dat. von ↑ich>: mir: *M. kanns de dat doch sage.* (M. kannst du das doch sagen.); ***vun m. us** (meinetwegen); ***m. nix, dir nix** (einfach so) [vgl. auch: ↑mer²]. Tbl. P1

Mirabell, de [,mɪraˈbɛlˑ] <N.; ~e [,mɪraˈbɛlə] ⟨frz. mirabelle⟩ {8.3.1}>: Mirabelle.

Mirabelle|baum, der [mɪra'bɛlə‚boʊ̯m] <N.; ~|bäum [-bøy̯'m] {s. u. ↑Baum}: Mirabellenbaum.

Mirabelle|geis, der [mɪra'bɛlə‚jeɪ̯s] <N.; ~te> {s. u. ↑Geis³}: Mirabellengeist, aus Mirabellen gebrannter Branntwein.

Mirabelle|knilz|che, et [mɪra'bɛlə‚knɪltsjə] <N.; ~r>: neckisches Kosewort für ein Kind.

Misch|blod, et ['mɪʃ‚bloˑt] <N.; kein P.> {s. u. ↑Blod}: Mischblut, Mischling.

Misch|brud, et ['mɪʃ‚bruˑt] <N.; ~e> {s. u. ↑Brud}: Mischbrot, Brot aus Roggen- u. Weizenmehl.

mische ['mɪʃə] <V.; schw.; han; mischte ['mɪʃtə]; gemisch [jə'mɪʃ]>: mischen. (110)

Misch|färv, de ['mɪʃ‚fɛrˑf] <N.; ~e> {s. u. ↑Färv}: Mischfarbe, Farbe, die durch Mischen von reinen Spektralfarben entsteht.

Misch|fooder, et ['mɪʃ‚foˑdə] <N.; kein Pl.> {s. u. ↑Fooder¹}: Mischfutter, gemischtes Tierfutter.

Misch|gemös, et ['mɪʃjə‚møˑs] <N.; ~e> {s. u. ↑Gemös}: Mischgemüse.

Misch|ih, de ['mɪʃ‚liˑ] <N.; ~e> {s. u. ↑Ih}: Mischehe.

Misch|koss, de ['mɪʃ‚kɔs] <N.; kein Pl.> {s. u. ↑Koss}: Mischkost, Kost, die pflanzliche u. tierische Produkte gleichermaßen enthält.

Misch|maschin, de ['mɪʃma‚ʃiːn] <N.; ~e> {s. u. ↑Maschin}: Mischmaschine.

Misch|sproch, de ['mɪʃ‚proˑx] <N.; ~e> {s. u. ↑Sproch¹}: Mischsprache, Sprache od. Sprachform, die Bestandteile aus zwei od. mehreren Sprachen od. Dialekten enthält.

miserabel [mɪzə'raˑbəl] <Adj.; ~/miserable [mɪzə'raˑblə]; miserabler, ~ste [mɪzə'raˑble / mɪzə'raˑbəlstə]>: miserabel. Tbl. A6

Miss|wahl, de ['mɪs‚vaˑl] <N.; ~e> {s. u. ↑Wahl}: Misswahl.

Mit|che, et ['mɪtʃə] <N.; ~r>: Henkelmann, Behälter mit warmem Essen zum Mitnehmen, aus dem dt. Wort „mit" [auch: ↑Henkel|mann (1)].

Mitz, de [mɪts] <N.; ~e; ~che [-jə]> {5.3.4}: Mieze, Miezchen, 1. Lockruf u. Kosename für Kätzchen; dann das Tier selbst. 2. (übertr.), neckisch für die Geliebte, auch noch für die jüngere verheiratete Frau.

Mitz|che, et ['mɪtsjə] <N.; ~r>: bildhaft kleine Frauenbrust [auch: ↑Memm (2b), ↑Mimm|che²/Mimmel|che, ↑Titt(er)|che (2)].

Mitze|katz, de ['mɪtsə‚kats] <N.; ~e; ~|kätz|che [-kɛtsjə]> {s. u. ↑Mitz}: Miezekatze, Kätzcen.

Mobbel/Möbbel, der ['mɔbəl / 'mœbəl] <N.; ~e> {6.9}: Moppel, dickes, rundliches, fleischiges Kind, bes. Mädchen, gern als Kosew. gebraucht: e klein ~che (ein kleines ~chen).

mobbel|ig ['mɔbəlɪŋ] <Adj.; ~e; ~er, ~ste>: rundlich (bzgl. Personen). Tbl. A5.2

Möbel, et ['møːbəl] <N.; ~e (meist Pl.)>: Möbel.

Möbel|dräg|er, der ['møːbəl‚drɛˑjə] <N.; ~> {s. u. ↑drage}: Möbelträger, Möbelpacker.

möbeliere/~eere [møbə'liˑ(e̯)rə / -eˑrə] <V.; schw./unr.; han; möbelierte [møbə'liˑe̯tə]; möbeliert [møbə'liˑe̯t] ⟨frz. meubler⟩> {(5.1.4.3)}: möblieren, mit Möbeln, Hausrat ausstatten; ein Zimmer einrichten. (3) (2)

Möbel|ge|schäff, et ['møːbəljə‚ʃɛf] <N.; ~|schäfte> {s. u. ↑Ge|schäff}: Möbelgeschäft.

Möbel|stöck, et ['møːbəl‚ʃtøk] <N.; ~/~e/~er> {s. u. ↑Stöck}: Möbelstück, (einzelnes) Möbel.

Möbel|wage, der ['møːbəl‚vaˑre̯] <N.; ~> {s. u. ↑Wage}: Möbelwagen.

Möck, de [møk] <N.; ~e> {5.5.1; 8.3.1}: Mücke.

Möcke|dreck, der ['møkə‚drɛk] <N.; kein Pl.> {s. u. ↑Möck ↑Dreck}: Mückendreck. 1. Mückenkot [auch: ↑Möcke|dress ↑Möcke|schess]. 2. lächerliche Angelegenheit, Kleinigkeit.

Möcke|dress, der ['møkə‚dres] <N.; kein Pl.> {s. u. ↑Möck ↑Dress}: Mückendreck [auch: ↑Möcke|dreck (1), ↑Möcke|schess].

Möcke|fött|che, et ['møkə‚føtʃə] <N.; ~r> {s. u. ↑Möck}: (scherzh.) sehr schlankes Mädchen; (wörtl.) Mückenpopöchen.

Möcke|plog, de ['møkə‚ploˑx] <N.; ~e> {s. u. ↑Möck ↑Plog²}: Mückenplage.

Möcke|schess, der ['møkə‚ʃes] <N.; ~e> {s. u. ↑Möck ↑Schess}: Mückenschiss, Mückendreck [auch: ↑Möcke|dress, ↑Möcke|dreck (1)].

Möcke|stech, der ['møkə‚ʃtex] <N.; ~> {s. u. ↑Möck ↑Stech}: Mückenstich.

Mod, der [moˑt] <N.; kein Pl.> {5.4; 6.11.3}: Mut.

möd [møˑt] <Adj.; ~e; ~er, ~ste> {5.4; 8.3.1}: müde, 1. schläfrig. 2. träge. 3. *(sich/einer) m. schwaade (volllabern, vollquatschen) Tbl. A2.1

Mode|artikel, der ['mo·də|a‚tɪkəl] <N.; ~> {s. u. ↑Artikel}: Modeartikel [auch: ↑Mode|war].

Mode|be|rof, der ['mo·dəbə‚ro·f] <N.; ~e> {s. u. ↑Be|rof}: Modeberuf.

Mode|danz, der ['mo·də‚dants] <N.; ~|dänz> {s. u. ↑Danz}: Modetanz.

Mode|färv, de ['mo·də‚fɛr·f] <N.; ~e> {s. u. ↑Färv}: Modefarbe.

Mode|ge|schäff, et ['mo·dəjə‚ʃɛf] <N.; ~|schäfte> {s. u. ↑Ge|schäff}: Modegeschäft.

Mode|heff, et ['mo·də‚hɛf] <N.; ~|hefte> {s. u. ↑Heff¹}: Modeheft [auch: ↑Mode|zeidung].

Mode|huus, et ['mo·də‚hu:s] <N.; ~|hüüser [-hy·zɐ]> {s. u. ↑Huus}: Modehaus.

modele ['mo·dələ] <V.; schw.; han; modelte ['mo·dəltə]; gemodelt [jə'mo·dəlt]>: modeln, umgestalten, modifizieren. (6)

Mode|jeck, der ['mo·də‚jɛk] <N.; ~e> {s. u. ↑Jeck}: Modenarr, jmd., der verrückt nach Mode ist.

Modell, et [mo'dɛl·] <N.; ~e [mo'dɛlə] ⟨ital. modello⟩>: Modell.

Modell|flog|zeug, et [mo'dɛl·‚flo·xtsɔyfʃ] <N.; ~e> {s. u. ↑Flog|zeug}: Modellflugzeug.

Modell|ieser|bahn, de [mo'dɛl·‚li·zeba·n] <N.; ~e> {s. u. ↑Ieser ↑Bahn}: Modelleisenbahn.

Modell|popp, de [mo'dɛl·‚pop] <N.; ~e> {s. u. ↑Popp}: Modellpuppe. **1.** Schneiderbüste. **2.** Schaufensterpuppe.

Modell|projek, et [mo'dɛlpro‚jɛk] <N.; ~te> {s. u. ↑Projek}: Modellprojekt.

Modell|ver|sök, der [mo'dɛl·fɐ‚zø·k] <N.; ~e> {s. u. ↑Ver|sök}: Modellversuch.

Mode|popp, de ['mo·də‚pop] <N.; ~e; ~|pöpp|che> {s. u. ↑Popp}: Modepuppe, übertrieben modisch gekleidete junge Dame.

moderiere/~eere [modə'ri·(ɐ̯)rə / -e·rə] <V.; schw./unr.; han; moderierte [modə'ri·ɐ̯tə]; moderiert [modə'ri·ɐ̯t] ⟨spätlat. moderare⟩> {(5.1.4.3)}: moderieren. (3) (2)

moder|ig ['mo·dərɪʃ] <Adj.; ~e; ~er, ~ste>: moderig, muffig, faulig. Tbl. A5.2

Mode|war, de ['mo·də‚va:(ɐ̯)] <N.; ~e> {s. u. ↑War}: Modeware, Modeartikel [auch: ↑Mode|artikel].

Mode|wood, et ['mo·də‚vɔ:t] <N.; ~|wööder [-vœ·də]> {s. u. ↑Wood¹}: Modewort.

Mode|zeidung, de ['mo·də‚tseɪdʊŋ] <N.; ~e> {6.11.3}: Modezeitschrift [auch: ↑Mode|heff].

mod|ig ['mo·dɪʃ] <Adj.; ~e; ~er, ~ste> {5.4, 6.11.3}: mutig, wenig gebr., statt *Hä es m.* (Er ist m.); *Dat es ene ~e Jung.* (Das ist ein ~er Junge.) sagt man z. B. *Hä hät Mod.* (Er hat Mut.). Tbl. A5.2

~|möd|ig ['mø:dɪʃ] <Suffix; adjektivbildend; ~e; ~er, ~ste> {5.4; 6.11.3}: -mütig, i. Vbdg. m. N. u. Adj.: *reu~, god~* (reu~, gut~). Tbl. A5.2

Möd|ig|keit, de ['mø·dɪʃkeɪt] <N.> {5.4}: Müdigkeit.

mod|mọße ['mo·t‚mɔ·sə] <nicht trennb. Präfix-V.; schw.; han; mod|mọßte ['mo·t‚mɔ·stə]; gemod|mọß [jə'mo·t‚mɔ·s]> {5.5.3}: mutmaßen. (32)

Mod|mọß|ung, de ['mo·t‚mɔ·sʊŋ] <N.; ~e> {5.5.3}: Mutmaßung.

Mod|prob, de ['mo·t‚pro·p] <N.; ~e> {s. u. ↑Mod ↑Prob}: Mutprobe.

Mod|welle, der ['mo·t‚velə] <N.; o. Pl.> {s. u. ↑Mod ↑Welle}: Mutwille, volle Absicht, Übermut, Ausgelassenheit.

mod|well|ig ['mo·t‚velɪʃ] <Adj.; ~e> {s. u. ↑Mod ↑well|ig¹}: mutwillig. Tbl. A5.2

Mod|well|ig|keit, de ['mo·t‚velɪʃkeɪt] <N.; o. P.> {s. u. ↑Mod; 5.5.2} Mutwilligkeit.

Möff, der [møf] <N.; kein Pl.> {5.5.1}: Gestank, Muff, **1.** übler Geruch, stinkige Luft, überriechender Dunst. **2.** leise, stinkende Blähung.

möffe ['møfə] <V.; schw.; han; möffte ['møftə]; gemöff [jə'møf]> {5.5.1}: stinken, muffeln, **1.** üblen Geruch verbreiten, dumpfig, stickig, übel riechen. **2.** leise blähend stinken; [auch: ↑möffele]. (27)

möffele ['møfələ] <V.; schw.; han; möffelte ['møfəltə]; gemöffelt [jə'møfəlt]> {5.5.1; 9.2.1.2}: leicht stinken/muffeln/übel riechen [auch: ↑möffe]. (6)

Möff|er, der ['møfɐ] <N.; ~> {5.5.1}: Müffer, Stinker.

Möff|erei, de [‚møfə'reɪ·] <N.; ~e [-ə'reɪə]> {5.5.1}: Stinkerei, Müfferei.

Möff|es, et ['møfəs] <N.; ~|ese/~|ese>: übelriechender, stickiger Raum od. Haus [auch: ↑Muff|es (1)].

möff|ig ['møfɪʃ] <Adj.; ~e; ~er, ~ste> {5.5.1}: muffig, miefig, **1.** übelriechend. **2.** moderig, dumpf, dunstig. Tbl. A5.2

Mogadischu [‚moja'dɪʃu] <N.; Ortsn.>: Mogadischu, Hauptstadt von Somalia.

möge¹/müge¹ ['mø·jə / 'myjə] <V.; *müge* veraltend; unr.; han; mọch [mɔ:x]; gemọch [jə'mɔ:x]>: mögen, gern

möge

haben: *Ich mag dä Froß nit.* (Ich mag diesen Fraß nicht.). (140) (141)

möge²/müge² ['møˑjə / 'mYˌjə] <V.; mit Inf. als Modalverb; *müge* veraltend; unr.; *han*; mǫǫch [mɔːx]; gemǫǫch [jə'mɔːx]>: mögen: *Ich mag hügg nix esse.* (Ich mag heute nichts essen.). (140) (141)

Mogel|ei, de [ˌmoːʀəˈleɪ̯] <N.; ~e [-eɪ̯ə]>: Mogelei.

Mogel|pack|ung, de ['moːʀəlˌpakʊŋ] <N.; ~e>: Mogelpackung.

mögl|ich ['møːfjlɪfj] <Adj.; ~e> {7.3.2}: möglich [auch: ↑müge|lich]. Tbl. A1

Mögl|ich|keit, de ['møːfjlɪfjˌkeɪ̯t] <N.; ~e>: Möglichkeit.

mögl|icher|wies ['møːfjlɪfje'viːs] <Adv.> {7.3.2}: möglicherweise.

mögl|ichs ['møːfjlɪfjs] <Adv.> {8.3.5}: möglichst.

Möh, de [møˑ] <N.; ~e> {5.4; 8.3.1}: Mühe, Anstrengung; *sich M. gevve* (sich bemühen).

möhe, sich ['møˑə] <V.; schw.; *han*; möhte ['møˑtə]; gemöht [jəˈmøˑt]> {5.4}: sich mühen/anstrengen/Mühe geben [auch: ↑plǫge (2a), *Möh gevve*]. (37)

Mǫhl, et [mɔːl] <N.; ~e>: Mahl, Speise.

mǫhle ['mɔːlə] <V.; schw.; *han*; mǫhlte ['mɔːltə]; gemǫhlt [jəˈmɔːlt]> {5.5.3}: mahlen. (61)

Mǫhl|zigg, de ['mɔːlˌtsɪk] <N.; ~e> {5.5.3; s. u. ↑Zigg}: Mahlzeit.

Mǫhn, der [mɔːn] <N.> {5.5.3}: Mohn.

Möhn, de [møːn] <N.; ~e> {5.4; 8.3.1}: Muhme, **1.** veraltet **a)** Tante; **b)** früher volkst. Anrede an eine ältere verheiratete Frau; **c)** noch lebendig als Bez. leicht spött. od. auch etw. verächtl. Art für alte, alleinstehende Frauen. **2.** Karnevalskostüm als alte Frau; Fastnacht gehen manche Frauen als Möhn, d. h. als alte, hässliche Frau verkeidet, bes. an Weiberfastnacht.

Mǫhn|blom, de ['mɔːnˌbloːm] <N.; ~e> {s. u. ↑Mǫhn ↑Blom}: Mohnblume.

Mǫhn|brüd|che, et ['mɔːnˌbryˑtʃə] <N.; ~r> {s. u. ↑Mǫhn ↑Brüd|che}: Mohnbrötchen.

Möhne|fett, et ['møˑnəˌfɛt] <N.; o. Pl.> {s. u. ↑Möhn}: die bei Frauen in vorgerücktem Alter sich bildenden Fettpolster.

Möhne|größ|er, der ['møˑnəˌjʀøˑsɐ] <N.; ~> {5.4; s. u. ↑Möhn}: Mann, der sich bei älteren Frauen beliebt machen will; Schmuser, Scheinheiliger [auch: ↑Schmus|büggel (1)].

Möhne|kaar, der ['møˑnəˌkaˑ(ɐ̯)] <N.; ~e> {s. u. ↑Möhn ↑Kaar}: Einkaufsroller.

Möhne|trus, der ['møˑnəˌtruːs] <N.; kein Pl.> {s. u. ↑Möhn ↑Trus}: **1.** (scherzh.) starker Kaffee. **2.** (verächtl.) dünner Kaffee.

Möhne|trüst|er, der ['møˑnəˌtryˑstɐ] <N.; ~> {5.4; s. u. ↑Möhn}: (abw.) jüngerer Mann, der sich mit älteren Frauen einlässt.

Möhne|wibbel, der ['møˑnəˌvɪbəl] <N.; o. Pl.> {s. u. ↑Möhn}: **1.** veralteter Tanz. **2.** nervöse Unruhe alter Jungfrauen (Wrede).

Mǫhn|koche, der ['mɔːnˌkoˑxə] <N.; ~> {s. u. ↑Mǫhn ↑Koche}: Mohnkuchen.

Mǫhn|öl, et ['mɔːnˌœˑl] <N.; ~e (Sortenpl.)> {s. u. ↑Mǫhn ↑Öl}: Mohnöl.

Mǫhn|saff, der ['mɔːnˌzaf] <N.; o. Pl.> {s. u. ↑Mǫhn ↑Saff}: Mohnsaft, Milchsaft des Mohns.

Mǫhn|sǫme, der ['mɔːnˌzɔˑmə] <N.; ~> {s. u. ↑Mǫhn ↑Sǫme}: Mohnsamen.

Mǫhn|zopp, der ['mɔːnˌtsɔp] <N.; ~|zöpp> {s. u. ↑Mǫhn ↑Zopp}: Mohnzopf, Hefezopf mit Mohn.

Mohr, der [moːɐ̯] <N.; ~e>: Mohr, Schwarzer.

Mohre|kopp, der ['moːʀəˌkɔp] <N.; ~|köpp> {s. u. ↑Kopp}: Mohrenkopf, kugelförmiges Gebäckstück aus Biskuitteig, das mit Schokolade überzogen u. mit Sahne od. Creme gefüllt ist.

Möh|sal, de ['møˑˌzaˑl] <N.; kein Pl. ⟨mhd. müesal⟩> {s. u. ↑Möh}: Mühsal.

möh|sam ['møˑzaˑm] <Adj.; ~e; ~er, ~ste> {5.4}: mühsam, anstrengend. Tbl. A2.3

möh|sill|ig ['møˑzɪlɪfj] <Adj.; ~e; ~er, ~ste> {s. u. ↑Möh ↑sill|ig}: mühselig, beschwerlich. Tbl. A5.2

Möh|sill|ig|keit, de ['møˑˌzɪlɪfjˌkeɪ̯t] <N. o. Pl.> {5.4; 5.3.2}: Mühseligkeit.

mǫkiere/~eere, sich [moˈkiˑ(ɐ̯)ʀə / -eˑʀə] <V.; schw./unr.; *han*; mǫkierte [moˈkiˑɐ̯tə]; mǫkiert [moˈkiˑɐ̯t] ⟨frz. se moquer⟩> {(5.1.4.3)}: sich mokieren, **1. a)** sich abfällig od. spött. äußern; **b)** sich über jmdn./etw. beschweren. **2.** sich auflehnen, widersprechen, aufmucken: *Wollt ehr üch m.?* (Wollt ihr euch m./auflehnen?). (3) (2)

Mokka|löffel, de ['mokˑaˌlœfəl] <N.; ~e> {s. u. ↑Löffel}: Mokkalöffel.

Mokka|tass, de ['mokˑaˌtas] <N.; ~e> {s. u. ↑Tass¹}: Mokkatasse.

mol [mɔˑl] <Adv.> {5.5.3}: mal, Multiplikation: *drei m. drei es nüng* (3 m. 3 = 9); kurz für „ei*mol*" ↑*ens*.

~|mol [moˑl] <Suffix; Wiederholungsz.- od. Adverb-bildend> {5.5.3}: -mal, i. Vbdg. m. Kardinalz. u. Pron.: *aach~* (acht~); *kei~* (kein~).

Mol[1], et [mɔˑl] <N.; ~e> {5.5.3}: Mal, Angabe des Glieds einer Reihe wiederholbarer Ereignisse relativ zur Gesamtreihe od. best. Gliedern: *et eetste, drette, nächste, letzte M.* (das erste, dritte, nächste, letzte M.); *verschiedene ~e* (verschiedene ~(e)); *jedes M.* (jedes M.); *paar M.* (paar M.); ***ein för alle M.** (endgültig, für immer).

Mol[2], et [mɔˑl] <N.; ~e/Möler ['mœˑlə]> {5.5.3}: Mal, **1.** <Pl. Mole> Fleck, Zeichen. **2.** <Pl. Möler> architektonisches Gebilde als Denkmal, Mahnmal od. Ä..

Mol|boch, et ['mɔˑl,boˑx] <N.; ~|böcher> {s. u. ↑*mole* ↑Boch[1]}: Malbuch.

mole ['moˑlə] <V.; schw.; han; molte ['mɔˑltə]; gemolt [jəˈmɔˑlt]> {5.5.3}: malen, pinseln; ***Mol der jet!*** (Rutsch mir den Buckel runter!). (148)

Möl|er, der ['mœˑlɐ] <N.; ~> {5.5.3}: Maler, Anstreicher.

Möl|er-Bock-Gäss|che [maˑlɐˈbɔk,jɛsjə] <N.; Straßenn.> {s. u. ↑Gass1}: Maler-Bock-Gässchen; Straße in Köln-Altstadt/Süd, benannt nach dem Maler Heinrich Peter Bock (*30.7.1822 †2.12.1878), der zu den Kölner Originalen gehört.

Mol|erei, de [ˌmɔˑləˈreɪ̯] <N.; ~e [-əˈreɪ̯ə]> {5.5.3}: Malerei.

Möl|er|färv, de [ˈmœˑlɐˌfɛrf] <N.; ~e> {s. u. ↑Möl|er ↑Färv}: Malerfarbe.

Möl|er|ling|wand, de [ˈmœˑlɐˌlɪŋvant] <N.; ~|wänd [-vɛŋˑ]> {s. u. ↑Möl|er ↑Linge ↑Wand}: Malerleinwand.

Möl|er|meister, der [ˈmœˑlɐˌmeɪ̯stɐ] <N.; ~> {s. u. ↑Möl|er}: Malermeister.

Moleste/Maleste [moˈlɛstə / maˈlɛstə] <N.; fem.; nur Pl.; *Maleste* veraltet>: Molesten, Beschwerden, Schwierigkeiten.

molestiere/~eere [molɛsˈtiˑ(ə)rə / -eˑrə] <V.; schw./unr.; han; molestierte [molɛsˈtiˑetə]; molestiert [molɛsˈtiˑet]⟨lat. molestare⟩> {2; (5.1.4.3)}: quälen, malträtieren, schikanieren [auch: ↑quäle]. (3) (2)

~|mol|ig [-moˑlɪʃ] <Suffix; Adjektiv-bildend> {5.5.3}: -malig, i. Vbdg. m. Kardinalz.: *sibbem.* (siebenm.) Tbl. A5.2

Molk, de [mɔlk] <N.; kein Pl. ⟨mhd. molken⟩> {8.3.1}: Molke.

Mol|kaste, der [ˈmɔˑl,kastə] <N.; ~|käste> {s. u. ↑*mole*}: Malkasten.

Molk|erei, de [ˌmɔlkəˈreɪ̯] <N.; ~e [-əˈreɪ̯ə]> {8.3.1}: Molkerei.

Molk|erei|botter, de [mɔlkəˈreɪ̯ˌbotɐ] <N.; kein Pl.> {s. u. ↑Molk|erei ↑Botter}: Molkereibutter.

Molk|erei|produk, et [mɔlkəˈreɪ̯proˌdʊk] <N.; ~te (meist Pl.)> {s. u. ↑Molk|erei ↑Produk}: Molkereiprodukt.

Mol|klass, de [ˈmɔˑl,klas] <N.; ~e> {s. u. ↑*mole* ↑Klass}: Malklasse.

Mol|krigg, de [ˈmɔˑl,krɪk] <N.; ~e> {s. u. ↑*mole* ↑Krigg}: Malkreide.

Möll/Müll[2], der [møl / myl] <N.; kein Pl.> {5.4; 5.5.1}: Müll.

Möll|auto/Müll|~, et [ˈmøl,aʊ̯to / ˈmyl-] <N.; ~s> {s. u. ↑Möll/Müll[2]}: Müllauto, Müllwagen [auch: ↑Möll|wage/Müll|~].

Möll|av|fuhr/Müll|~/~|fohr, de [ˈmøla,ffuˑɐ̯ / ˈmyl- / -foˑɐ̯] <N.; ~e> {s. u. ↑Möll/Müll[2] ↑Fuhr/Fohr}: Müllabfuhr.

Möll|av|lade|plaatz/Müll|~, der [ˈmølaf,laˑdə,plaˑts / ˈmyl-] <N.; ~|pläätz> {s. u. ↑Möll/Müll[2] ↑av|lade ↑Plaatz}: Müllabladeplatz.

Möll|büggel/Müll|~, der [ˈmøl,bygəl / ˈmyl-] <N.; ~e> {s. u. ↑Möll/Müll[2] ↑Büggel}: Müllbeutel.

Möll|emmer/Müll|~, der [ˈmøl,(ˀ)ɛmɐ / ˈmyl-] <N.; ~e> {s. u. ↑Möll/Müll[2] ↑Emmer}: Mülleimer, Abfalleimer.

Molli, der [ˈmɔlɪ] <N.; ~s (Pl. ungebr.)>: [nur i. d. Vbdg.] ***der M. met einem maache*** (jmdn. ausnutzen/an der Nase herumführen/anführen) [auch: ↑us|nötze/~|notze; ↑be|aansproche; *de Aap/der Jeck maache*].

moll|ig [ˈmɔlɪʃ] <Adj.; ~e; ~er, ~ste>: mollig, **1.** sanft, weich anzufühlen. **2.** anheimelnd, behaglich warm: *Bei üch es et esu m.* (Bei euch ist es so behaglich.), *Hee es et ävver m. wärm.* (Hier ist es aber schön warm.) [auch: ↑muggel|ig]. **3.** etw. dick, rundlich, füllig [auch: ↑muggel|ig]. Tbl. A5.2

Möll|kipp/Müll|~, de [ˈmøl,kɪp / ˈmyl-] <N.; ~e> {s. u. ↑Möll/Müll[2] ↑Kipp[2]}: Müllkippe [auch: ↑Kipp[2]].

Möll|kuhl/Müll|~/~|kuul, de [ˈmøl,kuˑl / ˈmyl-] <N.; ~e> {s. u. ↑Möll/Müll[2]}: Müllgrube.

Möll|kutsch|er/Müll|~, der [ˈmøl,kʊtʃɐ / ˈmyl-] <N.; ~> {s. u. ↑Möll/Müll[2] ↑Kutsch}: Müllkutscher, Müllwagenfahrer.

Möll|sack/Müll|~, der [ˈmøl,zak / ˈmyl-] <N.; ~|säck> {s. u. ↑Möll/Müll[2]}: Müllsack.

Möll|schleck|er/Müll|~, der ['møl.ʃlekɐ / 'mʏl-] <N.; ~> {5.5.2; s. u. ↑Möll/Müll²}: Müllschlucker.

Möll|tonn/Müll|~, de ['møl.tɔnˑ / 'mʏl-] <N.; ~e [-tɔnə]> {s. u. ↑Möll/Müll² ↑Tonn}: Mülltonne.

Möll|ver|brenn|ungs|aan|lag/Müll|~, de ['mølfɐˌbrɛnʊŋs-ˌaːnlaˑx / 'mʏl-] <N.; ~e> {s. u. ↑Möll/Müll² ↑Aan|lag}: Müllverbrennungsanlage.

Möll|wage/Müll|~, de ['møl.vaˑʀɐ / 'mʏl-] <N.; ~> {s. u. ↑Möll/Müll²}: Müllwagen [auch: ↑Möll|auto/Müll|~].

Mölm, der [mølm] <N.; kein Pl.> {5.5.1}: Mulm, Straßenstaub; feine, staubige Erde: *Lauf nit su durch de M., ding Schohn sin ald ganz voll Stöbb!* (Lauf nicht durch den Schmutz, deine Schuhe sind schon ganz voll Staub!).

mölme ['mølˑmə] <V.; schw.; han; mölmte ['mølˑmtə]; gemölmp [jə'mølˑmp]> {5.5.1}: zermalmen, zu Staub zermahlen, zerreiben. (70)

mölm|ig ['mølˑmɪʃ] <Adj.; ~e; ~er, ~ste>: schmutzig, staubig [auch: ↑schlamm|ig, ↑matsch|ig]. Tbl. A5.2

Mölm|pupp|er, der ['mølm.pʊpɐ] <N.; ~> {s. u. ↑Mölm}: (scherzh.) kleine, gedrungene Person, den Blähungen auf staubiger Straße den Straßenstaub aufwirbelnde [auch: ↑Böll, ↑Dramm|es, ↑Knubbele|futz, ↑Föttchen-an-der-Ääd, ↑Kröbel (a), ↑Krott|aasch (b), ↑Krugg|stoppe, ↑Mähl|sack (c), ↑Maschin (2), ↑Mobbel/Möbbel, ↑Muggel, *buure Trampel, Knubbelefutz em Leimloch*].

mölsche ['mølʃə] <V.; schw.; han; mölschte ['mølʃtə]; gemölsch [jə'mølʃ] ⟨lat. *mulcere*⟩>: mengen, wühlen, rühren, pantschen [auch: ↑mansche]. (110)

Molter, der ['mɔltɐ] <N.; ~(e)>: Maulwurf [auch: ↑Muul|worf/~|wurf].

Mol|zeiche, et ['mɔˑl.tseɪ̯ʃə] <N.; ~> {s. u. ↑mol}: Malzeichen, Multiplikationszeichen.

Momang, der [mo'maŋˑ] <N.; kein Pl. ⟨frz. *moment*⟩> {2; 5.4; 6.7}: Moment [auch: ↑Augen|bleck].

Mömmes, der ['møməs] <N.; ~se>: Popel, getrockneter Nasenschleim; ***ene fiese M.** (verschlossener, einsilbiger, mürrischer, unangenehmer Mensch, Murrkopf); ***blinge M.** (Blindekuh).

Mömmes|fress|er, der ['møməsˌfrɛsɐ] <N.; ~>: Geizhals; (wörtl.) Popelfresser.

Mömm|es|plöck|er, der ['møməsˌpløkɐ] <N.; ~>: Nasenbohrer, jmd., der ständig in der Nase bohrt; (wörtl.) Popelpflücker.

Monat, der ['moˑnaːt] <N.; ~> {5.5.3}: Monat. [auch: ↑Mond²].

monate|lang ['moˑnatə'laŋ] <Adj.; ~e> {s. u. ↑Monat}: monatelang. Tbl. A7.2.2

monat|lich ['moˑnatlɪʃ] <Adj.; ~e> {s. u. ↑Monat}: monatlich. Tbl. A1

Monats|aan|fang, der ['moˑnaːtsˌlaːnfaŋ] <N.; i. best. Komposita *Monat*, sonst ↑Mond²; ~|fäng [-fɛŋˑ]> {11; s. u. ↑Aan|fang}: Monatsanfang.

Monats|bei|drag, der ['moˑnaːtsˌbeɪ̯draːx] <N.; i. best. Komposita *Monat*, sonst ↑Mond²; ~|dräg [-drɛˑʃ]> {11; s. u. ↑Bei|drag}: Monatsbeitrag.

Monats|bind, de ['moˑnaːtsˌbɪnˑt] <N.; i. best. Komposita *Monat*, sonst ↑Mond²; ~e> {11; s. u. ↑Bind}: Monatsbinde, Damenbinde.

Monats|eetste, der [ˌmoˑnaːts'leˑtstə] <N.; i. best. Komposita *Monat*, sonst ↑Mond²> {11; s. u. ↑eets}: Monatserste.

Monats|eng/~|engk, et ['moˑnaːtsˌlɛŋ / -ɛŋkˑ] <N.; i. best. Komposita *Monat*, sonst ↑Mond²; ~|engde [-ɛŋdə]> {11; s. u. ↑Eng¹/Engk}: Monatsende.

Monats|en|kumme, et ['moˑnaːtsˌlɛnkʊmə] <N.; i. best. Komposita *Monat*, sonst ↑Mond²; ~> {11; s. u. ↑En|kumme}: Monatseinkommen, Monatsgehalt.

Monats|friss, de ['moˑnaːtsˌfrɪs] <N.; i. best. Komposita *Monat*, sonst ↑Mond²; ~|friste> {11; s. u. ↑Friss}: Monatsfrist.

Monats|heff, et ['moˑnaːtsˌhɛf] <N.; i. best. Komposita *Monat*, sonst ↑Mond²; ~|hefte> {11; s. u. ↑Heff¹}: Monatsheft.

Monats|kaat, de ['moˑnaːtsˌkaːt] <N.; i. best. Komposita *Monat*, sonst ↑Mond²; ~e> {11; s. u. ↑Kaat}: Monatskarte.

Monats|luhn/~|lohn, der ['moˑnaːtsˌluːn / -loːn] <N.; i. best. Komposita *Monat*, sonst ↑Mond²; ~|lühn [-lyˑn]> {11; s. u. ↑Luhn/Lohn}: Monatslohn.

Monats|medde, de [ˌmoˑnaːts'medə] <N.; i. best. Komposita *Monat*, sonst ↑Mond²; o. Pl.> {11; s. u. ↑Medde}: Monatsmitte.

Monats|meed, de ['moˑnaːtsˌmeˑt] <N.; i. best. Komposita *Monat*, sonst ↑Mond²; ~e> {11; s. u. ↑Meed}: Monatsmiete.

Monats|rat, de ['moˑnaːtsˌraˑt] <N.; i. best. Komposita *Monat*, sonst ↑Mond²; ~e> {11; s. u. ↑Rat}: Monatsrate.

Monats|schreff, de ['mo·na:ts͜,ʃref] <N.; i. best. Komposita *Monat*, sonst ↑Mǫnd²; ~|schrefte> {11; s. u. ↑Schreff}: Monatsschrift.

Monats|wähßel, der ['mo·na:ts͜,vɛ:səl] <N.; i. best. Komposita *Monat*, sonst ↑Mǫnd²; ~e> {11; s. u. ↑Wähßel}: Monatswechsel.

Mönche|gläbbich [,mœnɦə'jlɛbɪɦ] <N.; Ortsn.>: Mönchengladbach, Stadt in Nordrhein-Westfalen.

Mönchs|kluster, et ['mœnɦs,klu·stə] <N.; ~|klüster> {s. u. ↑Kluster}: Mönchskloster.

Mönchs|kutt, de ['mœnɦs,kʊt·] <N.; ~e [-kʊtə]> {s. u. ↑Kutt}: Mönchskutte.

Mönchs|zell, de ['mœnɦs,t͜sɛl·] <N.; ~e [-t͜sɛlə]> {s. u. ↑Zell}: Mönchszelle.

Mǫnd¹, der [mɔnt] <N.; ~e> {5.5.3}: Mond.

Mǫnd², der [mɔnt] <N.; ~> {5.5.3; 6.11.3; 8.2.1}: Monat [auch: ↑Mǫnat].

Mǫn|dag, der ['mo·n,da:x] <N.; ~|däg/~e [-dɛ·ɦ / -da·ʁə]> {s. u. ↑Mǫnd¹ ↑Dag}: Montag (Wochentag).

Mǫndag|ǫvend, der [,mo·nda:x'ɔ·vənt] <N.; ~e> {s. u. ↑Mǫn|dag ↑Ǫvend}: Montagabend.

mǫn|dags ['mo·n,da·(x)s] <Adv.> {5.5.3; 6.11.1}: montags.

Mǫn|dags|wage, der ['mo·n,da·(x)s,va·ʁə] <N.; ~> {s. u. ↑mǫn|dags ↑Wage}: Montagswagen, Montagsauto; Auto, das von Anfang an relativ viele Mängel aufweist in Anspielung darauf, dass am Montag weniger konzentriert u. daher fehlerhaft gearbeitet wird.

Mǫnd|bahn, de ['mɔ·nt,ba·n] <N.; ~e> {s. u. ↑Mǫnd¹ ↑Bahn}: Mondbahn, Bahn eines Mondes um seinen Planeten.

Mǫnd|fähr, de ['mo·nt,fɛ:ɐ̯] <N.; ~e> {s. u. ↑Mǫnd¹ ↑Fähr}: Mondfähre.

Mǫnd|finster|nis, de ['mɔ·nt,fɪnstənɪs] <N.; ~se> {s. u. ↑Mǫnd¹}: Mondfinsternis.

Mǫnd|flog, der ['mɔ·nt,flo·x] <N.; ~|flög> {s. u. ↑Mǫnd¹ ↑Flog¹}: Mondflug.

Mǫnd|ge|seech, et ['mɔ·ntjə,ze:ɦ] <N.; ~ter> {s. u. ↑Mǫnd¹ ↑Ge|seech}: Mondgesicht, breites Gesicht.

Mǫnd|ge|stein, et ['mɔ·ntjə,ʃteɪn] <N.; ~e> {s. u. ↑Mǫnd¹ ↑Ge|stein}: Mondgestein.

Mǫnd|jeck, der ['mɔ·nt,jɛk] <N.; ~e> {s. u. ↑Mǫnd¹}: launenhafter, närrischer Mensch; *ene stapelkareete M. (Spinner; jmd., der noch verrücktere Sachen macht als ein Mondsüchtiger).

Mǫnd|jǫhr, et ['mɔ·nt,jɔ·(ɐ̯)] <N.; ~e> {s. u. ↑Mǫnd¹ ↑Jǫhr}: Mondjahr.

Mǫnd|kalv, et ['mɔ·nt,kalf] <N.; ~|kälver [-kɛl·və]> {s. u. ↑Mǫnd¹ ↑Kalv}: Mondkalb, (abw.) unförmiger Mensch.

Mǫnd|krater, der ['mɔ·nt,kra·tɐ] <N.; ~> {s. u. ↑Mǫnd¹}: Mondkrater.

Mǫnd|land|schaff, de ['mɔ·nt,lantʃaf] <N.; ~|schafte> {s. u. ↑Mǫnd¹}: Mondlandschaft. **1.** Mondoberfläche. **2.** Landschaft im Mondlicht.

Mǫnd|land|ung, de ['mɔ·nt,landʊŋ] <N.; ~e> {s. u. ↑Mǫnd¹}: Mondlandung.

Mǫnd|leech, et ['mɔ·nt,le:ɦ] <N.; o. Pl.> {s. u. ↑Mǫnd¹ ↑Leech}: Mondschein, Mondlicht.

Mǫnd|naach, de ['mɔ·nt,na:x] <N.; ~|näächte> {s. u. ↑Mǫnd¹ ↑Naach}: Mondnacht.

Mǫnd|ober|fläch, de ['mɔ·nt,o·bɐflɛʃ] <N.; i. best. Komposita *ober-*, sonst ↑ǫvver-; ~e> {11; s. u. ↑Mǫnd¹ ↑Fläch}: Mondoberfläche.

Mǫnd|öm|lauf|bahn, de ['mɔ·nt,œm·loʊ̯f,ba·n] <N.; ~e> {s. u. ↑Mǫnd¹ ↑Öm|lauf ↑Bahn}: Mondumlaufbahn, Mondorbit.

Mǫnd|op|gang, der ['mɔ·nt,opˌjaŋ / 'mɔ·ndopˌjaŋ] <N.; ~|gäng [-jɛŋ·]> {s. u. ↑Mǫnd¹}: Mondaufgang.

Mǫnd|phas, de ['mɔ·nt,fa·s] <N.; ~e> {s. u. ↑Mǫnd¹ ↑Phas}: Mondphase, periodisch wechselnde Erscheinungsform des Mondes.

Mǫnd|raket, de ['mɔ·ntra,ke·t] <N.; ~e> {s. u. ↑Mǫnd¹ ↑Raket}: Mondrakete.

Mǫnd|sching, der ['mɔ·nt,ʃɪŋ] <N.; kein Pl.> {s. u. ↑Mǫnd¹ ↑Sching²}: Mondschein.

Mǫnd|sching|tarif, der ['mɔ·ntʃɪŋta,ri·f] <N.; o. Pl.> {s. u. ↑Mǫnd¹ ↑Sching²}: Mondscheintarif, Tarif, der nachts stark verbilligte Telefongespräche über beliebige Entfernungen im Inland ermöglicht.

Mǫnd|sichel, de ['mɔ·nt,zɪɦəl] <N.; ~e> {s. u. ↑Mǫnd¹}: Mondsichel.

Mǫnd|sond, de ['mɔ·nt,zɔn·t] <N.; ~e> {s. u. ↑Mǫnd¹ ↑Sond}: Mondsonde.

Mǫnd|stein, der ['mɔ·nt,ʃteɪn] <N.; ~ [-ʃteɪ·n]> ⟨griech. selenítes (líthos)⟩> {s. u. ↑Mǫnd¹ ↑Stein} Mondstein, Adular.

mǫnd|sücht|ig ['mɔ·nt,zyɦtɪɦ] <Adj.; ~e; ~er, ~ste> {s. u. ↑Mǫnd¹}: mondsüchtig, an Schlafwandeln leidend; lunatisch; somnambul.   Tbl. A5.2

Mond|unger|gang, der ['mɔ·nt,ʊŋəˌjaŋ] <N.; ~|gäng [-ˌjɛŋˑ]> {s. u. ↑Mǫnd¹}: Monduntergang.

Mǫnd|wähßel, der ['mɔ·nt,vɛːsəl] <N.; ~e> {s. u. ↑Mǫnd¹ ↑Wähßel}: Mondwechsel.

Mǫnegass, der [ˌmonə'jas] <N. ~e> {8.3.1}: Monegasse, Einw. von Monaco.

mǫnegass|isch [ˌmonə'jasɪʃ] <Adj.; ~e>: monegassisch, aus Monaco. Tbl. A1

mǫnogam [ˌmono'jaˑm] <Adj.; ~e ⟨zu griech. gámos⟩>: monogam. Tbl. A1

Mǫnogam|ie, de [ˌmonoja'miˑ] <N.; o. Pl.>: Monogamie.

Mǫno|graf|ie, de [ˌmonoɟra'fiˑ] <N.; ~ [ˌmonoɟra'fiˑə] ⟨zu griech. gráphein⟩>: Monographie.

Mǫno|gramm, et [ˌmono'jram] <N.; ~e ⟨spätlat. monogramma⟩>: Monogramm, Namenszeichen, meist aus den Anfangsbuchstaben von Vor- u. Familiennamen.

Mǫnolog, der [ˌmono'loˑx] <N.; ~e [ˌmono'loˑʁə] ⟨frz. monologue, zu griech. monológos⟩>: Monolog, laut geführtes Selbstgespräch.

Monopol|iss, der [ˌmonopo'lɪs] <N.; ~|iste>: Monopolist; **a)** Unternehmen, das auf einem Gebiet Marktbeherrschung anstrebt od. hat; **b)** Inhaber eines monopolistischen Unternehmens.

Monsun|rähn, der [mɔn'zuːn,rɛˑn] <N.; o. Pl.> {s. u. ↑Rähn}: Monsunregen.

Mont Klammott, der ['mɔnt,klamɔt] <N.; Eigenn. ⟨frz. mont⟩>: Klamottenberg (Trümmerhügel in Köln).

Montage, de [ˌmɔn'taˑʒ] <N.; ~ [ˌmɔn'taˑʒə]>: Montage.

Montage|hall, de [mɔn'taˑʒə,halˑ] <N.; ~e [-haləˑ]> {s. u. ↑Montage ↑Hall¹}: Montagehalle, Halle eines Montagebetriebs.

Montage|zigg, de [mɔn'taˑʒə,tsɪk] <N.; ~e> {s. u. ↑Montage ↑Zigg}: Montagezeit, Zeit für eine Montage.

Montenegro [ˌmɔntə'neˑjro] <N.; Ländern.>: Montenegro; Gliedstaat Jugoslawiens.

Monteur|aan|zog, der [mɔn'tøˑɐ̯ˌlaːntsox] <N.; ~|zög> {s. u. ↑Aan|zog}: Monteuranzug.

montiere/~eere [mɔn'tiˑ(ɐ̯)rə / -eˑrə] <V.; schw./unr.; han; montierte [mɔn'tiˑɐ̯tə]; montiert [mɔn'tiˑɐ̯t] ⟨frz. monter⟩> {(5.1.4.3)}: montieren. (3) (2)

Moo, de [moˑ] <N.; Moodere>: (Kurzf. von *Mooder:* Mutter [auch: ↑Mooder].

Mǫǫd, der [mɔːt] <N.; ~e> {5.2.1.1.1; 5.5.3}: Mord.

Mǫǫd|aan|klag, de ['mɔːdanˌklaˑx / 'mɔːtˌlaːnklaˑx] <N.; ~e> {s. u. ↑Mǫǫd ↑Aan|klag}: Mordanklage.

Mǫǫd|aan|schlag, der ['mɔːdanˌʃlaːx / 'mɔːtˌlaːnʃlaːx] <N.; ~|schläg [-ʃlɛˑfʃ]> {s. u. ↑Mǫǫd ↑Aan|schlag}: Mordanschlag.

möǫde ['mœˑdə] <V.; schw.; *han*; mööḋte ['mœˑtə]; gemööḋt [jə'mœˑt]> {5.2.1.1.1; 5.5.3}: morden, vorsätzlich töten [auch: ↑av|murkse (1), ↑av|möpse, ↑möpse, ↑öm|bränge (1)]. (197)

Mooder/Moo, de ['moːdɐ / moˑ] <N.; beide veraltet; *Moo* gilt heute als derb od. respektlos; Moodere> {5.2.1.2; 5.4; 6.11.3}: Mutter, (*Mooder* wurde vom dt. Wort *Mutter* verdrängt).

Mǫǫd|fall, der ['mɔːt,fal] <N.; ~|fäll [-fɛlˑ]> {s. u. ↑Mǫǫd ↑Fall²}: Mordfall.

Mǫǫd|gier, de ['mɔːtˌjiːɐ̯] <N.; kein Pl.> {s. u. ↑Mǫǫd ↑Gier}: Mordgier.

Mǫǫd|loss, de ['mɔːt,los] <N.> {s. u. ↑Mǫǫd ↑Loss}: Mordlust, Mordgier.

Mǫǫd|naach, de ['mɔːtˌnaːx] <N.; ~|näächte> {s. u. ↑Mǫǫd ↑Naach}: Mordnacht.

Mǫǫd|prozess, der ['mɔːtproˌtsɛs] <N.; ~se> {s. u. ↑Mǫǫd}: Mordprozess.

Mǫǫd|saach, de ['mɔːt,zaːx] <N.; ~e> {s. u. ↑Mǫǫd ↑Saach}: Mordsache, Mordfall.

Mǫǫd|ver|daach, der ['mɔːtfɐˌdaːx] <N.; kein Pl.> {s. u. ↑Mǫǫd ↑Ver|daach}: Mordverdacht.

Moor¹/Muur, de [moˑɐ̯ / muˑɐ̯] <N.; *Moor* veraltend; ~e; Möör|che ['møˑɐ̯ʃə]> {5.1.4.6; 8.2.2.2}: Mauer.

Moor², et [moːɐ̯] <N.; ~e>: Moor, sumpfähnliches Gelände.

Moor|ääd, de ['moːɐ̯ˌlɛˑt] <N.; kein Pl.> {s. u. ↑Moor² ↑Ääd}: Moorerde.

Moor|badd, et ['moːɐ̯,bat] <N.; ~|bäder [-bɛˑdɐ] (unr. Pl.)> {s. u. ↑Badd}: Moorbad.

Moor|boddem, der ['moːɐ̯,bodəm] <N.; ~|böddem> {s. u. ↑Boddem}: Moorboden.

moore/muure ['moˑrə / 'muˑ(ɐ̯)rə] <V.; schw.; *han*; moorte ['moˑɐ̯tə]; gemoort [jə'moˑɐ̯t]> {5.1.4.6; 8.2.2.2}: mauern. (100)

Moor|eich, de ['moːɐ̯ˌlɛɪ̯ʃ] <N.; o. Pl.> {s. u. ↑Moor² ↑Eich}: Mooreiche.

Moor|leich, de ['moːɐ̯ˌlɛɪ̯ʃ] <N.; ~e> {s. u. ↑Leich}: Moorleiche.

Moor|stein/Muur|~, der ['moːɐ̯ˌʃtɛɪn / 'muːɐ̯-] <N.; ~ [-ˌʃtɛɪn]> {s. u. ↑Moor¹/Muur ↑Stein}: Mauerstein, **1.** Baustein zur Herstellung von Mauerwerk. **2.** ungebrannter Baustein.

Moor|vör|sprung/Muur|~|~|vür|~, der ['moːɐ̯ˌføːɐ̯ˌʃprʊŋ / 'muːɐ̯- / -fyːɐ̯-] <N.; ~|sprüng [-ˌʃprʏŋ·]> {s. u. ↑Moor¹/Muur ↑Sprung}: Mauervorsprung.

Moor|werk/Muur|~, et ['moːɐ̯ˌvɛrk / muːɐ̯-] <N.; ~e> {s. u. ↑Moor¹/Muur}: Mauerwerk.

Moos|flanz/~|planz, de ['moːsˌflants / -plants] <N.; ~e> {s. u. ↑Flanz/Planz}: Moospflanze.

moos|grön ['moːsˌɟrøːn] <Adj.; ~e> {s. u. ↑grön}: moosgrün. Tbl: A2.4

moos|ig ['moːzɪʃ] <Adj.; ~e ⟨mhd. mosec⟩>: moosig, moosbedeckt. Tbl: A5.2

Moos|polster, et ['moːsˌpɔlstɐ] <N.; ~e> {s. u. ↑Polster}: Moospolster.

Moos|rus, de ['moːsˌruːs] <N.; ~e> {s. u. ↑Rus}: Moosrose.

Möpp, der [mœp] <N.; ~e>: spött. für Hund; ***ene fiese M.** (Ekel; Schimpfw. für einen unangenehmen, ekligen, widerlichen Menschen); ***wölle M.** (schwere wollene Decke; schweres, wollenes Kleid); ***einem der M. schööre/ schüüre** (jmdn. heftig ausschimpfen); ***der M. han/krige** (depressiv gestimmt sein, trübsinnig sein/werden [auch: *et ärme* ↑*Dier han*]).

Mopp¹, de [mɔp] <N.; ~e>: **1.** kleines, rundes, lebkuchenartiges Gebäck. **2.** <Pl.> (übertr.) **a)** Geld: *Am Monatseng gitt et widder ~e.* (Am Monatsende gibt es wieder Geld.); **b)** Hieb, Puff.

Mopp², der [mɔp] <N.; ~s>: Mopp, Fransenbesen.

Moppe|bud, de ['mɔpəˌbuːt] <N.; ~e> {s. u. ↑Bud}: Jahrmarktsstand, Jahrmarktsbude, Kirmesstand, an dem Lebkuchen u. dgl. verkauft werden.

Mops, der [mɔps] <N.; Möps [mœps]; Möps|che ['mœpsjə] ⟨niederl. moppen⟩>: Mops. **1.** kleiner, kurzhaariger Hund mit gedrungenem Körper u. rundlichem Kopf. **2.** dicke kleine Person. **3.** <Pl.> Geld. **4.** <Pl.> Busen [auch: ↑Bross, ↑Memm (2a), ↑Titt].

mopse ['mɔpsə] <V.; schw.; han; mopste ['mɔpstə]; gemops [jə'mɔps]>: mopsen, klauen, heimlich wegnehmen [auch: ↑av|kläue (1), ↑jöcke³, ↑kläue, ↑räubere, ↑raube, ↑ripsche, ↑stelle³, ↑stritze]. (87)

möpse ['mœpsə] <V.; schw.; han; möpste ['mœpstə]; gemöps [jə'mœps]>: umbringen, ermorden, abmurksen; weh tun [auch: ↑av|murkse (1), ↑av|möpse, ↑mööde, ↑öm|bränge (1)]. (87)

Mops|ge|seech, et ['mɔpsjə'zeːʃ] <N.; ~ter> {s. u. ↑Mops ↑Ge|seech}: Mopsgesicht, rundes aufgeschwemmtes Gesicht.

Moral|apostel, der [mo'ralaˌpɔstəl] <N.; ~e; ⟨lat. moralis⟩>: Moralist, Moralapostel.

Moral|be|greff, der [mo'raˈlbəˈjref] <N.; ~e> {s. u. ↑Be|greff}: Moralbegriff.

Moral|iss, der [ˌmora'lɪsˑ] <N.; ~|iste ⟨frz. moraliste⟩>: Moralist.

Moral|prädig, de [mo'raˈlˌprɛˑdɪʃ] <N.; ~te> {s. u. ↑Prädig}: Moralpredigt.

Moral|prädig|er, der [mo'raˈlˌprɛˑdɪjɐ] <N.; ~> {s. u. ↑prädige}: Moralprediger.

Morän, de [mo'rɛːn] <N.; ~e ⟨frz. moraine⟩> {8.3.1}: Moräne, von einem Gletscher bewegte u. abgelagerte Masse von Gestein, Geröll.

Morass, der [mo'ras] <N.; Moraste> {5.5.1; 8.3.5}: Morast, Schlamm.

Morchel, de ['mɔrʃəl] <N.; ~e ⟨mhd. morchel, ahd. morhala⟩>: Morchel.

Mord|droh|ung, de ['mɔxtˌdroˑʊŋ] <N.; i. best. Komposita *Mord*, sonst ↑Mood; ~e> {11}: Morddrohung.

Mörd|er, der ['mœrdɐ] <N.; i. best. Abl. *Mord*, sonst ↑Mood; ~> {11}: Mörder.

Mörder|band, de ['mœrdɐˌbanˑt] <N.; i. best. Komposita *Mörder*, sonst ↑Mööd|er; ~e> {11; s. u. ↑Band⁴}: Mörderbande.

Mords|- <Präfix; hier: *Mord*, sonst ↑Mood>: Mords-, in Vbdg. mit N. emotional verstärkend: ~|*wod* (~wut).

Mords|arbeid, de ['mɔxts'larbeɪt] <N.; o. Pl.> {s. u. ↑Arbeid}: Mordsarbeit, sehr viel Arbeit.

Mords|dinge, et ['mɔxtsˌdɪŋə] <N.; ~er> {s. u. ↑Dinge}: Mordsding, sehr großes, riesenhaftes Ding.

Mords|doosch, der ['mɔxts'doːʃ] <N.; kein Pl.> {s. u. ↑Doosch}: Mordsdurst, sehr großer, mächtiger Durst.

Mords|ge|schrei, et ['mɔxtsjə'ʃreɪ] <N.; kein Pl.>: Mordsgeschrei.

Mords|glöck, et ['mɔxts'jløk] <N.; kein Pl.> {s. u. ↑Glöck}: Mordsglück, sehr großes Glück.

Mords|hetz, de ['mɔxts'hets] <N.; o. Pl.> {s. u. ↑Hetz²}: Mordshitze, sehr große, starke Hitze.

Mords|kääl, der ['mɔxts'kɛ:l] <N.; ~s> {s. u. ↑Kääl}: Mordskerl. **1.** sehr großer, breiter, kräftiger Mann. **2.** sehr tüchtiger, mutiger, anständiger Mann.

Mords|kra(a)ch, der ['mɔxts'kra(:)x] <N.; ~|krä(ä)ch (Pl. ungebr.)> {s. u. ↑Kra(a)ch}: Mordskrach. **1.** sehr lauter Lärm, Krach. **2.** sehr heftiger Streit.

Mords|spass, der ['mɔxts'ʃpas] <N.; o. Pl.> {s. u. ↑Spass}: Mordsspaß, sehr großer Spaß.

Mords|wod, de ['mɔxts'vo·t] <N.; kein Pl.> {s. u. ↑Wod}: Mordswut, sehr große, heftige Wut.

Morell, de [mo'rɛl·] <N.; ~e [mo'rɛlə]> {5.5.1; 8.3.1}: Sauerkirsche, Schattenmorelle.

morge ['morjə] <Adv.> {5.5.1}: morgen.

Morge, der ['morjə] <N.; ~> {5.5.1}: Morgen.

Morge(n)|aan|daach, de ['morjə(n),|a:nda:x] <N.; ~te> {s. u. ↑Morge ↑Aan|daach; 9.1.4}: Morgenandacht.

Morge|dämmer|ung, de ['morjə,dɛmərʊŋ] <N.; o. Pl.> {s. u. ↑Morge}: Morgendämmerung.

Morge|graue, et ['morjə,jraʊə] <N.; o. Pl.> {s. u. ↑Morge}: Morgengrauen, Morgendämmerung, Tagesanbruch.

Morge(n)|himmel, der ['morjə(n),hɪməl] <N.; o. Pl.> {s. u. ↑Morge; 9.1.4}: Morgenhimmel.

Morge|kaffee, der ['morjə,kafe] <N.; o. Pl.> {s. u. ↑Morge}: Morgenkaffee, **1.** Frühstück. **2.** Kaffee, der beim Frühstück getrunken wird.

Morge|land, et ['morjə,lant] <N.; o. Pl.> {s. u. ↑Morge}: Morgenland.

Morge|leech, et ['morjə,le:ʃ] <N.; o. Pl.> {s. u. ↑Morge ↑Leech}: Morgenlicht.

Morge|luff, de ['morjə,lʊf] <N.; o. Pl.> {s. u. ↑Morge ↑Luff}: Morgenluft.

Morge|mantel, der ['morjə,mantəl] <N.; ~|mäntele> {s. u. ↑Morge}: Morgenmantel.

Morge|muffel, der ['morjə,mʊfəl] <N.; ~e> {s. u. ↑Morge ↑Muffel}: Morgenmuffel.

morgens ['morjəns] <Adv.> {5.5.1}: morgens.

Morge|rock, der ['morjə,rɔk] <N.; ~|röck> {s. u. ↑Morge ↑Rock}: Morgenrock.

Morge|rud, et ['morjə,ru·t] <N.; kein Pl.> {s. u. ↑Morge ↑rud}: Morgenrot.

Morge|sonn, de ['morjə,zon·] <N.; o. Pl.> {s. u. ↑Morge ↑Sonn¹}: Morgensonne.

Morge|spazier|gang, der ['morjə[pa,tsi·e̯jaŋ] <N.; ~|gäng [-jɛŋ·]> {s. u. ↑Morge ↑spaziere ↑Gang¹}: Morgenspaziergang.

Morge|stään, der ['morjə,ʃtɛ·n] <N.; ~e> {s. u. ↑Morge ↑Stään}: Morgenstern.

Morge|stund, de ['morjə,ʃtʊn·t] <N.; ~(e)> {s. u. ↑Morge ↑Stund}: Morgenstunde.

Morge|zeidung, de ['morjə,tsɛɪdʊŋ] <N.; ~e> {s. u. ↑Morge ↑Zeidung}: Morgenzeitung.

Morphologie, de [,mɔrfolo'ji·] <N.; o. Pl. ⟨zu griech. lógos⟩>: Morphologie.

morphologisch [,mɔrfo'lo·rɪʃ] <Adj.; ~e>: morphologisch.

Mosaik|arbeid, de [moza'ɪk,arbeɪ·t] <N.; ~e> {s. u. ↑Arbeid}: Mosaikarbeit.

Mosaik|beld/~|bild, et [moza'ɪk,bɛlt / -bɪlt] <N.; ~er> {s. u. ↑Beld/Bild}: Mosaikbild.

Mosaik|foß|boddem, der [moza'ɪk,fo·sbodəm] <N.; ~|böddem> {s. u. ↑Boddem}: Mosaikfußboden.

Mosaik|stein, der [moza'ɪk,ʃtɛɪn] <N.; ~ [-ʃtɛɪ·n]> {s. u. ↑Stein}: Mosaikstein.

Mösch¹, de [møʃ] <N.; ~e>: Spatz, Sperling (Vogelart); ***en verkaalte M.** (eine verfrorene, kälteempfindliche Person).

Mösch², de [møʃ] <N.; ~e>: (derb) Vagina [auch: ↑Prumm, ↑Funz].

Mösche|dreck, der ['møʃə,drɛk] <N.; kein Pl.>: Spatzenkot, (übertr.) wertlose Sache.

Moschee, de [moˈʃe·] <N.; ~ [moˈʃe·ə] ⟨frz. mosquée < ital. moschea < span. mezquita < arab. masgid⟩>: Moschee, islamisches Gotteshaus.

Mösche|pack, et ['møʃə,pak] <N.; kein Pl.>: Spatzenvolk.

Möschtigall, de ['møʃtɪjal·] <N.; ~e [ˈmøʃtɪjalə]>: Spatz; Verschmelzung aus Mösch (Spatz) u. Nachtigall.

Moschus|ohß, der ['mɔʃʊs,ɔ:s] <N.; ~|öhß> {s. u. ↑Ohß}: Moschusochse.

Mosel|wing, der ['mo:zəl,vɪŋ] <N.; ~e (Sortenpl.)> {s. u. ↑Wing¹}: Moselwein.

Moß, et [mo·s] <N.; ~e; Mößche ['mœ·sjə] {5.5.3}: Maß, **1. a)** Einheit, mit der Gemessen wird: *Zoll es e ald M.* (Zoll ist ein altes M.); **b)** genormter Gegenstand: *Meter~* (Meter~). **2.** Angemessenes: *Dä Pitter kennt kei M., wann et öm et Suffe geiht.* (Peter kennt kein M., wenn es ums Saufen geht.). **3.** Diminutiv: *e Mößche*: ein Achtel (Liter).

Moss, der [mɔs] <N.; Moste (selten)> {8.3.5}: Most.

Mөß|aan|zog, der ['mɔˑzan,tsox / 'mɔˑs,|aːntsox] <N.; ~|zög> {s. u. ↑Mөß ↑Aan|zog}: Maßanzug.

Moss|appel, der ['mɔs,|apəl] <N.; ~|äppel> {s. u. ↑Moss ↑Appel}: Mostapfel.

Mөß|arbeid, de ['mɔˑzar,beɪ̯t / 'mɔˑs,|arbeɪ̯t] <N.; ~e> {s. u. ↑Mөß ↑Arbeid}: Maßarbeit.

Mөß|be|zeichn|ung, de ['mɔˑsbə,tseɪ̯ɧnʊŋ] <N.; ~e> {s. u. ↑Mөß}: Maßbezeichnung.

Moss|bier, de ['mɔs,biˑɐ̯] <N.; ~|birre [-bɪrə] (unr. Pl.)> {s. u. ↑Moss ↑Bier¹}: Mostbirne.

Mөß|ein|heit, de ['mɔˑs,|eɪ̯nheɪ̯t] <N.; ~e> {s. u. ↑Mөß}: Maßeinheit.

Mөß|halde|leev|che, et ['mɔˑshaldə,leˑfɕə] <N.; ~r> {6.11.3; s. u. ↑Mөß ↑leev}: Maßliebchen, Tausendschön, Gänseblümchen [auch: ↑Matt|söß|che, ↑Matz|rüs|che].

~|möß|ig [-mœˑsɪɧ] <Suffix; adjektivbildend; ~e> {5.5.3}: -mäßig, i. Vbdg. mit Substantiven. **1.** drückt aus, dass die beschriebene Person od. Sache vergleichbar mit jmdm., etw. ist/in der Art von jmdm., etw. **2.** drückt aus, dass die beschriebene Person od. Sache auf etw. basiert, beruht, einer Sache folgt/aufgrund von etw.. **3.** drückt aus, dass einer Sache gemäß gehandelt o. Ä. wird/wie es etw. verlangt, vorsieht. **4.** bezeichnet etw. als Mittel od. Ursache/mithilfe von, durch etw.. **5.** kennzeichnet die Zugehörigkeit zu diesen/etw. betreffend, in Bezug auf etw.. Tbl. A5.2

Möß|ig|gang, der ['møˑsɪɧ,ɡaŋ] <N.; o. Pl.>: Müßiggang, Faulenzerei.

Möß|ig|gäng|er, der ['møˑsɪɧ,ɡɛŋɐ] <N.; ~>: Müßiggänger, Faulenzer.

Mөß|krog, der ['mɔˑs,kroˑx] <N.; ~|krög> {s. u. ↑Mөß ↑Krog}: Maßkrug, Bierkrug, der eine Maß fasst.

Mөß|schnieder, der ['mɔˑs,ʃniːdɐ] <N.; ~> {s. u. ↑Mөß ↑Schnieder¹}: Maßschneider.

Mөß|stab/~|stav, der ['mɔˑs,ʃtaːp / -ʃtaːf] <N.; ~|stäb/ ~|stäv [-ʃtɛˑp / .ʃtɛˑf] (spätmhd. mastab)> {s. u. ↑Mөß ↑Stab/Stav}: Maßstab.

Mostert, der ['mɔstet] <N.; kein Pl. ⟨niederl. mosterd, frz. motarde, engl. mustard⟩> {2}: Senf.

Mostert|döpp|che, et ['mɔstet,døpɕə] <N.; ~r> {↑Döppe}: Senftöpfchen, kleiner Senftopf aus grau-blauem Steingut [auch: ↑Mostert|pött|che].

Mostert|pött|che, et ['mɔstet,pœtɕə] <N.; ~r> {s. u. ↑Pott}: Senftöpfchen, kleiner Senftopf aus grau-blauem Steingut [auch: ↑Mostert|döpp|che].

Mostert|zauß, de ['mɔstet,tsaʊ̯s] <N.; ~e> {s. u. ↑Mostert ↑Zauß}: Senfsoße.

motiviere/~eere [ˌmotɪ'viˑrə / -eˑrə] <V.; schw./unr.; han; motivierte [motɪ'viˑɐ̯tə]; motivtiert [motɪ'vtiˑɐ̯t]> {(5.1.4.3)}: motivieren. (3) (2)

Motor, der [mo'toːɐ̯] <N.; ~e [mo'toːrə] ⟨lat. motor = Beweger, zu: Motor, motum, Part. II von: movere = bewegen⟩>: Motor.

Motor|boot, et [mo'toːɐ̯,boˑt] <N.; ~e> {s. u. ↑Boot}: Motorboot.

Motor|brems, de [mo'toːɐ̯,brɛms] <N.; ~e> {s. u. ↑Brems¹}: Motorbremse.

Motore|bau, der [mo'toːrə,baʊ̯] <N.; o. Pl.>: Motorenbau.

Motore|ge|räusch, et [mo'toːrəjə,rɔʏ̯ʃ] <N.; ~e> {s. u. ↑Ge|räusch}: Motorengeräusch.

Motor|haub, de [mo'toːɐ̯,haʊ̯p] <N.; ~e> {s. u. ↑Haub}: Motorhaube.

Motor|jach, de [mo'toːɐ̯,jax] <N.; ~te> {s. u. ↑Jach}: Motorjacht, Motoryacht.

Motor|leist|ung, de [mo'toːɐ̯,leɪ̯stʊŋ] <N.; ~e>: Motorleistung.

Motor|öl, et [mo'toːɐ̯,œl] <N.; ~e (Sortenpl.)> {s. u. ↑Öl}: Motoröl.

Motor|radd, et [mo'toː(ɐ̯),rat] <N.; ~|rädder> {s. u. ↑Radd}: Motorrad.

Motor|radd|brell/~|brill, de [mo'toː(ɐ̯)rat,brel / -brɪl] <N.; ~e> {s. u. ↑Radd ↑Brell/Brill}: Motorradbrille.

Motor|radd|fahr|er, der [mo'toː(ɐ̯)rat,faːrɐ] <N.; ~> {s. u. ↑Radd}: Motorradfahrer.

Motor|radd|renne, et [mo'toː(ɐ̯)rat,rɛnə] <N.; ~> {s. u. ↑Radd ↑Renne}: Motorradrennen.

Motor|raum, der [mo'toːɐ̯,raʊ̯m] <N.; i. best. Komposita [raʊ̯m], sonst [roʊ̯m]; ~|räum [-rɔʏ̯ˑm> {11}: Motorraum.

Motor|roll|er, der [mo'toːɐ̯,rolɐ] <N.; ~>: Motorroller.

Motor|säg, de [mo'toːɐ̯,zɛˑɧ] <N.; ~e> {s. u. ↑Säg}: Motorsäge.

Motor|schade, der [mo'toːɐ̯,ʃaːdə] <N.; ~|schäde> {s. u. ↑Schade}: Motorschaden.

Motor|scheff, et [mo'toːɐ̯,ʃef] <N.; ~e> {s. u. ↑Scheff}: Motorschiff.

Motor|schlitte, der [mo'to:ɐ̯ˌʃlɪtə] <N.; ~> {s. u. ↑Schlitte}: Motorschlitten.

Motor|wäsch, de [mo'to:ɐ̯ˌvɛʃ] <N.; o. Pl.> {s. u. ↑Wäsch}: Motorwäsche.

Mott, de [mɔt] <N.; ~e> {8.3.1}: Motte.

Motte|froß/~|fraß, der ['mɔtəˌfroˑs / -fraˑs] <N.; ~|fröß (Pl. selten)> {s. u. ↑Mott ↑Froß/Fraß}: Mottenfraß.

Motte|kess, de ['mɔtəˌkes] <N.; ~|keste> {s. u. ↑Mott ↑Kess}: Mottenkiste, Behälter, in dem Kleidung mottensicher aufbewahrt wird.

Motte|kopp, der ['mɔtəˌkɔp] <N.; ~|köpp> {s. u. ↑Kopp}: unordentliche Frisur; ungeordnetes Haar; Strubbelkopf [auch: ↑Pluute|kopp (1), ↑Strubbel|kopp/Struwwel|~, ↑Wöhl|es].

Motte|kugel, de ['mɔtəˌkuːʀəl] <N.; ~e>: Mottenkugel.

Motte|polver, et ['mɔtəˌpɔlˑve] <N.; o. Pl.> {s. u. ↑Polver}: Mottenpulver.

Mötz, de [mœts] <N.; ~e; ~che [-jə]> {5.5.1; 8.3.1}: Mütze (Kopfbedeckung); *nit noh der M. sin (nicht behagen, missbehagen, nicht nach dem Geschmack sein): *Die Bunne sin nit noh minger M.* (Die Bohnen sind nicht mein Geschmack.).

motze ['mɔtsə] <V.; schw.; han; motzte ['mɔtstə]; gemotz [jə'mɔts]>: motzen. (114)

Möw, de [møˑf] <N.; ~e> {8.3.1}: Möwe, am Meer od. anderen Gewässern lebender Vogel; *puddelig ~che (Dreckspatz; liebevoll gemeintes Schimpfw. für jmdn., der sich schmutzig gemacht hat od. jmdn., der ein wenig frech war).

Möwe(n)|ei, et ['møˑvə(n)ˌaɪ] <N.; ~er> {s. u. ↑Möw ↑Ei; 9.1.4}: Möwenei, Ei einer Möwe.

Möwe|vugel, der ['møˑvəˌfuʀəl / -fuˑl] <N.; ~|vügel [-fyjəl / -fyˑl]> {s. u. ↑Möw ↑Vugel}: Möwenvogel.

Mozart|zopp, der ['moˑtsatˌtsɔp] <N.; ~|zöpp> {s. u. ↑Zopp}: Mozartzopf, am Hinterkopf mit einer Schleife zusammengebundener kurzer Zopf.

mucke ['mʊkə] <V.; schw.; han; muckte ['mʊktə]; gemuck [jə'mʊk]>: mucken, aufmucken: *Hä nohm dat hin ohne ze m.* (Er nahm das hin, ohne zu m.). (88)

Mucke ['mʊkə] <N.; fem.; nur Pl.>: Laune, Mucke(n) [auch: ↑Nucke].

Mucke|fuck, der ['mʊkəˌfʊk] <N.; ~e>: Muckefuck, Kaffeeersatz, zu dünner Kaffee (aus rhein. Mucken = braune Stauberde, verwestes Holz u. fuck = faul; Duden).

Mucki|bud, de ['mʊkɪˌbuˑt] <N.; ~e>: Fitnessstudio.

mucks|müüs|che|stell ['mʊksˌmyˑsjə'ʃtel] <Adj.; ~e> {s. u. ↑Muus ↑stell}: mucksmäuschenstill. Tbl. A2.2

Mudd, der [mʊt] <N.; kein Pl.> {5.3.2; 5.4; 8.3.2}: Moder, Schlamm, feuchter, breiiger Schmutz; schmierige, aufgeweichte Erde, Morast; (übertr.) *Dä Kaffee es der reinste M.* (Dieser Kaffee ist schlecht gefiltert.).

Muddel, der ['mʊdəl] <N.; kein Pl.>: Schlamm [auch: ↑Mudd, ↑Mölm].

muddele ['mʊdələ] <V.; schw.; han; muddelte ['mʊdəltə]; gemuddelt [jə'mʊdəlt]>: Schmutz machen, verschmutzen, 1. Schlamm, Bodensatz aufwühlen, aufrühren, eine Flüssigkeit, Wasser, Bier trüben. 2. mit unsauberen Händen arbeiten. (6)

muddel|ig ['mʊdəlɪŋ] <Adj.; ~e; ~er, ~ste>: schmutzigtrüb, wie Wasser, Bier od. Wein durch Matschen/Pantschen werden; Wäsche, die durch eilfertiges Bearbeiten nicht recht weiß ist, noch schmutzig aussieht, ungepflegt, ungewaschen, unrein, unsauber; <Adv.> *m. wärm* (feuchtwarm). Tbl. A5.2

Mudd|engel, der ['mʊtˌeŋəl] <N.; ~(e)> {s. u. ↑Mudd}: jmd., der sich sehr schmutzig gemacht hat [auch: ↑Dreck|ferke/~|firke].

Mudd|karpe, der ['mʊtˌkarpə] <N.; ~|kärpe> {s. u. ↑Mudd ↑Karpe}: Teichkarpfen, 1. Schleihe. 2. (übertr.) Schmierfink.

Mudd|ööl, der ['mʊtˌœˑl] <N.; ~e> {s. u. ↑Mudd ↑Ööl}: **a)** Aal, der sich im Schlamm verkriecht; **b)** (übertr.) Schmutzfink.

Muff, Hans, der [ˌhansˈmʊf] <N.; Personenn.>: Knecht Ruprecht.

Muff[1], de [mʊf] <N.; ~e; Müff|che ['myfjə]> {8.3.1}: Muffe, Verbindungsstück zweier Rohre.

Muff[2], der [mʊf] <N.; ~e; Müff|che ['myfjə]>: Muff, Handmuff, Pelzmuff zum Wärmen der Hände.

Muffel, der [mʊfəl] <N.; ~e; Müffel|che ['myfəlʃə]>: Muffel.

Müffel|che/Mümfel|che, et ['myfəlʃə / 'mymfəlʃə] <N.; ~r>: **1.** kleiner Bissen, Häppchen; verkürzt aus „mundvoll": *e lecker Müffelche/Mümfelche* (eine leckere Kleinigkeit zu essen). **2.** (übertr.) dralles Mädchen.

müffele ['myfələ] <V.; schw.; han; müffelte ['myfəltə]; gemüffelt [jə'myfəlt]>: behaglich essen, schmausen, still vergnügt futtern, mit kleinen Bissen kauen. (6)

Muffe|sause, et ['mʊfəˌzaʊzə] <N.; kein Pl.>: Muffensausen, Angst, Bammel, Schiss.

müge¹/möge¹ ['mYjə / 'møˑjə] <V.; *müge* veraltend; unr.; *han*; mɔɔch [mɔːx]; gemɔɔch [jə'mɔːx]> {5.3.2.2; 5.4}: mögen, gern haben: *Ich mag dä Froß nit.* (Ich mag diesen Fraß nicht.). (141) (140)

müge²/möge² ['mYjə / 'møˑjə] <V.; mit Inf. als Modalverb; *müge* veraltend; unr.; *han*; mɔɔch [mɔːx]; gemɔɔch [jə'mɔːx]> {5.3.2.2; 5.4}: mögen: *Ich mag hügg nix esse.* (Ich mag heute nichts essen.). (141) (140)

müge|lich ['mYjəlɪʃ] <Adj.; veraltend; ~e> {5.4; 7.3.2; 9.1.1}: möglich [auch: ↑mög|lich]. Tbl. A1

Muggel, der ['mʊgəl] <N.; ~e; ~che>: feiste, rundliche Person [auch: ↑Böll, ↑Dramm|es, ↑Knubbele|futz, ↑Föttchen-an-der-Ääd, ↑Kröbel (a), ↑Krott|aasch (b), ↑Krugg|stoppe, ↑Mähl|sack (c), ↑Maschin (2), ↑Mobbel/Möbbel, ↑Mobbel/Möbbel, ↑Mölm|pupp|er, *buure Trampel, Knubbelefutz em Leimloch*].

muggel|ig¹ ['mʊgəlɪʃ] <Adj.; ~e; ~er, ~ste>: **1.** feist, rundlich drall. **2.** anheimelnd, behaglich warm; [auch: ↑moll|ig (2 u. 3)]. Tbl. A5.2

muggel|ig² ['mʊgəlɪʃ] <Adv.>: weich, zart, mollig, behaglich: *Hee es et m. wärm.* (Hier ist es behaglich warm.).

Muhr, de [muˑɐ̯] <N.; Murre ['mʊrə]; Mührche ['myːɐ̯çə]> {5.4; 8.3.1}: Möhre, Karotte, Mohrrübe [auch: ↑Karott ↑Galge|penn].

Müll¹, de [mYlˑ] <N.; ~e ['mYlə]> {5.3.4; 8.3.1}: Mühle, **1.** durch Motorkraft, Wind, Wasser od. handbetriebene Anlage zum Zermahlen, Zerkleinern von körnigem, brökligem Material, bes. zum Mahlen von Getreide: ***Wasser op einem sing M. sin*** (passen; jmdm. gerade recht kommen); ***de M. op han*** (die M. offen haben = frohgelaunt, übermütig sein). **2.** <o. Pl.; o. Art.> Brettspiel für zwei Personen. **3.** (oft abw.) (altes) motorisiertes Fahr- od. Flugzeug: *Dat es ävver en aal M.* (Das ist aber eine alte M.).

Müll²/Möll, der [mYl / møl] <N.; kein Pl.> {(5.5.1)}: Müll.

Müll|auto/Möll|~, et ['mYlˌaʊto / 'møl-] <N.; ~s> {s. u. ↑Müll²/Möll}: Müllauto, Müllwagen [auch: ↑Müll|wage/Möll|~].

Müll|av|fuhr/Möll|~/-|fohr, de ['mYlaˌffuˑɐ̯ / 'møl- -foˑɐ̯] <N.; ~e> {s. u. ↑Müll²/Möll ↑Fuhr/Fohr}: Müllabfuhr.

Müll|av|lade|plaatz/Möll|~, der ['mYlafˌlaˑdəˌplaˑts / 'møl-] <N.; ~|plääts> {s. u. ↑Müll²/Möll ↑av|lade ↑Plaatz}: Müllabladeplatz.

Müll|baach, der ['mYlˑˌbaːx] <N.; ~|bääch> {s. u. ↑Müll¹ ↑Baach}: Mühlbach, Bach, der das Mühlrad einer Wassermühle treibt.

Müll|büggel/Möll|~, der ['mYlˌbYgəl / 'møl-] <N.; ~e> {s. u. ↑Müll²/Möll ↑Büggel}: Müllbeutel.

Mülle|baach, der (früher de) ['mYləˌbaːx] <N.; Straßenn.> {s. u. ↑Müll¹ ↑Baach}: Mühlenbach zw. Waidmarkt u. Filzengraben; die Straße führte ursprünglich durchgehend bis zur ehem. Malzmühle. Noch heute ist das Abfallen des Geländes ab dem Waidmarkt zum Rhein hin augenfällig. Dieses vorhandene Gefälle des Baches, notwendig um ein Mühlrad mit Wasserkraft zu betreiben, bewog die Stadtväter Kölns im Jahr 1572, „am Baach" eine Mühle erbauen zu lassen. Sie war der Namensgeber des Abschnittes Mühlenbach u. bestand bis zum Jahr 1853.

Mülle|buur/~|boor, der ['mYləˌbuːɐ̯ / -boːɐ̯] <N.; ~e [-buˑrə]> {s. u. ↑Müll¹ ↑Buur/Boor}: Mühlenbauer.

Mülle|flögel, der ['mYləˌfløːjəl] <N.; ~e> {s. u. ↑Müll¹ ↑Flögel}: Mühlenflügel

Mülle|gass ['mYləˌjas] <N.; Straßenn.> {s. u. ↑Müll¹ ↑Gass¹}: Mühlengasse; Straße in Köln-Altstadt/Nord. Sie führte zum Rhein, wo seit dem 12. Jh. Wassermühlen als Öl- od. Getreidemühlen verankert waren.

Müllem ['mYləm] <N.; Ortsn.> {5.3.2}: Mülheim (Vorort im rechtsrh. Köln).

Müllemer Bööt|che, et ['mYləmɐ 'bøˑtʃə] <N.; ~r> {s. u. ↑Müllem}: **1.** auf der Mülheimer Werft erbaute Boote. **2.** (übertr.; scherzh.) bes. große od. alte, ausgetretene Schuhe.

Müllemer Bröck, de ['mYləmɐ 'brøk] <N.; Eigenn.> {s. u. ↑Müllem ↑Bröck¹}: Mülheimer Brücke (nördlichste Kölner Rheinbrücke). Die Mülheimer Brücke war die erste Verbindung zw. Köln u. Mülheim. Seit 1888 noch Schiffsbrücke wurde sie nach der Eingemeindung Mülheims (1914) 1927 als feste Brück gebaut. Diese wurde im zweiten Weltkrieg zerstört u. 1951 wieder aufgebaut.

Müll|emmer/Möll|~, der ['mYlˌ(l)ɛmɐ / 'møl-] <N.; ~e> {s. u. ↑Müll²/Möll ↑Emmer}: Mülleimer, Abfalleimer.

Müll|emmer|büggel/Möll|~, der ['mYl(l)ɛmɐˌbYgəl / 'møl-] <N.; ~e> {s. u. ↑Müll²/Möll ↑Emmer ↑Büggel}: Mülleimerbeutel, Müllbeutel, Mülltüte.

Müllers|poosch, der ['mʏlɐs‚poːʃ] <N.; ~te> {s. u. ↑Müll¹ ↑Poosch}: Müllerbursche, Lehrling od. Geselle in einer Mühle.

Mülle|spill, et ['mʏlə‚ʃpɪl] <N.; ~ [-‚ʃpɪl·]> {s. u. ↑Müll¹ ↑Spill}: Mühlespiel.

Müll|kipp/Möll|~, de ['mʏl‚kɪp / 'møl-] <N.; ~e> {s. u. ↑Müll²/Möll ↑Kipp²}: Müllkippe [auch: ↑Kipp²].

Müll|kuhl/Möll|~/~|kuul, de ['mʏl‚kuˑl / 'møl-] <N.; ~e> {s. u. ↑Müll²/Möll ↑Kuhl/Kuul}: Müllgrube.

Müll|kutsch|er/Möll|~, der ['mʏl‚kʊtʃɐ / 'møl-] <N.; ~> {s. u. ↑Müll²/Möll ↑Kutsch}: Müllkutscher.

Mull|läpp|che, et ['mʊlˌlɛpçə] <N.; ~r> {s. u. ↑Lappe}: Mullläppchen.

Müll|radd, et ['mʏl‚rat] <N.; ~|rädder> {s. u. ↑Müll¹ ↑Radd}: Mühlrad.

Müll|sack/Möll|~, der ['mʏl‚zak / 'møl-] <N.; ~|säck> {s. u. ↑Müll²/Möll ↑Sack}: Müllsack.

Müll|schleck|er/Möll|~, der ['mʏl‚ʃlɛkɐ / 'møl-] <N.; ~> {5.5.2; s. u. ↑Müll²/Möll}: Müllschlucker.

Müll|stein, der ['mʏlˑ‚ʃtɛi̯n] <N.; ~ [-‚ʃtɛi̯n]> {s. u. ↑Müll¹}: Mühlstein.

Müll|tonn/Möll|~, de ['mʏl‚ton / 'møl-] <N.; ~e [-tonə]> {s. u. ↑Müll²/Möll ↑Tonn}: Mülltonne.

Müll|ver|brenn|ungs|aan|lag/Möll|~, de ['mʏlfɐ‚brɛnʊŋs-|‚aːnlaˑx / 'møl-] <N.; ~e> {s. u. ↑Müll²/Möll ↑Aan|lag}: Müllverbrennungsanlage.

Müll|wage/Möll|~, de ['mʏlˑ‚vaˑʀə / 'møl-] <N.; ~> {s. u. ↑Müll²/Möll ↑Wage}: Müllwagen [auch: ↑Müll|auto/Möll|~].

Müll|werk, et ['mʏlˑ‚vɛrk] <N.; ~e> {s. u. ↑Müll¹}: Mühlwerk.

Mümfel|che/Müffel|che, et ['mʏmfəlçə / 'mʏfəlçə] <N.; ~r>: **1.** kleiner Bissen, Häppchen; verkürzt aus „mundvoll": *e lecker Müffelche/Mümfelche* (eine leckere Kleinigkeit zu essen). **2.** (übertr.) dralles Mädchen.

mummele ['mʊmələ] <V.; schw.; *han*; mummelte ['mʊməltə]; gemummelt [jə'mʊməlt]> {9.2.1.2}: murmeln. (6)

mümmele ['mʏmələ] <V.; schw.; *han*; mümmelte ['mʏməltə]; gemümmelt [jə'mʏməlt]> {9.2.1.2}: mümmeln, behaglich im Munde zergehen lassen od. mit kleinen, schnellen Bissen kauen (wie ein Hase od. ein Kaninchen). (6)

Mumme|schanz, der ['mʊmə‚ʃants] <N.; o. Pl. ⟨urspr. = von vermummten Personen während der Fastnachtszeit gespieltes Würfelspiel; vgl. Schanze⟩>: Mummenschanz; **a)** Maskenfest; **b)** Verkleidung zum Mummenschanz.

Mund|aat, de ['mʊnt|aːt] <N.; i. best. Komposita *Mund*, sonst ↑Mungk; ~e> {11; s. u. ↑Aat}: Mundart [auch: ↑Mungk|aat].

Mund|aat|sprech|er, der ['mʊnt|aːt‚ʃprɛʃɐ] <N.; ~> {s. u. ↑Mund|aat}: Mundartsprecher.

munde/munge ['mʊn·də / 'mʊŋə] <V.; schw.; *han*; mundte ['mʊn·tə]; gemundt [jə'mʊn·t]> {(6.7)}: munden, schmecken. (28) (49)

münde ['mʏn·də] <V.; schw.; *han*; mündte ['mʏn·tə]; gemündt [jə'mʏn·t]>: münden. (28)

Münd|ung, de ['mʏn·dʊŋ] <N.; ~e>: Mündung.

Münd|ungs|füür/~|föör, et ['mʏn·dʊŋs‚fyːɐ̯ / -føːɐ̯] <N.; ~> {s. u. ↑Münd|ung ↑Füür/Föör}: Mündungsfeuer.

Münd|ungs|treechter, de ['mʏn·dʊŋs‚treˑçtɐ] <N.; ~e> {s. u. ↑Münd|ung ↑Treechter}: Mündungstrichter.

müng|ches|moß ['mʏŋ·çəs‚mɔˑs] <Adv.> {s. u. ↑Mungk ↑Moß}: mundgerecht, passend: *einem jet m. maache* (jmdm. etw. allen Wünschen u. Ansprüchen gemäß vorbereiten).

munge/munde ['mʊŋə / 'mʊn·də] <V.; schw.; *han*; mungte ['mʊŋtə]; gemungk [jə'mʊŋk]> {6.7}: munden. (49) (28)

Mungk, der [mʊŋk] <N.; Müng [mʏŋ]; Müng|che ['mʏŋ·çə> {6.7}: Mund [auch: ↑Bäbbel, ↑Bagger (2), ↑Belder|lade, ↑Bleff, ↑Bratsch (1), ↑Fress (1), ↑Klapp (2), ↑Lappe (4), ↑Muul, ↑Rand (2), ↑Schnäbbel, ↑Schnauz, ↑Schnüss].

Mungk|aat, de ['mʊŋk|aːt] <N.; ~e> {s. u. ↑Mungk ↑Aat}: Mundart [auch: ↑Mund|aat].

munkele ['mʊŋkələ] <V.; schw.; *han*; munkelte ['mʊŋkəltə]; gemunkelt [jə'mʊŋkəlt]> {9.2.1.2}: munkeln, heimlich von od. über etw. reden, sich einander zuraunen; ein Gerücht verbreiten. (6

Mungk|partie, de ['mʊŋkpa(x)‚tiˑ] <N.; ~ [-pa(x)ti·ə]> {s. u. ↑Mungk}: Mundpartie.

Mungk|raub, der ['mʊŋk‚rau̯p] <N.; ~e (Pl. ungebr.)> {s. u. ↑Mungk ↑Raub}: Mundraub.

Mungk|schotz, der ['mʊŋk‚ʃɔts] <N.; ~e (Pl. selten)> {s. u. ↑Mungk ↑Schotz}: Mundschutz.

Mungk|stöck, et ['mʊŋk‚ʃtøk] <N.; ~/~e/~er> {s. u. ↑Mungk ↑Stöck}: Mundstück.

Mungk|wasser, et ['mʊŋk‚vasɐ] <N.; o. Pl.> {s. u. ↑Mungk}: Mundwasser.

Mungk|winkel, der ['mʊŋk̩ˌvɪŋkəl] <N.; ~e> {s. u. ↑Mungk ↑Winkel}: Mundwinkel.

Münn, de [mʏnˑ] <N.; ~e ['mʏnə]>: Karpfenfisch, Döbel.

Münster|kis, der ['mʏnstɐˌkiˑs] <N.; o. Pl.> {s. u. ↑Kis}: [nach der frz. Stadt Munster im Elsass] Münsterkäse, Weichkäse von feinem, mildwürzigem Geschmack.

Münz, de [mʏnts] <N.; ~e> {8.3.1}: Münze.

Münz|amp, et ['mʏntsˌamˑp] <N.; ~|ämter> {s. u. ↑Münz ↑Amp}: Münzamt, Münzstätte.

münze ['mʏntsə] <V.; schw.; *han*; münzte ['mʏntstə]; gemünz [jə'mʏnts]>: münzen. (42)

Münz|ge|weech, et ['mʏntsjəˌveːʃ] <N.; ~te> {s. u. ↑Münz ↑Ge|weech}: Münzgewicht, durch den Münzfuß geregeltes Gewicht einer Münze im Unterschied zum Feingehalt.

Münz|kund, de ['mʏntsˌkʊnˑt] <N.> {s. u. ↑Münz}: Münzkunde, Numismatik.

Münz|tank|stell, de ['mʏntsˌtaŋkʃtɛlˑ] <N.; ~e [-ʃtɛlə]> {s. u. ↑Münz ↑Stell}: Münztankstelle.

Münz|wese, et ['mʏntsˌveːzə] <N.; o. Pl.> {s. u. ↑Münz ↑Wese}: Münzwesen.

Müpp, et [mʏp] <N.; weibl. Vorn.>: Betti, Bettina, Beatrix.

Murän, de [mʊ'rɛˑn] <N.; ~e ⟨spätmhd. muren < lat. murena < griech. mýraina⟩> {8.3.1}: Muräne, gelbbrauner Fisch.

Mürbe|deig, der ['mʏrbəˌdeɪʃ] <N.; ~e (Sortenpl.)> {s. u. ↑Deig}: Mürbeteig.

murkele ['mʊrkələ] <V.; schw.; *han*; murkelte ['mʊrkəltə]; gemurkelt [jə'mʊrkəlt]> {9.2.1.2}: einmummeln, meist ↑en|murkele, s. d. *Do häs dat Kind ävver gemurkelt, dat kritt jo kein Luff.* (Du hast das Kind aber eingemummelt, das kriegt ja keine Luft mehr.); *Do bes der ävver gemurkelt!* (Du bist aber eingemummelt!) [auch: ↑en|murkele, ↑en|mumme, ↑en|mummele]. (6)

Murk|es, der ['mʊrkəs] <N.; ~|ese/~|ese>: mürrischer, verdrießlicher Mensch.

Murks, der ['mʊrks] <N.; kein Pl.>: Murks, Flickarbeit, stümperhafte Arbeit [auch: ↑Bruddels|arbeid].

murkse ['mʊrksə] <V.; schw.; *han*; murkste ['mʊrkstə]; gemurks [jə'mʊrks]>: murksen, hudeln, schludern, unsachgemäß an etw. arbeiten [auch: ↑bruddele (2), ↑huddele, ↑schluddere, ↑schlunze (a)]. (87)

Murmel|broder, der ['mʊrməlˌbroˑdɐ] <N.; ~|bröder> {s. u. ↑Broder}: scherzh. für Mönch [auch: ↑Kluster|broder].

Murmel|dier, et ['mʊrməlˌdiˑɐ] <N.; ~e> {s. u. ↑Dier}: Murmeltier [auch: ↑Marmott].

Murre|saff, der ['mʊrəˌzaf] <N.; ~|säff> {s. u. ↑Muhr ↑Saff}: Möhrensaft.

Muschel|schal, de ['mʊʃəlˌʃaˑl] <N.; ~e> {s. u. ↑Schal¹}: Muschelschale.

Museums|deen|er, der [mʊ'zeˑʊmsˌdeˑnɐ] <N.; ~> {s. u. ↑Deen|er}: Museumsdiener, Museumswärter.

Museums|föhr|er/~|führ|~, der [mʊ'zeˑʊmsˌføː(ɐ̯)rɐ / -fyː(ɐ̯)r-] <N.; ~> {s. u. ↑Föhr|er/Führ|~}: Museumsführer, 1. Führer durch ein Museum. 2. Führer zur Besichtigung eines Museums.

museums|rief [mʊ'zeˑʊmsˌriːf] <Adj.; ~e> {s. u. ↑rief}: museumsreif. Tbl. A1

Museums|stöck, et [mʊ'zeˑʊmsˌʃtøk] <N.; ~/-e/~er> {s. u. ↑Stöck}: Museumsstück.

Musik, de ['mʊzɪk] <N.; ~e> {5.3.2.3}: Musik.

Musik|box, de ['mʊzɪkˌbɔks] <N.; ~e> {s. u. ↑Musik}: Musikbox.

Musik|er, der ['mʊzɪkɐ] <N.; ~> {5.3.2.3}: Musiker.

Musik|fründ, der ['mʊzɪkˌfrʏnt] <N.; ~e> {s. u. ↑Musik ↑Fründ}: Musikfreund,.

Musik|huh|schull, de ['mʊzɪkˌhuˑʃʊl] <N.; ~e [-ʃʊlə]> {s. u. ↑Musik ↑Schull}: Musikhochschule.

Musik|instrument, et ['mʊzɪkˌɪnstrʊˌmɛnt] <N.; ~e> {s. u. ↑Musik}: Musikinstrument.

Musik|kapell, de ['mʊzɪkkaˌpɛlˑ] <N.; ~e [-kaˌpɛlə]> {s. u. ↑Musik ↑Kapell²}: Musikkapelle.

Musik|kasett, de ['mʊzɪkka'zɛt] <N.; ~e> {s. u. ↑Musik ↑Kasett}: Musikkassette.

Musik|lehr|er, der ['mʊzɪkˌleˑ(ɐ̯)rɐ] <N.; ~> {s. u. ↑Musik}: Musiklehrer.

Musik|lihr, de ['mʊzɪkˌliˑɐ] <N.; ~e> {s. u. ↑Musik ↑Lihr¹}: Musiklehre.

Musik|pries, der ['mʊzɪkˌpriːs] <N.; ~e> {s. u. ↑Musik ↑Pries}: Musikpreis.

Musik|schull, de ['mʊzɪkˌʃʊlˑ] <N.; ~e [-ʃʊlə]> {s. u. ↑Musik ↑Schull}: Musikschule.

Musik|stöck, et ['mʊzɪkˌʃtøk] <N.; ~/-e/~er> {s. u. ↑Musik ↑Stöck}: Musikstück.

Musik|stund, de ['mʊzɪkˌʃtʊnˑt] <N.; ~(e)> {s. u. ↑Musik ↑Stund}: Musikstunde.

Mu̱sik|unger|rich/~|reech, der ['mʊzɪk,|ʊŋerɪfŋ / -reːfŋ] <N.; ~te (Pl. selten)> {s. u. ↑Mu̱sik ↑Unger|rich/~|reech}: Musikunterricht.

Mu̱sik|wesse|schaff, de ['mʊzɪk,vesəˌʃaf] <N.; o. Pl.> {s. u. ↑Mu̱sik; 5.5.2}: Musikwissenschaft.

Mu̱sik|wesse|schaff|ler, der ['mʊzɪk,vesəʃaflɐ] <N.; ~> {s. u. ↑Mu̱sik ↑Wesse}: Musikwissenschaftler.

Muskat, der [mʊsˈkaːt] <N.; ~e>: Muskat [auch: ↑Beschot]

Muskat|blöt, de [mʊsˈkaːt,bløːt] <N.; ~e> {s. u. ↑Blöt}: Muskatblüte.

Muskat|noss, der [musˈkaːt,nos] <N.; ~|nöss [-nøs]> {s. u. ↑Noss}: Muskatnuss.

Muskat|noss|baum, der [musˈkaːtnos,boʊm] <N.; ~|bäum [-bøːm]> {s. u. ↑Noss ↑Baum}: Muskatnussbaum.

Muskat|riev, de [mʊsˈkaːt,riːf] <N.; veraltet; ~e> {s. u. ↑Riev}: Muskatnussreibe.

Muske|dier, der ['mʊskə,diːɐ̯] <N.; ~e>: Musketier.

Muskel, der ['mʊskəl] <N.; ~e>: Muskel.

Muskel|arbeid, de ['mʊskəl,|arbeːɐ̯t] <N.; o. Pl.> {s. u. ↑Arbeid}: Muskelarbeit.

Muskel|kraff, de ['mʊskəl,kraf] <N.; o. Pl.> {s. u. ↑Kraff}: Muskelkraft.

Muskel|kramf/~|kramp, der ['mʊskəl,kramf / -kramp] <N.; ~|krämf/~|krämp> {s. u. ↑Kramf/Kramp¹}: Muskelkrampf.

Muskel|ping, der ['mʊskəl,pɪŋˑ] <N.; kein Pl.> {s. u. ↑Ping}: Muskelschmerz; Myalgie.

Muskel|ress, der ['mʊskəl,res] <N.; ~e> {s. u. ↑Ress¹}: Muskelriss.

Muskel|spill, et ['mʊskəl,ʃpɪl] <N.; o. Pl.> {s. u. ↑Spill}: Muskelspiel.

Musket, de [mʊsˈkeːt] <N.; ~e ⟨frz. mousquet < ital. moschetto⟩> {8.3.1}: Muskete.

müsse¹ ['mʏsə] <V.; unr.; han; mʊt [mɔːt]; gemʊt [jəˈmɔːt]>: müssen, **a)** gezwungen sein, etw. zu tun: *Ich muss noch en de Stadt.* (Ich muss noch in die Stadt.); **b)** notwendig sein, dass etw. Bestimmtes geschieht: *Dä Breef muss noch noh der Poss.* (Der Brief muss noch zur Post.). (142)

müsse² ['mʏsə] <V.; mit Inf. als Modalverb; unr.; han; mʊt [mɔːt]; gemʊt [jəˈmɔːt]>: müssen, **a)** gezwungen sein, etw. zu tun; **b)** sich verpflichtet fühlen, etw. Bestimmtes zu tun; **c)** drückt Wahrscheinlichkeit aus: *Dat moot jo esu kumme!* (Das musste ja so kommen!); **d)** <nur Konjunktiv II> drückt aus, dass etw. wünschenswert ist: *Geld mööt mer han!* (Geld müsste man haben!). (142)

Muss|ih, de ['mʊs,|iˑ] <N.; ~e> {s. u. ↑Ih}: Mussehe.

Muster, et ['mʊstɐ] <N.; ~e>: Muster.

Muster|bei|spill, et ['mʊstɐ,beɪ̯ˈʃpɪl] <N.; ~ [-ˈʃpɪl]> {s. u. ↑Muster ↑Bei|spill}: Musterbeispiel.

Muster|breef, der ['mʊstɐ,breːf] <N.; ~e> {s. u. ↑Muster ↑Breef}: Musterbrief.

mustere ['mʊstɐə] <V.; schw.; han; musterte ['mʊstɐtə]; gemustert [jəˈmʊstɐt]> {9.2.1.2}: mustern, **1.** prüfend ansehen, betrachten. **2.** Wehrpflichtige auf Wehrtauglichkeit untersuchen. **3.** sich farblich od. vom Stil her nicht zusammenpassende Kleidungsstücke anziehen: *Dat hät sich ävver gemustert!* (Sie hat sich aber unpassend angezogen.). (4)

Muster|ih, de ['mʊstɐ,|iˑ] <N.; ~e [-i·ə]> {s. u. ↑Muster ↑Ih}: Musterehe.

Muster|kaat, de ['mʊstɐ,kaːt] <N.; ~e> {s. u. ↑Muster ↑Kaat}: Musterkarte, Karte mit Mustern von Stoffen, Wolle, Farben o. Ä., nach der man etw. auswählt.

Muster|koffer, der/de ['mʊstɐ,kofɐ] <N.; ~e> {s. u. ↑Koffer¹}: Musterkoffer.

Muster|stöck, et ['mʊstɐ,ʃtøk] <N.; ~/~e/~er> {s. u. ↑Muster ↑Stöck}: Musterstück, Musterexemplar.

Mutter, de ['mʊtɐ] <N.; Mütter ⟨mhd., ahd. muoter, urspr. Lallwort der Kinderspr.⟩>: Mutter [auch: ↑Mooder].

Mutter|ääd, de ['mʊtɐ,ɛːt] <N.; kein Pl.> {s. u. ↑Ääd}: Muttererde, Mutterboden [auch: ↑Mutter|boddem].

Mutter|boddem, der ['mʊtɐ,bodəm] <N.; ~|böddem> {s. u. ↑Boddem}: Mutterboden [auch: ↑Mutter|ääd].

Mütter|che, et ['mʏtɐfjə] <N.; ~r>: Mütterchen, kleine, alte Frau.

Mutter|dag, der ['mʊtɐ,daːx] <N.; o. Pl. ⟨amerik. Mother's Day⟩> {s. u. ↑Dag}: Muttertag.

Mutter|dier, et ['mʊtɐ,diːɐ̯] <N.; ~e> {s. u. ↑Dier}: Muttertier.

Mutter|goddes, de [,mʊtɐˈjodəs] <N.; o. Pl.; Mudder|göddes|che [,mʊdɐˈjødəsfjə]> {s. u. ↑Godd¹}: Muttergottes, *de Schwatze Mutter|goddes (Gnadenbild der Heiligen Muttergottes in der Kirche "St. Maria in der Kupfergasse", deren Gebete – so der Glaube – erhört werden, wenn man ihr eine Kerze opfert); <Diminutiv> M.-Figur.

Mutter|goddes|kevver, der [‚mʊtɐˈjɔdəsˌkevɐ] <N.; ~e> {s. u. ↑Godd¹ ↑Kevver}: Marienkäfer.

Mutter|hätz, et [ˈmʊtɐˌhɛts] <N.; ~er> {s. u. ↑Hätz}: Mutterherz.

Mutter|koche, der [ˈmʊtɐˌkoˑxə] <N.; ~> {s. u. ↑Koche}: Mutterkuchen, Plazenta.

Mutter|liev, der [ˈmʊtɐˌliːf] <N.; o. Pl.> {s. u. ↑Liev} Mutterleib.

Mutter|mol, et [ˈmʊtɐˌmɔˑl] <N.; ~e> {s. u. ↑Mol²}: Muttermal.

Mutter|schaff, de [ˈmʊtɐˌʃaf] <N.; o. Pl.>: Mutterschaft.

Mutter|scheff, et [ˈmʊtɐˌʃef] <N.; ~e> {s. u. ↑Scheff}: Mutterschiff.

Mutter|schof, et [ˈmʊtɐˌʃɔˑf] <N.; ~e/~|schöf [-ʃɔˑfə / -ʃœˑf]> {s. u. ↑Schof}: Mutterschaf.

Mutter|schotz, der [ˈmʊtɐˌʃɔts] <N.; kein Pl.> {s. u. ↑Schotz}: Mutterschutz.

mutter|sielen|allein [ˈmʊtɐˈziːlənˌaˈleːrn] <Adj.; nur präd.> {s. u. ↑Siel}: mutterseelenallein.

Mutter|sönn|che, et [ˈmʊtɐˌzønˑfjə] <N.; ~r> {s. u. ↑Sonn²}: Muttersöhnchen.

Mutter|sproch, de [ˈmʊtɐˌʃprɔːx] <N.; ~e ⟨wohl nach mlat. lingua materna⟩> {s. u. ↑Sproch¹}: Muttersprache.

Mutter|wetz, der [ˈmʊtɐˌvets] <N.; o. Pl.> {s. u. ↑Wetz}: Mutterwitz, in Pfiffigkeit, Schlagfertigkeit sich äußernder gesunder Menschenverstand.

Muul, de [muˑl] <N.; Müüler/Muule [ˈmyːlɐ / ˈmuːlə]; Müül|che [ˈmyːlfjə] {5.1.3}: Mund (der), Maul (das) [auch: ↑Bäbbel, ↑Bagger (2), ↑Belder|lade, ↑Bleff, ↑Bratsch (1), ↑Fress (1), ↑Klapp (2), ↑Lappe (4), ↑Mungk, ↑Rand (2), ↑Schnäbbel, ↑Schnauz, ↑Schnüss]; *nit op de M. gefalle sin (schlagfertig sein); *de M. halde (schweigen); *de M. stoppe (zum Schweigen bringen); *en große M. han (prahlen); *en M. trecke (schmollen); *sich de M. zerrieße, *de M. schwaade (durchhecheln, hetzen, lästern); *de M. un Nas oprieße (staunen); *de M. mem Hölzche opstippe (hungern); *sich de M. fuselig schwaade; *sich Franse an de M. schwaade (viel reden, schwatzen, sülzenquasseln); [RA] *Däm geiht de M. wie en Entefott.* (Ihr/ihm geht der Mund wie ein Entenbürzel; sie/er spricht sehr schnell.); [RA] *Dä kann mih met der Muul wie andere met de Häng.* (Er kann mehr mit dem Mund als andere mit den Händen. = Er ist ein Schwätzer.).

muule [ˈmuːlə] <V.; schw.; *han*; muulte [ˈmuːltə]; gemuult [jəˈmuːlt]> {5.1.3}: maulen, **1.** den Mund eigensinnig verziehen; schmollen; verdrießlich sein, eigtl. die Lippen zusammenpressen. **2.** Fachwort der Schuhmacher; Lederstück auf den Vorderschuh, die Schuhspitze setzen. (102)

Muul|esel, der [ˈmuːlˌezəl] <N.; ~e> {s. u. ↑Muul ↑Esel}: Maulesel.

Muul|schwaad|er, der [ˈmuːlˌʃvaːdɐ] <N.; ~> {s. u. ↑Muul}: Vielschwätzer, Dummschwätzer, Angeber, Mensch, der das Maul voll nimmt, übertreibt, angibt.

Muul|worf/~|wurf, der [ˈmuːlˌvɔrf / -vʊrf] <N.; ~|wörf [-vørˑf]> {s. u. ↑Muul ↑Worf/Wurf}: Maulwurf [auch: ↑Molter].

Muur/Moor¹, de [muˑɐ̯ / moˑɐ̯] <N.; ~e; Müür|che [ˈmyːɐ̯fjə]> {5.1.4.6; 8.2.2.2}: Mauer.

muure/moore [ˈmuˑ(ɐ̯)rə / ˈmoˑrə] <V.; schw.; *han*; muurte [ˈmuˑɐ̯tə]; gemuurt [jəˈmuˑɐ̯t]> {5.1.4.6; 8.2.2.2}: mauern. (100)

Müür|er, der [ˈmyˑ(ɐ̯)rɐ] <N.; ~> {5.1.3}: Maurer.

Müür|er|gesel, der [ˈmyˑ(ɐ̯)rɐjəˌzɛl] <N.; ~e> {s. u. ↑Müür|er ↑Gesell}: Maurergeselle.

Müür|er|meister~, der [ˈmyˑ(ɐ̯)rɐˌmeɪstɐ] <N.; ~> {s. u. ↑Müür|er ↑Meister}: Maurermeister.

Muur|werk/Moor|~, et [ˈmuˑɐ̯ˌvɛrk / moˑɐ̯-] <N.; ~e> {s. u. ↑Muur/Moor¹}: Mauerwerk.

Muus, de [muːs] <N.; Müüs [myːs]; Müüs|che [ˈmyːsjə]> {5.1.3}: Maus, **1.** Nagetier. **2.** (übertr.) **a)** *Müüsche* (Kosew. für ein kleines Kind); **b)** Muskelballen am Ansatz des Daumens in der Hand; **c)** *Müüscher fange* (die Klingel drücken u. dann weglaufen); **d)** Computermaus.

müüs|che|stell [ˈmyːsjəˈʃtel] <Adj.; ~e> {s. u. ↑Muus ↑stell}: mäuschenstill. Tbl. A2.2

muus|dud [ˈmuːsˈduːt] <Adj.; nur präd.> {s. u. ↑Muus ↑dud}: mausetot.

muuse [ˈmuːzə] <V.; schw.; *han*; muuste [ˈmuːstə]; gemuus [jəˈmuːs]> {5.1.3}: mausen, **1.** Mäuse fangen. **2.** (übertr.) heimlich durchsuchen/durchstöbern um zu stibitzen od. etw. zu erfahren. (149)

Muus|fall, de [ˈmuːsˌfalˑ] <N.; ~e [-falə]> {s. u. ↑Muus ↑Fall¹}: Mausefalle.

Muus|geff, et ['muːsˌjef] <N.; o. Pl.> {s. u. ↑Muus ↑Geff}: Mäusegift, Gift zur Vernichtung von Mäusen [auch: ↑Ratte|geff].

muus|grau ['muːsˈjraʊ̯ˑ] <Adj.; ~e> {s. u. ↑Muus}: mausgrau [auch: ↑muus|klǫr|ig]. Tbl. A2.9

Muus|klick, der ['muːsˌklɪk] <N.; ~s> {s. u. ↑Muus ↑klicke}: (Datenverarb.) Mausklick.

Muus|klǫr, de ['muːsˌklœˑɐ̯] <N.; o. Pl.> {s. u. 5Muus 5Klǫr}: Mausfarbe.

muus|klǫr|ig ['muːsˌklœˑ(ɐ̯)rɪfj] <Adj.; ~e> {s. u. ↑Muus ↑Klǫr}: mausfarbig, mausgrau [auch: ↑muus|grau]. Tbl. A5.2

Muus|köttel, der ['muːsˌkøtəl] <N.; ~e> {s. u. ↑Muus ↑Köttel}: Mäusekot, Ausscheidung von Mäusen; **[RA]** *Dä bieß noch ene M. en drei Deil.* (Der beißt noch ein ~stück in drei Teile = er ist geizig.).

Muus|loch, et ['muːsˌlɔx] <N.; ~|löcher> {s. u. ↑Muus}: Mauseloch, von der Maus genagtes od. gegrabenes Loch; ***einer en e M. jage** (jmdm. Angst einjagen, vertreiben).

Muus|ness, et ['muːsˌnes] <N.; ~|nester> {s. u. ↑Muus ↑Ness¹}: Mäusenest.

Muus|padd, der ['muːsˌpat] <N.; Straßenn.> {s. u. ↑Muus ↑Padd}: Mauspfad (alter Flurname in Köln).

Muus|plǫg, de ['muːsˌplɔˑx] <N.; ~e> {s. u. ↑Muus ↑Plǫg²}: Mäuseplage.

Muus|taas/~|tass, de ['muːsˌtaːs / -tas] <N.; ~te/~|taste> {s. u. ↑Muus ↑Taas/Tass²}: Maustaste.

Muus|ühr|che/~|öhr|~, et ['muːsˌyˑɐ̯fjə / -øˑɐ̯-] <N.; ~r> {s. u. ↑Muus ↑Uhr²/Ohr²}: Mauseöhrchen, scherzh. für Feldsalat [auch: ↑Feld|schlǫt, ↑Kǫǫn|schlǫt].

Muus|zant, der ['muːsˌtsant] <N.; ~|zäng [-tsɛŋˑ]; ~|zäng|che [-tsɛŋˑfjə]> {s. u. ↑Muus ↑Zant}: Mausezahn.

Muuz¹, de [muːts] <N.; kein Pl.> {5.1.2; 6.11.3; 8.3.2}: Mauser, **1. a)** Federwechsel bei Vögeln; **b)** Zeit des Federwechsels, hauptsächlich im März; **c)** auf Menschen bezogen: *Dä es en der M.* (Dem lichten sich die Haare.). **2.** schlechte Laune.

Muuz², de [muːts] <N.; ~e>: Fastnachtsgebäck.

müüze [myːtsə] <V.; nur im Part. II mit „krige"; schw.; *han*; gemüüz [jə'myːts]>: bewältigen, ***jet gemüüz krige** (etw. bewältigt bekommen): *Dat große Stöck Taat krigen ich nit gemüüz.* (Das große Stück Kuchen bekomme ich nicht aufgegessen.) [auch: ↑bei|kumme (b), ↑be|wältige (b), ↑op|krige (3)]. (112)

Muuze|mändel|che, et [ˌmuːtsəˈmɛndəlfjə] <N.; ~r>: **1.** Fastnachtsgebäck in Form einer Mandel, aus feinem, süßen Teig in Schmalz gesotten. **2.** <Pl.> Name einer Karnevals ges..

Muuze|puckel, der ['muːtsəˌpʊkəl] <N.; ~e> {s. u. ↑Puckel}: mürrischer Mensch, Griesgram.

muuz|ig ['muːtsɪfj] <Adj.; ~e; ~er, ~ste>: übel gelaunt, mürrisch, verdrießlich, übellaunig: *Wat bes de esu m.?* (Wieso bist du so m.?). Tbl. A5.2

Muuz|kopp, der ['muːtsˌkɔp] <N.; ~|köpp> {s. u. ↑Kopp}: Trotzkopf.

Mythologe, der [ˌmytoˈloˑʀə] <N.; ~>: Mythologe.

Mythologie, de [ˌmytoloˈjiˑ] <N.; ~ [ˌmytoloˈjiˑə] ⟨griech. mythología⟩>: Mythologie.

mythologisch [ˌmytoˈloˑʀɪʃ] <Adj.; ~e>: mythologisch.

nä [nɛ:] <Adv.>: nein, Kurzf. zu ↑**enä**.
Naach, de [na:x] <N.; Näächte ['nɛ:ɸtə]> {5.2.1.2}: Nacht.
Naach|arbeid, de ['na:ra(r)ˌbeɪ̯t / 'na:xˌ|arbeɪ̯t] <N.; o. Pl.> {s. u. ↑Naach ↑Arbeid}: Nachtarbeit.
Naach|deens, der ['na:xˌde·ns] <N.; ~te> {s. u. ↑Naach; ↑Deens}: Nachtdienst.
Naache, der ['na:xə] <N.; ~> {5.2.1}: Nachen, kleiner Kahn; *einem der N. däue (jmdn. in Ruhe lassen); **[RA]** *Do kanns mer ens der N. däue.* (Du kannst mir mal den N. schieben. = Ich werde deiner Bitte nicht nachkommen.; auch: *Blos der (mer) jet!; Drieß der (mer) jet!; Gangk ens höppe!*).
Naach|falder, der ['na:xˌfaldə] <N.; ~e> {s. u. ↑Naach ↑Falder}: Nachtfalter.
Naach|fross, der ['na:xˌfrɔs] <N.; ~|fröss> {s. u. ↑Naach; ↑Fross}: Nachtfrost.
Naach|ge|bedd, et ['na:xjəˌbet] <N.; ~er> {s. u. ↑Naach ↑Ge|bedd}: Nachtgebet, Abendgebet.
Naach|ge|spens, et ['na:xjəˌʃpɛns] <N.; ~ter> {s. u. ↑Naach ↑Ge|spens²}: Nachtgespenst.
Naach|himmel, der ['na:xˌhɪməl] <N.; o. Pl.> {s. u. ↑Naach ↑Himmel}: Nachthimmel.
Naach|kääz, de ['na:xˌkɛ:ts] <N.; ~e> {s. u. ↑Naach ↑Kääz}: Nachtkerze, Pflanze mit verzweigtem Stängel, ovalen bis lanzettförmigen Blättern u. oft in Trauben od. Ähren wachsenden, großen, gelben Blüten.
Naach|kräm/~|creme, de ['na:xˌkrɛ:m] <N.; ~s> {s. u. ↑Naach ↑Kräm/Creme}: Nachtcreme.
Naach|lager, et ['na:xˌla·ʁe] <N.; ~> {s. u. ↑Naach ↑Lager}: Nachtlager.
Naach|levve, et ['na:xˌlevə] <N.; o. Pl.> {s. u. ↑Naach ↑Levve}: Nachtleben.
Naach|portier, der ['na:xpɔxtˌje·] <N.; ~s> {s. u. ↑Naach}: Nachtportier.
Naach|programm, et ['na:xproˌjram·] <N.; ~e [-proˌjramə]> {s. u. ↑Naach ↑Programm}: Nachtprogramm.
Naach|quartier, et ['na:xkvaˌtı:ɐ̯] <N.; ~e> {s. u. ↑Naach ↑Quartier}: Nachtquartier, Quartier für eine Nacht.
naachs [na:ks] <Adv.> {5.2.1.2; 6.2.2}: nachts, des Nachts.
Naach|schatte|ge|wächs, et ['na:xʃatəjəˌvɛks] <N.; ~e ⟨zu mhd. nahtschate, ahd. nahtscato⟩> {s. u. ↑Naach ↑Schatte ↑Ge|wächs}: Nachtschattengewächs.

Naach|schich/~|scheech, de ['na:xˌʃɪɕ / -ʃe:ʃ] <N.; ~te> {s. u. ↑Naach ↑Schich/Scheech}: Nachtschicht.
Naach|schwester, de ['na:xˌʃvɛste] <N.; ~e> {s. u. ↑Naach ↑Schwester}: Nachtschwester.
Naachs|döppe, et ['na:ksˌdøpə] <N.; ~> {9.1.2; s. u. ↑Naach ↑Döppe}: Nachttopf [auch: ↑Naachs|pott, ↑Piss|pott].
Naachs|hemb, et ['na:ksˌhemp] <N.; ~|hemde(r)> {9.1.2; s. u. ↑Naach ↑Hemb}: Nachthemd [auch: ↑Punjel, ↑Naachs|kiddel].
Naach|sicht|ig|keit/~|seecht|~, de ['na:xˌzɪɕtɪɕkeɪ̯t / -ze:ɸt-] <N.; o. Pl.> {s. u. ↑Naach ↑Sich/Seech}: Nachtsichtigkeit, Sehschwäche bei hellem Licht; Tagblindheit.
Naachs|kiddel, der ['na:ksˌkɪdəl] <N.; ~e> {9.1.2; s. u. ↑Naach ↑Kiddel}: Nachtkittel, Nachthemd.
Naachs|kommöd|che, et ['na:ksko̞ˌmøˑtʃə] <N.; ~r> {s. u. ↑Naach ↑Kommod}: Nachttischchen.
Naachs|leech, et ['na:ksˌle:ʃ] <N.; ~ter> {9.1.2; s. u. ↑Naach ↑Leech}: Nachtlicht, Nachtlämpchen, Nachttischlampe.
Naach|speicher|ovve, der ['na:xˌʃpeɪ̯ɕeˌlovə] <N.; ~|övve(ns)> {s. u. ↑Naach ↑Ovve}: Nachtspeicherofen.
Naachs|pott, der ['na:ksˌpɔt] <N.; ~|pött> {9.1.2; s. u. ↑Naach ↑Pott}: Nachttopf [auch: ↑Naachs|döppe, ↑Piss|pott].
Naachs|punjel, der ['na:ksˌpʊnjəl] <N.; ~e> {9.1.2; s. u. ↑Naach}: Nachtgewand [auch: ↑Naachs|hemb, ↑Naachs|kiddel].
Naachs|rauh, de ['na:ksˌroʊ̯·] <N.; kein Pl.> {9.1.2; s. u. ↑Naach ↑Rauh}: Nachtruhe.
Naach|strom, der ['na:xˌʃtro:m] <N.; kein Pl.> {s. u. ↑Naach}: Nachtstrom.
Naachs|üül, de ['na:ksˌy·l] <N.; ~e> {9.1.2; s. u. ↑Naach ↑Üül}: Nachteule, (übertr.) Nachtmensch.
Naachs|wä(ä)cht|er, der ['na:ksˌvɛ(:)ɸte] <N.; ~> {s. u. ↑Naach ↑Wä(ä)cht|er}: **1.** Nachtwächter. **2.** (übertr., scherzh.) ein zur Nachtzeit aus Rache od. zur Verspottung vor eine Haustür od. auf die Straße gesetzter Kothaufen.
Naach|tarif, der ['na:xtaˌri·f] <N.; o. Pl.> {s. u. ↑Naach}: Nachttarif.
näächte|lang ['nɛ:ɸtəˌlaŋ / '--ˌ-] <Adv.> {s. u. ↑Naach}: nächtelang.   Tbl. A7.2.2

Naach|waach, de ['naːx‚vaːx] <N.; ~e> {s. u. ↑Naach ↑Waach}: Nachtwache.

Naach|wander|ung, de ['naːx‚vandərʊŋ] <N.; ~e> {s. u. ↑Naach}: Nachtwanderung.

Naach|zigg, de ['naːx‚tsɪk] <N.; ~e> {s. u. ↑Naach ↑Zigg}: Nachtzeit.

Naach|zog, der ['naːx‚tsox] <N.; ~|zög> {s. u. ↑Naach ↑Zog¹}: Nachtzug.

Naach|zo|schlag, der ['naːx‚tsoˑʃlax] <N.; ~|schläg [-ʃlɛˑɧ]> {s. u. ↑Naach ↑Zo|schlag}: Nachtzuschlag.

Naach|zeug, et ['naːx‚tsøɥ̯ɧ] <N.; o. Pl.> {s. u. ↑Naach}: Nachtzeug, zum Übernachten notwendige Dinge.

naaß [naːs] <Adj.; ~e; ~er, ~(es)te> {5.2.1.3}: nass. Tbl. A1

Nääß|de, de ['nɛːsdə] <N.; ~> {5.2.1.3; 10.2.8}: Nässe.

naaß|kald ['naːs'kalt] <Adj.; ~|kaal(e) ['kaˑlə]> {s. u. ↑naaß ↑kald}: nasskalt. Tbl. A7.1

Naaz, der [naːts] <N.; männl. Vorn.>: Kurzf. von Ignatius [auch: ↑Nat|es].

Nabel, der ['naˑbəl] <N.; ~>: Nabel, [gebräuchl.: ↑Nöll¹].

Nabel|broch, der ['naˑbəl‚brox] <N.; i. best. Komposita nur *Nabel*, sonst auch ↑Nöll¹; ~|brö̲ch> {11; s. u. ↑Nabel ↑Broch¹}: Nabelbruch.

Nabel|schnur/~|schnor, de ['naˑbəl‚ʃnuˑɐ̯ / -ʃnoˑɐ̯] <N.; i. best. Komposita nur *Nabel*, sonst auch ↑Nöll¹; ~|schnür/~|schnör> {s. u. ↑Nabel ↑Schnur/Schnor}: Nabelschnur.

Nach|bar, de ['naːx‚baːɐ̯] <N.; i. best. Komposita *Nach*, sonst ↑Naach; ~s> {11}: Nachtbar.

Nächels|gass, de ['nɛɧəls‚jas] <N.; Straßenn.> {s. u. ↑Gass¹}: Nächelsgasse (Straße in Köln zw. Holzmarkt u. Follerstraße, wo früher das Rotlichtmilieu war).

Nach|rich, de ['naˑx‚rɪɧ] <N.; ~te> {8.3.5}: Nachricht.

Nach|richte|deens, der ['naˑxrɪɧtə‚deˑns] <N.; ~te> {s. u. ↑Nach|rich; ↑Deens}: Nachrichtendienst.

Nach|richte|sprech|er, der ['naˑxrɪɧtə‚ʃprɛɧɐ] <N.; ~> {s. u. ↑Nach|rich ↑spreche}: Nachrichtensprecher.

Nach|richte|technik, de ['naˑxrɪɧtə‚tɛɧnɪk] <N.; o. Pl.> {s. u. ↑Nach|rich}: Nachrichtentechnik.

nächs [nɛˑks] <Adj.; ~te>: nächst..., **1.** in der zeitlichen Reihenfolge unmittelbar folgend: *~te Woch, n. Johr, beim ~te Mol* (~te Woche, ~tes Jahr beim ~en Mal). **2.** in räumlicher Reihenfolge unmittelbar folgend: *de ~te Stroß links, de ~te Stroph* (die ~e Straße links, die ~e Strophe). Tbl. A4.1.2

nack [nak] <Adj.; „t" bleibt bei Flexion getilgt; ~e> {8.3.5}: nackt, unbedeckt, bloß: *~e Ärm, Bein, Föß* (~e Arme, Beine, Füße); *mem ~e Kopp durch der Rähn gonn* (ohne Kopfbedeckung durch den Regen gehen) [auch: ↑bläck, ↑nack(el)ig]. Tbl. A1

Nack|aasch, der ['nak‚laːʃ] <N.; ~|ääsch> {8.3.5; s. u. ↑Aasch}: Nacktarsch, **1.** der nackte Hintern. **2.** (übertr.) armer Teufel, Habenichts. **3.** (übertr.) Blüte der Herbstzeitlosen. **4.** Weinmarke.

Nack|bade, et ['nak‚baːdə] <N.; kein Pl.> {s. u. ↑nack ↑bade}: Nacktbaden.

Nack|dänz|erin, de ['nak‚dɛntsərɪn] <N.; ~ne> {s. u. ↑nack ↑Dänz|er}: Nackttänzerin.

Nacke, der ['nakə] <N.; ~>: Nacken.

Nacke|ditz, der ['nakə‚dɪts] <N.; ~e; ~che [-jə]>: Nackedei, Kosew. für ein (fast) nacktes Kind.

Nacke|hoor, et ['nakə‚hoˑɐ̯] <N.; ~e (meist Pl.)> {s. u. ↑Nacke ↑Hoor}: Nackenhaar.

Nacke|kesse, et ['nakə‚kesə] <N.; ~> {s. u. ↑Nacke ↑Kesse}: Nackenkissen.

Nacke|roll, de ['nakə‚rolˑ] <N.; ~e [-rolə]> {s. u. ↑Nacke ↑Roll}: Nackenrolle.

Nacke|schlag, der ['nakə‚ʃlax] <N.; ~|schläg [-ʃlɛˑɧ]>: Nackenschlag.

Nacke|stöck, et ['nakə‚ʃtøk] <N.; ~/~e/~er> {s. u. ↑Stöck}: Nackenstück, Stück aus dem Nacken des Rindes, als Suppenfleisch verwandt.

Nacke|stötz, de ['nakə‚ʃtøts] <N.; ~e> {s. u. ↑Stötz}: Nackenstütze.

Nacke|wirvel, der ['nakə‚vɪrvəl] <N.; ~e> {s. u. ↑Nacke ↑Wirvel}: Nackenwirbel.

Nack|foto, et ['nak‚foto] <N.; ~s> {s. u. ↑nack ↑Foto}: Nacktfoto.

Nack|frosch, der ['nak‚frɔʃ] <N.; ~|frösch> {s. u. ↑nack ↑Frosch}: Nacktfrosch, nacktes kleines Kind.

nack(el)ig ['nak(əl)ɪɧ] <Adj.; ~e>: nackt [auch: ↑nack, ↑bläck]; **~e Luus* (armer Mensch). Tbl. A5.2

Nack|modell, et ['nakmo‚dɛlˑ] <N.; ~e [-mo‚dɛlə]> {s. u. ↑nack}: Nacktmodell.

Nack|schneck, de ['nak‚ʃnɛk] <N.; ~e> {s. u. ↑nack ↑Schneck}: Nacktschnecke.

Nagasaki [‚naja'zaˑkɪ] <N.; Ortsn.>: Nagasaki, Stadt in Japan.

nage ['naːʀə] <V.; schw.; *han*; nagte ['naːxtə]; genag [jə'naːx]>: nagen [auch: ↑knabbere, ↑knäbbele (1), ↑knäuele (2), ↑knage]. (103)

Nage|dier, et ['naːʀə‚diːɐ̯] <N.; ~e> {s. u. ↑nage ↑Dier}: Nagetier.

Nagel|bedd, et ['naːʀəl‚bɛt] <N.; i. best. Komposita *Nagel*, sonst ↑Nähl; ~er> {11; s. u. ↑Bedd}: Nagelbett.

Nagel|böösch, de ['naːʀəl‚bøːʃ] <N.; i. best. Komposita *Nagel*, sonst ↑Nähl; ~te> {11; s. u. ↑Böösch}: Nagelbürste.

Nagel|bredd, et ['naːʀəl‚brɛt] <N.; i. best. Komposita *Nagel*, sonst ↑Nähl; ~er> {11; s. u. ↑Bredd}: Nagelbrett, mit vielen herausragenden spitzen Nägeln versehenes Brett, auf dem Fakire ihre Schmerzunempfindlichkeit demonstrieren.

Nagel|fiel, de ['naːʀəl‚fiːl] <N.; i. best. Komposita *Nagel*, sonst ↑Nähl; ~e> {11; s. u. ↑Fiel}: Nagelfeile.

Nagel|hugg, de ['naːʀəl‚hʊk] <N.; i. best. Komposita *Nagel*, sonst ↑Nähl; ~|hügg> {11; s. u. ↑Hugg}: Nagelhaut.

Nagel|lack, der ['naːʀəl‚lak] <N.; i. best. Komposita *Nagel*, sonst ↑Nähl; ~e (Sortenpl.)> {11}: Nagellack.

nagel|neu ['naːʀəl'nɔy̆] <Adj.; i. best. Komposita *Nagel*, sonst ↑Nähl; ~e> {11}: nagelneu. Tbl. A2.9

Nagel|reinig|er, der ['naːʀəl‚ʀeɪnɪjɐ] <N.; i. best. Komposita *Nagel*, sonst ↑Nähl; ~> {11}: Nagelreiniger, kleines, spitzes Gerät zum Reinigen der Fingernägel.

Nagel|schir, de ['naːʀəl‚ʃiːɐ̯] <N.; i. best. Komposita *Nagel*, sonst ↑Nähl; ~e; ~che> {11; s. u. ↑Schir}: Nagelschere.

Nagel|wols, de ['naːʀəl‚vols] <N.; i. best. Komposita *Nagel*, sonst ↑Nähl; ~te> {11; s. u. ↑Wols}: Nagelwulst.

Nagel|woozel, de ['naːʀəl‚voːtsəl] <N.; i. best. Komposita *Nagel*, sonst ↑Nähl; ~e> {11; s. u. ↑Woozel}: Nagelwurzel.

Nagel|zang, de ['naːʀəl‚tsaŋ] <N.; i. best. Komposita *Nagel*, sonst ↑Nähl; ~e [-tsaŋə]> {11; s. u. ↑Zang}: Nagelzange.

Nag|er, der ['naːʀɐ] <N.; ~>: Nager, Nagetier.

naggele ['nagələ] <V.; schw.; *han*; naggelte ['nagəltə]; genaggelt [jə'nagəlt]> {9.2.1.2}: necken, zanken, **1.** jmdn./an jmdm. fortgesetzt stoßend/kneifend/quälend necken/ärgern/zanken. **2.** <sich n.> sich necken, zanken ohne im Streit zu sein. (6)

Naggel|ei, de [‚nagə'leɪ̯] <N.; ~e [-eɪ̯ə]>: fortgesetzte Neckerei, Zankerei.

Naggel|er, der ['nagələ] <N.; ~>: Zänker, einer, der gern zankt/zerrt/neckt.

Nähl, der [nɛːl] <N.; ~> {6.3.1; 8.2.2.3}: Nagel, **1.** Metallstift; *ene N. em Zylinder han* (verrückt sein, spinnen). **2.** Fingernagel, Zehennagel; *sich jet unger der N. rieße* (etw. ergattern).

Nähl|che, et ['nɛːlçə] <N.; ~r> {5.4; 6.3.1; 8.2.2.3}: Nägelchen, **1.** kleiner Nagel. **2.** Gewürznelke, zum Würzen roter Rüben, Karotten, des Rotkohls.

nähle ['nɛːlə] <V.; schw.; *han*; nählte ['nɛːltə]; genählt [jə'nɛːlt]> {5.4; 6.3.1}: (fest)nageln. (61)

Nähl|ieser, et ['nɛːl‚iːzɐ] <N.; ~(e)> {s. u. ↑Nähl ↑Ieser}: Nageleisen, Schmiedegerät, in dem auf den glühenden Nagel der Kopf geschlagen wird.

Nähl|schmidd, der/de ['nɛːl‚ʃmɪt] <N.; ~e> {s. u. ↑Nähl ↑Schmidd¹}: **1.** Nagelschmied (der). **2.** Nagelschmiede (die).

Nähl|zang, de ['nɛːl‚tsaŋ] <N.; veraltend; ~e [-tsaŋə]> {s. u. ↑Nähl ↑Zang}: Nagelzange, [gebräuchl. ↑Nagel|zang].

Nähr|boddem, der ['nɛːɐ̯‚bodəm] <N.; ~|böddem> {s. u. ↑Boddem}: Nährboden.

Nähr|lüs|ung/~|lös|~, de ['nɛːɐ̯‚lyːzʊŋ / -løːz-] <N.; ~e> {s. u. ↑lüse/löse}: Nährlösung.

Nahrungs|kett, de ['naːrʊŋs‚kɛt] <N.; o. Pl.> {s. u. ↑Kett}: Nahrungskette.

Nahrungs|meddel, et ['naːrʊŋs‚medəl] <N.; ~(e) (meist Pl.)> {s. u. ↑Meddel}: Nahrungsmittel.

Nahrungs|meddel|ver|geft|ung, de ['naːrʊŋsmedəlfɐ‚jeftʊŋ] <N.; ~e> {s. u. ↑Meddel; 5.5.2}: Nahrungsmittelvergiftung, Lebensmittelvergiftung.

Nähr|wäät, der ['nɛːɐ̯‚vɛːt] <N.; ~e> {s. u. ↑Wäät}: Nährwert.

Name, der ['naːmə] <N.; ~>: Name(n).

Namens|dag, der ['naːməns‚daːx] <N.; ~e/~|däg [-daːʀə / -dɛːɟ]> {s. u. ↑Dag}: Namenstag.

Namens|drägler, der ['naːməns‚drɛːjɐ] <N.; ~> {s. u. ↑Drägler}: Namensträger.

Namens|liss, de ['naːməns‚lɪs] <N.; ~|liste> {s. u. ↑Liss}: Namenliste.

Namens|scheld/~|schild, et ['naːməns‚ʃelt / -ʃɪlt] <N.; ~er> {s. u. ↑Scheld¹/Schild¹}: Namensschild,.

Namens|wähßel, der ['naːməns,vɛːsəl] <N.; ~e> {s. u. ↑Name ↑Wähßel}: Namenswechsel.

Nand|es, der ['nanˑdəs] <N.; männl. Vorn.>: Kurzf. von Ferdinand [auch: ↑Fädenand, ↑Fään²].

Nanna, et ['nana] <N.; weibl. Vorn.; Nann|che ['nanˑŋə]>: Kurzf. von Anna, Johanna.

Napalm|bomb, de ['naːpalm,bomˑp] <N.; ~e> {s. u. ↑Bomb}: Napalmbombe.

Narb/Narv, de [narˑp / narˑf] <N.; ~e> {6.1.1; 8.3.1}: Narbe.

Narkos, de [na'koːs] <N.; ~e ⟨griech. nárkosis = Erstarrung⟩> {8.3.1}: Narkose.

Narkose|aaz, der [na'koːzə,laːts] <N.; ~|ääz> {s. u. ↑Aaz}: Narkosearzt, Anästhesist.

Narkose|meddel, et [na'koːzə,medəl] <N.; ~(e) > {s. u. ↑Meddel}: Narkosemittel.

Narre|frei|heit, de ['narə,freɪheɪt] <N.; o. Pl.>: Narrenfreiheit.

Narre(n)|huus, et ['narə(n),huːs] <N.; ~|hüüser [-hyːzə]> {s. u. ↑Huus; 9.1.4}: Narrenhaus, Irrenanstalt, Irrenhaus.

Narv/Narb, de [narˑf / narˑp] <N.; ~e> {6.1.1; 8.3.1}: Narbe.

Narziss, der [na'tsɪs] <N.; ~Narziste> {8.3.5}: Narzisst.

Nas, de [naˑs] <N.; ~e; Näs|che ['nɛːsjə]> {8.3.1}: Nase, **1.** *de N. an jet krige* (etw. bemerken, merken, herausfinden); *de N. voll han* (genug haben, überdrüssig/leid sein); *jet en der N. han* (vorahnen, etw. ahnen); *en der N. steche* (nach etw. verlangen); *lans de N. gonn* (verpassen); *Muul un N. opstippe* (staunen); *met der N. drop wonne* (ganz in der Nähe wohnen); *Ding N. kritt Junge.* (Du bekommst Pickel.); *einem de Würm us der N. trecke* (jmdn. zum Reden bringen); *en der N. steche* (ersehnen); [RA] *en N. voll nemme* (an etw. riechen); [RA] *Dä muss mer met der N. dropdäue.* (Er merkt erst im letzten Moment, was los ist.); [RA] *Dä hät mih N. wie Geseech.* (Er hat eine lange, große N.); [RA] *Dun der Finger us der N. un gevv der Tant e Hängche!* (Nimm den Finger aus der N. und gib der Tante ein Händchen! scherzh. wenn ein Kind zur Höflichkeit erzogen werden soll). **2.** geflügeltes Samenkorn des Spitz-Ahorn, von Kindern gespaltet auf die Nase gesetzt.

nascht|ig ['naʃtɪʃ] <Adj.; veraltet; ~e; ~er, ~ste>: eifrig, fleißig [auch: ↑fließ|ig]. Tbl. A5.2

Nase|bär, der ['naːzə,beːr̪] <N.; ~e> {s. u. ↑Bär}: Nasenbär.

Nase|bein, et ['naːzə,beɪn] <N.; ~ [-beːr̪n]> {s. u. ↑Bein}: Nasenbein.

Nase|blode, et ['naːzə,bloːdə] <N.; kein Pl.> {s. u. ↑blode}: Nasenbluten.

Nase|droppe ['naːzə,drɔpə] <N.; mask.; Pl.> {s. u. ↑Droppe}: Nasentropfen.

Nase|flögel, der ['naːze,fløːjəl] <N.; ~e> {s. u. ↑Flögel}: Nasenflügel.

Nase(n)|höhl, de ['naːzə(n),høːl] <N.; ~e> {s. u. ↑Höhl; 9.1.4}: Nasenhöhle.

Nase|petsch|er, der ['naːzə,petʃe] <N.; ~e>: Kneifer.

Nase|rin|es, der [nazə'riːnəs] <N.; ~|ese/~|ese; zu *Nase* mit latein. Suffix *...inus* durch *r* als Gleitlaut verbunden>: **1.** Mensch mit langer Nase. **2.** vorwitziger, überall herumschnüffelnder Mensch.

Nase|rögge, der ['naːzə,røɡə] <N.; ~> {s. u. ↑Rögge}: Nasenrücken.

Nase|rümpe, et ['naːzə,rʏmpə] <N.; kein Pl.> {s. u. ↑rümpe}: Naserümpfen (Ausdruck der Ablehnung, der Verachtung).

Nase|saddel, der ['naːzə,zadəl] <N.; ~|säddel> {s. u. ↑Saddel}: Nasensattel, oberer Teil des Nasenrückens.

Nase|spetz, de ['naːzə,[pets] <N.; ~e> {s. u. ↑Spetz}: Nasenspitze.

Nase|stüv|er, der ['naːzə,[tyˑvə] <N.; ~e> {6.1.1}: Nasenstüber.

Nase|wärm|er, der ['naːzə,vɛrme] <N.; ~>: **1.** Nasenwärmer; im 2. Weltkrieg strickten die Frauen für die Soldaten in Russland Nasen- u. Ohrenschützer (Hinweis von W. Emons); **2.** kurzstielige Pfeife, irdene Mutzpfeife, deren Stiel so weit abgebrochen ist, dass der Mutzkopf fast die Nase berührt u. warm hält (Wrede).

Nase|wasser, et ['naːzə,vasə] <N.; o. Pl.>: Nasenschleim, Rotz, Schnodder [auch: ↑Ge|schnuddel|s, ↑Rotz, ↑Schnuddel]; *met N. geliemp sin* (schlecht geleimt sein).

nase|wies ['naːzə,viːs] <Adj.; ~(e) [-viːzə]; ~er, ~te [-viːzə / -viːstə]>: naseweis, vorwitzig sich einmischend, fragend [auch: ↑vür|wetz|ig/vör|~]. Tbl. A2.7

Nase|woozel, de ['naːzə,voːtsəl] <N.; ~e> {s. u. ↑Woozel}: Nasenwurzel.

natörlich

Nas|hoon, et ['naːsˌhɔːn] <N.; ~|hööner> {s. u. ↑Hoon}: Nashorn.

Nas|hoon|kevver, der ['naːshɔːnˌkɛvɐ] <N.; ~e> {s. u. ↑Hoon ↑Kevver}: Nashornkäfer.

Nas|hoon|vugel, der ['naːshɔːnˌfʊʀəl / -fuːl] <N.; ~|vügel [-fyːjəl / -fyːl]> {s. u. ↑Hoon ↑Vugel}: Nashornvogel.

Nasi-Goreng, et (auch: Nasigoreng) [ˌnaːziˈjoːrɛn] <N.; kein Pl. ⟨indon. nasi goreng, eigtl. = gebratener Reis⟩>: Nasi-goreng, indonesisches Gericht aus Reis, Gemüse u. Fleisch.

nas|lang ['naːsˌlaŋ] <Adv.>: naselang, nur i. d. Vbdg. *alle n.* (alle n., oft, häufig, (an)dauernd; sich in kurzen zeitlichen Abständen wiederholend).

Nas|loch, et ['naːsˌlɔx] <N.; ~|löcher> {s. u. ↑Nas}: Nasenloch; **[RA]** *Dat kaʹ mer durch de Naslöcher lese.* (Das kann man riechend wahrnehmen.).

nässe ['nɛsə] <V.; schw.; han; nässte ['nɛstə]; genäss [jəˈnɛs]>: nässen, **1.** nass machen: *et Bedd n.* (ins Bett n.). **2.** Flüssigkeit/Feuchtigkeit absondern: *Sing Wund näss.* (Seine Wunde nässt.). (67)

Nat|es, der ['naːtəs] <N.; männl. Vorn.>: Kurzf. von Ignatius [auch: ↑Naaz].

National|denk|mol, et [natsjoˈnaːlˌdɛŋkmɔːl] <N.; ~e/ ~|möler> {s. u. ↑Denk|mol}: Nationaldenkmal.

National|fahn, de [natsjoˈnaːlˌfaːn] <N.; ~e> {s. u. ↑Fahn}: Nationalflagge.

National|färv, de [natsjoˈnaːlˌfɛrf] <N.; ~e (meist Pl.)> {s. u. ↑Färv}: Nationalfarbe.

National|fier|dag/|~feer|~, der [natsjoˈnaːlˌfiːədaːx / -feːɐ-] <N.; ~|däg/~|dage [-dɛːfj / -daːʀə]> {s. u. ↑Fier|dag/Feer|~}: Nationalfeiertag.

National|galerie, de [natsjoˈnaːlˌjaləˌriː] <N.; ~e [jaləˌriːə]> {s. u. ↑Galerie}: Nationalgalerie.

National|gard, de [natsjoˈnaːlˌjaʀt] <N.; ~e> {s. u. ↑Gard}: Nationalgarde.

National|gard|iss, der [natsjoˈnaːlˌjarˌdɪs] <N.; ~|iste>: Nationalgardist, Angehöriger der Nationalgarde.

National|ge|föhl, et [natsjoˈnaːlˌjəˌføːl] <N.; o. Pl.> {s. u. ↑Ge|föhl}: Nationalgefühl, Nationalbewusstsein.

National|ge|reech/~|rich, et [natsjoˈnaːljəˌreːʃ / -rɪʃ] <N.; ~te> {s. u. ↑Ge|reech²/~|rich²}: Nationalgericht.

National|held, der [natsjoˈnaːlˌhɛlt] <N.; ~e> {s. u. ↑Held}: Nationalheld.

National|hellig|dum, et [natsjoˈnaːlˌhɛlɪfjduːm] <N.; ~|dümer> {5.3.4; 5.5.2}: Nationalheiligtum.

National|iss, der [ˌnatsjonaˈlɪs] <N.; ~|iste>: Nationalist.

National|mann|schaff, de [natsjoˈnaːlˌmanʃaf] <N.; ~|schafte>: Nationalmannschaft.

National|rod, der [natsjoˈnaːlˌroːt] <N.; o. Pl.> {s. u. ↑Rod}: Nationalrat.

National|sozial|iss, der [ˌnatsjoˈnaːlzotsjaˌlɪs] <N.; ~|iste>: Nationalsozialist.

National|spill|er, der [natsjoˈnaːlˌʃpɪlɐ] <N.; ~> {s. u. ↑Spill|er}: (Sport) Nationalspieler.

Nator/Natur, de [naˈtoːɐ̯ / naˈtuːɐ̯] <N.; o. Pl.> {5.4}: Natur.

Nator|aaz/Natur|~, der [naˈtoːɐ̯ˌlaːts / naˈtuːɐ̯-] <N.; ~|ääz> {s. u. ↑Nator/Natur ↑Aaz}: Naturarzt, Arzt, der Vertreter der Naturheilkunde ist.

nator|beklopp/natur|~ [naˈtoːɐ̯bəˌklɔp / naˈtuːɐ̯-] <Adj.; ~te> {s. u. ↑Nator ↑be|klopp} (scherzh.) von Natur aus/unabänderlich verrückt. Tbl. A4.1.1

Nator|darm/Natur|~, der [naˈtoːɐ̯ˌdarm / naˈtuːɐ̯-] <N.; ~|därm [-dɛrˑm]> {s. u. ↑Nator/Natur ↑Darm}: Naturdarm.

Nator|denk|mol/Natur|~, et [naˈtoːɐ̯ˌdɛŋkmɔːl / naˈtuːɐ̯-] <N.; ~e/~|möler> {s. u. ↑Nator/Natur ↑Denk|mol}: Naturdenkmal.

Nator|färv/Natur|~, de [naˈtoːɐ̯ˌfɛrəf / naˈtuːɐ̯-] <N.; ~e [-fɛrˑvə]> {s. u. ↑Nator/Natur ↑Färv}: Naturfarbe. **1.** natürliche, unveränderte Farbe. **2.** Naturfarbstoff.

Nator|fründ/Natur|~, der [naˈtoːɐ̯ˌfrynt / naˈtuːɐ̯-] <N.; ~e> {s. u. ↑Nator/Natur ↑Fründ}: Naturfreund, naturverbundener Mensch.

Nator|heil|kund/Natur|~, de [naˈtoːɐ̯heɪlˌkʊnt / naˈtuːɐ̯-] <N.; o. Pl.> {s. u. ↑Nator/Natur ↑heile}: Naturheilkunde.

Nator|heil|ver|fahre/Natur|~, et [naˈtoːɐ̯heɪlfɐˌfaːʀə / naˈtuːɐ̯-] <N.; o. Pl.> {s. u. ↑Nator/Natur ↑Ver|fahre}: Naturheilverfahren.

Nator|iss/Natur|~, der [natoˈrɪs / natuːr-] <N.; ~|iste> {s. u. ↑Nator/Natur}: Naturist, Anhänger der Freikörperkultur.

Nator|katastroph/Natur|~, de [naˈtoːɐ̯katasˌtroːf / naˈtuːɐ̯-] <N.; ~e> {s. u. ↑Nator/Natur}: Naturkatastrophe.

Nator|kund/Natur|~, de [naˈtoːɐ̯ˌkʊnt / naˈtuːɐ̯-] <N.; o. Pl.> {s. u. ↑Nator/Natur; 8.3.1}: Naturkunde.

natör|lich¹/natür|~¹ [naˈtøːɐ̯lɪʃ / naˈtyːɐ̯-] <Adj.; ~e>: natürlich, **a)** mehr körperlich, einem Gegenstand entspr., einem Vorbild ganz ähnlich wie ein gemaltes Bild, ein

natörlich

Lichtbild sein kann: *Op däm Bild bes de ganz n. getroffe. (Auf dem Bild bist du ganz n. getroffen.);* **b)** mehr geistig: unverfälscht, ungezwungen, unverbildet: *Dä gitt sich ganz su, wie hä es, ganz n. (Er gibt sich ganz so, wie er ist, ganz n. (nach seiner Wesensart).).* Tbl. A1

natör|lich²/natürl|~² [na'tøːɐ̯lɪŋ / na'tyːɐ̯-] <Adv.> {5.4; 7.3.2}: natürlich, selbstverständlich: *Dat freut mich n. (Das freut mich n.).*

Natör|lich|keit/Natür|~, de [na'tøːɐ̯lɪŋˌkeɪ̯t / na'tyːɐ̯-] <N.; o. Pl.> {s. u. ↑natör|lich¹/natür|~¹}: Natürlichkeit.

Nator|lihr/Natur|~, de [na'toːɐ̯ˌliːɐ̯ / na'tuːɐ̯-] <N.; o. Pl.> {s. u. ↑Nator/Natur ↑Lihr}: Naturlehre.

Nator|locke/Natur|~ [na'toːɐ̯ˌlɔkə / na'tuːɐ̯-] <N.; fem.; nur Pl.> {s. u. ↑Nator/Natur ↑Lock}: Naturlocken.

Nator|minsch/Natur|~, der [na'toːɐ̯ˌmɪnʃ / na'tuːɐ̯-] <N.; ~e> {s. u. ↑Nator/Natur ↑Minsch¹}: Naturmensch.

Nator|produk/Natur|~, et [na'toːɐ̯proˌdʊk / na'tuːɐ̯-] <N.; ~te> {s. u. ↑Nator/Natur ↑Pro|duk}: Naturprodukt.

Nator|rääch/Natur|~, et [na'toːɐ̯ˌrɛːŋ/ na'tuːɐ̯-] <N.; o. Pl.> {s. u. ↑Nator/Natur ↑Rääch}: Naturrecht.

Nator|ries/Natur|~, der [na'toːɐ̯ˌriːs/ na'tuːɐ̯-] <N.> {s. u. ↑Nator/Natur ↑Ries¹}: Naturreis, unbehandelter Reis.

Nator|schau|spill/Natur|~, et [na'toːɐ̯ˌʃaʊ̯ʃpɪl / na'tuːɐ̯-] <N.; ~ [-ʃpɪlˑ]> {s. u. ↑Nator/Natur ↑Spill}: Naturschauspiel.

Nator|schotz/Natur|~, der [na'toːɐ̯ˌʃɔts/ na'tuːɐ̯-] <N.; kein Pl.> {s. u. ↑Nator/Natur ↑Schotz}: Naturschutz.

Nator|schötz|er/Natur|~, der [na'toːɐ̯ˌʃøtsɐ/ na'tuːɐ̯-] <N.; ~> {s. u. ↑Nator/Natur ↑Schotz}: Naturschützer.

Nator|schotz|ge|biet/Natur|~, et [na'toːɐ̯ʃɔtsjəˌbiːt / na'tuːɐ̯-] <N.; ~e> {s. u. ↑Nator/Natur ↑Schotz}: Naturschutzgebiet.

Nator|sigg/Natur|~, de [na'toːɐ̯ˌzɪk/ na'tuːɐ̯-] <N.; ~e (Sortenpl.)> {s. u. ↑Nator/Natur ↑Sigg³}: Naturseide.

Nator|talent/Natur|~, et [na'toːɐ̯taˌlɛnt / na'tuːɐ̯-] <N.; ~e> {s. u. ↑Nator/Natur}: Naturtalent, Naturbegabung.

nator|ver|bunge/natur|~ [na'toːɐ̯fɛˌbʊŋə / na'tuːɐ̯-] <Adj.; *Nator/Natur* + Part. II von ↑ver|binge; ~> {6.7}: naturverbunden. Tbl. A3.2

Nator|wesse|schaff/Natur|~, de [na'toːɐ̯vɛsəʃaf / na'tuːɐ̯-] <N.; ~|schafte> {s. u. ↑Nator/Natur ↑Wesse|schaff}: Naturwissenschaft.

Nator|wesse|schaff|ler/Natur|~, der [na'toːɐ̯ˌvɛsəʃaflɐ / na'tuːɐ̯-] <N.; ~> {s. u. ↑Nator/Natur ↑Wesse|schaff}: Naturwissenschaftler.

Natron|laug, de ['naˌtrɔnˌloːʊ̯x] <N.; ~e> {s. u. ↑Laug}: Natronlauge.

Natter, de ['natɐ] <N.; ~e ⟨mhd. nater, ahd. nat[a]ra⟩>: Natter, ungiftige Schlange.

Natur/Nator, de [na'tuːɐ̯ / na'toːɐ̯] <N.; ~e>: Natur.

Natur|aaz/Nator|~, der [na'tuːɐ̯ˌaːts / na'toːɐ̯-] <N.; ~|ääz> {s. u. ↑Natur/Natur ↑Aaz}: Naturarzt, Arzt, der Vertreter der Naturheilkunde ist.

natur|beklopp/nator|~ [na'tuːɐ̯bəˌklɔp / na'toːɐ̯-] <Adj.; ~te> {s. u. ↑Natur/Natur ↑be|klopp}: (scherzh.) von Natur aus/unabänderlich verrückt. Tbl. A4.1.1

Natur|darm/Nator|~, der [na'tuːɐ̯ˌdarm / na'toːɐ̯-] <N.; ~|därm [-dɛrˑm]> {s. u. ↑Natur/Natur ↑Darm}: Naturdarm.

Natur|denk|mol/Nator|~, et [na'tuːɐ̯ˌdɛŋkmoˑl / na'toːɐ̯-] <N.; ~e/~|möler> {s. u. ↑Natur/Natur ↑Denk|mol}: Naturdenkmal.

Natur|färv/Nator|~, de [na'tuːɐ̯ˌfɛrəf / na'toːɐ̯-] <N.; ~e> {s. u. ↑Natur/Natur ↑Färv}: Naturfarbe. **1.** natürliche, unveränderte Farbe. **2.** Naturfarbstoff.

Natur|fründ/Nator|~, der [na'tuːɐ̯ˌfrʏnt / na'toːɐ̯-] <N.; ~e> {s. u. ↑Natur/Natur ↑Fründ}: Naturfreund, naturverbundener Mensch.

Natur|heil|kund/Nator|~, de [na'tuːɐ̯ˌheɪ̯lkʊnt / na'toːɐ̯-] <N.; o. Pl.> {s. u. ↑Natur/Natur ↑heile}: Naturheilkunde.

Natur|heil|ver|fahre/Nator|~, et [na'tuːɐ̯ˌheɪ̯lfɐˌfaːrə / na'toːɐ̯-] <N.; o. Pl.> {s. u. ↑Natur/Natur ↑Ver|fahre}: Naturheilverfahren.

Natur|iss/Nator|~, der [natʊ'rɪs / nator-] <N.; ~|iste> {s. u. ↑Natur/Nator}: Naturist, Anhänger der Freikörperkultur.

Natur|katastroph/Nator|~, de [na'tuːɐ̯katasˌtroˑf / na'toːɐ̯-] <N.; ~e> {s. u. ↑Natur/Nator}: Naturkatastrophe.

Natur|kund/Nator|~, de [na'tuːɐ̯ˌkʊnt / na'toːɐ̯-] <N.; o. Pl.> {s. u. ↑Natur/Nator}: Naturkunde.

natür|lich¹/natör|~¹ [na'tyːɐ̯lɪŋ / na'tøːɐ̯-] <Adj.; ~e>: natürlich; **a)** mehr körperlich, einem Gegenstand entspr., einem Vorbild ganz ähnlich wie ein gemaltes Bild, ein Lichtbild sein kann: *Op däm Bild bes de ganz n. getroffe. (Auf dem Bild bist du ganz n. getroffen.);* **b)** mehr geistig: unverfälscht, ungezwungen, unverbildet: *Dä gitt* *sich ganz su, wie hä es, ganz n.* (Er gibt sich ganz so, wie er ist, ganz n.; nach seiner Wesensart.). Tbl. A1

natür|lich[2]**/natör|~**[2] [na'ty·ɐ̯lɪʃ / na'tø·ɐ̯-] <Adv.> {5.4; 7.3.2}: natürlich, selbstverständlich: *Dat freut mich n.* (Das freut mich n.).

Natür|lich|keit/Natör|~, de [na'ty·ɐ̯lɪʃˌkeɪ̯t / na'tø·ɐ̯-] <N.; o. Pl.> {5.4; 7.3.2}: Natürlichkeit.

Natur|lihr/Nator|~, de [na'tu·ɐ̯ˌli·ɐ̯ / na'to·ɐ̯-] <N.; o. Pl.> {s. u. ↑Natur/Nator ↑Lihr}: Naturlehre.

Natur|locke/Nator|~ [na'tu·ɐ̯ˌlokə / na'to·ɐ̯-] <N.; fem.; nur Pl.> {s. u. ↑Natur/Nator ↑Lock}: Naturlocken.

Natur|minsch/Nator|~, der [na'tu·ɐ̯ˌmɪnʃ / na'to·ɐ̯-] <N.; ~e> {s. u. ↑Natur/Nator ↑Minsch¹}: Naturmensch.

Natur|produk/Nator|~, et [na'tu·ɐ̯proˌdʊk / na'to·ɐ̯-] <N.; ~te> {s. u. ↑Natur/Nator ↑Produk}: Naturprodukt.

Natur|rääch/Nator|~, et [na'tu·ɐ̯ˌrɛːʃ/ na'to·ɐ̯-] <N.; o. Pl.> {s. u. ↑Natur/Nator ↑Rääch}: Naturrecht.

Natur|ries/Nator|~, der [na'tu·ɐ̯ˌriːs / na'to·ɐ̯-] <N.; o. Pl.> {s. u. ↑Natur/Nator ↑Ries¹}: Naturreis.

Natur|schau|spill/Nator|~, et [na'tu·ɐ̯ˌʃaʊ̯ʃpɪl / na'to·ɐ̯-] <N.; ~ [-ʃpɪl·]> {s. u. ↑Natur/Nator ↑Spill}: Naturschauspiel.

Natur|schotz/Nator|~, der [na'tu·ɐ̯ˌʃɔts/ na'to·ɐ̯-] <N.; kein Pl.> {s. u. ↑Natur/Nator ↑Schotz}: Naturschutz.

Natur|schötz|er/Nator|~, der [na'tu·ɐ̯ˌʃœtsɐ/ na'to·ɐ̯-] <N.; ~> {s. u. ↑Natur/Nator ↑Schotz}: Naturschützer.

Natur|schotz|ge|biet/Nator|~, et [na'tu·ɐ̯ʃɔtsjəˌbiːt / na'to·ɐ̯-] <N.; ~e> {s. u. ↑Natur/Nator ↑Schotz}: Naturschutzgebiet.

Natur|sigg/Nator|~, de [na'tu·ɐ̯ˌzɪk / na'to·ɐ̯-] <N.; ~e (Sortenpl.)> {s. u. ↑Natur/Nator ↑Sigg³}: Naturseide.

Natur|talent/Nator|~, et [na'tu·ɐ̯taˌlɛnt / na'to·ɐ̯-] <N.; ~e> {s. u. ↑Natur/Nator}: Naturtalent, Naturbegabung.

natur|ver|bunge/nator|~ [na'tu·ɐ̯fɐˌbʊŋə / na'to·ɐ̯-] <Adj.; Natur/Nator + Part. II von ↑ver|binge; ~> {6.7}: naturverbunden. Tbl. A3.2

Natur|wesse|schaff/Nator|~, de [na'tu·ɐ̯ˌvɛsəʃaf / na'to·ɐ̯-] <N.; ~|schafte> {s. u. ↑Natur/Nator ↑Wesse|schaff}: Naturwissenschaft.

Natur|wesse|schaff|ler/Nator|~, der [na'tu·ɐ̯ˌvɛsəʃaflɐ / na'to·ɐ̯-] <N.; ~> {s. u. ↑Natur/Nator ↑Wesse|schaff}: Naturwissenschaftler.

Nav, de [naf] <N.; ~e> {6.1.1; 8.3.1}: Nabe, Radnabe.

Navigation, de [ˌnavɪ̯ats'joːn] <N.; o. Pl.>: Navigation.

Navigations|fähler, der [navɪ̯ats'joːnsˌfɛːlɐ] <N.; ~> {s. u. ↑Fähler}: Navigationsfehler.

Navigations|gerät, et [navɪ̯ats'joːnsjəˌrɛːt] <N.; ~e>: Navigationsgerät, kurz: Navi.

Nazi|ver|breche, et ['naˑtsiˑfɐˌbrɛʃə] <N.; ~ (meist Pl.)> {s. u. ↑Ver|breche}: Naziverbrechen, Verbrechen der Nationalsozialisten.

Nazi|zigg, de ['naˑtsiːˌtsɪk] <N.; o. Pl.> {s. u. ↑Zigg}: Nazizeit.

Neech, de [neːʃ] <N.; ~te> {5.2.1.2; 5.4; 8.3.1}: Nichte.

Nees/Nies, et [neˑs / niˑs] <N.; weibl. Vorn.; ~che [-jə]>: Kurzf. von Agnes [auch: ↑Angenies].

Neeß, der [neˑs] <N.; o. Pl.> {s. u. ↑neeße}: Niesen.

neeße ['neˑsə] <V.; schw.; han; neeßte ['neˑstə]; geneeß [jə'neˑs]> {5.1.4.3}: niesen. (32)

Neet, de [neˑt] <N.; ~e> {5.1.4.3}: Niete, Metallbolzen [auch: ↑Neet|nähl (1)].

neete ['neˑtə] <V.; schw.; han; geneet [jə'neˑt]> {5.1.4.3}: nieten, Nieten einschlagen, mit Nieten verbinden. (104)

Neete|botz, de ['neˑtəˌbɔts] <N.; ~e> {s. u. ↑Neet}: Nietenhose, sagte man früher zu Jeans.

Neet|nähl, der ['neˑtˌnɛːl] <N.; ~> {s. u. ↑Neet ↑Nähl}: Nietnagel, **1.** Niete [auch: ↑Neet]. **2.** abstehendes Häutchen am Nagelbett.

Negativ|bei|spill, et ['neˑjatɪfˌbeɪ̯ʃpɪl] <N.; ~ [-ʃpɪl·]> {s. u. ↑Bei|spill}: Negativbeispiel.

Negativ|beld/~|bild, et ['neˑjatɪfˌbelt / -bɪlt] <N.; ~er> {s. u. ↑Beld/Bild}: Negativbild.

Negativ|färv|film, der ['neˑjatɪfˌfɛrˑfɪləm] <N.; ~e>: Negativfarbfilm.

Neger|kuss, der ['neˑjɐˌkʊs] <N.; i. best. Komposita *Kuss*, sonst ↑Butz; ~|küss [-kʏs]> {11}: Negerkuss, Schokokuss, vorwiegend aus Eischnee u. Zucker bestehendes Gebäck mit Schokoladenüberzug.

Neger|stamm, der ['neˑjɐˌʃtam] <N.; ~|stämm [-ʃtɛmˑ]> {s. u. ↑Stamm}: Negerstamm, Negervolk.

neide ['neɪ̯də] <V.; schw.; han; nidte ['neɪ̯tə]; geneid [jəˈneɪ̯t]>: neiden. (197)

Neid|ge|föhl, et ['neɪ̯tjəˌføˑl] <N.; ~e (meist Pl.)> {s. u. ↑Neid ↑Ge|föhl}: Neidgefühl.

neid|isch ['neɪ̯dɪʃ] <Adj.; ~e>: neidisch.

Nelk, de [nɛlk] <N.; ~e ⟨mniederd. negelke, mhd. negellin⟩> {8.3.1}: Nelke. **1.** Pflanze mit schmalen Blättern an knotigen Stängeln u. würzig duftenden Blüten mit

Nelkeöl

gefransten od. geschlitzten Blütenblättern. **2.** Gewürznelke.
Nelke(n)|öl, et ['nɛlkə(n),|œˑl] <N.; o. Pl.> {s. u. ↑Öl; 9.1.4}: Nelkenöl.
Nell/Nella/Nelli, et [nelˑ / 'nɛla / 'nɛli] <N.; weibl. Vorn.; ~che> {5.5.2}: Kurzf. von Petronella; Cornelia.
Nell|es, der ['nɛləs] <N.; männl. Vorn.>: Kurzf. von Cornelius.
nemme ['nemə] <V.; st.; *han*; nǫhm [nɔˑm]; genǫmme [jə'nomə]> {5.3.4; 5.5.2}: nehmen, ***vürleev n.*** (vorlieb nehmen); ***einer op de Schöpp n.*** (jmdn. verulken). (143)
nenne/nööme ['nɛnə / 'nœˑmə] <V.; *nööme* veraltet; unr.; *han*; nannt [nant]; genannt [jə'nant]>: nennen, benennen, bezeichnen. (35) (118)
Nenn|tant, de ['nɛn,tant] <N.; ~e> {s. u. ↑Tant}: Nenntante.
Nenn|ühm/~|ohm, der ['nɛn,|yˑm / -,|oˑm] <N.; ~e> {s. u. ↑Ohm ↑Ühm}: Nennonkel.
Nenn|wäät, der ['nɛn,vɛːt] <N.; ~e> {s. u. ↑Wäät}: Nennwert, auf Münzen, Banknoten o. Ä. angegebener Wert.
Neo|faschis, der ['neˑofa,ʃɪs] <N.; ~te> {8.3.5}: Neofaschist.
Neon|fesch, der ['neˑɔn,feʃ] <N.; ~(e) [-feʃˑ / -feʃə]> {s. u. ↑Fesch}: Neonfisch.
Neon|lamp, de ['neˑɔn,lamp] <N.; ~e> {s. u. ↑Lamp}: Neonlampe.
Neon|leech, et ['neˑɔn,leːʃ] <N.; ~ter> {s. u. ↑Leech}: Neonlicht.
Neon|röhr, de ['neˑɔn,røˑɐ̯] <N.; ~e> {s. u. ↑Röhr¹}: Neonröhre.
Nepp, der [nɛp] <N.; kein Pl.>: Übervorteilung, Betrug, Nepp, ein Wort der Gaunersprache, seit dem Ende des 19. Jh. auch volkssprachlich in Köln.
Nepp|bud, de ['nɛp,buˑt] <N.; ~e> {s. u. ↑Bud}: Gaststätte, in der man geneppt, durch übersteigerte Preise betrogen wird [auch: ↑Nepp|lokal].
neppe ['nɛpə] <V.; schw.; *han*; neppte ['nɛptə]; geneppt [jə'nɛpt]>: neppen, betrügen, übervorteilen. (75)
Neppes, der & et ['nepəs] <N.; Ortsn.> {5.5.2}: Nippes (Vorort im linksrh. Köln): *Ich gonn nohm N.* (Ich gehe nach N.).
Nepp|lokal, et ['nɛplo,kaˑl] <N.; ~e>: Gaststätte, in der man geneppt, durch übersteigerte Preise betrogen wird [auch: ↑Nepp|bud].

Ner|es, der ['neˑ(ɐ̯)rəs] <N.; männl. Vorn.>: Kurzf. von Reiner, Werner.
Nerv, der [nerˑf] <N.; ~e> {5.5.2}: Nerv.
Nerve(n)|aaz, der ['nerˑvə(n),|aːts] <N.; ~|ääz> {s. u. ↑Nerv ↑Aaz; 9.1.4}: Nervenarzt, Neurologe.
Nerve|bündel, et ['nerˑvə,byndəl] <N.; i. best. Komposita *Bündel*, sonst ↑Püngel; ~e> {11; s. u. ↑Nerv}: Nervenbündel.
Nerve|feeber/~|fieber, et ['nerˑvə,feˑbə / -fiˑbə] <N.; kein Pl.> {s. u. ↑Nerv ↑Fieber/Feeber}: Nervenfieber, Erkrankung/Zerrüttung des Nervensystems.
Nerve|gas, et ['nerˑvə,jaˑs] <N.; o. Pl.> {s. u. ↑Nerv}: Nervengas.
Nerve|geff, et ['nerˑvə,jef] <N.; ~|gefte> {s. u. ↑Nerv ↑Geff}: Nervengift.
Nerve|kraff, de ['nerˑvə,kraf] <N.; o. Pl.> {s. u. ↑Nerv ↑Kraff}: Nervenkraft.
Nerve|kreeg, der ['nerˑvə,kreˑɟ] <N.; ~e> {s. u. ↑Nerv ↑Kreeg}: Nervenkrieg.
Nerve|ligge, et ['nerˑvə,lɪɡə] <N.; ~> {s. u. ↑Nerv ↑Ligge}: Nervenleiden, Nervenkrankheit.
Nerve|meddel, et ['nerˑvə,medəl] <N.; ~(e)> {s. u. ↑Nerv ↑Meddel}: Nervenmittel, Beruhigungsmittel.
Nerve|prob, de ['nerˑvə,proˑp] <N.; ~e> {s. u. ↑Nerv ↑Prob}: Nervenprobe.
Nerve|saach, de ['nerˑvə,zaːx] <N.; ~e> {s. u. ↑Nerv ↑Saach}: Nervensache.
Nerve|säg, de ['nerˑvə,zɛˑɟ] <N.; ~e> {s. u. ↑Nerv ↑Säg}: Nervensäge, Person, die jmdm. äußerst lästig ist.
Nerve|trecke, et ['nerˑvə,trɛkə] <N.; kein Pl.> {s. u. ↑Nerv ↑trecke}: Nervenziehen, -zucken, Muskelziehen.
Nerve|zell, de ['nerˑvə,tsɛlˑ] <N.; ~e [-tsɛlə]> {s. u. ↑Nerv ↑Zell}: Nervenzelle.
Nerve|zo|samme|broch/~|ze|~, der ['nerˑvətso,zaməbrox / -tsə~] <N.; ~|bröch> {s. u. ↑Nerv ↑Broch¹}: Nervenzusammenbruch.
Nerz|krage, der ['nɛxts,kraˑʀə] <N.; ~> {s. u. ↑Krage}: Nerzkragen.
Ness¹, et [nes] <N.; Nester ['nestɐ] {5.5.2; 8.3.5}: Nest.
Ness², de [nes] <N.; ~e> {5.5.2; 8.3.1}: Nisse, Ei der Kopflaus.
Ness|bau, der ['nes,boʊ̯] <N.; o. Pl.> {s. u. ↑Ness¹}: Nestbau.

Nessel|dier, et ['nɛsəl,diːɐ̯] <N.; ~e (meist Pl.)> {s. u. ↑Dier}: Nesseltier, (als Polyp od. Qualle) meist in Meeren vorkommendes Hohltier.

Nessel|feeber/~|fieber, et ['nɛsəl,feːbə / -fiːbə] <N.; kein Pl.> {s. u. ↑Feeber/Fieber}: Nesselfieber.

Nessel|flanz/~|planz, de ['nɛsəl,flants / -plants] <N.; ~e> {s. u. ↑Flanz/Planz} Nesselpflanze, Nessel.

Nessel|gaan, et ['nɛsəl,jaːn] <N.; ~e> {s. u. ↑Gaan}: Nesselgarn.

Nessel|quall, de ['nɛsəl,kvalˑ] <N.; ~e [-kvalə]> {s. u. ↑Quall}: Nesselqualle, in der Nordsee vorkommende blaue Qualle.

Nessel|such, de ['nɛsəl,zʊx] <N.; o. Pl.> {s. u. ↑Such}: Nesselsucht.

Ness|hock|er, der ['nes,hɔkɐ] <N.; ~> {s. u. ↑Ness¹}: Nesthocker.

Ness|hök|che, et ['nes,hœkʃə] <N.; ~r> {s. u. ↑Ness¹ ↑Hoke}: Nesthäkchen, das jüngste Kind.

Ness|kaste, der ['nes,kastə] <N.; ~|käste> {s. u. ↑neste ↑Kaste}: Nistkasten.

Ness|platz, der ['nes,plats] <N.; ~|plätz> {5.5.2; 8.3.5}: Nistplatz.

Ness|wärm|(de), de ['nɛs,vɛrˑm(də)] <N.; ~> {s. u. ↑Ness¹ ↑Wärm|(de)}: Nestwärme.

Ness|zigg, de ['nes,tsɪk] <N.; ~e> {s. u. ↑neste ↑Zigg}: Nistzeit.

neste ['nestə] <V.; schw.; han; genessß [jə'nes]> {5.5.2}: nisten, ein Nest anlegen. (68)

Nett, et [nɛt] <N.; weibl. Vorn.>: Kurzf. von Annette.

Netto|en|kumme, et ['nɛto,ɛnkʊmə] <N.; ~> {s. u. ↑En|kumme}: Nettoeinkommen.

Netto|ge|weech, et ['nɛtojə,veːʃ] <N.; ~te> {s. u. ↑Ge|weech}: Nettogewicht.

Netto|ge|wenn, der ['nɛtojə,ven] <N.; ~e> {s. u. ↑Ge|wenn}: Nettogewinn.

Netto|luhn/~|lohn, der ['nɛto,luːn / -loːn] <N.; ~|lühn/~|löhn [-lyˑn / -løˑn]> {s. u. ↑Luhn/Lohn}: Nettolohn, Nettoeinkommen.

Netto|pries, der ['nɛto,priːs] <N.; ~e> {s. u. ↑Pries}: Nettopreis.

Netto|ver|deens, der ['nɛtofɐ,deːns] <N.; ~te> {s. u. ↑Ver|deens¹}: Nettoverdienst.

Netz|aan|schluss, der ['nɛts,laːnʃlʊs / 'nɛdzan,ʃlʊs] <N.; ~|schlüss> {s. u. ↑Aan|schluss}: Netzanschluss.

Netz|hemb, et ['nɛts,hemp] <N.; ~|hemde(r)> {s. u. ↑Hemb}: Netzhemd.

Netz|hugg, de ['nɛts,hʊk] <N.; ~|hügg> {s. u. ↑Hugg}: Netzhaut.

Netz|kaat, de ['nɛts,kaːt] <N.; ~e> {s. u. ↑Kaat}: Netz(fahr)karte.

Netz|strump, der ['nɛts,ʃtrʊmp] <N.; ~|strümp> {s. u. ↑Strump}: Netzstrumpf.

neu [nøyˑ] <Adj.; ~e; ~er, ~ste>: neu. Tbl. A2.9

Neu|aan|fang, der ['nøyˑ|an,faŋ] <N.; ~|fäng [-fɛŋˑ]> {s. u. ↑Aan|fang}: Neuanfang.

Neu|bau, der ['nøyˑ,boʊ̯] <N.; ~te> {s. u. ↑Bau}: Neubau.

Neu|bau|veedel, et ['nøyˑboʊ̯,feːdəl] <N.; ~> {s. u. ↑Veedel}: Neubauviertel.

Neu|bau|wonn|ung, de ['nøyˑboʊ̯,vonʊŋ] <N.; ~e> {5.3.2; 5.5.1}: Neubauwohnung.

Neu|beld|ung/~|bild|~, de ['nøyˑ,belˑdʊŋ / -bɪld-] <N.; ~e> {s. u. ↑belde/bilde}: Neubildung.

Neu|bröck [nøy'brøk] <N.; Ortsn.> {s. u. ↑Bröck²}: Neubrück, rechtsrh. Vorort Kölns.

Neu|drock, der ['nøyˑ,drok] <N.; ~e> {s. u. ↑Drock²}: Neudruck, im Wesentlichen unveränderte Neuauflage.

Neu|en|stell|ung, de ['nøyˑ,enʃtɛlʊŋ] <N.; ~e>: Neueinstellung.

neu|gebore ['nøyˑjə'boːrə] <Adj.; neu + Part. II von ↑gebäre; ~>: neugeboren. Tbl. A3.2

Neu|ge|stalt|ung, de ['nøyˑjə,ʃtaltʊŋ] <N.; ~e>: Neugestaltung.

Neu|gier, de ['nøyˑ,jiːɐ̯] <N.; kein Pl.>: Neugier.

neu|gier|ig/~|geer|~ ['nøyˑ,jiː(ə)rɪʃ / -jeːr-] <Adj.; ~e; ~er, ~ste>: neugierig. Tbl. A5.2

Neu|glidder|ung/~|gleeder|~, de ['nøyˑ,jlɪdərʊŋ / -jleːdər-] <N.; ~e> {s. u. ↑Glidd/Gleed}: Neugliederung.

Neu|gotik, de ['nøyˑ,joːtɪk] <N.; o. Pl.>: Neugotik, Stilrichtung des 18. u. 19. Jh., die sich stark an die Gotik anlehnt.

Neu|gründ|ung, de ['nøyˑ,jryndʊŋ] <N.; ~e>: Neugründung.

Neu|guinea [,nøyɪ'neˑa] <N.; Ländern.>: Neuguinea, Insel nördl. von Australien.

Neu|ig|keit, de ['nøyˑɪʃ,keɪt] <N.; ~e ⟨mhd. niuwekeit⟩>: Neuigkeit.

Neu|ihre|feld [nøy̆ˈiːrəfɛlt] <N.; Ortsn.> {s. u. ↑Ihre|feld}: Neuehrenfeld, linksrh. Vorort Kölns, Erweiterung von Ehrenfeld nach Westen.

Neu|jǫhr, et [nøyˈjɔː(ɐ̯)] <N.; o. Pl.> {s. u. ↑Jǫhr}: Neujahr; Unsinns-Reimspruch zu Neujahr: *Pross N., der Kopp voll Hoor, de Muul voll Zäng, Bretzel en de Häng.* (Prost N., den Kopf voller Haare, den Mund voller Zähne, Brezel in den Händen.); **[RA]** *Neujohr hatte mer der eeschte.* (Neujahr war der erste (des Monats).; scherzh. wenn jemand überlegt, wann ein best. Ereignis stattgefunden hat).

Neu|jöhr|che, et [nøyˈjœːɐ̯çə] <N.; ~r> {s. u. ↑Jǫhr}: Neujahrsgeschenk.

Neu|jǫhrs|aan|sprǫch, de [nøyˈjɔːsˌaːnʃprɔx] <N.; ~e> {s. u. ↑Neu|jǫhr ↑Sprǫch¹}: Neujahrsansprache.

Neu|jǫhrs|bretzel, der [nøyˈjɔːsˌbretsəl] <N.; ~e> {s. u. ↑Jǫhr ↑Bretzel}: Neujahrsbrezel, zu einer Brezel geformtes Gebäck aus Hefeteig, manchmal mit Marzipan gefüllt, das am Neujahrstag gegessen wird.

Neu|jǫhrs|dag, der [nøyˈjɔːsˌdaːx] <N.; ~|däg/~e [-dɛˑf] / -daʁə]> {s. u. ↑Jǫhr ↑Dag}: Neujahrstag, 1. Januar.

Neu|jǫhrs|fess, et [nøyˈjɔːsˌfɛs] <N.; ~|feste> {s. u. ↑Neu|jǫhr ↑Fess}: Neujahrsfest.

Neu|jǫhrs|grǫß, der [nøyˈjɔːsˌɡrɔːs] <N.; ~|grööß (meist Pl.)> {s. u. ↑Neu|jǫhr ↑Grǫß²}: Neujahrsgruß.

Neu|jǫhrs|kaat, de [nøyˈjɔːsˌkaːt] <N.; ~e> {s. u. ↑Neu|jǫhr ↑Kaat}: Neujahrskarte.

Neu|jǫhrs|kranz, der [nøyˈjɔːsˌkrants] <N.; ~|känz> {s. u. ↑Jǫhr}: Neujahrskranz, Gebäck aus dem gleichen Teig wie die Neujahrsbrezel in Fom eines geflochtenen Kranzes.

Neu|jǫhrs|mǫrge, der [nøyˈjɔːsˌmɔrjə] <N.> {s. u. ↑Neu|jǫhr ↑Mǫrge}: Neujahrsmorgen.

Neu|jǫhrs|naach, de [nøyˈjɔːsˌnaːx] <N.; ~|näächte> {s. u. ↑Neu|jǫhr ↑Naach}: Neujahrsnacht.

Neu|jǫhrs|ǫvend, der [nøyˈjɔːsˌɔvənt] <N.; ~e> {s. u. ↑Neu|jǫhr ↑Ǫvend}: Neujahrsabend.

Neu|jǫhrs|wunsch, der [nøyˈjɔːsˌvʊnʃ] <N.; ~|wünsch> {s. u. ↑Neu|jǫhr ↑Wunsch}: Neujahrs(glück)wunsch.

neu|lich [ˈnøyˑlɪf] <Adv.> {7.3.2}: neulich, vor kurzem, kürzlich, jüngst [auch: ↑jüngs, ↑letz², ↑ver|längs, *vör kootem*].

Neu|lǫss, de [ˈnøyˑlos] <N.; o. Pl.> {s. u. ↑Lǫss}: Neulust, Neureiz; plötzlich aufkommende Freude an etw. Neuem, die bald wieder abebbt: *Dat es bloß N.!* (Das ist nur N.!).

neu|mod|isch [ˈnøyˑmoˑdɪʃ] <Adj.; ~e> {7.3.3}: neumodisch. Tbl. A1

Neu|mǫnd, der [ˈnøyˑmɔːnt] <N.; o. Pl.> {s. u. ↑Mǫnd¹}: Neumond.

Neu|pries, der [ˈnøyˑpriːs] <N.; ~e> {s. u. ↑Pries}: Neupreis.

Neu|rägel|ung/~|regel|~, de [ˈnøyˑˌrɛːjəlʊŋ/ -reːjəl -] <N.; ~e> {s. u. ↑Rägel/Regel}: Neuregelung.

Neur|ǫlog, der [ˌnøyroˈloːx] <N.; ~e> {8.3.1}: Neurologe, Nervenarzt.

Neur|ǫlogie, de [ˌnøyroloˈjiˑ] <N.; o. Pl. ⟨zu griech. lógos, Logos⟩>: Neurologie.

Neuros, de [nøyˈroːs] <N.; ~e ⟨engl. neurosis, zu griech. neuron = Nerv⟩> {8.3.1}: Neurose.

Neu|schnei, der [ˈnøyˑʃneiˑ] <N.> {s. u. ↑Schnei}: Neuschnee, frisch gefallener Schnee.

Neu|sie|land [nøyˈziˑˌlant] <N.; Ländern.>: Neuseeland; Inselstaat im Pazifischen Ozean.

Neu|sie|länd|er, der [nøyˈziˑˌlɛndə] <N.; ~>: Neuseeländer, Einw. von Neuseeland.

Neutrone|bomb, de [nɔyˈtroːnəˌbomˑp] <N.; ~e> {s. u. ↑Bomb}: Neutronenbombe.

Neu|ver|schold|ung, de [ˈnøyfɛˌʃoldʊŋ] <N.; ~e> {5.5.1}: Neuverschuldung.

Neu|wäät, der [ˈnøyˑvɛːt] <N.; ~e (Pl. selten)> {s. u. ↑Wäät}: Neuwert.

Neu|wage, der [ˈnøyˑvaˑʁə] <N.; ~> {s. u. ↑Wage}: Neuwagen.

Neu|zigg, de [ˈnøyˑtsɪk] <N.; o. Pl.> {s. u. ↑Zigg}: Neuzeit, auf das MA folgende Zeit (etwa seit 1500).

Neu|zo|gang, der [ˈnøyˑtsoˑjaŋ] <N.; ~|gäng [-jɛŋˑ]> {s. u. u ↑Zo|gang}: Neuzugang.

Neu|zo|stand, der [ˈnøyˑtsoˑʃtant] <N.; o. Pl.> {s. u. ↑Zo|stand}: Neuzustand.

nevve(n) [ˈnevə(n)] <Präp.; m. Dat. u. Akk.> {5.3.2; 5.5.2; 6.1.1}: neben, **1.** <Dat.> lokal. **2.** <Akk.> direktional.

nevve(n)|- [ˈnevə(n)] <Präfix> {5.3.2; 5.5.2; 6.1.1}: neben-, i. Vbdg. m. Präp.: *~bei, ~her* (~bei, ~her).

nevve(n)|a(a)n [ˌnevə(n)ˈla(ː)n] <Adv.> {5.2.1; 9.1.4}: nebenan, in der Nachbarschaft.

Nevve(n)|aan|schluss, der ['nevə(n)ˌaːnˌʃlʊs] <N.; ~|schlüss> {9.1.4}: Nebenanschluss.

Nevve(n)|amp, et ['nevə(n)ˌampˑ] <N.; ~|ämter> {s. u. ↑Amp; 9.1.4}: Nebenamt.

Nevve(n)|arbeid, de ['nevə(n)ˌarbɛɪ̯t] <N.; ~e> {s. u. ↑Arbeid; 9.1.4}: Nebenarbeit. 1. Nebenbeschäftigung. 2. weniger wichtige Arbeit.

Nevve(n)|ärm, der ['nevə(n)ˌɛrm] <N.; ~e> {s. u. ↑Ärm; 9.1.4}: Nebenarm, Seitenarm eines Flusses.

nevve|bei [nevə'bɛɪ̯] <Adv.>: nebenbei, nebenher, außerhalb des Eigentlichen: *Dat mäht hä su n.* (Das macht er so n.) [auch: ↑nevve(n)|her].

Nevve|bei|che, et [nevə'bɛɪ̯çə] <N.; ~r>: Verhältnis, heimliche Liebesbeziehung [auch: ↑Fister|nöll].

Nevve|be|schäftig|ung, de ['nevəbəˌʃɛftɪɣʊŋ] <N.; ~e>: Nebenbeschäftigung.

Nevve|buhl|er, der ['nevəˌbuːlɐ] <N.; ~>: Nebenbuhler.

Nevve(n)|desch, der ['nevə(n)ˌdeʃ] <N.; ~(e)> {s. u. ↑Desch; 9.1.4}: Nebentisch, Nachbartisch.

nevve(n)dra(a)n [ˌnevə(n)'draˑ(ː)n / -dra(ˑ)n] <Adv.> {9.1.4}: nebendran, an die/der Seite.

Nevve(n)|effek, der ['nevə(n)eˌfɛk] <N.; ~te> {s. u. ↑Effek; 9.1.4}: Nebeneffekt.

Nevve(n)|en|gang, der ['nevə(n)ˌenjaŋ] <N.; ~|gäng [-jɛŋ]> {s. u. ↑En|gang; 9.1.4}: Nebeneingang.

Nevve(n)|en|künf ['nevə(n)ˌenkʏnf] <N.; fem.; nur Pl.> {9.1.4}: Nebeneinkünfte.

Nevve|fach, et ['nevəˌfax] <N.; i. best. Komposita *Fach*, sonst ↑Faach; ~|fächer> {11}: Nebenfach.

Nevve|fluss/~|floss, der ['nevəˌflʊs / -flos] <N.; ~|flüss/~|flöss> {s. u. ↑Fluss/Floss}: Nebenfluss.

Nevve|form, de ['nevəˌformˑ] <N.; ~e> {s. u. ↑Form}: Nebenform.

Nevve|frau, de ['nevəˌfrau̯ˑ] <N.; ~e> {s. u. ↑Frau}: Nebenfrau.

Nevve|gass, de ['nevəˌjas] <N.; ~e> {s. u. ↑Gass¹}: Nebengasse, Seitengasse.

Nevve|ge|danke, der ['nevəjəˌdaŋkə] <N.; ~> {s. u. ↑Ge|danke}: Nebengedanke.

Nevve|ge|räusch, et ['nevəjəˌrɔy̯ʃ] <N.; ~e> {s. u. ↑Ge|räusch}: Nebengeräusch.

nevve(n)|her [ˌnevə(n)'heːɐ̯ / -hɛx] <Adv.> {9.1.4}: nebenher, außerdem [auch: ↑nevve(n)|bei].

Nevve(n)|höhl, de ['nevəˌhøːl] <N.; ~e (meist Pl.)> {s. u. ↑Höhl; 9.1.4}: Nebenhöhle, an die Nasenhöhle angrenzender, mit Schleimhaut ausgekleideter Hohlraum.

Nevve(n)|huus, et ['nevəˌhuːs] <N.; ~|hüüser [-hyˑzɐ]> {s. u. ↑Huus; 9.1.4}: Nebenhaus, benachbartes Haus.

Nevve|klag, de ['nevəˌklaˑx] <N.; ~e> {s. u. ↑Klag}: Nebenklage.

Nevve|kläg|er, der ['nevəˌklɛːjɐ] <N.; ~> {s. u. ↑Kläg|er}: Nebenkläger.

Nevve|koste ['nevəˌkɔstə] <N.; Pl.> {s. u. ↑Koste}: Nebenkosten.

Nevvel, der ['nevəl] <N.; ~> {5.3.2; 5.5.2; 6.1.1}: Nebel.

Nevvel|bank, de ['nevəlˌbaŋk] <N.; ~|bänk> {s. u. ↑Nevvel ↑Bank¹}: Nebelbank.

Nevvel|beld|ung/~|bild|~, de ['nevəlˌbelˑdʊŋ / -bɪlˑd-] <N.; o. Pl.> {s. u. ↑Nevvel ↑belde/bilde}: Nebelbildung.

Nevvel|deck, de ['nevəlˌdɛk] <N.; ~e> {s. u. ↑Nevvel ↑Deck²}: Nebeldecke.

nevvele ['nevələ] <V.; schw.; *han*; nevvelte ['nevəltə]; genevvelt [jə'nevəlt]> {5.3.4; 5.5.2; 6.1.1; 9.2.1.2}: nebeln, <unpers.> neblig sein/werden: *Et nevvelt.* (Der Nebel schlägt sich nieder.). (6)

Nevvel|hoon, et ['nevəlˌhoːn] <N.; ~|hööner> {s. u. ↑Nevvel ↑Hoon}: Nebelhorn.

nevvell|ig ['nevəlɪç] <Adj.; ~e; ~er, ~ste> {5.3.4; 5.5.2; 6.1.1}: nebelig. Tbl. A5.2

Nevvel|lamp, de ['nevəlˌlamp] <N.; ~e> {s. u. ↑Nevvel ↑Lamp}: Nebellampe, Nebelscheinwerfer.

Nevvel|röck|leuch, de ['nevəlˌrøkløy̯fj] <N.; ~te> {↑Nevvel ↑Leuch}: Nebelrückleuchte, Nebelschlussleuchte.

Nevvel|schein|werf|er/~|wirf|~, der ['nevəlˌʃaɪ̯nvɛrfɐ / -vɪrf-] <N.; i. best. Komposita *Schein*, sonst ↑Sching²; ~ (meist Pl.)> {11; s. u. ↑Nevvel ↑werfe}: Nebelscheinwerfer.

Nevvel|schluss|leuch, de ['nevəlˌʃlʊsløy̯fj] <N.; ~te> {s. u. ↑Nevvel ↑Schluss ↑Leuch}: Nebelschlussleuchte.

Nevvel|schwadem, der ['nevəlˌʃvaˑdə] <N.; o. Pl.> {s. u. ↑Nevvel ↑Schwadem}: Nebelschwaden.

Nevvel|striefe/~|streife, der ['nevəlˌʃtriːfə / -ʃtrɛɪ̯fə] <N.; ~> {s. u. ↑Nevvel ↑Striefe/Streife}: Nebelstreifen.

nevven|enander [ˌnevənə'nandɐ / '---ˌ--] <Adv.>: nebeneinander, neben/an einem anderen [auch: ↑nevven|enein].

nevven|enein [ˌnevənəˈneɪn] <Adv.>: nebeneinander, neben/an einem anderen [auch: ↑nevven|enander].

Nevve|mann, der [ˈnevəˌman] <N.; ~|männer>: Nebenmann; Nachbar.

Nevve|nier, de [ˈnevəˌniːɐ̯] <N.; ~e (meist Pl.)> {s. u. ↑Nier}: Nebenniere.

Nevve|produk, et [ˈnevəproˌdʊk] <N.; ~te> {s. u. ↑Produk}: Nebenprodukt.

Nevve|roll, de [ˈnevəˌrɔlˑ] <N.; ~e [-rɔlə]> {s. u. ↑Roll}: Nebenrolle.

Nevve|saach, de [ˈnevəˌzaːx] <N.; ~e> {s. u. ↑Saach}: Nebensache.

Nevve|satz, der [ˈnevəˌzats] <N.; ~|sätz> {s. u. ↑Satz}: Nebensatz.

Nevve|spill|er, der [ˈnevəˌʃpɪlɐ] <N.; ~> {s. u. ↑Spill|er}: Nebenspieler, Mitspieler in unmittelbar benachbarter Position auf dem Spielfeld.

Nevve|stell, de [ˈnevəˌʃtɛlˑ] <N.; ~e [-ʃtɛlə]> {s. u. ↑Stell}: Nebenstelle. **1.** Nebenanschluss. **2.** Filiale, Zweigstelle.

Nevve|streck, de [ˈnevəˌʃtrɛk] <N.; ~e> {s. u. ↑Streck²}: Nebenstrecke.

Nevve|stroß, de [ˈnevəˌʃtroːs] <N.; ~e> {s. u. ↑Stroß}: Nebenstraße.

Nevve(n)us|gang, der [ˈnevə(n)ˌʊsˌjaŋ] <N.; ~|gäng [-ˌjɛŋˑ]> {s. u. ↑Us|gang; 9.1.4}: Nebenausgang.

Nevve|ver|deens, der [ˈnevəfɐˌdeːns] <N.; ~te> {s. u. ↑Ver|deens¹}: Nebenverdienst.

Nevve|wirk|ung, de [ˈnevəˌvɪrkʊŋ] <N.; ~e (meist Pl.)>: Nebenwirkung.

Nevve|zemmer, et [ˈnevəˌtsemɐ] <N.; ~e> {s. u. ↑Zemmer}: Nebenzimmer, Nebenraum.

Nibbel, der [ˈnɪbəl] <N.; ~(e)> {7.1.1}: Nippel.

nibbele [ˈnɪbələ] <V.; schw.; han; nibbelte [ˈnɪbəltə]; genibbelt [jəˈnɪbəlt]> {6.9; 9.2.1.2}: nippen, langsam/ein wenig essen; nur eben etw. Flüssiges nehmen, eben antrinken [auch: ↑knibbele]. (6)

Nich|rauch|er, der [ˈnɪʃˌrɔʊxɐ] <N.; i. best. Komposita *nich-*, sonst ↑nit; ~> {11}: Nichtraucher.

Nich|schwemm|er, der/et [ˈnɪʃˌʃveme] <N.; i. best. Komposita *nich-*, sonst ↑nit; ~> {11; s. u. ↑schwemme¹}: Nichtschwimmer.

Nich|schwemm|er|becke, et [ˈnɪʃʃveməˌbɛkə] <N.; i. best. Komposita *nich-*, sonst ↑nit; ~> {11; s. u. ↑schwemme¹ ↑Becke}: Nichtschwimmerbecken.

nicke [ˈnɪkə] <V.; schw.; han; nickte [ˈnɪktə]; genick [jəˈnɪk]>: nicken. (88)

Nickel, der [ˈnɪkəl] <N.; männl. Vorn.>: Kurzf. von Nikolaus [auch: ↑Klöös/Kloos].

Nickel|brell/~|brill, der [ˈnɪkəlˌbrɛl / -brɪl] <N.; ~e> {s. u. ↑Brell/Brill}: Nickelbrille.

Nicker|che, et [ˈnɪkɐfə] <N.; ~r; nur Diminutiv ⟨zu ↑nicke⟩>: Nickerchen, leichter, kurzer Schlaf.

nidder¹ [ˈnɪdɐ] <Adj.; ~e; ~er, ~ste> {5.3.4}: nieder, niedrig, unten stehend, nicht hoch entwickelt. Tbl. A2.6

nidder² [ˈnɪdɐ] <Adv.> {5.3.4}: nieder, nach unten.

nidder|-, Nidder|- [ˈnɪdɐ] <Präfix> {5.3.4}: nieder-, Nieder-, i. Vbdg. m. V. u. N.: *~kumme* (~kommen), *~draach* (~tracht).

Nidder|deutsch, et [ˈnɪdɐˌdɔʏtʃ] <N.; nur mit best. Art.>: Niederdeutsch, die niederdeutsche Sprache.

nidder|drächt|ig [ˌnɪdɐˈdrɛçtɪç / ˈ--ˌ--] <Adj.; ~e; ~er, ~ste> {6.11.2}: niederträchtig, boshaft, sittlich charakterlich gemein: *ene ~e Kääl, e n. Wiev* (ein ~er Kerl, ein ~es Weib); *Dat es mih wie n.* (Das ist mehr als n.). Tbl. A5.2

Nidder|drächt|ig|keit, de [ˌnɪdɐˈdrɛçtɪçkeɪt] <N.; ~e> {6.11.2}: Niederträchtigkeit, Trotz, Boshaftigkeit, Heimtücke.

Nidder|gang, der [ˈnɪdɐˌjaŋ] <N.; ~|gäng [-ˌjɛŋˑ]> {s. u. ↑Gang¹}: Niedergang. **1.** <o. Pl.> Untergang, Verfall. **2.** abwärts führende Treppe.

Nidder|ge|schlage(n)|heit, de [ˈnɪdɐjəˌʃlaːʁə(n)heɪt] <N.; o. Pl.> {9.1.4}: Niedergeschlagenheit.

nidder|kumme [ˈnɪdɐkʊmə] <trennb. Präfix-V.; st.; sin; kọm n. [kɔˑm]; ~(|ge)kumme [-(jə)ˌkʊmə]> {5.4}: niederkommen, gebären. (120)

Nidder|kunf, de [ˈnɪdɐˌkʊnf] <N.; ~|künf> {8.3.5}: Niederkunft, Geburt [auch: ↑Geboot/Geburt].

Nidder|lag, de [ˈnɪdɐˌlaˑx] <N.; ~e> {8.3.1}: Niederlage.

nidder|läge [ˈnɪdɐlɛˑjə] <trennb. Präfix-V.; unr.; han; laht n. [laːt]; ~|gelaht/~|geläg [-jəlaːt / -jəlɛˑç]> {5.4}: niederlegen, **1.** etw. nach unten legen, hinlegen: *ene Kranz om Grav n.* (einen Kranz auf dem Grab n.) [auch: ↑hin|läge]. **2.** etw. nicht weitermachen/ausüben: *et*

Mandat n. (das Mandat n.). **3.** schriftl. festhalten: *jet em Testament n.* (etw. im Testament n.). (125)

nidder|looße, sich ['nɪdelo·sə] <trennb. Präfix-V.; st.; han; leet/leeß n. [le:t / le·s]; ~|gelooße [-jəlo·sə]> {5.2.1.3; 5.5.3}: sich niederlassen. (135)

nidder|maache ['nɪdema:xə] <trennb. Präfix-V.; unr.; han; maht n. [ma:t]; ~|gemaht [-jəma:t]> {5.2.1}: niedermachen. (136)

Nidder|schlag, der ['nɪdɐˌʃla:x] <N.; ~|schläg [-ʃlɛ·fj]> {s. u. ↑Schlag¹}: Niederschlag. **1.** (Met.) Regen. **2.** dünne Schicht von Wasserdampf o. Ä., die sich beim Beschlagen auf etw. bildet. **3.** (Boxen) Schlag, Treffer, der den Boxer zu Boden.

nidder|schlage/~|schlonn ['nɪdeʃla·ʀə / -ʃlɔn] <trennb. Präfix-V.; st.; han; schlog n. [ʃlo·x]; ~|geschlage [-jəʃla·ʀə]> {(5.3.2; 5.4)}: niederschlagen. (48) (163)

Nidder|schreff, de ['nɪdɐˌʃrɛf] <N.; ~|schrefte> {s. u. ↑Schreff}: Niederschrift.

nidder|steche ['nɪdɐʃtɛfjə] <trennb. Präfix-V.; st.; han; stoch n. [ʃtɔ·x]; ~|gestoche [-jəʃtɔxə]>: niederstechen, mit einem Messer erstechen. (34)

Nidder|weld/~|wild, et ['nɪdɐˌvelt / -vɪlt] <N.> {s. u. ↑Weld/Wild}: Niederwild.

nidder|walze ['nɪdevaltsə] <trennb. Präfix-V.; schw.; han; walzte n. ['valtstə]; ~|gewalz [-jəvalts]>: niederwalzen, durch Walzen flach machen/einebnen/zerstören: *Die Lasswage däten alles n.* (Die Lastwagen walzten alles nieder.). (42)

niddr|ig ['nɪdrɪfj] <Adj.; ~e; ~er, ~ste> {5.3.4}: niedrig, flach, seicht. Tbl. A5.2

Niddr|ig|luhn/~|lohn, der ['nɪdrɪfjˌlu:n / -lo:n] <N.; ~|lühn/~|löhn [-ly·n / -lø·n]> {s. u. ↑Luhn/Lohn}: Niedriglohn.

Niddr|ig|wasser, et ['nɪdrɪfjˌvasɐ] <N.; o. Pl.>: Niedrigwasser.

nie|mols ['ni·mo·ls / '-'-] <Adv.> {s. u. ↑mol}: niemals.

Nier, de [ni·ɐ̯] <N.; ~e; ~che> {5.1.4.3; 8.3.1}: Niere, **1. a)** Harnorgan; **b)** <meist Diminutiv Pl. *Niercher*>: als Speise dienende od. zubereitete Niere: *Morge gitt et sauersöße ~cher.* (Morgen gibt es sauersüße Nierchen.). **2.** <meist Diminutiv> glattschalige, längliche, nierenförmige Kartoffelsorte.

Niere|becke, et ['ni·(ɐ̯)rəˌbɛkə] <N.; ~> {s. u. ↑Nier ↑Becke}: Nierenbecken.

Niere|becke(n)|ent|zünd|ung, de ['ni·(ɐ̯)rəbɛkəˌɛnˌtsʏn-dʊŋ] <N.; ~e> {9.1.4}: Nierenbeckenentzündung; Pyelitis.

Niere|brode, der ['ni·(ɐ̯)rəˌbro·də] <N.; ~> {s. u. ↑Brode}: Nierenbraten, Nierenstück des Kalbfleischs.

Niere|desch, der ['ni·(ɐ̯)rəˌdeʃ] <N.; ~(e)> {s. u. ↑Nier ↑Desch}: Nierentisch.

Niere|krank|heit, de ['ni·(ɐ̯)rəˌkraŋkheɪ̯t] <N.; ~e> {s. u. ↑Nier}: Nierenkrankheit.

Niere|schal, de ['ni·(ɐ̯)rəˌʃa·l] <N.; ~e> {s. u. ↑Nier ↑Schal²}: Nierenschale, flache, nierenförmige Schale zum Auffangen von Flüssigkeiten.

Niere|spöller, der ['ni·(ɐ̯)rəˌʃpø·lɐ] <N.; ~(e)> {5.4}: Nierenspüler, (übertr.) Kölsch (Bier).

Niere|stein, der ['ni·(ɐ̯)rəˌʃteɪ̯n] <N.; ~ [-ʃteɪ̯n]> {s. u. ↑Nier ↑Stein}: Nierenstein.

Nies/Nees, et [ni·s / ne·s] <N.; weibl. Vorn.; ~che [-jə]>: Kurzf. von Agnes [auch: ↑Angenies].

Niger¹ ['ni·jɐ] <N.; Ländern.>: Niger, Staat in Westafrika.

Niger², der ['ni·jɐ] <N.; Eigenn.>: Niger, Fluss in Afrika.

Nigeria [nɪˈje:rɪja] <N.; Ländern.>: Nigeria, Staat in Westafrika.

Nigerianer, der [nɪˌjɛrɪˈja·nɐ] <N.>: Nigerianer, Einw. von Nigeria.

Nih|arbeid, de ['ni·ˌlarbeɪ̯t] <N.; ~e> {s. u. ↑nihe ↑Arbeid}: Näharbeit.

Nih|desch, der ['ni·ˌdeʃ] <N.; ~(e)> {s. u. ↑nihe ↑Desch}: Nähtisch.

nihe ['ni·ə] <V.; schw.; han; nihte ['ni·tə]; geniht [jəˈni·t]> {5.4}: nähen. (37)

Nih|erei, de [ˌni·əˈreɪ̯·] <N.; ~e [-əˈreɪ̯ə]> {5.4}: Näherei. **1.** <o. Pl.> dauerndes Nähen. **2.** Näharbeit.

Niher|sch, de ['ni·ɐʃ] <N.; ~e> {5.4}: Näherin, Schneiderin.

Nih|faddem, der ['ni·ˌfadəm] <N.; ~|fäddem> {s. u. ↑nihe ↑Faddem}: Nähfaden, Nähgarn.

Nih|gaan, et ['ni·ˌja:n] <N.; o. Pl.> {5.4; s. u. ↑Gaan}: Nähgarn.

Nih|kess|che, et ['ni·ˌkesjə] <N.; nur Diminutiv; ~r> {5.4; s. u. ↑Kess}: Nähkästchen [auch: ↑Nih|körv|che]; ***usem N. verzälle** (aus dem N. erzählen = etw. ausplaudern).

Nih|kesse, et ['ni·ˌkesə] <N.; ~; ~|kess|el|che [-kesəlfjə]> {5.4; s. u. ↑Kesse}: Nähkissen, Nadelkissen.

Nih|korv, der ['niːˌkɔrf] <N.; ~|kǫrv [-kørˑf]> {s. u. ↑nihe ↑Kǫrv}: Nähkorb.

Nih|kǫrv|che, et ['niːˌkørˑfjə] <N.; ~r> {5.4; s. u. ↑Kǫrv}: Nähkörbchen [auch: ↑Nih|kęss|che].

Nih|krǫm, der ['niːˌkrɔˑm] <N.; kein Pl.> {5.4; s. u. ↑Krǫm}: Nähkram, Nähzeug [auch: ↑Nih|zeug].

Nih|maschin, de ['niːmaˌʃiːn] <N.; ~e> {s. u. ↑nihe ↑Maschin}: Nähmaschine.

Nih|maschine|öl, et ['niːmaʃiːnəˌœˑl] <N.; ~e (Sortenpl.)> {s. u. ↑nihe ↑Maschin ↑Öl}: Nähmaschinenöl.

Nih|nǫl/~|nǫdel, de ['niːˌnɔˑl / -nɔːdəl] <N.; ~|nǫlde/~|nǫdele> {5.4; s. u. ↑Nǫl/Nǫdel}: Nähnadel.

Nih|sigg, de ['niːˌzɪk] <N.; o. Pl.> {s. u. ↑nihe ↑Sigg³}: Nähseide.

Nih|zeug, et ['niːˌtsɔyfj] <N.; o. Pl.> {5.4}: Nähzeug [auch: ↑Nih|krǫm].

Nikela, der ['nɪkəlaˑ] <N.; Eigenn.>: Nikolaus, Nikela Knoll: Figur des Kölner Stockpuppentheaters „Hänneschen-Theater"; auch Besteva genannt, Mann der Marizebell Knoll (Bestemo).

Nikelaus|dag, der [ˌnɪkəlau̯sˌdaːx] <N.; ~/~|däg/~e [-daˑx / -dɛˑfj / -daˑʀə]> {s. u. ↑Dag}: Nikolaustag (6. Dezember).

Nikelaus|ǫvend, der [ˌnɪkəlau̯sˌɔˑvənt] <N.; ~e> {s. u. ↑Ǫvend}: Nikolausabend, Abend des 5. Dezember, an dem der Nikolaus kommt.

Nikotin|ver|geft|ung, de [nɪkoˈtiːnfɐˌjɛftʊŋ] <N.; ~e> {5.5.2}: Nikotinvergiftung.

Nil|pääd, et ['niːlˌpɛːt] <N.; ~(er) [-pɛˑt / -pɛˑdə]> {s. u. ↑Pääd}: Flusspferd, Nilpferd.

Nipp, der [nɪp] <N.; kein Pl.>: Penis [auch: ↑Dill² (2), ↑Ge|maach, ↑Ge|mächl|s, ↑Löll (1), ↑Lömmel (2), ↑Lör|es (2), ↑Pitz, ↑Prügel (1b), ↑Reeme (2), ↑Schnibbel (3)].

nirgends ['nɪrjənts] <Adv.>: nirgend(s).

nirgend|wǫ ['nɪrjəntˌvɔˑ / '--'-] <Adv.> {s. u. ↑nirgends ↑wǫ}: nirgendwo.

nirgend|wǫ|her ['nɪrjəntvɔˑˌheːɐ̯ / -ˌhɛx / '---'-] <Adv.> {s. u. ↑nirgends ↑wǫ}: nirgendwoher, nirgendwohin.

nirgend|wǫ|hin ['nɪrjəntvɔˑˌhɪn / '---'-] <Adv.> {s. u. ↑nirgends ↑wǫ}: nirgendwohin.

nit [nɪt] <Adv.>: nicht, drückt eine Verneinung aus; *n. sage (verschweigen).

nitsch¹ [nɪtʃ] <Adj.; ~e>: **a)** bösartig, falsch, hinterlistig, heimtückisch, hinterhältig: *en ~e Hand han* (stets zum Schlagen bereit); **b)** voll Hass u. Neid, gehässig; **c)** bissig. Tbl. A1

nitsch² [nɪtʃ] <Adv.>: verstärkend: streng, scharf: *Et es hügg n. kald.* (Es ist heute schneidend kalt.), [gebräuchl.: ↑ärg²].

Nitsch|erei, de [ˌnɪtʃəˈreɪ̯ˑ] <N.; ~e [-əˈreɪ̯ə]>: hämische, heimtückische Zankerei, hinterlistige Bosheit.

nitsch|ig ['nɪtʃɪfj] <Adj.; ~e; ~er, ~ste>: boshaft, gemein: *ene ~e Jung* (ein ~er Junge) [auch: ↑frack]. Tbl. A5.2

Nitsch|ig|keit, de ['nɪtʃɪfjˌkeɪ̯t] <N.; ~e>: Trotz, Boshaftigkeit, Heimtücke.

nix [nɪks] <Indefinitpron.; indekl.>: nichts; *mir n., dir n. (einfach so).

Nix|dun, et ['nɪksˌdʊn] <N.; o. Pl.>: Nichtstun; **a)** Untätigkeit; **b)** das Faulenzen.

Nix|nǫtz, der ['nɪksˌnɔts] <N.; ~e> {5.5.1}: Nichtsnutz.

nix|nǫtz|ig [ˌnɪksˈnɔtsɪfj / '-ˌ--] <Adj.; ~e; ~er, ~ste> {s. u. ↑nix ↑nǫtze/nötze}: nichtsnutzig, auf Streiche bedacht, Unsinn treibend: *Do bes esu n. wie de lang bes.* (Du bist so n. wie du lang bist.). Tbl. A5.2

Nix|nǫtz|ig|keit, de [ˌnɪksˈnɔtsɪfjkeɪ̯t] <N.; ~e> {5.5.1}: Nichtsnutzigkeit, Niederträchtigkeit.

nǫ [nɔ] <Adv.> {5.5.1}: nun.

nobel ['noːbəl] <Adj.; ~/noble ['noːblə]; nobler, ~ste ['noːblə / 'noːbəlstə] ⟨frz. noble⟩>: adlig, vornehm, **1.** großmütig, edel (gesinnt), menschlich vornehm: *ene noble Charakter* (ein vornehmer Charakter). **2.** elegant (wirkend); luxuriös. **3.** großzügig, freigiebig: *e n. Drinkgeld* (ein großzügiges Trinkgeld). Tbl. A6

Nobel|gägend, de ['noːbəlˌjɛˑjənt] <N.; ~e> {s. u. ↑Gägend}: Nobelgegend, vornehme Wohngegend.

noch [nɔx] <Adv.>: noch, gekürzt: no', z. B. *no' nit* (noch nicht).

nǫ̈chs [nœks] <Adj.; Sup. zu ↑nǫh²; älter: *nöhts*; ~te} {5.5.3}: nächst..., räumlich am nächsten gelegen: *Der ~te Bahnhoff es 3 km wigger.* (Der ~e Bahnhof liegt 3 km weiter.). Tbl. A4.1.2

Nocke|well, de ['nɔkəˌvɛlˑ] <N.; ~e [-vɛlə]> {s. u. ↑Well}: Nockenwelle.

Nǫdel/Nǫl, de ['nɔːdəl / nɔˑl] <N.; Nǫdele/Nǫlde ['nɔːdələ / 'nɔːldə]> {5.5.3}: Nadel.

Nodel|arbeid, de ['nɔːdəlˌarbeɪ̯t] <N.; ~e> {s. u. ↑Nodel ↑Arbeid}: Nadelarbeit. 1. Handarbeitsunterricht. 2. Handarbeit.

Nodel|baum/Nol|~, der ['nɔːdəlˌbou̯m / nɔˑl-] <N.; ~|bäum [-bøˑy̯ˑm]> {s. u. ↑Nodel ↑Nol ↑Baum}: Nadelbaum.

Nodel|holz/Nol|~, et ['nɔːdəlˌhɔlts / nɔˑl-] <N.; ~|hölzer> {s. u. ↑Nodel ↑Nol ↑Holz}: Nadelholz. 1. Holz von Nadelbäumen. 2. <meist Pl.> Nadeln tragendes Gehölz.

Nodel|kesse/Nol|~, et ['nɔːdəlˌkesə / 'nɔˑl-] <N.; ~; ~|kess|el|che [-kesəlfjə]> {s. u. ↑Nodel/Nol ↑Kesse}: Nadelkissen.

Nodel|spetz/Nolde|~, de ['nɔːdəlˌʃpets / 'nɔˑldə-] <N.; ~e> {s. u. ↑Nodel/Nol ↑Spetz}: Nadelspitze.

Nodel|stech/Nolde|~, der ['nɔːdəlˌʃteʃ / 'nɔˑldə-] <N.; ~> {s. u. ↑Nodel/Nol ↑Stech}: Nadelstich.

Nodel|striefe/~|streife, der ['nɔːdəlˌʃtriːfə / -ʃtreɪ̯fə] <N.; ~ (meist Pl.)> {s. u. ↑Nodel ↑Striefe/Streife}: Nadelstriefen.

Nodel|wald, der ['nɔːdəlˌvalt] <N.; i. best. Komposita Wald, sonst ↑Bösch; ~|wälder> {11; s. u. ↑Nodel}: Nadelwald, Wald aus Nadelbäumen.

noh[1] [nɔˑ] <Präp.; m. Dat.> {5.5.1; 6.3.1}: (direktional) nach, zu: *zo Foß n. Kölle gonn* (zu Fuß n. Köln gehen); *n. der Kirch gonn* (zur Kirche gehen).

noh[2] [nɔˑ] <Adj.; ~e; nöher, nöhtste/nöchst(e) (et nöhts) ['nœˑɐ / 'nœˑtstə / 'nœˑkst(ə)]> {5.5.3}: nah, nahe, nicht weit entfernt. Tbl. A7.1

noh|-, Noh|- [nɔˑ] <Präfix> {5.5.1; 6.3.1}: nach-, Nach-, i. Vbdg. m. V., N., Adj., Adv. u. Pron.: ~aape (~äffen), ~deil (~teil), ~lässig (~lässig); ~her (~her); ~enander (~einander), ~däm (~dem).

Nöh|(de), de ['nœˑ(də)] <N.; ~> {5.5.3; 8.3.1; (10.2.8)}: Nähe.

noh|aape ['nɔˑˌaːpə] <trennb. Präfix-V.; schw.; han; aapte n. ['aːptə]; ~|geaap [-jəˌaːp]> {5.2.1.4; 5.4; 6.5.1}: nachäffen, Gebärden/Sprechweise/Eigenheiten anderer spöttisch nachahmen, nachmachen [auch: ↑noh|maache (1b)]. (75)

noh|aate ['nɔˑˌaːtə] <trennb. Präfix-V.; schw.; han; ~|geaat [-jəˌaːt]> {5.2.1.1.1}: nacharten, Natur u. Wesen eines anderen an sich tragen. (104)

Noh|ahmer, der ['nɔˑˌaˑmɐ] <N.; ~>: Nachahmer.

noh|arbeide ['nɔˑˌarbeɪ̯də / 'nɔˑarˌbeɪ̯də] <trennb. Präfix-V.; schw.; *han*; arbeidte n. ['arbeɪ̯tə]; ~|gearbeid [-jəˌarbeɪ̯t]> {6.11.3}: nacharbeiten, 1. Versäumtes nachträglich tun. 2. zusätzlich/länger schaffen, um mehr zu verdienen. 3. etw. Fertigem den letzten Schliff geben. (197)

noh|bedde ['nɔˑbedə] <trennb. Präfix-V.; schw./unr.; *han*; bedte/bädte n. ['betə / 'bɛːtə]; ~|gebedt/~|gebädt [-jəbet / -jəbɛːt]> {5.3.4; 6.11.3}: nachbeten, 1. ein Gebet nachsprechen. 2. bereits Gesagtes/Geschriebenes/Gedrucktes übernehmen u. wieder von sich geben, nichts Eigenes leisten. (13)

noh|be|handele ['nɔˑbəˌhanˑdələ] <trennb. Präfix-V.; schw.; *han*; be|handelte n. [bə'hanˑdəltə]; ~|be|handelt [-bəhanˑdəlt]> {9.2.1.2}: nachbehandeln, 1. etw. nach einer bereits erfolgten Behandlung nochmals behandeln: *dä Fleck n.* (den Flecken n.). 2. nach einem med. Eingriff od. Ä. weiter ärztlich versorgen. (6)

Noh|be|handl|ung, de ['nɔˑbəˌhanˑdlʊŋ] <N.; ~e>: Nachbehandlung.

Noh|bei [nɔˑ'beɪ̯] <Adv.> {s. u. ↑noh[2]}: nahebei, ganz nahe, in der Nähe.

Noh|beld|ung/~|bild|~, de ['nɔˑˌbelˑdʊŋ / -bɪld-] <N.; ~e> {s. u. ↑belde/bilde}: Nachbildung.

Nohber, der ['nɔˑbɐ] <N.; ~e> {5.2.4; 5.5.3}: Nachbar.

Nohber|dorf/~|dörp, et ['nɔˑbɐˌdɔrf / -dœrp] <N.;~er> {s. u. ↑Nohber ↑Dorf/Dörp}: Nachbardorf.

nohbere ['nɔˑbərə] <V.; schw.; *han*; nohberte ['nɔˑbɐtə]; genohbert [jə'nɔˑbɐt]> {5.5.3; 6.3.1; 9.2.1.2}: nachbarlich verkehren, den Nachbarn zu einem Schwätzchen besuchen, meist mit *gonn* (gehen) verbunden: *Geihs de widder bei et Kätt n.?* (Gehst zu wieder zu einem Schwätzchen zu Käthe?). (4)

noh|be|rechne ['nɔˑbəˌrɛçnə] <trennb. Präfix-V.; schw.; *han*; be|rechente n. [bə'rɛçəntə]; ~|be|rechent [-bərɛçənt]>: nachberechnen. (150)

Noh|be|rechn|ung, de ['nɔˑbəˌrɛçnʊŋ] <N.; ~e>: Nachberechnung.

Nohber|gaade, der ['nɔˑbɐˌjaˑdə] <N.; ~|gääde> {s. u. ↑Nohber ↑Gaade}: Nachbargarten.

Nohber|huus, et ['nɔˑbɐˌhuːs] <N.; ~|hüüser [-hyˑzɐ]> {s. u. ↑Nohber ↑Huus}: Nachbarhaus.

Nohber|sch, de ['nɔˑbɐʃ] <N.; ~e> {5.2.4; 5.5.3}: Nachbarin.

Nohber|schaff, de ['nɔˑbɐˌʃaf] <N.; ~|schafte> {5.2.4; 5.5.3}: Nachbarschaft.

Nohbers|famillich, de ['nɔˑbεsfa‚mɪlɪh] <N.; ~|familie [-fa‚mɪlɪjə]> {s. u. ↑Nohber ↑Famillich}: Nachbarsfamilie.

Nohbers|frau, de ['nɔˑbεs‚frau̯ˑ] <N.; ~e> {s. u. ↑Nohber ↑Frau}: Nachbarsfrau, Nachbarin.

Nohbers|kind, et ['nɔˑbεs‚kɪnt] <N.; ~er> {s. u. ↑Nohber}: Nachbarskind, Kind des Nachbarn.

Nohbers|lück ['nɔˑbεs‚lʏk] <N.; Pl.> {s. u. ↑Nohber ↑Lück¹}: Nachbarsleute; Nachbarn.

noh|bessere ['nɔˑbεsərə] <trennb. Präfix-V.; schw.; *han*; besserte n. ['bεsətə]; ~|gebessert [-jəbεsət] {9.2.1.2}: nachbessern, nachträglich verbessern. (4)

Noh|besser|ung, de ['nɔˑ‚bεsərʊŋ] <N.; ~e>: Nachbesserung.

noh|bestelle ['nɔˑbə‚ʃtεlə] <trennb. Präfix-V.; schw./unr.; *han*; bestellte/bestallt n. [bə'ʃtεlˑtə / bə'ʃtalt]; ~|bestellt/ ~bestallt [-bə‚ʃtεlˑt / -bə‚ʃtalt]>: nachbestellen. (182)

Noh|be|stell|ung, de ['nɔˑbə‚ʃtεlʊŋ] <N.; ~e>: Nachbestellung.

Noh|bevve, et ['nɔˑ‚bevə] <N.; ~> {s. u. ↑bevve}: Nachbeben.

noh|be|zahle ['nɔˑbə‚tsaˑlə] <trennb. Präfix-V.; schw.; *han*; be|zahlte n. [bə'tsaːltə]; ~|be|zahlt [-bətsaːlt]>: nach(be)zahlen. (61)

noh|bilde/~|belde ['nɔˑbɪlˑdə / -belˑdə] <trennb. Präfix-V.; schw.; *han*; bildte n. ['bɪlˑtə]; ~|gebildt [-jəbɪlˑt]> {(5.5.2)}: nachbilden. (28)

noh|bläddere ['nɔˑblεdərə] <trennb. Präfix-V.; schw.; *han*; blädderte n. ['blεdətə]; ~|gebläddert [-jəblεdət]> {6.11.3; 9.2.1.2}: nachblättern, (in einem Buch od. Ä.) blättern um etw. Bestimmtes zu finden. (4)

noh|blode ['nɔˑbloˑdə] <trennb. Präfix-V.; schw.; *han*; blodte n. ['bloˑtə]; ~|geblodt [-jəbloˑt]> {5.4; 6.11.3}: nachbluten. (197)

noh|bohre ['nɔˑboː(ə̯)rə] <trennb. Präfix-V.; schw.; *han*; bohrte n. ['boˑə̯tə]; ~|gebohrt [-jəboˑə̯t]>: nachbohren, **1.** nochmals bohren (u. dadurch verbessern): *Dat Loch muss nohgebohrt weede.* (Das Loch muss nachgebohrt werden.). **2.** hartnäckig versuchen, von jmdm. eine (korrekte) Antwort zu bekommen. (31)

noh|bränge ['nɔˑbrεŋə] <trennb. Präfix-V.; unr.; *han*; braht n. [braːt]; ~|gebraht [-jəbraːt]> {5.4}: nachbringen, -liefern, jmdm. etw. bringen, das dieser vorher vergessen hat. (33)

Noh|brell/~|brill, de ['nɔˑ‚brel / -brɪl] <N.; ~e> {s. u. ↑noh² ↑Brell/Brill}: Nahbrille, Brille, die ein besseres Sehen im Nahbereich ermöglicht.

noh|bubbele ['nɔˑbʊbələ] <trennb. Präfix-V.; schw.; *han*; bubbelte n. ['bʊbəltə]; ~|gebubbelt [-jəbʊbəlt]>: nachplappern, nachschwatzen [auch: ↑noh|plappere, ↑noh|schwaade]. (6)

noh|däm [nɔ'dεmˑ] <Konj.; unterordn.> {5.4}: nachdem.

noh|datiere/~eere ['nɔˑdaˑti·(ə)rə / -eˑrə] <trennb. Präfix-V.; schw./unr.; *han*; datierte n. [da'tiˑə̯tə]; ~|datiert [-da‚tiˑə̯t] ⟨frz. dater⟩> {(5.1.4.3)}: nachdatieren, (auf einen Brief, ein Schriftstück) ein früheres, zurückliegendes Datum schreiben. (3) (2)

noh|deechte/~|dichte ['nɔˑdeːʃtə / -dɪʃtə] <trennb. Präfix-V.; schw.; *han*; ~|gedeech [-jədeːʃ]> {5.2.1; 5.4}: nachdichten, (ein literarisches Werk) aus einer Fremdsprache frei übersetzen u. bearbeiten. (131)

Noh|deil, der ['nɔˑdeɪl] <N.; ~(e) [-deɪl / -deɪˑlə]> {6.11.1}: Nachteil.

noh|denke ['nɔˑdεŋkə] <trennb. Präfix-V.; unr.; *han*; daach n. [daːx]; ~|gedaach [-jədaːx]>: nachdenken, **1.** sich erinnern, sich entsinnen, sich ins Gedächtnis zurückrufen: *Denk ens god noh!* (Denk mal gut nach!) [auch: ↑be|senne (2a), ↑ent|senne, ↑erennere/erinnere (2)]. **2.** einer Sache/Frage nachgehen/prüfend überlegen: *Denk noch ens drüvver noh!* (Denk noch einmal darüber nach!). (46)

noh|denk|lich ['nɔˑdεŋklɪʃ] <Adj.; ~e; ~er, ~ste> {7.3.2}: nachdenklich. Tbl. A1

Noh|desch, de ['nɔˑ‚deʃs] <N.; ~e> {5.5.2; 6.11.1}: Nachtisch, Nachspeise, Dessert.

Noh|doosch, der ['nɔˑdoːʃ] <N.> {5.2.1.1.2}: Nachdurst.

Noh|drag, der ['nɔˑdraːx] <N.; ~|dräg [-drεˑʃ]> {6.11.2}: Nachtrag.

noh|drage ['nɔˑdraˑʀə] <trennb. Präfix-V.; st.; *han*; drog n. [droˑx]; ~|gedrage [-jədraˑʀə]> {6.11.2}: nachtragen, **1.** zusätzlich mitteilen/schreiben/drucken; ergänzen. **2.** jmdm. etw. nicht vergessen/vergeben [auch: ↑noh|halde (2b)]. (48)

noh|dräg|lich ['nɔˑdrεˑʃlɪʃ] <Adj.; meist präd.; ~e> {6.11.2; 7.3.2}: nachträglich. Tbl. A1

noh|dränge ['nɔˑdrεŋə] <trennb. Präfix-V.; schw.; *han/sin*; drängte n. ['drεŋˑtə]; ~|gedrängk [-jədrεŋˑk]>: nachdrängen: *Immer mih Lück han/sin nohgedrängk.* (Immer mehr Besucher drängten nach). (49)

noh|drihe ['nɔˑdriˑə] <trennb. Präfix-V.; schw.; han; drihte n. ['driˑtə]; ~|gedriht [-jədriˑt]> {5.1.4.1}: nachdrehen, (Film): (eine Szene od. Ä.) noch einmal drehen, wiederholen. (37)

noh|drocke ['nɔˑdrokə] <trennb. Präfix-V.; schw.; han; drockte n. ['droktə]; ~|gedrock [-jədrok]> {5.5.1}: nachdrucken, a) nach verkaufter Auflage eines Druckwerks neu drucken; b) widerrechtlich abdrucken. (88)

noh|dröcke ['nɔˑdrøkə] <trennb. Präfix-V.; schw.; han; dröckte n. ['drøktə]; ~|gedröck [-jədrøk]> {5.5.1}: nachdrücken, a) fest andrücken, nochmals stark drücken; b) beim Einlass/Einsteigen einer Menge Menschen von hinten nach vorn drängen. (88)

noh|dröppe ['nɔˑdrœpə] <trennb. Präfix-V.; schw.; han; dröppte n. ['drœptə]; ~|gedröpp [-jədrœp]> {5.4; 6.8.1; 6.11.2}: nachtropfen, aus der Wasserleitung in einzelnen Tropfen nachfließen, wenn der Wasserhahn nicht ganz schließt. (75)

noh|dunkele ['nɔˑdʊŋkəlǝ] <trennb. Präfix-V.; schw.; sin/han; dunkelte n. ['dʊŋkəltə]; ~|gedunkelt [-jədʊŋkəlt]> {9.2.1.2}: nachdunkeln, im Laufe der Zeit im Farbton allmählich dunkler werden: *Wieße Tapet dunkelt flöck noh.* (Weiße Tapete dunkelt schnell nach.). (6)

noh|enander ['nɔˑəˈnandɐ / '--,--] <Adv.>: nacheinander, hintereinander [auch: ↑noh|enein].

noh|enein ['nɔˑəˈneɪn / '--,-] <Adv.>: nacheinander, hintereinander [auch: ↑noh|enander].

Noh|en|stell|ung, de ['nɔˑ,enʃtɛlʊŋ] <N.; ~e> {s. u. ↑noh²}: (Fot.) Naheinstellung.

Noh|ernte, de ['nɔˑ,ɛrntə] <N.; ~>: Nachernte.

noh|fahre ['nɔˑfaːrə] <trennb. Präfix-V.; st.; sin; fuhr/fohr n. [fuˑɐ̯ / foˑɐ̯]; ~|gefahre [-jəfaːrə]>: nachfahren. (62)

noh|färve ['nɔˑfɛrvə] <trennb. Präfix-V.; schw.; han; färvte n. ['fɛrftə]; ~|gefärv [-jəfɛrf]> {5.4; 6.1.1}: nachfärben, durch zusätzliches Färben eine gewünschte Farbe erreichen: *de Hoore n.* (das Haar n.). (66)

noh|feddere ['nɔˑfedərə] <trennb. Präfix-V.; schw.; han; feddere n. ['fedətə]; ~|gefeddert [-jəfedət]> {5.3.4; 5.5.2; 9.2.1.2}: nachfedern. (4)

noh|fiele ['nɔˑfiˑlə] <trennb. Präfix-V.; schw.; han; fielte n. ['fiˑltə]; ~|gefielt [-jəfiˑlt]> {5.1.4.5}: nachfeilen, Fertiges glätten/eben machen. (45)

Noh|fier/~|feer, de ['nɔˑ,fiˑɐ̯ / -feːɐ̯] <N.; ~e> {s. u. ↑Fier/Feer}: Nachfeier.

noh|fiere/~|feere ['nɔˑfi(ˑɐ̯)rə / -feˑrə] <trennb. Präfix-V.; schw./unr.; han; fierte n. ['fiˑɐ̯tə]; ~|gefiert [-jəfiˑɐ̯t]> {5.1.4.5}: nachfeiern. (3) (2)

noh|finanziere/~eere ['nɔˑfɪnan,tsiˑ(ˑɐ̯)rə / -eˑrə] <trennb. Präfix-V.; schw./unr.; han; finanzierte n. [fɪnanˈtsiˑɐ̯tə]; ~|finanziert [-fɪnan,tsiˑɐ̯t] ⟨frz. financer⟩> {(5.1.4.3)}: nachfinanzieren, nachträglich finanzieren, Lücken in der Finanzierung schließen. (3) (2)

noh|föhle ['nɔˑføˑlə] <trennb. Präfix-V.; schw./unr.; han; föhlte/fohlt n. ['føˑltə / foˑlt]; ~|geföhlt/~|gefohlt [-jəføˑlt / -jəfoˑlt]> {5.4}: nachfühlen, mitempfinden, nachempfinden. (73)

noh|folge ['nɔˑfolˑjə] <trennb. Präfix-V.; schw.; sin; folgte n. ['fɔlˑftə]; ~|gefolg [-jəfɔlˑfj]>: nachfolgen, 1. Anhänger, getreuer Gefolgsmann von jmdm. sein. 2. (meist nachdrücklicher) folgen. (39)

Noh|folg|er, der ['nɔˑ,fɔlˑjɐ] <N.; ~ ⟨mhd. nachvolger⟩>: Nachfolger.

noh|fölle/~|fülle ['nɔˑfølə / -fylə] <trennb. Präfix-V.; schw.; han; föllte n. ['føltə]; ~|geföllt [-jəfølˑt]> {5.5.1}: nachfüllen. (91)

noh|fordere ['nɔˑfɔrdərə] <trennb. Präfix-V.; schw.; han; forderte n. ['fɔrdətə]; ~|gefordert [-jəfɔrdət]> {9.2.1.2}: nachfordern. (4)

Noh|forder|ung, de ['nɔˑ,fɔrdərʊŋ] <N.; ~e>: Nachforderung.

noh|forme ['nɔˑfɔrmə] <trennb. Präfix-V.; schw.; han; formte n. ['fɔrmtə]; ~|geformp [-jəfɔrmp]>: nachformen. (127)

noh|forsche ['nɔˑfɔrʃə] <trennb. Präfix-V.; schw.; han; forschte n. ['fɔrʃtə]; ~|geforsch [-jəfɔrʃ]>: nachforschen. (110)

Noh|forsch|ung, de ['nɔˑ,fɔrʃʊŋ] <N.; ~e (meist Pl.)>: Nachforschung.

Noh|friss, de ['nɔˑ,frɪs] <N.; ~|friste> {8.3.5}: Nachfrist.

Noh|frog, de ['nɔˑfrɔx] <N.; ~e> {5.5.3; 8.3.1}: Nachfrage, 1. Erkundigung nach etw./jmdm. 2. Absicht auf eine Ware.

noh|froge ['nɔˑfrɔʁə] <trennb. Präfix-V.; unr.; han; frogte n. ['frɔxtə]; ~|gefrog [-jəfrɔx]> {5.5.3}: nachfragen, nach etw. fragen, sich erkundigen. (76)

noh|gäre ['nɔˑjɛːrə] <trennb. Präfix-V.; schw.; han; gärte n. ['jɛːɐ̯tə]; ~|gegärt [-jəjɛːɐ̯t]>: nachgären, nach der eigtl. Gärung langsam gären (damit sich die Reste des Zuckers zersetzen). (21)

Noh|ge|bühr, de ['nɔˑjə‚byːɐ̯] <N.; ~e>: Nachgebühr.

Noh|geburt/~|geboot, de ['nɔˑjəbuːɐ̯t / -jəboːt] <N.; ~e> {(5.2.1.1.1)}: Nachgeburt, Plazenta.

noh|geeße ['nɔˑjeˑsə] <trennb. Präfix-V.; st.; han; goss n. [jɔs]; ~|gegosse [-jəjɔsə]> {5.1.4.3}: nachgießen, nachschenken. (79)

noh|gerode ['nɔˑjərɔˑdə] <trennb. Präfix-V.; st.; sin; gereedt n. [jə'reˑt]; ~|gerode [-jərɔˑdə]> {5.5.3; 6.11.3}: nachgeraten. (36)

Noh|ge|schmack, der ['nɔˑjəʃmak] <N.; o. Pl.>: Nachgeschmack.

noh|gevve ['nɔˑjevə] <trennb. Präfix-V.; st.; han; gov n. [jɔf]; ~|gegovve/~|gegevve [-jəjovə / -jəjevə]> {5.3.4; 5.5.2; 6.1.1}: nachgeben, **1.** in Spannkraft nachlassen, wanken. **2.** aufhören zu widerstreben, sich zu widersetzen; zurücktreten: *De Leider gov noh, un dä ärme Kääl log platsch op der Fott.* (Die Leiter gab nach und der arme Kerl lag auf dem Hintern.). (81)

noh|gonn ['nɔˑjɔn] <trennb. Präfix-V.; st.; sin; ging n. [jɪŋ]; ~|gegange [-jəjaŋə]> {5.3.4; 8.2.2.3}: nachgehen, **1. a)** jmdn. hinterhergehen zum Auskundschaften; **b)** einer Sache nachgehen, mit Eifer forschend/aufspürend bearbeiten. **2.** langsamer vorrücken, in der Zeit zurück sein: *Ming Uhr geiht fünf Minutte noh.* (Meine Uhr geht 5 Minuten nach.). (83)

noh|griefe ['nɔˑjriːfə] <trennb. Präfix-V.; st.; han; greff n. [jref]; ~|gegreffe [-jəjrefə]> {5.1.4.5}: nachgreifen, nachfassen. (86)

noh|halde ['nɔˑhaldə] <trennb. Präfix-V.; st.; han; heeldt n. [heːlt]; ~|gehalde [-jəhaldə]> {6.11.3}: nachhalten, **1.** lange dauern, anhalten. **2. a)** nachträglich tun, leisten, eine Lehrstunde geben; **b)** jmdm. etw. nicht vergeben/vergessen [auch: ↑noh|drage (2)]. (90)

noh|halle ['nɔˑhalə] <trennb. Präfix-V.; schw.; han; hallte n. ['halˑtə]; ~|gehallt [-jəhalˑt]>: nachhallen. (91)

noh|hange ['nɔˑhaŋə] <trennb. Präfix-V.; st.; han; hing n. [hɪŋ]; ~|gehange [-jəhaŋə]> {5.4}: nachhängen, **a)** sich mit etw. im Geiste anhaltend beschäftigen: *singe Gedanke n.* (seinen Gedanken n.); **b)** wehmütig an etw. denken, was vergangen ist: *der aal Zigg n.* (der alten Zeit n.). (65)

noh|helfe ['nɔˑhɛlfə] <trennb. Präfix-V.; st.; han; holf n. [holf]; ~|geholfe [-jəholfə]>: nachhelfen; helfen, dass etw. besser funktioniert. (97)

noh|her ['nɔˑˌheːɐ̯] <Adv.>: nachher.

Noh|hilfe, de ['nɔˑˌhɪlfə] <N.; i. best. Komposita *Hilfe*, sonst ↑Hölp; o. Pl.> {11}: Nachhilfe.

Noh|hilfe|lehr|er, der ['nɔˑhɪlfəˌleˑrə] <N.; i. best. Komposita *Hilfe*, sonst ↑Hölp; ~> {11}: Nachhilfelehrer.

Noh|hilfe|schüler, der ['nɔˑhɪlfəˌʃyˑlə] <N.; i. best. Komposita *Hilfe*, sonst ↑Hölp; ~> {11}: Nachhilfeschüler.

Noh|hilfe|stund, de ['nɔˑhɪlfəˌʃtʊnˑt] <N.; i. best. Komposita *Hilfe*, sonst ↑Hölp; ~(e)> {11; 8.3.1}: Nachhilfestunde.

noh|hinke ['nɔˑhɪŋkə] <trennb. Präfix-V.; schw.; han; hinkte n. ['hɪŋktə]; ~|gehink [-jəhɪŋk]>: nachhinken, hinterherhinken. (41)

Noh|hod, de ['nɔˑhoˑt] <N.; kein Pl.> {5.4; 6.11.3}: Nachhut, Truppenteil, der die Truppe beim Rückmarsch nach hinten sichert.

noh|hoke ['nɔˑhɔˑkə] <trennb. Präfix-V.; schw.; han; hokte n. ['hɔktə]; ~|gehok [-jəhɔˑk]> {5.5.3}: nachhaken, nachfragen. (178)

noh|holle ['nɔˑholə] <trennb. Präfix-V.; unr.; han; hollt n. [holt]; ~|gehollt [-jəholt]> {5.3.4; 5.5.1}: nachholen, aufholen. (99)

Noh|holl|spill, et ['nɔˑholˌ[pɪl] <N.; ~ [-[pɪlˑ]> {s. u. ↑holle ↑Spill}: Nachholspiel.

noh|iefere ['nɔˑˌliːfərə] <trennb. Präfix-V.; schw.; han; ieferte n. ['iːfetə]; ~|geiefert [-jəliːfet]> {5.1.4.5; 9.2.1.2}: nacheifern. (4)

noh|iele ['nɔˑˌliːlə] <trennb. Präfix-V.; schw.; sin; ielte n. ['iːltə]; ~|geielt [-jəlːlt]> {5.1.4.5}: nacheilen. (45)

noh|jage ['nɔˑjaˑɣə] <trennb. Präfix-V.; schw.; sin; jagte n. ['jaˑxtə]; ~|gejag [-jəjaˑx]>: nachjagen. (103)

noh|kaate ['nɔˑkaːtə] <trennb. Präfix-V.; schw.; han; ~|gekaat [-jəkaːt]> {5.2.1.1.1}: nachkarten, hinterher etw. anraten/tun/vorschlagen/empfehlen in einer Sache, die abgetan/erledigt ist: *Do häs god n.* (Die Sache ist längst besprochen u. beschlossen.). (104)

Noh|kamf, der ['nɔˑˌkamf] <N.; ~|kämf> {s. u. ↑noh[2] ↑Kamf}: Nahkampf.

noh|kaufe ['nɔˑkoʊfə] <trennb. Präfix-V.; unr.; han; kaufte n. ['koʊftə]; ~|gekauf [-jəkoʊf]>: nachkaufen, nachträglich/zusätzlich kaufen. (106)

noh|kicke ['nɔˑkɪkə] <trennb. Präfix-V.; schw.; *han*; veraltet; kickte n. ['kɪktə]; ~|gekick [-jəkɪk]> {5.4; 6.12.3}: nachsehen, nachschauen [auch: ↑noh|luure/~|loore, ↑noh|sinn]. (88)

Noh|kick|sel, et ['nɔˑkɪksəl] <N.>: Nachschlagewerk, aus: *nohkicke*, auch: Lexikon rückwärts gelesen (nokixel).

noh|klinge ['nɔˑklɪŋə] <trennb. Präfix-V.; st.; *sin*; klung n. [klʊŋ]; ~|geklunge [-jəklʊŋə]>: nachklingen. (26)

Noh|kömm|ling, der ['nɔˑkœmlɪŋ] <N.; i. best. Komposita -*komm-*, sonst ↑kumme; ~e> {11}: Nachkömmling.

Noh|kontroll, de ['nɔˑkɔn,trɔlˑ] <N.; ~e [-kɔn,trɔlə]> {5.5.1; 8.3.1}: Nachkontrolle.

Noh|kreegs|generation, de ['nɔˑkreˑfjs‿jenəratsˌjoˑn] <N.; ~e> {s. u. ↑Kreeg}: Nachkriegsgeneration.

Noh|kreegs|zigg, de ['nɔˑkreˑfjsˌtsɪk] <N.; o. Pl.> {s. u. ↑Kreeg ↑Zigg}: Nachkriegszeit.

noh|kriesche ['nɔˑkriːʃə] <trennb. Präfix-V.; st.; *han*; kresch n. [kreʃ]; ~|gekresche [-jəkreʃə]>: nachweinen, nachtrauern. (116)

noh|krige ['nɔˑkrɪjə] <trennb. Präfix-V.; unr.; *han*; kräg/kräht n. [krɛːfj / krɛːt]; ~|(ge)kräge/~|gekräg/~|gekräht [-(jə)ˌkrɛːjə / -jəˌkrɛːfj / -jəˌkrɛːt]> {5.3.4.1}: nachkriegen, nachbekommen, **a)** von etw. noch mehr/ein zweites Mal bekommen: *Wann de noch nit satt bes, kanns de noch jet n.* (Wenn du noch nicht satt bist, kannst du noch jet bekommen n.); **b)** etw. nachkaufen können: *Ersatzdeil för e Gerät n. künne* (Ersatzteile für ein Gerät n. können). (117)

noh|kumme ['nɔˑkʊmə] <trennb. Präfix-V.; st.; *sin*; kom n. [kɔˑm]; ~|(ge)kumme [-(jə)ˌkʊmə]> {5.4}: nachkommen, **1. a)** langsam nachfolgen: *Besser einer, dä (tirek) metgeiht, wie zwei, die (späder) n.* (Besser einer, der (sofort) mitgeht, als zwei, die (später) n.); **b)** nachlaufen, um einen zu packen: *Ich kummen der glich noh!* (Ich komme dir gleich hinterher!); **c)** gehorchen, tun: *ener Saach/enem Befähl n.* (einer Sache/einem Befehl n.). **2.** folgen (Strafe): *Ding Strof kütt noch noh.* (Deine Strafe folgt.); *Do bruchs kein Angs ze han, do kütt nix noh!* (Du brauchst keine Angst zu haben, es folgt keine Strafe!). (120)

Noh|kumme, der ['nɔˑkʊmə] <N.; ~> {5.4}: Nachkomme, Nachfahre.

Noh|kumme|schaff, de ['nɔˑkʊməˌʃaf] <N.; o. Pl.> {5.4}: Nachkommenschaft, Gesamtheit aller Nachkommen.

noh|lade ['nɔˑlaˑdə] <trennb. Präfix-V.; st.; *han*; lod n. [loˑt]; ~|gelade [-jəlaˑdə]>: nachladen, (eine Schusswaffe) erneut laden. (124)

noh|läge ['nɔˑlɛˑjə] <trennb. Präfix-V.; unr.; *han*; laht n. [laːt]; ~|gelaht/~|geläg [-jəlaːt / -jəlɛˑfj]> {5.4}: nachlegen, noch etw. zufügen: *Klütte n.* (Brikett n.). (125)

noh|läss|ig ['nɔˑlɛsɪfj] <Adj.; i. best. Komposita *läss-*, sonst ↑looße¹; ~e; ~er, ~ste> {11}: nachlässig, achtlos, unachtsam. Tbl. A5.2

Noh|läss|ig|keit, de ['nɔˑlɛsɪfjˌkeɪt] <N.; i. best. Komposita *läss-*, sonst ↑looße¹; ~e> {11}: Nachlässigkeit.

noh|laufe ['nɔˑloʊfə] <trennb. Präfix-V.; st.; *sin*; leef n. [leˑf]; ~|gelaufe [-jəloʊfə]>: nachlaufen, **1.** hinter jmdm. her laufen, um ihn zu fassen; hinterdreinlaufen, als Nachzügler [auch: ↑hinger|dren|laufe ↑hinger|her|laufe, ↑hinger|her|renne, ↑noh|renne]. **2.** anhaltend bitten, anflehen; **[RA]** *Mer laufe keinem noh un bedde(n) och keiner aan, em Gägendeil, se künne uns ens all!* (Wir laufen keinem nach und beten auch keinen an, im Gegenteil, sie können uns alle mal!); **[RA]** *Kääls un Stroßebahne läuf mer nit noh.* (Männern und Straßenbahnen läuft man nicht hinterher.). (128)

Noh|laufe, et ['nɔˑloʊfə] <N.; kein Pl.>: Nachlaufen, Fangen (Kinderspiel).

noh|lese ['nɔˑlezə] <trennb. Präfix-V.; st.; *han*; los n. [loˑs]; ~|gelese [-jəlezə]> {5.3.4.1; 5.5.2}: nachlesen. (130)

noh|livvere ['nɔˑlɪvərə] <trennb. Präfix-V.; schw.; *han*; livverte n. ['lɪvetə]; ~|gelivvert [-jəlɪvet]> {5.3.4; 6.5.2; 9.2.1.2}: nachliefern. (4)

Noh|livver|ung, de ['nɔˑˌlɪvərʊŋ] <N.; ~e> {5.3.4; 6.5.2}: Nachlieferung.

Noh|looß, der ['nɔˑˌloˑs] <N.; ~|looß [-lœˑs]> {5.2.1.3; 5.5.3}: Nachlass.

noh|looße ['nɔˑloˑsə] <trennb. Präfix-V.; st.; *han*; leet/leeß n. [leːt / leːs]; ~|gelooße [-jəloˑsə]> {5.2.1.3; 5.5.3}: nachlassen, **1.** schwächer werden: *Hä hät en der Schull ärg nohgelooße.* (Er hat in der Schule sehr nachgelassen.). **2.** auf einen Teil (Schuldforderung, Preis) verzichten: *Dä hät uns keine Cent nohgelooße.* (Er hat uns keinen Cent nachgelassen.). **3.** lockern: *de Zögele n.* (die Zügel lockern). (135)

noh|lüse/~|löse ['nɔˑlyˑzə / -løˑzə] <trennb. Präfix-V.; schw.; *han*; lüste n. ['lyˑstə]; ~|gelüs [-jəlyˑs]> {5.4}: nachlösen. (149)

nohǀluure/~ǀloore [nɔˑluˑ(ɐ̯)rə / -loˑrə] <trennb. Präfix-V.; schw./unr.; *han*; luurte n. ['luˑɐ̯tə]; ~ǀgeluurt [-jəluˑɐ̯t]>: nachsehen, nachschauen [auch: ↑nohǀkicke, ↑nohǀsinn]. (100) (134)

nohm [nɔˑm] <Präp. + best. Art.; m. Dat.>: nach dem, zum, zus. gezogen aus *noh dem* (nach/zu dem): *N. Esse sollt mer schlofe.* (Nach dem Essen sollte man schlafen.); *n. Maat gonn* (zum Markt gehen).

nohǀmaache ['nɔˑmaːxə] <trennb. Präfix-V.; unr.; *han*; maht n. [maːt]; ~ǀgemaht [-jəmaːt] {5.2.1}: nachmachen, **1. a)** das gleiche tun wie jmd. anderer; **b)** nachahmen; kopieren; imitieren [auch: ↑nohǀaape]; **c)** nach einer Vorlage ganz genauso herstellen. **2.** (Versäumtes) zu einem späteren Zeitpunkt machen. (136)

Nohǀmeedǀer, der ['nɔˑˌmeˑdɐ] <N.; ~> {5.1.4.3; 6.11.3}: Nachmieter.

nohǀmesse ['nɔˑmɛsə] <trennb. Präfix-V.; st.; *han*; moß n. [mɔˑs]; ~ǀgemesse [-jəmɛsə]>: nachmessen. (59)

nohǀmole ['nɔˑmoˑlə] <trennb. Präfix-V.; schw.; *han*; molte n. ['mɔˑltə]; ~ǀgemolt [-jəmɔˑlt] {5.5.3}: nachmalen, nachzeichnen. (148)

Nohǀname, der ['nɔˑˌnaˑmə] <N.; ~>: Nachname [auch: ↑Familieǀname].

nohǀnemme ['nɔˑnemə] <trennb. Präfix-V.; st.; *han*; nohm n. [nɔˑm]; ~ǀgenomme [-jənomə] {5.3.4; 5.5.2}: nachnehmen. (143)

nohǀplappere ['nɔˑplapərə] <trennb. Präfix-V.; schw.; *han*; plapperte n. ['plapetə]; ~ǀgeplappert [-jəplapet]> {9.2.1.2}: nachplappern [auch: ↑nohǀbubbele]. (4)

nohǀpoliere/~eere ['nɔˑpoˌliˑ(ɐ̯)rə / -eˑrə] <trennb. Präfix-V.; schw./unr.; *han*; polierte n. [poˑliˑɐ̯tə]; ~ǀpoliert [-poˑliˑɐ̯t] ⟨lat. polire⟩> {(5.1.4.3)}: nachpolieren. (3) (2)

Nohǀporto, et ['nɔˑˌpɔxto] <N.; ~ǀporti>: Nachporto, Nachgebühr.

nohǀpräge ['nɔˑprɛˑjə] <trennb. Präfix-V.; schw.; *han*; prägte n. ['prɛˑɟ̊tə]; ~ǀgepräg [-jəprɛˑɟ̊]>: nachprägen, zusätzlich/neu prägen. (103)

nohǀpröfǀbar ['nɔˑproˑfbaː(ɐ̯)] <Adj.; ~e> {s. u. ↑pröfe}: nachprüfbar.

nohǀpröfe ['nɔˑproˑfə] <trennb. Präfix-V.; schw.; *han*; pröfte n. ['proˑftə]; ~ǀgepröf [-jəproˑf]> {5.4}: nachprüfen, **1.** zum Zweck der Kontrolle (noch einmal) prüfen; überprüfen: *sing Arbeid n.* (seine Arbeit n.). **2.** (jmdn.) zu einem späteren Zeitpunkt als vereinbart prüfen: *Dä Student woodt nohgepröf.* (Der Student wurde nachgeprüft.). (108)

Nohǀpröfǀung, de ['nɔˑˌproˑfʊŋ] <N.; ~e> {5.4}: Nachprüfung.

Nöhrǀche/Nührǀ~, et ['nøːɐ̯ɕə / 'nyːɐ̯-] <N.; ~r> (von: en Öhrche/Ührche): Nachmittagsschläfchen.

nöhre/nühre ['nøː(ɐ̯)rə / 'nyː(ɐ̯)rə] <V.; schw.; *han*; nöhrte ['nøˑɐ̯tə]; genöhrt [jəˈnøˑɐ̯t]>: schlummern, Mittagsruhe/-schläfchen halten. (21)

nohǀrechne ['nɔˑrɛɕnə] <trennb. Präfix-V.; schw.; *han*; rechente n. ['rɛɕəntə]; ~ǀgerechent [-jərɛɕənt]>: nachrechnen, durch nochmaliges Rechnen prüfen: *Rechne dat ens noh, ov dat richtich es!* (Rechne das einmal nach, ob das richtig ist!). (150)

nohǀrecke ['nɔˑrekə] <trennb. Präfix-V.; schw.; *han*; reckte n. ['rektə]; ~ǀgereck [-jərek]> {5.3.1; 5.5.2}: nachreichen. (88)

nohǀreise ['nɔˑreɪ̯zə] <trennb. Präfix-V.; schw.; *sin*; reiste n. ['reɪ̯stə]; ~ǀgereis [-jəreɪ̯s]>: nachreisen. (149)

nohǀrenne ['nɔˑrɛnə] <trennb. Präfix-V.; unr.; *sin*; rannt n. [rant]; ~ǀgerannt [-jərant]>: nachrennen, -laufen, hinter jmdm. her rennen, um ihn zu fassen; hinterdreinrennen, als Nachzügler [auch: ↑hingerǀherǀlaufe, ↑hingerǀherǀrenne, ↑nohǀlaufe (1)]. (35)

nohǀriefe ['nɔˑriːfə] <trennb. Präfix-V.; schw.; *sin*; riefte n. ['riːftə]; ~ǀgerief [-jəriːf]> {5.1.4.5}: nachreifen, nach der Ernte (durch Lagern) reif werden. (108)

nohǀröcke ['nɔˑrøkə] <trennb. Präfix-V.; schw.; *sin*; röckte n. ['røktə]; ~ǀgeröck [-jərøk]> {5.5.1}: nachrücken, **1.** aufrücken. **2.** jmds. Posten/Amt einnehmen: *op der Poste vum Direktor n.* (auf den Posten des Direktors n.). (88)

Nohǀröckǀer, der ['nɔˑˌrøkɐ] <N.; ~> {5.5.1}: Nachrücker.

Nohǀrof, der ['nɔˑroˑf] <N.; ~e> {5.4}: Nachruf, Würdigung einer verdienten Persönlichkeit nach deren Tod.

nohǀrofe ['nɔˑroˑfə] <trennb. Präfix-V.; st.; *han*; reef n. [reˑf]; ~ǀgerofe [-jəroˑfə]> {5.4}: nachrufen, **1.** jmdm., der sich entfernt, noch etw. zurufen. **2.** jmdm. etw. Böses/ Schimpfliches hinterherrufen. (151)

nohǀröste ['nɔˑrøstə] <trennb. Präfix-V.; schw.; *han*; ~ǀgeröss [-jərøs]> {5.5.1}: nachrüsten, **1.** (Technik) nachträglich mit einem passenden zusätzlichen Gerät versehen, um eine bessere Leistung zu erzielen: *ene Computer n.* (einen Computer n.). **2.** das militärische Waffenpotenzial ergänzen/vergrößern. (152)

Noh|röst|ung, de ['nɔˑˌrøstʊŋ] <N.; o. Pl.> {5.5.1}: Nachrüstung.

Noh|röst|ungs|be|schluss, der ['nɔˑˌrøstʊŋsbəˌʃlʊs] <N.; ~|schlüss> {s. u. ↑röste¹ ↑Be|schluss}: Nachrüstungsbeschluss.

noh|rüüme ['nɔˑryˑmə] <trennb. Präfix-V.; schw.; han; rüümte n. ['ryˑmtə]; ~|gerüümp [-ʒəryˑmp]> {5.1.3}: nachräumen, aufräumen, was jmd. liegen gelassen hat: *Jeden Dag muss ich der ding Saache n.* (Jeden Tag muss ich dir deine Sachen n.). (122)

noh|sage ['nɔˑzaˑʀə] <trennb. Präfix-V.; unr.; han; saht n. [zaːt]; ~|gesaht [-ʒəzaːt]>: nachsagen. (155)

Noh|saison, de ['nɔˑzɛˌzɔŋ] <N.; kein Pl.>: Nachsaison.

noh|salze ['nɔˑzaltsə] <trennb. Präfix-V.; schw.; han; salzte n. ['zaltstə]; ~|gesalz [-ʒəzalts]>: nachsalzen. (42)

Noh|satz, der ['nɔˑˌzats] <N.; ~|sätz>: Nachsatz.

noh|schecke ['nɔˑʃɛkə] <trennb. Präfix-V.; schw.; han; scheckte n. ['ʃɛktə]; ~|gescheck [-ʒəʃɛk]> {5.5.2}: nachschicken, nachsenden. (88)

Noh|schlag, der ['nɔˑˌʃlaːx] <N.; o. Pl.>: Nachschlag.

noh|schlage/~|schlonn ['nɔˑʃlaˑʀə / ˑʃlɔn] <trennb. Präfix-V.; st.; han; schlog n. [ʃloˑx]; ~|geschlage [-ʒəʃlaˑʀə]> {(5.3.2; 5.4)}: nachschlagen. (48) (163)

noh|schleiche/~|schliche ['nɔˑʃlɛɪʃə / ˑʃlɪʃə] <trennb. Präfix-V.; ~|*schliche* veraltet; st.; sin; schlech n. [ʃleʃ]; ~|geschleche [-ʒəʃleʃə]> {(5.3.1)}: nachschleichen, schleichend folgen. (161) (187)

noh|schmecke ['nɔˑʃmɛkə] <trennb. Präfix-V.; schw./unr.; han; schmeckte/schmok n. ['ʃmɛktə / ʃmɔˑk]; ~|geschmeck [-ʒəʃmɛk]>: nachschmecken, einen Nachgeschmack haben. (164)

noh|schmieße ['nɔˑʃmiːsə] <trennb. Präfix-V.; st.; han; schmess n. [ʃmes]; ~|geschmesse [-ʒəʃmesə]> {5.1.4.5}: nachschmeißen, nachwerfen. (25)

noh|schnigge ['nɔˑʃnɪɡə] <trennb. Präfix-V.; st.; han; schnedt n. [ʃnet]; ~|geschnedde [-ʒəʃnedə]> {5.3.4; 6.6.2}: nachschneiden. (133)

noh|schödde ['nɔˑʃødə] <trennb. Präfix-V.; st.; han; schodt n. [ʃot]; ~|geschodt/~|geschödt [-ʒəʃot / -ʒəʃøt]> {5.5.1; 6.11.3}: nachschütten, nachgießen, auf einen Rest im Glas, in einer Tasse neu einschenken: *Soll ich noch jet n.?* (Soll ich noch etw. n.?). (166)

Noh|schoss, der ['nɔːˌʃos] <N.; ~|schöss> {s. u. ↑noh²; 5.5.1}: Nahschuss.

noh|schrieve ['nɔˑʃriˑvə] <trennb. Präfix-V.; st.; han; schrevv n. [ʃref]; ~|geschrevve [-ʒəʃrevə]> {5.1.4.5; 6.1.1}: nachschreiben, **1.** nach einem Muster/einer Vorlage/Gehör (in Stichworten) aufschreiben: *ene Vürdrag n.* (einen Vortrag n.). **2.** (von Tests od. Ä.) zu einem späteren Zeitpunkt (als vereinbart) schreiben: *Der Jupp durf die Arbeid n.* (Jupp durfte die Klassenarbeit n.). (51)

Noh|schub, der ['nɔˑˌʃuˑp] <N.; o. Pl. ⟨spätmhd. nachschup⟩>: Nachschub.

noh|schwaade ['nɔˑʃvaˑdə] <trennb. Präfix-V.; schw.; han; schwaadte n. ['ʃvaˑtə]; ~|geschwaadt [-ʒəʃvaˑt]> {5.2.1.4}: nachschwatzen. (197)

noh|schwinge ['nɔˑʃvɪŋə] <trennb. Präfix-V.; st.; han; schwung n. [ʃvʊŋ]; ~|geschwunge [-ʒəʃvʊŋə]>: nachschwingen. (26)

Noh|seech/~|sich, de ['nɔˑzeːʃ / -zɪʃ] <N.; o. Pl.> {5.2.1.2; 5.4}: Nachsicht.

Noh|send|ung, de ['nɔˑˌzɛndʊŋ] <N.; ~e>: Nachsendung.

noh|setze¹ ['nɔˑzɛtsə] <trennb. Präfix-V.; st.; han; soß n. [zoˑs]; ~|gesesse [-ʒəzɛsə]> {5.5.2}: nachsitzen. (172)

noh|setze² ['nɔˑzɛtsə] <trennb. Präfix-V.; unr./schw.; han; setzte/satz n. ['zɛtstə / zats]; ~|gesetz/~|gesatz [-ʒəzɛts / -ʒəzats]>: nachsetzen, sehr schnell folgen; jmdn. in großem Tempo verfolgen: *däm Hanak n.* (dem Halunken n.). (173)

Noh|silb, de ['nɔˑˌzɪlˑp] <N.; i. best. Komposita *Silb-*, sonst ↑Silv; ~e> {11}: Nachsilbe, Suffix.

noh|singe ['nɔˑzɪŋə] <trennb. Präfix-V.; st.; han; sung n. [zʊŋ]; ~|gesunge [-ʒəzʊŋə]>: nachsingen. (26)

noh|sinn ['nɔˑzɪn] <trennb. Präfix-V.; st.; han; sọh/sọch n. [zoˑ / zoˑx]; ~|gesinn [-ʒəzɪn]> {5.3.4; 8.2.2.3}: nachsehen, nachschauen [auch: ↑noh|kicke, ↑noh|luure/~|loore]. (175)

Noh|sinn, et ['nɔˑˌzɪn] <N.; kein Pl.> {5.3.4; 8.2.2.3}: Nachsehen, i. d. Wendung *et N. han* (das N. haben; nichts mehr, nur noch das Schlechtere abbekommen).

noh|söke ['nɔˑzøˑkə] <trennb. Präfix-V.; unr./schw.; han; sok n. [zoːk]; ~|gesok/~|gesök [-ʒəzoːk / -ʒəzøˑk]> {5.4; 6.2.3}: nachsuchen, -forschen, Verlorenes suchen/auffinden. (176) (178)

Noh|sommer, der ['nɔˑzomɐ] <N.; o. Pl.> {5.5.1}: Spätsommer [auch: ↑Ald|wiever|sommer].

Noh|sorg, de ['nɔˑˌzorˑŋ] <N.; o. Pl.> {5.5.1; 8.3.1}: Nachsorge, ärztliche Betreuung eines Patienten nach einer Krankheit, einer Operation.

Noh|spann, der ['nɔˑˌʃpanˑ] <N.; ~e [-ˌʃpanə]>: Nachspann, einem Film folgende Namen der Mitwirkenden, des Autors o. Ä..

Noh|spill, et ['nɔˑˌʃpɪl] <N.; ~ [-ˌʃpɪlˑ]> {5.3.4}: Nachspiel.

noh|spille ['nɔˑˌʃpɪlə] <trennb. Präfix-V.; schw.; han; spillte n. [ˈʃpɪltə]; ~|gespillt [-jəˌʃpɪlt]> {5.3.4}: nachspielen, nachahmen. (91)

noh|spioniere/~eere ['nɔˑˌʃpɪoˑniˑ(ɡ)rə / -eˑrə] <trennb. Präfix-V.; schw./unr.; han; spionierte n. [ˌʃpɪoˈniˑɡtə]; ~|spioniert [-ˌʃpɪoˌniˑɡt] ⟨nach frz. espionner⟩> {(5.1.4.3)}: nachspionieren. (3) (2)

noh|spöle ['nɔˑˌʃpøˑlə] <trennb. Präfix-V.; schw.; han; spölte/spolt n. [ˈʃpøˑltə / ˌʃpoːlt]; ~|gespölt/~|gespolt [-jəˌʃpøˑlt / -jəˌʃpoːlt]> {5.4}: nachspülen. (73)

noh|spreche ['nɔˑˌʃprɛʃə] <trennb. Präfix-V.; st.; han; sproch n. [ˌʃproˑx]; ~|gesproche [-jəˌʃproxə]>: nachsprechen, nachsagen. (34)

noh|springe ['nɔˑˌʃprɪŋə] <trennb. Präfix-V.; st.; sin; sprung n. [ˌʃprʊŋˑ]; ~|gesprunge [-jəˌʃprʊŋə]>: nachspringen, hinterherspringen. (26)

noh|spüre/~|spöre ['nɔˑˌʃpyˑ(ɡ)rə / -ˌʃpøˑ(ɡ)rə] <trennb. Präfix-V.; schw./unr.; han; spürte n. [ˈʃpyˑɡtə]; ~|gespürt [-jəˌʃpyˑɡt]> {(5.4)}: nachspüren. (21) (179)

noh|steige ['nɔˑˌʃteɪ̯ˑjə] <trennb. Präfix-V.; st.; sin; steeg n. [ˌʃteˑfʃ]; ~|gesteege [-jəˌʃteˑjə]>: nachsteigen, (bes. einem Mädchen) hartnäckig folgen u. darum werben: *Hä steig däm neue Lihrmädche ald lang noh*. (Er steigt schon lange der neuen Auszubildenden nach.). (181)

noh|stelle ['nɔˑˌʃtɛlə] <trennb. Präfix-V.; schw./unr.; han; stellte/stallt n. [ˈʃtɛlˑtə / ˌʃtalt]; ~|gestellt/~|gestallt [-jəˌʃtɛlˑt / -jəˌʃtalt]>: nachstellen. (182)

noh|stonn ['nɔˑˌʃtɔn] <trennb. Präfix-V.; st.; han; stundt n. [ˌʃtʊnt]; ~|gestande [-jəˌʃtandə] {5.3.4; 8.2.2.3}: nachstehen. (185)

Noht, de [noˑt] <N.; Nöht [nœˑt] {5.5.3}: Naht.

Noht|band, et ['nɔˑtˌbant] <N.; ~|bänder> {s. u. ↑Noht ↑Band}: Nahtband, Eggenband.

noh|trecke ['nɔˑˌtrɛkə] <trennb. Präfix-V.; st.; han; trok n. [troˑk]; ~|getrocke [-jəˌtrɔkə]>: nachziehen, **1.** jmdn./etw. hinter sich her schleppen: *et Bein/ene Foß n*. (ein Bein/einen Fuß n.). **2.** Wohnung/Wohnsitz ändern um jmd. anderem folgend hinterherzuziehen. (190)

noh|truure/~|troore ['nɔˑtruˑ(ɡ)rə / -troˑrə] <trennb. Präfix-V.; schw.; han; truurte n. [ˈtruˑɡtə]; ~|getruurt [-jətruˑɡt]> {5.1.4.6}: nachtrauern. (100) (134)

Noht|stell, de ['nɔˑtˌʃtɛlˑ] <N.; ~e [-ˌʃtɛlə]> {s. u. ↑Noht ↑Stell}: Nahtstelle.

noh|ungerǀsöke ['nɔˑʊŋəˌzøˑkə] <trennb. Präfix-V.; st./schw.; han; unger|sok/~|sökte n. [ʊŋəˌzoːk / -ˌzøˑktə]; ~|unger|sok/~|sök [-ʊŋəˌzoːk / -ˌzøˑk]> {5.4; 6.2.3}: nachuntersuchen. (176) (178)

Noh|verkehr, der ['nɔˑfɛˌkeːɐ̯] <N.> {s. u. ↑noh²}: Nahverkehr.

Noh|verkehrs|zog, der ['nɔˑfɛkeːɐ̯sˌtsox] <N.; ~|zög> {s. u. ↑noh² ↑Zog¹}: Nahverkehrszug.

Noh|ver|sechere ['nɔˑfɛˌzeʃərə] <trennb. Präfix-V.; schw.; han; ver|secherte n. [fɛˈzeʃɛtə]; ~|ver|sechert [-fɛzeʃɛt] {5.5.2; 9.2.1.2}: nachversichern. (4)

noh|verzälle ['nɔˑfɛˌtsɛlə] <trennb. Präfix-V.; unr.; han; verzallt n. [fɛˈtsalt]; ~|verzallt [-fɛtsalt]> {5.3.4}: nacherzählen. (196)

noh|volltrecke ['nɔˑfɔlˌtrɛkə] <trennb. Präfix-V.; st.; han; volltrok n. [fɔlˈtrɔˑk]; ~|volltrocke [-fɔlˈtrɔkə]>: nachvollziehen. (190)

Noh|wahl, de ['nɔˑˌvaˑl] <N.; ~e> {s. u. ↑Wahl}: Nachwahl.

noh|wahße ['nɔˑvaːsə] <trennb. Präfix-V.; st.; sin; wohß n. [voˑs]; ~|gewahße [-jəvaːsə]> {5.2.4; 6.3.1}: nachwachsen. (199)

noh|weege/~|woɡe ['nɔˑveˑjə / -voˑʁə] <trennb. Präfix-V.; schw./st.; han; Formen von ↑weege² u. ↑woɡe sind mischbar; weegte n. ['veˑʃtə]; ~|geweeg [-jəveˑʃ]> {5.1.4.3; (5.5.3)}: nachwiegen. (203) (212)

Noh|wehe ['nɔˑˌveˑə] <N.; fem.; nur Pl.> {s. u. ↑Weh}: Nachwehen.

noh|welle/~|wolle ['nɔˑvelə / -volə] <trennb. Präfix-V.; unr.; han; wollt n. [volt]; ~|gewollt [-jəvolt]> {5.5.2/ 5.5.1}: nachwollen. (204) (211)

Noh|welt, de ['nɔˑˌvɛlt] <N.; o. Pl.>: Nachwelt.

noh|werfe/~|wirfe ['nɔˑverfə / -vɪrfə] <trennb. Präfix-V.; st.; han; worf n. [vorf]; ~|geworfe [-jəvorfə]> {5.5.2/5.4}: nachwerfen. (206)

Noh|wies, der ['nɔˑˌviːs] <N.; ~e> {5.1.4.5}: Nachweis.

noh|wiese ['nɔ·vi·zə] <trennb. Präfix-V.; st.; *han*; w*e*s n. [ves]; ~|gew*e*se [-jəvezə]> {5.1.4.5}: nachweisen, belegen, beweisen. (147)

noh|winke ['nɔ·vɪŋkə] <trennb. Präfix-V.; schw./st.; *han*; winkte/wunk n. ['vɪŋktə / vʊŋk]; ~|gewink/~|gewunke [-jəvɪŋk / -jəvʊŋkə]>: nachwinken. (41) (52)

noh|wirke ['nɔ·vɪrkə] <trennb. Präfix-V.; schw.; *han*; wirkte n. ['vɪrktə]; ~|gewirk [-jəvɪrk]>: nachwirken. (41)

Noh|wirk|ung, de ['nɔ·ˌvɪrkʊŋ] <N.; ~e>: Nachwirkung.

Noh|wood, et ['nɔ·ˌvɔ·t] <N.; ~|wöod [-vœ·t]> {5.2.1.1.2; 5.5.3}: Nachwort.

noh|wööze ['nɔ·vø·tsə] <trennb. Präfix-V.; schw.; *han*; wöözte n. ['vø·tstə]; ~|gewööz [-jəvø·ts]> {5.2.1.1.1; 5.4}: nachwürzen. (112)

noh|zahle ['nɔ·ˌtsa·lə] <trennb. Präfix-V.; schw.; han; zahlte n. ['tsa·ltə]; ~|gezahlt [-jəˌtsa·lt]>: nachzahlen. (61)

Noh|zahl|ung, de ['nɔ·ˌtsa·lʊŋ] <N.; ~e>: Nachzahlung.

noh|zälle ['nɔ·tsɛlə] <trennb. Präfix-V.; st./schw.; *han*; zallt/zällte n. [tsalt / 'tsɛltə]; ~|gezallt/~|gezällt [-jətsalt / -jətsɛlt]> {5.3.4}: nachzählen. (196) (91)

Noh|ziel, et ['nɔ·ˌtsi·l] <N.; ~e> {s. u. ↑noh²}: Nahziel.

noh|zöbbele ['nɔ·tsøbələ] <trennb. Präfix-V.; schw.; *han*; zöbbelte n. ['tsøbəltə]; ~|gezöbbelt [-jətsøbəlt]> {5.5.1; 6.12.9; 9.2.1.2}: nachzotteln, langsam/lässig hinterher folgen. (6)

Noh|zög|ler, der ['nɔ·ˌtsø·ɦlə] <N.; ~>: Nachzügler. **1.** jmd., der verspätet ankommt, später als die andern irgendwo eintrifft. **2.** Nachkömmling.

Noh|zuch, de ['nɔ·ˌtsʊx] <N.; ~te> {8.3.5}: Nachzucht.

Nol/Nodel, de ['nɔ·l / 'nɔːdəl] <N.; Nolde/Nodele ['nɔ·ldə / 'nɔːdələ]> {5.5.3}: Nadel.

Nolde|spetz/Nodel|~, de ['nɔ·ldəˌʃpets / 'nɔːdəl-] <N.; ~e> {s. u. ↑Nol/Nodel ↑Spetz}: Nadelspitze.

Nolde|stech/Nodel|~, der ['nɔ·ldəˌʃteʃ / 'nɔːdəl-] <N.; ~> {s. u. ↑Nol/Nodel ↑Stech}: Nadelstich.

Nol|kesse/Nodel|~, et ['nɔ·lˌkesə / 'nɔːdəl-] <N.; ~> {s. u. ↑Nol/Nodel ↑Kesse}: Nadelkissen.

Nöll¹, der [nøl] <N.; ~e> {5.3.2; 5.5.1}: Nabel [auch: ↑Nabel].

Nöll², de [nøl·] <N.; ~e>: (scherzh. spött. für) Nase: *Wat hät dä Kääl en N.!* (Was hat der für eine (Riesen-)N.!).

Nöll³, der [nøl] <N.; männl. Vorn.>: Kurzf. von Arnold [auch: ↑Noll|es, ↑Nolt|es].

Noll|es, der ['nɔləs] <N.; männl. Vorn.>: Kurzf. von Arnold [auch: ↑Nöll³, ↑Nolt|es].

Nölles, der ['nœləs] <N.; Straßenn.>: De Noël-Platz. (Platz in Köln).

Nol|spetz/Nodel|~, de ['nɔ·lˌʃpets / 'nɔːdəl-] <N.; ~e> {s. u. ↑Nol/Nodel ↑Spetz}: Nadelspitze.

Nolt|es, der ['nɔltəs] <N.; männl. Vorn.>: Kurzf. von Arnold [auch: ↑Nöll³, ↑Noll|es].

Nomad, der [noˈmaːt] <N.; ~e ⟨lat. Nomades (Pl.) < griech. nomádes (Pl.)⟩> {8.3.1}: Nomade.

Nomade|levve, et [noˈmaːdəˌlevə] <N.; o. Pl.> {s. u. ↑Levve}: Nomadenleben.

No|meddag, der ['nomeˌdaːx] <N.; ~|meddage/~|meddäg [-meˌdaːʀə / -meˌdɛːʃ]> {5.5.1; s. u. ↑Meddag}: Nachmittag [auch: ↑Nomme(n)|dag].

Nomme(n)|dag, der ['nomə(n)ˌdaːx] <N.; aus: *noh* (nah) u. *Meddag (Mittag)*; ~e/~|däg [-daʀə / -dɛʃ]> {5.5.1; 9.1.4; s. u. ↑Dag}: Nachmittag [auch: ↑No|meddag].

nomme(n)|dags ['nomə(n)ˌdaː(x)s] <Adv.; aus: *noh* (nah) u. *meddags (mittags)*> {5.5.1; 9.1.4; s. u. ↑Dag}: nachmittags.

Nomme(n)|dags|kaffee, der ['nomə(n)daːxsˌkafeː] <N.; o. Pl.> {s. u. ↑Nomme(n)|dag ↑Kaffee}: Nachmittagskaffee.

Nomme(n)|dags|schlof, der ['nomə(n)daːxsˌʃlɔf] <N.; o. Pl.> {s. u. ↑Nomme(n)|dag ↑Schlof}: Nachmittagsschlaf.

Nomme(n)|dags|stund, de ['nomə(n)daːxsˌʃtʊnˑt] <N.; ~(e)> {s. u. ↑Nomme(n)|dag ↑Stund}: Nachmittagsstunde.

Nomme(n)|dags|unger|reech/~|rich, der ['nomə(n)daːxs-ˌʊŋəreːʃ / -rɪʃ] <N.; ~te (Pl. selten)> {s. u. ↑Nomme(n)|dag ↑Unger|reech/~|rich}: Nachmittagsunterricht.

Nomme(n)|dags|ver|an|stalt|ung, de ['nomə(n)daːxs-fɛˌanʃtaltʊŋ] <N.; ~e> {s. u. ↑Nomme(n)|dag}: Nachmittagsveranstaltung.

Nomme(n)|dags|vür|stell|ung/~|vör|~, de ['nomə(n)daːxsˌfyːɐ̯ʃtɛlʊŋ / -føːɐ̯-] <N.; ~e> {s. u. ↑Nomme(n)|dag ↑Vür|stell|ung/Vör|~}: Nachmittagsvorstellung.

Nomme(n)|dags|zigg, de ['nomə(n)daːxsˌtsɪk] <N.; o. Pl.> {s. u. ↑Nomme(n)|dag ↑Zigg}: Nachmittagszeit.

Nonn, de [nonˑ] <N.; ~e ['nonə]; Nönn|che ['nønˑŋə]> {5.5.1; 8.3.1}: Nonne [auch: ↑Be|ging].

Nonne|draach/~|traach, de ['nonəˌdra:x / -tra:x] <N.; ~te> {s. u. ↑Nonn ↑Draach/Traach}: Nonnentracht [auch: ↑Be|ginge|draach/~|traach].

Nonne|fütz|che, et ['nonəˌfʏtsjə] <N.; ~r> {s. u. ↑Futz}: Karnevalsgebäck, eine Art kleine Krapfen (wörtl.) Nonnenfürzchen [auch: ↑Muuze|mändel|che].

Nonne|kluster, et ['nonəˌkluˑstɐ] <N.; ~klüster]> {s. u. ↑Nonn ↑Kluster}: Nonnenkloster [auch: ↑Be|ginge|kluster].

Non|stop|flog, der [nɔn'ʃtɔpˌfloˑx] <N.; ~|flög> {s. u. ↑Flog¹}: Nonstopflug.

nööchter ['nøːħtɐ] <Adj.; ~e; ~er, ~ste> {5.2.1}: nüchtern; nicht betrunken; ohne Essen. Tbl. A2.6

nǫ̈ǫ̈me/nenne ['nœˑmə / 'nɛnə] <V.; *nǫ̈ǫ̈me* veraltet; schw.; *han*; nǫ̈ǫ̈mte ['nœˑmtə]; genǫ̈ǫ̈mp [jə'nœˑmp] {5.2.1.4; 5.5.3; 6.12.4}: nennen, (einen mit Spitzn.) benennen. (118) (35)

Nopp, de [nɔp] <N.; ~e; Nöpp|che ['nœpʃə]> {8.3.1}: **a)** Noppe, Knoten; **b)** <Pl.> (übertr.) Schwierigkeiten.

Noppe|gaan, et ['nɔpəˌjaːn] <N.; o. Pl.> {s. u. ↑Nopp ↑Gaan}: Noppengarn.

nor [noˑɐ̯] <Adv.> {5.4}: nur.

Norde, der ['nɔrdə] <N.; kein Pl.>: Norden.

Nord|flögel, der ['nɔxtˌfløːjəl] <N.; ~e> {s. u. ↑Flögel}: Nordflügel.

Nordrhein-Wessfale [ˌnɔxtrɛɪnvɛsˈfaˑlə] <N.; Eigenn.>: Nordrhein-Westfalen; deutsches Bundesland.

Nord|sie, de ['nɔxtˌziˑ] <N.; Eigenn.> {s. u. ↑Sie¹}: Nordsee, nordöstliches Randmeer des Atlantiks.

Nord|sigg, de ['nɔxtˌzɪk] <N.; ~e> {s. u. ↑Sigg¹}: Nordseite.

Nord|spetz, de ['nɔxtˌʃpɛts] <N.; ~e> {s. u. ↑Spetz}: Nordspitze.

Norm, de [nɔrˑm] <N.; ~e>: Norm.

normal [nɔˈmaˑl] <Adj.; ~e; ~ste>: normal.

normaler|wies [nɔˈmaˑlɐˌviˑs] <Adv.>: normalerweise.

Normal|ge|weech, et [nɔˈmaˑljəˌveːfj] <N.; o. Pl.> {s. u. ↑Ge|weech}: Normalgewicht.

Normal|moß, et [nɔˈmaˑlˌmɔˑs] <N.; o. Pl.> {s. u. ↑Moß}: Normalmaß. **1.** normales, übliches Maß. **2.** geeichtes Maß, nach dem die Maßeinheiten ausgerichtet sind.

Normal|ohr/~|uhr, de [nɔˈmaˑlˌuˑɐ̯ / -ˌloˑɐ̯] <N.; o. Pl.> {s. u. ↑Uhr¹/Ohr¹}: Normaluhr.

Normal|spor/~|spur, de [nɔˈmaˑlˌʃpuːɐ̯ / -ˌʃpoːɐ̯] <N.; o. Pl.> {s. u. ↑Spor/Spur}: Normalspur, einheitlich festgelegte Weite der Spur der Eisenbahnschienen.

Normal|zigg, de [nɔˈmaˑlˌtsɪk] <N.; o. Pl.> {s. u. ↑Zigg}: Normalzeit, für ein best. größeres Gebiet geltende Einheitszeit.

Normal|zo|stand, der [nɔˈmaˑlˌtsoːˈʃtant] <N.; o. Pl.> {s. u. ↑Zo|stand}: Normalzustand.

Norwege ['nɔrˌveˑjə] <N.; Ländern.>: Norwegen; Staat in Nordeuropa.

Noss, de [nɔs] <N.; Nöss [nøs]; Nöss|che ['nøsjə]> {5.5.1}: Nuss, **1.** Baumfrucht mit harter holziger Schale. **2.** <Pl.> Hoden [auch: ↑Klotz (2)].

Noss|baum, der ['nɔsˌboʊm] <N.; ~|bäum [-bøy̯ˑm]> {s. u. ↑Noss}: Nussbaum.

Noss|föll|ung/~|füll|~, de ['nɔsˌfɔlʊŋ / -fʏl-] <N.; ~e> {s. u. ↑Noss ↑Föll|ung/Füll|~}: Nussfüllung.

Noss|koche, der ['nɔsˌkoˑxə] <N.; ~> {s. u. ↑Noss ↑Koche}: Nusskuchen.

Noss|krach|er/~|kraach|~, der ['nɔsˌkraxɐ / -kraːx-] <N.; ~(e)> {s. u. ↑Noss}: Nussknacker.

Noss|nugat|kräm/~|creme, de [ˌnɔsˈnuːjatˌkrɛːm] <N.; ~s> {s. u. ↑Noss ↑Nugat ↑Kräm/Creme}: Nussnugatcreme.

Noss|schal, de ['nɔsˌʃaˑl] <N.; ~e> {s. u. ↑Noss ↑Schal¹}: Nussschale, **1.** Schale der Nuss, *sich en ener N. dud laufe* (sehr umständlich arbeiten). **2.** (abw.) Kahn.

Noss|schinke, der ['nɔsˌʃɪŋkə] <N.; ~> {s. u. ↑Noss ↑Schinke}: Nussschinken.

Noss|schokelad, de ['nɔsʃokəˌlaˑt] <N.; o. Pl.> {s. u. ↑Noss ↑Schokelad}: Nussschokolade.

Nostalgie, de [ˌnɔstalˈjiˑ] <N.; ~ (Pl. selten) ⟨nlat. nostalgia, zu griech. nóstos = Rückkehr (in die Heimat) u. álgos = Schmerz⟩: Nostalgie.

Nostalgie|well, de [nɔstalˈjiˑˌvɛlˑ] <N.; ~e [-vɛlə]> {s. u. ↑Well}: Nostalgiewelle.

Nöster, de ['nøstɐ] <N.; ~e (meist Pl.) ⟨aus mniederd. nuster, nöster⟩>: Nüster, Nasenloch (bei größeren Tieren, bes. beim Pferd).

nostere ['nɔstərə] <V.; veraltet; schw.; *han*; nosterte ['nɔstətə]; genostert [jəˈnɔstət]>: aus (pater)noster; murmeln, nuscheln, murmelnd beten (wie beim Rosenkranz- od. Paternoster-Gebet); (übertr.) vor sich her murmeln, unverständlich sprechen. (4)

Not, de [noˑt] <N.; ~e> {8.3.1}: Note, Tonzeichen, Musiknote, Zeugnisnote.

Note|bladd, et [ˈnoˑtə‚blat] <N.; ~|blädder> {s. u. ↑Bladd}: Notenblatt.

Note(n)|durch|schnedd, der [ˈnoˑtə(n)‚dʊrʃʃnet] <N.; ~(e)> {s. u. ↑Schnedd¹; 9.1.4}: Notendurchschnitt.

Note|heff, et [ˈnoˑtə‚hɛf] <N.; ~|hefte> {s. u. ↑Heff¹}: Notenheft.

Note|schlössel, der [ˈnoˑtə‚ʃløsəl] <N.; ~e> {s. u. ↑Schlössel}: Notenschlüssel.

Note|wäät, der [ˈnoˑtə‚vɛːt] <N.; ~e> {s. u. ↑Wäät}: (Musik) Notenwert, Dauer eines durch die entsprechende Note bezeichneten Tons.

Note|wähßel, der [ˈnoˑtə‚vɛːsəl] <N.; ~e> {s. u. ↑Wähßel}: Notenwechsel, Notenaustausch.

Nötig|ung, de [ˈnøˑtɪjʊŋ] <N; ~e>: Nötigung.

Notitz, de [noˈtɪts] <N.; ~e>: Notiz, Vermerk, Aufzeichnung zu eigenem Gebrauch.

Notitz|boch, et [noˈtɪts‚bɔx] <N.; ~|böcher; ~|böch|el|che [-bøˑjəlçə]> {s. u. ↑Boch¹}: Notizbuch.

Notitz|zeddel, der [noˈtɪts‚tsɛdəl] <N.; ~e> {s. u. ↑Zeddel}: Notizzettel.

nöttele [ˈnøtələ] <V.; schw.; *han*; nöttelte [ˈnøtəltə]; genöttelt [jəˈnøtəlt]> {5.5.1; 8.2.4; 9.2.1.2}: nörgeln [auch: ↑knottere]. (6)

Nöttele|fön|es, der [‚nøtələˈføːnəs] <N.; ~|ese/~|ese>: **1.** mürrischer Nörgler, Meckerer, Querulant. **2.** (veraltet) durchtriebener Mensch.

Nöttel|ei, de [nøtəˈleːɪ] <N.; ~e [-eɾə]>: Nörgelei, Meckerei, Genörgel [auch: ↑Ge|nöttel|s].

nöttel|ig [ˈnøtəlɪʃ] <Adj.; ~e; ~er, ~ste>: quengelig, nörgelnd, aus Unzufriedenheit/Verdrießlichkeit mäkelnd/quälend: *e n. Kind* (ein ~es Kind); *Bes doch nit esu n.!* (Quengel doch nicht so!). Tbl. A5.2

notz [nɔts] <Adv.> {5.5.1; 8.3.1}: nutze, nütze, brauchbar, nützlich, tauglich, meist verneint *nit/nix n.* (unbrauchbar, untauglich, nichts wert, unnütz).

Nötz, de [nøts] <N.; ~e>: irdene Stummelpfeife [auch: *ääde Nötz*].

Notz|dier, et [ˈnɔts‚diˑɐ] <N.; ~e> {s. u. ↑Notze ↑Dier}: Nutztier.

notze/nötze [ˈnɔtsə / ˈnøtsə] <V.; schw.; *han*; notzte/nötzte [ˈnɔtstə / ˈnøtstə]; genotz/~|nötz [jəˈnɔts / -nøts]> {5.5.1}: nutzen, **1.** etw. nutzen/gebrauchen [auch: ↑be|notze (b), ↑ge|bruche (1)]. **2.** nützen, Nutzen haben; **[RA]** *Wat soll dat schläächte Levve n.?* (Was soll das schlechte Leben n.?, als Aufruf, etw. aus seinem Leben zu machen). (114)

Notze, der [ˈnɔtsə] <N.; kein Pl.> {5.5.1}: Nutzen, Gewinn, Ertrag.

Notz|effek, der [ˈnɔts‚e‚fɛk] <N.; ~te> {s. u. ↑Notze ↑Effek}: Nutzeffekt.

Notz|fahrzeug, et [ˈnɔts‚faː(ɐ̯)tsøyfj] <N.; ~e> {s. u. ↑Notze}: Nutzfahrzeug.

Notz|fläch, de [ˈnɔts‚flɛʃ] <N.; ~e> {s. u. ↑Notze ↑Fläch}: Nutzfläche.

Notz|flanz/~|planz, de [ˈnɔts‚flants / -plants] <N.; ~e> {s. u. ↑Notze ↑Flanz/Planz}: Nutzpflanze.

Notz|gaade, der [ˈnɔts‚jaˑdə] <N.; ~|gääde> {s. u. ↑Notze ↑Gaade}: Nutzgarten.

Notz|holz, et [ˈnɔts‚hɔlts] <N.; ~|hölzer> {s. u. ↑Notze ↑Holz}: Nutzholz.

Notz|lass, de [ˈnɔts‚las] <N.; o. Pl.> {s. u. ↑Notze ↑Lass}: Nutzlast.

nötz|lich [ˈnøtslɪʃ] <Adj.; ~e; ~er, ~ste> {5.4; 7.3.2}: nützlich, brauchbar. Tbl. A1

Notz|neeßer, der [ˈnɔts‚neˑsə] <N.; ~> {s. u. ↑Notze ↑geneeße}: Nutznießer.

Notz|ungs|rääch, et [ˈnɔtsʊŋs‚rɛːʃ] <N.; ~te> {s. u. ↑Notze ↑Rääch}: Nutzungsrecht.

Novell, de [noˈvɛlˑ] <N.; ~e [noˈvɛlə]> {8.3.1}: Novelle. **1.** ⟨ital. *novella*, zu lat. *novellus*, Vkl. von: *novus, Novum*⟩ Erzählung kürzeren od. mittleren Umfangs, die von einem einzelnen Ereignis handelt u. deren geradliniger Handlungsablauf auf ein Ziel hinführt. **2.** ⟨lat. *novella (lex)* = neues (Gesetz)⟩ (Politik, Rechtsspr.) Gesetz, das in einem ergänzenden od. abändernden Nachtrag zu einem bereits geltenden Gesetz besteht.

November|nevvel, der [noˈvɛmbɐ‚nevəl] <N.; ~> {s. u. ↑Nevvel}: Novembernebel.

Nubbel, der [ˈnʊbəl] <N.; Eigenn.; ~e>: **a)** Stoff- od. Strohpuppe, die im landkölnischen Raum am Ende der Kirmes verbrannt od. begraben wird; **b)** In Köln wurde dieser Brauch auch auf den Karneval übertragen: die Stoff- od. Strohpuppe, die am Karnevalsdienstag symbolisch für die „Sünden" verbrannt wird; [auch: ↑Peijass (2) ↑Zacheies (2)].

Nucke ['nʊkə] <N.; fem.; nur Pl.>: Launen, Tücken [auch: ↑Mucke].

Nud, de [nuˑt] <N.; Nüde (veraltet) ['nyˑdə]> {5.4; 6.11.3}: Not.

Nud|aaz, der ['nuˑt‚|aːt͡s] <N.; ~|ääz> {s. u. ↑Nud ↑Aaz}: Notarzt.

Nud|aaz|wage, der ['nuˑt|aːt͡s‚vaˑʀə] <N.; ~> {s. u. ↑Nud ↑Aaz ↑Wage}: Notarztwagen.

Nud|anker, der ['nuˑt‚|aŋkɐ] <N.; ~> {s. u. ↑Nud}: Notanker. **1.** zusätzlicher Anker; Reserveanker. **2.** jmd., etw. als letzter Halt.

Nud|bedd, et ['nuˑt‚bɛt] <N.; ~er> {s. u. ↑Nud ↑Bedd}: Notbett, Krankenhausbett, das bei dringendem Bedarf belegt wird.

Nud|be|helf, der ['nuˑtbə‚hɛlf] <N.; ~e> {s. u. ↑Nud}: Notbehelf.

Nud|brems, de ['nuˑt‚brɛmˑs] <N.; ~e> {s. u. ↑Nud ↑Brems¹}: Notbremse.

Nud|brems|ung, de ['nuˑt‚brɛmˑzʊŋ] <N.; ~e> {s. u. ↑Nud}: Notbremsung.

Nud|bröck, de ['nuˑt‚brøk] <N.; ~e> {s. u. ↑Nud ↑Bröck¹}: Notbrücke, behelfsmäßige Brücke.

Nud|deens, der ['nuˑt‚deˑns] <N.; ~te> {s. u. ↑Nud; ↑Deens}: Notdienst.

nud|dörft|ig ['nuˑt‚dørftɪç] <Adj.; ~e; ~er, ~ste> {s. u. ↑Nud ↑dörft|ig}: notdürftig.   Tbl. A5.2

Nud|dür/~|dör, de ['nuˑt‚dyˑɐ̯ / -døˑɐ̯] <N.; ~|dürre/~|dörre [-dyʀə / -døʀə] (unr. Pl.)> {s. u. ↑Nud ↑Dür/Dör}: Nottür, Notausgang.

nüde ['nyˑdə] <V.; schw.; han; nüdte ['nyˑtə]; genüdt [jəˈnyˑt]> {5.4; 6.11.3}: nötigen [auch: ↑nüdige]. (197)

Nudel, de ['nuːdəl] <N.; ~e>: Nudel.

Nudel|bredd, et ['nuːdəl‚brɛt] <N.; ~er> {s. u. ↑Bredd}: Nudelbrett.

Nudel|deig, der ['nuːdəl‚deɪ̯ç] <N.; ~e (Sortenpl.)> {s. u. ↑Deig}: Nudelteig.

Nudel|ge|reech/~|rich, et ['nuːdəljə‚reːɟ / -rɪɟ] <N.; ~te> {s. u. ↑Ge|reech²/~|rich²}: Nudelgericht.

Nudel|holz, et ['nuːdəl‚hɔlt͡s] <N.; ~|hölzer> {s. u. ↑Holz}: Nudelholz.

Nudel|schlot, der ['nuːdəl‚ʃlɔt] <N.; kein Pl.> {s. u. ↑Schlot}: Nudelsalat.

Nudel|zupp, de ['nuːdəl‚t͡sʊp] <N.; ~e> {s. u. ↑Zupp}: Nudelsuppe.

Nud|fall, der ['nuˑt‚fal] <N.; ~|fäll [-fɛlˑ]> {s. u. ↑Nud; ↑Fall²}: Notfall.

Nud|fall|deens, der ['nuˑtfal‚deˑns] <N.; ~te> {s. u. ↑Nud|fall; ↑Deens}: Notfalldienst.

nud|falls ['nuˑt‚fals] <Adv.> {s. u. ↑Nud}: notfalls.

Nud|füür/~|föör, et ['nuˑt‚føˑɐ̯ / -fyˑɐ̯] <N.; ~> {s. u. ↑Nud ↑Föör/Füür}: Notfeuer, als Notsignal angezündetes Feuer.

nud|ge|drunge ['nuˑtjə‚drʊŋə / ‚--ˈ--] <Adv.> {s. u. ↑Nud}: notgedrungen.

Nud|geld, et ['nuˑt‚jɛlt] <N.; o. Pl.> {s. u. ↑Nud}: Notgeld.

Nud|grosche, der ['nuˑt‚jrɔʃə] <N.; ~> {s. u. ↑Nud}: Notgroschen.

Nud|helf|er, der ['nuˑt‚hɛlfɐ] <N.; ~> {s. u. ↑Nud}: Nothelfer, nur für die 14 Nothelfer (Heilige der kath. Kirche) gebr..

nüd|ig ['nyˑdɪç] <Adj.; ~e; ~er, ~ste> {5.4; 6.11.3}: nötig, notwendig, erforderlich; ***n. han** (bedürfen, benötigen, brauchen).   Tbl. A5.2

nüdige ['nyˑdɪjə] <V.; schw.; han; nüdigte ['nyˑdɪftə]; genüdig [jəˈnyˑdɪç]> {5.4; 6.11.3}: nötigen [auch: ↑nüde]. (7)

Nud|lag, de ['nuˑt‚laˑx] <N.; ~e> {s. u. ↑Nud ↑Lag}: Notlage.

Nud|lager, et ['nuˑt‚laˑʀɐ] <N.; ~> {s. u. ↑Nud}: Notlager.

Nud|land|ung, de ['nuˑt‚landʊŋ] <N.; ~e> {s. u. ↑Nud}: Notlandung.

Nud|leech, et ['nuˑt‚leːɟ] <N.; ~ter> {s. u. ↑Nud ↑Leech}: Notlicht, Notbeleuchtung.

Nud|lös|ung, de ['nuˑt‚løːzʊŋ] <N.; ~e> {s. u. ↑Nud}: Notlösung [auch: ↑Be|helf].

Nud|nähl, der ['nuˑt‚nɛˑl] <N.; ~> {s. u. ↑Nud ↑Nähl}: Notnagel, jmd., mit dem man vorlieb nimmt.

Nud|offer, et ['nuˑt‚|ɔfɐ] <N.; ~e> {s. u. ↑Nud ↑Offer}: Notopfer, zeitweilig erhobene Sondersteuer zur Behebung eines best. Notstands.

Nud|penning, der ['nuˑt‚pɛnɪŋ] <N.; ~e> {s. u. ↑Nud ↑Penning}: Notpfennig.

Nud|rof, der ['nuˑt‚roˑf] <N.; ~e> {s. u. ↑Nud ↑Rof}: Notruf.

Nud|rof|süül, de ['nuˑtroˑf‚zyˑl] <N.; ~e> {s. u. ↑Nud ↑Rof ↑Süül}: Notrufsäule.

Nud|setz, der ['nuˑt‚zɛt͡s] <N.; ~(e)> {s. u. ↑Nud ↑Setz}: Notsitz.

Nud|stand, der ['nuˑtˌʃtant] <N.; ~|ständ [-ʃtɛnˑt]> {s. u. ↑Nud ↑Stand}: Notstand.

Nud|stands|gebiet, et ['nuˑtʃtantsjəˌbiˑt] <N.; ~e> {s. u. ↑Nud}: Notstandsgebiet.

Nud|stands|ge|setz, et ['nuˑtʃtantsjəˌzɛts] <N.; ~e (meist Pl.)> {s. u. ↑Nud}: Notstandsgesetz.

Nud|stoppe, der ['nuˑtˌʃtopə] <N.; ~> {s. u. ↑Nud ↑Stoppe}: Lückenbüßer.

Nud|strom, der ['nuˑtˌʃtroːm] <N.; o. Pl.> {s. u. ↑Nud}: Notstrom.

Nud|unger|kunf, de ['nuˑtˌʊŋəkʊnf] <N.; ~künf> {s. u. ↑Nud ↑Unger|kunf}: Notunterkunft.

Nud|us|gang, der ['nuˑtˌʊsjaŋ] <N.; ~|gäng [-jɛŋˑ]> {s. u. ↑Nud ↑Us|gang}: Notausgang.

Nud|ver|band, der ['nuˑtfɐˌbant] <N.; ~|bänd [-bɛnˑt]> {s. u. ↑Nud}: Notverband.

Nud|wehr, de ['nuˑtˌveˑɐ̯] <N.> {s. u. ↑Nud}: Notwehr.

Nud|wend|ig|keit, de [nuˑt'vɛndɪfjˌkeɪ̯t] <N.; ~e> {s. u. ↑Nud}: Notwendigkeit.

Nud|zuch, de ['nuˑtˌtsʊx] <N.; o. Pl.> {s. u. ↑Nud ↑Zuch}: Notzucht; Vergewaltigung.

Nüff, de [nʏf] <N.; ~e>: Stupsnäschen, Stumpfnäschen [auch: ↑Nüff|nas].

Nüff|nas, de ['nʏfˌnaˑs] <N.; ~e> {s. u. ↑Nas}: Stupsnase, Stumpfnase [auch: ↑Nüff].

Nugat, et ['nʊjat] <N.; ~s (Sortenpl.) ⟨frz. nougat⟩>: Nugat.

Nugat|brud, et ['nʊjatˌbruˑt] <N.; ~e> {s. u. ↑Nugat ↑Brud}: Nugatbrot.

Nugat|föll|ung/~|füll|~, de ['nʊjatˌfœlʊŋ / -fʏl-] <N.; ~e> {s. u. ↑Nugat ↑Föll|ung/Füll|~}: Nugatfüllung.

Nugat|pralin, de ['nʊjatpraˌliːn] <N.; ~e> {s. u. ↑Nugat ↑Pralin}: Nugatpraline.

Nugat|taat, de ['nʊjattaˑt] <N.; ~e> {s. u. ↑Nugat ↑Taat}: Nugattorte.

nügge ['nʏɡə] <V.; schw.; *han*; nüggte ['nʏktə]; genügg [jə'nʏk]>: schlummern, nicken, ein Nickerchen machen [auch: ↑nüggele[1], ↑nünne[2]]. (208)

Nüggel, der ['nʏɡəl] <N.; ~e> {6.6.1}: Nuckel, Schnuller.

Nüggel|che, et ['nʏɡəlfjə] <N.; ~r>: Kosew. für ein Kleinkind.

nüggele[1] ['nʏɡələ] <V.; schw.; *han*; nüggelte ['nʏɡəltə]; genüggelt [jə'nʏɡəlt]> {9.2.1.2}: schlummern, nicken, ein Nickerchen machen [auch: ↑nügge, ↑nünne[2]]. (6)

nüggele[2] ['nʏɡələ] <V.; schw.; *han*; nüggelte ['nʏɡəltə]; genüggelt [jə'nʏɡəlt]> {5.4; 6.4.1; 6.6.1}: nuckeln. (6)

Nüggels|föß ['nʏɡəlsˌføˑs] <N.; mask.; nur Pl.> {9.1.2; s. u. ↑Nüggel ↑Foß}: schiefe Füße, zurückzuführen auf die gebogene Form des Nuckels, Schnullers.

Nühr|che/Nöhr|~, et ['nyːɐfjə / 'nøːr-] <N.; ~r> (von: en Ührche/Öhrche): Nachmittagsschläfchen.

nühre/nöhre ['nyː(ɐ̯)rə / 'nøː(ɐ̯)rə] <V.; schw.; *han*; nührte ['nyːɐ̯tə]; genührt [jə'nyːɐ̯t]>: schlummern, Mittagsruhe/-schläfchen halten. (21)

Nuklear|maach, de [nʊkle'a:(ɐ̯)ˌmaːx] <N.; ~|määchte> {s. u. ↑Maach[1]}: Nuklearmacht, Atommacht.

Null, de [nʊl] <N.; ~e>: Null.

null|aach|fuff|zehn ['nʊlˌlaːx'fʊftsẽːn] <indekl. Adj.> {s. u. ↑aach ↑fuff|zehn}: Nullachtfünfzehn, das Nullachtfünfzehn 08/15, frei von jeglicher Originalität; auf ein alltäglich gewordenes Muster festgelegt.

Null|punk, der ['nʊlˌpʊŋk] <N.; o. Pl.> {s. u. ↑Punk}: Nullpunkt.

Nummer, de ['nʊmɐ] <N.; ~e; Nümmer|che ['nʏmɐfjə]>: Nummer, Zahl; ***e Nümmerche maache** (eine N. schieben = geschlechtlich verkehren).

Nummere|scheld/~|schild, et ['nʊmɐrəˌʃelt / -ʃɪlt] <N.; ~er> {s. u. ↑Scheld[1]/Schild[1]}: Nummernschild.

nummeriere/~eere [nʊmə'riː(ɐ̯)rə / -eˑrə] <V.; schw./unr.; *han*; nummerierte [nʊmə'riˑɐ̯tə]; nummeriert [nʊmə'riˑɐ̯t] ⟨lat. numerare⟩> {(5.1.4.3)}: nummerieren, benummern. (3) (2)

nüng [nʏŋˑ] <Kardinalz.> {5.3.4.1}: neun, (als Ziffer: 9).

nüng|däglig ['nʏŋˌdeˑjɪfj] <Adj.; ~e> {5.3.4}: neuntägig, eine Dauer von neun Tagen umfassend.   Tbl. A5.2

nüng|dausend ['nʏŋˈdoʊ̯ˌzənt / '-,-- / ,-'--] <Kardinalz.> {s. u. ↑nüng ↑dausend}: neuntausend, (als Ziffer: 9000).

nüng|deil|ig ['nʏŋˌdeˑlɪfj] <Adj.; ~e> {5.3.4}: neunteilig, aus neun Teilen bestehend.   Tbl. A5.2

nüng|en|halv ['nʏŋən'halɐf / ,--'-] <Bruchz.; zu ↑nüng> {s. u. ↑nüng ↑halv}: neuneinhalb, (mit Ziffer: 9 ½).

nünger|lei ['nʏŋelɐˑ] <best. Gattungsz.; zu ↑nüng; indekl.> {5.3.4.1}: neunerlei.

nüng|hundert ['nʏŋˈhʊnˌdɐt / ',--] <Kardinalz.> {s. u. ↑nüng}: neunhundert, (als Ziffer: 900).

nüng|jöhr|lig ['nʏŋˌjœˑrɪfj] <Adj.; ~e> {5.3.4}: neunjährig, **1.** neun Jahre alt. **2.** eine Dauer von neun Jahren umfassend.   Tbl. A5.2

nüng|kant|ig ['nʏŋˑˌkantɪʃ] <Adj.; ~e> {5.3.4; 6.7}: neunkantig, neun Kanten aufweisend. Tbl. A5.2

nüng|mǫl ['nʏŋˑˌmɔˑl / '-'-] <Wiederholungsz., Adv.; zu ↑nüng> {5.3.4.1}: neunmal, (mit Ziffer: 9-mǫl).

nüng(k)|sehn ['nʏŋ(k)ˌseˑn] <Kardinalz.> {6.13.7; s. u. ↑nüng}: neunzehn, (als Ziffer: 19).

nüng(k)|sehn|hundert ['nʏŋ(k)seˑn'hʊnˑdɛt / ˌ--'-- / '--ˌ--] <Kardinalz.> {s. u. ↑nüng(k)|sehn}: neunzehnhundert, (als Ziffer: 1900).

nüng(k)|sehnte ['nʏŋ(k)seːntə] <Ordinalzahl zu 19>: neunzehnte.

nüng(k)|sig ['nʏŋ(k)ˌsɪʃ] <Kardinalz.> {5.3.4.1; 6.13.7}: neunzig, (als Ziffer: 90).

nüng|sigg|ig ['nʏŋˑˌzɪgɪʃ] <Adj.; ~e> {5.3.4.1}: neunseitig, neun Seiten aufweisend; neun Seiten enthaltend/umfassend. Tbl. A5.2

nüng|stell|ig ['nʏŋˑˌʃtɛlɪʃ] <Adj.; ~e> {5.3.4}: neunstellig, neun Stellen/Ziffern aufweisend (bzgl. Zahlen). Tbl. A5.2

nüng|stöck|ig ['nʏŋˑˌʃtœkɪʃ] <Adj.; ~e> {5.3.4}: neunstöckig, neun Stockwerke hoch. Tbl. A5.2

nüng|stünd|ig ['nʏŋˑˌʃtʏnˑdɪʃ] <Adj.; ~e> {5.3.4}: neunstündig, neun Stunden umfassend. Tbl. A5.2

nüngt... [nʏŋˑt-] <Ordinalz.; zu ↑nüng; ~e> {5.3.4.1}: neunt....

nüng|tel ['nʏŋtəl] <Bruchz.; zu ↑nüng> {5.3.4.1}: neuntel, (mit Ziffer: 9).

nüng|tens ['nʏŋtəns] <Adv.; zu ↑nüng> {5.3.4.1}: neuntens, (mit Ziffer: 9.).

nünne[1] ['nʏnə] <V.; schw.; han; nünnte ['nʏnˑtə] genünnt [jə'nʏnˑt]>: süffeln, genüßlich/mit Behagen trinken, einen zwitschern. (10)

nünne[2] ['nʏnə] <V.; schw.; han; nünnte ['nʏnˑtə] genünnt [jə'nʏnˑt]>: schlummern, nicken, ein Nickerchen machen [auch: ↑nügge, ↑nüggele[1]]. (10)

Nupp, de [nʊp] <N.; ~e; Nüpp|che ['nʏpʃə]>: **1. a)** Tupfen im Stoff; **b)** heimtückische hinterlistige Stöße/Knüffe. **2.** <Pl.> Launen: *Dä hät widder sing ~e.* (Er hat wieder schlechte Laune.).

nupp|ig ['nʊpɪʃ] <Adj.; ~e; ~er, ~ste>: ruppig, rüde, frech [auch: ↑fratz|ig, ↑dreck|(el)|ig (2)]. Tbl. A5.2

Nupp|uhr/~|ohr, et ['nʊpˌluˑe̯ / -oˑe̯] <N.; ~e> {s. u. ↑Uhr[2]/Ohr[2]}: hinterlistiger, frecher Mensch (Schimpfw.).

Nürnberg ['nʏrən ˌbɛrˑʃ] <N.; Eigenn.>: Nürnberg, Stadt in Mittelfranken.

Nürnberg|er, der ['nʏrənˌbɛrjə] <N.; ~>: Nürnberger, Einw. von Nürnberg.

nu|schele ['nʊʒələ] <V.; schw.; han; nu|schelte ['nʊʒəltə]; genu|schelt [jə'nʊʒəlt]> {6.11.1; 9.2.1.2}: nuscheln, undeutlich sprechen. (6)

Nüs̱el, der ['nʏzəl] <N.; ~e>: **a)** Kleinigkeit, **b)** <meist Pl.> i. d. B. „Geld": *Ich han kein ~e.* (Ich habe kein Geld.).

Nut, de [nuˑt] <N.; ~e ⟨mhd., ahd. nuot, zu mhd. nüejen, ahd. nuoen⟩>: Nut.

Nutt, de [nʊt] <N.; ~e; Nütt|che ['nʏtʃə]> {8.3.1}: Nutte, Straßendirne, Hure [auch: ↑Hur/Hor ↑Trottoir|schwalv].

Nutz, der [nʊts] <N.; meist im Diminutiv gebraucht; Nütz|che ['nʏtsjə]>: **1.** Liebchen; Geliebte: *Su e Bützche vun enem Nützche, jo dat schmeck wie Appeltaat.* (So ein Küsschen von einem lieben Mädchen, ja das schmeckt wie Apfeltorte – bes. gut.; aus dem Karnevalslied „Kölsche Mädcher künne bütze" von Willi Ostermann. **2.** Kosew. für kleine Kinder: *Luur ens, wat e lecker Nützche!* (Guck mal, welch süßes Kind!).

Nüü|maat, der ['nyːˌmaːt] <N.; Straßenn.> {5.1.3; s. u. ↑Maat}: Neumarkt (größter freier Platz im Zentrum von Köln). Der Neumarkt ist eine 1076 erstmals urkundlich erwähnte Platzanlage. Der Platz war im Gegensatz zu den anderen Kölner Marktplätzen mit seinen 27.216 m² extrem groß. **[RA]** *Meins de, ich hätt en Kopp wie der N.?* (Meinst du, ich hätte einen Kopf wie der N., d h. ich könnte mir alles merken?).

Nüü|maats|krad, de ['nyːmaːtsˌkraˑt] <N.; ~e> {9.1.2; s. u. ↑Nüü|maat}: Herumtreiber, Stadtstreicher.

Nüüß [nyːs] <N.; Ortsn.> {5.1.4.4}: Neuss (Stadt am Rhein nördlich von Köln).

Nüüßer Strǫß, de ['nyːsɐˌʃtrɔˑs] <N.; Straßenn.> {s. u. ↑Nüüß ↑Strǫß}: Neußer Straße; Straße in Köln, die vom Ebertplatz in der Neustadt/Nord aus durch Nippes, Weidenpesch u. Longerich nach Norden in Richtung Neuss führt.

Nüüßer Wall, der [ˌnyːsɐˈval] <N.; Straßenn.> {s. u. ↑Nüüß ↑Wall}: Neußer Wall, nördlichster der parallel zu den Ringen verlaufenden Straßen westlich der Ringe.

Nylon|strump, der ['naɪlɔnˌʃtrʊmp] <N.; ~|strümp> {s. u. ↑Strump}: Nylonstrumpf.

Oas, de [oˈlaˑs] <N.; ~e> {8.3.1}: Oase.

Ober|aaz, der [ˈoˑbɐˌlaːts] <N.; i. best. Komposita *Ober-*, sonst ↑*Ovver|-*; ~|ääz> {11; s. u. ↑*Aaz*}: Oberarzt.

Oberammergau [oːbɐˈlamɐˌjaʊ̯] <N.; Ortsn.>: Oberammergau, Ort in Bayern.

Ober|ärm, der [ˈoˑbɐˌlɛrm] <N.; i. best. Komposita *Ober-*, sonst ↑*Ovver|-*; ~e> {11; s. u. ↑*Ärm*}: Oberarm.

Ober|befähl/~|befell, der [ˈoˑbɐbɐˌfɛːl / -bɐˈfel] <N.; i. best. Komposita *Ober-*, sonst ↑*Ovver|-*; ~e> {11; s. u. ↑*Befähl/Befell*}: Oberbefehl.

Ober|be|greff, der [ˈoˑbɐbɐˌɟref] <N.; i. best. Komposita *Ober-*, sonst ↑*Ovver|-*; ~e> {11; s. u. ↑*Be|greff*}: Oberbegriff.

Ober|fläch, de [ˈoˑbɐˌfleʃ] <N.; i. best. Komposita *Ober-*, sonst ↑*Ovver|-*; ~e> {11; s. u. ↑*Fläch*}: Oberfläche.

ober|gär|ig [ˈoˑbɐˌɟɛː(ɐ̯)rɪf] <Adj.; i. best. Komposita *ober-*, sonst ↑*ovve*; ~e> {11}: obergärig, nach obergäriger Brauart gebraut: *Kölsch es e o. Bier.* (Kölsch ist ein ~es Bier.). Tbl. A5.2

Ober|grenz, de [ˈoˑbɐˌɟrɛnˑts] <N.; i. best. Komposita *Ober-*, sonst ↑*Ovver|-*; ~e> {11; s. u. ↑*Grenz*}: Obergrenze.

Ober|haup, et [ˈoˑbɐˌhoʊ̯p] <N.; i. best. Komposita *Ober-*, sonst ↑*Ovver|-*; ~|häupter [-hɵyptɐ] {11; s. u. ↑*Haup*}: Oberhaupt.

Ober|hemb, et [ˈoˑbɐˌhemp] <N.; i. best. Komposita *Ober-*, sonst ↑*Ovver|-*; ~|hemde(r)> {11; s. u. ↑*Hemb*}: Oberhemd.

Ober|hetz, de [ˈoˑbɐˌhets] <N.; i. best. Komposita *Ober-*, sonst ↑*Ovver|-*; kein Pl.> {11; s. u. ↑*Hetz*²}: Oberhitze.

Ober|kant, de [ˈoˑbɐˌkant] <N.; i. best. Komposita *Ober-*, sonst ↑*Ovver|-*; ~e> {11; s. u. ↑*Kant*}: Oberkante.

Ober|landes|ge|reech/~|rich, et [ˌoːbɐˈlandəsjɐˌreːʃ / -rɪʃ] <N.; i. best. Komposita *Ober-*, sonst ↑*Ovver|-*; ~te> {11; s. u. ↑*Ge|reech¹/~|rich¹*}: Oberlandesgericht.

Ober|liga, de [ˈoˑbɐˌliːjaˑ] <N.; i. best. Komposita *Ober-*, sonst ↑*Ovver|-*; ~|lige [-liːjə]> {11; s. u. ↑*Liga*}: Oberliga.

Ober|scheech/~|schich, de [ˈoˑbɐˌʃeːʃ / -ʃɪʃ] <N.; i. best. Komposita *Ober-*, sonst ↑*Ovver|-*; ~te> {11; s. u. ↑*Scheech/Schich*}: Oberschicht.

Ober|schenkel|hals|broch, der [ˌoːbɐʃeŋkəlˈhalsˌbrox] <N.; i. best. Komposita *Ober-*, sonst ↑*Ovver|-*; ~|bröch> {11; s. u. ↑*Broch¹*}: Oberschenkelhalsbruch.

Ober|schenkel|knoche, der [ˈoˑbɐʃeŋkəlˌknɔxə] <N.; i. best. Komposita *Ober-*, sonst ↑*Ovver|-*; ~> {11; s. u. ↑*Knoche*}: Oberschenkelknochen.

Ober|schull, de [ˈoˑbɐˌʃʊlˑ] <N.; i. best. Komposita *Ober-*, sonst ↑*Ovver|-*; ~e [-ʃʊlə]> {11; s. u. ↑*Schull*}: Oberschule.

Ober|schull|rod, der [ˌoˑbɐˈʃʊlˑˌrɔˑt] <N.; i. best. Komposita *Ober-*, sonst ↑*Ovver|-*; ~|röd> {11; s. u. ↑*Schull* ↑*Rod*}: Oberschulrat.

Ober|studie|rod, der [ˌoˑbɐˈʃtuːdɪəˌrɔˑt] <N.; i. best. Komposita *Ober-*, sonst ↑*Ovver|-*; ~|röd> {11; s. u. ↑*Rod*}: Oberstudienrat.

Ober|stuf, de [ˈoˑbɐˌʃtuˑf] <N.; i. best. Komposita *Ober-*, sonst ↑*Ovver|-*; ~e> {11; s. u. ↑*Stuf*}: Oberstufe.

Ober|stüvv|che, et [ˈoˑbɐˌʃtyfjə] <N.; i. best. Komposita *Ober-*, sonst ↑*Ovver|-*; ~r> {11; s. u. ↑*Stuvv*}: Oberstübchen, scherzh. für Kopf.

Ober|ver|walt|ungs|ge|rich/~|reech, et [ˌoˑbɐfɐˈvaltʊŋsjəˌrɪʃ / -reːʃ] <N.; i. best. Komposita *Ober-*, sonst ↑*bovve(n)|-*; ~te> {11; s. u. ↑*Ge|reech¹/~|rich¹*}: Oberverwaltungsgericht.

Objek, et [ɔpˈjɛk] <N.; ~te> {8.3.5}: Objekt.

Objek|dräg|ler, der [ɔpˈjɛkˌdrɛˑjɐ] <N.; ~> {s. u. ↑*Objek* ↑*Dräg|ler*}: Objektträger.

Objek|schotz, der [ɔpˈjɛkˌʃots] <N.; kein Pl.> {s. u. ↑*Objek* ↑*Schotz*}: Objektschutz.

Obs, et [ɔps] <N.; kein Pl.> {8.3.5}: Obst.

Obs|aan|bau, der [ˈɔpsˌlaːnboʊ̯] <N.; o. Pl.> {s. u. ↑*Obs* ↑*Aanbau*}: Obstanbau.

Obs|baum, der [ˈɔpsˌboʊ̯m] <N.; ~|bäum [-bɵyˑm]> {s. u. ↑*Obs* ↑*Baum*}: Obstbaum.

Obs|dag, der [ˈɔpsˌdaːx] <N.; ~/~|däg/~e [-daˑx / -dɛˑɟ / -daˑɐ̯ə]> {s. u. ↑*Obs* ↑*Dag*}: Obsttag.

Obs|ernte, de [ˈɔpsˌlɛrntə] <N.; ~> {s. u. ↑*Obs* ↑*ernte*}: Obsternte.

Obs|essig, der [ˈɔpsˌlɛsɪʃ] <N.; ~e (Sortenpl.)> {s. u. ↑*Obs*}: Weinessig.

Obs|gaade, der [ˈɔpsˌjaːdə] <N.; ~|gääde> {s. u. ↑*Obs* ↑*Gaade*}: Obstgarten.

Obs|händ|ler, der [ˈɔpsˌhentlɐ] <N.; ~> {s. u. ↑*Obs*}: Obsthändler.

Obs|koche, der [ˈɔpsˌkoˑxə] <N.; ~> {s. u. ↑*Obs* ↑*Koche*}: Obstkuchen [auch: ↑*Obs|taat*].

Obs|kump, de [ˈɔps͜ˌkʊmp] <N.; ~e/~|kümp; ~|kümp|che [-kʏmpɧə]> {s. u. ↑Obs ↑Kump}: Obstschale, Obstschüssel.

Obs|metz, et [ˈɔps͜ˌmɛt͜s] <N.; ~er> {s. u. ↑Obs ↑Metz}: Obstmesser.

Obs|plantage, de [ˈɔpsplanˌtaˑʃ] <N.; ~ [-planˌtaˑʒə]> {s. u. ↑Obs ↑Plantage}: Obstplantage.

Obs|saff, der [ˈɔps͜ˌzaf] <N.; ~|säff> {s. u. ↑Obs ↑Saff}: Obstsaft.

Obs|schlǫt, der (et veraltet) [ˈɔps͜ˌʃlɔˑt] <N.; kein Pl.> {s. u. ↑Obs ↑Schlǫt}: Obstsalat, Fruchtsalat.

Obs|taat, de [ˈɔps͜ˌtaːt] <N.; ~e> {s. u. ↑Obs ↑Taat}: Obsttorte, Obstkuchen [auch: ↑Obs|koche].

Obs|wasser, et [ˈɔps͜ˌvasɐ] <N.; o. Pl> {s. u. ↑Obs}: Obstwasser, aus vergorenem Obst hergestellter Branntwein.

Obs|wing, der [ˈɔps͜ˌvɪŋ] <N.; ~e (Sortenpl.)> {s. u. ↑Obs ↑Wing¹}: Obstwein.

Obs|zǫǫt, de [ˈɔps͜ˌt͜sɔːt] <N.; ~e> {s. u. ↑Obs ↑Zǫǫt}: Obstsorte.

och¹! [ɔx] <Interj.> {5.4}: ach!

och² [ɔx] <Adv.> {5.3.1; 5.5.1}: auch.

Ochse|schwanz|zupp, de [ˈɔksəʃvant͜s͜ˌt͜sʊp] <N.; i. best. Komosita Ochse, sonst ↑Ohß; ~e ⟨engl. oxtail soup⟩> {11; s. u. ↑Zupp}: Ochsenschwanzsuppe.

öd [øˑt] <Adj.; ~e; ~er, ~ste> {8.3.1}: öde.   Tbl. A2.1

Qdem, der [ˈɔˑdəm] <N.; kein Pl.> {5.5.3; 6.11.3}: Atem; *hinger Q. sin (außer Atem sein).

ǫdeme [ˈɔˑdəmə] <V.; schw.; han; ǫdemte [ˈɔˑdəmtə]; geǫdemp [jəˈlɔˑdəmp]> {5.5.3; 6.11.3; 9.1.1}: atmen. (144)

Qdems|nud, de [ˈɔˑdəms͜ˌnuˑt] <N.; o. Pl.> {9.1.2; s. u. ↑Qdem ↑Nud}: Atemnot.

Qdems|zog, der [ˈɔˑdəms͜ˌt͜sox] <N.; ~|zög> {9.1.2; s. u. ↑Qdem ↑Zog¹}: Atemzug.

oder [ˈodɐ] <Konj.; nebenordn.> {5.3.2.6; 5.5.1}: oder [auch: ↑ovˑ²].

Qder, de [ˈɔˑdɐ] <N.; ~e> {5.5.3}: Ader.

Qder|lǫǫß, der [ˈɔˑdɐˌlɔˑs] <N.; veraltet; ~|lǫǫß [-lœˑs]> {5.2.1.3; s. u. ↑Qder}: Aderlass.

Ofer/Ufer, et [ˈoˑfɐ / ˈuˑfɐ] <N.; ~e> {5.4}: Ufer.

Ofer|prǫmenad/Ufer|~, de [ˈoˑfɐˌprɔmeˈnaˑt / ˈuˑfɐ-] <N.; ~e> {s. u. ↑Ofer/Ufer ↑Prǫmenad}: Uferpromenade, Strandpromenade.

Ofer|strǫß/Ufer|~, de [ˈoˑfɐˌʃtrɔˑs / ˈuˑfɐ-] <N.; ~e> {s. u. ↑Ofer/Ufer ↑Strǫß}: Uferstraße; Quai.

off [ɔf] <Adv.; komparierbar; kein Superlativ; öfters/öftersch [ˈœftəs / ˈœftəʃ]> {8.3.5}: oft, häufig [auch: *alle naslang*].

offe [ˈɔfə] <Adj.; ~>: offen.   Tbl. A3.1

offe(n)|hätz|ig [ˈɔfə(n)ˌɦɛt͜sɪɧ] <Adj.; ~e> {5.4; 8.2.4; 9.1.4}: offenherzig.   Tbl. A5.2

Offe(n)|hätz|ig|keit, de [ˈɔfə(n)ˌɦɛt͜sɪɧˌkeɪt] <N.; o. Pl.> {5.4; 8.2.4; 9.1.4}: Offenherzigkeit.

Offensiv|kreeg, der [ˌɔfənˈziˑfˌkreˑɧ] <N.; ~e> {s. u. ↑Kreeg}: Offensivkrieg, Angriffskrieg.

Offensiv|spill, et [ˌɔfənˈziˑfˌʃpɪl] <N.; ~ [-ʃpɪlˑ]> {s. u. ↑Spill}: Offensivspiel, Angriffsspiel.

Offensiv|spill|er, der [ˌɔfənˈziˑfˌʃpɪlɐ] <N.; ~> {s. u. ↑Spill|er}: (Sport) Offensivspieler, Angriffsspieler.

öffent|lich [ˈœfəntlɪɧ] <Adj.; ~e>: öffentlich.   Tbl. A1

Offer, et [ˈɔfɐ] <N.; ~e> {6.8.2}: Opfer.

Offer|büggel, der [ˈɔfɐˌbʏɣəl] <N.; ~e> {s. u. ↑Offer ↑Büggel}: Klingelbeutel [auch: ↑Klingel|büggel].

Offer|dier, et [ˈɔfɐˌdiˑɐ] <N.; ~e> {s. u. ↑Offer ↑Dier}: Opfertier.

offere [ˈɔfɐə] <V.; schw.; han; offerte [ˈɔfɐtə]; geoffert [jəˈlɔfɐt]> {6.8.2; 9.2.1.2}: opfern.   (4)

offeriere/~eere [ˌɔfəˈriˑ(ɐ̯)rə / -eˑ(ɐ̯)rə] <V.; schw.; han; offerierte [ˌɔfəˈriˑɐ̯tə]; offeriert [ˌɔfəˈriˑɐ̯t]>: offerieren, anbieten.   (3) (2)

Offer|lamm, et [ˈɔfɐˌlamˑ] <N.; ~|lämmer [-lɛmɐ]> {s. u. ↑Offer}: Opferlamm.

Offer|penning, der [ˈɔfɐˌpɛnɪŋ] <N.; ~e> {s. u. ↑Offer ↑Penning}: Opferpfennig.

Offer|schal, de [ˈɔfɐˌʃaˑl] <N.; ~e> {s. u. ↑Offer ↑Schal²}: Opferschale.

Offer|stock, der [ˈɔfɐˌʃtɔk] <N.; ~|stöck> {s. u. ↑Offer}: Opferstock.

Offizier, der [ˌɔfiˈt͜siːɐ] <N.; ~e ⟨frz. officier < mlat. officiarius⟩>: Offizier.

Offiziers|aan|wärt|er, der [ɔfɪˈt͜siːɐ̯sˌlaːnvɛxtɐ] <N.; ~>: Offiziersanwärter, Anwärter auf den Offiziersrang; Abk.: OA.

Offiziers|mess, de [ɔfiˈt͜siːɐ̯sˌmɛs] <N.; ~e> {s. u. ↑Mess⁴}: Offiziersmesse.

Öffn|er, der ['œfnɐ] <N.; i. best. Abl.: *öffn-*, sonst ↑op|maache; ~> {11}: Öffner.

Öffn|ung, de ['œfnʊŋ] <N.; i. best. Abl. *öffn-*, sonst ↑op|maache; ~e> {11}: Öffnung.

Öffn|ungs|friss, de ['œfnʊŋs‚frɪs] <N.; i. best. Komposita *öffn-*, sonst ↑op|maache; ~|friste> {11; s. u. ↑Friss}: Öffnungsfrist.

Öffn|ungs|zigg, de ['œfnʊŋs‚tsɪk] <N.; i. best. Komposita *öffn-*, sonst ↑op|maache; ~e> {11; s. u. ↑Zigg}: Öffnungszeit.

öfters/öftersch ['œftɐs / 'œftɐʃ] <Adv.; Komp. von ↑off; kein Superlativ)> {(6.10.4)}: öfters, oftmals.

Ohm/Ühm, der [oˑm / yˑm] <N.; ~e>: Onkel, verkürzt aus *Oheim*.

ohne[1] ['ɔˑnə] <Präp.; m. Akk.> {5.5.3}: ohne: *o. Sorg* (o. Sorgen); *o. Engk* (o. Ende).

ohne[2] ['ɔˑnə] <Konj.; unterordn.; i. d. Vbdg. *ohne dat* od. m. Inf. m. ↑ze[2]/↑zo[2]> {5.5.3}: ohne: *O. e Wood ze sage, wor hä durch de Dür.* (O. ein Wort zu sagen, war er weg.).

ohne(e)n|ander [‚ɔˑnə(lə)'nandɐ] <Adv.> {s. u. ↑ohne[1] ↑enander}: ohneeinander.

Ohn|maach, de ['oˑn‚maːx] <N.; ~te> {s. u. ↑Maach[1]}: Ohnmacht.

Ohr[1]**/Uhr**[1], et [oˑɐ̯ / uˑɐ̯] <N.; ~e> {5.4}: Uhr.

Ohr[2]**/Uhr**[2], de [oˑɐ̯ / uˑɐ̯] <N.; ~e; Öhr|che ['øˑɐ̯ʃə]>: Ohr, *einem et Fell üvver de ~e trecke* (jmdn. betrügen); *ene Löll em O. han* (das O. verstopft haben, nicht gut hören); *eine em O. han* (angetrunken sein).

Ohre|blös|er/Uhre|~, der ['oˑ(ɐ̯)rə‚bløˑzə / 'uˑ(ɐ̯)rə-] <N.; ~> {5.5.3; s. u. ↑Ohr[2]/Uhr[2]}: Aufhetzer; Zuträger.

Ohre|dokter/Uhre|~, der ['oˑ(ɐ̯)rə‚doktɐ / 'uˑ(ɐ̯)rə-] <N.; ~e> {s. u. ↑Ohr[2]/Uhr[2] ↑Dokter}: Ohrenarzt.

Ohre|kapp/Uhre|~, de ['oˑ(ɐ̯)rə‚kap / 'uˑ(ɐ̯)rə-] <N.; ~e> {s. u. ↑Ohr[2]/Uhr[2] ↑Kapp}: Ohrenmütze.

Ohre|kaste/Uhre|~, der ['oˑ(ɐ̯)rə‚kastə / 'uˑ(ɐ̯)rə-] <N.; ~|käste> {s. u. ↑Ohr[1]/Uhr[1] ↑Kaste}: Uhrenkasten, Gehäuse einer Standuhr, Wanduhr.

Ohre|klapp/Uhre|~, de ['oˑ(ɐ̯)rə‚klap / 'uˑ(ɐ̯)rə-] <N.; ~e> {s. u. ↑Ohr[2]/Uhr[2] ↑Klapp}: Ohrenklappe.

Ohre|knies/Uhre|~, der ['oˑ(ɐ̯)rə‚kniːs / 'uˑ(ɐ̯)rə-] <N.; kein Pl.> {s. u. ↑Ohr[2]/Uhr[2]}: Ohrenschmalz.

Ohre|petsch|er/Uhre|~, der ['oˑ(ɐ̯)rə‚petʃə / 'uˑ(ɐ̯)rə-] <N.; ~e> {5.5.2; s. u. ↑Ohr[2]/Uhr[2]}: Ohrwurm, Ohrenkriecher, ein Insekt.

Ohre|ping/Uhre|~, de ['oˑ(ɐ̯)rə‚pɪŋ / 'uˑ(ɐ̯)rə-] <N.; kein Pl.> {s. u. ↑Ohr[2]/Uhr[2] ↑Ping}: Ohrenschmerzen.

Ohre|sause/Uhre|~, et ['oˑ(ɐ̯)rə‚zaʊ̯zə / 'uˑ(ɐ̯)rə-] <N.; kein Pl.> {s. u. ↑Ohr[2]/Uhr[2]; 8.3.3}: Ohrensausen, Empfinden eines klingenden, sausenden Geräusches im Ohr.

Ohre|schötz|er/Uhre|~ ['oˑ(ɐ̯)rə‚ʃøtsə / 'uˑ(ɐ̯)rə-] <N.; mask.; nur Pl.> {s. u. ↑Ohr[2]/Uhr[2] ↑schötze}: Ohrenschützer.

Ohr|fedder/Uhr|~, de ['oˑɐ̯‚fedə / uˑɐ̯-] <N.; ~e> {s. u. ↑Ohr[1]/Uhr[1] ↑Fedder}: Uhrfeder.

Ohr|fig, de ['oːɐ̯‚fɪŋ] <N.; veraltet; i. best. Komposita nur *ohr*[2]-, sonst auch *Uhr*; ~e> {11; s. u. ↑Feig/Fig}: Ohrfeige [auch: ↑Gelz (3), ↑Juv[1], ↑Fimm, ↑Firm|bängel, ↑Tatsch, ↑Wa|männ|che, ↑Tachtel, ↑Knall|zigar, ↑Klatsch, ↑Denk|zeddel (b), *e Dillen|dötz|che krige*].

Ohr|glas/Uhr|~, et ['oˑɐ̯‚jlaːs / uˑɐ̯-] <N.; ~|gläser [-‚jlɛˑzə]> {s. u. ↑Ohr[1]/Uhr[1] ↑Glas}: Uhrglas, Glas über dem Zifferblatt einer Uhr.

öhr|ig/ühr|~ ['øˑ(ɐ̯)rɪŋ / yˑ(ɐ̯)r-] <Adj.; veraltet; ~e; ~er, ~ste>: missgelaunt, mürrisch, schläfrig [auch: ↑gras|öhr|ig/~|ühr|~]. Tbl. A5.2

Ohr|kett/Uhr|~, de ['oˑɐ̯‚kart / 'uˑɐ̯-] <N.; ~e> {s. u. ↑Ohr[1]/Uhr[1] ↑Kett}: Uhrkette.

Ohr|läpp|che/Uhr|~, et ['oˑɐ̯‚laɪ̯pʃə / 'uˑɐ̯-] <N.; ~r> {s. u. ↑Ohr[2]/Uhr[2]}: Ohrläppchen.

Ohr|mäch|er/Uhr|~, der ['oˑɐ̯‚maɪ̯ʃə / 'uˑɐ̯-] <N.; ~> {5.4; s. u. ↑Ohr[1]/Uhr[1]}: Uhrmacher.

Ohr|ring/Uhr|~, der ['oˑ(ɐ̯)‚rɪŋ / 'uˑɐ̯-] <N.; ~e/~|ring [-rɪŋˑ]> {s. u. ↑Ohr[2]/Uhr[2]}: Ohrring.

Ohr|spöl|ung/Uhr|~, de ['oˑɐ̯‚ʃpølʊŋ / 'uˑɐ̯-] <N.; ~e> {s. u. ↑Ohr[2]/Uhr[2] ↑spöle}: Ohrspülung, Spülung des Gehörgangs.

Ohr|steck|er/Uhr|~, der ['oˑɐ̯‚ʃtɛkə / 'uˑɐ̯-] <N.; i. best. Komposita *stecke*, sonst ↑steche[1]; ~> {11; s. u. ↑Ohr[2]/Uhr[2]}: Ohrstecker.

Ohr|werk/Uhr|~, et ['oˑɐ̯‚vɛrk / 'uˑɐ̯-] <N.; ~e> {s. u. ↑Ohr[1]/Uhr[1]}: Uhrwerk.

Ohr|wurm/Uhr|~, der ['oˑɐ̯‚vʊrm / 'uˑɐ̯-] <N.; ~|würm [-vyrˑm]> {s. u. ↑Ohr[2]/Uhr[2]}: Ohrwurm.

Ohr|zeig|er/Uhr|~, der ['oˑɐ̯‚tseɪ̯ɐ / 'uˑɐ̯-] <N.; ~e> {s. u. ↑Ohr[1]/Uhr[1]}: Uhrzeiger.

Ohr|zeiger|senn/Uhr|~, der [ˈoˑɐ̯ˌtseɪ̯ɐˌzen / ˈuˑɐ̯-] <N.; o. Pl.> {s. u. ↑Ohr¹/Uhr¹ ↑zeige ↑Senn}: Uhrzeigersinn (wie bei den Zeigern einer Uhr): *em O. (im U.); *entgäge dem O. (entgegen dem U.).

Ohr|zigg/Uhr|~, de [ˈoˑɐ̯ˌtsɪk / ˈuˑɐ̯-] <N.; ~e> {s. u. ↑Ohr¹/Uhr¹ ↑Zigg}: Uhrzeit.

Ohß, der [ɔːs] <N.; Ö̲hß [œːs]> {5.2.4; 5.5.3; 8.3.1}: Ochse.

Ohße|bross, de [ˈɔːsəˌbros] <N.; o. Pl.> {s. u. ↑Ohß ↑Bross/Bruss}: Ochsenbrust, Brustfleisch vom Ochsen.

Ohße|frosch, der [ˈɔːsəˌfrɔʃ] <N.; ~|frösch> {s. u. ↑Ohß ↑Frosch}: Ochsenfrosch.

Ohße|kaar, de [ˈɔːsəˌkaˑ(ɐ̯)] <N.; ~e> {s. u. ↑Ohß ↑Kaar}: Ochsenkarren.

Ohßen|dorf/~|dörp, et [ˈɔːsənˌdɔrf / -dørp] <N.; Ortsn.> {s. u. ↑Ohß ↑Dorf/Dörp}: Ossendorf (Stadtteil von Köln).

Ohße|pisel, der [ˈɔːsəˌpɪzəl] <N.; ~e> {s. u. ↑Ohß}: Ochsenziemer, Peitsche.

Ohße|stätz, der [ˈɔːsəˌʃtɛts] <N.; ~e> {s. u. ↑Ohß ↑Stätz}: Ochsenschwanz.

Ohße|tour, de [ˈɔːsəˌtuˑɐ̯] <N.; ~e> {s. u. ↑Ohß}: Ochsentour; mühevolle, anstrengende Arbeit;.

Ohße|zung, de [ˈɔːsəˌtsʊŋ] <N.; ~e [-tsʊŋə]> {s. u. ↑Ohß ↑Zung¹}: Ochsenzunge.

ohß|ig [ˈɔːsɪŋ] <Adj.; ~e;~er, ~|igste [-ɪʃstə]>: dumm, plump. Tbl. A5.2

Okkult|iss, der [ˌokʊlˈtɪs] <N.; ~|iste>: Okkultist.

Ökologe, der [økoˈloˑʀə] <N.; ~>: Ökologe.

Ökologie, de [økoloˈjiˑ] <N.; kein Pl. ⟨zu griech. oikos = Haus(haltung) u. lógos, Logos⟩>: Ökologie.

ökologisch [økoˈloˑʀɪʃ] <Adj.>: ökologisch.

Öl, et [œˑl] <N.; ~e (Sortenpl.)> {5.5.3}: Öl.

Öl|aan|strech, der [ˈœˑlˌaːnˌʃtreʃ] <N.; ~e> {s. u. ↑Öl ↑Strech}: Ölanstrich.

Öl|baum, der [ˈœˑlˌbo͜ʊm] <N.; ~|bäum [-bøˑy̯ˑm]> {s. u. ↑Öl ↑Baum}: Ölbaum.

Öl|be|häld|er, der [ˈœlbəˌhɛldɐ] <N.; ~> {s. u. ↑Öl ↑Be|häld|er}: Ölbehälter.

Öl|beld/~|bild, et [ˈœˑlˌbelt / -bɪlt] <N.; ~er> {s. u. ↑Öl ↑Beld/Bild}: Ölbild, Ölgemälde.

Öl|berg/~|birg, der [ˈœˑlˌberʃ / bɪrʃ] <N.; Eigenn.> {s. u. ↑Öl ↑Berg/Birg}: Ölberg, Höhenzug östl. Jerusalems.

Öl|bohr|ung, de [ˈœˑlˌboːrʊŋ] <N.; ~e> {s. u. ↑Öl}: Ölbohrung, Bohrung nach Erdöl.

Öl|drock¹, der [ˈœˑlˌdrok] <N.; o. Pl.> {s. u. ↑Öl ↑Drock¹}: Öldruck, Druck, durch den das Schmieröl von der Ölpumpe in den Motor befördert wird.

Öl|drock², der [ˈœˑlˌdrok] <N.; ~e> {s. u. ↑Öl ↑Drock²}: Öldruck, Ölfarbendruck.

öle [ˈœˑlə] <V.; schw.; han; ölte [ˈœˑltə]; geölt [jəˈœˑlt]> {5.5.3}: ölen: *Ding Bremse quietsche. Dun die ens ö.!* (Deine Bremsen quietschen. Öl sie mal!); ***sich der Stoss ö.** (einen trinken/pichein). (148)

Öl|färv, de [ˈœˑlˌfɛrˑf] <N.; ~e> {s. u. ↑Öl ↑Färv}: Ölfarbe.

Öl|film, der [ˈœˑlˌfiləm] <N.; ~e (Pl. selten)> {s. u. ↑Öl}: Ölfilm.

Öl|flanz/~|planz, de [ˈœˑlˌflants / -plants] <N.; ~e> {s. u. ↑Öl ↑Flanz/Planz}: Ölpflanze, Pflanze, aus deren Früchten od. Samen Öl gewonnen wird.

Öl|götz, der [ˈœˑlˌjœts] <N.; ~e> {s. u. ↑Öl ↑Götz}: Ölgötze, (nur in festen Wendungen gebr.) *do stonn wie de ~e* (da stehen wie die ~n).

öl|ig [ˈœˑlɪŋ] <Adj.; ~e; ~er, ~ste> {5.5.3}: ölig. Tbl. A5.2

Oliv, de [oˈliˑf] <N.; ~e ⟨lat. oliva = Ölbaum; Olive < griech. elaía⟩>: Olive.

Olive(n)|öl, et [oˈliˑvə(n)ˌœˑl] <N.; ~e (Sortenpl.)> {s. u. ↑Öl; 9.1.4}: Olivenöl.

Öl|jack, de [ˈœˑlˌjak] <N.; ~e> {s. u. ↑Öl ↑Jack¹}: Öljacke.

Öl|kann, de [ˈœˑlˌkan] <N.; ~e [-kanə]> {s. u. ↑Öl ↑Kann}: Ölkanne.

Öl|lamp, et [ˈœˑlˌlamp] <N.; ~e> {s. u. ↑Öl ↑Lamp}: Öllampe.

Öl|leid|ung, de [ˈœˑlˌleɪdʊŋ] <N.; ~e> {s. u. ↑Öl; 6.11.3}: Ölleitung.

Öllig, et [ˈølɪŋ] <N.; ~e [ˈølɪjə]; ~|el|che [ˈølɪljəlfjə]>: Zwiebel [auch: ↑Zwibbel], (übertr.) *Jeck Ö.!* (überspannte, verrückte Person).

Öllig|ring/Zwibbel|~, der [ˈølɪŋˌrɪŋ / ˈtsvɪbəl-] <N.; ~(e) [-rɪŋ· / -rɪŋə]> {s. u. ↑Öllig ↑Zwibbel ↑Ring¹}: Zwiebelring.

Öllig|schal/Zwibbel|~, de [ˈølɪŋˌʃaˑl / ˈtsvɪbəl-] <N.; ~e> {s. u. ↑Öllig ↑Zwibbel ↑Schal¹}: Zwiebelschale.

Ölligs|pief, de [ˈølɪŋsˌpiːf] <N.; ~e (meist Pl.)> {↑Öllig ↑Pief}: kleine Perlzwiebel mit Lauch, Lauchzwiebel.

Öllig|zauß, de [ˈølɪŋˌtsaʊs] <N.; ~e> {s. u. ↑Zauß}: Zwiebelsoße.

Öllig|zupp, de [ˈølɪŋˌtsʊp] <N.; ~e; ~|züpp|che> {s. u. ↑Zupp}: Zwiebelsuppe.

Öl|mol|lerei, de [ˈœːlmɔˌləˌreɪˑ] <N.; ~e [-əˈreɪə]> {s. u. ↑Öl ↑mole}: Ölmalerei. **1.** <o. Pl.> das Malen mit Ölfarben. **2.** Ölgemälde.

Öl|motor, der [ˈœːlmoˌtoːɐ̯] <N.> {s. u. ↑Öl}: Ölmotor, Dieselmotor.

Öl|müll, de [ˈœːlˌmʏlˑ] <N.; ~e [-mʏlə]> {s. u. ↑Öl ↑Müll¹}: Ölmühle, Mühle, in der aus Ölsaat Öl gepresst wird.

Öl|ovve, der [ˈœːlˌlovə] <N.; ~|ovve(ns)> {s. u. ↑Öl ↑Ovve}: Ölofen.

Öl|palm, de [ˈœːlˌpaləm] <N.; ~e> {s. u. ↑Öl ↑Palm²}: Ölpalme.

Öl|pess, de [ˈœːlˌpɛs] <N.; kein Pl.> {s. u. ↑Öl ↑Pess}: Ölpest, meist durch (aus einem beschädigten Tanker auslaufendes) Rohöl verursachte Verschmutzung von Stränden, Küstengewässern.

Öl|quell, de [ˈœːlˌkvɛlˑ] <N.; ~e [-kvɛlə]> {s. u. ↑Öl ↑Quell}: Ölquelle.

Öl|sardin, de [ˈœːlzaˌdiːn] <N.; ~e> {s. u. ↑Öl ↑Sardin}: Ölsardine.

Öl|scheech/~|schich, de [ˈœːlˌʃeːʃ / -ʃɪʃ] <N.; ~te> {s. u. ↑Öl ↑Scheech/Schich}: Ölschicht.

Öl|spor/~|spur, de [ˈœːlˌpoːɐ̯ / -pu:ɐ̯] <N.; ~e> {s. u. ↑Öl ↑Spor/Spur}: Ölspur.

Öl|vür|kumme/~|vör|~, et [ˈœːlˌfyːɐ̯kʊmə / -føːɐ̯-] <N.; ~> {s. u. ↑Öl ↑kumme}: Ölvorkommen, Vorkommen von Erdöl.

Öl|wähßel, der [ˈœːlˌvɛːsəl] <N.; ~e> {s. u. ↑Öl ↑Wähßel}: Ölwechsel.

Öl|wann, de [ˈœːlˌvanˑ] <N.; ~e [-vanə]> {8.2.2; s. u. ↑Öl}: Ölwanne.

Olympia|johr, et [oˈlʏmpɪjaˌjoˑɐ̯] <N.; ~e> {s. u. ↑Johr}: Olympiajahr, Jahr, in dem eine Olympiade stattfindet.

Olympia|mann|schaff, de [oˈlʏmpɪjaˌmanʃaf] <N.; ~te>: Olympiamannschaft.

Olympia|seeg, der [oˈlʏmpɪjaˌzeːʃ] <N.; ~e> {s. u. ↑Seeg}: Olympiasieg, Sieg bei einem olympischen Wettkampf.

Olympia|seeg|er, der [oˈlʏmpɪjaˌzeːjɐ] <N.; ~> {s. u. ↑Seeg|er}: Olympiasieger, Sieger bei einem olympischen Wettkampf.

Öl|zeug, et [ˈœːlˌtsɔʏ̯ʃ] <N.; o. Pl.> {s. u. ↑Öl}: Ölzeug, wasserdichte Oberbekleidung (für Seeleute).

om [om] <Präp. + best. Art.; m. Dat.> {5.3.1}: aufm, zus. gezogen aus *op dem* (auf dem).

Om Berlich [omˈbɛrlɪʃ] <N.; Straßenn.>: Auf dem Berlich; Straße in Köln-Altstadt/Nord. Schon im MA wurden Betriebe mit starker Geruchsemission vor die Stadtmauer gesetzt, wo die Bebauung noch sehr dürftig war; vor allem Schweinemastbetriebe hatte man lieber außerhalb der Stadt. Der Weg, auf dem die Schweine zum Suhlen getrieben wurden, hieß Berlich, wobei „Ber" das mittelhochdeutsche Wort für Eber ist. 1527 wurde dort ein städtisches Bordell, das Gemeine-Frauen-Haus, eingerichtet, welches Ende des 16. Jh. wieder vom Rat geschlossen wurde. Die Schweinemastbetriebe verschwanden, das Gelände wurde baulich erschlossen u. erlangte zum 19. Jh. den Ruf einer gutbürgerlichen Wohngegend. Um diese Zeit verwarf man den alten Straßennamen u. benannte die Straße nun nach dem Sankt-Klaren-Kloster am Römerturm. Hinter dem Kloster lag ein Sonderfriedhof für die verstorbenen Dirnen, die ja nicht auf dem christlichen Kirchhof beerdigt werden durften. Während der Wende zum 19. Jh. hieß der Platz *Sankt-Clara-Hügel*.

Om Brand [omˈbrant] <N.; Straßenn.>: Auf dem Brand; Straße in Köln-Altstadt/Nord. Der Name erinnert an eine Feuerbrunst in der zweiten Hälfte des 16. Jh.; eventuell ist der Name aber auch zurückzuführen auf einen Hausbewohner namens Hildebrand (1197) u. der damaligen Bezeichnung Scorlagensgaze, die für Asche od. auch Schmutz steht. Um 1405 hieß die Straße *Schorlinxgasse*. Schorlisse od. Schorlitze war ein einfach gewebtes Unterkleid, das die Schoren od. Schorlaker, als gelernte Weber, herstellten.

Om Rothenberg [omˈroːtənbɛrʃ] <N.; Straßenn.>: Auf dem Rothenberg; Straße in Köln-Altstadt/Nord. Bereits vor 1259 stand am Anfang der Straße das auffallend hohe Haus Rothenburg, das am Ende des 16. Jh. in gleicher Art wieder aufgebaut u. erst 1928 abgerissen wurde; trotz der honorigen Vergangenheit verfiel die Sozialstruktur der ansässigen Bevölkerung u. sie wurde in das Verzeichnis der verbotenen Straßen aufgenommen; dieser Zustand änderte sich erst während der Altstadtsanierung (1935-1941); bis 1816 hatte die Straße die Namen *Le mont rouge*, *Kleiner Fischmarkt* u. *Aufm Fischmängerbrand*.

öm¹ [øm] <Präp.; m. Akk.> {5.5.1}: um, **1.** (räumlich) um … herum: *ö. der Dom (eröm)* (u. den Dom (herum)). **2.** (zeitlich) **a)** Angabe eines genauen od. ungefähren Zeitpunkts: *ö. drei Uhr* (u. drei Uhr); **b)** vorüber, vorbei:

Jetz sin zehn Minutte ö. (Jetzt sind zehn Minuten u.); *De Zigg es ö.* (Die Zeit ist u.). **3.** stellt in Abhängigkeit von best. Wörtern eine Beziehung zu einem Objekt her: *Et geiht hee ö. Kölle, nit ö. der Bürgermeister!* (Es geht hier u. Köln, nicht u. den Bürgermeister!).

öm² [øm] <Adv.> {5.5.1}: um, ungefähr, etwa: *Et wore (esu) ö. de 30.000 Lück em Stadion.* (Es waren (so) u. die 30.000 Leute im Stadion.).

öm³ [øm] <Konj.; unterordn.; i. d. Vbdg. *öm ze/zo* + Inf.> {5.5.1}: um, **1.** im finalen Nebensatz: *Hä kom ö. si Geld ze holle.* (Er kam u. sein Geld zu holen.); besser: ↑*för*. **2.** nach *ze/zo* + Adj. für konjunktivischen Nebensatz: *ze schön ö. wohr ze sin* (zu schön u. wahr zu sein).

öm|-, Öm|- [øm·] <Präfix> {5.5.1}: um-, Um-, i. Vbdg. m. V., N. u. Adj.: *~ärme* (~armen), *~fang* (~fang), *~sichtig* (~sichtig).

öm ... welle [øm...'vɛlə] <Präp.; eigtl. erstarrter Gen. Sg. von ↑*Welle*> {s. u. ↑öm¹ ↑*Welle*}: um ... willen, nur noch i. best. festen Redewendungen gebr.: *Ö. Goddes w.!* (U. Gottes w.!).

öm|ändere [øm·|ɛndərə] <trennb. Präfix-V.; schw.; *han*; änderte ö*m* ['ɛndətə]; *~|geändert* [-jə|ɛndət]> {9.2.1.2}: umändern, in eine andere Form bringen, verändern. (4)

öm|arbeide [øm·ˌarbeɪ̯·də / 'øm·arˌbeɪ̯·də] <trennb. Präfix-V.; schw.; *han*; arbeidte öm ['arbeɪ̯·tə]; *~|gearbeidt* [-jə|arbeɪ̯·t]> {6.11.3}: umarbeiten: *e Hürspill ö.* (ein Hörspiel u.). (197)

öm|ärme [øm·'ɛr·mə] <nicht trennb. Präfix-V.; schw.; *han*; *~|ärmte* [-'|ɛr·mtə]; *|ärmp* [-'|ɛr·mp]> {5.4}: umarmen, in die Arme nehmen. (127)

öm|baue¹ ['øm·boʊ̯ə] <trennb. Präfix-V.; schw.; *han*; baute öm ['boʊ̯·tə]; *~|gebaut* [-jəboʊ̯·t]>: umbauen, anders bauen: *Mer han et ganze Huus ömgebaut.* (Wir haben das ganze Haus umgebaut.). (11)

öm|baue² [øm·boʊ̯ə] <nicht trennb. Präfix-V.; schw.; *han*; *~|baute* [-'boʊ̯·tə]; *~|baut* [-'boʊ̯·t]>: umbauen, mit Bauten umgeben: *Dä ganze Platz es hügg ömbaut.* (Der ganze Platz ist heute umbaut.). (11)

öm|beege ['øm·be·jə] <trennb. Präfix-V.; st.; *han*; bog öm [boːx]; *~|geboge* [-jəboː·ʀə]> {5.1.4.3}: umbiegen, nach einer Seite biegen, durch Biegen in eine andere Richtung bringen: *ene Droht ö.* (einen Draht u.). (16)

öm|be|nenne ['øm·bəˌnɛnə] <trennb. Präfix-V.; unr.; *han*; be|nannt öm [bə'nant]; *~|be|nannt* [-bənant]>: umbenennen, anders benennen. (35)

öm|be|setze ['øm·bəˌzɛtsə] <trennb. Präfix-V.; unr./schw.; *han*; be|setzte/be|satz öm [bə'zɛtstə / bə'zats]; *~|be|setz/~|be|satz* [-bəzɛts / -bəzats]>: umbesetzen, einer anderen als der urspr. vorgesehenen Person zuteilen, an jmd. anderen vergeben: *de Hauproll ö.* (die Hauptrolle u.). (173)

öm|bilde/~|belde ['øm·bɪl·də / -bel·də] <trennb. Präfix-V.; schw.; *han*; bildte öm ['bɪl·tə]; *~|gebildt* [-jəbɪl·t]> {(5.5.2)}: umbilden, **a)** in seiner Form od. Zusammensetzung (ver)ändern, umgestalten: *de Regierung ö.* **b)** <sich ö.> sich in seiner Form od. Zusammensetzung (ver)ändern. (28)

öm|binge ['øm·bɪŋə] <trennb. Präfix-V.; st.; *han*; bung öm [bʊŋ·]; *~|gebunge* [-jəbʊŋə]> {6.7}: umbinden, **1.** durch Binden bewirken, dass sich etw. um etw./jmdn. befindet: *Dun däm Klein e Lätzche ö.!* (Binde dem Kleinen ein Lätzchen um!). **2.** (ein Buch) anders einbinden, neu binden. (26)

öm|bläddere ['øm·blɛdərə] <trennb. Präfix-V.; schw.; *han*; bläddterte öm ['blɛdətə]; *~|gebläddert* [-jəblɛdət]> {6.11.3; 9.2.1.2}: umblättern. (4)

öm|blose ['øm·bloˑzə] <trennb. Präfix-V.; st.; *han*; blees öm [bleːs]; *~|geblose* [-jəbloˑzə]> {5.5.3}: umblasen, **a)** durch Blasen umwerfen; **b)** umlegen, kaltblütig erschießen. (30)

öm|boche ['øm·bo·xə] <trennb. Präfix-V.; schw.; *han*; bochte e. ['bo·xtə]; *~|geboch* [-jəbo·x]> {5.4}: umbuchen, **1.** an einer anderen Stelle im Konto od. auf ein anderes Konto buchen: *ene Bedrag ö.* (einen Betrag u.). **2.** etw. anders buchen, eine Buchung ändern: *en Reis ö.* (eine Reise u.). (123)

öm|bränge ['øm·brɛŋə] <trennb. Präfix-V.; unr.; *han*; braht öm [braːt]; *~|gebraht* [-jəbraːt]> {5.4}: umbringen, **1.** töten, ermorden [auch: ↑*av|möpse*, ↑*av|murkse* (1), ↑*mööde*, ↑*möpse*]. **2.** zurückbringen, wiederbringen [auch: ↑*widder|bränge*, ↑*zeröck|bränge/zoröck|~*]. (33)

öm|breche ['øm·brɛçə] <trennb. Präfix-V.; st.; *han*; broch öm [broˑx]; *~|gebroche* [-jəbroxə]>: umbrechen, **1.** <han> knicken u. nieder-/umwerfen: *Der Sturm brich de Bäum öm.* (Der Sturm bricht Bäume um.). **2.** <sin> herunterbrechen, um-/niederfallen: *De Äss sin unger däm ville Schnei ömgebroche.* (Die Äste sind unter der Schneelast umgebrochen.). (34)

Öm|broch, der ['øm·brox] <N.; *~|bröch* {s. u. ↑*Broch*¹}: Umbruch.

öm|datiere/~eere ['øm·da‚tiˑ(ɐ̯)rə / -eˑrə] <trennb. Präfix-V.; schw./unr.; *han*; datierte öm [daˈtiˑɐ̯tə]; ~|datiert [-da‚tiˑɐ̯t] ⟨frz. dater⟩> {(5.1.4.3)}: umdatieren, **1.** auf ein anderes Datum verlegen: *ene Termin ö.* (einen Termin u.). **2.** mit einem anderen Datum versehen: *ene Breef ö.* (einen Brief u.). (3) (2)

öm|däue ['øm·dɔy̯ə] <trennb. Präfix-V.; Formen mischbar; unr./schw.; *han*; daut/däute öm [dou̯t / ˈdøy̯ˑtə]; ~|gedaut/~|gedäut [-jədou̯t / -jədøy̯ˑt]>: umschubsen, umstoßen, umwerfen. (43)

öm|däufe ['øm·dɔy̯fə] <trennb. Präfix-V.; schw.; *han*; däufte öm [ˈdøy̯ftə]; ~|gedäuf [-jədøy̯f] {5.1.3; 6.11.1}: umtaufen, umbenennen. (108)

öm|deechte/~|dichte ['øm·deˑɧtə / -dɪɧtə] <trennb. Präfix-V.; schw.; *han*; ~|gedeech [-jədeˑɧ]> {5.2.1; 5.4}: umdichten, den Wortlaut einer (bekannten) Dichtung verändern. (131)

öm|denke ['øm·dɛŋkə] <trennb. Präfix-V.; unr.; *han*; daach öm [daːx]; ~|gedaach [-jədaːx]>: umdenken. (46)

öm|dirigiere/~eere ['øm·dɪrɪˌjiˑ(ɐ̯)rə / -eˑrə] <trennb. Präfix-V.; schw./unr.; *han*; dirigierte öm [dɪrɪˈjiˑɐ̯tə]; ~|dirigiert [-dɪrɪˌjiˑɐ̯t] ⟨lat. dirigere⟩> {(5.1.4.3)}: umdirigieren, umlenken. (3) (2)

öm|disponiere/~eere ['øm·dɪspoˑˌniˑ(ɐ̯)rə / -eˑrə] <trennb. Präfix-V.; schw./unr.; *han*; disponierte öm [dɪspoˈniˑɐ̯tə]; ~|disponiert [-dɪspoˌniˑɐ̯t] ⟨lat. disponere⟩> {(5.1.4.3)}: umdisponieren, anders disponieren. (3) (2)

öm|drage ['øm·draˑʀə] <trennb. Präfix-V.; st.; *han*; drog öm [droˑx]; ~|gedrage [-jədraˑʀə] {6.11.2}: zurücktragen, zurückbringen. (48)

öm|drihe ['øm·driˑə] <trennb. Präfix-V.; schw.; *han*; drihte öm [ˈdriˑtə]; ~|gedriht [-jədriˑt] {5.1.4.1}: umdrehen, umschlagen, umklappen. (37)

Öm|drih|ung, de [ˌøm'driˑʊŋ] <N.; ~e> {5.4}: Umdrehung.

öm|dun ['øm·dʊn] <trennb. Präfix-V.; unr.; *han*; dät öm [dɛˑt]; ~|gedon [-jədɔn] {5.3.2.5; 6.11.1}: umtun, **1.** anziehen, umlegen, -binden: *Dun däm Kind jet öm, et es fies kald drusse!* (Zieh dem Kind etw. an, es ist sehr kalt draußen!). **2.** <sich ö.> **a)** versuchen näher kennenzulernen: *Ich dun mich ens en däm Städtche jet öm, do kenne ich mich noch nit us.* (Ich versuche das Städtchen näher kennenzulernen, da ich mich noch nicht auskenne.); **b)** bemühen um: *Hä künnt sich och ens jet mih noh Arbeid ö.* (Er könnte sich auch mal etw. intensiver um Arbeit bemühen). (53)

Omega, et [ˈomeˌjaˑ] <N. ⟨griech. o méga, eigtl. = großes (d. h. langes) o⟩>: Omega, letzter Buchstabe des griechischen Alphabets.

öm|enander [ˌømə'nandə / '--,--] <Adv.>: umeinander.

öm|er|trecke ['øm·|ɛɐ̯ˌtrɛkə] <trennb. Präfix-V.; st.; *han*; er|trok öm [ɛɐ̯ˈtroˑk]; ~|er|trocke [-|ɛɐ̯ˌtrɔkə]>: umziehen. (190)

öme|söns [øməˈzøns] <Adv.> {5.5.1; 8.3.5}: umsonst, **1.** vergebens. **2. a)** gratis ([RA] scherzh.): *Ö. es der Dud, un dä koss noch et Levve.* (U. ist der Tod, und der kostet noch das Leben.) [auch: ↑lau (3).]

öm|fahre[1] ['øm·faˑrə] <trennb. Präfix-V.; st.; *han*; fuhr/fohr öm [fuˑɐ̯ / foˑɐ̯]; ~|gefahre [-jəfaˑrə]>: umfahren, **1.** zurückfahren, umkehren: *Ovends siˈ mer widder ömgefahre.* (Abends sind wir wieder zurückgefahren.). **2.** fahrend anstoßen u. zu Boden werfen: *Et Lis hät beim Enparke e Scheld ömgefahre.* (Lisa hat beim Einparken ein Schild umgefahren.). (62)

öm|fahre[2] [øm'faˑrə] <nicht trennb. Präfix-V.; st.; *han*; ~|fuhr/~|fohr [-fuˑɐ̯ / -foˑɐ̯]; ~|fahre [-ˈfaˑrə]>: umfahren, drumherum fahren: *Mer han der Stau ömfahre.* (Wir haben den Stau umfahren.). (62)

öm|falle ['øm·falə] <trennb. Präfix-V.; st.; *sin*; feel öm [feˑl]; ~|gefalle [-jəfalə]>: umfallen. (64)

Ömfang, der ['øm·faŋ] <N.; Ömfäng ['øm·ˌfɛŋ]>: Umfang.

öm|färve ['øm·fɛɐ̯və] <trennb. Präfix-V.; schw.; *han*; färvte öm ['fɛɐ̯ftə]; ~|gefärv [-jəfɛɐ̯f] {5.4; 6.1.1}: umfärben, anders färben, mit einer neuen Farbe einfärben: *de Schohn ö.* (die Schuhe u.). (66)

Öm|feld, et ['øm‚fɛlt] <N.; ~er>: Umfeld.

öm|flanze[1]**/~|planze**[1] ['øm·flantsə / -plantsə] <trennb. Präfix-V.; schw.; *han*; flanzte öm ['flantstə]; ~|geflanz [-jəflants] {6.8.1/6.8.2}: umpflanzen, verpflanzen, an einen anderen Ort pflanzen: *Em Fröhjohr han ich de Blome ömgeflanz.* (Im Fühjahr habe ich die Blumen umgepflanzt.). (42)

öm|flanze[2]**/~|planze**[2] [øm'flantsə / -plantsə] <nicht trennb. Präfix-V.; schw.; *han*; ~|flanzte [-'flantstə]; ~|flanz [-'flants] {6.8.1/6.8.2}: umpflanzen, mit Pflanzen umgeben: *Dat Denkmol es met Blome ömflanz.* (Das Denkmal ist mit Blumen umpflanzt.). (42)

öm|fleege[1] ['øm·fleˑjə] <trennb. Präfix-V.; st.; *sin*; flog öm [floˑx]; ~|geflöge [-jəflɔˑʀə] {5.1.4.3}: umfliegen, **a)** zurückfliegen: *Noh 3 Dag es hä ömgefloge.* (Nach 3

öm|fleege² [øm'fleˑjə] <nicht trennb. Präfix-V.; st.; han; ~|flog [-floˑx]; ~|floge [-'floːʀə]> {5.1.4.3}: umfliegen, **a)** fliegend umkreisen: *Möcke ö. et Leech.* (Mücken u. das Licht.); **b)** im Bogen an etw. vorbeifliegen: *der Leuchtturm ö.* (den Leuchtturm u.). (16)

öm|flöge/~|plöge ['øm·fløˑjə / -pløˑjə] <trennb. Präfix-V.; schw.; han; flögte öm ['fløˑɦtə]; ~|geflög [-jəfløˑɦ]> {5.4; 6.8.1/6.8.2}: umpflügen. (103)

öm|fölle/~|fülle ['øm·følə / -fʏlə] <trennb. Präfix-V.; schw.; han; föllte öm ['følˑtə]; ~|geföllt [-jəfølˑt]> {5.5.1}: umfüllen. (91)

öm|forme ['øm·fɔrmə] <trennb. Präfix-V.; schw.; han; formte öm ['fɔrmtə]; ~|geformp [-jəfɔrˑmp]>: umformen. (127)

öm|formuliere/~eere ['øm·fɔmʊˌliˑ(ɐ̯)rə / -eˑrə] <trennb. Präfix-V.; schw./unr.; han; formulierte öm [fɔmʊˈliˑɐ̯tə]; ~|formuliert [-fɔmʊˌliˑɐ̯t] ⟨frz. formuler⟩> {(5.1.4.3)}: umformulieren, anders formulieren. (3) (2)

Öm|frog, de ['øm·froˑx] <N.; ~e> {5.5.3; 8.3.1}: Umfrage.

Öm|gang, der ['øm·jaŋ] <N.; ~|gäng [-jɛŋˑ]>: Umgang.

öm|gänglich ['øm·jɛŋˑlɪʃ] <Adj.; ~e; ~er, ~ste>: umgänglich. Tbl. A1

Öm|gangs|sproch, de ['øm·jaŋsˌ[proˑx] <N.; ~e> {s. u. ↑Öm|gang ↑Sproch¹}: Umgangssprache.

öm|gangs|sproch|lich ['øm·jaŋsˌ[proˑxlɪʃ] <Adj.; ~e>: umgangssprachlich. Tbl. A1

Öm|gangs|ton, der ['øm·jaŋsˌtoːn] <N.; o. Pl.> {s. u. ↑Öm|gang ↑Ton¹}: Umgangston.

öm|ge|driht ['øm·jədriˑt] <Adj.; Part. II von ↑öm|drihe; ~e> {5.4}: umgedreht; umgekehrt: entgegengesetzt, gegenteilig. Tbl. A1

öm|geeße ['øm·jeˑsə] <trennb. Präfix-V.; st.; han; goss öm [jɔs]; ~|gegosse [-jəjɔsə]> {5.1.4.3}: umgießen, umschütten, in ein anderes Gefäß gießen. (79)

öm|gevve¹ [øm'jevə] <nicht trennb. Präfix-V.; st.; han; ~|gov [-jɔˑf]; ~|govve/~|gevve [-'jɔvə / -'jevə]> {5.3.4; 5.5.2; 6.1.1}: umgeben, um jmdn./etw. herum sein lassen: *et Huus met ener Heck ö.* (das Haus mit einer Hecke u.). (81)

öm|gevve² ['øm·jevə] <trennb. Präfix-V.; st.; han; gov ö. [-jɔˑf]; ~|govve/~|gegevve [-jəjovə / -'jejevə]> {5.3.4; 5.5.2; 6.1.1}: zurückgeben. (81)

öm|gonn¹ ['øm·jɔn] <trennb. Präfix-V.; st.; sin; ging öm [jɪŋ], ~|gegange [-jəjaŋə]> {5.3.4; 8.2.2.3}: umgehen, **1. a)** handhaben; haushalten: *Wie geihs de met däm gode Apparat öm?* (Wie gehst du mit dem guten Apparat um?); *Met Geld kann ich nit ö.* (Mit Geld kann ich nicht u.); **b)** verkehren, Umgang pflegen: *Hä geiht gään met Puute öm.* (Er geht gerne mit Kindern um.). **2.** zurückgehen, umkehren: *Et gitt Rähn, loss mer ö.* (Es gibt Regen, lass uns umkehren/zurückgehen). **3.** verderben, schlecht werden: *Bah, dat Bier es ömgegange.* (Pfui, das Bier ist verdorben.). **4.** spuken: *En dä Burg soll e Gespens ö.* (In der Burg soll ein Gespenst umgehen/ soll es spuken). (83)

öm|gonn² [øm'jɔn] <nicht trennb. Präfix-V.; st.; han; ~|ging [-'jɪŋ]; ~|gange [-'jaŋə]> {5.3.4; 8.2.2.3}: umgehen, **a)** vermeiden, ausweichen: *en Schwierigkeit ö.* (eine Schwierigkeit u.); **b)** Gebote, Verbote ohne Folgen nicht beachten (eine Gesetzeslücke ausnutzen): *Dä es Politiker, dä weiß de Gesetze ze ö.* (Der ist Politiker, der weiß die Gesetze zu u.). (83)

öm|grave ['øm·jraˑvə] <trennb. Präfix-V.; st.; han; grov öm [jroˑf]; ~|gegrave [-jəjraˑvə]> {6.1.1}: umgraben. (85)

öm|griefe¹ ['øm·jriˑfə] <trennb. Präfix-V.; st.; han; greff öm [jref]; ~|gegreffe [-jəjrefə]> {5.1.4.5}: umgreifen, mit den Händen in einen anderen Griff wechseln: *Hä hatt am Barre zo späd ömgegreffe.* (Er hatte am Barren zu spät umgegriffen.). (86)

öm|griefe² [øm'jriˑfə] <nicht trennb. Präfix-V.; st.; han; ~|greff [-jref]; ~|greffe [-'jrefə]> {5.1.4.5}: umgreifen, mit den Händen umschließen, umfassen: *It heelt die Stang Kölsch fass ömgreffe.* (Sie hielt das Kölschglas fest umgriffen.). (86)

öm|häkele [øm'hɛˑkələ] <nicht trennb. Präfix-V.; schw.; han; ~|häkelte [-'hɛˑkəltə]; ~|häkelt [-'hɛˑkəlt]> {9.2.1.2}: umhäkeln, einen Rand um etw. häkeln. (6)

Öm|hang, der ['øm·ˌhaŋ] <N.; ~|häng [-hɛŋˑ]>: Umhang.

öm|hänge ['øm·hɛŋə] <trennb. Präfix-V.; schw.; han; hängte öm ['hɛŋˑtə]; ~|gehängk [-jəhɛŋˑk]>: umhängen, **1.** in anderer Art od. an anderer Stelle aufhängen: *Bilder ö.* (Bilder u.). **2.** um den Hals od. über die Schulter hängen, umlegen: *einem/sich en Deck ö.* (jmdm./sich eine Decke u.) [auch: ↑öm|läge (1)]. (49)

Öm|hänge|täsch, de ['øm·ˌhɛŋəˌtɛʃ] <N.; ~e> {s. u. ↑öm|hänge ↑Täsch}: Umhängetasche.

öm|haue ['øm·haʊ̯ə] <trennb. Präfix-V.; unr./schw.; *han*; haute öm ['haʊ̯·tə]; ~|gehaue/~|gehaut [-jəhaʊ̯ə / -jəhaʊ̯·t]>: umhauen. (94)

öm|hölle [øm'hølə] <nicht trennb. Präfix-V.; schw.; *han*; ~|höllte [-'høl·tə]; ~|höllt [-'høl·t]> {5.5.1}: umhüllen, bedecken. (91)

öm|hüre/~|höre, sich ['øm·hy:(ɐ̯)rə / -hø:(ɐ̯)rə] <trennb. Präfix-V.; Formen mischbar; schw./unr.; *han*; hürte/hoot öm ['hy·ɐ̯tə / 'ho:t]; ~|gehürt/~|gehoot [-jəhy·ɐ̯t / -jəho:t]> {5.4}: sich umhören. (21) (179)

öm|jubele [øm'ju:bələ] <nicht trennb. Präfix-V.; schw.; *han*; ~|jubelte [-'ju:bəltə]; ~|jubelt [-'ju:bəlt]> {9.2.1.2}: umjubeln. (6)

öm|kämfe [øm'kɛmfə] <nicht trennb. Präfix-V.; schw.; *han*; ~|kämfte [-'kɛmftə]; ~|kämf [-'kɛmf]> {6.8.2}: umkämpfen. (105)

Öm|kehr/~|kihr, de ['øm·ke:ɐ̯ / -ki:ɐ̯] <N.; o. Pl.> {(5.4)}: Umkehr.

öm|kippe ['øm·kɪpə] <trennb. Präfix-V.; schw.; *han*; kippte öm ['kɪptə]; ~|gekipp [-jəkɪp]>: umkippen. (75)

öm|klammere [øm'klamərə] <nicht trennb. Präfix-V.; schw.; *han*; ~|klammerte [-'klamɐtə]; ~|klammert [-'klamɐt]> {9.2.1.2}: umklammern. (4)

öm|klappe ['øm·klapə] <trennb. Präfix-V.; schw.; *han*; klappte öm ['klaptə]; ~|geklapp [-jəklap]>: umklappen, umschlagen. (75)

Öm|kleide|kabin, de ['øm·klei̯·də,kabi·n] <N.; ~e> {s. u. ↑Kabin}: Umkleidekabine.

öm|knicke ['øm·knɪkə] <trennb. Präfix-V.; schw.; *han*; knickte öm ['knɪktə]; ~|geknick [-jəknɪk]>: umknicken, umbiegen. (88)

öm|kränze [øm'krɛntsə] <nicht trennb. Präfix-V.; schw.; *han*; ~|kränzte [-'krɛntstə]; ~|känz [-'krɛnts]>: umkränzen, bekränzend umwinden. (42)

öm|krempele ['øm·krɛmpələ] <trennb. Präfix-V.; schw.; *han*; krempelte öm ['krɛmpəltə]; ~|gekrempelt [-jəkrɛmpəlt] {9.2.1.2}: umkrempeln. (6)

öm|kumme ['øm·kʊmə] <trennb. Präfix-V.; st.; *sin*; kɔm öm [kɔ·m]; ~(|ge)kumme [-(jə)ˌkʊmə] {5.4}: umkommen, **1.** zurückkommen: *Mer kumme fröh genog widder öm.* (Wir kommen früh genug wieder zurück.) [auch: ↑widder|kumme]. **2.** sterben: *Dä es och em Kreeg ömgekumme.* (Der ist auch im Krieg umgekommen.) [auch: ↑av|kratze (2), ↑av|nibbele, ↑av|nippele, ↑baschte (2), ↑drop|gonn (1), *sich* ↑fott|maache (3), ↑fott|sterve,

↑frecke, *dran* ↑gläuve (4), ↑heim|gonn (b), ↑hin|sterve, ↑kapodd|gonn (3), ↑sterve, ↑us|futze, ↑ver|recke, *de Auge/Döpp zo|dun/ zo|maache*]. (120)

öm|lade ['øm·la·də] <trennb. Präfix-V.; st.; *han*; lod öm [lo·t]; ~|gelade [-jəla·də]>: umladen. (124)

Öm|lag, de ['øm·la·x] <N.; ~e> {s. u. ↑Lag}: Umlage.

öm|läge ['øm·lɛ·jə] <trennb. Präfix-V.; unr.; *han*; laht öm [la·t]; ~|gelaht/~|geläg [-jəla:t / -jəlɛ·ŋ] {5.4}: umlegen, **1.** um Hals od. Schultern legen: *e Doch ö.* (ein Tuch u.) [auch: ↑öm|hänge (2)]. **2.** der Länge nach auf den Boden legen; fällen: *ene Baum ö.* (einen Baum fällen). **3.** auf eine andere Seite klappen: *Läg ens dä Hevvel öm!* (Leg mal den Hebel um!). **4.** umleiten; anders/ mit anderem Verlauf/an eine andere Stelle legen: *der Verkehr ö.* (den Verkehr umleiten); *ene Kranke ö.* (einen Kranken (in ein anderes Zimmer) verlegen). **5.** auf eine andere Seite legen: *Kaate ö.* (Karten umdrehen). **6.** aufteilen, auf mehrere verteilen: *de Koste op se all ö.* (die Kosten auf alle u./verteilen). **7.** töten: *Dann han se och noch dä Kassierer ömgelaht.* (Dann haben sie auch noch den Kassierer umgelegt.) [auch: ↑av|möpse, ↑av|murkse (1), ↑mööde, ↑möpse, ↑öm|bränge (1)]. (125)

öm|lagere[1] ['øm·la·ʀɐrə] <trennb. Präfix-V.; schw.; *han*; lagerte öm ['la·ʀɐtə]; ~|gelagert [-jəla·ʀɐt] {9.2.1.2}: umlagern, umbetten, anders lagern (als vorher): *Die Schwester hät die Kranke ömgelagert.* (Die Schwester hat die Kranken/Patienten umgelagert.). (4)

öm|lagere[2] [øm'la·ʀɐrə] <nicht trennb. Präfix-V.; schw.; *han*; ~|lagerte [-'la·ʀɐtə]; ~|lagert [-'la·ʀɐt] {9.2.1.2}: umlagern, umringen, stehend od. gelagert in großer Zahl umgeben: *De Fans däten dä Sänger ö.* (Die Fans umlagerten den Sänger.). (4)

Öm|land, et ['øm·lant] <N.>: Umland.

Öm|lauf, der ['øm·loʊ̯f] <N.; ~|läuf>: Umlauf.

Öm|lauf|bahn, de ['øm·loʊ̯f,ba·n] <N.; ~e> {s. u. ↑Bahn}: Umlaufbahn.

öm|laufe[1] ['øm·loʊ̯fə] <trennb. Präfix-V.; st.; *han*; leef öm [le·f]; ~|gelaufe [-jəloʊ̯fə]>: umlaufen, **1.** laufend umwerfen: *Dat wor keine Elfmeter, dä Störmer hät doch dä Kipper ömgelaufe.* (Das war kein Elfmeter, der Stürmer hat doch den Torwart umgelaufen.). **2.** umlaufen, zurücklaufen: *Do kütt dä ald widder ömgelaufe, dä kann doch noch nit fäädig sin.* (Da kommt der schon wieder zurückgelaufen, er kann doch noch gar nicht

ömlaufe

fertig sein.) [auch: ↑öm|renne]. 3. zurückfließen [auch: ↑zo|röck|laufe/ze|~] (128)

öm|laufe[2] [øm'loʊfə] <nicht trennb. Präfix-V.; st.; han; ~|leef [-'le·f]; ~|laufe [-'loʊfə]>: umlaufen, umkreisen; um etw. herumlaufen: *De Ääd ömläuf de Sonn eimol em Johr.* (Die Erde umkreist die Sonne einmal im Jahr.). (128)

Öm|laut, der ['øm·ˌloʊt] <N.; ~e> {s. u. ↑Laut}: Umlaut.

öm|leite ['øm·laɪtə] <trennb. Präfix-V.; schw.; han; ~|geleit [-jəlaɪt]>: umleiten, anders leiten: *der Verkehr ö.* (den Verkehr u.). (72)

Öm|leit|ung, de ['øm·ˌleɪtʊŋ] <N.; ~e>: Umleitung.

öm|lenke ['øm·lɛŋkə] <trennb. Präfix-V.; schw.; han; lenkte öm ['lɛŋktə]; ~|gelenk [-jəlɛŋk]>: umlenken. (41)

öm|liere/~|leere ['øm·li·(ɡ)rə / -le·rə] <trennb. Präfix-V./unr.; han; lierte öm ['li·ɡtə]; ~|geliert [-jəli·ɡt]> {5.2.1.4/5.2.2; 8.2.3}: umlernen, **1.** sich durch erneutes Lernen umstellen. **2.** etw. anderes, einen anderen Beruf, eine andere Methode od. Ä. lernen. (3) (2)

Öm|luff, de ['øm·ˌlʊf] <N.; o. Pl.> {s. u. ↑Luff}: Umluft.

öm|luure/~|loore, sich ['øm·lu·(ɡ)rə / -lo·rə] <Präfix-V.; schw./unr.; han; luurte öm ['lu·ɡtə]; ~|geluurt [-jəlu·ɡt]>: sich umsehen, umschauen [auch: ↑öm|sinn]. (100) (134)

öm|melde ['øm·mɛl·də] <trennb. Präfix-V.; schw.; han; meldte öm ['mɛl·tə]; ~|gemeldt [-jəmɛl·t]>: ummelden; sich/jmdn./etw. anderswo anmelden. (28)

Ommer, der ['omɐ] <N.; Ömmer ['ømɐ]>: Murmel, Klicker, *Ömmer spille (klickern, M. spielen) [auch: ↑Klicker].

ömmere ['ømərə] <V.; schw.; han; ömmerte ['ømɐtə], geömmert [jə'|ømɐt]> {9.2.1.2}: klickern, Murmel spielen [auch: *Ömmer spille*]. (4)

Ömmer|jön|che, et ['ømɐˌjœnçə] <N.; ~r>: Süßigkeit aus früherer Zeit, mit Zuckerguß überzogener Korianderkern.

öm|modele ['øm·mo·dələ] <trennb. Präfix-V.; schw.; han; modelte öm ['mo:dəltə]; ~|gemodelt [-jəmo:dəlt]> {9.2.1.2}: ummodeln, -gestalten, -formen, ändern. (6)

öm|münze ['øm·mʏntsə] <trennb. Präfix-V.; schw.; han; münzte öm ['mʏntstə]; ~|gemünz [-jəmʏnts]>: ummünzen. (42)

Öm|nacht|ung, de [øm·'naxtʊŋ] <N.; i. best. Komposita *Nacht*, sonst ↑Naach; ~e> {11}: Umnachtung, geistige Verwirrung, Wahnsinn.

öm|neete ['øm·ne·tə] <trennb. Präfix-V.; schw.; han; ~|geneet [-jəne·t]> {5.1.4.3}: umnieten. (104)

öm|nevvele [øm'nevələ] <nicht trennb. Präfix-V.; schw.; han; ~|nevvelte [-'nevəltə]; ~|nevvelt [-'nevəlt]> {5.3.4; 5.5.2; 6.1.1; 9.2.1.2}: umnebeln, **1.** ringsum in Nebel hüllen. **2.** (den Blick, Verstand) trüben: *jet ömnevvelt sin* (leicht umnebelt sein). (6)

Omni|bus|bahn|hoff, der ['ɔmnɪbʊsˌba:nhɔf] <N.; ~|höff> {s. u. ↑Bahn|hoff}: Omnibusbahnhof.

Omni|bus|fahrt, de ['ɔmnɪbʊsˌfa:t] <N.; ~e> {s. u. ↑Fahrt}: Omnibusfahrt.

öm|nihe ['øm·ni·ə] <trennb. Präfix-V.; schw.; han; nihte öm ['ni·tə]; ~|genihnt [-jəni·t] {5.4}: umnähen. (37)

öm|packe[1] ['øm·pakə] <trennb. Präfix-V.; schw.; han; packte öm ['paktə]; ~|gepack [-jəpak]>: umpacken, **1.** in etw. anderes packen: *sing Saache us der Täsch en der Koffer ö.* (seine Sachen aus der Tasche in den Koffer u.). **2.** anders/neu packen: *sing Saache, der Koffer ö.* (seine Sachen/den Koffer u.). (88)

öm|packe[2] ['øm·pakə] <nicht trennb. Präfix-V.; schw.; han; ~|packte [-'paktə]; ~|pack [-'pak]>: umfassen, umklammern, mit Händen od. Armen umschließen: *Hä heeldt si Handy fass ömpack.* (Er hielt sein Mobiltelefon fest umschlossen.). (88)

öm|pötte ['øm·pœtə] <trennb. Präfix-V.; schw.; han; ~|gepött [-jəpœt]> {5.4; 6.12.9}: umtopfen. (113)

öm|progammiere/~eere ['øm·proˌɡraˌmi·(ɡ)rə / -e·rə] <trennb. Präfix-V.; schw./unr.; programmierte öm [proɡra'mi·ɡtə]; han ~|programmiert [-proˌɡraˌmi·ɡt] ⟨von frz. *programmer*⟩> {(5.1.4.3)}: umprogrammieren, (Datenverarb.) anders, neu programmieren. (3) (2)

öm|quartiere/~eere ['øm·kva·ti·(ɡ)rə / -e·rə] <trennb. Präfix-V.; schw./unr.; han; quartierte öm [kva'ti·ɡtə]; ~|quartiert [-kva·ti·ɡt] ⟨nach frz. *quartier*⟩> {(5.1.4.3)}: umquartieren. (3) (2)

öm|rahme [øm'ra·mə] <nicht trennb. Präfix-V.; schw.; han; ~|rahmte [-'ra·mtə]; ~|rahmp [-'ra·mp]>: umrahmen, **1.** wie mit einem Rahmen umgeben: *Ene Baat ömrahmp si Geseech.* (Ein Bart umrahmt sein Gesicht.). **2.** einer Sache einen best. Rahmen geben: *ene Vürdrag musikalisch ö.* (einen Vortrag musikalisch u.). (126)

öm|rande [øm'ran·də] <nicht trennb. Präfix-V.; schw.; han; ~|randte [-'ran·tə]; ~|randt [-'ran·t]>: umranden, rundum

ömschlage

mit einem Rand versehen: *ene Avsatz em Boch rud ö.* (einen Absatz im Buch rot u.). (28)

Öm|rand|ung, de [øm'ran·dʊŋ] <N.; ~e>: Umrandung.

öm|rangiere/~eere ['øm·raŋˌʒi·(ɐ̯)rə / -e·rə] <trennb. Präfix-V.; schw./unr.; *han*; rangierte ọ̈m [raŋ'ʒi·ɐ̯tə]; ~|rangiert [-raŋˌʒi·ɐ̯t] ⟨frz. ranger⟩> {(5.1.4.3)}: umrangieren, **1.** durch Rangieren anders (zusammen)stellen: *ene Zog, ene Wagon ö.* (einen Zug/einen Waggon u.). **2.** durch Rangieren das Gleis wechseln: *Der Zog/de Lok muss ö.* (Der Zug/die Lok muss u.). (3) (2)

öm|rechne ['øm·rɛɦnə] <trennb. Präfix-V.; schw.; *han*; rechente ọ̈m ['rɛɦəntə]; ~|gerechent [-jərɛɦənt]>: umrechnen. (150)

Öm|rechn|ung, de ['øm·rɛɦnʊŋ] <N.; ~e>: Umrechnung.

öm|renne ['øm·rɛnə] <trennb. Präfix-V.; unr.; *han*; rannt ọ̈m [rant]; ~|gerannt [-jərant]>: umrennen, **1.** etw. rennend umstoßen [auch: ↑ọ̈m|laufe¹ (1)]. **2.** zurückrennen [auch: ↑ọ̈m|laufe¹ (2)]. (35)

Öm|ress, der ['øm·ˌrɛs] <N.; ~e> {s. u. ↑Ress¹}: Umriss.

öm|rieße¹ ['øm·ri:sə] <trennb. Präfix-V.; st.; *han*; ress ọ̈m [rɛs]; ~|geresse [-jərɛsə] {5.1.4.5}: umreißen, **1.** zu Boden reißen, durch heftige Bewegung umwerfen: *Dä hät mich plötzlich ömgeresse.* (Er hat mich plötzlich umgeworfen.). **2.** durch Umwerfen od. Ä. niederreißen, zerstören: *Dä Zung woodt gester ömgeresse.* (Der Zaun wurde gestern niedergerissen.). (25)

öm|rieße² [øm·ri:sə] <nicht trennb. Präfix-V.; st.; *han*; ~|ress [-'rɛs]; ~|resse [-'rɛsə] {5.1.4.5}: umreißen, skizzieren, skizzenhaft darstellen, knapp, in großen Zügen u. dabei in seinen wesentlichen Punkten darstellen: *Hä hät sing Vürstellunge genau ömresse.* (Er hat seine Vorstellungen genau umrissen.). (25)

öm|ringe [øm'rɪŋə] <nicht trennb. Präfix-V.; schw.; *han*; ~|ringte [-'rɪŋ·tə]; ~|ringk [-'rɪŋ·k] ⟨ahd. umbi(h)ringen⟩>: umringen. (49)

öm|rofe ['øm·ro·fə] <trennb. Präfix-V.; st.; *han*; reef ọ̈m [re·f]; ~|gerofe [-jəro·fə] {5.4}: zurückrufen, durch Rufen auffordern, zurückzukommen. (151)

öm|röhre/~|rühre ['øm·rø·(ɐ̯)rə / -ry·(ɐ̯)rə] <trennb. Präfix-V.; schw.; *han*; röhte ọ̈m ['rø·tə]; ~|geröht [-jərø·t]> {5.4}: umrühren. (186) (31)

öm|röste ['øm·røstə] <trennb. Präfix-V.; schw.; *han*; ~|geröss [-jərøs] {5.5.1}: umrüsten. (152)

öm|runde [øm'rʊn·də] <nicht trennb. Präfix-V.; schw.; *han*; ~|rundte [-'rʊn·tə]; ~|rundt [-'rʊn·t]>: umrunden, um etw. rundherumgehen/-fahren, usw.: *der See ze Foß/mem Auto ö.* (den See zu Fuß/mit dem Auto u.). (28)

öm|rüüme ['øm·ry·mə] <trennb. Präfix-V.; schw.; *han*; rüümte ọ̈m ['ry·mtə]; ~|gerüümp [-jəry·mp] {5.1.3}: umräumen. (122)

öm|saddele ['øm·zadələ] <trennb. Präfix-V.; schw.; *han*; saddelte ọ̈m ['zadəltə]; ~|gesaddelt [-jəzadəlt] {6.11.3; 9.2.1.2}: umsatteln, **1.** mit einem anderen Sattel versehen: *e Pääd ö.* (ein Pferd u.). **2.** ein anderes Studium beginnen, einen anderen Beruf ergreifen: *Hä hät op Weet ömgesaddelt.* (Er hat auf Wirt umgesattelt.). (6)

öm|säge ['øm·zɛ·jə] <trennb. Präfix-V.; schw.; *han*; sägte ọ̈m ['zɛ·ɦtə]; ~|gesäg [-jəzɛ·ɦ]>: umsägen, mithilfe der Säge umlegen, fällen. (103)

Öm|satz, der ['øm·zats] <N.; ~|sätz>: Umsatz.

Öm|satz|stöör/~|stüür, de ['øm·zatsˌʃtø·ɐ̯ / -ˌʃty·ɐ̯] <N.; Stöör veraltet; ~e> {s. u. ↑Stöör/Stüür}: Umsatzsteuer.

öm|säume/~|süüme ['øm·zɔy̆·mə / -sy·mə] <trennb. Präfix-V.; schw.; *han*; säumte ọ̈m ['zɔy̆·mtə]; ~|gesäump [-jəzɔy̆·mp]> {(5.1.3)}: umsäumen, umschlagen, einschlagen u. säumen: *Ich säume mi Kleid öm.* (Ich säume mein Kleid um.). (122)

öm|schalte/~|schalde ['øm·ʃaltə / -ʃaldə] <trennb. Präfix-V.; schw.; *han*; ~|geschalt [-jəʃalt]> {(6.11.3)}: umschalten. (58) (28)

öm|schecke/zọ|~ ['øm·ˌʃɛkə] <trennb. Präfix-V.; schw.; *han*; scheckte ọ̈m ['ʃɛktə]; ọ̈m|gescheck [-jəʃɛk]> {5.5.2}: zurückschicken [auch: ↑zọ|röck|schecke/ze|~]. (88)

öm|scheffe¹ ['øm·ʃefə] <trennb. Präfix-V.; schw.; *han*; scheffte ọ̈m ['ʃeftə]; ~|gescheff [-jəʃef]> {5.5.2}: umschiffen, auf ein anderes Schiff bringen: *de Passagiere ö.* (die Passagiere u.). (27)

öm|scheffe² [øm·ʃefə] <nicht trennb. Präfix-V.; schw.; *han*; ~|scheffte [-'ʃeftə]; ~|scheff [-'ʃef] {5.5.2}: umschiffen, mit dem Schiff umfahren: *de Klippe ö.* (die Klippen u.). (27)

Öm|schlag, der ['øm·ʃla:x] <N.; ~|schläg [-ʃlɛ·ɦ]>: Umschlag.

öm|schlage/~|schlonn ['øm·ʃla·ʀə / -ʃlɔn] <trennb. Präfix-V.; st.; *han*; schlog ọ̈m [ʃlo·x]; ~|geschlage [-jəʃla·ʀə] {(5.3.2; 5.4)}: umschlagen, **1.** auf die andere Seite wenden: *en Sigg ö.* (eine Seite u.); *der Krage ö.* (den Kragen u.). **2.** durch einen Schlag od. Schläge zum

Umfallen bringen; umhauen, fällen: *ene Baum ö.* (einen Baum fällen). **3.** umstürzen, umkippen: *Bei dä Welle kann dat Böötche leich ö.* (Bei den Wellen kann das Bötchen leicht u.). **4.** sich plötzlich ändern: *Et Wedder es ömgeschlage.* (Das Wetter ist umgeschlagen.). **5.** regelmäßig in größeren Mengen umladen: *Om Bahnhoff weed vill War ömgeschlage.* (Auf dem Bahnhof wird viele Ware umgeschlagen.). (48) (163)

Öm|schlag|platz, der ['øm·ʃla:x‚plats] <N.; ~|plätz> {s. u. ↑Platz¹}: Umschlagsplatz, Platz, Stelle für den Güterumschlag.

Öm|schlags|doch, et ['øm·ʃla:xs‚do·x] <N.; ~|döcher> {s. u. ↑Doch¹}: Umschlagtuch.

öm|schleeße [øm'ʃle·sə] <nicht trennb. Präfix-V.; st.; *han*; ~|schloss [-'ʃlɔs]; ~|schlosse [-'ʃlɔsə]> {5.1.4.3}: umschließen, einschließen, inkludieren, umfassen, beinhalten. (79)

öm|schlinge [øm'ʃlɪŋə] <nicht trennb. Präfix-V.; st.; *han*; ~|schlung [-'ʃlʊŋ]; ~|schlunge [-'ʃlʊŋə]> umschlingen, **1.** (mit den Armen) umfassen: *ehr Taille ö.* (ihre Taille u.). **2.** sich um etw. herumschlingen: *Efeu dät de Pappel ö.* (Efeu umschlang die Pappel). **3.** etw. mit etw. umwinden. (26)

öm|schmieße ['øm·ʃmi:sə] <trennb. Präfix-V.; st.; *han*; schmess öm [ʃmes]; ~|geschmesse [-jəʃmesə]> {5.1.4.5}: umschmeißen, umwerfen. (25)

öm|schnalle ['øm·ʃnalə] <trennb. Präfix-V.; schw.; *han*; schnallte öm ['ʃnal·tə]; ~|geschnallt [-jəʃnal·t]> umschnallen. (91)

öm|schödde ['øm·ʃødə] <trennb. Präfix-V.; st.; *han*; schodt öm [ʃot]; ~|geschodt/~|geschödt [-jəʃot / -jəʃøt]> {5.5.1; 6.11.3}: umschütten. (166)

öm|schöddele ['øm·ʃødələ] <trennb. Präfix-V.; schw.; *han*; schöddelte öm ['ʃødəltə]; ~|geschöddelt [-jəʃødəlt]> {5.5.1; 6.11.3; 9.2.1.2}: (um)schütteln. (6)

Öm|schreff, de ['øm·‚ʃref] <N.; ~|schrefte> {s. u. ↑Schreff}: Umschrift. **1.** Lautschrift. **2.** umgeschriebener, umgearbeiteter Text. **3.** kreisförmige Beschriftung entlang dem Rande, bes. bei Münzen.

öm|schrieve¹ ['øm·ʃri·və] <nicht trennb. Präfix-V.; st.; *han*; schrevv öm [ʃref]; ~|geschrevve [-jəʃrevə]> {5.1.4.5; 6.1.1}: umschreiben, **1.** (Geschriebenes) umarbeiten: *Do muss dä Aufsatz ö.!* (Du musst den Aufsatz u.!). **2.** ((Aus)geschriebenes) schriftl. ändern: *en Rechnung ö.* (eine Rechnung u.). **3.** transkribieren: *ene Tex en Lautschreff ö.* (Einen Text in Lautschrift u.). **4.** durch Änderung einer schriftl. Eintragung übertragen; woanders eintragen: *Vermöge/Grundbesetz op ene andere ö.* (Vermögen/Grundbesitz auf jmd. anderen u.). (51)

öm|schrieve² [øm'ʃri·və] <nicht trennb. Präfix-V.; st.; *han*; ~|schrevv [-'ʃref]; ~|schrevve [-'ʃrevə]> {5.1.4.5; 6.1.1}: umschreiben, **1.** um-/abgrenzend beschreiben, festlegen, bestimmen: *ene Augabebereich genau ö.* **2.** anders/mit anderen (bes. mit mehr als den direkten) Worten ausdrücken/beschreiben: *Dat kann mer nit üvversetze, dat muss mer ö.* (Das kann man nicht übersetzen, das muss man u.). (51)

öm|schulle ['øm·ʃʊlə] <trennb. Präfix-V.; schw.; *han*; schullte öm ['ʃʊltə]; ~|geschullt [-jəʃʊlt]> {5.3.2}: umschulen. (91)

öm|schwärme ['øm·ʃvɛr·mə] <nicht trennb. Präfix-V.; schw.; *han*; ~|schwärmte [-'ʃvɛr·mtə]; ~|schwärmp [-'ʃvɛr·mp]>: umschwärmen. (127)

öm|schwemme ['øm‚ʃvemə] <trennb. Präfix-V.; st.; *sin*; schwomm öm [ʃvom]; ~|geschwomme [-jəʃvomə]> {5.5.2}: zurückschwimmen; wieder in Richtung auf den Ausgangsort schwimmen. [auch: ↑zo|röck|schwemme/ze|~] (109)

öm|schwenke ['øm·ʃvɛŋkə] <trennb. Präfix-V.; schw.; *han*; schwenkte öm ['ʃvɛŋktə]; ~|geschwenk [-jəʃvɛŋk]>: umschwenken. (41)

öm|schwirre [øm'ʃvɪrə] <nicht trennb. Präfix-V.; schw.; *han*; ~|schwirrte [-'ʃvɪxtə]; ~|schwirr [-'ʃvɪx]>: umschwirren, umfliegen. (93)

Öm|schwung, der ['øm·ʃvʊŋ] <N.; ~|schwüng [-ʃvʏŋ·]> {s. u. ↑Schwung}: Umschwung **1.** einschneidende, grundlegende Veränderung, Wendung. **2.** ganze Drehung um ein Gerät.

Öm|seech/~|sich, de ['øm·ze:ɟ / -zɪɟ] <N.; ~te> {5.4, 5.2.1.2; (8.3.5)}: Umsicht.

öm|segele [øm'ze:·jələ] <nicht trennb. Präfix-V.; schw.; *han*; ~|segelte [-'ze:·jəltə]; ~|segelt [-'ze:·jəlt]> {9.2.1.2}: umsegeln, mit dem Segelschiff umfahren. (6)

öm|setze ['øm·zɛtsə] <trennb. Präfix-V.; unr./schw.; *han*; setzte/satz öm ['zɛtstə / zats]; ~|gesetz/~|gesatz [-jəzɛts / -jəzats]>: umsetzen, **1. a)** (jmdn.) anderswohin setzen; **b)** <sich ö.> sich anderswohin setzen. **2.** verkaufen. **3.** umwandeln, umgestalten: *si Geld en Schabau ö.* (sein Geld für Schnaps ausgeben). **4.** umpflanzen. (173)

öm|sicht|ig ['øm·zɪʃtɪʃ] <Adj.; i. best. Komposita *sicht*-, sonst ↑Seech; ~e; ~er, ~ste> {11}: umsichtig. Tbl. A5.2

Öm|siedler, der ['ømzi·tlɐ] <N.; ~>: Umsiedler.

öm|sinn, sich ['øm·zɪn] <trennb. Präfix-V.; st.; *han*; soh/soch öm [zoː / zoːx]; ~|gesinn [-jəzɪn]> {5.3.4; 8.2.2.3}: sich umsehen, umschauen [auch: ↑öm|luure/ ~|loore]. (175)

öm|sorge [øm'zorjə] <nicht trennb. Präfix-V.; schw.; *han*; ~|sorgte [-'zorɧtə]; ~|sorg [-'zorɧ]> {5.5.1}: umsorgen, mit Fürsorge umgeben. (39)

öm|spanne ['øm·ʃpanə] <nicht trennb. Präfix-V.; schw.; *han*; ~|spannte [-'ʃpan·tə]; ~|spannt [-'ʃpan·t]>: umspannen. (10)

öm|speichere ['øm·ʃpeɪʃərə] <trennb. Präfix-V.; schw.; *han*; speicherte öm ['ʃpeɪʃətə]; ~|gespeichert [-jəʃpeɪʃet]> {9.2.1.2}: umspeichern, (Datenverarb.) (gespeicherte Daten) auf ein anderes Speichermedium bringen. (4)

öm|spille [øm'ʃpɪlə] <nicht trennb. Präfix-V.; schw.; *han*; ~|spillte [-'ʃpɪltə]; ~|spillt [-'ʃpɪlt]> {5.3.4}: umspielen, **1.** sich spielerisch leicht um etw./jmdn. bewegen; spielend umgeben: *De Welle ö. de Klippe.* (Die Wellen u. die Klippen.). **2.** mit dem Ball den Gegner geschickt umgehen: *der Torwart ö.* (den Torwart u.). (91)

öm|spole/~|spule ['øm·ʃpo·lə / ~ʃpu·lə] <trennb. Präfix-V.; schw.; *han*; spolte öm ['ʃpo·ltə]; ~|gespolt [-jəʃpo·lt]> {5.4}: umspulen, auf eine andere Spule spulen. (148)

öm|spöle[1] ['øm·ʃpø·lə] <trennb. Präfix-V.; schw.; *han*; spölte/spolt öm ['ʃpø·ltə / ʃpo·lt]; ~|gespölt/~|gespolt [-jəʃpø·lt / -jəʃpo·lt]> {5.4}: umspülen, kurz ausspülen: *de Tass koot ö.* (die Tasse kurz u.). (73)

öm|spöle[2] [øm'ʃpø·lə] <nicht trennb. Präfix-V.; schw.; *han*; ~|spölte/~|spolt [-'ʃpø·ltə / -'ʃpo·lt]; ~|spölt/~|spolt [-'ʃpø·lt / -'ʃpo·lt]> {5.4}: umspülen, ringsum bespülen: *vun Welle ömspölt* (von Wellen umspült). (73)

öm|springe ['øm·ʃprɪŋə] <trennb. Präfix-V.; st.; *han*; sprung öm [ʃprʊŋ·]; ~|gesprunge [-jəʃprʊŋə]>: umspringen, **1.** jmdn. od. etw. in unangemessener Weise behandeln: *Schlemm, wie dä met singe Lück ömspringk!* (Schlimm, wie der mit seinen Leuten umspringt.). **2.** plötzlich wechseln: *De Ampel wor ald op Rud ömgesprunge.* (Die Ampel war schon auf Rot umgesprungen.). (26)

Öm|stand, der ['øm·ʃtant] <N.; ~|ständ [-ʃtɛn·t]>: Umstand.

öm|ständ|lich ['øm·ʃtɛntlɪʃ] <Adj.; ~e; ~er, ~ste>: umständlich. Tbl. A1

Öm|stands|kleid, et ['øm·ʃtants‚kleɪt] <N.; ~er>: Umstandskleid.

Öm|stands|krim|er, der ['øm·ʃtants‚krimɐ] <N.; ~> {s. u. ↑Krim|er}: Umstandskrämer [auch: ↑Braʃele|manes (1)].

Öm|stands|wood, et ['øm·ʃtants‚vo:t] <N.; ~|wööder [-vœ·də] {s. u. ↑Öm|stand ↑Wood[1]}: (Sprachw.) Umstandswort, Adverb.

öm|steche ['øm·ʃtɛʃə] <trennb. Präfix-V.; st.; *han*; stoch öm [ʃtoːx]; ~|gestoche [-jəʃtoxə]> {6}: umstecken, **1.** anders stecken: *der Stecker erustrecke un ö.* (den Stecker herausziehen und u.). **2.** den Rand (bes. eines Kleidungsstücks) umschlagen u. mit Nadeln feststecken: *der Botzesaum ö.* (den Hosensaum u.). (34)

öm|steige ['øm·ʃteɪ·jə] <trennb. Präfix-V.; st.; *sin*; steeg öm [ʃte·ɧ]; ~|gesteege [-jəʃte·jə]>: umsteigen. (181)

öm|stelle[1] ['øm·ʃtɛlə] <trennb. Präfix-V.; schw./unr.; *han*; stellte/stallt öm ['ʃtɛl·tə / ʃtalt]; ~|gestellt/~|gestallt [-jəʃtɛl·t / -jəʃtalt]>: umstellen, **1. a)** anderswohin stellen: *de Möbel(e) ö.* (die Möbel u.); **b)** <trennb., auch o. Obj.> anders einstellen: *Stell ens (et Programm) öm, jetz kütt Foßball!* (Stell mal (das Programm) um, jetzt kommt Fußball!). **2.** <sich> (Ernährung, Produktion, Lebensweise) sich verändern, auf etw. anderes einstellen: *Mir han unse ganze Betrieb op Öko ömgestellt.* (Wir haben unseren ganzen Betrieb auf Öko umgestellt.); *Hügg muss mer sich ö. künne.* (Heute muss man sich u. können.). (182)

öm|stelle[2] [øm'ʃtɛlə] <nicht trennb. Präfix-V.; schw./unr.; *han*; ~|stellte/~|stallt [-'ʃtɛl·tə / -'ʃtalt]; ~|stellt/~|stallt [-'ʃtɛl·t / -'ʃtalt]>: umstellen, umgeben: *De Schmier hät de ganze Gägend ömstellt, ävver hä kunnt tirre gonn.* (Die Polizei hat die ganze Gegend umstellt, aber er konnte trotzdem entkommen.). (182)

Öm|stell|ung, de ['øm·ʃtɛlʊŋ] <N.; ~e>: Umstellung.

öm|stemme ['øm·ʃtɛmə] <trennb. Präfix-V.; schw.; *han*; stemmte öm ['ʃtɛm·tə]; ~|gestemmp [-jəʃtɛm·p]> {5.5.2}: umstimmen. (40)

öm|stivvele ['øm·‚ʃtɪvələ] <trennb. Präfix-V.; schw.; *han*; stivvelte öm [ʃtɪvəltə]; öm|gestivvelt [-ʃtɪvəlt]>: umordnen, umstrukturieren. (6)

öm|stölpe ['øm·ʃtølpə] <trennb. Präfix-V.; schw.; *han*; stölpte öm ['ʃtølptə]; ~|gestölp [-jəʃtølp]> {5.5.1}:

Ömsturz

umstülpen; **1.** etw. (bes. einen Behälter od. Ä.) auf den Kopf stellen, umdrehen, sodass die Öffnung unten ist: *ene Emmer ö.* (einen Eimer u.). **2. a)** das Innere nach außen kehren: *de Täsche ö.* (die Taschen u.); **b)** <sich ö.> umgestülpt werden: *Der Parapluie hät sich ömgestölp.* (Der Schirm hat sich umgestülpt.). **3.** grundlegend ändern: *einem si Levve ö.* (jmds. Leben u.). (180)

Ọ̈m|sturz/~|stooz, der ['øm·ˌʃtʊxts / -ˌʃtoːts] <N.; ~|stürz/~|stööz> {s. u. ↑Sturz ↑Stooz}: Umsturz.

ọ̈m|stüsse ['øm·ʃtʏsə] <trennb. Präfix-V.; st.; *han*; stoss ọ̈m [ʃtɔs]; ~|gestosse/~|gestüsse [-jəʃtɔsə / -jəʃtʏsə]> {5.4; 5.3.4}: umstoßen, umwerfen. (188)

ọ̈m|(e)su ['øm(ə)zʊ] <Konj.; unterordn.> {5.4}: umso.

ọ̈m|trecke ['øm·trɛkə] <trennb. Präfix-V.; st.; *han*; trọk ọ̈m [trɔk]; ~|getrocke [-jətrɔkə]>: umziehen, **1.** <*han*> anders anziehen, umkleiden: *e Kind ö.* (ein Kind u.); *sich ö.* (sich u.). **2.** <*sin*> die Wohnung/den Aufenthaltsort wechseln: *Die sin noh Düx ömgetrocke.* (Die sind nach Deutz umgezogen.). (190)

Ọ̈m|tuusch, der ['øm·tuːʃ] <N.; ~e (Pl. ungebr.)> {5.1.3}: Umtausch.

ọ̈m|tuusche ['øm·tuːʃə] <trennb. Präfix-V.; schw.; *han*; tuuschte ọ̈m ['tuːʃtə]; ~|getuusch [-jətuːʃ]> {5.1.3}: umtauschen. (110)

ọ̈m|ver|deile ['øm·fɛˌdeɪlə] <trennb. Präfix-V.; schw.; *han*; ver|deilte ọ̈m [fɛ'deɪltə]; ~|ver|deilt [-fɛdeɪlt]> {6.11.3}: umverteilen. (45)

Ọ̈m|wäg, der ['øm·vɛːɉ] <N.; ~(e) [-vɛːɉ / -vɛːjə]> {5.4}: Umweg.

ọ̈m|wähßele ['øm·vɛːsələ] <trennb. Präfix-V.; schw.; *han*; wähßelte ọ̈m ['vɛːsəltə]; ~|gewähßelt [-jəvɛːsəlt]> {5.2.4; 6.3.1}: umwechseln. (6)

ọ̈m|wälze ['øm·vɛltsə] <trennb. Präfix-V.; schw.; *han*; wälzte ọ̈m ['vɛltstə]; ~|gewälz [-jəvɛlts]>: umwälzen, umdrehen. (42)

ọ̈m|wandele ['øm·van·dələ] <trennb. Präfix-V.; schw.; *han*; wandelte ọ̈m ['van·dəltə]; ~|gewandelt [-jəvan·dəlt]> {9.2.1.2}: umwandeln, zu etw. anderem machen, die Eigenschaften von etw./jmdm. verändern: *en Schüür en ene Saal ö.* (eine Scheune in einen Saal u.); *Sonne(n)energie en Elektrizität ö.* (Sonnenenergie in Elektrizität u.); *Durch sing Krankeit es hä wie ömgewandelt.* (Durch seine Krankheit ist er wie umgewandelt.). (6)

ọ̈m|wandere [øm'van·dərə] <nicht trennb. Präfix-V.; schw.; *han*; ~|wanderte [-'van·dɛtə]; ~|wandert [-'van·dɛt]> {9.2.1.2}: umwandern, um etw./jmdn. wandernd herumgehen: *Se han dä See en 3 Stund ömwandert.* (Sie haben den See in 3 Std. umwandert.). (4)

ọ̈m|weckele[1] ['øm·vekələ] <trennb. Präfix-V.; schw.; *han*; weckelte ọ̈m ['vekəltə]; ~|geweckelt [-jəvekəlt]> {5.5.2; 9.2.1.2}: umwickeln, neu/anders wickeln: *e Ditzche ö.* (ein Baby u.). (6)

ọ̈m|weckele[2] [øm'vekələ] <nicht trennb. Präfix-V.; schw.; *han*; ~|weckelte [-'vekəltə]; ~|weckelt [-'vekəlt]> {5.5.2; 9.2.1.2}: durch Darumbinden umwickeln: *de Blome met Droht ö.* (die Blumen mit Draht u.). (6)

Ọ̈m|welt, de ['øm·vɛlt] <N.; o. Pl.>: Umwelt.

ọ̈m|welt|be|woss ['øm·vɛltbəˌvos] <Adj.; ~te; ~ter, ~teste> {s. u. ↑be|woss}: umweltbewusst. Tbl. A4.1.1

ọ̈m|welt|fründ|lich ['øm·vɛlt‚fryntlɪç] <Adj.; ~e; ~er, ~ste> {s. u. ↑fründ|lich}: umweltfreundlich. Tbl. A1

ọ̈m|welt|schäd|lich ['øm·vɛltˌʃɛːtlɪç] <Adj.; ~e; ~er, ~ste>: umweltschädlich. Tbl. A1

Ọ̈m|welt|schotz, der ['øm·vɛltˌʃots] <N.; kein Pl.> {s. u. ↑Schotz}: Umweltschutz.

ọ̈m|welt|ver|dräg|lich ['øm·vɛltfɛˌdrɛːɉlɪç] <Adj.; ~e; ~er, ~ste> {s. u. ↑ver|dräg|lich}: umweltverträglich. Tbl. A1

ọ̈m|werfe/~|wirfe ['øm·vɛrfə / -vɪrfə] <trennb. Präfix-V.; st.; *han*; wọrf ọ̈m [vɔrf]; ~|geworfe [-jəvɔrfə]> {5.5.2/5.4}: umwerfen. (206)

ọ̈m|werve/~|wirve [øm'vɛr·və / -vɪr·və] <nicht trennb. Präfix-V.; st.; *han*; ~|wọrv [-'vor·f]; ~|wọrve [-'vorvə]> {5.4/5.5.2; 6.1.1}: umwerben. (184)

ọ̈m|wuchere [øm'vuːxərə] <nicht trennb. Präfix-V.; schw.; *han*; ~|wucherte [-'vuːxɛtə]; ~|wuchert [-'vuːxɛt]> {9.2.1.2}: umwuchern, wuchernd umgeben. (4)

ọ̈m|zingele [øm'tsɪŋələ] <nicht trennb. Präfix-V.; schw.; *han*; ~|zingelte [-'tsɪŋəltə]; ~|zingelt [-'tsɪŋəlt]> {9.2.1.2}: umzingeln. (6)

Ọ̈m|zog, der ['øm·tsox] <N.; ~|zög> {5.5.1}: Umzug.

Onan|iss, der [ˌona'nɪs] <N.; ~|iste>: Onanist.

Ǫǫche ['ɔːxə] <N.; Ortsn.> {5.5.3}: Aachen.

Ǫ̈ǫcher, der ['œːɧə] <N.; ~> {s. u. ↑Ǫǫche}: Aachener, Einw. von Aachen.

Ǫ̈ǫcher Printe [ˌœːɧə 'prɪntə] <N.; fem.; nur Pl.> {s. u. ↑Ǫǫche ↑Print}: Aachener Printen.

Ööcher Stroß, de [ˈœˑɟɐˌʃtrɔˑs] <N.; Straßenn.> {s. u. ↑Ooche ↑Stroß}: Aachener Straße (Straße in Köln-Neustadt/Süd vom Rudolfplatz aus in Richtung Westen). Der Name verweist auf die geographische Ausrichtung nach Westen, auf die Stadt Aachen; bestand schon zur Römerzeit als Fern- u. Heerstraße von Köln nach Maastricht; 1752 wurde die Straße Weg nach Antwerpen genannt; um 1925 entstand der Aachener Weiher im Rahmen der Anlage des Grüngürtels.

Ood, der [ɔˑt] <N.; Ööd [œˑt]>: Schuhabsatz; huh Ööd (hohe Absätze): Schohn met huh Ööd (Schuhe mit hohen Absätzen); Ich han de Ööd avgelaufe. (Ich habe die Absätze abgelaufen.) [auch: ↑Av|satz (1), ↑Hack¹ (2)].

ööde [ˈœˑdə] <V.; schw.; han; öödte [ˈœˑtə]; geöödt [jəˈ|œˑt]>: mit Absätzen versehen. (197)

oodene/ordne [ˈɔˑdənə / ˈɔxtnə] <V.; oodene veraltend; schw.; han; oodente [ˈɔˑdəntə]; geoodent [jəˈɔˑdənt]> {5.2.1.1.1; 5.5.3; 9.1.1}: ordnen; <sich o.> sich in einer best. Reihenfolge aufstellen. (145) (57)

Ood(e)n|ung, de [ˈɔːtnʊŋ / ˈɔˑdən-] <N.; ~e (Pl. ungebr.)> {5.2.1.1.1; 5.5.3}: Ordnung.

Ööl, der [œˑl] <N.; ~e> {5.5.3}: Aal.

ööntlich [ˈœːntlɪʃ] <Adj.; ~e; ~er, ~ste> {7.3.2}: ordentlich, sorgfältig. Tbl. A1

öör/üür [øːɐ / yːɐ] <Possessivpron.; 2. Pers. Pl.; ~e> {5.1.4.6}: euer, eure. Tbl. P2.6

Öör/Üür [øːɐ / yːɐ] <Possessivpron.; 2. Pers. Sg.; s. a. ↑ding; ~e> {5.1.4; 5.4}: Ihr, Ihre, in distanzierter Form bei Personen, die man siezt. Tbl. P2.8

Oos, et [ɔˑs] <N.; Ööster [ˈœˑstə] {5.5.3}: Aas, (übertr.) als Schimpfw., oft auch mit einer gewissen Anerkennung gebraucht.

Ooschel/Ööschel, et [ˈoːʃəl / ˈœːʃəl] <N.; weibl. Vorn.> {5.2.1.1.2}: Ursula, Ursel.

Ooster, de [ˈɔˑstə] <N.; ~e> {5.1.3; 5.5.3}: Auster.

ööst|ig [ˈœˑstɪʃ] <Adj.; ~e; ~er, ~ste>: unangenehm, biestig. Tbl. A5.2

Oot, der [ɔˑt] <N.; ~e> {5.2.1.1.1; 5.5.3}: Ort.

Ööz, de [øˑts] <N.; meist Diminutiv; ~e; ~che [-jə]>: Rest, (bes.) Speiserest.

op¹ [op] <Adv.> {5.3.1; 5.5.1; 6.5.1}: auf, **1. a)** als Aufforderung sich zu erheben; **b)** als Aufforderung mit etw. zu beginnen: los, vorwärts. **2. a)** geöffnet, offen: *Et Finster es op.* (Das Fenster ist a.); **b)** nicht abgeschlossen: *De Dür es op.* (Die Tür ist a.); **c)** (für den Verkauf od. Ä.) geöffnet: *Dä Lade hät hügg länger op* (Der Laden hat heute länger a.). **3.** nicht im Bett: *Mer wore hügg ald fröh op.* (Wir waren heute schon früh a.). **4.** in Wortpaaren wie ***op un av** (a. und ab), ***op un nidder** (a. und nieder). **5.** i. d. Vbdg. mit *vun* in festen Wendungen: *vun ... op ...* (von ... a. ...): *vun hügg op morge* (von heute a. morgen).

op² [op] <Präp.; m. Dat. u. Akk.> {5.3.1; 5.5.1; 6.5.1}: auf, **a)** <Dat.> Bez. der Lage relativ zu einer Basis; Angabe eines Tätigkeitsbereichs, der Teilnahme bzw. der Anwesenheit bei einem Geschehen: *op dem Desch lige* (a. dem Tisch liegen); *op ener Huzigg sin* (a. einer Hochzeit sein); *op der Arbeid sin* (a. der Arbeit sein); **b)** <Akk.> Angabe der Richtung bzgl. einer Stelle, einer Oberfläche, eines Zieles: *op der Desch läge* (a. den Tisch legen); *op en Huzigg gonn* (a. eine Hochzeit gehen); *op de Schull gonn* (a. die Schule gehen; Schüler sein); **c)** <Akk.> Angabe einer Zeitspanne od. eines Zeitpunktes: *op Pingste fottfahre* (a. Pfingsten verreisen); **d)** <Dat. od. Akk.> in phraseologischer Abhängigkeit von anderen Wörtern: *Rääch op Arbeid* (Recht a. Arbeit).

op|-, Op|- [op] <Präfix> {5.3.1; 5.5.2; 6.5.1}: auf-, Auf-, i. Vbdg. m. V., N., Adj. u. Pron.: ~*beege* (~biegen), ~*lag* (~lage), ~*rääch* (~recht); ~*enander* (~einander).

Op dem Hungs|rögge [ˌopdəmˈhʊŋsˌrøgə] <N.; Straßenn.> {s. u. ↑Hungk ↑Rögge}: Auf dem Hunnenrücken; Straße in Köln-Altstadt/Nord. 1812 sollten die alten Straßennamen ins Französische übertragen werden. Etliche Namen wurden hierbei umgedeutet. Ursprünglich hieß die Straße *Auf dem Hundsrücken* bzw. *Op dem Hungsrögge*, wurde dann aber, weil sie auf die Kirche Sankt Ursula zulief u. im Gedenken an den Märtyrertod der heiligen Ursula u. ihrer Jungfrauen, durch die Hunnen umbenannt. Die alte Bezeichnung *Auf dem Hundsrücken* ist tatsächlich auf den Hunderücken zurückzuführen, weil die Verlängerung der Straße *Kattenbug*, also Katzenbauch heißt.

op|arbeide [ˈopˌarbɐɪdə / ˈobarˌbɐɪdə] <trennb. Präfix-V.; schw.; han; arbeidte op [ˈarbɐɪtə]; ~|gearbeidt [-jəˈarbɐɪt]> {6.11.3}: aufarbeiten. (197)

op|backe [ˈopbakə] <trennb. Präfix-V.; unr.; han; backte op [ˈbaktə]; ~|gebacke [-jəbakə]>: aufbacken. (9)

op|bahre [ˈopbaːrə] <trennb. Präfix-V.; schw.; han; bahrte op [ˈbaːtə]; ~|gebahrt [-jəbaːt]>: aufbahren. (31)

op|baue ['opbou̯ə] <trennb. Präfix-V.; schw.; *han*; baute op ['bou̯·tə]; ~|gebaut [-jəbou̯·t]>: aufbauen. (11)

op|bäume, sich ['opbøymə] <trennb. Präfix-V.; schw.; *han*; bäumte op ['bøy·mtə]; ~|gebäump [-jəbøy·mp]>: sich aufbäumen. (122)

op|bausche/~|buusche ['opbau̯ʃə / -buːʃə] <trennb. Präfix-V.; schw.; *han*; bauschte op ['bau̯ʃtə]; op|gebausch [-jəbau̯ʃ]> {(5.1.3)}: aufbauschen. (110)

op|beede ['opbeˑdə] <trennb. Präfix-V.; st.; *han*; bodd op [bot]; ~|gebodde [-jəbodə]> {5.1.4.3; 6.11.3}: aufbieten. (15)

op|beege ['opbeˑjə] <trennb. Präfix-V.; st.; *han*; bog op [boːx]; ~|geboge [-jəboːʀə]> {5.1.4.3}: aufbiegen. (16)

op|be|gehre/~|gerre ['opbəˌjeːrə / -jerə] <trennb. Präfix-V.; *op|begerre* veraltet; schw.; *han*; be|gehrte op [bəˈjeːʁtə]; ~|be|gehrt [-bəjeːʁt]> {(5.3.4; 5.5.2)}: aufbegehren. (31)

op|behalde ['opbəˌhaldə] <trennb. Präfix-V.; st.; *han*; beheeldt op [bəˈheːlt]; ~|behalde [-bəhaldə]> {6.11.3}: aufbehalten. (90)

op|bessere ['opbɛsərə] <trennb. Präfix-V.; schw.; *han*; besserte op ['bɛsetə]; ~|gebessert [-jəbɛsət]> {9.2.1.2}: aufbessern. (4)

op|be|wahre ['opbəˌvaːrə] <trennb. Präfix-V.; schw.; *han*; bewahrte op [bəˈvaːtə]; ~|bewahrt [-bəvaːt]>: aufbewahren, sorgsam aufheben: *Medizin köhl o.* (Medizin kühl a.). (31)

op|bieße ['opbiːsə] <trennb. Präfix-V.; st.; *han*; bess op [bes]; ~|gebesse [-jəbesə]> {5.1.4.5}: aufbeißen. (25)

op|binge ['opbɪŋə] <trennb. Präfix-V.; st.; *han*; bung op [bʊŋˑ]; ~|gebunge [-jəbʊŋə]> {6.7}: aufbinden; *einem ene Bär o.* (jmdm. einen Bären a. = jmdm. etw. Unwahres so erzählen, dass er es glaubt). (26)

op|bläddere ['opblɛdərə] <trennb. Präfix-V.; schw.; *han*; bläddderte op ['blɛdetə]; ~|gebläddert [-jəblɛdet]> {6.11.3; 9.2.1.2}: aufblättern. (4)

op|blähe ['opblɛə] <trennb. Präfix-V.; schw.; *han*; blähte op ['blɛˑtə]; ~|gebläht [-jəblɛˑt]>: aufblähen. (37)

op|blecke ['opblekə] <trennb. Präfix-V.; schw.; *han*; bleckte op ['blektə]; ~|gebleck [-jəblek]> {5.5.2}: aufblicken, aufsehen. (88)

op|blende ['opblɛnˑdə] <trennb. Präfix-V.; schw.; *han*; blendte op ['blɛnˑtə]; ~|geblendt [-jəblɛnˑt]>: aufblenden. (28)

op|bletze ['opbletsə] <trennb. Präfix-V.; schw.; *han*; bletzte op ['bletstə]; ~|gebletz [-jəblets]> {5.5.2}: aufblitzen, aufleuchten. (114)

op|blieve ['opbliˑvə] <trennb. Präfix-V.; st.; *sin*; blevv op [blef]; ~|geblevve [-jəblevə]> {5.1.4.5; 6.1.1}: aufbleiben. (29)

op|blinke ['opblɪŋkə] <trennb. Präfix-V.; schw.; *han*; blinkte op ['blɪŋktə]; ~|geblink [-jəblɪŋk]>: aufblinken. (41)

op|blöhe ['opbløˑə] <trennb. Präfix-V.; schw.; *sin*; blöhte op ['bløˑtə]; ~|geblöht [-jəbløˑt]> {5.4}: aufblühen. (37)

op|blose ['opbloˑzə] <trennb. Präfix-V.; st.; *han*; blees op [bleːs]; ~|geblose [-jəbloˑzə]> {5.5.3}: aufblasen. (30)

op|bocke ['opbokə] <trennb. Präfix-V.; schw.; *han*; bockte op ['boktə]; ~|gebock [-jəbok]> {5.5.1}: aufbocken, ein Fahrzeug z. B. mittels Wagenheber anheben. (88)

op|bohre ['opboː(ɐ̯)rə] <trennb. Präfix-V.; schw.; *han*; bohrte op ['boːʁtə]; ~|gebohrt [-jəboːʁt]>: aufbohren, durch Bohren öffnen. (31)

op|bööschte ['opbøːʃtə] <trennb. Präfix-V.; schw.; *han*; ~|gebööscht [-jəbøːʃ]> {5.2.1.1.2; 5.4}: aufbürsten, durchbürsten. (19)

op|bränge ['opbrɛŋə] <trennb. Präfix-V.; unr.; *han*; braht op [braːt]; ~|gebraht [-jəbraːt]> {5.4}: aufbringen, **1. a)** beschaffen, auftreiben: *Su vill kann ich nit o.* (So viel kann ich nicht a.); **b)** aufbieten: *Doför muss mer ald vill Mod o.* (Dazu muss man schon viel Mut a.). **2.** in Umlauf setzen, einführen: *Wä hät dann dä Verzäll opgebraht?* (Wer hat denn das Gerücht aufgebracht?). **3.** aufwiegeln: *de Kinder gäge de Eldere o.* (die Kinder gegen die Eltern a.). (33)

op|brause/~|bruuse ['opbrau̯·zə / -bruˑzə] <trennb. Präfix-V.; *op|bruuse* veraltet; schw.; *han*; brauste op ['brou̯·stə]; ~|gebraus [-jəbrou̯·s]> {(5.1.3)}: aufbrausen. (149)

op|breche ['opbrɛʃə] <trennb. Präfix-V.; st.; broch op [brɔːx]; ~|gebroche [-jəbrɔxə]>: aufbrechen, **1.** <*han*> gewaltsam öffnen: *en Kess o.* (eine Kiste a.) [auch: ↑op|knacke; ↑knacke; ↑op|schlage/~|schlonn]. **2.** <*sin*> aufgehen, aufspringen, auseinanderbrechen: *Die Wund es widder opgebroche.* (Die Wunde ist wieder aufgebrochen.). **3.** <*sin*> einen Ort verlassen, fortgehen: *Mer breche jetz op.* (Wir brechen jetzt auf.) [auch: ↑loss|trecke; ↑op|maache; *sich op de Bein/Lappe/Söck maache*]. (34)

op|brenne ['opbrɛnə] <trennb. Präfix-V.; unr.; han; brannt op [brant]; ~|gebrannt [-jəbrant]>: aufbrennen, mit einem Brandzeichen markieren. (35)

op|brodele ['opbro:dələ] <trennb. Präfix-V.; schw.; han; brodelte op ['bro:dəltə]; ~|gebrodelt [-jəbro:dəlt]> {9.2.1.2}: aufbrodeln. (6)

op|bröhe ['opbrø·ə] <trennb. Präfix-V.; schw.; han; bröhte op ['brø·tə]; ~|gebröht [-jəbrø·t]> {5.1.4.1; 5.4}: aufbrühen. (37)

op|brölle/~|brülle ['opbrølə / -brʏlə] <trennb. Präfix-V.; schw.; han; bröllte op ['brøl·tə]; ~|gebröllt [-jəbrøl·t]> {5.4}: aufbrüllen. (91)

op|bruche ['opbrʊxə] <trennb. Präfix-V.; schw.; han; bruchte op ['brʊxtə]; ~|gebruch [-jəbrʊx]> {5.3.1}: aufbrauchen. (123)

op|brumme ['opbrʊmə] <trennb. Präfix-V.; schw.; han; brummte op ['brʊm·tə]; ~|gebrummp [-jəbrʊm·p]>: aufbrummen. (40)

op|bügele ['opby:jələ] <trennb. Präfix-V.; schw.; han; bügelte op ['by:jəltə]; ~|gebügelt [-jəby:jəlt]> {9.2.1.2}: aufbügeln. (6)

op|bumse ['opbʊmzə] <trennb. Präfix-V.; schw.; han; bumste op ['bʊm·stə]; ~|gebums [-jəbʊm·s]>: aufbumsen, laut aufsetzen/-treffen. (87)

op|buusche/~|bausche ['opbu:ʃə / -baʊʃə] <trennb. Präfix-V.; schw.; han; buuschte op ['bu:ʃtə]; op|gebuusch [-jəbu:ʃ]> {5.1.3}: aufbauschen. (110)

op|dämpe ['opdɛmpə] <trennb. Präfix-V.; schw.; han; dämpte op ['dɛmptə]; ~|gedämp [-jədɛmp]> {6.8.1}: aufdämpfen. (180)

op|däue ['opdøyə] <trennb. Präfix-V.; Formen mischbar; unr./schw.; han; daut/däute op [doʊt / 'døy·tə]; ~|gedaut/~|gedäut [-jədoʊt / -jədøy·t]>: 1. aufdrücken, aufstoßen [auch: ↑op|dröcke, ↑op|schiebe (1)]. 2. aufdrängen [auch: ↑op|dränge]. (43)

op|decke ['opdɛkə] <trennb. Präfix-V.; schw.; han; deckte op ['dɛktə]; ~|gedeck [-jədɛk]>: aufdecken. (88)

op|deile ['opdeɪlə] <trennb. Präfix-V.; schw.; han; deilte op ['deɪltə]; ~|gedeilt [-jədeɪlt]> {6.11.1}: aufteilen. (45)

op|desche ['opdeʃə] <trennb. Präfix-V.; schw.; han; deschte op ['deʃtə]; ~|gedesch [-jədeʃ]> {5.5.2; 6.11.1}: auftischen. (110)

op|donnere, sich ['opdɔnərə] <trennb. Präfix-V.; schw.; han; donnerte op ['dɔnɐtə]; ~|gedonnert [-jədɔnɐt]> {5.5.1; 9.2.1.2}: sich aufdonnern/übertrieben zurecht machen/kleiden [auch: ↑erus|kratze, ↑op|kladunjele (2), ↑op|kratze (2), ↑op|takele]. (4)

Op|drag, der ['op,dra:x] <N.; ~|dräg [-drɛ·fŋ]> {6.11.2}: Auftrag.

op|drage ['opdra·ʀə] <trennb. Präfix-V.; st.; han; drog op [dro·x]; ~|getrage [-jədra·ʀə]> {6.11.2}: auftragen: Der Jupp moot luuter dem Schäng sing Botze o. (Josef musste ständig Hans' Hosen a. (48)

op|dränge ['opdrɛŋə] <trennb. Präfix-V.; schw.; han; drängte op ['drɛŋ·tə]; ~|gedrängk [-jədrɛŋ·k]>: aufdrängen [auch: ↑op|däue (2)]. (49)

op|drieve ['opdri·və] <trennb. Präfix-V.; st.; han; drevv op [dref]; ~|gedrevve [-jədrevə]> {5.1.4.5; 6.1.1; 6.11.2}: auftreiben, beschaffen, ausfindig machen: e Taxi o. (ein Taxi a.). (51)

op|drihe ['opdri·ə] <trennb. Präfix-V.; schw.; han; drihte op ['dri·tə]; ~|gedriht [-jədri·t]> {5.1.4.1}: aufdrehen. (37)

op|drocke ['opdrokə] <trennb. Präfix-V.; schw.; han; drockte op ['drokta]; ~|gedrock [-jədrok]> {5.5.1}: aufdrucken. (88)

op|dröcke ['opdrøkə] <trennb. Präfix-V.; schw.; han; dröckte op ['drøktə]; ~|gedröck [-jədrøk]> {5.5.1}: aufdrücken [auch: ↑op|däue (1), ↑op|schiebe (1)]. (88)

op|dröhne ['opdrø·nə] <trennb. Präfix-V.; schw.; han u. sin; dröhnte op ['drø·ntə]; ~|gedröhnt [-jədrø·nt]>: aufdröhnen. (5)

op|dun ['opdʊn] <trennb. Präfix-V.; unr.; han; dät op [dɛ·t]; ~|gedon [-jədɔn]> {5.3.2.5; 6.11.1}: auftun, 1. öffnen (nur bei Mund u. Augen gebr.): En der Schull deit hä de Muul nit op, hee schwaadt hä an einem Stöck. (In der Schule macht er den Mund nicht auf, hier redet er am laufenden Band.) [auch: ↑op|maache, ↑op|klappe]. 2. <sich o.> a) offen werden: De Ääd mööt sich vör im o. (Die Erde müsste sich vor ihm a.); b) darbieten, jmdm. erschließen: Dann deit sich einem en ganz neu Welt op. (Dann tut sich jmdm. eine ganz neue Welt auf.). (53)

op|düüe ['opdy:ə] <trennb. Präfix-V.; schw.; düüte op ['dy·tə]; ~|gedüüt [-jədy·t]> {5.1.3; 6.11.1}: auftauen, 1. <han> zum Tauen bringen: Ich muss noch flöck dat Hähnche en der Mikrowell o. (Ich muss noch schnell das Hähnchen in der Mikrowelle a.). 2. <sin> sich tauend auflösen, von Eis befreit werden: Der Sie muss noch o. (Der See muss noch a.). (56)

op|enander [obə'nandɐ] <Adv.>: aufeinander [auch: ↑op|enein].

op|enein [obə'neɪn] <Adv.>: aufeinander [auch: ↑op|enander].

Oper, de [o·pɐ] <N.; ~e>: Oper.

Operations|desch, der [opəraʦ'jo·ns‚deʃ] <N.; ~(e)> {s. u. ↑Desch}: Operationstisch.

operiere/~eere [opə'ri·(ɐ)rə / -e·rə] <V.; schw./unr.; han; operierte [opə'ri·ɐtə]; operiert [opə'ri·ɐt] ⟨lat. operari⟩> {(5.1.4.3)}: operieren. (3) (2)

op|er|läge ['op|ɛɐ‚lɛ·jə] <trennb. Präfix-V.; unr.; han; er|laht op [ɛɐ̯'la:t]; ~|er|laht/~|er|läg [-ɛɐ̯‚la:t / -ɛɐ̯‚lɛ·ʃ]> {5.4}: auferlegen, aufbürden [gebräuchl.: *zor Oplag maache*]. (125)

Opern|huus, et ['o·pen‚hu:s] <N.; ~|hüüser [-hy·zɐ]> {s. u. ↑Huus}: Opernhaus.

op|esse ['op|ɛsə] <trennb. Präfix-V.; st.; han; oß op [ɔ·s]; ~|gegesse [-jə‚ɛsə]>: aufessen, ganz verzehren: *Häs do de Zupp opgegesse?* (Hast du die Suppe aufgegessen?) [auch: ↑fott|esse; ↑fott|putze; ↑bewältige; ↑ver|kimmele; ↑ver|spachtele; ↑ver|tilge; *Zaldat maache*; ↑ver|kamesöle; ↑ver|kasematuckele; ↑ver|pinsele; ↑ver|putze;]. (59)

op|fäddeme ['opfɛdəmə] <trennb. Präfix-V.; schw.; han; fäddemte op ['fɛdəmtə]; ~|gefäddemp [-jəfɛdəmp]> {5.3.2; 6.12.4; 9.2.1.2}: auffädeln. (144)

op|fahre ['opfa·rə] <trennb. Präfix-V.; st.; sin; fuhr/fohr op [fu·ɐ̯ / fo·ɐ̯]; ~|gefahre [-jəfa·rə]>: auffahren. (62)

op|falde ['opfaldə] <trennb. Präfix-V.; unr.; han; faldte op ['faltə]; ~|gefalde [-jəfaldə]> {6.11.3}: auffalten. (63)

op|falle ['opfalə] <trennb. Präfix-V.; st.; sin; feel op [fe·l]; ~|gefalle [-jəfalə]>: auffallen, 1. Aufsehen erregen, ins Auge fallen, bemerkt werden: *Do bes do ens widder fies opgefalle.* (Da bist du mal wieder unangenehm aufgefallen.); *Es dat dingem Lehrer nit opgefalle?* (Ist das deinem Lehrer nicht aufgefallen?); **[RA]** *Besser opgefalle wie gar nit gesinn.* (Besser aufgefallen als gar nicht gesehen.). 2. auftreffen, aufprallen: *hadd op de Stroß o.* (hart auf die Straße aufprallen). 3. beim Fallen eine Wunde zuziehen: *Hä hät sich et Knee ärg opgefalle.* (Er hat sich beim Fallen schlimm das Knie aufgeschlagen.). (64)

op|fäll|ig ['opfɛlɪç] <Adj.; ~e; ~er, ~ste>: auffällig. Tbl. A5.2

op|fange ['opfaŋə] <trennb. Präfix-V.; st.; han; fing op [fɪŋ]; ~|gefange [-jəfaŋə]>: auffangen. (65)

op|finge ['opfɪŋə] <trennb. Präfix-V.; st.; han; fung op [fʊŋ]; ~|gefunge [-jəfʊŋə]> {6.7}: auffinden. (26)

op|flaadere ['opfla:dərə] <trennb. Präfix-V.; schw.; sin; flaaderte op ['fla:dɐtə]; ~|geflaadert [-jəfla:dɐt]> {5.2.1.4; 6.11.3; 9.2.1.2}: aufflattern [auch: ↑op|fladdere]. (4)

op|flackere ['opflakərə] <trennb. Präfix-V.; schw.; sin; flackerte op ['flakɐtə]; ~|geflackert [-jəflakɐt]> {9.2.1.2}: aufflackern. (4)

op|fladdere ['opfladərə] <trennb. Präfix-V.; schw.; han; fladderte op ['fladɐtə]; ~|gefladdert [-jəfladɐt]> {6.11.3; 9.2.1.2}: aufflattern [auch: ↑op|flaadere]. (4)

op|flamme ['opflamə] <trennb. Präfix-V.; schw.; sin; flammte op ['flam·tə]; ~|geflammp [-jəflam·p]>: aufflammen. (40)

op|flanze/~|planze ['opflanʦə / -planʦə] <trennb. Präfix-V.; schw.; han; flanzte op ['flanʦtə]; ~|geflanz [-jəflanʦ]> {6.8.1/6.8.2}: aufpflanzen, 1. bepflanzen. 2. aufstellen, aufrichten. 3. sich provozierend vor jmdn. hinstellen. (42)

op|fleege ['opfle·jə] <trennb. Präfix-V.; st.; sin; flog op [flo·x]; ~|gefloge [-jəflɔ:ʀə]> {5.1.4.3}: auffliegen, 1. hochfliegen: *Wann do en de Häng klatschs, fleege de Vügel op.* (Wenn du in die Hände klatschst, fliegen die Vögel auf.). 2. sich plötzlich u. schnell öffnen: *Et gov ene Schnav, un de Dür flog op.* (Es gab einen Knall, und die Tür flog auf.). 3. entdeckt, aufgedeckt werden: *Dodurch es dä ganze Klüngel opgefloge.* (Dadurch ist der ganze Klüngel aufgeflogen.). (16)

op|flöge/~|plöge ['opfløː·jə / -pløː·jə] <trennb. Präfix-V.; schw.; han; flögte op ['fløː·ʄtə]; ~|geflög [-jəfløː·ʄ]> {5.4; 6.8.1/6.8.2}: aufpflügen. (103)

op|föhre/~|führe ['opføː·(ɐ)rə / -fy·(ɐ)rə] <trennb. Präfix-V.; unr./st./schw.; han; föhte/foht op ['føː·tə / fo:t]; ~|geföht/~|gefoht [-jəføː·t / -jəfo:t]> {5.4}: aufführen, 1. (einem Publikum) darbieten: *Em Hännesche weed em Augebleck nix opgefoht, die han Spillpaus.* (Im Hänneschen-Theater wird zur Zeit nichts aufgeführt, die haben Spielpause.). 2. nennen, anführen: *Do häs de Aanfahrt en der Rechnung nit opgeführt.* (Du hast die Anfahrt in der Rechnung nicht aufgeführt.). 3. <sich o.> sich benehmen: *Wat hatt dä dann, dä hät sich jo opgefoht wie ene Bekloppte.* (Was hatte der denn, der hat sich ja aufgeführt wie ein Verrückter.). (74) (31)

Op|föhr|ung/~|führ|~, de ['opfø:(ɐ)rʊŋ / -fy:(ɐ)r-] <N.; ~e> {(5.4)}: Aufführung.

op|fölle/~|fülle ['opfølə / -fʏlə] <trennb. Präfix-V.; schw.; han; föllte op ['føl·tə]; ~|geföllt [-jəføl·t]> {5.5.1}: auffüllen. (91)

op|fordere ['opfɔrdərə] <trennb. Präfix-V.; schw.; han; forderte op ['fɔrdətə]; ~|gefordert [-jəfɔrdət]> {9.2.1.2}: auffordern. (4)

op|fresche ['opfreʃə] <trennb. Präfix-V.; schw.; han; freschte op ['freʃtə]; ~|gefresch [-jəfreʃ]> {5.5.2}: auffrischen. (110)

op|fresse ['opfrɛsə] <trennb. Präfix-V.; st.; han; froß op [frɔ·s]; ~|gefresse [-jəfrɛsə]>: auffressen. (59)

Op|gang, der ['op‿jaŋ] <N.; ~|gäng [-jɛŋ·]> {s. u. ↑Gang¹}: Aufgang.

op|ge|bloose ['op‿jəblo·zə] <Adj.; Part. II von ↑op|bloose; ~; ~ner, ~nste> {5.5.3}: aufgeblasen, hochmütig, arrogant. Tbl. A3.2

op|ge|braht ['op‿jəbra:t] <Adj.; Part. II von ↑op|bränge; ~e; ~er, ~ste> {6.3.2}: aufgebracht, wütend. Tbl. A1

op|geeße ['op‿je·sə] <trennb. Präfix-V.; st.; han; goss op [jos]; ~|gegosse [-jə‿josə]> {5.1.4.3}: aufgießen. (79)

op|geile ['op‿jaɪ·lə] <trennb. Präfix-V.; schw.; han; geilte op ['jaɪ·ltə]; ~|gegeilt [-jə‿jaɪ·lt]>: aufgeilen. (45)

op|ge|kratz ['op‿jəkratṣ] <Adj.; Part. II von ↑op|kratze; Sup. ungebr.; ~te; ~ter> {8.3.5}: aufgekratzt, lustig, aufgedreht. Tbl. A4.1.2

op|ge|laht ['op‿jəla:t] <Adj.; Part. II von ↑op|läge; ~e> {5.4; 6.3.2}: aufgelegt, gelaunt, gestimmt: *Hügg Morge wor ich nit god o.* (Heute Morgen war ich nicht gut gelaunt) [auch: ↑ge|sennt]. Tbl. A1

op|ge|rüümp ['op‿jə‿ry·mp] <Adj.; ~|rüümte; ~|rüümter; ~ste> {5.1.3}: aufgeräumt, ordentlich. Tbl. A4.2.4

op|ge|schmesse ['op‿jəʃmesə] <Adj.; Part. II von ↑op|schmieße; ~> {5.5.2}: aufgeschmissen, machtlos, hilflos: nur i. d. Vbdg. *o. sin* (a. sein). Tbl. A3.2

op|gevve ['op‿jevə] <trennb. Präfix-V.; st.; han; gov op [jo·f]; ~|gegovve/~|gegevve [-jə‿jovə / -jə‿jevə]> {5.3.4; 5.5.2; 6.1.1}: aufgeben, **1.** zur Beförderung übergeben: *et Gepäck o.* (das Gepäck a.). **2.** als Aufgabe stellen, auftragen, auferlegen: *Hügg hät uns unse Lehrer nit vill opgegovve.* (Heute hat uns unser Lehrer nicht viel aufgegeben.); *Dat gitt mer e Rödsel op.* (Das gibt mir ein Rätsel auf.) **3.** aufhören: *et Rauche o.* (das Rauchen a.). **4.** abbrechen, vorzeitig beenden, schließen (auch o. Akk.): *Hä hät ald en der drette Rund opgegovve.* (Er hat schon in der dritten Runde aufgegeben.); *Hä hät si Geschäff opgegovve.* (Er hat sein Geschäft aufgegeben.) [auch: ↑av|breche (c)]. **5.** verlieren: *de Hoffnung o.* (die Hoffnung a.) **6.** als verloren ansehen: *Der Dokter hatt se ald opgegovve.* (Der Arzt hatte sie schon aufgegeben.). (81)

op|gliddere ['op‿jlɪdərə] <trennb. Präfix-V.; schw.; han; gliddderte op ['jlɪdətə]; ~|gegliddert [-jə‿jlɪdət]> {5.3.4; 9.2.1.2}: aufgliedern. (4)

op|glöhe/~|glöhne ['op‿jlø·ə / -jlø·nə] <trennb. Präfix-V.; schw.; han/sin; glöhnte op ['jlø·ntə]; ~|geglöhnt [-jə‿jlø·nt]> {5.4}: aufglühen. (37) (5)

op|gonn ['op‿jon] <trennb. Präfix-V.; st.; sin; ging op [jɪŋ]; ~|gegange [-jə‿jaŋə]> {5.3.4; 8.2.2.3}: aufgehen. (83)

op|grave ['op‿jra·və] <trennb. Präfix-V.; st.; han; grov op [jro·f]; ~|gegrave [-jə‿jra·və]> {6.1.1}: aufgraben. (85)

op|griefe ['op‿jri:fə] <trennb. Präfix-V.; st.; han; greff op [jref]; ~|gegreffe [-jə‿jrefə]> {5.1.4.5}: aufgreifen. (86)

op|hacke ['ophakə] <trennb. Präfix-V.; schw.; han; hackte op ['haktə]; ~|gehack [-jəhak]>: aufhacken. (88)

op|halde ['ophaldə] <trennb. Präfix-V.; st.; han; heeldt op [he:lt]; ~|gehalde [-jəhaldə] {6.11.3}: aufhalten, **1.** offen, geöffnet halten: *de Häng/Dür o.* (die Hände/Tür a.). **2.** hindern, weiterzukommen; hemmen: *Hald mich nit op, ich muss de letzte Bahn krige!* (Halt mich nicht auf, ich muss die letzte Bahn bekommen!) *Hä häld der ganze Betrieb op.* (Er hält den ganzen Betrieb auf.). **3.** <sich o.> verweilen: *Ich kann mich nit lang o., minge Mann kütt glich vun der Arbeid.* (Ich kann mich nicht lange a., mein Mann kommt gleich von der Arbeit.); *Hald dich doch nit an jedem Fützche op!* (Halte dich doch nicht an jeder Kleinigkeit auf!). **4.** <sich o. met> sich befassen mit: *Met dä Saach kann ich mich nit länger o.* (Mit der Sache kann ich mich nicht länger a.). (90)

op|halse ['ophal·zə] <trennb. Präfix-V.; schw.; han; halste op ['hal·stə]; ~|gehals [-jəhal·s]>: aufhalsen. (87)

op|han ['ophan] <trennb. Präfix-V.; unr.; han; hatt op [hat]; ~|gehatt [-jəhat]> {5.3.2.5}: aufhaben, **a)** anhaben; **b)** geöffnet haben. (92)

op|hänge ['ophɛŋə] <trennb. Präfix-V.; schw.; han; hängte op ['hɛŋ·tə]; ~|gehängk [-jəhɛŋ·k]>: aufhängen. (49)

op|haue ['ophaʊə] <trennb. Präfix-V.; unr./schw.; *han*; haute op ['haʊ·tə]; ~|gehaue/~|gehaut [-jəhaʊə / -jəhaʊ·t]>: aufhauen. (94)

op|häufe ['ophøyfə] <trennb. Präfix-V.; schw.; *han*; häufte op ['høyftə]; ~|gehäuf [-jəhøyf]>: aufhäufen. (108)

op|häufele ['ophøyfələ] <trennb. Präfix-V.; schw.; *han*; häufelte op ['høyfəltə]; ~|gehäufelt [-jəhøyfəlt]> {9.2.1.2}: aufhäufeln. (6)

op|hefte ['ophɛftə] <trennb. Präfix-V.; schw.; *han*; ~|geheff [-jəhɛf]>: aufheften. (89)

op|heitere ['ophɛɪtərə] <trennb. Präfix-V.; schw.; *han*; heiterte op ['hɛɪtətə]; ~|geheitert [-jəhɛɪtət]> {9.2.1.2}: aufheitern. (4)

op|heize ['ophɛɪtsə] <trennb. Präfix-V.; schw.; *han*; heizte op ['hɛɪtstə]; ~|geheiz [-jəhɛɪts]>: aufheizen. (112)

op|helfe ['ophɛlfə] <trennb. Präfix-V.; st.; *han*; holf op [holf]; ~|geholfe [-jəholfə]>: aufhelfen. (97)

op|helle ['ophɛlə] <trennb. Präfix-V.; schw.; *han*; hellte op ['hɛltə]; ~|gehellt [-jəhɛlt]>: aufhellen. (91)

op|hetze ['ophɛtsə] <trennb. Präfix-V.; schw.; *han*; hetzte op ['hɛtstə]; ~|gehetz [-jəhɛts]>: aufhetzen. (114)

op|hevve ['ophevə] <trennb. Präfix-V.; st.; *han*; hovv op [hof]; ~|gehovve [-jəhovə]> {5.3.4; 5.5.2; 6.1.1}: aufheben, **1.** hochheben: *vum Boddem o.* (vom Boden a.); *de Föß o.* (die Füße hochheben). **2.** aufbewahren, unterbringen: *Dat hevve(n) ich för morge op.* (Das hebe ich für morgen auf.); *Bei der Oma sin de Pänz god opgehovve.* (Bei der Oma sind die Kinder gut aufgehoben.). (98)

op|hisse ['ophɪsə] <trennb. Präfix-V.; schw.; *han*; hisste op ['hɪstə]; ~|gehiss [-jəhɪs]>: aufhissen. (67)

op|hoke ['ophɔ·kə] <trennb. Präfix-V.; schw.; *han*; hokte op ['hɔ·ktə]; ~|gehok [-jəhɔ·k]> {5.5.3}: aufhaken. (178)

op|holle ['opholə] <trennb. Präfix-V.; unr.; *han*; hollt op [holt]; ~|gehollt [-jəholt]> {5.3.4; 5.5.1}: aufholen. (99)

op|hüre/~|höre ['ophy:(ɐ)rə / -hø:(ɐ)rə] <trennb. Präfix-V.; Formen mischbar; schw./unr.; hürte/hoot op ['hy·ɐt / 'ho:t]; *han* ~|gehürt/~|gehoot [-jəhy·ɐt / -jəho:t]> {5.4}: aufhören [auch: *fäädig weede*]. (21) (179)

op|hüüle ['ophy·lə] <trennb. Präfix-V.; schw.; *han*; hüülte op ['hy·ltə]; ~|gehüült [-jəhy·lt]> {5.1.3}: aufheulen: *der Motor dät o.* (der Motor heutle auf). (102)

Opium|pief, de ['o·pɪjʊm,pi:f] <N.; ~e> {s. u. ↑Pief}: Opiumpfeife.

Opium|such, de ['o·pɪjʊm,zʊx] <N.; o. Pl.> {s. u. ↑Such}: Opiumsucht.

op|jaule ['opjaʊ·lə] <trennb. Präfix-V.; schw.; *han*; jaulte op ['jaʊ·ltə]; ~|gejault [-jəjaʊ·lt]>: aufjaulen. (45)

op|kaufe ['opkoʊfə] <trennb. Präfix-V.; unr.; *han*; kaufte op ['koʊftə]; ~|gekauf [-jəkoʊf]>: aufkaufen. (106)

op|kieme ['opki·mə] <trennb. Präfix-V.; schw.; *han*; kiemte op ['ki·mtə]; ~|gekiemp [-jəki·mp]> {5.1.4.5}: aufkeimen. (122)

op|kladunjele ['opkla,dʊnjələ] <trennb. Präfix-V.; schw.; *han*; kladunjelte op [kla'dʊnjəltə]; ~|kladunjelt [-kla,dʊnjəlt]> {9.2.1.2}: **1.** auffrischen, aufarbeiten, erneuern. **2.** <sich> sich herausputzen, aufdonnern, auftakeln [auch: ↑erus|kratze, ↑op|donnere, ↑op|kratze (2), ↑op|takele, ↑op|peppe]. (6)

op|klaffe ['opklafə] <trennb. Präfix-V.; schw.; *han*; klaffte op ['klaftə]; ~|geklaff [-jəklaf]>: aufklaffen. (27)

op|klappe ['opklapə] <trennb. Präfix-V.; schw.; *han*; klappte op ['klaptə]; ~|geklapp [-jəklap]>: aufklappen, **1.** <han> etw. öffnen: *et Boch o.* (das Buch a.) [auch: ↑op|dun (1), ↑op|maache]. **2.** <sin> geöffnet sein: *dat Boch es opgeklapp* (das Buch ist aufgeklappt). (75)

op|kläre ['opklɛ·rə] <trennb. Präfix-V.; schw.; *han*; klärte op ['klɛ·ɐtə]; ~|geklärt [-jəklɛ·ɐt]>: aufklären, **1. a)** Klarheit in etw. Ungeklärtes bringen; **b)** <sich o.>: klar werden, sich auflösen. **2.** ein Kind/einen Jugendlichen über Sexualität unterrichten. **3.** <sich o.>: (meteorol.) sich aufhellen; wolkenlos, klar werden. (21)

op|klatsche ['opklatʃə] <trennb. Präfix-V.; schw.; *sin*; klatschte op ['klatʃtə]; ~|geklatsch [-jəklatʃ]>: aufklatschen. (110)

op|klevve ['opklevə] <trennb. Präfix-V.; unr.; *han*; klävte op ['klɛ·ftə]; ~|gekläv [-jəklɛ·f]> {5.3.4; 5.5.2; 6.1.1}: aufkleben. (22)

op|kloppe ['opklɔpə] <trennb. Präfix-V.; schw.; *han*; kloppte op ['klɔptə]; ~|geklopp [-jəklɔp]> {6.8.1}: aufklopfen. (75)

op|klore ['opklɔ·rə] <trennb. Präfix-V.; schw.; klorte op ['klɔ·tə]; ~|geklort [-jəklɔ·t]> {5.5.3}: aufklaren, **1.** <sin> klar, wolkenlos: *Hügg es et opgeklort* (Heute ist es (das Wetter) klar/wolkenlos). **2.** <sich o.; han> wolkenlos werden, sich aufhellen: *Et Wedder hät sich opgeklort.* (das Wetter hat sich aufgeklärt, aufgehellt.). (21)

op|knabbere ['opknabərə] <trennb. Präfix-V.; schw.; *han*; knabberte *op* ['knabətə]; ~|geknabbert [-jəknabɐt]> {9.2.1.2}: aufknabbern. (4)

op|knacke ['opknakə] <trennb. Präfix-V.; schw.; *han*; knackte *op* ['knaktə]; ~|geknack [-jəknak]>: aufknacken, aufbrechen [auch: ↑op|breche; ↑knacke; ↑op|schlage/~|schlonn]. (88)

op|knalle ['opknalə] <trennb. Präfix-V.; schw.; *sin*; knallte *op* ['knal·tə]; ~|geknallt [-jəknal·t]>: aufknallen, mit einem Knall aufschlagen. (91)

op|knöddele ['opknødələ] <trennb. Präfix-V.; schw.; *han*; knöddelte *op* ['knødəltə]; ~|geknöddelt [-jəknødəlt]> {5.3.4; 5.5.1; 6.11.3; 9.2.1.2}: aufknoten. (6)

op|knöppe ['opknœpə] <trennb. Präfix-V.; schw.; *han*; knöppte *op* ['knœptə]; ~|geknöpp [-jəknœp]> {6.8.1}: aufknöpfen. (75)

op|koche ['opkɔxə] <trennb. Präfix-V.; schw.; kochte ['kɔxtə]; ~|gekoch [-jəkɔx]>: aufkochen, **1.** <*han*> etw. zum Kochen bringen; etw. erneut kurz kochen: *Ich han de Bunne noch ens opgekoch.* (Ich habe die Bohnen nochmal aufgekocht.). **2.** <*sin*> *De Zupp es opgekoch.* (Die Suppe ist aufgekocht.). (123)

op|kraache ['opkra:xə] <trennb. Präfix-V.; schw.; *sin*; kraachte *op* ['kra:xtə]; ~|gekraach [-jəkra:x]> {5.2.1}: aufkrachen, aufschlagen, aufplatzen: *De Noht es opgekraach.* (Die Naht ist aufgeplatzt.). (123)

op|kratze ['opkratsə] <trennb. Präfix-V.; schw.; *han*; kratzte *op* ['kratstə]; ~|gekratz [-jəkrats]>: **1.** aufkratzen: *Nit o.! Dat kann sich entzünde.* (Nicht a.! Das kann sich entzünden.). **2.** <sich o.> herausputzen, auftakeln: *Se hät sich staats opgekratz.* (Sie hat sich richtig herausgeputzt.) [auch: ↑erus|kratze, ↑op|donnere, ↑op|kladunjele (2), ↑op|takele]. (114)

op|krempele ['opkrɛmpələ] <trennb. Präfix-V.; schw.; *han*; krempelte *op* ['krɛmpəltə]; ~|gekrempelt [-jəkrɛmpəlt]> {9.2.1.2}: aufkrempeln. (6)

op|krige ['opkrɪjə] <trennb. Präfix-V.; unr.; *han*; kräg/kräht *op* [krɛ:j / krɛ:t]; ~(|ge)kräge/~|gekräg/~|gekräht [-(jə),krɛ:jə / -jə,krɛ:j / -jə,krɛ:t]> {5.3.4.1}: aufkriegen, **1.** mühsam öffnen. **2.** Hausaufgaben aufbekommen. **3.** ganz aufessen können [auch: ↑be|wältige, *jet gemüüz krige*, ↑op|esse; ↑fott|esse; ↑fott|putze; ↑ver|kimmele; ↑ver|spachtele; ↑ver|tilge; *Zaldat maache*; ↑ver|kamesöle; ↑ver|kasematuckele; ↑ver|pinsele;

↑ver|putze. **4.** mühsam etw. aufsetzen: *de Mötz met Möh o.* (die Mütze nur mit Mühe a.). (117)

op|krütze ['opkrʏtsə] <trennb. Präfix-V.; schw.; *han* u. *sin*; krützte *op* ['krʏtstə]; ~|gekrütz [-jəkrʏts]> {5.3.4.1}: aufkreuzen. (114)

op|kumme ['opkʊmə] <trennb. Präfix-V.; st.; *sin*; kɔm *op* [kɔ·m]; ~(|ge)kumme [-(jə),kʊmə]> {5.4}: aufkommen, **1.** entstehen, in Mode kommen: *Wann kom dann dä Bruch op?* (Wann kam denn dieser Brauch auf?). **2.** haften, einstehen, bezahlen: *Dofür bruch der Schäng nit opzekumme.* (Dafür braucht Hans/Jean nicht aufzukommen.). (120)

op|kündige ['opkʏn·dɪjə] <trennb. Präfix-V.; schw.; *han*; kündigte *op* ['kʏn·dɪʃtə]; ~|gekündig [-jəkʏn·dɪʃ]>: aufkündigen. (7)

op|kurvele ['opkʊr·vələ] <trennb. Präfix-V.; schw.; *han*; kurvelte *op* ['kʊr·vəltə]; ~|gekurvelt [-jəkʊr·vəlt]> {6.1.1; 9.2.1.2}: aufkurbeln. (6)

op|laache ['opla:xə] <trennb. Präfix-V.; schw.; *han*; laachte *op* ['la:xtə]; ~|gelaach [-jəla:x]> {5.2.1}: auflachen; plötzlich, kurz lachen. (123)

op|lade ['opla·də] <trennb. Präfix-V.; st.; *han*; lod *op* [lo·t]; ~|gelade [-jəla·də]>: aufladen, **1.** Ladegut auf ein Transportmittel laden. **2.** eine Batterie, einen Akku elektr. laden. (124)

op|läge ['oplɛ·jə] <trennb. Präfix-V.; unr.; laht *op* [la:t]; ~|gelaht/~|geläg [-jəla:t / -jəlɛ·j]> {5.4}: auflegen, **1.** auf etw. legen (kann i. best. Wendungen o. Akk. stehen): *der Hörer o.* (den Hörer a.); *en Schallplaat o.* (eine Schallplatte a.) [auch: ↑en|hänge]. **2.** drucken u. herausgeben: *Dat Boch es vergreffe, weed ävver neu opgelaht.* (Das Buch ist vergriffen, wird aber neu aufgelegt.). (125)

op|lähne ['oplɛ·nə] <trennb. Präfix-V.; schw.; *han*; lähnte *op* ['lɛ·ntə]; ~|gelähnt [-jəlɛ·nt]> {5.4}: auflehnen, **1.** <sich o.> sich weigern. **2.** (die Arme) auf etw. lehnen; aufstützen. (5)

op|lauere ['oplaʊ̯ərə] <trennb. Präfix-V.; schw.; *han*; lauerte *op* ['laʊ̯ətə]; ~|gelauert [-jəlaʊ̯ət]> {9.2.1.2}: auflauern. (4)

Op|lauf, der ['oplɔʊ̯f] <N.; ~|läuf>: Auflauf, **1.** Menschenansammlung. **2.** im Backofen in einer Auflaufform gebackene Speise.

op|laufe ['oplɔʊ̯fə] <trennb. Präfix-V.; st.; *han* u. *sin*; leef *op* [le·f]; ~|gelaufe [-jəlɔʊ̯fə]>: auflaufen. (128)

op|lecke ['oplɛkə] <trennb. Präfix-V.; schw.; *han*; leckte op ['lɛktə]; ~|geleck [-jəlɛk]>: auflecken. (88)

op|lese ['oplezə] <trennb. Präfix-V.; st.; *han*; los op [loˑs]; ~|gelese [-jəlezə]> {5.3.4.1; 5.5.2}: auflesen. (130)

op|leuchte ['oplø̞yfjtə] <trennb. Präfix-V.; schw.; *han* u. *sin*; ~|geleuch [-jəlø̞yfj]>: aufleuchten. (131)

op|levve ['oplevə] <trennb. Präfix-V.; unr.; *sin*; lävte op ['lɛˑftə]; ~|geläv [-jəlɛːf]> {5.3.4; 5.5.2; 6.1.1}: aufleben, aufblühen. (22)

op|lieme ['opliˑmə] <trennb. Präfix-V.; schw.; *han*; liemte op ['liˑmtə]; ~|geliemp [-jəliˑmp]> {5.1.4.5}: aufleimen, mit Leim auf etw. befestigen, festkleben. (122)

op|lige ['oplɪjə] <trennb. Präfix-V.; st.; *han*; log op [loˑx]; ~|geläge [-jəlɛːjə]> {5.3.4.1}: aufliegen. (132)

op|liste ['oplɪstə] <trennb. Präfix-V.; schw.; *han*; ~|geliss [-jəlɪs]>: auflisten. (68)

op|lockere ['oplɔkərə] <trennb. Präfix-V.; schw.; *han*; lockerte op ['lɔkətə]; ~|gelockert [-jəlɔkɐt]> {9.2.1.2}: auflockern. (4)

op|looße ['oplɔˑsə] <trennb. Präfix-V.; st.; *han*; leet/leeß op [leːt / leˑs]; ~|gelooße [-jəlɔˑsə]> {5.2.1.3; 5.5.3}: auflassen, 1. offen lassen. 2. aufbehalten. 3. aufbleiben lassen. (135)

op|lötsche ['oplœtʃə] <trennb. Präfix-V.; schw.; *han*; lötschte op ['lœtʃtə]; ~|gelötsch [-jəlœtʃ]> {5.5.1}: auflutschen. (110)

op|lüe ['oplyːə] <trennb. Präfix-V.; schw.; *han*; lüte op ['lyˑtə]; ~|gelüt [-jəlyˑt]> {5.4}: auflöten. (37)

op|lüse/~|löse ['oplyːzə / -løːzə] <trennb. Präfix-V.; schw.; *han*; lüste op ['lyˑstə]; ~|gelüs [-jəlyˑs]> {5.4}: auflösen, zersetzen. (149)

op|luure/~|loore ['opluˑ(ɐ̯)rə / -loˑrə] <trennb. Präfix-V.; schw./unr.; *han*; luurte op ['luˑɐ̯tə]; ~|geluurt [-jəluˑɐ̯t]>: aufgucken, aufblicken [auch: ↑op|sinn]. (100) (134)

op|maache ['opmaːxə] <trennb. Präfix-V.; unr.; *han*; maht op [maːt]; ~|gemaht [-jəmaːt]> {5.2.1}: aufmachen, **1. a)** öffnen: *et Finster o.* (das Fenster a.); **b)** eröffnen: *en Weetschaff o.* (eine Gaststätte eröffnen); [auch: ↑op|dun ↑op|klappe]. **2.** <sich o.> sich auf den Weg machen: *Et weed Zigg, dat ich mich o.* (Es wird Zeit, dass ich mich auf denWeg mache.). (136)

op|marschiere/~|eere ['opmaˌʃiˑ(ɐ̯)rə / -eˑrə] <trennb. Präfix-V.; schw./unr.; *sin*; marschierte op [maˈʃiˑɐ̯tə]; ~|marschiert [-maˌʃiˑɐ̯t] ⟨frz. marcher⟩> {(5.1.4.3)}: aufmarschieren. (3) (2)

op|meißele ['opmeɪ̯sələ] <trennb. Präfix-V.; schw.; *han*; meißelte op ['meɪ̯səltə]; ~|gemeißelt [-jəmeɪ̯səlt]> {9.2.1.2}: aufmeißeln. (6)

op|mische ['opmɪʃə] <trennb. Präfix-V.; schw.; *han*; mischte op ['mɪʃtə]; ~|gemisch [-jəmɪʃ]>: aufmischen, **1.** neu mischen, aufrühren: *en Färv o.* (eine Farbe aufrühren). **2.** verprügeln; fertig machen: *Foßballfans o.* (Fußballfans verprügeln) [auch: ↑durch|bläue, ↑durch|haue (2), ↑ver|bimse (1), ↑ver|bläue, ↑ver|dresche, ↑ver|haue (1), ↑ver|kamesöle, ↑ver|kloppe, ↑ver|möbele, ↑ver|prügele, ↑ver|trimme, ↑zer|bläue, ↑zer|schlage¹/~|schlonn (3)]. (110)

op|möbele ['opmø̞ːbələ] <trennb. Präfix-V.; schw.; *han*; möbelte op ['mø̞ːbəltə]; ~|gemöbelt [-jəmø̞ːbəlt]> {9.2.1.2}: aufmöbeln. (6)

op|mole ['opmɔˑlə] <trennb. Präfix-V.; schw.; *han*; molte op ['moˑltə]; ~|gemolt [-jəmoˑlt]> {5.5.3}: aufmalen, **a)** auf etw. malen/zeichnen; **b)** umständlich groß, unbeholfen schreiben. (148)

op|montiere/~|eere ['opmɔnˌtiˑ(ɐ̯)rə / -eˑrə] <trennb. Präfix-V.; schw./unr.; *han*; montierte op [mɔnˈtiˑɐ̯tə]; ~|montiert [-mɔnˌtiˑɐ̯t] ⟨frz. monter⟩> {(5.1.4.3)}: aufmontieren, auf etw. montieren. (3) (2)

op|motze ['opmɔtsə] <trennb. Präfix-V.; schw.; *han*; motzte op ['mɔtstə]; ~|gemotz [-jəmɔts]>: aufmotzen, effektvoll gestalten. (114)

op|mucke ['opmʊkə] <trennb. Präfix-V.; schw.; *han*; muckte op ['mʊktə]; ~|gemuck [-jəmʊk]>: aufmucken, aufbegehren. (88)

op|muntere ['opmʊntərə] <trennb. Präfix-V.; schw.; *han*; munterte op ['mʊntətə]; ~|gemuntert [-jəmʊntət]> {9.2.1.2}: aufmuntern, **1. a)** aufheitern: *Hä versok de Lück opzomuntere.* (Er versuchte die Leute aufzumuntern.); **b)** beleben, leicht aufputschen: *Dat Schabäuche dät se o.* (Das Schnäpschen munterte sie auf.). **2.** jmdm. zu etw. Mut machen: *einer o. wiggerzemaache* (jmdn. zum Weitermachen a.). (4)

op|nemme ['opnemə] <trennb. Präfix-V.; st.; *han*; nohm op [noˑm]; ~|genomme [-jənomə]> {5.3.4; 5.5.2}: aufnehmen, **1.** (vom Boden) zu sich heraufnehmen: *Nemm ens grad dat Klein op!* (Nimm mal gerade die Kleine auf!). **2.** zu tun/herzustellen beginnen: *en Verbindung o.* (eine Verbindung a.). **3.** bei sich unterbringen: *Mer* han minger Frau ehre Vatter (bei uns) opgenomme. (Wir haben den Vater meiner Frau (bei uns) aufgenommen.). **4.** teilnehmen lassen, Mitgliedschaft gewähren: *Vun hügg aan bes de en unsem Schmölzche opgenomme.* (Von heute an bist du in unserem Kreis aufgenommen.). **5.** erfassen, in sich hineinnehmen: *Dat wore esu vill Endröck, dat kunnt mer gar nit all o.* (Das waren so viele Eindrücke, das konnte man gar nicht alles erfassen.). **6.** Geld leihen: *ene Kredit o.* (einen Kredit a.) **7.** auf etw. Dargebotenes i. best. Weise reagieren: *Die Red es nit god opgenomme woode.* (Die Rede wurde nicht gut aufgenommen.). **8.** schriftl. od. mit techn. Mitteln aufzeichnen: *Kanns de mer de Poppesitzung op DVD o.?* (Kannst du mir die Puppensitzung (des Kölner Hänneschen-Theaters) auf DVD a.?). **9.** sich messen können, konkurrenzfähig sein: *Met al denne kanns do et o.* (Mit all denen kannst du es a.). (143)

Op|nemm|er, der ['opnemɐ] <N.; ~e> {5.3.4; 5.5.2}: Aufnehmer, Putzlappen.

op|nihe ['opniˑə] <trennb. Präfix-V.; schw.; *han*; nihte op ['niˑtə]; ~|geniht [-jəniˑt]> {5.4}: aufnähen. (37)

op|odeme ['opˌɔˑdəmə] <trennb. Präfix-V.; schw.; *han*; odemte op ['ɔˑdəmtə]; ~|geodemp [-jəˌɔˑdəmp]> {5.5.3; 6.11.3; 9.1.1}: aufatmen. (144)

op|offere ['opˌɔfərə] <trennb. Präfix-V.; schw.; *han*; offerte op ['ɔfɐtə]; ~|geoffert [-jəˌɔfɐt]> {6.8.2; 9.2.1.2}: aufopfern. (4)

op|packe ['oppakə] <trennb. Präfix-V.; schw.; *han*; packte op ['paktə]; ~|gepack [-jəpak]>: aufpacken. (88)

op|päppele ['oppɛpələ] <trennb. Präfix-V.; schw.; *han*; päppelte op ['pɛpəltə]; ~|gepäppelt [-jəpɛpəlt]> {9.2.1.2}: aufpäppeln. (6)

op|passe ['oppasə] <trennb. Präfix-V.; schw.; *han*; passte op ['pastə]; ~|gepass [-jəpas]>: aufpassen, **a)** aufmerksam sein, Acht geben [auch: *op der Hod sin*]; **b)** auf jmdn./etw. Acht haben [auch: ↑be|höde, ↑be|op|sichtige]. (67)

op|pecke ['oppekə] <trennb. Präfix-V.; schw.; *han*; peckte op ['pektə]; ~|gepeck [-jəpek]> {5.5.2}: aufpicken, **1. a)** mit dem Schnabel pickend aufnehmen: *Dä Vugel peck Kööner vun der Ääd op.* (Der Vogel pickt Körner vom Boden auf.); **b)** (übertr.) durch Lesen zufällig finden. **2.** durch Picken öffnen: *De Elster peck Eier op.* (Die Elster pickt Eier auf.). (88)

op|peitsche ['oppaɪtʃə] <trennb. Präfix-V.; schw.; *han*; peitschte op ['paɪtʃtə]; ~|gepeitsch [-jəpaɪtʃ]>: aufpeitschen. (110)

op|peppe ['oppɛpə] <trennb. Präfix-V.; schw.; *han*; peppte op ['pɛptə]; ~|gepepp [-jəpɛp]>: aufpeppen, effektvoller gestalten: *Do muss dat Kleid met ener Brosch o.* (Du musst das Kleid mit einer Brosche a.) [auch: ↑op|kladunjele]. (75)

op|platze ['opplatsə] <trennb. Präfix-V.; schw.; *sin*; platzte op ['platstə]; ~|geplatz [-jəplats]>: aufplatzen. (114)

op|plustere ['opplustərə] <trennb. Präfix-V.; schw.; *han*; plusterte op ['pluˑstətə]; ~|geplustert [-jəpluˑstet]> {9.2.1.2}: aufplustern, **1.** (das Gefieder) aufrichten: *Der Vugel plustert sing Feddere op.* (Der Vogel plustert seine Federn auf.). **2.** <sich o.> **a)** sich durch Aufrichten des Gefieders aufblähen: *Der Vugel plustert sich op.* (Der Vogel plustert sich auf.); **b)** sich wichtig tun: *sich met singem Künne ärg o.* (sich mit seinem Können gewaltig a.). (4)

op|poliere/~eere ['oppoˌliˑ(ɐ̯)rə / -eˑrə] <trennb. Präfix-V.; schw./unr.; *han*; polierte op [poˈliˑɐ̯tə]; ~|poliert [-poˌliˑɐ̯t] ⟨lat. polire⟩> {(5.1.4.3)}: aufpolieren. (3) (2)

op|polstere ['oppolstərə] <trennb. Präfix-V.; schw.; *han*; polsterte op ['polstətə]; ~|gepolstert [-jəpolstet]> {5.5.1; 9.2.1.2}: aufpolstern, die Polsterung von etw. aufarbeiten. (4)

Opportun|iss, der [ˌopɔxtʊˈnɪs] <N.; ~|iste ⟨frz. opportuniste⟩>: Opportunist, jmd., der sich aus Nützlichkeitserwägungen schnell u. bedenkenlos der jeweils gegebenen Lage anpasst.

op|pralle ['oppralə] <trennb. Präfix-V.; schw.; *sin*; prallte op ['praˑltə]; ~|geprallt [-jəpraˑlt]>: aufprallen [auch: ↑op|schlage/~|schlonn (5), ↑op|treffe]. (91)

op|pumpe ['oppʊmpə] <trennb. Präfix-V.; schw.; *han*; pumpte op ['pʊmptə]; ~|gepump [-jəpʊmp]>: aufpumpen. (180)

op|quelle ['opkvelə] <trennb. Präfix-V.; st.; *sin*; quoll op [kvol]; ~|gequolle [-jəkvolə] {5.5.2}: aufquellen. (183)

op|rääch ['oprɛːʃ] <Adj.; ~te; ~ter, ~ste> {5.2.1; 5.4; 8.3.5}: aufrecht, **1.** gerade aufgerichtet. **2.** rechtschaffen, redlich. Tbl. A4.1.1

op|raafe ['opraːfə] <trennb. Präfix-V.; schw.; *han*; raafte op ['raːftə]; ~|geraaf [-jəraːf]> {5.2.1.4}: aufraffen, **1.** aufheben, auflesen, hochnehmen: *Kamelle o.* (Bonbons a.); *et Kleid o.* (das Kleid a.). **2.** <sich o.> **a)** mühsam, mit

op|rage

Überwindung aufstehen, aufrappeln: *Raaf dich op, och wann der de Föß wihdun!* (Raff dich auf, auch wenn dir die Füße wehtun!) [auch: ↑op|rappele, ↑üvver|winde (3)]; **b)** durchringen, überwinden: *Ich mööt jo noch spöle, ävver ich kann mich nit o.* (Ich müsste ja noch spülen, aber ich kann mich nicht dazu durchringen) [auch: ↑üvver|winde (3)]. (108)

op|rage ['opraːʀə] <trennb. Präfix-V.; schw.; *han*; ragte op ['raxtə]; ~|gerag [-jəraˑx]>: aufragen, in die Höhe ragen: *De Töön rage en der Himmel op.* (Die Türme ragen in den Himmel auf.). (103)

op|räge ['oprɛˑjə] <trennb. Präfix-V.; schw.; *han*; rägte op ['rɛˑɲtə]; ~|geräg [-jərɛˑɲ]> {5.4}: aufregen [auch: ↑alteriere/~eere (1)]. (103)

Op|räg|ung, de ['oprɛˑjʊŋ] <N.; ~e> {5.4}: Aufregung [auch: ↑Alteration, *der Düüvel loss sin*].

op|rappele, sich ['op,rapələ] <trennb. Präfix-V.; schw.; *han*; rappelte op ['rapəltə]; ~gerappelt [-jə,rapəlt]> {9.2.1.2}: (sich) aufrappeln, aufraffen [auch: ↑op|raafe, ↑üvver|winde (3)]. (6)

op|rauche ['oproʊxə] <trennb. Präfix-V.; schw.; *han*; rauchte op ['roʊxtə]; ~|gerauch [-jəroʊx]>: aufrauchen, **1.** zu Ende rauchen: *Wann ich die Zigaar opgerauch han, gonn ich.* (Wenn ich die Zigarre aufgeraucht habe, gehe ich.). **2.** durch Rauchen verbrauchen: *Hä hät en einer Woch en Kess Zigaare opgerauch.* (Er hat in einer Woche eine Kiste Zigarren aufgeraucht.) [auch: ↑ver|qualme (3), ↑ver|rauche (2)]. (123)

op|raue ['oproʊə] <trennb. Präfix-V.; schw.; *han*; raute op ['roʊˑtə]; ~|geraut [-jəroʊˑt]>: aufrauen. (11)

op|rechne ['oprɛɲnə] <trennb. Präfix-V.; schw.; *han*; rechente op ['rɛɲntə]; ~|gerechent [-jərɛɲənt]>: aufrechnen, **1.** in Rechnung stellen, anrechnen: *dem Huusbesetzer de Koste för de Reparatur o.* (dem Hausbesitzer die Reparaturkosten a.). **2.** mit etw. verrechnen: *Forderunge gägenenander o.* (Forderungen gegeneinander a.). (150)

op|recke ['oprɛkə] <trennb. Präfix-V.; schw.; *han*; reckte op ['rɛktə]; ~|gereck [-jərɛk]>: aufrecken, **a)** in die Höhe recken: *de Ärme/der Kopp o.* (die Arme/den Kopf in die Höhe recken); **b)** <sich o.> sich in die Höhe recken, sich (aus gebückter Haltung) aufrichten: *Der Gorilla hatt sich opgereck, als wollt e aangriefe.* (Der Gorilla hatte sich drohend aufgerichtet, als wolle er angreifen.); [auch: ↑huh|recke¹]. (88)

op|reechte/~|richte ['opreːɲtə / -rɪɲtə] <trennb. Präfix-V.; schw.; *han*; ~|gereech [-jəreːɲ]> {5.2.1; 5.4}: aufrichten. (131)

op|reihe ['opreɪə] <trennb. Präfix-V.; schw.; *han*; reihte op ['reɪˑtə]; ~|gereiht [-jəreɪˑt]>: aufreihen, **a)** hintereinander auf einen Faden aufziehen: *Pääle o.* (Perlen (auf eine Schnur) a.); **b)** in einer Reihe aufstellen. (37)

op|reize ['opreɪtsə] <trennb. Präfix-V.; schw.; *han*; reizte op ['reɪtstə]; ~|gereiz [-jəreɪts]>: aufreizen. (112)

op|retze ['opretsə] <trennb. Präfix-V.; schw.; *han*; retzte op ['retstə]; ~|geretz [-jərets]> {5.5.2}: aufritzen. (114)

op|rieße ['opriːsə] <trennb. Präfix-V.; st.; *han*; ress op [res]; ~|geresse [-jəresə]> {5.1.4.5}: aufreißen, **1.** öffnen: *de Dür o.* (die Tür a.). **2.** entzweigehen: *De Noht es widder opgeresse.* (Die Naht ist wieder aufgerissen.). **3.** **De Muul/Schnüss o.* (vorlaut sein, zu viel ausplaudern); **[RA]** *en Frau/ene Kääl o.* (eine Frau/einen Mann a., sich anlachen). (25)

op|rieve ['opriˑvə] <trennb. Präfix-V.; st.; *han*; revv op [ref]; ~|gerevve [-jərevə]> {5.1.4.5; 6.1.1}: aufreiben, **1.** wund reiben: *Ich ha' mer beim Äädäppelsrieve de Fingerspetz opgerevve.* (Ich habe mir beim Kartoffelreiben die Fingerspitze aufgerieben.). **2.** jmds. Kräfte völlig aufzehren/zermürben: *De Sorg öm ehr Famillich hät se vörzüggig opgereve.* (Die Sorge um ihre Familie hat sie vorzeitig aufgerieben.). (51)

op|röcke ['oprøkə] <trennb. Präfix-V.; schw.; *sin*; röckte op ['røktə]; ~|geröck [-jərøk]> {5.5.1}: aufrücken, **1.** vorrücken, indem man eine entstandene Lücke in einer Reihe schließt: *Sid esu god un dot o.* (Bitte a.!). **2.** befördert werden, in einen höheren (Dienst)rang aufsteigen: *zom Abteilungsleiter o.* (zum Abteilungsleiter a.) [auch: ↑huh|kumme (3), ↑op|steige] (88)

op|röddele ['oprødələ] <trennb. Präfix-V.; schw.; *han*; röddelte op ['rødəltə]; ~|geröddelt [-jərødəlt]> {5.5.3; 6.11.3; 9.2.1.2}: aufrütteln; **[RA]** *et Gewesse o.* (das Gewissen a.). (6)

Op|rof, der ['oproˑf] <N.; ~|röf (Pl. ungebr.)> {5.4}: Aufruf.

op|rofe ['oproˑfə] <trennb. Präfix-V.; st.; *han*; reef op [reˑf]; ~|gerofe [-jəroˑfə]> {5.4}: aufrufen. (151)

op|röhre/~|rühre ['op,rø(ɐ)rə / -ry(ɐ)rə] <trennb. Präfix-V.; schw.; *han*; röhte op ['røˑtə]; ~|geröht [-jərøˑt]> {5.4}: aufrühren, **1.** durch Rühren od. Ä. nach oben, in aufsteigende Bewegung bringen: *Teeblädder/der Mutt o.* (Teeblätter/den Bodensatz a.). **2. a)** hervorrufen, wecken: *Geföhle o.* (Gefühle wecken); **b)** etw. glücklicherweise (fast) in Vergessenheit Geratenes wieder in Erinnerung rufen: *aale Krom o.* (eine längst vergessene, unangenehme Geschichte wieder a.). **3.** in heftige Erregung versetzen, innerlich aufwühlen: *Et röhrt einer jet em Ennerste op.* (Etw. rührt jmdn. im Innersten auf.). **4.** in Aufruhr versetzen: *et Volk o.* (Das Volk in Aufruhr versetzen). (186) (31)

op|rolle ['opʀɔlə] <trennb. Präfix-V.; schw.; han; rollte op ['ʀɔl·tə]; ~|gerollt [-jəʀɔl·t]>: aufrollen. (91)

op|rötsche ['opʀøtʃə] <trennb. Präfix-V.; schw.; sin; rötschte op ['ʀøtʃtə]; ~|gerötsch [-jəʀøtʃ]> {5.5.1}: aufrutschen. (110)

Op|ruhr/~|rohr, der ['opʀuːɐ̯ / -roːɐ̯] <N.> {(5.4)}: Aufruhr.

op|runde ['opʀʊndə] <trennb. Präfix-V.; schw.; han; rundte op ['ʀʊn·tə]; ~|gerundt [-jəʀʊn·t]>: aufrunden. (28)

op|rüüme ['opʀyːmə] <trennb. Präfix-V.; schw.; han; rüümte op ['ʀyː·mtə]; ~|gerüümp [-jəʀyːˑmp]> {5.1.3}: aufräumen, wegräumen. (122)

op|saddele ['opzadələ] <trennb. Präfix-V.; schw.; han; saddelte op ['zadəltə]; ~|gesaddelt [-jəzadəlt]> {6.11.3; 9.2.1.2}: aufsatteln, **1.** (einem Reittier) den Sattel auflegen: *e Pääd o.* (ein Pferd a.). **2.** einen einachsigen Fahrzeuganhänger mit dem Zugfahrzeug so verbinden, dass er mit einem wesentlichen Teil seiner Last auf dem Zugfahrzeug aufruht: *ene Aanhänger o.* (einen Anhänger a.). (6)

op|sage ['opzaːʀə] <trennb. Präfix-V.; unr.; han; saht op [zaːt]; ~|gesaht [-jəzaːt]>: aufsagen. (155)

op|sammele ['opzamələ] <trennb. Präfix-V.; schw.; han; sammelte op ['zaməltə]; ~|gesammelt [-jəzaməlt]> {9.2.1.2}: aufsammeln. (6)

Op|satz, der ['opzats] <N.; ~|sätz>: Aufsatz, Aufbau, aufgesetzter Teil bei einem Möbelstück od. Ä. (Für den Schulaufsatz wird das deutsche Wort *Aufsatz* gebraucht.).

op|sauge ['opzoʊ̯ʀə] <trennb. Präfix-V.; schw.; han; saugte op ['zoʊ̯xtə]; ~|gesaug [-jəzoʊ̯x]>: aufsaugen, einsaugen. (103)

op|scharre ['opʃaʀə] <trennb. Präfix-V.; schw.; han; scharrte op ['ʃaxtə]; ~|gescharr [-jəʃax]>: aufscharren. (93)

op|scheechte/~|schichte ['opʃeːçtə / -ʃɪçtə] <trennb. Präfix-V.; schw.; han; ~|gescheech [-jəʃeːç]> {5.2.1; 5.4}: aufschichten. (131)

op|scheeße ['opʃeːsə] <trennb. Präfix-V.; st.; han; schoss op [ʃɔs]; ~|geschosse [-jəʃɔsə]> {5.1.4.3}: aufschießen, **1.** <sin> **a)** sich rasch nach oben bewegen; in die Höhe schießen: *ene Wasserstrohl/en Stechflamm schüüß op* (ein Wasserstrahl/eine Stichflamme schießt auf); **b)** schnell in die Höhe wachsen: *Nohm Rähn es de Saat opgeschosse.* (Nach dem Regen ist die Saat aufgeschossen.); im Part. II: *ene lang opgeschosse Jung* (ein lang aufgeschossener Junge); **c)** hochfahren, sich rasch erheben: *Wödig dät hä vun singem Stohl o.* (Wütend schoss er von seinem Stuhl auf.). **2.** <sin> plötzlich in jmdm. aufkommen/entstehen: *Et schoss dä Gedanke en im op, dat e et selver Schold wor.* (Es schoss der Gedanke in ihm auf, dass er es selbst Schuld war.). (79)

op|scheuche ['opʃøʏ̯çə] <trennb. Präfix-V.; schw.; han; scheuchte op ['ʃøʏ̯çtə]; ~|gescheuch [-jəʃøʏ̯ç]>: aufscheuchen, **1.** scheuchend aufjagen: *Rihe o.* (Rehe a.). **2.** in seiner Ruhe od. Ä. stören u. in Unruhe versetzen: *einer us singer Rauh o.* (jmdn. aus seiner Ruhe a.). (123)

op|schiebe ['opʃiːbə] <trennb. Präfix-V.; st.; han; schob op [ʃoːp]; ~|geschobe [-jəʃoːbə]>: aufschieben, zeitlich hinausschieben. (8)

op|schinge ['op‚ʃɪŋə] <trennb. Präfix-V.; st.; sin; schung op [ʃʊŋ]; ~|geschunge [-jə‚ʃʊŋə]> {5.3.4}: aufscheinen, aufleuchten. (26)

Op|schlag, der ['op‚ʃlaːx] <N.; ~|schläg [-ʃlɛˑç]>: Aufschlag.

op|schlage/~|schlonn ['opʃlaːʀə / -ʃlɔn] <trennb. Präfix-V.; st.; schlog op [ʃloːx]; ~|geschlage [-jəʃlaːʀə]> {(5.3.2; 5.4)}: aufschlagen, **1.** <sin> durch Schlagen öffnen, aufbrechen: *Eier för ene Pannkoche o.* (Eier für einen Pfannkuchen a.). **2.** <sin> aufbauen: *e Zelt o.* (ein Zelt a.). **3.** <sich o.; han> durch Aufprallen verletzen: *Hä hät sich et Knee opgeschlage.* (Er hat sich das Knie aufgeschlagen.). **4.** <han> (Sport) Aufschlag haben; einen Aufschlag ausführen beim Sport: *Jung, dä schleiht ävver hadd op!* (Junge, der schlägt aber hart auf!). **5.** <sin> aufprallen: *Hä es mem Kopp op et Lenkradd opgeschlage.* (Er ist mit dem Kopf aufs Lenkrad aufgeschlagen.) [auch: ↑op|pralle, ↑op|treffe]. **6.** teurer werden: *Der Sprit es ald widder opgeschlage.* (Das Benzin ist schon wieder aufgeschlagen.). (48) (163)

op|schlecke[1] ['opʃlekə] <trennb. Präfix-V.; schw.; han; schleckte op ['ʃlektə]; ~|geschleck [-jəʃlek]> {5.5.2}: aufschlucken. (88)

op|schlecke² ['opʃlɛkə] <trennb. Präfix-V.; schw.; *han*; schleckte op ['ʃlɛktə]; ~|geschleck [-jəʃlɛk]>: aufschlecken, auflecken. (88)

op|schleeße ['opʃleˑsə] <trennb. Präfix-V.; st.; *han*; schloss op [ʃlɔs]; ~|geschlosse [-jəʃlɔsə]> {5.1.4.3}: aufschließen. (79)

op|schletze ['opʃlɛtsə] <trennb. Präfix-V.; schw.; *han*; schletzte op ['ʃlɛtstə]; ~|geschletz [-jəʃlɛts]> {5.5.2}: aufschlitzen. (114)

op|schlössele ['opʃløsələ] <trennb. Präfix-V.; schw.; *han*; schlösselte op ['ʃløsəltə]; ~|geschlösselt [-jəʃløsəlt]> {5.5.1; 9.2.1.2}: aufschlüsseln. (6)

op|schnalle ['opʃnalə] <trennb. Präfix-V.; schw.; *han*; schnallte op ['ʃnalˑtə]; ~|geschnallt [-jəʃnalˑt]>: aufschnallen, 1. die Schnalle(n) von etw. lösen (u. öffnen): *de Schohn o.* (die Schuhe a.). 2. mit Riemen auf etw. befestigen: *de Rädder op et Autodaach o.* (die Fahrräder auf das Autodach a.). (91)

op|schnappe ['opʃnapə] <trennb. Präfix-V.; schw.; *han*; schnappte op ['ʃnaptə]; ~|geschnapp [-jəʃnap]>: aufschnappen. (75)

op|schnigge ['opʃnɪgə] <trennb. Präfix-V.; st.; *han*; schnedt op [ʃnet]; ~|geschnedde [-jəʃnedə]> {5.3.4; 6.6.2}: aufschneiden, 1. durch Schneiden öffnen. 2. prahlen. (133)

op|schnüre/~|schnöre ['opʃnyː(ɐ̯)rə / -ʃnøː(ɐ̯)rə] <trennb. Präfix-V.; schw./unr.; *han*; schnürte op ['ʃnyˑɐ̯tə]; ~|geschnürt [-jəʃnyˑɐ̯t]> {(5.4)}: aufschnüren. (21) (165)

op|schödde ['opʃødə] <trennb. Präfix-V.; st.; *han*; schodt op [ʃot]; ~|geschodt/~|geschödt [-jəʃot / -jəʃøt]> {5.5.1; 6.11.3}: aufschütten. (166)

op|schöddele ['opʃødələ] <trennb. Präfix-V.; schw.; *han*; schöddelte op ['ʃødəltə]; ~|geschöddelt [-jəʃødəlt]> {5.5.1; 6.11.3; 9.2.1.2}: aufschütteln. (6)

op|schramme ['opʃramə] <trennb. Präfix-V.; schw.; *han*; schrammte op ['ʃramˑtə]; ~|geschramp [-jəʃramˑp]>: aufschrammen. (40)

op|schrecke¹ ['opʃrɛkə] <trennb. Präfix-V.; schw.; *sin*; schreckte op ['ʃrɛktə]; ~|geschreck [-jəʃrɛk]>: aufschrecken, vor Schreck hochfahren: *Hä es usem Schlof opgeschreck.* (Er schreckte aus dem Schlaf auf.) [auch: ↑huh|schrecke]. (88)

op|schrecke² ['opʃrɛkə] <trennb. Präfix-V.; schw.; *han*; schreckte op ['ʃrɛktə]; ~|geschreck [-jəʃrɛk]>: aufschrecken, jmdn. so erschrecken, dass er darauf mit einer plötzlichen heftigen Bewegung od. Ä. reagiert: *Dä Krach hät uns usem Schlof opgeschreck.* (Der Lärm hat uns aus dem Schlaf aufgeschreckt.). (88)

Op|schreff, de ['opˌʃref] <N.; ~|schrefte> {5.5.2; 8.3.5}: Aufschrift.

Op|schrei, der ['opˌʃreɪ] <N.; ~/~e [-ʃreɪˑ / -ʃreɪə]>: Aufschrei.

op|schreie ['opʃreɪə] <trennb. Präfix-V.; schw.; *han*; schreite op ['ʃreɪˑtə]; ~|geschreit [-jəʃreɪˑt]>: aufschreien. (11)

op|schrieve ['opʃriˑvə] <trennb. Präfix-V.; st.; *han*; schrevv op [ʃref]; ~|geschrevve [-jəʃrevə]> {5.1.4.5; 6.1.1}: aufschreiben. (51)

op|schruuve ['opʃruˑvə] <trennb. Präfix-V.; schw.; *han*; schruuvte op ['ʃruˑftə]; ~|geschruuv [-jəʃruˑf]> {5.1.3; 6.1.1}: aufschrauben. (158)

op|schürfe ['opʃyrfə] <trennb. Präfix-V.; schw.; *han*; schürfte op ['ʃyrftə]; ~|geschürf [-jəʃyrf]>: aufschürfen, aufscheuern. (105)

op|schüüme ['opʃyˑmə] <trennb. Präfix-V.; schw.; *han*; schüümte op ['ʃyˑmtə]; ~|geschüümp [-jəʃyˑmp]> {5.1.3}: aufschäumen. (122)

op|schüüre/~|schööre ['opʃyˑ(ɐ̯)rə / -ʃøˑ(ɐ̯)rə] <trennb. Präfix-V.; schw.; *han*; schüürte op ['ʃyˑɐ̯tə]; ~|geschüürt [-jəʃyˑɐ̯t]> {5.1.4.6; 8.2.2.2}: aufscheuern. (100) (186)

op|schwaade ['opʃvaˑdə] <trennb. Präfix-V.; schw.; *han*; schwaadte op ['ʃvaˑtə]; ~|geschwaadt [-jəʃvaˑt]> {5.2.1.4}: aufreden, aufschwatzen. (197)

op|schweiße ['opʃvɛɪsə] <trennb. Präfix-V.; schw.; *han*; schweißte op ['ʃvɛɪstə]; ~|geschweiß [-jəʃvɛɪs]>: aufschweißen. (32)

op|schwelle¹ ['opʃvɛlə] <trennb. Präfix-V.; st.; *sin*; schwoll op [ʃvol]; ~|geschwolle [-jəʃvolə]> {5.5.2}: aufschwellen, stark anschwellen: *Singe Liev wor opgeschwolle.* (Sein Leib war aufgeschwollen.). (183)

op|schwelle² ['opʃvɛlə] <trennb. Präfix-V.; schw.; *sin*; schwellte op ['ʃvɛlˑtə]; ~|geschwellt [-jəʃvɛlˑt]>: aufschwellen, anschwellen. (91)

op|schwemme ['opʃvɛmə] <trennb. Präfix-V.; schw.; *han*; schwemmte op ['ʃvɛmˑtə]; ~|geschwemmp [-jəʃvɛmˑp]>: aufschwemmen. (40)

op|schwindele ['opʃvɪndələ] <trennb. Präfix-V.; schw.; *han*; schwindelte op ['ʃvɪnˑdəltə]; ~|geschwindelt

[-jəʃvɪnˑdəlt]> {9.2.1.2}: aufschwindeln, durch Schwindeln aufschwatzen: *einem jet o.* (jmdm. etw. a.). (6)

op|schwinge, sich ['opʃvɪŋə] <trennb. Präfix-V.; st.; *han*; schwung op [ʃvʊŋ], ~|geschwunge [-jəʃvʊŋə]>: sich aufschwingen. (26)

op|seile ['opzeɪˑlə] <trennb. Präfix-V.; schw.; *han*; seilte op ['zeɪlˑtə], ~|geseilt [-jəzeɪlˑt]>: aufseilen, an einem Seil hochziehen. (45)

op|setze[1] ['opzetsə] <trennb. Präfix-V.; st.; *han u. sin*; sọß op [zɔˑs]; ~|gesesse [-jəzɛsə] {5.5.2}: aufsitzen, aufsteigen. (172)

op|setze[2] ['opzɛtsə] <trennb. Präfix-V.; unr./schw.; *han*; setzte/satz op ['zɛtstə / zatṣ], ~|gesetz/~|gesatz [-jəzɛts / -jəzatṣ]>: aufsetzen, **1.** ein Gefäß mit etw. zum Kochen auf den Herd stellen: *de Ääpel o.* (die Kartoffeln a.). **2.** etw. in einem best. Wortlaut angemessen schriftl. formulieren: *ene Verdrag o.* (einen Vertrag a.). **3.** wieder aufrecht hinstellen: *Kägel o.* (Kegel a.); **[RA]** *Wä met kägelt, muss och met o.* (Wer mit kegelt, muss auch mit aufstellen.). **4.** aufnähen: *Täsche o.* (Taschen a.). **5.** auf dem Boden auftreffen: *Dä Fleeger setz hadd op.* (Das Flugzeug setzt hart auf.). **6.** aufrichten u. aufrecht hinsetzen: *sich em Bedd o.* (sich im Bett a.). (173)

op|sinn ['opzɪn] <trennb. Präfix-V.; st.; *han*; sọh/sọch op [zɔˑ / zɔˑx]; ~|gesinn [-jəzɪn]> {5.3.4; 8.2.2.3}: aufsehen [auch: ↑op|luure/~|loore]. (175)

Op|sinn, et ['opˌzɪn] <N.; kein Pl.> {5.3.4; 5.4; 8.2.2}: Aufsehen.

op|spalde ['opʃpaldə] <trennb. Präfix-V.; unr.; *han*; spaldte op ['ʃpaltə], ~|gespalde [-jəʃpaldə]> {6.11.3}: aufspalten. (63)

op|spanne ['opʃpanə] <trennb. Präfix-V.; schw.; *han*; spannte op ['ʃpanˑtə], ~|gespannt [-jəʃpanˑt]>: aufspannen, **a)** öffnen, ausbreiten u. spannen: *der Parapluie o.* (den Schirm a.); **b)** auf etw. spannen: *Stoff op e Bredd o.* (Stoff auf ein Brett a.). (10)

op|spare ['opˌʃpaːrə] <trennb. Präfix-V.; schw.; *han*; sparte op ['ʃpaːtə], ~|gespart [-jəʃpaːt]>: aufsparen. (21)

op|speeße ['opʃpeˑsə] <trennb. Präfix-V.; schw.; *han*; speeßte op ['ʃpeˑstə], ~|gespeeß [-jəʃpeˑs]>: aufspießen, **a)** mit einem spitzen Gegenstand aufnehmen: *ene Besse met der Gaffel o.* (einen Bissen (mit der Gabel) a.); **b)** auf eine Nadel od. Ä. stecken u. auf etw. befestigen. (32)

op|spille ['opʃpɪlə] <trennb. Präfix-V.; schw.; *han*; spillte op ['ʃpɪltə]; ~|gespillt [-jəʃpɪlt]> {5.3.4}: aufspielen, **1.** Musik machen: *Zo singem Gebootsdag spillt och en Kapell op.* (Zu seinem Geburtstag spielt auch eine Kapelle auf.). **2.** (Sport, Kartenspiel) das Spiel beginnen, als erster eine Karte legen: *Do spillt dä glatt en blanke Zehn op.* (Da spielt der glatt eine blanke Zehn auf.). **3.** <sich o.> sich aufspielen, prahlen, wichtig tun: *Gläuv im nix, dä spillt sich nor op!* (Glaub ihm nichts, der spielt sich nur auf!) [auch: *ene Futz em Kopp han, sich enen Däu aandun, der decke Willem maache/makeere*]. (91)

op|spleddere ['opʃpledərə] <trennb. Präfix-V.; schw.; *sin*; spledderte op ['ʃpledətə], ~|gespleddert [-jəʃpledət]> {5.5.2; 6.11.3; 9.2.1.2}: aufsplittern, sich in Splitter auflösen: *Dat Holz spleddert durch dä Drock op.* (Das Holz splittert durch den Druck auf.). (4)

op|spole/~|spule ['opʃpoˑlə / -ʃpuˑlə] <trennb. Präfix-V.; schw.; *han*; spolte op ['ʃpoˑltə], ~|gespolt [-jəʃpoˑlt]> {5.4}: aufspulen. (148)

op|spöle ['opʃpøˑlə] <trennb. Präfix-V.; schw.; *han*; spölte/spolt op ['ʃpøˑltə / ʃpoːlt], ~|gespölt/~|gespolt [-jəʃpøˑlt / -jəʃpoːlt]> {5.4}: aufspülen, **1.** anspülen u. ablagern: *Der Fluss/de Sie hät Sand opgespölt.* (Der Fluss/das Meer hat Sand aufgespült.). **2.** (Seew.) mit Baggersand/Schlick erhöhen: *et Ofer met Sand/Schlick o.* (das Ufer (zur Befestigung) mit Sand/Schlick a.) (73)

op|sprenge ['opʃprɛŋə] <trennb. Präfix-V.; schw.; *han*; sprengte op ['ʃprɛŋˑtə], ~|gesprengk [-jəʃprɛŋˑk]>: aufsprengen. (49)

op|spretze ['opʃpretsə] <trennb. Präfix-V.; schw.; *han*; spretzte op ['ʃpretstə], ~|gespretz [-jəʃprets]> {5.5.2}: aufspritzen, **1.** <sin> in die Höhe spritzen: *Dat Wasser us dä Sod dät o., wie dat Auto do durchgejöck es.* (Das Wasser aus der Gosse spritzte auf, als das Auto da hindurchraste.). **2.** <han> mit einer Spritze aufbringen: *Färv o.* (Farbe a.). (114)

op|springe ['opʃprɪŋə] <trennb. Präfix-V.; st.; *sin*; sprung op [ʃprʊŋˑ]; ~|gesprunge [-jəʃprʊŋə]>: aufspringen, **1.** hochspringen. **2.** bersten, aufplatzen. (26)

op|spröhe ['opʃprøˑə] <trennb. Präfix-V.; schw.; *han*; spröhte op ['ʃprøˑtə], ~|gespröht [-jəʃprøˑt]> {5.4}: aufsprühen, **1.** <sin> in die Höhe sprühen: *Funke spröhten op.* (Funken sprühten auf.). **2.** <han> sprühend auf etw. aufbringen: *Färv o.* (Farbe a.). (37)

op|spüre/~|spöre ['opʃpyˑ(ę)rə / -ʃpøˑ(ę)rə] <trennb. Präfix-V.; schw./unr.; han; spürte op ['ʃpyˑętə]; ~|gespürt [-jəʃpyˑęt]> {(5.4)}: aufspüren. (21) (179)

op|stachele ['opʃtaxələ] <trennb. Präfix-V.; schw.; han; stachelte op ['ʃtaxəltə]; ~|gestachelt [-jəʃtaxəlt]> {9.2.1.2}: aufstacheln, durch aufhetzende Reden od. Ä. zu best. Tun veranlassen; aufwiegeln: *et Volk o.* (das Volk a.). (6)

op|stampe ['opʃtampə] <trennb. Präfix-V.; schw.; han; stampte op ['ʃtamptə]; ~|gestamp [-jəʃtamp]> {6.8.1}: aufstampfen. (180)

Op|stand, der ['op.ʃtant] <N.; ~|ständ [-ʃtɛnˑt]>: Aufstand.

op|stapele ['opʃtaˑpələ] <trennb. Präfix-V.; schw.; han; stapelte op ['ʃtaˑpəltə]; ~|gestapelt [-jəʃtaˑpəlt]> {9.2.1.2}: aufstapeln [auch: ↑op|stivvele]. (6)

op|staue ['opʃtaʊə] <trennb. Präfix-V.; schw.; han; staute op ['ʃtaʊˑtə]; ~|gestaut [-jəʃtaʊˑt]>: aufstauen. (11)

op|steche ['opʃtɛʃə] <trennb. Präfix-V.; st.; han; stoch op [ʃtɔˑx]; ~|gestoche [-jəʃtɔxə]>: aufstechen. (34)

op|stecke ['opʃtekə] <trennb. Präfix-V.; schw.; han; steckte op ['ʃtektə]; ~|gesteck [-jəʃtek]> {5.4}: aufsticken, auf etw. sticken. (88)

op|steige ['opʃteɪˑjə] <trennb. Präfix-V.; st.; sin; steeg op [ʃteˑʃ]; ~|gesteege [-jəʃteˑjə]>: aufsteigen [auch: ↑huh|kumme (3), ↑op|röcke (2)]. (181)

op|stelle ['opʃtɛlə] <trennb. Präfix-V.; schw./unr.; han; stellte/stallt op ['ʃtɛlˑtə / ʃtalt]; ~|gestellt/~|gestallt [-jəʃtɛlˑt / -jəʃtalt]>: aufstellen, errichten, erbauen. (182)

op|stemme ['opʃtɛmə] <trennb. Präfix-V.; schw.; han; stemmte op ['ʃtɛmˑtə]; ~|gestemmp [-jəʃtɛmˑp]>: aufstemmen. (40)

op|stempele ['opʃtɛmpələ] <trennb. Präfix-V.; schw.; han; stempelte op ['ʃtɛmpəltə]; ~|gestempelt [-jəʃtɛmpəlt]> {9.2.1.2}: aufstempeln. (6)

op|steppe ['opʃtɛpə] <trennb. Präfix-V.; schw.; han; steppte op ['ʃtɛptə]; ~|gestepp [-jəʃtɛp]>: aufsteppen, mit Steppstichen aufnähen. (75)

op|stippe ['opʃtɪpə] <trennb. Präfix-V.; schw.; han; stippte op ['ʃtɪptə]; ~|gestipp [-jəʃtɪp]>: aufsperren, aufreißen, weit aufmachen; ***Muul un Nas o.** (staunen; Nase und Mund (vor Staunen) a.); ***de Muul mem Hölzche o.** (hungern). (75)

op|stivvele ['opʃtɪvələ] <trennb. Präfix-V.; schw.; han; stivvelte op ['ʃtɪvəltə]; ~|gestivvelt [-jəʃtɪvəlt]> {5.3.2; 5.4; 9.2.1.2}: aufstapeln [auch: ↑op|stapele]. (6)

op|stöbbe ['opʃtøbə] <trennb. Präfix-V.; schw.; sin; stöbbte op ['ʃtøptə]; ~|gestöbb [-jəʃtøp]> {5.3.4; 5.5.1}: aufstäuben, (Staub o. Ä.) aufwirbeln: *Schnei dät o.* (Schnee stob auf). (167)

op|stöbere ['opʃtøːbərə] <trennb. Präfix-V.; schw.; han; stöberte op ['ʃtøːbetə]; ~|gestöbert [-jəʃtøːbet]> {9.2.1.2}: aufstöbern. (4)

op|stoche ['opʃtɔxə] <trennb. Präfix-V.; schw.; han; stochte op ['ʃtɔxtə]; ~|gestoch [-jəʃtɔx]>: schüren, aufhetzen. (123)

op|stocke ['opʃtɔkə] <trennb. Präfix-V.; schw.; han; stockte op ['ʃtɔktə]; ~|gestock [-jəʃtɔk]>: aufstocken, **1.** um ein od. mehrere Stockwerke erhöhen: *e Huus o.* (ein Gebäude a.). **2.** etw. um eine best. größere Menge, Anzahl od. Ä. vermehren/erweitern: *ene Kredit o.* (einen Kredit a./erweitern). (88)

op|stöhne ['opʃtøːnə] <trennb. Präfix-V.; schw.; han; stöhnte op ['ʃtøːntə]; ~|gestöhnt [-jəʃtøːnt]>: aufstöhnen. (5)

op|stölpe ['opʃtølpə] <trennb. Präfix-V.; schw.; han; stölpte op ['ʃtølptə]; ~|gestölp [-jəʃtølp]> {5.5.1}: aufstülpen, **1. a)** auf od. über etw. stülpen: *ene Schirm op die Lamp o.* (einen Schirm auf die Lampe a.); **b)** ohne große Sorgfalt aufsetzen/auf den Kopf setzen: *däm Panz flöck en Mötz o.* (dem Kind rasch eine Mütze a.). **2. a)** hochschlagen: *der Mantelkrage o.* (den Mantelkragen a.); **b)** (übertr.) schürzen, aufwerfen: *de Leppe o.* (die Lippen a.). (180)

op|stonn ['opʃtɔn] <trennb. Präfix-V.; st.; sin; stundt op [ʃtʊnt]; ~|gestande [-jəʃtandə] {5.3.4; 8.2.2.3}: aufstehen, **1.** sich erheben [auch: ↑huh|kumme (1b)]. **2.** offen stehen. (185)

op|stoppe ['opʃtɔpə] <trennb. Präfix-V.; schw.; han; stoppte op ['ʃtɔptə]; ~|gestopp [-jəʃtɔp]> {5.5.1; 6.8.1}: aufstopfen. (75)

op|stötze ['op.ʃtøtsə] <trennb. Präfix-V.; schw.; han; stötzte op ['ʃtøtstə]; ~|gestötz [-jəʃtøts]> {5.5.1}: aufstützen. (114)

op|streue ['opʃtrɔʏə] <trennb. Präfix-V.; schw.; han; streute op ['ʃtrɔʏtə]; ~|gestreut/~|gestraut (veraltet) [-jəʃtrɔʏˑt / -jəʃtrɔʊt]>: aufstreuen, **a)** etw. auf etw. streuen: *Puderzucker (op der Koche) o.* (Puderzucker (auf den Kuchen) a.); **b)** (als Streu) aufschütten: *däm Kning Strüh em Käfig o.* (dem Kaninchen Stroh im Käfig a.). (11)

op|striche ['opʃtrɪʃə] <trennb. Präfix-V.; st.; *han*; str*e*ch *o*p [ʃtreʃ]; ~|gestr*e*che [-jəʃtreʃə]> {5.3.1}: aufstreichen, streichend auftragen, auf etw. streichen. (187)

op|strohle ['opʃtroˑlə] <trennb. Präfix-V.; schw.; *han*; strohlte *o*p [ˈʃtroˑltə]; ~|gestrohlt [-jəʃtroˑlt]> {5.5.3}: aufstrahlen, **1.** strahlend aufleuchten: *De Scheinwerfer strohlten op.* (Die Scheinwerfer strahlten auf.). **2.** einen Ausdruck von Freude, Glück od. Ä. bekommen/widerspiegeln: *Ehr Auge strohlten op.* (Ihre Augen strahlten auf.). (61)

op|stufe ['opʃtuˑfə] <trennb. Präfix-V.; schw.; *han*; stufte *o*p [ˈʃtuˑftə]; ~|gestuf [-jəʃtuˑf]>: aufstufen, -werten, höher einstufen. (108)

op|stüsse ['opʃtʏsə] <trennb. Präfix-V.; st.; stoss *o*p [ʃtɔs]; ~|gestosse/~|gestüsse [-jəʃtɔsə / -jəʃtʏsə] {5.4; 5.3.4}: aufstoßen, **1.** <han> durch einen Stoß öffnen: *de Dür/Finstere o.* (die Tür/Fenster a.). **2. a)** <han> durch einen Stoß verletzen: *et Knee o.* (das Knie a.); **b)** <sin> mit etw. hart auf etw. auftreffen: *mem Kopp op de Deschkant o.* (mit dem Kopf auf die Tischkante a.). **3.** <han> fest auf etw. aufsetzen: *der Stock (op der Boddem) o.* (den Stock (auf den Boden) a.). **4. a)** rülpsen: <han> Luft, die aus dem Magen aufgestiegen ist, hörbar durch den Mund entweichen lassen: *Dat Klein muss eets o.* (Das Baby muss erst noch a.) [auch: ↑blökse, ↑böke (2), ↑bökse, ↑gölpsche]; **b)** <sin> ein (hörbares) Entweichen od. Ausstoßen von Luft u./od. Mageninhalt aus dem Magen verursachen: *Dat scharfe Esse es im opgestosse.* (Das scharfe Essen ist ihm aufgestoßen.). (188)

op|takele ['optaˑkələ] <trennb. Präfix-V.; schw.; *han*; takelte *o*p ['taˑkəltə]; ~|getakelt [-jətaˑkəlt]> {9.2.1.2}: auftakeln [auch: ↑erus|kratze, ↑op|donnere, ↑op|kladunjele (2), ↑op|kratze (2)]. (6)

op|tanke ['optaŋkə] <trennb. Präfix-V.; schw.; *han*; tankte *o*p ['taŋktə]; ~|getank [-jətaŋk]>: auftanken, **a)** den Treibstoffvorrat ergänzen/auffüllen: *Mer müsse Heizöl o.* (Wir müssen Heizöl a.); *vürm Lossfahre et Auto o.* (vor dem Losfahren das Auto a.); **b)** (übertr.) neue Kräfte a. (sammeln). (41)

op|tauche ['optaʊxə] <trennb. Präfix-V.; schw.; *sin*; tauchte *o*p ['taʊxtə]; ~|getauch [-jətaʊx]>: auftauchen, **1. a)** an die Wasseroberfläche kommen, emportauchen: *Et U-Boot kunnt jetz o.* (Das U-Boot konnte jetzt a.); **b)** (übertr.) ins Bewusstsein treten: *Gedanke an fröher däten o.* (Gedanken an früher tauchten auf.). **2. a)** unerwartet, plötzlich in Erscheinung treten, sichtbar werden: *Ganz hinge däten de Alpe o.* (In der Ferne tauchten die Alpen auf.); **b)** unerwartet, plötzlich auftreten, da sein: *Die Breef sin eets noh Johre widder opgetauch.* (Die Briefe tauchten erst nach vielen Jahren wieder auf, wurden wieder gefunden.); **c)** sich ergeben: *Froge/ Zwiefel sin opgetauch.* (Fragen/Zweifel tauchen auf/ stellten sich/erhoben sich.); *Ene Verdach es opgetauch.* (Ein Verdacht tauchte/kam auf.). (123)

Optim|iss, der ['ɔptɪˌmɪs] <N.; ~|iste>: Optimist.

op|tippe ['optɪpə] <trennb. Präfix-V.; schw.; *han*; tippte *o*p ['tɪptə]; ~|getipp [-jətɪp]>: auftippen, (von einem Ball) leicht auf den Boden auftreffen u. zurückprallen: *Der Ball koot o. looße.* (Den Ball kurz a. lassen.) [auch: ↑op|titsche]. (75)

op|titsche ['optɪtʃə] <trennb. Präfix-V.; schw.; *han*; titschte *o*p ['tɪtʃtə]; ~|getitsch [-jətɪtʃ]>: auftitschen, federnd aufschlagen [auch: ↑op|tippe]. (110)

op|törme/~|türme ['optørˑmə / -tʏrˑmə] <trennb. Präfix-V.; schw.; *han*; törmte *o*p ['tørˑmtə]; ~|getörmp [-jətørˑmp]> {5.5.1}: auftürmen. (127)

op|trecke ['optrɛkə] <trennb. Präfix-V.; st.; *han*; trok *o*p [troˑk]; ~|getrocke [-jətrɔkə]>: aufziehen, **1.** durch Ziehen öffnen: *der Vürhang o.* (den Vorhang a.). **2.** auffädeln: *Pääle o.* (Perlen a.). **3.** durch Spannen einer Feder in Gang bringen (Uhr, Spielzeug usw.): *de Uhr o.* (die Uhr a.). **4.** großziehen: *Et Lena es vun de Großeldere opgetrocke woode.* (Lena ist von den Großeltern aufgezogen worden.). **5.** arrangieren: *Dat Fess trecke mer ganz groß op.* (Das Fest ziehen wir ganz groß auf). **6.** necken, hänseln: *Dat ärme Kind, dat trecke se ävver och immer op!* (Das arme Kind, das zieht man aber auch immer auf!). **7.** näherkommen, heraufziehen: *Et trecke Wolke op, et gitt Rähn.* (Es ziehen Wolken auf, es gibt Regen.). (190)

Op|tredd, der ['ɔp,tret] <N.; ~e> {5.5.2; 6.11.3}: Auftritt.

op|tredde ['optredə] <trennb. Präfix-V.; st.; *han*; trodt *o*p [troˑt]; ~|getrodde [-jətrodə]> {5.3.4; 5.5.2; 6.11.3}: auftreten, **1.** durch Treten öffnen: *de Dür o.* (die Tür a.). **2.** die Füße i. best. Weise aufsetzen: *leis o.* (leise a.). **3.** sich i. best. Weise verhalten/benehmen: *engageet o.* (engagiert a.). **4.** (plötzlich) vorkommen, da sein: *Op eimol trodte Unstemmigkeite op.* (Auf einmal traten

Unstimmigkeiten auf.). **5.** sich öffentlich in einer best. Rolle/Funktion präsentieren: *Am Samsdag tredde om Nüümaat de Bläck Fööss op.* (Am Samstag treten auf dem Neumarkt die Bläck Fööss auf.). (191)

op|treffe ['optrɛfə] <trennb. Präfix-V.; st.; *han*; trof op [trɔˑf]; ~|getroffe [-jətrɔfə]>: auftreffen, aufprallen, aufschlagen [auch: ↑op|pralle, ↑op|schlage/~|schlonn (5)]. (192)

op|trenne ['optrɛnə] <trennb. Präfix-V.; schw.; *han*; trennte op ['trɛnˑtə]; ~|getrennt [-jətrɛnˑt]>: auftrennen, auseinandertrennen: *der Saum o.* (den Saum a.). (10)

op|trumpe ['optrʊmpə] <trennb. Präfix-V.; schw.; *han*; trumpte op ['trʊmptə]; ~|getrump [-jətrʊmp]> {6.8.1}: auftrumpfen. (180)

op|waade ['opvaˑdə] <trennb. Präfix-V.; schw.; *han*; waadte op ['vaˑtə]; ~|gewaadt [-jəvaˑt]> {5.2.1.1.2; 6.11.3}: aufwarten. (197)

op|wahße ['opvaːsə] <trennb. Präfix-V.; st.; *sin*; wohß op [voˑs]; ~|gewahße [-jəvaːsə]> {5.2.4; 6.3.1}: aufwachsen. (199)

op|walle ['opvalə] <trennb. Präfix-V.; schw.; *sin*; wallte op ['valˑtə]; ~|gewallt [-jəvalˑt]>: aufwallen. (91)

Op|wand, der ['opˌvant] <N.; o. Pl.>: Aufwand.

op|wärme ['opvɛrˑmə] <trennb. Präfix-V.; schw.; *han*; wärmte op ['vɛrˑmtə]; ~|gewärmp [-jəvɛrˑmp]>: aufwärmen. (127)

op|wäsche ['opvɛʃə] <trennb. Präfix-V.; st.; *han*; wosch op [voˑʃ]; ~|gewäsche [-jəvɛʃə]> {5.4}: aufwaschen, aufwischen. (200)

op|wecke ['opvɛkə] <trennb. Präfix-V.; schw.; *han*; weckte op ['vɛktə]; ~|geweck [-jəvɛk]>: aufwecken. (88)

op|weckele ['opvɛkələ] <trennb. Präfix-V.; schw.; *han*; weckelte op ['vekəltə]; ~|gewe̲ckelt [-jəvekəlt]> {5.5.2; 9.2.1.2}: aufwickeln, **a)** wickelnd zusammenrollen: *ene Faddem op en Spol o.* (einen Faden auf eine Spule a.); *Stoff zo enem Balle o.* (Stoff zu einem Ballen a.); **b)** auf Wickler aufdrehen: *sich/einem de Hoore o.* (sich/jmdm. die Haare a.). (6)

op|weege/~|woo̲ge ['opveˑjə / -vɔˑʀə] <trennb. Präfix-V.; schw./st.; *han*; Formen von ↑weege² u. ↑woo̲ge sind mischbar; weegte op ['veˑɧtə], op|geweeg [-jəveˑɧ]> {5.1.4.3; (5.5.3)}: aufwiegen, ausgleichen. (203) (212)

op|weiche ['opveɪɧə] <trennb. Präfix-V.; schw.; *han*; weichte op ['veɪɧtə]; ~|geweich [-jəveɪɧ]>: aufweichen, **1. a)** <han> durch Feuchtigkeit weich machen: *Der Rähn hät der Boddem opgeweich.* (Der Regen hat den Boden aufgeweicht.); **b)** (übertr.) ein System a. (von innen her allmählich zerstören). **2.** <sin> weich werden: *Der Boddem weich op.* (Der Boden weicht auf.). (123)

op|wende ['opvɛnˑdə] <trennb. Präfix-V.; unr.; *han*; wandt op [vant]; ~|gewandt/~|gewendt [-jəvant / -jəvɛnˑt]>: aufwenden, aufbringen. (205)

op|werfe/~|wirfe ['opvɛrfə / -vɪrfə] <trennb. Präfix-V.; st.; *han*; worf op [vɔrf]; ~|geworfe [-jəvɔrfə]> {5.5.2/5.4}: aufwerfen. (206)

op|werte ['opveːɐ̯tə] <trennb. Präfix-V.; schw.; *han*; ~|gewert [-jəveːɐ̯t]>: aufwerten, dem Wert nach verbessern. (58)

op|wiegele/~|weegele ['opviːjələ / -veːjələ] <trennb. Präfix-V.; schw.; *han*; wiegelte op ['viːjəltə]; ~|gewiegelt [-jəviːjəlt]> {9.2.1.2/5.1.4.3}: aufwiegeln. (6)

op|wiese ['opviːzə] <trennb. Präfix-V.; st.; *han*; we̲s op [ves]; ~|gewe̲se [-jəvezə]> {5.1.4.5}: aufweisen. (147)

op|wirvele ['opvɪrˑvələ] <trennb. Präfix-V.; schw.; *han*; wirvelte op ['vɪrˑvəltə]; ~|gewirvelt [-jəvɪrˑvəlt]> {6.1.1; 9.2.1.2}: aufwirbeln, **a)** <han> etw., was locker irgendwo liegt, hochwirbeln/in die Luft wirbeln: *Stöbb/Schnei o.* (Staub/Schnee a.); ***Stöbb o.** (Aufregung, Unruhe verursachen sowie Kritik u. Empörung hervorrufen) **b)** <sin> in die Höhe wirbeln, aufstieben: *Der Schnei dät o.* (Schnee wirbelte hoch.). (6)

op|wöhle ['opvøˑlə] <trennb. Präfix-V.; schw.; *han*; wöhlte op ['vøˑltə]; ~|gewöhlt [-jəvøˑlt]> {5.1.4.1}: aufwühlen, aufwirbeln. (61)

op|wölve, sich ['opvølˑvə] <trennb. Präfix-V.; schw.; *han*; wölvte op ['vølˑftə]; ~|gewölv [-jəvølˑf]> {5.5.1; 6.1.1}: sich aufwölben, eine Wölbung bilden: *Dat Blech hät sich opgewölv.* (Das Blech hat sich aufgewölbt.). (66)

op|zälle ['optsɛlə] <trennb. Präfix-V.; st./schw.; *han*; zallt/zällte op [tsalt / 'tsɛltə]; ~|gezallt/~|gezällt [-jətsalt / -jətsɛlt]> {5.3.4}: aufzählen. (196) (91)

op|zäume ['optsɔʏmə] <trennb. Präfix-V.; schw.; *han*; zäumte op ['tsɔʏˑmtə]; ~|gezäump [-jətsɔʏˑmp]>: aufzäumen, den Zaum anlegen. (122)

op|zeichne ['optseɪɧnə] <trennb. Präfix-V.; schw.; *han*; zeichente op ['tseɪɧəntə]; ~|gezeichent [-jətseɪɧənt]>: aufzeichnen, **1. a)** auf etw. zeichnen: *der Grundress o.* (den Grundriss (auf ein Blatt) a.); **b)** erklärend hinzeichnen: *einem der Wäg o.* (jmdm. den Weg a.). **2.** aufnehmen, filmen, zur Dokumentation schriftl., mit

Film od. Magnetband festhalten: *en Sendung o.* (eine Sendung a.). (150)

op|zeige ['ɔptseɪ̯·jə] <trennb. Präfix-V.; schw.; han; zeigte op ['tseɪ̯·ɦtə]; ~|gezeig [-jətseɪ̯·ɦ]>: aufzeigen. (103)

Op|zog, der ['ɔp,tsox] <N.; ~|zög> {5.5.1}: Aufzug, **1.** Art der Kleidung, Aufmachung: *En wat för enem O. küss do dann eraan?* (In welchem Aufzug kommst du denn her?). **2.** Teil eines Theaterstücks: *Dat Stöck hät fünf Opzög.* (Das Stück hat fünf Aufzüge.). **3.** Fahrstuhl, Lift [auch: ↑Fahr|stohl].

op|züchte ['ɔptsʏɦtə] <trennb. Präfix-V.; schw.; han; ~|gezüch [-jətsʏɦ]>: aufzüchten, zu Zuchtzwecken großziehen. (131)

op|zucke ['ɔptsʊkə] <trennb. Präfix-V.; schw.; han; zuckte op ['tsʊktə]; ~|gezuck [-jətsʊk]>: aufzucken. (88)

op|zuppe ['ɔptsʊpə] <trennb. Präfix-V.; schw.; han; zuppte op ['tsʊptə]; ~|gezupp [-jətsʊp]> {6.8.1}: aufzupfen, **1.** zupfend auftrennen: *en Steckerei o.* (eine Stickerei a.). **2.** durch Zupfen entwirren: *ene Knöddel o.* (einen Knoten a.). (75)

op|zwinge ['ɔptsvɪŋə] <trennb. Präfix-V.; st.; han; zwung op [tsvʊŋ·]; ~|gezwunge [-jətsvʊŋə]>: aufzwingen, **1.** gewaltsam auferlegen; zwingen, etw. anzunehmen: *einem singe Welle o.* (jmdm. seinen Willen a.). **2.** <sich o.> sich aufdrängen, zwingend bewusst werden: *Ene blöde Gedanke dät sich im opzwinge.* (Ein blöder Gedanke zwang sich ihm auf.). (26)

op|zwirbele/~|zwirvele ['ɔptsvɪr·bələ / -tsvɪr·vələ] <trennb. Präfix-V.; schw.; han; zwirbelte op ['tsvɪr·bəltə]; ~|gezwirbelt [-jətsvɪr·bəlt]> {9.2.1.2}: aufzwirbeln, mit den Fingerspitzen nach oben drehen: *der Schnäuzer o.* (den Schnäuzer a.). (6)

orange [o'ranʃ / o'ranʒə] <Adj.; nicht deklinierbar>: orange, **1.** von oranger Farbe. **2.** Farbe des Traditionskorps „Nippeser Bürgerwehr" von 1903 im Kölner Karneval (scherzh.) Appelsinefunke.

Oraniel, de [o'ranjəl] <N.; ~·e>: Pomeranze, orangefarbene, runde, der Apfelsine ähnliche, aber kleinere Zitrusfrucht [auch: ↑Pomeranz].

Orchester|grave, der [ɔr'kɛstə,jra·və] <N.; ~|gräve> {s. u. ↑Grave}: Orchestergraben.

Ordeil/Urdeil, et ['ɔx,deɪ̯l / 'ʊx,deɪ̯l] <N.; ~·e [-deɪ̯l / -deɪ̯·lə]> {5.5.1; 6.11.1}: Urteil.

ordeile ['ɔxdeɪ̯·lə] <V.; schw.; han; ordeilte ['ɔxdeɪ̯ltə]; ge-ordeilt [jə'|ɔxdeɪ̯lt]> {5.5.1; 6.11.3}: urteilen [auch: ↑urdeile]. (45)

Ordens|broder, der ['ɔrdəns,bro·də] <N.; ~|bröder> {s. u. ↑Broder}: Ordensbruder.

Ordens|traach/~|draach, de ['ɔrdəns,tra:x / -dra:x] <N.; ~·te> {s. u. ↑Draach/Traach}: Ordenstracht.

ordinär [ɔdi'nɛ·ɐ̯] <Adj.; ~·e; ~·er, ~·ste>: **1.** ordinär, vulgär. **2.** gewöhnlich, alltäglich, einfach, durchschnittlich: *en ~e Flönz* (eine einfache Blutwurst) [auch: ↑gewöhn|lich]. Tbl. A1

ordne/o͡odene ['ɔxtnə / 'o·dənə] <V.; o͡odene veraltend; schw.; han; ordnete ['ɔxtnətə]; geordnet [jə'|ɔxtnət]>: ordnen. (57) (145)

Oregano, der [ore'ja,no·] <N.; kein Pl. ⟨span. orégano, ital. origano < lat. origanum < griech. oríganon⟩>: Oregano, als Gewürz verwendete getrocknete Blätter u. Zweigspitzen des Oreganums.

Organ, et [ɔr'ja·n] <N.; ~·e ⟨griech. órganon, frz. organe⟩>: Organ. **1.** Teil des menschlichen, tierischen u. pflanzlichen Körpers mit einer best. Funktion. **2.** (ugs.) Stimme.

Organ|bank, de [ɔr'ja·n,baŋk] <N.; ~·e> {s. u. ↑Bank²}: Organbank.

Organisations|fähler, der [ɔrjanɪzats'jo·ns,fɛ·lə] <N.; ~> {s. u. ↑Fähler}: Organisationsfehler.

Organisator, der [ˌɔrjanɪ'za·to:ɐ̯] <N.; ~·e>: Organisator.

organ|isch [ɔr'ja·nɪʃ] <Adj.; ~·e>: organisch. Tbl. A1

organisiere/~eere [ɔrjanɪ'zi·(ɐ̯)rə / -e·rə] <V.; schw./unr.; han; organisierte [ɔrjanɪ'zi·ɐ̯tə]; organisiert [ɔrjanɪ'zi·ɐ̯t] ⟨frz. organiser⟩ {(5.1.4.3)}: organisieren. (3) (2)

Organ|ismus, der [ˌɔrja'nɪsmʊs] <N.; ~|isme ⟨frz. organisme⟩>: Organismus.

Organ|iss, der [ɔrja'nɪs] <N.; ~|iste>: Organist.

Organ|spend, de [ɔr'ja·n,ʃpɛn·t] <N.; ~·e> {s. u. ↑Spend}: Organspende.

Organ|ver|flanz|ung/~|planz|~, de [ɔr'ja·nfɐ,flantsʊŋ / -plants-] <N.; ~·e> {s. u. ↑ver|flanze/~|planze>: Organverpflanzung.

Organza, der [ɔr'jantsa] <N. ⟨ital. organza⟩>: Organza, steifes, sehr dünnes Gewebe aus Seide.

Orgasmus, der [ɔr'ja·smʊs] <N.; Orgasme [ɔr'ja·smə] ⟨zu griech. orgān = strotzen, schwellen⟩>: Orgasmus.

Orgel, de ['orjəl] <N.; ~e; Örgel|che ['ørjəlhə]> {5.5.1}: Orgel.

Orgel|bau|er, der ['orjel,boʊɐ] <N.; ~>: Orgelbauer.

orgele ['orjələ] <V.; schw.; *han*; orgelte ['orjəltə]; georgelt [jə'orgəlt]> {5.5.1}: orgeln; **1.** Orgel spielen. **2.** Geschlechtsverkehr ausüben, koitieren, vögeln, pimpern.(6)

Orgel|konzäät, et ['orjelkon,tsɛːt] <N.; ~e> {s. u. ↑Konzäät}: Orgelkonzert.

Orgel|musik, de ['orjel,mʊzɪk] <N.; ~e> {s. u. ↑Musik}: Orgelmusik.

Orgel|spill, et ['orjel,ʃpɪl] <N.; ~ [-ʃpɪlˑ]> {s. u. ↑Spill}: Orgelspiel.

Orgels Palm, der [,orjəls'palm] <N.; Eigenn.> {s. u. ↑Orgel}: Johann Joseph Palm, Kölsches Original, Straßenmusikant; 1800 - 1882.

Orgels Pitter, der [,orjəls'pɪtə] <N.; Eigenn.> {s. u. ↑Orgel ↑Pitter}: Peter Kessel, zeitgenössischer Drehorgelspieler.

Orgels|mann, der ['orjəls,man] <N.; ~|männer> {9.1.2; s. u. ↑Orgel}: Orgelspieler, Leierkastenmann.

Orgels|pief, de ['orjəls,piːf] <N.; ~e> {9.1.2; s. u. ↑Orgel ↑Pief}: Orgelpfeife.

orgenal [,orjəˈnaːl] <Adj.; ~e> {5.4}: original.   Tbl. A2.2

Orgenal, et [,orjəˈnaːl] <N.; ~e>: Original.

Orgenal|sproch, de [orjəˈnaːl,ʃproːx] <N.; ~e> {s. u. ↑Sproch¹}: Originalsprache.

Orgenal|tex, der [orjəˈnaːl,tɛks] <N.; ~te> {s. u. ↑Tex}: Originaltext.

Orientierungs|senn, der [orijɛnˈtiː(g)rʊŋs,zɛn] <N.; o. Pl.> {s. u. ↑Senn}: Orientierungssinn.

Orientierungs|ver|möge, et [orijɛnˈtiː(g)rʊŋsfɐ,mœːjə] <N.; o. Pl.> {s. u. ↑Ver|möge}: Orientierungsvermögen, Orientierungssinn.

Orientierungs|zeiche, et [orijɛnˈtiː(g)rʊŋs,tseɪhə] <N.; ~> {s. u. ↑Zeiche}: Orientierungszeichen.

Origami, et [,orɪˈjaːmɪ] <N.; kein Pl. ⟨jap. origami⟩>: Origami, japanische Kunst des Faltens von Papier zu effektvollen Gebilden.

Ornithologe, der [,ɔrnɪtoˈloːʀə] <N.; ~>: Ornithologe.

Orthographie, de [,ɔxtoɡraˈfiː] <N. ⟨lat. orthographia < griech. orthographía⟩>: Orthographie, Rechtschreibung.

Orts|deil, der ['ɔxts,deɪl] <N.; i. best. Komposita *Ort*, sonst ↑Oot; ~(e) [-deɪl / -derˑlə]> {11; s. u. ↑Deil}: Ortsteil, Stadtteil.

Orts|ge|spräch, et ['ɔxtsjə,ʃprɛːʃ] <N.; i. best. Komposita *Ort*, sonst ↑Oot; ~e> {11}: Ortsgespräch, örtliches Telefongespräch.

Orts|wähßel, der ['ɔxts,vɛˑsəl] <N.; i. best. Komposita *Ort*, sonst ↑Oot; ~e> {11; s. u. ↑Wähßel}: Ortswechsel.

Orts|zigg, de ['ɔxts,tsɪk] <N.; i. best. Komposita *Ort*, sonst ↑Oot; ~e> {11; s. u. ↑Zigg}: Ortszeit, von der Greenwicher Zeit abweichende Sonnenzeit eines Ortes.

Orts|zo|schlag, der ['ɔxts,tsoˑʃlaːx] <N.; i. best. Komposita *Ort*, sonst ↑Oot; ~|schläg [-ʃlɛˑh]> {11; s. u. ↑Zo|schlag}: Ortszuschlag, nach der Ortsklasse bemessener Zuschlag zum [Tarif]gehalt der Beschäftigten im öffentlichen Dienst.

Öschel, der ['œʒəl] <N.>: **1.** Ärger. **2.** Zank, Streit [auch: ↑Strigg ↑Knaatsch² ↑Knies²].

öschele, sich ['œʒələ] <V.; schw.; *han*; öschelte ['œʒəltə]; geöschelt [jə'œʒəlt]> {9.2.1.2}: **1.** sich sorgen. **2.** sich ärgern. **3.** sich zanken [auch: ↑fäge (4), ↑fetze, ↑käbbele, ↑knäbbele (2), ↑strigge, ↑zänke].   (6)

Öschel|ei, de [,œʒəˈleɪ] <N.; ~e [-eɪə]>: Streiterei.

oss|-, Oss|- [ɔs] <Präfix> {8.3.5}: ost-, Ost-, gibt Lage od. Richtung „Osten" an: ~*wääts* (~wärts), ~*deutsch* (~deutsch), ~*europa* (~europa).

Oss|agent, der ['ɔs|a,jɛnt] <N.>: Ostagent, Agent, der für ein sozialistisches Land Osteuropas od. Asiens tätig ist.

oss|asiat|isch ['ɔs|azɪ,aˑtɪʃ] <Adj.; ~e>: ostasiatisch. Tbl. A1

Oss|asie ['ɔs'|aːzɪə] <N.; Eigenn.>: Ostasien, östlicher Teil des asiatischen Kontinents.

Oss|berlin ['ɔsbɛ(r),liːn] <N.; Eigenn.>: Ostberlin, östlicher Teil Berlins.

Oss|block, der ['ɔs,blɔk] <N.; o. Pl.> {s. u. ↑Block} (früher) Ostblock, Gruppe von sozialistischen Staaten Osteuropas u. Asiens, die sich politisch zusammengeschlossen haben.

Oss|block|land, et ['ɔsblɔk,lant] <N.; ~|länder>: Ostblockland, Ostblockstaat.

Oss|block|staat, der ['ɔsblɔk,ʃtaːt] <N.; ~e (meist Pl.)> {s. u. ↑Staat¹}: Ostblockstaat, dem Ostblock angehörender Staat.

Oss|deil, der ['ɔsˌdeɪl] <N.; ~(e) [-deɪl / -deɪˑlə]> {s. u. ↑Deil}: Ostteil, östlicher Teil (eines Gebäudes, Gewässers, Landes, einer Stadt o. Ä.).

oss|deutsch ['ɔsˌdɔʏtʃ] <Adj.; ~e>: ostdeutsch.   Tbl. A1

Oss|deutsch|land ['ɔsˌdɔʏtʃlant] <N.>: Ostdeutschland; **a)** östlicher Teil Deutschlands; **b)** (früher im nichtoffiziellen Sprachgebrauch) DDR.

Oss|ende [ɔs'|ɛnˑdə] <N.; i. best. Komposita Ende, sonst ↑Engˈ/Engk; Eigenn.> {11}: Ostende, Seebad in Belgien.

Oss|europa ['ɔsˌɔʏˌroˑpa] <N.; Eigenn.>: Osteuropa, östlicher Teil Europas.

oss|europäisch ['ɔsˌɔʏroˌpɛːɪʃ] <Adj.; ~e>: osteuropäisch.   Tbl. A1

Oss|flögel, der ['ɔsˌfløːjəl] <N.; ~e> {s. u. ↑Flögel}: Ostflügel; **a)** östlicher Flügel eines Gebäudes; **b)** östlicher Flügel einer Armee o. Ä..

Oss|friese, der [ˌɔs'friˑzə] <N.; ~>: Ostfriese, Einw. von Ostfriesland.

Oss|friese|wetz, der [ɔs'friˑzəˌvɛts] <N.; ~e> {s. u. ↑Wetz}: Ostfriesenwitz, Witz, dessen Gegenstand die Ostfriesen sind.

oss|fries|isch [ˌɔs'friˑzɪʃ] <Adj.; ~e>: ostfriesisch.   Tbl. A1

Oss|fries|land [ɔs'friˑsˌlant] <N.; Eigenn.>: Ostfriesland; Gebiet im nordwestlichen Niedersachsen.

Oss|front, de ['ɔsˌfrɔnt] <N.; o. Pl.> {s. u. ↑Front}: Ostfront, (bes. im Ersten u. Zweiten Weltkrieg) im Osten verlaufende Front.

Oss|gebiet, et ['ɔsjəˌbiˑt] <N.; ~e (meist Pl.)>: Ostgebiet, im Osten gelegenes Gebiet, bes. eines Staats.

Oss|heim ['ɔshɛɪm] <N.; Ortsn.>: Ostheim, rechtsrh. Vorort Kölns.

Oss|kirch, de ['ɔsˌkɪrʃ] <N.; o. Pl.> {s. u. ↑Kirch}: Ostkirche, christliche Kirche in Osteuropa u. Vorderasien, die sich von der römisch-katholischen Kirche getrennt hat u. das Primat des Papstes nicht anerkennt.

Oss|küss, de ['ɔsˌkʏs] <N.; ~|küste> {s. u. ↑Küss}: Ostküste.

öss|lich ['œslɪʃ] <Adj.; ~e; ~er, ~ste> {7.3.2; 8.3.5}: östlich.   Tbl. A1

Oss|mark, de ['ɔsˌmark] <N.; ~e> {s. u. ↑Mark}: (früher) Ostmark, Mark der Deutschen Demokratischen Republik.

Oss|politik, de ['ɔspolɪˌtɪk] <N.> {s. u. ↑Politik}: (früher) Ostpolitik, Politik gegenüber den sozialistischen Staaten Osteuropas u. Asiens.

Oss|preuße ['ɔsprɔʏsə] <N.; Eigenn.>: Ostpreußen, ehem. Provinz des Deutschen Reiches.

Oss|rand, der ['ɔsˌrant] <N.; ~|ränder> {s. u. ↑Rand}: Ostrand, östlicher Rand.

Oss|sie, de ['ɔsˌziˑ] <N.; Eigenn.> {s. u. ↑Sieˈ}: Ostsee, Nebenmeer der Nordsee.

Oss|sigg, de ['ɔsˌzɪk] <N.; ~e> {s. u. ↑Siggˈ}: Ostseite, östliche Seite.

Oss|spetz, de ['ɔsˌʃpets] <N.; ~e> {s. u. ↑Spetz}: Ostspitze, östliche Spitze.

Oss|wand, de ['ɔsˌvant] <N.; ~|wäng [-vɛŋˑ]> {s. u. ↑Wand}: Ostwand, östliche Wand (eines Gebäudes, Berges o. Ä.).

Oss|wind, der ['ɔsˌvɪnt] <N.; ~e (Pl. ungebr.)> {s. u. ↑Windˈ}: Ostwind, aus Osten wehender Wind.

Oss|zon, de ['ɔsˌtsoˑn] <N.; o. Pl.> {s. u. ↑Zon}: Ostzone; **a)** (veraltet) (nach dem Zweiten Weltkrieg durch die Aufteilung Deutschlands in Zonen entstandene) sowjetische Besatzungszone; **b)** (früher) DDR.

Oste, der ['ɔstə] <N.; kein Pl.>: Osten.

Oster|bruch, der ['oˑstəˌbrʊx] <N.; i. best. Komposita nur ↑Ostere, sonst auch ↑Pọọsch(t)e; ~|brüch]> {s. u. ↑Bruch}: Osterbrauch, zu Ostern geübter Brauch.

Ostere, et ['oˑstərə] <N.; kein Pl.> {9.2.1.1}: Ostern [auch: ↑Pọọsch(t)e (veraltet)].

Oster|ei, et ['oˑstəˌlaɪ] <N.; i. best. Komposita nur ↑Ostere, sonst auch ↑Pọọsch(t)e; ~er> {s. u. ↑Ostere ↑Ei}: Osterei, gefärbtes, bemaltes gekochtes Hühnerei od. Ei aus Schokolade, Marzipan o. Ä., das zu Ostern verschenkt wird: *~er versteche/söke* (~er verstecken/suchen).

Oster|ferie ['oˑstəˌfeˌrijə] <N.; i. best. Komposita nur ↑Ostere, sonst auch ↑Pọọsch(t)e; Pl.> {s. u. ↑Ostere ↑Ferie}: Osterferien, Schulferien in der Osterzeit.

Oster|fess, et ['oˑstəˌfɛs] <N.; ~|feste> {s. u. ↑Ostere ↑Fess}: Osterfest, Ostern [auch: ↑Pọọsch|fess].

Oster|füür/~|föör, et ['oˑstəˌfyːɐ / -føːɐ] <N.; i. best. Komposita nur ↑Ostere, sonst auch ↑Pọọsch(t)e; ~> {s. u. ↑Ostere ↑Füür/Föör}: Osterfeuer, am Vorabend des Osterfestes entzündetes Feuer.

Oster|glock, de ['oːstɐˌjlɔk] <N.; i. best. Komposita nur ↑Ostere, sonst auch ↑Pǫǫsch(t)e; ~e> {8.3.1}: Osterglocke, gelbe Narzisse [auch: ↑Kirche|schlǫssel].

Oster|has, der ['oːstɐˌhaˑs] <N.; i. best. Komposita nur ↑Ostere, sonst auch ↑Pǫǫsch(t)e; ~e> {s. u. ↑Ostere ↑Has}: Osterhase, Hase, der nach einem Brauch in der Vorstellung der Kinder zu Ostern die Ostereier bringt.

Oster|insel, de ['oːstɐˌɪnzəl] <N.; Eigenn.> {s. u. ↑Ostere ↑Insel}: Osterinsel, Insel im Pazifischen Ozean.

Oster|kääz, de ['oːstɐˌkɛːts] <N.; i. best. Komposita nur ↑Ostere, sonst auch ↑Pǫǫsch(t)e; ~e> {s. u. ↑Ostere ↑Kääz}: Osterkerze, in der Osternacht geweihte Kerze.

Oster|lamm, et ['oːstɐˌlam] <N.; i. best. Komposita nur ↑Ostere, sonst auch ↑Pǫǫsch(t)e; ~|lämmer [-lɛmɐ]> {s. u. ↑Ostere ↑Ostere}: Osterlamm, Lamm, das zu Ostern geschlachtet u. gegessen wird.

Oster|marsch, der ['oːstɐˌmaxʃ] <N.; i. best. Komposita nur ↑Ostere, sonst auch ↑Pǫǫsch(t)e; ~|märsch> {s. u. ↑Ostere ↑Marsch}: Ostermarsch, zur Osterzeit stattfindender, bes. gegen Krieg u. Atomrüstung gerichteter Demonstrationsmarsch.

Oster|mǫnd, der ['oːstɐˌmɔnt] <N.; i. best. Komposita nur ↑Ostere, sonst auch ↑Pǫǫsch(t)e; ~e (Pl. selten) ⟨mhd. ostermanot, ahd. ostarmanoth⟩> {s. u. ↑Ostere ↑Mǫnd²}: Ostermonat, April.

Oster|mǫn|dag, der [ˌoːstɐˈmɔːndaːx] <N.; i. best. Komposita nur ↑Ostere, sonst auch ↑Pǫǫsch(t)e; o. Pl.> {s. u. ↑Ostere ↑Mǫn|dag}: Ostermontag, Montag des Osterfestes.

Oster|naach, die ['oːstɐˌnaːx] <N.; i. best. Komposita nur ↑Ostere, sonst auch ↑Pǫǫsch(t)e; ~|nääch> {s. u. ↑Ostere ↑Naach}: Osternacht; Nacht zum Ostersonntag.

Oster|sǫnn|dag, der [ˌoːsteˈzondaːx] <N.; i. best. Komposita nur ↑Ostere, sonst auch ↑Pǫǫsch(t)e; o. Pl.> {s. u. ↑Ostere ↑Sǫnn|dag}: Ostersonntag, erster Osterfeiertag.

Oster|ver|kehr, der ['oːstefɐˌkeːɐ] <N.; i. best. Komposita nur ↑Ostere, sonst auch ↑Pǫǫsch(t)e> {s. u. ↑Ostere ↑ver|kehre}: Osterverkehr, starker Verkehr zur Osterzeit.

Oster|woch, de ['oːstɐˌvɔx] <N.; i. best. Komposita nur ↑Ostere, sonst auch ↑Pǫǫsch(t)e; ~e> {s. u. ↑Ostere ↑Woch}: Osterwoche. **1.** Woche nach Ostern. **2.** Karwoche.

Oster|zigg, de ['oːstɐˌtsɪk] <N.; i. best. Komposita nur ↑Ostere, sonst auch ↑Pǫǫsch(t)e; o. Pl.> {s. u. ↑Ostere ↑Zigg}: Osterzeit, Zeit vor dem Osterfes.

Otter, der ['ɔtɐ] <N.; ~e>: Otter.

Ouvertüre, de [ˌoveˈtyːɐ] <N.; ~ [ˌoveˈtyː(ɐ)rə] ⟨frz. ouverture, lat. apertura⟩>: Ouvertüre; **a)** instrumentales Musikstück als Einleitung zu größeren Musikwerken; **b)** aus einem Satz bestehendes Konzertwerk für Orchester.

ov¹ [ɔf] <Konj.; unterordn.> {6.1.1}: ob: *Ich weiß nit, o. ich hügg kumme kann.* (Ich weiß nicht, o. ich heute kommen kann.).

ov² [ɔf] <Konj.; nebenordn.> {5.3.2.6}: oder [auch: ↑oder].

Qvend, der ['ɔˑvənt] <N.; ~e> {5.5.3}: Abend.

Qvend|esse, et ['ɔˑvəntˌɛsə] <N.; ~> {s. u. ↑Qvend}: Abendessen, Abendbrot.

Qvend|ge|bedd, et ['ɔvəntjəˌbet] <N.; ~er> {s. u. ↑Qvend ↑Ge|bedd}: Abendgebet.

Qvend|kass, de ['ɔˑvəntˌkas] <N.; ~e> {s. u. ↑Qvend ↑Kass}: Abendkasse.

ǫvends ['ɔˑvənts] <Adv.> {5.5.3; 6.1.1}: abends.

Qvend|zigg, de ['ɔˑvəntˌtsɪk] <N.; ~e> {9.1.2; s. u. ↑Qvend ↑Zigg}: Abendzeit.

ov|schüns [ɔfˈʃynˑs] <Konj.; unterordn.> {5.3.2.6; 5.4; 9.2.2; s. u. ↑ov¹}: obwohl, obschon.

ovve ['ovə] <Adv.> {5.3.2; 5.5.1; 6.1.1}: oben [auch: ↑bovve].

Ovve, der ['ovə] <N.; Ǫ̈vve(ns) ['øvə(ns)]> {5.3.2; 5.5.1; 6.5.2}: Ofen, **1.** Vorrichtung zum Heizen. **2.** Vorrichtung zum Kochen [auch: ↑Hääd¹].

Ovve|bank, de ['ovəˌbaŋk] <N.; ~|bänk> {s. u. ↑Ovve}: Ofenbank.

Ovve|dür/~|dör, de ['ovəˌdyːɐ / -ˌdøːɐ] <N.; ~|dürre [-dyrə] (unr. Pl.)> {s. u. ↑Ovve ↑Dür/Dör}: Ofentür, Tür an der Feuerung eines Ofens.

Ovve|heiz|ung, de ['ovəˌhɛɪtsʊŋ] <N.; ~e> {s. u. ↑Ovve}: Ofenheizung, Heizung, die mit einem Ofen betrieben wird.

Ovve|loch, et ['ovəˌlox] <N.; ~|löcher> {s. u. ↑Ovve ↑Loch}: Ofenloch. **1.** Öffnung in der Ofenplatte, durch die das Brennmaterial eingefüllt wird. **2.** in die Wand gehauenes Loch, in das ein Ofenrohr eingesetzt werden kann.

Ovve(ns)|pief, de ['ovə(ns)ˌpiːf] <N.; ~e> {9.1.2; s. u. ↑Ovve ↑Pief}: Ofenrohr.

Ovve|plaat, de ['ovəˌplaːt] <N.; ~e> {s. u. ↑Ovve ↑Plaat¹}: Ofenplatte, Herdplatte.

Ovver|- ['ovə] <Präfix> {5.3.2; 5.5.1; 6.1.1}: Ober-, i. Vbdg. m. N.: ~*deil* (~teil).

Ovver|deil, et ['ovəˌdɛɪl] <N.; ~(e) [-dɛɪl / -dɛɪˑlə]> {6.11.1}: Oberteil.

Ovver|ge|schoss, et ['ovəjəˌʃɔs] <N.; ~e>: Obergeschoss.

ovver|halv ['ovəhaləf] <Präp.; i. Vbdg. m. *vun* + Dat.> {s. u. ↑bovve ↑halv}: oberhalb.

Ovver|ledder, et ['ovəˌledə] <N.; ~e> {5.3.2; 5.5.2}: Oberleder.

Ovver|leech, et ['ovəˌleːfj] <N.; ~ter> {5.2.1.2}: Oberlicht.

Ovver|lepp, de ['ovəˌlep] <N.; ~e> {5.5.2; 8.3.1}: Oberlippe.

Ovve|schoss, et ['ovəˌʃɔs] <N.; ~|schösser> {s. u. ↑Ovve}: Aschenkasten [auch: ↑Äsche|schoss].

Ozean|damf|er, der [oˈtsejaˑnˌdamfe] <N.; ~> {s. u. ↑Damf|er}: Ozeandampfer, Dampfer, der auf einem Ozean im Überseeverkehr verkehrt.

Ozon|gehald, der [oˈtsoˑnjəˌhalt] <N.>: Ozongehalt, Gehalt, Anteil an Ozon.

Ozon|schich/~|scheech, de [oˈtsoˑnˌʃɪfj / -ʃeːfj] <N.; o. Pl.> {s. u. ↑Schich/Scheech}: Ozonschicht, Schicht der Erdatmosphäre, in der sich unter Einwirkung der UV-Strahlen der Sonne Ozon bildet.

Paach, de [paːx] <N.; ~te> {5.2.1.2}: Pacht.
Paach|breef, der ['paːxˌbreːf] <N.; ~e> {s. u. ↑Paach ↑Breef}: Pachtvertrag.
Paach|geld, et ['paːxˌjɛlt] <N.; ~er> {s. u. ↑Paach ↑Geld}: Pachtgeld.
Paach|land, et ['paːxˌlant] <N.; o. Pl.> {s. u. ↑Paach}: Pachtland.
Paach|zins, der ['paːxˌtsɪnˑs] <N.; ~e> {s. u. ↑Paach ↑Zins}: Pachtzins, vertraglich festgelegtes, regelmäßig zu zahlendes Entgelt für die Pacht.
paachte ['paːxtə] <V.; schw.; *han*; gepaach [jə'paːx]> {5.2.1}: pachten. (1)
Pääd, et [pɛːt] <N.; ~(er) [-pɛˑt / -pɛˌdɐ]; Pääd|che ['pɛtɕ̊ə]> {5.2.1.1.1; 6.8.1}: Pferd, **[RA]** *Koppping han wie e schääl P.* (Kopfschmerzen haben wie ein schielendes P.); **einem jet vum P. verzälle* (jmdn. anflunkern/anlügen/anschwindeln/beschwindeln/belügen); **[RA]** *Dat häld et beste P. nit us.* (Das hält das beste P. nicht aus. = Das ist viel zu anstrengend/unangenehm.).
Pääds|appel, der ['pɛˑtsˌlapəl] <N.; ~|äppel (meist Pl.)> {9.1.2; s. u. ↑Pääd ↑Appel}: Pferdeapfel, einzelnes Stück Kot vom Pferd [auch: ↑Pääds|köttel].
Pääds|arbeid, de [ˌpɛˑtsˈlarbɛɪ̯t] <N.; o. Pl.> {9.1.2; s. u. ↑Pääd ↑Arbeid}: **1.** Knochenarbeit, körperlich anstrengende Arbeit [auch: ↑Knochen|arbeid]. **2.** Heidenarbeit, aufwändige Arbeit.
Pääds|bunn, de ['pɛˑtsˌbʊnˑ] <N.; ~e [-bʊnə]> {9.1.2; s. u. ↑Pääd ↑Bunn}: dicke Bohne, Saubohne, Puffbohne [auch: ↑Sau|bunn].
Pääds|deck, de ['pɛˑtsˌdɛk] <N.; ~e> {s. u. ↑Pääd ↑Deck²}: Pferdedecke, grobe Wolldecke.
Pääds|deev, der ['pɛˑtsˌdeːf] <N.; ~e> {s. u. ↑Pääd ↑Deev}: Pferdedieb, jmd., der ein Pferd gestohlen hat.
Pääds|dier, et ['pɛˑtsˌdiˑɐ̯] <N.; ~e> {9.1.2; s. u. ↑Pääd ↑Dier}: Rosskäfer.
Pääds|dokter, der ['pɛˑtsˌdɔktɐ] <N.; ~|döktersch> {9.1.2; s. u. ↑Pääd ↑Dokter}: Pferdedoktor, **1.** Tierarzt. **2.** (übertr.) Arzt, der drastische Mittel anwendet od. verschreibt.
Pääds|fleisch, der ['pɛˑtsˌflɛɪ̯ʃ] <N.; kein Pl.> {9.1.2; s. u. ↑Pääd}: Pferdefleisch.
Pääds|foß, der ['pɛˑtsˌfoˑs] <N.; ~|föß> {9.1.2; s. u. ↑Pääd ↑Foß}: Pferdefuß.

Pääds|ge|bess, et ['pɛˑtsjəˌbes] <N.; ~e> {s. u. ↑Pääd ↑Ge|bess}: Pferdegebiss, menschliches Gebiss mit auffallend großen, langen gelblichen Zähnen.
Pääds|ge|dold, de ['pɛˑtsjəˌdolt] <N.; kein Pl.> {9.1.2; s. u. ↑Pääd ↑Ge|dold}: große Geduld.
Pääds|hunger, der [ˌpɛˑtsˈhʊŋɐ] <N.; kein Pl.> {9.1.2; s. u. ↑Pääd}: Bärenhunger.
Pääds|kaar, de ['pɛˑtsˌkaˑ(ɐ̯)] <N.; ~e> {9.1.2; s. u. ↑Pääd ↑Kaar}: Pferdewagen.
Pääds|knääch, der ['pɛˑtsˌknɛːʃ] <N.; ~te> {s. u. ↑Pääd ↑Knääch}: Pferdeknecht, Knecht, der die Pferde pflegt u. versorgt.
Pääds|kopp, der ['pɛˑtsˌkɔp] <N.; ~|köpp> {9.1.2; s. u. ↑Pääd ↑Kopp}: Pferdekopf: *die zwei Pääds|köpp am Nüümaat* (die zwei Pferdeköpfe am Neumarkt ↑Richmodis vun Aduch).
Pääds|koppel, de ['pɛˑtsˌkɔpəl] <N.; ~e> {s. u. ↑Pääd ↑Koppel²}: Pferdekoppel, Koppel für Pferde.
Pääds|köttel, der ['pɛˑtsˌkøtəl] <N.; ~e> {9.1.2; s. u. ↑Pääd ↑Köttel}: Pferdeapfel, Rossapfel [auch: ↑Pääds|appel].
Pääds|köttel|ei, de ['pɛˑtsˌkøtəˈlɛɪ̯] <N.; o. Pl.>: (übertr.) Liebkosung, Schmuserei.
Pääds|kur, de ['pɛˑtsˌkuːɐ̯] <N.; ~e> {9.1.2; s. u. ↑Pääd}: Pferdekur, Rosskur [auch: ↑Ross|kur].
Pääds|lass, de ['pɛˑtsˌlas] <N.; ~|laste> {9.1.2; s. u. ↑Pääd ↑Lass}: schwere Last, Zentnerlast.
Pääds|maat, der ['pɛˑtsˌmaːt] <N.; ~|määt> {9.1.2; s. u. ↑Pääd ↑Maat}: Pferdemarkt, Markt für Pferde.
Pääds|mess, der ['pɛˑtsˌmes] <N.; kein Pl.> {9.1.2; s. u. ↑Pääd ↑Mess¹}: Pferdemist.
Pääds|metzger|ei, de ['pɛˑtsmɛtsjəˌrɛɪ̯] <N.; ~e [-ɛɪ̯ə]> {s. u. ↑Pääd ↑Metzger}: Pferdemetzgerei, Pferdeschlachterei.
Pääds|natur/~|nator, de ['pɛˑtsnaˌtuːɐ̯ / -naˌtoːɐ̯] <N.; ~e> {9.1.2; s. u. ↑Pääd ↑Natur/Nator}: Pferdenatur.
Pääds|renne, et ['pɛˑtsˌrɛnə] <N.; ~> {s. u. ↑Pääd ↑Renne}: Pferderennen, Wettrennen von Pferden.
Pääds|rus, de ['pɛˑtsˌruˑs] <N.; ~e> {9.1.2; s. u. ↑Pääd ↑Rus}: Pfingstrose, (wörtl.) Pferderose [auch: ↑Pings|rus, ↑Bomme|klotz].
Pääds|schlitte, der ['pɛˑtsˌʃlɪtə] <N.; ~> {s. u. ↑Pääd ↑Schlitte}: Pferdeschlitten, dem Pferdewagen ähnliches Fahrzeug auf Kufen.

Pääds|stall, der ['pɛˑts̩ˌʃtal] <N.; ~|ställ [-ˌʃtɛlˑ]> {s. u. ↑Pääd ↑Stall}: Pferdestall, Stall für Pferde.

Pääds|stärke, de ['pɛˑts̩ˌʃtɛrkə] <N.; ~ (meist Pl.) ⟨von engl. horsepower⟩> {s. u. ↑Pääd}: (Technik) Leistung von 75 Kilopondmeter in der Sekunde (= 735,49875 Watt); Zeichen: PS.

Pääds|stätz, der ['pɛˑts̩ˌʃtɛts] <N.; ~e> {9.1.2; s. u. ↑Pääd ↑Stätz}: Pferdeschwanz, **1.** Schwanz des Pferdes. **2.** hoch am Hinterkopf zusammengebundenes, langes Haar.

Pääds|wäg, der ['pɛˑts̩'vɛˑɟ] <N.; ~(e) [-vɛˑɟ / -vɛˑjə]> {9.1.2; s. u. ↑Pääd ↑Wäg}: weiter, anstrengender Weg; (wörtl.) Pferdeweg.

Pääds|zuch, de ['pɛˑts̩ˌtsʊx] <N.; ~te> {s. u. ↑Pääd ↑Zuch}: Pferdezucht, planmäßige Aufzucht von Pferden unter wirtschaftlichem Aspekt.

paaf! [paˑf] <Interj.>: rums!, wird verwendet, um einen Knall/Schlag nachzuahmen: *P., do log hä do!* (R., da lag er da!).

Paaf[1], der [paˑf] <N.; ~e> {5.2.1.4; 6.8.1; 8.3.1}: Pfaffe.

Paaf[2], der [paˑf] <N.; ~e> {5.2.1.4}: Knall, Schlag.

Pääl, de [pɛˑl] <N.; ~e ['pɛːlə]> {5.2.1.1.1; 8.3.1}: Perle.

pääle ['pɛːlə] <V.; nur 3. Pers.; schw.; *sin*; päälte ['pɛːltə]; gepäält [jə'pɛːlt]> {5.2.1.1.1; 5.4}: perlen.   (102)

Pääle|fesch|er, der ['pɛːləˌfeʃɐ] <N.; ~> {s. u. ↑Pääl ↑Fesch|er}: Perlenfischer, Perlentaucher.

Pääle|grave, der ['pɛːləˌɟravə] <N.; Straßenn.> {s. u. ↑Pääl ↑Grave}: Perlengraben (Straße in Köln-Altstadt/Süd). Hier arbeiteten die Gerber u. Fellpflücker, deren Wassergraben vom Duffesbach gespeist wurde.

Pääle|kett, de ['pɛːləˌkɛt] <N.; ~e> {s. u. ↑Pääl ↑Kett}: Perlenkette.

Pääle|schnur/~|schnor, de ['pɛːləˌʃnuˑɐ̯ / -ˌʃnoˑɐ̯] <N.; ~|schnür> {s. u. ↑Pääl ↑Schnur/Schnor}: Perlenschnur.

Pääle|steck|erei, de ['pɛːləˌʃtekəˌreɪ̯] <N.; ~e [-əˌreɪ̯ə]> {s. u. ↑Pääl ↑Steck|erei}: Perlenstickerei, **1.** <o. Pl.> Stickerei, bei der Stoff od. anderes Material mit Perlen bestickt wird. **2.** etw. mit Perlen Besticktes.

Pääle|tauch|er, der ['pɛːləˌtaʊ̯xɐ] <N.; ~> {s. u. ↑Pääl}: Perlentaucher, Taucher, der Perlmuschein sucht.

Paar, et [paˑɐ̯] <N.; ~e; Päär|che ['peːɐ̯ʃə]>: Paar. **1.** Ehepaar, Liebespaar. **2.** beide, zwei.

paare, sich ['paːrə] <V.; schw.; han; paarte ['paːtə]; gepaart [jə'paːt]>: paaren (sich).   (3)

Paar|ungs|zigg, de ['paːrʊŋsˌtsɪk] <N.; ~e> {s. u. ↑Zigg}: (Zool.) Paarungszeit, Zeit der Paarung.

paar|wies ['paˑ(ɐ̯)viˑs] <Adv.>: paarweise.

Paar|zih|er, der ['paˑ(ɐ̯)ˌtsiˑjɐ] <N.; ~> {s. u. ↑Zih}: (Zool.) Paarzeher, Paarhufer.

Paasch, de [paːʃ] <N.; ~e>: ursprl.: Presse, Gerät zum Pressen [auch: ↑Quetsch[2] (1)].

paasche ['paːʃə] <V.; schw.; *han*; paaschte ['paːtə]; gepaasch [jə'paːʃ]>: drücken, pressen, quetschen. (110)

Pack, et [pak] <N.; kein Pl.>: Pack, Pöbel, Gesindel, *buure P.* (verächtl. als Schimpfw.: Bauern~).

Pack|aan, der [pakˈlaːn] <N.; ~s>: **1.** Topflappen [auch: ↑Pott|lappe]. **2. a)** Mensch, der anzupacken versteht u. körperlich gut arbeitet; **b)** Raufbold. **3.** *keine P. krige* (keinen Zugang zu etw. bekommen, etw. nicht in den Griff bekommen).

Päck|che, et ['pɛkʃə] <N.; ~r>: Päckchen, Schachtel.

packe ['pakə] <V.; schw.; *han*; packte ['paktə]; gepack [jə'pak]>: packen [auch: ↑fasse (1)].   (88)

Packe, der ['pakə] <N.; ~>: Packen.

Pack|esel, der ['pakˌezəl] <N.; ~e> {s. u. ↑Esel}: Packesel (meist übertragen gebraucht).

Pack|ies, et ['pakˌliːs] <N.; kein Pl.> {s. u. ↑Ies}: Packeis, Eismassen aus zusammen- u. übereinander geschobenen Eisschollen.

Pack|täsch, de ['pakˌtɛʃ] <N.; ~e> {s. u. ↑Täsch}: Packtasche.

Pack|ung, de ['pakʊŋ] <N.; ~e>: Packung.

Pack|zeddel, der ['pakˌtsedəl] <N.; ~e> {s. u. ↑Zeddel}: Packzettel, **1.** verpackten Waren beigefügter Zettel mit einem Verzeichnis. **2.** Zettel in Packungen mit Angaben, die die Qualitätskontrolle gewährleisten bzw. Nachprüfungen ermöglichen.

Pädagoge, der [ˌpedaˈjoˑʀə] <N.; ~> ⟨lat. paedagogus < griech. paidagogós⟩: **1.** Erzieher, Lehrer mit entsprechender pädagogischer Ausbildung. **2.** Wissenschaftler auf dem Gebiet der Pädagogik.

Pädagogik, de [ˌpedaˈjoˑʀɪk] <N.; kein Pl.> ⟨griech. paidagogike (téchne) = Erziehungskunst⟩: Pädagogik, Wissenschaft von der Erziehung u. Bildung.

pädagog|isch [ˌpedaˈjoˑʀɪʃ] <Adj.; ~e>: pädagogisch, didaktisch.   Tbl. A1

Padd, der [pat] <N.; ~e (Pl. ungebr.); Pädd|che ['pɛdʃə]> {5.3.2; 6.8.1}: Pfad, (meist im Diminutiv).

paddele ['padələ] <V.; schw.; *han*; paddelte ['padəltə]; gepaddelt [jə'padəlt]> {9.2.1.2}: paddeln. (6)

Päderass, der [ˌpɛdə'ras] <N.; Päderaste ⟨griech. paiderastes, zu: Päderast, pais (Pädagoge) u. erastes = Liebhaber⟩> {8.3.5}: Päderast, Homosexueller mit bes. auf männl. Jugendliche gerichtetem Sexualempfinden.

paffe ['pafə] <V.; schw.; *han*; paffte ['paftə]; gepaff [jə'paf]>: paffen, rauchen. (27)

Page [pa·ʃ] der <N.; ~ ['pa·ʒə] ⟨frz. page = Edelknabe⟩>: Page **1.** junger, livrierter [Hotel]diener. **2.** (hist.) Edelknabe, junger Adliger (bei Hofe).

Page|kopp, der ['pa·ʒə,kɔp] <N.; ~|köpp> {s. u. ↑Kopp}: Pagenkopf, knabenhafte, kurze, glatte Frisur, bei der das Haar Stirn u. Ohren bedeckt.

Paillette, de [pa'jɛt] <N.; ~ [pa'jɛtə] ⟨frz. paillette, eigtl. Vkl. von: paille = Stroh < lat. palea⟩>: (Mode) Paillette, glänzendes, gelochtes Metallblättchen für Applikationen (auf eleganten Kleidern).

Pak, der [pak] <N.; ~te ⟨lat. pactum, subst. Part. II von: pacisci = (vertraglich) vereinbaren⟩> {8.3.5}: Pakt. **1.** Bündnis zw. Staaten. **2.** (vertragliche) Vereinbarung, Übereinkunft.

Pakett, et [pa'kɛt] <N.; ~e; ~che> {5.3.2}: Paket.

Pakett|kaat, de [pa'kɛt,ka:t] <N.; ~e {s. u. ↑Pakett ↑Kaat}: Paketkarte, einem Postpaket beigegebene Karte für best. Angaben (Adresse, Absender usw.).

Pakett|poss, de [pa'kɛt,pɔs] <N.; kein Pl.> {s. u. ↑Pakett; ↑Poss}: Paketpost.

Pakett|schalt|er, der [pa'kɛt,ʃaltɐ] <N.; ~> {s. u. ↑Pakett ↑Schalt|er}: Paketschalter, Postschalter für die Paketannahme.

Pakett|send|ung, de [pa'kɛt,zɛndʊŋ] <N.; ~e> {s. u. ↑Pakett}: Paketsendung, Postsendung in Form eines Paketes.

Pakett|wage, der [pa'kɛt,va·rə] <N.; ~> {s. u. ↑Pakett ↑Wage}: Paketwagen, **1.** Wagen der Paketpost, mit dem Pakete befördert u. zugestellt werden. **2.** Gepäckwagen.

Palass, der [pa'las] <N.; Paläss [pa'lɛs] ⟨aus mhd. palas < afrz. palais, pales < spätlat. palatium = kaiserlicher Hof⟩> {8.3.5}: Palast, Schloss, großer Prachtbau.

Palass|waach, de [pa'las,va:x] <N.; ~e> {s. u. ↑Palass ↑Waach}: Palastwache, Wache, die den Palast bewacht.

Palett, de [pa'lɛt] <N.; ~ [pa'lɛtə] ⟨frz. palette, eigtl. = kleine Schaufel, zu lat. pala = Schaufel⟩>: Palette. **1. a)** [ovale] Platte, Scheibe mit einem Loch für den Daumen, die der Maler auf die Hand nimmt, um darauf die Farben zu mischen: eine bunte P. (Vielfalt, Skala) von Farben; **b)** (bildungsspr., Werbespr. o. Ä.) reiche, vielfältige Auswahl; Vielfalt, wie sie angeboten wird bzw. sich anbietet, sich zeigt: eine breite P. von Verbrauchsgütern; einige Beispiele aus der P. unseres Angebots. **2.** (Technik, Wirtsch.) flacher Untersatz für das Transportieren u. Stapeln von Gütern mit dem Gabelstapler.

Palm[1]**,** der [paləm] <N.; ~e (Pl. ungebr.)>: Buchsbaumzweig; Buchsbaumzweige dienen am Palmsonntag als Ersatz für Palmwedel.

Palm[2]**,** de [paləm] <N.; ~e> {8.3.1}: Palme.

Palm|baum, der ['palm,bo͡ʊm] <N.; ~|bäum [-bø͡y·m]> {s. u. ↑Baum}: großer Buchsbaumstrauch.

Palm|bladd, et ['palm,blat] <N.; ~|blädder> {s. u. ↑Bladd}: Palmblatt.

Palm|sonn|dag, der [palm'zɔn,da:x] <N.; o. Pl.> {s. u. ↑Sonn|dag}: Palmsonntag.

Palm|wing, der ['palm,vɪŋ] <N.; ~e (Sortenpl.)> {s. u. ↑Wing¹}: Palmwein.

Palm|zwig/~|zweig, der ['palm,tsvɪŋ / -tsveɪŋ] <N.; ~e> {s. u. ↑Zwig ↑Zweig}: Palmzweig, Zweig einer Palme.

Pampelmus, de [ˌpampəl'mu·s] <N.; ~e [ˌpampəl'mu·zə] ⟨frz. pamplemousse < niederl. pompelmoes < tamil. (ind. Eingeborenenspr.) bambolmas⟩> {8.3.1}: Pampelmuse. **1.** sehr große, der Grapefruit ähnliche Zitrusfrucht. **2.** kleiner Baum mit großen, länglich-eiförmigen Blättern u. mit Pampelmusen als Früchten.

Pand, et [pant] <N.; Pänder ['pɛndɐ] {6.8.1}: Pfand.

Pand|breef, der ['pant,bre·f] <N.; ~e> {s. u. ↑Pand ↑Breef}: (Bankw.) Pfandbrief.

pände ['pɛndə] <V.; schw.; *han*; pändte ['pɛn·tə]; gepändt [jə'pɛn·t]> {6.8.1}: pfänden. (28)

Pänder|spill, et ['pɛn·dɐˌʃpɪl] <N.; ~ -[ʃpɪl·]> {s. u. ↑Pand ↑Spill}: Pfänderspiel.

Pand|fläsch, de ['pant,flɛʃ] <N.; ~e> {s. u. ↑Pand ↑Fläsch}: Pfandflasche, Mehrwegflasche.

Pand|geld, et ['pant,jɛlt] <N.; ~er> {s. u. ↑Pand ↑Geld}: Pfandgeld, Pfand.

Pand|huus, et ['pant,hu:s] <N.; ~|hüüser [-hy·zə]> {s. u. ↑Pand ↑Huus}: Pfandhaus, Leihhaus [auch: ↑Lumba].

Pand|rääch, et ['pantˌrɛːʃ] <N.; ~te> {s. u. ↑Pand ↑Rääch}: (Rechtsspr.) Pfandrecht.

Pand|sching, der ['pantˌʃɪŋ] <N.; ~ [-ʃɪŋˑ]> {s. u. ↑Pand ↑Sching¹}: Pfandschein.

Pand|zeddel, der ['pantˌtsɛdəl] <N.; ~e> {s. u. ↑Pand ↑Zeddel}: Pfandzettel, Pfandschein.

Pan|fleut, de ['paˑnˌfløyt] <N.; ~e> {s. u. ↑Fleut}: (Musik) Panflöte, aus verschieden langen, nebeneinander gereihten Pfeifen ohne Grifflöcher bestehendes Holzblasinstrument; Syrinx.

paniere/~eere [pa'niˑ(ɐ̯)rə / -eˑrə] <V.; schw./unr.; han; panierte [pa'niˑɐ̯tə]; paniert [pa'niˑɐ̯t] ⟨frz. paner⟩> {(5.1.4.3)}: panieren. (3) (2)

Panier|mähl, et [pa'niːɐ̯ˌmɛːl] <N.; ~e (Sortenpl.)> {s. u. ↑Mähl}: Paniermehl.

Panik|stimm|ung, de ['paˑnɪkˌʃtɪmʊŋ] <N.; ~e> {5.5.2}: Panikstimmung, panikartige Stimmung.

Pann¹, de [panˑ] <N.; ~e ['panə]> {6.8.1; 8.3.1}: Pfanne, **1.** flaches, zum Braten verwendetes Gefäß mit langem Stiel; *****e Pännche trecke** (schmollen, eine Schnute ziehen); *****schääl P. Ääpel** (Schimpfw.); *****ene Hau met der P. han** (verrückt sein, spinnen). **2.** Dachpfanne, Ziegel. **3.** Gelenkpfanne.

Pann², de [panˑ] <N.; ~e ['panə]> {8.3.1}: Panne.

Panne|deens, der ['panəˌdeˑns] <N.; ~te> {s. u. ↑Pann² ↑Deens}: Pannendienst.

Panne|ge|reech/~|rich, et ['panəjəˌreːʃ / -rɪʃ] <N.; ~te> {s. u. ↑Pann¹ ↑Ge|reech²/~|rich²}: Pfannengericht.

Panne|koche, der ['panəˌkoxə] <N.; ~> {9.1.1; s. u. ↑Pann¹ ↑Koche}: Pfannkuchen.

Panne|koffer, der/de ['panəˌkofə] <N.; ~e> {s. u. ↑Pann² ↑Koffer¹}: Pannenkoffer, (Kfz-W.) Koffer, der das notwendigste Reparaturwerkzeug enthält.

Panne|stätz, der ['panəˌʃtɛts] <N.; ~e> {s. u. ↑Pann¹ ↑Stätz}: Pfannenstiel [auch: ↑Panne|still].

Panne|stätz|che, et ['panəˌʃtɛtsjə] <N.; ~r> {s. u. ↑Pann¹ ↑Stätz}: **1.** Kleinstkind, Baby. **2.** jüngstes Kind in der Familie.

Panne|still, der ['panəˌʃtɪl] <N.; ~ [-ʃtɪlˑ]> {s. u. ↑Pann¹ ↑Still}: Pfannenstiel [auch: ↑Panne|stätz].

Panorama|finster, et [pano'raˑmaˌfɪnstə] <N.; ~e> {s. u. ↑Finster}: Panoramafenster, sehr großes, leicht gewölbtes Fenster, das ein breites Blickfeld freigibt.

Panorama|schiev, de [pano'raˑmaˌʃiˑf] <N.; ~e> {s. u. ↑Schiev}: Panoramascheibe, große, leicht gewölbte Windschutzscheibe, die ein breites Blickfeld freigibt.

Panorama|speegel, der [pano'raˑmaˌʃpeˑjəl] <N.; ~e> {s. u. ↑Speegel}: Panoramaspiegel, leicht gewölbter Rückspiegel, der ein breites Blickfeld freigibt.

Pantaleons|wall, der [panta'leˑɔnsˌval] <N.; Straßenn.> {s. u. ↑Wall}: Pantaleonswall, einer der parallel zu den Ringen verlaufenden Straßen östlich der Ringe zw. Mauritiuswall u. Kartäuserwall.

Pantuffel, der [pan'tʊfəl] <.; ~e> {5.4}: Pantoffel [auch: ↑Schluffe].

Pantuffel|blom, de [pan'tʊfəlˌbloːm] <N.; ~e> {s. u. ↑Pantuffel ↑Blom}: Pantoffelblume.

Panz, der [pants] <N.; Pänz [pɛnts] ⟨mhd. panze (niederd. panse) < afrz. pance < lat. pantex⟩> {6.11.3; 8.3.2}: **1.** Pansen. **2.** Magen, Bauch, Leib. **3.** Kind; in dieser Bed. wird *Panz* heute nicht nur abw. gebraucht, die Wertung wird meist durch Attribute ausgedrückt. Der Pl. *Pänz* wird oft in liebevollem, verständnisvollem Sinn gebraucht. Sogar *dreckelige Pänz* kann durchaus Verständnis ausdrücken.

Panzer|av|wehr, de ['pantsəˌafveːɐ̯] <N.; kein Pl.>: (Milit.) Panzerabwehr, **a)** Verteidigung gegen Panzer; **b)** gegen Panzer eingesetzte Truppe.

Panzer|fuus, de ['pantsəˌfuːs] <N.; ~|füüs> {s. u. ↑Fuus}: (Milit.) Panzerfaust.

Panzer|grave, der ['pantsəˌjraˑvə] <N.; ~|gräve> {s. u. ↑Grave}: (Milit.) Panzergraben.

Panzer|hemb, et ['pantsəˌhemp] <N.; ~|hemde(r)> {s. u. ↑Hemb}: Panzerhemd, Kettenhemd.

Panzer|kolonn, de ['pantsekoˌlɔnˑ] <N.; ~e [-koˌlɔnə]> {s. u. ↑Kolonn}: Panzerkolonne, Kolonne von Panzern.

Panzer|plaat, de ['pantsəˌplaːt] <N.; ~e> {s. u. ↑Plaat¹}: Panzerplatte, dicke Platte aus bes. gehärtetem Stahl.

Panzer|scheff, et ['pantsəˌʃef] <N.; ~e> {s. u. ↑Scheff}: Panzerschiff, gepanzertes Kriegsschiff.

Panzer|schlaach, de ['pantsəˌʃlaːx] <N.; ~te> {s. u. ↑Schlaach}: Panzerschlacht.

Panzer|schrank, der ['pantsəˌʃraŋk] <N.; ~|schränk> {s. u. ↑Schrank}: Panzerschrank.

Panzer|trupp, de ['pantsəˌtrʊp] <N.; ~s> {s. u. ↑Trupp}: (Milit.) Panzertruppe.

Panzer|wage, der ['pantsɐˌvaːʀə] <N.; ~> {s. u. ↑Wage}: (Milit.) Panzerwagen.

Panzer|zog, der ['pantsɐˌtsox] <N.; ~|zög> {s. u. ↑Zog¹}: (Milit.) Panzerzug, gepanzerter, mit Waffen ausgerüsteter Eisenbahnzug.

Papagei, der [papa'jaːɪ̯] <N.; ~e ⟨frz. papegai, wohl < arab. babbaga'⟩>: Papagei.

Papagei|fesch, der [papa'jaɪ̯ˌfeʃ] <N.; ~(e) [-feʃ· / -feʃə]> {s. u. ↑Papagei ↑Fesch}: Papageifisch.

Papageie|krank|heit, de [papa'jaɪ̯jəˌkraŋkheɪ̯t] <N.; o. Pl.> {s. u. ↑Papagei}: (Med.) Papageienkrankheit, gefährliche Viruskrankheit, die bes. von Papageien auf Menschen übertragen werden kann; Psittakose.

Papageie|schnabel, der [papa'jaɪ̯jəˌʃnaːbəl] <N.; i. best. Komposita Schnabel, sonst ↑Schnäbbel; ~|schnäbel> {11; s. u. ↑Papagei}: Papageienschnabel, Schnabel des Papageis.

Papier/Papeer, et [pa'piːɐ̯ / papeːɐ̯] <N.; ~e> {(5.1.4.3)}: Papier.

papiere/~eere [pa'piː(ɐ̯)ʀə / -eːʀə] <Adj.; ~>: papieren, aus Papier.   Tbl. A3.1

Papier|blom/Papeer|~, de [pa'piːɐ̯ˌbloːm / paˈpeːɐ̯-] <N.; ~e> {s. u. ↑Papier/Papeer ↑Blom}: Papierblume, künstliche, aus Papier gefertigte Blume.

Papier|boge/Papeer|~, der [pa'piːɐ̯ˌboːʀə / paˈpeːɐ̯-] <N.; ~|böge> {s. u. ↑Papier/Papeer ↑Boge}: Papierbogen, Bogen.

Papier|ge|schäff/Papeer|~, et [pa'piːɐ̯jəˌʃɛf / paˈpeːɐ̯-] <N.; ~|schäfte> {s. u. ↑Papier/Papeer ↑Ge|schäff}: Papiergeschäft, Laden für den Verkauf von Papierwaren.

Papier|ge|weech/Papeer|~/~|wich, et [pa'piːɐ̯jəˌveːʃ / paˈpeːɐ̯- / -vɪʃ] <N.; ~te> {s. u. ↑Papier/Papeer ↑Ge|weech}: (Boxen, Ringen) Papiergewicht, **1.** <o. Pl.> leichte Körpergewichtsklasse. **2.** Sportler der Körpergewichtsklasse Papiergewicht.

Papier|hand|doch/Papeer|~, et [pa'piːɐ̯ˌhandoːx / paˈpeːɐ̯-] <N.; ~|döcher> {s. u. ↑Papier/Papeer ↑Hand|doch}: Papierhandtuch, Handtuch aus weicherem, saugfähigem Papier.

Papier|korv/Papeer|~, der [pa'piːɐ̯ˌkorf / paˈpeːɐ̯-] <N.; ~|körv [-køːrf]> {s. u. ↑Papier/Papeer ↑Korv}: Papierkorb, Behälter für (Dinge aus) Papier, Papiere, die zum Wegwerfen bestimmt sind.

Papier|kreeg/Papeer|~, der [pa'piːɐ̯ˌkreːfj / paˈpeːɐ̯-] <N.; ~e> {s. u. ↑Papier/Papeer ↑Kreeg}: (ugs. abw.) Papierkrieg, übermäßiger, lange dauernder [als überflüssig empfundener] Schriftverkehr mit Behörden.

Papier|krom/Papeer|~, der [pa'piːɐ̯ˌkroːm / paˈpeːɐ̯-] <N.; kein Pl.> {s. u. ↑Papier/Papeer ↑Krom}: Papierkram, als lästig empfundene [dienstliche] Briefe, Formalitäten schriftlicher Natur o. Ä.: P. erledigen.

Papier|müll/Papeer|~, de [pa'piːɐ̯ˌmyl / paˈpeːɐ̯-] <N.; ~e> {s. u. ↑Papier/Papeer ↑Müll}: Papiermühle, **a)** Holländermühle; **b)** (veraltend) Papierfabrik.

Papier|roll/Papeer|~, de [pa'piːɐ̯ˌrol / paˈpeːɐ̯-] <N.; ~e> {s. u. ↑Papier/Papeer ↑Roll}: Papierrolle, aufgerollte [zum Abreißen einzelner Stücke perforierte] längere Papierbahn.

Papier|sack/Papeer|~, der [pa'piːɐ̯ˌzak / paˈpeːɐ̯-] <N.; ~|säck> {s. u. ↑Papier/Papeer ↑Sack}: Papiersack, Sack aus festem Papier.

Papier|schir/Papeer|~, de [pa'piːɐ̯ˌʃiːɐ̯ / paˈpeːɐ̯-] <N.; ~e> {s. u. ↑Papier/Papeer ↑Schir}: Papierschere, lange Schere speziell zum Schneiden von Papier.

Papier|schlang/Papeer|~, de [pa'piːɐ̯ˌʃlaŋ· / paˈpeːɐ̯-] <N.; ~e [-ʃlaŋə]> {s. u. ↑Papier/Papeer ↑Schlang}: Papierschlange, Luftschlange.

Papier|schnibbel/Papeer|~, der od. et [pa'piːɐ̯ˌʃnɪbəl / paˈpeːɐ̯-] <N.; ~e> {s. u. ↑Papier/Papeer ↑Schnibbel}: Papierschnipsel, Schnipsel, Schnitzel von Papier.

Papier|striefe/Papeer|~/~|streife, der [pa'piːɐ̯ˌʃtriːfə / paˈpeːɐ̯- / -ʃtreɪ̯fə] <N.; ~> {s. u. ↑Papier/Papeer ↑Striefe/Streife}: Papierstreifen, Streifen von Papier.

Papier|täsche(n)|doch/Papeer|~, et [pa'piːɐ̯ˌtɛʃə(n)doːx / paˈpeːɐ̯-] <N.; ~|döcher> {s. u. ↑Papier/Papeer ↑Täsch ↑Doch¹; 9.1.4}: Papiertaschentuch.

Papier|tüt/Papeer|~, de [pa'piːɐ̯ˌtyːt / paˈpeːɐ̯-] <N.; ~e> {s. u. ↑Papier/Papeer ↑Tüt}: Papiertüte, Tüte aus festerem Papier.

Papp¹, der [pap] <N.; Papas ['papas] {5.3.2}: Papa, Kosef. für Vater: *Der P. hät mer verbodde bes en de Poppen eren opzeblieve.* (P. hat mir verboten bis in die späte Nacht aufzubleiben.) [auch: ↑Vatter/Va].

Papp², der [pap] <N.; kein Pl.>: Papp, Brei, Kleister.

Papp³, de [pap] <N.; ~e> {8.3.1}: Pappe.

Papp(e)|deckel, der ['pap(ə)ˌdɛkəl] <N.; ~e>: Papp(en)deckel.

pappe ['papə] <V.; schw.; pappte ['paptə]; gepapp [jə'pap]>: pappen, kleistern, kleben, **1.** <han> mit Kleber od. Kleister befestigen: *Mer lappe, mer p., schlonn kräftig op dä Penn.* (Wir sohlen, wir p., schlagen kräftig auf den Holzstift. (Cölner Schusterjungenlied)). **2.** <sin> an etwas festkleben: *Dä Schnei papp.* (Der Schnee pappt.). (75)
Pappel, de ['papəl] <N.; ~e>: Pappel.
päppele ['pɛpələ] <V.; schw.; han; päppelte ['pɛpəltə]; gepäppelt [jə'pɛpəlt]> {9.2.1.2}: päppeln, [meist: ↑op|päppele]. (6)
Pappel|wigg, de ['papəl,vɪk] <N.; ~e [-vɪgə]> {s. u. ↑Wigg²}: **1.** Silberweide. **2.** Schwarzpappel.
Paprika|schot, de ['paprɪka,ʃoˑt] <N.; ~e> {s. u. ↑Schot}: Paprikaschote.
papp|ig ['papɪʃ] <Adj.; ~e; ~er, ~ste>: pappig. Tbl. A5.2
Papp|nas, de ['pap,naˑs] <N.; ~e> {s. u. ↑Nas}: Pappnase.
Papp|scheld/~|schild, et ['pap,ʃelt / -ʃɪlt] <N.; ~er> {s. u. ↑Scheld¹/Schild¹}: Pappschild.
Papp|schnei, der ['pap,ʃneɪ̯ˑ] <N.; o. Pl.> {s. u. ↑Schnei}: Pappschnee, pappiger, tauender Schnee.
Paprika|schnetzel, et ['paprɪka,ʃnetsəl] <N.; ~e> {s. u. ↑Schnetzel}: Paprikaschnitzel.
Paps, der [paˑps] <N.; Päps [pɛˑps]> {8.3.5}: Papst.
Paps|krun, de ['paˑps,kruˑn] <N.; ~e> {s. u. ↑Paps ↑Krun}: Papstkrone, Tiara [auch: ↑Krun (1)].
päps|lich ['pɛˑpslɪʃ] <Adj.; ~e; ~er, ~ste> {7.3.2; 8.3.5}: päpstlich. Tbl. A1
Paps|wahl, de ['paˑps,vaˑl] <N.; ~e> {s. u. ↑Paps ↑Wahl}: (kath. Kirche) Papstwahl, Wahl des Papstes, Konklave.
Papyrus|bladd, et [pa'pyːrʊs,blat] <N.; ~|blädder> {s. u. ↑Bladd}: Papyrusblatt.
Papyrus|roll, de [pa'pyːrʊs,rɔlˑ] <N.; ~e [-rɔlə]> {s. u. ↑Roll}: Papyrusrolle.
Parabol|speegel, der [para'boˑl,ʃpeˑjəl] <N.; ~e> {s. u. ↑Speegel}: Parabolspiegel.
Parad, de [pa'raˑt] <N.; ~e ⟨frz. parade (unter Einfluss von: parerÿ= schmücken) < span. paradaÿ = Parade, zu: pararÿ= anhalten, auch: herrichten < lat. parare = parieren)⟩: Parade.
Parade|bei|spill, et [pa'raˑdə,beɪ̯ʃpɪl] <N.; ~ [-ʃpɪlˑ]> {s. u. ↑Bei|spill}: Paradebeispiel, Beispiel, mit dem etw. bes. eindrucksvoll belegt, demonstriert werden kann.

Parade|kesse, et [pa'raˑdə,kesə] <N.; ~> {s. u. ↑Kesse}: Paradekissen, zur Zierde auf dem eigtl. Kopfkissen liegendes größeres Kissen mit Stickereien o. Ä.; [auch: Ravioli].
Parade|pääd, et [pa'raˑdə,pɛːt] <N.; ~(er) [-pɛːt / -pɛˑdə]> {s. u. ↑Pääd}: Paradepferd, **1.** schönes, gutes, bes. zur Repräsentation geeignetes Pferd. **2.** Person, Sache, mit der man aufgrund ihrer besonderen Vorzüge renommieren kann.
Parade|schredd, der [pa'raˑdə,ʃret] <N.; o. Pl.> {s. u. ↑Schredd}: (Milit.) Paradeschritt, (bes. bei militärischen Paraden ausgeführter) Marschschritt, bei dem die gestreckten Beine nach vorne u. in die Höhe gerissen werden.
Parade|stöck, et [pa'raˑdə,ʃtøk] <N.; ~/~e/~er> {s. u. ↑Stöck}: Paradestück.
Paradies|appel, der [para'diˑs,apəl] <N.; ~|äppel> {s. u. ↑Appel}: Paradiesapfel, **1.** kleiner, rundlicher, wild wachsender Apfel. **2.** Tomate. **3.** (veraltend) Granatapfel.
Paradies|vugel, der [para'diˑs,fʊʁəl / -fuˑl] <N.; ~|vügel [-fyʒəl / -fyˑl]> {s. u. ↑Vugel}: Paradiesvogel, **1.** großer Singvogel mit prächtigem, buntem Gefieder u. oft sehr langen Schwanzfedern. **2.** (übertr.) jmd., der durch sein ausgefallenes Äußeres, sein Gebaren auffällt, fremdartig wirkt.
Paraffin|kääz, de [para'fiːn,kɛːts] <N.; ~e> {s. u. ↑Kääz}: Paraffinkerze, Kerze aus Paraffin.
Paragraph, der [para'jraˑf] <N.; ~e ⟨mhd. paragraf = Zeichen, Buchstabe < spätlat. paragraphus < griech. parágraphos (gramme) = Zeichen am Rande der antiken Buchrolle⟩: Paragraph, Zeichen: §.
Paraguay ['para,jvaɪ̯ˑ] <N.; Ländern.>: Paraguay, Staat in Südamerika.
Parallel|klass, de [para'leˑl,klas] <N.; ~e> {s. u. ↑Klass}: Parallelklasse.
Parallel|linnich, de [para'leˑl|lɪnɪʃ] <N.; ~|linnie [-,lɪnɪjə]> {s. u. ↑Linnich}: Parallellinie, parallel laufende Linie.
Parallel|stroß, de [para'leˑl,ʃtrɔˑs] <N.; ~e> {s. u. ↑Stroß}: Parallelstraße.
Para|noss, de ['paˑra,nos] <N.; ~|nöss ⟨nach der bras. Stadt Pará (Ausfuhrhafen)⟩> {s. u. ↑Noss}: Paranuss.
Para|noss|baum, der ['paˑranos,boʊ̯m] <N.; ~|bäum [-bøɪ̯ˑm]> {s. u. ↑Noss ↑Baum}: Paranussbaum.

**Paraphras, de [para'fraːs] <N.; ~e ⟨lat. paraphrasis < griech. paráphrasis, zu: paraphrázein = umschreiben⟩>: Paraphrase.

Parapluie, der/et ['para‚plyː] <N.; ~s ⟨frz. parapluie⟩>: Regenschirm [auch: ↑Rähn|schirm].

Parasit, der [para'zɪt] <N.; ~te ⟨lat. parasitus < griech. parásitos, zu: pará = neben u. sitos = Speise⟩>: Parasit.

parat [pa'raːt] <Adj.; ~e>: parat, bereit. Tbl. A1

parat|knuuve [pa'raːt‚knuːvə] <trennb. Präfiv-V.; schw.; han; knuuvte p. ['knuːftə]; ~|geknuuv [-jə‚knuːf]>: paratmachen, zurechtmachen. (158)

parat|kumme [pa'raːtkʊmə] <trennb. Präfix-V.; st.; sin; kɔm p. [kɔːm]; ~|gekumme [-jəkʊmə]> {5.4}: zurechtkommen. (120)

parat|läge [pa'raːtlɛːjə] <trennb. Präfix-V.; st.; han; laht p. [laːt]; ~|gelaht/~|geläg [-jəlaːt / -jəlɛːŋ]> {5.4}: zurechtlegen. (125)

parat|maache [pa'raːtmaːxə] <trennb. Präfix-V.; st.; han; maht p. [maːt]; ~|gemaht [-jəmaːt]> {5.2.1}: zurechtmachen. (136)

parat|stelle [pa'raːtʃtɛlə] <trennb. Präfix-V.; schw./unr.; han; stellte/stallt p. ['ʃtɛltə / ʃtalt]; ~|gestellt/~|gestallt [-jəʃtɛlt / -jəʃtalt]>: bereitstellen. (182)

parat|stonn [pa'raːtʃtɔn] <trennb. Präfix-V.; st.; han; stundt p. [ʃtʊnt]; ~|gestande [-jəʃtandə]> {5.3.4; 8.2.2.3}: paratstehen, bereitstehen. (185)

Parfum, et [pa'fʏm] <N.; ~s>: Parfum.

Parfüm|fläsch, de [pa'fʏm‚flɛʃ] <N.; ~e> {s. u. ↑Fläsch}: Parfümflasche.

Parfüm|zer|stäuv|er, der [pa'fʏmtsɐ‚ʃtɔyˑvɐ] <N.; ~> {5.1.3; 6.1.1}: Parfümzerstäuber.

pariere¹/~eere¹ [pa'riː(ɐ̯)rə / -eˑrə] <V.; schw./unr.; han; parierte [pa'riːɐ̯tə]; pariert [pa'riːɐ̯t] ⟨lat. parare⟩> {(5.1.4.3)}: parieren, **1.** (einen Hieb) abwehren. **2.** (ein Pferd) zügeln, anhalten. (3) (2)

pariere²/~eere² [pa'riː(ɐ̯)rə / -eˑrə] <V.; schw./unr.; han; parierte [pa'riːɐ̯tə]; pariert [pa'riːɐ̯t] ⟨lat. parere⟩> {(5.1.4.3)}: parieren, (unbedingt) gehorchen. (3) (2

Pariss [pa'rɪs] <N.; Eigenn.>: Paris, Hauptstadt Frankreichs.

parke ['parkə] <V.; schw.; han; parkte ['parktə]; geparkt [jə'park]>: parken. (41)

Park|aan|lag, de ['park‚aːnlaˑx] <N.; ~e> {s. u. ↑Aan|lag}: Parkanlage.

Park|buch, de ['park‚bʊx] <N.; ~te> {s. u. ↑Buch²}: Parkbucht.

Park|huus, et ['park‚huːs] <N.; ~|hüüser [-hyˑzɐ]> {s. u. ↑Huus}: Parkhaus.

Park|krall, de ['parkkraˑl] <N.; ~e [-kralə]> {s. u. ↑Krall}: Parkkralle.

Park|leech/~|lich, et ['park‚leːç / -lɪç] <N.; ~ter> {s. u. ↑Leech/Lich}: Parklicht, Parkleuchte.

Park|leuch, de ['park‚løyfç] <N.; ~te> {s. u. ↑Leuch}: Parkleuchte,.

Park|lück, de ['pak‚lʏk] <N.; ~e> {s. u. ↑Lück²}: Parklücke.

Park|plaatz, der ['park‚plaːts] <N.; ~|pläätz [-plɛːts]> {s. u. ↑Plaatz}: Parkplatz.

Park|schiev, de ['park‚ʃiˑf] <N.; ~e> {s. u. ↑Schiev}: Parkscheibe.

Park|uhr/~|ohr, de ['park‚uˑɐ̯ / -‚oˑɐ̯] <N.; ~e> {s. u. ↑Uhr¹/Ohr¹}: Parkuhr.

Park|ver|bodd, et ['parkfɐ‚bot] <N.; ~e> {s. u. ↑Ver|bodd}: Parkverbot.

Park|wäg, der ['park‚vɛˑfç] <N.; ~(e) [-vɛˑfç / -vɛˑjə]> {s. u. ↑Wäg}: Parkweg, in einem Park angelegter Weg.

Park|zigg, de ['park‚tsɪk] <N.; ~e> {s. u. ↑Zigg}: Parkzeit, Parkdauer.

Parkett, et [pa'kɛt] <N. ⟨frz. parquet, eigtl. = kleiner, abgegrenzter Raum, hölzerne Einfassung, Vkl. von: parc, Park⟩> {8.2.4}: Parkett. **1.** Fußboden aus schmalen, kurzen Holzbrettern, die in einem best. Muster zusammengesetzt sind. **2.** zu ebener Erde liegender vorderer Teil eines Zuschauerraumes.

Parkett|boddem, der [pa'kɛt‚bodəm] <N.; ~|böddem> {s. u. ↑Parkett ↑Boddem}: Parkettboden.

Parkett|läg|er, der [pa'kɛt‚lɛːjɐ] <N.; ~> {s. u. ↑Parkett ↑läge}: (Berufsbez.) Parkettleger.

Parlaments|met|gleed/~|glidd, et [parla'mɛnts‚metjleˑt / -‚jlɪt] <N.; ~er> {s. u. ↑Met|glidd/~|gleed}: Parlamentsmitglied.

Parlaments|setz, der [parla'mɛnts‚zets] <N.; ~(e)> {s. u. ↑Setz}: Parlamentssitz.

Parlaments|sitz|ung, de [parla'mɛnts‚zɪtsʊŋ] <N.; ~e>: Parlamentssitzung.

Parmesan, der [ˌpamə'zaˑn] <N. ⟨frz. parmesan < ital. parmigiano, eigtl. = aus Parma⟩>: sehr fester, vollfetter italienischer (Reib)käse.

Parmesan|kis, der [pamə'zaˑn͜ˌkiˑs] <N.; kein Pl.> {s. u. ↑Parmesan ↑Kis}: Parmesankäse.

Par͜od|iss, der [ˌparo'dɪs] <N.; ~|iste ⟨frz. parodiste⟩>: Parodist.

Parol, de [pa'roˑl] <N.; ~e ⟨frz. parole, eigtl = Wort, Spruch, über das Vlat. zu lat. parabola, Parabel⟩>: Parole.

Partei, de [pa(x)'tai̯] <N.; ~e>: Partei.

Partei|amp, et [pa(x)'tai̯ˌamp] <N.; ~|ämter> {s. u. ↑Partei ↑Amp}: Parteiamt.

Partei|av|zeiche, et [pa(x)'tai̯ˌaftsei̯ɕə] <N.; ~> {s. u. ↑Partei ↑Zeiche}: Parteiabzeichen.

Partei|boch, et [pa(x)'tai̯ˌboˑx] <N.; ~|böcher> {s. u. ↑Partei ↑Boch¹}: Parteibuch.

Partei|dag, der [pa(x)'tai̯ˌdaˑx] <N.; ~/~|däg/~e [-daˑx / -dɛˑɕ / -daˑʀə]> {s. u. ↑Partei ↑Dag}: Parteitag, **1.** oberstes Beschlussorgan einer Partei. **2.** Tagung des Parteitags.

Parteie|kamf, der [pa(x)'tai̯əˌkamf] <N.; ~|kämf> {s. u. ↑Partei ↑Kamf}: Parteienkampf.

Partei|fründ, der [pa(x)'tai̯ˌfʀʏnt] <N.; ~e> {s. u. ↑Partei ↑Fründ}: Parteifreund.

Partei|met|gleed/~|glidd, et [pa(x)'tai̯ˌmetjleˑt / -jlɪt] <N.; ~er> {s. u. ↑Partei ↑Met|gleed/~|glidd}: Parteimitglied.

Partei|organ, et [pa(x)'tai̯ˌɔʀjaˑn] <N.; ~e> {s. u. ↑Partei ↑Organ}: Parteiorgan.

Partei|vür|stand/~|vör|~, der [pa(x)'tai̯ˌfyːɐ̯ʃtant / -føˑɐ̯-] <N.; ~|ständ [-ʃtɛnˑt]> {s. u. ↑Partei ↑Vür|stand/Vör|~}: Parteivorstand.

parterre [pa'tɛr(ə)] <Adv. ⟨frz. parterre⟩> {2}: parterre, ebenerdig, im Erdgeschoss.

Parterre, et [pa'tɛrə] <N. ⟨frz. parterre⟩>: Parterre, Erdgeschoss.

Parterre|wonn|ung, de [pa'tɛrəˌvɔnʊŋ] <N.; ~e> {s. u. ↑Parterre; 5.3.2; 5.5.1}: Parterrewohnung, Erdgeschosswohnung.

Partie, de [pa(x)'tiˑ] <N.; ~e [pa(x)'tiˑə] ⟨frz. partie⟩> {8.2.4}: Partie. **1.** Teil, Abschnitt, Ausschnitt aus einem größeren Ganzen. **2.** Durchgang, Runde in einem Spiel, i. best. sportlichen Wettkämpfen. **3.** Rolle in einem gesungenen Bühnenwerk. **4.** größere Menge einer Ware; Posten. **5.** Ausflugsfahrt einer Gruppe von Menschen; *met vun der P. sin* (mit von der P. sein; bei etw. mitmachen, dabei sein). **6.** ⟨frz. parti⟩ *en gode/schläächte P. sin* (eine gute, schlechte o. ä. P. sein; viel, wenig Geld o. Ä. mit in die Ehe bringen).

Partikel¹, de [pa'tɪkəl] <N.; ~ ⟨lat. particula = Teilchen⟩>: (Sprachw.) Partikel. **1.** unflektierbare Wortart (z. B. Präposition, Konjunktion, Adverb). **2.** die Bed. einer Aussage modifizierendes (unbetontes) Wort ohne syntaktische Funktion u. ohne eigene Bed..

Partikel², et od. de [pa'tɪkəl] <N.; ~> {8.2.4}: Partikel, sehr kleines Teilchen von einem Stoff.

Partisane|kamf, der [paxtɪ'zaˑnəˌkamf] <N.; ~|kämf> {s. u. ↑Kamf}: Partisanenkampf.

Partisane|kreeg, der [paxtɪ'zaˑnəˌkreˑɕ] <N.; ~e> {s. u. ↑Kreeg}: Partisanenkrieg.

Partner|schaff, de ['paxtnɐˌʃaf] <N.; ~|schafte>: Partnerschaft.

Partner|wähßel, der ['paxtnɐˌvɛːsəl] <N.; ~e> {s. u. ↑Wähßel}: Partnerwechsel.

partout [pa(x)'tuˑ] <Adv. ⟨frz. partout = überall⟩> {2}: partout, unbedingt [auch: ↑un|be|dingk²].

Pass, der [pas] <N.; Päss [pɛs]>: Pass. **1.** amtl. Legitimationsdokument. **2.** niedrigster Punkt zw. zwei Bergrücken od. Kämmen, der einen Übergang über einen Gebirgszug ermöglicht. **3.** gezieltes Zuspielen, gezielte Ballabgabe an einen Spieler der eigenen Mannschaft.

Passah|fess, et ['pasaˌfɛs] <N.; ~|feste ⟨hebr. pesah, kirchenlat. pascha < griech. páscha⟩> {s. u. ↑Fess}: Passahfest.

Pass|amp, et ['pazamp / 'pasˌamp] <N.; ~|ämter> {s. u. ↑Amp}: Passamt, Behörde, die für das Ausstellen von Pässen zuständig ist.

Pass|age, de [pa'saˑʃ] <N.; ~ [pa'saˑʒə] ⟨frz. passage⟩>: Passage.

Pass|beld/~|bild, et ['pasˌbelt / -bɪlt] <N.; ~er> {s. u. ↑Beld/Bild}: Passbild.

passé [pa'seˑ] <Adj.; nur präd.>: passé, vorbei.

passe¹ ['pasə] <V.; schw.; *han*; passte ['pastə]; gepass [jə'pas] ⟨frz. passer⟩>: passen, **1.** angemessen sein, gelegen kommen: *Morge? Jo, dat pass mer god.* (Morgen? Ja, das passt mir gut.). **2.** gut sitzen (Kleidung), harmonieren: *Die Schohn p. nit.* (Die Schuhe p. nicht.); *Die zwei p. god zesamme.* (Die zwei p. gut zusammen.). **3.** verzichten, nicht mithalten (urspr. im Karten-

passe

spiel, dann verallgemeinert): *Do muss ich p.* (Da muss ich p.). (67)

passe² ['pasə] <V.; schw.; *han*; passte ['pastə]; gepass [j̯ə'pas] ⟨engl. to pass⟩>: passen, (einen Ball) zuspielen. (67)

passiere/~eere [pa'si·(ḙ)rə / -e·rə] <V.; schw./unr.; *han*; passierte [pa'si·ḙtə]; passiert [pa'si·ḙt] {(5.1.4.3)}>: passieren, **1.** geschehen, sich ereignen ⟨frz. passer⟩. **2.** durchgehen, vorübergehen, überqueren ⟨frz. se passer⟩. (3) (2)

Passion, de [pas'jo·n] <N.; ~e ⟨frz. passion < spätlat. passio = Leiden, zu lat. passum⟩>: Passion. **1.** starke, leidenschaftliche Neigung zu etw.; Vorliebe, Liebhaberei, Hingabe. **2.** (christl. Rel.) <o. Pl.> das Leiden u. die Leidensgeschichte Christi.

Passions|sọnn|dag, der [pas'jo·ns‚zonda:x] <N.; o. Pl.> {s. u. ↑Sọnn|dag}: (Rel.) Passionssonntag, vorletzter Sonntag vor Ostern.

Passions|spill, et [pas'jo·ns‚ʃpɪl] <N.; ~ [-ʃpɪl·]> {s. u. ↑Spill}: Passionsspiel, volkstümliche dramatische Darstellung der Passion Christi.

Passions|wäg, der [pas'jo·ns‚vɛːf] <N.; ~(e) [-vɛ·f / -vɛ·jə]> {s. u. ↑Wäg}: Passionsweg, Leidensweg.

Passions|woch, de [pas'jo·ns‚vɔx] <N.; ~e> {s. u. ↑Woch}: Passionswoche, Karwoche.

Passions|zigg, de [pas'jo·ns‚tsɪk] <N.; ~e> {s. u. ↑Zigg}: Passionszeit (christl. Kirche), die Zeit vom Passionssonntag bis Karfreitag.

Passiv|rauche, et ['pasɪf‚rou̯xə] <N.>: Passivrauchen.

Passiv|sigg, de ['pasɪf‚zɪk] <N.; ~e> {s. u. ↑Sigg¹}: Passivseite, rechte Seite einer Bilanz, auf der Eigen- u. Fremdkapital aufgeführt sind.

Pass|kontroll, de ['paskon‚trol·] <N.; ~e [-kon‚trolə]> {s. u. ↑Kọntroll}: Passkontrolle. **1.** das Kontrollieren des Passes. **2.** offizielle Stelle, wo der Pass kontrolliert wird.

Pass|stell, de ['pas‚ʃtɛl·] <N.; ~e [-ʃtɛlə]> {s. u. ↑Stell}: Passstelle, Passamt.

Pass|stroß, de ['pas‚ʃtro·s] <N.; ~e> {s. u. ↑Stroß}: Passstraße, Straße, die über einen Pass führt.

Pass|wọọd, et ['pas‚vɔːt] <N.; ~|wọọder [-vœ·də] ⟨engl. password, aus pass = Ausweis u. word = Wort⟩>: Passwort, Losung, Kennwort.

Pastell|beld/~|bild, et [pas'tɛl‚beld / -bɪlt] <N.; ~er {s. u. ↑Beld/Bild}: Pastellbild.

Pastell|färv, de [pas'tɛl‚fɛr·f] <N.; ~e> {s. u. ↑Färv}: Pastellfarbe, **1.** aus Gips od. Kreide, Farbpulver u. Bindemitteln hergestellte Farbe, die auf Papier einen hellen, zarten, aber stumpfen Effekt hervorruft. **2.** <meist Pl.> zarter, heller Farbton.

Pastell|mọl|erei, de [pas'tɛlmo·lə‚reɪ̯·] <N.; ~e [-ə'reɪ̯ə]> {s. u. ↑mọle}: Pastellmalerei.

Pastell|steff, der [pas'tɛl‚ʃtef] <N.; ~|stefte> {s. u. ↑Steff²}: Pastellstift, als Stift geformte Pastellfarbe.

Pastet, de [pas'te·t] <N.; ~e; ~|che ⟨mhd. pastede, mniederd. pasteide, wohl < mniederl. pasteide < afrz. pasté < spätlat. pasta = Paste, Teig, Brei⟩> {8.3.1}: Pastete.

Pastill, de [pas'tɪl·] <N.; ~e [pas'tɪlə] ⟨lat. pastillus = Kügelchen aus Mehlteig, Vkl. von: panis = Brot⟩> {8.3.1}: Pastille.

Pastur, der [pas'tu·ḙ] <N.; Pastüre [pas'ty·(ḙ)rə]> {5.4}: Pastor, Pfarrer.

Pate|stadt, de ['pa·tə‚ʃtat] <N.; ~|städt> {s. u. ↑Stadt}: Patenstadt, Partnerstadt.

Patent|amp, et [pa'tɛnt‚amp] <N.; ~|ämter> {s. u. ↑Amp}: Patentamt.

Patent|lüs|ung/~|lös|~, de [pa'tɛnt‚lyˑzʊŋ / -løˑz-] <N.; ~e> {s. u. ↑Lüs|ung/Lös|~}: Patentlösung.

Patent|rääch, et [pa'tɛnt‚rɛːf] <N.; ~te> {s. u. ↑Rääch}: Patentrecht, **1.** Gesamtheit der Rechtsvorschriften zur Regelung der mit Patenten zusammenhängenden Fragen. **2.** Recht auf die Nutzung eines Patents.

Patent|rezepp, et [pa'tɛntre‚tsɛp] <N.; ~|rezepte> {s. u. ↑Rezepp}: Patentrezept.

Patent|roll, de [pa'tɛnt‚rol·] <N.; ~e [-rolə]> {s. u. ↑Roll}: Patentrolle, (vom Patentamt geführte) Liste mit den Daten des Patentes u. Angaben über den Patentinhaber.

Patent|schotz, der [pa'tɛnt‚ʃots] <N.> {s. u. ↑Schotz}: Patentschutz.

Patent|schreff, de [pa'tɛnt‚ʃref] <N.; ~|schrefte> {s. u. ↑Schreff}: Patentschrift, einer Anmeldung zum Patent beigefügte Beschreibungen u. Zeichnungen.

Patent|urkund, de [pa'tɛnt‚uːḙkʊnˑt] <N.; ~e> {s. u. ↑Urkund}: Patenturkunde, Patent.

Patent|ver|schluss/~|schloss, der [pa'tɛntfɐ‚ʃlʊs / -ʃlos] <N.; ~|schlüss> {s. u. ↑Ver|schluss/~|schloss}: Patentverschluss, patentierter Verschluss.

Pathologe, der [pato'loˑʀə] <N.; ~>: (Med.) Pathologe.

Pathologie, de [patolo'ɟiˑ] <N. ⟨zu griech. lógos, Logos⟩>: Pathologie.

Patrizier, der [pa'trɪtsɪje] <N.; ~ ⟨lat. patricius = Nachkomme eines römischen Sippenhauptes, zu: pater = Vater⟩>: Patrizier, **1.** Mitglied des altrömischen Adels. **2.** (bes. im Ma) vornehmer, wohlhabender Bürger.

Patrizier|ge|schlääch, et [pa'trɪtsɪjeˌʃlɛːɟ] <N.; o. Pl.> {s. u. ↑Ge|schlääch}: Patriziergeschlecht.

Patrizier|huus, et [pa'trɪtsɪjeˌhuːs] <N.; ~|hüüser [-hyˑze]> {s. u. ↑Huus}: Patrizierhaus.

Patron[1], de [pa'troˑn] <N.; ~e> {8.3.1}: Patrone, **1.** Metallhülse, Munition für Feuerwaffen. **2.** kleiner Behälter für Tinte zum Einlegen in einen Füller.

Patron[2], der [pa'troˑn] <N.; ~e>: Patron, **1.** Schutzherr, Schutzheilige. **2.** Bursche, Kerl.

Patrone|föll|er/~|füll|~, der [pa'troˑnəˌfølɐ / -fʏl-] <N.; ~> {s. u. ↑Föll|er/Füll|~}: Patronenfüller.

Patrone|göödel, der [pa'troˑnəˌjøˑdəl] <N.; ~e> {s. u. ↑Göödel}: Patronengürtel.

Patrone|gurt/~|goot, der [pa'troˑnəˌjʊxt / -joːt] <N.; ~e> |goot veraltend; ~e> {s. u. ↑Gurt/Goot}: Patronengurt.

Patrone|hüls, de [pa'troˑnəˌhʏlˑs] <N.; ~e>: Patronenhülse.

Patrone|täsch, de [pa'troˑnəˌtɛʃ] <N.; ~e> {s. u. ↑Täsch}: Patronentasche.

patsch! [patʃ] <Interj.>: patsch, lautm. für klatschendes Geräusch [auch: ↑patsch|tig!, ↑platsch!, ↑platsch|tig!].

patsche ['patʃə] <V.; schw.; *han*; patschte ['patʃtə]; gepatsch [jə'patʃ]>: patschen. (110)

Platsch|hand, de ['platʃˌhant] <N.; ~|häng> {s. u. ↑platsche ↑Hand}: Pranke.

Patsch|häng|che, et ['patʃˌhɛŋˑɟə] <N.; ~r>: Patschhändchen (Kinderspr.).

patsch|naaß ['patsˑ'naːs] <Adj.; ~e> {s. u. ↑naaß}: patschnass, klatschnass. Tbl. A1

patsch|tig! ['patʃdɪɟ] <Interj.>: patsch, lautm. für klatschendes Geräusch [auch: ↑patsch!, ↑platsch!, ↑platsch|tig!].

Patt, der [pat] <N.; ~e (Pl. ungebr.)> {5.3.2; 8.3.1}: Pate, „Patin" heißt ↑Godd[2].

Pätt|che, et ['pɛtɟə] <N.; ~r> {5.3.2; 5.4}: Patenkind [auch: ↑Patt].

Patte|vugel, der [ˌpatə'fʊʁəl / -'fuˑl] <N.; ~|vügel [-fʏˌjəl / -fyˑl]> {s. u. ↑Vugel}: Papierdrachen, Drachen.

Patt|ühm/~|ohm, der ['patˌlyˑm / -oˑm] <N.; ~e (Pl. ungebr.)> {s. u. ↑Patt ↑Ühm/Ohm}: Patenonkel, „Patentante" heißt ↑Godd[2].

patz|ig ['patsɪɟ] <Adj.; ~e; ~er, ~ste>: patzig. Tbl. A5.2

Pauk, de [paʊk] <N.; ~e ⟨mhd. puke⟩> {8.3.1}: Pauke.

pauke ['paʊkə] <V.; schw.; *han*; paukte ['paʊktə]; gepauk [jə'paʊk]>: pauken, lernen. (178)

Päul, der [pɔʏˑl] <N.; männl. Vorn.> {5.1.3}: Paul.

Paulus|breef, der ['paʊˑlʊsˌbreˑf] <N.; ~e> {s. u. ↑Breef}: Paulusbrief.

Paus[1]**/Puus**[1], de [paʊˑs / puˑs] <N.; ~e; Päus|che ['pɔʏˑsjə]> {8.3.1}: Pause, Rast; *en P. maache* (pausieren, rasten).

Paus[2]**/Puus**[2], de [paʊˑs / puˑs] <N.; ~e> {8.3.1}: Pause, mithilfe von Pauspapier od. auf fotochemischem Wege hergestellte Kopie.

Paus|backe ['paʊsˌbakə] <N.; Neutr.; nur Pl.>: Pausbacken.

Pauschal, de [paʊ'ʃaˑl] <N.; ~e> {8.3.1}: Pauschale.

Pauschal|be|drag, der [paʊ'ʃaˑlbəˌdraːx] <N.; ~|dräg [-drɛˑɟ]> {s. u. ↑Be|drag}: Pauschalbetrag.

Pauschal|pries, der [paʊ'ʃaˑlˌpriːs] <N.; ~e> {s. u. ↑Pries}: (Wirtsch.) Pauschalpreis.

Pauschal|reis, de [paʊ'ʃaˑlˌreɪˑs] <N.; ~e> {s. u. ↑Reis}: Pauschalreise.

Pauschal|ur|deil/~|or|~, et [paʊ'ʃaˑlˌʊxdeɪl / -ox-] <N.; ~e> {s. u. ↑Ur|deil/Or|~}: Pauschalurteil, pauschales, verallgemeinerndes Urteil.

pause[1]**/puuse**[1] ['paʊˑzə / 'puˑzə] <V.; *puuse*[1] veraltet; schw.; *han*; pauste ['paʊˑstə]; gepaus [jə'paʊˑs]>: pausieren, eine Pause machen [gebräuchl.: *en Paus maache*]. (149)

pause[2]**/puuse**[2] ['paʊˑzə / 'puˑzə] <V.; *puuse*[2] veraltet; schw.; *han*; pauste ['paʊˑstə]; gepaus [jə'paʊˑs]>: (abpausen, durch)pausen, Blaupausen erstellen. (149)

Pause|brud, et ['paʊˑzəˌbruˑt] <N.; ~e> {s. u. ↑Paus[1]/Puus[1] ↑Brud}: Pausenbrot.

Pause|föll|er/~|füll|~, der ['paʊzəˌfølɐ / -fʏl-] <N.; ~e> {s. u. ↑Paus[1]/Puus[1] ↑fölle/fülle}: Pausenfüller, Darbietung, womit eine Pause in einem Programm überbrückt wird.

Pause|hoff, der ['paʊˑzəˌhɔf] <N.; ~|höff> {s. u. ↑Paus[1]/Puus[1] ↑Hoff}: Schulhof, Pausenhof [auch: ↑Schull|hoff].

Paus|papier/~|papeer, et ['paʊspaˌpiˑɐ / -paˌpeˑɐ] <N.; ~e> {s. u. ↑Paus[2] ↑Papier/ Papeer}: Pauspapier.

päuze ['pøʏtsə] <V.; schw.; *han*; päuzte ['pøʏtstə]; gepäuz [jə'pøʏts]>: tragen, schleppen [auch: ↑pø̈ǫ̈ze]. (112)

Pavei, et [pa'vaɪ̯ˑ] <N.; ~e ⟨frz. pavé⟩>: Pflaster, Steinpflaster [auch: ↑Flaster (1), ↑Kopp|stein|flaster].

paveie [pa'vaɪə] <V.; schw.; *han*; paveite [pa'vaɪtə]; paveit [pa'vaɪt]>: pflastern, mit Pflastersteinen versehen [auch: ↑flastere]. (11)

Paveie|mö̈ǫ|er, der [pa'vaɪ̯ˑjə,mœˑlɐ] <N.; ~> {s. u. ↑Pavei ↑Mö̈ǫ|er}: Pflastermaler, jmd., der Bürgersteig-/Straßenpflaster bemalt, um damit die Aufmerksamkeit zu erregen [auch: ↑Flaster|mö̈ǫ|er].

Pavei|er, der [pa'vaɪ̯ɐ] <N.; ~ ⟨frz. paveur⟩>: Pflasterer, **1.** (Berufsbez.) jmd., der Straßen, Gehwege od. Ä. pflastert. **2.** Name einer kölschen Musikgruppe.

Paveie|stein, der [pa'vaɪ̯ˑjə,ʃtɛɪ̯n] <N.; ~ [-ʃtɛˑɪ̯n]> {s. u. ↑Stein}: Pflasterstein. **1.** für Straßenpflaster verwendeter Stein. **2.** dicker, runder Pfefferkuchen mit harter Zuckerglasur [auch: ↑Flaster|stein].

Pavian, der ['paviɑˑn] <N.; ~e ⟨im 15.Jh. bavian < niederl. baviaan < mniederl. baubijn < (a)frz. babouin⟩>: Pavian.

Pazif|iss, der [ˌpatse'fɪs / ˌpatsɪ'fɪs] <N.; ~|iste ⟨frz. pacifiste⟩>: Pazifist.

pech|schwatz ['pɛʃ'ʃvats] <Adj.; ~e> {s. u. ↑schwatz}: pechschwarz [auch: ↑koll|rave|schwatz]. Tbl. A1

Pech|strähn, de ['pɛʃˌʃtrɛˑn] <N.; ~e> {s. u. ↑Strähn}: Pechsträhne.

Pech|vugel, der ['pɛʃˌfʊɐ̯əl / -fuˑl] <N.; ~|vügel [-fʏjəl / -fyˑl]> {s. u. ↑Vugel}: Pechvogel.

Peck, der [pek] <N.> {5.3.2.4/5.5.2}: Pick od. Pik, heimlicher Groll [nur i. d. *RA*]: *ene P. op einer han* (jmdn. nicht leiden können, Widerwillen gegen jmdn. empfinden).

pecke ['pekə] <V.; schw.; *han*; peckte ['pektə]; gepeck [jə'pek]> {5.5.2}: picken. (88)

pecke|voll ['pekə'fol] <Adj.; ~e>: proppenvoll, überfüllt, übervoll. Tbl. A2.2

Peesch, de [peːʃ] <N.; veraltend; ~e ⟨frz. pêche⟩>: Pfirsich [auch: ↑Plüsch|prumm].

Peff, der [pef] <N.; ~e> {5.5.2; 6.8.1}: Pfiff.

Peffer, der ['pɛfɐ] <N.; ~ (Sortenpl.)> {6.8.1}: Pfeffer.

Peffer|dos, de ['pɛfɐˌdoˑs] <N.; ~e> {s. u. ↑Peffer ↑Dos}: Pfefferdose, **1.** Behältnis für Pfeffer. **2.** (übertr.) Litfasssäule [auch: ↑Litfass|süül, ↑Plakat|süül].

peffere ['pɛfɐə] <V.; schw.; *han*; pefferte ['pɛfɐtə]; gepeffert [jə'pɛfɐt]> {6.8.1; 9.2.1.2}: pfeffern. (4)

Peffer|fress|er, der ['pɛfɐˌfrɛsɐ] <N.; ~ ⟨man nahm früher fälschlich an, der Vogel fresse Pfeffer(schoten)⟩> {s. u. ↑Peffer}: Pfefferfresser, Tukan.

Peffer|koche, der ['pɛfɐˌkoˑxə] <N.; ~> {s. u. ↑Peffer ↑Koche}: Pfefferkuchen.

Peffer|koche(n)|hüüs|che, et ['pɛfɐˌkoˑxə(n)ˌhyˑsjə] <N.; ~r> {s. u. ↑Peffer ↑Koche ↑Huus; 9.1.4}: Pfefferkuchenhäuschen, kleines, mit Süßigkeiten verziertes Haus aus Pfefferkuchen.

Peffer|kǫǫn, et ['pɛfɐˌkɔːn] <N.; ~|kö̈ǫ̈ner> {s. u. ↑Peffer ↑Kǫǫn¹}: Pfefferkorn.

Peffer|leck|er, der ['pɛfɐˌlekɐ] <N.; ~> {s. u. ↑Peffer}: früherer Schimpfname für Kölner von den Leuten aus der Umgebung.

Peffer|ling, der ['pefeˌlɪŋ] <N.; ~e> {5.5.2; 6.8.1}: Pfifferling.

Peffer|müll, de ['pɛfɐˌmyl·] <N.; ~e [-mʏlə]> {s. u. ↑Peffer ↑Müll¹}: Pfeffermühle.

Peffer|münz, der [ˌpɛfɐ'mʏnts] <N.; o. Pl.> {5.4; s. u. ↑Peffer}: Pfefferminz, Minze.

Peffer|münz|che, et [ˌpɛfɐ'mʏntsjə] <N.; ~r> {s. u. ↑Peffer|münz}: Pfefferminzbonbon.

Peffer|münz|likör, der [pɛfɐ'mʏntslɪˌkøˑɐ̯] <N.; ~e> {s. u. ↑Peffer}: Pfefferminzlikör, mit Pfefferminzöl aromatisierter Likör.

Peffer|münz|öl, et [pɛfɐ'mʏntsˌlœˑl] <N.; ~e (Sortenpl.)> {s. u. ↑Peffer ↑Öl}: Pfefferminzöl, aus den Blättern der Pfefferminze gewonnenes ätherisches Öl mit erfrischendem Aroma.

Peffer|münz|plätz|che, et [pɛfɐ'mʏntsˌplɛtsjə] <N.; ~r> {s. u. ↑Peffer ↑Plätz|che}: Pfefferminzplätzchen.

Peffer|münz|schlag, der [pɛfɐ'mʏntsˌʃlaːx] <N.; ~|schläg [-ʃlɛˑç] (Pl. ungebr.)> {s. u. ↑Peffer}: Mordsschrecken, großer Schrecken: *Wie hä mer dat verzallt hät, han ich baal ene P. kräge!* (Als er mir das erzählt hat, habe ich mich sehr erschreckt!).

Peffer|münz|tee, der [pɛfɐ'mʏntsˌteˑ] <N.; ~s (Sortenpl.)> {s. u. ↑Peffer}: Pfefferminztee.

Peffer|münz|zauß, de [pɛfɐ'mʏntsˌtsaʊ̯s] <N. ⟨engl. mint sauce aus: Mintsoße, mint = Minze u. sauce = Soße⟩; o. Pl.> {s. u. ↑Peffer ↑Zauß}: Pfefferminzsoße, würzige (bes. in England beliebte) Soße aus grüner Minze.

Peffer|nas, de ['pɛfɐˌnaˑs] <N.; ~e> {s. u. ↑Peffer ↑Nas}: Pfeffernase (Schimpfw.).

Peffer|noss, de ['pɛfɐˌnos] <N.; ~|nöss> {s. u. ↑Peffer ↑Noss}: Pfeffernuss.

Peffer|sack, der ['pɛfɐˌzak] <N.; ~|säck> {s. u. ↑Peffer}: Pfeffersack (auch Schimpfw.).

peff|ig ['pɛfɪŋ] <Adj.; ~e>: pfiffig [auch: op Zack]. Tbl. A5.2

Pegel, der ['peːjəl] <N.; ~ ⟨aus dem Niederd. < mniederd. pegel = Eichstrich⟩>: Pegel.

Pegel|stand, der ['peːjəlˌʃtant] <N.; ~|ständ [-ʃtɛnˑt]> {s. u. ↑Pegel ↑Stand}: Pegelstand, Wasserstand, den der Pegel anzeigt.

Pei|ass, der ['paɪjas] <N.; ~e ⟨ital. pagliaccio; frz. paillasse⟩> {2; 6.9; 6.11.3}: Bajazzo, **1.** Hanswurst, Narr (im Karneval). **2.** Strohpuppe, die zum Ende der Kirmes od. des Karnevals verbrannt od. begraben wird [auch: ↑Nubbel, ↑Zacheies (2)].

peile ['paɪlə] <V.; schw.; han; peilte ['paɪˑltə]; gepeilt [jəˈpaɪˑlt]> {5.1.4.5}: peilen. (45)

Peitsch, de [paɪtʃ] <N.; ~e> {8.3.1}: Peitsche, Schmicke [auch: ↑Schmeck].

peitsche ['paɪtʃə] <V.; schw.; han; peitschte ['paɪtʃtə]; gepeitsch [jəˈpaɪtʃ]>: peitschen. (110)

Peitsche|still, der ['paɪtʃəˌʃtɪl] <N.; ~ [-ʃtɪlˑ]> {s. u. ↑Still}: Peitschenstiel, biegsamer Stock der Peitsche.

Pekines, der [pekiˈneˑs] <N.; ~e ⟨nach Peking⟩> {8.3.1}: Pekinese, kleiner, kurzbeiniger Hund.

Pelikan, der ['pelɪˌkaˑn] <N.; ~e ⟨kirchenlat. pelicanus < griech. pelekán⟩>: Pelika, großer Schwimmvogel mit langem, an der Unterseite mit einem Kehlsack versehenem Schnabel.

Pell¹/Pill, de [pelˑ / pɪlˑ] <N.; ~e ['pelə / 'pɪlə]> {5.5.2; 8.3.1}: Pille [auch: ↑Tablett²].

Pell², de [pɛlˑ] <N.; ~e> {8.3.1}: Pelle.

pelle ['pɛlə] <V.; schw.; han; pellte ['pɛlˑtə]; gepellt [jəˈpɛlˑt]>: pellen, schälen, nur i. d. Vbdg. *wie us em Ei gepellt* (wie aus dem Ei gepellt); sonst: ↑schelle¹. (91)

Pelle(n)|dos/Pille(n)|~, de ['pelə(n)ˌdoˑs / 'pɪlə(n)-] <N.; ~e> {s. u. ↑Pell¹/Pill ↑Dos; 9.1.4}: Pillendose.

Pelle|knick/Pille|~, der ['peləˌknɪk / 'pɪlə-] <N.> {s. u. ↑Pell¹/Pill}: Pillenknick, auf die Anti-Baby-Pille zurückzuführender Geburtenrückgang.

Pelle(n)|drih|er/Pille(n)|~, der ['pelə(n)ˌdriˑɐ / 'pɪlə(n)-] <N.; ~> {5.4; 9.1.4; s. u. ↑Pell¹/Pill}: Pillendreher, **1.** Käfer. **2.** (scherzh.) Apotheker.

Pelz/Pilz, der [pelts / pɪlts] <N.; ~e> {5.5.2}: Pilz.

Pelz|dier, et ['pɛltsˌdiˑɐ] <N.; ~e> {s. u. ↑Dier}: Pelztier.

Pelz|fooder, et ['pɛltsˌfoˑdɐ] <N.; ~> {s. u. ↑Fooder²}: Pelzfutter, Futter aus Pelz.

Pelz|ge|reech/Pilz|~/~|rich, et ['pɛltsjəˌreːɟ / pɪlts- / -rɪɟ] <N.; ~te> {s. u. ↑Pelz/Pilz ↑Ge|reech²/~|rich²}: Pilzgericht.

pelz|ig ['pɛltsɪŋ] <Adj.; ~e; ~er, ~ste>: pelzig. Tbl. A5.2

Pelz|jack, de ['pɛltsˌjak] <N.; ~e> {s. u. ↑Jack¹}: Pelzjacke.

Pelz|kapp, de ['pɛltsˌkap] <N.; ~e> {s. u. ↑Kapp}: Pelzkappe.

Pelz|kopp/Pilz|~, der ['pɛltsˌkop / pɪlts-] <N.; ~|köpp> {s. u. ↑Pelz/Pilz ↑Kopp}: Pilzkopf.

Pelz|kopp|frisor/Pilz|~/~|frisur, de ['pɛltsˌkopfrɪˌzoˑɐ / pɪlts- / -frɪzuˑɐ] <N.; ~e ⟨nach der dem Hut eines Pilzes ähnlichen Frisur (bes. der engl. Beatgruppe „The Beatles" seit Beginn der 60er Jahre)⟩> {s. u. ↑Pelz/Pilz ↑Kopp ↑Frisor/Frisur}: Pilzkopffrisur.

Pelz|krage, der ['pɛltsˌkraˑɐ] <N.; ~> {s. u. ↑Krage}: Pelzkragen.

Pelz|krank|heit/Pilz|~, de ['pɛltsˌkraŋkheɪt / pɪlts-] <N.; ~e> {s. u. ↑Pelz/Pilz ↑Krank|heit}: Pilzkrankheit, Pilzerkrankung.

Pelz|kund/Pilz|~, de ['pɛltsˌkunˑt / pɪlts-] <N.; o. Pl.> {s. u. ↑Pelz/Pilz}: Pilzkunde, Lehre von den Pilzen; Mykologie.

Pelz|mötz, de ['pɛltsˌmøts] <N.; ~e> {s. u. ↑Mötz}: Pelzmütze.

Pelz|muff, der ['pɛltsˌmʊf] <N.; ~e>: Pelzmuff.

Pelz|ver|geft|ung/Pilz|~, de ['pɛltsfɐˌjeftʊŋ / pɪlts-] <N.; ~e> {s. u. ↑Pelz/Pilz ↑Geft}: Pilzvergiftung.

Pendel|dür/~|dör, de ['pɛndəlˌdyːɐ / -døːɐ] <N.; ~|dürre/~|dörre [-dʏrə / -dørə] (unr. Pl.)> {s. u. ↑Dür/Dör}: Pendeltür, Schwingtür.

pendele ['pɛnˑdələ] <V.; schw.; han; pendelte ['pɛnˑdəltə]; gependelt [jəˈpɛnˑdəlt]> {9.2.1.2}: pendeln. (6)

Pendel|lamp, de ['pɛndəlˌlamp] <N.; ~e> {s. u. ↑Lamp}: Pendellampe.

Pendel|uhr/~|ohr, de ['pɛndəlˌuːɐ / -oˑɐ] <N.; ~e> {s. u. ↑Uhr¹/Ohr¹}: Pendeluhr.

Penn, der [pen] <N.; ~ [pen·]; ~|che ['penŋə]> {5.5.2; 8.3.1}: Stift, Pinne, insbes. im Schuhmacherhandw. gebrauchte Stifte: *Mer lappe, mer pappe, schlonn kräftig op dä P.* (Cölner Schusterjungenlied) [auch: ↑St<u>e</u>ff²].

Penn|broder, der ['pɛn,broˑdə] <N.; ~|bröder> {s. u. ↑Broder}: Pennbruder, Stadtstreicher, Landstreicher.

p<u>e</u>nne¹ ['penə] <V.; schw.; *han*; p<u>e</u>nnte ['pen·tə]; gep<u>e</u>nnt [jə'pen·t]> {5.5.2}: pinnen, mit Stiften befestigen. (10)

penne² ['pɛnə] <V.; schw.; *han*; pennte ['pɛn·tə]; gepennt [jə'pɛn·t]>: pennen, 1. schlafen [auch: ↑schl<u>o</u>fe, ↑schl<u>ö</u>fele]. 2. unaufmerksam sein. (10)

Penning, der ['pɛnɪŋ] <N.; ~e> {6.8.1}: Pfennig, **a)** kleinste Münze der ehem. dt. Währung: *~e för der Automat* (*~e* = Pfennigstücke) für den Automaten); **b)** <Pl. Penning> Zahlungsmittel: *Dat koss 40 P.* (Das kostet 40 P.).

Pennings|kr<u>o</u>m, der ['pɛnɪŋks,krɔˑm] <N.; kein Pl.> {s. u. ↑Penning ↑Kr<u>o</u>m}: Pfennigskram.

P<u>e</u>nn|wand, de ['pen·,vant] <N.; ~|wäng [-vɛŋ·]> {s. u. ↑P<u>e</u>nn ↑Wand}: Pinnwand.

Penning|st<u>ö</u>ck, et ['pɛnɪŋ,[tøk] <N.; ~/~e/~er> {s. u. ↑St<u>ö</u>ck}: Pfennigstück, Einpfennigstück.

Pennings|av|satz, der ['pɛnɪŋ,avzats] <N.; ~|sätz> {s. u. ↑Av|satz}: Pfennigabsatz.

Pensions|gass, der [paŋ'zjoˑns,jas] <N.; ~|gäss> {s. u. ↑Gass²}: Pensionsgast, Gast einer Pension.

Pensions|kass, de [paŋ'zjoˑns,kas] <N.; ~e> {s. u. ↑Kass}: Pensionskasse, betrieblicher Fonds für die Altersversorgung der Beschäftigten.

Pensions|pries, der [paŋ'zjoˑns,priːs] <N.; ~e> {s. u. ↑Pries}: Pensionspreis, Preis für Vollpension, Halbpension.

pensions|rief [paŋ'zjoˑns,riːf] <Adj.; ~e> {s. u. ↑rief}: pensionsreif. Tbl. A1

Penta|gramm, et [,pɛnta'jramˑ] <N.; ~e ⟨zu griech. *pentágrammos* = mit fünf Linien⟩>: Pentagramm; Drudenfuß.

Pentagon, et ['pɛnta,jɔn] <N.; o. Pl. ⟨griech. *pentágonos* = fünfeckig⟩>: Pentagon; auf einem fünfeckigen Grundriss errichtetes amerikanisches Verteidigungsministerium.

Pent|huus, et ['pɛnt,huːs] <N.; ~|hüüser [-hyˑzə] ⟨engl. penthouse, unter frz. Einfluss über das mlat. zu spätlat. appendicium = Anhang, zu lat. *appendix*, Appendix⟩> {s. u. ↑Huus}: Penthouse.

Pepita|b<u>o</u>tz, de [pepiˑta,bots] <N.; ~e> {s. u. ↑B<u>o</u>tz}: Pepitahose.

pepp|ig ['pɛpɪŋ] <Adj.; ~e; ~er, ~ste>: peppig. Tbl. A5.2

P<u>e</u>ps, der [peps] <N.> {5.5.2}: Pips, **1.** Geflügelkrankheit. **2.** Erkältung, Schnupfen [auch: ↑Ver|käld|ung].

per [pɛr] <Präp.>: per.

perdu [pɛ(r)'dyˑ] <Adj.; nur präd. ⟨frz. *perdu* = verloren⟩>: perdu, weg, verloren [auch: ↑fott].

perfek [pɛ(r)'fɛk] <Adj.; ~te; ~ter, ~ste> {8.3.5}: perfekt, makellos, einwandfrei. Tbl. A4.1.1

Perfekti<u>o</u>n|iss, der [pɛ(r)fɛktsjo'nɪs] <N.; ~|iste>: Perfektionist.

Pergament, et [,pɛrja'mɛnt] <N. ⟨mhd. *pergament(e)* < mlat. *pergamen(t)um* < spätlat. (charta) pergamena = Papier aus Pergamon; in dieser kleinasiatischen Stadt soll die Verarbeitung von Tierhäuten zu Schreibmaterial entwickelt worden sein⟩>: Pergament, **1.** enthaarte, geglättete u. zum Beschreiben o. Ä. hergerichtete Tierhaut, **2.** alte Handschrift auf Pergament.

Pergament|papier/~|papeer, et [pɛrja'mɛntpa,piːɐ̯ / -papeˑɐ̯] <N.; ~e> {s. u. ↑Papier/Papeer}: Pergamentpapier, fettundurchlässiges pergamentartiges Papier.

Perg<u>o</u>la, de ['pɛrjo,laˑ] <N.; ~s ⟨ital. pergola < lat. pergula = Vorbau, Anbau⟩>: Pergola, berankter Laubengang.

Period, de [perɪˈjoˑt] <N.; ~e ⟨lat. periodus = Gliedersatz < griech. períodos = das Herumgehen; Umlauf; Wiederkehr, zu: perí = um - herum u. hodós = Gang, Weg⟩> {8.3.1}: Periode.

P<u>e</u>rk, der [pɛrk] <N.; ~e> {5.5.2; 6.8.1}: Pferch.

Perl|gaan, et ['pɛrl,jaːn] <N.; i. best. Komposita *Perl*, sonst ↑Pääl; ~e> {11; s. u. ↑Gaan}: Perlgarn, auffällig glänzendes (merzerisiertes) Stickgarn aus scharf gedrehten Baumwollfäden.

Perl|hohn, et ['pɛrl,hoːn] <N.; i. best. Komposita *Perl*, sonst ↑Pääl; ~|höhner> {11; s. u. ↑Hohn}: Perlhuhn, fast haushuhngroßer Hühnervogel mit perliger Zeichnung auf blaugrauem Gefieder.

Perl|muschel, de ['pɛrl,mʊʃəl] <N.; i. best. Komposita *Perl*, sonst ↑Pääl; ~e> {11}: Perlmuschel, Muschel, die um eingedrungene Sandkörner herum Perlen bildet.

Perl|mutt, et [pɛrl'mʊt] <N.; i. best. Komposita *Perl*, sonst ↑Pääl; ~s (Pl. ungebr.)> {5.2.1.1.1; 8.3.1; 11}: Perlmutt, harte, glänzende, schimmernde innerste Schicht der Schale von Perlmuscheln u. Seeschnecken.

Perl|mutt|knopp, der [pɛtl'mʊt‚knɔp] <N.; i. best. Komposita *Perl*, sonst ↑Pääl; ~|knöpp> {s. u. ↑Perl|mutt ↑Knopp¹}: Perlmuttknopf.

Perlon|strump, der ['pɛrlɔn‚ʃtrʊmp] <N.; ~|strümp> {s. u. ↑Strump}: Perlonstrumpf.

Perl|stech, der ['pɛtl‚ʃtɛʃ] <N.; i. best. Komposita *Perl*, sonst ↑Pääl; ~> {11; s. u. ↑Stech}: Perlstich, in gleicher Richtung halbschräg ausgeführter, kurzer Gobelinstich.

Perl|wing, der ['pɛrl‚vɪŋ] <N.; i. best. Komposita *Perl*, sonst ↑Pääl; ~e (Sortenpl.)> {11; s. u. ↑Wing¹}: Perlwein, mit Kohlensäure versetzter, moussierender Wein.

Pernik, der ['pɛrnɪk] <N.>: Regenwurm [auch: ↑Pirring ↑Rähn|wurm].

perplex [pɛ(r)'plɛks] <Adj.; ~e; ~er, ~este ⟨frz. perplexe⟩>: perplex, verblüfft u. betroffen od. verwirrt.   Tbl. A1

Perser|katz, de ['pɛrzɛ‚kats] <N.; ~e> {s. u. ↑Katz}: Perserkatze.

Persiflage, de [pɛrzi'fla·ʃ] <N.; ~ [pɛrzɪ'fla·ʒə] ⟨frz. persiflage⟩>: Persiflage, geistreiche Verspottung durch übertreibende od. ironisierende Darstellung bzw. Nachahmung.

Persil|sching, der [pɛr'ziːl‚ʃɪŋ] <N.; ~ [-ʃɪŋ·] ⟨nach dem Namen des Waschmittels Persil®, nach der Vorstellung des Reinwaschens; urspr. von der Bescheinigung der Entnazifizierungsbehörden⟩> {s. u. ↑Sching¹}: (ugs. scherzh.) Persilschein, Bescheinigung, dass sich jmd. nichts hat zuschulden kommen lassen.

Person, de [pɛ(r)'zo·n] <N.; ~e>: Person.

Persön|che, et [pɛ(r)zø·nʃə] <N.; ~r>: Persönchen, zierliches, kleines Mädchen; zierliche, kleine Frau.

Personal|av|bau, der [pɛrzo'naːl‚afbou̯] <N.; o. Pl.>: Personalabbau.

Personal|bürro, et [pɛrzo'naːl‚byro] <N.; ~s> {s. u. ↑Bürro}: Personalbüro.

Personal|date [pɛrzo'naːl‚da·tə] <N.; Pl.>: Personaldaten.

Personal|deck, de [pɛrzo'naːl‚dɛk] <N.; ~e> {s. u. ↑Deck²}: Personaldecke, Gesamtheit des einem Unternehmen, einem Verein o. Ä. für best. Tätigkeiten zur Verfügung stehenden Personals.

Personal|koste [pɛrzo'naːl‚kɔstə] <N.; Pl.> {s. u. ↑Koste}: Personalkosten.

Personal|rod, der [pɛrzo'naːl‚ro·t] <N.; ~|röd> {s. u. ↑Rod}: Personalrat.

Persone|ge|däch|nis, et [pɛr'zo·nəjə‚dɛfnɪs] <N.; ~se> {s. u. ↑Ge|däch|nis}: Personengedächnis, Gedächtnis für Personen.

Persone|kraff|wage, der [pɛr'zo·nə‚krafva·ʁə] <N.; ~> {s. u. ↑Kraff ↑Wage}: Personenkraftwagen, Abk.: Pkw.

Persone|kreis, der [pɛr'zo·nə‚krɛɪ̯s] <N.; ~e [-krɛɪ̯·zə]> {s. u. ↑Kreis}: Personenkreis.

Persone|kult, der [pɛr'zo·nə‚kʊlt] <N.; kein Pl.>: (abw.) Personenkult.

Persone|register, et [pɛr'zo·nərɛ‚jɪstɛ] <N.; ~>: Personenregister.

Persone|schade, der [pɛr'zo·nə‚ʃa·də] <N.; ~|schäde> {s. u. ↑Schade}: Personenschaden.

Persone|schotz, der [pɛr'zo·nə‚ʃɔts] <N.; kein Pl.> {s. u. ↑Schotz}: Personenschutz.

Persone|stand, der [pɛr'zo·nə‚ʃtant] <N.; o. Pl.> {s. u. ↑Stand}: Personenstand, Familienstand.

Persone|stands|boch, et [pɛr'zo·nəʃtants‚bo·x] <N.; ~|böcher> {s. u. ↑Boch¹}: Personenstandsbuch.

Persone|stands|register, et [pɛr'zo·nəʃtantsrɛ‚jɪstɛ] <N.; ~e> {s. u. ↑Register}: Personenstandsregister.

Persone|verkehr, der [pɛr'zo·nəfɛ‚keːɐ̯] <N.>: Personenverkehr, der Personenbeförderung dienender Verkehr.

Persone|wage, der [pɛr'zo·nə‚va·ʁə] <N.; ~> {s. u. ↑Wage}: Personenwagen.

Persone|woog, de [pɛr'zo·nə‚voːx] <N.; ~e> {s. u. ↑Woog}: Personenwaage.

Persone|zahl, de [pɛr'zo·nə‚tsa·l] <N.; ~e> {s. u. ↑Zahl}: Personenzahl.

Persone|zog, der [pɛr'zo·nə‚tsox] <N.; ~|zög> {s. u. ↑Zog¹}: Personenzug.

Persönlich|keits|beld/~|bild, et [pɛr'zø·nlɪfkɛɪ̯ts‚bɛlt / -bɪlt] <N.; ~er> {s. u. ↑Beld/Bild}: Persönlichkeitsbild.

Persönlich|keits|rääch, et [pɛr'zø·nlɪfkɛɪ̯ts‚rɛːʃ] <N.; ~te> {s. u. ↑Rääch}: Persönlichkeitsrecht.

Persönlich|keits|wäät, der [pɛr'zø·nlɪfkɛɪ̯ts‚vɛːt] <N.; ~e> {s. u. ↑Wäät}: Persönlichkeitswert.

Pess, de [pɛs] <N.; kein Pl.> {8.3.5}: Pest.

Pess|büül, de ['pɛs‚byːl] <N.; ~e> {s. u. ↑Pess ↑Büül}: Pestbeule.

Pess|ge|roch, der ['pɛsjə‚rox] <N.; ~|röch> {s. u. ↑Pess ↑Ge|roch}: Pestgeruch.

Pessim|iss, der [‚pɛsɪ'mɪs] <N.; ~|iste>: Pessimist.

pessim|ist|isch [ˌpɛsɪˈmɪstɪʃ] <Adj.; ~e; ~er, ~ste> {7.3.3}: pessimistisch. Tbl. A1
Peter-Berchem-Stroß [peːtɐˈbɛrɦəmˌʃtrɔːs] <N.; Straßenn.> {s. u. ↑Stroß}: Peter-Berchem-Straße; Straße in Köln-Lindenthal, benannt nach dem ersten bedeutenden Kölner Mundart-Lyriker u. Lehrer Johann Peter Berchem (*23.3.1866 †30.12.1922).
petit [pəˈtɪt] <Adj.; ~e ⟨frz. petit⟩>: klein: *Das Väsche es ävver ärg p.* (Das Väschen ist aber sehr k.). Tbl. A1
Petrus|breef, der [ˈpeːtrʊsˌbreːf] <N.; ~e> {s. u. ↑Breef}: Petrusbrief, Brief des Apostels Petrus im N. T.
petsche [ˈpetʃə] <V.; schw.; han; petschte [ˈpetʃtə]; gepetsch [jəˈpetʃ]> {5.5.2}: **1.** kneifen, zwicken [auch: ↑kniefe (1)]. **2.** pietschen, Alkohol trinken: *eine p.* (einen heben/einen Schnaps trinken). (110)
Petsch|zang, de [ˈpetʃˌtsaŋ] <N.; ~e [-tsaŋə]> {s. u. ↑petsche ↑Zang}: Kneifzange, Beißzange.
petze [ˈpɛtsə] <V.; schw.; han; petzte [ˈpɛtstə]; gepetz [jəˈpɛts]>: petzen. (114)
peu à peu [ˌpøaˈpøː] <Adv. ⟨frz. peu à peu⟩> {2}: allmählich, gemächlich, nach u. nach.
pH-Wäät, der [peˈhaːˌvɛːt] <N.; ~e ⟨aus nlat. potentia Hydrogenii = Konzentration des Wasserstoffs⟩> {s. u. ↑Wäät}: pH-Wert, Zahl, die angibt, wie stark eine Lösung basisch od. sauer ist.
Phantom|beld/~|bild, et [fanˈtoːmˌbelt / -bɪlt] <N.; ~er> {s. u. ↑Beld/Bild}: Phantombild.
Phantom|ping, der [fanˈtoːmˌpɪŋ] <N.; kein Pl.> {s. u. ↑Ping}: (Med.) Phantomschmerz.
Pharaone|grav, et [faraˈoːnəˌjraːf] <N.; ~|gräver [-jrɛːvə]> {s. u. ↑Grav}: Pharaonengrab.
Pharaone|künning, der [faraˈoːnəˌkʏnɪŋ] <N.; ~e> {s. u. ↑Künning}: Pharaonenkönig.
Pharaone|rich, et [faraˈoːnəˌrɪç] <N.; ~e> {s. u. ↑Rich}: Pharaonenreich.
Phas, de [faːs] <N.; ~e ⟨frz. phase < griech. phásis = Erscheinung; Aufgang eines Gestirns, zu: phaínesthai, Phänomen⟩> {8.3.1}: Phase. **1.** Abschnitt, Stufe innerhalb einer stetig verlaufenden Entwicklung od. eines zeitlichen Ablaufs. **2.** (Physik) Schwingungszustand einer Welle an einer best. Stelle u. zu einem best. Zeitpunkt. **3.** (Astron.) veränderlicher Zustand eines Mondes od. eines nicht selbst leuchtenden Planeten, der in seiner Erscheinungsform davon abhängt, ob er von der Sonne ganz od. nur teilweise angestrahlt wird. **4.** (Elektrot.) eine der drei Leitungen des Drehstromnetzes.
Philologe, der [fɪloˈloːʀə] <N.; ~ ⟨lat. philologus < griech. philólogos = (Sprach)gelehrter⟩>: Philologe, Wissenschaftler auf dem Gebiet der Philologie.
Philologie, de [filoloˈjiː] <N. ⟨lat. philologia < griech. philología⟩>: Philologie, Wissenschaft, die sich mit der Erforschung von Texten in einer best. Sprache beschäftigt; Sprach- u. Literaturwissenschaft.
Phosphor|bomb, de [ˈfosfoːɐˌbomˑp] <N.; ~e> {s. u. ↑Bomb}: Phosphorbombe.
Phosphor|ver|geft|ung, de [ˈfosfoːɐfɐˌjeftʊŋ] <N.; ~e> {5.5.2}: Phosphorvergiftung.
Physik|unger|reech/~|rich, der [fyˈzɪkˌʊŋɐˌreːɦ / -rɪɦ] <N.; ~te (Pl. selten)> {s. u. ↑Unger|reech/~|rich}: Physikunterricht.
Pian|iss, der [ˈpɪaˌnɪs] <N.; ~|iste>: Pianist.
pichele [ˈpɪɦələ] <V.; schw.; han; pichelte [ˈpɪɦəltə]; gepichelt [jəˈpɪɦəlt]> {9.2.1.2}: picheln, zechen [auch: ↑teute]. (6)
pickel|ig [ˈpɪkəlɪɦ] <Adj.; ~e; ~er, ~ste>: pickelig. Tbl. A5.2
pick|fein [ˈpikˈfaɪn] <Adj.; i. best. Komposita *fein*, sonst ↑fing; ~e> {5.3.4; 11}: piekfein. Tbl. A2.4
Picknick|korv, der [ˈpiknikˌkorf] <N.; ~|körv [-kørˑf]> {s. u. ↑Korv}: Picknickkorb.
piddele [ˈpɪdələ] <V.; schw.; han; piddelte [ˈpɪdəltə]; gepiddelt [jəˈpɪdəlt]> {9.2.1.2}: knibbeln, piddeln, einen kleinen Gegenstand (Splitter, kleiner Stift od. Ä.) mühsam m. Geduld u. Fingerspitzengefühl aus etw. entfernen. (6)
Piddel|ei, de [pɪdəˈleɪ] <N.; ~e [-eɪə]>: knifflige Arbeit, die Geduld u. Geschick erfordert.
piddel|ig [ˈpɪdəlɪɦ] <Adj.; ~e; ~er, ~ste>: knifflig, tüftelig, Geduld u. Geschick erfordernd. Tbl. A5.2
Piddels|arbeid, de [ˈpɪdəlsˌarbeˑt] <N.; ~e>: Tüftelarbeit, knifflige Arbeit, die Geduld u. Geschick erfordert.
Piddels|krom, der [ˈpɪdəlsˌkrɔːm] <N.; kein Pl.> {s. u. ↑Krom}: knifflige Arbeit/Aufgabe, Kniffelei [auch: ↑Fuddels|krom ↑Fummelskrom].
Pief, de [piːf] <N.; ~e> {5.1.4.5; 6.8.1; 8.3.1}: Pfeife, **1.** Gerät zum Rauchen von Tabak. **2.** Ofenrohr: *Kutt erop, kutt erop, kutt erop, bei Palms do es de P. verstopp.* (Lied von Willi Ostermann). **3.** (Schimpfw.) unfähiger, ängstlicher Mensch; Versager. **4.** Musikinstrument: Flöte [auch: ↑Fleut].

piefe ['pi:fə] <V.; st.; *han*; p**e**ff [pef]; gep**e**ffe [jə'pefə]> {5.1.4.5; 6.8.1}: **1.** (Pfeife) rauchen. **2.** pfeifen [gebräuchl.: ↑fleute]. (86)

Piefe(n)|deckel, der ['pi:fə(n)ˌdɛkəl] <N.; ~e> {s. u. ↑Pief; 9.1.4}: Pfeifendeckel.

Piefe|kopp, der ['pi:fəˌkɔp] <N.; ~|köpp> {s. u. ↑Pief ↑Kopp}: Pfeifenkopf, **1.** tabakhaltender Teil der Pfeife. **2.** (Schimpfw.) *Do aale P.!* ((wörtl.) Du alter Pfeifenkopf!).

Piefe|lauch, et ['pi:fəˌlo͡ʊx] <N.; kein Pl.> {s. u. ↑Pief}: Schnittlauch, (wörtl.) Pfeifenlauch [auch: ↑Schn**e**dd|lauch, ↑Piss|läuf|che].

Piefe|rauch|er, der ['pi:fəˌro͡ʊxɐ] <N.; ~> {s. u. ↑Pief ↑rauche}: Pfeifenraucher.

Piefe|rühr/~|röhr, et ['pi:fəˌry·ɐ̯ / -rø·ɐ̯] <N.; ~e> {s. u. ↑Pief ↑Rühr/Röhr²}: Pfeifenrohr, röhrenförmiger Teil einer Pfeife.

Piefe|ständ|er, der ['pi:fəˌʃtɛndɐ] <N.; ~> {s. u. ↑Pief}: Pfeifenständer.

Piefe|stopp|er, der ['pi:fəˌʃtɔpɐ] <N.; ~e> {5.5.1; 6.8.1; s. u. ↑Pief}: Pfeifenstopfer.

Piefe|tabak/~|tubak, der ['pi:fəˌtabak / -tʊbak] <N.; ~e (Sortenpl.)> {s. u. ↑Pief ↑Tabak/Tubak}: Pfeifentabak.

piel [pi:l] <Adv.>: steil, aufrecht.

Piel, der [pi:l] <N.; ~e ['pi·lə]> {5.1.4.5; 6.8.1}: Pfeil.

Piel|boge, der ['pi:lˌbo:ʀə] <N.; ~> {s. u. ↑Piel ↑B**o**ge}: Pfeilbogen.

Piel|er, der ['pi·lɐ] <N.; ~> {5.1.4.4}: Peiler. **1.** jmd., der Peilungen vornimmt. **2.** Funkgerät, mit dem Peilungen vorgenommen werden.

piel|op|rääch [ˌpi:lop'rɛ:ʃ] <Adv.> {s. u. ↑Piel ↑**o**p|rääch}: kerzengerade, ganz aufrecht; (wörtl.) pfeilaufrecht.

piepe ['pi·pə] <V.; schw.; *han*; piepte ['pi·ptə]; gepiep [jə'pi·p]>: piepen. (75)

piepsche ['pi·pʃə] <V.; schw.; *han*; piepschte ['pi·pʃtə]; gepiepsch [jə'pi·pʃ]> {6.10.4}: piepsen [auch: ↑fiepsche, ↑piepse]. (110)

piepse ['pi·psə] <V.; schw.; *han*; piepste ['pi·pstə]; gepieps [jə'pi·ps]>: piepsen [auch: ↑fiepsche, ↑piepsche]. (87)

piesacke ['pi·zakə] <V.; schw.; *han*; piesackte ['pi·zaktə]; gepiesack [jə'pi·zak]>: piesacken. (88)

Piesack|erei, de [ˌpi·zakə'ʀeɪ̯·] <N.; ~e [-əˌʀeɪ̯ə]>: Piesackerei, das Piesacken.

Pigment|fleck(e), der [pɪk'mɛntˌflɛk(ə)] <N.; ~|flecke> {s. u. ↑Fleck/Flecke¹}: (Med.) Pigmentfleck, durch vermehrte Einlagerung von Pigment verursachter Fleck auf der Haut.

pikeet [pɪ'ke·t] <Adj.; Part. II von *pikiere*; ~e; ~er, ~este> {5.1.4.3; 8.2.4}: pikiert, gekränkt, beleidigt. Tbl. A1

Pikkolo**|fläsch**, de ['pikoloˌflɛʃ] <N.; ~e> {s. u. ↑Fläsch}: Pikkoloflasche, Pikkolo.

Pikkolo**|fleut**, de ['pikoloˌfløʏ̯t] <N.; ~e> {s. u. ↑Fleut}: Pikkoloflöte, kleine Querflöte.

Pilar, der [pɪ'la:(ɐ̯)] <N.; ~e>: Pfeiler, einzelne Säule in einer Kirche [auch: ↑Feiler].

Pilare|bütz|er, der [pɪ'la:rəˌbʏtsɐ] <N.; ~>: Scheinheiliger.

Pilare|bröck, de [pɪ'la:rəˌbrøk] <N.; ~e> {s. u. ↑Pilar ↑Bröck¹}: (Archit.) Pfeilerbrücke, von Pfeilern getragene Brücke.

Pilger, der ['pɪlʝɐ] <N.; ~ ⟨mhd. pilgerin, pilgerim, ahd. piligrim < vlat., kirchenlat. pelegrinus⟩>: Pilger.

Pilger|fahrt, de ['pɪlʝɐˌfa:t] <N.; ~e> {s. u. ↑Fahrt}: Pilgerfahrt, Wallfahrt.

Pill/Pell¹, de [pɪl· / pel·] <N.; ~e ['pɪlə / 'pelə]> {8.3.1}: Pille [auch: ↑Tablett²].

Pille(n)|dos/Pelle(n)|~, de ['pɪlə(n)ˌdo·s / 'pelə(n)-] <N.; ~e> {s. u. ↑Pill/Pell¹ ↑Dos; 9.1.4}: Pillendose.

Pille(n)|drih|er/Pelle(n)|~, der ['pɪlə(n)ˌdri·ɐ / 'pelə(n)-] <N.; ~> {5.4; 9.1.4; s. u. ↑Pill/Pell¹}: Pillendreher. **1.** Käfer. **2.** (scherzh.) Apotheker.

Pille|knick/Pelle|~, der ['pɪləˌknɪk / 'pelə-] <N.; o. Pl.> {s. u. ↑Pill/Pell¹}: Pillenknick, auf die Anti-Baby-Pille zurückzuführender Geburtenrückgang.

Pilote|sching, der [pɪ'lo·təˌʃɪŋ] <N.; ~|sching [-ʃɪŋ·]> {s. u. ↑Sching¹}: Pilotenschein.

Pilz/Pelz, der [pɪlts / pelts] <N.; ~e>: Pilz.

Pilz|ge|reech/Pelz|~/~|rich, et ['pɪltsjəˌre·ʃ / 'pelts- / -rɪʃ] <N.; ~te> {s. u. ↑Pilz/Pelz ↑Ge|reech²/~|rich²}: Pilzgericht, Gericht aus Pilzen.

Pilz|kopp/Pelz|~, der ['pɪltsˌkɔp / pelts-] <N.; ~|köpp> {s. u. ↑Pilz/Pelz ↑Kopp}: Pilzkopf, **a)** kurz für Pilzkopffrisur; **b)** jmd., der eine Pilzkopffrisur trägt.

Pilz|kopp|frisor/Pelz|~/~|frisur, de ['pɪltskɔpfrɪˌzo·ɐ̯ / pelts- / -frɪˌzu·ɐ̯] <N.; ~e ⟨nach der dem Hut eines Pilzes ähnlichen Frisur (bes. der engl. Beatgruppe „The Beatles" seit Beginn der 60er Jahre)⟩> {s. u. ↑Pilz/Pelz

Pilzkrankheit

↑Frisor/Frisur}: Pilzkopffrisur, rund geschnittene, scheitellose Frisur, bei der das Haar Stirn u. Ohren bedeckt.

Pilz|krank|heit/Pelz|~, de ['pɪlts̩ˌkraŋkheɪt / pelts̩-] <N.; ~e> {s. u. ↑Pilz/Pelz ↑Krank|heit}: Pilzkrankheit, Pilzerkrankung.

Pilz|kund/Pelz|~, de ['pɪlts̩ˌkʊnˑt / pelts̩-] <N.; o. Pl.> {s. u. ↑Pilz/Pelz}: Pilzkunde, Lehre von den Pilzen; Mykologie.

Pilz|ver|geft|ung/Pelz|~, de ['pɪlts̩fe'jɛftʊŋ / pelts̩-] <N.; ~e> {s. u. ↑Pilz/Pelz ↑Geff}: Pilzvergiftung.

Pimock, der ['pɪmɔk] <N.; ~e>: aus anderen (vor allem östlichen) Gebieten Deutschlands nach Köln Zugezogener; (abw.) Schimpfw.

Pimpel|geech, de ['pɪmpəlˌjeːfɩ] <N.> {s. u. ↑Geech}: nur i. d. Vbdg. *de P. krige* (nervös werden, wenn etw. nicht klappt [auch: *der Zängelchesdress krige*].

pimpel|ig ['pɪmpəlɪfɩ] <Adj.; ~e; ~er, ~ste>: zimperlich, wehleidig.   Tbl. A5.2

Pimper|nell, de [ˌpɪmpe'nɛlˑ] <N.; ~e [-nɛlə]> {8.3.1}: Pimpernelle, Pimpinelle (Küchen- u. Heilpflanze); *de P. krige* (nervös werden, wenn etw. nicht klappt [auch: *der Zängelchesdress/de Pimpelgeech krige*].

Pimper|noss, de ['pɪmpeˌnos] <N.; ~|nöss> {s. u. ↑Noss}: Pimpernuss, als Strauch wachsende Pflanze mit gefiederten Blättern, rötlichen od. weißen Blüten u. blasig aufgetriebenen Kapselfrüchten.

Ping, de [pɪŋˑ] <N.; kein Pl.> {5.3.4}: Pein, Schmerzen, allg. üblich für „Schmerzen", während *Schmätz* ungebr. ist: *Ich han (en) P.!* (Ich habe S.!); *Dat sin P.!* (Das sind S.!); [RA]: *Huffaad ligg P.* (Hoffart leidet S.; etwa: Hochmut kommt vor dem Fall.).

pingele ['pɪŋələ] <V.; schw.; han; pingelte ['pɪŋəltə]; gepingelt [jə'pɪŋəlt]> {9.2.1.2}: klagen [auch: ↑eröm|memme, ↑jammere, ↑jöömere, ↑gööze].   (6)

pingel|ig ['pɪŋəlɪfɩ] <Adj.; ~e; ~er, ~ste>: pingelig, penibel, **1.** empfindlich, mimosenhaft [auch: ↑emfind|lich, ↑fimsch|lig (2), ↑gööz|lig, ↑krüddel|lig (3)]. **2.** kleinlich, engstirnig, spießbürgerlich [auch: ↑klein|kareet]. **3.** kleinlich, peinlich genau [auch: ↑krüddel|lig (4)].   Tbl. A5.2

Pingels|fott, de ['pɪŋəlsˌfot] <N.; ~|fött> {s. u. ↑Fott}: **1.** Kleinigkeitskrämer, Umstandskrämer, Haarspalter [auch: ↑Ääze|zäll|er ↑Kränz|chens|drieß|er]. **2.** Sensibelchen, sehr empfindlicher Mensch.

Pings|fess, et ['pɪŋsˌfɛs] <N.; ~|feste> {s. u. ↑Pingste ↑Fess}: Pfingstfest, Pfingsten.

Pings|mon|dag, der [ˌpɪŋs'moːndaːx] <N.; o. Pl.> {s. u. ↑Pingste ↑Mon|dag}: Pfingstmontag.

Pings|ohß, der ['pɪŋsˌoːs] <N.; ~|öhß> {s. u. ↑Pingste ↑Ohß}: Pfingstochse.

Pings|rus, de ['pɪŋsˌruːs] <N.; ~e> {s. u. ↑Pingste ↑Rus}: Pfingstrose [auch: ↑Pääds|rus, ↑Bomme|klotz].

Pings|sonn|dag, der [ˌpɪŋs'zondaːx] <N.; o. Pl.> {s. u. ↑Pingste ↑Sonn|dag}: Pfingstsonntag.

Pingste, et ['pɪŋstə] <N.; ~> {6.8.1}: Pfingsten.

Pings|ver|kehr, der ['pɪŋsfeˌkeːɐ̯] <N.; kein Pl.> {s. u. ↑Pingste}: Pfingstverkehr.

Pings|woch, de ['pɪŋsˌvɔx] <N.; ~e> {s. u. ↑Pingste ↑Woch}: Pfingstwoche, **1.** Woche nach Pfingsten. **2.** Woche vor Pfingsten.

Pinie|wald, der ['piːnjəˌvalt] <N.; i. best. Komposita *Wald* sonst ↑Bösch; ~|wälder> {11}: Pinienwald, überwiegend aus Pinien bestehender Wald.

Pinie|zappe, der ['piːnjəˌtsapə] <N.; ~> {s. u. ↑Zappe}: Pinienzapfen, an Pinien wachsender Zapfen.

pinkele ['pɪŋkələ] <V.; schw.; han; pinkelte ['pɪŋkəltə]; gepinkelt [jə'pɪŋkəlt]> {9.2.1.2}: pinkeln [auch: ↑pisse, ↑scheffe (3)].   (6)

Pinkel|paus/~|puus, de ['pɪŋkəlˌpaʊ̯s / -puːs] <N.; ~e> {s. u. ↑Paus¹/Puus¹}: Pinkelpause.

Pinsel, der ['pɪnˑzəl] <N.; ~e>: Pinsel.

pinsele ['pɪnˑzələ] <V.; schw.; han; pinselte ['pɪnˑzəltə]; gepinselt [jə'pɪnˑzəlt]> {9.2.1.2}: pinseln, mit einem Pinsel malen/streichen.   (6)

Pinsel|still, der ['pɪnzəlˌʃtɪl] <N.; ~ [-ʃtɪlˑ]> {s. u. ↑Still}: Pinselstiel.

Pinsel|strech, der ['pɪnzəlˌʃtreʃ] <N.; ~e> {s. u. ↑Strech}: Pinselstrich. **1.** Strich mit dem Pinsel. **2.** Pinselführung.

Pinzett, de [pɪn'tsɛt] <N.; ~e ⟨frz. pincette, Vkl. von: pince = Zange, zu: pincer = kneifen, zwicken⟩> {8.3.1}: Pinzette.

Pionier|geis, der [pɪo'niːɐ̯ˌjeɪs] <N.; o. Pl.> {s. u. ↑Geis¹}: Pioniergeist.

Pionier|zigg, de [pijo'niːɐ̯ˌtsɪk] <N.; ~e> {s. u. ↑Zigg}: Pionierzeit.

Pirate|scheff, et [pɪ'raˑtəˌʃef] <N.; ~e> {s. u. ↑Scheff}: Piratenschiff.

Pirate|sender, der [pɪ'raˑtəˌzɛndɐ] <N.; ~>: Piratensender.

Pirring, der ['pɪrɪŋ] <N.; ~e>: Regenwurm [auch: ↑Pernik ↑Rähn|wurm].

pirsche ['pɪxʃə] <V.; schw.; *han*; pirschte ['pɪxʃtə]; gepirsch [jə'pɪxʃ]>: pirschen, heranschleichen. (110)

Pisel, der ['pɪzəl] <N.; ~e>: **1.** Peitsche, Ochsenziemer. **2.** (scherzh., abw.) Narr, Kindskopf.

pisele ['pɪzələ] <V.; schw.; *han*; piselte ['pɪzəltə]; gepiselt [jə'pɪzəlt]> {9.2.1.2}: schlagen, prügeln, vorwiegend zusammen mit „krige": *se gepiselt krige* (Prügel kriegen) [auch: ↑bimse (2), ↑bläue, ↑dresche (2), ↑drop|haue, ↑kamesöle, ↑kiele¹ (2), ↑kloppe (2), ↑prinze, ↑prügele, ↑schlage/schlonn, ↑schmecke¹, ↑schnave, ↑wachse², ↑wichse (2), *einem e paar* ↑trecke]. (6)

Piss, der [pɪs] <N.> {8.3.1}: Urin, Pisse, im Kölschen nicht so derb wie das dt. Wort „Pisse".

Piss|becke, et ['pɪsˌbɛkə] <N.; ~> {s. u. ↑pisse ↑Becke}: (derb) Pissbecken, Pinkelbecken.

Piss|büggel, der ['pɪsˌbʏgəl] <N.; ~e> {s. u. ↑Büggel}: Urinbeutel, Beutel eines Urindrainagesystems.

pisse ['pɪsə] <V.; schw.; *han*; pisste ['pɪstə]; gepiss [jə'pɪs]>: pissen, urinieren, pinkeln, schiffen, im Kölschen nicht so derb wie „pissen" [auch: ↑pinkele, ↑scheffe (3)]. (67)

piss|gääl ['pɪsˈgɛːl] <Adj.; ~e> {s. u. ↑gääl}: gelb wie Urin [auch: ↑kack|gääl]. Tbl. A2.2

Piss|läuf|che, et ['pɪsˌløʏfjə] <N.> {s. u. ↑Lauf²/Lauch}: Schnittlauch [auch: ↑Schnedd|lauch, ↑Piefe|lauch].

piss|naaß ['pɪsˈnaːs] <Adj.; ~e> {s. u. ↑naaß}: (derb) klatschnass [auch: ↑seck|naaß, ↑klätsch|naaß]. Tbl. A1

Piss|nelk, de ['pɪsˌnɛl(ə)k] <N.; ~e> {8.3.1}: Pissnelke, (Schimpfw.): prüde Frau.

Piss|pott, der ['pɪsˌpɔt] <N.; ~pött; ~pött|che> {s. u. ↑Pott}: **1.** Nachttopf [auch: ↑Kammer|pott, ↑Seck|scherv]. **2.** <Diminutiv> Zaun- u. Ackerwinde, Winde mit großen, trichterförmigen, meist weißen, seltener rosafarbenen Blüten.

Piss|verzäll, der [ˌpɪsfɛˈtsɛl] <N.; kein Pl.>: Unsinn, langweiliges, sinnloses Geschwätz [auch: ↑Käu (2), ↑Käu|verzäll, ↑Futz|verzäll, ↑Dress|verzäll, ↑Schwaad|verzäll, ↑Seck (2), ↑Seck|verzäll].

Pistazie|baum, der [pɪsˈtaˑtsɪəˌbɔʊm] <N.; ~|bäum [-bøːm]> {s. u. ↑Baum}: Pistazienbaum.

Pistazie|noss, de [pɪsˈtaˑtsɪəˌnɔs] <N.; ~|nöss> {s. u. ↑Noss}: Pistaziennuss.

Pistol, de [pɪsˈtoːl] <N.; ~e> {8.3.1}: Pistole.

Pistole|greff, der [pɪsˈtoːləˌjref] <N.; ~e> {s. u. ↑Greff}: Pistolengriff.

Pistole|schoss, der [pɪsˈtoːləˌʃɔs] <N.; ~|schöss> {s. u. ↑Schoss²}: Pistolenschuss.

Pistole|täsch, de [pɪsˈtoːləˌtɛʃ] <N.; ~e> {s. u. ↑Täsch}: Pistolentasche.

Pitter, der ['pɪtɐ] <N.; männl. Vorn.> {5.3.2}: Peter, **1.** männl. Vorn.; **[RA]** *P., et gitt e Gewitter.* (eigtl.: *Gewedder*, aber wegen des Reims so; Peter, es gibt ein Gewitter.). **2.** *der decke P.* (die Petersglocke im Kölner Dom).

Pitter|männ|che, et ['pɪtɐˌmɛnˈçə] <N.; ~r> {s. u. ↑Pitter}: Bierfässchen mit 10 Litern Kölsch; inzw. werden auch 20-Liter-Fässer Kölsch „Pittermännche" genannt.

Pitter|wage, der ['pɪtɐˌvaˑʁə] <N.; ~e> {s. u. ↑Pitter ↑Wage}: Peterwagen, Funkstreifenwagen der Polizei.

Pitter|zillie, de [ˌpɪtɐˈtsɪljə] <N.; kein Pl.> {5.3.2; 6.11.3; s. u. ↑Pitter}: Petersilie (Küchenkraut); **de P. verhagele** (Pech haben).

Pitter|zillie|woozel, de [pɪtɐˈtsɪlɪjəˌvoːtsəl] <N.; ~e> {s. u. ↑Pitter|zillie ↑Woozel}: Petersilienwurzel.

Pitt|jupp, der [pɪtˈjʊp] <N.; männl. Vorn.> {s. u. ↑Pitter}: Peter Josef.

Pitz, der [pɪts] <N.; ~e>: Penis [auch: ↑Dill² (2), ↑Ge|maach, ↑Ge|mächl|s, ↑Löll (1), ↑Lömmel (2), ↑Lör|es (2), ↑Nipp, ↑Prügel (1b), ↑Reeme (2), ↑Schnibbel (3)].

Plaat¹, de [plaːt] <N.; ~e> {5.2.1.2; 8.3.1}: Platte, **1.** flaches Stück eines festen Materials. **2.** Fliese, Kachel [auch: ↑Kachel]. **3.** kurz für Schallplatte; *en neue/andere P. opläge* (von etw. anderem sprechen) [auch: ↑Schall|plaat].

Pläät/Plaat², de [plɛːt / plaːt] <N.; ~e> {5.2.1.2; 5.4; 8.3.1}: Glatze (Platte), haarloser, kahler Kopf [auch: ↑Plääte|kopp/Plaate|~]; **[RA]** *Besser en P. wie gar kein Hoor!* (Besser eine G. als gar keine Haare!) **[RA]** *Wä sich de P. föhnt, hät sich mem Levve arrangeet.* (Wer sich die G. föhnt, hat sich mit dem Leben arrangiert/versöhnt.).

plaate ['plaːtə] <V.; schw.; *han*; geplaat [jəˈplaːt]> {5.2.1.2}: fliesen, kacheln, Fliesen legen; (wörtl.) platten [auch: ↑kachele]. (104)

Plaate|hüll/~|höll, de [ˈplaːtəˌhʏl / -høl] <N.; ~e [-hʏlə]> {s. u. ↑Plaat¹ ↑Hüll/Höll²}: Plattenhülle, Schallplattenhülle.

Platt|fesch, der ['plat̮,feʃ] <N.; ~(e) [-feʃ· / -feʃə]> {s. u. ↑Fesch}: Plattfisch.

Platt|foß, der ['plat̮,fo·s] <N.; ~|föß> {s. u. ↑Foß}: Plattfuß.

platt|föß|ig ['plat̮,fø·sɪʃ] <Adj.; ~e; ~er, ~ste> {s. u. ↑Foß}: plattfüßig. Tbl. A5.2

Platt|foß|indianer, der ['platfo·s|ɪndɪ,ja·nɐ] <N.; ~>: Plattfußindianer, **a)** männl. Person mit Plattfüßen; **b)** Schimpfw. für eine männl. Person; **c)** (Soldatenspr.) Infanterist.

Platt|stech, der ['plat̮,ʃteʃ] <N.; ~e> {s. u. ↑Stech}: (Handarb.) Plattstich, Zierstich, bei dem der Faden in gerader od. schräger Lage flach über das Gewebe gestickt wird.

Plattitüde, de [platɪ'ty·t] <N.; ~e ⟨frz. platitude, zu: plat =platt⟩> {8.3.1}: Plattitüde, nichts sagende, abgedroschene Redewendung; Plattheit.

Platz[1], der [plats̮] <N.; Plätz [plɛts̮]; Plätz|che ['plɛts̮jə]>: Platz, **1.** große ebene Fläche (früher bes. vor dem Rathaus): *Mer treffen uns om Roncalli~* (Wir treffen uns auf dem Roncalli~). **2.** Sitzplatz: *Ich han der ene P. freigehalde.* (Ich habe dir einen P. freigehalten.). **3.** vorgesehene Möglichkeit an etw. teilzunehmen: *Et sin noch drei Plätz frei för der Kölschkurs.* (Es sind noch drei Plätze frei für den Kölschkurs.). **4.** Platzierung: *Der Tünn hät der eeschte P. gemaht.* (Toni hat den ersten P. gemacht.). **5.** Stelle, Ort (für etw. od. an dem sich etw. befindet): *Finster~* (Fenster~).

Platz[2], der [plats̮] <N.; Plätz [plɛts̮]>: Blatz, Stuten, süßes Brot aus Weizenmehl.

Platz|angs, de ['plats̮,aŋs] <N.> {s. u. ↑Angs}: Platzangst, Agoraphobie.

Plätz|che[1], et ['plɛts̮jə] <N.; ~r> {s. u. ↑Platz[1]}: Plätzchen; kleiner Platz[1] (1).

Plätz|che[2], et ['plɛts̮jə] <N.; ~r> {s. u. ↑Platz[2]}: Keks.

Plätz|chens|dos, de ['plɛts̮jəns,do·s] <N.; ~e> {9.1.2; s. u. ↑Dos}: Keksdose.

platze ['plats̮ə] <V.; schw.; *sin*; platzte ['plats̮tə]; geplatz [jə'plats̮]>: platzen. (114)

Platz|gabbeck, der [,plats̮'jabɛk] <N.; Eigenn. ⟨frz. bec = Schnabel⟩>: Figur unter der Uhr am Kölner Rathausturm.

Platz|hald|er, der ['plats̮,haldə] <N.; ~> {6.11.3}: Platzhalter.

platziere/~eere [pla'ts̮i·(ɡ̊)rə / -e·rə] <V.; schw./unr.; *han*; platzierte [pla'ts̮i·ɡ̊tə]; platziert [pla'ts̮i·ɡ̊t] ⟨frz. placer⟩> {(5.1.4.3)}: platzieren. (3) (2)

Platz|kaat, de ['plats̮,ka:t] <N.; ~e> {s. u. ↑Kaat}: Platzkarte.

Platz|konzäät, et ['platskon,ts̮ɛ:t] <N.; ~e> {s. u. ↑Konzäät}: Platzkonzert.

Platz|meed, de ['plats̮,me·t] <N.; ~e> {s. u. ↑Meed}: Platzmiete.

Platz|patron, de ['platspa,tro·n] <N.; ~e> {s. u. ↑Patron[1]}: Platzpatrone.

Platz|rähn, der ['plats̮,rɛ·n] <N.; kein Pl.> {s. u. ↑Rähn}: Platzregen [auch: ↑Platsch|rähn].

Platz|rund, de ['plats̮,rʊn·t] <N.; ~e> {s. u. ↑Rund}: Platzrunde.

Platz|ver|wies, der ['plats̮fɐ,vi:s] <N.; ~e> {5.1.4.5}: Platzverweis.

Platz|wähßel, der ['plats̮,vɛ:səl] <N.; ~e> {s. u. ↑Wähßel}: Platzwechsel.

Platz|wund, de ['plats̮,vʊn·t] <N.; ~e> {s. u. ↑Wund}: Platzwunde.

Pläus, de [pløy·s] <N.>: durch Ekzem od. Ä. aufgeworfene Lippe.

Pleite|geier, der ['plaɪ̯tə,jaɪ̯ɐ] <N.; ~ ⟨eigtl. scherzh. Bez. für den Kuckuck des Gerichtsvollziehers, wohl umgedeutet aus der jidd. Ausspr. für -geher⟩> {s. u. ↑Geier}: Pleitegeier.

Plexi|glas, et ['plɛksi:,jla:s] <N.; o. Pl. ⟨zu lat. plexus = ge-, verflochten; nach der polymeren Struktur⟩>: Plexiglas®, glasartiger, nicht splitternder Kunststoff.

pliere/~eere ['pli·(ɡ̊)rə / -e·rə] <V.; schw./unr.; *han*; plierte ['pli:ɡ̊tə]; gepliert [jə'pli:ɡ̊t]> {(5.1.4.3)}: plieren, blinzeln, plärren. (3) (2)

Plissee|fald, de [plɪse·,falt] <N.; ~e> {s. u. ↑Fald}: Plisseefalte.

Plöck, der [pløk] <N.>: **1.** Ernte (kaum noch gebraucht). **2.** (übertr.) Lebensalter; durch *Et Plöckleed* von Karl Berbuer u. dem Steingassterzett noch geläufig: *der eeschte P.* (Jugend), *der zweite P.* (mittleres Alter), *der drette P.* (Alter).

Plöck|appel, der ['pløk,apəl] <N.; ~|äppel (meist Pl.)> {s. u. ↑Appel}: Pflückapfel, sorgsam gepflückter Apfel, der anschließend gelagert wurde.

Plöck|bunn, de ['pløk,bʊnˑ] <N.; ~e [-bʊnə]> {s. u. ↑Bunn}: Strauchbohne [auch: ↑Struch|bunn].

plöcke ['pløkə] <V.; schw.; han; plöckte ['pløktə]; geplöck [jə'pløk]> {5.5.1; 6.8.1}: pflücken. (88)

Plöck|vugel, der ['pløk,fʊʀəl / -fuˑl] <N.; ~|vügel [-fʏjəl / -fyˑl]> {5.5.1; 6.8.1; s. u. ↑Vugel}: Schnorrer.

Plog¹, der [ploˑx] <N.; Plög [pløˑɟ͡ʝ]> {5.4; 6.8.1}: Pflug [auch: ↑Flog²].

Plog², de [ploˑx] <N.; ~e ['ploˑʀə]> {5.5.3; 8.3.1}: Plage, Mühe, Mühsal, Ärger.

ploge ['ploˑʀə] <V.; schw.; han; plogte ['ploˑxtə]; geplog [jə'ploˑx]> {5.5.3}: plagen, **1.** lästig werden, quälen: *Die Hetz plog mich.* (Die Hitze plagt mich); *Dat Griet, dat ärm Dier, dat es e geplog Minsch.* (Grete, die Arme, ist ein geplagtes Wesen.). **2.** <sich p.> **a)** sich bemühen/anstrengen/abmühen: *Mer plog sich vun morgens bes ovends, un wat hät mer dovun?* (Man plagt sich von morgens bis abends, und was hat man davon?) [auch: ↑möhe, ↑av|möhe, ↑av|schufte, ↑av|rackere; ↑av|murkse; ↑schinde; *zom Schänzche arbeide, Möh gevve*]; **b)** sich beeilen, abhetzen: *Ich muss mich p., öm 12 weed usgeschepp.* (Ich muss mich beeilen, um 12 steht das Essen auf dem Tisch.) [auch: ↑av|hetze, ↑iele (2), ↑zaue, *flöck maache, gonn looße, Gas gevve, Kood scheeße looße, der Reeme dropdun, ne Däu dropdun*]. (103)

plöge/flöge ['pløˑjə / 'fløˑjə] <V.; schw.; han; plögte ['pløˑɟ͡ʝtə]; geplög [jə'pløˑɟ͡ʝ]> {5.4; 6.8.1}: pflügen. (103)

Plog|erei, de [ˌploˑʀə'ʀeɪˑ] <N.; ~e [-ə'ʀeɪə]> {5.5.3}: Plagerei.

Plomb, de [plɔmˑp] <N.; ~e> {8.3.1}: Plombe.

plombiere/~eere [plɔm'biˑʀə / -eˑʀə] <V.; schw. han; plombierte [plɔm'biˑɐ̯tə]; plombiert [plɔm'biˑɐ̯t]> {8.3.1}: plombieren. (3) (2)

Plooster, et ['ploˑstə] <N.; ~e; Plööster/che ['plœˑsteɟ͡ʝə]> {5.2.1; 5.5.3; 6.8.1}: (Heft)pflaster [auch: ↑Flaster (2)].

plümerant [plʏmə'rant] <Adj.; ~e; ~er, ~este ⟨frz. bleu mourant⟩>: blümerant, übel, schwind(e)lig, flau [auch: ↑flau, ↑kuschele|mimmet|ig]. Tbl. A1

Plümm, de [plʏmˑ] <N.; ~e ['plʏmə] ⟨frz. plume⟩> {2; 5.3.4; 6.5.1}: Flaumfeder, Wollflöckchen.

Plümmo/Plumeau, et ['plʏmo] <N.; ~s ⟨frz. plumeau⟩>: Plumeau, Federdeckbett; *mem P. lans der Rhing gonn (sich prostituieren).

plündere ['plʏnˑdəʀə] <V.; schw.; han; plünderte ['plʏnˑdətə]; geplündert [jə'plʏnˑdet]> {9.2.1.2}: plündern. (4)

Plunder|deig, der ['plʊnˑdə,deɪɟ͡ʝ] <N.; o. Pl.> {s. u. ↑Deig}: Plunderteig, blätterteigähnlicher Hefeteig.

Plunder|stöck, et ['plʊnˑdəˌʃtøk] <N.; ~/~e/~er> {s. u. ↑Stöck}: Plunderstück, Stück Plundergebäck.

Plünn, et [plʏn] <N.; weibl. Vorn.>: Kurzf. von Apollonia [auch: ↑Loni].

Plüsch|dier, de ['plʏʃˌdiˑɐ̯] <N.; ~e> {s. u. ↑Dier}: Plüschtier.

Plüsch|nas, de ['plʏʃˌnaˑs] <N.; ~e> {s. u. ↑Nas}: **1.** dicke, gerötete Nase. **2.** (übertr.) Mensch mit einer dicken, geröteten Nase.

Plüsch|prumm, de ['plʏʃˌprʊmˑ] <N.; ~e [-prʊmə]> {s. u. ↑Prumm}: scherzh. für Pfirsich; (wörtl.) Plüschpflaume [auch: ↑Peesch]; *raseete P. (Nektarine).

Plus|punk, der ['plʊsˌpʊŋk] <N.; ~te> {s. u. ↑Punk}: Pluspunkt.

plustere ['pluˑstəʀə] <V.; schw.; han; plusterte ['pluˑstətə]; geplustert [jə'pluˑstet]> {9.2.1.2}: plustern. (4)

Plus|zeiche, et ['plʊsˌtseɪɟ͡ʝə] <N.; ~> {s. u. ↑Zeiche}: Pluszeichen, Zeichen (in Form eines Kreuzes), das für plus steht.

Pluute, der ['pluːtə] <N.; ~>: **1.** Lumpen, Lappen. **2.** <nur Pl.> Kleidung.

Pluute|kess, de ['pluːtəˌkes] <N.; ~|keste> {s. u. ↑Kess}: Lappenkiste.

Pluute|kopp, der ['pluːtəˌkɔp] <N.; ~|köpp> {s. u. ↑Kopp}: Strubbelkopf, **1.** ungekämmte, schlechte Frisur, ungeordnetes langes Haar [auch: ↑Wöhl|es]. **2.** (übertr.) Person mit schlechter, ungekämmter Frisur [auch: ↑Motte|kopp].

Pluute|krom, der ['pluːtəˌkroˑm] <N.; kein Pl.> {s. u. ↑Krom}: wertloses, altes Zeug.

Pluute|mann, der ['pluːtəˌman] <N.; ~|männer>: Lumpensammler [auch: ↑Lumpe|krim|er].

pluut|ig ['pluːtɟ͡ʝ] <Adj.; ~e; ~er, ~ste>: zerlumpt. Tbl. A5.2

pöbele ['pøːbələ] <V.; schw.; han; pöbelte ['pøːbəltə]; gepöbelt [jə'pøːbəl]> {9.2.1.2}: pöbeln. (6)

Pock, de [pɔk] <N.; ~e> {8.3.1}: Pocke.

Pocke|narv/~|narb, de ['pɔkəˌnarˑf / -narˑp] <N.; ~e> {s. u. ↑Narv/Narb}: Pockennarbe.

Pocke|schotz|imf|ung, de [ˈpɔkəʃɔt͡s̩ˌɪmfʊŋ] <N.; ~e> {s. u. ↑Schotz; 6.8.2}: Pockenschutzimpfung.

pock|ig [ˈpɔkɪŋ] <Adj.; ~e; ~er, ~ste>: pockig, pockennarbig. Tbl. A5.2

Podess, et [poˈdɛs] <N.; Podeste [poˈdɛstə]> {8.3.5}: Podest.

Pogrom, der od. et [poˈjroˑm] <N.; ~e ⟨russ. pogrom⟩>: Pogrom; Ausschreitungen gegen nationale, religiöse od. rassische Minderheiten.

Pohl[1], der [poˑl] <N.; Pöhl [pøˑl]> {5.4; 6.8.1}: Pfuhl, Lache, Pfütze.

Pohl[2], der [poˑl] <N.; Pöhl [pøˑl]> {5.5.3; 6.8.1}: **1.** Pfahl, langes rundes od. kantiges Bauteil aus Holz, Stahl od. Beton; *P. halde (standhalten); *einem P. halde (zu jmdm. halten). **2.** Pfosten: *der Ball durch de Pöhl scheeße* (den Ball durch die Pfosten schießen) [auch: ↑Foste].

pöhle [ˈpøˑlə] <V.; schw.; han; pöhlte [ˈpøˑltə]; gepöhlt [jəˈpøˑlt]> {5.5.3; 6.8.1}: pfählen. (61)

Pokal|end|spill, et [poˈkaˑlˌɛntʃpɪl] <N.; ~ -[pɪˑl]; i. best. Komposita *end*, sonst: ↑Eng(k)> {11; s. u. ↑Spill}: (Sport) Pokalendspiel.

Pokal|spill, et [poˈkaˑlˌʃpɪl] <N.; ~ -[pɪˑl]> {s. u. ↑Spill}: (Sport) Pokalspiel, Spiel im Pokalwettbewerb.

pökele [ˈpøˑkələ] <V.; schw.; han; pökelte [ˈpøˑkəltə]; gepökelt [jəˈpøˑkəlt]> {9.2.1.2}: (Kochk.) pökeln, salzen. (6)

Poker|ge|seech, et [ˈpoˑkejəˌzeːŋ] <N.; ~ter> {s. u. ↑Ge|seech}: Pokergesicht, Pokerface.

Poker|mien, de [ˈpoˑkɐˌmiːn] <N.; ~e> {s. u. ↑Mien}: Pokermiene, Pokerface.

Poker|spill, et [ˈpoˑkɐˌʃpɪl] <N.; ~ -[pɪˑl]> {s. u. ↑Spill}: Pokerspiel.

Polar|dag, der [poˈlaːˌdaːx] <N.; ~/~|däg/~e [-daˑx / -dɛˑŋ / -daˑrə]> {s. u. ↑Dag}: Polartag, **1.** Tag in den Polargebieten. **2.** <o. Pl.> (in den Polargebieten) Zeitraum, in dem die Sonne Tag u. Nacht scheint.

Polar|hungk, der [poˈlaːˌhʊŋk] <N.; ~|hüng [-hyŋˑ]> {s. u. ↑Hungk}: Polarhund.

Polar|leech/~|lich, et [poˈlaːˌleːŋ / -lɪŋ] <N.; ~ter> {s. u. ↑Leech/Lich}: Polarlicht; in den Polargebieten zu beobachtendes, nächtliches Leuchten in der hohen Erdatmosphäre.

Polar|luff, de [poˈlaːˌlʊf] <N.; ~|lüfte [-lʏftə]> {s. u. ↑Luff}: Polarluft.

Polar|naach, de [poˈlaːˌnaːx] <N.; ~|näächte> {s. u. ↑Naach}: Polarnacht. **1.** Nacht in den Polargebieten. **2.** <o. Pl.> (in den Polargebieten) Zeitraum, in dem die Sonne Tag u. Nacht unter dem Horizont bleibt.

Polar|stään, der [poˈlaːˌʃtɛˑn] <N.; ~e> {s. u. ↑Stään}: Polarstern, hellster Stern, nach dem wegen seiner Nähe zum nördlichen Himmelspol die Himmelsrichtung bestimmt wird.

Polier|böösch, de [poˈliːɐ̯ˌbøːʃ] <N.; ~te> {s. u. ↑Böösch}: Polierbürste.

Polier|doch, et [poˈliːɐ̯ˌdoːx] <N.; ~|döcher> {s. u. ↑Doch[1]}: Poliertuch.

poliere/~eere [poˈliˑ(ɐ̯)rə / -eˑrə] <V.; schw./unr.; han; polierte [poˈliˑɐ̯tə]; poliert [poˈliˑɐ̯t] ⟨lat. polire⟩> {(5.1.4.3)}: polieren. (3) (2)

Polier|meddel, et [poˈliːɐ̯ˌmedəl] <N.; ~(e)> {s. u. ↑Meddel}: Poliermittel, Politur.

Polier|wahß, et [poˈliːɐ̯ˌvaːs] <N.; kein Pl.> {s. u. ↑Wahß[1]}: Polierwachs.

Polit|bürro, et [poˈlɪtˌbyro] <N.; ~s> {s. u. ↑Bürro}: Politbüro.

Politik, de [polɪˈtɪk] <N.; ~e (Pl. selten)>: Politik.

Politik|wesse|schaff, de [polɪˈtɪkˌvesəʃaf] <N.; o. Pl.> {5.5.2}: Politikwissenschaft.

Polizei, de [polɪˈt͡seːˑ] <N.; ~e (Pl. selten)>: Polizei [auch: ↑Schmier[2]/Schmeer[2]].

Polizei|deens, der [polɪˈt͡seːˑˌdeːns] <N.; o. Pl.> {s. u. ↑Polizei; ↑Deens}: Polizeidienst.

Polizei|en|satz, der [polɪˈt͡seːˑˌenzat͡s] <N.; ~|sätz> {s. u. ↑Polizei ↑En|satz}: Polizeieinsatz.

Polizei|greff, der [polɪˈt͡seːˑˌjref] <N.; o. Pl.> {s. u. ↑Polizei ↑Greff}: Polizeigriff.

Polizei|hungk, der [polɪˈt͡seːˑˌhʊŋk] <N.; ~|hüng [-hyŋˑ]> {s. u. ↑Polizei ↑Hungk}: Polizeihund.

Polizei|kontroll, de [polɪˈt͡seːˑkonˌtrɔlˑ] <N.; ~e [-konˌtrɔlə]> {s. u. ↑Kontroll}: Polizeikontrolle.

polizei|lich [polɪˈt͡seːˑlɪŋ] <Adj.; ~e> {7.3.2}: polizeilich, von der/durch die Polizei. Tbl. A1

Polizei|schotz, der [polɪˈt͡seːˑˌʃɔt͡s] <N.; kein Pl.> {s. u. ↑Polizei ↑Schotz}: Polizeischutz.

Polizei|siren, de [polɪˈt͡seːˑzɪˌreˑn] <N.; ~e> {s. u. ↑Polizei ↑Siren}: Polizeisirene.

Polizei|streif, de [polɪ'tseɪ̯ˌʃtreɪ̯f] <N.; ~e> {s. u. ↑Polizei ↑Streif}: Polizeistreife.

Polizei|stund, de [polɪ'tseɪ̯ˌʃtʊnˑt] <N.; ~(e)> {s. u. ↑Polizei ↑Stund}: Polizeistunde.

Poliz|iss, der [polɪ'tsɪs] <N.; ~|iste>: Polizist.

Pöll, de [pœlˑ] <N.; ~e ['pœlə] ⟨lat. pullus⟩>: Hühnchen, junges Huhn.

Pöll|ches|ei, et ['pœlˑɉəsˌaɪ̯] <N.; ~er>: das erste Ei, das ein Huhn legt.

Polle, der ['pɔlə] <N.; ~ ⟨lat. pollen = sehr feines Mehl, Mehlstaub⟩>: Pollen, Blütenstaub.

Polo|hemb, et ['poˑloˌhemp] <N.; ~|hemde(r)> {s. u. ↑Hemb}: Polohemd.

Polo|spill, et ['poˑloˌʃpɪl] <N.; ~ [-ˌʃpɪlˑ]> {s. u. ↑Spill}: Polospiel.

Polonäs, de [poloˈnɛˑs] <N.; ~e ⟨frz. polonaise = polnischer Tanz, zu: polonais = polnisch⟩> {8.3.1}: Polonaise.

Pols, der [pɔls] <N.; kein Pl.> {5.5.1}: Puls.

Pols|oder, de ['pɔlsˌɔˑdɐ] <N.; ~e> {s. u. ↑Pols ↑Oder}: Pulsader.

Pols|schlag, der ['pɔlsˌʃlaːx] <N.; ~|schläg [-ˌʃlɛˑɉ]> {s. u. ↑Pols ↑Schlag¹}: Pulsschlag.

Polster, et ['pɔlstɐ] <N.; ~e> {5.5.1}: Polster.

polstere ['pɔlstərə] <V.; schw.; han; polsterte ['pɔlstɐtə]; gepolstert [jəˈpɔlstɐt]> {5.5.1; 9.2.1.2}: polstern. (4)

Pols|wärm|er, der ['pɔlsˌvɛrmɐ] <N.; ~> {s. u. ↑Pols ↑wärme}: Pulswärmer.

Polster|garnitur, de ['pɔlstɐjaːrnɪˌtuːɐ̯] <N.; ~e> {s. u. ↑Polster}: Polstergarnitur.

Polster|stohl, der ['pɔlstɐˌʃtoˑl] <N.; ~|stöhl> {s. u. ↑Polster ↑Stohl¹}: Polsterstuhl.

Polter|geis, der ['pɔltəˌjeɪ̯s] <N.; i. best. Komposita *polter*, sonst ↑boldere ↑rumpele; ~ter> {11; s. u. ↑Geis²}: Poltergeist.

Polver, et ['pɔlˑvɐ] <N.; ~; Pölver|che ['pøl·vɐɉə]> {5.5.1}: Pulver.

polver|drüg ['pɔlˑvɐˈdryɉ] <Adj.; ~e [-ˈdryˌjə]> {s. u. ↑Polver ↑drüg}: pulvertrocken [auch: ↑futz|drüg]. Tbl. A5.1.1

polvere ['pɔlˑvərə] <V.; schw.; han; polverte ['pɔlˑvɐtə]; gepolvert [jəˈpɔlˑvɐt]> {5.5.1; 9.2.1.2}: pulvern, schießen. (4)

Polver|faaß/~|fass, et ['pɔlˑvɐˌfaːs / -fas] <N.; ~|fääßer/~|fässer> {s. u. ↑Polver ↑Faaß/Fass}: Pulverfass.

Polver|kaffee, der ['pɔlˑvɐˌkafe] <N.; ~s (Sortenpl.)> {s. u. ↑Polver ↑Kaffee}: Pulverkaffee.

Polver|schnei, der ['pɔlˑvɐˌʃneɪ̯ˑ] <N.; kein Pl.> {s. u. ↑Polver ↑Schnei}: Pulverschnee, lockerer, pulvriger Schnee.

Polygam|iss, der [polɪjaˈmɪs] <N.; ~|iste>: Polygamist, jmd., der mit mehreren Partnern verheiratet ist.

Polygamie, de [polɪjaˈmiˑ] <N. ⟨zu griech. polýs = viel, mehr; gámos = Hochzeit, Ehe⟩>: Polygamie, Ehe mit mehreren Partnern; Mehrehe.

Pomad, de [poˈmaˑt] <N.; ~e ⟨frz. pommade⟩> {2; 8.3.1}: Pomade, 1. fetthaltige, salbenähnliche Substanz zur Haarpflege, bes. zur Festigung des Haars bei Männern. 2. kurz für Lippenpomade.

Pomade|hengs, der [poˈmaˑdəˌhɛŋˑs] <N.; ~te> {s. u. ↑Hengs}: Pomadenhengst, jmd., der durch sein pomadiges Haar auffällt [auch: ↑Klätsch|kopp].

pomad|ig [poˈmaˑdɪɉ] <Adj.; ~e; ~er, ~ste>: pomadig, ölig, gegelt. Tbl. A5.2

Pomeranz, de [poməˈrants] <N.; ~e ⟨ital. pommerancia⟩> {2; 8.3.1}: Pomeranze, orangefarbene, runde, der Apfelsine ähnliche, aber kleinere Zitrusfrucht [auch: ↑Oraniel].

Pony|franse ['pɔnɪˌfranzə] <N.; fem.; nur Pl.> {s. u. ↑Frans}: Ponyfransen.

Poosch, der [poːʃ] <N.; ~te; Pöösch|che ['pøːʃə]> {5.2.1.1.1; 6.1.2; 8.3.1}: Bursche, ⟨Diminutiv⟩ Knirps, kleines Kerlchen.

Poosch(t)e, der ['poːʃ(t)ə] <N.; veraltet ⟨hebr. pesah, Passah⟩> {2}: Ostern, manchmal noch i. best. Wendungen in der Literatur gebraucht: *Glöcksillige P.!* (Frohe O.!); *Pooschbess* (bestes Kleid, bester Anzug zu O. getragen); *pooschstaats* (fein angezogen) [gebräuchl.: ↑Ostere].

Poosch|fess, et ['poːʃˌfɛs] <N.; ~|feste> {s. u. ↑Poosch(t)e ↑Fess}: Osterfest, Ostern [auch: ↑Oster|fess].

Pooz, de [poːts] <N.; ~e; Pööz|che ['pøːtsjə] ⟨lat. porta⟩> {5.2.1.1.2; 5.5.3; 6.8.1; 8.3.1}: Tor, Tür, Pforte.

pööze ['pøːtsə] <V.; schw.; han; pöözte ['pøːtstə]; gepööz [jəˈpøːts]>: oft die Tür auf- u. zumachen, ständig ein Zimmer verlassen u. wieder betreten: *Wat bes de widder am P.?* (Was läufst du wieder ständig rein u. raus?). (112)

Pööz|er, der ['pœːtsɐ] <N.; ~> {5.2.1.1.2; 5.5.3; 6.8.1; 8.3.1}: Person, die ständig ein Zimmer verlässt u. wieder betritt.

Pööz|erei, de [ˌpœːtsə'rɛɪ̯ˑ] <N.; ~e [-ə'rɛɪ̯ə]> {5.2.1.1.2; 5.5.3; 6.8.1; 8.3.1}: ständiges Verlassen u. Betreten eines Zimmers.

Pop|färv, de ['pɔpˌfɛrˑf] <N.; ~e> {s. u. ↑Färv}: Popfarbe, poppige Farbe.

Pop|grupp, de ['pɔpˌjrʊp] <N.; ~e> {s. u. ↑Grupp}: Popgruppe, Gruppe zusammen spielender Popmusiker.

Pop|konzäät, et ['pɔpkɔnˌtsɛːt] <N.; ~e> {s. u. ↑Konzäät}: Popkonzert.

Pop|kuns, de ['pɔpˌkʊns] <N.; o. Pl.> {s. u. ↑Kuns}: Popkunst, Kunst im Stil der Pop-Art.

Pop|musik, de ['pɔpˌmʊzɪk] <N.; o. Pl.> {s. u. ↑Musik}: Popmusik.

Pop|musik|er, der ['pɔpˌmʊzɪkɐ] <N.; ~> {s. u. ↑Musik|er}: Popmusiker.

Popp, de [pɔp] <N.; ~e; Pöpp|che ['pøpfjə] {5.5.1; 8.3.1}: Puppe, **1. a)** Spielzeug; **b)** *Schaufinsterpopp* (Schaufensterpuppe); *de ~e danze looße (es hoch hergehen lassen). **2.** in einer Hülle befindliche Insektenlarve. **3.** *bes en de ~e(n) eren (bis in die späte Nacht).

poppe ['pɔpə] <V.; schw.; han; poppte ['pɔptə]; gepopp [jə'pɔp]>: koitieren, beischlafen, pimpern, vögeln [auch: ↑bööschte (2), ↑bumse (3), ↑döppe (1), ↑höggele, ↑rammele (2), ↑tuppe (3)]. (75)

Poppe|bedd, et ['pɔpəˌbɛt] <N.; ~er> {s. u. ↑Popp ↑Bedd}: Puppenbett.

Poppe|ditz, der ['pɔpəˌdɪts] <N.; ~e; ~che [-jə]> {s. u. ↑Popp}: Kosew. für kleines Kind.

Poppe|dokter, der ['pɔpəˌdɔktɐ] <N.; ~|döktersch> {s. u. ↑Popp ↑Dokter}: (ugs.) Puppendoktor.

Poppe|film, der ['pɔpəˌfɪləm] <N.; ~e> {s. u. ↑Popp ↑Film}: Puppenfilm, Trickfilm mit sich bewegenden Puppen.

Poppe|ge|scherr, et ['pɔpəjəˌʃer] <N.; ~e> {s. u. ↑Popp ↑Ge|scherr}: Puppengeschirr.

Poppe|ge|seech, et ['pɔpəjəˌzeːʃ] <N.; ~ter> {s. u. ↑Popp ↑Ge|seech}: Puppengesicht.

Poppe|huus, et ['pɔpəˌhuːs] <N.; ~|hüüser [-hyˑzɐ]> {s. u. ↑Popp ↑Huus}: Puppenhaus.

Poppe|kleid, et ['pɔpəˌklɛɪ̯t] <N.; ~er> {s. u. ↑Popp ↑Kleid}: Puppenkleid.

Poppe|köch, de ['pɔpəˌkøfj] <N.; ~e> {s. u. ↑Popp ↑Köch}: Puppenküche, a) kleine Küche für das Spielen mit Puppen; b) (scherzh.) sehr kleine Küche.

Poppe|köche|käppes|che, et ['pɔpəˌkøfjə'kɛpəsjə] <N.; ~r> {s. u. ↑Popp ↑Köch}: scherzh. für Rosenkohl [auch: ↑Spruut ↑Poppe|schavu].

Poppe|kopp, der ['pɔpəˌkɔp] <N.; ~|köpp> {s. u. ↑Popp ↑Kopp}: Puppenkopf, auch als Schimpfw. gebr.

Poppe|krom, der ['pɔpəˌkrɔːm] <N.; kein Pl.> {s. u. ↑Popp ↑Krom}: Kleinkram, Unwesentliches, Belangloses.

Pöpp|er, der ['pøpɐ] <N.; ~>: (derb) Beischläfer.

Poppe|schavu, der [ˌpɔpəʃa'vuˑ] <N.; kein Pl.> {s. u. ↑Popp}: (scherzh.) Rosenkohl [auch: ↑Spruut ↑Poppe|köche|käppes|che].

Poppe|spill, et ['pɔpəˌʃpɪl] <N.; ~ [-ʃpɪlˑ]> {s. u. ↑Popp ↑Spill}: Puppenspiel, bes. Kölner Stockpuppentheater „Hänneschen".

Poppe|spill|er, der ['pɔpəˌʃpɪlɐ] <N.; ~> {s. u. ↑Popp ↑Spill|er}: Puppenspieler.

Poppe|stuvv, de ['pɔpəˌʃtʊf] <N.; ~e> {s. u. ↑Popp ↑Stuvv}: Puppenstube.

Poppe|theater, et ['pɔpəteˌaˑtɐ] <N.; ~e> {s. u. ↑Popp ↑Theater}: Puppentheater, Theater, in dem mit Handpuppen, Marionetten o. Ä. gespielt wird.

Poppe|wage, der ['pɔpəˌvaˑʀə] <N.; ~> {s. u. ↑Popp}: Puppenwagen.

Poppe|weeg, de ['pɔpəˌveˑfj] <N.; ~e> {s. u. ↑Popp ↑Weeg}: Puppenwiege.

Poppe|wonn|ung, de ['pɔpəˌvɔnʊŋ] <N.; ~e> {s. u. ↑Popp; 5.3.2; 5.5.1}: Puppenwohnung, scherzh. für sehr kleine Wohnung.

Porno|heff, et ['pɔrnoˌhɛf] <N.; ~|hefte> {s. u. ↑Heff¹}: Pornoheft.

Portemonnaie/Portmanee, et [ˌpɔxtmo'neˑ / ˌpɔxtma'neˑ] <N.; ~s ⟨frz. portemonnaie⟩>: Portemonnaie, Geldbörse, Geldbeutel [auch: ↑Geld|büggel].

Port|wing, der ['pɔxtˌvɪŋ] <N.; ~e (Sortenpl.) ⟨nach der portugiesischen Stadt Porto⟩> {s. u. ↑Wing¹}: Portwein.

Porto|boch, et ['pɔxtoˌboˑx] <N.; ~|böcher> {s. u. ↑Boch¹}: Portobuch.

Porto|kass, de ['pɔxtoˌkas] <N.; ~e> {s. u. ↑Kass}: Portokasse.

Portrait|möl|er, der [pɔx'trɛˑˌmœˑlɐ] <N.; ~> {s. u. ↑Möl|er}: Porträtmaler.

Portugal ['pɔxtʊˌjalˑ] <N.; Ländern.>: Portugal, Staat im Südwesten Europas.

Portugiese, der [ˌpɔxtʊˈjiːzə] <N.; ~>: Portugiese, Einw. von Portugal.

Porzellan|lade, der [pɔxtsəˈlaːnˌlaˑdə] <N.; i. best. Komposita *Porzellan*, sonst ↑Posteling; ~|läde> {11; s. u. ↑Lade}: Porzellanladen.

Porzellan|möl|erei, de [pɔxtsəˈlaːnmœːləˌreɪˑ] <N.; i. best. Komposita *Porzellan*, sonst ↑Posteling; ~e [-əreɪə]> {11; s. u. ↑Möll|er}: Porzellanmalerei.

Pos, de [poˑs] <N.; ~e ⟨frz. pose, zu: poser = hinstellen; älter = innehalten < spätlat. pausare, pausieren)⟩> {8.3.1}: Pose, auf eine best. Wirkung abzielende Körperhaltung, Stellung.

Posaun, de [poˈzaʊ̯n] <N.; ~e> {8.3.1}: Posaune (Blasinstrument).

posaune [poˈzaʊ̯nə] <V.; schw.; han; [poˈzaʊ̯ntə]; posaunt [poˈzaʊ̯nt]>: posaunen, **1.** die Posaune blasen. **2.** lautstark verkünden.   (138)

Posaune|blös|er, der [poˈzaʊ̯nəˌblœːzɐ] <N.; ~> {s. u. ↑Blös|er}: Posaunenbläser.

Position, de [pozɪtsˌjoˑn] <N.; ~e>: Position.

Positions|leech/~|lich, et [pozɪtsˈjoːnsˌleːfj / -lɪfj] <N.; ~ter> {s. u. ↑Leech/Lich}: Positionslicht.

Poss, de [pɔs] <N.; kein Pl.> {8.3.5}: Post.

Poss|aan|schreff, de ['pɔzanˌʃref / 'pɔsˌlaːnʃref] <N.; ~|schrefte> {s. u. ↑Poss ↑Schreff}: Postanschrift.

Poss|amp, et ['pɔsˌlamˑp / 'pɔˌzamˑp] <N.; ~|ämter> {s. u. ↑Poss ↑Amp}: Postamt.

Poss|auto, et ['pɔsˌlaʊtoː] <N.; ~s> {s. u. ↑Poss}: Postauto.

Poss|beamte, der ['pɔsbəˌlamtə] <N.; ~> {s. u. ↑Poss}: Postbeamter.

Poss|bezirk, der ['pɔsbəˌtsɪrk] <N.; ~e> {s. u. ↑Poss}: Postbezirk.

Poss|büggel, der ['pɔsˌbygəl] <N.; ~e> {s. u. ↑Poss ↑Büggel}: scherzh. für Briefträger; (wörtl.) Postbeutel; [gebräuchl.: ↑Breef|dräg|er].

Poss|bus, der ['pɔsˌbʊs] <N.; ~se> {s. u. ↑Poss}: Postbus, Linienbus der Post.

Pöss|che, et ['pœsjə] <N.; ~r> {s. u. ↑Poste¹}: Posten, Stelle, Job.

Poss|en|gang, der ['pɔsˌlenˌjaŋ] <N.; ~|gäng [-ˌjɛŋˑ]> {s. u. ↑Poss ↑En|gang}: Posteingang.

Poss|ge|bühr, de ['pɔsjəˌbyːɡ̊] <N.; ~e> {s. u. ↑Poss ↑Ge|bühr}: Postgebühr.

Poss|hengs, der ['pɔsˌhɛŋˑs] <N.; ~te> {s. u. ↑Poss ↑Hengs}: scherzh. für Postbeamter.

Poss|hoff, Am aale [amˌaˑləˈpɔshɔf] <N.; Straßenn.> {s. u. ↑ald¹ ↑Poss ↑Hoff}: Am Alten Posthof; Straße in Köln-Altstadt/Nord. In der Nähe befand sich die Thurn- u. Taxis-Poststelle.

Poss|hoon, et ['pɔsˌhoːn] <N.; ~|hööner> {s. u. ↑Poss ↑Hoon}: Posthorn.

Poss|kaat, de ['pɔsˌkaːt] <N.; ~e> {s. u. ↑Poss ↑Kaat}: Postkarte.

Poss|kutsch, de ['pɔsˌkʊtʃ] <N.; ~e> {s. u. ↑Poss ↑Kutsch}: Postkutsche.

Poss|leit|zahl, de ['pɔsleɪtˌtsaˑl] <N.; ~e> {s. u. ↑Poss ↑Zahl}: Postleitzahl.

Poss|minister, der ['pɔsmɪˌnɪstɐ] <N.; ~> {s. u. ↑Poss}: Postminister.

Poss|pakett, et ['pɔspaˌkɛt] <N.; ~e> {s. u. ↑Poss ↑Pakett}: Postpaket.

Poss|sack, der ['pɔsˌzak] <N.; ~|säck> {s. u. ↑Poss ↑Sack}: Postsack.

Poss|scheck, der ['pɔsˌʃɛk] <N.; ~s> {s. u. ↑Poss}: Postscheck.

Poss|scheck|amp, et ['pɔsʃɛkˌlamp] <N.; ~|ämter> {s. u. ↑Poss ↑Amp}: Postscheckamt.

Poss|scheff, et ['pɔsˌʃef] <N.; ~e> {s. u. ↑Poss ↑Scheff}: Postschiff.

Poss|send|ung, de ['pɔsˌzɛndʊŋ] <N.; ~e> {s. u. ↑Poss}: Postsendung.

Poss|spar|boch, et ['pɔsʃpaː(ɡ)ˌboˑx] <N.; ~|böcher> {s. u. ↑Poss ↑Boch¹}: Postsparbuch.

Poss|stell, de ['pɔsˌʃtɛlˑ] <N.; ~e [-ˌʃtɛlə]> {s. u. ↑Poss ↑Stell}: Poststelle.

Poss|stempel, der ['pɔsˌʃtɛmpəl] <N.; ~e> {s. u. ↑Poss ↑Stempel}: Poststempel.

Poss|stroß, de ['pɔsˌʃtroˑs] <N.; Straßenn.> {s. u. ↑Poss ↑Stroß}: Poststraße (Straße u. Straßenbahnhaltestelle in Köln).

Poss|verkehr, der ['pɔsfɐˌkeːɐ̯] <N.; kein Pl.> {s. u. ↑Poss}: Postverkehr.

Poss|wäg, der ['pɔsˌvɛːfj] <N.; o. Pl.> {s. u. ↑Poss ↑Wäg}: Postweg.

Poss|wage, der ['pɔs͜,vaˑʁə] <N.; ~> {s. u. ↑Poss ↑Wage}: Postwagen.

Poss|zo|stell|ung, de ['pɔs͜t͜so͜ˌʃtɛlʊŋ] <N.; ~e> {s. u. ↑Poss}: Postzustellung.

Poss|zog, der ['pɔs͜,t͜sox] <N.; ~|zǫg> {s. u. ↑Poss ↑Zǫg¹}: Postzug.

Poste, der ['pɔstə] <N.; ~; Pöss|che ['pœsjə]>: Posten, **1.** berufliche Stellung: *e Pössche an der Poss* (ein Pöstchen an der Post; vgl. Lied von Karl Berbuer: „Es dat dann nix, Marie"). **2.** (Milit.) Stelle, die jmdm. (bes. einer Wache) zugewiesen wurde. **3.** best. Menge einer Ware; Partie: *ene P. Söck* (ein P. Socken).

Poste|ling, der [ˌpɔstəˈlɪŋ] <N.; kein Pl.>: Porzellan.

postelinge [pɔstəˈlɪŋə] <Adj.; ~>: porzellanen, aus Porzellan. Tbl. A3.1

Posteling|tass, de [pɔstəˈlɪŋˌtas] <N.; ~e> {s. u. ↑Posteling ↑Tass¹}: Porzellantasse.

Posteling|teller, der [pɔstəˈlɪŋˌtɛlɐ] <N.; ~e> {s. u. ↑Posteling ↑Teller}: Porzellanteller.

postiere/~eere [pos'tiˑ(e̬)rə / -eˑrə] <V.; schw./unr.; *han*; postierte [pos'tiˑe̬tə]; postiert [pos'tiˑe̬t] ⟨frz. poster⟩> {(5.1.4.3)}: postieren. (3) (2)

Pott, der [pɔt] <N.; Pött [pœt] > {6.8.5; 6.13.9}: Topf, Behältnis [auch: ↑Döppe]; ***eine Gott un P. sin** (zusammengehören, eng befreundet sein; (des Reims wegen, wie z. B. dt. „aus die Maus")); <Diminutiv **Pött|che**> Töpfchen [auch: ↑Thrön|che].

pötte ['pœtə] <V.; schw.; *han*; gepött [jə'pœt]>: (viel) trinken, saufen. (113)

Pött|er, der [pœtɐ] <N.; ~> {s. u. ↑pötte}: Trinker.

Pott|blom, de ['pɔt͜ˌbloːm] <N.; ~e> {s. u. ↑Pott ↑Blom}: Topfblume.

pöttele ['pøtələ] <V.; schw.; *han*; pöttelte ['pøtəltə]; gepöttelt [jə'pøtəlt]> {9.2.1.2}: in geduldiger Kleinarbeit mit den Fingern arbeiten, vorsichtig mit den Fingern kratzen o. zupfen. (6)

Pott|lappe, der ['pɔt͜,lapə] <N.; ~> {s. u. ↑Pott}: Topflappen [auch: ↑Pack|aan (1)].

Pott|schnedd, der ['pɔt͜,ʃnɛt] <N.; ~(e)> {9.1.2; s. u. ↑Pott ↑Schnedd¹}: Haarschnitt, der so aussieht, als habe man eine Schüssel auf den Kopf gesetzt u. drumherum geschnitten [auch: ↑Kümp|che(n)s|schnedd].

Pötz, der [pœt͜s] <N.; ~e ⟨lat. puteus⟩> {2}: Brunnen.

Pötz|emmer, der ['pœt͜s͜,ɛmɐ] <N.; e> {s. u. ↑Pötz ↑Emmer}: Schöpfeimer, insbes. bei Brunnen.

Poussier, der [pʊ'siˑe̬] <N.; o. Pl.>: das Possieren.

poussiere/~eere [pʊˈsiˑ(e̬)rə / -eˑrə] <V.; schw./unr.; *han*; poussierte [pʊˈsiˑe̬tə]; poussiert [pʊˈsiˑe̬t] ⟨frz. pousser⟩> {(5.1.4.3)}: poussieren, liebkosen, anbandeln [auch: ↑karessiere/~eere]. (3) (2)

Poussier|stängel/Pousseer|~, der [pʊˈsiˑe̬ˌʃtɛŋəl / pʊˈseːe̬-] <N.; ~e ⟨frz. pousser⟩> {(5.1.4.3)}: Poussierstängel, **1.** Schürzenjäger. **2.** Frau, die hinter Männern her ist [auch: *läufig Lische*].

praach|voll ['praːxfɔl] <Adj.; ~e; ~er, ~ste> {5.2.1; 8.3.5}: prachtvoll. Tbl. A2.2

Pra(a)ch, de [pra(ː)x] <N.> {5.2.1.2 (8.3.5)}: Pracht.

Pra(a)ch|bau, der ['pra(ː)x͜,boʊ] <N.; ~te> {s. u. ↑Prach/Praach ↑Bau}: Prachtbau.

Pra(a)ch|exemplar, et ['pra(ː)x|ɛksəm.plaː(e̬)] <N.; ~e> {s. u. ↑Prach/Praach}: Prachtexemplar [auch: ↑Pra(a)ch|stöck].

Pra(a)ch|jung, der ['pra(ː)x.jʊŋˑ] <N.; ~e [-jʊŋə]> {s. u. ↑Praach/Prach ↑Jung}: Prachtjunge [auch: ↑(Pra(a)ch|jung].

Pra(a)ch|kääl, der ['pra(ː)x.kɛːl] <N.; ~s [-kɛˑls]> {s. u. ↑Prach/Praach ↑Kääl}: Prachtkerl [auch: ↑Pra(a)ch|kääl].

Pra(a)ch|stöck, et ['pra(ː)x͜,ʃtøk] <N.; ~/~e/~er> {s. u. ↑Prach/ Praach ↑Stöck}: Prachtstück, Prachtexemplar [auch: ↑Pra(a)ch|exemplar].

Pra(a)ch|stroß, de ['pra(ː)x͜,ʃtrɔˑs] <N.; ~e> {s. u. ↑Prach/Praach ↑Stroß}: Prachtstraße.

prächt|lig ['prɛçtlɪç] <Adj.; ~e; ~er, ~ste>: prächtig; prachtvoll; brilliant. Tbl. A5.2

Pra(a)ch|werk, et ['pra(ː)x͜,vɛrk] <N.; ~e> {s. u. ↑Prach/Praach}: Prachtwerk.

Pra(a)ch|wiev, et ['pra(ː)x͜,viːf] <N.; ~er [-viˑvɐ]> {s. u. ↑Prach/Praach ↑Wiev}: Prachtweib.

Prädig, de ['prɛˑdɪʃ] <N.; ~te> {5.4; 8.3.5}: Predigt.

Prädig|tex, der ['prɛˑdɪʃˌtɛks] <N.; ~te> {s. u. ↑Prädig ↑Tex}: Predigttext.

Prädikats|exame, et [prɛdɪˈkaˑt͜s|ɛkˌsaˑmə] <N.; ~> {s. u. ↑Exame}: Prädikatsexamen, mindestens mit dem Prädikat „befriedigend" bestandenes Examen.

Prädikats|wing, der [prɛdɪˈkaˑt͜sˌvɪŋ] <N.; ~e> {s. u. ↑Wing¹}: Prädikatswein.

Präfek, der [prɛˈfɛk] <N.; ~te ⟨lat. praefectus = Vorgesetzter, zu: praefectum, Part. II von: praeficere = vorsetzen⟩> {8.3.5}: Präfekt.

Prag [praˑx] <N.; Eigenn.>: Prag, Hauptstadt der Tschechischen Republik.

präge [ˈprɛˑjə] <V.; schw.; han; prägte [ˈprɛˑfjtə]; gepräg [jəˈprɛˑfj]>: prägen. (103)

Präge|beld/~|bild, et [ˈprɛˑjə‚bɛlt / -bɪlt] <N.; ~er> {s. u. ↑Beld/Bild}: Prägebild, auf eine Münze aufgeprägtes Bild.

Präge|drock, der [ˈprɛˑjəˌdrok] <N.; o. Pl.> {s. u. ↑Drock²}: Prägedruck.

Präge|maschin, de [ˈprɛˑjəmaˌʃiːn] <N.; ~e> {s. u. ↑Maschin}: Prägemaschine.

Präge|press, de [ˈprɛˑjəˌprɛs] <N.; ~e> {s. u. ↑Press}: Prägepresse.

Präge|stempel, der [ˈprɛˑjəˌʃtɛmpəl] <N.; ~e> {s. u. ↑Stempel}: Prägestempel.

Prager, der [ˈpraˑʀɐ] <N.; ~>: Prager, Einw. von Prag.

Prakesier/Prakeseer, der [prakəˈziːɐ̯ / prakəˈzeːɐ̯] <N.; kein Pl.> {(5.1.4.3)}: Überlegung, Geschick, Geschicklichkeit, richtige Art zu handeln.

prakesiere/~eere [prakəˈziˑ(ɐ̯)rə / -eˑrə] <V., schw./unr.; han; prakesierte [prakəˈziˑɐ̯tə]; prakesiert [prakəˈziˑɐ̯t]>: überlegen, wie man vorgehen soll. (3) (2)

praktiziere/~eere [ˌpraktɪˈtsiˑ(ɐ̯)rə / -eˑrə] <V., schw./unr.; han; praktizierte [praktɪˈtsiˑɐ̯tə]; praktiziert [praktɪˈtsiˑɐ̯t] ⟨griech. praktikae technae; lat. practicus; frz. pratiquer⟩> {(5.1.4.3)}: praktizieren, zustande bringen. (3) (2)

Pralin, de [praˈliːn] <N.; ~e> {8.3.1}: Praline [auch: ↑Konfek].

Praline|dos, de [praˈliːnəˌdoˑs] <N.; ~e> {s. u. ↑Dos}: Pralinenschachtel, **a)** mit Pralinen gefüllte Schachtel; **b)** Schachtel für Pralinen.

pralle [ˈpralə] <V.; schw.; han; prallte [ˈpralˑtə]; geprallt [jəˈpralˑt]>: prallen, **1.** heftig auf jmdn./etw. auftreffen. **2.** intensiv scheinen. (91)

Prämie|ge|schäff, et [ˈprɛːmɪəjəˌʃɛf] <N.; ~|schäfte> {s. u. ↑Ge|schäff}: Prämiengeschäft, Termingeschäft, bei dem ein Vertragspartner gegen Zahlung einer Prämie vom Vertrag zurücktreten kann.

prämiere/~eere [prɛˈmiˑ(ɐ̯)rə / -eˑrə] <V., schw./unr.; han; prämierte [prɛˈmiˑɐ̯tə]; prämiert [prɛˈmiˑɐ̯t] ⟨lat. praemium⟩> {(5.1.4.3)}: prämieren. (3) (2)

prämme [ˈprɛmə] <V.; schw.; han; prämmte [ˈprɛmˑtə]; geprämmp [jəˈprɛmˑp]>: festklemmen, festzurren; vollstopfen. (40)

Prank, de [praŋk] <N.; ~e ⟨mhd. pranke, über das Roman. < spätlat. branca, H. u., viell. aus dem Gall.⟩> {8.3.1}: Pranke. **1.** Pfote großer Raubtiere; Tatze. **2.** (salopp) große, grobe Hand.

Präsent|che, et [prɛˈzɛntʃə] <N.; ~r>: Präsentchen, kleines Geschenk.

präsentiere/~eere [prɛzənˈtiˑ(ɐ̯)rə / -eˑrə] <V.; schw./unr.; han; präsentierte [prɛzənˈtiˑɐ̯tə]; präsentiert [prɛzənˈtiˑɐ̯t] ⟨lat. praesens, praesentare⟩> {(5.1.4.3)}: präsentieren, **a)** vorzeigen; **b)** *Präsentiert die Knabühß!* (im Korps der Roten Funken: Präsentiert das Gewehr!). (3) (2)

Präsent|korv, der [prɛˈzɛntˌkorf] <N.; ~|kö̱rv [-kør·f]> {s. u. ↑Korv}: Präsentkorb.

Präsident|schaff, de [prɛzɪˈdɛntˌʃaf] <N.; ~|schafte (Pl. selten)>: Präsidentschaft, **a)** Amt des Präsidenten; **b)** Amtszeit als Präsident.

prasse [ˈprasə] <V.; schw.; han; prasste [ˈprastə]; geprass [jəˈpras]>: prassen, verschwenderisch leben; schlemmen. (67)

prassele [ˈprasələ] <V.; nur 3. Pers. Sg.; schw.; han u. sin; prasselte [ˈprasəltə]; geprasselt [jəˈprasəlt]> {9.2.1.2}: prasseln. (6)

präzis [prɛˈtsiˑs] <Adj.; ~e; ~er; ~te ⟨lat. praecisus, frz. précis⟩> {8.3.1}: präzise, genau. Tbl. A2.7

Präzisions|arbeid, de [prɛtsɪzˈjoˑnsˌarbeˑɐ̯t] <N.; ~e> {s. u. ↑Arbeid}: Präzisionsarbeit.

Präzisions|ohr/~|uhr, de [prɛtsɪzˈjoˑnsˌoˑɐ̯ / -ˌuˑɐ̯] <N.; ~e> {s. u. ↑Ohr¹/Uhr¹}: Präzisionsuhr.

Präzisions|wo̱og, de [prɛtsɪzˈjoˑnsˌvoˑx] <N.; ~e> {s. u. ↑Wo̱og}: Präzisionswaage.

preckele [ˈprekələ] <V.; schw.; han; preckelte [ˈprekəltə]; gepreckelt [jəˈprekəlt]> {5.5.2; 9.2.1.2}: prickeln. (6)

Preisel|beer, de [ˈpraɪzəlˌbeˑɐ̯] <N.; ~e> {s. u. ↑Beer}: Preiselbeere.

Prell|bock, der [ˈprɛlˌbok] <N.; ~|bö̱ck> {s. u. ↑Bock}: Prellbock.

Premiere(n)|o̱vend, der [premˈjeːrəˌɔˑvənt] <N.; ~e> {s. u. ↑Ovend; 9.1.4}: Premierenabend.

Press, de [prɛs] <N.; ~e> {8.3.1}: Presse, Arbeitsgerät.

presse ['prɛsə] <V.; schw.; *han*; presste ['prɛstə]; gepress [jə'prɛs] ⟨lat. pressare⟩>: pressen. (67)

Presse|agentur, de ['prɛsəˌaˌɛnˌtuːɐ̯] <N.; ~e>: Presseagentur, Nachrichtenagentur.

Presse|amp, et ['prɛsəˌamp] <N.; o. Pl.> {s. u. ↑Amp}: Presseamt, regierungsamtliche Stelle zur Information der Presse.

Presse|be|reech/~|rich, der ['prɛsəbəˌreːfj / -rɪfj] <N.; ~te> {s. u. ↑Be|reech/~|rich}: Pressebericht.

Presse|bürro, et ['prɛsəˌbʏro] <N.; ~s> {s. u. ↑Bürro}: Pressebüro.

Presse|deens, der ['prɛsəˌdeːns] <N.; ~te> {s. u. ↑Deens}: Pressedienst.

Presse|emfang, der ['prɛsəˌɛmˌfaŋ] <N.; ~|emfäng [-ɛmˌfɛŋˑ]> {s. u. ↑Emfang}: Presseempfang,.

Presse|kaat, de ['prɛsəˌkaːt] <N.; ~e> {s. u. ↑Kaat}: Pressekarte, Freikarte für Pressevertreter.

Presse|organ, et ['prɛsəˌɔrˌjaˑn] <N.; ~e> {s. u. ↑Organ}: Presseorgan.

Presse|rääch, et ['prɛsəˌrɛːfj] <N.; o. Pl.> {s. u. ↑Rääch}: Presserecht.

Presse|stell, de ['prɛsəˌʃtɛlˑ] <N.; ~e [-ʃtɛlə]> {s. u. ↑Stell}: Pressestelle.

Presse|stemm, de ['prɛsəˌʃtɛmˑ] <N.; ~e [-ʃtɛmə]> {s. u. ↑Stemm}: Pressestimme, Meinungsäußerung in einem Presseorgan.

Presse|tribün, de ['prɛsətrɪˌbyːn] <N.; ~e> {s. u. ↑Tribün}: Pressetribüne.

Presse|us|wies, der ['prɛsəˌʊsviːs] <N.; ~e> {s. u. ↑Us|wies}: Presseausweis.

Press|holz|plaat, de ['prɛshɔltsˌplaːt] <N.; ~e> {s. u. ↑Holz ↑Plaat¹}: Pressholzplatte.

Pressier, der [prɛ'siːɐ̯] <N. ⟨frz. presser⟩>: Eile, Stress.

pressiere/~eere [prɛ'siˑ(ɐ̯)rə / -eˑrə] <V.; unpers., nur 3. Pers. Sg.; schw./unr.; *han*; pressierte [prɛ'siˑɐ̯tə]; pressiert [prɛ'siˑɐ̯t] ⟨frz. presser⟩> {(5.1.4.3)}: pressieren, eilen, drängen. (3) (2)

Press|klütte, de ['prɛsˌklʏtə] <N.; ~> {s. u. ↑Klütte}: Presskohle, in Formen gepresste Kohle (z. B. Brikett).

Press|kopp, der ['prɛsˌkɔp] <N.; o. Pl.> {s. u. ↑Kopp}: Presskopf, Sülze.

Press|luff, de ['prɛsˌlʊf] <N.; o. Pl.> {s. u. ↑Luff}: Pressluft.

Press|luff|bohr|er, der ['prɛslʊfˌboːrɐ] <N.; ~> {s. u. ↑Luff ↑Bohr|er}: Pressluftbohrer.

Press|luff|fläsch, de ['prɛslʊfflɛʃ] <N.; ~e> {s. u. ↑Luff ↑Fläsch}: Pressluftflasche.

Press|span|plaat, de ['prɛsʃpaˑnˌplaːt] <N.; ~e> {s. u. ↑Plaat¹}: Pressspanplatte.

Press|strüh, et ['prɛsˌʃtryˑ] <N.; kein Pl.> {s. u. ↑Strüh}: Pressstroh, zu festen Ballen gepresstes Stroh.

Press|weh, de ['prɛsˌveˑ] <N.; ~e (meist Pl.)> {s. u. ↑Weh}: Presswehe, im fortgeschrittenen Stadium der Geburt eintretende Wehe.

Press|woosch, de ['prɛsˌvoːʃ] <N.; ~|wöösch> {s. u. ↑Woosch}: Presswurst.

Preuß, der [prøys] <N.; ~e> {8.3.1}: Preuße; Einw. von Preußen.

Preuße ['prøysə] <N.; Eigenn.> {8.3.3}: Preußen, Königreich u. Land des Deutschen Reiches.

Preziös|che, et [ˌprɛtsˈjøˑsjə] <N.; ~r ⟨lat. pretiosus⟩>: stolzes, anspruchsvolles, eitles, eingebildetes Mädchen.

prieme ['priːmə] <V.; schw.; *han*; priemte ['priːmtə]; gepriemp [jə'priːmp]>: priemen [auch: ↑prümme]. (122)

Pries, der [priːs] <N.; ~e> {5.1.4.5}: Preis. **1.** Betrag, der beim Kauf einer Ware bezahlt werden muss. **2.** Belohnung in Form eines Geldbetrags od. eines wertvollen Gegenstandes, die jmd. für etw., z. B. für einen Sieg bei einem Wettbewerb, erhält.

Pries|aan|steeg, der ['priːzanˌʃteˑfj / 'priːsˌlaˑnʃteˑfj] <N.; ~e> {s. u. ↑Pries ↑Aan|steeg}: Preisanstieg.

Pries|av|sproch, de ['priːzafˌʃprɔx / 'priːsˌafʃprɔx] <N.; ~e> {s. u. ↑Pries ↑Av|sproch}: Preisabsprache.

Pries|beld|ung/~|bild|~, de ['priːsˌbɛldʊŋ / -bɪld-] <N.; ~e> {s. u. ↑Pries ↑belde/bilde}: Preisbildung.

Pries|bind|ung, de ['priːsˌbɪndʊŋ] <N.; ~e> {s. u. ↑Pries}: Preisbindung.

Pries|dräg|ler, der ['priːsˌdrɛˑjɐ] <N.; ~> {s. u. ↑Pries ↑Dräg|ler}: Preisträger.

Pries|driev|er, der ['priːsˌdriˑvɐ] <N.; ~> {s. u. ↑Pries ↑drieve}: Preistreiber.

priese ['priːzə] <V.; st.; *han*; pres [prɛs]; gepresse [jə'prɛzə] {5.1.4.5}: preisen. (147)

Pries|en|broch, der ['priːsˌlɛnbrɔx] <N.; ~|bröch> {s. u. ↑Pries ↑En|broch}: Preiseinbruch.

Pries|frog, de ['priːsˌfroˑx] <N.; ~e> {s. u. ↑Pries ↑Frog}: Preisfrage.

Pries|ge|reech/~|rich, et ['pri:sjə‚re:ɟ / -rɪɟ] <N.; ~te> {s. u. ↑Pries ↑Ge|reech¹/~|rich¹}: Preisgericht, Jury.

Pries|grenz, de ['pri:s‚jrɛnˑts] <N.; ~e> {s. u. ↑Pries ↑Grenz}: Preisgrenze.

Pries|klass, de ['pri:s‚klas] <N.; ~e> {s. u. ↑Pries ↑Klass}: Preisklasse.

Pries|lawin, de ['pri:sla‚vi:n] <N.; ~e> {s. u. ↑Pries ↑Lawin}: Preislawine.

Pries|liss, de ['pri:s‚lɪs] <N.; ~|liste> {s. u. ↑Pries ↑Liss}: Preisliste.

Pries|op|schlag, der ['pri:zop‚ʃla:x / pri:s‚opʃla:x] <N.; ~|schläg [-ʃlɛˑɟ]> {s. u. ↑Pries ↑Op|schlag}: Preisaufschlag.

Pries|reecht|er/~|richt|er, der ['pri:s‚re:ɟtɐ / -rɪɟt-] <N.; ~> {s. u. ↑Pries ↑Reecht|er/Richt|~}: Preisrichter.

Pries|röck|gang, der ['pri:s‚rœkjaŋ] <N.; ~|gäng [-jɛŋˑ]> {s. u. ↑Pries ↑Röck|gang}: Preisrückgang.

Pries|rödsel, et ['pri:s‚rœˑtsəl] <N.; ~e> {s. u. ↑Pries ↑Rödsel}: Preisrätsel.

Pries|scheeße, et ['pri:s‚ʃeˑsə] <N.; ~> {s. u. ↑Pries ↑scheeße}: Preisschießen.

Pries|scheld/~|schild, et ['pri:s‚ʃelt / -ʃɪlt] <N.; ~er> {s. u. ↑Pries ↑Scheld¹/Schild¹}: Preisschild.

Pries|us|schrieve, et ['pri:zʊs‚ʃriˑvə / 'pri:s‚ʊsʃri·və] <N.; ~> {s. u. ↑Pries ↑us|schrieve}: Preisausschreiben, öffentlich ausgeschriebener, aus einer od. mehreren Preisaufgaben bestehender Wettbewerb, für den best. Preise ausgesetzt sind.

Pries|vür|schreff/~|vör|~, de ['pri:s‚fy:ɐ̯ʃref / -føːɐ̯-] <N.; ~|schrefte> {s. u. ↑Pries ↑Vür|schreff/Vör|~}: Preisvorschrift, preisrechtliche Vorschrift.

Priester|amp, et ['pri·stɐ‚amp] <N.; ~|ämter> {s. u. ↑Amp}: Priesteramt, Amt des Priesters.

Priester|schaff, de ['pri·stɐ‚ʃaf] <N.; o. Pl.>: Priesterschaft, Gesamtheit von Priestern.

Prill|ent, de ['pri:l‚ɛnt] <N.; ~e> {s. u. ↑Ent}: (Schimpfw.) Prilente.

Primär|energie, de [prɪ'meːɐ̯ene‚ɟiˑ] <N.; ~ [-ene‚ɟiˑə]> {s. u. ↑Energie}: Primärenergie, von natürlichen, noch nicht weiterbearbeiteten Energieträgern (wie Kohle, Erdöl, Erdgas) stammende Energie.

Primar|stuf, de [prɪ'maːɐ̯‚ʃtuˑf] <N.; ~e> {8.3.1} {s. u. ↑Stuf}: Primarstufe, (das 1. bis 4. Schuljahr umfassende) Grundschule.

Primmel, de ['prɪməl] <N.; ~e> {5.3.2}: Primel.

Print, de [prɪnt] <N.; ~e>: Printe, 1. Lebkuchengebäck. 2. (übertr.) Spott- od. Scherzname.

Printe|mann, der ['prɪntə‚man] <N.; ~|männer>: Printenmann, 1. Printe in Form einer männl. Figur. 2. (übertr.) Spott- od. Scherzname.

Prinz, der ['prɪnts] <N.; ~e ⟨mhd. prinze < (a)frz. prince⟩>: Prinz.

prinze ['prɪntsə] <V.; schw.; han; prinzte ['prɪntstə]; geprinz [jə'prɪnts]>: (ver)prügeln [auch: ↑bimse (2), ↑bläue, ↑dresche (2), ↑drop|haue, ↑kamesöle, ↑kiele¹ (2), ↑kloppe (2), ↑pisele, ↑prügele, ↑schlage/schlonn, ↑schmecke¹, ↑schnave, ↑wachse², ↑wichse (2), *einem e paar ↑trecke]. (42)

Prinze|gard, de ['prɪntsə‚jarˑt] <N.; ~e [-jardə]> {s. u. ↑Gard}: Prinzengarde.

Prinze|paar, et ['prɪntsə‚paːɐ̯] <N.; ~e>: Prinzenpaar (im Karneval).

Prinz|esin, de [‚prɪn'tsɛzɪn] <N.; ~ne> {6.10.1}: Prinzessin.

Prinzess|bunn, de [prɪn'tsɛs‚bʊnˑ] <N.; ~e [-bʊnə]> {s. u. ↑Bunn}: Prinzessbohne, junge, grüne, sehr zarte Bohne.

Prinz|rabau, der ['prɪntsra‚boʊ̯] <N.; ~e>: Rabauke, Rüpel [auch: ↑Rabau, ↑Rabbelekanes].

Pris, de [priˑs] <N.; ~e> {8.3.1}: Prise.

prise ['priˑzə] <V.; schw.; han; priste ['priˑstə]; gepris [jə'priˑs]>: schnupfen, Schnupftabak nehmen. (149)

Pritsch¹, de [prɪtʃ] <N.; ~e> {8.3.1}: Pritsche, 1. hölzerne Liegestatt. 2. Ladefläche eines LKW mit herunterklappbaren Wänden.

Pritsch², de [prɪtʃ] <N.; ~e> {8.3.1}: Pritsche, Narrenpritsche: Schlaginstrument, das aus mehreren Schichten Pappe od. Holz besteht u. im Karneval zum Spaß benutzt wird [auch: ↑Plätsch].

Pritsch³, de [prɪtʃ] <N.; ~e>: eingebildete, eitle Frau.

pritsche ['prɪtʃə] <V.; schw.; han; pritschte ['prɪtʃtə]; gepritsch [jə'prɪtʃ]>: pritschen, mit der Narrenpritsche schlagen. (110)

Pritsche|wage, der ['prɪtʃə‚vaˑʁə] <N.; ~>: Pritschenwagen.

Privat|aan|gelëge(n)|heit, de [prɪ'vaˑt‚laˑnjəlɛːjə(n)heɪ̯t] <N.; ~e> {5.4; 9.1.4}: Privatangelegenheit.

Privat|aan|schreff, de [prɪ'vaˑt‚laˑnʃref] <N.; ~|schrefte> {s. u. ↑Aan|schreff}: Privatanschrift.

Privat|adress, de [prɪ'vaˑt|aˌdrɛs] <N.; ~e> {s. u. ↑Adress}: Privatadresse.
Privat|be|setz, der [prɪ'vaˑtbəˌzets] <N.; kein Pl.> {s. u. ↑Be|setz}: Privatbesitz.
Privat|breef, der [prɪ'vaˑtˌbreˑf] <N.; ~e> {s. u. ↑Breef}: Privatbrief.
Privat|drock, der [prɪ'vaˑtˌdrɔk] <N.; ~e> {s. u. ↑Drock²}: Privatdruck, meist in kleiner Auflage erscheinendes, nicht im Handel erhältliches Druckwerk, oft bibliophil ausgestattetes Buch.
Privat|eige|dum, et [prɪ'vaˑtˌei̯ədʊˑm] <N.; o. Pl.>: Privateigentum.
Privat|fahr|zeug, et [prɪ'vaˑtˌfaːtsøy̯ç] <N.; ~e> {s. u. ↑Fahr|zeug}: Privatfahrzeug.
Privat|ge|bruch, der [prɪ'vaˑtjəˌbrʊx] <N.> {s. u. ↑bruche}: Privatgebrauch.
Privat|huus, et [prɪ'vaˑtˌhuːs] <N.; ~|hüüser [-hyˑzə] {s. u. ↑Huus}: Privathaus.
Privat|levve, et [prɪ'vaˑtˌlevə] <N.; o. Pl.> {s. u. ↑Levve}: Privatleben.
Privat|rääch, et [prɪ'vaˑtˌrɛːç] <N.; o. Pl.> {s. u. ↑Rääch}: Privatrecht, Zivilrecht.
Privat|saach, de [prɪ'vaˑtˌzaːx] <N.; ~e> {s. u. ↑Saach}: Privatsache, Privatangelegenheit.
Privat|schull, de [prɪ'vaˑtˌʃʊlˑ] <N.; ~e [-ʃʊlə]> {s. u. ↑Schull}: Privatschule.
Privat|stund, de [prɪ'vaˑtˌʃtʊnˑt] <N.; ~(e)> {s. u. ↑Stund}: Privatstunde.
Privat|unger|kunf, de [prɪ'vaˑtˌʊŋəkʊnf] <N.; ~|künf> {s. u. ↑Unger|kunf} Privatunterkunft.
Privat|unger|reech/~|rich, der [prɪ'vaˑtˌʊŋəreˑç / -rɪç] <N.; o. Pl.> {s. u. ↑Unger|reech/~|rich}: Privatunterricht.
Privat|ver|gnöge, et [prɪ'vaˑtfəˌjnøˑjə] <N.; ~> {s. u. ↑Ver|gnöge}: Privatvergnügen.
Privat|ver|möge, et [prɪ'vaˑtfəˌmœːjə] <N.; ~> {s. u. ↑Ver|möge}: Privatvermögen.
Privat|ver|secher|ung, de [prɪ'vaˑtfəˌzeçərʊŋ] <N.; ~e> {5.5.2}: Privatversicherung.
Privat|wäg, der [prɪ'vaˑtˌvɛːç] <N.; ~(e) [-vɛˑç / -vɛˑjə]> {s. u. ↑Wäg}: Privatweg.
Privat|wonn|ung, de [prɪ'vaˑtˌvɔnʊŋ] <N.; ~e> {5.3.2; 5.5.1}: Privatwohnung.
Privat|zemmer, et [prɪ'vaˑtˌtsemə] <N.; ~e> {s. u. ↑Zemmer}: Privatzimmer, Privatraum.

Prob, de [proˑp] <N.; ~e> {8.3.1}: Probe.
Pröb|che, et ['prøˑpʃə] <N.; ~r> {s. u. ↑Prob}: Pröbchen; kleine Menge von etw., woraus die Beschaffenheit des Ganzen zu erkennen ist.
probe ['proˑbə] <V.; schw.; han; probte ['proˑptə]; geprob [jə'proˑp] ⟨lat. probare⟩>: proben. (189)
Probe|arbeid, de ['proˑbəˌlarbei̯t] <N.; ~e> {s. u. ↑Arbeid}: Probearbeit, a) von jmdm. als Probe seines Könnens vorgelegte Arbeit; b) Arbeit zur Probe, Übungsarbeit.
Probe|drock, der ['proˑbəˌdrɔk] <N.; ~e> {s. u. ↑Drock²}: Probedruck, Andruck.
Probe|fahrt, de ['proˑbəˌfaːt] <N.; ~e> {s. u. ↑Fahrt}: Probefahrt.
Probe|flog, der ['proˑbəˌfloˑx] <N.; ~|flög> {s. u. ↑Flog¹}: Probeflug, a) erster Flug eines Piloten; b) Flug zur Erprobung eines Flugzeugs, Hubschraubers o. Ä.
Probe|ih, de ['proˑbəˌliˑ] <N.; ~e [-iˑə]> {s. u. ↑Ih}: Probeehe.
Probe|johr, et ['proˑbəˌjoˑ(ɐ̯)] <N.; ~e> {s. u. ↑Johr}: Probejahr, ein Jahr dauernde Probezeit.
Probe|sigg, de ['proˑbəˌzɪk] <N.; ~e> {s. u. ↑Sigg¹}: Probeseite.
Probe|spill, et ['proˑbəˌʃpɪl] <N.; ~ [-ʃpɪlˑ]> {s. u. ↑Spill}: Probespiel.
Probe|zigg, de ['proˑbəˌtsɪk] <N.; ~e> {s. u. ↑Zigg}: Probezeit.
probiere/~eere [pro'biˑ(ɐ̯)rə / -eˑrə] <V.; schw./unr.; han; probierte [pro'biˑɐ̯tə]; probiert [pro'biˑɐ̯t] ⟨lat. probare⟩> {(5.1.4.3)}: probieren. (3) (2)
Problem|stöck, et [pro'bleˑmˌʃtøk] <N.; ~/~e/~er> {s. u. ↑Stöck}: Problemstück.
Produk, et [pro'dʊk] <N.; ~te ⟨lat. productum, Part. II von: producere, produzieren⟩> {8.3.5}: Produkt. **1.** das Ergebnis menschlicher Arbeit ist; Erzeugnis. **2.** Ergebnis der Multiplikation.
Produktions|aan|lag, de [prodʊk'tsjoˑnsˌlaːnlaˑx] <N.; ~e> {s. u. ↑Aan|lag}: Produktionsanlage.
Produktions|koste [prodʊk'tsjoˑnsˌkɔstə] <N.; Pl.> {s. u. ↑Koste}: Produktionskosten.
Produktions|kraff, de [prodʊk'tsjoˑnsˌkraf] <N.; ~|kräfte> {s. u. ↑Kraff}: Produktionskraft, Kapazität.
Produktions|meddel [prodʊk'tsjoˑnsˌmedəl] <N.; Neutr.; nur Pl.> {s. u. ↑Meddel}: Produktionsmittel.

Produktions|us|fall, der [prodʊk'tsjoːns͡ˌʊsfal] <N.; ~|fäll [-fɛlˑ]> {s. u. ↑Us|fall}: Produktionsausfall.

Produktions|ver|fahre, et [prodʊk'tsjoːnsfɐˌfaːrə] <N.; ~> {s. u. ↑Ver|fahre}: Produktionsverfahren.

Produktions|wäät, der [prodʊk'tsjoːnsˌvɛːt] <N.; ~e> {s. u. ↑Wäät}: Produktionswert, Summe der Herstellungskosten aller während eines Zeitraums produzierten Güter.

Produktions|wies, de [prodʊk'tsjoːnsˌviˑs] <N.; ~e> {s. u. ↑Wies²}: Produktionsweise.

Pröf|automat, der ['prøːfl͜aṷtoˌmaˑt] <N.; ~e> {s. u. ↑pröfe}: Prüfautomat, Automat zum Prüfen von Werkstücken.

Pröf|be|reech/~|rich, der ['prøːfbəˌreːɕ / -rɪɕ] <N.; -te> {s. u. ↑pröfe ↑Be|reech/|~rich}: Prüfbericht.

pröfe ['prøːfə] <V.; schw.; han; pröfte ['prøːftə]; gepröf [jə'prøːf] {5.4}: prüfen. (108)

Pröf|er, der ['prøːfɐ] <N.; ~> {5.4}: Prüfer.

Profi|foß|ball|er, der ['proˑfɪˌfoːsbalɐ] <N.; ~> {s. u. ↑Foß}: Profifußballer.

Profi|ge|schäff, et ['proˑfɪjəˌʃɛf] <N.; o. Pl.> {s. u. ↑Ge|schäff}: Profigeschäft.

Profi|lager, et ['proˑfɪˌlaˑʀə] <N.; o. Pl.> {s. u. ↑Lager}: Profilager.

Profi|spill|er, der ['proˑfɪˌʃpɪlɐ] <N.; ~> {s. u. ↑Spill|er}: Profispieler.

Profit, der [pro'fɪt] <N.; ~te ⟨aus Niederd. < mniederd. profêt < mniederl. profijt < (m)frz. profit = Gewinn < lat. profectus⟩>: Profit.

Profit|gier, de [pro'fɪtˌjiːɐ̯] <N.; kein Pl.> {s. u. ↑Profit ↑Gier}: Profitgier.

profitiere/~eere [profɪ'tiˑ(ɐ̯)rə / -eˑrə] <V.; schw./unr.; han; profitierte [profɪ'tiˑɐ̯tə]; profitiert [profɪ'tiˑɐ̯t] ⟨frz. profit⟩> {(5.1.4.3)}: profitieren. (3) (2)

Profit|jäg|er, der [pro'fɪtˌjɛˑjɐ] <N.; ~> {s. u. ↑Profit ↑Jäg|er}: Profitjäger.

Profit|mach|er, der [pro'fɪtˌmaxɐ] <N.; i. best. Komposita *mache*, sonst ↑maache; ~> {11; s. u. ↑Profit}: Profitmacher.

Pröf|ling, der ['prøːflɪŋ] <N.; ~e> {5.4}: Prüfling.

Pröf|stand, der ['prøːfˌʃtant] <N.; ~|ständ [-ˌʃtɛnˑt]> {s. u. ↑pröfe ↑Stand}: Prüfstand.

Pröf|stein, der ['prøːfˌʃtaɪ̯n] <N.; ~ [-ˌʃtaɪ̯n]> {s. u. ↑pröfe ↑Stein}: Prüfstein.

Pröf|ung, de ['prøːfʊŋ] <N.; ~e> {5.4}: Prüfung.

Pröf|ungs|angs, de ['prøːfʊŋsˌaŋˑs] <N.; ~|ängs> {s. u. ↑Pröf|ung ↑Angs}: Prüfungsangst.

Pröf|ungs|arbeid, de ['prøːfʊŋsˌarbeɪ̯t] <N.; ~e> {s. u. ↑Pröf|ung ↑Arbeid}: Prüfungsarbeit.

Pröf|ungs|auf|gab, de ['prøːfʊŋsˌaṷfjaːp] <N.; i. best. Komposita *auf* u. *Gabe*, sonst ↑opl~, Opl~ u. ↑Gav; ~e> {11; s. u. ↑Pröf|ung ↑Auf|gab}: Prüfungsaufgabe.

Pröf|ungs|beding|unge ['prøːfʊŋsbəˌdɪŋʊŋə] <N.; fem.; nur Pl.> {s. u. ↑Pröf|ung}: Prüfungsbedingungen.

Pröf|ungs|fach, et ['prøːfʊŋsˌfax] <N.; ~|fächer> {s. u. ↑Pröf|ung ↑Fach}: Prüfungsfach.

Pröf|ungs|frog, de ['prøːfʊŋsˌfroˑx] <N.; ~e> {s. u. ↑Pröf|ung ↑Frog}: Prüfungsfrage.

Pröf|ungs|ge|bühr, de ['prøːfʊŋsjəˌbyːɐ̯] <N.; ~e> {s. u. ↑Pröf|ung ↑Ge|bühr}: Prüfungsgebühr.

Pröf|ungs|ordn|ung, de ['prøːfʊŋsˌɔxtnʊŋ] <N.; i. best. Komposita *Ordnung*, sonst ↑Ǫd(e)n|ung; ~e> {11; s. u. ↑Pröf|ung}: Prüfungsordnung.

Pröf|ungs|termin, der ['prøːfʊŋstɐˌmiːn] <N.; ~e> {s. u. ↑Pröf|ung}: Prüfungstermin.

Pröf|ungs|ver|fahre, et ['prøːfʊŋsfɐˌfaːrə] <N.; ~> {s. u. ↑Pröf|ung ↑Ver|fahre}: Prüfungsverfahren, Verfahren der Durchführung einer Prüfung.

Pröf|ver|fahre, et ['prøːffɐˌfaːrə] <N.; ~> {s. u. ↑pröfe ↑Verf|fahre}: Prüfverfahren, Verfahren, nach dem etw. geprüft wird.

Pröf|vür|schreff/~|vör|~, de ['prøːffyːɐ̯ʃrɛf / -føːɐ̯-] <N.; ~|schrefte> {s. u. ↑pröfe Vür|schreff/Vör|~}: Prüfvorschrift.

Programm, et [pro'jramˑ] <N.; ~e [pro'jramə] ⟨von frz. programme < spätlat. programma < griech. prógramma = schriftliche Bekanntmachung; Tagesordnung⟩>: Programm. **1. a)** Veranstaltung, Darbietung eines Theaters, Kinos, des Fernsehens, Rundfunks o. Ä., **b)** vorgesehener Ablauf von 1. a). **2.** Blatt, Heft, das über 1. a) informiert. **3.** Konzeptionen, Grundsätze, die zur Erreichung eines best. Zieles dienen. **4.** Folge von Anweisungen für eine Anlage zur elektronischen Datenverarbeitung zur Lösung einer best. Aufgabe. **5.** Sortiment eines best. Artikels in verschiedenen Ausführungen.

Programm|av|lauf, der [pro'jramˌafˌloʊ̯f] <N.; ~|läuf> {s. u. ↑Programm ↑Av|lauf}: Programmablauf.

Programm|heff, et [pro'jramˌhɛf] <N.; ~|hefte> {s. u. ↑Programm ↑Heff¹}: Programmheft.

programmiere/~eere [proˌjra'miˑ(e̯)rə / -eˑrə] <V.; schw./ unr.; han; programmierte [proˌjra'miˑe̯tə]; programmiert [proˌjra'miˑe̯t] ⟨von frz. programmer⟩> {(5.1.4.3)}: programmieren. (3) (2)

Programmier|sproch, de [proˌjra'miːe̯ˌ∫prɔˑx] <N.; ~e> {s. u. ↑Sproch¹}: Programmiersprache in der elektronischen Datenverarbeitung.

Programm|punk, der [pro'jramˑˌpʊŋk] <N.; ~te> {s. u. ↑Programm ↑Punk}: Programmpunkt.

Programm|vür|schau/~|vör|~, de [pro'jramˑˌfyːe̯∫oʊ / -føːe̯-] <N.; ~e> {s. u. ↑Programm ↑Vür|schau/Vör|~}: Programmvorschau.

Programm|zeddel, der [pro'jramˑˌtsɛdəl] <N.; ~e> {s. u. ↑Programm ↑Zeddel}: Programmzettel.

Programm|zeidung, de [pro'jramˑˌtsɛɪdʊŋ] <N.; ~e> {s. u. ↑Programm ↑Zeidung}: Programmzeitschrift.

Progress, der [pro'jrɛs] <N.; ~e ⟨lat. progressus⟩>: Progress, das Fortschreiten, Fortgang.

Projek, et [pro'jɛk] <N.; ~te ⟨lat. proiectum⟩> {8.3.5}: Projekt.

Projek|grupp, de [pro'jɛkˌjrʊp] <N.; ~e> {s. u. ↑Projek ↑Grupp}: Projektgruppe.

Projek|woch, de [pro'jɛkˌvɔx] <N.; ~e> {s. u. ↑Projek ↑Woch}: Projektwoche.

Prokur|iss, der [ˌprokʊ'rɪs] <N.; ~|isse>: Prokurist.

Pröll, der [prøl] <N.; kein Pl.>: Plunder [auch: ↑Pröttel, ↑Pröttels|krom].

Prolog, der [pro'loˑx] <N.; ~e ⟨lat. prologus < griech. prólogos⟩>: Prolog.

Promenad, de [promə'naˑt] <N.; ~e> {8.3.1}: Promenade, 1. Flaniermeile. 2. Spaziergang.

Promenade(n)|deck, et [promə'naˑdə(n)ˌdɛk] <N.; ~s> {s. u. ↑Promenad ↑Deck³; 9.1.4}: Promenadendeck.

Promenade|misch|ung, de [promə'naˑdəˌmɪ∫ʊŋ] <N.; ~e> {s. u. ↑Promenad}: Promenadenmischung.

Promenade|wäg, der [promə'naˑdəˌvɛː∫] <N.; ~(e) [-vɛˑ∫ / -vɛˑjə]> {s. u. ↑Promenad ↑Wäg}: Promenadenweg.

Promill, et [pro'mɪlˑ] <N.; ~e [pro'mɪlə]> {8.3.1}: Promille.

Promille|grenz, de [pro'mɪləˌjrɛnˑts] <N.; ~e> {s. u. ↑Promill ↑Grenz}: Promillegrenze.

Pronome, et [pro'noˑmə] <N.; ~>: Pronomen, Fürwort.

Propaganda, de [propa'janda] <N.; kein Pl. ⟨zu lat. propagare⟩>: Propaganda.

Propaganda|schreff, de [propa'jandaˌ∫rɛf] <N.; ~|schrefte> {s. u. ↑Schreff}: Propagandaschrift.

Propeller|bladd, et [pro'pɛlɐˌblat] <N.; ~|blädder> {s. u. ↑Bladd}: Propellerblatt.

Propeller|flog|zeug, et [pro'pɛlɐˌfloˑxtsøy̑fj] <N.; ~e> {s. u. ↑Flog|zeug}: Propellerflugzeug.

prophezeie [profə'tsɛɪə] <V.; schw.; han; prophezeite [profə'tsɛɪˑtə]; prophezeit [profə'tsɛɪˑt]>: prophezeien, weissagen. (11)

Proppe, der ['prɔpə] <N.; ~> {6.8.1; 9.2.1.1}: Pfropfen [auch: ↑Löll (2), ↑Stoppe (1)].

Props, der [proˑps] <N.; Pröps [prøˑps] ⟨mhd. brobest, ahd. probost < spätlat. propos(i)tus für lat. praepositus⟩> {8.3.5}: Propst.

Prospek, der [prosˈpɛk] <N.; ~te> {8.3.5}: Prospekt.

pross! [pros] <Interj. ⟨lat. prosit⟩> {5.5.1; 8.3.5}: prost, prosit.

Protagon|iss, der ['protajoˌnɪs] <N.; ~|iste>: Protagonist.

Protess, der [pro'tɛs] <N.; Proteste ⟨zu ital. protesto, zu: protestare < lat. protestari, protestieren⟩> {8.3.5}: Protest.

Protess|aktion, de [pro'tɛzakˌtsjoˑn / pro'tɛsˌakˌtsjoˑn] <N.; ~e> {s. u. ↑Protess}: Protestaktion.

Protess|be|wäg|ung, de [pro'tɛsbəˌvɛˑjʊŋ] <N.; ~e> {s. u. ↑Protess; 5.4}: Protestbewegung.

Protess|marsch, der [pro'tɛsˌmax∫] <N.; ~|märsch> {s. u. ↑Protess ↑Marsch}: Protestmarsch.

Protess|rof, der [pro'tɛsˌroˑf] <N.; ~|röf (Pl. ungebr.)> {s. u. ↑Protess ↑Rof}: Protestruf.

Protess|säng|er, der [pro'tɛsˌzɛŋə] <N.; ~> {s. u. ↑Protess}: Protestsänger.

Protess|schrieve, et [pro'tɛsˌ∫riˑvə] <N.; ~> {s. u. ↑Protess ↑Schrieve}: Protestschreiben, Schreiben, mit dem Protest eingelegt wird.

Protess|song, der [pro'tɛsˌsɔŋ] <N.; ~s> {s. u. ↑Protess}: Protestsong; Lied, in dem soziale od. politische Verhältnisse kritisiert werden.

Protess|well, de [pro'tɛsˌvɛlˑ] <N.; ~e [-vɛlə]> {s. u. ↑Protess ↑Well}: Protestwelle, Häufung von Protestaktionen.

protestiere/~eere [protɛs'tiˑerə / -eˑerə] <V.; protestierte [protɛsˈtiˑetə]; protestiert [protɛsˈtiˑet]> {s. u. ↑Protess}: protestieren. (3) (2)

Prothes, de [pro'teˑs] <N.; ~e> {8.3.1}: Prothese.

Prothese(n)|dräg|er, der [pro'teːzə(n)ˌdrɛˑjɐ] <N.; ~> {s. u. ↑Dräg|er; 9.1.4}: Prothesenträger.

prötte ['prøtə] <V.; schw.; han; geprött [jə'prøt]>: **1.** kochen, sieden, brodeln. **2.** nörgeln, murren [auch: ↑pröttele]. (113)

Pröttel, der ['prøtəl] <N.; kein Pl.>: Plunder [auch: ↑Pröttels|krom; ↑Pröll].

pröttele ['prøtələ] <V.; schw.; han; pröttelte ['prøtəltə]; gepröttelt [jə'prøtəlt] {9.2.1.2}: **1.** kochen, sieden, brodeln. **2.** nörgeln, murren [auch: ↑prötte]. (6)

Pröttel|er, der ['prøtələ] <N.; ~>: Nörgler, Meckerer, brummiger Mensch.

Pröttels|krom, der ['prøtəlsˌkroːm] <N.; kein Pl.> {9.1.2; s. u. ↑Krom}: Plunder [auch: ↑Pröll, ↑Pröttel].

protze ['prɔtsə] <V.; schw.; han; protzte ['prɔtstə]; geprotz [jə'prɔts]>: protzen, angeben [auch: ↑aan|gevve (3), ↑brüste, ↑strunze, ↑op|schnigge, ↑op|spille, ↑renommiere/~eere, ↑schwadroniere/~eere, *deck/groß dun, der decke Wellem maache/spille/markiere/~eere, Gedöns/Buhei maache, en große Muul han, en große/decke Lepp reskiere/~eere*]. (114)

Proviant|korv, der [proviˈjantˌkɔrf] <N.; ~|körv [-kørˑf]> {s. u. ↑Korv}: Proviantkorb.

Provinz|bühn, de [proˈvɪntsˌbyːn] <N.; ~e> {s. u. ↑Bühn}: (abw.) Provinzbühne, Provinztheater.

Provinz|haup|stadt, de [proˈvɪntsˌhoʊpʃtat] <N.; ~|städt> {s. u. ↑Haup|stadt}: Provinzhauptstadt.

Provinz|ness, et [proˈvɪntsˌnɛs] <N.; ~|nester> {s. u. ↑Ness¹}: (abw.) Provinznest.

provoziere/~eere [provoˈtsiˑɐrə / -eˑɐrə] <V.; schw.; han; provozierte [provoˈtsiˑɐtə]; provoziert [provoˈtsiˑɐt]>: provozieren. (3) (2)

Prozent|punk, der [proˈtsɛntˌpʊŋk] <N.; ~te> {s. u. ↑Punk}: Prozentpunkt.

Prozent|wäät, der [proˈtsɛntˌvɛːt] <N.; ~e> {s. u. ↑Wäät}: Prozentwert.

Prozess|koste [proˈtsɛsˌkɔstə] <N.; Pl.> {s. u. ↑Koste}: Prozesskosten.

Prozess|rääch, et [proˈtsɛsˌrɛːʃ] <N.; o. Pl.> {s. u. ↑Rääch}: (Rechtsspr.) Prozessrecht, Verfahrensrecht.

Prügel, der ['pryːjəl] <N.; ~>: **1. a)** Prügel, Knüppel; **b)** (derb>) Penis [auch: ↑Dill² (2), ↑Ge|maach, ↑Ge|mächls, ↑Löll (1), ↑Lömmel (2), ↑Lör|es (2), ↑Nipp, ↑Pitz, ↑Reeme (2), ↑Schnibbel (3)]. **2.** <Pl.> Schläge [auch: ↑Klöpp, ↑Schor|es, ↑Schrom (2), ↑Schrübb, *Balg Wachs, eine vör die Schwaad krige, Ress krige*].

prügele ['pryːjələ] <V.; schw.; han; prügelte ['pryːjəltə]; geprügelt [jə'pryːjəlt] {9.2.1.2}: prügeln [auch: ↑bimse (2), ↑bläue, ↑dresche (2), ↑drop|haue, ↑kamesole, ↑kiele¹ (2), ↑kloppe (2), ↑pisele, ↑prinze, ↑schlage/schlonn, ↑schmecke¹, ↑schnave, ↑wachse², ↑wichse (2), *einem e paar ↑trecke*]. (6)

Prügel|strof, de ['pryːjəlˌʃtrɔˑf] <N.; ~e (Pl. selten)> {s. u. ↑Strof}: Prügelstrafe.

Prumm, de [prʊmˑ] <N.; Prumme ['prʊmə]; Prümm|che ['prʏmˑçə] {5.3.4; 6.8.1; 8.3.1}: Pflaume, **1.** Obstsorte [auch: ↑Quetsch¹]; [RA]: *Gebacke ~e!* (Von wegen!; Du wurdest betrogen!); [RA]: *e Geseech maache wie en suur P.* (ein Gesicht machen wie eine saure P.). **2.** (übertr.) Vagina [auch: ↑Funz (vulg.), ↑Mösch²].

Prümm, de [prʏmˑ] <N.; ~e ['prʏmə]> {5.3.4}: Priem, **1.** Stück Kautabak. **2.** (übertr.) ungehobelter, verlotterter Mensch ohne Manieren [auch: ↑Krad²].

prümme ['prʏmə] <V.; schw.; han; prümmte ['prʏmtə]; geprümmp [jə'prʏmˑp] {5.3.4}: priemen [auch: ↑prieme]. (40)

Prumme|baum, der ['prʊməˌboʊm] <N.; ~|bäum [-bøyˑm]> {s. u. ↑Prumm}: Pflaumenbaum [selten: ↑Quetsche|baum].

Prumme|dokter, der ['prʊməˌdɔktɐ] <N.; ~|döktersch> {s. u. ↑Prumm (2) ↑Dokter}: (scherzh., derb) Gynäkologe.

Prumme|kään, der ['prʊməˌkɛːn] <N.; ~e> {s. u. ↑Prumm ↑Kään}: Pflaumenkern, Zwetschgenkern.

Prumme|kompott, der ['prʊməkɔmˌpɔt] <N.; ~e (Sortenpl.)> {s. u. ↑Prumm ↑Kompott}: Pflaumenmus.

Prumme|schabau, der ['prʊməʃəˌbaʊ] <N.; o. Pl.> {s. u. ↑Prumm ↑Schabau}: Pflaumenschnaps [selten ↑Quetsche|schabau].

Prumme|taat, de ['prʊməˌtaːt] <N.; ~e> {s. u. ↑Prumm ↑Taat}: Pflaumenkuchen, Pflaumentorte.

Prümm|tubak/~|tabak, der ['prʏmˌtuˑbak / -'tabak] <N.; o. Pl.> {s. u. ↑Prümm ↑Tubak/Tabak}: Priem-, Kautabak.

Prunk|bedd, et ['prʊŋkˌbɛt] <N.; ~er> {s. u. ↑Bedd}: Prunkbett.

Prunk|sitz|ung, de ['prʊŋkˌzɪtsʊŋ] <N.; i. best. Abl.: *sitz-*, sonst ↑setze¹; ~e> {11}: Prunksitzung, prunkvolle Karnevalssitzung.

Prunk|stöck, et ['prʊŋkˌʃtøk] <N.; ~/~e/~er> {s. u. ↑Stöck}: Prunkstück.
Prunk|such, de ['prʊŋkˌzʊx] <N.; o. Pl.> {s. u. ↑Such}: Prunksucht.
Prunk|wage, der ['prʊŋkˌvaˑʀə] <N.; ~> {s. u. ↑Wage}: Prunkwagen.
Prutsch, der [prʊtʃ] <N.; kein Pl.>: das Hervorquellen einer breiigen Masse, bes. auf Exkremente bezogen.
prutsche ['prʊtʃə] <V.; unpers., nur 3. Pers. Sg.; schw.; *han*; prutschte ['prʊtʃtə]; geprutsch [jə'prʊtʃ]>: herausspritzen, hervorquellen (bes. auf Exkremente bezogen): *Et p. nor su erus.* (Es spritze nur so heraus.). (110)
Psycho|gramm, et [ˌtsʏfjo'jram] <N.; ~e>: Psychogramm.
Psycho|kreeg, der ['tsyˑfjoːˌkreˑfj] <N.; ~e> {s. u. ↑Kreeg}: Psychokrieg.
Psycho||loge, der [ˌtsʏfjo'loˑʀə] <N.; ~>: Psychologe.
Psycho||logie, de [ˌtsʏfjolo'jiˑ] <N.; o. Pl. ⟨zu griech. *lógos*, *Logos*⟩>: Psychologie.
Psychos, de ['tsyˑfjoːs] <N.; ~e> {8.3.1}: Psychose.
Publiz|iss, der [ˌpʊplɪ'tsɪs] <N.; ~|iste>: Publizist.
Puckel, der ['pʊkəl] <N.; ~e; Pückel|che ['pʏkəlfjə]> {6.1.2}: Buckel, Rücken [auch: ↑Reuz, ↑Eck|schääf|che]; *Rötsch mer der P. erav! (Rutsch mir den B. runter! Lass mich in Ruhe, das interessiert mich nicht.).
puckele ['pʊkələ] <V.; schw.; *han*; puckelte ['pʊkəltə]; gepuckelt [jə'pʊkəlt]> {6.1.2; 9.2.1.2}: buckeln. (6)
puckel|ig ['pʊkəlɪfj] <Adj.; ~e; ~er, ~ste>: bucklig. Tbl. A5.2
puckel||löst|ig ['pʊkə'løstɪfj] <Adj.; ~e> {s. u. ↑löst|ig}: quietschvergnügt. Tbl. A5.2
Puddel, der ['pʊdəl] <N.; ~e> {5.3.2}: Pudel, **1.** Hund mit dichtem, wolligem u. gekräuseltem Fell. **2.** (übertr.) schmutziger, unordentlicher Mensch [auch: ↑Brech|meddel, ↑Dreck|lavumm, ↑Dreck|puddel, ↑Dreck|sau (2), ↑Freese (3), ↑Friko, ↑Knüsel (2), ↑Sau|dier (2), ↑Sau|oos, ↑Schand|ferke/~|firke].
puddele ['pʊdələ] <V.; schw.; *han*; puddelte ['pʊdəltə]; gepuddelt [jə'pʊdəlt]> {9.2.1.2}: puddeln, **1.** „einen Pudel werfen", einen Fehlwurf beim Kegeln machen. **2.** (veraltend) gründlich reinigen, baden. (6)
puddel|ig ['pʊdəlɪfj] <Adj.; ~e; ~er, ~stee>: **1.** unordentlich, liederlich. **2.** (Schimpfw.) *p. Möwche (Dreckspatz; auch scherzh. für einen aufmüpfigen, frechen Menschen); *~e Mandorin/Wohlfahrtsdam (raffiniertes Luder). Tbl. A5.2
puddel|naaß ['pʊdəl'naːs / ˌ-'-] <Adj.; ~e> {s. u. ↑Puddel ↑naaß}: pudelnass, völlig nass. Tbl. A1
puddel|nack|(ig) ['pʊdəl'nak(ɪfj) / , '-(-)⟩] <Adj.; ~e>: pudelnackt, splitternackt [auch: ↑puddel|rüh]. Tbl. A1 (5b)
puddel|rüh ['pʊdəl'ryˑ / ˌ--'-] <Adj.; ~e> {s. u. ↑Puddel ↑rüh}: pudelnackt, splitternackt, völlig nackt [auch: ↑puddel|nack(|ig)]. Tbl. A2.8
Pudding|deil|che, et ['pʊdɪŋˌdeːʀˈlfjə] <N.; ~r> {s. u. ↑Deil}: Gebäckbrezel mit Puddingfüllung.
Pudding|polver, et ['pʊdɪŋˌpolvə] <N.; ~> {s. u. ↑Polver}: Puddingpulver.
Pudel|mötz, de ['puːdəlˌmøts] <N.; ~e> {s. u. ↑Mötz}: Pudelmütze.
Puder|dos, de ['puːdɐˌdoˑs] <N.; ~e> {s. u. ↑Dos}: Puderdose.
pudere ['puˑdəʀə] <V.; schw.; *han*; puderte ['puˑdɐtə]; gepudert [jə'puˑdɐt]> {9.2.1.2}: pudern. (4)
Puff|ärm, der ['pʊfˌɛrm] <N.; ~e> {s. u. ↑Ärm}: Puffärmel.
puffe ['pʊfə] <V.; schw.; *han*; puffte ['pʊftə]; gepuff [jə'pʊf]>: puffen, stoßen [auch: ↑däue (1), ↑dränge (2), ↑dröcke (2b), ↑schiebe (1) ↑schurvele, ↑schubbe¹/schuppe¹, ↑schubse, ↑stuppe, ↑stüsse]. (27)
Puff|ries, der ['pʊfˌriːs] <N.; ~e (Sortenpl.)> {s. u. ↑Ries¹}: Puffreis.
Puffels|kooche, Am [am'pʊfəlsˌkoˑxə] <N.; Straßenn.> {s. u. ↑Koche}: Am Puffelskooche, Straße in Köln-Dünnwald (Puffelskooche = Hefekuchen mit Apfel „Nationalbackware Dünnwalds").
Puffer|zon, de ['pʊfɐˌtsoˑn] <N.; ~e> {s. u. ↑Zon}: Pufferzone.
Pump¹, de [pʊmp] <N.; ~e> {8.3.1}: Pumpe.
Pump², der [pʊmp] <N.; kein Pl.> {8.3.2}: Pumpen, Borgen, Kredit; *jet op P. kaufe (etw. auf Kredit kaufen).
Pump|botz, de ['pʊmpˌbots] <N.; ~e>: Pumphose.
pumpe¹ ['pʊmpə] <V.; schw.; *han*; pumpte ['pʊmptə]; gepump [jə'pʊmp]>: pumpen, mit einer Pumpe an- od. absaugen. (180)
pumpe² ['pʊmpə] <V.; schw.; *han*; pumpte ['pʊmptə]; gepump [jə'pʊmp] ⟨rotwelsch: pumpen, pompen⟩>: pumpen, borgen, **a)** jmdm. leihen, borgen; **b)** bei, von jmdm. borgen, leihen. (180)

Pumpe|huus, et ['pʊmpə‚huːs] <N.; ~|hüüser [-hyˑzɐ]> {s. u. ↑Huus}: Pumpenhaus.

Pumpe|schwengel, der ['pʊmpə‚ʃvɛŋəl] <N.; ~>: Pumpenschwengel.

Pund, et [pʊnt] <N.; ~e; Püng|che/Pünd|~ ['pʏŋˑfjə / 'pʏnt-]> {6.8.1}: Pfund.

pund|wies ['pʊntviˑs] <Adv.> {6.8.1}: pfundweise.

Püngel, der ['pʏŋəl] <N.; ~e> {6.1.2; 6.7}: Bündel, **1.** Packen lose zusammengeschnürter/-gefasster Dinge: *ene P. Döcher* (ein B. Tücher); *Hä hät si ~che gepack.* (Er hat seine Sachen gepackt.); **[RA]:** *Jeder hät si ~che ze drage.* (Jeder hat so seine Sorgen.). **2.** Haufen, Menge: *ene P. Wäsch* (ein H. Wäsche), *ene P. Böcher* (eine M. Bücher) [auch: ↑Haufe, ↑Bärm, ↑Hääd[2], ↑Rötsch[3]], *ene P. Glöck* (viel Glück) [auch: ↑Haufe].

püngele ['pʏŋələ] <V.; schw.; han; püngelte ['pʏŋəltə]; gepüngelt [jə'pʏŋəlt]> {6.1.2; 6.7; 9.2.1.2}: **1.** bündeln. **2.** schwer tragen, schleppen. **3.** mehrere Kleidungsstücke übereinander anziehen: *Wat häs de dich esu gepüngelt?* (Wieso trägst du so viele Kleidungsstücke?). (6)

püngele|wies ['pʏŋələ‚viːs] <Adv.> {6.1.2; 6.7}: haufenweise.

püngel|ig ['pʏŋəlɪŋ] <Adj.; veraltet; ~e; ~er, ~ste>: unordentlich. Tbl. A5.2

Punjel, der ['pʊnjəl] <N.; ~e; Punjel|che ['pʏnjəlfjə]>: Nachthemd.

Punk, der [pʊŋk] <N.; ~te> {8.3.5}: Punkt.

Punk|land|ung, de ['pʊŋk‚landʊŋ] <N.; ~e> {s. u. ↑Punk}: Punktlandung.

pünk|lich ['pʏŋklɪŋ] <Adj.; ~e; ~er, ~ste> {7.3.2; 8.3.5}: pünktlich. Tbl. A1

Pünk|lich|keit, de ['pʏŋklɪŋ‚keɪt] <N.; o. Pl.> {8.3.4}: Pünktlichkeit.

Punk|reecht|er/~|richt|~, der ['pʊŋk‚reːfjtɐ / -rɪfjt-] <N.; ~> {s. u. ↑Punk ↑Reecht|er/Richt|~}: Punktrichter.

Punk|seeg, der ['pʊŋk‚zeˑfj] <N.; ~e> {s. u. ↑Punk ↑Seeg}: Punktsieg.

Punk|system, et ['pʊŋkzʏsˌteˑm] <N.; ~e> {s. u. ↑Punk}: Punktsystem.

punkte ['pʊŋktə] <V.; schw.; han; gepunk [jə'pʊŋk]>: (Sport) punkten, mit Punkten bewerten, Punkte machen. (19)

Punkte|spill, et ['pʊŋktə‚ʃpɪl] <N.; ~ [-ˌʃpɪlˑ]> {s. u. ↑Spill}: Punktspiel.

Punk|ver|häld|nis, et ['pʊŋkfɐ‚hɛltnɪs] <N.; ~se> {s. u. ↑Punk ↑Ver|häld|nis}: Punktverhältnis,.

Punk|wäät|ung, de ['pʊŋk‚vɛːtʊŋ] <N.; ~e> {s. u. ↑Punk; 5.2.1.1.1; 5.4}: Punktwertung.

Punk|zahl, de ['pʊŋk‚tsaˑl] <N.; ~e> {s. u. ↑Punk ↑Zahl}: Punktzahl.

Pupill, de [pʊ'pɪlˑ] <N.; ~e [pʊ'pɪlə] ⟨lat. pupilla⟩> {8.3.1}: Pupille.

Pupp, der [pʊp] <N.; Püpp [pʏp]; Püpp|che ['pʏpfjə]> {5.3.2}: Pup, Pups, Furz [auch: ↑Futz].

Pur|iss, der [pʊ'rɪs] <N.; ~|iste ⟨frz. puriste⟩>: Purist.

Pürk, de [pʏrk] <N.; ~e>: Perücke, Haarersatz [auch: ↑Fifi]; ***einem de P. luuse** (jmdm. den Kopf waschen/ Vorwürfe machen, jmdn. zurechtweisen).

Pürke|mächer, der ['pʏrkə‚mɛfjɐ] <N.; ~> {s. u. ↑Pürk}: (Berufsbez.) Perückenmacher.

Pusemuckel [pʊzə'mʊkəl] <N.; fiktiver Ortsn.>: sehr weit entfernt liegender Ort: *en P.* (am Arsch der Welt) [auch: *am* ↑*Löffels|eng*].

Put[1], de [puːt] <N.; ~e> {8.3.1}: Pute, **1.** Truthenne [auch: ↑Schrut (1)]. **2.** (abw.) dumme, eingebildete weibl. Person [auch: ↑Schrut (3)].

Put[2], de [puːt] <N.; ~e> {6.8.1; 5.1.1; 8.3.1}: Pfote. **1.** <häufig Püt|che ['pyːtfjə]>: Fuß mancher Säugetiere. **2.** (ugs.) Hand.

Putsch|blos, de ['pʊtʃˌbloˑs] <N.; ~e> {s. u. ↑Blos}: dicker Mensch, Dicksack, Fettsack, Fettwanst.

Putsch|iss, der [pʊ'tʃɪs] <N.; ~|iste>: Putschist.

Putsch|ver|sök, der ['pʊtʃfɐ‚zøˑk] <N.; ~e> {s. u. ↑Ver|sök}: Putschversuch.

Putt, de [pʊt] <N.; ~e ⟨ital. putto = Knäblein < lat. putus⟩> {8.3.1}: Putte, Figur eines kleinen nackten Kindes.

Putz|dag, der ['pʊtsˌdaːx] <N.; ~/~|däg/~e [-daˑx / -dɛˑfj / -daˑʀə] {s. u. ↑Dag}: Putztag

Putz|deuvel/~|düüvel, der ['pʊtsˌdøˑvəl / -dyˑvəl] <N.; ~(e)> {s. u. ↑Deuvel ↑Düüvel}: Putzteufel.

Putz|doch, et ['pʊtsˌdoˑx] <N.; ~|döcher> {s. u. ↑Doch[1]}: Putztuch, Putzlappen [auch: ↑Putz|lappe].

putze ['pʊtsə] <V.; schw.; han; putzte ['pʊtstə]; geputz [jə'pʊts]>: putzen, **1.** reinigen, säubern, aufwischen, scheuern; ***p. gonn** (als Putzfrau arbeiten). **2.** (Sport) deutlich besiegen. (114)

Putz|emmer, der ['pʊts̩ˌɛmɐ] <N.; ~e> {s. u. ↑Emmer}: Putzeimer.
Pütz|er, der ['pʏtse] <N.; ~> {5.4}: (Handw.) Verputzer.
Putz|frau, de ['pʊts̩ˌfraʊ̯ˑ] <N.; ~e> {s. u. ↑Frau}: Putzfrau.
Putz|lappe, der ['pʊts̩ˌlapə] <N.; ~> {s. u. ↑Lappe}: Putzlappen [auch: ↑Putz|doch].
Putz|meddel, et ['pʊts̩ˌmedəl] <N.; ~(e)> {s. u. ↑Meddel}: Putzmittel, Reinigungsmittel.
Putz|such, de ['pʊts̩ˌzʊx] <N.; o. Pl.> {s. u. ↑Such}: Putzsucht.
Putz|woll, de ['pʊts̩ˌvɔlˑ] <N.; o. Pl.> {s. u. ↑Woll}: Putzwolle.
Puu|hahn, der ['puːˌhaˑn] <N.; ~|hähn> {5.1.3; 6.8.1}: Pfau [auch: ↑Fau].
Puu|hohn, et ['puːˌhoːn] <N.; ~|höhner/~|hohnder [-høːnɐ / -hoːndə]> {6.8.1; 5.1.3; s. u. ↑Hohn}: weibl. Pfau, Pfauhenne [auch: ↑Fau].
Puus¹/Paus¹, de [puːs / paʊ̯ˑs] <N.; ~e; Püüs|che ['pyːsjə]> {5.1.3; 8.3.1}: Pause, Rast; ***en P. maache** (pausieren).
Puus²/Paus², de [puːs / paʊ̯ˑs] <N.; ~e> {5.1.3; 8.3.1}: Pause, mithilfe von Pauspapier od. auf fotochemischem Wege hergestellte Kopie.

puuse¹/pause¹ ['puːzə / 'paʊ̯ˑzə] <V.; *puuse¹* veraltet; schw.; *han*; puuste ['puːstə]; gepuus [jə'puːs]> {5.1.3}: pausieren, eine Pause machen [gebräuchl.: *en Paus maache*]. (149)
puuse²/pause² ['puːzə / 'paʊ̯ˑzə] <V.; *puuse²* veraltet; schw.; *han*; puuste ['puːstə]; gepuus [jə'puːs]> {5.1.3}: (durch)pausen, Blaupausen erstellen. (149)
Puut, der [puːt] <N.; ~e; Püüt|che ['pyːtʃə] ⟨ital. putto⟩>: **a)** Kind [auch: ↑Panz, ↑Quos, ↑Fant, ↑Stropp]; **b)** ungezogener Junge od. ungezogenes Kind (im Ostermann-Lied „Mama, Mama).
Puute|krom, der ['puːtəˌkrɔˑm] <N.; kein Pl.> {s. u. ↑Krom}: Kinderei, kindisches Verhalten.
Pyramid, de [pʏraˈmiːt] <N.; ~e ⟨lat. pyramis < griech. pyramís⟩> {8.3.1}: Pyramide. **1.** geometrischer Körper. **2.** pyramidenförmiger, monumentaler Grab- od. Tempelbau verschiedener Kulturen, bes. im alten Ägypten.
Pyramide|stump, der [pʏraˈmiːdəˌʃtʊmp] <N.; ~|stümp> {s. u. ↑Stump}: Pyramidenstumpf, Pyramide ohne Spitze.

Quäädel, der [ˈkvɛːdəl] <N.; ~e> {5.2.1.4; 5.4}: Quaddel.

Quaatsch, de [kvaːtʃ] <N.; ~e>: zimperliche, weinerliche Person [auch: ↑Gööz, ↑Knaatsch¹, ↑Küüm|brezel, ↑Kröötsch, ↑Krügg|che Röhr|mich|nit|aan (2), ↑Träne(n)|dier (1)].

quaatsche [ˈkvaːtʃə] <V.; schw.; *han*; quaatschte [ˈkvaːtʃtə]; gequaatsch [jəˈkvaːtʃ]>: knatschen, weinen [auch: ↑bauze, ↑gringe (2), ↑hüüle, ↑knaatsche, ↑kriesche]. (110)

quaatsch|ig [ˈkvaːtʃɪç] <Adj.; ~e; ~er, ~ste>: knatschig, weinerlich. Tbl. A5.2

Quabbel, der/de [ˈkvabəl] <N.; ~e>: Quabbe, Fettwulst.

quabbele [ˈkvabələ] <V.; schw.; *han*; quabbelte [ˈkvabəltə]; gequabbelt [jəˈkvabəlt]> {9.2.1.2}: quabbeln, wabbeln, schwabbeln. (6)

quabbel|ig [ˈkvabəlɪç] <Adj.; ~e; ~er, ~ste>: quabbelig, wabbelig, schwabbelig. Tbl. A5.2

Quabb|ööl, de [ˈkvap.œːl] <N.; ~e> {s. u. ↑Ööl}: (Raubfisch) Aalquappe, Aalmutter.

Quack|salv|er, der [ˈkvak.zalvɐ] <N.; ~ ⟨niederl. kwakzalver⟩> {s. u. ↑Salv¹}: (abw.) Quacksalber.

Quack|salv|erei, de [ˌkvakzalvəˈrɛi̯ˑ] <N.; ~e [-əˈrɛi̯ə]> {s. u. ↑Salv¹}: (abw.) Quacksalberei.

Quadrat|schnüss, de [kvaˈdraːt.ʃnʏs] <N.; ~e> {s. u. ↑Schnüss}: Großmaul.

Quadrat|woozel, de [kvaˈdraːt.voːtsəl] <N.:~e> {s. u. ↑Woozel}: Quadratwurzel.

Quadrille, de [kaˈdrɪljə] <N. ⟨frz: Quadrille⟩>: Quadrille, früher bei Kirmesfeiern u. auf Bällen beliebter Tanz: *Et Leppenbell, dat danz gewöhnlich de Q.* (Zitat aus dem Ostermann-Lied „Am dude Jüdd").

quaggele [ˈkvaɡələ] <V.; schw.; *han*; quaggelte [ˈkvaɡəltə]; gequagget [jəˈkvaɡəlt]> {9.2.1.2}: zaudern, **1.** unschlüssig sein. **2.** Schwierigkeiten haben. **3.** kränkeln. (6)

Quaggel|ei, de [ˌkvaɡəˈlɛi̯ˑ] <N.; ~e [-ɛi̯ə]>: Meckerei, Nörgelei, Kleinigkeitskrämerei [auch: ↑Quaggels|krom, ↑Nöttel|ei].

Quaggel|er, der [ˈkvaɡələ] <N.; ~>: Nörgler, Meckerer, Zauderer, Kleinigkeitskrämer.

Quaggels|krom, der [ˈkvaɡəls.krɔːm] <N.; kein Pl.> {s. u. ↑Krom}: Nörgelei, Genörgel, Meckerei, Kleinigkeitskrämerei [auch: ↑Quaggel|ei].

Quak|ent, de [ˈkvaːk.ɛnt] <N.; ~e> {s. u. ↑Ent}: (Kinderspr.) Quakente.

Qual, de [kvaːl] <N.; ~e>: Qual.

quäle [ˈkvɛːlə] <V.; schw.; *han*; quälte [ˈkvɛːltə]; gequält [jəˈkvɛːlt]>: quälen [auch: ↑molestiere/~eere]. (148)

Qual|geis, der [ˈkvɛːlˌɡɛi̯s] <N.; ~ter> {s. u. ↑Geis²}: Qualgeist.

Qualifikations|rund, de [kvalifikatsˈjoːnsˌrʊnt] <N.; ~e> {s. u. ↑Rund}: Qualifikationsrunde.

Qualifikations|spill, et [kvalifikatsˈjoːnsˌʃpɪl] <N.; ~ [-ˌʃpɪlˑ]> {s. u. ↑Spill}: Qualifikationsspiel.

Qualitäts|arbeid, de [kvaliˈtɛːtsˌarbɛi̯t] <N.; ~e> {s. u. ↑Arbeid}: Qualitätsarbeit, Wertarbeit.

Qualitäts|kontroll, de [kvaliˈtɛːtskɔnˌtrɔl] <N.; ~e [-kɔnˌtrɔlə]> {s. u. ↑Kontroll}: Qualitätskontrolle.

Qualitäts|unger|schied/~|scheed, der [kvaliˈtɛːtsˌʊŋɐʃiːt / -ʃeːt] <N.; ~e> {s. u. ↑Ungerschied/~|scheed}: Qualitätsunterschied.

Qualitäts|war, de [kvaliˈtɛːtsˌvaːɐ̯] <N.; ~e> {s. u. ↑War}: Qualitätsware.

Qualitäts|wing, der [kvaliˈtɛːtsˌvɪŋ] <N.; ~e> {s. u. ↑Wing¹}: Qualitätswein.

Quall, de [kvalˑ] <N.; ~e [kvalə]> {8.3.1}: Qualle.

qualle [ˈkvalə] <V.; schw.; *sin*; quallte [ˈkvaltə]; gequallt [jəˈkvalt]>: hochsprudeln, emporsprudeln, kommt nur in ↑Quall|mann vor [auch: ↑quelle²]. (91)

Quall|mann, der [ˈkvalˌman] <N.; ~|männer>: Pellkartoffel, **a)** in der Schale gekochte Kartoffel: *Herring met Quallmänner* (Hering mit Pellkartoffeln); **b)** auch als Spitzn. gebraucht.

Qualm, der [kvalm] <N.; kein Pl.>: Qualm.

qualme [ˈkvalˑmə] <V.; schw.; *han*; qualmte [ˈkvalˑmtə]; gequalmp [jəˈkvalˑmp]>: qualmen, **1.** Qualm abgeben, verbreiten [auch: ↑rauche (1a)]. **2.** rauchen [auch: ↑rauche (2), ↑flöppe]. (70)

qualm|ig [ˈkvalˑmɪç] <Adj.; ~e; ~er, ~ste>: qualmig. Tbl. A5.2

Qualster, de [ˈkvalˑstɐ] <N.; ~e>: Qualster, **1.** dicker Hustenschleim, Auswurf. **2.** (übertr.) Vogelbeerbaum. **3.** (Schimpfw.) fette, schlampige Frau.

Quant¹, der [kvant] <N.; ~e (meist Pl.)>: Quant, Fuß [auch: ↑Foß].

Quant², der [kvant] <N.; ~e>: Quant, **a)** Kerl(chen), Bursche; **b)** Jugendlicher, Junge.

Quant³, et [kvant] <N.; ~e>: Quant, (Physik) kleinstmöglicher Wert einer physik. Größe.

Quänt|che, et [ˈkvɛntʃə] <N.; ~r ⟨lat. quintus⟩>: Quäntchen, sehr kleine Menge; ein wenig.

Quanz, der [k̬vants̬] <N.; Quänz [k̬vɛnts̬]>: Knüppel.
Quartals|eng(k), et [k̬vax'taˑls̩,|ɛŋ(k)] <N.; ~|engde [-ɛŋdə]> {s. u. ↑Eng¹/Engk}: Quartalsende.
Quartals|süffer, der [k̬vax'taˑls̩,zʏfɐ] <N.; ~> {s. u. ↑Süffler}: Quartalssäufer, jmd., der von periodischer Trunksucht befallen wird.
Quartier, et [k̬va'tɪːɐ̯] <N.; ~e>: Quartier, Unterkunft.
Quarz, der [k̬vaˑts̬] <N.; ~e>: Quarz, farbloses, hartes u. sprödes kristallines Mineral.
Quarz|lamp, de [ˈk̬vaˑts̬,lamp] <N.; ~e> {s. u. ↑Lamp}: Quarzlampe.
Quarz|ohr/~|uhr, de [ˈk̬vaˑts̬,|oˑɐ̯ / -|uˑɐ̯] <N.; ~e> {s. u. ↑Ohr¹/Uhr¹}: Quarzuhr.
Quasel, der [ˌk̬vazəl] <N.; o. Pl.> {6.11.1}: Quasselei [auch: ↑Quasel|ei].
quasele [ˈk̬vazələ] <V.; schw.; han; quaselte [ˈk̬vazəltə] gequaselt [jəˈk̬vazəlt]> {6.10.1; 9.2.1.2}: quasseln [auch: ↑bubbele, ↑kalle, ↑klaafe (1), ↑plappere, ↑quatsche¹, ↑schnäbbele, ↑schnaddere (2), ↑schwaade, ↑schwätze² (1+2)]. (6)
Quasel|ei, de [ˌk̬vazəˈleɪ̯ˑ] <N.; ~e [-əˈreɪ̯ə]> {6.11.1}: Quasselei [auch: ↑Quasel].
Quasel(e)|man|es, der [ˌk̬vazəl(ə)ˈmaˑnəs] <N.; ~|ese/~|ese>: Schwätzer.
quasi [ˈk̬vaˑzi] <Adv.>: quasi, sozusagen: *Dat koss 20 €, also q. 40 Mark.* (Das kostet 20 €, also q. 40 DM.) [auch: ↑bei|noh, ↑bei|nöchs, ↑baal, ↑fass²].
Quass, der [k̬vas] <N.; Quaste/Quäss [ˈk̬vastə / k̬vɛs]> {8.3.5; (8.3.1)}: Quast(e), **1.** Quast: breiter, bürstenartiger Pinsel. **2.** Quaste: größere Anzahl am oberen Ende zusammengefasster, gleich langer Fäden, Schnüre od. Ä., die an einer Schnur hängen.
quatsche¹ [ˈk̬vatʃə] <V.; schw.; han; quatschte [ˈk̬vatʃtə] gequatsch [jəˈk̬vatʃ]>: quatschen, schwatzen, schwätzen, dummes Zeug reden; ausplaudern [auch: ↑bubbele, ↑kalle, ↑klaafe (1), ↑plappere, ↑quasele, ↑redde, ↑rede, ↑schnäbbele, ↑schnaddere (2), ↑schwaade, ↑schwätze² (1+2)]. (110)
quatsche² [ˈk̬vatʃə] <V.; schw.; han; quatschte [ˈk̬vatʃtə] gequatsch [jəˈk̬vatʃ]>: quatschen, ein Geräusch machen, das durch Gehen in nassen Schuhen od. auf schlammigem Untergrund od. Ä. hervorgerufen wird. (110)
Quatsch|erei, de [ˌk̬vatʃəˈreɪ̯ˑ] <N.; ~e [-əˈreɪ̯ə]>: Quatscherei.

quatsch|ig [ˈk̬vatʃɪç] <Adj.; ~e; ~er, ~ste>: matschig, schlammig, durchweicht. Tbl. A5.2
Quatsch|kopp, der [ˈk̬vatʃ,kɔp] <N.; ~|köpp> {s. u. ↑Kopp}: Quatschkopf, Schwätzer.
Quatsch|krom, der [ˈk̬vatʃ,kroˑm] <N.; kein Pl.> {s. u. ↑Krom}: **a)** unnützes, törichtes Gerede; **b)** sinnloses Verhalten.
Quatsch|möhn, de [ˈk̬vatʃ,møˑn] <N.; ~e> {s. u. ↑Möhn}: Schwätzerin, klatschhafte Frau.
Quatsch|muul, de [ˈk̬vatʃ,muˑl] <N.; ~|müüler/~|muule [-myˑlɐ / -muˑlə]> {s. u. ↑Muul}: Quatschmaul (das), Schwätzer; klatschhafte Person, Klatschbase [auch: ↑Bäbbels|muul, ↑Bäbbels|schnüss, ↑Brei|muul, ↑Quatsch|schnüss, ↑Ratsch (4), ↑Schlabber|muul (2), ↑Schlabber|schnüss (2), ↑Schnadder, ↑Schwaad|lappe, ↑Schwaad|schnüss, ↑Seiver|lappe, ↑Seiver|muul (2), ↑Seiver|schnüss].
Quatsch|schnüss, de [ˈk̬vatʃnʏs] <N.; ~e> {s. u. ↑Schnüss}: Quatschmaul, Plappermaul, Schwätzer(in), klatschhafte Person, Klatschbase [auch: ↑Bäbbels|muul, ↑Bäbbels|schnüss, ↑Brei|muul, ↑Quatsch|muul, ↑Ratsch (4), ↑Schlabber|muul (2), ↑Schlabber|schnüss (2), ↑Schnadder, ↑Schwaad|lappe, ↑Schwaad|schnüss, ↑Seiver|lappe, ↑Seiver|muul (2), ↑Seiver|schnüss].
Quatsch|verzäll, der [ˈk̬vatʃfɐ,tsɛl] <N.; kein Pl.>: Quatsch, sinnloses Gerede, Unsinn [auch: ↑Käu (2), ↑Käu|verzäll, ↑Futz|verzäll, ↑Dress|verzäll, ↑Quatsch|verzäll, ↑Piss|verzäll, ↑Schwaad|verzäll, ↑Seck (2), ↑Seck|verzäll].
Queck|selver, et [ˈk̬vɛk,zelvɐ] <N.; kein Pl.> {s. u. ↑Selver}: Quecksilber.
Queck|selver|ver|geft|ung, de [ˈk̬vɛkzelvɐfɐˌjeftʊŋ] <N.; ~e> {s. u. ↑Selver; 5.5.2}: Quecksilbervergiftung.
Quell, de [k̬vɛlˑ] <N.; ~e [k̬vɛlə]> {8.3.1}: Quelle.
quelle¹ [ˈk̬vɛlə] <V.; st.; sin; quoll [k̬vɔl]; gequolle [jəˈk̬volə]> {5.5.2}: quellen, **1.** anschwellen: *gequolle Föß* (gequollene Füße). **2.** quellen, hervordringen: *Do quoll op eimol Blod erus.* (Da quoll auf einmal Blut heraus.). (183)
quelle² [ˈk̬vɛlə] <V.; schw.; han; quellte [ˈk̬vɛltə] gequellt [jəˈk̬vɛlˑt]>: quellen, **1.** abkochen: *Ädäppel q.* (ungeschälte Kartoffeln q., abkochen). **2.** durch Einweichen zum Anschwellen/Quellen bringen; quellen (selten gebr.): *Bunne q.* (Bohnen q./einweichen lassen); [auch: ↑qualle]. (91)

Quelle|stüür/~|stöör, de ['kvɛlə‚ʃtyːɐ̯ / -ʃtøːɐ̯] <N.; ~|stöör veraltet; ~e> {s. u. ↑Stöör/Stüür}: (Steuerw.) Quellensteuer.

Quell|floss/~|fluss, der ['kvɛl·‚flos / -flʊs] <N.; ~|flöss/ ~|flüss> {s. u. ↑Floss¹/Fluss}: (Geogr.) Quellfluss, einer von mehreren Flüssen, die zu einem Strom zusammenfließen.

Quell|wolk, de ['kvɛl·‚volək] <N.; ~e> {s. u. ↑Wolk}: (Met.) Quellwolke, Kumulus.

Quengel, der ['kvɛŋəl] <N.; kein Pl.>: Quengelei [auch: ↑Quengel|ei].

quengele ['kvɛŋələ] <V.; schw.; han; quengelte ['kvɛŋəltə]; gequengelt [jə'kvɛŋəlt]} {9.2.1.2}: quengeln. (6)

Quengel|ei, de [‚kvɛŋə'leːɐ̯] <N.; ~e [-eɪ̯ə]>: Quengelei [auch: ↑Quengel].

Quengel|er, der ['kvɛŋələ] <N.; ~> {9.1.1}: Quengler.

quengel|ig ['kvɛŋəlɪɣ] <Adj.; ~e; ~er, ~ste>: quengelig [auch: ↑nöttel|ig]. Tbl. A5.2

Quengels|balg, der ['kvɛŋəls‚balɣ] <N.; ~|bälg(er) [-bɛl·ɣ / -bɛljɐ]> {s. u. ↑Balg}: Quengelkind, Kind, das so lange quengelt, bis es seinen Willen bekommt.

Quengels|fott, de ['kvɛŋəls‚fot] <N.; ~|fött> {s. u. ↑quengele ↑Fott}: Plagegeist.

quer [kveːɐ̯] <Adv.>: quer; *__krütz un q.__ (durcheinander, kreuz und quer)..

Quer, de [kveːɐ̯] <N.; kein Pl.> {8.3.1}: Quere, [meist i. d. **RA** __en de Q. kumme__ (in die Q. kommen).

Quer|achs, de ['kveːɐ̯‚aks] <N.; ~e> {s. u. ↑Achs}: Querachse.

Quer|balke, der ['kveːɐ̯‚balkə] <N.; ~> {s. u. ↑Balke}: Querbalken.

Quer|driev|er, der ['kveːɐ̯‚driːve] <N.; ~> {s. u. ↑drieve}: (abw.) Quertreiber.

Quer|fald, de ['kveːɐ̯‚falt] <N.; ~e> {s. u. ↑Fald}: Querfalte, quer verlaufende Falte.

quer|feld|en ['kveːɐ̯fɛlt'|en] <Adv.>: querfeldein.

Quer|fleut, de ['kveːɐ̯‚fløɪ̯t] <N.; ~e> {s. u. ↑Fleut}: Querflöte.

Quer|huus, et ['kveːɐ̯‚huːs] <N.; ~|hüüser [-hyˑzɐ]> {s. u. ↑Huus}: (Archit.) Querhaus, Raum, der das Langhaus einer Kirche vor dem Chor von Norden nach Süden rechtwinklig kreuzt [auch: ↑Quer|scheff].

Quer|kopp, der ['kveːɐ̯‚kɔp] <N.; ~|köpp> {s. u. ↑Kopp}: Querkopf.

Quer|latt, de ['kveːɐ̯‚lat] <N.; ~e> {s. u. ↑Latt}: Querlatte [auch: ↑Quer|lies].

Quer|lies, de ['kveːɐ̯‚liːs] <N.; ~te> {s. u. ↑Lies}: Querleiste, Querlatte [auch: ↑Quer|latt].

Quer|roder/~|ruder, et ['kveːɐ̯‚roːdɐ / -ruːdɐ] <N.; ~e> {s. u. ↑Roder/Ruder}: Querruder.

Quer|scheff, et ['kveːɐ̯‚ʃef] <N.; ~e> {s. u. ↑Scheff}: (Archit.) Querschiff, Querhaus [auch: ↑Quer|huus].

Quer|schnedd, der ['kveːɐ̯‚ʃnet] <N.; ~(e)> {s. u. ↑Schnedd¹}: Querschnitt.

Quer|schoss, der ['kveːɐ̯‚ʃos] <N.; ~|schöss> {s. u. ↑Schoss²}: Querschuss, Handlung, durch die jmd. ein Vorhaben anderer vereitelt.

Quer|sigg, de ['kveːɐ̯‚zɪk] <N.; ~e> {s. u. ↑Sigg¹}: Querseite.

Quer|striefe/~|streife, der ['kveːɐ̯‚ʃtriːfə / -ʃtreɪ̯fə] <N.; ~> {s. u. ↑Striefe/Streife}: Querstreifen.

Quer|stroß, de ['kveːɐ̯‚ʃtroˑs] <N.; ~e> {s. u. ↑Stroß}: Querstraße.

Quer|summ, de ['kveːɐ̯‚zʊm·] <N.; ~e [-zʊmə]> {s. u. ↑Summ}: (Math.) Quersumme.

Querulant, der [kverə'lant] <N.; ~e ⟨lat. queri⟩> {2; 5.4}: Querulant.

Quetsch¹, de [kvɛtʃ] <N.; Quetsche ['kvɛdʒə]>: Zwetschge [gebräuchl.: ↑Prumm].

Quetsch², de [kvɛtʃ] <N.; Quetsche ['kvɛdʒə] {8.3.1}: Quetsche, 1. Presse. 2. Ziehharmonika, Akkordeon [auch: ↑Quetsche(n)|büggel, ↑Quetsch|kommod].

quetsche ['kvɛtʃə] <V.; schw.; han; quetschte ['kvɛtʃtə]; gequetsch [jə'kvɛtʃ]>: quetschen. (110)

Quetsche|baum, der ['kvɛdʒə‚boʊ̯m] <N.; ~|bäum [-bøɪ̯·m]> {s. u. ↑Quetsch¹ ↑Baum}: Zwetschgenbaum, Pflaumenbaum [gebräuchl. ↑Prumme|baum].

Quetsche|büggel, der ['kvɛdʒə‚byɣəl] <N.; ~e> {s. u. ↑Quetsch² ↑Büggel}: Ziehharmonika, Akkordeon [auch: ↑Quetsch² (2), ↑Quetsch|kommod].

Quetsch|fald, de ['kvɛtʃ‚falt] <N.; ~e> {s. u. ↑Fald}: Quetschfalte.

Quetsch|kommod, der ['kvɛtʃko‚moˑt] <N.; ~e> {s. u. ↑Kommod}: Ziehharmonika, Akkordeon [auch: ↑Quetsch² (2), ↑Quetsche|büggel].

Quetsch|wund, de ['kvɛtʃ‚vʊn·t] <N.; ~e> {s. u. ↑Wund}: (Med.) Quetschwunde, durch Quetschung entstandene Wunde.

Quidd, de [kvɪt] <N.; ~e> {6.11.3; 8.3.1}: Quitte.

Quidde|baum, der ['kvɪdə,boʊm] <N.; ~|bäum [-bøy·m]> {s. u. ↑Quidd ↑Baum}: Quittenbaum.

Quidde|brud, et ['kvɪdə,bruːt] <N.; o. Pl.> {s. u. ↑Quidd ↑Brud}: Quittenbrot, in kleine Scheiben od. Würfel geschnittene, eingekochte Quittenmarmelade (als Süßigkeit) [auch: ↑Quidde|kis].

quidde|gääl ['kvɪdə'jɛːl / ˌ--'-] <Adj.; ~e> {s. u. ↑Quidd ↑gääl}: quittengelb.   Tbl. A2.2

quiddele ['kvɪdələ] <V.; schw.; *han*; quiddelte ['kvɪdəltə]; gequiddelt [jə'kvɪdəlt] {9.2.1.2}: **1.** zwitschern. **2.** köcheln. **3.** unverständlich reden, nuscheln.   (6)

quieke ['kviːkə] <V.; schw.; *han*; quiekte ['kviːktə]; gequiek [jə'kviːk]>: quieken.   (178)

quietsche ['kviːtʃə] <V.; schw.; *han*; quietschte ['kviːtʃtə]; gequietsch [jə'kviːtʃ]>: quietschen.   (110)

quinke ['kvɪŋkə] <V.; schw.; *han*; quinkte ['kvɪŋktə]; gequink [jə'kvɪŋk]>: zwinkern, blinzeln.   (41)

Quisel, de ['kvɪzəl] <N.; ~e> : **1.** (Schimpfw.) gehässige Frau [auch: ↑Quisels|matant (1)]. **2.** scheinheilige Betschwester, Frömmlerin [auch: ↑Quisels|matant (2)]. **3.** strenge, unsympathische Lehrerin.

quisel|ig ['kvɪzəlɪç] <Adj.; ~e; ~er, ~ste>: **1.** gehässig, nörgelnd. **2.** scheinheilig, frömmelnd, zimperlich. Tbl. A5.2

Quisels|matant, de [ˌkvɪzəlsma'tant] <N.; ~e>: **1.** (Schimpfw.) gehässige Frau, Meckerziege [auch: ↑Quisel (1)]. **2.** scheinheilige Betschwester, Frömmlerin [auch: ↑Quisel (2)].

quitt [kvɪt] <Adj.; nur präd.>: quitt.

quittiere/~eere [kvɪ'tiː(ə)rə / -eˑrə] <V.; schw./unr.; *han*; quittierte [kvɪ'tiˑetə]; quittiert [kvɪ'tiˑet] ⟨frz. quitter⟩> {(5.1.4.3)}: quittieren.   (3) (2)

Quiz|frog, de ['kvɪs,frɔˑx] <N.; ~e> {s. u. ↑Frog}: Quizfrage.

Quös, der [kvɔˑs] <N.; Quös/Quöster [kvœˑs / 'kvœˑstə]>: Lausbube; (lebhafter, aufgeweckter) Junge, im Pl. auch allg. für Kinder: *Wat han die Quös widder aangestellt?* (Was haben die Kinder wieder angestellt?).

Quot, de [kvoˑt] <N.; ~e ⟨mlat. quota (pars), zu lat. quotus⟩> {8.3.1}: Quote.

rääch[1] [rɛːʧ] <Adj.; ~te> {5.2.1; 5.4; 8.3.5}: recht, richtig, ***r. un schläävh*** (r. und schlecht); <subst.> ***nohm Räächte luure*** (nach dem Rechten sehen). Tbl. A4.1.1

rääch...[2] [rɛːʧ] <Adj.; ~te; ~ter, ~ste> {5.2.1; 5.4}: recht..., **1. a)** auf der rechts liegenden Seite: *Düx litt op der ~te Sigg.* (Deutz liegt auf der ~en (Rhein-) Seite.); **b)** (bei Stoffen, Wäsche od. Ä.) außen, vorne, oben befindlich: *Dat es de ~te Sigg vun dä Deschdeck.* (Das ist die ~e Seite von der Tischdecke.); **c)** pol. zur Rechten gehörend: *en ~te Gesennung han* (eine politisch rechte Gesinnung haben); <auch steigerbar>: *Dat wor der ~ste vun denne.* (Er hatte die radikalste rechte Gesinnung.). **2.** (Geom.) (von Winkeln) 90° betragend: *ene ~te Winkel* (ein ~er Winkel). Tbl. A4.1.1

rääch|- [rɛːʧ] <Präfix> {5.2.1.2; 5.4; 6.2.2}: recht-, i. Vbdg. m. Adj.: *~ziggig* (~zeitig).

Rääch, et [rɛːʧ] <N.; ~te> {5.2.1.2; 5.4}: Recht, **1.** <o. Pl.> Gesamtheit der Gesetze; ***R. spreche*** (R. sprechen, Gerichtsurteile fällen, richten). **2.** berechtigter zuerkannter Anspruch; Berechtigung od. Befugnis: *noh R. un Gewesse handele* (nach R. und Gewissen handeln): *R. op Arbeid* (R. auf Arbeit); ***zo singem R. kumme*** (zu seinem R. kommen, gebührend berücksichtigt werden); ***nohm ~te luure/loore*** (kontrollieren, nach dem Rechten sehen). **3.** <o. Pl.> Berechtigung, wie sie das Recht(sempfinden) zuerkennt; ***em R.*** (im R.); ***ze/zo R.*** (zu R.); ***R. han*** (R. haben, im R. sein); ***R. behalde*** (R. behalten, durchsetzen); ***R. krige*** (R. bekommen).

räächs/rähts [rɛːʧs / rɛːʦ] <Adv.> {5.2.1.2; 5.4; 6.2.2}: rechts.

räächs|eröm/rähts|~ ['rɛːʧsˌørøm· / 'rɛːʦ-] <Adv.> {s. u. ↑räächs/rähts ↑eröm}: rechtsherum.

Rääch|schull, An der [andeˈrɛːʧsˌʃʊl] <N.; Straßenn.> {s. u. ↑Rääch ↑Schull}: An der Rechtschule; Straße in Köln-Altstadt/Nord. Es ist die alte Bezeichnung für die Juristenfakultät der alten Universität zu Köln, die 1401 an dieser Straße ein Haus bezog. 1571 hies die Straße *Hinter der alter Mauren*, was darauf hinweist, dass diese Straße den Verlauf der südlichen Stadtgrenze des römischen Kölns beschreibt.

rääch|sigg|ig ['rɛːʧzɪɡɪʃ] <Adj.; ~e> {5.2.1.2; 5.4; 6.2.2}: rechtsseitig. Tbl. A5.2

Räächs|ver|drih|er, der [ˈrɛːʧsfɐˌdriːˑɐ] <N.; ~> {5.4; s. u. ↑Rääch}: Rechtsverdreher, (abw., scherzh.) Rechtsanwalt.

rääch|winkel|ig ['rɛːʧvɪŋkəlɪʃ] <Adj.; ~e>: rechtwinkelig, im 90°-Winkel. Tbl. A5.2

rääch|zigg|ig ['rɛːʧʦɪɡɪʃ] <Adj.; ~e> {5.3.4; 6.6.2}: rechtzeitig [auch: ↑bei|zigge]. Tbl. A5.2

Raaf, der [raːf] <N.; kein Pl.> {5.2.1.4; 8.3.2}: **1.** (das) Raffen: hastiges Zusammenpacken von Dingen. **2.** Raffgier, Habgier: hemmungsloses Streben nach Besitz.

Raaf|alles, der [ˌraːfˈaləs] <N.; ~e>: raffgierige Person, Raffzahn.

raafe ['raːfə] <V.; schw.; *han*; raafte ['raːftə]; geraaf [jəˈraːf]> {5.2.1.4}: raffen. (108)

Raaf|god, et ['raːfˌjoˑt] <N.; o. Pl.> {5.2.1.4; s. u. ↑God}: zusammengerafftes, ergaunertes Gut; [meist nur noch i. d. RA] *Paafgod – R., Düüvel hald der Sack op!* (Pfaffengut – Raubgut, Teufel halt den Sack auf!).

Raaf|such, de ['raːfˌzʊx] <N.; o. Pl.> {s. u. ↑raafe; ↑Such}: Raffsucht.

Raaf|zant, der ['raːfˌʦant] <N.; ~|zäng [-ʦɛŋˑ]> {5.2.1.4; s. u. ↑Zant}: Raffzahn.

Rabalje|pack, et [raˈbaljəˌpak] <N.; kein Pl. ⟨frz. raspaille⟩>: Lumpengesindel.

Rabatt[1], der [raˈbat] <N.; ~e ⟨frz. rabat⟩>: Rabatt, Preisnachlass.

Rabatt[2], et [raˈbat] <N.; ~e ⟨niederl. rabat⟩> {2; 8.3.1}: Rabatte, Beet.

Rabatt|mark, de [raˈbatˌmark] <N.; ~e> {s. u. ↑Mark}: Rabattmarke.

Rabau, der [raˈbaʊˑ] <N.; ~e>: Rabauke, **1.** Rüpel: *De drei ~e* (ehem. kölsche Musikgruppe). **2.** (Apfelsorte) graugrüne, rauschalige Reinette.

rabbele ['rabələ] <V.; schw.; *han*; rabbelte ['rabəltə]; gerab­belt [jəˈrabəlt]> {6.9; 9.2.1.2}: rappeln. (6)

Rabbele|kan|es, der [ˌrabələˈkaˑnəs] <N.; ~|ese/~|ese>: Raubein, Raubautz, Rabauke, ungestümer Mensch [auch: ↑Rubbele(n)|dor|es, ↑Boldrian, ↑Flaaster ↑Flaaster|kaste].

rabbel|ig ['rabəlɪʃ] <Adj.; ~e; ~er, ~ste> {6.9}: rappelig, unruhig. Tbl. A5.2

Rache, der ['raxə] <N.; ~>: Rachen.

räche ['rɛʧə] <V.; schw.; *han*; rächte ['rɛʧtə]; geräch [jəˈrɛʧ]>: rächen. (123)

Rache|ak, der ['raxə‚|ak] <N.; ~te> {s. u. ↑Ak}: Racheakt.
rach|gier|ig ['rax‚ji:(ɐ̯)rɪŋ] <Adj.; ~e; ~er, ~ste>: rachgierig, rachsüchtig. Tbl. A5.2
Rach|such, de ['rax‚zʊx] <N.; o. Pl.> {s. u. ↑Such}: Rachsucht, Rachgier [auch: ↑Rache|doosch].
rack [rak] <Adv.>: mit einem Ruck, plötzlich, durchaus, ganz, vollständig.
racke/rackere ['rakə / 'rakərə] <V.; schw.; *han*; rackte ['raktə]; gerack [jə'rak]>: rackern, abarbeiten [auch: ↑av|arbeide (2), ↑av|rackere/~|racke]. (88) (4)
Racke(r)|pack, et ['rakəpak / 'rakə-] <N.; kein Pl.>: (scherzh., abw.) Pack, Gesindel, Pöbel.
Radar, der od. et ['radaɐ̯] <N.; kein Pl. ⟨engl. radar, Kurzwort aus: *radio detecting and ranging*⟩>: (Technik) Radar.
Radar|fall, de ['radaɐ̯‚fal·] <N.; ~e [-falə]> {s. u. ↑Radar ↑Fall¹}: Radarfalle.
Radar|ge|rät, et ['radaɐ̯jə‚rɛ·t] <N.; ~e> {s. u. ↑Radar ↑Ge|rät}: Radargerät.
Radar|kon|troll, de ['radaɐ̯kɔn‚trɔl] <N.; ~e [-kɔn‚trɔlə]> {s. u. ↑Radar ↑Kon|troll}: Radarkontrolle.
Radar|schirm, der ['radaɐ̯‚ʃɪrm] <N.; ~e> {s. u. ↑Radar ↑Schirm}: Radarschirm.
Radar|wage, der ['radaɐ̯‚va·ʀə] <N.; ~> {s. u. ↑Radar ↑Wage}: Radarwagen.
Radau, der [ra'daʊ̯] <N.>: Krach, Lärm, *R. maache (Krach machen, lärmen) [auch: ↑Krach/Kraach (1)].
Radau|broder, der [ra'daʊ̯‚bro·də] <N.; ~|bröder> {s. u. ↑Broder}: Radaubruder, Radaumacher [auch: ↑Radau|mach|er].
Radau|mäch|er, der [ra'daʊ̯‚mɛɧə] <N.; ~>: Radaumacher [auch: ↑Radau|broder].
Radd, et [rat] <N.; Rädder ['rɛdə]; Rädd|che ['rɛtɧə]> {5.3.2}: Rad, **1.** runder Fahrzeugteil. **2.** (Kurzf.) Fahrrad; *mem R. erus sin (nicht da/nicht zu Hause sein) [auch: *op Jöck sin].
Radd|ball, der ['rat‚bal] <N.; ~|bäll [-bɛl·]> {s. u. ↑Radd ↑Ball¹}: Radball. **1.** <o. Pl.> Ballspiel. **2.** beim Radball verwendeter Ball aus Stoff.
Radd|broch, der ['rat‚brɔx] <N.; ~|bröch> {s. u. ↑Radd ↑Broch¹}: Radbruch, Bruch eines hölzernen Wagenrades.
Radd|damfer, der ['rat‚damfə] <N.; ~e> {s. u. ↑Radd ↑Damfer}: Raddampfer.

Rädder|werk, et ['rɛdə‚vɛrk] <N.; ~e> {s. u. ↑Radd}: Räderwerk.
Radd|fahr|er, der ['rat‚fa:rə] <N.; ~> {s. u. ↑Radd}: Fahrradfahrer, **1.** jemand, der Fahrrad fährt. **2.** Schleimer, Kriecher, Arschkriecher, jmd., der nach oben buckelt u. nach unten tritt [auch: ↑Aasch|kröff|er].
Radd|fahr|wäg, der ['ratfa:ɐ̯‚vɛ:ŋ] <N.; ~(e) [-vɛ·ŋ / -vɛ·jə]> {s. u. ↑Radd ↑Wäg}: Radfahrweg, Radweg.
Radd|felge, de ['rat‚fɛljə] <N.; ~> {s. u. ↑Radd ↑Felge}: Radfelge, Felge.
Radd|kapp, de ['rat‚kap] <N.; ~e> {s. u. ↑Radd ↑Kapp}: Radkappe.
Radd|kaste, der ['rat‚kastə] <N.; ~|käste> {s. u. ↑Radd ↑Kaste}: Radkasten.
Radd|kranz, der ['rat‚krants] <N.; ~|kränz> {s. u. ↑Radd ↑Kranz}: Radkranz.
Radd|mantel, der ['rat‚mantəl] <N.; ~|mäntele> {s. u. ↑Radd ↑Mantel}: Radmantel.
Radd|renn|bahn, de ['rat‚rɛnba·n] <N.; ~e> {s. u. ↑Radd ↑Bahn}: Radrennbahn.
Radd|renne, et ['rad‚rɛnə] <N.; ~> {s. u. ↑Radd ↑Renne}: Radrennen.
Radd|schläg|er, der ['rat‚ʃlɛ·jə] <N.; ~(e)> {s. u. ↑Radd ↑Schläg|er}: Radschläger.
Radd|sport, der ['rat‚ʃpɔxt] <N.> {s. u. ↑Radd ↑Sport}: Radsport.
Radd|sport|ler, der ['rat‚ʃpɔxtlə] <N.; ~> {s. u. ↑Radd ↑Sport|ler}: Radsportler.
Radd|wäg, der ['rat‚vɛ:ŋ] <N.; ~(e) [-vɛ·ŋ / -vɛ·jə]> {s. u. ↑Radd ↑Wäg}: Radweg.
Radd|wähßel, der ['rat‚vɛ:səl] <N.; ~e> {s. u. ↑Radd ↑Wähßel}: Radwechsel.
Radd|wander|ung, de ['rat‚vandərʊŋ] <N.; ~e> {s. u. ↑Radd}: Radwanderung.
radele ['ra:dələ] <V.; schw.; *sin*; radelte ['ra:dəltə]; geradelt [jə'ra:dəlt] {9.2.1.2}: radeln. (6)
rader|doll ['ra·de'dɔl] <Adj.; ~e> {s. u. ↑doll}: total verrückt, **1.** völlig verrückt, hirnverbrannt [auch: ↑aad|ig (2), ↑av|ge|schmack, ↑be|klopp (a), ↑be|stuss, ↑be|titsch, ↑jeck (1), ↑kalver|ig, ↑knatsch|jeck, ↑läppsch, ↑stapel|jeck/stabel|~, ↑ver|dötsch, ↑ver|kindsch, ↑ver|röck, *mem Bömmel behaue; en Ääz am Kieme/Wandere (han); (se) nit all op de Dröht/Reih (han); ene Nähl em

Zylinder (han); ene Ratsch em Kappes (han); schwatz em Geseech (sin)]. 2. völlig aufgedreht. Tbl. A2.2

Räderscheidt|stroß ['rɛ·deʃeɪt,ʃtrɔ·s] <N.; Straßenn.> {s. u. ↑Stroß}: Räderscheidtstraße; Straße in Köln-Lindenthal, benannt nach dem Kölner Handelsschullehrer, Universitätsdozent u. Mundartdichter Wilhelm Räderscheidt (*8.8.1856 †6.7.1926). Er war Theaterdirektor der Kölner Puppenspiele u. Herausgeber der Schulzeitschrift „Jung Köln" u. setzte sich sehr für die Erhaltung des kölnischen Volkstums ein. Er ist der Vater des berühmten Kölner Malers Anton Räderscheidt (*11.10.1892 †8.3.1970).

radiere/~eere [ra'di·(ɐ̯)rə / -e·rə] <V.; schw./unr.; *han*; radierte [ra'di·ɐ̯tə]; radiert [ra'di·ɐ̯t] ⟨lat. *radere*⟩> {(5.1.4.3)}: radieren. (3) (2)

Radier|gummi, der [ra'di·ɐ̯,jʊmɪ] <N.; ~s> {s. u. ↑Gummi¹}: Radiergummi.

Radies|che, et [ra'di·sjə] <N.; nur Diminutiv; ~r>: Radieschen, **1.** dem Rettich verwandte Pflanze; **[RA]** *sich de Radiescher vun unge beluure* (tot sein; wörtl. sich die Radieschen von unten begucken). **2. a)** leichtlebige Frau; **b)** **jöckig R., *rösig R.* (mannstolle Frau, Nymphomanin); [auch: ↑Gään|ge|döpp (a)].

Radiologe, der [radɪjo'lo·rə] <N.; ~>: Radiologe.

Radiologie, de [radɪjolo'ji·] <N.; o. Pl. ⟨zu griech. *lógos*, Logos⟩>: Radiologie.

Radio|röhr, de ['ra·dɪjo,rø·ɐ̯] <N.; ~e> {s. u. ↑Röhr¹}: (Technik) Radioröhre, in der Rundfunktechnik verwendete Elektronenröhre.

raffineet [ravi'ne·t] <Adj.; ~e> {5.1.4.3; 8.2.4}: raffiniert, durchtrieben. Tbl. A1

Raffi|ness|che, et [,ravi'nɛsjə] <N.; ~r>: cleveres, durchtriebenes, raffiniertes Mädchen od. Kind [auch: ↑Kadeneis|che].

Raffinesse, de [,ravi'nɛs] <N.; ~ [,ravi'nɛsə]>: Raffinesse.

rage ['ra·ɐ̯ə] <V.; schw.; *han*; ragte ['ra·xtə]; gerag [jə'ra·x]>: ragen, nach oben herausstehen. (103)

Rage, de [ra·ʃ] <N.; kein Pl. ⟨frz. *rage*⟩>: Rage, Wut.

räge, sich ['rɛ·jə] <V.; schw.; *han*; rägte ['rɛ·ɟtə]; geräg [jə'rɛ·ɟ]> {5.4}: sich regen [auch: ↑rebbe]. (103)

Rägel/Regel, de ['rɛ:jəl / 're:jəl] <N.; ~e ⟨lat. *regula*⟩>: Regel.

rägele/regele ['rɛ:jələ / 're:jələ] <V.; schw.; *han*; rägelte ['rɛ·jəltə]; gerägelt [jə'rɛ·jəlt]>: regeln. (6)

rägel|ge|rääch/regel|~ ['rɛ:jəljə,rɛ:fj / 're:jəl-] <Adj.; ~te> {s. u. ↑ge|rääch}: regelgerecht. Tbl. A4.1.1

rägel|rääch/regel|~ ['rɛ:jəl,rɛ:fj / 're:jəl-] <Adj.; ~te> {s. u. ↑rääch¹}: regelrecht. Tbl. A4.1.1

rahme ['ra·mə] <V.; schw.; *han*; rahmte ['ra·mtə]; gerahmp [jə'ra·mp]>: rahmen. (126)

Rahme, der ['ra·mə] <N.; ~; Rähm|che ['rɛ:mfjə]>: Rahmen.

Rähn, der [rɛ·n] <N.; ~e (Pl. selten)> {5.4; 6.3.1; 8.2.2.3}: Regen; **[RA]:** *e Geseech wie sibbe Dag R. maache* (missmutig dreinschauen).

Rähn|boge, der ['rɛ·n,bo:ʁə] <N.; ~|böge> {s. u. ↑Rähn ↑Boge}: Regenbogen.

Rähn|botz, de ['rɛ·n,bots] <N.; ~e> {s. u. ↑Rähn}: Regenhose.

Rähn|cape, et ['rɛ·n,ke·p] <N.; ~s> {s. u. ↑Rähn}: Regencape.

Rähn|dag, der ['rɛ·n,da:x] <N.; ~|däg/~e [-dɛ·fj / da·ʁə]> {s. u. ↑Rähn ↑Dag}: Regentag.

Rähn|droppe, der ['rɛ·n,drɔpə] <N.; ~> {s. u. ↑Rähn ↑Droppe}: Regentropfen.

rähne ['rɛ·nə] <V.; unpers., nur 3. Pers. Sg.; schw.; *han*; rähnte ['rɛ·ntə]; gerähnt [jə'rɛ·nt]> {5.4; 6.3.1}: regnen. (5)

Rähn(e)|wedder, et ['rɛ·n(ə),vɛdə] <N.; kein Pl.> {s. u. ↑Rähn ↑Wedder}: Regenwetter.

Rähn|faaß, et ['rɛ·n,fa:s] <N.; ~|fääßer> {s. u. ↑Rähn ↑Faaß/Fass}: Regenfass, Regentonne [auch: ↑Rähn|tonn].

Rähn|jack, de ['rɛ·n,jak] <N.; ~e> {s. u. ↑Rähn ↑Jack¹}: Regenjacke.

Rähn|kall, de ['rɛ·n,kal·] <N.; ~e [-kalə]> {s. u. ↑Rähn ↑Kall¹}: Regenrinne.

Rähn|mantel, der ['rɛ·n,mantəl] <N.; ~|mäntele> {s. u. ↑Rähn}: Regenmantel.

rähn|naaß ['rɛ·n,na:s] <Adj.; ~e> {s. u. ↑Rähn ↑naaß}: regennass. Tbl. A1

Rähn|schirm, der/et ['rɛ·n,ʃɪrm] <N.; ~e> {s. u. ↑Rähn}: Regenschirm [auch: ↑Paraplüie].

Rähn|schuur/~|schoor, de ['rɛ·n,ʃu·ɐ̯ / -ʃo·ɐ̯] <N.; ~e> {s. u. ↑Rähn ↑Schuur/Schoor}: Regenschauer.

Rähn|tonn, de ['rɛ·n,ton·] <N.; ~e [-tonə]> {s. u. ↑Rähn ↑Tonn}: Regentonne [auch: ↑Rähn|faaß].

Rähn|vügel|che, et ['rɛˑn‚fyˌjəlɧə / -fyˑlɧə] <N.; ~r> {s. u. ↑Rähn ↑Vugel}: Rotkehlchen [auch: ↑Rud|kehl|che].

Rähn|wasser, et ['rɛˑn‚vasɐ] <N.; o. Pl.> {s. u. ↑Rähn}: Regenwasser.

Rähn|wurm, der ['rɛˑn‚vʊrm] <N.; ~|würm [-vyrˑm]> {s. u. ↑Rähn}: Regenwurm.

rähts/räächs [rɛːts / rɛːɧs] <Adv.> {5.2.4.2; 5.4}: rechts.

rähts|eröm/räächs|~ ['rɛːts|əˌrøm / 'rɛːɧs-] <Adv.> {s. u. ↑räächs/rähts ↑eröm}: rechtsherum.

Raket, de [raˈkeˑt] <N.; ~e> {8.3.1}: Rakete. **1. a)** beim Militär verwendete Waffe; **b)** in der Raumfahrt verwendeter Flugkörper. **2.** Feuerwerkskörper. **3.** bei Karnevalssitzungen vom Elferratspräsidenten zusätzlich geforderter Beifall für eine bes. gelungene Darbietung.

Rakete(n)|av|wehr, de [raˈkeˑtə(n)ˌafveːɐ̯] <N.; kein Pl.> {s. u. ↑Av|wehr; 9.1.4}: (Milit.) Raketenabwehr.

Rakete|start|ramp, de [raˈkeˑtəˌʃtaxtramp] <N.; ~e> {s. u. ↑Ramp}: Raketenstartrampe.

Rakete|stötz|punk, de [raˈkeˑtəˌʃtøtspʊŋk] <N.; ~te> {s. u. ↑stötze ↑Punk}: (Milit.) Raketenstützpunkt.

Rakete|stuf, de [raˈkeˑtəˌʃtuˑf] <N.; ~e> {s. u. ↑Stuf}: (Technik) Raketenstufe, einzelne Stufe bei einer mehrstufigen Rakete.

Ramm|bock, der ['ramˌbok] <N.; ~|böck> {s. u. ↑Bock}: Rammbock, **1.** Schafbock, Widder. **2.** Rammklotz.

ramm|dös|ig ['ramdøˑzɪɧ] <Adj.; ~e; ~er, ~ste>: verrückt, bestusst. Tbl. A5.2

ramme ['ramə] <V.; schw.; han; rammte ['ramˑtə]; gerammp [jəˈramˑp]>: rammen. (40)

Rammel, der ['raməl] <N.; ~e>: Rammler: männl. Hase od. Kaninchen.

Rämmel, der ['rɛməl] <N.; ~e>: **1.** (übertr.:) grober Mann. **2.** (übertr.:) dicke Schnitte, großes Stück (Brot, Fleisch od. Ä.). **3.** Riegel.

rammele ['ramələ] <V.; schw.; han; rammelte ['raməltə]; gerammelt [jəˈraməlt]> {9.2.1.2}: rammeln, **1.** bespringen, decken (von Tieren). **2.** koitieren, vögeln, pimpern, beischlafen [auch: ↑bööschte (2), ↑bumse (3), ↑döppe (1), ↑höggele, ↑poppe, ↑tuppe (3)]. (6)

Ramm|klotz, der ['ramˌklɔts] <N.; ~|klötz> {s. u. ↑Klotz}: (Bauw.) Rammklotz, schwerer, mechanisch betätigter Klotz an einer Ramme.

Ramp, de [ramp] <N.; ~e> {8.3.1}: Rampe.

Rampe|leech/~|lich, et ['rampəˌleːɧ / -lɪɧ] <N.; ~ter> {s. u. ↑Leech/Lich}: Rampenlicht.

Rampes, der ['rampəs] <N.; o. Pl.>: Sauerampfer (Pflanze mit länglich-elliptischen, säuerlich schmeckenden Blättern) [auch: ↑Suur|ampel/Soor|~].

rampo̱niere/~eere [ˌrampoˈniˑ(ɐ̯)rə / -eˑrə] <V.; schw./unr.; han; ramponierte [ˌrampoˈniˑɐ̯tə]; ramponiert [ˌrampoˈniˑɐ̯t] 〈mniederl. ramponeren, afrz. ramposner〉 {(5.1.4.3)}: ramponieren, beschädigen [auch: ↑be|schädige, ↑ka·podd|maache]. (3) (2)

Rämsch|che, et ['rɛmʃjə] <N.; ~r>: nur i. d. Vbdg. *e R. maache* (günstiger Einkauf, Schnäppchen) [auch: ↑Schnäpp|che].

Ramsch|lade, der ['ramʃˌlaˑdə] <N.; ~|läde> {s. u. ↑Lade}: Ramschladen,.

Ramsch|war, de ['ramʃˌvaˑɐ̯] <N.; ~e> {s. u. ↑War}: Ramschware.

Rand, der [rant] <N.; Ränder ['rɛndɐ]>: **1.** Rand, Umrandung. **2.** <o. Pl.> (abw.) Mund: *Hald der R.!* (Halt den M.!) [auch: ↑Bäbbel, ↑Bagger (2), ↑Belder|lade, ↑Bleff, ↑Bratsch (1), ↑Fress (1), ↑Klapp (2), ↑Lappe (4), ↑Mungk, ↑Muul, ↑Schnäbbel, ↑Schnauz, ↑Schnüss]

randaliere/~eere [ˌrandaˈliˑ(ɐ̯)rə / -eˑrə] <V.; schw./unr.; han; randalierte [ˌrandaˈliˑɐ̯tə]; randaliert [ˌrandaˈliˑɐ̯t] {(5.1.4.3)}: randalieren. (3) (2)

Rand|figur/~|figor, de ['rantfɪˌjuˑɐ̯ / -fɪˌjoˑɐ̯] <N.; ~e> {s. u. ↑Figur/Figor}: Randfigur, Nebenfigur.

Rand|grupp, de ['rantˌjrʊp] <N.; ~e> {s. u. ↑Grupp}: Randgruppe.

Rand|lies, de ['rantˌliːs] <N.; ~te> {s. u. ↑Lies}: Randleiste.

Rand|striefe/~|streife, der ['rantˌʃtriˑfə / -ˌʃtreɪfə] <N.; ~> {s. u. ↑Striefe/Streife}: Randstreifen.

Rang, der [raŋ] <N.; Räng [rɛŋˑ] 〈frz. rang〉>: Rang.

Rang|äld|ste, der u. de ['raŋˌɛlˑtstə] <N.; ~> {s. u. ↑ald[1]}: Rangälteste.

Rang|av|zeiche, et ['raŋafˌtsɛɪɧə / 'raŋˌlaftsɛɪɧə] <N.; ~>: Rangabzeichen, Dienstgradabzeichen.

rangele/ranke[2] ['raŋələ / 'raŋkə] <V.; *ranke*[2] veraltet; schw.; han; rangelte ['raŋəltə]; gerangelt [jəˈraŋəlt]> {9.2.1.2}: rangeln. (6) (41)

Rang|folg, de ['raŋˌfolˑɧ] <N.; ~e> {s. u. ↑Folg}: Rangfolge.

rang|glich ['raŋˌjlɪɧ] <Adj.; ~e> {s. u. ↑glich[1]}: ranggleich, dem Rang nach gleich. Tbl. A1

Rang|hüchste, der u. de [ˌraŋˈhyˑkstə] <N.; ~> {5.4}: Ranghöchste.
Rang|hühere, der u. de [ˌraŋˈhyˑərə] <N.; ~> {5.4}: Ranghöhere.
Rangier|bahn|hoff, der [raŋˈʒiːə̯ˌbaːnhɔf] <N.; ~|höff> {s. u. ↑Bahn|hoff}: Rangierbahnhof.
rangiere/~eere [raŋˈʒiˑ(ə̯)rə / -eˑrə] <V.; schw./unr.; *han*; rangierte [raŋˈʒiˑə̯tə]; rangiert [raŋˈʒiˑə̯t] ⟨frz. ranger⟩> {(5.1.4.3)}: rangieren. (3) (2)
Rang|liss, de [ˈraŋˌlɪs] <N.; ~|liste> {s. u. ↑Liss}: Rangliste.
Rang|strigg, der [ˈraŋˌʃtrɪk] <N.; kein Pl.> {s. u. ↑Strigg}: Rangstreit, Kampf um einen best. Platz im Rahmen einer Rangordnung.
Rang|stuf, de [ˈraŋˌʃtuˑf] <N.; ~e> {s. u. ↑Stuf}: Rangstufe.
Rang|unger|schied/~|scheed, der [ˈraŋˌʊŋəʃeːt / -ʃiːt] <N.; ~e> {s. u. ↑Ungerschied/~|scheed}: Rangunterschied.
Rank, de [raŋk] <N.; ~e> {8.3.1}: Ranke.
ranke[1] [ˈraŋkə] <V.; schw.; *han*; rankte [ˈraŋktə]; gerank [jəˈraŋk]>: ranken, **1.** <(sich) r.> in Ranken an etw. entlang/in die Höhe wachsen: *An der Huuswand rank (sich) welde Wing.* (An der Hauswand rankt (sich) wilder Wein.) [auch: ↑huh|ranke (a)]. **2.** Ranken treiben, hervorbringen: *Am Gaadetor rank Efeu.* (Am Gartentor rankt Efeu.). (41)
ranke[2]**/rangele** [ˈraŋkə / ˈraŋələ] <V.; *ranke*[2] veraltet; schw.; *han*; rankte [ˈraŋktə]; gerank [jəˈraŋk]>: rangeln, balgen. (41) (6)
ranze [ˈrantsə] <V.; schw.; *han*; ranzte [ˈrantstə]; geranz [jəˈrants]>: schnauzen, keifen [auch: ↑schnaue, ↑schnauze]. (42)
Ranze, der [ˈrantsə] <N.; ~> {8.3.3}: Ranzen, Schulmappe jüngerer Schüler.
ranz|ig [ˈrantsɪfj] <Adj.; ~e; ~er; ~ste>: ranzig. Tbl. A5.2
Rapsch, der [rapʃ] <N.; kein Pl.>: Grapschen, schnelles Greifen [auch: ↑Grapsch].
Raps|koche, der [ˈrapsˌkoˑxə] <N.; ~> {s. u. ↑Koche}: Rapskuchen (Futtermittel).
Raps|öl, et [ˈrapsˌœˑl] <N.; ~e (Sortenpl.)> {s. u. ↑Öl}: Rapsöl.
rase/rọse [ˈraˑzə / ˈrɔˑzə] <V.; *rọse* veraltet; schw.; *sin*; raste [ˈraˑstə]; geras [jəˈraˑs]>: rasen, hetzen, eilen. (149)
Raseer|kling/Rasier|~, de [raˈzeːə̯ˌklɪŋˑ / raˈziːə̯-] <N.; ~e [-klɪŋə]> {s. u. ↑Kling}: Rasierklinge.

Raseer|kräm/~|creme/Rasier|~, de [raˈzeːə̯ˌkrɛːm / raˈziːə̯-] <N.; ~s> {s. u. ↑Creme/Kräm}: Rasiercreme für die Nassrasur.
Raseer|metz/Rasier|~, et [ˈrazeːə̯ˌmɛts / raˈziːə̯-] <N.; ~er> {(5.1.4.3); s. u. ↑Metz}: Rasiermesser.
Raseer|pinsel/Rasier|~, der [raˈzeːə̯ˌpɪnzəl / raˈziːə̯-] <N.; ~e> {s. u. ↑Pinsel}: Rasierpinsel.
Raseer|seif/Rasier|~, de [raˈzeːə̯ˌzeɪf / raˈziːə̯-] <N.; ~e> {(5.1.4.3); s. u. ↑Seif}: Rasierseife.
Raseer|speegel/Rasier|~, der [raˈzeːə̯ˌʃpeˑjəl / raˈziˑə̯] <N.; ~e> {s. u. ↑Speegel}: Rasierspiegel.
Raseer|zeug/Rasier|~, et [raˈzeːə̯ˌtsøyfj / raˈziːə̯-] <N.; o. Pl.>: Rasierzeug.
Rase|mih|er, der [ˈraˑzəˌmiˑe̯] <N.; ~> {s. u. ↑mihe}: Rasenmäher.
Rase|schir, de [ˈraˑzəˌʃiˑə̯] <N.; ~e> {s. u. ↑Schir}: Rasenschere,.
Rase|stöck, et [ˈraˑzəˌʃtøk] <N.; ~/~e/~er> {s. u. ↑Stöck}: Rasenstück.
Rase|striefe/~|streife, der [ˈraˑzəˌʃtriːfə / -ʃtreɪfə] <N.; ~> {s. u. ↑Striefe/Streife}: Rasenstreifen, Grasstreifen.
rasiere/~eere [raˈziˑ(ə̯)rə / -eˑrə] <V.; schw./unr.; *han*; rasierte [raˈziˑə̯tə]; rasiert [raˈziˑə̯t] ⟨niederl. raseren, frz. raser⟩> {(5.1.4.3)}: rasiere. (3) (2)
Rasier|kling/Raseer|~, de [raˈziːə̯ˌklɪŋˑ / raˈzeːə̯-] <N.; ~e [-klɪŋə]> {s. u. ↑Kling}: Rasierklinge.
Rasier|kräm/~|creme/Raseer|~, de [raˈziːə̯ˌkrɛːm / raˈzeːə̯-] <N.; ~s> {s. u. ↑Creme/Kräm}: Rasiercreme für die Nassrasur.
Rasier|metz/Raseer|~, et [ˈraziˑə̯ˌmɛts / raˈzeːə̯-] <N.; ~er> {(5.1.4.3); s. u. ↑Metz}: Rasiermesser.
Rasier|pinsel/Raseer|~, der [raˈziˑə̯ˌpɪnzəl / raˈzeːə̯-] <N.; ~e> {s. u. ↑Pinsel}: Rasierpinsel.
Rasier|seif/Raseer|~, de [raˈziːə̯ˌzeɪf / raˈzeːə̯-] <N.; ~e> {(5.1.4.3); s. u. ↑Seif}: Rasierseife.
Rasier|speegel/Raseer|~, der [raˈziˑə̯ˌʃpeˑjəl / raˈzeːə̯-] <N.; ~e> {s. u. ↑Speegel}: Rasierspiegel.
Rasier|zeug/Raseer|~, et [raˈziˑə̯ˌtsøyfj / raˈzeːə̯-] <N.; o. Pl.>: Rasierzeug.
Raspel, de [ˈraspəl] <N.; ~e>: Raspel, **1.** grobe Holzfeile. **2.** Küchengerät zum Zerkleinern von Nahrungsmitteln. **3.** Schnipsel von mit einer Raspel zerkleinerten Nahrungsmitteln. **4.** Rassel, Knarre.

raspele ['raspələ] <V.; schw.; han; raspelte ['raspəltə]; geraspelt [jə'raspəlt]> {9.2.1.2}: raspeln, **1.** feilen, mit einer Raspel glätten [auch: ↑fiele]. **2.** mit einer Raspel zerkleinern. (6)
Rass[1], de [ras] <N.; Raste ['rastə] {8.3.5}: Rast.
Rass[2], de [ras] <N.; ~e> {8.3.1}: Rasse.
Rasse|ge|setz, et ['rasəjə,zɛts] <N.; ~e (meist Pl.)> {s. u. ↑Rass[2] ↑Ge|setz}: Rassengesetz.
Rassel, de ['rasəl] <N.; ~es>: Rassel.
rassele ['rasələ] <V.; schw.; han; rasselte ['rasəltə]; gerasselt [jə'rasəlt]> {9.2.1.2}: rasseln. (6)
Rasse|hungk, der ['rasə,hʊŋk] <N.; ~|hüng [-hyŋ·]> {s. u. ↑Rass[2] ↑Hungk}: Rassehund.
Rasse|merk|mol, et ['rasə,mɛrkmɔ·l] <N.; ~e> {s. u. ↑Rass[2] ↑Merk|mol}: Rassenmerkmal.
Rasse|politik, de ['rasəpoli,tɪk] <N.; kein Pl.> {s. u. ↑Rass[2] ↑Politik}: Rassenpolitik.
Rasse|trenn|ung, de ['rasə,trɛnʊŋ] <N.; o. Pl.> {s. u. ↑Rass[2]}: Rassentrennung.
Rasse(n)|un|rauh, de ['rasə(n),ʊnrɔʊ·] <N.; ~e (meist Pl.)> {s. u. ↑Rass[2] ↑Un|rauh; 9.1.4}: Rassenunruhe.
Rasse|wiev, et ['rasə,vi:f] <N.; ~er [-vi·və]> {s. u. ↑Wiev}: (salopp) Rasseweib.
Rass|hoff, der ['ras,hɔf] <N.; ~|höff> {s. u. ↑Rass[1] ↑Hoff}: Rasthof, Autobahnraststätte [auch: ↑Rass|stätt].
Rass|huus, et ['ras,hu:s] <N.; ~|hüüser [-hy·zə]> {s. u. ↑Rass[1] ↑Huus}: Rasthaus, Raststätte.
rass|ig ['rasɪʃ] <Adj.; ~e; ~er, ~ste> {s. u. ↑Rass[2]}: rassig. Tbl. A5.2
Rass|iss, der [ra'sɪs] <N.; ~|iste> {s. u. ↑Rass[2]}: Rassist.
Rass|platz, der ['ras,plats] <N.; ~|plätz> {s. u. ↑Rass[1]}: Rastplatz.
Rass|stätt, de ['ras,ʃtɛt] <N.; ~e> {s. u. ↑Rass[1]; 8.3.1}: Raststätte, Autobahnraststätte [auch: ↑Rass|hoff].
raste[1] ['rastə] <V.; schw.; han; geräss [jə'rɛs]> {s. u. ↑Rass[1]}: rasten, Rast machen [auch: ↑räste]. (68)
raste[2] ['rastə] <V.; schw.; sin; gerass [jə'ras]>: rasten, einrasten [auch: ↑en|raste]. (68)
räste ['rɛstə] <V.; *räste ohne Bedeutungsveränderung intr. u. refl. im Ggs. zu* ↑raste[1]; schw.; han; geräss [jə'rɛs]> {5.4}: rasten, verschnaufen, eine kleine Pause bei etw. einlegen, um Atem zu holen, Luft zu schöpfen: *Hä dät sich setze, för sich jet ze r.* (Er setzte sich, um ein wenig zu r.) [auch: ↑raste[1]]. (68)

Rat, de [ra·t] <N.; ~e> {8.3.1}: Rate.
Rate|ge|schäff, et ['ra·təjə,ʃɛf] <N.; ~|schäfte> {s. u. ↑Ge|schäff}: Ratengeschäft.
Rate|kauf, der ['ra·tə,kɔʊf] <N.; ~|käuf> {s. u. ↑Kauf}: Ratenkauf.
Rational|iss, der [,ratsjona'lɪs] <N.; ~|iste>: Rationalist.
Ratsch, der [ratʃ] <N.; ~e> {(8.3.1)}: Ratsch(e), **1.** Riss(wunde): *Do häs ene R. em Kappes.* (Du bist verrückt.). **2.** Grapsch: schnelles Greifen. **3.** Geräuschinstrument aus einem an einer Stange befestigten Zahnrad, gegen dessen Zähne beim Schwenken eine Holzzunge schlägt. **4.** schwatzhafte, klatschsüchtige weibl. Person [auch: ↑Bäbbels|muul, ↑Bäbbels|schnüss, ↑Brei|muul, ↑Quatsch|muul, ↑Quatsch|schnüss, ↑Schlabber|muul (2), ↑Schlabber|schnüss (2), ↑Schnadder, ↑Schwaad|lappe, ↑Schwaad|schnüss, ↑Seiver|lappe, ↑Seiver|muul (2), ↑Seiver|schnüss].
ratsche ['ratʃə] <V.; schw.; han; ratschte ['ratʃtə]; geratsch [jə'ratʃ]>: ratschen, **1.** ratschendes Geräusch: *durch dä Stoff r.* (durch den Stoff r.). **2.** *<sich r.>* sich Haut aufreißen/-schlitzen: *Ich han mich an däm Droht geratsch.* (Ich habe mich an dem Draht geratscht.). (110)
Ratt, de [rat] <N.; ~e> {8.3.1}: Ratte [auch: ↑Ratz (1a)].
Ratte|fall, de ['ratə,fal·] <N.; ~e [-falə]> {s. u. ↑Fall[1]}: Rattenfalle.
Ratte|fäng|er, der ['ratə,fɛŋə] <N.; ~>: Rattenfänger.
Ratte|geff, et ['ratə,jef] <N.; o. Pl.> {s. u. ↑Geff}: Rattengift.
Ratte|plog, de ['ratə,plɔ·x] <N.; ~e> {s. u. ↑Plog[2]}: Rattenplage.
Ratte|stätz, der ['ratə,ʃtɛts] <N.; ~e> {s. u. ↑Stätz}: Rattenschwanz, **1.** Schwanz einer Ratte. **2.** große Anzahl unentwirrbar miteinander verquickter unangenehmer Dinge.
Ratz, de [rats] <N.; ~e> {6.13.8; 8.3.1}: Ratte, **1. a)** Nagetier [auch: ↑Ratt]; **b)** (übertr.) flinke, pfiffige Menschen, bes. Kinder. **2.** Feldtaube [auch: ↑Feld|duuv, ↑Feld|ratz].
rau [rɔʊ] <Adj.; ~e; ~er, ~ste>: rau. Tbl. A2.9
Raub, der [rɔʊp] <N.; ~e (Pl. ungebr.)>: Raub.
raube ['rɔʊ·bə] <V.; schw.; han; raubte ['rɔʊptə]; geraub [jə'rɔʊ·p]>: rauben, stehlen [auch: ↑av|kläue (1), ↑jöcke[3], ↑kläue, ↑mopse, ↑räubere, ↑ripsche, ↑stelle[3], ↑stritze]. (189)

Räub|er, der ['rɔy·bɐ] <N.; ~>: Räuber, **1.** jmd., der einen Raub begeht. **2.** <im Pl. als Eigenn.>: kölsche Musikgruppe.

räubere ['rɔy·bərə] <V.; schw.; *han*; räuberte ['rɔy·bɐtə]; geräubert [jə'rɔy·bɐt]> {9.2.1.2}: räubern [auch: ↑av|kläue (1), ↑jöcke³, ↑kläue, ↑mopse, ↑raube, ↑ripsche, ↑stelle³, ↑stritze]. (4)

Rauch, der [roʊx] <N.; kein Pl.>: Rauch.

rauche ['roʊxə] <V.; schw.; *han*; rauchte ['roʊxtə]; gerauch [jə'roʊx]>: rauchen, **1. a)** Rauch austreten lassen/ausstoßen [auch: ↑qualme (1)]; **b)** Rauch entwickeln. **2.** Tabak, Rauschmittel konsumieren [auch: ↑qualme (2), ↑flöppe]. (123)

räuchere ['rɔyfjərə] <V.; schw.; *han*; räucherte ['rɔyfjɐtə]; geräuch(ert) [jə'rɔyfj(ɐt)]> {9.2.1.2}: räuchern. (4)

Räuch|es, et ['rɔyfjəs] <N.; verkürzt aus *räuchere* u. *Huus*; ~|ese/~|ese>: Räucherkammer, Räucherei.

räud|ig ['rɔy·dɪf] <Adj.; ~e; ~er, ~ste>: räudig. Tbl. A5.2

Räuf, de [rɔyf] <N.; ~e> {5.1.3; 8.3.1}: Raufe.

Rauh, de [roʊ·] <N.; kein Pl.> {5.2.3; 8.3.1}: Ruhe, ***(kein) R. gevve** ((keine) R. geben); ***en R. looße** (in R. lassen, nicht stören); ***de R. fott han** (die R. weg haben = sich nicht drängen lassen).

räuh|ig ['rɔyɪf] <Adj.; ~e; ~er, ~ste> {5.1.4.8}: ruhig, leise, still. Tbl. A5.2

Rau|hoor|daggel, der [ˌroʊho·'dagəl] <N.; ~e> {s. u. ↑rau ↑Hoor ↑Daggel}: Rauhaardackel.

Raum, der [roʊm] <N.; Räum [rɔy·m]>: Raum.

Räum|ung, de ['rɔy·mʊŋ] <N.; ~e>: Räumung.

Räum|ungs|friss, de ['rɔymʊŋsˌfrɪs] <N.; ~|friste> {s. u. ↑Friss}: Räumungsfrist.

Raup, de [roʊp] <N.; ~e> {8.3.1}: Raupe [auch: ↑Rupp²].

Rau|rief, der ['roʊˌri:f] <N.; kein Pl.> {s. u. ↑Rief¹}: Raureif.

rausch|geff|sücht|ig ['roʊʃˌjefˌzʏftɪf] <Adj.; i. best. Komposita *Rausch*, sonst ↑Ruusch; ~e; ~er, ~ste> {11; s. u. ↑Geff}: rauschgiftsüchtig. Tbl. A5.2

räuz|ig ['rɔytsɪf] <Adj.; ~e; ~er, ~ste ⟨mhd: raze⟩>: brünstig, geil. Tbl. A5.2

Rav, de [ra·f] <N.; ~e> {6.1.1; 8.3.1}: Rabe.

Rave(n)|eldere ['ra·və(n)ˌɛldərə] <N.; Pl.> {s. u. ↑Rav ↑Eldere; 9.1.4}: Rabeneltern.

Rave(n)|oos, et ['ra·və(n)ˌɔ·s] <N.; ~|ööster> {s. u. ↑Rav ↑Oos; 9.1.4}: Rabenaas.

Rave|vugel, der ['ra·vəˌfʊʀəl / -fu·l] <N.; ~|vügel [-fʏjəl / -fy·l]> {s. u. ↑Rav ↑Vugel}: Rabenvogel.

reagiere/~eere [rea'ji·(g)rə / -e·rə] <V.; schw./unr.; *han*; reagierte [rea'ji·ɐtə]; reagiert [rea'ji·ɐt] ⟨nach frz. réaction⟩> {(5.1.4.3)}: reagieren. (3) (2)

Reaktion, de [ˌreaks'jo·n] <N.; ~e>: Reaktion.

Real|iss, der [ˌrea'lɪs] <N.; ~|iste>: Realist.

Reb, de [re·p] <N.; ~e> {8.3.1}: Rebe, Weinrebe.

Rebb, de [rep] <N.; ~e> {5.5.2; 6.9; 8.3.1}: Rippe, ***nix op de ~e han** (dünn sein).

rebbe, sich ['rebə] <V.; schw.; *han*; rebbte ['reptə]; gerebb [jə'rep]>: sich regen/bewegen [auch: ↑räge]. (167)

Rebbe|ge|spens, et ['rebəjəˌpɛns] <N.; ~ter> {s. u. ↑Rebb ↑Ge|spens²}: magere Person, Hänfling, Klappergestell [auch: ↑Knoche|ge|rämsch, ↑Ver|drügte, *schmalen Herring, fettgemaht Stochieser*].

Rebbe|boge, der ['rebəˌbo:ʀə] <N.; ~|böge> {s. u. ↑Rebb ↑Boge}: Rippenbogen.

Rebbe|broch, der ['rebəˌbrox] <N.; ~|bröch> {s. u. ↑Rebb ↑Broch¹}: Rippenbruch.

Rebbe|fell, et ['rebəˌfɛl] <N.; ~e> {s. u. ↑Rebb ↑Fell}: Rippenfell.

Rebbel, der ['rebəl] <N.; ~e>: **1.** Bröckchen (z. B. aus Eidotter u. Mehl für Suppen), Streusel. **2.** <Pl.> (übertr.) Pusteln.

rebbele ['rebələ] <V.; schw.; *han*; rebbelte ['rebəltə]; gerebbelt [jə'rebəlt]> {5.5.2; 9.2.1.2}: ribbeln. (6)

Rebbe|stöck, et ['rebəˌʃtøk] <N.; ~/~e/~er> {s. u. ↑Rebb ↑Stöck}: Rippenstück.

Rebbe|stoß, der ['rebəˌʃto·s] <N.; ~|stöß> {s. u. ↑Rebb ↑Stoß}: Rippenstoß.

reche ['rɛfjə] <V.; schw.; *han*; rechte ['rɛftə]; gerech [jə'rɛfj]>: rechen, harken. (123)

Reche, der ['rɛfjə] <N.; ~>: Rechen, Harke.

rech|fäädige [rɛfj'fɛ:dɪjə] <nicht trennb. Präfix-V.; i. best. Komposita *rech*~, sonst ↑rääch|~; schw.; *han*; ~|fäädigte [-'fɛ:dɪftə]; ~|fäädig [-'fɛ:dɪfj]> {5.2.1.1.2; 5.4; 6.11.3; 8.3.5; 11}: rechtfertigen. (7)

rech|lich ['rɛfjlɪfj] <Adj.; i. best. Komposita *rech*~, sonst ↑rääch|~; ~e> {8.3.5; 11}: rechtlich. Tbl. A1

rechne ['rɛfjnə] <V.; schw.; *han*; rechente ['rɛfjəntə]; gerechent [jə'rɛfjənt]>: rechnen. (150)

recke¹ ['rɛkə] <V.; schw.; *han*; reckte ['rɛktə]; gereck [jə'rɛk]>: recken, **1. a)** Gliedmaßen strecken u. dehnen: *der Stross r.* (den Hals r.); insbes. <sich r.>: *sich r. un strecke* (sich r. und strecken); **b)** irgendwohin strecken. **2.** ein Wäschestück nach der Wäsche so ziehen/dehnen, dass es wieder in die richtige Form kommt: *et Deschdoch r.* (das Tischtuch r./ziehen). (88)

r<u>e</u>cke² ['rekə] <V.; schw.; *han;* r<u>e</u>ckte ['rektə]; ger<u>e</u>ck [jə'rek]> {5.3.1; 5.5.2}: reichen, **1.** anreichen: *Reck mer ens der Schlot!* (Reich mir mal den Salat!). **2.** genügen: *Et reck hinge un vörre nit.* (Es reicht hinten und vorne nicht.) [auch: ↑lange (1)]; ***dran r.** (jmdm. gleichkommen). (88)

R<u>e</u>d/R<u>e</u>dd², de [reˑt / ret] <N.; *R<u>e</u>dd* veraltet; ~e> {8.3.1}: Rede.

R<u>e</u>dd¹, der [ret] <N.; ~e (Pl. ungebr.)> {5.5.2; 6.11.3}: Ritt, ***op R. sin** (unterwegs sein, sich herumtreiben).

R<u>e</u>dd²/R<u>e</u>d, de [ret / reˑt] <N.; *R<u>e</u>dd* veraltet; ~e> {5.3.2; 5.5.2; 8.3.1}: Rede.

r<u>e</u>dde ['redə] <V.; schw.; *han;* ger<u>e</u>dt [jə'ret]; veraltet> {5.3.4; 5.5.2}: reden [auch: ↑klaafe (1), ↑plappere, ↑quas<u>e</u>le, ↑quatsche¹, ↑schnäbbele, ↑schnaddere (2), ↑schwaade, ↑schwätze² (1+2)]. (111) (197)

rede ['reˑdə] <V.; allein ungebr., meist in Präfix-V.; schw.; *han;* redte ['reˑtə]; geredt [jə'reˑt]>: reden, sprechen [auch: ↑klaafe (1), ↑plappere, ↑quas<u>e</u>le, ↑quatsche¹, ↑schnäbbele, ↑schnaddere (2), ↑schwaade, ↑schwätze² (1+2)]. (197) (111)

R<u>e</u>de|kuns, de ['reˑdə‚kʊns] <N.; ~|küns> {s. u. ↑Kuns}: Redekunst.

R<u>ee</u>ch|baum/R<u>i</u>ch|~, der ['reːɧ‚boʊm / 'rɪɧ-] <N.; ~|bäum [-bø̞ˑym]> {s. u. ↑reechte/richte ↑Baum}: Richtbaum.

R<u>ee</u>ch|beil/R<u>i</u>ch|~, et ['reːɧ‚baɪl / 'rɪɧ-] <N.; ~e> {s. u. ↑reechte/richte}: Richtbeil, Beil des Scharfrichters.

R<u>ee</u>ch|fess/R<u>i</u>ch|~, et ['reːɧ‚fɛs / 'rɪɧ-] <N.; ~|feste> {s. u. ↑reechte/richte ↑Fess}: Richtfest.

R<u>ee</u>ch|geschwind|ig|keit/R<u>i</u>ch|~, de ['reːɧjə‚ʃvɪndɪɧkeɪt / 'rɪɧ-] <N.; o. Pl.> {s. u. ↑reechte/richte ↑Ge|schwind|ig|keit}: Richtgeschwindigkeit.

R<u>ee</u>ch|kranz/R<u>i</u>ch|~, der ['reːɧ‚krants / 'rɪɧ-] <N.; ~|kränz> {s. u. ↑reechte/richte ↑Kranz}: Richtkranz.

R<u>ee</u>ch|mikr<u>o</u>fon/R<u>i</u>ch|~, et ['reːɧmɪkro‚foˑn] <N.; ~e> {s. u. ↑reechte/richte}: Richtmikrofon.

R<u>ee</u>ch|punk/R<u>i</u>ch|~, der ['reːɧ‚pʊŋk / 'rɪɧ-] <N.; ~te> {s. u. ↑reechte/richte ↑Punk}: Richtpunkt.

R<u>ee</u>ch|satz/R<u>i</u>ch|~, der ['reːɧ‚zats / 'rɪɧ-] <N.; ~|sätz> {s. u. ↑reechte/richte ↑Satz}: Richtsatz.

r<u>ee</u>chte/richte ['reːɧtə / 'rɪɧtə] <V.; schw.; *han;* gereech [jə'reːɧ]> {5.2.1; 5.4}: richten. (131)

R<u>ee</u>cht|er/R<u>i</u>cht|~, der [reːɧte / rɪɧt-] <N.; ~> {5.2.1; 5.4}: Richter.

R<u>ee</u>cht|er|spr<u>o</u>ch/R<u>i</u>cht|~, der ['reːɧte‚ʃprox / 'rɪɧt-] <N.; ~|spröch> {s. u. ↑Reecht|er/Richt|~ ↑Spr<u>o</u>ch²}: Richterspruch, Urteilsspruch.

R<u>ee</u>cht|er|stohl/R<u>i</u>cht|~, der ['reːɧte‚ʃtoˑl / 'rɪɧt-] <N.; o. Pl.> {s. u. ↑Reecht|er/Richt|~ ↑Stohl¹}: Richterstuhl.

R<u>ee</u>ch|wäät/R<u>i</u>ch|~, der ['reːɧ‚vɛːt / 'rɪɧ-] <N.; ~e> {s. u. ↑reechte/richte ↑Wäät}: Richtwert.

r<u>ee</u>ll [reˈɛl] <Adj.; ~e; ~er, ~ste ⟨frz. réel⟩>: reell, regelgerecht, handfest. Tbl. A2.2

R<u>ee</u>me, der ['reˑmə] <N.; ~> {5.1.4.3}: Riemen, **1.** Gurt, ***der R. dropdun** (sich beeilen). **2.** (übertr.) Penis [auch: ↑Dill² (2), ↑Ge|maach, ↑Ge|mäch|s, ↑Löll (1), ↑Lömmel (2), ↑Lör|es (2), ↑Nipp, ↑Pitz, ↑Prügel (1b), ↑Schnibbel (3)].

R<u>ee</u>me|schiev, de ['reˑmə‚ʃiˑf] <N.; ~e> {s. u. ↑Reeme ↑Schiev}: Riemenscheibe, radförmiges Maschinenteil, das beim Riemenantrieb zur Kraftübertragung zw. dem Treibriemen u. der Welle dient.

R<u>ee</u>t, et [reˑt] <N.; kein Pl.>: Ried, Reet, Schilf, Schilfrohr, Riedgras, Röhricht.

Ref<u>o</u>rm|iss, der [reˈfɔrˌmɪs] <N.; ~|iste>: Reformist.

Reg<u>a</u>l, et [reˈjaˑl] <N.; ~e>: Regal.

Reg<u>a</u>lt, et [reˈjalt] <N.>: Oberhand, nur i. d. Vbdg. *et R. han* (das Sagen haben).

Reg<u>ee</u>r|ung/Reg<u>ie</u>r|~, de [reˈjeˑrʊŋ / reˈjiˑr-] <N.; ~e> {(5.1.4.3)}: Regierung.

R<u>e</u>gel/R<u>ä</u>gel, de ['reˑjəl / 'rɛˑjəl] <N.; ~e ⟨lat. regula⟩>: Regel.

r<u>e</u>gele/rägele ['reˑjələ / 'rɛˑjələ] <V.; schw.; *han;* regelte ['reˑjəltə]; geregelt [jə'reˑjəlt]>: regeln. (6)

r<u>e</u>gel|ge|rääch/rägel|~ ['reˑjəljə‚rɛːɧ / 'rɛˑjəl-] <Adj.; ~te> {s. u. ↑ge|rääch}: regelgerecht. Tbl. A4.1.1

r<u>e</u>gel|rääch/rägel|~ ['reˑjəlˌrɛːɧ / 'rɛˑjəl-] <Adj.; ~te> {s. u. ↑rääch¹}: regelrecht. Tbl. A4.1.1

reg<u>ie</u>re/~eere [reˈjiˑ(e̞)rə / -eˑrə] <V.; schw./unr.; *han;* regierte [reˈjiˑetə]; regiert [reˈjiˑet] ⟨lat. regere⟩> {(5.1.4.3)}: regieren, **1.** herrschen, bestimmen. **2.** <sich r.> Körperpflege betreiben. (3) (2)

Regier|ung/Regeer|~, de [re'ji·rʊŋ / re'je·r-] <N.; ~e> {(5.1.4.3)}: Regierung.

Register, et [re'ɪstə] <N.; ~e ⟨mlat. registrum⟩ {2}: Register.

registriere/~eere [reɪs'tri·(ɡ̊)rə / -e·rə] <V.; schw./unr.; *han*; registrierte [reɪs'tri·ɡ̊tə]; registriert [reɪs'tri·ɡ̊t] ⟨lat. registrare⟩ {(5.1.4.3)}: registrieren. (3) (2)

reguliere/~eere [reɡ̊ʊ'li·(ɡ̊)rə / -e·rə] <V.; schw./unr.; *han*; regulierte [reɡ̊ʊ'li·ɡ̊tə]; reguliert [reɡ̊ʊ'li·ɡ̊t] ⟨lat. regula; Regel⟩ {(5.1.4.3)}: regulieren. (3) (2)

Reichs|dag, der ['reɪʃs,da:x] <N.; i. best. Komposita *Reich*, sonst ↑Rich; o. Pl.> {11; s. u. ↑Dag}: Reichstag.

Reichs|kristall|naach, de [,reɪʃskrɪs'tal,na:x] <N.; i. best. Komposita *Reich*, sonst ↑Rich; o. Pl.> {11; s. u. ↑Naach}: Reichskristallnacht, Reichsprogromnacht.

Reichs|penning, der ['reɪʃs,pɛnɪŋ] <N.; i. best. Komposita *Reich*, sonst ↑Rich; ~e> {11; s. u. ↑Penning}: Reichspfennig, Währungseinheit des Deutschen Reiches von 1924 bis 1948; Abk.: Rpf.

Reif, der [reɪf] <N.; ~e>: Reif, **1.** <o. Pl.> in Bodennähe abgesetzter Niederschlag [auch: ↑Rief¹]. **2.** ringförmiges Schmuckstück: *ene Reif em Hoor drage* (einen Reif im Haar tragen).

Reife¹, der ['reɪfə] <N.; ~>: Reifen.

Reife², de ['reɪfə] <N. ⟨mhd. dafür rifecheit, ahd. rifi⟩>: Reife, reifer Zustand, das Reifsein.

Reife|drock, der ['reɪfə,drok] <N.; o. Pl.> {s. u. ↑Reife¹ ↑Drock¹}: Reifendruck, Luftdruck im Reifen.

Reife|pann, de ['reɪfə,pan·] <N.; ~e [-panə]> {s. u. ↑Pann²}: Reifenpanne.

Reife|pröf|ung, de ['raɪfə,prø·fʊŋ] <N.; i. best. Komposita *reife*, sonst ↑riefe; ~e> {5.4; 11}: Reifeprüfung; Abitur.

Reife|schade, der ['reɪfə,ʃa·də] <N.; ~|schäde> {s. u. ↑Reife¹ ↑Schade}: Reifenschaden.

Reife|wähßel, der ['reɪfə,vɛ:səl] <N.; ~e> {s. u. ↑Reife¹ ↑Wähßel}: Reifenwechsel.

Reife|zeugnis, et ['raɪfə,tsɔyɣnɪs] <N.; i. best. Komposita *reife*, sonst ↑riefe; ~se> {11}: Reifezeugnis, Abiturzeugnis.

Reife|zigg, de ['raɪfə,tsɪk] <N.; i. best. Komposita *reife*, sonst ↑riefe; o. Pl.> {11; s. u. ↑Zigg}: Reifezeit. **1.** Zeit des Reifens. **2.** Pubertät.

Reif|rock, der ['raɪf,rok] <N.; ~|röck> {s. u. ↑Rock}: Reifrock.

Reige, der ['reɪjə] <N.; ~ ⟨mhd. rei(g)e < afrz. raie = Tanz⟩>: Reigen.

Reih, de [reɪ·] <N.; ~e ['reɪə]> {8.3.1}: Reihe, **[RA]** *Dä hät se nit all op der R.* (Er ist verrückt.); **[RA]** *Dä bruch se nit der R. noh.* (Er ist verrückt.); **[RA]** *Brutt ehr se noch der Reih noh?* (Seid ihr noch ganz dicht? Wörtl.: Braucht ihr sie (die Gedanken) noch der Reihe nach?).

reihe¹, sich ['reɪə] <V.; schw.; *han*; reihte ['reɪ·tə]; gereiht [jə'reɪ·t]>: sich reihen, (zeitlich) folgen, sich anschließen: *Eine Rähndag dät sich an der andere r.* (Ein Regentag reihte sich an den anderen.); *Die Wage reihte sich anenander.* (Die Wagen reihten sich aneinander.). (37)

reihe² ['reɪə] <V.; schw.; *han*; reihte ['reɪ·tə]; gereiht [jə'reɪ·t]>: reihen, mit losem Faden nähen. (37)

Reihe|folg, de ['reɪ·jə,fol·f] <N.; ~e> {s. u. ↑Folg}: Reihenfolge.

Reihe|grav, et ['reɪ·jə,ɡ̊ra:f] <N.; ~|gräver [-jrɛ·və]> {s. u. ↑Grav}: Reihengrab.

Reihe|huus, et ['reɪ·jə,hu:s] <N.; ~|hüüser [-hy·zə]> {s. u. ↑Huus}: Reihenhaus.

Reiher, der ['reɪə] <N.; ~ ⟨mhd. reiger, ahd. reigaro, eigtl. = Krächzer⟩>: Reiher, an Gewässern lebender, langbeiniger Vogel mit sehr schlankem Körper u. einem langen Hals u. Schnabel.

Reiher|fedder, de ['reɪ·jə,fedə] <N.; ~e> {s. u. ↑Fedder}: Reiherfeder.

reihe|wies ['reɪəvi·s] <Adv.>: reihenweise.

reih|öm [reɪ·'|øm] <Adv.> {s. u. ↑öm¹}: reihum.

Reih|stech, der ['reɪ·,ʃteʃ] <N.; ~> {s. u. ↑Stech}: Reihstich, lose Stiche zum Reihen von Stoff.

Reim, der [reɪm] <N.; ~e>: Reim.

Reim|aat, de ['reɪm,|a:t] <N.; ~e> {s. u. ↑Aat}: Reimart.

reime ['reɪ·mə] <V.; schw.; *han*; reimte ['reɪ·mtə]; gereimp [jə'reɪ·mp]>: reimen, **1.** Reime bilden: *Hä kann god r.* (Er kann gut r.). **2.** <sich r.> sich reimen: *Dat reimp sich nit.* (Das reimt sich nicht.). (122)

Reim|wood, et ['reɪm,vo·t] <N.; ~|wööder [-vœ·də]> {s. u. ↑Wood¹}: Reimwort.

rein [reɪ·n] <Adj.; ~e; ~er, ~ste>: rein. Tbl. A2.4

Rein|er|drag, der ['reɪ·n|ɛɐ,dra:x] <N.; [-drɛ·f]> {s. u. ↑Er|drag}: Reinertrag [auch: ↑Rein|ge|wenn].

Rein|ge|weech, et ['reɪ·njə,ve:ʃ] <N.; o. Pl.> {s. u. ↑Ge|weech}: Reingewicht; Nettogewicht.

Rein|ge|wenn, der ['reːrnjə,ven] <N.; ~e> {s. u. ↑Ge|wenn}: Reingewinn, Reinertrag [auch: ↑Rein|er|drad].

Rein|heits|ge|bodd, et ['reːrnhertsjə,bɔt] <N.; ~e> {s. u. ↑Ge|bodd}: Reinheitsgebot (beim Brauen von Bier).

Reinig|ung, de ['reːrnɪjʊŋ] <N.; ~e>: Reinigung. **1.** <Pl. selten> das Reinigen. **2.** Unternehmen, Geschäft, das chemisch reinigt.

Reinig|ungs|kraff, de ['reːrnɪjʊŋs,kraf] <N.; ~|kräfte> {s. u. ↑Kraff}: Reinigungskraft.

Reinig|ungs|meddel, et ['reːrnɪjʊŋs,medəl] <N.; ~(e)> {s. u. ↑Meddel}: Reinigungsmittel.

rein|lich ['reːrnlɪʃ] <Adj.; ~e; ~er, ~ste>: reinlich.   Tbl. A1

Rein|lich|keit, de ['reːrnlɪʃkeːɪt] <N.; o. Pl.>: Reinlichkeit.

Rein|schreff, de ['reːrn,ʃref] <N.; ~|schrefte> {s. u. ↑Schreff}: Reinschrift.

Reis, de [reːɪ's] <N.; ~e> {8.3.1}: Reise.

reise ['reːɪzə] <V.; schw.; *sin*; reiste ['reːɪstə]; gereis [jə'reːɪ's]>: reisen.   (149)

Reise|be|reech/~|rich, der ['reːɪzəbə,reːɪç / -rɪʃ] <N.; ~te> {s. u. ↑Be|reech/~|rich}: Reisebericht.

Reise|bürro, et ['reːɪzə,byrɔ] <N.; ~s> {s. u. ↑Bürro}: Reisebüro.

Reise|deck, de ['reːɪzə,dɛk] <N.; ~e> {s. u. ↑Deck²}: Reisedecke.

Reise|feeber/~|fieber, et ['reːɪzə,feːbə / -fiːbə] <N.; kein Pl.> {s. u. ↑Feeber/Fieber}: Reisefieber vor Beginn einer Reise.

Reise|föhr|er/~|führ|~, der ['reːɪzə,føː(ɐ̯)re / -fyː(ɐ̯)r-] <N.; ~> {s. u. ↑Föhr|er/Führ|~}: Reiseführer. **1.** jmd., der Reisende, bes. Reisegruppen, führt u. ihnen die Sehenswürdigkeiten am jeweiligen Ort zeigt. **2.** Buch, das dem Reisenden alles Notwendige über Unterkünfte, Verkehrsmittel, kulturelle Einrichtungen o. Ä. vermittelt.

Reise|gesell|schaff, de ['reːɪzəjə,zɛlʃaf] <N.; ~|schafte>: Reisegesellschaft. **1.** Gruppe von Menschen, die gemeinsam eine Reise unternehmen. **2.** Institution, die die Reise organisiert u. durchführt.

Reise|grupp, de ['reːɪzə,jrʊp] <N.; ~e> {s. u. ↑Grupp}: Reisegruppe.

Reise|koste ['reːɪzə,kɔstə] <N.; Pl.> {s. u. ↑Koste}: Reisekosten.

Reise|loss, de ['reːɪzə,lɔs] <N.; kein Pl.> {s. u. ↑Loss}: Reiselust.

Reise|prospek, der ['reːɪzəprɔs,pɛk] <N.; ~te> {s. u. ↑Prospek}: Reiseprospekt.

Reise|täsch, de ['reːɪzə,tɛʃ] <N.; ~e> {s. u. ↑Täsch}: Reisetasche.

Reise|wedder, et ['reːɪzə,vɛdə] <N.; kein Pl.> {s. u. ↑Wedder}: Reisewetter.

Reise|well, de ['reːɪzə,vɛlˑ] <N.; ~e [-vɛlə]> {s. u. ↑Well}: Reisewelle.

Reise|zigg, de ['reːɪzə,tsɪk] <N.; ~e> {s. u. ↑Zigg}: Reisezeit; **a)** Zeit, während der man verreist ist; Urlaubszeit; **b)** Zeit, die für Hin- u. Rückreise benötigt wird; Fahrtzeit.

Reise|zog, der ['reːɪzə,tsɔx] <N.; ~|zög> {s. u. ↑Zog¹}: Reisezug.

Reiz, der [reːɪts] <N.; ~e>: Reiz, **1.** äußere od. innere Einwirkung auf den Organismus. **2. a)** von jmdm. od. einer Sache ausgehende verlockende Wirkung; **b)** Zauber, Schönheit, Charme.

reize ['reːɪtsə] <V.; schw.; *han*; reizte ['reːɪtstə]; gereiz [jə'reːɪts]>: reizen.   (112)

Reiz|hoste, der ['reːɪts,hɔstə] <N.; kein Pl.> {s. u. ↑Hoste}: Reizhusten.

Reiz|meddel, et ['reːɪts,medəl] <N.; ~(e)> {s. u. ↑Meddel}: (Med., Pharm.) Reizmittel, Stimulans.

Reiz|schwell, de ['reːɪts,ʃvɛlˑ] <N.; ~e [-ʃvɛlə]> {s. u. ↑Schwell}: (Psych., Physiol.) Reizschwelle.

Reiz|wäsch, de ['reːɪts,vɛʃ] <N.; kein Pl.> {s. u. ↑Wäsch}: Reizwäsche.

Reiz|wood, et ['raɪts,voːt] <N.; ~|wööder [-vœˑdə]> {s. u. ↑Wood¹}: Reizwort.

Reklame|feld|zog, der [re'klaːmə,fɛlttsɔx] <N.; ~|zög> {s. u. ↑Zog¹}: Reklamefeldzug, Werbekampagne.

Reklame|tromm/~|trumm, de [re'klaːmə,trɔm / -trʊmˑ] <N.; ~|trumm (älter); ~e [-trɔmə]> {s. u. ↑Tromm/Trumm}: Reklametrommel, in der Wendung *de R. röhre/schlage* (die R. rühren/schlagen).

Rekord|zigg, de [re'kɔxt,tsɪk] <N.; ~e> {s. u. ↑Zigg}: Rekordzeit.

Relief|kaat, de [rel'jɛf,kaːt] <N.; ~e> {s. u. ↑Kaat}: Reliefkarte, Landkarte, auf der das Relief mithilfe von Farbabstufung, Schraffierung o. Ä. dargestellt ist.

Religions|gemein|schaff, de [rel'joːnsjə,meɪnʃaf] <N.; ~|schafte>: Religionsgemeinschaft.

Religions|kreeg, der [rel'joˑns͵kreˑŋ] <N.; ~e> {s. u. ↑Kreeg}: Religionskrieg, Glaubenskrieg.

Religions|stund, de [rel'joˑns͵ʃʊnt] <N.; ~(e)> {s. u. ↑Stund}: Religionsstunde, Unterrichtsstunde im Schulfach Religion [auch: ↑Religions|unger|reech/~|rich].

Religions|unger|reech/~|rich, der [rel'joˑns͵ʊŋereːʃ / -rɪʃ] <N.; ~te (Pl. selten)> {s. u. ↑Unger|reech/~|rich}: Religionsunterricht, Religionsstunde [auch: ↑Religions|stund].

Religions|wesse|schaff, de [rel'joˑns͵vesəʃaf] <N.; o. Pl.> {5.5.2}: Religionswissenschaft.

religiös [rel'jøːs] <Adj.; ~e; ~er, ~te>: religiös. Tbl. A2.7

Relik, et [re'lɪk] <N.; ~te ⟨lat. relictum⟩> {8.3.5}: Relikt.

Remies, der ['reːmijəs] <N.; männl. Vorn.>: Remigius.

Remoulad, de [remu'laˑt] <N.; ~e ⟨frz. remoulade⟩> {8.3.1}: Remoulade.

Remoulade|zauß, de [remu'laˑdə͵tsaʊs] <N.; ~e> {s. u. ↑Zauß}: Remouladensoße.

rempele ['rɛmpələ] <V.; schw.; *han*; rempelte ['rɛmpəltə]; gerempelt [jə'rɛmpəlt] {9.2.1.2}: rempeln, mit Armen od. ganzem Körper eine Person wegstoßen (bes. im Sport). (6)

Rempels|krom, der ['rɛmpəls͵kroˑm] <N.; kein Pl.> {s. u. ↑Krom}: Krempel, Gerümpel [auch: ↑Ge|rempel|s].

Ren|dier, et ['reːn͵diˑɐ̯] <N.; ~e> {s. u. ↑Dier}: Rentier.

Ren|fall, der ['ren͵fal] <N.; ~|fäll [-fɛlˑ]> {s. u. ↑eren ↑Fall²}: Reinfall.

renke ['rɛŋkə] <V.; schw.; *han*; renkte ['rɛŋktə]; gerenk [jə'rɛŋk]>: renken, drehend hin u. her bewegen. (41)

renne¹ ['rɛnə] <V.; unr.; *sin*; rannt [rant]; gerannt [jə'rant]>: rennen [auch: ↑flitze, ↑laufe]. (35)

renne²/rinne ['rɛnə / 'rɪnə] <V.; nur 3. Pers.; st.; *sin*; ronn [ronˑ]; geronne [jə'ronə] {5.5.2}: rinnen. (82)

Renne, et ['rɛnə] <N.; ~> {8.3.3}: Rennen.

renommiert/renommeet [reno'miˑɐ̯t / reno'meˑt] <Adj.; ~e; ~er, ~(e)ste> {5.1.4.3; 8.2.4}: renommiert, bekannt, angesehen. Tbl. A1

Renn|pääd, et ['rɛn͵pɛːt] <N. ~(er) [-pɛˑt / -pɛˑdə]> {s. u. ↑Pääd}: Rennpferd.

Renn|radd, et ['rɛn͵rat] <N.; ~|rädder> {s. u. ↑Radd}: Rennrad.

Renn|reife, der ['rɛn͵reɪ̯fə] <N.; ~> {s. u. ↑Reife¹}: Rennreifen.

Renn|schlitte, der ['rɛn͵ʃlɪtə] <N.; ~> {s. u. ↑Schlitte}: Rennschlitten.

Renn|streck, de ['rɛn͵ʃtrɛk] <N.; ~e> {s. u. ↑Streck²}: Rennstrecke.

Renn|wage, der ['rɛn͵vaˑʁə] <N.; ~> {s. u. ↑Wage}: Rennwagen.

renommeet/renommiert [reno'meˑt / reno'miˑɐ̯t] <Adj.; ~e; ~er, ~(e)ste> {5.1.4.3; 8.2.4}: renommiert, bekannt, angesehen. Tbl. A1

renommiere/~eere [reno'miˑ(ɐ̯)rə / -eˑrə] <V.; schw./unr.; *han*; renommierte [reno'miˑɐ̯tə]; renommiert [reno'miˑɐ̯t] ⟨frz. renommer; rühmen⟩> {(5.1.4.3)}: renommieren, prahlen. (3) (2)

Renommier|stängel, der [reno'miˑɐ̯͵ʃtɛŋəl] <N.; ~e>: Angeber, Prahler.

renoviere/~eere [reno'viˑ(ɐ̯)rə / -eˑrə] <V.; schw./unr.; *han*; renovierte [reno'viˑɐ̯tə]; renoviert [reno'viˑɐ̯t] ⟨lat. renovare⟩> {(5.1.4.3)}: renovieren. (3) (2)

Rent, de [rɛnt] <N.; ~e> {8.3.1}: Rente.

Rente(n)|aan|sproch, der ['rɛntə(n)͵laˑnʃprox] <N.; ~|spröch> {s. u. ↑Aan|sproch; 9.1.4}: Rentenanspruch.

Rente(n)|ald|er, et ['rɛntə(n)͵aldɐ] <N.; kein Pl.> {s. u. ↑Ald|er; 9.1.4}: Rentenalter.

Rente|ver|secher|ung, de ['rɛntəfɐ͵zeʃərʊŋ] <N.; ~e> {s. u. ↑Rent; 5.5.2}: Rentenversicherung.

rentiere/~eere, sich [rɛn'tiˑ(ɐ̯)rə / -eˑrə] <V.; schw./unr.; *han*; rentierte [rɛn'tiˑɐ̯tə]; rentiert [rɛn'tiˑɐ̯t] ⟨zu mhd. renten⟩> {(5.1.4.3)}: sich rentieren/lohnen, in materieller od. ideeller Hinsicht von Nutzen sein. (3) (2)

Reparatur|koste [repəra'tuˑɐ̯͵kɔstə] <N.; Pl.> {s. u. ↑Koste}: Reparaturkosten.

repariere/~eere [repa'riˑ(ɐ̯)rə / -eˑrə] <V.; schw./unr.; *han*; reparierte [repa'riˑɐ̯tə]; repariert [repa'riˑɐ̯t] ⟨lat. reparare⟩> {(5.1.4.3)}: reparieren. (3) (2)

Reportage, de [repo(ɐ̯)'taˑʃ] <N.; ~ [repɔɐ̯ˈtaˑʒə] ⟨frz. reportage⟩>: Reportage.

Reserv, de [re'zɛrf] <N.; ~e [re'zɛrvə] ⟨frz. réserve, zu réserver, reservieren⟩> {8.3.1}: Reserve.

Reserve|radd, et [re'zɛrvə͵rat] <N.; ~|rädder> {s. u. ↑Radd}: Reserverad; Ersatzrad.

Reserve|reife, der [re'zɛrvə͵reɪ̯fə] <N.; ~> {s. u. ↑Reife¹}: Reservereifen, Reserverad.

Reserve|spill|er, der [re'zɛrvə͵ʃpɪlɐ] <N.; ~> {s. u. ↑Spill|er}: Reservespieler, Ersatzspieler.

Reserv|iss, der [ˌrezəˈvɪs] <N.; ~|iste>: Reservist.
reskiere/~eere [resˈkiˑɐ̯rə / -ˑeˑrə] <V.; schw./unr.; han; reskierte [resˈkiˑɐ̯tə]; reskiert [resˈkiˑɐ̯t] ⟨frz. risquer⟩> {(5.1.4.3)}: riskieren; ***en (decke/große) Lepp r.** (eine (dicke/große) Lippe r.; großsprecherisch reden, angeben, prahlen, Sprüche klopfen) [auch: ↑aan|gevve, ↑brüste, ↑strunze, ↑protze, ↑op|spille, ↑op|schnigge, ↑renommiere/~eere, ↑schwadroniere/~eere, d_e_ck/groß dun, der d_e_cke W_e_llem maache/spille/markiere/~eere, Gedöns/Buhei maache, en große Muul han]. (3) (2)
resolut [rezəˈlʊt] <Adj.; ~e; ~er, ~(e)ste ⟨lat. resolutus⟩> {5.3.2; 5.3.4.1; 5.4}: resolut, entschlossen, bestimmt, energisch. Tbl. A1
Resonanz|boddem, der [rezoˈnants̩ˌbodəm] <N.; ~|böddem> {s. u. ↑B_o_ddem}: (Musik) Resonanzboden.
Resonanz|kaste, der [rezoˈnants̩ˌkastə] <N.; ~|käste> {s. u. ↑K_a_ste}: (Musik) Resonanzkasten.
Respek, der [resˈpɛk] <N. ⟨frz. respect < lat. respectus = das Zurückblicken; Rücksicht, zu: respicere = zurückschauen; Rücksicht nehmen⟩> {8.3.5}: Respekt.
Respeks|person, de [resˈpɛkspɛrˌzoˑn] <N.; ~e> {s. u. ↑Respek ↑Person}: Respektsperson.
Ress[1], der [res] <N.; ~> {5.5.2}: Riss, Stelle, an der etw. gerissen ist; ***em R. looße** (im Stich lassen; sitzen lassen; verlieren); ***R. krige** (Schläge bekommen, verprügelt werden) [auch: ↑Klöpp].
Ress[2], der [rɛs] <N.; Reste [ˈrɛstə] {8.3.5}: Rest.
Ress|be|drag, der [ˈrɛsbəˌdraːx] <N.; ~|dräg [-drɛˑf]> {s. u. ↑Ress[2] ↑Be|drag}: Restbetrag.
Ress|be|stand, der [ˈrɛsbəˌʃtant] <N.; ~|ständ [-ʃtɛnˑt]> {s. u. ↑Ress[2] ↑Be|stand}: Restbestand.
ress|ig [ˈresɪʃ] <Adj.; ~e; ~er, ~ste> {5.5.2}: rissig, aufgesprungen. Tbl. A5.2
ress|lich [ˈrɛslɪʃ] <Adj.; ~e> {8.3.5}: restlich, übrig, verbleibend. Tbl. A1
Ress|poste, der [ˈrɛsˌpɔstə] <N.; ~> {s. u. ↑Ress[2]}: Restposten.
Ress|risiko, et [ˈrɛsˌrɪzɪkoˑ] <N.; ~|risike> {s. u. ↑Ress[2] ↑R_i_siko}: Restrisiko.
Ress|strof, de [ˈrɛsˌʃtrɔːf] <N.; ~e> {s. u. ↑Ress[2] ↑Str_o_f}: Reststrafe.
Ress|summ, de [ˈrɛsˌzʊmˑ] <N.; ~e [-zʊmə]> {s. u. ↑Ress[2] ↑Summ}: Restsumme, Restbetrag.

Ress|urlaub, der [ˈrɛsˌuɐ̯laʊ̯p] <N.; o. Pl.> {s. u. ↑Ress[2]}: Resturlaub.
Restaurant, et [ˌrɛstoˈraŋˑ] <N.; ~s ⟨frz. restaurant⟩>: Restaurant.
retour [reˈtuˑɐ̯] <Adv. ⟨frz. retour⟩> {2}: retour, zurück.
Retour|fahr|kaat, de [reˈtuɐ̯ˌfaːkaːt] <N.; ~e> {s. u. ↑Kaat}: Retourfahrkarte, Rückfahrkarte.
Retour|kutsch, de [reˈtuɐ̯ˌkʊtʃ] <N.; ~e> {s. u. ↑Kutsch}: Retourkutsche.
rette [ˈrɛtə] <V.; schw.; han; gerett [jəˈrɛt]>: retten. (113)
Rett|ungs|deens, der [ˈrɛtʊŋsˌdeˑns] <N.; ~te> {s. u. ↑Deens}: Rettungsdienst.
Rett|ungs|fleeg|er, der [ˈrɛtʊŋsˌfleˑjɐ] <N.; ~> {s. u. ↑Fleeg|er}: Rettungsflieger, Rettungsflugzeug.
Rettungs|ring, der [ˈrɛtʊŋsˌrɪŋ] <N.; ~ [-rɪŋˑ]> {s. u. ↑Ring[1]}: Rettungsring, **1.** ringförmiger, auch hufeisenförmiger Schwimmkörper, mit dem sich Ertrinkende od. Schiffbrüchige über Wasser halten können. **2.** etwa in Hüfthöhe um den Körper verlaufender Fettwulst.
Rettungs|schwemme, et [ˈrɛtʊŋsˌʃvemə] <N.; kein Pl.> {s. u. ↑schwemme[1]}: Rettungsschwimmen.
Rettungs|schwemm|er, der [ˈrɛtʊŋsˌʃvemɐ] <N.; ~> {s. u. ↑Schwemm|er}: Rettungsschwimmer.
Rettungs|wage, der [ˈrɛtʊŋsˌvaˑʀə] <N.; ~> {s. u. ↑Wage}: Rettungswagen.
Rettungs|wess, de [ˈrɛtʊŋsˌvɛs] <N.; ~|weste> {s. u. ↑Wess}: Rettungsweste.
Retz, der [rets] <N.; ~e> {5.5.2; (8.3.1)}: Ritz(e), Schlitz: *Ich han de Botz em R.* (Ich habe die Hose eingeklemmt.) [auch: ↑K_e_rv/Kirv]; ***bedresse R.** (Feigling, Angsthase).
retze [ˈrɛtsə] <V.; schw.; han; retzte [ˈrɛtstə]; geretz [jəˈrɛts]> {5.5.2}: ritzen. (114)
Reu, de [røy̆ˑ] <N.; kein Pl.> {8.3.1}: Reue.
reue [ˈrøy̆ə] <V.; schw.; han; reute [ˈrøy̆ˑtə]; gereut [jəˈrøy̆ˑt]>: reuen. (11)
Reu|esse, et [ˈrøy̆ˌɛsə] <N.; ~>: Leichenschmaus.
Reu|geld, et [ˈrøy̆ˌjɛlt] <N.>: Reugeld, Geldsumme, die vereinbarungsgemäß beim Rücktritt von einem Vertrag zu zahlen ist.
Reu|kauf, der [ˈrøy̆ˌkɔy̆f] <N.; ~|käuf>: Reukauf, Kauf mit Rücktrittsrecht gegen Zahlung eines Reugeldes.
reu|möd|ig [ˈrøy̆ˑmøˑdɪʃ] <Adj.; ~e; ~er, ~ste>: reumütig, schuldbewusst. Tbl. A5.2

Reus, de [røy·s] <N.; ~e ⟨mhd. riuse, ahd. riusa, rus(s)a)⟩ {8.3.1}: Reuse.

Reuz, de [røyts] <N.; ~e>: 1. Rückentragekorb. 2. Buckel [auch: ↑Puckel]. 3. Person mit Buckel. 4. hagere, knochige Frau [auch: ↑Ge|räm|sch (2b), ↑Knoche|ge|rämsch, ↑Rebbe|ge|spens, ↑Schmeck vum Dudewage (1), ↑Spenne|fleck|er, ↑Ver|drügte, *schmalen Herring, fettgemaht Stochieser*].

reuze ['røytsə] <V.; schw.; *han*; reuzte ['røytstə]; gereuz [jə'røyts]>: schultern, auf der Schulter/dem Rücken tragen. (112)

revanchiere/~eere, sich [revaŋ'ʒi·(e̩)rə / -e·rə] <V.; schw./unr.; *han*; revanchierte [revaŋ'ʒi·e̩tə]; revanchiert [revaŋ'ʒi·e̩t] ⟨frz.: revancher; rächen⟩> {(5.1.4.3)}: sich revanchieren. (3) (2)

Revolt, de [re'vɔlt] <N.; ~e; ⟨frz. révolte⟩> {8.3.1}: Revolte.

Revolutions|rod, der [revolʊts'jo·ns,ro·t] <N.; o. Pl.> {s. u. ↑Rod}: Revolutionsrat.

Revolver|bladd, et [re'vɔlve,blat] <N.; ~|bläder> {s. u. ↑Bladd}: Revolverblatt.

Revolver|täsch, de [re'vɔlve,tɛʃ] <N.; ~> {s. u. ↑Täsch}: Revolvertasche.

Rezepp, et [re'tsɛp] <N.; Rezepte [re'tsɛptə]> {8.3.5}: Rezept.

Rezepp|block, der [re'tsɛp,blɔk] <N.; ~|blöck> {s. u. ↑Rezepp ↑Block}: Rezeptblock.

Rezepp|boch, et [re'tsɛp,bo·x] <N.; ~|böcher> {s. u. ↑Rezepp ↑Boch¹}: Rezeptbuch.

Rezepp|flich, de [re'tsɛp,fliç] <N.; o. Pl.> {s. u. ↑Rezepp ↑Flich}: Rezeptpflicht, Verschreibungspflicht.

Rhabarber|koche, der [ra'barbe,ko·xə] <N.; ~> {s. u. ↑Koche}: Rhabarberkuchen.

Rhabarber|kompott, et [ra'barbekɔm,pɔt] <N.; ~e ⟨frz. compotte)⟩> {s. u. ↑Kompott}: Rhabarberkompott.

Rhein|land-Falz [,reɪnlant'falts] <N.; Eigenn.; i. best. Komposita *Rhein*, sonst ↑Rhing> {11}: Rheinland-Pfalz; deutsches Bundesland.

Rhesus|aap, der [ʹre·zʊs,|a:p] <N.; ~e> {s. u. ↑Aap}: Rhesusaffe.

Rheuma|deck, de ['rɔyma,dɛk] <N.; ~e> {s. u. ↑Deck²}: Rheumadecke.

Rheuma|wäsch, de ['rɔyma,vɛʃ] <N.; kein Pl.> {s. u. ↑Wäsch}: Rheumawäsche.

Rhing, der [rɪŋ] <N.; Eigenn.> {5.3.4}: Rhein (Fluss durch Köln); *der R. erop* (rheinaufwärts); *der R. erav* (rheinabwärts).

Rhing|bröck, der ['rɪŋ,brøk] <N.; ~e> {s. u. ↑Rhing ↑Bröck¹}: Rheinbrücke.

Rhing|fall, der ['rɪŋ,fal] <N.; Eigenn.> {s. u. ↑Rhing ↑Fall²}: Rheinfall, größter Wasserfall Mitteleuropas (bei Schaffhausen, Schweiz).

Rhing|gass ['rɪŋ,jas] <N.; Straßenn.> {s. u. ↑Rhing² ↑Gass¹}: Rheingasse; Starße in Köln-Altstadt/Süd. Hier standen, in der Nähe zum Rhein, schon im 13. Jh. große Patrizierhäuser. Bis heute steht dort das „Overstolzenhaus".

Rhing|gau, der ['rɪŋ,jaʊ] <N.; Eigenn.> {s. u. ↑Rhing}: Rheingau, Landschaft in Hessen.

Rhing|hesse [,rɪŋ'hɛsə] <N.; Eigenn.> {s. u. ↑Rhing}: Rheinhessen; Weinbaugebiet in Rheinland-Pfalz.

Rhing|roll|er, der ['rɪŋ,rɔle] <N.; ~e> {s. u. ↑Rhing}: früher: Hafenarbeiter [auch: ↑Klut (a)].

Rhing|sche, der ['rɪŋ·ʃə] <N.; veraltet> {s. u. ↑Rhing}: Rheinländer, von „rheinisch".

Rhing|wing, der ['rɪŋ,vɪŋ] <N.; ~e (Sortenpl.)> {s. u. ↑Rhing ↑Wing¹}: Rheinwein.

Rhythmus|gitta, de ['rʏtmʊs,jɪta] <N.; ~s> {s. u. ↑Gitta¹}: Rhythmusgitarre.

rich [rɪʃ] <Adj.; ~e; ~er, ~ste> {5.3.1}: reich [auch: *jet an de Föß han*]. Tbl. A1

Rich, et [rɪʃ] <N.; ~e; ⟨mhd. rīch(e)⟩> {5.3.1}: Reich.

Richartz|stroß ['rɪʃa:ts,ʃtro·s] <N.; Straßenn.> {s. u. ↑Stroß}: Richartzstraße; Straße in Köln-Altstadt/Nord, benannt nach dem Kunstmäzen u. Stifter des 1861 eröffneten Wallraf-Richartz-Museums Johann Heinrich Richartz (*15.11.1795 †22.4.1861).

Rich|baum/Reech|~, der ['rɪʃ,boʊm / 're:ʃ-] <N.; ~|bäum [-bøy·m]> {s. u. ↑richte/reechte ↑Baum}: Richtbaum.

Rich|beil/Reech|~, et ['rɪʃ,baɪl / 're:ʃ-] <N.; ~e> {s. u. ↑richte/reechte}: Richtbeil, Beil des Scharfrichters.

Rich|dum, der ['rɪʃdu·m] <N.; ~|dümer> {5.3.1}: Reichtum.

Rich|fess/Reech|~, et ['rɪʃ,fɛs / 're:ʃ-] <N.; ~|feste> {s. u. ↑richte/reechte ↑Fess}: Richtfest.

Rich|geschwind|ig|keit/Reech|~, de ['rɪʃjə,ʃvɪndɪʃkeɪt / 're:ʃ-] <N.; o. Pl.> {s. u. ↑richte/reechte ↑Ge|schwind|ig|keit}: Richtgeschwindigkeit.

Rich|kranz/Reech|~, der ['rɪʃˌkrants / 'reːʃ-] <N.; ~|kränz> {s. u. ↑richte/reechte ↑Kranz}: Richtkranz.

Rich|latt, de ['rɪʃˌlat] <N.; i. best. Komposita nur rich, sonst auch reech-; ~e> {8.3.5; 11; s. u. ↑Latt}: Richtlatte.

Rich|mikrofon/Reech|~, et ['rɪʃmɪkroˌfoːn] <N.; ~e> {s. u. ↑richte/reechte}: Richtmikrofon.

Richmodis vun Aduch, et [ˌrɪʃˈmoːdɪsfʊnˈaˈdʊx] <N.; Eigenn.> {8.3.5; s. u. ↑vun}: Richmodis von Aducht. Um 1397 entstand im Zusammenhang mit einer neuerlichen Pestepidemie die Sage von der für tot gehaltenen u. auf dem Friedhof St. Aposteln begrabenen Richmodis von Aducht. Der Sage nach war sie wieder aus dem Grab aufgestanden u. zu ihrem Gatten heimgekehrt. Als der Diener ihre Ankunft ankündigt, ruft der Gatte, er glaube eher, dass zwei Pferde die Treppen bis zum Speicher hinauflaufen würden, was dann geschieht. Heute erinnern zwei aus einem Turmfenster hinausschauende Pferdeköpfe am Neumarkt/Richmodstr. an diese Sage. Das Geschlecht von Aducht zählte zu den führenden Patrizierfamilen Kölns.

Richmod|stroß ['rɪhmoˑtˌʃtroˑs] <N.; Straßenn.> {s. u. ↑Stroß}: Richmodstraße; Straße in Köln-Altstadt/Nord, benannt nach Richmodis von Aducht (* † um 1300), die mit einem wohlhabenden Kölner Kaufmann verheiratet war u. im 14. Jh. der Pest zum Opfer fiel. Als Grabräuber ihr Grab ausrauben wollten, erhob sich die Totgeglaubte u. kehrte zurück zum Haus Ihres Mannes. Als dieser von seiner Magd die freudige Nachricht erfuhr, glaubte er ihr nicht u. sagte: „so wenig es wahr sein kann, dass mein Pferd die Treppe hinaufklettere u. durch das Dach des Bodens herausschauen, so wenig ist es möglich, dass meine Frau aus dem Grabe wieder nach Hause kommen kann". Daran erinnern bis heute die Pferdeköpfe im Turmfenster des Richmodistürmchens.

Rich|punk/Reech|~, der ['rɪʃˌpʊŋk] <N.; ~te> {s. u. ↑richte/reechte ↑Punk}: Richtpunkt.

Richs|appel, der ['rɪʃsˌapəl] <N.; o. Pl.> {s. u. ↑Rich ↑Appel}: Reichsapfel, Kugel mit darauf stehendem Kreuz als Teil der Reichsinsignien.

Rich|satz/Reech|~, der ['rɪʃˌzats / 'reːʃ-] <N.; ~|sätz> {s. u. ↑richte/reechte ↑Satz}: Richtsatz, behördlich festgelegter Satz für etw.

Rich|schnur/~|schnor, de ['rɪʃˌʃnuˑɐ̯ / -ʃnoˑɐ̯] <N.; i. best. Komposita rich, sonst reech; ~|schnür> {8.3.5; 11; s. u. ↑Schnur/Schnor}: Richtschnur.

richte/reechte ['rɪʃtə / 'reːʃtə] <V.; schw.; han; gerich [jəˈrɪʃ]>: richten. (131)

Richt|er/Reecht|~, der [rɪʃtə / reːʃt-] <N.; ~> {(5.2.1; 5.4)}: Richter.

Richt|er|sproch/Reecht|~, der ['rɪʃtəˌʃprox / 'reːʃt-] <N.; ~|spröch> {s. u. ↑Richt|er/Reecht|~ ↑Sproch²}: Richterspruch, Urteilsspruch.

Richt|er|stohl/Reecht|~, der ['rɪʃtəˌʃtoˑl / 'reːʃt-] <N.; o. Pl.> {s. u. ↑Richt|er/Reecht|~ ↑Stohl¹}: Richterstuhl.

richt|ig¹ ['rɪʃtɪʃ] <Adj.; ~e>: richtig, korrekt, fehlerlos [auch: ↑korrek]. Tbl. A5.2

richt|ig² ['rɪʃtɪʃ] <Adv.>: richtig, in der Tat, wie mit Erstaunen festzustellen ist: *Jo, r., ich entsenne mich!* (Ja, r., ich erinnere mich!).

Richt|ung, de ['rɪʃtʊŋ] <N.; ~e>: Richtung.

Richt|ungs|wäßel, der ['rɪʃtʊŋsˌvɛːsəl-] <N.; ~e> {s. u. ↑Richt|ung ↑Wähßel}: Richtungswechsel.

Rich|wäät/Reech|~, der ['rɪʃˌvɛːt / 'reːʃ-] <N.; ~e> {s. u. ↑richte/reechte ↑Wäät}: Richtwert, vorgegebener Wert.

Rick|che, et ['rɪkʃə] <N.; weibl. Vorn.>: Kurzf. von Frederike.

Riedich, der ['riˑdɪʃ] <N.; ~e> {5.2.2; 6.11.3}: Rettich.

rief [riːf] <Adj.; ~e; ~er, ~ste> {5.1.4.5}: reif, **1.** wachstumsmäßig voll entwickelt: *Die Prumme sin noch nit r.* (Diese Pflaumen sind noch nicht r.). **2. a)** erwachsen, lebenserfahren; **b)** *r. för Galkhuuse, för de Jeckenaanstalt* (reif für die Klappsmühle). Tbl. A1

Rief, der [riːf] <N.> {5.1.4.5}: Reif, in Bodennähe abgesetzter Niederschlag, **[RA]** *Allerhellige R., es et Chressdag wieß un stiev.* (Allerheiligen R., ist es Weihnachten weiß und steif.) [auch: ↑Reif (1)].

riefe ['riːfə] <V.; schw.; han u. sin; riefte ['riːftə]; gerief [jəˈriːf]> {5.1.4.5}: reifen, reif werden. (108)

Riege, de ['riˑjə] <N.: ~ ⟨aus dem Niederd. < mniederd. rige, eigtl. = Reihe⟩>: (bes. Turnen) Riege, Gruppe.

Riegel, der ['riːjəl] <N.; ~e>: Riegel, **1.** Vorrichtung mit quer zu verschiebendem Metallstück o. Ä. zum Verschließen von Türen, Toren, Fenstern. **2.** abgemessenes langes Stück: *ene R. Schokelad* (ein R. Schokolade).

Riehl|er Göödel ['riːlɐˌjøː'ʔəl] <N.; Straßenn.> {s. u. ↑Göödel}: Riehler Gürtel; Teil der Gürtel als dritte Ringstraße um den linksrheinischen Stadtkern in Köln-Riehl. Der Gürtel stellt eine Verbindung zw. den linksrheinischen Kölner Stadtteilen her. Die Ortschaft Riehl wurde im Jahr 927 gegründet u. geht wahrsch. auf eine keltische Siedlung zurück. Der Ursprung des Namen ist nicht ganz geklärt, entweder stammt er von „Riole" für Wassergraben od. von „Rigil" für Riege od. Aufreihung.

Ries[1], der [riːs] <N.; ~e (Sortenpl.)> {5.1.4.5}: Reis, Grundnahrungsmittel insbes. in warmen Ländern; **[RA]** *Drieß en der R., mer han Bunne gekoch! (Pfeif drauf!).*

Ries[2], et [riˑs] <N.; ~er> {5.1.4.5}: Reis, (kleiner, dünner) Zweig.

Ries[3], der [riˑs] <N.; ~e> {8.3.1}: Riese, **a)** mythisches Wesen von übergroßer menschlicher Gestalt; **b)** (übertr.) großgewachsener Mensch.

Ries|brand|wing, der [ˈriːsˌbrantvɪŋ] <N.; ~e (Sortenpl.)> {s. u. ↑Ries[1] ↑Wing[1]}: Reisbranntwein, Arrak.

Ries|brei/~|papp, der [ˈriːsˌbreɪ / -pap] <N.; ~e/~> {s. u. ↑Ries[1] ↑Brei ↑Papp[2]}: Reisbrei.

Riese|ge|birg, et [ˈriˑzəjəˌbɪrʃ] <N.; Eigenn.> {s. u. ↑Ge|birg}: Riesengebirge, höchster Gebirgszug der Sudeten.

Riese|schredd, der [ˈriˑzəˌʃret] <N.; ~> {s. u. ↑Ries[3] ↑Schredd}: Riesenschritt, sehr großer Schritt.

Rieser|ääz, de [ˈriˑzəˌɛːts] <N.; ~e> {s. u. ↑Ries[2] ↑Ääz[1]}: Reisererbse, ranken an Reisern empor im Ggs. zu Straucherbsen.

Riese|radd, et [ˈriˑzəˌrat] <N.; ~|rädder> {s. u. ↑Ries[3] ↑Radd}: Riesenrad.

Riese|schild|krad/~|scheld/~/~|kröt, de [ˈriˑzəˌʃɪltkraˑt / -ʃelt- / -krøˑt] <N.; ~e> {s. u. ↑Ries[3] ↑Schild[2]/Scheld[2] ↑Krad[1]}: Riesenschildkröte.

Riese|schlang, de [ˈriˑzəˌʃlaŋ] <N.; ~e [-ʃlaŋə]> {s. u. ↑Ries[3] ↑Schlang}: Riesenschlange.

Ries|feld, et [ˈriːsˌfɛlt] <N.; ~er> {s. u. ↑Ries[1]}: Reisfeld.

ries|ig [ˈriːzɪʃ] <Adj.; ~e; ~er, ~ste> {s. u. ↑Ries[3]}: riesig, extrem groß. Tbl. A5.2

Ries|koon, et [ˈriːsˌkoːn] <N.; ~|kööner> {s. u. ↑Ries[1] ↑Koon[1]}: Reiskorn.

Ries|mähl, et [ˈriːsˌmɛːl] <N.; ~e (Sortenpl.)> {s. u. ↑Ries[1] ↑Mähl}: Reismehl.

Ries|op|lauf, der [ˈriːsˌoplouf] <N.; ~|läuf> {s. u. ↑Ries[1] ↑Op|lauf}: (Kochk.) Reisauflauf.

Rieß|bredd, et [ˈriːsˌbrɛt] <N.; ~er> {s. u. ↑rieße ↑Bredd}: Reißbrett.

Rieß|bredd|steff, der [ˈriːsbrɛtˌʃtef] <N.; ~|stefte> {s. u. ↑rieße ↑Bredd ↑Steff[2]}: Reißbrettstift, Reißzwecke.

Ries|schnaps/~|schabau, der [ˈriːsˌʃnaps / -ʃaˌbau] <N.; ~|schnäps/~s> {s. u. ↑Ries[1] ↑Schabau}: Reisschnaps, Reisbranntwein.

rieße [ˈriːsə] <V.; st.; *sin*; *ress* [res]; *geresse* [jəˈresə]> {5.1.4.5}: reißen, entzweigehen: *Der Film es geresse.* (Der Film ist gerissen.); **se geresse krige* (Prügel beziehen(bekommen). (25)

Rieße, et [ˈriːsə] <N.; kein Pl.> {5.1.4.5}: Reißen, Gliederschmerzen.

rieß|fess [ˈriːsfɛs] <Adj.; Sup. ungebr.; ~|feste; ~|fester, ~|festeste [ˈfɛstə / ˈfɛstəstə]> {5.1.4.5}: reißfest, widerstandsfähig gegen Zerreißen. Tbl. A4.2.2

Rieß|ling, de [ˈriːsˌlɪŋˑ] <N.; ~e [-lɪŋə]> {5.1.4.5; s. u. ↑Ling[1]}: Reißleine.

Rieß|nähl, der [ˈriːsˌnɛˑl] <N.; ~> {5.1.4.5; s. u. ↑Nähl}: Reißnagel, Reißzwecke, Heftzwecke [auch: ↑Heff|zweck, ↑Rieß|zweck].

Ries|strüh, et [ˈriːsˌʃtryˑ] <N.; kein Pl.> {s. u. ↑Ries[1] ↑Strüh}: Reisstroh, weiches Stroh vom Reis (das für Körbe, Hüte, Matten u. Ä. verwendet wird u. auch als Streu dient).

Rieß|us, der [ˌriːsˈʊs] <N.; kein Pl.> {5.1.4.5; s. u. ↑us[2]}: Reißaus.

Rieß|ver|schloss/~|schluss, der [ˈriːsfɐˌʃlos / -ʃlʊs] <N.; ~|schlöss> {s. u. ↑rieße ↑Ver|schloss/~|schluss}: Reißverschluss.

Rieß|wolf, der [ˈriːsˌvolf] <N.; ~|wölf [-vølˑf]> {s. u. ↑rieße ↑Wolf}: Reißwolf.

Rieß|zant, der [ˈriːsˌtsant] <N.; ~|zäng [-tsɛŋˑ]> {s. u. ↑rieße ↑Zant}: Reißzahn.

Rieß|zweck, der [ˈriːsˌtsvɛk] <N.; ~e> {5.1.4.5; 8.3.1}: Reißzwecke, Heftzwecke [auch: ↑Heff|zweck, ↑Rieß|nähl].

Ries|wing, der [ˈriːsˌvɪŋ] <N.; ~e (Sortenpl.)> {s. u. ↑Ries[1] ↑Wing[1]}: Reiswein, Sake.

Ries|zupp, de [ˈriːsˌtsʊp] <N.; ~e> {s. u. ↑Ries[1] ↑Zupp}: Reissuppe.

Riev, de [riˑf] <N.; ~e> {5.1.4.5; 6.1.1; 8.3.1}: Reibe.

Riev|bredd, et ['riːf‚brɛt] <N.; ~er> {s. u. ↑Riev ↑Bredd}: Waschbrett [auch: ↑Wäsch|bredd].

rieve ['riˑvə] <V.; st.; *han*; r**e**vv [rɛf]; ger**e**vve [jə'revə]> {5.1.4.5; 6.1.1}: reiben. (51)

Riev|erei, de [‚riˑvə'reɪˑ] <N.; ~e [-ə'reɪə]> {5.1.4.5; 6.1.1}: Reiberei, Auseinandersetzung über etw., Streitigkeit.

Riev|fläch, de ['riːfflɛfj] <N.; ~e> {s. u. ↑rieve ↑Fläch}: Reibfläche.

Riev|ieser, et ['riːf‚liˑzɛ] <N.> {s. u. ↑rieve ↑Ieser}: Reibeisen.

Riev|kis, der ['riːf‚kiˑs] <N.; kein Pl.> {s. u. ↑rieve ↑Kis}: Reibkäse.

Riev|koche, der ['riˑf‚koˑxə] <N.; ~; ~|köch|el|che [-'køˑjəlfjə]> {s. u. ↑Riev ↑Koche}: Reibekuchen, **1.** Kartoffelpuffer. **2.** (übertr.) verkrustete Hautabschürfung.

Riev|koche(n)|allee, de ['riˑfkoˑxə(n)|a'leˑ] <N.; Straßenn.> {9.1.4}: ältere, volkst. Bez. für die Schemmergasse im Griechenmarktviertel, in der man früher frische Reibekuchen kaufen konnte [auch: ↑Schemmer|gass].

Riev|koche|bud, de ['riˑfkoˑxə‚buˑt] <N.; ~e> {s. u. ↑Riev ↑Koche ↑Bud}: Reibekuchenbude.

Riev|koche|ge|seech, et ['riˑf‚koˑxəjə‚zeːfj] <N.; ~ter> {s. u. ↑Riev|koche ↑Ge|seech}: rauhes, pockennarbiges Gesicht.

riffele ['rɪfələ] <V.; schw.; *sin*; riffelte ['rɪfəltə]; geriffelt [jə'rɪfəlt]> {9.2.1.2}: riffeln, ausfasern, zerfasern. (6)

Riga ['riˑja] <N.; Eigenn.>: Hauptstadt von Lettland, größte Stadt des Baltikums.

Rigg|botz, de ['rɪk‚bots] <N.; ~e> {s. u. ↑rigge ↑Botz}: Reithose.

Rigg|dier, et ['rɪk‚diˑɐ] <N.; ~e> {s. u. ↑rigge ↑Dier}: Reittier, Tier, auf dem geritten werden kann (Pferd, Esel, Kamel o. Ä.).

rigge ['rɪgə] <V.; st.; *han* u. *sin*; r**e**dt [rɛt]; ger**e**dde [jə'redə]> {5.3.4; 6.6.2}: reiten. (133)

Rigg|pääd, et ['rɪk‚pɛːt] <N.; ~(er) [-pɛˑt / -pɛˑdə]; ~|pääd|che [-pɛˑtfjə]> {6.6.2; s. u. ↑Pääd}: Reitpferd.

Rigg|schull, de ['rɪk‚ʃʊlˑ] <N.; ~e [-ʃʊlə]> {s. u. ↑rigge ↑Schull}: Reitschule.

Rigg|stivvel, der ['rɪk‚ʃtɪvəl] <N.; ~e> {s. u. ↑rigge ↑Stivvel¹}: Reitstiefel.

Rigg|stund, de ['rɪk‚ʃtʊnˑt] <N.; ~e> {s. u. ↑rigge ↑Stund}: Reitstunde.

Rigg|unger|reech/~|rich, der ['rɪk‚ʊŋɐreːfj / -rɪfj] <N.; ~te (Pl. selten)> {s. u. ↑rigge ↑Unger|reech/~|rich}: Reitunterricht.

Rigg|wäg, der ['rɪk‚vɛːfj] <N.; ~(e) [-vɛˑfj / -vɛˑjə]> {s. u. ↑rigge ↑Wäg}: Reitweg.

rigoros [rɪjo'roˑs] <Adj.; nur präd.>: rigoros.

Rih, et [riˑ] <N.; ~e ['riˑə]> {5.4}: Reh.

rihe ['rɪə] <V.; schw.; *han*; rihte ['riˑtə]; gerriht [jə'riˑt]> {5.1.4.5}: reihen; **a)** aufreihen; **b)** einreihen; **c)** <sich r.> folgen, sich anschließen.

Rih|faddem, der ['riˑ‚fadəm] <N.; ~|fäddem> {s. u. ↑rihe ↑Faddem}: Reihfaden, Nähfaden zum Anreihen.

Rih|gaan, et ['riː‚jaːn] <N.; ~e> {s. u. ↑rihe ↑Gaan}: Reihgarn.

Rih|kitz, et ['riˑ‚kɪts] <N.; ~e> {s. u. ↑Rih}: Rehkitz, Junges vom Reh.

Rih|ledder, et ['riˑ‚ledɐ] <N.> {s. u. ↑Rih ↑Ledder}: Rehleder.

Rih|rögge, der ['riˑ‚røgə] <N.; ~> {s. u. ↑Rih ↑Rögge}: Rehrücken. **1.** Gericht aus dem Rückenstück des Rehs. **2.** Rührkuchen in Kastenform mit Schokoladenglasur.

Rih|weld/~|wild, et ['riˑvelt / -vɪlt] <N.; kein Pl.> {s. u. ↑Rih ↑Weld/Wild}: (Jägerspr.) Rehwild.

Rind, et [rɪnt] <N.; ~er ['rɪndɐ]>: Rind.

Rinder|brode, der ['rɪnˑdɐ‚broˑdə] <N.; ~> {s. u. ↑Brode}: Rinderbraten.

Rinder|bross, de ['rɪnˑdɐ‚bros] <N.; ~|bröss> {s. u. ↑Bross}: (Kochk.) Rinderbrust.

Rinder|hääd, de ['rɪnˑdɐ‚hɛˑt] <N.; ~e> {s. u. ↑Hääd²}: Rinderherde.

Rinder|levver, de ['rɪnˑdɐ‚levɐ] <N.; ~e> {s. u. ↑Levver}: Rinderleber.

Rinder|pess, de ['rɪnˑdɐ‚pɛs] <N.; kein Pl.> {s. u. ↑Pess}: Rinderpest.

Rinder|rass, de ['rɪnˑdɐ‚ras] <N.; ~e> {s. u. ↑Rass²}: Rinderrasse.

Rinder|talg, der ['rɪnˑdɐ‚talfj] <N.; kein Pl.> {s. u. ↑Talg}: Rindertalg.

Rinder|zuch, de ['rɪnˑdɐ‚tsʊx] <N.; ~te> {s. u. ↑Zuch}: Rinderzucht.

Rinder|zung, de ['rɪnˑdɐ‚tsʊŋˑ] <N.; ~e [-tsʊŋə]> {s. u. ↑Zung¹}: Rinderzunge.

Rinds|ledder, et ['rɪnˑts‚ledɐ] <N.; ~> {s. u. ↑L**e**dder}: Rindsleder.

Ring[1], der [rɪŋ] <N.; ~/~e [rɪŋˑ / rɪŋə]>: Ring, gleichmäßig runder, kreisförmig in sich geschlossener Gegenstand.

Ring[2], der [rɪŋ] <N.; Straßenn.; ~ [rɪŋˑ]>: Ring (Kölner Straße in der Innenstadt), halbkreisförmige Straße in Köln, die von 1881 - 1890 außerhalb der früheren Stadtmauer gebaut wurde. Die einzelnen Abschnitte wurden nach geschichtlichen Epochen der Stadtentwicklung bzw. nach dt. Staatsoberhäuptern benannt. Sie beginnt im Süden unterhalb des Hafens Köln-Rheinau mit dem Ubierring bis zum Chlodwigplatz, dann folgen Karolinger Ring, Sachsenring, Salierring u. Barbarossaplatz, dann Hohenstaufenring, Habsburger Ring u. Rudolfplatz, dann Hohenzollernring, Friesenplatz, Kaiser-Wilhelm-Ring, Hansaring u. Ebertplatz; das letze Stück, der Theodor-Heuss-Ring, endet im Norden am Rheinufer in Höhe der Bastei.

Ring|boch, et ['rɪŋ‚boˑx] <N.; ~|böcher> {s. u. ↑Boch[1]}: Ringbuch.

ringe ['rɪŋə] <V.; st.; *han*; rung [rʊŋˑ]; gerunge [jə'rʊŋə] ⟨mhd. ringen⟩>: ringen. (26)

Ringel|blom, de ['rɪŋəl‚bloːm] <N.; ~e> {s. u. ↑Blom}: Ringelblume; Calendula.

Ringel|duuv, de ['rɪŋəl‚duˑf] <N.; ~e; ~|düüv|che> {s. u. ↑Duuv}: Ringeltaube; <Diminutiv> Rarität, Schnäppchen; <Diminutiv Pl. Ringel|düüv|cher> Sülzer Frauengesangverein.

Ringel|lock, de ['rɪŋəl‚lɔk] <N.; ~e> {s. u. ↑Lock}: Ringellocke.

Ringelott, de [‚rɪŋə'lɔt] <N.; ~e ⟨frz. reineclaude⟩> {2}: Reineclaude, Reneklode, (nach der frz. Königin Claude, der Gattin Franz I., benannt) gelbe od. grüne Pflaume.

Ring|grave, der ['rɪŋ‚jraˑvə] <N.; ~|gräve> {s. u. ↑Grave}: Ringgraben.

Ring|kamf, der ['rɪŋ‚kamf] <N.; ~|kämf> {s. u. ↑Kamf}: Ringkampf.

Ring|kämf|er, der ['rɪŋ‚kɛmfɐ] <N. ~> {s. u. ↑Kämf|er}: Ringkämpfer, Ringer.

Ring|muur/~|moor, de ['rɪŋ‚muˑɐ / -moˑɐ] <N.; ~e> {s. u. ↑Muur/Moor[1]}: Ringmauer, ringförmig angelegte Mauer um eine Burg, eine Stadt.

Ring|reecht|er/~|richt|~, der ['rɪŋ‚reːçtɐ / -rɪçt-] <N.; ~> {s. u. ↑Reecht|er/Richt|~}: (Sport) Ringrichter.

Ring|schiev, de ['rɪŋ‚ʃiˑf] <N.; ~e> {s. u. ↑Schiev}: (Schießsport) Ringscheibe, Schießscheibe mit nummerierten, konzentrisch um eine schwarze Kreisfläche angeordneten Ringen.

Ring|schlössel, der ['rɪŋ‚ʃløsəl] <N.; ~e> {s. u. ↑Schlössel}: Ringschlüssel, ringförmiger Schlüüsel zum Drehen von Schrauben.

Ring|stroß, de ['rɪŋ‚ʃtroˑs] <N.; ~e> {s. u. ↑Stroß}: Ringstraße, ringförmig angelegte, um eine Stadt, einen Stadtkern verlaufende, [breite] Straße.

Rinke|pohl, Am [am'rɪŋkə‚poˑl] <N.; Straßenn.> {s. u. ↑Pohl[1]}: Am Rinkenpfuhl (Pohl = Pfuhl); Straße in Köln-Altstadt/Süd. Ein Pfuhl ist ein Teich; hier ist es der Teich des Rinckenhofes, der im Besitz der Patrizierfamilie Rinck war. Der Teich diente bis 1810 auch als Pferdetränke. Bis 1959 hieß die Straße *Am Rinkenpohl*, *Rinckenpfuhl* u. *Fossé Rinck*.

rinne/renne[2] ['rɪnə / 'rɛnə] <V.; nur 3. Pers.; st.; *sin*; ronn [rɔnˑ]; geronne [jə'rɔnə]>: rinnen. (82)

Rippet, der ['rɪpət] <N.; veraltet>: Brustbeutel, meist von Marktfrauen unter einem Kleidungsstück getragen, heute veraltet, aber in älterer Literatur häufig. Erzählung von Wilh. Koch (1845 -18891): *Der R. vun der Beß*.

ripsch [rɪpʃ] <Adj.; nur präd.; veraltet ⟨lat. R.I.P.S. requiescat in pace semiterna (er, sie ruhe ewig in Frieden)⟩>: **1.** tot: *Dä es och ald r.* (Der ist auch schon t.). **2.** verschwunden. **3.** verloren.

ripsche ['rɪpʃə] <V.; veraltet; schw.; *han*; ripschte ['rɪpʃtə]; geripsch [jə'rɪpʃ]>: (rasch, unauffällig) wegnehmen, stibitzen [auch: ↑av|kläue (1), ↑jöcke[3], ↑kläue, ↑mopse, ↑räubere, ↑raube, ↑stelle[3], ↑stritze]. (110)

risele ['rɪzələ] <V.; schw.; *han*; riselte ['rɪzəltə]; geriselt [jə'rɪzəlt]> {5.3.4.1; 7.4; 9.2.1.2}: rieseln, **1.** in kleinen Teilchen nach unten fallen. **2.** <unpers., nur 3. Pers.> nieseln, fein regnen [auch: ↑fisele, ↑fispele (2), ↑grisele]. (6)

Risiko, et ['rɪzikoˑ] <N.; ~s/Risike ['rɪzikə]>: Risiko.

riskiere/~eere [rɪs'kiˑ(ɐ)rə / -eˑrə] <V.; schw./unr.; *han*; riskierte [rɪs'kiˑɐtə]; riskiert [rɪs'kiˑɐt] ⟨frz.: risquern⟩> {(5.1.4.3)}: riskieren. (3) (2)

rispele ['rɪspələ] <V.; schw.; *han*; rispelte ['rɪspəltə]; gerispelt [jə'rɪspəlt]>: rascheln. (6)

Ritter|deens, der ['rɪtɐˌdeːns] <N.; ~te> {s. u. ↑Deens}: Ritterdienst, (im MA.) Dienst, den ein Ritter bei Hof zu leisten hat.
Ritter|krütz, et ['rɪtɐˌkrʏts] <N.; ~e> {s. u. ↑Krütz}: Ritterkreuz.
Ritter|spill, et ['rɪtɐˌʃpɪl] <N.; ~ [-ˌʃpɪlˑ]> {s. u. ↑Spill}: Ritterspiel, Ritterkampfspiel.
Ritters|lück ['rɪtəsˌlʏk] <N.; Pl.> {s. u. ↑Lück¹}: Rittersleute, Pl. von Rittersmann.
Ritter|zigg, de ['rɪtɐˌtsɪk] <N.; o. Pl.> {s. u. ↑Zigg}: Ritterzeit.
Rizinus|öl, et ['rɪtsɪnʊsˌœl] <N.; o. Pl.> {s. u. ↑Öl}: Rizinusöl.
Rob, de [roːp] <N.; ~e> {8.3.1}: Robe.
Röb, de [røːp] <N.; ~e> {5.4; 8.3.1}: Rübe, meistens wird *Knoll* benutzt; aber in Zus. häufig.
Robbe|fang, der ['rɔbəˌfaŋ] <N.; o. Pl.> {s. u. ↑Fang}: Robbenfang.
Robbe|fell, et ['rɔbəˌfɛl] <N.; ~e> {s. u. ↑Fell}: Robbenfell.
Röbe|feld, et ['røːbəˌfɛlt] <N.; ~er> {s. u. ↑Röb}: Rübenfeld.
Röbe|krugg, et ['røːbəˌkrʊk] <N.; o. Pl.> {s. u. ↑Röb ↑Krugg}: Rübenkraut, Sirup aus Zuckerrüben.
Röbe|saff, der ['røːbəˌzaf] <N.; ~|säff> {s. u. ↑Röb ↑Saff}: Rübensaft.
Röbe|sirup, der ['røːbəˌziːrʊp] <N.; o. Pl.> {s. u. ↑Röb}: Rübensirup.
Röbe|zucker, der ['røːbəˌtsʊkɐ] <N.; o. Pl.> {s. u. ↑Röb}: Rübenzucker.
Röb|öl, et ['røːpˌœl] <N.; o. Pl.> {s. u. ↑Röb ↑Öl}: Rüböl, aus Rübsamen gewonnenes Öl.
Röb|sǫm(e), der ['røːpˌzɔːm(ə)] <N.; ~|sǫme> {8.3.1; s. u. ↑Röb ↑Sǫm(e)}: Rübsamen, dem Raps ähnliche Pflanze bzw. der Samen davon.
Röb|still, der ['røːpˌʃtɪl] <N.; o. Pl.; ~che> {s. u. ↑Röb ↑Still}: Rübstiel (Gemüsepflanze).
Roche, der ['rɔxə] <N.; ~ ⟨aus Niederd. < mniederd. *roche*, *ruche*⟩> {8.3.3}: Rochen (Knorpelfisch).
Roch|es, der ['rɔxəs] <N.; kein Pl.>: Wut [auch: ↑Wod, ↑Rage].
Rock, der [rɔk] <N.; Röck [rœk]>: Rock (Kleidungsstück): *en R. un Kamesǫl* (fertig angezogen).
röck|-/Röck|- [røk] <Präfix> {5.5.1; 6.6.1.1}: rück-, Rück-, i. Vbdg. m. N. u. Adj.: ~*leech* (~*licht*); ~*fällig* (~*fällig*).

~|röck [røk] <Suffix> {5.5.1; 6.6.1.1}: -rück.
röcke ['røkə] <V.; schw.; *han* u. *sin*; röckte ['røktə]; geröck [jə'røk]> {5.5.1}: rücken. (88)
röck|fäll|ig ['røkfɛlɪç] <Adj.; ~e>: rückfällig. Tbl. A5.2
Röck|bild|ung/~|beld|~, de ['røkˌbɪldʊŋ / -beld-] <N.; ~e> {(5.5.2)}: Rückbildung.
Röck|blend, de ['røkˌblɛnːt] <N.; ~e> {s. u. ↑Blend}: (Film) Rückblende.
Röck|fahr|kaat, de ['røkfaː(ɐ̯)ˌkaːt] <N.; ~e> {s. u. ↑Kaat}: Rückfahrkarte.
Röck|fahr|leech/~|lich, et ['røkfaː(ɐ̯)ˌleːç / -lɪç] <N.; ~ter> {s. u. ↑Leech/Lich}: Rückfahrlicht, Rückfahrscheinwerfer.
Röck|fahr|sching, der ['røkfaː(ɐ̯)ˌʃɪŋ] <N.; ~ [-ˌʃɪŋˑ]> {s. u. ↑Sching¹}: Rückfahrschein, Rückfahrkarte.
Röck|fahrt, de ['røkˌfaːt] <N.; ~e> {s. u. ↑Fahrt}: Rückfahrt.
Rock|fald, de ['rɔkˌfalt] <N.; ~e> {s. u. ↑Fald}: Rockfalte.
Röck|fall, der ['røkˌfal] <N.; ~|fäll [-ˌfɛlˑ] ⟨nach frz. *recidive*, zu lat. *recidivus, rezidiv*⟩> {s. u. ↑Fall²}: Rückfall.
Röck|finster, et ['røkˌfɪnstɐ] <N.; ~e> {s. u. ↑Finster}: Rückfenster, Heckfenster.
Röck|flog, der ['røkˌfloːx] <N.; ~|flög> {s. u. ↑Flog¹}: Rückflug.
Röck|floss/~|fluss, der ['røkˌflɔs / -flʊs] <N.; ~|flöss/~|flüss> {s. u. ↑Floss/Fluss}: Rückfluss.
Röck|fraach, de ['røkˌfraːx] <N.; ~te> {s. u. ↑Fraach}: Rückfracht.
Röck|frǫg, de ['røkˌfrɔːx] <N.; ~e> {s. u. ↑Frǫg}: Rückfrage.
Röck|gang, der ['røkˌjaŋ] <N.; ~|gäng [-ˌjɛŋˑ]> {s. u. ↑Gang¹}: Rückgang.
röck|gäng|ig ['røkjɛŋɪç] <Adj.; nur präd.>: rückgängig.
Röck|greff, der ['røkˌjref] <N.; ~e> {s. u. ↑Greff}: Rückgriff.
Rock|grupp, de ['rɔkˌjrʊp] <N.; ~e ⟨engl. *rock* für Rockmusik⟩> {s. u. ↑Grupp}: Rockgruppe.
Röck|hald, der ['røkˌhalt] <N.; o. Pl.>: Rückhalt.
Röck|kaufs|rääch, et ['røkkoʊfsˌrɛːç] <N.; ~te> {s. u. ↑Rääch}: (Kaufmannsspr.) Rückkaufsrecht, Wiederkaufsrecht.
Röck|kehr/~|kihr, de ['røkkeːɐ̯ / -kiːɐ̯] <N.; o. Pl.> {8.3.1/5.4}: Rückkehr.
Rock|konzäät, et ['rɔkkɔnˌtsɛːt] <N.; ~e> {s. u. ↑Konzäät}: Rockkonzert.

Röck|kunf, de ['røkkʊnf] <N.; o. Pl.> {8.3.5}: Rückkunft; Rückkehr.
Röck|lag, de ['røk‚laˑx] <N.; ~e> {s. u. ↑Lag}: Rücklage.
Röck|lauf, der ['røk‚loʊ̯f] <N.; ~|läuf> {s. u. ↑Lauf¹}: Rücklauf.
röck|läuf|ig ['røkløy̯fɪŋ] <Adj.; ~e>: rückläufig.   Tbl. A5.2
Röck|leech, et ['røkle:fj] <N.; ~ter> {5.2.1.2; 5.4}: Rücklicht [auch: ↑Röck|leuch].
Röck|leuch, de ['røk‚løy̯fj] <N.; ~te> {s. u. ↑Leuch}: Rückleuchte, Rücklicht [auch: ↑Röck|leech].
röck|lings ['røklɪŋs] <Adv.> {5.5.1; 6.6.1.1}: rücklings.
Röck|marsch, der ['røk‚maxʃ] <N.; ~|märsch> {s. u. ↑Marsch}: Rückmarsch.
Röck|meld|ung, de ['røk‚mɛldʊŋ] <N.; ~e>: Rückmeldung.
Röck|öm|schlag, der ['røgʊm‚ʃlaːx] <N.; ~|schläg [-ʃlɛˑfj]> {s. u. ↑Öm|schlag}: Rückumschlag.
Röck|porto, et ['røk‚pɔxto] <N.; kein Pl.>: Rückporto.
Röck|reis, de ['røk‚reɪ̯s] <N.; ~e> {s. u. ↑Reis}: Rückreise.
Röck|rof, der ['røk‚roˑf] <N.; ~|röf (Pl. ungebr.)> {s. u. ↑Rof}: Rückruf, **1.** Telefongespräch als Antwort auf ein [kurz] zuvor geführtes Telefongespräch. **2.** (Rechtsspr.) Rücknahme des Nutzungsrechts (im Urheberrecht). **3.** das Zurückbeordern von etw..
Röck|rund, de ['røk‚rʊnˑt] <N.; ~e> {s. u. ↑Rund}: (Sport) Rückrunde.
Rock|saum/~|suum, der ['rɔk‚zoʊ̯m / -zu:m] <N.; ~|säum/ ~|süüm> {s. u. ↑Saum/Suum}: Rocksaum.
Röck|schiev, de ['røk‚ʃiˑf] <N.; ~e> {s. u. ↑Schiev}: Rückscheibe, Rückfenster.
Röck|sching, der ['røk‚ʃɪŋ] <N.; ~ -[ʃɪŋˑ]> {s. u. ↑Sching¹}: (Postw.) Rückschein.
Röck|schlag, der ['røk‚ʃlaːx] <N.; ~|schläg [-ʃlɛˑfj]> {s. u. ↑Schlag¹}: Rückschlag. **1.** plötzliche Verschlechterung, die unerwartet eintritt. **2.** (Sport) das Zurückschlagen des Balles in die gegnerische Spielfeldhälfte, Return. **3.** (Technik) Rückstoß.
Röck|schluss, der ['røk‚ʃlʊs] <N.; ~|schlöss (meist Pl.)> {s. u. ↑Schluss}: Rückschluss.
Röck|schredd, der ['røk‚ʃret] <N.; ~> {s. u. ↑Schredd}: Rückschritt.
röck|schredd|lich ['røk‚ʃretlɪfj] <Adj.; ~e> {s. u. ↑Schredd}: rückschrittlich.   Tbl. A1
Röck|send|ung, de ['røk‚zɛndʊŋ] <N.; ~e>: Rücksendung.

Röck|setz, der ['røk‚zets] <N.; ~(e)> {s. u. ↑Setz}: Rücksitz.
Röck|sich, de ['røkzɪfj] <N.; ~te> {8.3.5}: Rücksicht; *R. **nemme** (Rücksicht nehmen),.
Röck|sigg, de ['røk‚zɪk] <N.; ~e> {s. u. ↑Sigg¹}: Rückseite.
Röck|speegel, der ['røk‚ʃpeˑjəl] <N.; ~e> {s. u. ↑Speegel}: Rückspiegel.
Röck|spill, et ['røk‚ʃpɪl] <N.; ~ -[ʃpɪlˑ]> {s. u. ↑Spill}: (Sport) Rückspiel.
Röck|sproch, de ['røk‚ʃprɔˑx] <N.; ~e> {s. u. ↑Sproch¹}: Rücksprache.
Röck|stand, der ['røk‚ʃtant] <N.; ~ständ [-ʃtɛnˑt]> {s. u. ↑Stand}: Rückstand.
röck|ständ|ig ['røkʃtɛnˑdɪfj] <Adj.; ~e; ~er, ~ste>: rückständig.   Tbl. A5.2
Röck|stau, der ['røk‚ʃtaʊ̯] <N.; ~s>: Rückstau.
Röck|taas/~|tass, de ['røkta:s / -tas] <N.; ~te/~|taste> {5.2.1.2; 8.3.1; (8.3.5)}: Rücktaste.
Rock|täsch, de ['rɔk‚tɛʃ] <N.; ~e> {s. u. ↑Täsch}: Rocktasche.
Röck|tredd, der ['røk‚tret] <N.> {s. u. ↑Tredd}: Rücktritt. **1.** Zurücktreten von einem Amt. **2.** Zurücktreten von einem Vertrag. **3.** Rücktrittbremse [auch: ↑Röck|tredd|brems].
Röck|tredd|brems, de ['røktret‚brɛmˑs] <N.; ~e> {s. u. ↑Tredd ↑Brems¹}: Rücktrittbremse [auch: ↑Röck|tredd (3)].
Röck|tredds|friss, de ['røktretsˌfrɪs] <N.; ~|friste> {s. u. ↑röck|-/Röck|-; ↑Tredd; ↑Friss}: Rücktrittsfrist.
Röck|tredds|rääch, et ['røktretsˌrɛːfj] <N.; o. Pl.> {s. u. ↑Tredd ↑Rääch}: (Rechtsspr.) Rücktrittsrecht.
Röck|ver|secher|ung, de ['røkfɐ‚zefjərʊŋ] <N.; ~e> {5.5.2}: Rückversicherung.
röck|wääts ['røkvɛˑts] <Adv.>: rückwärts.
Röck|wäg, der ['røk‚vɛˑfj] <N.; ~(e) [-vɛˑfj / -vɛˑjə]> {s. u. ↑Wäg}: Rückweg.
Röck|wand, de ['røk‚vant] <N.; ~|wäng [-vɛŋˑ]> {s. u. ↑Wand}: Rückwand.
Röck|wärts|gang, der ['røkvɛxts‚jaŋ] <N.; o. Pl.> {s. u. ↑Gang¹}: Rückwärtsgang.
Röck|zahl|ung, de ['røk‚tsaˑlʊŋ] <N.; ~e>: Rückzahlung, Rückerstattung.
Rock|zibbel, der ['rɔk‚tsɪbəl] <N.; ~e> {s. u. ↑Zibbel}: Rockzipfel.

Röck|zieh|er, der ['røk͜,tsiˑjɐ] <N.; i. best. Komposita *zieh*-, sonst ↑trecke; ~> {11}: Rückzieher.

Röck|zog, der ['røk͜,tsox] <N.; ~|zög> {s. u. ↑Zog¹}: Rückzug.

Rǫd, der [rɔˑt] <N.> {5.5.3; 6.11.3}: Rat, **1.** <o. Pl.> Ratschlag, Empfehlung an jmdn. [auch ↑Rǫd|schlag]. **2.** <o. Pl.> **a)** beratendes Gremium; **b)** (Politik) Gremium mit administrativen od. legislativen Aufgaben (auf kommunaler Ebene). **3.** <Pl. Rǫdslück> Mitglied eines Rates. **4.** <o. Pl.> Titel verschiedener Beamter.

röddele ['rødələ] <V.; schw.; *han*; röddelte ['rødəltə]; geröddelt [jə'rødəlt]> {5.5.3; 6.11.3; 9.2.1.2}: rütteln [auch: ↑rüsele, ↑waggele].   (6)

Röddele/Rüddele ['rødələ / 'rʏdələ] <N.; Pl.> {5.3.2; 6.11.3; 9.1.1}: Röteln, **a)** Infektionskrankheit, die mit einem den Masern ähnlichen Ausschlag einhergeht; **b)** (übertr.) Hautausschlag: *Wann ich dat hüre, krigen ich de R.* (Wenn ich das höre, bekomme ich Ausschlag – vor Ekel.); **de Rüddele krige* (zu viel kriegen).

rǫde ['roˑdə] <V.; st.; *han*; reedt [reːt]; gerǫde [jə'roˑdə]> {5.5.3; 6.11.3}: raten, **1.** empfehlen, jmdn. einen Rat erteilen. **2. a)** die Antwort auf eine Frage finden; **b)** erraten.   (36)

Rodel|schlitte, der ['roːdəl͜,ʃlɪtə] <N.; ~> {s. u. ↑Schlitte}: Rodelschlitten.

Roder/Ruder, et ['roˑdɐ / 'ruːdɐ] <N.; ~e> {5.4}: Ruder.

Roder|bladd/Ruder|~, et ['roˑdɐ͜,blat / 'ruːdɐ-] <N.; ~|blädder> {s. u. ↑Roder/Ruder ↑Bladd}: Ruderblatt, **1.** Blatt des Ruders. **2.** um einen senkrechten Schaft drehbare (hölzerne od. stählerne) Platte eines Ruders.

rodere/rudere ['roˑdərə / 'ruːdərə] <V.; schw.; *sin*; roderte ['roːdətə]; gerodert [jə'roːdət]> {5.4; 9.2.1.2}: rudern; (die Arme) schwenken.   (4)

Roder|huus/Ruder|~, et ['roˑdɐ͜,huːs / 'ruːdɐ-] <N.; ~|hüüser [-hyˑzɛ]> {s. u. ↑Roder/Ruder ↑Huus}: Ruderhaus, (auf kleineren Schiffen) mit Steuerrad, Kompass u. a. ausgerüstete Kabine auf Deck, in der sich der Rudergänger aufhält.

Roder|schlag/Ruder|~, der ['roˑdɐ͜,ʃlaːx / 'ruːdɐ-] <N.; ~|schläg [-ʃlɛˑfj]> {s. u. ↑Roder/Ruder ↑Schlag¹}: Ruderschlag.

Roder|setz/Ruder|~, der ['roˑdɐ͜,zets / 'ruːdɐ-] <N.; ~(e)> {s. u. ↑Roder/Ruder ↑Setz}: Rudersitz.

Rǫd|huus, et ['rɔˑt͜,huːs] <N.; ~|hüüser [-hyˑzɛ]> {s. u. ↑Rǫd ↑Huus}: Rathaus.

Rǫd|huus|platz, der ['rɔˑthuːs͜,plats͜] <N.; ~|plätz> {s. u. ↑Rǫd ↑Huus}: Rathausplatz.

Rǫd|huus|saal, der ['rɔˑthuːs͜,zaːl] <N.; ~|sääl [-zɛˑl]> {s. u. ↑Rǫd ↑Huus ↑Saal}: Rathaussaal.

Rǫd|huus|toon, der ['rɔˑthuːs͜,toːn] <N.; ~|töön [-tøˑn]> {s. u. ↑Rǫd ↑Huus ↑Toon}: Rathausturm [auch: Rǫd|huus|turm].

Rǫd|huus|turm, der ['rɔˑthuːs͜,tʊrm] <N.; ~|türm [-tʏrm]> {s. u. ↑Rǫd ↑Huus ↑Turm}: Rathausturm [auch: Rǫd|huus|toon].

Rodong(koche), der [ro'dɔŋˑ(͜,koˑxə)] <N.; ~ ⟨frz. raton⟩> {2}: Rodonkuchen, Ratonkuchen.

Rǫd|schlag, der ['rɔˑt͜,ʃlaːx] <N.; ~|schläg [-ʃlɛˑfj]> {s. u. ↑Rǫd}: Ratschlag [auch ↑Rǫd (1)].

Rǫd|sel, et ['rœˑtsəl] <N.; ~e> {5.5.3; 6.11.3}: Rätsel.

rödsele ['rœˑtsələ] <V.; schw.; *han*; rödselte ['rœˑtsəltə]; gerödselt [jə'rœˑtsəlt]> {5.5.3; 6.11.3; 9.2.1.2}: rätseln, grübeln.   (6)

Rǫdsel|eck, de ['rœˑtsəl͜,ɛk] <N.; ~e> {s. u. ↑Rǫdsel ↑Eck¹}: Rätselecke.

Rǫdsel|frǫg, de ['rœˑtsəl͜,frɔˑx] <N.; ~e> {s. u. ↑Rǫdsel ↑Frǫg}: Rätselfrage.

Rǫdsel|fründ, der ['rœˑtsəl͜,frʏnt] <N.; ~e> {s. u. ↑Rǫdsel ↑Fründ}: Rätselfreund.

Rǫdsel|rǫde, et ['rœˑtsəl͜,rɔˑdə] <N.; kein Pl.> {s. u. ↑Rǫdsel ↑rǫde}: Rätselraten. **1.** das Lösen von Rätseln. **2.** das Rätseln, Mutmaßen über etw.

Rǫdsel|zeidung, de ['rœˑtsəl͜,tsɛɪdʊŋ] <N.; ~e> {s. u. ↑Rǫdsel ↑Zeidung}: Rätselzeitschrift.

Rǫds|hääṛ, der ['rɔˑts͜,hɛˑɐ̯] <N.; ~e ['hɛːrə]> {s. u. ↑Rǫd ↑Hääṛ}: Ratsherr.

Rǫds|keller, der ['rɔˑts͜,kɛlɐ] <N.; ~(e)> {s. u. ↑Rǫd ↑Keller}: Ratskeller, im Untergeschoss eines Rathauses befindliche Gaststätte.

Rǫds|sitz|ung, de ['rɔˑts͜,zɪtsʊŋ] <N.; ~e> {s. u. ↑Rǫd}: Ratssitzung.

Rof, der [roˑf] <N.; ~e> {5.4}: Ruf, **1.** laute kurze Äußerung. **2.** <Pl. selten> Berufung in ein hohes (wissenschaftliches od. künstlerisches) Amt, bes. auf einen Lehrstuhl. **3.** <o. Pl.> Meinung, die die Allgemeinheit von jmdm./etw. hat.

rofe ['roˑfə] <V.; st.; *han*; reef [reˑf]; gerofe [jə'roˑfə]> {5.4}: rufen.   (151)

Rof|mood, der ['ro·f‚mɔːt] <N.; ~e> {s. u. ↑Rof ↑Mood}: Rufmord.

Rof|name, der ['ro·f‚naːmə] <N.; ~> {s. u. ↑Rof ↑Name}: Rufname.

Rof|nummer, de ['ro·f‚nʊmə] <N.; ~e> {s. u. ↑Rof ↑Nummer}: Rufnummer, Telefonnummer.

Rof|süül, de ['ro·f‚zyˑl] <N.; ~e> {s. u. ↑Rof ↑Süül}: Rufsäule.

Röger, der ['rœːjə] <N.; kein Pl.> {5.5.3}: Rogen.

Röger, der ['røˑjə] <N.; ~> {5.4}: Rog(e)ner, weibl. Fisch.

Rogge, der ['rɔgə] <N.; ~ (Sortenpl.)>: Roggen, meistens wird *Koon* gebraucht, das aber auch für Getreide allg. benutzt wird [auch: ↑Koon¹ (2)].

Rögge, der ['røgə] <N.; ~> {5.5.1; 6.6.1}: Rücken.

Rogge|brud, et ['rɔgə‚bruˑt] <N.; ~e> {s. u. ↑Brud}: Roggenbrot.

Rogge|brüd|che, et ['rɔgə‚bryˑtʃə] <N.; ~r> {s. u. ↑Brüd|che}: Roggenbrötchen.

Rögge|floss, de ['røgə‚flɔs] <N.; ~e> {s. u. ↑Rögge ↑Floss²}: Rückenflosse.

Rögge|lag, de ['røgə‚laˑx] <N.; o. Pl.> {s. u. ↑Rögge ↑Lag}: Rückenlage.

Rögge|lähn, de ['røgə‚lɛˑn] <N.; ~e> {s. u. ↑Rögge ↑Lähn}: Rückenlehne.

Röggel|che, et ['rœgəlʃə] <N.; ~r>: Röggelchen, aus zwei zusammengebackenen Hälften bestehendes Roggenbrötchen; *R. met Kis* (Roggenbrötchen mit mittelaltem Käse u. Senf; auch: *halve Hahn*); **de ~r wärm han** (betrunken sein).

Röggelches|kondittler, der ['rœgəlʃəskɔn‚dɪtə] <N.; ~> {9.1.2; s. u. ↑Konditter}: scherzh. für Bäcker.

Rogge|mähl, et ['rɔgə‚mɛːl] <N.; ~e (Sortenpl.)> {s. u. ↑Mähl}: Roggenmehl.

Rögge|mark, et ['røgə‚mark] <N.; kein Pl.> {s. u. ↑Rögge ↑Mark}: Rückenmark.

Rögge|ping, de ['røgə‚pɪŋˑ] <N.; kein Pl.> {s. u. ↑Rögge ↑Ping}: Rückenschmerz.

Rögge|polster, et ['røgə‚pɔlstə] <N.; ~e> {s. u. ↑Rögge ↑Polster}: Rückenpolster.

Rögge|schwemme, et ['røgə‚ʃvemə] <N.; kein Pl.> {s. u. ↑Rögge ↑schwemme¹}: Rückenschwimmen.

Rögge|stöck, et ['røgə‚ʃtøk] <N.; ~/~e/~er> {s. u. ↑Rögge ↑Stöck}: Rückenstück, Fleischstück vom Rücken eines Schlachttieres.

Rögge|wind, der ['røgə‚vɪnt] <N.; ~e (Pl. ungebr.)> {s. u. ↑Rögge ↑Wind¹}: Rückenwind.

Rögge|wirvel, der ['røgə‚vɪrvəl] <N.; ~e> {s. u. ↑Rögge ↑Wirvel}: Rückenwirbel.

Rögg|grat, et ['røk‚jraˑt] <N.; kein Pl.> {s. u. ↑Rögge}: Rückgrat. **1.** Wirbelsäule. **2.** Charakter, Standhaftigkeit.

Rögg|hand, de ['røk‚hant] <N.; kein Pl.> {s. u. ↑Rögge}: Rückhand (Sport).

Rohm¹, de [rɔˑm] <N.; ~e; Rohm|che ['rœˑmʃə]>: Rebstütze, Rebpfahl, lange, dünne, runde Stange als Stütze für Schlingpflanzen.

Rohm², der [rɔˑm] <N.; kein Pl.> {5.5.3}: Rahm, Sahne.

Röhr¹, de [røˑɐ̯] <N.; ~e> {8.3.1}: Röhre.

Röhr²/**Rühr**, et [røˑɐ̯ / ryˑɐ̯] <N.; ~e> {5.4}: Rohr.

Röhr|che, de [røˑɐ̯ʃə] <N.; ~r>: Röhrchen, **1.** kleines Rohr. **2.** Trinkhalm, Strohhalm.

Röhr|deig/Rühr|~, der ['røˑɐ̯‚deɪʃ / 'ryˑɐ̯-] <N.; ~e> {s. u. ↑röhre/rühre ↑Deig}: Rührteig.

röhre/rühre ['røˑ(ɐ̯)rə / 'ryˑ(ɐ̯)rə] <V.; schw.; han; röhte ['røˑtə]; geröht [jə'røˑt]> {5.4}: rühren, **1.** durchrühren, vermischen. **2.** <sich r.> sich/ein Körperteil bewegen. **3.** etw. vorsichtig berühren. **4.** innerlich Rührung bewirken. (186) (31)

Röhre|botz, de ['røˑrə‚bɔts] <N.; ~e> {s. u. ↑Röhr¹ ↑Botz}: Röhrenhose.

Röhre|knoche, der ['røˑrə‚knɔxə] <N.; ~> {s. u. ↑Röhr¹ ↑Knoche}: Röhrenknochen.

Röhre|pilz/~|pelz, der ['røˑrə‚pɪlts / -pelts] <N.; ~e> {s. u. ↑Röhr¹ ↑Pilz/Pelz}: Röhrenpilz, Röhrling.

röhr|ig/rühr|~ ['røˑ(ɐ̯)rɪʃ / ryˑ(ɐ̯)r-] <Adj.; ~e; ~er, ~ste> {5.4}: rührig.   Tbl. A5.2

Röhr|löffel/Rühr|~, der ['røˑɐ̯‚lœfəl / 'ryˑɐ̯-] <N.; ~e> {s. u. ↑röhre/rühre ↑Löffel}: Rührlöffel.

Röhr|zang/Rühr|~, de ['røˑɐ̯‚tsaŋ / 'ryˑɐ̯-] <N.; ~e [-tsaŋə]> {s. u. ↑Röhr²/Rühr ↑Zang}: Rohrzange.

Röhr|zucker/Rühr|~, der ['røˑɐ̯‚tsʊkə / 'ryˑɐ̯-] <N.; kein Pl.> {s. u. ↑Röhr²/Rühr}: Rohrzucker.

Rolands|süül, de ['roːlants‚zyˑl] <N.; Eigenn.> {s. u. ↑Süül}: Roland(s)säule.

Roll, de [rɔlˑ] <N.; ~e ['rɔlə]; Röll|che ['rœlˑʃə]> {8.3.1}: Rolle.

Roll|bredd, et ['rɔl‚brɛt] <N.; ~er> {s. u. ↑Bredd}: Skateboard.

Roll|brode, der ['rɔl‚broˑdə] <N.; ~> {s. u. ↑Brode}: Rollbraten.

rolle ['rɔlə] <V.; schw.; han u. sin; rollte ['rɔl·tə]; gerollt [jə'rɔl·t]>: rollen. (91)

Rölle|köll, der ['rølə‚køl] <N.; kein Pl.>: **1.** wildes, ausgelassenes Kind. **2.** entschlossene, willensstarke Person (wenig gebr.).

Rolle|spill, et ['rɔlə‚ʃpɪl] <N.; ~ [-ʃpɪl·]> {s. u. ↑Spill}: (Soziol.) Rollenspiel.

Rolle|tuusch, der ['rɔlə‚tuːʃ] <N.; ~e (Pl. ungebr.)> {s. u. ↑Tuusch}: Rollentausch.

Roll|koche, der ['rɔl‚koxə] <N.; ~> {s. u. ↑Koche}: Rollkuchen, Kuchen, der aus mehreren Teigröllchen besteht

Roll|krage, der ['rɔl‚kraˑʀə] <N.; ~> {s. u. ↑Krage}: Rollkragen.

Roll|schinke, der ['rɔl‚ʃɪŋkə] <N.; ~> {s. u. ↑Schinke}: Rollschinken.

Roll|schinn, de ['rɔl‚ʃɪn·] <N.; ~e [-ʃɪnə]> {s. u. ↑Schinn}: Rollschiene, Schiene, auf der ein Rollsitz entlangläuft.

Roll|schoh, der ['rɔl‚ʃoˑ] <N.; ~n> {s. u. ↑Schoh}: Rollschuh.

Roll|schoh|laufe, et ['rɔlʃoˑ‚loʊfə] <N.; kein Pl.> {s. u. ↑Schoh ↑laufe}: Rollschuhlaufen.

Roll|schoh|läuf|er, der ['rɔlʃoˑ‚løyfɐ] <N.; ~> {s. u. ↑Schoh ↑Läufer}: Rollschuhläufer.

Roll|stohl, der ['rɔl‚ʃtoˑl] <N.; ~stöhl> {s. u. ↑Stohl¹}: Rollstuhl.

Roll|stohl|fahr|er, der ['rɔlʃtoˑl‚faːʀɐ] <N.; ~> {s. u. ↑Stohl¹ ↑Fahrer}: Rollstuhlfahrer.

Roll|trapp/~|trepp, de ['rɔl‚trap / -trɛp] <N.; ~e> {s. u. ↑Trapp ↑Trepp}: Rolltreppe.

Rölz|che, et ['røltsjə] <N.; ~r>: Wildfang.

rölze ['røltsə] <V.; schw.; han; rölzte ['røltstə]; gerölz [jə'røltst]>: toben, sich spielerisch (auf dem Boden usw.) wälzen, balgen, herumtoben, ausgelassen spielen. (42)

Roman|iss, der [‚roma'nɪs] <N.; ~|iste>: Romanist.

Roman|schreff|stell|er, der [ro'maˑn‚ʃrɛfʃtɛlɐ] <N.; ~> {s. u. ↑Schreff ↑stelle¹}: Romanschriftsteller.

Römer|breef, der ['røˑmə‚breˑf] <N.; o. Pl.> {s. u. ↑Breef}: Römerbrief, Brief des Apostels Paulus an die Römer.

Römer|rich, et ['røˑmə‚rɪʃ] <N.; o. Pl.> {s. u. ↑Rich}: Römerreich, das römische Weltreich.

Römer|stroß, de ['røˑmə‚ʃtroˑs] <N.; ~e> {s. u. ↑Stroß}: Römerstraße, von den Römern als Heer- u. Handelsstraße angelegte Straße.

Römer|toon, Am [am'røˑmə‚toːn] <N.; Straßenn.> {s. u. ↑Toon}: Am Römerturm; Straße in Köln-Altstadt/Nord. Er ist der einzige nordwestliche Eckturm der römischen Stadtmauer aus dem 1., 2. u. 3. Jh. u. der besterhaltene Teil der römischen Stadtbefestigung in Köln. Auffallend ist seine reiche ornamentale Ausschmückung mit Hilfe unterschiedlicher Gesteine. Bis 1833 wurde der Turm als Wohnhaus genutzt. 1874 ging er in das Eigentum der Stadt über.

Röm|höpp|erei, de ['røm‚høpə'rɛi̯·] <N.; ~e [-ə'rɛi̯ə]> {s. u. ↑eröm ↑höppe}: Herumhüpferei.

Römisch-Germanische Museum, et [‚røˑmɪʃɐ‚maˑnɪʃə mu'zeˑjʊm] <N.; Eigenn.>: Römisch-Germanisches Museum (Museum in Köln).

Röntge, et ['rœntjə] <N.; kein Pl.> (Physik früher) Röntgen, Einheit für die Menge einer Röntgen- u. Gammastrahlung.

Röntge(n)|aaz, der ['rœntjə(n)‚laːts] <N.; ~|ääz> {s. u. ↑Aaz; 9.1.4}: Röntgenarzt.

Röntge|beld/~|bild, et ['rœntjə‚bɛlt / -bɪlt] <N.; ~er> {s. u. ↑Beld/Bild}: Röntgenbild.

Röntge|bleck, der ['rœntjə‚blɛk] <N.; o. Pl.> {s. u. ↑Bleck}: (scherzh.) Röntgenblick.

Röntge|ge|rät, et ['rœntjəjə‚rɛːt] <N.; ~e> {s. u. ↑Gerät}: Röntgengerät.

Röntge|röhr, de ['rœntjə‚røˑʀ] <N.; ~e> {s. u. ↑Röhr¹}: Röntgenröhre.

Röntge|schirm, der ['rœntjə‚ʃɪrm] <N.; ~e> {s. u. ↑Schirm}: Röntgenschirm.

Röntge|strohle ['rœntjə‚ʃtroˑlə] <N.; mask.; nur Pl.> {s. u. ↑Strohl}: Röntgenstrahlen.

roppe ['rɔpə] <V.; schw.; han; roppte ['rɔptə]; geropp [jə'rɔp]> {5.4; 6.8.1}: rupfen, zerren, abreißen: e Hohn r. (ein Huhn r.). (75)

Roquefort|kis, der ['rɔkfoː‚kiˑs] <N.; kein Pl.> {s. u. ↑Kis}: Roquefortkäse.

Rös, et [røˑs] <N.; weibl. Vorn.; ~che [-jə]>: Kurzf. von Rosa, Rosalie.

Rös|che, et ['røˑsjə] <N.; Eigenn.>: Rösche Schäl: Figur im Kölner Stockpuppentheater „Hänneschen-Theater";

Tochter von Schäl u. Freundin von Köbesche, Tünnes' Sohn.

rose/rase ['roːzə / 'raːzə] <V.; *rose* veraltet; schw.; *han* u. *sin*; roste ['roːstə]; geros [jə'roːs]> {5.5.3}: rasen, hetzen, eilen. (149)

Rosé|wing, der [ro'zeːˌvɪŋ] <N.; ~e (Sortenpl.)> {s. u. ↑Wing¹}: Roséwein, Rosé.

rös|ig/ros|~ ['rœːzɪŋ / 'roːz-] <Adj.; ~e; ~er, ~ste> {5.5.3; 10.2.5}: rasend. **1.** wild, wütend: *Wat es dä Kääl esu r.?* (Warum ist der Kerl so wütend?) [auch: ↑wöd|ig]. **2.** rasant: *Wat höös de do för en ~e Musik?* (Was hörst du da für rasante Musik?). **3.** geil, wollüstig: *Et Marie es e richtig r. Radiesche.* (Maria ist sexuell ausgesprochen aktiv.) [auch: ↑räuz|ig, ↑spetz]. Tbl. A5.2

Rosing/Rusing, de [ro'zɪŋ / rʊ'zɪŋ] <N.; ~e> {5.3.2; 5.5.1; 8.3.1}: Rosine.

Rosinge|blatz/Rusinge|~, der [ro'zɪŋəˌplats / rʊ'zɪŋə-] <N.; ~|blätz> {s. u. ↑Rosing/Rusing}: Rosinenblatz, süßes Brot aus Weizenmehl mit Rosinen.

Rosinge|bomb|er/Rusinge|~, der [ro'zɪŋəˌbombɐ / rʊ'zɪŋə-] <N.; ~> {s. u. ↑Rosing/Rusing ↑Bomb}: Rosinenbomber, (während der Berliner Blockade 1948/49 amerikanisches od. britisches) Versorgungsgüter (in die Stadt) einfliegendes Flugzeug.

Rosinge|brud/Rusinge|~, et [ro'zɪŋəˌbruːt / rʊ'zɪŋə-] <N.; ~e> {s. u. ↑Rosing/Rusing ↑Brud}: Rosinenbrot.

Rosinge|brüd|che/Rusinge|~, et [ro'zɪŋəˌbryːtʃə / rʊ'zɪŋə-] <N.; ~r> {s. u. ↑Rosing/Rusing ↑Brüd|che}: Rosinenbrötchen.

Rosinge|koche/Rusinge|~, der [ro'zɪŋəˌkoxə / rʊ'zɪŋə-] <N.; ~> {s. u. ↑Rosing/Rusing ↑Koche}: Rosinenkuchen.

Ross¹, der [ros] <N.; kein Pl.> {8.3.5}: Rost, Eisenoxid.

Ross², der/et [ros] <N.; Roste ['rostə]> {8.3.5}: Rost, Gitter, **a)** meist Ofenrost, Grill [auch: ↑Ruster]; **b)** Gitter vor einem Kellerfenster; **c)** Bettrost.

Ross³, et [ros] <N.; Rösser ['rœsə]>: Ross (Pferd).

Ross|böff, et ['rosˌbœf] <N. ⟨engl. roast beef, aus: roast = gebraten u. beef = Rindfleisch⟩>: Roastbeef.

Ross|brod|woosch, de ['rosbroːtˌvoːʃ] <N.; ~|wöösch> {s. u. ↑Ross² ↑Woosch}: Rostbratwurst.

Ross|bröde, der ['rosˌbroːdə] <N.; ~> {s. u. ↑Ross² ↑Bröde}: Rostbraten.

Rössel, der ['rœsəl] <N.; ~e> {5.5.1}: Rüssel.

Rössel|dier, et ['rœsəlˌdiːɐ] <N.; ~e> {s. u. ↑Rössel ↑Dier}: Rüsseltier.

Ross|fleck(e), der ['rosˌflɛk(ə)] <N.; ~/~e> {s. u. ↑Ross¹ ↑Fleck/Flecke¹}: Rostfleck. **1.** rostige Stelle. **2.** von Rost verursachter Fleck.

ross|frei ['rosˌfreɪ] <Adj.; ~e> {8.3.5}: rostfrei. Tbl. A2.9

Ross|hoor, et ['rosˌhoː(ɐ)] <N.; o. Pl.> {s. u. ↑Ross³ ↑Hoor}: Rosshaar, Pferdehaar.

Ross|hoor|matratz, de ['roshoːmaˌtrats] <N.; ~e> {s. u. ↑Ross³ ↑Hoor ↑Matratz}: Rosshaarmatratze.

Ross|kur, de ['rosˌkuːɐ] <N.; ~e> {s. u. ↑Ross³}: Rosskur, Pferdekur [auch: ↑Pääds|kur].

ross|rud ['rosˌruːt] <Adj.; ~e> {s. u. ↑Ross¹ ↑rud}: rostrot, bräunlich rot, rostfarben. Tbl. A2.1

Ross|schotz, der ['rosˌʃots] <N.; kein Pl.> {s. u. ↑Ross¹ ↑Schotz}: Rostschutz.

Ross|schotz|färv, de ['rosʃotsˌfɛrf] <N.; ~e> {s. u. ↑Ross¹ ↑Schotz ↑Färv}: Rostschutzfarbe.

Ross|schotz|meddel, et ['rosʃotsˌmedəl] <N.; ~(e)> {s. u. ↑Ross¹ ↑Schotz ↑Meddel}: Rostschutzmittel.

Ross|stell, de ['rosˌʃtɛl] <N.; ~e [-ˌʃtɛlə]> {s. u. ↑Ross¹ ↑Stell}: Roststelle.

Röss|zeug, et ['røsˌtsøyfʃ] <N.; kein Pl.> {s. u. ↑röste¹}: Rüstzeug.

roste ['rostə] <V.; schw.; *han* u. *sin*; geross [jə'ros]>: rosten: *Die Kaar es wie jeck am R.* (Das Auto rostet sehr.); (übertr.) in der Übung bleiben: *Wä rass, dä ross.* (Wer rastet, der rostet.). (68)

röste¹ ['røstə] <V.; schw.; *han*; geröss [jə'røs]> {5.5.1}: rüsten. (152)

röste² ['rœstə] <V.; schw.; *han*; geröss [jə'rœs]>: rösten, grillen. (152)

rost|ig ['rostɪŋ] <Adj.; ~e; ~er, ~ste>: rostig. Tbl. A5.2

röst|ig ['røstɪŋ] <Adj.; ~e; ~er, ~ste> {5.4}: rüstig. Tbl. A5.2

Röst|ung, de ['røstʊŋ] <N.; ~e> {5.5.1}: Rüstung.

Röst|ungs|kontroll, de ['røstʊŋskonˌtrol] <N.; ~e [-konˌtrolə]> {s. u. ↑röste¹ ↑Kontroll}: Rüstungskontrolle.

Rot/Rut, de [roːt / ruːt] <N.; ~e> {5.4; 8.3.1}: Rute.

Roth|gerber|baach, der (früher de) ['roːtjɛrbəˌbaːx] <N.; Straßenn.> {s. u. ↑Baach}: Rothgerberbach. Er verbindet die Weyerstraße mit der Straße „Blaubach". Ehemals nahm die ma. Bez. „up der bach", „under der velpluckeren" (Abdecker), „unter den loerern" (Lohgerbern), welche im Spätmittelalter die Rotgerber genannt wurden, Bezug auf das Gewerbe der Gerber. Dies war ein wesentlicher Erwerbszweig im ma. Köln. Noch im ausklingenden 18. Jh. sagte man Rotgerberbach Richtung Blaubach „Auf der Alten Maur ohnweit der Feldbach". Die an der Griechenpforte beginnende oberhalb u. parallel zum Rotgerberbach verlaufende kleine Straße „Alte Mauer am Bach" erinnert noch an die alte „Bachstraße".

Rotor|bladd, et ['ro·toɐ̯ˌblat] <N.; ~|blädder> {s. u. ↑Bladd}: (Technik) Rotorblatt.

Rötsch[1], der [røtʃ] <N.; o. Pl.> {5.5.1}: Rutsch, das Rutschen; *ene R. op Sigg gonn* (ein Stückchen zur Seite gehen).

Rötsch[2], de [røtʃ] <N.; ~e> {5.5.1; 8.3.1}: Rutsche.

Rötsch[3], de [røtʃ] <N.>: eine Menge, viele, einige: *ene R. Pänz, Böcher* (viele Kinder, Bücher) [auch: ↑Hääd[2], ↑Püngel].

Rötsch|bahn, de ['røtʃˌba·n] <N.; ~e> {s. u. ↑rötsche ↑Bahn}: Rutschbahn, **1.** Gerüst mit schräger Bahn zum Hinunterrutschen. **2.** (ugs.) glatte Fläche auf Eis, Schnee zum Rutschen.

rötsche ['røtʃə] <V.; schw.; *sin*; rötschte ['røtʃtə]; gerötscht [jə'røtʃt]> {5.5.1}: rutschen, rücken, **1. a)** sich gleitend über eine Fläche hinwegbewegen; **[RA]** *Rötsch mer der Puckel erav!* (Rutsch mir den Buckel runter!); **b)** sich schlitternd über eine glatte Fläche bewegen [auch: ↑schleddere (1)]; **c)** zur Seite rücken; *ene Däu op Sigg gonn/rötsche* (rutschen). **2.** nicht fest sitzen: *Ming Botz rötsch.* (Meine Hose rutscht.). (110)

Rötsch|gefahr, de [ˈrøtʃjəˌfa:(ɐ̯)] <N.; o. Pl.> {s. u. ↑rötsche ↑Gefahr}: Rutschgefahr.

rötsch|ig ['røtʃɪç] <Adj.; ~e; ~er, ~ste> {5.4; 5.1.1}: rutschig. Tbl. A5.2

Rötsch|partie, de [ˈrøtʃpaˌti·] <N.; ~e [-pa'ti·ə]> {5.5.1}: Rutschpartie.

Rotund, de [ro'tʊn·t] <N.; ~e ⟨mhd. rotunde, zu lat. rotundus = rund⟩> {8.3.1}: Rotunde, Gebäudeteil mit kreisrundem Grundriss.

Rotz, der [rots] <N.; kein Pl.> {5.5.1; 8.3.1}: Rotz, Nasenschleim, Schnodder [auch: ↑Ge|schnuddel|s, ↑Nase|wasser, ↑Schnuddel].

rotze ['rotsə] <V.; schw.; *han*; rotzte ['rotstə]; gerotzt [jə'rotst]>: rotzen, Schleim geräuschvoll hochziehen u. ausspucken. (114)

Rotz|fahn, de ['rotsˌfa·n] <N.:~e> {s. u. ↑Rotz ↑Fahn}: (derb) Rotzfahne, Taschentuch.

rotz|frech ['rotsˈfrɛç] <Adj.; ~e> {s. u. ↑Rotz}: rotzfrech, ungehörig. Tbl. A1

rotz|ig ['rotsɪç] <Adj.; ~e; ~er, ~ste> {5.5.1}: rotzig, schleimig. Tbl. A5.2

Rotz|jung, der ['rotsˌjʊŋ·] <N.; ~e [-jʊŋə]> {s. u. ↑Rotz ↑Jung}: (derb) Rotzjunge, Rotzbengel.

Rotz|löffel, der ['rotsˌlœfəl] <N.; ~e> {s. u. ↑Rotz ↑Löffel}: Rotzlöffel, (derb, abw.) Rotzbengel.

Rotz|nas, de ['rotsˌna·s] <N.; ~e> {s. u. ↑Rotz ↑Nas}: Rotznase.

rotz|nas|ig ['rotsˌna·zɪç] <Adj.; ~e; ~er, ~ste> {s. u. ↑Rotz}: rotznäsig. Tbl. A5.2

Roulad, de [ruˈla·t] <N.; ~e> {8.3.1}: Roulade [auch scherzh.: ↑Bäre|köttel].

Route [ru·t], de <N.; ~ ['ru·tə] ⟨frz. route < vlat. (via) rupta, zu lat. rumpere = brechen⟩>: Route, festgelegte, eingeschlagene od. einzuschlagende Strecke.

Routine|kontroll, de [ruˈti·nəkonˌtrɔl] <N.; ~e [-konˌtrɔlə]> {s. u. ↑Kontroll}: Routinekontrolle.

Rubbedidupp[1] ['rʊbədɪˌdʊp] <N.; nur i. d. Wendung *em R.*>: schnell, im Nu: *Hä hatt dat em R. gemaht.* (Er hatte das ganz schnell gemacht.); *Hä wor em R. hee.* (Er war im Nu hier.) [auch: ↑flöck, *em Rüppche*; *em Rubbedikabess*].

Rubbedidupp[2]**!** ['rʊbədɪˌdʊp] <Interj.>: Schlachtruf der Ehrengarde (Traditionskorps im Kölner Karneval).

Rubbedikabess ['rʊbədɪkaˌbɛs] <N.; nur i. d. Wendung *em R.*>: schnell, im Nu: *Hä hät die Fläsch em R. usgedrunke.* (Er hat die Flasche im Nu ausgedrunken.) [auch: ↑flöck, *em Rüppche*; *em Rubbedidupp*].

rubbele ['rʊbələ] <V.; schw.; *han*; rubbelte ['rʊbəltə]; gerubbelt [jə'rʊbəlt]> {9.2.1.2}: rubbeln, **1.** kräftig reiben: *der Rögge r.* (den Rücken r.). **2.** rumpeln, (aufgrund unebenen, rubbeligen Bodens od. Ä.) unruhig, rumpelnd fahren: *Es de Stroß kapodd, dä Wage rubbelt esu?* (Ist die Straße kaputt, der Wagen rumpelt so?). (6)

Rubbele(n)|dor|es, der [ˌrʊbələ(n)'do:rəs] <N.; ~|ese/ ~|ese> {9.1.4}: Raubein, ungestümer Mensch [auch: ↑Rabbele|kan|es, ↑Flaaster, ↑Boldrian ↑Flaaster|kaste].

rubbel|ig ['rʊbəlɪç] <Adj.; ~e; ~er, ~ste>: rubbelig, uneben, holprig. Tbl. A5.2

Rubbel|los, et ['rʊbəlloˑs] <N.; ~e>: Rubbellos, Los, dessen Gewinnzahl zuerst abgerubbelt werden muss.

ruche/rüche ['rʊxə / 'rʏɧə] <V.; st.; *han*; roch [rɔx]; geroche [jə'rɔxə]> {5.3.3}: riechen. (153) (154)

rüche/ruche ['rʏɧə / 'rʊxə] <V.; st.; *han*; roch [rɔx]; geroche [jə'rɔxə]> {5.3.3}: riechen; *god rüche (duften, gut riechen). (154) (153)

Ruck|sack, der ['rʊk‚zak] <N.; ~|säck ⟨mhd. ruck(e) = Rücken⟩> {s. u. ↑Sack}: Rucksack.

rud [ruˑt] <Adj.; ~e> {5.4; 6.11.3}: rot, **1.** von roter Farbe; *~e Kappes (Rotkohl). **2.** Farbe des Traditionskorps „Rote Funken" von 1823. Tbl. A2.1

Rud, et [ruˑt] <N.> {5.4; 6.11.3}: Rot.

Rud-Funke-Plätz|che [ruːt'fʊŋkə‚plɛtsjə] <N.; Straßenn.> {s. u. ↑rud ↑Funk}: Rote-Funken-Plätzchen; Platz in Köln-Altstadt/Nord, der seinen Namen wegen der Karnevalsgesellschaft „Kölsche Funke Rut-Wieß vun 1823" trägt, die ihr Quartier in der Ulrepforte hat.

Rud|baat, der ['ruˑt‚baːt] <N.; ~|bäät> {s. u. ↑rud ↑Baat}: Rotbart, jmd., der einen roten Bart hat.

Rüddele/Röddele ['rʏdələ / 'rødələ] <N.; Pl.> {5.3.2; 5.4; 6.11.3; 9.1.1}: Röteln, **a)** Infektionskrankheit, die mit einem den Masern ähnlichen Ausschlag einhergeht; **b)** (übertr.) Hautausschlag: *Wann ich dat hüre, krigen ich de R.* (Wenn ich das höre, bekomme ich Ausschlag – vor Ekel.); *de Rüddele krige (zu viel kriegen).

Rude|kirche ['ruˑdə‚kɪrɧə] <N.; Ortsn.> {5.4}: Rodenkirchen (Stadtteil im linksrheinischen Süden Kölns).

Rude|kircher Bröck, de [‚ruˑdə‚kɪrɧə 'brøk] <N.; Eigenn.> {s. u. ↑Rude|kirche ↑Bröck¹}: Rodenkirchener Brücke (südlichste Kölner Rheinbrücke).

Rude Meer, et [‚ruˑdə'meːɐ] <N.; Eigenn.> {s. u. ↑rud}: Rotes Meer, Nebenmeer des Indischen Ozeans, das die Arabische Halbinsel von Afrika trennt.

Ruder/Roder, et ['ruˑdɐ / 'roːdɐ] <N.; ~e>: Ruder.

Ruder|bladd/Roder|~, et ['ruˑdɐ‚blat / 'roːdɐ-] <N.; ~|blädder> {s. u. ↑Ruder/Roder ↑Bladd}: Ruderblatt.

rudere/rodere ['ruˑdərə / 'roːdərə] <V.; schw.; *han* u. *sin*; ruderte ['ruˑdətə]; gerudert [jə'ruˑdət]> {9.2.1.2}: rudern; (die Arme) schwenken. (4)

Ruder|huus/Roder|~, et ['ruˑdɐ‚huːs / 'roːdɐ-] <N.; ~|hüüser [-hyˑze]> {s. u. ↑Ruder/Roder ↑Huus}: Ruderhaus, (auf kleineren Schiffen) mit Steuerrad, Kompass u. a. ausgerüstete Kabine auf Deck, in der sich der Rudergänger aufhält.

Ruder|schlag/Roder|~, der ['ruˑdɐ‚ʃlaːx / 'roːdɐ-] <N.; ~|schläg [-ʃlɛˑɧ]> {s. u. ↑Ruder/Roder ↑Schlag¹}: Ruderschlag.

Ruder|setz/Roder|~, der ['ruˑdɐ‚zets / 'roːdɐ-] <N.; ~(e)> {s. u. ↑Ruder/Roder ↑Setz}: Rudersitz.

Rud|filter, et ['ruˑt‚fɪltə] <N.; ~> {s. u. ↑rud}: Rotfilter, roter Filter, der blaues u. grünes Licht absorbiert.

Rud|forell, de ['ruˑtfo‚rɛlˑ] <N.; ~e [-fo‚rɛlə]> {s. u. ↑rud ↑Forell}: Rotforelle.

Rud|gold, et ['ruˑt‚jolt] <N.; kein Pl.> {s. u. ↑rud ↑Gold}: Rotgold.

Rud|grön|blind|heit, de [‚ruˑt'jrøˑn‚blɪntheɪt] <N.; o. Pl.> {s. u. ↑rud ↑grön}: Rotgrünblindheit, Unfähigkeit, Rot u. Grün wahrzunehmen od. zu unterscheiden.

Rud|hugg, de ['ruˑt‚hʊk] <N.; ~|hügg ⟨nach engl. redskin⟩> {s. u. ↑rud ↑Hugg}: (scherzh.) Rothaut, nordamerikanischer Indianer.

Rud|käpp|che, et ['ruˑt‚kɛpɧə] <N.; Eigenn.> {s. u. ↑rud ↑Kapp}: Rotkäppchen, (im Volksmärchen) kleines Mädchen mit roter Kappe, das beim Besuch seiner Großmutter aufgrund seiner Vertrauensseligkeit vom Wolf gefressen u. später von einem Jäger wieder befreit wird.

Rud|kehl|che, et ['ruˑt‚keːlɧə] <N.; ~r> {s. u. ↑rud}: Rotkehlchen [auch: ↑Rähn|vügel|che].

Rud|leech, et ['ruˑt‚leˑɧ] <N.; o. Pl.> {s. u. ↑rud ↑Leech}: Rotlicht. **1.** durch Lampen mit roten Glühbirnen od. rotem Filter erzeugtes rotes Licht. **2.** rotes Licht an der Ampel.

Rud|leech|veedel, et ['ruˑtleːɧ‚feˑdəl] <N.; ~ ⟨nach engl. red-light district⟩> {s. u. ↑rud ↑Leech ↑Veedel}: Rotlichtviertel.

Rud|stätz|che, et ['ruˑt‚ʃtɛtsjə] <N.; ~r> {s. u. ↑rud ↑Stätz}: Rotschwänzchen.

Rud|steff, der ['ruˑt‚ʃtef] <N.; ~|stefte> {s. u. ↑rud ↑Steff²}: Rotstift.

Rud|weld/~|wild, et ['ruˑt‚velt / -vɪlt] <N.; kein Pl.> {s. u. ↑rud ↑Weld/Wild}: Rotwild.

Rud|wing, der ['ruˑt‚vɪŋ] <N.; ~e (Sortenpl.)> {s. u. ↑rud ↑Wing¹}: Rotwein.

Ruff, de [rʊf] <N.; ~e>: Schorf, Kruste einer Wunde.

Rüff|che, et ['rʏfjə] <N.; ~r>: Flittchen, Schlampe [auch: ↑Flitt|che, ↑Flitsch² ↑Flüpp|che].

Rüge ['ryˑjə] <N.; Eigenn.>: Rügen; deutsche Ostseeinsel.

rüh [ryˑ] <Adj.; ~e; ~er, ~ste> {5.4}: roh, **1.** ungekocht, nicht gar. **2.** gefühllos u. grob. Tbl. A2.8

Rüh|bau, der ['ryˑˌboʊ] <N.; ~te> {s. u. ↑rüh ↑Bau}: Rohbau.

Ruhe|dag, der ['ruːəˌdaːx] <N.; i. best. Komposita *Ruhe*, sonst ↑Rauh; ~|däg/~e [-dɛˑfj / -daˑʀə]> {11; s. u. ↑Dag}: Ruhetag.

Ruhe|zigg, de ['ruːəˌtsɪk] <N.; i. best. Komposita *Ruhe*, sonst ↑Rauh; ~e> {11; s. u. ↑Zigg}: Ruhezeit.

Ruhe|zo|stand, der ['ruːəˌtsoˑʃtant] <N.; i. best. Komposita *Ruhe*, sonst ↑Rauh; ~|stänu [-ʃtɛnˑt]> {11; s. u. ↑Zo|stand}: Ruhezustand.

Rüh|lieser, et ['ryˑliˑze] <N.; o. Pl.> {s. u. ↑rüh ↑leser}: Roheisen, Eisen im unverarbeiteten Zustand.

Rüh|koss, de ['ryˑˌkɔs] <N.; kein Pl.> {s. u. ↑rüh; ↑Koss}: Rohkost.

Rüh|metall, et ['ryˑˌmeˌtal] <N.; ~e (Sortenpl.)> {s. u. ↑rüh}: Rohmetall, noch nicht gereinigtes Metall.

Rüh|öl, et ['ryˑˌlœˑl] <N.; ~e (Sortenpl.)> {s. u. ↑rüh ↑Öl}: Rohöl; Schweröl.

Rüh|produk, et ['ryˑproˌdʊk] <N.; ~te> {s. u. ↑rüh ↑Produk}: Rohprodukt.

Rüh|sigg, de ['ryˑˌzɪk] <N.; o. Pl.> {s. u. ↑rüh ↑Sigg³}: Rohseide.

Rühr/Röhr², et [ryˑɐ̯ / røˑɐ̯] <N.; ~e> {5.4}: Rohr.

Rühr|deig/Röhr|~, der ['ryːɐ̯ˌdeɪfj / 'røːɐ̯-] <N.; ~e> {s. u. ↑rühre/röhre ↑Deig}: Rührteig.

rühre/röhre ['ryˑ(ɐ̯)rə / 'røˑ(ɐ̯)rə] <V.; schw.; *han*; rührte ['ryˑɐ̯tə]; gerührt [jəˈryˑɐ̯t]>: rühren, **1.** durchrühren, vermischen. **2.** <sich r.> sich/ein Körperteil bewegen. **3.** etw. vorsichtig berühren. **4.** innerlich Rührung bewirken. (31) (186)

Ruhr|gebiet, et ['ruːɐ̯jəˌbiˑt] <N.; Eigenn.>: Ruhrgebiet, Gebiet in Nordrhein-Westfalen.

rühr|ig/röhr|~ ['ryˑ(ɐ̯)rɪfj / røˑ(ɐ̯)r-] <Adj.; ~e; ~er, ~stee>: rührig. Tbl. A5.2

Rühr|löffel/Röhr|~, der ['ryːɐ̯ˌlœfəl / 'røːɐ̯-] <N.; ~e> {s. u. ↑rühre/röhre ↑Löffel}: Rührlöffel.

Rühr|stock/Röhr|~, der ['ryˑɐ̯ʃtɔk / 'røˑɐ̯-] <N.; ~|stöck> {s. u. ↑Rühr/Röhr² ↑Stock¹}: Rohrstock.

Rüh|stoff, der ['ryˑˌʃtɔf] <N.; ~e> {s. u. ↑rüh}: Rohstoff.

Rühr|zang/Röhr|~, de ['ryˑˌetsaɲ / 'røˑɐ̯-] <N.; ~e [-tsaŋə]> {s. u. ↑Rühr/Röhr² ↑Zang}: Rohrzange.

Rüh|zo|stand, der ['ryˑˌtsoˑʃtant] <N.; ~|ständ [-ʃtɛnˑt]> {s. u. ↑rüh ↑Zo|stand}: Rohzustand.

Rühr|zucker/Röhr|~, der ['ryˑetsʊkɐ / 'røˑɐ̯-] <N.; kein Pl.> {s. u. ↑Rühr/Röhr²}: Rohrzucker.

Ruin¹, de [rʊˈliːn] <N.; ~e ⟨lat. ruina⟩> {2; 8.3.1}: Ruine.

Ruin², der [rʊˈliːn] <N.; kein Pl. ⟨lat. ruina⟩>: Ruin.

ruiniere/~eere [rʊɪˈniˑ(ɐ̯)rə / -ˑɐ̯rə] <V.; schw./unr.; *han*; ruinierte [rʊɪˈniˑɐ̯tə]; ruiniert [rʊɪˈniˑɐ̯t] ⟨frz. ruiner⟩> {(5.1.4.3)}: ruinieren. (3) (2)

Rum|fläsch, de ['rʊmˌflɛʃ] <N.; ~e> {s. u. ↑Fläsch}: Rumflasche.

rummele ['rʊmələ] <V.; schw.; *han*; rummelte ['rʊməltə]; gerummelt [jəˈrʊməlt]> {9.2.1.2}: **1.** rumpeln, poltern [auch: ↑rumpele]. **2.** rumoren, dumpf tönen [auch: ↑rumore]. (6)

rumore [rʊˈmoˑrə] <V.; schw.; *han*; rumorte [rʊˈmoˑɐ̯tə]; rumort [rʊˈmoˑɐ̯t] ⟨lat. rumor; Lärm⟩>: rumoren [auch: ↑rummele (2)]. (21)

Rump, der [rʊmp] <N.; Rümp [rʏmp]> {6.8.1}: Rumpf.

Rümp|che, et ['rʏmpfjə] <N.; ~r>: Elritze, kleiner Karpfenfisch, der früher gesalzen in Töpfchen (vgl. ↑Salz|rümp|che) auf den Markt gebracht wurde.

rümpe ['rʏmpə] <V.; schw.; *han*; rümpte ['rʏmptə]; gerümp [jəˈrʏmp]> {6.8.1}: rümpfen. (180)

rumpele ['rʊmpələ] <V.; schw.; *han*; rumpelte ['rʊmpəltə]; gerumpelt [jəˈrʊmpəlt]> {9.2.1.2}: rumpeln, poltern [auch: ↑rummele (1)]. (6)

Rumpel(s)|kammer, de ['rʊmpəl(s)ˌkamɐ] <N.; ~e> {9.1.2}: Rumpelkammer.

Rumpels|kess, de ['rʊmpəlsˌkes] <N.; ~|keste> {9.1.2; s. u. ↑Kess}: Rumpelkiste.

Rum|pott, der ['rʊmˌpɔt] <N.; ~|pött> {s. u. ↑Pott}: Rumtopf.

rund [rʊnt] <Adj.; ~e; ~er, ~ste ['rʊnˑdɐ / 'rʊnˑstə]>: rund, kreisförmig. Tbl. A2.1

Rund, de [rʊnˑt] <N.; ~e> {8.3.1}: Runde; **e Ründ|che ...* (ein wenig ..., ein bisschen ...).

Rund|bleck, der ['rʊntˌblek] <N.; o. Pl.> {s. u. ↑Bleck}: Rundblick.

Rund|boge, der ['rʊntˌbɔːʀə] <N.; ~|böge> {s. u. ↑Boge}: Rundbogen.

Rund|bọge|finster, et ['rʊntbɔːʀəˌfɪnstɐ] <N.; ~e> {s. u. ↑Finster}: Rundbogenfenster, Fenster mit oberem Abschluss als Rundbogen.

Rund|breef, der ['rʊntˌbreˑf] <N.; ~e> {s. u. ↑Breef}: Rundbrief.

runde ['rʊnˑdə] <V.; schw.; *han*; rundte ['rʊnˑtə]; gerundt [jə'rʊnˑt]>: runden. (28)

rund|erọ̈m ['rʊndəˈrøm·] <Adv.> {s. u. ↑erọ̈m}: rundherum.

rund|erus ['rʊndəˈrʊs] <Adv.> {s. u. ↑erus}: rundheraus

Runde|zigg, de ['rʊnˑdəˌtsɪk] <N.; ~e> {s. u. ↑Rund ↑Zigg}: Rundenzeit.

Rund|fahrt, de ['rʊntˌfaːt] <N.; ~e> {s. u. ↑rund ↑Fahrt}: Rundfahrt.

Rund|flog, der ['rʊntˌfloˑx] <N.; ~|flög> {s. u. ↑rund ↑Flog¹}: Rundflug.

Rund|frọg, de ['rʊntˌfrɔˑx] <N.; ~e> {s. u. ↑rund ↑Frọg}: Rundfrage.

Rund|funk|zeidung, de ['rʊntfʊŋkˌtseɪdʊŋ] <N.; ~e> {s. u. ↑Zeidung}: Rundfunkzeitschrift, Programmzeitschrift.

rund|ọ̈m ['rʊnt'|ɔm· / ˌ-'-] <Adv.> {s. u. ↑ọ̈m¹}: rundum.

Rund|ọ̈m|schlag, der [rʊnt'|ɔmʃlaːx] <N.; ~|schläg [-ʃlɛˑŋ]> {s. u. ↑Schlag¹}: Rundumschlag.

Rund|ọ̈m|sich/~|seech, de [ˌrʊnt'|ɔmzɪfɲ / -zeːfɲ] <N.; o. Pl.> {s. u. ↑Seech/Sich}: Rundumsicht.

Rund|reis, de ['rʊntˌreɪ·s] <N.; ~e> {s. u. ↑rund ↑Reis}: Rundreise.

Rund|rof, der ['rʊntˌroˑf] <N.; ~e> {s. u. ↑rund ↑Rof}: Rundruf.

Rund|schrieve, et ['rʊntˌʃriˑvə] <N.; ~> {s. u. ↑rund ↑Schrieve}: Rundschreiben, Rundbrief.

Rund|streck|nol/~|nodel, de ['rʊntˌʃtrekˌnɔˑl / -nɔːdəl] <N.; ~|nolde/~|nodele [-nɔˑldə / -nɔːdələ]> {s. u. ↑rund ↑Nol/Nodel}: Rundstricknadel.

Rune|schreff, de ['ruːnəˌʃref] <N.; ~|schrefte> {s. u. ↑Schreff}: Runenschrift.

Runzel, de ['rʊntsəl] <N.; ~e>: Runzel, Hautfalte.

runzel|ig ['rʊntsəlɪfɲ] <Adj.; ~e; ~er, ~ste>: runzelig [auch: ↑fald|ig]. Tbl. A5.2

Runzel|kaat, de ['rʊntsəlˌkaːt] <N.; ~e> {s. u. ↑Kaat}: (scherzh.) Seniorenfahrschein.

Rupp¹, der [rʊp] <N.; Rüpp [rʏp]> {6.4.2}: Ruck [auch: ↑Rupp|dich].

Rupp², de [rʊp] <N.; ~e> {5.3.4; 8.3.1}: Raupe [auch: ↑Raup].

Rüpp|che, et ['rʏpfɲə] <N.; nur i. d. Wendung *ẹm R.*> {s. u. ↑Rupp¹}: im Nu, schnell: *Hä hät die Fläsch em R. usgedrunke.* (Er hat die Flasche im Nu ausgetrunken.) [auch: ↑flọ̈ck, *em Rubbedikabess; em Rubbedidupp*].

rupp|dich ['rʊpdɪfɲ] <Adv.>: ruck zuck.

Rupp|dich, der ['rʊpˌdɪfɲ] <N.> {s. u. ↑Rupp¹}: Ruck: *en einem R.* (mit einem R.) [auch: Rupp¹].

rupp|ig ['rʊpɪfɲ] <Adj.; ~e; ~er, ~ste>: ruppig, rüde. Tbl. A5.2

Rus, de [ruːs] <N.; ~e; Rüs|che ['ryːsjə]> {5.4; 8.3.1}: Rose.

rusa ['ruːza] <Adj.; ~> {5.4}: rosa. Tbl. A1

rusa|rud ['ruːzaˈruˑt] <Adj.; ~e> {s. u. ↑rusa ↑rud}: rosarot. Tbl. A2.1

Rüsch, de [rʏʃ] <N.; ~e; Rüsch|che ['rʏʃɲə]> {8.3.1}: Rüsche, Krause, Falbel.

rüsche ['rʏʃə] <V.; schw.; *han*; rüschte ['rʏʃtə]; gerüsch [jə'rʏʃ]>: rüschen, kräuseln. (110)

Rüsche|blus, de ['rʏʃəˌbluːs] <N.; ~e> {s. u. ↑Rüsch ↑Blus}: Rüschenbluse.

Rüsche(n)|hemb, et ['rʏʃə(n)ˌhemp] <N.; ~|hemde(r) [-hemdə / -hemdɐ]> {s. u. ↑Rüsch ↑Hẹmb; 9.1.4}: Rüschenhemd.

Ruse|beet/~|bedd, et ['ruːzəˌbeːt / -bɛt] <N.; ~e/~er> {s. u. ↑Rus ↑Beet ↑Bedd}: Rosenbeet.

Ruse|bladd, et ['ruːzəˌblat] <N.; ~|blädder> {s. u. ↑Rus ↑Bladd}: Rosenblatt.

Ruse|blöt, de ['ruːzəˌbløˑt] <N.; ~e> {s. u. ↑Rus ↑Blöt}: Rosenblüte, **1.** <o. Pl.> die Blütezeit der Rosen. **2.** Blüte einer Rose.

Ruse|bösch, der ['ruːzəˌbøʃ] <N.; ~> {s. u. ↑Rus ↑Bösch}: Rosenbusch.

Ruse|döff, der ['ruːzəˌdøf] <N.; ~|döfte> {s. u. ↑Rus ↑Döff}: Rosenduft.

Ruse|gaade, der ['ruːzəˌjaˑdə] <N.; ~|gääde> {s. u. ↑Rus ↑Gaade}: Rosengarten, Rosarium.

Ruse|hegg, de ['ruːzəˌhɛk] <N.; ~e> {s. u. ↑Rus ↑Hegg}: Rosenhecke.

Ruse(n)|holz, et ['ruːzə(n)ˌholts] <N.; o. Pl.> {s. u. ↑Rus ↑Holz; 9.1.4}: Rosenholz.

Ruse|huh|zigg, de ['ruːzəˌhuˑtsɪk] <N.; ~e> {s. u. ↑Rus ↑huh ↑Zigg}: Rosenhochzeit, 10. Jahrestag der Heirat.

Ruse|knopp, der ['ruːzəˌknɔp] <N.; ~|knöpp; ~|knöpp|che [-'knœpʃə]> {s. u. ↑Rus ↑Knopp²}: Rosenknospe.

Ruse|kranz, der ['ruːzəˌkrants] <N.; ~|kränz> {s. u. ↑Rus}: Rosenkranz.

rüṣele ['rʏzələ] <V.; schw.; *han*; rüṣelte ['rʏzəltə]; gerüṣelt [jə'rʏzəlt]> {7.4; 9.2.1.2}: rütteln, schütteln [auch: ↑röddele, ↑waggele]. (6)

Ruse|mon|dag, der [ˌruːzə'mɔːndaːx] <N.; o. Pl.> {s. u. ↑Rus ↑Mon|dag}: Rosenmontag. Die Herkunft des Wortes ist nach wie vor ungeklärt. Ob das Wort von „rasen" kommt (Kluge, Duden) od. von Laetare (Halbfasten) abgeleitet ist, wie Wrede vermutet, lässt sich nicht entscheiden.

Ruse|mon|dags|zog, der [ˌruːzə'mɔːndaːxsˌtsox] <N.; ~|zög> {s. u. ↑Rus ↑Mon|dag ↑Zog¹}: Rosenmontagszug, Karnevalsumzug, Hauptveranstaltung des Kölner Karnevals.

Ruse(n)|öl, et ['ruːzə(n)ˌœːl] <N.; ~e (Sortenpl.)> {s. u. ↑Rus ↑Öl; 9.1.4}: Rosenöl.

Ruse|rud, et ['ruːzəˌruːt] <N.; Eigenn.> {s. u. ↑Rus ↑rud}: Rosenrot (Märchengestalt aus „Schneeweißchen und Rosenrot") [vgl. ↑Schnei|wieß|che].

Ruse|schir, de ['ruːzəˌʃiːɐ] <N.; ~e> {s. u. ↑Rus ↑Schir}: Rosenschere.

Ruse|stock, der ['ruːzəˌʃtɔk] <N.; ~|stöck> {s. u. ↑Rus ↑Stock¹}: Rosenstock.

Ruse|struch, der ['ruːzəˌʃtrʊx] <N.; ~|strüch> {s. u. ↑Rus ↑Struch}: Rosenstrauch.

Ruse|struuß, der ['ruːzəˌʃtruːs] <N.; ~|strüüß> {s. u. ↑Rus ↑Struuß}: Rosenstrauß.

Ruse|wasser, et ['ruːzəˌvasə] <N.; o. Pl.> {s. u. ↑Rus}: Rosenwasser.

Ruse|züchtler, der ['ruːzəˌtsʏçtlə] <N.; ~> {s. u. ↑Rus}: Rosenzüchter.

Rusing/Rosing, de [rʊ'zɪŋ / ro'zɪŋ] <N.; ~e> {5.3.2; 5.4; 8.3.1}: Rosine.

Rusinge|blatz/Rosinge|~, der [rʊ'zɪŋˑəˌplats / ro'zɪŋˑə-] <N.; ~|blätz> {s. u. ↑Rusing/Rosing}: Rosinenblatz, süßes Brot aus Weizenmehl mit Rosinen.

Rusinge|bomb|er/Rosinge|~, der [rʊ'zɪŋˑəˌbɔmbɐ / ro'zɪŋˑə-] <N.; ~> {s. u. ↑Rusing/Rosing ↑Bomb}: Rosinenbomber, (während der Berliner Blockade 1948/49 amerikanisches od. britisches) Versorgungsgüter (in die Stadt) einfliegendes Flugzeug.

Rusinge|brud/Rosinge|~, et [rʊ'zɪŋˑəˌbruːt / ro'zɪŋˑə-] <N.; ~e> {s. u. ↑Rusing/Rosing ↑Brud}: Rosinenbrot.

Rusinge|brüd|che/Rosinge|~, et [rʊ'zɪŋˑəˌbryːtʃə / ro'zɪŋˑə-] <N.; ~r> {s. u. ↑Rusing/Rosing ↑Brüd|che}: Rosinenbrötchen.

Rusinge|koche/Rosinge|~, der [rʊ'zɪŋˑəˌkoːxə / ro'zɪŋˑə-] <N.; ~> {s. u. ↑Rusing/Rosing ↑Koche}: Rosinenkuchen.

ruße ['ruːsə] <V.; schw.; *han*; rußte ['ruːstə]; geruß [jə'ruːs]>: rußen, **1.** unter Rußentwicklung brennen. **2.** mit Ruß schwärzen. (32)

Russisch|brud, et [ˌrʊsɪʃ'bruːt] <N.; o. Pl.> {s. u. ↑Brud}: Russischbrot.

Ruster, de ['rʊstə] <N.; ~e>: Ofenrost [auch: ↑Ross² (a)].

Rut/Rot, de [ruːt / roːt] <N.; ~e> {8.3.1}: Rute.

Rutt, de [rʊt] <N.; ~e> {5.3.4; 8.3.1}: Raute, **1.** (Geom.) Rhombus. **2.** Fensterchen. **3.** <nur Pl.> Karo, Eckstein (Kartenfarbe) [auch: ↑Karro (2)].

Rutte|ass, et ['rʊtəˌas] <N.; ~e> {s. u. ↑Rutt}: Karoass (Spielkarte) [auch: ↑Karro|ass].

Rutte|dam, de ['rʊtəˌdaːm] <N.; ~e> {s. u. ↑Rutt ↑Dam}: Karodame (Spielkarte) [auch: ↑Karro|dam].

Rutte|jung, der ['rʊtəˌjʊŋˑ] <N.; ~e [-jʊŋə]> {s. u. ↑Rutt ↑Jung}: Karobauer (Spielkarte) [auch: ↑Karro|jung].

Rutte|künning, der ['rʊtəˌkʏnɪŋ] <N.; ~e> {s. u. ↑Rutt ↑Künning}: Karokönig (Spielkarte) [auch: ↑Karro|künning].

Rütütü, der ['rʏtʏˌtyː] <N.; kein Pl.>: Spleen: *Do häs ene R.!* (Du hast sie nicht alle!) [auch: ↑Lititi, ↑Litz|che].

Rüüm|che, et ['ryːmʃə] <N.; nur Diminutiv; ~r> {5.1.3}: Vers; Gedicht, für „Reim" hat sich das standarddt. Wort mit der kölschenAusspr. durchgesetzt.

rüüme ['ryːmə] <V.; schw.; *han*; rüümte ['ryːmtə]; gerüümp [jə'ryːmp]> {5.1.3}: räumen, **1.** etw. entfernen: *de Böcher vum Desch r.* (die Bücher vom Tisch r.). **2.** einen Ort (von etw./jmdm.) frei machen: *de Wonnung r.* (die Wohnung r.). (122)

Ruusch, der [ruːʃ] <N.> {5.1.3}: Rausch.

ruusche ['ruːʃə] <V.; schw.; *han* u. *sin*; ruuschte ['ruːʃtə]; geruusch [jə'ruːʃ]> {5.1.3}: rauschen. (110)

Saach, de [zaːx] <N.; ~e> {5.2.1; 8.3.1}: Sache; <Pl.> Sachen, Kram.
Saal, der [zaːl] <N.; Sääl [zɛˑl]; Sääl|che [ˈzɛːlʃə]>: Saal.
Saat|god, et [ˈzaˑtˌjoˑt] <N.; i. best. Komposita *Saat*, sonst ↑Sǫǫt; o. Pl.> {11; s. u. ↑God}: Saatgut.
Saat|koon, et [ˈzaˑtˌkɔːn] <N.; i. best. Komposita *Saat*, sonst ↑Sǫǫt; ~|kööner> {11; s. u. ↑Sǫǫt ↑Kǫǫn¹}: Saatkorn.
Saat|zigg, de [ˈzaˑtˌtsɪk] <N.; i. best. Komposita *Saat*, sonst ↑Sǫǫt; ~e> {11; s. u. ↑Zigg}: Saatzeit.
Sabbel, der [ˈzabəl] <N.; kein Pl.>: Sabber, Speichel.
sabbele [ˈzabələ] <V.; schw.; *han*; sabbelte [ˈzabəltə]; gesabbelt [jəˈzabəlt]> {9.2.1.2}: sabbeln, sabbern, **1.** geifern, Speichel fließen lassen, beim Essen od. Trinken bekleckern. **2.** (übertr.) (sinnlos) daherreden; [auch: ↑seivere]. (6)
Sabbel|schnüss, de [ˈzabəlˌʃnʏs] <N.; ~e> {s. u. ↑Schnüss}: Geifermaul (Schimpfw.) [auch: ↑Seiver|muul, ↑Seiver|schnüss].
Sabotage, de [ˌzaboˈtaːʃ] <N.; ~e [ˌzaboˈtaːʒə] (Pl. selten) ⟨frz. sabotage, zu: saboter = sabotieren⟩>: Sabotage.
Sach|be|arbeid|er, der [ˈzaxbəˌarbeˑrdə] <N.; i. best. Komposita *Sach-*, sonst ↑Saach; ~> {11; s. u. ↑Arbeid|er}: Sachbearbeiter.
Sach|boch, et [ˈzaxˌboːx] <N.; i. best. Komposita *Sach-*, sonst ↑Saach; ~|böcher> {11; s. u. ↑Boch¹}: Sachbuch.
Sach|frog, die [ˈzaxˌfrɔːx] <N.; i. best. Komposita *Sach-*, sonst ↑Saach; ~e> {11; s. u. ↑Frǫg}: Sachfrage.
Sach|gebiet, et [ˈzaxjəˌbiˑt] <N.; i. best. Komposita *Sach-*, sonst ↑Saach; ~e> {11}: Sachgebiet.
Sach|kund, de [ˈzaxˌkʊnˑt] <N.; i. best. Komposita *Sach-*, sonst ↑Saach; o. Pl.> {11}: Sachkunde. **1.** Sachkenntnis. **2.** kurz für Sachkundeunterricht.
Sach|lag, die [ˈzaxˌlaˑx] <N.; i. best. Komposita *Sach-*, sonst ↑Saach; o. Pl.> {11; s. u. ↑Lag}: Sachlage, bestehende Situation.
Sach|schade, der [ˈzaxˌʃaˑdə] <N.; i. best. Komposita *Sach-*, sonst ↑Saach; ~|schäde (Pl. selten)> {11; s. u. ↑Schade}: Sachschaden.
Sach|spend, de [ˈzaxˌʃpɛnˑt] <N.; i. best. Komposita *Sach-*, sonst ↑Saach; ~e> {11; s. u. ↑Spend}: Sachspende.
Sach|wäät, der [ˈzaxˌvɛːt] <N.; i. best. Komposita *Sach-*, sonst ↑Saach; ~e> {11; s. u. ↑Wäät}: Sachwert. **1.** <o. Pl.> Wert, den eine Sache an sich hat. **2.** <meist Pl.> Sache, die einen Wert darstellt; Wertobjekt.
Sach|wesse, et [ˈzaxˌvesə] <N.; i. best. Komposita *Sach-*, sonst ↑Saach> {11; s. u. ↑Wesse}: Sachwissen.
Sach|wörter|boch, et [ˈzaxˌvœxtəboˑx] <N.; i. best. Komposita *Sach-* u. *Wörter*, sonst ↑Saach u. ↑Wǫǫd¹; ~|böcher> {11; s. u. ↑Boch¹}: Sachwörterbuch.
Sack, der [zak] <N.; Säck [zɛk]>: Sack.
Sack|bahn|hoff, der [ˈzakˌbaːnhɔf] <N.; ~|höff> {s. u. ↑Bahn|hoff}: Sackbahnhof, Kopfbahnhof.
Sack|doch, et [ˈzakˌdoːx] <N.; ~|döcher> {s. u. ↑Doch}: Sacktuch, **1.** grobes Tuch. **2.** Taschentuch [auch: ↑Täsche|doch].
sacke [ˈzakə] <V.; schw.; *sin*; sackte [ˈzaktə]; gesack [jəˈzak]>: sacken, sinken, sich senken. (88)
Sack|gaan, et [ˈzakˌjaːn] <N.; ~e> {s. u. ↑Gaan}: Sackgarn, starkes Garn zum Nähen von Säcken.
Sack|gass, de [ˈzakˌjas] <N.; ~e> {s. u. ↑Gass¹}: Sackgasse.
Sack|ge|seech, et [ˈzakjəzeːʃ] <N.; ~ter> {s. u. ↑Ge|seech}: Sackgesicht (Schimpfw.).
Sack|höppe, et [ˈzakˌhøpə] <N.; o. Pl.> {s. u. ↑höppe}: Sackhüpfen (Kinderspiel).
Sack|kaar, de [ˈzakkaˑ(ɐ̯)] <N.; ~e> {s. u. ↑Kaar}: Sackkarre.
Sack|linge, et [ˈzakˌlɪŋə] <N.; kein Pl.> {s. u. ↑Linge}: Sackleinen, grobes Gewebe.
Sack|pief, de [ˈzakˌpiːf] <N.; ~e> {s. u. ↑Pief}: Sackpfeife, ein im MA bei einfachen Leuten beliebtes, dudelsackartiges Musikinstrument.
sack|wies [ˈzakviˑs] <Adv.>: sackweise, mit Säcken, in großen Mengen.
Saddel, der [ˈzadəl] <N.; Säddel [ˈzɛdəl]> {6.11.3}: Sattel.
Saddel|deck, de [ˈzadəlˌdɛk] <N.; ~e> {s. u. ↑Saddel ↑Deck²}: Satteldecke.
saddele [ˈzadələ] <V.; schw.; *han*; saddelte [ˈzadəltə]; gesaddelt [jəˈzadəlt]> {6.11.3; 9.2.1.2}: satteln. (6)
Saddel|er, der [ˈzadələ] <N.; ~> {6.11.3; 9.1.1}: Sattler, zum Ledergewerbe gehöriger Handwerker.
Saddel|er|arbeid, de [ˈzadələˌarbeˑt] <N.; ~e> {s. u. ↑Saddel|er ↑Arbeid}: Sattlerarbeit.
Saddel|er|hand|werk, das [ˈzadələˌhantvɛrk] <N.; o. Pl.> {s. u. ↑Saddel|er}: Sattlerhandwerk.

saddel|fess ['zadəlfɛs] <Adj.; Komp. selten, Sup. ungebr.; ~|feste; ~|fester [-fɛstɐ]> {6.11.3}: sattelfest, **1.** fest im Sattel sitzend. **2.** (übertr.) kenntnisreich, kenntnissicher. Tbl. A4.2.2

Saddel|gurt/~|goot, der ['zadəl,jʊxt / -jo:t] <N.; ~|goot veraltend; ~e> {s. u. ↑Saddel ↑Gurt/Goot}: Sattelgurt.

Saddel|kesse, et ['zadəl,kesə] <N.; ~> {s. u. ↑Kesse}: Sattelkissen, Polster unter dem Sattelsitz.

Saddel|knopp, der ['zadəl,knɔp] <N.; ~|knöpp> {s. u. ↑Saddel ↑Knopp¹}: Sattelknopf, vorderes, verdicktes Ende des Sattels in Kugelform.

Saddel|nas, de ['zadəl,na·s] <N.; ~e> {s. u. ↑Saddel ↑Nas}: Sattelnase, Nase, deren Rücken in der Form eines Sattels nach unten gebogen ist.

Saddel|schlepp|er, der ['zadəl,ʃlɛpɐ] <N.; ~> {s. u. ↑Saddel}: Sattelschlepper.

Saddel|setz, der ['zadəl,zets] <N.; ~(e)> {s. u. ↑Saddel ↑Setz}: Sattelsitz.

Saddel|täsch, de ['zadəl,tɛʃ] <N.; ~e> {s. u. ↑Saddel ↑Täsch}: Satteltasche.

Saddel|zeug, et ['zadəl,tsɔyfj] <N.; kein Pl.> {s. u. ↑Saddel}: Sattelzeug.

Sad|iss, der [za'dɪs] <N.; ~|iste>: Sadist.

Saff, der [zaf] <N.; Säff ['zɛf] {8.3.5}: Saft.

Saff|brode, der ['zaf,bro·də] <N.; ~> {s. u. ↑Saff ↑Brode}: Saftbraten, geschmorter Rinderbraten.

Saff|lade, der ['zaf,la·də] <N.; ~|läde> {s. u. ↑Saff ↑Lade}: Saftladen.

Saff|press, de ['zaf,prɛs] <N.; ~e> {s. u. ↑Saff ↑Press}: Saftpresse.

Saff|sack, der ['zaf,zak] <N.; ~|säck> {s. u. ↑Saff ↑Sack}: Saftsack (Schimpfw. für männl. Person).

saft|ig ['zaftɪfj] <Adj.; ~e; ~er, ~ste>: saftig. Tbl. A5.2

Sag, de [za·x] <N.; ~e ['za·ʀə] {8.3.1}: Sage.

Säg, de [zɛ·fj] <N.; ~e ['zɛ·jə] {8.3.1}: Säge.

sage [za·ʀə] <V.; unr.; han; saht [za:t]; gesaht [jə'za:t]>: sagen, äußern, nennen, reden, behaupten; *de Dagszigg s.* (grüßen); *tschüss s.* (sich verabschieden); *nit s.* (verschweigen). (155)

säge ['zɛ·jə] <V.; schw.; han; sägte ['zɛ·fjtə]; gesäg [jə'zɛ·fj]>: sägen. (103)

Säge, der ['zɛ:jə] <N.; ~> {5.4}: Segen [auch: ↑Sähn].

Säge|bladd, et ['zɛ·jə,blat] <N.; ~|blädder> {s. u. ↑Säg ↑Bladd}: Sägeblatt.

Säge|bock, der ['zɛ·jə,bok] <N.; ~|böck> {s. u. ↑Bock}: Sägebock.

Säge|fesch, der ['zɛ·jə,feʃ] <N.; ~(e) [-feʃ· / -feʃə]> {s. u. ↑Säg ↑Fesch}: Sägefisch.

Säge|spien ['zɛ·jə,[pi·n] <N.; mask.; nur Pl.> {s. u. ↑Säg ↑Spon}: Sägespäne.

Säg|mähl, et ['zɛ·fj,mɛ:l] <N.; o. Pl.> {8.3.1; s. u. ↑Mähl}: Sägemehl.

Säg|müll, de ['zɛ·fj,mʏl·] <N.; ~e [-mʏlə]> {8.3.1; s. u. ↑Müll¹}: Sägemühle.

Sähn, der [zɛ·n] <N.; ~> {5.4; 6.3.1; 8.2.2.3}: Segen [auch: ↑Säge].

sähne ['zɛ·nə] <V.; schw.; han; sähnte ['zɛ·ntə]; gesähnt [jə'zɛ·nt]> {5.4; 6.3.1}: segnen, **1.** jmdm./etw. den Segen geben. **2.** <sich s.> sich bekreuzigen: (kath. Kirche): das Kreuz(zeichen) über Stirn u. Brust machen: *sich vür einem/jet s.* (sich vor jmdm./etw. bekreuzigen). (5)

Sahne|ies, et ['za·nə,|i:s] <N.; kein Pl.> {s. u. ↑Ies}: Sahneeis.

Sahne|schnetzel, et ['za·nə,ʃnetsəl] <N.; ~e> {s. u. ↑Schnetzel}: Sahneschnitzel.

Sahne|taat, de ['za·nə,ta:t] <N.; ~e> {s. u. ↑Taat}: Sahnetorte.

Sahne|zauß, de ['za·nə,tsaʊs] <N.; ~e> {s. u. ↑Zauß}: Sahnesoße.

Saigon [zaɪ'jɔn·] <N.; Eigenn.>: Saigon, Stadt in Vietnam, früherer Name von Ho-Chi-Minh-Stadt.

Saison|arbeid, die [zɛ'zɔn,|arbeɪ̯t] <N.; ~e (Pl. selten)> {s. u. ↑Arbeid}: Saisonarbeit.

Saison|arbeid|er, der [zɛ'zɔn,|arbeɪ̯dɐ] <N.; ~> {s. u. ↑Arbeid|er}: Saisonarbeiter.

Saison|eng(k), et [zɛ'zɔn,|ɛŋ(k)] <N.; ~|eng|de [-ɛŋdə]> {s. u. ↑Eng¹/Engk}: Saisonende.

Saison|ge|schäff, et [zɛ'zɔnjə,ʃɛf] <N.; ~|schäfte> {s. u. ↑Ge|schäff}: Saisongeschäft.

Saison|schluss, der [zɛ'zɔn,ʃlʊs] <N.; ~|schlüss> {s. u. ↑Schluss}: Saisonschluss.

Salmiak|geis, der [zalmɪ'jak,jeɪ̯s] <N.; o. Pl.> {s. u. ↑Geis³}: Salmiakgeist, Ammoniaklösung.

Salmiak|pastill, de [zalmɪ'jakpas,tɪl·] <N.; ~e [-pastɪlə]> {s. u. ↑Pastill}: Salmiakpastille.

Salmonell, de [ˌzamoˈnɛlˑ] <N.; ~e [ˌzamoˈnɛlə] (meist Pl.)>: Salmonelle.

salutiere/~eere [zalʊˈtiˑ(ɐ̯)rə / -eˑrə] <V.; schw./unr.; *han*; salutierte [zalʊˈtiˑɐ̯tə]; salutiert [zalʊˈtiˑɐ̯t] ⟨frz. saluter⟩> {(5.1.4.3)}: salutieren. (3) (2)

Salutt, der [zaˈlʊt] <N.; ~e ⟨frz. salut⟩> {2; 5.3.2}: Salut, militärischer Ehrengruß, Begrüßung durch Geschützdonner.

Salutt|schoss, der [zaˈlʊtˌʃos] <N.; ~|schöss (meist Pl.)> {s. u. ↑Schoss²}: Salutschuss.

Salv¹, de [zalˑf] <N.; ~e> {6.1.1; 8.3.1}: Salbe.

Salv², de [zalˑf] <N.; ~e ⟨frz. salve, zu lat. salve⟩>: (Milit.) Salve, Anzahl von Schüssen aus Gewehren od. Geschützen.

Sälv, de [zɛlf] <N. ⟨lat. salvia⟩> {2; 6.1.1}: Salbei.

salve [ˈzalˑvə] <V.; schw.; *han*; salvte [ˈzalˑftə]; gesalv [jəˈzalˑf] {6.1.1}: salben. (66)

Salz|ääd|appel, der [ˈzaltsˌɛːdapəl] <N.; ~|äppel (meist Pl.)> {s. u. ↑Ääd ↑Appel}: Salzkartoffel.

Salz|badd, et [ˈzaltsˌbat] <N.; ~|bäder [-bɛˑdɐ] (unr. Pl.)> {s. u. ↑Badd}: Salzbad.

Salz|boddem, der [ˈzaltsˌbodəm] <N.; ~|böddem> {s. u. ↑Boddem}: Salzboden.

Salz|bretzel, de [ˈzaltsˌbretsəl] <N.; ~e> {s. u. ↑Bretzel}: Salzbrezel.

Salz|deig, der [ˈzaltsˌdeɪ̯ʃ] <N.; o. Pl.> {s. u. ↑Deig}: Salzteig.

Salz|döppe, et [ˈzaltsˌdøpə] <N.; ~> {s. u. ↑Döppe}: Salztopf [auch: ↑Salz|rümp|che].

salze [ˈzaltsə] <V.; schw.; *han*; salzte [ˈzaltstə]; gesalz [jəˈzalts]>: salzen. (42)

Salz|faaß, et [ˈzaltsˌfaːs] <N.; ~|fääßer> {s. u. ↑Faaß}: Salzfass.

Salz|gass [ˈzaltsˌjas] <N.; Straßenn.> {s. u. ↑Gass¹}: Salzgasse; Straße in Köln-Altstadt/Nord. In der Salzgasse verkauften die Salzhändler das Gewürz, das früher zum Konservieren der Lebensmittel benutzt wurde.

Salz|gurk, de [ˈzaltsˌjʊrk] <N.; ~e> {s. u. ↑Gurk}: Salzgurke.

Salz|herring, der [ˈzaltsˌherɪŋ] <N.; ~(e)> {s. u. ↑Herring}: Salzhering.

salz|ig [ˈzaltsɪʃ] <Adj.; ~e; ~er, ~ste>: salzig.   Tbl. A5.2

Salz|koon, et [ˈzaltsˌkoːn] <N.; ~|kööner [-køˑnɐ]> {s. u. ↑Koon¹}: Salzkorn.

Salz|lös|ung/~|lüs|~, de [ˈzaltsˌløːzʊŋ / -lyːz-] <N.; ~e> {s. u. ↑löse/lüse}: Salzlösung.

Salz|rümp|che, et [ˈzaltsˌrympɕə] <N.; ~r>: Salztopf, bauchartiger Behälter für Salz [auch: ↑Salz|döppe].

Salz|sie, der [ˈzaltsˌziˑ] <N.; ~ [ˈziˑə] {s. u. ↑Sie²}: Salzsee.

Salz|stang, de [ˈzaltsˌʃtaŋˑ] <N.; ~e [-ʃtaŋə] {s. u. ↑Stang}: Salzstange.

Salz|süül, de [ˈzaltsˌzyˑl] <N.; ~e> {s. u. ↑Süül}: Salzsäule.

Samariter, der [zamaˈrɪtɐ] <N.; ~ ⟨lat. Samarites, zu Samaria⟩>: Samariter.

Samariter|deens, der [zamaˈrɪtɐˌdeˑns] <N.; ~te> {s. u. ↑Samariter ↑Deens}: Samariterdienst.

Same|bank, die [ˈzaˑməˌbaŋk] <N.; i. best. Komposita *Same*, sonst ↑Some; ~e> {11; s. u. ↑Bank²}: Samenbank.

Same|faddem, der [ˈzaˑməˌfadəm] <N.; i. best. Komposita *Same*, sonst ↑Some; ~|fäddem> {11; s. u. ↑Faddem}: Samenfaden, Spermium.

Same|flanz/~|planz, de [ˈzaˑməˌflants / -plants] <N.; i. best. Komposita *Same*, sonst ↑Some; ~e> {11; s. u. ↑Flanz/Planz}: Samenpflanze, Blütenpflanze.

Same|flöss|ig|keit, de [ˈzaˑməˌfløsɪʃkeɪ̯t] <N.; i. best. Komposita *Same*, sonst ↑Some; o. Pl.> {5.5.1; 11}: Samenflüssigkeit, Sperma.

Same|kään, der [ˈzaˑməˌkɛːn] <N.; i. best. Komposita *Same*, sonst ↑Some; ~e> {11; s. u. ↑Kään}: Samenkern.

Same|koon, et [ˈzaˑməˌkoːn] <N.; i. best. Komposita *Same*, sonst ↑Some; ~|kööner> {11; s. u. ↑Koon¹}: Samenkorn.

Same|strang, der [ˈzaˑməˌʃtraŋ] <N.; i. best. Komposita *Same*, sonst ↑Some; ~|sträng [-ʃtrɛŋˑ]> {11; s. u. ↑Strang}: Samenstrang.

Same|zell, de [ˈzaˑməˌtsɛlˑ] <N.; i. best. Komposita *Same*, sonst ↑Some; ~e [-tsɛlə]> {11; s. u. ↑Zell}: Samenzelle, Spermium.

Same|zuch, die [ˈzaˑməˌtsʊx] <N.; i. best. Komposita *Same*, sonst ↑Some; o. Pl.> {11; s. u. ↑Zuch}: Samenzucht, Anbau von Pflanzen zur Gewinnung von Saatgut.

säm|ig [ˈzɛˑmɪʃ] <Adj.; ~e; ~er, ~ste>: sämig.   Tbl. A5.2

Sammelbegreff

Sammel|be|greff, der ['zaməlbə‚jref] <N.; ~e> {s. u. ↑Be|greff}: Sammelbegriff.

Sammel|becke, et ['zaməl‚bɛke] <N.; ~> {s. u. ↑Becke}: Sammelbecken.

Sammel|büchs, de ['zaməl‚bʏks] <N.; ~e> {s. u. ↑Büchs}: Sammelbüchse.

sammele ['zamələ] <V.; schw.; *han*; sammelte ['zaməltə]; gesammelt [jə'zaməlt]> {9.2.1.2}: sammeln. (6)

Sammel|fahr|sching, der ['zaməl‚fa:(ɐ̯)ʃɪŋ] <N.; ~|sching [-ʃɪŋ·]> {s. u. ↑Sching¹}: Sammelfahrschein.

Sammel|grav, et ['zaməl‚jra:f] <N.; ~|gräver [-jrɛ·və]> {s. u. ↑Grav}: Sammelgrab.

Sammel|iefer, der ['zaməl‚i:fə] <N.; kein Pl.> {s. u. ↑Iefer}: Sammeleifer.

Sammel|mapp, de ['zaməl‚map] <N.; ~e> {s. u. ↑Mapp}: Sammelmappe.

Sammel|stell, de ['zaməl‚ʃtɛl·] <N.; ~e [-ʃtɛlə]> {s. u. ↑Stell}: Sammelstelle, Sammelplatz.

Sammel|wod, de ['zaməl‚vo·t] <N.; kein Pl.> {s. u. ↑Wod}: Sammelwut.

Sammet, der ['zamət] <N.; kein Pl.> {5.3.2; 9.1.1}: Samt [auch: ↑Samp].

Samml|er|wäät, der ['zamle‚vɛ:t] <N.; ~e (Pl. selten)> {s. u. ↑Wäät}: Sammlerwert.

samp¹ [zam·p] <Präp.; m. Dat.> {8.3.5}: samt, zusammen mit, nebst [auch: ↑zo|samme/ze|~ (2)].

samp² [zam·p] <Adv.> {8.3.5}: samt, nur i. d. Wendung *s. un sonders*: alle(s) ohne Ausnahme/Unterschied.

Samp, der ['zam·p] <N.; kein Pl.> {6.13.9; 8.3.5}: Samt [auch: ↑Sammet].

Samp|band, das ['zam·p‚bant] <N.; ~|bänder> {s. u. ↑Samp ↑Band¹}: Samtband, Band aus Samt.

Samp|hand|schoh/Sammet|~/~|händ|sche, der ['zam·p‚hantʃo· / 'zamət- / -hɛntʃə] <N.; ~|händ|schohn ['hɛnt‚ʃo·n]> {s. u. ↑Samp ↑Sammet ↑Hand|schoh, ↑Händ|sche}: Samthandschuh, ***einer met Samphändschohn aanpacke** (jmdn. mit ~en anfassen = jmdn. bes. rücksichtsvoll/zart/vorsichtig/überaus behutsam behandeln, verhätscheln; Rücksicht nehmen).

Samp|jack, de ['zam·p‚jak] <N.; ~e> {s. u. ↑Samp ↑Jack¹}: Samtjacke.

Samp|kesse, et ['zamp‚kesə] <N.; ~> {s. u. ↑Samp ↑Kesse}: Samtkissen.

Samp|kleid, et ['zamp‚klɛɪ̯t] <N.; ~er> {s. u. ↑Samp ↑Kleid}: Samtkleid.

sämp|liche ['zɛmplɪfjə] <Indefinitpron. u. unbest. Zahlw.; nur Pl.> {8.3.5}: sämtliche [auch: ↑alle|mann, ↑alle|mol(de)]. Tbl. P7.6

Samp|püt|che, et ['zamppy:tfjə] <N.; ~r> {s. u. ↑Samp ↑Put²}: Samtpfötchen.

Samp|vür|hang/~|vör|~, der ['zamp‚fy:ɐ̯haŋ / -fø:ɐ̯-] <N.; ~|häng [-hɛŋ·]> {s. u. ↑Samp ↑Vür|hang/Vör|~}: Samtvorhang.

samp|weich ['zam·p'vɛɪ̯fj] <Adj.; ~e> {s. u. ↑Samp}: samtweich, **1.** weich wie Samt. **2.** sanft. Tbl. A1

Sams|dag, der ['zam·s‚da:x] <N.; ~|däg/~e [-dɛ·fj / -da·ʀə]> {s. u. ↑Dag}: Samstag.

Sams|dag|ovend, der [‚zamsda:x'ɔ·vənt] <N.; ~e> {s. u. ↑Ovend}: Samstagabend.

sams|dags ['zam·s‚da·(x)s] <Adv.> {6.11.1}: samstags.

Sandal, de [zan'da·l] <N.; ~e ⟨lat. sandalium < griech. sandálion = Riemenschuh⟩>: Sandale.

Sand|bahn|renne, et ['zandba·n‚rɛnə] <N.; ~> {s. u. ↑Renne}: Sandbahnrennen, Motorradrennen auf einer Sandbahn.

Sand|boddem, der ['zant‚bodəm] <N.; ~|böddem> {s. u. ↑Boddem}: Sandboden.

Sand|doon, der ['zant‚do·n] <N.; ~|dööner> {s. u. ↑Doon}: Sanddorn.

Sand|dün, de ['zant‚dy:n] <N.; ~e> {s. u. ↑Dün}: Sanddüne.

Sandel|holz, et ['zandəl‚holts] <N., o. Pl.> {s. u. ↑Holz}: Sandelholz.

Sandel|holz|öl, et ['zandəlholts‚œ·l] <N.; o. Pl.> {s. u. ↑Holz ↑Öl}: Sandelholzöl.

Sand|emmer, der ['zant‚ɛmə] <N.; ~e> {s. u. ↑Emmer}: Sandeimer, Sandspielzeug für Kinder.

Sand|fluh, der ['zant‚flu·] <N.; ~|flüh> {s. u. ↑Fluh}: Sandfloh.

Sand|förm|che, et ['zant‚fœrmfjə] <N.; ~r> {s. u. ↑Förm|che}: Sandförmchen.

Sand|haufe, der ['zant‚hoʊ̯fə] <N.; ~> {s. u. ↑Haufe}: Sandhaufen.

sand|ig ['zan·dɪfj] <Adj.; ~e; ~er, ~ste>: sandig. Tbl. A5.2

Sand|kaste, der ['zant‚kastə] <N.; ~|käste> {s. u. ↑Kaste}: Sandkasten.

Sand|kess, de ['zant‚kes] <N.; ~|keste> {s. u. ↑K̲e̲ss}: Sandkiste, Sandkasten.

Sand|koche, der ['zant‚koˑxə] <N.; ~> {s. u. ↑Koche}: Sandkuchen, feiner, lockerer Kuchen (aus einem Rührteig).

Sand|k̲o̲o̲n, et ['zant‚kɔːn] <N.; ~|k̲ö̲ö̲ner> {s. u. ↑K̲o̲o̲n¹}: Sandkorn.

Sand|kuul, de ['zant‚kuˑl] <N.; ~e> {s. u. ↑Kuul}: Sandgrube, Sandkaule.

Sand|kuul, Aal [‚aˑl'zant‚kuˑl] <N.; Straßenn.> {s. u. ↑aal ↑Kuul}: Alte Sandkaul (Sandgrube), Straße in Widdersdorf. „Sandkaul" wurde eine Kies- u. Sandgrube genannt; hier lieferte die alte Sandkaul das Material für den Haus- u. Straßenbau bis um 1900, als sie verfüllt wurde u. man eine neue Grube anlegte, die Neue Sandkaul.

Sand|kuul, Klein [klei̯n'zant‚kuˑl] <N.; Straßenn.> {s. u. ↑Kuul}: Kleine Sandkaul; Straße in Köln-Altstadt/Nord. Bei der Sandkaul handelt es sich um die Überreste einer aus der Eisenzeit stammenden Sanddüne, auf der zw. 1441 u. 1447 der Gürzenich gebaut wurde.

Sand|männ|che, et ['zant‚mɛnˑfjə] <N.>: Sandmännchen (Märchengestalt).

Sand|ohr/~|uhr, de ['zant‚loˑɐ̯ / -luˑɐ̯] <N.; ~e> {s. u. ↑Ohr¹/Uhr¹}: Sanduhr.

sanf [zanf] <Adj.; ~te, ~ter, ~ste> {8.3.5}: sanft.

Sänger|fess, et ['zɛŋɐ‚fɛs] <N.; ~|feste> {s. u. ↑Fess}: Sängerfest.

Sänger|schaff, de ['zɛŋɐ‚ʃaf] <N.; ~|schafte>: Sängerschaft.

Sanges|broder, der ['zaŋəs‚broˑdɐ] <N.; ~|bröder> {s. u. ↑Broder}: Sangesbruder.

Sanges|freud, de ['zaŋəs‚frɔy̯ˑt] <N.; o. Pl.> {s. u. ↑Freud}: Sangesfreude.

Sanitäts|deens, der [zaniˈtɛˑts‚deˑns] <N.; ~te> {s. u. ↑Deens}: Sanitätsdienst.

Sanitäts|wage, der [zaniˈtɛˑts‚vaˑʀə] <N.; ~> {s. u. ↑Wage}: Sanitätswagen, Krankenwagen.

Sann, et [zanˑ] <N.; weibl. Vorn.; ~che>: Kurzf. von Susanne.

Sardell, de [zaˈdɛlˑ] <N.; ~e [zaˈdɛlə] ⟨ital. sardella, Vkl. von: sarda < lat. sarda, Sardine⟩> {8.3.1}: Sardelle; kleiner, dem Hering verwandter Fisch.

Sardin, de [zaˈdiːn] <N.; ~e ⟨ital. sardina < spätlat. sardina, zu lat. sarda = Hering⟩> {8.3.1}: Sardine; kleiner, zu den Heringen gehörender bläulich silbern schillernder Fisch.

Sardine|büchs, de [zaˈdiːnə‚bʏks] <N.; ~e> {s. u. ↑Sardin ↑Büchs}: Sardinenbüchse.

Sarg/Särk, der [zarfj / zɛrk] <N.; *Särk* veraltet; Särg/Sarke [zɛrˑfj / 'zarkə]>: Sarg [auch: ↑Dude|lad].

Sarg|doch, et ['zarfj‚doˑx] <N.; ~|döcher> {s. u. ↑Sarg ↑Doch¹}: Sargtuch.

Sarg|nähl, der ['zarfj‚nɛˑl] <N.; ~> {s. u. ↑Sarg ↑Nähl}: Sargnagel. **1.** Nagel für einen Sarg. **2.** (ugs. scherzh.) Zigarette (im Hinblick auf ihre gesundheitsschädigende Wirkung).

Satans|brode, der ['zaˑtaːns‚brɔˑdə] <N.; ~> {s. u. ↑Brode}: (Schimpfw.) Satansbraten, Höllenbraten, Teufelsbraten.

Satans|kääl, der ['zaˑtaːns‚kɛːl] <N.; ~s [-kɛˑls]> {s. u. ↑Kääl}: Satanskerl. **1.** (Schimpfw.) teuflischer Mensch. **2.** Teufelskerl, Mann, der wegen seiner Tollkühnheit, seines Draufgängertums bewundert wird.

Satans|wiev, et ['zaˑtaːns‚viːf] <N.; ~er [-viˑvɐ]> {s. u. ↑Wiev}: (Schimpfw.) Satansweib, Teufelsweib.

Satellite|beld/~|bild, et [‚zatəˈlɪtə‚belt / -bɪlt] <N.; ~er> {s. u. ↑Beld/Bild}: Satellitenbild, Satellitenfoto.

Satellite|flog, der [‚zatəˈlɪtə‚floˑx] <N.; ~|flög> {s. u. ↑Flog¹}: Satellitenflug, Flug eines Satelliten, mit einem Satelliten.

Satellite|schössel, de [‚zatəˈlɪtə‚ʃøsəl] <N.; ~(e)> {s. u. ↑Schössel}: Satellitenschüssel, Parabolantenne zum Empfang des Satellitenfernsehens.

Satin, der [zaˈtɛŋˑ] <N; kein Pl. ⟨frz. satin⟩>: Satin, glänzender Stoff, glänzendes Gewebe.

Satin|blus, de [zaˈtɛŋˑ‚bluˑs] <N.; ~e> {s. u. ↑Satin ↑Blus}: Satinbluse.

satt [zat] <Adj.; ~e; ~er, ~este>: satt; ***et s. sin** (überdrüssig sein, leid sein). Tbl. A1

Satte, et ['zatə] <N.>: Sattsein, nur i. d. Wendung gebr. *jet op et S. esse* (etw. trotz Sättigung essen).

Sattellit, der [zateˈlɪt] <N.; ~e>: Satellit.

Sattellitte|beld/bild, et [zateˈlɪtə‚belt / -bɪlt] <N.; ~er> {s. u. ↑Sattellitt ↑Beld/Bild}: Satellitenbild, Satellitenfoto.

Sattellitte|flog, der [zateˈlitə‚floˑx] <N.; ~|flög> {s. u. ↑Sattellitt ↑Flog}: Satellitenflug.

bei Beschimpfungen u. Beleidigungen: ~e *Hungk* (dummer Hund), ~e *Boor* (dummer Bauer). **4.** schief, krumm: vor allem i. d. Vbdg. ***scheif un s.** (schief und krumm/scheel). Tbl. A2.2

schääl Sigg, de [ˌʃɛːˈlzɪk] <N.; Schreibung nach den Regeln der Akademie; alternativ wurde auch die Schreibweise ↑schäl Sick als Eigenn. beibehalten>: das rechtsrh. Gebiet von Köln, so frotzelnd von den linksrh., den „eigentlichen, echten" Kölnern genannt; die rechtsrh. Stadtgebiete wurden erst spät eingemeindet, Deutz 1888, Mülheim 1914; die Bez. ist entstanden durch die Treidelpferde, die, weil sie sich oft vom Wasser abwenden mussten, eine Scheuklappe vor das linke Auge bekamen; so war die rechte Rheinseite die „scheele Seite".

Schääl, der [ʃɛːl] <N.; Schreibung als Eigenn. ↑Schäl; ~s>: Schielender, **1.** (scherzh., abw.) Anrede od. Personenbezeichnung. **2.** (scherzh.) Brille [auch: ↑Brell/Brill]; **[RA]** *S., sühs de mich?* (gesagt, wenn man etw. sucht, was gut sichtbar ist).

schääle/schiele [ˈʃɛːlə / ʃiːlə] <V.; schw.; han; schäälte [ˈʃɛːltə]; geschäält [jəˈʃɛːlt]> {5.1.4.3}: schielen, spähen, kiebitzen. (102) (45)

Schabau, der [ʃaˈbaʊ] <N.; o. Pl.>: Schnaps.

Schabaus|fahn, de [ʃaˈbaʊˌfaːn] <N.; ~e> {s. u. ↑Schabau ↑Fahn}: Schnapsfahne, Alkoholfahne.

Schabaus|fläsch, de [ʃaˈbaʊˌflɛʃ] <N.; ~e> {s. u. ↑Schabau ↑Fläsch}: Schnapsflasche.

Schabaus|krad, de [ʃaˈbaʊsˌkraːt] <N.; ~e> {s. u. ↑Krad²}: Säufer, Trunkenbold, Schimpfw. für einen starken Trinker [auch: ↑Senk (2), ↑Suff|patron, ↑Schabaus|üül, ↑Suff|krad, ↑Suff|üül, ↑Voll|üül].

Schabaus|üül, de [ʃaˈbaʊsˌyːl] <N.; ~e> {s. u. ↑Üül}: Schnapseule, Schimpfw. für einen starken Trinker [auch: ↑Senk (2), ↑Schabaus|krad, ↑Suff|krad, ↑Suff|patron, ↑Suff|üül, ↑Voll|üül].

schäbb|ig [ˈʃɛbɪç] <Adj.; ~e; ~er, ~ste> {5.3.2}: schäbig [auch: ↑fimsch|ig (3)]. Tbl. A5.2

Schäbb|ig Gläbbich [ˈʃɛbɪçˌjlɛbɪç] <N.>: scherzh. für Bergisch Gladbach.

Schäbb|ig|keit, de [ˈʃɛbɪçˌkeɪt] <N.; o. Pl.> {5.3.2}: Schäbigkeit.

Schabell|che, et [ʃaˈbɛlçə] <N.; ~r ⟨frz. *escabelle, escabau*⟩>: Fußbänkchen.

Schablon, de [ʃaˈbloːn] <N.; ~e ⟨mniederd. *schampelion, schaplun* = Muster, Modell, H. u.⟩> {8.3.1}: Schablone.

Schablone(n)|drock, der [ʃaˈbloːnə(n)ˌdrɔk] <N.; ~e> {s. u. ↑Schablon ↑Drock²; 9.1.4}: Schablonendruck.

Schabrack, de [ʃaˈbrak] <N.; ~e ⟨über das Slaw. od. Ung. < türk. *çaprak* = Satteldecke⟩> {8.3.1}: Schabracke. **1. a)** verzierte Decke, die unter den Sattel gelegt bzw. über das Pferd gebreitet wird; **b)** (Jägerspr.) sich durch helle Färbung abhebender Teil der Flanken u. des Rückens bei best. Tieren. **2. a)** übergelegte, überhängende Zier- u. Schutzdecke (bes. für Polstermöbel); **b)** -Behang od. mit Stoff bezogene Verkleidung quer über Fenstern. **3.** (salopp abw.) **a)** altes Pferd; **b)** alte Frau; **c)** alte, abgenutzte Sache.

Schach, der [ʃax] <N.; Schäch [ʃɛç]> {8.3.5}: Schacht.

Schach|bredd, et [ˈʃaxˌbrɛt] <N.; ~er> {s. u. ↑Bredd}: Schachbrett.

Schach|bredd|blom, de [ˈʃaxbrɛtˌbloːm] <N.; ~e; ~|blöm|che> {s. u. ↑Bredd ↑Blom}: Schachbrettblume (Liliengewächs) mit großer, hängender, glockenförmiger, rotbrauner Blüte, die schachbrettartig gemustert ist.

Schach|bredd|muster, et [ˈʃaxbrɛtˌmʊstə] <N.; o. Pl.> {s. u. ↑Bredd ↑Muster}: Schachbrettmuster.

Schach|desch, der [ˈʃaxˌdɛʃ] <N.; ~(e)> {s. u. ↑Desch}: Schachtisch.

Schach|eck, de [ˈʃaxˌɛk] <N.; ~e> {s. u. ↑Eck¹}: Schachecke, Teil einer Zeitschriftenseite, Zeitungsseite, der Schachprobleme enthält.

Schach|figur/~|figor, de [ˈʃaxfɪˌjuːɐ̯ / -fɪˌjoːɐ̯] <N.; ~e> {s. u. ↑Figur/Figor}: Schachfigur.

Schach|meister|schaff, de [ˈʃaxˌmeɪstəʃaf] <N.; ~|schafte>: Schachmeisterschaft.

Schach|partie, de [ˈʃaxpa(x)ˌtiː] <N.; ~ [-pa(x)ˌtiːə]> {s. u. ↑Partie}: Schachpartie.

Schach|spill, et [ˈʃaxˌʃpɪl] <N.; ~ [-ˌʃpɪlˈ]> {s. u. ↑Spill}: Schachspiel. **1.** <o. Pl.> das Schachspielen. **2.** Partie Schach, Schachpartie. **3.** Schachbrett u. -figuren.

Schach|spill|er, der [ˈʃaxˌʃpɪlɐ] <N.; ~> {s. u. ↑Spill|er}: Schachspieler.

Schachtel, de [ˈʃaxtəl] <N.; ~e>: nur i. d. Vbdg. ***aal S.** (alte Schachtel; alte, ältliche Frau).

Schach|welt|meister|schaff, de [ˈʃaxˌvɛltmeɪstəˌʃaf] <N.; ~|schafte>: Schachweltmeisterschaft.

Schach|zog, der ['ʃax‚tsox] <N.; ~|zög> {s. u. ↑Zog¹}: Schachzug. **1.** Zug im Schachspiel. **2.** geschickte, diplomatische o. ä. Handlung zur Erreichung eines best., dem eigenen Interesse dienenden Ziels.

schad [ʃaˑt] <Adj.; nur präd.> {8.3.1}: schade.

schade ['ʃaˑdə] <V.; schw.; *han*; schadte ['ʃaˑtə]; geschadt [jə'ʃaˑt]>: schaden. (197)

Schade, der ['ʃaˑdə] <N.; Schäde ['ʃɛˑdə]>: Schaden.

Schade|freud, de ['ʃaˑdə‚frɵyˑt] <N.; o. Pl.> {s. u. ↑Freud}: Schadenfreude.

Schädel|broch, der ['ʃɛdəl‚brɔx] <N.; ~|bröch> {s. u. ↑Broch¹}: Schädelbruch.

Schädel|daach, et ['ʃɛdəl‚daːx] <N.; ~|däächer> {s. u. ↑Daach}: Schädeldach.

Schädel|deck, de ['ʃɛdəl‚dɛk] <N.; ~e> {s. u. ↑Deck¹}: Schädeldecke, Schädeldach.

Schädel|höhl, de ['ʃɛdəl‚høˑl] <N.; ~e> {s. u. ↑Höhl}: Schädelhöhle.

Schädel|knoche, der ['ʃɛdəl‚knɔxə] <N.; ~> {s. u. ↑Knoche}: Schädelknochen.

schädige ['ʃɛˑdɪjə] <V.; schw.; *han*; schädigte ['ʃɛˑdɪftə]; geschädig [jə'ʃɛˑdɪʃ]>: schädigen. (7)

Schädig|er, der ['ʃɛˑdɪjɐ] <N.; ~>: Schädiger.

Schädig|ung, de ['ʃɛˑdɪjʊŋ] <N.; ~e>: Schädigung. **1.** das Schädigen, Geschädigtwerden. **2.** das Geschädigtsein, Schaden.

Schäfer|hungk, der ['ʃɛˑfɐ‚hʊŋk] <N.; i. best. Komposita *Schäfer*, sonst ↑Schöfer; ~|hüng [-hyŋˑ]> {11; s. u. ↑Hungk}: Schäferhund.

Schäfer|stünd|che, et ['ʃɛˑfɐ‚ʃtʏntʃə] <N.; i. best. Komposita *Schäfer*, sonst ↑Schöfer; ~r> {11; s. u. ↑Stund}: Schäferstündchen.

~|schaff [ʃaf] <Suffix; bildet fem. Nomina; ~|schafte> {8.3.5}: -schaft, i. Vbdg. m. N., Adj. u. V.: *Broder~* (Bruder~), *Verwandt~* (Verwandt~), *Erv~* (Erb~).

Schaff, der [ʃaf] <N.; Schäfter ['ʃɛftɐ]> {8.3.5}: Schaft.

schaffe¹ ['ʃafə] <V.; st.; *han*; schof ['ʃoˑf]; geschaffe [jə'ʃafə]>: schaffen, erschaffen, durch eigene schöpferische Leistung hervorbringen. (156)

schaffe² ['ʃafə] <V.; schw.; *han*; schaffte ['ʃaftə]; geschaff [jə'ʃaf]>: schaffen, **1.** arbeiten; mit etw. fertig werden: *Dat schaff ich hügg nit.* (Das schaffe ich heute nicht.). **2.** irgendwohin bringen: *Schaff dä Krom hee fott!* (Schaff das Zeug hier weg!). **3.** müde, erschöpft sein: *Ich ben geschaff!* (Ich bin geschafft!). (27)

Schaff|ledder, et ['ʃaf‚ledɐ] <N.; o. Pl.> {s. u. ↑Schaff ↑Ledder}: Schaftleder, meist weicheres Leder für die Herstellung der Schäfte bei Schuhen u. Stiefeln.

Schaff|stivvel, der ['ʃaf‚ʃtɪvəl] <N.; ~e> {s. u. ↑Schaff ↑Stivvel¹}: Schaftstiefel, Stiefel mit hohem, meist festem Schaft.

schal [ʃaːl] <Adj.; ~e; ~er, ~ste>: schal, abgestanden: *Dat Bier schmeck s.* (Das Bier schmeckt s.). Tbl. A2.2

Schal¹, de [ʃaˑl] <N.; ~e> {8.3.1}: Schale, Hülle, Umhüllung, bes. bei Früchten o. ä.

Schal², de [ʃaˑl] <N.; ~e; Schäl|che ['ʃɛːlʃə]> {8.3.1}: Schale, flaches Gefäß.

Schal³, der [ʃaˑl] <N.; ~s; Schäl|che ['ʃɛːlʃə]>: Schal, langes Halstuch.

Schäl, der [ʃɛˑl] <N.; Schreibung als Eigenn. beibehalten, sonst ↑Schääl>: Name des schielenden, hinterlistigen Partners des fiktiven Paares Tünnes u. Schäl; Figur des Kölner Stockpuppentheaters „Hänneschen-Theater". Er ist der etwas durchtriebene, hinterlistige Part.

schäl Sick, de [‚ʃɛˑl'zɪk] <N.; Schreibung als Eigenn. beibehalten, sonst: ↑schääl ↑Sigg¹> {6.6.1.1}: das rechtsrh. Gebiet von Köln, so frotzelnd von den linksrh., den „eigentlichen, echten" Kölnern genannt; die rechtsrh. Stadtgebiete wurden erst spät eingemeindet, Deutz 1888, Mülheim 1914; die Bez. ist entstanden durch die Treidelpferde, die, weil sie sich oft vom Wasser abwenden mussten, eine Scheuklappe vor das linke Auge bekamen; so war die rechte Rheinseite die „scheele Seite".

Schald|aan|lag, de ['ʃaldan‚laˑx] <N.; ~e> {s. u. ↑schalde ↑Aan|lag}: Schaltanlage.

Schald|bredd, et ['ʃald‚brɛt] <N.; ~er> {s. u. ↑schalde ↑Bredd}: Schaltbrett, Schalttafel.

Schald|dag, der ['ʃalt‚daːx] <N.; ~/~|däg/~e [-daˑx / -dɛˑj / -daˑʁə]> {s. u. ↑schalde ↑Dag}: Schalttag, 29. Februar.

schalde/schalte ['ʃaldə / 'ʃaltə] <V.; schw.; *han*; schaldte ['ʃaltə]; geschald [jə'ʃalt]> {6.11.3}: schalten. (28) (58)

Schald|ge|triebe, et ['ʃaltjə‚triˑbə] <N.; ~> {s. u. ↑schalde}: Schaltgetriebe.

Schald|hevvel, der ['ʃalt‚hevəl] <N.; ~e> {s. u. ↑schalde ↑Hevvel}: Schalthebel. **1.** Hebel eines Schalter. **2.** Hebel einer Gangschaltung.

Schald|johr, et ['ʃalt‚jɔ·(ɐ̯)] <N.; ~e> {s. u. ↑schalde ↑Johr}: Schaltjahr, Jahr mit einem Schalttag.

Schald|knöppel, der ['ʃalt‚knøpəl] <N.; ~e> {s. u. ↑schalde ↑Knöppel}: Schaltknüppel, Schalthebel einer Knüppelschaltung.

Schald|kreis, der ['ʃalt‚kreɪ̯s] <N.; ~e [-kreɪ̯zə]> {s. u. ↑schalde ↑Kreis}: Schaltkreis.

Schald|plan, der ['ʃalt‚pla·n] <N.; ~|plän> {s. u. ↑schalde ↑Plan¹}: Schaltplan.

Schald|stell, de ['ʃalt‚ʃtɛl·] <N.; ~e [-ʃtɛlə]> {s. u. ↑schalde ↑Stell}: Schaltstelle.

Schald|tafel, de ['ʃaltta·fəl] <N.; ~e> {s. u. ↑schalde ↑Tafel}: Schalttafel.

Schald|uhr/Schalt|~/~|ohr, de ['ʃalt‚|u·ɐ̯ / -o·ɐ̯] <N.; ~e> {6.11.3; s. u. ↑Uhr¹/Ohr¹}: Schaltuhr.

Schale|dier, et ['ʃa·lə‚di·ɐ̯] <N.; ~e> {s. u. ↑Schal¹ ↑Dier}: Schalentier.

Schale|obs, et ['ʃa·lə‚ɔps] <N.> {s. u. ↑Schal¹ ↑Obs}: Schalenobst.

Schale|setz, der ['ʃa·lə‚zets] <N.; ~(e)> {s. u. ↑Schal² ↑Setz}: Schalensitz.

Schal|krage, der ['ʃa·l‚kra·ʀə] <N.; ~> {s. u. ↑Schal³ ↑Krage}: Schalkragen.

Schall|boddem, der ['ʃal‚bɔdəm] <N.; ~|böddem> {s. u. ↑Boddem}: Schallboden, Resonanzboden.

Schall|dämfer, der ['ʃal‚dɛmfɐ] <N.; ~>: Schalldämpfer, **1.** (Kfz-T.) Auspufftopf. **2.** (Musik) Dämpfer. **3.** vorn am Lauf von Handfeuerwaffen aufsetzbares Teil zur Dämpfung des beim Schießen entstehenden Knalls.

schall|deech ['ʃal‚de:ʃ] <Adj.; ~te> {s. u. ↑deech}: schalldicht. Tbl. A4.1.1

schalle ['ʃalə] <V.; schw.; han; schallte ['ʃal·tə]; geschallt [jə'ʃal·t]>: schallen. (91)

Schall|grenz, de ['ʃal‚ɟrɛn·ts] <N.; ~e> {s. u. ↑Grenz}: Schallgrenze, Schallmauer [auch: ↑Schall|muur/~|moor].

Schall|muur/~|moor, de ['ʃal‚mu·ɐ̯ / -mo·ɐ̯] <N.; ~e> {s. u. ↑Muur/Moor¹}: Schallmauer [auch: ↑Schall|grenz].

Schall|plaat, de ['ʃal‚pla:t] <N.; ~e> {s. u. ↑Plaat¹}: Schallplatte [auch: ↑Plaat¹ (3)].

Schall|quell, de ['ʃal‚kvɛl·] <N.; ~e [-kvɛlə]> {s. u. ↑Quell}: Schallquelle.

Schall|schotz, der ['ʃal‚ʃɔts] <N.; kein Pl.> {s. u. ↑Schotz}: Schallschutz.

Schall|well, de ['ʃal‚vɛl·] <N.; ~e [-vɛlə]> {s. u. ↑Well}: Schallwelle.

Schall|wood, et ['ʃal‚vɔ:t] <N.; ~|wööder [-vœ·də]> {s. u. ↑Wood¹}: Schallwort, lautmalendes Wort.

schalte/schalde ['ʃaltə / 'ʃaldə] <V.; schw.; han; geschalt [jə'ʃalt]> {(6.11.3)}: schalten. (58) (28)

Schalt|er, der ['ʃaltɐ] <N.; i. best. Abl. nur *schalte*, sonst auch ↑schalde; ~> {11}: Schalter.

Schalter|deens, der ['ʃaltə‚de·ns] <N.; i. best. Abl. nur *schalte*, sonst auch ↑schalde; ~te> {11; s. u. ↑Deens}: Schalterdienst.

Schalter|hall, de ['ʃaltə‚hal·] <N.; i. best. Abl. nur *schalte*, sonst auch ↑schalde; ~e [-halə] {11; s. u. ↑Hall¹}: Schalterhalle.

Schalter|stunde ['ʃaltə‚ʃtʊndə] <N.; i. best. Abl. nur *schalte*, sonst auch ↑schalde; fem.; nur Pl.> {11; s. u. ↑Stund}: Schalterstunden.

Scham|gägend, de ['ʃa·m‚ɟɛ·ɟənt] <N.; o. Pl.> {s. u. ↑Gägend}: Schamgegend.

Scham|ge|föhl, et ['ʃa·mjə‚fø·l] <N.; o. Pl.> {s. u. ↑Ge|föhl}: Schamgefühl.

scham|haff ['ʃa·mhaf] <Adj.; ~|hafte; ~|hafter, ~ste>: schamhaft. Tbl. A4.2.1

Scham|hoor, et ['ʃa·m‚hɔ·(ɐ̯)] <N.; ~e> {s. u. ↑Hoor}: Schamhaar.

Scham|lepp, de ['ʃa·m‚lep] <N.; ~e> {s. u. ↑Lepp}: Schamlippe.

Schämm|de, de ['ʃɛmdə] <N.; kein Pl.> {5.3.2; 5.4; 10.2.8}: Scham.

schamme, sich ['ʃamə] <V.; schw.; han; schammte ['ʃamtə]; geschammp [jə'ʃamp]> {5.3.2; 5.4}: sich schämen. (40)

Schand, de [ʃan·t] <N.; kein Pl.> {8.3.1}: Schande, etw., was jmds. Ansehen schadet; **[RA]:** *Et es en Sünd un en S.!* (Es ist (eine Sünde und) eine Schande!)

Schand|ferke/~|firke, et ['ʃant‚fɐkə / -fɪrkə] <N.; ~> {s. u. ↑Ferke/Firke}: Schimpfw. für eine liederliche Person [auch: ↑Brech|meddel, ↑Dreck|lavumm, ↑Dreck|puddel, ↑Dreck|sau (2), ↑Freese (3), ↑Friko, ↑Knüsel (2), ↑Puddel (2), ↑Sau|dier (2), ↑Sau|oos].

Schand|mol, et ['ʃant‚mɔ·l] <N.; ~e> {s. u. ↑Mol²}: Schandmal.

Schand|muul, de ['ʃant‚mu·l] <N.; ~|müüler/~|muule [-my·lə / -mu·lə]> {s. u. ↑Muul}: Schandmaul, Lästermaul; Schimpfw. für eine Person, die schändlich über andere spricht.

Schäng/Schang, der [ʃɛŋ· / ʃaŋ·] <N.; männl. Vorn. ⟨frz. Jean⟩>: Jean, Hans, Kurzf. von Johannes.

schänge ['ʃɛŋə] <V.; unr.; han; schannt [ʃant]; geschannt [jə'ʃant]> {5.4}: schimpfen, beschimpfen; [auch: ↑schängeliere/~eere]. (157)

schängeliere/~eere [ʃɛŋə'li·(ę)rə / -e·rə] <V.; schw./unr.; han; schängelierte [ʃɛŋə'li·ętə]; schängeliert [ʃɛŋə'li·ęt]> {5.4; (5.1.4.3)}: schimpfen; [auch: ↑schänge]. (3) (2)

Schäng|erei, de [ʃɛŋə'reɪ·] <N.; ~e [-ə'reɪə]>: Schimpferei, Geschimpfe.

Schäng|wood, et ['ʃɛŋ‚vɔːt] <N.; ~|wööder & ~|wööd [-vœ·də / -vœ·t]> {s. u. ↑schänge ↑Wood¹⁸²}: Schimpfwort.

Schank|weet, der ['ʃaŋk‚ve·t] <N.; ~e> {s. u. ↑Weet}: Schankwirt.

Schank|weet|schaff, de ['ʃaŋk‚ve·tʃaf] <N.; ~|schafte> {5.2.1.1.1}: Schankwirtschaft.

Schannett, et [ʃa'nɛt] <N.; weibl. Vorn. ⟨frz. Jeannette⟩>: Jeannette, Kurzf. von Johanna.

Schanz, de [ʃants] <N.; ~e> {8.3.1}: Schanze.

Schänz|che, et ['ʃɛntsjə] <N.; ~r>: Reisig-/Holzbündel als Brennmaterial, bes. zum Anzünden des Ofens; Brennholz wurde noch nach 1950 pro Schänzche verkauft, das Schänzche diente also als Maßeinheit; *zom S. (übermäßig, im Übermaß): *sich zom S. arbeide/laache (sich kaputtarbeiten/-lachen, sich totarbeiten/-lachen).

Schapäng, der [ʃa'pɛŋ] <N.; kein Pl. ⟨frz. chou en pain de sucre = Zuckerhut-Kohl⟩>: Spitzkohl, spitzer Weißkohl [auch: ↑Spetz|kappes].

Scharad, de [ʃa'ra·t] <N.; ~e ⟨frz. charade⟩> {8.3.1}: Scharade, Rätsel, bei dem das Lösungswort in seine Silben bzw. willkürlich in Teile zerlegt wird, die pantomimisch dargestellt werden.

schare|wies ['ʃa·rəvi·s] <Adv.>: scharenweise.

scharf [ʃarf] <Adj.; ~e; schärfer, schärfste ['ʃɛrfə / 'ʃɛrfstə]>: scharf [auch: ↑schärp]. Tbl. A7.2.2

Scharf|bleck, der ['ʃarf‚blek] <N.; o. Pl.> {s. u. ↑Bleck}: Scharfblick.

schärfe/schärpe ['ʃɛrfə / 'ʃɛrpə] <V.; schärpe veraltend; schw.; han; schärfte ['ʃɛrftə]; geschärf [jə'ʃɛrf]>: schärfen, a) durch Schleifen scharf machen; b) in seiner Funktion verbessern. (105) (180)

Scharf|reecht|er/~|richt|er, der ['ʃarf‚re:ʃtə / -rɪʃtə] <N.; ~ ⟨urspr. = der mit Schwert od. Beil scharf Richtende⟩> {s. u. ↑Reecht|er/Richt|~}: Scharfrichter, Henker.

Scharf|schoss, der ['ʃarf‚ʃos] <N.; ~|schöss> {s. u. ↑Schoss²}: (Ballspiele) Scharfschuss, scharfer, kraftvoller, wuchtiger Schuss aufs Tor.

Scharf|seech/~|sich, de ['ʃarf‚ze:ʃ / -zɪʃ] <N.; o. Pl> {s. u. ↑Seech/Sich}: Scharfsicht, Scharfblick.

Scharf|senn, der ['ʃarf‚zen] <N.; o. Pl.> {s. u. ↑Senn}: Scharfsinn.

scharf|senn|ig ['ʃarf‚zenɪʃ] <Adj.; ~e; ~er, ~ste> {s. u. ↑Senn}: scharfsinnig. Tbl. A5.2

scharf|züng|ig ['ʃarf‚tsʏŋɪʃ] <Adj.; ~e; ~er, ~ste>: scharfzüngig [auch: *en gefährliche Schnüss han*]. Tbl. A5.2

Scharnier/Scharneer, et [ʃa'ni:ę / ʃa'ne:ę] <N.; ~e> {(5.1.4.3); 8.2.4}: Scharnier.

schärp [ʃɛrp] <Adj.; ~e; ~er, ~ste> {5.4; 6.5.1}: scharf [auch: ↑scharf]. Tbl. A1

Schärp, de [ʃɛrp] <N.; ~e> {8.3.1}: Schärpe.

schärpe/schärfe ['ʃɛrpə / 'ʃɛrfə] <V.; schärpe veraltend; schw.; han; schärpte ['ʃɛrptə]; geschärp [jə'ʃɛrp]> {6.5.1}: schärfen. (180) (105)

scharre ['ʃarə] <V.; schw.; han; scharrte ['ʃaxtə]; gescharr [jə'ʃax]>: scharren [auch: ↑schürvele]. (93)

Schartek, de [ʃa(r)'te·k] <N.; ~e> {8.3.1}: Scharteke, 1. wertloses Buch, Schmöker. 2. (übertr.; spött., abw.) alte od. unsympathische Frau [auch: ↑Aal¹, *aal* ↑Fräu|che (2), *aal* ↑Schruuv (2)].

Schasewitt, der [ʃazə'vɪt] <N. ⟨frz. chassé, vite⟩>: Abweisung, Abfuhr, Stoß, Tritt: *ene S. krigge/gevve* (eine Abfuhr kriegen/einen Stoß geben) [auch: ↑Av|fuhr/~|fohr].

schasse ['ʃasə] <V.; schw.; han; schasste ['ʃastə]; geschass [jə'ʃas] ⟨frz. chasser⟩>: schassen, verjagen, vertreiben (bes. auf Schulen od. Ämter bezogen) [auch: ↑ver|drieve, ↑wippe¹(1), *en de Juch schlage*]. (67)

Schatte, der ['ʃatə] <N.; ~>: Schatten.

Schattebeld

Schatte|beld/~|bild, et ['ʃatə‚belt / -bɪlt] <N.; ~er> {s. u. ↑Beld/Bild}: Schattenbild.
Schatte|boxe, et ['ʃatə‚bɔksə] <N.; kein Pl.> {8.3.3}: Schattenboxen.
Schatte|sigg, de ['ʃatə‚zɪk] <N.; ~e> {s. u. ↑Sigg¹}: Schattenseite. 1. <Pl. selten> der Sonne abgewandte Seite von etw. 2. <meist Pl.> negativer Aspekt bei einer sonst positiven Sache; Nachteil; Kehrseite.
Schatte|spill, et ['ʃatə‚ʃpɪl] <N.; ~ [-‚ʃpɪlˑ]> {s. u. ↑Spill}: Schattenspiel.
schatt|ig ['ʃatɪfj] <Adj.; ~e; ~er, ~ste>: schattig, 1. schattenreich, Schatten aufweisend, im Schatten befindlich. 2. (übertr.) kalt, kühl.   Tbl. A5.2
Schatull, de [ʃa'tʊlˑ] <N.; ~e [ʃa'tʊlə]> {8.3.1}: Schatulle.
Schatz, der [ʃats] <N.; Schätz [ʃɛts] ⟨mhd. scha(t)z, ahd. scaz = Geld(stück), Vermögen)>: Schatz. 1. Ansammlung von kostbaren Dingen. 2. a) Geliebte/r, Freund/in; b) geliebter Mensch, bes. Kind.
Schatz|amp, et ['ʃa‚dzamp / 'ʃats‚‚amp] <N.; ~|ämter> {s. u. ↑Amp}: Schatzamt.
Schätz|che, et ['ʃɛtsjə] <N.; ~r> {s. u. ↑Schatz}: Schätzchen, Vkl. zu Schatz für a) Geliebte/r, Freund/in; b) geliebter Mensch, bes. Kind.
schätze ['ʃɛtsə] <V.; schw.; *han*; schätzte ['ʃɛtstə]; geschätz [jə'ʃɛts]>: schätzen.   (114)
Schatz|käss|che, et ['ʃats‚kɛsjə] <N.; ~r> {s. u. ↑Käss|che}: Schatzkästchen.
schätzungs|wies ['ʃɛtsʊŋsviˑs] <Adv.>: schätzungsweise.
Schätz|wäät, der [ʃɛts‚vɛːt] <N.; o. Pl.> {s. u. ↑Wäät}: Schätzwert.
Schau|beld/~|bild, et ['ʃaʊ‚belt / -bɪlt] <N.; ~er> {s. u. ↑Beld/Bild}: Schaubild.
Schau|danz, der ['ʃaʊ‚dants] <N.; ~|dänz> {s. u. ↑Danz}: Schautanz.
Schauer|märche, et ['ʃaʊɐ‚mɛɐçə] <N.; ~r> {s. u. ↑Märche}: Schauermärchen.
Schaufel|bagger, der ['ʃaʊfəl‚bagɐ] <N.; i. best. Komposita *Schaufel*, sonst ↑Schuffel; ~e> {11; s. u. ↑Bagger}: Schaufelbagger, Schaufelradbagger.
Schaufel|radd, et ['ʃaʊfəl‚rat] <N.; i. best. Komposita *Schaufel*, sonst ↑Schuffel; ~|rädder> {11; s. u. ↑Radd}: Schaufelrad.

Schaufel|radd|bagger, der ['ʃaʊfəlrat‚bagɐ] <N.; i. best. Komposita *Schaufel*, sonst ↑Schuffel; ~e> {11; s. u. ↑Radd ↑Bagger}: Schaufelradbagger.
Schaufel|radd|damf|er, der ['ʃaʊfəlrat‚damfɐ] <N.; i. best. Komposita *Schaufel*, sonst ↑Schuffel; ~> {11; s. u. ↑Damf|er}: Schaufelraddampfer, Raddampfer.
Schau|finster, de od. et ['ʃaʊ‚fɪnstɐ] <N.; ~e> {s. u. ↑Finster}: Schaufenster.
Schau|finster|popp, de ['ʃaʊfɪnstɐ‚pop] <N.; ~e> {s. u. ↑Popp}: Schaufensterpuppe.
Schau|finster|schiev, de ['ʃaʊfɪnstɐ‚ʃiˑf] <N.; ~e> {s. u. ↑Finster ↑Schiev}: Schaufensterscheibe.
Schau|kamf, der ['ʃaʊ‚kamf] <N.; ~|kämf> {s. u. ↑Kamf}: Schaukampf, Darbietung eines Boxkampfes, bei dem es nicht um einen Wettbewerb geht.
Schau|kaste, der ['ʃaʊ‚kastə] <N.; ~|käste> {s. u. ↑Kaste}: Schaukasten.
Schau|loss, de ['ʃaʊ‚los] <N.; o. Pl.> {s. u. ↑Loss}: Schaulust.
Schau|löst|ige, der u. de ['ʃaʊ‚løstɪjə] <N.; ~> {s. u. ↑löst|ig}: Schaulustige.
Schaum|gummi, der ['ʃaʊm‚jʊmɪ] <N.; i. best. Komposita *Schaum*, sonst ↑Schuum; o. Pl.> {11; s. u. ↑Gummi¹}: Schaumgummi.
Schaum|reiniger, der ['ʃaʊm‚raɪnɪjɐ] <N.; i. best. Komposita *Schaum*, sonst ↑Schuum; ~> {11}: Schaumreiniger.
Schau|objek, et ['ʃaʊ‚ɔpjɛk] <N.; ~te> {s. u. ↑Objek}: Schauobjekt.
Schau|pla(a)tz, der ['ʃaʊ‚pla(ː)ts] <N.; ~|plä(ä)tz [-plɛ(ː)ts]> {s. u. ↑Pla(a)tz}: Schauplatz.
Schau|spill, et ['ʃaʊ‚ʃpɪl] <N.; ~ [-‚ʃpɪlˑ]> {s. u. ↑Spill}: Schauspiel.
Schau|spill|er, der ['ʃaʊ‚ʃpɪlɐ] <N.; ~> {s. u. ↑Spill|er}: Schauspieler.
Schau|spill|erei, de [‚ʃaʊʃpɪlə'reɪˑ] <N.; o. Pl.> {s. u. ↑Spill}: Schauspielerei.
Schau|spill|erin, de ['ʃaʊ‚ʃpɪlərɪn] <N.; ~ne> {s. u. ↑Spill|er}: Schauspielerin.
Schau|spill|huus, et ['ʃaʊʃpɪl‚huːs] <N.; ~|hüüser [-hyˑzɐ]> {s. u. ↑Spill ↑Huus}: Schauspielhaus.
Schau|spill|kuns, de ['ʃaʊʃpɪl‚kʊns] <N.; o. Pl.> {s. u. ↑Spill ↑Kuns}: Schauspielkunst.
Schau|spill|schull, de ['ʃaʊʃpɪl‚ʃʊlˑ] <N.; ~e [-ʃʊlə]> {s. u. ↑Spill ↑Schull}: Schauspielschule.

Schau|spill|unger|reech/~|rich, der ['ʃaʊˌʃpɪlˌʊŋəreːfɪ̯ / -rɪfɪ̯] <N.; ~te (Pl. selten)> {s. u. ↑Spill ↑Unger|reech/ ~|rich}: Schauspielunterricht, Unterricht in der Schauspielkunst.

Schauter, der ['ʃaʊtə] <N.; ~ ⟨jidd. schōte, schaute = Narr <hebr. šoṭë)> {5.1.4.7}: Schote, Narr, Einfaltspinsel, Jeck: *Do jecke S.!* (Du Narr!).

Schav, de [ʃaˑf] <N.; ~e> {6.1.1; 8.3.1}: Schabe, Werkzeug zum Schaben.

schave ['ʃaˑvə] <V.; schw.; *han*; schavte ['ʃaftə]; geschav [jə'ʃaˑf]> {6.1.1}: schaben. (158)

Schav|ieser, et ['ʃaˑfˌliːzə] <N.; ~(e)> {s. u. ↑Schav ↑Ieser}: Schabeisen.

Schav|metz, et ['ʃaˑfˌmɛts] <N.; ~er> {s. u. ↑schave ↑Metz}: Schabmesser.

Schavu, de [ʃa'vuˑ] <N.; ~e ⟨frz. Chou de Savoie⟩>: Wirsing, Kohl aus Savoyen.

schecke ['ʃekə] <V.; schw.; *han*; scheckte ['ʃektə]; gescheck [jə'ʃek]> {5.5.2}: schicken, **1.** schicken, senden. **2.** <sich s.> sich schicken, geziemen, (richtig) benehmen, *sich en jet s.* (sich mit etw. abfinden). (88)

Scheck|boch, et ['ʃɛkˌboˑx] <N.; ~|böcher> {s. u. ↑Boch¹}: Scheckbuch.

Scheck|heff, et ['ʃɛkˌhɛf] <N.; ~|hefte> {s. u. ↑Heff¹}: Scheckheft.

scheck|ig ['ʃɛkɪfɪ̯] <Adj.; ~e; ~er, ~ste>: scheckig. Tbl. A5.2

Scheck|kaat, de ['ʃɛkkaˑt] <N.; ~e> {s. u. ↑Kaat}: Scheckkarte.

scheck|lich/schick|~ ['ʃɛklɪfɪ̯ / 'ʃɪk-] <Adj.; ~e; ~er, ~ste> {5.5.2}: schicklich. Tbl. A1

Scheck|sal, et ['ʃɛkˌzaˑl] <N.; ~e> {5.1.1; 5.5.2}: Schicksal; **a)** <Pl. ~e>: *Dat sin ~e!* (Das sind (echte) Schicksale!); **b)** <o. Pl.>: *Et S. meint et god met üch.* (Das Schicksal meint es gut mit euch.) [auch: ↑Ge|scheck¹].

Schecksals|schlag, der ['ʃɛkzaˑlsˌʃlaˑx] <N.; ~|schläg [-ʃlɛˑfɪ̯]> {s. u. ↑Scheck|sal ↑Schlag¹}: Schicksalsschlag.

Scheech/Schich, de [ʃeˑfɪ̯ / ʃɪfɪ̯] <N.; ~te> {5.2.1.2; 5.4}: Schicht.

Scheech|arbeid/Schich|~, de ['ʃeˑʒa(r)ˌbeɪ̯t / 'ʃɪʒ- / 'ʃeˑfɪ̯ˌarbeɪ̯t / ʃɪfɪ̯-] <N.; o. Pl.> {s. u. ↑Scheech/Schich ↑Arbeid}: Schichtarbeit.

Scheech|arbeid|er/Schich|~, der ['ʃeˑʒa(r)ˌbeɪ̯dər / 'ʃɪʒ- / 'ʃeˑfɪ̯larˌbeɪ̯də / ʃɪfɪ̯-] <N.; ~> {s. u. ↑Scheech/Schich ↑Arbeid|er}: Schichtarbeiter.

Scheech|deens/Schich|~, der ['ʃeˑfɪ̯ˌdeːns / ʃɪfɪ̯-] <N.; ~te> {s. u. ↑Scheech/Schich; ↑Deens}: Schichtdienst.

Scheech|kis/Schich|~, der ['ʃeˑfɪ̯ˌkiˑs / ʃɪfɪ̯-] <N.; o. Pl.> {s. u. ↑Scheech/Schich ↑Kis}: Schichtkäse.

scheechte/schichte ['ʃeˑfɪ̯tə / 'ʃɪfɪ̯tə] <V.; schw.; *han*; gescheech [jə'eˑfɪ̯]> {5.2.1; 5.4}: schichten. (131)

Scheech|wähßel/Schich|~, der ['ʃeˑfɪ̯ˌvɛsəl / ʃɪfɪ̯-] <N.; ~e> {s. u. ↑Scheech/Schich ↑Wähßel}: Schichtwechsel.

Scheeds|richter/~|reechter, der ['ʃeˑtsˌrɪfɪ̯tə / -reːfɪ̯tə] <N.; ~> {5.1.4.3}: Schiedsrichter [auch: ↑Schieds|reechter].

Scheeß|be|fähl/~|fell, der ['ʃeˑsbəˌfɛːl / -fel] <N.; ~e> {s. u. ↑scheeße ↑Be|fähl/~|fell}: Schießbefehl.

Scheeß|bud, de ['ʃeˑsˌbuˑt] <N.; ~e> {5.1.4.3; s. u. ↑Bud}: Schießbude.

scheeße ['ʃeˑsə] <V.; st.; *han*; schoss [ʃɔs]; geschosse [jə'ʃɔsə]> {5.1.4.3}: schießen, **1.** einen Schuss abgeben; ***Kood s. looße** (sich beeilen). **2.** Heroin spritzen [auch: ↑fixe]. **3.** einen Ball mit dem Fuß anstoßen [auch: ↑kicke²]. (79)

Scheeß|erei, de [ˌʃeˑsə'reːr] <N.; ~e [-ə'reɪ̯ə]> {5.1.4.3}: Schießerei.

Scheeß|ieser, et ['ʃeˑsˌliːzə] <N.; ~(e)> {s. u. ↑scheeße ↑Ieser}: Schießeisen.

Scheeß|platz, der ['ʃeˑsˌplats] <N.; ~|plätz> {5.1.4.3; 8.3.1}: Schießplatz.

Scheeß|polver, et ['ʃeˑsˌpolvə] <N.; o. Pl.> {s. u. ↑scheeße ↑Polver}: Schießpulver.

Scheeß|schiev, de ['ʃeˑsˌʃiˑf] <N.; ~e> {s. u. ↑scheeße ↑Schiev}: Schießscheibe.

Scheeß|sport, der ['ʃeˑsˌʃpɔxt] <N.; kein Pl.> {s. u. ↑scheeße}: Schießsport.

Scheeß|stand, der ['ʃeˑsˌʃtant] <N.; ~|ständ [-ʃtɛnˑt]> {s. u. ↑scheeße ↑Stand}: Schießstand.

Scheff, et [ʃef] <N.; ~e> {5.5.2}: Schiff.

Scheff|broch, der ['ʃefˌbrox] <N.; o. Pl.> {s. u. ↑Scheff ↑Broch¹}: Schiffbruch.

Scheff|bröch|ige, der u. de ['ʃefˌbrøfɪ̯jə] <N.; ~> {s. u. ↑Scheff ↑bröch|ig}: Schiffbrüchige.

scheffe ['ʃefə] <V.; schw.; scheffte ['ʃeftə]; gescheff [jə'ʃef]> {5.5.2}: schiffen, **1.** <sin> (mit einem Schiff) fahren: *üvver der Atlantik s.* (über den Atlantik s.). **2.** <han> *Ich han dat Boot üvver der Atlantik gescheff.* (Ich habe das Boot über den Atlantik geschifft.). **3.** (salopp) pinkeln:

Scheffer

Dä hät ald widder gäge mi Auto gescheff. (Er hat schon wieder gegen mein Auto gepinkelt.) [auch: ↑pinkele, ↑pisse]. (27)

Scheff|er, der [ˈʃefɐ] <N.; ~> {5.5.2}: Schiffer.

Scheff|er|mötz, de [ˈʃefɐˌmøts] <N.; ~e> {s. u. ↑Scheffler ↑Mötz}: Schiffermütze, dunkelblaue Schirmmütze mit hohem steifem Rand u. einer Kordel über dem Schirm.

Scheff|fahrt, de [ˈʃefːaːt] <N.; o. Pl.> {s. u. ↑Scheff ↑Fahrt}: Schifffahrt.

Scheff|fahrts|rääch, et [ˈʃefːaːtsˌrɛːŋ] <N.; o. Pl.> {s. u. ↑Scheff ↑Fahrt ↑Rääch}: Schifffahrtsrecht.

Scheff|fahrts|stroß, de [ˈʃefːaːtsˌʃtrɔːs] <N.; ~e> {s. u. ↑Scheff ↑Fahrt ↑Stroß}: Schifffahrtsstraße.

Scheffs|aaz, der [ˈʃefsˌlaːts] <N.; ~|ääz> {s. u. ↑Scheff ↑Aaz}: Schiffsarzt.

Scheffs|bau, der [ˈʃefsˌboʊ] <N.; o. Pl.> {s. u. ↑Scheff ↑Bau}: Schiffbau.

Scheffs|buch, der [ˈʃefsˌbʊx] <N.; ~|büch> {s. u. ↑Scheff ↑Buch¹}: Schiffsbauch.

Scheff|schöckel, de [ˈʃefˌʃœkəl] <N.; ~e> {s. u. ↑Scheff ↑Schöckel}: Schiffschaukel.

Scheffs|dauf, de [ˈʃefsˌdoʊf] <N.; ~e> {s. u. ↑Scheff ↑Dauf}: Schiffstaufe.

Scheffs|fraach, de [ˈʃefsˌfraːx] <N.; ~te> {s. u. ↑Scheff ↑Fraach}: Schiffsfracht.

Scheffs|jung, der [ˈʃefsˌjʊŋ] <N.; ~e [-jʊŋə]> {s. u. ↑Scheff ↑Jung}: Schiffsjunge.

Scheffs|kapitän, der [ˈʃefskapıˌtɛːn] <N.; ~e> {s. u. ↑Scheff}: Schiffskapitän.

Scheffs|koch, der [ˈʃefsˌkɔx] <N.; ~|köch> {s. u. ↑Scheff ↑Koch}: Schiffskoch.

Scheffs|modell, et [ˈʃefsmoˌdɛlˑ] <N.; ~e [-moˌdɛlə]> {s. u. ↑Scheff}: Schiffsmodell.

Scheffs|name, der [ˈʃefsˌnaːmə] <N.; ~> {s. u. ↑Scheff ↑Name}: Schiffsname, Name eines Schiffes.

Scheffs|passage, de [ˈʃefspaˌsaːʃ] <N.; ~ [-paˌsaːʒə]> {s. u. ↑Scheff ↑Passage}: Schiffspassage.

Scheffs|plank, de [ˈʃefsˌplaŋk] <N.; ~e> {s. u. ↑Scheff ↑Plank}: Schiffsplanke.

Scheffs|reis, de [ˈʃefsˌreɪˑs] <N.; ~e> {s. u. ↑Scheff ↑Reis}: Schiffsreise.

Scheffs|rump, der [ˈʃefsˌrʊmp] <N.; ~|rümp> {s. u. ↑Scheff ↑Rump}: Schiffsrumpf.

Scheffs|schruuv, de [ˈʃefsˌʃruːf] <N.; ~e> {s. u. ↑Scheff ↑Schruuv}: Schiffsschraube.

Scheffs|tour, de [ˈʃefsˌtuːɐ] <N.; ~e> {s. u. ↑Scheff}: Schiffstour.

Scheffs|werf, de [ˈʃefsˌvɛrf] <N.; ~te> {s. u. ↑Scheff ↑Werf}: Schiffswerft.

Scheid¹, de [ʃeɪˑt] <N.; ~e> {8.3.1}: Scheide, **1.** Behälter, Hülle für Messer u. Ä. **2.** Vagina.

Scheid², de [ʃeɪˑt] <N.; ~e> {6.11.3; 8.3.2}: Scheitel (der) [auch scherzh.: ↑Luus|pädd|che].

scheide [ˈʃeɪdə] <V.; st.; *han* u. *sin*; scheed [ʃeˑt]; gescheede [jəˈʃeˑdə]>: scheiden, **1.** eine Ehe durch ein Gerichtsurteil für aufgelöst erklären. **2.** weggehen, auseinandergehen; *usem Deens s.* (aus dem Dienst ausscheiden). (159)

Scheid|ung, de [ˈʃeɪdʊŋ] <N.; ~e>: Scheidung.

Scheid|ungs|klag, de [ˈʃeɪdʊŋsˌklaːx] <N.; ~e> {s. u. ↑Scheid|ung ↑Klag}: Scheidungsklage.

Scheid|ungs|reecht|er/~|richt|~, der [ˈʃeɪdʊŋsˌreːçtɐ / -rɪçt-] <N.; ~> {s. u. ↑Scheid|ung ↑Reecht|er/Richt|~}: Scheidungsrichter.

Schein|aan|greff, der [ˈʃaɪnˌlaːnˌref] <N.; i. best. Komposita *Schein*, sonst ↑Sching²; ~e> {11; s. u. ↑Aan|greff}: Scheinangriff.

Schein|dud, der [ˈʃaɪnˌduˑt] <N.; i. best. Komposita *Schein*, sonst ↑Sching²; ~e (Pl. selten)> {11; s. u. ↑Dud}: Scheintod.

Schein|dude, der u. de [ˈʃaɪnˌduˑdə] <N.; i. best. Komposita *Schein*, sonst ↑Sching²; ~> {11; s. u. ↑Dude}: Scheintote.

Schein|werf|er, der [ˈʃaɪnˌverfɐ] <N.; i. best. Kommposita *Schein*, sonst ↑Sching²; ~> {11; s. u. ↑werfe}: Scheinwerfer.

Schein|werf|er|leech/~|lich, et [ˈʃaɪnverfɐˌleːç / -lɪç] <N.; i. best. Kommposita *Schein*, sonst ↑Sching²; ~ter> {11; s. u. ↑werfe ↑Leech/Lich}: Scheinwerferlicht.

scheiße [ˈʃaɪsə] <V.; st.; *han*; schess [ʃes]; geschesse [jəˈʃesə]>: scheißen [auch: ↑drieße]. (160)

Scheitel|punk, der [ˈʃaɪtəlˌpʊŋk] <N.; i. best. Komposita *Scheitel* sonst ↑Scheid²; ~te> {11; s. u. ↑Punk}: Scheitelpunkt.

Scheiter|haufe, der [ˈʃaɪtɐˌhoʊfə] <N.; ~> {s. u. ↑Haufe}: Scheiterhaufen.

scheiv [ʃe̞ɪf] <Adj.; ~e; ~er, ~ste> {5.1.4.3; 6.5.2}: schief, gekippt, abschüssig; *s. un schääl (schief und krumm). Tbl. A1

Scheld¹/Schild¹, et [ʃelt / ʃɪlt] <N.; ~er> {5.5.2}: Schild, Verkehrsschild, Hinweisschild.

Scheld²/Schild², der [ʃelt / ʃɪlt] <N.; ~e> {5.5.2}: Schild, Schutzwaffe.

Scheld|drüs/Schild|~, de [ˈʃelt͜drys / ʃɪlt-] <N.; ~e> {s. u. ↑Scheld²/Schild² ↑Drüs}: Schilddrüse.

scheldere/schildere [ˈʃel·dərə / ˈʃɪl·dərə] <V.; schw.; han; schelderte [ˈʃel·detə]; geschelder [jəˈʃel·det]> {5.5.2; 9.2.1.2}: schildern. (4)

Schelder|gass/Schilder|~, de [ˈʃeldə͜jas / ʃɪldə-] <N.; Straßenn.> {s. u. ↑Scheld¹/Schild¹ ↑Gass¹}: Schildergasse; bekannte Geschäftsstraße in Köln-Altstadt/Nord. Hier hatten Wappenschildermaler (Schilderer) ihr Quartier. Sie gestalteten die Schilder der Familienwappen, die dann die ebenfalls hier ansässigen Blechschläger herstellten.

Schelder|hüüs|che/Schilder|~, et [ˈʃel·də͜hyːsjə / ˈʃɪl·də-] <N.; ~r> {s. u. ↑Scheld¹/Schild¹ ↑Huus}: Schilderhaus, Schilderhäuschen.

Schelder|möl|er/Schilder|~, der [ˈʃeldə͜mœ·lə / ʃɪldə-] <N.; ~> {s. u. ↑Scheld¹/Schild¹ ↑Möl|er}: Schildermaler.

Schelder|wald/Schilder|~, der [ˈʃeldə͜valt / ʃɪldə-] <N.; i. best. Komposita Wald, sonst ↑Bösch> {11; s. u. ↑Scheld¹/ Schild¹}: Schilderwald.

Scheld|krad/Schild|~/~|kröt, de [ˈʃelt͜kra·t / ˈʃɪlt- / -krø·t] <N.; ~e> {s. u. ↑Scheld²/Schild²; 8.3.1}: Schildkröte.

Scheld|luus/Schild|~, de [ˈʃelt͜luːs / ʃɪlt-] <N.; ~|lüüs [-ly·s]> {s. u. ↑Scheld¹/Schild¹ ↑Luus}: Schildlaus.

Scheld|mötz/Schild|~, de [ˈʃelt͜møts / ʃɪlt-] <N.; ~e> {s. u. ↑Scheld²/Schild² ↑Mötz}: Schildmütze.

Scheld|waach/Schild|~, de [ˈʃelt͜vaːx / ʃɪlt-] <N.; ~e> {s. u. ↑Scheld²/Schild² ↑Waach}: Schildwache, Wachposten.

Schell, de [ʃɛl] <N.; ~e [ˈʃɛlə]> {8.3.1}: Schelle, **1.** Glocke, Glöckchen. **2.** Türklingel.

schelle¹ [ˈʃelə] <V.; schw.; han; schellte [ˈʃeltə]; geschellt/geschallt [jəˈʃelt / jəˈʃalt]> {5.3.4, 5.5.2}: schälen, pellen, **1.** Schale/ Pelle abziehen: *Ich muss de Äädäppel noch s.* (Ich muss noch die Kartoffeln schälen/pellen). **2.** <sich s.> Haut nach Sonnenbrand abstoßen: *Ich ben mich am S.* (Meine Haut schält/pellt sich.). (91)

schelle² [ˈʃɛlə] <V.; schw.; han; schellte [ˈʃɛl·tə]; geschellt [jəˈʃɛl·t]>: schellen, klingeln, läuten. (91)

Schelle|baum, der [ˈʃɛlə͜boʊ̯m] <N.; ~|bäum [-bøy̯·m]>: Schellenbaum.

Schelle|jeck, der [ˈʃɛlə͜jɛk] <N.; ~e>: (Schimpfw.) Dummkopf.

Schelle|kapp, de [ˈʃɛlə͜kap] <N.; ~e> {s. u. ↑Kapp}: Schellenkappe, Narrenkappe.

Schelle|knopp, der [ˈʃɛlə͜knɔp] <N.; ~|knöpp> {s. u. ↑Schell ↑Knopp¹}: Klingelknopf [auch: ↑Klingel|knopp].

Schelle|kranz, der [ˈʃɛlə͜krants] <N.; ~|kränz> {s. u. ↑Kranz}: Schellenkranz, Musikinstrument, bestehend aus einem Holzreifen mit Schlitzen, in denen an Metallstiften ringförmige Metallscheibchen lose angebracht sind.

Schell|erei, de [ʃɛləˈre̞ɪ̯·] <N.; o. Pl.>: Klingelei, ständiges Klingeln [auch: ↑Ge|bimmel|s].

Schell|fesch, der [ˈʃɛl͜feʃ] <N.; ~(e) [-feʃ· / -feʃə]> {s. u. ↑Fesch}: Schellfisch.

Schell|rebb|che, et [ˈʃɛl͜repʃə] <N.; ~r> {5.3.2; 5.4; s. u. ↑Rebb}: Schälrippchen.

Schemmer|gass [ˈʃɛmə͜jas] <N.; Straßenn.> {s. u. ↑Gass¹}: Schemmergasse; Straße in Köln-Altstadt/Süd. Schemmer ist ein Personen- od. Familienname, der schon Weinsberg bekannt gewesen sein soll. Hier wurden früher frische Reibekuchen verkauft. Die Schemmergasse wird deshalb scherzhaft Rievkochenallee genannt [auch: ↑Riev|koche(n)|allee].

schenke [ˈʃɛŋkə] <V.; schw.; han; schenkte [ˈʃɛŋktə]; geschenk [jəˈʃɛŋk]>: schenken; *geschenk ze düür/döör (untauglich; wörtl.: geschenkt zu teuer). (41)

Schenkel|broch, der [ˈʃɛŋkəl͜brox] <N.; ~|bröch> {s. u. ↑Broch¹}: Schenkelbruch.

Schenk|ungs|stüür/~|stöör, de [ˈʃɛŋkʊŋs͜ʃtyːɐ̯ / -ʃtøːɐ̯] <N.; ~e> {s. u. ↑Stüür/Stöör}: Schenkungssteuer.

Schepp, de [ʃep] <N.; ~e> {5.4; 6.8.1; 8.3.1}: Schöpfe, Gefäß zum Schöpfen, Kasserolle.

scheppe [ˈʃɛpə] <V.; schw.; han; scheppte [ˈʃeptə]; geschepp [jəˈʃɛp]> {5.4; 6.8.1}: **1.** schöpfen, füllen: *Zupp s., der Teller es huhvoll geschepp.* (Suppe s., der Teller ist hochvoll gefüllt.). **2.** schaufeln, schippen: *Sand/ Schnei s.* (Sand/Schnee s.). (75)

Schepp|löffel, der [ˈʃep͜lœfəl] <N.; ~e> {s. u. ↑scheppe ↑Löffel}: Schöpflöffel.

schere

schere¹/scherre¹ ['ʃe:(ɐ)rə / 'ʃerə] <V.; *scherre* veraltet; schw.; *han*; scherte ['ʃe:ɐtə]; geschert [jə'ʃe:ɐt]>: scheren, abschneiden: *der Baat/e Schof s.* (den Bart/ein Schaf s.) (21) (93)

schere²/scherre², sich ['ʃe:(ɐ)rə / 'ʃerə] <V.; *scherre* veraltet; schw.; *han*; scherte ['ʃe:ɐtə]; geschert [jə'ʃe:ɐt]>: sich (fort-, weg-)scheren, **1.** sich entfernen, sich fortmachen; ***Scher dich nohm Düüvel!*** (Mach, dass du wegkommst!). **2.** sich kümmern, angehen: *Scher dich öm dinge eige Krom!* (Kümmer dich um deine eigenen Sachen!). (21) (93)

Schere|schnedd, der ['ʃe:rə‚ʃnet] <N.; i. best. Komposita *Schere*, sonst ↑Schir; ~(e)> {11; s. u. ↑Schnedd¹}: Scherenschnitt.

Scher|kopp, der ['ʃe:ɐ‚kɔp] <N.; ~|köpp> {s. u. ↑Kopp}: Scherkopf.

Scher|metz, et ['ʃe:ɐ‚mɛts] <N.; ~er> {s. u. ↑Metz}: Schermesser.

Scher|muus, de ['ʃe:ɐ‚mu:s] <N.; ~|müüs [-my·s]> {s. u. ↑Muus}: Hausratte.

scherre¹/schere¹ ['ʃerə / 'ʃe:(ɐ)rə] <V.; *scherre* veraltet; schw.; *han*; scherrte ['ʃextə]; gescherr [jə'ʃex]> {5.3.4; 5.5.2}: scheren, abschneiden: *der Baat/ ein Schof s.* (den Bart/ ein Schaf s.). (93) (21)

scherre²/schere², sich ['ʃerə / 'ʃe:(ɐ)rə] <V.; *scherre* veraltet; schw.; *han*; scherrte ['ʃextə]; gescherr [jə'ʃex]> {5.3.4; 5.5.2}: sich (fort-, weg-)scheren, **1.** sich entfernen, sich fortmachen; ***Scher dich nohm Düüvel!*** (Mach, dass du wegkommst!). **2.** sich kümmern: *Scher dich öm dinge eige Krom!* (Kümmer dich um deine eigenen Sachen!). (93) (21)

Scherv¹/Schirv¹, de [ʃerf / ʃɪrf] <N.; ~e> {5.5.2; 6.1.1; 8.3.1}: Scherbe [auch: ↑Schirvel/Schervel (1)].

Scherv²/Schirv², et [ʃerf / ʃɪrf] <N.>: **1.** Person mit merkwürdigem Äußeren: *Luur ens dat S. do!* (Guck dir mal die komische Person an!). **2.** Gegenstand, der schon alt ist u. bald kaputt zu gehen droht: *Wat häs do dann do för e S.?* (z. B. Regenschirm).

Scherve|haufe/Schirve|~, der ['ʃervə‚houfə / ʃɪrvə-] <N.; ~> {s. u. ↑Scherv¹/Schirv¹ ↑Haufe}: Scherbenhaufen.

Schervel/Schirvel, der ['ʃervəl / ʃɪrvəl] <N.; ~e> {5.5.2; 6.1.1; 9.2}: Scherbe, **1.** Stück von einem zerbrochenen Gegenstand aus Glas, Porzellan od. Ton [auch: ↑Scherv¹/Schirv¹]. **2.** (abw.) alte Frau.

Schess, der [ʃes] <N.; kein Pl.> {5.5.2}: Schiss, **1.** Kot, Kacke. **2.** (übertr.) Angst [auch: ↑Kadangs, ↑Angs].

scheu [ʃøy] <Adj.; ~e; ~er, ~ste>: scheu. Tbl. A2.9

scheuche ['ʃøyɦə] <V.; schw.; *han*; scheuchte ['ʃøyɦtə]; gescheuch [jə'ʃøyɦ]>: scheuchen, **1.** durch Gebärden/ Zurufe fortjagen/irgendwohin treiben: *Fleege s.* (Fliegen s.); *et Hohn vum Ness s.* (die Henne vom Nest s.). **2.** jmdn. veranlassen, sich an einen best. Ort zu begeben/etw. Bestimmtes zu tun: *einer bei der Dokter s.* (jmdn. zum Arzt s.). (123)

scheue ['ʃøyə] <V.; schw.; *han*; scheute ['ʃøy·tə]; gescheut [jə'ʃøy·t]>: scheuen, **1.** scheu sein/werden: *Dat Pääd scheut.* (Das Pferd scheut.). **2.** meiden, aus dem Weg gehen: *et Füür/de Arbeid s.* (das Feuer/die Arbeit s.). **3.** <sich s.> sich scheuen/zieren/schämen, nicht gern tun: *sich s. ze sage* (sich s. zu sagen); *sich s. jet ze nemme* (sich s. etw. zu nehmen); *sich s. ze froge* (sich s. zu fragen). (11)

scheuere ['ʃɔyərə] <V.; schw.; *han*; scheuerte ['ʃɔyətə]; gescheuert [jə'ʃɔyet]> {9.2.1.2}: ohrfeigen, scheuern [auch: ↑erunder|haue/erunger|~, ↑klätsche (1), ↑klatsche (2), ↑lange, ↑latsche (2), ↑tachtele, ↑tatsche, ↑titsche (2), ↑watsche, ↑zoppe (2), *einem e paar ↑trecke, *einem eine ↑schmiere/ schmeere]. (4)

Scheu|klapp, de ['ʃøy‚klap] <N.; ~e> {s. u. ↑Klapp}: Scheuklappe.

Scheuter, der ['ʃøytɐ] <N.; kein Pl.>: Durchfall, Dünnschiss [auch: ↑Dönn|dress, ↑Dönn|schess, ↑Dress (1b), ↑Flöcke-maach-vöran, ↑Schisela|wupptich].

schibbele ['ʃɪbələ] <V.; schw.; *han*; schibbelte ['ʃɪbəltə]; geschibbelt [jə'ʃɪbəlt]> {9.2.1.2}: schibbeln, **1.** rollen: *Ömmer s.* (Murmeln s.); *Dä es esu deck, dat mer en s. kann.* (Er ist so dick, dass man ihn rollen kann.). **2.** <sich s.> ***sich s. vör Laache*** (sich s. vor Lachen = sich kaputtlachen). (6)

schibbel|ig ['ʃɪbəlɪɧ] <Adj.; ~e; ~er, ~ste>: **1.** wälzende Bewegungen machend: *ene ~e Gang* (Gangart eines dicken Menschen). **2.** ***sich s. laache*** (sich kaputtlachen, sich kugeln vor Lachen). Tbl. A5.2

Schich/Scheech, de [ʃɪɧ / ʃe:ɧ] <N.; ~te> {8.3.5}: Schicht.

Schich|arbeid/Scheech|~, de ['ʃɪʒa(r)‚beɪt / 'ʃe:ʒ- / 'ʃɪɧ|ar‚beɪt / ʃe:ɧ-] <N.; o. Pl.> {s. u. ↑Schich/Scheech ↑Arbeid}: Schichtarbeit.

Schich|arbeid|er/Scheech|~, der ['ʃɪʒa(r)ˌbeɪ̯tɐ / 'ʃeːʒ- / 'ʃɪɦ|arˌbeɪ̯dɐ / ʃeːɦ-] <N.; ~> {s. u. ↑Schich/Scheech ↑Arbeid|er}: Schichtarbeiter.

Schich|deens/Scheech|~, der ['ʃɪɦˌdeːns / ʃeːɦ-] <N.; ~te> {s. u. ↑Schich/Scheech; ↑Deens}: Schichtdienst.

Schich|kis/Scheech|~, der ['ʃɪɦˌkiːs / ʃeːɦ-] <N.; o. Pl.> {s. u. ↑Schich/Scheech ↑Kis}: Schichtkäse.

schichte/scheechte ['ʃɪɦtə / 'ʃeːɦtə] <V.; schw.; *han*; geschich [jə'ʃɪɦ]>: schichten. (131)

Schich|wähßel/Scheech|~, der ['ʃɪɦˌvɛːsəl / ʃeːɦ-] <N.; ~e> {s. u. ↑Schich/Scheech ↑Wähßel}: Schichtwechsel.

schiebe ['ʃiːbə] <V.; schw.; *han*; schob [ʃoːp]; geschobe [jə'ʃoːbə]>: schieben; **1.** stoßen [auch: ↑däue (1), ↑dränge(2), ↑dröcke (2b), ↑puffe, ↑schurvele, ↑schubbe¹/schuppe¹, ↑schubse, ↑stuppe, ↑stüsse]. **2.** drängeln [auch: ↑däue (2), ↑dränge (1), ↑drängele, ↑dröcke (2a)]. (8)

Schiebe|bühn, de ['ʃiːbəˌbyːn] <N.; i. best. Komposita *schieben*, sonst ↑däue; ~e> {11; s. u. ↑Bühn}: Schiebebühne. **1.** (Eisenb.) Vorrichtung, auf der Eisenbahnfahrzeuge von einem Gleis auf ein parallel laufendes gefahren werden können. **2.** (Theater) Bühne, bei der die Dekorationen auf den Seiten hereingefahren werden.

Schiebe|daach, et ['ʃiːbəˌdaːx] <N.; i. best. Komposita *schieben*, sonst ↑däue; ~|dääcker> {11; s. u. ↑Daach}: Schiebedach.

Schiebe|dür/~|dör, de ['ʃiːbəˌdyːɐ̯ / -døːɐ̯] <N.; i. best. Komposita *schieben*, sonst ↑däue; ~|dürre [-dʏrə] (unr. Pl.)> {11; s. u. ↑Dür/Dör}: Schiebetür.

Schiebe|finster, et u. de ['ʃiːbəˌfɪnstɐ] <N.; i. best. Komposita *schieben*, sonst ↑däue; ~e> {11; s. u. ↑Finster}: Schiebefenster.

Schieds|ge|rich/~|gereech, et ['ʃiːtsjəˌrɪɦ / -reːɦ] <N.; ~te> {s. u. ↑Ge|rich¹/~|reech¹}: Schiedsgericht.

Schieds|mann, der ['ʃiːtsˌman] <N.; ~|lück>: Schiedsmann, Friedensrichter.

Schieds|richter/~|reechter, der ['ʃiːtsˌrɪɦtɐ / -reːɦtɐ] <N.; ~> {5.1.4.3}: Schiedsrichter [auch: ↑Scheeds|richter/~|reechter].

Schieds|stell, de ['ʃiːtsˌʃtɛlˑ] <N.; ~e [-ʃtɛlə]> {s. u. ↑Stell}: Schiedsstelle.

schiele/schääle ['ʃiːlə / 'ʃɛːlə] <V.; schw.; *han*; schielte ['ʃiːltə]; geschielt [jə'ʃiːlt]>: schielen. (45) (102)

Schiene|bus, der ['ʃiːnəˌbʊs] <N.; i. best. Komposita *Schiene*, sonst ↑Schinn; ~se> {11}: Schienenbus.

Schiene|fahr|zeug, et ['ʃiːnəˌfaː(ɐ̯)tsøyfɦ] <N.; i. best. Komposita *Schiene*, sonst ↑Schinn; ~e> {11}: Schienenfahrzeug.

Schiene|netz, et ['ʃiːnəˌnɛts] <N.; i. best. Komposita *Schiene*, sonst ↑Schinn> {11}: Schienennetz, Netz von Schienen.

Schiene|verkehr, der ['ʃiːnəfɐˌkeːɐ̯] <N.; i. best. Komposita *Schiene*, sonst ↑Schinn> {11}: Schienenverkehr.

Schiev, de [ʃiːf] <N.; ~e> {5.1.4.5; 6.1.1; 8.3.1}: Scheibe, **1.** flacher, kreisförmiger Gegenstand [auch: ↑Schnedd²]; **[RA]** *Do kanns do der en S. vun avschnigge.* (Davon kannst Du Dir eine S. abschneiden. = Daran kannst du dir ein Beispiel nehmen.). **2.** dünne Glasscheibe, Fensterscheibe.

Schieve|brems, de ['ʃiːvəˌbrɛmˑs] <N.; ~e> {s. u. ↑Schiev ↑Brems¹}: Scheibenbremse, Backenbremse.

Schieve|scheeße, et ['ʃiːvəˌʃeˑsə] <N.; kein Pl.> {s. u. ↑Schiev ↑scheeße}: Scheibenschießen.

Schieve|wischer, der ['ʃiːvəˌvɪʃɐ] <N.; ~> {s. u. ↑Schiev}: Scheibenwischer.

Schikan, de [ʃɪˈkaːn] <N.; ~e> {8.3.1}: Schikane.

schikaniere/~eere [ʃɪkaˈniː(ɐ̯)rə / -eˑrə] <V.; schw./unr.; *han*; schikanierte [ʃɪkaˈniˑrtə]; schikaniert [ʃɪkaˈniˑrt] ⟨frz. chicaner⟩> {(5.1.4.3)}: schikanieren. (3) (2)

Schild¹/Scheld¹, et [ʃɪlt / ʃelt] <N.; ~er>: Schild, Verkehrsschild, Hinweisschild.

Schild²/Scheld², der [ʃɪlt / ʃelt] <N.; ~e>: Schild, Schutzwaffe.

Schild|drüs/Scheld|~, de ['ʃɪltˌdryˑs / ʃelt-] <N.; ~e> {s. u. ↑Schild²/Scheld² ↑Drüs}: Schilddrüse.

schildere/scheldere ['ʃɪldərə / 'ʃelˑdərə] <V.; schw.; *han*; schilderte ['ʃɪlˑdetə]; geschildert [jəˈʃɪlˑdet]> {9.2.1.2}: schildern. (4)

Schilder|gass/Schelder|~, de ['ʃɪlˑdɐˌjas / 'ʃelˑdɐ-] <N.; Straßenn.> {s. u. ↑Schild¹/Scheld¹ ↑Gass¹}: Schildergasse; bekannte Geschäftsstraße in Köln-Altstadt/Nord. Hier hatten Wappenschildermaler (Schilderer) ihr Quartier. Sie gestalteten die Schilder der Familienwappen, die dann die ebenfalls hier ansässigen Blechschläger herstellten.

Schilder|hüüs|che/Sch<u>e</u>lder|~, et [ˈʃɪlˑdɐˌhyˑsjə / ˈʃelˑdɐ-] <N.; ~r> {s. u. ↑Schild¹/Sch<u>e</u>ld¹ ↑Huus}: Schilderhaus, Schilderhäuschen.

Schilder|m<u>ö</u>l|er/Sch<u>e</u>lder|~, der [ˈʃɪlˑdɐˌmœˑlɐ / ʃelˑdɐ-] <N.; ~> {s. u. ↑Schild¹/Sch<u>e</u>ld¹ ↑M<u>ö</u>l|er}: Schildermaler.

Schilder|wald/Sch<u>e</u>lder|~, der [ˈʃɪlˑdɐˌvalt / ʃeldɐ-] <N.; o. Pl.> {s. u. ↑Schild¹/Sch<u>e</u>ld¹}: Schilderwald.

Schild|krad/Sch<u>e</u>ld|~/~|kröt, de [ˈʃɪltˌkraˑt / ʃelt- / -krøˑt] <N.; ~e> {s. u. ↑Schild²/Sch<u>e</u>ld²}: Schildkröte.

Schild|luus/Sch<u>e</u>ld|~, de [ˈʃɪltˌluːs / ʃelt-] <N.; ~|lüüs [-lyˑs]> {s. u. ↑Schild²/Sch<u>e</u>ld² ↑Luus}: Schildlaus.

Schild|mötz/Sch<u>e</u>ld|~, de [ˈʃɪltˌmøts / ʃelt-] <N.; ~e> {s. u. ↑Schild²/Sch<u>e</u>ld² ↑M<u>ö</u>tz}: Schildmütze.

Schild|waach/Sch<u>e</u>ld|~, de [ˈʃɪltˌvaːx / ʃelt-] <N.; ~e> {s. u. ↑Schild²/Sch<u>e</u>ld² ↑Waach}: Schildwache, Wachposten.

Schiller|lock, de [ˈʃɪlɐˌlɔk] <N.; ~e> {s. u. ↑Lock}: Schillerlocke. **1.** in sich gedrehte Haarlocke, Korkenzieherlocke. **2.** Blätterteiggebäck mit Schlagsahne- od. Cremefüllung. **3.** geräucherter, eingerollter Streifen vom Bauchlappen des Dornhais.

Schimmel¹, der [ˈʃɪməl] <N.; kein Pl.>: Schimmel, weißlicher Pilzbelag.

Schimmel², der [ˈʃɪməl] <N.; ~e>: Schimmel, weißes Pferd.

Schimmel|beld|ung, de [ˈʃɪməlˌbeldʊŋ] <N.; ~e (Pl. selten)> {5.5.2}: Schimmelbildung.

schimmele [ˈʃɪmələ] <V.; schw.; han u. sin; schimmelte [ˈʃɪməltə]; geschimmelt [jəˈʃɪməlt]> {9.2.1.2}: schimmeln. (6)

schimmel|ig [ˈʃɪməlɪŋ] <Adj.; ~e; ~er, ~ste ⟨mhd. schimelec, ahd. scimbalag⟩>: schimmelig. Tbl. A5.2

Schimmel|pelz/~|pilz, der [ˈʃɪməlˌpelts / -pɪlts] <N.; ~e> {s. u. ↑P<u>e</u>lz/Pilz}: Schimmelpilz.

Schimpans, der [ʃɪmˈpans] <N.; ~e ⟨afrik. Wort⟩> {8.3.1}: Schimpanse, Menschenaffe mit braunschwarzem Fell.

schimmere [ˈʃɪmərə] <V.; schw.; han; schimmerte [ˈʃɪmertə]; geschimmert [jəˈʃɪmert]> {9.2.1.2}: schimmern, flimmern, glimmen. (4)

schinde [ˈʃɪnˑdə] <V.; schw.; han; schindte [ˈʃɪnˑtə]; geschindt [jəˈʃɪnˑt]>: schinden, **1.** drangsalieren: *de Lück s.* (die Leute s.). **2.** <sich s.> sich quälen/abmühen/abrackern: *Mer muss sich der ganze Dag s. un ploge.* (Man muss sich den ganzen Tag abrackern.) [auch: ↑av|möhe; ↑av|schufte; ↑av|rackere; ↑av|murkse; ↑ploge; *Möh gevve; zom Schänzche arbeide*]. (28)

Sching¹, der [ʃɪŋ] <N.; ~ [ʃɪŋˑ]; ~|che [ˈʃɪŋˑˈɦjə]> {5.3.4}: Schein, Bescheinigung.

Sching², der [ʃɪŋ] <N.; ~ [ʃɪŋˑ]> {5.3.4}: Schein, **1.** <Pl. selten> Erscheinung, die von einer Lichtquelle, einem Leuchtkörper od. von etw. Blankem ausgeht. **2.** <o. Pl.> **a)** äußeres An-, Aussehen; **b)** etw., was in Wirklichkeit nicht so ist, wie es sich äußerlich darstellt.

schinge¹ [ˈʃɪŋə] <V.; st.; han; schung [ʃʊŋ]; geschunge [jəˈʃʊŋə]> {5.3.4}: scheinen, leuchten: *De Sonn hät zick Woche nit geschunge.* (Die Sonne hat seit Wochen nicht geschienen.); *Der Dom schingk hell en der Sonn.* (Der Dom scheint hell in der Sonne.). (26)

schinge² [ˈʃɪŋə] <V.; Modalverb; st.; han; schung [ʃʊŋ]; geschunge [jəˈʃʊŋə]> {5.3.4}: scheinen, einen best. Eindruck erwecken: *Dä schingk e bessche blöd ze sin.* (Er scheint ein bisschen blöde zu sein.). (26)

sching|h<u>e</u>l|ig [ˈʃɪŋˌhelɪŋ] <Adj.; ~e; ~er, ~ste> {s. u. ↑Sching² ↑h<u>e</u>l|ig}: scheinheilig. Tbl. A5.2

schings [ʃɪŋˑs] <Adv.> {5.3.4.1; 9.2.2}: scheinbar, anscheinend.

Schinke, der [ˈʃɪŋkə] <N.; ~>: Schinken, **1.** Schweinskeule, geräuchertes od. gekochtes Fleisch aus der Schweinskeule. **2.** Oberschenkel, Hinterteil.

Schinke|brud, et [ˈʃɪŋkəˌbruˑt] <N.; ~e> {s. u. ↑Brud}: Schinkenbrot.

Schinke|brüd|che, et [ˈʃɪŋkəˌbryˑtɦjə] <N.; ~r> {s. u. ↑Brüd|che}: Schinkenbrötchen.

Schinke|kloppe, et [ˈʃɪŋkəˌklɔpə] <N.; kein Pl.> {6.8.1}: Spiel, bei dem jmdm. auf den Hintern geschlagen wird.

Schinke|knoche, der [ˈʃɪŋkəˌknɔxə] <N.; ~>: Schinkenknochen.

Schinke|röll|che, et [ˈʃɪŋkəˌrœlˑɦjə] <N.; ~r> {s. u. ↑Roll}: Schinkenröllchen.

Schinke|speck, der/et [ˈʃɪŋkəˌʃpɛk] <N.; kein Pl.>: Schinkenspeck.

Schinke|woosch, de [ˈʃɪŋkəˌvoːʃ] <N.; ~|wöösch> {s. u. ↑Woosch}: Schinkenwurst.

Schinn, de [ʃɪnˑ] <N.; ~e [ˈʃɪnə]; ~che [ˈʃɪnˑɦjə]> {5.3.4; 8.3.1}: Schiene.

Schinn|bein, et [ˈʃɪnˌbeɪn] <N.; ~ [-beɪˑn]> {s. u. ↑Schinn}: Schienbein.

Schinn|bein|broch, der [ˈʃɪnbeɪnˌbrɔx] <N.; ~|bröch> {s. u. ↑Schinn ↑Broch¹}: Schienbeinbruch.

Schinn|bein|knöchel, der [ˈʃɪnbeɪnˌknœfjəl] <N.; ~> {s. u. ↑Schinn}: Schienbeinknöchel.

Schinn|bein|schoner, der [ˈʃɪnbeɪnˌʃoˑnɐ] <N.; ~> {s. u. ↑Schinn}: Schienbeinschoner.

Schinn|er, der [ˈʃɪnɐ] <N.; ~>: Schinder.

Schinn|ǫǫs, et [ˈʃɪˌnɔˑs] <N.; ~|ö̱öster> {s. u. ↑Ǫǫs}: Schimpfw. für eine raffinierte Person, manchmal mit einer gewissen Anerkennung verbunden, oft für Kinder, die sich mit nicht ganz korrekten Mitteln zu helfen wissen bzw. durchsetzen können.

Schir, de [ʃiˑɐ̯] <N.; ~e; ~che> {5.4; 8.3.1}: Schere.

Schire|schlief|er, der [ˈʃiˑ(ɐ̯)rəˌʃliːfɐ] <N.; ~> {5.1.4.5; s. u. ↑Schir ↑Schlief|er}: Scherenschleifer.

Schirm, der [ʃɪrm] <N.; ~e>: Schirm [auch: ↑Parapluie].

Schirm|hüll/~|höll, de [ˈʃɪrmˌhʏlˑ / -høl·] <N.; ~e [-hʏlə]> {s. u. ↑Hüll/Höll²}: Schirmhülle.

Schirm|mötz, de [ˈʃɪrmmˌøts] <N.; ~e> {s. u. ↑Mötz}: Schirmmütze.

schirpe [ˈʃɪrpə] <V.; schw.; han; schirpte [ˈʃɪrptə]; geschirp [jəˈʃɪrp]>: zirpen. (180)

Schirv¹/Scherv¹, de [ʃɪrˑf / ʃɛrˑf] <N.; ~e> {5.4; 6.1.1; 8.3.1}: Scherbe [auch: ↑Schirvel/Schervel (1)].

Schirv²/Scherv², et [ʃɪrf / ʃɛrf] <N.>: 1. Person mit merkwürdigem Äußeren: *Luur ens dat S. do!* (Guck dir mal die komische Person an!). 2. Gegenstand, der schon alt ist u. bald kaputt zu gehen droht: *Wat häs do dann do för e S.?* (z. B. Regenschirm).

Schirve|haufe/Scherve|~, der [ˈʃɪrvəˌhoufə / ʃɛrvə-] <N.; ~> {s. u. ↑Schirv¹/Scherv¹ ↑Haufe}: Scherbenhaufen.

Schirvel/Schervel, der [ˈʃɪrvəl / ˈʃɛrvəl] <N.; ~e> {5.4; 6.1.1; 9.2}: Scherbe, **1.** Stück von einem zerbrochenen Gegenstand aus Glas, Porzellan od. Ton [auch: ↑Schirv¹/Scherv¹]. **2.** (abw.) alte Frau.

Schisela|wupptich, der [ˌʃɪzəlaˈvʊptɪʃ] <N.; kein Pl.>: (scherzh.) Durchfall, Dünnschiss, häufige Ausscheidung von dünnflüssigem Stuhl; Diarrhö [auch: ↑Dönn|dress, ↑Dönn|schess, ↑Dress (1b), ↑Flöcke-maach-vöran, ↑Scheuter].

Schlaach, de [ˈʃlaːx] <N.; ~te> {5.2.1.2}: Schlacht.

schlääch [ʃlɛːfj] <Adj.; ~te; ~ter, ~ste> {5.2.1; 5.4; 8.3.5}: schlecht, **a)** von geringer Qualität: *~te Minsche, s. Wedder, s. dran sin* (~e Menschen, ~es Wetter, s. dran sein); ***ene ~te Grosche** (unehrlicher Mensch, falscher Fuffziger); **b)** **et es öm einer/jet s. bestellt* (es ist um jmdn./etw. s. bestellt); ***s. gesȩnnt sin** (schlecht gelaunt, übellaunig, missmutig, missgelaunt, schwermütig sein); **c)** ***rääch un sch.** (recht und schlecht). Tbl. A4.1.1

Schlaach|bank, de [ˈʃlaːxˌbaŋk] <N.; ~|bänk> {s. u. ↑schlaachte ↑Bank¹}: Schlachtbank.

Schlaach|dag, der [ˈʃlaːxˌdaːx] <N.; ~/|~däg/~e [-daˑx / -dɛˑfj / -daˑrə]> {s. u. ↑schlaachte ↑Dag}: Schlachttag.

Schlaach|dier, et [ˈʃlaːxˌdiˑɐ̯] <N.; ~e> {s. u. ↑schlaachte ↑Dier}: Schlachttier.

Schlaach|feld, et [ˈʃlaːxˌfɛlt] <N.; ~er> {s. u. ↑Schlaach}: Schlachtfeld.

Schlaach|fess, et [ˈʃlaːxˌfɛs] <N.; ~|feste> {s. u. ↑schlaachte ↑Fess}: Schlachtfest, anlässlich einer Hausschlachtung veranstaltetes Essen.

Schlaach|hoff, der [ˈʃlaːxˌhɔf] <N.; ~|höff> {s. u. ↑schlaachte ↑Hoff}: Schlachthof.

Schlaach|offer, et [ˈʃlaːxˌɔfɐ] <N.; ~e> {s. u. ↑schlaachte ↑Offer}: Schlachtopfer.

Schlaach|plaat, de [ˈʃlaːxˌplaːt] <N.; ~e> {s. u. ↑schlaachte ↑Plaat¹}: Schlachtplatte.

Schlaach|plan, der [ˈʃlaːxˌplaˑn] <N.; ~|plän> {s. u. ↑Schlaach ↑Plan¹}: Schlachtplan.

Schlaach|rof, der [ˈʃlaːxˌroˑf] <N.; ~e> {s. u. ↑Schlaach ↑Rof}: Schlachtruf.

Schlaach|ross, et [ˈʃlaːxˌrɔs] <N.; ~|rösser> {s. u. ↑Schlaach ↑Ross³}: Schlachtross.

Schlaach|scheff, et [ˈʃlaːxˌʃɛf] <N.; ~e> {s. u. ↑Schlaach ↑Scheff}: Schlachtschiff.

schlaachte [ˈʃlaːxtə] <V.; schw.; han; geschlaach [jəˈʃlaːx]> {5.2.1}: schlachten. (1)

Schlaacht|es, et [ˈʃlaːxtəs] <N.; verkürzt aus *schlaachte* u. *Huus*; ~|ese/|ese> {5.2.1}: Schlachthaus.

Schläächt|ig|keit, de [ˈʃlɛːfjtɪŋkeɪt] <N.; ~e> {5.2.1; 5.4}: Schlechtigkeit.

Schlaach|veech/~|veeh, et [ˈʃlaːxˌfeˑfj / -feˑ] <N.; ~|veecher [-feˑfjɐ]> {s. u. ↑schlaachte ↑Veech/Veeh}: Schlachtvieh.

Schlääch|wedder, et [ˌʃlɛːfjˈvɛdɐ] <N.; o. Pl.> {s. u. ↑schlääch ↑Wedder}: Schlechtwetter, schlechtes, ungünstiges Wetter.

Schlääch|wedder|geld, et [ʃlɛːfjˈvɛdəˌjɛlt] <N.; o. Pl.> {s. u. ↑schlääch ↑Wedder ↑Geld}: Schlechtwettergeld, an Bauarbeiter bei witterungsbedingtem Arbeitsausfall im Winter zu zahlende Unterstützung.

Schlabber|botz, de [ˈʃlabɐˌbots] <N.; ~e>: jmd., der sich beim Essen od. Trinken bekleckert [auch: ↑Schlabber|dan|es, ↑Schlabber|muul (1), ↑Schlabber|schnüss (1), ↑Schlabber|teut].

Schlabber|dan|es, der [ˌʃlabɐˈdaːnəs] <N.; ~|ese/~|ese>: jmd., der sich beim Essen od. Trinken bekleckert [auch: ↑Schlabber|botz, ↑Schlabber|muul (1), ↑Schlabber|schnüss (1), ↑Schlabber|teut].

Schlabber|doch, et [ˈʃlabɐˌdoːx] <N.; ~|döcher> {s. u. ↑Doch¹}: scherzh. für Serviette [auch: ↑Serviett, ↑Schlabber|dön|che].

Schlabber|dön|che, et [ˌʃlabɐˈdœːnçə] <N.; ~r>: Serviette, Lätzchen [auch: ↑Schlabber|doch, ↑Serviett, ↑Lätz|che].

schlabbere [ˈʃlabərə] <V.; schw.; han; schlabberte [ˈʃlabɐtə]; geschlabbert [jəˈʃlabɐt]> {9.2.1.2}: schlabbern, **1.** kleckern, sich bekleckern, verschütten: *Dä Klein hät geschlabbert.* (Der Kleine hat sich bekleckert.) *Schlabber nit!* (Beklecker dich nicht!); *Zupp s.* (Suppe verschütten.). **2.** (übertr.) unterlassen, nicht ausführen, zurücklassen, verlieren: *Die Arbeid han ich geschlabbert.* (Diese Arbeit habe ich ausgelassen.). (4)

Schlabber|ei¹, de [ʃlabəˈreːʳ] <N.; ~e [-eɪə]>: Geschlabber, das Verschütten; verschüttete Flüssigkeit.

Schlabber|ei², et [ˈʃlabɐˌaɪ] <N.; ~er> {s. u. ↑Ei}: Schlabberei; scherzh. für ein besonders weich gekochtes Ei, bei dem das Eiweiß noch halb flüssig ist.

schlabber|ig [ˈʃlabərɪç] <Adj.; ~e; ~er, ~ste>: schlabberig, fade, verdünnt. Tbl. A5.2

Schlabber|lätz|che, et [ˈʃlabɐˌlɛtsjə] <N.; ~r>: Schlabberlätzchen, Tuch, das zum Schutz (kleinen Kindern) beim Essen umgebunden wird [auch: ↑Schlabber|dön|che, ↑Lätz|che].

Schlabber|muul, de [ˈʃlabɐˌmuːl] <N.; ~|müüler/~|muule [-myːlə / -muːlə]> {s. u. ↑Muul}: Kleckermaul (das), **1.** jmd., der sich beim Essen u. Trinken bekleckert [auch: ↑Schlabber|botz, ↑Schlabber|dan|es, ↑Schlabber|schnüss (1), ↑Schlabber|teut]. **2.** geschwätzige Person [auch: ↑Bäbbels|muul, ↑Bäbbels|schnüss, ↑Brei|muul, ↑Quatsch|muul, ↑Quatsch|schnüss, ↑Ratsch (4), ↑Schlabber|schnüss (2), ↑Schnadder,
↑Schwaad|lappe, ↑Schwaad|schnüss, ↑Seiver|lappe, ↑Seiver|muul (2), ↑Seiver|schnüss].

Schlabber|schnüss, de [ˈʃlabɐˌʃnʏs] <N.; ~e> {s. u. ↑Schnüss}: **1.** jmd., der sich beim Essen od. Trinken bekleckert [auch: ↑Schlabber|botz, ↑Schlabber|dan|es, ↑Schlabber|muul (1), ↑Schlabber|teut]. **2.** geschwätzige Person [auch: ↑Bäbbels|muul, ↑Bäbbels|schnüss, ↑Brei|muul, ↑Quatsch|muul, ↑Quatsch|schnüss, ↑Ratsch (4), ↑Schlabber|muul (2), ↑Schnadder, ↑Schwaad|lappe, ↑Schwaad|schnüss, ↑Seiver|lappe, ↑Seiver|muul (2), ↑Seiver|schnüss].

Schlabber|teut, de [ˈʃlabɐˌtøyt] <N.; ~e>: jmd., der sich beim Essen od. Trinken bekleckert [auch: ↑Schlabber|botz, ↑Schlabber|dan|es, ↑Schlabber|muul (1), ↑Schlabber|schnüss (1)].

Schlabb|es, der [ˈʃlabəs] <N.; ~|ese/~|ese> {6.9}: Schlappschwanz, willensschwacher, kraftloser Mensch.

Schlader|botz, de [ˈʃlaːdɐˌbots] <N.; ~e>: Hose mit abklappbarem Hosenboden für kleine Kinder; das Wort ist nur noch in Redensarten gebr.; **[RA]** *Dat es esu lang her, do hatt der Deuvel noch en S. aan.* (Das ist so lange her, da war der Teufel noch ein Kind.).

Schlag¹, der [ʃlaːx] <N.; Schläg [ʃlɛːç]>: Schlag, **1. a)** Treffen mit der Hand od. einem Gegenstand auf etw.: *Noch eine S., dann es dä Nähl dren.* (Noch ein S., dann ist der Nagel drin.); **b)** durch (1a) verursachtes Geräusch. **2. a)** Augenblick: *Ich muss mich ens ene S. setze.* (Ich muss mich mal einen Moment setzen.); **b)** mit einem Löffel zugemessene Portion (bei einer Essenausgabe): *Dun mer noch ene S. Zupp!* (Gib mir noch einen Löffel Suppe!). **3. a)** kurz für Stromschlag: den Körper durchlaufender Stromstoß [auch: ↑Strom|schlag]; **b)** kurz für Schlaganfall [auch: ↑Schlag|aan|fall]; **c)** kurz für Taubenschlag [auch: ↑Duuve|schlag]. **4.** regelmäßiges, rhythmisches Schlagen. **5.** Schicksalsschlag; Unheil, das über jmdn. hereingebrochen ist. **6.** (Schneiderei, Mode) nach unten sich vergrößernde Weite des Hosenbeins.

Schlag², der [ʃlaːx] <N.; kein Pl.>: Schlag, Geschlecht, Abstammung, Art: *vum aale S. sin* (vom alten S. sein).

Schlag|aan|fall, der [ˈʃlaːranˌfal] <N.; ~|fäll [fɛl]>: Schlaganfall [auch: ↑Schlag¹ (3b)].

schlag|aat|ig [ˈʃlaːxˌaːtɪç] <Adj.; nur präd.>: schlagartig.

Schlag|bolze, der [ˈʃlaːxˌboltsə] <N.; ~> {s. u. ↑Schlag¹ ↑Bolze}: Schlagbolzen.

Schlag|drop, der [ˌʃlaːxˈdrɔp] <N.; kein Pl.> {s. u. ↑drop}: Schläger, Raufbold.

schlage/schlonn [ˈʃlaˑʀə / ʃlɔn] <V.; st.; *han*; schlog [ʃloˑx]; geschlage [jəˈʃlaˑʀə]>: schlagen, mit Schlägen/Hieben versehen [auch: ↑bimse (2), ↑bläue, ↑dresche (2), ↑drop|haue, ↑kamesöle, ↑kiele¹ (2), ↑kloppe (2), ↑pisele, ↑prinze, ↑prügele, ↑schmecke¹, ↑schnave, ↑wachse², ↑wichse (2), *einem e paar* ↑trecke]; ***einer botterweich/ windelweich s.*** (jmdn. verprügeln); ***sich dubbelt s.*** (sich sehr beeilen); ***en de Juch s.*** (verjagen). (48) (163)

Schlägel, der [ˈʃlɛːjəl] <N.; ~e>: Schlägel (Werkzeug).

Schlager, der [ˈʃlaˑʀɐ] <N.; ~>: Schlager.

Schläger, der [ˈʃlɛˑjɐ] <N.; ~(e)>: Schläger, 1. Raufbold. 2. Sportgerät beim Tennis usw.

Schläger|band, de [ˈʃlɛˑjɐˌbanˑt] <N.; ~e> {s. u. ↑Schläger ↑Band⁴}: Schlägerbande.

Schläger|ei, de [ʃlɛˑjəˈrei̯] <N.; ~e [-əˈrei̯ə]>: Schlägerei [auch: ↑Klopp|erei].

Schläger|mötz, de [ˈʃlɛˑjɐˌmœts] <N.; ~e> {s. u. ↑Mötz}: Schlägermütze, Schirmmütze.

Schlager|musik, de [ˈʃlaˑʀɐˌmuzɪk] <N.; o. Pl.> {s. u. ↑Schlager ↑Musik}: Schlagermusik.

Schlager|tex, der [ˈʃlaˑʀɐˌtɛks] <N.; ~te> {s. u. ↑Tex}: Schlagertext.

schlag|fääd|ig [ˈʃlaːxˌfɛːdɪʃ] <Adj.; ~e; ~er, ~ste> {s. u. ↑fääd|ig}: schlagfertig. Tbl. A5.2

Schlag|fääd|ig|keit, de [ˈʃlaːxˌfɛːdɪʃkei̯t] <N.; o. Pl.> {s. u. ↑Schlag¹; 5.2.1.1.2; 5.4}: Schlagfertigkeit.

schlaggele [ˈʃlagələ] <N.; schw.; *han*; schlaggelte [ˈʃlagəltə]; geschlaggelt [jəˈʃlagəlt]> {9.2.1.2}: schlackern, schlottern. (6)

Schlag|ieser, et [ˈʃlaːxˌiˑzɐ] <N.; ~(e)> {s. u. ↑Ieser}: Schlageisen, Werkzeug.

Schlag|kaar, de [ˈʃlaːxˌkaˑ(ɐ̯)] <N.; ~e> {s. u. ↑Kaar}: Schlagkarre, Karre, die nach hinten abkippbar ist.

Schlag|oder, de [ˈʃlaːxˌɔˑdɐ] <N.; ~e> {s. u. ↑Oder}: Schlagader.

Schlag|sahne, de [ˈʃlaːxˌzaːnə] <N.; o. Pl.> {s. u. ↑Schlag¹; 8.3.1}: Schlagsahne.

Schlag|schiev, de [ˈʃlaːxˌʃiːf] <N.; ~e> {s. u. ↑Schlag¹ ↑Schiev}: Schlagscheibe, dem Puck ähnliche Scheibe aus Hartgummi, die beim Hornußen verwendet wird.

Schlag|sigg, de [ˈʃlaːxˌzɪk] <N.; meist o. Art.; o. Pl.> {s. u. ↑Schlag¹ ↑Sigg¹}: Schlagseite, starke seitliche Neigung eines Schiffs; ***S. han*** (S. haben; betrunken sein u. deshalb nicht mehr gerade gehen können, schwanken).

Schlag|wood, et [ˈʃlaːxˌvoːt] <N.> {s. u. ↑Schlag¹ ↑Wood¹ ↑Wood²}: Schlagwort. 1. <Pl. ~|wööd [-vœˑt]> a) Parole als Mittel zur Propaganda o. Ä.; b) abgegriffene Redensart. 2. <Pl. ~|wööder [-vœˑdɐ]> einzelnes, im Buch vorkommendes, kennzeichnendes, den Inhalt des Buches charakterisierendes Wort.

Schlag|zeug, et [ˈʃlaːxˌtsɔy̯ʃ] <N. ~e> {s. u. ↑Schlag¹}: Schlagzeug.

schlaks|ig [ˈʃlaksɪʃ] <Adj.; ~e; ~er, ~ste>: schlaksig, groß u. etw. ungeschickt. Tbl. A5.2

Schlamm|badd, et [ˈʃlamˌbat] <N.; ~|bäder [-bɛˑdɐ] (unr. Pl.)> {s. u. ↑Badd}: Schlammbad.

schlamm|ig [ˈʃlamɪʃ] <Adj.; ~e; ~er, ~ste>: schlammig [auch: ↑matschl|ig, ↑mölm|ig]. Tbl. A5.2

Schlamm|pack|ung, de [ˈʃlamˌpakʊŋ] <N. ~e>: Schlammpackung.

Schlamm|schlaach, de [ˈʃlamˌʃlaːx] <N. ~te> {s. u. ↑Schlaach}: Schlammschlacht.

schlamp|ig [ˈʃlampɪʃ] <Adj.; ~e; ~er, ~ste>: schlampig [auch: ↑schludder|ig, ↑schlunz|ig, ↑zubbel|ig]. Tbl. A5.2

Schlang, de [ʃlaŋˑ] <N.; ~e [ˈʃlaŋə]; Schläng|el|che [ˈʃlɛŋəlçə] {8.3.1}: Schlange.

Schlange|bess, de [ˈʃlaŋəˌbes] <N. ~e> {s. u. ↑Bess}: Schlangenbiss.

Schlange|danz, der [ˈʃlaŋəˌdants] <N.; ~|dänz> {s. u. ↑Danz}: Schlangentanz.

Schlange|ei, et [ˈʃlaŋəˌai̯] <N. ~er>: Schlangenei.

Schlange|geff, et [ˈʃlaŋəˌjef] <N. ~|gefte> {s. u. ↑Geff}: Schlangengift.

Schlange|gurk, de [ˈʃlaŋəˌjʊrk] <N. ~e> {s. u. ↑Gurk}: Schlangengurke.

Schlange|kuhl/~|kuul, de [ˈʃlaŋəˌkuːl] <N. ~e> {s. u. ↑Kuhl/Kuul}: Schlangengrube.

schlängele [ˈʃlɛŋələ] <V.; schw.; *han*; schlängelte [ˈʃlɛŋəltə]; geschlängelt [jəˈʃlɛŋəlt]> {9.2.1.2}: schlängeln, gleiten, kriechen. (6)

Schlange|ledder, et [ˈʃlaŋəˌledɐ] <N.; o. Pl.> {s. u. ↑Ledder}: Schlangenleder.

Schlange|minsch, de ['ʃlaŋə‚mɪnʃ] <N. ~e> {s. u. ↑Minsch¹}: Schlangenmensch.

Schlank|maach|er, de ['ʃlaŋk‚maːxɐ] <N.; ~> {s. u. ↑maache}: Schlankmacher.

schlappe ['ʃlapə] <V.; schw.; *sin*; schlappte ['ʃlaptə]; geschlapp [jə'ʃlap]>: schlappen, **1.** langsam/müde gehen: *Dä Aal schlapp üvver der Flur.* (Der Alte schlappt über den Flur.). **2.** zu weiten Spielraum haben (bes. bei Schuhen): *Ming Schohn s.* (Meine Schuhe schlappen, sind zu groß.). (75)

Schlappe, der ['ʃlapə] <N.; ~; Schläpp|che>: Schlappen, bequemer, hinten offener Hausschuh.

Schlapp|hot, der ['ʃlap‚hoˑt] <N.; ~|höt> {s. u. ↑Hot}: Schlapphut.

Schlapp|uhr/~|ohr, et ['ʃlap‚uˑɐ̯ / -oˑɐ̯] <N. ~e> {s. u. ↑Uhr²/Ohr²}: Schlappohr. **1.** herunterhängendes Ohr eines Tieres. **2.** (abw.) Schlappschwanz.

Schlaraffe|land, et [ʃla'rafə‚lant] <N.; o. Pl. ⟨zu spätmhd. sluraffe⟩>: Schlaraffenland.

Schläu, de [ʃløˑy̆ˑ] <N.; kein Pl.> {8.3.1}: Schläue.

Schlauch, der [ʃloʊ̆x] <N.; Schläüch [ʃløy̆ç]>: Schlauch.

Schlauch|wage, de ['ʃloʊ̆x‚vaˑʀə] <N. ~> {s. u. ↑Schlauch ↑Wage}: Schlauchwagen.

Schlavitt|che, et [ʃla'vɪtʃə] <N.> {6.5.2}: Schlafittchen, [nur noch i. d. übertragenen Bed. „Kragen" i. best. Wendungen bez.]: *beim S. krigge, am S. packe* (am S./ Kragen packen, ergreifen).

schlawenzele [ʃla'vɛntsələ] <V.; schw.; *sin*; schlawenzelte [ʃla'vɛntsəltə]; schlawenzelt [ʃla'vɛntsəlt]> {9.2.1.2}: scharwenzeln. (6)

schlecke¹ ['ʃlɛkə] <V.; schw.; *han*; schleckte ['ʃlɛktə]; geschleck [jə'ʃlɛk] {5.5.2}: schlucken. (88)

schlecke² ['ʃlɛkə] <V.; schw.; *han*; schleckte ['ʃlɛktə]; geschleck [jə'ʃlɛk]>: schlecken, lecken. (88)

Schlecker|muul, et ['ʃlɛkɐ‚muˑl] <N.; ~|müüler/~|muule [-myˑlɐ / -muˑlə]> {s. u. ↑Muul}: Schleckermaul.

Schleck|s, der [ʃlɛks] <N.; ~e> {5.5.2; 9.2.2}: Schluckauf.

schleckse ['ʃlɛksə] <V.; schw.; *han*; schleckste ['ʃlɛkstə]; geschlecks [jə'ʃlɛks]> {5.5.2}: schlucksen, Schluckauf haben. (87)

schleddere ['ʃlɛdərə] <V.; schw.; *sin*; schledderte ['ʃlɛdətə]; geschleddert [jə'ʃlɛdət]> {5.5.2; 6.11.3; 9.2.1.2}: schlittern, **1.** sich schlitternd über eine glatte Fläche bewegen [auch: ↑rötsche (1b)]. **2.** auf einer glatten Fläche ins Rutschen kommen. **3.** unbeabsichtigt in eine Situation geraten. (4)

Schleeß, de [ʃleˑs] <N.; ~e> {5.1.4.3; 8.3.1}: Schließe, Verschluss, Spange, Schnalle.

Schleeß|aan|lag, de ['ʃleˑzan‚laˑx / 'ʃleˑs‚laˑnlaˑx] <N. ~e> {s. u. ↑schleeße ↑Aan|lag}: Schließanlage.

schleeße ['ʃleˑsə] <V.; st.; *han*; schloss [ʃlos]; geschlosse [jə'ʃlosə]> {5.1.4.3}: schließen, **1.** (ver)schließen [auch: ↑zo|maache]. **2.** sich auf eine best. Weise schließen lassen: *Dat Schloss schlüüß nit.* (Das Schloss schließt nicht.). **3.** <sich s.> in einen geschlossenen Zustand gelangen: *De Dür hät sich geschlosse.* (Die Tür hat sich geschlossen.). (79)

Schleeß|er, der ['ʃleˑsɐ] <N.; ~> {5.1.4.3}: Schließer. **1.** Angestellter, der die Zellen im Gefängnis öffnet u. schließt. **2.** Türschließer.

Schleeß|faach, et ['ʃleˑs‚faˑx] <N.; ~|fäächer> {s. u. ↑schleeße ↑Faach}: Schließfach.

schleeß|lich ['ʃleˑslɪç] <Adv.> {5.1.4.3}: schließlich.

Schleeß|muskel, der ['ʃleˑs‚mʊskəl] <N.; ~e> {s. u. ↑schleeße ↑Muskel}: Schließmuskel.

Schleeß|ung, de ['ʃleˑsʊŋ] <N.; ~e (Pl. selten)> {5.1.4.3}: Schließung.

Schleeß|zylinder, der ['ʃleˑstsi‚lɪndɐ] <N.; ~> {s. u. ↑schleeße}: Schließzylinder.

Schleff, der [ʃlɛf] <N.; o. Pl.> {5.5.2}: Schliff, **1.** das Geschliffensein: *Dat Metz hät ene gode S.* (Das Messer ist gut geschliffen.). **2.** gute Umgangsformen: *Hä hät keine S.* (Er benimmt sich schlecht.).

Schlei, de [ʃleɪ̆ˑ] <N.; ~e> {8.3.1}: Schleie, ein Fisch.

schleiche/schliche ['ʃleɪ̆çə / 'ʃlɪçə] <V.; schliche veraltet; st.; *sin*; schlech [ʃlɛç]; geschleche [jə'ʃlɛçə]>: schleichen. (161) (187)

Schleich|wäg, der ['ʃleɪ̆ç‚vɛˑç] <N.; i. best. Komposita nur *schleiche*, sonst auch ↑schliche; ~(e) [-vɛˑh / -vɛˑjə] {11; s. u. ↑schleiche ↑Wäg}: Schleichweg.

Schleier|danz, der ['ʃlaɪ̯ɐ‚dants] <N.; ~|dänz> {s. u. ↑Danz}: Schleiertanz.

schleier|haff ['ʃlaɪ̯ɐhaf] <Adj.; ~|hafte, ~|hafter, ~ste>: schleierhaft, unerklärlich, unklar, i. d. Vbdg. *s. sin/blieve* (schleierhaft/unerklärlich sein/ bleiben): *Dat bliev mer iwig s.* (Das bleibt mir ewig s.). Tbl. A4.2.1

Schleier|üül, de ['ʃlaɪ̯ɐ‚yˑl] <N. ~e> {s. u. ↑Üül}: Schleiereule.

Schleier|wolk, de ['ʃlaɪɐˌvolək] <N. ~e> {s. u. ↑Wolk}: Schleierwolke, Zirrostratus.

schleife ['ʃlɛɪfə] <V.; schw.; *han*; schleifte ['ʃlɛɪftə]; geschleif [jəˈʃlɛɪf]>: schleifen, schleppen, **1.** schleppen, über den Boden ziehen: *der Koffer s.* (den Koffer s.); *De Bahn hät en noch 10 m wigg geschleif.* (Die Bahn schleifte ihn noch 10 m weit.). **2.** (übertr.) schleppen: *Die han dä Pitter noch en de Weetschaff geschleif.* (Die haben Peter noch in die Wirtschaft geschleppt.). **3.** sich über den Boden reibend fortbewegen; sich an etw. reiben: *Dat Kleid schleif üvver de Ääd.* (Das Kleid schleift über die Erde.). **4.** schleifen lassen, sich nicht kümmern: *Hä liet alles s.* (Er lässt alles s.). (108)

Schleife|band, et ['ʃlɛɪfəˌbant] <N.; i. best. Komposita *Schleif-*, sonst ↑Schlopp; ~|bänder> {11; ↑Band¹}: Schleifenband.

Schleim|hugg, de ['ʃlaɪmˌhʊk] <N.; i. best. Komposita *Schleim*, sonst ↑Schliem od. ↑Schleiver; ~|hügg> {11; s. u. ↑Hugg}: Schleimhaut.

Schleiver, der ['ʃlɛɪˑvɐ] <N.>: Schleim [auch: ↑Schliem].

schleivere ['ʃlɛɪˑvərə] <V.; schw.; *han*; schleiverte ['ʃlɛɪˑvɐtə]; geschleivert [jəˈʃlɛɪˑvɐt]>: (be)sabbern. (4)

Schleiver|zupp, de ['ʃlɛɪˑvɐˌtsʊp] <N.; o. Pl.> {s. u. ↑Zupp}: Schleimsuppe.

schlemm [ʃlɛm] <Adj.; ~e; ~er, ~ste> {5.5.2}: schlimm, **a)** böse, arg; **b)** [RA] (scherzh.) *Wann et s. es, du' mer e Läppche dröm!* (Wenn es s. ist, binden wir ein Läppchen drum!; als Trost). Tbl. A2.3

schlemme ['ʃlɛmə] <V.; schw.; *han*; schlemmte ['ʃlɛmˑtə]; geschlemmp [jəˈʃlɛmˑp]>: schlemmen. (40)

schlenkere ['ʃlɛŋkərə] <V.; schw.; *han* u. *sin*; schlenkerte ['ʃlɛŋkɐtə]; geschlenkert [jəˈʃlɛŋkɐt]> {9.2.1.2}: schlenkern. (4)

Schlepp, de [ʃlɛp] <N.; ~e> {8.3.1}: Schleppe.

schleppe ['ʃlɛpə] <V.; schw.; *han*; schleppte ['ʃlɛptə]; geschlepp [jəˈʃlɛp]>: schleppen. (75)

Schleppe, der ['ʃlɛpə] <N.> {5.5.2}: Schlippe, Rockzipfel: *Dä hängk däm luuter am S.* (Er läuft ihm/ihr dauernd hinterher.).

Schlepp|scheff, et ['ʃlɛpˌʃɛf] <N. ~e> {s. u. ↑Scheff}: Schleppschiff.

Schless, der [ʃlɛs] <N.>: (Heiß)hunger, Kohldampf.

schless|ig ['ʃlɛsɪʃ] <Adj.; ~e; ~er, ~ste> {5.5.2}: verschlissen, abgenutzt [auch: ↑avˈgeˈgreffe; ↑schubbˈlig; ↑verˈschlesse]. Tbl. A5.2

Schleswig ['ʃlɛˑsvɪʃ] <N. Ortsn.>: Schleswig, Stadt an der Schlei.

Schletz, der [ʃlɛts] <N.; ~e> {5.5.2}: Schlitz.

Schletz|aug, et ['ʃlɛdzˌoʊˑx / 'ʃlɛtsˌloʊˑx] <N. ~e [-oʊʀə]> {s. u. ↑Schletz ↑Aug}: Schlitzauge.

schletze ['ʃlɛtsə] <V.; schw.; *han*; schletzte ['ʃlɛtstə]; geschletz [jəˈʃlɛts]> {5.5.2}: schlitzen. (114)

Schletz|schruuv, de ['ʃlɛtsˌʃruˑf] <N.; ~e> {s. u. ↑Schletz ↑Schruuv}: Schlitzschraube.

Schleuder|bredd, et ['ʃløydɐˌbrɛt] <N.; ~er> {s. u. ↑schleudere ↑Bredd}: Schleuderbrett.

schleudere ['ʃløyˑdərə] <V.; schw.; *han* u. *sin*; schleuderte ['ʃløyˑdɐtə]; geschleudert [jəˈʃløyˑdɐt]> {9.2.1.2}: schleudern, werfen [auch: ↑schmacke]. (4)

Schleuder|gang, der ['ʃløydɐˌjaŋ] <N.; ~|gäng [-jɛŋˑ]> {s. u. ↑schleudere ↑Gang¹}: Schleudergang.

Schleuder|hunnig, der ['ʃløydɐˌhʊnɪʃ] <N.; o. Pl.> {s. u. ↑schleudere ↑Hunnig}: Schleuderhonig.

Schleuder|pries, der ['ʃløydɐˌpriːs] <N. ~e> {s. u. ↑schleudere ↑Pries}: Schleuderpreis.

Schleuder|setz, der ['ʃløydɐˌzɛts] <N. ~(e)> {s. u. ↑schleudere ↑Setz}: Schleudersitz.

schleunigs ['ʃløyˑnɪʃs] <Adv.> {8.3.5}: schleunigst [auch: ↑gäng² ↑flöck].

Schleus, de [ʃløyˑs] <N.; ~e> {8.3.1}: Schleuse.

schleuse ['ʃløyˑzə] <V.; schw.; *han*; schleuste en ['ʃløyˑstə]; ~|geschleus [-jəˈʃløyˑs]>: schleusen. (149)

Schlich, de [ʃlɪʃ] <N.> {8.3.1}: Schlich, Trick, List, [nur noch im Pl. i. d. RA gebr.] *einem op de S. kumme* (jmdm. auf die ~e kommen).

schliche/schleiche ['ʃlɪʃə / 'ʃlɛɪʃə] <V.; *schliche* veraltet; st.; *sin*; schlech [ʃlɛʃ]; geschleche [jəˈʃlɛʃə]> {5.3.1}: schleichen. (187) (161)

Schlich|er, der ['ʃlɪʃɐ] <N.; ~> {5.3.1}: Schleicher.

schlichte ['ʃlɪʃtə] <V.; schw.; *han*, geschlich [jəˈʃlɪʃ]>: schlichten. (131)

Schlicht|ungs|stell, de ['ʃlɪʃtʊŋsˌʃtɛlˑ] <N.; i. best. Komposita nur *schlichte*, sonst auch ↑schleechte; ~e [-ʃtɛlə]> {11; s. u. ↑Stell}: Schlichtungsstelle.

Schlicht|ungs|ver|sök, der ['ʃlɪʄtʊŋsfɐˌzøˑk] <N.; i. best. Komposita nur *schlichte*, sonst auch ↑schleechte; ~e> {11; s. u. ↑Ver|sök}: Schlichtungsversuch.
Schlief|bank, de ['ʃliːfˌbaŋk] <N.; ~|bänk> {s. u. ↑schliefe ↑Bank¹}: Schleifbank, Drehbank mit Vorrichtung zum Schleifen.
schliefe ['ʃliːfə] <V.; st.; *han*; schl**e**ff [ʃlef]; geschl**e**ffe [jə'ʃlefə]> {5.1.4.5}: schleifen, **1.** glätten, schärfen: *ene Diamant s.* (einen Diamanten s.). **2.** hart ausbilden, schikanieren, drillen (bes. auf Soldaten bezogen). (86)
Schlief|er, der ['ʃliːfɐ] <N.; ~> {5.1.4.5}: Schleifer.
Schlief|lack, der ['ʃliːfˌlak] <N. ~e> {s. u. ↑schliefe}: Schleiflack.
Schlief|papier/~|papeer, et ['ʃliːfpaˌpiːɐ̯ / -paˌpeːɐ̯] <N.; ~e> {s. u. ↑schliefe ↑Papier/Papeer}: Schleifpapier.
Schlief|stein, der ['ʃliːfˌʃtɛɪn] <N.; ~ [-ˌʃtɛɪ̯n]> {5.1.4.5}: Schleifstein.
Schliem, der [ʃliːm] <N.; kein Pl.> {5.1.4.5}: Schleim [auch: ↑Schleiver].
schlieme ['ʃliˑmə] <V.; schw.; *han*; schliemte ['ʃliˑmtə]; geschliemp [jə'ʃliˑmp]> {5.1.4.5}: schleimen, **1.** Schleim absondern. **2.** heucheln. (122)
schliem|ig ['ʃliˑmɪʄ] <Adj.; ~e; ~er, ~ste> {5.1.4.5}: schleimig. Tbl. A5.2
schlih [ʃliˑ] <Adj.; ~e; ~er, ~ste>: **1.** herb, herb-säuerlich. **2.** stumpf (bzgl. der Zähne nach dem Essen von Schlehen od. Nahrung mit ähnlicher Wirkung): *s. Zäng* (stumpfe Zähne). Tbl. A2.8
Schlih, de [ʃliˑ] <N.; ~e [ˈʃliˑə]> {5.4; 8.3.1}: Schlehe.
Schlih|do͏on, der ['ʃliˑˌdɔːn] <N.; o. Pl.> {s. u. ↑Schlih ↑Do͏on}: Schlehdorn; Schwarzdorn.
Schlihe|blöt, de ['ʃliˑəˌbløˑt] <N.; ~e> {s. u. ↑Schlih ↑Blöt}: Schlehenblüte.
Schlihe|schnaps, der ['ʃliˑəˌʃnaps] <N.; i. best. Komposita *Schnaps*, sonst ↑Schabau; ~|schnäps> {11; s. u. ↑Schlih}: Schlehenschnaps.
schlinge¹ ['ʃlɪŋə] <V.; st.; *han*; schlung [ʃlʊŋ]; geschlunge [jə'ʃlʊŋə] ⟨mhd. slingen, ahd. slingan⟩>: schlingen (um), **1.** um etw. herumlegen: *der Schal öm der Hals s.* (den Schal um den Hals s.); *der Ärm öm einer s.* (den Arm um jmdn. s.). **2.** <sich s.> sich um etw. herumschlingen, sich herumwinden: *Der welde Wing schlingk sich öm der Baum.* (Der wilde Wein schlingt sich um den Baum.). (26)

schlinge² ['ʃlɪŋə] <V.; st.; *han*; schlung [ʃlʊŋ]; geschlunge [jə'ʃlʊŋə] ⟨mhd. (ver)slinden, ahd. (far)slintan⟩>: schlingen, hastig/gierig essen; unzerkaut schlucken. (26)
Schling|flanz/~|planz, de ['ʃlɪŋˌflants] <N. ~e> {s. u. ↑Flanz/Planz}: Schlingpflanze.
Schlips, der [ʃlɪps] <N.; ~e>: Krawatte, Schlips.
Schlips|nǫdel/~|nǫl, de ['ʃlɪpsˌnɔːdəl / -nɔˑl] <N. ~e> {s. u. ↑Nǫdel/Nǫl}: Schlipsnadel, Krawattennadel.
Schlitte, der [ʃlɪtə] <N.; ~>: Schlitten.
Schlitte|fahrt, de ['ʃlɪtəˌfaːt] <N. ~e> {s. u. ↑Fahrt}: Schlittenfahrt.
Schlitte|hungk, der ['ʃlɪtəˌhʊŋk] <N. ~|hüng [-hʏŋˑ]> {s. u. ↑Hungk}: Schlittenhund.
Schlitt|schoh, der ['ʃlɪtˌʃoˑ] <N.; ~n> {s. u. ↑Schoh}: Schlittschuh.
Schlitt|schoh|läuf|er, der ['ʃlɪtʃoˑˌløyfɐ] <N.; ~> {s. u. ↑Schoh ↑Läuf|er}: Schlittschuhläufer, Eisläufer.
Schlodder, der ['ʃlɔdɐ] <N.; kein Pl.> {6.11.3}: Schlottern, Zittern: *der S. han/krige* (zittern).
schloddere ['ʃlɔdərə] <V.; schw.; *han*; schlodderte ['ʃlɔdɐtə]; geschloddert [jə'ʃlɔdɐt]> {6.11.3; 9.2.1.2}: schlottern, **1.** zittern: *Hä schlodderte vör Käld.* (Er zitterte vor Kälte.). **2.** lose/schlaff herabhängen: *De Botz schloddert im öm de Bein.* (Die Hose hängt ihm lose um die Beine.). (4)
Schlǫf¹, der ['ʃlɔˑf] <N.; kein Pl.> {5.5.3}: Schlaf.
Schlǫf², der ['ʃlɔˑf] <N.; Schlöf ['ʃlœˑf]> {5.5.3; 8.3.1}: Schläfe [auch: ↑Schlöf].
Schlöf, de [ʃlœˑf] <N.; ~e> {5.5.3; 8.3.1}: Schläfe [auch: ↑Schlǫf²].
Schlǫf|aan|zog, der ['ʃlɔˑvanˌtsox / 'ʃlɔˑfˌlaːntsox] <N.; ~|zög> {s. u. ↑schlǫfe ↑Aan|zog}: Schlafanzug.
Schlǫf|aan|zog|botz, de ['ʃlɔˑvantsoxˌbots / 'ʃlɔˑfˌlaːn-] <N.; ~e> {s. u. ↑schlǫfe ↑Aan|zog ↑Botz}: Schlafanzughose.
Schlǫf|aan|zog|jack, de ['ʃlɔˑvantsoxˌjak / 'ʃlɔˑfˌlaːn-] <N.; ~e> {s. u. ↑schlǫfe ↑Aan|zog ↑Jack¹}: Schlafanzugjacke.
Schlǫf|couch, de ['ʃlɔˑfˌkaʊtʃ] <N.; ~e> {s. u. ↑schlǫfe}: Schlafcouch.
Schlǫf|drunk/~|drank, der ['ʃlɔˑfˌdrʊŋk / -draŋk] <N.; ~|drünk/~|dränk (Pl. ungebr.)> {s. u. ↑schlǫfe ↑Drank ↑Drunk}: Schlaftrank.

schlǫfe ['ʃlɔˑfə] <V.; st.; han; schleef [ʃleːf]; geschlǫfe [jə'ʃlɔˑfə]> {5.5.3}: schlafen [auch: ↑penne² (1), ↑schlö-fele]. (162)

schlöfele ['ʃlœˑfələ] <V.; schw.; han; schlöfelte ['ʃlœˑfəltə]; geschlöfelt [jə'ʃlœˑfəlt]> {5.5.3; 9.2.1.2}: schlafen [auch: ↑penne² (1), ↑schlǫfe]. (6)

Schlǫfens|zigg, de ['ʃlɔˑfəns‚tsɪk] <N.; ~e (Pl. selten)> {s. u. ↑schlǫfe ↑Zigg}: Schlafenszeit.

Schlöf|er, der ['ʃlœˑfə] <N.; ~> {5.5.3}: Schläfer.

Schlǫf|gass, der ['ʃlɔˑf‚jas] <N.; ~|gäss> {s. u. ↑schlǫfe ↑Gass²}: Schlafgast.

Schlǫf|krank|heit, de ['ʃlɔˑf‚kraŋkhɛɪt] <N.; o. Pl> {s. u. ↑Schlǫf¹}: Schlafkrankheit.

Schlǫf|leed, et ['ʃlɔˑf‚leˑt] <N.; ~er> {s. u. ↑schlǫfe ↑Leed}: Schlaflied.

Schlǫf|meddel, et ['ʃlɔˑf‚medəl] <N.; ~(e)> {s. u. ↑schlǫfe ↑Meddel}: Schlafmittel.

Schlǫf|mohn, der ['ʃlɔˑf‚moˑn] <N.; kein Pl.> {s. u. ↑Schlǫf¹ ↑Mohn}: Schlafmohn, Mohn, aus dem Opium gewonnen wird [auch: ↑Klatsch|mohn].

Schlǫf|mötz, de ['ʃlɔˑf‚møts] <N.; ~e> {(9.1.2); s. u. ↑Schlǫf¹ ↑Mötz}: Schlafmütze, **a)** Langschläfer; **b)** träger, schwerfälliger Mensch, Träumer [auch: ↑Schlǫfs|üül].

schlǫf|mötz|ig ['ʃlɔˑf‚møtsɪç] <Adj.; ~e, ~|igste [-ɪçstə]> {s. u. ↑schlǫfe ↑Mötz}: schlafmützig, langsam, träge [auch: ↑Föß|che för Föß|che, ↑lahm (3), ↑lang(k)|sam, ↑lör|ig]. Tbl. A5.2

Schlǫf|popp, de ['ʃlɔˑf‚pop] <N.; ~e> {s. u. ↑schlǫfe ↑Popp}: Schlafpuppe, Puppe mit Schlafaugen.

schlöfrig ['ʃlœˑfrɪç] <Adj.; ~e; ~er, ~ste> {5.5.3}: schläfrig, müde. Tbl. A5.2

Schlǫf|rock, der ['ʃlɔˑf‚rok] <N.; ~|röck> {(9.1.2); s. u. ↑Schlǫf¹}: Schlafrock, **1.** Morgenrock. **2.** (übertr.) **a)** Bratäpfel od. Ä. in Teighülle; **b)** *S. ohne Ärmel* (Sarg).

Schlǫf|saal, der ['ʃlɔˑf‚zaˑl] <N.; ~|sääl [-zɛˑl]> {s. u. ↑schlǫfe ↑Saal}: Schlafsaal.

Schlǫf|sack, der ['ʃlɔˑf‚zak] <N.; ~|säck> {s. u. ↑schlǫfe ↑Sack}: Schlafsack.

Schlǫf|stätt, de ['ʃlɔˑf‚ʃtɛt] <N.; ~e> {s. u. ↑schlǫfe; 8.3.1}: Schlafstätte.

Schlǫf|stell, de ['ʃlɔˑf‚ʃtɛlˑ] <N.; ~e [-ʃtɛlə]> {s. u. ↑schlǫfe ↑Stell}: Schlafstelle, Schlafgelegenheit.

Schlǫf|stell|ung, de ['ʃlɔˑf‚ʃtɛlʊŋ] <N.; ~e> {s. u. ↑schlǫfe}: Schlafstellung.

Schlǫf|stör|ung/~|stür|ung, de ['ʃlɔˑf‚ʃtøˑ(ɐ̯)rʊŋ / -‚ʃtyˑ(ɐ̯)r-] <N.; ~e (meist Pl.)> {s. u. ↑schlǫfe; (5.4)}: Schlafstörung.

Schlǫf|such, de ['ʃlɔˑf‚zʊx] <N.; o. Pl.> {s. u. ↑Schlǫf¹; ↑Such}: Schlafsucht.

Schlǫfs|üül, de ['ʃlɔˑfs‚yˑl] <N.; ~e> {9.1.2; s. u. ↑Schlǫf¹ ↑Üül}: **a)** Langschläfer; **b)** träger, unaufmerksamer Mensch, Träumer; [auch: ↑Schlǫf(s)|mötz].

Schlǫf|tablett, de ['ʃlɔˑfta‚blɛt] <N.; ~e> {s. u. ↑schlǫfe ↑Tablett²}: Schlaftablette.

Schlǫf|wage, der ['ʃlɔˑf‚vaˑʀə] <N.; ~> {s. u. ↑schlǫfe ↑Wage}: Schlafwagen.

Schlǫf|wandl|er, der ['ʃlɔˑf‚vandlə] <N.; ~> {s. u. ↑schlǫfe ↑wandele}: Schlafwandler.

Schlǫf|zemmer, et ['ʃlɔˑf‚tsemɐ] <N.; ~e> {s. u. ↑Schlǫf¹ ↑Zemmer}: Schlafzimmer.

schlonn/schlage [ʃlɔn / 'ʃlaˑʀə] <V.; st.; han; schlog [ʃloˑx]; geschlage [jə'ʃlaˑʀə]> {5.3.2; 5.4} schlagen, mit Schlägen, Hieben versehen; *einer botterweich/windelweich s.* (jmdn. verprügeln), [auch: ↑bläue, ↑dresche (2), ↑drop|gevve (2), ↑drop|haue, ↑en|dresche, ↑fetze, ↑klatsche (2), ↑kloppe (2), ↑lange (2), ↑latsche (2), ↑pisele, ↑prügele, ↑scheuere, ↑schmecke¹, ↑schnave, ↑tachtele, ↑tatsche, ↑titsche (2), ↑wichse (2), ↑waatsche, ↑zoppe (2), *einem e paar trecke, einem eine schmiere/ schmeere*]; *sich dubbelt s.* (sich sehr beeilen); *en de Juch s.* (verjagen). (163) (48)

Schlopp, der [ʃlop] <N.; Schlöpp [ʃlœp]> {5.3.4; 8.3.1}: Schleife.

schlöppe ['ʃlœpə] <V.; schw.; han; schlöppte ['ʃlœptə]; geschlöpp [jə'ʃlœp]>: Schleife binden. (75)

Schloss, et [ʃlɔs] <N.; Schlösser ['ʃlœsɐ]>: Schloss, **1.** Vorrichtung zum Verschließen, Zuschließen. **2.** Wohngebäude des Adels.

Schloss|berg/~|birg, der ['ʃlɔs‚bɛrç / -bɪrç] <N.; o. Pl.> {s. u. ↑Berg/Birg}: Schlossberg.

Schlössel, der ['ʃløsəl] <N.; ~e> {5.5.1}: Schlüssel.

Schlössel|baat, der ['ʃløsəl‚baˑt] <N.; ~|bäät> {s. u. ↑Schlössel ↑Baat}: Schlüsselbart.

Schlössel|bein, et ['ʃløsəl‚beɪn] <N.; ~ [-beɪ̯n]> {s. u. ↑Schlössel ↑Bein}: Schlüsselbein.

Schlüssel|bein|broch, der ['ʃløsəlbeɪnˌbrɔx] <N.; ~|bröch> {s. u. ↑Schlüssel ↑Bein ↑Broch¹}: Schlüsselbeinbruch.

Schlüssel|blom, de ['ʃløsəlˌbloːm] <N.; ~e> {s. u. ↑Schlüssel ↑Blom}: Schlüsselblume.

Schlüssel|bredd, et ['ʃløsəlˌbrɛt] <N.; ~er> {s. u. ↑Schlüssel ↑Bredd}: Schlüsselbrett.

Schlüssel|bund, der u. et ['ʃløsəlˌbʊnt] <N.; ~|bünd/~|büng [-bʏnˑt / -bʏŋˑ]> {s. u. ↑Schlüssel ↑Bund}: Schlüsselbund.

Schlüssel|deens, der ['ʃløsəlˌdeːns] <N.; ~te> {s. u. ↑Schlüssel ↑Deens}: Schlüsseldienst.

Schlüssel|frog, de ['ʃløsəlˌfroːx] <N.; ~e> {s. u. ↑Schlüssel ↑Frog}: Schlüsselfrage.

Schlüssel|kind, et ['ʃløsəlˌkɪnt] <N.; ~er> {s. u. ↑Schlüssel}: Schlüsselkind.

Schlüssel|loch, et ['ʃløsəlˌlɔx] <N.; ~|löcher> {s. u. ↑Schlüssel}: Schlüsselloch.

Schlüssel|position, de ['ʃløsəlpozɪtsˌjoːn] <N.; ~e> {s. u. ↑Schlüssel ↑Position}: Schlüsselposition, Schlüsselstellung.

Schlüssel|ring, der ['ʃløsəlˌrɪŋ] <N.; ~ [-rɪŋˑ]> {s. u. ↑Schlüssel ↑Ring¹}: Schlüsselring.

Schlüssel|wood, et ['ʃløsəlˌvɔːt] <N.; ~|wööd u. ~|wööder [-vœˑt / -vœˑdə]> {s. u. ↑Schlüssel ↑Wood¹ ↑Wood²}: Schlüsselwort.

Schloss|gaade, der ['ʃlɔsˌjaːdə] <N. ~|gääde> {s. u. ↑Gaade}: Schlossgarten.

Schloss|häär, der ['ʃlɔsˌhɛˑɐ] <N.; ~|hääre [-hɛːrə]> {s. u. ↑Häär}: Schlossherr.

Schloss|hoff, der ['ʃlɔsˌhɔf] <N.; ~|höff> {s. u. ↑Hoff}: Schlosshof.

Schloss|ruin, de ['ʃlɔsˌrʊˌliːn] <N.; ~e> {s. u. ↑Ruin¹}: Schlossruine.

Schlot, der (et veraltet) [ʃlɔːt] <N.; kein Pl.; Schlöt|che ['ʃlœˑtʃə] {5.5.3; 6.11.4; 8.2.1}: Salat.

Schlot|besteck, et ['ʃlɔːtbəˌʃtɛk] <N.> {s. u. ↑Schlot}: Salatbesteck.

Schlot|bunn, de ['ʃlɔːtˌbʊnˑ] <N.; ~e [-bʊnə]> {s. u. ↑Schlot ↑Bunn}: Salatbohne.

Schlot|kump, de ['ʃlɔːtˌkʊmp] <N.; ~e/~|kümp; ~|kümp|che> {s. u. ↑Schlot ↑Kump}: Salatschüssel.

Schlot|flanz/~|planz, de ['ʃlɔːtˌflants / -plants] <N.; ~e> {s. u. ↑Schlot ↑Flanz/Planz}: Salatpflanze.

Schlot|gurk, de ['ʃlɔːtˌjʊrk] <N.; ~e> {s. u. ↑Schlot ↑Gurk}: Salatgurke.

Schlot|kopp, der ['ʃlɔːtˌkɔp] <N.; ~|köpp> {s. u. ↑Schlot ↑Kopp}: Salatkopf.

Schlot|öl, et ['ʃlɔːtˌlœˑl] <N.; ~e (Sortenpl.)> {s. u. ↑Schlot ↑Öl}: Salatöl.

Schlot|plaat, de ['ʃlɔːtˌplaːt] <N.; ~e> {s. u. ↑Schlot ↑Plaat¹}: Salatplatte. **1.** Platte zum Anrichten von Salaten. **2.** Gericht, das aus verschiedenen auf einer Platte angerichteten Salaten besteht.

Schlot|teller, der ['ʃlɔːˌtɛlə] <N.; ~e> {s. u. ↑Schlot ↑Teller}: Salatteller.

Schlotter|appel, der ['ʃlɔtɐˌlapəl] <N.; ~|äppel> {s. u. ↑Appel}: Schafsnase, grüner bis gelblicher Apfel von länglicher Form [auch: ↑Schofs|nas (1)].

Schlot|zauß, de ['ʃlɔːtˌtsaʊs] <N.; ~e> {s. u. ↑Schlot ↑Zauß}: Salatsoße.

Schluch, de [ʃlʊx] <N.; ~te (aus dem Niederd., Md., für mhd. sluft, Schluft)> {8.3.5}: Schlucht.

schluckse ['ʃlʊksə] <V.; schw.; han; schluckste ['ʃlʊkstə]; geschlucks [jə'ʃlʊks]> {6.12.7}: schluchzen. (87)

schluddere ['ʃlʊdərə] <V.; schw.; han; schludderte ['ʃlʊdɐtə]; geschluddert [jə'ʃlʊdɐt]> {5.3.4; 9.2.1.2}: schludern, nachlässig arbeiten: *Dä Aanstricher hät geschluddert.* (Der Maler hat geschludert.) [auch: ↑bruddele (2), ↑huddele, ↑murkse, ↑schlunze (a)]. (4)

schludder|ig ['ʃlʊdərɪŋ] <Adj.; ~e; ~er, ~ste> {5.3.2}: schluderig, nachlässig, schlampig [auch: ↑schlamp|ig, ↑schlunz|ig, ↑zubbel|ig]. Tbl. A5.2

schluffe ['ʃlʊfə] <V.; schw.; sin; schluffte ['ʃlʊftə]; geschluff [jə'ʃlʊf]> {8.2.4}: schlurfend gehen, beim Gehen die Füße über den Boden schleifen; in ausgetretenen Schuhen od. Pantoffeln gehen. (27)

Schluffe, der ['ʃlʊfə] <N.; ~; Schlüff|che ['ʃlʏfjə]>: Pantoffel, Schluffen, **1.** Hausschuh: *Du' mer ens ming S.!* (Gib mir mal meine P.!). **2.** Pantoffelheld: *Dä Pitter es ene richtige S.* (Peter ist ein richtiger Pantoffelheld.) **3. *ärme S.** (armer, bedauernswerter Mensch): *Ich han däm ärme S. ene Euro en de Fingere gedäut.* (Ich habe dem armen Teufel einen Euro in die Hand gedrückt.).

Schluffe|kinema, et ['ʃlʊfəˌkɪnəmaˑ] <N.> {s. u. ↑Schluffe ↑Kinema}: (scherzh.) Pantoffelkino, Fernsehen.

Schluff|es, der ['ʃʊfəs] <N.; ~|ese [-əzə]>: 1. Person, die beim Gehen schlurfend geht. 2. schlaffer, nicht durchsetzungsfähiger Mensch, Weichei.

Schluff|man|es, der [ˌʃlʊfˈmaˑnəs] <N.; ~|ese/~|ese>: jmd., der gewohnheitsmäßig langsam geht.

Schluff|schredd, der ['ʃlʊfˌʃret] <N.; ~> {s. u. ↑schluffe ↑Schredd}: Schlurfschritt.

schlummere ['ʃlʊmərə] <V.; schw.; han; schlummerte [-'ʃlʊmətə]; geschlummert [jəˈʃlʊmet] {9.2.1.2}: schlummern. (4)

Schlunz, der/de [ʃlʊnts] <N.; ~e {8.3.1}: Schlampe, Schlunze, unordentliche, schlampige Person [auch: ↑Dreck|knüsel, ↑Dreck|lavumm, ↑Puddel, ↑Knüsel, ↑Dreck|sau (1), ↑Dreck|schwaad, ↑Mess|fink].

schlunze ['ʃlʊntsə] <V.; schw.; han; schlunzte ['ʃlʊntstə]; geschlunz [jəˈʃlʊnts]>: schlampen, schludern, a) ohne Sorgfalt arbeiten [auch: ↑bruddele (2), ↑huddele, ↑murkse, ↑schluddere]; b) unordentlich mit etw. umgehen. (42)

schlunz|ig ['ʃlʊntsɪç] <Adj.; ~e; ~er, ~ste>: schluderig, schlampig, unordentlich, nachlässig [auch: ↑schlamp|ig, ↑schludder|ig, ↑zubbel|ig]. Tbl. A5.2

Schlupp, der [ʃlʊp] <N.; ~e; Schlüpp|che> {6.4.2}: Schluck.

schluppe ['ʃlʊpə] <V.; schw.; han; schluppte ['ʃlʊptə]; geschlupp [jəˈʃlʊp]> {5.4; 6.5.1; 8.2.4}: schlürfen, gemütlich u. genüsslich in kleinen Schlucken trinken [auch: ↑schlürfe/schlürpe (2)]. (75)

schlürfe/schlürpe ['ʃlʏrfə / 'ʃlʏrpə] <V.; schw.; han; schlürfte ['ʃlʏrftə]; geschlürf [jəˈʃlʏrf]>: 1. schlurfen. 2. schlürfen [auch: ↑schluppe]. (105) (180)

Schluss, der [ʃlʊs] <N.; Schlüss [ʃlʏs]> {5.5.1}: Schluss, 1. <o. Pl.> Ende [auch: ↑Eng¹/Engk]; *S. maache (beenden, vervollständigen, vollenden) [auch: enEng/Engk maache, fäädig maache]. 2. Folgerung.

Schluss|ak, der ['ʃlʊsˌak] <N.; ~te> {s. u. ↑Ak}: Schlussakt.

Schluss|deil, der ['ʃlʊsˌdeɪl] <N.; ~(e) [-deɪl / -deˑrlə]> {s. u. ↑Deil}: Schlussteil.

Schluss|fier/~|feer, de ['ʃlʊsˌfiːɐ / -feːɐ] <N.; ~e> {s. u. ↑Fier/Feer}: Schlussfeier.

Schluss|folger|ung, de ['ʃlʊsˌfɔljərʊŋ] <N.; ~e>: Schlussfolgerung.

schlüss|ig ['ʃlʏsɪç] <Adj.; ~e; ~er, ~ste>: schlüssig, folgerichtig, logisch. Tbl. A5.2

Schluss|leech/~|lich, et ['ʃlʊsˌleːç / -lɪç] <N.; ~ter> {s. u. ↑Leech ↑Lich}: Schlusslicht. 1. rotes Licht, das an Fahrzeugen das hintere Ende kenntlich macht. 2. a) Letzter einer Reihe; b) Letzter, Schlechtester unter vielen.

Schluss|feff, der ['ʃlʊsˌpef] <N.; ~e>: Schlusspfiff.

Schluss|punk, der ['ʃlʊsˌpʊŋk] <N.; ~te> {s. u. ↑Punk}: Schlusspunkt. 1. den Satzschluss bezeichnender Punkt. 2. endgültiger, deutlicher Abschluss.

Schluss|satz, der ['ʃlʊsˌzats] <N.; ~|sätz> {s. u. ↑Satz}: Schlusssatz.

Schluss|strech, der ['ʃlʊsˌʃtreç] <N.; ~e> {s. u. ↑Strech}: Schlussstrich.

Schluss|wood, et ['ʃlʊsˌvoːt] <N.;~|wööd [-vœˑt]> {s. u. ↑Wood²}: Schlusswort.

Schluss|zeiche, et ['ʃlʊsˌtseɪçə] <N.; ~> {s. u. ↑Zeiche}: Schlusszeichen.

Schmaach|lappe, der ['ʃmaːxˌlapə] <N.; ~> {s. u. ↑Lappe}: Mann, der den Frauen hinterher rennt; *läufige S. (Schwerenöter) Schürzenjäger; Mann, der hinter jedem Rock her ist [auch: ↑Jöcke|bömmel ↑Schwittjee].

schmaachte ['ʃmaːxtə] <V.; schw.; han; geschmaach [jəˈʃmaːx]> {5.2.1}: schmachten, sich schmerzlich sehnen. (1)

schmächt|ig ['ʃmɛçtɪç] <Adj.; ~e; ~er, ~ste>: schmächtig, zierlich. Tbl. A5.2

schmacke ['ʃmakə] <V.; schw.; han; schmackte ['ʃmaktə]; geschmack [jəˈʃmak]>: werfen, schleudern [auch: ↑klatsche (3), ↑schleudere]. (88)

Schmack|es, der ['ʃmakəs] <N.; kein Pl.>: Schmackes, Schwung, Kraft.

schmack|haff ['ʃmakhaf] <Adj.; ~|hafte; ~|hafter, ~ste>: schmackhaft. Tbl. A4.2.1

Schmäh|schreff, de ['ʃmɛˑˌʃref] <N.; ~|schrefte> {s. u. ↑schmähe ↑Schreff}: Schmähschrift.

schmähe ['ʃmɛə] <V.; schw.; han; schmähte ['ʃmɛˑtə]; geschmäht [jəˈʃmɛˑt]>: schmähen.

schmal [ʃmaːl] <Adj.; ~e; ~er (schmäler), ~ste [('ʃmɛːlə)]>: schmal, 1. von ziemlich geringer Ausdehnung in der Breite/in seitlicher Richtung. 2. knapp, unzureichend, karg: s. Enkumme (~es Einkommen). 3. mager; *~en Herring (magere Person, Hänfling). Tbl. A2.2

Schmal, der/et [ʃmaˑl] <N.; ~e>: a) schmaler Mensch, Hänfling; b) <o. Pl.> Spitzn. für einen dünnen Menschen.

Schmal|sigg, de [ˈʃmaːlˌzɪk] <N.; ~e> {s. u. ↑Sigg¹}: Schmalseite.

Schmal|spur/~|spor, de [ˈʃmaːlˌʃpuːɐ̯ / -ˌʃpoːɐ̯] <N.; o. Pl.> {s. u. ↑Spor/Spur}: (Eisenb.) Schmalspur, Spurweite, die geringer ist als die Normalspur.

Schmalz|brud, et [ˈʃmaltsˌbruːt] <N.; ~e> {s. u. ↑Brud}: Schmalzbrot.

schmalz|ig [ˈʃmaltsɪŋ] <Adj.; ~e; ~er, ~ste>: schmalzig, übertrieben gefühlvoll. Tbl. A5.2

Schmätz, der [ʃmɛts] <N.; veraltend; ~e> {5.4; 8.2.4}: Schmerz [gebräuchl.: ↑Ping].

schmause/schmuuse [ˈʃmau̯zə / ˈʃmuːzə] <V., schw.; han; schmauste [ˈʃmau̯stə]; geschmaus [jəˈʃmau̯s]>: schmausen. (149)

Schmeck, de [ʃmek] <N.; ~e> {5.5.2; 8.3.1}: Schmicke, Peitsche.

Schmeck vum Dudewage, de [ʃmek fom ˈduˑdəˌvaˑʀə] {s. u. ↑Schmeck ↑Dude}: **1.** (spött., scherzh.) hagere Person [auch: ↑Ge|räm|sch (2b), ↑Knoche|ge|rämsch, ↑Reuz (4), ↑Rebbe|ge|spens, ↑Spenne|fleck|er, ↑Ver|drügte, verdrüg Hahnehätz, schmalen Herring, fettgemaht Stochieser]. **2.** Schimpfname: Gauner, Strolch.

schmecke¹ [ˈʃmekə] <V.; schw.; han; schmeckte [ˈʃmektə]; geschmeck [jəˈʃmek]>: peitschen, schlagen, hauen, knallen: *der Dillendopp s.* (den Kreisel s.); *Schmeck im eine!* (Schlag ihn!) [auch: ↑bimse (2), ↑bläue, ↑dresche (2), ↑drop|haue, ↑haue, ↑kamesöle, ↑kiele¹ (2), ↑kloppe (2), ↑pisele, ↑prinze, ↑prügele, ↑schlage/schlonn, ↑schnave, ↑ver|solle (2), ↑wachse², ↑wichse (2), *einem e paar* ↑trecke]; **ene Dopp s.* (einen Haufen (fäk.) machen). (88)

schmecke² [ˈʃmɛkə] <V.; schw./unr.; han; schmeckte/schmok [ˈʃmɛktə / ʃmɔk]; geschmeck [jəˈʃmɛk]>: schmecken. (164)

Schmeck|lecker, der [ˌʃmɛkˈlɛkɐ] <N.; ~>: Genießer, **1.** Feinschmecker. **2.** Schürzenjäger [auch: ↑Jöckel|bömmel ↑Schwittjee ↑Schmaach|lappe].

schmeddere [ˈʃmɛdərə] <V.; schw.; han; schmedderte [ˈʃmɛdətə]; geschmeddert [jəˈʃmɛdət]> {6.11.3; 9.2.1.2}: schmettern, **1.** kräftig werfen. **2.** laut klingen, schallen. (4)

schmeege [ˈʃmeˑjə] <V.; schw.; han; schmeegte [ˈʃmeˑftə]; geschmeeg [jəˈʃmeˑfj]> {5.1.4.3}: schmiegen. (103)

Schmeer¹/Schmier¹, der [ʃmeːɐ̯ / ʃmiːɐ̯] <N.; ~e> {5.1.4.3; 8.3.1}: Schmiere, **1.** <o. Pl.> Schmierfett. **2.** <o. Pl.> schmieriger Schmutz. **3.** schauspielerisch minderwertige Wanderbühne (vgl. Schmierenkomödie).

Schmeer²/Schmier², de [ʃmeːɐ̯ / ʃmiːɐ̯] <N.; o. Pl.> {5.1.4.3; 8.3.1}: Schmiere, **1.** Polizei. **2.** Wache bei einer unerlaubten od. ungesetzlichen Handlung: *Wann ich de Keesche kläue, muss do ävver S. stonn!* (Wenn ich die Kirschen klaue, musst du aber S. stehen!).

Schmeer|balg/Schmier|~, der [ˈʃmeːɐ̯ˌbalfj / ʃmiːɐ̯-] <N.; ~|bälg/~|bälger [-bɛlˑfj / -bɛlˑjə]> {s. u. ↑Schmeer¹/Schmier¹ ↑Balg}: Schmierfink.

schmeere/schmiere [ˈʃmeːrə / ˈʃmiː(ɐ̯)rə] <V.; *schmeere* veraltend; unr.; han; schmeete [ˈʃmeːtə]; geschmeet [jəˈʃmeːt]> {5.1.4.3}: schmieren, **1.** streichen; *einem eine s.* (jmdm. eine runterhauen, jmdn schlagen). **2.** bestechen [auch: ↑be|steche; *jet en de Häng däue*]. (2) (3)

Schmeere|theater/Schmiere|~, et [ˈʃmeːrətəˌlaˑtə / ˈʃmiː(ɐ̯)rə-] <N.; ~> {s. u. ↑Schmeer¹/Schmier¹ ↑Theater}: (abw.) Schmierentheater.

Schmeer|fett/Schmier|~, et [ˈʃmeːɐ̯ˌfɛt / ˈʃmiːɐ̯-] <N.; ~e> {s. u. ↑Schmeer¹/Schmier¹}: Schmierfett.

Schmeer|geld/Schmier|~, et [ˈʃmeːɐ̯ˌjɛlt / ˈʃmiːɐ̯-] <N.; ~er> {s. u. ↑Schmeer¹/Schmier¹ ↑Geld}: Schmiergeld, Bestechungsgeld.

Schmeer|heff/Schmier|~, et [ˈʃmeːɐ̯ˌhɛf / ˈʃmiːɐ̯-] <N.; ~|hefte> {s. u. ↑schmeere/schmiere ↑Heff¹}: Schmierheft.

Schmeer|kis/Schmier|~, der [ˈʃmeːɐ̯ˌkiˑs / ˈʃmiːɐ̯-] <N.; o. Pl.> {s. u. ↑schmeere/schmiere ↑Kis}: Schmierkäse, Streichkäse.

Schmeer|meddel/Schmier|~, et [ˈʃmeːɐ̯ˌmedəl / ˈʃmiːɐ̯-] <N.; ~(e)> {s. u. ↑schmeere/schmiere ↑Meddel}: Schmiermittel.

Schmeer|nibbel/Schmier|~, der [ˈʃmeːɐ̯ˌnɪbəl / ˈʃmiːɐ̯-] <N.; ~(e)> {s. u. ↑schmeere/schmiere ↑Nibbel}: Schmiernippel.

Schmeer|öl/Schmier|~, et [ˈʃmeːɐ̯ˌœˑl / ˈʃmiːɐ̯-] <N.; ~e> {s. u. ↑schmeere/schmiere ↑Öl}: Schmieröl.

Schmeer|seif/Schmier|~, de [ˈʃmeːɐ̯ˌzeɪf / ʃmiːɐ̯-] <N.; o. Pl.> {s. u. ↑Schmeer¹/Schmier¹}: Schmierseife.

Schmeer|stroß/Schmier|~, de [ˈʃmeːɐ̯ˌʃtroˑs / ˈʃmiːɐ̯-] <N.> {s. u. ↑Schmeer¹/Schmier¹ ↑Stroß}: **1.** Komödienstraße (Straße in Domnähe); in römischer Zeit waren hier die Fetthändler ansässig; unter frz. Verwaltung – in Anlehnung an ↑Schmier¹/Schmeer¹ (3) – Rue de la Comédie. **2.** schmieriger Schmutz [auch: ↑Schmier¹/Schmeer¹ (2)]. **3.** schauspielerisch minderwertige Wanderbühne [auch: ↑Schmier¹/Schmeer¹ (3)].

Schmeer|zeddel/Schmier|~, der [ˈʃmeːɐ̯ˌtsɛdəl / ˈʃmiːɐ̯-] <N.; ~e> {s. u. ↑schmeere/schmiere ↑Zeddel}: Schmierzettel.

Schmelz|badd, et [ˈʃmɛltsˌbat] <N.; ~|bäder [-bɛːdə] (unr. Pl.)> {s. u. ↑schmelze ↑Badd}: Schmelzbad.

schmelze [ˈʃmɛltsə] <V.; st.; schmolz [ʃmolts]; geschmolze [jəˈʃmoltsə]> {5.5.2}: schmelzen, verflüssigen, **1.** <han> schmelzen, flüssig machen. **2.** <sin> schmilzen, flüssig werden. (50)

Schmelz|kis, der [ˈʃmɛltsˌkiːs] <N.; o. Pl.> {s. u. ↑schmelze ↑Kis}: Schmelzkäse.

Schmelz|ovve, der [ˈʃmɛltsˌovə] <N.; ~|övve(ns)> {s. u. ↑schmelze ↑Ovve}: Schmelzofen.

Schmelz|punk, der [ˈʃmɛltsˌpʊŋk] <N.; ~te> {s. u. ↑schmelze ↑Punk}: Schmelzpunkt.

Schmelz|tiegel, der [ˈʃmɛltsˌtiːjəl] <N.; ~> {s. u. ↑schmelze ↑Tiegel}: Schmelztiegel.

schmerze [ˈʃmɛxtsə] <V.; schw.; han; schmerzte [ˈʃmɛxtstə]; gescmerz [jəˈʃmɛxts]>: schmerzen, weh tun. (42)

Schmess, der [ʃmes] <N.; ~> {5.5.2}: Schmiss, **1.** Narbe im Gesicht, die ein Mitglied einer schlagenden Verbindung beim Fechten erhalten hat. **2. a)** schwungvolle Art auf Menschen bezogen: *Jung, dä hät ävver Schmess!* (Welch ein dynamischer Mensch!); **b)** auf künstlerische Werke bezogen: *Dat es e Musikstöck met Schmess.* (Das ist ein schwungvolles Musikstück.).

schmessig [ˈʃmesɪç] <Adj.; ~e; ~er, ~ste> {5.5.2}: schmissig, mitreißend, schwungvoll, schneidig. Tbl. A5.2

Schmidd¹, der [ʃmɪt] <N.; ~e> {5.3.4}: Schmied.

Schmidd², de [ʃmɪt] <N.; ~e> {5.3.4; 8.3.1}: Schmiede.

schmidde [ˈʃmɪdə] <V.; schw.; han; geschmidt [jəˈʃmɪt]> {5.3.4}: schmieden. (111)

Schmidde|kuns, de [ˈʃmɪdəˌkʊns] <N.; ~|küns> {s. u. ↑schmidde; ↑Kuns}: Schmiedekunst

Schmidds|füür|che/~|föör|~, et [ˈʃmɪtsˌfyːɐ̯çə / -føːɐ̯-] <N.; ~r> {9.1.2; s. u. ↑Schmidd² Füür/Föör}: Schmiedefeuerchen, **1.** sprühendes Feuer angefeuchteten Pulvers. **2.** Lauffeuer, die Schnelligkeit einer sich ausbreitenden Nachricht od. eines Gerüchts: *Wie e S. ging dat durch de Stadt.* (Wie ein Lauffeuer ging das durch die Stadt.).

Schmiede|ieser, et [ˈʃmiːdəˌiːzə] <N.; i. best. Komposita schmiede, sonst ↑schmidde; ~(e)> {11; s. u. ↑Ieser}: Schmiedeeisen.

Schmiede|kuns, de [ˈʃmiːdəˌkʊns] <N.; i. best. Komposita schmiede, sonst ↑schmidde; o. Pl.> {11; s. u. ↑Kuns}: Schmiedekunst.

Schmiede|ovve, der [ˈʃmiːdəˌovə] <N.; i. best. Komposita schmiede, sonst ↑schmidde; ~|övve(ns)> {11; s. u. ↑Ovve}: Schmiedeofen.

Schmiede|press, de [ˈʃmiːdəˌprɛs] <N.; i. best. Komposita schmiede, sonst ↑schmidde; ~e> {11; s. u. ↑Press}: Schmiedepresse.

Schmier¹/Schmeer¹, der [ʃmiːɐ̯ / ʃmeːɐ̯] <N.; ~e>: Schmiere, **1.** <o. Pl.> Schmierfett. **2.** <o. Pl.> schmieriger Schmutz [auch: ↑Schmier|stroß/Schmeer|~ (2)]. **3.** schauspielerisch minderwertige Wanderbühne (vgl. Schmierenkomödie) [auch: ↑Schmier|stroß/Schmeer|~ (3)].

Schmier²/Schmeer², de [ʃmiːɐ̯ / ʃmeːɐ̯] <N.; o. Pl.> {5.1.4.3}: Schmiere, **1.** Polizei. **2.** Wache bei einer unerlaubten od. ungesetzlichen Handlung: *Wann ich de Keesche kläue, muss do ävver S. stonn!* (Wenn ich die Kirschen klaue, musst du aber S. stehen!).

Schmier|balg/Schmeer|~, der [ˈʃmiːɐ̯ˌbalf / ˈʃmeːɐ̯-] <N.; ~|bälg/~|bälger [-bɛlˑfˌ / -bɛlˑjə]> {s. u. ↑Schmier¹ Schmeer¹ ↑Balg}: Schmierfink.

schmiere/schmeere [ˈʃmiː(ɐ̯)rə / ˈʃmeːrə] <V.; *schmeere* veraltend; schw.; han; schmierte [ˈʃmiːɐ̯tə]; geschmiert [jəˈʃmiːɐ̯t]>: schmieren, **1.** streichen; *einem eine s.* (jmdm. eine runterhauen; jmdn. schlagen). **2.** bestechen [auch: ↑be|steche; *einem jet en de Häng däue*]. (3) (2)

Schmiere|theater/Schmeere|~, et [ˈʃmiː(ɐ̯)rəteˌaˑte / ˈmeːrə] <N.; ~> {s. u. ↑Schmier¹/Schmeer¹ ↑Theater}: (abw.) Schmierentheater.

Schmier|fett/Schmeer|~, et [ˈʃmiːɐ̯ˌfɛt / ˈʃmeːɐ̯-] <N.; ~e> {s. u. ↑Schmier¹/Schmeer¹}: Schmierfett.

Schmier|geld/Schmeer|~, et [ˈʃmiːɐ̯ˌjɛlt / ˈʃmeːɐ̯-] <N.; ~er> {s. u. ↑Schmier¹/Schmeer¹ ↑Geld}: Schmiergeld, Bestechungsgeld.

Schmier|heff/Schmeer|~, et [ˈʃmiːɐ̯ˌhɛf / ˈʃmeːɐ̯-] <N.; ~|hefte> {s. u. ↑schmiere/schmeere ↑Heff¹}: Schmierheft.

schmier|ig ['ʃmi:(ɐ̯)rɪŋ] <Adj.; ~e; ~er, ~ste>: schmierig, klebrig, schleimig. Tbl. A5.2

Schmier|kis/Schmeer|~, der ['ʃmi:ɐ̯ˌkiˑs / 'ʃme:ɐ̯-] <N.; o. Pl.> {s. u. ↑schmiere/schmeere ↑Kis}: Schmierkäse, Streichkäse.

Schmier|meddel/Schmeer|~, et ['ʃmi:ɐ̯ˌmedəl / 'ʃme:ɐ̯-] <N.; ~(e)> {s. u. ↑schmiere/schmeere ↑Meddel}: Schmiermittel.

Schmier|öl/Schmeer|~, et ['ʃmi:ɐ̯ˌœˑl / 'ʃme:ɐ̯-] <N.; ~e> {s. u. ↑schmeere/schmeere ↑Öl}: Schmieröl.

Schmier|papier/Schmeer|~/~|papeer, et ['ʃmi:ɐ̯paˌpi:ɐ̯ / 'ʃme:ɐ̯- / -paˌpeːɐ̯] <N.; o. Pl.> {s. u. ↑schmiere/schmeere ↑Papier/Papeer}: Schmierpapier.

Schmier|seif/Schmeer|~, de ['ʃmi:ɐ̯ˌzɛɪ̯f / ʃme:ɐ̯-] <N.; o. Pl.> {s. u. ↑Schmier¹/Schmeer¹}: Schmierseife.

Schmier|stroß/Schmeer|~, de ['ʃme:ɐ̯ˌʃtrɔˑs / 'ʃmi:ɐ̯-] <N.> {s. u. ↑Schmier¹/Schmeer¹ ↑Stroß}: **1.** Komödienstraße (Straße in Domnähe); in römischer Zeit waren hier die Fetthändler ansässig; unter frz. Verwaltung – in Anlehnung an ↑Schmier¹/Schmeer¹ (3) – Rue de la Comédie. **2.** schmieriger Schmutz [auch: ↑Schmier¹/Schmeer¹ (2)]. **3.** schauspielerisch minderwertige Wanderbühne [auch: ↑Schmier¹/Schmeer¹ (3)].

Schmier|zeddel/Schmeer|~, der ['ʃmi:ɐ̯ˌtsɛdəl / 'ʃme:ɐ̯-] <N.; ~e> {s. u. ↑schmiere/schmeere ↑Zeddel}: Schmierzettel.

schmieße ['ʃmi:sə] <V.; st.; han; schmess [ʃmes]; geschmesse [jə'ʃmesə] {5.1.4.5}: schmeißen, werfen. (25)

Schmink, de [ʃmɪŋk] <N.; ~e ⟨spätmhd. (md.) sminke, smicke, wohl aus dem Fries., eigtl. = fette Tonerde⟩> {8.3.1}: Schminke.

Schmink|desch, der ['ʃmɪŋkˌdeʃ] <N.; ~(e)> {s. u. ↑Desch}: Schminktisch.

Schmink|döppe, et ['ʃmɪŋkˌdøpə] <N.; ~> {s. u. ↑Döppe}: Schminktopf.

schminke ['ʃmɪŋkə] <V.; schw.; han; schminkte ['ʃmɪŋktə]; geschmink [jə'ʃmɪŋk]>: schminken. (41)

Schmink|steff, der ['ʃmɪŋkˌʃtef] <N.; ~|stefte> {s. u. ↑Steff²}: Schminkstift.

Schmirgel, der ['ʃmɪrˑjəl] <N.; kein Pl.>: Schmirgel, Schleifmittel.

schmirgele ['ʃmɪrˑjələ] <V.; schw.; han; schmirgelte ['ʃmɪrˑjəltə]; geschmirgelt [jə'ʃmɪrˑjəlt]> {9.2.1.2}: schmirgeln. (6)

Schmölz|che, et ['ʃmøltsjə] <N.; ~r>: Menge, Sippschaft, Bande, **1.** Gruppe: *Dat ganze S. kütt morge zesamme.* (Die ganze G. trifft sich morgen.). **2.** eine Menge Dinge od. Sachen, sehr oft Speisen u. Getränke, die zu bezahlen sind: *Wat mäht dat ganze S.?* (Was kostet das alles zusammen?).

Schmor|brode, der ['ʃmoːɐ̯ˌbrɔˑdə] <N.; ~> {s. u. ↑Brode}: Schmorbraten, geschmortes Stück Rindfleisch.

schmücke ['ʃmʏkə] <V.; schw.; han; schmückte ['ʃmʏktə]; geschmück [jə'ʃmʏk]> {5.5.1}: schmücken. (88)

Schmuck|kaste, der ['ʃmʊkˌkastə] <N.; ~|käste; ~|käss|che> {s. u. ↑Kaste}: Schmuckkasten.

Schmuck|koffer, der ['ʃmʊkˌkɔfɐ] <N.; ~e> {s. u. ↑Koffer¹}: Schmuckkoffer.

Schmuck|nodel/~|nol, de ['ʃmʊkˌnɔːdəl / -nɔˑl] <N.; ~e> {s. u. ↑Nodel/Nol}: Schmucknadel.

Schmuck|stein, der ['ʃmukˌʃtɛɪ̯n] <N.; ~ [-ˌʃtɛɪ̯nˑ]> {s. u. ↑Stein}: Schmuckstein.

Schmuck|stöck, et ['ʃmʊkˌʃtøk] <N.; ~/~e/~er> {s. u. ↑Stöck}: Schmuckstück.

Schmuddel, der ['ʃmʊdəl] <N.; kein Pl.>: Schmutz.

schmuddele ['ʃmʊdələ] <V.; schw.; han; schmuddelte ['ʃmʊdəltə]; geschmuddelt [jə'ʃmʊdəlt]> {9.2.1.2}: schmuddeln, beschmutzen, besudeln, verunreinigen [auch: ↑be|knase, ↑kläbbele, ↑knase, ↑knüsele (a), ↑ver|knüsele]. (6)

schmuddel|ig ['ʃmʊdəlɪŋ] <Adj.; ~e; ~er, ~ste>: schmuddelig, **1.** schmutzig, unsauber, unrein. **2.** (bzgl. des Wetters) regnerisch, nasskalt. Tbl. A5.2

Schmuddel|pott, der ['ʃmʊdəlˌpɔt] <N.; ~|pött> {s. u. ↑Pott}: Schmierfink.

schmuggele ['ʃmʊgələ] <V.; schw.; han; schmuggelte ['ʃmʊgəltə]; geschmuggelt [jə'ʃmʊgəlt]> {9.2.1.2}: schmuggeln. (6)

Schmuggel|war, de ['ʃmʊgəlˌvaː(ɐ̯)] <N.; ~e> {s. u. ↑War}: Schmuggelware.

Schmul|grosche, der ['ʃmuˑlˌjrɔʃə] <N.; ~>: unredlich erworbenes, unterschlagenes Geld.

schmul|maache ['ʃmuˑlˌmaːxə] <trennb. Präfix-V.; veraltend; unr.; han; ~|gemaht [-jəmaːt]> {5.2.1}: unredlich erwerben, unterschlagen. (136)

Schmul|pött|che, et ['ʃmuˑlˌpœtʃə] <N.; ~r> {s. u. ↑Pott}: schwarze Kasse, **a)** Behälter, Dose für Schwarzgeld; **b)** schwarzes Konto.

Schmus, der [ʃmuːs] <N.; kein Pl.>: Schmus, leeres Gerede; Schönrederei, Schmeichelei: *No maach doch keine S.!* (Hör doch mit der Schmeichelei auf!).

Schmus|büggel, der [ˈʃmuːsˌbygəl] <N.; ~e> {s. u. ↑Büggel}: Schmuser, **1.** Person, die gerne schmust [auch: ↑Möhne|größ|er]. **2.** (abw.) Schmeichler [auch: ↑Auge|trüst|er, ↑Hunnig|fleeg (2), *söß Heu*].

schmuse [ˈʃmuːzə] <V.; schw.; han; schmuste [ˈʃmuːstə]; geschmus [jəˈʃmuːs]>: schmusen. (149)

Schmuse|katz, de [ˈʃmuːzəˌkats] <N.; ~e> {s. u. ↑schmuse ↑Katz}: Schmusekatze, weibl. Person, bes. kleineres Mädchen, die gerne schmust.

schmuuse/schmause [ˈʃmuːzə / ˈʃmaʊ̯zə] <V.; schw.; han; schmuuste [ˈʃmuːstə]; geschmuus [jəˈʃmuːs]> {5.1.3}: schmausen. (149)

Schnäbbel, de [ˈʃnɛbəl] <N.; ~e> {5.3.2; 5.4}: Mund, Schnabel: *Wenn dä de S. opdeit, dann hööt mer direk, wo dä herkütt.* (Wenn der den M. aufmacht, hört man gleich, wo er herkommt.) [auch: ↑Bäbbel, ↑Bagger (2), ↑Belder|lade, ↑Bleff, ↑Bratsch (1), ↑Fress (1), ↑Klapp (2), ↑Lappe (4), ↑Mungk, ↑Muul, ↑Rand (2), ↑Schnauz, ↑Schnüss].

schnäbbele [ˈʃnɛbələ] <V.; schw.; han; schnäbbelte [ˈʃnɛbəltə]; geschnäbbelt [jəˈʃnɛbəlt]>: plappern, lebhaft reden [auch: ↑kalle, ↑klaafe (1), ↑plappere, ↑quasele, ↑quatsche¹, ↑redde, ↑rede, ↑schnaddere (2), ↑schwaade, ↑schwätze² (1+2)]. (6)

schnabbeliere/~eere [ʃnabəˈliː(ɐ̯)rə / -eːrə] <V.; schw./unr.; han; schnabbelierte [ʃnabəˈliːɐ̯tə]; schnabbeliert [ʃnabəˈliːɐ̯t]> {(5.1.4.3)}: schnabulieren, mit Behagen speisen, schmausen. (3) (2)

schnäbbel|ig [ˈʃnɛbəlɪʃ] <N.; ~e> {5.3.2; 5.4}: schnippisch, vorlaut [auch: ↑schnodder|ig]. Tbl. A5.2

Schnabel|dier, et [ˈʃnaːbəlˌdiːɐ̯] <N.; ~e> {s. u. ↑Dier}: Schnabeltier.

Schnabel|schoh, der [ˈʃnaːbəlˌʃoː] <N.; ~n> {s. u. ↑Schoh}: Schnabelschuh.

Schnabel|tass, de [ˈʃnaːbəlˌtas] <N.; ~e> {s. u. ↑Tass¹}: Schnabeltasse.

schnack¹ [ʃnak] <Adj.; wenig gebr.; ~e; ~er, ~ste>: **1.** schlank: *s. wie en Kääz* (s. wie eine Kerze); *ene ~e Baum* (ein schlanker Baum). **2.** spack, straff, eng sitzend (bei Kleidungstücken): *en ~e Botz* (eine ~e Hose)) [auch: ↑eng, ↑spack]. Tbl. A1

schnack² [ʃnak] <Adv.>: meistens verknüpft mit Präp.: gerade, genau, direkt, freimütig, offen: *s. gradus* (geradeaus); *s. erus* (geradeheraus, offen, freimütig); *s. av* (genau bemessen, abrupt, ohne Umschweife); *s. op* (geradewegs (hinauf)); *s. (gägen)üvver* (genau (gegen)über).

Schnadder, de [ˈʃnadə] <N.; ~e>: schwatzhafte Person, Quasselstrippe [auch: ↑Bäbbels|muul, ↑Bäbbels|schnüss, ↑Brei|muul, ↑Quatsch|muul, ↑Quatsch|schnüss, ↑Ratsch (4), ↑Schlabber|muul (2), ↑Schlabber|schnüss (2), ↑Schwaad|lappe, ↑Schwaad|schnüss, ↑Seiver|lappe, ↑Seiver|muul (2), ↑Seiver|schnüss].

schnaddere [ˈʃnadərə] <V.; schw.; han; schnadderte [ˈʃnadətə]; geschnaddert [jəˈʃnadət]> {6.11.3; 9.2.1.2}: schnattern, **1.** schnelle, klappernde Tierlaute (bes. von Enten, Gänsen u. einigen anderen Vögeln). **2.** unaufhörlich, schnell schwatzen, quasseln [auch: ↑klaafe (1), ↑plappere, ↑quasele, ↑quatsche¹, ↑redde, ↑rede, ↑schnäbbele, ↑schwaade, ↑schwätze² (1+2)]. **3.** vor Kälte mit den Zähnen klappern, zittern. (4)

Schnadder|ent, de [ˈʃnadəˌɛnt] <N.; ~e> {s. u. ↑schnaddere ↑Ent}: Schnatterente.

Schnäggel|che, et [ˈʃnɛɡəlçə] <N.; ~r>: Ferkel, Schweinchen.

Schnagges, der [ˈʃnaɡəs] <N.; ~|ese/~ese; Schnäggges|che [ˈʃnɛɡəsjə]>: Kosew. für Männer u. Kinder.

Schnall¹, de [ʃnalˑ] <N.; ~e> {8.3.1}: Schnalle, Verschluss.

Schnall², de [ʃnalˑ] <N.; ~e> {8.3.1}: Schnalle, Prostituierte.

schnalle [ˈʃnalə] <V.; schw.; han; schnallte [ˈʃnalˑtə]; geschnallt [jəˈʃnalˑt]>: schnallen, **1. a)** einer Sache mithilfe einer daran befestigten Schnalle eine best. Weite geben: *der Reeme/Göödel enger/wigger s.* (den Riemen/Gürtel enger/weiter s.); **b)** mithilfe eines mit einer Schnalle versehenen Riemens, Gurtes od. Ä. irgendwo befestigen: *der Rucksack op der Rögge s.* (den Rucksack auf den Rücken s.); **c)** durch Aufmachen/Lösen von Schnallen an Riemen, Gurten od. Ä. von etw. losmachen u. abnehmen: *de Rädder vum Gepäckdräger s.* (die Räder vom Gepäckträger s.). **2.** begreifen, kapieren: *Häs de dat geschnallt?* (Hast du das verstanden?) [auch: ↑be|griefe, ↑checke (2), ↑kapiere/~eere, ↑klicke (2), ↑ver|stonn]. (91)

Schnalle|schoh, der [ˈʃnaləˌʃoː] <N.; ~n> {s. u. ↑Schoh}: Schnallenschuh.

Schnäpp|che, et ['ʃnɛpʄə] <N.; ~r>: Schnäppchen [auch: ↑Rämsch|che].

schnappe ['ʃnapə] <V.; schw.; *han*; schnappte ['ʃnaptə]; geschnapp [jə'ʃnap]>: schnappen. (75)

Schnapp|metz, et ['ʃnap,mɛts] <N.; ~er> {s. u. ↑Metz} Schnappmesser.

Schnapp|schoss, der ['ʃnap,ʃɔs] <N.; ~|schöss> {s. u. ↑Schoss²}: Schnappschuss, Momentaufnahme.

Schnaps, der [ʃnaps] <N.; Schnäps>: Schnaps [auch: ↑Schabau].

Schnaps|nas, de ['ʃnaps,naˑs] <N.; ~e> {s. u. ↑Nas}: Schnapsnase, Säufernase.

Schnau, der [ʃnaʊˑ] <N.>: Anschnauzer, grober Tadel; ***Hau un S.** (schroffe, barsche Antwort).

schnaue ['ʃnaʊə] <V.; schw.; *han*; schnaute ['ʃnaʊˑtə]; geschnaut [jə'ʃnaʊˑt]>: schnauzen, brüsk/schroff/tadelnd mit jmdm. reden [auch: ↑ranze, ↑schnauze]. (11)

Schnäus, de [ʃnøyˑs] <N.; ~e>: naseweise, neugierige Frau.

schnäuse ['ʃnøyˑzə] <V.; schw.; *han*; schnäuste ['ʃnøyˑstə]; geschnäus [jə'ʃnøyˑs]>: **1.** naschen: *am Koche s.* (am Kuchen n.). **2.** schnüffeln, herumschnüffeln, herumstöbern: *Wors do widder en der Nohberschaff s.?* (Warst du wieder in der Nachbarschaft schnüffeln?) [auch: ↑eröm|schnäuve, ↑eröm|schnüffele]. (149)

Schnäus|er, der ['ʃnøyˑzə] <N.; ~>: Nascher, **1.** jmd., der gern nascht. **2.** neugieriger Mann, Naseweis; [auch: ↑Schnäuv|er].

Schnäuv, de [ʃnøyˑf] <N.; ~e>: neugierige Person, die überall herumschnüffelt.

schnäuve ['ʃnøyˑvə] <V.; schw.; *han*; schnäuvte ['ʃnøyˑftə]; geschnäuv [jə'ʃnøyˑf]> {5.2.3.1; 6.5.2}: schnüffeln, schnuppern, spionieren [auch: ↑schnüffele]. (158)

Schnäuv|er, der ['ʃnøyˑvə] <N.; ~>: Schnüffler, neugieriger Mensch [auch: ↑Schnäus|er].

Schnäuv|er|che, et ['ʃnøyˑveʄə] <N.; ~r>: vorwitziges Kind; (wörtl.) Schnüfflerchen.

Schnäuv|nas, de ['ʃnøyf,naˑs] <N.; ~e> {s. u. ↑Nas}: Schnüffler(in), vorwitzige Person.

Schnauz, de [ʃnaʊts] <N.; ~e> {8.3.1}: Schnauze, Maul von Tieren; abw. für Mund [auch: ↑Bäbbel, ↑Bagger (2), ↑Belder|lade, ↑Bleff, ↑Bratsch (1), ↑Fress (1), ↑Klapp (2), ↑Lappe (2), ↑Mungk, ↑Muul, ↑Rand (2), ↑Schnäb|bel, ↑Schnüss].

schnauze ['ʃnaʊtsə] <V.; schw.; *han*; schnauzte ['ʃnaʊtstə]; geschnauz [jə'ʃnaʊts]>: schnauzen [auch: ↑ranze, ↑schnaue]. (112)

schnäuze ['ʃnøytsə] <V.; schw.; *han*; schnäuzte ['ʃnøytstə]; geschnäuz [jə'ʃnøyts]>: schnäuzen, (sich) die Nase putzen. (112)

Schnäuz|er, der ['ʃnøytsə] <N.; ~e>: Schnäuzer, Schnurrbart [auch: ↑Schnurr|es].

Schnäuz|er|kowski [,ʃnøytsə'kɔfskɪ] <N.; Eigenn.>: Schnäuzerkowski (Figur des Kölner Stockpuppentheaters „Hännesche-Theater") heißt der Polizist, u. sein Name verweist auf seinen Schnauzbart gleichermaßen wie auf seine preußische Herkunft.

Schnav, de [ʃnaˑf] <N.; ~e>: Schlag, Stoß, Aufprall: *Dat gov ene S., wie dat Schaaf ömfeel!* (Das gab einen Schlag, als der Schrank umfiel!).

schnave ['ʃnaˑvə] <V.; schw.; *han*; schnavte ['ʃnaˑftə]; geschnav [jə'ʃnaˑf]>: schlagen, zuschlagen, aufprallen: *Schnav de Dürre nit esu!* (Schlag die Türen nicht so zu!); *Pass op, söns kriss de eine geschnav!* (Pass auf, sonst kriegst du eine Ohrfeige!) [auch: ↑bimse (2), ↑bläue, ↑dresche (2), ↑drop|haue, ↑kamesöle, ↑kiele¹ (2), ↑kloppe (2), ↑pisele, ↑prinze, ↑prügele, ↑schlage/schlonn, ↑schmecke¹, ↑wachse², ↑wichse (2), *einem e paar ↑trecke]. (158)

schnav(tig)! ['ʃnaˑf(tɪʄ)] <Interj.>: ähnlich wie *rums!* benutzt, um die Heftigkeit eines Schlages od. Aufpralls zu unterstreichen: *S., die Dür es zo!* (R., die Tür ist zu!); *S., dä soß!* (R., der saß!); *S., do log hä do!* (R., da lag er da!).

schnav|tig ['ʃnaˑftɪʄ] <Adv.>: (lautm.) mit einem lauten Knall: *Hä dät die Täsch s. op de Ääd werfe.* (Er warf die Tasche mit einem lauten Knall zu Boden.).

Schneck, de [ʃnɛk] <N.; ~e> {8.3.1}: Schnecke.

Schnecke|huus, et ['ʃnɛkə,huːs] <N.; ~|hüüser [-hyˑzə]> {s. u. ↑Schneck ↑Huus}: Schneckenhaus.

Schnecke|poss, de ['ʃnɛkə,pɔs] <N.; kein Pl.> {s. u. ↑Poss}: Schneckenpost.

Schnecke|tempo, et ['ʃnɛkə,tɛmpo] <N.; kein Pl.> {s. u. ↑Schneck}: Schneckentempo.

Schnedd¹, der [ʃnet] <N.; ~(e)> {5.5.2; 6.11.3}: Schnitt, **1. a)** das Schneiden: *met einem S. avschnigge* (mit einem S. abschneiden); **b)** Einschnitt: *Dä S. es ävver deef.* (Der S. ist aber tief.). **2.** Schärfe einer Schneide: *Dat Metz hät ene gode S.* (Das Messer schneidet gut.).

3. durch Schneiden bewirkte Form z. B. bei Kleidung od. Haar: *dä S. vun däm Kleid* (der S. des Kleides).
4. Gewinn: *Hä hät ene gode S. gemaht.* (Er hat einen guten S. gemacht.).

Schnedd², de [ʃnet] <N.; ~(e)> {5.5.1; 6.11.3; 8.3.1}: Schnitte, Scheibe [auch: ↑Schiev]; **[RA]** *Dä gönnt mer noch nit ens en S. Brud.* (Der gönnt mir nicht mal eine S. Brot. = Der ist sehr neidisch.); **[RA]** *Wa' mer dä süht, muss mer glatt en S. Brud dobei esse.* (Wenn man den sieht muss man wahrhaftig eine S. Brot dazu essen (so dick ist er).).

Schnedd|blom, de [ˈʃnetˌbloːm] <N.; ~e (meist Pl.)> {s. u. ↑Schnedd¹ ↑Blom}: Schnittblume.

Schnedd|che, et [ˈʃnetʃə] <N.; ~r> {5.5.1; 6.11.3}: belegtes Butterbrot.

Schnedd|fläch, de [ˈʃnetˌflɛʃ] <N.; ~e> {s. u. ↑Schnedd¹ ↑Fläch}: Schnittfläche.

Schnedd|grön|s, et [ˈʃnetˌjrøːns] <N.; o. Pl.> {s. u. ↑Schnedd¹ ↑Grön|s}: Schnittgrün.

Schnedd|kis, der [ˈʃnetˌkiːs] <N.; o. Pl.> {s. u. ↑Schnedd¹ ↑Kis}: Schnittkäse.

Schnedd|lauch, et [ˈʃnetˌlo͜ux] <N.; kein Pl.> {s. u. ↑Schnedd¹}: Schnittlauch [auch: ↑Piefe|lauch, ↑Piss|läuf|che].

Schnedd|muster, et [ˈʃnetˌmʊstɐ] <N.; ~e> {s. u. ↑Schnedd¹}: Schnittmuster.

Schnedd|muster|boge, der [ˈʃnetmʊstɐˌboːʀə] <N.; ~böge> {s. u. ↑Schnedd¹ ↑Boge}: Schnittmusterbogen.

Schnedd|punk, der [ˈʃnetˌpʊŋk] <N.; ~te> {s. u. ↑Schnedd¹ ↑Punk}: Schnittpunkt.

Schnedd|stell, de [ˈʃnetˌʃtɛlˑ] <N.; ~e [-ʃtɛlə]> {s. u. ↑Schnedd¹ ↑Stell}: Schnittstelle.

Schnedd|wund, de [ˈʃnetˌvʊnˑt] <N.; ~e> {s. u. ↑Schnedd¹ ↑Wund}: Schnittwunde.

Schnee|wittche, et [ˌʃneːˈvɪtʃə] <N.; Eigenn.; i. best. Komposita *Schnee*, sonst ↑Schnei> ⟨2. Bestandteil zu niederd. wit = weiß, eigtl. = Schneeweißchen (nach der im Märchen zum schwarzen Haar kontrastierenden hellen Hautfarbe)⟩ {11}: Schneewittchen, Gestalt des Volksmärchens.

Schnei, der [ʃnei̯ˑ] <N.; kein Pl.> {5.1.4.2}: Schnee.

Schnei|ball, der [ˈʃnei̯ˑˌbal] <N.; ~bäll [-bɛlˑ]> {s. u. ↑Schnei}: Schneeball.

Schnei|ball|schlaach, de [ˈʃnei̯ˑˌbalˈʃlaːx] <N.; ~te> {s. u. ↑Schnei ↑Schlaach}: Schneeballschlacht.

schnei|be|deck [ˈʃnei̯ˑbəˌdɛk] <Adj.; ~te> {s. u. ↑Schnei ↑be|deck}: schneebedeckt. Tbl. A4.1.1

Schnei|besem, der [ˈʃnei̯ˑˌbezəm] <N.; ~e> {s. u. ↑Schnei ↑Besem}: Schneebesen.

Schnei|bredd, et [ˈʃnei̯ˑˌbrɛt] <N.; ~er> {s. u. ↑Schnei ↑Bredd}: Schneebrett.

Schnei|brell/~|brill, der [ˈʃnei̯ˑˌbrel / -brɪl] <N.; ~e> {s. u. ↑Schnei ↑Brell/Brill}: Schneebrille (die).

Schnei|deck, de [ˈʃnei̯ˑˌdɛk] <N.; o. Pl.> {s. u. ↑Schnei ↑Deck²}: Schneedecke.

Schneider-Clauss-Stroß [ˌʃnai̯dɐˈklau̯sˌʃtroːs] <N.; Straßenn.> {s. u. ↑Stroß}: Schneider-Clauss-Straße, benannt nach dem Kölner Mundartdichter u. Präsident der „Kölsche Funke rut-wieß vun 1823" Wilhelm Schneider Clauss (*29.1.1862 †7.11.1949). 1. Straße in Köln-Nippes. 2. Straße in Köln-Junkersdorf.

Schneider|setz, der [ˈʃnai̯dɐˌzets] <N.; i. best. Komposita *Schneider*, sonst ↑Schnied|er¹; o. Pl.> {11; s. u. ↑Setz}: Schneidersitz.

Schneide|zant, der [ˈʃnai̯dəˌtsant] <N.; i. best. Komposita *schneide*, sonst ↑schnigge; ~|zäng [-tsɛŋˑ]> {11; s. u. ↑Zant}: Schneidezahn.

schneie [ˈʃnei̯ə] <V.; schw.; *han*; schneite [ˈʃnei̯ˑtə]; geschneit [jəˈʃnei̯ˑt]>: schneien. (11)

Schnei|fall, der [ˈʃnei̯ˑˌfal] <N.; ~|fäll [-fɛlˑ]> {s. u. ↑Schnei}: Schneefall.

Schnei|fläch, de [ˈʃnei̯ˑˌflɛʃ] <N.; ~e> {s. u. ↑Schnei ↑Fläch}: Schneefläche.

Schnei|flock, de [ˈʃnei̯ˑˌflok] <N.; ~e (meist Pl.)> {s. u. ↑Schnei ↑Flock¹}: Schneeflocke.

Schnei|gans, de [ˈʃnei̯ˑˌjanˑs] <N.; ~|gäns> {s. u. ↑Schnei ↑Gans}: Schneegans.

Schnei|glöck|che, et [ˈʃnei̯ˑˌjlœkʃə] <N.; ~r> {s. u. ↑Schnei}: Schneeglöckchen.

Schnei|grenz, de [ˈʃnei̯ˑˌjrɛnˑts] <N.; ~e> {s. u. ↑Schnei ↑Grenz}: Schneegrenze.

Schnei|has, der [ˈʃnei̯ˑˌhaˑs] <N.; ~e> {s. u. ↑Schnei ↑Has}: Schneehase.

Schnei|hohn, et [ˈʃnei̯ˑˌhoːn] <N.; ~|höhner> {s. u. ↑Schnei ↑Hohn}: Schneehuhn.

Schnei|kanon, de [ˈʃneɪ̯ˌkaˌnoˑn] <N.; ~e> {s. u. ↑Schnei ↑Kanon}: Schneekanone, einer Kanone ähnliches Gerät, das künstl. Schnee erzeugt u. in die Luft bläst.

Schnei|katz, de [ˈʃneɪ̯ˌkats] <N.; ~e> {s. u. ↑Schnei ↑Katz}: Schneekatze. **1.** Gerät, mit dem die Spur einer Loipe gewalzt wird. **2.** Schneeraupe.

Schnei|kett, de [ˈʃneɪ̯ˌkɛt] <N.; ~e (meist Pl.)> {s. u. ↑Schnei ↑Kett}: Schneekette.

Schnei|leopard, der [ˈʃneɪ̯ˌleoˌpaxt] <N.; ~e> {s. u. ↑Schnei ↑Leopard}: Schneeleopard; Irbis.

Schnei|mann, der [ˈʃneɪ̯ˌman] <N.; ~|männer> {s. u. ↑Schnei}: Schneemann.

Schnei|matsch, der [ˈʃneɪ̯ˌmatʃ] <N.; kein Pl.> {s. u. ↑Schnei}: Schneematsch.

Schnei|plog, der [ˈʃneɪ̯ˌploˑx] <N.; ~|plög [-pløˑfj]> {s. u. ↑Schnei ↑Plog¹}: Schneepflug.

Schnei|rähn, der [ˈʃneɪ̯ˌrɛˑn] <N.; kein Pl.> {s. u. ↑Schnei ↑Rähn}: Schneeregen.

Schneis, de [ʃneɪ̯s] <N.; ~e ⟨spätmhd. (md.) sneyße, mhd. sneite, zu schneiden⟩> {8.3.1}: Schneise.

Schnei|schmelz, de [ˈʃneɪ̯ˌʃmɛlts] <N.; ~e> {s. u. ↑Schnei ↑schmelze}: Schneeschmelze.

Schnei|schoh, der [ˈʃneɪ̯ˌʃoˑ] <N.; ~|schohn> {s. u. ↑Schnei ↑Schoh}: Schneeschuh.

Schnei|schuffel, de [ˈʃneɪ̯ˌʃʊfəl] <N.; ~e> {s. u. ↑Schnei ↑Schuffel}: Schneeschaufel.

Schnei|storm/~|sturm, der [ˈʃneɪ̯ˌʃtɔrm / -ˌʃtʊrm] <N.; ~|störm [-ʃtørˑm]> {s. u. ↑Schnei ↑Storm/Sturm}: Schneesturm.

Schnei|üül, de [ˈʃneɪ̯ˌlyˑl] <N.; ~e> {s. u. ↑Schnei ↑Üül}: Schneeeule.

schnei|wieß [ˈʃneɪ̯ˈviːs] <Adj.; ~e> {s. u. ↑Schnei ↑wieß}: schneeweiß. Tbl. A1

Schnei|wieß|che, et [ʃneɪ̯ˈviːsjə] <N.; Eigenn.> {s. u. ↑Schnei ↑wieß}: Schneeweißchen (Märchengestalt aus „Schneeweißchen und Rosenrot") [vgl. ↑Ruse|rud].

Schnell|deens, der [ˈʃnɛlˌdeˑns] <N.; ~te> {s. u. ↑Deens}: Schnelldienst, Expressdienst.

Schnell|ge|reech¹/~|rich¹, et [ˈʃnɛlˌjəˌreːfj / -rɪfj] <N.; ~te> {s. u. ↑Ge|reech¹/~|rich¹}: Schnellgericht, Gericht, das beschleunigte Verfahren abwickelt.

Schnell|ge|reech²/~|rich², et [ˈʃnɛlˌjəˌreːfj / -rɪfj] <N.; ~te> {s. u. ↑Ge|reech²/~|rich²}: Schnellgericht, Gericht, das sich schnell u. ohne viel Mühe zubereiten lässt, das schnell serviert werden kann.

Schnell|koch|plaat, de [ˈʃnɛlkɔxˌplaːt] <N.; ~e> {s. u. ↑Plaat¹}: Schnellkochplatte.

Schnell|koch|pott, der [ˈʃnɛlkɔxˌpɔt] <N.; ~|pött> {s. u. ↑Pott}: Schnellkochtopf.

Schnell|stroß, de [ˈʃnɛlˌʃtroˑs] <N.; ~e> {s. u. ↑Stroß}: Schnellstraße.

Schnell|ver|fahre, et [ˈʃnɛlˈfɛˌfaːrə] <N.; ~> {s. u. ↑Ver|fahre}: Schnellverfahren.

Schnell|zog, der [ˈʃnɛlˌtsox] <N.; ~|zög> {s. u. ↑Zog¹}: Schnellzug.

Schnepp, de [ʃnɛp] <N.; ~e> {6.8.1; 8.3.1}: Schnepfe, **1.** Vogel. **2.** Dirne [auch: ↑Hur/Hor, ↑Schnall², ↑Trottoir|schwalv].

Schnetz, der [ʃnɛts] <N.; ~e> {5.5.2; 8.3.2}: Schnipsel, Schnitzel, **a)** Span, Papierschnitzel [auch: ↑Schnetzel (2)]; **b)** Abfall beim Schnitzen od. Schneiden [auch: ↑Spon].

Schnetz|arbeid, de [ˈʃnɛtsˌlarˌbeɪ̯ˑt / ˈʃnedzarˌbeɪ̯ˑt] <N.; ~e> {s. u. ↑schnetze ↑Arbeid}: Schnitzarbeit, Geschnitztes, Schnitzerei.

schnetze [ˈʃnɛtsə] <V.; schw.; *han*; schnetzte [ˈʃnɛtstə]; geschnetz [jəˈʃnɛts]> {5.5.2}: schnitzen. (114)

Schnetzel, et [ˈʃnɛtsəl] <N.; ~e> {5.5.2}: Schnitzel, **1.** panierte Kalb- od. Schweinefleischscheibe zum Braten. **2.** Schnipsel; abgeschnittenes, abgerissenes kleines Stückchen von etw. [auch: ↑Schnetz, ↑Schnibbel (1)].

schnetzele [ˈʃnɛtsələ] <V.; schw.; *han*; schnetzelte [ˈʃnɛtsəltə]; geschnetzelt [jəˈʃnɛtsəlt]> {5.5.2; 9.2.1.2}: schnipseln, schnitzen [auch: ↑schnibbele]. (6)

Schnetzel|jag, de [ʃnɛtsəlˌjaˑx] <N.; ~de> {s. u. ↑Schnetzel ↑Jag}: Schnitzeljagd.

Schnetz|erei, de [ˌʃnɛtsəˈreɪ̯ˑ] <N.; ~e [-əˈreɪ̯ə]> {5.5.2}: Schnitzerei.

Schnetz|metz, et [ˈʃnɛtsˌmɛts] <N.; ~er> {s. u. ↑schnetze ↑Metz}: Schnitzmesser.

Schnibbel, der [ˈʃnɪbəl] <N.; ~e> {6.13.1}: **1.** Schnipsel, Fetzen [auch: ↑Schnetz, ↑Schnetzel (2). **2.** Frack. **3.** Penis [auch: ↑Dill² (2), ↑Ge|maach, ↑Ge|mächl|s, ↑Löll (1), ↑Lömmel (2), ↑Lör|es (2), ↑Nipp, ↑Pitz, ↑Prügel (1b), ↑Reeme (2)].

Schnibbel|che, et ['ʃnɪbəlçə] <N.; ~r> {6.13.1}: Schnipselchen, scherzh. für besonders kleinen Penis bei Männern, allg. bei Kindern.

Schnibbels|bunn, de ['ʃnɪbəls,bʊn·] <N.; ~e [-bʊnə]> {6.9; s. u. ↑Bunn}: Schnippelbohne, Brechbohne [auch: ↑Brech|bunn ↑Fitsch|bunn].

schnibbele ['ʃnɪbələ] <V.; schw.; *han*; schnibbelte ['ʃnɪbəltə]; geschnibbelt [jə'ʃnɪbəlt]> {6.9; 9.2.1.2}: schnippeln, schnipseln, mit kleinen Schnitten zerkleinern, zerschneiden od. wegschneiden [auch: ↑schnetzele]. (6)

Schnibbel|koche, der ['ʃnɪbəl,ko·xə] <N.; ~>: aus rohen Kartoffelstreifchen gebackener Kuchen.

Schnied|er[1], der ['ʃni·də] <N.; ~> {5.1.4.5}: (Berufsbez.) Schneider, Handwerker, der Kleidung anfertigt/näht.

Schnieder[2], der ['ʃni·də] <N.; ~e> {5.1.4.5}: Schneider, **1.** Weberknecht, Spinnenart mit langen Beinen. **2.** Libelle.

schniedere ['ʃni·dərə] <V.; schw.; *han*; schniederte ['ʃni·dətə]; geschniedert [jə'ʃni·dət]> {5.1.4.5; 9.2.1.2}: schneidern. (4)

Schnieder|gesell, der ['ʃni·dejə,zɛl·] <N.; ~e [-jə,zɛlə]> {s. u. ↑Schnied|er[1] ↑Gesell}: Schneidergeselle.

Schnieder|krigg/~|knigg, de ['ʃni·də,krɪk / -knɪk] <N.; ~e> {s. u. ↑Schnieder[1] ↑Krigg ↑Knigg}: Schneiderkreide.

Schnieder|popp, de ['ʃni·də,pop] <N.; ~e> {s. u. ↑Schnieder[1] ↑Popp} Schneiderpuppe.

Schnieder|werk|statt, de ['ʃni·də,vɛrkˌʃtat] <N.; ~|stätt> {s. u. ↑Schnieder[1] ↑Werk|statt}: Schneiderwerkstatt.

schnigge ['ʃnɪgə] <V.; st.; *han*; schnedt [ʃnet]; geschnedde [jə'ʃnedə] {5.3.4; 6.6.2}: schneiden, mit Schneidwerkzeug in Teile zerlegen; ***sich fies en de Fingere s.** (völlig falsch liegen, sich völlig vertun); [RA] *Dat geiht fott wie geschnedde Brud.* (Das geht weg wie warme Semmeln.); [RA] *Wä Brud s. kann, darf och hierode.* (Wer Brot s. kann, darf auch heiraten.). (133)

Schnipp|che, et ['ʃnɪpçə] <N.; ~r>: Schnippchen, [nur noch i. d. RA]: *einem e S. schlage* (jmdm. ein S. schlagen).

schnodder|ig ['ʃnɔdərɪç] <Adj.; ~e; ~er, ~ste>: schnodderig, schnippisch [auch: ↑schnäbbel|ig]. Tbl. A5.2

Schnǫk, de [ʃnɔ·k] <N.; ~e> {5.5.3; 8.3.1}: Schnake, Stechmücke.

Schnǫke|fäng|er, der ['ʃnɔ·kə,fɛŋe] <N.; ~> {s. u. ↑Schnǫk}: Windbeutel, Luftikus, leichtfertiger Mensch [auch: ↑Schwittjee].

Schnǫke|plǫg, de ['ʃnɔ·kə,plɔ·x] <N.; ~e> {s. u. ↑Schnǫk ↑Plǫg[2]}: Schnakenplage.

Schnǫke|stech, der ['ʃnɔ·kəˌʃteʃ] <N.; ~> {s. u. ↑Schnǫk ↑Stech}: Schnakenstich, Mückenstich.

Schnop|s/Schnup|s, der [ʃnɔps / ʃnʊps] <N.; kein Pl.> {5.4; 6.8.1; 8.3.2; 9.1.2}: Schnupfen [auch: ↑Schnuppe].

Schnor/Schnur, de [ʃnoːɐ̯ / ʃnu·ɐ̯] <N.; Schnör [ʃnøːɐ̯]; Schnör|che ['ʃnøːɐ̯çə]> {5.4}: Schnur.

schnöre/schnüre ['ʃnøː(ɐ̯)rə / 'ʃny:(ɐ̯)rə] <V.; unr.; *han*; schnööte ['ʃnøːtə]; geschnööt [jə'ʃnøːt]> {5.4}: schnüren. (165) (21)

Schnörkel, der ['ʃnœrkəl] <N.; ~e>: Schnörkel.

schnörkel|ig ['ʃnœrkəlɪç] <Adj.; ~e; ~er, ~ste>: schnörkelig. Tbl. A5.2

Schnörkel|schreff, de ['ʃnœrkəlˌʃref] <N.; o. Pl.> {s. u. ↑Schreff}: Schnörkelschrift.

schnorkse ['ʃnɔrksə] <V.; schw.; *han*; schnorkste ['ʃnɔrkstə]; geschnorks [jə'ʃnɔrks]> {5.4; 9.1.2}: schnarchen. (87)

Schnör|schoh/Schnür|~, der ['ʃnøːɐ̯ˌʃoː / 'ʃnyːɐ̯-] <N.; ~|schohn> {5.4, 5.5.1; s. u. ↑Schoh}: Schnürschuh.

Schnör|stivvel/Schnür|~, der ['ʃnøːɐ̯ˌʃtɪvəl / ʃnyːɐ̯-] <N.; ~e> {5.4, 5.5.1; s. u. ↑Stivvel[1]}: Schnürstiefel.

schnor|stracks ['ʃnoːɐ̯ˌʃtraks / '-'-] <Adv.> {5.4}: schnurstracks, schnurgerade; sofort.

Schnuck, de [ʃnʊk] <N.; ~e ‹ viell. zu (m)niederd. snukken = einen Laut ausstoßen, lautm.› {8.3.1}: Schnucke, Schaf, Heidschnucke.

schnuckel|ig ['ʃnʊkəlɪç] <Adj.; ~e; ~er, ~ste>: schnuckelig, niedlich. Tbl. A5.2

Schnuddel, der ['ʃnʊdəl] <N.; kein Pl.>: Nasenschleim, Rotz, Schnodder [auch: ↑Ge|schnuddel|s, ↑Nase|wasser, ↑Rotz].

schnuddele ['ʃnʊdələ] <V.; schw.; *han*; schnuddelte ['ʃnʊdəltə]; geschnuddelt [jə'ʃnʊdəlt]> {9.2.1.2}: schnäuzen. (6)

schnuddel|ig ['ʃnʊdəlɪç] <Adj.; ~e; ~er, ~ste>: **1.** schmierig, unsauber; unreif, unerfahren. **2.** verschleimt, voll Nasenschleim. Tbl. A5.2

Schnuddels|jung, der ['ʃnʊdəls‚jʊŋˑ] <N.; ~e [-jʊŋə]>: Grünschnabel, Flegel, Halbstarker [auch: ↑Fi̱sel (3), ↑Fetz, ↑Flägel, ↑Grön|schnabel, ↑Lällbeck, ↑Lö̱mmel (1a), ↑Schnuddels|jung].

Schnuddels|nas, de ['ʃnʊdəls‚naˑs] <N.; ~e> {s. u. ↑Nas}: Schnuddelnase, Rotznase.

Schnuddels|puut, der ['ʃnʊdəls‚puːt] <N.; ~e>: unreifes, einfältiges Kind.

Schnüff|che, et ['ʃnyfjə] <N.; ~r> {6.8.2}: Prise Schnupftabak.

Schnüff|ches|dos, de ['ʃnyfjəs‚doˑs] <N.; ~e> {9.1.2; s. u. ↑Schnüff|che ↑Dos}: Schnupftabaksdose.

Schnüff|ches|nas, de ['ʃnyfjəs‚naˑs] <N.; ~e>: Person, die häufig Schnupftabak schnupft.

schnüffele ['ʃnyfələ] <V.; schw.; han; schnüffelte ['ʃnyfəltə]; geschnüffelt [jə'ʃnyfəlt]> {9.2.1.2}: schnüffeln [auch: ↑schnäuve]. (6)

Schnüggel|che, et ['ʃnygəlçə] <N.; ~r> {5.4; 6.6.1}: Schnuckelchen, Kosew., bes. für kleine Tiere od. Kinder.

Schnugg|es, der ['ʃnʊgəs] <N.; ~|eṣe/~|ese>: Liebchen (Kosew.).

schnulz|ig ['ʃnʊltsɪŋ] <Adj.; ~e; ~er, ~ste>: schnulzig, kitschig. Tbl. A5.2

schnuppe ['ʃnʊpə] <V.; schw.; han; schnuppte ['ʃnʊptə]; geschnupp [jə'ʃnʊp]>: naschen. (75)

Schnuppe, der ['ʃnʊpə] <N.; kein Pl.> {6.8.1}: Schnupfen [auch: ↑Schnop|s/Schnup|s].

Schnüpp|er, der ['ʃnypɐ] <N.; ~>: Nascher, jmd., der gern nascht.

schnuppere ['ʃnʊpərə] <V.; schw.; han; schnupperte ['ʃnʊpɐtə]; geschnuppert [jə'ʃnʊpɐt]> {9.2.1.2}: schnuppern. (4)

Schnupp|erei, de [ʃnʊpə'reɪˑ] <N.; ~e [-ə'reɪə]>: Nascherei; Naschhaftigkeit.

Schnuppe|spray, et od. der ['ʃnʊpə‚ʃpreˑ / -‚ʃprɛˑ] <N.; ~s> {s. u. ↑Schnuppe ↑Spray}: Schnupfspray, Nasenspray.

schnupp|ig ['ʃnʊpɪŋ] <Adj.; ~e; ~er, ~ste>: **1.** naschhaft. **2.** verschnupft. Tbl. A5.2

Schnup|s/Schnop|s, der [ʃnʊps / ʃnɔps] <N.; kein Pl.> {6.8.1; 8.3.2; 9.1.2}: Schnupfen [auch: ↑Schnuppe].

Schnur/Schnor, de [ʃnuˑɐ̯ / ʃnoˑɐ̯] <N.; Schnür [ʃnyˑɐ̯]; Schnür|che ['ʃnyˑɐ̯çə]>: Schnur.

schnüre/schnöre ['ʃny:(ɐ̯)rə / 'ʃnø:(ɐ̯)rə] <V.; schw.; han; schnürte ['ʃnyˑɐ̯tə]; geschnürt [jə'ʃnyˑɐ̯t]>: schnüren, binden. (21) (165)

Schnur|gass ['ʃnuˑɐ̯‚jas] <N.; Straßenn.> {s. u. ↑Gassˈ}: Schnurgasse; Straße in Köln-Altstadt/Süd. „Snurer" waren Töpfer, die ihre Töpferscheiben mit einer Schnur antrieben u. hier ansässig waren.

Schnurr|es, der ['ʃnʊrəs] <N.; ~|eṣe/~|ese>: Schnurrbart, Schnäuzer [auch: ↑Schnäuz|er].

Schnür|schoh/Schnör|~, der ['ʃnyˑɐ̯‚ʃoˑ / 'ʃnøˑɐ̯-] <N.; ~|schohn> {(5.4, 5.5.1); s. u. ↑Schoh}: Schnürschuh.

Schnür|stivvel/Schnör|~, der ['ʃnyˑɐ̯‚ʃtɪvəl / ʃnøˑɐ̯-] <N.; ~e> {(5.4, 5.5.1); s. u. ↑Stivvelˈ}: Schnürstiefel.

Schnüṣel, der ['ʃnyzəl] <N.; ~e> {5.3.2.3; 7.4}: Schnösel.

Schnüṣel|che, et ['ʃnyzəlçə] <N.; ~r> {5.3.2.3; 7.4}: Liebchen (Kosew.).

schnüṣele ['ʃnyzələ] <V.; schw.; han; schnüzelte ['ʃnyzəltə]; geschnüzelt [jə'ʃnyzəlt]> {9.2.1.2}: küssen [auch: ↑bütze, ↑knuutsche (1)]. (6)

Schnüss, de [ʃnys] <N.; ~e> {5.3.4; 8.3.1}: Schnauze, Mund, derber als „Mungk", aber im allg. weniger derb empfunden als hochd. „Schnauze" [auch: ↑Bäbbel, ↑Bagger (2), ↑Belder|lade, ↑Bleff, ↑Bratsch (1), ↑Fress (1), ↑Klapp (2), ↑Lappe (4), ↑Mungk, ↑Muul, ↑Rand (2), ↑Schnäbbel, ↑Schnau]; ***de S. schwaade** (tratschen, sich lange unterhalten); ***de S. halde** (schweigen); ***en S. maache/trecke** (schmollen, den Mund unwillig verziehen); ***de S. vüran han** (vorlaut sein); ***en gefährliche S. han** (scharfzüngig sein); ***de S. voll han** (genug haben); ***en große S. han** (eine große S. haben); ***de S. oprieße** (die S. aufreißen); ***op de S. falle** (Pech haben); ***einem de S. poliere** (jmdn. verprügeln).

Schnüsse|tring, et [‚ʃnysə'trɪŋ] <N.>: mürrische, sauertöpfische Frau.

schnüss|ig ['ʃnysɪŋ] <Adj.; ~e; ~er, ~ste>: unfreundlich, mürrisch, sauertöpfisch. Tbl. A5.2

Schnut, de [ʃnuːt] <N.; ~e; Schnüt|che ['ʃny:tʃə] {8.3.1}: Schnute, **1.** Schmollmund; ***söß Schnütche** (hübsches Mädchen). **2.** Ausguss an Gefäßen, z. B. Kaffeekanne.

schnuuve ['ʃnuˑvə] <V.; schw.; han; schnuuvte ['ʃnuˑftə]; geschnuuv [jə'ʃnuˑf]> {5.1.3; 6.1.1/6.5.2}: **1.** schnauben, schnaufen. **2.** schnupfen, schniefen. (158)

Schnuuv|nas, de ['ʃnuːf‚naˑs] <N.; ~e>: Person, der dauernd die Nase läuft.

Schobbe¹, der [ˈʃɔbə] <N.; ~; Schöbb|che [ˈʃœpçə]> {6.9}: Schoppen.

Schobbe², der [ˈʃɔbə] <N.; ~> {5.5.1; 6.9}: Schuppen.

Schoche, der [ˈʃɔxə] <N.; ~>: Fuß; Bein.

Schöckel, de [ˈʃœkəl] <N.; ~e> {5.3.4}: Schaukel.

Schöckel|be|wäg|ung, de [ˈʃœkəlbəˌvɛːjʊŋ] <N.; ~e> {s. u. ↑Schöckel; 5.4}: Schaukelbewegung.

schöckele [ˈʃœkələ] <V.; schw.; han; schöckelte [ˈʃœkəltə]; geschöckelt [jəˈʃœkəlt]> {5.3.4; 9.2.1.2}: schaukeln, schwingen. (6)

Schöckel|pääd, et [ˈʃœkəlˌpɛːt] <N.; ~(er) [-pɛːt / -pɛːdə]; ~|pääd|che [-pɛːtçə]> {s. u. ↑Schöckel ↑Pääd}: Schaukelpferd.

Schöckel|stohl, der [ˈʃœkəlˌʃtoːl] <N.; ~|stöhl> {s. u. ↑Schöckel ↑Stohl¹}: Schaukelstuhl.

Schock|färv, de [ˈʃɔkˌfɛrf] <N.; ~e> {s. u. ↑Färv}: Schockfarbe, besonders greller Farbton.

schockiere/~eere [ʃoˈkiː(ə)rə / -eːrə] <V.; schw./unr.; han; schockierte [ʃoˈkiːətə] schockiert [ʃoˈkiːət]> ⟨frz. choquer⟩> {(5.1.4.3)}: schockieren. (3) (2)

schödde [ˈʃødə] <V.; st.; han; schodt [ʃɔt]; geschodt/ geschödt [jəˈʃɔt / jəˈʃøt]> {5.5.1; 6.11.3}: schütten, **1.** eine zusammenhängende Menge (Flüssigkeit, Sand, Steine od. Ä.) niederrinnen/-gleiten lassen: *Wasser en der Emmer s.* (Wasser in den Eimer s.); *Klütte en ene Sack s.* (Briketts in einen Sack s.). **2.** heftig regnen: *Et hät de ganze Naach geschodt.* (Es hat die ganze Nacht stark geregnet.). **3.** <sich s.> sich schaudern/schütteln: *sich vör Äkel s.* (sich vor Ekel s.) [auch: ↑schöddele (2)]. (166)

schöddele [ˈʃødələ] <V.; schw.; han; schöddelte [ˈʃødəltə]; geschöddelt [jəˈʃødəlt]> {5.5.1; 6.11.3; 9.2.1.2}: schütteln, **1.** etw./jmdn. kräftig, kurz u. schnell hin u. her bewegen. **2.** <sich s.> sich schütteln/schaudern: *sich vör Äkel s.* (sich vor Ekel s.) [auch: ↑schödde (3)]. (6)

Schöddel|fross, der [ˈʃødəlˌfrɔs] <N.; o. Pl.> {s. u. ↑schöddele; ↑Fross}: Schüttelfrost.

Schof, et [ʃɔf] <N.; ~e/Schöf [ʃœf]; Schöf|che [ˈʃœfçə]> {5.5.3}: Schaf, **1.** Säugetier; ***sing Schöfcher en et Drüge bränge*** (finanziell an erster Stelle für sich selbst sorgen), ***Schöfcher zälle*** (Schäfchen zählen, wenn man nicht einschlafen kann). **2.** Schimpfw.: *Do S.!* (Du S.!).

Schöf|che|wolk, de [ˈʃœfçəˌvɔlək] <N.; ~e (meist Pl.)> {s. u. ↑Schof ↑Wolk}: Schäfchenwolke, Zirrokumulus.

Schöf|er, der [ˈʃœfe] <N.; ~> {5.5.3}: Schäfer.

Schöffe|ge|reech/~|rich, et [ˈʃœfəjəˌreːç / -rɪç] <N.; ~te> {s. u. ↑Ge|reech¹/~|rich¹}: Schöffengericht.

Schof|hääd, de [ˈʃɔfˌhɛːt] <N.; ~e> {s. u. ↑Schof ↑Hääd²}: Schafherde.

Schof|heet, der [ˈʃɔfˌheːt] <N.; ~e> {s. u. ↑Schof ↑Heet}: Schafhirt.

Schofs|bock, der [ˈʃɔfsˌbɔk] <N.; ~|böck> {9.1.2; s. u. ↑Schof ↑Bock}: Schafbock.

Schofs|fell, et [ˈʃɔfsˌfɛl] <N.; ~e> {s. u. ↑Schof}: Schafsfell.

Schofs|ge|seech, et [ˈʃɔfsjəˌzeːç] <N.; ~ter> {s. u. ↑Schof ↑Ge|seech}: Schafsgesicht, meistens herablassend/ spött. gebraucht.

Schofs|käld, de [ˈʃɔfsˌkɛlt] <N.; kein Pl.> {s. u. ↑Schof ↑Käld}: Schafkälte.

Schofs|kis, der [ˈʃɔfsˌkiːs] <N.; o. Pl.> {s. u. ↑Schof ↑Kis}: Schafskäse.

Schofs|kopp, der [ˈʃɔfsˌkɔp] <N.; ~|köpp> {s. u. ↑Schof ↑Kopp}: Schafskopf, **1.** Kopf des Schafes. **2.** Schimpfw.: *Do S.!* (Du S.!) **3.** <o. Art.; o. Pl.> Kartenspiel.

Schofs|ledder, et [ˈʃɔfsˌledə] <N.; o. Pl.> {s. u. ↑Schof ↑Ledder}: Schafleder.

Schofs|mess, der [ˈʃɔfsˌmes] <N.; kein Pl.> {s. u. ↑Schof; ↑Mess¹}: Schafmist.

Schofs|milch, de [ˈʃɔfsˌmɪləç] <N.; o. Pl.> {s. u. ↑Schof ↑Milch}: Schafmilch.

Schofs|nas, de [ˈʃɔfsˌnaːs] <N.; ~e> {s. u. ↑Schof ↑Nas}: Schafsnase, **1.** grüner bis gelblicher Apfel von länglicher Form [auch: ↑Schlotter|appel]. **2.** (Schimpfw.) naiver, einfältiger, unvernünftiger Mensch.

Schofs|pelz, der [ˈʃɔfsˌpɛlts] <N.; ~e> {s. u. ↑Schof ↑Pelz}: Schafpelz.

Schof|stall, der [ˈʃɔfˌʃtal] <N.; ~|ställ [-ˌʃtɛlˑ]> {s. u. ↑Schof ↑Stall}: Schafstall.

Schofs|wigg/~|weid, de [ˈʃɔfsˌvɪk / -veːʳt] <N.; ~e> {s. u. ↑Schof ↑Weid/Wigg}: Schafweide.

Schofs|woll, de [ˈʃɔfsˌvɔlˑ] <N.; kein Pl.> {9.1.2; s. u. ↑Schof ↑Woll}: Schafwolle.

Schof|zuch, de [ˈʃɔfˌtsʊx] <N.; o. Pl.> {s. u. ↑Schof ↑Zuch}: Schafzucht.

Schoh

Schoh, der [ʃoˑ] <N.; ~n [ʃoˑn]; Schöhn|che ['ʃøˑnçə]> {5.4}: Schuh, *e Steinche em Schoh han ((wörtl.) ein Steinchen im Schuh haben = leicht angetrunken sein).

Schoh|ge|schäff, et ['ʃoˑjə,ʃɛf] <N.; ~|schäfte> {s. u. ↑Schoh ↑Ge|schäff}: Schuhgeschäft [auch: ↑Schoh|lade].

Schoh|größe, de ['ʃoˑ,ɡrøːs] <N.; ~e> {s. u. ↑Schoh ↑Größe}: Schuhgröße.

Schoh|karton, der ['ʃoˑka,tɔŋ] <N.; ~s> {s. u. ↑Schoh ↑Karton}: Schuhkarton.

Schoh|lade, der ['ʃoˑ,laˑdə] <N.; ~|läde> {s. u. ↑Schoh ↑Lade}: Schuhgeschäft [auch: ↑Schohns|ge|schäff].

Schoh|mäch|er, der ['ʃoˑ,mɛçə] <N.; ~> {5.4; s. u. ↑Schoh}: Schuhmacher, Schuster.

Schoh|nähl, der ['ʃoˑ,nɛˑl] <N.; ~> {s. u. ↑Schoh ↑Nähl}: Schuhnagel, Holz- od. Metallstift; *Aska met S. (Prügel); [RA] Dä friss S., wann se god gestuv sin. (Der frisst S., wenn sie gut gedünstet sind. = Der frisst einfach alles.).

Schohns|bängel, der ['ʃoˑns,bɛŋəl] <N.; ~e> {9.1.2; s. u. ↑Schoh ↑Bängel}: Schuhriemen, Schnürsenkel [auch: ↑Schohns|reeme].

Schohns|höön|che, et ['ʃoˑns,hœːnçə] <N.; ~r> {s. u. ↑Schoh ↑Hoon}: Schuhhörnchen, Schuhanzieher [auch: ↑Schohns|löffel].

Schohns|löffel, der ['ʃoˑns,lœfəl] <N.; ~e> {9.1.2; s. u. ↑Schoh}: Schuhlöffel, Schuhanzieher [auch: ↑Schohns|höön|che].

Schohns|reeme, der ['ʃoˑns,reˑmə] <N.; ~> {9.1.2; s. u. ↑Schoh ↑Reeme}: Schuhriemen, Schnürsenkel [auch: ↑Schohns|bängel].

Schohns|soll, der ['ʃoˑns,zɔl] <N.; ~e [-zolə]> {9.1.2; s. u. ↑Schoh ↑Soll¹}: Schuhsohle.

Schoh|pütz|er, der ['ʃoˑ,pʏtsɐ] <N.; ~> {s. u. ↑Schoh ↑Pütz|er}: Schuhputzer.

Schoh|spann|er, der ['ʃoˑ,ʃpanɐ] <N.; ~> {s. u. ↑Schoh}: Schuhspanner.

Schoh|spetz, de ['ʃoˑ,ʃpets] <N.; ~e> {s. u. ↑Schoh ↑Spetz}: Schuhspitze.

Schoh|werk, et ['ʃoˑ,vɛrk] <N.; o. Pl.> {s. u. ↑Schoh}: Schuhwerk.

Schoh|wichs, de ['ʃoˑ,vɪkʃ] <N.; ~e> {s. u. ↑Schoh ↑Wichs}: Schuhcreme.

Schokelad, de [ʃokə'laˑt] <N.; ~e (Sortenpl.)> {5.5.1; 8.3.1}: Schokolade.

Schokelade|goss/~|guss, der [,ʃokə'laˑdə,jos / -jʊs] <N.; ~|göss/~|güss> {s. u. ↑Schokelad ↑Goss/ Guss¹}: Schokoladenguss, Schokoladenglasur.

Schokelade|ies, et [,ʃokə'laˑdə,liːs] <N.; ~> {s. u. ↑Schokelad ↑Ies}: Schokoladeneis.

Schokelade|sigg, de [,ʃokə'laˑdə,zɪk] <N.; ~e> {s. u. ↑Schokelad ↑Sigg¹}: Schokoladenseite, die vorteilhafte Seite einer Person.

Schokelade|taat, de [,ʃokə'laˑdə,taːt] <N.; ~e> {s. u. ↑Schokelad ↑Taat}: Schokoladentorte.

Schokelade|zauß, de [,ʃokə'laˑdə,tsaʊs] <N.; ~e> {s. u. ↑Schokelad ↑Zauß}: Schokoladensoße, Schokoladenglasur.

Schoko|riegel, der ['ʃoko,riːjəl] <N.; ~e> {5.5.1}: Schokoriegel.

schold [ʃolt] <Adj.; nur präd.> {5.5.1}: schuld.

Schold, de [ʃolt] <N.; ~e ['ʃolˑdə]> {5.5.1}: Schuld, **1.** <o. Pl.> Urheberschaft, Verantwortung für etw. Unangenehmes od. Normwidriges. **2.** <meist Pl.> Geldbetrag od. Leistung, die man jmdm. schuldet.

scholde ['ʃolˑdə] <V.; schw.; han; scholdte ['ʃolˑtə]; gescholdt [jə'ʃolˑt]> {5.5.1}: schulden. (28)

scholde|frei ['ʃolˑdə,freɪ] <Adj.; ~e> {5.5.1}: schuldenfrei, ohne Schulden. Tbl. A2.9

Scholder, de ['ʃoldɐ] <N.; ~e; Schölder|che ['ʃøldɐçə]> {5.5.1; 6.11.3}: Schulter.

Scholder|bladd, et ['ʃoldɐ,blat] <N.; ~|blädder> {s. u. ↑Scholder ↑Bladd}: Schulterblatt.

scholder|frei ['ʃoldɐ,freɪ] <Adj.; ~e> {5.5.1; 6.11.3}: schulterfrei. Tbl. A2.9

Scholder|klapp, de ['ʃoldɐ,klap] <N.; ~e (meist Pl.)> {s. u. ↑Scholder ↑Klapp}: Schulterklappe.

scholder|lang ['ʃoldɐ'laŋ] <Adj.; ~e> {5.5.1; 6.11.3}: schulterlang. Tbl. A7.2.2

Scholder|polster, et ['ʃoldɐ,polstɐ] <N.; ~e> {s. u. ↑Scholder ↑Polster}: Schulterpolster.

Scholder|reeme, der ['ʃoldɐ,reˑmə] <N.; ~> {s. u. ↑Scholder ↑Reeme}: Schulterriemen.

Scholder|stöck, et ['ʃoldɐ,ʃtøk] <N.; ~/~e/~er> {s. u. ↑Scholder ↑Stöck}: Schulterstück.

Scholder|täsch, de ['ʃoldɐ,tɛʃ] <N.; ~e> {s. u. ↑Scholder ↑Täsch}: Schultertasche.

Schold|frog, de [ˈʃɔltˌfrɔˑx] <N.; ~e> {s. u. ↑Schold ↑Frog}: Schuldfrage.

Schold|ge|föhl, et [ˈʃɔltjəˌføˑl] <N.; ~e> {s. u. ↑Schold ↑Ge|föhl}: Schuldgefühl.

schold|ig/schöld|~ [ˈʃɔlˑdɪŋ / ˈʃølˑd-] <Adj.; ~e> {5.5.1}: schuldig. Tbl. A5.2

Schold|ig|keit/Schöld|~, de [ˈʃɔldɪŋˌkeɪt / ˈʃøld-] <N.; ~e> {5.5.1}: Schuldigkeit, [nur noch i. d. **RA**]: *sing (Flich un) S. dun* (seine Pflicht und Schuldigkeit tun; das tun, wozu man verpflichtet ist).

Schold|komplex, der [ˈʃɔltkɔmˌplɛks] <N.; ~e> {s. u. ↑Schold}: Schuldkomplex.

Scholdn|er, der [ˈʃɔltnɐ] <N.; ~> {5.5.1}: Schuldner.

Schold|sching, de [ˈʃɔltˌʃɪŋ] <N.; ~ [-ʃɪŋˑ]> {s. u. ↑Schold ↑Sching¹}: Schuldschein.

Schold|sproch, der [ˈʃɔltˌʃprɔx] <N.; ~|spröch> {s. u. ↑Schold ↑Sproch²}: Schuldspruch.

Schold|wähßel, der [ˈʃɔltˌvɛˑsəl] <N.; ~e> {s. u. ↑Schold ↑Wähßel}: (Bankw.) Schuldwechsel.

Scholl, de [ʃɔlˑ] <N.; ~e [ˈʃɔlə]> {8.3.1}: (Eis)scholle.

schön [ʃøn] <Adj.; ~e; ~er, ~ste>: schön; ***~e Gespretzte** (Lackaffe). Tbl. A2.4

Schon|be|zog, der [ˈʃoːnbəˌtsox] <N.; ~|zög [-zøŋ]> {s. u. ↑Be|zog}: Schonbezug.

schone [ˈʃoˑnə] <V.; schw.; han; schonte [ˈʃoˑntə]; geschont [jəˈʃoːnt]>: schonen. (146)

Schon|friss, de [ˈʃoːnˌfrɪs] <N.; ~|friste> {s. u. ↑Friss}: Schonfrist.

Schön|geis, der [ˈʃøˑnˌjeɪs] <N.; ~ter ⟨von frz. bel esprit⟩> {s. u. ↑Geis¹}: Schöngeist.

Schön|heits|fähler, der [ˈʃøˑnheɪtsˌfɛˑlɐ] <N.; ~> {↑Fähler}: Schönheitsfehler.

Schön|heits|meddel, et [ˈʃøˑnheɪtsˌmedəl] <N.; ~(e)> {s. u. ↑Meddel}: Schönheitsmittel.

Schön|heits|senn, der [ˈʃøˑnheɪtsˌzen] <N.; o. Pl.> {s. u. ↑Senn}: Schönheitssinn.

Schon|koss, de [ˈʃoːnˌkɔs] <N.; kein Pl.> {s. u. ↑Koss}: Schonkost.

Schön|schreff, de [ˈʃøˑnˌʃref] <N.> {s. u. ↑Schreff}: Schönschrift.

Schön|schreib|heff, et [ˈʃøˑnʃraɪpˌhɛf] <N.; i. best. Komposita *schreib-*, sonst ↑schrieve; ~|hefte> {11; s. u. ↑Heff¹}: Schönschreibheft.

Schon|wäsch|gang, der [ˈʃoːnvɛʃˌjaŋ] <N.; ~|gäng [-ˌjɛŋˑ]> {s. u. ↑wäsche ↑Gang¹}: Schonwaschgang.

Schön|wedder|lag, de [ʃøˑnˈvɛdɐˌlaˑx] <N.; ~e> {s. u. ↑Wedder ↑Lag}: (Met.) Schönwetterlage, Hoch.

Schon|zigg, de [ˈʃoːnˌtsik] <N.; ~e> {s. u. ↑Zigg}: Schonzeit.

Schoor/Schuur, de [ʃoˑɐ̯ / ʃuˑɐ̯] <N.; ~e> {5.1.4.6; 8.2.2.2}: Schauer, **1.** Regenschauer. **2.** Schauder.

Schöör/Schüür, de [ʃøˑɐ̯ / ʃyˑɐ̯] <N.; ~e> {5.1.3; 8.3.1}: Scheune.

schööre/schüüre [ˈʃøˑ(ɐ̯)rə / ˈʃyˑ(ɐ̯)rə] <V.; schw.; han; schööte [ˈʃøˑtə]; geschööt [jəˈʃøˑt]> {5.1.4.6; 8.2.2.2}: scheuern, **1.** fest mit etw. (Bürste, Scheuermittel) reiben u. dadurch reinigen: *der Boddem s.* (den Boden s.). **2.** durch Reibung beeinträchtigen, abnutzen, wund scheuern: *Der Krage schüürt.* (Der Kragen scheuert.); *sich de Föß wund s.* (sich die Füße wund s.). **3.** <sich s.> sich kratzen: *Dä Hungk schüürt sich am Baum.* (Der Hund kratzt sich am Baum.). **4.** ***einem der Möpp sch.** (jmdn. ausschimpfen). (186) (100)

Schööre|drescher/Schüüre|~, der [ˈʃøˑ(ɐ̯)rəˌdreʃɐ / ˈʃyˑ(ɐ̯)rə-] <N.> {s. u. ↑Schöör/Schüür}: Scheunendrescher, [nur i. d. **RA**] *fresse wie ene S.* (fressen wie ein S.).

Schörres|kaar/Schürres|~, de [ˈʃørəsˌkaˑɐ̯ / ˈʃyrəs-] <N.; ~e> {s. u. ↑Kaar}: Schubkarre, Holzwagen, **1.** urspr.: niedrige Holzschubkarre der Gemüsegärtner. **2.** selbstgebautes Holzauto, „Seifenkiste". **3.** altes verschlissenes Gefährt jeglicher Art: *Wat häs do dann do för en aal S.?* (Was hast du denn da für ein Gefährt?).

Schööre|tor/Schüüre|~, et [ˈʃøˑ(ɐ̯)rəˌtoˑɐ̯ / ˈʃyˑ(ɐ̯)rə-] <N.; ~e> {5.1.3; 8.3.1}: Scheunentor.

Schooz, der [ʃoːts] <N.; ~e> {5.2.1.1.1; 5.4}: Schurz.

schööze [ˈʃøːtsə] <V.; schw.; han; schöözte [ˈʃøːtstə]; geschööz [jəˈʃøːts]> {5.2.1.1.1; 5.4}: schürzen. (112)

schöpe [ˈʃœˑpə] <V.; schw.; han; schöpte [ˈʃœptə]; geschöp [jəˈʃœˑp]>: laut u. falsch singen [auch: ↑bälke]. (75)

Schopp, der [ʃɔp] <N.; Schöpp [ʃœp]> {6.8.1}: Schopf.

Schöpp, de [ʃœp] <N.; ~e> {5.5.1; 8.3.1}: Schippe, Schüppe, **1.** kleine Schaufel; ***einer op de S. nemme** (jmdn. hochnehmen, veräppeln, verulken). **2.** (übertr.) langer Fingernagel.

schöppe ['ʃøpə] <V.; schw.; *han*; schöppte ['ʃøptə]; geschöpp [jə'ʃøp]> {5.5.1}: schüppen, schippen. (75)

Schoppe, der ['ʃɔpe] <N.; ~; Schöpp|che ['ʃœpʄə]> {8.3.3}: Schoppen.

Schöppe ['ʃøpə] <N.; fem.; nur Pl.>: Pik, Spielkartenfarbe (nach der Form des Symbols).

Schöppe|ass, et [ˌʃøpə'las] <N.; ~e> {s. u. ↑Schöppe}: (Spielkarte) Pikass.

Schöppe|dam, de [ˌʃøpə'daˑm] <N.; ~e> {s. u. ↑Schöppe ↑Dam}: (Spielkarte) Pikdame.

Schöppe|jung, der [ˌʃøpə'jʊŋˑ] <N.; ~e [-jʊŋə]> {s. u. ↑Schöppe ↑Jung}: (Spielkarte) Pikbauer.

Schöppe|künning, der [ˌʃøpə'kynɪŋ] <N.; ~e> {s. u. ↑Schöppe ↑Künning}: (Spielkarte) Pikkönig.

Schor, de [ʃoˑɐ̯] <N.; ~e> {5.4}: Schur.

Schor|es ['ʃoːrəs] <N.; o. Art.>: Tracht Prügel [auch: ↑Klöpp, ↑Prügel, ↑Schrom (2), ↑Schrübb, *Balg Wachs, eine vör die Schwaad krige, Ress krige*].

Schorsch, der [ʃɔxʃ] <N.; männl. Vorn.>: Kurzf. von Georg.

Schor|woll, de [ˈʃoˑɐ̯ˌvɔlˑ] <N.; kein Pl.> {s. u. ↑Schor ↑Woll}: Schurwolle.

Schoss[1], et [ʃɔs] <N.; Schösser ['ʃœsɐ]>: Schublade, **1.** Schubfach; ***et S. erus han** (verrückt sein, spinnen). **2.** Kategorie, in die jmd./etw. eingeordnet wird. **3.** ***jeck Schoss** (*jeck Schöss|che): albernes Huhn.

Schoss[2], der [ʃɔs] <N.; Schöss [ʃøs]> {5.5.1}: Schuss, **1.** das Schießen einer Waffe; abgeschossenes Geschoss: *Et feele zwei Schöss.* (Es fielen zwei Schüsse.); *Dat wor ene schläächte S.* (Das war ein schlechter S.); *Dä S. hät genau getroffe.* (Der S. traf genau.). **2.** kräftiges Treten, Schlagen od. Ä. eines Balls: *Dä S. wor nit ze halde.* (Der S. war nicht zu halten.), *Dä S. ging an de Latt.* (Der S. ging an die Latte.). **3.** Schößling, Trieb, Sprosse; schnelles, plötzliches Wachsen/ Aufschießen bei Lebewesen: *die Schöss am Baum* (die Triebe am Baum), *Dä Jung hät ene düchtige S. gedon.* (Der Junge ist in kurzer Zeit ein beträchtliches Stück gewachsen.). **4.** eine kleine Menge, ein wenig: *ene S. Rum* (ein S. Rum), *ene S. Sahne* (ein S. Sahne). **5.** gutaussehende (junge) Frau: *ene staatse S.* (eine sehr attraktive Frau), *Süch ens, wat ene S.!* (Sieh mal, was für eine attraktive Frau!); **6.** ***en S. sin** (in Ordnung/in gutem Zustand sein): *Dat Radd es (god) en S.* (Das Rad ist (gut) in S.), *Hä es noch (god) en S.* (Er ist noch gut in S.).

Schössel, de ['ʃøsəl] <N.; ~(e)>: Schüssel [auch: ↑Schottel, ↑Kump].

Schoss|feld, et ['ʃɔsˌfɛlt] <N.; ~er> {s. u. ↑Schoss[2]}: Schussfeld.

Schoss|kraff, de ['ʃɔsˌkraf] <N.; o. Pl.> {s. u. ↑Schoss[2] ↑Kraff}: (Sport) Schusskraft, Fähigkeit, den Ball mit viel Wucht zu schießen.

Schoss|richt|ung, de ['ʃɔsˌrɪʄtʊŋ] <N.; ~e> {s. u. ↑Schoss[2]}: Schussrichtung.

Schoss|wähßel, der ['ʃɔsˌvɛːsəl] <N.; ~e> {s. u. ↑Schoss[2] ↑Wähßel}: Schusswechsel.

Schoss|wund, de ['ʃɔsˌvʊnˑt] <N.; ~e> {s. u. ↑Schoss[2] ↑Wund}: Schusswunde, Schussverletzung.

Schot, de [ʃoˑt] <N.; ~e> {8.3.1}: Schote.

Schottel, de ['ʃɔtəl] <N.; ~e; Schöttel|che ['ʃøtəlʄə]>: flache Schüssel [auch: ↑Schössel, ↑Kump]; ***jecke S.** (alberne Frau, Ulknudel).

Schotte|rock, der ['ʃɔtəˌrɔk] <N.; ~|röck> {s. u. ↑Rock}: Schottenrock. **1.** Kilt. **2.** Damenrock mit Schottenkaros.

Schotter|stroß, de ['ʃɔtɐˌʃtroˑs] <N.; ~e> {s. u. ↑Stroß}: Schotterstraße.

Schotte|wetz, de ['ʃɔtəˌvɛts] <N.; ~e> {s. u. ↑Wetz}: Schottenwitz.

Schotz, der [ʃɔts] <N.; kein Pl.> {5.5.1}: Schutz.

Schötz, der [ʃøts] <N.; ~e> {5.5.1; 8.3.1}: Schütze.

Schotz|aan|zog, der ['ʃɔtsˌlaːntsox / 'ʃɔdzanˌtsox] <N.; ~|zög> {s. u. ↑Schotz ↑Aan|zog}: Schutzanzug.

Schotz|blech, et ['ʃɔtsˌblɛʄ] <N.; ~e> {s. u. ↑Schotz ↑Blech[1]}: Schutzblech.

Schotz|breef, der ['ʃɔtsˌbreˑf] <N.; ~e> {s. u. ↑Schotz ↑Breef}: Schutzbrief.

Schotz|brell/~|brill, der ['ʃɔtsˌbrel / -brɪl] <N.; ~e> {s. u. ↑Schotz ↑Brell/Brill}: Schutzbrille.

Schotz|daach, et ['ʃɔtsˌdaːx] <N.; ~|däächer> {s. u. ↑Schotz ↑Daach}: Schutzdach.

schötze ['ʃøtsə] <V.; schw.; *han*; schötzte ['ʃøtstə]; geschötz [jə'ʃøts]> {5.5.1}: schützen. (114)

Schötze|broder, der ['ʃøtsəˌbroˑdɐ] <N.; ~|bröder> {s. u. ↑Schötz ↑Broder}: Schützenbruder.

Schötze|broder|schaff, de ['ʃøtsəˌbroˑdɐʃaf] <N.; ~|schafte> {s. u. ↑Schötz; 5.4}: Schützenbruderschaft.

Schötze|fess, et ['ʃøtsəˌfɛs] <N.; ~|feste> {s. u. ↑Schötz ↑Fess}: Schützenfest.

Schötze|grave, der ['ʃøtsə‚graˑvə] <N.; ~|gräve> {s. u. ↑Schötz ↑Grave}: Schützengraben.

Schötze|künning, der ['ʃøtsə‚kʏnɪŋ] <N.; ~e> {s. u. ↑Schötz ↑Künning}: Schützenkönig.

Schotz|engel, der ['ʃots‚ɛŋəl] <N.; ~(e)> {s. u. ↑Schotz}: Schutzengel.

Schötze|panzer, der ['ʃøtsə‚pantsɐ] <N.; ~> {s. u. ↑Schötz}: Schützenpanzer.

Schötze|platz, der ['ʃøtsə‚plats] <N.; ~|plätz> {s. u. ↑Schötz ↑Platz¹}: Schützenplatz.

Schötze|stand, der ['ʃøtsə‚ʃtant] <N.; ~|stänḑ [-ʃtɛnˑt]> {s. u. ↑Schötz ↑Stand}: Schützenstand.

Schötze|ver|ein, der [ʃøtsəfɐ‚ʔeɪn] <N.; ~e> {s. u. ↑Schötz ↑Ver|ein}: Schützenverein.

Schotz|friss, de ['ʃots‚frɪs] <N.; ~|friste> {s. u. ↑Schotz ↑Friss}: (Rechtsspr.) Schutzfrist, Frist, während der etw. gesetzlich geschützt ist.

Schotz|gebiet, et ['ʃots‚jə‚biˑt] <N.; ~e> {s. u. ↑Schotz}: Schutzgebiet.

Schotz|geld, et ['ʃots‚jɛlt] <N.; ~er> {s. u. ↑Schotz ↑Geld}: Schutzgeld.

Schotz|glas, et ['ʃots‚jlaːs] <N.; o. Pl.> {s. u. ↑Schotz ↑Glas}: Schutzglas.

Schotz|haff, de ['ʃots‚haf] <N.; kein Pl.> {s. u. ↑Schotz ↑Haff}: (Rechtsspr.) Schutzhaft.

Schotz|hellige, der u. de ['ʃots‚hɛlɪjə] <N.; ~> {s. u. ↑Schotz ↑Hellige}: Schutzheilige, Schutzpatron.

Schotz|helm, der ['ʃots‚hɛlm] <N.; ~e> {s. u. ↑Schotz}: Schutzhelm.

Schotz|höll/~|hüll, de ['ʃots‚hølˑ / -‚hʏlˑ] <N.; ~e [-hølə / -hʏlə]> {s. u. ↑Schotz ↑Höll²/Hüll}: Schutzhülle.

Schotz|hött, de ['ʃots‚høt] <N.; ~e> {s. u. ↑Schotz ↑Hött}: Schutzhütte.

Schotz|imf|ung, de ['ʃots‚ɪmfʊŋ] <N.; ~e> {s. u. ↑Schotz; 6.8.2}: Schutzimpfung.

Schötz|ling, der ['ʃøtslɪŋ] <N.; ~e> {5.5.1}: Schützling.

Schotz|maach, de ['ʃots‚maːx] <N.; ~|määchte> {s. u. ↑Schotz ↑Maach¹}: Schutzmacht.

Schotz|meddel, et ['ʃots‚mɛdəl] <N.; ~(e)> {s. u. ↑Schotz ↑Meddel}: Schutzmittel.

Schotz|muur/~|moor, de ['ʃots‚muˑɐ̯ / -‚moˑɐ̯] <N.; ~e> {s. u. ↑Schotz ↑Muur/Moor¹}: Schutzmauer.

Schotz|öm|schlag, der ['ʃots‚øm‚ʃlaːx / 'ʃodzøm-] <N.; ~|schläg [-‚ʃlɛˑŋ]> {s. u. ↑Schotz ↑Öm|schlag}: Schutzumschlag.

Schotz|polizei, de ['ʃotspolɪ‚tseɪ] <N.; kein Pl.> {s. u. ↑Schotz ↑Polizei}: Schutzpolizei.

Schotz|poliz|iss, der ['ʃotspolɪ‚tsɪs] <N.; ~|iste> {s. u. ↑Schotz}: Schutzpolizist.

Schotz|schich/~|scheech, de ['ʃots‚ʃɪʃ / -ʃeːʃ] <N.; ~te> {s. u. ↑Schotz ↑Schich/Scheech}: Schutzschicht.

Schotz|schild/~|scheld, et ['ʃots‚ʃɪlt / -ʃɛlt] <N.; ~er> {s. u. ↑Schotz ↑Schild²/Scheld²}: Schutzschild.

Schotz|ver|band, der ['ʃotsfɐ‚bant] <N.; ~|bänd [-bɛnˑt]> {s. u. ↑Schotz ↑Ver|band}: Schutzverband. **1.** eine Wunde schützender Verband. **2.** Zusammenschluss zum Schutz der Interessen best. Wirtschaftszweige.

Schotz|wall, der ['ʃots‚val] <N.; ~|wäll [-vɛlˑ]> {s. u. ↑Schotz ↑Wall}: Schutzwall, Schutzmauer.

Schöze|neere [‚ʃøtsəˈneːrɐ] <N.; fem.; nur Pl.> ⟨ital. scorzonera hispanica⟩>: Schwarzwurzel.

schrabbe ['ʃrabə] <V.; schw.; han; schrabbte ['ʃraptə]; geschrabb [jəˈʃrap]> {6.9}: schrappen, **1.** schaben, kratzen. **2.** (Geld) zusammenraffen, scheffeln; raffgierig sein. (167)

Schrabb|ieser, et ['ʃrap‚iˑzɐ] <N.; ~> {s. u. ↑schrabbe ↑Ieser}: Schrappeisen.

schrabb|ig ['ʃrabɪʃ] <Adj.; ~e; ~er, ~ste>: geizig, knauserig, raffgierig [auch: ↑kniest|ig, ↑karr|ig, ↑kniep|ig, ↑kiep|ig]. Tbl. A5.2

Schrabb|ig|keit, de ['ʃrabɪŋkeɪt] <N.; o. Pl.>: Geiz [auch: ↑Karrig|keit, ↑Kiep|ig|keit, ↑Kniep|ig|keit, ↑Kniest|ig|keit].

Schrabb|maschin, de ['ʃrapma‚ʃiːn] <N.; ~e>: (scherzh.) Rasierapparat; (wörtl.) Schrappmaschine.

schräg [ʃrɛˑŋ] <Adj.; ~e ['ʃrɛˑjə]; ~er, ~ste ['ʃrɛˑjɐ / 'ʃrɛˑjstə]>: schräg [auch: ↑scheiv]. Tbl. A5.1.1

Schrage, der ['ʃraˑʀɐ] <N.; ~>: Schragen, **a)** Gestell mit kreuzweise stehenden Holzbeinen; **b)** <Pl.> (übertr.) Beine: *Wat hät dä för e paar lang S.!* (Was hat der für lange Beine!).

Schräg|lag, de ['ʃrɛˑŋ‚laˑx] <N.; ~e> {s. u. ↑schräg ↑Lag}: Schräglage.

Schräg|schreff, de ['ʃrɛˑŋ‚ʃrɛf] <N.; ~schrefte> {s. u. ↑schräg ↑Schreff}: Schrägschrift, Kursivschrift.

Schräg|strech, der [ˈʃrɛˑɦˌʃtrɛʃ] <N.; ~e> {s. u. ↑schräg ↑Strech}: Schrägstrich.

Schramm, de [ʃramˑ] <N.; ~e [ˈʃramə]> {8.3.1}: Schramme [gebräuchl.: ↑Schrǫm].

schramme [ˈʃramə] <V.; schw.; *han*; schrammte [ˈʃramˑtə]; geschrammp [jəˈʃramˑp]>: schrammen. (40)

Schrank¹, der [ʃraŋk] <N.; Schränk [ʃrɛŋk]>: Schrank [auch: ↑Schaaf].

Schrank², de [ʃraŋk] <N.; ~e ⟨mhd. schranke = absperrendes Gitter⟩> {8.3.1}: Schranke.

Schrank|bedd, et [ˈʃraŋkˌbɛt] <N.; ~er> {s. u. ↑Bedd}: Schrankbett, Klappbett [auch: ↑Klapp|bedd].

Schrank|dür/~|dör, de [ˈʃraŋkˌdyːɐ̯ / -døːɐ̯] <N.; ~|dürre/~|dörre [-dʏrə / -dørə] (unr. Pl.)> {s. u. ↑Dür/Dör}: Schranktür.

Schrank|koffer, der/de [ˈʃraŋkˌkofɐ] <N.; ~e> {s. u. ↑Koffer¹}: Schrankkoffer, Koffer, in den man Kleidung hängen kann.

Schrank|speegel, der [ˈʃraŋkˌʃpeˑjəl] <N.; ~e> {s. u. ↑Speegel}: Schrankspiegel.

Schrank|wand, de [ˈʃraŋkˌvant] <N.; ~|wäng [-vɛŋˑ]> {s. u. ↑Wand}: Schrankwand.

Schratel, de [ˈʃraːtəl] <N.; ~e>: viel u. laut sprechende Frau.

schratele [ˈʃraːtələ] <V.; schw.; *han*; schratelte [ˈʃraːtəltə]; geschratelt [jəˈʃraːtəlt]> {9.2.1.2}: laut/mit unangenehm durchdringender Stimme sprechen. (6)

Schratel|er, der [ˈʃraːtəlɐ] <N.; ~>: viel u. laut sprechender Mann.

Schratels|hungk, der [ˈʃraːtəlsˌhʊŋk] <N.; ~|hüng [-hʏŋˑ]>: viel u. laut sprechende Person [auch: ↑Schratels|muul].

Schratels|muul, de [ˈʃraːtəlsˌmuːl] <N.; ~|müüler/~|muule>: viel u. laut sprechende Person [auch: ↑Schratels|hungk].

Schreber|gaade, der [ˈʃreːbɐˌjaˑdə] <N.; ~|gääde ⟨nach dem dt. Arzt u. Pädagogen D. G. M. Schreber (1808-1861)⟩> {s. u. ↑Gaade}: Schrebergarten.

Schreck(e), der [ˈʃrɛk(ə)] <N.; Schrecke> {(8.3.2)}: Schreck, Schrecken.

schrecke [ˈʃrɛkə] <V.; schw.; *han*; schreckte [ˈʃrɛktə]; geschreck [jəˈʃrɛk]>: schrecken. (88)

Schreck|ge|spens, et [ˈʃrɛkjəˌʃpɛns] <N.; ~ter> {s. u. ↑Ge|spens²}: Schreckgespenst.

schreck|lich [ˈʃrɛklɪʃ] <Adj.; ~e; ~er, ~ste> {7.3.2}: schrecklich.   Tbl. A1

Schreck|schruuv, de [ˈʃrɛkˌʃruˑf] <N.; ~e> {s. u. ↑Schruuv}: Schreckschraube, weibl. Person, die aufgrund ihres Äußeren, Verhaltens, Wesens als schrecklich empfunden wird.

Schreck|sekund, de [ˈʃrɛkzeˌkʊnˑt] <N.; ~e> {s. u. ↑Sekund}: Schrecksekunde.

Schredd, der [ʃret] <N.; ~> {5.5.2; 6.11.3}: Schritt.

Schredd|folg, de [ˈʃretˌfolˑʃ] <N.; ~e> {s. u. ↑Schredd ↑Folg}: Schrittfolge.

Schredd|läng|(de), de [ˈʃretˌlɛŋˑ(də)] <N.; ~> {s. u. ↑Schredd ↑Läng|(de)}: Schrittlänge.

Schredd|maach|er, der [ˈʃretˌmaːxɐ] <N.; ~> {s. u. ↑Schredd ↑maache}: Schrittmacher.

Schredd|tempo, et [ˈʃrettɛmpo] <N.; o. Pl.> {s. u. ↑Schredd}: Schritttempo, Schrittgeschwindigkeit.

Schredd|zäll|er, der [ˈʃrettsɛlɐ] <N.; ~> {s. u. ↑Schredd ↑Zäll|er}: Schrittzähler, Schrittmesser.

Schreff, de [ʃref] <N.; Schrefte [ˈʃreftə]> {5.5.2; 8.3.5}: Schrift.

Schreff|aat, de [ˈʃrefˌaːt] <N.; ~e> {s. u. ↑Schreff ↑Aat}: Schriftart.

Schreff|beld/~|bild, et [ˈʃrefˌbelt / -bɪlt] <N.; ~er> {s. u. ↑Schreff ↑Beld/Bild}: Schriftbild.

Schreff|deutsch, et [ˈʃrefˌdɔʏtʃ] <N.: kein Pl.> {s. u. ↑Schreff}: Schriftdeutsch.

Schreff|föhr|er/~|führ~, der [ˈʃrefføˑ(ɐ̯)re / -fyˑ(ɐ̯)r-] <N.; ~> {s. u. ↑Schreff ↑Föhr|er/Führ|~}: Schriftführer, Protokollant.

Schreff|form, de [ˈʃreffɔrˑm] <N.; o. Pl.> {s. u. ↑Schreff ↑Form}: Schriftform, für best. Rechtsgeschäfte geltende Vorschrift, die eine vom Ausstellenden eigenhändig mit seinem Namen unterzeichnete Urkunde erfordert.

Schreff|ge|lehte, der [ˈʃrefjəˌleːtə] <N.; ~> {s. u. ↑Schreff ↑Ge|lehte}: Schriftgelehrter.

schreff|lich [ˈʃreflɪʃ] <Adj.; ~e> {5.5.2; 7.3.2; 8.3.5}: schriftlich, in Schriftform.   Tbl. A1

Schreff|prob, de [ˈʃrefˌproˑp] <N.; ~e> {s. u. ↑Schreff ↑Prob}: Schriftprobe. **1.** (Druckw.) kurzer gedruckter Text meist in verschiedenen Schriftgraden. **2.** kurzer geschriebener Text als Handschriftenprobe.

Schreff|roll, de ['ʃref‚rɔl·] <N.; ~e [-rɔlə]> {s. u. ↑Schreff ↑Roll}: Schriftrolle.

Schreff|satz, der ['ʃref‚zats] <N.; ~|sätz> {s. u. ↑Schreff ↑Satz}: Schriftsatz.

Schreff|setz|er, der ['ʃref‚zɛtsɐ] <N.; ~> {s. u. ↑Schreff ↑setze²}: Schriftsetzer.

Schreff|sproch, de ['ʃref‚sprɔ·x] <N.; o. Pl.> {s. u. ↑Schreff ↑Sproch¹}: Schriftsprache.

Schreff|stell|er, der ['ʃref‚ʃtɛlɐ] <N.; ~> {s. u. ↑Schreff ↑stelle¹}: Schriftsteller.

Schreff|stell|er|ei, de [‚ʃrefʃtɛlə'reɪ̯·] <N.; o. Pl.> {s. u. ↑Schreff ↑stelle¹}: Schriftstellerei.

Schreff|stöck, et ['ʃref‚ʃtøk] <N.; ~/~e/~er> {s. u. ↑Schreff ↑Stöck}: Schriftstück.

Schreff|wähßel, der ['ʃref‚vɛːsəl] <N.; ~e> {s. u. ↑Schreff ↑Wähßel}: Schriftwechsel, Schriftverkehr.

Schreff|zeiche, et ['ʃref‚tsei̯çə] <N.; ~> {s. u. ↑Schreff ↑Zeiche}: (bes. Druckw.) Schriftzeichen, zu einer Schrift gehörendes, beim Schreiben verwendetes grafisches Zeichen.

Schreff|zog, der ['ʃref‚tsox] <N.; ~|zög> {s. u. ↑Schreff ↑Zog²}: Schriftzug.

Schrefte|reih, de ['ʃreftə‚reɪ̯·] <N.; ~e [-reɪ̯ə]> {s. u. ↑Schreff ↑Reih}: Schriftenreihe, Reihe von Schriften, die ein Verlag veröffentlicht.

Schrei, der [ʃreɪ̯] <N.; ~/~e [ʃreɪ̯· / ʃreɪ̯ə]>: Schrei.

Schrei|bäät|es, der [‚ʃreɪ̯'bɛːtəs] <N.; ~ese/~|ese>: Schreihals [auch: ↑Schrei|balg, ↑Schrei|hals].

Schrei|balg, der ['ʃreɪ̯‚balŋ] <N.; ~|bälg(er) [-bɛl·ŋ̩ / -bɛl·jə]>: Kind, das (oft) schreit [auch: ↑Schrei|bäät|es, ↑Schrei|hals].

Scheib|schreff, de ['ʃraɪ̯p‚ʃref] <N.; i. best. Komposita *schreib-*, sonst ↑schrieve; o. Pl.> {11; s. u. ↑Schreff}: Schreibschrift.

Schreib|ware ['ʃraɪ̯p‚va·rə] <N.; i. best. Komposita *schreib-*, sonst ↑schrieve; fem.; nur Pl.> {11; s. u. ↑War}: Schreibwaren.

Schreib|ware|ge|schäff, et ['ʃraɪ̯p‚va·rəjə‚ʃɛf] <N.; i. best. Komposita *schreib-*, sonst ↑schrieve; ~|schäfte> {11; s. u. ↑War ↑Ge|schäff}: Schreibwarengeschäft.

schreie ['ʃreɪ̯ə] <V.; schw.; *han*; schreite ['ʃreɪ̯tə]; geschreit [jə'ʃreɪ̯·t]>: schreien. (11)

Schrei|erei, de [‚ʃreɪ̯ə'reɪ̯·] <N.; ~e [-ə'reɪ̯ə]>: Schreierei.

Schrei|hals, der ['ʃreɪ̯‚hals] <N.; ~|häls [-hɛl·s]>: Schreihals [auch: ↑Schrei|bäät|es, ↑Schrei|balg].

Schrei|kramf/~|kramp, der ['ʃreɪ̯‚kramf / -kramp] <N.; ~|kramf/~|krämp> {s. u. ↑schreie ↑Kramf/Kramp¹}: Schreikrampf.

Schrein/Schring, der [ʃreɪ̯n / ʃrɪŋ] <N.; ~ [ʃreɪ̯n· / ʃrɪŋ·]>: Schrein.

Schrein|er/Schring|er, der ['ʃreɪ̯nɐ / 'ʃrɪŋɐ] <N.; *Schringer* veraltet; ~>: Schreiner.

Schreiner|ei, de [‚ʃreɪ̯nə'reɪ̯·] <N.; ~e [-eɪ̯ə]>: Schreinerei, Tischlerei.

Schriev|arbeid, der ['ʃriː·var‚beɪ̯·t] <N.; ~e> {s. u. ↑schrieve ↑Arbeid}: Schreibarbeit.

Schriev|block, der ['ʃriːf‚blɔk] <N.; ~|blöck> {s. u. ↑schrieve ↑Block}: Schreibblock.

Schriev|desch, der ['ʃriːf‚deʃ] <N.; ~(e)> {s. u. ↑schrieve ↑Desch}: Schreibtisch.

Schriev|desch|lamp, de ['ʃriːfdeʃ‚lamp] <N.; ~e> {s. u. ↑schrieve ↑Desch ↑Lamp}: Schreibtischlampe.

schrieve ['ʃriː·və] <V.; st.; *han*; schrevv [ʃref]; geschrevve [jə'ʃrevə]> {5.1.4.5; 6.1.1}: schreiben. (51)

Schriev|er, der ['ʃriː·və] <N.; ~> {5.1.4.5; 6.1.1}: Schreiber.

Schriev|erei, de [ʃriː·və'reɪ̯·] <N.; ~e [-ə'reɪ̯ə]> {5.1.4.5; 6.1.1}: Schreiberei.

Schriev|es, et ['ʃriː·vəs] <N.; ~|ese/~|ese> {5.1.4.5; 6.1.1}: Schreiben, Schrieb.

Schriev|fähler, der ['ʃriːfɛː·lɐ] <N.; ~> {s. u. ↑schrieve ↑Fähler}: Schreibfehler.

Schriev|fedder, de ['ʃriːfːedə] <N.; ~e> {s. u. ↑schrieve ↑Fedder}: Schreibfeder.

schriev|fuul ['ʃriːfːuːl] <Adj.; ~e; ~er, ~ste> {s. u. ↑schrieve ↑fuul}: schreibfaul. Tbl. A2.2

Schriev|heff, et ['ʃriːf‚hɛf] <N.; ~|hefte> {s. u. ↑schrieve ↑Heff¹}: Schreibheft.

Schriev|kuns, de ['ʃriːf‚kʊns] <N.; ~|küns> {s. u. ↑schrieve; ↑Kuns}: Schreibkunst, Fähigkeit, schön zu schreiben, bes. verschiedene Schriften künstlerisch zu gestalten.

Schriev|mapp, de ['ʃriːf‚map] <N.; ~e> {s. u. ↑schrieve ↑Mapp}: Schreibmappe.

Schriev|maschin, de ['ʃriːfma‚ʃiːn] <N.; ~e> {s. u. ↑schrieve ↑Maschin}: Schreibmaschine.

Schriev|papier/~|papeer, et ['ʃriːfpa‚piːɐ̯ / -pa‚peːɐ̯] <N.; o. Pl.> {s. u. ↑schrieve ↑Papier/Papeer}: Schreibpapier.

Schriev|stuvv, de [ˈʃriːfˌʃtʊf] <N.; ~e> {s. u. ↑schrieve ↑Stuvv}: Schreibstube.
Schriev|wies, de [ˈʃriːfˌviˑs] <N.; ~e> {s. u. ↑schrieve ↑Wies²} Schreibweise. **1.** Rechtschreibung. **2.** Stil.
Schriev|zeug, et [ˈʃriːfˌtsɔyfj] <N.; o. Pl.> {s. u. ↑schrieve}: Schreibzeug.
schrigge [ˈʃrɪɡə] <V.; st.; *sin*; schr<u>e</u>dt [ʃret]; geschr<u>e</u>dde [jəˈʃredə]> {5.3.4; 6.6.2}: schreiten, gehen. (133)
Schring/Schrein, der [ʃrɪŋ /ʃreɪn] <N.; ~ [ʃrɪŋˑ/ ʃreɪnˑ]> {5.3.4}: Schrein.
Schring|er/Schrein|er, der [ˈʃrɪŋe / ˈʃreɪne] <N.; *Schringer* veraltet; ~> {5.3.4}: Schreiner.
Schrǫm, der [ʃrɔˑm] <N.; Schröm [ʃrœˑm]>: **1. a)** Kratzer, Schramme, Riss, längliche Wunde [auch: ↑Schramm]; **b)** Strich; **c)** (übertr.) *Hä kütt nit op sing Schröm.* (Er kommt mit seinem Geld nicht hin.). **2.** <nur Pl.> Tracht Prügel [auch: ↑Klöpp, ↑Prügel, ↑Schor|es, ↑Schrübb, *Balg Wachs, eine vör die Schwaad krige, Ress krige*].
schröme [ˈʃrœˑmə] <V.; schw.; schrömte [ˈʃrœˑmtə]; geschrömp [jəˈʃrœˑmp]>: **1.** <han> einen Strich, eine Linie ziehen. **2.** <sin> schnell gehen, eilen [auch: ↑iele (1), ↑jöcke¹]. (118)
Schröm|er, der [ˈʃrœˑme] <N.; ~>: Stift, Schreibutensil [auch: ↑St<u>e</u>ff²].
schröppe [ˈʃrœpə] <V.; schw.; *han*; schröppte [ˈʃrœptə]; geschröpp [jəˈʃrœp]> {6.8.1}: schröpfen, vorwiegend in der Bed. „jmdn. übervorteilen, ausnehmen, abzocken" gebr. (75)
Schrot|brud, et [ˈʃroˑtˌbruˑt] <N.; ~e> {s. u. ↑schrote ↑Brud}: Schrotbrot, aus Schrot gebackenes Brot.
Schrot|büchs, de [ˈʃroˑtˌbʏks] <N. ~e> {s. u. ↑Büchs}: Schrotbüchse, Schrotgewehr.
schrote [ˈʃroˑtə] <V.; schw.; *han*; geschrot [jəˈʃroˑt]>: schroten, grob zerkleinern. (201)
Schrot|flint, de [ˈʃroˑtˌflɪnt] <N.; ~e> {s. u. ↑Flint}: Schrotflinte, Schrotbüchse.
Schrot|kǫǫn, et [ˈʃroˑtˌkɔːn] <N.; ~|köǫner> {s. u. ↑Kǫǫn¹}: Schrotkorn.
Schrot|mähl, et [ˈʃroˑtˌmɛːl] <N.; ~e (Sortenpl.)> {s. u. ↑Mähl}: Schrotmehl.
Schrot|müll, de [ˈʃroˑtˌmʏl] <N.; ~e [-mʏlə]> {s. u. ↑Müll¹}: Schrotmühle.
Schrott|müll, de [ˈʃrɔtˌmʏl] <N.; ~e [-mʏlə]> {s. u. ↑Müll¹}: Schrottmühle.

Schrott|platz, der [ˈʃrɔtˌplats] <N.; ~|plätz> {s. u. ↑Platz¹}: Schrottplatz.
Schrott|press, de [ˈʃrɔtˌprɛs] <N.; ~e> {s. u. ↑Press}: Schrottpresse.
schrott|rief [ˈʃrɔtˌriːf] <Adj.; ~e> {s. u. ↑rief}: schrottreif, unbrauchbar. Tbl. A1
Schrott|wäät, der [ˈʃrɔtˌvɛːt] <N.; ~e (Pl. selten)> {s. u. ↑Wäät}: Schrottwert.
Schrübb [ʃrʏp] <N.; Pl.>: Schläge, Hiebe, Prügel, Abreibung [auch: ↑Klöpp, ↑Prügel, ↑Schor|es, ↑Schrǫm (2), *Balg Wachs, eine vör die Schwaad krige, Ress krige*].
schrubbe [ˈʃrʊbə] <V.; schw.; *han*; schrubbte [ˈʃrʊptə]; geschrubb [jəˈʃrʊp]>: schrubben, scheuern. (167)
Schrubb|er/Schrübb|er, der [ˈʃrʊbe / ˈʃrʏbe] <N.; ~e {(5.4)}: Schrubber, langstielige Scheuerbürste.
schrull|ig [ˈʃrʊlɪfj] <Adj.; ~e; ~er, ~ste>: schrullig. Tbl. A5.2
schrumm! [ʃrʊmˑ] <Interj.>: schrumm!, für den (misstönenden) Klang von Instrumenten; übertragen auf beliebige, mit entspr. Geräuschen verbundene Handlungen od. Ereignisse.
Schrumm, de [ʃrʊmˑ] <N.; ~e [ˈʃrʊmə]>: Saiteninstrument, meist Gitarre.
schrumpe [ˈʃrʊmpə] <V.; schw.; *sin*; schrumpte [ˈʃrʊmptə]; geschrump [jəˈʃrʊmp]> {6.8.1}: schrumpfen. (180)
Schrump|kopp, der [ˈʃrʊmpˌkɔp] <N.; ~|köpp> {s. u. ↑schrumpe ↑Kopp}: Schrumpfkopf.
Schrumpel, de [ˈʃrʊmpəl] <N.; ~e>: Schrumpel, **1.** Runzel, Falte [auch: ↑Runzel, ↑Krüngdel/Krünkel]. **2.** alte Frau.
schrumpele [ˈʃrʊmpələ] <V.; schw.; *sin*; schrumpelte [ˈʃrʊmpəltə]; geschrumpelt [jəˈʃrʊmpəlt]> {6.8.1; 9.2.1.2}: schrumpfen, schrumpeln, Falten/Runzeln bekommen; runzelig/schrumpelig werden. (6)
schrumpel|ig [ˈʃrʊmpəlɪfj] <Adj.; ~e; ~er, ~ste>: schrumpelig, runzelig; faltig; welk, verknittert [auch: ↑fald|ig, ↑krünkelig]. Tbl. A5.2
Schrung, de [ʃrʊŋ] <N.; Schrüng [ʃrʏŋˑ]> {6.7; 8.3.1}: Schrunde, **a)** Hautriss; **b)** Scharte; **c)** Spalte.
Schrupp, der [ʃrʊp] <N.>: Kredit, Darlehen; nur in den Vbdg. *op S. kaufe (auf K. kaufen), *op S. suffe (sich beim Trinken aushalten lassen).
Schrupp|süff|er, der [ˈʃrʊpˌzʏfe] <N.; ~>: jmd., der ständig Runden mittrinkt, aber selbst nie einen ausgibt.

Schrut, de [ʃruːt] <N.; ~e>: Truthenne, **1.** großer weibl. Hühnervogel, Pute [auch: ↑Put¹ (1)]. **2.** (abw.) dumme, törichte Person [auch: ↑Put¹ (2)].

Schrute|kopp, der [ˈʃruːtəˌkɔp] <N.; ~|köpp> {s. u. ↑Kopp}: Dummkopf.

Schrut|hahn, der [ˈʃruːtˌhaˑn] <N.; ~|hähn>: Truthahn, Puter.

Schruuv, de [ʃruˑf] <N.; ~e; Schrüüv|che [ˈʃryˑfjə]> {5.1.3; 6.1.1; 8.3.1}: **1.** Schraube, Gewindestift. **2.** *aal **Schruuv** (alte Frau) [auch: ↑Aal¹, *aal ↑Fräu|che (2)*, ↑*aal Schartek (2)*].

schruuve [ˈʃruˑvə] <V.; schw.; han; schruuvte [ˈʃruˑftə]; geschruuv [jəˈʃruˑf]> {5.1.3; 6.1.1}: schrauben. (158)

Schruuve|kopp, de [ˈʃruˑvəˌkɔp] <N.; ~|köpp> {s. u. ↑Schruuv ↑Kopp}: Schraubenkopf.

Schruuve|mutter, de [ˈʃruˑvəˌmʊtə] <N.; ~e> {s. u. ↑Schruuv}: Schraubenmutter.

Schruuve|schlössel, der [ˈʃruˑvəˌʃløsəl] <N.; ~e> {s. u. ↑Schruuv ↑Schlössel}: Schraubenschlüssel.

Schruuve|treck|er, der [ˈʃruˑvəˌtrɛkə] <N.; ~> {s. u. ↑Schruuv ↑trecke}: Schraubendreher, Schraubenzieher.

Schruuv|knääch, der [ˈʃruːfˌknɛːʃ] <N.; ~te> {s. u. ↑Schruuv}: (Werkzeug) große Schraubzwinge.

Schruuv|stock, der [ˈʃruːfˌʃtɔk] <N.; ~|stöck> {s. u. ↑Schruuv}: Schraubstock.

Schruuv|stohl, der [ˈʃruːfˌʃtoˑl] <N.; kein Pl.>: Gewindebohrer, Werkzeug aus Stahl zum Einschneiden des Gewindes einer Schraube od. einer Schraubenmutter.

Schruuv|ver|schluss, der [ˈʃruːfəˌʃlʊs] <N.; ~|schlüss> {s. u. ↑schruuve ↑Ver|schluss}: Schraubverschluss.

Schruuv|zwing, de [ˈʃruːfˌtsvɪŋˑ] <N.; ~e [-tsvɪŋə]> {s. u. ↑Schruuv ↑Zwing}: Schraubzwinge.

schubbe [ˈʃʊbə / ˈʃʊpə] <V.; schw.; han; schubbte [ˈʃʊptə]; geschubb [jəˈʃʊp]>: schubben; kratzen: *Schubb dich nit esu!* (Kratz dich nicht so!); *Dä Hungk schubb sich am Pohl.* (Der Hund kratzt sich am Pfahl.). (167)

schubb|ig [ˈʃʊbɪʃ] <Adj.; ~e; ~er, ~ste> {5.3.2; 5.4}: schäbig, abgenutzt, armselig, abgewetzt [auch: ↑av|ge|greffe; ↑schless|ig; ↑ver|schlesse]. Tbl. A5.2

Schubb|jack, der [ˈʃʊpˌjak] <N.> {5.3.2}: Schubiack, Lump, niederträchtiger Mensch.

schubse [ˈʃʊpsə] <V.; schw.; han; schubste [ˈʃʊpstə]; geschubs [jəˈʃʊps]>: schubsen, stoßen, stupsen [auch: ↑däue (1), ↑dränge (2), ↑dröcke (2b), ↑puffe, ↑schiebe (1), ↑schurvele, ↑schubbe¹/schuppe¹, ↑stuppe, ↑stüsse]. (87)

Schudder, der [ˈʃʊdə] <N.; ~e> {5.3.4}: Schauder.

schuddere [ˈʃʊdərə] <V.; schw.; han; schudderte [ˈʃʊdətə]; geschuddert [jəˈʃʊdət]> {9.2.1.2}: schuddern; schaudern, frösteln. (4)

Schudder|hot, der [ˈʃʊdəˌhoˑt] <N.; ~|höt>: **1.** ärmlich gekleideter Mensch. **2.** Lump, niederträchtiger Mensch.

schudder|ig [ˈʃʊdərɪʃ] <Adj.; ~e; ~er, ~ste>: **1.** schauderhaft, erbärmlich. **2.** gemein, niederträchtig. **3.** kalt, nasskalt. Tbl. A5.2

Schuffel, de [ˈʃʊfəl] <N.; ~e> {5.3.4}: Schaufel [auch: ↑Schöpp].

Schüffel|che, et [ˈʃyfəlʃə] <N.; ~r> {5.3.4}: Schäufelchen, kleiner Spaten zum Jäten.

schuffele [ˈʃʊfələ] <V.; schw.; han; schuffelte [ˈʃʊfəltə]; geschuffelt [jəˈʃʊfəlt]> {5.3.4; 9.2.1.2}: schaufeln. (6)

Schuffel|ieser, et [ˈʃʊfəlˌiˑzə] <N.; ~(e)> {s. u. ↑Schuffel ↑Ieser}: Schaufeleisen, kleiner Spaten zum Jäten.

schufte [ˈʃʊftə] <V.; schw.; han; geschuff [jəˈʃʊf]>: schuften, malochen. (89)

Schüler|us|wies, der [ˈʃyˑləˌʊsviːs] <N.; ~e> {s. u. ↑Us|wies}: Schülerausweis.

Schüler|zeidung, de [ˈʃyˑləˌtsɛɪdʊŋ] <N.; ~e> {6.11.3}: Schülerzeitung.

Schull, de [ʃʊlˑ] <N.; Schulle [ˈʃʊlə]> {5.3.2; 8.3.1}: Schule.

Schull|aan|fäng|er, der [ˈʃʊlˌaːnfɛŋə / ˈʃʊlanˌfɛŋə] <N.; ~> {s. u. ↑Schull}: Schulanfänger [auch: ↑I-A-Köttela].

Schull|aaz, de [ˈʃʊlˌaːts] <N.; ~|ääz> {s. u. ↑Schull ↑Aaz}: Schularzt.

Schull|amp, et [ˈʃʊlˌamp] <N.; ~|ämter> {s. u. ↑Schull ↑Amp}: Schulamt.

Schull|atlas, der [ˈʃʊlatˌlas] <N.; ~atlante [-atˌlantə]> {s. u. ↑Schull}: Schulatlas.

Schull|av|gäng|er, der [ˈʃʊlˌafˌjɛŋə] <N.; ~> {s. u. ↑Schull}: Schulabgänger.

Schull|av|schluss, der [ˈʃʊlafˌʃlʊs] <N.; ~|schlüss> {s. u. ↑Schull ↑Av|schluss}: Schulabschluss.

Schull|bank, de [ˈʃʊlˌbaŋk] <N.; ~|bänk> {s. u. ↑Schull}: Schulbank.

Schull|bild|ung/~|beld|~, de [ˈʃʊlˌbɪlˑdʊŋ / -beld-] <N.; o. Pl.> {s. u. ↑Schull ↑Bild|ung/Beld|~}: Schulbildung.

Schull|boch, et ['ʃʊl,boːx] <N.; ~|böcher> {s. u. ↑Schull ↑Boch¹}: Schulbuch.

Schull|brud, de ['ʃʊl,bruːt] <N.; ~e> {s. u. ↑Schull ↑Brud}: Schulbrot [auch: ↑Pause|brud/Puuse|~].

Schull|bus, der ['ʃʊl,bʊs] <N.; ~se> {s. u. ↑Schull}: Schulbus.

Schull|dag, de ['ʃʊl,daːx] <N.; ~/~e/~|däg [-daˑx / -daˑʀə / -dɛˑʃ]> {s. u. ↑Schull ↑Dag}: Schultag.

Schull|deens, der ['ʃʊl,deːns] <N.; o. Pl.> {s. u. ↑Schull ↑Deens}: Schuldienst.

schulle ['ʃʊlə] <V.; schw.; *han*; schullte ['ʃʊltə]; geschullt [jə'ʃʊlt]> {5.3.2}: schulen.; *s. gonn (zur Schule gehen) (91)

Schull|ferie ['ʃʊl,feːrɪə] <N.; Pl.> {s. u. ↑Schull ↑Ferie}: Schulferien.

Schull|flich, de ['ʃʊl,flɪç] <N.; o. Pl.> {s. u. ↑Schull ↑Flich}: Schulpflicht.

schull|flicht|ig ['ʃʊl,flɪçtɪç] <Adj.; ~e> {5.3.2}: schulpflichtig. Tbl. A5.2

schull|frei ['ʃʊl,freɪ] <Adj.; ~e> {5.3.2}: schulfrei. Tbl. A2.9

Schull|fründ, der ['ʃʊl,frʏnt] <N.; ~e> {s. u. ↑Schull ↑Fründ}: Schulfreund, Schulkamerad.

Schull|geld, et ['ʃʊl,jɛlt] <N.> {s. u. ↑Schull}: Schulgeld.

Schull|ge|setz, et ['ʃʊljə,zɛts] <N.; ~e> {s. u. ↑Schull ↑Ge|setz}: Schulgesetz.

Schull|glock, de ['ʃʊl,jlɔk] <N.; ~e> {s. u. ↑Schull ↑Glock}: Schulglocke.

Schull|goddes|deens, der ['ʃʊl,jɔdəs,deːns] <N.; ~te> {s. u. ↑Schull ↑Godd¹ ↑Deens}: Schulgottesdienst.

Schull|heff, et ['ʃʊl,hɛf] <N.; ~|hefte> {s. u. ↑Schull ↑Heff¹}: Schulheft.

Schull|hoff, der ['ʃʊl,hɔf] <N.; ~|höff> {s. u. ↑Schull ↑Hoff}: Schulhof [auch: ↑Pause|hoff/Puuse|~].

Schull|huus, et ['ʃʊl,huːs] <N.; ~|hüüser [-hyˑzə]> {s. u. ↑Schull ↑Huus}: Schulhaus, Schulgebäude.

Schull|johr, de ['ʃʊl,joˑ(ə)] <N.; ~e> {s. u. ↑Schull ↑Johr}: Schuljahr.

Schull|jung, der ['ʃʊl,jʊŋˑ] <N.; ~e [-jʊŋə]> {s. u. ↑Schull ↑Jung}: Schuljunge; **[RA]**: *einer wie ene (domme) S. behandele* (jmdn. wie einen (dummen) S., wie jmdn., der noch belehrt werden muss, noch unfertig ist, behandeln).

Schull|kamerad, der ['ʃʊlkamə,raˑt] <N.; ~e> {s. u. ↑Schull ↑Kamerad}: Schulkamerad, Schulfreund.

Schull|kind, et ['ʃʊl,kɪnt] <N.; ~er> {s. u. ↑Schull ↑Kind}: Schulkind.

Schull|klass, de ['ʃʊl,klas] <N.; ~e> {s. u. ↑Schull ↑Klass}: Schulklasse.

Schull|leiter, der ['ʃʊlˌlaɪtɐ] <N.; ~> {s. u. ↑Schull}: Schulleiter.

Schull|mäd|che, et ['ʃʊl,mɛˑtʃə] <N.; ~r> {s. u. ↑Schull ↑Mäd|che}: Schulmädchen.

Schull|medizin, de ['ʃʊlmedɪ,tsiˑn] <N.; o. Pl.> {s. u. ↑Schull}: Schulmedizin.

Schull|ranze, der ['ʃʊl,rantsə] <N.; ~> {s. u. ↑Schull ↑Ranze}: Schulranzen.

schull|rief ['ʃʊl,riːf] <Adj.; ~e> {s. u. ↑Schull ↑rief}: schulreif. Tbl. A1

Schull|rod, der ['ʃʊl,rɔt] <N.; ~|röd> {s. u. ↑Schull ↑Rod}: Schulrat.

Schull|scheff, et ['ʃʊl,ʃef] <N.; ~e> {s. u. ↑Schull ↑Scheff}: Schulschiff, Schiff zur Ausbildung von Seeleuten.

Schull|schluss, der ['ʃʊl,ʃlʊs] <N.; o. Pl.> {s. u. ↑Schull ↑Schluss}: Schulschluss.

Schull|sprech|er, der ['ʃʊlˌʃprɛçɐ] <N.; ~> {s. u. ↑Schull}: Schulsprecher, Schülersprecher.

Schull|stress, der ['ʃʊl,ʃtrɛs] <N.; kein Pl.> {s. u. ↑Schull}: Schulstress.

Schull|stund, de ['ʃʊl,ʃtʊnˑt] <N.; ~(e)> {s. u. ↑Schull ↑Stund}: Schulstunde.

Schull|täsch, de ['ʃʊl,tɛʃ] <N.; ~e> {s. u. ↑Schull ↑Täsch}: Schultasche, Schulmappe.

Schull|tüt, de ['ʃʊl,tyːt] <N.; ~e> {s. u. ↑Schull ↑Tüt}: Schultüte.

Schull|wäg, der ['ʃʊl,vɛˑŋ] <N.; ~(e) [-vɛˑŋ / -vɛˑjə]> {s. u. ↑Schull ↑Wäg}: Schulweg.

Schull|wäßel, der ['ʃʊl,vɛˑsəl] <N.; ~e> {s. u. ↑Schull ↑Wäßel}: Schulwechsel.

Schull|wesse, et ['ʃʊl,vesə] <N.; kein Pl.> {s. u. ↑Schull ↑Wesse}: Schulwissen, Schulkenntnisse.

Schull|zeugnis, et ['ʃʊl,tsɔʏŋnɪs] <N.; ~se> {s. u. ↑Schull}: Schulzeugnis.

Schull|zigg, de ['ʃʊl,tsɪk] <N.; ~e> {s. u. ↑Schull ↑Zigg}: Schulzeit.

schummele [ʃʊmələ] <V.; schw.; *han*; schummelte ['ʃʊməltə]; geschummelt [jə'ʃʊməlt]> {9.2.1.2}: schummeln. (6)

schummer|ig ['ʃʊmərɪŋ] <Adj.; ~e; ~er, ~ste>: schummerig [auch: ↑düster/duster]. Tbl. A5.2

Schummer|leech, et ['ʃʊmɐˌleːfŋ] <N.; o. Pl.> {s. u. ↑Leech}: Schummerlicht, Dämmerlicht.

Schund|heff, et ['ʃʊntˌhɛf] <N.; ~|hefte>: Schundheft.

schüngele [ʃʏŋələ] <V.; schw.; han; schüngelte ['ʃʏŋəltə]; geschüngelt [jə'ʃʏŋəlt]> {9.2.1.2}: (er)betteln; übervorteilen. (6)

Schüngel|ei, de [ʃʏŋə'leɪˑ] <N.; ~e [-e̞ɪə]>: kleine Betrügerei.

Schüngel|er, der ['ʃʏŋələ] <N.; ~>: hinterlistiger, raffinierter, betrügerischer Mann; zwielichtiger Unterhändler.

schüngel|ig ['ʃʏŋəlɪŋ] <Adj.; ~e; ~er, ~ste>: eigennützig, selbstsüchtig, unaufrichtig. Tbl. A5.2

Schüngels|krom, der ['ʃʏŋəlsˌkrɔˑm] <N.; kein Pl.>: Schund, wertloses Zeug.

schunkele ['ʃʊŋkələ] <V.; schw.; han; schunkelte ['ʃʊŋkəltə]; geschunkelt [jə'ʃʊŋkəlt]> {9.2.1.2}: schunkeln. (6)

Schunkel|leed, et ['ʃʊŋkəlleˑt] <N.; ~er> {s. u. ↑schunkele ↑Leed}: Schunkellied.

Schupp, de [ʃʊp] <N.; ~e ⟨mhd. schuop(p)e, ahd. scuobba, urspr. = abgeschabte Fischschuppe, zu schaben⟩> {8.3.1}: Schuppe.

Schupp(s), der [ʃʊp(s)] <N.; Schüpp(s) [ʃʏp(s)]> {6.13.1}: Schubs, Stoß.

schuppe¹/schubbe¹ ['ʃʊpə / 'ʃʊbə] <V.; schw.; han; schuppte ['ʃʊptə]; geschupp [jə'ʃʊp]> {6.12.1}: schubsen, stoßen [auch: ↑schubse]. (75) (167)

schuppe ['ʃʊpə] <V.; schw.; han; schuppte ['ʃʊptə]; geschupp [jə'ʃʊp]> {6.12.1}: **1.** schubsen, stoßen [auch: ↑däue (1), ↑dränge (2), ↑dröcke (2b), ↑puffe, ↑schiebe (1), ↑schurvele, ↑schubse, ↑stuppe, ↑stüsse]. **2.** entschuppen, von Schuppen befreien: *Fesch s.* (Fisch s.). **3.** <sich s.> sich schuppen, Schuppen bilden u. abstoßen: *Hä schupp sich stark.* (Er schuppt sich stark.); *Der Kopp schupp sich.* (Der Kopf schuppt sich.); [auch: ↑schave]. (75)

schüre ['ʃyː(ɐ)rə] <V.; schw.; han; schürte ['ʃyːɐ̯tə]; geschürt [jə'ʃyːɐ̯t]>: schüren, (ein Feuer) anfachen. (21)

schürfe ['ʃʏrfə] <V.; schw.; han; schürfte ['ʃʏrftə]; geschürf [jə'ʃʏrf]>: schürfen [auch: ↑schurvele]. (105)

Schürf|wund, de ['ʃʏrfˌvʊnˑt] <N.; ~e> {s. u. ↑schürfe ↑Wund}: Schürfwunde.

schürge/schürgele ['ʃʏrˑjə / 'ʃʏrˑjələ] <V.; schw.; han; schürgte/schürgelte ['ʃʏrˑftə / 'ʃʏrˑjəltə]; geschürg/geschürgelt [jə'ʃʏrˑf / jə'ʃʏrˑjəlt]>: schürgen, karren, **1.** einen Karren, einen Wagen schieben; mit einem Wagen befördern: *de Kaar s.* (einen Wagen schieben); *Klütte s.* (Brikett (mit einem Wagen) befördern). **2.** (scherzh.) (gemächlich) gehen, sich fortbewegen; zuckeln: *Ich s. jetz op heim aan.* (Ich zuckele jetzt nach Hause.). (39) (6)

Schürg|er, der ['ʃʏrˑjə] <N.; ~>: Karrenschieber.

Schürres|kaar/Schörres|~, de ['ʃʏrəsˌkaˑ(ɐ̯) / 'ʃørəs-] <N.; ~e> {s. u. ↑Kaar}: Schubkarre, Holzwagen, **1.** urspr.: niedrige Holzschubkarre der Gemüsegärtner. **2.** selbstgebautes Holzauto, „Seifenkiste". **3.** altes verschlissenes Gefährt jeglicher Art: *Wat häs do dann do för en aal S.?* (Was hast du denn da für ein Gefährt?).

schurvele ['ʃʊrˑvələ] <V.; schw.; han; schurvelte ['ʃʊrˑvəltə]; geschurvelt [jə'ʃʊrˑvəlt]> {5.4; 6.5.2; 9.2.1.2}: hörbar über etw. rutschen, schieben, etw. hörbar über den Boden schleifen, etw. stoßen: *Schurvel nit esu, treck de Bein aan!* (Scharr nicht so, zieh die Beine an!) [auch: ↑däue (1), ↑dränge (2), ↑dröcke (2b), ↑puffe, ↑schiebe (1) ↑schubbe¹/schuppe¹, ↑schubse, ↑stuppe, ↑stüsse]. (6)

schürvele ['ʃʏrˑvələ] <V.; schw.; han; schürvelte ['ʃʏrˑvəltə]; geschürvelt [jə'ʃʏrˑvəlt] {5.4; 6.5.2; 9.2.1.2}: scharren, scheuern, schürfen [auch: ↑schürfe, ↑scharre]. (6)

Schusel, der ['ʃʊzəl] <N.; ~e> {6.10.1; 7.4}: Schussel.

schusel|ig ['ʃʊzəlɪŋ] <Adj.; ~e; ~er, ~ste> {7.4}: schusselig, vergesslich, gedankenlos. Tbl. A5.2

Schuß, der [ʃuˑs] <N.; Schüß [ʃyˑs]> {5.4}: Schoß, **1.** die beim Sitzen gebildete Krümmung bzw. Mulde zw. Unterleib u. Oberschenkel. **2.** Rockschoß.

Schuß|hüng|che, et ['ʃuˑsˌhyŋˑfjə] <N.; ~r> {s. u. ↑Schuß ↑Hungk}: Schoßhündchen.

Schuster|jung, der ['ʃʊstəˌjʊŋˑ] <N.; ~e [-jʊŋə]>: Schusterlehrling.

Schutt|haufe, der ['ʃʊtˌhoʊfə] <N.; ~> {s. u. ↑Haufe}: Schutthaufen.

Schutt|platz, der ['ʃʊtˌplats] <N.; ~|plätz> {s. u. ↑Platz¹}: Schuttplatz, Schuttabladeplatz.

Schützel, et ['ʃʏtsəl] <N.; ~e> {8.2.4}: Schürze (die).

Schützels|bängel, der ['ʃʏtsəlsˌbɛŋəl] <N.; ~e> {s. u. ↑Schützel ↑Bängel}: Schürzenbändel.

Schützels|täsch, de [ˈʃytsəlsˌtɛʃ] <N.; ~e> {s. u. ↑Schützel ↑Täsch}: Schürzentasche.

Schuum, der [ʃuːm] <N.> {5.1.3}: Schaum.

Schuum|badd, et [ˈʃuːmˌbat] <N.; ~|bäder [-bɛˑdə] (unr. Pl.)> {s. u. ↑Schuum ↑Badd}: Schaumbad.

Schuum|blǫs|che, et [ˈʃuːmˌblœˑsjə] <N.; ~r> {s. u. ↑Schuum ↑Blǫs}: Schaumbläschen.

Schüüm|che, et [ˈʃyˑmɦə] <N.; ~r> {5.1.3}: Schaumwein.

schüüme [ˈʃyˑmə] <V.; schw.; *han*; schüümte [ˈʃyˑmtə]; geschüümp [jəˈʃyˑmp]> {5.1.3}: schäumen. (122)

schuum|ig [ˈʃuˑmɪɦ] <Adj.; ~e; ~er, ~ste> {5.1.3}: schaumig. Tbl. A5.2

Schuum|krun, de [ˈʃuːmˌkruˑn] <N.; ~e> {s. u. ↑Schuum ↑Krun}: Schaumkrone. **1.** Schaumkamm, mit Schaum bedeckter Wellenkamm. **2.** starke Schaumbildung auf einer Flüssigkeit, z. B. Bier [auch: ↑Krun (6)].

Schuum|löffel, der [ˈʃuːmˌlœfəl] <N.; ~e> {s. u. ↑Schuum ↑Löffel}: Schaumlöffel.

Schuum|schläg|er, der [ˈʃuːmˌʃlɛˑjɐ] <N.; ~> {s. u. ↑Schuum}: Schaumschläger, Prahler.

Schuum|stoff, der [ˈʃuːmˌʃtɔf] <N.; o. Pl.> {s. u. ↑Schuum}: Schaumstoff.

Schuum|teppich, der [ˈʃuːmˌtɛpɪɦ] <N.; ~e> {s. u. ↑Schuum}: Schaumteppich.

Schuur/Schoor, de [ʃuˑɐ̯ / ʃoˑɐ̯] <N.; ~e> {5.1.4.6; 8.2.2.2}: Schauer, **1.** Regensschauer. **2.** Schauder.

Schüür/Schöör, de [ʃyˑɐ̯ / ʃøˑɐ̯] <N.; ~e> {5.1.3; 8.3.1}: Scheune.

schüüre/schööre [ˈʃyˑ(ɐ̯)rə / ˈʃøˑ(ɐ̯)rə] <V.; schw.; *han*; schüürte [ˈʃyˑɐ̯tə]; geschüürt [jəˈʃyˑɐ̯t]> {5.1.4.6; 8.2.2.2}: scheuern, **1.** fest mit etw. (Bürste, Scheuermittel) reiben u. dadurch reinigen: *der Boddem s.* (den Boden s.). **2.** durch Reibung beeinträchtigen, abnutzen, wund scheuern: *Der Krage schüürt.* (Der Kragen scheuert.); *sich de Föß wund s.* (sich die Füße wund s.). **3.** <sich s.> sich kratzen: *Dä Hungk schüürt sich am Baum.* (Der Hund kratzt sich am Baum.). **4.** *einem der Möpp sch.* (jmdn. ausschimpfen). (100) (186)

Schüüre|dresch|er/Schööre|~, der [ˈʃy(ɐ̯)rəˌdrɛʃɐ / ˈʃø(ɐ̯)rə-] <N.> {s. u. ↑Schüür/Schöör}: Scheunendrescher, [nur i. d. RA *fresse wie ene S.* (fressen wie ein S.).

Schüüre|tor/Schööre|~, et [ˈʃy(ɐ̯)rəˌtoːɐ̯ / ˈʃø(ɐ̯)rə-] <N.; ~e> {5.1.3; 8.3.1}: Scheunentor.

schwaach/schwach [ʃvaːx / ʃvax] <Adj.; ~e; schwächer, schwächste [ˈʃvɛɦɐ / ˈʃvɛɦstə]> {5.2.1}: schwach, kraftlos. Tbl. A7.2.1.2

Schwaad, de [ʃvaˑt] <N.; ~e> {5.2.1.1.2; 8.3.1}: Schwarte, dicke Haut; *eine vör die S. krige* (Prügel beziehen/bekommen).

Schwaad, der [ʃvaːt] <N.; o. Pl.> {5.2.1.4}: Plauderei.

schwaade [ˈʃvaˑdə] <V.; schw.; *han*; schwaadte [ˈʃvaˑtə]; geschwaadt [jəˈʃvaˑt]> {5.2.1.4}: schwatzen, reden, plaudern; *de Schnüss/de Muul/de Lappe s.*, *sich de Muul fuselig s.*, *sich Franse an de Muul s.* (viel reden, sülzen); *(sich/einer) möd s.* (vollabern, vollquatschen), **[RA]**: *Schwaad se nit!* (gemeint ist: *de Schnüss*. Rede keinen Unsinn) [auch: ↑klaafe (1), ↑plappere, ↑quasele, ↑quatsche¹, ↑redde, ↑rede, ↑schnäbbele, ↑schnaddere (2), ↑schwätze² (1+2)]. (197)

Schwaade|mage, der [ˈʃvaˑdəˌmaˑʀə] <N.> {s. u. ↑Schwaad ↑Mage}: Schwartenmagen, Presskopf.

Schwaad|lappe, der [ˈʃvaːtˌlapə] <N.; ~; ~|läpp|che [-lɛpɦə]>: **1.** Vielschwätzer, jmd., der viel redet bzw. ausplaudert. **2.** Schwätzer, Klugscheißer, Sprüchemacher, ~klopfer, Wichtigtuer; [auch: ↑Bäbbels|muul, ↑Bäbbels|schnüss, ↑Brei|muul, ↑Quatsch|muul, ↑Quatsch|schnüss, ↑Ratsch (4), ↑Schlabber|muul (2), ↑Schlabber|schnüss (2), ↑Schnadder, ↑Schwaad|schnüss, ↑Seiver|lappe, ↑Seiver|muul (2), ↑Seiver|schnüss].

Schwaad|schnüss, de [ˈʃvaːtˌʃnʏs] <N.; ~e; ~che>: **1.** jmd., der viel redet bzw. ausplaudert. **2.** Schwätzer, Klugscheißer, Wichtigtuer, Sprüchemacher, ~klopfer; [auch: ↑Bäbbels|muul, ↑Bäbbels|schnüss, ↑Brei|muul, ↑Quatsch|muul, ↑Quatsch|schnüss, ↑Ratsch (4), ↑Schlabber|muul (2), ↑Schlabber|schnüss (2), ↑Schnadder, ↑Schwaad|lappe, ↑Seiver|lappe, ↑Seiver|muul (2), ↑Seiver|schnüss].

Schwaad|verzäll, der [ˌʃvaːtfɐˈtsɛl] <N.; kein Pl.>: Unsinn, langweiliges, sinnloses Geschwätz [auch: ↑Käu (2), ↑Käu|verzäll, ↑Futz|verzäll, ↑Piss|verzäll, ↑Quatsch|verzäll, ↑Dress|verzäll, ↑Sęck (2), ↑Sęck|verzäll].

Schwäät, et [ʃvɛːt] <N.; ~er> {5.2.1.1.1; 5.4}: Schwert.

Schwäät|fesch, der [ˈʃvɛːtˌfeʃ] <N.; ~(e) [-feʃˑ / -feʃə]> {s. u. ↑Schwäät ↑Fesch}: Schwertfisch.

Schwabbel, de [ˈʃvabəl] <N.; ~e>: Schleifmaschine.

schwabbele [ˈʃvabələ] <V.; schw.; *han*; schwabbelte [ˈʃvabəltə]; geschwabbelt [jəˈʃvabəlt]> {9.2.1.2}:

schwabbeln, schwabbern, **1.** sich als gallertartige Masse wackelnd/zitternd hin u. her bewegen. **2.** schwafeln, töricht daherreden. (6)

schwabbel|ig [ˈʃvabəlɪç] <Adj.; ~e; ~er, ~ste>: schwabbelig, quabbelig. Tbl. A5.2

Schwabbels|buch, der [ˈʃvabəlsˌbʊx] <N.; ~|büch> {9.1.2; s. u. ↑Buch¹}: Hängebauch, Fettbauch.

Schwabe¹, der [ˈʃvaˑbə] <N.; ~>: Schwabe, Einw. von Schwaben.

Schwabe² [ˈʃvaˑbə] <N.; Ortsn.>: Schwaben; Region in Südwestdeutschland.

schwach/schwaach [ʃvax / ʃvaːx] <Adj.; ~e; schwächer, schwächste [ˈʃvɛçɐ / ˈʃvɛçstə]>: schwach. Tbl. A7.2.2

schwäche [ˈʃvɛçə] <V.; schw.; han; schwächte [ˈʃvɛçtə]; geschwäch [jəˈʃvɛç]>: schwächen. (123)

Schwäche|aan|fall, der [ˈʃvɛçəˌaːnfal] <N.; ~|fäll [-fɛlˑ]> {s. u. ↑Aan|fall}: Schwächeanfall.

Schwäche|zo|stand, der [ˈʃvɛçəˌtsoˑʃtant] <N.; ~|ständ [-ʃtɛnˑt]> {s. u. ↑Zo|stand}: Schwächezustand.

Schwach|kopp, der [ˈʃvaxˌkɔp] <N.; ~|köpp [-kœpˑ]> {s. u. ↑Kopp}: Schwachkopf.

Schwach|punk, der [ˈʃvaxˌpʊŋk] <N.; ~te> {s. u. ↑Punk}: Schwachpunkt, Schwachstelle.

Schwach|stell, de [ˈʃvaxˌʃtɛlˑ] <N.; ~e [-ʃtɛlə]> {s. u. ↑Stell}: Schwachstelle.

Schwadem, der [ˈʃvaˑdə] <N.; o. Pl.> {6.13.4}: Schwaden, Dampf, Dunst, Nebel, Rauch.

schwademe [ˈʃvaˑdəmə] <V.; unpers., nur 3. Pers. Sg.; schw.; han; schwademte [ˈʃvaˑdəmtə]; geschwademp [jəˈʃvaˑdəmp]> {6.12.4}: dunsten; Schwaden/Dunst entwickeln. (144)

Schwadron|eur, der [ʃvadroˈnøːɐ] <N.; ~e>: Schwadroneur, **a)** Schwätzer; **b)** Prahler.

schwadroniere/~eere [ʃvadroˈniˑ(ɐ)rə / -eˑrə] <V.; schw./unr.; han; schwadronierte [ʃvadroˈniˑɐtə]; schwadroniert [ʃvadroˈniˑɐt] <spätmhd. swadern> {(5.1.4.3)}: schwadronieren, prahlerisch schwatzen. (3) (2)

Schwalv(ter), de [ʃvalˑf(tɐ)] <N.; ~e [ˈʃvalˑvə / ˈʃvalˑftɐə]> {6.1.1; 8.3.1}: Schwalbe.

Schwalve|gass, [ˈʃvalvəˌjas] <N.; Straßenn.> {s. u. ↑Schwalv(ter) ↑Gass¹}: Schwalbengasse; Straße in Köln-Altstadt/Nord. An dieser Straße soll der Garten einer Familie Fürth gelegen haben, in dem vielen Schwalben lebten. Aus dem ursprünglichen Namen ist ersichtlich, dass die Kesselschläger hier ansässig waren.

Schwalve|stätz/Schwalvter|~, der [ˈʃvalˑvəˌʃtɛts / ˈʃvalˑftɐ-] <N.; ~e> {s. u. ↑Schwalv(ter)}: Schwalbenschwanz, **1.** Schwanz der Schwalbe. **2.** Frack. **3.** Schmetterling.

Schwalve|ness/Schwalvter|~, et [ˈʃvalˑvəˌnes / ˈʃvalˑftɐ-] <N.; ~|nester> {s. u. ↑Schwalv(ter) ↑Ness¹}: Schwalbennest.

Schwamm, der [ʃvam] <N.; Schwämm [ʃvɛmˑ]; Schwämm|che [ˈʃvɛmˑçə]>: Schwamm.

Schwan, der [ʃvaˑn] <N.; Schwän [ʃvɛˑn]>: Schwan.

Schwane|hals, der [ˈʃvaˑnəˌhals] <N.; ~|häls [-hɛlˑs]> {s. u. ↑Hals}: Schwanenhals.

schwanger [ˈʃvaŋɐ] <Adj.; ~e>: schwanger. Tbl. A2.6

Schwanger|schaff, de [ˈʃvaŋɐˌʃaf] <N.; ~|schafte>: Schwangerschaft.

Schwanger|schaffs|av|broch, der [ˈʃvaŋɐʃafsˌafbrɔx] <N.; ~|bröch> {s. u. ↑Schwanger|schaff ↑Av|broch}: Schwangerschaftsabbruch.

Schwanger|schaffs|striefe/~|streife, der [ˈʃvaŋɐʃafsˌʃtriːfə / -ʃtrɛɪfə] <N.; ~ (meist Pl.)> {s. u. ↑Schwanger|schaff ↑Striefe/Streife}: Schwangerschaftsstreifen.

Schwanger|schaffs|tess, der [ˈʃvaŋɐʃafsˌtɛs] <N.; ~|tests> {s. u. ↑Schwanger|schaff ↑Tess}: Schwangerschaftstest.

Schwank, der [ʃvaŋk] <N.; Schwänk [ʃvɛŋk]> <mhd. swanc (Schwang) = (Fecht)hieb; lustiger Einfall, Streich)>: Schwank.

schwanke [ˈʃvaŋkə] <V.; schw.; han u. sin; schwankte [ˈʃvaŋktə]; geschwank [jəˈʃvaŋk]>: schwanken. (41)

Schwanz, der [ʃvants] <N.; Schwänz [ʃvɛnts]> <mhd. swanz>: Schwanz [auch: ↑Stätz].

schwänze [ˈʃvɛntsə] <V.; schw.; han; schwänzte [ˈʃvɛntstə]; geschwänz [jəˈʃvɛnts]>: schwänzen. (42)

schwänzele [ˈʃvɛntsələ] <V.; schw.; han; schwänzelte [ˈʃvɛntsəltə]; geschwänzelt [jəˈʃvɛntsəlt]> {9.2.1.2}: schwänzeln. (6)

Schwanz|fedder, de [ˈʃvantsˌfɛdɐ] <N.; ~e> {s. u. ↑Fedder}: Schwanzfeder.

Schwanz|floss, de [ˈʃvantsˌflɔs] <N.; ~e> {s. u. ↑Floss²}: Schwanzflosse.

Schwanz|stöck, et ['ʃvants͜ˌʃtøk] <N.; ~/~e/~er> {s. u. ↑Stöck}: (Kochk.) Schwanzstück; **a)** Stück der hinteren Rinderkeule; **b)** hinteres Stück vom Fisch mit dem Schwanz.

schwappe ['ʃvapə] <V.; schw.; *han* u. *sin*; schwappte ['ʃvaptə]; geschwapp [jə'ʃvap]>: schwappen. (75)

Schwarm, der [ʃvarm] <N.; Schwärm [ʃvɛrˑm]>: Schwarm, **1.** größere Menge Personen od. Tiere: *ene S. Beie* (ein S. Bienen). **2.** jmd., den man verehrt/für den man schwärmt.

schwärme ['ʃvɛrˑmə] <V.; schw.; *han*; schwärmte ['ʃvɛrˑmtə]; geschwärmp [jə'ʃvɛrˑmp]>: schwärmen, **1.** herumfliegen. **2.** anbeten, bewundern. (127)

schwärre ['ʃvɛrə] <V.; nur 3. Pers.; unr.; *han*; schwärte ['ʃvɛːe̯tə]; geschwärt [jə'ʃvɛːe̯t]> {5.3.2}: schwären, eitern. (168)

Schwärre, der ['ʃvɛrə] <N.; ~> {5.3.2; (9.1.1)}: Schwär(e) (die), Geschwür.

schwatz [ʃvats͜] <Adj.; ~e; ~er, ~este> {8.2.4}: schwarz, **1. a)** die dunkelste Farbe: *en ~e Katz* (eine ~e Katze); **b)** von sehr dunklem Aussehen: *~e Peffer* (~er Pfeffer); *~e Keesche* (~e Kirschen). **2.** die dunkelste Hautfarbe. **3.** Farbe einer pol.-kirchl. Gesinnung. **4.** illegal: *jet s. verkaufe* (etw. s. verkaufen). **5.** in Vbdg. mit einigen V. negativ: *~fahre* (~fahren); **sich s. ärgere* (sich s. ärgern, sehr ärgern); **s. em Geseech sin* (verrückt sein, spinnen). Tbl. A1

Schwatz|afrika ['ʃvats͜ˌlaˑfrɪka] <N.; Ortsn.> {s. u. ↑schwatz}: Schwarzafrika.

Schwatz|arbeid|er, der ['ʃvadzarˌbei̯ˑdɐ] <N.; ~> {s. u. ↑schwatz ↑Arbeid|er}: Schwarzarbeiter.

Schwatz|bär, der ['ʃvats͜ˌbeˑɐ̯] <N.; ~e> {s. u. ↑schwatz ↑Bär}: Schwarzbär.

Schwatz|brenn|er, der ['ʃvats͜ˌbrɛnɐ] <N.; ~> {s. u. ↑schwatz ↑brenne}: Schwarzbrenner.

Schwatz|brenn|erei, de ['ʃvatsbrɛnəˌrei̯ˑ] <N.; ~e [-ə'rei̯ə]> {s. u. ↑schwatz ↑Brenn|erei}: Schwarzbrennerei.

Schwatz|brud, et ['ʃvats͜ˌbruˑt] <N.; ~e> {s. u. ↑schwatz ↑Brud}: Schwarzbrot, Roggenvollkornbrot.

Schwätz|che, et ['ʃvɛts͜jə] <N.; ~r>: Schwätzchen, Plauderei, zwanglose Unterhaltung.

Schwätz|de, de ['ʃvɛts͜də] <N.; kein Pl.> {8.2.4; 10.2.8}: Schwärze.

Schwatz|doon, der ['ʃvats͜ˌdɔːn] <N.; ~|döönes> {s. u. ↑schwatz ↑Doon}: Schwarzdorn, Schlehdorn.

Schwatz|drossel, de ['ʃvats͜ˌdrɔsəl] <N.; ~e>: Amsel, Schwarzdrossel.

Schwatze, der u. de ['ʃvats͜ə] <N.; subst. Adj.; ~> {8.2.4}: Schwarze, Farbige.

schwätze[1] ['ʃvɛts͜ə] <V.; schw.; *han*; schwätzte ['ʃvɛts͜tə]; geschwätz [jə'ʃvɛts͜]> {8.2.4}: schwärzen, schwarz färben. (114)

schwätze[2] ['ʃvɛts͜ə] <V.; schw.; *han*; schwätzte ['ʃvɛts͜tə]; geschwätz [jə'ʃvɛts͜]>: schwätzen, schwatzen, reden, **1.** sich zwanglos unterhalten. **2.** störend, nervend wortreich vorbringen; [auch: ↑klaafe (1), ↑plappere, ↑quasele, ↑quatsche[1], ↑redde, ↑rede, ↑schnäbbele, ↑schnaddere (2), ↑schwaade). **3.** ausplaudern [auch: ↑klaafe (2), ↑klatsche (6), ↑tratsche (2), ↑us|quasele, ↑us|quatsche (1)]. (114)

Schwatz|polver, et ['ʃvats͜ˌpolvɐ] <N.; ~> {s. u. ↑schwatz ↑Polver}: Schwarzpulver.

Schwatz|rud|gold / Schwatz-Rud-Gold, et ['ʃvats͜ˌruˑt'jolt] <N.> {s. u. ↑schwatz ↑rud ↑Gold}: Schwarzrotgold.

schwatz|wieß [ˌʃvats͜ˈviːs] <Adj.; ~e> {s. u. ↑schwatz ↑wieß}: schwarzweiß. Tbl. A1

Schwatz|wieß|film, der [ʃvats͜ˈviːsˌfɪləm] <N.; ~e> {s. u. ↑schwatz ↑wieß ↑Film}: Schwarzweißfilm. **1.** Negativfilm für Schwarzweißaufnahmen. **2.** Kinofilm, Fernsehfilm in Schwarzweiß.

Schwatz|wild/~|weld, et ['ʃvats͜ˌvɪlt / -vɛlt] <N.; kein Pl.> {s. u. ↑schwatz ↑Wild/Weld}: (Jägerspr.) Schwarzwild, Wildschweine.

Schwatz|woozel, de ['ʃvats͜ˌvoːts͜əl] <N.; ~e> {s. u. ↑schwatz ↑Woozel}: Schwarzwurzel.

Schwävel, der ['ʃvɛˑvəl] <N.; ~e> {5.4; 6.5.2}: Schwefel (chem. Element, Zeichen: S): *Hee rüch et noh S.* (Hier riecht es nach S.).

Schwävel|che, et ['ʃvɛˑvəlʃə] <N.; ~r>: Zündholz, Streichholz.

schwävel|ig ['ʃvɛˑvəlɪʃ] <Adj.; ~e; ~er, ~ste> {5.4; 6.5.2}: schwef(e)lig. Tbl. A5.2

Schwävel|salv, de ['ʃvɛˑvəlˌzaləf] <N.; ~e> {s. u. ↑Schwävel ↑Salv}: Schwefelsalbe, schwefelhaltige Heilsalbe.

Schwävels|dös|che, et ['ʃvɛˑvəlsˌdøˑsjə] <N.; ~r> {s. u. ↑Schwävel ↑Dos}: Streichholzschachtel.

Schwebe|balke, der ['ʃveˑbəˌbalkə] <N.; i. best. Komposita *schwebe-*, sonst ↑schwevve; ~> {11; s. u. ↑Balke}: Schwebebalken.

Schwebe|zo|stand, der ['ʃveˑbəˌtsoˑʃtant] <N.; i. best. Komposita *schwebe-*, sonst ↑schwevve; ~|ständ [-ʃtɛnˑt]> {11; s. u. ↑Zo|stand}: Schwebezustand.

schweife ['ʃveɪ̯fə] <V.; schw.; *sin*; schweifte ['ʃveɪ̯ftə]; geschweif [jə'ʃveɪ̯f]>: schweifen, schlendern, ziellos wandern. (108)

schweige ['ʃveɪ̯jə] <V.; st.; *han*; schweeg [ʃveˑŋ]; geschweege [jə'ʃveˑjə]>: schweigen [gebräuchl.: *de Muul halde, still sin*]. (181)

Schweige|flich, de ['ʃveɪ̯jəˌflɪŋ] <N; o. Pl..> {s. u. ↑schweige ↑Flich}: Schweigepflicht.

Schweine|brode, der ['ʃvaɪ̯nsˌbroˑdə] <N.; i. best. Komposita *schwein*, sonst ↑Sau; ~> {11; s. u. ↑Brode}: Schweinebraten.

Schweine|buch, der ['ʃvaɪ̯nəˌbʊx] <N.; i. best. Komposita *schwein*, sonst ↑Sau; ~|büch> {11; s. u. ↑Buch¹}: Schweinebauch; Bauchfleisch.

Schweine|mass, de ['ʃvaɪ̯nəˌmas] <N.; i. best. Komposita *schwein*, sonst ↑Sau; ~|maste> {11; s. u. ↑Mass²}: Schweinemast.

Schweine|pess, de ['ʃvaɪ̯nəˌpɛs] <N.; i. best. Komposita *schwein*, sonst ↑Sau; kein Pl.> {11; s. u. ↑Pess}: Schweinepest.

Schweine|rebb|che, et ['ʃvaɪ̯nəˌrɛpʃə] <N.; i. best. Komposita *schwein*, sonst ↑Sau; ~r> {11; s. u. ↑Rebb}: Schweinerippchen.

Schweine|schnetzel, et ['ʃvaɪ̯nəˌʃnɛtsəl] <N.; i. best. Komposita *schwein*, sonst ↑Sau; ~> {11; s. u. ↑Schnetzel}: Schweineschnitzel.

Schweine|zuch, de ['ʃvaɪ̯nəˌtsʊx] <N.; i. best. Komposita *schwein*, sonst ↑Sau; ~te> {11; s. u. ↑Zuch}: Schweinezucht.

Schwein|nickel, der ['ʃvaɪ̯nnɪkəl] <N.; i. best. Komposita *schwein*, sonst ↑Sau; ~e> {11}: (Schimpfw.) Schweinigel.

Schweins|uhr/~|ohr, et ['ʃvaɪ̯nsˌuˑɐ̯ / -oˑɐ̯] <N.; i. best. Komposita *schwein*, sonst ↑Sau; ~e> {11; s. u. ↑Uhr²/Ohr²}: Schweinsohr. **1.** Ohr des Schweins. **2.** flaches Blätterteiggebäck von der Form zweier gegeneinander gelegter Spiralen.

Schweiß, der [ʃveɪ̯s] <N.; kein Pl.>: Schweiß, wässrige, salzige Ausdünstung [auch: ↑Schwetz]; **[RA]** *Der S. läuf mer alle vier Backen erav.* (Der S. läuft mir alle vier Backen (Wangen u. Pobacken) herunter.).

Schweiß|droht, der ['ʃveɪ̯sˌdroˑt] <N.; ~|dröht> {s. u. ↑schweiße ↑Droht}: Schweißdraht.

Schweiß|droppe, der ['ʃveɪ̯sˌdrɔpə] <N.; ~> {s. u. ↑Droppe}: Schweißtropfen.

Schweiß|drüs, de ['ʃveɪ̯sˌdryˑs] <N.; ~e (meist Pl.)> {s. u. ↑Schweiß ↑Drüs}: Schweißdrüse.

schweiße ['ʃveɪ̯sə] <V.; schw.; *han*; schweißte ['ʃveɪ̯stə]; geschweiß [jə'ʃveɪ̯s]>: schweißen. (32)

Schweiß|foß, der ['ʃveɪ̯sˌfoˑs] <N.; ~|föß (meist Pl.)> {s. u. ↑Schweiß ↑Foß}: Schweißfuß.

schweiß|ge|badt ['ʃveɪ̯sjəˌbaˑt] <Adj.; *Schweiß* + Part. II von ↑bade; nur präd.> {s. u. ↑bade}: schweißgebadet.

Schweiß|noht, de ['ʃveɪ̯sˌnɔˑt] <N.; ~|nöht> {s. u. ↑Noht}: Schweißnaht.

Schweiß|pääl, de ['ʃveɪ̯sˌpɛˑl] <N.; ~e [-pɛːlə] (meist Pl.)> {s. u. ↑Schweiß ↑Pääl}: Schweißperle.

schweißte ['ʃveɪ̯stə] <V.; schw.; *han*; geschweiß [jəʃveɪ̯s]> {5.2.3}: schwitzen. (169)

schweißt|ig ['ʃveɪ̯stɪŋ] <Adj.; ~e; ~er, ~ste> {5.2.3; 9.1.3}: schwitzig, verschwitzt, schweißig. Tbl. A5.2

Schweiß|us|broch, der ['ʃveɪ̯zʊsˌbrɔx] <N.; ~|bröch> {s. u. ↑Schweiß ↑Us|broch}: Schweißausbruch.

Schweiz|er, der ['ʃvaɪ̯tsɐ] <N.; ~>: Schweizer, **1.** Staatsbürger der Schweiz. **2.** ausgebildeter Melker u. verantwortliche Person für die Milchwirtschft an einem Bauernhof. **3.** Angehöriger der päpstlichen Garde. **4. a)** Hüter eines kath. Gotteshauses; **b)** Hüter des Kölner Doms (Domschweizer).

Schwell, de [ʃvɛlˑ] <N.; ~e ['ʃvɛlə]> {8.3.1}: Schwelle, **1.** Türschwelle. **2.** Bahnschwelle.

Schwell|balg, der ['ʃvɛlˌbalʃ] <N.; ~|bälg(er) [-bɛlˑʃ / -bɛlˑjə]> {s. u. ↑Balg}: Fettwanst, Dicksack, Fettsack.

schwelle¹ ['ʃvɛlə] <V.; st.; *sin*; schwoll [ʃvol]; geschwolle [jə'ʃvolə]> {5.5.2}: schwellen, größer werden, sich ausdehnen, steigen: *Der Hals es geschwolle.* (Der Hals ist geschwollen.). (183)

schwelle² ['ʃvɛlə] <V.; schw.; *sin*; schwellte ['ʃvɛlˑtə]; geschwellt [jə'ʃvɛlˑt]>: schwellen, **1.** blähen, bauschen. **2.** bis zum Weichwerden in Wasser kochen. (91)

Schwemm|av|zeiche, et ['ʃvemaf,tseɪ̯ɦə] <N.; ~> {s. u. ↑schwemme¹ ↑Av|zeiche}: Schwimmabzeichen.

Schwemm|badd, et ['ʃvem,bat] <N.; ~|bäder [-bɛˑdə] (unr. Pl.)> {s. u. ↑schwemme¹ ↑Badd}: Schwimmbad.

Schwemm|becke, et ['ʃvem,bɛkə] <N.; ~> {s. u. ↑schwemme¹ ↑Becke}: Schwimmbecken

Schwemm|be|wäg|ung, de ['ʃvembə,veˑjʊŋ] <N.; ~e (meist Pl.)> {s. u. ↑schwemme¹; 5.4}: Schwimmbewegung.

Schwemm|botz, de ['ʃvem,bots] <N.; ~e; ~|bötz|che [-bøtsjə]> {s. u. ↑schwemme¹ ↑Botz}: Schwimmhose, Badehose [auch: ↑Bade|botz].

schwemme¹ ['ʃvemə] <V.; st.; sin; schwomm [ʃvom]; geschwomme [jə'ʃvomə]> {5.5.2}: schwimmen. (109)

schwemme² ['ʃvemə] <V.; schw.; han; schwemmte ['ʃvemˑtə]; geschwemmp [jə'ʃvemˑp]>: schwemmen, (an)spülen. (40)

Schwemm|er, der ['ʃvemɐ] <N.; ~> {5.5.2}: Schwimmer.

Schwemm|er|becke, et ['ʃvemɐ,bɛkə] <N.; ~> {s. u. ↑Schwemm|er ↑Becke}: Schwimmerbecken.

Schwemm|flögel, der ['ʃvem,fløːjəl] <N.; ~e> {s. u. ↑schwemme¹ ↑Flögel}: Schwimmflügel.

Schwemm|floss, de ['ʃvem,flɔs] <N.; ~e> {s. u. ↑schwemme¹ ↑Floss²}: Schwimmflosse.

Schwemm|göödel, der ['ʃvem,jøˑdəl] <N.; ~e> {s. u. ↑schwemme¹ ↑Göödel}: Schwimmgürtel.

Schwemm|hall, de ['ʃvem,halˑ] <N.; ~e [-halə]> {s. u. ↑schwemme¹ ↑Hall¹}: Schwimmhalle.

Schwemm|hugg, de ['ʃvem,hʊk] <N.; ~|hügg> {s. u. ↑schwemme¹ ↑Hugg}: Schwimmhaut.

Schwemm|stadion, et ['ʃvem,ʃtaːdɪɔn] <N.; ~|stadie [-ʃtaːdɪ̯ə> {s. u. ↑schwemme¹}: Schwimmstadion.

Schwemm|vugel, der ['ʃvem,fuʁəl / -fuˑl] <N.; ~|vügel [-fyjəl / -fyˑl]> {s. u. ↑schwemme¹ ↑Vugel}: Schwimmvogel.

Schwemm|wess, de ['ʃvem,vɛs] <N.; ~|weste> {s. u. ↑schwemme¹ ↑Wess}: Schwimmweste.

Schwengel, der ['ʃvɛŋəl] <N.; ~e>: Schwengel.

Schwenk|ääd|äppel ['ʃvɛŋk,ɛːdəpəl] <N.; mask.; nur Pl.> {s. u. ↑schwenke ↑Ääd ↑Appel}: Schwenkkartoffeln, in Butter geschwenkte Salzkartoffeln.

Schwenk|brode, der ['ʃvɛŋk,bʁoˑdə] <N.; ~> {s. u. ↑schwenke ↑Brode}: Schwenkbraten.

schwenke ['ʃvɛŋkə] <V.; schw.; han; schwenkte ['ʃvɛŋktə]; geschwenk [jə'ʃvɛŋk]>: schwenken, 1. etw. hin u. her bewegen, schwingen: *de Fahn s.* (die Fahne s.). 2. einbiegen, eine Richtung einschlagen. (41)

schwer [ʃveˑɐ̯] <Adj.; ~e; ~er, ~ste>: schwer, 1. von großem Gewicht. 2. von hohem Schwierigkeitsgrad. 3. drückt einen hohen Grad, ein großes Ausmaß von etw. aus (heftig, schlimm, gut od. Ä.): *en s. Schold* (eine schlimme Schuld). 4. besonders gehaltvoll (bzgl. Speisen, Getränke, Genussmittel, usw.): *s. Esse, ene ~e Wing* (~es Essen, ein ~er Wein). 5. von hohem geistigem Anspruch: *en s. Frog* (eine ~e Frage). Tbl. A2.6

Schwer|arbeid, de ['ʃveˑɐ̯ar,beɪ̯t] <N.; o. Pl.> {s. u. ↑Arbeid}: Schwerarbeit.

Schwer|de, de ['ʃveˑɐ̯də] <N.; kein Pl.> {10.2.8}: Schwere.

schwer|fäll|ig ['ʃveˑɐ̯,fɛlɪç] <Adj.; ~e; ~er, ~ste>: schwerfällig, plump. Tbl. A5.2

Schwer|ge|weech/~|wich, et ['ʃveˑɐ̯jə,veˑɕ / -vɪɕ] <N.; ~te> {s. u. ↑Ge|weech/~|wich}: Schwergewicht.

Schwer|kraff, de ['ʃveˑɐ̯,kraf] <N.; o. Pl.> {s. u. ↑Kraff}: Schwerkraft, Gravitation.

Schwer|mod, de ['ʃveˑɐ̯,moˑt] <N.; kein Pl.> {s. u. ↑Mod}: Schwermut.

schwer|möd|ig ['ʃveˑɐ̯,møˑdɪç] <Adj.; ~e; ~er, ~ste>: schwermütig [auch: *et ärme Dier han*]. Tbl. A5.2

Schwer|punk, der ['ʃveˑɐ̯,pʊŋk] <N.; ~te> {s. u. ↑Punk}: Schwerpunkt.

Schwerre, der ['ʃvɛrə] <N.; ~>: Geschwür (das).

schwer|weegend ['ʃveˑɐ̯,veˑjənt] <Adj.; ~e; ~er, ~ste> {s. u. ↑weege²}: schwerwiegend. Tbl. A2.1

Schwester, de ['ʃvestɐ] <N.; ~e>: Schwester, 1. weibl. Person im Verwandtschaftsverhältnis zu einer anderen Person, die von denselben Eltern abstammt. 2. Nonne. 3. kurz für Krankenschwester.

Schwetz, de [ʃvets] <N.; ~e> {5.4; 8.3.1}: Schwitze, Mehlschwitze.

Schwetz|kaste, der ['ʃvets,kastə] <N.; i. best. Komposita *schwetz-*, sonst ↑schweißte> {11}: Schwitzkasten.

Schwetz|kur, de ['ʃvets,kuˑɐ̯] <N.; i. best. Komposita *schwetz-*, sonst ↑schweißte; ~e> {11}: Schwitzkur.

schwevve ['ʃvevə] <V.; unr.; han u. sin; schwävte ['ʃvɛˑftə]; geschwäv [jə'ʃvɛˑf]> {5.3.4; 5.5.2; 6.1.1}: schweben: *zwesche Himmel un Ääd s.* (zw. Himmel und Erde s.); *Dä Prozess es am S.* (Der Prozess schwebt.). (22)

Schwiddel, der ['ʃvɪdəl] <N.; ~e>: Backpinsel.
Schwiel, de [ʃviˑl] <N.; ~e ⟨mhd. swil(e), ahd. swil(o), zu schwellen⟩> {8.3.1}: Schwiele.
Schwiger¹- ['ʃvɪjɐ] <Präfix> {5.3.3}: Schwieger-, i. Vbdg. m. N.: ~eldere (~eltern).
Schwiger²- ['ʃvɪjɐ] <Präfix> {5.3.2.2; 5.4}: Schwäger-, nur in ~sch (~in).
Schwiger|doochter, de ['ʃvɪjɐˌdɔːxtə] <N.; ~|döǫchter> {5.2.1; 5.5.3; 6.11.1}: Schwiegertochter.
Schwiger|mutter, de ['ʃvɪjɐˌmʊtə] <N.; i. best. Komposita *Mutter*, sonst ↑Mooder; ~e/~s> {5.4; 6.11.3; 11}: Schwiegermutter.
Schwiger|sch, de ['ʃvɪjɐʃ] <N.; ~e> {5.3.2.2; 5.4}: Schwägerin [auch: ↑Schwöger|sch].
Schwiger|sonn, der ['ʃvɪjɐˌzon] <N.; ~|sönn [-zøn·]> {5.3.4; 5.5.1}: Schwiegersohn.
Schwiger|vatter/~|va(der), der ['ʃvɪjɐˌfatɐ / -faː(dɐ)] <N.; ~|vätter> {5.3.2}: Schwiegervater.
schwindele ['ʃvɪnˑdələ] <V.; schw.; *han*; schwindelte ['ʃvɪnˑdəltə]; geschwindelt [jəˈʃvɪnˑdəlt]> {9.2.1.2}: schwindeln. (6)
schwindel|frei ['ʃvɪnˑdəlˌfrɛi] <Adj.; ~e>: schwindelfrei, nicht schwindlig werdend. Tbl. A2.9
Schwindel|ge|föhl, et ['ʃvɪndəljəˌføˑl] <N.; ~e> {s. u. ↑Ge|föhl}: Schwindelgefühl.
schwindel|ig ['ʃvɪnˑdəlɪŋ] <Adj.; ~e; ~er, ~ste>: schwind(e)lig, benommen. Tbl. A5.2
Schwind|such, de ['ʃvɪntˌzʊx] <N.; o. Pl.> {s. u. ↑Such}: Schwindsucht, Lungentuberkulose.
schwind|süchtig ['ʃvɪntˌzyftɪŋ] <Adj.; ~e; ~er, ~ste>: schwindsüchtig. Tbl. A5.2
Schwing|dür/~|dör, de ['ʃvɪŋˌdyːɐ / -døːɐ] <N.; ~|dürre/~|dörre [-dyrə / -dørə]> {s. u. ↑schwinge ↑Dür/Dör}: Schwingtür.
schwinge ['ʃvɪŋə] <V.; st.; *han*; schwung [ʃvʊŋ]; geschwunge [jəˈʃvʊŋə]>: schwingen. (26)
Schwipp|schwoger, der ['ʃvɪpˌʃvɔˑʁɐ] <N.; ~|schwöger> {5.5.3}: Schwippschwager, Bruder eines Schwagers od. einer Schwägerin, der nicht der eigene Bruder ist. Das *Schwipp-* bed. etwa „entfernt verschwägert", wobei die jeweilige Beziehung nicht eindeutig ist.
Schwipp|schwöger|sch, de ['ʃvɪpˌʃvœˑjɐʃ] <N.; ~e> {5.5.3}: Schwippschwägerin, weibl. Entsprechung zu ↑Schwipp|schwoger.

schwirre ['ʃvɪrə] <V.; schw.; *han*; schwirrte ['ʃvɪxtə]; geschwirr [jəˈʃvɪx]>: schwirren. (93)
Schwitt, de [ʃvɪt] <N.; ~e ⟨frz. suite⟩>: (oft abw.) Schar, Gefolge, Clique.
Schwittjee, der [ʃvɪtˈjeˑ] <N.; ~s ⟨frz. suite⟩>: leichtfertiger Mensch, Nachtschwärmer, Schürzenjäger, Luftikus [auch: ↑Schnoke|fäng|er].
Schwoger, der ['ʃvɔˑʁɐ] <N.; Schwöger ['ʃvœˑjɐ]> {5.5.3}: Schwager.
Schwöger|sch, de ['ʃvœˑjɐʃ] <N.; ~e> {5.5.3}: Schwägerin [auch: ↑Schwiger|sch].
schwöl [ʃvøˑl] <Adj.; ~e; ~er, ~ste> {5.4}: schwül. Tbl. A2.2
Schwöl(d)e, de ['ʃvøˑl(d)ə] <N.; kein Pl.> {5.5; 8.3.1}: Schwüle.
schwölst|ig ['ʃvølstɪŋ] <Adj.; ~e; ~er, ~ste> {5.4}: schwülstig. Tbl. A5.2
schwöre ['ʃvøː(ɐ̯)rə] <V.; st.; *han*; schwor/schwörte [ʃvoːɐ̯ / 'ʃvøːɐ̯tə]; geschwore [jəˈʃvɔːrə]>: schwören. (170)
schwummer|ig ['ʃvʊmərɪŋ] <Adj.; ~e; ~er, ~ste>: schwummerig, benommen, flau [auch: ↑flau, ↑be|näut, ↑kuschele|mimmet|ig]. Tbl. A5.2
Schwung, der [ʃvʊŋ] <N.; Schwüng [ʃvʏŋˑ]>: Schwung.
Schwung|fedder, de ['ʃvʊŋˌfedɐ] <N.; ~e> {s. u. ↑Fedder}: Schwungfeder.
Schwung|kraff, de ['ʃvʊŋˌkraf] <N.; ~|kräfte> {s. u. ↑Kraff}: Schwungkraft, Zentrifugalkraft.
Schwur|ge|reech/~|rich, et ['ʃvuːɐ̯jəˌreːʃ / -rɪʃ] <N.; ~te> {s. u. ↑Ge|reech¹/~|rich¹}: Schwurgericht.
se¹ [zə] <Personalpron. unbetont; 3. Pers. Sg. fem. Nom. u. Akk. bei Sachen; bei Frauen, die man siezt: *se¹/sei¹*> {5.3.3}: sie: *S. es zo späd gekumme.* (S. ist zu spät gekommen.); *Dä Pitter hät s. gehierod.* (Peter hat s. geheiratet.) [auch: ↑sei¹ (bei Frauen, die man siezt, z. B. „de Frau Schmitz"), ↑it (bei Frauen, die man duzt, z. B. „et Marie"]. Tbl. P1
se² [zə] <Personalpron. unbetont; 3. Pers. Pl. Nom. u. Akk.> {5.3.3}: sie: *S. sin zo späd gekumme.* (S. sind zu spät gekommen.); *Ich han neu Schohn, ich han s. om Subbelroth gekauf.* (Ich habe neue Schuhe, ich habe s. auf der Subbelrather Str. gekauft.) [auch: ↑sei²]. Tbl. P1
secher¹ ['zeʃɐ] <Adj.; ~e; ~er, ~ste> {5.5.2}: sicher, **1.** ungefährdet: *en ~em Avstand zöm Voddermann* (in ~em Abstand zum Vordermann). **2.** zuverlässig: *ene ~e Bewies* (ein ~er Beweis). **3.** aufgrund von Übung,

secher

Erfahrung fehlerlos: *ene ~e Fahrer* (ein ~er Fahrer). **4.** selbstbewusst: *e s. Optredde* (ein ~es Auftreten). **5.** zweifellos, unbestritten, gewiss: *der ~e Dud* (der ~e Tod). Tbl. A2.6

secher² ['zefjɐ] <Adv.> {5.5.2}: sicher(lich), gewiss [auch: ↑be|stemmp², ↑secher|lich].

~|secher ['zefjɐ] <Suffix; adjektivbildend; ~e; ~er, ~ste> {5.5.2}: -sicher, i. Vbdg. m. N. u. Adv.: *dud~, selvs~* (tod~, selbst~). Tbl. A1

sechere ['zefjərə] <V.; schw.; *han*; secherte ['zefjətə]; gesechert [jə'zefjət]> {5.5.2; 9.2.1.2}: sichern. (4)

Secher|heit, de ['zefjəheɪt] <N.; ~e ⟨mhd. sicherheit, ahd. sichurheit⟩> {5.5.2}: Sicherheit.

Secher|heits|av|stand, der ['zefjəheɪts,afʃtant] <N.; ~|ständ [-ʃtan·t]> {s. u. ↑Secher|heit ↑Av|stand}: Sicherheitsabstand.

Secher|heits|glas, et ['zefjəheɪts,jlaːs] <N.; o. Pl.> {s. u. ↑Secher|heit ↑Glas}: Sicherheitsglas.

Secher|heits|gurt/~|goot, der ['zefjəheɪts,juxt / -joːt] <N.; ~e> {s. u. ↑Secher|heit ↑Gurt/Goot}: Sicherheitsgurt.

Secher|heits|nǫdel, de ['zefjəheɪts,nɔːdəl] <N.; ~e> {s. u. ↑Secher|heit ↑Nǫdel}: Sicherheitsnadel.

Secher|heits|schloss, et ['zefjəheɪts,ʃlɔs] <N.; ~|schlösser> {s. u. ↑Secher|heit ↑Schloss}: Sicherheitsschloss.

secher|lich ['zefjɐ,lɪfj] <Adv.> {5.5.2}: sicherlich, gewiss [auch: ↑be|stemmp², ↑secher²].

Secher|ung, de ['zefjərʊŋ] <N.; ~e> {5.5.2}: Sicherung.

Secher|ungs|kaste, der ['zefjərʊŋs,kastə] <N.; ~|käste> {s. u. ↑Secher|ung ↑Kaste}: Sicherungskasten.

sechs [zɛks] <Kardinalz.>: sechs, (als Ziffer: 6).

Sechs|dage|renne, et [zɛks'daːʀə,rɛnə] <N.; ~> {s. u. ↑sechs ↑Dag ↑Renne}: Sechstagerennen.

sechs|dausend ['zɛks'doʊ·zənt / ,-'-- / '-,--] <Kardinalz.> {s. u. ↑dausend}: sechstausend, (als Ziffer: 6000).

sech|sehn ['zɛkse·n] <Kardinalz.> {6.12.7}: sechzehn, (als Ziffer: 16).

sech|sehn|hundert ['zɛkse·n'hʊn·det / ,--'-- / '--,--] <Kardinalz.> {s. u. ↑sech|sehn}: sechzehnhundert, (als Ziffer: 1600).

sechs|en|halv ['zɛksən'haləf / ,--'-] <Bruchz.; zu ↑sechs> {s. u. ↑halv}: sechseinhalb, (mit Ziffer: 6 ½).

sechs|erlei ['zɛksəleɪ] <best. Gattungsz.; zu ↑sechs; indekl.>: sechserlei.

sechs|hundert ['zɛks'hʊn·det / '-,-- / ,-'--] <Kardinalz.>: sechshundert (als Ziffer: 600).

sechs|ig ['zɛksɪfj] <Kardinalz.> {6.12.7}: sechzig (als Ziffer: 60).

Sechs|ig|er|jǫhre ['zɛksɪjɐ,joːrə] <N.; Neutr.; nur Pl.> {s. u. ↑sechs|ig ↑Jǫhr}: Sechzigerjahre.

sechs|mǫl ['zɛks,mɔ·l / '-'--] <Wiederholungsz., Adv.; zu ↑sechs>: sechsmal (mit Ziffer: 6-mǫl).

sechs|sigg|lig ['zɛks,zɪgɪfj] <Adj.; ~e>: sechssaitig, mit sechs Saiten bespannt (bzgl. Zupf- u. Streichinstrumenten). Tbl. A5.2

Seck, der [zek] <N.; kein Pl.> {5.3.1; 5.5.2; (8.3.1)}: Seich(e), **1.** (derb) Urin: *Dat süht us wie S.* (Das sieht aus wie U.) [auch: ↑Piss]. **2.** (derb) Geschwätz: *Wat es dat dann för ene ~(verzäll)?* (Was ist das denn für ein Geschwätz?) [auch: ↑Käu (2), ↑Käu|verzäll, ↑Futz|verzäll, ↑Piss|verzäll, ↑Quatsch|verzäll, ↑Dress|verzäll, Seck|verzäll].

secke ['zekə] <V.; schw.; *han*; seckte ['zektə]; geseck [jə'zek]> {5.3.1; 5.5.2}: seichen, urinieren. (88)

seck|naaß ['zek'naːs / ,-'-] <Adj.; ~e> {s. u. ↑Seck ↑naaß}: klatschnass [auch: ↑klätsch|naaß, ↑piss|naaß]. Tbl. A1

Seckǫm, de ['zɛ,kɔ·m] <N.; ~e>: Ameise [auch: ↑Ameis].

Seck|scherv, et ['zek,ʃerf] <N.; ~e>: **1.** Nachttopf [auch: ↑Kammer|pott, ↑Piss|pott]. **2.** (Schimpfw.): altes Weib. **3.** jmd., der ständig urinieren muss.

Seck|verzäll, der [,zekfɐ'tsɛl] <N.; kein Pl.> {s. u. ↑Seck}: (derb) langweiliges, sinnloses Geschwätz [auch: ↑Käu (2), ↑Käu|verzäll, ↑Futz|verzäll, ↑Piss|verzäll, ↑Quatsch|verzäll, ↑Dress|verzäll, ↑Seck (2)].

seech [zeːfj] <Adj.; ~e; ~er, ~ste> {5.1.4.3}: siech, krank, hinfällig. Tbl. A1

Seech/Sich, de [zeːfj / zɪfj] <N.; o. Pl.> {5.2.1.2; 5.4}: Sicht.

Seech|blend/Sich|~, de ['zeːfj,blɛn·t / 'zɪfj-] <N.; ~e> {s. u. ↑Seech/Sich ↑Blend}: Sichtblende.

Seech|ver|häld|nisse/Sich|~ ['zeːfjɐ,hɛltnɪsə / 'zɪfj-] <N.; Neutr.; nur Pl.> {s. u. ↑Seech/Sich ↑Ver|häld|nis}: Sichtverhältnisse.

Seeg, der [zeːfj] <N.; ~e ['zeː·jə]> {5.1.4.3}: Sieg.

seege ['zeː·jə] <V.; schw.; *han*; seegte ['zeːfjtə]; geseeg [jə'zeː·fj]> {5.1.4.3}: siegen (selten gebraucht) [auch: ↑ge|wenne¹]. (103)

Segel, et ['zeːjəl] <N.; ~e> {7.1.3}: Segel.

Segel|doch, et ['zeːjəl‚doˑx] <N.; o. Pl.> {s. u. ↑Segel ↑Doch¹}: Segeltuch.

segele ['zeːjələ] <V.; schw.; *sin*; segelte ['zeːjəltə]; gesegelt [jə'zeːjəlt]> {9.2.1.2}: segeln. (6)

Segel|fleeg|er, der ['zeːjəl‚fleˑjɐ] <N.; ~> {s. u. ↑Segel ↑Fleeg|er} Segelflieger.

Segel|flog, der ['zeːjəl‚floˑx] <N.; ~|flög> {s. u. ↑Segel ↑Flog¹}: Segelflug.

Segel|jach, de ['zeːjəl‚jax] <N.; ~te> {s. u. ↑Segel ↑Jach}: Segeljacht.

Segel|scheff, et ['zeːjəl‚ʃef] <N.; ~e> {s. u. ↑Segel ↑Scheff}: Segelschiff.

Sehn, de [zeˑn] <N.; ~e ⟨mhd. sen(e)we, sene, ahd. sen(a)wa, eigtl. = Verbindendes⟩> {8.3.1}: Sehne.

Sehne|ress, der ['zeːnə‚res] <N.; ~e> {s. u. ↑Ress¹}: Sehnenriss.

Sehn|such, de ['zeˑn‚zʊx] <N.; ~|süch [-zyfj] ⟨mhd. sensuht⟩> {s. u. ↑Such}: Sehnsucht.

sehn|sücht|ig ['zeˑn‚zyftɪfj] <Adj.; ~e>: sehnsüchtig, innig, sehnsuchtsvoll. Tbl. A5.2

Seh|tess, der ['zeˑ‚tɛs] <N.; ~|tests> {s. u. ↑Tess}: Sehtest.

Seh|vermöge, et ['zeˑfɐ‚møːjə] <N.; o. Pl.> {s. u. ↑Vermöge}: Sehvermögen.

sei¹ [zeɪ] <Personalpron. betont; 3. Pers. Sg. fem. Nom. u. Akk. bei Frauen, die man siezt> {5.1.4.3}: sie. Tbl. P1

sei² [zeɪ] <Personalpron. betont; 3. Pers. Pl. Nom. u. Akk.> {5.1.4.3}: sie, im Pl. selten: *S. wore dat.* (S. waren das.) [auch: ↑se²]. Tbl. P1

Seif, de [zeɪf] <N.; ~e> {8.3.1}: Seife.

Seife|badd, et [zeɪfə‚bat] <N.; ~|bäder [-bɛˑdɐ] (unr. Pl.)> {s. u. ↑Seif ↑Badd}: Seifenbad.

Seife|blos, de ['zeɪfə‚bloˑs] <N.; ~e> {s. u. ↑Blos}: Seifenblase.

Seife|kess, de ['zeɪfə‚kes] <N.; ~|keste> {s. u. ↑Seif ↑Kess}: Seifenkiste.

Seife|keste|renne, et ['zeɪfəkestə‚renə] <N.; ~> {s. u. ↑Seif ↑Kess ↑Renne}: Seifenkistenrennen.

Seife|kümp|che, de ['zeɪfə‚kympfjə] <N.; nur Diminutiv; ~r>: Seifenschälchen [auch: ↑Seife|schäl|che].

Seife|laug, de ['zeɪfə‚loʊˑx] <N.; ~e [-loʊʁə]> {s. u. ↑Laug}: Seifenlauge.

Seife|oper, de ['zeɪfə‚oˑpɐ] <N.; ~e ⟨von engl. *soap opera*, weil solche Sendungen, von (Waschmittel)firmen finanziert⟩> {s. u. ↑Seif ↑Oper}: Seifenoper.

Seife|polver, et ['zeɪfə‚polˑvɐ] <N.; ~> {s. u. ↑Polver}: Seifenpulver.

Seife|schäl|che, et ['zeɪfə‚ʃɛːlfjə] <N.; ~r> {s. u. ↑Schal²}: Seifenschälchen [auch: ↑Seife|kümp|che].

Seife|schuum, der ['zeɪfə‚ʃuːm] <N.; kein Pl.> {s. u. ↑Schuum}: Seifenschaum.

Seife|stöpp|che, et ['zeɪfə‚ʃtøpfjə] <N.; ~r> {s. u. ↑Stoppe}: kleines zugespitztes Stückchen Seife zur Förderung des Stuhlgangs bei Kleinkindern.

seif|ig ['zeɪfɪfj] <Adj.; ~e; ~er, ~ste>: seifig. Tbl. A5.2

Seih, de [zeɪˑ] <N.; ~e> {8.3.1}: Seihe, Sieb.

seihe ['zeɪə] <V.; schw.; *han*; seihte ['zeɪtə]; geseiht [jə'zeɪt]>: seihen, durch eine Seihe gießen. (37)

Seil, et [zeɪl] <N.; ~/~e ['zeɪl(ə)]>: Seil.

Seil|bahn, de ['zeɪl‚baˑn] <N.; ~e> {s. u. ↑Seil ↑Bahn}: Seilbahn.

Seil|che|springe, et ['zeɪlfjə‚ʃprɪŋə] <N.; o. Pl.> {s. u. ↑Seil ↑springe}: Seilspringen (Kinderspiel).

Seil|danz, der ['zeɪl‚dants] <N.; o. Pl.> {s. u. ↑Seil ↑Danz}: Seiltanz.

Seil|schaff, et ['zeɪl‚ʃaf] <N.; ~|schafte>: Seilschaft.

Seil|trommel, de ['zeɪl‚troməl] <N.; ~e> {s. u. ↑Seil ↑Trommel}: Seiltrommel.

Seil|wind/~|wing, de ['zeɪl‚vɪnˑt / -vɪŋˑ] <N.; ~e> {s. u. ↑Seil ↑Wind² ↑Wing²}: Seilwinde.

Seil|zog, der ['zeɪl‚tsox] <N.; ~|zög> {s. u. ↑Seil ↑Zog¹}: Seilzug.

Seiver, der ['zeɪˑvɐ] <N.; kein Pl.> {6.1.1}: Seiber, **1.** Seiber, Speichel. **2.** (übertr.) Geschwätz, Gewäsch.

Seiver|baat, der ['zeɪˑvɐ‚baːt] <N.; ~|bäät> {6.1.1; s. u. ↑Baat}: Seiberbart, **1.** jmd., der (oft) Speichel im Bart hat. **2.** (übertr.) dummer, langweiliger Schwätzer.

seivere ['zeɪˑvɐrə] <V.; schw.; *han*; seiverte ['zeɪˑvɐtə]; geseivert [jə'zeɪˑvɐt]> {6.1.1; 9.2.1.2}: **1.** seibern, sabbern. **2.** (übertr.) gedankenlos daherreden; [auch: ↑sabbele]. (4)

Seiver|läpp|che/~|lätz|che, et ['zeɪˑvɐ‚lɛpfjə / -lɛtsjə] <N.; ~r>: Schlabberlätzchen; Tuch, das beim Essen (kleinen Kindern) umgebunden wird.

Seiver|lappe, der ['zeɪˑvɐ‚lapə] <N.; ~>: **1.** Serviette. **2.** dummer, langweiliger Schwätzer, Klugscheißer,

Wichtigtuer, Sprüchemacher, ~klopfer [auch: ↑Bäbbels|muul, ↑Bäbbels|schnüss, ↑Brei|muul, ↑Quatsch|muul, ↑Quatsch|schnüss, ↑Ratsch (2), ↑Schlabber|muul (2), ↑Schlabber|schnüss (2), ↑Schnadder, ↑Schwaad||appe, ↑Schwaad|schnüss, ↑Seiver|muul (2), ↑Seiver|schnüss]. **3.** (scherzh.) Zunge.

Seiver|man|es, der [ˌzɛɪ̯ˈveˈmaˑnəs] <N.; ~|ese/~|ese>: jmd., der sich (oft) besabbert [auch: ↑Seiver|muul (1)].

Seiver|muul, de [ˈzɛɪ̯ˌveˌmuˑl] <N.; ~|müüler/~|muule [-myˑlə / -muˑlə]> {s. u. ↑Muul}: Kleckermaul, Sabbermaul, **1.** jmd., der sich (oft) besabbert [auch: ↑Seiver|man|es]. **2.** dummer, langweiliger Schwätzer [auch: ↑Bäbbels|muul, ↑Bäbbels|schnüss, ↑Brei|muul, ↑Quatsch|muul, ↑Quatsch|schnüss, ↑Ratsch (4), ↑Schlabber|muul (2), ↑Schlabber|schnüss (2), ↑Schnadder, ↑Schwaad||appe, ↑Schwaad|schnüss, ↑Seiver|lappe, ↑Seiver|schnüss].

Seiver|schnüss, de [ˈzɛɪ̯ˌveˌʃnys] <N.; ~e>: dummer, langweiliger Schwätzer [auch: ↑Bäbbels|muul, ↑Bäbbels|schnüss, ↑Brei|muul, ↑Quatsch|muul, ↑Quatsch|schnüss, ↑Ratsch (4), ↑Schlabber|muul (2), ↑Schlabber|schnüss (2), ↑Schnadder, ↑Schwaad||appe, ↑Schwaad|schnüss, ↑Seiver|lappe, ↑Seiver|muul (2)].

Sek, der [zɛk] <N. ⟨gek. aus frz. vin sec < ital. vino secco = süßer, schwerer, aus Trockenbeeren gekelterter Wein < lat. siccus⟩; kein Pl.> {8.3.5}: Sekt.

Sek|fläsch, de [ˈzɛkˌflɛʃ] <N.; ~e> {s. u. ↑Sek ↑Fläsch}: Sektflasche.

Sek|fleut, de [ˈzɛkˌflɔy̯t] <N.; ~e> {s. u. ↑Sek ↑Fleut}: Sektflöte.

Sek|fröh|stöck, et [ˈzɛkˌfrøˑʃtøk] <N.; ~e> {s. u. ↑Sek ↑Fröh|stöck}: Sektfrühstück.

Sek|glas, et [ˈzɛkˌjlaːs] <N.; ~|gläser [-ˌjlɛˑze]> {s. u. ↑Sek ↑Glas}: Sektglas.

Sek|kelch, der [ˈzɛkːɛlʃ] <N.; ~e> {s. u. ↑Sek ↑Kelch}: Sektkelch.

Sek|keller|ei, de [ˈzɛkːɛləˌrɛɪ̯ˑ] <N.; ~e [-ˌɛɪ̯ə]> {s. u. ↑Sek ↑Keller|ei}: Sektkellerei.

Sek|korke, der [ˈzɛkˌkɔrkə] <N.; ~> {s. u. ↑Sek ↑Korke}: Sektkorken.

Sek|küvvel, der [ˈzɛkːyvəl] <N.; ~e> {s. u. ↑Sek ↑Küvvel}: Sektkübel.

Sek|schal, de [ˈzɛkˌʃaˑl] <N.; ~e> {s. u. ↑Sek ↑Schal²}: Sektschale.

Sekund, de [zeˈkʊnˑt] <N.; ~e ⟨verkürzt aus spätlat. pars minuta secunda⟩> {8.3.1}: Sekunde.

Sekunde|schlof, der [zeˈkʊnˑdəˌʃlɔˑf] <N.; o. Pl.> {s. u. ↑Schlof¹}: Sekundenschlaf.

Sekunde|zeig|er, der [zeˈkʊnˑdəˌtsɛɪ̯ˑjɐ] <N.; ~e> {s. u. ↑Zeig|er}: Sekundenzeiger.

selde [ˈzɛldə] <Adj.; ~; ~ner, ~nste>: selten, **1.** nicht oft vorkommend, vereinzelt, sporadisch: *ene s. Vugel* (ein ~er Vogel). **2.** seltsam: *Luur ens, wat dat Marie e s. Kleid aanhät!* (Sieh mal, was für ein seltsames Kleid Maria trägt!) [auch: ↑eige]. **3.** kostbar: *Wat e s. Stöck!* (Was für ein seltenes/kostbares Stück!) Tbl. A3.1

Selden|heit, de [ˈzɛldənˌhɛɪ̯t] <N.; ~e> {6.11.3}: Seltenheit.

Selden|heits|wäät, der [ˈzɛldənhɛɪ̯tsˌvɛːt] <N.; o. Pl.> {s. u. ↑Selden|heit ↑Wäät}: Seltenheitswert.

Self|kant, de [ˈzɛlfˌkant] <N.; ~e> {s. u. ↑Kant}: Selfkante, saubere Gewebekante, die nicht ausrifft.

selv… [ˈzɛlv] <Demonstrativpron.; steht mit dem mit einer Präp. verschmolzenen Art. od. mit vorangehendem Demonstrativpron.; ~e> {6.1.1}: selb…: *am ~e Dag* (am ~en Tag); *dä ~e Kääl* (der ~e Kerl).

Selver, et [ˈzɛlve] <N.; kein Pl.> {5.5.2; 6.1.1}: Silber.

selver¹ [ˈzɛlve] <Adj.; ~> {5.5.2}: silbern. Tbl. A2.6

selver² [ˈzɛlve] <Demonstrativpron.; indekl.> {6.1.1}: selber [auch: ↑selvs¹].

Selver|barre, der [ˈzɛlveˌbarə] <N.; ~> {s. u. ↑Selver ↑Barre}: Silberbarren.

Selver|besteck, et [ˈzɛlveb əˌʃtɛk] <N.;~e> {s. u. ↑Selver}: Silberbesteck.

Selver|bleck, der [ˈzɛlveˌblɛk] <N. ⟨eigtl. = silbriger Schimmer, Silberglanz⟩; o. Pl.> {s. u. ↑Selver ↑Bleck}: Silberblick.

Selver|droht, der [ˈzɛlveˌdrɔˑt] <N.; ~dröht> {s. u. ↑Selver ↑Droht}: Silberdraht, silberner Draht.

Selver|faddem, der [ˈzɛlveˌfadəm] <N.; ~fäddem> {s. u. ↑Selver ↑Faddem}: Silberfaden.

Selver|fesch, der [ˈzɛlveˌfɛʃ] <N.; ~/~e [fɛʃ / ˈfɛʃə]> {s. u. ↑Selver ↑Fesch}: Silberfisch, Ukelei.

Selver|fesch|che, et [ˈzɛlveˌfɛʃjə] <N.; ~r> {s. u. ↑Selver ↑Fesch} Silberfischchen.

Selver|fuss, der [ˈzɛlveˌfʊs] <N.; ~füss> {s. u. ↑Selver ↑Fuss}: Silberfuchs.

Selver|geld, et [ˈzɛlveˌjɛlt] <N.; o. Pl.> {s. u. ↑Selver ↑Geld}: Silbergeld.

Selver|ge|scherr, et ['zɛlvɐˌjəˌʃer] <N.; ~e> {s. u. ↑Selver ↑Ge|scherr}: Silbergeschirr.

Selver|hoor, et ['zɛlvɐˌhoː(ɐ̯)] <N.; ~e> {s. u. ↑Selver ↑Hoor}: Silberhaar.

Selver|huh|zigg, de ['zɛlvɐˌhuˑtsɪk] <N.; ~e> {s. u. ↑Selver ↑Huh|zigg}: Silberhochzeit.

Selver|kett, de ['zɛlvɐˌkɛt] <N.; ~e> {s. u. ↑Selver ↑Kett}: Silberkette.

Selver|medaille, de ['zɛlvɐmeˌdaljə] <N.; ~> {s. u. ↑Selver}: Silbermedaille.

Selver|min, de ['zɛlvɐˌmiːn] <N.; ~e> {s. u. ↑Selver ↑Min¹}: Silbermine.

Selver|münz, de ['zɛlvɐˌmynts] <N.; ~e> {s. u. ↑Selver ↑Münz}: Silbermünze.

Selver|oder, de ['zɛlvɐˌɔˑdə] <N.; ~e> {s. u. ↑Selver ↑Oder}: Silberader.

Selver|papier/~|papeer, et ['zɛlvɐpaˌpiːɐ̯ / -papeːɐ̯] <N.; o. Pl.> {s. u. ↑Selver ↑Papier/Papeer}: Silberpapier.

Selver|pappel, de ['zɛlvɐˌpapəl] <N.; ~e> {s. u. ↑Selver ↑Pappel}: Silberpappel.

Selver|plaat, de ['zɛlvɐˌplaːt] <N.; ~e> {s. u. ↑Selver ↑Plaat¹}: Silberplatte.

Selver|reiher, der ['zɛlvɐˌreɪ̯ɐ] <N.; ~> {s. u. ↑Selver}: Silberreiher.

Selver|schmidd, der ['zɛlvɐˌʃmɪt] <N.; ~e> {s. u. ↑Selver ↑Schmidd¹}: Silberschmied.

Selver|steff, der ['zɛlvɐˌʃtɛf] <N.; ~stefte> {s. u. ↑Selver ↑Steff²}: Silberstift.

Selver|strähn, de ['zɛlvɐˌʃtrɛˑn] <N.; ~e> {s. u. ↑Selver ↑Strähn}: Silbersträhne.

Selver|striefe/~|streife, der ['zɛlvɐˌʃtriːfə / -ʃtreɪ̯fə] <N.; ~> {s. u. ↑Selver ↑Striefe/Streife}: Silberstreifen.

Selver|tablett, et ['zɛlvɐtaˌblɛt] <N.; ~s> {s. u. ↑Selver ↑Tablett¹}: Silbertablett.

Selver|wäät, der ['zɛlvɐˌvɛːt] <N.; o. Pl.> {s. u. ↑Selver ↑Wäät}: Silberwert.

Selver|zwibbel, de ['zɛlvɐˌtsvɪbəl] <N.; ~e> {s. u. ↑Selver ↑Zwibbel}: Silberzwiebel, Perlzwiebel.

selvs¹ [zɛlfs] <Demonstrativpron.; indekl. (in betonter Stellung)> {6.1.1; 8.3.5}: selbst, **a)** steht nach dem Bezugswort: *hä s.* (er s.); **b)** betont nachdrücklich, dass nur die im Bezugswort genannte Person od. Sache gemeint ist u. niemand od. nichts anderes: *Dat häs do s. gesaht.* (Das hast du s. gesagt.); *Ich nihe ming Kleider s.* (Ich nähe meine Kleider s.); [auch: ↑selver²].

selvs² [zɛlˑfs] <Adv.> {6.1.1; 8.3.5}: selbst, sogar, auch: *S. wann hä wollt, hä künnt nit.* (S. wenn er wollte, er könnte nicht.).

Selvs|acht|ung, de ['zɛlˑfsˌʔaxtʊŋ] <N.; i. best. Komposita *achte*, sonst ↑aachte; o. Pl.> {11; s. u. ↑selvs¹}: Selbstachtung.

Selvs|be|deen|ung, de ['zɛlˑfsbəˌdeˑnʊŋ] <N.; o. Pl.> {s. u. ↑selvs¹; 5.1.4.3}: Selbstbedienung.

Selvs|be|deen|ungs|lade, der ['zɛlˑfsbəˌdeˑnʊŋsˌlaˑdə] <N.; ~|läde> {s. u. ↑selvs¹ ↑Be|deen|ung ↑Lade}: Selbstbedienungsladen.

Selvs|be|drog, der ['zɛlˑfsbəˌdroːx] <N.; o. Pl.> {s. u. ↑selvs¹ ↑Be|drog}: Selbstbetrug.

Selvs|be|herrsch|ung, de ['zɛlˑfsbəˌhɛxʃʊŋ] <N.; o. Pl.> {s. u. ↑selvs¹}: Selbstbeherrschung.

Selvs|be|stemm|ung, de ['zɛlˑfsbəˌʃtɛmʊŋ] <N.; o. Pl.> {s. u. ↑selvs¹; 5.5.2}: Selbstbestimmung.

Selvs|be|stemm|ungs|rääch, et ['zɛlˑfsbəʃtɛmʊŋsˌrɛːç] <N. o. Pl.> {s. u. ↑selvs¹ ↑Be|stemm|ung ↑Rääch}: Selbstbestimmungsrecht.

selvs|be|woss ['zɛlˑfsbəˌvos] <Adj.; ~te; ~ter, ~teste> {s. u. ↑selvs¹ ↑be|woss}: selbstbewusst. Tbl. A4.1.1

Selvs|be|woss|sin, et ['zɛlˑfsbəˌvoszɪn] <N.; kein Pl.> {s. u. ↑selvs¹ ↑Be|woss|sin}: Selbstbewusstsein.

Selvs|dar|stell|ung, de ['zɛlˑfsdaˑɐ̯ˌʃtɛlʊŋ] <N.; ~e (Pl. ungebr.)> {s. u. ↑selvs¹}: Selbstdarstellung.

Selvs|en|schätz|ung, de ['zɛlˑfsʔɛnˌʃɛtsʊŋ] <N.; o. Pl.> {s. u. ↑selvs¹}: Selbsteinschätzung.

Selvs|er|fahr|ung, de ['zɛlˑfsʔɛɐ̯ˌfaːrʊŋ] <N. o. Pl.> {s. u. ↑selvs¹}: Selbsterfahrung.

Selvs|erkennt|nis, de ['zɛlˑfsʔɛɐ̯ˌkɛntnɪs] <N.; o. Pl.> {s. u. ↑selvs¹ ↑er|kenne}: Selbsterkenntnis.

Selvs|find|ung, de ['zɛlˑfsˌfɪndʊŋ] <N.; i. best. Abl. *finden*, sonst ↑finge; o. Pl.> {11; s. u. ↑selvs¹}: Selbstfindung.

Selvs|ge|drihte, de ['zɛlˑfsjəˌdriˑtə] <N.; ~> {s. u. ↑selvs¹ ↑drihe}: Selbstgedrehte, Zigarette, die sich jmd. selbst gedreht hat.

selvs|gefäll|ig ['zɛlˑfsjəˌfɛlɪç] <Adj.; ~e; ~er, ~ste> {s. u. ↑selvs¹}: selbstgefällig [auch: ↑en|ge|bildt/~|beldt, ↑huh|pöözˈig, ↑selvs|gerääch]. Tbl. A5.2

selvs|ge|rääch [ˈzɛlˑfsjə͜ˌrɛːʄ] <Adj.; ~te; ~ter, ~ste> {s. u. ↑selvs¹ ↑ge|rääch}: selbstgerecht [auch: ↑en|ge|bildt/ ~|beldt, ↑huh|pööz|ig]. Tbl. A4.1.1

Selvs|ge|rääch|tig|keit, de [ˈzɛlˑfsjə͜ˌrɛːʄtɪʄkeɪt] <N.; o. Pl.> {s. u. ↑selvs¹; 5.2.1}: Selbstgerechtigkeit.

Selvs|ge|spräch, et [ˈzɛlˑfsjə͜ˌsprɛˑʄ] <N.; ~e (meist Pl.)> {s. u. ↑selvs¹}: Selbstgespräch.

Selvs|ge|streckte, der [ˈzɛlˑfsjə͜ˌstrektə] <N.; ~> {s. u. ↑selvs¹ ↑strecke¹}: Verrückte, Dummkopf (wörtl.: Selbstgestrickter).

selvs|herr|lich [ˈzɛlˑfshɛrlɪʄ] <Adj.; ~e> {s. u. ↑selvs¹ ↑herr|lich}: selbstherrlich. Tbl. A1

Selvs|hilfe, de [ˈzɛlˑfsˌhɪlfə] <N.; o. Pl.> {s. u. ↑selvs¹}: Selbsthilfe.

Selvs|hilfe|grupp, de [ˈzɛlˑfshɪlfəˌjrup] <N.; ~e> {s. u. ↑selvs¹ ↑Grupp}: Selbsthilfegruppe.

Selvs|ironie, de [ˈzɛlˑfsˌɪroˌniˑ] <N.; o. Pl.> {s. u. ↑selvs¹}: Selbstironie.

Selvs|justitz, de [ˈzɛlˑfsjʊsˌtɪts] <N.; kein Pl.> {s. u. ↑selvs¹}: Selbstjustiz.

Selvs|kontroll, de [ˈzɛlˑfskonˌtrolˑ] <N.; ~e [-konˌtrolə]> {s. u. ↑selvs¹ ↑Kontroll}: Selbstkontrolle.

selvs|loss [ˈzɛlˑfslɔs] <Adj.; nur präd.; sonst: ~|lose [-loˑzə]> {6.1.1; 8.3.5}: selbstlos [auch: ↑un|eige|nötz|ig]. Tbl. A2.7

Selvs|metleid, et [ˈzɛlˑfsmetˌleɪt] <N.; kein Pl.> {s. u. ↑selvs¹ ↑Met|leid}: Selbstmitleid.

Selvs|mood, der [ˈzɛlˑfsˌmɔːt] <N.; ~e> {s. u. ↑selvs¹ ↑Mood}: Selbstmord.

Selvs|mörder, der [ˈzɛlˑfsˌmœrdə] <N.; i. best. Komposita *mord*, sonst ↑Mood; ~> {11; s. u. ↑selvs¹}: Selbstmörder.

Selvs|schotz, der [ˈzɛlˑfsˌʃots] <N.; kein Pl.> {s. u. ↑selvs¹ ↑Schotz}: Selbstschutz.

selvs|secher [ˈzɛlˑfsˌzeʄə] <Adj.; ~e; ~er, ~ste> {6.1.1; 8.3.5}: selbstsicher. Tbl. A2.6

selvs|ständig [ˈzɛlˑfsˌʃtɛnˑdɪʄ] <Adj.; ~e> {6.1.1}: selbstständig. Tbl. A5.2

Selvs|ständige, der u. de [ˈzɛlˑfsˌʃtɛndɪjə] <N.; ~> {s. u. ↑selvs¹}: Selbstständige.

Selvs|such, de [ˈzɛlˑfsˌzʊx] <N.; o. Pl.> {s. u. ↑selvs¹; ↑Such}: Selbstsucht.

selvs|süchtig [ˈzɛlˑfsˌzyʄtɪʄ] <Adj.; ~e> {s. u. ↑selvs¹; ↑Such}: selbstsüchtig. Tbl. A5.2

Selvs|us|lüs|er/~|lös|~, der [ˈzɛlˑfsˌʊsˌlyˑzɐ / -løˑzɐ] <N.; ~> {s. u. ↑selvs¹ ↑us|lüse/~|löse}: (Fot.) Selbstauslöser.

Selvs|üvver|schätz|ung, de [ˈzɛlˑfsyvɐˌʃɛtsʊŋ] <N.; ~e> {s. u. ↑selvs¹}: Selbstüberschätzung.

Selvs|üvver|wind|ung, de [ˈzɛlˑfsˌyvɐˌvɪndʊŋ] <N.; ~e> {s. u. ↑selvs¹}: Selbstüberwindung.

Selvs|verantwort|ung, de [ˈzɛlˑfsfɐˌantvɔxtʊŋ] <N.; i. best. Komposita *verantwort-*, sonst ↑ver|antwoode; o. Pl.> {11; s. u. ↑selvs¹}: Selbstverantwortung.

Selvs|ver|sök, der [ˈzɛlˑfsfɐˌzøˑk] <N.; ~e> {s. u. ↑selvs¹ ↑Ver|sök}: Selbstversuch.

Selvs|ver|sorger, der [ˈzɛlˑfsfɐˌzorjɐ] <N.; ~> {s. u. ↑selvs¹ ↑ver|sorge}: Selbstversorger.

selvs|verständ|lich [ˌzɛlˑfsfɐˈʃtɛntlɪʄ] <Adj.; ~e; ~er, ~ste> {s. u. ↑selvs¹}: selbstverständlich. Tbl. A1

Selvs|verständ|nis, et [ˈzɛlˑfsfɐˌʃtɛntnɪs] <N.; o. Pl.> {s. u. ↑selvs¹}: Selbstverständnis.

Selvs|ver|traue, et [ˈzɛlˑfsfɐˌtraʊə] <N.; o. Pl.> {s. u. ↑selvs¹ ↑ver|traue}: Selbstvertrauen.

Selvs|vür|wurf/~|vör/~/~|worf, der [ˈzɛlˑfsfyːɐˌvʊrf / -føːɐ- / -vorf] <N.; ~|würf/~|wörf [-vʏrf / -vørf] (meist Pl.)> {s. u. ↑selvs¹ ↑Vür|wurf/Vör/~/~|worf}: Selbstvorwurf.

Selvs|wäät|ge|föhl, et [ˈzɛlˑfsvɛːtjəˌføˑl] <N.; ~e (Pl. selten)> {s. u. ↑selvs¹ ↑Wäät ↑Ge|föhl}: (Psych.) Selbstwertgefühl.

Selvs|zo|fridden|heit/~|ze|~, de [ˈzɛlˑfstsoˌfrɪdənheɪt / -tsə-] <N.; o. Pl.> {s. u. ↑selvs¹ ↑Zo|fridden|heit/Ze|~}: Selbstzufriedenheit.

Selvs|zweck, der "ˈzɛlˑfsˌtsvɛk] <N.; o. Pl.> {s. u. ↑selvs¹}: Selbstzweck.

Selvs|zwiefel, der [ˈzɛlˑfsˌtsviˑfəl] <N.; ~> {s. u. ↑selvs¹ ↑Zwiefel}: Selbstzweifel.

Semester|ferie [zeˈmɛstɐˌfeˑrijə] <N.; Pl.> {s. u. ↑Ferie}: Semesterferien.

Seminar|arbeid, de [zemɪˈnaː(ɐ)ˌarbeɪt] <N.; ~e> {s. u. ↑Arbeid}: Seminararbeit.

Seminar|sching, der [zemɪˈnaː(ɐ)ˌʃɪŋ] <N.; [-ʃɪŋˑ]> {s. u. ↑Sching¹}: Seminarschein.

Semmel|kloß, der [ˈzɛməlˌkloˑs] <N.; ~klöß> {s. u. ↑Kloß}: Semmelkloß.

sende [ˈzɛndə] <V.; st.; *han*; sandt [zant]; gesandt [jəˈzant]>: senden. (171)

Sende|mass, der [ˈzɛndəˌmas] <N.; ~|maste> {s. u. ↑Mass¹}: Sendemast.

Sende|paus/~|puus, de ['zɛndə‚paʊ·s / -pu·s] <N.; ~e> {s. u. ↑Paus¹/Puus¹}: (Rundf., Ferns.) Sendepause.

Sende|reih, de ['zɛndə‚reɪ·] <N.; ~e [-reɪə]> {s. u. ↑Reih}: Sendereihe.

Sende|schluss, der ['zɛndə‚ʃlʊs] <N.; kein Pl.> {s. u. ↑Schluss}: Sendeschluss.

Sende|zigg, de ['zɛndə‚tsɪk] <N.; ~e> {s. u. ↑Zigg}: Sendezeit.

Senegal, der ['zene‚jal] <N.; Ländern.>: Senegal, Staat in Westafrika.

Senf|gas, et ['zɛnf‚ja·s] <N.; i. best. Komposita *Senf*, sonst ↑Mostert; o. Pl.> {11; s. u. ↑Gas}: Senfgas.

Senf|gurk, de ['zɛnf‚jʊrk] <N.; i. best. Komposita *Senf*, sonst ↑Mostert; ~e> {11; s. u. ↑Gurk}: Senfgurke.

Senf|koon, et ['zɛnf‚ko:n] <N.; i. best. Komposita *Senf*, sonst ↑Mostert; ~|kööner (meist Pl.)> {11; s. u. ↑Koon¹}: Senfkorn.

senge ['zɛŋə] <V.; schw.; *han*; sengte ['zɛŋ·tə]; gesengk [jə'zɛŋ·k]>: sengen. (49)

Senk, de [zɛŋk] <N.; ~e> {8.3.1}: Senke, **1.** Vertiefung im Gelände, Grube. **2.** (übertr.) starker Trinker: *Hä süff wie en S.* (Er ist ein starker Trinker.) [auch: ↑Schabaus|krad, ↑Schabaus|üül, ↑Suff|krad, ↑Suff|patron, ↑Suff|üül, ↑Voll|üül]. **3.** Spüle, Abfluss.

senke ['zɛŋkə] <V.; schw.; *han*; senkte ['zɛŋktə]; gesenk [jə'zɛŋk]>: senken. (41)

Senk|kuhl/~|kuul, de ['zɛŋkku·l] <N.; ~e>: Senkgrube, Grube ohne Abfluss zur Aufnahme von Fäkalien.

Senk|lut, et ['zɛŋk‚lu·t] <N.; ~e> {s. u. ↑Lut}: Senklot.

senk|rääch ['zɛŋk‚rɛ:ʃ] <Adj.; ~te> {s. u. ↑rääch²}: senkrecht, vertikal. Tbl. A4.1.1

Senn, der [zen] <N.; ~e> {5.5.2}: Sinn, **1.** Fähigkeit der Wahrnehmung u. Empfindung. **2.** <o. Pl.> Gefühl, Verständnis. **3.** <o. Pl.> Sinngehalt, gedanklicher Gehalt. **4.** <o. Pl.> Ziel u. Zweck.

Senn|bild/~|beld, et ['zen‚bɪlt / -belt] <N.; ~er> {s. u. ↑Senn ↑Bild/Beld}: Sinnbild.

senne ['zenə] <V.; st.; *han*; sonn [zon]; gesonne [jə'zonə]> {5.5.2}: sinnen, **1.** denken, grübeln: *All dat S. hät nix geholfe.* (All das S. hat nicht geholfen.). **2.** nach etw. trachten, etw. zu erlangen suchen: *Dä sennt op nix Godes.* (Er trachtet nach nichts Gutem.). (82)

Senn|lich|keit, de ['zenlɪʃ‚keɪt] <N.; kein Pl.> {5.5.2}: Sinnlichkeit.

Senn|sproch, der ['zen‚[prox] <N.; ~spröch> {s. u. ↑Senn ↑Sproch²}: Sinnspruch.

Sens, de [zɛn·s] <N.; ~e ⟨mhd. sense, segens(e), ahd. segensa, eigtl. = die Schneidende⟩> {8.3.1}: Sense.

Sense|bladd, et ['zɛnzə‚blat] <N.; ~|blädder> {s. u. ↑Sens ↑Bladd}: Sensenblatt.

Sense|mann, der ['zɛnzə‚man] <N.; o. Pl.> {s. u. ↑Sens}: Sensenmann, (als menschliches Gerippe mit einer Sense dargestellter) Tod.

Serbie ['zɛrbijə] <N.; Ländern.>: Serbien.

Serpentin, de [zɛrpən'ti:n] <N.; ~e ⟨zu spätlat. serpentinus = schlangenartig, zu lat. serpens⟩> {8.3.1}: Serpentine.

Serpentine|stroß, de [zɛrpən'ti:nə‚ʃtro·s] <N.; ~e> {s. u. ↑Stroß}: Serpentinenstraße.

Servier|desch/Serveer|~, der [zɛr'vi·ɐ̯‚deʃ / zɛr've·ɐ̯] <N.; ~(e)> {s. u. ↑serviere/~|eere ↑Desch}: Serviertisch.

serviere/~eere [zɛr'vi·(ɐ̯)rə / -e·rə] <V.; schw./unr.; *han*; servierte [zɛ'vi·ɐ̯tə]; serviert [zɛ'vi·ɐ̯t] ⟨frz. servir⟩> {(5.1.4.3)}: servieren, **1.** Essen auftragen, bei Tisch bedienen: *Et Esse es serviert.* (Das Essen ist serviert.). **2.** allg.: etw. vorsetzen, etw. vorlegen: *Hä hät im dä Ball god serviert.* (Er hat ihm den Ball gut vorgelegt.); *Däm serviere ich de richtige Antwood.* (Dem serviere ich die richtige Antwort.). (3) (2)

Servier|wage/Serveer|~, der [zɛr'vi·ɐ̯‚va·ʁə / zɛr've:ɐ̯-] <N.; ~> {s. u. ↑serviere/~|eere ↑Wage}: Servierwagen.

Serviett, de [zɛrvɪˌjɛt] <N.; ~e> {8.3.1}: Serviette [auch: ↑Schlabber|doch, ↑Schlabber|dön|che].

Serviette|ring, der [zɛrvɪˈjɛtə‚rɪŋ] <N.; ~ [rɪŋ·]> {s. u. ↑Serviett ↑Ring¹}: Serviettenring.

Servo|brems, de ['zɛrvo‚brɛm·s] <N.; ~e> {s. u. ↑Brems¹}: Servobremse.

Sesam|brud, et ['ze·zam‚bru·t] <N.; ~e> {s. u. ↑Brud}: Sesambrot,.

Sesam|brüd|che, et ['ze·zam‚bry·tʃə] <N.; ~r> {s. u. ↑Brüd|che}: Sesambrötchen.

Sesam|öl, et ['ze·zam‚|œ·l] <N.; ~e> {s. u. ↑Öl}: Sesamöl.

Sessel|liff, der ['zɛsəl‚lɪf] <N.; ~|lifte [-lɪftə]> {s. u. ↑Liff}: Sessellift.

sess|haff ['zɛshaf] <Adj.; ~|hafte>: sesshaft. Tbl. A4.2.1

Session, de [zɛs'jo·n] <N.; ~e ⟨lat. sessio⟩> {2}: Session, Karnevalszeit, Zeitabschnitt der Karnevalsveranstaltungen in Köln vom 11.11. bis Aschermittwoch.

Sester|pääd, et [ˈzɛstəˌpɛːt] <N.; ~(er) [-pɛˑt / -pɛˑdə]> {s. u. ↑Pääd}: Sesterpferd, Pferd der ehem. Sester-Brauerei, das Bierwagen zog; *en Fott wie e S. (bes. breites Gesäß) [auch: ↑Brau|erei|pääd].

Sett, et [zɛt] <N.; weibl. Vorn.; ~che>: Kurzf. von Elisabeth.

Sętz, der [zets] <N.; ~(e)> {5.5.2}: Sitz, **1.** Sitzgelegenheit, Sitzplatz, Sitzfläche: *Et sin genog S. frei.* (Es sind genügend Sitzplätze frei.). **2.** Ort, an dem sich eine Institution befindet: *der S. vum Ampsgereech* (der S. des Amtsgerichts). **3. a)** sitzende Körperhaltung: *ene opräächte S.* (eine aufrechte Körperhaltung); **b)** Art des An- od. Aufliegens von etw., bes. Kleidungsstücken: *Dä S. vun däm Kleid es god.* (Das Kleid sitzt/passt gut.).

Sętz|badd, et [ˈzetsˌbat] <N.; ~|bäder [-bɛˑdə] (unr. Pl.)> {s. u. ↑Sętz ↑Badd}: Sitzbad.

Sętz|bank, de [ˈzetsˌbaŋk] <N.; ~|bänk> {s. u. ↑Sętz ↑Bank¹}: Sitzbank,.

Sętz|blockad, de [ˈzetsbloˌkaˑt] <N.; ~e> {s. u. ↑Sętz ↑Blockad}: Sitzblockade.

sętze¹ [ˈzetsə] <V.; st.; *han*; soß [zɔˑs]; gesesse [jəˈzɛsə]> {5.5.2}: sitzen. (172)

sętze² [ˈzɛtsə] <V.; unr./schw.; *han*; setzte/satz [ˈzɛtstə / zats]; gesetz/gesatz [jəˈzets / jəˈzats]>: setzen; *sich nevven der Emmer s.* (sich irren, reingefallen sein). (173)

Sętz|eck, de [ˈzetsˌɛk] <N.; ~e> {s. u. ↑Sętz ↑Eck¹}: Sitzecke.

Sętz|fähler, der [ˈzetsˌfɛˑlə] <N.; ~> {s. u. ↑setze² ↑Fähler}: Setzfehler, Fehler im Schriftsatz.

Sętz|fleisch, et [ˈzetsˌflɛɪʃ] <N.; kein Pl.> {5.5.2}: Sitzfleisch, [nur i. d. **RA**] *S. han* (S./Ausdauer haben).

~|sętz|ig [ˈzetsɪç] <Suffix; adjektivbildend; ~e> {5.5.2}: -sitzig, eine gewisse Anzahl an Sitzen aufweisend, i. Vbdg. m. Kardinalz.: *fünf~* (fünf~). Tbl. A5.2

Sętz|ge|läge(n)|heit, de [ˈzetsjəˌlɛːjənheɪt] <N.; ~e> {s. u. ↑Sętz; 5.4; 9.1.4}: Sitzgelegenheit.

Sętz|grupp, de [ˈzetsˌjrʊp] <N.; ~e> {s. u. ↑Sętz ↑Grupp}: Sitzgruppe.

Sętz|kaste, der [ˈzetsˌkastə] <N.; ~|käste> {s. u. ↑setze² ↑Kaste}: Setzkasten.

Sętz|kesse, et [ˈzetsˌkesə] <N.; ~> {s. u. ↑Sętz ↑Kesse}: Sitzkissen.

Sętz|maschin, de [ˈzetsmaˌʃiːn] <N.; ~e> {s. u. ↑setze² ↑Maschin}: Setzmaschine.

Sętz|ordn|ung, de [ˈzetsˌɔxtnʊŋ] <N.; i. best. Komsosita *Ordnung*, sonst ↑Oọden|ung; ~e> {s. u. ↑Sętz; 11}: Sitzordnung.

Sętz|platz, der [ˈzetsˌplats] <N.; ~|plätz> {5.5.2}: Sitzplatz.

Sętz|streik, der [ˈzetsˌʃtraɪk] <N.; ~s> {s. u. ↑Sętz}: Sitzstreik.

Seuch, de [zøyfi] <N.; ~e> {8.3.1}: Seuche.

Sex, der [zɛks] <N.; kein Pl.>: Sex.

Sex|bomb, de [ˈzɛksˌbomˑp] <N.; ~e> {s. u. ↑Sex ↑Bomb}: Sexbombe.

Sex|iss, der [zɛˈksɪs] <N.; ~|iste (engl. sexist)>: Sexist.

Sex|magazin, et [ˈzɛksmaˌjaˌtsiːn] <N.; ~e> {s. u. ↑Sex ↑Magazin}: Sexmagazin.

Sex|ologe, der [ˌzɛksoˈloˑrə] <N.; ~>: Sexologe.

Sex|ologie, de [ˌzɛksoloˈjiˑ] <N.; kein Pl. ⟨zu griech. lógos, Logos⟩>: Sexologie.

Sextaner|blos, de [zɛksˈtaˑnəˌbloˑs] <N.; ~e> {s. u. ↑Blos}: Sextanerblase, schwache Blase.

Sex|tour|iss, der [ˈzɛkstʊˌrɪs] <N.; ~|iste>: Sextourist.

Sezier|metz, et [zeˈtsiˑɐˌmets] <N.; ~er> {s. u. ↑Metz}: Seziermesser.

Show|ge|schäff, et [ˈʃoːjəˌʃɛf] <N.; o. Pl.> {s. u. ↑Ge|schäff}: Showgeschäft, Schaugeschäft.

si [zi(ː)] <Possessivpron.; 3. Pers. Sg. mask. u. Neutr.; beim Neutrum zwingend, außerdem bei Neutr./Mask./Fem. Sg. im Nom. u. Akk. bei Vater, Mutter, Bruder, Schwester> {5.3.1}: sein, seine, **1.** bei Neutr. Sg. *si*, nur selten *sing*: *s. (sing) Boch* (s. Buch); *s. (sing) Kind* (s. Kind). **2.** bei Bez. von Eltern u. Geschwistern im Sg. mask. u. fem *si*, nur selten *sing*: *s. (singe) Vatter* (s. Vater); *s. (sing) Schwester* (s. Schwester). **3.** Bei Nom. u. Akk. Sg. kann zur Verstärkung das Pers.-Pron. *im* vor *sing...* (*im sing...*) stehen, eine Nominalphrase im Dat. od. *däm* kann bei allen Kasus sowohl vor *sing...* als auch vor *si* (*däm Panz si(ng...), (vun) däm sing..., däm si*) stehen.: *Dat es däm s. Kölsch.* (Das ist s. Kölsch.); *Dat es dem Nett s. (singe) Broder.* (Das ist Annettes Bruder.); [auch: ↑sing].

Siam|katz, de [ˈzɪjamˌkats] <N.; ~e> {s. u. ↑Katz}: Siamkatze.

sibbe [ˈzɪbə] <Kardinalz.> {5.3.4}: sieben, (als Ziffer: 7).

sibbe|däg|ig ['zɪbəˌdɛˑjɪfj] <Adj.; ~e> {5.3.4}: siebentägig, eine Dauer von sieben Tagen umfassend. Tbl. A5.2

sibbe|dausend ['zɪbəˈdoʊˌzənt / ˌ--ˈ-- / ˈ--ˌ--] <Kardinalz.> {s. u. ↑sibbe ↑dausend}: siebentausend, (als Ziffer: 7000).

sibbe|deil|ig ['zɪbəˌdeɪˑlɪfj] <Adj.; ~e> {5.3.4}: siebenteilig, aus sieben Teilen bestehend. Tbl. A5.2

sibbe|hundert ['zɪbəˈhʊnˌdɛt / ˈ--ˌ-- / ˌ--ˈ--] <Kardinalz.> {s. u. ↑sibbe}: siebenhundert, (als Ziffer: 700).

sibbe|jöhr|ig ['zɪbəˌjœˑrɪfj] <Adj.; ~e> {5.3.4}: siebenjährig, 1. sieben Jahre alt. 2. sieben Jahre andauernd. Tbl. A5.2

sibbe|kant|ig ['zɪbəˌkantɪfj] <Adj.; ~e> {5.3.4}: siebenkantig, sieben Kanten aufweisend. Tbl. A5.2

Sibbe|meile|schredd, der [ˌzɪbəˈmaɪləˌʃrɛt] <N.; ~ (meist Pl.)> {s. u. ↑sibbe ↑Meil ↑Schredd}: Siebenmeilenschritt.

sibbe|mol ['zɪbəˌmɔˑl / ˈ--ˈ-] <Wiederholungsz., Adv.; zu ↑sibbe> {5.3.4}: siebenmal, (mit Ziffer: 7-mol).

Sibbe|monats|kind, et [ˌzɪbəˈmɔˑnaˌt͡sˌkɪnt] <N.; ~er> {s. u. ↑sibbe ↑Mond² ↑Kind}: Siebenmonatskind.

Sibben|baum, der ['zɪbənˌboʊm] <N.; ~|bäum [-bøyˑm]⟨älter: Sebenbaum, nach dem lat. Pflanzennamen herba Sabina = Kraut der Sabiner⟩>: Sadebaum, immergrüner Strauch (Wacholder) aus dem italienischen Sabinergebirge.

sibben|en|halv ['zɪbənənˈhaləf / ˌ---ˈ-] <Bruchz.; zu ↑sibbe> {s. u. ↑sibbe ↑halv}: siebeneinhalb, (mit Ziffer: 7 ½).

sibben|erlei ['zɪbənəleɪˑ] <best. Gattungsz.; zu ↑sibbe; indekl.> {5.3.4}: siebenerlei.

Sibbe|sacks|piefe [ˌzɪbəzaksˈpiːfə] <N.; fem.; nur Pl.> {9.1.2; s. u. ↑sibbe}: Siebensachen, Habseligkeiten.

Sibbe|schlöfer, der ['zɪbəˌʃlœˑfe] <N.; ~> {s. u. ↑sibbe ↑schlǫfe}: Siebenschläfer. 1. Nagetier mit auf der Oberseite grauem, auf der Unterseite weißem Fell u. langem, buschigem Schwanz, der einen besonders langen Winterschlaf hält. 2. 27. Juni als Lostag einer Wetterregel, nach der es bei Regen an diesem Tag sieben Wochen lang regnet.

Sibbe|schröm ['zɪbəˌʃrœˑm] <N.; mask.; nur Pl.>: ein Kartenspiel.

sibbe|sigg|ig ['zɪbəˌzɪgɪfj] <Adj.; ~e> {5.3.4}: siebenseitig, sieben Seiten aufweisend/umfassend. Tbl. A5.2

sibbe|stell|ig ['zɪbəˌʃtɛlɪfj] <Adj.; ~e> {5.3.4}: siebenstellig, sieben Stellen/Ziffern aufweisend. Tbl. A5.2

sibbe|stöck|ig ['zɪbəˌʃtœkɪfj] <Adj.; ~e> {5.3.4}: siebenstöckig, sieben Stockwerke hoch. Tbl. A5.2

sibbe|stünd|ig ['zɪbəˌʃtʏnˑdɪfj] <Adj.; ~e> {5.3.4}: siebenstündig, sieben Stunden umfassend. Tbl. A5.2

sibb|sehn/~|zehn ['zɪpˌseˑn / -t͡seˑn] <Kardinalz.> {6.12.7; s. u. ↑sibbe}: siebzehn, (als Ziffer: 17).

sibb|sehn|hundert/~|zehn|~ ['zɪpseˑnˈhʊnˌdɛt / -t͡seˑn- / ˌ--ˈ-- / ˈ--ˌ--] <Kardinalz.> {s. u. ↑sibb|sehn}: siebzehnhundert, (als Ziffer: 1700).

sibb|sig/~|zig ['zɪpsɪfj / -t͡sɪfj] <Kardinalz.> {6.12.7; s. u. ↑sibbe}: siebzig, (als Ziffer: 70).

sibbt... ['zɪpt] <Ordinalz.; zu ↑sibbe; ~e> {5.3.4}: siebt...

sibb|tel ['zɪptəl] <Bruchz.; zu ↑sibbe> {5.3.4}: siebtel, (mit Ziffer: 7).

sibb|tens ['zɪptəns] <Adv.; zu ↑sibbe> {5.3.4}: siebtens, (mit Ziffer: 7.).

sich [zɪfj] <Reflexivpron.; 3. Pers. Sg. od. Pl. Akk. u. Dat.>: sich. Tbl. P3

Sich/Seech, de [zɪfj / zeːfj] <N.; o. Pl.> {8.3.5}: Sicht.

sich|bar ['zɪfjbaˑ(ɛ̯)] <Adj.; i. best. Komposita nur *sich(t)-*, sonst auch ↑Seech; ~e> {8.3.5; 11}: sichtbar. Tbl. A2.6

sich|lich ['zɪfjlɪfj] <Adj.; i. best. Komposita nur *sich(t)-*, sonst auch ↑Seech; ~e> {8.3.5; 11}: sichtlich. Tbl. A1

Sich|blend/Seech|~, de ['zɪfjˌblɛnˑt / zeːfj-] <N.; ~e> {s. u. ↑Sich/Seech ↑Blend}: Sichtblende.

Sich|ver|häld|nisse/Seech|~ ['zɪfjfeˌhɛltnɪsə / zeːfj-] <N.; Neutr.; nur Pl.> {s. u. ↑Sich/Seech ↑Ver|häld|nis}: Sichtverhältnisse.

Sich|wies, de ['zɪfjˌviˑs] <N.; ~e> {s. u. ↑Sich ↑Wies²}: Sichtweise.

sickere ['zɪkərə] <V.; schw.; *sin*; sickerte ['zɪkɛtə]; gesickert [jəˈzɪkɛt]> {9.2.1.2}: sickern. (4)

sie ['ziˑə] <V.; schw.; *han*; site ['ziˑtə]; gesit [jəˈziˑt]> {5.4}: säen. (56)

Sie¹, de [ziˑ] <N.; ~e> {5.1.4.2}: die See, das Meer.

Sie², der [ziˑ] <N.; ~e ['ziˑə]> {5.1.4.2}: der See.

Sieb, et [ziˑp] <N.; ~e>: Sieb.

Sie|badd, et ['ziˑˌbat] <N.; ~|bäder [-bɛˑdə] (unr. Pl.)> {s. u. ↑Sie¹ ↑Badd}: Seebad.

Sieb|drock, der ['ziˑpˌdrɔk] <N.; ~e> {s. u. ↑Sieb ↑Drǫck²}: Siebdruck. 1. <o. Pl.> Druckverfahren, bei dem die

Farbe durch ein feinmaschiges Gewebe auf das zu bedruckende Material gepresst wird. 2. im Siebdruckverfahren hergestelltes Druckerzeugnis.

siebe ['ziˑbə] <V.; schw.; *han*; siebte ['ziˑptə]; gesieb [jə'ziˑp]>: sieben, 1. durch ein Sieb gießen. 2. aussondern, eine Auswahl treffen. (189)

Sie|bevve, et ['ziˑˌbevə] <N.; ~> {s. u. ↑Sie¹ ↑B*e*vve}: Seebeben.

siedele ['ziːdələ] <V.; schw.; *han*; siedelte ['ziːdəltə]; gesiedelt [jə'ziːdəlt]> {9.2.1.2}: siedeln. (6)

Siede|punk, der ['ziˑdəˌpʊŋk] <N.; ~te> {s. u. ↑Punk}: Siedepunkt.

Siede|woosch, de ['ziˑdəˌvoːʃ] <N.; ~|wöösch> {s. u. ↑Woosch}: Siedewurst, Brühwurst [auch: ↑Bröh|woosch].

sief [ziːf] <Adj.>: feucht, nass, nur noch i. d. Vbdg. *N*äsche s. (rhein. Kinderreim: *Kinne-, Kinnewippchen, rotes Lippchen, Näsche s., Äugelcher pief, Steenche platt, Höörcher zibbele, zibbele, zapp*).

Sie|fahrt, de ['ziˑˌfaːt] <N.; ~e> {s. u. ↑Sie¹ ↑Fahrt}: Seefahrt.

siefe ['ziːfə] <V.; schw.; *han*; siefte ['ziːftə]; gesief [jə'ziːf]>: triefen, 1. stark u. anhaltend regnen [auch: ↑klatsche (4)]. 2. tropfnass sein. (108)

sief|ig ['ziːfɪç] <Adj.; ~e; ~er, ~ste>: tropfend, triefend, triefnass. Tbl. A5.2

sief|naaß ['ziːfˈnaːs] <Adj.; ~e> {s. u. ↑naaß}: triefend nass, tropfnass. Tbl. A1

Sief|nas, de ['ziːfˌnaˑs] <N.; ~e> {s. u. ↑Nas}: Triefnase.

Sie|gang, der ['ziˑˌjaŋ] <N.; o. Pl.> {s. u. ↑Sie¹ ↑Gang¹}: Seegang.

Siegel, et ['ziːjəl] <N.; ~e>: Siegel.

siegele ['ziːjələ] <V.; schw.; *han*; siegelte ['ziːjəltə]; gesiegelt [jə'ziːjəlt]> {9.2.1.2}: siegeln. (6)

Siegler, der [ziˑjɐ] <N.; in best Abl. *sieg*, sonst ↑Seeg; ~> {11}: Sieger.

Siegler|kranz, der ['ziˑjɐˌkrants] <N.; in best Komposita *sieg*, sonst ↑Seeg; ~|kränz> {11}: Siegerkranz.

Siegler|maach, de ['ziˑjɐˌmaːx] <N.; ~|määchte> {s. u. ↑Siegler ↑Maach¹}: Siegermacht.

Siegler|mann|schaff, de ['ziˑjɐˌmanʃaf] <N.; ~|schafte> Siegermannschaft.

Siegler|podess, et ['ziˑjɐpoˌdɛs] <N.; in best Komposita *sieg*, sonst ↑Seeg; ~|podeste [-poˌdɛstə]> {11; s. u. ↑P*o*dess}: Siegerpodest.

Siegler|pokal, der ['ziˑjɐpoˌkaˑl] <N.; ~e> {s. u. ↑Siegler}: Siegerpokal.

Sieges|fier/~|feer, de ['ziˑjəsˌfiˑɐ̯ / -feˑɐ̯] <N.; in best Komposita *sieg*, sonst ↑Seeg; ~e> {11; s. u. ↑Fier/Feer}: Siegesfeier.

Sieges|süül, de ['ziˑjəsˌzyˑl] <N.; ~e> {s. u. ↑Sieg ↑Süül}: Siegessäule.

Sie|gras, et ['ziˑˌjraːs] <N.; ~|gräser [-ˌjrɛˑzə]> {s. u. ↑Sie¹ ↑Gras}: Seegras.

Sie|hafe, der ['ziˑˌhaˑfə] <N.; ~|häfe> {s. u. ↑Sie¹ ↑Hafe}: Seehafen.

Sie|hungk, der ['ziˑˌhʊŋk] <N.; ~|hüng [-hyŋˑ]> {s. u. ↑Sie¹ ↑Hungk}: Seehund.

Sie|kaat, de ['ziˑˌkaːt] <N.; ~e> {s. u. ↑Sie¹ ↑Kaat}: Seekarte.

Sie|koh, de ['ziˑˌkoˑ] <N.; ~|köh> {s. u. ↑Sie¹ ↑Koh}: Seekuh.

Sie|krank|heit, de ['ziˑˌkraŋkheɪt] <N.; o. Pl.> {s. u. ↑Sie¹}: Seekrankheit.

Sie|kreeg, der ['ziˑˌkreˑj] <N.; ~e> {s. u. ↑Sie¹ ↑Kreeg}: Seekrieg.

Siel, de [ziˑl] <N.; ~e> {5.1.4.2; 8.3.1}: Seele.

Siel|che, et ['ziˑlçə] <N.; ~r> {s. u. ↑Siel}: Seelchen; sehr empfindsame zur Rührseligkeit neigende Frau.

Siele(n)|amp, et ['ziˑlə(n)ˌamˑp] <N.; o. Pl.> {s. u. ↑Siel ↑Amp; 9.1.4}: Seelenamt, Gedächtnisgottesdienst für Verstorbene.

Siele|dokter, der ['ziˑləˌdɔktɐ] <N.; ~|döktersch> {s. u. ↑Siel ↑Dokter}: Seelendoktor, Psychiater, Psychotherapeut [auch: ↑Siele|klempner].

Siele|fridde, der ['ziˑləˌfrɪdə] <N.; o. Pl.> {s. u. ↑Siel ↑Fridde}: Seelenfriede/n, innere Ruhe

Siele|heil, et ['ziˑləˌheɪl] <N.; kein Pl.> {s. u. ↑Siel ↑Heil}: Seelenheil.

Siele|klempner, der ['ziˑləˌklɛmpnɐ] <N.; ~> {s. u. ↑Siel}: Seelenklempner, Psychiater, Psychotherapeut [auch: ↑Siele|dokter].

Siele|levve, et ['ziˑləˌlevə] <N.; o. Pl.> {s. u. ↑Siel ↑L*e*vve}: Seelenleben, Psyche.

Siele|mess, de ['ziˑləˌmɛs] <N.; ~e> {s. u. ↑Siel ↑Mess²}: Seelenmesse, Totenmesse.

Siele|rauh, de ['ziːləˌroʊ̯ˑ] <N.; o. Pl.> {s. u. ↑Siel ↑Rauh}: Seelenruhe, unerschütterliche Ruhe; Gemütsruhe; bes. i. d. Wendung *en aller S. (in aller S.).

siele|ver|gnög ['ziːləfəˈjnøˑfj] <Adj.; ~te> {s. u. ↑Siel ↑ver|gnög}: seelenvergnügt. Tbl. A4.1.1

Siele|ver|käuf|er, der ['ziːləfəˌkɵy̯fɐ] <N.; ~> {s. u. ↑Siel ↑Ver|käuf|er}: Seelenverkäufer.

Siele|verwandt|schaff, de ['ziːləfəˌvantʃaf] <N.; ~|schafte> {5.1.4.2; 8.3.1}: Seelenverwandtschaft.

Siele|wander|ung, de ['ziːləˌvandərʊŋ] <N.; ~e> {s. u. ↑Siel}: Seelenwanderung, Reinkarnation.

Siell|sorg, de ['ziːlˌzɔrfj] <N.; o. Pl.> {s. u. ↑Siel ↑Sorg}: Seelsorge.

Siell|sorg|er, der ['ziːlˌzɔrjɐ] <N.; ~> {s. u. ↑Siel ↑sorge}: Seelsorger.

Sie|luff, de ['ziːˌlʊf] <N.; o. Pl.> {s. u. ↑Sie¹ ↑Luff}: Seeluft.

Sie|maach, de ['ziːˌmaːx] <N.; ~|määchte> {s. u. ↑Sie¹ ↑Maach¹}: Seemacht.

Sie|möw, de ['ziːˌmøˑf] <N.; ~e> {s. u. ↑Sie¹ ↑Möw}: Seemöwe.

Sie|nud|rof, der ['ziːˌnuˑtroˑf] <N.; ~e> {s. u. ↑Sie¹ ↑Nud ↑Rof}: Seenotruf.

Sie|reis, de ['ziːˌre̯ɪˑs] <N.; ~e> {s. u. ↑Sie¹ ↑Reis}: Seereise.

Sie|rus, de ['ziːˌruˑs] <N.; ~e> {s. u. ↑Sie¹ ↑Rus}: Seerose.

Sie|sack, der ['ziːˌzak] <N.; ~|säck> {s. u. ↑Sie¹ ↑Sack}: Seesack.

Sie|schlaach, de ['ziːˌʃlaːx] <N.; ~te> {s. u. ↑Sie¹ ↑Schlaach}: Seeschlacht, Seekrieg.

Sie|schlang, de ['ziːˌʃlaŋ] <N.; ~e [-ʃlaŋə]> {s. u. ↑Sie¹ ↑Schlang}: Seeschlange.

Sie|sigg, de ['ziːˌzɪk] <N.> {s. u. ↑Sie¹ ↑Sigg¹}: Seeseite.

Sie|stään, der ['ziːˌʃtɛˑn] <N.; ~e> {s. u. ↑Sie¹ ↑Stään}: Seestern.

Sie|tang, der ['ziːˌtaŋ] <N.; kein Pl.> {s. u. ↑Sie¹}: Seetang.

Sie|ufer/~ofer, et ['ziːˌuˑfɐ / -oˑfɐ] <N.; ~> {s. u. ↑Sie¹ ↑Ufer/Ofer}: Seeufer.

Sie|vugel, der ['ziːˌfʊʀəl / -fuˑl] <N.; ~|vügel [-fy̯əl / -fyˑl]> {s. u. ↑Sie¹ ↑Vugel}: Seevogel.

Sie|wäg, der ['ziːˌvɛːfj] <N.; ~(e) [-vɛˑfj / -vɛˑjə]> {s. u. ↑Sie¹ ↑Wäg}: Seeweg.

Sie|wind, der ['ziːˌvɪnt] <N.; ~e> {s. u. ↑Sie¹ ↑Wind¹}: Seewind.

Sie|zung, de ['ziːˌtsʊŋˑ] <N.; ~e [-tsʊŋə]> {s. u. ↑Sie¹ ↑Zung¹}: Seezunge.

Sigg¹, de [zɪk] <N.; ~e> {5.3.4; 8.3.1}: Seite, **1.** Fläche eines Raumes od. Gegenstands: *Ene Würfel hät 6 ~e.* (Ein Würfel hat 6 ~n.). **2. a)** rechts od. links gelegener Teil einer räumlichen Ausdehnung: *op der ander S. vum Rhing wonne* (auf der anderen Seite des Rheins wohnen); ***op beidse ~e** (auf beiden Seiten). **b)** Stelle in einer gewissen seitlichen Entfernung von jmdm./ etw.: *Gangk op S.!* (Geh auf S.!); ***op hönn S. gonn** (auf die andere S. gehen; überwechseln); ***(ene Däu/Rötsch) op S. gonn/röcke** (P(ein Stückche) zur S. rücken, gehen, rutschen). **3.** bedrucktes Blatt Papier, ***op beidse ~e** (beidseitig).

Sigg², de [zɪk] <N.; ~e> {5.3.4; 8.3.1}: Saite.

Sigg³, de [zɪk] <N.; ~e (Sortenpl.)> {5.3.4; 6.6.2; 8.3.1}: Seide.

sigge ['zɪɡə] <Adj.; ~> {5.3.4; 6.6.2}: seiden, seidig, aus Seide. Tbl. A3.1

Sigge, et ['zɪɡə] <N.; o. Pl.> {s. u. ↑Sigg³}: Seidenes, Kleidungsstück aus Seide: *~sari* (~sari).

Sigge|ärm, der ["zɪɡəˌɛrm] <N.; ~e> {s. u. ↑Sigg¹ ↑Ärm}: Seitenarm.

Sigge|blus, de ['zɪɡəˌbluˑs] <N.; ~e> {s. u. ↑Sigg³ ↑Blus}: Seidenbluse.

Sigge|deil, et ['zɪɡəˌde̯ɪl] <N.; ~(e) [-de̯ɪl / -de̯ɪˑlə]> {s. u. ↑Sigg¹ ↑Deil}: Seitenteil. **1.** Teil an der Seite von etw. **2.** Teil einer Seite.

Sigge|doch, et ['zɪɡəˌdoˑx] <N.; ~|döcher> {s. u. ↑Sigg³ ↑Doch¹}: Seidentuch.

Sigge|dür/~|dör, de ['zɪɡəˌdyːɐ̯ / -døːɐ̯] <N.; ~|dürre/ ~|dörre [-dʏrə / -dørə] (unr. Pl.)> {s. u. ↑Sigg¹ ↑Dür/ Dör}: Seitentür.

Sigge|en|gang, der ['zɪɡəˌɛnjaŋ] <N.; ~|gäng [-jɛŋˑ]> {s. u. ↑Sigg¹ ↑En|gang}: Seiteneingang.

Sigge|en|steig|er, der ['zɪɡəˌɛnʃte̯ɪjɐ] <N.; ~> {s. u. ↑Sigg¹ ↑en|steige}: Seiteneinsteiger.

Sigge|fach, et ['zɪɡəˌfax] <N.; ~|fächer> {s. u. ↑Sigg¹ ↑Fach}: Seitenfach.

Sigge|faddem, der ['zɪɡəˌfadəm] <N.; ~|fäddem> {s. u. ↑Sigg³ ↑Faddem}: Seidenfaden.

Sigge|fläch, de ['zɪɡəˌflɛfj] <N.; ~e> {s. u. ↑Sigg¹ ↑Fläch}: Seitenfläche.

Sigge|flögel, der ['zɪgə‚fløːjəl] <N.; ~-e> {s. u. ↑Sigg¹ ↑Flögel}: Seitenflügel.
Sigge|gang, der ['zɪgə‚jaŋ] <N.; ~gäng [-jɛŋˑ]> {s. u. ↑Sigg¹ ↑Gang¹}: Seitengang.
Sigge|gass, de ['zɪgə‚jas] <N.; ~-e> {s. u. ↑Sigg¹ ↑Gass¹}: Seitengasse.
Sigge|hemb, et ['zɪgə‚hemp] <N.; ~|hemde(r) [-hemdə / -hemdə]> {s. u. ↑Sigg³ ↑Hemb}: Seidenhemd.
Sigge|kleid, et ['zɪgə‚kleɪt] <N.; ~er> {s. u. ↑Sigg³ ↑Kleid}: Seidenkleid.
Sigge|noht, de ['zɪgə‚nɔˑt] <N.; ~|nöht> {s. u. ↑Sigg¹ ↑Noht}: Seitennaht.
Sigge|papier/~|papeer, et ['zɪgə‚papiːɐ̯ / -papeːɐ̯] <N.; o. Pl.> {s. u. ↑Sigg³ ↑Papier/Papeer}: Seidenpapier.
Sigge|raup, de ['zɪgə‚raʊp] <N.; ~-e> {s. u. ↑Sigg³ ↑Raup}: Seidenraupe, Raupe des Seidenspinners.
Sigge|ruder/~|roder, et ['zɪgə‚ruːdɐ / -roːdɐ] <N.; ~-e> {s. u. ↑Sigg¹ ↑Ruder/Roder}: (Flugw.) Seitenruder, bewegliche Klappe des Seitenleitwerks.
Sigge|schal, der ['zɪgə‚ʃaˑl] <N.; ~s> {s. u. ↑Sigg³ ↑Schal³}: Seidenschal.
Sigge|scheff, et ['zɪgə‚ʃef] <N.; ~-e> {s. u. ↑Sigg¹ ↑Scheff}: Seitenschiff.
Sigge|scheid, de ['zɪgə‚ʃeɪ̯t] <N.; ~-e> {s. u. ↑Sigg¹ ↑Scheid²}: Seitenscheitel.
Sigge|schredd, der ['zɪgə‚ʃret] <N.; ~> {s. u. ↑Sigg¹ ↑Schredd}: Seitenschritt (Tanzen): Schritt zur Seite.
Sigge|spill, et ['zɪgə‚ʃpɪl] <N.; o. Pl.> {s. u. ↑Sigg² ↑Spill}: Saitenspiel.
Sigge|sprung, der ['zɪgə‚ʃprʊŋ] <N.; ~|sprüng [-ʃprʏŋˑ]> {s. u. ↑Sigg¹ ↑Sprung}: Seitensprung.
Sigge|steche, et ['zɪgə‚ʃtɛʃə] <N.; o. Pl.> {s. u. ↑Sigg¹ ↑steche²}: Seitenstechen.
Sigge|stoff, der ['zɪgə‚ʃtɔf] <N.; ~-e> {s. u. ↑Sigg³}: Seidenstoff.
Sigge|striefe/~|streife, der ['zɪgə‚ʃtriːfə / -ʃtreɪ̯fə] <N.; ~> {s. u. ↑Sigg¹ ↑Striefe/Streife}: Seitenstreifen.
Sigge|stroß, de ['zɪgə‚ʃtroˑs] <N.; ~-e> {s. u. ↑Sigg¹ ↑Stroß}: Seitenstraße.
Sigge|strump, der ['zɪgə‚ʃtrʊmp] <N.; ~|strümp> {s. u. ↑Sigg³ ↑Strump}: Seidenstrumpf.
Sigge|täsch, de ['zɪgə‚tɛʃ] <N.; ~-e> {s. u. ↑Sigg¹ ↑Täsch}: Seitentasche.

Sigge|us|gang, der ['zɪgə‚ʊsˌjaŋ] <N.; ~|gäng [-jɛŋˑ]> {s. u. ↑Sigg¹ ↑Us|gang}: Seitenausgang.
sigge|ver|keht ['zɪgəfɐ‚keˑt] <Adj.; ~-e> {s. u. ↑Sigg¹ ↑ver|keht}: seitenverkehrt. Tbl. A1
Sigge|wähßel, der ['zɪgə‚vɛːsəl] <N.; ~-e> {s. u. ↑Sigg¹ ↑Wähßel}: Seitenwechsel.
sigge|wies ['zɪgəviˑs] <Adv.> {5.3.4; 6.6.2}: seitenweise.
Sigge|wind, der ['zɪgə‚vɪnt] <N.; ~-e> {s. u. ↑Sigg¹ ↑Wind¹}: Seitenwind.
Sigge|zahl, de ['zɪgə‚tsaˑl] <N.; ~-e> {s. u. ↑Sigg¹ ↑Zahl}: Seitenzahl.
~|sigg|ig¹ ['zɪgɪʃ] <Suffix; adjektivbildend; ~-e> {5.3.4; 6.6.2}: -seitig, eine best. Anzahl von Seiten aufweisend, i. Vbdg. m. Kardinalz.: *aach~* (acht~). Tbl. A5.2
~|sigg|ig² ['zɪgɪʃ] <Suffix; adjektivbildend; ~-e> {5.3.4; 6.6.2}: -saitig, eine best. Anzahl von Saiten aufweisend (bzgl. Streich- u. Zupfinstrumenten), i. Vbdg. m. Kardinalz.: *sechs~* (sech~). Tbl. A5.2
Signal|mass, der [zɪŋ'naˑl‚mas] <N.; ~|maste> {s. u. ↑Mass¹}: Signalmast.
sill|ig ['zɪlɪʃ] <Adj.; ~-e; ~er, ~ste> {5.3.2; 5.4}: selig, **1.** des ewigen Lebens teilhaftig. **2.** glücklich; [RA] *Löstig geläv un s. gestorve es dem Deuvel de Rechnung verdorve.* (Lustig gelebt und s. gestorben ist dem Teufel die Rechnung verdorben.). Tbl. A5.2
Sillig|keit, de ['zɪlɪŋkeɪ̯t] <N.; o. Pl.> {5.3.2; 5.4}: Seligkeit.
Silv, de ['zɪlˑf] <N.; ~-e ⟨mhd. silbe, sillabe, ahd. sillaba < lat. syllaba < griech. syllabí⟩> {6.1.1; 8.3.1}: Silbe.
Silve|rödsel, et ['zɪlvə‚rœtsəl] <N.; ~-e> {s. u. ↑Silv ↑Rödsel}: Silbenrätsel.
Silvester|ball, der [zɪl'vɛstɐ‚bal] <N.; ~|bäll [-bɛlˑ]> {s. u. ↑Ball²}: Silvesterball.
Silvester|fier/~|feer, de [zɪl'vɛstɐ‚fiːɐ̯ / -feːɐ̯] <N.; ~-e> {s. u. ↑Fier/Feer}: Silvesterfeier.
Silvester|naach, de [zɪl'vɛstɐ‚naːx] <N.; ~|näächte> {s. u. ↑Naach}: Silvesternacht.
Silvester|ovend, der [zɪl'vɛstɐ‚ɔˑvənt] <N.; ~-e> {s. u. ↑Ovend}: Silvesterabend.
simeliere/~eere [zɪməˈliˑ(ɐ̯)rə / -eˑrə] <V.; schw./unr.; *han*; simelierte [zɪməˈliˑɐ̯tə]; simeliert [zɪməˈliˑɐ̯t] ⟨lat. simulare⟩> {5.4; (5.1.4.3)}: simulieren, **1.** sich verstellen, vortäuschen, vorgaukeln. **2.** grübeln, nachdenken, überlegen [auch: ↑gribbele, ↑senne, ↑prakesiere/~eere]. (3) (2)

sin¹ [zɪn] <V.; unr.; *han*; wọr [vɔˑ(ɐ̯)]; gewäs(e) [jə'vɛːzə]> {5.3.4.1}: sein, **1. a)** in einem best. Zustand, an einem best. Ort sein: *möd s.* (müde s.); *Däm es et schlääch.* (Ihm geht es schlecht.); *en Gefahr s.* (in Gefahr s.); **op Redd/Jöck s.* (unterwegs s., sich herumtreiben); **vun de Söck s.* (baff, völlig erstaunt s.; **größer s. wie* (überragen, über jmdn./etw. hinausragen, weit übertreffen); **op der Hod s.* (aufpassen, aufmerksam s., Acht geben); **stell s.* (schweigen); **b)** <i. Vbdg. m. einem Gleichsetzungsnominativ> drückt die Identität od. eine Klassifizierung, Zuordnung aus: *Hä es Müürer.* (Er ist Maurer.); **c)** im Besitz sein: *Dat es däm si.* (Das ist seins.). **2.** sich irgendwo befinden, irgendwoher stammen: *Mer s. us Kölle.* (Wir sind aus Köln.). **3.** <meist im Inf. i. Vbdg. m. Modalverben> geschehen, vor sich gehen, passieren: *Muss dat s.?* (Muss das s.?). **4.** da sein; bestehen; existieren: *En däm Deich s. kein Fesch.* (In diesem Teich gibt es keine Fische.). **5.** <mit Inf. mit zo als Hilfsverb>: *Die Ping wore kaum zo erdrage.* (Die Schmerzen war kaum zu ertragen.). (174)

sin² [zɪn] <V.; Hilfsverb; unr.; *han*; wọr [vɔˑ(ɐ̯)]; gewäs(e) [jə'vɛːzə]> {5.3.4.1}: sein, dient als Hilfsverb mit dem Part. II zur Bildung des Perf. u. Plusq.: *Der Zog es zo späd gekumme.* (Der Zug ist zu spät gekommen.); **s. looße* (unterlassen, aufhören); **si' mer* (sind wir; zu einem einzigen empfundenen Wort zusges. *s. mer*). (174)

Sinai|halv|insel, de ['zɪnaˑiː|halǝf|ɪnzǝl] <N.; Ortsn.> {s. u. ↑halv ↑Insel}: Sinaihalbinsel, ägyptische Halbinsel.

Sinfonie|konzäät, et [zɪnfo'niˑkɔn͜tsɛːt] <N.; ~e> {s. u. ↑Konzäät}: Sinfoniekonzert.

sing [zɪŋˑ] <Possessivpron.; 3. Pers. Sg. mask. u. Neutr.; ~e> {5.3.4.1}: sein, seine, **1.** <attr.>: *~e Desch* (sein Tisch). **2.** anstelle des Genitivs bei Personen mit *däm: däm sing(e): Dat es dem Nett ~e Hot.* (Das ist Annettes Hut.); [bei Neutr. sowie bei Mask. u. Fem. im Nom. u. Akk. bei Vater, Mutter, Bruder, Schwester auch ↑si]. **3.** <Subst.>: *der, et ~e; de S.* (der, das S.; die S., die ~en). Tbl. P2.3/Tbl. P2.9

singe ['zɪŋə] <V.; st.; *han*; sung [zʊŋ]; gesunge [jə'zʊŋə]>: singen; **[RA]** *e Leedche vun jet singe künne* (schlechte Erfahrungen mit etw. haben). (26)

singet|halver ['zɪŋət‚halˑvə] <Adv.> {s. u. ↑sing ↑halv}: seinethalben, ihm zuliebe, um seinetwillen: *Ich kom nor s.* (Ich kam nur s.) [auch: ↑singet|wäge (1)].

singet|wäge ['zɪŋət‚vɛˑjə] <Adv.> {s. u. ↑sing ↑wäge³}: seinetwegen, **1.** ihm zuliebe, um seinetwillen: *Ich kom nor s.* (Ich kam nur s.) [auch: ↑singet|halver]. **2.** von ihm aus: *S. kanns do gonn.* (S. kannst du gehen.).

Sing|spill, et ['zɪŋ‚ʃpɪl] <N.; ~ [-‚ʃpɪlˑ]> {s. u. ↑singe ↑Spill}: Singspiel.

Sing|stemm, de ['zɪŋ‚ʃtɛmˑ] <N.; ~e [-‚ʃtɛmə]> {s. u. ↑Stemm}: Singstimme.

Sing|stund, de ['zɪŋ‚ʃtʊnˑt] <N.; ~(e)> {s. u. ↑Stund}: Singstunde.

Sing|vugel, der ['zɪŋ‚fʊʀəl / -fuˑl] <N.; ~|vügel [-fʏjəl / -fyˑl]> {s. u. ↑Vugel}: Singvogel.

sinke ['zɪŋkə] <V.; st.; *sin*; sunk [zʊŋk]; gesunke [jə'zʊŋkə]>: sinken. (52)

sinn [zɪn] <V.; st.; *han*; sọh/sọch [zɔˑ / zɔˑx]; gesinn [jə'zɪn]> {5.3.4; 8.2.2.3}: sehen, schauen, gucken [auch: ↑kicke¹, ↑luure]. (175)

Sinologe, der [‚zɪno'loˑʀə] <N.; ~ ⟨zu griech. Sínai (Sinanthropus) u. lógos, Logos⟩>: Sinologe, Wissenschaftler auf dem Gebiet der Sinologie.

Sinologie, de [‚zɪnolo'jiˑ] <N.; kein Pl.>: Sinologie, Wissenschaft von der chinesischen Sprache u. Kultur.

Sinus|kurv, de ['ziˑnʊs‚kʊrˑf] <N.; ~e> {s. u. ↑Kurv}: Sinuskurve.

Siren, de [zɪ'reˑn] <N.; ~e> {8.3.1}: Sirene.

Sirene|ge|sang, der [zɪ're·nəjə‚zaŋ] <N.; ~|säng [-zɛŋˑ] ⟨nach dem betörenden Gesang der Sirenen, Sirene⟩> {s. u. ↑Ge|sang}: Sirenengesang.

Sitte|polizei, de ['zɪtəpolɪ‚tseɪˑ] <N.> {s. u. ↑Polizei}: Sittenpolizei.

Sitte|strolch, der ['zɪtə‚ʃtrɔlfl] <N.; ~|strölch>: Sittenstrolch.

Sitte|verfall, der ['zɪtəfɛ‚fal] <N.; o. Pl.> {s. u. ↑verfalle}: Sittenverfall.

Sitt|lich|keits|ver|breche, et ['zɪtlɪŋkeɪtsfɛ‚brɛfə] <N.; ~> {s. u. ↑Ver|breche}: Sittlichkeitsverbrechen.

Sitz|ung, de ['zɪtsʊŋ] <N.; i. best. Abl.: *sitz*, sonst ↑setze¹; ~e> {11}: Sitzung, bes. Karnevalssitzung.

Sizilie [zɪ'tsiːlɪjə] <N.; Ländern.>: Sizilien; süditalienische Insel.

Skandinavie [‚skandɪ'naːvɪjə] <N.; Ländern.>: Skandinavien; Teil Nordeuropas.

Skat|bladd, et ['skaˑt‚blat] <N.; ~|blädder> {s. u. ↑Bladd}: Skatblatt.

Skat|broder, der ['ska·t‚bro·də] <N.; ~|bröder> {s. u. ↑Broder}: Skatbruder.
Skat|kaat, de ['ska·t‚ka:t] <N.; ~e> {s. u. ↑Kaat}: Skatkarte.
Skat|ovend, der ['ska·t‚lo·vənt] <N.; ~e> {s. u. ↑Ovend}: Skatabend.
Skat|rund, de ['ska·t‚rʊn·t] <N.; ~e> {s. u. ↑Rund}: Skatrunde.
Skat|spill, et ['ska·t‚ʃpɪl] <N.; ~ [-‚ʃpɪl·]> {s. u. ↑Spill}: Skatspiel.
Skat|spill|er, der ['ska·t‚ʃpɪlɐ] <N.; ~> {s. u. ↑Spill|er}: Skatspieler.
Ski, der ['ʃi·] <N.; ~/~er>: Ski.
Ski|brell/~|brill, der ['ʃi·‚brɛl / -brɪl] <N.; ~e> {s. u. ↑Ski ↑Brell/Brill}: Skibrille.
Ski|gebiet, et ['ʃi·jə‚bi·t] <N.; ~e> {s. u. ↑Ski}: Skigebiet.
Ski|gymnastik, de ['ʃi·jʏm‚nastɪk] <N.; kein Pl.> {s. u. ↑Ski ↑Gymnastik}: Skigymnastik.
Ski|liff, der ['ʃi·‚lɪf] <N.; ~|lifte> {s. u. ↑Ski ↑Liff}: Skilift.
Ski|renne, et ['ʃi·‚rɛnə] <N.; ~> {s. u. ↑Ski ↑renne¹}: Skirennen.
Ski|springe, et ['ʃi·‚ʃprɪŋə] <N.; ~> {s. u. ↑Ski ↑springe}: Skispringen.
Ski|stivvel, der ['ʃi·‚ʃtɪvəl] <N.; ~e> {s. u. ↑Ski ↑Stivvel¹}: Skistiefel.
Skizze|boch, et ['skɪtsə‚bo·x] <N.; ~|böcher> {s. u ↑Boch¹}: Skizzenbuch, Skizzenblock.
Sklave(n)|arbeid, de ['skla·və(n)‚larbɛɪ̯t] <N.; ~e> {s. u. ↑Arbeid; 9.1.4}: Sklavenarbeit.
Sklave|maat, der ['skla·və‚ma:t] <N.; ~|määt> {s. u. ↑Maat}: Sklavenmarkt.
Skrip, et [skrɪp] <N.; ~te ⟨engl. script < afrz. escript < lat. scriptum⟩>: Skript. **1.** Manuskript. **2.** (bes. bei den Juristen) Nachschrift einer Vorlesung. **3. a)** (Film) Drehbuch; **b)** (Rundf., Ferns.) einer Sendung zugrunde liegende schriftliche Aufzeichnungen.
Smarag, der [sma'rak] <N.; ~te ⟨mhd. smaragt, ahd. smaragdus < lat. smaragdus < griech. smáragdos⟩>: Smaragd; grüner Beryll.
Sock, der [zɔk] <N.; Söck [zœk] {8.3.1}: Socke (die), *****vun de Söck sin** (baff, völlig erstaunt sein); *****ärme S.** (armer Mensch).
Sod, de [zo·t] <N.; ~e>: Gosse.
Sod|brenne, et ['zo·t‚brɛnə] <N.; kein Pl.>: Sodbrennen.

Sofa|kesse, et ['zo·fa‚kesə] <N.; ~> {s. u. ↑Kesse}: Sofakissen.
Soja|brud, et ['zo·ja‚bru·t] <N.; ~e> {s. u. ↑Brud}: Sojabrot, aus Sojamehl gebackenes Brot.
Soja|bunn, de ['zo·ja‚bʊn·] <N.; ~e [-bʊnə]> {s. u. ↑Bunn}: Sojabohne.
Soja|mähl, et ['zo·ja‚mɛ:l] <N.; o. Pl.> {s. u. ↑Mähl}: Sojamehl.
Soja|öl, et ['zo·ja‚lœ·l] <N.; ~e> {s. u. ↑Öl}: Sojaöl.
Soja|zauß, de ['zo·ja‚tsau̯s] <N.; o. Pl.> {s. u. ↑Zauß}: Sojasoße.
söke ['zø·kə] <V.; unr./schw.; *han*; sok [zo:k]; gesok/gesök [jə'zo:k / jə'zø·k]> {5.4; 6.2.3}: suchen.   (176) (178)
Sök|deens, der ['zø·k‚de·ns] <N.; ~te> {s. u. ↑söke; ↑Deens}: Suchdienst.
Sök|maschin, de ['zø·kma‚ʃi:n] <N.; ~e> {s. u. ↑söke; ↑Maschin}: Suchmaschine im Internet, z. B. Google.
Solar|kraff|werk, et [zo'la·‚krafvɛrk] <N.; ~e> {s. u ↑Kraff}: Solarkraftwerk, Sonnenkraftwerk.
Solar|zell, de [zo'la·‚tsɛl·] <N.; ~e [-tsɛlə]> {s. u. ↑Zell}: Solarzelle, Sonnenzelle.
Sold|boch, et ['zɔlt‚bo·x] <N.; ~|böcher> {s. u. ↑Boch¹}: Soldbuch.
Solidaritäts|zo|schlag, der [zolɪdarɪ'tɛ·ts‚tso·ʃla:x] <N.; ~|schläg [-ʃlɛ·fj]> {s. u. ↑Zo|schlag}: Solidaritätszuschlag; kurz: Soli.
Solidar|pak, der [zolɪ'da·‚pak] <N.; ~te> {s. u. ↑Pak}: Solidarpakt.
Sol|iss, der [zo'lɪs] <N.; ~|iste ⟨frz. soliste, ital. solista⟩>: Solist.
Solitär|spill, et [zolɪ'tɛ·ɐ‚ʃpɪl] <N.; o. Pl.> {s. u. ↑Spill}: Solitärspiel.
Soll¹, de [zol·] <N.; ~e ['zolə]; Söll|che ['zœlfjə] {5.3.4; 5.5.1; 8.3.1}: Sohle.
Soll², et [zol·] <N.; kein Pl.>: Soll. **1.** (Kaufmannsspr., Bankw.) alles, was auf der Sollseite. **2. a)** geforderte Arbeitsleistung; **b)** (in der Produktion) festgelegte, geplante Arbeit: *Ich han mi S. hügg nit erföllt.* (Ich habe heute mein S. nicht erfüllt; nicht alles geschafft, was ich mir vorgenommen hatte).
Soll|broch|stell, de ['zɔl·brox‚ʃtɛl·] <N.; ~e [-ʃtɛlə]> {s. u. ↑solle¹ ↑Broch¹ ↑Stell}: Sollbruchstelle.
solle¹ ['zɔlə] <V.; unr.; *han*; sollt [zɔlt]; gesollt [jə'zɔlt]> {5.5.1}: sollen, **a)** aufgefordert sein; etw. Bestimmtes

zu tun: *Ich hätt hügg en de Schull gesollt.* (Ich hätte heute eigentlich in die Schule gesollt.); **b)** <in Fragesätzen> bedeuten, bewirken, nützen: *Wat soll denn dat?* (Was soll denn das?). (177)
solle² ['zolə] <V.; mit Inf. als Modalverb; unr.; *han*; s<u>o</u>llt [zolt]; ges<u>o</u>llt [jə'zolt]> {5.5.1}: sollen: *Do solls jetz kumme!* (Su sollst jetzt kommen!). (177)
solle³ ['zolə] <V.; schw.; *han*; s<u>o</u>llte ['zoltə]; ges<u>o</u>llt [jə'zolt]> {5.3.4; 5.5.1}: (be)sohlen [auch: ↑lappe¹]. (91)
Soll|zinse ['zol·ˌtsɪnzə] <N.; mask.; nur Pl.> {s. u. ↑S<u>o</u>ll² ↑Zins}: Sollzinsen.
Solo|danz, der ['zo·lo‚dants] <N.; ~|dänz> {s. u. ↑Danz}: Solotanz.
Solo|dänz|er, der ['zo·lo‚dɛntsɐ] <N.; ~> {s. u. ↑Dänz|er}: Solotänzer.
Solo|spill, et ['zo·lo‚ʃpɪl] <N.; o. Pl.> {s. u. ↑Spill}: Solospiel.
Solo|stemm, de ['zo·lo‚ʃtem·] <N.; ~e [-ʃtemə]> {s. u. ↑Stemm}: Solostimme.
Sölz¹ [zølts] <N.; Ortsn.> {5.5.1}: Sülz (Stadtteil von Köln).
Sölz², de [zølts] <N.> {5.5.1; 8.3.1}: Sülze.
Sölz|burg|stroß ['zøltsbʊrɣˌʃtro·s] <N.; Straßenn.> {s. u. ↑Stroß}: Sülzburgstraße; Straße in Köln-Sülz, benannt nach der Burg des Herren von Sülz, die im MA um 1300 zw. den Gütern Klettenberg u. Neuenhof befunden haben soll.
Sölz|göödel ['zøltsˌjø·dəl] <N.; Straßenn.> {s. u. ↑Göödel}: Sülzgürtel; Teil der Gürtel als dritten Ringstraße um den linksrheinischen Stadtkern in Köln-Sülz. Der Gürtel stellt eine Verbindung zw. den linksrheinischen Kölner Stadtteilen her. Erstmals urkundlich erwähnt wurde Sülz als „Sulpeze" am 8.9.1152. Sülz wurde 1888 im Zug der großen Stadterweiterung zu Köln eingemeindet.
Some, der [zɔ·mə] <N.; ~> {5.5.3}: Samen.
Sommer, der ['zomɐ] <N.; ~> {5.5.1}: Sommer.
Sommer|aan|fang, der ['zomɐˌla:nfaŋ] <N.> {s. u. ↑Sommer ↑Aan|fang}: Sommeranfang.
Sommer|appel, der ['zomɐˌlapəl] <N.; ~|äppel> {s. u. ↑Sommer ↑Appel}: Sommerapfel.
Sommer|blom, de ['zomɐˌblo:m] <N.; ~e> {s. u. ↑Sommer ↑Blom}: Sommerblume.
Sommer|dag, der ['zomɐˌda:x] <N.; ~/~e/~|däg [-da·x / -da·ɐ / -dɛ·ɟ]> {s. u. ↑Sommer ↑Dag}: Sommertag.

Sommer|fahr|plan, der ['zomɐˌfa:(ɐ)pla·n] <N.; ~|plän> {s. u. ↑Sommer ↑Fahr|plan}: Sommerfahrplan.
Sommer|ferie ['zomɐˌfe:rɪjə] <N.; Pl.> {s. u. ↑Sommer ↑Ferie}: Sommerferien.
Sommer|fess, et ['zomɐˌfɛs] <N.; ~|feste> {s. u. ↑Sommer ↑Fess}: Sommerfest.
Sommer|ge|wedder, et ['zomɐjəˌvedɐ] <N.; ~> {s. u. ↑Sommer ↑Ge|wedder}: Sommergewitter.
Sommer|halv|johr, et ['zomɐˌhaləfjɔ·(ɐ)] <N.; ~e> {s. u. ↑Sommer ↑halv ↑Johr}: Sommerhalbjahr.
Sommer|hetz, de ['zomɐˌhets] <N.> {s. u. ↑Sommer ↑Hetz²}: Sommerhitze.
Sommer|huus, et ['zomɐˌhu:s] <N.; ~|hüüser [-hy·zɐ]; ~|hüüs|che [-hy·sjə]> {s. u. ↑Sommer ↑Huus}: Sommerhaus.
Sommer|kleid, et ['zomɐˌklet] <N.; ~er> {s. u. ↑Sommer ↑Kleid}: Sommerkleid.
Sommer|naach, de ['zomɐˌna:x] <N.; ~|näächte> {s. u. ↑Sommer ↑Naach}: Sommernacht.
Sommer|ovend, der ['zomɐˌlɔ·vənt] <N.; ~e> {s. u. ↑Sommer ↑Ovend}: Sommerabend.
Sommer|paus/~|puus, de ['zomɐˌpau·s / -pu·s] <N.; ~e> {s. u. ↑Sommerr ↑Paus¹/Puus¹}: Sommerpause.
Sommer|rähn, der ['zomɐˌrɛ·n] <N.> {s. u. ↑Sommer ↑Rähn}: Sommerregen.
Sommer|reife, der ['zomɐˌrerfə] <N.; ~> {s. u. ↑Sommer ↑Reife¹}: Sommerreifen.
Sommer|saache ['zomɐˌza:xə] <N.; fem.; nur Pl.> {s. u. ↑Sommer ↑Saach}: Sommersachen, Sommerkleidung.
Sommer|schluss|verkauf, der ['zomɐʃlʊsfɐˌkoʊ̯f] <N.; ~|käuf> {s. u. ↑Sommer ↑Schluss ↑Ver|kauf}: Sommerschlussverkauf.
Sommer|schoh, der ['zomɐˌʃo·] <N.; ~n> {s. u. ↑Sommer ↑Schoh}: Sommerschuh.
Sommer|setz, der ['zomɐˌzets] <N.; ~(e)> {s. u. ↑Sommer ↑Setz}: Sommersitz, Sommerresidenz.
Sommer|wedder, et ['zomɐˌvedɐ] <N.; o. Pl.> {s. u. ↑Sommer ↑Wedder}: Sommerwetter.
Sommer|zigg, de ['zomɐˌtsɪk] <N.; ~e> {s. u. ↑Sommer ↑Zigg}: Sommerzeit.
Sond, de [zɔn·t] <N.; ~e> {8.3.1}: Sonde.
Sonder|aan|ge|bodd, et ['zondɐˌla:njəbot] <N.; ~e> {s. u. ↑besonder ↑Aan|ge|bodd}: Sonderangebot.

Sonder|breef|mark, de ['zondɐˌbreˑfmark] <N.; ~e> {s. u. ↑besonder ↑Breef ↑Mark}: Sonderbriefmarke.
sondere ['zondərə] <V.; schw.; han; sonderte ['zondɐtə]; gesondert [jə'zondɐt]> {9.2.1.2}: sondern, von jmdm./ etw. trennen/scheiden/entfernen; zw. best. Personen od. Dingen eine Trennung bewirken. (4)
Sonder|fahr|kaat, de ['zondɐˌfaːkaːt] <N.; ~e> {s. u. ↑besonder ↑Fahr|kaat}: Sonderfahrkarte.
Sonder|fahrt, de ['zondɐˌfaːt] <N.; ~e> {s. u. ↑besonder ↑Fahrt}: Sonderfahrt.
Sonder|fall, der ['zondɐˌfal] <N.; ~fäll [-fɛlˑ]> {s. u. ↑besonder ↑Fall²}: Sonderfall.
sonder|lich ['zondɐlɪç] <Adj.; ~e> {5.5.1}: sonderlich [auch: ↑besonder...]. Tbl. A1
Sonder|mark, de ['zondɐˌmark] <N.; ~e> {s. u. ↑besonder ↑Mark}: Sondermarke, kurz für Sonderbriefmarke.
Sonder|müll/~|möll, der ['zondɐˌmʏl / -møl] <N.; o. Pl.> {s. u. ↑besonder ↑Müll²/Möll}: Sondermüll.
sondern ['zondɐn] <Konj.; nebenordn.>: sondern.
Sonder|pries, der ['zondɐˌpriːs] <N.; ~e> {s. u. ↑besonder ↑Pries}: Sonderpreis, reduzierter Preis.
Sonder|rääch, et ['zondɐˌrɛːç] <N.; ~te> {s. u. ↑besonder ↑Rääch}: Sonderrecht, Privileg.
Sonder|regel|ung/~|rägel|~, de ['zondɐˌreːjəlʊŋ / -rɛːjəl-] <N.; ~e> {s. u. ↑besonder ↑Regel/Rägel}: Sonderregelung.
sonders ['zondəs] <Adv.> {5.4; 6.10.4}: sonders, nur i. d. Wendung samp un s.: alle(s) ohne Ausnahme/Unterschied.
Sonder|scheech/~|schich, de ['zondɐˌʃeːç / -ʃɪç] <N.; ~te> {s. u. ↑besonder ↑Scheech/Schich}: Sonderschicht.
Sonder|schull, de ['zondɐˌʃʊlˑ] <N.; ~e [-ʃʊlə]> {s. u. ↑Schull}: Sonderschule [auch: ↑Hilfs|schull (veraltet)].
Sonder|stüür/~|stöör, de ['zondɐˌʃtyˑɐ̯ / -ʃtøːɐ̯] <N.; ~e> {s. u. ↑besonder ↑Stüür/Stöör}: Sondersteuer.
Sonn¹, de [zonˑ] <N.; ~e; Sönn|che ['zønˑçə]> {5.5.1; 8.3.1}: Sonne, Himmelskörper; **[RA]** De S. steiht op Stippe, dann rähnt et morge Trippe. (Wetterregel: Wenn die S. schräg durch dunkle Wolken scheint, verheißt das starken Regen am folgenden Tag.).
Sonn², der [zon] <N.; ~ Sönn [zønˑ]> {5.3.4; 5.5.1}: Sohn.
Sonn|dag, der ['zonˌdaːx] <N.; ~|däg/~e [-dɛːç / -daˑʀə]> {s. u. ↑Sonn¹ ↑Dag}: Sonntag.

Sonn|dag|ovend ['zondaˑxˌɔˑvənt] <N.; ~e> usw. {s. u. ↑Sonn¹ ↑Dag ↑Ovend}: Sonntagabend.
sonn|dags ['zonˌdaˑ(x)s] <Adv.> {5.5.1; 6.11.3}: sonntags.
Sonn|dags|aan|zog, der ['zondaˑ(x)sˌaːntsox] <N.; ~|zög> {s. u. ↑Sonn¹ ↑Dag ↑Aan|zog}: Sonntagsanzug.
Sonn|dags|arbeit, de ['zondaː(x)sˌarbɛɪ̯t] <N.; o. Pl.> {s. u. ↑Sonn¹ ↑Dag ↑Arbeid}: Sonntagsarbeit, sonntags verrichtete Arbeit.
Sonn|dags|brode, der ['zondaˑ(x)sˌbrɔˑdə] <N.; ~> {s. u. ↑Sonn¹ ↑Dag ↑Brode}: Sonntagsbraten.
Sonn|dags|deens, der ['zondaˑ(x)sˌdeˑns] <N.; ~te> {s. u. ↑Sonn¹ ↑Dag; ↑Deens}: Sonntagsdienst.
Sonn|dags|fahr|er, der ['zondaˑ(x)sˌfaːrɐ] <N.; ~> {s. u. ↑Sonn¹ ↑Dag}: Sonntagsfahrer, Autofahrer, der sein Auto nicht häufig benutzt u. darum wenig Fahrpraxis hat.
Sonn|dags|fahr|ver|bodd, et ['zondaˑ(x)sˌfaː(ɐ̯)fɛbot] <N.; ~e> {s. u. ↑Sonn¹ ↑Dag ↑Ver|bodd}: Sonntagsfahrverbot.
Sonn|dags|goddes|deens, der ['zondaˑ(x)sˌjɔdəsdeˑns] <N.; ~te> {s. u. ↑Sonn¹ ↑Dag ↑Godd¹ ↑Deens}: Sonntagsgottesdienst.
Sonn|dags|kind, et ['zondaˑ(x)sˌkɪnt] <N.; ~er> {s. u. ↑Sonn¹ ↑Dag}: Sonntagskind.
Sonn|dags|prädig, de ['zondaˑ(x)sˌprɛˑdɪç] <N.; ~te> {s. u. ↑Sonn¹ ↑Dag ↑Prädig}: Sonntagspredigt.
Sonn|dags|rauh, de ['zondaˑ(x)sˌroʊ̯ˑ] <N.; kein Pl.> {s. u. ↑Sonn¹ ↑Dag ↑Rauh}: Sonntagsruhe.
Sonn|dags|schull, de ['zondaˑ(x)sˌʃʊlˑ] <N.; ~e [-ʃʊlə]> {s. u. ↑Sonn¹ ↑Dag ↑Schull}: Sonntagsschule.
Sonn|dags|zeidung, de ['zondaˑ(x)sˌtsɛɪ̯dʊŋ] <N.; ~e> {s. u. ↑Sonn¹ ↑Dag ↑Zeidung}: Sonntagszeitung.
Sonne|badd, et ['zonəˌbat] <N.; ~|bäder [-bɛˑdə] (unr. Pl.)> {s. u. ↑Sonn¹ ↑Badd}: Sonnenbad.
Sonne|blend, de ['zonəˌblɛnˑt] <N.; ~e> {s. u. ↑Sonn¹ ↑Blend}: Sonnenblende.
Sonne|blom, de ['zonəˌbloːm] <N.; ~e> {s. u. ↑Sonn¹ ↑Blom}: Sonnenblume.
Sonne|blome|kään, der ['zonəbloːməˌkɛːn] <N.; ~e [-kɛˑnə]> {s. u. ↑Sonn¹ ↑Blom ↑Kään}: Sonnenblumenkern.
Sonne|blome(n)|öl, et ['zonəbloːməˌœˑl] <N.; o. Pl.> {s. u. ↑Sonn¹ ↑Blom ↑Öl; 9.1.4}: Sonnenblumenöl.

Sonne|brand, der ['zonə‚brant] <N.; ~|bränd [-brɛnˑt]> {s. u. ↑Sonn¹ ↑Brand}: Sonnenbrand.

Sonne|brell/~|brill, der ['zonə‚brel / -brɪl] <N.; ~e> {s. u. ↑Sonn¹ ↑Brell/Brill}: Sonnenbrille.

Sonne|daach, et ['zonə‚daːx] <N.; ~|däächer> {s. u. ↑Sonn¹ ↑Daach}: Sonnendach, Markise.

Sonne|godd, der ['zonə‚jɔt] <N.; ~|gödder> {s. u. ↑Sonn¹ ↑Godd¹}: Sonnengott.

Sonne|hetz, de ['zonə‚hets] <N.; o. Pl.> {s. u. ↑Sonn¹ ↑Hetz²}: Sonnenhitze.

Sonne|hot, der ['zonə‚hoˑt] <N.; ~|höt> {s. u. ↑Sonn¹ ↑Hot}: Sonnenhut.

Sonne|kraff|werk, et ['zonə‚krafvɛrk] <N.; ~e> {s. u. ↑Sonn¹ ↑Kraff}: Sonnenkraftwerk.

Sonne|kräm/~|creme, de ['zonə‚krɛːm] <N.; ~s> {s. u. ↑Sonn¹ ↑Kräm/Creme}: Sonnenschutzcreme, Sonnenschutzmittel.

Sonne|leech, et ['zonə‚leːfj] <N.; o. Pl.> {s. u. ↑Sonn¹ ↑Leech}: Sonnenlicht.

Sonne|öl, et ['zonə‚œˑl] <N.> {s. u. ↑Sonn¹ ↑Öl}: Sonnenöl, Sonnenschutzöl.

Sonne(n)|op|gang, der ['zonə(n)‚ɔpjaŋ] <N.; ~|gäng [-jɛŋˑ]> {s. u. ↑Sonn¹ ↑Op|gang; 9.1.4}: Sonnenaufgang.

Sonne(n)|ovve, der ['zonə(n)‚ɔvə] <N.; ~|övve(ns)> {s. u. ↑Sonn¹ ↑Ovve; 9.1.4}: Sonnenofen, großes Gebäude, dessen Vorderseite von einem Parabolspiegel eingenommen wird, der die Sonnenstrahlen absorbiert, die dann in Wärmeenergie umgewandelt werden.

Sonne|sching, der ['zonə‚ʃɪŋ] <N.; kein Pl.> {s. u. ↑Sonn¹ ↑Sching²}: Sonnenschein.

Sonne|schirm, der ['zonə‚ʃɪrm] <N.; ~e> {s. u. ↑Sonn¹ ↑Schirm}: Sonnenschirm.

Sonne|schotz, der ['zonə‚ʃɔts] <N.> {s. u. ↑Sonn¹ ↑Schotz}: Sonnenschutz.

Sonne|sigg, de ['zonə‚zɪk] <N.; ~e (Pl. selten)> {s. u. ↑Sonn¹ ↑Sigg¹}: Sonnenseite.

Sonne|stech, der ['zonə‚ʃtefj] <N.; ~> {s. u. ↑Sonn¹ ↑Stech}: Sonnenstich.

Sonne|strohl, der ['zonə‚ʃtroˑl] <N.; ~e> {s. u. ↑Sonn¹ ↑Strohl}: Sonnenstrahl.

Sonne(n)|uhr/~|ohr, de ['zonə(n)‚uˑɐ̯ / -‚oˑɐ̯] <N.; ~e> {s. u. ↑Sonn¹ ↑Uhr¹/Ohr¹; 9.1.4}: Sonnenuhr.

Sonne(n)|unger|gang, der ['zonə(n)‚ʊŋɐjaŋ] <N.; ~|gäng [-jɛŋˑ]> {s. u. ↑Sonn¹ ↑Unger|gang; 9.1.4}: Sonnenuntergang.

Sonne|wend, de ['zonə‚vɛnˑt] <N.; ~e> {s. u. ↑Sonn¹ ↑Wend}: Sonnenwende.

sonn|ig ['zonɪfj] <Adj.; ~e; ~er, ~ste> {5.5.1}: sonnig, heiter. Tbl. A5.2

söns [zøns] <Adv.> {5.5.1; 8.3.5}: sonst.

sönst|ig ['zønstɪfj] <Adj.; ~e> {5.5.1}: sonstig. Tbl. A5.2

soor/suur [zoˑɐ̯ / zuːɐ̯] <Adj.; ~e; ~er, ~ste> {5.1.4.6; 8.2.2.2}: sauer, *~**e Kappes** (Sauerkraut); ***en der ~e Appel bieße** (sich mit etw. abfinden); ***s. Hungk** (saurer Wein). Tbl. A2.6

Söör/Süür, de [zøˑɐ̯ / zyˑɐ̯] <N.> ~e ⟨mhd. s(i)ure, ahd. suri; zu sauer⟩: Säure.

Soor|ampel/Suur|~, der ['zoːɐ̯‚ampəl / 'zuːɐ̯-] <N.; o. Pl.> {6.8.1; 6.13.5; s. u. ↑soor/suur}: Sauerampfer, Pflanze mit länglich-elliptischen, säuerlich schmeckenden Blättern [auch: ↑Rampes].

Soor|appel/Suur|~, der ['zoːɐ̯‚apəl / 'zuːɐ̯-] <N.; ~|äppel> {s. u. ↑soor/suur ↑Appel}: Sauerapfel.

Soor|brode/Suur|~, der ['zoːɐ̯‚broˑdə / 'zuːɐ̯-] <N.; ~> {s. u. ↑soor/suur ↑Brode}: Sauerbraten.

Soor|brud/Suur|~, et ['zoːɐ̯‚bruˑt / 'zuːɐ̯-] <N.; ~e> {s. u. ↑soor/suur ↑Brud}: Sauerbrot, mit Sauerteig angesetztes Brot.

Soor-Gurke-Zigg/Suur~, de [zoˑɐ̯'jʊrkə‚tsɪk / zuˑɐ̯-] <N.; o. Pl.> {s. u. ↑soor/suur ↑Zigg}: Saure-Gurken-Zeit; Zeitraum, in dem es an geschäftlicher, politischer, kultureller o. ä. Aktivität fehlt, in dem sich saisonbedingt auf einem best. Gebiet nichts ereignet.

Soor|pott/Suur|~, der ['zoːɐ̯‚pɔt / 'zuːɐ̯-] <N.; ~|pött> {s. u. ↑soor/suur ↑Pott}: Sauertopf, **1.** Essigtopf. **2.** sauertöpfischer, humorloser Mensch.

Soot, de [zoˑt] <N.; ~e> {5.5.3}: Saat, **1.** <o. Pl.> das Säen. **2.** Samenkörner, Pflanzgut. **3.** schon Gesätes, Aufgegangenes.

Sopran|fleut, de [zo'praˑn‚fløyt] <N.; ~e> {s. u. ↑Fleut}: Sopranflöte.

Sopran|iss, der ['zopra‚nɪs] <N.; ~|iste>: Sopranist.

Sopran|stemm, de [zo'praˑn‚ʃtemˑ] <N.; ~e [-ʃtemə]> {s. u. ↑Stemm}: Sopranstimme.

Sorg, de [zorˑfj] <N.; ~e ['zorjə]> {5.5.1; 8.3.1}: Sorge.

sorge ['zorˑjə] <V.; schw.; *han*; sorgte ['zorˑftə]; gesorg [jə'zorˑfj]> {5.5.1}: sorgen, **1.** dafür sorgen. **2.** <sich s.> sich Sorgen machen. (39)

Sorge|fald, de ['zorjə,falt] <N.; ~e (meist Pl.)> {s. u. ↑Sorg ↑Fald}: Sorgenfalte.

Sorge|flich, de ['zorjə,flɪfj] <N.; o. Pl.> {s. u. ↑Sorg ↑Flich}: (Rechtsspr.) Sorgepflicht.

Sorge|kind, et ['zorjə,kɪnt] <N.; ~er> {s. u. ↑Sorg ↑Kind}: Sorgenkind.

Sorge|rääch, et ['zorjə,rɛːfj] <N.; o. Pl.> {s. u. ↑Sorg ↑Rääch}: (Rechtsspr.) Sorgerecht.

Sorg|fald, de ['zorfj,falt] <N.; o. Pl.> {s. u. ↑Sorg; 6.11.2}: Sorgfalt.

sorg|fäld|ig ['zorfj,fɛldɪfj] <Adj.; ~e; ~er; ~ste> {s. u. ↑Sorf|falf}: sorgfältig. Tbl. A5.2

Sorg|falds|flich, de ['zorfjfalts,flɪfj] <N.; ~te> {s. u. ↑Sorg|fald ↑Flich}: Sorgfaltspflicht.

söß [zøˑs] <Adj.; ~e; ~er, ~este> {5.4}: süß, in der Geschmacksrichtung von Zucker liegend; *s. Heu (Schmeichler, Schleimer). Tbl. A1

Söß|appel, der ['zøˑs,apəl] <N.; ~|äppel> {s. u. ↑söß ↑Appel}: Süßapfel.

söße ['zøˑsə] <V.; schw.; *han*; sößte ['zøˑstə]; gesöß [jə'zøˑs]> {5.4}: süßen. (32)

Söß|holz, et ['zøˑs,holts] <N.; o. Pl.> {s. u. ↑söß ↑Holz}: Süßholz, Wurzel, Lakritze.

Söß|ig|keite ['zøˑsɪfj,kertə] <N.; fem.; nur Pl. ⟨mhd. süeecheit = Süße, süeec = süß⟩> {s. u. ↑söß}: Süßigkeiten.

Söß|krom, der ['zøˑz,kroˑm] <N.; kein Pl.> {s. u. ↑söß ↑Krom}: Süßigkeit, Gebäck, Leckerei [auch: ↑Güd|s|che].

söß|lich ['zøˑslɪfj] <Adj.; ~e; ~er, ~ste> {5.4}: süßlich, gesüßt. Tbl. A1

Söß|moss, der ['zøˑs,mɔs] <N.; ~|moste (selten)> {s. u. ↑söß; ↑Moss}: Süßmost.

Söß|rohm, der ['zøˑs,roˑm] <N.; kein Pl.> {s. u. ↑söß ↑Rohm²}: Süßrahm, ungesäuerter Rahm.

Söß|stoff, der ['zøˑs,ʃtɔf] <N.; ~e> {s. u. ↑söß}: Süßstoff.

söß|suur/~|soor ['zøˑs'zuːɐ̯ / -zoːɐ̯] <Adj.; ~e> {s. u. ↑söß ↑suur/soor}: sauersüß, süßsauer, teils süß teils sauer schmeckend: *Beim Chines gov et Hähnche met ~e Zaus.* (Beim Chinesen gab es Hähnchen mit süßsaurer Sauce.) [auch: ↑söß|sauer, ↑sauer|söß]. Tbl. A2.6

Söß|wasser|fesch, der ['zøˑsvasɐ,feʃ] <N.; ~(e) [-feʃˑ / -feʃə]> {s. u. ↑söß ↑Fesch}: Süßwasserfisch.

Söß|wing, der ['zøˑs,vɪŋ] <N.; ~e (Sortenpl.)> {s. u. ↑söß ↑Wing¹}: Süßwein.

Söster, de ['zøstɐ] <N.; veraltet; ~e> {5.4; 6.10.4}: Schwester.

Souvenir|lade, der [zʊvə'niːɐ̯,laːdə] <N.; ~|läde> {s. u. ↑Lade}: Souvenirladen.

Sozial|amp, et [zotsˈjaˑl,amˑp] <N.; ~|ämter> {s. u. ↑Amp}: Sozialamt.

Sozial|arbeid, de [zotsˈjaˑlˌar,bert] <N.; o. Pl.> {s. u. ↑Arbeid}: Sozialarbeit.

Sozial|arbeid|er, der [zotsˈjaˑlˌar,berdɐ] <N.; ~> {s. u. ↑Arbeid|er}: Sozialarbeiter.

Sozial|bei|dräg [zotsˈjaˑl,berdrɛˑfj] <N.; mask.; nur Pl.> {s. u ↑Bei|drag}: Sozialbeiträge, Sozialabgaben.

Sozial|ge|reech/~|rich, et [zotsˈjaˑljə,reːfj / -rɪfj] <N.; ~te> {s. u. ↑Ge|reech¹/~|rich¹}: Sozialgericht.

Sozial|iss, der [,zotsjaˈlɪs] <N.; ~|iste ⟨frz. socialiste⟩>: Sozialist.

Sozial|leist|unge [zotsˈjaˑlˌlerstʊŋə] <N.; fem.; nur Pl.>: {s. u. ↑Leist|ung} Sozialleistungen.

Sozial|pädagoge, der [zotsˈjaˑlpɛda,joˑʁə] <N.; ~>: Sozialpädagoge.

Sozial|produk, et [zotsˈjaˑlpro,duk] <N.; ~te> {s. u. ↑Produk}: Sozialprodukt.

Sozial|rääch, et [zotsˈjaˑl,rɛːfj] <N.; o. Pl.> {s. u. ↑Rääch}: Sozialrecht.

Sozial|ver|secher|ung, de [zotsˈjaˑlfɐ,zefjərʊŋ] <N.; ~e> {5.5.2}: Sozialversicherung.

Sozial|wesse|schaff, de [zotsˈjaˑl,vesəʃaf] <N.; ~te> {5.5.2}: Sozialwissenschaft.

Sozial|wonn|ung, de [zotsˈjaˑl,vonʊŋ] <N.; ~e> {5.3.2; 5.5.1}: Sozialwohnung.

Sozial|zo|lag, de [zotsˈjaˑl,tsoˑlaˑx] <N.; ~e> {s. u. ↑Lag}: Sozialzulage.

Soziolek, der [,zotsɪjoˈlɛk] <N.; ~te> {8.3.5}: (Sprachw.) Soziolekt, Sprachgebrauch einer sozialen Gruppe (z. B. Berufssprache).

Soziologe, der [,zotsjoˈloˑʁə] <N.; ~>: Soziologe.

Sozius|setz, der ['zoˑtsɪjʊs,zets] <N.; ~(e)> {s. u. ↑Setz}: Soziussitz.

spachtele ['ʃpaxtələ] <V.; schw.; *han*; spachtelte ['ʃpaxtəltə]; gespachtelt [jə'ʃpaxtəlt]> {9.2.1.2}: spachteln, **1. a)** mit dem Spachtel auftragen u. glätten: *Gips en de Fuge s.* (Gips in die Fugen s.); **b)** mit dem Spachtel bearbeiten: *de Wäng s.* (die Wände s.). **2.** große Mengen Essen in sich hineinschaufeln. (6)

spack [ʃpak] <Adj.; ~e; ~er, ~ste>: spack, eng, straff, knapp [auch: ↑eng, ↑schnack¹ (2)]. Tbl. A1

späd [ʃpɛˑt] <Adj.; ~e; ~er, ~ste ['ʃpɛːdə / 'ʃpɛːtstə]> {6.11.3}: spät. Tbl. A2.1

Späd|deens, der ['ʃpɛˑt‚deːns] <N.; ~te> {s. u. ↑späd; ↑Deens}: Spätdienst.

Späd|ent|weckl|er, der ['ʃpɛˑdɛnt‚veklɐ] <N.; ~> {s. u. ↑späd ↑ent|weckele}: Spätentwickler.

Späd|hervs, der ['ʃpɛˑt‚hɛrvs] <N.; ~te> {s. u. ↑späd ↑Hervs}: Spätherbst.

Späd|meddel|ald|er, et ['ʃpɛtmedəl‚aldɐ] <N.; o. Pl.> {s. u. ↑späd ↑Meddel ↑Ald|er}: Spätmittelalter.

Späd|nach|richte ['ʃpɛˑtnaːx‚rɪftə] <N.; fem.; nur Pl.> {s. u. ↑späd ↑Nach|rich}: Spätnachrichten.

Späd|nomme|dag, der ['ʃpɛˑt‚nɔməda:x] <N.; ~e/~|däg [-daʀə / -dɛˑfj]> {s. u. ↑späd ↑nɔh¹ ↑Meddag}: Spätnachmittag.

späd|ovends [‚ʃpɛˑt'ɔˑvəns / '-'--] <Adv.> {s. u. ↑späd ↑Ovend}: spätabends.

Späd|schade, der ['ʃpɛˑt‚ʃaˑdə] <N.; ~|schäde> {s. u. ↑späd ↑Schade): Spätschaden.

Späd|scheech/~|schich, de ['ʃpɛˑt‚ʃeːfj / -ʃɪfj] <N.; ~te> {s. u. ↑späd ↑Scheech/Schich}: Spätschicht.

spädstens ['ʃpɛːtstəns] <Adv.> {8.2.2.3; 6.11.3}: spätestens.

Späd|us|siedl|er, der ['ʃpɛˑt‚ʊsziˑtlɐ] <N.; ~> {s. u. ↑späd ↑Us|siedl|er}: Spätaussiedler.

Späd|vür|stell|ung/~|vör|~, de ['ʃpɛˑtfyːɐ‚ʃtɛlʊŋ / -føːɐ-] <N.; ~e> {s. u. ↑späd ↑vür|stelle/vör|~}: Spätvorstellung.

Späd|zünd|er, der ['ʃpɛˑt‚tsyndɐ] <N.; ~> {s. u. ↑späd ↑zünde}: (scherzh.) Spätzünder. **1.** jmd., der nicht so schnell begreift, Zusammenhänge erkennt. **2.** Spätentwickler.

Spagat, der [ʃpa'jaˑt] <N.; ~e ⟨ital. spaccata, zu: Spagat, spaccare = spalten⟩>: Spagat.

Spagetti, de [ʃpa'jɛtiː] <N.; ~s>: Spagetti.

Spagetti|fress|er, der [ʃpa'jɛtiː‚frɛsɐ] <N.; ~>: Spagettifresser, (abw. für) Italiener [auch: ↑Italiäner].

Spagetti|träg|er, der [ʃpa'jɛtiː‚trɛˑjɐ] <N.; ~> {s. u. ↑Träg|er}: Spagettiträger.

spähe ['ʃpɛə] <V.; schw.; *han*; spähte ['ʃpɛˑtə]; gespäht [jə'ʃpɛˑt]>: spähen. (37)

Spald, der [ʃpalt] <N.; ~e> {6.11.3}: Spalt.

Spald|breid, der ['ʃpalt‚brɛɪt] <N.; kein Pl.> {s. u. ↑Spald ↑breid}: Spaltbreit.

spalde ['ʃpaldə] <V.; st.; *han*; spaldte ['ʃpaltə]; gespalde [jə'ʃpaldə]> {6.11.3}: spalten. (63)

Spalier|obs, et [ʃpa'liˑɐ‚ɔps] <N.; kein Pl.> {s. u. ↑Obs}: Spalierobst; **a)** Obst von Spalierbäumen; **b)** an Spalieren wachsende Obstbäume.

Span|ferke/~|firke, et ['ʃpaˑn‚ferkə / -fɪrkə] <N.; ~> {s. u. ↑Ferke/Firke}: Spanferkel.

Spang, de [ʃpaŋˑ] <N.; ~e [-ʃpaŋə]> {8.3.1}: Spange.

Spange|schoh, de ['ʃpaŋə‚ʃoˑ] <N.; ~n> {s. u. ↑Spang ↑Schoh}: Spangenschuh.

Spanie ['ʃpaːnɪə] <N.; Ländern.>: Spanien.

Span|korv, der ['ʃpaˑn‚kɔrf] <N.; ~|körv [-kørˑf]> {s. u. ↑Korv}: Spankorb, aus dünnen Bändern aus Holz geflochtener Korb.

Spann¹, de [ʃpanˑ] <N.; ~e> {8.3.1}: Spanne, **1.** Zeitabschnitt. **2.** altes Längenmaß (ca. 20 - 25 cm).

Spann², der (*de* veraltet) [ʃpan] <N.; ~e>: Spann, Fußrist.

Spann|bedd|doch, et ['ʃpan‚bɛtdoˑx] <N.; ~|döcher> {s. u. ↑Bedd ↑Doch¹}: Spannbetttuch, Spannlaken.

spanne ['ʃpanə] <V.; schw.; *han*; spannte ['ʃpanˑtə]; gespannt [jə'ʃpanˑt]>: spannen, **1. a)** etw. spannen/dehnen: *de Linge s.* (die Leinen s.); **b)** <sich s.> straff/fest werden: *Dat Kleid spannt sich nohm Aantrecke.* (Das Kleid spannt sich nach dem Anziehen.). **2.** zu eng sein, zu straff sitzen: *Ming Botz spannt.* (Meine Hose spannt.). **3.** die Gurte eines Zugtieres an einem Fuhrwerk od. Ä. befestigen: *De Öhß vör der Plog s.* (Die Ochsen vor den Pflug s.). **4.** <sich s.> sich (über etw.) erstrecken/wölben: *De Düxer Bröck spannt sich üvver der Rhing.* (Die Deutzer Brücke spannt sich über den Rhein.). **5. a)** etw. genau verfolgen/beobachten; **b)** jmdn. voyeuristisch beobachten. (10)

Spann|kraff, de ['ʃpan‚kraf] <N.; o. Pl.> {s. u. ↑Kraff}: Spannkraft.

Spann|mann, der ['ʃpanˌman] <N.; ~|männer>: Gehilfe, Zuarbeiter.

spanne|wigg ['ʃpanə'vɪk] <Adj.; ~e> {s. u. ↑wigg}: sperrangelweit; (wörtl.) spannenweit [auch: ↑sperr|angel|wigg]. Tbl. A1

Spann|ungs|gebiet, et ['ʃpaŋʊŋsˌjəˌbiˑt] <N.; ~e> {s. u. ↑Gebiet}: Spannungsgebiet.

Spann|ungs|pröf|er, der ['ʃpaŋʊŋsˌprøˑfɐ] <N.; ~> {s. u. ↑Pröf|er}: Spannungsprüfer.

Spann|ungs|zo|stand, der ['ʃpaŋʊŋsˌtsoˑʃtant] <N.; ~|ständ [-ʃtɛnˑt]> {s. u. ↑Zo|stand}: Spannungszustand.

Span|plaat, de ['ʃpaˑnˌplaːt] <N.; ~e> {s. u. ↑Plaat¹}: Spanplatte.

Spar|boch, et ['ʃpaː(ɐ)ˌboˑx] <N.; ~|böcher> {s. u. ↑Boch¹}: Sparbuch.

Spar|breef, der ['ʃpaːˌbreˑf] <N.; ~e> {s. u. ↑Breef}: Sparbrief.

Spar|büchs, de ['ʃpaː(ɐ)ˌbʏks] <N.; ~e> {s. u. ↑Büchs}: Sparbüchse, Spardose [auch: ↑Spar|dos].

Spar|dos, de ['ʃpaː(ɐ)ˌdoˑs] <N.; ~e> {s. u. ↑Dos}: Spardose, Sparbüchse [auch: ↑Spar|büchs].

spare ['ʃpaːrə] <V.; schw.; *han*; sparte ['ʃpaːtə]; gespart [jə'ʃpaːt]>: sparen. (21)

Spar|en|lag, de ['ʃpaːˌenlaˑx] <N.; ~e> {s. u. ↑En|lag}: Spareinlage.

Spar|flamm, de ['ʃpaːˌflamˑ] <N.; o. Pl.> {s. u. ↑Flamm}: Sparflamme; *op S. koche* (auf S. kochen); *op S. arbeide* (auf S. arbeiten, ohne sich anzustrengen, mit geringem Kraftaufwand).

Spargel, der ['ʃparˑjəl] <N.; ~>: Spargel [auch veraltet: *Sparges*].

Spargel|spetz, de ['ʃparjəlˌʃpets] <N.; ~e> {s. u. ↑Spargel ↑Spetz}: Spargelspitze.

Spargels|zupp, de ['ʃparˑjəlsˌtsʊp] <N.; ~e> {9.1.2; s. u. ↑Zupp}: Spargelsuppe.

Spar|grosche, der ['ʃpaːˌʀɔʃə] <N.; ~> {s. u. ↑Grosche}: Spargroschen.

Sparjitz|che, et [ʃpa(r)'jɪtsjə] <N.; ~r>: lustiger Einfall, Albernheit, kleiner Streich [auch: ↑Sprijitz|che].

Spar|kass, de ['ʃpaː(ɐ)ˌkas] <N.; ~e> {s. u. ↑Kass}: Sparkasse, öffentlich-rechtl. Geld- u. Kreditinstitut [auch: ↑Bank²].

Spar|strump, der ['ʃpaː(ɐ)ˌʃtrʊmp] <N.; ~|strümp> {s. u. ↑Strump}: Sparstrumpf.

Spar|ver|drag, der ['ʃpaːfɐˌdraːx] <N.; ~|dräg [-drɛˑfj]> {s. u. ↑Ver|drag}: Sparvertrag.

Spass, der [ʃpas] <N.; Späss [ʃpɛs]> {5.3.2}: Spaß [auch: ↑Freud].

Spass|vugel, der ['ʃpasˌfʊʀəl / -fuˑl] <N.; ~|vügel [-fyjəl / -fyˑl]> {s. u. ↑Spass ↑Vugel}: Spaßvogel.

Spate|stech, der ['ʃpaˑtəˌʃtefj] <N.; ~> {s. u. ↑Stech}: Spatenstich.

Späu, der [ʃpɔy] <N.; kein Pl.>: Spucke [auch: ↑Spei, *Spau* (veraltet)].

späue/speie ['ʃpɔyə / 'ʃpeɪə] <V.; *speie* veraltend; schw.; *han*; späute ['ʃpɔyˑtə]; gespäut [jə'ʃpɔyˑt]> {5.1.3}: speien, spucken, *spaue* (veraltet)). (11)

Späu|erei, de [ʃpɔyə'reɪˑ] <N.; ~e [-ə'reɪə]>: Spuckerei [auch: ↑Spei|erei].

spaziere/~eere [ʃpa'tsiˑ(ɐ)rə / -eˑrə] <V.; schw./unr.; *han*; spazierte [ʃpa'tsiˑɐtə]; spaziert [ʃpa'tsiˑɐt] ⟨lat. spatiari⟩> {(5.1.4.3)}: spazieren. (3) (2)

Spazier|fahrt, de [ʃpa'tsiˑɐˌfaːt] <N.; ~e> {s. u. ↑spaziere/ ~eere ↑Fahrt}: Spazierfahrt.

Spazier|gang, der [ʃpa'tsiˑɐˌjaŋ] <N.; ~|gäng [-jɛŋˑ]> {s. u. ↑Gang¹}: Spaziergang.

Spazier|wäg, der [ʃpa'tsiˑɐˌvɛːfj] <N.; ~(e) [-vɛˑfj / -vɛˑjə]> {s. u. ↑spaziere/~eere ↑Wäg}: Spazierweg.

Spech, der [ʃpɛfj] <N.; ~te> {8.3.5}: Specht.

Speck, der/et [ʃpɛk] <N.; ~e (Sortenpl.)>: Speck.

Speck|buch, der ['ʃpɛkˌbʊx] <N.; ~|büch> {s. u. ↑Speck ↑Buch¹}: (scherzh.) Speckbauch.

Speck|bunn, de ['ʃpɛkˌbʊnˑ] <N.; ~e [-bʊnə]> {s. u. ↑Bunn}: Stangenbohne [auch: ↑Stange|bunn].

Speck|deckel, der ['ʃpɛkˌdɛkəl] <N.; ~e>: scherzh. für alter, abgenutzter, speckig gewordener Hut.

specke ['ʃpɛkə] <V.; schw.; *han*; speckte ['ʃpɛktə]; gespeck [jə'ʃpɛk]> {5.5.2}: spicken, **1.** mit Stäbchen Speck auf Fleisch stecken. **2.** etw. reichlich versehen: *Däm sing Red wor gespeck met Frembwööder.* (Seine Rede war gespickt mit Fremdwörtern.) (88)

Speck|hammel, der ['ʃpɛkˌhaməl] <N.; ~(e)>: Fettwanst, Dicksack, Fettsack.

speck|ig ['ʃpɛkɪfj] <Adj.; ~e; ~er, ~ste>: speckig. Tbl. A5.2

Speck|juv, de ['ʃpɛkˌjuˑf] <N.; ~e>: Döbel, **1.** kleiner Weißfisch [auch: ↑Juv²]. **2.** Fettwanst, Dicksack, Fettsack.

Speck|möbbel|che, et ['ʃpɛkˌmœbəlfjə] <N.; ~r>: Speckstückchen, die z. B. in der Blutwurst sind.

Speck|nol/~|nodel, de [ˈʃpɛkˌnɔˑl / -nɔːdəl] <N.; ~|nolde/ ~|nodele> {5.5.2; s. u. ↑Nol/Nodel}: Spicknadel, mit aufklappbarer Öse versehener nadelartiger Gegenstand, mit dem man spickt.

Speck|panne|koche, der [ˈʃpɛkˌpanəˌkoˑxə] <N.; ~> {s. u. ↑Pann¹ ↑Koche}: Pfannkuchen mit Speck.

Speck|schiev, de [ˈʃpɛkˌʃiˑf] <N.; ~e> {s. u. ↑Schiev}: Speckscheibe.

Speck|schwaad, de [ˈʃpɛkˌʃvaˑt] <N.; ~e> {s. u. ↑Schwaad}: Speckschwarte.

Speck|sigg, de [ˈʃpɛkˌzɪk] <N.; ~e> {s. u. ↑Sigg¹}: Speckseite.

Speck|zauß, de [ˈʃpɛkˌtsaʊs] <N.; ~e> {s. u. ↑Zauß}: Specksoße.

spediere/~eere [ʃpeˈdiˑ(ɐ̯)rə / -eˑrə] <V.; schw./unr.; *han*; spedierte [ʃpeˈdiˑɐ̯tə]; spediert [ʃpeˈdiˑɐ̯t] ⟨ital. spedire⟩> {(5.1.4.3)}: spedieren, befördern, verfrachten. (3) (2)

Speegel, der [ˈʃpeˑjəl] <N.; ~e> {5.1.4.3}: Spiegel.

Speegel|bild/~|beld, et [ˈʃpeˑjəlˌbɪlt / -bɛlt] <N.; ~er> {s. u. ↑Speegel ↑Bild/Beld}: Spiegelbild.

speegele, sich [ˈʃpeˑjələ] <V.; schw.; *han*; speegelte [ˈʃpeˑjəltə]; gespeegelt [jəˈʃpeˑjəlt]> {5.1.4.3; 9.2.1.2}: sich spiegeln, widerspiegeln: *De Sonn speegelt sich em See.* (Die Sonne spiegelt sich im See wider.). (6)

Speegel|ei, et [ˈʃpeˑjəlˌaɪ̯] <N.; ~er> {s. u. ↑Speegel}: Spiegelei.

Speegel|glas, et [ˈʃpeˑjəlˌɡlaːs] <N.; o. Pl.> {s. u. ↑Speegel ↑Glas}: Spiegelglas.

speegel|glatt [ˈʃpeˑjəlˈɡlat] <Adj.; ~e> {s. u. ↑Speegel}: spiegelglatt. Tbl. A1

Speegel|schrank, der [ˈʃpeˑjəlˌʃraŋk] <N.; ~|schränk> {s. u. ↑Speegel}: Spiegelschrank.

Speegel|schreff, de [ˈʃpeˑjəlˌʃrɛf] <N.; o. Pl.> {s. u. ↑Speegel ↑Schreff}: Spiegelschrift.

Speer/Spier, der [ʃpeːɐ̯ / ʃpiːɐ̯] <N.; ~e; ~|che> {5.2.1; 5.4}: Spitze, **1.** Grasspitze, Hälmchen. **2. a)** <Diminutiv> Kleinigkeit: *e ~che* (ein bisschen); **b)** dünnes, schmächtiges, schmales Kind.

Speer|spetz/Spier|~, de [ʃpeːɐ̯ˌʃpɛts / ˈʃpiːɐ̯-] <N.; ~e> {s. u. ↑Speer/Spier ↑Spetz}: Speerspitze.

Speer|wirfe/Spier|~/~|werfe, et [ˈʃpeːɐ̯ˌvɪrfə / ˈʃpiːɐ̯- / -vɛrfə] <N. kein Pl.> {s. u. ↑Speer/Spier ↑wirfe/werfe}: Speerwerfen.

Speer|wurf/Spier|~/~|worf, der [ˈʃpeːɐ̯ˌvʊrf / ˈʃpiːɐ̯- / -vɔrf] <N.; ~|würf/~|wörf [-vʏrˑf / -vørˑf]> {s. u. ↑Speer/Spier ↑Wurf/Worf}: Speerwurf.

Speeß, der [ʃpeˑs] <N.; ~e> {5.1.4.3}: Spieß.

Speeß|brode, der [ˈʃpeˑsˌbroˑdə] <N.; ~> {s. u. ↑Speeß ↑Brode}: Spießbraten.

speeße [ˈʃpeˑsə] <V.; schw.; *han*; speeßte [ˈʃpeˑstə]; gespeeß [jəˈʃpeˑs]>: spießen. (32)

Spei, der [ʃpɛɪ̯] <N.; kein Pl.>: Spucke [auch: ↑Späu, *Spau* (veraltet)].

Speich, de [ʃpɛɪ̯ç] <N.; ~e ⟨mhd. speiche, ahd. speihha⟩> {8.3.1}: Speiche. **1.** strebenartiger Teil des Rades, der von der Nabe mit anderen zusammen strahlenförmig auseinandergeht u. die Felge stützt. **2.** (Anat.) Knochen des Unterarms auf der Seite des Daumens.

Speicher, der [ˈʃpɛɪ̯çɐ] <N.; ~e>: Speicher.

speichere [ˈʃpɛɪ̯çərə] <V.; schw.; *han*; speicherte [ˈʃpɛɪ̯çətə]; gespeichert [jəˈʃpɛɪ̯çət]> {9.2.1.2}: speichern. (4)

speie/späue [ˈʃpɛɪ̯ə / ˈʃpøʏ̯ə] <V.; *speie* veraltend; schw.; *han*; speite [ˈʃpɛɪ̯tə]; gespeit [jəˈʃpɛɪ̯t]>: speien, spucken, (veraltet: *spaue*). (11)

Spei|erei, de [ˌʃpɛɪ̯əˈrɛɪ̯ˑ] <N.; ~e [-əˈrɛɪ̯ə]>: Spuckerei [auch: ↑Späu|erei].

Spei|kind, et [ˈʃpɛɪ̯ˌkɪnt] <N.; ~er>: Kleinkind, das, wenn es satt ist, die Nahrung wieder auspuckt; **[RA]** *~er sin Deihkinder!* (Kinder, die viel spucken, gedeihen gut!).

Spei|man|es, der [ˌʃpɛɪ̯maˈnəs] <N.; ~|ese/~|ese>: **1.** Spottname für eine Person mit feuchter Aussprache [auch: ↑Gitsch|kann (2)]. **2.** Speimanes (Hermann Speichel): Figur des Kölner Stockpuppentheaters „Hänneschen-Theater", stotternder, buckliger, liebenswerter Kerl mit feuchter Aussprache

Spektakel, et [ˌʃpɛkˈtaːkəl] <N.; ~e>: Spektakel, **1.** Krach: *Wat es dat hee för e S.?* (Was ist hier für ein S.?) [auch: ↑Radau]. **2.** Aufhebens: *Maach nit esu e S.!* (Mach nicht so ein S.!) [auch: ↑Ge|dön|s]. **3.** zur Verstärkung ähnlich wie dt. ~spiel: *Jung, wat es hee för e Minsche~!* (Meine Güte, was ist hier für ein Menschenauflauf!), *Dat Marie es e richtig Memme~!* (Maria hat einen stark ausgeprägten Busen!).

Spekulier/~eer, der [ʃpekəˈliːɐ̯ / -eːɐ̯] <N.> {5.4}: Spekulation.

Spekulör|es, der [ˌʃpekə'lø:rəs] <N.; ~|ese/~|ese> {5.5.2}: Spekulant.

spekuliere/~eere [ʃpekə'li·(ɐ̯)rə / -e·rə] <V.; schw./unr.; *han*; spekulierte [ʃpekə'li·ɐ̯tə]; spekuliert [ʃpekə'li·ɐ̯t] ⟨lat. speculari⟩> {(5.1.4.3)}: spekulieren. (3) (2)

Spend, de [ʃpɛn·t] <N.; ~e> {8.3.1}: Spende.

spende ['ʃpɛn·də] <V.; schw.; *han*; spendte ['ʃpɛn·tə]; gespendt [jə'ʃpɛn·t]>: spenden. (28)

Spende|liss, de ['ʃpɛn·də‚lɪs] <N.; ~|liste> {s. u. ↑Liss}: Spendenliste.

Spend|er|hätz, et ['ʃpɛndɐ‚hɛts] <N.; ~er> {s. u. ↑Hätz}: Spenderherz.

Spend|er|levver, de ['ʃpɛn·dɐ‚levɐ] <N.; ~e> {s. u. ↑Levver}: Spenderleber.

Spend|er|nier, de ['ʃpɛndɐ‚ni·ɐ̯] <N.; ~e> {s. u. ↑Nier}: Spenderniere.

Spenn, de [ʃpen·] <N.; ~e ['ʃpenə]> {5.5.2; 8.3.1}: Spinne.

spenne ['ʃpenə] <V.; st.; *han*; sponn [ʃpon]; gesponne [jə'ʃponə]> {5.5.2}: spinnen. (82)

Spenne(n)|ärm ['ʃpenə(n)‚ɛr·m] <N.; mask.; nur Pl.> {s. u. ↑Spenn ↑Ärm; 9.1.4}: Spinnenarme, sehr dünne, lange Arme.

Spenne|bein, et ['ʃpenə‚beɪ̯n] <N.; ~ [-beɪ̯·n]> {s. u. ↑Spenn ↑Bein}: Spinnenbein. **1.** Bein der Spinne. **2.** sehr dünnes, langes Bein.

Spenne|fleck|er, der ['ʃpenə‚flekɐ] <N.; ~>: hagere, magere Person, teils abw. mit schwächlich, kränklich [auch: ↑Ge|räm|sch (2b), ↑Knoche|ge|rämsch, ↑Reuz (4), ↑Rebbe|ge|spens, ↑Schmeck vum Dudewage (1), ↑Ver|drügte, *schmalen Herring, fettgemaht Stochieser*].

Spenne|netz, et ['ʃpenə‚nɛts] <N.; ~e> {s. u. ↑Spenn}: Spinnennetz.

Spenn|er, der ['ʃpenɐ] <N.; ~> {5.4; 5.5.2}: Spinner. **1.** Facharbeiter in einer Spinnerei. **2.** jmd., der spinnt. **3.** mit Angelhaken versehener Metallköder.

Spenn|faddem, der ['ʃpen‚fadəm] <N.; ~|fäddem> {s. u. ↑Spenn ↑Faddem}: Spinnenfaden, von einer Spinne gesponnener Faden.

Spenn|ge|webb|s, et ['ʃpenjə‚veps] <N.; kein Pl.> {5.5.2; s. u. ↑Ge|webb|s}: Spinngewebe.

Spenn|mülle|gass ['ʃpenmʏlə‚jas] <N.; Straßenn.> {s. u. ↑spenne ↑Müll¹ ↑Gass¹}: Spinnmühlengasse; Straße in Köln-Altstadt/Süd. Spinnmühlen waren die Hilfsgeräte der Seidenspinner u. Posamentierer, die hier ihr Quartier hatten.

Spenn|radd, et ['ʃpen‚rat] <N.; ~|rädder> {5.5.2; s. u. ↑Radd}: Spinnrad.

sperr|angel|wigg [ʃpɛr|'aŋəl'vɪk / '-'--'-] <Adj.; ~e> {s. u. ↑wigg}: sperrangelweit [auch: ↑spanne|wigg]. Tbl. A1

sperre ['ʃpɛrə] <V.; schw.; *han*; sperrte ['ʃpɛxtə]; gesperr [jə'ʃpɛx]>: sperren. (93)

Sperr|friss, de ['ʃpɛr‚frɪs] <N.; ~|friste> {s. u. ↑Friss}: Sperrfrist.

Sperr|füür/~|föör, et ['ʃpɛr‚fy:ɐ̯ / -fø:ɐ̯] <N.; ~> {s. u. ↑Füür/Föör}: Sperrfeuer.

Sperr|gebiet, et ['ʃpɛrjə‚bi·t] <N.; ~e> {s. u. ↑Gebiet}: Sperrgebiet.

Sperr|god, et ['ʃpɛr‚jo·t] <N.; o. Pl.> {s. u. ↑God}: Sperrgut.

Sperr|holz|plaat, de ['ʃpɛrholts‚pla:t] <N.; ~e> {s. u. ↑Holz ↑Plaat¹}: Sperrholzplatte.

sperr|ig ['ʃpɛrɪʃ] <Adj.; ~e; ~er, ~ste>: sperrig. Tbl. A5.2

Sperr|möll/~|müll, der ['ʃpɛr‚møl / -mʏl] <N.; kein Pl.> {s. u. ↑Möll/Müll²}: Sperrmüll.

Sperver, der ['ʃpɛr‚ve] <N.; ~e> {6.1.1}: Sperber [auch: Spervter (veraltet)].

Spese ['ʃpe·zə] <N.; Pl. ⟨ital. spese < lat. expensa⟩> {8.3.3}: Spesen.

spetz [ʃpets] <Adj.; ~e; ~er, ~este> {5.5.2}: spitz; bissig [auch: ↑bess|ig, ↑nitsch¹]. Tbl. A1

Spetz, de [ʃpets] <N.; ~e> {5.5.2; 8.3.1}: Spitze.

Spetz, En der [ˌendə'ʃpets] <N.; Straßenn.> {s. u. ↑Spetz}: Kölner Straßenname, wörtl.: In der Spitze.

Spetz|baat, der ['ʃpets‚ba:t] <N.; ~|bäät> {s. u. ↑spetz ↑Baat}: Spitzbart.

Spetz|boge, der ['ʃpets‚bo·ʀə] <N.; ~|böge> {s. u. ↑spetz ↑Boge}: (Archit.) Spitzbogen, nach oben spitz zulaufender Bogen.

Spetz|bov, der ['ʃpets‚bo·f] <N.; ~e> {s. u. ↑spetz ↑Bov}: Spitzbube.

Spetz|bov|erei, de [ˌʃpetsbo·və'reɪ̯·] <N.; ~e [-ə'reɪ̯ə]> {s. u. ↑spetz ↑Bov}: Spitzbüberei.

Spetz|buch, der ['ʃpets‚bʊx] <N.; ~|büch> {s. u. ↑spetz ↑Buch¹}: Spitzbauch.

Spetz|daach, et ['ʃpets‚da:x] <N.; ~|dääcker> {s. u. ↑spetz ↑Daach}: Spitzdach.

spetze ['ʃpetsə] <V.; schw.; *han*; spetzte ['ʃpetstə]; gespetz [jə'ʃpets]> {5.5.2}: spitzen, anspitzen [auch: ↑aan|spetze (1)].   (114)
Spetze|blus, de ['ʃpetsə,bluːs] <N.; ~e> {s. u. ↑Spetz ↑Blus}: Spitzenbluse.
Spetze|danz, der ['ʃpetsə,dants] <N.; ~|dänz {s. u. ↑Spetz ↑Danz}: Spitzentanz (im Ballett).
Spetze|dänz|erin, de ['ʃpetsə,dɛntsərɪn] <N.; ~ne> {s. u. ↑Spetz ↑Dänz|er}: Spitzentänzerin, Ballettänzerin.
Spetze|deck|che, et ['ʃpetsə,dɛkʃə] <N.; ~r> {s. u. ↑Spetz ↑Deck²}: Spitzendeckchen.
Spetze|gass, Klein [kl'n'ʃpetsə,jas] <N.; Straßenn.> {s. u. ↑spetz ↑Gass¹}: Kleine Spitzengasse; Straße in Köln-Altstadt/Süd. Zu diesem Namen gibt es zwei Erklärungsvorschläge; der eine bezieht sich auf eine spitz hervorragende Häusergruppe; der andere auf eine spitz zulaufende Sackgasse.
Spetze|krage, der ['ʃpetsə,kraːʀə] <N.; ~> {s. u. ↑Spetz ↑Krage}: Spitzenkragen.
Spetzel, der ['ʃpetsəl] <N.; ~> {5.5.2}: Spitzel.
Spetz|er, der ['ʃpetsɐ] <N.; ~> {s. u. ↑spetze}: Spitzer, kurz für Bleistiftspitzer.
Spetz|erei, de [ʃpetsə'reɪ̯] <N.; ~e [-ə'reɪ̯ə]> {5.3.2.4; 5.5.2}: Spezerei, Gewürz.
Spetz|givvel, der ['ʃpets,jɪvəl] <N.; ~e> {s. u. ↑spetz ↑Givvel¹}: Spitzgiebel, Spitzdach.
Spetz|hack, de ['ʃpets,hak] <N.; ~e> {s. u. ↑spetz ↑Hack²}: Spitzhacke.
Spetz|hau, de ['ʃpets,haʊ̯] <N.; ~e> {s. u. ↑spetz}: Spitzhacke mit zwei Spitzen u. kurzem Stiel, Steinmetzwerkzeug.
Spetz|ieser, et ['ʃpets,iːzɐ] <N.; ~(e)> {s. u. ↑spetz ↑Ieser}: spitzer Meißel, Steinmetzwerkzeug.
Spetz|kappes, der ['ʃpets,kapəs] <N.; ~e> {s. u. ↑spetz}: Spitzkohl [auch: ↑Schapäng].
spetz|krige ['ʃpets,krɪjə] <trennb. Präfix-V.; unr.; *han*; kräg/kräht s. [krɛːj / krɛːt]; ~(|ge)kräge/~|gekräg/~|gekräht [-(jə),krɛːjə / -jə,krɛːj / -jə,krɛːt]> {5.3.4.1}: spitzkriegen, herausfinden, merken.   (117)
Spetz|muus, de ['ʃpets,muːs] <N.; ~|müüs [-myːs]> {s. u. ↑spetz ↑Muus}: Spitzmaus.
Spetz|name, der ['ʃpets,naːmə] <N.; ~> {s. u. ↑spetz ↑Name}: Spitzname.

spetz|züng|ig ['ʃpets,tsʏŋɪʃ] <Adj.; ~e; ~er; ~ste> {s. u. ↑spetz ↑Zung¹}: spitzzüngig.   Tbl. A5.2
Spezial|gebiet, et [ʃpets'jaːl,jə,biːt] <N.; ~e>: Spezialgebiet.
Spezial|iss, der [ʃpets'jaːlɪs] <N.; ~|liste>: Spezialist.
Spezial|us|drock, de [ʃpets'jaːl,ʊsdrok] <N.; ~|dröck> {s. u. ↑Us|drock¹}: Spezialausdruck, Fachterminus.
Spezial|us|föhr|ung/~|führ|~, de [ʃpets'jaːl,ʊsføːˈ(ʀ̯)rʊŋ / -fyˑ(ʀ̯)r-] <N.; ~e> {s. u. ↑us|föhre/~|führe}: Spezialausführung.
Sphäre|ge|sang, der ['sfɛːrəjə,zaŋ] <N.; ~|säng [-zɛŋˑ]> {s. u. ↑Ge|sang}: Sphärengesang, als fast überirdisch schön empfundener Gesang.
Spick|zeddel, der ['ʃpɪk,tsɛdəl] <N.; ~e> {s. u. ↑Zeddel}: Spickzettel.
Spidol, et [ʃpɪ'doːl] <N.; Spidöler [ʃpɪ'dœˑlɐ]> {5.5.3; 6.11.3}: Hospital, Krankenhaus, Spital [auch: ↑Kranke|huus].
Spidols|jeck, der [ʃpɪ'doːls,jɛk] <N.; ~e> {9.1.2; s. u. ↑Spidol}: Person, die sich dauernd krank fühlt od. krank stellt, um sich im Krankenhaus pflegen zu lassen.
Spier/Speer, der [ʃpiːɐ̯ / ʃpeːɐ̯] <N.; ~e; ~che> {5.4; 5.2.1/5.2.2; 8.3.1}: Spitze, **1.** Grasspitze, Hälmchen. **2. a)** <Diminutiv> Kleinigkeit: *e ~che* (ein bisschen); **b)** dünnes, schmächtiges, schmales Kind.
Spier|spetz/Speer|~, de [ʃpiːɐ̯,ʃpets / 'ʃpeːɐ̯-] <N.; ~e> {s. u. ↑Spier/Speer ↑Spetz}: Speerspitze.
Spier|wirfe/Speer|~/~|werfe, et ['ʃpiːɐ̯,vɪrfə / 'ʃpeːɐ̯- / -verfə] <N.; kein Pl.> {s. u. ↑Spier/Speer ↑wirfe/werfe}: Speerwerfen.
Spier|wurf/Speer|~/~|worf, der ['ʃpiːɐ̯,vʊrf / 'ʃpeːɐ̯- / -vorf] <N.; ~|würf/~|wörf [-vyrˑf / -vørˑf]> {s. u. ↑Spier/Speer ↑Wurf/Worf}: Speerwurf.
Spies, der [ʃpiːs] <N.; ~e (Sortenpl.)> {5.1.4.5}: Speis, Mörtel.
Spieß|bürger, der ['ʃpiːs,byrˑjɐ] <N.; ~> {s. u. ↑Spieß ↑Bürger}: Spießbürger.
Spieß|gesell, der ['ʃpiːsjə,zɛlˑ] <N.; ~e [-jə,zɛlə] ⟨urspr. = Waffengefährte⟩> {s. u. ↑Speeß ↑Gesell}: Spießgeselle. **1.** Helfershelfer. **2.** (scherzh.) Kumpan.
Spill, et [ʃpɪl] <N.; Spill [ʃpɪlˑ]> {5.3.4}: Spiel.
Spill|aat, de ['ʃpɪl,aːt] <N.; ~e> {s. u. ↑Spill ↑Aat}: Spielart.
Spill|ball, der ['ʃpɪl,bal] <N.; ~|bäll [-bɛlˑ]> {s. u. ↑Spill ↑Ball¹}: Spielball.

Spill|bank, de [ˈʃpɪlˌbaŋk] <N.; ~e> {s. u. ↑Spill ↑Bank²}: Spielbank, Spielkasino.
Spill|bredd, et [ˈʃpɪlˌbrɛt] <N.; ~er> {s. u. ↑Spill ↑Bredd}: Spielbrett.
Spill|desch, der [ˈʃpɪlˌdeʃ] <N.; ~(e)> {s. u. ↑Spill ↑Desch}: Spieltisch.
Spill|dos, de [ˈʃpɪlˌdoˑs] <N.; ~e> {s. u. ↑Spill ↑Dos}: Spieldose.
spille [ˈʃpɪlə] <V.; schw.; han; spillte [ˈʃpɪltə]; gespillt [jəˈʃpɪlt]> {5.3.4}: spielen, *Ömmer s. (klickern, Murmel s.). (91)
Spill|er, der [ˈʃpɪle] <N.; ~> {5.3.4}: Spieler.
Spill|erei, de [ʃpɪləˈreɪ̯] <N.; ~e [-əˈreɪ̯ə]> {5.3.4}: Spielerei.
Spill|feld, et [ˈʃpɪlˌfɛlt] <N.; ~er> {s. u. ↑Spill}: Spielfeld.
Spill|figur/~|figor, de [ˈʃpɪlfɪˌjuˑɐ̯ / -fɪˌjoˑɐ̯] <N.; ~e> {s. u. ↑Spill ↑Figur/Figor}: Spielfigur.
Spill|geld, et [ˈʃpɪlˌjɛlt] <N.; o. Pl.> {s. u. ↑Spill ↑Geld}: Spielgeld. **1.** für best. Spiele als Spieleinsatz imitiertes Geld. **2.** Einsatz beim Glücksspiel.
Spill|hall, de [ˈʃpɪlˌhaˑl] <N.; ~e [-halə]> {s. u. ↑Spill ↑Hall¹}: Spielhalle.
Spill|höll, de [ˈʃpɪlˌhœˑl] <N.; ~e [-hœlə]> {s. u. ↑Spill ↑Höll¹}: Spielhölle.
Spill|kaat, de [ˈʃpɪlˌkaːt] <N.; ~e> {s. u. ↑Spill ↑Kaat}: Spielkarte.
Spill|kamerad, der [ˈʃpɪlkaməˌraːt] <N.; ~e> {s. u. ↑Spill}: Spielkamerad.
Spill|kasino, et [ˈʃpɪlkaˌziːno] <N.; ~s> {s. u. ↑Spill}: Spielkasino.
Spill|kreis, der [ˈʃpɪlˌkreɪ̯s] <N.; ~e [-kreɪ̯zə]> {s. u. ↑Spill ↑Kreis}: Spielkreis, Gruppe von Personen, die zusammen musizieren od. Theater spielen.
Spill|leiter, der [ˈʃpɪlleɪ̯tɐ] <N.; ~e> {s. u. ↑Spill}: Spielleiter, **a)** Regisseur; **b)** jmd., der (bes. im Fernsehen) ein Wettspiel, Quiz leitet.
Spill|mann, der [ˈʃpɪlˌman] <N.; ~|lück> {s. u. ↑Spill}: Spielmann.
Spill|manns|gass [ˈʃpɪlmansˌjas] <N.; Straßenn.> {s. u. ↑spille ↑Gass¹}: Spielmannsgasse; Straße in Köln-Altstadt/Süd. Die Straße wurde im 12. Jh. zu der Zeit der 2. Stadterweiterung „Straße der Mimen, fahrenden Sänger u. Musikanten" genannt u. erhielt dadurch ihren Namen.

Spill|manns|zog, der [ˈʃpɪlmansˌtsox] <N.; ~|zög> {s. u. ↑Spill ↑Zog¹}: Spielmannszug, bes. aus Trommlern u. Pfeifern bestehende Musikkapelle eines Zuges.
Spill|plan, der [ˈʃpɪlˌplaːn] <N.; ~|plän> {s. u. ↑Spill ↑Plan¹}: Spielplan.
Spill|platz, der [ˈʃpɪlˌplats] <N.; ~|plätz> {s. u. ↑Spill}: Spielplatz.
Spill|ratz, de [ˈʃpɪlˌrats] <N.; ~e> {s. u. ↑Spill ↑Ratz}: Spielratte, **a)** leidenschaftlicher Spieler; **b)** verspielte Person od. verspieltes Tier.
Spill|raum, der [ˈʃpɪlˌroʊ̯m] <N.; ~|räum [-rø̯ˑm]> {s. u. ↑Spill ↑Raum}: Spielraum.
Spill|regel/~|rägel, de [ˈʃpɪlˌreːjəl / -ˌrɛːjəl] <N.; ~e> {s. u. ↑Spill ↑Regel/Rägel}: Spielregel.
Spill|rund, de [ˈʃpɪlˌrʊnt] <N.; ~e> {s. u. ↑Spill ↑Rund}: Spielrunde.
Spill|saache [ˈʃpɪlˌzaːxə] <N.; fem.; nur Pl.> {s. u. ↑Spill ↑Saach}: Spielsachen [auch: ↑Spill|ware, ↑Spill|zeug].
Spill|schold, de [ˈʃpɪlˌʃolt] <N.; ~e> {s. u. ↑Spill ↑Schold}: Spielschuld.
Spill|stand, der [ˈʃpɪlˌʃtant] <N.; ~|ständ [-ʃtɛnˑt]> {s. u. ↑Spill ↑Stand}: Spielstand.
Spill|stein, der [ˈʃpɪlˌʃteɪ̯n] <N.; ~ [-ʃteɪ̯n]> {s. u. ↑Spill ↑Stein}: Spielstein.
Spill|stroß, de [ˈʃpɪlˌʃtroˑs] <N.; ~e> {s. u. ↑Spill ↑Stroß}: Spielstraße.
Spill|uhr/~|ohr, de [ˈʃpɪlˌuˑɐ̯ / -oˑɐ̯] <N.; ~e> {s. u. ↑Spill ↑Uhr¹/Ohr¹}: Spieluhr, Spieldose.
Spill|ver|bodd, et [ˈʃpɪlfɐˌbot] <N.; ~e> {s. u. ↑Spill ↑Ver|bodd}: (Sport) Spielverbot.
Spill|ver|derver/~|dirv|~, der [ˈʃpɪlfɐˌdɛrvɐ / -dɪrv-] <N.; ~> {5.4/5.5.2; 6.1.1; s. u. ↑Spill}: Spielverderber.
Spill|ware [ˈʃpɪlˌvaːrə] <N.; fem.; nur Pl.> {s. u. ↑Spill ↑War}: Spielwaren [auch: ↑Spill|saache, ↑Spill|zeug].
Spill|ware|ge|schäff, et [ˈʃpɪlvaːrəjəˌʃɛf] <N.; ~|schäfte> {s. u. ↑Spill ↑War ↑Ge|schäff}: Spielwarengeschäft.
Spill|werk, et [ˈʃpɪlˌvɛrk] <N.; ~e> {s. u. ↑Spill}: Spielwerk, Mechanismus einer Spieluhr.
Spill|wies/~|wis, de [ˈʃpɪlˌviˑs / -vɪs] <N.; ~e> {s. u. ↑Spill ↑Wies¹/Wis}: Spielwiese.
Spill|zemmer, et [ˈʃpɪlˌtsemɐ] <N.; ~e> {s. u. ↑Spill ↑Zemmer}: Spielzimmer, Kinderzimmer [auch: ↑Kinder|zemmer].

Spill|zeug, et ['ʃpɪl̩ˌtsøyfj] <N.> {s. u. ↑Spill}: Spielzeug, **a)** <o. Pl.> Gesamtheit der zum Spielen verwendeten Gegenstände [auch: ↑Spill|saache, ↑Spill|ware]; **b)** <Pl. ~e> einzelner Gegenstand zum Spielen.

Spill|zigg, de ['ʃpɪl̩ˌtsɪk] <N.; ~e> {s. u. ↑Spill ↑Zigg}: Spielzeit, **1. a)** Zeitabschnitt innerhalb eines Jahres, während dessen in einem Theater Aufführungen stattfinden; **b)** Zeit, während deren in einem Kino ein Film auf dem Programm steht. **2.** (Sport) Zeit, die zum Austragen eines Spieles vorgeschrieben ist.

Spill|zog, der ['ʃpɪl̩ˌtsox] <N.; ~|zög> {s. u. ↑Spill ↑Zog'}: Spielzug; **a)** das Ziehen eines Steines od. einer Figur bei einem Brettspiel; **b)** (Sport) Aktion, bei der sich mehrere Spieler einer Mannschaft den Ball zuspielen.

spingkse ['ʃpɪŋksə] <V.; schw.; han; spingkste ['ʃpɪŋkstə]; gespingks [jə'ʃpɪŋks]>: heimlich beobachten, bespitzeln, abgucken [auch: ↑be|spetzele, ↑lunke]. (87)

spintisiere/~eere [ʃpɪntɪziˑ(e̯)rə / -eˑrə] <V.; schw./unr.; han; spintisierte [ʃpɪntɪˈziˑe̯tə]; spintisiert [ʃpɪntɪˈziˑe̯t] {(5.1.4.3)}: spintisieren, abwegigen Gedanken nachgehen. (3) (2)

spioniere/~eere [ʃpɪoˈniˑ(e̯)rə / -eˑrə] <V.; schw./unr.; han; spionierte [ʃpɪoˈniˑe̯tə]; spioniert [ʃpɪoˈniˑe̯t] ⟨nach frz. espionner⟩> {(5.1.4.3)}: spionieren. (3) (2)

Spiral, de [ʃpɪˈraˑl] <N.; ~e ⟨nlat. (linea) spiralis, lat. spira < griech. speira⟩> {8.3.1}: Spirale.

Spiral|fedder, de [ʃpɪˈraˑlˌfedɐ] <N.; ~e> {s. u. ↑Fedder}: Spiralfeder.

Spiral|nevvel, der [ʃpɪˈraˑlˌnevəl] <N.; ~> {s. u. ↑Nevvel}: (Astron.) Spiralnebel.

Spiritiss, der [ˌʃpɪrɪˈtɪs] <N.; Spiritiste> {8.3.5}: Spiritist, Anhänger des Spiritismus.

Spiritus|lamp, de ['ʃpɪrɪtʊsˌlamp] <N.; ~e> {s. u. ↑Lamp}: Spirituslampe.

Spledder, der ['ʃpledɐ] <N.; ~e> {5.5.2; 6.11.3}: Splitter [auch: ↑Splinter].

spleddere ['ʃpledərə] <V.; schw.; spledderte ['ʃpledətə]; gespleddert [jə'ʃpledət]> {5.5.2; 6.11.3; 9.2.1.2}: splittern, **1.** <han> Splitter bilden: *Et Holz hät ärg gespleddert.* (Das Holz hat stark gesplittert.). **2.** <sin> in Splitter zerbrechen: *Die Schiev es en dausend Scherve gespleddert.* (Die Fensterscheibe ist tausend Scherben gesplittert.). (4)

Spless, der [ʃples] <N.; ~e> {5.5.2}: Spliss, Splitter.

spless|ig ['ʃplesɪfj] <Adj.; ~e; ~er, ~ste> {5.3.4}: leicht spaltbar/zu spleißen. Tbl. A5.2

spließe ['ʃpliːsə] <V.; st.; han; spless [ʃples] gesplesse [jə'ʃplesə]> {5.1.4.5}: spleißen, **1.** spalten: *Dat Holz ka' mer god s.* (Das Holz kann man gut spalten.). **2.** sich spalten, splittern: *Dat Holz spließ gään.* (Diese Holzart splittert leicht.). (25)

Splinter, der ['ʃplɪntɐ] <N.; ~e>: Splitter [auch: ↑Spledder].

Splitter|bomb, de ['ʃplɪtɐˌbomˑp] <N.; i. best. Komposita *Splitter*, sonst ↑Spledder od. ↑Splinter; ~e> {11; s. u. ↑Bomb}: Splitterbombe.

Spok/Spuk, der [ʃpoˑk / ʃpuˑk] <N.; kein Pl.> {5.4}: Spuk.

spoke/spuke ['ʃpoˑkə / 'ʃpuˑkə] <V.; schw.; han; spokte ['ʃpoˑktə]; gespok [jə'ʃpoˑk]> {5.4}: spuken. (178)

Spol/Spul, de [ʃpoˑl / ʃpuˑl] <N.; ~e> {5.4; 8.3.1}: Spule.

Spöl, der [ʃpøːl] <N.> {5.4}: Abwasch, zu spülendes Geschirr: *Ich han noch der ganze S. do stonn.* (Ich habe noch gar nicht gespült./Ich muss noch spülen.).

Spöl|becke, et ['ʃpøːlˌbɛkə] <N.; ~> {5.4}: Spülbecken [auch: ↑Spöl|stein].

Spöl|böösch, de ['ʃpøːlˌbøːʃ] <N.; ~te> {s. u. ↑Böösch}: Spülbürste.

Spöl|büdd|che, et ['ʃpøːlˌbytfjə] <N.; ~r> {5.4; s. u. ↑Büdd}: Spülschüssel [auch: ↑Spöl|kump].

spole/spule ['ʃpoˑlə / 'ʃpuˑlə] <V.; schw.; han; spolte ['ʃpoˑltə]; gespolt [jə'ʃpoˑlt]> {5.4}: spulen. (148)

spöle ['ʃpøːlə] <V.; schw./unr.; han; spölte/spolt ['ʃpøːltə / ʃpoːlt]; gespölt/gespolt [jə'ʃpøːlt / jə'ʃpoːlt]> {5.4}: spülen. (73)

Spöl|gang, der ['ʃpøːlˌjaŋ] <N.; ~|gäng [-jɛŋˑ]> {s. u. ↑spöle ↑Gang'}: Spülgang.

Spöl|kaste, der ['ʃpøːlˌkastə] <N.; ~|käste> {s. u. ↑spöle ↑Kaste}: Spülkasten.

Spöl|kump, de ['ʃpøːlˌkʊmp] <N.; ~e> {5.4}: Spülschüssel [auch: ↑Spöl|büdd|che].

Spöl|maschin, de [ˌʃpøːlmaˈʃiːn] <N.; ~e> {s. u. ↑spöle ↑Maschin}: Spülmaschine.

Spöl|meddel, et ['ʃpøːlˌmedəl] <N.; ~(e)> {s. u. ↑spöle ↑Meddel}: Spülmittel.

Spöls|plagge, der ['ʃpøːlsˌplaɡə] <N.; ~> {5.4}: Spüllappen, Spültuch.

Spöl|stein, der ['ʃpøːlˌʃteɪn] <N.; ~ [-ʃteɪˑn]> {5.4}: Spülstein [auch: ↑Spöl|becke].

Spöl|wasser, et ['ʃpøːlˌvasɐ] <N; o. Pl..> {5.4}: Spülwasser.

Spon

Spǫn, der [[pɔˑn] <N.; Spön/Spin [[pœˑn / [piˑn]> {5.5.3}: Span [auch: ↑Schnetz (b)].
Spor/Spur, de [[poːɐ̯ / [puːɐ̯] <N.; ~e> {5.4}: Spur.
spöre/spüre ['[pøˑ(ɐ̯)rə / '[pyˑ(ɐ̯)rə] <V.; unr.; han; spoot [[poːt]; gespoot [jə'[poːt]> {5.4}: spüren.   (179) (21)
Spör|hungk/Spür|~, der ['[pøːɐ̯ˌhʊŋk / '[pyːɐ̯-] <N.; ~|hüng [-hʏŋˑ]> {s. u. ↑spöre/spüre ↑Hungk}: Spürhund.
Spǫrre, der ['[porə] <N.; ~> {5.5.1; 6.13.6}: Sporn.
Spör|senn/Spür|~, der ['[pøːɐ̯ˌzen / '[pyːɐ̯-] <N.; o. Pl.> {s. u. ↑spöre/spüre ↑Senn}: Spürsinn.
Sport, der [[pɔxt] <N.; kein Pl. ⟨afrz. desport < lat. deportare⟩>: Sport.
Sport|aan|lag, de ['[pɔxtˌlaːnˌlaˑx] <N.; ~e> {s. u. ↑Sport ↑Aan||ag}: Sportanlage.
Sport|aat, de ['[pɔxtˌlaːt] <N.; ~e> {s. u. ↑Sport ↑Aat}: Sportart.
Sport|aaz, der ['[pɔxtˌlaːts] <N.; ~|ääz> {s. u. ↑Sport ↑Aaz}: Sportarzt.
Sport|angele, et ['[pɔxtˌlaŋələ] <N.; kein Pl.> {s. u. ↑Sport}: Sportfischen, Angelfischerei.
Sport|artikel, der ['[pɔxtlaˌtɪkəl] <N.; ~ (meist Pl.)> {s. u. ↑Sport}: Sportartikel.
Sport|av|zeiche, et ['[pɔxtlafˌtseɪ̯çə] <N.; ~> {s. u. ↑Sport ↑Av|zeiche}: Sportabzeichen.
Sport|be|rich/~|reech, der ['[pɔxtbəˌrɪç / -reːfj] <N.; ~te> {s. u. ↑Sport ↑Berich/~|reech}: Sportbericht.
Sport|bǫtz, de ['[pɔxtˌbots] <N.; ~e> {s. u. ↑Sport ↑Bǫtz}: Sporthose.
Sport|deil, der ['[pɔxtˌdeɪ̯l] <N.; ~(e) [-deɪ̯l / -deɪ̯ˑlə]> {s. u. ↑Sport ↑Deil}: Sportteil.
Sport|fechte/~|fäächte, et ['[pɔxtˌfɛçtə / -fɛːftə] <N.; kein Pl.> {s. u. ↑Sport ↑fechte/fäächte}: Sportfechten, Florett- od. Degenfechten als sportliche Disziplin.
Sport|fess, et ['[pɔxtˌfɛs] <N.; ~|feste> {s. u. ↑Sport ↑Fess}: Sportfest.
Sport|fleeg|er, der ['[pɔxtˌfleˑjɐ] <N.; ~> {s. u. ↑Sport ↑Fleeg|er}: Sportflieger.
Sport|fleeg|erei, de ['[pɔxtfleˑjəˌreɪ̯ˑ] <N.; o. Pl.> {s. u. ↑Sport ↑fleege}: Sportfliegerei.
Sport|fründ, der ['[pɔxtˌfrʏnt] <N.; ~e> {s. u. ↑Sport ↑Fründ}: Sportfreund. 1. Freund, Anhänger des Sports. 2. Sportkamerad.

Sport|geis, der ['[pɔxtˌjeɪ̯s] <N.; o. Pl.> {s. u. ↑Geis¹}: Sportgeist.
Sport|ge|schäff, et ['[pɔxtjəˌʃɛf] <N.; ~|schäfte> {s. u. ↑Sport ↑Ge|schäff}: Sportgeschäft.
Sport|hall, de ['[pɔxtˌhalˑ] <N.; ~e [-halə]> {s. u. ↑Sport ↑Hall¹}: Sporthalle.
Sport|hemb, et ['[pɔxtˌhemp] <N.; ~|hemde(r) [-hemdə / -hemdɐ]> {s. u. ↑Sport ↑Hemb}: Sporthemd. 1. Trikothemd, das bei der Ausübung eines Sports von den Mitgliedern eines Vereins in einheitlicher Farbe getragen wird. 2. sportliches Freizeithemd.
Sport|hoch|schull, de ['[pɔxthoˑxˌʃʊlˑ] <N.; ~e [-ʃʊlə]> {s. u. ↑Sport ↑Schull}: Sporthochschule.
Sport|schoh, der ['[pɔxtˌʃoˑ] <N.; ~n> {s. u. ↑Sport ↑Schoh}: Sportschuh, a) sportlicher Schuh; b) Turnschuh.
Sport|sigg, de ['[pɔxtˌzɪk] <N.; ~e> {s. u. ↑Sport ↑Sigg¹}: Sportseite.
Sports|kanon, de ['[pɔxtskaˌnoˑn] <N.; ~e> {s. u. ↑Kanon}: Sportkanone.
Sport|unger|reech~|rich, der ['[pɔxtˌʊŋereˑfj / -rɪfj] <N.; ~te (Pl. selten)> {s. u. ↑Sport ↑Unger|reech/~|rich}: Sportunterricht.
Sport|wage, der ['[pɔxtˌvaˑʀə] <N.; ~> {s. u. ↑Sport ↑Wage}: Sportwagen, 1. windschnittig gebautes Auto mit starkem Motor. 2. Kinderwagen, in dem Kinder, die bereits sitzen können, gefahren werden.
Sport|zeidung, de ['[pɔxtˌtseɪ̯dʊŋ] <N.; ~e> {s. u. ↑Sport ↑Zeidung}: Sportzeitung.
Spor|wähßel/Spur|~, der ['[poːɐ̯ˌvɛːsəl / '[puːɐ̯-] <N.; ~e> {s. u. ↑Spor/Spur ↑Wähßel}: Spurwechsel.
spotte [[pɔtə] <V.; schw.; han; gespott [jə'[pɔt]>: spotten, verhöhnen.   (113)
Spott|pries, der ['[pɔtˌpriːs] <N.; ~e> {s. u. ↑Pries}: Spottpreis, überraschend niedriger Preis.
sprattele ['[pratələ] <V.; schw.; han; sprattelte ['[pratəltə]; gesprattelt [jə'[pratəlt]> {9.2.1.2}: zappeln.   (6)
Spray, der [[preˑ / [prɛˑ] <N.; ~s>: Spray (das).
Spray|dos, de ['[preːˌdoˑs/[prɛː-] <N.; ~e> {s. u. ↑Dos}: Spraydose [auch: ↑Spröh|dos].
spraye ['[preˑə] <V.; schw.; han; sprayte ['[preˑtə]; gesprayt [jə'[preˑt]>: sprayen.   (37)
Sprech|blǫs, de ['[prɛfjˌblɔˑs] <N.; ~e> {s. u. ↑Blǫs}: Sprechblase (bei Comicstrips o. Ä.).

spreche ['ʃprɛçə] <V.; st.; *han*; sprǫch [[prɔːx]; gesproche [jə'ʃprɔxə]>: sprechen. (34)

Sprech|kuns, de ['ʃprɛç,kʊns] <N.; ~|küns> {s. u. ↑Kuns}: Sprechkunst, Rhetorik.

Sprech|paus/~|puus, de ['ʃprɛç,paʊ·s / -puːs] <N.; ~e> {s. u. ↑Paus¹/Puus¹}: Sprechpause.

Sprech|popp, de ['ʃprɛç,pop] <N.; ~e> {s. u. ↑Popp}: Sprechpuppe.

Sprech|roll, de ['ʃprɛç,rɔlˑ] <N.; ~e [-rɔlə]> {s. u. ↑Roll}: (Theater) Sprechrolle.

Sprech|stund, de ['ʃprɛç,ʃtʊn·t] <N.; ~(e)> {s. u. ↑Stund}: Sprechstunde.

Sprech|ver|bodd, et ['ʃprɛçfɐ,bɔt] <N.; ~e> {s. u. ↑Ver|bodd}: Sprechverbot, Redeverbot.

Sprech|wies, de ['ʃprɛç,viːs] <N.; ~e> {s. u. ↑Wies²}: Sprechweise, Redeweise.

Sprech|zemmer, et ['ʃprɛç,tsemɐ] <N.; ~e> {s. u. ↑Zemmer}: Sprechzimmer.

Sprech|zigg, de ['ʃprɛç,tsɪk] <N.; ~e> {s. u. ↑Zigg}: Sprechzeit. **1.** Redezeit. **2.** für ein Gespräch zur Verfügung gestellte Zeit.

spreide [[ʃpreɪdə] <V.; schw.; *han*; spreidte [[ʃpreɪtə]; ge-spreidt [jə'ʃpreɪ·t]> {6.11.3}: ausbreiten (197)

Spreiz|botz, de ['ʃpreɪts,bɔts] <N.; ~e> {s. u. ↑spreize ↑Botz}: Spreizhose.

spreize [[ʃpreɪtsə] <V.; schw.; *han*; spreizte ['ʃpreɪtstə]; ~|gespreiz [-jə'ʃpreɪts]>: spreizen. (112)

Spreiz|foß, der ['ʃpreɪts,foˑs] <N.; ~|föß> {s. u. ↑spreize ↑Foß}: Spreizfuß.

sprenge ['ʃprɛŋə] <V.; schw.; *han*; sprengte ['ʃprɛŋ·tə]; gesprengk [jə'ʃprɛŋ·k]>: sprengen. (49)

Spreng|kopp, der ['ʃprɛŋ,kɔp] <N.; ~|köpp> {s. u. ↑Kopp}: Sprengkopf.

Spreng|kraff, de ['ʃprɛŋ,kraf] <N.; o. Pl.> {s. u. ↑Kraff}: Sprengkraft.

Spreng|meddel, et ['ʃprɛŋ,medəl] <N.; ~(e)> {s. u. ↑Meddel}: Sprengmittel, Sprengstoff.

Spreng|polver, et ['ʃprɛŋ,pɔlvɐ] <N.; ~> {s. u. ↑Polver}: Sprengpulver, Schießpulver.

Spreng|wage, der ['ʃprɛŋ,vaˑʁə] <N.; ~> {s. u. ↑Wage}: Sprengwagen.

Sprenkel, der ['ʃprɛŋkəl] <N.; ~e>: Sprenkel, kleiner Fleck.

sprenkele ['ʃprɛŋkələ] <V.; schw.; *han*; sprenkelte ['ʃprɛŋkəltə]; gesprenkelt [jə'ʃprɛŋkəlt]> {9.2.1.2}: (be)sprenkeln, mit Tupfen/Flecken versehen. (6)

sprenkel|ig ['ʃprɛŋkəlɪç] <Adj.; ~e>: sprenkelig. Tbl. A5.2

Spretz, de [[ʃprets] <N.; ~e> {5.5.2; 8.3.1}: Spritze.

Spretz|büggel, der ['ʃprets,bʏɡəl] <N.; ~e> {s. u. ↑spretze ↑Büggel}: Spritzbeutel, Dressiersack.

spretze ['ʃpretsə] <V.; schw.; *han*; spretzte ['ʃpretstə]; gespretz [jə'ʃprets] {5.5.2}: spritzen, Flüssigkeit mit Druck aus einem Schlauch, einer Tube od. Ä. hervorschießen lassen; **[RA]** *Do schöne Gespretzte!* (Schimpfw. für einen eingebildeten Mann). (114)

Spretz|ge|bäck, et ['ʃpretsjə,bɛk] <N.; ~e (Sortenpl.)> {s. u. ↑spretze ↑Ge|bäck}: Spritzgebäck.

spretz|ig ['ʃpretsɪç] <Adj.; ~e; ~er, ~ste> {5.5.2}: spritzig, erfrischend. Tbl. A5.2

Spretz|pistol, de ['ʃpretspɪs,toˑl] <N.; ~e> {s. u. ↑spretze ↑Pistol}: Spritzpistole, **a)** Spritzgerät zum Lackieren; **b)** Kinderspielzeug zum Wasserspritzen.

Spretz|schotz, der ['ʃprets,ʃɔts] <N.; kein Pl.> {5.5.2; s. u. ↑Schotz}: Spritzschutz.

Spretz|tour, de ['ʃprets,tuːɐ̯] <N.; ~e> {s. u. ↑spretze ↑Tour}: Spritztour, kurze Vergnügungsfahrt, kurzer Ausflug.

spreuze ['ʃprɔʏtsə] <V.; schw.; *han*; spreuzte ['ʃprɔʏtstə]; gespreuz [jə'ʃprɔʏts]> {5.2.3.1}: spritzen. (112)

Sprich|wood, et ['ʃprɪç,voːt] <N.; ~|wööder [-vœːdə]> {s. u. ↑Wood¹}: Sprichwort [auch veraltet: *Spröchwood*].

Sprijitz|che, et [[ʃprɪ'jɪtsjə] <N.; ~r>: lustiger Einfall, Albernheit, kleiner Streich; ***~r maache*** (Albernheiten treiben, auffallendes Wesen zur Schau tragen) [auch: ↑Sparjitz|che].

Sprijitz|che(n)s|mächer, der [[ʃprɪ'jɪtsjə(n)s,mɛçɐ] <N.; ~> {s. u. ↑Sprijitz|che; 9.1.2; 9.1.4}: hochtrabender, zu tollen närrischen Dingen, Übertreibungen, Albernheiten, auffallendem Wesen neigender Mensch.

Spring|brunne, der ['ʃprɪŋ,brʊnə] <N.; ~> {s. u. ↑Brunne}: Springbrunnen.

springe ['ʃprɪŋə] <V.; st.; *sin*; sprung [[ʃprʊŋ]; gesprunge [jə'ʃprʊŋə]>: springen. (26)

Spring|er|stivvel, der ['ʃprɪŋɐ,ʃtɪvəl] <N.; ~e> {s. u. ↑Stivvel¹}: Springerstiefel.

Spring|metz, et ['ʃprɪŋ,mɛts] <N.; ~er> {s. u. ↑Metz}: Springmesser, Schnappmesser.

Spring|muus, de ['ʃprɪŋˌmuːs] <N.; ~|müüs [-myˑs]> {s. u. ↑Muus}: Springmaus, in Afrika u. Asien heimisches kleines Nagetier mit langem, mit einer Quaste versehenen Schwanz u. stark verlängerten Hinterbeinen, auf denen es sich in großen Sprüngen fortbewegt.

Spring|seil, et ['ʃprɪŋˌzeɪl] <N.; ~(e)> {s. u. ↑Seil}: Springseil, Sprungseil.

Spring|stund, de ['ʃprɪŋˌʃtʊnˑt] <N.; ~(e)> {s. u. ↑Stund}: Springstunde, Freistunde eines Lehrers zw. zwei Unterrichtsstunden.

Sprit|ver|bruch, der ['ʃprɪtfɐˌbrʊx] <N.; kein Pl.> {s. u. ↑Ver|bruch}: Spritverbrauch, Benzinverbrauch.

Sproch¹, de [[proːx] <N.; ~e> {5.5.3; 8.3.1}: Sprache.

Sproch², der [[prox] <N.; Spröch [[prøfj]> {5.5.1}: Spruch.

Sproch|fähler, der ['proːxˌfɛːlɐ] <N.; ~> {s. u. ↑Sproch¹ ↑Fähler}: Sprachfehler.

Sproch|famillich, de ['proːxfaˌmɪlɪfj] <N.; ~|familie [-faˈmɪlɪjə]> {s. u. ↑Sproch¹ ↑Famillich}: Sprachfamilie.

Sproch|führ|er/~|föhr|~, der ['proːxˌfyː(ɐ̯)rɐ / -føː(ɐ̯)r-] <N.; ~> {s. u. ↑Sproch¹ ↑Föhrer/Führ~}: Sprachführer.

Sproch|ge|biet, et ['proːxjəˌbiːt] <N.; ~e> {s. u. ↑Sproch¹}: Sprachgebiet, Sprachraum.

Sproch|ge|bruch, der ['proːxjəˌbrʊx] <N.; ~|brüch> {s. u. ↑Sproch¹ ↑Ge|bruch}: Sprachgebrauch.

Sproch|ge|föhl, et ['proːxjəˌføːl] <N.; o. Pl.> {s. u. ↑Sproch¹ ↑Ge|föhl}: Sprachgefühl.

Sproch|grenz, de ['proːxˌjrɛnts] <N.; ~e> {s. u. ↑Sproch¹ ↑Grenz}: Sprachgrenze.

~|sproch|ig ['proːxɪfj] <Suffix; adjektivbildend; ~e> {5.5.3}: -sprachig, i. Vbdg. m. Kardinalz. **a)** in einer best. Anzahl von Sprachen abgefasst; **b)** eine best. Anzahl von Sprachen sprechend: *drei~* (drei~). Tbl. A5.2

Sproch|insel, de ['proːxˌɪnzəl] <N.; ~e> {s. u. ↑Sproch¹ ↑Insel}: Sprachinsel, kleines Gebiet, in dem eine andere Sprache gesprochen wird als in dem umliegenden Bereich.

Sproch|kennt|nisse ['proːxˌkɛntnɪsə] <N.; fem.; nur Pl.> {s. u. ↑Sproch¹ ↑kenne}: Sprachkenntnisse.

Sproch|kuns, de ['proːxˌkʊns] <N.; ~|küns> {s. u. ↑Sproch¹ ↑Kuns}: Sprachkunst.

Sproch|kurs, der ['proːxˌkʊxs] <N.; ~e> {s. u. ↑Sproch¹}: Sprachkurs.

Sproch|rägel/~|regel, de ['proːxˌrɛːjəl / -reːjəl] <N.; ~e (meist Pl.)> {s. u. ↑Sproch¹ ↑Rägel/Regel}: Sprachregel, grammatische Regel in einer Sprache.

Sproch|rägel|ung/~|regel|~, de ['proːxˌrɛːjəlʊŋ / -reːjəl-] <N.; ~e> {s. u. ↑Sproch¹ ↑Rägel/Regel}: Sprachregelung.

Sproch|raum, der ['proːxˌrɔʊm] <N.; ~|räum [-rɔyˑm]> {s. u. ↑Sproch¹ ↑Raum}: Sprachraum.

Sproch|reis, de ['proːxˌreɪ̯s] <N.; ~e> {s. u. ↑Sproch¹ ↑Reis}: Sprachreise.

sproch|rief ['proxˌriːf] <Adj.; ~e> {s. u. ↑Sproch² ↑rief}: spruchreif. Tbl. A1

Sproch|röhr/~|rühr, et ['proːxˌrøˑɐ̯ / -ryˑɐ̯] <N.; ~e> {s. u. ↑Sproch¹ ↑Röhr²/Rühr}: Sprachrohr.

Sproch|schull, de ['proːxˌʃʊl] <N.; ~e [-ʃʊlə]> {s. u. ↑Sproch¹ ↑Schull}: Sprachenschule.

Sproch|unger|rich/~|reech, der ['proːxˌʊŋɐrɪfj / -reːfj] <N.; ~te (Pl. selten)> {s. u. ↑Sproch¹ ↑Unger|reech/~|rich}: Sprachunterricht.

Sproch|wandel, der ['proːxˌvandəl] <N.; o. Pl.> {s. u. ↑Sproch¹}: Sprachwandel.

Sproch|wesse|schaff, de ['proːxvesəˌʃaf] <N.; o. Pl.> {s. u. ↑Sproch¹; 5.5.2}: Sprachwissenschaft.

sprock [[prok] <Adj.; ~e; ~er, ~ste>: spröde. Tbl. A1

Spröh|dos, de ['prøːˌdoˑs] <N.; ~e> {s. u. ↑spröhe ↑Dos}: Sprühdose, Spraydose [auch: ↑Spray|dos]

spröhe ['prøˑə] <V.; schw.; *han*; spröhte ['prøˑtə]; gespröht [jəˈprøˑt]> {5.4}: sprühen [auch: ↑spraye]. (37)

Spröh|fläsch, de ['prøːˌflɛʃ] <N.; ~e> {s. u. ↑spröhe ↑Fläsch}: Sprühflasche, Flasche mit Zerstäuber.

Spröh|flaster, et ['prøːˌflastɐ] <N.; ~> {s. u. ↑spröhe ↑Flaster}: Sprühpflaster.

Sprol, de [[proˑl] <N.; ~e>: Star (Singvogel).

Spronzel, de ['prontsəl] <N.; ~e>: Sommersprosse.

spronzel|ig ['proˑntsəlɪfj] <Adj.; ~e; ~er, ~ste>: sommersprossig. Tbl. A5.2

Spross, de [[pros] <N.; ~e ⟨mhd. *sproe*, ahd. *sproo*⟩> {8.3.1}: Sprosse, Querholz einer Leiter.

Sprosse|finster, de /et ['prosəˌfɪnstɐ] <N.; ~e> {s. u. ↑Finster}: Sprossenfenster.

Sprosse|leider, de ['prosəˌleɪdɐ] <N.; ~e> {s. u. ↑Leider}: Sprossenleiter.

Sprudel, der [ˈʃpruːdəl] <N.; ~ (Sortenpl.)>: Sprudelwasser, kohlensäurehaltiges Mineralwasser.

sprudele [ˈʃpruːdələ] <V.; schw.; *han*; sprudelte [ˈʃpruːdəltə]; gesprudelt [jəˈʃpruːdəlt]> {9.2.1.2}: sprudeln. (6)

Sprung, der [[ʃprʊŋ] <N.; Sprüng [[ʃprʏŋˑ]>: Sprung.

Sprung|becke, et [ˈʃprʊŋˌbɛkə] <N.; ~> {s. u. ↑Becke}: Sprungbecken.

Sprung|bredd, et [ˈʃprʊŋˌbrɛt] <N.; ~er> {s. u. ↑Bredd}: Sprungbrett.

Sprung|doch, et [ˈʃprʊŋˌdoˑx] <N.; ~|döcher> {s. u. ↑Doch¹}: Sprungtuch.

Sprung|fedder, de [ˈʃprʊŋˌfedə] <N.; ~e> {s. u. ↑Fedder}: Sprungfeder.

sprung|haff [ˈʃprʊŋhaf] <Adj.; ~|hafte; ~|hafter, ~ste>: sprunghaft. Tbl. A4.2.1

Sprung|kraff, de [ˈʃprʊŋˌkraf] <N.; o. Pl.> {s. u. ↑Kraff}: Sprungkraft.

Sprung|schanz, de [ˈʃprʊŋˌʃants] <N.; ~e> {s. u. ↑Schanz}: Sprungschanze.

Spruut, de [[pruːt] <N.; ~e (meist Pl.); Sprüüt|che [ˈʃpryːtʃə]>: Rosenkohl [auch: ↑Poppe|köche|käppes|che, ↑Poppe|schavu].

Spuk/Spok, der [[puˑk / [poˑk] <N.; kein Pl.> {(5.4)}: Spuk.

spuke/spoke [ˈʃpuˑkə / ˈʃpoˑkə] <V.; schw.; *han*; spukte [ˈʃpuˑktə]; gespuk [jəˈʃpuˑk]> {(5.4)}: spuken. (178)

Spul/Spol, de [[puˑl / [poˑl] <N.; ~e> {8.3.1}: Spule.

spule/spole [ˈʃpuˑlə / ˈʃpoˑlə] <V.; schw.; *han*; spulte [ˈʃpuˑltə]; gespult [jəˈʃpuˑlt]>: spulen. (148)

Spur/Spor, de [[puːɐ̯ / [poːɐ̯] <N.; ~e>: Spur.

spüre/spöre [ˈʃpyˑ(ɐ̯)rə / ˈʃpø(ɐ̯)rə] <V.; schw.; *han*; spürte [ˈʃpyˑɐ̯tə]; gespürt [jəˈʃpyˑɐ̯t]>: spüren. (21) (179)

Spür|hungk/Spör|~, der [ˈʃpyːɐ̯ˌhʊŋk / ˈʃpøːɐ̯-] <N.; ~|hüng [-hyŋˑ]> {s. u. ↑spüre/spöre ↑Hungk}: Spürhund.

Spür|senn/Spör|~, der [ˈʃpyːɐ̯ˌzen / ˈʃpøːɐ̯-] <N.; o. Pl.> {s. u. ↑spüre/spöre ↑Senn}: Spürsinn.

Spur|wähßel/Spor|~, der [ˈʃpuːɐ̯ˌvɛːsəl / ˈʃpoːɐ̯-] <N.; ~e> {s. u. ↑Spur/Spor ↑Wähßel}: Spurwechsel.

Stään, der [[tɛˑn] <N.; ~e> {5.2.1.1.1; 5.4}: Stern.

Stään|angnis/~|angenis, der [ˈʃtɛˑnˌaŋˌniːs / -aŋəˌniːs] <N.> {s. u. ↑Stään ↑Ang(e)nis}: Sternanis.

Stäänbild/~|beld, et [ˈʃtɛˑnˌbɪlt / -belt] <N.; ~er> {s. u. ↑Stään ↑Bild/Beld}: Sternbild.

stääne|ge|dresse|voll [ˈʃtɛˑnəjəˈdresəˌfɔl] <Adj.; ~e> {s. u. ↑Stään}: volltrunken, sternhagelvoll [auch: ↑stääne|hagel|voll]. Tbl. A2.2

stääne|hagel|voll [ˈʃtɛˑnəˈhaˑʀəlˌfɔl] <Adj.; ~e> {s. u. ↑Stään}: sternhagelvoll, volltrunken [auch: ↑stääne|ge|dresse|voll]. Tbl. A2.2

Stääne|jeck, der [ˈʃtɛˑnəˌjɛk] <N.; ~e> {s. u. ↑Stään}: Sterngucker, an Sternen interessierter Mensch.

Stääne|kaat, de [ˈʃtɛˑnəˌkaːt] <N.; ~e> {s. u. ↑Stään ↑Kaat}: Sternkarte, Himmelskarte.

Stääne|karrier [ˈʃtɛˑnəkaˌjeːɐ̯] <N.>: schnell, nur i. d. Wendung *em S.* [auch: ↑flöck].

Stääne|kick|er, der [ˈʃtɛˑnəˌkɪkə] <N.; ~> {5.4; 6.13.3; s. u. ↑Stään}: Sterngucker.

stääne|klor [ˈʃtɛˑnəˈkloˑ(ɐ̯)] <Adj.; ~e> {s. u. ↑Stään ↑klor}: stern(en)klar. Tbl. A2.6

stääne|kränk! [ˈʃtɛˑnəˌkrɛŋk] <Interj.> {s. u. ↑Stään ↑Kränk}: ein Fluchwort wie *verflixt!* od. *verdammt!*; (wörtl.) sternenkrank.

stääne|voll [ˈʃtɛˑnəˈfɔl] <Adj.; ~e> {s. u. ↑Stään ↑voll}: volltrunken. Tbl. A2.2

Stään|schnupp, de [ˈʃtɛˑnˌʃnʊp] <N.; ~e> {s. u. ↑Stään; 8.3.1}: Sternschnuppe.

Stään|sing|er, der [ˈʃtɛˑnˌzɪŋə] <N.; ~> {s. u. ↑Stään ↑singe}: Sternsinger.

Stään|zeiche, et [ˈʃtɛˑnˌtseɪ̯ʃə] <N.; ~> {s. u. ↑Stään ↑Zeiche}: Sternzeichen, Tierkreiszeichen.

Staat¹, der [[taˑt] <N.; ~e>: Staat, pol. u. rechtl. Einheit.

Staat², de [[taˑt] <N.>: Staat, Pracht, Prunk, Putz, großer Aufwand: *Kölsche Mädcher künne bütze, jo dat es en wahre S.* (Zeile eines bekannten Karnevalsliedes) *Do ka' mer kein(e) S. met maache.* (Damit kann man niemanden beeindrucken.).

Staate|bund, der [ˈʃtaˑtəˌbʊnt] <N.; ~|bünd/~|büng [-bʏnˑt / -bʏŋˑ]> {s. u. ↑Bund}: Staatenbund, Konföderation.

Staate|bünd|nis, et [ˈʃtaˑtəˌbʏntnɪs] <N.; ~se> {s. u. ↑Bünd|nis}: Staatenbündnis, Föderation.

staats [[taˑts] <Adj.; ~e; ~er, ~este>: stattlich, schön, prächtig, prunkvoll: *e s. Mädche* (ein ~es Mädchen); *e s. Kleid* (ein ~es Kleid); *sich s. maache* (sich in Schale werfen); **[RA]** *Do küss mer ävver s.!* (Du kommst mir gerade recht! Ausdruck der Empörung). Tbl. A2.7

Staats|ak, der [ˈʃtaˑtsˌlak] <N.; ~te> {s. u. ↑Ak}: Staatsakt.

Staats|be|gräbb|nis, et ['ʃtaˑtsbəˌjrɛpnɪs] <N.; ~se> {s. u. ↑Be|gräbb|nis}: Staatsbegräbnis.
Staats|be|sök, der ['ʃtaˑtsbəˌzøˑk] <N.; ~e> {s. u. ↑Be|sök}: Staatsbesuch.
Staats|bürger|schaff, de ['ʃtaˑtsbʏrˌjeˌʃaf] <N.; ~|schafte>: Staatsbürgerschaft, Staatsangehörigkeit.
Staats|deen|er, der ['ʃtaˑtsˌdeˑnɐ] <N.; ~> {s. u. ↑Deen|er}: Staatsdiener.
Staats|deens, der ['ʃtaˑtsˌdeˑns] <N.; ~te> {s. u. ↑Deens}: Staatsdienst.
Staats|gebiet, et ['ʃtaˑtsjəˌbiˑt] <N.; ~e> {s. u. ↑Gebiet}: Staatsgebiet.
Staats|grenz, de ['ʃtaˑtsˌjrɛnˑts] <N.; ~e> {s. u. ↑Grenz}: Staatsgrenze.
Staats|huh|heit, de ['ʃtaˑtsˌhuˑhɛɪt] <N.; o. Pl.> {5.4; 6.3.1}: Staatshoheit.
Staats|huus|hald, der ['ʃtaˑtsˌhuːʃalt] <N.; ~e> {s. u. ↑Huus|hald}: Staatshaushalt.
Staats|kass, de ['ʃtaˑtsˌkas] <N.; ~e> {s. u. ↑Kass}: Staatskasse; **a)** Bestand an Barmitteln, über die ein Staat verfügt; **b)** Fiskus.
Staats|kirch, de ['ʃtaˑtsˌkɪrʃ] <N.; ~e> {s. u. ↑Kirch}: Staatskirche, mit dem Staat eng verbundene Kirche, die gegenüber anderen Religionsgemeinschaften Vorrechte genießt.
Staats|maach, de ['ʃtaˑtsˌmaːx] <N.; ~|määchte> {s. u. ↑Maach¹}: Staatsmacht.
Staats|ober|haup, et ['ʃtaˑtsˌloˑbəhoʊ̯p] <N.; i. best. Komposita *ober*, sonst ↑ovver; ~|häupter> {11; s. u. ↑Haup}: Staatsoberhaupt.
Staats|rääch, et ['ʃtaˑtsˌrɛːʃ] <N.; o. Pl> {s. u. ↑Rääch}: Staatsrecht.
Staats|rod, der ['ʃtaˑtsˌrɔˑt] <N.; ~|röd> {s. u. ↑Rod}: Staatsrat.
Staats|schold, de ['ʃtaˑtsˌʃolt] <N.; ~e (meist Pl.)> {s. u. ↑Schold}: Staatsschuld.
Staats|schotz, der ['ʃtaˑtsˌʃots] <N.; kein Pl.> {s. u. ↑Schotz}: Staatsschutz.
Staats|secher|heit, de ['ʃtaˑtsˌzeçehɛɪt] <N.; o. Pl.> {5.5.2}: Staatssicherheit.
Staats|truur/~|troor, de ['ʃtaˑtsˌtruˑɐ̯ / -troˑɐ̯] <N.; ~e> {s. u. ↑Truur/Troor}: Staatstrauer, staatlich angeordnete allgemeine Trauer.

Staats|ver|breche, et ['ʃtaˑtsfɐˌbrɛʃə] <N.; ~> {s. u. ↑Ver|breche}: Staatsverbrechen, Staatsschutzdelikt.
Staats|ver|drag, der ['ʃtaˑtsfɐˌdraːx] <N.; ~|dräg [-drɛˑʃ]> {s. u. ↑Ver|drag}: Staatsvertrag, Vertrag zw. Staaten od. zw. einzelnen Ländern eines Bundesstaates.
Staats|ver|möge, et ['ʃtaˑtsfɐˌmøːjə] <N.; ~> {s. u. ↑Ver|möge}: Staatsvermögen, Staatseigentum.
Staats|wese, et ['ʃtaˑtsˌvezə] <N.> {s. u. ↑Wese}: Staatswesen, Staat als Gemeinwesen.
Stab/Stav, der [ʃtaːp / ʃtaːf] <N.; Stäb [ʃtɛˑp]; Stäb|che ['ʃtɛːpʃə]>: Stab.
Stab|antenn/Stav|~, de ['ʃtaːplanˌtɛnˑ / ʃtaːf-] <N.; ~e [-anˌtɛnə]> {s. u. ↑Stab/Stav ↑Antenn}: Stabantenne.
stabel|jeck/stapel|~ ['ʃtaˑbəl'jɛk / 'ʃtaˑpəl-] <Adj.; ~e>: total verrückt, bekloppt, hirnverbrannt [auch: ↑aad|ig (2), ↑av|ge|schmack, ↑be|klopp (a), ↑be|stuss, ↑be|titsch, ↑jeck (1), ↑kalver|ig, ↑knatsch|jeck, ↑läppsch, ↑rader|doll (1), ↑ver|dötsch, ↑ver|kindsch, ↑ver|röck, *mem Bömmel behaue; en Ääz am Kieme/Wandere (han); (se) nit all op de Dröht/Reih (han); ene Nähl em Zylinder (han); ene Ratsch em Kappes (han); schwatz em Geseech (sin)*]. Tbl. A1
Stab|huh|sprung, der [ˌʃtaːp'huˑ[proŋ] <N.; o. Pl.> {s. u. ↑Stab ↑huh ↑Sprung}: Stabhochsprung.
Stab|lamp/Stav|~, de ['ʃtaːpˌlamp / ʃtaːf-] <N.; ~e> {s. u. ↑Stab/Stav ↑Lamp}: Stablampe.
Stabs|aaz, der ['ʃtaˑpsˌlaˑts] <N.; ~|ääz> {s. u. ↑Stab ↑Aaz}: Stabsarzt, Sanitätsoffizier im Rang eines Hauptmanns.
Stachel, der ['ʃtaxəl] <N.; ~e>: Stachel.
Stachel|droht, der ['ʃtaxəlˌdroˑt] <N.; o. Pl.> {s. u. ↑Stachel ↑Droht}: Stacheldraht.
stachel|ig ['ʃtaʃəlɪʃ] <Adj.; ~e; ~er, ~ste>: stachelig, stoppelig, borstig. Tbl. A5.2
Stadt, de [ʃtat] <N.; Städt [ʃtɛt]; Städt|che ['ʃtɛtʃə]>: Stadt.
Stadt|deil, der ['ʃtatˌdeɪl] <N.; ~(e) [-deɪl / -deɪˑlə]> {s. u. ↑Deil}: Stadtteil [auch: ↑Veedel]
Städte|dag, der ['ʃtɛtəˌdaːx] <N.; o. Pl.> {s. u. ↑Dag}: Städtetag, Zusammenschluss mehrerer Städte zur Wahrnehmung gemeinsamer Interessen.
stadt|en|wääts [ˌʃtat'lɛnvɛːts] <Adv.>: stadteinwärts.
Stadt|gaade, der ['ʃtatˌjaˑdə] <N.; ~|gääde> {s. u. ↑Gaade}: Stadtgarten, Stadtpark.
Stadt|grenz, de ['ʃtatˌjrɛnˑts] <N.; ~e> {s. u. ↑Grenz}: Stadtgrenze.

Stadt|huus, et ['ʃtatˌhuːs] <N.; ~|hüüser [-hyˑzə]> {s. u. ↑Huus}: Stadthaus. **1.** Gebäude, in dem ein Teil der Verwaltungsbehörden einer Stadt untergebracht ist. **2.** Haus in einer Stadt.

Stadt|käan, der ['ʃtatˌkɛˑn] <N.; ~e> {s. u. ↑Käan}: Stadtkern, Zentrum.

Stadt|medde, de ['ʃtatˌmedə] <N.> {s. u. ↑Medde}: Stadtmitte, Zentrum, Stadtkern.

Stadt|minsch, der ['ʃtatˌmɪnʃ] <N.; ~e> {s. u. ↑Minsch¹}: Stadtmensch.

Stadt|muur/~|moor, de ['ʃtatˌmuˑe̞ / -moˑe̞] <N.; ~e> {s. u. ↑Muur/Moor¹}: Stadtmauer.

Stadt|rääch, et ['ʃtatˌrɛːʃ] <N.; ~te> {s. u. ↑Rääch}: Stadtrecht, (vom MA. bis ins 19. Jh.) Gesamtheit der in einer Stadt geltenden Rechte.

Stadt|rod, der ['ʃtatˌrɔˑt] <N.; ~|röd> {s. u. ↑Rod}: Stadtrat. **1.** Gemeindevertretung, oberstes Exekutivorgan einer Stadt. **2.** Mitglied eines Stadtrates (1.).

Stadt|veedel, et ['ʃtatˌfeˑdəl] <N.; ~> {s. u. ↑Veedel}: Stadtviertel, Stadtteil [auch: ↑Stadt|deil].

Stadt|wald|göödel ['ʃtatvaltˌjøˑdəl] <N.; Straßenn.> {s. u. ↑Göödel}: Stadtwaldgürtel; Teil der Gürtel als dritten Ringstraße um den linksrheinischen Stadtkern in Köln-Lindenthal. Der Gürtel stellt eine Verbindung zw. den linksrheinischen Kölner Stadtteilen her.

Stadt|wappe, et ['ʃtatˌvapə] <N.; ~> {s. u. ↑Wappe}: Stadtwappen.

Stadt|wonn|ung, de ['ʃtatˌvonʊŋ] <N.; ~e> {5.3.2; 5.5.1}: Stadtwohnung.

stakse ['ʃtaˑksə] <V.; schw.; *sin*; stakste ['ʃtaˑkstə]; gestaks [jə'ʃtaˑks]>: staksen, sich ungelenk, mit steifen Beinen fortbewegen. (87)

staks|ig ['ʃtaˑksɪʃ] <Adj.; ~e; ~er, ~ste>: staksig, ungelenk staksend. Tbl. A5.2

Stall, der [ʃtal] <N.; Ställ [ʃtɛlˑ]>: Stall.

Stall|has, der ['ʃtalˌhaˑs] <N.; ~e> {s. u. ↑Has}: Stallhase, Hauskaninchen.

Stall|jung, der ['ʃtalˌjʊŋˑ] <N.; ~e [-jʊŋə]> {s. u. ↑Jung}: Stallbursche.

Stall|knääch, der ['ʃtalˌknɛːʃ] <N.; ~te> {s. u. ↑Knääch}: Stallknecht.

Stall|la(n)tään, de ['ʃtalla(n)ˌtɛˑn] <N.; ~e> {s. u. ↑Latään/Lantään}: Stalllaterne.

Stall|mess, der ['ʃtalˌmes] <N.; kein Pl.> {s. u. ↑Mess¹}: Stallmist.

Stamm, der [ʃtam] <N.; Stämm [ʃtɛmˑ]>: Stamm.

Stamm|baum, der ['ʃtamˌboᵘm] <N.; ~|bäum [-bøyˑm]> {s. u. ↑Baum}: Stammbaum.

Stamm|boch, et ['ʃtamˌboˑx] <N.; ~|böcher> {s. u. ↑Boch¹}: Stammbuch.

Stamm|desch, der ['ʃtamˌdeʃ] <N.; ~(e)> {s. u. ↑Desch}: Stammtisch.

stamme ['ʃtamə] <V.; schw.; *han*; stammte ['ʃtamˑtə]; gestammp [jə'ʃtamˑp]>: stammen. (40)

stämm|ig ['ʃtɛmɪʃ] <Adj.; ~e; ~er, ~ste>: stämmig, kräftig, massiv. Tbl. A5.2

Stamm|gass, der ['ʃtamˌjas] <N.; |~gäss> {s. u. ↑Gass²}: Stammgast.

Stamm|hald|er, der ['ʃtamˌhaldə] <N.; ~> {s. u. ↑halde}: Stammhalter, erster männl. Nachkomme eines Elternpaares.

Stamm|heen, et ['ʃtamˌheˑn] <N.; o. Pl.> {s. u. ↑Heen}: Stammhirn, Gehirnstamm.

Stamm|huus, et ['ʃtamˌhuːs] <N.; ~|hüüser [-hyˑzə]> {s. u. ↑Huus}: Stammhaus, Gebäude, in dem eine Firma gegründet wurde [auch: ↑Stamm|setz (2)].

Stamm|weet|schaff, de ['ʃtamˌveːtʃaf] <N.; ~|schafte> {s. u. ↑Weet|schaff}: Stammkneipe, Stammlokal.

Stamm|kund|schaff, de ['ʃtamˌkʊntʃaf] <N.; o. Pl.>: Stammkundschaft.

Stamm|setz, der ['ʃtamˌzets] <N.; ~(e)> {s. u. ↑Setz}: Stammsitz. **1.** Stammplatz, den jmd. bevorzugt, immer wieder einnimmt. **2.** Stammhaus, Gebäude, in dem eine Firma gegründet wurde [auch: ↑Stamm|huus]. **3.** Stammburg, Burg, von der ein Adelsgeschlecht seinen Ausgang genommen hat.

stampe ['ʃtampə] <V.; schw.; *han*; stampte ['ʃtamptə]; gestamp [jə'ʃtamp]> {6.8.1}: stampfen, **1.** heftig u. laut mit dem Fuß auf den Boden treten: *Stamp nit esu laut!* (Stampf nicht so laut!). **2.** mit einem Gerät eine Masse zusammendrücken: *Häs do ald de Ääpele gestamp?* (Hast du schon die Kartoffeln gestampft?). (180)

Stand, der ['ʃtant] <N.; Ständ ['ʃtɛnˑt]>: Stand.

Standard|danz, der ['ʃtandaxtˌdants] <N.; ~|dänz (meist Pl.)> {s. u. ↑Danz}: Standardtanz.

Standardsproch

Standard|sproch, de ['ʃtandaxt,ʃprɔ·x] <N.; ~e> {s. u. ↑Sproch¹}: (Sprachw.) Standardsprache; Hochsprache, Nationalsprache.

Ständ|che, et ['ʃtɛn·tɕə] <N.; ~r>: Ständchen.

Standes|amp, et ['ʃtan·dəs,am·p] <N.; ~|ämter> {s. u. ↑Amp}: Standesamt.

standes|amp|lich ['ʃtan·dəs,amplɪɕ] <Adj.; ~e> {s. u. ↑Amp}: standesamtlich. Tbl. A1

stand|fess ['ʃtantfɛs] <Adj.; Sup. ungebr.; ~|feste; ~|fester, ~|festeste>: standfest. Tbl. A4.2.2

Stand|ge|reech/~|rich, et ['ʃtantjə,re:ɕ / -rɪɕ] <N.; ~te> {s. u. ↑Ge|reech¹/~|rich¹}: Standgericht, rasch einberufenes Militärgericht, das Standrecht ausübt.

stand|haff ['ʃtanthaf] <Adj.; ~|hafte; ~|hafter, ~ste>: standhaft. Tbl. A4.2.1

Stand|leech, et ['ʃtant,le:ɕ] <N.; o. Pl.> {s. u. ↑Leech}: Standlicht.

Stand|oot, der ['ʃtant,ɔ:t] <N.; ~e> {s. u. ↑Oot}: Standort.

Stand|punk, der ['ʃtant,pʊŋk] <N.; ~te> {s. u. ↑Punk}: Standpunkt.

Stand|rääch, et ['ʃtant,rɛ:ɕ] <N.; o. Pl.> {s. u. ↑Rääch}: Standrecht, Recht, nach vereinfachten Strafverfahren Urteile (bes. das Todesurteil) zu verhängen u. zu vollstrecken.

Stand|spur/~|spor, de ['ʃtant,ʃpu·ɐ̯ / -ʃpo·ɐ̯] <N.; ~e> {s. u. ↑Spur/Spor}: Standspur.

Stand|uhr/~|ohr, de ['ʃtant,u·ɐ̯ / -o·ɐ̯] <N.; ~e> {s. u. ↑Uhr¹/Ohr¹}: Standuhr.

Stang, de [ʃtaŋ·] <N.; ~e ['ʃtaŋə] {8.3.1}: **1.** Stange. **2.** Kölschglas mit 0,2 Liter.

Stange|bunn, de ['ʃtaŋə,bʊn·] <N.; ~e [-bʊnə]> {s. u. ↑Bunn}: Stangenbohne [auch: ↑Speck|bunn].

Stängel, der ['ʃtɛŋəl] <N.; ~e>: Stängel.

Stängel|chens|ääd|äppel ['ʃtɛŋəlɕəns,ɛ:dɛpəl] <N.; mask.; nur Pl.> {9.1.2; s. u. ↑Ääd|appel}: (scherzh.) Pommes frites [auch: ↑Fritte].

Stange|locke-Ev, et ['ʃtaŋə,lɔkə·'le·f] <N.> {s. u. ↑Lock}: Frau mit auffallenden langen Locken.

Stange|spargel, der ['ʃtaŋə,ʃparjəl] <N.; ~> {s. u. ↑Stang ↑Spargel}: Stangenspargel.

Stange|wieß|brud, et ['ʃtaŋə,vi:sbru·t] <N.; ~e> {s. u. ↑Stang ↑wieß ↑Brud}: Stangenweißbrot, Stangenbrot, Baguette.

stänkere ['ʃtɛŋkərə] <V.; schw.; han; stänkerte ['ʃtɛŋkətə]; gestänkert [jə'ʃtɛŋket]> {9.2.1.2}: stänkern. (4)

stantepee [,ʃtantə'pe·] <Adv. ⟨lat. stante pede⟩> {2}: stante pede, sofort, unverzüglich.

Stänz¹, der [ʃtɛnts] <N.; männl. Vorn.>: Kurzf. von Konstantin.

Stänz², der [ʃtɛnts] <N.; ~e>: Zuhälter, abgeleitet aus der Kurzf. von Konstantin.

stanze ['ʃtantsə] <V.; schw.; han; stanzte ['ʃtantstə]; gestanz [jə'ʃtants]>: stanzen. (42)

Stanz|maschin, de ['ʃtantsma,ʃi:n] <N.; ~e> {s. u. ↑Maschin}: Stanzmaschine.

stapele ['ʃta·pələ] <V.; schw.; han; stapelte ['ʃta·pəltə]; gestapelt [jə'ʃta·pəlt]> {9.2.1.2}: stapeln. (6)

Stapel|huus, et ['ʃta·pəl,hu:s] <N.; Eigenn.> {s. u. ↑Huus}: Stapelhaus. Das 1425 eröffnete Lagerhaus wurde 1558 - 1561 umgebaut, dann nochmals 1900 - 1901. Im zweiten Weltkrig wurde es fast völlig zerstört. Seit dem Wiederaufbau dient es als Restaurant.

stapel|jeck/stabel|~ ['ʃta·pəl'jɛk / 'ʃta·bəl-] <Adj.; ~e>: total verrückt, bekloppt, hirnverbrannt [auch: ↑aad|ig (2), ↑av|ge|schmack, ↑be|klopp (a), ↑be|stuss, ↑be|titsch ↑jeck (1), ↑kalver|ig, ↑knatsch|jeck, ↑läppsch ↑rader|doll (1), ↑ver|dötsch, ↑ver|kindsch, ↑ver|röck, *mem Bömmel behaue; en Ääz am Kieme/Wandere (han); (se) nit all op de Dröht/Reih (han); ene Nähl em Zylinder (han); ene Ratsch em Kappes (han); schwatz em Geseech (sin)*]. Tbl. A1

stapel|kareet ['ʃta·pəlka're·t] <Adj.; ~e> {s. u. ↑kareet}: ganz bes. wirr u. verrückt im Kopf; *~e Mondjeck (Spinner; jmd., der noch verrücktere Sachen macht als ein Mondsüchtiger). Tbl. A1

Stapel|lauf, der ['ʃta·pəl,loʊ̯f] <N.; ~|läuf> {s. u. ↑Lauf¹}: Stapellauf.

stappe ['ʃtapə] <V.; schw.; sin; stappte ['ʃtaptə]; gestapp [jə'ʃtap]> {6.8.1}: stapfen. (75)

Stare|kaste, der ['ʃta·rə,kastə] <N.; ~|käste> {s. u. ↑Kaste}: Starenkasten. **1.** Nistkasten für Stare. **2.** Radargerät zum unauffälligen Fotografieren von Verkehrssündern, der wie ein Starenkasten (1.) aussieht.

stark [ʃtark] <Adj.; ~e; stärker, stärkste>: stark. Tbl. A7.2.2

stärke ['ʃtɛrkə] <V.; schw.; han; stärkte ['ʃtɛrktə]; gestärk [jə'ʃtɛrk]>: stärken. (41)

Stärke|mähl, et ['ʃtɛrkə,mɛːl] <N.; o. Pl.> {s. u. ↑Mähl}: Stärkemehl.
Stärk|ung, de ['ʃtɛrkʊŋ] <N.; ~e>: Stärkung.
Stärk|ungs|meddel, et ['ʃtɛrkʊŋs,medəl] <N.; ~(e)> {s. u. ↑Meddel}: Stärkungsmittel.
Starr|senn, der ['ʃtarˑ,zen] <N.; o. Pl.> {s. u. ↑Senn}: Starrsinn, starrköpfiges Verhalten.
Start|linnich, de ['ʃtaxt,lɪnɪfj] <N.; ~|linnie [-lɪnɪjə]> {s. u. ↑Linnich}: Startlinie.
Start|pistol, de ['ʃtaxtpɪs,toˑl] <N.; ~e> {s. u. ↑Pistol}: Startpistole.
Start|schoss, der ['ʃtaxt,ʃos] <N.; ~|schöss> {s. u. ↑Schoss²}: Startschuss.
Start|ver|bodd, et ['ʃtaxtfɐ,bot] <N.; ~e> {s. u. ↑Ver|bodd}: Startverbot.
Start|zeiche, et ['ʃtaxt,tsɛɪfjə] <N.; ~> {s. u. ↑Zeiche}: Startzeichen, Startsignal.
Stations|aaz, der [ʃtatsˈjoˑns,ˌaːts] <N.; ~|ääz> {s. u. ↑Aaz}: Stationsarzt.
Statiss, der [ʃtaˈtɪs] <N.; Statiste ⟨zu lat. statum, Staat⟩> {8.3.5}: Statist. **1.** (Theater, Film) Darsteller, der als stumme Figur mitwirkt. **2.** unbedeutende Person, Randfigur, Nebenfigur.
statt¹ [ʃtat] <Präp.; m. Dat.>: (an)statt, anstelle: *S. mingem Broder kom mi Vatter.* (A. meines Bruders kam mein Vater.).
statt² [ʃtat] <Konj.; unterordn.>: (an)statt, anstelle von: *Hä schleef s. ze arbeide.* (Er schlief a. zu arbeiten.).
Statt|hald|er, der ['ʃtat,haldɐ] <N.; ~ ⟨spätmhd. stathalter⟩> {s. u. ↑halde}: Statthalter; Vertreter des Staatsoberhauptes od. der Regierung in einem Teil des Landes.
Stätz, der [ʃtɛts] <N.; ~e> {5.4; 8.2.4}: Sterz, Schwanz [auch: ↑Schwanz], **[RA]** *Küss de üvver der Hunk, küss de üvver der S.* (Kommst du über den Hund, kommst du über den S. = Wenn der schwierigste Teil geschafft ist, gelingt auch der Rest. = Man kann auch mit wenig Geld auskommen.).
Stätze|stään, der ['ʃtɛtsə,ʃtɛˑn] <N.; ~e> {9.1.1; s. u. ↑Stään}: Komet.
Stätze|stääne|stätz, der ['ʃtɛtsə,ʃtɛˑnə,ʃtɛts] <N.; ~e> {9.1.1; s. u. ↑Stään}: Kometenschweif.
Stau|becke, et ['ʃtaʊ,bɛkə] <N.; ~> {s. u. ↑Becke}: Staubecken.

Staub|lung, de ['ʃtaʊp,lʊŋˑ] <N.; i. best. Komposita Staub, sonst ↑Stöbb; ~e [-lʊŋə]> {11; s. u. ↑Lung}: Staublunge; Pneumokoniose.
Staub|saug|er, der ['ʃtaʊp,zaʊʀɐ] <N.; i. best. Komposita Staub, sonst ↑Stöbb; ~> {11}: Staubsauger.
Staub|sauger|büggel, der ['ʃtaʊpzaʊʀɐ,bygəl] <N.; i. best. Komposita Staub, sonst ↑Stöbb; ~e> {11; s. u. ↑Büggel}: Staubbeutel, Beutel für Staubsauger zum Auffangen des Schmutzes.
stauche/stuche ['ʃtaʊxə / 'ʃtʊxə] <V.; schw.; *han*; stauchte ['ʃtaʊxtə]; gestauch [jə'ʃtaʊx]>: stauchen. (123)
staue ['ʃtaʊə] <V.; schw.; *han*; staute ['ʃtaʊtə]; gestaut [jə'ʃtaʊt]>: stauen. (11)
Stau|eng(k), et ['ʃtaʊ,ɛŋ(k)] <N.; ~|eng|de> {s. u. ↑Eng¹/Engk}: Stauende.
Stau|muur/~|moor, de ['ʃtaʊ,muˑɐ̯ / -moˑɐ̯] <N.; ~e> {s. u. ↑Muur/Moor¹}: Staumauer.
staune ['ʃtaʊnə] <V.; schw.; *han*; staunte ['ʃtaʊntə]; gestaunt [jə'ʃtaʊnt]>: staunen. (138)
Stau|sie, der ['ʃtaʊ,ziˑ] <N.; ~e> {s. u. ↑Sie²}: Stausee.
stäuve ['ʃtøyˑvə] <V.; schw.; *han*; stäuvte ['ʃtøyftə]; gestäuv [jə'ʃtøyf]>: verjagen, ***s. gonn** (sich aus dem Staub machen, weglaufen). (158)
Stäuv|er, der ['ʃtøyˑvɐ] <N.; ~e> {5.1.3; 6.1.1}: Handfeger, Handbesen, (wörtl.) Stauber.
Stav/Stab, der [ʃtaːf / ʃtaːp] <N.; Stäv [ʃtɛˑf]; Stäv|che ['ʃtɛˑffjə]> {6.1.1}: Stab.
Stav|antenn/Stab|~, de ['ʃtaːf,lan,tɛnˑ / ʃtaːp-] <N.; ~e [-an,tɛnə]> {s. u. ↑Stav/Stab ↑Antenn}: Stabantenne.
Stav|lamp/Stab|~, de ['ʃtaːf,lamp / ʃtaːp-] <N.; ~e> {s. u. ↑Stav/Stab ↑Lamp}: Stablampe.
Steak|huus, et ['steˑk,huːs] <N.; ~|hüüser [-hyˑzɐ] ⟨engl. steakhouse⟩> {s. u. ↑Huus}: Steakhaus, Restaurant, das bes. auf die Zubereitung von Steaks spezialisiert ist.
Stech, der [ʃtɛfj] <N.; ~; ~el|che [-əlfjə] {5.5.2}: Stich.
Stech|appel, der ['ʃtɛfj,lapəl] <N.; ~|äppel> {s. u. ↑steche² ↑Appel}: Stechapfel.
steche¹ ['ʃtɛfjə] <V.; st.; *han*; stoch [ʃtɔx]; gestoche [jə'ʃtɔxə]>: stecken, wird fälschlicherweise oft als *stecke* wiedergegeben: *Hä stich sich Geld en de Täsch.* (Er steckt sich Geld in die Tasche.); *Dä Nähl stich fass.* (Der Nagel steckt fest.). (34)

steche² ['ʃtɛɧə] <V.; st.; *han*; stǫch [ʃtɔˑx]; gestoche [jə'ʃtɔxə]>: stechen, *Mich hät en Bien gestoche.* (Mich hat eine Biene gestochen.); *De Sonn stich.* (Die Sonne sticht.); ***en der Nas s.** (nach etw. verlangen, etw. ersehnen); *Die Brosch stich mer en der Nas.* (Die Brosche hätte ich gerne.). (34)

steche(n)|düster ['ʃtɛɧə(n)'dyːstɐ] <Adj.; ~e> {9.1.4}: stockdunkel, völlig dunkel. Tbl. A2.6

Stechel, der ['ʃtɛɧəl] <N.; ~e> {s. u. ↑Stech}: Stichel (Werkzeug).

stechele ['ʃtɛɧələ] <V.; schw.; *han*; stechelte ['ʃtɛɧəltə]; gestechelt [jə'ʃtɛɧəlt]> {5.4; 9.2.1.2}: sticheln, mit spitzen, boshaften Bemerkungen ärgern od. kränken. (6)

Stechel|ei, de [ʃtɛɧə'laɪ̯ˑ] <N.; ~e [-əɹə]> {5.5.2}: Stichelei.

Stech|flamm, de ['ʃtɛɧˌflamˑ] <N.; ~e [-flamə]> {s. u. ↑Stech ↑Flamm}: Stichflamme.

Stech|fleeg, de ['ʃtɛɧˌfleˑɧ] <N.; ~e> {s. u. ↑steche² ↑Fleeg}: Stechfliege.

stech|hald|ig ['ʃtɛɧhaldɪɧ] <Adj.; ~e; ~er, ~ste> {5.5.2}: stichhaltig. Tbl. A5.2

Stech|kaat, de ['ʃtɛɧˌkaːt] <N.; ~e> {s. u. ↑steche² ↑Kaat}: Stechkarte, Kontrollkarte der Stechuhr, auf der bes. Beginn u. Ende der Arbeitszeit festgehalten werden.

Stech|möck, de ['ʃtɛhˌmœk] <N.; ~e> {s. u. ↑steche² ↑Möck}: Stechmücke.

Stech|nǫl/~|nǫdel, de ['ʃtɛɧˌnɔˑl / -nɔːdəl] <N.; ~|nǫlde/ ~|nǫdele> {s. u. ↑Nǫl/Nǫdel}: Stecknadel.

Stech|nǫl|kopp/~|nǫdel|~, der ['ʃtɛɧnɔˑlˌkɔp / -nɔːdəl-] <N.; ~|köpp> {s. u. ↑steche¹ ↑Nǫl ↑Nǫdel ↑Kopp}: Stecknadelkopf.

Stech|palm, de ['ʃtɛɧˌpaləm] <N.; ~e> {s. u. ↑Palm²}: Stechpalme.

Stech|prob, de ['ʃtɛɧˌproˑp] <N.; ~e> {s. u. ↑Stech ↑Prob}: Stichprobe.

Stech|punk, der ['ʃtɛɧˌpʊŋk] <N.; ~te (meist Pl.)> {s. u. ↑Stech ↑Punk}: Stichpunkt, Stichwort.

Stech|säg, de ['ʃtɛɧˌzɛːɧ] <N.; ~e> {s. u. ↑Stech ↑Säg}: Stichsäge, Lochsäge.

Stech|uhr/~|ohr, de ['ʃtɛɧˌuˑɐ̯ / -oˑɐ̯] <N.; ~e> {s. u. ↑steche² ↑Uhr¹/Ohr¹}: Stechuhr.

Stech|wǫǫd, et ['ʃtɛɧˌvɔːt] <N.; ~|wööder [-vœˑdɐ]> {s. u. ↑Stech ↑Wǫǫd¹}: Stichwort.

Stech|wund, de ['ʃtɛɧˌvʊnˑt] <N.; ~e> {s. u. ↑Stech ↑Wund}: Stichwunde, Stichverletzung.

Steck|breef, der ['ʃtɛkˌbreˑf] <N.; i. best. Komposita *stecke*, sonst ↑steche¹; ~e> {11; s. u. ↑Breef}: Steckbrief.

Steck|dos, de ['ʃtɛkˌdoˑs] <N.; i. best. Komposita *steck-*, sonst ↑steche¹; ~e> {11; s. u. ↑Dos}: Steckdose.

stecke ['ʃtɛkə] <V.; schw.; *han*; steckte ['ʃtɛktə]; gesteck [jə'ʃtɛk] > {5.4}: sticken. (88)

Stecke|pääd, et ['ʃtɛkəˌpɛːt] <N.; ~(er) [-pɛˑt / -pɛˑdɐ]> {s. u. ↑Pääd}: Steckenpferd, Hobby.

Steck|erei, de [ʃtɛkə'raɪ̯ˑ] <N.; ~e [-ə'raɪə]> {5.5.2}: Stickerei.

Steck|gaan, et ['ʃtɛkˌjaːn] <N.; ~e> {s. u. ↑stecke ↑Gaan}: Stickgarn.

steck|ig ['ʃtɛkɪɧ] <Adj.; ~e; ~er, ~ste> {5.5.2}: stickig, verbraucht, miefig. Tbl. A5.2

Steck|nǫdel/~|nǫl, de ['ʃtɛkˌnɔːdəl / -nɔˑl] <N.; ~e> {s. u. ↑stecke ↑Nǫdel ↑Nǫl}: Sticknadel.

Steck|rahme, der ['ʃtɛkˌraˑmə] <N.; ~> {5.5.2}: Stickrahmen.

Steck|schlössel, der ['ʃtɛkˌʃløsəl] <N.; i. best. Komposita *stecke*, sonst ↑steche¹; ~e> {11; s. u. ↑Schlössel}: Steckschlüssel.

Steef|- [ʃteˑf] <Präfix> {5.1.4.3}: Stief-, i. Vbdg. m. N.: *~broder* (~Bruder).

Steef|broder, der ['ʃteˑfˌbroˑdɐ] <N.; ~|bröder> {5.4}: Stiefbruder.

Steef|doochter, de ['ʃteˑfˌdɔːxtɐ] <N.; ~|dööchter> {5.2.1; 5.5.3; 6.11.1}: Stieftochter.

Steef|eldere ['ʃteˑfˌɛldərə] <N.; Pl.> {s. u. ↑Eldere}: Stiefeltern.

Steef|kind, et ['ʃteˑfˌkɪnt] <N.; ~er>: Stiefkind.

Steef|mooder/~|mutter, de ['ʃteˑfˌmoːdɐ / -mʊtɐ] <N.; ~e> {5.4; 6.11.3}: Stiefmutter.

Steef|mütter|che, et ['ʃteˑfˌmʏtɛɧə] <N.; ~r>: Stiefmütterchen, früh blühende kleine Pflanze mit zahlreichen veilchenähnlichen Blüten.

steef|mütter|lich ['ʃteˑfˌmʏtɛlɪɧ] <Adj.; ~e; ~er, ~ste> {5.1.4.3}: stiefmütterlich. Tbl. A1

Steef|schwester, de ['ʃteˑfˌʃvɛstɐ] <N.; ~e>: Stiefschwester.

Steef|sonn, der ['ʃteˑfˌzɔn] <N.; ~|sönn [-zøn·]> {5.3.4; 5.5.1}: Stiefsohn.

Steef|vatter, der ['ʃteˑffatɐ] <N.; ~|vätter> {5.3.2}: Stiefvater.

steekum [ˈʃteːkʊm] <Adv.> {5.1.4.3}: stiekum, (klamm)heimlich.
Steen, de [ʃteˑn] <N.; ~e> {5.2.1.1.1; 5.4}: Stirn.
Steen|band, et [ˈʃteˑn‚bant] <N.; ~|bänder> {s. u. ↑Steen ↑Band¹}: Stirnband.
Steen|fald, de [ˈʃteˑn‚falt] <N.; ~e> {s. u. ↑Steen ↑Fald}: Stirnfalte.
Stefan-Lochner-Stroß [‚ʃtɛfanˈlɔxnɐ‚ʃtroˑs] <N.; Straßenn.> {s. u. ↑Stroß}: Stefan-Lochner-Straße; Straße in Köln-Rodenkirchen, benannt nach dem Kunstmaler Stefan Lochner (*um 1400 †1451). Er gestaltete den „Dreikönigsaltar" im Kölner Dom. Sein berühmtes Bild „Madonna im Rosenhag" befindet sich im Wallraf-Richartz-Museum.
Steff¹, et [ʃtef] <N.; Stefter [ˈʃteftə]> {5.5.2; 8.3.5}: Stift, mit einer Stiftung (Grundbesitz) ausgestattete geistliche Körperschaft bzw. das dazugehörige Anwesen.
Steff², der [ʃtef] <N.; Stefte [ˈʃteftə]> {5.5.2; 8.3.5}: Stift, dünnes, längliches, an einem Ende zugespitztes Stück Metall od. Holz; kurz für entspr. geformte Schreibgeräte [auch: ↑Penn].
Steff³, der [ʃtef] <N.; Stefte [ˈʃteftə]> {5.5.2; 8.3.5}: Stift, Lehrling, Halbwüchsiger [auch: ↑Lihr|jung].
Steff⁴, der [ʃtɛf] <N.; männl. Vorn.>: Kurzf. von Stephan, Stefan.
Steffs|kirch, de [ˈʃtefsˌkɪrʃ] <N.; ~e> {s. u. ↑Steff¹ ↑Kirch}: Stiftskirche, zu einem Stift gehörende Kirche.
Steff|zant, der [ˈʃtefˌtsant] <N.; ~|zäng [-tsɛŋˑ]> {s. u. ↑Steff² ↑Zant}: Stiftzahn, mit einem Metallstift in der Zahnwurzel befestigter künstlicher Zahn.
stefte¹ [ˈʃteftə] <V.; schw.; han; gesteff [jəˈʃtef]> {5.4}: stiften, 1. spenden, zuwenden. 2. bewirken, herbeiführen, schaffen. (89)
stefte² [ˈʃteftə] <V.; schw.> {5.4}: stiften, nur im Inf. i. d. Vbdg. *s. gonn* (stiften gehen, ausreißenReißaus nehmen). (89)
Stefte|kopp, der [ˈʃteftəˌkɔp] <N.; ~|köpp> {s. u. ↑Steff² ↑Kopp}: Person mit kurz geschorenem Kopfhaar.
Steg, der [ʃteːʃ] <N.; ~e [ˈʃteˑjə]>: Steg.
Steh|desch, der [ˈʃteˑˌdeʃ] <N.; ~(e)> {s. u. ↑Desch}: Stehtisch.
Steh|krage, der [ˈʃteˑˌkraˑʀə] <N.; ~> {s. u. ↑Krage}: Stehkragen.
Steh|lamp, de [ˈʃteˑˌlamp] <N.; ~e> {s. u. ↑Lamp}: Stehlampe.
Steh|vermöge, et [ˈʃteˑfɐˌmøːjə] <N.; o. Pl.> {s. u. ↑Vermöge}: Stehvermögen, Durchhaltevermögen.
steige [ˈʃteɪ̯ˑjə] <V.; st.; *sin*; steeg [ʃteˑfj]; gesteege [jəˈʃteˑjə]>: steigen. (181)
steigere [ˈʃteɪ̯ˑjərə] <V.; schw.; *han*; steigerte [ˈʃteɪ̯ˑjətə]; gesteigert [jəˈʃteɪ̯ˑjet]> {9.2.1.2}: steigern. (4)
Steig|reeme, der [ˈʃteɪ̯fjˌreːmə] <N.; ~> {s. u. ↑steige ↑Reeme}: Steigriemen.
Steig|röhr/~|rühr, et [ˈʃteɪ̯fjˌrøˑɐ̯ / -ryˑɐ̯] <N.; ~e> {s. u. ↑steige ↑Röhr²/Rühr}: Steigrohr, Rohr einer Steigleitung.
steil [ʃteɪ̯l] <Adj.; ~e; ~er, ~ste>: steil. Tbl. A2.2
Stein, der [ʃteɪ̯n] <N.; ~ [ʃteɪ̯ˑn]>: Stein.
Stein|ax, de [ˈʃteɪ̯nˌaks] <N.; ~e/~|äx> {s. u. ↑Ax}: Steinaxt, einer Axt ähnliches Gerät, wie es in der Steinzeit verwendet wurde.
Stein|boddem, der [ˈʃteɪ̯nˌbodəm] <N.; ~|boddem> {s. u. ↑Boddem}: Steinboden. 1. steiniger Boden. 2. mit Steinen, Steinplatten belegter Boden.
Stein|broch, der [ˈʃteɪ̯nˌbrox] <N.; ~|bröch> {s. u. ↑Broch¹}: Steinbruch.
Stein|fruch/~|frooch, de [ˈʃteɪ̯nˌfrʊx / -froːx] <N.; ~|früch/~|frööch> {s. u. ↑Stein ↑Fruch/Frooch}: (Bot.) Steinfrucht, fleischige Frucht, deren Samen eine harte Schale besitzt [auch: ↑Stein|obs].
Stein|gaade, der [ˈʃteɪ̯nˌjaˑdə] <N.; ~|gääde> {s. u. ↑Gaade}: Steingarten.
Stein|god, et [ˈʃteɪ̯nˌjoˑt] <N.; o. Pl.> {s. u. ↑God}: Steingut.
stein|hadd, der [ˈʃteɪ̯n'hat] <Adj.; ~|haad(e) [-haˑdə]> {s. u. ↑hadd}: steinhart. Tbl. A2.1
Stein|haufe, der [ˈʃteɪ̯nˌhoʊ̯fə] <N.; ~> {s. u. ↑Haufe}: Steinhaufen.
Stein|huus, et [ˈʃteɪ̯nˌhuːs] <N.; ~|hüüser [-hyˑzɐ]> {s. u. ↑Huus}: Steinhaus.
Stein|koll, de [ˈʃteɪ̯nˌkolˑ] <N.; ~e [-kolə] (Sortenpl.)>: Steinkohle.
Stein|obs, et [ˈʃteɪ̯nˌops] <N.; kein Pl.> {s. u. ↑Obs}: Steinobst, Obst mit hartschaligem Kern [auch: ↑Stein|fruch/~|frooch].
Stein|pelz/~|pilz, der [ˈʃteɪ̯nˌpelts / -pɪlts] <N.; ~e> {s. u. ↑Pelz/Pilz}: Steinpilz, großer Röhrenpilz.

Stein|pott, der [ˈʃtɛɪnˌpɔt] <N.; ~|pött> {s. u. ↑Pott}: Steintopf, Topf aus Steingut.

stein|rich [ˈʃtɛɪnˈrɪʃ] <Adj.; ~e> {s. u. ↑rich}: steinreich, stinkreich. Tbl. A1

Stein|wurf/~|worf, der [ˈʃtɛɪnˌvʊrf / -vɔrf] <N.; ~|würf/~|wörf [-vyrˑf / -vørˑf]> {s. u. ↑Wurf/W**o**rf}: Steinwurf.

Stein|zigg, de [ˈʃtɛɪnˌtsɪk] <N.; o. Pl.> {s. u. ↑Zigg}: Steinzeit.

Stein|zigg|minsch, der [ˈʃtɛɪntsɪkˌmɪnʃ] <N.; ~e> {s. u. ↑Zigg ↑Minsch¹}: Steinzeitmensch.

stell [ʃtɛlˑ] <Adj.; ~e; ~er, ~ste> {5.5.2}: still, leise [auch: ↑leis, ↑höösch]; *s. sin (schweigen). Tbl. A2.2

Stell, de [ʃtɛlˑ] <N.; ~e [ˈʃtɛlə]> {8.3.1}: Stelle, **1.** Platz, Ort [auch: ↑Plaatz]. **2.** Arbeitsplatz, Position.

stell|ches [ˈʃtɛlfjəs] <Adv.> {5.5.2}: still.

stelle¹ [ˈʃtɛlə] <V.; schw./unr.; han; stellte/stallt [ˈʃtɛlˑtə / ʃtalt]; gestellt/gestallt [jəˈʃtɛlˑt / jəˈʃtalt]>: stellen, ***ene Aansproch s.** (beanspruchen, auf etw. Anspruch erheben; fordern, verlangen). (182)

stelle² [ˈʃtɛlə] <V.; schw.; han; stellte [ˈʃtɛlˑtə]; gestellt [jəˈʃtɛlˑt]> {5.4}: stillen. **1.** mit Muttermilch füttern. **2.** ein Bedürfnis befriedigen: *der Doosch s.* (den Durst s.) [auch: ↑lösche (1b)]. **3.** etw. zum Stillstand bringen, eindämmen: *Blod s.* (Blut s.) (91)

stelle³ [ˈʃtɛlə] <V.; st.; han; stohl [ʃtɔːl]; gestolle [jəˈʃtɔlə]> {5.3.4}: stehlen [auch: ↑av|klä**u**e (1), ↑jöcke³, ↑klä**u**e, ↑mopse, ↑räubere, ↑raube, ↑ripsche, ↑stritze]. (183)

Stelle|aan|ge|bodd, et [ˈʃtɛləˌlaːnjəbɔt] <N.; ~e> {s. u. ↑Stell ↑Aan|gebodd}: Stellenangebot.

Stelle|maat, der [ˈʃtɛləˌmaːt] <N.; o. Pl.> {s. u. ↑Stell ↑Maat}: Stellenmarkt, Arbeitsmarkt.

Stelle|wäät, der [ˈʃtɛləˌvɛːt] <N.; o. Pl.> {s. u. ↑Stell ↑Wäät}: Stellenwert; **a)** Wert einer Ziffer, der von ihrer Stellung innerhalb der Zahl abhängt; **b)** Bedeutung einer Person, Sache in einem best. Bezugssystem.

Stelle|wähßel, der [ˈʃtɛləˌvɛːsəl] <N.; ~e> {s. u. ↑Stell ↑Wähßel}: Stellenwechsel, Wechsel der Arbeitsstelle.

Stell|fläch, de [ˈʃtɛlˌflɛʃ] <N.; ~e> {s. u. ↑stelle¹ ↑Fläch}: Stellfläche.

~|stell|ig [ˈʃtɛlɪʃ] <Suffix; adjektivbildend; ~e>: -stellig, eine best. Anzahl Stellen/Ziffern aufweisend (bzgl. Zahlen), i. Vbdg. m. Kardinalz.: *aach~* (acht~). Tbl. A5.2

Stell|levve, et [ˈʃtɛlevə] <N.; ~ ⟨niederl. stilleven⟩> {s. u. ↑stell ↑Levve}: Stillleben.

Stell|platz, der [ˈʃtɛlˌplats] <N.; ~|plätz> {s. u. ↑stelle¹ ↑Platz¹}: Stellplatz.

Stell|ung, de [ˈʃtɛlʊŋ] <N.; ~e>: Stellung.

stell|ver|gnög [ˈʃtɛlˑfəˈjnøˑfj] <Adj.; ~te> {s. u. ↑stell ↑ver|gnög}: stillvergnügt. Tbl. A4.1.1

Stell|zigg, de [ˈʃtɛlˌtsɪk] <N.; ~e> {s. u. ↑stelle² ↑Zigg}: Stillzeit.

Stelz, de [ʃtɛlts] <N.; ~e> {8.3.1}: Stelze.

Stemm, de [ʃtɛmˑ] <N.; ~e [ˈʃtɛmə]; ~che [ˈʃtɛmˑfjə]> {5.5.2; 8.3.1}: Stimme.

Stemm|band, et [ˈʃpɛmˌbant] <N.; ~|bänder (meist Pl.)> {s. u. ↑Stemm ↑Band¹}: Stimmband.

stemm|be|rechtig [ˈʃtɛmbəˌrɛfjtɪʃ] <Adj.; i. best. Komposita *-recht*, sonst ↑rääch; ~te> {11; s. u. ↑Stemm ↑be|rechtig}: stimmberechtigt. Tbl. A4.1.1

Stemm|be|rechtig|ung, de [ˈʃtɛmbəˌrɛftɪjʊŋ] <N.; o. Pl.> {s. u. ↑stemme¹}: Stimmberechtigung.

Stemm|broch, der [ˈʃtɛmˌbrɔx] <N.; o. Pl.> {s. u. ↑Stemm ↑Broch¹}: Stimmbruch.

stemme¹ [ˈʃtɛmə] <V.; schw.; *han*; stemmte [ˈʃtɛmˑtə]; gestemmp [jəˈʃtɛmˑp]> {5.5.2}: stimmen, **1.** zutreffen, den Tatsaachen entsprechen, in Ordnung sein. **2.** jmdn. in eine best. Stimmung versetzen. **3.** in einer best. Stimmung sein. **4.** ein Instrument stimmen. **5.** seine Stimme abgeben, dafür od. dagegen stimmen. (40)

stemme² [ˈʃtɛmə] <V.; schw.; *han*; stemmte [ˈʃtɛmˑtə]; gestemmp [jəˈʃtɛmˑp]>: stemmen. (40)

Stemm|gaffel, de [ˈʃtɛmˌjafəl] <N.; ~e> {s. u. ↑Stemm ↑Gaffel¹}: Stimmgabel.

Stemm|ieser, et [ˈʃtɛmˌiˑzə] <N.; ~e> {s. u. ↑stemme² ↑Ieser}: Stemmeisen, Beitel.

~|stemm|ig [ˈʃtɛmɪʃ] <Suffix; adjektivbildend; ~e> {5.5.2}: -stimmig, i. Vbdg. m. Kardinalz. **a)** für eine best. Anzahl von Stimmen geschrieben (Partitur); **b)** mit einer best. Anzahl von Stimmen (singend): *drei~* (drei~). Tbl. A5.2

Stemm|lag, de [ˈʃtɛmˌlaˑx] <N.; ~e> {s. u. ↑Stemm ↑Lag}: Stimmlage; **a)** durch eine best. Höhe od. Tiefe unterschiedene Lage, Färbung einer Stimme; **b)** (Musik) Bereich einer Vokal- od. Instrumentalstimme, der durch einen best. Umfang der Tonhöhe gekennzeichnet ist (z. B. Sopran, Alt, Tenor).

Stemm|rääch, et [ˈʃtɛmˌrɛːʃ] <N.; ~te> {s. u. ↑stemme¹ ↑Rääch}: Stimmrecht, Stimmberechtigung.

Stemm|zeddel, der ['ʃtemˌtsɛdəl] <N.; ~e> {s. u. ↑stemme¹ ↑Zeddel}: Stimmzettel.

Stempel, der ['ʃtɛmpəl] <N.; ~e> Stempel, **1.** Gerät um einen Abdruck zu machen: *Nemm der S. för et Datum, dat geiht flöcker.* (Nimm den S. für das Datum, das geht schneller.). **2.** (übertr.) dicke Beine: *Jung, dat hät ävver e paar ~e!* (Junge, Junge, die hat aber dicke Beine!).

stempele ['ʃtɛmpələ] <V.; schw.; *han*; stempelte ['ʃtɛmpəltə]; gestempelt [jə'ʃtɛmpəlt]> {9.2.1.2}: stempeln, ***s. gonn** (stempeln gehen, Arbeitslosenunterstützung beziehen). (6)

Stempel|färv, de ['ʃtɛmpəlˌfɛrˑf] <N.; ~e> {s. u. ↑Färv}: Stempelfarbe.

Stempel|kesse, et ['ʃtɛmpəlˌkesə] <N.; ~> {s. u. ↑Kesse}: Stempelkissen.

Stempel|maschin, de ['ʃtɛmpəlmaˌʃiːn] <N.; ~e> {s. u. ↑Maschin}: Stempelmaschine, Maschine zum Abstempeln u. Entwerten von Briefmarken.

Steno|grafie, de [ˌʃtenoˈraˑfiˑ] <N.; o. Pl.> ⟨griech. stenós u. gráphein⟩: Stenografie; Kurzschrift.

Steno|gramm, et [ˌʃtenoˈjramˑ] <N.; ~e ⟨griech. stenós u. gráphein⟩> {s. u. ↑Gramm}: Stenogramm, stenografierter Text.

Stepp|danz, der ['ʃtɛpˌdantṣ] <N.; ~|dänz> {s. u. ↑steppe² ↑Danz}: Stepptanz.

Stepp|dänz|er, der ['ʃtɛpˌdɛntṣɐ] <N.; ~> {s. u. ↑steppe² ↑Dänz|er}: Stepptänzer.

Stepp|deck, de ['ʃtɛpˌdɛk] <N.; ~e> {s. u. ↑steppe¹ ↑Deck²}: Steppdecke.

steppe¹ ['ʃtɛpə] <V.; schw.; *han*; steppte ['ʃtɛptə]; gestepp [jə'ʃtɛp]>: steppen, im Steppstich nähen. (75)

steppe² ['ʃtɛpə] <V.; schw.; *han*; steppte ['ʃtɛptə]; gestepp [jə'ʃtɛp]>: steppen, Stepp tanzen. (75)

Stepp|ieser, et ['ʃtɛpˌliˑzɐ] <N.; ~(e)> {s. u. ↑steppe² ↑Ieser}: Steppeisen, Plättchen aus Eisen als Beschlag für Schuhspitze u. -absatz zum Steppen.

Stepp|jack, de ['ʃtɛpˌjak] <N.; ~e> {s. u. ↑steppe¹ ↑Jack¹}: Steppjacke.

Stepp|noht, de ['ʃtɛpˌnɔˑt] <N.; ~|nöht> {s. u. ↑steppe¹ ↑Noht}: Steppnaht.

Stepp|schredd, der ['ʃtɛpˌʃret] <N.; ~e> {s. u. ↑steppe² ↑Schredd}: Steppschritt.

Stepp|stech, der ['ʃtɛpˌʃtɛʃ] <N.; ~e> {s. u. ↑steppe¹ ↑Stech}: Steppstich.

sterb|lich ['ʃtɛrplɪʃ] <Adj.; i. best. Komposita *sterb-*, sonst ↑sterve; ~e> {11}: sterblich. Tbl. A1

Stern|kreis|zeiche, et ['ʃtɛrnkreɪsˌtseɪʃə] <N.; i. best. Komposita *Stern*, sonst ↑Stään; ~> {11; s. u. ↑Zeiche}: Sternkreiszeichen.

sterve/stirve ['ʃtervə / 'ʃtɪrvə] <V.; st.; *sin*; storv [ʃtorˑf]; gestorve [jəˈʃtorvə]> {5.5.2}: (ver)sterben [auch: ↑av|kratze (2), ↑av|nibbele, ↑av|nippele, ↑baschte (2), ↑drop|gonn (1), ↑fott|maache (3), ↑fott|sterve, ↑frecke, ↑gläuve (4), ↑heim|gonn (b), ↑hin|sterve, ↑kapodd|gonn (3), ↑öm|kumme (2), ↑us|futze, ↑ver|recke, *de Auge/Döpp zodun/zomaache*]. (184)

Sterve|bedd/Stirve|~, et ['ʃtervəˌbɛt / ʃtɪrvə-] <N.; o. Pl.> {s. u. ↑sterve/stirve ↑Bedd}: Sterbebett, ***om S. lige** (auf dem S. liegen; im Sterben liegen).

Sterve|fall/Stirve|~, der ['ʃtervəˌfal / 'ʃtɪrvə-] <N.; ~|fäll [-fɛlˑ]> {5.5.2; 6.1.1}: Sterbefall.

stervens|krank/stirvens|~ ['ʃtervənsˈkraŋk / ʃtɪrvəns-] <Adj.; ~e> {s. u. ↑sterve/stirve}: sterbenskrank. Tbl. A1

Stervens|wood/Stirvens|~, et ['ʃtervənsˌvɔːt / 'ʃtɪrvəns-] <N.; o. Pl.; ~|wöödche [-vœˑtʃə]> {5.5.2; 6.1.1; s. u. ↑Wood¹}: Sterbenswort, Sterbenswörtchen. Grundwort u. Diminutivum haben dieselbe Bed.; beide werden nur in verneinter Form gebraucht: *nit ei S.* (nicht ein S.); *kei S.* (kein S.).

steuere ['ʃtɔyərə] <V.; schw.; *han*; steuerte ['ʃtɔyətə]; gesteuert [jəˈʃtɔyət]> {9.2.1.2}: steuern [auch: ↑stüüre/stööre]. (4)

Steuer|flich, de ['ʃtɔyɐˌflɪʃ] <N.; i. best. Komposita *Steuer*, sonst ↑Stüür/Stöör; ~te> {11; s. u. ↑Flich}: Steuerpflicht.

steuer|lich ['ʃtɔyˑɐlɪʃ] <Adj.; i. best. Komposita *steuer-*, sonst ↑Stüür; ~e> {11}: steuerlich. Tbl. A1

Steuer|pröf|er, der ['ʃtɔyɐˌprøˑfɐ] <N.; i. best. Komposita *Steuer*, sonst ↑Stüür/Stöör; ~> {11; s. u. ↑Pröf|er}: Steuerprüfer.

Steuer|rääch, et ['ʃtɔyɐˌrɛːʃ] <N.; i. best. Komposita *Steuer*, sonst ↑Stüür/Stöör; ~te> {11; s. u. ↑Rääch}: Steuerrecht.

Steuer|radd, et ['ʃtɔyɐˌrat] <N.; i. best. Komposita *Steuer*, sonst ↑Stüür/Stöör; ~|rädder> {11; s. u. ↑Radd}: Steuerrad. **a)** Lenkrad; **b)** (Seew.) Rad des Ruders.

stöbb et. (Hier staubt es.). **2.** abstauben, Staub entfernen. (167)

Stöbb|fäng|er, der ['ʃtøpˌfɛŋɐ] <N.; ~> {s. u. ↑Stöbb}: Staubfänger, Gegenstand aus Stoff u. mit vielen Verzierungen.

stöbb|ig ['ʃtøbɪʃ] <Adj.; ~e; ~er, ~ste> {5.3.4}: staubig, angestaubt, verstaubt. Tbl. A5.2

Stöbb|koon, et ['ʃtøpˌkoːn] <N.; ~|kööner> {s. u. ↑Stöbb ↑Koon¹}: Staubkorn.

Stöbb|lappe, der ['ʃtøpˌlapə] <N.; ~> {s. u. ↑Stöbb ↑Lappe}: Staublappen, Staubtuch.

Stöbb|lung, de [ʃtøpˌlʊŋ] <N.; ~e> {s. u. ↑Stöbb; ↑Lung}: Staublunge, Pneumokoniose.

Stöbb|pinsel, der ['ʃtøpˌpɪnzəl] <N.; ~e> {s. u. ↑Stöbb ↑Pinsel}: Staubpinsel.

Stöbb|scheech/~|schich, de ['ʃtøpˌʃeːɕ / -ʃɪɕ] <N.; ~te> {s. u. ↑Stöbb ↑Scheech/Schich}: Staubschicht.

Stöbb|wolk, de ['ʃtøpˌvolək] <N.; ~e> {s. u. ↑Stöbb ↑Wolk}: Staubwolke.

stöbere ['ʃtøːbərə] <V.; schw.; han; stöberte ['ʃtøːbetə]; gestöbert [jə'ʃtøːbet]> {9.2.1.2}: stöbern: *Dä stöbert en minge Saache.* (Er stöbert in meinen Sachen.). (4)

stoche ['ʃtɔxə] <V.; schw.; han; stochte ['ʃtɔxtə]; gestoch [jə'ʃtɔx]>: stochen, **1.** heizen, schüren. **2.** schnell fahren, rasen. (123)

stochere ['ʃtɔxərə] <V.; schw.; han; stocherte ['ʃtɔxetə]; gestochert [jə'ʃtɔxet]> {9.2.1.2}: stochern. (4)

Stoch|ieser, et ['ʃtɔxˌiːzə] <N.; ~(e)> {s. u. ↑Ieser}: Schürhaken, Stocheisen [auch: ↑Brand|hoke], *****fettgemaht S.** (magere Person, Hänfling).

Stock¹, der [ʃtɔk] <N.; Stöck [ʃtøk]>: Stock, abgeschnittener, dünner Ast(teil).

Stock², der [ʃtɔk] <N.; o. Pl.>: Etage, Stockwerk [auch: ↑Etage, ↑Ge|schoss (2)]

Stöck, et [ʃtøk] <N.; ~/~e/~er; Stöck(|el)|che ['ʃtøk(əl)ɕə]> {5.5.1}: Stück, **1. a)** <o. Pl.> (abgetrennter) Teil eines Ganzen; *****em/am S.** (in einem S., ungeschnitten); *****et am S. han** (in einem fort tun: lachen, weinen, ungeschickt sein usw.) *Dä Pitter hät et hügg ävver am S.!* (je nach Situation: Bei Peter läuft heute aber auch alles schief!/Peter kann heute gar nicht aufhören zu ...); **b)** <Pl. Stöcker> einzelner, eine Einheit bildender Teil eines Ganzen: *e S. Koche* (ein S. Kuchen); *drei ~er Koche* (drei ~e Kuchen); <Pl. Stöcke>: *der Koche en ~e schnigge* (den Kuchen in ~e schneiden). **2.** <Pl. Stöck> best. Menge eines Stoffes, Materials od. Ä.: *zwei S. Papier* (zwei S. Papier); *e S. Botter* (ein S. Butter); aber: *drei S./~e/~er Zucker* (drei S./~e Zucker); *****an einem S.** (an einem Stück, in einem fort, ununterbrochen): *Et es an einem S. am Rähne.* (Es regnet ununterbrochen.). **3. a)** <Pl. Stöck> einzelner Gegenstand aus einer größeren Menge von Gleichartigem/ aus einer Gattung: *20 S. Veeh* (20 S. Vieh); *die koste 20 Cent et S.* (die kosten 20 Cent das S.); <vorangestellt vor ungenauen Mengenangaben Pl. Stöcker> *et sin noch ~er fuffzig do* (es sind noch ~er fünfzig (etwa 50 S.) da); **b)** <Pl. Stöcke>: in seiner Besonderheit auffallendes Exemplar von etw.: *dat es e selde S.* (das ist ein seltenes S.); *Dat sin besonders schön ~e.* (Das sind besonders schöne ~e.). **4.** <Pl. Stöcke> *Theater~, Musik~* [auch: ↑Anekdöt|che, ↑Krepp|che (3b)].

Stöck|che, et ['ʃtøkɕə] <N.; ~r> {s. u. ↑Stock¹}: Stöckchen, Hölzchen, **[RA]:** *vum Hölzche op et S. kumme* (vom Hölzchen aufs S. kommen).

stock|dauv ['ʃtɔk'doʊf] <Adj.; ~e> {s. u. ↑dauv}: stocktaub. Tbl. A1

stock|doof ['ʃtɔk'doːf] <Adj.; ~e>: stockdumm. Tbl. A1

stocke ['ʃtɔkə] <V.; schw.; stockte ['ʃtɔktə]; gestock [jə'ʃtɔk]>: stocken, **1.** <han> **a)** (von Körperfunktionen od. Ä.) (vorübergehend) stillstehen, aussetzen: *Et Blod dät im en de Odere s.* (Das Blut stockte ihm in den Adern.); **b)** nicht zügig weitergehen; in seinem normalen Ablauf zeitweise unterbrochen sein: *Wäge däm Unfall dät der Verkehr s.* (Wegen des Unfalls stockte der Verkehr.). **2.** <han> im Sprechen, in einer Bewegung, Tätigkeit aus Angst od. Ä. innehalten: *Se dät beim Lese s.* (Sie stockte beim Lesen.). **3.** <sin> gerinnen, dickflüssig, sauer werden: *De Milch es gestock.* (Die Milch ist gestockt.). (88)

stöckele ['ʃtøkələ] <V.; schw.; han; stöckelte ['ʃtøkəltə]; gestöckelt [jə'ʃtøkəlt]> {5.5.1; 9.2.1.2}: stückeln. (6)

Stock|ent, de ['ʃtɔkˌɛnt] <N.; ~e> {s. u. ↑Ent}: Stockente.

Stöcke|schriev|er, der ['ʃtøkəˌʃriːvɐ] <N.; ~> {s. u. ↑Stöck ↑Schriev|er}: Stückeschreiber.

Stock|fesch, der ['ʃtɔkˌfɛʃ] <N.; ~(e) [-feʃ / -feʃə]> {s. u. ↑Fesch}: Stockfisch.

Stöck|god, et ['ʃtøkˌjoːt] <N.; o. Pl.> {s. u. ↑Stöck ↑God}: Stückgut, als Einzelstück zu beförderndes Gut.

stock|heiser ['ʃtɔk'hei̯·ze] <Adj.; ~e>: stockheiser, sehr heiser. Tbl. A2.6

~|stöck|ig ['ʃtœkɪŋ] <Suffix; adjektivbildend; ~e>: -stöckig, eine best. Anzahl von Stockwerken hoch, i. Vbdg. m. Kardinalz.: *aach~* (acht~). Tbl. A5.2

Stock|kamell, de ['ʃtɔkka,mɛl·] <N.; ~e [-ka,mɛlə]> {s. u. ↑Stock¹ ↑Kamell}: Lutscher.

Stöck|moß, et ['ʃtøk,mɔ·s] <N.; ~e> {s. u. ↑Stöck ↑Moß}: Stückmaß, Maßeinheit für Stückware.

stock|nööchter ['ʃtɔk'nøːfjtə] <Adj.; ~e> {s. u. ↑nööchter}: stocknüchtern. Tbl. A2.6

Stock|rus, de ['ʃtɔk,ru·s] <N.; ~e> {s. u. ↑Rus}: Stockrose, Malve.

Stock|schnuppe, der ['ʃtɔk,ʃnʊpə] <N.; kein Pl.> {s. u. ↑Schnuppe}: Stockschnupfen.

stock|stiev ['ʃtɔk'ʃtiːf] <Adj.; ~e> {s. u. ↑stiev}: stocksteif, ungelenkig, verspannt. Tbl. A1

Stock|vijul, der ['ʃtɔkfi'juːl] <N.; ~e>: Goldlack [auch: ↑Gold|lack].

stoddere ['ʃtɔdərə] <V.; schw.; han; stodderte ['ʃtɔdetə]; gestoddert [jə'ʃtɔdet]> {6.11.3; 9.2.1.2}: stottern [auch: ↑struddele]. (4)

Stoff|dier, et ['ʃtɔf,di·ɐ̯] <N.; ~e> {s. u. ↑Dier}: Stofftier.

Stoffel, der ['ʃtɔfəl] <N.; männl. Vorn.>: **1.** Kurzf. von Christoph. **2.** (iron.) Tölpel.

Stoff|färv, de ['ʃtɔffɛrf] <N.; ~e> {s. u. ↑Färv}: Stofffarbe.

Stoff|popp, de ['ʃtɔf,pɔp] <N.; ~e> {s. u. ↑Popp}: Stoffpuppe.

Stoff|ress, der ['ʃtɔf,rɛs] <N.; ~|reste> {s. u. ↑Ress²}: Stoffrest.

Stoff|wähßel, der ['ʃtɔf,vɛ·səl] <N.; ~e (Pl. selten)> {s. u. ↑Wähßel}: Stoffwechsel.

Stohl¹, der [ʃtoːl] <N.; Stöhl [ʃtøːl]; Stöhl|che ['ʃtøːlɦə]> {5.4}: Stuhl.

Stohl², der [ʃtɔːl] <N.; Stöhl [ʃtœːl] (Pl. selten)> {5.5.3}: Stahl.

Stohl|arbeid|er, der ['ʃtɔːl|ar,bei̯·de] <N.; ~> {s. u. ↑Stohl² ↑Arbeid|er}: Stahlarbeiter, in der Stahlindustrie tätiger Arbeiter.

Stohl|bein, et ['ʃtoːl,bei̯n] <N.; ~ [-bei̯·n]> {s. u. ↑Stohl¹}: Stuhlbein.

Stohl|besem, der ['ʃtɔːl,bezəm] <N.; ~e> {s. u. ↑Stohl² ↑Besem}: Stahlbesen, (beim Schlagzeug) Stiel mit einem Bündel aus Stahldrähten.

Stohl|drägler, der ['ʃtɔːl,drɛ·je] <N.; ~> {s. u. ↑Stohl² ↑Drägler}: Stahlträger, Eisenträger.

stöhle¹ ['ʃtœːlə] <V.; schw.; han; stöhlte ['ʃtœːltə]; gestöhlt [jə'ʃtœːlt]> {5.5.3}: stählen. (61)

stöhle² ['ʃtœːlə] <Adj.; ~> {5.5.3; 8.2.4}: stählern, eisern: *en s. Bröck* (eine ~e Brücke); *dat s. Geröss* (das ~e Gerüst). Tbl. A3.1

Stohl|fedder, de ['ʃtɔːl,fedə] <N.; ~e> {s. u. ↑Stohl² ↑Fedder}: Stahlfeder.

Stohl|gang, der ['ʃtoːl,jaŋ] <N.; o. Pl. ⟨spätmhd. *stuolganc*⟩> {s. u. ↑Stohl¹ ↑Gang¹}: Stuhlgang.

Stohl|helm, der ['ʃtɔːl,hɛlm] <N.; ~(e)> {s. u. ↑Stohl² ↑Helm}: Stahlhelm.

Stohl|kammer, de ['ʃtɔːl,kamə] <N.; ~e> {s. u. ↑Stohl² ↑Kammer}: Stahlkammer; Tresor.

Stohl|kant, de ['ʃtoːl,kant] <N.; ~e> {s. u. ↑Stohl¹ ↑Kant}: Stuhlkante.

Stohl|kesse, et ['ʃtoːl,kesə] <N.; ~> {s. u. ↑Stohl¹ ↑Kesse}: Stuhlkissen.

Stohl|lähn, de ['ʃtoːlːɛːn] <N.; ~e> {s. u. ↑Stohl¹ ↑Lähn}: Stuhllehne.

Stohl|rühr~/|röhr, et ['ʃtɔːl,ryːɐ̯ / -røːɐ̯] <N.; ~e> {s. u. ↑Stohl² ↑Rühr/Röhr²}: Stahlrohr.

Stohl|schrank, der ['ʃtɔːl,ʃraŋk] <N.; ~|schränk> {s. u. ↑Stohl²}: Stahlschrank.

Stohl|seil, et ['ʃtɔːl,zei̯l] <N.; ~e> {s. u. ↑Stohl² ↑Seil}: Stahlseil, Drahtseil.

Stohl|setz, der ['ʃtoːl,zets] <N.; ~(e)> {s. u. ↑Stohl¹ ↑Setz}: Stuhlsitz, Sitzfläche des Stuhls.

Stohl|woll, de ['ʃtɔːl,vɔl] <N.; o. Pl.> {s. u. ↑Stohl² ↑Woll}: Stahlwolle.

stöhne ['ʃtøːnə] <V.; schw.; han; stöhnte ['ʃtøːntə]; gestöhnt [jə'ʃtøːnt]>: stöhnen [auch: ↑küüme, ↑käche, ↑kröötsche]. (5)

stoke ['ʃtoːkə] <V.; schw.; sin; stokte ['ʃtoːktə]; gestok [jə'ʃtoːk]> {5.5.3}: staken. (178)

Stoke, der ['ʃtoːkə] <N.; ~> {5.5.3}: Stake(n), lange Holzstange.

Stolle, der ['ʃtɔlə] <N.; ~> {8.3.3}: Stollen. **1.** länglich geformtes Gebäck aus Hefeteig mit Rosinen, Mandeln, Zitronat u. Gewürzen, das für die Weihnachtszeit gebacken wird. **2. a)** unterirdischer Gang; **b)** (Bergbau) leicht ansteigender, von einem Hang in den Berg vorgetriebener Grubenbau. **3.** rundes Klötzchen, stöpselförmiger Teil aus Leichtmetall, Leder o. Ä. an der Sohle von Sportschuhen, der ein Ausgleiten verhindern soll.

stölpe ['ʃtœlpə] <V.; schw.; *han*; stölpte ['ʃtœlptə]; gestölp [jə'ʃtœlp]> {5.5.1}: stülpen. (180)

stolpere ['ʃtɔlpərə] <V.; schw.; *sin*; stolperte ['ʃtɔlpətə]; gestolpert [jə'ʃtɔlpət]> {9.2.1.2}: stolpern. (4)

stolz [ʃtolts] <Adj., ~e; ~er, ~este> {5.5.1}: stolz. Tbl. A1

Stolz, der [ʃtolts] <N.; kein Pl.> {5.5.1}: Stolz.

stolziere/~eere [ʃtɔl'tsiˑ(ę)rə / -eˑrə] <V.; schw./unr.; *sin*; stolzierte [ʃtɔl'tsiˑętə]; stolziert [ʃtɔl'tsiˑęt]> {(5.1.4.3)}: stolzieren. (3) (2)

stonn [ʃtɔn] <V.; st.; *han*; stundt [ʃtʊnt]; gestande [jə'ʃtandə]> {5.3.4; 8.2.2.3}: stehen; *einem steiht jet (jmdm. steht etwas = Kleidung sieht gut an jmdm. aus); *eine stonn han (ein erigiertes Glied haben); *allein s. (unverheiratet, ledig sein). (185)

stöödig ['ʃtœˑdɪç] <Adj.; ~e; ~er, ~ste>: prunkvoll, aufgeputzt. Tbl. A5.2

Stöör/Stüür, de [ʃtøˑę / ʃtyˑę] <N.; *Stöör* veraltet; ~e> {5.1.4.6; 8.2.2.2}: Steuer.

stööre/stüüre ['ʃtøˑ(ę)rə / 'ʃty·(ę)rə] <V.; unr.; stööte ['ʃtøˑtə]; gestööt [jə'ʃtøˑt]> {5.1.4.6; 8.2.2.2}: steuern, 1. <han> das Steuer eines Fahrzeugs bedienen. 2. <sin> eine best. Richtung einschlagen. 3. <han> jmdn./etw. so beeinflussen, dass er/sie/es in beabsichtigter Weise abläuft; [auch: ↑steuere]. (186) (100)

Stöör|klass/Stüür|~, de [ʃtøˑę͜klas / ʃtyˑę-] <N.; ~e> {s. u. ↑Stöör/Stüür ↑Klass}: Steuerklasse.

Stooz/Sturz, der [ʃtoːts / ʃtʊxts] <N.; Stööz [ʃtøːts]> {5.2.1.1.1; 5.4}: Sturz.

Stööz, der [ʃtøːts] <N.; kein Pl.> {5.2.1.4; 5.4}: Stuss, Unsinn.

stööze[1] ['ʃtøːtsə] <V.; schw.; *sin*; stöözte ['ʃtøːtstə]; gestööz [jə'ʃtøːts]>: Unsinn machen, herumalbern. (112)

stööze[2]**/stürze** ['ʃtøːtsə / 'ʃtyxtsə] <V.; *stööze* veraltend; schw.; *han* u. *sin*; stöözte ['ʃtøːtstə]; gestööz [jə'ʃtøːts]> {5.2.1.1.1; 5.4}: stürzen. (112) (42)

Stoppe, der ['ʃtɔpə] <N.; ~; Stöpp|che ['ʃtœpçə] {5.5.1; 6.8.1}: Stöpsel, Stopfen, 1. Pfropfen [auch: ↑Löll (2), ↑Proppe]. 2. kleiner Mensch, Kind.

stoppe[1] ['ʃtɔpə] <V.; schw.; *han*; stoppte ['ʃtɔptə]; gestopp [jə'ʃtɔp]> {5.5.1; 6.8.1}: stopfen, 1. flicken; schiebend in etw. hineinstecken u. so verschließen; *de Muul s. (zum Schweigen bringen). 2. ein Loch in einem Kleidungsstück od. Ä. mit Nadel u. Faden ausbessern. 3. Füllmaterial in etw. hineinstopfen: *en Pief s.* (eine Pfeife s.). (75)

stoppe[2] ['ʃtɔpə] <V.; schw.; *han*; stoppte ['ʃtɔptə]; gestopp [jə'ʃtɔp]>: stoppen, anhalten, aufhören. (75)

Stopp|ei, et ['ʃtɔp͜aɪ] <N.; ~er> {5.5.1; 6.8.1}: Stopfei.

Stoppel|baat, der ['ʃtɔpəl‚baːt] <N.; ~|bäät {s. u. ↑Stoppel ↑Baat}: Stoppelbart.

stoppel|ig ['ʃtɔpəlɪç] <Adj.; ~e; ~er, ~ste>: stoppelig, stachelig, borstig. Tbl. A5.2

Stoppe|treck|er, der ['ʃtɔpə‚trɛkɐ] <N.; ~e>: Korkenzieher.

Stopp|färv, de ['ʃtɔp‚fɛrf] <N.; o. Pl.>: Kitt.

Stopp|gaan, et ['ʃtɔp‚jaːn] <N.; ~e> {5.5.1; 6.8.1; s. u. ↑Gaan}: Stopfgarn.

Stopp|nol/~|nodel, de ['ʃtɔp‚noˑl / -noːdəl] <N.; ~|nolde/~|nodele> {5.5.1; 6.8.1; s. u. ↑Nol/Nodel}: Stopfnadel.

Stopp|pilz/~|pelz, der ['ʃtɔpːɪlts / -pelts] <N.; ~e> {s. u. ↑stoppe ↑Pilz/Pelz}: Stopfpilz.

Stopp|schild/~|scheld, et ['ʃtɔp‚ʃɪlt / -ʃelt] <N.; ~er> {s. u. ↑Schild¹/Scheld¹}: Stoppschild.

Stopp|uhr/~|ohr, de ['ʃtɔp‚uˑę / -oˑę] <N.; ~e ⟨von engl. stopwatch⟩> {s. u. ↑Uhr¹/Ohr¹}: Stoppuhr.

Stopp|woll, de ['ʃtɔp‚vɔl-] <N.; o. Pl.> {s. u. ↑stoppe¹ ↑Woll}: Stopfwolle, Stopfgarn.

Storche|ness, et ['ʃtɔrfjə‚nes] <N.; ~|nester> {s. u. ↑Ness¹}: Storchennest.

störe/stüre ['ʃtøˑ(ę)rə / 'ʃty·(ę)rə] <V.; unr.; *han*; stoot [ʃtoːt]; gestoot [jə'ʃtoːt]>: stören. (179) (21)

stork|ig ['ʃtɔrkɪç] <Adj.; ~e; ~er, ~ste>: verdorrt, dürr, holzig. Tbl. A5.2

Storm/Sturm, der [ʃtorm / ʃʊrm] <N.; Störm [ʃtørˑm]> {5.5.1}: Sturm.

störme/stürme ['ʃtørˑmə / 'ʃtyrˑmə] <V.; schw.; *han*; störmte ['ʃtørˑmtə]; gestörmp [jə'ʃtørˑmp]> {5.5.1}: stürmen. (127)

storm|frei/sturm|~ ['ʃtorm‚freɪ / ʃtʊrm-] <Adj.; ~e>: sturmfrei. Tbl. A2.9

Storm|schade/Sturm|~, der ['ʃtorm‚ʃaˑdə / 'ʃtʊrm-] <N.; ~|schäde (meist Pl.)> {s. u. ↑Storm/Sturm ↑Schade}: Sturmschaden.

Storm|spetz/Sturm|~, de ['ʃtorm‚ʃpets / 'ʃtʊrm-] <N.; ~e> {s. u. ↑Storm/Sturm ↑Spetz}: (bes. Fußball) Sturmspitze, in vorderster Position spielender Stürmer.

Stör|ung/Stür|~, de [ˈʃtøˑ(ɐ̯)rʊŋ / ˈʃtyˑ(ɐ̯)r-] <N.; ~e> {(5.4)}: Störung.

Stoß, der [ʃtoˑs] <N.; Stöß [ʃtøˑs]; Stöß|che [ˈʃtøˑsjə]>: Stoß.

Stöß|che, et [ˈʃtøˑsjə] <N.; ~r>: Stößchen, **1.** leichter Stoß. **2.** kleines Glas Kölsch mit 0,1 Liter.

Stoß|dämf|er, der [ˈʃtoˑsˌdɛmfɐ] <N.; i. best. Komposita *stoß-*, sonst ↑stüsse; ~> {11; s. u. ↑dämfe}: Stoßdämpfer.

Stoß|stang, de [ˈʃtoˑsˌʃtaŋ] <N.; i. best. Komposita *stoß-*, sonst ↑stüsse; ~e [-ʃtaŋə]> {11; s. u. ↑Stang}: Stoßstange.

Stoß|zant, der [ˈʃtoˑsˌtsant] <N.; i. best. Komposita *stoß-*, sonst ↑stüsse; ~|zäng [-tsɛŋˑ]> {11; s. u. ↑Zant}: Stoßzahn.

Stoß|zigg, de [ˈʃtoˑsˌtsɪk] <N.; i. best. Komposita *stoß-*, sonst ↑stüsse; ~e> {11; s. u. ↑Zigg}: Stoßzeit; Hauptverkehrszeit.

Stötz, de [ʃtøts] <N.; ~e> {5.5.1; 8.3.1}: Stütze.

stötze/stütze [ˈʃtøtsə / ˈʃtytsə] <V.; schw.; han; stötzte [ˈʃtøtstə]; gestötz [jəˈʃtøts]> {5.5.1}: stützen. (114)

Stötz|muur/~|moor, de [ˈʃtøtsˌmuˑɐ̯ / -moˑɐ̯] <N.; ~e> {5.5.1; s. u. ↑Muur/Moor¹}: Stützmauer.

Stötz|punk, der [ˈʃtøtsˌpʊŋk] <N.; ~te> {s. u. ↑stötze ↑Punk}: Stützpunkt.

Stötz|radd, et [ˈʃtøtsˌrat] <N.; ~|rädder> {s. u. ↑stötze ↑Radd}: Stützrad.

Stötz|strump, der [ˈʃtøtsˌʃtrʊmp] <N.; ~|strümp> {5.5.1; s. u. ↑Strump}: Stützstrumpf.

strack [ʃtrak] <Adj.; ~e; ~er, ~ste>: strack, gerade, straff, steif. Tbl. A1

stracks [ʃtraks] <Adv.>: stracks, **1.** geradeaus. **2.** sofort.

Strähn, de [ʃtrɛˑn] <N.; ~e> {8.3.1}: Strähne, **1.** in Streifen liegende od. hängende Haare. **2.** Phase, Reihe von Ereignissen.

strähn|ig [ˈʃtrɛˑnɪʃ] <Adj.; ~e; ~er, ~ste>: strähnig, zottelig. Tbl. A5.2

Strampel|aan|zog, de [ˈʃtrampəlˌlaːntsox] <N.; ~|zög> {s. u. ↑Aan|zog}: Strampelanzug.

Strampel|botz, de [ˈʃtrampəlˌbots] <N.; ~e; ~|bötz|che [-bøtsjə]>: Strampelhose.

strampele [ʃtrampələ] <V.; schw.; han; strampelte [ˈʃtrampəltə]; gestrampelt [jəˈʃtrampəlt]> {9.2.1.2}: strampeln. (6)

Strand, der [ʃtrant] <N.; Stränd [ʃtrɛnˑt]>: Strand.

Strand|aan|zog, de [ˈʃtrantˌlaːntsox / ˈʃtrandanˌtsox] <N.; ~|zög> {s. u. ↑Aan|zog}: Strandanzug.

Strand|badd, et [ˈʃtrantˌbat] <N.; ~|bäder [-bɛˑdə] (unr. Pl.)> {s. u. ↑Badd}: Strandbad.

Strand|god, et [ˈʃtrantˌjoˑt] <N.; o. Pl.> {s. u. ↑God}: Strandgut.

Strandgymnastik, de [ˈʃtrantjʏmˌnastɪk] <N.>: Strandgymnastik.

Strand|korv, de [ˈʃtrantˌkorf] <N.; ~|körv [-kørˑf]> {s. u. ↑Korv}: Strandkorb.

Strand|levve, et [ˈʃtrantˌlevə] <N.; ~> {s. u. ↑Levve}: Strandleben.

Strang, der [ʃtraŋ] <N.; Sträng [ʃtrɛŋˑ]>: Strang, **1.** Seil, Strick, Leine. **2.** etw., das in Form eines Strangs zusammengehört: *Muskelsträng* (Muskelstränge). **3.** etw., was sich linienartig in gewisser Länge über etw. hin erstreckt: *Schienes.* (Schienens.). **4. *S. han*** (Angst haben, ängstigen) [auch: ↑Angs/↑Kadangs han].

Strapaz, de [ʃtraˈpaˑts] <N.; ~e ⟨ital. strapazzo⟩> {8.3.1}: Strapaze.

strapaziere/~eere [ʃtrapaˈtsiˑ(ɐ̯)rə / -ˑerə] <V.; schw./unr.; han; strapazierte [ʃtrapaˈtsiˑɐ̯tə]; strapaziert [ʃtrapaˈtsiˑɐ̯t] ⟨ital. strapazzare⟩> {(5.1.4.3)}: strapazieren. (3) (2)

Stratege, der [ˌʃtraˈteˑjə] <N.; ~ ⟨frz. stratège < griech. stratēgós⟩>: Stratege.

Strategie, de [ʃtratəˈjiˑ] <N.; ~ [ʃtratəˈjiˑə] ⟨frz. stratégie < griech. strategía⟩>: Strategie.

sträube [ˈʃtrɔʏbə] <V.; schw.; han; sträubte [ˈʃtrɔʏptə]; gesträub [jəˈʃtrɔʏp]>: sträuben, **1.** Fell hochstehen. **2.** <sich s.> sich widersetzen. (189)

Sträuf¹, de [ʃtrɔʏf] <N.; ~e>: Durchziehband.

Sträuf², de [ʃtrɔʏf] <N.>: nur i. d. Vbdg. *jet en der S. han* (eine sich anbahnende Beziehung haben).

sträufe [ˈʃtrɔʏfə] <V.; schw.; han; sträufte [ˈʃtrɔʏftə]; gesträuf [jəˈʃtrɔʏf]> {5.1.3}: streifen, **1. a)** abstreifen: *de Blädder vum Stengel s.* (die Blätter vom Stengel s.); **b)** hochstreifen: *de Maue s.* (die Ärmel hochstreifen). **2.** umherstreifen, umherziehen: *durch de Gägend s.* (durch die Gegend s.) [auch: ↑eröm|stäufe]. (108)

Strauß, der [ʃtraʊs] <N.; ~e>: Strauß, großer, flugunfähiger Laufvogel.

Strauße|fedder, der ['ʃtraʊsə‚fedɐ] <N.; ~e> {s. u. ↑Fedder}: Straußenfeder.

Straußen|ei, der ['ʃtraʊsən‚eɪ] <N.; ~er>: Straußenei.

Strebe|balke, der ['ʃtreˑbə‚balkə] <N.; i. best. Komposita *Strebe*, sonst ↑Strevv; ~> {11; s. u. ↑Balke}: Strebebalken, als Strebe dienender Balken.

Strech, der [ʃtreʃ] <N.; ~e; ~el|che [-əlfjə]> {5.5.2}: Strich.

Strech|jung, der ['ʃtreʃ‚jʊŋˑ] <N.; ~e [-jʊŋə]> {s. u. ↑Strech ↑Jung}: Strichjunge, Junge, der der Prostitution mit Männern auf der Straße nachgeht.

Strech|männ|che, et ['ʃtreʃ‚mɛnfjə] <N.; ~r> {s. u. ↑Strech}: Strichmännchen.

Strech|moß, et ['ʃtreʃ‚mɔˑs] <N.; ~e> {s. u. ↑Strech ↑Moß}: Reißmaß (Werkzeug).

Strech|punk, der ['ʃtreʃ‚pʊŋk] <N.; ~te> {s. u. ↑Strech ↑Punk}: Strichpunkt, Semikolon.

Strech|reeme, der ['ʃtreʃ‚reˑmə] <N.; ~> {s. u. ↑Strech ↑Reeme}: Abzieheder.

Streck[1], der [ʃtrek] <N.; ~e; Streck|el|che ['ʃtrekəlfjə]> {5.5.2}: Strick.

Streck[2], de [ʃtrɛk] <N.; ~e; Streck|el|che ['ʃtrɛkəlfjə]> {8.3.1}: Strecke.

Streck|arbeid, de ['ʃtrek‚arˌbeɪˑt] <N.; ~e> {s. u. ↑strecke[1] ↑Arbeid}: Strickarbeit.

Streck|bedd, et ['ʃtrɛk‚bɛt] <N.; ~er> {s. u. ↑strecke[2] ↑Bedd}: (Med.) Streckbett, der Geradestellung einer verkrümmten Wirbelsäule dienendes Bett, in dem ein Patient durch Vorrichtungen, die einen Zug ausüben, gestreckt wird.

Streck|bünd|che, et ['ʃtrek‚bʏnˑtfjə] <N.; ~r> {s. u. ↑strecke[1] ↑Bünd|che}: Strickbündchen.

strecke[1] ['ʃtrekə] <V.; schw.; *han*; streckte ['ʃtrektə]; gestreck [jə'ʃtrek] {5.5.2}: stricken.   (88)

strecke[2] ['ʃtrɛkə] <V.; schw.; *han*; streckte ['ʃtrɛktə]; gestreck [jə'ʃtrɛk]>: strecken.   (88)

Strecke|arbeid|er, der ['ʃtrɛkə‚arˌbeɪˑdɐ] <N.; ~> {s. u. ↑Streck[2] ↑Arbeid|er}: Streckenarbeiter, Gleisarbeiter.

Strecke|av|schnedd, de ['ʃtrɛkə‚afʃnet] <N.; ~(e)> {s. u. ↑Av|schnedd}: Streckenabschnitt.

Strecke|netz, et ['ʃtrɛkə‚nɛts] <N.; ~e> {s. u. ↑Streck[2]}: Streckennetz.

Strecke|rekord, der ['ʃtrɛkərə‚kɔxt] <N.; ~e> {s. u. ↑Streck[2]}: Streckenrekord, für eine best. Strecke geltender Rekord.

Streck|gaan, et ['ʃtrek‚jaːn] <N.; o. Pl.> {5.5.2; s. u. ↑Gaan}: Strickgarn.

Streck|jack, de ['ʃtrek‚jak] <N.; ~e> {s. u. ↑strecke[1] ↑Jack[1]}: Strickjacke.

Streck|maschin, de ['ʃtrekma‚ʃiːn] <N.; ~e> {s. u. ↑strecke[1] ↑Maschin}: Strickmaschine.

Streck|meddel, de ['ʃtrɛk‚medəl] <N.; ~(e)> {s. u. ↑strecke[2] ↑Meddel}: Streckmittel, Mittel zum Strecken von Speisen.

Streck|muster, et ['ʃtrek‚mʊstɐ] <N.; ~e> {s. u. ↑strecke[1] ↑Muster}: Strickmuster.

Streck|nol/~nodel, de ['ʃtrek‚nɔˑl / -noːdəl] <N.; ~|nolde/ ~|nodele> {5.5.2; s. u. ↑Nol/Nodel}: Stricknadel.

Streck|scheid, de ['ʃtrek‚ʃeɪˑt] <N.; ~e> {5.5.2; s. u. ↑Scheid[1]}: Behälter für Stricknadeln.

Streck|strump, der ['ʃtrek‚ʃtrʊmp] <N.; ~|strümp> {5.5.2; s. u. ↑Strump}: Strickstrumpf.

Streck|wess, de ['ʃtrek‚vɛs] <N.; ~|weste> {s. u. ↑strecke[1] ↑Wess}: Strickweste.

Streck|woll, de ['ʃtrek‚vɔlˑ] <N.; o. Pl.> {5.5.2; s. u. ↑Woll}: Strickwolle.

Streck|zeug, et ['ʃtrek‚tsɔʏfj] <N.; o. Pl.> {5.5.2}: Strickzeug.

Streif, de [ʃtreɪf] <N.; o. Pl.> 8.3.1}: Streife, **1.** kleine Einheit der Polizei. **2.** Patrouillenfahrt.

streife/striefe ['ʃtreɪfə / 'ʃtriːfə] <V.; unr.; *han*; streifte/striefte ['ʃtreɪftə / 'ʃtriːftə]; gestreif/gestrief [jə'ʃtreɪf / jə'ʃtriːf]> {5.1.4.5}: streifen, **1. a)** leicht berühren: *Ich han en doch nur gestreif.* (Ich habe ihn doch nur gestreift.); **b)** nebenbei behandeln, kurz erwähnen: *Mer han dat Thema koot gestreif.* (Wir haben das Thema kurz gestreift/behandelt.). **2.** abstreifen, ausziehen: *der Ring vum Finger s.* (den Ring vom Finger s.) [auch: ↑sträufe (1)]. **3.** umherstreifen: *durch de Bösch s.* (durch die Büsche s.) [auch: ↑eröm|sträufe, ↑sträufe (2)]. **4.** <nur als Part. II> gestreift, mit Streifen versehen: *en gestreifte Botz* (eine gestreifte Hose).   (108)

Streife/Striefe, der ['ʃtreɪfə / 'ʃtriːfə] <N.; ~> {(5.1.4.5)}: Streifen.

Streife|deens, der ['ʃtreɪfə‚deˑns] <N.; ~te> {s. u. ↑Streif ↑Deens}: Streifendienst.

Streife|muster/Striefe|~, et ['ʃtreɪfə‚mʊstɐ / 'ʃtriːfə-] <N.; ~e> {s. u. ↑Streife/Striefe ↑Muster}: Streifenmuster.

Streife|wage, der ['ʃtreɪfəˌvaˑʀə] <N.; ~> {s. u. ↑Streif ↑Wage}: Streifenwagen.

streif|ig/strief|~ ['ʃtreɪfɪʃ / ʃtriːf-] <Adj.; ~e; ~er, ~ste> {(5.1.4.5)}: streifig, gestreift. Tbl. A5.2

Streif|schoss/Strief|~, der ['ʃtreɪfˌʃos / 'ʃtriːf-] <N.; ~|schöss;> {s. u. ↑streife/striefe ↑Schoss²}: Streifschuss.

Streif|zog/Strief|~, der ['ʃtreɪfˌtsox / 'ʃtriːf-] <N.; ~|zög> {s. u. ↑streife ↑Zog¹}: Streifzug, Ausflug.

streike [ʃtraɪkə] <V.; schw.; han; streikte ['ʃtraɪktə]; gestreik [jə'ʃtraɪk]>: streiken. (178)

Streik|poste, der ['ʃtraɪkˌpostə] <N.; ~>: Streikposten.

Streik|rääch, et ['ʃtraɪkˌʀɛːʃ] <N.; ~te> {s. u. ↑Rääch}: Streikrecht.

Streik|well, de ['ʃtraɪkˌvɛlˑ] <N.; ~e [-vɛlə]> {s. u. ↑Well}: Streikwelle.

Streit|ax, de ['ʃtraɪtˌaks] <N.; i. best. Komposita *Streit*, sonst ↑Strigg; ~e/~|äx> {11; s. u. ↑Ax}: Streitaxt.

Streit|fall, der ['ʃtraɪtˌfal] <N.; ~|fäll [-fɛlˑ]; i. best. Komposita *Streit*, sonst ↑Strigg> {11; s. u. ↑Fall²}: Streitfall.

Streit|frog, de ['ʃtraɪtˌfroˑx] <N.; i. best. Komposita *Streit*, sonst ↑Strigg; ~e> {11; s. u. ↑Frog}: Streitfrage.

Streit|maach, de ['ʃtraɪtˌmaːx] <N.; i. best. Komposita *Streit*, sonst ↑Strigg; ~|määchte> {11; s. u. ↑Maach¹}: Streitmacht.

Streit|punk, der ['ʃtraɪtˌpʊŋk] <N.; i. best. Komposita *Streit*, sonst ↑Strigg; ~te> {11; s. u. ↑Punk}: Streitpunkt, Streitgegenstand.

Streit|wäät, der ['ʃtraɪtˌvɛːt] <N.; i. best. Komposita *Streit*, sonst ↑Strigg; ~e (Pl. selten)> {11; s. u. ↑Wäät}: Streitwert.

stress|ig ['ʃtrɛsɪʃ] <Adj.; ~e; ~er, ~ste>: stressig. Tbl. A5.2

Streu|blome ['ʃtrøyˌbloːmə] <N.; fem.; nur Pl.> {s. u. ↑Blom}: Streublumen.

streue ['ʃtrøyə] <V.; schw.; han; streute ['ʃtrøyˑtə]; gestreut/gestraut (veraltet) [jə'ʃtrɔyˑt / jə'ʃtroʊ̯t]>: streuen. (11)

Streu|engel|che, et ['ʃtrɔyˌɛŋəlçə] <N.; ~r>: Blumenmädchen, Kind, das bei einer Prozession Blumen streut [auch: ↑Streu|kind].

Streu|kind, et ['ʃtrɔyˑkɪnt] <N.; ~er>: Blumenkind, Kind, das bei einer Prozession Blumen streut [auch: ↑Streu|engel|che].

Streu|koche, der ['ʃtrɔyˌkoˑxə] <N.; ~> {s. u. ↑Koche}: Streuselkuchen.

Streu|wage, der ['ʃtrøyˌvaˑʀə] <N.; ~> {s. u. ↑Wage}: Streuwagen, Wagen zum Streuen von Straßen.

Strevv, de [ʃtref] <N.; ~e> {5.3.2; 5.5.2; 6.1.1; 8.3.1}: Strebe.

strevve ['ʃtrevə] <V.; unr.; han; strävte ['ʃtrɛːftə]; geströv [jə'ʃtrɛːf]> {5.3.4; 5.5.2; 6.1.1}: streben. (22)

striche ['ʃtrɪʃə] <V.; st.; han; strech [ʃtreʃ]; gestreche [jə'ʃtreʃə]> {5.3.1}: streichen. (187)

striefe/streife ['ʃtriːfə / 'ʃtreɪfə] <V.; unr.; han; striefte/streifte ['ʃtriːftə / 'ʃtreɪftə]; gestrief/gestreif [jə'ʃtriːf / jə'ʃtreɪf]> {5.1.4.5}: streifen, **1. a)** leicht berühren: *Ich han en doch nur gestrief.* (Ich habe ihn doch nur gestreift.); **b)** nebenbei behandeln, kurz erwähnen: *Mer han dat Thema koot gestrief.* (Wir haben das Thema kurz gestreift/behandelt.). **2.** abstreifen, ausziehen: *der Ring vum Finger s.* (den Ring vom Finger s.) [auch: ↑sträufe (1)]. **3.** umherstreifen: *durch de Bösch s.* (durch die Büsche s.) [auch: ↑eröm|sträufe, ↑sträufe (2)]. **4.** <nur als Part. II> gestreift, mit Streifen versehen: *en gestriefte Botz* (eine gestreifte Hose). (108)

Striefe/Streife, der ['ʃtriːfə / 'ʃtreɪfə] <N.; ~> {5.1.4.5}: Streifen.

Striefe|muster/Streife|~, et ['ʃtriːfəˌmʊstə / 'ʃtreɪfə-] <N.; ~e> {s. u. ↑Striefe/Streife ↑Muster}: Streifenmuster.

strief|ig/streif|~ ['ʃtriːfɪʃ / ʃtreɪf-] <Adj.; ~e; ~er, ~ste> {5.1.4.5}: streifig, gestreift. Tbl. A5.2

Strief|schoss/Streif|~, der ['ʃtriːfˌʃos / 'ʃtreɪf-] <N.; ~|schöss;> {s. u. ↑striefe/streife ↑Schoss²}: Streifschuss.

Strief|zog/Streif|~, der ['ʃtriːfˌtsox / 'ʃtreɪf-] <N.; ~|zög> {s. u. ↑striefe/streife ↑Zog¹}: Streifzug, Ausflug.

Striegel, der ['ʃtriːjəl] <N.; ~ ⟨mhd. strigel, ahd. strigil < lat. strigilis⟩>: Striegel, harte Bürste zum Reinigen, Pflegen des Fells best. Haustiere.

Strieme, der ['ʃtriːmə] <N.; ~ ⟨mhd. strieme, eigtl. = Streifen, Strich⟩>: Striemen.

Strigg, der [ʃtrɪk] <N.; ~e> {5.3.4; 6.6.2}: Streit [auch: ↑Knies² ↑Öschel ↑Knaatsch²].

strigge ['ʃtrɪɡə] <V.; st.; han; stredt [ʃtret]; gestredde [jə'ʃtredə]> {5.3.4; 6.6.2}: streiten, zanken [auch: ↑fäge (4), ↑fetze, ↑käbbele, ↑knäbbele (2), ↑öschele (3), ↑zänke]. (133)

Strigg|stöch|er, der ['ʃtrɪkˌʃtœçə] <N.; ~> {s. u. ↑Strigg}: Streitsüchtiger; streitsüchtiger Mensch.

strik [ˈʃtrɪk] <Adv.> {8.3.5}: strikt.
Stripp, de [ˈʃtrɪp] <N.; ~e> {8.3.1}: Strippe.
stritze [ˈʃtrɪtsə] <V.; schw.; *han*; stritzte [ˈʃtrɪtstə]; gestritz [jəˈʃtrɪts]>: entwenden, stehlen, allg. nur gebr., wenn die Tat als geringfügig bzw. verzeihlich angesehen wird [auch: ↑av|kläue (1), ↑jöcke³, ↑kläue, ↑mopse, ↑räubere, ↑raube, ↑ripsche, ↑stelle³]. (114)
Strǫf, de [ˈʃtrɔˑf] <N.; ~e> {5.5.3; 8.3.1}: Strafe, Vergeltungsmittel, Tadel; **[RA]**: *Dä/Dat es en S. Goddes!* (Er/Sie/Es ist eine S. Gottes – ist eine Plage!).
Strǫf|aan|zeig, de [ˈʃtrɔˑvaːntseɪ̯fɪ] <N.; ~e [-tseɪ̯jə]> {s. u. ↑Strǫf ↑Aan|zeig}: Strafanzeige.
Strǫf|arbeid, de [ˈʃtrɔˑvarbeɪ̯t] <N.; ~e> {s. u. ↑Strǫf ↑Arbeid}: Strafarbeit.
Strǫf|bank, de [ˈʃtrɔˑfbaŋk] <N.; ~|bänk> {s. u. ↑Strǫf ↑Bank¹}: (Eishockey, Handball): Strafbank, Bank für Spieler, die wegen einer Regelwidrigkeit vorübergehend vom Spielfeld verwiesen worden sind.
strǫf|bar [ˈʃtrɔˑfbaː(ɐ̯)] <Adj.; ~e> {5.5.3}: strafbar.
Strǫf|befähl/~|befell, de [ˈʃtrɔˑfbəˌfɛːl / -bəfel] <N.; ~e> {s. u. ↑Strǫf ↑Befähl/Befell}: Strafbefehl.
strǫfe [ˈʃtrɔˑfə] <V.; schw.; *han*; strǫfte [ˈʃtrɔˑftə]; gestrǫf [jəˈʃtrɔˑf]> {5.5.3}: strafen. (108)
Strǫf|ge|fang|ene, dä u. die [ˈʃtrɔˑfjəˌfaŋənə] <N.; ~> {s. u. ↑Strǫf ↑Ge|fangene}: Strafgefangene.
Strǫf|ge|reech/~|rich, de [ˈʃtrɔˑfjəˌreːfɪ / -rɪfɪ] <N.; ~te> {s. u. ↑Strǫf ↑Ge|reech¹/~|rich}: Strafgericht.
Strǫf|ge|setz, de [ˈʃtrɔˑfjəˌzɛts] <N.; ~e> {s. u. ↑Strǫf}: Strafgesetz.
Strǫf|ge|setz|boch, et [ˈʃtrɔˑfjəˌzɛtsˌboːx] <N.; o Pl.> {s. u. ↑Strǫf ↑Ge|setz ↑Boch¹}: Strafgesetzbuch; Abk.: StGB.
Strǫf|kammer, de [ˈʃtrɔˑfˌkamɐ] <N.; ~e> {s. u. ↑Strǫf ↑Kammer}: Strafkammer.
Strǫf|kolonie, de [ˈʃtrɔˑfkoloˌniˑ] <N.; ~ [-koloˌniˑə]> {s. u. ↑Strǫf ↑Kolonie}: Strafkolonie.
Strǫf|lager, et [ˈʃtrɔˑfˌlaːʁɐ] <N.; ~> {s. u. ↑Strǫf ↑Lager}: Straflager.
ströf|lich [ˈʃtrœˑflɪfɪ] <Adj.; ~e; ~er, ~ste> {5.5.3}: sträflich, leichtfertig. Tbl. A1
Ströf|ling, der [ˈʃtrœˑflɪŋ] <N.; ~e> {5.5.3}: Sträfling.
Strǫf|mǫß, de [ˈʃtrɔˑfˌmɔˑs] <N.; ~e> {s. u. ↑Strǫf ↑Mǫß}: Strafmaß.
Strǫf|prädig, de [ˈʃtrɔˑfˌprɛˑdɪfɪ] <N.; ~te> {s. u. ↑Strǫf ↑Prädig}: Strafpredigt.

Strǫf|prozess, de [ˈʃtrɔˑfproˌtsɛs] <N.; ~e> {s. u. ↑Strǫf}: Strafprozess.
Strǫf|punk, der [ˈʃtrɔˑfˌpʊŋk] <N.; ~te> {s. u. ↑Strǫf ↑Punk}: Strafpunkt.
Strǫf|rääch, de [ˈʃtrɔˑfˌrɛːfɪ] <N.> {s. u. ↑Strǫf ↑Rääch}: Strafrecht.
strǫf|rech|lich [ˈʃtrɔˑfˌrɛfɪlɪfɪ] <Adj.; i. best. Komposita *-rech*, sonst ↑rääch|~; ~e> {8.3.5; 11; s. u. ↑Strǫf}: strafrechtlich. Tbl. A1
Strǫf|reechtler/~|richt|~, der [ˈʃtrɔˑfˌreːfɪtɐ / -rɪfɪt-] <N.; ~> {s. u. ↑Strǫf ↑Richtler/Reecht|~}: Strafrichter.
Strǫf|saach, de [ˈʃtrɔˑfˌzaːx] <N.; ~e> {s. u. ↑Strǫf ↑Saach}: Strafsache.
Strǫf|tat, de [ˈʃtrɔˑfˌtaˑt] <N.; ~e> {s. u. ↑Strǫf ↑Tat}: Straftat.
Strǫf|ver|fahre, et [ˈʃtrɔˑffɛˌfaːrə] <N.; ~> {s. u. ↑Strǫf ↑Ver|fahre}: Strafverfahren, Strafprozess.
Strǫf|ver|teidiger, der [ˈʃtrɔˑffɛˌtaɪ̯dɪjɐ] <N.; ~> {s. u. ↑Strǫf ↑ver|teidige}: Strafverteidiger.
Strǫhl, der [ˈʃtrɔˑl] <N.; ~e> {5.5.3}: Strahl.
strǫhle [ˈʃtrɔˑlə] <V.; schw.; *han*; strǫhlte [ˈʃtrɔˑltə]; gestrǫhlt [jəˈʃtrɔˑlt]> {5.5.3}: strahlen, **1. a)** Lichtstrahlen aussenden; **b)** glänzen, funkeln. **2.** sehr froh u. glücklich aussehen. (61)
Strolch, der [ˈʃtrɔlfɪ] <N.; Strölch [ˈʃtrœlfɪ]>: Strolch.
Strom, der [ˈʃtroːm] <N.; Ström [ˈʃtrøːm]>: Strom, **1. a)** breiter Fluss; **b)** strömende, in größeren Mengen fließende, aus etw. herauskommende Flüssigkeit; **c)** größere, sich langsam in einer Richtung fortbewegende Menge. **2.** Strömung. **3.** fließende Elektrizität.
ströme [ˈʃtrøˑmə] <V.; schw.; *sin*; strömte [ˈʃtrøːmtə]; geströmp [jəˈʃtrøːmp]>: strömen. (118)
Strom|koste [ˈʃtroːmˌkɔstə] <N.; Pl.> {s. u. ↑Koste}: Stromkosten.
Strom|pries, der [ˈʃtroːmˌpriːs] <N.; ~e> {s. u. ↑Pries}: Strompreis.
Strom|quell, de [ˈʃtroːmˌkvɛl] <N.; ~e [-kvɛlə]> {s. u. ↑Quell}: Stromquelle.
Strom|schlag, der [ˈʃtroːmˌʃlaːx] <N.; ~|schläg [-ʃlɛˑfɪ]>: Stromschlag.
Strom|stoß, der [ˈʃtroːmˌʃtoˑs] <N.; ~|stöß>: Stromstoß.
Strom|us|fall, der [ˈʃtroːm|ʊsˌfal] <N.; ~|fäll [-fɛl-]> {s. u. ↑Us|fall}: Stromausfall.
Strom|ver|bruch, der [ˈʃtroːmfɛˌbrʊx] <N.; ~|brüch> {5.3.1}: Stromverbrauch.

Strom|zäll|er, der ['ʃtroːmˌtsɛlɐ] <N.; ~> {5.3.4}: Stromzähler.

Stroph, de [ʃtroˑf] <N.; ~e ⟨lat. stropha < griech. strophe⟩> {8.3.1}: Strophe.

Stropp, der [ʃtrɔp] <N.; Strööp [ʃtrœp]>: **1.** Schlinge, Schleife, Band, Aufhänger: *An dä Jack/däm Handdoch fählt der S.* (An der Jacke/dem Handtuch fehlt der Aufhänger.). **2.** <meist Diminutiv> Schlingel; Kind, Kleinkind.

ströppe ['ʃtrœpə] <V.; schw.; han; ströppte ['ʃtrœptə]; geströöpp [jəˈʃtrœp]>: mit Schlingen wildern. (75)

Ströpp|er, der ['ʃtrœpɐ] <N.; ~>: Wilderer, der Schlingen legt.

Stroß, de [ʃtrɔːs] <N.; ~e; Ströß|che ['ʃtrœːsjə] {5.5.3; 8.3.1}: Straße.

Stross, der [ʃtrɔs] <N.; Ströss [ʃtrœs]>: Luftröhre, Kehle, Gurgel; **sich der S. öle* (einen trinken/pichelen).

Stroße|aan|zog, der ['ʃtrɔːsəˌlaːntsox] <N.; ~|zög> {s. u. ↑Stroß ↑Aan|zog}: Straßenanzug.

Stroße|arbeide ['ʃtrɔːsəˌlarbeːdə] <N.; fem.; nur Pl.> {s. u. ↑Stroß ↑Arbeid}: Straßenarbeiten.

Stroße|arbeid|er, der ['ʃtrɔːsəˌlarbeːdɐ] <N.; ~> {s. u. ↑Stroß ↑Arbeid|er}: Straßenarbeiter.

Stroße|bahn, de ['ʃtrɔːsəˌbaːn] <N.; ~e> {s. u. ↑Stroß}: Straßenbahn [auch: ↑Bahn].

Stroße|bahn|halde|stell, de ['ʃtrɔːsəbaːnˌhaldəʃtɛlˑ] <N.; ~e [-ʃtɛlə]> {s. u. ↑Stroß ↑Bahn ↑halde ↑Stell}: Straßenbahnhaltestelle.

Stroße|bau, der ['ʃtrɔːsəˌboʊ̯] <N.; o. Pl.> {s. u. ↑Stroß ↑Bau}: Straßenbau.

Stroße|bau|amp, et ['ʃtrɔːsəboʊ̯ˌlamˑp] <N.; ~|ämter> {s. u. ↑Stroß ↑Bau ↑Amp}: Straßenbauamt.

Stroße|be|kannt|schaff, de ['ʃtrɔːsəbəˌkantʃaf] <N.; ~|schafte> {5.5.3}: Straßenbekanntschaft.

Stroße|be|lag, der ['ʃtrɔːsəbəˌlaːx] <N.; ~|läg [-lɛˑfj]> {s. u. ↑Stroß ↑Be|lag}: Straßenbelag.

Stroße|be|leucht|ung, de ['ʃtrɔːsəbəˌløɥftʊŋ] <N.; ~e> {s. u. ↑Stroß}: Straßenbeleuchtung.

Stroße(n)|dreck, der ['ʃtrɔːsə(n)ˌdrɛk] <N.; kein Pl.> {s. u. ↑Stroß; 9.1.4}: Straßenschmutz.

Stroße(n)|eck, de ['ʃtrɔːsə(n)ˌlɛk] <N.; ~e;> {s. u. ↑Stroß ↑Eck¹; 9.1.4}: Straßenecke.

Stroße|fäg|er, der ['ʃtrɔːsəˌfɛˑjɐ] <N.; ~> {s. u. ↑Stroß ↑Fäg|er}: Straßenfeger, Straßenkehrer.

Stroße|fess, et ['ʃtrɔːsəˌfɛs] <N.; ~|feste> {s. u. ↑Stroß ↑Fess}: Straßenfest.

Stroße|flaster/~|pavei, et ['ʃtrɔːsəˌflastɐ / -paˌvai̯] <N.; ~> {s. u. ↑Stroß ↑Flaster ↑Pavei}: Straßenpflaster.

Stroße|grave, der ['ʃtrɔːsəˌjraˑvə] <N.; ~|gräve> {s. u. ↑Stroß ↑Grave}: Straßengraben.

Stroße|jung, der ['ʃtrɔːsəˌjʊŋˑ] <N.; ~e [-jʊŋə]> {s. u. ↑Stroß ↑Jung}: Straßenjunge, Gassenjunge.

Stroße|kaat, de ['ʃtrɔːsəˌkaːt] <N.; ~e> {s. u. ↑Stroß ↑Kaat}: Straßenkarte.

Stroße|kamf, der ['ʃtrɔːsəˌkamf] <N.; ~|kämf> {s. u. ↑Stroß ↑Kamf}: Straßenkampf.

Stroße|karneval, der ['ʃtrɔːsəˌkarnəval] <N.; kein Pl.> {s. u. ↑Stroß}: Straßenkarneval.

Stroße|kind, et ['ʃtrɔːsəˌkɪnt] <N.; ~er (meist Pl.)> {s. u. ↑Stroß ↑Kind}: Straßenkind, auf den Straßen einer Großstadt lebendes Kind, das kein Zuhause hat u. sich von Betteln, Diebstählen, kleineren Dienstleistungen u. Ä. ernährt.

Stroße|köter, der ['ʃtrɔːsəˌkøˑtɐ] <N.; ~> {s. u. ↑Stroß ↑Köter}: Straßenköter.

Stroße|kreuz|er, der ['ʃtrɔːsəˌkrøʏtsɐ] <N.; i. best. Komposita *Kreuz*, sonst ↑Krütz; ~> {11; s. u. ↑Stroß}: Straßenkreuzer.

Stroße|kreuz|ung, de ['ʃtrɔːsəˌkrøʏtsʊŋ] <N.; i. best. Komposita *Kreuz*, sonst ↑Krütz; ~e> {11; s. u. ↑Stroß}, Straßenkreuzung.

Stroße|lärm, der ['ʃtrɔːsəˌlɛrm] <N.; kein Pl.> {s. u. ↑Stroß ↑lärme}: Straßenlärm.

Stroße|la(n)tään, de ['ʃtrɔːsəla(n)ˌtɛˑn] <N.; ~e> {s. u. ↑Stroß ↑Lantään/Latään}: Straßenlaterne.

Stroße|mädche, et ['ʃtrɔːsəˌmɛˑtʃə] <N.; ~r> {s. u. ↑Stroß}: Straßenmädchen, Straßendirne.

Stroße|musikant, der ['ʃtrɔːsəmʊzɪˌkant] <N; ~e> {s. u. ↑Stroß}: Straßenmusikant.

Stroße|name, der ['ʃtrɔːsəˌnaˑmə] <N.; ~> {s. u. ↑Stroß ↑Name}: Straßenname.

Stroße|netz, et ['ʃtrɔːsəˌnɛts] <N.; ~e> {s. u. ↑Stroß}: Straßennetz, Gesamtheit der Straßen eines Gebietes.

Stroße|rand, der ['ʃtrɔːsəˌrant] <N.; ~|ränder> {s. u. ↑Stroß ↑Rand}: Straßenrand.

Stroße|reinig|ung, de ['ʃtrɔːsəˌreɪnɪjʊŋ] <N.; ~e> {s. u. ↑Stroß}: Straßenreinigung. **1.** das Reinigen öffentlicher

Straßen u. Plätze. 2. für die Straßenreinigung zuständige Dienststelle.
Stroße|renne, et [ˈʃtroːsəˌrɛnə] <N.; ~> {s. u. ↑Stroß ↑renne¹}: Straßenrennen, auf der Straße stattfindendes Radrennen.
Stroße|scheld/~|schild, et [ˈʃtroːsəˌʃɛlt / -ʃɪlt] <N.; ~er> {s. u. ↑Stroß ↑Scheld¹/Schild¹}: Straßenschild, Schild mit dem Namen der Straße.
Stroße|schoh, der [ˈʃtroːsəˌʃoː] <N.; ~n> {s. u. ↑Stroß ↑Schoh}: Straßenschuh.
Stroße|sigg, de [ˈʃtroːsəˌzɪk] <N.; ~e> {s. u. ↑Stroß ↑Sigg¹}: Straßenseite; a) eine der beiden Seiten einer Straße; b) zur Straße gelegene Seite eines Gebäudes.
Stroße|stöbb, der [ˈʃtroːsəˌʃtøp] <N.; kein Pl.> {s. u. ↑Stroß ↑Stöbb}: Straßenstaub.
Stroße|ver|kauf, der [ˈʃtroːsəfɛˌkoᵾf] <N.; ~|käuf> {s. u. ↑Stroß ↑Ver|kauf}: Straßenverkauf.
Stroße|verkehr, der [ˈʃtroːsəfɛˌkeːɐ̯] <N.; kein Pl.> {s. u. ↑Stroß}: Straßenverkehr.
Stroße|verkehrs|ordnung, de [ˌʃtroːsəfɛˈkeːɐ̯sˌɔxtnʊŋ] <N.; i. best. Komposita *Ordnung*, sonst ↑Qode(n)|ung; o. Pl.> {11; s. u. ↑Stroß}: Straßenverkehrsordnung; Abk.: StVO.
Stroße|verzeichnis, et [ˈʃtroːsəfɛˌtsɛɪ̯ɸnɪs] <N.; ~se> {s. u. ↑Stroß}: Straßenverzeichnis.
Stroße|zog, der [ˈʃtroːsəˌtsox] <N.; ~|zög> {s. u. ↑Stroß ↑Zog¹}: Straßenzug, Straße mit Häuserreihen.
Stroße|zo|stand, der [ˈʃtroːsəˌtsoːˈʃtant] <N.; ~|ständ [-ʃtɛnˀt]> {s. u. ↑Stroß ↑Zo|stand}: Straßenzustand.
strubbel|ig/struwwel|~ [ˈʃtrʊbəlɪŋ / ˈʃtrʊvəl~] <Adj.; ~e; ~er, ~ste>: strubbelig, struwwelig, struppig. Tbl. A5.2
Strubbel|kopp/Struwwel~, der [ˈʃtrʊbəlˌkɔp / ˈʃtrʊvəl-] <N.; ~|köpp> {s. u. ↑Kopp ↑strubbel|ig, ↑struwwel|ig}: Strubbelkopf, Struwwelkopf [auch: ↑Motte|kopp, ↑Pluute|kopp (1), ↑Wöhl|es].
Struch, der [ʃtrʊx] <N.; Strüch [ʃtrʏɸ]> {5.3.1}: Strauch.
Struch|bunn, de [ˈʃtrʊxˌbʊnˀ] <N.; ~e [-bʊnə]> {s. u. ↑Struch ↑Bunn}: Strauchbohne [auch: ↑Plöck|bunn].
struche [ˈʃtrʊxə] <V.; schw.; *han*; struchte [ˈʃtrʊxtə]; gestruch [jəˈʃtrʊx]> {5.3.1}: straucheln [auch: ↑struchele]. (123)
struchele [ˈʃtrʊxələ] <V.; schw.; *han*; struchelte [ˈʃtrʊxəltə]; gestruchelt [jəˈʃtrʊxəlt]> {5.3.1; 9.2.1.2}: straucheln [auch: ↑struche]. (6)

struddele [ˈʃtrʊdələ] <V.; schw.; *han*; struddelte [ˈʃtrʊdəltə]; gestruddelt [jəˈʃtrʊdəlt]>: stottern [auch: ↑stoddere]. (6)
Strüh, et [ʃtryː] <N.; kein Pl.> {5.4}: Stroh.
Strüh|balle, der [ˈʃtryːˌbalə] <N.; ~> {s. u. ↑Strüh ↑Balle}: Strohballen.
Strüh|blom, de [ˈʃtryːˌbloːm] <N.; ~e> {s. u. ↑Strüh ↑Blom}: Strohblume.
Strüh|daach, et [ˈʃtryːˌdaːx] <N.; ~|däächer> {s. u. ↑Strüh ↑Daach}: Strohdach.
Strüh|füür/~|föör, et [ˈʃtryːˌfyːɐ̯ / -føːɐ̯] <N.> {s. u. ↑Strüh ↑Füür/Föör}: Strohfeuer, aufflackerndes Feuer, das schnell verlischt.
strüh|gääl [ˈʃtryːˈjɛːl] <Adj.; ~e> {s. u. ↑Strüh ↑gääl}: strohgelb. Tbl. A2.2
strüh|gedeck [ˈʃtryːjəˌdɛk] <Adj.; ~te> {s. u. ↑Strüh ↑gedeck}: strohgedeckt. Tbl. A4.1.1
Strüh|hot, der [ˈʃtryːˌhoˀt] <N.; ~|höt> {s. u. ↑Strüh ↑Hot}: Strohhut.
Strüh|hött, de [ˈʃtryːˌhøt] <N.; ~e> {s. u. ↑Strüh ↑Hött}: Strohhütte.
strüh|ig [ˈʃtryːɪɸ] <Adj.; ~e; ~er, ~ste> {5.4}: strohig. Tbl. A5.2
Strüh|kopp, der [ˈʃtryːˌkɔp] <N.; ~|köpp> {s. u. ↑Strüh ↑Kopp}: Strohkopf, Dummkopf.
Strüh|lager, et [ˈʃtryːˌlaʁɐ] <N.; ~> {s. u. ↑Strüh ↑Lager}: Strohlager.
Strüh|mann, der [ˈʃtryːˌman] <N.; ~|männer> {s. u. ↑Strüh}: Strohmann.
Strüh|matt, de [ˈʃtryːˌmat] <N.; ~e> {s. u. ↑Strüh ↑Matt}: Strohmatte.
Strüh|popp, de [ˈʃtryːˌpop] <N.; ~e> {s. u. ↑Strüh ↑Popp}: Strohpuppe.
Strüh|sack, der [ˈʃtryːˌzak] <N.; ~|säck> {s. u. ↑Strüh ↑Sack}: Strohsack, mit Stroh gefüllter Sack als einfache Matratze; **[RA]** *och, do hellige S.!* (ach, du heiliger/gerechter S.!; Ausruf der Verwunderung, der unangenehmen Überraschung, des Erschreckens).
Strüh|stään, der [ˈʃtryːˌʃtɛˀn] <N.; ~e> {s. u. ↑Strüh ↑Stään}: Strohstern, aus sternförmig gelegten Strohhalmen gebastelter Weihnachtsbaumschmuck.
Strüh|witwe, de [ˈʃtryːˌvɪtvə] <N.; i. best. Komposita *Witwe*, sonst ↑Wit|frau; ~n> {11; s. u. ↑Strüh}: Strohwitwe, Ehefrau, die vorübergehend ohne ihren Mann ist.

Strüh|witwer, de ['ʃtryˑˌvɪtvɐ] <N.; i. best. Komposita *Witwer*, sonst ↑Wit|mann; ~> {11; s. u. ↑Strüh}: Strohwitwer, Ehemann, der vorübergehend ohne seine Frau ist.

Strump, der [ʃtrʊmp] <N.; Strümp [ʃtrʏmp]> {6.8.1}: Strumpf.

Strump|bängel, der ['ʃtrʊmpˌbɛŋəl] <N.; ~e> {s. u. ↑Strump ↑Bängel}: Strumpfband.

Strump|botz, de ['ʃtrʊmpˌbots] <N.; ~e> {s. u. ↑Strump}: Strumpfhose.

Strump|fabrik, de ['ʃtrʊmpfaˌbrɪk] <N.; ~e> {s. u. ↑Strump}: Strumpffabrik.

Strump|hald|er, der ['ʃtrʊmpˌhaldɐ] <N.; ~> {6.11.3; s. u. ↑Strump}: Strumpfhalter.

Strump|mask, de ['ʃtrʊmpˌmask] <N.; ~e> {s. u. ↑Strump ↑Mask}: Strumpfmaske.

Strunk, der [ʃtrʊŋk] <N.; Strünk [ʃtrʏŋk]>: Strunk, der untere dicke Teil best. Pflanzen, der als Rest übrig geblieben ist, wenn der essbare Teil (z. B. bei Kohl, Salat) entfernt ist.

Strunz, der [ʃtrʊnts] <N.; kein Pl.>: Prahlerei, Angeberei.

Strunz|büggel, der ['ʃtrʊntsˌbygəl] <N.; ~e> {s. u. ↑Büggel}: Prahler, Angeber.

strunz|büggel|ig ['ʃtrʊntsˌbygəlɪŋ] <Adj.; ~e; ~er, ~ste>: prahlerisch, angeberisch.   Tbl. A5.2

strunze ['ʃtrʊntsə] <V.; schw.; han; strunzte ['ʃtrʊntstə]; gestrunz [jə'ʃtrʊnts]>: prahlen, protzen, angeben [auch: ↑aan|gevve (3), ↑bröste, ↑protze, ↑op|schnigge, ↑op|spille, ↑renommiere/~eere, ↑schwadroniere/~eere, *deck/groß dun, der decke Wellem maache/spille/markiere/~eere, Gedöns/Buhei maache, en große Muul han, en große/decke Lepp reskiere/~eere*].   (42)

Struuß, der [ʃtruːs] <N.; Strüüß [ʃtryːs]; Strüüß|che ['ʃtryːsjə]> {5.1.3}: Strauß, zusammengebundene Blumen, Zweige od. Ä.

Strüüß|che, et ['ʃtryːsjə] <N.; ~r> {5.1.3}: 1. Blumensträußchen, insbes. die, die bei Karnevalszügen geworfen werden. 2. Schamhaar(e).

struwwel|ig/strubbel|~ ['ʃtrʊvəlɪŋ / 'ʃtrʊbbəl-] <Adj.; ~e; ~er, ~ste>: struwwelig, strubbelig, struppig.   Tbl. A5.2

Struwwel|kopp/Strubbel|~, der ['ʃtrʊvəlˌkɔp / 'ʃtrʊbbəl-] <N.; ~|köpp> {s. u. ↑Kopp ↑struwwel|ig, ↑strubbel|ig}: Struwwelkopf, Strubbelkopf [auch: ↑Motte|kopp, ↑Pluute|kopp (1), ↑Wöhl|es].

Struwwel|pitter, der ['ʃtrʊvəlˌpɪtɐ] <N.; kein Pl.> {s. u. ↑struwwel|ig/strubbel|~ ↑Pitter}: Struwwelpeter, Titelgestalt des 1845 erschienenen Kinderbuches von H. Hoffmann; gebräuchl. für ein Kind mit strubbeligem Haar.

Stubbe|ditz|che, et ['ʃtʊbəˌdɪtsjə] <N.; ~r>: 1. Kleinkind. 2. der kleine Finger.

Stube|deens, der ['ʃtuˑbəˌdeˑns] <N.; o. Pl.> {s. u. ↑Deens}: Stubendienst.

Stube|wage, der ['ʃtuˑbəˌvaˑʀə] <N.; ~>: Stubenwagen.

stuche/stauche ['ʃtʊxə / 'ʃtaʊxə] <V.; schw.; han; stuchte ['ʃtʊxtə]; gestuch [jə'ʃtʊx]> {5.3.1}: stauchen.   (123)

Stuche, der ['ʃtʊxə] <N.; ~> {5.3.1}: Stauche, Pulswärmer, Handwärmer.

Stuck|arbeid, de ['ʃtʊkˌarˌbeɪt / 'ʃtʊgarˌbeɪt] <N.; ~e> {s. u. ↑Arbeid}: Stuckarbeit; Stuckatur.

Stuck|deck, de ['ʃtʊkˌdɛk] <N.; ~e> {s. u. ↑Deck¹}: Stuckdecke, mit Stuck verzierte Decke eines Raumes.

Student, der [ʃtʊ'dɛnt] <N.; ~e>: Student.

Studente|bewäg|ung, de [ʃtʊ'dɛntəbəˌvɛˑjʊŋ] <N.; ~e> {5.4}: Studentenbewegung, von Studierenden ausgehende u. getragene Protestbewegung.

Studente|bud, de [ʃtʊ'dɛntəˌbuˑt] <N.; ~e> {s. u. ↑Student ↑Bud}: Studentenbude.

Studente|fooder, et [ʃtʊ'dɛntəˌfoˑdɐ] <N.; kein Pl.> {s. u. ↑Fooder¹}: Studentenfutter, Mischung aus Nüssen, Mandeln u. Rosinen zum Knabbern.

Studie|fach, et ['ʃtuːdɪəˌfax] <N.; ~|fächer> {s. u. ↑Fach ↑studiere/~eere}: Studienfach.

Studie|fründ, der ['ʃtuːdɪəˌfrʏnt] <N.; ~e> {s. u. ↑studiere/~eere ↑Fründ}: Studienfreund.

Studie|gang, der ['ʃtuːdɪəˌjaŋ] <N.; ~|gäng [-ˌjɛŋˑ]> {s. u. ↑studiere/~eere ↑Gang¹}: Studiengang.

Studie|platz, der ['ʃtuːdɪəˌplats] <N.; ~|plätz>: Studienplatz.

studiere/~eere [ʃtʊ'diˑ(ɐ̯)ʀə / -eˑʀə] <V.; schw./unr.; han; studierte [ʃtʊ'diˑɐ̯tə]; studiert [ʃtʊ'diˑɐ̯t] ⟨lat. studere⟩> {(5.1.4.3)}: studieren.   (3) (2)

Studie|reis, de ['ʃtuːdɪəˌʀeɪ̯s] <N.; ~e> {s. u. ↑studiere/~eere ↑Reis}: Studienreise.

Studio|bühn, de ['ʃtuːdɪoˌbyːn] <N.; ~e> {s. u. ↑Bühn}: Studiobühne.

Stuf, de [ʃtuˑf] <N.; ~e> {8.3.1}: Stufe [auch: ↑Tredd (2)].

stufe ['ʃtuˑfə] <V.; schw.; han; stufte ['ʃtuˑftə]; gestuf [jə'ʃtuˑf]>: stufen.   (108)

stuf|ig [ˈʃtuˑfɪŋ] <Adj.; ~e>: stufig. Tbl. A5.2
Stummel, der [ˈʃtʊməl] <N.; ~e; Stummel|che [ˈʃtʏməlçə]>: Stummel.
Stump, der [ʃtʊmp] <N.; Stümp [ʃtʏmp]; Stümp|che [ˈʃtʏmpfçə]> {6.8.1}: Stumpf.
Stümp|che, et [ˈʃtʏmpfçə] <N.; ~r> {6.8.1}: Stümpfchen, **1.** Rest: *e S. Kääz* (Kerzenstummel). **2.** kleines Kind: *e lecker S.*(ein putziges Kind).
Stümp|ches|stätz, der [ˈʃtʏmpfçəsˌʃtɛts] <N.; ~e>: Stummelschwanz [auch: ↑Stupp|stätz].
stump [ʃtʊmp] <Adj.; ~e; ~er, ~ste> {6.8.2 (6.8.1)}: stumpf. Tbl. A1
stümpe [ˈʃtʏmpə] <V.; schw.; *han*; stümpte [ˈʃtʏmptə]; gestümp [jəˈʃtʏmp]>: kürzen, stutzen. (180)
stümper|haff [ˈʃtʏmpəhaf] <Adj.; ~|hafte; ~|hafter, ~ste>: stümperhaft. Tbl. A4.2.1
stump|winkel|ig [ˈʃtʊmpˌvɪŋkəlɪŋ] <Adj.; ~e> {6.8.2; (6.8.1)}: stumpfwinkelig. Tbl. A5.2
Stund, de [ʃtʊnˑt] <N.; ~(e); Stünd|che [ˈʃtʏnˑtçə]> {8.3.1}: Stunde.
Stunde|glas, et [ˈʃtʊnˑdəˌjlaːs] <N.; ~|gläser [-ˌjlɛˑzə]>: Stundenglas.
Stunde|hotel, et [ˈʃtʊnˑdəhoˌtɛl] <N.; ~s>: Stundenhotel.
Stunde|luhn/~|lohn, der [ˈʃtʊnˑdəˌluːn / -loːn] <N.; ~|lühn [-lyˑn]> {s. u. ↑Luhn/Lohn}: Stundenlohn.
Stunde|plan, der [ˈʃtʊnˑdəˌplaˑn] <N.; ~|pläˑn>: Stundenplan.
stunde|wies [ˈʃtʊnˑdəviˑs] <Adv.>: stundenweise.
~|stünd|ig [ˈʃtʏnˑdɪŋ] <Suffix; adjektivbildend; ~e>: -stündig, die Dauer einer best. Anzahl an Stunden umfassend, i. Vbdg. m. Kardinalz.: *aach~* (acht~). Tbl. A5.2
stünd|lich [ˈʃtʏnˑtlɪŋ] <Adj.; ~e; ~er, ~ste>: stündlich, jede Stunde. Tbl. A1
stupp [ʃtʊp] <Adj.; ~e; ~er, ~ste>: gedrungen, klein, kurz; stumpf. Tbl. A1
Stupp, der [ʃtʊp] <N.; Stüpp [ʃtʏp]> {6.13.1}: Stoß, Stups.
Stüpp [ʃtʏp] <N.; nur i. d. Vbdg. ***om S.***>: Stutz, auf der Stelle, sogleich, sofort; plötzlich, unversehens.
stuppe [ˈʃtʊpə] <V.; schw.; *han*; stuppte [ˈʃtʊptə]; gestupp [jəˈʃtʊp]> {6.12.1}: stoßen, stupsen [auch: ↑däue (1), ↑dränge (2), ↑dröcke (2b), ↑puffe, ↑schiebe (1), ↑schurvele, ↑schubbe¹/schuppe¹, ↑schubse, ↑stüsse]. (75)
Stupp|nas, de [ˈʃtʊpˌnaˑs] <N.; ~e> {s. u. ↑Stupp ↑Nas}: Stupsnase.

Stupp|stätz, der [ˈʃtʊpˌʃtɛts] <N.; ~e>: Stummelschwanz [auch: ↑Stümp|ches|stätz].
stüre/störe [ˈʃtyˑ(ə)rə / ˈʃtøˑ(ə)rə] <V.; schw.; *han*; stürte [ˈʃtyˑətə]; gestürt [jəˈʃtyˑət]> {5.4}: stören. (21) (179)
Sturm/Storm, der [ʃtʊrm / ʃtɔrm] <N.; Stürm [ʃtʏrˑm]>: Sturm.
stürme/störme [ˈʃtʏrˑmə / ˈʃtørˑmə] <V.; schw.; *han*; stürmte [ˈʃtʏrˑmtə]; gestürmp [jəˈʃtʏrˑmp]>: stürmen, jagen. (127)
sturm|frei/storm|~ [ˈʃtʊrmˌfreɪ / ˈʃtɔrm-] <Adj.; ~e>: sturmfrei. Tbl. A2.9
Sturm|schade/Storm|~, der [ˈʃtʊrmˌʃaˑdə / ˈʃtɔrm-] <N.; ~|schäde (meist Pl.)> {s. u. ↑Sturm/Storm ↑Schade}: Sturmschaden.
Sturm|spetz/Storm|~, de [ˈʃtʊrmˌʃpets / ˈʃtɔrm-] <N.; ~e> {s. u. ↑Sturm/Storm ↑Spetz}: (bes. Fußball) Sturmspitze, in vorderster Position spielender Stürmer.
Sturz/Stooz, der [ʃtʊxts / ʃtoːts] <N.; Stürz/Stööz [ʃtʏxts / ʃtøːts]>: Sturz.
stürze/stööze² [ˈʃtʏxtsə / ˈʃtøːtsə] <V.; *stööze* veraltend; schw.; stürzte [ˈʃtʏxtstə]; gestürz [jəˈʃtʏxts]> {(5.2.1.1.1; 5.4)}: stürzen, **1.** <sin> fallen. **2.** <han; sich s. op> jmdn. angreifen, anfallen. **3.** <han> jmdn./sich aus einer gewissen Höhe hinunterstürzen. (42) (112)
Stuss¹, der [ʃtʊs] <N.; Stüss [ʃtʏs]> {5.3.2; 5.4; 8.3.2}: Stößer, Sperber, einem Habicht ähnlicher, kleinerer Greifvogel [auch: ↑Stüsser¹, ↑Stuss|vugel].
Stuss², der [ʃtʊs] <N. ⟨jidd. stuß⟩>: Stuss, Unsinn.
stüsse [ˈʃtʏsə] <V.; st.; *han*; stoss [ʃtɔs]; gestosse/ gestüsse [jəˈʃtɔsə / jəˈʃtʏsə]> {5.4; 5.3.4}: stoßen, schieben [auch: ↑däue (1), ↑dränge (2), ↑dröcke (2b), ↑puffe, ↑schiebe (1), ↑schurvele, ↑schubbe¹/schuppe¹, ↑schubse, ↑stuppe]. (188)
Stüss|er¹, der [ˈʃtʏsɐ] <N.; ~> {5.3.2; 5.4}: Stößer, Sperber, einem Habicht ähnlicher, kleinerer Greifvogel [auch: ↑Stuss¹, ↑Stuss|vugel].
Stüss|er², der [ˈʃtʏsɐ] <N.; ~> {5.3.2; 5.4}: Stößel, kleiner, stabähnlicher, unten verdickter u. abgerundeter Gegenstand zum Zerstoßen/-reiben von körnigen Substanzen.
Stüss|kant, de [ˈʃtʏsˌkant] <N.; ~e> {5.3.2; 5.4; s. u. ↑Kant}: Stoßkante.
Stuss|vugel, der [ˈʃtʊsˌfʊrəl / -fuˑl] <N.; ~|vügel [-fyjəl / -fyˑl]>: Stößer, Sperber [auch: ↑Stuss¹, ↑Stüss|er¹].

Stutt, de [ʃtʊt] <N.; ~e> {5.3.2; 8.3.1}: Stute.
Stuttgart ['ʃtʊtˌjaxt] <N.; Ortsn.>: Stuttgart; Hauptstadt von Baden-Württemberg.
stütze/stötze ['ʃtʏtsə / 'ʃtøtsə] <V.; schw.; *han*; stützte ['ʃtʏtstə]; gestütz [jə'ʃtʏts]> {(5.5.1)}: stützen. (114)
stutz|ig ['ʃtʊtsɪŋ] <Adj.; ~e; ~er, ~ste>: stutzig. Tbl. A5.2
Stüür/Stöör, de [ʃtyˑɐ̯ / ʃtøˑɐ̯] <N.; *Stöör* veraltet; ~e> {5.1.4.6; 8.2.2.2}: Steuer.
stüüre/stööre ['ʃtyˑ(ɐ̯)rə / 'ʃtøˑ(ɐ̯)rə] <V.; schw.; stüürte ['ʃtyˑɐ̯tə]; gestüürt [jə'ʃtyˑɐ̯t]> {5.1.4.6}: steuern, 1. <*han*> das Steuer eines Fahrzeugs bedienen. 2. <*sin*> eine best. Richtung einschlagen. 3. <*han*> jmdn./etw. so beeinflussen, dass er/es in beabsichtigter Weise abläuft; [auch: ↑steuere]. (100) (186)
Stüür|klass/Stöör|~, de ['ʃtyˑɐ̯ˌklas / 'ʃtøˑɐ̯-] <N.; ~e> {s. u. ↑Stüür/Stöör ↑Klass}: Steuerklasse.
stuve ['ʃtuˑvə] <V.; schw.; *han*; stuvte ['ʃtuˑftə]; gestuv [jə'ʃtuˑf] ⟨engl. *stew*⟩>: dämpfen, dünsten, schmoren, garen, das Wort wird benutzt, wenn das Kochgut stark zerkleinert u. oft auch gemischt ist, z. B. Möhren mit Kartoffeln, Kohl mit Hammelfleisch (Irishstew): *Murre un Äädäppel s.* (Möhren und Kartoffeln d.); *gestuvte Kappes met Fleisch* (gedünsteter Kohl mit Fleisch) [auch: ↑dünste]. (158)
Stüv|er, der ['ʃtyˑvɐ] <N.; ~e> {6.1.1}: Stüber.
Stuvv, de [ʃtʊf] <N.; ~e ['ʃtʊvə]; Stüvv|che ['ʃtyfjə]> {5.3.2; 6.1.1; 8.3.1}: Stube, Zimmer.
su¹/esu¹ [zuˑ / əˈzuˑ] <Adv.> {5.4}: so, 1. <meist betont> bezeichnet eine durch Kontext od. Situation näher best. Art/Weise eines Vorgangs, Zustands od. Ä.: *Su han ich dat noch nie gesinn!* (So hab ich das noch nie gesehen!). 2. <meist betont> in der Funktion eines Demonstrativpron.: *Su muss de dat maache.* (So musst du das machen.). 3. <betont> ohne den vorher genannten od. aus der Situation sich ergebenden Umstand/Gegenstand: *Ich hatt ming Metglidsskaat vergesse, do han se mich su erengelooße.* (Ich hatte meine Mitgliedskarte vergessen, da haben sie mich so reingelassen.). 4. <unbetont> etwa, schätzungsweise: *Ich kumme su en 20 Minutte.* (Ich komme so in zwanzig Minuten.). 5. <betont> allein stehend od. in isolierter Stellung am Satzanfang: signalisiert, dass eine Handlung/Rede od. Ä. abgeschlossen ist od. als abgeschlossen erachtet wird, bildet den Auftakt zu einer resümierenden Feststellung od. zu einer Ankündigung: *Su, dat hätte mer!* (So, das wäre geschafft!). 6. solch: *Su e Kleid han ich och!* (So ein Kleid habe ich auch!); *Ich han su ene Schless, ich künnt e ganz Pääd esse.* (Ich habe solchen Hunger, ich könnte ein ganzes Pferd essen.).
su²/esu² [zʊ / əˈzʊ] <Konj.; unterordn.; i. d. Vbdg. *su/esu dat* (so dass)> {5.4}: so: *Hä kom zo späd, su dat hä nit mih eren kom.* (Er kam zu spät, so dass er nicht mehr hereinkam.).
su|baal [zʊˈbaˑl] <Konj.; unterordn.> {s. u. ↑su¹/esu¹ ↑baal}: sobald.
Sub|jek, et [ˌzʊpˈjɛk] <N.; ~te ⟨spätlat. *subiectum*, subst. Part. II von lat. *subicere*⟩> {8.3.5}: Subjekt. 1. mit Bewusstsein ausgestattetes, denkendes, erkennendes, handelndes Wesen. 2. (Sprachw.) Satzglied, in dem dasjenige genannt ist, worüber im Prädikat eine Aussage gemacht wird; Satzgegenstand. 3. (abw.) verachtenswerter Mensch.
Such, de [zʊx] <N.; Süch [zyŋ]> {8.3.5}: Sucht.
Such|meddel, et [ˈzʊxˌmedəl] <N.; ~(e)> {s. u. ↑Such ↑Meddel}: Suchtmittel.
sücht|ig ['zyŋtɪŋ] <Adj.; ~e; ~er, ~ste>: süchtig. Tbl. A5.2
su|dat ['zuˑdat] <Konj.; unterordn.>: sodass.
Süd|bröck, de ['zyˑtˌbrøk] <N.; Eigenn.> {s. u. ↑Bröck¹}: Südbrücke (Kölner Rheinbrücke; südl. Eisenbahnbrücke).
suddele ['zʊdələ] <V.; schw.; *han*; suddelte ['zʊdəltə]; gesuddelt [jəˈzʊdəlt]> {5.3.2; 9.2.1.2}: sudeln. (6)
Sudder, der ['zʊdɐ] <N.; kein Pl.>: schmutzige Flüssigkeit; Speichel mit Tabaksaft.
süd|lich ['zyˑtlɪŋ] <Adj.; ~e; ~er, ~ste>: südlich. Tbl. A1
Süd|oss [ˌzyːtˈǀɔs] <N.; o. Pl.; o. Art.>: Südost (gew. in Vbdg. mit einer Präp.); Abk.: SO.
Süd|oss|wind, der [zyːtˈǀɔsˌvɪnt] <N.; ~e (Pl. ungebr.)> {s. u. ↑Wind¹}: Südostwind.
Süd|oste, der [ˌzyːtˈǀɔstə] <N.; o. Pl.; o. Art.>: Südosten; Abk.: SO.
Süd|sigg, de ['zyˑtˌzɪk] <N.; ~e> {s. u. ↑Sigg¹}: Südseite, nach Süden zu gelegene Seite eines Gebäudes o. Ä.
Süd|spetz, de ['zyˑtˌʃpets] <N.; ~e> {s. u. ↑Spetz}: Südspitze (bes. einer Insel).
süd|wääts ['zyˑtvɛːts] <Adv.>: südwärts.
Süd|wess [ˌzyːtˈǀvɛs] <N., o. Pl.; o. Art.>: Südwest (gew. in Vbdg. mit einer Präp.); Abk.: SW.

Süd|weste, der [ˌzyːtˈvɛstə] <N., o. Pl.; o. Art.>: Südwesten; Abk.: SW.

Süd|wing, der [ˈzyːtˌvɪŋ] <N.; ~e (Sortenpl.)> {s. u. ↑Wing¹}: Südwein, aus südlichen Ländern stammender Wein.

Suff, der [zʊf] <N.; kein Pl.>: Suff, **1.** Betrunkenheit. **2.** Trunksucht.

Suff|broder, der [ˈzʊfˌbroːdə] <N.; ~|bröder> {s. u. ↑Broder}: Saufbruder, Saufkumpan.

suffe [ˈzʊfə] <V.; st.; han; soff [zɔf]; gesoffe [jəˈzɔfə]> {5.3.4}: saufen, **1.** trinken (bei Tieren). **2.** (derb) trinken [auch: ↑trǫte (2)]; *****op Schrupp s.** (auf Kosten anderer s.). **3.** Alkohol (gewohnheitsmäßig) trinken. (119)

süffele [ˈzʏfələ] <V.; schw.; han; süffelte [ˈzʏfəltə]; gesüffelt [jəˈzʏfəlt]>: gemäßigt trinken. (6)

süff|ig [ˈzʏfɪŋ] <Adj.; ~e; ~er, ~ste>: süffig. Tbl. A5.2

Suff|krad, de [ˈzʊfˌkraːt] <N.; ~e> {5.3.4; s. u. ↑Krad²}: Trunkenbold, Trinker, Säufer, Betrunkener [auch: ↑Senk (2), ↑Schabaus|krad, ↑Schabaus|üül, ↑Suff|patron, ↑Suff|üül, ↑Voll|üül].

Suff|ǫvend, der [ˈzʊfˌɔːvənt] <N.; ~e> {s. u. ↑Ǫvend}: (derb, oft abw.) Saufabend, geselliges Beisammensein am Abend, bei dem viel Alkohol getrunken wird: einen S. veranstalten; sich zu einem S. treffen.

Suff|patron, der [ˈzʊfpaˌtroːn] <N.; ~e> {5.3.4; s. u. ↑Patron²}: Saufkumpan, Zechkumpan, auch allg. für Trinker [auch: ↑Senk (2), ↑Schabaus|krad, ↑Schabaus|üül, ↑Suff|krad, ↑Suff|üül, ↑Voll|üül].

Suff|tour, de [ˈzʊfˌtuːɐ̯] <N.; ~e> {s. u. ↑suffe}: Sauftour, Zechtour.

Suff|üül, de [ˈzʊfˌyːl] <N.; ~e> {5.3.4; s. u. ↑Üül}: Säufer, Trunkenbold, Trinker, Betrunkener [auch: ↑Senk (2), ↑Schabaus|krad, ↑Schabaus|üül, ↑Suff|krad, ↑Suff|patron, ↑Suff|üül, ↑Voll|üül].

su|gar/esu|~ [zʊˈjaː(ɐ̯) / əzʊ-] <Adv.> {s. u. ↑su¹/esu¹}: sogar.

su|glich [zʊˈjlɪç] <Adv.> {s. u. ↑su¹/esu¹ glich²}: sogleich.

Suitbert-Heimbach-Platz [ˌzuːɪtbɛktˈhɛɪmbaxˌplats] <N.; Straßenn.>: Suitbert-Heimbach-Platz; Platz in Köln-Lindenthal, benannt nach dem Lindenthaler Lehrer u. Mundartdichter Suitbert Heimbach (*10.11.1894 †27.5.1969). Er war Rektor der Volksschule Friesenstraße u. galt als einer der volkstümlichsten Lehrer Kölns.

su|lang/esu|~ [zʊˈlaŋˑ / əzʊ-] <Konj.; unterordn.> {s. u. ↑su¹/esu¹}: solange.

Sumf/Sump, der [zʊmf / zʊmp] <N.; Sümf [zʏmf]> {6.8.2}: Sumpf.

Sumf|bǫdem/Sump|~, der [ˈzʊmfˌbodəm / zʊmp-] <N.; ~|böddem> {s. u. ↑Sumf/Sump ↑Bǫddem}: Sumpfboden.

Sumf|dodder|blom/Sump|~, de [ˈzʊmfdɔdəˌbloːm / ˈzʊmp-] <N.; ~e> {s. u. ↑Sumf/Sump ↑Dodder ↑Blom}: Sumpfdotterblume.

Sumf|feeber/Sump|~/~|fieber, et [ˈzʊmfˌfeːbɐ / zʊmp- / -fiːbɐ] <N.; kein Pl.> {s. u. ↑Sumf/Sump ↑Feeber/Fieber}: Sumpffieber.

Sumf|gebiet/Sump|~, et [ˈzʊmfjəˌbiːt / ˈzʊmp-] <N.; ~e> {s. u. ↑Sumf/Sump}: Sumpfgebiet.

Sumf|hohn/Sump|~, et [ˈzʊmfˌhoːn / zʊmp-] <N.; ~|höhner> {s. u. ↑Sumf/Sump ↑Hohn}: Sumpfhuhn.

sumf|ig/sump|~ [ˈzʊmfɪŋ / ˈzʊmp-] <Adj.; ~e; ~er, ~ste> {6.8.2; (6.8.1)}: sumpfig. Tbl. A5.2

Summ, de [zʊmˑ] <N.; ~e [ˈzʊmə]; Sümm|che [ˈzʏmˑŋə] {8.3.1}: Summe. **1.** Ergebnis einer Addition. **2.** Geldbetrag i. best. Höhe.

summe [ˈzʊmə] <V.; schw.; han; summte [ˈzʊmˑtə]; gesummp [jəˈzʊmˑp]>: summen [auch: ↑humme]. (40)

Summ|s, der [zʊmˑs] <N.>: **1.** Krempel, Kram. **2.** Gerede, Geschwätz [auch: ↑Ge|summ|s].

Sump/Sumf, der [zʊmp / zʊmf] <N.; Sümp [zʏmp]> {6.8.1}: Sumpf.

Sump|bǫdem/Sumf|~, der [ˈzʊmpˌbodəm / zʊmf-] <N.> {s. u. ↑Sump/Sumf ↑Bǫddem}: Sumpfboden.

Sump|dodder|blom/Sumf|~, de [ˈzʊmpdɔdəˌbloːm / ˈzʊmf-] <N.; ~e> {s. u. ↑Sump/Sumf ↑Dodder ↑Blom}: Sumpfdotterblume.

Sump|feeber/Sumf|~/~|fieber, et [ˈzʊmpˌfeːbɐ / zʊmf- / -fiːbɐ] <N.> {s. u. ↑Sump/Sumf ↑Feeber/Fieber}: Sumpffieber.

Sump|gebiet/Sumf|~, et [ˈzʊmpjəˌbiːt / ˈzʊmf-] <N.; ~e> {s. u. ↑Sump/Sumf}: Sumpfgebiet.

Sump|hohn/Sumf|~, et [ˈzʊmpˌhoːn / zʊmf-] <N.; ~|höhner> {s. u. ↑Sump/Sumf ↑Hohn}: Sumpfhuhn.

sump|ig/sumf|~ [ˈzʊmpɪŋ / ˈzʊmf-] <Adj.; ~e; ~er, ~ste> {6.8.1; (6.8.2)}: sumpfig. Tbl. A5.2

Sünd, de [zʏnˑt] <N.; ~e> {8.3.1}: Sünde, **[RA]:** *Et es en S. un en Schand!* (Es ist eine Schande!).

Sünde|bock, der [ˈzʏnˑdəˌbɔk] <N.; ~|böck> {s. u. ↑Sünd ↑Bock}: Sündenbock, jmd., auf den man seine Schuld abwälzt, dem man die Schuld an etw. zuschiebt.

sünd|haff ['zʏnˑthaf] <Adj.; ~|hafte; ~|hafter, ~ste>: sündhaft. Tbl. A4.2.1

sünd|ig ['zʏnˑdɪʃ] <Adj.; ~e; ~er, ~ste>: sündig. Tbl. A5.2

sündige ['zʏnˑdɪjə] <V.; schw.; han; sündigte ['zʏnˑdɪʃtə]; gesündig [jə'zʏnˑdɪʃ]>: sündigen. (7)

su|off/esu|~ [zʊˈɔf / əzʊ-] <Konj.; unterordn.> {s. u. ↑su¹/esu¹ ↑off}: sooft.

Super|maach, de ['zuˑpɐˌmaːx] <N.; ~|määchte> {s. u. ↑Maach¹}: Supermacht, dominierende Großmacht.

Super|maat, der ['zʊpɐˌmaːt] <N.; ~|määt> {s. u. ↑Maat²}: Supermarkt.

Surf|bredd, et [sœːfˌbrɛt] <N.; ~er> {s. u. ↑Bredd}: Surfbrett, flaches, stromlinienförmiges Brett aus Holz od. Kunststoff, das beim Surfing verwendet wird.

Süül, de [zyˑl] <N.; ~e> {5.1.3; 8.3.1}: Säule.

Süüle|gang, der ['zyˑləˌjaŋ] <N.; ~|gäng [-jɛŋˑ]> {s. u. ↑Gang¹}: Säulengang, überdachter Gang zw. zwei Säulenreihen.

Süüle(n)|hall, de ['zyˑlə(n)ˌhalˑ] <N.; ~e [-halə]> {s. u. ↑Hall¹; 9.1.4}: Säulenhalle, von Säulen getragene Wandelhalle, Vorhalle.

Suum/Saum, der [zuːm / zoʊm] <N.; Süüm [zyˑm]> {5.1.3}: Saum.

süüme¹/säume¹ ['zyˑmə / 'zøʏˑmə] <V.; schw.; han; süümte ['zyˑmtə]; gesüümp [jə'zyˑmp] {5.1.3}: säumen, an einem Kleidungs-/Wäschestück einen Saum nähen: *de Deschdeck s.* (die Tischdecke s.). (122)

süüme²/säume² ['zyˑmə / 'zøʏˑmə] <V.; schw.; han; süümte ['zyˑmtə]; gesüümp [jə'zyˑmp] {5.1.3}: säumen, zögern, mit der Ausführung von etw. warten; sich bei etw. zu lange aufhalten. (122)

Suum|noht/Saum|~, de ['zuːmˌnɔˑt / 'zoʊm-] <N.; ~|nöht> {s. u. ↑Suum/Saum ↑Noht}: Saumnaht.

suur/soor [zuːɐ̯ / zoːɐ̯] <Adj.; ~e; ~er, ~ste> {5.1.4.6; 8.2.2.2}: sauer, in der Geschmacksrichtung von Essig liegend; **~e Kappes* (Sauerkraut); **en der ~e Appel bieße* (sich mit etw. abfinden); **[RA]** *Do mähs e Geseech wie en s. Prumm.* (Du machst ein Gesicht wie eine saure Pflaume.). Tbl. A2.6

Süür/Söör, de [zyˑɐ̯ / zøˑɐ̯] <N.; ~e ⟨mhd. s(i)ure, ahd. suri; zu sauer⟩>: Säure.

Suur-Gurke-Zigg/Soor~, de [zuˑɐ̯ˈjʊrkəˌtsɪk / zoˑɐ̯-] <N.; o. Pl.> {s. u. ↑suur/soor ↑Zigg}: Saure-Gurken-Zeit; Zeitraum, in dem es an geschäftlicher, politischer, kultureller o. ä. Aktivität fehlt, in dem sich saisonbedingt auf einem best. Gebiet nichts ereignet.

Suur|ampel/Soor|~, der ['zuːɐ̯ˌampəl / 'zoːɐ̯-] <N.> {6.8.1; 6.13.5; s. u. ↑suur/soor}: Sauerampfer, Pflanze mit länglich-elliptischen, säuerlich schmeckenden Blättern [auch: ↑Rampes].

Suur|appel/Soor|~, der ['zuːɐ̯ˌapəl / 'zoːɐ̯-] <N.; ~|äppel> {s. u. ↑suur/soor ↑Appel}: Saueräpfel.

Suur|brode/Soor|~, der ['zuːɐ̯ˌbroˑdə / 'zoːɐ̯-] <N.; ~> {s. u. ↑suur/soor ↑Brode}: Sauerbraten.

Suur|brud/Soor|~, et ['zuːɐ̯ˌbruˑt / 'zoːɐ̯-] <N.; ~e> {s. u. ↑suur/soor ↑Brud}: Sauerbrot, mit Sauerteig angesetztes Brot.

süüre ['zyˑ(ɐ̯)rə] <V.; schw.; han u. sin; süürte ['zyˑɐ̯tə]; gesüürt [jəˈzyˑɐ̯t]> {5.1.4.6}: säuern, **1.** sauer machen. **2.** sauer werden. (100)

Suur|pott/Soor|~, der ['zuːɐ̯ˌpɔt / 'zoːɐ̯-] <N.; ~|pött> {s. u. ↑suur/soor ↑Pott}: Sauertopf, **1.** Essigtopf. **2.** sauertöpfischer Mensch.

su|vill/esu|~ [zʊˈfɪl / əzʊ-] <Konj.; unterordn.> {s. u. ↑su¹/esu¹ ↑vill¹}: soviel.

su|wie/esu|~ [zʊˈviˑ / əzʊ-] <Konj.> {s. u. ↑su¹/esu¹}: sowie, unterordn.: *S. ich fäädig bin, kumme ich.* (S. ich fertig bin, komme ich.).

su|wie|su ['zʊvɪˌzuˑ ˌ--'-] <Adv.> {s. u. ↑su¹/esu¹}: sowieso.

su|wigg/esu|~ [zʊˈvɪk / əzʊ-] <Konj.; unterordn.> {s. u. ↑su¹/esu¹ ↑wigg}: soweit.

su|ze|sage ['zuːtsəˈzaˑʀə ˌ--'-- / '--ˌ--] <Adv.> {s. u. ↑su¹/esu¹ ↑ze² ↑sage}: sozusagen.

Symbol|kraff, de [zʏmˈboˑlˌkraf] <N.; o. Pl.> {s. u. ↑Kraff}: Symbolkraft.

Synagog, de [ˌzʏnaˈjoˑx] <N.; ~e ⟨mhd. sinagoge < kirchenlat. synagoga < griech. synagoge⟩> {8.3.1}: Synagoge, jüdisches Gotteshaus.

Synonym|wörter|boch, et [zʏnoˈnyˑmˌvœxteboˑx] <N.; ~|böcher> {s. u. ↑Wörter|boch}: Synonymwörterbuch, Wörterbuch, in dem Synonyme in Gruppen zusammengestellt sind.

Taas/Tass², de [taːs / tas] <N.; ~te/Taste> {5.2.1.2; 8.3.1}: Taste.
Taas|senn, der [ˈtaːsˌzen] <N.; o. Pl.> {5.2.1.2; s. u. ↑Senn}: Tastsinn.
taaste [ˈtaːstə] <V.; schw.; han; getaas [jəˈtaːs]> {5.2.1}: tasten, fühlen, berühren, suchen. (101)
Taaste|drock/Taste|~, der [ˈtaːstəˌdrok / ˈtastə-] <N.> {s. u. ↑Taas/Tass² ↑Drock¹}: Tastendruck.
Taaste|telefon/Taste|~, et [ˈtaːstəˌteləfoˑn / ˈtastə-] <N.; ~e> {s. u. ↑Taas/Tass² ↑Telefon}: Tastentelefon.
Taat, de [taːt] <N.; ~e> {5.2.1.1.1; 8.3.1}: Torte.
Taate|bär, der [ˈtaːtəˌbeˑɐ̯] <N.; ~e>: großer, schwerer Mensch.
Taate|boddem, der [ˈtaːtəˌbodəm] <N.; ~|böddem> {s. u. ↑Taat ↑Boddem}: Tortenboden.
Taatsch, de [taːtʃ] <N.; ~e>: Grasmücke (kleiner Singvogel).
Tabak/Tubak, der [ˈtabak / ˈtʊbak] <N.> (~e Sortenpl.)> {5.4}: Tabak.
Tabak|bladd/Tubak|~, et [ˈtabakˌblat / ˈtʊbak-] <N.; ~|blädder> {s. u. ↑Tabak/Tubak ↑Bladd}: Tabakblatt, Blatt der Tabakpflanze.
Tabaks|büggel/Tubaks|~, der [ˈtabaksˌbygəl / ˈtʊbaks-] <N.; ~e> {s. u. ↑Tabak/Tubak ↑Büggel}: Tabaksbeutel.
Tabaks|dos/Tubaks|~, de [ˈtabaksˌdoˑs / ˈtʊbaks-] <N.; ~e; Dös|che [-døˑsjə]> {s. u. ↑Tabak/Tubak ↑Dos}: Tabaksdose.
Tabaks|pief/Tubaks|~, de [ˈtabaksˌpiːf / ˈtʊbaks-] <N.; ~e> {s. u. ↑Tabak/ Tubak ↑Pief}: Tabakspfeife.
Tabak|stüür/Tubak|~/~/stöör, de [ˈtabakˌʃtyˑɐ̯ / ˈtʊbak- / -ˌʃtøˑɐ̯] <N.; Stöör veraltet; ~e> {s. u. ↑Tabak/Tubak ↑Stüür/Stöör}: Tabaksteuer.
Tabell, de [taˈbɛlˑ] <N.; ~e [taˈbɛlə] ⟨lat. tabella⟩> {8.3.1}: Tabelle.
Tabelle|platz, der [taˈbɛləˌplats] <N.; ~|plätz> {s. u. ↑Tabell ↑Platz¹}: Tabellenplatz.
Tabelle|spetz, de [taˈbɛləˌʃpets] <N.; ~e> {s. u. ↑Tabell ↑Spetz}: Tabellenspitze.
Taber|nakel, et [ˌtabɐˈnaˑkəl] <N.; ~e>: Tabernakel. **1.** Schrein, in dem die Hostien aufbewahrt werden. **2.** (scherzh.) Kopf: *Pass op, söns kriss de e paar vör et T.* (Pass auf, sonst kriegst du Schläge auf den Kopf) [auch: ↑Ääpel, ↑Däts, ↑Kappes].
Tablett¹, et [taˈblɛt] <N.; ~s>: Tablett.

Tablett², de [taˈblɛt] <N.; ~e> {8.3.1}: Tablette [auch: ↑Pell¹/Pill].
Tablette|röhr|che/~|rühr|~, et [taˈblɛtəˌrøˑɐ̯ɕə / -ryˑɐ̯-] <N.; ~r> {s. u. ↑Tablett² ↑Röhr¹}: Tablettenröhrchen.
Tablette|such, de [taˈblɛtəˌzʊx] <N.; o. Pl.> {s. u. ↑Tablett²; ↑Such}: Tablettensucht.
tablette|sücht|ig [taˈblɛtəˌzyɕtɪɕ] <Adj.; ~e; ~er, ~ste>: tablettensüchtig. Tbl. A5.2
Tachtel, de [ˈtaxtəl] <N.; ~e> {6.13.2}: Ohrfeige [auch: ↑Gelz (3), ↑Juv¹, ↑Fimm, ↑Firm|bängel, ↑Tatsch, ↑Wa|männ|che, ↑Knall|zigar, ↑Ohr|fig, ↑Klatsch, ↑Denk|zeddel (b), ↑Dillen|dötz|che krige].
tachtele [ˈtaxtələ] <V.; schw.; han; tachtelte [ˈtaxtəltə]; getachtelt [jəˈtaxtəlt]>: ohrfeigen [auch: ↑erunder|-haue/erunger|~, ↑klätsche (1), ↑klatsche (2), ↑lange, ↑latsche (2), ↑scheuere, ↑tatsche, ↑titsche (2), ↑watsche, ↑zoppe (2), *einem e paar ↑trecke, *einem eine ↑schmiere/ schmeere]. (6)
Tafel, de [ˈtaˑfəl] <N.; ~e>: Tafel.
Tafel|lappe, der [taˈfəlˌlapə] <N.; ~> {s. u. ↑Lappe}: Tafellappen.
Tafel|selver, et [taˈfəlˌzɛlvɐ] <N.; ~> {s. u. ↑Selver}: Tafelsilber, Tafelbesteck aus Silber.
Tafel|wing, der [taˈfəlˌvɪŋ] <N.; ~e (Sortenpl.)> {s. u. ↑Wing¹}: Tafelwein.
Taff, der [ˈtaf] <N.; Tafte ⟨ital. taffettà, aus dem Pers.⟩> {8.3.5}: Taft; steifer (vielfach zum Abfüttern von Kleidungsstücken verwendeter) Stoff aus Seide od. Kunstseide.
Taff|blus, de [ˈtafˌbluˑs] <N.; ~e> {s. u. ↑Taff ↑Blus}: Taftbluse.
Taff|kleid, et [ˈtafˌklɛɪt] <N.; ~er> {s. u. ↑Taff ↑Kleid}: Taftkleid, [festliches] Kleid aus Taft.
Tag! [tax] <N.; Grußformel>: Guten Tag!
Tage|boch, et [ˈtaˑʁəˌboˑx] <N.; i. best. Komposita *Tag*, sonst ↑Dag; ~|böcher> {11; s. u. ↑Boch¹}: Tagebuch.
Tages|deck, de [ˈtaˑʁəsˌdɛk] <N.; i. best. Komposita *Tag*, sonst ↑Dag; ~e> {11; s. u. ↑Deck²}: Tagesdecke, Zierdecke, die am Tage über das Bett gebreitet wird.
Tages|kaat, de [ˈtaˑʁəsˌkaːt] <N.; i. best. Komposita *Tag*, sonst ↑Dag; ~e> {11; s. u. ↑Kaat}: Tageskarte. **1.** für den jeweiligen Tag geltende Speisekarte mit Gerichten, die schon zubereitet, für diesen Tag vorbereitet sind. **2.** Fahr- od. Eintrittskarte, die einen Tag lang gültig ist.

Tages|mutter, de ['taːʀəsˌmʊtɐ] <N.; i. best. Komposita *Tag* u. *Mutter*; sonst ↑Dag u. ↑Moder; ~|mütter> {11}: Tagesmutter.

Tages|zeidung, de ['taːʀəsˌtseɪdʊŋ] <N.; i. best. Komposita *Tag*, sonst ↑Dag; ~e> {11; s. u. ↑Zeidung}: Tageszeitung.

Täggel/Daggel, der ['tɛgəl / 'dagəl] <N.; ~e> {5.4; 6.6.1}: Teckel, Dackel [auch: ↑Dahß|hungk].

Tag|ung, de ['taːʀʊŋ] <N.; i. best. Abl. *Tag*, sonst ↑Dag; ~e ⟨zu mhd. tagen⟩> {11}: Tagung.

Tag|ungs|oot, der ['taːʀʊŋsˌoːt] <N.; i. best. Abl. *Tag*, sonst ↑Dag; ~e> {11; s. u. ↑Oot}: Tagungsort, Gebäude bzw. Stadt, in der eine Tagung stattfindet.

Tak, der [tak] <N.; ~te> {8.3.5}: Takt, **1.** <o. Pl.> (Musik) Einteilung des rhythmischen Ablaufs in gleiche Einheiten: *der T. aangevve* (den T. angeben). **2.** untergliederte Einheit des Taktes: *die drei eetste ~te* (die drei ersten ~e). **3.** <o. Pl.> Feingefühl: *einer met T. behandele* (jmdn. mit T. behandeln).

Tak|aat, de ['takˌaːt] <N.; ~e> {s. u. ↑Tak ↑Aat}: Taktart, Art des Taktes, Metrum.

takele ['taːkələ] <V.; schw.; *han*; takelte ['taːkəltə]; getakelt [jəˈtaːkəlt]> {9.2.1.2}: takeln, (ein Schiff) mit Takelage versehen. (6)

Tak|fähler, der ['takˌfɛːlɐ] <N.; ~> {s. u. ↑Tak ↑Fähler}: Taktfehler, Verstoß gegen den Takt.

Tak|ge|föhl, et ['takjəˌføːl] <N.; o. Pl.> {s. u. ↑Tak ↑Ge|föhl}: Taktgefühl.

Tak|moß, et ['takˌmɔːs] <N.; ~e> {s. u. ↑Tak ↑Moß}: (Musik) Taktmaß, Metrum.

Tak|stock, der ['takˌʃtɔk] <N.; ~|stöck> {s. u. ↑Tak}: Taktstock.

Tak|strech, der ['takˌʃtʀeʃ] <N.; ~e> {s. u. ↑Tak ↑Strech}: Taktstrich.

Tak|wähßel, der ['takˌvɛːsəl] <N.; ~e> {s. u. ↑Tak ↑Wähßel}: Taktwechsel.

Tal|bröck, de ['taːlˌbʀøk] <N.; ~e> {s. u. ↑Bröck¹}: Talbrücke, Straßen- od. Bahnbrücke, die über ein Tal hinwegführt.

Talent|prob, de [taˈlɛntˌpʀoːb] <N.; ~e> {s. u. ↑Prob}: Talentprobe, erstes Auftreten od. frühes Werk eines jungen Künstlers, mit dem er sein Talent beweisen kann.

Talg, der [talχ] <N. ⟨mniederd. talch⟩>: Talg.

Talg|drüs, de ['talχˌdryːs] <N.; ~e> {s. u. ↑Talg ↑Drüs}: Talgdrüse.

tanke ['taŋkə] <V.; schw.; *han*; tankte ['taŋktə]; getank [jəˈtaŋk]>: tanken. (41)

Tank|stell, de ['taŋkˌʃtɛl·] <N.; ~e [-ʃtɛlə]> {s. u. ↑Stell}: Tankstelle.

Tank|süül, de ['taŋkˌzyːl] <N.; ~e> {s. u. ↑Süül}: Tanksäule, Zapfsäule.

Tank|wage, der ['taŋkˌvaːʀə] <N.; ~> {s. u. ↑Wage}: Tankwagen, Tankfahrzeug.

Tann/Dann, de [tanˑ / danˑ] <N.; ~e ['tanə / 'danə] {8.3.1}: Tanne.

Tanne|baum/Danne|~, der ['tanəˌboʊm / 'danə-] <N.; ~|bäum [-bøʏm]> {s. u. ↑Tann/Dann ↑Baum}: Tannenbaum.

Tanne|bösch/Danne|~, der ['tanəˌbøʃ / 'danə-] <N.; ~> {s. u. ↑Tann/Dann ↑Bösch}: Tannenwald.

Tanne|gröns/Danne|~, et ['tanəˌjʀøːns / 'danə-] <N.; kein Pl.> {s. u. ↑Tann/Dann ↑Gröns}: Tannengrün.

Tanne|haaz/Danne|~, der ['tanəˌhaːts / 'danə-] <N.; ~e (Sortenpl.)> {s. u. ↑Tann/Dann ↑Haaz¹}: Tannenharz.

Tanne|nol/Danne|~/~|nodel, de ['tanəˌnoːl / 'danə- / nɔːdəl] <N.; ~|nolde/~|nodele [-nɔːldə / -nɔːdələ]> {s. u. ↑Tann/Dann ↑Nol/Nodel}: Tannennadel.

Tanne|zappe/Danne|~, der ['tanəˌtsapə / 'danə-] <N.; ~> {s. u. ↑Tann/Dann ↑Zappe}: Tannenzapfen.

Tanne|zweig/Danne|~/~|zwig, der ['tanəˌtsveɪχ / 'danə- / -tsvɪχ] <N.; ~|zweig [-tsveɪχ] / veraltet; ~|zwige> {s. u. ↑Tann/Dann ↑Zweig/Zwig}: Tannenzweig.

Tant, de [tant] <N.; ~e> {8.3.1}: Tante, Schwester od. Schwägerin des Vaters od. der Mutter; **[RA]** *Dun der Finger us der Nas un gevv der T. e Hängche.* (Nimm den Finger aus der Nase und gib der Tante ein Händchen.; scherzh. wenn ein Kind zur Höflichkeit erzogen werden soll).

Tapet¹, de [taˈpeːt] <N.; ~e> {8.3.1}: Tapete.

Tapet², et [taˈpeːt] <N.>: Tapet, *op et T. bränge (aufs T. bringen, ansprechen);* **[RA]** *Wat morgens passeet, kütt ovends op et T.* (Was morgens passiert, kommt abends aufs T.; Maxime des Kölner Stockpuppentheaters „Hänneschen-Theater").

Tapete|roll, de [taˈpeːtəˌʀɔl·] <N.; ~e [-ʀɔlə]> {s. u. ↑Tapet¹ ↑Roll}: Tapetenrolle.

Tape|wähßel, der [ta'peˑtə‚vɛːsəl] <N.; ~-e> {s. u. ↑Tapet¹ ↑Wähßel}: Tapetenwechsel, Veränderung der gewohnten Umgebung.

Tapezier|desch/Tapezeer|~, der [tape'tsiːɐ‚deʃ / tape'tseːɐ̯-] <N.; ~(e)> {s. u. ↑tapeziere/~eere ↑Desch}: Tapeziertisch.

tapeziere/~eere [tapə'tsiˑ(ɐ̯)rə / -eˑrə] <V.; schw./unr.; han; tapezierte [tapə'tsiˑɐ̯tə]; tapeziert [tapə'tsiˑɐ̯t] ⟨ital. tappezzare⟩> {(5.1.4.3)}: tapezieren, mit Tapete bekleben; ***tapezierte Latz** (bes. dünner großer Mann, Lulatsch). (3) (2)

tappe ['tapə] <V.; schw.; han u. sin; tappte ['taptə]; getapp [jə'tap]>: tappen, tapsen, schleichen. (75)

Tappe, der ['tapə] <N.; ~> {6.8.1}: Fußstapfen, Fußspur.

taps|ig ['tapsɪŋ] <Adj.; ~e; ~er, ~ste>: tapsig, plump, schwerfällig. Tbl. A5.2

Tarn|färv, de ['tarn‚fɛrˑf] <N.; ~-e> {s. u. ↑Färv}: Tarnfarbe, Farbe, die eine Tarnung bewirken soll.

Tarn|kapp, de ['tarn‚kap] <N.; ~-e> {s. u. ↑Kapp}: Tarnkappe.

tarre/teere ['tarə / 'teː(ɐ̯)rə] <V.; tarre veraltend; schw.; han; tarrte ['taxtə]; getarr [jə'tax]> {5.3.4; 5.4}: teeren: *de Stroß t.* (die Straße t.). (93) (100)

Täsch, de [tɛʃ] <N.; ~-e> {5.4; 8.3.1}: Tasche [auch: ↑Büggel, ↑Blǫs]; ***en Fuus en der T. maache** (Ärger herunterschlucken); [RA] *Leck mich en der T.!* (Ausruf des Erstaunens); [RA] *Ich stechen dich dreimol en de T.* (Ich bin dir haushoch überlegen.).

Täsche|boch, et ['tɛʃə‚boˑx] <N.; ~|böcher> {s. u. ↑Täsch ↑Boch¹}: Taschenbuch, 1. broschiertes, gelumbecktes Buch in einem handlichen Format. 2. Notizbuch, das in der Tasche mitgeführt werden kann.

Täsche|dieb, der ['tɛʃə‚diˑp] <N.; i. best. Komposita *Dieb*, sonst ↑Deev; ~-e> {11; s. u. ↑Täsch}: Taschendieb.

Täsche(n)|doch, et ['tɛʃə(n)‚doˑx] <N.; ~|döcher> {s. u. ↑Täsch ↑Doch¹; 9.1.4}: Taschentuch [auch: ↑Sack|doch (2)].

Täsche|geld, et ['tɛʃə‚jɛlt] <N.; o. Pl.> {s. u. ↑Täsch}: Taschengeld.

Täsche|lamp, de ['tɛʃə‚lamp] <N.; ~-e> {s. u. ↑Täsch ↑Lamp}: Taschenlampe.

Täsche|metz, et ['tɛʃə‚mɛts] <N.; ~-er> {s. u. ↑Täsch ↑Metz}: Taschenmesser.

Täsche|rechner, der ['tɛʃə‚rɛɲnɐ] <N.; ~> {s. u. ↑Täsch ↑rechne}: Taschenrechner.

Täsche|schirm, der ['tɛʃə‚ʃɪrm] <N.; ~-e> {s. u. ↑Täsch ↑Schirm}: Taschenschirm.

Täsche|speegel, der ['tɛʃə‚ʃpeˑjəl] <N.; ~-e> {s. u. ↑Täsch, ↑Speegel}: Taschenspiegel.

Täsche|uhr/~|ohr, de ['tɛʃə‚uˑɐ̯ / -oˑɐ̯] <N.; ~-e> {s. u. ↑Täsch ↑Uhr¹/Ohr¹}: Taschenuhr.

Tass¹, de [tas] <N.; ~-e> {8.3.1}: Tasse [auch: ↑Köpp|che].

Tass²/Taas, de [tas / taːs] <N.; Taste> {8.3.1; 8.3.5}: Taste.

Taste|drǫck/Taaste|~, der ['tastə‚drok / 'taːstə-] <N.; ~|drǫck> {s. u. ↑Tass²/Taas ↑Drǫck¹}: Tastendruck.

Taste|telefon/Taaste|~, et ['tastə‚telefoˑn / 'taːstə-] <N.; ~-e> {s. u. ↑Tass²/Taas ↑Telefon}: Tastentelefon.

Tat, de [taˑt] <N.; ~-e ['taˑtə]>: Tat.

tata gonn ['tata jon] <Verbvbdg.>: spazieren gehen (Kindersprache).

Tat|kraff, de ['taˑt‚kraf] <N.; o. Pl.> {s. u. ↑Tat ↑Kraff}: Tatkraft.

tätowiere/~eere [tɛto'viˑ(ɐ̯)rə / -eˑrə] <V.; schw./unr.; han; tätowierte [tɛto'viˑɐ̯tə]; tätowiert [tɛto'viˑɐ̯t] ⟨frz. tatouer, zu polynes. tatau⟩> {(5.1.4.3)}: tätowieren. (3) (2)

Tat|saach, de ['taˑt‚zaːx] <N.; ~-e> {s. u. ↑Tat ↑Saach}: Tatsache.

Tatsch, der [tatʃ] <N.; ~-e>: Hieb, Ohrfeige [auch: ↑Gelz (3), ↑Juv¹, ↑Fimm, ↑Firm|bängel, ↑Wa|männ|che, ↑Tachtel, ↑Knall|zigar, ↑Ohr|fig, ↑Klatsch, ↑Denk|zeddel (b)].

Tätsch, der [tɛtʃ] <N.; kein Pl.>: pappige, breiige Masse.

tatsche ['tatʃə] <V.; schw.; han; tatschte ['tatʃtə]; getatsch [jə'tatʃ]>: ohrfeigen, schlagen [auch: ↑erunder|haue/erunger|~, ↑klätsche (1), ↑klatsche (2), ↑lange, ↑latsche (2), ↑scheuere, ↑tachtele, ↑titsche (2), ↑watsche, ↑zoppe (2), ***einem e paar** ↑trecke, ***einem eine** ↑schmiere/ schmeere]. (110)

tätsche ['tɛtʃə] <V.; schw.; han; tätschte ['tɛtʃtə]; getätsch [jə'tɛtʃ]>: betasten, befingern, begrapschen. (110)

tätschele ['tɛdʒələ] <V.; schw.; han; tätschelte ['tɛdʒəltə]; getätschelt [jə'tɛdʒəlt]> {6.10.1; 9.2.1.2}: tätscheln, kraulen, streicheln, knuddeln, liebkosen. (6)

tätsch|ig ['tɛtʃɪŋ] <Adj.; ~e; ~er, ~ste>: breiig, pappig, zäh, pampig. Tbl. A5.2

Tatz, de [tats] <N.; ~-e ⟨mhd. tatze⟩> {8.3.1}: Tatze.

Tat|zigg, de ['taˑt‚tsɪk] <N.; ~-e> {s. u. ↑Tat ↑Zigg}: Tatzeit.

Tau, der [taʊ] <N.; hier wie dt. *Tau*; als Verb u. in Komposita *düü->*: Tau.

tauche ['taʊxə] <V.; schw.; *sin/han*; tauchte ['taʊxtə]; getauch [jə'taʊx]>: tauchen. (123)

Tauch|er|aan|zog, der ['taʊxɐˌaːntsox] <N.; ~|zög> {s. u. ↑Aan|zog}: Taucheranzug.

Tauch|er|brell/~|brill, de ['taʊxɐˌbrɛl / -ˌbrɪl] <N.; ~e> {s. u. ↑Brell/Brill}: Taucherbrille.

Tauch|er|glock, de ['taʊxɐˌjlɔk] <N.; ~e> {s. u. ↑Glock}: Taucherglocke.

täusche ['tɔyʃə] <V.; schw.; *han*; täuschte ['tɔyʃtə]; getäusch [jə'tɔyʃ]>: täuschen, bluffen. (110)

Tax[1], de [taks] <N.; ~e>: Taxi, Mietwagen.

Tax[2], de [taks] <N.; ~e> {8.3.1}: Taxe, **1.** Gebühr. **2.** Taxpreis.

Team|arbeid, de ['tiːmˌarˌbeɪ̯d / 'tiːmarˌbeɪ̯d] <N.; o. Pl.> {s. u. ↑Arbeid}: Teamarbeit, Teamwork.

Team|geis, der ['tiːmˌjeɪ̯s] <N.; o. Pl.> {s. u. ↑Geis¹}: Teamgeist.

Tee|bladd, et ['teːˌblat] <N.; ~|blädder (meist Pl.)> {s. u. ↑Bladd}: Teeblatt.

Tee|büggel, der ['teːˌbyɡəl] <N.; ~e> {s. u. ↑Büggel}: Teebeutel.

Tee|glas, et ['teːˌjlaːs] <N.; ~|gläser [-jlɛˈzeː]; ~|gläs|che [-jlɛˈsjə]>: Teeglas.

Tee|kann, de ['teːˌkanˑ] <N.; ~e [-kanə]; ~|känn|che [-kɛnˑfjə]> {s. u. ↑Kann}: Teekanne.

Tee|kessel, der ['teːˌkɛsəl] <N.; ~e; ~che>: Teekessel.

Tee|köch, de ['teːˌkøfj] <N.; ~e> {s. u. ↑Köch}: Teeküche.

Tee|leech, et ['teːˌleːfj] <N.; ~ter> {s. u. ↑Leech}: Teelicht.

Tee|löffel, der ['teːˌlœfəl] <N.; ~e> {s. u. ↑Löffel}: Teelöffel.

Teer|deck, de ['teːɐ̯ˌdɛk] <N.; ~e> {s. u. ↑Deck²}: Teerdecke, Straßenbelag mit Teer als Bindemittel.

teere/tarre ['teː(ɐ̯)rə / 'tarə] <V.; *tarre* veraltend; schw.; *han*; teerte ['teːɐ̯tə]; geteert [jə'teːɐ̯t]>: teeren. (100) (93)

Tee|tass, de ['teːˌtas] <N.; ~e; ~|täss|che [-tɛsjə]> {s. u. ↑Tass¹}: Teetasse.

Tee|wage, der ['teːˌvaˑʁə] <N.; ~> {s. u. ↑Wage}: Teewagen, Servierwagen.

Tee|woosch, de ['teːˌvoːʃ] <N.; ~|wöösch> {s. u. ↑Woosch}: Teewurst.

Teint, der [tɛŋ] <N. ⟨frz. teint⟩> {2}: Teint, Gesichtsfarbe, Hautfarbe [auch: ↑Färv (2), ↑Klör (2)].

Telefon, et ['teləˌfoːn] <N.; ~e> {5.4}: Telefon.

Telefon|boch, et ['teləfoːnˌbox] <N.; ~|böcher> {s. u. ↑Boch¹}: Telefonbuch.

Telefon|deens, der ['teləfoːnˌdeːns] <N.; ~te> {s. u. ↑Telefon; ↑Deens}: Telefondienst.

Telefon|hüüs|che, et ['teləfoːnˌhyˑsjə] <N.; ~r> {s. u. ↑Huus}: Telefonhäuschen, Telefonzelle.

tele|foniere/~eere [teləfoˈniˑ(ɐ̯)rə / -eˑrə] <V.; schw./unr.; *han*; telefonierte [teləfoˈniˑɐ̯tə]; telefoniert [teləfoˈniˑɐ̯t]> {(5.1.4.3)}: telefonieren, anrufen, fernsprechen [auch: ↑aan|rofe]. (3) (2)

Telefon|iss, der ['teləfoˌnɪs] <N.; ~|iste>: Telefonist.

Telefon|kaat, de ['teləfoːnˌkaːt] <N.; ~e> {s. u. ↑Kaat}: Telefonkarte.

Tele|grafe|mass, der [teləˈjrafəˌmas] <N.; ~|maste> {s. u. ↑Mass¹}: Telegrafenmast.

tele|grafiere/~eere [teləjraˈfiˑ(ɐ̯)rə / -eˑrə] <V.; schw./unr.; *han*; telegrafierte [teləjraˈfiˑɐ̯tə]; telegrafiert [teləjraˈfiˑɐ̯t] ⟨frz. télégraphir⟩> {(5.1.4.3)}: telegrafieren [auch: *e Telegramm schecke*]. (3) (2)

Teller, der ['tɛlə] <N.; ~e>: Teller.

Teller|ge|reech/~|rich, et ['tɛləjəˌreːfj / -rɪfj] <N.; ~te> {s. u. ↑Ge|reech²/~|rich²}: Tellergericht, (in Gaststätten) einfaches Gericht, das auf dem Teller serviert wird.

Teller|min, de ['tɛləˌmiːn] <N.; ~e> {s. u. ↑Min¹}: Tellermine.

Tempel|danz, der ['tɛmpəlˌdants] <N.; ~|dänz> {s. u. ↑Danz}: Tempeltanz.

Temperatur|unger|schied/~|scheed, der [ˌtɛmpəraˈtuːɐ̯ˌʊŋəʃiˑt / ʃeˑt] <N.; ~e> {s. u. ↑Unger|schied/~|scheed}: Temperaturunterschied.

Temperatur|wähßel, der ['tɛmpəratuːɐ̯ˌvɛsəl] <N.; ~e> {s. u. ↑Wähßel}: Temperaturwechsel.

Tempo|täsche(n)|doch, et ['tɛmpoˌtɛʃə(n)ˌdox] <N.; ~|döcher> {s. u. ↑Täsch ↑Doch¹; 9.1.4}: Tempotaschentuch, kurz: Tempo®, allg. für Papiertaschentuch.

Tennis|ärm, der ['tɛnɪsˌɛrm] <N.; ~e> {s. u. ↑Ärm}: Tennisarm.

Tennis|botz, de ['tɛnɪsˌbots] <N.; ~e> {s. u. ↑Botz}: Tennishose.

Tennis|elle|boge, der ['tɛnɪsˌɛləbɔːʁə] <N.; ~> {s. u. ↑Boge}: Tennisellenbogen; Entzündung best. Teile des Ellbogengelenks.

Tennis|hemb, et ['tɛnɪsˌhemp] <N.; ~|hemde(r) [-hemdə / -hemdə]> {s. u. ↑Hemp}: Tennishemd.

Tennis|schoh, der ['tɛnɪsˌʃoˑ] <N.; ~n> {s. u. ↑Schoh}: Tennisschuh.
Tennis|spill, et ['tɛnɪsˌʃpɪl] <N.; ~ [-ˌʃpɪlˑ]> {s. u. ↑Spill}: Tennisspiel.
Tennis|spill|er, der ['tɛnɪsˌʃpɪlɐ] <N.; ~>: Tennisspieler.
Tenor|stemm, de [te'noːɐ̯ˌʃtemˑ] <N.; ~e [-ˌʃtemə]> {s. u. ↑Stemm}: Tenorstimme, hohe Männersingstimme.
Teppich|boddem, der ['tɛpɪçˌbodəm] <N.; ~|böddem> {s. u. ↑Boddem}: Teppichboden.
Teppich|böösch, de ['tɛpɪçˌbøːʃ] <N.; ~te> {s. u. ↑Böösch}: Teppichbürste.
Teppich|klopp|er, der ['tɛpɪçˌklɔpɐ] <N.; ~> {s. u. ↑kloppe}: Teppichklopfer.
Teppich|schuum, der ['tɛpɪçˌʃuːm] <N.; kein Pl.> {s. u. ↑Schuum}: Teppichschaum.
Teppich|stang, de ['tɛpɪçˌʃtaŋˑ] <N.; ~e> {s. u. ↑Stang}: Teppichstange.
Terrain, et [te'rɛŋˑ] <N.; ~s ⟨frz. terrain⟩> {2}: Terrain, Gelände.
Terrass, de [te'ras] <N.; ~e ⟨frz. terrasse⟩> {8.3.1}: Terrasse.
Terrasse|daach, et [te'rasəˌdaːx] <N.; ~|däächer> {s. u. ↑Terrass ↑Daach}: Terrassendach.
Terrasse|gaade, der [te'rasəˌjaˑdə] <N.; ~|gääde> {s. u. ↑Terrass ↑Gaade}: Terrassengarten.
Terrasse|huus, et [te'rasəˌhuːs] <N.; ~|hüüser [-hyˑzɐ]> {s. u. ↑Terrass ↑Huus}: Terrassenhaus, Haus, bei dem jedes Stockwerk gegenüber dem darunterliegenden um einige Meter zurückgesetzt ist, sodass jede Wohnung eine eigene Terrasse hat.
Terror|aan|schlag, der ['tɛrɔɐ̯ˌlaːnʃlaːx] <N.; ~|schläg [-ʃlɛˑç]> {s. u. ↑Aan|schlag}: Terroranschlag.
Terror|ak, der ['tɛrɔɐ̯ˌlak] <N.; ~te> {s. u. ↑Ak}: Terrorakt.
Terror|iss, der [ˌtɛro'rɪs] <N.; ~|iste>: Terrorist.
Terror|well, de ['tɛrɔɐ̯ˌvɛlˑ] <N.; ~e [-vɛlə]> {s. u. ↑Well}: Terrorwelle.
Tess, der [tɛs] <N.; Tests [tɛsts]> {8.3.5}: Test.
Tess|beld/~|bild, et ['tɛsˌbɛlt / -bɪlt] <N.; ~er> {s. u. ↑Tess ↑Beld/Bild}: Testbild.
Tess|fahr|er, der ['tɛsˌfaːrɐ] <N.; ~> {s. u. ↑Tess}: Testfahrer.
Tess|fahrt, de ['tɛsˌfaːt] <N.; ~e> {s. u. ↑Tess ↑Fahrt}: Testfahrt.

Tess|flog, der ['tɛsˌfloˑx] <N.; ~|flög> {s. u. ↑Tess ↑Flog¹}: Testflug.
Tess|frog, de ['tɛsˌfrɔːx] <N.; ~e> {s. u. ↑Tess ↑Frog}: Testfrage.
Tess|objek, et ['tɛzɔpˌjɛk / 'tɛsˌlɔpˌjɛk] <N.; ~te> {s. u. ↑Tess ↑Objek}: Testobjekt.
Tess|person, der ['tɛspɛɐ̯ˌzoˑn] <N.; ~e> {s. u. ↑Tess}: Testperson.
Tess|reih, de ['tɛsˌrɛɪˑ] <N.; ~e [-rɛɪə]> {s. u. ↑Tess ↑Reih}: Testreihe.
Tess|streck, de ['tɛsˌʃtrɛk] <N.; ~e> {s. u. ↑Tess ↑Streck²}: Teststrecke.
Tess|ver|fahre, et ['tɛsfɐˌfaːrə] <N.; ~> {s. u. ↑Tess}: Testverfahren.
teste ['tɛstə] <V.; schw.; *han*; getess [jə'tɛs]>: testen. (68)
Teut, de [tøyt] <N.; ~e>: Kanne.
teute ['tøytə] <V.; schw.; *han*; geteut [jə'tøyt]>: zechen [auch: ↑pichele]. (72)
Tex, der [tɛks] <N.; Texte ['tɛkstə]> {8.3.5}: Text.
Texas|botz, der ['tɛksasˌbɔts] <N.; ~e>: Jeans, Bluejeans.
Tex|auf|gab, de ['tɛksˌlaʊ̯fjaːp / '--ˌ-] <N.; ~e> {s. u. ↑Tex ↑Auf|gab}: Textaufgabe.
Tex|boch, et ['tɛksˌboːx] <N.; ~|böcher> {s. u. ↑Tex ↑Boch¹}: Textbuch.
Tex|deil, der ['tɛksˌdɛɪl] <N.; ~(e) [-dɛɪl / -dɛɪlə]> {s. u. ↑Tex ↑Deil}: Textteil.
Tex|stell, de ['tɛksˌʃtɛlˑ] <N.; ~e [-ʃtɛlə]> {s. u. ↑Tex ↑Stell}: Textstelle.
Tex|ver|arbeid|ung, de ['tɛksfɐˌlarbɛɪdʊŋ] <N.> {s. u. ↑Tex; 6.11.3}: Textverarbeitung.
Tex|zoot, de ['tɛksˌtsɔːt] <N.; ~e> {s. u. ↑Tex ↑Zoot}: Textsorte, unterschiedlicher Typus von Texten (z. B. Gespräch, Reklame).
Theater, et [te'laːtə] <N.; ~e> {5.5.2}: Theater.
Theater|be|sök, der [te'laːtebəˌzøˑk] <N.; ~e> {s. u. ↑Theater ↑Be|sök}: Theaterbesuch.
Theater|kaat, de [te'laːtəˌkaːt] <N.; ~e> {s. u. ↑Theater ↑Kaat}: Theaterkarte.
Theater|kass, de ['te'laːtəˌkas] <N.; ~e> {s. u. ↑Theater ↑Kass}: Theaterkasse.
Theater|stöck, et [te'laːtəˌʃtøk] <N.; ~/~e/~er> {s. u. ↑Theater ↑Stöck}: Theaterstück.
Thek, de [teˑk] <N.; ~e> {8.3.1}: Theke.

Theke|schoss, et ['teˑkəˌʃɔs] <N.; ~|schösser>: Thekenschublade, Geldschublade in der Theke.

Theologe, der [ˌteoˈloˑʀə] <N.; ~ ⟨lat. theologus < griech. theólogos⟩>: Theologe.

Theologie, de [ˌteoloˈjiˑ] <N. ⟨spätlat. theologia < griech. theología⟩>: Theologie.

Thermal|badd, et [tɛrˈmaˑlˌbat] <N.; ~|bäder [-bɛˑdɐ] (unr. Pl.)> {s. u. ↑Badd}: Thermalbad.

Thermal|quell, de [tɛɐ̯ˈmaˑlˌkvɛlˑ] <N.; ~e [-kvɛlə]> {s. u. ↑Quell}: Thermalquelle, warme Heilquelle.

Thermos|fläsch, de [ˈtɛrmɔsˌflɛʃ] <N.; ~e ⟨Thermos®⟩> {s. u. ↑Fläsch}: Thermosflasche.

Thives [ˈtiˑvəs] <N.; männl. Vorn.>: Kurzf. von Matt(h)ias [auch: ↑Mattes², ↑Matthes, ↑Matjö/Matschö, ↑Matthies, ↑Tibbes, ↑Tips].

Thres, et [treˑs] <N.; weibl. Vorn.; ~che [-jə]>: Kurzf. von Therese.

Thrön|che, et [ˈtrøːnʃə] <N.; ~r>: (scherzh.) **a)** Nachttopf; **b)** Töpfchen (Babytoilette).

Thun|fesch, der [ˈtuːnˌfeʃ] <N.; ~(e) [-feʃˑ / -feʃə] ⟨lat. thunnus, thynnus < griech. thýnnos⟩> {s. u. ↑Fesch}: Thunfisch.

Thürmchens|wall, der [ˈtʏrmʃənsˌval] <N.; Straßenn.> {s. u. ↑Wall}: Thürmchenswall, nördlichster der parallel zu den Ringen verlaufenden Straßen östlich der Ringe zw. Turiner Straße u. Rhein. Das „Thürmchen" ist seit 1600 Bestandteil der Kunibertstorburg am Rhein, auf die diese Stelle zuführte.

Tibbes [ˈtɪbəs] <N.; männl. Vorn.>: Kurzf. von Matt(h)ias [auch: ↑Mattes², ↑Matthes, ↑Matjö/Matschö, ↑Matthies, ↑Thives, ↑Tips].

Tief, et [tiˑf] <N.; ~s>: Tief. **1.** (Met.) Tiefdruckgebiet. **2.** Depression.

Tief|garage, de [ˈtiˑfjaˌraˑʃ] <N.; i. best. Komposita tief, sonst ↑deef; ~ [-jaˈraˑʒə] {11; s. u. ↑Garage}: Tiefgarage, unterirdische Garage.

Tief|köhl|fach, et [ˈtiˑfkø·lˌfax] <N.; i. best. Komposita tief, sonst ↑deef; ~|fächer> {11; s. u. ↑köhl ↑Fach}: Tiefkühlfach, Gefrierfach.

Tief|köhl|koss, de [ˈtiˑfkøˑlˌkɔs] <N.; i. best. Komposita tief, sonst ↑deef; kein Pl.> {11; s. u. ↑köhl, ↑Koss}: Tiefkühlkost.

Tiegel, der [ˈtiːjəl] <N.; ~>: Tiegel.

Tier|aat, de [ˈtiˑɐ̯ˌlaːt] <N.; i. best. Komposita Tier, sonst ↑Dier; ~e> {11; s. u. ↑Aat}: Tierart.

Tiff, de [tɪf] <N.; ~e>: **1.** Hündin. **2.** Straßendirne, Straßenmädchen, Bordsteinschwalbe, Hure, Prostituierte.

tiftele [ˈtɪftələ] <V.; schw.; han; tiftelte [ˈtɪftəltə]; getiftelt [jəˈtɪftəlt]> {5.4; 9.2.1.2}: tüfteln, rätseln, knobeln. (6)

tiftel|ig [ˈtɪftəlɪŋ] <Adj.; ~e; ~er, ~ste> {5.4}: tüftelig, mit viel Tüftelei verbunden. Tbl. A5.2

Tiger|aug, et [ˈtiːjɐˌloʊ̯x] <N.; ~|auge [-oʊ̯ʀə]> {s. u. ↑Aug}: Tigerauge, goldgelbes bis goldbraunes, an den Bruchstellen seidigen Glanz aufweisendes Mineral (Schmuckstein).

Tiger|katz, de [ˈtiːjɐˌkats] <N.; ~e;> {s. u. ↑Katz}: Tigerkatze.

tilge [ˈtɪlˑjə] <V.; schw.; han; tilgte [ˈtɪlˑftə]; getilg [jəˈtɪlˑfj]>: tilgen, **1. a)** gänzlich beseitigen; auslöschen, ausmerzen; **b)** vergessen: *einer/jet usem Gedächnis t.* (jmdn./etw. aus dem Gedächtnis/der Erinnerung t.). **2.** durch Zurückzahlen beseitigen, ausgleichen, aufheben: *Schulde t.* (Schulden t.). (39)

Tilg|ung, de [ˈtɪlˑjʊŋ] <N.; ~e>: Tilgung.

Till(a), et [ˈtɪl(a)] <N.; weibl. Vorn.>: Kurzf. von Ottilie.

Tillekat|ess, de [ˌtɪləkaˈtɛs] <N.; veraltet; ~e> {5.3.2; 5.4; 6.13.2; 8.3.1}: Delikatesse [auch: ↑Delikat|ess].

Timp, de [tɪmp] <N.; ~e>: Zipfel, Ecke, Kante.

Tina, et [ˈtiːna] <N.; weibl. Vorn.>: Tina, Kurzf. von Christina [auch: ↑Stin/Stina].

Tinnef, der [ˈtɪnəf] <N.; o. Pl.>: Minderwertiges.

Tint, de [tɪnt] <N.; ~e> {8.3.1}: Tinte.

Tinte|fass/~|faaß, et [ˈtɪntəˌfas / -faːs] <N.; ~|fässer/ ~|fääßer> {s. u. ↑Tint ↑Fass/Faaß}: Tintenfass.

Tinte|fesch, der [ˈtɪntəˌfeʃ] <N.; ~(e) [-feʃˑ / -feʃə]> {s. u. ↑Tint ↑Fesch}: Tintenfisch, Kopffüßer.

Tinte|fleck/~|flecke, der [ˈtɪntəˌflɛk(ə)] <N.; ~/~e> {s. u. ↑Tint ↑Fleck/Flecke¹}: Tintenfleck.

Tinte|patron, de [ˈtɪntəpaˌtroˑn] <N.; ~e> {s. u. ↑Patron¹}: Tintenpatrone.

Tipo, et [ˈtɪpoˑ] <N. ⟨lat. deponere = niederlegen⟩>: Gefängnis [auch: ↑Blech²].

tippe¹ [ˈtɪpə] <V.; schw.; han; tippte [ˈtɪptə]; getipp [jəˈtɪp]>: tippen, **1.** leicht berühren: *einem op de Scholder t.* (jmdm. auf die Schulter t.). **2.** Maschine schreiben; auf der Schreibmaschine schreiben: *met zwei Fingere t.* (mit 2 Fingern t.); *ene Breef t.* (einen Brief t.).

tippe

3. (übertr.) heranreichen bezogen auf Leistung: *An in (sing Fähigkeite) kann keiner t.* (An ihn (seine Fähigkeiten) reicht keiner heran.). (75)

tippe² ['tɪpə] <V.; schw.; *han*; tippte ['tɪptə]; getipp [jə'tɪp]>: tippen, vorhersagen, raten; vor allem in Bezug auf Glücksspiele u. Ergebnisse im Sport. (75)

Tippel|broder, der ['tɪpəl,bro·də] <N.; ~|bröder> {s. u. ↑Broder}: Tippelbruder, Landstreicher.

tippele ['tɪpələ] <V.; schw.; *sin*; tippelte ['tɪpəltə]; getippelt [jə'tɪpəlt]> {9.2.1.2}: tippeln. (6)

Tipp|fähler, der ['tɪp,fɛ·lɐ] <N.; ~> {s. u. ↑Fähler}: Tippfehler.

Tips [tɪps] <N.; männl. Vorn.>: Kurzf. von Matt(h)ias [auch: ↑Mattes²/Matthes ↑Matjö/Matschö ↑Matthies ↑Thives ↑Tibbes].

Tips|gass ['tɪps,jas] <N.; Straßenn.> {s. u. ↑Tips ↑Gass¹}: Tipsgasse, Straße in Köln-Altstadt/Nord. „Tips" ist die Kurzf. von „Thives" od. „Tibbes" (kölsch für Matthias).

tirek¹/**direk**¹ [tɪ'rɛk / dɪ'rɛk] <Adj.; ~te; ~ter, ~ste> {6.12.1; 8.3.5; (5.5.2)}: direkt. Tbl. A4.1.1

tirek²/**direk**² [tɪ'rɛk / dɪ'rɛk] <Adv.> {6.11.1; 8.3.5}: direkt, geradezu, ausgesprochen, regelrecht.

tirekte|mang/direkte|~ [tɪ'rɛktə'maŋ / dɪ'rɛktə-] <Adv. ⟨frz. directement⟩> {6.11.1; 8.3.5}: geradewegs, sofort, unmittelbar.

tirre ['tɪrə] <V.; schw.>: nur i. d. Vbdg. *t. gonn* (weglaufen, ausreißen; Reißaus nehmen).

Tirvel, der ['tɪrvəl] <N.; ~e> Umdrehung, Überschlag, Purzelbaum [auch: ↑Kuckele|baum, ↑Tummeleut].

tirvele ['tɪr·vələ] <V.; schw.; *han*; tirvelte ['tɪr·vəltə]; getirvelt [jə'tɪr·vəlt]> {6; 9.2.1.2}: überschlagen, drehen, wälzen, wirbeln, **1.** <*sin*>: *Hä es durch de Luff getirvelt.* (E ist durch die Luft gewirbelt.). **2.** <sich t.; *han*> sich überschlagen/drehen/wälze: *Hä kritt ere eine, dat hä sich tirvelt.* (Er bekommt einen (Schlag), so dass er sich überschlägt.) [auch: ↑wirvele]. (6)

Tisch|tennis|plaat, de ['tɪʃtɛnɪs,pla:t] <N.; i. best. Komposita *Tisch*, sonst ↑Desch; ~e> {11; s. u. ↑Plaat¹}: Tischtennisplatte.

Tisch|tennis|spill, et ['tɪʃtɛnɪs,ʃpɪl] <N.; i. best. Komposita *Tisch*, sonst ↑Desch; ~ [-ʃpɪl·]> {11; s. u. ↑Spill}: Tischtennis.

Titel|beld/~|bild, et ['tɪtəl,bɛlt / -bɪlt] <N.; ~er> {s. u. ↑Beld/Bild}: Titelbild.

Titel|bladd, et ['tɪtəl,blat] <N.; ~|blädder> {s. u. ↑Bladd}: Titelblatt, **a)** (Buchw.) erstes od. zweites Blatt eines Buches, das die bibliographischen Angaben, wie Titel, Name des Verfassers, Auflage, Verlag, Erscheinungsort o. Ä., enthält. **b)** Titelseite [auch: ↑Titel|sigg].

Titel|sigg, de ['tɪtəl,zɪk] <N.; ~e> {s. u. ↑Sigg¹}: Titelseite; erste, äußere Seite einer Zeitung, Zeitschrift, die den Titel enthält [auch: ↑Titel|bladd (b)].

titsche ['tɪtʃə] <V.; schw.; *han*; titschte ['tɪtʃtə]; getitsch [jə'tɪtʃ]>: **1.** federnd aufschlagen: *Dä Ball titsch god.* (Der Ball federt gut.). **2.** *einem eine t. (jmdm. eine Ohrfeige geben) [auch: ↑erunder|haue/erunger|~, ↑klätsche (1), ↑klatsche (2), ↑lange, ↑latsche (2), ↑scheuere, ↑tachtele, ↑tatsche, ↑watsche, ↑zoppe (2), *einem e paar ↑trecke, *einem eine ↑schmiere/ schmeere]. (110)

Titt, de [tɪt] <N.; ~e (meist Pl.)>: Frauenbrust, Busen [auch: ↑Bross, ↑Memm (2a), ↑Mops (4)].

Titt(er)|che, et ['tɪt(ə)ʃə] <N.; ~r>: **1.** Brustwarze. **2.** kleine Frauenbrust, Busen [auch: ↑Memm (2b), ↑Mimm|che²/Mimmel|che, ↑Mitz|che].

Titti, et ['tɪti] <N.; ~s>: Baby, Kleinkind.

tituliere/~eere [ˌtɪtə'li·(ə)rə / -e·rə] <V.; schw./unr.; *han*; titulierte [ˌtɪtə'li·ətə]; tituliert [ˌtɪtə'li·ət]; ⟨spätlat. titulare, zu lat. titulus ⟩> {(5.1.4.3)}: titulieren, nennen. (3) (2)

Toas, der [to·s] <N.; Toaste ['to·stə] ⟨engl. toast⟩>: Toast. **1. a)** geröstetes Weißbrot in Scheiben; **b)** zum Toasten geeignetes, dafür vorgesehenes Weißbrot. **2.** Trinkspruch.

Toas|brud, et ['to·s,bru·t] <N.; ~e> {s. u. ↑Toas ↑Brud}: Toastbrot; Toast.

tobe ['to·bə] <V.; schw.; *han*; tobte ['to·ptə]; getob [jə'to·p]>: toben. (189)

Tob|such, de ['to·p,zʊx] <N.; o. Pl.> {s. u. ↑Such}: Tobsucht.

Tob|suchs|aan|fall, der ['to·pzʊxs,a:nfal] <N.; ~|fäll [-fɛl·]> {s. u. ↑tobe ↑Such ↑Aan|fall}: Tobsuchtsanfall.

Togo ['to·jo·] <N.; Ländern.>: Togo; Staat in Westafrika.

Toll, de [tɔl·] <N.; ~e ['tɔlə]> {8.3.1}: Tolle, Haartolle.

Töll¹/**Tüll**¹, der [tøl· / tyl·] <N.; ~e> {5.5.1}: Tüll, Stoffart.

Töll²/**Tüll**², de [tøl· / tyl·] <N.; ~e> {5.5.1; 8.3.1}: Tülle, Röhrchen zum Ausgießen od. Einstecken.

Töll|gading/Tüll|~, de ['tøl·ja,di:ŋ / 'tyl·-] <N.; ~e> {s. u. ↑Töll¹/Tüll¹ ↑Gading}: Tüllgardine.

Tomat, de [to'ma·t] <N.; ~e> {5.5.1; 8.3.1}: Tomate.

Tomate|saff, der [to'ma·tə,zaf] <N.; ~|säff> {s. u. ↑Tomat ↑Saff}: Tomatensaft.

Tomate|schlot, der (et veraltet) [to'ma·tə,ʃlɔt] <N.; kein Pl.> {s. u. ↑Tomat ↑Schlot}: Tomatensalat.

Tomate|zauß, de [to'ma·tə,tsaʊs] <N.; ~e> {s. u. ↑Tomat ↑Zauß}: Tomatensoße.

Tomate|zupp, de [to'ma·tə,tsʊp] <N.; ~e> {s. u. ↑Tomat ↑Zupp}: Tomatensuppe.

Tomm|es, der ['tɔməs] <N.; männl. Vorn.> {5.4}: Kurzf. von Thomas.

Ton[1], der [to:n] <N.; Tön [tø·n]>: Ton, Klang; **[RA]** *Häs de doför Tön?* (Das gibt's doch wohl nicht!; wörtl.: Hast du dafür Töne?).

Ton[2], der [to:n] <N.>: Ton(erde).

Ton|aat, de ['to:n,|a:t] <N.; ~e> {s. u. ↑Ton[1] ↑Aat}: Tonart. **1.** (Musik) Stufenfolge von Tönen, die auf einen best. Grundton bezogen ist u. gleichzeitig ein best. Tongeschlecht aufweist. **2.** Tonfall; Art u. Weise, in der jmd. spricht.

Ton|ärm, der ['to:n,|ɛrm] <N.; ~e> {s. u. ↑Ton[1] ↑Ärm}: Tonarm (beim Plattenspieler).

Ton|band, et ['to:n,bant] <N.; ~|bänder> {s. u. ↑Band[1]}: Tonband.

töne ['tø·nə] <V.; schw.; *sin*; tönte ['tø:ntə]; getönt [jə'tø:nt]>: tönen.   (146)

Ton|kopp, der ['to:n,kɔp] <N.; ~|köpp> {s. u. ↑Ton[1] ↑Kopp}: Tonkopf, Tonabnehmer.

Ton|kuhl/~|kuul, de ['to:n,ku·l] <N.; ~e>: Tongrube, Tonkuhle.

Ton|lag, de ['to:n,la·x] <N.; ~e> {s. u. ↑Ton[1] ↑Lag}: Tonlage.

Ton|leider, de ['to:n,lei̯də] <N.; ~e> {s. u. ↑Ton[1] ↑Leider}: Tonleiter.

Tonn, de [ton·] <N.; ~e ['tɔnə]> {5.5.1; 8.3.1}: Tonne.

Ton|us|fall, der ['to:n|ʊs,fal] <N.; ~|fäll [-fɛl·]> {s. u. ↑Ton[1] ↑Us|fall}: Tonausfall.

Ton|üül, de ['to:n,y·l] <N.; ~e> {s. u. ↑Üül}: Schimpfw. für eine träge, eigenwillige Person; wörtl. „Toneule".

Toon, der [to:n] <N.; Töön [tø·n]; Töönche ['tø:nʃə]> {5.2.1.1.2}: Turm [auch: ↑Turm].

Töön|che, et ['tø:nʃə] <N.; Eigenn.>: Kunibertsturm, urspr. volkst. Name für den Wach- u. Hungerturm der Kuniberts-Torburg, der 1784 bei einem starken Eisgang zerstört wurde. Der Sage nach gab es in dem Wachturm ein Verlies, in dem ein *Wegg* von der Decke hing.

Wenn der Gefangene danach sprang, um ihn zu schnappen, fiel er in einen Schacht mit scharfen Messern, von denen er zerfleischt wurde. Deshalb wird der Kunibertsturm auch ↑Wegg|schnapp genannt.

Toon|uhr/~|ohr, de ['to:n,|u·ɐ̯ / -|o·ɐ̯] <N.; ~e> {s. u. ↑Toon ↑Uhr[1]/Ohr[1]}: Turmuhr [auch: ↑Turm|uhr/~|ohr].

Toon|üül, de ['to:n,|y·l] <N.; ~e> {s. u. ↑Toon ↑Üül}: Turmeule, Schimpfw. für eine humorlose Person.

Tööt|che, et ['tœ:tʃə] <N.; nur Diminutiv; ~r> {5.2.1.1; 5.5.3}: Törtchen.

törme/türme ['tør·mə / 'tyr·mə] <V.; schw.; *han*; törmte ['tør·mtə]; getörmp [jə'tør·mp]> {(5.5.1)}: türmen, **1.** (hoch) aufstapeln. **2.** (übertr.) abhauen.   (127)

Total|us|fall, der [to'ta·l|ʊs,fal] <N.; ~|fäll [-fɛl·]>: Totalausfall, völliger Ausfall.

Toto|sching, der ['toto,ʃɪŋ] <N.; ~|sching [-ʃɪŋ·]> {s. u. ↑Sching[1]}: Totoschein.

Tour, de [tu·ɐ̯] <N.; ~e ⟨frz. tour < afrz. tor(n) < lat. tornus⟩>: Tour. **1.** Ausflug. **2.** best. Strecke. **3.** <Pl. selten> Trick, Täuschungsmanöver. **4.** <meist Pl.> Umdrehung, Umlauf eines rotierenden Körpers.

Tour|iss, der [tʊ'rɪs] <N.; ~|iste>: Tourist.

Traach/Draach, de [tra:x / dra:x] <N.; ~te> {5.2.1.2}: Tracht.

traachte ['tra·xtə] <V.; schw.; *han*; getraach [jə'tra:x]> {5.2.1}: trachten.   (1)

Trabant, der [tra'bant] <N.; ~e>: Trabant, **1.** abhängiger Begleiter, Satellit. **2.** (übertr.) Kind. **3.** Fahrzeugmarke der ehem. DDR, kurz „Trabbi".

Trabb, der [trap] <N.> {5.3.2}: Trab, Gangart von Pferden; ***einer op T. bränge** (jmdn. auf T. bringen = jmdn. zu schnellerem Handeln antreiben); ***op T. kumme** (auf T. kommen = rasch vorankommen); ***op T. sin** (auf T. sein = in Eile sein; viel zu tun haben); ***einer en T. halde** (jmdn. in T. halten = jmdn. nicht zur Ruhe kommen lassen).

trabe ['tra·bə] <V.; schw.; *han*; trabte ['tra·ptə]; getrab [jə'tra·p]>: traben.   (189)

Trachte|aan|zog, der ['traxtə,|a:ntsox] <N.; i. best. Komposita *Tracht*, sonst ↑Draach/Traach; ~|zög> {11; s. u. ↑Aan|zog}: Trachtenanzuge.

Trachte|fess, et ['traxtə,fɛs] <N.; i. best. Komposita *Tracht*, sonst ↑Draach/Traach; ~|feste> {11; s. u. ↑Fess}: Trachtenfest.

Trachte|grupp, de ['traxtə‚jrʊp] <N.; i. best. Komposita *Tracht*, sonst ↑Draach/Traach; ~e> {11; s. u. ↑Grupp}: Trachtengruppe.

Trachte|jack, de ['traxtə‚jak] <N.; i. best. Komposita *Tracht*, sonst ↑Draach/Traach; ~e> {11; s. u. ↑Jack¹}: Trachtenjacke.

Träg|er, der ['trɛˑjɐ] <N.; i. best. Abl.: *trag-*, sonst ↑drage; ~e> {11}: Träger, z. B. am Kleid [auch: ↑Dräg|er].

Träg|er|kleid, et ['trɛˑjɐ‚klei̯t] <N.; i. best. Abl.: *trag-*, sonst ↑drage; ~er> {s. u. ↑Träg|er ↑Kleid}: Trägerkleid.

Träg|er|raket, de ['trɛˑjɐra‚keˑt] <N.; i. best. Abl.: *trag-*, sonst ↑drage; ~e> {s. u. ↑Träg|er ↑Raket}: Trägerrakete, mehrstufige Rakete.

Träg|er|rock, der ['trɛˑjɐ‚rɔk] <N.; i. best. Abl.: *trag-*, sonst ↑drage; ~|röck> {s. u. ↑Träg|er ↑Rock}: Trägerrock.

Trage|täsch, de ['traˑʀə‚tɛʃ] <N.; i. best. Komposita *trage*, sonst ↑drage; ~e> {11; s. u. ↑Täsch}: Tragetasche; **a)** Tasche, die mit der Hand getragen wird; **b)** kurz für Plastiktragetasche [auch: ↑Plastik|büggel].

Tragik, de ['traˑʀɪk] <N.>: Tragik.

tragisch ['traˑ‚ʀɪʃ] <Adj.; ~e; ~er; ~ste ⟨lat. tragicus < griech. tragikós⟩>: tragisch.　　Tbl. A1

Tragödie, de [tra'jø:dɪjə] <N.; ~ ⟨lat. tragoedia < griech. tragodía⟩>: Tragödie.

Trainings|aan|zog, der ['trɛˑnɪŋs‚laːntsox] <N.; ~|zög> {s. u. ↑Aan|zog}: Trainingsanzug.

Trainings|botz, de ['trɛˑnɪŋs‚bots] <N.; ~e> {s. u. ↑Botz}: Trainingshose.

Trainings|jack, de ['trɛˑnɪŋs‚jak] <N.; ~e> {s. u. ↑Jack¹}: Trainingsjacke.

Trainings|zigg, de ['trɛˑnɪŋs‚tsɪk] <N.; ~e> {s. u. ↑Zigg}: Trainingszeit; im Training gefahrene, gelaufene Zeit.

trainiere/~eere [trɛ'niˑ(ɐ̯)rə / -eˑrə] <V.; schw./unr.; *han*; trainierte [trɛ'niˑɐ̯tə]; trainiert [trɛ'niˑɐ̯t] ⟨frz. traîner⟩> {(5.1.4.3)}: trainieren.　　(3) (2)

Trak, der [trak] <N.; Trakte ['traktə] ⟨lat. tractus⟩>: Trakt.

Traktier/Trakteer, der [trak'tiˑɐ̯ / trak'teˑɐ̯] <N.> {8.3.2; (5.1.4.3)}: Traktieren, **1.** großzügige Bewirtung, Spende. **2.** Wirtschaft ohne Ordnung, Durcheinander; (schlechte) Behandlung.

Traktier|botz/Trakteer|~, de [trak'tiˑɐ̯‚bots / trak'teˑɐ̯-] <N.> {s. u. ↑Traktier/Trakteer}: Spendierhose, [nur i. d. **RA**] *de T. aanhan* (die S. anhaben, freigebig sein).

traktiere/~eere [trak'tiˑ(ɐ̯)rə / -eˑrə] <V.; schw./unr.; *han*; traktierte [trak'tiˑɐ̯tə]; traktiert [trak'tiˑɐ̯t] ⟨lat. tractare⟩> {(5.1.4.3)}: traktieren, **1.** schlecht behandeln, misshandeln. **2.** großzügig bewirten.　　(3) (2)

Tralje, de ['traljə] <N.; ~ ⟨frz. treille⟩> {2}: Tralje, Gitterstab.

Tralje|bedd, et ['traljə‚bɛt] <N.; ~er; ~che> {s. u. ↑Bedd}: Gitterbett, Kinderbett mit Holzgitter.

Tralje|finster, de/et ['traljə‚fɪnstɐ] <N.; ~e> {s. u. ↑Finster}: Gitterfenster, vergittertes Fenster.

trammele ['tramələ] <V.; schw.; *han* u. *sin*; trammelte ['traməltə]; getrammelt [jə'traməlt]> {9.2.1.2}: trampeln, mit den Füßen stampfen [auch: ↑trampele].　　(6)

Trampel, der ['trampəl] <N.; ~e>: Trampel, ***buure T.** (Bauern~; massive, plumpe, ungeschlachte Person).

Trampel|dier, et ['trampəl‚diˑɐ̯] <N.; ~e> {s. u. ↑Dier}: Trampeltier.

trampele ['trampələ] <V.; schw.; *han* u. *sin*; trampelte ['trampəltə]; getrampelt [jə'trampəlt]> {9.2.1.2}: trampeln, mit den Füßen stampfen [auch: ↑trammele].　　(6)

Träne(n)|dier, et ['trɛˑnə(n)‚diˑɐ̯] <N.; i. best. Komposita *Trän-*, sonst ↑Trɔn¹; ~e> {11; 9.1.4; s. u. ↑Dier}: Tränentier, **1.** Person, die leicht weint [auch: ↑Gööz, ↑Knaatsch¹, ↑Küüm|brezel, ↑Kröötsch, ↑Krügg|che Röhr|mich|nit|aan (2), ↑Quaatsch]. **2.** antriebslose, lethargische Person [auch: ↑Hang|dier (a)].

Träne|gas, et ['trɛˑnə‚jaˑs] <N.; i. best. Komposita *Träne*, sonst ↑Trɔn¹; ~e> {11; s. u. ↑Gas}: Tränengas.

transioniere/~eere [transjo'niˑ(ɐ̯)rə / -eˑrə] <V.; schw./unr.; *han*; transionierte [transjo'niˑɐ̯tə]; transioniert [transjo'niˑɐ̯t]> {(5.1.4.3)}: ärgern, plagen, peinigen, quälen [auch: ↑ärgere (1a), ↑kujoniere/~eere, ↑kraue (2), ↑kreuzige (2), ↑trieze].　　(3) (2)

transportiere/~eere [‚transpɔx'tiˑ(ɐ̯)rə / -eˑrə] <V.; schw./unr.; *han*; transportierte [transpɔx'tiˑɐ̯tə]; transportiert [transpɔx'tiˑɐ̯t] ⟨frz. transporter⟩> {(5.1.4.3)}: transportieren.　　(3) (2)

Transport|meddel, et [trans'pɔxt‚medəl] <N.; ~(e)> {s. u. ↑Meddel}: Transportmittel; Transporter.

Trapp, de [trap] <N.; ~e; Trepp|che ['trɛpɕə]> {5.4; 8.3.1}: Treppe [auch: ↑Trepp].

Trappe|foste/Treppe|~, der ['trapə‚fostə / 'trɛpə-] <N.; ~> {s. u. ↑Trapp ↑Trepp ↑Foste}: Treppenpfosten.

Trappe|ge|länder/Treppe|~, et ['trapəjə‚lɛnˑdɐ / 'trɛpə-] <N.; ~> {s. u. ↑Trapp ↑Trepp}: Treppengeländer.

Trappe(n)|av|satz/Treppe(n)|~, der ['trapə(n)ˌafzats / 'trɛpə(n)-] <N.; ~|sätz> {s. u. ↑Trapp ↑Trepp; 9.1.4}: Treppenabsatz.

Trappe(n)|huus/Treppe(n)|~, et ['trapə(n)ˌhuːs / 'trɛpə(n)-] <N.; ~|hüüser [-hyˑze]> {s. u. ↑Trapp ↑Trepp ↑Huus; 9.1.4}: Treppenhaus.

Trappe(n)|hüüs|che/Treppe(n)|~, et ['trapə(n)ˌhyˑsjə / 'trɛpə(n)-] <N.; ~r> {s. u. ↑Trapp ↑Trepp ↑Huus; 9.1.4}: Kammer unter der Treppe.

Trappe|stuf/Treppe|~, de ['trapəˌʃtuˑf / 'trɛpə-] <N.; ~e> {s. u. ↑Trapp ↑Trepp ↑Stuf}: Treppenstufe.

Trass, de ['tras] <N.; ~e ⟨frz. trace⟩> {8.3.1}: Trasse.

Tratsch[1], der [traːtʃ] <N.>: Tratsch, **1.** Matsch, Schlamm. **2.** Geschwätz, Klatsch.

Tratsch[2], de [traːtʃ] <N.; ~e>: Klatschmaul: *Die Schmitzens es en richtige T.* (Frau Schmitz ist ein richtiges K.) [auch: Seiver|muul, Brei|muul, Tratsch|muul, Klaaf|muul].

tratsche ['traˑtʃə] <V.; schw.; tratschte ['traˑtʃtə]; getratsch [jə'traˑtʃ]>: tratschen, **1.** <sin> stampfend (durch Schlamm, Matsch) gehen. **2.** <han> klatschen, schlecht über andere reden [auch: ↑klaafe (2), ↑klatsche (6), ↑schwätze[2] (3), ↑us|quasele, ↑us|quatsche (1), *sich de Muul zerrieße, (einer) durch de Zäng trecke*]. (110)

Tratsch|muul, de ['traːtʃˌmuˑl] <N.; ~|müüler/~|muule [-myˑle / -muˑlə]> {s. u. ↑Muul}: Tratschmaul (das), Schwätzer(in) [auch: ↑Klaaf|muul, ↑Seiver|muul, ↑Seiver|schnüss, ↑Tratsch[2], ↑Brei|muul, ↑Schwaad|schnüss].

traue ['traʊə] <V.; schw.; han; traute ['traʊˑtə]; getraut [jə'traʊˑt]>: trauen, **1.** ehelich verbinden: *Die zwei looße sich t.* (Die beiden lassen sich t.). **2.** Vertrauen haben, Glauben schenken: *Däm ka' mer nit t.* (Ihm kann man nicht t.). **3.** <sich t.> sich getrauen, zutrauen: *Dat traue ich mich nit.* (Das traue ich mich nicht.). (11)

Trauer|feer/~|fier, de ['traʊəˌfeˑɐ / -fiˑɐ] <N.; i. best. Komposita *Trauer*, sonst ↑Troor/Truur; ~e> {11; s. u. ↑Feer/Fier}: Trauerfeier.

Trauer|gass, der ['traʊəˌjas] <N.; i. best. Komposita *Trauer*, sonst ↑Troor/Truur; ~|gäss (meist Pl.)> {11; s. u. ↑Gass[2]}: Trauergast.

Trauer|goddes|deens, der ['traʊəˌjɔdəsdeˑns] <N.; i. best. Komposita *Trauer*, sonst ↑Troor/Truur; ~te> {11; s. u. ↑Godd[1] ↑Deens}: Trauergottesdienst.

Trauer|spill, et ['traʊəˌʃpɪl] <N.; i. best. Komposita *Trauer*, sonst ↑Troor/Truur; ~ [-ˌʃpɪlˑ]> {11; s. u. ↑Spill}: Trauerspiel. **1.** Theaterstück mit tragischem Ausgang. **2.** etw. Schlimmes, Beklagenswertes.

Trauer|zog, der ['traʊəˌtsɔx] <N.; i. best. Komposita *Trauer*, sonst ↑Troor/Truur; ~|zög> {11; s. u. ↑Zog[1]}: Trauerzug.

träufele ['trɔʏfələ] <V.; schw.; han; träufelte ['trɔʏfəltə]; geträufelt [jə'trɔʏfəlt]> {9.2.1.2}: träufeln. (6)

Trau|sching, der ['traʊˌʃɪŋ] <N.; ~|sching [-ʃɪŋˑ]> {s. u. ↑Sching[1]}: Trauschein.

trecke ['trɛkə] <V.; st.; han; trɔk [trɔk]; getrocke [jə'trɔkə]>: ziehen, auf sich zu bewegen, ***einem e paar t.** (jmdn. schlagen): *Treck im e paar!* (Zieh ihm ein paar (Schläge) über!); ***en Muul t.** (schmollen), ***e Pännche t.** (schmollen, den Mund verziehen); ***einer durch de Zäng t.** (durchhecheln, über jmdn. herziehen). (190)

Tredd, der [trɛt] <N.; ~(e)> {5.5.2; 6.11.3}: **1.** Tritt, ***ene T. krige** (einen T. bekommen/kriegen = entlassen, fortgejagt werden). **2.** Stufe [auch: ↑Stuf].

Tredd|bredd, et ['trɛtˌbrɛt] <N.; ~er> {s. u. ↑Tredd ↑Bredd}: Trittbrett.

Tredd|bredd|fahrer, der ['trɛtbrɛtˌfaːrə] <N.; ~> {s. u. ↑Tredd ↑Bredd}: Trittbrettfahrer.

tredde ['trɛdə] <V.; st.; han; trɔdt [trɔˑt]; getrodde [jə'trɔdə]> {5.3.4; 5.5.2; 6.11.3}: treten, **1.** jmdm., einer Sache einen Tritt versetzen: *einer en de Fott t.* (jmdn. in den Hintern t.); *Dä hät mich getrodde.* (Der hat mich getreten). **2.** seinen Fuß auf/in etw. setzen: *op de Stroß t.* (auf die Straße t.); *op de Stell t.* (auf der Stelle t.); ***op jet t./gonn** (etwas betreten). (191)

Tredd|leider, de ['trɛtˌlɛɪdə] <N.; ~e> {s. u. ↑Tredd ↑Leider}: Trittleiter.

Treechter, der ['treːçtə] <N.; ~e> {5.2.1}: Trichter.

Treff, der [trɛf] <N.; ~s> {(8.3.2)}: Treff(er), **1.** Treffer. **2. a)** Treff; Zusammenkunft, Treffen, **b)** Treff; Treffpunkt.

treffe ['trɛfə] <V.; st.; han; trɔf [trɔˑf]; getroffe [jə'trɔfə]>: treffen. (192)

Treff|punk, der ['trɛfˌpʊŋk] <N.; ~te> {s. u. ↑Punk}: Treffpunkt.

Treib|gas, et ['traɪpˌjaˑs] <N.; i. best. Komposita *treib-*, sonst ↑drieve; ~e> {11; s. u. ↑Gas}: Treibgas.

trendele

trendele/trentele ['trɛndələ / 'trɛntələ] <V.; schw.; *han*; trendelte ['trɛndəltə]; getrendelt [jə'trɛndəlt]> {9.2.1.2}: trendeln, trödeln, schlendern [auch: ↑läumele, ↑läumere, ↑trödele]. (6)

Trendel|ei/Trentel|ei, de [trɛndə'leːɪ̯ / trɛntə'leːɪ̯] <N.; ~e [-eɪ̯ə]>: Trödelei.

Trendels|botz/Trentels|~, de ['trɛndəls,bots / 'trɛntəls-] <N.; ~e>: Person, die trendelt, trödelt [auch: Trendels|fott/Trentel|~].

Trendels|fott/Trentels|~, de ['trɛndəls,fot / 'trɛntəls-] <N.; ~|fött> {s. u. ↑trendele/trentele ↑Fott}: Person, die trendelt, trödelt [auch: Trendels|botz/Trentel|~].

trenne ['trɛnə] <V.; schw.; *han*; trennte ['trɛnˑtə]; getrennt [jə'trɛnˑt]>: trennen. (10)

Trenn|koss, de ['trɛn,kɔs] <N.; kein Pl.> {s. u. ↑Koss}: Trennkost.

Trenn|schiev, de ['trɛn,ʃiˑf] <N.; ~e> {s. u. ↑Schiev}: Trennscheibe.

Trenn|ungs|zeiche, et ['trɛnʊŋs,tseɪ̯ŋə] <N.; ~>: Trennungszeichen.

Trens, de [trɛnˑs] <N.; ~e ⟨niederl. trens(e), wohl span. trenza = Geflecht, Tresse)> {8.3.1}: Trense.

Trens|che, et ['trɛnˑsjə] <N.; ~r>: Öse aus Garn.

trentele/trendele ['trɛntələ / 'trɛndələ] <V.; schw.; *han*; trentelte ['trɛntəltə]; getrentelt [jə'trɛntəlt]> {6.13.2; 9.2.1.2}: trendeln, trödeln [auch: ↑läumele, ↑läumere, ↑trödele]. (6)

Trentel|ei/Trendel|ei, de [trɛntə'leːɪ̯ / trɛndə'leːɪ̯] <N.; ~e [-eɪ̯ə]>: Trödelei.

Trentels|botz/Trendels|~, de ['trɛntəls,bots / 'trɛndəls-] <N.; ~e>: Person, die trendelt, trödelt [auch: ↑Trentels|fott/Trendels|~].

Trentels|fott/Trendels|~, de ['trɛntəls,fot / 'trɛndəls-] <N.; ~|fött> {s. u. ↑trentele/trendele ↑Fott}: Person, die trendelt, trödelt [auch: ↑Trentels|botz/Trendels|~].

Trepp, de [trɛp] <N.; ~e; Trepp|che ['trɛpfʃə]> {8.3.1}: Treppe [auch: ↑Trapp].

trepp|av [,trɛp'|af] <Adv.> {s. u. ↑av}: treppab.

Treppe|foste/Trappe|~, der ['trɛpə,fɔstə / 'trapə-] <N.; ~> {s. u. ↑Trepp ↑Trapp ↑Foste}: Treppenpfosten.

Treppe|ge|länder/Trappe|~, et ['trɛpəjə,lɛnˑdɐ / 'trapə-] <N.; ~> {s. u. ↑Trepp ↑Trapp}: Treppengeländer.

Treppe(n)|av|satz/Trappe(n)|~, der ['trɛpə(n),|afzats / 'trapə(n)-] <N.; ~|sätz> {s. u. ↑Trepp ↑Trapp; 9.1.4}: Treppenabsatz.

Treppe(n)|huus/Trappe(n)|~, et ['trɛpə(n),huːs / 'trapə(n)-] <N.; ~|hüüser [-hyˑzɐ]> {s. u. ↑Trepp ↑Trapp ↑Huus; 9.1.4}: Treppenhaus.

Treppe(n)|hüüs|che/Trappe(n)|~, et ['trɛpə(n),hyˑsjə / 'trapə(n)-] <N.; ~r> {s. u. ↑Trepp ↑Trapp ↑Huus; 9.1.4}: Kammer unter der Treppe.

Treppe|stuf/Trappe|~, de ['trɛpə,ʃtuˑf / 'trapə-] <N.; ~e> {s. u. ↑Trepp ↑Trapp ↑Stuf}: Treppenstufe.

trepp|op [,trɛp'|op] <Adv.> {s. u. ↑op²}: treppauf.

Tresor|schlössel, der ['trezoːɐ̯,ʃløsəl] <N.; ~e> {s. u. ↑Schlössel}: Tresorschlüssel.

Tress, de [trɛs] <N.; ~e> {8.3.1}: Tresse, Borte an Uniformen.

Tret|min, de ['treːt,miːn] <N.; i. best. Koposita tret sonst ↑Tredd; ~e> {5.5.2; 11; s. u. ↑Min¹}: **1.** Tretmine. **2.** (übertr.) Hundehaufen.

treu [trøy̆] <Adj.; ~e; ~er, ~ste>: treu, **a)** zuverlässig, ergeben; **b)** <Eigenn.: „Treuer Husar"> Taditionskorps von 1925 im Kölner Karneval. Tbl. A2.9

treu|hätz|ig ['trøy̆ˑ,hɛtsɪf] <Adj.; ~e; ~er, ~ste>: treuherzig, gutgläubig, offenherzig, arglos, naiv [auch: ↑dröck|lich]. Tbl. A5.2

tribbele ['trɪbələ] <V.; schw.; *sin*; tribbelte ['trɪbəltə]; getribbelt [jə'trɪbəlt]> {6.9; 9.2.1.2}: trippeln. (6)

tribbeliere/~eere [trɪbə'liˑ(ɐ̯)rə / -eˑrə] <V.; schw./unr.; *han*; tribbelierte [trɪbə'liˑɐ̯tə]; tribbeliert [trɪbə'liˑɐ̯t]> {(5.1.4.3)}: drängen, belästigen, quälen, ungeduldig sein: *Wat bes de am T.?!* (Warum drängelst du so ungeduldig?!) [auch: ↑be|lästige (a), ↑be|lämmere, ↑vexiere/~eere, ↑transioniere/~eere; *jet ze drieße han*]. (3) (2)

Tribün, de [trɪ'byːn] <N.; ~e ⟨frz. tribune < ital. tribuna < lat. tribunal)> {8.3.1}: Tribüne.

Tribüne|platz, der [trɪ'byːnə,plats] <N.; ~|plätz> {s. u. ↑Platz¹}: Tribünenplatz.

trickse ['trɪksə] <V.; schw.; *han*; trickste ['trɪkstə]; getricks [jə'trɪks]>: tricksen, Tricks anwenden. (87)

Trieb|fedder, de ['triːp,fedɐ] <N.; i. best. Komposita Trieb, sonst ↑Drevv; ~e> {11; s. u. ↑Fedder}: Triebfeder.

Trieb|kraff, de ['triːp,kraf] <N.; i. best. Komposita Trieb, sonst ↑Drevv; ~|kräfte> {11; s. u. ↑Kraff}: Triebkraft.

tröötsche

1. Kraft, die etw. antreibt, in Bewegung setzt, hält. **2. a)** Fähigkeit, einen Teig aufgehen zu lassen; **b)** Fähigkeit, durch die Erde hindurch nach oben zu wachsen. **3.** Faktor, der die Entwicklung von etw. vorantreibt wie Ehrgeiz, Eifersucht, Liebe usw.

trieze ['tri:tsə] <V.; schw.; *han*; triezte ['tri:tstə]; getriez [jə'tri:ts]>: triezen, plagen, quälen [auch: ↑ärgere (1a), ↑kujoniere/~eere, ↑kraue (2), ↑kreuzige (2), ↑transioniere/~eere]. (112)

trillere ['trɪlərə] <V.; schw.; *han*; trillerte ['trɪletə]; getrillert [jə'trɪlet]> {9.2.1.2}: trillern. (4)

trimme ['trɪmə] <V.; schw.; *han*; trimmte ['trɪmtə]; getrimmp [jə'trɪmˑp]>: trimmen, **1. a)** durch sportliche Betätigung, körperliche Übungen leistungsfähig machen: *Dä trimmp sich, endäm e jeden Dag durch der Wald läuf.* (Er trimmt sich durch tägliche Waldläufe.); **b)** vorbereiten: *Hä hät singe Sonn för de Klassenarbeid getrimmp.* (Er hat seinen Sohn für die Klassenarbeit getrimmt/vorbereitet.). **2.** (durch wiederholte Anstrengungen) zu einem best. Aussehen/einer best. Verhaltensweise/in einen best. Zustand bringen/in best. Weise zurechtmachen, best. Eigenschaften geben: *Die trimmp sich op jung.* (Sie trimmt sich auf jugendlich.). **3. a)** (einem Hund) durch Scheren od. Ausdünnen des Fells das für seine Rasse übliche, der Mode entspr. Aussehen verleihen: *ene Pudel t.* (einen Pudel t.); **b)** durch Bürsten des Felles von abgestorbenen Haaren befreien. (40)

Trina, et ['tri:na] <N.; weibl. Vorn.>: Kurzf. von Katharina [auch: ↑Kathring, ↑Tring].

Tring, et ['trɪŋ] <N.; weibl. Vorn.>: Kurzf. von Katharina [auch: ↑Kathring, ↑Trina].

Trio|logie, de [ˌtrɪjolo'ji·] <N.; ~ [ˌtrijolo'ji·ə] ⟨griech. trilogía⟩>: Trilogie.

Trippe, der ['trɪpə] <N.; ~>: hinten offene Sandale mit Holzsohle; **[RA]** *De Sonn steiht op Stippe, dann rähnt et morge T.* (Wetterregel: Wenn die Sonne schräg durch dunkle Wolken scheint, verheißt das starken Regen am folgenden Tag.).

Triumph|boge, der [trɪ'jʊmf,bo:ʀə] <N.; ~|böge> {s. u. ↑Boge}: Triumphbogen.

Triumph|zog, der [trɪ'jʊmf,tsox] <N.; ~|zög> {s. u. ↑Zog¹}: Triumphzug.

Trödel, der ['trœ:dəl] <N.; kein Pl.> {5.5.3}: Trödel; alter, unnützer Kram [auch: ↑Trödels|krom].

trödele ['trœ:dələ] <V.; schw.; *han*; trödelte ['trœ:dəltə]; getrödelt [jə'trœ:dəlt]> {5.5.3; 9.2.1.2}: trödeln, trendeln, bummeln [auch: ↑läumele, ↑läumere, ↑trendele, ↑trentele]. (6)

Trödel|lade, der ['trœ:dəlˌla·də] <N.; ~|läde> {s. u. ↑Trödel ↑Lade}: Trödelladen; Laden, in dem Trödel verkauft wird.

Trödel|maat, der ['trœ:dəlˌma:t] <N.> {s. u. ↑Trödel ↑Maat}: Trödelmarkt [auch: ↑Fluh|maat].

Trödels|krom, der ['trœ:dəlsˌkro·m] <N.; kein Pl.> {s. u. ↑Trödel ↑Krom}: Trödelkram; alter, unnützer Kram [auch: ↑Trödel].

Tromm/Trumm, de [trom / trʊmˑ] <N.; Trumm (älter); ~e ['tromə]> {5.5.1; 8.3.2}: Trommel [auch: ↑Trommel].

Trommel, de ['trɔməl] <N.; ~e> {5.5.1}: Trommel [auch: ↑Tromm; ↑Trumm].

trommele ['trɔmələ] <V.; schw.; *han*; trommelte ['trɔməltə]; getrommelt [jə'trɔməlt]> {5.5.1; 9.2.1.2}: trommeln. (6)

Trommel|fell, et ['trɔməlˌfɛl] <N.; ~e>: Trommelfell.

Trommel|feuer, et ['trɔməlˌfoyɐ] <N.; i. best. Komposita *Feuer*, sonst ↑Füür/Föör; ~> {11}: Trommelfeuer.

Trompett/Trompet, de [trom'pɛt / trompeˑt] <N.; ~e> {5.3.2; 8.3.1}: Trompete.

Tron¹, de [tro·n] <N.; ~e> {5.5.3; 8.3.1}: Träne; ***~e futze künne.** (sich kaputtlachen.)

Tron², der [tro·n] <N.; ~e (Sortenpl.)> {5.5.3}: Tran.

Trone|sack, der [tro·nəˌzak] <N.; ~|säck {s. u. ↑Tron¹ ↑Sack}: Tränensack.

Trons|funzel, de ['tro·nsˌfʊntsəl] <N.; ~e> {s. u. ↑Tron¹ ↑Funzel}: **1.** Petroleumslampe. **2.** Lampe, die nicht viel Licht gibt.

Trons|kann, de ['tro·nsˌkanˑ] <N.; ~e [-kanə]>: **1.** unaufmerksame Person. **2.** geistig unbewegliche Person, Dummkopf, Tollpatsch, Trottel.

Troor/Truur, de [troˑɐ / truˑɐ] <N.> {5.1.4.6; 8.2.2.2}: Trauer.

troore/truure [troˑrə / truˑ(ɐ)rə] <V.; unr.; *han*; troote ['troˑtə]; getroot [jə'troˑt]> {5.1.4.6; 8.2.2.2}: trauern, seelischen Schmerz empfinden. (134) (100)

tröötsche ['trœ:tʃə] <V.; schw.; *han*; trööt­schte ['trœ:tʃtə]; getröötsch [jə'trœ:tʃ]>: **1.** langsam agieren, trödeln. **2.** pissen, laut u. viel Wasser lassen. (110)

Trope ['troːpə] <N.; Pl. ⟨griech. tropaí (helíou)⟩>: Tropen; Gebiete beiderseits des Äquators mit ständig hohen Temperaturen.

Trope|aan|zog, der ['troːpəˌlaːntsox] <N.; ~|zög> {s. u. ↑Aan|zog}: Tropenanzug.

Trope|feeber/~|fieber, et ['troːpəˌfeːbə / -fiːbə] <N.> {s. u. ↑Feeber/Fieber}: Tropenfieber, schwere Form der Malaria.

Trope|helm, der ['troːpəˌhɛlm] <N.; ~e> {s. u. ↑Trope}: Tropenhelm.

Trope|huus, et ['troːpəˌhuːs] <N.; ~|hüüser [-hyːzə]> {s. u. ↑Huus}: Tropenhaus, Troparium.

Tröt, de [trœːt] <N.; ~e> {5.5.3; 8.3.1}: Tröte, **1.** Blechblasinstrument (für Kinder). **2.** (übertr.) Speiseröhre; *ene Grümmel/Grömmel en der T. han (1. einen Frosch im Hals haben, 2. sich verschlucken). **3.** Martinshorn. **4.** (Schimpfw.) Dummkopf.

tröte ['trœːtə] <V.; schw.; han; getröt [jə'trœːt]> {5.5.3}: **1.** tröten, auf einem Blechblasinstrument spielen od. Töne erzeugen [auch: ↑bloːse (2)]. **2.** saufen [auch: ↑suffe]. (201)

Tröte|mann, der ['trœːtəˌman] <N.; ~|männer>: Bläser, scherzh. für jmdn., der ein Blechblasinstrument spielt bzw. Töne darauf produziert.

Trottinett, et [trɔtɪ'nɛt] <N.; ~s>: Kickboard.

Trottoir, et [ˌtrɔtə'vaː] <N.; ~s ⟨frz. trottoir⟩> {2}: Bürgersteig, Gehsteig.

Trottoir|schwalv(ter), de [trɔtə'vaːˌʃvalˑf(tə)] <N.; ~e> {s. u. ↑Schwalv(ter)}: Straßenmädchen, Stravenfirne [auch: ↑Nutt ↑Hur/Hor].

trotz [trɔts] <Präp.; m. Dat.>: trotz.

Trotz|ald|er, et ['trɔtsˌlaldə] <N.; o. Pl.> {s. u. ↑Ald|er}: Trotzalter.

trotz|däm ['trɔtsˌdɛm / '-'-] <Adv.> {5.4}: trotzdem.

trotze ['trɔtsə] <V.; schw.; han; trotzte ['trɔtstə]; getrotz [jə'trɔts]>: trotzen, sich widersetzen. (114)

Trotz|kopp, der ['trɔtsˌkɔp] <N.; ~|köpp> {s. u. ↑Kopp}: Trotzkopf, Dickkopf, Klotzkopf, eigensinniger Mensch [auch: ↑Klotz|kopp, ↑Deck|kopp].

Trotz|phas, de ['trɔtsˌfaːs] <N.; ~e> {s. u. ↑Phas}: Trotzphase, Trotzalter.

trudele ['truːdələ] <V.; schw.; sin; trudelte ['truːdəltə]; getrudelt [jə'truːdəlt]> {9.2.1.2}: trudeln. (6)

Truffel, de ['trʊfəl] <N.; ~e>: Maurerkelle.

Trumm/Tromm, de [trʊmˑ / trɔmˑ] <N.; Trumm (älter); ~e ['trʊmə]> {5.4; 8.3.2}: Trommel [auch: ↑Trommel].

Trump, der [trʊmp] <N.; Trümp [trʏmp]> {6.8.1}: Trumpf.

trumpe ['trʊmpə] <V.; schw.; han; trumpte ['trʊmptə]; getrump [jə'trʊmp]> {6.8.1}: trumpfen. (180)

Trupp, der [trʊp] <N.; ~e>: Trupp, Gruppe.

Trus, der [truːs] <N.; kein Pl.> {5.4; 8.3.5}: Trost.

Trus|flaster, et ['truːsˌflastə] <N.; ~> {s. u. ↑Trus ↑Flaster}: Trostpflaster, kleine Entschädigung für einen Verlust, eine Benachteiligung, einen Misserfolg o. Ä..

trüs|lich ['tryːslɪç] <Adj.; ~e; ~er, ~ste> {5.4; 8.3.5}: tröstlich. Tbl. A1

Trus|pries, der [truːsˌpriːs] <N.; ~e> {s. u. ↑Trus ↑Pries}: Trostpreis; kleine Entschädigung für jmdn., der keinen Preis gewonnen hat.

trüste ['tryːstə] <V.; schw.; han; getrüs [jə'tryːs]> {5.4}: trösten. (101)

Trüst|er, der ['tryːstə] <N.; ~> {5.4}: Tröster.

Trutschel, de ['trʊtʃəl] <N.; ~e>: plumpe, schwerfällige Frau [auch: ↑Maat|koloss (b)]

Trutze|berg, Am [am'trʊtsənˌbɛrʃ] <N.; Straßenn.> {s. u. ↑Berg/Birg}: Am Trutzenberg; Straße in Köln-Altstadt/Süd. Der Hof Trutzenberg war bis zur Franzosenzeit, also am Anfang des 19. Jh., im Besitz des Freiherrn von Hatzfeld zu Schönstein.

Truur/Troor, de [truːɐ / troːɐ] <N.> {5.1.4.6; 8.2.2.2}: Trauer.

truure/troore [truː(ɐ)rə / troːrə] <V.; schw.; han; truurte ['truːɐtə]; getruurt [jə'truːɐt]> {5.1.4.6}: trauern, seelischen Schmerz empfinden. (100) (134)

tschüss [tʃʏs] <Adv.>: adieu, Abschiedswort: *T., bes morge!* (A., bis morgen!) [auch: ↑adjüs, ↑ad|tschüs]; *t. sage (sich verabschieden).

Tsetse|fleeg, de ['tseːtseːˌfleːʃ] <N.; ~e ⟨Bantu (afrik. Eingeborenensprache) tsetse (lautm.)⟩> {s. u. ↑Fleeg}: Tsetsefliege; im tropischen Afrika heimische Stechfliege, die durch ihren Stich bes. die Schlafkrankheit überträgt.

Tub, de [tuːp] <N.; ~e ⟨engl. tube < frz. tube < lat. tubus⟩> {8.3.1}: Tube.

Tubak/Tabak, der ['tʊbak / 'tabak] <N.; ~e (Sortenpl.)> {5.4}: Tabak.

Tubak|bladd/Tabak|~, et ['tʊbak‚blat / 'tabak] <N.; |blädder> {s. u. ↑Tubak/Tabak ↑Bladd}: Tabakblatt, Blatt der Tabakpflanze.

Tubaks|büggel/Tabaks|~, der ['tʊbaks‚bygəl / 'tabaks-] <N.; ~e> {s. u. ↑Tubak/Tabak ↑Büggel}: Tabaksbeutel.

Tubaks|dos/Tabaks|~, de ['tʊbaks‚doˑs / 'tabaks-] <N.; ~e; Dös|che [-døˑsjə]> {s. u. ↑Tubak/Tabak ↑Dos}: Tabaksdose.

Tubaks|pief/Tabaks|~, de ['tʊbaks‚piːf / 'tabaks-] <N.; ~e> {s. u. ↑Tubak/ Tabak ↑Pief}: Tabakspfeife.

Tubak|stöör/Tabak|~/~/stüür, de ['tʊbak‚ʃtyˑɐ / 'tabak- / -ʃtøˑɐ] <N.; Stöör veraltet; ~e> {s. u. ↑Tubak/Tabak ↑Stöör/Stüür}: Tabaksteuer.

tuckere ['tʊkərə] <V.; schw.; sin; tuckerte ['tʊkɐtə]; getuckert [jə'tʊkɐt]> {9.2.1.2}: tuckern, gleichmäßig aufeinander folgende klopfende Laute von sich geben. (4)

tüddele/tüttele ['tʏdələ / 'tʏtələ] <V.; schw.; han; tüddelte ['tʏdəltə]; getüddelt [jə'tʏdəlt]>: zaudern. (6)

tüddel|ig/tüttel|~ ['tʏdəlɪʃ / 'tʏtəl-] <Adj.; ~e; ~er, ~ste> {5.3.2}: tüdelig, **1.** duselig. **2.** unbeholfen. Tbl. A5.2

Tüddels|krom/Tüttels|~, der ['tʏdəls‚kroˑm / 'tʏtəls-] <N.; kein Pl.> {s. u. ↑Krom}: Krimskram, sinnlose Tätigkeit.

Tüftel|arbeid, de ['tʏftəl‚arbeˑɪt] <N.; ~e> {s. u. ↑tüftele ↑Arbeid}: Tüftelarbeit.

tüftele ['tʏftələ] <V.; schw.; han; tüftelte ['tʏftəltə]; getüftelt [jə'tʏftəlt]> {9.2.1.2}: tüfteln. (6)

tugend|haff ['tuːʀənthaf] <Adj.; ~|hafte; ~|hafter, ~ste>: tugendhaft. Tbl. A4.2.1

Tüll¹/Töll¹, de [tʏlˑ / tølˑ] <N.; ~e>: Tüll, Stoffart.

Tüll²/Töll², de [tʏlˑ / tølˑ] <N.; ~e> {8.3.1}: Tülle, Röhrchen zum Ausgießen od. Einstecken.

Tüll|gading/Töll|~, de ['tʏlˑja‚dɪŋ / tølˑ-] <N.; ~e> {s. u. ↑Tüll/Töll ↑Gading}: Tüllgardine.

Tulp, de ['tʊləp] <N.; ~e ['tʊlpə]> {8.3.1}: Tulpe.

Tulpe|bedd/~|beet, et ['tʊlpə‚bɛt / -beˑt] <N.; ~er/~e> {s. u. ↑Bedd ↑Beet}: Tulpenbeet.

Tulpe|feld, et ['tʊlpə‚fɛlt] <N.; ~er>: Tulpenfeld.

Tulpe|zwibbel, de ['tʊlpə‚tsvɪbəl] <N.; ~e> {s. u. ↑Zwibbel}: Tulpenzwiebel.

Tummeleut, der [‚tʊmə'løʏt] <N.>: Purzelbaum, nur i. d. Bed.: der T. schlage (einen P. schlagen) [auch: ↑Kuckele|baum, ↑Tirvel].

Tünn, der [tʏnˑ] <N.; männl. Vorn.>: Kurzf. von Anton [auch: ↑Antun].

Tünn|es, der ['tʏnəs] <N.; ~|ese/~|ese>: Tünnes, **1.** (männl. Vorn.) Anton (nicht mehr gebr.) [gebräuchl.: ↑Antun, ↑Tünn]. **2.** <Eigenn.>: Tünnes ist die eine Figur des bekannten Paares Tünnes un Schäl; Figur des Kölner Stockpuppentheaters „Hänneschen-Theater". Er ist der etwas schwerfällige, phlegmatische, bodenständige Part. **3.** (abw. für) Mann, Partner: Däm singe T. kütt luuter ze späd. (Ihr Freund kommt immer zu spät.). **4.** spött. Bez. für einen etw. einfältigen Menschen: Wat es dat dann för ene T., dat dä su ene Käu vun sich gitt. (Was ist das denn für ein Trottel so etwas von sich zu geben, zu erzählen.).

Tünnes un Schäl ['tʏnəzʊn'ʃɛˑl] <Eigenn.> {3}: Tünnes und Schäl, Figuren des Kölner Stockpuppentheaters „Hänneschen-Theater", zwei kölsche Originale.

Tunt, de [tʊnt] <N.; ~e> {8.3.1}: Tunte [auch: ↑Kess (2)].

tüntele ['tʏntələ] <V.; schw.; han; tüntelte ['tʏntəltə]; getüntelt [jə'tʏntəlt]> {5.4; 6.12.2; 9.2.1.2}: **a)** tändeln, zögern, zaudern; **b)** schäkern, flirten. (6)

Tüntel|ei, de [tʏntə'leˑɪ] <N.; ~e [-eɪə]> {5.4; 6.13.2}: Tändelei; **1.** Schäfern, Flirten. **2.** Betrügerei [auch: ↑Bedress|che, ↑Bedrög|erei, ↑Fuutel].

tüntel|ig ['tʏntəlɪʃ] <Adj.; ~e; ~er, ~ste>: **1.** umständlich, zögernd. **2.** zimperlich. Tbl. A5.2

tunt|ig ['tʊntɪʃ] <Adj.; ~e; ~er, ~ste>: tuntig [auch: ↑kest|ig]. Tbl. A5.2

Tupp, der [tʊp] <N.; ~e; Tüpp(|el)|che ['tʏp(əl)fjə]> {6.8.1; 8.3.2}: Tupfen, Tupfer.

tuppe ['tʊpə] <V.; schw.; han; tuppte ['tʊptə]; getupp [jə'tʊp]> {6.8.1}: **1.** tupfen. **2.** Tippen (d. i. ein Kartenspiel) spielen. **3.** Geschlechtsverkehr ausüben, beischlafen, vögeln [auch: ↑bööschte (2), ↑bumse (3), ↑döppe (1), ↑höggele, ↑poppe, ↑rammele (2)]. (75)

Tuppe¹, der ['tʊpə] <N.; ~> {6.8.1}: Tupfen.

Tuppe², et ['tʊpə] <N.; kein Pl.> {5.4}: Tippen (Kartenspiel).

Tupp|es, der ['tʊpəs] <N.; ~|ese/~|ese>: **1.** männl. Partner, Freund, Kavalier, Liebhaber [auch: ↑Luschewa/Lischowa, ↑Kavalör|es]. **2.** (abw.) Typ.

Turbin, de [tʊr'biːn] <N.; ~e ⟨frz. turbine, zu lat. turbo⟩> {8.3.1}: Turbine.

Türelür, der [tʏrə'lyːɐ] <N. ⟨frz. turelure⟩>: Einerlei, (lautm.).

Türk, der [tʏrk] <N.; ~e> {8.3.1}: Türke.

Turm, der [tʊrm] <N.; Türm [tʏrˑm]>: Turm [auch: ↑Toon].

türme/törme ['tʏrˑmə / 'tørˑmə] <V.; schw.; han; türmte ['tʏrˑmtə]; getürmp [jə'tʏrˑmp]> {5.5.1}: türmen, **1.** (hoch) auftürmen. **2.** (übertr.) abhauen. (127)

Turm|springe, et ['tʊrm‚ʃprɪŋə] <N.; o. Pl.> {s. u. ↑springe}: Turmspringen.

Turm|uhr/~|ohr, de ['tʊrm‚uˑɐ̯ / -oˑɐ̯] <N.; ~e> {s. u. ↑Turm ↑Uhr¹/Ohr¹}: Turmuhr.

Turm|zemmer, et ['tʊrm‚tsemɐ] <N.; ~e> {s. u. ↑Zemmer}: Turmzimmer.

Turn|botz, de ['tʊrn‚bots] <N.; ~e> {s. u. ↑Botz}: Turnhose.

Turn|büggel, der ['tʊrn‚bʏɡəl] <N.; ~e> {s. u. ↑turne ↑Büggel}: Turnbeutel.

turne ['tʊrˑnə] <V.; schw.; han; turnte ['tʊrˑntə]; geturnt [jə'tʊrˑnt]>: turnen. (193)

Turn|hall, de ['tʊrn‚haˑl] <N.; ~e [-halə]> {s. u. ↑Hall¹}: Turnhalle.

Turn|hemb, et ['tʊrn‚hemp] <N.; ~|hemde(r) [-hemdə / -hemdɐ]> {s. u. ↑Hemb}: Turnhemd.

Turn|schoh, der ['tʊrn‚ʃoˑ] <N.; ~n> {s. u. ↑turne ↑Schoh}: Turnschuh.

Turn|stund, de ['tʊrn‚ʃtʊnˑt] <N.; ~(e)> {s. u. ↑Stund}: Turnstunde.

Turn|unger|rich/~|reech, der ['tʊrn‚|ʊŋɛrɪʃ / -reːʃ] <N.; ~te (Pl. selten)> {s. u. ↑turne ↑Unger|rich/~|reech}: Turnunterricht.

Tusch, de [tʊʃ] <N.; ~e> {8.3.1}: Tusche.

tusche ['tʊʃə] <V.; schw.; han; tuschte ['tʊʃtə]; getusch [jə'tʊʃ]>: tuschen, **1.** mit Tusche malen [auch: ↑tüsche (veraltet)]. **2.** zum Schweigen bringen, beschwichtigen, beruhigen. (110)

tüsche ['tʏʃə] <V.; veraltet; schw.; han; tüschte ['tʏʃtə]; getüsch [jə'tʏʃ]> {5.4}: tuschen, mit Tusche malen: *de Wimpere t.* (die Wimpern t.) [auch: ↑tusche (1)]. (110)

tuschele ['tʊʃələ] <V.; schw.; han; tuschelte ['tʊʃəltə]; getuschelt [jə'tʊʃəlt]> {9.2.1.2}: tuscheln. (6)

Tüt¹, de [tyːt] <N.; ~e> {8.3.1}: Tüte [auch: ↑Büggel, ↑Blos].

Tüt², de [tyːt] <N.; ~e> {s. u. ↑tüte¹}: Hupe [auch: ↑Hup].

tüte¹ ['tyːtə] <V.; schw.; han; getüt [jə'tyːt]> {5.4}: tuten, hupen; klingen. (201)

tüte² ['tyːtə] <V.; schw.; han; getüt [jə'tyːt]>: veralbern, veräppeln, übervorteilen, betrügen, reinlegen, übers Ohr hauen [auch: ↑aan|schmiere/~eere (2), ↑bedrege, ↑be|drieße, ↑be|scheiße (2), ↑be|tuppe², ↑eren|läge (2), ↑foppe, *einem eine* ↑lappe² *(2),* ↑lieme (2), ↑uze, ↑ver|schöckele, ↑ver|aasche, ↑ver|uze, *einer för der Jeck halde*]. (201)

Tüte|nüggel, der ['tyːtə‚nʏɡəl] <N.; ~e>: Dummkopf, (Schimpfw.) jmd., der gerade einen Fehler gemacht hat.

Tütt, der [tʏt] <N.>: Kompott, Mus, bes. Apfelkompott.

tüttele/tüddele ['tʏtələ / 'tʏdələ] <V.; schw.; han; tüttelte ['tʏtəltə]; getüttelt [jə'tʏtəlt]>: zaudern. (6)

tüttel|ig/tüddel|~ ['tʏtəlɪŋ / 'tʏdəl-] <Adj.; ~e; ~er, ~ste> {5.3.2; 6.12.2}: tüdelig, **1.** duselig. **2.** einfältig, unbeholfen. Tbl. A5.2

Tüttels|krom/Tüddels|~, der ['tʏtəls‚krɔˑm / tʏdəls-] <N.; kein Pl.> {9.1.2; s. u. ↑Krom}: Krimskram, sinnlose Tätigkeit.

Tuusch, der [tuːʃ] <N.; ~e (Pl. ungebr.)> {5.1.3}: Tausch.

tuusche ['tuːʃə] <V.; schw.; han; tuuschte ['tuːʃtə]; getuusch [jə'tuːʃ] {5.1.3}: tauschen. (110)

Tuusch|ge|schäff, et ['tuːʃə‚ʃɛf] <N.; ~|schäfte> {s. u. ↑Tuusch ↑Ge|schäff}: Tauschgeschäft.

Tuusch|handel, der ['tuːʃ‚han·dəl] <N.; ~> {s. u. ↑Tuusch ↑handele}: Tauschhandel.

Twiss¹, der [tvɪs] <N.; ~e [tvɪstə]> {8.3.5}: Twist, Stopfgarn.

Twiss², der [tvɪs] <N.; kein Pl.> {8.3.5}: Twist, Tanz im 4/4-Takt.

Tyrann, der [tyˈranˑ] <N.; ~e [tyˈranə] ⟨mhd. *tyranne* < lat. *tyrannus* < griech. *týranno*⟩>: Tyrann.

U-Haff, de ['u:ˌhaf] <N.; kein Pl.> {8.3.5}: U-Haft, kurz für: Untersuchungshaft.

übe ['y·bə] <V.; schw.; han; übte ['y·ptə]; geüb [jə'|y·p]>: üben. (189)

Übung, de ['y·bʊŋ] <N.; ~e>: Übung.

Übungs|arbeid, de ['y·bʊŋsˌ|arbeɪ̯t] <N.; ~e> {s. u. ↑übe ↑Arbeid}: Übungsarbeit.

Übungs|auf|gab, de ['y·bʊŋsˌaʊ̯f|a·p] <N.; i. best. Komposita *auf-, gab-*, sonst ↑op|~/Op|~, ↑Gav; ~e> {11; s. u. ↑übe ↑Auf|gab}: Übungsaufgabe.

Übungs|boch, et ['y·bʊŋsˌbo·x] <N.; ~|böcher> {s. u. ↑übe ↑Boch¹}: Übungsbuch.

Übungs|platz, der ['y·bʊŋsˌplats] <N.; ~|plätz> {s. u. ↑übe ↑Platz¹}: Übungsplatz.

Übungs|saach, de ['y·bʊŋsˌza·x] <N.; ~e> {s. u. ↑übe ↑Saach}: Übungssache, in der Wendung **jet es Ü.** (etw. ist Ü.; kann nur durch Übung erlernt, beherrscht werden).

Übungs|stöck, et ['y·bʊŋsˌʃtøk] <N.; ~/~e/~er> {s. u. ↑übe ↑Stöck}: Übungsstück.

Üch [yɧ] <Personalpron.; 2. Pers. Pl. Dat. u. Akk. von ↑Ehr> {5.3.1}: Ihnen; (wörtl.) Euch, bei distanzierter Anrede **a)** <Dat.>: *Dat es e Wedder, dat kann ich Ü. sage!* (Das ist ein Wetter, das kann ich I. sagen); **b)** <Akk.>: *Ich han Ü. gester am Nüümaat gesinn.* (Ich habe S. gestern am Neumarkt gesehen.). Tbl. P1

üch¹ [yɧ] <Personalpron.; 2. Pers. Pl. Dat. u. Akk. von ↑ehr¹> {5.3.1}: euch, bei vertraulicher Anrede, **a)** <Dat.>: *Dat es e Wedder, dat kann ich ü. sage!* (Das ist ein Wetter, das kann ich e. sagen!); **b)** <Akk.> *Ich han ü. gester em Städtche gesinn.* (Ich habe e. gestern in der City gesehen.). Tbl. P1

üch² [yɧ] <Reflexivpron.; 2. Pers. Pl. Akk. u. Dat. zu ↑sich> {5.3.1}: euch, **a)** <Akk.> *Ehr verdot ü.* (Ihr vertut e.); **b)** <Dat.> *Maht ü. kein Sorge!* (Macht e. keine Sorgen!). Tbl. P3

Ufer/Ofer, et ['u·fɐ / 'o·fɐ] <N.; ~e>: Ufer.

Ufer|promenad/Ofer|~, de ['u·fɐpromǝˌna·t / 'o·fɐ-] <N.; ~e> {s. u. ↑Ufer/Ofer ↑Promenad}: Uferpromenade.

Ufer|stroß/Ofer|~, de ['u·fɐˌʃtrɔ·s / 'o·fɐ-] <N.; ~e> {s. u. ↑Ufer/Ofer ↑Stroß}: Uferstraße; Quai.

Uganda [ʊˈjanda] <N.; Ländern.>: Uganda, Staat in Afrika.

Ühm/Ohm, der [y·m / o·m] <N.; ~e> {5.4}: Onkel, Oheim.

Uhr¹/Ohr¹, et [u·ɐ̯ / o·ɐ̯] <N.; ~e>: Uhr.

Uhr²/Ohr², de [u·ɐ̯ / o·ɐ̯] <N.; ~e; Ühr|che [y·ɐ̯ɧə]> {5.4}: Ohr, *****einem et Fell üvver de ~e trecke** (jmdn. betrügen); *****ene Löll em U. han** (das O. verstopft haben = nicht gut hören); *****eine em U. han** (angetrunken sein).

Uhre|blös|er/Ohre|~, der ['u·(ɐ̯)rəˌbløːze / 'o·(ɐ̯)rə-] <N.; ~> {5.5.3; s. u. ↑Uhr²/Ohr²}: Aufhetzer; Zuträger.

Uhre(n)|dokter/Ohre|~, der ['u·(ɐ̯)rə(n)ˌdɔkte / 'o·(ɐ̯)rə-] <N.; ~e> {s. u. ↑Uhr²/Ohr² ↑Dokter; 9.1.4}: Ohrenarzt.

Uhre|kapp/Ohre|~, de ['u·(ɐ̯)rəˌkap / 'o·(ɐ̯)rə-] <N.; ~e> {s.u. ↑Uhr²/Ohr² ↑Kapp}: Ohrenmütze.

Uhre|klapp/Ohre|~, de ['u·(ɐ̯)rəˌklap / 'o·(ɐ̯)rə-] <N.; ~e> {s. u. ↑Uhr²/Ohr² ↑Klapp}: Ohrenklappe.

Uhre|knies/Ohre|~, der ['u·(ɐ̯)rəˌkni·s / 'o·(ɐ̯)rə-] <N.; kein Pl.> {s. u. ↑Uhr²/Ohr²}: Ohrenschmalz.

Uhre|petsch|er/Ohre|~, der ['u·(ɐ̯)rəˌpetʃe / 'o·(ɐ̯)rə-] <N.; ~e> {5.5.2; s. u. ↑Uhr²/Ohr²}: Ohrwurm, Ohrenkriecher, ein Insekt.

Uhre|ping/Ohre|~, de ['u·(ɐ̯)rəˌpɪŋ / 'o·(ɐ̯)rə-] <N.; kein Pl.> {s. u. ↑Uhr²/Ohr² ↑Ping}: Ohrenschmerzen.

Uhre|sause/Ohre|~, et ['u·(ɐ̯)rəˌzaʊ̯zə / 'o·(ɐ̯)rə-] <N.; kein Pl.> {s. u. ↑Uhr²/Ohr²; 8.3.3}: Ohrensausen, Empfinden eines klingenden, sausenden Geräusches im Ohr.

Uhre|schötz|er/Ohre|~, der ['u·(ɐ̯)rəˌʃøtse / 'o·(ɐ̯)rə-] <N.; mask.; nur Pl.> {s. u. ↑Uhr²/Ohr² ↑schötze}: Ohrenschützer.

Uhr|fedder/Ohr|~, de ['u·ɐ̯ˌfede / o·ɐ̯-] <N.; ~e> {s. u. ↑Uhr¹/Ohr¹ ↑Fedder}: Uhrfeder.

Uhr|glas/Ohr|~, et ['u·ɐ̯ˌjla·s / 'o·ɐ̯-] <N.; ~|gläser [-ˌjlɛ·ze]> {s. u. ↑Uhr¹/Ohr¹ ↑Glas}: Uhrglas, Glas über dem Zifferblatt einer Uhr.

ühr|ig/öhr|~ [y·(ɐ̯)rɪɧ / ø·(ɐ̯)r-] <Adj.; veraltet; ~e; ~er, ~ste>: **1.** missgelaunt, mürrisch. **2.** schläfrig. Tbl. A5.2

Uhr|kett/Ohr|~, de ['u·ɐ̯ˌkɛt / 'o·ɐ̯-] <N.; ~e> {s. u. ↑Uhr¹/Ohr¹ ↑Kett}: Uhrkette.

Uhr|läpp|che/Ohr|~, et ['u·ɐ̯ˌlɛpɧə / 'o·ɐ̯-] <N.; ~r> {s. u. ↑Uhr²/Ohr²}: Ohrläppchen.

Uhr|mäch|er/Ohr|~, der ['u·ɐ̯ˌmɛɧe / o·ɐ̯-] <N.; ~> {5.4; s. u. ↑Uhr¹/Ohr¹}: Uhrmacher.

Uhr|ring/Ohr|~, der ['u·ɐ̯ˌrɪŋ / 'o·ɐ̯-] <N.; ~e/~|ring [-ˌrɪŋ·]> {s. u. ↑Uhr²/Ohr²}: Ohrring.

Uhr|spöl|ung/Ohr|~, de ['u·ɐ̯ˌʃpø·lʊŋ / 'o·ɐ̯-] <N.; ~e> {s. u. ↑Uhr²/Ohr² ↑spöle}: Ohrspülung, Spülung des Gehörgangs.

Uhrstecker

Uhr|steck|er/Ohr|~, der ['uˑe̯ˌʃtɛke / 'oˑe̯-] <N.; i. best. Komposita *stecke*, sonst ↑*steche*¹; ~> {11; s. u. ↑Uhr²/Ohr²}: Ohrstecker.

Uhr|werk/Ohr|~, et [uˑe̯ˌvɛrk / oˑe̯-] <N.; ~e> {s. u. ↑Uhr¹/Ohr¹}: Uhrwerk.

Uhr|wurm/Ohr|~, der ['uˑe̯ˌvʊrm / 'oˑe̯-] <N.; ~|würm [-vʏrˑm]; ~|würm|che [-vʏrmʃə]> {s. u. ↑Uhr²/Ohr²}: Ohrwurm.

Uhr|zeig|er/Ohr|~, der ['uˑe̯ˌtseɪ̯ɐ / 'oˑe̯-] <N.; ~e> {s. u. ↑Uhr¹/Ohr¹}: Uhrzeiger.

Uhr|zeiger|senn/Ohr|~, der ['uˑe̯ˌtseɪ̯ɐˌzen / 'oˑe̯-] <N.; o. Pl.> {s. u. ↑Uhr¹/Ohr¹ ↑*zeige* ↑**Senn**}: Uhrzeigersinn (wie bei den Zeigern einer Uhr): ***em U.** (im U.); ***entgäge dem U.** (entgegen dem U.).

Uhr|zigg/Ohr|~, de ['uˑe̯ˌtsɪk / 'oˑe̯-] <N.; ~e> {s. u. ↑Uhr¹/Ohr¹ ↑**Zigg**}: Uhrzeit.

Ulrich|gass ['ʊlrɪfɟˌjas] <N.; Straßenn.> {s. u. ↑Gass¹}: Ulrichgasse; Straße in Köln-Altstadt/Süd. Mit „Ulrich" sind Töpfer gemeint, die wegen der Brandgefahr mit ihren Tonbrennöfen an den Rand der ma. Stadt verbannt wurden

un [ʊn] <Konj.; nebenordn.>: und.

un|aan|ge|meldet ['ʊnˌla:njəmɛlˑt] <Adj.; Part. II von negiert ↑*aan|melde*; ~e> {8.2.2.1}: unangemeldet. Tbl. A1

un|aan|ge|nähm ['ʊn|aːnjənɛˑm] <Adj.; ~e; ~er, ~ste> {5.4}: unangenehm. Tbl. A2.3

un|apptitt|lich ['ʊnapˌtɪtlɪʃ] <Adj.; ~e; ~er, ~ste> {8.2.2.3}: unappetitlich. Tbl. A1

un|av|häng|ig ['ʊnafˌhɛŋɪfɟ] <Adj.; ~e; ~er, ~ste>: unabhängig. Tbl. A5.2

Un|av|häng|ig|keit, de ['ʊnafhɛŋɪfɟˌkeɪ̯t] <N.; o. Pl.>: Unabhängigkeit.

un|av|kömm|lich ['ʊnafˌkœmlɪʃ] <Adj.; ~e>: unabkömmlich, unentbehrlich. Tbl. A1

un|barm|hätz|ig ['ʊnbarmˌhɛtsɪfɟ] <Adj.; ~e; ~er, ~ste>: unbarmherzig. Tbl. A5.2

un|be|daach ['ʊnbəˌdaːx] <Adj.; Part. II negiert von ↑*be|denke*; ~te; ~ter, ~ste> {5.2.1.2; 6.2.2}: unbedacht, unüberlegt. Tbl. A4.1.1

un|bedarf ['ʊnbəˌdarf] <Adj.; ~te; ~ter, ~ste> {8.3.5}: unbedarft, naiv. Tbl. A4.1.1

un|be|dingk¹ ['ʊnbə'dɪŋˑk] <Adj.; ~|dingte [-dɪŋtə]> {6.7; 8.3.5}: unbedingt, absolut. Tbl. A4.2.3

un|be|dingk² ['ʊnbə'dɪŋˑk / ˌ--'- / '--ˌ-] <Adv.> {6.7}: unbedingt, unter allen Umständen: *Dat muss ich u. sinn.* (Das muss ich u. sehen.) [auch: ↑*partout*].

un|be|gab ['ʊnbəˌjaˑp] <Adj.; ~te; ~ter, ~ste> {8.3.5}: unbegabt. Tbl. A4.1.1

un|be|grenz ['ʊnbəˌjrɛns] <Adj.; ~te> {8.3.5}: unbegrenzt, grenzenlos, beliebig, endlos. Tbl. A4.1.2

un|be|grief|lich ['ʊnbəˌjriːflɪfɟ / '--'--] <Adj.; ~e> {5.1.4.5}: unbegreiflich. Tbl. A1

Un|be|hage, et ['ʊnbəˌhaˑʀə] <N.; kein Pl.> {s. u. ↑*be|hage*}: Unbehagen.

un|be|holfe ['ʊnbəˌholfə] <Adj.; Part. II negiert von ↑*be|helfe*; ~; ~ner, ~nste> {5.5.1}: unbeholfen. Tbl. A3.2

un|be|kömmert ['ʊnbəˌkømɐt] <Adj.; Part. II negiert von ↑*be|kömmere*; ~e; ~er, ~ste> {5.5.1}: unbekümmert, heiter, sorglos. Tbl. A1

un|be|lieb ['ʊnbəˌliˑp] <Adj.; i. best. Komposita *lieb*, sonst ↑*leev*; Sup. ungebr.; ~te; ~ter, ~ste> {8.3.5; 11}: unbeliebt. Tbl. A4.1.1

un|bequäm ['ʊnbəˌkvɛˑm] <Adj.; ~e; ~er, ~ste> {5.4}: unbequem. Tbl. A2.3

un|be|rofe ['ʊnbəˌroˑfə / '--ˌ--] <Adj.; Part. II negiert von ↑*be|rofe*¹; ~> {5.4}: unberufen, nicht zu etw. berufen od. befugt. Tbl. A3.2

un|be|schränk ['ʊnbəˌʃrɛŋk] <Adj.; Part. II negiert von ↑*be|schränke*; ~te> {8.3.5}: unbeschränkt. Tbl. A4.1.1

un|be|sinn ['ʊnbəˈzɪn] <Adj.; nur präd.> {5.3.4; 5.4; 8.2.2.3}: unbesehen, ohne etw. genau angesehen, geprüft zu haben, anstandslos: *Dat gläuv' ich der u.* (Das glaube ich dir u.).

un|be|sorg ['ʊnbəˈzorfɟ] <Adj.; Part. II negiert von ↑*sorge*; ~te; ~ter, ~ste> {5.5.1; 8.3.5}: unbesorgt. Tbl. A4.1.1

un|be|ständ|ig ['ʊnbəˌʃtɛnˑdrɪfɟ] <Adj.; ~e; ~er, ~ste>: unbeständig, **a)** oft seine Absichten/Meinungen ändernd: *Hä es ärg u.* (Er ist sehr u.); **b)** wechselhaft: *u. Wedder.* (~es Wetter). Tbl. A5.2

un|be|stemmp ['ʊnbəˌʃtemˑp] <Adj.; Part. II negiert von ↑*be|stemme*; ~|stemmte [-ʃtemtə]; ~|stemmter, ~ste [-ʃtemtə / -ʃtempstə]> {5.5.2; 8.3.5}: unbestimmt, ungewiss, beliebig. Tbl. A4.2.4

un|be|stredde ['ʊnbəˌʃtrɛdə] <Adj.; Part. II negiert von ↑*be|strigge*; ~> {5.5.2; 6.11.3}: unbestritten. Tbl. A3.2

un|be|teil|ig ['ʊnbəˌtaɪlɪfj] <Adj.; Part. II negiert von ꜜbe|teilige; i. best. Komposita *teil*, sonst ꜜDeil; ~te> {8.3.5; 11}: unbeteiligt. Tbl. A5.2

un|be|wäg|lich ['ʊnbəˌvɛːfjlɪfj] <Adj.; ~e> {5.4}: unbeweglich, bewegungslos. Tbl. A1

un|bewese ['ʊnbəˌvezə] <Adj.; Part. II negiert von ꜜbe|wiese; ~> {5.3.4.1; 5.5.2}: unbewiesen. Tbl. A3.2

un|be|wonnt ['ʊnbəˌvont] <Adj.; Part. II negiert von ꜜbe|wonne; ~e> {5.3.4; 5.5.1}: unbewohnt. Tbl. A1

un|be|woss ['ʊnbəˌvos] <Adj.; ~te> {5.5.1; 8.3.5}: unbewusst, unbeabsichtigt. Tbl. A4.1.1

un|chress|lich ['ʊnkreslɪfj] <Adj.; ~e> {5.5.2; 8.3.5}: unchristlich. Tbl. A1

Un|daug, der ['ʊndoʊx] <N.>: Taugenichts.

un|deech ['ʊndeːfj] <Adj.; ~te> {5.2.1.2; 5.4; 6.2.2}: undicht. Tbl. A4.1.1

under|-, Under|- ['ʊndɐ] <Präfix> {6.11.3}: unter-, Unter-, i. Vbdg. m. V. u. N.: *~kumme* (~kommen), *~pand* (~pfand) [auch: ꜜunger|-, Unger|-].

Under|ärm/Unger|~, der ['ʊndɐˌɛrm / 'ʊŋɐ-] <N.; ~e> {s. u. ꜜÄrm}: Unterarm.

Under|deil/Unger|~, et ['ʊndɐdeɪl / 'ʊŋɐ-] <N.; ~(e) [-deɪl / -deɪlə]> {6.11.1}: Unterteil.

Under|gang/Unger|~, der ['ʊndɐˌɡaŋ / 'ʊŋɐ-] <N.; ~|gäng [-jɛŋˑ]>: Untergang.

Under|hald/Unger|~, der ['ʊndɐˌhalt / 'ʊŋɐ-] <N.; kein Pl.> {s. u. ꜜunger|halde}: Unterhalt.

Under|kiefer/Unger|~, der ['ʊndɐˌkiːfɐ / 'ʊŋɐ-] <N.; ~e> {s. u. ꜜKiefer¹}: Unterkiefer.

under|kumme ['ʊndɐkʊmə] <trennb. Präfix-V.; st.; *sin*; *kɔm u.* [kɔˑm]; ~|(ge)kumme [-(jə)ˌkʊmə]> {5.4}: unterkommen [auch: ꜜunger|kumme]. (120)

Under|liev/Unger|~, der ['ʊndɐˌliːf / 'ʊŋɐ-] <N.; ~er (Pl. selten) ⟨mhd. underlp⟩> {s. u. ꜜLiev}: Unterleib.

Under|meed/Unger|~, de ['ʊndɐˌmeːt / 'ʊŋɐ-] <N.; o. Pl.> {s. u. ꜜMeed}: Untermiete.

Under|meed|er/Unger|~, der ['ʊndɐˌmeːdɐ / 'ʊŋɐ-] <N.; ~> {s. u. ꜜMeed|er¹}: Untermieter.

Under|pand/Unger|~, et ['ʊndɐˌpant / 'ʊŋɐ-] <N.; ~|pänder> {6.8.1}: Unterpfand.

Under|rock/Unger|~, der ['ʊndɐrɔk / 'ʊŋɐ-] <N.; ~|röck>: Unterrock.

Under|satz/Unger|~, der ['ʊndɐzats / 'ʊŋɐ-] <N.; ~|sätz>: Untersatz, Unterlage.

Under|schreff/Unger|~, de ['ʊndɐʃref / 'ʊŋɐ-] <N.; ~|schrefte> {5.5.2; 8.3.5}: Unterschrift.

Under|setz|er/Unger|~, der ['ʊndɐˌzɛtsɐ / 'ʊŋɐ-] <N.; ~> {s. u. ꜜsetze²}: Untersetzer.

Under|sigg, Unger|~, de ['ʊndɐˌzɪk / 'ʊŋɐ-] <N.; ~e> {s. u. ꜜSigg¹}: Unterseite.

Under|stand/Unger|~, der ['ʊndɐˌʃtant / 'ʊŋɐ-] <N.; ~|ständ [-ʃtɛnˑt]>: Unterstand.

Under|stuf/Unger|~, de ['ʊndɐˌʃtuːf / 'ʊŋɐ-] <N.; ~e> {s. u. ꜜStuf}: Unterstufe.

Under|wäsch/Unger|~, de ['ʊndɐˌvɛʃ / 'ʊŋɐ-] <N.; kein Pl.> {s. u. ꜜWäsch}: Unterwäsche.

Under|welt/Unger|~, de ['ʊndɐˌvɛlt / 'ʊŋɐ-] <N.; o. Pl.>: Unterwelt.

Un|dier, et ['ʊndiˑɐ] <N.; ~e> {6.11.1}: Untier.

un|durch|läss|ig ['ʊndʊrflɛsɪfj] <Adj.; i. best. Komposita *läss-*, sonst ꜜlɔɔße¹; ~e; ~er, ~ste> {11}: undurchlässig. Tbl. A5.2

un|durch|sicht|ig ['ʊndʊrfjˌzɪfjtɪfj] <Adj.; i. best. Komposita *sicht-*, sonst ꜜSeech; ~e; ~er, ~ste> {11}: undurchsichtig, 1. nicht transparent, dunkel, opak. 2. undurchschaubar, anrüchig. Tbl. A5.2

un|ech ['ʊnˌɛfj] <Adj.; ~te> {8.3.5}: unecht. Tbl. A4.1.1

un|eige|nötz|ig ['ʊnˌeɪˌjənøtsɪfj] <Adj.; ~e; ~er, ~ste> {5.5.1}: uneigennützig [auch: ꜜselvs|loss]. Tbl. A5.2

Un|eige|nötz|ig|keit, de ['ʊnˌeɪˌjənøtsɪfjˌkeɪt] <N.; o. Pl.> {s. u. ꜜeige; 5.5.1}: Uneigennützigkeit.

un|ein|ig ['ʊnˌeɪnɪfj] <Adj.; ~e; ~er, ~ste>: uneinig, gespalten, zerstritten. Tbl. A5.2

un|emfind|lich ['ʊnˌɛmˌfɪntlɪfj] <Adj.; ~e; ~er, ~ste> {6.8.2}: unempfindlich. Tbl. A1

un|entschiede ['ʊnˌɛntˌʃiˑdə] <Adj.; ~e>: unentschieden, 1. noch nicht entschieden; (Sport) ohne Sieger o. Verlierer: *en u. Frog* (eine ~e Frage); *Se han u. gespillt.* (Das Spiel blieb u.). 2. unentschlossen. Tbl. A3.2

un|ent|wäg [ˌʊnˌɛntˈvɛːfj] <Adj.; ~te; ~ter, ~ste> {5.4; 8.3.5}: unentwegt. Tbl. A4.1.1

un|er|fahre ['ʊnˌɛɐˌfaːrə] <Adj.; Part. II negiert von ꜜer|fahre¹; ~; ~ner, ~nste>: unerfahren. Tbl. A3.2

un|er|gieb|ig ['ʊnˌɛɐˌjiːbɪfj] <Adj.; i. best. Komposita *geb-/gieb-*, sonst ꜜgevve; ~e; ~er, ~ste> {11}: unergiebig, unrentabel. Tbl. A5.2

un|erwaadt ['ʊnˌɛɐˌvaˑt] <Adj.; ~e; ~er, ~ste> {5.2.1.1.2; 6.11.3; 8.2.2.1}: unerwartet, unvorhergesehen. Tbl. A1 un|er|wünsch ['ʊn|ɛɐ̯ˌvʏnʃ] <Adj.; Part. II negiert von veraltet *erwünsche*; ~te> {8.3.5}: unerwünscht, ungewollt, ungelegen. Tbl. A4.1.1

un|evve ['ʊn|evə] <Adj.; wenig gebr.; ~; ~ner, ~nste> {5.3.2; 5.5.2; 6.1.1}: uneben, rau, holprig: *Dä Wäg do erop es ärg u.* (Der Weg dort hinauf ist sehr u.) [auch: ↑rau, ↑hubbel|ig]. Tbl. A3.1

un|fääd|ig ['ʊnfɛːdɪʃ] <Adj.; ~e> {5.2.1.1.2; 5.4; 6.11.3}: unfertig. Tbl. A5.2

un|fäh|ig ['ʊnfɛːɪʃ] <Adj.; ~e; ~er, ~ste> : unfähig. Tbl. A5.2

un|fähl|bar [ʊn'fɛːlbaː(ɐ̯)] <Adj.; ~e> {5.4}: unfehlbar, vollkommen, perfekt. Tbl. A2.6

Un|fall, der ['ʊnfal] <N.; ~|fäll [-fɛl·]>: Unfall.

Un|fall|aaz, der ['ʊnfalˌlaːts] <N.; ~|ääz> {s. u. ↑Aaz}: Unfallarzt.

Un|fall|fluch, de ['ʊnfalˌflʊx] <N.; o. Pl.> {s. u. ↑Fluch²}: Unfallflucht, Fahrerflucht.

un|fall|frei ['ʊnfalˌfreɪ̯] <Adj.; ~e>: unfallfrei. Tbl. A2.9

Un|fall|wage, der ['ʊnfalˌvaːrə] <N.; ~> {s. u. ↑Wage}: Unfallwagen. **1.** Auto, das in einen Unfall verwickelt worden ist. **2.** besonders ausgerüsteter, bei Unfällen eingesetzter Rettungswagen, Krankenwagen [auch: ↑Kranke|wage].

Un|fazung, et ['ʊnfaˌtsʊŋ] <N.> {2; 5.3.2; 5.4; 6.10.3}: unschöne Form; schlechte Manieren; Unpassendes.

un|fazüng|lich ['ʊnfaˌtsʏŋlɪʃ] <Adj.; ~e; ~er, ~ste ⟨frz. façon⟩> {5.3.2; 5.4; 6.10.3}: formlos, unschön; unpassend, missgestaltet; unmanierlich. Tbl. A1

un|flid|ig ['ʊnfliːdɪʃ] <Adj.; ~e; ~er, ~ste> {5.4; 6.11.3}: unflätig, unanständig, obszön, frivol. Tbl. A5.2

un|förm|ig ['ʊnfœrmɪʃ] <Adj.; ~e; ~er, ~ste>: unförmig, deformiert, plump. Tbl. A5.2

un|frei|well|ig ['ʊnfreɪ̯ˌvelɪʃ] <Adj.; ~e> {s. u. ↑well|ig¹}: unfreiwillig, **1.** gegen den eigenen Willen, erzwungenermaßen. **2.** unbeabsichtigt: *Hä hät ene ~e Wetz gemaht.* (Er hat einen ~en Witz gemacht.). Tbl. A5.2

Un|fridde, der ['ʊnfrɪdə] <N.; kein Pl.> {5.3.4}: Unfriede.

un|fründ|lich ['ʊnfrʏntlɪʃ] <Adj.; ~e; ~er, ~ste> {5.3.1}: unfreundlich. Tbl. A1

un|gään ['ʊnjɛːn] <Adv.> {5.2.1.1.1; 5.4}: ungern.

ungar|isch ['ʊnjarɪʃ] <Adj.; ~e>: ungarisch. Tbl. A1

un|gass|lich ['ʊnjaslɪʃ] <Adj.; ~e; ~er, ~ste> {8.3.5}: ungastlich, nicht gastfreundlich, wenig gemütlich, einladend. Tbl. A1

unge ['ʊŋə] <Adv.> {6.7}: unten.

unge(n)|- ['ʊŋə(n)] <Präfix> {6.7}: unten-, i. Vbdg. m. Präp.: *~drunger* (~drunter).

un|ge|bildt ['ʊnjəˌbɪlːt] <Adj.; Part. II negiert von ↑bilde; ~e; ~er, ~ste> {8.2.2.1}: ungebildet. Tbl. A1

un|ge|bore ['ʊnjəˌboːrə] <Adj.; Part. II negiert von ↑gebäre; ~> {5.5.3}: ungeboren. Tbl. A3.2

un|ge|brems ['ʊnjəˌbrɛmːs] <Adj.; Part. II negiert von ↑bremse; ~te> {8.3.5}: ungebremst. Tbl. A4.1.2

un|ge|broche [ˌʊnjə'brɔxə] <Adj.; ~>: ungebrochen, **a)** nicht gebrochen; **b)** anhaltend. Tbl. A3.2

un|ge|bruch ['ʊnjəˌbrʊx] <Adj.; Part. II negiert von ↑bruche; ~te> {5.3.1; 8.3.5}: ungebraucht, neu(wertig) [auch: ↑neu]. Tbl. A4.1.1

un|ge|bunge ['ʊnjəˌbʊŋə] <Adj.; Part. II negiert von ↑binge; ~> {6.7}: ungebunden, frei: *Hä es noch u.* (Er ist noch u.). Tbl. A3.2

un|ge|deck ['ʊnjəˌdɛk] <Adj.; ~te> {8.3.5}: ungedeckt, ohne Deckung. Tbl. A4.1.1

un|ge|deilt ['ʊnjəˌdeɪ̯lt] <Adj.; ~e> {6.11.1}: ungeteilt; unbeeinträchtigt. Tbl. A1

un|ge|dold|ig ['ʊnjəˌdolˑdɪʃ] <Adj.; ~e; ~er, ~stee> {5.5.1}: ungeduldig. Tbl. A5.2

un|ge|don ['ʊnjəˌdɔn] <Adj.; nur präd.> {5.3.2.5; 5.4; 6.11.1}: ungetan.

ungefähr¹ [ʊnjə'feːɐ̯ / '--ˌ-] <Adj.; ~e>: ungefähr. Tbl. A2.6

ungefähr² ['ʊnjə'feːɐ̯ / '--ˌ- / ˌ--'-] <Adv.>: ungefähr.

un|ge|fähr|lich ['ʊnjəˌfeːɐ̯lɪʃ] <Adj.; ~e; ~er, ~ste>: ungefährlich. Tbl. A1

un|ge|fäll|ig ['ʊnjəˌfɛlɪʃ] <Adj.; ~e; ~er, ~ste>: ungefällig, abweisend. Tbl. A5.2

un|ge|färv ['ʊnjəˌfɛrf] <Adj.; Part. II negiert von ↑färve; ~te> {6.1.1; 8.3.5}: ungefärbt. Tbl. A4.1.1

un|ge|fläg ['ʊnjəˌflɛˑʃ] <Adj.; Part. II negiert von ↑fläge; ~te; ~ter, ~ste> {5.4; 6.8.2; 8.3.5}: ungepflegt, unsauber, schlampig. Tbl. A4.1.1

un|ge|froǵ ['ʊnjəˌfrɔːx] <Adj.; Part. II negiert von ↑froǵe; ~te> {5.5.3; 8.3.5}: ungefragt. Tbl. A4.1.1

un|ge|gliddert ['ʊnjəˌjlɪdɐt] <Adj.; Part. II negiert von ↑gliddere; ~e> {5.3.4}: ungegliedert. Tbl. A1

un|ge|halde ['ʊnjəˌhaldə] <Adj.; Part. II negiert von ↑halde; ~; ~ner, ~nste> {6.11.3}: ungehalten, verärgert, aufgebracht. Tbl. A3.2

un|ge|hemmp ['ʊnjə‚hɛmˑp] <Adj.; Part. II negiert von *hemme*; ~|hemmte [-hɛmtə]; ~|hemmter, ~ste [-hɛmtə/-hɛmpstə]> {8.3.5}: ungehemmt, **1.** nicht durch Hindernisse aufgehalten. **2.** hemmungslos; frei von inneren Hemmungen. Tbl. A4.2.4

un|geheuer ['ʊnjə‚hɔyˑɐ /‚--'--] <Adj.; ~|geheure [-jəhɔyrə]>: ungeheuer. Tbl. A2.6

un|ge|hubbelt ['ʊnjə‚hʊbəlt] <Adj.; ~e; ~er, ~ste> {5.3.2; 5.4}: ungehobelt, nur i. d. B. rüde, grob, ohne Manieren: *Wat ene ~e Kääl!* (Was für ein ~er Kerl!). Tbl. A1

un|ge|kämmp ['ʊnjə‚kɛmˑp] <Adj.; Part. II negiert von ↑*kämme*; ~|kämmte [-kɛmtə]; ~|kämmter, ~ste [-kɛmtə/-kɛmˑpstə]> {8.3.5}: ungekämmt, unfrisiert. Tbl. A4.2.4

un|ge|koch ['ʊnjə‚kɔx] <Adj.; Part. II negiert von ↑*koche*; ~te> {8.3.5}: ungekocht [auch: ↑*rüh*]. Tbl. A4.1.1

un|ge|läge ['ʊnjə‚lɛːjə] <Adj.; ~; ~ner, ~nste> {5.4}: ungelegen, in einem ungünstigen Augenblick: *ene u. Moment* (ein ~er Moment). Tbl. A3.2

un|ge|lenk|ig ['ʊnjə‚lɛnkɪç] <Adj.; ~e; ~er, ~ste>: ungelenkig, steif [auch: ↑*stiev*]. Tbl. A5.2

un|ge|liert ['ʊnjə‚liˑɐ̯t] <Adj.; Part. II negiert von ↑*liere*; ~e> {5.2.2}: ungelernt, für einen best. Beruf nicht ausgebildet. Tbl. A1

un|ge|loge ['ʊnjə'lɔːʀə] <Adv.> {5.5.3}: ungelogen, tatsächlich, wirklich, ohne Übertreibung.

Un|ge|mach, et ['ʊnjə‚maˑx] <N.; kein Pl.>: Ungemach, Unannehmlichkeit, Widerwärtigkeit, Ärger, Übel.

un|ge|maht ['ʊnjə‚maːt] <Adj.; Part. II negiert von ↑*maache*; ~e> {6.3.3}: ungemacht. Tbl. A1

un|gemöd|lich ['ʊnjə‚møˑtlɪç] <Adj.; ~e; ~er, ~ste> {5.4; 6.11.3}: ungemütlich, **1.** nicht gemütlich, unbehaglich. **2.** unangenehm [auch: ↑*usel|ig*, ↑*un|ge|nög|lich*]. Tbl. A1

ungen|drunger ['ʊŋən'drʊŋɐ /‚--'-- /‚--'--] <Adv.> {6.7}: untendrunter.

ungen|durch ['ʊŋən'dʊʁç / '--‚- /‚--'-] <Adv.>: untendurch, **1.** unten hindurch. **2.** (übertr.) im Ansehen tief gesunken: *Dä Pitter es bei mir u.* (Peter ist bei mir u.).

un|geneet/~|geniert ['ʊnʒe‚neˑt / -ʒe‚niˑɐ̯t] <Adj.; Part. II negiert von ↑*geniere/geneere*; ~e; ~er, ~ste> {5.1.4.3; 5.5.2}: ungeniert. Tbl. A1

ungen|eröm ['ʊŋənə‚ʁømˑ] <Adv.> {5.5.1}: untenherum.

un|ge|nög|lich ['ʊnjə‚nøˑɟlɪç] <Adj.; ~e; ~er, ~ste> {5.4}: ungenügsam.. Tbl. A1

un|ge|notz ['ʊnjə‚nots] <Adj.; Part. II negiert von ↑*notze*; ~te> {5.5.1; 8.3.5}: ungenutzt. Tbl. A4.1.2

unger¹ ['ʊŋɐ] <Präp.; m. Dat. u. Akk.> {6.7}: unter; **a)** <Dat.> lokal: **ungerm**; zus. gezogen aus *unger + dem*: unterm (= unter dem); **b)** <Akk.> direktional: **unger't**; zus. gezogen aus *unger + et*: unters (= unter das).

unger²... ['ʊŋɐ] <Adj.; Komp., Pos. existiert nicht; ~e; ~ste auch ~*schte* (veraltet)> {6.7}: unter..., weiter unten liegend: *Dä ~e Knopp es op.* (Der ~e Knopf ist auf.), *Gevv mer ens dat ~ste Boch!* (Gib mir mal das ~ste Buch!). Tbl. A1

unger|-, Unger|- ['ʊŋɐ] <Präfix> {6.7}: unter-, i. Vbdg. m. V., N., Pron. u. Adj.: ~*gonn* (~gehen), ~*deil* (~teil), ~*ein* (~einander); ~*besetz* (~besetzt); [in einigen Wörtern auch: ↑*under|-*].

Unger Fette|henne [‚ʊŋɐ‚fɛtə'hɛnə] <N.; Straßenn.>: Unter Fettenhennen; Straße in Köln-Altstadt/Nord. Um das Jahr 1270 stand an dieser Straße die Brothalle, vor der das Federvieh sich selber mästete.

Unger Gold|schmidd [ʊŋɐ'jɔltʃmɪt] <N.; Straßenn.> {s. u. ↑*Gold* ↑*Schmidd²*}: Unter Goldschmied; Straße in Köln-Altstadt/Nord. Schon zur Römerzeit hatten die Goldschmiede hier ihre Werkstätten.

Unger kahle Hüüser [ʊŋɐ‚kaːlə'hyːzə] <N.; Straßenn.> {s. u. ↑*kald* ↑*Huus*}: Unter Kahlenhausen; Straße in Köln-Altstadt/Nord. „Kahlenhausen" kommt von „Kalten Häusern". Damit sind Gebäude gemeint, die dem Wind ausgesetzt sind.

Unger Keste|maacher [ʊŋɐ'kɛstə‚maːxə] <N.; Straßenn.> {s. u. ↑*Kess* ↑*maache*}: Unter Käster; Straße in Köln-Altstadt/Nord. Käster waren Kistenmacher, die ihr Quartier in der Nähe des Marktes hatten.

Unger Krahne|bäume [ʊŋɐ ‚kraˑnə'bøymə] <N.; Straßenn.>: Unter Krahnenbäumen; bekannte Straße im Severinsviertel. Es gibt zwei Theorien zur Herkunft des Namens: 1. Von „Kranbaum", einem Wacholderbaum, auf dem sich gerne Krähe niederließen; 2. Vom Gutshof „Zum Kranich", der auch Krahnenhof genannt wurde.

Unger Sech|sehn|hüüser [ʊŋəzɛkse:m'hyˑze] <N.; Straßenn.> {s. u. ↑*sech|sehn* ↑*Huus*}: Unter Sachsenhausen; Straße in Köln-Altstadt/Nord. Im 13. Jh. besaß das alte Kölner Geschlecht der Overstolzen eine „Mietskaserne" mit 16 Häusern unter einem Dach an dieser Straße.

Unger Täsche|maach|er [ʊŋeˈtɛʃəˌmaːxɐ] <N.; Straßenn.> {s. u. ↑Täsch ↑maache}: Unter Taschemacher; Straße in Köln-Altstadt/Nord. Hier waren Hersteller von Taschen u. Ranzen zu Hause; ihr Leder bezogen sie von den „Rothgerbern".

un|ge|rääch [ˈʊnjəˌrɛːʃ] <Adj.; ~te; ~ter, ~ste> {5.2.1.2; 5.4; 6.2.2}: ungerecht. Tbl. A4.1.1

Un|ge|räächt|ig|keit, de [ˈʊnjərɛːʃtɪʃˌkeɪt] <N.; ~e> {5.2.1}: Ungerechtigkeit.

Unger|ärm/Under|~, der [ˈʊŋeˌɛrm / ˈʊndɐ-] <N.; ~e> {s. u. ↑Ärm}: Unterarm.

unger|beede [ʊŋeˈbeːdə] <nicht trennb. Präfix-V.; st.; han; ~|bodd [-ˈbot]; ~|bodde [-ˈbodə]> {5.1.4.3; 6.11.3}: unterbieten, **1. a)** einen geringeren Preis fordern, billiger sein als ein anderer: *ene Preis u.* (einen Preise u.); **b)** (übertr.) *Dat es kaum zo u.* (Das ist (im Niveau) kaum noch zu u./so schlecht, dass man sich kaum noch etw. Schlechteres vorstellen kann.). **2.** (bes. Sport) für etw. weniger Zeit brauchen: *der Rekord vum letzte Johr u.* (den Vorjahresrekord u.). (15)

unger|beläge [ˈʊŋebəˌlɛːjə] <trennb. Präfix-V.; nur im Inf. u. Part. II gebr.; unr.; han; ~|belaht/~|beläg [-bəlaːt / -bəlɛːʃ]> {5.4}: unterbelegen. (125)

unger|be|leechte/~|lichte [ˈʊŋebəˌleːʃtə / -lɪʃtə] <trennb. Präfix-V.; schw.; han; ~|beleech [-bəleːʃ]> {5.2.1}: unterbelichten, **1.** (Fot.) zu wenig belichten: *Versök dä Film nit ungerzobeleechte!* (Versuch den Film nicht unterzubelichten!). **2.** (übertr.) geistig nicht auf der Höhe: *Hä es jet ungerbeleech.* (Er ist (geistig) etw. unterbelichtet.). (131)

unger|be|setz/~|satz [ˈʊŋebəˌzɛts / -zats] <Adj.; Part. II von ↑be|setze²; ~te; ~ter, ~teste> {8.3.5}: unterbesetzt. Tbl. A4.1.2

unger|be|werte [ˈʊŋebəˌveːɐ̯tə] <trennb. Präfix-V.; schw.; han; ~|bewert [-bəveːɐ̯t]>: unterbewerten, zu gering bewerten. (58)

unger|be|woss [ˈʊŋebəˌvos] <Adj.; ~te> {5.5.1; 8.3.5}: unterbewusst. Tbl. A4.1.1

unger|be|zahle [ˈʊŋebəˌtsaːlə] <nicht trennb. Präfix-V.; schw.; han; ~|bezahlte [-bəˌtsaːltə]; ~|bezahlt [-bəˌtsaːlt]>: unterbezahlen, schlechter bezahlen als es vergleichsweise üblich ist od. als es der Leistung entspricht. (61)

unger|binge [ʊŋeˈbɪŋə] <nicht trennb. Präfix-V.; st.; han; ~|bung [-ˈbʊŋˑ]; ~|bunge [-ˈbʊŋə]> {6.7}: unterbinden, verbieten, Maßnahmen ergreifen, damit etw. Unangenehmes nicht weitergeführt od. ausgeführt werden kann: *de Schwaaderei u.* (das Schwatzen u.). (26)

Unger|botz, de [ˈʊŋeboʦ] <N.; ~e>: Unterhose.

unger|bränge [ˈʊŋebrɛŋə] <trennb. Präfix-V.; unr.; han; braht u. [braːt]; ~|gebraht [-jəbraːt]> {5.4}: unterbringen. (33)

unger|breche [ʊŋeˈbrɛʃə] <nicht trennb. Präfix-V.; st.; han; ~|broch [-broːx]; ~|broche [-ˈbrɔxə]>: unterbrechen, vorübergehend stoppen. (34)

Unger|brech|ung, de [ˌʊŋeˈbrɛʃʊŋ] <N.; ~e>: Unterbrechung.

unger|däue [ˈʊŋedøyə] <trennb. Präfix-V.; Formen mischbar; unr./schw.; han; daut/däute u. [doʊt / ˈdøyˑtə]; ~|gedaut/~|gedäut [-jədoʊt / -jədøyˑt]>: unterschieben, **1.** etw. unter jmdn./etw. schieben. **2. a)** jmdm. etw. in betrügerischer Absicht heimlich zuschieben; **b)** jmdn. etw. unterstellen. (43)

Unger|deil/Under|~, et [ˈʊŋedeɪl / ˈʊndɐ-] <N.; ~(e) [-deɪl / -deɪˑlə]> {6.11.1}: Unterteil.

unger|deile [ʊŋeˈdeɪlə] <nicht trennb. Präfix-V.; schw.; han; ~|deilte [-ˈdeɪltə]; ~|deilt [-ˈdeɪlt]> {6.11.1}: unterteilen, **a)** aufteilen; **b)** einteilen, gliedern. (45)

unger|drieve [ʊŋeˈdriːvə] <nicht trennb. Präfix-V.; st.; han; ~|drevv [-ˈdref]; ~|drevve [-ˈdrevə]> {5.1.4.5; 6.1.1; 6.11.2}: untertreiben. (51)

unger|dröcke [ʊŋeˈdrøkə] <nicht trennb. Präfix-V.; schw.; han; ~|dröckte [-ˈdrøktə]; ~|dröck [-ˈdrøk]> {5.5.1}: unterdrücken. (88)

un|ge|rech|fää|dig [ˈʊnjərɛʃˌfɛːdɪʃ] <Adj.; i. best. Komposita *recht-*, sonst *rääch|~*; ~te; ~ter, ~ste> {8.3.5; 11; s. u. ↑fääd|ig}: ungerechtfertigt. Tbl. A4.1.1

un|ge|reimp [ˈʊnjəˌreɪmˑp] <Adj.; Part. II negiert von ↑reime; ~|reimte [-reɪmtə]> {8.3.5}: ungereimt. Tbl. A4.2.4

unger|ein [ʊŋeˈreɪn] <Adv.; verkürzte Form zu ↑unger|enein>: untereinander, **1.** eines unter dem anderen, unter das andere. **2.** miteinander; unter uns/euch/sich; [auch: ↑unger|enander].

unger|enander [ˈʊŋerəˈnandə / ˈ---,-- / ˌ---ˈ--] <Adv.>: untereinander, **1.** eins unter dem anderen: *Die Zahle stonn u.* (Die Zahlen stehen u.). **2.** miteinander: *Dat mutt ehr u. regele.* (Das müsst ihr u. regeln.); [auch: ↑unger|ein, ↑unger|enein].

unger|enein [ˌʊŋərə'neɪn] <Adv.>: untereinander [auch: ↑unger|ein, ↑unger|enander].
unger|er|nährt ['ʊŋəlɛ(ɐ̯)ˌnɛːɐ̯t] <Adj.; ~e>: unterernährt, ausgehungert. Tbl. A1
Unger|föhr|ung/~|führ|~, de [ˌʊŋə'føː(ɐ̯)rʊŋ / -fyː(ɐ̯)r-] <N.; ~e> {5.4}: Unterführung.
unger|föödere [ʊŋə'føːdərə] <nicht trennb. Präfix-V.; schw.; han; ~|fööderte [-'føːdetə]; ~|föödert [-'føːdet]> {5.2.1.4; 5.4; 6.11.3; 9.2.1.2}: unterfüttern, **1.** mit einem Futter versehen. **2.** mit einer Schicht unterlegen: *der Boddem met Dämmplaate u.* (den Boden mit Dämmmaterial u.). (4)
unger|fordere [ʊŋə'fɔrdərə] <nicht trennb. Präfix-V.; schw.; han; ~|forderte [-'fɔrdetə]; ~|fordert [-'fɔrdet]> {9.2.1.2}: unterfordern, zu geringe Anforderungen an jmdn./etw. stellen. (4)
Unger|gang/Under|~, der ['ʊŋəjaŋ / 'ʊndɐ-] <N.; ~|gäng [-jɛŋˑ]>: Untergang.
unger|gär|ig ['ʊŋəjɛːrɪç] <Adj.; ~e>: untergärig, nach untergäriger Brauart gebraut: *Pils es e u. Bier.* (Pils ist ein ~es Bier.). Tbl. A5.2
unger|gliddere [ʊŋə'jlɪdərə] <nicht trennb. Präfix-V.; schw.; han; ~|glidderte [-'jlɪdetə]; ~|gliddert [-'jlɪdet]> {5.3.4; 9.2.1.2}: untergliedern. (4)
unger|gonn ['ʊŋəjɔn] <trennb. Präfix-V.; st.; sin; ging u. [jɪŋ]; ~|gegange [-jəjaŋə]> {5.3.4; 8.2.2.3}: untergehen. (83)
unger|grave¹ ['ʊŋəjraːvə] <trennb. Präfix-V.; st.; han; grov u. [jroːf]; ~|gegrave [-jəjraːvə]> {6.1.1}: untergraben, etw. grabend mit der Erde vermengen: *Hä hät der Dünger ungergegrave.* (Er hat den Dünger untergegraben.). (85)
unger|grave² [ʊŋə'jraːvə] <nicht trennb. Präfix-V.; st.; han; ~|grov [-jroːf]; ~|grave [-'jraːvə]> {6.1.1}: untergraben, etw. kaum merklich, aber zielstrebig zerstören: *singe gode Rof u.* (seinen guten Ruf u.). (85)
Unger|hald/Under|~, der ['ʊŋəhalt / 'ʊndɐ-] <N.; kein Pl.> {6.11.3}: Unterhalt, Lebensunterhalt.
unger|halde [ʊŋə'haldə] <nicht trennb. Präfix-V.; st.; han; ~|heeldt [-heːlt]; ~|halde [-'haldə]> {6.11.3}: unterhalten; **1.** für den Unterhalt von jmdm. od. etw. sorgen: *de Famillich/e Hüüsche u.* (die Familie/ein Häuschen u.). **2.** <sich u.> zwanglos mit jmdm. reden. **3.** jmdn. vergnüglich beschäftigen: *de Lück met Wetzcher u.* (die Leute mit Witzchen u.). (90)

unger|hald|sam [ʊŋə'haltzaˑm] <Adj.; ~e; ~er, ~ste> {6.11.3}: unterhaltsam. Tbl. A2.3
unger|halv ['ʊŋəhaləf] <Präp.; i. Vbdg. m. *vun* + Dat.> {s. u. ↑unger¹ ↑halv}: unterhalb, in tieferer Lage unter etw. befindlich: *U. vun der Stadt litt et Meer.* (U. der Stadt liegt das Meer.).
Unger|hemb, et ['ʊŋəhemp] <N.; ~|hemde(r) [-hemdə / -hemdɐ]> {5.5.2; 8.3.5}: Unterhemd.
Unger|hetz, de ['ʊŋəhets] <N.; kein Pl.> {5.5.2; 8.3.1}: Unterhitze, von unten kommende Hitze in einem Backofen.
unger|hoke ['ʊŋəhɔˑkə] <trennb. Präfix-V.; schw.; han; hokte u. ['hɔˑktə]; ~|gehok [-jəhɔˑk]> {5.5.3}: unterhaken. (178)
unger|ird|isch ['ʊŋəˌɪrdɪʃ] <Adj.; i. best. Komposita *ird-*, sonst ↑Ääd; ~e> {11}: unterirdisch. Tbl. A1
unger|joche [ʊŋə'jɔxə] <nicht trennb. Präfix-V.; schw.; han; ~|jochte [-'jɔxtə]; ~|joch [-'jɔx]>: unterjochen, beherrschen, unterdrücken [auch: ↑be|herrsche]. (123)
unger|jubele ['ʊŋəjuːbələ] <trennb. Präfix-V.; schw.; han; jubelte u. ['juːbəltə]; ~|gejubelt [-jəjuːbəlt]> {9.2.1.2}: unterjubeln. (6)
unger|kellere [ʊŋə'kɛlərə] <nicht trennb. Präfix-V.; schw.; han; ~|kellerte [-'kɛletə]; ~|kellert [-'kɛlet]> {9.2.1.2}: unterkellern. (4)
Unger|kiefer/Under|~, der ['ʊŋəˌkiːfɐ / 'ʊndɐ-] <N.; ~e> {s. u. ↑Kiefer¹}: Unterkiefer.
unger|köhle [ʊŋə'køːlə] <nicht trennb. Präfix-V.; schw.; han; ~|köhlte [-'køːltə]; ~|köhlt [-'køːlt]> {5.4}: unterkühlen. (61)
unger|krige ['ʊŋəkriːjə] <trennb. Präfix-V.; unr.; han; kräg/kräht u. [krɛːç / krɛːt]; ~|(ge)kräge/~|gekräg/~|gekräht [-(jə)ˌkrɛːjə / -jəˌkrɛːç / -jəˌkrɛːt]> {5.3.4.1}: unterkriegen. (117)
unger|kruffe ['ʊŋəkrʊfə] <trennb. Präfix-V.; st.; sin; kroff u. [krɔf]; ~|gekroffe [-jəkrɔfə]>: unterkriechen, unterschlüpfen. (119)
unger|kumme ['ʊŋəkʊmə] <trennb. Präfix-V.; st.; sin; kom u. [kɔˑm]; ~|(ge)kumme [-(jə)ˌkʊmə]> {5.4}: unterkommen [auch: ↑under|kumme]. (120)
Unger|kumme, et ['ʊŋəkʊmə] <N.; ~ (Pl. selten)> {5.4}: Unterkommen, Unterkunft [auch: ↑Unger|kunf].
Unger|kunf, de ['ʊŋəˌkʊnf] <N.; ~|künf> {8.3.5}: Unterkunft [auch: ↑Unger|kumme].

Unger|lag, de ['ʊŋɐˌlaˑx] <N.; ~e> {8.3.1}: Unterlage.
unger|läge¹ ['ʊŋɐlɛˑjə] <trennb. Präfix-V.; unr.; *han*; laht u. [laːt]; ~|gelaht/~|geläg [-jəlaːt / -jəlɛˑŋ]> {5.4}: unterlegen, etw. unter jmdn./etw. legen: *enem Kranke e Kesse u.* (einem Kranken ein Kissen u.). (125)
unger|läge² [ʊŋɐ'lɛˑjə] <nicht trennb. Präfix-V.; unr.; *han*; ~|laht [-'laːt]; ~|laht/~|läg [-'laːt / -'lɛˑŋ]> {5.4}: unterlegen, **1.** die Unterseite von etw. mit etw. aus einem anderen (stabileren) Material versehen: *en Glasplaat met Filz u.* (eine Glasplatte mit Filz u.). **2.** etw. (bes. einen Text/Film) nachträglich mit Musik versehen. (125)
unger|läge³ [ʊŋɐ'lɛːjə] <Adj.; Part. II von mhd. underligen (= als Besiegter unten liegen); ~; ~ner, ~nste> {5.4}: unterlegen, schwächer als ein anderer: *Do bes mer u.* (Du bist mir u.). Tbl.A3.2
unger|laufe [ʊŋɐ'loʊfə] <nicht trennb. Präfix-V.; st.; *sin*; ~|leef [-'leˑf]; ~|laufe [-'loʊfə]>: unterlaufen. (128)
Unger|lepp, de ['ʊŋɐlep] <N.; ~e> {5.5.2; 8.3.1}: Unterlippe.
Unger|liev/Under|~, der ['ʊŋɐˌliːf / 'ʊndɐ-] <N.; ~er Pl. selten) ⟨mhd. underlp⟩> {s. u.Liev}: Unterleib.
unger|lige [ʊŋɐ'lɪjə] <nicht trennb. Präfix-V.; st.; ~|lɔg [-'lɔˑx]; ~|läge [-'lɛˑjə]> {5.3.4.1}: unterliegen, **1.** <sin> besiegt werden. **2.** <han> einer Sache unterworfen sein, von etw. bestimmt werden. (132)
unger|looße [ʊŋɐ'loˑsə] <nicht trennb. Präfix-V.; st.; *han*; ~|leet/~|leeß [-'leːt / -'leˑs]; ~|looße [-'loˑsə]> {5.2.1.3; 5.5.3}: unterlassen [auch: *sin looße*]. (135)
ungerm ['ʊŋɐm] <Präp. + best. Art.; m. Dat.> {6.7}: unterm, zus. gezogen aus *unger dem* (unter dem).
Unger|meed/Under|~, de ['ʊŋɐˌmeˑt / 'ʊndɐ-] <N.; o. Pl.> {s. u. ↑Meed}: Untermiete.
Unger|meed|er/Under|~, der ['ʊŋɐˌmeˑdɐ / 'ʊndɐ-] <N.; ~> {s. u. ↑Meed|er¹}: Untermieter.
unger|menge ['ʊŋmɛŋə] <trennb. Präfix-V.; schw.; *han*; mengte u. ['mɛŋˑtə]; ~|gemengk [-jəmɛŋˑk]>: untermengen; unterziehen, unter etw. mengen [auch: ↑unger|rühre/~|röhre]. (49)
unger|mische ['ʊŋmɪʃə] <trennb. Präfix-V.; schw.; *han*; mischte u. ['mɪʃtə]; ~|gemisch [-jəmɪʃ]>: untermischen, unter etw. mischen. (110)
unger|mole [ʊŋɐ'mɔˑlə] <nicht trennb. Präfix-V.; schw.; *han*; ~|mɔlte [-'mɔˑltə]; ~|mɔlt [-'mɔˑlt]> {5.5.3}: untermalen, **1.** etw. durch eine darauf abgestimmte musikalische Begleitung in seiner Wirkung unterstützen, mit leiser Musik begleiten, um es stimmungsvoll zu gestalten. **2.** (bild. Kunst) (bes. von Tafelmalereien) die erste Farbschicht auf den Malgrund auftragen. (148)
unger|muure/~|moore [ʊŋɐ'muˑ(ɐ̯)rə / -moˑrə] <nicht trennb. Präfix-V.; schw.; *han*; ~|muurte [-'muˑɐ̯tə]; ~|muurt [-'muˑɐ̯t] {5.1.4.6; 8.2.2.2}: untermauern, **1.** mit Grundmauern versehen; mit stabilen Mauern von unten her befestigen, stützen. **2.** etw. mit überzeugenden Argumenten/beweiskräftigen Fakten/Untersuchungen od. Ä. stützen/absichern: *en Theorie durch Beweise u.* (eine Theorie durch Beweise u.). (100)
unger|nemme [ʊŋɐ'nemə] <nicht trennb. Präfix-V.; st.; *han*; ~|nɔhm [-'nɔˑm]; ~|nomme [-'nomə] {5.3.4; 5.5.2}: unternehmen. (143)
Unger|nemme, et [ˌʊŋɐ'nemə] <N.; ~> {5.3.4; 5.5.2}: Unternehmen.
un|ge|rode ['ʊnjəˌroˑdə] <Adj.; Part. II negiert von ↑ge|rode; ~; ~ner, ~nste> {5.5.3; 6.11.3}: ungeraten, missraten [auch: ↑mess|rode]. Tbl. A3.2
unger|ordne/~|oodene ['ʊŋɐɔxtnə / -ɔˑdənə] <trennb. Präfix-V.; ~|oodene veraltend; schw.; *han*; ordnete u. ['ɔxtnətə]; ~|geordnet [-jəɔxtnət]> {(5.2.1.1.1; 5.5.3; 9.1.1)}: unterordnen. (57) (145)
Unger|pand/Under|~, et ['ʊŋɐˌpant / 'ʊndɐ-] <N.; ~|pänder> {6.8.1}: Unterpfand.
Unger|reech/~|rich, der ['ʊŋɐreˑŋ / -rɪŋ] <N.; ~te (Pl. selten)> {5.2.1.2; 5.4}: Unterricht.
unger|richte [ʊŋɐ'rɪŋtə] <nicht trennb. Präfix-V.; schw.; *han*; ~|rich [-'rɪŋ]>: unterrichten. (131)
Unger|rock/Under|~, der ['ʊŋɐrɔk / 'ʊndɐ-] <N.; ~|röck>: Unterrock.
unger|röhre/~|rühre [ʊŋɐˌrø(ɐ̯)rə / -ryˑ(ɐ̯)rə] <trennb. Präfix-V.; schw.; *han*; röhte u. ['røˑtə]; ~|geröht [-jərøˑt]> {5.4}: unterrühren, rührend untermengen [auch: ↑unger|menge]. (186) (31)
ungers ['ʊŋɐs] <Adv.; ~te> {6.7; 8.3.5}: unterst.
unger|sage [ʊŋɐ'zaˑʁə] <nicht trennb. Präfix-V.; schw.; *han*; ~|saht [-'zaːt]; ~|saht [-'zaːt]>: untersagen, verbieten. (155)
Unger|satz/Under|~, der ['ʊŋɐzats / 'ʊndɐ-] <N.; ~|sätz>: Untersatz, Unterlage.
ungersch ['ʊŋɐʃ] <Adv.; ~te> {6.7; 6.10.4; 8.3.5}: unterst [gebräuchl.: ↑ungers].

unger|schätze [ʊŋəˈʃɛtsə] <nicht trennb. Präfix-V.; schw.; han; ~|schätzte [-ˈʃɛtstə]; ~|schätz [-ˈʃɛts]>: unterschätzen, zu gering einschätzen. (114)

Unger|scheech/~|schich, de [ˈʊŋəˌʃeːɧ / -ʃɪɧ] <N.; ~te> {5.2.1.2; 5.4; 8.3.5}: Unterschicht. **1.** untere Gesellschaftsschicht. **2.** untere Schicht von etw.

unger|scheide [ʊŋəˈʃeɪdə] <nicht trennb. Präfix-V.; st.; han; ~|scheed [-ˈʃeːt]; ~|scheede [-ˈʃeːdə]>: unterscheiden, auseinanderhalten, differenzieren. (159)

Unger|scheid|ung, de [ˌʊŋəˈʃeɪdʊŋ] <N.; ~e>: Unterscheidung.

Unger|schenkel, der [ˈʊŋəˌʃɛŋkəl] <N.; ~>: Unterschenkel.

Unger|schied/~|scheed, der [ˈʊŋəʃiːt / -ʃeːt] <N.; ~e> {(5.1.4.3)}: Unterschied.

unger|schied|lich/~|scheed|~ [ˈʊŋəʃiːtlɪɧ / -ʃeːt-] <Adj.; ~e; ~er, ~ste> {(5.1.4.3)}: unterschiedlich. Tbl. A1

unger|schlage [ʊŋəˈʃlaʀə] <nicht trennb. Präfix-V.; st.; han; ~|schlog [-ˈʃloːx]; ~|schlage [-ˈʃlaːʀə]> {(5.3.2; 5.4)}: unterschlagen. (48)

Unger|schlag|ung, de [ˌʊŋəˈʃlaːʀʊŋ] <N.; ~e>: Unterschlagung.

Unger|schreff/Under|~, de [ˈʊŋəʃref / ˈʊndɐ-] <N.; ~|schrefte> {5.5.2; 8.3.5}: Unterschrift.

unger|schrieve [ʊŋəˈʃriːvə] <nicht trennb. Präfix-V.; st.; han; ~|schrevv [-ˈʃref]; ~|schrevve [-ˈʃrevə]> {5.1.4.5; 6.1.1}: unterschreiben. (51)

unger|schrigge [ʊŋəˈʃrɪɡə] <nicht trennb. Präfix-V.; st.; han; ~|schredt [-ʃret]; ~|schredde [-ʃredə]> {5.3.4; 6.6.2}: unterschreiten. (133)

Unger|setz|er/Under|~, der [ˈʊŋəˌzɛtsɐ / ˈʊndɐ-] <N.; ~> {s. u. ↑setze²}: Untersetzer.

Unger|sigg/Under|~, de [ˈʊŋəˌzɪk / ˈʊndɐ-] <N.; ~e> {s. u. ↑Sigg¹}: Unterseite.

unger|söke [ʊŋəˈzøːkə] <nicht trennb. Präfix-V.; st./schw.; han; ~|sok/~|sökte [-ˈzoːk / -ˈzøːktə]; ~|sok/~|sök [-ˈzoːk / -zøːk]> {5.4; 6.2.3}: untersuchen. (176) (178)

unger|spöle [ʊŋəˈʃpøːlə] <nicht trennb. Präfix-V.; schw.; han; ~|spölte/~|spolt [-ˈʃpøːltə / -ˈʃpoːlt]; ~|spölt/~|spolt [-ˈʃpøːlt / -ˈʃpoːlt]> {5.4}: unterspülen, (vom Wasser) unterhöhlen. (73)

Unger|stand/Under|~, der [ˈʊŋəˌʃtant / ˈʊndɐ-] <N.; ~|stänt [-ʃtɛnˑt]>: Unterstand.

unger|stelle¹ [ˈʊŋəˌʃtɛlə] <trennb. Präfix-V.; schw./unr.; han; stellte/stallt u. [ˈʃtɛlˑtə / ʃtalt]; ~|gestellt/~|gestallt [-ˈʃtɛlˑt / -ˈʃtalt]>: unterstellen, **a)** zur Aufbewahrung abstellen: *de Rädder em Keller u.* (die Fahrräder im Keller u.); **b)** <sich u.> sich unter etw. Schützendes stellen: *Bei Rähn sollt mer sich u.* (Bei Regen sollte man sich u.). (182)

unger|stelle² [ʊŋəˈʃtɛlə] <nicht trennb. Präfix-V.; schw./unr.; han; ~|stellte/~|stallt [-ˈʃtɛlˑtə / -ˈʃtalt]; ~|stellt/~|stallt [-ˈʃtɛlˑt / -ˈʃtalt]>: unterstellen, **1. a)** unterordnen: *De Polizei es dem Enneminister ungerstellt.* (Die Polizei ist dem Innenminister unterstellt.); **b)** jmdm. die Leitung von etw. übertragen: *Mer hät im 3 Abteilunge ungerstellt.* (Man hat ihm 3 Abteilungen unterstellt.). **2. a)** annehmen: *Ich u. ens, dat ...* (Ich unterstelle einmal, dass ...); **b)** unterschieben: *Se han im schläächte Avsichte ungerstellt.* (Sie haben ihm schlechte Absichten unterstellt.). (182)

Unger|stell|ung, de [ˌʊŋəˈʃtɛlʊŋ] <N.; ~e>: Unterstellung.

unger|stonn [ʊŋəˈʃtɔn] <nicht trennb. Präfix-V.; st.; han; ~|stundt [-ˈʃtʊnt]; ~|stande [-ˈʃtandə] {5.3.4; 8.2.2.3}: unterstehen, **1.** unterstellt sein: *Däm ungersteiht hee alles.* (Ihm untersteht hier alles.). **2.** <sich u.> sich wagen/erdreisten: *Ungerstand dich bloß!* (Untersteh dich nicht!). (185)

unger|stötze [ʊŋəˈʃtøtsə] <nicht trennb. Präfix-V.; schw.; han; ~|stötzte [-ˈʃtøtstə]; ~|stötz [-ˈʃtøts]> {5.5.1}: unterstützen. (114)

Unger|stuf/Under|~, de [ˈʊŋəˌʃtuːf / ˈʊndɐ-] <N.; ~e> {s. u. ↑Stuf}: Unterstufe.

unger|striche [ʊŋəˈʃtrɪɧə] <nicht trennb. Präfix-V.; st.; han; ~|strech [-ˈʃtreʃ]; ~|streche [-ˈʃtreʃə]> {5.3.1}: unterstreichen, **1.** zur Hervorhebung einen Strich unter etw. Geschriebenes/Gedrucktes ziehen: *De Fähler woren rud ungerstreche.* (Die Fehler waren rot unterstrichen.). **2.** nachdrücklich betonen, hervorheben: *Dat kann ich nor u.* (Das kann ich nur u. = Dem kann ich nur zustimmen.). (187)

Unger|tass, de [ˈʊŋəˌtas] <N.; ~e> {8.3.1}: Untertasse; *fleegende U.* (scherzh. für tellerförmiges unbekanntes Flugobjekt).

unger|tauche [ˈʊŋətaʊxə] <trennb. Präfix-V.; schw.; tauchte u. [ˈtaʊxtə]; ~|getauch [-jətaʊx]>: untertauchen, **1. a)** <sin> unter die Oberfläche tauchen: *Dä Schwemmer es en däm See ungergetauch.* (Der Schwimmer tauchte im See unter.) **b)** <han> unter Wasser drücken: *einer mem Kopp u.* (jmdn. mit dem

Kopf u.). **2.** <sin> **a)** verschwinden, nicht mehr zu sehen sein: *zwesche de Lück u.* (in der Menge u.); **b)** sich jmds. Zugriff dadurch entziehen, dass man sich an einen unbekannten Ort begibt: *en Brasilie u.* (in Brasilien u.). (123)

unger|ver|meede ['ʊŋɐfɐˌmeˑdə] <trennb. Präfix-V.; schw.; *han*; ver|meedte u. [fɐˈmeˑtə]; ~|vermeedt [-fɐmeˑt]> {5.1.4.3}: untervermieten. (197)

unger|wägs/~|wähs [ʊŋɐˈvɛˑfjs / -vɛˑs] <Adv.> {5.4; 6.3.2}: unterwegs.

unger|wandere [ʊŋɐˈvanˑdərə] <nicht trennb. Präfix-V.; schw.; *han*; ~|wanderte [-ˈvanˑdɐtə]; ~|wandert [-ˈvanˑdɐt]> {9.2.1.2}: unterwandern. (4)

Unger|wäsch/Under|~, de [ˈʊŋɐˌvɛʃ / ˈʊndɐ-] <N.; kein Pl.> {s. u. Wäsch}: Unterwäsche.

Unger|welt/Under|~, de [ˈʊŋɐˌvɛlt / ˈʊndɐ-] <N.; o. Pl.>: Unterwelt.

unger|werfe/~|wirfe [ʊŋɐˈvɛrfə / -vɪrfə] <nicht trennb. Präfix-V.; st.; *han*; ~|worf [-ˈvorf]; ~|worfe [-ˈvorfə]> {5.5.2/5.4}: unterwerfen. (206)

unger|wiese [ʊŋɐˈviˑzə] <nicht trennb. Präfix-V.; st.; *han*; ~|wes [-ˈves]; ~|wese [-ˈvezə]> {5.1.4.5}: unterweisen, anleiten, einweisen. (147)

un|ge|saddelt [ˈʊnjəˌzadəlt] <Adj.; Part. II negiert von ↑saddele; ~e> {6.11.3}: ungesattelt. Tbl. A1

un|ge|salze [ˈʊnjəˌzaltsə] <Adj.; Part. II negiert von ↑salze; ~; ~ner, ~nste>: ungesalzen. Tbl. A3.2

un|ge|sätt|ig [ˈʊnjəˌzɛtɪʃ] <Adj.; Part. II negiert von ↑sättige; ~te> {8.3.5}: ungesättigt. Tbl. A5.2

un|ge|scheck [ˈʊnjəˌʃek] <Adj.; ~te; ~ter, ~ste> {5.5.2; 8.3.5}: ungeschickt. Tbl. A4.1.1

Un|ge|scheck, et [ˈʊnjəˌʃek] <N.; o. Pl.> {5.5.2}: Ungeschick, Ungeschicklichkeit, Tollpatschigkeit.

un|ge|schellt [ˈʊnjəˌʃelt] <Adj.; Part. II negiert von ↑schelle[1]; ~e> {5.3.2; 5.5.2}: ungeschält. Tbl. A1

un|ge|schlage [ˈʊnjəˌʃlaˑrə] <Adj.; Part. II negiert von ↑schlage; ~>: ungeschlagen, unbesiegt. Tbl. A3.2

un|ge|schleffe [ˈʊnjəˌʃlefə] <Adj.; Part. II negiert von ↑schliefe; ~> {5.5.2}: ungeschliffen, **1.** nicht geschliffen: *ene u. Diamant* (ein ~er Diamant). **2.** ohne Manieren: *ene u. Kääl* (ein Kerl ohne Manieren). Tbl. A3.2

un|ge|schmink [ˈʊnjəˌʃmɪŋk] <Adj.; Part. II negiert von ↑schminke; ~te> {8.3.5}: ungeschminkt, **1.** nicht geschminkt: *U. geiht die Schmitzens nit usem Huus.*

(U. geht Frau Schmitz nicht aus dem Haus.). **2.** unverblümt, ungeschönt: *Dat es de ~te Wohrheit.* (Das ist die ~e Wahrheit.). Tbl. A4.1.1

un|ge|schore [ˈʊnjəˌʃoːrə] <Adj.; Part. II negiert von ↑scherre[1]; ~>: ungeschoren, **1.** nicht geschoren. **2.** <adv. od. präd.> von etw. Unangenehmem nicht betroffen, unbehelligt: *Hä blevv u.* (Er blieb u./kam u. davon.). Tbl. A3.2

un|ge|schötz [ˈʊnjəˌʃøts] <Adj.; Part. II negiert von ↑schötze; ~te; ~ter, ~teste> {5.5.1; 8.3.5}: ungeschützt. Tbl. A4.1.2

un|ge|schrevve [ˈʊnjəˌʃrevə] <Adj.; Part. II negiert von ↑schrieve; ~> {5.3.4; 5.5.2; 6.1.1}: ungeschrieben, nicht schriftlich fixiert. Tbl. A3.2

un|gesell|ig [ˈʊnjəˌzɛlɪʃ] <Adj.; ~e; ~er, ~ste>: ungesellig, humorlos, misanthropisch. Tbl. A5.2

un|ge|setz|lich [ˈʊnjəˌzɛtslɪʃ] <Adj.; ~e; ~er, ~ste>: ungesetzlich. Tbl. A1

un|ge|stalt [ˈʊnjəˌʃtalt] <Adj.; ~e>: missgestaltet Tbl. A1.

Un|ge|stalt, de [ˈʊnjəˌʃtalt] <N.; ~e>: plumpe, hässliche Erscheinung; unziemliches Wesen.

un|ge|strof [ˈʊnjəˌʃtroːf] <Adj.; Part. II von ↑strofe; ~te> {5.5.3; 8.3.5}: ungestraft. Tbl. A4.1.1

un|ge|stürt/~|stööt [ˈʊnjəˌʃtyːɐ̯t / -ˌʃtøˑt] <Adj.; Part. II negiert von ↑stüre; ~e> {5.4; (5.2.1.1.1)}: ungestört. Tbl. A1

un|ge|sund [ˈʊnjəˌzʊnt] <Adj.; ~e; ~|sünder, ~|sündste [-zyˑndɐ / -zyˑntstə]>: ungesund. Tbl. A7.2.2

un|ge|süümp [ˈʊnjəˌzyˑmp] <Adj.; Part. II negiert von ↑süüme[1]; ~|süümte [-zyˑmtə]> {5.1.3; 8.3.5}: ungesäumt, nicht umgesäumt. Tbl. A4.2.4

un|ge|wäsche [ˈʊnjəˌvɛʃə] <Adj.; Part. II negiert von ↑wäsche; ~> {5.4}: ungewaschen. Tbl. A3.2

un|gewennt [ˈʊnjəˌvent] <Adj.; Part. II negiert von ↑gewenne[2]; ~e; ~er, ~ste> {5.3.4; 5.5.2}: ungewohnt, ungeläufig, fremd. Tbl. A1

un|ge|wess [ˈʊnjəˌves] <Adj.; ~e> {5.5.2}: ungewiss, unsicher [auch: ↑un|sechɐr]. Tbl. A2.7

Un|ge|wess|heit, de [ˈʊnjəvesˌhɛɪt] <N.; o. Pl.> {5.5.2}: Ungewissheit.

un|ge|wöhn|lich [ˈʊnjəˌvœˑnlɪʃ] <Adj.; ~e; ~er, ~ste> {5.5.3}: ungewöhnlich. Tbl. A1

un|ge|wollt [ˈʊnjəˌvolt] <Adj.; Part. II negiert von ↑welle[1]/wolle[1]; ~e> {5.5.1}: ungewollt. Tbl. A1 un|ge|zallt ['ʊnɟəˌtsalt] <Adj.; Part. II negiert von ↑zälle; ~e> {5.3.4; 5.4}: ungezählt. Tbl. A1

un|glich ['ʊnɟlɪʃ] <Adj.; ~e> {5.3.1}: ungleich. Tbl. A1

un|glich|mäß|ig ['ʊnɟlɪʃˌmɛˑsɪʃ] <Adj.; i. best. Komposita maß-/mäß-, sonst ↑Moß; ~e; ~er, ~ste> {11; s. u. ↑glich¹}: ungleichmäßig. Tbl. A5.2

Un|glöck, et ['ʊnɟløk] <N.; ~e> {5.5.1}: Unglück, [RA] *U. hät breid Föß.* (U. hat breite Füße. = Ein Unglück kommt selten allein.).

un|glöck|lich ['ʊnɟløklɪʃ] <Adj.; ~e; ~er, ~ste> {5.5.1}: unglücklich. Tbl. A1

un|glöck|sill|ig ['ʊnɟløkˌzɪlɪʃ] <Adj.; ~e; ~er, ~ste> {s. u. ↑Glöck ↑sill|ig}: unglückselig. Tbl. A5.2

un|glöck|sill|iger|wies ['ʊnɟløkˌzɪlɪɟəˈviˑs] <Adv.> {s. u. ↑Glöck ↑sill|ig}: unglückseligerweise.

Un|glöcks|vugel, der ['ʊnɟløksˌfʊʁəl / -fuˑl] <N.; ~|vügel [-fyɟəl / -fyˑl]> {s. u. ↑Un|glöck ↑Vugel}: Unglücksvogel, Unglücksmensch.

Un|glöcks|wage, der ['ʊnɟløksˌvaˑʁə] <N.; ~> {s. u. ↑Un|glöck ↑Wage}: Unglückswagen, der einen Unfall hatte.

Un|glöcks|zahl, de ['ʊnɟløksˌtsaˑl] <N.; ~e> {s. u. ↑Un|glöck ↑Zahl}: Unglückszahl, Zahl, von der geglaubt wird, dass sie Unglück bringt.

un|god ['ʊnɟoˑt] <Adj.; ~e> {5.4; 6.11.3}: ungut. Tbl. A2.1

un|grad ['ʊnɟraˑt] <Adj.; ~e> {8.3.1}: ung(e)rade. Tbl. A2.1

un|gült|ig ['ʊnɟʏltɪʃ] <Adj.; ~e>: ungültig. Tbl. A5.2

uni ['Yniˑ] <Adj.; ~ ⟨frz. uni⟩>: uni, einfarbig. Tbl. A1

Uni|form|jack, de ['uniformˌjak] <N.; ~e> {s. u. ↑Jack¹}: Uniformjacke, zu einer Uniform gehörende Jacke.

Un|ihr|lich|keit, de ['ʊnˌiˑɐ̯lɪʃˌkeɪt] <N.> {5.4}: Unehrlichkeit.

Universitäts|stroß [univɛrzɪˈtɛˑtsˌʃtroˑs] <N.; Straßenn.> {s. u. ↑Stroß}: Universitätsstraße; sie verläuft durch die südlichen Stadtteile Lindenthal, u. Sülz u. ist Teil des 2. linksrheinischen Ringes um die Stadt von der Inneren Kanalstraße über die Universitätsstraße bis zur Pohligstraße. Die erste Universität wurde am 6.1.1389 eröffnet u. am 27.12.1797 von den französischen Besatzern geschlossen. Die alte Universität zählte zu den ältesten Universitäten Europas. Sie ging hervor aus den „Generalstudien" des Dominikaner-Ordens, die 1248 Albertus Magnus eingerichtet hatte. Ihm verdankt sie ihren heutigen Namen. Das neue Universitätsgebäude wurde 1929 wiedererbaut u. am 1.10.1934 eingeweiht. Die neue Universität ist eine der größten Hochschulen in Deutschland;. Das Wahrzeichen der Universität sind die Heiligen Drei Könige.

Uni|wis/~|wies, de ['ʊnɪˌvɪs / -viˑs] <N.> {s. u. ↑Wis/Wies¹}: Uniwiese (Wiese zw. Universität u. Zülpicher Straße).

Unkel|stein, der ['ʊŋkəlˌʃteɪn] <N.; ~ [-ˌʃteˑɐ̯n]>: Basaltstein aus Unkel, seit dem MA als Baumaterial verwendet.

un|klọr ['ʊnklɔˑɐ̯] <Adj.; ~e; ~er, ~ste> {5.5.3}: unklar, 1. nicht klar zu erkennen, undeutlich: *u. Ömress* (~e Umrisse); *e u. Geföhl* (ein ~es Gefühl). 2. nicht verständlich: *en ~e Anleitung* (eine ~e Anleitung). 3. <subst.> nicht geklärt, fraglich: *jet em Unklore looße* (etw. im Unklaren lassen). Tbl. A2.6

Un|krugg, et ['ʊnkrʊk] <N.; o. Pl.> {5.3.4}: Unkraut.

Un|loss|ge|föhl, et ['ʊnlosɟəˌføˑl] <N.; ~e> {s. u. ↑Loss ↑Ge|föhl}: Unlustgefühl.

Un|minsch, der ['ʊnˌmɪnʃ] <N.; ~e ⟨mhd. unmensch⟩> {s. u. ↑Minsch¹}: Unmensch.

un|minsch|lich ['ʊnmɪnʃlɪʃ] <Adj.; ~e; ~er, ~ste> {5.4}: unmenschlich. Tbl. A1

Un|mod, der ['ʊnˌmoˑt] <N.; kein Pl.> {s. u. ↑Mod}: Unmut.

un|mög|lich [ʊnˈmøːflɪʃ] <Adj.; ~e; ~er, ~ste>: unmöglich, 1. nicht denkbar, machbar. 2. vom Wesen her unpassend/unangemessen/nicht tragbar. Tbl. A1

un|nötz ['ʊnnøts] <Adj.; ~e; ~er, ~este> {5.5.1}: unnütz, nutzlos, unbrauchbar. Tbl. A1

un|nüd|ig ['ʊnnyˑdɪʃ] <Adj.; ~e; ~er, ~ste> {5.4; 6.11.3}: unnötig. Tbl. A5.2

un|öönt|lich ['ʊnˌœːntlɪʃ] <Adj.; ~e; ~er, ~ste> {5.2.1.1.1; 5.5.3; 8.2.2.1}: unordentlich. Tbl. A1

un|op|fäll|ig ['ʊnopˌfɛlɪʃ] <Adj.; ~e; ~er, ~ste>: unauffällig [auch: ↑höösch]. Tbl. A5.2

un|pass ['ʊnpas] <Adj.; nur präd. od. adv.>: unpass, 1. unpässlich. 2. ungelegen.

un|pünk|lich ['ʊnpʏŋklɪʃ] <Adj.; ~e; ~er, ~ste> {8.3.5}: unpünktlich. Tbl. A1

Un|pünk|lich|keit, de ['ʊnpʏŋklɪʃˌkeɪt] <N.; o. Pl.> {8.3.5}: Unpünktlichkeit.

un|rääch ['ʊnrɛˑʃ] <Adj.; ~te> {5.2.1.2; 5.4; 6.2.2}: unrecht, nicht richtig, falsch, verwerflich. Tbl. A4.1.1

Un|rääch, et ['ʊnˌrɛˑʃ] <N. ⟨mhd., ahd. unreht⟩> {s. u. ↑Rääch}: Unrecht .

Un|rass¹, der ['ʊnras] <N.; ~|raste [-rastə]>: ruhelose, unruhige Person.
Un|rass², de ['ʊnras] <N.> {8.3.5}: Unrast, Ruhelosigkeit.
Un|rauh, de ['ʊnrɔʊ̯˙] <N.; ~e> {5.1.4.8; 8.3.1}: Unruhe.
un|räuh|ig/~|ruh|~ ['ʊnrøɣɪɧ / -ru:-] <Adj.; ~e; ~er, ~ste> {5.1.4.8}: unruhig. Tbl. A5.2
un|regeet ['ʊnre̯ˌje˙t] <Adj.; Part. II negiert von ↑regiere/~eere; ~; ~er, ~ste>: ungepflegt. Tbl. A1
un|rief ['ʊnri:f] <Adj.; ~e; ~er, ~ste> {5.1.4.5}: unreif, **1.** <nicht komparierbar> nicht reif: *u. Obs* (~es Obst). **2.** einen Mangel an Reife aufweisend: *Dä es noch ärg u.* (Er ist noch sehr u.). Tbl. A1
un|ruh|ig/~|räuh|~ ['ʊnru:ɪɧ / -røɣ-] <Adj.; ~e; ~er, ~ste>: unruhig. Tbl. A5.2
uns¹ [ʊns] <Personalpron.; 1. Pers. Pl. Dat. u. Akk. von ↑mir¹>: uns, **1.** <Dat.>: *Die gehüre u.* (Die gehören u.). **2.** <Akk.>: *Die han u. gesinn.* (Die haben u. gesehen.). Tbl. P1
uns² [ʊns˙] <Possessivpron.> {8.3.2}: unser, unsere, **1.** <1. Pers. Pl.>: *Hat ehr u. Kääls gesinn?* (Habt ihr u. Männer gesehen?). **2.** auch als Subst.: *der Unse* (der U.). Tbl. P2.5/Tbl. P2.9
uns³ [ʊns] <Reflexivpron.; 1. Pers. Pl. Akk. u. Dat. zu ↑sich>: uns, **a)** <Akk.>: *Mer han u. verdon.* (Wir haben u. vertan.); **b)** <Dat.> *Mer han uns domet geschadt.* (Wir haben uns damit geschadet.). Tbl. P3
un|schineet ['ʊnʃɪˌne˙t] <Adj.; Part. II negiert von ↑schiniere/eere; ~e; ~er, ~ste> {5.4; 5.1.4.3; 8.2.4}: ungeniert [auch: ↑un|geneet/~|geniert]. Tbl. A1
un|schlüss|ig ['ʊnʃlʏsɪɧ] <Adj.; ~e; ~er, ~ste> {5.5.1}: unschlüssig. Tbl. A5.2
Un|schold, de ['ʊnʃolt] <N.; kein Pl.> {5.5.1}: Unschuld.
Un|schöld|che, et ['ʊnʃœltʃə] <N.; ~r> {5.5.1}: (iron.) Person, die fälschlich den Eindruck von Unschuld erweckt.
un|schold|ig/~|schöld|~ ['ʊnʃol˙dɪɧ / -ʃœl˙d-] <Adj.; ~e; ~er, ~ste> {5.5.1}: unschuldig. Tbl. A5.2
Un|scholds|engel, der ['ʊnʃolts̯ˌɛŋəl] <N.; ~(e); ~che> {s. u. ↑Schold ↑Engel}: Unschuldsengel, Unschuldslamm [auch: ↑Un|scholds|lamm].
Un|scholds|lamm, et ['ʊnʃolts̯ˌlam˙] <N.; ~lämmer [-lɛmɐ]> {s. u. ↑Schold ↑Lamm}: Unschuldslamm, Unschuldsengel [auch: ↑Un|scholds|engel].
Un|scholds|mien, de ['ʊnʃolts̯ˌmi:n] <N.; ~e> {s. u. ↑Schold ↑Mien}: Unschuldsmiene.

un|secher ['ʊnzeɕɐ] <Adj.; ~e; ~er, ~ste>: unsicher, **1.** gefahrvoll, keine Sicherheit bietend; gefährdet: *en ~e Gägend* (eine ~e Gegend). **2.** zweifelhaft, Risiko behaftet; unzuverlässig: *Et Wedder es u.* (Das Wetter ist u.). **3.** nicht selbstsicher, souverän gegenüber einer Aufgabe/einer Fähigkeit/einer Situation/einer Entscheidung: *Jetz häs do mich u. gemaht.* (Jetzt hast du mich u. gemacht.). Tbl. A2.6
Un|secher|heit, de ['ʊnzeɕɐˌheɪ̯t] <N.; o. Pl.> {5.5.2}: Unsicherheit.
Un|selvs|ständ|ig|keit, de ['ʊnzɛl˙fsʃtɛnˑdɪɧˌkeɪ̯t] <N.; o. Pl.> {s. u. ↑selvs²}: Unselbstständigkeit.
unser|eins ['ʊnzɐˌeɪ̯ns] <Indefinitpron.; indekl.>: unsereins.
unsert|halver ['ʊnzɐtˌhal˙vɐ] <Adv.> {s. u. ↑halv}: unserthalben, **1.** aus Gründen, die uns betreffen: *U. bruchs do nit ze waade.* (U. (wegen uns) brauchst du nicht zu warten.). **2.** von uns aus: *U. kanns do dat gään dun.* (U. kannst du das gern tun.); [auch: ↑unsert|wäge].
unsert|wäge ['ʊnzɐtˌvɛ˙jə] <Adv.> {s. u. ↑wäge³}: unsertwegen, **1.** aus Gründen, die uns betreffen: *U. bruchs do nit ze waade.* (U. (wegen uns) brauchst du nicht zu warten.). **2.** von uns aus: *U. kanns do dat gään dun.* (U. kannst du das gern tun.); [auch: ↑unsert|halver].
un|sich|bar ['ʊnzɪɧˌba:(ɐ̯)] <Adj.; i. best. Komposita *sich(t)-*, sonst ↑Seech; ~e> {8.3.5; 11}: unsichtbar, nicht sichtbar. Tbl. A2.6
un|sill|ig ['ʊnzɪlɪɧ] <Adj.; ~e; ~er, ~ste> {5.3.2; 5.4}: unselig, schlimm, bedauerlich, folgenschwer. Tbl. A5.2
un|sterb|lich ['ʊnʃtɛrplɪɧ / ˌ-'--] <Adj.; i. best. Komposita *sterb-*, sonst ↑sterve; ~e> {11}: unsterblich. Tbl. A1
un|treu ['ʊntrøɣ˙] <Adj.; ~e; ~er, ~ste>: untreu. Tbl. A2.9
un|unger|broche [ˌʊn|ʊŋɐˈbroxə] <Adj.; Part. II negiert von ↑unger|breche; ~>: ununterbrochen. Tbl. A3.2
un|us|ge|gleche ['ʊn|ʊsjəˌjleɧə] <Adj.; Part. II von negiert ↑us|gliche; ~; ~ner, ~nste> {5.5.2}: unausgeglichen, innerlich unruhig. Tbl. A3.2
un|us|ge|schlofe ['ʊn|ʊsjəˌʃlo˙fə] <Adj.; Part. II von negiert ↑us|schlofe; ~; ~ner, ~nste> {5.5.3}: unausgeschlafen, müde. Tbl. A3.2
un|üvver|laht ['ʊn|ʏvɐˌla:t] <Adj.; Part. II negiert von ↑üvver|läge¹; ~e; ~er, ~ste> {5.4; 6.3.2}: unüberlegt, leichtsinnig. Tbl. A1

un|ver|blömp ['ʊnfɐˌblø:mp] <Adj.; ~|blömte [-'blø:mtə]; ~|blömter, ~ste [-'blø:mtɐ / -'blø:mpstə]> {5.4; 8.3.5}: unverblümt. Tbl. A4.2.4

un|ver|deent ['ʊnfɐˌde·nt] <Adj.; Part. II von ↑ver|deene; ~e; ~er, ~ste> {5.1.4.3}: unverdient. Tbl. A1

un|ver|dönnt ['ʊnfɐˌdøn·t] <Adj.; ~e> {5.5.1}: unverdünnt, nicht verdünnt. Tbl. A1

un|ver|dorve ['ʊnfɐˌdorvə] <Adj.; Part. II negiert von ver|derve/~|dirve.; ~; ~ner, ~nste> {5.5.1; 6.1.1}: unverdorben, sittlich rein, unschuldig, natürlich: e ~ Mädchen (ein ~es Mädchen). Tbl. A3.2

Un|ver|drag, der ['ʊnfɐˌdra:x] <N.> {6.11.3}: Unverträglichkeit, Uneinigkeit.

un|ver|frore ['ʊnfɐˌfro:rə] <Adj.; ~; ~ner, ~nste> {5.5.3}: unverfroren. Tbl. A3.2

un|ver|gess|lich [ˌʊnfɐ'jɛslɪʃ / '--,--] <Adj.; ~e; ~er, ~ste>: unvergesslich. Tbl. A1

un|ver|hoff ['ʊnfɐˌhof / --'-] <Adj.; ~te> {8.3.5}: unverhofft, unerwartet. Tbl. A4.1.1

un|verlangk ['ʊnfɐˌlaŋ·k] <Adj.; ~|verlangte [-fɐlaŋ·tə]> {6.7; 8.3.5}: unverlangt. Tbl. A4.2.3

un|ver|schammp ['ʊnfɐˌʃamp] <Adj.; ~|schammte [-ʃamtə]; ~|schammter, ~ste [-ʃamtɐ / -ʃampstə]> {5.3.2; 5.4; 8.3.5}: unverschämt. Tbl. A4.2.4

un|versinns ['ʊnfɐˌzɪns] <Adv.> {s. u. ↑sinn}: unversehens.

un|ver|wähßel|bar [ʊnfɐ'vɛːsəlba:(ɐ̯) / '--,---] <Adj.; ~e> {5.2.4; 5.4}: unverwechselbar. Tbl. A2.6

Un|wedder, et ['ʊnvɛdɐ] <N.; ~e> {6.11.3}: Unwetter.

un|well|ig ['ʊnvelɪʃ] <Adj.; ~e; ~er, ~ste> {5.5.2}: unwillig, widerwillig. Tbl. A5.2

Un|wesse(n)|heit, de ['ʊnvesə(n)ˌheɪ̯t] <N.; o. Pl.> {5.5.2; 9.1.4}: Unwissenheit.

un|wicht|ig ['ʊnvɪçtɪʃ] <Adj.; ~e; ~er, ~ste>: unwichtig. Tbl. A5.2

un|zäll|ig ['ʊntsɛlɪʃ] <Adj.; ~e> {5.3.4}: unzählig, zahlreich, zahllos. Tbl. A5.2

un|ze|fridde/~|zo|~ ['ʊntsəˌfrɪdə / -tso-] <Adj.; ~; ~ner, ~nste> {5.3.4}: unzufrieden. Tbl. A3.1

un|zer|käut ['ʊntsɐˌkøy̯·t] <Adj.; ~e> {5.1.3}: unzerkaut, nicht zerkaut. Tbl. A1

Un|zigg, de ['ʊntsɪk] <N.; ~|zigge (meist Pl.)> {5.3.4; 6.6.2}: i. d. Vbdg. *zor U.; zo ~e (zu einer unpassenden Zeit).

un|zo|läss|ig ['ʊntsoˌlɛsɪʃ] <Adj.; i. best. Komposita läss~, sonst ↑looße¹; ~e> {11}: unzulässig, verboten, nicht erlaubt. Tbl. A5.2

un|zo|ver|läss|ig ['ʊntsoːfɐˌlɛsɪʃ] <Adj.; i. best. Komposita läss-, sonst ↑looße¹; ~e; ~er, ~ste> {11}: unzuverlässig. Tbl. A5.2

un|zücht|ig ['ʊntsʏçtɪʃ] <Adj.; ~e; ~er, ~ste>: unzüchtig, frivol. Tbl. A5.2

üpp|ig ['ʏpɪʃ] <Adj.; ~e; ~er, ~ste>: üppig. Tbl. A5.2

ur|ald/or|~ ['uːɐ̯ˈalt / oːɐ̯-] <Adj.; ~|aal(e) [-aːl(ə)]> {6.11.3; (5.4)}: uralt. Tbl. A7.1

Ur|deil/Or|~, et ['uxdeɪ̯l / ox-] <N.; ~e> {6.11.1}: Urteil.

urdeile ['ʊxdeɪ̯·lə] <V.; schw.; han; urdeilte ['ʊxdeɪ̯ltə]; geurdeilt [jə'ʊxdeɪ̯lt]> {6.11.3}: urteilen [auch: ↑ordeile]. (45)

Ur|groß|eldere ['uːɐ̯ˌroːsˌɛldərə] <N.; nur Pl.> {s. u. ↑Eldere}: Urgroßeltern.

Ur|groß|vatter, der ['uːɐ̯ˌroːsˌvatɐ] <N.; ~|vätter> {s. u. ↑Vatter}: Urgroßvater.

Ur|kund, de ['uːɐ̯kʊn·t] <N.; ~e> {8.3.1}: Urkunde.

urlaubs|rief ['uːɐ̯laʊ̯psˌriːf] <Adj.; ~e> {5.1.4.5}: urlaubsreif. Tbl. A1

Ur|minsch, der ['uːɐ̯mɪnʃ] <N.; ~e> {5.4}: Urmensch.

Urn, de [ʊrˑn] <N.; ~e> {8.3.1}: Urne.

Urne|grav, et ['ʊrnəˌjraːf] <N.; ~|gräver [-jrɛ·vɐ]> {s. u. ↑Urn ↑Grav}: Urnengrab.

Ur|ologe, der [ˌʊroˈloːʀə] <N.; ~>: Urologe.

Ur|ologie, de [ˌʊroloˈjiˑ] <N.; zu griech. lógos, Logos>: Urologie.

Ur|saach, de ['uːɐ̯zaːx] <N.; ~e> {s. u. ↑Saach}: Ursache.

Ur|zigg, de ['uːɐ̯ˌtsɪk] <N.; ~e> {s. u. ↑Zigg}: Urzeit.

us¹ [ʊs] <Präp.; m. Dat.> {5.3.1}: aus.

us² [ʊs] <Adv.> {5.3.1}: aus, 1. a) vorbei, Schluss, zu Ende: Met uns es u. (Mit uns ist es a.); b) erloschen, nicht mehr brennend; ausgeschaltet: Et Leech es u. (Das Licht ist a.). 2. i. d. Vbdg. vun ... u.: vun Sölz u. noh ... (von Sülz a. nach ...).

us|-, Us|- [ʊs] <Präfix> {5.3.1}: aus-, Aus-, i. Vbdg. m. V., N. u. Adj.: ~aate (~arten), ~bildung (~bildung), ~ländisch (~ländisch).

us|aate ['ʊsˌlaːtə] <trennb. Präfix-V.; schw.; han; ~|geaat [-jəˌlaːt]> {5.2.1.1.1}: ausarten, a) sich ins Negative entwickeln/steigern; b) sich ungehörig benehmen. (104)

us|arbeide ['ʊsˌlarbeɪ̯də / 'ʊzar‚beɪ̯də] <trennb. Präfix-V.; schw.; *han*; arbeidte us ['arbeɪ̯tə]; ~|gearbeidt [-jəlarbeɪ̯t]> {6.11.3}: ausarbeiten. (197)

us|backe ['ʊsbakə] <trennb. Präfix-V.; unr.; *han*; backte us ['baktə]; ~|gebacke [-jəbakə]>: ausbacken. (9)

us|bade ['ʊsbaˑdə] <trennb. Präfix-V.; schw.; *han*; badte us ['baˑtə]; ~|gebadt [-jəbaˑt]>: ausbaden. (197)

us|baggere ['ʊsbagərə] <trennb. Präfix-V.; schw.; *han*; baggerte us ['bageetə]; ~|gebaggert [-jəbageet]> {9.2.1.2}: ausbaggern. (4)

us|balanciere/~eere ['ʊsbalaŋˌsiˑ(e̯)rə / -eˑrə] <trennb. Präfix-V.; schw./unr.; *han*; balancierte us [balaŋ'siˑe̯tə]; ~|balanciert [-balaŋˌsiˑe̯t] ⟨frz. balancer⟩> {(5.1.4.3)}: ausbalancieren. (3) (2)

us|baldowere ['ʊsbalˌdoːvərə] <trennb. Präfix-V.; schw.; *han*; baldowerte us [balˈdoːvetə]; ~|baldowert [-balˌdoːvet]> {9.2.1.2}: ausbaldowern, auskundschaften. (4)

us|baue ['ʊsboʊ̯ə] <trennb. Präfix-V.; schw.; *han*; baute us ['boʊ̯tə]; ~|gebaut [-jəboʊ̯t]>: ausbauen, **1.** (ein Teil) aus etw. mithilfe von Werkzeugen entfernen: *de Batterie usem Auto u.* (die Batterie aus dem Auto a.). **2.** erweitern, vergrößern, (weiter) ausgestalten: *et Stroßenetz u.* (das Straßennetz a.). **3.** weiterentwickeln; verbessern, vermehren: *der Handel met Russland u.* (die Handelsbeziehungen mit Russland a.). **4.** zu etw. umbauen/umgestalten: *et Daachgeschoss zo ener Wonnung u.* (das Dachgeschoss zu einer Wohnung a.). (11)

us|bedinge ['ʊsbəˌdɪŋə] <trennb. Präfix-V.; st.; *han*; bedung us [bə'dʊŋˑ]; ~|bedunge [-bədʊŋə]>: ausbedingen [auch: ↑be|dinge (b)]. (26)

us|bessere ['ʊsbɛsərə] <trennb. Präfix-V.; schw.; *han*; besserte us ['bɛsetə]; ~|gebessert [-jəbɛset]> {9.2.1.2}: ausbessern, instandsetzen, schadhafte Stellen reparieren. (4)

us|beute ['ʊsbɔʏ̯tə] <trennb. Präfix-V.; schw.; *han*; ~|gebeut [-jəbɔʏ̯t]>: ausbeuten. (72)

us|be|zahle ['ʊsbəˌtsaːlə] <trennb. Präfix-V.; schw.; *han*; be|zahlte us [bəˈtsaːltə]; ~|be|zahlt [-bətsaːlt]>: aus(be)zahlen. (61)

us|bieße ['ʊsbiːsə] <trennb. Präfix-V.; st.; *han*; bess us [bes]; ~|gebesse [-jəbesə]> {5.1.4.5}: ausbeißen, **a)** einen Zahn beim Zubeißen/Kauen ab-, herausbrechen; **b)** (übertr.) <sich u.> *an jet de Zäng u.* (sich an etw. die Zähne a., etwas nicht bewältigen). (25)

us|bilde/~|belde ['ʊsbɪlˑdə / -belˑdə] <trennb. Präfix-V.; schw.; *han*; bildte us ['bɪlˑtə]; ~|gebildt [-jəbɪlˑt]> {(5.5.2)}: ausbilden. (28)

Us|bild|ung/~|beld|~, de ['ʊsbɪlˑdʊŋ / -beld-] <N.; ~e> {(5.5.2)}: Ausbildung.

us|bleiche/~|bliche ['ʊsblei̯ʃə / -blɪʃə] <trennb. Präfix-V.; schw.; *han*; bleichte us ['blei̯ʃtə]; ~|gebleich [-jəblei̯ʃ]>: ausbleichen: *De Sonn hät de Vürhäng usgebleich.* (Die Sonne hat die Vorhäng ausgebleicht.). (123) (187)

us|blende ['ʊsblɛnˑdə] <trennb. Präfix-V.; schw.; *han*; blendte us ['blɛnˑtə]; ~|geblendt [-jəblɛnˑt]>: ausblenden. (28)

us|blieve ['ʊsbliˑvə] <trennb. Präfix-V.; st.; *sin*; blevv us [blef]; ~|geblevve [-jəblevə]> {5.1.4.5; 6.1.1}: ausbleiben. (29)

us|blode ['ʊsbloˑdə] <trennb. Präfix-V.; schw.; blodte us ['bloˑtə]; ~|geblodt [-jəbloˑt]> {5.4; 6.11.3}: ausbluten, **a)** <sin> leer bluten: *e geschlaach Dier u. looße* (ein geschlachtetes Tier a. lassen); **b)** <han> aufhören zu bluten: *Sing Wund hät endlich usgeblodt.* (Seine Wunde hat endlich ausgeblutet.). (197)

us|blöhe ['ʊsblø·ə] <trennb. Präfix-V.; schw.; *han*; blöhte us ['bløˑtə]; ~|geblöht [-jəbløˑt]> {5.4}: ausblühen. (37)

us|bloße ['ʊsbloˑzə] <trennb. Präfix-V.; st.; *han*; blees us [bleːs]; ~|gebloße [-jəbloˑzə]> {5.5.3}: ausblasen. (30)

us|boche ['ʊsboˑxə] <trennb. Präfix-V.; schw.; *han*; bochte us ['boˑxtə]; ~|geboch [-jəboˑx]> {5.4}: ausbuchen, **a)** bis zum letzten Platz belegen/ausverkaufen: *De Busse wore för Woche usgeboch.* (Die Busse waren wochenlang ausgebucht.); **b)** (übertr.) *De Bläck Fööss sin op Monate usgeboch.* (Die Bläck Fööss sind auf Monate hin ausgebucht/haben keinen freien Termin mehr.). (123)

us|bohre ['ʊsboˑ(e̯)rə] <trennb. Präfix-V.; schw.; *han*; bohrte us ['boˑe̯tə]; ~|gebohrt [-jəboˑe̯t]>: ausbohren, **a)** (ein Loch od. Ä.) durch Bohren herstellen od. erweitern: *ene Brunne u.* (einen Brunnen a.); **b)** durch Bohren aus etw. entfernen, herausbohren: *Äss u.* (Äste a.). (31)

us|bombe ['ʊsbomˑbə] <trennb. Präfix-V.; schw.; *han*; bombte us ['bomˑptə]; ~|gebomb [-jəbomˑp]> {5.5.1}: ausbomben. (189)

us|bööschte ['ʊsbøːʃtə] <trennb. Präfix-V.; schw.; *han*; ~|geböösch [-jəbøːʃ]> {5.2.1.1.2; 5.4}: ausbürsten, **a)** mit einer Bürste etw. entfernen: *dä Fleck usem Kleid u.* (den Fleck aus dem Kleid a.); **b)** mit einer Bürste reinigen: *der Aanzug u.* (den Anzug a.); **c)** (Haare) kräftig bürsten, durchbürsten: *de Hoore u.* (die Haare a.). (19)

us|breche ['ʊsbrɛʃə] <trennb. Präfix-V.; st.; *sin*; brǫch us [brɔˑx]; ~|gebroche [-jəbrɔxə]>: ausbrechen, **1. a)** aus einem Gewahrsam entkommen; sich aus einer Zwangslage befreien; sich aus einer Bindung lösen: *Der Tiger es usgebroche.* (Der Tiger ist ausgebrochen.); **b)** plötzlich beginnen; mit Heftigkeit einsetzen: *Mer brich der Schweiß us.* (Mir bricht der Schweiß aus.); *Der Kreeg es usgebroche.* (Der Krieg ist ausgebrochen.). **2.** erbrechen: *et Esse widder u.* (das Essen wieder erbrechen). (34)

us|breide ['ʊsbrei̯də] <trennb. Präfix-V.; schw.; *han*; breidte us ['brei̯tə]; ~|gebreidt [-jəbrei̯t]> {6.11.3}: ausbreiten. (197)

us|bremse ['ʊsbrɛmzə] <trennb. Präfix-V.; schw.; *han*; bremste us ['brɛmstə]; ~|gebrems [-jəbrɛms]>: ausbremsen, **1. a)** (Rennsport) (einen Fahrer, ein Fahrzeug) beim Einfahren in eine Kurve durch absichtlich spätes Bremsen überholen; **b)** sich vor jmdn. setzen u. durch Bremsen behindern. **2.** überlisten, austricksen: *de Konkurrenz u.* (die Konkurrenz a.). (87)

us|brenne ['ʊsbrɛnə] <trennb. Präfix-V.; unr.; brannt us [brant]; ~|gebrannt [-jəbrant]>: ausbrennen, **1.** <sin> zu Ende brennen; völlig verbrennen: *De Kääz es usgebrannt.* (Die Kerze ist ausgebrannt.); *De Wonnung es usgebrannt.* (Die Wohnung ist ausgebrannt.). **2.** <han> **a)** durch Feuer vernichten: *Mer han e Wespeness usgebrannt.* (Wir haben ein Wespennest ausgebrannt.); **b)** durch Ätzen reinigen: *Der Dokter hät die Wund usgebrannt.* (Der Arzt hat die Wunde ausgebrannt.). **3.** <sein> seelisch u. körperlich völlig erschöpft. (35)

Us|broch, der ['ʊsˌbrox] <N.; ~|brǫch> {5.5.1}: Ausbruch. **1.** gewaltsames Ausbrechen. **2.** plötzlicher Beginn. **3.** Anfall, Koller.

us|brǫde ['ʊsbrɔˑdə] <trennb. Präfix-V.; st.; breedt us [breːt]; ~|gebrǫde [-jəbrɔˑdə]> {5.5.3; 6.11.3}: ausbraten, **a)** <sin> (von Fett) sich beim Braten absondern: *Us däm Speck es vill Fett usgebrode.* (Aus dem Speck ist viel Fett ausgebraten.) **b)** <han> bis zum Garsein braten: *Mer han et Fleisch god usgebrode.* (Wir haben das Fleisch gut ausgebraten.). (36)

us|bröde ['ʊsbrøˑdə] <trennb. Präfix-V.; schw.; *han*; brödte us ['brøˑtə]; ~|gebrödt [-jəbrøˑt]> {5.4; 6.11.3}: ausbrüten, **1.** (Eier) bis zum Ausschlüpfen der Jungen bebrüten: *Dat Hohn bröht de Eier us.* (Die Henne brütet die Eier aus.). **2. a)** (Übles) ersinnen, sich ausdenken: *en Hanakerei u.* (einen üblen Streich a.); **b)** im Begriff sein, krank zu werden: *De Pänz bröde en Gripp us.* (Die Kinder brüten eine Grippe aus.). (197)

us|buddele ['ʊsbʊdələ] <trennb. Präfix-V.; schw.; *han*; buddelte us ['bʊdəltə]; ~|gebuddelt [-jəbʊdəlt]> {9.2.1.2}: ausbuddeln, ausgraben. (6)

us|bügele ['ʊsbyːjələ] <trennb. Präfix-V.; schw.; *han*; bügelte us ['byːjəltə]; ~|gebügelt [-jəbyːjəlt]> {9.2.1.2}: ausbügeln, **1. a)** durch Bügeln glätten: *De Nöht müsse usgebügelt weede.* (Die Nähte müssen ausgebügelt werden.); **b)** durch Bügeln aus etw. entfernen: *Falde usem Kleid u.* (Falten aus dem Kleid a.). **2.** etw. bereinigen/wieder in Ordnung bringen: *De Fähler müsse usgebügelt weede.* (Die Fehler müssen ausgebügelt werden.). (6)

us|büggele ['ʊsbyɡələ] <V.; schw.; *han*; büggelte us ['byɡəltə]; us|gebüggelt [-jəbyɡəlt]> {5.3.4}: ausbeulen, Beulen werfen (Stoff) [auch: ↑büüle]. (6)

Us|bund, der ['ʊsbʊnt] <N.; ~|bünd/~|büng [-bʏnˑt / -bʏŋˑ]>: Ausbund.

us|büüle ['ʊsbyˑlə] <trennb. Präfix-V.; schw.; *han*; büülte us ['byˑltə]; ~|gebüült [-jəbyˑlt]> {5.1.3}: ausbeulen, **1.** (durch Tragen) ausweiten. **2.** herausschlagen, glätten. (102)

us|checke ['ʊstʃɛkə] <trennb. Präfix-V.; schw.; *han*; checkte us ['tʃɛktə]; ~|gecheck [-jətʃɛk]>: auschecken, (Flugw.) (nach der Ankunft) **a)** abfertigen: *Passagiere/Gepäck u.* (Passagiere/Gepäck a.); **b)** sich abfertigen lassen; **c)** (Hotel) verlassen. (88)

us|dämpe ['ʊsdɛmpə] <trennb. Präfix-V.; schw.; dämpte us ['dɛmptə]; ~|gedämp [-jədɛmp]> {5.4; 6.8.1}: ausdampfen, **a)** <sin> in Form von Dampf abgeschieden werden: *Nääßde es us dä feuchte Klamotte usgedämp.* (Nässe ist aus den feuchten Kleidern ausgedampft.); **b)** <han> bis zur Abkühlung Dampf abgeben: *Dä heiße Pudding dämp us.* (Der heiße Pudding dampft aus.); **c)** <han> aufhören zu dampfen: *Die*

Ääpel han noch nit usgedämp. (Die Kartoffeln haben noch nicht ausgedampft.). (180)

us|deene ['ʊsdeːnə] <trennb. Präfix-V.; schw.; *han*; deente us ['deːntə]; ~|gedeent [-jədeːnt]> {5.1.4.3}: ausdienen: *Die Schohn han usgedeent.* (Die Schuhe haben ausgedient.). (44)

us|dehne ['ʊsdeːnə] <trennb. Präfix-V.; schw.; *han*; dehnte us ['deːntə]; ~|gedehnt [-jədeːnt]>: ausdehnen: *de Schohn u.* (die Schuhe a.) [auch: ↑us|tredde (1b), ↑us|wigge (1)]. (5)

us|deile ['ʊsdeɪ·lə] <trennb. Präfix-V.; schw.; *han*; deilte us ['deɪltə]; ~|gedeilt [-jədeɪlt]> {6.11.1}: austeilen. (45)

us|denke ['ʊsdɛŋkə] <trennb. Präfix-V.; unr.; *han*; daach us [daːx]; ~|gedaach [-jədaːx]>: ausdenken. (46)

us|diskutiere/~eere ['ʊsdɪskʊˌtiː(ɐ̯)rə / -eːrə] <trennb. Präfix-V.; schw./unr.; *han*; diskutierte us [dɪskʊˈtiːɐ̯tə]; ~|diskutiert [-dɪskʊˌtiːɐ̯t] ⟨lat. discutere⟩> {(5.1.4.3)}: ausdiskutieren. (3) (2)

us|dönne ['ʊsdønə] <trennb. Präfix-V.; schw.; *han*; dönnte us ['døntə]; ~|gedönnt [-jədønt] {5.5.1}: ausdünnen, **1.** eine Pflanzenreihe lichten. **2.** epilieren, Haar durch Schneiden ausdünnen. (10)

us|drage ['ʊsdraːʀə] <trennb. Präfix-V.; st.; *han*; drog u. [droːx]; ~|gedrage [-jədraːʀə]> {6.11.2}: austragen. **1.** zustellen: *de Zeidung z.* (die Zeitung z.) [auch: ↑zo|stelle (2)]. **2.** ein Kind bis zur Geburt im Mutterleib behalten. **3.** ausfechten, entscheiden: *ene Strigg/Kamf u.* (einen Streit/Kampf a.) [auch: ↑us|fechte/~|fäächte]. **4.** eine Eintragung löschen, tilgen: *Punkte en Flensburg u.* (Punkte aus der Verkehrssünderdatei in Flensburg a.) [auch: ↑lösche (2)]. (48)

us|dräume ['ʊsdrɔʏmə] <trennb. Präfix-V.; schw.; *han*; dräumte us ['drɔʏˑmtə]; ~|gedräump [-jədrɔʏˑmp]> {6.11.2}: austräumen, zu Ende träumen. (122)

us|drieße ['ʊsdriːsə] <trennb. Präfix-V.; st.; *han*; dress us [drɛs]; ~|gedresse [-jədresə]> {5.1.4.5}: ausscheißen, **1. a)** etw. als Verdautes od. mit Verdautem ausscheiden: *Hä hät baal alles widder usgedresse.* (Er hat fast alles wieder ausgeschissen.). **wie usgedresse ussinn* (wie ausgeschissen aussehen = sehr blass sein/ aussehen); **b)** aufhören, Kot zu entleeren: *Häs do baal usgedresse?* (Hast du bald ausgeschissen?); **bei einem usgedresse han* (bei jmdm. ausgeschissen haben = jmds. Achtung verloren haben). **2.** <sich u.>

den Darm völlig entleeren: *sich ens richtig u.* (sich einmal richtig a.). (25)

us|drieve ['ʊsdriːvə] <trennb. Präfix-V.; st.; *han*; drevv us [dref]; ~|gedrevve [-jədrevə]> {5.1.4.5; 6.1.1; 6.11.2}: austreiben. (51)

us|drihe ['ʊsdriːə] <trennb. Präfix-V.; schw.; *han*; drihte us ['driːtə]; ~|gedriht [-jədriːt]> {5.1.4.1}: ausdrehen. (37)

us|drinke ['ʊsdrɪŋkə] <trennb. Präfix-V.; st.; *han*; drunk us [drʊŋk]; ~|gedrunke [-jədrʊŋkə]> {6.11.2}: austrinken, zu Ende trinken. (52)

Us|drock[1], der ['ʊsdrok] <N.; ~|dröck> {5.5.1}: Ausdruck, **1.** Wort, Bezeichnung, Terminus, sprachl. Wendung: *Wat es dat dann för ene U., dä han ich noch nie gehoot.* (Was ist das denn für ein A., den habe ich noch nie gehört.). **2.** <o. Pl.> Ausdrucksweise, sprachl. Stil. **3.** <Pl. selten> Miene, Gesichtszug od. Ä.

Us|drock[2], der ['ʊsdrok] <N.; ~e> {5.5.1}: Ausdruck, Gedrucktes: *Maach mer ens ene U. vun dä Datei.* (Mach mir mal einen A. dieser Datei.).

us|drocke ['ʊsdrokə] <trennb. Präfix-V.; schw.; *han*; drockte us ['droktə]; ~|gedrock [-jədrok]> {5.5.1}: ausdrucken. (88)

us|dröcke ['ʊsdrøkə] <trennb. Präfix-V.; schw.; *han*; dröckte us ['drøktə]; ~|gedröck [-jədrøk]> {5.5.1}: ausdrücken: *ene Schwamm u.* (einen Schwamm a.). (88)

us|dröck|lich ['ʊsdrøklɪç / -'--] <Adj.; ~e> {5.5.1}: ausdrücklich. Tbl. A1

us|drüge ['ʊsdryɟə] <trennb. Präfix-V.; schw.; drügte us ['dryɟtə]; ~|gedrüg [-jədryɟ]> {5.4; 6.11.2; 8.2.3}: austrocknen, **1.** <han> alle Feuchtigkeit aus etw. herausziehen, ausdörren: *De Sonn drüg der Boddem us.* (Die Sonne trocknet den Boden aus.). **2.** <sin> völlig trocken werden: *Minge Stross wor wie usgedrüg.* (Meine Kehle war wie ausgetrocknet.). (103)

us|dun ['ʊsdɔn] <trennb. Präfix-V.; unr.; *han*; dät us [dɛːt]; ~|gedon [-jədɔn]> {5.3.2.5; 6.11.1}: ausziehen, entkleiden, Kleider ablegen. (53)

us|dünste ['ʊsdʏnstə] <trennb. Präfix-V.; schw.; *han*; ~|gedüns [-jədʏns]>: ausdunsten, ausdünsten, **a)** Feuchtigkeit u. andere flüchtige Substanzen an die Luft abgeben/absondern: *Der Boddem düns us.* (Der Boden dünstet aus.); **b)** (einen Geruch od. Ä.) ausströmen: *Der Sump hät ene fuulige Möff usgedüns.* (Der Sumpf hat einen fauligen Geruch ausgedünstet.). (54)

Us|duur/~|door, de [ˈʊsduːɐ̯ / -doːɐ̯] <N.; kein Pl.> {5.1.4.6; 8.2.2.2}: Ausdauer.

us̲el|ig [ˈʊzəlɪʃ] <Adj.; ~e; ~er, ~ste>: unangenehm, **1.** unbehaglich, ungemütlich: *u. Wedder* (~es Wetter) [auch: ↑schubb|ig¹]. **2.** schmutzig, ungepflegt: *ene ~e Kääl* (ein ungepflegter Kerl). Tbl. A5.2

us̲em [ˈʊzəm] <Präp. + best. Art.; m. Dat.> {5.3.1; 6.10.1}: aus'm, zus. gezogen aus *us dem* (aus dem).

us̲|enander [ʊzəˈnandɐ] <Adv.;> {6.10.1}: auseinander [auch: ↑us̲|enein].

us̲enander|breche [ʊzəˈnandɐˌbrɛʃə] <trennb. Präfix-V.; st.; brǫch u. [brɔːx]; ~|gebroche [-jəbrɔxə]>: auseinanderbrechen. (34)

us̲enander|falde [ʊzəˈnandɐˌfaldə] <trennb. Präfix-V.; unr.; han; faldte u. [ˈfaltə]; ~|gefalde [-jəfaldə]> {6.11.3}: aus(einander)falten. (63)

us̲enander|halde [ʊzəˈnandɐˌhaldə] <trennb. Präfix-V.; st.; han; heelt u. [heːlt]; ~|gehalde [-jəˌhaldə]> {6.11.3}: auseinanderhalten, unterscheiden. (90)

us̲|enander|pos̲ementiere/~eere [ʊzəˈnandɐˌpozəmɛnˈtiːɐ̯rə / -eːrə] <V.; schw./unr.; han; pos̲ementierte u. [ˌpozəmɛnˈtiːɐ̯tə]; pos̲ementiert [pozəmɛnˈtiːɐ̯t]> {(5.1.4.3)}: erklären, auseinandersetzen, auseinanderlegen [auch: ↑er|kläre, ↑ver|klickere, ↑ver|klǫre]. (3) (2)

us̲|enein [ʊzəˈnein] <Adv.> {6.10.1}: auseinander [auch: ↑us̲|enander].

us|esse [ˈʊsˌɛsə] <trennb. Präfix-V.; st.; han; ǫß us [ɔːs]; ~|gegesse [-jəˌɛsə]>: ausessen, leer essen *Hä iss de Melon us.* (Er isst die Melone aus.). (59)

us|fäädige [ˈʊsfɛːdɪjə] <trennb. Präfix-V.; schw.; han; fäädigte us [ˈfɛːdɪʃtə]; ~|gefäädig [-jəfɛːdɪʃ]> {5.2.1.1.2; 5.4; 6.11.3}: ausfertigen. (7)

us|fahre [ˈʊsfaːrə] <trennb. Präfix-V.; st.; han u. sin; fuhr/fohr us [fuːɐ̯ / foːɐ̯]; ~|gefahre [-jəfaːrə]>: ausfahren. (62)

us|falde [ˈʊsfaldə] <trennb. Präfix-V.; unr.; han; faldte us [ˈfaltə]; ~|gefalde [-jəfaldə]> {6.11.3}: ausfalten. (63)

Us|fall, der [ˈʊsfal] <N.; ~|fäll [-fɛl·]>: Ausfall.

us|falle [ˈʊsfalə] <trennb. Präfix-V.; sin; feel us [feːl]; ~|gefalle [-jəfalə]>: ausfallen. (64)

Us|fall|schre̲dd, der [ˈʊsfalˌʃrɛt] <N.; ~> {s. u. ↑Schre̲dd}: Ausfallschritt, (Sport): Schritt zur Seite, nach vorn od. hinten.

us|fechte/~|fäächte [ˈʊsfɛçtə / -fɛːçtə] <trennb. Präfix-V.; us|fäächte veraltend; st.; han; ~|gefochte [-jəfɔxtə]> {(5.2.1; 5.4)}: ausfechten. (69) (60)

us|fette [ˈʊsfɛtə] <trennb. Präfix-V.; schw.; han; ~|gefett [-jəfɛt]>: ausfetten, innen mit Fett bestreichen: *de Backform u.* (die Backform a., d. h. innen mit Fett bestreichen). (113)

us|fiele [ˈʊsfiːlə] <trennb. Präfix-V.; schw.; han; fielte us [ˈfiːltə]; ~|gefielt [-jəfiːlt]> {5.1.4.5}: ausfeilen. (45)

us|filtere [ˈʊsfɪltərə] <trennb. Präfix-V.; schw.; han; filterte us [ˈfɪltətə]; ~|gefiltert [-jəfɪltət]> {9.2.1.2}: ausfiltern. (4)

us|flanze/~|planze [ˈʊsflantsə / -plantsə] <trennb. Präfix-V.; schw.; han; flanzte us [ˈflantstə]; ~|geflanz [-jəflants]> {6.8.1/6.8.2}: auspflanzen. (42)

us|fleege [ˈʊsfleːjə] <trennb. Präfix-V.; st.; flog us [floːx]; ~|geflǫge [-jəfloːʀə]> {5.1.4.3}: ausfliegen, **1.** <sin> **a)** (von Vögeln, Insekten) hinausfliegen, ausschwärmen: *De Störch sin usgeflǫge för Fooder ze söke.* (Die Störche sind ausgeflogen um Futter zu suchen.); **b)** (übertr.) *De ganze Famillich wor usgeflǫge.* (Die ganze Familie war ausgeflogen/nicht zu Hause.); **c)** (von Jungvögeln) flügge geworden sein u. das Nest verlassen: *Die klein Vügel fleege baal us.* (Die jungen Vögel fliegen bald aus.). **2. a)** <sin> einen (eingeschlossenen) Ort, einen gefährdeten Bereich mit dem Flugzeug od. Ä. verlassen: *us ener Gefahrezon u.* (aus einer Gefahrenzone a.); **b)** <sin> (von Flugzeugen od. Ä.) einen best. Luftraum verlassen: *Die fremde Flugzeuge sin widder usgeflǫge.* (Die fremden Flugzeuge sind wieder ausgeflogen.); **c)** <han> mit dem Flugzeug od. Ä. von einem (gefährdeten) Ort wegbringen/abtransportieren: *Se hatte Fraulück un Pänz usgeflǫge.* (Sie hatten Frauen und Kinder ausgeflogen.). (16)

us|fleute [ˈʊsfløytə] <trennb. Präfix-V.; schw.; han; ~|gefleut [-jəfløyt]> {5.2.3}: auspfeifen. (72)

us|flippe [ˈʊsflɪpə] <trennb. Präfix-V.; schw.; sin; flippte us [ˈflɪptə]; ~|geflipp [-jəflɪp]>: ausflippen. (75)

Us|flog, der [ˈʊsfloːx] <N.; ~|flög> {5.4}: Ausflug.

us|föhre/~|führe [ˈʊsføːɐ̯rə / -fyːɐ̯rə] <trennb. Präfix-V.; unr./st./schw.; han; föhte/foht us [ˈføːtə / foːt]; ~|geföht/~|gefoht [-jəføːt / -jəfoːt]> {5.4}: ausführen, **1. a)** ins Freie führen, spazieren führen: *der Hungk u.* (den Hund a.); **b)** einladen; mit jmdm. ausgehen: *sing Fründin nohm Kino u.* (seine Freundin zum Kino a.); **c)** mit jmdm. ausgehen, um ihn mit anderen Menschen

usföhrlich

zusammenzuführen: *De Eldere föhren ehr Doochter us.* (Die Eltern führen ihre Tochter aus.); **d)** ein (neues) Kleidungsstück in der Öffentlichkeit tragen, sich damit sehen lassen: *Et wollt tirek si neu Kleid u.* (Sie wollte sofort ihr neues Kleid a.). **2.** Waren ins Ausland verkaufen; exportieren: *Obs u.* (Obst a.). **3. a)** verwirklichen, realisieren: *ene Plan u.* (einen Plan a.); **b)** einem Auftrag gemäß tun/vollziehen: *ene Beföhl u.* (einen Befehl a.); die ausführende Gewalt (Exekutive); **c)** (eine best. Arbeit) machen, erledigen: *Reparature u.* (Reparaturen a.). **4.** in Einzelheiten ausarbeiten u. vollenden: *Et Eng es nit mih usgeführt woode.* (Der Schluss ist nicht mehr ausgeführt worden.). **5.** (eine best. Bewegung od. Ä.) machen: *ene Freistoß u.* (einen Freistoß a.). **6.** mündlich od. schriftl. ausführlich erläutern/darlegen: *jet an ener Hääd Beispill u.* (etw. an zahlreichen Beispielen a.). (74) (31)

us|föhr|lich/~|führ|~ [ˈʊsføːɐ̯lɪç] / -føːy- / -ˈ--] <Adj.; ~e; ~er, ~ste>} {(5.4)}: ausführlich. Tbl. A1

us|fölle/~|fülle [ˈʊsfølə / -fylə] <trennb. Präfix-V.; schw.; *han*; föllte us [ˈfølˑtə]; ~|geföllt [-jəføl·t]> {5.5.1}: ausfüllen. (91)

us|föödere [ˈʊsføːdərə] <trennb. Präfix-V.; schw.; *han*; fööderte us [ˈføːdetə]; ~|geföödert [-jəføːdet]> {5.2.1.4; 5.4; 6.11.3; 9.2.1.2}: ausfüttern, **1. a)** (ein Kleidungsstück od. Ä.) mit einem Innenfutter versehen: *de Jack met Sigg u.* (die Jacke mit Seide a.); **b)** auskleiden, ausschlagen: *ene Koffer met Stoff u.* (einen Koffer mit Stoff a.). **2.** ein Tier reichlich mit Futter versorgen (4)

us|forme [ˈʊsfɔrmə] <trennb. Präfix-V.; schw.; *han*; formte us [ˈfɔrmtə]; ~|geformp [-jəfɔrmp]>: ausformen. (127)

us|formuliere/~eere [ˈʊsfɔmʊˌliːɐ̯rə / -eːrə] <trennb. Präfix-V.; schw./unr.; *han*; formulierte us [fɔmʊˈliːɐ̯tə]; ~|formuliert [-fɔmʊˌliːɐ̯t]> 〈frz. formuler〉 {(5.1.4.3)}: ausformulieren, bis ins Einzelne formulieren. (3) (2)

us|forsche [ˈʊsfɔxʃə] <trennb. Präfix-V.; schw.; *han*; forschte us [ˈfɔxʃtə]; ~|geforsch [-jəfɔxʃ]>: ausforschen, erforschen, erkunden. (110)

us|franse [ˈʊsfranzə] <trennb. Präfix-V.; schw.; franste us [ˈfranˑstə]; ~|gefrans [-jəfranˑs]>: ausfransen, ausfasern, **a)** <sin> (von Textilien, bes. Kleidungsstücken) sich an den Rändern in Fasern auflösen, ausfasern: *De Ärmele sin usgefrans.* (Die Ärmel sind ausgefranst.) [auch: ↑us|riffele]; **b)** <han> (ein Gewebe) am Rand durch Ausziehen der Schussfäden mit Fransen versehen: *en Deschdeck ringseröm u.* (eine Tischdecke rundherum a.). (87)

us|fräse [ˈʊsfrɛˑzə] <trennb. Präfix-V.; schw.; *han*; fräste us [ˈfrɛˑstə]; ~|gefräs [-jəfrɛˑs]>: ausfräsen, mit der Fräse beseitigen, glätten. (149)

us|fresse [ˈʊsfrɛsə] <trennb. Präfix-V.; st.; *han*; froß us [froˑs]; ~|gefresse [-jəfrɛsə]>: ausfressen. (59)

us|fringe [ˈʊsfrɪŋə] <trennb. Präfix-V.; st.; *han*; frung us [frʊŋ]; ~|gefrunge [-jəfrʊŋə]>: auswringen. (26)

us|froge [ˈʊsfrɔˑʀə] <trennb. Präfix-V.; unr.; *han*; frogte us [ˈfrɔˑxtə]; ~|gefrog [-jəfrɔˑx]> {5.5.3}: ausfragen. (76)

us|fuge [ˈʊsfuˑʀə] <trennb. Präfix-V.; schw.; *han*; fugte us [ˈfuˑxtə]; ~|gefug [-jəfuˑx]>: ausfugen. (103)

us|futze [ˈʊsfʊtsə] <trennb. Präfix-V.; schw.; *sin*; futzte us [ˈfʊtstə]; ~|gefutz [-jəfʊts]> {8.2.4}: ausfurzen, (übertr.): sterben [auch: ↑av|kratze (2), ↑av|nibbele, ↑av|nippele, ↑baschte (2), ↑drop|gonn (1), ↑fott|maache (3), ↑fott|sterve, ↑frecke, ↑gläuve (4), ↑heim|gonn (b), ↑hin|sterve, ↑kapodd|gonn (1), ↑öm|kumme (2), ↑sterve, ↑ver|recke, *de Auge/Döpp zodun/zomaache*]. (114)

Us|gang, der [ˈʊsjaŋ] <N.; ~|gäng [-jɛŋˑ]>: Ausgang.

us|geeße [ˈʊsjeˑsə] <trennb. Präfix-V.; st.; *han*; goss us [jɔs]; ~|gegosse [-jəjɔsə]> {5.1.4.3}: ausgießen. (79)

us|ge|falle [ˈʊsjəfalə] <Adj.; ~; ~ner, ~nste>: ausgefallen, **1.** <Part. II von ↑us|falle>. **2.** ungewöhnlich [auch: ↑un|ge|wöhn|lich]. Tbl. A3.2

us|ge|gleche [ˈʊsjəjleçə] <Adj.; ~; ~ner, ~nste> {5.5.2}: ausgeglichen, **1.** <Part. II von ↑us|gliche>. **2.** innerlich ruhig. Tbl. A3.2

us|ge|schlofe [ˈʊsjəʃlɔˑfə] <Adj.; ~; ~ner, ~nste> {5.5.3}: ausgeschlafen, **1.** <Part. II von ↑us|schlofe> genug geschlafen habend. **2.** (übertr.) ausgefuchst, raffiniert, gerissen [auch: ↑gau]. Tbl. A3.2

us|gevve [ˈʊsjevə] <trennb. Präfix-V.; st.; *han*; gov us [joˑf]; ~|gegovve/~|gegevve [-jəjɔvə / -jəjevə]> {5.3.4; 5.5.2; 6.1.1}: ausgeben: *vill Geld u.* (viel Geld a.); *einem eine u.* (jmdm. einen a. = jmdn. zu etw. einladen [auch: ↑aan|läge (5. b)]). (81)

us|gipse [ˈʊsjɪpsə] <trennb. Präfix-V.; schw.; *han*; gipste us [ˈjɪpstə]; ~|gegips [-jəjɪps]>: ausgipsen, mit Gips ausfüllen/ausschmieren. (87)

us|gliche [ˈʊsjlɪçə] <trennb. Präfix-V.; st.; *han*; glech us [jleç]; ~|gegleche [-jəjleçə]> {5.3.4.1}: ausgleichen, egalisieren. (187)

us|gliddere [ˈʊsˌjlɪdərə] <trennb. Präfix-V.; schw.; *han*; glidderte us [ˈjlɪdətə]; ~|gegliddert [-jəjlɪdət]> {5.3.4; 9.2.1.2}: ausgliedern. (4)

us|glöh(n)e [ˈʊsˌjlø·(n)ə] <trennb. Präfix-V.; schw.; *han*; glöh(n)te s [ˈjlø·(n)tə]; us|geglöh(n)t [-jəjlø·(n)t]> {5.4}: ausglühen. (37) (5)

us|gonn [ˈʊsˌjɔn] <trennb. Präfix-V.; st.; *sin*; ging us [jɪŋ]; ~|gegange [-jəjaŋə]> {5.3.4; 8.2.2.3}: ausgehen. (83)

us|grave [ˈʊsˌjra·və] <trennb. Präfix-V.; st.; *han*; grov us [jro·f]; ~|gegrave [-jəjra·və]> {6.1.1}: ausgraben. (85)

us|grenze [ˈʊsˌjrɛn·tsə] <trennb. Präfix-V.; schw.; *han*; grenzte us [ˈjrɛn·tstə]; ~|gegrenz [-jəjrɛn·ts]> {}: ausgrenzen. (42)

us|hääde [ˈʊshɛ·də] <trennb. Präfix-V.; schw.; *sin*; hääte us [ˈhɛ·tə]; ~|gehäädt [-jəhɛ·t]> {5.2.1.1.2; 5.4; 6.11.3}: aushärten. (197)

us|hacke [ˈʊshakə] <trennb. Präfix-V.; schw.; *han*; hackte us [ˈhaktə]; ~|gehack [-jəhak]>: aushacken. (88)

us|halde [ˈʊshaldə] <trennb. Präfix-V.; st.; *han*; heeldt us [heːlt]; ~|gehalde [-jəhaldə]> {6.11.3}: aushalten, **1.** ertragen [auch: ↑er|drage]. **2.** durchhalten, ausharren. **3.** für jmdn. finanziell aufkommen. (90)

us|han [ˈʊshan] <trennb. Präfix-V.; unr.; *han*; hatt us [hat]; ~|gehatt [-jəhat]> {5.3.2.5}: aushaben, **1.** (ein Kleidungsstück) ausgezogen/abgelegt haben: *de Schohn u.* (die Schuhe a.). **2.** zu Ende/ausgelesen haben: *Dä hät dat Boch ald us.* (Er hat das Buch schon aus(gelesen).). (92)

us|handele [ˈʊshan·dələ] <trennb. Präfix-V.; schw.; *han*; handelte us [ˈhan·dəltə]; ~|gehandelt [-jəhan·dəlt]> {9.2.1.2}: aushandeln, in Abwägung der Interessen vereinbaren: *ene Kompromess u.* (einen Kompromiss a.). (6)

us|händige [ˈʊshɛn·dɪjə] <trennb. Präfix-V.; schw.; *han*; händigte us [ˈhɛn·dɪʃtə]; ~|gehändig [-jəhɛn·dɪʃ]>: aushändigen. (7)

us|hange [ˈʊshaŋə] <trennb. Präfix-V.; st.; *han*; hing us [hɪŋ]; ~|gehange [-jəhaŋə]> {5.4}: aushängen, zur allg. Kenntnisnahme öffentlich angeschlagen/aufgehängt sein: *Ene Info-Zeddel hatt usgehange.* (Ein Info-Zettel hatte ausgehangen.). (65)

us|hänge [ˈʊshɛŋə] <trennb. Präfix-V.; schw.; *han*; hängte us [ˈhɛŋ·tə]; ~|gehängk [-jəhɛŋ·k]>: aushängen, **1.** öffentlich anschlagen: *Se han gester dä neue Fahrplan usgehängk.* (Sie haben gestern den neuen Fahrplan ausgehängt.). **2.** aus der Haltevorrichtung herausheben: *en Dür u.* (eine Tür a.). **3.** <sich u.> (von Kleidungsstücken) sich durch Hängen wieder glätten. (49)

us|harre [ˈʊsharə] <trennb. Präfix-V.; schw.; *han*; harrte us [ˈhaxtə]; ~|geharr [-jəhax]>: ausharren, an einem best. Ort geduldig weiter/bis zum Ende warten/aushalten [auch: ↑harre]. (93)

us|haue [ˈʊshaʊ̯ə] <trennb. Präfix-V.; unr./schw.; *han*; haute us [ˈhaʊ̯·tə]; ~|gehaue/~|gehaut [-jəhaʊ̯ə / -jəhaʊ̯·t]>: aushauen. (94)

us|hecke [ˈʊshɛkə] <trennb. Präfix-V.; schw.; *han*; heckte us [ˈhɛktə]; ~|geheck [-jəhɛk]> {6.4.1; 6.6.1}: aushecken, ausbrüten, meistens übertr. gebraucht: mit List ersinnen, sich ausdenken, planen. (88)

us|heile [ˈʊshei̯lə] <trennb. Präfix-V.; schw.; *sin*; heilte us [ˈhei̯ltə]; ~|geheilt [-jəhei̯lt]>: ausheilen. (45)

us|heische [ˈʊshai̯ʃə] <trennb. Präfix-V.; st.; *han*; veraltet; heesch us [ˈhe·ʃ]; ~|geheische [-jəhai̯ʃə]>: ausschimpfen [auch: ↑us|schänge]. (95)

us|helfe [ˈʊshɛlfə] <trennb. Präfix-V.; st.; *han*; holf us [holf]; ~|geholfe [-jəholfə]>: aushelfen. (97)

us|hevve [ˈʊshevə] <trennb. Präfix-V.; st.; *han*; hovv us [hof]; ~|gehovve [-jəhovə]> {5.3.4; 5.5.2; 6.1.1}: ausheben, **1.** Erde o. Ä. ausschaufeln. **2.** aus seiner Haltevorrichtung herausheben/aushängen. (98)

us|höhle [ˈʊshø·lə] <trennb. Präfix-V.; schw.; *han*; höhlte us [ˈhø·ltə]; ~|gehöhlt [-jəhø·lt]>: aushöhlen. (61)

us|hoke [ˈʊshɔ·kə] <trennb. Präfix-V.; schw.; *han*; hokte us [ˈhɔ·ktə]; ~|gehok [-jəhɔ·k]> {5.5.3}: aushaken. (178)

us|holle [ˈʊsholə] <trennb. Präfix-V.; unr.; *han*; hollt us [holt]; ~|gehollt [-jəholt]> {5.3.4; 5.5.1}: ausholen. (99)

us|horche [ˈʊshɔrʃə] <trennb. Präfix-V.; schw.; *han*; horchte us [ˈhɔrʃtə]; ~|gehorch [-jəhɔrʃ]>: aushorchen, ausfragen. (123)

us|hoste [ˈʊsho·stə] <trennb. Präfix-V.; schw.; *han*; ~|gehos [-jəho·s]> {5.4}: aushusten. (101)

us|hubbele [ˈʊshʊbələ] <trennb. Präfix-V.; schw.; *han*; hubbelte us [ˈhʊbəltə]; ~|gehubbelt [-jəhʊbəlt]> {5.3.2; 5.4; 9.2.1.2}: aushobeln. (6)

us|hungere [ˈʊshʊŋərə] <trennb. Präfix-V.; schw.; *han*; hungerte us [ˈhʊŋətə]; ~|gehungert [-jəhʊŋət]> {9.2.1.2}: aushungern. (4)

us|hüüle [ˈʊshy·lə] <trennb. Präfix-V.; schw.; *han*; hüülte us [ˈhy·ltə]; ~|gehüült [-jəhy·lt]> {5.1.3}: ausheulen,

1. a) aufhören zu weinen: *Häs do baal usgehüült?* (Hast du bald ausgeheult?); **b)** <sich u.> sich ausweinen: *Dä Panz hüült sich bei der Mamm us.* (Das Kind heult sich bei der Mutter aus.); [auch: ↑us|kriesche]. **2.** aufhören zu heulen: *De Siren hät usgehüült.* (Die Sirene hat ausgeheult.). (102)

us|ixe ['ʊs|ɪksə] <trennb. Präfix-V.; schw.; *han*; ixte us ['ɪkstə]; ~|geix [-jə|ɪks]>: ausixen, durch Übertippen mit dem Buchstaben x unleserlich machen/tilgen. (71)

us|jäte ['ʊsjɛ·tə] <trennb. Präfix-V.; schw.; *han*; ~|gejät [-jəjɛ·t]>: ausjäten, von Unkraut befreien. (201)

us|kääne ['ʊskɛːnə] <trennb. Präfix-V.; schw.; *han*; käänte us ['kɛːntə]; ~|gekäänt [-jəkɛːnt]> {5.2.1.1.1; 5.4}: entkernen. (44)

us|kägele ['ʊskɛ·jələ] <trennb. Präfix-V.; schw.; *han*; kägelte us ['kɛ·jəltə]; ~|gekägelt [-jəkɛ·jəlt]> {5.4; 9.2.1.2}: auskegeln, einen Preis durch Kegeln ausspielen. (6)

us|kämme ['ʊskɛmə] <trennb. Präfix-V.; schw.; *han*; kämmte us ['kɛm·tə]; ~|gekämmp [-jəkɛm·p]>: auskämmen. (40)

us|kaufe ['ʊskoṵfə] <trennb. Präfix-V.; unr.; *han*; kaufte us ['koṵftə]; ~|gekauf [-jəkoṵf]>: auskaufen, leer kaufen: *Se däte alles u.* (Sie kauften alles leer.) (106)

us|kehre/~|kerre ['ʊskeː(ɐ̯)rə / -kerə] <trennb. Präfix-V.; *us|kerre* veraltet; schw./unr.; *han*; kehrte us ['keːɐ̯tə]; ~|gekehrt [-jəkeːɐ̯t]> {(5.3.4; 5.5.2)}: auskehren, ausfegen. (31) (107)

us|kenne, sich ['ʊskɛnə] <trennb. Präfix-V.; unr.; *han*; kannt us ['kant]; ~|gekannt [-jəkant]>: sich auskennen, durchblicken [auch: *wesse, wat de Botter koss*]. (35)

us|kerve/~|kirve ['ʊskerˑvə / -kɪrˑvə] <trennb. Präfix-V.; schw.; *han*; kervte us ['kerˑftə]; ~|gekerv [-jəkerˑf]> {5.4/5.5.2; 6.1.1}: auskerben, mit Kerben versehen, Kerben in etw. schneiden. (66)

us|ketsche ['ʊsketʃə] <trennb. Präfix-V.; schw.; *han*; ketschte us ['ketʃtə]; ~|geketsch [-jəketʃ]>: auskerben, Kerngehäuse (Obst) entfernen. (110)

us|kiele ['ʊskiˑlə] <trennb. Präfix-V.; schw.; *han*; kielte us ['kiˑltə]; ~|gekielt [-jəkiˑlt]> {5.1.4.5}: auskeilen. (45)

us|kieme ['ʊskiˑmə] <trennb. Präfix-V.; schw.; *han*; kiemte us ['kiˑmtə]; ~|gekiemp [-jəkiˑmp]> {5.1.4.5}: auskeimen. (122)

us|kippe ['ʊskɪpə] <trennb. Präfix-V.; schw.; *han*; kippte us ['kɪptə]; ~|gekipp [-jəkɪp]>: auskippen [auch: ↑us|schödde]. (75)

us|kivvere/~|kevvere ['ʊskɪvərə / -kevərə] <trennb. Präfix-V.; schw.; *han*; kivverte us ['kɪvətə]; ~|gekivvert [-jəkɪvət]> {9.2.1.2}: ausschoten, enthülsen. (4)

us|klammere ['ʊsklamərə] <trennb. Präfix-V.; schw.; *han*; klammerte us ['klamətə]; ~|geklammert [-jəklamət]> {9.2.1.2}: ausklammern. (4)

Us|klang, der ['ʊsklaŋ] <N.; ~|kläng [-klɛŋˑ] (Pl. selten)>: Ausklang.

us|klappe ['ʊsklapə] <trennb. Präfix-V.; schw.; *han*; klappte us ['klaptə]; ~|geklapp [-jəklap]>: (her)ausklappen, nach außen klappen. (75)

us|klinge ['ʊsklɪŋə] <trennb. Präfix-V.; st.; *sin*; klung us [klʊŋ]; ~|geklunge [-jəklʊŋə]>: ausklingen. (26)

us|klinke ['ʊsklɪŋkə] <trennb. Präfix-V.; schw.; *han*; klinkte us ['klɪŋktə]; ~|geklink [-jəklɪŋk]>: ausklinken. (41)

us|klögele ['ʊskløːjələ] <trennb. Präfix-V.; schw.; *han*; klögelte us ['kløːjəltə]; ~|geklögelt [-jəkløːjəlt]> {5.4; 9.2.1.2}: ausklügeln. (6)

us|kloppe ['ʊsklɔpə] <trennb. Präfix-V.; schw.; *han*; kloppte us ['klɔptə]; ~|geklopp [-jəklɔp]> {6.8.1}: ausklopfen. (75)

us|knipse ['ʊsknɪpsə] <trennb. Präfix-V.; schw.; *han*; knipste us ['knɪpstə]; ~|geknips [-jəknɪps]>: ausknipsen, ausschalten. (87)

us|knobele ['ʊskno:bələ] <trennb. Präfix-V.; schw.; *han*; knobelte us ['knoːbəltə]; ~|geknobelt [-jəkno:bəlt]> {9.2.1.2}: ausknobeln. (6)

us|knöppe ['ʊsknœpə] <trennb. Präfix-V.; schw.; *han*; knöppte us ['knœptə]; ~|geknöpp [-jəknœp]> {6.8.1}: ausknöpfen. (75)

us|knuuve ['ʊsknuˑvə] <trennb. Präfix-V.; schw.; *han*; knuuvte us ['knuˑftə]; ~|geknuuv [-jəknuˑf]>: austüfteln, mit Geduld, Geschick u. Überlegung fertigbringen [auch: ↑us|tüftele]. (158)

us|koche ['ʊskɔxə] <trennb. Präfix-V.; schw.; *han*; kochte us ['kɔxtə]; ~|gekoch [-jəkɔx]>: auskochen. (123)

us|köhle ['ʊskøˑlə] <trennb. Präfix-V.; schw.; *han* u. *sin*; köhlte us ['køˑltə]; ~|geköhlt [-jəkøˑlt] {5.4}: auskühlen, abkühlen, erkalten. (61)

us|koppele ['ʊskɔpələ] <trennb. Präfix-V.; schw.; han; koppelte us ['kɔpəltə]; ~|gekoppelt [-jəkɔpəlt]> {9.2.1.2}: auskoppeln. (6)

us|koste ['ʊskɔstə] <trennb. Präfix-V.; schw.; han; ~|gekoss [-jəkɔs]>: auskosten. (68)

us|kotze ['ʊskɔtsə] <trennb. Präfix-V.; schw.; han; kotzte us ['kɔtstə]; ~|gekotz [-jəkɔts]>: auskotzen. (114)

us|kratze ['ʊskratsə] <trennb. Präfix-V.; schw.; han; kratzte us ['kratstə]; ~|gekratz [-jəkrats]>: auskratzen. (114)

us|kriesche ['ʊskriːʃə] <trennb. Präfix-V.; st.; han; kresch us [kreʃ]; ~|gekresche [-jəkreʃə]>: ausweinen, 1. <sich u.> sich durch Weinen erleichtern: *sich bei enem Fründ u.* (sich bei einem Freund a.). 2. zu Ende weinen: *Loss et u.!* (Lass sie a.!); [auch: ↑us|hüüle (1)]. (116)

us|krome ['ʊsˌkroːmə] <trennb. Präfix-V.; schw.; han; kromte us ['kroːmtə]; us|gekromp [-jəkroːmp]> {5.5.3}: auskramen. (144)

us|krose ['ʊskroːzə] <trennb. Präfix-V.; schw.; han; kroste us ['kroːstə]; ~|gekros [-jəkroːs]>: hervorkramen. (149)

us|kruffe ['ʊskrʊfə] <trennb. Präfix-V.; st.; sin; kroff u. [krɔf]; ~|gekroffe [-jəkrɔfə]>: auskriechen, ausschlüpfen: *De Vügelcher sin ald usgekroffe.* (Die Vögel sind bereits ausgeschlüpft.). (119)

us|kugele ['ʊskuːʀələ] <trennb. Präfix-V.; schw.; han; kugelte us ['kuːʀəltə]; ~|gekugelt [-jəkuːʀəlt]> {9.2.1.2}: auskugeln, ausrenken. (6)

us|kumme ['ʊskʊmə] <trennb. Präfix-V.; st.; sin; kom us [kɔm]; ~|(ge)kumme [-(jə)ˌkʊmə]> {5.4}: auskommen [auch: ↑hin|kumme²]. (120)

Us|kumme, et ['ʊskʊmə] <N.; kein Pl.> {5.4}: Auskommen.

us|kund|schafte ['ʊskʊntˌʃaftə] <trennb. Präfix-V.; schw.; han; ~|gekund|schaff [-jəkʊntˌʃaf]>: auskundschaften, durch Nachforschen herausfinden/erkunden: *e Versteck u.* (ein Versteck a.). (89)

us|kuppele ['ʊskʊpələ] <trennb. Präfix-V.; schw.; han; kuppelte us ['kʊpəltə]; ~|gekuppelt [-jəkʊpəlt]> {9.2.1.2}: auskuppeln, durch Betätigen der Kupplung Motor u. Getriebe trennen. (6)

us|kuriere/~eere ['ʊskʊˌriː(ɐ)ʀə / -eːʀə] <trennb. Präfix-V.; schw./unr.; han; kurierte us [kʊˈriːɐ̯tə]; ~|kuriert [-kʊˌriːɐ̯t] ⟨lat. curare⟩> {(5.1.4.3)}: auskurieren. (3) (2)

us|laache ['ʊslaːxə] <trennb. Präfix-V.; schw.; han; laachte us ['laːxtə]; ~|gelaach [-jəlaːx] {5.2.1}: auslachen, verlachen; verspotten. (123)

us|lade ['ʊslaˑdə] <trennb. Präfix-V.; st.; han; lod us [loˑt]; ~|gelade [-jəlaˑdə]>: ausladen. (124)

us|läge ['ʊslɛˑjə] <trennb. Präfix-V.; unr.; han; laht us [laːt]; ~|gelaht/~|geläg [-jəlaːt / -jəlɛˑfj]> {5.4}: auslegen, 1. ausbreiten, hinlegen. 2. bedecken, auskleiden: *der Boddem met Teppcih u.* (den Boden mit Teppich a.). 3. deuten, interpretieren. (125)

us|lagere ['ʊslaˑʀəʀə] <trennb. Präfix-V.; schw.; han; lagerte us ['laˑʀətə]; ~|gelagert [-jəlaˑʀət]> {9.2.1.2}: auslagern. (4)

us|lämpe ['ʊslɛmpə] <trennb. Präfix-V.; schw.; han; lämpte us ['lɛmptə]; ~|gelämp [-jəlɛmp]>: ausweiten, ausleiern [auch: ↑us|leiere]. (180)

Us|land, et ['ʊslant] <N.; o. Pl.>: Ausland.

Us|länd|er, der ['ʊslɛnˑdə] <N.; ~>: Ausländer.

us|länd|isch ['ʊslɛnˑdɪʃ] <Adj.; ~e>: ausländisch. Tbl. A1

us|laste ['ʊslastə] <trennb. Präfix-V.; schw.; han; ~|gelass [-jəlas]>: auslasten. (68)

us|latsche ['ʊslaˑtʃə] <trennb. Präfix-V.; schw.; han u. sin; latschte us ['laˑtʃtə]; ~|gelatsch [-jəlaˑtʃ]>: auslatschen, ausweiten. (110)

us|laufe ['ʊsloʊ̯fə] <trennb. Präfix-V.; st.; sin; leef us [leːf]; ~|gelaufe [-jəloʊ̯fə]>: auslaufen. (128)

us|lauge ['ʊsloʊ̯ʀə] <trennb. Präfix-V.; schw.; han; laugte us ['loʊ̯xtə]; ~|gelaug [-jəloʊ̯x]>: auslaugen, 1. a) (lösliche Bestandteile) aus etw. herauswaschen, -ziehen; b) (von Wasser, Lauge od. Ä.) einem Stoff best. Bestandteile entziehen. 2. erschöpfen, entkräften, ausmergeln. (103)

us|lecke ['ʊslɛkə] <trennb. Präfix-V.; schw.; han; leckte us ['lɛktə]; ~|geleck [-jəlɛk]>: auslecken, -schlecken. (88)

us|leiere ['ʊslaɪ̯əʀə] <trennb. Präfix-V.; schw.; han u. sin; leierte us ['laɪ̯ʀətə]; ~|geleiert [-jəlaɪ̯ʀət]> {9.2.1.2}: ausleiern [auch: ↑us|lämpe]. (4)

us|lese ['ʊslezə] <trennb. Präfix-V.; st.; han; los us [lɔs]; ~|gelese [-jəlezə]> {5.3.4.1; 5.5.2}: auslesen, a) zu Ende lesen; b) aufhören zu lesen. (130)

us|letsche ['ʊsletʃə] <trennb. Präfix-V.; schw.; sin; letschte us ['letʃtə]; ~|geletsch [-jəletʃ]>: ausgleiten, ausrutschen [auch: ↑letsche, ↑us|rötsche]. (110)

us|leuchte ['ʊsløʏ̯ʃtə] <trennb. Präfix-V.; schw.; han; ~|geleuch [-jəløʏ̯ʃ]>: ausleuchten. (131)

us|levve ['ʊsleva] <trennb. Präfix-V.; unr.; *han*; lävte us ['lɛːftə]; ~|geläv [-jəlɛːf]> {5.3.4; 5.5.2; 6.1.1}: ausleben, **1.** verwirklichen. **2.** <sich u.> sich austoben. (22)

us|liehne ['ʊsliːnə] <trennb. Präfix-V.; schw.; *han*; liehnte us ['liːntə]; ~|geliehnt [-jəliːnt]> {5.1.4.5; 5.1.4.8}: ausleihen, borgen, **1.** etw. verleihen [auch: ↑liehne (1a), ↑ver|liehne]. **2.** sich etw. ausleihen, borgen [auch: ↑liehne (2)]. (5)

us|liere/~|leere ['ʊsliː(ə̯)rə / -leːrə] <trennb. Präfix-V.; schw./unr.; *han*; lierte us ['liːe̯tə]; ~|geliert [-jəliːe̯t]> {5.2.1.4/5.2.2; 8.2.3}: auslernen. (3) (2)

us|lige ['ʊslɪjə] <trennb. Präfix-V.; st.; *han*; lọg us [lɔːx]; ~|geläge [-jəlɛːjə]> {5.3.4.1}: ausliegen, **1.** zur Ansicht/Einsicht hingelegt/ausgebreitet sein: *Zeidunge logen us.* (Zeitschriften lagen aus.). **2.** (als Fangvorrichtung od. Ä.) daliegen, hingelegt sein: *Netze lige us.* (Netze liegen aus.). (132)

us|livvere ['ʊslɪvərə] <trennb. Präfix-V.; schw.; *han*; livverte us ['lɪvetə]; ~|gelivvert [-jəlɪvet]> {5.3.4; 6.5.2; 9.2.1.2}: ausliefern. (4)

us|löffele ['ʊslœfələ] <trennb. Präfix-V.; schw.; *han*; löffelte us ['lœfəltə]; ~|gelöffelt [-jəlœfəlt]> {9.2.1.2}: auslöffeln, **1.** mit einem Löffel herausholen, mithilfe eines Löffels leeren. **2.** geradestehen, einstehen. (6)

us|looße ['ʊsloːsə] <trennb. Präfix-V.; st.; *han*; leet/leeß us [leːt / leːs]; ~|gelooße [-jəloːsə]> {5.2.1.3; 5.5.3}: auslassen. (135)

us|lose ['ʊsloːzə] <trennb. Präfix-V.; schw.; *han*; loste us ['loːstə]; ~|gelos [-jəloːs]>: auslosen. (149)

us|lötsche ['ʊslœtʃə] <trennb. Präfix-V.; schw.; *han*; lötschte us ['lœtʃtə]; ~|gelötsch [-jəlœtʃ]> {5.5.1}: auslutschen. (110)

us|lüfte ['ʊslʏftə] <trennb. Präfix-V.; schw.; *han*; ~|gelüff [-jəlʏf]>: auslüften. (89)

us|lüse/~|löse ['ʊslyːzə / -løːzə] <trennb. Präfix-V.; schw.; *han*; lüste us ['lyːstə]; ~|gelüs [-jəlyːs]> {5.4}: auslösen, **1.** etw./sich in Gang setzen. **2.** hervorrufen, bewirken. **3.** herauslösen, -schälen. **4.** loskaufen, freikaufen. (149)

us|luure/~|loore ['ʊsluː(ə̯)rə / -loːrə] <trennb. Präfix-V.; schw./unr.; *han*; luurte us ['luːe̯tə]; ~|geluurt [-jəluːe̯t]>: ausgucken, ausschauen, ausspähen. (100) (134)

us|maache ['ʊsmaːxə] <trennb. Präfix-V.; unr.; *han*; maht us [maːt]; ~|gemaht [-jəmaːt]> {5.2.1}: ausmachen, **1.** abschalten [auch: ↑av|schalte/~|schalde]. **2.** vereinbaren [auch: ↑ver|einbare]. (136)

us|marschiere/~eere ['ʊsmaˌʃiː(ə̯)rə / -eːrə] <trennb. Präfix-V.; schw./unr.; *sin*; marschierte us [maˈʃiːe̯tə]; ~|marschiert [-maˌʃiːe̯t] ⟨frz. marcher⟩> {(5.1.4.3)}: ausmarschieren, aus einem umgrenzten Bereich od. Ä. hinausmarschieren, ausrücken. (3) (2)

us|meißele ['ʊsmeɪsələ] <trennb. Präfix-V.; schw.; *han*; meißelte us ['meɪsəltə]; ~|gemeißelt [-jəmeɪsəlt]> {9.2.1.2}: ausmeißeln. (6)

us|melke ['ʊsmɛlkə] <trennb. Präfix-V.; unr./schw.; *han*; melkte us ['mɛlktə]; ~|gemolke/~|gemelk [-jəmolkə / -jəmɛlk]>: ausmelken. (139) (41)

us|mergele ['ʊsmɛrˌjələ] <trennb. Präfix-V.; schw.; *han*; fast nur noch als Part. II gebr.; mergelte us ['mɛrˌjəltə]; ~|gemergelt [-jəmɛrˌjəlt]> {9.2.1.2}: ausmergeln, entkräften, (6)

us|messe ['ʊsmɛsə] <trennb. Präfix-V.; st.; *han*; mọß us [moːs]; ~|gemesse [-jəmɛsə]>: ausmessen. (59)

us|meste ['ʊsmɛstə] <trennb. Präfix-V.; schw.; *han*; ~|gemess [-jəmɛs]> {5.5.2}: ausmisten. (68)

us|mole ['ʊsmɔːlə] <trennb. Präfix-V.; schw.; *han*; molte us ['mɔːltə]; ~|gemolt [-jəmɔːlt]> {5.5.3}: ausmalen, **1. a)** mit Farbe ausfüllen: *de Bildcher em Molboch u.* (die Bilder im Malbuch a.); **b)** die Flächen eines Innenraumes bemalen/mit Malereien ausschmücken: *en Kirch u.* (einen Kirchenraum a.). **2. a)** anschaulich darstellen/schildern: *ene Unfall en all Einzelheite u.* (einen Unfall in allen Einzelheiten a.); **b)** <sich u.> sich etw. in allen Einzelheiten vorstellen: *Ich hatt mer dat esu schön usgemolt.* (Ich hatte mir das so schön ausgemalt.). (148)

us|montiere/~eere ['ʊsmɔnˌtiː(ə̯)rə / -eːrə] <trennb. Präfix-V.; schw./unr.; *han*; montierte us [mɔnˈtiːe̯tə]; ~|montiert [-mɔnˌtiːe̯t] ⟨frz. monter⟩> {(5.1.4.3)}: ausmontieren, ein Teil aus etw. ausbauen. (3) (2)

us|mustere ['ʊsmʊstərə] <trennb. Präfix-V.; schw.; *han*; musterte us ['mʊstetə]; ~|gemustert [-jəmʊstet]> {9.2.1.2}: ausmustern. (4)

us|muure/~|moore ['ʊsmuː(ə̯)rə / -moːrə] <trennb. Präfix-V.; schw.; *han*; muurte us ['muːe̯tə]; ~|gemuurt [-jəmuːe̯t]> {5.1.4.6; 8.2.2.2}: ausmauern. (100)

us|nemme ['ʊsnɛmə] <trennb. Präfix-V.; st.; *han*; nọhm us [noːm]; ~|genomme [-jənomə]> {5.3.4; 5.5.2}: ausnehmen, **1.** herausnehmen, entfernen. **2.** <sich god u.> anehmbar sein, gut aussehen: *Dat Kleid nimmp sich* *god us.* (Das Kleid sieht gut aus.). **3.** (übertr.) Geld abziehen, beklauen. (143)

us|nööchtere ['ʊsnøːȵtərə] <trennb. Präfix-V.; schw.; *han*; nööchterte us ['nøːȵtetə]; ~|genööchtert [-jənøːȵtet]> {5.2.1; 5.4; 9.2.1.2}: ausnüchtern. (4)

us|nötze/~|notze ['ʊsnøtsə / -notsə] <trennb. Präfix-V.; schw.; *han*; nötzte/notzte us ['nøtstə / 'notstə]; ~|genötz/~|genotz [-jənøts / -jənots]> {5.5.1}: ausnutzen, ausnützen. (114)

us|odeme ['ʊsˌoˑdəmə] <trennb. Präfix-V.; schw.; *han*; odemte us ['oˑdəmtə]; ~|geodemp [-jəˌoˑdəmp]> {5.5.3; 6.11.3; 9.1.1}: ausatmen. (144)

us|paasche ['ʊspaːʃə] <trennb. Präfix-V.; schw.; *han*; paaschte us ['paːʃtə]; ~|gepaasch [-jəpaːʃ]>: auspressen. (110)

us|packe ['ʊspakə] <trennb. Präfix-V.; schw.; *han*; packte us ['paktə]; ~|gepack [-jəpak]>: auspacken. (88)

us|parke ['ʊsparkə] <trennb. Präfix-V.; schw.; *han*; parkte us ['parktə]; ~|gepark [-jəpark]>: ausparken. (41)

us|peitsche ['ʊspartʃə] <trennb. Präfix-V.; schw.; *han*; peitschte us ['partʃtə]; ~|gepeitsch [-jəpartʃ]>: auspeitschen. (110)

us|pendele ['ʊspɛnˑdələ] <trennb. Präfix-V.; schw.; *sin*; pendelte us ['pɛnˑdəltə]; ~|gependelt [-jəpɛnˑdəlt]> {9.2.1.2}: auspendeln. (6)

us|penne ['ʊspɛnə] <trennb. Präfix-V.; schw.; *han*; pennte us ['pɛnˑtə]; ~|gepennt [-jəpɛnˑt]>: auspennen, ausschlafen. (10)

us|plündere ['ʊsplʏnˑdərə] <trennb. Präfix-V.; schw.; *han*; plünderte us ['plʏnˑdetə]; ~|geplündert [-jəplʏnˑdet]> {9.2.1.2}: ausplündern. (4)

us|polstere ['ʊspolstərə] <trennb. Präfix-V.; schw.; *han*; polsterte us ['polstetə]; ~|gepolstert [-jəpolstet]> {5.5.1; 9.2.1.2}: auspolstern. (4)

us|posaune ['ʊspoˌzaʊ̯ˑnə] <trennb. Präfix-V.; schw.; *han*; posaunte us [poˈzaʊ̯ˑntə]; ~|posaunt [-poˌzaʊ̯ˑnt]>: ausposaunen, überall erzählen: *Hä hät alles tirek usposaunt.* (Er hat alles gleich ausposaunt.). (138)

us|präge ['ʊsprɛˑjə] <trennb. Präfix-V.; schw.; *han*; prägte us ['prɛˑȵtə]; ~|gepräg [-jəprɛˑȵ]>: ausprägen, **1.** (Metall) zu Münzen od. Ä. prägen: *Selver zo Münze u.* (Silber zu Münzen a.). **2.** <sich u.> sich herausbilden: *Sing Eigeheite präge sich immer mih us.* (Seine Eigenheiten prägen sich immer mehr aus.); *Hä hät ene usgeprägte Familliesenn.* (Er hat einen ausgeprägten Familiensinn.). (103)

us|presse ['ʊsprɛsə] <trennb. Präfix-V.; schw.; *han*; presste us ['prɛstə]; ~|gepress [-jəprɛs]>: auspressen, durch Pressen herausholen/-fließen lassen: *der Saff u.* (den Saft a.); ***einer u.** (jmdn. a. = jmdn. bis zum Überdruss ausfragen). (67)

us|probiere/~eere ['ʊsproˌbiˑ(ə)rə / -eˑrə] <trennb. Präfix-V.; schw./unr.; *han*; probierte us [proˈbiˑȩtə]; ~|probiert [-proˌbiˑȩt] ⟨lat. probare⟩> {(5.1.4.3)}: ausprobieren, erproben [auch: ↑us|teste]. (3) (2)

Us|puff, der ['ʊspʊf] <N.; ~e>: Auspuff.

us|pumpe ['ʊspʊmpə] <trennb. Präfix-V.; schw.; *han*; pumpte us ['pʊmptə]; ~|gepump [-jəpʊmp]>: auspumpen. (180)

us|quartiere/~eere ['ʊskvaˌtiˑ(ə)rə / -eˑrə] <trennb. Präfix-V.; schw./unr.; *han*; quartierte us [kvatiˈȩtə]; ~|quartiert [-kvaˌtiˑȩt] ⟨nach frz. quartier⟩> {(5.1.4.3)}: ausquartieren. (3) (2)

us|quasele ['ʊskvazələ] <trennb. Präfix-V.; schw.; *han*; quaselte us ['kvazəltə]; us|gequaselt [-jəkvazəlt]> {6.10.1; 9.2.1.2}: ausquasseln, ausplappern, verraten [auch: ↑klaafe (2), ↑klatsche (6), ↑schwätze² (3), ↑tratsche (2), ↑us|quatsche (1)]. (6)

us|quatsche ['ʊskvatʃə] <trennb. Präfix-V.; schw.; *han*; quatschte us ['kvatʃtə]; ~|gequatsch [-jəkvatʃ]>: ausquatschen, **1.** ausplaudern: *e Geheimnis u.* (ein Geheimnis a.) [auch: ↑klaafe (2), ↑klatsche (6), ↑schwätze² (3), ↑tratsche (2), ↑us|quasele]. **2.** <sich u.> sich aussprechen. (110)

us|quetsche ['ʊskvɛtʃə] <trennb. Präfix-V.; schw.; *han*; quetschte us ['kvɛtʃtə]; ~|gequetsch [-jəkvɛtʃ]>: ausquetschen. (110)

us|radiere/~eere ['ʊsraˌdiˑ(ə)rə / -eˑrə] <trennb. Präfix-V.; schw./unr.; *han*; radierte us [raˈdiˑȩtə]; ~|radiert [-raˌdiˑȩt] ⟨lat. radere⟩> {(5.1.4.3)}: ausradieren. (3) (2)

us|rähne ['ʊsrɛˑnə] <trennb. Präfix-V.; unpers., nur 3. Pers. Sg.; schw.; *han*; rähnte us ['rɛˑntə]; ~|gerähnt [-jərɛˑnt] {5.4; 6.3.1}: ausregnen, **a)** aufhören zu regnen: *Et hät usgerähnt.* (Es hat aufgehört zu regnen.); **b)** <sich u.> so lange regnen, bis die Wolken sich vollständig abgeregnet haben: *Et hät sich usgerähnt.* (Es hat sich ausgeregnet.). (5)

us|rangiere/~eere ['ʊsraŋˌʒiˑ(ə)rə / -eˑrə] <trennb. Präfix-V.; schw./unr.; *han*; rangierte us [raŋˈʒiˑȩtə]; ~|rangiert

usrasiere

[-raŋˌʒiˑe̯t] ⟨frz. ranger⟩> {(5.1.4.3)}: ausrangieren; aussondern. (3) (2)

us|rasiere/~eere [ˈʊsraˌziˑ(e̯)rə / -eˑrə] <trennb. Präfix-V.; schw./unr.; *han*; rasierte us [raˈziˑe̯tə]; ~|rasiert [-raˌziˑe̯t] ⟨niederl. raseren, frz. raser⟩> {(5.1.4.3)}: ausrasieren. (3) (2)

us|raste [ˈʊsrastə] <trennb. Präfix-V.; schw.; *sin*; ~|gerass [-jəras]>: ausrasten, **1.** (Technik) sich aus einer ineinander greifenden Befestigung lösen, herausspringen: *us ener Halterung u.* (aus einer Halterung a.). **2.** durchdrehen, die Nerven verlieren: *Wann de dat deis, rass dä us.* (Wenn du das tust, rastet er aus/verliert er die Nerven.) [auch: ↑durch|drihe (2)]. (68)

us|räste [ˈʊsrɛstə] <trennb. Präfix-V.; schw.; *han*; ~|geräss [-jərɛs]> {5.4}: ausruhen, ausspannen, ausschnaufen [auch: ↑us|spanne (4)]. (68)

us|raube [ˈʊsrau̯ˑbə] <trennb. Präfix-V.; schw.; *han*; raubte us [ˈrau̯ptə]; ~|geraub [-jərau̯ˑp]>: ausrauben [auch: ↑us|räubere]. (189)

us|räubere [ˈʊsrɔy̯ˑbərə] <trennb. Präfix-V.; schw.; *han*; räuberte us [ˈrɔy̯ˑbətə]; ~|geräubert [-jərɔy̯ˑbet]> {9.2.1.2}: ausräubern [auch: ↑us|raube]. (4)

us|räuchere [ˈʊsrɔy̯ɦərə] <trennb. Präfix-V.; schw.; *han*; räucherte us [ˈrɔy̯ɦətə]; ~|geräuch(ert) [-jərɔy̯ɦ(et)]> {9.2.1.2}: ausräuchern. (4)

us|rechne [ˈʊsrɛɦnə] <trennb. Präfix-V.; schw.; *han*; rechente us [ˈrɛɦəntə]; ~|gerechent [-jərɛɦənt]>: ausrechnen, errechnen. (150)

us|recke [ˈʊsrekə] <trennb. Präfix-V.; schw.; *han*; reckte us [ˈrektə]; ~|gereck [-jərek]> {5.3.1; 5.5.2}: ausreichen, genügen. (88)

Us|red/~|redd, de [ˈʊsreˑt / -ret] <N.; ~e> {8.3.1; (5.3.2; 5.5.2)}: Ausrede.

Us|redd, der [ˈʊsret] <N.; ~e> {5.5.2; 6.11.3}: Ausritt.

us|rede/~|redde [ˈʊsreˑdə / -redə] <trennb. Präfix-V.; *us|redde* veraltet; schw.; *han*; redte us [ˈreˑtə]; ~|geredt [-jəreˑt]> {(5.3.4; 5.5.2)}: ausreden [auch: ↑us|schwaade]. (197) (111)

us|reechte/~|richte [ˈʊsreːɦtə / -rɪɦtə] <trennb. Präfix-V.; schw.; *han*; ~|gereech [-jəreːɦ]> {5.2.1; 5.4}: ausrichten. (131)

us|reise [ˈʊsrei̯ˑzə] <trennb. Präfix-V.; schw.; *sin*; reiste us [ˈrei̯ˑstə]; ~|gereis [-jərei̯ˑs]>: ausreisen. (149)

us|reize [ˈʊsrei̯tsə] <trennb. Präfix-V.; schw.; *han*; reizte us [ˈrei̯tstə]; ~|gereiz [-jərei̯ts]>: ausreizen. (112)

us|renke [ˈʊsrɛŋkə] <trennb. Präfix-V.; schw.; *han*; renkte us [ˈrɛŋktə]; ~|gerenk [jəˈrɛŋk]>: ausrenken. (41)

us|riefe [ˈʊsriːfə] <trennb. Präfix-V.; schw.; *sin*; riefte us [ˈriːftə]; ~|gerief [-jəriːf]> {5.1.4.5}: ausreifen. (108)

us|rieße [ˈʊsriːsə] <trennb. Präfix-V.; st.; *han* u. *sin*; ress us [res]; ~|geresse [-jərɛsə]> {5.1.4.5}: ausreißen. (25)

Us|rieß|er, der [ˈʊsriːsɐ] <N.; ~> {5.1.4.3}: Ausreißer.

us|riffele [ˈʊsrɪfələ] <trennb. Präfix-V.; schw.; *han*; riffelte us [ˈrɪfəltə]; ~|geriffelt [-jərɪfəlt]> {9.2.1.2}: ausfransen [auch: ↑us|franse (a)]. (6)

us|rigge [ˈʊsrɪɡə] <trennb. Präfix-V.; st.; *sin*; redt us [ret]; ~|geredde [-jərɛdə]> {5.3.4; 6.6.2}: ausreiten. (133)

us|röcke [ˈʊsrøkə] <trennb. Präfix-V.; schw.; *han* u. *sin*; röckte us [ˈrøktə]; ~|geröck [-jərøk]> {5.5.1}: ausrücken. (88)

us|rofe [ˈʊsroˑfə] <trennb. Präfix-V.; st.; *han*; reef us [reˑf]; ~|gerofe [-jəroˑfə]> {5.4}: ausrufen, ausschreien. (151)

us|rolle [ˈʊsrɔlə] <trennb. Präfix-V.; schw.; rollte us [ˈrɔlˑtə]; ~|gerollt [-jərɔlˑt]>: ausrollen, **1.** <sin> (von Fahrzeugen) immer langsamer bis zum Stehenbleiben rollen: *Der Fleeger rollt op der Landebahn us.* (Das Flugzeug rollt auf der Landebahn aus.). **2.** <han> **a)** (Zusammengerolltes) auf einer Fläche auseinanderrollen: *ene Läufer op der Ääd u.* (einen Läufer auf dem Boden a.); **b)** rollen: *der Deig u.* (den Teig a.) [auch: ↑us|walze (a)]. (91)

us|roppe [ˈʊsrɔpə] <trennb. Präfix-V.; schw.; *han*; roppte us [ˈrɔptə]; ~|geropp [-jərɔp]> {5.4; 6.8.1}: ausrupfen, ausreißen, auszupfen. (75)

us|röste [ˈʊsrøstə] <trennb. Präfix-V.; schw.; *han*; ~|geröss [-jərøs] {5.5.1}: ausrüsten. (152)

Us|röst|ung, de [ˈʊsrøstʊŋ] <N.; ~e> {5.5.1}: Ausrüstung.

us|rötsche [ˈʊsrøtʃə] <trennb. Präfix-V.; schw.; *sin*; rötschte us [ˈrøtʃtə]; ~|gerötsch [-jərøtʃ]> {5.5.1}: ausrutschen [auch: ↑letsche, ↑us|letsche]. (110)

us|rotte [ˈʊsrɔtə] <trennb. Präfix-V.; schw.; *han*; ~|gerott [-jərɔt]>: ausrotten. (113)

us|rotze [ˈʊsrɔtsə] <trennb. Präfix-V.; schw.; *han*; rotzte us [ˈrɔtstə]; ~|gerotz [-jərɔts]>: ausrotzen, Nasenschleim ausspucken. (114)

us|rüüme ['ʊsryˑmə] <trennb. Präfix-V.; schw.; han; rüümte us ['ryˑmtə]; ~|gerüümp [-jəryˑmp]> {5.1.3}: ausräumen. (122)

us|säge ['ʊszɛˑjə] <trennb. Präfix-V.; schw.; han; sägte us ['zɛˑfjtə]; ~|gesäg [-jəzɛˑfj]>: aussägen. (103)

us|sähne ['ʊszɛˑnə] <trennb. Präfix-V.; schw.; han; sähnte us ['zɛˑntə]; ~|gesähnt [-jəzɛˑnt]> {5.4; 6.3.1}: aussegnen, (Rel.) einem Verstorbenen den letzten Segen erteilen: *ene Dude u.* (einen Verstorbenen a.). (5)

us|saue ['ʊsˌzoʊ̯ə] <trennb. Präfix-V.; schw.; han; saute us ['zoʊ̯tə]; ~|gesaut [-jəˌzoʊ̯t]>: aussauen. (43)

us|sauge ['ʊszoʊ̯ʀə] <trennb. Präfix-V.; schw.; han; saugte us ['zoʊ̯xtə]; ~|gesaug [-jəzoʊ̯x]>: aussaugen, **1.** heraussaugen, leer saugen. **2.** ausbeuten, ruinieren, das Letzte herausholen. (103)

us|schänge ['ʊsʃɛŋə] <trennb. Präfix-V.; unr.; han; schannt us [ʃant]; ~|geschannt [-jəʃant]> {5.4}: ausschimpfen [auch: ↑us|heische]. (157)

us|schave ['ʊsʃaˑvə] <trennb. Präfix-V.; schw.; han; schavte us ['ʃaˑftə]; ~|geschav [-jəʃaˑf]> {6.1.1}: ausschaben. (158)

us|schecke ['ʊsʃekə] <trennb. Präfix-V.; schw.; han; scheckte us ['ʃektə]; ~|gescheck [-jəʃek]> {5.5.2}: aussenden. (88)

us|scheide ['ʊsʃeɪdə] <trennb. Präfix-V.; st.; scheed us [ʃeˑt]; ~|gescheede [-jəʃeˑdə]>: ausscheiden, **1.** <sin> **a)** eine Tätigkeit aufgeben (u. damit zugleich) eine Gemeinschaft/Gruppe verlassen: *am/zom/ met dem 31. 3. us der Firma u.* (am/zum/mit dem 31.3. aus der Firma a.); **b)** an einem Spiel od. Wettkampf nicht weiter teilnehmen können: *en/noh der eeschte Rund u.* (in/nach der 1. Runde a.). **2.** <han> von sich geben, absondern: *Der Körper hät de Geffstoffe usgescheede.* (Der Körper hat die Giftstoffe ausgeschieden.). (159)

us|schelle ['ʊsʃelə] <trennb. Präfix-V.; schw.; han; schellte us ['ʃeltə]; ~|geschellt [-jəʃelt]> {5.3.4, 5.5.2}: ausschälen. (91)

us|scheppe ['ʊsʃɛpə] <trennb. Präfix-V.; schw.; han; scheppte us ['ʃɛptə]; ~|geschepp [-jəʃɛp]> {5.4; 6.8.1}: **1.** aus-, herausschöpfen, leer schöpfen. **2.** Essen auf Teller verteilen. (75)

us|schildere/~|scheldere ['ʊsʃɪlˑdəʀə / -ʃelˑdəʀə] <trennb. Präfix-V.; schw.; han; schilderte us ['ʃɪlˑdɐtə]; ~|geschildert [-jəʃɪlˑdɐt]> {9.2.1.2; (5.5.2)}: ausschildern. (4)

us|schlaachte ['ʊsʃlaːxtə] <trennb. Präfix-V.; schw.; han; ~|geschlaach [-jəʃlaːx]> {5.2.1}: ausschlachten, **1.** die Eingeweide von geschlachtetem Vieh herausnehmen: *en Sau u.* (ein Schwein a.). **2.** die noch brauchbaren Teile aus etw. ausbauen: *aal Autos u.* (alte Autos a.). **3.** bedenkenlos für seine Zwecke ausnutzen: *ene Fall (politisch) u.* (einen Fall (politisch) a.). (1)

Us|schlag, der ['ʊsʃlaːx] <N.; ~|schläg [-ʃlɛˑfj] (Pl. ungebr.)>: Ausschlag, **1.** an der Haut auftretende krankhafte Veränderung [auch: ↑Plack]. **2.** das Abweichen vom Ruhe- od. Gleichgewichtszustand.

us|schlage/~|schlonn ['ʊsʃlaˑʀə / -ʃlɔn] <trennb. Präfix-V.; st.; han u. sin; schlog us [ʃloˑx]; ~|geschlage [-jəʃlaˑʀə]> {(5.3.2; 5.4)}: ausschlagen. (48) (163)

us|schleeße ['ʊsʃleˑsə] <trennb. Präfix-V.; st.; han; schloss us [ʃlɔs]; ~|geschlosse [-jəʃlɔsə]> {5.1.4.3}: ausschließen, aussperren, **1.** aussperren [auch: ↑us|sperre]. **2.** aus einer Gemeinschaft entfernen. **3. a)** nicht teilhaben lassen, **b)** ausnehmen, nicht mit einbeziehen. **4.** unmöglich machen. (79)

us|schliefe ['ʊsʃliːfə] <trennb. Präfix-V.; st.; han; schleff us [ʃlef]; ~|geschleffe [-jəʃlefə]> {5.1.4.5}: ausschleifen, durch Schleifen (innen) glätten. (86)

us|schlofe ['ʊsʃloˑfə] <trennb. Präfix-V.; st.; han; schleef us [ʃleːf]; ~|geschlofe [-jəʃloˑfə]> {5.5.3}: ausschlafen. (162)

us|schlürfe/~|schlürpe ['ʊsʃlyrfə / -ʃlyrpə] <trennb. Präfix-V.; schw.; han; schlürfte us ['ʃlyrftə]; ~|geschlürf [-jəʃlyrf]> {(6.5.1)}: ausschlürfen. (105) (180)

us|schmiere/~|schmeere ['ʊsʃmiː(ɐ̯)ʀə / -ʃmeːʀə] <trennb. Präfix-V.; *us|schmeere* veraltend; schw./unr.; han; schmierte us ['ʃmiːɐ̯tə]; ~|geschmiert [-jəʃmiːɐ̯t]> {(5.1.4.3)}: ausschmieren, **a)** durch Beschmieren innen gänzlich mit etw. bedecken: *de Kocheform met Fett u.* (die Backform mit Fett a.); **b)** mit einer schmierfähigen Masse ausfüllen: *Fuge met Gips u.* (Fugen mit Gips a.). (3) (2)

us|schmücke ['ʊsʃmʏkə] <trennb. Präfix-V.; schw.; han; schmückte us ['ʃmʏktə]; ~|geschmück [-jəʃmʏk]> {5.5.1}: ausschmücken. (88)

us|schnetze ['ʊsʃnetsə] <trennb. Präfix-V.; schw.; han; schnetzte us ['ʃnetstə]; ~|geschnetz [-jəʃnets]> {5.5.2}: ausschnitzen. (114)

us|schnigge ['ʊsʃnɪɡə] <trennb. Präfix-V.; st.; han; schnedt us [ʃnet]; ~|geschnedde [-jəʃnedə]> {5.3.4, 6.6.2}: ausschneiden, **a)** durch Schneiden herauslösen, -trennen: *en Aanzeig us der Zeidung u.* (eine Annonce aus der Zeitung a.); **b)** durch Herausschneiden (mit der Schere) herstellen: *Stääne us Papier u.* (Sterne aus Buntpapier a.); **c)** durch Herausschneiden von etw. befreien: *de Bäum u.* (Bäume a., die überflüssigen Äste herausschneiden); **d)** mit einem Ausschnitt für den Hals versehen, dekolletieren: *e Kleid deef u.* (ein Kleid tief a.). (133)

us|schnüffele ['ʊsʃnʏfələ] <trennb. Präfix-V.; schw.; *han*; schnüffelte us ['ʃnʏfəltə]; ~|geschnüffelt [-jəʃnʏfəlt]> {9.2.1.2}: ausschnüffeln. (6)

us|schnuuve ['ʊsʃnuˑvə] <trennb. Präfix-V.; schw.; *han*; schnuuvte us ['ʃnuˑftə]; ~|geschnuuv [-jəʃnuˑf]> {5.1.3; 6.1.1}: ausschnauben, ausschnäuzen. (158)

us|schödde ['ʊsʃødə] <trennb. Präfix-V.; st.; *han*; schodt us [ʃot]; ~|geschodt/~|geschödt [-jəʃot / -jəʃøt]> {5.5.1; 6.11.3}: ausschütten [auch: ↑us|kippe]. (166)

us|schöddele ['ʊsʃødələ] <trennb. Präfix-V.; schw.; *han*; schöddelte us ['ʃødəltə]; ~|geschöddelt [-jəʃødəlt]> {5.5.1; 6.11.3; 9.2.1.2}: ausschütteln. (6)

us|schrieve ['ʊsʃriˑvə] <trennb. Präfix-V.; st.; *han*; schrevv us [ʃrɛf]; ~|geschrevve [-jəʃrɛvə]> {5.1.4.5; 6.1.1}: **1.** ausschreiben, nicht abgekürzt schreiben: *e Wood u.* (ein Wort a.). **2.** ausfüllen, ausfertigen, ausstellen: *einem en Quittung u.* (jmdm. eine Quittung a.). **3.** öffentlich u. schriftlich für Interessenten, Bewerber, Teilnehmer od. Ä. zur Kenntnis bringen/bekannt geben: *en neu Stell u.* (eine neue Stelle a.). (51)

us|schröme ['ʊsʃrœmə] <trennb. Präfix-V.; schw.; *sin*; schrömte us ['ʃrœˑmtə]; ~|geschrömp [-jəʃrœˑmp]>: **1.** ausstreichen. **2.** ausschreiten. (118)

us|schwaade ['ʊsʃvaˑdə] <trennb. Präfix-V.; schw.; *han*; schwaadte us ['ʃvaˑtə]; ~|geschwaadt [-jəʃvaˑt]> {5.2.1.4}: ausreden, **1.** <sich u.> sich aussprechen. **2. a)** zu Ende sprechen: *Loss mich doch ens u.!* (Lass mich doch bitte a.!); **b)** seine Rede beenden: *Hoffentlich hät dä baal usgeschwaadt!* (Hoffentlich hat er bald ausgeredet!); [auch: ↑us|rede/~|redde]. (197)

us|schwärme ['ʊsʃvɛrmə] <trennb. Präfix-V.; schw.; *sin*; schwärmte us ['ʃvɛrˑmtə]; ~|geschwärmp [-jəʃvɛrˑmp]>: ausschwärmen. (127)

us|schweißte ['ʊsʃveɪstə] <trennb. Präfix-V.; schw.; *han* u. *sin*; ~|geschweiß [-jəʃveɪs] {5.2.3}: ausschwitzen. (169)

us|schwemme ['ʊsʃvɛmə] <trennb. Präfix-V.; schw.; *han*; schwemmte us ['ʃvɛmˑtə]; ~|geschwemmp [-jəʃvɛmˑp]>: ausschwemmen. (40)

us|schwenke ['ʊsʃvɛŋkə] <trennb. Präfix-V.; schw.; schwenkte us ['ʃvɛŋktə]; ~|geschwenk [-jəʃvɛŋk]>: ausschwenken, **1.** <han> nach außen schwenken: *e Boot u.* (ein Boot a.). **2.** <sin> zur Seite schwenkend die Richtung ändern: *Se sin noh rähts usgeschwenk.* (Sie sind nach rechts ausgeschwenkt.). (41)

us|schwinge ['ʊsʃvɪŋə] <trennb. Präfix-V.; st.; *han* u. *sin*; schwung us [ʃvʊŋ]; ~|geschwunge [-jəʃvʊŋə]>: ausschwingen. (26)

usse ['ʊsə] <Adv.> {5.3.4}: außen.

Usse|deens, der ['ʊsə‚deˑns] <N.; ~te> {s. u. ↑usse; ↑Deens}: Außendienst.

usser¹ ['ʊsə] <Präp.; m. Dat.> {5.3.4}: außer, ausgenommen, abgesehen von: *U. mir kann dat keiner.* (A. mir kann das keiner.).

usser² ['ʊsə] <Konj.; nebenordn.> {5.3.4}: außer, ausgenommen, es sei denn (meist i. Vbdg. m. *dat* (dass) od. *wann* (wenn)): *Ich gonn hügg schwemme, u. (dat/wann) et rähnt.* (Ich gehe heute schwimmen, a. (dass/wenn) es regnet).

usser|däm [‚ʊsə'dɛm / '--'- / '--,-] <Adv.> {s. u. ↑usser¹ ↑däm}: außerdem, überdies [auch: ↑zo|däm].

Üssere Grön|göödel [‚ʏsərə'jrøˑn‚jøːdəl] <N.; Straßenn.> {s. u. ↑usse ↑grön ↑Göödel}: Äußerer Grüngürtel. Die Kölner Grüngürtel sind planmäßig angelegte Grünzonen, die sich halbkreisförmig um die Stadt Köln an beiden Ufern des Rheins legen. Sie sind aus den ehemaligen Festungsrayons des Kölner Festungsrings entstanden. Der Äußere Grüngürtel reichte über das damalige Kölner Stadtgebiet hinaus. Nach dem Abschluss der Arbeiten 1923 bis 1929 erscheint der Grüngürtel mit ca. 800 ha Fläche, davon 400 ha Wald, in folgender Dreigliederung: Zur Stadt hin von dem den Gürtel zur Gänze durchziehenden Militärring schmale kleinteilige Parzellen, Kleingärten u. Friedhöfe. Auf der anderen Seite der Straße folgt ein mit Sportflächen u. den ehemaligen Festungswerken durchsetzter Waldstreifen, an den sich wiederum offene Wiesen u. eingebettete Wasserflächen (Kahnweiher, Decksteiner Weiher u. Adenauer Weiher), deren Aushub zu Hügeln aufgeschüttet wurde, anschließen, alles mit begleitenden Fuß- u. Radwegen. Den Abschluss bildet wieder ein neu angepflanzter Waldgürtel mit auch schnell wachsenden ausländischen Baumarten.

Üssere Kanal|stroß [ˌʏsərə kaˈnaˑlˌʃtroˑs] <N.; Straßenn.> {s. u. ↑usse ↑Stroß}: Äußere Kanalstraße; Straße in Köln-Bilderstöckchen/Ehrenfeld. Unter dieser Straße liegen die Sammelkanäle für die Abwässer Kölns.

usser|halv [ˈʊseˌhaləf] <Präp.; m. Dat.> {s. u. ↑usser¹ ↑halv}: außerhalb.

usser|ird|isch [ˈʊseˌɪrdɪʃ] <Adj.; i. best. Komposita *ird-*, sonst ↑Ääd; ~e> {11}: außerirdisch. Tbl. A1

us|setze¹ [ˈʊszetsə] <trennb. Präfix-V.; st.; *han*; soß us [zoˑs]; ~|gesessen [-jəzεsə]> {5.5.2}: aussitzen, sich untätig verhalten in der Hoffnung, dass sich etw. Bestimmtes von selbst erledigt. (172)

us|setze² [ˈʊszεtsə] <trennb. Präfix-V.; unr./schw.; *han*; setzte/satz us [ˈzεtstə / zats]; ~|gesetz/~|gesatz [-jəzεts / -jəzats]>: aussetzen. (173)

Us|sich, de [ˈʊsˌzɪf] <N.; ~te> {8.3.5}: Aussicht.

us|sie [ˈʊsziːə] <trennb. Präfix-V.; schw.; *han*; site us [ˈziˑtə]; ~|gesit [-jəziˑt]> {5.4}: aussäen. (56)

us|siebe [ˈʊsziˑbə] <trennb. Präfix-V.; schw.; *han*; siebte us [ˈziˑptə]; ~|gesieb [-jəziˑp]>: aussieben. (189)

us|siedele [ˈʊsziːdələ] <trennb. Präfix-V.; schw.; *han*; siedelte us [ˈziːdəltə]; ~|gesiedelt [-jəziːdəlt]> {9.2.1.2}: aussiedeln. (6)

Us|siedl|er, der [ˈʊsˌzitlə] <N.; ~>: Aussiedler.

us|sinn [ˈʊszɪn] <trennb. Präfix-V.; st.; *han*; soh/soch us [zoˑ / zoˑx]; ~|gesinn [-jəzɪn]> {5.3.4; 8.2.2.3}: aussehen: *Wie sühs do dann widder us?* (Wie siehst du denn wieder aus?); **u. wie e zerresse Sofa* (zerzaust sein). (175)

us|söke [ˈʊszøˑkə] <trennb. Präfix-V.; unr./schw.; *han*; sok us [zoːk]; ~|gesok/~|gesök [-jəzoːk / -jəzøˑk]> {5.4; 6.2.3}: aussuchen, auswählen. (176) (178)

us|spanne [ˈʊsˌpanə] <trennb. Präfix-V.; schw.; *han*; spannte us [ˈpanˑtə]; ~|gespannt [-jəˈpanˑt]>: ausspannen, **1.** weit ausbreiten u. gespannt halten: *e Doch u.* (ein Tuch a.). **2. a)** abschirren u. abspannen: *de Pääder u.* (die Pferde a.); **b)** etw. Eingespanntes lösen: *der Plog u.* (den Pflug a.). **3. a)** mit sanfter Gewalt wegnehmen, von jmdm. entleihen: *der Mamm heimlich de Uhrring u.* (von der Mutter heimlich die Ohrringe ausleihen); **b)** abspenstig machen: *Dat hät mer minge Kääl usgespannt.* (Sie hat mir meinen Freund ausgespannt). **4.** eine Zeit lang mit der Arbeit aufhören, um sich zu erholen: *Hä well an der Sie u.* (Er will am Meer a.) [auch: ↑us|räste]. (10)

us|spare [ˈʊsˌpaːrə] <trennb. Präfix-V.; schw.; *han*; sparte us [ˈpaːtə]; ~|gespart [-jəˈpaːt]>: aussparen, **1.** (in einem Raum/von einer Fläche) einen Teil für etw. frei lassen; nicht mit einbeziehen, in etw. für etw. Platz lassen. **2.** ausnehmen, (für später) beiseite lassen: *en Frog u.* (eine Frage a.). (21)

us|späue/~|speie [ˈʊsˌpøyə / -ˌpeɪə] <trennb. Präfix-V.; *us|speie* veraltend; schw.; *han*; späute us [ˈpøy·tə]; ~|gespäut [-jəˈpøy·t]> {5.1.3}: ausspeien, ausspucken, (veraltet: *usspaue*). (11)

us|spenne [ˈʊsˌpenə] <trennb. Präfix-V.; st.; *han*; sponn us [ˌpon]; ~|gesponne [-jəˌponə]> {5.5.2}: ausspinnen, Worte/Gedanken/eine Erzählung weiter ausbreiten/fortführen/ausmalen: *ene Gedanke/Geschichte u.* (einen Gedanken/Geschichten a.). (82)

us|sperre [ˈʊsˌpεrə] <trennb. Präfix-V.; schw.; *han*; sperrte us [ˈpεxtə]; ~|gesperr [-jəˈpεx]>: aussperren [auch: ↑us|schleeße (1)]. (93)

us|spille [ˈʊsˌpɪlə] <trennb. Präfix-V.; schw.; *han*; spillte us [ˈpɪltə]; ~|gespillt [-jəˈpɪlt]> {5.3.4}: ausspielen. (91)

us|spioniere/~eere [ˈʊsˌpɪoˌniˑ(ɡ)rə / -eˑrə] <trennb. Präfix-V.; schw./unr.; *han*; spionierte us [ˌpɪoˈniˑɡtə]; ~|spioniert [-ˌpɪoˌniˑɡt]> ⟨nach frz. *espionner*⟩ {(5.1.4.3)}: ausspionieren. (3) (2)

us|spöle [ˈʊsˌpøˑlə] <trennb. Präfix-V.; schw.; *han*; spölte/spolt us [ˈpøˑltə / ˌpoˑlt]; ~|gespölt/~|gespolt [-jəˈpøˑlt / -jəˈpoˑlt]> {5.4}: ausspülen, **1.** durch Spülen reinigen: *de Muul u.* (den Mund a.). **2.** spülend aus etw. entfernen. (73)

us|spreche [ˈʊsˌprεçə] <trennb. Präfix-V.; st.; *han*; sproch us [ˌproˑx]; ~|gesproche [-jəˌproxə]>: aussprechen. (34)

us|spretze [ˈʊsˌpretsə] <trennb. Präfix-V.; schw.; *han*; spretzte u. [ˈpretstə]; ~|gespretz [-jəˌprets]> {5.5.2}: ausspritzen, **1. a)** spritzend leeren: *der Schlauch u.* (den Schlauch a.); **b)** spritzend herausschleudern, von sich geben: *Der Skorpion spretz Geff us.* (Der Skorpion spritzt Gift aus.); **c)** (übertr.) sein Gift gegen jmdn. a. (jmdn. mit Gehässigkeiten überschütten). **2.** durch Spritzen reinigen: *et Schwemmbecke u.* (das Schwimmbecken a.). (114)

us|staffiere/~eere [ˈʊsˌtaˌfiˑ(ɡ)rə / -eˑrə] <trennb. Präfix-V.; schw./unr.; *han*; staffierte us [ˌʃtaˌfiˑɡtə]; ~|staffiert

[-ʃtaˌfiˑɐ̯t] ⟨afrz. estoffer⟩> {(5.1.4.3)}: ausstaffieren, ausstatten. (3) (2)

us|stanze ['ʊsˌʃtantsə] <trennb. Präfix-V.; schw.; *han*; stanzte us ['ʃtantstə]; ~|gestanz [-jəˌʃtants]>: ausstanzen. (42)

us|statte ['ʊsˌʃtatə] <trennb. Präfix-V.; schw.; *han*; ~|gestatt [-jəˌʃtat]>: ausstatten. (113)

us|steche ['ʊsˌʃtɛɲə] <trennb. Präfix-V.; st.; *han*; stǫch us [ʃtoˑx]; ~|gestoche [-jəˌʃtoxə]>: ausstechen. (34)

us|steige ['ʊsˌʃtei̯jə] <trennb. Präfix-V.; st.; *sin*; steeg us [ʃteˑfj]; ~|gesteege [-jəˌʃteˑjə]>: aussteigen. (181)

us|stelle ['ʊsˌʃtɛlə] <trennb. Präfix-V.; schw./unr.; *han*; stellte/stallt us ['ʃtɛlˑtə / ʃtalt]; ~|gestellt/~|gestallt [-jəˌʃtɛlˑt / -jəˌʃtalt]>: ausstellen. (182)

us|stemme ['ʊsˌʃtɛmə] <trennb. Präfix-V.; schw.; *han*; stemmte us ['ʃtɛmˑtə]; ~|gestemmp [-jəˌʃtɛmˑp]>: ausstemmen, mithilfe eines Stemmeisens herstellen. (40)

us|sterve/~|stirve ['ʊsˌʃtɛrvə / -ʃtɪrvə] <trennb. Präfix-V.; st.; *sin*; storv us [ʃtorˑfj]; ~|gestorve [-jəˌʃtorvə]> {5.5.2/5.4}: aussterben. (184)

us|steuere ['ʊsˌʃtɔy̯ərə] <trennb. Präfix-V.; schw.; *han*; steuerte us ['ʃtɔy̯ətə]; ~|gesteuert [-jəˌʃtɔy̯ət]> {9.2.1.2}: aussteuern. (4)

us|stonn ['ʊsˌʃtɔn] <trennb. Präfix-V.; st.; *han*; stundt us [ʃtʊnt]; ~|gestande [-jəˌʃtandə]> {5.3.4; 8.2.2.3}: ausstehen. (185)

us|stoppe ['ʊsˌʃtɔpə] <trennb. Präfix-V.; schw.; *han*; stoppte us ['ʃtoptə]; ~|gestopp [-jəˌʃtop]> {5.5.1; 6.8.1}: ausstopfen. (75)

us|strecke ['ʊsˌʃtrɛkə] <trennb. Präfix-V.; schw.; *han*; streckte us ['ʃtrɛktə]; ~|gestreck [-jəˌʃtrɛk]>: ausstrecken. (88)

us|streue ['ʊsˌʃtrɔy̯ə] <trennb. Präfix-V.; schw.; *han*; streute us ['ʃtrɔy̯ˑtə]; ~|gestreut/~|gestraut (veraltet) [-jəˌʃtrɔy̯ˑt / -jəˌʃtrɔʊ̯t]>: ausstreuen. (11)

us|striche ['ʊsˌʃtrɪɲə] <trennb. Präfix-V.; st.; *han*; strǫch us [ʃtreʃ]; ~|gestreche [-jəˌʃtrɛɲə]> {5.3.1}: ausstreichen, wegstreichen. (187)

us|strohle ['ʊsˌʃtroˑlə] <trennb. Präfix-V.; schw.; *han*; strohlte us ['ʃtroˑltə]; ~|gestrohlt [-jəˌʃtroˑlt]> {5.5.3}: ausstrahlen. (61)

Us|strohl|ung, de ['ʊsˌʃtroˑlʊŋ] <N.; o. Pl.> {5.3.3}: Ausstrahlung.

us|ströme ['ʊsˌʃtrøˑmə] <trennb. Präfix-V.; schw.; *han* u. *sin*; strömte us ['ʃtrøːmtə]; ~|geströmp [-jəˌʃtrøːmp]>: ausströmen, **a)** <han> *Der Ovve strömp Hetz us.* (Der Ofen strömt Hitze aus.); **b)** <sin> herausströmen, in großer Menge austreten: *Wasser/Gas/Damp strömp us.* (Wasser/ Gas/Dampf strömt aus). (118)

us|stüsse ['ʊsˌʃtʏsə] <trennb. Präfix-V.; st.; *han*; stoss us [ʃtos]; ~|gestosse/~|gestüsse [-jəˌʃtɔsə / -jəˌʃtʏsə]> {5.4; 5.3.4}: ausstoßen. (188)

Us|stüür/~|stöör, de ['ʊsˌʃtyːɐ̯ / -ʃtøːɐ̯] <N.> {5.1.4.6; 8.2.2.2}: Aussteuer.

us|suffe ['ʊszʊfə] <trennb. Präfix-V.; st.; *han*; soff us [zɔf]; ~|gesoffe [-jəzɔfə]> {5.3.4}: aussaufen, austrinken, leersaufen. (119)

us|taaste ['ʊstaːstə] <trennb. Präfix-V.; schw.; *han*; ~|getaas [-jətaːs]> {5.2.1}: austasten. (101)

us|teste ['ʊstɛstə] <trennb. Präfix-V.; schw.; *han*; ~|getess [-jətɛs]>: austesten, ganz u. gar durch Tests erforschen, ausprobieren [auch: ↑us|probiere/~eere]. (68)

us|tobe ['ʊstoˑbə] <trennb. Präfix-V.; schw.; *han*; tobte us ['toˑptə]; ~|getob [-jətoˑp]>: austoben, austollen, **1.** <sich u.> **a)** ungezügelt toben, wild spielen: *Pänz müsse sich u. künne.* (Kinder müssen sich a. können.); **b)** seine überschüssige Kraft ungezügelt verausgaben: *Do häs dich vür der Ih genog usgetob.* (Du hast dich vor der Ehe genug ausgetobt.); **c)** (übertr.) *Drusse tob sich e Unwedder/ene Sturm us.* (Draußen tobt sich ein Unwetter/ein Sturm aus). **2.** etw. ungezügelt abreagieren: *sing Wod u.* (seine Wut a.). (189)

us|trecke ['ʊstrɛkə] <trennb. Präfix-V.; st.; *han*; trǫk us [trɔˑk]; ~|getrocke [-jətrɔkə]>: ausziehen, **1. a)** herausziehen, ausreißen: *Unkrugg u.* (Unkraut a.); **b)** durch Herausziehen ineinander geschobener Teile verlängern: *der Desch u.* (den Tisch a.); **c)** ausziehen (auf Kleidung bezogen): *(sich) et Hemb ustrecke* ((sich) das Hemd ausziehen); **d)** entkleiden: *sich/einer u.* (sich/jmdn. a.). **2.** ausziehen (auf Wohnung, Wohnort bezogen): *Ich ben em Määz usgetrocke.* (Ich bin im März ausgezogen.). (190)

us|tredde ['ʊstrɛdə] <trennb. Präfix-V.; st.; *han* u. *sin*; trǫdt us [trɔˑt]; us|getrodde [-jətrodə]> {5.3.4; 5.5.2; 6.11.3}: austreten, **1. a)** Brennendes/Glühendes durch Darauftreten zum Erlöschen bringen: *der Fox u.* (den Zigarettenstummel a.); **b)** (auf Schuhe bezogen) durch häufiges Benutzen od. Ä. ausweiten: *usgetrodde Schohn* (ausgetretene Schuhe) [auch: ꜛus|dehne, ꜛus|wigge (1)]. **2. a)** aus einer Organisation freiwillig ausscheiden: *Hä es us der Kirch usgetrodde.* (Er ist aus der Kirche ausgetreten.); **b)** einen Raum verlassen, um seine Notdurft zu verrichten (meist im Inf. mit einem Modalverb): *Üvvernemm ens, ich muss ens u.!* (Übernimm mal, ich muss mal a.!). (191)

us|trickse ['ʊstrɪksə] <trennb. Präfix-V.; schw.; han; trickste us ['trɪkstə]; ~|getricks [-jətrɪks]>: austricksen. (87)

us|tüftele ['ʊstʏftələ] <trennb. Präfix-V.; schw.; han; tüftelte us ['tʏftəltə]; ~|getüftelt [-jətʏftəlt]> {9.2.1.2}: austüfteln, -arbeiten, ersinnen, ausdenken: *ene Plan u.* (einen Plan a.) [auch: ꜛus|knuuve]. (6)

Us|tuusch, der ['ʊsˌtuːʃ] <N.; ~e (Pl. ungebr.)> {5.1.3}: Austausch.

us|tuusche ['ʊstuːʃə] <trennb. Präfix-V.; schw.; han; tuuschte us ['tuːʃtə]; ~|getuusch [-jətuːʃ]> {5.1.3}: austauschen. (110)

us|übe ['ʊsˌyːbə] <trennb. Präfix-V.; schw.; han; übte us ['yːptə]; ~|geüb [-jəˈyːp]>: ausüben. (189)

us|ufere ['ʊsˌuːfərə] <trennb. Präfix-V.; schw.; sin; uferte us ['uːfetə]; ~|geufert [-jəˈuːfet]> {9.2.1.2}: ausufern, eskalieren. (4)

Us|ver|kauf, der ['ʊsfɐˌkoʊf] <N.; ~|käuf>: Ausverkauf.

us|ver|kaufe ['ʊsfɐˌkoʊfə] <trennb. Präfix-V.; unr.; han; ver|kaufte us [fɐˈkoʊftə]; ~|ver|kauf [-fɐkoʊf]>: ausverkaufen. (106)

us|wahße ['ʊsvaˌsə] <trennb. Präfix-V.; st.; wohß us [voːs]; ~|gewahße [-jəvaːsə]> {5.2.4; 6.3.1}: auswachsen, **1.** <sin> (von Getreide od. Ä.) infolge beständig feuchtwarmer Witterung auf dem Halm keimen: *Et Koon wähß us.* (Das Korn wächst aus). **2.** <han; sich u.> **a)** sich beim Wachstum normalisieren: *Die scheive Zäng weeden sich noch u.* (Die Missbildung in der Zahnstellung wird sich noch a.); **b)** sich vergrößern, sich weiterentwickeln: *Wann de nix ungernimms, wähß sich dat Geschwür wigger us.* (Wenn du nichts unternimmst, wächst sich das Geschwür weiter aus.); **c)** sich zu etw. Bestimmtem entwickeln: *Die Unzofriddeheit em Volk hät sich zo ener Rebellion usgewahße.* (Die Unzufriedenheit im Volk hat sich zur Rebellion ausgewachsen.). (199)

us|wähßele ['ʊsvɛːsələ] <trennb. Präfix-V.; schw.; han; wähßelte us ['vɛːsəltə]; ~|gewähßelt [-jəvɛːsɛlt]> {5.2.4; 6.3.1}: auswechseln. (6)

us|walze ['ʊsvaltsə] <trennb. Präfix-V.; schw.; han; walzte us ['valtstə]; ~|gewalz [-jəvalts]>: auswalzen, **a)** etw. in Länge u. Breite walzen: *der Kochedeig u.* (den Kuchenteig a.) [auch: ꜛus|rolle (2b)]; **b)** (übertr.) weitschweifig erörtern: *Dä hät singe Verzäll ganz schön usgewalz.* (Er hat seine Geschichte (übertrieben) lang und breit erörtert.). (42)

us|wandere ['ʊsvanˌdərə] <trennb. Präfix-V.; schw.; sin; wanderte us ['vanˌdetə]; ~|gewandert [-jəvanˈdet]> {9.2.1.2}: auswandern. (4)

us|wäsche ['ʊsvɛʃə] <trennb. Präfix-V.; st.; han; wosch us [voːʃ]; ~|gewäsche [-jəvɛʃə]> {5.4}: auswaschen; auswischen. (200)

us|weckele ['ʊsvekələ] <trennb. Präfix-V.; schw.; han; weckelte us ['vekəltə]; ~|geweckelt [-jəvekəlt]> {5.5.2; 9.2.1.2}: auswickeln, **a)** die Umhüllung von etw. entfernen: *e Kamellche u.* (ein Bonbon a.); **b)** etw., worin man jmdn./sich eingehüllt hatte, wieder entfernen: *einer/sich us ener Deck u.* (jmdn./sich aus einer Decke a.). (6)

us|weege/~|wooge ['ʊsveːjə / -voːʀə] <trennb. Präfix-V.; schw./st.; han; Formen von ꜛweege² u. ꜛwooge sind mischbar; weegte us ['veːjtə]; us|geweeg [-jəveːj]> {5.1.4.3; (5.5.3)}: auswiegen, **1.** das Gewicht von etw. genau feststellen: *Soll ich Üch dat Stöck Fleisch u.?* (Soll ich Ihnen das Stück Fleisch a.?). **2.** kleine Mengen von etw. abwiegen: *Botter zo klein Portione u.* (Butter zu kleinen Portionen a.). (14) (212)

us|weiche/~|wiche ['ʊsveɪçə / -vɪçə] <trennb. Präfix-V.; st.; sin; wech us [veʃ]; ~|geweche [-jəveçə]> {(5.3.1)}: ausweichen, **1. a)** aus der Bahn eines anderen gehen (u. Platz machen): *noh rähts u.* (nach rechts a.); **b)** vor etw. zur Seite weichen/zu entgehen versuchen: *Hä kunnt nit mih u.* (Er konnte nicht mehr a.); **c)** jmdm/etw. aus dem Weg gehen; jmdn./etw. meiden: *Dä dät dä Frog u.* (Er wich der Frage aus). **2.** gezwungenermaßen etw. anderes wählen: *op en andere Möglichkeit u.* (auf eine andere Möglichkeit a.). (161) (187)

us|weide/~|wigge ['ʊsveɪdə / -vɪgə] <trennb. Präfix-V.; schw.; han; weidte us ['veɪtə]; ~|geweidt [-jəveɪt]>: ausweiden, die Eingeweide entfernen. (197) (208)

us|werfe/~|wirfe ['ʊsverfə / -vɪrfə] <trennb. Präfix-V.; st.; han; worf us [vorf]; ~|geworfe [-jəvorfə]> {5.5.2/5.4}: auswerfen. (206)

us|werte ['ʊsveːɐ̯tə] <trennb. Präfix-V.; schw.; *han*; ~|gewert [-jəveːɐ̯t]>: auswerten. (58)
Us|wies, der ['ʊsviːs] <N.; ~e> {5.1.4.5}: Ausweis.
us|wiese ['ʊsviːzə] <trennb. Präfix-V.; st.; *han*; w<u>e</u>s us [ves]; ~|gew<u>e</u>se [-jəveːzə]> {5.1.4.5}: ausweisen, **1.** eines Landes verweisen: *Hä es us singer Heimat usgewese woode.* (Er ist aus seiner Heimat ausgewiesen worden.). **2.** mit Dokumenten (die Identität) nachweisen: *Hä kann sich u.* (Er kann sich a.). (147)
us|wigge ['ʊsvɪgə] <trennb. Präfix-V.; schw.; *han*; wiggte us ['vɪktə]; ~|gewigg [-jəvɪk]> {5.3.4; 6.6.2}: ausweiten, **1.** ausdehnen: *de Schohn u.* (die Schuhe a.) [auch: ↑us|dehne, ↑us|tredde (1b)]. **2.** erweitern: *der Handel u.* (den Handel a.). (208)
us|wirke, sich ['ʊsvɪrkə] <trennb. Präfix-V.; schw.; *han*; wirkte us ['vɪrktə]; ~|gewirk [-jəvɪrk]>: sich auswirken, eine Wirkung ausüben: *Dä Streik dät sich op de Wirtschaff ärg fies u.* (Der Streik wirkte sich verhängnisvoll auf die Wirtschaft aus.). (41)
Us|w<u>o</u>rf/~|wurf, der ['ʊsvɔrf / -vʊrf] <N.; ~|wörf [-vørˑf]> {5.5.1}: Auswurf.
us|wuchte ['ʊsvʊxtə] <trennb. Präfix-V.; schw.; *han*; ~|gewuch [-jəvʊx]>: auswuchten. (1)
us|zahle, sich ['ʊstsaːlə] <trennb. Präfix-V.; schw.; *han*; zahlte us ['tsaːltə]; ~|gezahlt [-jətsaːlt]>: sich auszahlen/lohnen. (61)
us|zälle ['ʊstsɛlə] <trennb. Präfix-V.; st./schw.; *han*; zallt/zällte us [tsalt / 'tsɛltə]; ~|gezallt/~|gezällt [-jətsalt / -jətsɛlt]> {5.3.4}: auszählen. (196) (91)
us|zehre ['ʊstseːrə] <trennb. Präfix-V.; schw.; *han*; zehrte us ['tseː(ɐ̯)tə]; ~|gezehrt [-jətseː(ɐ̯)t]>: auszehren. (31)
us|zeichne ['ʊstsɛɐ̯çnə] <trennb. Präfix-V.; schw.; *han*; zeichente us ['tsɛɐ̯çəntə]; ~|gezeichent [-jətsɛɐ̯çənt]>: auszeichnen, **1.** (Waren) mit einem Preisschild versehen: *Die Saache müsse hügg noch usgezeichent wääde.* (Die Sachen müssen heute noch ausgezeichnet werden.). **2. a)** durch etw. bevorzugt behandeln/ehren; **b)** durch die Verleihung einer Auszeichnung ehren. **3. a)** aus einer Menge positiv herausheben, kennzeichnen: *Si god Hätz zeichente in us.* (Seine Gutmütigkeit zeichnete ihn aus.); **b)** <sich u.> sich hervortun: *Hä hät sich als echte Fründ usgezeichent.* (Er hat sich als echter Freund ausgezeichnet.). (150)
us|zementiere/~eere ['ʊstsemɛnˌtiˑ(ɐ̯)rə / -eˑrə] <trennb. Präfix-V.; schw./unr.; *han*; zementierte us [tsemɛn'tiˑɐ̯tə]; ~|zementiert [-tsemɛnˌtiˑɐ̯t] ⟨nach frz. *cimenter*⟩> {(5.1.4.3)}: auszementieren. (3) (2)
us|zirkele ['ʊstsɪrkələ] <trennb. Präfix-V.; schw.; *han*; zirkelte us ['tsɪrkəltə]; ~|gezirkelt [-jətsɪrkəlt]> {9.2.1.2}: auszirkeln, genau aus-/abmessen. (6)
Us|z<u>o</u>g, der ['ʊstsox] <N.; ~|z<u>ö</u>g> {5.5.1}: Auszug.
us|zotiere/~eere ['ʊstsɔˌtiˑ(ɐ̯)rə / -eˑrə] <trennb. Präfix-V.; schw./unr.; *han*; zotierte us [tsɔ'tiˑɐ̯tə]; ~|zotiert [-tsɔˌtiˑɐ̯t] ⟨ital. *sortire* < lat. *sortiri*⟩> {(5.1.4.3)}: aussortieren, aussondern, auslesen. (3) (2)
Üül, de [yːl] <N.; ~e> {5.1.3; 8.3.1}: Eule.
Üüle|speegel, der ['yːlə‚[peˑjəl] <N.; Eigenn.> {s. u. ↑Üül ↑Speegel}: Eulenspiegel, Titelgestalt eines dt. Volksbuches, auch: Schimpfw. für einen Tölpel.
üür/öör [yːɐ̯ / øːɐ̯] <Possessivpron.; 2. Pers. Pl.; s. a. ↑uns² ↑ehr³; ~e> {5.1.4.6}: euer, eure. Tbl. P2.6
Üür/Öör [yːɐ̯ / øːɐ̯] <Possessivpron.; 2. Pers. Sg.; s. a. ↑ding; ~e> {5.1.4; 5.4}: Ihr, Ihre, in distanzierter Form bei Personen, die man siezt. Tbl. P2.8/Tbl. P2.9
üüret|halver ['yː(ɐ̯)rət‚halˑvə] <Adv.> {s. u. ↑üür/öör ↑halv}: eurethalben, euch zuliebe, um euretwillen: *Ich ben ü. hee.* (Ich bin e. hier.) [auch: ↑üüret|wäge].
üüret|wäge ['yː(ɐ̯)rət‚vɛˑjə] <Adv.> {s. u. ↑üür/öör ↑wäge³}: euretwegen, euch zuliebe, um euretwillen: *Ich ben ü. hee.* (Ich bin e. hier.) [auch: ↑üüret|halver].
üüßere ['yːsərə] <V.; schw.; *han*; üüßerte ['yːsətə]; geüüßert [jə'lyːsɛt]> {5.1.3; 9.2.1.2}: äußern. (4)
üüßer|lich ['yːsɛlɪç] <Adj.; ~e> {5.1.3}: äußerlich. Tbl. A1
üvvel ['yvəl] <Adj.; ~e; ~er, ~ste> {5.3.2; 6.1.1}: übel. **1.** miserabel, scheußlich, schrecklich. **2.** elend, flau, schlecht. Tbl. A2.2
Üvvel, et ['yvəl] <N.; ~e> {5.3.2; 6.1.1}: Übel.
üvver¹ ['yvɛ] <Adv.> {5.3.2; 6.1.1}: über, mehr als.
üvver² ['yvɛ] <Präp.; m. Dat. u. Akk.> {5.3.2; 6.1.1}: über, räumlich, zeitlich, Rangfolge, Wert, eine best. Grenze überschreitend, via; **a)** <Dat.> lokal: **üvverm**; zus. gezogen aus *üvver + dem*: überm (= über dem); **b)** <Akk.> direktional: **üvver't**; zus. gezogen aus *üvver + et*: übers (= über das).
üvver|-, Üvver|- ['yvɛ] <Präfix> {5.3.2; 6.1.1}: über-, Über-, i. Vbdg. m. V., N. u. Adj.: *~backe* (~backen), *~bleck* (~blick), *~ängslich* (~ängstlich).

üvver|aanstrenge [ʏvɐˈǀaːnʃtrɛŋə] <nicht trennb. Präfix-V.; schw.; han; ~|aanstrengte [-ˈǀaːnʃtrɛŋtə]; ~|aanstrengk [-ˈǀaːnʃtrɛŋk]>: überanstrengen. (49)

üvver|all [ˌʏvɐˈǀal / '--'- / '--,-] <Adv.>: überall.

üvver|ängs|lich [ˈʏvɐˈǀɛŋˌslɪfj] <Adj.; ~e> {8.3.5}: überängstlich. Tbl. A1

üvver|arbeide [ʏvɐˈǀarbeɪ̯ˑdə] <nicht trennb. Präfix-V.; schw.; han; ~|arbeidte [-ˈǀarbeɪ̯ˑtə]; ~|arbeidt [-ˈǀarbeɪ̯ˑt]> {6.11.3}: überarbeiten. (197)

üvver|backe [ʏvɐˈbakə] <nicht trennb. Präfix-V.; unr.; han; ~|backte [-ˈbaktə]; ~|backe [-ˈbakə]>: überbacken. (9)

üvver|beede [ʏvɐˈbeˑdə] <nicht trennb. Präfix-V.; st.; han; ~|bodd [-ˈbot]; ~|bodde [-ˈbodə]> {5.1.4.3; 6.11.3}: überbieten. (15)

Üvver|bein, et [ˈʏvɐˌbeɪ̯n] <N.; ~ [-beɪ̯ˑn]⟩ ⟨mhd. überbein⟩> {s. u. ↑Bein}: Überbein.

üvver|beläge [ˈʏvɐbəˌlɛˑjə] <trennb. Präfix-V.; nur im Inf. u. Part. II gebr.; unr.; han; ~|belaht/~|beläg [-bəlaːt / -bəlɛˑfj]> {5.4}: überbelegen. (125)

üvver|be|laste [ˈʏvɐbəˌlastə] <trennb. Präfix-V.; unr.; han; ~|be|lass [-bəlas]>: überbelasten. (20)

üvver|be|leechte/~|lichte [ˈʏvɐbəˌleˑfjtə / -lɪfjtə] <trennb. Präfix-V.; schw.; han; ~|beleech [-bəleˑfj]> {5.2.1}: überbelichten, (Fot.) zu lange belichten: Versök dä Film nit üvverzobeleechte! (Versuch den Film nicht überzubelichten!). (131)

üvver|be|werte [ˈʏvɐbəˌveːɐ̯tə] <trennb. Präfix-V.; schw.; han; ~|bewert [-bəveˑɐ̯t]>: überbewerten, zu hoch bewerten. (58)

üvver|be|zahle [ˈʏvɐbəˌtsaːlə] <nicht trennb. Präfix-V.; schw.; han; ~|be|zahlte [-bəˈtsaːltə]; ~|be|zahlt [-bətsaːlt]>: überbezahlen, zu hoch bezahlen. (61)

Üvver|bleck, der [ˈʏvɐblek] <N.; ~e> {5.5.2}: Überblick.

üvver|blecke [ʏvɐˈblekə] <nicht trennb. Präfix-V.; schw.; han; ~|bleckte [-ˈblektə]; ~|bleck [-ˈblek]> {5.5.2}: überblicken. (88)

üvver|blende [ʏvɐˈblɛnˑdə] <nicht trennb. Präfix-V.; schw.; han; ~|blendte [-ˈblɛnˑtə]; ~|blendt [-ˈblɛnˑt]>: überblenden, Ton/Bild einer Einstellung allmählich abblenden mit gleichzeitigem Aufblenden eines neuen Bildes/Tons. (28)

üvver|bränge [ʏvɐˈbrɛŋə] <nicht trennb. Präfix-V.; unr.; han; ~|braht [-ˈbraːt]; ~|braht [-ˈbraːt]> {5.4}: überbringen. (33)

üvver|bröcke [ʏvɐˈbrøkə] <nicht trennb. Präfix-V.; schw.; han; ~|bröckte [-ˈbrøktə]; ~|bröck [-ˈbrøk]> {5.5.1}: überbrücken, überwinden. (88)

üvver|brode [ˈʏvɐbroˑdə] <trennb. Präfix-V.; st.; han; breedt ü. [breːt]; ~|gebrode [-jəbroˑdə]> {5.5.3; 6.11.3}: überbraten, (nur im übertr. Sinn) jmdm. einen Schlag, Hieb versetzen: Däm han ich eine üvvergebrode. (Dem habe ich einen übergebraten.). (36)

üvver|daache [ʏvɐˈdaːxə] <nicht trennb. Präfix-V.; schw.; han; ~|daachte [-ˈdaːxtə]; ~|daach [-ˈdaːx]> {5.2.1}: überdachen. (123)

üvver|däue [ˈʏvɐdøʏ̯ə] <trennb. Präfix-V.; Formen mischbar; unr./schw.; han; daut/däute ü. [doʊ̯t / ˈdøʏ̯ˑtə]; ~|gedaut/~|gedäut [-jədoʊ̯t / -jədøʏ̯ˑt]>: zuschanzen, zustecken, zuspielen. (43)

Üvver|deck, de [ˈʏvɐˌdɛk] <N.; ~e> {8.3.1}: Überdecke.

üvver|decke [ʏvɐˈdɛkə] <nicht trennb. Präfix-V.; schw.; han; ~|deckte [-ˈdɛktə]; ~|deck [-ˈdɛk]>: überdecken, bedecken, verbergen. (88)

üvver|dehne [ʏvɐˈdeːnə] <nicht trennb. Präfix-V.; schw.; han; ~|dehnte [-ˈdeːntə]; ~|dehnt [-ˈdeːnt]>: überdehnen, zu stark dehnen. (5)

üvver|denke [ʏvɐˈdɛŋkə] <nicht trennb. Präfix-V.; unr.; han; ~|daach [-daːx]; ~|daach [-ˈdaːx]>: überdenken, überlegen. (46)

üvver|dosiere/~|eere [ˈʏvɐdoˌziˑ(ɐ̯)rə / -eˑrə] <trennb. Präfix-V.; schw./unr.; han; dosierte ü. [doˈziˑɐ̯tə]; ~|dosiert [-doˌziˑɐ̯t] ⟨frz. doser⟩> {(5.1.4.3)}: überdosieren. (3) (2)

Üvver|dosis, de [ˈʏvɐˌdoˑzɪs] <N.; ~|dose [-doˑzə]>: Überdosis.

Üvver|drag, der [ˈʏvɐdraːx] <N.; ~|dräg [-drɛˑfj]> {6.11.2}: Übertrag.

üvver|drage [ʏvɐˈdraˑʀə] <nicht trennb. Präfix-V.; st.; han; ~|drog [-ˈdroˑx]; ~|drage [-ˈdraˑʀə]> {6.11.2}: übertragen. (48)

üvver|drieve [ʏvɐˈdriˑvə] <nicht trennb. Präfix-V.; st.; han; ~|drevv [-ˈdref]; ~|drevve [-ˈdrevə]> {5.1.4.5; 6.1.1; 6.11.2}: übertreiben. (51)

üvver|drihe [ʏvɐˈdriˑə] <nicht trennb. Präfix-V.; schw.; han; ~|drihte [-ˈdriˑtə]; ~|driht [-ˈdriˑt]> {5.1.4.1}: überdrehen, 1. (an) etw. zu fest/stark drehen, sodass es aufgrund der Überbeanspruchung nicht mehr zu gebrauchen ist: Die Fedder vun der Uhr ü. (Die Feder der Uhr ü.). 2. einen Motor mit zu hoher Drehzahl laufen lassen. 3. bei einem Sprung den Körper zu stark drehen.

4. (Film) den Film schneller als normal durch die Kamera laufen lassen. (37)
Üvver|dr̲o̲ck, der ['ʏvɐdrɔk] <N.; ~|dr̲ö̲ck> {5.5.1}: Überdruck, Druck, der den normalen Atmosphärendruck übersteigt.
Üvver|dr̲o̲ss, der ['ʏvɐdrɔs] <N.; kein Pl.> {5.5.1}: Überdruss.
üvver|dr̲ö̲ss|ig/~|drüss|~ ['ʏvɐdrøsɪŋ / -drʏs-] <Adj.; ~e; ~er, ~ste> {5.5.1}: überdrüssig.   Tbl. A5.2
üvver|du̲u̲re/~|d̲o̲ore [ʏvɐ'duːɐ̯rə / -doːrə] <nicht trennb. Präfix-V.; schw./unr.; han; ~|duurte [-'duːɐ̯tə]; ~|duurt [-'duːɐ̯t]> {5.1.4.6}: überdauern, sich über etw. hinaus erhalten; über etw. hinaus erhalten bleiben; überstehen: *Dat Huus hät der Kreeg üvverduurt.* (Das Haus hat den Krieg überdauert.).   (100) (134)
üvver|eck|s [ʏvɐ'ɛks] <Adv.> {9.2.2}: übereck.
üvver|ein [ʏvɐ'|e̲ɪn / ʏvə're̲ɪn] <Adv.>: **1.** einig, übereinstimmend. **2.** übereinander [auch: ↑üvver|eins, ↑üvver|enein, ↑üvver|nein, ↑üvver|enander].
üvver|ein|kumme [ʏvɐ'|e̲ɪnˌkʊmə / ʏvə're̲ɪn-] <trennb. Präfix-V.; st.; sin; ko̲m ü. [kɔˑm]; ~(|ge)kumme [-(jə)ˌkʊmə]> {5.4}: übereinkommen.   (120)
Üvver|ein|kunf, de [ʏvɐ'e̲ɪnˌkʊnf] <N.; ~|künf> {8.3.5}: Übereinkunft.
üvver|eins [ʏvɐ'|e̲ɪns / ʏvə're̲ɪns] <Adv.>: **1.** einig, übereinstimmend. **2.** übereinander [auch: ↑üvver|enander, ↑üvver|ein, ↑üvver|enein, ↑üvver|nein].
üvver|ein|stemme [ʏvɐ'|e̲ɪnˌʃtɛmə / ʏvə're̲ɪn-] <trennb. Präfix-V.; schw.; han; ste̲mmte ü. ['ʃtemˑtə]; ~|geste̲mmp [-jəʃtemˑp]> {5.5.2}: übereinstimmen.   (40)
üvver|emfind|lich ['ʏvɛ|ɛm'fɪntlɪŋ] <Adj.; ~e> {6.8.2}: überempfindlich.   Tbl. A1
üvver|enander [ˌʏvɐɐ'nandɐ / '---'-- / '---ˌ--] <Adv.>: übereinander [auch: ↑üvver|nein (2), ↑üvver|ein, ↑üvver|eins, ↑üvver|enein].
üvver|enander|- [ˌʏvɐɐ'nandɐ / 'ʏvɐɐˌnandɐ] <Präfix>: übereinander-, i. Vbdg. m. V.: ~*schlage* (~schlagen).
üvver|enanderschlage/schlonn ['ʏvɐɐnandɐʃlaːʀə / ʃlɔn] <trennb. Präfix-V.; st.; han; schlog ü. [ʃloˑx]; ~|geschlage [-jəʃlaːʀə]> {(5.3.2; 5.4)}: übereinanderschlagen [auch: ↑üvver|schlage¹/~|schlonn (1)].   (48) (163)
üvver|enein [ʏvɐ|ə'ne̲ɪn / ʏvɐə'ne̲ɪn] <Adv.>: **1.** einig, übereinstimmend. **2.** übereinander [auch: ↑üvver|enander, ↑üvver|ein, ↑üvver|eins, ↑üvver|nein].

üvver|fahre [ʏvɐ'faːrə] <nicht trennb. Präfix-V.; st.; han; ~|fuhr/~|fohr [-'fuːɐ̯ / -'foːɐ̯]; ~|fahre [-'faːrə]>: überfahren.   (62)
Üvver|fahrt, de ['ʏvɐˌfaːt] <N.; ~e> {8.2.4}: Überfahrt.
Üvver|fall, der ['ʏvɐˌfal] <N.; ~|fäll [-fɛlˑ]>: Überfall.
üvver|falle [ʏvɐ'falə] <nicht trennb. Präfix-V.; st.; han; ~|feel [-feˑl]; ~|falle [-'falə]>: überfallen.   (64)
üvver|fäll|ig ['ʏvɐfɛlɪŋ] <Adj.; ~e>: überfällig.   Tbl. A5.2
üvver|fleege [ʏvɐ'fleːjə] <nicht trennb. Präfix-V.; st.; han; ~|flog [-floˑx]; ~|floge [-'floːʀə]> {5.1.4.3}: überfliegen, **1.** (über etw.) hinwegfliegen. **2.** durchsehen, durchblättern.   (16)
Üvver|fleeg|er, der ['ʏvɐfleːjɐ] <N.; ~> {5.1.4.3}: Überflieger.
üvver|fleeße ['ʏvɐfleːsə] <trennb. Präfix-V.; st.; sin; floss ü. [flɔs]; ~|geflosse [-jəflɔsə]> {5.1.4.3}: überfließen, **a)** überlaufen: *Der Sprit es üvvergeflosse.* (Das Benzin ist übergeflossen) [auch: ↑üvver|laufe (1)]; **b)** in etw. einfließen (u. sich damit vermischen): *Die Färve fleeßen enenander üvver.* (Die Farben fließen ineinander über.).   (79)
üvver|flögele [ʏvɐ'fløːjələ] <nicht trennb. Präfix-V.; schw.; han; ~|flögelte [-'fløːjəltə]; ~|flögelt [-'fløːjəlt]> {5.4; 9.2.1.2}: überflügeln.   (6)
Üvver|fluss/~|fl̲o̲ss, der ['ʏvɐflʊs / -flɔs] <N.> {(5.5.1)}: Überfluss.
üvver|flüss|ig/~|fl̲ö̲ss|~ ['ʏvɐflʏsɪŋ / -fløs-] <Adj.; ~e; ~er, ~ste>: überflüssig.   Tbl. A5.2
üvver|flute [ʏvɐ'fluːtə] <nicht trennb. Präfix-V.; schw.; han; ~|flut [-'fluːt]>: überfluten, in einer großen Welle über etw. hinwegströmen u. überschwemmen: *De Sie dät et Ofer ü.* (Die See überschwemmte das Ufer.).   (201)
üvver|föhre/~|führe [ʏvɐ'føːɐ̯rə / -'fyːɐ̯rə] <nicht trennb. Präfix-V.; unr./st./schw.; han; ~|föhte/~|foht [-'føtə / -foːt]; ~|föht/~|foht [-'føˑt / -'foːt]> {5.4}: überführen, **1.** transportieren. **2.** erwischen, nachweisen. (74) (31)
üvver|fölle/~|fülle [ʏvɐ'følə / -fʏlə] <nicht trennb. Präfix-V.; schw.; han; ~|föllte [-'føltə]; ~|föllt [-'føl·t]> {5.5.1}: überfüllen.   (91)
Üvver|föll|ung/~|füll|~, de [ˌʏvɐ'fɔlʊŋ / -fʏl-] <N.; ~e (Pl. selten)> {5.5.1}: Überfüllung.
üvver|foodere, sich [ʏvɐ'foːdɐrə] <nicht trennb. Präfix-V.; schw.; han; ~|fooderte [-'foˑdɐtə]; ~|foodert [-'foˑdɐt]>

{5.2.1.4; 5.4; 6.11.3; 9.2.1.2}: sich überfuttern, zuviel essen. (4)

üvver|föödere [ʏvɐˈføːdərə] <nicht trennb. Präfix-V.; schw.; han; ~|fööderte [-ˈføːdetə]; ~|föödert [-ˈføːdet]> {5.2.1.4; 5.4; 6.11.3; 9.2.1.2}: überfüttern. (4)

üvver|fordere [ʏvɐˈfɔrdərə] <nicht trennb. Präfix-V.; schw.; han; ~|forderte [-ˈfɔrdetə]; ~|fordert [-ˈfɔrdet]> {9.2.1.2}: überfordern. (4)

Üvver|forder|ung, de [ˌʏvɐˈfɔrdərʊŋ] <N.; ~e>: Überforderung.

üvver|fraachte [ʏvɐˈfraːxtə] <nicht trennb. Präfix-V.; schw.; han; ~|fraach [-ˈfraːx]> {5.2.1}: überfrachten. (1)

üvver|fresse, sich [ʏvɐˈfrɛsə] <nicht trennb. Präfix-V.; st.; han; ~|frɔß [-froːs]; ~|fresse [-ˈfrɛsə]>: sich überfressen, zu viel fressen, mehr essen, als es verträglich ist: *sich am Koche ü.* (sich am Kuchen ü.). (59)

üvver|friere/~|freere [ʏvɐˈfriː(e̯)rə / -ˈfreːrə] <nicht trennb. Präfix-V.; st.; sin; ~|fror [-ˈfroːe̯]; ~|frɔre [-ˈfrɔːrə]> {(5.1.4.3)}: überfrieren. (195) (194)

üvver|frɔge [ʏvɐˈfrɔːʀə] <nicht trennb. Präfix-V.; unr.; han; ~|frɔgte [-ˈfrɔːxtə]; ~|frɔg [-ˈfrɔːx]> {5.5.3}: überfragen, jmdm. eine etw. fragen, das zu beantworten sein Wissen nicht ausreicht: *Domet wor dä ech üvverfrog.* (Damit war er sichtlich überfragt.). (76)

Üvver|funktion, de [ˈʏvɐfʊŋktsjoːn] <N.; ~e>: Überfunktion.

Üvver|gading, de [ˈʏvɐˌjaːdɪŋˑ] <N.; ~e [-jaˌdɪŋə]> {5.3.2; 8.2.4; 8.3.1}: Übergardine.

Üvver|gang, der [ˈʏvɐjaŋ] <N.; ~|gäng [-jɛŋˑ]>: Übergang.

Üvver|gangs|mantel, der [ˈʏvɐjaŋsˌmantəl] <N.; ~|mäntele>: Übergangsmantel.

Üvver|gangs|zigg, de [ˈʏvɐjaŋsˌtsɪk] <N.; ~e> {5.3.4; 6.6.2}: Übergangszeit.

üvver|geeße[1] [ˈʏvɐjeːsə] <trennb. Präfix-V.; st.; han; goss ü. [jɔs]; ~|gegosse [-jəjɔsə]> {5.1.4.3}: übergießen, **1.** Flüssigkeit über jmdn./etw. gießen: *Mer hät mer ene Emmer Wasser üvvergegosse.* (Man hat mir einen Eimer Wasser übergegossen.). **2.** verschütten: *Se hät geziddert un de Milch üvvergegosse.* (Sie zitterte und goss die Milch über.). (79)

üvver|geeße[2] [ʏvɐˈjeːsə] <nicht trennb. Präfix-V.; st.; han; ~|goss [-jɔs]; ~|gosse [-ˈjɔsə]> {5.1.4.3}: übergießen, über jmdn./sich/etw. eine Flüssigkeit gießen: *de Teeblädder met kochend Wasser ü.* (die Teeblätter mit kochendem Wasser ü.). (79)

üvver|genau [ʏvɐjəˌnaʊ̯] <Adj.; ~e>: übergenau. Tbl. A2.9

Üvver|ge|päck, et [ˈʏvɐjəˌpɛk] <N.; ~e (Pl. ungebr.) ⟨aus dem Niederd. < mniederl. pac⟩> {s. u. ↑Ge|päck}: Übergepäck, Gepäck mit Übergewicht.

üvver|gevve [ʏvɐˈjevə] <nicht trennb. Präfix-V.; st.; han; ~|gɔv [-ˈjoːf]; ~|govve/~|gevve [-ˈjovə / -ˈjevə]> {5.3.4; 5.5.2; 6.1.1}: übergeben, **1.** jmdm. etw. aushändigen, eine Aufgabe übertragen. **2.** <sich ü.> sich erbrechen, kotzen [auch: ↑breche (2), ↑göbbele, ↑huh|kumme (4), ↑kotze]. (81)

Üvver|ge|weech, et [ˈʏvɐjəveːɕ] <N.; o. Pl.> {5.2.1.2; 5.4; (8.3.5)}: Übergewicht.

üvver|gonn[1] [ˈʏvɐjɔn] <trennb. Präfix-V.; st.; sin; ging ü. [jɪŋ]; ~|gegange [-jəjaŋə]> {5.3.4; 8.2.2.3}: übergehen, überwechseln, überlaufen; einen anderen Zustand annehmen; ***de Auge gonn einem üvver** (die Augen gehen jmdm. über; jmd. ist überwältigt). (83)

üvver|gonn[2] [ʏvɐˈjɔn] <nicht trennb. Präfix-V.; st.; han; ~|ging [-ˈjɪŋ]; ~|gange [-ˈjaŋə]> {5.3.4; 8.2.2.3}: übergehen, unbeachtet lassen, auslassen: *Se han en bei der Beförderung üvvergange.* (Sie haben ihn bei der Beförderung übergangen.). (83

Üvver|greff, der [ˈʏvɐˌjref] <N.; ~e> {5.4, 5.5.2}: Übergriff.

üvver|griefe [ˈʏvɐjriːfə] <nicht trennb. Präfix-V.; st.; han; greff ü. [jref]; ~|gegreffe [-jəjrefə]> {5.1.4.5}: übergreifen. (86)

Üvver|größe, de [ˈʏvɐˌjrøːs] <N.; ~>: Übergröße.

üvver|hange [ˈʏvɐhaŋə] <trennb. Präfix-V.; st.; han; hing ü. [hɪŋ]; ~|gehange [-jəhaŋə]> {5.4}: überhängen, **a)** über die eigene Grundfläche hinausragen: *Dä Balkon hängk üvver.* (Der Balkon hängt über.); **b)** stärker als die Senkrechte/ein rechter Winkel geneigt sein/ hängen: *Dä Kircheturm hängk üvver.* (Der Kirchenturm hängt über.); **c)** herabhängend über etw. hinausreichen; über ein Grundstück hinaus auf das angrenzende hängen: *Die Äss vun däm Baum hinge üvver.* (Die Äste des Baums hingen über.). (65)

üvver|hänge [ˈʏvɐhɛŋə] <trennb. Präfix-V.; schw.; han; hängte ü. [ˈhɛŋˑtə]; ~|gehängk [-jəhɛŋˑk]>: überhängen, über die Schulter(n) hängen; umhängen: *einem ene Mantel ü.* (jmdm. einen Mantel ü.). (49)

üvver|haste [ʏvɐˈhastə] <nicht trennb. Präfix-V.; schw.; han; ~|hass [-ˈhas]>: überhasten. (68)

üvver|häufe [ʏvɐˈhøyfə] <nicht trennb. Präfix-V.; schw.; *han*; ~|häufte [-ˈhøyftə]; ~|häuf [-ˈhøyf]>: überhäufen, überschütten. (108)

üvver|haup [ʏvɐˈhoʊ·p] <Adv.> {8.3.5}: überhaupt.

üvver|heize [ʏvɐˈhɛɪtsə] <nicht trennb. Präfix-V.; schw.; *han*; ~|heizte [-ˈhɛɪtstə]; ~|heiz [-ˈhɛɪts]>: überheizen, zu stark heizen: *Et Züff deit luuter et Bürro ü.* (Sophie überheizt immer das Büro.). (112)

üvver|hetze [ʏvɐˈhetsə] <nicht trennb. Präfix-V.; schw.; *han*; ~|hetzte [-ˈhetstə]; ~|hetz [-ˈhets]> {5.5.2}: überhitzen. (114)

üvver|hevve, sich [ʏvɐˈhevə] <nicht trennb. Präfix-V.; st.; *han*; ~|hovv [-ˈhof]; ~|hovve [-ˈhovə]> {5.3.4; 5.5.2; 6.1.1}: sich überheben: *Mir deit der Rögge wih, ich han mich üvverhovve.* (Mir tut der Rücken weh, ich habe mich überhoben.). (98)

üvver|holle [ʏvɐˈholə] <nicht trennb. Präfix-V.; unr.; *han*; ~|hollt [-ˈholt]; ~|hollt [-ˈholt]> {5.3.4; 5.5.1}: überholen, 1. vorbeifahren, -laufen. 2. ausbessern, sanieren. (99)

Üvver|holl|spor/~|spur, de [ʏvɐˈhol.ˌ[poːɐ̯ / -ˌ[puːɐ̯] <N.; ~e> {s. u. ↑holle ↑Spor/Spur}: Überholspur.

Üvver|holl|verbodd, et [ʏvɐˈholfɐ.bot] <N.; ~e> {s. u. ↑holle ↑Ver|bodd}: Überholverbot.

üvver|hüre/~|höre [ʏvɐˈhy:(ɐ)rə / -hø:(ɐ)rə] <nicht trennb. Präfix-V.; Formen mischbar; schw./unr.; *han*; ~|hürte/~|hoot [-ˈhy·ɐtə / ˈhoːt]; ~|hürt/~|hoot [-ˈhy·ɐt / -ˈhoːt]> {5.4}: überhören. (21) (179)

üvver|iele [ʏvɐˈiːlə] <nicht trennb. Präfix-V.; schw.; *han*; ~|ielte [-ˈiːltə]; ~|ielt [-ˈiːlt]> {5.1.4.5}: übereilen. (45)

üvver|ig [ˈʏvərɪʃ] <Adj.; ~e> {5.3.2; 6.1.1; 9.1.1}: übrig, verbleibend, restlich. Tbl. A5.2

üvver|interpretiere/~eere [ˈʏvɐ|ɪntepre.tiˑ(ɐ)rə / -eˑrə] <trennb. Präfix-V.; schw./unr.; *han*; interpretierte ü. [ɪntepreˈtiˑɐ̯tə]; ~|interpretiert [-|ɪntepre.tiˑɐ̯t] ⟨lat. interpretari⟩> {(5.1.4.3)}: überinterpretieren. (3) (2)

üvver|irdisch [ˈʏvɐ|ɪrdɪʃ] <Adj.; i. best. Komposita *ird-*, sonst Ääd; ~e> {11}: überirdisch. Tbl. A1

üvver|kandiddelt [ˈʏvɐkan.dɪdəlt] <Adj.; ~e> {5.3.2}: überkandidelt, überspannt. Tbl. A1

üvver|kippe [ˈʏvɐkɪpə] <trennb. Präfix-V.; schw.; *sin*; kippte ü. [ˈkɪptə]; ~|gekipp [-jəkɪp]>: überkippen, auf einer Seite zu schwer werden u. über sie kippen. (75)

üvver|klevve [ʏvɐˈklevə] <nicht trennb. Präfix-V.; unr.; *han*; ~|klävte [-ˈklɛːftə]; ~|kläv [-ˈklɛːf]> {5.3.4; 5.5.2; 6.1.1}: überkleben. (22)

üvver|koche [ˈʏvɐkoxə] <trennb. Präfix-V.; schw.; *sin*; kochte ü. [ˈkoxtə]; ~|gekoch [-jəkox]>: überkochen, überlaufen. (123)

üvver|kumme [ʏvɐˈkʊmə] <nicht trennb. Präfix-V.; unpers.; st.; *han*; ~|kom [-koˑm]; ~|kumme [-ˈkʊmə]> {5.4}: überkommen, bemächtigen: *Et üvverkom mich e komisch Geföhl.* (Es überkam mich ein seltsames Gefühl.). (120)

üvver|lade[1] [ʏvɐˈlaˑdə] <nicht trennb. Präfix-V.; st.; *han*; ~|lod [-loˑt]; ~|lade [-ˈlaˑdə]>: überladen, zu sehr/schwer beladen. (124)

üvver|lade[2] [ʏvɐˈlaˑdə] <Adj.; Part. II von ↑üvver|lade[1]; ~; ~ner, ~nste>: überladen, so vollgepackt, dass das Einzelne nicht zu Geltung kommt: *Et Zemmer es met Blome ü.* (Das Zimmer ist mit Blumen ü.). Tbl. A3.2

üvver|läge[1] [ʏvɐˈlɛˑjə] <nicht trennb. Präfix-V.; unr.; *han*; ~|laht [-ˈlaːt]; ~|laht/~|läg [-ˈlaːt / -ˈlɛˑfj]> {5.4}: überlegen, erwägen, überdenken: *hin un her ü.* (hin u. her ü.); *Ich han mer dat god üvverlaht.* (Ich habe mir das gut überlegt.). (125)

üvver|läge[2] [ʏvɐˈlɛːjə] <Adj.; Part. II von frühnhd. *überliegen* (= überwinden); ~; ~ner, ~nste> {5.4}: überlegen: *Ich ben dir ü.* (Ich bin dir ü.). Tbl. A3.2

Üvver|läge(n)|heit, de [ʏvɐˈlɛːjə(n).hɛɪt] <N.> {5.4; 9.1.4}: Überlegenheit.

üvver|lagere [ʏvɐˈlaˑʀɐrə] <nicht trennb. Präfix-V.; schw.; *han*; ~|lagerte [-ˈlaˑʀɐtə]; ~|lagert [-ˈlaˑʀɐt]> {9.2.1.2}: überlagern, 1. sich über etw. lagern. 2. i. best. Bereichen überschneiden; teilweise überdecken. (4)

üvver|laht [ʏvɐˈlaːt] <Adj.; Part. II negiert von ↑üvver|läge[1]; ~e; ~er, ~ste> {5.4; 6.3.2}: überlegt, sorgfältig abwägend. Tbl. A1

Üvver|land|bus, der [ˈʏvɐlant.bʊs] <N.; ~se>: Überlandbus.

Üvver|läng|(de), de [ˈʏvɐ.lɛŋˑ(də)] <N.> {8.3.1; (10.2.8)}: Überlänge.

üvver|lappe [ʏvɐˈlapə] <nicht trennb. Präfix-V.; schw.; *han*; ~|lappte [-ˈlaptə]; ~|lapp [-ˈlap]>: überlappen, i. best. Bereichen teilweise überdecken/-lagern. (75)

üvver|laste [ʏvɐˈlastə] <nicht trennb. Präfix-V.; schw.; *han*; ~|lass [-ˈlas]>: überlasten. (68)

Üvver|lauf, der ['ʏvɐˌlo͡ʊf] <N.; ~|läuf>: Überlauf.

üvver|laufe¹ ['ʏvelo͡ʊfə] <trennb. Präfix-V.; st.; *sin*; leef ü. [leˑf]; ~|gelaufe [-jəlo͡ʊfə]>: überlaufen, übetfließen, **1. a)** überfließen: *Et Wasser läuf üvver*. (Das Wasser läuft über.); **b)** so überfüllt (auf Gefäße od. Ä. bezogen) sein, dass der Inhalt überfließt: *De Büdd läuf üvver*. (Die Wanne läuft über.); [auch: ↑üvver|fleeße (a)] **c)** (übertr.) *Si Hätz läuf vör Freud üvver*. (Sein Herz fließt vor Freude über.). **2.** auf die andere gegnerische Seite überwechseln: *Domols sin vill noh de Rebelle üvvergelaufe*. (Damals sind viele zu den Rebellen übergelaufen.). (128)

üvver|laufe² [ʏve'lo͡ʊfə] <nicht trennb. Präfix-V.; st.; *han*; ~|leef [-'leˑf]; ~|laufe [-'lo͡ʊfə]>: überlaufen, **1.** überkommen: *Et üvverleef mich ieskald*. (Es überlief mich eiskalt. = Es schauderte mich.). **2.** (bes. Sport) **a)** über jmdn./etw. hinauslaufen: *en Markierung ü.* (eine Markierung ü.); **b)** über etw. laufend hinwegsetzen: *Dä Stürmer hät de ganze Avwehr ü.* (Der Stürmer hat die ganze Abwehr ü.); **c)** laufend durchbrechen/umspielen [auch: ↑üvver|renne]. **3.** in zu großer Anzahl vorkommen. (128)

üvver|laufe³ [ʏve'lo͡ʊfə] <Adj.; Part. II von ↑üvver|laufe¹; ~; ~ner, ~nste>: überlaufen, überfüllt. Tbl. A3.2

üvver|leite ['ʏvelaɪtə] <trennb. Präfix-V.; schw.; *han*; ~|geleit [-jəlaɪt]>: überleiten, zu etw. Neuem/Anderem hinführen, einen Übergang herstellen: *zo enem andere Thema ü.* (zu einem anderen Thema ü.). (72)

üvver|lese [ʏve'lezə] <nicht trennb. Präfix-V.; st.; *han*; ~|los [-'loˑs]; ~|lese [-'lezə] {5.3.4.1; 5.5.2}: überlesen, übersehen. (130)

üvver|leste [ʏve'lestə] <nicht trennb. Präfix-V.; schw.; *han*; ~|less [-'les]> {s. u. ↑Less}: überlisten. (68)

üvver|levve [ʏve'levə] <nicht trennb. Präfix-V.; unr.; *han*; ~|lävte [-'lɛːftə]; ~|läv [-'lɛːf]> {5.3.4; 5.5.2; 6.1.1}: überleben. (22)

üvver|livvere [ʏve'lɪvərə] <nicht trennb. Präfix-V.; schw.; *han*; ~|livverte [-'lɪvɐtə]; ~|livvert [-'lɪvɐt]> {5.3.4; 6.5.2; 9.2.1.2}: überliefern. (4)

Üvver|livver|ung, de [ˌʏve'lɪvərʊŋ] <N.; ~e> {5.3.4; 6.5.2}: Überlieferung.

üvver|looße¹ ['ʏvelɔˑsə] <trennb. Präfix-V.; st.; *han*; leet/leeß ü. [leːt / leˑs]; ~|gelooße [-jəlɔˑsə] {5.2.1.3; 5.5.3}: übrig lassen. (135)

üvver|looße² [ʏve'lɔˑsə] <nicht trennb. Präfix-V.; st.; *han*; ~|leet/~|leeß [-'leːt / -'leːs]; ~|looße [-'lɔˑsə]> {5.2.1.3; 5.3; 5.5.3}: überlassen: *Ich ü. im dä Krom*. (Ich überlasse ihm die Sachen.). (135)

üvverm ['ʏvem] <Präp. + best. Art.; m. Dat.> {5.3.2; 6.1.1}: überm, zus. gezogen aus *üvver dem* (über dem).

Üvver|maach, de ['ʏvemaːx] <N.; ~|määchte> {5.2.1.2}: Übermacht.

üvver|mäß|ig ['ʏvemɛˑsɪʃ] <Adj.; i. best. Komposita *maß-/mäß-*, sonst ↑Moß; ~e> {11}: übermäßig. Tbl. A5.2

Üvver|minsch, der ['ʏvemɪnʃ] <N.; ~e> {5.4}: Übermensch.

üvver|minsch|lich ['ʏvemɪnʃlɪʃ] <Adj.; ~e> {5.4}: übermenschlich. Tbl. A1

Üvver|mod, der ['ʏvemoˑt] <N.> {5.4; 6.11.3}: Übermut.

üvver|möde [ʏve'møˑdə] <nicht trennb. Präfix-V.; schw.; *sin*; ~|mödt [-'møt]> {5.4}: übermüden, übermäßig ermüden. (197)

üvver|möd|ig ['ʏvemøˑdɪʃ] <Adj.; ~e> {5.3.2; 6.1.1}: übermütig. Tbl. A5.2

üvver|mole [ʏve'mɔˑlə] <nicht trennb. Präfix-V.; schw.; *han*; ~|molte [-'mɔˑltə]; ~|molt [-'mɔˑlt]> {5.5.3}: übermalen, (nochmals) über etw. malen u. es dadurch verdecken: *Dä Ungergrund woodt üvvermolt*. (Der Untergrund wurde übermalt.). (148)

üvver|morge ['ʏvemɔrjə] <Adv.> {5.5.1}: übermorgen.

Üvver|moß, et ['ʏveˌmɔˑs] <N.; ~e ⟨mhd. übermaʒ⟩> {5.5.3}: Übermaß.

üvver|naachte [ʏve'naːxtə] <nicht trennb. Präfix-V.; schw.; *han*; ~|naach [-'naːx]> {5.2.1}: übernachten. (1)

Üvver|naacht|ung, de [ˌʏve'naːxtʊŋ] <N.; ~e> {5.2.1}: Übernachtung.

üvver|nächs ['ʏvenɛˑks] <Adj.; i. best. Komposita *-nächs*, sonst ↑nöchs; ~te> {8.3.5; 11}: übernächst. Tbl. A4.1.2

üvver|natör|lich/~|natür~ ['ʏvenaˌtøːɐ̯lɪʃ / -naˌtyːɐ̯~] <Adj.; ~e> {5.4}: übernatürlich. Tbl. A1

üvver|nein [ʏve'neɪn] <Adv.>: **1.** einig, übereinstimmend. **2.** übereinander [auch: ↑üvver|enander, ↑üvver|ein, ↑üvver|eins, ↑üvver|enein].

üvver|nemme [ʏve'nemə] <nicht trennb. Präfix-V.; st.; *han*; ~|nohm [-'noˑm]; ~|nomme [-'nomə]> {5.3.4; 5.5.2}: übernehmen, **1.** annehmen, entgegennehmen: *e Geschäff ü.* (ein Geschäft ü.); *de Verantwortung ü.* (die Verantwortung ü.). **2.** <sich ü.> sich überanstrengen/

üvverordne

zu viel zumuten: *Üvvernemm dich nit!* *(*Übernimm dich nicht!*)*; *Hä hät sich jet üvvernomme.* (Er hat sich etwas übernommen.). (143)

üvver|ordne/~|oodene [ˈʏvɐɔxtnə / -ɔˑdənə] <trennb. Präfix-V.; ~|oodene veraltend; schw.; *han*; ordnete ü. [ˈɔxtnətə]; ~|geordnet [-ˌjəɔxtnət]> {(5.2.1.1.1; 5.5.3; 9.1.1)}: überordnen. (57) (145)

üvver|pinsele [ʏvɐˈpɪnˑzələ] <nicht trennb. Präfix-V.; schw.; *han*; ~|pinselte [-ˈpɪnˑzəltə]; ~|pinselt [-ˈpɪnˑzəlt]> {9.2.1.2}: überpinseln, mit einem Pinsel übermalen, überstreichen. (6)

Üvver|pott, der [ˈʏvɐˌpɔt] <N.; ~|pött> {6.8.5; 6.13.9}: Übertopf; Blumentopf aus Keramik, Porzellan o. Ä.

üvver|pröfe [ʏvɐˈprøˑfə] <nicht trennb. Präfix-V.; schw.; *han*; ~|pröfte [-ˈprøˑftə]; ~|pröf [-ˈprøˑf]> {5.4}: überprüfen. (108)

üvver|quelle [ˈʏvɐkvɛlə] <trennb. Präfix-V.; st.; *sin*; quoll ü. [kvɔl]; ~|gequolle [-ˌjəkvɔlə]> {5.5.2}: überquellen, überlaufen, **a)** über den Rand eines Gefäßes, Behältnisses quellen: *Der Deig es üvvergequolle.* (Der Teig ist übergequollen.); **b)** so voll sein, dass der Inhalt überquillt: *Der Papierkorv wor am Ü.* (Der Papierkorb quoll über.). (183)

üvver|quere [ʏvɐˈkveː(ɐ)rə] <nicht trennb. Präfix-V.; schw.; *han*; ~|querte [-ˈkveːɐtə]; ~|quert [-ˈkveːɐt]>: überqueren, durchqueren, **1.** sich in Querrichtung über etw., eine Fläche hinwegbewegen: *de Stroß ü.* (die Straße ü.) [auch: *op hönn Sigg gonn*]. **2.** in seinem Verlauf schneiden: *De Stroß dät ehre Wäg ü.* (Die Straße schnitt ihren Weg.). (21)

üvver|rage [ʏvɐˈraˑʀə] <nicht trennb. Präfix-V.; schw.; *han*; ~|ragte [-ˈraˑxtə]; ~|rag [-ˈraˑx]>: überragen, **1.** durch seine Größe/Höhe über jmdn./etw. hinausragen: *Der Dom üvverrag all Hüüser.* (Der Dom überragt alle Häuser.) [auch: *größer sin wie*]. **2.** in auffallendem Maße/weit übertreffen: *einer an Geis ü.* (jmdn. an Geist ü.). (103)

üvver|rasche [ʏvɐˈraʃə] <nicht trennb. Präfix-V.; schw.; *han*; ~|raschte [-ˈraʃtə]; ~|rasch [-ˈraʃ]>: überraschen; erstaunen, ertappen, überrumpeln. (110)

üvver|raschend [ʏvɐˈraʃənt] <Adj.; ~e; ~er, ~ste>: überraschend. Tbl. A2.1

Üvver|rasch|ung, de [ˌʏvɐˈraʃʊŋ] <N.; ~e>: Überraschung.

Üvver|red|ungs|kuns, de [ʏvɐˈreˑdʊŋsˌkʊns] <N.; ~|küns> {s. u. ↑Kuns}: Überredungskunst.

Üvver|red|ungs|küns|ler, der [ʏvbɐˈreˑdʊŋsˌkʏnslə] <N.; ~> {s. u. ↑Küns|ler}: Überredungskünstler.

üvver|reize [ʏvɐˈrɛɪtsə] <nicht trennb. Präfix-V.; schw.; *han*; ~|reizte [-ˈrɛɪtstə]; ~|reiz [-ˈrɛɪts]>: überreizen, **1.** übermäßig erregen. **2.** beim Kartenspiel zu hoch bieten. (112)

üvver|renne [ʏvɐˈrɛnə] <nicht trennb. Präfix-V.; unr.; *han*; ~|rannt [-ˈrant]; ~|rannt [-ˈrant]>: überrennen [auch: ↑üvver|laufe² (2c)]. (35)

Üvver|ress, der [ˈʏvɐrɛs] <N.; ~|reste (meist Pl.)> {8.3.5}: Überrest.

üvver|rief [ˈʏvɐriːf] <Adj.; ~e> {5.1.4.5}: überreif. Tbl. A1

Üvver|rock, der [ˈʏvɐrɔk] <N.; ~|röck>: Überrock, Überzieher.

üvver|rolle [ʏvɐˈrɔlə] <nicht trennb. Präfix-V.; schw.; *han*; ~|rollte [-ˈrɔlˑtə]; ~|rollt [-ˈrɔlˑt]>: überrollen, **1. a)** niedermachen: *der Gegner ü.*; **b)** (übertr.) *De Opposition leet sich nit ü.* (Die Opposition ließ sich nicht ü.). **2.** über jmdn./etw. rollen u. die betreffende Person/Sache umwerfen od. mitreißen: *Dä Mann woodt vun enem LKW üvverrollt.* (Der Mann wurde von einem LKW überrollt.). (91)

üvver|rumpele [ʏvɐˈrʊmpələ] <nicht trennb. Präfix-V.; schw.; *han*; ~|rumpelte [-ˈrʊmpəltə]; ~|rumpelt [-ˈrʊmpəlt]> {9.2.1.2}: überrumpeln, überraschen. (6)

üvver|runde [ʏvɐˈrʊnˑdə] <nicht trennb. Präfix-V.; schw.; *han*; ~|rundte [-ˈrʊnˑtə]; ~|rundt [-ˈrʊnˑt]>: überrunden, **1.** (Sport) (bei Wettbewerben im Laufen od. Fahren auf einer Bahn) überholen: *Noh 8000 m hatt hä sämpliche ander Läufer üvverrundt.* (Nach 8000 m hatte er alle anderen Läufer überrundet.). **2.** durch bessere Leistungen, Ergebnisse od. Ä. übertreffen: *sing Klassekamerade ü.* (seine Klassenkameraden ü.). (28)

üvver|sätt|ig [ʏvɐˈzɛtɪʃ] <Adj.; ~te> {8.3.5}: übersättigt, zu viel von etw. haben. Tbl. A5.2

üvver|sättige [ʏvɐˈzɛtɪʃə] <nicht trennb. Präfix-V.; schw.; *han*; ~|sättigte [-ˈzɛtɪʃtə]; ~|sättig [-ˈzɛtɪʃ]>: übersättigen. (7)

üvver|säuere [ʏvɐˈzɔʏərə] <nicht trennb. Präfix-V.; schw.; *han*; ~|säuerte [-ˈzɔʏɐtə]; ~|säuert [-ˈzɔʏɐt]> {9.2.1.2}: übersäuern. (4)

üvver|schatte [ʏvɐˈʃatə] <nicht trennb. Präfix-V.; schw.; *han*; ~|schatt [-ˈʃat]>: überschatten. (113)

üvver|schätze [ʏvɛˈʃɛtsə] <nicht trennb. Präfix-V.; schw.; han; ~|schätzte [-ˈʃɛtstə]; ~|schätz [-ˈʃɛts]>: überschätzen, zu hoch einschätzen. (114)

Üvver|schlag, der [ˈʏvɛʃlaːx] <N.; ~|schläg [-ˈʃlɛˑɧ]>: Überschlag.

üvver|schlage¹/~|schlonn [ˈʏvɛʃlaˑʀə / -ˈʃlɔn] <trennb. Präfix-V.; st.; han; schlog ü. [ˈʃloˑx]; ~|geschlage [-jəʃlaˑʀə]> {(5.3.2; 5.4)}: überschlagen, **1.** übereinanderschlagen: *de Bein üvvergeschlage han* (die Beine übereinander geschlagen haben) [auch: ↑üvverenander|schlage/~|schlonn]. **2.** überkippen, umschlagen: *De Welle sin üvvergeschlage.* (Die Wellen sind übergeschlagen.); *Sing Stemm schleiht üvver.* (Seine Stimme schlägt über.). (48) (163)

üvver|schlage² [ʏvɛˈʃlaˑʀə] <nicht trennb. Präfix-V.; st.; han; ~|schlog [-ˈʃloˑx]; ~|schlage [-ˈʃlaˑʀə]> {(5.3.2; 5.4)}: überschlagen, **1.** ungefähr berechnen: *Ich han de Koste ens ü.* (Ich habe die Kosten mal ü.) **2.** auslassen: *Dat Kapitel kannste ü.* (Das Kapitel kannst du ü./auslassen). **3.** <sich ü.> sich beeilen. (48)

üvver|schlofe [ʏvɛˈʃloˑfə] <nicht trennb. Präfix-V.; st.; han; ~|schleef [-ˈʃleːf]; ~|schlofe [-ˈʃloˑfə]> {5.5.3}: überschlafen. (162)

üvver|schnappe [ˈʏvɛʃnapə] <trennb. Präfix-V.; schw.; han; schnappte ü. [ˈʃnaptə]; ~|geschnapp [-jəʃnap]>: überschnappen. (75)

üvver|schnigge, sich [ʏvɛˈʃnɪɡə] <nicht trennb. Präfix-V.; st.; han; ~|schnedt [-ˈʃnet]; ~|schnedde [-ˈʃnedə]> {5.3.4; 6.6.2}: sich überschneiden, **1. a)** sich in einem od. mehreren Punkten schneiden u. sich dabei teilweise überdecken: *de Linnie ü. sich* (die Linien ü. sich); **b)** (übertr.) *zwei Meinungen ü. sich* (zwei Meinungen ü. sich). **2.** (teilweise) zur gleichen Zeit stattfinden: *De Seminare ü. sich.* (Die Seminare ü. sich). (133)

üvver|schödde¹ [ˈʏvɛʃødə] <trennb. Präfix-V.; st.; han; schodt ü. [ˈʃot]; ~|geschodt/~|geschödt [-jəʃot / -jəʃøt]> {5.5.1; 6.11.3}: überschütten, verschütten: *Dun dä Saff nit ü.!* (Verschütte den Saft nicht!). (166)

üvver|schödde² [ʏvɛˈʃødə] <nicht trennb. Präfix-V.; st.; han; ~|schodt [-ˈʃot]; ~|schodt/~|schödt [-ˈʃot / -ˈʃøt]> {5.5.1; 6.11.3}: überschütten, überhäufen: *Hä hät en met Lob üvverschodt.* (Er hat ihn mit Lob überschüttet.). (166)

Üvver|schoh, der [ˈʏvɛʃoˑ] <N.; ~n> {5.4}: Überschuh.

Üvver|schoss, der [ˈʏvɛʃos] <N.; ~|schöss> {5.5.1}: Überschuss.

üvver|schössig [ˈʏvɛʃøsɪɧ] <Adj.; ~e; ~er, ~ste> {5.5.1}: überschüssig. Tbl. A5.2

Üvver|schreff, de [ˈʏvɛʃref] <N.; ~|schrefte> {5.5.2; 8.3.5}: Überschrift.

üvver|schreie [ʏvɛˈʃreɪ̯ə] <nicht trennb. Präfix-V.; schw.; han; ~|schreite [-ˈʃreɪ̯tə]; ~|schreit [-ˈʃreɪ̯t]>: überschreien. (11)

üvver|schrieve [ʏvɛˈʃriˑvə] <nicht trennb. Präfix-V.; st.; han; ~|schrevv [-ˈʃref]; ~|schrevve [-ˈʃrevə] {5.1.4.5; 6.1.1}: überschreiben, **1.** mit einer Überschrift versehen. **2.** jmdm. schriftl., notariell als Eigentum übertragen: *Hä hät dat Huus op sing Frau üvverschrevve.* (Er hat das Haus auf seine Frau überschrieben.) [auch: ↑ver|schrieve (5)]. **3.** durch Wechsel od. Ä. anweisen: *en Forderung ü.* (eine Forderung ü.). (51)

üvver|schrigge [ʏvɛˈʃrɪɡə] <nicht trennb. Präfix-V.; st.; han; ~|schredt [-ˈʃret]; ~|schredde [-ˈʃredə]> {5.3.4; 6.6.2}: überschreiten. (133)

üvver|schüüme [ʏvɛˈʃyˑmə] <nicht trennb. Präfix-V.; schw.; han; schüümte ü. [ˈʃyˑmtə]; ~|geschüümp [-jəʃyˑmp]> {5.1.3}: überschäumen; **[RA]** *vör Freud ü.* (unbändige Freude empfinden). (122)

üvver|schwäng|lich [ˈʏvɛʃvɛŋlɪɧ] <Adj.; ~e; ~er, ~ste>: überschwänglich. Tbl. A1

üvver|schwappe [ˈʏvɛʃvapə] <trennb. Präfix-V.; schw.; sin; schwappte ü. [ˈʃvaptə]; ~|geschwapp [-jəʃvap]>: überschwappen. (75)

üvver|schwemme [ʏvɛˈʃvɛmə] <nicht trennb. Präfix-V.; schw.; sin; ~|schwemmte [-ˈʃvɛmˑtə]; ~|schwemmp [-ˈʃvɛmˑp]>: überschwemmen. (40)

Üvver|schwemm|ung, de [ˌʏvɛˈʃvɛmʊŋ] <N.; ~e>: Überschwemmung.

Üvver|seech/~|sich, de [ˈʏvɛzeːɧ / -zɪɧ] <N.; o. Pl.> {5.2.1.2; 5.4; 8.3.5}: Übersicht.

üvver|sende [ʏvɛˈzɛndə] <nicht trennb. Präfix-V.; st.; han; ~|sandt [-ˈzant]; ~|sandt [-ˈzant]>: übersenden, zusenden, schicken. (171)

üvver|setze¹ [ˈʏvɛzɛtsə] <trennb. Präfix-V.; unr./schw.; han u. sin; setzte/satz ü. [ˈzɛtstə / ˈzats]; ~|gesetz/~|gesatz [-jəzɛts / -jəzats]>: übersetzen, ans andere Ufer bringen bzw. gelangen: *Hä es mem Müllemer Bööthche üvvergesatz.* (Er ist mit dem Mülheimer Bötchen übergesetzt.). (173)

üvver|setze² [ʏvɐˈzɛt̞sə] <nicht trennb. Präfix-V.; unr./ schw.; *han*; ~|setzte/~|satz [-ˈzɛt̞stə / -ˈzat̞s]; ~|setz/ ~|satz [-ˈzɛt̞s / -ˈzat̞s]>: übersetzen, in eine andere Sprache übertragen: *Ich han die Usdröck en Kölsch üvversetz.* (Ich habe die Ausdrücke in Kölsch übersetzt.). (173)

Üvver|setz|er, der [ˌʏvɐˈzɛt̞sɐ] <N.; ~>: Übersetzer.

Üvver|setz|ung, de [ˌʏvɐˈzɛt̞sʊŋ] <N.; ~e>: Übersetzung.

üvver|sich|lich [ˈʏvɐzɪçlɪç] <Adj.; i. best. Komposita *sich(t)*-, sonst ↑*Seech*; ~e; ~er, ~ste> {8.3.5; 11}: übersichtlich. Tbl. A1

üvver|siedele [ˈʏvɐziːdələ] <trennb. Präfix-V.; schw.; *sin*; siedelte ü. [ˈziːdəltə]; ~|gesiedelt [-jəziːdəlt]> {9.2.1.2}: übersiedeln, seinen (Wohn)sitz an einen anderen Ort verlegen. (6)

üvver|sinn [ʏvɐˈzɪn] <nicht trennb. Präfix-V.; st.; *han*; ~|sọh/~|sọch [-ˈzɔˑ / -ˈzɔˑx]; ~|sinn [-ˈzɪn]> {5.3.4; 8.2.2.3}: übersehen, 1. nicht sehen; nicht beachten. 2. überblicken, überschauen. (175)

üvver|spanne [ʏvɐˈʃpanə] <nicht trennb. Präfix-V.; schw.; *han*; ~|spannte [-ˈʃpanˑtə]; ~|spannt [-ˈʃpanˑt]>: überspannen. (10)

üvver|spannt [ʏvɐˈʃpanˑt] <Adj.; Part. II von ↑üvver|spanne; Sup. ungebr.; ~e; ~er>: überspannt, 1. zu stark gespannt, angezogen. 2. übertrieben. 3. verschroben, erregt. Tbl. A1

üvver|spetze [ʏvɐˈʃpet̞sə] <nicht trennb. Präfix-V.; schw.; *han*; ~|spetzte [-ˈʃpet̞stə]; ~|spetz [-ˈʃpet̞s]> {5.5.2}: überspitzen, auf die Spitze treiben; übertreiben. (114)

üvver|spille [ʏvɐˈʃpɪlə] <nicht trennb. Präfix-V.; schw.; *han*; ~|spillte [-ˈʃpɪltə]; ~|spillt [-ˈʃpɪlt]> {5.3.4}: überspielen. (91)

üvver|spöle [ʏvɐˈʃpøˑlə] <nicht trennb. Präfix-V.; schw.; *han*; ~|spölte/~|spolt [-ˈʃpøˑltə / -ˈʃpoːlt]; ~|spölt/~|spolt [-ˈʃpøːlt]> {5.4}: überspülen. (73)

üvver|springe¹ [ˈʏvɐʃprɪŋə] <trennb. Präfix-V.; st.; *sin*; sprung ü. [ˈʃprʊŋˑ]; ~|gesprunge [-jəˈʃprʊŋə]>: überspringen, a) sich schnell, wie mit einem Sprung an eine andere Stelle bewegen: *Beim Schweiße sin Funke üvvergesprunge.* (Bei Schweißarbeiten sind Funken übergesprungen.); b) (übertr.) *Ehre gode Senn es op se all üvvergesprunge.* (Ihre Fröhlichkeit sprang auf alle über.). (26)

üvver|springe² [ʏvɐˈʃprɪŋə] <nicht trennb. Präfix-V.; st.; *han*; ~|sprung [-ˈʃprʊŋˑ]; ~|sprunge [-ˈʃprʊŋə]>: überspringen, 1. mit einem Sprung überwinden: *ene Grave ü.* (einen Graben ü.). 2. (einen Teil von etw.) auslassen: *en Klass ü.* (eine Klasse ü., wegen außergewöhnlicher schulischer Leistungen in die übernächste Klasse versetzt werden). (26)

üvver|spröhe¹ [ˈʏvɐˈʃpRøˑə] <trennb. Präfix-V.; schw.; *sin*; spröhte ü. [ˈʃpRøˑtə]; ~|gespröht [-jəˈʃpRøˑt]> {5.4}: übersprühen, etw. über jmdn./etw. sprühen: *de Wis met Wasser ü.* (die Wiese mit Wasser ü.). (37)

üvver|spröhe² [ʏvɐˈʃpRøˑə] <nicht trennb. Präfix-V.; schw.; *sin*; ~|spröhte [-ˈʃpRøˑtə]; ~|spröht [-ˈʃpRøˑt]> {5.4}: übersprühen: *vür Freud ü.* (vor Freude ü.). (37)

üvver|sprudele [ʏvɐˈʃpruːdələ] <nicht trennb. Präfix-V.; schw.; *sin*; sprudelte ü. [ˈʃpruːdəltə]; ~|gesprudelt [-jəˈʃpruːdəlt]> {9.2.1.2}: übersprudeln, a) über den Rand des Gefäßes sprudeln: *Et kochende Wasser es üvvergesprudelt.* (Das kochende Wasser ist übergesprudelt.); b) (übertr.) vor/von Witz/Einfällen übersprudeln: *Si Temperament es üvvergesprudelt.* (Sein Temperament ist übergesprudelt.). (6)

üvver|steige [ʏvɐˈʃteɪjə] <nicht trennb. Präfix-V.; st.; *han*; ~|steeg [-ˈʃteːɟ]; ~|steege [-ˈʃteːjə]>: übersteigen, 1. durch Hinübersteigen überwinden: *ene Zung ü.* (einen Zaun ü.). 2. über etw. hinausgehen, größer sein als etw.: *Dat üvversteig all ming Erwartunge.* (Das übersteigt, übertrifft all meine Erwartungen.). (181)

üvver|steigere [ʏvɐˈʃteɪjərə] <nicht trennb. Präfix-V.; schw.; *han*; ~|steigerte [-ˈʃteɪjəˑtə]; ~|steigert [-ˈʃteɪjəˑt]> {9.2.1.2}: übersteigern. (4)

üvver|stelle [ʏvɐˈʃtɛlə] <nicht trennb. Präfix-V.; schw./unr.; *han*; ~|stellte/~|stallt [-ˈʃtɛltə / -ˈʃtalt]; ~|stellt/~|stallt [-ˈʃtɛlˑt / -ˈʃtalt]>: überstellen. (182)

üvver|stemme [ʏvɐˈʃtɛmə] <nicht trennb. Präfix-V.; schw.; *han*; ~|stemmte [-ˈʃtɛmˑtə]; ~|stemmp [-ˈʃtɛmˑp]> {5.5.2}: überstimmen. (40)

üvver|steuere [ʏvɐˈʃtɔʏərə] <nicht trennb. Präfix-V.; schw.; *han*; ~|steuerte [-ˈʃtɔʏətə]; ~|steuert [-ˈʃtɔʏət]> {9.2.1.2}: übersteuern. (4)

üvver|stölpe [ˈʏvɐʃtølpə] <trennb. Präfix-V.; schw.; *han*; stölpte ü. [ˈʃtølptə]; ~|gestölp [-jəˈʃtølp]> {5.5.1}: überstülpen, eine Sache über eine andere/jmdn. (bes. jmds. Kopf) stülpen. (180)

üvver|stonn¹ [ˈʏvɐʃtɔn] <trennb. Präfix-V.; st.; *han*; stundt ü. [ˈʃtʊnt]; ~|gestande [-jəˈʃtandə] {5.3.4; 8.2.2.3}: überstehen, über eine Begrenzung hinausragen: *Dat*

Bredd stundt ene halve Meter üvver. (Das Brett stand (ragte) einen halben Meter über.). (185)

üvver|stonn² [ʏvɐˈʃtɔn] <nicht trennb. Präfix-V.; st.; *han*; ~|stundt [-ˈʃtʊnt]; ~|stande [-ˈʃtandə]> {5.3.4; 8.2.2.3}: überstehen, überwinden: *Ich han et üvverstande.* (Ich habe es überstanden.). (185)

üvver|strapaziere/~eere [ˈʏvɐʃtrapaˌtsiˑ(ɐ)rə / -eˑrə] <trennb. Präfix-V.; schw./unr.; *han*; strapazierte ü. [ʃtrapaˈtsiˑɐtə]; ~|stapaziert [-ʃtrapaˌtsiˑɐt] ⟨ital. strapazzare⟩> {(5.1.4.3)}: überstrapazieren, allzu sehr strapazieren. (3) (2)

üvver|sträufe [ˈʏvɐʃtrɔʏfə] <trennb. Präfix-V.; schw.; *han*; sträufte ü. [ˈʃtrɔʏftə]; ~|gesträuf [-jəʃtrɔʏf]> {5.1.3}: überstreifen [auch: ↑üvver|striefe/~|streife]. (108)

üvver|striche¹ [ˈʏvɐʃtrɪʃə] <trennb. Präfix-V.; st.; *han*; strech ü. [ʃtreʃ]; ~|gestreche [-jəʃtreʃə]> {5.3.1}: überstreichen, eine Fläche ohne besonderes Verfahren streichen: *De Wäng wääde nit tapezeet, sondern nor üvvergestreche.* (Die Wände werden nicht tapeziert, sondern nur übergestrichen.). (187)

üvver|striche² [ʏvɐˈʃtrɪʃə] <nicht trennb. Präfix-V.; st.; *han*; ~|strech [-ˈʃtreʃ]; ~|streche [-ˈʃtreʃə]> {5.3.1}: überstreichen, bestreichen: *et Schaaf met Lack ü.* (den Schrank mit Lack ü.). (187)

üvver|striefe/~|streife [ˈʏvɐʃtriːfə / -ʃtreɪfə] <trennb. Präfix-V.; unr.; *han*; striefte ü. [ˈʃtriːftə]; ~|gestrief [-jəʃtriːf]> {5.1.4.5}: überstreifen, rasch, ohne besondere Sorgfalt anziehen: *flöck ene Pullover ü.* (schnell einen Pullover ü.) [auch: ↑üvver|sträufe]. (108)

üvver|ströme [ˈʏvɐˌʃtrøˑmə] <trennb. Präfix-V.; schw.; *sin*; strömte ü. [ˈʃtrøːmtə]; ~|geströmp [-jəʃtrøˑmp]> {5.3.1}: überströmen, **a)** über den Rand strömen: *Et Wasser es üvvergeströmp.* (Das Wasser ist übergeströmt.); **b)** (übertr.) *vör Glöck ü.* (von/vor Glück ü.). (118)

Üvver|stund, de [ˈʏvɐʃtʊnˑt] <N.; ~(e)> {8.3.1}: Überstunde.

üvver|stürze/~|stööze [ʏvɐˈʃtʏxtsə / -ʃtøːtsə] <nicht trennb. Präfix-V.; ~|stööze veraltend; schw.; *han*; ~|stürzte [-ˈʃtʏxtstə]; ~|stürz [-ˈʃtʏxtsʲ]> {(5.2.1.1.1; 5.4)}: überstürzen. (42)

üvver|töne [ʏvɐˈtøˑnə] <nicht trennb. Präfix-V.; schw.; *han*; ~|tönte [-ˈtøˑntə]; ~|tönt [-ˈtøːnt]>: übertönen. (146)

üvver|trecke¹ [ˈʏvɐtrɛkə] <trennb. Präfix-V.; st.; *han*; trok ü. [troˑk]; ~|getrocke [-jətrokə]>: überziehen: *en Jack ü.* (eine Jacke ü.). (190)

üvver|trecke² [ʏvɐˈtrɛkə] <nicht trennb. Präfix-V.; *han*; ~|trok [-ˈtroˑk]; ~|trocke [-ˈtrokə]>: überziehen: *et Bedd ü.* (das Bett ü.). (190)

Üvver|tredd, der [ˈʏvɐˌtret] <N.; ~(e)> {5.5.2; 6.11.3}: Übertritt.

üvver|tredde¹ [ˈʏvɐtredə] <trennb. Präfix-V.; st.; trodt ü. [troˑt]; ~|getrodde [-jətrodə]> {5.3.4; 5.5.2; 6.11.3}: übertreten, **1.** <sin> sich einer anderen Konfession od. Weltanschauung anschließen, konvertieren: *Hä es zom Islam üvvergetrodde.* (Er ist zum Islam übergetreten.). **2.** <sin> über die Ufer treten: *Der Rhing es üvvergetrodde.* (Der Rhein ist übergetreten.). **3.** <han> (Sport) über eine Markierung treten: *Dä Läufer es üvvergetrodde.* (Der Läufer ist übergetreten.). (191)

üvver|tredde² [ʏvɐˈtredə] <nicht trennb. Präfix-V.; st.; *han*; ~|trodt [-ˈtroˑt]; ~|trodde [-ˈtrodə]> {5.3.4; 5.5.2; 6.11.3}: übertreten, (Vorschriften/Gebote) nicht befolgen, missachten: *Se hät et Rauchverbodd üvvertrodde.* (Sie hat das Rauchverbot übertreten.). (191)

üvver|treffe [ʏvɐˈtrɛfə] <nicht trennb. Präfix-V.; st.; *han*; ~|trof [-ˈtroˑf]; ~|troffe [-ˈtrofə]>: übertreffen. (192)

üvver|trumpe [ʏvɐˈtrʊmpə] <nicht trennb. Präfix-V.; schw.; *han*; ~|trumpte [-ˈtrʊmptə]; ~|trump [-ˈtrʊmp]> {6.8.1}: übertrumpfen. (180)

üvver|waache [ʏvɐˈvaːxə] <nicht trennb. Präfix-V.; schw.; *han*; ~|waachte [-ˈvaːxtə]; ~|waach [-ˈvaːx]> {5.2.1}: überwachen. (123)

Üvver|wa(a)ch|ung, de [ˌʏvɐˈva(ː)xʊŋ] <N.; ~e> {(5.2.1)}: Überwachung.

Üvver|wäg, der [ˈʏvɐˌvɛːʃ] <N.; ~(e) [-vɛˑʃ / -vɛˑjə]> {5.4}: Überweg, kurz für Fußgängerüberweg.

üvver|wähßele [ˈʏvɐvɛːsələ] <trennb. Präfix-V.; schw.; *sin*; wähßelte ü. [ˈvɛːsəltə]; ~|gewähßelt [-jəvɛːsəlt]> {5.2.4; 6.3.1}: überwechseln. (6)

üvver|wältige [ʏvɐˈvɛltɪjə] <nicht trennb. Präfix-V.; schw.; *han*; ~|wältigte [-ˈvɛltɪʃtə]; ~|wältig [-ˈvɛltɪʃ]>: überwältigen. (7)

üvver|weege/~|wǫǫge [ʏvɐˈveˑjə / -voˑʀə] <nicht trennb. Präfix-V.; schw./st.; *han*; Formen von ↑weege² u. ↑wǫǫge sind mischbar; ~|wog [-ˈvoːx]; ~|wǫge [-ˈvoːʀə]> {5.1.4.3; (5.5.3)}: überwiegen. (203) (212)

Üvver|weis|ung, de [ˌʏvɐˈvaɪ̯zʊŋ] <N.; i. best. Komposita *weise-*, sonst ↑*wiese*; ~e> {5.1.4.5; 11}: Überweisung.

üvver|werfe¹/~|wirfe¹ [ˈʏvɐvɛrfə / -vɪrfə] <trennb. Präfix-V.; st.; *han*; worf ü. [vorf]; ~|geworfe [-jəvorfə]> {5.5.2/5.4}:

überwerfen: *einem/sich der Mantel ü.* (jmdm./sich den Mantel ü.). (206)

üvver|werfe²/~|**wirfe**², sich [ʏvɐˈverfə / -vɪrfə] <nicht trennb. Präfix-V.; st.; *han*; ~|w<u>o</u>rf [-ˈvorf]; ~|w<u>o</u>rfe [-ˈvorfə]> {5.5.2/5.4}: sich überwerfen/verfeinden/entzweien: *Der Pitter hät sich mem Griet üvverwerfe.* (Peter hat sich mit Grete überworfen.). (206)

üvver|wiese [ʏvɐˈviːzə] <nicht trennb. Präfix-V.; st.; *han*; ~|w<u>e</u>s [-ˈves]; ~|w<u>e</u>se [-ˈvezə]> {5.1.4.5}: überweisen, **1.** Geld aufs Konto zahlen lassen. **2.** einen Patienten zu einem anderen Arzt schicken. (147)

üvver|winde [ʏvɐˈvɪnˑdə] <nicht trennb. Präfix-V.; st.; *han*; ~|wand [-ˈvant]; ~|wunde [-ˈvʊnˑdə]> : überwinden; **1.** besiegen [auch: ↑be|seege, ↑be|zwinge (1a)]. **2.** meistern, bewältigen [auch: ↑bewältige (a), ↑meistere (1), ↑bei|kumme (b), ↑be|wältige, ↑be|zwinge (2), ↑hin|krige, ↑müüze]. **3.** <sich ü.> sich durchringen, aufraffen [auch: ↑durch|kämfe (3c), ↑op|raafe (2a+b), ↑op|rappele]. (209)

üvver|wintere [ʏvɐˈvɪntərə] <nicht trennb. Präfix-V.; schw.; *han*; ~|winterte [-ˈvɪntətə]; ~|wintert [-ˈvɪntət]> {9.2.1.2}: überwintern, **1.** den Winter verbringen: *Störch ü. en Afrika.* (Störche ü. in Afrika.). **2.** bewirken, dass etw. den Winter überdauert. (4)

Üvver|w<u>o</u>rf/~|wurf, der [ˈʏvɐvorf / -vʊrf] <N.; ~|w<u>ö</u>rf [-vørˑf]> {5.5.1}: Überwurf. **1. a)** loser Umhang, Mantel; **b)** Decke für übers Bett od. Sofa. **2.** Griff, bei dem der Gegner ausgehoben u. über die eigene Schulter od. den eigenen Kopf nach hinten zu Boden geworfen wird.

üvver|wuchere [ʏvɐˈvuːxərə] <nicht trennb. Präfix-V.; schw.; *han*; ~|wucherte [-ˈvuːxetə]; ~|wuchert [-ˈvuːxet]> {9.2.1.2}: überwuchern, wuchernd bedecken: *Et Unkrugg üvverwuchert der ganze Gaade.* (Das Unkraut überwuchert den ganzen Garten.). (4)

Üvver|zahl, de [ˈʏvɐtsaˑl] <N.; o. Pl.>: Überzahl; **a)** überwiegende Mehrheit; **b)** große Anzahl.

üvver|zäll|ig [ˈʏvɐtsɛlɪç] <Adj.; ~e> {5.3.4}: überzählig, zu viele. Tbl. A5.2

üvver|zeug [ʏvɐˈtsøʏˑfŋ] <Adj.; Part. II von ↑üvver|zeuge Sup. ungebr.; ~te; ~ter> {8.3.5}: überzeugt, fest an etw. Bestimmtes glaubend: *ene ~te Kölsche* (ein ~er Kölner = ein Kölner mit Leib u. Seele). Tbl. A4.1.1

üvver|zeuge [ʏvɐˈtsøʏˑjə] <nicht trennb. Präfix-V.; schw.; *han*; ~|zeugte [-ˈtsøʏˑfjtə]; ~|zeug [-ˈtsøʏˑfŋ]>: überzeugen, **1. a)** jmdn. durch einleuchtende Gründe/Beweise dazu bringen, etw. als wahr/richtig/notwendig anzuerkennen: *Zom Schluss kunnte mer in doch noch ü.* (Letztlich konnten wir ihn doch ü.); **b)** in seinen Leistungen den Erwartungen voll u. ganz entsprechen: *Em Röckspill hät der FC üvverzeug.* (Im Rückspiel hat der 1. FC Köln überzeugt.). **2.** <sich ü.> sich durch eigenes Nachprüfen vergewissern: *Ich han mich met eige Auge dovun üvverzeug.* (Ich habe mich mit eigenen Augen davon überzeugt.); <häufig im Part. II> *fass üvverzeug sin vun jet/einem* (fest/hundertprozentig von etw./ jmdm. überzeugt sein). (103)

Üvver|zeug|ung, de [ˌʏvɐˈtsøʏˑjʊŋ] <N.; ~e>: Überzeugung; fester Glaube.

Üvver|z<u>o</u>g, der [ˈʏvɐtsox] <N.; ~|z<u>ö</u>g> {5.5.1}: Überzug.

üvvrigens [ˈʏvrɪjəns] <Adv.> {5.3.2; 6.1.1}: übrigens.

Uz, der [uːts] <N.; kein Pl.>: Uz, Uzerei, Ulk, Scherz.

Uz|broder, der [ˈuːtsˌbroˑdə] <N.; ~|bröder> {s. u. ↑Broder}: Uzbruder, Scherzbold, Possenreißer.

uze [ˈuːtsə] <V.; schw.; *han*; uzte [ˈuːtstə]; geuz [jəˈluːts]>: uzen, foppen, necken, scherzen [auch: ↑aan|schmiere/~eere (2), ↑eren|läge (2), ↑foppe, *einem eine* ↑*lappe² (2)*, ↑lieme (2), ↑ver|schöckele, ↑ver|aasche, ↑ver|uze, ↑tüte², *einer för der Jeck halde*]. (112)

Va/Vatter, der [fa· / 'fatɐ] <N.; Vätter>: Vater (Kurzf.) [auch: ↑Papp¹].

Vanille|ies, et [va'nɪlə‚li:s] <N.; o. Pl.> {s. u. ↑Ies}: Vanilleeis, Speiseeis mit Vanillegeschmack.

Vanille|stang, de [va'nɪlə‚ʃtaŋ·] <N.; ~e [-ʃtaŋə]> {s. u. ↑Stang}: Vanillestange.

Vanille|zauß, de [va'nɪlə‚tsaʊs] <N.; ~e> {s. u. ↑Zauß}: Vanillesoße.

Vatter/Va, der [ˈfatɐ / fa·] <N.; Vätter [ˈfɛtɐ] (Pl. ungebr.)> {5.3.2}: Vater [auch: ↑Papp¹, *Vader* (veraltet)].

Vatter|unser, et [‚fatɐˈʔʊnzɐ] <N.> {s. u. ↑Vatter/Va}: Vaterunser, **[RA]** *Däm ka' mer et V. durch de Backe blose.* (Dem kann man das V. durch die Wangen pusten.; von einem schmächtigen, mageren Mann gesagt).

Veech/Veeh, et [feˑŋ / feˑ] <N.; Veecher [ˈfeˑŋɐ] {5.1.4.3}: Vieh.

Veech|erei, de [‚feˑŋəˈreɪ̯] <N.; ~e [-əˈreɪ̯ə]> {5.1.4.3}: Viecherei.

veedel [ˈfeˑdəl] <Bruchz.; zu ↑veer/vier> {5.1.4.3; 6.11.3; 8.2.4}: viertel, (als Ziffer: 4): *Dat duurt drei v. Stund.* (Es dauert drei viertel Stunden.).

Veedel, et [ˈfeˑdəl] <N.; ~> {5.1.4.3; 6.11.3; 8.3.4}: Viertel, **1.** Maßeinheit: der vierte Teil eines Ganzen: *Et es V. op aach.* (Es ist Viertel vor acht.). **2.** Stadtteil: *En unsem V.* (bekanntes Lied der Gruppe „Bläck Fööss", wörtl.: In unserem Viertel).

veedele [ˈfeˑdələ] <V.; schw.; *han*; veedelte [ˈfeˑdəltə]; geveedelt [jəˈfeˑdəlt]> {5.1.4.3; 6.11.3; 8.2.4; 9.2.1.2}: vierteln, vierteilen. (6)

Veedel|johr, et [‚feˑdəlˈjo·(ɐ̯)] <N.; o. Pl.> {s. u. ↑Veedel ↑Johr}: Vierteljahr, drei Monate.

Veedel|pund, et [feˑdəlˈpʊnt / '---] <N.> {s. u. ↑Veedel ↑Pund}: Viertelpfund, vierter Teil eines Pfundes; 125 g; ***e paar Leppe wie e V. Blodwoosch han** (dicke, schwulstige Lippen haben).

Veedel|stund, de [‚feˑdəlˈʃtʊn·t] <N.; o. Pl.> {s. u. ↑Veedel ↑Stund}: Viertelstunde, 15 Minuten.

Veedels|zog, der [ˈfeˑdəls‚tsox] <N.; ~|zög> {9.1.2; s. u. ↑Veedel ↑Zog¹}: Stadtviertelzug, Am Karnevalssonntag schließen sich die von den einzelnen Kölner Stadtvierteln u. Schulen veranstalteten Karnevalszüge zu einem großen Zug der Schull- un Veedelszög zusammen, der dann denselben Verlauf nimmt wie der Rosenmontagszug. Am Karnevalsdienstag ziehen dann noch einmal die Züge der einzelnen Viertel u. dortigen Schulen durch das eigene Viertel.

Veeh/Veech, et [feˑ / feˑŋ] <N.; Veecher [ˈfeˑŋɐ]> {5.1.4.3}: Vieh.

Veeh|fooder, et [ˈfeˑ‚foˑdɐ] <N.; o. Pl.> {s. u. ↑Veeh ↑Fooder¹}: Viehfutter.

Veeh|hääd, de [ˈfeˑ‚hɛ·t] <N.; ~e> {s. u. ↑Veeh/Veech ↑Hääd²}: Viehherde.

Veeh|maat, der [ˈfeˑ‚ma:t] <N.; ~|määt> {s. u. ↑Veeh ↑Maat}: Viehmarkt.

Veeh|zuch, de [ˈfeˑ‚tsʊx] <N.; ~te (Pl. selten)> {s. u. ↑Veeh ↑Zuch}: Viehzucht.

veer/vier [feˑɐ̯ / fiˑɐ̯] <Kardinalz.> {5.1.4.3}: vier, (als Ziffer: 4).

veer|blädder|ig/vier|~ [ˈfeˑɐ̯‚blɛddərɪç / ˈfiˑɐ̯-] <Adj.; ~e> {s.u. ↑veer/vier ↑Bladd}: vierblättrig. Tbl. A5.2

veer|dausend/vier|~ [ˈfeˑɐ̯'doʊ̯·zənt / ˈfiˑɐ̯- / '-‚-- / ‚-'--] <Kardinalz.> {s. u. ↑veer/vier ↑dausend}: viertausend, (als Ziffer: 4000).

veer|deile/vier|~ [ˈfeˑɐ̯‚deɪ̯lə / ˈfiˑɐ̯-] <V.; schw.; han; veer|deilte [ˈfeˑɐ̯‚deɪ̯ltə]; geveer|deilt [jəˈfeˑɐ̯‚deɪ̯lt]> {s. u. ↑veer/vier ↑deile}: vierteilen. (45)

veer|deil|ig/vier|~ [ˈfeˑɐ̯‚deɪ̯lɪç / ˈfiˑɐ̯-] <Adj.; ~e> {5.1.4.3}: vierteilig; aus vier Teilen bestehend. Tbl. A5.2

veer|en|halv/vier|~ [ˈfeˑrən'halɐf / ˈfiˑ(ɐ̯)r- / ‚--'--] <Bruchz.; zu ↑veer/vier> {s. u. ↑veer/vier ↑halv}: viereinhalb, (als Ziffer: 4 ½).

veerer|lei/vierer|~ [ˈfeˑrelɐɪ̯ / ˈfiˑ(ɐ̯)re-] <best. Gattungsz.; zu ↑veer/vier; indekl.> {5.1.4.3}: viererlei.

Veer|föß|er/Vier|~, der [ˈfeˑɐ̯‚føˑsɐ / ˈfiˑɐ̯-] <N.; ~> {s. u. ↑veer/vier ↑Foß}: Vierfüßer; vierfüßiges Wirbeltier.

veer|mọl/vier|~ [ˈfeˑɐ̯‚mɔ·l / ˈfiˑɐ̯- / '-'-] <Wiederholungsz., Adv.; zu ↑veer/vier> {5.1.4.3}: viermal, (mit Ziffer: 4-mọl).

Veer|sẹtz|er/Vier|~, der [ˈfeˑɐ̯‚zɛtsɐ / ˈfiˑɐ̯-] <N.; ~> {s. u. ↑veer/vier ↑Sẹtz}: Viersitzer; Auto mit vier Sitzen.

veet... [feˑt] <Ordinalz.; zu ↑veer/vier; ~e> {5.1.4.3; 8.2.4}: viert....

veet|ens [ˈfeˑtəns] <Adv.; zu ↑veer/vier> {5.1.4.3; 8.2.4}: viertens, (mit Ziffer: 4.).

vee|zehn [ˈfeˑtseˑn] <Kardinalz.> {5.1.4.3; 8.2.4}: vierzehn, (als Ziffer: 14).

Vee|zehn-Fuff|zehn, der [ˈfeˑtseˑn 'fʊftseˑn] <N.> {s. u. ↑vee|zehn ↑fuff|zehn}: (scherzh.) Bez. für einen Hinkenden; **[RA]** *V.-F., Loch en de Ääd* (beim Anblick eines Hinkenden; Ursprung 1. Weltkrieg; (übertr.) wenn etw. unstimmig ist).

vee|zehn|däg|ig ['feˑtse̝ˑnˌdɛˈjɪɟ] <Adj.; ~e> {5.1.4.3; 8.2.4}: vierzehntägig, eine Dauer von vierzehn Tagen umfassend. Tbl. A5.2

vee|zehn|hundert ['feˑtse̝ˑnˈhʊnˑdet / ˌ--ˈ-- / ˈ--ˌ--] <Kardinalz.> {s. u. ↑vee|zehn}: vierzehnhundert, (als Ziffer: 1400).

vee|zig ['feˑtsɪɟ] <Kardinalz.> {5.1.4.3; 8.2.4}: vierzig, (als Ziffer: 40).

Vee|zig|er, der ['feˑtsɪˌje] <N.; ~> {5.1.4.3; 8.2.4}: Vierziger.

Veganer, der [veˈjaˑne] <N.; ~>: Veganer; strenger Vegetarier, der auf tierische Produkte in jeder Form verzichtet.

Vegetarier, der [vejəˈtaːrɪje] <N.; ~ ⟨lat. vegetare⟩>: Vegetarier; jmd., der sich von pflanzlicher Kost ernährt.

Venloer Wall, der [ˈfɛnloːeˌval] <N.; Straßenn.> {s. u. ↑Wall}: Venloer Wall, einer der parallel zu den Ringen verlaufenden Straßen westlich der Ringe zw. Venloer Straße u. Gladbacher Straße, verbindet lückenhaft Gladbacher Wall u. Zülpicher Wall.

ver|-, vör|ˈ- [ˌfeˈ- / ˌføɡ̊ˈ-] <Präfix; unbetont> {5.5.1}: vor-, i. Vbdg. m. Präp.: *~bei* (~bei).

ver|aachte [fɐˈlaːxtə] <nicht trennb. Präfix-V.; schw.; *han*; ver|aach [fɐˈlaːx]> {5.2.1}: verachten. (1)

ver|aan|lag [fɐˈlaːnlaˑx] <Adj.; Part. II von ↑ver|aanlage; ~te> {8.3.5}: veranlagt. Tbl. A4.1.1

ver|aanlage [fɐˈlaːnlaˑʀə] <nicht trennb. Präfix-V.; schw.; *han*; ver|aanlagte [fɐˈlaːnlaːxtə]; ver|aanlag [fɐˈlaːnlaːx]> {5.2.1; 8.3.3}: veranlagen. (103)

ver|aasche [fɐˈlaːʃə] <nicht trennb. Präfix-V.; schw.; *han*; ver|aaschte [fɐˈlaːʃtə]; ver|aasch [fɐˈlaːʃ]> {5.2.1.1.1}: verarschen, veralbern [auch: ↑ver|uze, ↑aan|schmiere/ ~eere (2), ↑eren|läge (2), *einem eine* ↑*lappe*² *(2)*, ↑foppe, ↑lieme (2), ↑ver|schöckele, ↑ver|aasche, ↑ver|uze, ↑uze, ↑tüte², *einer för der Jeck halde*]. (110)

ver|aazte [fɐˈlaːtstə] <nicht trennb. Präfix-V.; schw.; *han*; ver|aaz [fɐˈlaːts]> {5.2.1.1.1}: verarzten. (169)

ver|ab|rede [fɐˈlapˌreˑdə] <nicht trennb. Präfix-V.; i. best. Komposita *ab-*, sonst ↑*av|~*; schw.; *han*; ver|ab|redte [fɐˈlapˌreˑtə]; ver|ab|redt [fɐˈlapˌreˑt]> {11}: verabreden, vereinbaren. (197)

ver|ächlich [fɐˈlɛçlɪɟ] <Adj.; ~e; ~er, ~ste> {8.3.5}: verächtlich. Tbl. A1

ver|äkele [fɐˈlɛˑkələ] <nicht trennb. Präfix-V.; schw.; *han*; ver|äkelte [fɐˈlɛˑkəltə]; ver|äkelt [fɐˈlɛˑkəlt]> {5.4; 9.2.1.2}: verekeln, Ekel/Widerwillen gegen etw. einflößen: *Dä hät mer der ganze Dag veräkelt.* (Der hat mir den ganzen Tag verekelt/verleidet.). (6)

ver|ändere [fɐˈlɛndərə] <nicht trennb. Präfix-V.; schw.; *han*; ver|änderte [fɐˈlɛndetə]; ver|ändert [fɐˈlɛndet]> {9.2.1.2}: verändern. (4)

ver|ängstige [fɐˈlɛŋˑstɪjə] <nicht trennb. Präfix-V.; schw.; *han*; ver|ängstigte [fɐˈlɛŋˑstɪftə]; ver|ängstig [fɐˈlɛŋˑstɪfj]>: verängstigen. (7)

ver|ankere [fɐˈlaŋkərə] <nicht trennb. Präfix-V.; schw.; *han*; ver|ankerte [fɐˈlaŋketə]; ver|ankert [fɐˈlaŋket]> {9.2.1.2}: verankern. (4)

ver|anstalte [fɐˈlanˌʃtaltə] <nicht trennb. Präfix-V.; schw.; *han*; ver|aanstalt [fɐˈlaːnˌʃtalt]> {5.2.1}: veranstalten. (58)

Ver|anstalt|ung, de [fɐˈlanˌʃtaltʊŋ] <N.; ~e>: Veranstaltung, **1.** das Veranstalten. **2.** etw., was veranstaltet wird.

ver|antwoode [fɐˈlantvoːdə] <nicht trennb. Präfix-V.; schw.; *han*; ver|antwoodte [fɐˈlantvoːtə]; ver|antwoodt [fɐˈlantvoːt]> {5.2.1; 5.5.3; 8.2.4}: verantworten. (197)

ver|antwood|lich [fɐˈlantvɔːtlɪɟ] <Adj.; ~e> {5.2.1; 5.5.3; 8.2.4}: verantwortlich. Tbl. A1

ver|arbeide [fɐˈlarbeɪˑdə] <nicht trennb. Präfix-V.; schw.; *han*; ver|arbeidte [fɐˈlarbeɪˑtə]; ver|arbeidt [fɐˈlarbeɪˑt]>: verarbeiten. (197)

ver|arbeidt [fɐˈlarbeɪˑt] <Adj.; Part. II von ↑ver|arbeide; ~e> {6.12; 8.2.2.1}: verarbeitet. Tbl. A1

ver|ärgere [fɐˈlɛrˑjərə] <nicht trennb. Präfix-V.; schw.; *han*; ver|ärgerte [fɐˈlɛrˑjetə]; ver|ärgert [fɐˈlɛrˑjet]> {9.2.1.2}: verärgern, verprellen. (4)

ver|ärme [fɐˈlɛrˑmə] <nicht trennb. Präfix-V.; schw.; *sin*; ver|ärmte [fɐˈlɛrˑmtə]; ver|ärmp [fɐˈlɛrˑmp]> {5.4}: verarmen [auch: *ärm weede*]. (127)

ver|ästele, sich [fɐˈlɛstələ] <nicht trennb. Präfix-V.; schw.; *han*; ver|ästelte [fɐˈlɛstəltə]; ver|ästelt [fɐˈlɛstəlt]> {9.2.1.2}: sich verästeln. (6)

ver|avscheede [fɐˈlafʃeˑdə] <nicht trennb. Präfix-V.; schw.; *han*; ver|avscheedte [fɐˈlafʃeˑtə]; ver|avscheedt [fɐˈlafʃeˑt]> {5.1.4.3; 6.1.1}: verabschieden [auch: *tschüss sage*]. (197)

ver|ballere [fɐ'balərə] <nicht trennb. Präfix-V.; schw.; *han*; ver|ballerte [fɐ'baletə]; ver|ballert [fɐ'balet]> {9.2.1.2}: verballern, vergeuden, (sinnlos) verschießen. (4)

Verbands|kaste, der [fɐ'bant͜kastə] <N.; ~|käste> {8.3.4}: Verbandkasten, Erste-Hilfe-Kasten.

ver|banne [fɐ'banə] <nicht trennb. Präfix-V.; schw.; *han*; ver|bannte [fɐ'banˑtə]; ver|bannt [fɐ'banˑt]>: verbannen, ausweisen. (10)

ver|barrikadiere/~eere [fɐ͜barɪka'diˑ(ɐ̯)rə / -eˑrə] <nicht trennb. Präfix-V.; schw./unr.; *han*; ver|barrikadierte [fɐ͜barɪka'diˑɐ̯tə]; ver|barrikadiert [fɐ͜barɪka'diˑɐ̯t] ⟨zu frz. barricade⟩> {(5.1.4.3)}: verbarrikadieren. (3) (2)

ver|bas [fɐ'baˑs] <Adj.; nur präd.; veraltet>: verlegen, **1.** verwirrt. **2.** bestürzt, betroffen. **3.** erschrocken. [auch: ↑ver|basert].

ver|basert [fɐ'baˑzɐt] <Adj., veraltet; ~e; ~er, ~ste>: verlegen, **1.** verwirrt. **2.** bestürzt, betroffen. **3.** erschrocken. [auch: ↑ver|bas]. Tbl. A1

ver|baue [fɐ'boʊ̯ə] <nicht trennb. Präfix-V.; schw.; *han*; ver|baute [fɐ'boʊ̯ˑtə]; ver|baut [fɐ'boʊ̯ˑt]> **1.** zum/beim Bauen verbrauchen. **2.** verhauen, verpatzen. (11)

ver|bedde [fɐ'bedə] <nicht trennb. Präfix-V.; unr.; *han*; ver|bedde [fɐ'bedə]> {5.4; 6.11.3}: verbitten. (12)

ver|beede [fɐ'beˑdə] <nicht trennb. Präfix-V.; st.; *han*; ver|bodde [fɐ'bot]; ver|bodde [fɐ'bodə]> {5.1.4.3; 6.11.3}: verbieten. (15)

ver|beege [fɐ'beˑjə] <nicht trennb. Präfix-V.; st.; *han*; ver|bog [fɐ'boˑx]; ver|boge [fɐ'bɔːʁə]> {5.1.4.3}: verbiegen. (16)

ver|bei/vör|~ [fɐ'beɪ̯ / føɐ̯-] <Adv.>: vorbei.

ver|bei|-/vör|bei|- [fɐ'beɪ̯- / føɐ̯-] <Präfix>: vorbei-, i. Vbdg. m. V.: *~fahre* (~fahren).

ver|bei|bränge/vör|bei|~ [fɐ'beɪ̯brɛŋə / føɐ̯'beɪ̯-] <trennb. Präfix-V.; unr.; *han*; braht v. [braːt]; ~|gebraht [-jəbraːt]> {5.4}: vorbeibringen. (33)

ver|bei|dörfe/~/dürfe/vör|bei|~ [fɐ'beɪ̯dørfə (-dørvə) / -dʏrfə (-dʏrvə) / føɐ̯'beɪ̯-] <trennb. Präfix-V.; unr.; *han*; dorf v. [dorf]; ~|gedorf [-jədorf]> {5.5.1}: vorbeidürfen, vorbeimüssen. (47)

ver|bei|dröcke/vör|bei|~ [fɐ'beɪ̯drøkə / føɐ̯'beɪ̯-] <trennb. Präfix-V.; schw.; *han*; dröckte v. ['drøktə]; ~|gedröck [-jədrøk]> {5.5.1}: vorbeidrücken. (88)

ver|bei|fahre/vör|bei|~ [fɐ'beɪ̯faːrə / føɐ̯'beɪ̯-] <trennb. Präfix-V.; st.; *sin*; fuhr/fohr v. [fuˑɐ̯ / foˑɐ̯]; ~|gefahre [-jəfaːrə]>: vorbeifahren. (62)

ver|bei|fleege/vör|~ [fɐ'beɪ̯fleˑjə / føɐ̯-] <trennb. Präfix-V.; st.; *sin*; flog v. [floˑx]; ~|geflọge [-jəflɔːʁə]> {5.1.4.3}: vorbeifliegen. (16)

ver|bei|fleeße/vör|~ [fɐ'beɪ̯͜fleˑsə / føɐ̯-] <trennb. Präfix-V.; st.; *sin*; floss v. [flɔs]; ~|geflosse [-jəflɔsə]> {5.1.4.3}: vorbeifließen. (79)

ver|bei|föhre/~/führe/vör|~ [fɐ'beɪ̯føˑ(ɐ̯)rə / -fy(ɐ̯)rə / føɐ̯-] <trennb. Präfix-V.; unr./st./schw.; *han*; föhte/ foht v. ['føˑtə / foːt]; ~|geföht/~|gefoht [-jəføˑt / -jəfoːt]> {5.4}: vorbeiführen. (74) (31)

ver|bei|gonn/vör|~ [fɐ'beɪ̯jɔn / føɐ̯-] <trennb. Präfix-V.; st.; *sin*; ging v. [jɪŋ]; ~|gegange [-jəjaŋə]> {5.3.4; 8.2.2.3}: vorbeigehen. (83)

ver|bei|kumme/vör|bei|~ [fɐ'beɪ̯kʊmə / føɐ̯'beɪ̯-] <trennb. Präfix-V.; st.; *sin*; kọm v. [kɔːm]; ~|(|ge)kumme [-(-jə)͜kʊmə] {5.4}: vorbeikommen. (120)

ver|bei|künne/vör|bei|~ [fɐ'beɪ̯kʏnə / føɐ̯'beɪ̯-] <trennb. Präfix-V.; unr.; *han*; kunnt v. [kʊnt]; ~|gekunnt [-jəkʊnt]> {5.4}: vorbeikönnen, vorbeidürfen. (121)

ver|bei|laufe/vör|bei|~ [fɐ'beɪ̯loʊ̯fə / føɐ̯'beɪ̯-] <trennb. Präfix-V.; st.; *sin*; leef v. [leˑf]; ~|gelaufe [-jəloʊ̯fə]>: vorbeilaufen [auch: ↑vörbei|renne/verbei|~]. (128)

ver|bei|lọọße/vör|bei|~ [fɐ'beɪ̯lɔˑsə / føɐ̯'beɪ̯-] <trennb. Präfix-V.; st.; *han*; leet/leeß v. [leːt / leˑs]; ~|gelọọße [-jəlɔˑsə] {5.2.1.3; 5.5.3}: vorbeilassen. (135)

ver|bei|luure/~/loore/vör|bei|~ [fɐ'beɪ̯luˑ(ɐ̯)rə / -loˑrə / føɐ̯'beɪ̯-] <trennb. Präfix-V.; schw./unr.; *han*; luurte v. ['luˑɐ̯tə]; ~|geluurt [-jəluˑɐ̯t]>: vorbeischauen, **1.** vorbeikommen. **2.** (an jmdm.) vorbeiblicken. (100) (134)

ver|bei|marschiere/~eere/vör|bei|~ [fɐ'beɪ̯maˌʃiˑ(ɐ̯)rə / -eˑrə / føɐ̯'beɪ̯-] <trennb. Präfix-V.; schw./unr.; *sin*; marschierte v. [ma'ʃiˑɐ̯tə]; ~|marschiert [-maˌʃiˑɐ̯t] ⟨frz. marcher⟩> {(5.1.4.3)}: vorbeimarschieren. (3) (2)

ver|bei|müsse/vör|bei|~ [fɐ'beɪ̯mʏsə / føɐ̯'beɪ̯-] <trennb. Präfix-V.; unr.; *han*; mọọt v. [mɔːt]; ~|gemọọt [-jəmɔːt]>: vorbeimüssen. (142)

ver|bei|renne/vör|bei|~ [fɐ'beɪ̯rɛnə / føɐ̯'beɪ̯-] <trennb. Präfix-V.; unr.; *sin*; rannt v. [rant]; ~|gerannt [-jərant]>: vorbeirennen [auch: ↑vörbei|laufe/verbei|~]. (35)

ver|bei|rigge/vör|bei|~ [fɐ'beɪ̯rɪʁə / føɐ̯'beɪ̯-] <trennb. Präfix-V.; st.; *sin*; redt v. [ret]; ~|gerẹdde [-jəredə]> {5.3.4; 6.6.2}: vorbeireiten. (133)

ver|bei|scheeße/vör|bei|~ [fɐ'beɪʃe·sə / føɡ̊'beɪ-] <trennb. Präfix-V.; st.; schoss v. [ʃɔs]; ~|geschosse [-jəʃɔsə]> {5.1.4.3}: vorbeischießen, 1. <han> das Ziel verfehlen/nicht treffen. 2. <sin> schnell an jmdm./etw. vorbeifahren/-laufen. (79)

ver|bei|schlängele/vör|bei|~ [fɐ'beɪʃlɛŋələ / føɡ̊'beɪ-] <trennb. Präfix-V.; schw.; han; schlängelte v. ['ʃlɛŋəltə]; ~|geschlängelt [-jəʃlɛŋəlt]> {9.2.1.2}: vorbeischlängeln. (6)

ver|bei|trecke/vör|bei|~ [fɐ'beɪtrɛkə / føɡ̊'beɪ-] <trennb. Präfix-V.; st.; sin; trok v. [trɔk]; ~|getrocke [-jətrɔkə]>: vorbeiziehen. (190)

ver|bęsse [fɐ'bɛsə] <Adj.; ~> {5.5.2}: verbissen. Tbl. A3.2

ver|bęssere [fɐ'bɛsərə] <nicht trennb. Präfix-V.; schw.; han; ver|besserte [fɐ'bɛsətə]; ver|bessert [fɐ'bɛsɐt]> {9.2.1.2}: verbessern, besser machen. (4)

ver|beuge, sich [fɐ'bøy̆·jə] <nicht trennb. Präfix-V.; schw.; han; ver|beugte [fɐ'bøy̆·ftə]; ver|beug [fɐ'bøy̆·fj]> : sich verbeugen, verneigen [auch: *Deener maache*]. (103)

ver|bieße [fɐ'biːsə] <nicht trennb. Präfix-V.; st.; han; ver|bęss [fɐ'bɛs]; ver|besse [fɐ'besə]> {5.1.4.5}: verbeißen, 1. festbeißen: *Die Hüng han sich enenander verbesse.* (Die Hund haben sich ineinander verbissen.). 2. unterdrücken; verkneifen; nicht anmerken lassen: *Ich kunnt mer et Laache nit verbieße.* (Ich konnte mir das Lachen nicht verbeißen/-kneifen.). 3. durch Beißen beschädigen: *Et Weld hät die jung Bäum all verbesse.* (Das Wild hat die jungen Bäume alle verbissen.). 4. <sich v.> hartnäckig an an einer Sache festhalten, nicht aufgeben: *Hä verbieß sich en die Saach.* (Er verbeißt sich in die Sache.). (25)

ver|bimse [fɐ'bɪm·zə] <nicht trennb. Präfix-V.; schw.; han; ver|bimste [fɐ'bɪm·stə]; ver|bims [fɐ'bɪm·s]>: verbimsen, 1. verprügeln [auch: ↑durch|bläue, ↑durch|haue (2), ↑op|mische (2), ↑ver|bläue, ↑ver|dresche, ↑ver|haue (1), ↑ver|kamesöle, ↑ver|kloppe, ↑ver|möbele, ↑ver|prügele, ↑ver|trimme, ↑zer|bläue, ↑zer|schlage¹/~|schlonn (3)]. 2. viel essen, verputzen. (87)

ver|bịnge [fɐ'bɪŋə] <nicht trennb. Präfix-V.; st.; han; ver|bung [fɐ'bʊŋ·]; ver|bunge [fɐ'bʊŋə]> {6.7}: verbinden. (26)

ver|bläddere [fɐ'blɛdərə] <nicht trennb. Präfix-V.; schw.; han; ver|bläderte [fɐ'blɛdetə]; ver|bläddert [fɐ'blɛdɐt]> {6.11.3; 9.2.1.2}: verblättern, 1. verschlagen, beim Herum- od. Weiterblättern in einem Buch eine zum Lesen od. Ä. bereits aufgeschlagene Seite nicht aufgeschlagen lassen. 2. <sich v.> falsch blättern, die falsche Seite aufschlagen. (4)

ver|blạsse [fɐ'blasə] <nicht trennb. Präfix-V.; schw.; sin; ver|blasste [fɐ'blastə]; ver|blass [fɐ'blas]>: verblassen; [gebräuchl.: ↑ver|bleiche/~|bliche, *blass weede*]. (67)

ver|bläue [fɐ'bløy̆ə] <nicht trennb. Präfix-V.; schw.; han; ver|bläute [fɐ'bløy̆·tə]; ver|bläut [fɐ'bløy̆·t]>: verbläuen, verprügeln [auch: ↑durch|bläue, ↑durch|haue (2), ↑op|mische (2), ↑ver|bimse (1), ↑ver|dresche, ↑ver|haue (1), ↑ver|kamesöle, ↑ver|kloppe, ↑ver|möbele, ↑ver|prügele, ↑ver|trimme, ↑zer|bläue, ↑zer|schlage¹/~|schlonn (3)]. (11)

ver|blęche [fɐ'blɛʃə] <Adj.; Part. II von ↑ver|bleiche/~|bliche; ~> {5.5.2}: verblichen. Tbl. A3.2

ver|bleiche/~|bliche [fɐ'bleɪʃə / -blɪʃə] <nicht trennb. Präfix-V.; schw.; han; ver|bleichte [fɐ'bleɪʃtə]; ver|bleich [fɐ'bleɪʃ]>: verbleichen, seine Farbe verlieren, verblassen [auch: ↑ver|blasse, *blass weede*]. (123) (187)

ver|blęnde [fɐ'blɛn·də] <nicht trennb. Präfix-V.; schw.; han; ver|blendte [fɐ'blɛn·tə]; ver|blendt [fɐ'blɛn·t]>: verblenden, 1. (eine Mauer, Wand od. Ä.) verkleiden. 2. irreführen, der Einsicht berauben. (28)

ver|blieve [fɐ'bliː·və] <nicht trennb. Präfix-V.; ver|blęvv [fɐ'blɛf]; ver|blęvve [fɐ'blɛvə] {5.1.4.5; 6.1.1}: verbleiben, sich auf etw. einigen: *Wie sid ehr verblevve?* (Wie seid ihr verblieben?). (29)

ver|blode [fɐ'bloː·də] <nicht trennb. Präfix-V.; schw.; han; ver|blodte [fɐ'bloː·tə]; ver|blodt [fɐ'bloː·t]> {5.4; 6.11.3}: verbluten. (197)

ver|blöffe [fɐ'bløfə] <nicht trennb. Präfix-V.; schw.; han; ver|blöffte [fɐ'bløftə]; ver|blöff [fɐ'bløf]> {5.5.1}: verblüffen. (27)

ver|blöhe [fɐ'bløː·ə] <nicht trennb. Präfix-V.; schw.; han; ver|blöhte [fɐ'bløː·tə]; ver|blöht [fɐ'bløː·t]> {5.4}: verblühen. (37)

ver|blömp [fɐ'bløːmp] <Adj.; ~|blömte [-'bløːmtə]; ~|blömter, ~ste [-'bløːmte / -'bløːmpstə]> {5.4; 8.3.5}: verblümt, nur vorsichtig andeutend, umschreibend. Tbl. A4.2.4

ver|blötsche [fɐ'bløtʃə] <nicht trennb. Präfix-V.; schw.; han; ver|blötschte [fɐ'bløtʃtə]; ver|blötsch [fɐ'bløtʃ]>: verbeulen [auch: ↑ver|büüle]. (110)

ver|boche [fɐ'boː·xə] <nicht trennb. Präfix-V.; schw.; han; ver|bochte [fɐ'boː·xtə]; ver|boch [fɐ'boː·x]> {5.4}: verbuchen, a) (Kaufmannsspr., Bankw.) in die Geschäftsbücher od. Ä. eintragen; kontieren: *Mer han dat Geld em Soll verboch.* (Wir haben das Geld im Soll verbucht.); **b)** (übertr.) *Hä kunnt keine Erfolg för sich v.* (Er konnte keinen Erfolg (für sich) v./verzeichnen.). (123)

ver|bocke [fɐˈbokə] <nicht trennb. Präfix-V.; schw.; *han*; ver|bockte [fɐˈboktə]; ver|bock [fɐˈbok]> {5.5.1}: verbocken, schuldhaft etw. nicht zustande kommen lassen. (88)

Ver|bodd, et [fɐˈbot] <N.; ~e> {5.3.2; 5.5.1; 6.11.3}: Verbot.

ver|bodde [fɐˈbodə] <Adj.; ~> {5.3.2; 5.5.1; 6.11.3}: verboten, **1.** <Part. II von ↑ver|beede> unerlaubt: *e v. Boch* (ein ~es Buch). **2.** (übertr.) unmöglich, unansehnlich, schrecklich, schlimm: *Dat Kleid süht jo v. us!* (Das Kleid sieht ja schrecklich aus!). Tbl. A3.2

ver|böße/~|büße [fɐˈbøˑsə / -ˈbyˑsə] <nicht trennb. Präfix-V.; schw.; *han*; ver|bößte [fɐˈbøˑstə]; ver|böß [fɐˈbøˑs]>: verbüßen, abbüßen. (32)

ver|bränge [fɐˈbrɛŋə] <nicht trennb. Präfix-V.; unr.; *han*; ver|braht [fɐˈbraːt]; ver|braht [fɐˈbraːt]> {5.4}: verbringen, verweilen, eine best. Zeit (auf eine best. Weise) zubringen: *et Wochenengk en der Eifel v.* (das Wochenende in der Eifel v.); *en unruhige Naach v.* (eine unruhige Nacht v.). (33)

ver|breche [fɐˈbrɛçə] <nicht trennb. Präfix-V.; nur im Perf. u. Plusq. gebr. verbroche = „verbrochen"; st.; *han*>: verbrechen. (34)

Ver|breche, et [fɐˈbrɛçə] <N.; ~>: Verbrechen.

ver|breide [fɐˈbrɛɪ̯də] <nicht trennb. Präfix-V.; schw.; *han*; ver|breidte [fɐˈbrɛɪ̯tə]; ver|breidt [fɐˈbrɛɪ̯t]> {6.11.3}: verbreiten. (197)

ver|breidere [fɐˈbrɛɪ̯ˑdərə] <nicht trennb. Präfix-V.; schw.; *han*; ver|breiderte [fɐˈbrɛɪ̯ˑdetə]; ver|breidert [fɐˈbrɛɪ̯ˑdet]> {6.11.3; 9.2.1.2}: verbreitern [auch: *breider maache*]. (4)

ver|brenne [fɐˈbrɛnə] <nicht trennb. Präfix-V.; unr.; *han*; ver|brannt; ver|brannt [fɐˈbrant]>: verbrennen, **1.** <sin> vom Feuer vernichtet werden: *Flöck, söns verbrennt dat all!* (Schnell, sonst verbrennt das alles!). **2.** <han> vom Feuer verzehren/vernichten lassen: *Mer v. dat Papier em Ovve.* (Wir v. das Papier im Ofen.). **3.** <han> durch Berührung mit etw. sehr Heißem verletzen: *sich de Fingere v.* (sich die Finger v.). (35)

ver|brocke [fɐˈbrokə] <nicht trennb. Präfix-V.; schw.; *han*; ver|brockte [fɐˈbroktə]; ver|brock [fɐˈbrok]>: verschulden, falsch machen. (88)

ver|brödere, sich [fɐˈbrøˑdərə] <nicht trennb. Präfix-V.; schw.; *han*; ver|bröderte [fɐˈbrøˑdetə]; ver|brödert [fɐˈbrøˑdet]> {5.4; 9.2.1.2}: sich verbrüdern. (4)

ver|brödsche [fɐˈbrœːtʃə] <nicht trennb. Präfix-V.; schw.; *han*; ver|brödschte [fɐˈbrœːtʃtə]; ver|brödsch [fɐˈbrœːtʃ]>: verbrutzeln, verschmoren. (110)

ver|bröhe [fɐˈbrøˑə] <nicht trennb. Präfix-V.; schw.; *han*; ver|bröhte [fɐˈbrøˑtə]; ver|bröht [fɐˈbrøˑt]> {5.1.4.1; 5.4}: verbrühen, mit einer sehr heißen Flüssigkeit verbrennen. (37)

Ver|bruch, der [fɐˈbrʊx] <N.; o. Pl.> {5.3.1}: Verbrauch.

ver|bruche [fɐˈbrʊxə] <nicht trennb. Präfix-V.; schw.; *han*; ver|bruchte [fɐˈbrʊxtə]; ver|bruch [fɐˈbrʊx]> {5.3.1}: verbrauchen. (123)

ver|bruddele [fɐˈbrʊdələ] <nicht trennb. Präfix-V.; schw.; *han*; ver|bruddelte [fɐˈbrʊdəltə]; ver|bruddelt [fɐˈbrʊdəlt]>: **1.** verderben, vereiteln: *en Arbeid v.* (eine Arbeit v.). **2.** <sich v.> sich irren, verstricken. (6)

ver|bubbele, sich [fɐˈbʊbələ] <nicht trennb. Präfix-V.; schw.; *han*; ver|bubbelte [fɐˈbʊbəltə]; ver|bubbelt [fɐˈbʊbəlt]>: sich verplappern: *Ich wollt dat nit sage, ich han mich verbubbelt.* (Ich wollte das nicht sagen, ich habe mich verplappert.) [auch: ↑ver|plappere]. (6)

ver|buddele [fɐˈbʊdələ] <nicht trennb. Präfix-V.; schw.; *han*; ver|buddelte [fɐˈbʊdəltə]; ver|buddelt [fɐˈbʊdəlt]> {9.2.1.2}: verbuddeln, vergraben. (6)

ver|bünde, sich [fɐˈbʏnˑdə] <nicht trennb. Präfix-V.; schw.; *han*; ver|bündte [fɐˈbʏntə]; ver|bündt [fɐˈbʏnt]>: sich verbünden [auch: ↑zosamme|dun/zesamme|~]. (28)

ver|bürge [fɐˈbʏrˑjə] <nicht trennb. Präfix-V.; schw.; *han*; ver|bürgte [fɐˈbʏrˑçtə]; ver|bürg [fɐˈbʏrˑç]>: verbürgen, **1.** <sich v.> bereit sein, für jmdn./etw. einzustehen; gutsagen, bürgen: *Ich v. mich för en.* (Ich verbürge mich für ihn.) [auch: *de Hand en et Füür läge*]. **2. a)** etw. garantieren, die Gewähr für etw. geben: *Et Gesetz verbürg et Rääch op ...* (Das Gesetz verbürgt das Recht auf ...) [auch: ↑kaviere/~eere]. **b)** <im Perf., Plusq. u. im Part. II gebr.> als richtig bestätigen; authentisieren: *Die Nachrichte sin verbürg.* (Die Nachrichten sind verbürgt.); *verbürgte Zahle* (verbürgte Zahlen). (39)

ver|büüle [fɐˈbyˑlə] <nicht trennb. Präfix-V.; schw.; *han*; ver|büülte [fɐˈbyˑltə]; ver|büült [fɐˈbyˑlt]> {5.1.3}: verbeulen [auch: ↑ver|blötsche]. (102)

Ver|daach, der [fɐˈdaːx] <N.; ~te> {5.2.1.2}: Verdacht.

ver|dächt|ig [fɐˈdɛçtɪç] <Adj.; ~e; ~er, ~ste>: verdächtig, fragwürdig. Tbl. A5.2

ver|dächtige [fɐˈdɛçtɪjə] <nicht trennb. Präfix-V.; schw.; *han*; ver|dächtigte [fɐˈdɛçtɪçtə]; ver|dächtig [fɐˈdɛçtɪç]>: verdächtigen. (7)

ver|damme [fɐˈdamə] <nicht trennb. Präfix-V.; schw.; *han*; ver|dammte [fɐˈdamˑtə]; ver|dammp [fɐˈdamˑp]>: verdammen. (40)

ver|dämpe [fɐˈdɛmpə] <nicht trennb. Präfix-V.; schw.; *sin*; ver|dämpte [fɐˈdɛmptə]; ver|dämp [fɐˈdɛmp]> {5.4; 6.8.1}: verdampfen, **a)** von einem flüssigen in einen gasförmigen Aggregatzustand übergehen; sich (bei Siedetemperatur) in Dampf verwandeln: *Et Wasser es verdämp.* (Das Wasser ist verdampft.); **b)** (übertr.) abklingen: *Singe Ärger wor flöck verdämp.* (Sein Ärger war schnell verdampft/abgeklungen.). (180)

ver|danke [fɐˈdaŋkə] <nicht trennb. Präfix-V.; schw.; *han*; ver|dankte [fɐˈdaŋktə]; ver|dank [fɐˈdaŋk]>: verdanken, Dank schulden. (41)

ver|daue [fɐˈdoʊə] <nicht trennb. Präfix-V.; schw.; *han*; ver|daute [fɐˈdoʊˑtə]; ver|daut [fɐˈdoʊˑt]>: verdauen, verwerten. (11)

ver|decke¹ [fɐˈdɛkə] <nicht trennb. Präfix-V.; schw.; *han*; ver|deckte [fɐˈdɛktə]; ver|deck [fɐˈdɛk]>: verdecken, **a)** bedecken, verbergen; **b)** vertuschen. (88)

ver|d̲e̲cke² [fɐˈdekə] <nicht trennb. Präfix-V.; schw.; *han*; ver|d̲e̲ckte [fɐˈdektə]; ver|d̲e̲ck [fɐˈdek]> {5.5.2}: verdicken, dick(er) werden [auch: *deck weede*]. (88)

ver|deechte/~|dichte [fɐˈdeːçtə / -dɪçtə] <nicht trennb. Präfix-V.; schw.; *han*; ver|deech [fɐˈdeːç]> {5.2.1; 5.4}: verdichten, **1.** (Physik, Technik) durch Verkleinerung des Volumens (mittels Druck) die Dichte eines Stoffes erhöhen; komprimieren: *Der Sprit weed em Motor verdeech.* (Der Kraftstoff wird im Verbrennungsmotor verdichtet.). **2.** ausbauen/vergrößern u. so einen höheren Grad der Dichte erreichen: *et Stroßenetz v.* (das Straßennetz v.). **3.** <sich v.> **a)** zunehmend dichter werden: *Der Nevvel verdeech sich.* (Der Nebel verdichtet sich.) [auch: *deechter weede*]; **b)** (übertr.) sich verstärken: *Dä Verdaach verdeech sich.* (Der Verdacht verdichtet sich.). (131)

ver|deefe [fɐˈdeːfə] <nicht trennb. Präfix-V.; schw.; *han*; ver|deefte [fɐˈdeːftə]; ver|deef [fɐˈdeːf]> {5.1.4.3; 6.11.1}: vertiefen, nur übertr. bewirken, dass etw. zunimmt: *si Wesse v.* (sein Wissen v.). (108)

ver|deene [fɐˈdeːnə] <nicht trennb. Präfix-V.; schw.; *han*; ver|deente [fɐˈdeːntə]; ver|deent [fɐˈdeːnt]> {5.1.4.3}: verdienen. (44)

Ver|deens¹, der [fɐˈdeːns] <N.; ~te> {5.1.4.3; 8.3.5}: Verdienst, Einkommen, durch Arbeit erworbenes Geld.

Ver|deens², et [fɐˈdeːns] <N.; ~te> {5.1.4.3; 8.3.5}: Verdienst; Tat, Leistung (für die Allgemeinheit), die öffentliche Anerkennung verdient.

ver|deent [fɐˈdeːnt] <Adj.; Part. II von ↑ver|deene; ~e> {5.1.4.3}: verdient, sich durch Verdienste auszeichnend, verdienstvoll: *ene ~e Zaldat* (ein ~er Soldat); *Hä hät sich öm Kölle v. gemaht.* (Er hat sich um Köln v. gemacht.). Tbl. A1

ver|deile [fɐˈdeɪlə] <nicht trennb. Präfix-V.; schw.; *han*; ver|deilte [fɐˈdeɪltə]; ver|deilt [fɐˈdeɪlt]> {6.11.3}: verteilen. (45)

ver|denke [fɐˈdɛŋkə] <nicht trennb. Präfix-V.; unr.; *han*; ver|daach [fɐˈdaːx]; ver|daach [fɐˈdaːx]>: verdenken, übel nehmen <meist verneint u. i. Vbdg. m. *künne*>: *Dat kann ich im nit v.* (Das kann ich ihm nicht v./übel nehmen.). (46)

ver|d̲e̲rve/~|dirve [fɐˈdervə / -dɪrvə] <nicht trennb. Präfix-V.; st.; ver|d̲o̲rf [fɐˈdorf]; ver|d̲o̲rve [fɐˈdorvə]> {6.1.1}: verderben, **1. a)** <han> zunichte machen, zerstören: *einem de Freud v.* (jmdm. den Spaß v.); **b)** <sin> ungenießbar machen: *et Esse v.* (das Essen v.). **2.** <sin> ungenießbar werden: *Dä Wing es verdorve.* (Der Wein ist verdorben.). **3.** <han; sich v.> sich jmds. Gunst verscherzen: *Met däm darfs do et dir nit v.* (Mit dem darfst du es dir nicht v.). (184)

Ver|d̲e̲rve/~|dirve, et [fɐˈdervə / -dɪrvə] <N.; o. Pl.> {5.5.2; 6.1.1; (5.4)}: Verderb(en).

ver|deuvele [fɐˈdøyˑvələ] <nicht trennb. Präfix-V.; schw.; *han*; ver|deuvelte [fɐˈdøyˑvəltə]; ver|deuvelt [fɐˈdøyˑvəlt]> {6.5.2; 6.11.1; 9.2.1.2}: verteufeln [auch: ↑ver|düüvele]. (6)

ver|d̲o̲mme [fɐˈdomə] <nicht trennb. Präfix-V.; schw.; *han*; ver|d̲o̲mmte [fɐˈdomˑtə]; ver|d̲o̲mmp [fɐˈdomˑp]> {5.5.1}: verdummen, dumm machen/werden. (40)

ver|d̲ö̲nne [fɐˈdønə] <nicht trennb. Präfix-V.; schw.; *han*; ver|d̲ö̲nnte [fɐˈdønˑtə]; ver|d̲ö̲nnt [fɐˈdønˑt]> {5.5.1}: verdünnen, Konzentration von Flüssigkeit durch Zugabe von (meist) Wasser vermindern. (10)

Ver|d̲ö̲nn|er, der [fɐˈdønɐ] <N.; ~> {5.5.1}: Verdünner.

ver|donnere [fɐ'dɔnərə] <nicht trennb. Präfix-V.; schw.; han; ver|donnerte [fɐ'dɔnətə]; ver|donnert [fɐ'dɔnət]> {5.5.1; 9.2.1.2}: verdonnern. (4)

ver|dööschte [fɐ'døːʃtə] <nicht trennb. Präfix-V.; schw.; han; ver|döösch [fɐ'døːʃ]> {5.2.1.1.2; 5.4}: verdursten, wegen Flüssigkeitsmangel sterben. (19)

ver|dorve [fɐ'dɔrvə] <Adj.; Part. II von ↑ver|derve/~|dirve; ~; ~ner, ~nste> {5.5.1; 6.1.1}: verdorben, **1.** schlecht: *en v. Zupp* (eine ~e Zupp). **2.** zerstört, geschädigt: *ene v. Mage* (ein ~er Magen). **3.** sittlich-moralisch verkommen: *v. Pänz* (~e Kinder). Tbl. A3.2

ver|dötsch [fɐ'dœtʃ] <Adj.; ~te; ~ter, ~ste>: verwirrt, verrückt, idiotisch [auch: ↑aad|ig (2), ↑av|ge|schmack, ↑be|klopp (a), ↑be|stuss, ↑be|titsch, ↑jeck (1), ↑kalver|ig, ↑knatsch|jeck, ↑läppsch, ↑rader|doll (1), ↑stapel|jeck/stabel|~, ↑ver|kindsch, ↑ver|röck, *mem Bömmel behaue; en Ääz am Kieme/Wandere (han); (se) nit all op de Dröht/Reih (han); ene Nähl em Zylinder (han); ene Ratsch em Kappes (han); schwatz em Geseech (sin)*]. Tbl. A4.1.1

Ver|drag, der [fɐ'draːx] <N.; ~|dräg [-drɛˑfj]> {6.11.2}: **1.** Vertrag; verbindliche Absprache: *Häs de ene schreffliche V. gemaht?* (Hast du einen schriftlichen V. gemacht?). **2.** Vertragen; Einklang: *Die zwei han der iwige V.* (Die zwei verstehen sich sehr gut.).

ver|drage [fɐ'draˑʁə] <nicht trennb. Präfix-V.; st.; han; ver|drog [fɐ'droˑx]; ver|drage [fɐ'draˑʁə]> {6.11.2}: vertragen, **1.** <sich v.> mit jmdm. gut auskommen: *Pack schleiht sich, Pack verdräht sich.* (Pack schlägt sich, Pack verträgt sich.). **2.** jmdm. bekommen: *Dä Wing han ich god verdrage.* (Den Wein habe ich gut v.). **3.** ertragen, aushalten: *Dä kann schon jet Ping verdrage.* (Der kann schon etw. Schmerz ertragen.). (48)

ver|dräg|lich [fɐ'drɛˑfjlɪfj] <Adj.; ~e; ~er, ~ste> {6.11.2}: verträglich. Tbl. A1

ver|dränge [fɐ'drɛŋə] <nicht trennb. Präfix-V.; schw.; han; ver|drängte [fɐ'drɛŋtə]; ver|drängk [fɐ'drɛŋk]>: verdrängen. (49)

ver|dräume [fɐ'drøˑmə] <nicht trennb. Präfix-V.; schw.; han; ver|dräumte [fɐ'drøˑmtə]; ver|dräump [fɐ'drøˑmp] {6.11.2}: verträumen. (122)

ver|dräump [fɐ'drøˑmp] <Adj.; ~te; ~ter, ~ste> {s. u. ↑dräume}: verträumt. Tbl. A4.2.4

ver|dreckse [fɐ'drɛksə] <nicht trennb. Präfix-V.; schw.; han; ver|dreckste [fɐ'drɛkstə]; ver|drecks [fɐ'drɛks]>: verschmutzen, verunreinigen [auch: *dreck(el)ig maache*]. (87)

ver|dreeße [fɐ'dreˑsə] <nicht trennb. Präfix-V.; st.; han; ver|dross [fɐ'drɔs]; ver|drosse [fɐ'drɔsə]> {5.1.4.3}: verdrießen [auch: ↑fuchse]. (79)

ver|dreeß|lich [fɐ'dreˑslɪfj] <Adj.; ~e; ~er, ~ste> {5.1.4.3}: verdrießlich, missgestimmt, ärgerlich. Tbl. A1

ver|dresche [fɐ'drɛʃə] <nicht trennb. Präfix-V.; st.; han; ver|drosch [fɐ'drɔʃ]; ver|drosche [fɐ'drɔʃə]>: verdreschen, verprügeln, verhauen [auch: ↑durch|bläue, ↑durch|haue (2), ↑op|mische (2), ↑ver|bimse (1), ↑ver|bläue, ↑ver|haue (1), ↑ver|kamesöle, ↑ver|kloppe, ↑ver|möbele, ↑ver|prügele, ↑ver|trimme, ↑zer|bläue, ↑zer|schlage¹/~|schlonn (3)]. (50)

ver|drieve [fɐ'driˑvə] <nicht trennb. Präfix-V.; st.; han; ver|drevv [fɐ'dref]; ver|drevve [fɐ'drevə]> {5.1.4.5; 6.1.1; 6.11.2}: vertreiben [auch: ↑schasse, ↑wippe¹ (1), *en de Juch schlage*]. (51)

ver|drihe [fɐ'driˑə] <nicht trennb. Präfix-V.; schw.; han; ver|drihte [fɐ'driˑtə]; ver|driht [fɐ'driˑt]> {5.1.4.1}: verdrehen. (37)

ver|driht [fɐ'driˑt] <Adj.; ~e; ~er, ~ste> {5.4}: verdreht, **1.** <Part. II von ↑ver|drihe> falsch herum, verkehrt: *Dat Bild es v.* (Das Bild ist v.). **2.** verwirrt, konfus: *Ich ben hügg ganz v.* (Ich bin heute ganz konfus.). Tbl. A1

ver|drinke [fɐ'drɪŋkə] <nicht trennb. Präfix-V.; st.; han; ver|drunk [fɐ'drʊŋk]; ver|drunke [fɐ'drʊŋkə]> {6.11.2}: vertrinken [auch: ↑ver|suffe²]. (52)

ver|drocke [fɐ'drɔkə] <nicht trennb. Präfix-V.; schw.; han; ver|drockte [fɐ'drɔktə]; ver|drock [fɐ'drɔk]> {5.5.1}: verdrucken. (88)

ver|dröcke [fɐ'drøkə] <nicht trennb. Präfix-V.; schw.; han; ver|dröckte [fɐ'drøktə]; ver|dröck [fɐ'drøk]> {5.5.1}: verdrücken [auch: ↑ver|tilge (2)]. (88)

ver|drohte [fɐ'droˑtə] <nicht trennb. Präfix-V.; schw.; han; ver|droht [fɐ'droˑt]> {5.5.3}: verdrahten. (201)

Ver|dross, der [fɐ'drɔs] <N.> {5.5.1}: Verdruss, Unzufriedenheit; Missmut; Ärger.

ver|drüge [fɐ'dryˑjə] <nicht trennb. Präfix-V.; schw.; han; ver|drügte [fɐ'dryˑjtə]; ver|drüg [fɐ'dryˑfj]> {5.4; 6.11.2 8.2.3}: vertrocknen, verdorren; *verdrüg Hahnehätz* (sehr dünner Mensch) [auch: ↑Hahne|hätz; ↑Hemb; ↑Schmal]. (103)

Ver|drügte, der [fɐ'dryˑjtə] <N.; ~>: sehr dürrer, knochiger Mensch, Hänfling [auch: ↑Ge|räm|sch (2b), ↑Knoche|-

ge|rämsch, ↑Reuz (4), ↑Rebbe|ge|spens, ↑Schmeck vum Dudewage (1), ↑Spenne|fleck|er, *schmalen Herring, fettgemaht Stochieser*].
ver|dubbele [fɐˈdʊbələ] <nicht trennb. Präfix-V.; schw.; *han*; ver|dubbelte [fɐˈdʊbəltə]; ver|dubbelt [fɐˈdʊbəlt]> {5.4; 6.9; 9.2.1.2}: verdoppeln. (6)
ver|dufte [fɐˈdʊftə] <nicht trennb. Präfix-V.; schw.; *han*; ver|duff [fɐˈdʊf]>: verduften. (89)
ver|dun [fɐˈdʊn] <nicht trennb. Präfix-V.; unr.; *han*; ver|dät [fɐˈdɛˑt]; ver|don [fɐˈdɔn]> {5.3.2.5; 6.11.1}: vertun, **1.** verschwenden, vergeuden: *si ganz Geld v.* (sein ganzes Geld vergeuden). **2.** <sich v.> sich irren: *Do han ich mich bloß verdon.* (Da habe ich mich nur geirrt.). (53)
ver|dunste [fɐˈdʊnstə] <nicht trennb. Präfix-V.; schw.; ver|duns [fɐˈdʊns]>: verdunsten, **a)** <sin> allmählich in einen gasförmigen Aggregatzustand, bes. von Wasser in Wasserdampf, übergehen: *Dat Wasser en däm Pott es verduns.* (Das Wasser im Topf ist verdunstet.); **b)** <han> (einen flüssigen Stoff) allmählich in einen gasförmigen Zustand überführen: *Mer han dat Wasser heiß gemaht för et zo verdunste.* (Wir haben das Wasser durch Erhitzen verdunstet.). (54)
ver|düüvele [fɐˈdyːvələ] <nicht trennb. Präfix-V.; schw.; *han*; ver|düüvelte [fɐˈdyːvəltə]; ver|düüvelt [fɐˈdyːvəlt]> {5.1.3; 6.5.2; 6.11.1; 9.2.1.2}: verteufeln [auch: ↑ver|deuvele]. (6)
ver|edele [fɐˈeːdələ] <nicht trennb. Präfix-V.; schw.; *han*; ver|edelte [fɐˈeːdəltə]; ver|edelt [fɐˈeːdəlt]> {9.2.1.2}: veredeln. (6)
ver|eidige [fɐˈeɪ̯dɪjə] <nicht trennb. Präfix-V.; schw.; *han*; ver|eidigte [fɐˈeɪ̯dɪçtə]; ver|eidig [fɐˈeɪ̯dɪʃ]>: vereidigen. (7)
Ver|ein, der [fɐˈeɪ̯n] <N.; ~e [fɐˈeɪ̯ˑnə]>: Verein.
ver|einbare [fɐˈeɪ̯nbaːrə] <nicht trennb. Präfix-V.; schw.; *han*; ver|einbarte [fɐˈeɪ̯nbaːtə]; ver|einbart [fɐˈeɪ̯nbaːt]>: vereinbaren [auch: ↑us|maache (2)]. (21)
ver|eine [fɐˈeɪ̯ˑnə] <nicht trennb. Präfix-V.; schw.; *han*; ver|einte [fɐˈeɪ̯ˑntə]; ver|eint [fɐˈeɪ̯ˑnt]>: vereinen. (138)
ver|ein|fache [fɐˈeɪ̯nfaxə] <nicht trennb. Präfix-V.; schw.; *han*; ver|ein|fachte [fɐˈeɪ̯nfaxtə]; ver|ein|fach [fɐˈeɪ̯nfax]>: vereinfachen. (123)
ver|einige [fɐˈeɪ̯ˑnɪjə] <nicht trennb. Präfix-V.; schw.; *han*; ver|einigte [fɐˈeɪ̯ˑnɪçtə]; ver|einig [fɐˈeɪ̯ˑnɪʃ]>: vereinigen. (7)

ver|eitere [fɐˈeɪ̯tərə] <nicht trennb. Präfix-V.; schw.; *sin*; ver|eiterte [fɐˈeɪ̯tətə]; ver|eitert [fɐˈeɪ̯tət]> {9.2.1.2}: vereitern, sich eitrig entzünden. (4)
ver|erve [fɐˈɛrˑvə] <nicht trennb. Präfix-V.; schw.; *han*; ver|ervte [fɐˈɛrˑftə]; ver|erv [fɐˈɛrˑf]> {6.1.1}: vererben, vermachen. (66)
ver|fähle [fɐˈfɛːlə] <nicht trennb. Präfix-V.; schw.; *han*; ver|fählte [fɐˈfɛːltə]; ver|fählt [fɐˈfɛːlt]> {5.4}: verfehlen. (61)
ver|fahre [fɐˈfaːrə] <nicht trennb. Präfix-V.; st.; *han*; ver|fuhr/~|fohr [fɐˈfuːɐ̯ / -ˈfoːɐ̯]; ver|fahre [fɐˈfaːrə]>: verfahren, **a)** <sich v.> einen falschen Weg fahren, einschlagen: *Ich luure leever ens noh, söns v. mer uns!* (Ich sehe lieber mal nach, sonst v. wir uns!); **b)** durch Fahren verbrauchen: *zo vill Sprit v.* (zu viel Benzin v./verbrauchen). (62)
Ver|fahre, et [fɐˈfaːrə] <N.; ~>: Verfahren.
ver|falle [fɐˈfalə] <nicht trennb. Präfix-V.; st.; *sin*; ver|feel [fɐˈfeːl]; ver|falle [fɐˈfalə]>: verfallen, **1.** zugrunde gehen, verkommen: *Dat Huus verfällt ganz.* (Das Haus verfällt ganz.). **2.** ungültig werden: *Die Fahrkaat es v.* (Die Fahrkarte ist v.). **3.** abhängig werden: *dem Spill v.* (dem Spiel v.). **4.** kommen auf, sich ausdenken: *Wie bes do dann dodrop v.?* (Wie bist du denn darauf v.?). (64)
ver|fälsche [fɐˈfɛlʃə] <nicht trennb. Präfix-V.; schw.; *han*; ver|fälschte [fɐˈfɛlʃtə]; ver|fälsch [fɐˈfɛlʃ]>: verfälschen, etw. falsch darstellen: *de Geschichte v.* (die Geschichte v.). (110)
ver|fange [fɐˈfaŋə] <nicht trennb. Präfix-V.; st.; *han*; ver|fing [fɐˈfɪŋ]; ver|fange [fɐˈfaŋə]>: verfangen, **1.** die gewünschte Wirkung hervorrufen: *Su ene söße Brei verfängk bei mir nit mih!* (So eine Schmeichelei verfängt bei mir nicht mehr!). **2.** <sich v.> sich verfangen, in einem Netz, einer Schlinge od. Ä. hängen bleiben. (65)
ver|färve [fɐˈfɛrˑvə] <nicht trennb. Präfix-V.; schw.; *han*; ver|färvte [fɐˈfɛrˑftə]; ver|färv [fɐˈfɛrˑf]> {5.4; 6.1.1}: verfärben, **a)** <sich v.> eine andere Farbe annehmen: *De Wäsch hät sich verfärv.* (Die Wäsche hat sich verfärbt.); **b)** durch Färben verderben (in Bezug auf das farbliche Aussehen): *Dat rude Hemb hät de ganze Wäsch verfärv.* (Das rote Hemd hat die ganze Wäsche verfärbt.). (66)
ver|fechte/~|fäächte [fɐˈfɛçtə / -fɛːçtə] <nicht trennb. Präfix-V.; *ver|fäächte* veraltend; st.; *han*; ver|fochte [fɐˈfɔxtə]> {(5.2.1; 5.4)}: verfechten. (69) (60)

ver|feinere [fɐˈfaɪnərə] <nicht trennb. Präfix-V.; schw.; *han*; i. best. Komposita *fein*, sonst ↑*fing*; ver|feinerte [fɐˈfaɪnɐtə]; ver|feinert [fɐˈfaɪnɐt]> {9.2.1.2; 11}: verfeinern, besser, exakter machen/werden. (4)

ver|feuere [fɐˈfɔyərə] <nicht trennb. Präfix-V.; schw.; *han*; ver|feuerte [fɐˈfɔyɐtə]; ver|feuert [fɐˈfɔyɐt]> {9.2.1.2}: verfeuern, **1. a)** als Brennstoff verwenden; **b)** als Brennstoff völlig aufbrauchen. **2.** durch Schießen verbrauchen: *de Munition v.* (die Munition v.). (4)

ver|filme [fɐˈfɪlmə] <nicht trennb. Präfix-V.; schw.; *han*; ver|filmte [fɐˈfɪlmtə]; ver|filmp [fɐˈfɪlmp]>: verfilmen. (70)

ver|filze [fɐˈfɪltsə] <nicht trennb. Präfix-V.; schw.; *sin*; ver|filzte [fɐˈfɪltstə]; ver|filz [fɐˈfɪlts]>: verfilzen, filzig werden; sich unentwirrbar ineinander verwickeln: *Minge Pullover es mer beim Wäsche verfilz.* (Mein Pullover ist mir beim Waschen verfilzt.). (42)

ver|fläge [fɐˈflɛˑjə] <nicht trennb. Präfix-V.; schw.; *han*; ver|flägte [fɐˈflɛˑɟtə]; ver|fläg [fɐˈflɛˑɟ]> {5.4; 6.8.2}: verpflegen. (103)

Ver|fläg|ung, de [fɐˈflɛˑjʊŋ] <N.; ~e (Pl. selten)> {5.4; 6.8.2}: Verpflegung.

ver|flanze/~|planze [fɐˈflantsə / -plantsə] <nicht trennb. Präfix-V.; schw.; *han*; ver|flanzte [fɐˈflantstə]; ver|flanz [fɐˈflants]> {6.8.1/6.8.2}: verpflanzen, **1. a)** an eine andere Stelle pflanzen: *ene Baum v.* (einen Baum v.); **b)** (übertr.) *Aal Lück looße sich nit gään v.* (Alte Menschen lassen sich ungern v.). **2.** transplantieren: *en Nier v.* (eine Niere v.). (42)

ver|fleege [fɐˈfleˑjə] <nicht trennb. Präfix-V.; st.; ver|flog [fɐˈfloːx]; ver|floge [fɐˈfloːʀə]> {5.1.4.3}: verfliegen, **1.** <*han; sich v.*> *Dä Pilot hät sich em Nevvel verfloge.* (Der Pilot hat sich im Nebel verflogen.). **2.** <*sin*> **a)** in der Luft verschwinden: *Dä Gestank es verfloge.* (Der Gestank ist verflogen.); **b)** sich verflüchtigen: *Wa' mer die Fläsch nit richtig verschlüüß, verflüg dat Pafüm.* (Wenn man die Flasche nicht richtig verschließt, verfliegt das Parfüm.); **c)** (schnell) vorübergehen: *Sing Wod wor flöck verfloge.* (Seine Wut war schnell verflogen.). (16)

ver|flichte [fɐˈflɪçtə] <nicht trennb. Präfix-V.; schw.; *han*; ver|flich [fɐˈflɪç]> {6.8.2}: verpflichten. (131)

Ver|flicht|ung, de [fɐˈflɪçtʊŋ] <N.; ~e> {6.8.2}: Verpflichtung.

ver|flix [fɐˈflɪks] <Adj.; ~te; ~ter, ~teste> {8.3.5}: verflixt, verdammt. Tbl. A4.1.2

ver|floche/~|fluche [fɐˈfloːxə / -fluˑxə] <nicht trennb. Präfix-V.; schw.; *han*; ver|flochte [fɐˈfloːxtə]; ver|floch [fɐˈfloːx]> {5.4}: verfluchen [auch: ↑*ver|maledeie*]. (123)

ver|flüchtige, sich [fɐˈflʏçtɪjə] <nicht trennb. Präfix-V.; schw.; *han*; ver|flüchtigte [fɐˈflʏçtɪçtə]; ver|flüchtig [fɐˈflʏçtɪç]>: sich verflüchtigen. (7)

ver|föge [fɐˈføˑjə] <nicht trennb. Präfix-V.; schw.; *han*; ver|fögte [fɐˈføˑɟtə]; ver|fög [fɐˈføˑɟ]> {5.4}: verfügen, anordnen, bestimmen. (103)

ver|föhre/~|führe [fɐˈføˑ(ɐ̯)rə / -ˈfyˑ(ɐ̯)rə] <nicht trennb. Präfix-V.; unr./st./schw.; *han*; ver|föhte/~|foht [fɐˈføˑtə / -foːt]; ver|föht/~|foht [fɐˈføˑt / -foːt]> {5.4}: verführen, anstiften, motivieren. (74) (31)

ver|folge [fɐˈfɔlˑjə] <nicht trennb. Präfix-V.; schw.; *han*; ver|folgte [fɐˈfɔlˑɟtə]; ver|folg [fɐˈfɔlˑɟ]>: verfolgen. (39)

ver|föödere [fɐˈføˑdərə] <nicht trennb. Präfix-V.; schw.; *han*; ver|fööderte [fɐˈføˑdɐtə]; ver|föödert [fɐˈføˑdɐt]> {5.2.1.4; 5.4; 6.11.3; 9.2.1.2}: verfüttern, **a)** (Tieren) als Futter geben: *Murre v.* (Möhren v.); **b)** durch Füttern verbrauchen: *20 kg Hafer an de Pääder v.* (20 kg Hafer an die Pferde v.). (4)

ver|forme [fɐˈfɔrmə] <nicht trennb. Präfix-V.; schw.; *han*; ver|formte [fɐˈfɔrmtə]; ver|formp [fɐˈfɔrmp]>: verformen. (127)

ver|fraachte [fɐˈfraːxtə] <nicht trennb. Präfix-V.; schw.; *han*; ver|fraach [fɐˈfraːx]> {5.2.1}: verfrachten, **a)** als Fracht versenden, verladen; **b)** (übertr.) *Dä hät sing Tant en der Zog verfraach.* (Er hat seine Tante in den Zug verfrachtet/sie in den Zug gebracht.). (1)

ver|franse, sich [fɐˈfranzə] <nicht trennb. Präfix-V.; schw.; *han*; ver|franste [fɐˈfranstə]; ver|frans [fɐˈfrans]> {6.12.7}: sich verfranzen, **a)** (Fliegerspr.) sich verfliegen: *Dä Amateurpilot hatt sich em Nevvel verfrans.* (Der Amateurpilot hatte sich im Nebel verfranst.); **b)** sich verirren. (87)

ver|fresse[1] [fɐˈfrɛsə] <nicht trennb. Präfix-V.; st.; *han*; ver|froß [fɐˈfrɔːs]; ver|fresse [fɐˈfrɛsə]>: verfressen, durch Essen verbrauchen, für Essen ausgeben. (59)

ver|fresse[2] [fɐˈfrɛsə] <Adj.; ~; ~ner, ~nste>: verfressen, **1.** <Part. II von ↑*ver|fresse*[1]> etw. vollständig aufgebraucht haben: *Dä Luhn es längs v.* (Der Lohn ist längst v./aufgebraucht.). **2.** gefräßig: *Bes nit esu v.!* (Sei nicht so v.!). Tbl. A3.2

ver|frore [fɐˈfroːrə] <Adj.; ~; ~ner, ~nste> {5.5.3}: verfroren, (auf Personen bezogen) kälteüberempfindlich: *Dat es* *esu v., dat deit sich bei 25° ene decke Pullover aan.* (Sie ist so v., sie zieht sich bei 25° einen dicken Pulli an.). Tbl. A3.2

ver|fumfeie [fɐˈfʊmˌfaɪ̯ə] <nicht trennb. Präfix-V.; schw.; *han*; ver|fumfeite [fɐˈfʊmˌfaɪ̯tə]; ver|fumfeit [fɐˈfʊmˌfaɪ̯t]>: verjubeln, vergeuden [auch: ꜛdrop|jöcke, ꜛdrop|maache (1), ꜛdurch|bränge (3), ꜛver|jöcke, ꜛver|jubele, ꜛver|juckele, ꜛver|juxe, ꜛver|klüngele (1a), ꜛver|plempere, ꜛver|prasse, ꜛver|tüddele (2)]. (11)

ver|fusche [fɐˈfʊʃə] <nicht trennb. Präfix-V.; schw.; *han*; ver|fuschte [fɐˈfʊʃtə]; ver|fusch [fɐˈfʊʃ]> {6.8.2}: verpfuschen [auch: ꜛver|saue (2)]. (110)

ver|fuule [fɐˈfuːlə] <nicht trennb. Präfix-V.; schw.; *sin*; ver|fuulte [fɐˈfuːltə]; ver|fuult [fɐˈfuːlt]> {5.1.3}: verfaulen. (102)

ver|gaffe, sich [fɐˈjafə] <nicht trennb. Präfix-V.; schw.; *han*; ver|gaffte [fɐˈjaftə]; ver|gaff [fɐˈjaf]>: sich vergaffen, verlieben. (27)

ver|gammele [fɐˈjamələ] <nicht trennb. Präfix-V.; schw.; ver|gammelte [fɐˈjaməltə]; ver|gammelt [fɐˈjaməlt]> {9.2.1.2}: vergammeln, **1.** <sin> (von Nahrungsmitteln) durch zu langes Liegen verderben/ungenießbar werden: *Dat Brud es ganz vergammelt.* (Das Brot ist völlig vergammelt.). **2.** <han> eine best. Zeit müßig zubringen; vertrödeln: *der ganze Dag em Bedd v.* (den ganzen Tag im Bett vertrödeln). (6)

ver|gammelt [fɐˈjaməlt] <Adj.; ~e; ~er, ~ste>: vergammelt, verdorben. Tbl. A1

Ver|gange(n)|heit, de [fɐˈjaŋə(n)ˌheɪ̯t] <N.; ~e (Pl. selten)> {9.1.4}: Vergangenheit.

ver|gäng|lich [fɐˈjɛŋlɪʃ] <Adj.; ~e; ~er; ~ste ⟨mhd. vergenclich⟩>: vergänglich, flüchtig, ohne Bestand; nicht von Dauer. Tbl. A1

ver|gase [fɐˈjaːzə] <nicht trennb. Präfix-V.; schw.; *han*; ver|gaste [fɐˈjaːstə]; ver|gas [fɐˈjaːs]>: vergasen. (149)

Ver|gas|er, der [fɐˈjaːzɐ] <N.; ~>: Vergaser.

ver|geeße [fɐˈjeːsə] <nicht trennb. Präfix-V.; st.; ver|goss [fɐˈjɔs]; ver|gosse [fɐˈjɔsə]> {5.1.4.3}: vergießen. (79)

ver|gefte [fɐˈjeftə] <nicht trennb. Präfix-V.; schw.; *han*; ver|geff [fɐˈjef]> {5.5.2}: vergiften. (89)

Ver|geft|ung, de [fɐˈjeftʊŋ] <N.; ~e> {5.5.2}: Vergiftung.

ver|gelde [fɐˈjɛldə] <nicht trennb. Präfix-V.; st.; *han*; ver|goldt [fɐˈjɔlt]; ver|golde [fɐˈjɔldə]> {6.11.3}: vergelten. (80)

Ver|gess, der [fɐˈjɛs] <N.; subst. V.> {8.3.2}: Vergessenheit; Vergessen: *en der V. kumme, gerode* (in V. geraten).

ver|gesse [fɐˈjɛsə] <nicht trennb. Präfix-V.; st.; *han*; ver|goß [fɐˈjɔːs]; ver|gesse [fɐˈjɛsə]>: vergessen, **1. a)** aus dem Gedächtnis verlieren, sich nicht merken können; **b)** nicht (mehr) an jmdn./etw. denken: *Ich han minge Schlössel v.* (Ich habe meinen Schlüssel v.). **2.** <sich v.> die Beherrschung über sich selbst verlieren: *Räg dich av! Vergess dich nit!* (Beruhige dich! Vergiss dich nicht!). (59)

ver|gess|lich [fɐˈjɛslɪʃ] <Adj.; ~e; ~er, ~ste>: vergesslich, schusselig. Tbl. A1

Vergess|mich|nit, et [fɐˈjɛsmɪʃˌnɪt] <N.; kein Pl.>: Vergissmeinnicht.

ver|gevve [fɐˈjevə] <nicht trennb. Präfix-V.; st.; *han*; ver|gov [fɐˈjɔːf]; ver|govve/~|gevve [fɐˈjovə / -ˈjevə]> {5.3.4; 5.5.2; 6.1.1}: vergeben. (81)

ver|gevvens [fɐˈjevəns] <Adv.> {5.3.2; 5.5.2; 6.1.1}: vergebens.

ver|gewaltige [fɐjəˈvaltɪjə] <nicht trennb. Präfix-V.; schw.; *han*; ver|gewaltigte [fɐjəˈvaltɪʃtə]; ver|gewaltig [fɐjəˈvaltɪʃ]>: vergewaltigen. (7)

ver|gewessere, sich [fɐjəˈvesərə] <nicht trennb. Präfix-V.; schw.; *han*; ver|gewesserte [fɐjəˈvesətə]; ver|gewessert [fɐjəˈveset]> {5.5.2; 9.2.1.2}: sich vergewissern, nachprüfen. (4)

ver|gilbe [fɐˈjɪlbə] <nicht trennb. Präfix-V.; schw.; *sin*; ver|gilbte [fɐˈjɪlptə]; vergilb [fɐˈjɪlp] ⟨mhd. vergilwen⟩>: vergilben. (189)

ver|gittere [fɐˈjɪtərə] <nicht trennb. Präfix-V.; schw.; *han*; ver|gitterte [fɐˈjɪtətə]; ver|gittert [fɐˈjɪtət]> {9.2.1.2}: vergittern. (4)

ver|glase [fɐˈjlaːzə] <nicht trennb. Präfix-V.; schw.; *han*; ver|glaste [fɐˈjlaːstə]; ver|glas [fɐˈjlaːs]>: verglasen. (149)

Ver|glich, der [fɐˈjlɪʃ] <N.; ~e> {5.3.1}: Vergleich.

ver|gliche [fɐˈjlɪʃə] <nicht trennb. Präfix-V.; st.; *han*; ver|glech [fɐˈjleʃ]; ver|gleche [fɐˈjleʃə]> {5.3.4.1}: vergleichen, **1.** gegeneinander abwägen, um Unterschiede od. Übereinstimmungen festzustellen: *Bilder v.* (Bilder v.). **2.** <sich v. met> sich mit jmdm. messen: *Do kanns dich met mir nit v.* (Du kannst dich mit mir nicht v.). **3.** <sich v.> einen Vergleich schließen: *Mer han uns vergleche.* (Wir haben uns verglichen/einen Vergleich geschlossen.). (187)

ver|glöhe/~|glöhne [fɐˈjløˑə / -ˈjløˑnə] <nicht trennb. Präfix-V.; schw.; *sin*; ver|glöhte [fɐˈjløˑtə]; ver|glöht [fɐˈjløˑt]> {5.4}: verglühen. (37) (5)

ver|gnög [fɐˈjnøˑŋ̊] <Adj.; Part. II von ↑ver|gnöge; ~te; ~ter, ~ste> {5.4; 8.3.5}: vergnügt. Tbl. A4.1.1

ver|gnöge, sich [fɐˈjnøˑjə] <nicht trennb. Präfix-V.; schw.; *han*; ver|gnögte [fɐˈjnøˑŋ̊tə]; ver|gnög [fɐˈjnøˑŋ̊]> {5.4}: sich vergnügen. (103)

Ver|gnöge, et [fɐˈjnøˑjə] <N.; ~> {5.4}: Vergnügen.

ver|gnög|lich [fɐˈjnøˑŋ̊lɪtʃ] <Adj.; ~e; ~er; ~ste> {5.4; 8.3.5}: vergnüglich. Tbl. A1

Ver|gnög|ungs|such, de [fɐˈjnøˑjʊŋsˌzʊx] <N.; o. Pl.> {s. u. ↑Ver|gnöge; ↑Such}: Vergnügungssucht.

ver|göddere [fɐˈjœdərə] <nicht trennb. Präfix-V.; schw.; *han*; ver|gödderte [fɐˈjœdetə]; ver|göddert [fɐˈjœdet]> {6.11.3; 9.2.1.2}: vergöttern. (4)

ver|göde [fɐˈjøˑdə] <nicht trennb. Präfix-V.; schw.; *han*; ver|gödte [fɐˈjøˑtə]; ver|gödt [fɐˈjøˑt]> {5.4; 6.11.3}: vergüten. (197)

ver|golde [fɐˈjolˑdə] <nicht trennb. Präfix-V.; schw.; *han*; ver|goldte [fɐˈjolˑtə]; ver|goldt [fɐˈjolˑt]> {5.5.1}: vergolden. (28)

ver|gonn [fɐˈjɔn] <nicht trennb. Präfix-V.; st.; ver|ging [fɐˈjɪŋ]; ver|gange [fɐˈjaŋə]> {5.3.4; 8.2.2.3}: vergehen, **1.** <sin> eine best. Zeitspanne verstreichen: *Zickdäm sin ald vill Johre vergange.* (Seitdem sind schon viele Jahre vergangen.). **2.** <han; sich v. an> an jmdm./etw. eine Straftat begehen: *sich an fremde Saache v.* (sich an fremdem Eigentum v.). (83)

Ver|gonn, et [fɐˈjɔn] <N.; kein Pl.> {5.3.4; 8.2.2.3}: Vergehen.

ver|gönne [fɐˈjønə] <nicht trennb. Präfix-V.; unr./schw.; *han*; ver|gönnt/~|gonnt [fɐˈjønt / -ˈjɔnt]; ver|gonnt/~|gönnt [fɐˈjɔnt / -ˈjønt]> {5.5.1}: vergönnen. (84)

ver|grave [fɐˈjraˑvə] <nicht trennb. Präfix-V.; st.; *han*; ver|grov [fɐˈjroˑf]; ver|grave [fɐˈjraˑvə]> {6.1.1}: vergraben. (85)

ver|greffe [fɐˈjrefə] <Adj.; Part. II von ↑ver|griefe; ~> {5.5.2}: vergriffen, nicht mehr lieferbar: *Dat Boch es v.* (Das Buch ist v.). Tbl. A3.2

ver|griefe, sich [fɐˈjriːfə] <nicht trennb. Präfix-V.; st.; *han*; ver|greff [fɐˈjref]; ver|greffe [fɐˈjrefə]> {5.1.4.5}: sich vergreifen. (86)

ver|größere [fɐˈjrøːsərə] <nicht trennb. Präfix-V.; schw.; *han*; ver|größerte [fɐˈjrøːsetə]; ver|größert [fɐˈjrøːset]> {9.2.1.2}: vergrößern [auch: *größer maache*]. (4)

Ver|größer|ungs|speegel, der [fɐˈjrøːsərʊŋsˌpeˑjəl] <N.; ~e> {s. u. ↑Speegel}: Vergrößerungsspiegel.

ver|habbele, sich [fɐˈhabələ] <nicht trennb. Präfix-V.; schw.; *han*; ver|habbelte [fɐˈhabəltə]; ver|habbelt [fɐˈhabəlt]> {9.2.1.2}: sich verplappern, etwas unbedacht ausplaudern: *Do han ich mich verhabbelt.* (Da habe ich mich verplappert.). (6)

ver|haddere [fɐˈhadərə] <nicht trennb. Präfix-V.; schw.; *han*; ver|hadderte [fɐˈhadetə]; ver|haddert [fɐˈhadet]> {5.4; 9.2.1.2}: verheddern [auch: ↑ver|heddere]. (4)

ver|hafte [fɐˈhaftə] <nicht trennb. Präfix-V.; schw.; *han*; ver|haff [fɐˈhaf]>: verhaften, **1.** festnehmen. **2.** einprägen. (89)

ver|haft|ig[1] [fɐˈhaftɪʃ] <Adj.; veraltend; ~e; ~er, ~ste>: wahrhaftig, wahr. Tbl. A5.2

ver|haft|ig[2] [fɐˈhaftɪʃ] <Adv.; veraltend>: wahrhaftig, bekräftigt eine Aussage.

ver|hagele [fɐˈhaʀələ] <nicht trennb. Präfix-V.; schw.; *sin*; ver|hagelte [fɐˈhaʀəltə]; ver|hagelt [fɐˈhaʀəlt]> {9.2.1.2}: verhageln, durch Hagelschlag vernichtet werden; **de Pitterzillie v.* (die Laune verderben): *Et hät mer de Pitterzillie verhagelt.* (Es hat mir die Laune verdorben.). (6)

ver|halde, sich [fɐˈhaldə] <nicht trennb. Präfix-V.; st.; *han*; ver|heeldt [fɐˈheːlt]; ver|halde [fɐˈhaldə]> {6.11.3}: sich verhalten, **1. a)** beschaffen sein: *Esu verhäld sich dat nit!* (So verhält sich das nicht!); **b)** benehmen, betragen: *Bei dä Musik v. de Lück sich wie de Jecke.* (Bei der Musik v. die Leute sich wie die Verrückten). **2.** wie die in einem best. Verhältnis stehen: *Drei verhäld sich zo vier wie sechs zo aach.* (Drei verhält sich zu vier wie sechs zu acht.). (90)

Ver|halde, et [fɐˈhaldə] <N.; kein Pl.> {6.11.3}: Verhalten.

Ver|häld|nis, et [fɐˈhɛltnɪs] <N.; ~se> {6.11.3}: Verhältnis.

Ver|häld|nis|wǫǫd, et [fɐˈhɛltnɪsˌvɔːt] <N.; ~|wǫǫder [-vœːdə]> {s. u. ↑Ver|hält|nis ↑Wǫǫd¹}: Verhältniswort, Präposition.

ver|halle [fɐˈhalə] <nicht trennb. Präfix-V.; schw.; ver|hallte [fɐˈhalˑtə]; ver|hallt [fɐˈhalˑt]>: verhallen, **1.** <sin> immer

verhandele

schwächer hallen u. schließlich nicht mehr zu hören sein: *die Rofe/Schredd v.* (die Rufe/Schritte v.). **2.** <han> bei musikalischen Aufnahmen den Effekt eines Nachhalls erzeugen. (91)

ver|handele [fɐ'handələ] <nicht trennb. Präfix-V.; schw.; *han*; ver|handelte [fɐ'handəltə]; ver|handelt [fɐ'handəlt]> {9.2.1.2}: verhandeln. (6)

ver|hänge [fɐ'hɛŋə] <nicht trennb. Präfix-V.; schw.; *han*; ver|hängte [fɐ'hɛŋtə]; ver|hängk [fɐ'hɛŋk]>: verhängen, **1.** etw. vor od. über etw. hängen u. das Betreffende dadurch verdecken; zuhängen: *et Finster met Döcher v.* (das Fenster mit Tüchern v.). **2.** (bes. als Strafe) anordnen, verfügen: *en Strof v.* (eine Strafe v.). (49)

ver|hange [fɐ'haŋə] <Adj.; Part. II von verhange; ~>: verhangen: *Der Himmel es v.* (Der Himmel ist v.). Tbl. A3.2

ver|haspele [fɐ'haspələ] <nicht trennb. Präfix-V.; schw.; *han*; ver|haspelte [fɐ'haspəltə]; ver|haspelt [fɐ'haspəlt]> {9.2.1.2}: verhaspeln. (6)

ver|hass [fɐ'has] <Adj.; ~te; ~ter, ~teste> {8.3.5}: verhasst. Tbl. A4.1.1

ver|hätschele [fɐ'hɛtʃələ] <nicht trennb. Präfix-V.; schw.; *han*; ver|hätschelte [fɐ'hɛtʃəltə]; ver|hätschelt [fɐ'hɛtʃəlt]> {9.2.1.2}: verhätscheln. (6)

ver|haue [fɐ'haʊə] <nicht trennb. Präfix-V.; unr./schw.; *han*; ver|haute [fɐ'haʊtə]; ver|haue/~|haut [fɐ'haʊə / -'haʊt]>: verhauen, **1.** verprügeln: *Kleinere darf mer nit v.* (Kleinere darf man nicht v.) [auch: ↑durch|bläue, ↑durch|haue (2), ↑op|mische (2), ↑ver|bimse (1), ↑ver|bläue, ↑ver|dresche, ↑ver|kamesöle, ↑ver|kloppe, ↑ver|möbele, ↑ver|prügele, ↑ver|trimme, ↑zer|bläue, ↑zer|schlage/~|schlonn (3)]. **2.** <sich v.> sich irren: *Dat hät ich nit gedaach, do han ich mich schwer v.* (Das hätte ich nicht nicht gedacht, da habe ich mich schwer v.). (94)

ver|heddere [fɐ'hɛdərə] <nicht trennb. Präfix-V.; schw.; *han*; ver|hedderte [fɐ'hɛdetə]; ver|heddert [fɐ'hɛdet]> {9.2.1.2}: verheddern [auch: ↑ver|haddere]. (4)

ver|heile [fɐ'heɪlə] <nicht trennb. Präfix-V.; schw.; *sin*; ver|heilte [fɐ'heɪltə]; ver|heilt [fɐ'heɪlt]>: verheilen. (45)

ver|heim|liche [fɐ'heɪmlɪçə] <nicht trennb. Präfix-V.; schw.; *han*; ver|heimlichte [fɐ'heɪmlɪçtə]; ver|heimlich [fɐ'heɪmlɪç]>: verheimlichen: *de Krankheit vör de Pänz v.* (die Krankheit vor den Kindern v.). (123)

ver|heize [fɐ'heɪtsə] <nicht trennb. Präfix-V.; schw.; *han*; ver|heizte [fɐ'heɪtstə]; ver|heiz [fɐ'heɪts]>: verheizen, **1.** zum Heizen verwenden: *Holz v.* **2.** jmdn. rücksichts-

los einsetzen u. seine Kräfte schließlich ganz erschöpfen. (112)

ver|helfe [fɐ'hɛlfə] <nicht trennb. Präfix-V.; st.; *han*; ver|holf [fɐ'hɔlf]; ver|holfe [fɐ'hɔlfə]>: verhelfen. (97)

ver|herr|liche [fɐ'hɛrlɪçə] <nicht trennb. Präfix-V.; schw.; *han*; ver|herrlichte [fɐ'hɛrlɪçtə]; ver|herrlich [fɐ'hɛrlɪç]>: verherrlichen. (123)

ver|hevve, sich [fɐ'hevə] <nicht trennb. Präfix-V.; st.; *han*; ver|hovv .[fɐ'hof]; ver|hovve [fɐ'hovə]> {5.3.4; 5.5.2; 6.1.1}: sich verheben. (98)

ver|hexe [fɐ'hɛksə] <nicht trennb. Präfix-V.; schw.; *han*; ver|hexte [fɐ'hɛkstə]; ver|hex [fɐ'hɛks]>: verhexen. (71)

ver|hierode [fɐ'hiːroˑdə] <nicht trennb. Präfix-V.; schw.; *han*; ver|hierodte [fɐ'hiːroˑtə]; ver|hierodt [fɐ'hiːroˑt]> {5.1.4.5; 5.5.3; 6.11.3}: verheiraten, **1.** <sich v.> eine eheliche Verbindung eingehen: *Et Lis well sich v.* (Lisa will sich v.). **2.** jmdn. jmdm. zur Ehe geben: *Der Vatter verhierodt sing Doochter met enem aale Kääl.* (Der Vater verheiratet seine Tochter mit einem alten Mann.). (197)

ver|hindere [fɐ'hɪndərə] <nicht trennb. Präfix-V.; schw.; *han*; ver|hinderte [fɐ'hɪndetə]; ver|hindert [fɐ'hɪndet]> {9.2.1.2}: verhindern. (4)

ver|höde [fɐ'høˑdə] <nicht trennb. Präfix-V.; schw.; *han*; ver|hödte [fɐ'høˑtə]; ver|hödt [fɐ'høˑt]> {5.4; 6.11.3}: verhüten. (197)

ver|hoke [fɐ'hɔˑkə] <nicht trennb. Präfix-V.; schw.; *han*; ver|hokte [fɐ'hɔˑktə]; ver|hok [fɐ'hɔˑk]> {5.5.3}: verhaken. (178)

ver|hölle/~|hülle [fɐ'hølə / -hylə] <nicht trennb. Präfix-V.; schw.; *han*; ver|höllte [fɐ'høltə]; ver|höllt [fɐ'hølt]> {5.5.1}: verhüllen. (91)

ver|huddele [fɐ'hʊdələ] <nicht trennb. Präfix-V.; schw.; *han*; ver|huddelte [fɐ'hʊdəltə]; ver|huddelt [fɐ'hʊdəlt]> {5.3.2; 9.2.1.2}: verhudeln, verpfuschen. (6)

ver|hungere [fɐ'hʊŋərə] <nicht trennb. Präfix-V.; schw.; *sin*; ver|hungerte [fɐ'hʊŋetə]; ver|hungert [fɐ'hʊŋet]> {9.2.1.2}: verhungern. (4)

ver|hunze [fɐ'hʊntsə] <nicht trennb. Präfix-V.; schw.; *han*; ver|hunzte [fɐ'hʊntstə]; ver|hunz [fɐ'hʊnts]>: verhunzen, verderben [auch: ↑ver|murkse, ↑ver|masele]. (42)

ver|hüre/~|höre [fɐ'hy(ː)rə / -'hø(ː)rə] <nicht trennb. Präfix-V.; Formen mischbar; schw./unr.; *han*; ver|hürte/~|hoot [fɐ'hyːɐtə / -'hoːt]; ver|hürt/~|hoot [fɐ'hyːɐt / -'hoːt] {5.4}: verhören, **1.** gerichtlich od. polizeilich eingehend befragen: *Dä Pitter weed grad verhoot.* (Peter

wird gerade verhört.). **2.** <sich v.> etw. falsch hören: *Häs de dat nit gesaht? Dann muss ich mich verhoot han.* (Hast du das nicht gesagt? Dann muss ich mich verhört haben). (21) (179)

ver|iese [fɐˈliːzə] <nicht trennb. Präfix-V.; schw.; ver|ieste [fɐˈliːstə]; ver|ies [fɐˈliːs]> {5.1.4.5}: vereisen, **1.** <sin> **a)** sich durch gefrierende Nässe mit einer Eisschicht überziehen: *Stroße v.* (Straßen v.); **b)** sich mit Eis bedecken, zufrieren: *Der Sie es veries.* (Der See ist vereist.). **2.** <han> (Med.) (einen Bereich der Haut od. Ä.) durch Aufsprühen eines best. Mittels für kleinere Eingriffe unempfindlich machen: *de Waaz v.* (die Warze v.). (149)

ver|ihre [fɐˈliː(ɐ̯)rə] <nicht trennb. Präfix-V.; schw.; han; ver|ihrte [fɐˈliːɐ̯tə]; ver|ihrt [fɐˈliːɐ̯t]> {5.4}: verehren. (31)

ver|iwige [fɐˈliːvɪjə] <nicht trennb. Präfix-V.; schw.; han; ver|iwigte [fɐˈliːvɪçtə]; ver|iwig [fɐˈliːvɪç]> {5.4}: verewigen. (7)

ver|jage [fɐˈjaːʀə] <nicht trennb. Präfix-V.; schw.; han; ver|jagte [fɐˈjaːxtə]; ver|jag [fɐˈjaːx]> : verjagen [auch: ↑ver|drieve, *en de Juch schlage*]. (103)

ver|jazze [fɐˈjatsə] <nicht trennb. Präfix-V.; schw.; han; ver|jazzte [fɐˈjatstə]; ver|jazz [fɐˈjatss]>: verjazzen, mit den Mitteln, durch Elemente des Jazz verändern. (114)

ver|jöcke [fɐˈjøkə] <nicht trennb. Präfix-V.; schw.; han; ver|jöckte [fɐˈjøktə]; ver|jöck [fɐˈjøk]>: vergeuden, verjubeln [auch: ↑drop|jöcke, ↑drop|maache (1), ↑durch|bränge (3), ↑ver|fumfeie, ↑ver|jubele, ↑ver|juckele, ↑ver|juxe, ↑ver|klüngele (1a), ↑ver|plempere, ↑ver|prasse, ↑ver|tüddele (2)]. (88)

ver|jöhre [fɐˈjœrə] <nicht trennb. Präfix-V.; schw.; han; ver|jöhrte [-ˈjœ(ɐ̯)tə]; ver|jöhrt [-ˈjœ(ɐ̯)t]> {5.5.3}: verjähren. (31)

Ver|jöhr|ung, de [fɐˌjœːrʊŋ] <N.; ~e> {5.5.3}: Verjährung.

Ver|jöhr|ungs|friss, de [fɐˈjœːrʊŋsˌfrɪs] <N.; ~|friste> {s. u. ↑Ver|jöhr|ung; ↑Friss}: Verjährungsfrist.

ver|jubele [fɐˈjuːbələ] <nicht trennb. Präfix-V.; schw.; han; ver|jubelte [fɐˈjuːbəltə]; ver|jubelt [fɐˈjuːbəlt]> {9.2.1.2}: verjubeln, vergeuden [auch: ↑drop|jöcke, ↑drop|maache (1), ↑durch|bränge (3), ↑ver|fumfeie, ↑ver|jöcke, ↑ver|juckele, ↑ver|juxe, ↑ver|klüngele (1a), ↑ver|plempere, ↑ver|prasse, ↑ver|tüddele (2)]. (6)

ver|juckele [fɐˈjʊkələ] <nicht trennb. Präfix-V.; schw.; han; ver|juckelte [fɐˈjʊkəltə]; ver|juckelt [fɐˈjʊkəlt]> {9.2.1.2}: vergeuden, verjubeln [auch: ↑drop|jöcke, ↑drop|maache (1), ↑durch|bränge (3), ↑ver|fumfeie, ↑ver|jöcke, ↑ver|jubele, ↑ver|juxe, ↑ver|klüngele (1a), ↑ver|plempere, ↑ver|prasse, ↑ver|tüddele (2)]. (6)

ver|jünge [fɐˈjʏŋə] <nicht trennb. Präfix-V.; schw.; han; ver|jüngte [fɐˈjʏŋtə]; ver|jüngk [fɐˈjʏŋk]>: verjüngen. (26)

ver|juxe [fɐˈjʊksə] <nicht trennb. Präfix-V.; schw.; han; ver|juxte [fɐˈjʊkstə]; ver|jux [fɐˈjʊks]>: verjuxen, verjubeln [auch: ↑drop|jöcke, ↑drop|maache (1), ↑durch|bränge (3), ↑ver|fumfeie, ↑ver|jöcke, ↑ver|jubele, ↑ver|juckele, ↑ver|klüngele (1a), ↑ver|plempere, ↑ver|prasse, ↑ver|tüddele (2)]. (71)

ver|kaale [fɐˈkaːlə] <nicht trennb. Präfix-V.; schw.; *sin*; ver|kaalte [fɐˈkaːltə]; ver|kaalt [fɐˈkaːlt]>: (er)frieren, durch u. durch kalt werden (auf Personen bezogen): *Maach de Heizung aan, ich ben am V.* (Mach die Heizung an, ich erfriere.); ***en verkaalte Mösch** (eine verfrorene, kälteempfindliche Person). (102)

ver|kabele [fɐˈkaːbələ] <nicht trennb. Präfix-V.; schw.; han; ver|kabelte [fɐˈkaːbəltə]; ver|kabelt [fɐˈkaːbəlt]> {9.2.1.2}: verkabeln. (6)

ver|käkse, sich [fɐˈkɛksə] <nicht trennb. Präfix-V.; schw.; han; ver|käkste [fɐˈkɛkstə]; ver|käks [fɐˈkɛks]>: sich den Magen verderben: *An däm Fesch han ich mich verkäks.* (Der Fisch ist mir nicht bekommen.). (87)

ver|kälde, sich [fɐˈkɛldə] <nicht trennb. Präfix-V.; schw.; han; ver|käldte [fɐˈkɛltə]; ver|käldt [fɐˈkɛlt]> {6.11.3}: sich erkälten. (28)

Ver|käld|ung, de [fɐˈkɛlˌdʊŋ] <N.; ~e> {6.11.3; 10.2.1}: Erkältung [auch: ↑Peps (2)].

ver|kalke/~|kälke [fɐˈkalkə / -kɛlkə] <nicht trennb. Präfix-V.; schw.; han; ver|kalkte [fɐˈkalktə]; ver|kalk [fɐˈkalk]> {(5.4)}: verkalken. (41)

ver|kalkuliere/~|eere [fɐˌkalkʊˈliː(ɐ̯)rə / -eːrə] <nicht trennb. Präfix-V.; schw./unr.; han; ver|kalkulierte [fɐkalkʊˈliːɐ̯tə]; ver|kalkuliert [fɐkalkʊˈliːɐ̯t] ⟨lat. calculare⟩> {(5.1.4.3)}: verkalkulieren. (3) (2)

ver|kamesöle [fɐˌkaməˈzœːlə] <nicht trennb. Präfix-V.; schw.; han; ver|kamesölte [fɐkaməˈzœːltə]; ver|kamesölt [fɐkaməˈzœːlt]>: verkamisolen, verprügeln, verbimsen, verbläuen, verdreschen [auch: ↑durch|bläue, ↑durch|haue (2), ↑op|mische (2), ↑ver|bimse (1), ↑ver|bläue, ↑ver|dresche, ↑ver|haue (1), ↑ver|kloppe, ↑ver|möbele, ↑ver|prügele, ↑ver|trimme, ↑zer|bläue, ↑zer|schlage[1]/~|schlonn (3)]. (148)

ver|kante [fɐ'kantə] <nicht trennb. Präfix-V.; schw.; *han*; ver|kannt [fɐ'kant]>: verkanten. (58)

ver|kapsele, sich [fɐ'kapsələ] <nicht trennb. Präfix-V.; schw.; *han*; ver|kapselte [fɐ'kapsəltə]; ver|kapselt [fɐ'kapsəlt]> {9.2.1.2}: sich verkapseln. (6)

ver|kasematuckele [fɐkazəma'tʊkələ] <nicht trennb. Präfix-V.; schw.; *han*; ver|kasematuckelte [fɐkazəma'tʊkəltə]; ver|kasematuckelt [fɐkazəma'tʊkəlt]> {9.2.1.2}: verkasematuckeln. **1.** schnell verkonsumieren. **2.** erklären, detailliert auseinandersetzen. (6)

Ver|kauf, der [fɐ'koʊf] <N.; ~|käuf>: Verkauf.

ver|kaufe [fɐ'koʊfə] <nicht trennb. Präfix-V.; unr.; *han*; ver|kaufte [fɐ'koʊftə]; ver|kauf [fɐ'koʊf]>: verkaufen. (106)

Ver|käuf|er, der [fɐ'køʏfɐ] <N.; ~ ⟨mhd. verkoufære⟩>: Verkäufer.

Ver|kaufs|stand, der [fɐ'koʊfsˌʃtant] <N.; ~|ständ [-ˌʃtɛn·t]>: Verkaufsstand.

ver|kehre [fɐ'ke:(ɐ̯)rə] <nicht trennb. Präfix-V.; schw./unr.; *han*; ver|kehrte [fɐ'ke:ɐ̯tə]; ver|kehrt [fɐ'ke:ɐ̯t]>: verkehren, **1.** als öffentliches Verkehrsmittel regelmäßig auf einer Strecke fahren. **2. a)** mit jmdm. Kontakt pflegen; sich regelmäßig mit jmdm. treffen/schreiben usw.: *met einem per Email v.* (mit jmdm. per Email v.); **b)** bei jmdm./irgendwo regelmäßig zu Gast sein; **c)** Geschlechtsverkehr mit jmdm. haben. (31)

Verkehrs|amp, et [fɐ'ke:ɐ̯sˌlam·p] <N.; ~|ämter {s. u. ↑*Amp*}: Verkehrsamt.

verkehrs|be|ruh|ig [fɐ'ke:ɐ̯sbəˌruːɪŋ] <Adj.; ~te> {s. u. ↑*be|ruhige*}: verkehrsberuhigt. Tbl. A4.1.1

Verkehrs|poliz|iss, der [fɐ'ke:ɐ̯spolɪˌtsɪs] <N.; ~|iste>: Verkehrspolizist.

Verkehrs|scheld/~|schild, et [fɐ'ke:ɐ̯sˌʃelt / -ʃɪlt] <N.; ~er> {s. u. ↑*Scheld*'/*Schild*'}: Verkehrsschild.

Verkehrs|stroß, de [fɐ'ke:ɐ̯sˌʃtroːs] <N.; ~e> {s. u. ↑*Stroß*}: Verkehrsstraße, Straße für den öffentlichen Verkehr.

Verkehrs|zeiche, et [fɐ'ke:ɐ̯sˌtsɛɪ̯ŋə] <N.; ~> {s. u. ↑*Zeiche*}: Verkehrszeichen.

ver|keht [fɐ'ke·t] <Adj.; ~e; ~er, ~(e)ste> {8.2.4}: verkehrt, falsch. Tbl. A1

ver|kenne [fɐ'kɛnə] <nicht trennb. Präfix-V.; unr.; *han*; ver|kannt; ver|kannt [fɐ'kant]>: verkennen. (35)

ver|kiele [fɐ'ki·lə] <nicht trennb. Präfix-V.; schw.; *han*; ver|kielte [fɐ'ki·ltə]; ver|kielt [fɐ'ki·lt]> {5.1.4.5}: verkeilen. (45)

ver|kimmele [fɐ'kɪmələ] <nicht trennb. Präfix-V.; schw.; *han*; ver|kimmelte [fɐ'kɪməltə]; ver|kimmelt [fɐ'kɪməlt]>: aufessen, verspeisen [auch: ↑*op|esse*; ↑*fott|esse*; ↑*fott|putze*; ↑*be|wältige*; ↑*ver|spachtele*; ↑*ver|tilge*; *Zaldat maache*; ↑*ver|kamesöle*; ↑*ver|kasematuckele*; ↑*ver|pinsele*; ↑*ver|putze*]. (6)

ver|kindsch [fɐ'kɪntʃ] <Adj.; Part. II von ↑*ver|kindsche*; ~te>: albern, verschroben, einfältig [auch: ↑*aad|ig* (2), ↑*av|ge|schmack*, ↑*be|klopp* (a), ↑*be|stuss*, ↑*be|titsch*; ↑*jeck* (1), ↑*kalver|ig*, ↑*knatsch|jeck*, ↑*läppsch*, ↑*rader|doll* (1), ↑*stapel|jeck/stabel|~*, ↑*ver|dötsch*, ↑*ver|röck*, *mem Bömmel behaue; en Ääz am Kieme/Wandere (han); (se) nit all op de Dröht/Reih (han); ene Nähl em Zylinder (han); ene Ratsch em Kappes (han); schwatz em Geseech (sin)*]. Tbl. A4.1.1

ver|kindsche [fɐ'kɪntʃə] <nicht trennb. Präfix-V.; schw.; *sin*; ver|kindschte [fɐ'kɪntʃtə]; ver|kindsch [fɐ'kɪntʃ]>: kindisch werden. (110)

ver|klage [fɐ'klaːʀə] <nicht trennb. Präfix-V.; schw.; *han*; ver|klagte [fɐ'klaːxtə]; ver|klag [fɐ'klaːx]>: verklagen, vor Gericht Klage führen. (103)

ver|kläre [fɐ'klɛːrə] <nicht trennb. Präfix-V.; schw.; *han*; ver|klärte [fɐ'klɛːɐ̯tə]; ver|klärt [fɐ'klɛːɐ̯t]>: verklären. (21)

ver|kleide [fɐ'klɛɪ̯də] <nicht trennb. Präfix-V.; schw.; *han*; ver|kleidte [fɐ'klɛɪ̯tə]; ver|kleidt [fɐ'klɛɪ̯t]>: verkleiden, **1.** maskieren [auch: ↑*maskiere*/*~eere*]. **2.** verhüllen, mit einer verhüllenden Schicht bedecken. (197)

Ver|kleid|ung, de [fɐ'klɛɪ̯dʊŋ] <N.; ~e>: Verkleidung.

Ver|kleiner|ungs|form, de [fɐ'klɛɪ̯nərʊŋsˌfɔrm] <N.; ~e>: Verkleinerungsform; Diminutiv.

ver|kleistere [fɐ'klɛɪ̯stərə] <nicht trennb. Präfix-V.; schw.; *han*; ver|kleisterte [fɐ'klɛɪ̯stetə]; ver|kleistert [fɐ'klɛɪ̯stət]> {9.2.1.2}: verkleistern. (4)

ver|klemme [fɐ'klɛmə] <nicht trennb. Präfix-V.; schw.; *han*; ver|klemmte [fɐ'klɛm·tə]; ver|klemmp [fɐ'klɛm·p]>: verklemmen. (40)

ver|klemmp [fɐ'klɛmp] <Adj.; ~|klemmte; ~|klemmter, ~st> {8.3.5}: verklemmt. Tbl. A4.2.4

ver|klevve [fɐ'klevə] <nicht trennb. Präfix-V.; unr.; ver|klävte [fɐ'klɛːftə]; ver|kläv [fɐ'klɛːf] {5.3.4; 5.5.2; 6.1.1}: verkleben. (22)

ver|klickere [fɐ'klɪkərə] <nicht trennb. Präfix-V.; schw./unr.; *han*; ver|klickerte [fɐ'klɪkətə]; ver|klickert [fɐ'klɪkət]>

{9.2.1.2}: verklickern, erklären, klarmachen [auch: ↑er|kläre, ↑usenander|posementiere/~eere, ↑ver|klọre]. (4)

ver|klinge [fɐ'klɪŋə] <nicht trennb. Präfix-V.; st.; *sin*; ver|klung [fɐ'klʊŋ]; ver|klunge [fɐ'klʊŋə]>: verklingen. (26)

ver|kloppe [fɐ'klɔpə] <nicht trennb. Präfix-V.; schw.; *han*; ver|kloppte [fɐ'klɔptə]; ver|klopp [fɐ'klɔp]>: verkloppen, **1.** verprügeln, verdreschen [auch: ↑durch|bläue, ↑durch|haue (2), ↑op|mische (2), ↑ver|bimse (1), ↑ver|bläue, ↑ver|dresche, ↑ver|haue (1), ↑ver|kamesöle, ↑ver|möbele, ↑ver|prügele, ↑ver|trimme, ↑zer|bläue, ↑zer|schlage¹/~|schlonn (3)]. **2.** (billig) verkaufen. (75)

ver|klọre [fɐ'klɔˑrə] <nicht trennb. Präfix-V.; schw.; *han*; ver|klọrte [fɐ'klɔˑtə]; ver|klọrt [fɐ'klɔˑt]> {5.5.3}: verklaren, erklären, klarmachen [auch: ↑er|kläre, ↑usenander|posementiere/~eere, ↑ver|klickere]. (21)

ver|klöre [fɐ'klœˑ(ɐ̯)rə] <nicht trennb. Präfix-V.; schw.; *han*; ver|klörte [fɐ'klœˑɐ̯tə]; ver|klört [fɐ'klœˑɐ̯t]>: erklären [auch: ↑ver|klọre]. (21)

ver|klumpe [fɐ'klʊmpə] <nicht trennb. Präfix-V.; schw.; *sin*; ver|klumpte [fɐ'klʊmptə]; ver|klump [fɐ'klʊmp]>: verklumpen, klumpig werden. (180)

ver|klüngele [fɐ'klʏŋələ] <nicht trennb. Präfix-V.; schw.; *han*; ver|klüngelte [fɐ'klʏŋəltə]; ver|klüngelt [fɐ'klʏŋəlt]> {9.2.1.2}: **1. a)** unbedacht, unachtsam ausgeben, verlieren [auch: ↑drop|jöcke, ↑drop|maache (1), ↑durch|bränge (3), ↑ver|fumfeie, ↑ver|jöcke, ↑ver|jubele, ↑ver|juckele, ↑ver|juxe, ↑ver|plempere, ↑ver|prasse, ↑ver|tüddele (2)]; **b)** verschlampen [auch: ↑ver|schlunze]: *Die verklüngelt jet Geld!* (Die gibt (ohne Planung) ein Geld aus!); *Verklüngel nit immer ding Saache, pass jet op!* (Verschlamp nicht immer deine Sachen, pass ein wenig auf!). **2.** verkuppeln (Menschen): *Ich gläuv', ming Fründin well uns v.* (Ich glaube meine Freundin will uns v.). (6)

ver|knacke [fɐ'knakə] <nicht trennb. Präfix-V.; schw.; *han*; ver|knackte [fɐ'knaktə]; ver|knack [fɐ'knak]>: verknacken, verurteilen. (88)

ver|knackse [fɐ'knaksə] <nicht trennb. Präfix-V.; schw.; *han*; ver|knackste [fɐ'knakstə]; ver|knacks [fɐ'knaks]>: verknacksen. (87)

ver|knalle [fɐ'knalə] <nicht trennb. Präfix-V.; schw.; *han*; ver|knallte [fɐ'knalˑtə]; ver|knallt [fɐ'knalˑt]>: verknallen, **1.** (sinnlos) verschießen: *Silvester weed vill Geld verknallt.* (Silvester wird viel Geld verschossen.) [auch: ↑ver|scheeße (1a)]. **2.** <sich v.> sich heftig verlieben: *Hä hät sich en dat Mädche verknallt.* (Er hat sich in das Mädchen verliebt.) [auch: ↑ver|scheeße (4)]. (91)

ver|knäuele [fɐ'knɔʏəlɐ] <nicht trennb. Präfix-V.; schw.; *han*; ver|knäuelte [fɐ'knɔʏəltə]; ver|knäuelt [fɐ'knɔʏəlt]> {9.2.1.2}: verknäueln. (6)

ver|kneffe [fɐ'knefə] <Adj.; ~; ~ner, ~nste> {5.5.2}: verkniffen, **1.** <Part. II von ↑ver|kniefe (2)> sich etw. untersagt habend: *e v. Laache* (ein ~es Lachen). **2.** durch eine unterdrückte Gefühlsäußerung verzerrt (bzgl. des Gesichtsausdrucks): *e v. Geseech* (ein verkniffenes Gesicht). Tbl. A3.2

ver|knicke [fɐ'knɪkə] <nicht trennb. Präfix-V.; schw.; *han*; ver|knickte [fɐ'knɪktə]; ver|knick [fɐ'knɪk]>: verknicken, abknicken. (88)

ver|kniefe [fɐ'kniːfə] <nicht trennb. Präfix-V.; st.; *han*; ver|kneff [fɐ'knef]; ver|kneffe [fɐ'knefə] {5.1.4.5}: verkneifen, **a)** etw. unterdrücken; **b)** <sich v.> sich etw. versagen. (86)

ver|knöche(re) [fɐ'knœɕə(rə)] <nicht trennb. Präfix-V.; schw.; *han*; ver|knöcherte [fɐ'knœɕətə]; ver|knöchert [fɐ'knœɕət]> {9.2.1.2}: verknöchern, geistig starr werden; *einer/jet nit v. künne* (jmdn. nicht ausstehen können, verabscheuen); <meistens als Part. Perf. in übertr. Bed. gebraucht>: *en verknöcherte Frau* (eine sture, geistig unflexible Frau). (4)

ver|knöddele [fɐ'knødələ] <nicht trennb. Präfix-V.; schw.; *han*; ver|knöddelte [fɐ'knødəltə]; ver|knöddelt [fɐ'knødəlt]> {5.3.4; 5.5.1; 6.11.3; 9.2.1.2}: verknoten, verknüpfen. (6)

ver|knüngele [fɐ'knʏŋələ] <nicht trennb. Präfix-V.; schw.; *han*; ver|knüngelte [fɐ'knʏŋəltə]; ver|knüngelt [fɐ'knʏŋəlt]>: verknittern, zerknittern, knautschen [auch: ↑ver|krünkele]. (6)

ver|knüngelt [fɐ'knʏŋəlt] <Adj.; Part. II von ↑ver|knüngele; ~e>: knautschig [auch: ↑ver|knuutsch]. Tbl. A1

ver|knuse [fɐ'knuːzə] <nicht trennb. Präfix-V.; nur negiert im Inf. gebr.; schw.; *han*>: verknusen, leiden können; *einer/jet nit v. künne* (jmdn./etw. nicht v. können = jmdn./etw. nicht leiden können). (149)

ver|knüsele [fɐ'knʏzələ] <nicht trennb. Präfix-V.; schw.; *han*; ver|knüselte [fɐ'knʏzəltə]; ver|knüselt [fɐ'knʏzəlt]> {9.2.1.2}: beschmutzen [auch: ↑be|kläbbele (1), ↑be|knase, ↑be|schmuddele, ↑kläbbele, ↑knase, ↑knüsele (a), ↑schmuddele]. (6)

verknuutsch

ver|knuutsch [fɐˈknuːtʃ] <Adj.; Part. II von ↑ver|knuutsche; ~te; ~ter, ~ste> {5.1.3; 8.3.5}: knautschig, verknautscht. Tbl. A4.1.1

ver|knuutsche [fɐˈknuːtʃə] <nicht trennb. Präfix-V.; schw.; han; ver|knuutschte [fɐˈknuːtʃtə]; ver|knuutsch [fɐˈknuːtʃ]> {5.1.3}: verknautschen, zerknittern. (110)

ver|koche [fɐˈkɔxə] <nicht trennb. Präfix-V.; schw.; ver|kochte [fɐˈkɔxtə]; ver|koch [fɐˈkɔx]>: verkochen, **1.** <sin> **a)** (zu lange) kochen u. dabei verdampfen: *Et ganze Wasser es verkoch.* (Das ganze Wasser ist verkocht.); **b)** so lange kochen, dass die Speise breiig wird: *Die Äppel sin zo Mus v.* (Die Äpfel sind zu Mus v.). **2.** <han> kochend zu etw. verarbeiten: *Mer han Prumme zo Mamelad v.* (Wir haben Pflaumen zu Marmelade v.). (123)

ver|kölsche [fɐˈkœlʃə] <nicht trennb. Präfix-V.; schw.; han; ver|kölschte [fɐˈkœlʃtə]; ver|kölsch [fɐˈkœlʃ]>: verkölschen, **1.** Wörter aus dem Hochdt., anderen Mundarten od. Sprachen in Ausspr. u. Formbildung dem Kölschen anpassen. **2.** kölsche Eigenart übernehmen; [auch: ↑en|kölsche]. (110)

ver|kömmere [fɐˈkœmərə] <nicht trennb. Präfix-V.; schw.; sin; ver|kömmerte [fɐˈkœmətə]; ver|kömmert [fɐˈkœmet]> {5.5.1; 9.2.1.2}: verkümmern [auch: ↑ver|quarkse]. (4)

ver|korkse [fɐˈkɔrksə] <nicht trennb. Präfix-V.; schw.; han; ver|korkste [fɐˈkɔrkstə]; ver|korks [fɐˈkɔrks]>: verkorksen. (87)

ver|körpere [fɐˈkœrpərə] <nicht trennb. Präfix-V.; schw.; han; ver|körperte [fɐˈkœrpətə]; ver|körpert [fɐˈkœrpet]> {9.2.1.2}: verkörpern. (4)

ver|kraache [fɐˈkraːxə] <nicht trennb. Präfix-V.; schw.; han u. sin; ver|kraachte [fɐˈkraːxtə]; ver|kraach [fɐˈkraːx]> {5.2.1}: verkrachen. (123)

ver|krafte [fɐˈkraftə] <nicht trennb. Präfix-V.; schw.; han; ver|kraff [fɐˈkraf]>: verkraften. (89)

ver|kralle [fɐˈkralə] <nicht trennb. Präfix-V.; schw.; han; ver|krallte [fɐˈkralˑtə]; ver|krallt [fɐˈkralˑt]>: verkrallen, festkrallen. (91)

ver|kramfe/~|krampe [fɐˈkramfə / -krampə] <nicht trennb. Präfix-V.; schw.; han; ver|kramfte [fɐˈkramftə]; ver|kramf [fɐˈkramf]> {6.8.1/6.8.2}: verkrampfen, verspannen. (105) (180)

ver|kratze [fɐˈkratsə] <nicht trennb. Präfix-V.; schw.; han; ver|kratzte [fɐˈkratstə]; ver|kratz [fɐˈkrats]>: verkratzen, verschrammen. (114)

ver|kresche [fɐˈkreʃə] <Adj.; Part. II von *verkriesche*; ~; ~ner, ~nste>: verweint: *v. Auge* (~e Augen). Tbl. A3.2

ver|krömme [fɐˈkrømə] <nicht trennb. Präfix-V.; schw.; ver|krömmte [fɐˈkrømˑtə]; ver|krömmp [fɐˈkrømˑp]> {5.5.1}: verkrümmen, **1.** <sin> krumm werden: *Si Krütz verkrömmp zosinns.* (Sein Rücken verkrümmte zusehends.); <han; sich v.> *Si Krütz dät sich v.* (Seine Wirbelsäule hat sich verkrümmt.). **2.** <han> krumm machen: *De Geech hät ehr Fingere verkrömmp.* (Die Gicht hat ihre Finger verkrümmt.) (40)

ver|kröppele [fɐˈkrøpələ] <nicht trennb. Präfix-V.; schw.; ver|kröppelte [fɐˈkrøpəltə]; ver|kröppelt [fɐˈkrøpəlt]> {5.5.1; 9.2.1.2}: verkrüppeln, **1.** <sin> (von Pflanzen) krüppelig werden: *De Bäum v. un sterve av.* (Die Bäume v. und sterben ab.). **2.** <han> bewirken, dass jmd./etw. krüppelig wird: *Der Kreeg hät en verkröppelt.* (Der Krieg hat ihn verkrüppelt.). (6)

ver|krose [fɐˈkroːzə] <nicht trennb. Präfix-V.; schw.; han; ver|kroste [fɐˈkroːstə]; ver|kros [fɐˈkroːs]>: verkramen, verlegen [auch: ↑fott|krose]. (149)

ver|kruffe, sich [fɐˈkrufə] <nicht trennb. Präfix-V.; st.; han; ver|kroff [fɐˈkrɔf]; ver|kroffe [fɐˈkrɔfə]>: sich verkriechen. (119)

ver|krünkele [fɐˈkrʏŋkələ] <nicht trennb. Präfix-V.; schw.; han; ver|krünkelte [fɐˈkrʏŋkəltə]; ver|krünkelt [fɐˈkrʏŋkəlt] {9.2.1.2}: verknittern, zerknittern [auch: ↑ver|knüngele]. (6)

ver|kruste [fɐˈkrʊstə] <nicht trennb. Präfix-V.; schw.; sin; ver|kruss [fɐˈkrʊs]>: verkrusten. (68)

ver|kumme[1] [fɐˈkʊmə] <nicht trennb. Präfix-V.; st.; sin; ver|kom [fɐˈkoːm]; ver|kumme [fɐˈkʊmə]> {5.4}: verkommen, **1.** verwahrlosen. **2.** verderben (Lebensmittel). (120)

ver|kumme[2] [fɐˈkʊmə] <Adj.; Part. II von ↑ver|kumme[1]; ~; ~ner, ~nste> {5.4}: verkommen, heruntergekommen, verwahrlost: *Dä Pitter süht en letzter Zigg ärg v. us.* (Peter sieht in letzter Zeit sehr v. aus.). Tbl. A3.2

ver|künde [fɐˈkʏndə] <nicht trennb. Präfix-V.; schw.; han; ver|kündte [fɐˈkʏnˑtə]; ver|kündt [fɐˈkʏnˑt]>: verkünden, etw. (öffentlich) bekannt machen [auch: ↑künde, ↑kund|dun]. (28)

ver|kuppele [fɐˈkʊpələ] <nicht trennb. Präfix-V.; schw.; *han*; ver|kuppelte [fɐˈkʊpəltə]; ver|kuppelt [fɐˈkʊpəlt]> {9.2.1.2}: verkuppeln, **1.** Menschen im Hinblick auf eine Liebesbeziehung zusammenbringen. **2.** Fahrzeuge/Wagen miteinander verbinden. (6)

ver|kürze [fɐˈkʏxtsə] <nicht trennb. Präfix-V.; i. best. Abl. *kürze*, sonst ↑*kööze*; schw.; *han*; ver|kürzte [fɐˈkʏxtstə]; ver|kürz [fɐˈkʏxts]> {11}: verkürzen [auch: ↑*kööze, kööter maache*]. (42)

ver|lade [fɐˈlaˑdə] <nicht trennb. Präfix-V.; st.; *han*; ver|lod [fɐˈloˑt]; ver|lade [fɐˈlaˑdə]>: verladen, **1.** verfrachten, auf ein Transportmittel laden. **2.** betrügen; hinters Licht führen. (124)

Verlag, der [fɐˈlaːx] <N.; ~e [fɐˈlaˑʀə]>: Verlag.

ver|läge[1] [fɐˈlɛˑjə] <nicht trennb. Präfix-V.; unr.; *han*; ver|laht [fɐˈlaːt]; ver|laht/~|läg [fɐˈlaːt / -ˈlɛˑɟ]> {5.4}: verlegen, **1.** weglegen u. nicht wieder finden können: *Ich kann dat em Moment nit finge, ich han et verlaht*. (Ich kann das im Moment nicht finden, ich habe es verlegt.). **2.** auf einen anderen Zeitpunkt verschieben: *Dat Spill weed op der Ovend verlaht*. (Das Spiel wird auf den Abend verlegt.). **3.** etw./jmdn. an einen anderen Ort bringen: *en Haltestell v.* (eine Haltestelle v.); *op en andere Station v.* (auf eine andere Station v.). **4.** (Handw.) an eine best. Stelle legen u. befestigen: *en Leidung v.* (eine Leitung v.); *ene Teppichboddem v.* (einen Teppichboden v.). **5.** im Verlag herausgeben: *e Boch v.* (ein Buch v./herausgeben). **6.** <sich v. op> sein Tun auf etw. ausrichten: *sich op et Lege v.* (sich aufs Lügen v.). (125)

ver|läge[2] [fɐˈlɛˑjə] <Adj.; Part. II von mhd. *verligen*; ~; ~ner, ~nste> {5.4}: verlegen, in einer peinlichen Situation befindlich: *e v. Mädcher* (ein ~es Mädchen); *Dat Kind es ganz v.* (Das Kind ist ganz v.). Tbl. A3.2

Verläge(n)|heit, de [fɐˈlɛˑjə(n)heɪt] <N.; ~e> {5.4; 9.1.4}: Verlegenheit.

ver|lagere [fɐˈlaˑʀəʀə] <nicht trennb. Präfix-V.; schw.; *han*; ver|lagerte [fɐˈlaˑʀətə]; ver|lagert [fɐˈlaˑʀət]> {9.2.1.2}: verlagern. (4)

ver|lange [fɐˈlaŋə] <nicht trennb. Präfix-V.; schw.; *han*; ver|langte [fɐˈlaŋtə]; ver|langk [fɐˈlaŋk]>: verlangen, beanspruchen. (49)

ver|längere [fɐˈlɛŋəʀə] <nicht trennb. Präfix-V.; schw.; *han*; ver|längerte [fɐˈlɛŋətə]; ver|längert [fɐˈlɛŋət]> {9.2.1.2}: verlängern. (4)

ver|längs [fɐˈlɛŋˑs] <Adv.; veraltend>: vor kurzem, kürzlich [auch: ↑*jüngs*, ↑*letz*[2], ↑*neu|lich, vör kootem*].

Ver|lauf, der [fɐˈloʊf] <N.; ~|läuf>: Verlauf.

ver|laufe [fɐˈloʊfə] <nicht trennb. Präfix-V.; st.; ver|leef [fɐˈleːf]; ver|laufe [fɐˈloʊfə]>: verlaufen, **1.** <sin> ablaufen: *Die Saach es god v.* (Die Sache ist gut v.). **2.** <*han*; sich v.> **a)** sich verirren: *Loss mer ens froge, söns v. mer uns.* (Lass uns mal fragen, sonst v. wir uns.); **b)** auseinandergehen: *Nohm Zog duurt et jet, ih de Lück sich v. han.* (Nach dem (Karnavals-) Zug dauert es einige Zeit, ehe die Leute sich v. haben.). (128)

Ver|läuv, der [fɐˈlœyf] <N.> {5.1.3; 6.1.1}: Verlaub, [nur noch i. d. **RA**]: *met V.* (mit V.).

ver|ledde [fɐˈledə] <Adj.; Part. II von veraltet *verligge*; nur präd.; ~>: vergangen: *Die Zigge sin ald lang v.* (Die Zeiten sind schon lange v.). Tbl. A3.2

ver|leere[1]/**~|liere**[1] [fɐˈleˑʀə / -ˈliˑ(g)ʀə] <nicht trennb. Präfix-V.; st.; *han*; ver|lor [fɐˈloˑɐ̯]; ver|lore [fɐˈloˑʀə]> {(5.1.4.3)}: verlieren. (194) (195)

ver|leihe [fɐˈleɪə] <nicht trennb. Präfix-V.; i. best. Komposita *leihe*, sonst ↑*liehne*; schw.; *han*; ver|leihte [fɐˈleɪtə]; ver|leiht [fɐˈleɪt]> {11}: verleihen, geben, verschaffen: *Dat Kleid verleiht im jet Huhpööziges.* (Das Kleid verleiht ihr etwas Hochnäsiges.). (37)

ver|lese [fɐˈleːzə] <nicht trennb. Präfix-V.; st.; *han*; ver|los [fɐˈloˑs]; ver|lese [fɐˈleːzə]> {5.3.4.1; 5.5.2}: verlesen, **1.** falsch lesen. **2.** durch Lesen bekannt machen/geben. (130)

ver|letze [fɐˈlɛtsə] <nicht trennb. Präfix-V.; schw.; *han*; ver|letzte [fɐˈlɛtstə]; ver|letz [fɐˈlɛts]>: verletzen [auch: ↑*ver|wunde*, ↑*wih|dun* (2)]. (114)

ver|levve [fɐˈlevə] <nicht trennb. Präfix-V.; unr.; *han*; ver|lävte [fɐˈlɛftə]; ver|läv [fɐˈlɛːf]> {5.3.4; 5.5.2; 6.1.1}: verleben. (22)

ver|liebe, sich [fɐˈliˑbə] <nicht trennb. Präfix-V.; schw.; *han*; ver|liebte [fɐˈliˑptə]; ver|lieb [fɐˈliˑp]>: sich verlieben, verknallen. (189)

ver|liehne [fɐˈliˑnə] <nicht trennb. Präfix-V.; schw.; *han*; ver|liehnte [fɐˈliˑntə]; ver|liehnt [fɐˈliːnt]> {5.1.4.5; 5.1.4.8}: verleihen, leihen [auch: ↑*liehne* (1a), ↑*us|liehne* (1)]. (5)

ver|lieme [fɐˈliˑmə] <nicht trennb. Präfix-V.; schw.; *han*; ver|liemte [fɐˈliˑmtə]; ver|liemp [fɐˈliˑmp]> {5.1.4.5}: verleimen, mit Leim zusammenfügen. (122)

ver|liere¹/**~|leere**¹ [fɐ'li·(ɐ̯)rə / -'le·rə] <nicht trennb. Präfix-V.; st.; *han*; ver|lor [fɐ'lo·ɐ̯]; ver|lọre [fɐ'lɔːrə]> {(5.1.4.3)}: verlieren. (195) (194)

ver|liere²/**~|leere**² [fɐ'li·(ɐ̯)rə / -le·rə] <nicht trennb. Präfix-V.; schw./unr.; *han*; ver|lierte [fɐ'li·ɐ̯tə]; ver|liert [fɐ'li·ɐ̯t]> {5.2.1.4/5.2.2; 8.2.3}: verlernen. (3) (2)

ver|lobe [fɐ'lo·bə] <V.; schw.; *han*; ver|lobte [fɐ'lo·ptə]; ver|lob [fɐ'lo·p]>: verloben. (189)

ver|loddere [fɐ'lɔdərə] <nicht trennb. Präfix-V.; schw.; *sin*; ver|lodderte [fɐ'lɔdetə]; ver|loddert [fɐ'lɔdet]> {6.11.3; 9.2.1.2}: verlottern, verkommen. (4)

ver|lọge [fɐ'lɔːʁə] <Adj.; Part. II von veraltet *verlügen*, mhd. *verliegen* (= durch Lügen falsch darstellen); ~; ~ner, ~nste {5.5.3}: verlogen, **a)** immer wieder lügend: *Dä es durch un durch v.* (Er ist durch und durch v.); **e v. Lische* (notorische Lügnerin); **b)** unaufrichtig: *die v. Moral vun dä Kommodehellige* (die ~e Moral dieser Scheinheiligen). Tbl. A3.2

ver|lɔɔße¹ [fɐ'lɔ·sə] <nicht trennb. Präfix-V.; st.; *han*; ver|leet/~|leeß [fɐ'le·t / -'le·s]; ver|lɔɔße [fɐ'lɔ·sə]> {5.2.1.3; 5.5.3}: verlassen, **1.** sich von einem Ort entfernen: *Ich han et Scheff als Letzter v.* (Ich habe das Schiff als Letzter v.). **2.** sich von jmdm. trennen: *Ming Frau hät mich v.* (Meine Frau hat mich v.). **3.** <sich v. op> best. Erwartungen/Hoffnungen in jmdn./etw. setzen, vertrauen: *Op ming Frau kann ich mich v.* (Auf meine Frau kann ich mich v.). (135)

ver|lɔɔße² [fɐ'lɔ·sə] <Adj.; ~; ~ner, ~nste {5.2.1.3; 5.5.3}: verlassen, **1.** <Part. II von ↑ver|lɔɔße> zurückgelassen, von jmdm. aufgegeben. **2.** einsam, öde, trostlos: *en v. Stroß* (eine ~e Straße). Tbl. A3.2

ver|lose [fɐ'lo·zə] <nicht trennb. Präfix-V.; schw.; *han*; ver|loste [fɐ'lo·stə]; ver|los [fɐ'lo·s]>: verlosen. (149)

Ver|lɔss¹, der [fɐ'lɔs] <N.; ~|lọste {5.5.1; 8.3.5}: Verlust.

Ver|lɔss², der [fɐ'lɔs] <N.; kein Pl.> {5.4}: Verlass.

ver|lös̲t̲iere/~eere, sich [fɐløs'ti·(ɐ̯)rə / -e·rə] <nicht trennb. Präfix-V.; schw./unr.; *han*; ver|löstierte [fɐløs'ti·ɐ̯tə]; ver|löstiert [fɐløs'ti·ɐ̯t]> {5.5.1; (5.1.4.3)}: sich verlustieren. (3) (2)

ver|lüe [fɐ'ly·ə] <nicht trennb. Präfix-V.; schw.; *han*; ver|lüte [fɐ'ly·tə]; ver|lüt [fɐ'ly·t]> {5.4}: verlöten. (37)

ver|luhne/~|lohne [fɐ'lu·nə / -lo·nə] <nicht trennb. Präfix-V.; schw.; *han*; ver|luhnte [fɐ'lu:ntə]; ver|luhnt [fɐ'lu:nt]> {5.4}: verlohnen. (5)

ver|luuse [fɐ'lu·zə] <nicht trennb. Präfix-V.; schw.; *han*; ver|luuste [fɐ'lu·stə]; ver|luus [fɐ'lu·s]> {5.1.3}: verlausen. (149)

ver|maache [fɐ'ma:xə] <nicht trennb. Präfix-V.; unr.; *han*; ver|maht [fɐ'ma:t]; ver|maht [fɐ'ma:t]> {5.2.1}: vermachen, **1.** vererben, schenken: *Hä hät alles der Kirch vermaht.* (Er hat alles der Kirche vermacht.). **2.** <sich v.> **a)** mit Vergnügen verspeisen: *Suurbrode met Klöß, dodran kann ich mich v.* (Sauerbraten mit Klößen esse ich für mein Leben gern.); **b)** vergnügen, amüsieren: *sich om Schötzefess v.* (sich auf dem Schützenfest amüsieren). (136)

ver|maledeie [fɐmalə'dei̯ə] <nicht trennb. Präfix-V.; schw.; *han*; veraltend; ver|maledeite [fɐmalə'dei̯tə]; ver|maledeit [fɐmalə'dei̯t]>: vermaledeien, verfluchen [auch: ↑ver|floche]. (11)

ver|mansche [fɐ'manʃə] <nicht trennb. Präfix-V.; schw.; *han*; ver|manschte [fɐ'manʃtə]; ver|mansch [fɐ'manʃ]>: vermanschen, ineinander mengen, miteinander vermengen. (110)

vermarkte [fɐ'marktə] <nicht trennb. Präfix-V.; schw.; *han*; vermark [fɐ'mark]>: vermarkten. (19)

ver|ma̲sele [fɐ'mazələ] <nicht trennb. Präfix-V.; schw.; *han*; ver|ma̲selte [fɐ'mazəltə]; ver|ma̲selt [fɐ'mazəlt]> {6.10.1; 7.4; 9.2.1.2}: vermasseln, verpatzen, zunichte machen [auch: ↑ver|murkse, ↑ver|hunze]. (6)

ver|matsche [fɐ'matʃə] <nicht trennb. Präfix-V.; schw.; *han*; ver|matschte [fɐ'matʃtə]; ver|matsch [fɐ'matʃ]>: vermengen, verunreinigen, verderben [auch: ↑ver|mölsche, ↑zer|mölsche]. (110)

ver|me̲ddele [fɐ'medələ] <nicht trennb. Präfix-V.; schw.; *han*; ver|me̲ddelte [fɐ'medəltə]; ver|me̲ddelt [fɐ'medəlt]> {5.5.2; 6.11.3; 9.2.1.2}: vermitteln. (6)

ver|meede [fɐ'me·də] <nicht trennb. Präfix-V.; schw.; *han*; ver|meedte [fɐ'me·tə]; ver|meedt [fɐ'me·t]> {5.1.4.3}: vermieten. (197)

Ver|meed|er, der [fɐ'me·də] <N.; ~> {5.1.4.3; 6.11.3}: Vermieter. **1.** jmd., der etw. vermietet. **2.** Hauswirt.

ver|mehre [fɐ'me·rə] <nicht trennb. Präfix-V.; schw.; *han*; ver|mehrte [fɐ'me·ɐ̯tə]; ver|mehrt [fɐ'me·ɐ̯t]>: vermehren. (31)

ver|meide [fɐ'mei̯də] <nicht trennb. Präfix-V.; st.; *han*; ver|meed [fɐ'me·t]; ver|miede [fɐ'mi·də]>: vermeiden, scheuen. (137)

ver|mendere/~|mindere [fɐ'mɛnˑdərə / -mɪnˑdərə] <nicht trennb. Präfix-V.; schw.; han; ver|menderte [fɐ'mɛnˑdɐtə]; ver|mendert [fɐ'mɛnˑdɐt]> {5.5.2; 9.2.1.2}: vermindern, **a)** der Intensität nach abschwächen, herabsetzen: *et Tempo v.* (das Tempo v.) [auch: ↑mendere/ mindere (1), *winniger maache*]; **b)** <sich v.> geringer werden; sich abschwächen [auch: ↑mendere/ mindere (2), *winniger weede*]. (4)

ver|menge [fɐ'mɛŋə] <nicht trennb. Präfix-V.; schw.; han; ver|mengte [fɐ'mɛŋˑtə]; ver|mengk [fɐ'mɛŋˑk]>: vermengen. (49)

ver|mengeliere/~eere [fɛmɛŋə'liˑ(ɐ̯)rə / -eˑrə] <V.; schw./ unr.; han; ver|mengelierte [fɛmɛŋə'liˑɐ̯tə]; ver|mengeliert [fɛmɛŋə'liˑɐ̯t]> {(5.1.4.3)}: vermengen, vermischen, durcheinandermachen; <Part. I „mengeliert" als Adj.> mischfarbig, gesprenkelt, meliert [auch: ↑mengeliere/ ~eere]. (3) (2)

ver|merke [fɐ'mɛrkə] <nicht trennb. Präfix-V.; schw.; han; ver|merkte [fɐ'mɛrktə]; ver|merk [fɐ'mɛrk]>: vermerken, notieren. (41)

ver|messe[1] [fɐ'mɛsə] <nicht trennb. Präfix-V.; st.; han; ver|moß [fɐ'mɔˑs]; ver|messe [fɐ'mɛsə]>: vermessen, **1.** ausmessen: *e Grundstöck v.* (ein Grundstück v.). **2.** <sich v.> beim Messen irren, falsch messen: *Dat stemmp nit, dä hät sich v.* (Das stimmt nicht, der hat sich v.). (59)

ver|messe[2] [fɐ'mɛsə] <nicht trennb. Präfix-V.; schw.; han; ver|messte [fɐ'mɛstə]; ver|mess [fɐ'mɛs]> {5.5.2}: vermissen. (67)

ver|messe[3] [fɐ'mɛsə] <Adj.; Part. II von mhd. *vermezzen*; ~; ~ner, ~nste>: vermessen, dreist. Tbl. A3.2

ver|möbele [fɐ'møːbələ] <nicht trennb. Präfix-V.; schw.; han; ver|möbelte [fɐ'møːbəltə]; ver|möbelt [fɐ'møːbəlt]> {9.2.1.2}: vermöbeln, verprügeln [auch: ↑durch|bläue, ↑durch|haue (2), ↑op|mische (2), ↑ver|bimse (1), ↑ver|bläue, ↑ver|dresche, ↑ver|haue (1), ↑ver|kamesöle, ↑ver|kloppe, ↑ver|prügele, ↑ver|trimme, ↑zer|bläue, ↑zer|schlage[1]/~|schlonn (3)]. (6)

ver|mode [fɐ'moˑdə] <nicht trennb. Präfix-V.; schw.; han; ver|modte [fɐ'moˑtə]; ver|modt [fɐ'moˑt]> {5.4}: vermuten. (197)

ver|modere [fɐ'moˑdərə] <nicht trennb. Präfix-V.; schw.; sin; ver|moderte [fɐ'moːdɐtə]; ver|modert [fɐ'moːdɐt]> {9.2.1.2}: vermodern, modernd zerfallen, verfaulen. (4)

Vermöge, et [fɐ'møːjə] <N.; ~>: Vermögen, **1.** gesamter Besitz, der einen materiellen Wert darstellt. **2.** <o. Pl.> Kraft, Fähigkeit, etw. zu tun.

Vermögens|stöör/~|stüür, de [fɐ'møːjəns‿ʃtøˑɐ̯ / -‿ʃtyˑɐ̯] <N.; Stöör veraltet, ~e> {s. u. ↑Vermöge ↑Stöör/Stüür}: Vermögensteuer.

ver|mölsche [fɐ'mølʃə] <nicht trennb. Präfix-V.; schw.; han; ver|mölschte [fɐ'mølʃtə]; ver|mölsch [fɐ'mølʃ]>: unsachgemäß vermengen, durcheinander bringen, durch Befingern u. Betatschen zerknautschen [auch: ↑ver|matsche, ↑zer|mölsche]. (110)

ver|mumme [fɐ'mʊmə] <nicht trennb. Präfix-V.; schw.; han; ver|mummte [fɐ'mʊmˑtə]; ver|mummp [fɐ'mʊmˑp]>: vermummen. (40)

ver|murkse [fɐ'mʊrksə] <nicht trennb. Präfix-V.; schw.; han; ver|murkste [fɐ'mʊrkstə]; ver|murks [fɐ'mʊrks]>: vermurksen, verpfuschen, verderben [auch: ↑ver|hunze, ↑ver|masele]. (87)

ver|nähle [fɐ'nɛˑlə] <nicht trennb. Präfix-V.; schw.; han; ver|nählte [fɐ'nɛˑltə]; ver|nählt [fɐ'nɛˑlt]> {5.4; 6.3.1}: vernageln. (61)

ver|narbe [fɐ'narˑbə] <nicht trennb. Präfix-V.; schw.; sin; ver|narbte [fɐ'narˑptə]; ver|narb [fɐ'narˑp]>: vernarben, eine . (189)

ver|nasche [fɐ'naʃə] <nicht trennb. Präfix-V.; schw.; han; ver|naschte [fɐ'naʃtə]; ver|nasch [fɐ'naʃ]>: vernaschen. (110)

ver|neete/~neede [fɐ'neˑtə / -neˑdə] <nicht trennb. Präfix-V.; schw.; han; ver|neet [fɐ'neˑt]> {5.1.4.3}: vernieten. (104)

ver|nemme [fɐ'nɛmə] <nicht trennb. Präfix-V.; st.; han; ver|nohm [fɐ'nɔˑm]; ver|nomme [fɐ'nɔmə]> {5.3.4; 5.5.2}: vernehmen. (143)

ver|netze [fɐ'nɛtsə] <nicht trennb. Präfix-V.; schw.; han; ver|netzte [fɐ'nɛtstə]; ver|netz [fɐ'nɛts]>: vernetzen. (114)

ver|nevvele [fɐ'nɛvələ] <nicht trennb. Präfix-V.; schw.; han; ver|nevvelte [fɐ'nɛvəltə]; ver|nevvelt [fɐ'nɛvəlt]> {5.3.4; 5.5.2; 6.1.1; 9.2.1.2}: vernebeln. (6)

ver|nihe [fɐ'niˑə] <nicht trennb. Präfix-V.; schw.; han; ver|nihte [fɐ'niˑtə]; ver|niht [fɐ'niˑt]> {5.4}: vernähen. (37)

ver|noh|lässige [fɐ'nɔˑlɛsɪjə] <nicht trennb. Präfix-V.; schw.; han; ver|noh|lässigte [fɐ'nɔˑlɛsɪʃtə]; ver|noh|lässig [fɐ'nɔˑlɛsɪʃ]> {5.5.3; 6.3.1}: vernachlässigen. (7)

Ver|nunf, de [vɐnʊnf] <N.; kein Pl.> {8.3.5}: Überlegung; Vernunft.

ver|nünft|ig [fɐ'nʏnftɪʃ] <Adj.; ~e; ~er, ~ste>: vernünftig.
Tbl. A5.2

ver|öde [fɐ'|øːdə] <nicht trennb. Präfix-V.; schw.; *han*; ver|ödte [fɐ'|øːtə]; ver|ödt [fɐ'|øːt]>: veröden. (197)

ver|öffentliche [fɐ'|œfəntlɪʃə] <nicht trennb. Präfix-V.; schw.; *han*; ver|öffentlichte [fɐ'|œfəntlɪʃtə]; ver|öffentlich [fɐ'|œfəntlɪʃ]>: veröffentlichen, **1.** der Öffentlichkeit zugänglich machen [auch: *bekannt maache*]. **2.** publizieren. (123)

ver|or|deile/~|ur|~ [fɐ'|oxdeɪ̯lə / -ʊx-] <nicht trennb. Präfix-V.; schw.; *han*; ver|or|deilte [fɐ'|oxdeɪ̯ltə]; ver|or|deilt [fɐ'|oxdeɪ̯lt]> {5.5.1; 6.11.3}: verurteilen. (45)

ver|ordne/~|oodene [fɐ'ɔxtnə / -ɔːdənə] <nicht trennb. Präfix-V.; *ver|oodene* veraltend; schw.; *han*; ver|ordnete [fɐ'ɔxtnətə]; ver|ordnet [fɐ'ɔxtnət]> {(5.2.1.1.1; 5.5.3; 9.1.1)}: verordnen. (57) (145)

ver|paachte [fɐ'paːxtə] <nicht trennb. Präfix-V.; schw.; *han*; ver|paach [fɐ'paːx]> {5.2.1}: verpachten. (1)

ver|packe [fɐ'pakə] <nicht trennb. Präfix-V.; schw.; *han*; ver|packte [fɐ'paktə]; ver|pack [fɐ'pak]>: verpacken. (88)

ver|passe[1] [fɐ'pasə] <nicht trennb. Präfix-V.; schw.; *han*; ver|passte [fɐ'pastə]; ver|pass [fɐ'pas]>: verpassen, versäumen, ungenutzt lassen, verschwitzen, entgehen, verfehlen. (67)

ver|passe[2] [fɐ'pasə] <nicht trennb. Präfix-V.; schw.; *han*; ver|passte [fɐ'pastə]; ver|pass [fɐ'pas]>: verpassen, jmdm./etw. (meist Unerwünschtes) geben/zukommen lassen/antun: *en Spritz v.* (eine Spritze v.); *ene Hoorschnedd v.* (einen Haarschnitt v.); *eine v.* (einen (Schlag) v.). (67)

ver|penne [fɐ'pɛnə] <nicht trennb. Präfix-V.; schw.; *han*; ver|pennte [fɐ'pɛntə]; ver|pennt [fɐ'pɛnt]>: verpennen, verschlafen. (10)

ver|peste [fɐ'pɛstə] <nicht trennb. Präfix-V.; schw.; *han*; ver|pess [fɐ'pɛs]>: verpesten. (68)

ver|petze [fɐ'pɛt̠sə] <nicht trennb. Präfix-V.; schw.; *han*; ver|petzte [fɐ'pɛt̠stə]; ver|petz [fɐ'pɛt̠s]>: verpetzen [auch: ↑ver|rode]. (114)

ver|pich [fɐ'pɪʃ] <Adj.; nur präd.> {8.3.5}: erpicht [auch: ↑er|pich].

ver|pinsele [fɐ'pɪnˑzələ] <nicht trennb. Präfix-V.; schw.; *han*; ver|pinselte [fɐ'pɪnˑzəltə]; ver|pinselt [fɐ'pɪnˑzɛlt]> {9.2.1.2}: **1.** überpinseln, übermalen. **2.** aufzehren, verzehren. (6)

ver|pisse, sich [fɐ'pɪsə] <nicht trennb. Präfix-V.; schw.; *han*; ver|pisste [fɐ'pɪstə]; ver|piss [fɐ'pɪs]>: sich verpissen/verpieseln, sich davonmachen, verschwinden: *sich en andere Stadt v.* (sich in eine andere Stadt v.) [auch: *sich durch de Kood maache, tirre gonn*]. (67)

ver|placke [fɐ'plakə] <nicht trennb. Präfix-V.; schw.; *han*; ver|plackte [fɐ'plaktə]; ver|plack [fɐ'plak]>: **1.** verkleben, flicken. **2.** verschwenden, vergeuden. (88)

ver|plane [fɐ'plaːnə] <nicht trennb. Präfix-V.; schw.; *han*; ver|plante [fɐ'plaːntə]; ver|plant [fɐ'plaːnt]>: verplanen. (146)

ver|plappere, sich [fɐ'plapərə] <nicht trennb. Präfix-V.; schw.; *han*; ver|plapperte [fɐ'plapɐtə]; ver|plappert [fɐ'plapɐt]> {9.2.1.2}: sich verplappern [auch: ↑ver|bubbele]. (4)

ver|plempere [fɐ'plɛmpərə] <nicht trennb. Präfix-V.; schw.; *han*; ver|plemperte [fɐ'plɛmpɐtə]; ver|plempert [fɐ'plɛmpɐt]> {9.2.1.2}: verplempern [auch: ↑drop|jöcke, ↑drop|maache (1), ↑durch|bränge (3), ↑ver|fumfeie, ↑ver|jöcke, ↑ver|jubele, ↑ver|juckele, ↑ver|juxe, ↑ver|klüngele (1a), ↑ver|prasse, ↑ver|tüddele (2)]. (4)

ver|plex [fɐ'plɛks] <Adj.; nur präd.; veraltet>: perplex, verblüfft, bestürzt [auch: ↑perplex].

ver|plombe [fɐ'plomˑbə] <nicht trennb. Präfix-V.; schw.; *han*; ver|plombte [fɐ'plomˑptə]; ver|plomp [fɐ'plomˑp]>: verplomben, plombieren. (189)

ver|polvere [fɐ'polˑvərə] <nicht trennb. Präfix-V.; schw.; *han*; ver|polverte [fɐ'polˑvɐtə]; ver|polvert [fɐ'polˑvɐt]> {5.5.1; 9.2.1.2}: verpulvern, vergeuden. (4)

ver|poppe[1], sich [fɐ'popə] <nicht trennb. Präfix-V.; schw.; *han*; ver|popte [fɐ'poptə]; ver|popp [fɐ'pop]> {5.5.1}: sich verpuppen. (75)

ver|poppe[2] [fɐ'popə] <nicht trennb. Präfix-V.; schw.; *han*; ver|popte [fɐ'poptə]; ver|popp [fɐ'pop]>: durch sexuelle Ausschweifungen Geld/Vermögen vergeuden. (75)

ver|posementiere/~eere [fɛpozəmɛnˈtiˑ(ɐ̯)rə / -eˑrə] <nicht trennb. Präfix-V.; schw./unr.; *han*; ver|posementierte [fɛpozəmɛnˈtiˑɐ̯tə]; ver|posementiert [fɛpozəmɛnˈtiˑɐ̯t]> {(5.1.4.3)}: **1.** verschwenden, verzehren. **2.** erklären, auseinanderlegen. (3) (2)

ver|prasse [fɐ'prasə] <nicht trennb. Präfix-V.; schw.; *han*; ver|prasste [fɐ'prastə]; ver|prass [fɐ'pras]>: verprassen, prassend vergeuden [auch: ↑dro̱p|jöcke, ↑dro̱p|maache (1), ↑durch|bränge (3), ↑ver|fumfeie, ↑ver|jö̱cke, ↑ver|jubele, ↑ver|juckele, ↑ver|juxe, ↑ver|klüngele (1a), ↑ver|plempere, ↑ver|tüddele (2)]. (67)

ver|prügele [fɐ'pry:jələ] <nicht trennb. Präfix-V.; schw.; *han*; ver|prügelte [fɐ'pry:jəltə]; ver|prügelt [fɐ'pry:jəlt]> {9.2.1.2}: verprügeln [auch: ↑durch|bläue, ↑durch|haue (2), ↑o̱p|mische (2), ↑ver|bimse (1), ↑ver|bläue, ↑ver|dresche, ↑ver|haue (1), ↑ver|kamesöle, ↑ver|kloppe, ↑ver|möbele, ↑ver|trimme, ↑zer|bläue, ↑zer|schlage¹/ ~|schlonn (3)]. (6)

ver|puffe [fɐ'pʊfə] <nicht trennb. Präfix-V.; schw.; *han*; ver|puffte [fɐ'pʊftə]; ver|puff [fɐ'pʊf]>: verpuffen. (27)

ver|putze [fɐ'pʊtsə] <nicht trennb. Präfix-V.; schw.; *han*; ver|putzte [fɐ'pʊtstə]; ver|putz [fɐ'pʊts]>: verputzen, **1.** mit Verputz versehen. **2.** aufzehren, verzehren. (114)

ver|qualme [fɐ'kval·mə] <nicht trennb. Präfix-V.; schw.; *han*; ver|qualmte [fɐ'kval·mtə]; ver|qualmp [fɐ'kval·mp]>: verqualmen, **1.** qualmend verglimmen/verbrennen. **2.** mit Qualm/Rauch erfüllen [auch: ↑ver|rauche (3)]. **3.** mit Rauchen/als Raucher verbrauchen [auch: ↑o̱p|rauche (2), ↑ver|rauche (2)]. (70)

ver|quarkse [fɐ'kvarksə] <nicht trennb. Präfix-V.; schw.; *han*; ver|quarkste [fɐ'kvarkstə]; ver|quarks [fɐ'kvarks]>: schrumpfen. (87)

ver|quelle [fɐ'kvelə] <nicht trennb. Präfix-V.; st.; *sin*; ver|quoll [fɐ'kvol·]; ver|quolle [fɐ'kvolə]> {5.5.2}: verquellen, stark aufquellen, anschwellen: *Sing Auge sin verquolle.* (Seine Augen sind verquollen.). (183)

ver|rähne [fɐ'rɛ·nə] <nicht trennb. Präfix-V.; unpers., nur 3. Pers.; schw.; *han*; ver|rähnte [fɐ'rɛ·ntə]; ver|rähnt [fɐ'rɛ·nt]> {5.4; 6.3.1}: verregnen. (5)

ver|rammele [fɐ'ramələ] <nicht trennb. Präfix-V.; schw.; *han*; ver|rammelte [fɐ'raməltə]; ver|rammelt [fɐ'ramətl]> {9.2.1.2}: verrammeln. (6)

ver|ramsche [fɐ'ramʃə] <nicht trennb. Präfix-V.; schw.; *han*; ver|ramschte [fɐ'ramʃtə]; ver|ramsch [fɐ'ramʃ]>: verramschen. (110)

ver|rauche [fɐ'roʊxə] <nicht trennb. Präfix-V.; schw.; *han*; ver|rauchte [fɐ'roʊxtə]; ver|rauch [fɐ'roʊx]>: verrauchen, **1. a)** <sin> (von Rauch, Dampf od. Ä.) sich allmählich auflösen, vergehen: *Der Qualm dät nor langsam v.* (Der Qualm verrauchte nur langsam.);

b) (übertr.) *Sing Wod es verrauch.* (Seine Wut ist verraucht, vorbei.). **2.** <han> durch Rauchen/als Raucher verbrauchen: *Hä hät ald e Vermöge verrauch.* (Er hat schon ein Vermögen verraucht.) [auch: ↑o̱p|rauche (2), ↑ver|qualme (3)]. **3.** <han> mit Rauch erfüllen: *en verrauchte Weetschaff* (eine verrauchte Kneipe) [auch: ↑ver|qualme (2)]. (123)

ver|räuchere [fɐ'rɔʏfjərə] <nicht trennb. Präfix-V.; schw.; *han*; ver|räucherte [fɐ'rɔʏfjətə]; ver|räuch(ert) [fɐ'rɔʏfj(et)]> {9.2.1.2}: verräuchern. (4)

ver|räuchert [fɐ'rɔʏfjet] <Adj.; Part. II von ↑ver|räuchere; ~e; ~er, ~ste>: verräuchert, räucherig, verraucht, von Rauch erfüllt, verqualmt: *Wat häs de die Bud esu v.?* (Wieso hast du die Wohnung so v.?). Tbl. A1

ver|rechne [fɐ'rɛɕnə] <nicht trennb. Präfix-V.; schw.; *han*; ver|rechente [fɐ'rɛɕəntə]; ver|rechent [fɐ'rɛɕənt]>: verrechnen. (150)

ver|recke [fɐ'rɛkə] <nicht trennb. Präfix-V.; schw.; *sin*; ver|reckte [fɐ'rɛktə]; ver|reck [fɐ'rɛk]>: verrecken, krepieren [auch: ↑av|kratze (2), ↑av|nibbele, ↑av|nippele, ↑baschte (2), ↑dro̱p|gonn (1), ↑fott|maache (3), ↑fott|sterve, ↑frecke, *dran* ↑gläuve (4), ↑heim|gonn (b), ↑hin|sterve, ↑kapodd|gonn (3), ↑öm|kumme (2), ↑sterve, ↑us|futze, *de Auge/Döpp zo|dun/zo|maache*]; *öm et V. nit* (nicht ums V.; überhaupt/ganz u. gar nicht). (88)

ver|reise [fɐ'reɪ·zə] <nicht trennb. Präfix-V.; schw.; *sin*; ver|reiste [fɐ'reɪ·stə]; ver|reis [fɐ'reɪ·s]>: verreisen. (149)

ver|renke [fɐ'rɛŋkə] <nicht trennb. Präfix-V.; schw.; *han*; ver|renkte [fɐ'rɛŋktə]; ver|renk [fɐ'rɛŋk]>: verrenken. (41)

ver|renne, sich [fɐ'rɛnə] <nicht trennb. Präfix-V.; unr.; *han*; ver|rannt [fɐ'rant]; ver|rannt [fɐ'rant]>: sich verrennen, in seinen Gedanken eine falsche Richtung einschlagen. (35)

Ver|re̱ss, der [fɐ'res] <N.; ~e> {5.5.2}: Verriss, sehr harte, vernichtende Kritik.

ver|riegele/~|reegele [fɐ'ri:jələ / -re:jələ] <nicht trennb. Präfix-V.; schw.; *han*; ver|riegelte [fɐ'ri:jəltə]; ver|riegelt [fɐ'ri:jəlt]> {9.2.1.2; (5.1.4.3)}: verriegeln. (6)

ver|rieße [fɐ'ri:sə] <nicht trennb. Präfix-V.; st.; *han*; ver|re̱ss [fɐ'res]; ver|re̱sse [fɐ'resə] {5.1.4.5}: verreißen. (25)

ver|rieve [fɐ'ri:və] <nicht trennb. Präfix-V.; st.; *han*; ver|re̱vv [fɐ'ref]; ver|re̱vve [fɐ'revə]> {5.1.4.5; 6.1.1}: verreiben, reibend verteilen. (51)

ver|röck [fe'røk] <Adj.; Part. II von ↑ver|röcke; ~te; ~ter, ~ste> {5.5.1; 8.3.5}: verrückt, geistig gestört, überspannt, närrisch[auch: ↑aad|ig (2), ↑av|ge|schmack, ↑be|klopp (a), ↑be|stuss, ↑be|titsch, ↑jeck (1), ↑kalver|ig, ↑knatsch|jeck, ↑läppsch, ↑rader|doll (1), ↑stapel|jeck/stabel|~, ↑ver|dötsch, ↑ver|kindsch, *mem Bömmel behaue; en Ääz am Kieme/Wandere (han); (se) nit all op de Dröht/Reih (han); ene Nähl em Zylinder (han); ene Ratsch em Kappes (han); schwatz em Geseech (sin)*]. Tbl. A4.1.1

ver|röcke [fe'røkə] <nicht trennb. Präfix-V.; schw.; *han*; ver|röckte [fe'røktə]; ver|röck [fe'røk]> {5.5.1}: verrücken. (88)

Ver|rod, der [fe'rɔːt] <N.; kein Pl.> {5.5.3; 6.11.3}: Verrat.

ver|rode [fe'rɔːdə] <nicht trennb. Präfix-V.; st.; *han*; ver|reedt [fe'reːt]; ver|rode [fe'rɔːdə]> {5.5.3; 6.11.3}: verraten, verpetzen [auch: ↑ver|petze]. (36)

Ver|röd|er, der [fe'rœːdɐ] <N.; ~> {5.5.3; 6.11.3}: Verräter.

Ver|rof, der [fe'roːf] <N.> {5.4}: Verruf.

ver|rofe [fe'roːfə] <Adj.; Part. II von veraltet *verrufen* (= in schlechten Ruf bringen); ~; ~ner, ~nste> {5.4}: verrufen, berüchtigt. Tbl. A3.2

ver|röhre/~|rühre [fe'røː(ɐ)rə / -'ryː(ɐ)rə] <nicht trennb. Präfix-V.; schw.; *han*; ver|röhte [fe'røːtə]; ver|röht [fe'røːt]> {5.4}: verrühren, durch Rühren vermischen. (186) (31)

ver|roste [fe'rɔstə] <nicht trennb. Präfix-V.; schw.; *sin*; ver|ross [fe'rɔs]>: verrosten. (68)

ver|rötsche [fe'røtʃə] <nicht trennb. Präfix-V.; schw.; *sin*; ver|rötschte [fe'røtʃtə]; ver|rötsch [fe'røtʃ]> {5.5.1}: verrutschen. (110)

ver|rotte [fe'rɔtə] <nicht trennb. Präfix-V.; schw.; *sin*; ver|rott [fe'rɔt]>: verrotten, faulen, modern. (113)

ver|ruße [fe'ruːsə] <nicht trennb. Präfix-V.; schw.; ver|rußte [fe'ruːstə]; ver|ruß [fe'ruːs]>: verrußen, **1.** <sin> rußig werden, von Ruß bedeckt, durch Ruß verstopft usw. werden: *En däm Stadtteil hee v. de Hüüser ärg flöck.* (In diesem Stadtteil v. die Gebäude sehr schnell.); *verrußte Zündkääze* (verrußte Zündkerzen). **2.** <han> rußig machen/werden lassen; mit Ruß bedecken: *De Fabrik hät de ganze Gägend verruß.* (Die Fabrik hat die ganze Gegend verrußt.). (32)

ver|sacke [fe'zakə] <nicht trennb. Präfix-V.; schw.; *sin*; ver|sackte [fe'zaktə]; ver|sack [fe'zak]>: versacken, **1. a)** versinken, untergehen: *Dat Scheff es versack.* (Das Schiff ist versunken.); **b)** einsinken, absacken: *De Rädder däten em Sand v.* (Die Räder versackten im Sand.). **2.** lange feiern u. dabei viel Alkohol trinken: *Gestere ben ich staats versack, dat wollt ich gar nit.* (Gestern bin ich schwer versackt, das wollte ich gar nicht.). (88)

ver|sage [fe'zaːʀə] <nicht trennb. Präfix-V.; schw.; *han*; ver|saht [fe'zaːt]; ver|saht [fe'zaːt]>: versagen, **1. a)** nicht gewähren: *einem de Hölp v.* (jmdm. die Hilfe v.); **b)** verzichten: *Domols moot ich mer vill v.* (Damals musste ich mir vieles v.). **2.** scheitern, erfolglos sein, durchfallen: *bei ener Pröfung v.* (bei einer Prüfung v.). (155)

ver|salze [fe'zaltsə] <nicht trennb. Präfix-V.; schw.; *han*; ver|salzte [fe'zaltstə]; ver|salz [fe'zalts]>: versalzen. (42)

ver|sammele [fe'zaməlǝ] <nicht trennb. Präfix-V.; schw.; *han*; ver|sammelte [fe'zaməltə]; ver|sammelt [fe'zamǝlt]> {9.2.1.2}: versammeln. (6)

ver|sande [fe'zanˑdə] <nicht trennb. Präfix-V.; schw.; *sin*; ver|sandte [fe'zanˑtə]; ver|sandt [fe'zanˑt]>: versanden, allmählich mit Sand überdeckt werden. (28)

Versand|huus, et [fe'zant.huːs] <N.; ~|hüüser [-hyˑzə]> {s.u. ↑Huus}: Versandhaus, Versandhausunternehmen, das den Verkauf von Waren durch Versandhandel betreibt.

ver|saue [fe'zoʊə] <nicht trennb. Präfix-V.; schw.; *han*; ver|saute [fe'zoʊˑtə]; ver|saut [fe'zoʊˑt]>: versauen, **1.** sehr schmutzig machen, verdrecken. **2.** völlig verderben [auch: ↑ver|fusche]. (11)

ver|säufe [fe'zøyfə] <nicht trennb. Präfix-V.; schw.; *han*; ver|säufte [fe'zøyftə]; ver|säuf [fe'zøyf]>: ertränken. (108)

ver|säume¹/~|süume¹ [fe'zøyˑmə / -zyˑmə] <nicht trennb. Präfix-V.; schw.; *han*; ver|säumte [fe'zøyˑmtə]; ver|säump [fe'zøyˑmp]> {(5.1.3)}: versäumen, Saum um den Rand eines Kleidungsstücks nähen. (122)

ver|säume²/~|süume² [fe'zøyˑmə / -zyˑmə] <nicht trennb. Präfix-V.; schw.; *han*; ver|säumte [fe'zøyˑmtə]; ver|säump [fe'zøyˑmp]> {(5.1.3)}: versäumen, verpassen, nicht wahrnehmen, unterlassen. (122)

ver|schaffe [fe'ʃafə] <nicht trennb. Präfix-V.; schw.; *han*; ver|schaffte [fe'ʃaftə]; ver|schaff [fe'ʃaf]>: verschaffen. (27)

ver|schammp [fɛˈʃamp] <Adj.; ~|schammte [-ʃamtə]; ~|schammter, ~ste [-ʃamtɐ / -ʃampstə]> {5.3.2; 5.4; 8.3.5}: verschämt, verlegen; schüchtern. Tbl. A4.2.4

ver|schängeliere/~eere [fɛʃɛŋəˈliˑ(ɐ̯)rə / -eˑrə] <nicht trennb. Präfix-V.; schw./unr.; *han*; ver|schängelierte [fɛʃɛŋəˈliˑɐ̯tə]; ver|schängeliert [fɛʃɛŋəˈliˑɐ̯t]> {5.4; 6.7; (5.1.4.3)}: verschandeln, entstellen, verunstalten, beschädigen. (3) (2)

ver|schärfe/~|schärpe [fɛˈʃɛrfə / -ˈʃɛrpə] <nicht trennb. Präfix-V.; *ver|schärpe* veraltend; schw.; *han*; ver|schärfte [fɛˈʃɛrftə]; ver|schärf [fɛˈʃɛrf]> {(6.5.1)}: verschärfen. (105) (180)

ver|schätze, sich [fɛˈʃɛtsə] <nicht trennb. Präfix-V.; schw.; *han*; ver|schätzte [fɛˈʃɛtstə]; ver|schätz [fɛˈʃɛts]>: sich verschätzen. (114)

ver|schecke [fɛˈʃekə] <nicht trennb. Präfix-V.; schw.; *han*; ver|scheckte [fɛˈʃektə]; ver|scheck [fɛˈʃek]> {5.5.2}: verschicken, versenden. (88)

ver|scheeße [fɛˈʃeˑsə] <nicht trennb. Präfix-V.; st.; ver|schoss [fɛˈʃos]; ver|schosse [fɛˈʃosə]> {5.1.4.3}: verschießen, **1. a)** <han> beim Schießen verbrauchen: *de Munition v.* (die Munition v.) [auch: ↑ver|knalle (1)]; **b)** (übertr.) *Dä hät si Polver verschosse.* (Der hat sein Pulver verschossen.). **2.** <han> vorbeischießen (auch bei Ballspielen): *Grad hügg veschüüß dä, söns triff hä luuter!* (Gerade heute verschießt er, sonst trifft er immer!). **3.** <sin> verblassen: *De Gardinge sin ganz verschosse.* (Die Gardinen sind ganz verschossen.). **4.** <sin> heftig verlieben: *Der Dreckes es en et Nell verschosse.* (Heinz ist in Nelli verschossen/verliebt.) [auch: ↑ver|knalle (2)]. (79)

ver|schenke [fɛˈʃɛŋkə] <nicht trennb. Präfix-V.; schw.; *han*; ver|schenkte [fɛˈʃɛŋktə]; ver|schenk [fɛˈʃɛŋk]>: verschenken. (41)

ver|schervele/~|schirvele [fɛˈʃervələ / -ˈʃɪrvələ] <nicht trennb. Präfix-V.; schw.; *han*; ver|schervelte [fɛˈʃerˑvəltə]; ver|schervelt [fɛˈʃerˑvəlt]> {5.5.2/5.4; 6.1.1; 9.2.1.2}: verscherbeln. (6)

ver|scheuche [fɛˈʃøɥçə] <nicht trennb. Präfix-V.; schw.; *han*; ver|scheuchte [fɛˈʃøɥçtə]; ver|scheuch [fɛˈʃøɥç]>: verscheuchen. (123)

ver|schiebe [fɛˈʃiˑbə] <nicht trennb. Präfix-V.; st.; *han*; ver|schob [fɛˈʃoˑp]; ver|schobe [fɛˈʃoˑbə]>: verschieben, **1. a)** etw. an eine andere Stelle schieben, fortschieben; **b)** <sich v.> an eine andere Stelle geschoben werden. **2. a)** auf einen späteren Zeitpunkt verlegen, aufschieben; **b)** <sich v.> auf einen späteren Zeitpunkt verlegt werden. **3.** gesetzwidrig verkaufen. (8)

ver|schimmele [fɛˈʃɪmələ] <nicht trennb. Präfix-V.; schw.; *sin*; ver|schimmelte [fɛˈʃɪmɛltə]; ver|schimmelt [fɛˈʃɪmɛlt]> {9.2.1.2}: verschimmeln. (6)

ver|schläächtere [fɛˈʃlɛːɧtərə] <nicht trennb. Präfix-V.; schw.; *han*; ver|schläächterte [fɛˈʃlɛːɧtɛtə]; ver|schläächtert [fɛˈʃlɛːɧtɛt]> {5.2.1; 5.4; 9.2.1.2}: verschlechtern. (4)

ver|schlabbere [fɛˈʃlabərə] <nicht trennb. Präfix-V.; schw.; *han*; ver|schlabberte [fɛˈʃlabɛtə]; ver|schlabbert [fɛˈʃlabɛt]> {9.2.1.2}: **1.** verschütten, überschütten: *Do verschlabbers de ganze Zupp!* (Du verschlabberst die ganze Suppe!). **2.** vergessen, verschwitzen, verpassen: *Däm singe Gebootsdag han ich ganz verschlabbert.* (Seinen Geburtstag habe ich ganz vergessen.). (4)

Ver|schlag, der [fɛˈʃlaːx] <N.; ~|schläg [-ʃlɛˑɧ]>: Verschlag.

ver|schlage[1] [fɛˈʃlaˑʁə] <nicht trennb. Präfix-V.; st.; *han*; ver|schlog [fɛˈʃloˑx]; ver|schlage [fɛˈʃlaˑʁə]> {(5.3.2; 5.4)}: verschlagen, **1.** beim Herum- od. Weiterblättern in einem Buch eine zum Lesen od. Ä. bereits aufgeschlagene Seite nicht aufgeschlagen lassen: *en Sigg v.* (eine Seite v.). **2.** <unpers.> einer Fähigkeit beraubt werden: *Mir verschleiht et de Sproch.* (Mir verschlägt es die Sprache.). **3.** (Latten, Bretter od. Ä.) durch Nageln verbinden: *met Holz v.* (mit Holz v.). **4.** durch besondere Umstände/Zufall ungewollt irgendwohin gelangen lassen: *Die hät et noh Amerika v.* (Die hat es nach Amerika v.). (48) (163)

ver|schlage[2] [fɛˈʃlaˑʁə] <Adj.; ~; ~ner, ~nste>: verschlagen, hinterlistig, hinterhältig [auch: ↑ge|räuch, ↑gau, ↑ge|revve, ↑filou|isch, dubbelt geflääch, ↑hinger|lest|ig, ↑durch|drevve]. Tbl. A3.2

ver|schlecke [fɛˈʃlekə] <nicht trennb. Präfix-V.; schw.; *han*; ver|schleckte [fɛˈʃlektə]; ver|schleck [fɛˈʃlek]> {5.5.2}: verschlucken. (88)

ver|schleeße [fɛˈʃleˑsə] <nicht trennb. Präfix-V.; st.; *han*; ver|schloss [fɛˈʃlos]; ver|schlosse [fɛˈʃlosə]> {5.1.4.3}: verschließen. (79)

ver|schleiere [fɛˈʃlaɪ̯rə] <nicht trennb. Präfix-V.; schw.; *han*; ver|schleierte [fɛˈʃlaɪ̯ɛtə]; ver|schleiert [fɛˈʃlaɪ̯ɛt]> {9.2.1.2}: verschleiern, **1.** sich od. etw. mit einem Schleier verhüllen: *Ich v. mer et Geseech.* (Ich v. mir

Verschleiß

das Gesicht.). **2.** vertuschen, durch Irreführung nicht genau erkennen lassen: *Messständ/Skandale v.* (Missstände/ Skandale v.). (4)

Ver|schleiß, der [fɐ'ʃleɪs] <N.; ~e (Pl. selten)> {5.3.2; 5.5.2}: Verschleiß, Abnutzung.

ver|schlemmere [fɐ'ʃlemərə] <nicht trennb. Präfix-V.; schw.; *han*; ver|schlemmerte [fɐ'ʃlemɐtə]; ver|schlemmert [fɐ'ʃlemɐt]> {5.5.2; 9.2.1.2}: verschlimmern, **1.** (etw., was schon schlimm ist, noch) schlimmer machen: *Die Verkäldung verschlemmert sing Krankheit.* (Die Erkältung verschlimmert seine Krankheit.). **2.** <sich v.> (noch) schlimmer werden: *Ehre Hoste hät sich verschlemmert.* (Ihr Husten verschlimmerte sich.). (4)

ver|schleppe [fɐ'ʃlɛpə] <nicht trennb. Präfix-V.; schw.; *han*; ver|schleppte [fɐ'ʃlɛptə]; ver|schlepp [fɐ'ʃlɛp]>: verschleppen, **1.** gewaltsam irgendwohin bringen, deportieren. **2.** (bes. Krankheiten) weiterverbreiten, infizieren: *De Ratte han die Seuch verschlepp.* (Die Ratten verschleppten die Seuche.). **3. a)** immer wieder hinauszögern, hinausziehen: *ene Termin v.* (einen Termin v.); **b)** (eine Krankheit) nicht rechtzeitig behandeln u. so verschlimmern: *Dä hät sing Krankheit verschlepp.* (Er hat seine Krankheit verschleppt.). (75)

ver|schlesse [fɐ'ʃlesə] <Adj.; Part II v. ↑ver|schließe> {5.4}: verschlissen, abgetragen. Tbl. A3.2

ver|schleudere [fɐ'ʃlɔɪ̯dərə] <nicht trennb. Präfix-V.; schw.; *han*; ver|schleuderte [fɐ'ʃlɔɪ̯dɐtə]; ver|schleudert [fɐ'ʃlɔɪ̯dɐt]> {9.2.1.2}: verschleudern, **1.** (eine Ware) unter dem Wert/zu billig verkaufen, verramschen: *De Buure mooten et Obs v.* (Die Bauern mussten das Obst v.). **2.** leichtfertig in großen Mengen ausgeben: *Stüürgelder v.* (Steuergelder v.). (4)

ver|schlieme [fɐ'ʃliːmə] <nicht trennb. Präfix-V.; schw.; *han*; ver|schliemte [fɐ'ʃliːmtə]; ver|schliemp [fɐ'ʃliːmp]> {5.1.4.5}: verschleimen. (122)

ver|schließe [fɐ'ʃliːsə] <nicht trennb. Präfix-V.; st.; *han*; ver|schless [fɐ'ʃles]; ver|schlesse [fɐ'ʃlesə]> {5.1.4.5}: verschleißen, abnutzen: *Minge Klein verschließ en Botz ganz flöck.* (Mein Kleiner verschleißt eine Hose sehr schnell.); *Dat daug nix, dat verschließ flöck.* (Das taugt nichts, das verschleißt schnell.); ***för domm v.*** (für dumm halten, unterschätzen): *Do kanns mich nit för domm v.* (Du kannst mich nicht für dumm verkaufen.). (25)

ver|schlinge [fɐ'ʃlɪŋə] <nicht trennb. Präfix-V.; st.; *han*; ver|schlung [fɐ'ʃlʊŋ]; ver|schlunge [fɐ'ʃlʊŋə]>: verschlingen. (26)

ver|schlɔfe [fɐ'ʃlɔːfə] <nicht trennb. Präfix-V.; st.; *han*; ver|schleef [fɐ'ʃleːf]; ver|schlɔfe [fɐ'ʃlɔːfə]> {5.5.3}: verschlafen. (162)

Ver|schluss/~|schloss, der [fɐ'ʃlʊs / -ʃlɔs] <N.; ~|schlüss> {(5.5.1)}: Verschluss.

ver|schlosse [fɐ'ʃlɔsə] <Adj.; ~; ~ner, ~nste>: verschlossen, **1.** <Part. II von ↑ver|schleeße; nicht komparierbar> durch Zuschließen unzugänglich gemacht [auch: ↑zoː⁴]. **2.** sehr zurückhaltend, verschwiegen, in sich gekehrt; wortkarg [auch: ↑ver|schweege]. Tbl. A3.2

ver|schlössele [fɐ'ʃløsələ] <nicht trennb. Präfix-V.; schw.; *han*; ver|schlösselte [fɐ'ʃløsəltə]; ver|schlösselt [fɐ'ʃløsəlt]> {5.5.1; 9.2.1.2}: verschlüsseln. (6)

ver|schluche [fɐ'ʃlʊxə] <nicht trennb. Präfix-V.; veraltet; st.; *han*; ver|schloch [fɐ'ʃlɔx]; ver|schloche [fɐ'ʃlɔxə]>: naschen, (viel) für leckeres Essen aufwenden. (153)

ver|schluddere [fɐ'ʃlʊdərə] <nicht trennb. Präfix-V.; schw. *han*; ver|schludderte [fɐ'ʃlʊdɐtə]; ver|schluddert [fɐ'ʃlʊdɐt] {5.3.4; 9.2.1.2}: verschludern, vernachlässigen, verkommen lassen. (4)

ver|schlunze [fɐ'ʃlʊntsə] <nicht trennb. Präfix-V.; schw.; *han*; ver|schlunzte [fɐ'ʃlʊntstə]; ver|schlunz [fɐ'ʃlʊnts]>: verschlampen [auch: ↑ver|klüngele (1b)]. (42)

ver|schmelze [fɐ'ʃmɛltsə] <nicht trennb. Präfix-V.; st.; *han* u. *sin*; ver|schmolz [fɐ'ʃmɔlts]; ver|schmolze [fɐ'ʃmɔltsə]> {5.5.2}: verschmelzen. (50)

ver|schmerze [fɐ'ʃmɛxtsə] <nicht trennb. Präfix-V.; schw.; *han*; ver|schmerzte [fɐ'ʃmɛxtstə]; ver|schmerz [fɐ'ʃmɛxts]>: verschmerzen. (42)

ver|schmiere/~|schmeere [fɐ'ʃmiː(ɐ̯)rə / -ʃmeːrə] <nicht trennb. Präfix-V.; *ver|schmeere* veraltend; schw./unr. *han* u. *sin*; ver|schmierte [fɐ'ʃmiːɐ̯tə]; ver|schmiert [fɐ'ʃmiːɐ̯t]> {(5.1.4.3)}: verschmieren. (3) (2)

ver|schmitz [fɐ'ʃmɪts] <Adj.; Part. II von veraltet *ver|schmitze* (= mit Ruten schlagen); ~te; ~ter, ~teste> {8.3.5}: verschmitzt, pfiffig [auch: ↑luus]. Tbl. A4.1.2

Ver|schnedd, der [fɐ'ʃnet] <N.; ~(e)> {5.5.2; 6.11.3}: Verschnitt.

ver|schnibbele [fɐ'ʃnɪbələ] <nicht trennb. Präfix-V.; schw.; *han*; ver|schnibbelte [fɐ'ʃnɪbəltə]; ver|schnibbelt [fɐ'ʃnɪbəlt]> {6.9; 9.2.1.2}: verschnippeln, verschneiden [auch: ↑ver|schnigge]. (6)

ver|schnigge [fɐˈʃnɪgə] <nicht trennb. Präfix-V.; st.; *han*; ver|schn**e**dt [fɐˈʃnet]; ver|schn**e**dde [fɐˈʃnedə]> {5.3.4; 6.6.2}: verschneiden [auch: ↑ver|schnibbele]. (133)

ver|schnörkele [fɐˈʃnœrkələ] <nicht trennb. Präfix-V.; schw.; *han*; ver|schnörkelte [fɐˈʃnœrkəltə]; ver|schnörkelt [fɐˈʃnœrkəlt]> {9.2.1.2}: verschnörkeln. (6)

ver|schnupp [fɐˈʃnʊp] <Adj.; ~te; ~ter, ~ste> {6.8.1; 8.3.5}: verschnupft, **1.** Schnupfen habend. **2.** wählerisch im Essen. **3.** naschhaft. Tbl. A4.1.1

ver|schnuppe [fɐˈʃnʊpə] <nicht trennb. Präfix-V.; schw.; *han*; ver|schnuppte [fɐˈʃnʊptə]; ver|schnupp [fɐˈʃnʊp]>: verfuttern, für Leckereien ausgeben: *Häs do di ganz Täschegeld verschnupp?* (Hast du dein ganzes Taschengeld für Süßigkeiten ausgegeben?). (75)

ver|schöckele [fɐˈʃœkələ] <nicht trennb. Präfix-V.; schw.; *han*; ver|schöckelte [fɐˈʃœkəltə]; ver|schöckelt [fɐˈʃœkəlt]> {5.3.4; 9.2.1.2}: verschaukeln; [gebräuchl.: *för der Jeck halde*; auch: ↑aan|schmiere/~eere (2), ↑eren|läge (2), ↑foppe, *einem eine* ↑*lappe²* (2), ↑lieme (2), ↑tüte², ↑uze, ↑ver|aasche, ↑ver|uze]. (6)

ver|schödde [fɐˈʃødə] <nicht trennb. Präfix-V.; st.; *han*; ver|schodt [fɐˈʃɔt]; ver|schodt/~schödt [fɐˈʃɔt / -ˈʃøt]> {5.5.1; 6.11.3}: verschütten, **1.** versehentlich etw. überschütten. **2.** völlig bedecken, zuschütten. (166)

ver|schödt [fɐˈʃøt] <Adj.; nur präd.> {5.5.1; 6.11.3; 8.2.2.1}: verschüttet, **1.** <Part. II von ↑ver|schödde> danebengeschüttet. **2.** verloren; auch i. d. Wendung *v. gegange* (verloren gegangen).

ver|scholde [fɐˈʃɔlˑdə] <nicht trennb. Präfix-V.; schw.; *han*; ver|scholdte [fɐˈʃɔlˑtə]; ver|scholdt [fɐˈʃɔlˑt]> {5.5.1}: verschulden, **1.** schuldhaft bewirken: *ene Unfall v.* (einen Unfall v.). **2.** <sich v.> sich verschulden, Schulden machen: *sich bes üvver beidse Uhre v.* (sich bis über beide Ohren v.). (28)

ver|scholle [fɐˈʃɔlə] <Adj.; Part. II von veraltet *verschalle*; ~; ~ner, ~nste>: verschollen. Tbl. A3.2

ver|schone [fɐˈʃoˑnə] <nicht trennb. Präfix-V.; schw.; *han*; ver|schonte [fɐˈʃoːntə]; ver|schont [fɐˈʃoːnt]>: verschonen. (146)

ver|schönere [fɐˈʃøːnərə] <nicht trennb. Präfix-V.; schw.; *han*; ver|schönerte [fɐˈʃøːnetə]; ver|schönert [fɐˈʃøːnet]> {9.2.1.2}: verschönern. (4)

ver|schosse [fɐˈʃɔsə] <Adj.; Part. II von ↑ver|scheeße; ~; ~ner, ~nste>: verschossen, **1.** <Part. II von ↑ver|scheeße (3)> die Farbe verlieren, ausgebleicht, verblasst. **2.** <Part. II von ↑ver|scheeße (4)> sehr verliebt, verknalle. Tbl. A3.2

ver|schränke [fɐˈʃrɛŋkə] <nicht trennb. Präfix-V.; schw.; *han*; ver|schränkte [fɐˈʃrɛŋktə]; ver|schränk [fɐˈʃrɛŋk]>: verschränken. (41)

ver|schrecke [fɐˈʃrɛkə] <nicht trennb. Präfix-V.; schw.; ver|schreckte [fɐˈʃrɛktə]; ver|schreck [fɐˈʃrɛk]>: erschrecken, **1.** <sin> in Schrecken geraten, einen Schrecken bekommen, ängstigen: *Ich ben ze Dud verschreck.* (Ich habe einen großen Schrecken bekommen.). **2.** <han> in Schrecken versetzen, ängstigen, verängstigen: *Dä hät mich verschreck.* (Er hat mich erschreckt.). **3.** <han; sich v.> in Schrecken geraten: *Ich han mich verschreck.* (Ich habe mich erschreckt.). (88)

ver|schreie [fɐˈʃreɪə] <nicht trennb. Präfix-V.; schw.; *han*; ver|schreite [fɐˈʃreɪˑtə]; ver|schreit [fɐˈʃreɪˑt]>: verschreien. (11)

ver|schrieve [fɐˈʃriˑvə] <nicht trennb. Präfix-V.; st.; *han*; ver|schrevv [fɐˈʃref]; ver|schrevve [fɐˈʃrevə]> {5.1.4.5; 6.1.1}: verschreiben, **1.** <sich v.> beim Schreiben einen Fehler machen. **2.** durch Schreiben verbrauchen: *Ich han hügg 3 Bleistefte verschrevve.* (Ich habe heute 3 Bleistifte verschrieben.). **3.** schriftl./durch Ausstellen eines Rezepts verordnen: *Loss der jet gäge die Ping v.* (Lass dir etw. gegen die Schmerzen v.). **4.** <sich v.> sich einer Sache ganz/mit Leidenschaft widmen, sich hingeben: *Dä hät sich ganz singer Arbeid verschrevve.* (Er hat sich ganz (mit Leib und Seele) seiner Arbeit verschrieben.). (51)

ver|schrotte [fɐˈʃrɔtə] <nicht trennb. Präfix-V.; schw.; *han*; ver|schrott [fɐˈʃrɔt]>: verschrotten. (113)

ver|schrumpele [fɐˈʃrʊmpələ] <nicht trennb. Präfix-V.; schw.; *sin*; ver|schrumpelte [fɐˈʃrʊmpəltə]; ver|schrumpelt [fɐˈʃrʊmpəlt]> {9.2.1.2}: verschrumpeln, schrumpelig werden. (6)

ver|schruuve [fɐˈʃruˑvə] <nicht trennb. Präfix-V.; schw.; *han*; ver|schruuvte [fɐˈʃruˑftə]; ver|schruuv [fɐˈʃruːf]> {5.1.3; 6.1.1}: verschrauben. (158)

ver|schusele [fɐˈʃʊzələ] <nicht trennb. Präfix-V.; schw.; *han*; ver|schuselte [fɐˈʃʊzəltə]; ver|schuselt [fɐˈʃʊzəlt]> {6.10.1; 7.4; 9.2.1.2}: verschusseln. (6)

ver|schweege [fɐˈʃveˑjə] <Adj.; ~; ~ner, ~nste> {5.1.4.3}: verschwiegen, **1.** <Part. II von ↑ver|schweige>. **2.** ver-

verschweige

schlossen, sehr zurückhaltend, verschwiegen, in sich gekehrt; wortkarg [auch: ↑ver|schlosse]. Tbl. A3.2

ver|schweige [fɐˈʃveɪ̯jə] <nicht trennb. Präfix-V.; st.; *han*; ver|schweeg [fɐˈʃveːɕ]; ver|schweege [fɐˈʃveːjə]>: verschweigen [gebräuchl.: *nit sage*]. (181)

ver|schweiß [fɐʃveɪ̯s] <Adj.; ~te> (s. u. ↑Schweiß): verschwitzt. Tbl. A...

ver|schwemme [fɐˈʃvemə] <nicht trennb. Präfix-V.; st.; *sin*; ver|schwomm [fɐˈʃvom]; ver|schwomme [fɐˈʃvomə]> {5.5.2}: verschwimmen. (109)

ver|schwende [fɐˈʃvɛndə] <nicht trennb. Präfix-V.; schw.; *han*; ver|schwendte [fɐˈʃvɛntə]; ver|schwendt [fɐˈʃvɛnt] ⟨mhd., ahd. verswenden = verschwinden machen, aufbrauchen⟩>: verschwenden. (28)

ver|schwetze [fɐˈʃvetsə] <nicht trennb. Präfix-V.; schw.; *han*; ver|schwetzte [fɐˈʃvetstə]; ver|schwetz [fɐˈʃvets]> {5.5.2}: verschwitzen, **1.** durchschwitzen, nass schwitzen: *si Hemb v.* (sein Hemd v.) [auch: ↑ver|schweißte]. **2.** (etw., was man sich vorgenommen hat) vergessen, versäumen. (114)

ver|sechere [fɐˈzeɕərə] <nicht trennb. Präfix-V.; schw.; *han*; ver|secherte [fɐˈzeɕɐtə]; ver|sechert [fɐˈzeɕɐt]> {5.5.2; 9.2.1.2}: versichern. (4)

Ver|secher|ungs|flich, de [fɐˈzeɕərʊŋsˌflɪɕ] <N.; o. Pl.> {s. u. ↑secher ↑Flich}: Versicherungspflicht.

Ver|secher|ungs|kaat, de [fɐˈzeɕərʊŋsˌkaːt] <N.; ~e> {s. u. ↑secher ↑Kaat}: Versicherungskarte.

Ver|secher|ungs|sching, der [fɐˈzeɕərʊŋsˌʃɪŋ] <N.; ~|sching [-ʃɪŋˑ]> {s. u. ↑secher ↑Sching¹}: Versicherungsschein, Police.

verseet [vɐˈzeːt] <Adj.; Part. II von veraltet versieren = sich mit etw. beschäftigen> {5.1.4.3; 8.2.4}: versiert, geschickt, gewandt. Tbl. A1

ver|selvere [fɐˈzelvərə] <nicht trennb. Präfix-V.; schw.; *han*; ver|selverte [fɐˈzelvɐtə]; ver|selvert [fɐˈzelvɐt]> {5.5.2; 6.1.1; 9.2.1.2}: versilbern. (4)

ver|selvs|ständige [fɐˈzɛlfsˌʃtɛndɪjə] <nicht trennb. Präfix-V.; schw.; han; ver|selvs|ständigte [fɐˈzɛlfsˌʃtɛndɪɕtə]; ver|selvs|ständig [fɐˈzɛlfsˌʃtɛndɪɕ] {s. u. ↑selvs|ständ|ig}: verselbstständigen. (7)

ver|senge [fɐˈzɛŋə] <nicht trennb. Präfix-V.; schw.; *han*; ver|sengte [fɐˈzɛŋˑtə]; ver|sengk [fɐˈzɛŋˑk]>: versengen. (49)

ver|senke [fɐˈzɛŋkə] <nicht trennb. Präfix-V.; schw.; *han*; ver|senkte [fɐˈzɛŋktə]; ver|senk [fɐˈzɛŋk]>: versenken, untergehen lassen. (41)

ver|sesse [fɐˈzɛsə] <Adj.; Part. II von veraltet *sich versetze*; nur präd.>: versessen, nur i. d. Vbdg. *op einer/jet v. sin* (auf jmdn./etw. v. sein; jmdn./etw. sehr gern haben, etw. unbedingt haben wollen).

ver|setze [fɐˈzɛtsə] <nicht trennb. Präfix-V.; st./schw.; *han*; ver|setzte/~|satz [fɐˈzɛtstə / fɐˈzats]; ver|setz/~|satz [fɐˈzɛts / -ˈzats]>: versetzen, **1.** umsetzen, an eine andere Stelle setzen; in eine höhere Schulklasse aufnehmen: *dä Knopp v.* (den Knopf v.); *noh Kölle v.* (nach Köln v.); *en de fünfte Klass v.* (in die fünfte Klasse v.). **2.** in eine andere Lage, in einen anderen Zustand bringen: *en Staune v.* (in Staunen v.). **3.** verpfänden, verkaufen: *sing Uhr v.* (seine Uhr v.). **4.** vergeblich warten lassen, eine Verabredung nicht einhalten: *Ming Fründin hät mich versatz.* (Meine Freundin hat mich versetzt.). **5.** <sich v.> sich einfühlen, hineindenken: *Ich kann mich god en ding Lag v.* (Ich kann mich gut in deine Lage v.). (173)

ver|seuche [fɐˈzɔʏçə] <nicht trennb. Präfix-V.; schw.; *han*; ver|seuchte [fɐˈzɔʏçtə]; ver|seuch [fɐˈzɔʏç]>: verseuchen. (123)

ver|sickere [fɐˈzɪkərə] <nicht trennb. Präfix-V.; schw.; *sin*; ver|sickerte [fɐˈzɪkɐtə]; ver|sickert [fɐˈzɪkɐt]> {9.2.1.2}: versickern. (4)

ver|siegele [fɐˈziːjələ] <nicht trennb. Präfix-V.; schw.; *han*; ver|siegelte [fɐˈziːjəltə]; ver|siegelt [fɐˈziːjəlt] {9.2.1.2}: versiegeln. (6)

ver|simpele [fɐˈzɪmpələ] <nicht trennb. Präfix-V.; schw.; ver|simpelte [fɐˈzɪmpəltə]; ver|simpelt [fɐˈzɪmpəlt]> {9.2.1.2}: versimpeln, **1.** <han> vereinfachen. **2.** <sin> verblöden. (6)

ver|sinke [fɐˈzɪŋkə] <nicht trennb. Präfix-V.; st.; *sin*; ver|sunk [fɐˈzʊŋk]; ver|sunke [fɐˈzʊŋkə]>: versinken, einsinken, untergehen. (52)

ver|sinn [fɐˈzɪn] <nicht trennb. Präfix-V.; st.; *han*; ver|soh/~|soch [fɐˈzoː / -ˈzoːx]; ver|sinn [fɐˈzɪn] {5.3.4; 8.2.2.3}: versehen, **1.** ausstatten. **2.** <sich v.> sich (beim Sehen) irren. (175)

Ver|sinn, et [fɐˈzɪn] <N.; kein Pl.> {5.3.4; 8.2.2}: Versehen, Fehler, Irrtum; ***us V.*** (aus V., versehentlich, unbeabsichtigt, unabsichtlich).

ver|soffe [fɛ'zofə] <Adj.; Part. II von ↑ver|suffe> {s. u. ↑suffe}: versoffen; *v. **Bölzche** (Schnapseule, Trinker).

Ver|sök, der [fɛ'zøˑk] <N.; ~e> {5.4; 6.2.3}: Versuch.

ver|söke [fɛ'zøˑkə] <nicht trennb. Präfix-V.; unr./schw.; *han*; ver|sok [fɛ'zoːk]; ver|sok/~|sök [fɛ'zoːk / -'zøˑk]> {5.4; 6.2.3}: versuchen, probieren, kosten; **et met einem v.** (es mit jmdm. v. = jmdm. Gelegenheit geben, sich zu bewähren) (176) (178)

ver|solle [fɛ'zolə] <nicht trennb. Präfix-V.; schw.; *han*; ver|sollte [fɛ'zoltə]; ver|sollt [fɛ'zolt]> {5.3.4; 5.5.1}: versohlen, verhauen; *de Fott v.* (den Hintern v.) [auch: ↑haue, ↑schmecke']. (91)

ver|soore/~|suure [fɛ'zoˑrə / -'zuˑ(ə)rə] <nicht trennb. Präfix-V.; Formen mischbar; unr.; *han*; ver|soote/~|suurte [fɛ'zoˑtə / -'zuˑətə]; ver|soot/~|suurt [fɛ'zoˑt / -'zuˑət]> {5.1.4.6}: versauern, **1.** sauer werden, an Säure gewinnen: *Der Wing versoot.* (Der Wein versauert.). **2. a)** jmdm. etw. verleiden, die Freude an etw. nehmen: *Dä kann einem et ganze Levve v.* (Der kann einem das ganze Leben v.); **b)** geistig od. emotional verkümmern: *Bei däm Wedder versoot mer richtig.* (Bei dem Wetter versauert man richtig.). (134) (100)

ver|sorg [fɛ'zorŋ] <Adj.; Part. II von ↑ver|sorge; ~te; ~ter, ~ste> {5.5.1; 8.3.5}: versorgt. Tbl. A4.1.1

ver|sorge [fɛ'zorˑjə] <nicht trennb. Präfix-V.; schw.; *han*; ver|sorgte [fɛ'zorˑftə]; ver|sorg [fɛ'zorˑŋ]> {5.5.1}: versorgen. (39)

Ver|sorg|ungs|amp, et [fɛ'zorˑjʊŋs͜ˌamˑp] <N.; ~|ämter> {s. u. ↑sorge ↑Amp}: Versorgungsamt.

ver|söße [fɛ'zøˑsə] <nicht trennb. Präfix-V.; schw.; *han*; ver|sößte [fɛ'zøˑstə]; ver|söß [fɛ'zøˑs]> {5.4}: versüßen, erleichtern. (32)

ver|spachtele [fɛ'ʃpaxtələ] <nicht trennb. Präfix-V.; schw.; *han*; ver|spachtelte [fɛ'ʃpaxtəltə]; ver|spachtelt [fɛ'ʃpaxtəlt]> {9.2.1.2}: verspachteln, **1.** mithilfe eines Spachtels ausfüllen (u. glätten): *de Fuge god v.* (die Fugen sorgfältig v.). **2.** aufessen, verzehren: *Dat hät en ganze Dos Plätzcher verspachtelt.* (Sie hat eine ganze Dose Kekse aufgegessen.) [auch: ↑op|esse; ↑fott|esse; ↑fott|putze; ↑be|wältige; ↑ver|kimmele; ↑ver|tilge; *Zaldat maache*; ↑ver|kamesöle; ↑ver|kasematuckele; ↑ver|pinsele; ↑ver|putze]. (6)

ver|spanne[1] [fɛ'ʃpanə] <nicht trennb. Präfix-V.; schw.; *han*; ver|spannte [fɛ'ʃpanˑtə]; ver|spannt [fɛ'ʃpanˑt]> ver-spannen, **1.** durch Spannen von Seilen, Drähten od. Ä. befestigen. **2.** <sich v.> sich verkrampfen. (10)

ver|spanne[2] [fɛ'ʃpanə] <nicht trennb. Präfix-V.; nur im Inf.; schw.; *han*>: erleben, *Do kanns de jet v.!* (Da kannst du etw. erleben! Das wird spannend! Sieh dich vor!) [auch: ↑er|levve]. (10)

ver|spare [fɛ'ʃpaːrə] <nicht trennb. Präfix-V.; schw.; *han*; ver|sparte [fɛ'ʃpaːtə]; ver|spart [fɛ'ʃpaːt]>: aufsparen, aufheben: *Dat ~n ich mer för morge.* (Das hebe ich mir für morgen auf.). (21)

ver|sperre [fɛ'ʃpɛrə] <nicht trennb. Präfix-V.; schw.; *han*; ver|sperrte [fɛ'ʃpɛxtə]; ver|sperr [fɛ'ʃpɛx]>: versperren, absperren. (93)

ver|spille [fɛ'ʃpɪlə] <nicht trennb. Präfix-V.; schw.; *han*; ver|spillte [fɛ'ʃpɪltə]; ver|spillt [fɛ'ʃpɪlt]> {5.3.4}: verspielen, **1.** einsetzen, als Einsatz beim Spiel verwenden: *Dä hät Huus un Hoff verspillt.* (Er hat Haus und Hof verspielt.). **2.** <sich v.> versehentlich falsch spielen: *Dä Gittariss verspillt sich luuter.* (Der Gitarrist verspielt sich immer.). (91)

ver|spillt [fɛ'ʃpɪlt] <Adj.; ~e; ~er, ~ste> {5.3.4}: verspielt, gern od. ständig spielend; durch fehlende Ernsthaftigkeit/Disziplin ausgezeichnet: *e v. Kind* (ein ~es Kind); *e v. Muster* (ein ~es Muster). Tbl. A1

ver|spotte [fɛ'ʃpotə] <nicht trennb. Präfix-V.; schw.; *han*; ver|spott [fɛ'ʃpot]>: verspotten. (113)

ver|spreche [fɛ'ʃprɛçə] <nicht trennb. Präfix-V.; st.; *han*; ver|sproch [fɛ'ʃproːx]; ver|sproche [fɛ'ʃproxə]>: versprechen, **1.** verbindlich erklären: *einem jet v.* (jmdm. etw. v.). **2.** <sich v.> beim Sprechen versehentlich etw. anderes sagen od. aussprechen als beabsichtigt: *Dat stemmp nit, ich han mich versproche.* (Das stimmt nicht, ich habe mich versprochen). (34)

Ver|spreche, et [fɛ'ʃprɛçə] <N.; ~>: Versprechen.

ver|spretze [fɛ'ʃprɛtsə] <nicht trennb. Präfix-V.; schw.; *han*; ver|spretzte [fɛ'ʃprɛtstə]; ver|spretz [fɛ'ʃprɛts]> {5.5.2}: verspritzen. (114)

ver|spröhe [fɛ'ʃprøˑə] <nicht trennb. Präfix-V.; schw.; *han*; ver|spröhte [fɛ'ʃprøˑtə]; ver|spröht [fɛ'ʃprøˑt]> {5.4}: versprühen, **a)** sprühend, in feinsten Tropfen/Teilchen verteilen: *Mer han Wasser verspröht.* (Wir haben Wasser versprüht.); **b)** (übertr.) *Hä dät Geis un Wetz v.* (Er versprühte Geist und Witz.). (37)

ver|spüre/~|spöre [fɛˈ[pyː(ɐ̯)rə / -ˈ[pøː(ɐ̯)rə] <nicht trennb. Präfix-V.; schw./unr.; *han*; ver|spürte [fɛˈ[pyːɐ̯tə]; ver|spürt [fɛˈ[pyːɐ̯t]> {(5.4)}: verspüren. (21) (179)

ver|ständ|ig [fɛˈ[tɛnˑdɪʃ] <Adj.; ~e; ~er, ~ste>: verständig, klug, einsichtig. Tbl. A5.2

ver|ständige [fɛˈ[tɛnˑdɪjə] <nicht trennb. Präfix-V.; schw.; *han*; ver|ständigte [fɛˈ[tɛnˑdɪʃtə]; ver|ständig [fɛˈ[tɛnˑdɪʃ]>: verständigen. (7)

Ver|ständ|ig|ung, de [fɛˈ[tɛndɪjʊŋ] <N.; ~e (Pl. selten)>: Verständigung.

ver|ständ|licher|wies [fɛˌ[tɛntlɪʃɐˈviːs] <Adv.>: verständlicherweise.

ver|stärke [fɛˈ[tɛrkə] <nicht trennb. Präfix-V.; schw.; *han*; ver|stärkte [fɛˈ[tɛrktə]; ver|stärk [fɛˈ[tɛrk]>: verstärken, stärker machen. (41)

ver|staue [fɛˈ[taʊə] <nicht trennb. Präfix-V.; schw.; *han*; ver|staute [fɛˈ[taʊˑtə]; ver|staut [fɛˈ[taʊˑt]>: verstauen: *et Gepäck em Kofferraum v.* (das Gepäck im Kofferraum v.). (11)

ver|steche [fɛˈ[tɛʃə] <nicht trennb. Präfix-V.; st.; *han*; ver|stoch [fɛˈ[tɔˑx]; ver|stoche [fɛˈ[tɔxə]> {6}: verstecken. (34)

ver|stecke [fɛˈ[tekə] <nicht trennb. Präfix-V.; schw.; *sin*; ver|steckte [fɛˈ[tektə]; ver|steck [fɛˈ[tek]> {5.4}: ersticken, durch Mangel an Sauerstoff sterben: *Ich wör baal versteck.* (Ich wäre fast erstickt.). (88)

ver|steigere [fɛˈ[taɪ̯ˑjərə] <nicht trennb. Präfix-V.; schw.; *han*; ver|steigerte [fɛˈ[taɪ̯ˑjetə]; ver|steigert [fɛˈ[taɪ̯ˑjet]> {9.2.1.2}: versteigern. (4)

Ver|steiger|ung, de [fɛˈ[taɪ̯ˑjərʊŋ] <N.; ~e>: Versteigerung.

ver|steinere [fɛˈ[taɪ̯nərə] <nicht trennb. Präfix-V.; schw.; *han*; ver|steinerte [fɛˈ[taɪ̯nətə]; ver|steinert [fɛˈ[taɪ̯nət]> {9.2.1.2}: versteinern, **1.** <*sin*> (Paläont.) (von Organismen) zu Stein werden: *Die Diere sin em Baumhaaz versteinert.* (Die Tiere sind im Baumharz versteinert.). **2.** <*han*; sich v.> starr/unbewegt werden: *Si Geseech dät sich v.* (Sein Gesicht versteinerte sich.). (4)

ver|stelle [fɛˈ[tɛlə] <nicht trennb. Präfix-V.; schw./unr.; *han*; ver|stellte/~|stallt [fɛˈ[tɛlˑtə / -ˈ[taltə]; ver|stellt/~|stallt [fɛˈ[tɛlˑt / -ˈ[talt]>: verstellen, **1.** umstellen, falsch hinstellen; anders (falsch) einstellen: *de Möbele v.* (die Möbel v.); *de Uhr v.* (die Uhr v.). **2.** <sich v.> simulieren: *Dä es nit krank, dä verstellt sich nor.* (Der ist nicht krank, der verstellt sich nur.). (182)

ver|stemme [fɛˈ[tɛmə] <nicht trennb. Präfix-V.; schw.; *han*; ver|stemmte [fɛˈ[tɛmˑtə]; ver|stemmp [fɛˈ[tɛmˑp]> {5.5.2}: verstimmen, **1.** ein Musikinstrument falsch stimmen: *Do häs mer ming Gitta verstemmp.* (Du hast mir meine Gitarre verstimmt.). **2.** <sich v.> aufhören, richtig gestimmt zu sein: *Et Klavier hät sich verstemmp.* (Das Klavier hat sich verstimmt.). **3. a)** verärgern: *Hä hät mich met singer freche Antwood verstemmp.* (Er hat mich mit seiner frechen Antwort verärgert.); **b)** (übertr.) *ene verstemmte Mage han* (einen leicht verdorbenen Magen haben). (40)

ver|stöbb [fɛˈ[tøp] <Adj.; Part. II von ↑ver|stöbbe; ~te; ~ter, ~ste> {5.3.4; 5.5.1; 8.3.5}: verstaubt, altmodisch, überkommen. Tbl. A4.1.1

ver|stöbbe [fɛˈ[tøbə] <nicht trennb. Präfix-V.; schw.; *sin*; ver|stöbbte [fɛˈ[tøptə]; ver|stöbb [fɛˈ[tøp]> {5.3.4; 5.5.1}: verstauben. (167)

ver|stolle [fɛˈ[tolə] <Adj.; Part. II von mhd. *versteln* = (heimlich) stehlen; ~; ~ner, ~nste> {5.3.4; 5.5.1}: verstohlen. Tbl. A3.2

ver|stonn [fɛˈ[ton] <nicht trennb. Präfix-V.; st.; *han*; ver|stundt [fɛˈ[tʊnt]; ver|stande [fɛˈ[tandə]> {5.3.4; 8.2.2.3}: verstehen [auch: ↑be|griefe, ↑checke (2), ↑kapiere/~eere, ↑klicke (2), ↑schnalle (2)]. (185)

ver|stoppe [fɛˈ[tɔpə] <nicht trennb. Präfix-V.; schw.; *han*; ver|stoppte [fɛˈ[tɔptə]; ver|stopp [fɛˈ[tɔp]> {5.5.1; 6.8.1}: verstopfen, **a)** durch Hineinstopfen eines geeigneten Gegenstandes od. Materials verschließen: *Dun dä Kaffeemutt nit en et Becke, dat verstopp söns!* (Gib den Kaffeesatz nicht ins Becken, das verstopft sonst!); **b)** durch Im-Wege-Sein undurchlässig, unpassierbar machen: *Bei Palms, do es de Pief verstopp.* (Bei Palms ist der Kamin verstopft. (aus einem Lied von W. Ostermann)). (75)

ver|strecke [fɛˈ[trekə] <nicht trennb. Präfix-V.; schw.; *han*; ver|streckte [fɛˈ[trektə]; ver|streck [fɛˈ[trek]> {5.5.2}: verstricken, **1. a)** <sich v.> beim Stricken einen Fehler machen; **b)** beim Stricken verbrauchen; **c)** <sich v.> sich in einer best. Weise verstricken lassen: *Die Woll verstreck sich flöck.* (Die Wolle verstrickt sich schnell.). **2. a)** jmdn. in etw. (für ihn Unangenehmes) hineinziehen: *einer en e Gespräch v.* (jmdn. in ein Gespräch v.); **b)** <sich v.> sich durch sein eigenes Verhalten in eine schwierige/ausweglose/verzweifelte Lage bringen: *sich en Lüge v.* (sich in ein Lügennetz v.). (88)

ver|streue [fɐˈʃtrɔʏə] <nicht trennb. Präfix-V.; schw.; *han*; ver|streute [fɐˈʃtrɔʏtə]; ver|streut/~|straut (veraltet) [fɐˈʃtrɔʏt / -ˈʃtrɔʊt]>: verstreuen. (11)

ver|striche [fɐˈʃtrɪçə] <nicht trennb. Präfix-V.; st.; ver|strech [fɐˈʃtreç]; ver|streche [fɐˈʃtreçə]> {5.3.1}: verstreichen, 1. <han> streichend verteilen, verbrauchen. 2. <sin> vergehen: *Zwei Johr sin zickdäm verstreche.* (Zwei Jahre sind seitdem verstrichen.). (187)

ver|strohle [fɐˈʃtroːlə] <nicht trennb. Präfix-V.; schw.; *han*; ver|strohlte [fɐˈʃtroːltə]; ver|strohlt [fɐˈʃtroːlt]> {5.5.3}: verstrahlen, 1. ausstrahlen. 2. durch Radioaktivität verseuchen. (61)

ver|ströme [fɐˈʃtrøːmə] <nicht trennb. Präfix-V.; schw.; *han*; ver|strömte [fɐˈʃtrøːmtə]; ver|strömp [fɐˈʃtrøːmp]>: verströmen, ausströmen, **[RA]** *Optimismus v.* (Optimismus v.). (118)

ver|strubbele [fɐˈʃtrʊbələ] <nicht trennb. Präfix-V.; schw.; *han*; ver|strubbelte [fɐˈʃtrʊbəltə]; ver|strubbelt [fɐˈʃtrʊbəlt]> {9.2.1.2}: verstrubbeln: *einem/sich de Hoor v.* (jmdm./sich die Haare v.). (6)

ver|stuche/~|stauche [fɐˈʃtuxə / -ˈʃtoʊxə] <nicht trennb. Präfix-V.; schw.; *han*; ver|stuchte [fɐˈʃtuxtə]; ver|stuch [fɐˈʃtux]> {5.3.1}: verstauchen. (123)

ver|stümmele [fɐˈʃtʏmələ] <nicht trennb. Präfix-V.; schw.; *han*; ver|stümmelte [fɐˈʃtʏməltə]; ver|stümmelt [fɐˈʃtʏməlt]> {9.2.1.2}: verstümmeln. (6)

ver|stüsse [fɐˈʃtʏsə] <nicht trennb. Präfix-V.; st.; *han*; ver|stoss [fɐˈʃtɔs]; ver|stosse/~|stüsse [fɐˈʃtɔsə / -ˈʃtʏsə]> {5.4; 5.3.4}: verstoßen. (188)

ver|stüüre/~|stööre [fɐˈʃtyːɐ̯rə / -ˈʃtøːɐ̯rə] <nicht trennb. Präfix-V.; schw.; *han*; ver|stüürte [fɐˈʃtyːɐ̯tə]; ver|stüürt [fɐˈʃtyːɐ̯t]> {5.1.4.6}: versteuern, (für etw.) Steuern zahlen. (100) (186)

ver|suffe[1] [fɐˈzʊfə] <nicht trennb. Präfix-V.; st.; *sin*; ver|soff [fɐˈzɔf]; ver|soffe [fɐˈzɔfə]> {5.3.4}: ertrinken. (119)

ver|suffe[2] [fɐˈzʊfə] <nicht trennb. Präfix-V.; st.; *han*; ver|soff [fɐˈzɔf]; ver|soffe [fɐˈzɔfə]> {5.3.4}: vertrinken, versaufen [auch: ↑ver|drinke]. (119)

ver|sumfe [fɐˈzʊmfə] <nicht trennb. Präfix-V.; schw.; *sin*; ver|sumfte [fɐˈzʊmftə]; ver|sumf [fɐˈzʊmf]> {6.8.2}: versumpfen. (105)

ver|sündige, sich [fɐˈzʏndɪjə] <nicht trennb. Präfix-V.; schw.; *han*; ver|sündigte [fɐˈzʏndɪjtə]; ver|sündig [fɐˈzʏndɪj]>: sich versündigen. (7)

ver|suure/~|soore [fɐˈzuːɐ̯rə / -ˈzoːrə] <nicht trennb. Präfix-V.; Formen mischbar; schw./unr.; *han*; ver|suurte/~|soote [fɐˈzuːɐ̯tə / -ˈzoːtə]; ver|suurt/~|soot [fɐˈzuːɐ̯t / -ˈzoːt]> {5.1.4.6}: versauern, 1. sauer werden, an Säure gewinnen: *Der Wing versuurt.* (Der Wein versauert.). 2. a) jmdm. etw. verleiden/die Freude an etw. nehmen: *Dä kann einem et ganze Levve v.* (Der kann einem das ganze Leben v.); b) geistig od. emotional verkümmern: *Bei däm Wedder versuurt mer richtig.* (Bei dem Wetter versauert man richtig.). (100) (134)

ver|täue [fɐˈtɔʏə] <nicht trennb. Präfix-V.; schw.; *han*; ver|täute [fɐˈtɔʏtə]; ver|täut [fɐˈtɔʏt]>: vertäuen. (11)

ver|teidige [fɐˈtɛɐ̯dɪjə] <nicht trennb. Präfix-V.; schw.; *han*; ver|teidigte [fɐˈtɛɐ̯dɪjtə]; ver|teidig [fɐˈtɛɐ̯dɪj]>: verteidigen. (7)

ver|tele|foniere/~eere [fetələfoˈniːɐ̯rə / -eːrə] <nicht trennb. Präfix-V.; schw./unr.; *han*; ver|telefonierte [fetələfoˈniːɐ̯tə]; ver|telefoniert [feləfoˈniːɐ̯t]> {(5.1.4.3)}: vertelefonieren. (3) (2)

ver|tilge [fɐˈtɪlʲjə] <nicht trennb. Präfix-V.; schw.; *han*; ver|tilgte [fɐˈtɪlʲjtə]; ver|tilg [fɐˈtɪlʲj]>: vertilgen, 1. (Unkraut od. Ä.) durch gezielte Maßnahmen gänzlich zum Verschwinden bringen/vernichten: *Unkrugg met Geff v.* (Unkraut mit Gift v.). 2. (eine große Menge von etw.) restlos aufessen: *De Pänz han der ganze Koche vertilg.* (Die Kinder haben den ganzen Kuchen restlos vertilgt/aufgegessen.) [auch: ↑ver|dröcke, ↑op|esse, ↑fott|esse, ↑fott|putze, ↑be|wältige, ↑ver|kimmele, ↑ver|spachtele; *Zaldat maache*; ↑ver|kamesöle; ↑ver|kasematuckele; ↑ver|pinsele; ↑ver|putze]. (39)

ver|tippe[1], sich [fɐˈtɪpə] <nicht trennb. Präfix-V.; schw.; *han*; ver|tippte [fɐˈtɪptə]; ver|tipp [fɐˈtɪp]>: sich vertippen, beim Maschineschreiben eine falsche Taste anschlagen. (75)

ver|tippe[2], sich [fɐˈtɪpə] <nicht trennb. Präfix-V.; schw.; *han*; ver|tippte [fɐˈtɪptə]; ver|tipp [fɐˈtɪp]>: sich vertippen, einen falschen Tipp geben. (75)

ver|tone [fɐˈtoːnə] <nicht trennb. Präfix-V.; schw.; *han*; ver|tonte [fɐˈtoːntə]; ver|tont [fɐˈtoːnt]>: vertonen. (146)

ver|track [fɐˈtrak] <Adj.; ~te; ~ter, ~ste> {8.3.5}: vertrackt, verzwickt, a) schwierig, verworren, kompliziert; b) ein Ärgernis darstellend [auch: ↑ver|zweck]. Tbl. A4.1.1

ver|traue [fɐˈtraʊə] <nicht trennb. Präfix-V.; schw.; *han*; ver|traute [fɐˈtraʊtə]; ver|traut [fɐˈtraʊt]>: vertrauen, trauen. (11)

Ver|traue, et [fɐ'traʊ̯ə] <N.; kein Pl.> {8.3.3}: Vertrauen.

Ver|trauens|saach, de [fɐ'traʊ̯əns‚za:x] <N.; ~e (Pl. selten)> {s. u. ↑Saach}: Vertrauenssache.

ver|trecke [fɐ'trɛkə] <nicht trennb. Präfix-V.; st.; ver|trok [fɐ'trɔ·k]; ver|trocke [fɐ'trɔkə]>: verziehen, **1.** <han> **a)** verzerren, aus der normalen Form bringen: *et Geseech v.* (das Gesicht v.); **b)** die normale Form verlieren: *Dä Rahme hät sich vertrocke.* (Der Rahmen hat sich verzogen.). **2.** <han; sich v.> langsam weiterziehen (u. verschwinden): *De Wolke han sich vertrocke.* (Die Wolken haben sich verzogen.). **3.** <han> durch zu große Nachsicht falsch erziehen: *Dä ehr Pänz sin vertrocke.* (Deren Kinder sind verzogen.). (190)

ver|tredde [fɐ'tredə] <nicht trennb. Präfix-V.; st.; *han*; ver|trọdt [fɐ'trɔ·t]; ver|trodde [fɐ'trodə]> {5.3.4; 5.5.2; 6.11.3}: vertreten, **1.** jmds. Stelle einnehmen; jmds. Aufgaben übernehmen: *Der Pitter es krank, doröm muss ich dä v.* (Peter ist krank, deshalb muss ich ihn v.). **2.** Interessen/Rechte od. Ä. wahrnehmen: *Et geiht hee nit öm mich, ich v. unse Verein.* (Es geht hier nicht um mich, ich v. unseren Verein.). **3.** für eine best. Meinung einstehen: *Dat es däm sing Meinung, ävver die kann ich nit v.* (Das ist seine Meinung, aber die kann ich nicht v.). **4.** <sich v.> durch falsches Auftreten eine Verletzung erleiden: *Der Tünn kann nit spille, hä hät sich der Foß vertrodde.* (Toni kann nicht spielen, er hat sich den Fuß v.). **5.** zur Auflockerung hin u. hergehen, einen Spaziergang machen: *Mer wore nit wigg, mer han uns nor jet de Bein vertrodde.* (Wir waren nicht weit, wir haben uns nur etw. die Beine v.). (191)

Ver|tret|ungs|stund, de [fɐ'tre·tʊŋs‚ʃtʊn·t] <N.; i. best. Komposita *tret-*, sonst ↑tredde; ~(e)> {11; s. u. ↑Stund}: Vertretungsstunde.

ver|trimme [fɐ'trɪmə] <nicht trennb. Präfix-V.; schw.; *han*; ver|trimmte [fɐ'trɪm·tə]; ver|trimmp [fɐ'trɪm·p]>: vertrimmen, verprügeln [auch: ↑durch|bläue, ↑durch|haue (2), ↑op|mische (2), ↑ver|bimse (1), ↑ver|bläue, ↑ver|dresche, ↑ver|haue (1), ↑ver|kamesöle, ↑ver|kloppe, ↑ver|möbele, ↑ver|prügele, ↑zer|bläue, ↑zer|schlage¹/~|schlonn (3)]. (40)

ver|trödele [fɐ'trœ·dələ] <nicht trennb. Präfix-V.; schw.; *han*; ver|trödelte [fɐ'trœ·dəltə]; ver|trödelt [fɐ'trœ·dəlt]> {5.5.3; 9.2.1.2}: vertrödeln, verbummeln. (6)

ver|trüste [fɐ'try·stə] <nicht trennb. Präfix-V.; schw.; *han*; ver|trüs [fɐ'try·s]> {5.4}: vertrösten. (101)

ver|tüddele/~|tüttele [fɐ'tʏdələ / -tʏtələ] <nicht trennb. Präfix-V.; schw.; *han*; ver|tüddelte [fɐ'tʏdəltə]; ver|tüddelt [fɐ'tʏdəlt]>: **1.** verwöhnen, verhätscheln. **2.** verschwenden, vergeuden [auch: ↑drop|jöcke, ↑drop|maache (1), ↑durch|bränge (3), ↑ver|fumfeie, ↑ver|jöcke, ↑ver|jubele, ↑ver|juckele, ↑ver|juxe, ↑ver|klüngele (1a), ↑ver|plempere, ↑ver|prasse]. (6)

ver|tusche [fɐ'tʊʃə] <nicht trennb. Präfix-V.; schw.; *han*; ver|tuschte [fɐ'tʊʃtə]; ver|tusch [fɐ'tʊʃ]>: vertuschen, verschleiern. (110)

ver|tuusche [fɐ'tu:ʃə] <nicht trennb. Präfix-V.; schw.; *han*; ver|tuuschte [fɐ'tu:ʃtə]; ver|tuusch [fɐ'tu:ʃ]> {5.1.3}: vertauschen. (110)

ver|un|glöcke [fɐ'|ʊnˌjløkə] <nicht trennb. Präfix-V.; schw.; *han*; ver|unglöckte [fɐ'|ʊnˌjløktə]; ver|unglöck [fɐ'|ʊnˌjløk]> {5.5.1}: verunglücken. (88)

ver|un|sechere [fɐ'|ʊnzeʃərə] <nicht trennb. Präfix-V.; schw.; *han*; ver|unsecherte [fɐ'|ʊn‚zeʃɐtə]; ver|unsechert [fɐ'|ʊn‚zeʃɐt]> {5.5.2; 9.2.1.2}: verunsichern. (4)

ver|üüßere [fɐ'|y:sərə] <nicht trennb. Präfix-V.; schw.; *han*; ver|üüßerte [fɐ'|y:sɐtə]; ver|üüßert [fɐ'|y:sɐt]> {5.1.3; 9.2.1.2}: veräußern. (4)

ver|üvvele [fɐ'|ʏvələ] <nicht trennb. Präfix-V.; schw.; *han*; ver|üvvelte [fɐ'|ʏvəltə]; ver|üvvelt [fɐ'|ʏvəlt]> {5.3.2; 6.1.1; 9.2.1.2}: verübeln. (6)

ver|üvver/vö̱r|~ [fɐ'rʏvɐ / fø'r-] <Adv.> {5.3.2; 6.1.1}: vorüber.

ver|üvver|-/vö̱r|üvver- [fɐ'rʏvɐ- / fø'rʏvɐ-] <Präfix> {5.3.2; 6.1.1}: vorüber-.

ver|üvver|gonn/vö̱r|üvver|~ [fɐ'rʏvɐˌjɔn / fø'rʏvɐ-] <trennb. Präfix-V.; st.; *sin*; ging v. [jɪŋ]; ~|gegange [-jəˌjaŋə]> {5.3.4; 8.2.2.3}: vorübergehen. (83)

ver|uze [fɐ'|u:tsə] <nicht trennb. Präfix-V.; schw.; *han*; ver|uzte [fɐ'|u:tstə]; ver|uz [fɐ'|u:ts]>: verulken [auch: ↑ver|aasche, ↑aan|schmiere/~eere (2), ↑ere̱n|läge (2), ↑foppe, *einem eine* ↑*lappe²* (2), ↑lieme (2), ↑ver|schöckele, ↑uze, ↑tüte², *einer för der Jeck halde*]. (112)

ver|voll|ständige [fɐ'fɔlʃtɛn·dɪjə] <nicht trennb. Präfix-V.; schw.; *han*; ver|voll|ständigte [fɐ'fɔlʃtɛn·dɪʃtə]; ver|voll|ständig [fɐ'fɔlʃtɛn·dɪʃ]>: vervollständigen [auch: *fäädig maache*]. (7)

ver|waggele [fɐ'vagələ] <nicht trennb. Präfix-V.; schw.; *han*; ver|waggelte [fɐ'vagəltə]; ver|waggelt [fɐ'vagəlt]> {6.4.1; 6.6.1; 9.2.1.2}: verwackeln. (6)

ver|wähle [fɐ'vɛ·lə] <nicht trennb. Präfix-V.; schw.; *han*; ver|-wählte [fɐ'vɛ·ltə]; ver|wählt [fɐ'vɛ·lt]>: verwählen. (61)

ver|wahre [fɐ'va:rə] <nicht trennb. Präfix-V.; schw.; *han*; ver|wahrte [fɐ'va:tə]; ver|wahrt [fɐ'va:t]>: verwahren, **1. a)** sicher aufbewahren: *Die Kaat muss de god v.!* (Die Karte musst du gut v./sicher aufbewahren!); **b)** beaufsichtigen, aufpassen auf, in Obhut nehmen (auf Kinder bezogen): *Wann ming Frau arbeide es, verwahrt de Oma de Puute.* (Wenn meine Frau zur Arbeit geht, passt Oma auf die Kinder auf.). **2.** für einen späteren Zeitpunkt aufheben: *Die Zupp v. ich mer für disen Ovend.* (Die Suppe v. ich mir für heute Abend.). **3.** <sich v.> energisch zurückweisen, protestieren, sich distanzieren: *Dogäge muss ich mich v.!* (Dagegen muss ich mich v.!). (31)

Ver|wahr|schull, de [fɐ'va:(ɐ)ˌʃʊl·] <N.; ~e [-ʃʊlə] {s. u. ↑Schull}: Kindergarten [auch: ↑Kinder|gaade].

ver|wahße [fɐ'va:sə] <nicht trennb. Präfix-V.; st.; ver|wohß [fɐ'vo·s]; ver|wahße [fɐ'va:sə] {5.2.4; 6.3.1}: verwachsen, **a)** <sin> (von Wunden/Narben od. Ä.) (wieder zusammenwachsen u.) zunehmend unsichtbar werden/verschwinden; **b)** <han; sich v.> sich beim Wachstum von selbst regulieren/normalisieren; sich auswachsen; **c)** <sin> mit etw. zu einer Einheit zusammenwachsen; **d)** <sin> mit wuchernden Pflanzen zuwachsen. (199)

ver|wähßele [fɐ'vɛ:sələ] <nicht trennb. Präfix-V.; schw.; *han*; ver|wähßelte [fɐ'vɛ:səltə]; ver|wähßelt [fɐ'vɛ:səlt]> {5.2.4; 6.3.1}: verwechseln. (6)

Ver|wähßel|ung, de [fɐ'vɛ:səlʊŋ] <N.; ~e> {5.2.4; 5.4}: Verwechslung.

ver|walte [fɐ'valtə] <nicht trennb. Präfix-V.; schw.; *han*; ver|waldt [fɐ'valt]>: verwalten. (58)

ver|wandele [fɐ'van·dələ] <nicht trennb. Präfix-V.; schw.; *han*; ver|wandelte [fɐ'van·dəltə]; ver|wandelt [fɐ'van·dəlt]> {9.2.1.2}: verwandeln. (6)

Ver|wandt|schaff, de [fɐ'vantʃaf] <N.; ~|schafte>: Verwandtschaft.

ver|wanze [fɐ'vantsə] <nicht trennb. Präfix-V.; schw.; ver|wanzte [fɐ'vantstə]; ver|wanz [fɐ'vants]>: verwanzen, **1.** <sin> von Wanzen befallen werden. **2.** <han> mit Abhörwanzen versehen: *et Telefon v.* (das Telefon v.). (42)

ver|warne [fɐ'var·nə] <nicht trennb. Präfix-V.; schw.; *han*; ver|warnte [fɐ'var·ntə]; ver|warnt [fɐ'var·nt]>: verwarnen. (193)

ver|wäsche[1] [fɐ'vɛʃə] <nicht trennb. Präfix-V.; st.; *han*; ver|wosch [fɐ'vo·ʃ]; ver|wäsche [fɐ'vɛʃə]> {5.4}: verwischen. (200)

ver|wäsche[2] [fɐ'vɛʃə] <Adj.; ~> {5.4}: verwaschen, durch vieles Waschen ausgeblichen. Tbl.A3.2

ver|wässere [fɐ'vɛsərə] <nicht trennb. Präfix-V.; schw.; *han*; ver|wässerte [fɐ'vɛsətə]; ver|wässert [fɐ'vɛset]> {9.2.1.2}: verwässern. (4)

ver|weckele [fɐ'vekələ] <nicht trennb. Präfix-V.; schw.; *han*; ver|weckelte [fɐ'vekəltə]; ver|weckelt [fɐ'vekəlt]> {5.5.2; 9.2.1.2}: verwickeln. (6)

ver|weckelt [fɐ'vekəlt] <Adj.; ~e; ~er, ~este> {5.5.2}: verwickelt, kompliziert, nicht leicht zu übersehen od. zu durchschauen. Tbl. A1

ver|wedde [fɐ'vɛdə] <nicht trennb. Präfix-V.; schw.; *han*; ver|wedt [fɐ'vɛt]> {6.11.3}: verwetten. (111)

ver|wehre/~|werre [fɐ've:rə / -verə] <nicht trennb. Präfix-V.; *ver|werre* veraltet; schw./unr.; *han*; ver|wehrte [fɐ've:ətə]; ver|wehrt [fɐ've:ɐt]> {(5.3.4; 5.5.2)}: verwehren. (31) (107)

ver|welke [fɐ'vɛlkə] <nicht trennb. Präfix-V.; schw.; *sin*; ver|welkte [fɐ'vɛlktə]; ver|welk [fɐ'vɛlk]>: verwelken. (41)

ver|wende [fɐ'vɛn·də] <V.; unr.; *han*; ver|wandt [fɐ'vant]; ver|wandt/~|wendt [fɐ'vant / -'vɛn·t]>: verwenden. (205)

ver|wenne [fɐ'venə] <nicht trennb. Präfix-V.; schw.; *han*; ver|wennte [fɐ'ventə]; ver|wennt [fɐ'vent]> {5.4; 5.3.4; 5.5.2}: verwöhnen. (10)

ver|wennt [fɐ'vent] <Adj.; ~e; ~er, ~este> {5.3.4; 5.5.2}: verwöhnt. Tbl. A1

Verwennt|che, et [fɐ'ventʃə] <N.; ~r> {5.3.4; 5.4}: verzogenes, verwöhntes Kind.

Verwennt|schnedd|che, et [fɐ'ventˌʃnetʃə] <N.; ~r> {s. u. ↑Verwennt|che ↑Schnedd[2]}: Armer Ritter.

ver|werfe/~|wirfe [fɐ'verfə / -vɪrfə] <nicht trennb. Präfix-V.; st.; *han*; ver|worf [fɐ'vorf]; ver|worfe [fɐ'vorfə]> {5.5.2/5.4}: verwerfen. (206)

ver|wese [fɐ've·zə] <nicht trennb. Präfix-V.; schw.; *sin*; ver|weste [fɐ've·stə]; ver|wes [fɐ've·s]>: verwesen. (149)

ver|wevve [fɐ'vevə] <nicht trennb. Präfix-V.; unr.; *han*; ver|wävte [fɐ'vɛ:ftə]; ver|wäv [fɐ'vɛ:f]> 5.3.4; 5.5.2; 6.1.1}: verweben. (22)

ver|wiele [fɐ'vi·lə] <nicht trennb. Präfix-V.; schw.; *han*; ver|wielte [fɐ'vi·ltə]; ver|wielt [fɐ'vi·lt]> {5.1.4.5}: verweilen. (45)

(gegenüber der Kirche); **b)** <mit vorangestelltem Dat.>: *der Kirch vis-à-vis* (der Kirche gegenüber); [auch: ↑gägen|üvver¹].

vis-à-vis² [vɪza'viˑ] <Adv. ⟨frz. vis-à-vis⟩> {2}: gegenüber, auf der entgegengesetzten Seite: *It wonnt direk v.* (Sie wohnt gleich gegenüber.); [auch: ↑gägen|üvver²].

Vis|age, de [vɪ'zaˑʃ] <N.; ~ [vɪ'zaˑʒə] ⟨frz. visage⟩> {2}: (abw.) Visage, Gesicht [auch: ↑Fress (2), ↑Ge|seech, ↑Masaräng, ↑Mazarin].

Visit(e), de [vɪ'zɪt] <N.; ~e [vɪ'zɪtə]>: Visite, Besuch.

Visite|kaat, de [vɪ'zɪtəˌkaːt] <N.; ~e> {s. u. ↑Visit ↑Kaat}: Visitenkarte.

Vitamin|tablett, de [vɪta'miːntaˌblɛt] <N.; ~e> {s. u. ↑Tablett²}: Vitamintablette.

Vivalder, der [fɪ'falˑdɐ] <N.; veraltet; ~e ⟨mhd. vīvalter⟩>: Falter, Schmetterling [auch: ↑Falder, ↑Fifalder].

Vodder|- ['fɔdɐ] <Präfix> {8.2.4}: Vorder-, i. Vbdg. m. N.: *~front* (~front).

vödder... ['fœdɐ] <Adj.; im Positiv nur attr.; Komp. von ↑vür; ~e; ~ste> {5.4; 8.2.4}: vorder..., vorn befindlich. Tbl. A2.6

Vödder|- ['fœdɐ] <Präfix> {5.4; 8.2.4}: Vorder-, i. Vbdg. m. N.: *~mann* (~mann).

Vodder|asie/Vorder|~ [ˌfɔdɐ'laːzɪjə / 'fɔrdɐ-] <N.; geogr. Name>: Vorderasien, südwestliches Asien.

Vodder|bein, et ['fɔdɐˌbeɪn] <N.; ~ [-beɪˑn]>: Vorderbein.

Vodder|deil, der/et ['fɔdɐˌdeɪl] <N.; ~(e) [-deɪl / -deɪˑlə]> {6.11.1}: Vorderteil.

Vodder|dür~|dör, de ['fɔdɐˌdyːɐ̯ / -døːɐ̯] <N.; ~|dürre/~|dörre [-dʏrə / -dørə] (unr. Pl.)> {(5.4); 6.11.1}: Vordertür.

Vodder|foß, der ['fɔdɐˌfoːs] <N.; ~|föß> {5.4}: Vorderfuß; Fuß des Vorderbeins.

Vodder|front, de ['fɔdɐˌfrɔnt] <N.; ~e>: Vorderfront.

Vodder|grund, der ['fɔdɐˌjrʊnt] <N.; ~|gründ [-jrʏnˑt]>: Vordergrund.

Vodder|huus, et ['fɔdɐˌhuːs] <N.; ~|hüüser [-hyːzɐ]> {5.1.3}: Vorderhaus, vorderer Teil eines größeren Hauses.

Vödder|mann, der ['fœdɐˌman] <N.; ~|männer>: Vordermann.

Vodder|radd, et ['fɔdɐˌrat] <N.; ~|rädder> {5.3.2}: Vorderrad.

Vodder|reife, der ['fɔdɐˌreɪfə] <N.; ~> {8.3.3}: Vorderreifen.

vödders ['fœdɐs] <Adv.> {5.4; 8.2.4; 8.3.5}: zuvorderst, vorderst, ganz vorn.

Vodder|setz, der ['fɔdɐˌzets] <N.; ~(e)> {5.5.2}: Vordersitz.

Vodder|sigg, de ['fɔdɐˌzɪk] <N.; ~e> {5.3.4; 8.3.1}: Vorderseite.

Vodder|zant, der ['fɔdɐˌtsant] <N.; ~|zäng [-tsɛŋˑ]> {5.3.4}: Vorderzahn; Schneidezahn.

Vodder|zemmer, et ['fɔdɐˌtsemɐ] <N.; ~e> {5.5.2}: Vorderzimmer.

Vogel|spenn, de ['foːɐ̯ɐlˌʃpenˑ / 'fuˑl-] <N.; i. best. Komposita *Vogel*, sonst ↑Vugel; ~e [-ʃpenə]> {11; s. u. ↑Spenn}: Vogelspinne.

Vokabel|heff, et [voˈkaˑbəlˌhɛf] <N.; ~|hefte> {s. u. ↑Heff¹}: Vokabelheft.

Volant, de [voˈlaŋ] <N.; ~s ⟨frz. volant⟩> {2}: Volant, Falbel, Borte, Zierband, Besatz an Kleidungsstücken.

Volk, et [folk] <N.; Völker ['følkɐ]> {5.5.1}: Volk.

Völker|mood, der ['følkɐˌmɔːt] <N.; ~e> {s. u. ↑Volk ↑Mood}: Völkermord.

Völker|rääch, et ['følkɐˌrɛːʃ] <N.; o. Pl.> {s. u. ↑Volk ↑Rääch}: Völkerrecht.

Volks|be|wäg|ung, de ['folksbəˌvɛˑjʊŋ] <N.; ~e> {s. u. ↑Volk; 5.4}: Volksbewegung.

Volks|bruch, der ['folksˌbrɔx] <N.; ~|brüch> {s. u. ↑Volk ↑Bruch}: Volksbrauch.

Volks|danz, der ['folksˌdants] <N.; ~|dänz> {s. u. ↑Volk ↑Danz}: Volkstanz.

Volks|fess, et ['folksˌfɛs] <N.; ~|feste> {s. u. ↑Volk ↑Fess}: Volksfest.

Volks|gaade|stroß ['folksjaːdəˌʃtroˑs] <N.; Straßenn.> {s. u. ↑Volk ↑Gaade ↑Stroß}: Volksgartenstraße; eine als Allee mit Mittelstreifen ausgestaltete Straße in Köln-Neustadt/Süd, die nördlich am Volksgarten entlangführt. Der Volksgarten wurde zw. 1887 u. 1889 von Adolf Kowallek auf dem Gelände des alten Fort IV angelegt. Der Park war damit der erste Teil des später in den Inneren Kölner Grüngürtel umgewandelten Teils des Festungsrings von Köln. Heute ist der Volksgarten eine Grünanlage mit Kinderspielplatz, Kahnweiher mit Tretbootverleih, Gartenrestaurants u. Biergärten.

Volks|hoch|schull, de ['folkshoˑxˌʃʊl] <N.; i. best. Komposita *hoch*, sonst ↑huh; ~e [-ʃʊlə]> {11; s. u. ↑Volk ↑Schull}: Volkshochschule.

Volks|kuns, de ['fɔlks̩ˌkʊns] <N.; o. Pl.> {s. u. ↑Volk}: Volkskunst, volkstümliche, vom Geist u. von der Überlieferung des Volkes zeugende Kunst des Volkes.

Volks|leed, et ['fɔlks̩ˌleˑt] <N.; ~er> {s. u. ↑Volk ↑Leed}: Volkslied.

Volks|op|lauf, der ['fɔlks̩|opˌlo͡ʊf] <N.; ~|läuf> {s. u. ↑Volk ↑Op|lauf}: Volksauflauf.

Volks|op|stand, der ['fɔlks̩|opˌʃtant] <N.; ~|ständ [-ˌʃtɛnˑt]> {s. u. ↑Volk ↑Op|stand}: Volksaufstand, Volksauflauf.

Volks|poliz|iss, der ['fɔlks̩polɪˌtsɪs] <N.; ~|iste> {s. u. ↑Volk}: Volkspolizist.

Volks|schull, de ['fɔlks̩ˌʃʊlˑ] <N.; ~e [-ʃʊlə]> {s. u. ↑Volk ↑Schull}: Volksschule.

voll [fɔl] <Adj.; ~e; ~er, ~ste>: voll, gefüllt: *e v. Glas* (ein ~es Glas); ***de Nas gestreche v. han** (einer Sache überdrüssig sein); ***v. Woch** (Besoffener). Tbl. A2.2

Voll|badd, et ['fɔlˌbat] <N.; ~|bäder [-bɛˑdə] (unr. Pl.)> {5.3.2}: Vollbad.

Voll|baat, der ['fɔlˌbaˑt] <N.; ~|bäät> {5.2.1.1.1}: Vollbart.

voll|bränge [fɔl'brɛŋə] <nicht trennb. Präfix-V.; unr.; *han*; ~|braht; ~|braht [-'braːt]> {5.4}: vollbringen. (33)

Voll|damf/~|damp, der ['fɔlˌdamf / -damp] <N.> {s. u. ↑Damf/Damp}: Volldampf; meist in der Vbdg.: ***met V.** (mit V.; höchstem Tempo).

voll|drieße ['fɔldriːsə] <trennb. Präfix-V.; st.; *han*; dress v. [-dres]; ~|gedresse [-jədresə]> {5.1.4.5}: vollscheißen, **1.** vollscheißen: *Dat Klein hät de Windel vollgedresse.* (Die Kleine hat die Windel vollgeschissen.). **2.** <nur im Inf. mit der Betonung [-'--] in der **RA**>: *Do kanns mich ens (jet) volldrieße!* (Du kannst mir mal den Buckel runterrutschen!). (25)

völl|ig ['fœlɪç] <Adj.; ~e>: völlig. Tbl. A5.2

voll|jöhr|ig ['fɔlˌjœˑrɪç] <Adj.; ~e>: volljährig. Tbl. A5.2

Voll|koon|brud, et ['fɔlkoːnˌbruˑt] <N.; ~e> {s. u. ↑Koon¹ ↑Brud}: Vollkornbrot.

Voll|koon|mähl, et ['fɔlkoːnˌmɛːl] <N.; o. Pl.> {s. u. ↑Koon¹ ↑Mähl}: Vollkornmehl.

voll|kotze ['fɔlkɔtsə] <trennb. Präfix-V.; schw.; *han*; kotzte v. ['kɔtstə]; ~|gekotz [-jəkɔts]>: vollkotzen. (114)

voll|lade ['fɔlaˑdə] <trennb. Präfix-V.; st.; *han*; lod v. [loˑt]; ~|gelade [-jəˌlaˑdə]>: vollladen, ganz beladen. (124)

voll|laufe ['fɔlo͡ʊfə] <trennb. Präfix-V.; st.; *sin*; leef v. [leːf]; ~|gelaufe [-jəˌlo͡ʊfə]>: vollaufen, mit einer Flüssigkeit füllen; ***sich v. looße** (sich betrinken). (128)

Voll|maach, de ['fɔlmaːx] <N.; ~te> {s. u. ↑Maach¹}: Vollmacht.

Voll|mond, der ['fɔlmɔnt] <N.; ~e (Pl. selten)> {s. u. ↑Mond¹}: Vollmond; scherzh. für Glatzkopf.

Voll|mond|ge|seech, et ['fɔlˌmɔntjəˌzeːɧ] <N.; ~ter> {9.1.2; s. u. ↑Mond¹ ↑Ge|seech}: Vollmondgesicht.

Voll|narkos, de ['fɔlnaˌkoˑs] <N.; ~e> {8.3.1}: Vollnarkose.

voll|op ['fɔl'|op] <Adv.> {s. u. ↑op¹}: vollauf.

voll|pumpe ['fɔlˌpʊmpə] <trennb. Präfix-V.; schw.; *han*; pumpte v. ['pʊmptə]; ~|gepump [-jəˌpʊmp]>: vollpumpen. (180)

voll|qualme ['fɔlˌkvalˑmə] <trennb. Präfix-V.; schw.; *han*; qualmte v. ['kvalˑmtə]; ~|gequalmp [-jəˌkvalˑmp]>: vollqualmen. (70)

voll|schlabbere ['fɔlʃlabərə] <trennb. Präfix-V.; schw.; *han*; schlabberte v. ['ʃlabətə]; ~|geschlabbert [-jəʃlabət]> {9.2.1.2}: vollschlabbern, bekleckern, durch Kleckern beschmutzen [auch: ↑be|schlabbere (a)]. (4)

voll|schmiere/~|schmeere ['fɔlˌʃmiː(ə)rə / -ʃmeːrə] <trennb. Präfix-V.; ~|schmeere veraltend; schw.; *han*; schmierte v. ['ʃmiːətə]; ~|geschmiert [-jəˌʃmiːət]>: vollschmieren. (3) (2)

voll|schödde ['fɔlˌʃødə] <trennb. Präfix-V.; st.; *han*; schodt v. [ʃot]; ~|geschodt/~|schödt [-jəˌʃot / -ˌʃøt]> {5.5.1; 6.11.3}: vollschütten. (166)

voll|schrieve ['fɔlˌʃriˑvə] <trennb. Präfiv-V.; st.; *han*; schrevv v. [ʃref]; ~|geschrevve [-jəˌʃrevə]> {5.1.4.5; 6.1.1}: vollschreiben. (51)

voll|spretze ['fɔlˌʃpretsə] <trennb. Präfix-V.; schw.; *han*; spretzte v. ['ʃpretstə]; ~|gespretz [-jəˌʃprets]> {5.5.2}: vollspritzen. (114)

voll|ständ|ig ['fɔlʃtɛnˑdɪç] <Adj.; ~e; ~er, ~ste>: vollständig. Tbl. A5.

voll|stelle ['fɔlˌʃtɛlə] <trennb. Präfix-V.; schw./unr.; *han*; stellte/stallt v.['ʃtɛlˑtə / ʃtalt]; ~|gestellt/~|stallt [-jəˌʃtɛlˑt / -ˌʃtalt]>: vollstellen. (182)

voll|strecke [fɔl'ʃtrɛkə] <nicht trennb. Präfix-V.; schw.; *han*; ~|streckte [-'ʃtrɛktə]; ~|streck [-'ʃtrɛk]>: vollstrecken. (88)

voll|tanke ['fɔlˌtaŋkə] <trennb. Präfix-V.; schw.; *han*; tanke v. ['taŋktə]; ~|getank [-jəˌtaŋk]>: volltanken. (41)

voll|trecke [fɔl'trɛkə] <nicht trennb. Präfix-V.; st.; *han*; ~|trok [-'troˑk]; ~|trocke [-'trɔkə]>: vollziehen. (190)

Voll|üül, de ['fɔlˌy·l] <N.; ~e> {s. u. ↑Üül}: Trunkenbold, Betrunkener [auch: ↑Suff|üül, ↑Suff|krad, ↑Suff|patron].

Voll|wäät|koss, de ['fɔlvɛːtˌkɔs] <N.; kein Pl.> {s. u. ↑Wäät ↑Koss}: Vollwertkost.

Voll|wäsch|meddel, et ['fɔlvɛʃˌmedəl] <N.; ~(e)> {s. u. ↑Wäsch ↑Meddel}: Vollwaschmittel.

voll|wert|ig ['fɔlveːɐ̯tɪç] <Adj.; i. best. Komposita *wert*, sonst ↑wäät; ~e> {11}: vollwertig.   Tbl. A5.2

voll|zäll|ig ['fɔlˌtsɛlɪç] <Adj.; ~e> {s. u. ↑zälle}: vollzählig, komplett.   Tbl. 5.2

Voll|zog, der [fɔl'tsox] <N.; ~|zög (Pl. selten); ⟨mhd. volzug⟩> {5.5.1}: Vollzug. **1.** das Vollziehen; Vollziehung. **2.** kurz für Strafvollzug.

vör/vür [føːɐ̯ / fyːɐ̯] <Präp.; m. Dat. u. Akk.> {5.4}: vor; **a)** <Dat.> lokal: **vörm**; zus. gezogen aus *vör* + *dem*: vorm (= vor dem); **b)** <Akk.> direktional: **vör't**; zus. gezogen aus *vör* + *et*: vors (= vor das).

vör|[1]**-, ver|-** [ˌfø(ɐ̯)'-] <Präfix; unbetont> {5.5.1}: vor-, i. Vbdg. m. Präp.: *~bei* (~bei).

vör|[2]**-, Vör|-** ['føːɐ̯-] <Präfix; s. u. ↑vür|[2]-, Vür|-> {5.4}: vor-.

~|vör ['føːɐ̯] <Suffix; s. u. ↑~|vür> {5.4}: -vor.

vör|aan/vür|~ [føˈraːn / fyˈr-] <Adv.>: voran, zuvorderst, vorn, an der Spitze.

vör|aan|- [føˈraːn] <Präfix>: voran-, i. Vbdg. mit V.: *~drieve* (~treiben).

vöraan|bränge [føˈraːnbrɛŋə] <trennb. Präfix-V.; unr.; *han*; braht v. [braːt]; ~|gebraht [-jəbraːt]> {5.4}: voranbringen, weiterbringen, fördern.   (33)

vöraan|drage [føˈraːndraˑɐ̯ə] <trennb. Präfix-V.; st.; *han*; drog v. [droˑx]; ~|gedrage [-jədraˑɐ̯ə]> {6.11.2}: vorantragen.   (48)

vöraan|drieve [føˈraːndriˑvə] <trennb. Präfix-V.; st.; *han*; drevv v. [dref]; ~|gedrevve [-jədrevə]> {5.1.4.5; 6.1.1; 6.11.2}: vorantreiben.   (51)

vöraan|gonn [føˈraːnjɔn] <trennb. Präfix-V.; st.; *sin*; ging v. [ɟɪŋ]; ~|gegange [-jəjaŋə]> {5.3.4; 8.2.2.3}: vorangehen, vorne/an der Spitze gehen. .   (83)

vöraan|kumme [føˈraːnkʊmə] <trennb. Präfix-V.; st.; *sin*; kom v. [kɔˑm]; ~|(ge)kumme [-(jə)ˌkʊmə]> {5.4}: **1.** vorankommen, vorwärts bewegen, weitergehen. **2.** Fortschritte machen.   (120)

vör|an! ['føran] <Interj.> {5.5.1}: weiter! schnell!

vöran|gonn ['føranjɔn] <trennb. Präfix-V.; st.; *sin*; ging v. [ɟɪŋ]; ~|gegange [-jəjaŋə]> {5.3.4; 8.2.2.3}: vorangehen, **1.** schnell gehen: *Gangk vöran!* (Geh schneller!). **2.** Fortschritte machen, sich fort-/weiterentwickeln: *De Arbeid geiht vöran.* (Die Arbeit macht Fortschritte).(83)

vöran|maache ['føranmaːxə] <trennb. Präfix-V.; unr.; *han*; maht v. [maːt]; ~|gemaht [-jəmaːt]> {5.2.1}: weitermachen, voranmachen, sich beeilen.   (136)

vör|arbeide/vür|~ ['føːɐ̯ˌlarbeɪ̯də / fyːɐ̯-] <trennb. Präfix-V.; schw.; *han*; arbeidte v. ['arbeɪ̯tə]; ~|gearbeidt [-jəlarbeɪ̯t]> {6.11.3}: vorarbeiten, **1.** durch vermehrte, verlängerte Arbeitszeit die Möglichkeit bekommen, zu einem späteren Termin mehr freie Zeit zu haben. **2.** (durch Arbeit) vorankommen, eine bessere Position erreichen. **3.** (für jmdn./etw.) Vorarbeit leisten.   (197)

Vör|arbeid|er/Vür|~, der ['føːɐ̯larˌbeɪ̯də / 'fyːɐ̯-] <N.; ~> {6.11.3}: Vorarbeiter.

vör|av/vür|~ [føɐ̯ˈaf] <Adv.> {6.1.1}: vorab.

Vör|bau/Vür|~, der ['føːɐ̯ˌbɔʊ̯ / 'fyːɐ̯-] <N.; ~te ⟨mhd. vorbu⟩>: Vorbau. **1.** vorspringender, angebauter Teil eines Gebäudes. **2.** (scherzh.)großer Busen [auch: ↑Memme|spektakel (1), ↑Memme|spill, ↑Milch|geschäff (2)].

vör|baue/vür|~ ['føːɐ̯ˌbɔʊ̯ə / fyːɐ̯-] <trennb. Präfix-V.; schw.; *han*; baute v. ['bɔʊ̯tə]; ~|gebaut [-jəbɔʊ̯t]>: vorbauen, **1.** einen Vorbau errichten. **2.** vorbeugen.   (11)

vör|bedde/vür|~ ['føːɐ̯bedə / fyːɐ̯-] <trennb. Präfix-V.; schw./unr.; *han*; bedte/bädte v. ['betə / 'bɛːtə]; ~|gebedt/~|gebädt [-jəbet / -jəbɛːt]> {5.3.4; 6.11.3}: vorbeten.   (13)

Vör|be|hald/Vür|~, der ['føːɐ̯bəˌhalt / 'fyːɐ̯-] <N.; ~e> {6.11.2}: Vorbehalt.

vör|behalde/vür|~ ['føːɐ̯bəˌhaldə / fyːɐ̯-] <trennb. Präfix-V.; st.; *han*; beheeldt v. [bəˈheːlt]; ~|behalde [bəˈhaldə]> {6.11.3}: vorbehalten.   (90)

vör|be|handele/vür|~ ['føːɐ̯bəˌhanˑdələ / fyːɐ̯-] <trennb. Präfix-V.; schw.; *han*; be|handelte v. [bəˈhanˑdəltə]; ~|be|handelt [-bəhanˑdəlt]> {9.2.1.2}: vorbehandeln.   (6)

vör|bei/ver|~ [fø(ɐ̯)ˈbeɪ̯ / fɐ-] <Adv.>: vorbei.

vör|bei|-/ver|bei|- [fø(ɐ̯)ˈbeɪ̯- / fɐ-] <Präfix>: vorbei-, i. Vbdg. m. V.: *~fahre* (~fahren).

vör|bei|bränge/ver|bei|~ [fø(ɐ̯)ˈbeɪ̯ˌbrɛŋə / fɐˈbeɪ̯-] <trennb. Präfix-V.; unr.; *han*; braht v. [braːt]; ~|gebraht [-jəbraːt]> {5.4}: vorbeibringen.   (33)

vör|bei|dörfe/~|dürfe/ver|bei|~ [fø(ɐ̯)'beɪ̯ˌdœrfə (-dœrvə) / -dʏrfə (-dʏrvə) / fɛ'beɪ̯-] <trennb. Präfix-V.; unr.; *han*; dorf v. [dɔrf]; ~|gedorf [-jədɔrf]> {5.5.1}: vorbeidürfen, vorbeimüssen. (47)

vör|bei|dröcke/ver|bei|~ [fø(ɐ̯)'beɪ̯ˌdrœkə / fɛ'beɪ̯-] <trennb. Präfix-V.; schw.; *han*; dröckte v. ['drœktə]; ~|gedröck [-jədrœk]> {5.5.1}: vorbeidrücken. (88)

vör|bei|fahre/ver|bei|~ [fø(ɐ̯)'beɪ̯ˌfaːrə / fɛ'beɪ̯-] <trennb. Präfix-V.; st.; *sin*; fuhr/fohr v. [fuːɐ̯ / foːɐ̯]; ~|gefahre [-jəfaːrə]>: vorbeifahren. (62)

vör|bei|fleege/ver|~ [fø(ɐ̯)'beɪ̯ˌfleːjə / fɛ-] <trennb. Präfix-V.; st.; *sin*; flog v. [floːx]; ~|geflọge [-jəflɔːʀə]> {5.1.4.3}: vorbeifliegen. (16)

vör|bei|fleeße/ver|~ [fø(ɐ̯)'beɪ̯ˌfleːsə / fɛ-] <trennb. Präfix-V.; st.; *sin*; floss v. [flɔs]; ~|geflosse [-jəˌflɔsə]> {5.1.4.3}: vorbeifließen. (79)

vör|bei|föhre/~|führe/ver|~ [fø(ɐ̯)'beɪ̯ˌføː(ɐ̯)rə / -fyː(ɐ̯)rə / fɛ-] <trennb. Präfix-V.; unr./st./schw.; *han*; föhte / foht v. ['føːtə / foːt]; ~|geföht/~|gefoht [-jəføːt / -jəfoːt]> {5.4}: vorbeiführen. (74) (31)

vör|bei|gonn/ver|~ [fø(ɐ̯)'beɪ̯ˌjɔn / fɛ-] <trennb. Präfix-V.; st.; *sin*; ging v. [jɪŋ]; ~|gegange [-jəjaŋə]> {5.3.4; 8.2.2.3}: vorbeigehen. (83)

vör|bei|kumme/ver|~ [fø(ɐ̯)'beɪ̯ˌkʊmə / fɛ-] <trennb. Präfix-V.; st.; *sin*; kom v. [kɔˑm]; ~|(ge)kumme [-(jə)ˌkʊmə]> {5.4}: vorbeikommen. (120)

vör|bei|künne/ver|~ [fø(ɐ̯)'beɪ̯ˌkʏnə / fɛ-] <trennb. Präfix-V.; unr.; *han*; kunnt v. [kʊnt]; ~|gekunnt [-jəkʊnt]> {5.4}: vorbeikönnen, vorbeidürfen. (121)

vör|bei|laufe/ver|~ [fø(ɐ̯)'beɪ̯ˌloʊ̯fə / fɛ-] <trennb. Präfix-V.; st.; *sin*; leef v. [leːf]; ~|gelaufe [-jəloʊ̯fə]>: vorbeilaufen [auch: ↑vörbei|renne/verbei|~]. (128)

vör|bei|looße/ver|~ [fø(ɐ̯)'beɪ̯ˌlɔːsə / fɛ-] <trennb. Präfix-V.; st.; *han*; leet/leeß v. [leːt / leːs]; ~|gelooße [-jəlɔːsə]> {5.2.1.3; 5.5.3}: vorbeilassen. (135)

vör|bei|luure/~|loore/ver|~ [fø(ɐ̯)'beɪ̯ˌluː(ɐ̯)rə / -loːrə / fɛ-] <trennb. Präfix-V.; schw./unr.; *han*; luurte v. ['luːɐ̯tə]; ~|geluurt [-jəluːɐ̯t]>: vorbeischauen. (100) (134)

vör|bei|marschiere/~eere/ver|~ [fø(ɐ̯)'beɪ̯marˌʃiː(ɐ̯)rə / -eːrə / fɛ-] <trennb. Präfix-V.; schw./unr.; *sin*; marschierte v. [maˈʃiːɐ̯tə]; ~|marschiert [-maˌʃiːɐ̯t] ⟨frz. marcher⟩> {(5.1.4.3)}: vorbeimarschieren. (3) (2)

vör|bei|müsse/ver|~ [fø(ɐ̯)'beɪ̯mʏsə / fɛ-] <trennb. Präfix-V.; unr.; *han*; moot v. [mɔːt]; ~|gemoot [-jəmɔːt]>: vorbeimüssen. (142)

vör|bei|renne/ver|~ [fø(ɐ̯)'beɪ̯rɛnə / fɛ-] <trennb. Präfix-V.; unr.; *sin*; rannt v. [rant]; ~|gerannt [-jərant]>: vorbeirennen [auch: ↑vörbei|laufe/verbei|~]. (35)

vör|bei|rigge/ver|~ [fø(ɐ̯)'beɪ̯ˌrɪgə / fɛ-] <trennb. Präfix-V.; st.; *sin*; redt v. [reːt]; ~|geredde [-jəredə]> {5.3.4; 6.6.2}: vorbeireiten. (133)

vör|bei|scheeße/ver|~ [fø(ɐ̯)'beɪ̯ˌʃeːsə / fɛ-] <trennb. Präfix-V.; st.; schoss v. [ʃɔs]; ~|geschosse [-jəʃɔsə]> {5.1.4.3}: vorbeischießen, **1.** <han> das Ziel verfehlen/ nicht treffen. **2.** <sin> schnell an jmdm./etw. vorbeifahren/-laufen. (79)

vör|bei|schlängele/ver|~ [fø(ɐ̯)'beɪ̯ˌʃlɛŋələ / fɛ-] <trennb. Präfix-V.; schw.; *han*; schlängelte v. [ˈʃlɛŋəltə]; ~|geschlängelt [-jəʃlɛŋəlt]> {9.2.1.2}: vorbeischlängeln. (6)

vör|bei|trecke/ver|~ [fø(ɐ̯)'beɪ̯ˌtrɛkə / fɛ-] <trennb. Präfix-V.; st.; *sin*; trok v. [trɔˑk]; ~|getrocke [-jətrɔkə]>: vorbeiziehen. (190)

Vör|beld/Vür|~/~|bild, et ['føːɐ̯ˌbɛlt / 'fyːɐ̯- / -bɪlt] <N.; ~er ⟨mhd. vorbilde, ahd. forebilde⟩> {5.5.2}: Vorbild.

Vör|beld|ung/Vür|~/~|bild|~, de ['føːɐ̯ˌbɛldʊŋ / 'fyːɐ̯- / -bɪld-] <N.; ~e> {5.5.2}: Vorbildung.

vör|bestelle/vür|~ ['føːɐ̯bəˌʃtɛlə / fyːɐ̯-] <trennb. Präfix-V.; schw./unr.; *han*; bestellte/bestallt v. [bəˈʃtɛltə / bəˈʃtalt]; ~|bestellt/~|bestallt [-bəˌʃtɛlt / -bəʃtalt]>: vorbestellen. (182)

vör|bestemme/vür|~ ['føːɐ̯bəˌʃtɛmə / fyːɐ̯-] <trennb. Präfix-V.; schw.; *han*; bestemmte v. [bəˈʃtɛmtə]; ~|bestemmp [-bəˌʃtɛmˑp]> {5.5.2}: vor(her)bestimmen, <meist im Part. II>: Dat wor vürbestemmp! (Das war vorbestimmt!). (40)

vör|be|strof/vür|~ ['føːɐ̯bəˌʃtrɔːf / 'fyːɐ̯-] <Adj.; ~te> {5.5.3; 8.3.5}: vorbestraft. Tbl. A4.1.1

vör|beuge/vür|~ ['føːɐ̯bøʏ̯jə / fyːɐ̯-] <trennb. Präfix-V.; schw.; *han*; beugte v. ['bøʏ̯çtə]; ~|gebeug [-jəbøʏ̯ç]>: vorbeugen. (103)

vör|bohre/vür|~ ['føːɐ̯boˌ(ɐ̯)rə / fyːɐ̯-] <trennb. Präfix-V.; schw.; *han*; bohrte v. ['boːɐ̯tə]; ~|gebohrt [-jəboːɐ̯t]>: vorbohren. (31)

vör|bränge/vür|~ ['føːɐ̯brɛŋə / fyːɐ̯-] <trennb. Präfix-V.; unr.; *han*; braht v. [braːt]; ~|gebraht [-jəbraːt]> {5.4}: vorbringen. (33)

vör|chress|lich/vür|~ ['føːɐ̯ˌkrɛslɪç / 'fyːɐ̯-] <Adj.; ~e> {5.5.2; 8.3.5}: vorchristlich. Tbl. A1

Vör|daach/Vür|~, et ['føːe̯daːx / 'fyːe̯-] <N.; ~|däächer> {5.2.1}: Vordach.

vör|danze/vür|~ ['føːe̯dantse̯ / fyːe̯-] <trennb. Präfix-V.; schw.; *han*; danzte v. ['dantste̯]; ~|gedanz [-je̯dants]> {6.11.1}: vortanzen. (42)

vör|datiere/~eere/vür|~ ['føːe̯daˌtiˑ(e̯)rə / -eˑrə / fyːe̯-] <trennb. Präfix-V.; schw./unr.; *han*; datierte v. [daˈtiˑe̯tə]; ~|datiert [-daˌtiˑe̯t] ⟨frz. dater⟩> {(5.1.4.3)}: vordatieren, (auf etw.) ein späteres Datum schreiben. (3) (2)

Vorder|asie/Vodder|~ [ˌfɔrdeˈ|aːzɪjə / 'fɔdɐ-] <N.; geogr. Name>: Vorderasien, südwestliches Asien.

Vör|drag/Vür|~, der ['føːe̯draːx / 'fyːe̯-] <N.; ~|dräg [-drɛˑfj]> {6.11.2}: Vortrag.

vör|drage/vür|~ ['føːe̯draˑʀə / fyːe̯-] <trennb. Präfix-V.; st.; *han*; drog v. [droˑx]; ~|gedrage [-je̯draˑʀə]> {6.11.2}: vortragen. (48)

vör|dränge/vür|~ ['føːe̯drɛŋə / fyːe̯-] <trennb. Präfix-V.; schw.; *han*; drängte v. ['drɛŋˑtə]; ~|gedrängk [-je̯drɛŋˑk]>: vordrängen, **1.** <sich v.> **a)** sich nach vorn, vor andere drängen; **b)** sich in den Mittelpunkt schieben, Aufmerksamkeit erregen wollen. **2.** nach vorn drängen. (49)

vör|drängele/vür|~, sich ['føːe̯drɛŋələ / fyːe̯-] <trennb. Präfix-V.; schw.; *han*; drängelte v. ['drɛŋəltə]; ~|gedrängelt [-je̯drɛŋəlt]> {9.2.1.2}: sich vordrängeln. (6)

vör|drieve/vür|~ ['føːe̯driˑvə / fyːe̯-] <trennb. Präfix-V.; st.; *han*; drevv v. [drefˑ]; ~|gedrevve [-je̯drevə]> {5.1.4.5; 6.1.1; 6.11.2}: vortreiben. (51)

vör|dringe/vür|~ ['føːe̯drɪŋə / fyːe̯-] <trennb. Präfix-V.; st.; *sin*; drung v. [drʊŋˑ]; ~|gedrunge [-je̯drʊŋə]>: vordringen. (26)

Vör|drọ**ck/Vür|~**, der ['føːe̯ˌdrɔk / 'fyːe̯-] <N.; ~|drọck> {5.5.1} Vordruck.

vör|drọ**cke/vür|~** ['føːe̯drɔkə / fyːe̯-] <trennb. Präfix-V.; schw.; *han*; drọckte v. ['drɔktə]; ~|gedrọck [-je̯drɔk]> {5.5.1}: vordrucken. (88)

vör|eesch/vür|~ ['føːe̯ˑeˑʃ / 'fyːe̯-] <Adv.> {5.2.1.1.2; 8.3.5}: vorerst.

vör|enein/vür|~ [førəˈneɪ̯n / fyr-] <Adv.>: voreinander [auch: ↑vür|enander/vör|~].

vör|en|ge|nọ**mme/vür|~** ['føːe̯ˌlenjəˌnɔmə / 'fyːe̯-] <Adj.; vür + Part. II von ↑en|nemme; ~; ~ner, ~nste> {5.5.1}: voreingenommen, befangen. Tbl. A3.2

vör|enander/vür|~ ['føː(e̯)rəˌnandɐ / 'fyː(e̯)r-] <Adv.>: voreinander [auch: ↑vür|enein/vör|~].

vör|ent|halde/vür|~ ['føːe̯lɛntˌhaldə / fyːe̯-] <trennb. Präfix-V.; st.; *han*; ent|heeldt v. [ɛntˈheːlt]; ~|ent|halde [-|ɛntˌhaldə]> {6.11.3}: vorenthalten. (90)

vör|fäädige/vür|~ ['føːe̯fɛːdɪjə / fyːe̯-] <trennb. Präfix-V.; schw.; *han*; fäädigte v. ['fɛːdɪftə]; ~|gefäädig [-je̯fɛːdɪfj]> {5.2.1.1.2; 5.4; 6.11.3}: vorfertigen, vorfabrizieren [auch: ↑vür|fabriziere/~eere/vör|~]. (7)

vör|fabriziere/~eere/vür|~ ['føːe̯fabrɪˌtsiˑ(e̯)rə / -eˑrə / fyːe̯-] <trennb. Präfix-V.; schw./unr.; *han*; fabrizierte v. [fabrɪˈtsiˑe̯tə]; ~|fabriziert [-fabrɪˌtsiˑe̯t] ⟨lat. fabricare⟩> {(5.1.4.3)}: vorfabrizieren, vorfertigen [auch: ↑vür|fäädige/vör|~]. (3) (2)

vör|fahre/vür|~ ['føːe̯faˑrə / fyːe̯-] <trennb. Präfix-V.; st.; *sin*; fuhr/fohr v. [fuˑe̯ / foˑe̯]; ~|gefahre [-je̯faːrə]>: vorfahren. (62)

Vör|fahrt/Vür|~, de ['føːe̯ˌfaːt / 'fyːe̯-] <N.; o. Pl.> {8.2.4}: Vorfahrt.

Vör|fahrts|schẹ**ld/Vür|~/~|schild**, et ['føːe̯faːtsˌʃelt / 'fyːe̯- / -ʃɪlt] <N.; ~er> {s. u. ↑Fahrt ↑Schẹld'/Schild'}: Vorfahrtsschild.

Vör|fahrts|stroß/Vür|~, de ['føːe̯faːtsˌʃtroˑs / 'fyːe̯-] <N.; ~e> {5.5.3; 8.3.1}: Vorfahrtsstraße.

Vör|fall/Vür|~, der ['føːe̯ˌfal / 'fyːe̯-] <N.; ~|fäll [-fɛlˑ]>: Vorfall.

vör|falle/vür|~ ['føːe̯falə / fyːe̯-] <trennb. Präfix-V.; st.; *sin*; feel v. [feˑl]; ~|gefalle [-je̯falə]>: vorfallen, **1.** plötzlich geschehen, sich zutragen/ereignen. **2.** nach vorn, vor etw. fallen. (64)

vör|finanziere/~eere/vür|~ ['føːe̯fɪnanˌtsiˑ(e̯)rə / -eˑrə / fyːe̯-] <trennb. Präfix-V.; schw./unr.; *han*; finanzierte v. [fɪnanˈtsiˑe̯tə]; ~|finanziert [-fɪnanˌtsiˑe̯t] ⟨frz. financer⟩> {(5.1.4.3)}: vorfinanzieren. (3) (2)

vör|finge/vür|~ ['føːe̯fɪŋə / fyːe̯-] <trennb. Präfix-V.; st.; *han*; fung v. [fʊŋˑ]; ~|gefunge [-je̯fʊŋə]> {6.7}: vorfinden, antreffen, finden. (26)

vör|föhle/vür|~ ['føːe̯føˑlə / fyːe̯-] <trennb. Präfix-V.; schw./unr.; *han*; föhlte/fohlt v. ['føˑltə / foˑlt]; ~|geföhlt/ ~|gefohlt [-je̯føˑlt / -je̯foˑlt]> {5.4}: vorfühlen. (73)

vör|föhre/~|führe/vür|~ ['føːe̯føˑ(e̯)rə / -fyˑ(e̯)rə / fyːe̯-] <trennb. Präfix-V.; unr./st./schw.; *han*; föhte/foht/führte v. ['føˑtə / foːt / fyˑe̯tə]; ~|geföht/~|gefoht/~|geführt [-je̯føˑt / -je̯foːt / -je̯fyˑe̯t]> {5.4}: vorführen. (74) (31)

vör|forme/vür|~ ['føːɐ̯formə / fyːɐ̯-] <trennb. Präfix-V.; schw.; *han*; formte v. ['formtə]; ~|geformp [-jəformp]>: vorformen. (127)

Vör|freud/Vür|~, de ['føːɐ̯ˌfrøy̯t / 'fyːɐ̯-] <N.; ~e (Pl. ungebr.)> {8.3.1}: Vorfreude.

Vör|gaade/Vür|~, der ['føːɐ̯ˌjaːdə / 'fyːɐ̯-] <N.; ~|gääde> {5.2.1.1.2}: Vorgarten.

Vör|gang/Vür|~, der ['føːɐ̯ˌjaŋ / 'fyːɐ̯-] <N.; ~|gäng [-jɛŋˑ]>: Vorgang.

Vör|gäng|er/Vür|~, der ['føːɐ̯ˌjɛŋɐ / 'fyːɐ̯-] <N.; ~>: Vorgänger.

Vör|ge|birg/Vür|~, et ['føːɐ̯jəˌbɪrfj / 'fyːɐ̯-] <N.; ~e> {s. u. ↑Ge|birg}: Vorgebirge, einem Gebirge vorgelagerte Bergkette.

Vör|ge|schmack/Vür|~, der ['føːɐ̯jəˌʃmak / 'fyːɐ̯-] <N.; o. Pl.>: Vorgeschmack.

Vör|ge|spräch/Vür|~, et ['føːɐ̯jəˌʃprɛˑfj / 'fyːɐ̯-] <N.; ~e>: Vorgespräch.

vör|gester(e)/vür|~ ['føːɐ̯ˌjɛstə / -jɛstərə / 'fyːɐ̯-] <Adv.>: vorgestern. **1.** vor zwei Tagen. **2.** in der Fügung *vun v.* (von vorgestern = rückständig, überholt): *Dä es doch vun v.!* (Der ist rückständig!).

vör|gevve/vür|~ ['føːɐ̯ˌjevə / 'fyːɐ̯-] <trennb. Präfix-V.; st.; *han*; gɔv v. [jɔˑf]; ~|gegovve/~|gegevve [-jəjovə / -jəjevə]> {5.3.4; 5.5.2; 6.1.1}: vorgeben, **1.** jmdm. einen Vorsprung geben: Punkte v. (Punkte v.). **2.** etw., was nicht den Tatsachen entspr., als Grund für etw. angeben: v. krank ze sin (v. krank zu sein). (81)

vör|glöhe/~|glöhne/vür|~ ['føːɐ̯ˌjløˑə / -jlønə / fyːɐ̯-] <trennb. Präfix-V.; schw.; *han*; glöhte/glöhnte v. ['jløˑtə / 'jløntə]; ~|geglöht/~|geglönnt [-jəjløˑt / -jəjlønt]> {5.4}: vorglühen. (37) (5)

vör|gonn/vür|~ ['føːɐ̯ˌjon / fyːɐ̯-] <trennb. Präfix-V.; st.; *sin*; ging v. [jɪŋ]; ~|gegange [-jəjaŋə]> {5.3.4; 8.2.2.3}: vorgehen, (einer Sache) vorausgehen. (83)

vör|griefe/vür|~ ['føːɐ̯ˌjriːfə / fyːɐ̯-] <trennb. Präfix-V.; st.; *han*; grɛff v. [jrɛf]; ~|gegreffe [-jəjrɛfə]> {5.1.4.5}: vorgreifen. (86)

vör|halde/vür|~ ['føːɐ̯ˌhaldə / fyːɐ̯-] <trennb. Präfix-V.; st.; *han*; heeldt v. [heːlt]; ~|gehalde [-jəhaldə]> {6.11.3}: vorhalten. (90)

Vör|hall/Vür|~, de ['føːɐ̯ˌhalˑ / 'fyːɐ̯-] <N.; ~e [-halə]> {8.3.1} Vorhalle.

vör|han/vür|~ ['føːɐ̯han / fyːɐ̯-] <trennb. Präfix-V.; unr.; *han*; hatt v. [hat]; ~|gehatt [-jəhat]> {5.3.2.5}: vorhaben [auch: ↑be|zwecke]. (92)

Vör|hand/Vür|~, de ['føːɐ̯ˌhant / 'fyːɐ̯-] <N.; o. Pl.>: (Sport) Vorhand.

Vör|hang/Vür|~, der ['føːɐ̯ˌhaŋ / 'fyːɐ̯-] <N.; ~|häng [-hɛŋˑ]>: Vorhang.

vör|hänge/vür|~ ['føːɐ̯hɛŋə / fyːɐ̯-] <trennb. Präfix-V.; schw.; *han*; hängte v. ['hɛŋˑtə]; ~|gehängk [-jəhɛŋˑk]>: vorhängen, etw. vor etw. hängen: *Mer hänge e Bild vür dä Fleck, dann süht mer dä nit.* (Wir hängen ein Bild vor den Fleck, dann sieht man den nicht.). (49)

Vör|hang|stang/Vür|~, de ['føːɐ̯haŋˌʃtaŋˑ / 'fyːɐ̯-] <N.; ~e [-ʃtaŋə]> {s. u. ↑Vür|hang ↑Stang}: Vorhangstange.

vör|heize/vür|~ ['føːɐ̯hei̯tsə / fyːɐ̯-] <trennb. Präfix-V.; schw.; *han*; heizte v. ['hei̯tstə]; ~|geheiz [-jəhei̯ts]>: vorheizen. (112)

vör|her/vür|~ ['føːɐ̯ˌheːɐ̯ / -hɛx / fyːɐ̯-] <Adv.>: vorher, zuvor.

vör|her-/vür|her|- [fø(ɐ̯)'hɛx- / fy(ɐ̯)'hɛx-] <Präfix>: vorher-, i. Vbdg. m. V.: *~bestemme* (~bestimmen).

vör|her|bestemme/vür|~ [fø(ɐ̯)'hɛxbəˌʃtemə / fyɐ̯-] <trennb. Präfix-V.; schw.; *han*; bestemmte v. [bə'ʃtemˑtə]; ~|bestemmp [-bəʃtemˑp]> {5.5.2}: vorherbestimmen. (40)

Vör|herr|schaff/Vür|~, de ['føːɐ̯ˌhɛxʃaf / 'fyːɐ̯-] <N.; ~|schafte> {8.3.5} Vorherrschaft.

vör|herrsche/vür|~ ['føːɐ̯hɛxʃə / fyːɐ̯-] <trennb. Präfix-V.; schw.; *han*; herrschte v. ['hɛxʃtə]; ~|geherrsch [-jəhɛxʃ]>: vorherrschen. (110)

vör|her|sage/vür|~ [fø(ɐ̯)'hɛxˌzaˑʁə / fyɐ̯-] <trennb. Präfix-V.; unr.; *han*; saht v. [zaːt]; ~|gesaht [-jəzaːt]>: vorhersagen. (155)

vör|her|sinn/vür|~ [fø(ɐ̯)'hɛxˌzɪn / fyɐ̯-] <trennb. Präfix-V.; st.; *han*; sɔh/sɔch v. [zɔˑ / zɔˑx]; ~|gesinn [-jəzɪn]> {5.3.4; 8.2.2.3}: vorhersehen. (175)

Vör|höll/Vür|~, de ['føːɐ̯ˌhœlˑ / 'fyːɐ̯-] <N.> {8.3.1}: Vorhölle; Limbus.

Vör|hugg/Vür|~, de ['føːɐ̯ˌhʊk / 'fyːɐ̯-] <N.; ~|hügg> {5.3.4; 6.6.2}: Vorhaut.

vör|iel|ig/vür|~ ['føːɐ̯ˌiˑlɪfj / 'fyːɐ̯-] <Adj.; ~e> {5.1.4.5}: voreilig. Tbl. A5.2

Vör|johr/Vür|~, et ['føːɐ̯ˌjoˑ(ɐ̯) / 'fyːɐ̯-] <N.; ~e> {5.5.3}: Vorjahr.

vör|jöömere/vür|~ ['føːɐ̯jœːmərə / fyːɐ̯-] <trennb. Präfix-V.; schw.; *han*; jöömerte v. ['jœːmətə]; ~|gejöömert [-jəjœːmet]> {5.2.1.4; 5.5.3; 9.2.1.2}: vorjammern. (4)

vör|kämfe/vür|~, sich ['føːɐ̯kɛmfə / fyːɐ̯-] <trennb. Präfix-V.; schw.; *han*; kämfte v. ['kɛmftə]; ~|gekämf [-jəkɛmf]> {6.8.2}: sich vorkämpfen, nach vorn kämpfen. (105)

vör|käue/vür|~ ['føːɐ̯kœy̯ə / fyːɐ̯-] <trennb. Präfix-V.; schw.; *han*; käute v. ['kœy̯ˑtə]; ~|gekäut [-jəkœy̯ˑt]> {5.1.3}: vorkauen. (11)

vör|knöppe/vür|~ ['føːɐ̯knœpə / fyːɐ̯-] <trennb. Präfix-V.; schw.; *han*; knöppte v. ['knœptə]; ~|geknöpp [-jəknœp]> {6.8.1}: vorknöpfen. (75)

vör|koche/vür|~ ['føːɐ̯kɔxə / fyːɐ̯-] <trennb. Präfix-V.; schw.; *han*; kochte v. ['kɔxtə]; ~|gekoch [-jəkɔx]>: vorkochen. (123)

Vör|kreegs|zigg/Vür|~, de ['føːɐ̯kreːfjs,tsɪk / 'fyːɐ̯-] <N.; ~e (Pl. ungebr.)> {s. u. ↑Kreeg ↑Zigg}: Vorkriegszeit.

vör|krose/vür|~ [føːɐ̯'kroˑzə / fyːɐ̯-] <trennb. Präfix-V.; schw.; *han*; kroste v. ['kroˑstə]; gekros [jə'kroˑs]>: hervorkramen. (149)

vör|kumme/vür|~ ['føːɐ̯kʊmə / fyːɐ̯-] <trennb. Präfix-V.; st.; *sin*; kom v. [kɔˑm]; ~(|ge)kumme [-(jə),kʊmə]> {5.4}: vorkommen, **1.** als eine Art meist unangenehmer Überraschung sich ereignen. **2.** vorhanden sein, sich finden. **3.** von jmdm. so wahrgenommen/empfunden werden; erscheinen. **4.** nach vorn kommen. **5.** zum Vorschein kommen. (120)

vör|lade/vür|~ ['føːɐ̯laˑdə / fyːɐ̯-] <trennb. Präfix-V.; st.; *han*; lod v. [loˑt]; ~|gelade [-jəlaˑdə]>: vorladen, jmdn. auffordern, zu einem best. Zweck bei einer offiziellen, übergeordneten Stelle (bes. vor Gericht) zu erscheinen. (124)

vör|läge/vür|~ ['føːɐ̯lɛˑjə / fyːɐ̯-] <trennb. Präfix-V.; unr.; *han*; laht v. [laːt]; ~|gelaht/~|geläg [-jəlaːt / -jəlɛˑfj]> {5.4}: vorlegen. (125)

Vör|läger/Vür|~, der ['føːɐ̯lɛˑjə / 'fyːɐ̯-] <N.; ~> {5.4}: Vorleger.

vör|lähne/vür|~, sich ['føːɐ̯lɛˑnə / fyːɐ̯-] <trennb. Präfix-V.; schw.; *han*; lähnte v. ['lɛːntə]; ~|gelähnt [-jəlɛːnt]> {5.4}: sich vorlehnen, sich nach vorn lehnen: *Lähn dich nit esu wigg vür!* (Lehn dich nicht so weit vor!). (5)

Vör|lauf/Vür|~, der ['føːɐ̯lɔʊ̯f / 'fyːɐ̯-] <N.; ~|läuf>: Vorlauf.

vör|laufe/vür|~ ['føːɐ̯lɔʊ̯fə / fyːɐ̯-] <trennb. Präfix-V.; st.; *sin*; leef v. [leˑf]; ~|gelaufe [-jəlɔʊ̯fə]>: vorlaufen, **1.** nach vorn laufen. **2.** vorauslaufen; [auch: ↑vür|renne/ vör|~]. (128)

vör|laut/vür|~ ['føːɐ̯lɔʊ̯t / 'fyːɐ̯-] <Adj.; ~e; ~er, ~este>: vorlaut.

vör|leev/vür|~ ['føːɐ̯leːf / 'fyːɐ̯-] <Adv.> {5.1.4.3; 6.1.1}: vorlieb, nur noch i. d. Vbdg. *v. nemme* (v. nehmen): *met jet v. nemme* (mit etw. v. nehmen).

vör|lege/vür|~ ['føːɐ̯leˑjə / fyːɐ̯-] <trennb. Präfix-V.; st.; *han*; log v. [lɔˑx]; ~|geloge [-jəlɔːʁə]> {5.4}: vorlügen. (14)

vör|lese/vür|~ ['føːɐ̯leˑzə / fyːɐ̯-] <trennb. Präfix-V.; st.; *han*; los v. [lɔˑs]; ~|gelese [-jəleˑzə]> {5.3.4.1; 5.5.2}: vorlesen. (130)

vör|letz/vür|~ ['føːɐ̯lɛts / 'fyːɐ̯-] <Adj.; ~te> {8.3.5}: vorletzt.... Tbl. A4.1.2

vör|levve/vür|~ ['føːɐ̯leˑvə / fyːɐ̯-] <trennb. Präfix-V.; unr.; *han*; lävte v. ['lɛːftə]; ~|geläv [-jəlɛːf]> {5.3.4; 5.5.2; 6.1.1}: vorleben, durch seine Art u. Weise zu leben ein Beispiel für etw. geben. (22)

vör|lige/vür|~ ['føːɐ̯lɪjə / fyːɐ̯-] <trennb. Präfix-V.; st.; *han*; log v. [lɔˑx]; ~|geläge [-jəlɛˑjə]> {5.3.4.1}: vorliegen, bestehen: *Et litt nix gäge in vür.* (Es liegt nichts gegen ihn vor.). (132)

vör|looße/vür|~ ['føːɐ̯loˑsə / fyːɐ̯-] <trennb. Präfix-V.; st.; *han*; leet/leeß v. [leːt / leˑs]; ~|gelooße [-jəloˑsə]> {5.2.1.3; 5.5.3}: vorlassen. (135)

vörm/vürm [føːɐ̯m / fyːɐ̯m] <Präp. + best. Art.; m. Dat.> {5.4}: vorm, zus. gezogen aus *vör dem* (vor dem).

vör|maache/vür|~ ['føːɐ̯maːxə / fyːɐ̯-] <trennb. Präfix-V.; unr.; *han*; maht v. [maːt]; ~|gemaht [-jəmaːt]> {5.2.1}: vormachen. (136)

Vör|meddag/Vür|~, der ['føːɐ̯ˌmedaːx / 'fyːɐ̯-] <N.; ~|däg/~|dage [-dɛˑfj / -daˑʁə]> {s. u. ↑Medde ↑Dag}: Vormittag.

Vör|meed|er/Vür|~, der ['føy̯ɐ̯ˌmeˑdɐ / 'fyːɐ̯-] <N.; ~> {5.1.4.3; 6.11.3}: Vormieter.

vör|merke/vür|~ ['føːɐ̯mɛrkə / fyːɐ̯-] <trennb. Präfix-V.; schw.; *han*; merkte v. ['mɛrktə]; ~|gemerk [-jəmɛrk]>: vormerken. (41)

vör|montiere/~eere/vür|~ ['føːɐ̯mɔn,tiˑ(ɐ̯)ʁə / -eˑʁə / fyːɐ̯-] <trennb. Präfix-V.; schw./unr.; *han*; montierte v. [mɔn'tiˑɐ̯tə]; ~|montiert [-mɔn,tiˑɐ̯t] ⟨frz. monter⟩> {(5.1.4.3)}: vormontieren. (3) (2)

vör|nähm/vür|~ ['føːɐ̯nɛˑm / 'fyːɐ̯-] <Adj.; ~e; ~er, ~ste> {5.4}: vornehm. Tbl. A2.3

Vör|name/Vür|~, der ['føːɐ̯ˌnaˑmə / fyˑɐ̯-] <N.; ~> {s. u. ↑vör/vür ↑Name}: Vorname.

vör|nemme/vür|~ ['føːɐ̯nemə / fyːɐ̯-] <trennb. Präfix-V.; st.; han; nohm v. [nɔˑm]; ~|genomme [-jənomə]> {5.3.4; 5.5.2}: vornehmen. (143)

Vör|oot/Vür|~, der ['føːɐ̯ˌoːt / fyːɐ̯-] <N.; ~e> {5.2.1.1.1; 5.5.3}: Vorort.

vör|op/vür|~ [føˈrop / fʏˈr-] <Adv.> {5.3.1; 6.5.1}: voraus, vorauf.

Vör|ovend/Vür|~, der ['føːɐ̯ˌɔˑvənt / 'fyːɐ̯-] <N.; ~e> {5.5.3}: Vorabend.

Vör|platz/Vür|~, der ['føːɐ̯ˌplats / fyːɐ̯-] <N.; ~|plätz>: Vorplatz.

Vör|poste/Vür|~, der ['føːɐ̯ˌpɔstə / fyːɐ̯-] <N.; ~>: Vorposten.

Vör|programm/Vür|~, et ['føːɐ̯proˌjram / 'fyːɐ̯-] <N.; ~e>: Vorprogramm.

vör|programmiere/~eere/vür|~ ['føːɐ̯projraˌmiˑ(ɐ̯)rə / -eˑrə / fyːɐ̯-] <trennb. Präfix-V.; schw./unr.; han; programmierte v. [projraˈmiˑɐ̯tə]; ~|programmiert [-projraˌmiˑɐ̯t] ⟨von frz. programmer⟩> {(5.1.4.3)}: vorprogrammieren, im Voraus programmieren. (3) (2)

Vör|rääch/Vür|~, et ['føːɐ̯ˌrɛːʄ / 'fyːɐ̯-] <N.; ~te> {5.2.1.2; 5.4}: Vorrecht.

vörre/vürre ['førə / 'fʏrə] <Adv.> {5.5.1; 6.12.6}: vorne.

vörre(n)|aan/vürre(n)|~ [ˌførə(n)ˈ|aːn / ˌfʏrə(n)-] <Adv.> {s. u. ↑vörre/vürre ↑aan; 9.1.4}: vornan.

vör|rechne/vür|~ ['føːɐ̯rɛʄnə / fyːɐ̯-] <trennb. Präfix-V.; schw.; han; rechente v. ['rɛʄəntə]; ~|gerechent [-jərɛʄənt]>: vorrechnen. (150)

vörren|eren/vürren|~ ['førənəˈren / fʏrən-] <Adv.> {s. u. ↑vörre/vürre ↑eren}: vornherein.

vör|renne/vür|~ ['føːɐ̯rɛnə / fyːɐ̯-] <trennb. Präfix-V.; unr.; sin; rannt v. [rant]; ~|gerannt [-jərant]>: vorrennen, 1. nach vorn rennen. 2. vorausrennen; [auch: ↑vür|laufe/vör|~]. (35)

Vör|richt|ung/Vür|~, de ['føːɐ̯ˌrɪʄtʊŋ / fyːɐ̯-] <N.; i. best. Komposita richt, sonst ↑reechte; ~e> {11}: Vorrichtung.

vörr|ig/vürr|~ ['førɪʄ / 'fʏr-] <Adj.; ~e> {5.3.2; 5.4; (5.5.1)}: vorig.... Tbl. A5.2

vör|rigge/vür|~ ['føːɐ̯rɪgə / fyːɐ̯-] <trennb. Präfix-V.; st.; redt v. [ret]; ~|geredde [-jəredə] {5.3.4; 6.6.2}: vorreiten, 1. <sin> a) nach vorn reiten; b) vorausreiten. 2. <han> reitend vorführen. (133)

vör|röcke/vür|~ ['føːɐ̯røkə / fyːɐ̯-] <trennb. Präfix-V.; schw.; röckte v. ['røktə]; ~|geröck [-jərøk]> {5.5.1}: vorrücken, 1. <han> etw. nach vorn rücken. 2. <sin> nach vorn rücken. (88)

Vör|rod/Vür|~, der ['føːɐ̯ˌroˑt / 'fyːɐ̯-] <N.; ~|röd ⟨mhd. vorrat⟩> {5.5.3; 6.11.3}: Vorrat.

Vör|rund/Vür|~, de ['føːɐ̯ˌrʊnˑt / 'fyːɐ̯-] <N.; ~e> {s. u. ↑Rund}: Vorrunde.

vör|sage/vür|~ ['føːɐ̯zaˑʀə / fyːɐ̯-] <trennb. Präfix-V.; unr.; han; saht v. [zaːt]; ~|gesaht [-jəzaːt]>: vorsagen. (155)

Vör|satz/Vür|~, der ['føːɐ̯ˌzats / fyːɐ̯-] <N.; ~|sätz>: Vorsatz.

Vör|schau/Vür|~, de ['føːɐ̯ˌʃaʊ̯ / 'fyːɐ̯-] <N.; ~e>: Vorschau.

vör|schecke/vür|~ ['føːɐ̯ʃekə / fyːɐ̯-] <trennb. Präfix-V.; schw.; han; scheckte v. ['ʃektə]; ~|gescheck [-jəʃek]> {5.5.2}: vor(aus)schicken. (88)

vör|scheeße/vür|~ ['føːɐ̯ʃeˑsə / fyːɐ̯-] <trennb. Präfix-V.; st.; han; schoss v. [ʃɔs]; ~|geschosse [-jəʃɔsə]> {5.1.4.3}: vorschießen, vorstrecken. (79)

vör|schiebe/vür|~ ['føːɐ̯ʃiˑbə / fyːɐ̯-] <trennb. Präfix-V.; st.; han; schob v. [ʃoˑp]; ~|geschobe [-jəʃoˑbə]>: vorschieben, 1. vor etw. schieben. 2. etw. von jmdm. für sich erledigen lassen u. selbst im Hintergrund bleiben. 3. als Vorwand nehmen. (8)

Vör|sching/Vür|~, der ['føːɐ̯ˌʃɪŋ / 'fyːɐ̯-] <N.> {s. u. ↑Sching²}: Vorschein, in der Wendung: *zom V. kumme (zum V. kommen; aus der Verborgenheit aufgrund von irgendetwas erscheinen, hervorkommen).

Vör|schlag/Vür|~, der ['føːɐ̯ˌʃlaːx / 'fyːɐ̯-] <N.; ~|schläg [-ʃlɛˑʄ]> {s. u. ↑Schlag¹}: Vorschlag.

vör|schlage/~|schlonn/vür|~ ['føːɐ̯ˈʃlaˑʀə / -ʃlɔn / fyːɐ̯-] <trennb. Präfix-V.; st.; han; schlog v. [ʃloˑx]; ~|geschlage [-jəʃlaˑʀə]> {(5.3.2; 5.4)}: vorschlagen, empfehlen. (48) (163)

vör|schlofe/vür|~ ['føːɐ̯ʃloˑfə / fyːɐ̯-] <trennb. Präfix-V.; st.; han; schleef v. [ʃleːf]; ~|geschlofe [-jəʃloˑfə]> {5.5.3}: vorschlafen. (162)

vör|schmecke/vür|~ ['føːɐ̯ʃmɛkə / fyːɐ̯-] <trennb. Präfix-V.; schw./unr.; han; schmeckte/schmok v. ['ʃmɛktə / ʃmɔˑk]; ~|geschmeck [-jəʃmɛk]>: vorschmecken. (164)

Vör|schoss/Vür|~, der ['føːɐ̯ˌʃɔs / fyːɐ̯-] <N.; ~|schöss> {5.5.1}: Vorschuss.

vör|schötze/vür|~ ['føːɐ̯ʃøtsə / fyːɐ̯-] <trennb. Präfix-V.; schw.; han; schötzte v. ['ʃøtstə]; ~|geschötz [-jəʃøts]>

{5.5.1}: vorschützen, als Ausflucht/Ausrede gebrauchen. (114)

Vör|schreff/Vür|~, de [ˈføːɐ̯ˌʃrɛf / fyːɐ̯-] <N.; ~|schrefte> {5.5.2; 8.3.5}: Vorschrift.

vör|schrieve/vür|~ [ˈføːɐ̯ʃriˑvə / fyːɐ̯-] <trennb. Präfix-V.; st.; han; schrevv v. [ʃrɛf]; ~|geschrevve [-jəʃrevə]> {5.1.4.5; 6.1.1}: vorschreiben. (51)

Vör|schull/Vür|~, de [ˈføːɐ̯ʃʊlˑ / fyːɐ̯-] <N.; ~|schulle [-ʃʊlə]> {5.3.2}: Vorschule.

Vör|schull|ald|er/Vür|~, de [ˈføːɐ̯ʃʊlˑˌaldɐ / fyːɐ̯-] <N.; o. Pl.> {s. u. ↑Schull ↑Ald|er}: Vorschulalter.

vör|schwärme/vür|~ [ˈføːɐ̯ʃvɛrmə / fyːɐ̯-] <trennb. Präfix-V.; schw.; han; schwärmte v. [ˈʃvɛrˑmtə]; ~|geschwärmp [-jəʃvɛrˑmp]>: vorschwärmen. (127)

vör|schweve/vür|~ [ˈføːɐ̯ʃvevə / fyːɐ̯-] <trennb. Präfix-V.; unr.; han; schwävte v. [ˈʃvɛˑftə]; ~|geschwäv [-jəʃvɛˑf]> {5.3.4; 5.5.2; 6.1.1}: vorschweben. (22)

vör|setze[1]/vür|~[1] [ˈføːɐ̯zɛtsə / fyːɐ̯-] <trennb. Präfix-V.; st.; han; soß v. [zoˑs]; ~|gesesse [-jəzɛsə] {5.5.2}: vorsitzen, den Vorsitz haben. (172)

vör|setze[2]/vür|~[2] [ˈføːɐ̯zɛtsə / fyːɐ̯-] <trennb. Präfix-V.; unr./schw.; han; setzte/satz v. [ˈzɛtstə / zats]; ~|gesetz/~|gesatz [-jəzɛts / -jəzats]>: vorsetzen. (173)

Vör|sich/Vür|~, de [ˈføːɐ̯ˌzɪç / ˈfyːɐ̯-] <N.; i. best. Komposita -sich(t), sonst auch ↑Seech; o. Pl.; meist ohne Art.> {8.3.5; 11}: Vorsicht.

vör|sichs|halver/vür|~ [ˈføːɐ̯zɪçsˌhalˑvɐ / ˈfyːɐ̯-] <Adv.; i. best. Komposita -sich(t)-, sonst auch ↑Seech> {11; s. u. ↑Sich ↑halv}: vorsichtshalber.

vör|sicht|ig/vür|~ [ˈføːɐ̯zɪçtɪç / ˈfyːɐ̯-] <Adj.; i. best. Komposita -sicht-, sonst auch ↑Seech; ~e, ~er, ~ste> {11}: vorsichtig. Tbl. A5.2

Vör|silv/Vür|~, de [ˈføːɐ̯ˌzɪləf / ˈfyːɐ̯-] <N.; ~e> {s. u. ↑Silv}: Vorsilbe; Silbe, die vor einen Wortstamm od. ein Wort gesetzt wird.

vör|singe/vür|~ [ˈføːɐ̯zɪŋə / fyːɐ̯-] <trennb. Präfix-V.; st.; han; sung v. [zʊŋ]; ~|gesunge [-jəzʊŋə]>: vorsingen, **a)** als Erster singen; **b)** vor jmdm. singen. (26)

vör|sinn/vür|~, sich [ˈføːɐ̯zɪn / fyːɐ̯-] <trennb. Präfix-V.; st.; han; soh/soch v. [zoˑ / zoˑx]; ~|gesinn [-jəzɪn] {5.3.4; 8.2.2.3}: sich vorsehen, sich in Acht nehmen. (175)

vör|sorge/vür|~ [ˈføːɐ̯zɔrˑjə / fyːɐ̯-] <trennb. Präfix-V.; schw.; han; sorgte v. [ˈzɔrˑçtə]; ~|gesorg [-jəzɔrˑç]> {5.5.1}: vorsorgen. (39)

Vör|spann/Vür|~, der [ˈføːɐ̯ˌʃpan / ˈfyːɐ̯-] <N.; ~e> {s. u. ↑Spann[2]}: Vorspann.

vör|spanne/vür|~ [ˈføːɐ̯ˌʃpanə / fyːɐ̯-] <trennb. Präfix-V.; schw.; han; spannte v. [ˈʃpanˑtə]; ~|gespannt [-jəʃpanˑt]>: vorspannen. (10)

vör|speegele/vür|~ [ˈføːɐ̯ʃpeˑjələ / fyːɐ̯-] <trennb. Präfix-V.; schw.; han; speegelte v. [ˈʃpeˑjəltə]; ~|gespeegelt [-jəʃpeˑjəlt]> {5.1.4.3; 9.2.1.2}: vorspiegeln, vortäuschen. (6)

Vör|spill/Vür|~, et [ˈføːɐ̯ˌʃpɪl / fyːɐ̯-] <N.; ~ [-ʃpɪlˑ]> {5.3.4}: Vorspiel.

vör|spille/vür|~ [ˈføːɐ̯ʃpɪlə / fyːɐ̯-] <trennb. Präfix-V.; schw.; han; spillte v. [ˈʃpɪltə]; ~|gespillt [-jəʃpɪlt]> {5.3.4}: vorspielen, **1.** schauspielerisch/auf einem Instrument vor jmdm. spielen. **2.** auf unehrliche Art agieren: *Dä spillt dir jet vür.* (Er spielt dir etwas vor.) (91)

vör|spreche/vür|~ [ˈføːɐ̯ʃprɛçə / fyːɐ̯-] <trennb. Präfix-V.; st.; han; sproch v. [ʃproˑx]; ~|gesproche [-jəʃprɔxə]>: vorsprechen. (34)

vör|springe/vür|~ [ˈføːɐ̯ʃprɪŋə / fyːɐ̯-] <trennb. Präfix-V.; st.; sin; sprung v. [ʃprʊŋˑ]; ~|gesprunge [-jəʃprʊŋə]>: vorspringen. (26)

Vör|sprung/Vür|~, der [ˈføːɐ̯ˌʃprʊŋ / ˈfyːɐ̯-] <N.; ~|sprüng [-ʃprʏŋˑ]> {s. u. Sprung}: Vorsprung.

Vör|stand/Vür|~, der [ˈføːɐ̯ˌʃtant / ˈfyːɐ̯-] <N.; ~|ständ [-ʃtɛnˑt]> {s. u. ↑Stand}: Vorstand.

Vör|stands|met|glidd/Vür|~/~|gleed, et [ˈføːɐ̯ʃtantsˌmetˑjlɪt / ˈfyːɐ̯- / -jleːt] <N.; ~er> {s. u. ↑Vür|stand/Vör|~ ↑Met|glidd/~|gleed}: Vorstandsmitglied.

Vör|stands|sitz|ung/Vür|~, de [ˈføːɐ̯ʃtantsˌzɪtsʊŋ / ˈfyːɐ̯-] <N.; ~e>: Vorstandssitzung.

vör|stelle/vür|~ [ˈføːɐ̯ʃtɛlə / fyːɐ̯-] <trennb. Präfix-V.; schw./unr.; han; stellte/stallt v. [ˈʃtɛlˑtə / ʃtalt]; ~|gestellt/~|gestallt [-jəʃtɛlˑt / -jəʃtalt]>: vorstellen, **1.** nach vorn stellen. **2.** vor etw. stellen. **3.** Zeiger (einer Uhr o. dgl.) vorwärts drehen. **4. a)** jmdm. einen Unbekannten mit Namen nennen **b)** <sich v.> sich vorstellen; jmdm., der einen nicht kennt, seinen Namen od. Ä. nennen, darstellen, repräsentieren. **5.** <sich v.> sich i. best. Weise ein Bild von etw. machen, sich etw. (aus-)denken, sich ausmalen, erträumen, erhoffen. (182)

Vör|stell|ung/Vür|~, de [ˈføːɐ̯ˌʃtɛlʊŋ / fyːɐ̯-] <N.; ~e>: Vorstellung.

Vör|stell|ungs|ge|spräch/Vür|~, et [ˈføːɐ̯ʃtɛlʊŋsjəˌʃprɛˑç / ˈfyːɐ̯-] <N.; ~e>: Vorstellungsgespräch.

Vör|stell|ungs|kraff/Vür|~, de ['fø:ɐ̯ʃtɛlʊŋsˌkraf / 'fy:ɐ̯-] <N.; o. Pl.> {8.3.5}: Vorstellungskraft.

vör|stonn/vür|~ ['fø:ɐ̯ʃtɔn / fy:ɐ̯-] <trennb. Präfix-V.; st.; *han*; stundt v. [ʃtʊnt]; ~|gestande [-jəʃtandə]> {5.3.4; 8.2.2.3}: vorstehen. (185)

vör|störme/~|stürme/vür|~ ['fø:ɐ̯ʃtœrˑmə / -ʃtʏrˑmə / fy:ɐ̯-] <trennb. Präfix-V.; schw.; *sin*; störmte/stürmte v. ['ʃtœrˑmtə / ˑʃtʏrˑmtə]; ~|gestörmp/~|gestürmp [-jəʃtœrˑmp / -jəʃtʏrˑmp]>: vorstürmen. (127)

vör|strecke/vür|~ ['fø:ɐ̯ʃtrɛkə / fy:ɐ̯-] <trennb. Präfix-V.; schw.; *han*; streckte v. ['ʃtrɛktə]; ~|gestreck [-jəʃtrɛk]>: vorstrecken. **1. a)** nach vorn strecken; **b)** <sich v.> sich nach vorn beugen. **2.** (Geld) verleihen, auslegen. (88)

vör|striche/vür|~ ['fø:ɐ̯ʃtrɪʃə / fy:ɐ̯-] <trennb. Präfix-V.; st.; *han*; strech v. [ʃtreʃ]; ~|gestreche [-jəʃtreʃə]> {5.3.1}: vorstreichen. (187)

Vör|strof/Vür|~, de ['fø:ɐ̯ˌʃtrɔf / 'fy:ɐ̯-] <N.; ~e> {5.5.3; 8.3.1}: Vorstrafe.

vör|stüsse/vür|~ ['fø:ɐ̯ʃtʏsə / fy:ɐ̯-] <trennb. Präfix-V.; st.; stoss v. [ʃtɔs]; ~|gestosse/~|gestüsse [-jəʃtɔsə / -jəʃtʏsə] {5.4; 5.3.4}: vorstoßen, **1.** <han> mit einem Stoß, mit Stößen nach vorn bewegen. **2.** <sin> unter Überwindung von Hindernissen, Widerstand zielstrebig vorwärts rücken. (188)

vör|taaste/vür|~, sich ['fø:ɐ̯ta:stə / fy:ɐ̯-] <trennb. Präfix-V.; schw.; *han*; ~|getaas [-jəta:s]> {5.2.1}: sich vortasten, vorfühlen. (101)

vör|täusche/vür|~ ['fø:ɐ̯tɔy̯ʃə / fy:ɐ̯-] <trennb. Präfix-V.; schw.; *han*; täuschte v. ['tɔy̯ʃtə]; ~|getäusch [-jətɔy̯ʃ]>: vortäuschen. (110)

vör|trecke/vür|~ ['fø:ɐ̯trɛkə / fy:ɐ̯-] <trennb. Präfix-V.; st.; *han*; trok v. [troˑk]; ~|getrocke [-jətrɔkə]>: vorziehen, **1.** nach vorn ziehen. **2.** vor etw. ziehen. **3.** etw. früher ansetzen/beginnen/erledigen. **4.** bevorzugen, den Vorzug geben, lieber mögen [auch: *leever han*]. (190)

Vör|tredd/Vür|~, der ['fø:ɐ̯ˌtrɛt / 'fy:ɐ̯-] <N.; ~e> {5.5.2; 6.11.3} Vortritt.

vör|tredde/vür|~ ['fø:ɐ̯trɛdə / fy:ɐ̯-] <trennb. Präfix-V.; st.; *sin*; trodt v. [trɔˑt]; ~|getrodde [-jətrɔdə]> {5.3.4; 5.5.2; 6.11.3}: vortreten. (191)

vör|turne/vür|~ ['fø:ɐ̯tʊrˑnə / fy:ɐ̯-] <trennb. Präfix-V.; schw.; *han*; turnte v. ['tʊrˑntə]; ~|geturnt [-jətʊrˑnt]>: vorturnen. (193)

Vör|urdeil/Vür|~/~|ordeil, et ['fø:ɐ̯ˌʊxˌdeɪ̯l / 'fy:ɐ̯- / -ɔxˌdeɪ̯l] <N.; ~e [-deɪ̯l / -deɪ̯lə]> {5.5.1; 6.11.1}: Vorurteil.

vör|us/vür|~ [fø'rʊs / fʏ'r-] <Adv.> {5.3.1}: voraus, vor den anderen; ['--] i. d. Wendung *em V.* (im V.).

vör|us|-/vür|- [fø'rʊs- / fʏ'r] <Präfix>: voraus-, i. Vbdg. m. V.: *~gonn* (~gehen).

vör|us|be|rechne/vür|~ [fø'rʊsbəˌrɛçnə / fʏ'r-] <trennb. Präfix-V.; schw.; *han*; be|rechente v. [bə'rɛçntə]; ~|be|rechent [-bərɛçnt]>: vorausberechnen. (150)

vör|us|be|stemme/vür|~ [fø'rʊsbəˌʃtɛmə / fʏ'r-] <trennb. Präfix-V.; schw.; *han*; bestemmte v. [bə'ʃtɛmˑtə]; ~|bestemmp [-bəʃtɛmˑp]> {5.5.2}: vorausbestimmen, im Voraus bestimmen. (40)

vör|us|be|zahle/vür|~ [fø'rʊsbəˌtsa:lə / fʏ'r-] <trennb. Präfix-V.; schw.; *han*; be|zahlte v. [bə'tsa:ltə]; ~|be|zahlt [-bətsa:lt]>: voraus(be)zahlen. (61)

vörus|ge|satz/~|setz [fø'rʊsjəzats / -zɛts] <Adv.>: vorausgesetzt, voraussetzen.

vör|us|gonn/vür|~ [fø'rʊsjɔn / fʏ'r-] <trennb. Präfix-V.; st.; *sin*; ging v. [jɪŋ]; ~|gegange [-jəjaŋə]> {5.3.4; 8.2.2.3}: vorausgehen. (83)

vör|us|han/vür|~ [fø'rʊshan / fʏ'r-] <trennb. Präfix-V.; unr.; *han*; hatt v. [hat]; ~|gehatt [-jəhat]> {5.3.2.5}: voraushaben. (92)

vör|us|sage/vür|~ [fø'rʊsza·ʁə / fʏ'r-] <trennb. Präfix-V.; unr.; *han*; saht v. [za:t]; ~|gesaht [-jəza:t]>: voraussagen. (155)

vör|us|setze/vür|~ [fø'rʊszɛtsə / fʏ'r-] <trennb. Präfix-V.; unr./schw.; *han*; setzte/satz v. ['zɛtstə / zats]; ~|gesetz/~|gesatz [-jəzɛts / -jəzats]>: voraussetzen, unterstellen. (173)

vör|us|sinn/vür|~ [fø'rʊszɪn / fʏ'r-] <trennb. Präfix-V.; st.; *han*; soh/sóch v. [zoˑ / zoˑx]; ~|gesinn [-jəzɪn]> {5.3.4; 8.2.2.3}: voraussehen [auch: ˈahne]. (175)

vör|üvver/ver|~ [fø'rʏvɐ / fe'r-] <Adv.> {5.3.2; 6.1.1}: vorüber.

vör|üvver|-/ver|üvver|- [fø'rʏvɐ-] <Präfix>: vorüber-, i. Vbdg. m. V.: *~gonn* (~gehen).

vör|üvver|gonn/ver|~ [fø'rʏvɐjɔn / fə'r-] <trennb. Präfix-V.; st.; *sin*; ging v. [jɪŋ]; ~|gegange [-jəjaŋə]> {5.3.4; 8.2.2.3}: vorübergehen. (83

Vör|ver|kauf/Vür|~, der ['fø:ɐ̯fɐˌkɔʊ̯f / 'fy:ɐ̯-] <N.; ~|käuf>: Vorverkauf; Kartenvorverkauf.

Vör|ver|kaufs|stell/Vür|~, de ['fø:ɐ̯fɐkɔʊ̯fsˌʃtɛlˑ / 'fy:ɐ̯-] <N.; ~e [-ʃtɛlə]> {s. u. ˈStell}: Vorverkaufsstelle.

vör|verläge/vür|~ ['føːɐ̯fɛˌlɛːjə / fyːɐ̯-] <trennb. Präfix-V.; unr.; han; ver|laht v. [fɛˈlaːt]; ~|ver|laht/~|ver|läg [-fɛlaːt / -fɛlɛˑfj]> {5.4}: vorverlegen, **1.** weiter nach vorn legen. **2.** auf einen früheren Zeitpunkt verlegen. (125)

vör|verzälle/vür|~ ['føːɐ̯fɛˌtsɛlə / fyːɐ̯-] <trennb. Präfix-V.; unr.; han; verzallt v. [fɛˈtsalt]; ~|verzallt [-fɛtsalt]> {5.3.4}: vorerzählen. (196)

vör|wääts/vür|~ ['føːɐ̯vɛːts / 'fyːɐ̯-] <Adv.>: vorwärts.

vör|wage/vür|~, sich ['føːɐ̯vaˑʀə / fyːɐ̯-] <trennb. Präfix-V.; schw.; han; wagte v. ['vaˑxtə]; ~|gewag [-jəvaˑx]>: sich vorwagen. (103)

Vör|wahl/Vür|~, de ['føːɐ̯ˌvaˑl / 'fyːɐ̯-] <N.; ~e>: Vorwahl.

vör|wähle/vür|~ ['føːɐ̯vɛːlə / fyːɐ̯-] <trennb. Präfix-V.; schw.; han; wählte v. ['vɛːltə]; ~|gewählt [-jəvɛːlt]>: vorwählen. (61)

Vör|wand/Vür|~, der ['føːɐ̯ˌvant / 'fyːɐ̯-] <N.; ~|wänd [-vɛnˑt]>: Vorwand.

vör|wärme/vür|~ ['føːɐ̯vɛrˑmə / fyːɐ̯-] <trennb. Präfix-V.; schw.; han; wärmte v. ['vɛrˑmtə]; ~|gewärmp [-jəvɛrˑmp]>: vorwärmen. (127)

vör|warne/vür|~ ['føːɐ̯varˑnə / fyːɐ̯-] <trennb. Präfix-V.; schw.; han; warnte v. ['varˑntə]; ~|gewarnt [-jəvarˑnt]>: vorwarnen. (193)

Vör|warn|ung/Vür|~, de ['føːɐ̯ˌvarnʊŋ / 'fyːɐ̯-] <N.; ~e>: Vorwarnung.

Vör|wärts|gang/Vür|~, der ['føːɐ̯vɛxtsˌjaŋ / 'fyøːɐ̯-] <N.; ~|gäng [-jɛŋˑ]>: Vorwärtsgang.

Vör|wäsch/Vür|~, de ['føːɐ̯ˌvɛʃ / 'fyːɐ̯-] <N.; ~e> {8.3.1}: Vorwäsche, Vorwaschgang.

vör|wäsche/vür|~ ['føːɐ̯vɛʃə / fyːɐ̯-] <trennb. Präfix-V.; st.; han; wosch v. [voˑʃ]; ~|gewäsche [-jəvɛʃə]> {5.4}: vorwaschen. (200)

Vör|wäsch|gang/Vür|~, der ['føːɐ̯vɛʃˌjaŋ / 'fyːɐ̯-] <N.; ~|gäng [-jɛŋˑ]> {s. u. ↑Wäsch ↑Gang¹}: Vorwaschgang.

vör|werfe/~|wirfe/vür|~ ['føːɐ̯vɛrfə / -vɪrfə / fyːɐ̯-] <trennb. Präfix-V.; st.; han; worf v. [vorf]; ~|geworfe [-jəvorfə]> {5.5.2/5.4}: vorwerfen. (206)

Vör|wetz/Vür|~, der ['føːɐ̯ˌvɛts / fyːɐ̯-] <N.> {5.5.2}: Vorwitz, Neugierde.

vör|wetz|ig/vür|~ ['føːɐ̯vɛtsɪŋ / 'fyːɐ̯-] <Adj.; ~e; ~er, ~ste> {5.5.2}: vorwitzig, **1.** neugierig. **2.** (meist auf Kinder bezogen) vorlaut, naseweis. Tbl. A5.2

Vör|wetz|nas/Vür|~, de ['føːɐ̯vɛtsˌnaˑs / fyːɐ̯-] <N.; ~e> {s. u. ↑Wetz ↑Nas}: Vorwitznase.

vör|wiese/vür|~ ['føːɐ̯viˑzə / fyːɐ̯-] <trennb. Präfix-V.; st.; han; wes v. [ves]; ~|gewese [-jəvezə]> {5.1.4.5}: vorweisen. (147)

Vör|wood/Vür|~, et ['føːɐ̯ˌvɔːt / 'fyːɐ̯-] <N.; ~|wööder [-vœˑdə]> {5.2.1.1.2; 5.5.3}: Vorwort.

Vör|worf /Vür|~/~|wurf, der ['føːɐ̯ˌvorf / 'fyːɐ̯- / -vʊrf] <N.; ~|wörf/~|würf [-vørˑf / -vyrˑf]> {5.5.1}: Vorwurf.

vör|zälle/vür|~ ['føːɐ̯tsɛlə / fyːɐ̯-] <trennb. Präfix-V.; st./schw.; han; zallt/zällte v. [tsalt / 'tsɛltə]; ~|gezallt/~|gezällt [-jətsalt / -jətsɛlt]> {5.3.4}: vorzählen. (196) (91)

vör|zaubere/vür|~ ['føːɐ̯tsaʊˑbərə / fyːɐ̯-] <trennb. Präfix-V.; schw.; han; zauberte v. ['tsaʊˑbetə]; ~|gezaubert [-jətsaʊˑbet]> {9.2.1.2}: vorzaubern. (4)

Vör|zeiche/Vür|~, et ['føːɐ̯ˌtsɛɪfjə / 'fyːɐ̯-] <N.; ~>: Vorzeichen.

vör|zeige/vür|~ ['føːɐ̯tsɛɪˑjə / fyːɐ̯-] <trennb. Präfix-V.; schw.; han; zeigte v. ['tsɛɪˑfjtə]; ~|gezeig [-jətsɛɪˑfj]>: vorzeigen. (103)

Vör|zemmer/Vür|~, et ['føːɐ̯ˌtsemɛ / 'fyːɐ̯-] <N.; ~> {5.5.2}: Vorzimmer.

vör|zerre/vür|~ ['føːɐ̯ˌtsɛrə / fyːɐ̯-] <trennb. Präfix-V.; schw.; han; zerrte v. ['tsɛxtə]; ~|gezerr [-jətsɛx]>: (her)vorzerren. (93)

Vör|zigg/Vür|~, de ['føːɐ̯ˌtsɪk / 'fyːɐ̯-] <N.; ~e> {5.3.4; 6.6.2}: Vorzeit; längst vergangene, vorgeschichtliche Zeit.

vör|zigg|ig/vür|~ ['føːɐ̯ˌtsɪgɪŋ / 'fyːɐ̯-] <Adj.; ~e> {5.3.4; 6.6.2}: vorzeitig, verfrüht, früher als vorgesehen/erwartet. Tbl. A5.2

Vring, Zinter, der ['tsɪntɐˌfrɪŋ] <N.; Personenn.> {s. u. ↑Vring}: St. Severin, **1.** <Personenn.> Bischof von Köln, 4./5. Jh. **2.** <Eigenn.> Kirche bzw. Pfarrei St. Severin in der südl. Kölner Altstadt.

Vring [frɪŋ] <N.; männl. Vorn.> {8.2.2.3}: Kurzf. zu Severin.

Vrings|bröck, de ['frɪŋsˌbrøk] <N.; Eigenn.> {s. u. ↑Vring ↑Bröck¹}: Severinsbrücke (Kölner Rheinbrücke). Die Severinsbrücke ist eine 691 Meter lange Straßenbrücke. Der Name entstand, da die Brücke im Severinsviertel (Altstadt/Süd) beginnt.

Vrings|kluster, et ['frɪŋsˌkluˑstɐ] <N.; Straßenn.> {s. u. ↑Vring ↑Kluster}: Severinskloster; Straße in Köln-Altstadt/Süd, benannt nach demim 9. Jh. gebauten Kloster.

Vrings|pooz, de [ˈfrɪŋsˌpoːts] <N.; Straßenn.> {s. u. ↑Vring ↑Pooz}: Severinstor (Tor der ma. Stadtmauer am Chlodwigplatz, Anfang der Severinstraße).

Vrings|stroß, de [ˈfrɪŋsˌʃtroːs] <N.; Straßenn.> {s. u. ↑Vring ↑Stroß}: Severinstraße; Straße in Köln-Altstadt/Süd vom Sevinstor bis zum Waidmarkt. St. Severin (*o.J. †350) war der dritte Bischof von Köln u. ist der Pfarrpatron der katholischen Kirchengemeinde.

Vrings|veedel, et [ˌfrɪŋsˈfeːdəl] <N.; Eigenn.> {s. u. ↑Vring ↑Veedel}: Severinsviertel, Bezirk der Pfarrei St. Severin in der südl. Kölner Altstad, oft auch mit der ganzen Altstadt Süd identifiziert.

Vrings|wall, der [ˈfrɪŋsˌval] <N.; Straßenn.> {s. u. ↑Vring ↑Wall}: Severinswall, südlichster der parallel zu den Ringen verlaufenden Straßen östlich der Ringe zw. Chlodwigplatz u. Rhein.

Vugel, der [ˈfʊʀəl / ˈfuːl] <N.; Vügel [ˈfʏjəl / ˈfyːl]; Vügel|che [ˈfʏjəlçə / ˈfyːlçə]> {5.3.2.2; 5.4}: Vogel.

Vügel|che, et [ˈfyːlçə] <N.; ~r> {s. u. ↑Vugel}: Schnäpschen, (wörtl.) Vögelchen.

Vugel|ei, et [ˈfʊʀəlˌlaɪ / ˈfuːll-] <N.; ~er> {s. u. ↑Vugel ↑Ei}: Vogelei.

Vugel|ge|sang, der [ˈfʊʀəljəˌzaŋ / ˈfuːl-] <N.; ~|säng [-zɛŋ·]> {s. u. ↑Vugel ↑Ge|sang}: Vogelgesang.

Vugel|kenner, der [ˈfʊʀəlkɛnɐ / ˈfuːl-] <N.; ~> {s. u. ↑Vugel ↑kenne}: Vogelkenner, Ornithologe.

Vugelsang [ˈfʊʀəlˌzaŋ] <N.; Ortsn.> {s. u. ↑Vugel}: Vogelsang (Stadtteil von Köln).

Vugelsanger Stroß [ˈfʊʀəlzaŋəˌʃtroːs] <N.; Straßenn.> {s. u. ↑Vugel ↑Stroß}: Vogelsanger Straße; Straße in Köln-Neustadt/Nord, Ehrenfeld, Bickendorf u. Bocklemünd/Mengenich. Die Grundsteinlegung für die sog. „Siedlerstadt Vogelsang", die es auch einfachen Leuten ermöglichen sollte, Eigentum zu erwerben, war 1932.

Vugels|dreck, der [ˈfʊʀəlsˌdrɛk / ˈfuːls-] <N. kein Pl.> {s. u. ↑Vugel ↑Dreck}: Vogelsdreck, Vogelkot.

Vugels|dress, der [ˈfʊʀəlsˌdres / ˈfuːls-] <N.; kein Pl.> {s. u. ↑Vugel ↑Dress}: Vogelmist, Vogelkot.

Vugels|fooder, et [ˈfʊʀəlsˌfoːdə / ˈfuːls-] <N.; kein Pl.> {s. u. ↑Vugel ↑Fooder¹} Vogelfutter.

Vugels|hüüs|che, et [ˈfʊʀəlsˌhyːsjə / ˈfuːls-] <N.; ~r> {s. u. ↑Vugel ↑Huus}: Vogelhäuschen, Futterhäuschen.

Vugels|käfig, der [ˈfʊʀəlsˌkɛːfɪç / ˈfuːls-] <N., ~e> {s. u. ↑Vugel ↑Käfig}: Vogelkäfig.

Vugels|keesch, de [ˈfʊʀəlsˌkeːʃ / ˈfuːls-] <N.; ~e> {9.1.2; s. u. ↑Vugel ↑Keesch}: Vogelkirsche.

Vugels|ness, et [ˈfʊʀəlsˌnes / ˈfuːl-] <N.; ~|nester> {9.1.2; s. u. ↑Vugel ↑Ness¹}: Vogelnest.

Vugels|mess, der [ˈfʊ(ʀ)əlˌmes] <N.; kein Pl.> {s. u. ↑Vugel; ↑Mess¹}: Vogelmist.

vum [fʊm] <Präp. + best. Art.; m. Dat.> {5.4}: vom, zus. gezogen aus *vun dem* (von dem).

vun [fʊn] <Präp.; m. Dat.> {5.4}: von; *vun ... aan (von an): vun hee/hügge aan (von hier/heuten an); *vun ... av (von .... ab): vun Kölle/morge av (von Köln/morgen ab); *vun ... us (von ... aus): Vun hee us es et nit mih wigg. (Von hier aus ist es nicht mehr weit.).

Vun-Werth/Wääth-Stroß [fʊnˈvɛːtˌʃtroːs / -vɛːt-] <N.; Straßenn.> {s. u. ↑Jan vun Werth/Wääth ↑Stroß}: Von-Werth-Straße; Straße in Köln-Altstadt/Nord, benannt nach dem kaiserlichen Feldmarschall Jan von Werth (*1591 †16.1.1652), der ein Haus an der Gereonstraße besaß. Heute ist er noch bekannt durch die Sage von „Jan und Griet", die jedes Jahr an Weiberfastnacht an der Severinstorburg aufgeführt wird.

vun|enander [ˌfʊnəˈnandə] <Adv.>: voneinander.

vür/vör [fyːɐ / føːɐ] <Präp.; m. Dat. u. Akk.> {5.4}: vor; **a)** <Dat.> lokal: **vürm**; zus. gezogen aus *vür + dem*: vorm (= vor dem); **b)** <Akk.> direktional: **vür't**; zus. gezogen aus *vür + et*: vors (= vor das)..

vür|¹- [ˌfvɐ] <Präfix; unbetont; s. u. ↑vör¹-> {5.4}: vor-.

vür|²-, Vür|- [ˈfyːɐ] <Präfix; betont> {5.4}: vor-, Vor-, i. Vbdg. m. V., N. u. Adj.: ~*bedde* (~beten), ~*meddag* (~mittag), ~*chresslich* (~chtistlich).

~|vür [ˈfyːɐ] <Suffix; adverbbildend> {5.4}: -vor, i. Vbdg. m. Adv. u. anderen Wortteilen: *be~, do~, hee~, wo~, zo~* (be~, da~, hier~, wo~, zu~).

vür|aan/vör|~ [fvˈraːn / føˈr-] <Adv.>: voran, zuvorderst, vorn, an der Spitze.

vür|arbeide/vör|~ [ˈfyːɐˌarbeːdə / føːɐ-] <trennb. Präfix-V.; schw.; han; arbeidte v. [ˈarbeːtə]; ~|gearbeidt [-jəˌarbeːt]> {6.11.3}: vorarbeiten, 1. durch vermehrte, verlängerte Arbeitszeit die Möglichkeit bekommen, zu einem späteren Termin mehr freie Zeit zu haben. 2. (durch Arbeit) vorankommen, eine bessere Position erreichen. 3. (für jmdn./etw.) Vorarbeit leisten.   (197)

Vür|arbeid|er/Vör|~, der [ˈfyːɐlarˌbeːdə / ˈføːɐ-] <N.; ~> {6.11.3}: Vorarbeiter.

Vür|bau/Vör|~, der ['fy:ɐ̯ˌboʊ̯ / 'føːɐ̯-] <N.; ~te ⟨mhd. vorbu⟩>: Vorbau. **1.** vorspringender, angebauter Teil eines Gebäudes. **2.** (scherzh.)großer Busen [auch: ↑Memme|spektakel (1), ↑Memme|spill, ↑Milch|ge|schäff (2)].

vür|baue/vör|~ ['fy:ɐ̯boʊ̯ə / føːɐ̯-] <trennb. Präfix-V.; schw.; *han*; baute v. ['boʊ̯·tə]; ~|gebaut [-jəboʊ̯·t]>: vorbauen, **1.** einen Vorbau errichten. **2.** vorbeugen. (11)

vür|bedde/vör|~ ['fy:ɐ̯bedə / føːɐ̯-] <trennb. Präfix-V.; schw./unr.; *han*; bedte/bädte v. ['be·tə / 'bɛ·tə]; ~|geb**e**dt/~|geb**ä**dt [-jəbet / -jəbɛːt]> {5.3.4; 6.11.3}: vorbeten. (13)

Vür|be|hald/Vör|~, der ['fy:ɐ̯bəˌhalt / føːɐ̯-] <N.; ~e> {6.11.2}: Vorbehalt.

vür|behalde/vör|~ ['fy:ɐ̯bəˌhaldə / føːɐ̯-] <trennb. Präfix-V.; st.; *han*; beheeldt v. [bə'heːlt]; ~|behalde [bə'haldə]> {6.11.3}: vorbehalten. (90)

vür|be|handele/vör|~ ['fy:ɐ̯bəˌhanˈdələ / føːɐ̯-] <trennb. Präfix-V.; schw.; *han*; be|handelte v. [bə'hanˈdəltə]; ~|be|handelt [-bəhanˈdəlt]> {9.2.1.2}: vorbehandeln. (6)

Vür|beld/Vör|~/~|bild, et ['fy:ɐ̯ˌbelt / 'føːɐ̯- / -bɪlt] <N.; ~er ⟨mhd. vorbilde, ahd. forebilde⟩> {5.5.2}: Vorbild.

Vür|beld|ung/Vör|~/~|bild|~, de ['fy:ɐ̯beldʊŋ / 'føːɐ̯- / -bɪld-] <N.; ~e> {5.5.2}: Vorbildung.

vür|bestelle/vör|~ ['fy:ɐ̯bəˌʃtɛlə / føːɐ̯-] <trennb. Präfix-V.; schw./unr.; *han*; bestellte/bestallt v. [bəˈʃtɛlˈtə / bəˈʃtalt]; ~|bestellt/~|bestallt [-bəˌʃtɛlˈt / -bəʃtalt]>: vorbestellen. (182)

vür|bestemme/vör|~ ['fy:ɐ̯bəˌʃtɛmə / føːɐ̯-] <trennb. Präfix-V.; schw.; *han*; best**e**mmte v. [bəˈʃtɛmˈtə]; ~|best**e**mmp [-bəˌʃtɛmˈp]> {5.5.2}: vor(her)bestimmen, <meist im Part. II>: *Dat wor vürbestemmp!* (Das war vorbestimmt!). (40)

vür|be|strof/vör|~ ['fy:ɐ̯bəˌʃtrɔˈf / 'føːɐ̯-] <Adj.; ~te> {5.5.3; 8.3.5}: vorbestraft. A4.1.1

vür|beuge/vör|~ ['fy:ɐ̯bøy̯ˈjə / føːɐ̯-] <trennb. Präfix-V.; schw.; *han*; beugte v. ['bøy̯ˈftə]; ~|gebeug [-jəbøy̯ˈf]>: vorbeugen. (103)

vür|bohre/vör|~ ['fy:ɐ̯boˑ(ɐ̯)rə / føːɐ̯-] <trennb. Präfix-V.; schw.; *han*; bohrte v. ['boːɐ̯tə]; ~|gebohrt [-jəboːɐ̯t]>: vorbohren. (31)

vür|bränge/vör|~ ['fy:ɐ̯brɛŋə / føːɐ̯-] <trennb. Präfix-V.; unr.; *han*; braht v. [braːt]; ~|gebraht [-jəbraːt]> {5.4}: vorbringen. (33)

vür|chress|lich/vör|~ ['fy:ɐ̯ˌkreslɪŋ / 'føːɐ̯-] <Adj.; ~e> {5.5.2; 8.3.5}: vorchristlich. Tbl. A1

Vür|daach/Vör|~, et ['fy:ɐ̯ˌdaːx / 'føːɐ̯-] <N.; ~|däächer> {5.2.1}: Vordach.

vür|danze/vör|~ ['fy:ɐ̯dantsə / føːɐ̯-] <trennb. Präfix-V.; schw.; *han*; danzte v. ['dantstə]; ~|gedanz [-jədants]> {6.11.1}: vortanzen. (42)

vür|datiere/~eere/vör|~ ['fy:ɐ̯daˌtiˑ(ɐ̯)rə / -eˑrə / føːɐ̯-] <trennb. Präfix-V.; schw./unr.; *han*; datierte v. [daˈtiˑɐ̯tə]; ~|datiert [-daˌtiˑɐ̯t] ⟨frz. dater⟩> {(5.1.4.3)}: vordatieren, (auf etw.) ein späteres Datum schreiben. (3) (2)

Vür|drag/Vör|~, der ['fy:ɐ̯ˌdraːx / 'føːɐ̯-] <N.; ~|dräg [-drɛˑf]> {6.11.2}: Vortrag.

vür|drage/vör|~ ['fy:ɐ̯draˑʀə / føːɐ̯-] <trennb. Präfix-V.; st.; *han*; drog v. [droˑx]; ~|gedrage [-jədraˑʀə]> {6.11.2}: vortragen. (48)

vür|dränge/vör|~ ['fy:ɐ̯drɛŋə / føːɐ̯-] <trennb. Präfix-V.; schw.; *han*; drängte v. ['drɛŋˈtə]; ~|gedrängk [-jədrɛŋˈk]>: vordrängen, **1.** <sich v.> **a)** sich nach vorn, vor andere drängen; **b)** sich in den Mittelpunkt schieben, Aufmerksamkeit erregen wollen. **2.** nach vorn drängen. (49)

vür|drängele/vör|~, sich ['fy:ɐ̯drɛŋələ / føːɐ̯-] <trennb. Präfix-V.; schw.; *han*; drängelte v. ['drɛŋəltə]; ~|gedrängelt [-jədrɛŋəlt]> {9.2.1.2}: sich vordrängeln. (6)

vür|drieve/vör|~ ['fy:ɐ̯driˑvə / føːɐ̯-] <trennb. Präfix-V.; st.; *han*; dr**e**vv v. [dref]; ~|gedr**e**vve [-jədrevə]> {5.1.4.5; 6.1.1; 6.11.2}: vortreiben. (51)

vür|dringe/vör|~ ['fy:ɐ̯drɪŋə / føːɐ̯-] <trennb. Präfix-V.; st.; *sin*; drung v. [drʊŋˑ]; ~|gedrunge [-jədrʊŋə]>: vordringen, vorstoßen. (26)

Vür|drock/Vör|~, der ['fy:ɐ̯ˌdrok / 'føːɐ̯-] <N.; ~|dröck> {5.5.1} Vordruck.

vür|drocke/vör|~ ['fy:ɐ̯drokə / føːɐ̯-] <trennb. Präfix-V.; schw.; *han*; drockte v. ['droktə]; ~|gedrock [-jədrok]> {5.5.1}: vordrucken. (88)

vür|eesch/vör|~ ['fy:ɐ̯ˌeˑʃ / 'føːɐ̯-] <Adv.> {5.2.1.1.2; 8.3.5}: vorerst.

vür|enander/vör|~ ['fy:(ɐ̯)rəˌnandə / 'føː(ɐ̯)r-] <Adv.>: voreinander [auch: ↑vür|enein/vör|-].

vür|enein/vör|~ ['fy:(ɐ̯)rəˌneɪ̯n / 'føː(ɐ̯)r-] <Adv.>: voreinander [auch: ↑vür|enander/vör|-].

vür|en|ge|nomme/vör|~ ['fy:ɐ̯ˌenjəˌnomə / 'fø:ɐ̯-] <Adj.; vür + Part. II von ↑en|nemme; ~; ~ner, ~nste> {5.5.1}: voreingenommen, befangen. Tbl. A3.2

vür|ent|halde/vör|~ ['fy:ɐ̯ɛntˌhaldə / fø:ɐ̯-] <trennb. Präfix-V.; st.; han; ent|heeldt v. [ɛnt'he:lt]; ~|ent|halde [-|ɛntˌhaldə]> {6.11.3}: vorenthalten. (90)

vür|fäädige/vör|~ ['fy:ɐ̯fɛ:dɪjə / fø:ɐ̯-] <trennb. Präfix-V.; schw.; han; fäädigte v. ['fɛ:dɪɧtə]; ~|gefäädig [-jəfɛ:dɪɧ]> {5.2.1.1.2; 5.4; 6.11.3}: vorfertigen, vorfabrizieren [auch: ↑vür|fabriziere/~eere/vör|~]. (7)

vür|fabriziere/~eere/vör|~ ['fy:ɐ̯fabrɪˌtsi·(ɐ̯)rə / -e·rə / fø:ɐ̯-] <trennb. Präfix-V.; schw./unr.; han; fabrizierte v. [fabrɪ'tsi·ɐ̯tə]; ~|fabriziert [-fabrɪˌtsi·ɐ̯t] ⟨lat. fabricare⟩> {(5.1.4.3)}: vorfabrizieren, vorfertigen [auch: ↑vür|fäädige/vör|~]. (3) (2)

vür|fahre/vör|~ ['fy:ɐ̯fa:rə / fø:ɐ̯-] <trennb. Präfix-V.; st.; sin; fuhr/fohr v. [fu·ɐ̯ / fo·ɐ̯]; ~|gefahre [-jəfa:rə]>: vorfahren. (62)

Vür|fahrt/Vör|~, de ['fy:ɐ̯ˌfa:t / 'fø:ɐ̯-] <N.; o. Pl.> {8.2.4}: Vorfahrt.

Vür|fahrts|scheld/Vör|~/~|schild, et ['fy:ɐ̯faˌtsˌʃelt / 'fø:ɐ̯- / -ʃɪlt] <N.; ~er {s. u. ↑Fahrt ↑Scheld¹/Schild¹}: Vorfahrtsschild.

Vür|fahrts|stroß/Vör|~, de ['fy:ɐ̯faˌtsˌʃtro·s / 'fø:ɐ̯-] <N.; ~e> {5.5.3; 8.3.1}: Vorfahrtsstraße.

Vür|fall/Vör|~, der ['fy:ɐ̯ˌfal / 'fø:ɐ̯-] <N.; ~|fäll [-fɛl·]>: Vorfall.

vür|falle/vör|~ ['fy:ɐ̯falə / fø:ɐ̯-] <trennb. Präfix-V.; st.; sin; feel v. [fe·l]; ~|gefalle [-jəfalə]>: vorfallen, **1.** plötzlich geschehen, sich zutragen, ereignen. **2.** nach vorn, vor etw. fallen. (64)

vür|finanziere/~eere/vör|~ ['fy:ɐ̯fɪnanˌtsi·(ɐ̯)rə / -e·rə / fø:ɐ̯-] <trennb. Präfix-V.; schw./unr.; han; finanzierte v. [fɪnan'tsi·ɐ̯tə]; ~|finanziert [-fɪnanˌtsi·ɐ̯t] ⟨frz. financer⟩> {(5.1.4.3)}: vorfinanzieren. (3) (2)

vür|finge/vör|~ ['fy:ɐ̯fɪŋə / fø:ɐ̯-] <trennb. Präfix-V.; st.; han; fung v. [fʊŋ]; ~|gefunge [-jəfʊŋə]> {6.7}: vorfinden, antreffen. (26)

vür|föhle/vör|~ ['fy:ɐ̯fø·lə / fø:ɐ̯-] <trennb. Präfix-V.; schw./unr.; han; föhlte/fohlt v. ['fø·ltə / fo·lt]; ~|geföhlt/ ~|gefohlt [-jəfø·lt / -jəfo·lt]> {5.4}: vorfühlen. (73)

vür|föhre/~|führe/vör|~ ['fy:ɐ̯fø·(ɐ̯)rə / -fy·(ɐ̯)rə / fø:ɐ̯-] <trennb. Präfix-V.; unr./st./schw.; han; föhte/foht/führte v. ['fø·tə / fo:t / fy·ɐ̯tə]; ~|geföht/~|gefoht/~|geführt [-jəfø·t / -jəfo:t / -jəfy·ɐ̯t]> {5.4}: vorführen. (74) (31)

vür|forme/vör|~ ['fy:ɐ̯forˑmə / fø:ɐ̯-] <trennb. Präfix-V.; schw.; han; formte v. ['forˑmtə]; ~|geformp [-jəforˑmp]>: vorformen. (127)

Vür|freud/Vör|~, de ['fy:ɐ̯ˌfrøy̯·t / 'fø:ɐ̯-] <N.; ~e (Pl. ungebr.)> {8.3.1}: Vorfreude.

Vür|gaade/Vör|~, der ['fy:ɐ̯ˌja·də / 'fø:ɐ̯-] <N.; ~|gääde> {5.2.1.1.2}: Vorgarten.

Vür|gang/Vör|~, der ['fy:ɐ̯ˌjaŋ / 'fø:ɐ̯-] <N.; ~|gäng [-jɛŋ·]>: Vorgang.

Vür|gäng|er/Vör|~, der ['fy:ɐ̯ˌjɛŋɐ / 'fø:ɐ̯-] <N.; ~>: Vorgänger.

Vür|ge|birg/Vör|~, et ['fy:ɐ̯jəˌbɪrˑɧ / 'fø:ɐ̯-] <N.; ~e> {s. u. ↑Ge|birg}: Vorgebirge, einem Gebirge vorgelagerte Bergkette.

Vür|ge|birg, et ['fy:ɐ̯jəˌbɪrˑɧ]: Vorgebirge (Landschaft zw. Köln u. Bonn).

Vür|ge|birgs|tor, Am [am'fy:ɐ̯jəbɪrˑɧsˌto:ɐ̯] <N.; Straßenn.> {s. u. ↑Vür|ge|birg}: Am Vorgebirgstor; Straße in Köln-Zollstock. Das Vorgebirgstor war eines der ma. Stadttore nach Westen (Richtg. Vorgebirge).

Vür|ge|birgs|wall, der ['fy:ɐ̯jəbɪrˑɧsˌval] <N.; Straßenn.> {s. u. ↑Ge|birg ↑Wall}: Vorgebirgswall, einer der parallel zu den Ringen verlaufenden Straßen westlich der Ringe, geht von der Vorgebirgsstraße ab durch den Volksgarten, verbindet Eifelwall u. Bonner Wall.

Vür|ge|schmack/Vör|~, der ['fy:ɐ̯jəˌʃmak / 'fø:ɐ̯-] <N.; o. Pl.>: Vorgeschmack.

Vür|ge|spräch/Vör|~, et ['fy:ɐ̯jəˌʃprɛˑɧ / 'fø:ɐ̯-] <N.; ~e>: Vorgespräch.

vür|gester(e)/vör|~ ['fy:ɐ̯ˌjestə / -jɛstərə / 'fø:ɐ̯-] <Adv.>: vorgestern. **1.** vor zwei Tagen. **2.** in der Fügung *vun v.* (von vorgestern = rückständig, überholt): *Dä es doch vun v.!* (Der ist rückständig!).

vür|gevve/vör|~ ['fy:ɐ̯ˌjevə / fø:ɐ̯-] <trennb. Präfix-V.; st.; han; gov v. [jɔ·f]; ~|gegovve/~|gegevve [-jəjovə / -jəjevə]> {5.3.4; 5.5.2; 6.1.1}: vorgeben, **1.** jmdm. einen Vorsprung geben: *Punkte v.* (Punkte v.). **2.** etw., was nicht den Tatsachen entspr., als Grund für etw. angeben: *v. krank ze sin* (v. krank zu sein). (81)

vür|glöhe/~|glöhne/vör|~ ['fy:ɐ̯ˌjlø·ə / -jlø·nə / fø:ɐ̯-] <trennb. Präfix-V.; schw.; han; glöhte/glöhnte v. ['jlø·tə / 'jlø·ntə]; ~|geglöht/~|geglöhnt [-jəjlø·t / -jəjlø·nt]> {5.4}: vorglühen. (37) (5)

vür|gonn/vör|~ ['fy:ɐ̯ɉɔn / føːɐ̯-] <trennb. Präfix-V.; st.; *sin*; ging v. [ɉɪŋ]; ~|gegange [-jəjaŋə]> {5.3.4; 8.2.2.3}: vorgehen, (einer Sache) vorausgehen. (83)

vür|griefe/vör|~ ['fy:ɐ̯ɉriːfə / føːɐ̯-] <trennb. Präfix-V.; st.; *han*; greff v. [ɉrɛf]; ~|gegreffe [-jəjrefə]> {5.1.4.5}: vorgreifen. (86)

vür|halde/vör|~ ['fy:ɐ̯haldə / føːɐ̯-] <trennb. Präfix-V.; st.; *han*; heeldt v. [heːlt]; ~|gehalde [-jəhaldə]> {6.11.3}: vorhalten. (90)

Vür|hall/Vör|~, de ['fy:ɐ̯ˌhalˑ / 'føːɐ̯-] <N.; ~e [-halə]> {8.3.1} Vorhalle.

vür|han/vör|~ ['fy:ɐ̯han / føːɐ̯-] <trennb. Präfix-V.; unr.; *han*; hatt v. [hat]; ~|gehatt [-jəhat]> {5.3.2.5}: vorhaben [auch: ↑be|zwecke]. (92)

Vür|hand/Vör|~, de ['fy:ɐ̯ˌhant / 'føːɐ̯-] <N.>: (Sport) Vorhand.

Vür|hang/Vör|~, der ['fy:ɐ̯ˌhaŋ / 'føːɐ̯-] <N.; ~|häng [-hɛŋˑ]>: Vorhang.

vür|hänge/vör|~ ['fy:ɐ̯hɛŋə / føːɐ̯-] <trennb. Präfix-V.; schw.; *han*; hängte v. ['hɛŋˑtə]; ~|gehängk [-jəhɛŋˑk]>: vorhängen, etw. vor etw. hängen: *Mer hänge e Bild vür dä Fleck, dann süht mer dä nit.* (Wir hängen ein Bild vor den Fleck, dann sieht man den nicht.). (49)

Vür|hang|stang/Vör|~, de ['fy:ɐ̯haŋˌʃtaŋˑ / 'føːɐ̯-] <N.; ~e> {s. u. ↑Vür|hang ↑Stang}: Vorhangstange.

vür|heize/vör|~ ['fy:ɐ̯hɛɪ̯tsə / føːɐ̯-] <trennb. Präfix-V.; schw.; *han*; heizte v. ['hɛɪ̯tstə]; ~|geheiz [-jəhɛɪ̯ts]>: vorheizen. (112)

vür|her/vör|~ ['fy:ɐ̯ˌheːɐ̯ / -hɛx / føːɐ̯-] <Adv.>: vorher, zuvor.

vür|her|bestemme/vör|her|~ [fyɐ̯'hɛxbəˌʃtɛmə / fø(ɐ̯)'hɛx-] <trennb. Präfix-V.; schw.; *han*; bestemmte v. [bə'ʃtɛmˑtə]; ~|bestemmp [-bəʃtɛmˑp]> {5.5.2}: vorherbestimmen. (40)

vür|herrsche/vör|~ ['fy:ɐ̯hɛxʃə / føːɐ̯-] <trennb. Präfix-V.; schw.; *han*; herrschte v. ['hɛxʃtə]; ~|geherrsch [-jəhɛxʃ]>: vorherrschen. (110)

Vür|herr|schaff/Vör|~, de ['fy:ɐ̯ˌhɛxʃaf / 'føːɐ̯-] <N.; ~|schafte> {8.3.5} Vorherrschaft.

vür|her|sage/vör|her|~ [fyɐ̯'hɛxˌzaːʁə / fø(ɐ̯)'hɛx-] <trennb. Präfix-V.; unr.; *han*; saht v. [zaːt]; ~|gesaht [-jəzaːt]>: vorhersagen. (155)

vür|her|sinn/vör|her|~ [fyɐ̯'hɛxˌzɪn / fø(ɐ̯)'hɛx-] <trennb. Präfix-V.; st.; *han*; sǫh/sǫch v. [zɔˑ / zɔˑx]; ~|gesinn [-jəzɪn]> {5.3.4; 8.2.2.3}: vorhersehen. (175)

Vür|höll/Vör|~, de ['fy:ɐ̯ˌhœlˑ / 'føːɐ̯-] <N.> {8.3.1}: Vorhölle; Limbus.

Vür|hugg/Vör|~, de ['fy:ɐ̯ˌhʊk / 'føːɐ̯-] <N.; ~|hügg> {5.3.4; 6.6.2}: Vorhaut.

vür|iel|ig/vör|~ ['fy:ɐ̯ˌliˑlɪŋ / 'føːɐ̯-] <Adj.; ~e> {5.1.4.5}: voreilig. Tbl. A5.2

Vür|jǫhr/Vör|~, et ['fy:ɐ̯ˌjɔˑ(ɐ̯) / 'føːɐ̯-] <N.; ~e> {5.5.3}: Vorjahr.

vür|jǫǫmere/vör|~ ['fy:ɐ̯jœːmərə / føːɐ̯-] <trennb. Präfix-V.; schw.; *han*; jǫǫmerte v. ['jœːmɐtə]; ~|gejǫǫmert [-jəjœːmɐt]> {5.2.1.4; 5.5.3; 9.2.1.2}: vorjammern. (4)

vür|kämfe/vör|~, sich ['fy:ɐ̯kɛmfə / føːɐ̯-] <trennb. Präfix-V.; schw.; *han*; kämfte v. ['kɛmftə]; ~|gekämf [-jəkɛmf]> {6.8.2}: sich vorkämpfen, sich nach vorn kämpfen. (105)

vür|käue/vör|~ ['fy:ɐ̯køɪ̯ə / føːɐ̯-] <trennb. Präfix-V.; schw.; *han*; käute v. ['køɪ̯ˑtə]; ~|gekäut [-jəkøɪ̯ˑt]> {5.1.3}: vorkauen. (11)

vür|knöppe/vör|~ ['fy:ɐ̯knœpə / føːɐ̯-] <trennb. Präfix-V.; schw.; *han*; knöppte v. ['knœptə]; ~|geknöpp [-jəknœp]> {6.8.1}: vorknöpfen. (75)

vür|koche/vör|~ ['fy:ɐ̯kɔxə / føːɐ̯-] <trennb. Präfix-V.; schw.; *han*; kochte v. ['kɔxtə]; ~|gekoch [-jəkɔx]>: vorkochen. (123)

Vür|kreegs|zigg/Vör|~, de ['fy:ɐ̯kreˑɉsˌtsɪk / 'føːɐ̯-] <N.; ~e (Pl. ungebr.)> {s. u. ↑Kreeg ↑Zigg}: Vorkriegszeit.

vür|krǫse/vör|~ [fy:ɐ̯'krɔˑzə / føːɐ̯-] <trennb. Präfix-V.; schw.; *han*; krǫste v. ['krɔˑstə]; gekrǫs [jə'krɔˑs]>: hervorkramen, durch Kramen finden u. herausholen. (149)

vür|kumme/vör|~ ['fy:ɐ̯kʊmə / føːɐ̯-] <trennb. Präfix-V.; st.; *sin*; kǫm v. [kɔˑm]; ~|(ge)kumme [-(jə)ˌkʊmə]> {5.4}: vorkommen, **1.** als eine Art meist unangenehmer Überraschung sich ereignen. **2.** vorhanden sein, sich finden. **3.** von jmdm. so wahrgenommen/empfunden werden; erscheinen. **4.** nach vorn kommen. **5.** zum Vorschein kommen. (120)

vür|lade/vör|~ ['fy:ɐ̯laˑdə / føːɐ̯-] <trennb. Präfix-V.; st.; *han*; lod v. [loˑt]; ~|gelade [-jəlaˑdə]>: vorladen, jmdn. auffordern, zu einem best. Zweck bei einer offiziellen, übergeordneten Stelle (bes. vor Gericht) zu erscheinen. (124)

vür|läge/vör|~ ['fy:ɐ̯lɛˑjə / føːɐ̯-] <trennb. Präfix-V.; unr.; han; laht v. [laːt]; ~|gelaht/~|geläg [-jəlaːt / -jəlɛˑj]> {5.4}: vorlegen. (125)

Vür|läger/Vör|~, der ['fy:ɐ̯lɛˑjə / 'føːɐ̯-] <N.; ~> {5.4}: Vorleger.

vür|lähne/vör|~, sich ['fy:ɐ̯lɛˑnə / føːɐ̯-] <trennb. Präfix-V.; schw.; han; lähnte v. ['lɛːntə]; ~|gelähnt [-jəlɛːnt]> {5.4}: sich vorlehnen, sich nach vorn lehnen: *Lähn dich nit esu wigg vür!* (Lehn dich nicht so weit vor!). (5)

Vür|lauf/Vör|~, der ['fy:ɐ̯lou̯f / 'føːɐ̯-] <N.; ~|läuf>: Vorlauf.

vür|laufe/vör|~ ['fy:ɐ̯lou̯fə / føːɐ̯-] <trennb. Präfix-V.; st.; sin; leef v. [leˑf]; ~|gelaufe [-jəlou̯fə]>: vorlaufen, 1. nach vorn laufen. 2. vorauslaufen; [auch: ↑vür|renne/vör|~]. (128)

vür|laut/vör|~ ['fy:ɐ̯lau̯t / 'føːɐ̯-] <Adj.; ~e; ~er, ~este>: vorlaut. Tbl. A1

vür|leev/vör|~ ['fy:ɐ̯leːf / 'føːɐ̯-] <Adv.> {5.1.4.3; 6.1.1}: vorlieb, nur noch i. d. Vbdg. *v. nemme* (v. nehmen): *met jet v. nemme* (mit etw. v. nehmen).

vür|lege/vör|~ ['fy:ɐ̯leˑjə / føːɐ̯-] <trennb. Präfix-V.; st.; han; log v. [loˑx]; ~|geloge [-jəloˑʀə]> {5.4}: vorlügen. (14)

vür|lese/vör|~ ['fy:ɐ̯lezə / føːɐ̯-] <trennb. Präfix-V.; st.; han; los v. [loˑs]; ~|gelese [-jəlezə]> {5.3.4.1; 5.5.2}: vorlesen. (130)

vür|letz/vör|~ ['fy:ɐ̯lɛts / 'føːɐ̯-] <Adj.; ~te> {8.3.5}: vorletzt…. Tbl. A4.1.2

vür|levve/vör|~ ['fy:ɐ̯levə / 'føːɐ̯-] <trennb. Präfix-V.; unr.; han; lävte v. ['lɛːftə]; ~|geläv [-jəlɛːf]> {5.3.4; 5.5.2; 6.1.1}: vorleben, durch seine Art u. Weise zu leben ein Beispiel für etw. geben. (22)

vür|lige/vör|~ ['fy:ɐ̯lɪjə / føːɐ̯-] <trennb. Präfix-V.; st.; han; log v. [loˑx]; ~|geläge [-jəlɛˑjə]> {5.3.4.1}: vorliegen: *Et litt nix gäge in vür.* (Es liegt nichts gegen ihn vor.). (132)

vür|looße/vör|~ ['fy:ɐ̯loˑsə / føːɐ̯-] <trennb. Präfix-V.; st.; han; leet/leeß v. [leːt / leˑs]; ~|gelooße [-jəloˑsə]> {5.2.1.3; 5.5.3}: vorlassen. (135)

vürm/vörm [fy:ɐ̯m / føːɐ̯m] <Präp. + best. Art.; m. Dat.> {5.4}: vorm, zus. gezogen aus *vür/vör dem* (vor dem).

vür|maache/vör|~ ['fy:ɐ̯maˑxə / føːɐ̯-] <trennb. Präfix-V.; unr.; han; maht v. [maːt]; ~|gemaht [-jəmaːt]> {5.2.1}: vormachen. (136)

Vür|meddag/Vör|~, der ['fy:ɐ̯medaˑx / 'føːɐ̯-] <N.; ~|däg/~|dage [-dɛˑj / -daˑʀə]> {s. u. ↑Medde ↑Dag}: Vormittag.

Vür|meed|er/Vör|~, der ['fy:ɐ̯ˌmeˑdə / 'føːɐ̯-] <N.; ~> {5.1.4.3; 6.11.3}: Vormieter.

vür|merke/vör|~ ['fy:ɐ̯mɛrkə / føːɐ̯-] <trennb. Präfix-V.; schw.; han; merkte v. ['mɛrktə]; ~|gemerk [-jəmɛrk]>: vormerken. (41)

Vür|mond/Vör|~, der ['fy:ɐ̯ˌmɔnt / føːɐ̯-] <N.; ~e> {5.5.3; 6.11.3; 8.2.1}: Vormonat.

vür|montiere/~eere/vör|~ ['fy:ɐ̯mɔnˌtiˑ(ɐ̯)rə / -eˑrə / føːɐ̯-] <trennb. Präfix-V.; schw./unr.; han; montierte v. [mɔnˈtiˑɐ̯tə]; ~|montiert [-mɔnˌtiˑɐ̯t] ⟨frz. monter⟩> {(5.1.4.3)}: vormontieren. (3) (2)

vür|nähm/vör|~ ['fy:ɐ̯nɛˑm / 'føːɐ̯-] <Adj.; ~e; ~er, ~ste> {5.4}: vornehm. Tbl. A2.3

Vür|name/Vör|~, der ['fy:ɐ̯ˌnaˑmə / føːɐ̯-] <N.; ~> {s. u. ↑vür/vör ↑Name}: Vorname.

vür|nemme/vör|~ ['fy:ɐ̯nemə / føːɐ̯-] <trennb. Präfix-V.; st.; han; nohm v. [noˑm]; ~|genomme [-jənomə]> {5.3.4; 5.5.2}: vornehmen. (143)

Vür|oot/Vör|~, der ['fy:ɐ̯ˌoːt / føːɐ̯-] <N.; ~e> {5.2.1.1.1; 5.5.3}: Vorort.

vür|op/vör|~ [fʏˈrop / føˈr-] <Adv.> {5.3.1; 6.5.1}: voraus, vorauf.

Vür|ovend/Vör|~, der ['fy:ɐ̯ˌɔˑvənt / 'føːɐ̯-] <N.; ~e> {5.5.3}: Vorabend.

Vür|platz/Vör|~, der ['fy:ɐ̯ˌplats / føːɐ̯-] <N.; ~|plätz>: Vorplatz.

Vür|poste/Vör|~, der ['fy:ɐ̯ˌpostə / føːɐ̯-] <N.; ~>: Vorposten.

Vür|programm/Vör|~, et ['fy:ɐ̯proˌjram / 'føːɐ̯-] <N.; ~e>: Vorprogramm.

vür|programmiere/~eere/vör|~ ['fy:ɐ̯proˌjraˌmiˑ(ɐ̯)rə / -eˑrə / føːɐ̯-] <trennb. Präfix-V.; schw./unr.; han; programmierte v. [projraˈmiˑɐ̯tə]; ~|programmiert [-projraˌmiˑɐ̯t] ⟨von frz. programmer⟩> {(5.1.4.3)}: vorprogrammieren, im Voraus programmieren. (3) (2)

Vür|rääch/Vör|~, et ['fy:ɐ̯ˌrɛːj / 'føːɐ̯-] <N.; ~te> {5.2.1.2; 5.4}: Vorrecht.

vürre/vörre ['fʏrə / 'førə] <Adv.> {5.4; 6.12.6}: vorne.

vürre(n)|aan/vörre(n)|~ [ˌfʏrə(n)ˈlaːn / ˌførə(n)-] <Adv.> {s. u. ↑vürre/vörre ↑aan; 9.1.4}: vornan.

vür|rechne/vör|~ ['fy:ɐ̯rɛjnə / føːɐ̯-] <trennb. Präfix-V.; schw.; han; rechente v. ['rɛʃəntə]; ~|gerechent [-jərɛʃənt]>: vorrechnen. (150)

vürren|eren/vörren|~ ['fʏrənəˈren / førən-] <Adv.> {s. u. ↑vürre/vörre ↑eren}: vornherein.

vür|renne/vör|~ ['fyːɐ̯rɛnə / føːɐ̯-] <trennb. Präfix-V.; unr.; sin; rannt v. [rant]; ~|gerannt [-jərant]>: vorrennen, 1. nach vorn rennen. 2. vorausrennen; [auch: ↑vür|laufe/vör|~]. (35)

Vür|richt|ung/Vör|~, de ['fyːɐ̯ˌrɪçtʊŋ / føːɐ̯-] <N.; i. best. Komposita richt, sonst ↑reecht; ~e> {11}: Vorrichtung.

vürr|ig/vörr|~ ['fʏrɪç] / 'før-] <Adj.; ~e> {5.3.2; 5.4; (5.5.1)}: vorig.... Tbl. A5.2

vür|rigge/vör|~ ['fyːɐ̯rɪɡə / føːɐ̯-] <trennb. Präfix-V.; st.; redt v. [ret]; ~|geredde [-jərɛdə]> {5.3.4; 6.6.2}: vorreiten, 1. <sin> a) nach vorn reiten; b) vorausreiten. 2. <han> reitend vorführen. (133)

vür|röcke/vör|~ ['fyːɐ̯røkə / føːɐ̯-] <trennb. Präfix-V.; schw.; röckte v. ['røktə]; ~|geröck [-jərøk]> {5.5.1}: vorrücken, 1. <han> etw. nach vorn rücken. 2. <sin> nach vorn rücken. (88)

Vür|rod/Vör|~, der ['fyːɐ̯ˌroːt / 'føːɐ̯-] <N.; ~|röd ⟨mhd. vorrat⟩> {5.5.3; 6.11.3}: Vorrat.

Vür|rund/Vör|~, de ['fyːɐ̯ˌrʊnt / 'føːɐ̯-] <N.; ~e> {s. u. ↑Rund}: Vorrunde.

vür|sage/vör|~ ['fyːɐ̯zaːʀə / føːɐ̯-] <trennb. Präfix-V.; unr.; han; saht v. [zaːt]; ~|gesaht [-jəzaːt]>: vorsagen. (155)

Vür|satz/Vör|~, der ['fyːɐ̯ˌzats / føːɐ̯-] <N.; ~|sätz>: Vorsatz.

Vür|schau/Vör|~, de ['fyːɐ̯ˌʃaʊ / 'føːɐ̯-] <N.; ~e>: Vorschau.

vür|schecke/vör|~ ['fyːɐ̯ʃekə / føːɐ̯-] <trennb. Präfix-V.; schw.; han; scheckte v. ['ʃektə]; ~|gescheck [-jəʃek]> {5.5.2}: vor(aus)schicken. (88)

vür|scheeße/vör|~ ['fyːɐ̯ʃeːsə / føːɐ̯-] <trennb. Präfix-V.; st.; han; schoss v. [ʃɔs]; ~|geschosse [-jəʃɔsə]> {5.1.4.3}: vorschießen, vorstrecken. (79)

vür|schiebe/vör|~ ['fyːɐ̯ʃiːbə / føːɐ̯-] <trennb. Präfix-V.; st.; han; schob v. [ʃoːp]; ~|geschobe [-jəʃoːbə]>: vorschieben, 1. vor etw. schieben. 2. etw. von jmdm. für sich erledigen lassen u. selbst im Hintergrund bleiben. 3. als Vorwand nehmen. (8)

Vür|sching/Vör|~, der ['fyːɐ̯ˌʃɪŋ / 'føːɐ̯-] <N.> {s. u. ↑Sching²}: Vorschein, in der Wendung: *zom V. kumme (zum V. kommen; aus der Verborgenheit aufgrund von irgendetwas erscheinen, hervorkommen).

Vür|schlag/Vör|~, der ['fyːɐ̯ˌʃlaːx / 'føːɐ̯-] <N.; ~|schläg [-ʃlɛːç]⟩ ⟨ital. appoggiatura⟩> {s. u. ↑Schlag¹}: Vorschlag.

vür|schlage/~|schlonn/vör|~ ['fyːɐ̯ˈʃlaːʀə / -ʃlɔn / føːɐ̯-] <trennb. Präfix-V.; st.; han; schlog v. [ʃloːx]; ~|geschlage [-jəʃlaːʀə]> {(5.3.2; 5.4)}: vorschlagen. (48) (163)

vür|schlofe/vör|~ ['fyːɐ̯ʃloːfə / føːɐ̯-] <trennb. Präfix-V.; st.; han; schleef v. [ʃleːf]; ~|geschlofe [-jəʃloːfə]> {5.5.3}: vorschlafen. (162)

vür|schmecke/vör|~ ['fyːɐ̯ʃmɛkə / føːɐ̯-] <trennb. Präfix-V.; schw./unr.; han; schmeckte/schmok v. ['ʃmɛktə / ʃmɔˑk]; ~|geschmeck [-jəʃmɛk]>: vorschmecken. (164)

Vür|schoss/Vör|~, der ['fyːɐ̯ˌʃɔs / føːɐ̯-] <N.; ~|schöss> {5.5.1}: Vorschuss.

vür|schötze/vör|~ ['fyːɐ̯ʃøtsə / føːɐ̯-] <trennb. Präfix-V.; schw.; han; schötzte v. ['ʃøtstə]; ~|geschötz [-jəʃøts]> {5.5.1}: vorschützen, als Ausflucht/Ausrede gebrauchen. (114)

Vür|schreff/Vör|~, de ['fyːɐ̯ˌʃref / føːɐ̯-] <N.; ~|schrefte> {5.5.2; 8.3.5}: Vorschrift.

vür|schrieve/vör|~ ['fyːɐ̯ʃriːvə / føːɐ̯-] <trennb. Präfix-V.; st.; han; schrevv v. [ʃref]; ~|geschrevve [-jəʃrevə]> {5.1.4.5; 6.1.1}: vorschreiben. (51)

Vür|schull/Vör|~, de ['fyːɐ̯ˌʃʊlˑ / føːɐ̯-] <N.; ~|schulle [-ʃʊlə]> {5.3.2}: Vorschule.

Vür|schull|ald|er/Vör|~, de ['fyːɐ̯ʃʊlˑˌaldɐ / føːɐ̯-] <N.; o. Pl.> {s. u. ↑Schull ↑Ald|er}: Vorschulalter.

vür|schwärme/vör|~ ['fyːɐ̯ʃvɛrˑmə / føːɐ̯-] <trennb. Präfix-V.; schw.; han; schwärmte v. ['ʃvɛrˑmtə]; ~|geschwärmp [-jəʃvɛrˑmp]>: vorschwärmen. (127)

vür|schwevve/vör|~ ['fyːɐ̯ʃvevə / føːɐ̯-] <trennb. Präfix-V.; unr.; han; schwävte v. ['ʃvɛˑftə]; ~|geschwäv [-jəʃvɛˑf]> {5.3.4; 5.5.2; 6.1.1}: vorschweben. (22)

vür|setze¹/vör|~¹ ['fyːɐ̯zetsə / føːɐ̯-] <trennb. Präfix-V.; st.; han; soß v. [zoˑs]; ~|gesesse [-jəzɛsə]> {5.5.2}: vorsitzen, den Vorsitz haben. (172)

vür|setze²/vör|~² ['fyːɐ̯zɛtsə / føːɐ̯-] <trennb. Präfix-V.; unr./schw.; han; setzte/satz v. ['zɛtstə / zats]; ~|gesetz/ ~|gesatz [-jəzɛts / -jəzats]>: vorsetzen. (173)

Vür|sich/Vör|~, de ['fyːɐ̯ˌzɪç / 'føːɐ̯-] <N.; i. best. Komposita -sich(t), sonst auch ↑Seech> {8.3.5; 11}: Vorsicht.

vür|sichs|halver/vör|~ ['fyːɐ̯ˌzɪçsˌhalˑve / 'føːɐ̯-] <Adv.; i. best. Komposita -sich(t)-, sonst auch ↑Seech> {11; s. u. ↑Sich ↑halv}: vorsichtshalber.

vür|sicht|ig/vör|~ ['fyːɐ̯ˌzɪçtɪç / 'føːɐ̯-] <Adj.; i. best. Komposita -sicht-, sonst auch ↑Seech; ~e, ~|ligste [-ɪçstə]> {11}: vorsichtig. Tbl. A5.2

Vür|silv/Vör|~, de ['fyːɐ̯ˌzɪləf / 'føːɐ̯-] <N.; ~e> {s. u. ↑Silv}: Vorsilbe; Silbe, die vor einen Wortstamm od. ein Wort gesetzt wird.

vür|singe/vör|~ ['fy:ᴇzɪŋə / føːᴇ-] <trennb. Präfix-V.; st.; han; sung v. [zʊŋ]; ~|gesunge [-jəzʊŋə]>: vorsingen, a) als Erster singen; b) vor jmdm. singen. (26)

vür|sinn/vör|~, sich ['fy:ᴇzɪn / føːᴇ-] <trennb. Präfix-V.; st.; han; sǫh/sǫch v. [zɔˑ / zɔˑx]; ~|gesinn [-jəzɪn]> {5.3.4; 8.2.2.3}: sich vorsehen, sich in Acht nehmen. (175)

vür|sorge/vör|~ ['fy:ᴇzorˑjə / føːᴇ-] <trennb. Präfix-V.; schw.; han; sǫrgte v. ['zorˑɟtə]; ~|gesorg [-jəzorˑɟ]> {5.5.1}: vorsorgen. (39)

Vür|spann/Vör|~, der ['fy:ᴇˌʃpan / føːᴇ-] <N.; ~-e> {s. u. ↑Spann²}: Vorspann.

vür|spanne/vör|~ ['fy:ᴇˈʃpanə / føːᴇ-] <trennb. Präfix-V.; schw.; han; spannte v. ['ʃpanˑtə]; ~|gespannt [-jəˈʃpanˑt]>: vorspannen. (10)

vür|speegele/vör|~ ['fy:ᴇˈʃpeˑjələ / føːᴇ-] <trennb. Präfix-V.; schw.; han; speegelte v. ['ʃpeˑjəltə]; ~|gespeegelt [-jəˈʃpeˑjəlt]> {5.1.4.3; 9.2.1.2}: vorspiegeln, vortäuschen. (6)

Vür|spill/Vör|~, et ['fy:ᴇˌʃpɪl / føːᴇ-] <N.; ~ [-ˌʃpɪlˑ]> {5.3.4}: Vorspiel.

vür|spille/vör|~ ['fy:ᴇˈʃpɪlə / føːᴇ-] <trennb. Präfix-V.; schw.; han; spillte v. ['ʃpɪltə]; ~|gespillt [-jəˈʃpɪlt]> {5.3.4}: vorspielen, 1. schauspielerisch/auf einem Instrument vor jmdm. spielen. 2. auf unehrliche Art agieren: Dä spillt dir jet vür. (Er spielt dir etwas vor.) (91)

vür|spreche/vör|~ ['fy:ᴇˈʃprɛçə / føːᴇ-] <trennb. Präfix-V.; st.; han; sprǫch v. [ʃprɔˑx]; ~|gesproche [-jəˈʃprɔxə]>: vorsprechen. (34)

vür|springe/vör|~ ['fy:ᴇˈʃprɪŋə / føːᴇ-] <trennb. Präfix-V.; st.; sin; sprung v. [ʃprʊŋˑ]; ~|gesprunge [-jəˈʃprʊŋə]>: vorspringen. (26)

Vür|sprung/Vör|~, der ['fy:ᴇˌʃprʊŋ / føːᴇ-] <N.; ~|sprüng [-ʃprʏŋˑ]> {s. u. Sprung}: Vorsprung.

Vür|stand/Vör|~, der ['fy:ᴇˌʃtant / føːᴇ-] <N.; ~|ständ [-ʃtɛnˑt]> {s. u. Stand}: Vorstand.

Vür|stands|met|glidd/Vör|~/~|gleed, et ['fy:ᴇˌʃtantsˌmetˌlɪt / føːᴇ- / -ˌjleːt] <N.; ~-er> {s. u. ↑Vür|stand/Vör|~ ↑Met|glidd/~|gleed}: Vorstandsmitglied.

Vür|stands|sitz|ung/Vör|~, de ['fy:ᴇˌʃtantsˌzɪtsʊŋ / føːᴇ-] <N.; ~-e>: Vorstandssitzung.

vür|stelle/vör|~ ['fy:ᴇˈʃtɛlə / føːᴇ-] <trennb. Präfix-V.; schw./unr.; han; stellte/stallt v. ['ʃtɛltə / ʃtalt]; ~|gestellt/~|gestallt [-jəˈʃtɛlˑt / -jəˈʃtalt]>: vorstellen, 1. nach vorn stellen. 2. vor etw. stellen. 3. Zeiger (einer Uhr o. dgl.) vorwärts drehen. 4. a) jmdm. einen Unbekannten mit Namen nennen b) <sich v.> sich vorstellen; jmdm., der einen nicht kennt, seinen Namen od. Ä. nennen, darstellen, repräsentieren. 5. <sich v.> sich i. best. Weise ein Bild von etw. machen, sich etw. (aus-)denken, sich ausmalen, erträumen, erhoffen. (182)

Vür|stell|ung/Vör|~, de ['fy:ᴇˌʃtɛlʊŋ / føːᴇ-] <N.; ~-e>: Vorstellung.

Vür|stell|ungs|ge|spräch/Vör|~, et ['fy:ᴇˌʃtɛlʊŋsjəˌʃprɛˑɟ / 'føːᴇ-] <N.; ~-e>: Vorstellungsgespräch.

Vür|stell|ungs|kraff/Vör|~, de ['fy:ᴇˌʃtɛlʊŋsˌkraf / 'føːᴇ-] <N.; o. Pl.> {8.3.5}: Vorstellungskraft.

vür|stonn/vör|~ ['fy:ᴇˈʃtɔn / føːᴇ-] <trennb. Präfix-V.; st.; han; stundt v. [ʃtʊnt]; ~|gestande [-jəˈʃtandə]> {5.3.4; 8.2.2.3}: vorstehen. (185)

vür|störme/~|stürme/vör|~ ['fy:ᴇˈʃtørˑmə / -ˈʃtʏrˑmə / føːᴇ-] <trennb. Präfix-V.; schw.; sin; störmte/stürmte v. ['ʃtørˑmtə / ˈʃtʏrˑmtə]; ~|gestörmp/~|gestürmp [-jəˈʃtørˑmp / -jəˈʃtʏrˑmp]>: vorstürmen. (127)

vür|strecke/vör|~ ['fy:ᴇˈʃtrɛkə / føːᴇ-] <trennb. Präfix-V.; schw.; han; streckte v. ['ʃtrɛktə]; ~|gestreck [-jəˈʃtrɛk]>: vorstrecken, 1. a) nach vorn strecken; b) <sich v.> sich nach vorn beugen. 2. (Geld) verleihen, auslegen. (88)

vür|striche/vör|~ ['fy:ᴇˈʃtrɪɟə / føːᴇ-] <trennb. Präfix-V.; st.; han; strech v. [ʃtrɛɟ]; ~|gestreche [-jəˈʃtrɛɟə]> {5.3.1}: vorstreichen. (187)

Vür|strǫf/Vör|~, de ['fy:ᴇˌʃtrɔˑf / 'føːᴇ-] <N.; ~-e> {5.5.3; 8.3.1}: Vorstrafe.

vür|stüsse/vör|~ ['fy:ᴇˈʃtʏsə / føːᴇ-] <trennb. Präfix-V.; st.; stoss v. [ʃtɔs]; ~|gestosse/~|gestüsse [-jəˈʃtɔsə / -jəˈʃtʏsə]> {5.4; 5.3.4}: vorstoßen, 1. <han> mit einem Stoß, mit Stößen nach vorn bewegen. 2. <sin> unter Überwindung von Hindernissen, Widerstand zielstrebig vorwärts rücken. (188)

vür|taaste/vör|~, sich ['fy:ᴇtaˑstə / føːᴇ-] <trennb. Präfix-V.; schw.; han; ~|getaas [-jətaːs]> {5.2.1}: sich vortasten, vorfühlen. (101)

vür|täusche/vör|~ ['fy:ᴇtøʏʃə / føːᴇ-] <trennb. Präfix-V.; schw.; han; täuschte v. ['tøʏʃtə]; ~|getäusch [-jətøʏʃ]>: vortäuschen. (110)

vür|trecke/vör|~ ['fy:ᴇtrɛkə / føːᴇ-] <trennb. Präfix-V.; st.; han; trǫk v. [trɔˑk]; ~|getrocke [-jətrɔkə]>: vorziehen, 1. nach vorn ziehen. 2. vor etw. ziehen. 3. etw. früher ansetzen/beginnen/erledigen. 4. bevorzugen, den Vorzug geben, lieber mögen [auch: leever han]. (190)

Vür|tredd/Vör|~, der ['fy:ɐ̯ˌtret / 'fø:ɐ̯-] <N.; ~e> {5.5.2; 6.11.3} Vortritt.
vür|tredde/vör|~ ['fy:ɐ̯tredə / fø:ɐ̯-] <trennb. Präfix-V.; st.; sin; trodt v. [trɔ·t]; ~|getrodde [-jətrodə]> {5.3.4; 5.5.2; 6.11.3}: vortreten. (191)
vür|turne/vör|~ ['fy:ɐ̯tʊr·nə / fø:ɐ̯-] <trennb. Präfix-V.; schw.; han; turnte v. ['tʊr·ntə]; ~|geturnt [-jətʊr·nt]>: vorturnen. (193)
Vür|ur|deil/Vör|~/~|or|~, et ['fy:ɐ̯ʊxˌdeɪ̯l / fø:ɐ̯- / -ox-] <N.; ~(e) [-deɪ̯l / -deɪ̯·lə]> {6.11.1}: Vorurteil.
vür|us/vör|~ [fʏˈrʊs / føˈr-] <Adv.> {5.3.1}: voraus, vor den anderen.
vür|us|- [fʏˈrʊs] <Präfix; s. u. ↑vör|us|->: voraus-.
Vür|us/Vör|~, der ['fʏrʊs / 'før-] <N.> {5.3.1}: Voraus, i. d. Vbdg.: em V. (im V.).
vür|us|be|rechne/vör|~ [fʏˈrʊsbəˌrɛɲnə / føˈr-] <trennb. Präfix-V.; schw.; han; be|rechente v. [bəˈrɛɲəntə]; ~|be|rechent [-bərɛɲənt]>: vorausberechnen. (150)
vür|us|be|zahle/vör|~ [fʏˈrʊsbəˌtsa·lə / føˈr-] <trennb. Präfix-V.; schw.; han; be|zahlte v. [bəˈtsa:ltə]; ~|be|zahlt [-bətsa·lt]>: voraus(be)zahlen. (61)
vür|us|be|stemme/vör|~ [fʏˈrʊsbəˌʃtemə / føˈr-] <trennb. Präfix-V.; schw.; han; be|stemmte v. [bəˈʃtem·tə]; ~|be|stempp [-bəʃtem·p]> {5.5.2}: vorausbestimmen. (40)
vür|us|gonn/vör|~ [fʏˈrʊsˌjɔn / føˈr-] <trennb. Präfix-V.; st.; sin; ging v. [jɪŋ]; ~|gegange [-jəjaŋə]> {5.3.4; 8.2.2.3}: vorausgehen. (83)
vür|us|han/vör|~ [fʏˈrʊshan / føˈr-] <trennb. Präfix-V.; unr.; han; hatt v. [hat]; ~|gehatt [-jəhat]> {5.3.2.5}: vorausha- ben. (92)
vür|us|sage/vör|~ [fʏˈrʊszaˑʀə / føˈr-] <trennb. Präfix-V.; unr.; han; saht v. [za:t]; ~|gesaht [-jəza:t]>: voraussa- gen. (155)
vür|us|setze/vör|~ [fʏˈrʊszɛtsə / føˈr-] <trennb. Präfix-V.; unr./schw.; han; setzte/satz v. ['zɛtsə / zats]; ~|gesetz/~|gesatz [-jəzɛts / -jəzats]>: voraussetzen, unterstellen. (173)
vür|us|sinn/vör|~ [fʏˈrʊsːɪn / føˈr-] <trennb. Präfix-V.; st.; han; soh/soch v. [zɔ· / zɔ·x] ~|gesinn [-jəzɪn]> {5.3.4; 8.2.2.3}: voraussehen [auch: ↑ahne]. (175)
Vür|ver|kauf/Vör|~, der ['fy:ɐ̯feˌkoʊ̯f / 'fø:ɐ̯-] <N.; ~|käuf>: Vorverkauf; Kartenvorverkauf.

Vür|ver|kaufs|stell/Vör|~, de ['fy:ɐ̯fekoʊ̯fsˌʃtɛlˑ / 'fø:ɐ̯-] <N.; ~e [-ˌʃtɛlə]> {s. u. ↑Ver|kauf ↑Stell}: Vorverkaufs- stelle.
vür|ver|läge/vör|~ ['fy:ɐ̯feˌlɛ·jə / fø:ɐ̯-] <trennb. Präfix-V.; unr.; han; ver|laht v. [feˈla:t]; ~|ver|laht/~|ver|läg [-fela:t / -felɛ·j]> {5.4}: vorverlegen, 1. weiter nach vorn legen. 2. auf einen früheren Zeitpunkt verlegen. (125)
vür|ver|zälle/vör|~ ['fy:ɐ̯feˌtsɛlə / fø:ɐ̯-] <trennb. Präfix-V.; unr.; han; verzallt v. [feˈtsalt]; ~|verzallt [-fetsalt]> {5.3.4}: vorerzählen. (196)
vür|wääts/vör|~ ['fy:ɐ̯vɛ·ts / 'fø:ɐ̯-] <Adv.>: vorwärts.
vür|wage/vör|~, sich ['fy:ɐ̯vaˑʀə / fø:ɐ̯-] <trennb. Präfix-V.; schw.; han; wagte v. ['va·xtə]; ~|gewag [-jəvaˑx]>: sich vorwagen. (103)
Vür|wahl/Vör|~, de ['fy:ɐ̯ˌva·l / 'fø:ɐ̯-] <N.; ~e>: Vorwahl.
vür|wähle/vör|~ ['fy:ɐ̯vɛ·lə / fø:ɐ̯-] <trennb. Präfix-V.; schw.; han; wählte v. ['vɛ·ltə]; ~|gewählt [-jəvɛ·lt]>: vor- wählen. (61)
Vür|wand/Vör|~, der ['fy:ɐ̯vant / 'fø:ɐ̯-] <N.; ~|wänd [-vɛn·t]>: Vorwand.
vür|wärme/vör|~ ['fy:ɐ̯vɛrmə / fø:ɐ̯-] <trennb. Präfix-V.; schw.; han; wärmte v. ['vɛr·mtə]; ~|gewärmp [-jəvɛr·mp]>: vorwärmen. (127)
vür|warne/vör|~ ['fy:ɐ̯var·nə / fø:ɐ̯-] <trennb. Präfix-V.; schw.; han; warnte v. ['var·ntə]; ~|gewarnt [-jəvar·nt]>: vorwarnen. (193)
Vür|warn|ung/Vör|~, de ['fy:ɐ̯ˌvarnʊŋ / 'fø:ɐ̯-] <N.; ~e>: Vorwarnung.
Vür|wärts|gang/Vör|~, der ['fy:ɐ̯vɛxtsˌjaŋ / 'fø:ɐ̯-] <N.; ~|gäng [-ˌjɛŋˑ]>: Vorwärtsgang.
Vür|wäsch/Vör|~, de ['fy:ɐ̯ˌvɛʃ / 'fø:ɐ̯-] <N.; ~e> {8.3.1}: Vorwäsche, Vorwaschgang.
vür|wäsche/vör|~ ['fy:ɐ̯vɛʃə / fø:ɐ̯-] <trennb. Präfix-V.; st.; han; wosch v. [vo·ʃ]; ~|gewäsche [-jəvɛʃə]> {5.4}: vor- waschen. (200)
Vür|wäsch|gang/Vör|~, der ['fy:ɐ̯vɛʃˌjaŋ / 'fø:ɐ̯-] <N.; ~|gäng [-ˌjɛŋˑ]> {s. u. ↑Wäsch ↑Gangˑ}: Vorwaschgang.
vür|werfe/~|wirfe/vör|~ ['fy:ɐ̯verfə / -vɪrfə / fø:ɐ̯-] <trennb. Präfix-V.; st.; han; worf v. [vorf]; ~|geworfe [-jəvorfə]> {5.5.2/5.4}: vorwerfen. (206)
Vür|wetz/Vör|~, der ['fy:ɐ̯ˌvets / fø:ɐ̯-] <N.> {5.5.2}: Vor- witz, Neugierde.

vür|wetz|ig/vör|~ ['fy:ɐvetsɪŋ / 'føːɐ̯-] <Adj.; ~e, ~|igste [-ɪŋstə]> {5.5.2}: vorwitzig, **1.** neugierig. **2.** (meist auf Kinder bezogen) vorlaut, naseweis. Tbl. A5.2

Vür|wetz|nas/Vör|~, de ['fy:ɐvets̩ˌnaːs / 'føːɐ̯-] <N.; ~e> {s. u. ↑Wetz ↑Nas}: Vorwitznase.

vür|wiese/vör|~ ['fy:ɐviˑzə / 'føːɐ̯-] <trennb. Präfix-V.; st.; han; wes v. [ves]; ~|gewese [-jəvezə]> {5.1.4.5}: vorweisen. (147)

Vür|wood/Vör|~, et ['fy:ɐˌvɔːt / 'føːɐ̯-] <N.; ~|wööder [-vœˑdə]> {5.2.1.1.2; 5.5.3}: Vorwort.

Vür|worf /Vör|~/~|wurf, der ['fy:ɐˌvɔrf / 'føːɐ̯- / -vʊrf] <N.; ~|wörf/~|würf [-vørˑf / -vyrˑf]> {5.5.1}: Vorwurf.

vür|zälle/vör|~ ['fy:ɐtsɛlə / 'føːɐ̯-] <trennb. Präfix-V.; st./schw.; han; zallt/zällte v. [tsalt / 'tsɛltə]; ~|gezallt/~|gezällt [-jətsalt / -jətsɛlt]> {5.3.4}: vorzählen. (196) (91)

vür|zaubere/vör|~ ['fy:ɐtsaʊˑbərə / 'føːɐ̯-] <trennb. Präfix-V.; schw.; han; zauberte v. ['tsaʊˑbetə]; ~|gezaubert [-jətsaʊˑbet]> {9.2.1.2}: vorzaubern. (4)

Vür|zeiche/Vör|~, et ['fy:ɐˌtseɪ̯ŋə / 'føːɐ̯-] <N.; ~>: Vorzeichen.

vür|zeige/vör|~ ['fy:ɐtseɪ̯ˑjə / føːɐ̯-] <trennb. Präfix-V.; schw.; han; zeigte v. ['tseɪ̯ˑftə]; ~|gezeig [-jətseɪ̯ˑfj]>: vorzeigen. (103)

Vür|zemmer/Vör|~, et ['fy:ɐˌtsemɐ / 'føːɐ̯-] <N.; ~> {5.5.2}: Vorzimmer.

vür|zerre/vör|~ ['fy:ɐtsɛrə / føːɐ̯-] <trennb. Präfix-V.; schw.; han; zerrte v. ['tsɛxtə]; ~|gezerr [-jətsɛx]>: (her)vorzerren. (93)

Vür|zigg/Vör|~, de ['fy:ɐˌtsɪk / 'føːɐ̯-] <N.; ~e> {5.3.4; 6.6.2}: Vorzeit; längst vergangene, vorgeschichtliche Zeit.

vür|zigg|ig/vör|~ ['fy:ɐtsɪgrɪŋ / 'føːɐ̯-] <Adj.; ~e> {5.3.4; 6.6.2}: vorzeitig, frühzeitig, früher als vorgesehen/erwartet. Tbl. A5

wä¹ [vɛ:] <Interrogativpron.; Sg. mask. u. fem. Nom. u. Akk.> {5.4; 8.3.4}: wer, wen, **1.** <Nom.> wer: *W. kütt met?* (W. kommt mit?). **2.** <Akk.> wen: *W. häs do getroffe?* (W. hast du getroffen?). Tbl. P6.1

wä² [vɛ:] <Relativpron.; 3. Pers. Nom. u. Akk. (nur bei Personen), indekl., sonst: ↑wat²> {5.4; 8.3.4}: wer, **1.** <Nom.> derjenige/diejenige(n), welche(r); wer: *W. dat gesaht hät, lüg.* (W. (Derjenige/Diejenige(n), welche(r)) das gesagt hat, lügt.). **2.** <Akk.> denjenigen/diejenige(n), welche(n); wen: *W. de mags, kanns de metbränge.* (W. (Denjenigen/Diejenige(n), welche(n)) du magst, kannst du mitbringen.). Tbl. P4

waach/wach [va:x / vax] <Adj.; ~e> {5.2.1}: wach, **1.** nicht schlafend; **w. weede/wääde* (aufwachen). **2.** geistig sehr rege. Tbl. A1

Waach, de [va:x] <N.; ~e> {5.2.1; 8.3.1}: Wache.

waache ['va:xə] <V.; schw.; *han*; waachte ['va:xtə]; gewaach [(jə)'va:x]> {5.2.1}: wachen. (123)

Waach|poste/Wach|~, der ['va:x‚pɔstə / 'vax-] <N.; ~> {s. u. ↑Waach}: Wachposten.

Wäächter, der ['vɛ:ɦtə] <N.; ~>: Wächter.

waade ['va·də] <V.; schw.; *han*; waadte ['va·tə]; gewaadt [(jə)'va·t]> {5.2.1; 6.11.3}: warten. (197)

wääde¹/weede¹ ['vɛ·də / 've·də] <V.; st.; *sin*; woodt [vo:t]; (ge)woode [(‚jə)'vo:də]> {5.2.1; 5.4}: werden, <präd.>: *Dä es widder Vatter gewoode.* (Er ist wieder Vater geworden.); **ärm w.* (verarmen); **blass w.* (verblassen); **deechter w.* (verdichten); **deck w.* (verdicken); **düürer/döörer w.* (verteuern); **fäädig w.* (enden); **wach w.* (aufwachen); **winniger w.* (sich vermindern, verringern, geringer werden; sich abschwächen, weniger werden; sich verringern); **gewahr w.* (erfahren, in Erfahrung bringen); **schal w.* (schal w., verschalen); **dreck(el)ig w.* (verschmutzen). (198) (202)

wääde²/weede² ['vɛ·də / 've·də] <V.; Hilfsverb; st.; *sin*; woodt [vo:t]; (ge)woode [(‚jə)'vo:də] {5.2.1.1.2; 5.4}: werden, **a)** <mit Inf.>: *Hä weed ald sinn, wat e dovun hät.* (Er wird schon sehen, was er davon hat.); **b)** <Part. Perf.>: *Ich ben hügg avgehollt woode.* (Ich bin heute abgeholt worden.); **bestrof w.* (strafbar sein): *Dat weed bestrof.* (Das ist strafbar.); **c)** <Konjunktiv> *dät* nicht *wöödt*: *Wann ich esu jung wör un esu god ussöch wie do, dät ich mer ene Millionär aanlaache.* (Wenn ich so jung wäre und so gut aussähe wie du, würde ich mir einen Millionär anlachen.). (198) (202)

waage|rääch ['va·ʀə‚ʀɛ:ɦ] <Adj.; i. best. Komposita *waage-*, sonst ↑Wɔɔg; ~te> {11; s. u. ↑rääch²}: waagerecht. Tbl. A4.1.1

wäät [vɛ:t] <Adj.; ~e> {5.2.1.1.1; 5.4}: wert. Tbl. A1

~|wäät [vɛ:t] <Suffix; adjektivbildend; ~e; ~er, ~este> {5.2.1.1.1; 5.4}: -wert, i. Vbdg. m. subst. V.: *lesens~, levvens~* (lesens~, lebens~). Tbl. A1

Wäät, der [vɛ:t] <N.; ~e (Pl. selten)> {5.2.1.1.1; 5.4}: Wert.

~|wäät|ig [-vɛ:tɪɦ] <Suffix; adjektivbildend; ~e; ⟨mhd. -wertec, ahd. -wertig, zu mhd., ahd. -wert, -wärts⟩: -wärtig; in Zus., z. B. *röck|wäät|ig, us|wäät|ig* (rück-, auswärtig). Tbl. A5.2

~|wääts [vɛ:ts] <Suffix; adverbbildend> {5.2.1.1.1; 5.4}: -wärts, i. Vbdg. m. anderen Wortarten: *en~, vür~* (ein~, vor~).

Waaz, de [va:ts] <N.; ~e> {5.2.1.1.1; 8.3.1}: Warze.

Wab, de [va·p] <N.; ~e; ⟨mhd. wabe, ahd. waba, wabo⟩> {8.3.1}: Wabe.

wabbel|ig ['vabəlɪɦ] <Adj.; ~e; ~er, ~ste>: wabbelig, schwabbelig; labberig. Tbl. A5.2

wach/waach [vax / va:x] <Adj.; ~e>: wach, **1.** nicht schlafend; **w. weede/wääde* (aufwachen). **2.** geistig sehr rege. Tbl. A1

Wach|deens, der ['vax‚de:ns] <N.; i. best. Komposita *Wach*, sonst ↑Waach; ~te> {11; s. u. ↑Deens}: Wachdienst.

Wach|hungk, der ['vax‚hʊŋk] <N.; i. best. Komposita *wache*, sonst ↑waache; ~|hüng [-hyŋ·]> {11; s. u. ↑Hungk}: Wachhund.

Wach|mann, der ['vax‚man] <N.; i. best. Komposita *wache*, sonst ↑waache; ~|männer> {11}: Wachmann.

Wach|meister, der ['vax‚mɛɪstə] <N.; i. best. Komposita *Wach*, sonst ↑Waach; ~> {11}: Wachtmeister.

Wacholder, der ['va'xol·də] <N.; ~> {5.5.1}: Wacholder.

Wacholder|kɔɔn, der ['va'xol·də‚kɔ:n] <N.; ~|kööner> {s. u. ↑Wacholder ↑Kɔɔn²}: Wacholderkorn, **1.** Beere des Wacholderstrauches. **2.** <o. Pl.> Schnaps aus Wacholderbeeren.

Wacholder|struch, der ['va'xol·də‚ʃtrʊx] <N.; ~|strüch> {s. u. ↑Wacholder ↑Struch}: Wacholderstrauch.

Wach|poste/Waach|~, der ['vax‚pɔstə / 'va:x-] <N.; ~> {s. u. ↑Waach}: Wachposten.

wach|röddele ['vax‚rødələ] <trennb. Präfix-V.; schw.; *han*; röddelte w. [-'rødəltə]; ~|geröddelt [-jə 'rødəlt]> {5.5.3; 6.11.3; 9.2.1.2}: wachrütteln. (6)

Wachs, de [vaks] <N.>: Prügel, Schläge, nur noch in festen Ausdrücken: *ene Balg (voll) W. krige* (eine Tracht Prügel bekommen).

Wachs|av|drock, der ['vaks‚|a:fdrok] <N.; i. best. Komposita *Wachs*, sonst ↑Wahß¹; ~|dröck> {11; s. u. ↑Av|drock¹}: Wachsabdruck.

Wachs|blom, de ['vaks‚blo:m] <N.; i. best. Komposita *Wachs*, sonst ↑Wahß¹; ~e> {11; s. u. ↑Blom}: Wachsblume.

Wachs|doch, et ['vaks‚dox] <N.; i. best. Komposita *Wachs*, sonst ↑Wahß¹; ~|döcher> {11; s. u. ↑Doch¹}: Wachstuch.

wachse¹/wahße² ['vaksə / 'va:sə] <V.; schw.; *han*; wachste ['vakstə]; gewachs [jə'vaks]> {5.2.4; 6.3.1}: wachsen, mit Wachs einreiben. (87) (32)

wachse² ['vaksə] <V.; schw.; *han*; wachste ['vakstə]; gewachs [jə'vaks]>: (ver)prügeln [auch: ↑bimse (2), ↑bläue, ↑dresche (2), ↑drop|haue, ↑kamesöle, ↑kiele¹ (2), ↑kloppe (2), ↑pisele, ↑prinze, ↑prügele, ↑schlage/schlonn, ↑schmecke¹, ↑schnave, ↑wichse (2), *einem e paar* ↑trecke]. (87)

Wachs|figur, de ['vaksfɪ‚juːɐ] <N.; i. best. Komposita *Wachs*, sonst ↑Wahß¹; ~e> {11; s. u. ↑Figur}: Wachsfigur.

Wachs|figure|kabinett, et ['vaksfɪ‚juː(ɐ)rəkabɪ‚nɛt] <N.; i. best. Komposita *Wachs*, sonst ↑Wahß¹; ~e> {11; s. u. ↑Figur}: Wachsfigurenkabinett.

Wachs|steff, der ['vaks‚ʃtef] <N.; i. best. Komposita *Wachs*s, sonst ↑Wahß¹; ~|stefte> {11; s. u. ↑Steff²}: Wachsmalstift.

Wad, de [vaˑt] <N.; ~e ⟨mhd. wade, ahd. wado⟩> {8.3.1}: Wade

Wade|kramf/~|kramp, der ['vaˑdə‚kramf / -kramp] <N.; ~|krämf/~|krämp> {s. u. ↑Wad ↑Kramf/Kramp¹}: Wadenkrampf.

Wade|weckel, der ['vaˑdə‚vekəl] <N.; ~> {s. u. ↑Wad ↑Weckel}: Wadenwickel.

Waffel, de ['vafəl] <N.; ~e>: Waffel.

Waffel|ieser, et ['vafəl‚liˑzɐ] <N.; ~(e)> {s. u. ↑Ieser}: Waffeleisen.

Waffe|rauh, de ['vafə‚roʊ̯] <N.; kein Pl.> {s. u. ↑Rauh}: Waffenruhe.

Waffe|sching, der ['vafə‚ʃɪŋ] <N.; ~ [-ʃɪŋ‧]> {s. u. ↑Sching¹}: Waffenschein.

Wäg, der [vɛ:ʃ] <N.; ~/~e [vɛˑʃ / 'vɛˑjə]> {5.4}: Weg.

wage ['vaˑʀə] <V.; schw.; *han*; wagte ['vaˑxtə]; gewag [jə'vaˑx]>: wagen [auch: ↑reskiere/~eere]. (103)

Wage, der ['vaˑʀə] <N.; ~>: Wagen [auch scherzh.: ↑Kaar].

wäge¹ ['vɛˑjə] <V.; trans. nur ↑be|wäge¹, sonst ↑wäge¹ od. ↑be|wäge¹; schw.; *han*; wägte ['vɛˑɲtə]; gewäg [jə'vɛˑɲ]> {5.4}: bewegen, seine Lage verändern: *Hä kunnt sich nit mih w.* (Er konnte sich nicht mehr b.). *Bliev setze un wäg dich nit!* (Bleib sitzen und beweg dich nicht!) [auch: ↑be|wäge¹ (1b+c)]. (103)

wäge² ['vɛˑjə] <V.; schw.; *han*; wägte ['vɛˑɲtə]; gewäg [jə'vɛˑɲ]>: wägen, abschätzen. (103)

wäge³ ['vɛˑjə] <Präp.; m. Dat.> {5.4}: wegen, **a)** aufgrund, auf Grund; **b)** *W. dem Mattes!* (Antwort auf ständige Warum-Fragen).

Wage|daach, et ['vaˑʀə‚daːx] <N.; ~|däächer> {s. u. ↑Wage ↑Daach}: Wagendach.

Wage|dür/~|dör, de ['vaˑʀə‚dyːɐ / -døːɐ] <N.; ~|dürre/ ~|dörre [-‚dyʀə / -‚døʀə]> {s. u. ↑Wage ↑Dür/Dör}: Wagentür.

Wage(n)|hevver, der ['vaˑʀə(n)‚hevɐ] <N.; ~> {s. u. ↑Wage ↑hevve; 9.1.4}: Wagenheber.

Wage|pääd, et ['vaˑʀə‚pɛːt] <N.; ~(er) [-pɛˑt / -pɛˑdə]> {s. u. ↑Pääd}: Wagenpferd, vor einen Wagen gespanntes Pferd.

Wage|radd, et ['vaˑʀə‚rat] <N.; ~|rädder> {s. u. ↑Wage ↑Radd}: Wagenrad.

Waggel|daggel, der ['vagəl‚dagəl] <N.; ~> {6.6.1; s. u. ↑Daggel}: Wackeldackel, stofftierähnlicher Dackel mit lose eingehängtem Kopf, der auf der Hutablage des Autos steht u. beim Fahren mit dem Kopf wackelt.

waggele ['vagələ] <V.; schw.; *han*; waggelte ['vagəltə]; gewaggelt [jə'vagəlt]> {6.4.1; 6.6.1; 9.2.1.2}: wackeln [auch: ↑rüsele, ↑röddele]. (6)

Waggel|ei, de [‚vagə'leɪ̯] <N.; ~e [-eɪ̯ə]> {6.6.1}: Wackelei.

Waggel|elvis, der ['vagəl‚elvɪs] <N.; ~se> {6.6.1}: Wackelelvis, Elvis Presley nachgebildete Gummipuppe von Audi, die mit einem Saugnapf auf dem Armaturenbrett des Autos befestigt wird u. beim Fahren – insbesondere auf unebener Straße – ähnlich wie der legendäre Elvis hin u. her wackelt.

Waggel|ent, de ['vagəl,ɛnt] <N.; ~e> {6.6.1; s. u. ↑Ent}: Person mit wackelnder Gangart [auch: ↑Höppele|pöpp(el) (1), ↑Höpper|ling (2)].

waggel|ig ['vagəlɪʃ] <Adj.; ~e; ~er, ~ste> {6.6.1}: wackelig. Tbl. A5.2

Waggel|kontak, der ['vagəlkɔn,tak] <N.; ~te> {s. u. ↑waggele ↑Kontak}: Wackelkontakt.

Waggel|pudding, der ['vagəl,pʊdɪŋ] <N.> {6.6.1}: Wackelpudding, Götterspeise.

Waggles, der ['vagəs] <N.; ~|ese/~|ese>: großer Stein, Felsbrocken.

Wagon, der [va'jɔŋ] <N.; ~s; ⟨engl. wag(g)on < niederl. wagen)⟩>: Wagon; Wagen, Güterwagen.

Wahl, de [va·l] <N.; ~e>: Wahl.

Wahl|ald|er, et ['va·l,aldɐ] <N.; o. Pl.> {s. u. ↑Ald|er}: Wahlalter.

Wahl|dag, der ['va·l,da:x] <N.; ~/~|däg/~e [-da·x / -dɛ·ʁ / -da·ʁə]> {s. u. ↑Dag}: Wahltag; Tag einer Wahl.

wähle ['vɛ·lə] <V.; schw.; han; wählte ['vɛ·ltə]; gewählt [jə'vɛ·lt]>: wählen. (61)

Wahl|gang, der ['va·l,jaŋ] <N.; ~|gäng [-,jɛŋ·]> {s. u. ↑Gang¹}: Wahlgang; Stimmabgabe bei der Wahl.

Wahl|johr, et ['va·l,jo·(ɐ)] <N.; ~e> {s. u. ↑Johr}: Wahljahr.

Wahlkamf, der ['va·l,kamf] <N.; ~|kämf> {s. u. ↑Kamf}: Wahlkampf.

Wahl|rääch, et ['va·l,rɛ·ʃ] <N.; o. Pl.> {s. u. ↑Rääch}: Wahlrecht.

Wähl|schiev, de [vɛ:l,ʃi·f] <N.; ~e> {s. u. ↑Schiev}: Wählscheibe.

Wahl|sching, der ['va·l,ʃɪŋ] <N.; ~ [-ʃɪŋ·]> {s. u. ↑Sching¹}: Wahlschein.

Wahl|seeg, der ['va·l,ze·ʃ] <N.; ~e> {s. u. ↑Seeg}: Wahlsieg.

Wahl|sproch, der ['va·l,ʃprox] <N.; ~|spröch> {s. u. ↑Sproch²}: Wahlspruch; Devise.

Wahl|zeddel, der ['va·l,tsɛdəl] <N.; ~> {s. u. ↑Zeddel}: Wahlzettel; Stimmzettel.

Wahn|vür|stell|ung/~|vör|~, de ['va:nfy·ɐ̯,ʃtɛlʊŋ / -fø·ɐ̯-] <N.; ~e>: Wahnvorstellung.

wahre ['va·rə] <V.; schw.; han; wahrte ['va·tə]; gewahrt [jə'va·t]>: wahren. (31)

während ['vɛ:rənt] <Präp.; m. Dat.>: während.

Wahß¹, der/et [va:s] <N.> {5.2.4}: Kerzenwachs; für fetthaltige Pflegemittel (Bohnerwachs, Holzwachs usw.) wird „Wachs" gebraucht.

Wahß², der [va:s] <N.; subst. V.> {5.2.4}: Wachstum (das), Wuchs, Wachsen (das), [vorwiegend in **RAen**] *der W. en de Glidder* (schmerzhaftes Reißen in den Beinen bei Kindern, wird einem Schub im Wachstum zugeschrieben).

Wahß|bunn, de ['va:s,bʊn] <N.; ~e [-bʊnə]> {s. u. ↑Wahß¹ ↑Bunn}: Wachsbohne.

wahße¹ ['va:sə] <V.; st.; sin; wohß [vo·s]; gewahße [jə'va:sə]> {5.2.4; 6.3.1}: wachsen, größer/länger werden, sich entwickeln. (199)

wahße²/wachse¹ ['va:sə / 'vaksə] <V.; schw.; han; wahßte ['va:stə]; gewahß [jə'va:s]> {5.2.4; 6.3.1}: wachsen, mit Wachs einreiben. (32) (87)

wahße³ ['va:sə] <Adj.; ~> {5.2.4; 5.4}: wächsern, aus Wachs. Tbl. A3.2

Wähßel, der ['vɛ:səl] <N.; ~e> {5.2.4; 5.4}: Wechsel, 1. schuldrechtliches Wertpapier. 2. <Pl. ungebr.> Veränderung, Austausch.

wähßele ['vɛ:sələ] <V.; schw.; han; wähßelte ['vɛ:səltə]; gewähßelt [jə'vɛ:səlt]> {5.2.4; 6.3.1}: wechseln. (6)

Wähßel|badd, et ['vɛ:səl,bat] <N.; ~|bäder [-,bɛ·də]> (unr. Pl.)> {s. u. ↑Badd}: Wechselbad; kurzes Teilbad in kaltem u. warmem Wasser im Wechsel.

Wähßel|geld, et ['vɛ:səl,jɛlt] <N.; o. Pl.> {s. u. ↑Wähßel ↑Geld}: Wechselgeld; a) <Pl. ungebr.> Geld, das man zurückerhält, wenn man mit einem größeren Geldschein, einer größeren Münze bezahlt, als es der Preis erfordert; b) <o. Pl.> Kleingeld zum Wechseln.

Wähßel|johre ['vɛ:səl,jo·(ɐ)] <N.; Neutr.; nur Pl.> {s. u. ↑Wähßel ↑Johr}: Wechseljahre, Klimakterum.

Wähßel|schredd, der ['vɛ:səl,ʃret] <N.; ~> {s. u. ↑Wähßel ↑Schredd}: Wechselschritt.

Wähßel|spill, et ['vɛ:səl,ʃpɪl] <N.; ~ [-,ʃpɪl·]> {s. u. ↑Wähßel ↑Spill}: Wechselspiel.

Wähßel|strom, der ['vɛ:səl,ʃtro:m] <N.; o. Pl.> {s. u. ↑Wähßel}: Wechselstrom.

Wahß|kääz, de ['va:s,kɛ:ts] <N.; ~e> {s. u. ↑Wahß¹ ↑Kääz}: Wachskerze.

Wahß|leech, et ['va:s,le·ʃ] <N.; ~ter> {s. u. ↑Wahß¹ ↑Leech}: Wachslicht.

Waise|huus, et ['veɪzə,huːs] <N.; ~|hüüser [-hyˑzə]> {s. u. ↑Huus}: Waisenhaus.
Waise|kind, et ['veɪzə,kɪnt] <N.; ~er>: Waisenkind.
Wald|arbeid|er, der ['valdar,beɪˑdə] <N.; ~> {s. u. ↑Arbeid|er}: Waldarbeiter.
Wald|boddem, der ['valt,bodəm] <N.; ~|böddem> {s. u. ↑Boddem}: Waldboden.
Wald|hoon, et ['valt,hɔːn] N.; ~|hööner> {s. u. ↑Hoon}: Waldhorn; Blechblasinstrument.
wald|ig ['valˑdɪʃ] <Adj.; ~e; ~er, ~ste> {11}: waldig, bewaldet. Tbl. A5.2
Wald|stöck, et ['valt,ʃtøk] <N.; ~/~e/~er> {s. u. ↑Stöck}: Waldstück; **a)** kleinerer Wald; **b)** Teil eines Waldes.
Wald|wäg, der ['valt,vɛːʃ] <N.; ~(e) [-vɛˑʃ / -vɛˑjə]> {s. u. ↑Wäg}: Waldweg.
Wal|fesch, der ['vaˑl,feʃ] <N.; ~(e) [-feʃˑ / -feʃə]> {s. u. ↑Fesch}: Wal(fisch).
walke ['valkə] <V.; schw.; han; walkte ['valktə]; gewalk [jə'valk]>: walken. (41)
wall [val] <Adv.> {5.3.4; 5.4}: wohl, **1.** durchaus, gewiss: *Dat kanns de w. gläuve!* (Das kannst du w. glauben!). **2.** in Aufforderungen verstärkend: *Küss de w.!* (Willst du w. kommen!). **3.** etwa, ungefähr: *Et wore w. an de dausend Lück.* (Es waren w. an die tausend Leute.). **4.** vermutlich: *Hä weed w. kumme.* (Er wird w. kommen.).
Wall[1], der [val] <N.; Wäll [vɛlˑ]>: Wall. Das Wort dient als Straßennamen für parallel zu den Ringen verlaufende Straßen, u. zwar vom Türmchenswall im Norden bis zum Severinswall im Süden innerhalb u. vom Neußer Wall bis zum Oberländer Wall außerhalb der Ringe.
Wall[2], der [val] <N.; subst. V.; ~e>: Wallung, Aufwallen (von siedendem Wasser), **1.** [noch gebr. i. d. **RA**]: *noch ene W. koche* (noch aufkochen, noch eine Weile kochen). **2.** (übertr. auf Personen) *Hä muss noch ene W. koche.* (Er ist geistig zurückgeblieben.).
walle ['valə] <V.; schw.; han u. sin; wallte ['valˑtə]; gewallt [jə'valˑt]>: wallen. (91)
Wall|fahrt, de ['val,faːt] <N.; ~e> {s. u. ↑Fahrt}: Wallfahrt.
Wall|fahrts|kirch, de ['valfaːts,kɪrʃ] <N.; ~e> {s. u. ↑Fahrt ↑Kirch}: Wallfahrtskirche.
Wall|fahrts|oot, der ['valfaːts,oːt] <N.; ~e> {s. u. ↑Fahrt ↑Oot}: Wallfahrtsort.
Wall|gass, Aal [aˑl'val,jas] <N.; Straßenn.> {s. u. ↑ald[1] ↑Gass[1]}: Alte Wallgasse; Straße in Köln-Altstadt/Nord. Eigentlich müsste es *Wahlgasse* heißen; hier war der Sitz der Welschen Kaufleute; „welsch" kommt aus dem Italienischen bzw. Französischen u. ist die Bezeichnung für fremdländische Kaufleute. Bis 1816 hatte die Straße die Namen *Die wals gaß*, *In der Wahlengasse nächst der Friesenstraße* u. in der Franzosenzeit *Rue du vieux fossé*.

Wallraf|platz ['valraf,plats] <N.; Straßenn.>: Wallrafplatz; Platz in Köln-Altstadt/Nord am Ende der Hohe Straße kurz vorm Dom, benannt nach dem Professor für Mathematik, Rhetorik u. Botanik, Rektor der Universität zu Köln, sowie Kunstsammler u. Priester Ferdinand Fritz Wallraf (*20.7.1748 †18.3.1824), der eine herausragende Kölner Persönlichkeit war. Das Wallraf-Richartz-Museum wurde nach ihm benannt, u. am Wallrafplatz befindet sich heute der Haupteingang des Funkhauses vom Westdeutschen Rundfunk.
Wall|noss|baum, der ['valˑnos,boʊm] <N.; ~|bäum [-bøyˑm]> {s. u. ↑Noss ↑Baum}: Walnussbaum.
Walpurgis|naach, de [val'pʊrjɪs,naːx] <N.; ~|näächte> {s. u. ↑Naach}: Walpurgisnacht; die Nacht zum 1. Mai.
Walz, de [valts] <N.; ~e> {8.3.1}: Walze, **1.** zylindrischer Körper. **2.** (veraltend) Wanderschaft eines Handwerksburschen: *op der W. sin* (auf der W. sein), *op de W. gonn* (auf die W. gehen).
walze ['valtsə] <V.; schw.; walzte ['valtstə]; gewalz [jə'valts]>: walzen, **1.** <han> im Walzwerk bearbeiten u. in eine best. Form bringen. **2.** <han> mit einer Walze bearbeiten u. glätten. **3.** <sin> (veraltend, noch scherzh.) wandern, auf Wanderschaft sein. (42)
wälze ['vɛltsə] <V.; schw.; han; wälzte ['vɛltstə]; gewälz [jə'vɛlts]>: wälzen. (42)
Walzer|schredd, der ['valtsə,ʃret] <N.; ~> {s. u. ↑Schredd}: Walzerschritt.
Walzer|tak, der ['valtsə,tak] <N.> {s. u. ↑Tak}: Walzertakt.
Wa|männ|che, et ['vaˑ,mɛnʃə] <N.; ~r>: Ohrfeige, entstanden aus: „*Wat, Männche?*" [auch: ↑Gelz (3), ↑Juv[1], ↑Fimm, ↑Firm|bängel, ↑Tatsch, ↑Tachtel, ↑Knall|zigar, ↑Ohr|fig, ↑Klatsch, ↑Denk|zeddel (b), ↑*Dillen|dötz|che krige*].
Wamm|es, et ['vaməs] <N.; ~|ese> {5.3.2}: Wams.
Wand, de [vant] <N.; Wäng [vɛŋˑ]>: Wand.
wandele ['vanˑdələ] <V.; schw.; han; wandelte ['vanˑdəltə]; gewandelt [jə'vanˑdəlt] {9.2.1.2}: wandeln. (6)

Wander|bühn, de ['vandɐˌbyːn] <N.; ~e> {s. u. ↑Bühn}: Wanderbühne.
Wander|dag, der ['vandɐˌdaːx] <N.; ~/~|däg/~e [-daˑx / -dɛˑɟ / -daˑʀə]> {s. u. ↑Dag}: Wandertag.
Wander|dün, de ['vandɐˌdyːn] <N.; ~e> {s. u. ↑Dün}: Wanderdüne.
wandere ['vanˑdərə] <V.; schw.; sin; wanderte ['vanˑdetə]; gewandert [jə'vanˑdet]> {9.2.1.2}: wandern; *en Ääz am W. han (verrückt sein, spinnen). (4)
Wander|grupp, de ['vandɐˌjʀʊp] <N.; ~e> {s. u. ↑Grupp}: Wandergruppe.
Wander|heu|schreck, de ['vandɐˌhɔyʃʀɛk] <N.; ~e> {s. u. ↑Heu|schreck}: Wanderheuschrecke.
Wander|kaat, de ['vandɐˌkaːt] <N.; ~e> {s. u. ↑Kaat}: Wanderkarte.
Wander|leed, et ['vandɐˌleˑt] <N.; ~er> {s. u. ↑Leed}: Wanderlied.
Wander|schaff, de ['vandɐˌʃaf] <N.; ~|schafte (Pl. selten)>: Wanderschaft.
Wander|schoh, der ['vandɐˌʃoˑ] <N.; ~n> {s. u. ↑Schoh}: Wanderschuh.
Wander|ung, de ['vandərʊŋ] <N.; ~e>: Wanderung.
Wander|vugel, der ['vandɐˌfʊʀəl / -ˌfuˑl] <N.; ~|vügel [-ˌfyˑjəl / -ˌfyˑl]> {s. u. ↑Vugel}: Wandervogel.
Wander|wäg, der ['vandɐˌvɛːɟ] <N.; ~(e) [-vɛˑɟ / -vɛˑjə]> {s. u. ↑Wäg}: Wanderweg.
Wand|hoke, der ['vantˌhɔˑkə] <N.; ~> {s. u. ↑Wand ↑Hoke}: Wandhaken.
Wand|kaat, de ['vantˌkaːt] <N.; ~e> {s. u. ↑Wand ↑Kaat}: Wandkarte.
Wand|luus, de ['vantˌluːs] <N.; ~|lüüs [-lyˑs]> {s. u. ↑Luus}: Wanze, (wörtl.) Wandlaus [auch: ↑Wanz].
Wand|mol|erei, de ['vantmɔˑləˌʀɛɪˑ] <N.; ~e [-əˈʀɛɪə]> {↑Wand ↑mole}: Wandmalerei.
wand|ros|ig ['vantˌʀɔˑzɪf] <Adj.; ~e; ~er, ~ste>: fuchsteufelswild, so wütend, dass man mit dem Kopf gegen die Wand laufen könnte. Tbl. A5.2
Wand|speegel, der ['vantˌʃpeˑjəl] <N.; ~e> {s. u. ↑Wand ↑Speegel}: Wandspiegel.
Wand|uhr/~|ohr, de ['vantˌluˑɐ̯ / -ˌloˑɐ̯] <N.; ~e> {s. u. ↑Wand ↑Uhr¹/Ohr¹}: Wanduhr.
Wand|zeidung, de ['vantˌtsɛɪdʊŋ] <N.; ~e> {6.11.3}: Wandzeitung.

wanke ['vaŋkə] <V.; schw.; sin; wankte ['vaŋkˌtə]; gewank [jə'vaŋk] ⟨mhd. wanken, ahd. wankon⟩: wanken. **1.** <han> sich schwankend bewegen u. zu stürzen drohen. **2.** <sin> auf unsicheren Beinen, schwankenden Schrittes irgendwohin gehen. (41)
wann¹ [van] <Adv.; Kurzf. wa'>: wann, **1.** (temporal) **a)** (interrogativ) zu welchem Zeitpunkt, zu welcher Zeit?: W. küss de? (W. kommst du?); **b)** leitet einen Relativsatz ein, durch den ein Zeitpunkt näher bestimmt od. angegeben wird: Kumm, w. do Loss häs! (Komm, w. du Lust hast!); Ich weiß nit, w. hä kütt. (Ich weiß nicht, w. er kommt.). **2.** (konditional) **a)** unter welchen Bedingungen?: W. darf ich nit links avbeege? (W. darf ich nicht links abbiegen?) **b)** leitet einen Relativsatz ein: Ich weiß nie, w. mer rähts üvverhole darf. (Ich weiß nie, w. man rechts überholen darf.).
wann² [van] <Konj.; unterordn.; Kurzform wa'> {5.4}: wenn, **1.** <konditional> falls, unter der Voraussetzung, Bedingung, dass ...: W. uns Katz en Koh wör, künnte mer die ungerm Ovve melke. (W. unsere Katze eine Kuh wäre, könnten wir sie unter dem Ofen melken.). **2.** <temporal> **a)** sobald: Dat gevven ich dir, wa' mer uns widder treffe. (Das gebe ich dir, w. wir uns wieder treffen.); **b)** sooft: drückt mehrfache (regelmäßige) Wiederholung aus. **3.** <konzessiv in Vbdg. mit „och", „ald" u. a.> obwohl, obgleich: W. et och wih gedon hät, Spass hät et doch gemacht. (W. es auch weh getan hat, Spaß hat es doch gemacht.).
Wänn|läpp|er, der ['vɛnˌlɛpɐ] <N.; ~> {5.4}: Wannenflicker, **1.** früher: durch die Straßen ziehender Geschirr-/Korb-/Futterwannenflicker. **2.** (übertr.) heruntergekommener, unmanierlicher Mensch [auch: ↑Halv|ge|hang].
Wanz, de [vants] <N.; ~e> {8.3.1}: Wanze [auch: ↑Wand|luus].
Wappe, et ['vapə] <N.; ~>: Wappen.
Wappe(n)|dier, et ['vapə(n)ˌdiɐ̯] <N.; ~e> {s. u. ↑Dier; 9.1.4}: Wappentier.
War, de [vaːɐ̯] <N.; ~e> {8.3.1}: Ware.
Ware|zeiche, et ['vaːʀəˌtsɛɪʃə] <N.; ~> {s. u. ↑War ↑Zeiche}: Warenzeichen.
wärm [vɛʀm] <Adj.; ~e; ~er, ~ste ['vɛʀmɐ / 'vɛʀmstə]> {5.4}: warm, **1.** von relativ hoher Temperatur. **2.** *~e Broder (Homosexueller). **3.** *de Röggelcher w. han (betrunken sein). Tbl. A2.3

Wärm|(de), de ['vɛrˑm(də)] <N.; kein Pl.> {(10.2.8)}: Wärme.

Wärm|blod, et ['vɛrmˌbloˑt] <N.; kein Pl.> {s. u. ↑wärm ↑Blod}: Warmblut; durch Kreuzung von Vollblut- u. Kaltblutpferden gezüchtetes Rassepferd.

Wärm|blöd|er, der ['vɛrmˌblø·də] <N.; ~> {s. u. ↑wärm; 5.4; 6.11.3}: Warmblüter.

wärm|blöd|ig ['vɛrmˌblø·dɪŋ] <Adj.; ~e> {5.4; 6.11.3; s. u. ↑wärm}: warmblütig.   Tbl. A5.2

wärme ['vɛrˑmə] <V.; schw.; han; wärmte ['vɛrˑmtə]; gewärmp [jə'vɛrˑmp]>: wärmen.   (127)

Wärm|fläsch, de ['vɛrmˌflɛʃ] <N.; ~e> {s. u. ↑wärm ↑Fläsch}: Wärmflasche.

wärm|laufe ['vɛrmˌlo͡ʊfə] <trennb. Präfix-V.; st.; sin; leef w. ['leːʃ]; ~|gelaufe [-jəˌlo͡ʊfə] {s. u. ↑wärm ↑laufe}: warmlaufen.   (128)

Wärm|meed, de ['vɛrmmeˑt] <N.; ~e> {s. u. ↑wärm ↑Meed}: Warmmiete.

Wärm|wasser, et [ˌvɛrm'vasə] <N.; o. Pl.> {s. u. ↑wärm}: Warmwasser.

Warn|blink|aan|lag, de ['varnblɪŋkanˌlaˑx] <N.; ~e> {s. u. ↑Aan|lag}: Warnblinkanlage.

Warn|blink|lamp, de ['varnblɪŋkˌlamp] <N.; ~e> {s. u. ↑Lamp}: Warnblinklampe.

warne ['varˑnə] <V.; schw.; han; warnte ['varˑntə]; gewarnt [jə'varˑnt]>: warnen.   (193)

Warn|scheld/~|schild, et ['varnˌʃɛlt / -ˌʃɪlt] <N.; ~er> {s. u. ↑Scheld¹/Schild¹}: Warnschild.

Warte|friss, de ['vaxtəˌfrɪs] <N.; i. best. Komposita warte-, sonst ↑waade; ~|friste} {11; s. u. ↑Friss}: Wartefrist.

Warte|zemmer, et ['vaxtəˌtsɛmə] <N.; i. best. Komposita warte, sonst ↑waade; ~e> {11; s. u. ↑Zemmer}: Wartezimmer.

Wäsch, de [vɛʃ] <N.; kein Pl.> {8.3.1}: Wäsche.

Wäsch|becke, et ['vɛʃˌbɛkə] <N.; ~> {5.4}: Waschbecken.

Wäsch|böösch, de ['vɛʃˌbøːʃ] <N.; ~te> {5.4; s. u. ↑Böösch}: Waschbürste.

Wäsch|bredd, et ['vɛʃˌbrɛt] <N.; ~er> {5.4; s. u. ↑Bredd}: Waschbrett [auch: ↑Riev|bredd].

Wäsch|bredd|buch, der ['vɛʃbrɛtˌbʊx] <N.; ~|büch> {s. u. ↑wäsche ↑Bredd ↑Buch¹}: Waschbrettbauch.

Wäsch|büdd, de ['vɛʃˌbyt] <N.; ~e> {5.4; s. u. ↑Büdd}: Waschbütte, Waschwanne.

Wäsch|dag, der ['vɛʃˌdaːx] <N.; ~/~|däg/~e [-daˑx / -dɛˑŋ / -daˑrə]> {s. u. ↑wäsche ↑Dag}: Waschtag.

Wäsch|desch, der ['vɛʃˌdɛʃ] <N.; ~(e)> {s. u. ↑wäsche ↑Desch}: Waschtisch; Waschbecken.

wäsche ['vɛʃə] <V.; st.; han; wosch [voˑʃ]; gewäsche [jə'vɛʃə]> {5.4}: waschen.   (200)

Wäsche|büggel, der ['vɛʃəˌbyɣəl] <N.; ~e> {s. u. ↑Wäsch ↑Büggel}: Wäschebeutel.

Wäsche|klammer, de ['vɛʃəˌklamɐ] <N.; ~e; ~|klämmer|che [-klɛmɐçə]>: Wäscheklammer.

Wäsche|knopp, der ['vɛʃəˌknɔp] <N.; ~|knöpp> {5.4; s. u. ↑Knopp¹}: Wäscheknopf, mit Stoff überzogener Knopf.

Wäsche|ling, de ['vɛʃəˌlɪŋˑ] <N.; ~e [-lɪŋə]> {5.4; s. u. ↑Ling¹}: Wäscheleine.

Wäsche|spenn, de ['vɛʃəˌʃpɛn] <N.; ~e [-ʃpɛnə]> {s. u. ↑Wäsch ↑Spenn}: Wäschespinne.

Wäsch|gang, der ['vɛʃˌjaŋ] <N.; ~|gäng [-jɛŋˑ]> {s. u. ↑wäsche ↑Gang¹}: Waschgang; einzelne Phase des Waschprogramms einer Waschmaschine.

Wäsch|hand|schoh/~|händ|sche, der ['vɛʃˌhantʃoˑ / -hɛntʃə] <N.; ~|händ|schohn ['hɛntˌʃoˑn]> {5.4; s. u. ↑Schoh ↑Händ|sche}: Waschhandschuh.

Wäsch|kessel, der ['vɛʃˌkɛsəl] <N.; ~e> {5.4}: Waschkessel.

Wäsch|köch, de ['vɛʃˌkøç] <N.; ~e> {5.4; s. u. ↑Köch}: Waschküche, (übertr.) neblige Umgebung.

Wäsch|korv, der ['vɛʃˌkorf] <N.; ~|körv [-kørˑf]> {5.4; s. u. ↑Korv}: Wäschekorb.

Wäsch|kump, de ['vɛʃˌkʊmp] <N.; ~e/~|kümp> {5.4; s. u. ↑Kump}: Waschschüssel.

Wäsch|lappe, der ['vɛʃˌlapə] <N.; ~> {5.4; s. u. ↑Lappe}: Waschlappen.

Wäsch|maschin, de [ˌvɛʃma'ʃiːn] <N.; ~e> {s. u. ↑Wäsch ↑Maschin}: Waschmaschine.

Wäsch|meddel, et ['vɛʃˌmedəl] <N.; ~(e)> {s. u. ↑wäsche ↑Meddel}: Waschmittel.

Wäsch|polver, et ['vɛʃˌpolˑvɐ] <N.; ~ (Sortenpl.)> {5.4; s. u. ↑Polver}: Waschpulver.

Wäsch|stroß, de ['vɛʃˌʃtrɔˑs] <N.; ~e> {s. u. ↑wäsche ↑Stroß}: Waschstraße; Waschanlage.

Wäsch|wiev, et ['vɛʃˌviːf] <N.; ~er [-viˑvɐ]> {5.4; s. u. ↑Wiev}: Waschweib.

Wäsch|zeddel, der ['vɛʃˌtsɛdəl] <N.; ~e> {s. u. ↑Zeddel}: Waschzettel.

Wäsch|zeug, et ['vɛʃˌtsɔʏfj] <N.; o. Pl.> {s. u. ↑wäsche}: Waschzeug; Utensilien für die Körperpflege.

Wasser, et ['vasɐ] <N.; Wässer (Pl. selten)>: Wasser; *W. op einem sing Müll sin (passen, recht kommen).

Wasser|badd, et ['vasɐˌbat] <N. (o. Pl.)> {s. u. ↑Badd}: Wasserbad, in einem großen Topf o. Ä. befindliches Wasser, in das ein kleineres Gefäß, in dem sich die zuzubereitende Speise befindet, hineingestellt wird.

Wasser|becke, et ['vasɐˌbɛkə] <N.; ~> {s. u. ↑Becke}: Wasserbecken.

Wasser|bedd, et ['vasɐˌbɛt] <N.; ~er> {s. u. ↑Bedd}: Wasserbett.

Wasser|bomb, de ['vasɐˌbomˑp] <N.; ~e> {s. u. ↑Bomb}: Wasserbombe.

Wasser|damf/~|damp, der ['vasɐˌdamf / -damp] <N.; o. Pl.> {s. u. ↑Damf ↑Damp}: Wasserdampf.

wasser|deech ['vasɐˌdeːfj] <Adj.; ~te; ~ter, ~ste> {s. u. ↑deech}: wasserdicht, **1.** für Wasser undurchlässig. **2.** (übertr.) hieb- u. stichfest, unanfechtbar. Tbl. A4.1.1

Wasser|droppe, der ['vasɐˌdrɔpə] <N.; ~> ⟨mhd. tropfen, ahd. tropfon, zu Tropfen⟩> {s. u. ↑Droppe}: Wassertropfen.

wässere ['vɛsərə] <V.; schw.; *han*; wässerte ['vɛsətə]; gewässert [jə'vɛsɛt]> {9.2.1.2}: wässern. (4)

Wasser|emmer, der ['vasɐˌlɛmɐ] <N.; ~e> {s. u. ↑Emmer}: Wassereimer.

Wasser|fall, der ['vasɐˌfal] <N.; ~|fäll [-fɛlˑ]> {s. u. ↑Fall²}: Wasserfall.

Wasser|färv, de ['vasɐˌfɛrˑf] <N.; ~e [-fɛrvə]> {s. u. ↑Färv}: Wasserfarbe.

Wasser|flanz/~|planz, de ['vasɐˌflants / -plants] <N.; ~e> {s. u. ↑Flanz/Planz}: Wasserpflanze.

Wasser|fläsch, de ['vasɐˌflɛʃ] <N.; ~e> {s. u. ↑Fläsch}: Wasserflasche.

Wasser|grave, der ['vasɐˌjraˑvə] <N.; ~|gräve> {s. u. ↑Grave}: Wassergraben.

Wasser|kopp, der ['vasɐˌkɔp] <N.; ~|köpp> {s. u. ↑Kopp}: Wasserkopf; Hydrozephalus.

Wasser|kraff|werk, et ['vasɐˌkrafvɛrk] <N.; ~e> {s. u. ↑Kraff}: Wasserkraftwerk.

Wasser|krog, der ['vasɐˌkroˑx] <N.; ~|krög> {s. u. ↑Krog}: Wasserkrug.

Wasserkühlung/~|köhl|~, de ['vasɐˌkyˑluŋ / -køˑl-] <N.; ~e> {s. u. ↑kühle/köhle}: Wasserkühlung.

Wasser|leich, de ['vasɐˌleɪfj] <N.; ~e> {s. u. ↑Leich}: Wasserleiche.

Wasser|leid|ung, de ['vasɐˌleɪdʊŋ] <N.; ~e>: {6.11.3} Wasserleitung.

Wasser|melon, de ['vasɐmeˌloˑn] <N.; ~e> {s. u. ↑Melon}: Wassermelone.

Wasser|müll, de ['vasɐˌmʏlˑ] <N.; ~e [-mʏlə]> {s. u. ↑Müll¹}: Wassermühle.

Wasser|pistol, de ['vasɐpɪsˌtoˑl] <N.; ~e> {s. u. ↑Pistol}: Wasserpistole.

Wasser|radd, et ['vasɐˌrat] <N.; ~|rädder> {s. u. ↑Radd}: Wasserrad.

Wasser|ratt, de ['vasɐˌrat] <N.; ~e> {s. u. ↑Ratt}: Wasserratte. **1.** Schermaus. **2.** (scherzh.) jmd., der sehr gern schwimmt.

Wasser|rühr/~|röhr, et ['vasɐˌryˑɐ̯ / -røˑɐ̯] <N.; ~e> {s. u. ↑Rühr/Röhr}: Wasserrohr; Leitungsrohr für Wasser.

Wasser|schade, der ['vasɐˌʃaːdə] <N.; ~|schäde> {s. u. ↑Schade}: Wasserschaden.

Wasser|speegel, der ['vasɐˌʃpeˑjəl] <N.; ~e> {s. u. ↑Speegel}: Wasserspiegel.

Wasser|spöl|ung, de ['vasɐˌʃpøˑlʊŋ] <N.; ~e> {5.4}: Wasserspülung.

Wasser|stell, de ['vasɐˌʃtɛlˑ] <N.; ~e [-ʃtɛlə]> {s. u. ↑Stell}: Wasserstelle.

Wasser|stoff|bomb, de ['vasɐʃtɔfˌbomˑp] <N.; ~e> {s. u. ↑Bomb}: Wasserstoffbombe; Kurzwort: H-Bombe.

Wasser|strohl, der ['vasɐˌʃtroˑl] <N.; ~e> {s. u. ↑Strohl}: Wasserstrahl.

Wasser|stroß, de ['vasɐˌʃtroˑs] <N.; ~e> {s. u. ↑Stroß}: Wasserstraße; von Schiffen befahrbares Gewässer als Verkehrsweg.

Wasser|tredde, et ['vasɐˌtredə] <N.; kein Pl.> {s. u. ↑tredde}: Wassertreten.

Wasser|vugel, der ['vasɐˌfʊʁəl / -ˌfuˑl] <N.; ~|vügel [-fyjəl -fyˑl] {s. u. ↑Vugel}: Wasservogel.

Wasser|vürrod/~|vör|~, der ['vasɐˌfy(ɐ̯)roˑt / -ˌføː(ɐ̯)-] <N.; ~|röd [-rœˑt]>: Wasservorrat.

Wasserwäg, der ['vasɐˌvɛːfj] <N.; ~/~e [-vɛˑfj / -vɛˑjə]> {s. u. ↑Wäg}: Wasserweg.

Wasser|well, de ['vasɐˌvɛlˑ] <N.; ~e [-vɛlə]> {s. u. ↑Well}: Wasserwelle.

Wasser|werf|er/~|wirf|~, der ['vasɐˌvɛrfɐ / -vɪrf-] <N.; ~> {s. u. ↑werfe/wirfe}: Wasserwerfer.

Wasser|woog, de ['vasɐˌvoːx] <N.; ~e> {s. u. ↑Woog}: Wasserwaage.

Wasser|zeiche, et ['vasɐˌtseɪçə] <N.; ~> {s. u. ↑Zeiche}: Wasserzeichen (als Markenzeichen einer Papiermühle, von Banknoten).

Wasser|zupp, de ['vasɐˌtsʊp] <N.; ~e> {s. u. ↑Zupp}: Wassersuppe; wässrige Suppe, die kaum Nährwert hat.

wasses! ['vasəs] <Interj.>: Ausruf des Erschreckens od. Erstaunens.

wat[1] [vat] <Interrogativpron.; Neutr. Nom. u. Akk.> {6.10.2}: was: *W. es dat dann?* (W. ist das denn?); *wat för ene, en, e* (welcher, welche, welches). Tbl. P6.1

wat[2] [vat] <Relativpron.; 3. Pers. Nom. u. Akk. (nicht auf Personen bezogen), indekl., sonst: ↑wä[2]> {6.10.2}: was; dasjenige/alles, was, **1.** <Nom.>: *W. uns nit gehööt, looße mer do.* (W. (Dasjenige/Alles, was) uns nicht gehört, lassen wir da.). **2.** <Akk.>: *W. mer nit verstonn, lese mer nit.* (W. (Dasjenige/Alles, was) wir nicht verstehen, lesen wir nicht.). Tbl. P4

wat[3] [vat] <Adv.> {6.10.2}: was, **1.** warum: *W. rägs do dich esu op?* (W. regst du dich so auf?). **2. a)** wie: *W. häs do dich verändert!* (Was hast du dich verändert!); **b)** inwiefern: *W. stürt dich dat?* (Inwiefern stört dich das?). **3.** wie (beschaffen), in welchem Zustand: *Weiß do, w. do bes? Stinkfuul!* (Weißt du, was du bist? Stinkfaul!).

wate ['vaːtə] <V.; schw.; sin; gewat [jə'vaːt]>: waten. (201)

watsche ['vaːtʃə] <V.; schw.; han; watschte ['vaːtʃtə]; gewatsch [jə'vaːtʃ]> {5.2.1}: watschen, ohrfeigen [auch: ↑erunder|haue/erunger|~, ↑klätsche (1), ↑klatsche (2), ↑lange, ↑latsche (2), ↑scheuere, ↑tachtele, ↑tatsche, ↑titsche (2), ↑zoppe (2), *einem e paar ↑trecke, *einem eine ↑schmiere/ schmeere]. (110)

watschele ['vadʒələ] <V.; schw.; sin; watschelte ['vadʒəltə]; gewatschelt [jə'vadʒəlt]> {6.10.1; 9.2.1.2}: watscheln, wackeln. (6)

Watt, de [vat] <N.; ~e (Sortenpl.)> {8.3.1}: Watte.

Weber|scheff|che, et ['veːbɐˌʃefjə] <N.; i. best. Komposita *web-*, sonst ↑wevve; ~r> {11; s. u. ↑Scheff}: Weberschiffchen; längliches, an beiden Enden spitz zulaufendes Gehäuse für die Spule des Schussfadens.

Web|fähler, der ['veːpˌfɛːlɐ] <N.; i. best. Komposita *web-*, sonst ↑wevve; ~> {11; s. u. ↑Fähler}: Webfehler. **1.** falsch gewebte Stelle in einer Webarbeit. **2.** geistiger Defekt.

Web|gaan, et ['veːpˌjaːn] <N.; i. best. Komposita *web-*, sonst ↑wevve; ~e> {11; s. u. ↑Gaan}: Webgarn.

Web|kant, de ['veːpˌkant] <N.; i. best. Komposita *web-*, sonst ↑wevve; ~e> {11; s. u. ↑Kant}: Webkante.

Web|stohl, der ['veːpˌʃtoːl] <N.; i. best. Komposita *web-*, sonst ↑wevve; ~|stöhl> {11; s. u. ↑Stohl[1]}: Webstuhl.

Weck|deens, der ['vɛkˌdeːns] <N.; ~te> {s. u. ↑Deens}: Weckdienst.

wecke ['vɛkə] <V.; schw.; han; weckte ['vɛktə]; geweck [jə'vɛk]>: wecken, erwecken. (88)

Wecke, der ['vekə] <N.; ~> {5.5.2}: Wicke.

Weckel, der ['vekəl] <N.; ~e> {5.5.2}: Wickel, **1.** Umschlag: *ene wärme W. öm de Bross* (einen warmen W. um die Brust). **2.** etw. Gewickeltes, Zusammengerolltes. **3.** *einer/jet beim W. han/krige* (jmdn./etw. beim W. haben/kriegen; jmdn. packen/ergreifen).

Weckel|desch, der ['vekəlˌdeʃ] <N.; ~(e)> {s. u. ↑weckele ↑Desch}: Wickeltisch.

Weckel|ditz|che, et ['vekəlˌdɪtsjə] <N.; ~r> {5.5.2}: Wickelkind, Baby [auch: ↑Weckel|kind].

weckele ['vekələ] <V.; schw.; han; weckelte ['vekəltə]; geweckelt [jə'vekəlt]> {5.5.2; 9.2.1.2}: wickeln. (6)

Weckel|kind, et ['vekəlˌkɪnt] <N.; ~er> {5.5.2}: Wickelkind [auch: ↑Weckel|ditz|che].

Weckel|kleid, et ['vekəlˌkleɪt] <N.; ~er> {s. u. ↑weckele ↑Kleid}: Wickelkleid.

Weckel|kommod, de ['vekəlkoˈmoːt] <N.; ~e> {s. u. ↑weckele ↑Kommod}: Wickelkommode.

Weckel|rock, der ['vekəlˌrɔk] <N.; ~|röck> {s. u. ↑weckele ↑Rock}: Wickelrock; um die Hüfte gewickelter u. gebundener Rock.

Weck|glas®, et ['vɛkˌjlaːs] <N.; ~|gläser [-ˌjlɛːzə]> {s. u. ↑Glas}: Weckglas®; Einweckglas, Einmachglas.

Weck|ring, der ['vɛkˌrɪŋ] <N.; ~ [-rɪŋˑ]> {s. u. ↑Ring[1]}: Weckring; Einweckgummi, Einmachring.

Weck|rof, der ['vɛkˌroːf] <N.; ~e> {s. u. ↑Rof}: Weckruf.

Weck|schnapp, de ['vɛkˌʃnap] <N.; Eigenn.>: Eigtl. volkst. Name für den Wach- u. Hungerturm der Kuniberts-Torburg, der 1784 bei einem starken Eisgang zerstört wurde, später auch übertr. auf den bis heute erhaltenen Kunibertsturm, auch einfach ↑Töön|che genannt. Der Sage nach gab es in dem Wachturm ein Verlies, in dem ein Weck von der Decke hing. Wenn der Gefangene danach sprang, um ihn zu schnappen, fiel er in einen Schacht mit scharfen Messern, von denen er zerfleischt wurde.

Wedd, de [vɛt] <N.; ~e> {6.11.3; 8.3.1}: Wette.

wedde ['vɛdə] <V.; schw.; *han*; gewedt [jə'vɛt]> {6.11.3}: wetten. (111)

wedd|eifere ['vɛt,ˌaɪfərə] <nicht trennb. Präfix-V.; i. best. Komposita *eifere*, sonst ↑*iefere*; schw.; *han*; wedd|eiferte ['vɛt,ˌaɪfətə] gewedd|eifert [jə'vɛt,ˌaɪfet]> {11; s. u. ↑*wedde*}: wetteifern; danach streben, andere zu übertreffen, zu überbieten. (4)

Wedder, et ['vɛdɐ] <N.; kein Pl.> {6.11.3}: Wetter

Wedder|che, et ['vɛdɐɲə] <N.; o. Pl.> {6.11.3}: Wetterchen; besonders gutes Wetter.

Wedder|deens, der ['vɛdɐˌdeːns] <N.; ~te> {s. u. ↑Wedder ↑Deens}: Wetterdienst.

Wedder|godd, der ['vɛdɐˌjɔt] <N.; ~|gödder> {s. u. ↑Wedder ↑Godd¹}: Wettergott.

Wedder|hahn, der ['vɛdɐˌhaːn] <N.; ~|hähn> {s. u. ↑Wedder ↑Hahn}: Wetterhahn.

Wedder|hüüs|che, et ['vɛdɐˌhyːsjə] <N.; ~r> {s. u. ↑Wedder ↑Huus}: Wetterhäuschen.

Wedder|kaat, de ['vɛdɐˌkaːt] <N.; ~e> {s. u. ↑Wedder ↑Kaat}: Wetterkarte.

Wedder|leuchte, et ['vɛdɐˌlɔyɸtə] <N.; kein Pl.> {s. u. ↑Wedder}: Wetterleuchten.

Wedder|regel/~|rägel, de ['vɛdɐˌreːjəl / -ˌrɛːjəl] <N.; ~e> {s. u. ↑Wedder ↑Regel/Rägel}: Wetterregel; Bauernregel.

Wedd|fahrt, de ['vɛtˌfaːt] <N.; ~e> {s. u. ↑wedde ↑Fahrt}: Wettfahrt; Fahrt um die Wette.

Wedd|iefer, der ['vɛtˌliːfɐ] <N.; kein Pl.> {s. u. ↑wedde ↑Iefer}: Wetteifer; Bestreben, andere zu übertreffen, zu überbieten.

Wedd|kamf, der ['vɛtˌkamf] <N.; ~|kämf> {s. u. ↑wedde ↑Kamf}: Wettkampf.

Wedd|kämf|er, der ['vɛˈkɛmfɐ] <N.; ~> {s. u. ↑kämfe}: Wettkämpfer.

Wedd|lauf, der ['vɛtˌlou̯f] <N.; ~|läuf> {s. u. ↑wedde ↑Lauf¹}: Wettlauf.

Wedd|renne, et ['vɛtˌrɛnə] <N.; ~> {s. u. ↑wedde ↑renne¹}: Wettrennen; Wettlauf.

Wedd|röste, et ['vɛtˌrøstə] <N.; kein Pl.> {s. u. ↑wedde ↑röste¹}: Wettrüsten: atomares W..

Wedd|strigg, der ['vɛtˌʃtrɪk] <N.; ~e> {s. u. ↑wedde ↑Strigg}: Wettstreit.

Weech, et u. der [veːɸ] <N.; ~te; ⟨mhd., ahd. wiht⟩> {5.2.1.2}: Wicht. **1.** <et> Kind, Mädchen (als Ausdruck von Zärtlichkeit). **2.** <der> (abw.) männl. Person (die man verachtet). **3.** <et> Wicht, Wichtelmännchen.

weede¹/wääde¹ ['veːdə / 'vɛːdə] <V.; st.; *sin*; woodt [voːt]; (ge)woode [(jə)'voːdə]> {5.4; 5.2.1}: werden, <präd.>: *Dä es widder Vatter gewoode.* (Er ist wieder Vater geworden.); **ärm w.* (verarmen); **blass w.* (verblassen); **deechter w.* (verdichten); **deck w.* (verdicken); **düürer/döörer w.* (verteuern); **fäädig w.* (enden); **wach w.* (aufwachen); **winniger w.* (sich vermindern, geringer werden; sich abschwächen, weniger werden; sich verringern); **gewahr w.* (erfahren, in Erfahrung bringen); **schal w.* (schal w., verschalen); **dreck(el)ig w.* (verschmutzen). (202) (198)

weede²/wääde² ['veːdə / 'vɛːdə] <V.; Hilfsverb; st.; *sin*; woodt [voːt]; (ge)woode [(jə)'voːdə]> {5.2.1.1.2}: werden, **1.** <mit Inf.>: *Hä weed ald sinn, wat e dovun hät.* (Er wird schon sehen, was er davon hat.). **2.** <Part. Perf.>: *Ich ben hügg avgehollt woode.* (Ich bin heute abgeholt worden.); **bestrof w.* (strafbar sein): *Dat weed bestrof.* (Das ist strafbar.). (202) (198)

Weeg, de [veːɸ] <N.; ~e ['veːjə]> {5.1.4.3; 8.3.1}: Wiege.

weege¹ ['veːjə] <V.; schw.; *han*; weegte ['veːɸtə] geweeg [jə'veːɸ]> {5.1.4.3}: wiegen, schaukeln, sanft hin u. her bewegen. (203)

weege²/wooge ['veːjə / 'vɔːʀə] <V.; schw./st.; *han*; Formen von ↑weege² u. ↑wooge sind mischbar weegte ['veːɸtə]; geweeg [jə'veːɸ]> {5.1.4.3}: wiegen, **1.** ein best. Gewicht haben. **2.** ein Gewicht mit einer Waage bestimmen. (203) (212)

Weege|leed, et ['veːjəˌleːt] <N.; ~er> {s. u. ↑Weeg ↑Leed}: Wiegenlied; Schlaflied.

Weet, der [veːt] <N.; ~e> {5.2.1.1.1}: Wirt.

Weet|schaff, de ['veːtˌʃaf] <N.; ~|schafte> {5.2.1.1.1}: Wirtschaft. **1.** Gasthaus, Gaststätte, Kneipe. **2.** Gesamtheit der Einrichtungen u. Maßnahmen, die sich auf Produktion u. Konsum von Wirtschaftsgütern beziehen.

Weet|schaffs|thek, de ['veːtʃafsˌteːk] <N.; ~e> {s. u. ↑Weet|schaff ↑Thek}: Wirtschaftstheke.

weet|schafte ['veːtˌʃaftə] <V.; schw.; *han*; geweetschaff [jə'veːtˌʃaf]> {5.2.1.1.1; 5.4}: wirtschaften. (89)

Weets|frau, de ['ve:ts̩‚frau̯·] <N.; ~e> {9.1.2; s. u. ↑Weet}: Wirtin.

Weets|huus, et ['ve:ts̩‚hu:s] <N.; ~|hüüser [-hy·zɐ]> {s. u. ↑Weet ↑Huus}: Wirtshaus.

Weets|lück ['ve:ts̩‚lʏk] <N.; Pl.> {s. u. ↑Weet ↑Lück¹}: Wirtsleute.

Wegg, der [vɛk] <N.; ~e ['vɛgə]> {6.6.1}: Weck, Wecken, längliches süßes Weizenbrot/-brötchen, Weizenkuchen.

Wegg|che, et ['vɛkçə] <N.; ~r> {6.6.1}: Milchbrötchen, Weckchen.

Wegge|mann, der ['vɛgə‚man] <N.; ~|männer> {9.1.1; s. u. ↑Wegg}: Weckmann, süßes Weizenbrot in Form eines Männchens mit zwei Rosinen als Augen u. einer Tonpfeife im Arm; gibt es in der Vorweihnachtszeit vom Martinstag an.

wehe ['ve·ə] <V.; schw.; han; wehte ['ve:tə]; geweht [jə've:t]>: wehen. (37)

Wehr [ve·ɐ̯] <N.; nur i. d. Vbdg. en der W.>: **1.** zur Stelle: *Der Pitter es ald en aller Herrgoddsfröh en der W.* (Peter ist schon in aller Herrgottsfrühe zur Stelle.). **2.** tatbereit, einsatzbereit.

Wehr|deens, der ['ve:ɐ̯‚de·ns] <N.; o. Pl.> {s. u. ↑Deens}: Wehrdienst.

wehre/werre, sich ['ve:rə / 'verə] <V.; werre veraltet; schw.; han; wehrte ['ve:ɐ̯tə]; gewehrt [jə've:ɐ̯t]> {(5.3.4; 5.5.2)}: sich wehren. (31) (107)

Wehr|flich, de ['ve:ɐ̯‚flɪç] <N.; o. Pl.> {s. u. ↑Flich}: Wehrpflicht.

Wehr|maach, de ['ve:ɐ̯‚ma:x] <N.; o. Pl.> {s. u. ↑Maach¹}: Wehrmacht; Gesamtheit der Streitkräfte eines Staates.

weich [veɪ̯ç] <Adj.; ~e; ~er, ~ste>: weich, **1.** nicht hart/fest/stabil; zart, geschmeidig; sanft [auch: ↑mangs]. **2.** psychisch instabil, leicht zu beeinflussen; nicht streng. **3.** warm klingend; als warm empfunden: *Ehr Stemm hät ene ~e Klang.* (Ihre Stimme hat einen ~en Klang); *e w. Leech* (ein ~es Licht). Tbl. A1

Weich, de [veɪ̯ç] <N.; ~e> {8.3.1}: Weiche.

weich gekoch ['veɪ̯ç‚jə‚kɔx] <Adj.; ~te> {s. u. ↑weich ↑koche}: weich gekocht. Tbl.4.1.1

weich geklopp ['veɪ̯ç‚jə‚klɔp] <Adj.; ~te> {s. u. ↑weich ↑kloppe}: weich geklopft. Tbl.4.1.1

weiche¹ ['veɪ̯çə] <V.; schw.; sin; weichte ['veɪ̯çtə]; geweich [jə'veɪ̯ç]>: weichen, (durch Liegen in Flüssigkeit od. Ä.) weich werden: *de Wäsch e paar Stund w. looße* (die Wäsche einige Stunden w. lassen). (123)

weiche²/wiche ['veɪ̯çə / 'vɪçə] <V.; st.; sin; wech [vɛç]; geweche [jə'veçə]>: weichen, **1.** sich von jmdm./etw. entfernen; weggehen, abkehren: *Hä dät nit vun ehrer Sigg w.* (Er wich nicht von ihrer Seite.). **2.** (bes. einer Übermacht od. Ä.) Platz machen, das Feld räumen: *Se mooten dem Feind w.* (Sie mussten dem Feind w.). **3.** allmählich nachlassen, seine Wirkung verlieren: *De Angs wor vun im geweche.* (Die Angst war von ihm gewichen.). (161) (187)

Weiche|stell|er, der ['veɪ̯çə‚ʃtɛlɐ] <N.; ~> {s. u. ↑Weich ↑stelle¹}: Weichensteller; Weichenwärter.

weich|hätz|ig ['veɪ̯ç‚hɛtsɪç] <Adj.; ~e; ~er, ~ste>: weichherzig. Tbl. A5.2

Weich|spöl|er, der ['veɪ̯ç‚ʃpø·lɐ] <N.; ~> {s. u. ↑weich ↑spöle}: Weichspüler.

Weich|spöl|meddel, et ['veɪ̯ç‚ʃpø·l‚medəl] <N.; ~(e)> {s. u. ↑weich ↑spöle ↑Meddel}: Weichspülmittel.

Weid/Wigg¹, de [veɪ̯t / vɪk] <N.; ~e> {8.3.1}: Weide, Grasfläche.

weide/wigge² ['veɪ̯də / 'vɪgə] <V.; schw.; han; weidte ['veɪ̯tə]; geweidt [jə'veɪ̯t]>: weiden, **1.** grasen. **2.** <sich w. an> sich an etw. (bes. einem schönen Anblick) erfreuen. (197) (208)

weid|ge|rääch ['vaɪ̯t‚jərɛ:ç] <Adj.; ~te; ~ter, ~ste> {s. u. ↑ge|rääch}: weidgerecht. Tbl. A4.1.1

weigere, sich ['vaɪ̯jərə] <V.; schw.; han; weigerte ['vaɪ̯jɐtə]; geweigert [jə'vaɪ̯jɐt]; ⟨mhd. weigern, ahd. weigeron, zu mhd. weiger, ahd. weigarn⟩>: sich weigern, ablehnen, etw. Bestimmtes zu tun. (4)

Weih, de [veɪ̯·] <N.; ~e> {8.3.1}: Weihe.

weihe ['veɪ̯ə] <V.; schw.; han; weihte ['veɪ̯tə]; geweiht [jə'veɪ̯t]>: weihen. (37)

Weiher, der ['vaɪ̯·ɐ] <N.; ~e>: Weiher.

Weih|nachte, et ['vaɪ̯‚naxtə] <N.; ~ (Pl. selten)>: Weihnachten [auch: ↑Chress|naach, ↑Chress|dag].

Weih|nachts|en|kauf, der ['vaɪ̯naxts‚enkoʊ̯f] <N.; ~|käuf (meist Pl.)> {s. u. ↑Weihnachte ↑En|kauf}: Weihnachtseinkauf.

Weih|nachts|ferie ['vaɪ̯naxts‚fe:rijə] <N.; Pl.> {s. u. ↑Weihnachte ↑Ferie}: Weihnachtsferien.

Weih|nachts|fier/~|feer, de ['vaɪ̯naxts‚fi:ɐ̯ / -‚fe:ɐ̯] <N.; ~e> {s. u. ↑Weihnachte ↑Fier/Feer}: Weihnachtsfeier.

Weihnachts|ge|schäff, et ['vaɪnaxt͡sjə͜ˌʃɛf] <N.; o. Pl.> {s. u. ↑Weihnachte ↑Geschäff}: Weihnachtsgeschäft.

Weihnachts|krepp, de ['vaɪnaxt͡sˌkrɛp] <N.; ~e; ~che> {s. u. ↑Weihnachte ↑Krepp}: Weihnachtskrippe.

Weihnachts|leed, et ['vaɪnaxt͡sˌle·t] <N.; ~er; ~che> {s. u. ↑Weihnachte ↑Leed}: Weihnachtslied.

Weihnachts|maat, der ['vaɪnaxt͡sˌmaːt] <N.; ~|määt> {s. u. ↑Weihnachte ↑Maat}: Weihnachtsmarkt.

Weih|nachts|plätz|che, et ['vaɪnaxt͡sˌplɛt͡sjə] <N.; ~r> {s. u. ↑Weihnachte ↑Plätz|che}: Weihnachtsplätzchen, Weihnachtsgebäck.

Weihnachts|stään, der ['vaɪnaxt͡sˌʃtɛ·n] <N.; ~e> {s. u. ↑Weihnachte ↑Stään}: Weihnachtsstern. **1.** Stern aus buntem Papier, Stroh o. Ä., bes. als Schmuck des Weihnachtsbaums. **2.** Pflanze mit sternförmig ausgebreiteten, meist roten Hochblättern, die zur Weihnachtszeit blüht.

Weihnachts|zigg, de ['vaɪnaxt͡sˌt͡sɪk] <N.; o. Pl.> {s. u. ↑Weihnachte ↑Zigg}: Weihnachtszeit.

Weih|rauch, der ['veɪˌrɔʊx] <N.; o. Pl.>: Weihrauch.

Weih|wasser, et ['veɪˌvasɐ] <N.; o. Pl.>: Weihwasser.

weil [veɪl] <Konj.; unterordn.>: weil.

Wein|geis, der ['vaɪnˌjeɪs] <N.; i. best. Komposita *Wein*, sonst ↑Wing¹; o. Pl.> {11; s. u. ↑Geis³}: Weingeist.

Wein|gummi, der od. et ['vaɪnˌjʊmi] <N.; i. best. Komposita *Wein*, sonst ↑Wing¹; ~s> {11}: Weingummi.

Weis|heit, de ['vaɪshɛɪt] <N.; ~e>: Weisheit.

Weize, der ['veɪt͡sə] <N.; ~ (Sortenpl.)>: Weizen [auch: *Weiß* (veraltend)].

Weize|bier, et ['veɪt͡səˌbi·ɐ̯] <N.; ~e (Sortenpl.)> {s. u. ↑Weize ↑Bier²}: Weizenbier; Weißbier; helles Bier.

Weize|brud, et ['veɪt͡səˌbru·t] <N.; ~e> {s. u. ↑Weize ↑Brud}: Weizenbrot.

Weize|feld, et ['veɪt͡səˌfɛlt] <N.; ~er> {s. u. ↑Weize}: Weizenfeld; Getreidefeld.

Weize|kiem, der ['veɪt͡səˌkiːm] <N.; ~e> {s. u. ↑Kiem²}: Weizenkeim.

Weize|koon, et ['veɪt͡səˌkɔːn] <N.; ~|kööner> {s. u. ↑Weize ↑Koon¹}: Weizenkorn.

Weize|mähl, et ['veɪt͡səˌmɛːl] <N.; ~e (Sortenpl.)> {s. u. ↑Mähl}: Weizenmehl.

weld/wild [vɛlt / vɪlt] <Adj.; ~e; ~er; ~este> {5.5.2}: wild, nicht domestiziert; nicht kultiviert; nicht kultiviert; im natürlichen Zustand belassen; *~e **Wing** (~er Wein); *w. **Füür** (roter Hautausschlag). Tbl. A2.1

Weld/Wild, et [vɛlt / vɪlt] <N.; kein Pl. ⟨mhd. wilt⟩> {5.5.2}: Wild.

Weld|ent/Wild|~, de ['vɛltˌɛnt / 'vɪlt-] <N.; ~e> {s. u. ↑weld/wild ↑Ent}: Wildente; wild lebende Ente, bes. Stockente.

weldere/wildere ['vɛl·dərə / 'vɪl·dərə] <V.; schw.; *han*; welderte ['vɛl·dɛtə]; geweldert [jə'vɛl·dɛt]> {5.5.2; 9.2.1.2}: wildern. (4)

Weld|fang/Wild|~, der ['vɛltˌfaŋ / vɪlt-] <N.> {s. u. ↑weld/wild}: Wildfang.

weld|fremb/wild|~ ['vɛlt'frɛmp / vɪlt-] <Adj.; ~|fremde [-frɛmdə]> {s. u. ↑weld/wild ↑fremb}: wildfremd, unbekannt. Tbl. A4.2.4

Weld|höder/Wild|~, der ['vɛltˌhøˑdɐ / 'vɪlt-] <N.; ~> {s. u. ↑weld/wild ↑höde}: Wildhüter.

Weld|katz/Wild|~, de ['vɛltˌkat͡s / 'vɪlt-] <N.; ~e> {s. u. ↑weld/wild ↑Katz}: Wildkatze.

Weld|kning/Wild|~, et ['vɛltˌknɪŋ / 'vɪlt-] <N.; ~s> {s. u. ↑weld/wild ↑Kning}: Wildkaninchen.

Weld|ledder/Wild|~, et ['vɛldˌlɛdɐ / 'vɪlt-] <N.; ~ (Sortenpl.)> {s. u. ↑weld/wild ↑Ledder}: Wildleder.

Weld|nis/Wild|~, de ['vɛltnɪs / vɪlt-] <N.; o. Pl. ⟨mhd. wiltnisse⟩> {s. u. ↑weld/wild}: Wildnis.

Weld|pääd/Wild|~, et ['vɛltˌpɛːt / 'vɪlt-] <N.; ~er [-pɛˑdə]> {s. u. ↑weld/wild ↑Pääd}: Wildpferd.

Weld|sau/Wild|~, de ['vɛltˌzɔʊ / 'vɪlt-] <N.; ~|säu [-zɔʏ·]> {s. u. ↑Weld/Wild ↑Sau}: Wildsau. **1.** weibl. Wildschwein. **2.** (Schimpfw.) Schwein.

Weld|wähßel/Wild|~, der ['vɛltˌvɛːsəl / 'vɪlt-] <N.; ~e> {s. u. ↑Weld/Wild ↑Wähßel}: Wildwechsel.

Weld|wess/Wild|~ [ˌvɛlt'vɛs / ˌvɪlt-] <N.; o. Art.; o. Pl.> {s. u. ↑weld/wild ↑Wess}: Wildwest; der Wilde Westen.

Weld|wess|film/Wild|~, der [vɛlt'vɛsˌfɪlm / vɪlt-] <N.; ~ [-fɪl·m]> {s. u. ↑weld/wild ↑Wess ↑Film}: Wildwestfilm; Western.

welk [vɛlk] <Adj.; ~e>: welk, nicht mehr frisch. Tbl. A1

welke ['vɛlkə] <V.; schw.; *han*; welkte ['vɛlktə]; gewelk [jə'vɛlk]>: welken. (41)

Well, de [vɛl·] <N.; ~e ['vɛlə] {8.3.1}: Welle.

Welle, der ['vɛlə] <N.; kein Pl.> {5.5.2}: Wille.

welle¹/wolle¹ ['vɛlə / 'vɔlə] <V.; unr.; *han*; wollt [vɔlt]; gewollt [jə'vɔlt]> {5.5.2}: wollen, **1.** beabsichtigen, den Wunsch haben, etw. zu tun: *Se wollte an de Sie.* (Sie wollten ans Meer.); ***einem jet w.** (etw. Übles gegen jmdn. im Sinne haben, gegen jmdn. intregieren, ihm schaden). **2.** begehren, zu bekommen wünschen: *Hä wollt mih Geld.* (Er wollte mehr Geld.) [auch: ↑be|gehre/~|gerre; ↑ge|löste; *op einer/jet erpich/jeck/ versesse sin; einem en der Nas steche*]. (204) (211)

welle²/wolle² ['velə / 'volə] <V.; Modalverb; unr.; *han*; w**o**llt [volt]; gewollt [jə'volt] {5.5.2}: wollen, beabsichtigen, wünschen: *Ich well heim gonn.* (Ich will heim gehen.); *Wells de metgonn?* (Willst du mitgehen?). (204) (211)

welle³ ['velə] <V.; schw.; *han*; wellte ['velˑtə]; gewellt [jə'velˑt]>: wellen, **1.** wellig forme: *Blech för e Daach w.* (Blech für ein Dach w.). **2.** <sich w.> wellenförmige Erhebungen aufweisen: *Der Teppich dät sich an einer Sigg w.* (Der Teppich hat sich an einer Seite gewellt.). (91)

Welle|badd, et ['velˑə‚bat] <N.; ~|bäder [-‚bɛˑdə (unr. Pl.)]> {s. u. ↑Well ↑Badd}: Wellenbad.

Welle|bewäg|ung, de ['velˑəbə've·jʊŋ] <N.; ~e> {s. u. ↑Well; 5.4}: Wellenbewegung.

Welle|gang, der ['velˑə‚jaŋ] <N.; o. Pl.> {s. u. ↑Well ↑Gang¹}: Wellengang.

Wellem ['velǝm] <N.; männl. Vorn.>: Kurzf. von Wilhelm.

Welle|rigge, et ['velˑə‚rɪɡə] <N.; o. Pl.> {s. u. ↑Well ↑rigge}: (Sport) Wellenreiten; Surfing.

well|ig¹ ['velɪŋ] <Adj.; ~e, ~er, ~ste> {5.5.2}: willig, gewillt, bereit. Tbl. A5.2

well|ig² ['velɪŋ] <Adj.; ~e, ~er, ~ste>: wellig, in Wellen verlaufend, wellenförmig. Tbl. A5.2

well|kumme [vel'kʊmə] <Adj.; ~; ~ner, ~nste> {5.5.2}: willkommen. Tbl. A3.2

Well|kür, de [vel‚kyɐ̯] <N.; o. Pl.> ⟨mhd. wil(le)kür⟩ {s. u. ↑Welle}: Willkür.

well|kür|lich ['velky·ɐ̯lɪŋ] <Adj.; ~e> {5.5.2}: willkürlich, **1.** zufällig, beliebig, wahllos. **2.** bewusst, absichtlich, vorsätzlich. Tbl. A1

Well|mod, der ['vel‚moˑt] <N.; kein Pl.> {s. u. ↑Mod}: Übermut.

well|möd|ig ['velmø·dɪŋ] <Adj.; ~e; ~er, ~ste> {5.5.2}: übermütig. Tbl. A5.2

Well|papp, de ['velˑ‚pap] <N.; ~e> {s. u. ↑Papp³}: Wellpappe.

Welt|bess|zigg, de ['velt‚bɛstsɪk] <N.; ~e> {s. u. ↑bess ↑Zigg}: Weltbestzeit.

welt|fremb ['velt‚fremp] <Adj.; ~|fremde [-fremdə]; ~|fremder, ~ste -fremde / -frempstə]> {s. u. ↑fremb}: weltfremd, unrealistisch. Tbl. A4.2.4

Welt|fridde, der ['velt‚frɪdə] <N.; o. Pl.> {s. u. ↑Fridde}: Weltfrieden.

Welt|kaat, de ['velt‚kaːt] <N.; ~e> {s. u. ↑Kaat}: Weltkarte.

Welt|kreeg, der ['velt‚kreˑʃ] <N.; ~e> {s. u. ↑Kreeg}: Weltkrieg.

Welt|kugel, de ['velt‚kuːʀəl] <N.; o. Pl.> {s. u. ↑Kugel}: Weltkugel; Globus.

Welt|maach, de ['velt‚maːx] <N.; ~|määchte> {s. u. ↑Maach¹}: Weltmacht.

Welt|maat, der ['velt‚maːt] <N.; ~|määt> {s. u. ↑Maat}: (Wirtsch.) Weltmarkt; Markt für Handelsgüter, der sich aus der Wechselwirkung der nationalen Märkte im Rahmen der Weltwirtschaft ergibt.

Welt|meister|schaff, de ['velt‚meɪstɐʃaf] <N.; ~|schafte>: Weltmeisterschaft.

Welt|raum|scheff, et ['velt‚ʀoʊmʃef] <N.; ~e> {s. u. ↑Raum ↑Scheff}: Weltraumschiff.

Welt|reich, et ['velt‚reɪʃ] <N.; i. best. Komposita *Reich*, sonst ↑Rich; ~e> {11}: Weltreich.

Welt|reis, de ['velt‚reɪ̯s] <N.; ~e> {s. u. ↑Reis}: Weltreise; Reise um die Welt.

Welt|sproch, de ['velt‚proˑx] <N.; ~e> {s. u. ↑Sproch¹}: Weltsprache.

Welt|unger|gang/~|under|~, der ['velt‚ʊŋɐjaŋ / -ʊndɐ-] <N.; ~|gäng [-‚jɛŋˑ]> {s. u. ↑Ungergang/Under-}: Weltuntergang.

welt|wigg ['velt'vɪk] <Adj.; ~e> {s. u. ↑wigg}: weltweit, die gante Welt umfassend. Tbl. A1

Welt|zigg, de ['velt‚tsɪk] <N.; o. Pl.> {s. u. ↑Zigg}: Weltzeit; zum nullten Längengrad (Meridian von Greenwich) gehörende Uhrzeit, die die Basis der Zonenzeiten bildet; Abk.: WZ.

Wend, de [vɛnˑt] <N.; ~e> {8.3.1}: Wende.

wende ['vɛnˑdə] <V.; unr.; *han*; wandt [vant]; gewandt/ gewendt [jə'vant / jə'vɛnˑt]>: wenden, **1.** umdrehen, die Richtung während der Fortbewegung ändern (in dieser Bed. wird „gewendt" gebraucht; das Prät. ist ungebr.): *der Brode w.* (den Braten w.); *Do kanns de nit w.!* (Da kannst du nicht w.!) [auch: ↑eröm|drihe]. **2.** <sich w. an> um Hilfe bitten: *sich an de Schmier w.* (sich an die

Polizei w.). **3. *Do muss dich ens w. looße!** (Du bist verrückt.). (205)
Wendel|trapp/~|trepp, de ['vɛn·dəl,trap / -trɛp] <N.; ~e> {s. u. ↑Trapp ↑Trepp}: Wendeltreppe.
Werbe|meddel, et ['vɛrbə,medəl] <N.; ~(e)> {s. u. ↑Meddel}: Werbemittel.
Werbe|sproch, der ['vɛrbə,ʃprox] <N.; ~|spöch> {s. u. ↑Sproch²}: Werbespruch; Werbeslogan.
Werbe|tex, der ['vɛrbə,tɛks] <N.; ~te> {s. u. ↑Tex}: Werbetext.
Werb|ungs|koste ['vɛrbʊŋs,kɔstə] <N.; Pl.> {s. u. ↑Koste}: Werbungskosten.
Werde|gang, der ['ve:ɐ̯də,jaŋ] <N.; i. best. Komposita *werde*, sonst ↑weede/wääde; ~|gäng [-jɛŋ·] (Pl. selten)> {11; s. u. ↑Gang¹}: Werdegang.
Werf, de [vɛrf] <N.; Werfte ['vɛrftə]> {8.3.5}: Werft.
Werf|arbeid|er, der ['vɛrf,arbeːɐ̯·də] <N.; ~> {s. u. ↑Werf ↑Arbeid|er}: Werftarbeiter.
werfe/wirfe ['verfə / 'vɪrfə] <V.; st.; *han*; worf [vorf]; geworfe [jə'vorfə]> {5.5.2}: werfen; ***jet üvver der Haufe w.** (etw. umstoßen/zunichte machen/verwerfen/abwandeln). (206)
Werk|dag, der ['vɛrk,da:x] <N.; ~|däg/~e [-dɛ·ɟ / -da·ʁə]> {s. u. ↑Dag}: Werktag.
werk|dags ['vɛrk,da·(x)s] <Adv.> {6.11.1}: werktags.
Werks|hall, de ['vɛrks,hal·] <N.; ~e [-halə]> {s. u. ↑Hall¹}: Werkhalle.
Werks|aaz, der ['vɛrk,a:ts] <N.; ~|ääz> {s. u. ↑Aaz}: Werkarzt.
Werk|statt, de ['vɛrk,ʃtat] <N.; ~|stätt>: Werkstatt.
Werk|stöck, et ['vɛrk,ʃtøk] <N.; ~/~e/~er> {s. u. ↑Stöck}: Werkstück; Gegenstand, der noch (weiter) handwerklich od. maschinell verarbeitet werden muss.
Werk|zeug|kaste, der ['vɛrktsɔyɟ,kastə] <N.; ~|käste> {s. u. ↑Kaste}: Werkzeugkasten.
werre/wehre, sich ['verə / 've:rə] <V.; *werre* veraltet; unr.; *han*; wehrte av ['ve:ɐ̯tə]; ~|gewehrt [-jə·ve:ɐ̯t]> {5.3.4; 5.5.2}: sich wehren. (107) (31)
Wert|arbeid, de ['ve:ɐ̯t,arbeːɐ̯·t] <N.; i. best. Komposita *Wert*, sonst ↑Wääd; ~e> {11; s. u. ↑Arbeid}: Wertarbeit; Qualitätsarbeit.
Wert|breef, der ['ve:ɐ̯t,bre·f] <N.; i. best. Komposita *Wert*, sonst ↑Wäät; ~e> {11; s. u. ↑Breef}: (Postw.) Wertbrief.

werte ['ve:ɐ̯tə] <V.; schw.; *han*; gewert [jə've:ɐ̯t]>: werten, etw. einen best. Wert zuerkennen. (58)
Wert|saach, de ['ve:ɐ̯t,za:x] <N.; i. best. Komposita *Wert*, sonst ↑Wäät; ~e (meist Pl.)> {11; s. u. ↑Saach}: Wertsache; Wertgegenstand.
werve/wirve ['ver·və / 'vɪr·və] <V.; st.; *han*; worv [vor·f]; geworve [jə'vorvə]> {5.5.2; 6.1.1}: werben. (184)
Wese, et ['ve:zə] <N.; ~>: Wesen.
Wespe|ness, et ['vɛspə,nes] <N.; ~|nester> {s. u. ↑Ness¹}: Wespennest.
Wespe|stech, der ['vɛspə,ʃtɛɟ] <N.; ~> {s. u. ↑Stech}: Wespenstich.
wess-/Wess|- [vɛs] <Präfix> {8.3.5}: west-, gibt Lage od. Richtung „Westen" an: *~wääts* (~wärts), *~deutsch* (~deutsch), *~europa* (~europa).
Wess, de [vɛs] <N.; Weste ['vɛstə]> {8.3.1; 8.3.5}: Weste, ***unger de W. däue** (vorhalten).
Wess|afrika [,vɛs·|a·frika] <N.; Eigenn.>: Westafrika; westlicher Teil Afrikas.
Wess|berlin ['vɛsbɛr,li:n] <N.; Ortsn.>: Westberlin; westlicher Teil Berlins.
wess|deutsch ['vɛs,dɔytʃ] <Adj.; ~e> {8.3.5}: westdeutsch. Tbl. A1
wesse ['vesə] <V.; unr.; *han*; woss [vos]; gewoss [jə'vos]> {5.5.2}: wissen; **[RA]** *Dat wöss ich ävver!* (Das stimmt nicht. / Das glaube ich nicht.). (207)
Wesse, et ['vesə] <N.; kein Pl.> {5.5.2}: Wissen.
Wesse|schaff, de ['vesə,ʃaf] <N.; ~|schafte> {5.5.2}: Wissenschaft.
Wesse|schaftler, der ['vesə,ʃaftlə] <N.; ~> {s. u. ↑wesse}: Wissenschaftler.
Wess|europa ['vɛzɔy,ro·pa / ,--'---] <N.; Eigenn.>: Westeuropa; westlicher Teil Europas.
wess|europäisch ['vɛs|ɔyro,pɛ:ɪʃ] <Adj.; ~e> {8.3.5}: westeuropäisch. Tbl. A1
Wess|fale, der [,vɛs'fa·lə] <N.; ~>: **1.** <Ortsn.> Westfalen; nordöstl. Teil von Nordrhein-Westfalen. **2.** Einw. von Westfalen.
Wess|indie ['vɛs,ɪndɪə / ,-'---] <N.; Ländern.>: Westindien; Gebiet der Westindischen Inseln.
Wess|wind, der ['vɛs,vɪnt] <N.; ~e>: Westwind.
Weste, der ['vɛstə] <N.; kein Pl.>: Westen.

Weste|täsch, de ['vɛstə,tɛʃ] <N.; ~e> {s. u. ↑Wess ↑Täsch}: Westentasche.

wes|wäge [ˌvɛsˈvɛˑjə / '-,--] <Adv.> {5.4}: weswegen.

Wetz, der [vet͡s] <N.; ~e> {5.5.2}: Witz.

Wetz|bladd, et ['vet͡s,blat] <N.; ~|blädder> {s. u. ↑Wetz ↑Bladd}: Witzblatt; Zeitungsbeilage mit Witzen, humoristischen Zeichnungen o. Ä..

Wetz|bold, der ['vet͡s,bolt] <N.; ~e> {s. u. ↑Wetz}: Witzbold.

wetze ['vɛt͡sə] <V.; schw.; wetzte ['vɛt͡stə]; gewetz [jəˈvɛt͡s]>: wetzen, **1.** <han> **a)** durch Schleifen an einem harten Gegenstand (wieder) scharf machen/schärfen: *de Sens met enem Stein w.* (die Sense mit einem Stein w.); **b)** etw. an/auf etw. reibend hin u. her bewegen: *Dä Vugel wetz der Schnabel an enem Ass.* (Der Vogel wetzt seinen Schnabel an einem Ast.). **2.** <sin> rennen: *Dä es wie jeck öm de Eck gewetz.* (Er ist schnell um die Ecke gerannt.). (114)

Wetz|figur, de ['vet͡sfɪˌjuˑɐ] <N.; ~e> {s. u. ↑Wetz ↑Figur}: Witzfigur.

wetz|ig ['vet͡sɪʃ] <Adj.; ~e; ~er, ~ste> {5.5.2}: witzig, lustig, spaßig. Tbl. A5.2

wevve ['vevə] <V.; unr.; *han*; wävte ['vɛ:ftə]; gewäv [jəˈveːf]> {5.3.4; 5.5.2; 6.1.1}: weben. (22)

Weyer|tal ['vaɪɐˌta:l] <N.; Straßenn.>: Weyertal; Straße in Köln-Lindenthal u. Sülz. Hier befand sich ein Weiher, der vom Gleueler Bach gespeist wurde u. zu einem Kloster führte, das 1474 niedergelegt wurde. Die Straße folgt dem Verlauf eines Altrheinarms. Ecke Kepener Str. befindet sich der Geusenfriedhof. Der Geusenfriedhof in Köln-Lindenthal ist der älteste evangelische Friedhof des Rheinlandes. Bei seiner Anlage im Jahre 1584 befand er sich außerhalb der Stadttore Kölns u. bot während der Gegenreformation zunächst die einzige Möglichkeit der Bestattung evangelischer Christen. Die Bezeichnung ist auf niederländische Protestanten zurückzuführen, die als Glaubensflüchtlinge nach Köln kamen u. als Geusen bezeichnet wurden. Geusen (abgeleitet aus französischen Wort *gueux* für Bettler) nannten sich die niederländischen Freiheitskämpfer während des Achtzigjährigen Krieges (1568 - 1648).

Weyer|tor, Am [amˈvaɪɐˌtoːɐ] <N.; Straßenn.>: Am Weyertor; Straße in Köln-Altstadt/Süd. Das Weyertor bildete den Durchlass in der ma. Stadtmauer nach Westen, Richtung Weyertal, mit Ausrichtung nach Trier u. Luxemburg.

Wibbel, der ['vɪbəl] <N.; ~e>: unruhiger, zappeliger Mensch.

wibbele ['vɪbələ] <V.; schw.; *han*; wibbelte ['vɪbəltə]; gewibbelt [jəˈvɪbəlt]>: wackeln, **1.** sich lebhaft bewegen, zappelig sein, zappeln. **2.** Im Karneval: den Stippeföttchen-Tanz der Roten Funken ausführen. Kommando des Funkenoffiziers: *Et weed gewibbelt!*. (6)

wibbel|ig ['vɪbəlɪʃ] <Adj.; ~e; ~er, ~ste>: wibbelig, unruhig, zappelig. Tbl. A5.2

Wibbel|stätz, der ['vɪbəlˌʃtɛt͡s] <N.; ~e> {s. u. ↑Stätz}: unruhiger, zappeliger Mensch.

wiche/weiche² ['vɪʃə / 'veɪʃə] <V.; st.; *sin*; wech [veʃ]; geweche [jəˈveʃə]> {5.3.1}: weichen, **1.** sich von jmdm./etw. entfernen; weggehen: *Hä dät nit vun ehrer Sigg w.* (Er wich nicht von ihrer Seite.). **2.** (bes. einer Übermacht od. Ä.) Platz machen, das Feld räumen: *Se mooten dem Feind w.* (Sie mussten dem Feind w.). **3.** allmählich nachlassen/seine Wirkung verlieren: *De Angs wor vun im geweche.* (Die Angst war von ihm gewichen.). (187) (161)

Wichs, de [vɪks] <N.; ~e> {8.3.1}: Wichse.

Wichs|böösch, de ['vɪksˌbøːʃ] <N.; ~te> {s. u. ↑Böösch}: Wichsbürste, Schuhbürste.

wichse ['vɪksə] <V.; schw.; *han*; wichste ['vɪkstə]; gewichs [jəˈvɪks]>: wichsen, **1.** mit Wichse einreiben: *Ming Schohn sin god gewichs.* (Meine Schuhe sind gut gewichst). **2.** schlagen, prügeln: *Pass op, söns kriss do eine gewichs!* (Pass auf, sonst bekommst du eine Ohrfeige!) [auch: ↑bimse (2), ↑bläue (2), ↑dresche (2), ↑drop|haue, ↑kamesöle, ↑kiele¹ (2), ↑kloppe (2), ↑pisele, ↑prinze, ↑prügele, ↑schlage/schlonn, ↑schmecke¹, ↑schnave, ↑wachse², *einem e paar* ↑trecke]. **3.** onanieren. (87)

wicht|ig ['vɪʃtɪʃ] <Adj.; ~e; ~er, ~ste>: wichtig. Tbl. A5.2

widder¹ ['vɪdɐ] <Adv.> {5.3.4}: wieder, zurück.

widder² ['vɪdɐ] <Präp.; m. Akk.> {5.3.2}: wider, gegen, contra [auch: ↑gäge].

widder|¹- ['vɪdɐ] <Präfix> {5.3.4}: wieder-, zurück-, i. Vbdg. m. V.: *~bränge* (~bringen).

widder|²-, Widder- ['vɪdɐ] <Präfix> {5.3.4}: wider-, Wider-, i. Vbdg. m. V., N. u. Adj.: *~halle* (~hallen), *~wood* (~wort), *~wellig* (~willig).

Widder|böösch, de ['vɪdɐbøːʃ] <N.; ~te> {5.2.1.1.2; 5.4}: **1.** Haarwirbel. **2.** resolute, zänkische Fau [auch: ↑Fäg, ↑Krabitz (a), ↑Kratz|böösch].

widder|bööscht|ig ['vɪdɐbøːʃtɪŋ] <Adj.; ~e; ~er, ~ste> {5.2.1.1.2; 5.4}: widerborstig, widerspenstig, trotzig [auch: ↑widder|spenst|ig]. Tbl. A5.2

widder|bränge ['vɪdɐbrɛŋə] <trennb. Präfix-V.; unr.; *han*; braht w. [braːt]; ~|gebraht [-jəbraːt]> {5.4}: wiederbringen, zurückbringen [auch: ↑zorȯck|bränge/ zerȯck|~, ↑öm|bränge (2)]. (33)

widder|erkenne ['vɪdɐ|ɛɐ̯ˌkɛnə] <trennb. Präfix-V.; st.; *han*; erkannt w. [ɛɐ̯'kant]; ~|erkannt [-ɛɐ̯ˌkant]>: wiedererkennen. (35)

widder|finge ['vɪdɐˌfɪŋə] <trennb. Präfix-V.; st.; *han*; fung w. [fʊŋ]; ~|gefunge [-jəˌfʊŋə]> {s. u. ↑finge}: wiederfinden. (26)

widder|gebore ['vɪdɐjəˌboːrə] <Adj.>: wiedergeboren.

widder|gevve ['vɪdɐjevə] <trennb. Präfix-V.; st.; *han*; gov w. [joˑf]; ~|gegovve/~|gegevve [-jəˌjovə / -jəˌjevə]> {5.3.4; 5.5.2; 6.1.1}: wiedergeben, **1.** zurückgeben. **2.** darbieten. (81)

widder|gewenne ['vɪdɐjəˌvenə] <trennb. Präfix-V.; st.; *han*; gewonn w. [jə'von]; ~|gewonne [-jəˌvonə]> {5.5.2}: wiedergewinnen, zurückgewinnen. (82)

widder|größe ['vɪdɐjrøˑsə] <trennb. Präfix-V.; schw.; *han*; größte w. ['jrøˑstə]; ~|gegröß [-jəjrøˑs]> {5.4}: wiedergrüßen, zurückgrüßen. (32)

Widder|hall, der ['vɪdɐhal] <N., o. Pl.>: Widerhall.

widder|halle ['vɪdɐhalə] <trennb. Präfix-V.; schw.; *han*; hallte w. ['halˑtə]; ~|gehallt [-jəhalˑt]>: widerhallen, widerklingen. (91)

widder|han ['vɪdɐhan] <trennb. Präfix-V.; unr.; *han*; hatt w. [hat]; ~|gehatt [-jəhat]> {5.3.2.5}: wiederhaben, wiedererhalten, zurückbekommen. (92)

Widder|hoke, der ['vɪdɐˌhoˑkə] <N.; ~ ⟨mhd. widerhake⟩> {s. u. ↑Hoke}: Widerhaken.

widder|holle¹ [vɪdɐ'holə] <nicht trennb. Präfix-V.; unr.; *han*; ~|hollt [-'holt]; ~|hollt [-'holt]> {5.3.4; 5.5.1}: wiederholen, nochmals sagen/tun/teilnehmen. (99)

widder|holle² ['vɪdɐholə] <trennb. Präfix-V.; unr.; *han*; hollt w. [holt]; ~|gehollt [-jəholt]> {5.3.4; 5.5.1}: wiederholen, zurückholen. (99)

widder|käue ['vɪdɐkøy̑ə] <trennb. Präfix-V.; schw.; *han*; käute w. ['køy̑ˑtə]; ~|gekäut [-jəkøy̑ˑt]> {5.1.3}: wiederkäuen. (11)

Widder|käuer, der ['vɪdɐˌkøy̑ɐ] <N.; ~> {s. u. ↑käue}: Wiederkäuer.

widder|klinge ['vɪdɐklɪŋə] <trennb. Präfix-V.; st.; *han*; klung w. [klʊŋˑ]; ~|geklunge [-jəklʊŋə]>: widerklingen, als Widerklang ertönen. (26)

widder|krige ['vɪdɐkriːjə] <trennb. Präfix-V.; unr.; *han*; kräg/kräht w. [krɛːɟ / krɛːt]; ~(|ge)kräge/~|gekräg/ ~|gekräht [-(jə)ˌkrɛːjə / -jəˌkrɛːɟ / -jəˌkrɛːt]> {5.3.4.1}: wiederkriegen, wiederbekommen, wiedererhalten [auch: ↑zorȯck|krige/ zerȯck|~]. (117)

widder|kumme ['vɪdɐkʊmə] <trennb. Präfix-V.; st.; *sin*; kom w. [koˑm]; ~(|ge)kumme [-(jə)ˌkʊmə]> {5.4}: wiederkommen, zurückkommen [auch: ↑öm|kumme (1)]. (120)

widder|läge [vɪdɐ'lɛˑjə] <trennb. Präfix-V.; unr.; *han*; ~||laht [-'laːt]; ~||laht/~||läg [-'laːt / -'lɛːɟ]> {5.4}: widerlegen. (125)

widder|lich ['vɪdɐlɪŋ] <Adj.; ~e; ~er, ~ste> {5.3.2}: widerlich. Tbl. A1

widder|nemme ['vɪdɐnemə] <trennb. Präfix-V.; st.; *han*; nohm w. [noˑm]; ~|genomme [-jənomə]> {5.3.4; 5.5.2}: wieder annehmen, zurücknehmen, nur auf Waren, Gegenstände, die man zuvor erhalten hat, bezogen, nicht auf Ausagen, Behauptungen od. Ä. (143)

widder|rofe [vɪdɐ'roˑfə] <nicht trennb. Präfix-V.; st.; *han*; ~|reef [-'reˑf]; ~|rofe [-'roˑfə]> {5.4}: widerrufen. (151)

widder|sage ['vɪdɛzaˑʁə] <trennb. Präfix-V.; unr.; *han*; saht w. [zaːt]; ~|gesaht [-jəzaːt]>: weitersagen/ausplaudern, was man im Vertrauen erfahren hat [auch: ↑wigger|sage, ↑wigger|verzälle]. (155)

widder|setze, sich [vɪdɐ'zɛtsə] <nicht trennb. Präfix-V.; unr./schw.; *han*; ~|setzte/~|satz [-'zɛtstə / -'zats]; ~|setz/~|satz [-'zɛts / -'zats]>: sich widersetzen. (173)

widder|sinn ['vɪdɐzɪn] <trennb. Präfix-V.; st.; *han*; soh/ soch w. [zoˑ / zoˑx]; ~|gesinn [-jəzɪn]> {5.3.4; 8.2.2.3}: wiedersehen. (175)

Widder|sinn, et ['vɪdɐˌzɪn] <N.; o. Pl.> {s. u. ↑sinn}: Wiedersehen.

widder|speegele ['vɪdɐ ʃpeˑjələ] <trennb. Präfix-V.; schw.; *han*; speegelte w. ['ʃpeˑjəltə]; ~|gespeegelt [-jə ʃpeˑjəlt] {5.1.4.3; 9.2.1.2}: widerspiegeln, **1.** das Spiegelbild von jmdm./etw. zurückwerfen: *Dat Wasser speegelt de Leechter widder.* (Das Wasser spiegelt die

Lichter wider. **2.** <sich w.> als Spiegelbild erscheinen: *De Bäum speegele sich em Wasser widder.* (Die Bäume spiegeln sich im Wasser wider.) (6)

widder|spenst|ig ['vɪdɐˌʃpɛnstɪʃ] <Adj.; ~e; ~er, ~ste>: widerspenstig, widerborstig, sträubend [auch: ↑widder|bööscht|ig]. Tbl. A5.2

widder|spreche [vɪdɐˈʃprɛʃə] <nicht trennb. Präfix-V.; st.; han; ~|sproch [-ˈʃproːx]; ~|sproche [-ˈʃprɔxə]>: widersprechen. (34)

Widder|sproch, der ['vɪdɐˌʃprɔx] <N.; ~|spröch> {5.5.1}: Widerspruch.

Widder|stand, der ['vɪdɐˌʃtant] <N.; ~|ständ [-ʃtɛnˑt]>: Widerstand.

widder|stonn [vɪdɐˈʃtɔn] <nicht trennb. Präfix-V.; st.; han; ~|stundt [-ˈʃtʊnt]; ~|stande [-ˈʃtandə] {5.3.4; 8.2.2.3}: widerstehen. (185)

widder|verzälle ['vɪdɐfɐˌtsɛlə] <trennb. Präfix-V.; schw.; han; verzällte w. [fɐˈtsɛltə]; ~|ver|zallt [-fɐˌtsalt] {s. u. ↑verzälle}: wiedererzählen. (196)

Widder|welle, der ['vɪdɐvɛlə] <N.; kein Pl.> {5.5.2}: Widerwille.

widder|well|ig ['vɪdɐvɛlɪʃ] <Adj.; ~e; ~er, ~ste> {5.5.2}: widerwillig. Tbl. A5.2

Widder|wood, et ['vɪdɐvoːt] <N.; ~|wöödt [-vœːt]> {5.2.1.1.2; 5.5.3}: Widerwort.

widdr|ig ['vɪd(ə)rɪʃ] <Adj.; ~e; ~er, ~ste> {5.3.2}: widrig, schlecht, unangenehm. Tbl. A5.2

wie[1] [viː] <Konj.; nebenordn.>: wie; als; sowie, **1.** <Vergleichspartikel>: *Noh Hürth es et nit esu wigg w. noh Bröhl.* (Nach Hürth ist es nicht so weit w. nach Brühl.). **2. a)** steht bei Vergleichen nach dem Komp. sowie nach *ander...*, *anders*: *Noh Bröhl es et wigger w. noh Hürth.* (Nach Brühl ist es weiter als nach Hürth.); *Hätzbläddche es e ander Spill wie Klammergass.* (Herzblättchen ist ein anderes Spiel als Klammergasse.); *Et rüch hügg anders wie söns.* (Es riecht heute anders als sonst.); **b)** steht nach „nichts ...": *Ich han nix w. Brasel met däm neue Brell.* (Ich habe nichts als Ärger mit der neuen Brille.). **3.** verknüpft die Glieder einer Aufzählung im Sinne von sowie. **4.** leitet, gew. nur bei Gleichzeitigkeit u. i. Vbdg. mit dem hist. Präs., einen temporalen Nebensatz ein im Sinne von als: *W. hä kom, wor et ald ze späd.* (Als er kam, war es schon zu spät.). **5.** leitet nach Verben der Wahrnehmung od. Ä. einen Objektsatz ein: *Ich han geföhlt, w. et kälder woodt.* (Ich spürte, wie es kälter wurde.).

wie[2] [viː] <Adv.>: wie, **1.** <interrogativ> auf welche Art u. Weise/durch welche Merkmale/Eigenschaften gekennzeichnet?, in welchem Grade?: *W. geiht et?* (Wie geht es?). **2.** <relativisch> mit welchen Mitteln?: *Ich weiß, wie dat es.* (Ich weiß, w. das ist.).

Wiel, de [viːl] <N.; kein Pl.> {5.1.4.5; 8.3.1}: Weile.

wienere ['viːnərə] <V.; schw.; han; wienerte ['viːnɐtə]; gewienert [jəˈviːnɐt]>: wienern; so intensiv reibend putzen, dass es glänzt. (4)

~|wies [viːs] <Suffix; adverbbildend> {5.1.4.5; 8.3.1}: -weise, i. Vbdg. m. Adj. im Komp.: *komischer~, unglückssilliger~* (komischer~, unglückseliger~) u. N. (meist Pl.): *krütz~, püngele~, paar~* (kreuz~, haufe~, paar~).

wies|- [viːs] <Präfix> {5.1.4.5}: weis, i. Vbdg. m. V.: *~maache* (~machen).

Wies[1]**/Wis**, de [viːs / vɪs] <N.; ~e [ˈviːzə]> {8.3.1}: Wiese.

Wies[2], de [viːs] <N.; ~e (Pl. ungebr.)> {5.1.4.5; 8.3.1}: Weise, **1.** Art, Form: *op die Art un W.* (auf diese Art und W.). **2.** kurze, einfache Melodie.

wiese ['viːzə] <V.; st.; han; wes [ves]; gewese [jəˈvezə]> {5.1.4.5}: weisen. (147)

wies|maache ['viːsmaːxə] <trennb. Präfix-V.; unr.; han; maht w. [maːt]; ~|gemaht [-jəmaːt] {5.2.1}: weismachen, einreden, glauben machen. (136)

wieß [viːs] <Adj.; ~e; ~er, ~este> {5.1.4.5}: weiß, von weißer Farbe; **[RA]** *Allerhellige Rief, es et Chressdag w. un stiev.* (Allerheilige Reif, ist es Weihnachten w. und steif.). Tbl. A1

Wieß, et [viːs] <N.; kein Pl.> {5.1.4.5}: Weiß, **1.** weiße Farbe. **2.** hefetrübes Kölsch (Bier).

Wieß|bier, et ['viːsˌbiɐ̯] <N.; ~e (Sortenpl.)> {s. u. ↑wieß ↑Bier[2]}: Weißbier; helles Bier; Weizenbier.

Wieß|brud, et ['viːsˌbruːt] <N.; ~e> {s. u. ↑wieß ↑Brud}: Weißbrot.

wieße ['viːsə] <V.; schw.; han; wießte ['viːstə]; gewieß [jəˈviːs]> {5.1.4.5}: weißen, weiß tünchen [auch: ↑kalke/ kälke]. (32)

Wieß|gold, et ['viːsˌjolt] <N.; kein Pl.> {s. u. ↑wieß ↑Gold}: Weißgold.

Wieß|huus, et ['viːsˌhuːs] <N.; Eigenn.> {s. u. ↑wieß ↑Huus}: Weißhaus, weißes Schlösschen mit Kapelle u.

Park an der Luxemburger Str. 201, schon im 15. Jh. als Wysenhus u. Wyssenhuis genannt. Es wurde 1378 erstmals urkundlich erwähnt u. befand sich im Besitz der Abtei St. Pantaleon. Das Weißhaus wurde im 17. Jh. als Sommersitz der Äbte ausgebaut u. ist heute ein unter Denkmalschutz stehendes Wasserschlösschen mit einem Park.

Wieß|huus|stroß, de ['vi:shu:s, ʃtro·s] <N.; Straßenn.> {s. u. ↑wieß ↑Huus ↑Stroß}: Weißhausstraße (Straße in Köln-Sülz ab Luxemburger Straße, Verlängerung der Universitätsstraße; so benannt nach dem ↑Wieß|huus).

Wieß|wing, der ['vi:s,vɪŋ] <N.; ~ [-vɪŋ·]> (Sortenpl.)> {s. u. ↑wieß ↑Wing¹}: Weißwein.

wie|su [vɪ'zu·] <Adv.; interrogativ/relativisch> {s. u. ↑su¹/esu¹}: wieso [auch: ↑wo̱|rö̱m].

Wiev, et [vi:f] <N.; ~er ['vi·ve]> {5.1.4.5; 6.1.1}: Weib.

Wiever|fastel|ǫvend, der ['vi·vefastə,lɔ·vənt] <N.; o. Pl.> {s. u. ↑Wiev ↑Ǫvend}: Weiberfastnacht, Donnerstag vor Karnevalssonntag, in Köln Beginn des Straßenkarnevals. Tag, an dem die Frauen das Regiment führen. Der Name ist erst seit Anfang des 19. Jhs. bezeugt. Doch an diesem Donnerstag wurde in Köln schon spätestens seit dem 16. Jh. Karneval gefeiert. *Ävver W. geiht et loss! Zeige mir de Kääls ens, wat de Botter koss!* (Aber W. geht es los! Dann zeige wir den Kerlen mal, was die Butter kostet!; aus einem Karnevalslied von Karl Berbuer).

wie|villt ['vi:fɪlt / -'-] <Adj.; wird analog zu Ordinalz. dekliniert; ~e> {s. u. ↑vill}: wieviel, *Et ~e Mol es dat?* (Das ~e Mal ist das?); <subst.:> der ~e. Tbl. A1

wigg [vɪk] <Adj.; ~e; ~er, ~ste> {5.3.4; 6.6.2}: weit. Tbl. A1

Wigg¹/Weid, de [vɪk / veɪ̯·t] <N.; ~e> {5.3.4; 8.3.1}: Weide, Grasfläche.

Wigg², de [vɪk] <N.; ~e> {5.3.4; 8.3.1}: Weide(nbaum) [auch: ↑Weid, ↑Wigge|baum].

Wigg³ [vɪk] <N.; Ortsn.> {5.3.4; 8.3.1}: Weiden (Ortsteil im Kölner Westen).

Wigg|de, de ['vɪkdə] <N.; kein Pl.> {5.3.4; 10.2.8}: Weite.

wigge¹ ['vɪgə] <V.; schw.; han; wiggte ['vɪktə]; gewigg [jə'vɪk]> {5.3.4; 6.6.2}: weiten. (208)

wigge²/weide ['vɪgə / 'veɪ̯·də] <V.; schw.; han; wiggte ['vɪktə]; gewigg [jə'vɪk]> {5.3.4; 6.6.2}: weiden, grasen, äsen. (208) (197)

Wigge|ba(a)ch, Am [am 'vɪgə,ba(:)x] <N.; Straßenn.> {s. u. ↑Wigg² ↑Baach}: Am Weidenbach, Straße in Köln-Altstadt/Süd zw. Salierring u. „Neue Weyerstraße"; 1325 „bacstraze" (Bachstraße), 1355 „wiydenbach", am Ende des Weidenbachs lag das „Kloster Weidenbach" (1402-1793) u. die Abtei St. Pantaleon. 1571 findet die Straße Erwähnung im Mercatorplan als „Off der weschbach". 1797 heißt sie „Auf der kleinen Feldbach", u. 1812/13 erhält sie für kurze Zeit den französischen Namen „Ruisseau des Saules" – Weidenbach. Die Straße ist Teil des Duffesbach, der in reichsstädtischer Zeit bei der Bachpforte in die Stadt trat u. oberirdisch durch die Straßen Weidenbach, Rothgerberbach, Blaubach, Mühlenbach, Filzengraben in den Rhein floss; im MA hieß die Straße *Off der weschbach*, was auf das Reinigen der Wäsche zurückgeht; im 15. Jh. befindet sich hier auch das Kloster Weidenbach; um 1325 wurde die Straße *bacstraze*, was Bachstraße heißt, genannt u. 1355 wird der Name *wiydenbach* im Zusammenhang mit mehreren Wohnstätten bezeugt.

Wigge|baum, der ['vɪgə,boʊ̯m] <N.; ~|bäum [-bøy·m]> {s. u. ↑Wigg²}: Weide(nbaum) [auch: ↑Weid, ↑Wigg²].

Wigge|center, et ['vɪgə,tsɛntɐ] <N.; Eigenn.> {s. u. ↑Wigg³}: Weidencenter (großes Einkaufscenter in Weiden).

Wigge|gass ['vɪgə,jas] <N.; Straßenn.> {s. u. ↑Wigg¹ ↑Gass¹}: Weidengasse; Straße in Köln-Altstadt/Nord. Der Besitzer vom Gutshof „Glockenring" ließ hier auf seinen Weiden einige Mietshäuser errichten. Heute ist sie eine lebendige, türkisch geprägte Straße.

Wigge|korv, der ['vɪgə,kɔrf] <N.; ~|körv [-kør·f]> {s. u. ↑Wigg² ↑Korv}: Weidenkorb; aus Weidenruten geflochtener Korb.

wigger ['vɪgɐ] <Adv.> {5.3.4; 6.6.2}: weiter.

wigger|-, Wigger|- ['vɪgɐ] <Präfix> {5.3.4}: weiter-, Weiter-, i. Vbdg. m. V. u. N.: *~kumme* (~kommen), *~verkauf* (~verkauf).

wigger|arbeide ['vɪgɐ,larbeɪ̯·də / '---,--] <trennb. Präfix-V.; schw.; han; arbeidte w. ['arbeɪ̯·tə]; ~|gearbeidt [-jə|arbeɪ̯·t]> {6.11.3}: weiterarbeiten. (197)

wigger|bilde/~|belde ['vɪgɐbɪl·də / -bel·də] <trennb. Präfix-V.; schw.; han; bildte w. ['bɪl·tə]; ~|gebildt [-jəbɪl·t]> {(5.5.2)}: weiterbilden, a) (nach Abschluss bzw. zur Erweiterung der Ausbildung) weiter ausbilden; fortbilden; b) <sich w.> seine Ausbildung erweitern. (28)

Wigger|bild|ung/~|beld|~, de ['vɪgebɪl·dʊŋ / -beld-] <N.; ~e> {(5.5.2)}: Weiterbildung.

wigger|bränge ['vɪgebrɛŋə] <trennb. Präfix-V.; unr.; han; braht w. [bra:t]; ~|gebraht [-jəbra:t]> {5.4}: weiterbringen, voran-/vorwärts bringen. (33)

wigger|däue ['vɪgedɒy̯ə] <trennb. Präfix-V.; Formen mischbar; unr./schw.; han; daut/däute w. [dɒu̯t / 'dɒy̯·tə]; ~|gedaut/~|gedäut [-jədɒu̯t / -jədɒy̯·t]>: weiterschieben, vorwärts schieben. (43)

wigger|dörfe/~|dürfe ['vɪgedɶrfə (-dɶrvə) / -dʏrfə (-dʏrvə)] <trennb. Präfix-V.; unr.; han; dorf w. [dorf]; ~|gedorf [-jədorf]> {5.5.1}: weiterdürfen. (47)

wigger|drage ['vɪgedra·ʀə] <trennb. Präfix-V.; st.; han; drog w. [dro·x]; ~|gedrage [-jədra·ʀə]> {6.11.2}: weitertragen, **1.** fortfahren zu tragen. **2.** (übertr.) weitererzählen. (48)

wigger|drieve ['vɪgedri·və] <trennb. Präfix-V.; st.; han; drevv w. [dref]; ~|gedrevve [-jədrevə]> {5.1.4.5; 6.1.1; 6.11.2}: weitertreiben, vorantreiben. (51)

wigger|entweckele ['vɪge|ɛnt,vekələ] <trennb. Präfix-V.; schw.; han; entweckelte w. [ɛnt'vekəltə]; ~|entweckelt [-|ɛnt,vekəlt]> {5.5.2; 9.2.1.2}: weiterentwickeln. (6)

wigger|fahre ['vɪgefa:rə] <trennb. Präfix-V.; st.; sin; fuhr/fohr w. [fu·ɐ̯ / fo·ɐ̯]; ~|gefahre [-jəfa:rə]>: weiterfahren, fortfahren. (62)

Wigger|fahrt, de ['vɪgefa:t] <N.; ~e> {8.2.4}: Weiterfahrt.

wigger|fleege ['vɪgefle·jə] <trennb. Präfix-V.; st.; sin; flog w. [flo·x]; ~|gefloge [-jəflo:ʀə]> {5.1.4.3}: weiterfliegen. (16)

wigger|föhre/~|führe ['vɪgefø·(ɐ̯)rə / -fy·(ɐ̯)rə] <trennb. Präfix-V.; unr./st./schw.; han; föhte/foht w. ['fø·tə / fo:t]; ~|geföht/~|gefoht [-jəfø·t / -jəfo:t]> {5.4}: weiterführen, fortsetzen. (74) (31)

wigger|gevve ['vɪgejevə] <trennb. Präfix-V.; st.; han; gov w. [jɔ·f]; ~|gegovve/~|gegevve [-jəjovə / -jəjevə]> {5.3.4; 5.5.2; 6.1.1}: weitergeben. (81)

wigger|gonn ['vɪgejɔn] <trennb. Präfix-V.; st.; sin; ging w. [jɪŋ]; ~|gegange [-jəjaŋə]> {5.3.4; 8.2.2.3}: weitergehen, **1.** sein Gehen fortsetzen. **2.** nicht zu Ende sein, nicht aufhören. (83)

wigger|helfe ['vɪgehɛlfə] <trennb. Präfix-V.; st.; han; holf w. [holf]; ~|geholfe [-jəholfə]>: weiterhelfen. (97)

wigger|kämfe ['vɪgekɛmfə] <trennb. Präfix-V.; schw.; han; kämfte w. ['kɛmftə]; ~|gekämf [-jəkɛmf]> {6.8.2}: weiterkämpfen, fortfahren zu kämpfen. (105)

wigger|kumme ['vɪgekʊmə] <trennb. Präfix-V.; st.; sin; kom w. [kɔ·m]; ~|(|ge)kumme [-(jə),kʊmə]> {5.4}: weiterkommen. (120)

wigger|künne ['vɪgekʏnə] <trennb. Präfix-V.; unr.; han; kunnt w. [kʊnt]; ~|gekunnt [-jəkʊnt]> {5.4}: weiterkönnen, weiterdürfen. (121)

wigger|laufe ['vɪgelɒu̯fə] <trennb. Präfix-V.; st.; sin; leef w. [le·f]; ~|gelaufe [-jəlɒu̯fə]>: weiterlaufen. (128)

wigger|leite ['vɪgelaɪ̯tə] <trennb. Präfix-V.; schw.; han; ~|geleit [-jəlaɪ̯t]>: weiterleiten. (72)

wigger|levve ['vɪgelevə] <trennb. Präfix-V.; unr.; han; lävte w. ['lɛ·ftə]; ~|geläv [-jəlɛ:f]> {5.3.4; 5.5.2; 6.1.1}: weiterleben. (22)

wigger|maache ['vɪgema:xə] <trennb. Präfix-V.; unr.; han; maht w. [ma:t]; ~|gemaht [-jəma:t]> {5.2.1}: weitermachen, fortfahre, fortsetzen. (136)

wigger|marschiere/~eere ['vɪgema,ʃi·(ɐ̯)rə / -e·rə] <trennb. Präfix-V.; schw./unr.; sin; marschierte w. [ma'ʃi·ɐ̯tə]; ~|marschiert [-ma,ʃi·ɐ̯t] ⟨frz. marcher⟩> {(5.1.4.3)}: weitermarschieren. (3) (2)

wigger|müsse ['vɪgemʏsə] <trennb. Präfix-V.; unr.; han; moot w. [mɔ·t]; ~|gemoot [-jəmɔ:t]>: weitermüssen, weiterkönnen. (142)

wigger|recke ['vɪgerekə] <trennb. Präfix-V.; schw.; han; reckte w. ['rektə]; ~|gereck [-jərek]> {5.3.1; 5.5.2}: weiterreichen. (88)

wigger|reise ['vɪgereɪ̯zə] <trennb. Präfix-V.; schw.; sin; reiste w. ['reɪ̯stə]; ~|gereis [-jəreɪ̯s]>: weiterreisen, die Reise fortsetzen. (149)

wigger|sage ['vɪgeza·ʀə] <trennb. Präfix-V.; unr.; han; saht w. [za:t]; ~|gesaht [-jəza:t]>: weitersagen, ausplaudern [auch: ↑widder|sage, ↑wigger|verzälle]. (155)

wigger|schecke ['vɪgeʃekə] <trennb. Präfix-V.; schw.; han; scheckte w. ['ʃektə]; ~|gescheck [-jəʃek]> {5.5.2}: weiterschicken. (88)

wigger|schleife ['vɪgeʃleɪ̯fə] <trennb. Präfix-V.; schw.; han; schleifte w. ['ʃleɪ̯ftə]; ~|geschleif [-jəʃleɪ̯f]>: weiterschleppen, **1.** nicht aufhören zu schleppen. **2.** <sich w.> fortfahren, sich irgendwohin zu schleppen. (108)

wigger|schlofe ['vɪgeʃlo·fə] <trennb. Präfix-V.; st.; han; schleef w. [ʃle:f]; ~|geschlofe [-jəʃlo·fə]> {5.5.3}: weiterschlafen. (162)

wigger|schwaade ['vɪgeʃvaˑdə] <trennb. Präfix-V.; schw.; *han*; schwaadte w. [ˈʃvaˑtə]; ~|geschwaadt [-jəʃvaˑt]> {5.2.1.4}: weiterreden. (197)

wigger|sinn ['vɪgezɪn] <trennb. Präfix-V.; st.; *han*; sǫh/sǫch w. [zɔˑ / zɔˑx]; ~|gesinn [-jəzɪn]> {5.3.4; 8.2.2.3}: weitersehen, entscheiden, was weiter zu tun ist. (175)

wigger|spenne ['vɪgeʃpenə] <trennb. Präfix-V.; st.; *han*; spǫnn w. [ʃpɔn]; ~|gespǫnne [-jəʃpɔnə]> {5.5.2}: weiterspinnen, **1.** fortfahren mit Spinnen. **2.** fortfahren, einen Gedanken od. Ä. zu verfolgen, weiterdenken. (82)

wigger|spille ['vɪgeʃpɪlə] <trennb. Präfix-V.; schw.; *han*; spillte w. [ˈʃpɪltə]; ~|gespillt [-jəʃpɪlt]> {5.3.4}: weiterspielen. (91)

wigger|trecke ['vɪgetrɛkə] <trennb. Präfix-V.; st.; *sin*; trǫk w. [trɔˑk]; ~|getrocke [-jətrɔkə]>: weiterziehen. (190)

Wigge|rüs|che, et ['vɪgəˌryˑsjə] <N.; ~r> {s. u. ↑Wigg² ↑Rus}: Weidenröschen.

wigger|ver|arbeide ['vɪgefeˌlarbeɪˑdə] <trennb. Präfix-V.; schw.; *han*; ver|arbeidte w. [feˈlarbeɪˑtə]; ~|ver|arbeidt [-feˌlarbeɪˑt]>: weiterverarbeiten. (197)

wigger|ver|breide ['vɪgefeˌbreɪˑdə] <trennb. Präfix-V.; schw.; *han*; ver|breidte w. [feˈbreɪˑtə]; ~|ver|breidt [-febreɪˑt]> {6.11.3}: weiterverbreiten. (197)

wigger|ver|erve ['vɪgefeˌlɛrvə] <trennb. Präfix-V.; schw.; *han*; ver|ervte w. [feˈlɛrˑftə]; ~|ver|erv [-feˌlɛrˑf]> {6.1.1}: weitervererben. (66)

wigger|ver|folge ['vɪgefeˌfɔlˑjə] <trennb. Präfix-V.; schw.; *han*; ver|folgte w. [feˈfɔlˑɦtə]; ~|ver|folg [-fefɔlˑɦ]>: weiterverfolgen. (39)

Wigger|ver|kauf, der ['vɪgefeˌkoʊf] <N.; ~|käuf>: Weiterverkauf.

wigger|ver|kaufe ['vɪgefeˌkoʊfə] <trennb. Präfix-V.; unr.; *han*; ver|kaufte w. [feˈkoʊftə]; ~|ver|kauf [-fekoʊf]>: weiterverkaufen. (106)

wigger|ver|meddele ['vɪgefeˌmedələ] <trennb. Präfix-V.; schw.; *han*; ver|meddelte w. [feˈmedəltə]; ~|ver|meddelt [-femedəlt]> {5.5.2; 6.11.3; 9.2.1.2}: weitervermitteln. (6)

wigger|ver|meede ['vɪgefeˌmeˑdə] <trennb. Präfix-V.; schw.; *han*; ver|meedte w. [feˈmeˑtə]; ~|vermeedt [-femeˑt]> {5.1.4.3}: weitervermieten. (197)

wigger|verwende ['vɪgefeˌvɛnˑdə] <trennb. Präfix-V.; unr.; *han*; verwandt w. [feˈvant]; ~|verwandt/~|verwendt [-fevant / -fevɛnˑt]>: weiterverwenden. (205)

wigger|verzälle ['vɪgefeˌtsɛlə] <trennb. Präfix-V.; unr.; *han*; verzallt w. [feˈtsalt]; ~|verzallt [-fetsalt]> {5.3.4}: weitererzählen [auch: ↑widder|sage, ↑wigger|sage]. (196)

wigger|wandere ['vɪgevanˑdərə] <trennb. Präfix-V.; schw.; *sin*; wanderte w. [ˈvanˑdetə]; ~|gewandert [-jəvanˑdet]> {9.2.1.2}: weiterwandern. (4)

wigger|welle/~|wolle ['vɪgevelə / -volə] <trennb. Präfix-V.; unr.; *han*; wǫllt w. [vɔlt]; ~|gewǫllt [-jəvɔlt]> {5.5.2/5.5.1}: weiterwollen. (204) (211)

wigger|wesse ['vɪgevesə] <trennb. Präfix-V.; unr.; *han*; wǫss w. [vɔs]; ~|gewǫss [-jəvɔs]> {5.5.2}: weiterwissen. (207)

wigg|läuf|ig ['vɪkˌlɔʏfɪŋ] <Adj.; ~e; ~er, ~ste> {s. u. ↑wigg}: weitläufig. Tbl. A5.2

wih [viˑ] <Adj.; ~e; ~er, ~ste> {5.4}: weh, schmerzend: *w. Föß* (-e Füße). Tbl. A2.8

Wih, de [viˑ] <N.; ~e> {5.4; 8.3.1}: Wehe.

wih|-, Wih|- [viˑ] <Präfix> {5.4}: weh-, Weh-, i. Vbdg. m. V., N. u. Adj.: *~dun* (~tun), *~mod* (~mut), *~leidig* (~leidig).

wih|dun ['viˑˌdʊn] <trennb. Präfix-V.; unr.; *han*; dät w. [dɛˑt]; ~|gedon [-jədɔn]> {5.3.2.5; 6.11.1}: wehtun, **1.** schmerzen: *einem w.* (jmdm. w., jmdn. schmerzen). **2.** verletzen: *einem w.* (jmdm. w., jmdn. verletzen) [auch: ↑ver|letze, ↑ver|wunde]. (53)

wih|leid|ig ['viˑleɪdɪŋ] <Adj.; ~e; ~er, ~ste> {5.4}: wehleidig. Tbl. A5.2

Wih|mod, de ['viˑmoˑt] <N.; kein Pl.> {5.4; 6.11.3}: Wehmut.

wih|möd|ig ['viˑmøˑdɪŋ] <Adj.; ~e; ~er, ~ste> {5.4}: wehmütig. Tbl. A5.2

Wih|wih|che, et [viːˈviˑfjə] <N.; ~r>: Wehwehchen.

wild/weld [vɪlt / velt] <Adj.; ~e; ~er, ~este>: wild. Tbl. A2.1

Wild/Weld, et [vɪlt / velt] <N.; kein Pl.>: Wild.

Wild|ent/Weld|~, de [ˈvɪltˌlɛnt / ˈvelt-] <N.; ~e> {s. u. ↑wild/weld ↑Ent}: Wildente; wild lebende Ente, bes. Stockente.

wildere/weldere ['vɪlˑdərə / 'velˑdərə] <V.; schw.; *han*; wilderte ['vɪlˑdetə]; gewildert [jəˈvɪlˑdet]> {9.2.1.2}: wildern. (4)

Wild|fang/Weld|~, der ['vɪltˌfaŋ / 'velt-] <N.; ~|fäng> {s. u. ↑wild/weld}: Wildfang.

wild|fremb/weld|~ ['vɪltˈfremp / 'velt-] <Adj.; ~|fremde> {s. u. ↑wild/weld ↑fremb}: wildfremd. Tbl. A4.2.4

Wild|höder/Weld|~, der ['vɪlt͡ˌhøːdɐ / 'vɛlt-] <N.; ~> {s. u. ↑wild/weld ↑höde}: Wildhüter.

Wild|katz/Weld|~, de ['vɪltˌkats / ·vɛlt-] <N.; ~e; ~|kätz|che [-kɛts̠jə]> {s. u. ↑wild/weld ↑Katz}: Wildkatze.

Wild|kning/Weld|~, et ['vɪltˌknɪŋ· / 'vɛlt-] <N.; ~s> {s. u. ↑wild/weld ↑Kning}: Wildkaninchen; wild lebendes kleines Kaninchen.

Wild|ledder/Weld|~, et ['vɪldˌlɛdɐ / 'vɛlt-] <N.; ~ (Sortenpl.)> {s. u. ↑wild/weld ↑Ledder}: Wildleder; 1. Leder aus Häuten wild lebender Tiere (bes. Hirsch, Reh, Antilope). 2. Leder mit rauer Oberfläche, bes. Veloursleder.

Wild|nis/Weld|~, de ['vɪltnɪs / vɛlt-] <N.; o. Pl. ⟨mhd. wiltnisse⟩> {s. u. ↑wild/weld}: Wildnis.

Wild|pääd/Weld|~, et ['vɪltˌpɛːt / 'vɛlt-] <N.; ~er [-pɛˑdə]> {s. u. ↑wild/weld ↑Pääd}: Wildpferd.

Wild|sau/Weld|~, de ['vɪltˌzɔʊ̯ / 'vɛlt-] <N.; ~|säu [-zɔy̯·]> {s. u. ↑Wild/Weld ↑Sau}: Wildsau. 1. weibl. Wildschwein. 2. (Schimpfw.) Schwein.

Wild|wähßel/Weld|~, der ['vɪltˌvɛːsəl / 'vɛlt-] <N.; ~e> {s. u. ↑Wild/Weld ↑Wähßel}: Wildwechsel.

Wild|wess/Weld|~ [ˌvɪlt'vɛs / ˌvɛlt-] <N.; o. Art.; o. Pl.> {s. u. ↑wild/weld ↑Wess}: Wildwest; der Wilde Westen.

Wild|wess|film/Weld|~, der [vɪlt'vɛsˌfɪlm / vɛlt-] <N.; ~[-fɪlˑm]> {s. u. ↑wild/weld ↑Wess ↑Film}: Wildwestfilm; Western.

Will/Willi, der [vɪlˑ / 'vɪliˑ] <N.; männl. Vorn.>: Willi, Kurzf. von Wilhelm [auch: ↑Willem].

Willem, der ['vɪləm] <N.; männl. Vorn.> {5.5.2}: Willi [auch: ↑Will/Willi], Kurzf. von Wilhelm; *der decke W. maache/makeere (sich aufspielen).

wimmele ['vɪmələ] <V.; schw.; han; wimmelte ['vɪməltə]; gewimmelt [jə'vɪməlt]> {9.2.1.2}: wimmeln. (6)

Wind[1], der [vɪnt] <N.; ~e (Pl. ungebr.)>: Wind.

Wind[2], de [vɪn·t] <N.; ~e> {8.3.1}: Winde, Vorrichtung zum Heben u. Senken od. zum Heranziehen von Lasten [auch: ↑Wing[2]].

Wind|büggel, der ['vɪntˌbʏɡəl] <N.; ~e> {s. u. ↑Büggel}: Windbeutel.

winde/winge ['vɪn·də / 'vɪŋə] <V.; winge veraltet; st.; han; wand [vant]; gewunde [jə'vʊn·də]>: winden, drehen, flechten. (209) (210)

Windel, de ['vɪndəl] <N.; ~e>: Windel.

windel|weich ['vɪndəl'vei̯ç] <Adj.>: windelweich, nur noch i. d. Vbdg. *einer w. schlage/schlonn* (jmdn. verprügeln; auch: *einer botter|weich schlage/schlonn*). Tbl. A1

Wind|hungk, der ['vɪntˌhʊŋk] <N.; ~|hüng [-hʏŋ] ⟨mhd. Winden, ahd. Winida⟩> {s. u. ↑Hund}: Windhund. 1. großer schlanker Hund. 2. Luftikus.

wind|ig ['vɪn·dɪʃ] <Adj.; ~e; ~er, ~ste>: windig. Tbl. A5.2

Wind|jack, de ['vɪntˌjak] <N.; ~e> {s. u. ↑Jack[1]}: Windjacke.

Wind|kraff, de ['vɪntˌkraf] <N.; o. Pl.> {s. u. ↑Kraff}: Windkraft.

Wind|leech, et ['vɪntˌleːʃ] <N.; ~ter> {s. u. ↑Leech}: Windlicht.

Wind|müll, de ['vɪntˌmʏlˑ] <N.; ~e [-mʏlə]> {s. u. ↑Müll[1]}: Windmühle.

Wind|pocke ['vɪntˌpɔkə] <N.; fem.; nur Pl.>: Windpocken.

Wind|radd, et ['vɪntˌrat] <N.; ~|rädder> {s. u. ↑Radd}: Windrad.

Wind|rädd|che, et ['vɪntˌrɛtʃə] <N.; ~r> {s. u. ↑Radd}: Windrädchen.

Wind|rus, de ['vɪntˌruˑs] <N.; ~e> {s. u. ↑Rus}: Windrose; auf einer runden Scheibe eingezeichnete sternförmige Darstellung der Himmelsrichtungen.

wind|scheiv ['vɪntˌʃei̯f] <Adj.; ~e; ~er, ~ste> {s. u. ↑scheiv}: windschief, krumm. Tbl. A1

Wind|schotz|schiev, de ['vɪntʃɔts̠ˌʃiˑf] <N.; ~e> {s. u. ↑Schotz ↑Schiev}: Windschutzscheibe.

Wind|spill, et ['vɪntˌʃpɪl] <N.; ~ [-ʃpɪlˑ]> {s. u. ↑Spill}: Windspiel.

wind|stell ['vɪntˌʃtelˑ] <Adj.; ~e; ~er, ~ste {s. u. ↑stell}: windstill. Tbl. A2.2

Wind|zog, der ['vɪntˌt͡sox] <N.; o. Pl.> {s. u. ↑Zog[1]}: Windzug; Luftzug.

Wing[1], der [vɪŋ] <N.; ~e (Sortenpl.)> {5.3.4}: Wein, *welde W. (wilder W.).

Wing[2], de [vɪŋˑ] <N.; ~e [vɪŋə] {6.7; 8.3.1}: Winde, Vorrichtung zum Heben u. Senken od. zum Heranziehen von Lasten [auch: ↑Wind[2]].

Wing|berg/~|birg, der ['vɪŋˌbɛrʃ / -bɪrʃ] <N.; ~|berg [-berʃ]> {s. u. ↑Wing[1] ↑Berg/Birg}: Weinberg.

Wing|berg|schneck/~|birg|~, de ['vɪŋbɛrʃˌʃnɛk / -bɪrʃ-] <N.; ~e> {s. u. ↑Wing[1] ↑Berg/Birg ↑Schneck}: Weinbergschnecke.

Wing|buur/~|boor, der ['vɪŋˌbuːɐ / -boːɐ] <N.; ~e [-buˑrə]> {s. u. ↑Wing[1] ↑Buur/Boor}: Weinbauer.

Wing|druuv, de ['vɪŋˌdruːf] <N.; ~e> {s. u. ↑Wing¹ ↑Druuv}: Weintraube.

winge/winde ['vɪŋə / 'vɪnˑdə] <V.; winge veraltet; st.; han; wingte ['vɪŋtə]; gewunge [jəˈvʊŋə]> {6.7}: winden, drehen, flechten. (210) (209)

Wing|essig, der ['vɪŋˌɛsɪç] <N.; ~e (Sortenpl.)> {s. u. ↑Wing¹}: Weinessig.

Wing|faaß/~|fass, et ['vɪŋˌfa(ː)s] <N.; ~|fääßer/~|fässer> {s. u. ↑Wing¹ ↑Faaß/Fass}: Weinfass.

Wing|fläsch, de ['vɪŋˌflɛʃ] <N.; ~e> {s. u. ↑Wing¹ ↑Fläsch}: Weinflasche.

Wing|gägend, de ['vɪŋˌjɛˑjənt] <N.; ~e> {s. u. ↑Wing¹ ↑Gägend}: Weingegend.

Wing|geis, der ['vɪŋˌjeɪs] <N.; o. Pl.> {s. u. ↑Wing¹ ↑Geis³}: Weingeist.

Wing|glas, et ['vɪŋˌjlaːs] <N.; ~|gläser [-ˌjlɛˑze]> {s. u. ↑Wing¹}: Weinglas.

Wing|god, et ['vɪŋˌjoˑt] <N.; ~|göder> {s. u. ↑Wing¹ ↑God}: Weingut.

Wing|händl|er, der ['vɪŋˌhɛnˑtlɐ] <N.; ~> {s. u. ↑Wing¹}: Weinhändler.

Wing|huus, et ['vɪŋˌhuːs] <N.; ~|hüüser [-hyˑze]> {s. u. ↑Wing¹ ↑Huus}: Weinhaus.

Wing|johr, et ['vɪŋˌjɔˑ(ɐ)] <N.; ~e> {s. u. ↑Wing¹ ↑Johr}: Weinjahr; Jahr hinsichtlich der Erträge im Weinbau.

Wing|kaat, de ['vɪŋˌkaːt] <N.; ~e> {s. u. ↑Wing¹ ↑Kaat}: Weinkarte.

Wing|keller, der ['vɪŋˌkɛlɐ] <N.; ~> {s. u. ↑Wing¹} Weinkeller; **1.** Keller zum Aufbewahren von Wein. **2.** Weinlokal in einem Keller.

Wing|künnig|in, de ['vɪŋˌkynɪˌjɪn] <N.; ~ne> {s. u. ↑Wing¹ ↑Künning}: Weinkönigin.

Wing|laub¹/~|lauv, et ['vɪŋˌlaʊ̯p / -loʊ̯f] <N.; kein Pl.> {s. u. ↑Wing¹ ↑Laub¹/Lauv}: Weinlaub, Laub der Weinreben.

Wing|laub², de ['vɪŋˑˌlaʊ̯ˑp] <N.; ~e> {s. u. ↑Wing¹ ↑Laub²}: Weinlaube, von wildem Wein überwachsene Laube.

Wing|lese, de ['vɪŋˌleːsə] <N.; ~> {s. u. ↑Wing¹ ↑Lese}: Weinlese, Weinernte.

Wing|lokal, et ['vɪŋloˌkaˑl] <N.; ~e> {s. u. ↑Wing¹}: Weinlokal.

Wing|press, de ['vɪŋˌprɛs] <N.; ~e> {s. u. ↑Wing¹ ↑Press}: Weinpresse; Kelter.

Wing|prob, de ['vɪŋˌproˑp] <N.: ~e> {s. u. ↑Wing¹ ↑Prob}: Weinprobe.

Wing|reb, de ['vɪŋˌreˑp] <N.; ~e> {s. u. ↑Wing¹ ↑Reb}: Weinrebe.

wing|rud ['vɪŋˈruˑt] <Adj.; ~e> {s. u. ↑Wing¹ ↑rud}: weinrot, bläulich rot. Tbl. A2.1

Wing|schuum, der ['vɪŋˌʃuːm] <N.; o. Pl.> {s. u. ↑Wing¹ ↑Schuum}: Weinschaum; aus Eigelb, Zucker u. Weißwein hergestellte, schaumig geschlagene Süßspeise.

Wing|stein, der ['vɪŋˌʃteɪn] <N.; ~ [-ˌʃteɪˑn]> {s. u. ↑Wing¹ ↑Stein}: Weinstein; in Weintrauben enthaltene kristalline Substanz.

Wing|stock, der ['vɪŋˌʃtɔk] <N.; ~|stöck> {s. u. ↑Wing¹}: Weinstock

Wing|stroß, de ['vɪŋˌʃtrɔˑs] <N.; ~e> {s. u. ↑Wing¹ ↑Stroß}: Weinstraße; Landstraße, die durch eine best. Weingegend führt.

Wing|stuvv, de ['vɪŋˌʃtʊf] <N.; ~e> {s. u. ↑Wing¹ ↑Stuvv}: Weinstube; kleines Weinlokal.

Wing|zwang, der ['vɪŋˌtsvaŋ] <N.; o. Pl.> {s. u. ↑Wing¹}: Weinzwang; Verpflichtung, als Gast einen Wein zu bestellen.

winke ['vɪŋkə] <V.; schw./st.; han; winkte/wunk ['vɪŋktə / vʊŋk]; gewink/gewunke [jəˈvɪŋk / jəˈvʊŋkə]>: winken, die Hand schwingen. (41) (52)

Winkel, der ['vɪŋkəl] <N.; ~e>: Winkel, Ecke [auch: ↑Eck¹, ↑Timp].

Winkel|ieser, et ['vɪŋkəlˌiˑze] <N.; ~(e)> {s. u. ↑Ieser}: Winkeleisen. **1.** Profilstahl, der im Querschnitt einen Winkel aufweist. **2.** Flacheisen, das in einem Winkel gebogen ist u. bes. als Beschlag zum Schutz von Ecken dient.

Winkel|moß, et ['vɪŋkəlˌmɔˑs] <N.; ~e> {s. u. ↑Moß}: Winkelmaß. **1.** Maßeinheit des Winkels. **2.** Gerät zum Zeichnen u. Messen von Winkeln.

winnig¹ ['vɪnɪç] <Indefinitpron. u. unbest. Zahlw.; flektiert nur i. Vbdg. m. d. best. betonten Art.; sonst unflektiert; ~e; ~er, ~ste> {5.3.2; 5.4}: wenig, im Sg. nur mit Massennomen: *w. Rähn* (w. Regen); bei attributivem Gebrauch immer best. betonter Art. + *winnige*: *dä ~e Rähn* (der ~e Regen); *die ~e Zupp* (die ~e Suppe); *dat ~e Geld* (das ~e Geld); *die ~e Lück* (die ~en Leute). ***~er weede/wääde*** (sich vermindern, geringer werden; sich abschwächen, weniger werden; sich verringern). ***~er maache*** (mindern, vermindern, verringern, der Intensität nach abschwächen, geringer werden/ erscheinen lassen). Tbl. P7.7

winnig² ['vɪnɪʃ] <Adv.> {5.3.2; 5.4}: wenig.
winniger ['vɪnɪjə] <Konj.; nebenordn.> {5.3.2; 5.4}: weniger, minus: *5 w. 3 es 2.* (5 minus 3 ist 2).
winnig|stens ['vɪnɪ(ŋ)stəns] <Adv.> {5.3.2; 5.4}: wenigstens.
winsele ['vɪnˑzələ] <V.; schw.; *han*; winselte ['vɪnˑzəltə]; gewinselt [jəˈvɪnˑzəlt]> {9.2.1.2}: winseln. (6)
Winsel|ei, de [ˌvɪnzəˈlɛɪˑ] <N.; ~e [-ɛɪə] ⟨mhd. winseln, ahd. winson⟩>: Winselei; dauerndes Winseln.
Winter, der ['vɪntə] <N.; ~e>: Winter; **[RA]** *god durch der W. gekumme sin* (gut durch den W. gekommen sein = dick sein).
Winter|aan|fang, der ['vɪntəˌaːnfaŋ] <N.; o. Pl.> {s. u. ↑Aan|fang}: Winteranfang (zw. 20. u. 23. Dezember).
Winter|appel, der ['vɪntəˌapəl] <N.; ~|äppel> {s. u. ↑Appel}: Winterapfel.
Winter|gaade, der ['vɪntəˌjaˑdə] <N.; ~|gääde> {s. u. ↑Gaade}: Wintergarten.
Winter|halv|jọhr, et ['vɪntəˌhaləfjoˑ(ɐ̯)] <N.; ~e> {s. u. ↑half ↑Jọhr}: Winterhalbjahr.
Winter|land|schaff, de ['vɪntəˌlantʃaf] <N.; ~|schafte>: Winterlandschaft; Schneelandschaft.
Winter|luff, de ['vɪntəˌlʊf] <N.; o. Pl.> {s. u. ↑Luff}: Winterluft.
Winter|paus, de ['vɪntəˌpaʊ̯s] <N.; ~e> {s. u. ↑Paus¹}: Winterpause.
Winter|reife, der ['vɪntəˌrɛɪfə] <N.; ~>: Winterreifen.
Winter|saache ['vɪntəˌzaːxə] <N.; fem.; nur Pl.> {s. u. ↑Saach}: Wintersachen; Winterkleidung.
Winter|schlọf, der ['vɪntəˌʃloˑf] <N.; o. Pl.> {s. u. ↑Schlọf¹}: Winterschlaf.
Winter|wedder, et ['vɪntəˌvɛdə] <N.; o. Pl.> {s. u. ↑Wedder}: Winterwetter.
Winter|zigg, de ['vɪntəˌtsɪk] <N.; ~e (Pl. selten)> {s. u. ↑Zigg}: Winterzeit.
winz|ig ['vɪntsɪʃ] <Adj.; ~e; ~er, ~ste>: winzig. Tbl. A5.2
Wipp¹, der [vɪp] <N.; ~e>: Stoß.
Wipp², de [vɪp] <N.; ~e> {8.3.1}: Wippe.
wippe¹ ['vɪpə] <V.; schw.; *han*; wippte ['vɪptə]; gewipp [jəˈvɪp]>: wegjagen, **1.** vertreiben [auch: ↑schasse, ↑ver|drieve, *en de Juch schlage*]. **2.** aus einer Stellung entlassen [auch: ↑feuere (4)]. (75)

wippe² ['vɪpə] <V.; schw.; *han*; wippte ['vɪptə]; gewipp [jəˈvɪp]>: wippen, federnd, ruckartig auf u. ab bewegen [auch: ↑chasse]. (75)
Wippe|fött|che, et ['vɪpəˌføtʃə] <N.; ~r>: Raupenpuppe.
Wipp|stätz, der ['vɪpˌʃtɛts] <N.; ~e> {s. u. ↑Stätz}: **1.** Wippsterz, Bachstelze. **2.** unruhiger Mensch [auch: ↑Wibbel|stätz].
Wirbel|dier, et ['vɪrbəlˌdiˑɐ̯] <N.; i. best. Komposita *Wirbel*, sonst ↑Wirvel; ~e> {11; s. u. ↑Dier}: Wirbeltier.
Wirbel|knoche, der ['vɪrbəlˌknɔxə] <N.; i. best. Komposita *Wirbel*, sonst ↑Wirvel; ~> {11}: Wirbel(knochen).
Wirbel|storm/~|sturm, der ['vɪrˑbəlˌʃtɔrm / -ˌʃtʊrm] <N.; i. best. Komposita *wirbel-*, sonst ↑Wirvel; ~|störm [-ˌʃtœrˑm]> {11; s. u. ↑Storm/Sturm}: Wirbelsturm.
wirfe/werfe ['vɪrfə / 'vɛrfə] <V.; st.; *han*; wọrf [vɔrf]; gewọrfe [jəˈvɔrfə]> {5.4}: werfen, ***jet üvver der Haufe w.*** (etw. über den Haufen werfen; etw. umstoßen/zunichte machen/verwerfen/abwandeln). (206)
wirke ['vɪrkə] <V.; schw.; *han*; wirkte ['vɪrktə]; gewirk [jəˈvɪrk]>: wirken, **1.** tätig sein. **2.** aufgrund seiner Beschaffenheit eine best. Wirkung haben/ausüben: *Die Tablette w. nit.* (Die Pillen w. nicht.). (41)
wirk|lich¹ ['vɪrklɪʃ] <Adj.; ~e>: wirklich, **1.** in der Wirklichkeit vorhanden. **2.** im eigtl. Sinne; [auch: ↑ech, ↑ääns|haff, *em* ↑*Ääns*]. Tbl. A1
wirk|lich² ['vɪrklɪʃ] <Adv.> {7.3.2}: wirklich, tatsächlich, in der Tat, dient zur Bekräftigung, Verstärkung [auch: ↑ääns|haff, *em* ↑*Ääns*].
wirve/werve ['vɪrˑvə / 'vɛrˑvə] <V.; st.; *han*; wọrv [vɔrf]; gewọrve [jəˈvɔrvə]> {5.4; 6.1.1}: werben. (184)
Wirvel, der ['vɪrvəl] <N.; ~e> {6.1.1}: Wirbel.
wirvele ['vɪrˑvələ] <V.; schw.; *han*; wirvelte ['vɪrˑvəltə]; gewirvelt [jəˈvɪrˑvəlt]> {6.1.1; 9.2.1.2}: wirbeln, **1.** in schnelle (kreisende) Bewegung versetzen: *Der Wind wirvelt Blädder durch de Luff.* (Der Wind wirbelt Blätter durch die Luft.). **2.** sich mit sehr schnellen, hurtigen, lebhaften Bewegungen irgendwohin bewegen: *Blädder w. durch de Luff.* (Blätter w. durch die Luft.); [auch: ↑tirvele]. (6)
Wis/Wies¹, de [vɪs / viˑs] <N.; Wise ['vɪzə] {8.3.1}: Wiese.
Wisel, et ['vɪzəl] <N.; ~e> {5.3.4}: Wiesel.
wisele ['vɪzələ] <V.; schw.; *han*; wiselte ['vɪzəltə]; gewiselt [jəˈvɪzəlt]> {5.3.4.1; 6.10.1; 9.2.1.2}: wieseln. (6)

wiṣellig ['vɪzəlɪfj] <Adj.; ~e; ~er, ~ste>: flink, behände, wieselig. Tbl. A5.2

Wiss|bade ['vɪs,baˑdə] <N.; Städtename>: Wiesbaden; Hauptstadt von Hessen.

Wit|frau, de ['vɪt,fra͡ʊ] <N.; ~e>: Witwe.

Wit|mann, der ['vɪt,man] <N.; ~|männer>: Witwer.

wittere ['vɪtərə] <V.; schw.; han; witterte ['vɪtɛtə]; gewittert [jə'vɪtɛt] ⟨mhd. witeren⟩>: wittern. **1.** riechen, schnuppern. **2.** ahnen, vermuten. (4)

wǫ [vɔˑ] <Adv.; interrogativ/relativisch> {5.5.3}: wo.

wo|- [vɔ] <Präfix; adverbbildend; unbetont>: wo-, i. Vbdg. m. Adv. u. Präp.: *~dren* (~rin), *~met* (~mit).

wo|anders [,vɔˑ|andɛs] <Adv.>: woanders.

wo|anders|her [vɔˑ|andɛs,hɛx] <Adv.>: woandersher, woandershin.

wo|anders|hin [vɔˑandɛs,hɪn] <Adv.>: woandershin.

Wǫb|che, et ['vœˑpfjə] <N.; ~r>: Jacke, Kleid, wird fast nur noch in scherzh. Rede gebraucht.

wo|bei [vɔˑ'beɪ] <Adv.; interrogativ/relativisch>: wobei, wozu.

Woch, de [vɔx] <N.; ~e> {8.3.1}: Woche; ***voll W.** (Besoffener).

Woche(n)|arbeids|zigg, de ['vɔxə(n)|arbɛɪts,tsɪk] <N.; ~e> {s. u. ↑Arbeid ↑Zigg; 9.1.4}: Wochenarbeitszeit.

Woche|bedd, et ['vɔxə,bɛt] <N.; ~er> {s. u. ↑Bedd}: Wochenbett.

Woche|bladd, et ['vɔxə,blat] <N.; ~|blädder> {s. u. ↑Bladd}: Wochenblatt; **a)** wöchentlich erscheinende Zeitschrift, Zeitung; **b)** (scherzh.) Klatschweib.

Woche(n)|dag, der ['vɔxə(n),daːx] <N.; ~/~e/~|däg [-daˑx / -daˑɹə / -dɛˑfj]> {s. u. ↑Dag; 9.1.4}: Wochentag; Tag der Woche außer Sonntag; Werktag.

woche(n)|dags ['vɔxə(n),daˑ(x)s] <Adv.> {6.11.1; 9.1.4}: wochentags.

Woche(n)|end|huus, et ['vɔxə(n)|ɛnt,huːs] <N.; i. best. Komposita *end-*, sonst ↑Eng'/Engk> {9.1.4; 11; s. u. ↑Huus}: Wochenendhaus.

Woche(n)|eng/~|engk, et ['vɔxə(n),ɛŋˑ / -ɛŋk] <N.; ~|engde> {s. u. ↑Eng'/Engk; 9.1.4}: Wochenende.

Woche|kaat, de ['vɔxə,kaːt] <N.; ~e> {s. u. ↑Kaat}: Wochenkarte.

woche|lang ['vɔxə'laŋ / '-,-,-] <Adj.; ~e>: wochenlang, viele Wochen andauernd. Tbl. A7.2.2

Woche|luhn/~|lohn, der ['vɔxə,luːn / -loːn] <N.; ~|lühn/~|löhn [-lyˑn / -løˑn]> {s. u. ↑Luhn/Lohn}: Wochenlohn.

Woche|maat, der ['vɔxə,maːt] <N.; ~|määt> {s. u. ↑Maat}: Wochenmarkt.

woche|wies ['vɔxə,viˑs] <Adv.>: wochenweise.

Wod, de [voˑt] <N.; kein Pl.> {5.4; 6.11.3}: Wut.

Wod|aan|fall, der ['voˑt,|aːnfal / 'voˑdan,fal] <N.; ~|fäll [-fɛlˑ]> {s. u. ↑Wod ↑Aan|fall}: Wutanfall; Wutausbruch.

wöde ['vøˑdə] <V.; schw.; han; wödte ['vøˑtə]; gewödt [jə'vøˑt]> {5.4; 6.11.3}: wüten. (197)

wöd|ig ['vøˑdɪfj] <Adj.; ~e; ~er, ~ste> {5.4; 6.11.3}: wütend, zornig, entrüstet; ***w. Pissmännche** (leicht erregbarer Mensch, Wüterich). Tbl. A5.2

-|wöd|ig ['vøˑdɪfj]: (emotional verstärkend) -wütig; drückt in Bildungen mit Substantiven od. Verben (Verbstämmen) aus, dass die beschriebene Person leidenschaftlich u. vehement etw. erstrebt, etw. gern u. häufig u. fast mit einer Art Versessenheit macht: *kauf|wöd|ig* (kaufw.), *scheeß|wöd|ig* (schießw.).

wo|dran [vɔˑ'dran / '-,-,-] <Adv.; interrogativ/relativisch>: wo(d)ran [auch: ↑wo|ran].

wo|dren [vɔˑ'drenˑ / '-,-,-] <Adv.; interrogativ/relativisch> {5.5.2}: wohinein, wodrin, in was [auch: ↑wo|ren].

wo|dröm ['vɔˑ,drøm] <Adv.>: worum.

wo|drop [,vɔˑ'drop / '-,-,-] <Adv.; interrogativ/relativisch> {5.3.1; 5.5.1}: worauf.

wo|drop|hin [,vɔdrop'hɪn] <Adv.>: woraufhin. **1.** <interrogativ> auf welche Sache hin? **2.** <relativisch> worauf.

wo|drus [vɔˑ'drʊs / '-,-,-] <Adv.; interrogativ/relativisch> {5.3.1}: woraus.

wo|drüvver [vɔˑ'drʏvɐ / '-,--] <Adv.; interrogativ/relativisch> {6.1.1}: worüber.

wo|durch [vɔˑ'dʊrfj] <Adv.; interrogativ/relativisch>: wodurch.

Wod|us|broch, der ['voˑt|ʊs,brox / 'voˑdʊs,brox] <N.; ~|bröch> {s. u. ↑Wod ↑Us|broch}: Wutausbruch.

wǫ|erav ['vɔˑə,raf] <Adv.; interrogativ> {s. u. ↑erav}: wohinunter.

wǫ|eren ['vɔˑə,ren] <Adv.; interrogativ> {s. u. ↑eren}: wohinein; **1.** <interrogativ> an welchen Ort o. Ä. hinauf? **2.** <relativisch> an welchen gerade genannten Ort o. Ä. hinauf.

wo|eröm ['vɔˑə‚røm] <Adv.;interogativ> {s. u. ↑eröm}: woherum; an welcher Stelle, in welcher Richtung herum?.

wo|erunder ['vɔˑə‚rʊndə] <Adv.; interrogativ> {s. u. ↑erunder}: wohinunter.

wo|för [vɔ'føːɐ̯] <Adv.; interrogativ/relativisch>: wofür, wozu.

wo|gäge [vɔ'jɛˑjə] <Adv.; interrogativ/relativisch> {5.4}: wogegen.

wo|her [vɔ'heːɐ̯ / -hɛx] <Adv.; interrogativ/relativisch>: woher; wohin, **1.** woher: *W. küss de? Wo küss de her?* (W. kommst du?). **2.** wohin: *Wo geihs de her?* (W. gehst du?) [auch: ↑wo|hin].

wo|hin [vɔ'hɪn / -ˑ-] <Adv.; interrogativ/relativisch>: wohin [auch: ↑wo|her (2)].

wo|hinger [vɔ'hɪŋə] <Adv.; interrogativ/relativisch> {6.7}: wohinter.

Wöhl, der [vøːl] <N.; kein Pl.> {5.4}: Gewühl, Durcheinander, Haufen Arbeit.

Wöhl|desch, der ['vøːl‚dɛʃ] <N.; ~(e)> {s. u. ↑wöhle ↑Desch}: Wühltisch.

wöhle ['vøːlə] <V.; schw.; *han*; wöhlte ['vøːltə]; gewöhlt [jə'vøːlt]> {5.1.4.1}: **1.** wühlen. **2.** hart arbeiten, placken. (61)

Wöhl|erei, de [‚vøːlə'reɪˑ] <N.; ~e [-ə'reɪə]> {5.4}: **1.** Wühlerei; dauerndes Wühlen. **2.** hartes Arbeiten.

Wöhl|es, der [vøːləs] <N.; ~e> {5.4}: Wühler, **1.** jmd., der wühlt. **2.** ungekämmte, zerwühlte Frisur [auch: ↑Pluute|kopp].

Wöhl|muus, de ['vøːl‚muːs] <N.; ~|müüs [-myˑs]> {s. u. ↑wöhle ↑Muus}: Wühlmaus.

wohr [vɔˑ(ɐ̯)] <Adj.; ~e> {5.5.3}: wahr. Tbl. A2.6

wohr|han ['vɔˑ‚han] <trennb. Präfix-V.; nur im Inf. i. Vbdg. mit welle/wolle> {s. u. ↑wohr ↑han¹}: wahrhaben: ***jet/et nit w. welle** (etw./es nicht w. wollen; sich etw. nicht eingestehen, vor sich selbst od. vor anderen nicht zugeben können).

Wohr|heit, de ['vɔˑ(ɐ̯)‚heɪt] <N.; ~e> {5.5.3}: Wahrheit.

Wohr|wood, et ['vɔː(ɐ̯)‚voːt] <N.; ~|wööd [-vøˑt]> {s. u. ↑wohr ↑Wood²}: treffender, wahrer Spruch.

Wohr|zeiche, et ['vɔˑ(ɐ̯)‚tseɪçə] <N.; ~ ⟨mhd. warzeichen⟩> {s. u. ↑wohr ↑Zeiche}: Wahrzeichen.

Wolf, der [vɔlf] <N.; Wölf [vølˑf]> {5.5.1}: Wolf.

Wolfs|spenn, de ['vɔlfs‚[pen·] <N.; ~e [-[penə]> {s. u. ↑Wolf ↑Spenn}: Wolfsspinne.

Wolga, de ['vɔlja] <N.; Eigenn.>: Wolga; Fluss in Russland; längster u. wasserreichster Fluss in Europa.

Wolgograd ['vɔljo‚jraˑt] <N.; Städtename>: Wolgograd; Stadt in Russland.

Wolk, de [vɔlək] <N.; ~e> {8.3.1}: Wolke.

Wolke|broch, der ['vɔləkə‚brɔx] <N.; ~|bröch> {s. u. ↑Wolk ↑Broch¹}: Wolkenbruch.

Wolke|deck, de ['vɔləkə‚dɛk] <N.; o. Pl.> {s. u. ↑Wolk ↑Deck²}: Wolkendecke.

Wolke|wand, de ['vɔləkə‚vant] <N.; ~|wäng [-vɛŋˑ]> {s. u. ↑Wolk ↑Wand}: Wolkenwand.

wolk|ig ['vɔləkɪʃ] <Adj.; ~e; ~er, ~stee>: wolkig. Tbl. A5.2

Woll, de [vɔlˑ] <N.; kein Pl.> {8.3.1}: Wolle.

Wöll|che, et ['vœlˑfjə] <N.; ~r> {s. u. ↑Woll}: Wollflöckchen, Wollmaus [auch: ↑Flümm]; ***beim W. krige** (packen, ergreifen).

Woll|deck, de [vɔlˑ‚dɛk] <N.; ~e> {s. u. ↑Woll ↑Deck²}: Wolldecke.

wölle ['vølə] <Adj.; ~> {5.5.1}: wollen, aus Wolle: *w. Söck* (Wollsocken); ***w. Bunne** (Bohnensorte); ***w. Wööd** (Kraftausdrücke, derbe Ausdrücke). Tbl. A3.1

wolle¹/welle¹ ['vɔlə / ˈvɛlə] <V.; unr.; *han*; wollt [vɔlt]; gewollt [jə'vɔlt]> {5.5.1}: wollen, **1.** beabsichten, den Wunsch haben, etw. zu tun: *Se wollte an de Sie.* (Sie wollten ans Meer.); ***einem jet w.** (etw. Übles gegen jmdn. im Sinne haben, gegen jmdn. intregieren, ihm schaden). **2.** begehren, zu bekommen wünschen: *Hä wollt mih Geld.* (Er wollte mehr Geld.) [auch: ↑be|gehre/~|gerre; ↑ge|löste; *op einer/jet erpich/jeck/ versesse sin; einem en der Nas steche*]. (211) (204)

wolle²/welle² ['vɔlə / ˈvɛlə] <V.; Modalverb; unr.; *han*; wollt [vɔlt]; gewollt [jə'vɔlt]> {5.5.1}: wollen, beabsichtigen, wünschen: *Ich well heim gonn.* (Ich will heim gehen.); ***einem jet w.** (etw. Übles gegen jmdn. im Sinne haben, gegen jmdn. intregieren). (211) (204)

Woll|faddem, der ['vɔlˑ‚fadəm] <N.; ~|fäddem> {s. u. ↑Woll ↑Faddem}: Wollfaden.

wöll|ig ['vœlɪʃ] <Adj.; e> {5.5.1}: wollig; **a)** aus Wolle bestehend; **b)** flauschig, weich. Tbl. A5.2

Woll|luus, de ['vɔlˑ‚luːs] <N.; ~|lüüs [-lyˑs]> {s. u. ↑Woll ↑Luus}: Wolllaus; Schildlaus.

Woll|muus, de ['vɔlˑˌmuːs] <N.; ~|müüs [-myˑs]> {s. u. ↑Woll ↑Muus}: Wollmaus. **1.** Chinchilla. **2.** (scherzh.) größere Staubflocke auf dem Fußboden, bes. in Ecken u. unter Möbelstücken.

Woll|saache ['vɔlˑˌzaːxə] <N.; fem.; nur Pl.> {s. u. ↑Woll ↑Saach}: Wollsachen; gestrickte Kleidungsstücke aus Wolle.

Woll|siegel, et ['vɔlˑˌziːjəl] <N.; ~> {s. u. ↑Woll ↑Siegel}: Wollsiegel; Gütezeichen für Erzeugnisse aus reiner Schurwolle.

Woll|sock, der ['vɔlˑˌzɔk] <N.; ~|söck> {s. u. ↑Woll ↑Sock}: Wollsocke.

Wols, der/de [vɔls] <N.; ~te> {5.5.1; 8.3.5}: Wulst.

wolst|ig ['vɔlstɪŋ] <Adj.; ~e; ~er, ~ste> {5.5.1}: wulstig, dick, aufgeworfen. Tbl. A5.2

wölve ['vøl·və] <V.; schw.; han; wölvte ['vølˑftə]; gewölv [jəˈvølˑf]> {5.5.1; 6.1.1}: wölben. (66)

wo|met [vɔˈmet / '-ˌ-] <Adv.; interrogativ/relativisch> {5.5.2}: womit.

wo|möglich [vɔˈmøːfjlɪŋ] <Adv.>: womöglich.

wo|nevve [vɔˈnevə] <Adv.; interrogativ/relativisch> {5.3.2; 6.1.1}: woneben.

wonne ['vonə] <V.; schw.; han; wonnte ['vontə]; gewonnt [jəˈvont]> {5.3.4; 5.5.1}: wohnen. (10)

Wonne|mond, der ['vonəˌmoˑnt] <N.; ~ (ahd. winnimanod)> {s. u. ↑Mond²}: Wonnemonat; Mai.

Wonn|geld, et ['vonˌjɛlt] <N.; o. Pl.> {s. u. ↑wonne ↑Geld}: Wohngeld.

Wonn|heim, et ['vonˌheɪm] <N.; ~e> {s. u. ↑wonne ↑Heim}: Wohnheim.

Wonn|huus, et ['vonˌhuːs] <N.; ~|hüüser [-hyˑze]> {s. u. ↑wonne ↑Huus}: Wohnhaus.

Wonn|köch, de ['vonˌkøfj] <N.; ~e> {s. u. ↑wonne ↑Köch}: Wohnküche.

Wonn|mobil, et ['vonmoˌbiˑl] <N.; ~e> {s. u. ↑wonne}: Wohnmobil.

Wonn|setz, der ['vonˌzets] <N.; ~(e)> {s. u. ↑wonne ↑Setz}: Wohnsitz.

Wonn|ung, de ['vonʊŋ] <N.; ~e> {5.3.4; 5.5.1}: Wohnung.

Wonn|ungs|amp, et ['vonʊŋsˌamˑp] <N.; ~|ämter> {s. u. ↑Wonn|ung ↑Amp}: Wohnungsamt.

Wonn|ungs|dür/~|dör, de ['vonʊŋsˌdyːɐ̯ / -døːɐ̯] <N.; ~|dürre/~|dörre [-dyrə / -døʀə]; (unr. Pl.)> {s. u. ↑Wonn|ung ↑Dür/Dör}: Wohnungstür.

Wonn|ungs|maat, der ['vonʊŋsˌmaːt] <N.; o. Pl.> {s. u. ↑Wonn|ung ↑Maat}: Wohnungsmarkt.

Wonn|ungs|schlössel, der ['vonʊŋsˌʃløsəl] <N.; ~e> {s. u. ↑Wonn|ung ↑Schlössel}: Wohnungsschlüssel.

Wonn|veedel, et ['vonˌfeˑdəl] <N.; ~> {s. u. ↑wonne ↑Veedel}: Wohnviertel.

Wonn|wage, der ['vonˌvaˑʀə] <N.; ~> {s. u. ↑wonne ↑Wage}: Wohnwagen.

Wonn|zemmer, et ['vonˌtsemə] <N.; ~e> {5.3.4; 5.5.1; s. u. ↑Zemmer}: Wohnzimmer.

wo|noh [ˌvoˈnoˑ / '-ˌ-] <Adv.; interrogativ/relativisch> {5.5.1; 6.3.1}: wonach.

Wood¹, et [voːt] <N.; Wööder ['vœˑdə]; Wööd|che ['vœˑtfjə]> {5.2.1.1.2; 5.5.3}: einzelnes Wort (Pl. im Dt. *Wörter*); ***wölle Wööd** (Kraftausdrücke).

Wood², et [voːt] <N.; Wööd [vœːt]; Wööd|che ['vœˑtfjə]> {5.2.1.1.2; 5.5.3}: Wort, Spruch, Aussage (Pl. im Dt. *Worte*).

Wood|aat, de ['voːtˌlaːt / 'voda:t] <N.; ~e> {s. u. ↑Wood¹ ↑Aat}: (Sprachw.) Wortart; der ein Wort nach grammatischen Gesichtspunkten zugeordnet wird.

Wood|stamm, der [voːtˌʃtam] <N.; ~|stämm [-ˌʃtɛmˑ]> {s. u. ↑Wood¹ ↑Stamm}: (Sprachw.) Wortstamm; zentraler Teil eines Wortes, dem andere Bestandteile (wie Vorsilben, Nachsilben, Flexionsendungen) angehängt werden.

Woog, de [voːx] <N.; ~e ['voˑʀə]> {5.5.3; 8.3.1}: Waage.

Woog|balke, der ['voːxˌbalkə] <N.; ~> {s. u. ↑Woog}: Waagebalken.

wooge/weege² ['voˑʀə / 'veˑjə] <V.; st./schw.; han; Formen von ↑weege² u. ↑wooge sind mischbar woox [voːx]; gewoog(e) [jəˈvoˑx / jəˈvoːʀə]> {5.1.4.3; 5.5.3}: wiegen, **1.** ein best. Gewicht haben. **2.** ein Gewicht mit einer Waage bestimmen. (212) (14)

Woog|schal, de ['voːxˌʃaˑl] <N.; ~e> {s. u. ↑Woog ↑Schal²}: Waagschale.

Woosch, de [voːʃ] <N.; Wöösch [vøːʃ]; Wöösch|che ['vøːʃjə]> {5.2.1.1.2}: Wurst.

Woosch|botteramm, et ['voːʃˌbotəramˑ] <N.; ~e [-ˌbotəramə]> {s. u. ↑Woosch ↑Botter}: Wurstbrot.

Wöösch|che, et ['vøːʃjə] <N.; ~r>: Würstchen. **1.** Vkl. zu ↑Woosch. **2.** (abw.) völlig unbedeutender Mensch.

Wöösch|chens|bud, de ['vøːʃjənsˌbuˑt] <N.; ~e> {s. u. ↑Woosch ↑Bud}: Würstchenstand, Würstchenbude.

Woosch|finger, der ['vo:ʃˌfɪŋɐ] <N.; ~e (meist Pl.)> {s. u. ↑Woosch ↑Finger}: Wurstfinger; dicker, plumper Finger.

Woosch|kamell, de ['vo:ʃkaˈmɛlˑ] <N.; ~e [-kaˌmɛlə]> {s. u. ↑Woosch}: (scherzh.) Scheibe Fleischwurst, die Kinder beim Metzger bekommen.

Woosch|pell, de ['vo:ʃˌpɛlˑ] <N.; ~e> {s. u. ↑Woosch ↑Pell²}: Wurstpelle.

Woosch|schlǫt, der (et veraltet) ['vo:ʃʃlɔˑt] <N.; kein Pl.> {s. u. ↑Woosch ↑Schlǫt}: Wurstsalat.

wooschte ['vo:ʃtə] <V.; schw.; han; gewoosch [jəˈvo:ʃ]> {5.2.1.1.2; 5.4; 6.10.4}: wursten, Wurst herstellen. (19)

wooschtele ['vo:ʃtələ] <V.; schw.; han; wooschtelte ['vo:ʃtəltə]; gewooschtelt [jəˈvo:ʃtəlt]> {5.2.1.1.2; 5.4; 6.10.4; 9.2.1.2}: wursteln. (6)

Woosch|elei, de [ˌvo:ʃtəˈleɪ] <N.; ~e [-əˈleɪə]> {5.2.1.1.2; 5.4; 6.10.4}: Wurstelei [auch: ↑Frickelei, ↑Ge|frickel|s, ↑Ge|woosch|tel|s].

Woosch|zibbel, der ['vo:ʃˌtsɪbəl] <N.; ~e> {s. u. ↑Woosch ↑Zibbel}: Wurstzipfel.

Woosch|zupp, de [vo:ʃˌtsʊp] <N.; ~e; ~|züpp|che> {s. u. ↑Woosch ↑Zupp}: Wurstsuppe.

wööze ['vøːtsə] <V.; schw.; han; wöözte ['vøːtstə]; gewööz [jəˈvøːts]> {5.2.1.1.1; 5.4}: würzen. (112)

Woozel, de ['vo:tsəl] <N.; ~e> {5.2.1.1.1}: Wurzel.

woozele ['vo:tsələ] <V.; schw.; sin; woozelte ['vo:tsəltə]; gewoozelt [jəˈvo:tsəlt]> {5.2.1.1.1; 5.4; 9.2.1.2}: wurzeln. (6)

Woozels|böösch, de ['vo:tsəlsˌbøːʃ] <N.; ~te> {9.1.2; s. u. ↑Woozel ↑Böösch}: Wurzelbürste.

Woozel|trecke, et ['vo:tsəlˌtrɛkə] <N.; o. Pl.> {s. u. ↑Woozel ↑trecke}: (Math.) Wurzelziehen; Radizieren.

wööz|ig ['vøːtsɪŋ] <Adj.; ~e> {5.2.1.1.1; 5.4}: würzig; pikant. Tbl. A5.2

wo|ran, [ˌvoˈran / '-,-] <Adv.; interrogativ/relativisch>: woran [auch: ↑wo|dran].

Worbel, de ['vorbəl] <N.; ~e>: Heidelbeere, Waldbeere, Blaubeere.

wo|ren, [ˌvoˈren / '-,-] <Adv.; interrogativ/relativisch> {5.5.2}: worin [auch: ↑wo|dren].

Worf/Wurf, der [vorf / vʊrf] <N.; Wörf [vørˑf]> {5.5.1}: Wurf.

Wörfel/Würfel, der ['vørfəl / 'vyrfəl] <N.; ~e> {5.4, 5.5.1}: Würfel.

wörfele/würfele ['vørfələ / 'vyrfələ] <V.; schw.; han; wörfelte ['vørfəltə]; gewörfelt [jəˈvørfəlt]> {5.4, 5.5.1, 9.2.1.2}: würfeln. (6)

Wörfel|spill/Würfel|~, et ['vørfəlˌʃpɪl / 'vyrfəl-] <N.; ~ [-ˌʃpɪlˑ]> {s. u. ↑Wörfel/Würfel ↑Spill}: Würfelspiel.

Worf|schiev/Wurf|~, de ['vorfˌʃiˑf / 'vʊrf-] <N.; ~e> {s. u. ↑Worf/Wurf ↑Schiev}: Wurfscheibe.

wo|rǫ̈m [vɔˈröm˖ / '--] <Adv.; interrogativ/relativisch> {s. u. ↑erǫ̈m}: 1. worum. 2. warum [auch: ↑wie|su].

Wörter|boch, et ['vœxtəˌboˑx] <N.; i. best. Komposita Wort, sonst ↑Woǫd¹; ~|böcher} {11; s. u. ↑Boch}: Wörterbuch.

wo|runger [vɔˈrʊŋɐ / '-,--] <Adv.; interrogativ/relativisch> {6.7}: worunter.

wo|rüvver [vɔˈryvɐ / '-,--] <Adv.; interrogativ/relativisch> {5.3.2; 6.1.1}: worüber.

wös [vøˑs] <Adj.; ~te; ~ter, ~teste> {5.4; 8.3.5}: wüst, wild, ungezügelt. Tbl. A4.1.2

wo|vun [ˌvɔˈfʊn / '-,--] <Adv.; interrogativ/relativisch> {5.4}: wovon.

wo|vun|dänns [ˌvɔfʊnˈdɛnˑs] <Adv.; interrogativ/relativisch> {s. u. ↑vun ↑dänns}: woher.

wo|vür/~|vör [ˌvɔˈfyːɐ̯ / -føːɐ̯ / '-,--] <Adv.; interrogativ/relativisch>: wovor.

wo|zwesche [ˌvɔˈtsveʃə / '-,--] <Adv.; interrogativ/relativisch> {5.5.2}: wozwischen.

Wuch, de [vʊx] <N.; ~te> {8.3.5}: Wucht.

wuchere ['vuˑxərə] <V.; schw.; wucherte ['vuˑxətə]; gewuchert [jəˈvuˑxət]> {9.2.1.2}: wuchern. 1. <sin/han> sich im Wachstum übermäßig stark ausbreiten, vermehren: *Hee es et Unkrugg am W.* (Hier wuchert das Unkraut.). 2. <han> mit etw. Wucher treiben: *met singem Vermöge w.* (mit seinem Vermögen w.). (4)

wuchte ['vʊxtə] <V.; schw.; han; gewuch [jəˈvʊx]>: wuchten. (1)

Wund, de [vʊnˑt] <N.; ~e> {8.3.1}: Wunde.

wundere, sich ['vʊndərə] <V.; schw.; han; wunderte ['vʊndətə]; gewundert [jəˈvʊndət]> {9.2.1.2}: sich wundern. (4)

Wunder|kääz, de ['vʊndəkɛːts] <N.; ~e> {s. u. ↑Kääz}: Wunderkerze.

Wunder|meddel, et ['vʊndəˌmedəl] <N.; ~(e)> {s. u. ↑Meddel}: Wundermittel.

Wunder|tüt, de ['vʊndɐˌtyːt] <N.; ~e> {s. u. ↑Tüt}: Wundertüte.
Wund|mol, et ['vʊntˌmɔːl] <N.; ~e> {s. u. ↑Mol²}: Wundmal.
Wund|noht, de ['vʊntˌnɔːt] <N.; ~|nöht> {s. u. ↑Noht}: Wundnaht.
Wund|salv, de ['vʊntˌzalˑf] <N.; ~e> {s. u. ↑Salv¹}: Wundsalbe; Heilsalbe.
Wunsch, der [vʊnʃ] <N.; Wünsch [vynʃ]>: Wunsch.
Wunsch|denke, et ['vʊnʃˌdɛŋkə] <N.; o. Pl.>: Wunschdenken.
Wunsch|draum, der ['vʊnʃˌdrɔʊm] <N.; ~|dräum [-drøːym]> {s. u. ↑Draum}: Wunschtraum.
wünsche ['vynʃə] <V.; schw.; han; wünschte ['vynʃtə]; gewünsch [jəˈvynʃ] ⟨mhd. wünschen, ahd. wunsken⟩>: wünschen. (110)
Wunsch|konzäät, et ['vʊnʃkɔnˌtsɛːt] <N.; ~e> {s. u. ↑Konzäät}: Wunschkonzert.
Wunsch|zeddel, der ['vʊnʃˌtsɛdəl] <N.; ~e> {s. u. ↑Zeddel}: Wunschzettel, Wunschliste.
wupptich ['vʊptɪʃ] <Adv.> {7.3.2}: schnell, nicht als Adj. gebr., dann ↑flöck.
Wupptizität, de [ˌvʊptɪtsɪˈtɛːt] <N.; o. Pl.>: Schwung; Schnelligkeit [auch: ↑Aki].
würdige ['vyrdɪjə] <V.; schw.; han; würdigte ['vyrdɪftə]; gewürdig [jəˈvyrdɪʃ] ⟨mhd. wirdigen⟩>: würdigen. (7)
Wurf/Worf, der [vʊrf / vɔrf] <N.; Würf [vyrˑf]>: Wurf.
Würfel/Wörfel, der ['vyrfəl / 'vørfəl] <N.; ~e ['vyrfələ]> {5.5.1}: Würfel.
würfele/wörfele ['vyrfələ /'vørfələ] <V.; schw.; han; würfelte ['vyrfəltə]; gewürfelt [jəˈvyrfəlt]> {5.5.1, 9.2.1.2}: würfeln. (6)
Würfel|spill/Wörfel|~, et ['vyrfəlˌʃpɪl / 'vørfəl-] <N.; ~[-ˌʃpɪlˑ]> {s. u. ↑Würfel/Wörfel ↑Spill}: Würfelspiel.
Wurf|schiev/Worf|~, de ['vʊrfˌʃiˑf / 'vɔrf-] <N.; ~e> {s. u. ↑Wurf/Worf ↑Schiev}: Wurfscheibe.
würge ['vyrˑjə] <V.; schw.; han; würgte ['vyrˑftə]; gewürg [jəˈvyrˑfʃ]>: würgen, **1.** jmdm. die Kehle zudrücken: *einer w.* (jmdn. w.). **2.** etw. nur mühsam hinunterschlucken können: *Bei däm drüge Krom muss ich w.* (Bei dem trockenen Zeug muss ich w.). *met Hänge un W. (mit großer Mühe; gerade noch, kaum, gerade eben): *Dä hät met Hänge un W. sing Examensprüfunge bestande.* (Er hat mit Hängen und Würgen/so gerade seine Examensprüfungen bestanden.). (39)

Würge|greff, der ['vyrˑjəˌjref] <N.; ~e> {s. u. ↑würge ↑Greff}: Würgegriff.
Würge|mol, et ['vyrˑjəmɔˑl] <N.; ~e> {s. u. ↑Mol²}: Würgemal.
Wurm, der [vʊrm] <N.; Würm [vyrˑm]>: Wurm; ***do es der W. dren** (da ist dr Wurm drin = da stimmt etwas nicht).
wurme ['vʊrˑmə] <V.; unpers., nur 3. Pers. Sg.; schw.; han; wurmte ['vʊrˑmtə]; gewurmp [jəˈvʊrˑmp]>: wurmen, ärgern: *Et wurmp mich, dat ich länger arbeide muss.* (Es wurmt/ärgert mich, dass ich länger arbeiten muss.). (127)
Wurm|meddel, et ['vʊrmmedəl] <N.; ~(e)> {s. u. ↑Meddel}: Wurmmittel; Mittel gegen Wurmleiden.
wurm|stech|ig ['vʊrmˌʃtefɪʃ] <Adj.; ~e; ~er, ~ste> {s. u. ↑Stech}: wurmstichig. Tbl. A5.2
Wuschel, der ['vʊʒəl] <N.; ~e> {7.4}: Wuschel.
wuschele ['vʊʒələ] <V.; schw.; han; wuschelte ['vʊʒəltə]; gewuschelt [jəˈvʊʒəlt]> {6.10.1; 9.2.1.2}: verwuscheln, zerzausen. (6)
wuschel|ig ['vʊʒəlɪʃ] <Adj.; ~e; ~er, ~ste> {6.10.1; 7.4}: wuschelig. Tbl. A5.2
x-Achs, de ['ɪksˌaks] <N.; ~e>: (Math.) x-Achse, Waagerechte im Koordinatensystem; Abszissenachse.
X-Bein ['ɪksˌbeɪn] <N.; Neutr.; nur Pl.> {s. u. ↑Bein}: X-Beine, Beine, bei denen die Oberschenkel leicht einwärts u. die Unterschenkel auswärts gekrümmt sind.
x-mol ['ɪksˌmɔˑl] <Wiederholungsz., Adv.>: x-mal, unzählige Male: *das habe ich dir doch schon x-mal gesagt!*
Xanthipp, de [ksanˈtɪp] <N.> [nach dem Namen von Sokrates' Ehefrau, die als zanksüchtig geschildert wird] (abw.): Xanthippe, unleidliche, streitsüchtige, zänkische Frau.
y-Achs, de ['ypsɪlɔnˌaks] <N.; ~e>: (Math.) y-Achse, Senkrechte im Koordinatensystem; Ordinatenachse.

zaat [tsaːt] <Adj.; ~e; ~er, ~este> {5.2.1.1.1}: zart.   Tbl. A1

zaat|better [ˈtsaːtˌbetɐ] <Adj.; ~e> {s. u. ↑zaat ↑better}: (von Schokolade) zartbitter, dunkel u. von leicht bitterem Geschmack.   Tbl. A2.6

Zaat|ge|föhl, et [ˈtsaːtjəføːl] <N.; o. Pl.> {s. u. ↑zaat ↑Ge|föhl}: Zartgefühl.

zaat|glidder|ig [ˈtsaːtˌjlɪdərɪŋ] <Adj.; ~e> {s. u. ↑zaat ↑Glidd}: zartgliedrig.   Tbl. A5.2

zabbele [ˈtsabələ] <V.; schw.; han; zabbelte [ˈtsabəltə]; gezabbelt [jəˈtsabəlt]> {6.9; 9.2.1.2}: zappeln.   (6)

zabbel|ig [ˈtsabəlɪŋ] <Adj.; ~e; ~er, ~ste> {6.9}: zappelig, aufgeregt, nervös.   Tbl. A5.2

Zabel, der [ˈtsaːbəl] <N.; ~e> {5.4; 6.10.3}: Säbel.

Zacheiles, der [tsaˈxeɪəs] <N.> : Zachäus. **1.** <männl. Vorn.> Zacharias. **2.** Zacheies od. Nubbel wird heute die Stoffpuppe genannt, die seit etwa drei Jahrzehnten an den Karnevalstagen an vielen Kölner Gaststätten hängt u. am Dienstagabend verbrannt wird. Im Kölner Umland wird der Zacheies am Ende der Kirmes verbrannt. Dieser Brauch wurde in Köln dann auf den Karneval übertragen. [auch: ↑Nubbel ↑Peijass (2)].

Zack [tsak] <N.; nur i. d. Vbdg.: *op* Z.>: Zack, ***op Z. sin** (auf Z. sein: 1. seine Sache sehr gut machen; 2. bestens funktionieren; 3. helle/pfiffig sein); ***einer/jet op Z. bränge** (jmdn./etw. auf Z. bringen, ankurbeln): 1. dafür sorgen, dass jmd. tut, was von ihm erwartet wird; 2. dafür sorgen, dass etw. bestens funktioniert).

Zacke, der [ˈtsakə] <N.; ~; Zäck|che [ˈtsɛkçə]>: Zacke, Zacken.

zacker|jü! [ˌtsakeˈjyː] <Interj. ⟨frz. sacré⟩> {6.10.3}: sackerlot!; Ausruf von Bewunderung, Erstaunen etc. od. Entrüstung, Zorn etc. [auch: ↑zacker|lot!, ↑zacker|ment!, ↑zapper|lot!].

zacker|lot! [ˌtsakeˈloːt] <Interj. ⟨frz. sacrélot⟩> {6.10.3}: sackerlot!, sapperlot!; Ausruf von Bewunderung, Erstaunen etc. od. Entrüstung, Zorn etc. [auch: ↑zacker|jü!, ↑zacker|ment!, ↑zapper|lot!].

zacker|ment! [ˌtsakeˈmɛnt] <Interj. ⟨lat. sacramentum⟩> {6.10.3}: sackerment!, sapperment!; Ausruf von Bewunderung, Erstaunen etc. od. Entrüstung, Zorn etc. (=ˮSakramentˮ) [auch: ↑zacker|jü!, ↑zacker|lot!, ↑zapper|lot!].

Zacker|ment, et [ˌtsakeˈmɛnt] <N.; ~e ⟨lat. sacramentum⟩> {2; 6.10.3; 8.2.1; 9.1.1}: **1.** Sakrament. **2. *Z.!** (Verflucht!; kann Bewunderung, Erstaunen etc. od. Entrüstung, Zorn etc. ausdrücken).

zack|ig [ˈtsakɪŋ] <Adj.; ~e; ~er, ~stee>: zackig.   Tbl. A5.2

Zahl, de [tsaːl] <N.; ~e>: Zahl.

Zahl|dag, der [ˈtsaːlˌdaːx] <N.; ~/~e/~|däg [-daːx / -daːʀə / -dɛːʃ]> {s. u. ↑zahle ↑Dag}: Zahltag.

Zahle|folg, de [ˈtsaːləˌfolʃ] <N.; ~e> {s. u. ↑Zahl ↑Folg}: Zahlenfolge.

Zahle|ge|däch|nis, et [ˈtsaːləjəˌdɛʃnɪs] <N.; o. Pl.> {s. u. ↑Zahl ↑Ge|däch|nis}: Zahlengedächtnis.

zahle|mäß|ig [ˈtsaːləˌmɛːsɪŋ] <Adj.; ~e>: zahlenmäßig, bzgl. der Anzahl; numerisch.   Tbl. A5.2

Zahle|reih, de [ˈtsaːləˌreɪˑ] <N.; ~e [-reɪə]> {s. u. ↑Zahl ↑Reih}: Zahlenreihe.

Zahl|kaat, de [ˈtsaːlˌkaːt] <N.; ~e> {s. u. ↑zahle ↑Kaat}: Zahlkarte.

Zahl|stell, de [ˈtsaːlˌʃtɛl] <N.; ~e [-ʃtɛlə]> {s. u. ↑zahle ↑Stell}: Zahlstelle.

Zahl|wood, et [ˈtsaːlˌvoːt] <N.; ~|wöödër [-vœːdə]> {s. u. ↑Zahl ↑Wood}: (Sprachw.) Zahlwort; Numerale.

zahm [tsaːm] <Adj.; ~e; ~er, ~ste>: zahm.   Tbl. A2.3

zähme [ˈtsɛːmə] <V.; schw.; han; zähmte [ˈtsɛːmtə]; gezähmp [jəˈtsɛːmp]>: zähmen.   (126)

Zahn|aaz, der [ˈtsaːnˌaːts] <N.; i. best. Komposita *Zahn*, sonst ↑Zant; ~|ääz> {11; s. u. ↑Aaz}: Zahnarzt.

Zahn|aaz|stohl, der [ˈtsaːnaːtsˌʃtoːl] <N. i. best. Komposita *Zahn*, sonst ↑Zant; ~|stöhl> {11; s. u. ↑Aaz ↑Stohl}: Zahnarztstuhl, Behandlungsstuhl eines Zahnarztes.

Zahn|bedd, et [ˈtsaːnˌbɛt] <N.; i. best. Komposita *Zahn*, sonst ↑Zant; ~er> {11; s. u. ↑Bedd}: Zahnbett, Knochen- u. Bindegewebe, in dem ein Zahn wurzelt.

Zahn|böösch, de [ˈtsaːnˌbøːʃ] <N.; i. best. Komposita *Zahn*, sonst ↑Zantt; ~te> {11; s. u. ↑Böösch}: Zahnbürste.

Zahn|fleisch|blode, et [ˈtsaːnflɛɪʃˌbloːdə] <N.; i. best. Komposita *Zahn*, sonst ↑Zant; kein Pl.> {11; s. u. ↑blode}: Zahnfleischbluten.

Zahn|fleisch|ent|zünd|ung, de [ˈtsaːnflɛɪʃɛntˌtsʏndʊŋ] <N.; i. best. Komposita *Zahn*, sonst ↑Zant; ~e> {11}: Zahnfleischentzündung.

Zahn|föll|ung/~|füll|~, de [ˈtsaːnˌfølʊŋ / -fʏl-] <N.; i. best. Komposita *Zahn*, sonst ↑Zant; ~e> {11; s. u. ↑Föll|ung/Füll|~}: Zahnfüllung; Plombe.

Zahn|krun, de ['tsa:n‚kru·n] <N. i. best. Komposita *Zahn*, sonst ↑*Zant*; ~e> {11; s. u. ↑*Krun*}: Zahnkrone, **a)** oberer Teil eines Zahnes; **b)** aus Metall, Porzellan o. Ä. gefertigter Ersatz für eine Zahnkrone; [auch: ↑*Krun* (3)].

Zahn|polver, et ['tsa:n‚polvə] <N.; i. best. Komposita *Zahn*, sonst ↑*Zant*; ~> {11; s. u. ↑*Polver*}: Zahnpulver.

Zahn|putz|becher, der ['tsa:nputs‚bɛfjə] <N.; i. best. Komposita *Zahn*, sonst ↑*Zant*; ~> {11; s. u. ↑*putze*}: Zahnputzbecher.

Zahn|radd, et ['tsa:n‚rat] <N.; i. best. Komposita *Zahn*, sonst ↑*Zant*; ~|rädder> {11; s. u. ↑*Radd*}: Zahnrad.

Zahn|radd|bahn, de ['tsa:nrat‚ba·n] <N.; i. best. Komposita *Zahn*, sonst ↑*Zant*; ~e> {11; s. u. ↑*Radd* ↑*Bahn*}: Zahnradbahn.

Zahn|sigg, de ['tsa:n‚zɪk] <N.; i. best. Komposita *Zahn*, sonst ↑*Zant*; o. Pl.> {11; s. u. ↑*Sigg*³}: Zahnseide.

Zahn|spang, de ['tsa:n‚ʃpaŋ] <N.; i. best. Komposita *Zahn*, sonst ↑*Zant*; ~e [-‚ʃpaŋə]> {11; s. u. ↑*Spang*}: Zahnspange.

Zahn|speegel, der ['tsa:n‚ʃpe·jəl] <N.; i. best. Komposita *Zahn*, sonst ↑*Zant*; ~e> {11; s. u. ↑*Speegel*}: Zahnspiegel, kleiner, runder, an einem langen Stiel sitzender Spiegel des Zahnarztes zum Betrachten der Zähne.

Zahn|woozel, de ['tsa:n‚vo:tsəl] <N.; i. best. Komposita *Zahn*, sonst ↑*Zant*; ~e> {11; s. u. ↑*Woozel*}: Zahnwurzel.

zakra ['tsakra·] <entstellt aus „Sakrament"> : sakra.

Zaldat, der [tsal'da·t] <N.; ~e> {5.4; 6.10.3}: Soldat, *****Z. maache** (aufessen) [auch: ↑*op|esse*; ↑*fott|esse*; ↑*fott|putze*; ↑*be|wältige*; ↑*ver|kimmele*; ↑*ver|spachtele*; ↑*ver|tilge*; ↑*ver|kamesöle*; ↑*ver|kasematuckele*; ↑*ver|pinsele*; ↑*ver|putze*].

zälle ['tsɛlə] <V.; st./schw.; *han*; zallt/zällte [tsalt / 'tsɛltə]; gezallt/ge|zällt [jə'tsalt / jə'tsɛlt]> {5.3.4}: zählen, **1. a)** Zahlen in richtiger Reihenfolge hintereinander nennen: *Dä kann nit bes drei z.* (Der kann nicht bis drei z.); **b)** zählend addieren. **2.** (übertr.) *op einer z. künne*: sich auf jmdn. verlassenkönnen. (196) (91)

Zam|ping/Zant|ping, de ['tsam‚pɪŋ· / 'tsant‚pɪŋ·] <N.; kein Pl.> {s. u. ↑*Zant* ↑*Ping*}: Zahnschmerzen, Zamping: Assimilation von *Zant* u. *Ping*.

Zang, de [tsaŋ] <N.; ~e ['tsaŋə]; Zäng|el|che ['tsɛŋəlfjə]> {8.3.1}: Zange (Werkzeug).

Zange|geboot/~|geburt, de ['tsaŋ·ə‚jə‚bo:t / -‚jəbu:ɐt] <N.; ~e> {s. u. ↑*Zang* ↑*Geboot/Geburt*}: Zangengeburt; **a)** Zangenentbindung; **b)** Schwierigkeit: *Dat wor en richtige Z.* (Das war die reinste Z. = Das war äußerst kompliziert, schwierig).

Zange|greff, der ['tsaŋ·ə‚jref] <N.; ~e> {s. u. ↑*Zang* ↑*Greff*}: Zangengriff. **1.** Griff einer Zange. **2.** (Sport) von beiden Seiten fest umschließender Griff.

Zängel|ches|dress, der ['tsɛŋəlfjəs‚dres] <N.>: nur i. d. Vbdg. *der Z. krige* (nervös werden bei einer feinmotorischen Arbeit [auch: *de Pimpernell/de/Pimpel|geech krige*]).

Zänk, der [tsɛŋk] <N.; kein Pl.> {5.4}: Zank.

Zänk|appel, der ['tsɛŋk‚apəl] <N.; ~|äppel ⟨nach lat. *pomum Eridis* = Apfel der Eris, Erisapfel⟩> {s. u. ↑*zänke* ↑*Appel*}: Zankapfel, Gegenstand eines Streits.

zänke ['tsɛŋkə] <V.; schw.; *han*; zänkte ['tsɛŋktə]; gezänk [jə'tsɛŋk]> {5.4}: zanken [auch: ↑*fäge* (4), ↑*fetze*, ↑*käbbele*, ↑*knäbbele* (2), ↑*öschele* (3), ↑*strigge*]. (41)

Zänk|erei, de [‚tsɛŋkə'reɪ·] <N.; ~e [-ə'reɪə]> {5.4}: Zankerei, Nörgelei.

zänk|isch [tsɛŋkɪʃ] <Adj.; ~e> {5.4}: zänkisch, streitsüchtig. Tbl. A1

Zänkmanns Kätt, et [‚tsɛŋkmans'kɛt] <N.; Eigenn.>: Katharina Zänkmann: Figur im Kölner Stockpuppentheater „Hänneschen-Theater".

Zant, der [tsant] <N.; Zäng [tsɛŋ·]; Zäng|che ['tsɛŋ·fjə]> {5.3.4}: Zahn, **1.** im Kiefer wurzelndes, knochenähnliches Gebilde, das der Zerkleinerung der Nahrung dient; <nur Pl.> *****einer durch de Zäng trecke** (über jmdn. herziehen); *****Zäng krige** (zahnen). **2.** zackenartiger Teil, Zacke: *ene Z. vum Kamm* (ein Z. des Kamms).

Zant|ping/Zam|ping, de ['tsant‚pɪŋ· / 'tsam‚pɪŋ·] <N.; kein Pl.> {s. u. ↑*Zant* ↑*Ping*}: Zahnschmerzen.

Zäpp|che, et ['tsɛpfjə] <N.; ~r> {6.8.1}: Zäpfchen. **1.** Vkl. zu ↑*Zappe*. **2.** Medikament in Form eines kleinen Zapfens od. Kegels, das in den After od. in die Scheide eingeführt wird; Suppositorium. **3.** in der Mitte des hinteren Randes des Gaumens in die Mundhöhle herabhängendes, zapfenartiges Gebilde.

Zäpp|che-R, et ['tsɛpfjə‚ɛr] <N.; kein Pl.> {s. u. ↑*Zäpp|che*}: Zäpfchen-R, mithilfe des Zäpfchens artikulierter r-Laut.

zappe ['tsapə] <V.; schw.; *han*; zappte ['tsaptə]; gezapp [jə'tsap]> {6.8.1}: zapfen. (75)

Zappe, der ['tsapə] <N.; ~> {6.8.1}: Zapfen.

zappe(n)|düster/~|duster ['tsapə(n)'dyːstɐ / -'duːstɐ] <Adj.; ~e> {5.4; 9.1.4}: zappenduster. Tbl. A2.6

zapper|lot! [ˌtsapɐ'loˑt] <Interj. ⟨frz. sacrélot⟩> {6.10.3}: sapperlot!, sackerlot!; Ausruf von Bewunderung, Erstaunen etc. od. Entrüstung, Zorn etc. [auch: ↑zacker|jü!, ↑zacker|lot!, ↑zacker|ment!].

Zapp|es[1], der ['tsapəs] <N.; Zapp|ese/Zäpp|er ['tsapəzə / 'tsɛpə]> {6.8.1}: Zapfer, Person, die zapft.

Zapp|es[2], et ['tsapəs] <N.; Zapp|ese ['tsapəzə]> {6.8.1}: Schankraum, Zapfraum.

Zapp|es[3], der ['tsapəs] <N.; Zapp|ese ['tsapəzə]> {6.8.1}: Zapfhahn.

Zappe|streich, der ['tsapəˌʃtrɛɪʃ] <N.; ~e> {6.8.1}: Zapfenstreich.

Zapp|hahn, der ['tsapˌhaˑn] <N.; ~|hähn> {6.8.1}: Zapfhahn.

Zapp|stell, de ['tsapˌʃtɛlˑ] <N.; ~e [-ˌʃtɛlə]> {6.8.1; s. u. ↑Stell}: Zapfstelle.

Zapp|süül, de ['tsapˌzyˑl] <N.; ~e> {6.8.1; s. u. ↑Süül}: Zapfsäule.

Zare(n)|herr|schaff, de ['tsaːrəˌhɛxʃaf] <N.; o. Pl.> {9.1.4}: Zarenherrschaft.

Zare|rich, et ['tsaːrəˌrɪʃ] <N.; ~e> {s. u. ↑Rich}: Zarenreich.

Zarett, de [tsa'rɛt] <N.; ~e> {8.3.1}: Zigarette [auch: ↑Zigarett, ↑Fipp, ↑Flöpp[2]].

Zarette|äsch, de [tsa'rɛtəˌɛʃ] <N.; kein Pl.> {s. u. ↑Zarett ↑Äsch}: Zigarettenasche.

Zarette|paus/~|puus, de [tsa'rɛtəˌpaʊˑs / -puˑs] <N.; ~e> {s. u. ↑Zarett ↑Paus[1]/Puus[1]}: Zigarettenpause.

Zarette|spetz, de [tsa'rɛtəˌʃpɛts] <N.; ~e> {s. u. ↑Zarett ↑Spetz}: Zigarettenspitze.

Zarette|stummel, der [tsa'rɛtəˌʃtʊməl] <N.; ~e> {s. u. ↑Zarett, ↑Stummel}: Zigarettenstummel [auch: ↑Zigarette|stummel, ↑Kipp[1]].

Zarg, de [tsarˑʃ] <N.; ~e [ˈtsarʒə] ⟨mhd. zarge, ahd. zarga⟩> {8.3.1}: Zarge; **a)** Einfassung einer Türöffnung, Fensteröffnung; **b)** waagerechter rahmenartiger Teil eines Tisches, Stuhles, einer Bank o. Ä., an dessen Ecken die Beine befestigt sind.

Zauber|boch, et ['tsaʊbɐˌboˑx] <N.; ~|böcher> {s. u. ↑Boch[1]}: Zauberbuch.

Zauber|drank/~|drunk, der ['tsaʊbɐˌdraŋk / -drʊŋk] <N.; ~|dränk/~|drünk> {s. u. ↑Drank ↑Drunk}: Zaubertrank.

zaubere ['tsaʊˑbərə] <V.; schw.; *han*; zauberte ['tsaʊˑbətə]; gezaubert [jə'tsaʊˑbet]> {9.2.1.2}: zaubern. (4)

Zauber|fleut, de ['tsaʊbɐˌfløʏt] <N.; ~e> {s. u. ↑Fleut}: Zauberflöte.

zauber|haff ['tsaʊbɐhaf] <Adj.; ~|hafte; ~|hafter; ~ste>: zauberhaft, bezaubernd, entzückend. Tbl. A4.2.1

Zauber|kaste, der ['tsaʊbɐˌkastə] <N.; ~|käste> {s. u. ↑Kaste}: Zauberkasten.

Zauber|kraff, de ['tsaʊbɐˌkraf] <N.; -|kräfte> {s. u. ↑Kraff}: Zauberkraft.

Zauber|kuns, de ['tsaʊbɐˌkʊns] <N.; ~|küns> {s. u. ↑Kuns}: Zauberkunst.

Zauber|küns|ler, der ['tsaʊbɐˌkʏnslɐ] <N.; ~> {s. u. ↑Küns|ler}: Zauberkünstler.

Zauber|kuns|stöck, et ['tsaʊbɐˌkʊnsˌʃtøk] <N.; ~/~e/~er> {s. u. ↑Kuns ↑Stöck}: Zauberkunststück, Zaubertrick.

Zauber|meddel, et ['tsaʊbɐˌmedəl] <N.; ~(e)> {s. u. ↑Meddel}: Zaubermittel, Mittel, das durch Zauberkraft wirkt.

Zauber|sproch, der ['tsaʊbɐˌʃprox] <N.; ~|spröch> {s. u. ↑Sproch[2]}: Zauberspruch.

Zauber|stab/~|stav, der ['tsaʊbɐˌʃtaːb / -ˌʃtaːf] <N.; ~|stäb/ ~|stäv [-ˌʃtɛˑp / -ˌʃtɛˑf]> {s. u. ↑Stab ↑Stav}: Zauberstab.

Zauber|wood, et ['tsaʊbɐˌvoːt] <N.; ~|wọ̈ọd [-vœˑt]> {s. u. ↑Wood[2]}: Zauberwort.

Zauber|woozel, de ['tsaʊbɐˌvoːtsəl] <N.; ~e> {s. u. ↑Woozel}: Zauberwurzel.

zaue, sich ['tsaʊə] <V.; schw.; *han*; zaute ['tsaʊˑtə]; gezaut [jə'tsaʊˑt]>: sich beeilen [auch: ↑av|hetze, ↑iele (2), ↑ploge (2b), *flöck maache, gonn looße, Gas gevve, Kood scheeße looße, der Reeme dropdun*]. (11)

Zaum, der [tsaʊm] <N.; Zäum [tsɔʏˑm]>: Zaum, ***em Z. halde*** (im Z. halten; jmdn./sich/etw. zügeln/in der Gewalt haben).

zäume ['tsɔʏˑmə] <V.; schw.; *han*; zäumte ['tsɔʏmtə]; gezäump [jə'tsɔʏˑmp]>: zäumen. (122)

Zaun, der [tsaʊn] <N.; Zäun [tsɔʏˑn]>: Zaun [auch: ↑Zung[2]].

Zaun|gass/Zung|~, der ['tsaʊnˌjas / 'tsʊŋ-] <N.; ~|gäss> {s. u. ↑Zaun ↑Zung[2] ↑Gass[2]}: Zaungast.

Zauß, de [tsaʊs] <N.; ~e> {5.1.4.7; 6.10.3; 8.3.1}: Soße.

Zauße|kump, de ['tsaʊsəˌkʊmp] <N.; ~e> {s. u. ↑Zauß ↑Kump}: Soßenschüssel, Sauciere.

Zauße|löffel, der ['tsaʊsəˌlœfəl] <N.; ~e> {s. u. ↑Zauß ↑Löffel}: Soßenlöffel.

Zauße|möbbel, der ['tsaʊsə,mœbəl] <N.; ~e> {s. u. ↑Zauß ↑Möbbel/Mobbel}: Soßenfreund, Soßenliebhaber, jemand, der gerne Soßen isst; (wörtl.) Soßenmoppel.

ze¹ [tsə] <Präp.; m. Dat.> {5.4}: zu, zur Kennzeichnung des Ortes, der Art u. Weise, des Zwecks, Grundes: *ze beidse Sigge* (zu beiden Seiten); *ze Foß* (zu Fuß); *ze Weihnachte schenke* (zu Weihnachten schenken); ***ze Hus** (zu Hause) [auch: ↑zo¹].

ze² [tsə] <Konj.; unterordn.> {5.4}: zu, in Vbdg. mit dem Inf. u. abhängig von Wörtern verschiedener Wortarten, bes. von Verben: *Ich han der verbodde ze kumme.* (Ich habe dir verboten zu kommen.); *Helf mer dä Koffer ze drage.* (Hilf mir den Koffer zu tragen.); *Ich ben hügg nit ze spreche.* (Ich bin heute nicht zu sprechen.); *Et gitt vill ze sinn.* (Es gibt viel zu sehen.); *die Kuns zozehüre* (die Kunst zuzuhören); *Hä nohm dat Boch ohne ze froge.* (Er nahm das Buch ohne zu fragen.).

ze³ [tsə] <Adv.> {5.4}: zu, vor Adj. zum Kennzeichen eines zu hohen bzw. zu niedrigen Grades. (Wenn das Adverb ausnahmsweise betont wird, muss es *zo* heißen; vgl. ↑zo³ (2) *ze lang* (zu lang); *ze koot* (zu kurz); *ze vill* (zu viel); ***ze bascht(e)** (viel, genug, mehr als genug, im Überfluss; eigtl.: Infinitivkonjunktion *ze* mit dem Inf. ↑baschte): *Die han Flüh ze baschte.* (Die haben Geld im Überfluss.) [auch: ↑zo³ (2)].

ze|- [tsə] <Präfix; unbetont> {5.4}: zu-, i. Vbdg. m. verschiedenen Wortarten u. Suffixen: *~letz* (~letzt); *~god* (~gute); *~röck* (~rück) [auch: ↑zo|²-].

Ze|binge|mann, der [tsə'bɪŋə,man] <N.; ~|männer>: Wicht, armer, armseliger, kleingewachsener schmächtiger Mann. Im 19. Jh. boten von Haus zu Haus wandernde Arbeiter Reparaturarbeiten an mit dem Ruf: „Hat ehr nix ze binge?" „Haben Sie nichts zu binden?" Heute nur noch i. d. übertragenen Bed. gebr.

Zebra|striefe/~|streife, der ['tsebra:ˌʃtri:fə / -ˌʃtrɛɪfə] <N.; ~> {s. u. ↑Striefe/Streife}: Zebrastreifen.

Zech|broder, der ['tsɛfˌbro·də] <N.; ~|bröder> {s. u. ↑Broder}: Zechbruder.

Zeck, de [tsɛk] <N.; ~e; ⟨mhd. zecke, ahd. cecho⟩> {8.3.1}: Zecke; große Milbe, die sich auf der Haut von Tieren u. Menschen festsetzt u. deren Blut saugt.

ze|däm/zo|~ [tsə'dɛm / tso-] <Adv.> {5.4}: zudem, außerdem [auch: ↑usser|däm].

Zeddel, der ['tsɛdəl] <N.; ~e> {6.10.3}: Zettel.

Zeddels|kess, de ['tsɛdəlsˌkes] <N.; ~|keste> {9.1.2; s. u. ↑Zeddel ↑Kess}: Zettelbox, Zettelkiste

Zeddels|krom, der ['tsɛdəlsˌkro·m] <N.; kein Pl.> {s. u. ↑Zeddel ↑Krom}: Zettelkram, Zettelwirtschaft.

Zeech, de [tse:ʃ] <N.; veraltet> {5.1.4.3; 8.3.1}: Zieche, Bettbezug, Kissenbezug.

ze|eesch/zo|~ [tsə'le:ʃ / tso-] <Adv.> {5.2.1.1.2; 8.3.5}: zuerst [auch: ↑ze|eets/zo|-].

ze|eets/zo|~ [tsə'le:ts / tso'l] <Adv.> {5.2.1.1.2; 8.3.5}: zuerst [auch: ↑ze|eesch/ zo|-].

Zeer/Zier, de [tse:ɐ / tsi:ɐ] <N.; kein Pl. ⟨mhd. ziere, ahd. ziari⟩> {5.1.4.3}: Zier.

zeere/ziere ['tse:rə / 'tsi:(ɐ)rə] <V.; unr.; han; zeete ['tse:tə]; gezeet [jə'tse:t]> {5.1.4.3}: zieren. (2) (3)

Zeer|fesch/Zier|~, der ['tse:ɐˌfeʃ / 'tsi:ɐ-] <N.; ~/~e> {s. u. ↑Zeer/Zier ↑Fesch}: Zierfisch.

Zeer|flanz/Zier|~/~|planz, de ['tse:ɐˌflants / 'tsi:ɐ- / -plants] <N.; ~e> {s. u. ↑Zeer/Zier ↑Flanz/Planz}: Zierpflanze.

Zeer|rot/Zier|~, der ['tse:(ɐ)ˌro:t / 'tsi:(ɐ)r-] <N.; ~e ⟨mhd. zierot⟩> {5.5.3; s. u. ↑Zeer/Zier}: Zierrat.

Zeer|schreff/Zier|~, de ['tse:ɐˌʃref / 'tsi:ɐ-] <N.; ~|schrefte> {s. u. ↑Zeer/Zier ↑Schreff}: Zierschrift, dekorativ ausgestaltete Schrift.

Zeer|stech/Zier|~, der ['tse:ɐˌʃteʃ / 'tsi:ɐ-] <N.; ~> {s. u. ↑Zeer/Zier ↑Stech}: (Handarb.) Zierstich.

Zeer|struch/Zier|~, der ['tse:ɐˌʃtrʊx / 'tsi:ɐ-] <N.; ~|strüch> {s. u. ↑Zeer/Zier ↑Struch}: Zierstrauch.

Ze|esse, et [tsə'lɛsə] <N.; kein Pl.>: Essen, Mahlzeit.

ze|fridde/zo|~ [tsə'frɪdə / tso-] <Adj.; ~; ~ner, ~nste> {5.3.4}: zufrieden. Tbl. A3.1

Ze|fridden|heit/Zo|~, de [tsə'frɪdənheɪt / tso-] <N.> {5.3.4}: Zufriedenheit.

ze|glich/zo|~ [tsə'ɪlɪʃ / tso-] <Adv.> {5.3.1}: zugleich.

ze|god/zo|~ [tsə'ɪo·t / tso-] <Adv.> {5.4; 6.11.3; 8.3.1}: zugute.

ze|grund/zo|~ [tsə'ɪrʊn·t / tso-] <Adv.> {8.3.1}: zugrunde, zu Grunde.

ze|gunste/zo|~ [tsə'ɪʊnstə / tso-] <Präp.; i. Vbdg. m. *vun* + Dat.>: zugunsten, zu Gunsten.

ze|hauf/zo|~ [tsə'hoʊf / tso-] <Adv.>: zuhauf.

ze|hingersch/zo|~ [tsə'hɪŋəʃ / tso-] <Adv.> {6.7; 6.10.4; 8.3.5}: zuhinterst, ganz hinten.

zehn [tse·n] <Kardinalz.>: zehn, (als Ziffer: 10).

Zehn|cent|stöck, et [tseˑnˈsɛnt͡ˌʃtøk] <N.; ~/~e/~er> {s. u. ↑Stöck}: Zehncentstück (mit Ziffern: 10-Cent-Stück).

zehn|dausend [ˈtseˑnˈdoʊ̯ˌzənt / ˌ-ˈ-- / ˈ-ˌ--] <Kardinalz.> {s. u. ↑dausend}: zehntausend, (als Ziffer: 10000).

zehn|deil|ig [ˈtseˑnˌdeɪ̯ˑlɪf͡j] <Adj.; ~e>: zehnteilig. Tbl. A5.2

Zehn|er|kaat, de [ˈtseˑnɐˌkaːt] <N.; ~e> {s. u. ↑Kaat}: Zehnerkarte.

Zehn|er|stell, de [ˈtseˑnɐˌʃtɛlˑ] <N.; ~e [-ʃtɛlə]> {s. u. ↑Stell}: (Math.) Zehnerstelle.

Zehn|euro|sching, der [tseˑnˈʔɔɪ̯roˌʃɪŋ] <N.; ~ [-ʃɪŋˑ]> {s. u. ↑Sching¹}: Zehneuroschein (mit Ziffern: 10-Euro-Schein).

Zehn|jǫhres|fier/~|feer, de [tseˑnˈjɔˑrəsˌfiːɐ̯ / -feːɐ̯] <N.; ~e> {s. u. ↑Jǫhr ↑Fier/Feer}: Zehnjahresfeier (mit Ziffern: 10-Jahres-Feier).

Zehn|jǫhres|plan, der [tseˑnˈjɔˑrəsˌplaˑn] <N.; ~|plän> {s. u. ↑Jǫhr ↑Plan¹}: Zehnjahresplan.

zehn|jöhr|ig [ˈtseˑnˌjœˑrɪf͡j] <Adj.; ~e>: zehnjährig (mit Ziffern: 10-jährig). Tbl. A5.2

Zehn|kamf, der [ˈtseˑnˌkamf] <N.; ~|kämf> {s. u. ↑Kamf}: Zehnkampf.

Zehn|kämf|er, der [ˈtseˑnˌkɛmfɐ] <N.; ~> {s. u. ↑kämfe}: Zehnkämpfer.

zehn|mǫl [ˈtseˑnˌmɔˑl / ˈ-ˈ-] <Wiederholungsz., Adv.; zu ↑zehn>: zehnmal, (mit Ziffer: 10-mǫl).

Zehn|tel|sekund, de [ˈtseːntəlzeˌkʊnˑt] <N.; ~e>: Zehntelsekunde, zehnter Teil einer Sekunde.

zehre [ˈtseːrə] <V.; schw.; han; zehrte [ˈtseː(ɐ̯)tə]; gezehrt [jəˈtseː(ɐ̯)t]>: zehren. (31)

Zeiche, et [ˈzeɪ̯f͡jə] <N.; ~; ⟨mhd. zeichen, ahd. zeihhan, verw. mit zeihen⟩> {8.3.3}: Zeichen.

Zeiche|bredd, et [ˈtseɪ̯f͡jəˌbrɛt] <N.; ~er> {s. u. ↑zeichne ↑Bredd}: Zeichenbrett, als Unterlage beim Zeichnen dienendes großes Brett.

Zeiche(n)|heff, et [ˈtseɪ̯f͡jə(n)ˌhɛf] <N.; ~|hefte> {s. u. ↑zeichne ↑Heff¹; 9.1.4}: Zeichenheft.

Zeiche|kǫll, de [ˈtseɪ̯f͡jəˌkɔlˑ] <N.; ~e [-kɔlə]> {s. u. ↑zeichne ↑Kǫll}: Zeichenkohle, Kohlestift.

Zeiche|schǫtz, der [ˈtseɪ̯f͡jəˌʃɔt͡s] <N.> {s. u. ↑Zeiche ↑Schǫtz}: Zeichenschutz, Warenzeichenschutz.

Zeiche|sprǫch, de [ˈtseɪ̯f͡jəˌʃprɔˑx] <N.; ~e> {s. u. ↑Zeiche ↑Sprǫch¹}: Zeichensprache.

Zeiche|stęff, der [ˈtseɪ̯f͡jəˌʃtɛf] <N.; ~|stefte> {s. u. ↑zeichne ↑Stęff²}: Zeichenstift.

Zeiche|stund, de [ˈtseɪ̯f͡jəˌʃtʊnˑt] <N.; ~(e)> {s. u. ↑zeichne ↑Stund}: Zeichenstunde, Zeichenunterricht.

Zeiche|trick|film, der [ˈtseɪ̯f͡jətrɪkˌfɪləm] <N.; ~e> {s. u. ↑zeichne ↑Film}: Zeichentrickfilm.

Zeiche(n)|unger|rich/~|reech, der [ˈtseɪ̯f͡jə(n)ˌʊŋərɪf͡j / -reːf͡j] <N.; ~te (Pl. selten)> {s. u. ↑Zeiche ↑Unger|rich/~|reech; 9.1.4}: Zeichenunterricht.

Zeiche|vör|lag/~|vür~, de [ˈtseɪ̯f͡jəˌføːɐ̯laˑx / -fyːɐ̯-] <N.; ~e> {s. u. ↑Zeiche ↑vür|läge/vör|~}: Zeichenvorlage.

zeichne [ˈtseɪ̯f͡jnə] <V.; schw.; han; zeichente [ˈtseɪ̯f͡jəntə]; gezeichent [jəˈtseɪ̯f͡jənt]>: zeichnen. (150)

Zeidung, de [ˈtseɪ̯dʊŋ] <N.; ~e> {6.11.3}: Zeitung.

Zeidungs|aan|zeig, de [ˈtseɪ̯dʊŋsˌlaːnt͡seɪ̯f͡j] <N.; ~e [-tseɪ̯ʝə]> {s. u. ↑Zeidung ↑Aan|zeig}: Zeitungsanzeige, Annonce.

Zeidungs|büd|che, et [ˈtseɪ̯dʊŋsˌbyˑtf͡jə] <N.; ~r> {s. u. ↑Zeidung ↑Büd|che}: Zeitungskiosk.

Zeidungs|ent, de [ˈtseɪ̯dʊŋsˌɛnt] <N.; ~e> {s. u. ↑Zeidung ↑Ent}: Zeitungsente.

Zeidungs|notitz, de [ˈtseɪ̯dʊŋsnoˌtɪt͡s] <N.; ~e> {s. u. ↑Zeidung ↑Notitz}: Zeitungsnotiz.

Zeidungs|us|schnędd, der [ˈtseɪ̯dʊŋsˌʊsʃnɛt] <N.; ~(e)> {s. u. ↑Zeidung ↑us|schnigge}: Zeitungsausschnitt.

Zeidungs|ver|käuf|er, der [ˈtseɪ̯dʊŋsfɐˌkɔʏ̯fɐ] <N.; ~> {s. u. ↑Zeidung ↑Ver|käuf|er}: Zeitungsverkäufer.

zeige [ˈtseɪ̯ˑjə] <V.; schw.; han; zeigte [ˈtseɪ̯ˑf͡jtə]; gezeig [jəˈtseɪ̯ˑf͡j]>: zeigen. (103)

Zeig|er, der [ˈtseɪ̯ˑjɐ] <N.; ~e>: Zeiger.

Zeil, de [tseɪ̯ˑl] <N.; ~e; ⟨mhd. zile, ahd. zila⟩> {8.3.1}: Zeile.

Zeile(n)|av|stand, der [ˈtseɪ̯lə(n)ˌafʃtant] <N.; ~|ständ [-ʃtɛnˑt]> {s. u. ↑Zeil ↑Av|stand; 9.1.4}: Zeilenabstand.

Zeit|ald|er, et [ˈtsaɪ̯tˌaldɐ] <N.; i. best. Komposita Zeit, sonst ↑Zigg; ~> {11; s. u. ↑Ald|er}: Zeitalter. **1.** größerer Zeitraum in der Geschichte; Ära. **2.** Erdzeitalter, Ära.

Zeit|arbeid, de [ˈtsaɪ̯tˌlarbeɪ̯ˑt / ˈtsɪgarˌbeɪ̯ˑt] <N.; i. best. Komposita Zeit, sonst ↑Zigg; o. Pl.> {11; s. u. ↑Arbeid}: Zeitarbeit.

Zeit|geis, der [ˈtsaɪ̯tˌjeɪ̯s] <N.; i. best. Komposita Zeit, sonst ↑Zigg; o. Pl.> {11; s. u. ↑Geis¹}: Zeitgeist.

Zeit|kaat, de [ˈtsaɪ̯tˌkaːt] <N.; i. best. Komposita Zeit, sonst ↑Zigg; ~e> {11; s. u. ↑Kaat}: Zeitkarte, Fahrkarte für beliebig viele Fahrten während eines best. Zeitabschnitts.

zer|fetze [tsɛ'fɛtsə] <V.; schw.; *han*; ~|fetzte [-fɛtstə]; ~|fetz [-fɛts]>: zerfetzen. **1.** in Fetzen reißen u. damit zerstören. **2.** verreißen. (114)

zer|fleddere [zɛ'flɛdərə] <V.; schw.; *han*; ~|fledderte [-flɛdɐtə]; ~|fleddert [-flɛdɐt]; ⟨zu mhd. vlederen, Fledermaus⟩>: zerfleddern. (4)

zer|fleische [tsɛ'flei̯ʃə] <V.; schw.; *han*; ~|fleischte [-flei̯ʃtə]; ~|fleisch [-flei̯ʃ]>: zerfleischen. (110)

zer|fresse [tsɛ'frɛsə] <nicht trennb. Präfix-V.; st.; *han*; zer|froß [tsɛ'frɔːs]; zer|fresse [tsɛ'frɛsə]>: zerfressen. (59)

zer|gonn [tsɛ'jɔn] <nicht trennb. Präfix-V.; st.; *sin*; zer|ging [tsɛ'jɪŋ]; zer|gange [tsɛ'jaŋə]> {5.3.4; 8.2.2.3}: zergehen. (83)

zer|grümmele/~|grömmele [tsɛ'jrʏmələ / -|jrømələ] <V.; schw.; *han*; ~|grümmelte [-jrʏməltə]; ~|grümmelt [-jrʏməlt]> {5.3.2; 9.2.1.2}: zerkrümeln. **1.** <han> mit den Fingern zu Krümeln zerkleinern. **2.** <sin> in Krümel zerfallen. (6)

zer|hacke [tsɛ'hakə] <V.; schw.; *han*; ~|hackte [-haktə]; ~|hack [-hak]; ⟨mhd. zerhacken⟩>: zerhacken. (88)

zer|käue [tsɛ'køy̆ə] <V.; schw.; *han*; ~|käute [-køy̆tə]; ~|käut [-køy̆t]> {5.1.3}: zerkauen. (11)

zer|kleinere [tsɛ'klei̯nərə] <V.; schw.; *han*; ~|kleinerte [-klei̯nɐtə]; ~|kleinert [-klei̯nɐt]> {9.2.1.2}: zerkleinern, zerstückeln. (4)

zer|knirsch [tsɛ'knɪrʃ] <Adj.; ~te ⟨eigtl. adj. Part. II von veraltet zerknirschen⟩>: zerknirscht. Tbl. A4.1.1

zer|kratze [tsɛ'kratsə] <V.; schw.; *han*; ~|kratzte [-kratstə]; ~|kratz [-krats]; ⟨mhd. zerkratzen⟩>: zerkratzen. (114)

zer|läge [tsɛ'lɛːjə] <nicht trennb. Präfix-V.; unr.; *han*; zer|laht [tsɛ'laːt]; zer|laht/~|läg [tsɛ'laːt / -'lɛːɕ]> {5.4}: zerlegen. (125)

zer|malme [tsɛ'malmə] <V.; schw.; *han*; ~|malmte [-malˑmtə]; ~|malmp [-malˑmp]>: zermalmen. (70)

zer|matsche [tsɛ'matʃə] <nicht trennb. Präfix-V.; schw.; *han*; ~|matschte [-matʃtə]; ~|matsch [-matʃ]>: zermatschen, zermanschen. (110)

zer|mölme [tsɛ'mœlˑmə] <nicht trennb. Präfix-V.; schw.; *han*; zer|mölmte [tsɛ'mœlˑmtə]; zer|mölmp [tsɛ'mœlˑmp]> {5.5.1}: zermalmen, zermahlen. (70)

zer|mölsche [tsɛ'mœlʃə] <nicht trennb. Präfix-V.; schw.; *han*; zer|mölschte [tsɛ'mœlʃtə]; zer|mölsch [tsɛ'mœlʃ]>: unsachgemäß vermengen, durcheinander bringen, durch Befingern u. Betatschen zerknautschen [auch: ↑ver|matsche, ↑ver|mölsche]. (110)

ze|röck/zo|~ [tsə'røk / tso-] <Adv.> {6.6.1.1}: zurück.

ze|röck/-/zo|- [tsə'røk / tso-] <Präfix>: zurück-, i. Vbdg. m. V.: ~*blieve* (~bleiben).

ze|röck|beege/zo|~ [tsə'røkˌbeːjə / tso-] <trennb. Präfix-V.; st.; *han*; bog z. [boːx]; ~|geboge [-jəˌboːʁə]> {s. u. ↑beege}: zurückbiegen. (16)

ze|röck|be|zahle/zo|~ [tsə'røkbəˌtsaːlə / tso-] <nicht trennb. Präfix-V.; schw.; *han*; be|zahlte z,. [bə'tsaːltə]; ~|be|zahlt [-bə'tsaːlt]> {s. u. ↑be|zahle}: zurückzahlen. Geld zurückgeben. (61)

ze|röck|blieve/zo|~ [tsə'røkbliːvə / tso-'] <trennb. Präfix-V.; st.; *sin*; blevv z. [blef]; ~|geblevve [-jəblevə]> {5.1.4.5; 6.1.1}: zurückbleiben. (29)

ze|röck|bränge/zo|~ [tsə'røkbrɛŋə / tso-] <trennb. Präfix-V.; unr.; *han*; braht z. [braːt]; ~|gebraht [-jəbraːt]> {5.4}: zurückbringen, wiederbringen [auch: ↑widder|bränge, ↑ömbränge (2)]. (33)

ze|röck|däue/zo|~ [tsə'røkdøy̆ə / tso-] <trennb. Präfix-V.; Formen mischbar; unr./schw.; *han*; daut/däute z. [dou̯t / 'døy̆tə]; ~|gedaut/~|gedäut [-jədou̯t / -jədøy̆t]>: zurückdrängen, zurückschieben. (43)

ze|röck|dörfe/zo|~/~|dürfe [tsə'røkˌdœrfə / (-dœrvə) / tso- / -dʏrfə (-dʏrvə)] <trennb. Präfix-V.; unr.; *han*; dorf z. [dorf]; ~|gedorf [-jəˌdorf]> {s. u. ↑dörfe¹/dürfe¹}: zurückdürfen. (47)

ze|röck|drieve/zo|~ [tsə'røkˌdriːvə / tso-] <trennb. Präfix-V.; st.; *han*; drevv z. [dref]; ~|gedrevve [-jedrevə]> {5.1.4.5; 6.1.1; 6.11.2}: zurücktreiben. (51)

ze|röck|drihe/zo|~ [tsə'røkˌdriːə / tso-] <trennb. Präfix-V.; schw.; *han*; drihte z. ['driːtə]; ~|gedriht [-jəˌdriːt]> {s. u. ↑drihe}: zurückdrehen. **1. a)** wieder in die Ausgangsstellung drehen; **b)** rückwärts drehen. **2.** <sich z.> sich rückwärts drehen. (37)

ze|röck|erinnere/zo|~/~|erennere, sich [tsə'røkɛˌrɪnərə / tso- / -ɛˌrɛnərə] <trennb. Präfix-V.; schw.; *han*; erinnerte z. [ɛ'rinətə]; ~|erinnert [-ɛˌrɪnet]> {s. u. ↑erinnere/erennere}: sich zurückerinnern, sich erinnern; zurückdenken. (4)

ze|röck|fahre/zo|~ [tsə'røkfaːrə / tso-] <trennb. Präfix-V.; st.; *sin*; fuhr/fohr z. [fuːɐ̯ / foːɐ̯]; ~|gefahre [-jəfaːʁə]>: zurückfahren. (62)

ze|röck|falle/zo|~ [tsə'røkfalə / tso-] <trennb. Präfix-V.; st.; *sin*; feel z. [feːl]; ~|gefalle [-jəfalə]>: zurückfallen. (64)

ze|röck|finge/zo|~ [tsə'røk‚fɪŋə / tso-] <trennb. Präfix-V.; st.; *han*; fung z. [fʊŋ]; ~|gefunge [-jə‚fʊŋə]> {s. u. ↑finge}: zurückfinden. (26)

ze|röck|fleute/zo|~ [tsə'røk‚fløytə / tso-] <trennb. Präfix-V.; schw.; *han*; ~|gefleut [-jəfløyt]> {5.2.3; 6.8.2}: zurückpfeifen. **1.** durch Pfiffe auffordern zurückzukommen. **2.** befehlen, eine begonnene Aktion abzubrechen. (72)

ze|röck|ge|blevve/zo|~ [tsə'røkjə‚blevə / tso-] <Adj.; ~; ~ner, ~nste> {5.3.4; 5.5.2; 6.1.1}: zurückgeblieben, **1.** <Part. II von ↑zeröck|blieve> nicht mitgekommen. **2.** geistig nicht voll entwickelt. Tbl. A3.2

ze|röck|ge|trocke/zo|~ [tsə'røkjə‚trɔkə / tso-] <Adj.; ~; ~ner, ~nste>: zurückgezogen. **1.** <Part. II von ↑zeröck|trecke>. **2.** in Abgeschiedenheit sein/lebend: *e z. Levve* (ein *~es Leben*). Tbl. A3.2

ze|röck|gevve/zo|~ [tsə'røkjevə / tso-] <trennb. Präfix-V.; st.; *han*; gov z. [joˑf]; ~|gegovve/~|gegevve [-jəjovə / -jəjevə]> {5.3.4; 5.5.2; 6.1.1}: zurückgeben. (81)

ze|röck|ge|wenne/zo|~ [tsə'røkjə‚venə / tso-] <trennb. Präfix-V.; st.; *han*; gewonn z. [jə'vonˑ]; ~|gewonne [-jə‚vonə]> {s. u. ↑ge|wenne¹}: zurückgewinnen. (82)

ze|röck|gonn/zo|~ [tsə'røkjɔn / tso-] <trennb. Präfix-V.; st.; *sin*; ging z. [jɪŋ]; ~|gegange [-jəjaŋə]> {5.3.4; 8.2.2.3}: zurückgehen. (83)

ze|röck|griefe/zo|~ [tsə'røk‚jriːfə / tso-] <trennb. Präfix-V.; st.; *han*; greff z. [jref]; ~|gegreffe [-jə‚jrefə]> {s. u. ↑griefe}: zurückgreifen. **1.** beim Erzählen auf zeitlich weiter Zurückliegendes zurückgehen. **2.** von etw. Gebrauch machen. (86)

ze|röck|halde/zo|~ [tsə'røkhaldə / tso-] <trennb. Präfix-V.; st.; *han*; heeldt z. [heːlt]; ~|gehalde [-jəhaldə]> {6.11.3}: zurückhalten. (90)

ze|röck|hänge/zo|~ [tsə'røkhɛŋə / tso-] <trennb. Präfix-V.; schw.; *han*; hängte z. ['hɛŋtə]; ~|gehängk [-jəhɛŋk]> {5.4}: zurückhängen, wieder an seinen ursprünglichen Platz hängen: *Ich han sämpliche Kleider widder zeröckgehängk*. (Ich habe alle Kleider wieder zurückgehängt.). (49)

ze|röck|krige/zo|~ [tsə'røkkrɪjə / tso-] <trennb. Präfix-V.; unr.; *han*; kräg/kräht z. [krɛːj / krɛːt]; ~|(ge)kräg(e)/~|(ge)kräht [-(jə)‚krɛːj / -(jə)‚krɛːjə / -(jə)‚krɛːt]> {5.3.4.1}: zurückkriegen, -bekommen, -erhalten [auch: ↑widder|krige]. (117)

ze|röck|kumme/zo|~ [tsə'røkkʊmə / tso-] <trennb. Präfix-V.; st.; *sin*; kɔm z. [kɔˑm]; ~|(ge)kumme [-(jə)‚kʊmə]> {5.4}: zurückkommen. **1.** am Ausgangspunkt wieder ankommen. **2.** etw. wieder aufgreifen. (120)

ze|röck|läge/zo|~ [tsə'røklɛˑjə / tso-] <trennb. Präfix-V.; unr.; *han*; laht z. [laːt]; ~|gelaht/~|geläg [-jəlaːt / -jəlɛːfj]> {5.4}: zurücklegen. (125)

ze|röck|lähne/zo|~, sich [tsə'røklɛˑnə / tso-] <trennb. Präfix-V.; schw.; *han*; lähnte z. ['lɛːntə]; ~|gelähnt [-jəlɛːnt]> {5.4}: sich zurücklehnen. (5)

ze|röck|laufe/zo|~ [tsə'røk‚loʊfə / tso-] <trennb. Präfix-V.; st.; *sin*; leef z. [leːf]; ~|gelaufe [-jəloʊfə]> {s. u. ↑laufe}: zurücklaufen. **1.** schnell zurückgehen [auch: ↑öm|laufe]. **2.** zurückfließen. (128)

ze|röck|lige/zo|~ [tsə'røklɪjə / tso-] <trennb. Präfix-V.; st.; *han*; lɔg z. [loˑx]; ~|geläge [-jəlɛˑjə]> {5.3.4.1}: zurückliegen. **1.** lange her sein. **2.** (bes. Sport) hinten liegen, im Rückstand sein: *Bayern litt 3:0 zoröck*. (Bayern liegt 3:0 zurück.). (132)

ze|röck|luure/~|loore/zo|~ [tsə'røkluˑ(ə)rə / -loˑrə / tso-] <trennb. Präfix-V.; schw./unr.; *han*; luurte z. ['luˑətə]; ~|geluurt [-jəluˑət]>: zurückschauen. (100) (134)

ze|röck|melde/zo|~, sich [tsə'røk‚mɛldə / tso-] <trennb. Präfix-V.; schw.; *han*; meldte z. ['mɛltə]; ~|gemeldt [-jemɛlˑt]> {s. u. ↑melde}: sich zurückmelden. (28)

ze|röck|müsse/zo|~ [tsə'røk‚mʏsə / tso-] <trennb. Präfix-V.; unr.; *han*; mɔɔt z. [mɔːt]; ~|gemɔɔt [-jə'mɔːt]> {s. u. ↑müsse¹}: zurückmüssen. (142)

ze|röck|nemme/zo|~ [tsə'røk‚nemə / tso-] <trennb. Präfix-V.; st.; *han*; nɔhm z. [nɔˑm]; ~|genomme [-jənomə]> {5.3.4; 5.5.2}: zurücknehmen. (143)

ze|röck|rofe/zo|~ [tsə'røkroˑfə / tso-] <trennb. Präfix-V.; st.; *han*; reef z. [reˑf]; ~|gerofe [-jəroˑfə]> {5.4}: zurückrufen. (151)

ze|röck|schecke/zo|~ [tsə'røkʃekə / tso-] <trennb. Präfix-V.; schw.; *han*; scheckte z. ['ʃektə]; ~|gescheck [-jəʃek]> {5.5.2}: zurückschicken [auch: ↑öm|schecke]. (88)

ze|röck|schlage/zo|~/~|schlonn [tsə'røk‚ʃlaʀə / tso-] / -ʃlon] <trennb. Präfix-V.; st.; *han*; schlog z. [ʃloˑx]; ~|geschlage [-jəʃlaʀə]> {(5.3.2; 5.4)}: zurückschlagen. (48) (163)

ze|röck|schwemme/zo|~ [tsə'røk‚ʃvemə / tso-] <trennb. Präfix-V.; st.; *sin*; schwomm z. [ʃvom]; ~|geschwomme [-jəʃvomə]> {5.5.2}: zurückschwimmen [auch: ↑öm|schwemme]. (109)

ze|röck|setze/zo|~ [tsəˈrøkzɛtsə / tso-] <trennb. Präfix-V.; unr./schw.; *han*; setzte/satz z. [ˈzɛtstə / zats]; ~|gesetz/~|gesatz [-jəzɛts / -jəzats]>: zurücksetzen. (173)

ze|röck|spille/zo~ [tsəˈrøkˌʃpɪlə / tso-] <trennb. Präfix-V.; schw.; *han*; spillte z. [ˈʃpɪltə]; ~|gespillt [-jəʃpɪlt]> {5.3.4}: (Ballspiele) zurückspielen. (91)

ze|röck|springe/zo|~ [tsəˈrøkˌʃprɪŋə / tso-] <trennb. Präfix-V.; st.; sprung z. [ʃprʊŋˑ]; ~|gesprunge [-jəʃprʊŋə]> {s. u. ↑springe}: zurückspringen. (26)

ze|röck|steche/zo|~ [tsəˈrøkˌʃtɛʃə / tso-] <trennb. Präfix-V.; st.; *han*; stoch z. [ʃtɔˑx]; ~|gestoche [-jəʃtɔxə]> {6}: zurückstecken. (34)

ze|röck|stonn/zo|~ [tsəˈrøkʃtɔn / tso-] <trennb. Präfix-V.; st.; *han*; stundt z. [ʃtʊnt]; ~|gestande [-jəʃtandə]> {5.3.4; 8.2.2.3}: zurückstehen. (185)

ze|röck|stufe/zo|~ [tsəˈrøkˌʃtuˑfə / tso-] <trennb. Präfix-V.; schw.; *han*; stufte z. [ˈʃtuˑftə]; ~|gestuf [-jəʃtuˑf]> {s. u. ↑stufe}: zurückstufen. (108)

ze|röck|stüsse/zo|~ [tsəˈrøkˌʃtʏsə / tso-] <trennb. Präfix-V.; st.; *han*; stoss z. [ʃtɔs]; ~|gestosse/~|gestüsse [-jəʃtɔsə / -jəʃtʏsə] {5.4; 5.3.4}: zurückstoßen. (188)

ze|röck|trecke/zo|~ [tsəˈrøktrɛkə / tso-] <trennb. Präfix-V.; st.; *han*; trok z. [troˑk]; ~|getrocke [-jətrokə]>: zurückziehen. **1.** nach hinten ziehen: *de Hand z.* (die Hand z.). **2.** wieder dorthin ziehen, wo man schon einmal gewohnt hat: *Mer trecke noh Kölle zeröck.* (Wir ziehen nach Köln zurück.). **3.** <sich z.> **a)** sich irgendwohin begeben, wo man allein, ungestört ist; **b)** [RA] *sich en et Privatlevve z.* (sich ins Privatleben z.). (190)

ze|röck|tredde/zo|~ [tsəˈrøktredə / tso-] <trennb. Präfix-V.; st.; *han*; trodt z. [troˑt]; ~|getrodde [-jətrodə]> {5.3.4; 5.5.2; 6.11.3}: zurücktreten. (191)

ze|röck|ver|folge/zo|~ [tsəˈrøkfɛˌfolˑjə / tso-] <trennb. Präfix-V.; schw.; *han*; ver|folgte z. [fɛˈfolˑfjtə]; ~|ver|folg [-fɛˈfolˑfj]> {s. u. ↑ver|folge}: zurückverfolgen. (39)

ze|röck|ver|lange/zo|~ [tsəˈrøkfɛˌlaŋə / tso-] <trennb. Präfix-V.; schw.; *han*; verlangte z. [fɛˈlaŋˑtə]; ~|verlangk [-fɛˌlaŋˑk]> {s. u. ↑ver|lange}: zurückverlangen. (49)

ze|röck|weiche/zo|~/~|wiche [tsəˈrøkˌveʃjə / tso- / -vɪʃjə] <trennb. Präfix-V.; st.; *sin*; wech z. [veʃj]; ~|geweche [-jəveʃjə]> {(5.3.1)}: zurückweichen. (161) (187)

ze|röck|welle/zo|~/~|wolle [tsəˈrøkˌvelə / tso- / -volə] <trennb. Präfix-V.; unr.; *han*; wollt z. [volt]; ~|gewollt [-jəvolt]> {5.5.2/5.5.1}: zurückwollen. **1.** heimkehren wollen. **2.** zurückhaben wollen. (204) (211)

ze|röck|werfe/zo|~/~|wirfe [tsəˈrøkˌverfə / tso- / -vɪrfə] <trennb. Präfix-V.; st.; *han*; worf z. [vorf]; ~|geworfe [-jəvorfə]> {5.5.2/5.4}: zurückwerfen. (206)

ze|röck|wiese/zo|~ [tsəˈrøkˌviːzə / tso-] <trennb. Präfix-V.; st.; *han*; wes z. [ves]; ~|gewese [-jevezə]> {5.1.4.5}: zurückweisen. **1. a)** wieder an den Ausgangspunkt weisen; **b)** nach hinten weisen. **2.** abweisen [auch: ↑av|wiese; ↑av|wehre/~|werre; ↑av|fäädige; ↑av|wippe; *de Aap luuse; einer/keiner/nix an sich eraanlooße; e Körvche gevve*]. **3.** abstreiten, sich (gegen etw.) verwahren, (einer Sache) widersprechen. (147)

ze|röck|wünsche/zo|~ [tsəˈrøkˌvʏnʃə / tso-] <trennb. Präfix-V.; schw.; *han*; wünschte z. [ˈvʏnʃtə]; ~|gewünsch [-jəˈvʏnʃ]> {s. u. ↑wünsche}: zurückwünschen. (110)

zer|plöcke [tsɛˈpløkə] <V.; schw.; *han*; ~|plöckte [-pløktə]; ~|plöck [-pløk]> {5.5.1; 6.8.1}: zerpflücken. (88)

zer|quetsche [tsɛˈkvɛtʃə] <V.; schw.; *han*; ~|quetschte [-kvɛtʃtə]; ~|quetsch [-kvɛtʃ]>: zerquetschen. (110)

zerre [ˈtsɛrə] <V.; schw.; *han*; zerrte [ˈtsɛxtə]; gezerr [jəˈtsɛx]>: zerren. (93)

zer|rede [tsɛˈreːdə] <V.; schw.; *han*; ~|redte [-reːtə]; ~|redt [-reːt]>: zerreden, zu lange über etw. reden. (197)

zer|rieße [tsɛˈriːsə] <nicht trennb. Präfix-V.; st.; zer|ress [tsɛˈres]; zer|resse [tsɛˈresə]> {5.1.4.5}: zerreißen, **1.** <han> in Stücke reißen; auseinanderreißen: *Ich han dä Faddem zerresse.* (Ich habe den Faden zerrissen.); *ussinn wie e zerresse Sofa* (zerzaust sein); **sich de Muul z.** (durchhecheln, hetzen, lästern). **2.** <sin> durch Zug od. Druck auseinanderreißen: *Dä Faddem es zerresse.* (Der Faden ist zerrissen.). (25)

zer|rieve [tsɛˈriˑvə] <nicht trennb. Präfix-V.; st.; *han*; zer|revv [tsɛˈref]; zer|revve [tsɛˈrevə]> {5.1.4.5; 6.1.1}: zerreiben. (51)

zer|rödde [tsɛˈrødə] <V.; schw.; *han*; ~rödte [-røtə]; ~|rödt [-røt]>: zerrütten, ruinieren. (113)

Zerr|speegel, der [ˈtsɛrˌʃpeˑjəl] <N.; ~> {s. u. ↑Speegel}: Zerrspiegel.

zer|säge [tsɛˈzɛˑjə] <nicht trennb. Präfix-V.; schw.; *han*; zer|sägte [tsɛˈzɛˑftə]; zer|säg [tsɛˈzɛˑfj]>: zersägen, in Stücke sägen. (103)

zer|schlage¹/~|schlonn [tsɛˈʃlaˑʁə / -ʃlɔn] <nicht trennb. Präfix-V.; st.; *han*; zer|schlog [tsɛˈʃloˑx]; zer|schlage [tsɛˈʃlaˑʁə] {(5.3.2; 5.4)}: zerschlagen, **1.** in Stücke schlagen, zerstören: *Hä hät en singer Wod de ganze Möbele z.* (Er hat in seiner Wut alle Möbel z.) [auch:

↑kapodd|schlage/~|schlonn, ↑durch|bläue, ↑durch|haue (2), ↑op|mische (2), ↑ver|bimse (1), ↑ver|bläue, ↑ver|dresche, ↑ver|haue (1), ↑ver|kamesöle, ↑ver|kloppe, ↑ver|möbele, ↑ver|prügele, ↑ver|trimme, ↑zer|bläue]. **2.** <sich z.> **a)** scheitern: *Sing Plän han sich z.* (Seine Pläne haben sich z.); **b)** verprügeln: *Räg dich nit op, die sin sich nor am Z.!* (Reg dich nicht auf, die verprügeln sich nur!). (48) (163)

zer|schlage² [tsɛ'ʃlaˑʀə] <Adj.; ~>: zerschlagen, **1.** <Part. II von ↑zer|schlage> zerbrochen. **2.** <vorwiegend präd. od. adv.> körperlich völlig erschöpft, ermattet, kraftlos: *Ich ben wie zerschlage.* (Ich bin wie zerschlagen.); *Bei däm Wedder föhl mer sich ganz zerschlage.* (Bei dem Wetter fühlt man sich ganz zerschlagen.). Tbl. A3.2

zer|schmieße [tsɛ'ʃmisə] <nicht trennb. Präfix-V.; st.; *han*; zer|schmess [tsɛ'ʃmes]; zer|schmesse [tsɛ'ʃmesə]> {5.1.4.5}: zerschmeißen. (25)

zer|schnibbele [tsɛ'ʃnɪbələ] <V.; schw.; *han*; ~|schibbelte [-ʃnɪbəltə]; ~|schnibbelt [-ʃnɪbəlt]> {6.9; 9.2.1.2}: zerschnippeln. (6)

zer|schnigge [tsɛ'ʃnɪgə] <nicht trennb. Präfix-V.; st.; *han*; zer|schnedt [tsɛ'ʃnet]; zer|schnedde [tsɛ'ʃnedə]> {5.3.4; 6.6.2}: zerschneiden. (133)

zer|schunde [tsɛ'ʃʊndə] <Adj.; ~> {s. u. ↑schinde}: zerschunden. Tbl. A3.1

zer|setze [tsɛ'zɛtsə] <V.; schw.; *han*; ~|setze/~|satzt [-'zɛtstə / -zats]; ~|setz/~|satz [-'zɛts / -'zats]> {s. u. ↑setze²}: zersetzen. (173)

zer|spleddere [tsɛ'ʃplɛdərə] <V.; schw.; *han*; ~|spledderte [-ʃplɛdətə]; ~|spleddert [-ʃplɛdət]> {5.5.2; 6.11.3; 9.2.1.2}: zersplittern. (4)

zer|springe [tsɛ'ʃprɪŋə] <nicht trenb. Präfix-V.; st.; *sin*; ~|sprung [-ʃprʊŋ]; ~|sprunge [-ʃprʊŋə]> ⟨mhd. zerspringen, ahd. zispringan⟩ {s. u. ↑springe}: zerspringen, zerplatzen. (26)

zer|stäuve [tsɛ'ʃtɔyvə] <V.; schw.; *han*; ~|stäuvte [-ʃtɔyftə]; ~|stäuv [-ʃtɔyf]> {5.3.4; 5.5.1}: zerstäuben. (167)

zer|steche [tsɛ'ʃtɛçə] <V.; st.; *han*; ~|stoch [-ʃtɔˑx]; ~|stoche [-ʃtɔxə]> ⟨mhd. zerstechen, ahd. zistehhan⟩: zerstechen. (34)

zer|strigge, sich [tsɛ'ʃtrɪgə] <V.; st.; *han*; ~|strett [-ʃtrɛt]; ~|stredde [-ʃtredə]> {5.3.4; 6.6.2}: zerstreiten. (133)

zer|stüre~/|störe [tsɛ'ʃtyˑ(ɐ)ʀə / -'ʃtøˑ(ɐ)ʀə] <nicht trennb. Präfix-V.; schw./unr.; *han*; zer|stürte [tsɛ'ʃtyˑɐtə]; zer|stürt [tsɛ'ʃtyˑɐt]> {5.4}: zerstören. (21) (179)

zer|trampele [tsɛ'trampələ] <V.; schw.; *han*; ~|trampelte [-trampəltə]; ~|trampelt [-trampəlt]> {9.2.1.2}: zertrampeln. (6)

zer|tredde [tsɛ'tredə] <V.; st.; *han*; ~|trodt [-troˑt]; ~|trodde [-trodə]> ⟨mhd. zertreten, ahd. zitretan⟩ {5.3.4; 5.5.2; 6.11.3}: zertreten. (191)

zer|trümmere/~|trömmere [tsɛ'trymərə / -trømərə] <V.; schw.; *han*; ~|trümmerte [-trymətə]; ~|trümmert [-trymət]> {9.2.1.2}: zertrümmern. (4)

ze|samme/zo|~ [tsə'zamə / tso-] <Adv.>: zusammen, **1.** beieinander: *Häs do de Ungerlage z.?* (Hast du die Unterlagen z.?) [auch: ↑all|beiɛnein, ↑beiɛnander, ↑beiɛnein, ↑bei|samme]. **2.** als Einheit [auch: ↑ins|ge|samp, ↑samp²].

ze|samme|-/zo|samme|- [tsə'zamə / tso-] <Präfix>: zusammen-.

Ze|samme(n)|arbeid/Zo|~, de [tsə'zamə‚(n)arbeɪt / tso- / tso'zamə(n)|ar‚beɪt] <N.; o. Pl.> {6.11.3; 9.1.4}: Zusammenarbeit.

ze|samme(n)|arbeide/zo|~ [tsə'zamə(n)‚arbeɪdə / tso- / -'---,--] <trennb. Präfix-V.; schw.; *han*; arbeidte z. ['arbeɪtə]; ~|gearbeidt [-jə|arbeɪt]> {6.11.3; 9.1.4}: zusammenarbeiten, kooperieren. (197)

ze|samme|bieße/zo|~ [tsə'zaməbi:sə / tso-] <trennb. Präfix-V.; st.; *han*; bess z. [bes]; ~|gebesse [-jəbesə]> {5.1.4.5}: zusammenbeißen. (25)

ze|samme|blieve/zo|~ [tsə'zaməbliˑvə / tso-] <trennb. Präfix-V.; st.; *sin*; blevv z. [blef]; ~|geblevve [-jəblevə]> {5.1.4.5; 6.1.1}: zusammenbleiben. (29)

ze|samme|bränge/zo|~ [tsə'zamə‚brɛŋə / tso-] <trennb. Präfix-V.; unr.; *han*; braht z. [braːt]; ~|gebraht [-jəbraːt]> {5.4}: zusammenbringen. (33)

ze|samme|breche/zo|~ [tsə'zamə‚brɛʃə / tso-] <trennb. Präfix-V.; st.; *han*; broch z. [broˑx]; ~|gebroche [-jəbroxə]> {s. u. ↑breche}: zusammenbrechen. **1.** einstürzen. **2.** einen Schwächeanfall erleiden u. ohnmächtig z. (34)

Ze|samme|broch/Zo|~, der [tsə'zamə‚brox / tso-] <N.; ~|bröch> {s. u. ↑Broch¹}: Zusammenbruch.

ze|samme|däue/zo|~ [tsə'zamə‚dɔyə / tso-] <trennb. Präfix-V.; Formen mischbar; unr./schw.; daut/däute z. [doʊt

zesammedrage

/ ˈdøːtə]; ~|gedaut/~|gedäut [-jədo͡ʊt / -jedøːt]> {s. u. ↑däue}: zusammendrücken. (43)

ze|samme|drage/zo|~ [t͡sə'zamə.draːʁə / t͡so-] <trennb. Präfix-V.; st.; *han*; drog z. [droːx]; ~|gedrage [-jədraˑʁə]> {6.11.2}: zusammentragen; sammeln (48)

ze|samme|drieve/zo|~ [t͡sə'zamə.driˑvə / t͡so-] <trennb. Präfix-V.; st.; *han*; drevv z. [dref]; ~|gedrevve [-jədrevə]> {5.1.4.5; 6.1.1; 6.11.2}: zusammentreiben, zum selben Platz treiben. (51)

ze|samme|dun/zo|~ [t͡sə'zamədʊn / t͡so-] <trennb. Präfix-V.; unr.; *han*; dät z. [dɛˑt]; ~|gedon [-jədɔn]> {5.3.2.5; 6.11.1}: zusammentun [auch: ↑ver|bünde]. (53)

ze|samme|falde/zo|~ [t͡sə'zaməfaldə / t͡so-] <trennb. Präfix-V.; unr.; *han*; faldte z. [ˈfaltə]; ~|gefalde [-jəfaldə]> {6.11.3}: zusammenfalten. (63)

ze|samme|falle/zo|~ [t͡sə'zaməfalə / t͡so-] <trennb. Präfix-V.; st.; *sin*; feel z. [feˑl]; ~|gefalle [-jəfalə]>: zusammenfallen. (64)

ze|samme|fasse/zo|~ [t͡sə'zamə.fasə / t͡so-] <trennb. Präfix-V.; schw.; *han*; fasste z. [ˈfastə]; ~|gefass [-jefas]> {s. u. ↑fasse}: zusammenfassen. (67)

ze|samme|flecke/zo|~ [t͡sə'zaməflekə / t͡so-] <trennb. Präfix-V.; schw.; *han*; fleckte z. [ˈflektə]; ~|gefleck [-jəflek]> {5.5.2}: zusammenflicken. (88)

ze|samme|fleeße/zo|~ [t͡sə'zamə.fleˑsə / t͡so-] <trennb. Präfix-V.; st.; *sin*; floss z. [flɔs]; ~|geflosse [-jəflɔsə]> {5.1.4.3}: zusammenfließen. (79)

ze|samme|föhre/zo|~/~|führe [t͡sə'zamə.føˑ(ɐ̯)rə / t͡so- / -fyː(ɐ̯)rə] <trennb. Präfix-V.; unr./st./schw.; *han*; föhte/foht z. [ˈføˑtə / foːt]; ~|geföht/~|gefoht [-jəføˑt / -jəfoːt]> {5.4}: zusammenführen. (74) (31)

ze|samme|(ge|)höre/zo|~/~|hüre [t͡səzaməjə.høː(ɐ̯)rə / t͡so- / -hyː(ɐ̯)rə] <trennb. Präfix-V.; Formen mischbar; st.; *han*; (ge)hoot/gehürt z. [(jə)ˈhoːt / jəhyˑɐ̯t]; ~|gehoot/gehürt [-jəˑhoːt / jəhyˑɐ̯t]>: zusammengehören [auch: *eine Godd un Pott sin*]. (21) (179)

ze|samme|ge|hör|ig/zo|~/~|hür|~ [t͡sə'zaməjə.høː(ɐ̯)rɪç / t͡so- / -hyː(ɐ̯)r-] <Adj.; ~e> {s. u. ↑(ge)|höre/~|hüre}: zusammengehörig. Tbl. A5.2

Ze|samme|ge|hör|ig|keit/Zo|~/~|hür|~, de [t͡sə'zaməjə.høː(ɐ̯)rɪçkeɪt / t͡so- / -hyː(ɐ̯)r-] <N.; o. Pl.> {s. u. ↑(ge)|höre/~|hüre}: Zusammengehörigkeit.

Ze|samme|hald/Zo|~, der [t͡sə'zamə.halt / t͡so-] <N.; o. Pl.>: Zusammenhalt.

ze|samme|halde/zo|~ [t͡sə'zamə.haldə / t͡so-] <trennb. Präfix-V.; st.; *han*; heeldt z. [heːlt]; ~|gehalde [-jehaldə]> {6.11.3}: zusammenhalten. (90)

Ze|samme|hang/Zo|~, der [t͡sə'zamə.haŋ / t͡so-] <N.; ~|häng [-hɛŋˑ]> {s. u. ↑Hang}: Zusammenhang.

ze|samme|hange/zo|~ [t͡sə'zamə.haŋə / t͡so-] <trennb. Präfix-V.; st.; *han*; hing z. [hɪŋ]; ~|gehange [-jəhaŋə]> {5.4}: zusammenhängen. 1. mit etw. fest verbunden sein. 2. mit etw. in Beziehung, in Zusammenhang stehen. (65)

ze|samme|haue/zo|~ [t͡sə'zaməhaʊ̯ə / t͡so-] <trennb. Präfix-V.; unr./schw.; *han*; haute z. [ˈhaʊ̯tə]; ~|gehaue/~|gehaut [-jəhaʊ̯ə / -jəhaʊ̯ˑt]>: zusammenhauen. (94)

ze|samme|hefte/zo|~ [t͡sə'zamə.hɛftə / t͡so-] <trennb. Präfix-V.; schw.; *han*; ~|geheff [-jehɛf]> {s. u. ↑hefte}: zusammenheften. (89)

ze|samme|klappe/zo|~ [t͡sə'zamə.klapə / t͡so-] <trennb. Präfix-V.; schw.; *han* u. *sin*; klappte z. [ˈklaptə]; ~|geklapp [-jəklap]> {s. u. ↑klappe}: zusammenklappen. 1. <han> durch Einklappen seiner Teile verkleinern. 2. <sin> zusammenbrechen. (75)

ze|samme|koche/zo|~ [t͡sə'zaməkɔxə / t͡so-] <trennb. Präfix-V.; schw.; *han*; kochte z. [ˈkɔxtə]; ~|gekoch [-jəkɔx]>: zusammenkochen, durcheinanderkochen [auch: ↑durch|enander|koche, ↑durch|enein|koche]. (123)

ze|samme|kraache/zo|~ [t͡sə'zamə.kraːxə / t͡so-] <trennb. Präfix-V.; schw.; *sin*; kraachte z. [ˈkraːxtə]; ~|gekraach [-jəkraːx]> {5.2.1}: zusammenkrachen. (123)

ze|samme|kratze/zo|~ [t͡sə'zamə.krat͡sə / t͡so-] <trennb. Präfix-V.; schw.; *han*; kratzte z. [ˈkrat͡stə]; ~|gekratz [-jəkrat͡s]> {s. u. ↑kratze}: zusammenkratzen. (114)

ze|samme|kumme/zo|~ [t͡sə'zamə.kʊmə / t͡so-] <trennb. Präfix-V.; st.; *sin*; kom z. [kɔˑm]; ~(|ge)kumme [-(jə).kʊmə]> {5.4}: zusammenkommen. (120)

Ze|samme|kunf/Zo|~, de [t͡sə'zamə.kʊnf / t͡so-] <N.; ~|künf> {8.3.5}: Zusammenkunft, Treffen, Versammlung.

ze|samme|läge/zo|~ [t͡sə'zaməlɛˑjə / t͡so-] <trennb. Präfix-V.; unr.; *han*; laht z. [laːt]; ~|gelaht/~|geläg [-jəlaːt / -jəlɛˑɟ]> {5.4}: zusammenlegen. (125)

ze|samme|läppere/zo|~, sich [t͡sə'zaməlɛpərə / t͡so-] <trennb. Präfix-V.; unpers., nur 3. Pers. Sg.; schw.; *han*; läpperte z. [ˈlɛpətə]; ~|geläppert [-jəlɛpət]> {9.2.1.2}: sich zusammenläppern. (4)

ze|samme|levve/zo|~ [tsə'zamə‚levə / tso-] <trennb. Präfix-V.; unr.; *han*; lävte z. ['lɛ:ftə]; ~|geläv [-jəlɛ:f]> {5.3.4; 5.5.2; 6.1.1}: zusammenleben. (22)

Ze|samme|levve/Zo|~, et [tsə'zamə‚levə / tso-] <N.; o. Pl.> {s. u. ↑Levve}: Zusammenleben.

ze|samme|nemme/zo|~ [tsə'zamənemə / tso-] <trennb. Präfix-V.; st.; *han*; nohm z. [noˑm]; ~|genomme [-jənomə]> {5.3.4; 5.5.2}: zusammennehmen. (143)

ze|samme|passe/zo|~ [tsə'zaməpasə / tso-] <trennb. Präfix-V.; schw.; *han*; passte z. ['pastə]; ~|gepass [-jəpas]>: zusammenpassen. (67)

ze|samme|raafe/zo|~ [tsə'zaməra:fə / tso-] <trennb. Präfix-V.; schw.; *han*; raafte z. ['ra:ftə]; ~|geraaf [-jəra:f]> {5.2.1.4}: zusammenraffen. (108)

ze|samme|raufe/zo|~, sich [tsə'zamə‚roʊfə / tso-] <V.; schw.; *han*; raufte z. ['roʊftə]; ~|gerauf [-jə‚roʊf]>: sich zusammenraufen. (106)

ze|samme|rechne/zo|~ [tsə'zamə‚rɛɦnə / tso-] <trennb. Präfix-V.; schw.; *han*; rechente z. ['rɛɦəntə]; ~|gerechent [-jərɛɦənt]> {s. u. ↑rechne}: zusammenrechnen; addieren; zusammenzählen. (150)

ze|samme|rieße/zo|~, sich [tsə'zaməri:sə / tso-] <trennb. Präfix-V.; st.; *han*; ress z. [res]; ~|geresse [-jəresə]> {5.1.4.5}: sich zusammenreißen. (25)

ze|samme|röcke/zo|~ [tsə'zamə‚røkə / tso-] <trennb. Präfix-V.; schw.; *sin*; röckte z. ['røktə]; ~|geröck [-jərøk]> {5.5.1}: zusammenrücken. (88)

ze|samme|rolle/zo|~ [tsə'zamə‚rolə / tso-] <trennb. Präfix-V.; schw.; *han*; rollte z. ['rolˑtə]; ~|gerollt [-jərolˑt]> {s. u. ↑rolle}: zusammenrollen. (91)

ze|samme|rotte/zo|~, sich [tsə'zamərotə / tso-] <trennb. Präfix-V.; schw.; *han*; ~|gerott [-jərot]>: sich zusammenrotten. (113)

ze|samme|schlage/zo|~/~|schlonn [tsə'zaməʃlaˑʀə / tso- / -ʃlɔn] <trennb. Präfix-V.; schw.; *han*; schlog z. [ʃloˑx]; ~|geschlage [-jəʃlaˑʀə]>: zusammenschlagen, **1.** aneinanderschlagen. **2.** niederschlagen, kaputtschlagen. (48) (163)

ze|samme|setze/zo|~ [tsə'zaməzɛtsə / tso-] <trennb. Präfix-V.; unr./schw.; *han*; setzte/satz z. ['zɛtstə / zats]; ~|gesetz/~|gesatz [-jəzɛts / -jəzats]>: zusammensetzen. **1.** zusammenfügen. **2.** <sich z.> aus einzelnen Teilen bestehen. **3.** <sich z.> **a)** sich an einem gemeinsamen Platz zueinander setzen; **b)** sich treffen; zusammenkommen. (173)

ze|samme|setze/zo|~ [tsə'zamə‚zetsə / tso-] <V.; trennb. Präfix-V.; st.; *han*; soß z. [zoˑs]; ~|gesesse [-jəzɛsə]> {5.5.2}: zusammensitzen. (172)

ze|samme|söke/zo|~ [tsə'zamə‚zøˑkə / tso-] <trennb. Präfix-V.; unr./schw.; *han*; sok z. [zoːk]; ~|gesok/~|gesök [-jəzo:k / -jəzøˑk]> {5.4; 6.2.3}: zusammensuchen, zusammenbringen. (176) (178)

Ze|samme|spill/Zo|~, et [tsə'zamə‚ʃpɪl / tso-] <N.; o. Pl.> {s. u. ↑Spill}: Zusammenspiel.

ze|samme|stelle/zo|~ [tsə'zamə‚ʃtɛlə / tso-] <trennb. Präfix-V.; schw./unr.; *han*; stellte/stallt z. ['ʃtɛlˑtə / ʃtalt]; ~|gestellt/~|gestallt [-jəʃtɛlˑt / -jəʃtalt]> {s. u. ↑stelle¹}: zusammenstellen. **1.** an einen gemeinsamen Platz zueinander, nebeneinander stellen. **2.** etw. Ausgewähltes so anordnen, dass etw. Einheitliches, Zusammenhängendes entsteht. (182)

ze|samme|stonn/zo|~ [tsə'zaməʃtɔn / tso-] <trennb. Präfix-V.; st.; *han*; stundt z. [ʃtʊnt]; ~|gestande [-jəʃtandə]> {5.3.4; 8.2.2.3}: zusammenstehen, beisammenstehen. (185)

ze|samme|trecke/zo|~ [tsə'zamətrɛkə / tso-] <trennb. Präfix-V.; st.; *han*; trok z. [troˑk]; ~|getrocke [-jətrokə]>: zusammenziehen. **1.** <han> durch Ziehen bewirken, dass sich etw. aufeinander zubewegt (so dass es kleiner/enger wird/schrumpft/sich schließt): *en Schling z.* (eine Schlinge z.). **2.** <sin> gemeinsam eine Wohnung beziehen: *Die zwei sin z.* (Die zwei sind z.). **3.** <han; sich z.> kleiner, enger werden; schrumpfen: *De Muul trick sich mer zesamme, wann ich bloß an Zitrone denke.* (Der Mund zieht sich mir zusammen, wenn ich nur an Zitronen denke.). **4.** <han> addieren: *Do muss 2 un 2 z.* (Du musst 2 und 2 z.) [auch: ↑addiere/~eere]. (190)

ze|samme|tredde/zo|~ [tsə'zamə‚tredə / tso-] <trennb. Präfix-V.; st.; *han* u. *sin*; trodt z. [troˑt]; ~|getrodde [-jərodə]> {5.3.4; 5.5.2; 6.11.3}: zusammentreten. **1.** <han> jmdn. so brutal treten, dass er zusammenbricht. **2.** <sin> sich versammeln. (191)

ze|samme|treffe/zo|~ [tsə'zamə‚trɛfə / tso-] <trennb. Präfix-V.; st.; *han*; trof z. [troˑf]; ~|getroffe [-jətrofə]> {s. u. ↑treffe}: zusammentreffen. **1.** sich begegnen, sich treffen. **2.** gleichzeitig stattfinden. (192)

ze|samme|zälle/zo|~ [tsə'zamə‚tsɛlə / tso-] <trennb. Präfix-V.; st./schw.; *han*; zallt/zällte z. [tsalt / 'tsɛltə]; ~|ge-

zallt/~|gezällt [-ˌjət̞s̞alt / -ˌjət̞s̞ɛlt]> {5.3.4}: zusammenzählen; addieren. (196) (91)

ze|samme|zucke/zo|~ [t̞s̞əˈzamət̞s̞ʊkə / t̞s̞o-] <trennb. Präfix-V.; schw.; *sin*; zuckte z. [ˈt̞s̞ʊktə]; ~|gezuck [-ˌjət̞s̞ʊk]>: zusammenzucken. (88)

ze|stand/zo|~ [t̞s̞əˈʃtanˑt / t̞s̞o-] <Adv.> {8.3.1}: zustande, zu Stande [auch: ze Stand].

Zeug, et [t̞s̞ɔyfj] <N.; o. Pl.>: Zeug, Kram, Wertloses [auch: ↑Krom].

Zeuge, der [ˈt̞s̞øyˑjə] <N.; ~>: Zeuge.

zeuge¹ [ˈt̞s̞øyˑjə] <V.; schw.; *han*; zeugte [ˈt̞s̞øyˑfjtə]; gezeug [jəˈt̞s̞øyˑfj]>: zeugen, als Zeuge aussagen; *vun jet z. (von etw. z., aufgrund von Beschaffenheit/Art etw. erkennen lassen/zeigen).* (103)

zeuge² [ˈt̞s̞øyˑjə] <V.; schw.; *han*; zeugte [ˈt̞s̞øyˑfjtə]; gezeug [jəˈt̞s̞øyˑfj]>: zeugen, befruchten. (103)

Zeug|in, de [ˈt̞s̞øyˑjɪn] <N.; ~ne>: Zeugin.

Zeug|nis, et [ˈt̞s̞øyfjnɪs] <N.; ~se> {5.5.4}: Zeugnis. **1.** Urkunde, die die Bewertung der Leistungen einer Person enthält. **2.** Gutachten.

Zeug|ungs|ak, der [ˈt̞s̞øyjʊŋsˌak] <N.; ~te> {s. u. ↑zeuge² ↑Ak}: Zeugungsakt.

ze|vür|-/zo|vür|-/~|vör|- [t̞s̞əˈfyːɐ̯ / t̞s̞ə- / -føːɐ̯] <Präfix>: zuvor-, i. Vbdg. m. V.: *~kumme* (~kommen).

ze|vür|kumme/zo|vör|~ [t̞s̞əˈfyːɐ̯ˌkʊmə / t̞s̞oˈføːɐ̯-] <trennb. Präfix-V.; st.; *sin*; kom z. [kɔˑm]; ~(|ge)kumme [-(ˌjə)ˌkʊmə]> {5.4}: zuvorkommen. (120)

ze|wäg/zo|~ [t̞s̞əˈvɛˑfj / t̞s̞o-] <Adv.> {5.4; 8.3.1}: zuwege.

ze|widder/zo|~ [t̞s̞əˈvɪdə / t̞s̞o-] <Adv.> {5.3.2}: zuwider, **1.** in starkem Maße Abneigung hervorrufend: *Dä Froß wor mer z.* (Dieses Essen war mir z.). **2.** jmdm./etw. entgegenstehend, nicht förderlich: *Die Ömständ woren singem Plan z.* (Die Umstände waren seinem Plan z.).

ze|wiele/zo|~ [t̞s̞əˈviˑlə / t̞s̞o-] <Adv.> {5.1.4.5; 8.3.1}: zuweilen, selten [auch: ↑manch|mol/mänch|-].

Zibbe|dei|es, der [ˌt̞s̞ɪbəˈdeɪəs] <N.; ~e ⟨hebr. Zebedäus⟩> {2}: Feigling.

Zibbel, der [ˈt̞s̞ɪbəl] <N.; ~e> {6.8.4}: Zipfel, spitz od. schmal zulaufendes Ende bes. eines Tuchs, eines Kleidungsstücks od. Ä.: *dä Z. vun däm Deschdoch* (der Z. des Tischtuchs); ***bange Z.** (Feigling).

zibbel|ig [ˈt̞s̞ɪbəlɪfj] <Adj.; ~e; ~er, ~ste> **1.** zipfelig. **2.** unschlüssig, bang [auch: ↑bang; ↑feig; ↑wibbel|ig; ↑ängs|lich, ↑dress|ig, ↑be|dresse]. Tbl. A5.2

Zibbel|mötz, de [ˈt̞s̞ɪbəlˌmøt̞s̞] <N.; ~e> {s. u. ↑Zibbel ↑Mötz}: Zipfelmütze, Wollmütze, die in einen langen, herunterhängenden Zipfel ausläuft.

zick¹ [t̞s̞ɪk] <Präp.; m. Dat.> {5.3.4.1; 6.6.2.1; 6.10.3}: seit, gibt den Zeitpunkt an, zu dem ein noch anhaltender Zustand, Vorgang begonnen hat: *z. drei Dag* (s. drei Tagen).

zick² [t̞s̞ɪk] <Konj.; unterordn.> {5.3.4.1; 6.6.2.1; 6.10.3}: seit, gibt den Zeitpunkt an, zu dem ein best. Zustand/Vorgang eingetreten ist: *Z. ich die Tablette nemme, geiht et mer besser.* (S. ich die Tabletten nehme, geht es mir besser.).

zick|däm¹ [ˌt̞s̞ɪkˈdɛm] <Adv.> {s. u. ↑zick¹ ↑däm}: seitdem: *Ich han en Kopppingstablett genomme; z. geiht et mer besser.* (Ich habe ein Kopfschmerztablette genommen; s. geht es mir besser.).

zick|däm² [t̞s̞ɪkˈdɛm] <Konj.; unterordn.> {s. u. ↑zick¹ ↑däm}: seitdem, gibt den Zeitpunkt an, zu dem ein best. Zustand, Vorgang eingetreten ist: *Z. ich dich kenne, bes de kniestig.* (S. ich dich kenne, bist du geizig.).

Zick|zack|schir, de [ˈt̞s̞ɪktsakˌʃiˑɐ̯] <N.; ~e> {s. u. ↑Schir}: Zickzackschere, Schere, deren Klingen gezähnt sind.

Zidder, der [ˈt̞s̞ɪdə] <N.; subst. V.> {6.11.3}: Zittern, [nur i. d. **RA** gebr.]: *der Z. (en de Ärm/Bein/Glidder) han* (zittrig sein (an Armen/Beinen/Gliedern)).

Zidder|gras, et [ˈt̞s̞ɪdəˌjraːs] <N.; ~|gräser [-ˌjrɛˑze]> {s. u. ↑zeddere ↑Gras}: Zittergras.

ziddere [ˈt̞s̞ɪdərə] <V.; schw.; *han*; zidderte [ˈt̞s̞ɪdetə]; geziddert [jəˈt̞s̞ɪdet]> {6.11.3; 9.2.1.2}: zittern. (4)

zidder|ig [ˈt̞s̞ɪdərɪfj] <Adj.; ~e; ~er, ~ste> {6.11.3}: zittrig, zappelig. Tbl. A5.2

Zidder|ööl, der [ˈt̞s̞ɪdeˌœˑl] <N.; ~e> {s. u. ↑ziddere ↑Ööl}: Zitteraal.

Zidder|pappel, de [ˈt̞s̞ɪdeˌpapəl] <N.; ~e> {s. u. ↑ziddere}: Zitterpappel.

Ziegel, der [ˈt̞s̞iːjəl] <N.; ~e>: Ziegel.

Ziegel|daach, et [ˈt̞s̞iːjəlˌdaːx] <N.; ~|däächer> {s. u. ↑Ziegel ↑Daach}: Ziegeldach.

Ziegel|ei, de [ˌt̞s̞iːjəˈleɪˑ] <N.; ~e [-eɪə]>: Ziegelei.

Ziegel|stein, der [ˈt̞s̞iːjəlˌʃteɪn] <N.; ~ [-ˌʃteɪˑn]>: Ziegelstein, Backstein [auch: ↑Back|stein].

ziel|be|woss ['tsi:lbə,vos] <Adj.; ~te; ~ter, ~teste> {s. u. ↑be|woss}: zielbewusst; genau wissend, was man erreichen will, u. entsprechend handelnd. Tbl. A4.1.1

ziele ['tsi·lə] <V.; schw.; *han*; zielte ['tsi:ltə]; geziert [jə'tsi:lt]>: zielen. (45)

Ziel|fään|rühr/~|röhr, et ['tsi:l,fɛ·nry·ɐ̯ / -røˑɐ̯] <N.; ~e> {s. u. ↑fään ↑Rühr/Röhr²}: Zielfernrohr.

Ziel|grupp, de ['tsi:l,ɪ̯rʊp] <N.; ~e> {s. u. ↑Grupp}: Zielgruppe.

Ziel|schiev, de ['tsi:l,ʃi·f] <N.; ~e> {s. u. ↑Schiev}: Zielscheibe.

ziel|secher ['tsi:l,zeʃɐ] <Adj.; ~e; ~er, ~ste>: zielsicher, zielbewusst. Tbl. A2.6

Ziel|secher|heit, de ['tsi:l,zeʃəhɛɪt] <N.; o. Pl.> {5.5.2}: Zielsicherheit.

Ziel|sproch, de ['tsi:l,ʃprɔ·x] <N.; ~e> {s. u. ↑Sproch¹}: (Sprachw.) Zielsprache. **1.** Sprache, in die übersetzt wird. **2.** Sprache, die einem Nichtmuttersprachler zu vermitteln ist, von ihm zu erlernen ist.

Zier/Zeer, de [tsi:ɐ̯ / tse:ɐ̯] <N.; kein Pl. ⟨mhd. ziere, ahd. ziari)>: Zier.

ziere/zeere ['tsi:(ɐ̯)rə / 'tse:rə] <V.; schw.; *han*; zierte ['tsi:ɐ̯tə]; geziert [jə'tsi:ɐ̯t]> {(5.1.4.3)}: zieren. (3) (2)

Zier|fesch/Zeer|~, der ['tsi:ɐ̯,feʃ / 'tse:ɐ̯-] <N.; ~/~e> {s. u. ↑Zier/Zeer ↑Fesch}: Zierfisch.

Zier|flanz/Zeer|~/~|planz, de ['tsi:ɐ̯,flants / 'tse:ɐ̯- / -plants] <N.; ~e> {s. u. ↑Zier/Zeer ↑Flanz/Planz}: Zierpflanze.

Zier|rot/Zeer|~, der ['tsi:(ɐ̯),ro:t / 'tse:(ɐ̯)r-] <N.; ~e ⟨mhd. zierot)> {5.5.3; s. u. ↑Zier/Zeer}: Zierrat.

Zier|schreff/Zeer|~, de ['tsi:ɐ̯,ʃref / 'tse:ɐ̯-] <N.; ~|schrefte> {s. u. ↑Zier/Zeer ↑Schreff}: Zierschrift, dekorativ ausgestaltete Schrift.

Zier|stech/Zeer|~, der ['tsi:ɐ̯,ʃteʃ / 'tse:ɐ̯-] <N.; ~> {s. u. ↑Zier/Zeer ↑Stech}: (Handarb.) Zierstich.

Zier|struch/Zeer|~, der ['tsi:ɐ̯,ʃtrʊx / 'tse:ɐ̯-] <N.; ~|strüch> {s. u. ↑Zier/Zeer ↑Struch}: Zierstrauch.

Zies|che, et ['tsi·sjə] <N.; ~r> {5.1.4.5}: Zeisig (Finkenart).

Ziffer, de ['tsɪfɐ] <N.; ~e>: Ziffer.

Ziffer|bladd, et ['tsɪfɐ,blat] <N.; ~|blädder> {s. u. ↑Bladd}: Zifferblatt.

zig [tsɪʃ] <unbest. Zahlw.>: zig, steht anstelle einer nicht genau bekannten, aber als sehr hoch angesehenen Zahl: *Hä ging met z. Saache en de Kurv.* (Er ging mit z. Sachen in die Kurve.); *Z. Lück han aangerofe.* (Z. Leute haben angerufen.).

Zigaar, de [tsɪ'ja·(ɐ̯)] <N.; ~e> {5.2.1.1.1; 8.3.1}: Zigarre, *en Z. krige (zurechtgewiesen werden).

Zigarett, de [tsɪja'rɛt] <N.; ~e> {8.3.1}: Zigarette [auch: ↑Zarett, ↑Fipp, ↑Flöpp²].

Zigarette|äsch, de [tsɪja'rɛtə,ɛʃ] <N.> {s. u. ↑Äsch}: Zigarettenasche.

Zigarette|paus/~|puus, de [tsɪja'rɛtə,paʊ·s / -pu·s] <N.; ~e> {s. u. ↑Paus¹/Puus¹}: Zigarettenpause.

Zigarette|spetz, de [tsɪja'rɛtə,ʃpets] <N.; ~e> {s. u. ↑Spetz}: Zigarettenspitze.

Zigarette|stummel, de [tsɪja'rɛtə,ʃtʊməl] <N.; ~e> {s. u. ↑Zigarett, ↑Stummel}: Zigarettenstummel [auch: ↑Zarette|stummel, ↑Kipp¹].

Zigarre|äsch, de [tsɪ'jarə,ɛʃ] <N.; i. best. Komposita *Zigarr*, sonst ↑Zigaar; kein Pl.> {11; s. u. ↑Äsch}: Zigarrenasche.

Zigarre|kess, de [tsɪ'jarə,kes] <N.; i. best. Komposita *Zigarr*, sonst ~|keste> {11; s. u. ↑Kess}: Zigarrenkiste.

Zigarre|spetz, de [tsɪ'jarə,ʃpets] <N.; i. best. Komposita *Zigarr*, sonst ↑Zigaar; ~e> {11; s. u. ↑Spetz}: Zigarrenspitze.

zig|dausend ['tsɪh,doʊ̯zənt] <unbest. Zahlw.> {s. u. ↑dausend}: zigtausend; viele tausend.

Zigeuner, der [tsɪ'jɔʏnɐ] <N.; ~; ⟨spätmhd. ze-, ziginer)>: Zigeuner.

Zigeuner|levve, et [tsɪ'jɔʏnɐ,levə] <N.; ~ (Pl. selten)> {s. u. ↑Levve}: Zigeunerleben, unstetes, ungebundenes Wanderleben.

Zigeuner|musik, de [tsɪ'jɔʏnɐ,mʊzɪk] <N.; ~e> {s. u. ↑Musik}: Zigeunermusik.

Zigeuner|schnetzel, et [tsɪ'jɔʏnɐ,ʃnetsəl] <N.; ~e> {s. u. ↑Schnetzel}: Zigeunerschnitzel.

Zigeuner|sproch, de [tsɪ'jɔʏnɐ,ʃprɔ·x] <N.; o. Pl.> {s. u. ↑Sproch¹}: Zigeunersprache; Romani.

Zigg, de [tsɪk] <N.; ~e ['tsɪɡə] {5.3.4; 6.6.2}: Zeit, **1.** <o. Pl.> Ablauf/Nacheinander/Aufeinanderfolge der Augenblicke/Stunden/Tage/Wochen/Jahre: *De Z. vergeiht vill ze flöck.* (Die Z. vergeht viel zu schnell.). **2. a)** Zeitpunkt, Zeitraum: *Et es Z. för ze gonn.* (Es ist Z. zu gehen.); **b)** Uhrzeit; **c)** Ortszeit. **3.** Zeitabschnitt, Zeitspanne: *de schönste Z. em Levve* (die schönste Z.

im Leben). **4.** *met Zigge: zeitweise. 1. von Zeit zu Zeit, hin u. wieder. 2. zeitweilig, vorübergehend.

zigg|gemäß ['tsɪkjə,mɛ·s] <Adj.; ~e> {s. u. ↑Zigg}: zeitgemäß; einer Zeit gemäß. Tbl. A1

zigg|ge|rääch ['tsɪkjə,rɛːʃ] <Adj.; ~te; ~ter, ~ste> {s. u. ↑Zigg ↑ge|rääch}: zeitgerecht. Tbl. A4.1.1

zigg|glich ['tsɪk,jlɪʃ] <Adj.; ~e> {s. u. ↑Zigg ↑glich¹}: zeitgleich. Tbl. A1

zigg|ig ['tsɪgɪʃ] <Adj.; ~e; ~er, ~ste> {5.3.4; 6.6.2}: zeitig, **1.** früh. **2.** rechtzeitig. Tbl. A5.2

zigg|levvens ['tsɪk'levəns] <Adv.> {s. u. ↑Zigg ↑Levve}: zeitlebens.

Zigg|unger|schied/~|scheed, der ['tsɪk,ʊŋəʃiˑt / -ʃeˑt] <N.; ~e> {s. u. ↑Zigg ↑Unger|schied/~|scheed}: Zeitunterschied.

Zigg|ver|loss, der ['tsɪkfɐ,los] <N.; o. Pl.> {s. u. ↑Zigg ↑Ver|loss¹}: Zeitverlust.

Zigg|ver|schwend|ung, de ['tsɪkfɐ,ʃvɛndʊŋ] <N.; o. Pl.> {s. u. ↑Zigg}: Zeitverschwendung.

zig|mol ['tsɪʃ,moˑl] <Adv.>: zigmal, viele Male.

zih [tsi·] <Adj.; ~e; ~er, ~ste> {5.4}: zäh. Tbl. A2.8

Zih, der [tsi·] <N.; ~e> {5.4; (8.3.1)}: Zeh(e).

Zihe|nähl, der ['tsi·ə,nɛ·l] <N.; ~> {s. u. ↑Zih ↑Nähl}: Zehennagel.

Zihe|spetz, de ['tsi·ə,[pets] <N.; ~e meist Pl.> {s. u. ↑Zih ↑Spetz}: Zehenspitze.

zih|flöss|ig/~|flüss|~ ['tsi·,fløsɪʃ / -flys-] <Adj.; ~e> {s. u. ↑zih ↑flöss|ig/flüss|~}: zähflüssig. Tbl. A5.2

Zill/Zilla/Zilli/Zilie, et [tsɪl· / 'tsɪla / 'tsɪlɪ / 'tsɪliə] <N.; weibl. Vorn.; Zill|che>: Zilli, Kurzf. von Cäcilia, Cäcilie; insb. für Cäcilia Wolkenburg (eine Abteilung des Kölner Männergesangvereins).

Zim|deckel, der ['tsɪm,dɛkəl] <N.; ~e>: Zimbel, Becken (Musikinstrument).

Zimp, der [tsɪmp] <N.; o. Pl. ⟨lat. cinnamum < griech. kínnamo⟩> {8.3.5.2}: Zimt.

Zimp|appel, der ['tsɪmˑp,apəl] <N.; ~|äppel> {s. u. ↑Zimp ↑Appel}: Zimtapfel.

Zimper|lis, de ['tsɪmpɐ,liˑs] <N.; ~e [-liːzə]> {8.3.1}: Zimperliese, zimperliche Person.

Zimp|stään, der ['tsɪmˑp,[tɛˑn] <N.; ~e> {s. u. ↑Zimp ↑Stään}: Zimtstern.

Zinke, der ['tsɪŋkə] <N.; ~> {8.3.3}: Zinken, scherzh. für auffallend große Nase.

Zink|salv, de ['tsɪŋk,zalˑf] <N.; ~e> {s. u. ↑Salv}: Zinksalbe.

Zink|büdd, de ['tsɪŋk,bʏt] <N.; ~e> {s. u. ↑Büdd}: Zinkwanne.

Zinn|figur, de ['tsɪnˑfɪ,juˑɐ] <N.; ~e> {s. u. ↑Figur}: Zinnfigur.

Zinn|geeß|er, der ['tsɪnˑ,jeˑsɐ] <N.; ~> {s. u. ↑geeße}: Zinngießer.

Zinn|krog, der ['tsɪnˑ,kroˑx] <N.; ~|krög> {s. u. ↑Krog}: Zinnkrug.

Zins, der [tsɪnˑs] <N.; ~e ⟨mhd. zins⟩>: Zins.

zins|günst|ig ['tsɪnˑs,jʏnstɪʃ] <Adj.; ~e> {s. u. ↑Zins ↑günst|ig}: zinsgünstig; **a)** günstig im Hinblick auf die zu zahlenden Zinsen; **b)** günstig im Hinblick auf die Zinsen, die man erhält. Tbl. A5.2

Zint(er) ['tsɪnt(ɐ)] <N. ⟨frz. saint⟩> {2; 6.10.3}: Sankt, Heilige, in Heiligennamen (~*er Kloos* (St. Nikolaus); ~*(er) Määtes* (St. Martin); ~*er Vring* (St. Severin) u. auf solche zurückgehende Kirchen- u. Ortsnamen (*Z. Apostele* (St. Aposteln); *Z. Pitter* (St. Peter); *Z. Ooschele* (St. Ursula)). Zint u. Zi sind bis auf *Zi Zilie* (St. Cäcilia) austauschbar, *Zint* ist aber heute wohl gebräuchl.. *Zinter* wird bei ganz best. Namen gebraucht, u. zwar bei diesen bis auf eine Ausnahme immer: *Zi Vilie* u. *Zinter Vilie* (Ad Sanctas Virgines).

Zint Agatha, An [an,tsɪntlaˈjaˑtə] <N.; Straßenn.> {s. u. ↑Zint(er) ↑Agathe}: An St. Agatha; Straße in Köln-Altstadt/Nord. Die heilige Agatha lebte um 250. Sie ging als Märtyrerin u. Patronin gegen Feuergefahr in die Geschichte ein. Die Augustinerinnen errichteten dort 1313 ein Frauenkloster. Von 1459 bis 1865 gehörte das Kloster den Benediktinerinnen. Bis 1816 trug die Straßen die Namen *Hosengasse*, *In der Wingertgasse*, *Weingartengasse*, *Antoniterstraße*, *Blindgasse* u. *Rue des vignes*.

Zint Apostele [,tsɪntlaˈpostələ] <N.; Eigenn.>: St. Aposteln (romanische Kirche in Köln).

Zint Gereon [,tsɪntˈjerejon] <N.; Eigenn.>: St. Gereon (romanische Kirche in Köln).

Zint Jan, An [,antsɪntˈjan] <N.; Straßenn.> {s. u. ↑Zint}: An Zint Jan (Zint Jan = St. Johann Baptist); Straße in Köln-Altstadt/Süd am Karl-Berbuer-Platz. „Zint Jan" ist die Kölnische Sprachform für die Pfarrkirche St. Johann Baptist u. wird urkundlich das erste Mal 948 erwähnt.

Zint Kathrin, An [an͜ˌt͡sɪnt'katrɪn] <N.; Straßenn.> {s. u. ↑Zint(er) ↑Kathrin}: An St. Katharinen; Straße in Köln-Altstadt/Süd. Seit 1218 bestand hier ein Hospital zu Ehren der Heiligen Maria u. Katharina u. des Heiligen Kreuzes. Bis 1816 hatte die Straße die Namen *Katharinengäßchen*, *Kreutzfahrerplatz* u. *Place des croisés*.

Zint Magdalen, An [an͜ˌt͡sɪntmaxda'leːn] <N.; Straßenn.> {s. u. ↑Zint(er)}: An St. Magdalenen; Straße in Köln-Altstadt/Süd. Gegenüber von St. Severin befand sich bis zu ihrem Abbruch im Jahre 1802/1805 die Kapelle St. Maria Magdalena. Die Längsseite, die an der Kapelle vorbeiführte, trägt heute ihren Namen als eine Verlängerung der Kartäusergasse. Bis 1816 hieß die Straße *In der Hütte* u. *In der Hütte ohnweit St. Magdalenenkirche*.

Zint-Apere-Stroß [t͡sɪnt'aˑpərəˌʃtrɔs] <N.; Straßenn.> {s. u. ↑Zint ↑Stroß}: St.-Apern-Straße; Straße in Köln-Altstadt/Nord. St. Aper (*o.J †um 500 n.Chr.) war Schutzheiliger von Toul in Frankreich u. Schutzheiliger der Schweinehirten. Ab dem Jahr 1169 stand hier eine ihm geweihte Kapelle.

zippe [t͡sɪpə] <V.; schw.; han; zippte [t͡sɪptə]; gezipp [jət͡sɪp]> {5.3.4}: ziepen, schmerzhaftes Auskämmen verknoteter Haare. (75)

Zirkel, der ['t͡sɪrkəl] <N.; ~e>: Zirkel.

zirkele ['t͡sɪrkələ] <V.; schw.; *han*; zirkelte ['t͡sɪrkəltə]; gezirkelt [jə't͡sɪrkəlt]> {9.2.1.2}: zirkeln, genau aus-/abmessen. (6)

zirkeliere/~eere [ˌt͡sɪrkə'liˑ(ɐ̯)rə / -eˑrə] <V.; schw./unr.; *han*; zirkelierte [t͡sɪrkə'liˑɐ̯tə]; zirkeliert [t͡sɪrkə'liˑɐ̯t] ⟨frz. circuler < spätlat. circulare⟩ {(5.1.4.3)}: zirkulieren, kreisen. (3) (2)

Zirkel|kaste, der ['t͡sɪrkəlˌkastə] <N.; ~|käste> {s. u. ↑Kaste}: Zirkelkasten.

Zirkus|pääd, et ['t͡sɪrkʊsˌpɛːt] <N.; ~(er) [-pɛˑt / -pɛˑdə]> {s. u. ↑Pääd}: Zirkuspferd.

Zirkus|vör|stell|ung/~|vür|~, de ['t͡sɪrkʊsˌføːɐ̯ʃtɛlʊŋ / -fyːɐ̯-] <N.; ~e> {s. u. ↑vür|stelle/vör|~}: Zirkusvorstellung.

Zis/Ziska, et [t͡sɪs / 't͡sɪska] <N.; weibl. Vorn.>: Kurzf. von Franziska.

zische [t͡sɪʃə] <V.; schw.; *sin*; zischte ['t͡sɪʃtə]; gezisch [jə't͡sɪʃ]>: zischen. (110)

Zitadell, de [ˌt͡sɪta'dɛlˑ] <N.; ~e [ˌt͡sɪta'dɛlə] ⟨frz. citadelle < ital. cittadella, eigtl. = kleine Stadt, Vkl. von aital. cittade = Stadt < lat. civitas⟩> {8.3.1}: Zitadelle.

Zither|spill, et ['t͡sɪtɐˌʃpɪl] <N.; o. Pl.> {s. u. ↑Spill}: Zitherspiel, Spiel auf der Zither.

zitiere/~eere [t͡sɪ'tiˑ(ɐ̯)rə / -eˑrə] <V.; schw./unr.; *han*; zitierte [t͡sɪ'tiˑɐ̯tə]; zitiert [t͡sɪ'tiˑɐ̯t] ⟨lat. citare⟩ {(5.1.4.3)}: zitieren. (3) (2)

Zitron, de [t͡sɪ'troˑn] <N.; ~e ⟨ital. citrone, zu lat. citrus⟩> {8.3.1}: Zitrone.

Zitrone|baum, der [t͡sɪ'troˑnəˌbo͡ʊm] <N.; ~|bäum [-bø͡ʏˑm]> {s. u. ↑Baum}: Zitronenbaum.

zitrone|gääl [t͡sɪ'troˑnə'jɛːl] <Adj.; ~e> {s. u. ↑gääl}: zitronengelb. Tbl. A2.2

Zitrone|koche, der [t͡sɪ'troˑnəˌkoˑxə] <N.; ~> {s. u. ↑Koche}: Zitronenkuchen.

Zitrone|limonad, de [t͡sɪ'troˑnəlimoˌnaˑt] <N.; ~e> {s. u. ↑Limonad}: Zitronenlimonade.

Zitrone|press, de [t͡sɪ'troˑnəˌprɛs] <N.; ~e> {s. u. ↑Press}: Zitronenpresse.

Zitrone|saff, der [t͡sɪ'troˑnəˌzaf] <N.; ~|säff> {s. u. ↑Saff}: Zitronensaft.

Zitrone|schal, de [t͡sɪ'troˑnəˌʃaˑl] <N.; ~e> {s. u. ↑Schalˈ}: Zitronenschale.

Zitrus|flanz/~|planz, de ['t͡siˑtrʊsˌflant͡s / -plant͡s] <N.; ~e> {s. u. ↑Flanz/Planz}: Zitruspflanze.

Zitrus|frooch/~|fruch, de ['t͡siˑtrʊsˌfroːx / -frʊx] <N.; ~|frööch/~|früch> {s. u. ↑Frooch/Fruch}: Zitrusfrucht.

Zitz, de [t͡sɪt͡s] <N.; ~e; ⟨mhd. zitze, urspr. Lallwort der Kinderspr.⟩> {8.3.1}: Zitze.

Zivil|deens, der [t͡sɪ'viˑlˌdeˑns] <N.; o. Pl.> {5.1.4.3; 8.3.5}: Zivildienst.

Zivil|ge|reech/~|rich, et [t͡sɪ'viˑljəˌreːç / -rɪç] <N.; ~te> {s. u. ↑Ge|reechˈ/~|richˈ}: Zivilgericht, für zivilrechtliche Fälle zuständiges Gericht.

Zivil|ih, de [t͡sɪ'viˑlˌiˑ] <N.; ~e> {s. u. ↑Ih}: Zivilehe, standesamtlich geschlossene Ehe.

zivilisations|möd [t͡sɪvɪlɪzat͡s'joːnsˌmøˑt] <Adj.; ~e; ~er, ~ste> {s. u. ↑möd}: zivilisationsmüde. Tbl. A2.1

ziviliseet [t͡sɪvɪlɪ'zeˑt] <Adj.; ~e; ~er, ~ste> {5.1.4.3; 8.2.4}: zivilisiert, **1.** <Part. II von ↑ziviliseere> in einen gesitteten, der Kultur entspr. Zustand gebracht. **2. a)** moderne Kultur aufweisend; **b)** gesittet, kultiviert. Tbl. A1

zivilisiere/~eere [tsɪvɪlɪ'ziˑ(ę)rə / -eˑrə] <V.; schw./unr.; han; zivilisierte [tsɪvɪlɪ'ziːętə]; zivilisiert [tsɪvɪlɪ'ziːęt] ⟨frz. civiliser, zu: civil⟩> {(5.1.4.3)}: zivilisieren. (3) (2)

Zivil|iss, der [ˌtsɪvɪ'lɪs] <N.; ~|iste>: Zivilist.

Zivil|klag, de [tsɪ'viˑlˌklaˑx] <N.; ~e> {8.3.1}: Zivilklage, Privatklage.

Zivil|pro̱zess|rääch, et [tsɪ'viˑlprotses,rɛːfj] <N.; o. Pl.> {s. u. ↑Rääch}: Zivilprozessrecht; Zivilprozessordnung.

Zivil|rääch, et [tsɪ'viˑlˌrɛːfj] <N.; o. Pl.> {5.2.1.2; 5.4}: Zivilrecht; Privatrecht.

Zivil|saach, de [tsɪ'viˑlˌzaːx] <N.; ~e> {5.2.1; 8.3.1}: Zivilsache.

Zizibb|che, et [tsɪ'tsɪpfjə] <N.; ~r>: (scherzh. für) Zigarettchen.

Zizies, de [tsɪ'tsiˑs] <N.; o. Pl.; ~che ⟨frz. saucisse⟩> {2}: frische Bratwurst, urspr. mit fein gehacktem Schweinefleisch, gerollt u. von 2 Hölzchen gehalten.

zo̱¹ [tso] <Präp.; m. Dat.> {5.5.1}: zu, räumlich, zeitlich, modal, kennzeichnet die Menge, Anzahl, Häufigkeit od. Ä. od. ein in Zahlen ausgedrücktes Verhältnis: *zo Weihnachte* (zu Weihnachten); *zo Kölle* (zu Köln); *zo Hus* (zu Hause) [auch: ↑ze¹].

zo̱² [tso] <Konj.; unterordn.; unbetont> {5.5.1}: zu, i. Vbdg. m. dem Inf. u. abhängig von Wörtern verschiedener Wortarten, bes. von Verben: *Ich han der verbodde zo kumme.* (Ich habe dir verboten zu kommen.); *Helf mer dä Koffer zo drage.* (Hilf mir den Koffer zu tragen.); *Ich ben hügg nit zo spreche.* (Ich bin heute nicht zu sprechen.); *Et gitt vill zo sinn.* (Es gibt viel zu sehen.); *die Kuns zozohüre* (die Kunst zuzuhören); *Hä nohm dat Boch ohne zo froge.* (Er nahm das Buch ohne zu fragen.).

zo³ [tsoˑ] <Adv.> {5.4}: zu, **1.** kennzeichnet ein (hohes od. geringes) Maß, das nicht mehr angemessen od. akzeptabel erscheint (in komplementärer Verteilung zu ↑ze³): *zo düür* (zu teuer); *zo dönn* (zu dünn). **2.** <betont> i. d. Vbdg. *av un zo* (ab und zu, gelegentlich).

zo⁴ [tsoˑ] <Adj.; ~e> {5.4}: zu, <attr.; betont> drückt aus, dass etw. geschlossen, ab-/zugeschlossen, verschlossen, nicht geöffnet, nicht offen ist: *en zo Dür* (eine ~e Tür); *De Dür es zo* (Die Tür ist zu) [auch: ↑ver|schlosse]. Tbl. A1

zo̱¹-, Zo̱|- [tsoˑ] <Präfix; betont> {5.4}: zu-, i. Vbdg. m. V., N. u. Adj.: *~kumme* (~kommen), *~fluch* (~flucht), *~fällig* (~fällig).

zo̱²- [tso] <Präfix; unbetont> {5.5.1}: zu-, i. Vbdg. m. verschiedenen Wortarten u. Suffixen: *~letz* (~letzt); *~god* (~gute), *~röck* (~rück) [auch: ↑ze|-].

zo̱|aller|eets/~|eesch [tsoˌaleˈeˑts / -ˈeˑʃ] <Adv.> {s. u. ↑eets ↑eesch}: zuallererst, an allererster Stelle.

zo̱|aller|letz [tsoˌaleˈlɛts] <Adv.> {s. u. ↑letz¹}: zuallerletzt.

zo̱|arbeide ['tsoˑˌarbeɪˑdə / '--,--] <trennb. Präfix-V.; schw.; han; arbeidte zo ['arˌbeɪtə]; ~|gearbeidt [-jəˈarbeɪˑt]> {6.11.3}: zuarbeiten. (197)

Zöbbel, der ['tsœbəl] <N.; ~e> {5.4; 6.13.9}: Zotte(l) [auch: ↑Zubbel¹].

zöbbele ['tsœbələ] <V.; schw.; zöbbelte ['tsœbəltə]; gezöbbelt [jəˈtsœbəlt]> {5.5.1; 6.12.9; 9.2.1.2}: zotteln, **1.** <sin> langsam/lässig (hinter jmdm. her-)gehen [auch: ↑latsche (1), ↑zubbele (1)]. **2.** <han> in Zotteln herabhängen; [auch: ↑zubbele (2)]. (6)

zöbbel|ig ['tsœbəlɪfj] <Adj.; ~e;~er, ~|igste> {5.4; 6.12.9}: zottelig, wirr, unordentlich. Tbl. A5.2

Zo̱|be|hör/~|hür, et ['tsoˑbəˌhøːę / -hyːę] <N.; o. Pl.>: Zubehör.

zo̱|bieße ['tsoˑˌbiːsə] <trennb. Präfix-V.; st.; han; bess zo [bes]; ~|gebesse [-jəˌbesə]> {5.1.4.5}: zubeißen. (25)

zo̱|binge ['tsoˑbɪŋə] <trennb. Präfix-V.; st.; han; bung zo [bʊŋ]; ~|gebunge [-jəbʊŋə]> {6.7}: zubinden. (26)

zo̱|blieve ['tsoˑˌbliˑvə] <V.; st.; sin; blevv zo [blef]; ~|gebleve [-jəˌblevə]> {5.1.4.5; 6.1.1}: zubleiben, geschlossen bleiben. (29)

zo̱|blinzele ['tsoˑˌblɪntsələ] <trennb. Präfix-V.; schw.; han; blinzelte zo ['blɪntsəltə]; ~|geblinzelt [-jəˌblɪntsəlt]> {9.2.1.2}: zublinzeln. (6)

Zo̱|bräng|er, der ['tsoˑˌbrɛŋə] <N.; ~e> {s. u. ↑bränge}: Zubringer.

zo̱|brölle/~|brülle ['tsoˑˌbrølə / -bryˑlə] <trennb. Präfix-V.; schw.; han; bröllte zo ['brøltə]; ~|gebröllt [-jəˌbrølt]> {5.4}: zubrüllen, jmdm. etw. brüllend zurufen. (91)

Zo̱|brud, et ['tsoˑˌbruˑt] <N.; o. Pl.> {s. u. ↑Brod}: Zubrot.

zocke ['tsɔkə] <V.; schw.; han; zockte ['tsɔktə]; gezock [jəˈtsɔk]>: zocken. (88)

zöcke ['tsøkə] <V.; schw.; han; zöckte ['tsøktə]; gezöck [jəˈtsøk]> {5.5.1}: zücken. (88)

zo|däm/ze|~ [tso'dɛm / tsə-] <Adv.> {5.4}: zudem, außerdem [auch: ↑usser|däm].

zo|däue ['tso·døyə] <trennb. Präfix-V.; unr./schw.; *han*; daut/däute zo [doʊ̯t / 'døy·tə]; ~|gedaut/~|gedäut [-jədoʊ̯t / -jədøy·t]>: zudrücken, **1.** zudrücken, schließen: *de Dür z.* (die Tür z.) [auch: ↑zo|dröcke (1)]. **2.** heimlich geben, unter der Hand zukommen lassen: *De Mutter hät im immer e paar Mark zogedaut/zogedäut.* (Die Mutter hat ihm (unter der Hand) immer ein paar Mark zugeschoben.). (43)

Zoddel, der ['tsɔdəl] <N.; ~e> {6.11.3}: Zottel, <Pl.> wirre, unordentliche Haare.

Zoddel|bär, der ['tsɔdəl,be·ɐ̯] <N.; ~e> {s. u. ↑zoddele ↑Bär}: Zottelbär, zottiger Bär.

zoddele ['tsɔdələ] <V.; schw.; *sin*; zoddelte ['tsɔdəltə]; gezoddelt [jə'tsɔdəlt]> {6.11.3; 9.2.1.2}: zotteln. (6)

zo|decke ['tso·,dɛkə] <trennb. Präfix-V.; schw.; *han*; deckte zo ['dɛktə]; ~|gedeck [-jə,dɛk]>: zudecken. (88)

zo|drage ['tso·dra·ʀə] <trennb. Präfix-V.; st.; *han*; drog zo [dro·x]; ~|gedrage [-jədra·ʀə]> {6.11.2}: zutragen, **1.** verraten: *einem jet z.* (jmdm. etw. z.). **2.** <sich z.> sich ereignen: *Dat hät sich vör üvver hundert Johr(e) zogedrage.* (Das hat sich vor über hundert Jahren zugetragen.). (48)

Zo|dräg|er, der ['tso·drɛ·jɐ] <N.; ~> {6.11.2}: Zuträger.

zo|drihe ['tso·,dri·ə] <trennb. Präfix-V.; schw.; han; drihte zo ['dri·tə]; ~|gedriht [-jə,dri·t]> {5.1.4.1}: zudrehen.(37)

zo|dröcke ['tso·drøkə] <trennb. Präfix-V.; schw.; *han*; dröckte zo ['drøktə]; ~|gedröck [-jədrøk]> {5.5.1}: zudrücken, **1.** durch Drücken schließen: *de Dür z.* (die Tür z.) [auch: ↑zo|däue (1)]; ***e Aug z.** (etw. nachsichtig/wohlwollend übersehen). **2.** (umschließend) kräftig drücken: *Hä hät ganz schön fass zugedröck.* (Er hat ganz schön fest zugedrückt.). (88)

zo|eesch/ze|~ [tso'le·ʃ / tsə-] <Adv.> {5.2.1.1.2; 8.3.5}: zuerst [auch: ↑zo|eets/ze|-].

zo|eets/ze|~ [tso'le·ts / tsə-] <Adv.> {5.2.1.1.2; 8.3.5}: zuerst [auch: ↑zo|eesch/ ze|~].

zo|enander/~|enein [,tsoə'nandə / -ə'neɪ̯n] <Adv.>: zueinander.

Zof, de [tso·f] <N.; ~e> {8.3.1}: Zofe.

zo|fächele ['tso·,fɛçələ] <trennb. Präfix-V.; schw.; *han*; fächelte zo ['fɛçəltə]; ~|gefächelt [-jə,fɛçəlt] {9.2.1.2}: zufächeln. (6)

Zo|fahrt, de ['tso·,fa:t] <N.; ~e> {s. u. ↑Fahrt}: Zufahrt.

Zo|fahrts|stroß, de ['tso·fa:ts,ʃtro·s] <N.; ~e> {s. u. ↑Stroß}: Zufahrtsstraße.

Zo|fahrts|wäg, der ['tso·fa:ts,vɛ:fj] <N.; ~(e) [-vɛ·fj / -vɛ·jə]> {s. u. ↑Wäg}: Zufahrtsweg.

Zo|fall, der ['tso·,fal] <N.; ~|fäll [-fɛl·] {5.4}>: Zufall.

zo|falle ['tso·,falə] <trennb. Präfix-V.; st.; *sin*; ~|feel zo [fe·l]; ~|gefalle [-jə,falə]>: zufallen. **1.** sich von selbst schließen. **2.** jmd. gegeben, geschenkt, vererbt werden.(64)

zo|fäll|ig ['tso·fɛlɪfj] <Adj.; ~e; ~er, ~ste> {s. u. ↑Zo|fall}: zufällig. Tbl. A5.2

zo|fäll|ig|er|wies [,tso·fɛlɪʁje'vi·s] <Adv.>: zufälligerweise.

Zo|falls|bekannt|schaff, de ['tso·falsbə,kantʃaf] <N.; ~|schafte> {s. u. ↑Zo|fall}: Zufallsbekanntschaft.

Zo|falls|treff|er, der ['tso·fals,trɛfɐ] <N.; ~> {s. u. ↑Zo|fall}: Zufallstreffer.

zo|flöstere/~|flüstere ['tso·,fløstərə / -flystərə] <trennb. Präfix-V.; schw.; *han*; flösterte zo ['fløstətə]; ~|geflöstert [-jə,fløstət]> {9.2.1.2}: zuflüstern. (4)

Zo|fluch, de ['tso·flʊx] <N.; ~te> {8.3.5}: Zuflucht.

Zo|fluchs|oot, der ['tso·flʊxs,lo:t] <N.; ~e> {s. u. ↑Zo|fluch ↑Oot}: Zufluchtsort.

Zo|fluss/~|floss, der ['tso·flʊs / -flos] <N.; ~|flüss> {s. u. ↑Fluss/Floss¹}: Zufluss.

zo|föhre/~|führe ['tso·,fø·(ɐ̯)rə / -fy·(ɐ̯)rə] <trennb. Präfix-V.; schw.; *han*; föhte/foht zo ['fø·tə / fo:t]; ~|geföht/ge|foht [-jə,fø·t / -fo:t]> {5.4}: zuführen. **1. a)** zu etw. gelangen lassen; **b)** zu jmdm., etw. bringen, führen. **2.** in Richtung auf etw. hin verlaufen. (74) (31)

zo|fridde/ze|~ [tso'frɪdə / tsə-] <Adj.; ~; ~ner, ~nste> {5.3.4}: zufrieden. Tbl. A3.1

Zo|fridden|heit/Ze|~, de [tso'frɪdənheɪ̯t / tsə-] <N.; o. Pl.> {5.3.4}: Zufriedenheit.

zo|friere/~|freere ['tso·frɪɐ̯rə / -fre·rə] <trennb. Präfix-V.; st.; *sin*; fror zo [fro·ɐ̯]; zo|ge|frore [-jəfro:rə]> {(5.1.4.3)}: zufrieren. (195) (194)

Zo|fuhr/~|fohr, de ['tso·fu·ɐ̯ / -fo·ɐ̯] <N.; ~e> {s. u. ↑Fuhr/Fohr}: Zufuhr.

Zog¹, der [tsox] <N.; Zög [tsøfj]; Zög|el|che ['tsø·jəlfjə]> {5.5.1}: Zug, **1.** Eisenbahn. **2.** Karnevalsumzug; **[RA]** *Der Z. kütt.* (Der Z. kommt: Ankündigung des Rosenmontagszugs). **3.** starke Kraft, durch Ziehen ausgelöst.

Zog², der [tsox] <N.; Zög [tsøfj]> {5.5.1}: Zug, Charaktereigenschaft.

Zo|gang, der ['tso̱·jaŋ] <N.; ~|gäng [-jɛŋ·]>: Zugang.

Zo|gangs|stroß, de ['tso̱·jaŋsˌʃtrɔ·s] <N.; ~e> {s. u. ↑Stroß}: Zugangsstraße.

Zo|gangs|wäg, der ['tso̱·jaŋsˌvɛ·fj] <N.; ~(e) [-vɛ·fj / -vɛ·jə]> {s. u. ↑Wäg}: Zugangsweg.

Zog|av|deil, et ['tso̱xǀafˌde̱ɪl] <N.; ~(e) [-de̱ɪl / -de̱ɪ·lə]> {s. u. ↑Zog¹ ↑Deil}: Zugabteil.

Zog|dier, et ['tso̱xˌdi·ɐ̯] <N.; ~e> {s. u. ↑Zog¹ ↑Dier}: Zugtier.

zo|ge|daach ['tso̱·jəda:x] <Adj.; ~te> {5.2.1.2; 6.2.2}: zugedacht, bestimmt. Tbl. A4.1.1

Zo|gehör|ig|keits|ge|föhl/~|gehür|~, et ['tso̱·jəˌhø:(ɐ̯)rɪfj- ke̱ɪtsjəˌfø·l / -jəhy:(ɐ̯)r-] <N.; o. Pl.> {s. u. ↑Ge|föhl}: Zugehörigkeitsgefühl.

zo|ge|knöpp ['tso̱·jəknœp] <Adj.; ~te; ~ter, ~ste> {6.8.1; 8.3.5}: zugeknöpft, verschlossen, reserviert, abweisend. Tbl. A4.1.1

Zögel, der ['tsø:jəl] <N.; ~e> {5.4}: Zügel.

zögere ['tsø:jərə] <V.; schw.; han; zögerte ['tsø:jɐtə]; gezögert [jə'tsø:jɐt]> {9.2.1.2}: zögern. (4)

zöger|lich ['tsø·jɐˌlɪfj] <Adj.; ~e; ~er, ~ste>: zögerlich, zaghaft, unsicher. Tbl. A1

zo|gevve ['tso̱·jevə] <trennb. Präfix-V.; st.; han; gǫv zo [jɔ·f]; ~|gegǫvve/~|gegevve [-jəjovə / -jəjevə]> {5.3.4; 5.5.2; 6.1.1}: zugeben. (81)

Zo|ge|wenn, der ['tso̱·jəˌven] <N.; ~e> {s. u. ↑Ge|wenn}: Zugewinn.

Zog|fedder, de ['tso̱xˌfedə] <N.; ~e> {s. u. ↑Zog¹ ↑Fedder}: Zugfeder; Stahlfeder mit eng anliegenden Drähten für Belastung auf Zug.

Zog|föhrler/~führ|~, der ['tso̱xˌfø:(ɐ̯)re / -fy:(ɐ̯)r-] <N.; ~> {s. u. ↑Zog¹ ↑Föhrler/Führ|~}: Zugführer.

~|zög|ig ['zø·jɪfj] <Suffix; adjektivbildend; ~e; ~er, ~ste> {5.4}: -zügig, i. Vbdg. m. Adj.: groß~, frei~. Tbl. A5.2

Zog|kraff, de ['tso̱xˌkraf] <N.; ~|kräfte> {s. u. ↑Zog¹ ↑Kraff}: Zugkraft.

Zog|lass, de ['tso̱xˌlas] <N.; ~|laste> {s. u. ↑Zog¹ ↑Lass}: Zuglast.

zo|glich/ze|~ [tso̱'jlɪfj / tsə-] <Adv.> {5.3.1}: zugleich.

Zog|ling, de ['tso̱xˌlɪŋ·] <N.; ~e [-lɪŋə]> {s. u. ↑Zog¹ ↑Ling¹}: Zugleine.

Zög|ling, der ['tsø·fjˌlɪŋ] <N.; ~e>: Zögling.

Zog|luff, de ['tso̱xˌlʊf] <N.; o. Pl.> {s. u. ↑Zog¹ ↑Luff}: Zugluft.

Zog|maschin, de ['tso̱xmaˌʃi:n] <N.; ~e> {s. u. ↑Zog¹ ↑Maschin}: Zugmaschine.

zo|god/ze|~ [tso̱'jo·t / tsə-] <Adv.> {5.4; 6.11.3; 8.3.1}: zugute.

zo|gonn ['tso̱·ˌjon] <trennb. Präfix-V.; st.; sin; ging z. [jɪŋ]; ~|gegange [-jəjaŋə]> {5.3.4; 8.2.2.3}: zugehen, 1. sich nähern. 2. sich schließen. (83)

Zog|pääd, et ['tso̱xˌpɛ:t] <N.; ~(er) [-pɛ·t / -pɛ·də]> {s. u. ↑Zog¹ ↑Pääd}: Zugpferd.

Zo|greff, der ['tso̱·ˌjref] <N.; ~e> {s. u. ↑Greff}: Zugriff.

zo|griefe ['tso̱·jri:fə] <trennb. Präfix-V.; st.; han; greff zo [jref]; ~|gegreffe [-jəjrefə]> {5.1.4.5}: zugreifen. (86)

zo|grund/ze|~ [tso̱'jrʊn·t / tsə-] <Adv.> {8.3.1}: zugrunde, zu Grunde.

Zog|salv, de ['tso̱xˌzal·f] <N.; ~e> {s. u. ↑Zog¹ ↑Salv}: (Med.) Zugsalbe.

Zog|spetz, de ['tso̱·xˌpets] <N.; Eigenn.> {s. u. ↑Zog¹ ↑Spetz}: Zugspitze, höchster Berg Deutschlands.

Zog|un|glöck, et ['tso̱xˌʊnjlœk / 'tso̱ʀʊnˌjlœk] <N.; ~e> {s. u. ↑Zog¹ ↑Un|glöck}: Zugunglück, Eisenbahnunglück.

zo|gunste/ze|~ [tso̱'jʊnstə / tsə-] <Präp.; i. Vbdg. m. vun + Dat.>: zugunsten, zu Gunsten.

Zog|vugel, der ['tso̱xˌfʊʀəl / -fu·l] <N.; ~|vügel [-fyjəl / -fy·l]> {s. u. ↑Zog¹ ↑Vugel}: Zugvogel.

Zog|zwang, der ['tso̱xˌtsvaŋ] <N.; ~|zwäng [-tsvɛŋ·]> {s. u. ↑Zog¹ ↑Zwang}: Zugzwang.

zo|halde ['tso̱·haldə] <trennb. Präfix-V.; st.; han; heeldt zo [he:lt]; ~|gehalde [-jəhaldə]> {6.11.3}: zuhalten. (90)

zo|han ['tso̱·ˌhan] <V.; unr.; han; hatt zo [hat]; ~|gehatt [-jəˌhat]> {5.3.2.5}: zuhaben, nicht geöffnet haben. (92)

zo|hange ['tso̱·haŋə] <trennb. Präfix-V.; st.; han; hing zo [hɪŋ]; ~|gehange [-jəhaŋə]> {5.4}: zuhängen, durch Darüber-/Davorhängen bedecken: Mer han sämpliche Finstere zogehange. (Wir haben alle Fenster zugehangen.). (65)

zo|haue ['tso̱·ˌhaʊə] <trennb. Präfix-V.; unr./schw.; han; haute zo ['haʊ·tə]; ~|gehaue/~|haut [-jəˌhaʊə / -haʊ·t]>: zuhauen, zuschlagen. (94)

zo|hauf/ze|~ [tso̱'hoʊf / tsə-] <Adv.>: zuhauf.

zo|heile ['tso̱·ˌhe̱ɪlə] <trennb. Präfix-V.; schw.; sin; heilte zo ['he̱ɪltə]; ~|geheilt [-jəˌhe̱ɪlt]>: zuheilen, sich heilend schließen. (45)

zo|hingersch/ze|~ [ˈtso'hɪŋeʃ / tse-] <Adv.> {6.7; 6.10.4; 8.3.5}: zuhinterst, ganz hinten.

zo|hüre/~|höre [ˈtsoˑhyː(ɐ̯)rə / -høː(ɐ̯)rə] <trennb. Präfix-V.; Formen mischbar; schw./unr.; *han*; hürte/hoot zo [ˈhyˑɐ̯tə / ˈhoːt]; ~|gehürt/~|gehoot [-jəhyˑɐ̯t / -jəhoːt]> {5.4}: zuhören. (21) (179)

Zo|hürer/~|hör|~, der [ˈtsoˑ,hyː(ɐ̯)rɐ / -høː(ɐ̯)r-] <N.; ~> {5.4}: Zuhörer.

Zo|hus, et [tso'hʊs] <N.> {s. u. ↑Hus}: Zuhause.

zo|jubele [ˈtsoˑ,juːbələ] <V.; schw.; *han*; jubelte zo [ˈjuːbəltə]; ~|gejubelt [-jə,juːbəlt]> {9.2.1.2}: zujubeln, jmdn. jubelnd begrüßen, feiern. (6)

zo|kiffe, sich [ˈtsoˑ,kɪfə] <trennb. Präfix-V.; schw.; *han*; kiffte zo [ˈkɪftə]; ~|gekiff [-jə,kɪf]>: sich zukiffen, sich durch Rauchen von Haschisch od. Marihuana in einen starken Rauschzustand versetzen. (27)

zo|klappe [ˈtsoˑklapə] <trennb. Präfix-V.; schw.; klappte zo [ˈklaptə]; ~|geklapp [-jəklap]>: zuklappen, **a)** <han> mit klappendem Geräusch schließen: *der Deckel z.* (den Deckel z.); **b)** <sin> sich mit klappendem Geräusch schließen: *Der Deckel es zogeklapp.* (Der Deckel ist zugeklappt.). (75)

zo|klevve [ˈtsoˑklɛvə] <trennb. Präfix-V.; schw./unr.; *han*; klävte zo [ˈklɛːftə]; ~|gekläv [-jə,klɛːf]> {5.3.4; 5.5.2; 6.1.1}: zukleben. **1.** mit Klebstoff verschließen. **2.** eine Fläche o. Ä. vollständig mit etw. bekleben. (22)

zo|knalle [ˈtsoˑ,knalə] <trennb. Präfix-V.; schw.; *han*; knallte zo [ˈknalˑtə]; ~|geknallt [-jə,knalˑt]>: (ugs.) zuknallen. (91)

zo|knöddele [ˈtsoˑ,knødələ] <trennb. Präfix-V.; schw.; *han*; knöddelte zo [ˈknødəltə]; ~|geknöddelt [-jə,knødəlt]> {9.2.1.2}: zuknoten. (6)

zo|knöppe [ˈtsoˑknœpə] <trennb. Präfix-V.; schw.; *han*; knöppte zo [ˈknœptə]; ~|geknöpp [-jəknœp]> {6.8.1}: zuknöpfen. (75)

zo|krige [ˈtsoˑkrɪjə] <trennb. Präfix-V.; unr.; *han*; kräg/kräht zo [krɛːj / krɛːt]; ~(ge)|kräge/~ge|kräg/~ge|kräht [-(jə),krɛːjə / -jə,krɛːj / -jə,krɛːt]> {5.3.4.1}: zukriegen, **zu**bekommen, (nur mit Mühe) schließen können: *de Dür nit z.* (die Tür nicht z.). (117)

zo|kumme [ˈtsoˑkʊmə] <trennb. Präfix-V.; st.; *sin*; kom zo [kɔm]; ~(|ge)kumme [-(jə),kʊmə]> {5.4}: zukommen, **1.** sich nähern: *Hä kom op mich zo.* (Er kam auf mich zu.). **2.** zustehen: *Dat Urdeil kütt dir nit zo.* (Das Urteil steht dir nicht zu.); ***einem jet z. looße** (jmdn. etw. zukommen lassen/gewähren, zuteilen). (120)

Zo|kunf, de [ˈtsoˑ,kʊnf] <N.; ~|künf (Pl. selten); ⟨mhd. zuokunft⟩> {8.3.5}: Zukunft.

Zo|kunfs|angs, de [ˈtsoˑkʊnfs,|aŋˑs] <N.; ~|ängs> {s. u. ↑Zo|kunf ↑Angs}: Zukunftsangst.

Zo|kunfs|musik, de [ˈtsoˑkʊnfs,mʊzɪk] <N.; o. Pl.> {s. u. ↑Zo|kunf ↑Musik}: Zukunftsmusik, etw., was noch als utopisch angesehen werden muss.

Zo|kunfs|us|sichte/~|seechte [ˈtsoˑkʊnfs,|ʊszɪçtə / -zeːçtə] <N.; fem.; Pl.> {s. u. ↑Zo|kunf ↑Sich/Seech}: Zukunftsaussichten.

zo|künft|ig [ˈtsoˑ,kʏnftɪʃ] <Adj.; ~e>: zukünftig: *~e Generatione* (zukünftige Generationen). Tbl. A5.2

zo|laache [ˈtsoˑ,laːxə] <trennb. Präfix-V.; schw.; *han*; laachte zo [ˈlaːxtə]; ~|gelaach [-jə,laːx]> {5.2.1}: zulachen, jmdn. lachend ansehen. (123)

zo|läge [ˈtsoˑlɛˑjə] <trennb. Präfix-V.; unr.; *han*; laht zo [laːt]; ~|gelaht/~|geläg [-jəlaːt / -jəlɛˑj]> {5.4}: zulegen, **1.** kaufen: *sich ene düüre Wage z.* (sich einen teuren Wagen z.). **2. a)** dazutun: *Dä muss ävver noch jet zoläge, wann hä gewenne well.* (Der muss aber noch etw. zulegen, wenn er gewinnen will.); **b)** zunehmen: *Do häs ävver ganz schön (an Geweech) zogelaht.* (Du hast aber ganz schön (an Gewicht) zugelegt.). (125)

zo|lange [ˈtsoˑlaŋə] <trennb. Präfix-V.; schw.; *han*; langte zo [ˈlaŋˑtə]; ~|gelangk [-jəlaŋˑk]>: zulangen. (49)

zo|läss|ig [ˈtsoˑlɛsɪʃ] <Adj.; i. best. Komposita *läss*-, sonst ↑looße¹; ~e> {11}: zulässig, zugelassen, erlaubt: *de ~e Hüchsgeschwindigkeit* (die ~e Höchstgeschwindigkeit). Tbl. A5.2

Zo|läss|ig|keit, de [ˈtsoˑlɛsɪʃ,keɪt] <N.>: Zulässigkeit.

zo|laufe [ˈtsoˑloʊfə] <trennb. Präfix-V.; st.; *sin*; leef zo [leˑf]; ~|gelaufe [-jəloʊfə]>: zulaufen. (128)

zo|leev/ze|~ [ˈtsoˑleˑf / tse-] <Präp.; m. vorangestelltem Dat.> {5.1.4.3; 6.1.1; 8.3.1}: zuliebe.

zo|letz/ze|~ [tso'lɛts / tse-] <Adv.> {8.3.5}: zuletzt.

Zoll, der [tsɔl] <N.; Zöll [tsœlˑ]>: Zoll.

Zoll|amp, et [ˈtsɔl,|amˑp] <N.; ~|ämter> {s. u. ↑Amp}: Zollamt.

Zoll|flich, de [ˈtsɔl,flɪʃ] <N.; ~te (Pl. selten)> {s. u. ↑Flich}: Zollpflicht.

zoll|flicht|ig [ˈtsɔl,flɪʃtɪʃ] <Adj.; ~e>: zollpflichtig. Tbl. 5.2

Zoll|ge|biet, et [ˈtsɔljə,biˑt] <N.; ~e>: Zollgebiet.

Zoll|grenz, de ['tsɔl‚jrɛn·ts] <N.; ~e> {s. u. ↑Grenz}: Zollgrenze.
Zoll|huheit, de ['tsɔl‚hu·hei̯t] <N.; o. Pl.> {5.4; 6.3.1}: Zollhoheit.
Zoll|kontroll, de ['tsɔlkɔn‚trɔl·] <N.; ~e [-kɔn‚trɔlə]> {s. u. ↑Kontroll}: Zollkontrolle.
Zoll|rääch, et ['tsɔl‚rɛ:ʃ] <N.; o. Pl.> {s. u. ↑Rääch}: Zollrecht.
Zoll|stell, de ['tsɔl‚ʃtɛl·] <N.; ~e [-ʃtɛlə]> {s. u. ↑Stell}: Zollstelle, Zollstation.
Zoll|stock, der ['tsɔl‚ʃtɔk] <N.; ~|stöck>: Zollstock, **1.** zusammenklappbarer Messstab mit Einteilung nach Zentimetern u. Millimetern. **2.** <o. Pl.; Ortsn.> Vorort von Köln: *om Z.* (in Z.).
Zoll|strof|rääch, et ['tsɔl‚ʃtro·frɛ:ʃ] <N.; o. Pl.> {s. u. ↑Strof ↑Rääch}: Zollstrafrecht,.
Zoll|stroß, de ['tsɔl‚ʃtro·s] <N.; ~e> {s. u. ↑Stroß}: Zollstraße, Transitweg zum Transport zollpflichtiger Güter.
zolon|isch [tso'lo·nɪʃ] <Adj.; ~e> {5.3.1; 5.5.1}: zoologisch, scherzh. verändert: *Mer gonn nohm ~e.* (Wir gehen in den ~en Garten/in den Zoo.). Tbl. A1
Zolonische (Gaade), der [tso'lo·nɪʃə] <N.> {5.3.1; 5.5.1}: Zoo, Zoologischer Garten.
zo|looße ['tso·lo·sə] <trennb. Präfix-V.; st.; *han*; leet/leeß zo [le:t / le·s]; ~|gelooße [-jəlo·sə]> {5.2.1.3; 5.5.3}: zulassen. (135)
zo|luure/~|loore ['tso·‚lu·(e̯)rə / -lo·rə] <trennb. Präfix-V.; schw./unr.; *han*; luurte zo ['lu·e̯tə]; ~|geluurt [-jəlu·e̯t]>: zugucken, zuschauen. (100) (134)
zölvere ['tsøl·vərə] <V.; schw.; *han*; zölverte ['tsøl·vetə]; gezölvert [jə'tsøl·vet]>: nippen, langsam trinken, schlürfen. (4)
zom/zem [tsom· / tsəm] <Präp. + best. Art.; m. Dat.> {5.5.1}: zum, zus. gezogen aus *zo dem* (zu dem); nicht mit substantivierten Verben, dann *för ze/zo* + Infinitiv: *Hä läuf z. Vergnöge durch der Bösch.* (Er läuft z. Vergnügen durch den Wald.).
zo|maache ['tso·ma:xə] <trennb. Präfix-V.; unr.; *han*; maht zo [ma:t]; ~|gemaht [-jəma:t]> {5.2.1}: zumachen, schließen, ***de Auge/Döpp z.*** (1. schlafen; 2. sterben, krepieren) [auch: ↑schleeße (1)]. (136)
zo|mindes [tso'mɪndəs] <Adv.> {8.3.5}: zumindest.
Zömmelöm, der [tsømə'løm] <N.>: langsame Person, Schlafmütze.

zo|mod/ze|~ [tso'mo·t / tsə-] <Adv.> {5.4; 6.11.3; 8.3.1}: zumut, zu Mute.
zo|mode ['tso·mo·də] <trennb. Präfix-V.; schw.; *han*; modte zo ['mo·tə]; ~|gemodt [-jəmo·t]> {5.4; 6.11.3}: zumuten, abverlangen. (197)
zo|mol/ze|~ [tso'mo·l / tsə-] <Konj.; unterordn.>: zumal, besonders da, weil.
zo|muure/~|moore ['tso·mu·(e̯)rə / -mo·rə] <trennb. Präfix-V.; schw.; *han*; muurte zo ['mu·e̯tə]; ~|gemuurt [-jəmu·e̯t]> {5.1.4.6; 8.2.2.2}: zumauern. (100)
Zon, de [tso·n] <N.; ~e> {8.3.1}: Zone.
zo|nähle ['tso·‚nɛ·lə] <trennb. Präfix-V.; schw.; *han*; nählte zo ['nɛ·ltə]; ~|genählt [-jə‚nɛ·lt]> {5.4; 6.3.1}: zunageln, mithilfe von Nägeln verschließen. (61)
Zone|grenz, de ['tso·nə‚jrɛn·ts] <N.; ~e> {s. u. ↑Zon ↑Grenz}: Zonengrenze; **a)** Grenze zw. den Besatzungszonen nach dem Zweiten Weltkrieg; **b)** Grenze zur ehem. DDR.
zo|nemme ['tso·nemə] <trennb. Präfix-V.; st.; *han*; nohm zo [no·m]; ~|genomme [-jənomə]> {5.3.4; 5.5.2}: zunehmen. (143)
zo|nicke ['tso·nɪkə] <trennb. Präfix-V.; schw.; *han*; nickte zo ['nɪktə]; ~|genick [-jənɪk]>: zunicken. (88)
zo|nihe ['tso·ni·ə] <trennb. Präfix-V.; schw.; *han*; nihte zo ['ni·tə]; ~|geniht [-jəni·t]> {5.4}: zunähen. (37)
Zoo|bröck, de ['tso·brøk] <N.; Eigenn.> {s. u. ↑Bröck¹}: Zoobrücke (Kölner Rheinbrücke).
Zoo|dier, et ['tso·‚di·e̯] <N.; ~e> {s. u. ↑Dier}: Zootier.
Zoo|ge|schäff, et ['tso·jə‚ʃɛf] <N.; ~|schäfte> {8.3.5}: Zoogeschäft, Tierhandlung.
Zo|o|log, der [‚tsoo'lo·x] <N.; ~e [tsoo'lo·rə]>: Zoologe.
Zoon, der [tso:n] <N.; o. Pl. ⟨mhd., ahd. zorn⟩> {5.2.1.1.1; 5.5.3; 8.2.4}: Zorn.
Zoot, de [tso:t] <N.; ~e> {5.2.1.1.1; 5.5.3; 6.10.3}: Sorte, Art.
zo|packe ['tso·pakə] <trennb. Präfix-V.; schw.; *han*; packte zo ['paktə]; ~|gepack [-jəpak]>: zupacken. (88)
zo|parke ['tso·‚parkə] <trennb. Präfix-V.; schw.; *han*; parkte zo ['parktə]; ~|gepark [-jə‚park]>: zuparken, durch Parken versperren. (41)
zo|pass/ze|~ [tso'pas / tsə-] <Adv.>: zupass.
zo|pass/ze|~ [tso'pas / tsə-] <Adj.; nur präd. od. adv.>: passend.

Zopp, der [ˈtsɔp] <N.; Zöpp [ˈtsœp]> {6.8.1}: Zopf, **1.** Geflochtenes. **2.** (Schimpfw.) i. Vbdg. mit Adjektiven: *****ene aale Z.**, ***ene hässliche Z.** (ein alter Mann/Greis, ein hässlicher Mann).

Zopp|band, et [ˈtsɔpˌbant] <N.; ~|bänder> {s. u. ↑Zopp ↑Band¹}: Zopfband.

Zöpp|che, et [ˈtsœpfjə] <N.; ~r> {s. u. ↑Zopp}: Zöpfchen, Vkl. zu Zopf.

zoppe [ˈtsɔpə] <V.; schw.; han; zoppte [ˈtsɔptə]; gezopp [jəˈtsɔp]>: **1.** tunken, eintauchen, untertauchen: *e Brüdche z.* (ein Brötchen in Kaffee od. Kakao t.) [auch: ↑en|stippe]. **2.** schlagen, ohrfeigen: *Hä hät im e paar gezopp.* (Er hat ihn geohrfeigt.) [auch: ↑erunder|-haue/erunger|~, ↑klätsche (1), ↑klatsche (2), ↑lange, ↑latsche (2), ↑scheuere, ↑tachtele, ↑tatsche, ↑titsche (2), ↑watsche, *****einem e paar ↑trecke**, ***einem eine ↑schmiere/schmeere**]. (75)

Zöppe|griet, et [ˌtsœpəˈjriːt] <N.> {s. u. ↑Zopp ↑Griet}: Mädchen, das gerne Zöpfe trägt.

Zopp|groß, de [ˈtsɔpˌjroːs] <N.> {s. u. ↑Groß¹}: alte Frau (die auf Grund mangelnder Zähne Brot od. Plätzchen in Flüssigkeit tunkt).

Zopp|muster, et [ˈtsɔpˌmʊstə] <N.; ~> {s. u. ↑Zopp}: Zopfmuster; zopfähnliches Strickmuster.

zo|presse [ˈtsoˑˌprɛsə] <trennb. Präfix-V.; schw.; han; presste zo [ˈprɛstə]; ~|gepress [-jəˌprɛs]>: zupressen, pressend zusammendrücken. (67)

zo|proste [ˈtsoˑˌproˑstə] <trennb. Präfix-V.; schw.; han; ~|gepros [-jəˌproˑs]>: zuprosten, prosten, zutrinken, anstoßen. (101)

zor [tsoːɐ̯] <Präp. + best. Art.; m. Dat.> {5.4}: zur, zus. gezogen aus *zo der* (zu der).

zo|rääch|-/ze|- [tsoˈrɛːɟ / tsə-] <Präfix> {5.2.1.2; 5.4; 6.2.2}: zurecht-, i. Vbdg. m. V.: *~finge* (~finden).

zo|rääch|beege/ze|~ [tsoˈrɛːɟˌbeːjə / tsə-] <trennb. Präfix-V.; st.; *han*; bog z. [boːx]; ~|gebọge [-jəˌbɔːʀə]> {s. u. ↑beege}: zurechtbiegen. (16)

zo|rääch|finge/ze|~, sich [tsoˈrɛːɟfɪŋə / tsə-] <trennb. Präfix-V.; st.; *han*; fung z. [fʊŋ]; ~|gefunge [-jəfʊŋə]> {6.7}: sich zurechtfinden. (26)

zo|rääch|kumme/ze|~ [tsoˈrɛːɟkʊmə / tsə-] <trennb. Präfix-V.; st.; *sin*; kọm z. [koˑm]; ~|(ge)kumme [-(jə)ˌkʊmə]> {5.4}: zurechtkommen: *Se kütt met de Pänz nit zorääch.* (Sie kommt mit den Kindern nicht zurecht.). (120)

zo|rääch|läge/ze|~ [tsoˈrɛːɟlɛˑjə / tsə-] <trennb. Präfix-V.; unr.; *han*; laht z. [laːt]; ~|gelaht/~|geläg [-jəlɛːt / -jəlɛːɟ]> {5.4}: zurechtlegen. (125)

zo|rääch|maache/ze|~ [tsoˈrɛːɟmaːxə / tsə-] <trennb. Präfix-V.; unr.; *han*; maht z. [maːt]; ~|gemaht [-jəmaːt]> {5.2.1}: zurechtmachen. (136)

zo|rääch|röcke/ze|~ [tsoˈrɛːɟˌrøkə / tsə-] <trennb. Präfix-V.; schw.; *han* u. *sin*; rọ̈ckte z. [ˈrøktə]; ~|gerọ̈ck [-jəˌrøk]> {s. u. ↑röcke}: zurechtrücken, an die passende Stelle rücken. (88)

zo|rääch|schnigge/ze|~ [tsoˈrɛːɟʃnɪɡə / tsə-] <trennb. Präfix-V.; st.; *han*; schnẹdt z. [ʃnet]; ~|geschnẹdde [-jənedə]> {5.3.4; 6.6.2}: zurechtschneiden. (133)

zo|rääch|setze/ze|~ [tsoˈrɛːɟzɛtsə / tsə-] <trennb. Präfix-V.; unr./schw.; *han*; setzte/satz z. [ˈzɛtstə / zats]; ~|gesetz/~|gesatz [-jəzɛts / -jəzats]>: zurechtsetzen. (173)

zo|rääch|stelle/ze|~ [tsoˈrɛːɟʃtɛlə / tsə-] <trennb. Präfix-V.; schw./unr.; *han*; stellte/stallt z. [ˈʃtɛltə / ʃtalt]; ~|gestellt/~|gestallt [-jəʃtɛlˑt / -jəʃtalt]>: zurechtstellen. (182)

zo|rääch|wiese/ze|~ [tsoˈrɛːɟviːzə / tsə-] <trennb. Präfix-V.; st.; *han*; wes z. [ves]; ~|gewese [-jəvezə]> {5.1.4.5}: zurechtweisen. (147)

zo|rede/~|rẹdde [ˈtsoˑreˑdə / -redə] <trennb. Präfix-V.; *zo|rẹdde* veraltet; schw.; *han*; redte zo [ˈreˑtə]; ~|geredt [-jəreˑt]> {(5.3.4; 5.5.2)}: zureden. (197) (111)

zo|reechte/~|rịchte [ˈtsoˑreːɟtə / -rɪɟtə] <trennb. Präfix-V.; schw.; *han*; ~|gereech [-jəreːɟ]> {5.2.1; 5.4}: zurichten, verletzen, beschädigen. (131)

zo|rigge [ˈtsoˑrɪɡə] <trennb. Präfix-V.; st.; *han*; rẹdt zo [ret]; ~|gerẹdde [-jəredə]> {5.3.4; 6.6.2}: zureiten. (133)

zo|röck/ze|~ [tsoˈrøk / tsə-] <Adv.> {6.6.1.1}: zurück.

zo|röck|-/ze|röck|- [tsoˈrøk / tsə-] <Präfix>: zurück-, i. Vbdg. m. V.: *~blieve* (~bleiben).

zo|röck|beege/ze|~ [tsoˈrøkˌbeˑjə / tsə-] <trennb. Präfix-V.; st.; *han*; bog z. [boːx]; ~|gebọge [-jəˌbɔːʀə]> {s. u. ↑beege}: zurückbiegen. (16)

zo|röck|be|zahle/ze|~ [tsoˈrøkbəˌtsaːlə / tsə-] <trennb. Präfix-V.; schw.; *han*; be|zahlte z. [bəˈtsaːltə]; ~|be|zahlt [-bəˈtsaːlt]> {s. u. ↑be|zahle}: zurückzahlen. Geld zurückgeben. (61)

zo|röck|blieve/ze|~ [tsoˈrøkbliˑvə / tsə-] <trennb. Präfix-V.; st.; *sin*; blẹvv z. [blef]; ~|geblẹvve [-jəblevə]> {5.1.4.5; 6.1.1}: zurückbleiben. (29)

zo|röck|bränge/ze|~ [tso'røkbrɛŋə / tsə-] <trennb. Präfix-V.; unr.; *han*; braht z. [braːt]; ~|gebraht [-jəbraːt]> {5.4}: zurückbringen, wiederbringen [auch: ↑widder|bränge, ↑öm|bränge (2)]. (33)

zo|röck|däue/ze|~ [tso'røkdøyə / tsə-] <trennb. Präfix-V.; Formen mischbar; unr./schw.; *han*; daut/däute z. [dɔʊt / 'døyˑtə]; ~|gedaut/~|gedäut [-jədɔʊt / -jədøyˑt]>: zurückdrängen, zurückschieben. (43)

zo|röck|dörfe/ze|~/~|dürfe [tso'røk‚dørfə (-dørvə) / tsə'- / -dʏrfə (-dʏrvə)] <trennb. Präfix-V.; unr.; *han*; dorf z. [dɔrf]; ~|gedorf [-jə‚dɔrf]> {s. u. ↑dürfe¹/dörfe¹}: zurückdürfen. (47)

zo|röck|drieve/ze|~ [tso'røk‚driˑvə / tsə-] <trennb. Präfix-V.; st.; *han*; drevv z. [drɛf]; ~|gedrevve [-jədrɛvə]> {5.1.4.5; 6.1.1; 6.11.2}: zurücktreiben, wieder an den Ausgangsort treiben. (51)

zo|röck|drihe/ze|~ [tso'røk‚driˑə / tsə-] <trennb. Präfix-V.; schw.; *han*; drihte z. ['driˑtə]; ~|gedriht [-jə‚driˑt]> {s. u. ↑drihe}: zurückdrehen. **1. a)** wieder in die Ausgangsstellung drehen; **b)** rückwärts drehen. **2.** <sich z.> sich rückwärts drehen. (37)

zo|röck|erinnere/ze|~/~|erennere, sich [tso'røk‚ɛˌrɪnərə / tsə- / -ɛˌrɛnərə] <trennb. Präfix-V.; schw.; *han*; erinnerte z. [ɛ'rinətə]; ~|erinnert [-ɛˌrɪnət]> {s. u. ↑erinnere/erennere}: sich zuückerinnern, sich erinnern; zurückdenken. (4)

zo|röck|fahre/ze|~ [tso'røkfaˑrə / tsə-] <trennb. Präfix-V.; st.; *sin*; fuhr/fohr z. [fuˑɐ̯ / foˑɐ̯]; ~|gefahre [-jəfaːrə]>: zurückfahren. (62)

zo|röck|falle/ze|~ [tso'røkfalə / tsə-] <trennb. Präfix-V.; st.; *sin*; feel z. [feˑl]; ~|gefalle [-jəfalə]>: zurückfallen. (64)

zo|röck|finge/ze|~ [tso'røk‚fɪŋə / tsə-] <trennb. Präfix-V.; st.; *han*; fung z. [fʊŋ]; ~|gefunge [-jə‚fʊŋə]> {s. u. ↑finge}: zurückfinden. (26)

zo|röck|fleute/ze|~ [tso'røk‚fløytə / tsə-] <trennb. Präfix-V.; schw.; *han*; ~|gefleut [-jəfløyt]> {5.2.3; 6.8.2}: zurückpfeifen, befehlen, eine begonnene Aktion abzubrechen. (72)

zo|röck|ge|blevve/ze|~ [tso'røkjə‚blevə / tsə-] <Adj.; ~; ~ner, ~nste> {5.3.4; 5.5.2; 6.1.1}: zurückgeblieben, geistig nicht voll entwickelt. Tbl. A3.2

zo|röck|ge|trocke/ze|~ [tso'røkjə‚trɔkə / tsə-] <Adj.; ~; ~ner, ~nste>: zurückgezogen. **1.** <Part. II von ↑zo|röck|trecke>. **2.** in Abgeschiedenheit sein/lebend: *e z. Levve* (ein ~es Leben). Tbl. A3.2

zo|röck|gevve/ze|~ [tso'røkjevə / tsə-] <trennb. Präfix-V. st.; *han*; gɔv z. [jɔˑf]; ~|gegovve/~|gegɛvve [-jəjɔvə / -jəjevə]> {5.3.4; 5.5.2; 6.1.1}: zurückgeben. (81)

zo|röck|ge|wenne/ze|~ [tso'røkjəˌvenə / tsə-] <trennb. Präfix-V.; st.; *han*; gewonn z. [jə'vɔnˑ]; ~|gewonne [-jəˌvɔnə]> {s. u. ↑ge|wenne¹}: zurückgewinnen. (82)

zo|röck|gonn/ze|~ [tso'røkjɔn / tsə-] <trennb. Präfix-V.; st.; *sin*; ging z. [jɪŋ]; ~|gegange [-jəjaŋə]> {5.3.4; 8.2.2.3}: zurückgehen. (83)

zo|röck|griefe/ze|~ [tso'røkˌjriːfə / tsə-] <trennb. Präfix-V.; st.; *han*; greff z. [jrɛf]; ~|gegreffe [-jəˌjrɛfə]> {s. u. ↑griefe}: zurückgreifen. **1.** beim Erzählen auf zeitlich weiter Zurückliegendes zurückgehen. **2.** von etw. Gebrauch machen. (86)

zo|röck|halde/ze|~ [tso'røkhaldə / tsə-] <trennb. Präfix-V.; st.; *han*; heeldt z. [heːlt]; ~|gehalde [-jəhaldə]> {6.11.3}: zurückhalten. (90)

zo|röck|hänge/ze|~ [tso'røkhɛŋə / tsə-] <trennb. Präfix-V.; schw.; *han*; hängte z. ['hɛŋtə]; ~|gehängk [-jəhɛŋk]> {5.4}: zurückhängen, wieder an seinen ursprünglichen Platz hängen: *Ich han sämpliche Kleider widder zeröckgehängk.* (Ich habe alle Kleider wieder zurückgehängt.). (49)

zo|röck|krige/ze|~ [tso'røkkrɪjə / tsə-] <trennb. Präfix-V.; unr.; *han*; kräg/kräht z. [krɛːj / krɛːt]; ~(ge)|kräge/ ~ge|kräg/~ge|kräht [-(jə)ˌkrɛːjə / -jəˌkrɛːj / -jəˌkrɛːt]> {5.3.4.1}: zurückkriegen, -bekommen, -erhalten [auch: ↑widder|krige]. (117)

zo|röck|kumme/ze|~ [tso'røkkʊmə / tsə-] <trennb. Präfix-V.; st.; *sin*; kɔm z. [kɔˑm]; ~|(ge)kumme [-(jə)ˌkʊmə]> {5.4}: zurückkommen. **1.** am Ausgangspunkt wieder ankommen. **2.** etw. wieder aufgreifen. (120)

zo|röck|läge/ze|~ [tso'røklɛˑjə / tsə-] <trennb. Präfix-V.; unr.; *han*; laht z. [laːt]; ~|gelaht/~|geläg [-jəlaːt / -jəlɛˑj]> {5.4}: zurücklegen. (125)

zo|röck|lähne/ze|~, sich [tso'røklɛˑnə / tsə-] <trennb. Präfix-V.; schw.; *han*; lähnte z. ['lɛːntə]; ~|gelähnt [-jəlɛːnt]> {5.4}: sich zurücklehnen. (5)

zo|röck|laufe/ze|~ [tso'røkˌlɔʊfə / tsə-] <trennb. Präfix-V.; st.; *sin*; leef z. [leˑf]; ~|gelaufe [-jəlɔʊfə]> {s. u. ↑laufe}: zurücklaufen. **1.** schnell zurückgehen [auch: ↑öm|laufe]. **2.** zurückfließen. (128)

zo|röck|lige/ze|~ [tso'røklɪjə / tsə-] <trennb. Präfix-V.; st.; *han*; lɔg z. [lɔˑx]; ~|geläge [-jəlɛˑjə]> {5.3.4.1}: zurückliegen. **1.** lange her sein. **2.** (bes. Sport) hinten liegen, im Rückstand sein: *Bayern litt 1:0 zoröck.* (Bayern liegt 1:0 zurück.). (132)

zo|röck|luure/~|loore/ze|~ [tso'røk‚lu·(ɐ)rə / -lo·rə / tsə-] <trennb. Präfix-V.; schw./unr.; *han*; luurte z. ['lu·ɐtə]; ~|geluurt [-jəlu·ɐt]>: zurückschauen. (100) (134)

zo|röck|melde/ze|~, sich [tso'røk‚mɛl·də / tsə-] <trennb. Präfix-V.; schw.; *han*; meldte z. ['mɛl·tə]; ~|gemeldt [-jemɛl·t]> {s. u. ↑melde}: sich zurückmelden. (28)

zo|röck|müsse/ze|~ [tso'røk‚mʏsə / tsə'-] <trennb. Präfix-V.; unr.; *han*; moot z. [mɔ:t]; ~|gemoot [-jə'mɔ:t]> {s. u. ↑müsse'}: zurückmüssen. (142)

zo|röck|nemme/ze|~ [tso'røknemə / tsə-] <trennb. Präfix-V.; st.; *han*; nohm z. [no·m]; ~|genomme [-jənomə]> {5.3.4; 5.5.2}: zurücknehmen. (143)

zo|röck|rofe/ze|~ [tso'røkro·fə / tsə-] <trennb. Präfix-V.; st.; *han*; reef z. [re·f]; ~|gerofe [-jəro·fə]> {5.4}: zurückrufen. (151)

zo|röck|schecke/ze|~ [tso'røkʃekə / tsə-] <trennb. Präfix-V.; schw.; *han*; scheckte z. ['ʃektə]; ~|gescheck [-jəʃek]> {5.5.2}: zurückschicken. (88)

zo|röck|schlage/ze|~/~|schlonn [tso'røk‚ʃla·ʀə / tsə- / -ʃlɔn] <trennb. Präfix-V.; st.; *han*; schlog z. [ʃlo·x]; ~|geschlage [-jəʃla·ʀə]> {(5.3.2; 5.4)}: zurückschlagen. (48) (163)

zo|röck|schwemme/ze|~ [tso'røk‚ʃvemə / tsə-] <trennb. Präfix-V.; st.; *sin*; schwomm z. [ʃvom]; ~|geschwomme [-jəʃvomə]> {5.5.2}: zurückschwimmen [auch: ↑öm|schwemme]. (109)

zo|röck|setze/ze|~ [tso'røkzɛtsə / tsə-] <trennb. Präfix-V.; unr./schw.; *han*; setzte/satz z. ['zɛtstə / zats]; ~|gesetz/~|gesatz [-jəzɛts / -jəzats]>: zurücksetzen. (173)

zo|röck|spille/ze~ [tso'røk‚ʃpɪlə / tsə'-] schw.; *han*; spillte z. ['ʃpɪltə]; ~|gespillt [-jəʃpɪlt]> {5.3.4}: (Ballspiele) zurückspielen. (91)

zo|röck|springe/ze|~ [tso'røk‚ʃprɪŋə / tsə-] <trennb. Präfix-V.; st.; sprung z. [ʃprʊŋ·]; ~|gesprunge [-jəʃprʊŋə]> {s. u. ↑springe}: zurückspringen. (26)

zo|röck|steche/ze|~ [tso'røk‚ʃtɛʃə / tsə-] <trennb. Präfix-V.; st.; *han*; stoch z. [ʃto·x]; ~|gestoche [-jəʃtɔxə]> {6}: zurückstecken. (34)

zo|röck|stonn/ze|~ [tso'røkʃtɔn / tsə-] <trennb. Präfix-V.; st.; *han*; stundt z. [ʃtʊnt]; ~|gestande [-jəʃtandə]> {5.3.4; 8.2.2.3}: zurückstehen. (185)

zo|röck|stufe/ze|~ [tso'røk‚ʃtu·fə / tsə-] <trennb. Präfix-V.; schw.; *han*; stufte z. ['ʃtu·ftə]; ~|gestuf [-jəʃtu·f]> {s. u. ↑stufe}: zurückstufen. (108)

zo|röck|stüsse/ze|~ [tso'røk‚ʃtʏsə / tsə-] <trennb. Präfix-V.; st.; *han*; stoss z. [[ʃtɔs]; ~|gestosse/~|gestüsse [-jəʃtɔsə / -jəʃtʏsə]> {5.4; 5.3.4}: zurückstoßen. (188)

zo|röck|trecke/ze|~ [tso'røk‚trɛkə / tsə-] <trennb. Präfix-V.; st.; *han*; trok z. [tro·k]; ~|getrocke [-jətrɔkə]>: zurückziehen. **1.** nach hinten ziehen: *de Hand z.*). **2.** wieder dorthin ziehen, wo man schon einmal gewohnt hat: *Mer trecke noh Kölle zeröck.* (Wir ziehen nach Köln zurück.). **3.** <sich z.> a) sich irgendwohin begeben, wo man allein, ungestört ist; b) **[RA]** *sich en et Privatlevve z.* (sich ins Privatleben z.). (190)

zo|röck|tredde/ze|~ [tso'røktredə / tsə-] <trennb. Präfix-V.; st.; *han*; trodt z. [tro·t]; ~|getrodde [-jətrodə]> {5.3.4; 5.5.2; 6.11.3}: zurücktreten. (191)

zo|röck|ver|folge/ze|~ [tso'røkfɐ‚fɔl·jə / tsə-] <trennb. Präfix-V.; schw.; *han*; ver|folgte z. [fɐ'fɔl·ftə]; ~|ver|folg [-fɐ'fɔl·f]> {s. u. ↑ver|folge}: zurückverfolgen. (39)

zo|röck|ver|lange/ze|~ [tso'røkfɐ‚laŋə / tsə-] <trennb. Präfix-V.; schw.; *han*; verlangte z. [fɐ'laŋ·tə]; ~|verlangk [-fɐ‚laŋ·k]> {s. u. ↑ver|lange}: zurückverlangen. (49)

zo|röck|weiche/~/~|wiche [tso'røk‚veɪʃə / tsə- / -vɪʃə] <trennb. Präfix-V.; st.; *sin*; wech z. [veʃ]; ~|geweche [-jəveʃə]> {(5.3.1)}: zurückweichen. (161) (187)

zo|röck|welle/ze|~/~|wolle [tso'røk‚velə / tsə- / -volə] <trennb. Präfix-V.; unr.; *han*; wollt z. [volt]; ~|gewollt [-jəvolt]> {5.5.2/5.5.1}: zurückwollen. **1.** heimkehren wollen. **2.** zurückhaben wollen. (204) (211)

zo|röck|werfe/ze|~/~|wirfe [tso'røk‚verfə / tsə- / -vɪrfə] <trennb. Präfix-V.; st.; *han*; worf z. [vorf]; ~|geworfe [-jəvorfə]> {5.5.2/5.4}: zurückwerfen. (206)

zo|röck|wiese/ze|~ [tso'røk‚vi:zə / tsə-] <trennb. Präfix-V.; st.; *han*; wes z. [ves]; ~|gewese [-jevezə]> {5.1.4.5}: zurückweisen. (147)

zo|röck|wünsche/ze|~ [tso'røk‚vʏnʃə / tsə-] <trennb. Präfix-V.; schw.; *han*; wünschte z. ['vʏnʃtə]; ~|gewünsch [-jə'vʏnʃ]> {s. u. ↑wünsche}: zurückwünschen. (110)

zo|rofe ['tso·‚ro·fə] <trennb. Präfix-V.; st.; *han*; reef zo [re·f]; zo|ge|rofe [-jəro·fə]> {5.4}: zurufen. (151)

zo|sage ['tso‚za·ʀə] <trennb. Präfix-V.; unr.; *han*; saht zo [za:t]; ~|gesaht [-jəza:t]>: zusagen, **1.** zusichern: *Dä Kredit es mer fass zogesaht woode.* (Der Kredit ist mir fest zugesagt worden.) *Hä hät fass zogesaht ze*

zosammestonn

zusammenstellen. **1.** an einen gemeinsamen Platz zueinander, nebeneinander stellen. **2.** etw. Ausgewähltes so anordnen, gestalten, dass etw. Einheitliches, Zusammenhängendes entsteht. (182)

zo|samme|stonn/ze|~ [tso'zamə ʃtɔn / tsə-] <trennb. Präfix-V.; st.; *han*; stundt z. [ʃtʊnt]; ~|gestande [-jəʃtandə]> {5.3.4; 8.2.2.3}: zusammenstehen, beisammenstehen. (185)

zo|samme|trecke/ze|~ [tso'zamətrɛkə / tsə-] <trennb. Präfix-V.; st.; trok z. [trɔˑk]; ~|getrocke [-jətrɔkə]>: zusammenziehen. **1.** <han> durch Ziehen bewirken, dass sich etw. aufeinander zubewegt (so dass es kleiner/enger wird/schrumpft/sich schließt): *en Schling z.* (eine Schlinge z.). **2.** <sin> gemeinsam eine Wohnung beziehen: *Die zwei sin z.* (Die zwei sind z.). **3.** <han; sich z.> kleiner, enger werden; schrumpfen: *De Muul trick sich mer zesamme, wann ich bloß an Zitrone denke.* (Der Mund zieht sich mir zusammen, wenn ich nur an Zitronen denke.). **4.** <han> addieren: *Do muss 2 un 2 z.* (Du musst 2 und 2 z.) [auch: ↑addiere/~eere]. (190)

zo|samme|tredde/ze|~ [tso'zamə,tredə / tsə-] <trennb. Präfix-V.; st.; *han* u. *sin*; trodt z. [trɔˑt]; ~|getrodde [-jətrɔdə]> {5.3.4; 5.5.2; 6.11.3}: zusammentreten. **1.** <han> jmdn. so brutal treten, dass er zusammenbricht. **2.** <sin> sich als Mitglieder einer Institution o. Ä. versammeln. (191)

zo|samme|treffe/ze|~ [tso'zamə,trɛfə / tsə-] <trennb. Präfix-V.; st.; *han*; trof z [trɔˑf]; ~|getroffe [-jətrɔfə]> {s. u. ↑treffe}: zusammentreffen. **1.** sich begegnen, sich treffen. **2.** gleichzeitig stattfinden. (192)

zo|samme|trommele/ze|~ [tso'zamə,trɔmələ / tsə-] <trennb. Präfix-V.; schw.; *han*; trommelte z. ['trɔməltə]; ~|getrommelt [-jə'trɔməlt]> {s. u. ↑trommele}: zusammentrommeln. (6)

zo|samme|zälle/ze|~ [tso'zamə,tsɛlə / tsə-] <trennb. Präfix-V.; st./schw.; *han*; zallt/zällte z. [tsalt / 'tsɛltə]; ~|gezallt/~|gezällt [-jətsalt / -jətsɛlt]> {5.3.4}: zusammenzählen, addieren. (196) (91)

zo|samme|zucke/ze|~ [tso'zamətsʊkə / tsə-] <trennb. Präfix-V.; schw.; *sin*; zuckte z. ['tsʊktə]; ~|gezuck [-jətsʊk]>: zusammenzucken. (88)

Zo|satz, der ['tsoˑ,zats] <N.; ~|sätz>: Zusatz.

Zo|satz|av|kumme, et ['tsoˑzats,afkʊmə] <N.; ~> {5.4}: Zusatzabkommen.

Zo|satz|be|stemm|ung, de ['tsoˑzatsbə,ʃtɛmʊŋ] <N.; ~e> {5.5.2}: Zusatzbestimmung.

zo|sätz|lich ['tsoˑzɛtslɪç] <Adj.; ~e>: zusätzlich. Tbl. A1

Zo|satz|ver|secher|ung, de ['tsoˑzatsfɐ,zeɧərʊŋ] <N.; ~e> {5.5.1}: Zusatzversicherung.

Zo|satz|zahl, de ['tsoˑzats,tsaˑl] <N.; ~e>: Zusatzzahl.

zo|schecke ['tsoˑʃɛkə] <trennb. Präfix-V.; schw.; *han*; scheckte zo ['ʃɛktə]; ~|gescheck [-jəʃɛk]> {5.5.2}: zuschicken. (88)

zo|scheeße ['tsoˑʃeˑsə] <trennb. Präfix-V.; st.; schoss zo [ʃɔs]; ~|geschosse [-jəʃɔsə]> {5.1.4.3}: zuschießen, **1.** <sin> schnell auf etw./jmdn. zubewegen: *Dat Auto schoss op mich zo, do moot ich en der Grave springe.* (Das Auto schoss auf mich zu, da musste ich in den Graben springen.). **2.** <han> (im Ballsport) jmdm. zuschießen: *Ehr mutt dem Tünn och ens der Ball z.!* (Ihr müsst Toni auch mal den Ball z.!). (79)

Zo|schlag, der ['tsoˑʃlaˑx] <N.; ~|schläg [-jʃlɛˑfj]>: Zuschlag.

zo|schlage/~|schlonn ['tsoˑʃlaˑʀə / -ʃlɔn] <trennb. Präfix-V.; st.; *han*; schlog zo [ʃloˑx]; ~|geschlage [-jəʃlaˑʀə]> {(5.3.2; 5.4)}: zuschlagen. (48) (163)

zo|schlag|flicht|ig ['tsoˑʃlaˑx,flɪçtɪfj] <Adj.; ~e>: zuschlagpflichtig. Tbl. A5.2

zo|schleeße ['tsoˑʃleˑsə] <trennb. Präfix-V.; st.; *han*; schloss zo [ʃlɔs]; ~|geschlosse [-jəʃlɔsə]> {5.1.4.3}: zuschließen [auch: ↑av|schleeße (1)]. (79)

zo|schmiere/~|schmeere ['tsoˑʃmiˑ(ə)ʀə / -ʃmeˑʀə] <trennb. Präfix-V.; ~|schmeere veraltend; schw./unr.; *han*; schmierte zo ['ʃmiːɐtə]; zo|ge|schmiert [-jəʃmiːɐt]> {(5.1.4.3)}: zuschmieren. (3) (2)

zo|schnappe ['tsoˑʃnapə] <trennb. Präfix-V.; schw.; *sin*; schnappte zo ['ʃnaptə]; zo|ge|schnapp [-jəʃnap]>: zuschnappen. **1.** <sin> schnappend zufallen, sich schließen. **2.** <han> plötzlich nach jmdm., etw. schnappen. (75)

Zo|schnedd, der ['tsoˑ,ʃnet] <N.; ~(e)> {5.5.2; 6.11.3}: Zuschnitt.

zo|schnigge ['tsoˑʃnɪɡə] <trennb. Präfix-V.; st.; *han*; schnedt zo [ʃnet]; ~|geschnedde [-jəʃnedə]> {5.3.4; 6.6.2}: zuschneiden. (133)

zo|schödde ['tsoˑʃødə] <trennb. Präfix-V.; st.; *han*; schodt zo [ʃot]; zo|ge|schodt/~|geschödd [-jəʃot / -jəʃøt]> {5.5.1; 6.11.3}: zuschütten. **1.** durch Hineinschütten von etw. ausfüllen, zumachen. **2.** schüttend zu etw. hinzufügen. (166)

Zo|schoss, der ['tso·ʃos] <N.; ~|schöss> {5.5.1}: Zuschuss.

Zo|schreff, de ['tso·ˌʃref] <N.; ~|schrefte> {5.5.2; 8.3.5}: Zuschrift.

zo|schrieve ['tso·ʃri·və] <trennb. Präfix-V.; st.; han; schrevv zo [ʃref]; ~|geschrevve [-jəʃrevə]> {5.1.4.5; 6.1.1}: zuschreiben. (51)

zo|schruuve ['tso·ʃru·və] <trennb. Präfix-V.; schw.; han; schruuvte zo ['ʃru·ftə]; zo|ge|schruuv [-jəʃru·f]> {5.1.3; 6.1.1}: zuschrauben; durch Schrauben eines Schraubverschlusses auf etw. verschließen. (158)

zo|schustere ['tso·ʃʊstərə] <trennb. Präfix-V.; schw.; han; schusterte zo ['ʃʊstətə]; ~|geschustert [-jəʃʊstət]> {9.2.1.2}: zuschustern. (4)

zo|setze ['tso·zɛtsə] <trennb. Präfix-V.; unr./schw.; han; setzte/satz zo ['zɛtstə / zats]; ~|gesetz/~|gesatz [-jəzɛts / -jəzats]> : zusetzen, **1.** zu einem Stoff hinzufügen u. damit vermischen. **2.** (Geld) für etw. aufwenden u. vom eigenen Kapital verlieren; bei etw./mit jmdm. mit Verlust arbeiten; *noch/nix mih zozesetze han (noch/nichts mehr zuzusetzen haben). **3.** jmdn. hartnäckig zu etw. zu überreden versuchen, jmdn. in lästiger Weise bedrängen: *einem ärg z.* (jmdm. sehr z.). (173)

zo|sinn ['tso·zɪn] <trennb. Präfix-V.; st.; han; soh/soch zo [zo· / zo·x]; ~|gesinn [-jəzɪn]> {5.3.4; 8.2.2.3}: zusehen, **1.** beobachten. **2.** für etw. Sorge tragen: *Süch zo, dat nix passeet!* (Sieh zu, dass nichts passiert!). (175)

zo|sinns ['tso·zɪns] <Adv.> {5.3.4; 8.2.2}: zusehends.

zo|spetze ['tso·ʃpetsə] <trennb. Präfix-V.; schw.; han; spetzte zo ['ʃpetstə]; ~|gespetz [-jəʃpets]> {5.5.2}: zuspitzen. (114)

Zo|spill, et ['tso·ˌʃpɪl] <N.; ~ [-ʃpɪl·]> {5.3.4}: (Ballspiele) Zuspiel.

zo|spille ['tso·ʃpɪlə] <trennb. Präfix-V.; schw.; han; spillte zo ['ʃpɪltə]; ~|gespillt [-jəʃpɪlt]> {5.3.4}: zuspielen. (91)

zo|spreche ['tso·ʃprɛɦə] <trennb. Präfix-V.; st.; han; sproch zo [ʃpro·x]; ~|gesproche [-jəʃproxə]> : zusprechen. (34)

Zo|sproch, der ['tso·ʃprox] <N.; ~|spröch> {5.5.1}: Zuspruch.

zo|stand/ze|~ [tso·ˈʃtan·t / tsə-] <Adv.> {8.3.1}: zustande, zu Stande [auch: zo Stand].

Zo|stand, der ['tso·ˌʃtant] <N.; ~|ständ [-ʃtɛn·t]>: Zustand.

Zo|ständ|ig ['tso·ˌʃtɛndɪŋ] <Adj.; ~e>: zuständig. Tbl. A5.2

Zo|ständ|ig|keit, de ['tso·ʃtɛndɪŋˌkeɪt] <N.; ~e>: Zuständigkeit.

zo|ständ|ig|keits|halver ['tso·ʃtɛndɪŋkeɪtsˌhal·və] <Adv.>: zuständigkeitshalber.

zo|steche ['tso·ʃtɛɦə] <trennb. Präfix-V.; st.; han; stoch zo [ʃto·x]; zo|ge|stoche [-jəʃtoxə]> : zustechen. (89)

zo|steige ['tso·ʃteɪ·jə] <trennb. Präfix-V.; st.; sin; steeg zo [ʃte·ɦ]; zo|ge|steege [-jəʃte·jə]> : zusteigen. (181)

zo|stelle ['tso·ʃtɛlə] <trennb. Präfix-V.; schw./unr.; han; stellte/stallt zo ['ʃtɛl·tə / ʃtalt]; ~|gestellt/~|gestallt [-jəʃtɛl·t / -jəʃtalt]> : zustellen, **1.** (eine Öffnung, einen Zugang od. Ä.) versperren: *en Dür z.* (eine Tür z.). **2.** überbringen: *en Urkund z.* (eine Urkunde z.). (182)

Zo|stell|er, der ['tso·ˌʃtɛlə] <N.; ~>: Zusteller.

Zo|stell|ungs|urkund, de ['tso·ʃtɛlʊŋsˌlu·ɛkʊnt] <N.; ~e>: Zustellungsurkunde.

zo|stemme ['tso·ʃtɛmə] <trennb. Präfix-V.; schw.; han; stemmte zo ['ʃtɛm·tə]; ~|gestemmp [-jəʃtɛm·p]> {5.5.2}: zustimmen. (40)

zo|stonn ['tso·ʃton] <trennb. Präfix-V.; st.; han; stundt zo [ʃtʊnt]; ~|gestande [-jəʃtandə]> {5.3.4; 8.2.2.3}: zustehen. (185)

zo|stoppe ['tso·ʃtopə] <trennb. Präfix-V.; schw.; han; stoppte zo ['ʃtoptə]; zo|ge|stopp [-jəʃtop]> {5.5.1; 6.8.1}: zustopfen. **1.** durch Hineinstopfen von etw. schließen. **2.** durch Stopfen beseitigen. (75)

zo|stüsse ['tso·ʃtʏsə] <trennb. Präfix-V.; st.; stoss zo [ʃtos]; ~|gestosse/~|gestüsse [-jəʃtosə / -jəʃtʏsə]> {5.4; 5.3.4}: zustoßen, **1.** <han> durch einen Stoß schließen. **2.** <han> einen Stoß ausführen. **3.** <sin> widerfahren. (188)

zo(r)teet [tsɔ(x)ˈte·t] <Adj.; Part. II von ↑zotiere/~eere; nur präd. od. adv.> {5.1.4.3; 6.10.3; 8.2.4}: sortiert, ein entsprechendes Warenangebot aufweisend: *Dä Lade es god z.* (Der Laden ist gut s.).

Zo(r)tier, der [tsɔ(x)ˈti·ɐ̯] <N.> {6.10.3; 8.2.4}: **1.** Sortierung. **2.** Unordnung, unordentliche Wirtschaft: *Wat es dat hee för ene Z.?* (Was herrscht hier für ein Durcheinander?).

zo(r)tiere/~eere [ˈtsɔ(x)ˈtiˑ(ɐ̯)rə / -eˑrə] ⟨V.; schw./unr.; han; zotierte [ˈtsɔˈtiˑɐ̯tə]; zotiert [ˈtsɔˈtiˑɐ̯t] ⟨ital. sortire, lat. sortiri⟩> {(5.1.4.3)}: sortieren, ordnen. (3) (2)

zo|traue [ˈtsɔˑˌtrau̯ə] ⟨trennb. Präfix-V.; schw.; han; traute zo [ˈtrau̯ˑtə]; zo|ge|traut [-ˌjətrau̯ˑt]⟩: zutrauen; **a)** glauben, dass der Betreffende die entsprechenden Fähigkeiten, Eigenschaften für etw. besitzt; **b)** glauben, dass jemand etw. Negatives zustande bringen konnte. (11)

zo|trau|lich [ˈtsɔˑˌtrau̯lɪŋ] ⟨Adj.; ~e⟩ {s. u. ↑zo|traue}: zutraulich. Tbl. A1

zo|trecke [ˈtsɔˑtrɛkə] ⟨trennb. Präfix-V.; st.; han; trɔk zo [trɔˑk]; ~|getrocke [-ˌjətrɔkə]⟩: zuziehen. (190)

zo|tredde [ˈtsɔˑtredə] ⟨trennb. Präfix-V.; st.; han; trɔdt zo [trɔˑt]; ~|getrodde [-ˌjətrodə]⟩ {5.3.4; 5.5.2; 6.11.3}: zutreten. (191)

zo|treffe [ˈtsɔˑtrɛfə] ⟨trennb. Präfix-V.; st.; han; trɔf zo. [trɔˑf]; zo|ge|troffe [-ˌjetrɔfə]⟩: zutreffen; **a)** stimmen, richtig sein; **b)** auf jmdn. anwendbar, für jmdn. od. etw. passend. (192)

zo|treffend [ˈtsɔˑˌtrɛfənt] ⟨Adj.⟩: zutreffend. Tbl. A1

zo|ver|läss|ig [ˈtsɔˑfɐˌlɛsɪŋ] ⟨Adj.; i. best. Komposita läss-, sonst ↑lɔɔße¹; ~e; ~er, ~ste⟩ {11}: zuverlässig, **a)** absolut verlässlich; **b)** glaubwürdig. Tbl. A5.2

Zo|ver|sich/~|seech, de [ˈtsɔˑfɐˌzɪŋ / -zeːŋ] ⟨N.; ~te ⟨mhd. zuoversiht, ahd. zuofirsiht⟩⟩ {8.3.5 (5.2.1.2)}: Zuversicht.

zo|ver|sich|lich/~|seech|~ [ˈtsɔˑfɐˌzɪŋlɪŋ / -zeːŋ-] ⟨Adj.; ~e⟩ {8.3.5 (5.2.1.2)}: zuversichtlich. Tbl. A1

zo|vür-/ze|vür|-/~|vör|- [ˈtsɔˑfyːɐ̯ / ˌtsə- / -føːɐ̯-] ⟨Präfix⟩: zuvor-, i. Vbdg. m. V.: ~kumme (~kommen).

zo|vür|kumme/ze|vör|~ [ˈtsɔˑfyːɐ̯ˌkʊmə / ˌtsəˈføːɐ̯-] ⟨trennb. Präfix-V.; st.; sin; kɔm z. [kɔˑm]; ~|(ge)kumme [-(jə)ˌkʊmə]⟩ {5.4}: zuvorkommen. (120)

zo|wäg/ze|~ [ˈtsɔˑvɛˑŋ / ˌtsə-] ⟨Adv.⟩ {5.4; 8.3.1}: zuwege.

Zo|wahß, der [ˈtsɔˑˌvaːs] ⟨N.; subst. V.⟩ {s. u. ↑Wahß²}: Zuwachs.

zo|wahße [ˈtsɔˑvaːsə] ⟨trennb. Präfix-V.; st.; sin; wohß zo [vɔˑs]; zo|ge|wahße [-ˌjəvaːsə]⟩ {5.2.4; 6.3.1}: zuwachsen. (199)

zo|wende [ˈtsɔˑvɛnˑdə] ⟨trennb. Präfix-V.; unr.; han; wandt zo [vant]; ~|gewandt/~|gewendt [-ˌjəvant / -ˌjəvɛnˑt]⟩: zuwenden. (205)

zo|widder/ze|~ [ˈtsɔˈvɪdɐ / ˌtsə-] ⟨Adv.⟩ {5.3.2}: zuwider, **1.** in starkem Maße Abneigung hervorrufend: Dä Froß wor mer z. (Dieses Essen war mir z.). **2.** jmdm./etw. entgegenstehend, nicht förderlich: Die Ömständ woren singem Plan z. (Die Umstände waren seinem Plan z.).

zo|wiele/ze|~ [ˈtsɔˈviˑlə / ˌtsə-] ⟨Adv.⟩ {5.1.4.5}: zuweilen, selten [auch: ↑manch|mɔl/ mänch|-].

zo|wiese [ˈtsɔˑviːzə] ⟨trennb. Präfix-V.; st.; han; wes zo [ves]; zo|ge|wese [-ˌjəvezə]⟩ {5.1.4.5}: zuweisen. (147)

zo|winke [ˈtsɔˑvɪŋkə] ⟨trennb. Präfix-V.; schw./st.; han; winkte/wʊnk av [ˈvɪŋktə / vʊŋk]; ~|gewink/~|gewunke [-ˌjəvɪŋk / -ˌjəvʊŋkə]⟩: zuwinken. (41) (52)

zo|zigge [ˌtsɔˈtsɪgə] ⟨Adv.; erstarrter Dat. Pl. von ↑Zigg⟩ {s. u. ↑Zigg}: zuzeiten.

zo|zög|lich [ˈtsɔˑtsøˑŋlɪŋ] ⟨Präp.; m. Dat.⟩ {5.4}: zuzüglich.

Zubbel¹, der [ˈtsʊbəl] ⟨N.; ~e⟩ {5.4; 6.12.9}: Zottel.

Zubbel², de [ˈtsʊbəl] ⟨N.; ~e⟩: (Schimpfw.) Schlampe.

zubbele [ˈtsʊbələ] ⟨V.; schw.; zubbelte [ˈtsʊbəltə]; gezubbelt [jəˈtsʊbəlt]⟩ {5.4; 6.11.9; 9.2.1.2}: zotteln, **1.** ⟨sin⟩ langsam/lässig (hinter jmdm. her-)gehen [auch: ↑latsche (1), ↑zöbbele (1)]. **2.** ⟨han⟩ in Zotteln herabhängen; [auch: ↑zöbbele (2)]. (6)

zubbel|ig [ˈtsʊbəlɪŋ] ⟨Adj.; ~e; ~er, ~ste⟩ {5.4; 6.12.9}: zottelig, schlampig [auch: ↑schlamp|ig, ↑schludder|ig, ↑schlunz|ig]. Tbl. A5.2

Zuch, de [tsʊx] ⟨N.; ~te⟩ {5.5.1; 8.3.5}: Zucht, **1. a)** ⟨o. Pl.⟩ Züchtung; **b)** Gesamtheit von Tieren od. Pflanzen als Ergebnis des Züchtens. **2.** ⟨o. Pl.⟩ strenge Erziehung, Disziplinierung.

Zuch|bulle, der [ˈtsʊxˌbʊlə] ⟨N.; ~⟩ {s. u. ↑Zuch}: Zuchtbulle.

Zuch|dier, et [ˈtsʊxˌdiˑɐ̯] ⟨N.; ~e⟩ {s. u. ↑Zuch ↑Dier}: Zuchttier.

Zuch|hengs, der [ˈtsʊxˌhɛŋs] ⟨N.; ~te⟩ {s. u. ↑Zuch ↑Hengs}: Zuchthengst.

Zuch|huus, et [ˈtsʊxˌhuːs] ⟨N.; ~|hüüser [-hyˑzə]⟩ {s. u. ↑Zuch ↑Huus}: Zuchthaus, Anstalt für Häftlinge mit einer schweren Freiheitsstrafe.

Zuch|meddel, et [ˈtsʊxˌmedəl] ⟨N.; ~(e)⟩ {s. u. ↑Zuch ↑Meddel}: Zuchtmittel, Erziehungsmittel im Jugendstrafrecht.

Zuch|pääl, de [ˈtsʊxˌpɛˑl] ⟨N.; ~e [-pɛːlə]⟩ {s. u. ↑Zuch ↑Pääl}: Zuchtperle.

Zuch|stier/~|steer, der [ˈtsʊxˌʃtiˑɐ̯ / -ˌʃteˑɐ̯] ⟨N.⟩ {s. u. ↑Zuch ↑Stier/Steer}: Zuchtstier.

züchte ['tsʏɧtə] <V.; schw.; *han*; gezüch [jə'tsʏɧ]>: züchten. (131)

zücht|ig ['tsʏɧtɪç] <Adj.; ~e; ~er, ~ste>: züchtig. Tbl. A5.2

züchtige ['tsʏɧtɪjə] <V.; schw.; *han*; züchtigte ['tsʏɧtɪtə]; gezüchtig [jə'tsʏɧtɪç]>: züchtigen, durch Schlagen hart bestrafen. (7)

Zuch|veeh/~|veech, et ['tsʊx‚feː / -feːɧ] <N.; ~|veecher [-feːɧə]> {s. u. ↑Zuch ↑Veeh/Veech}: Zuchtvieh.

zucke ['tsʊkə] <V.; schw.; *han*; zuckte ['tsʊktə]; gezuck [jə'tsʊk]>: zucken. (88)

Zucker|ääz, de ['tsʊke‚ɛːts] <N.; ~e> {s. u. ↑Ääz¹}: Zuckererbse.

Zucker|bier, de ['tsʊke‚biːɐ̯] <N.; ~|birre [-bɪrə] (unr. Pl.)> {s. u. ↑Bier¹}: Zuckerbirne, sehr süße Birne.

Zucker|brud, et ['tsʊke‚bruːt] <N.; ~e> {s. u. ↑Brud}: Zuckerbrot.

Zucker|dos, de ['tsʊke‚doːs] <N.; ~e> {s. u. ↑Dos}: Zuckerdose.

Zucker|goss/~|guss, der ['tsʊke‚jos / -jʊs] <N.; ~|göss/~|güss> {s. u. ↑Goss/Guss¹}: Zuckerguss.

zucker|hald|ig ['tsʊke‚haldɪç] <Adj.; ~e> {6.11.3}: zuckerhaltig. Tbl. A5.2

Zucker|hot, der ['tsʊke‚hoːt] <N.; ~|höt> {5.4}: Zuckerhut, Zucker in Form eines hohen, spitzen Hutes (Kegels), fester Zucker.

Zucker|klümp|che, et ['tsʊke‚klʏmpɧə] <N.; ~r>: Zuckerklümpchen.

Zucker|knoll, de ['tsʊke‚knɔl·] <N.; ~e [-knɔlə]> {8.3.1}: Zuckerrübe.

Zucker|koche, der ['tsʊke‚koːxə] <N.; ~> {5.4}: Zuckerkuchen.

Zucker|plätz|che, et ['tsʊke‚plɛtsjə] <N.; ~r>: Zuckerplätzchen.

Zucker|rühr/~|röhr, et ['tsʊke‚ryːɐ̯ / -røːɐ̯] <N.; ~e> {s. u. ↑Rühr/Röhr²}: Zuckerrohr.

Zucker|schnüggel|che, et ['tsʊke‚ʃnʏɡəlɧə] <N.; ~r> {s. u. ↑Schnüggel|che}: (Kosew.) Zuckerschnuckelchen.

zucker|söß ['tsʊke'zøːs] <Adj.; ~e> {5.4}: zuckersüß, sehr süß. Tbl. A2.6

Zucker|speegel, der ['tsʊke‚ʃpeːjəl] <N.; ~e> {5.1.4.3}: Zuckerspiegel, kurz für Blutzuckerspiegel.

Zucker|stang, de ['tsʊke‚ʃtaŋ·] <N.; ~e> {8.3.1}: Zuckerstange.

Züff, et [tsʏf] <N.; weibl. Vorn.>: Kurzf. von Sophie, Sophia.

Zülpicher Wall, der [‚tsʏlpɪɧe'val] <N.; Straßenn.> {s. u. ↑Wall}: Zülpicher Wall, einer der parallel zu den Ringen verlaufenden Straßen westlich der Ringe, zw. Zülpicher Straße u. Bachemer Straße, verbindet Luxemburger Wall – unterbrochen durch Universitätsgebäude – u. Venloer Wall – unterbrochen durch die Bahngleise vom Südbahnhof bis zum Westbahnhof.

zünde ['tsʏndə] <V.; schw.; *han*; zündte ['tsʏnˑtə]; gezündt [jə'tsʏnˑt]; ⟨mhd. zünden, ahd. zunden⟩>: zünden. (28)

Zünd|höt|che, et ['tsʏnt‚høˑtɧə] <N.; ~r> {s. u. ↑Hot}: Zündhütchen, Sprengkapsel.

Zünd|kääz, de ['tsʏnt‚kɛːts] <N.; ~e> {5.2.1.1.1; 8.3.1}: Zündkerze.

Zünd|schlössel, der ['tsʏnt‚ʃløsəl] <N.; ~e> {5.5.1}: Zündschlüssel.

Zünd|schnur/~|schnor, de [tsʏnt‚ʃnuːɐ̯ / -ʃnoːɐ̯] <N.; ~|schnür> {s. u. ↑Schnur/Schnor}: Zündschnur.

Zünd|ver|deil|er, der ['tsʏntfɐ‚derˑlə] <N.; ~e> {↑ver|deile}: Zündverteiler.

Zunf, de [tsʊnəf] <N.; Zünf [tsʏnəf]> {8.3.5}: Zunft.

zünft|ig ['tsʏnəftɪç] <Adj.; ~e; ~er, ~ste>: zünftig. Tbl. A5.2

Zung¹, de [tsʊŋ·] <N.; ~e ['tsʊŋə]; Züng|el|che ['tsʏŋəlɧə]> {8.3.1}: Zunge.

Zung², der [tsʊŋ] <N.; Züng [tsʏŋ·]> {5.3.4}: Zaun [auch: ↑Zaun].

Zunge|bein, et ['tsʊŋə‚beɪn] <N.; ~ [-beːˑn]> {s. u. ↑Zung¹ ↑Bein}: (Anat.) Zungenbein.

Zunge|brech|er, der ['tsʊŋə‚brɛɧe] <N.; ~> {s. u. ↑Zung¹}: Zungenbrecher, etw., was sehr schwer auszusprechen ist.

Zunge|spetz, de ['tsʊŋə‚ʃpets] <N.; ~e> {s. u. ↑Zung¹ ↑Spetz}: Zungenspitze.

Zunge|stöck, et ['tsʊŋə‚ʃtøk] <N.; ~/~e/~er> {s. u. ↑Zung¹ ↑Stöck}: Zungenstück, Halsfleisch vom Rind.

Zunge|woosch, de ['tsʊŋə‚voːʃ] <N.; ~|wöösch> {s. u. ↑Zung¹ ↑Woosch}: Zungenwurst.

Zunge|woozel, de ['tsʊŋə‚voːtsəl] <N.; ~e> {s. u. ↑Zung¹ ↑Woozel}: Zungenwurzel, hinterster Teil der Zunge.

Zupp, de [tsʊp] <N.; ~e; Züpp|che ['tsʏpɧə]> {6.10.3; 8.3.1}: Suppe.

zuppe ['tsʊpə] <V.; schw.; *han*; zuppte ['tsʊptə]; gezupp [jə'tsʊp]> {6.8.1}: zupfen. (75)

Zuppe|gemös, et ['tsʊpəjə͜,møˑs] <N.; ~e> {s. u. ↑Zupp ↑Gemös}: Suppengemüse.
Zuppe|grön|s, et ['tsʊpə͜,jrøˑns] <N.; kein Pl.> {s. u. ↑Zupp ↑Grön|s}: Suppengrün.
Zuppe|hohn, et ['tsʊpə͜,hoːn] <N.; ~|höhner> {s. u. ↑Zupp ↑Hohn}: Suppenhuhn, **1.** Huhn zum Kochen, das zur Herstellung von Hühnersuppe verwendet wird. **2.** Schimpfw. für ein Mädchen, eine Frau.
Zuppe|knoche, der ['tsʊpə͜,knɔxə] <N.; ~> {s. u. ↑Zupp ↑Knoche}: Suppenknochen.
Zuppe|kump, de ['tsʊpə͜,kʊmp] <N.; ~e/~|kümp> {s. u. ↑Zupp ↑Kump}: Suppenschüssel.
Zuppe|löffel, der ['tsʊpə͜,lœfəl] <N.; ~e> {s. u. ↑Zupp ↑Löffel}: Suppenkelle.
Zuppe|möbbel, der ['tsʊpə͜,mœbəl] <N.; ~e> {s. u. ↑Zupp ↑Möbbel/Mobbel}: Suppenfreund, Suppenliebhaber, jemand, der gerne Suppen isst; (wörtl.) Suppenmoppel.
Zuppe|pott, der ['tsʊpə͜,pɔt] <N.; ~|pött> {s. u. ↑Zupp ↑Pott}: Suppentopf.
Zuppe|tass, de ['tsʊpə͜,tas] <N.; ~e> {s. u. ↑Zupp ↑Tass¹}: Suppentasse.
Zuppe|teller, der ['tsʊpə͜,tɛlɐ] <N.; ~e> {s. u. ↑Zupp}: Suppenteller.
zupp|ig ['tsʊpɪŋ] <Adj.; ~e; ~er, ~ste> {6.10.3}: suppig [auch: ↑dönn|flöss|ig]. Tbl. A5.2
Zwang, der [tsvaŋ] <N.; Zwäng [tsvɛŋˑ]>: Zwang.
zwänge ['tsvɛŋə] <V.; schw.; han; zwängte ['tsvɛŋˑtə]; gezwängk [jə'tsvɛŋˑk]>: zwängen. (49)
zwang|haff ['tsvaŋ,haf] <Adj.; ~|hafte]; ~|hafter, ~|haffste>: zwanghaft. Tbl. A4.2.1
Zwangs|arbeid, de ['tsvaŋs͜,arˌbeɪ̯ˑt / 'tsvaŋzar͜,beɪ̯ˑt] <N.; o. Pl.> {s. u. ↑Arbeid}: Zwangsarbeit.
Zwangs|arbeid|er, der ['tsvaŋs͜,arˌbeɪ̯ˑdɐ / 'tsvaŋzar͜,beɪ̯ˑdɐ] <N.; ~> {s. u. ↑Arbeid|er}: Zwangsarbeiter; zu Zwangsarbeit Verurteilter.
Zwangs|en|wies|ung, de ['tsvaŋs͜,ɛnviˑzʊŋ] <N.; ~> {5.1.4.5}: Zwangseinweisung.
Zwangs|jack, de ['tsvaŋs͜,jak] <N.; ~e> {s. u. ↑Jack¹}: Zwangsjacke.
Zwangs|lag, de ['tsvaŋs͜,laˑx] <N.; ~e> {8.3.1}: Zwangslage; Dilemma.
zwangs|läuf|ig ['tsvaŋs͜,lɔy̑fɪŋ] <Adj.; ~e>: zwangsläufig, notgedrunken. Tbl. A5.2

Zwangs|meddel, et ['tsvaŋs͜,medəl] <N.; ~(e)> {s. u. ↑Zwang ↑Meddel}: Zwangsmittel; Mittel zur Durchsetzung einer behördlichen Anordnung.
Zwangs|öm|tuusch, der ['tsvaŋs͜,ømtuːʃ] <N.; ~e (Pl. ungebr.)> {5.1.3}: Zwangsumtausch, Pflichtumtausch.
Zwangs|ver|fahre, et ['tsvaŋsfɐ͜,faːrə] <N.; ~>: Zwangsverfahren.
zwangs|ver|steigere ['tsvaŋsfɐ͜,ʃteɪ̯ˑjərə] <nicht trennb. Präfix-V.; schw.; han; ~|ver|steigert [-fɐˑ|ʃteɪ̯ˑjet]; nur im Inf. u. Part. gebr.> {9.2.1.2}: zwangsversteigern; etw. einer Zwangsversteigerung unterziehen. (4)
Zwangs|ver|steiger|ung, de ['tsvaŋsfɐ͜,ʃteɪ̯ˑjərʊŋ] <N.; ~e>: Zwangsversteigerung; zwangsweise Versteigerung zur Befriedigung der Gläubiger.
zwan|zig ['tsvantsɪŋ] <Kardinalz.>: zwanzig, (als Ziffer: 20).
Zwan|zig|er|johre ['tsvantsɪ͜jəˌjoˑrə] <N.; Neutr.; nur Pl.> {s. u. ↑Johr}: Zwanzigerjahre. **1.** zw. zwanzigstem u. dreißigstem Geburtstag liegendes Lebensjahrzehnt: in den -n sein; **2.** die Jahre 20 bis 29 eines best. Jh. umfassendes Jahrzehnt.
zwan|zig|jöhr|ig ['tsvantsɪŋ͜,jœˑrɪŋ] <Adj.; ~e>: zwanzigjährig; **a)** zwanzig Jahre alt; **b)** zwanzig Jahre dauernd; (mit Ziffer: 20-jöhrig). Tbl. A5.2
zwan|zig|mol ['tsvantsɪŋ͜,moˑl] <Wiederholungsz.; Adv.>: zwanzigmal.
Zweckel, der ['tsvekəl] <N.; ~e> {5.5.2}: Zwickel.
Zween, der [tsveˑn] <N.; ~e (Sortenpl.)> {5.2.1.1.1; 5.4}: Zwirn.
Zweens|faddem, der ['tsveˑns͜,fadəm] <N.; ~|fäddem> {s. u. ↑Zween ↑Faddem}: Zwirnsfaden.
zwei [tsvaɪ̯] <Kardinalz.>: zwei, (als Ziffer: 2); *alle z. (beide).
Zwei|bedd|zemmer, et ['tsvaɪ̯bɛt͜,tsemɐ] <N.; ~e> {s. u. ↑Bedd ↑Zemmer}: Zweibettzimmer.
zwei|blädder|ig ['tsvaɪ̯͜,blɛdərɪŋ] <Adj.; ~e> {s. u. ↑Bladd}: zweiblättrig; mit zwei Blättern. Tbl. A5.2
Zwei|cent|stöck, et [tsvaɪ̯'tsɛnt͜,ʃtøk] <N.; ~/~e/~er> {s. u. ↑Stöck}: Zweicentstück.
zwei|däg|ig ['tsvaɪ̯͜,dɛˑjɪŋ] <Adj.; ~e>: zweitägig. Tbl. A5.2
zwei|dausend ['tsvaɪ̯'doʊ̯͜zənt / '-,-- / ,'--] <Kardinalz.> {s. u. ↑dausend}: zweitausend, (als Ziffer: 2000).

Zwei|dausend|er, der [ˌtsvaɪ'doʊˌzəndɐ] <N.; ~e> {s. u. ↑dausend}: Zweitausender, Gipfel von über 2000 Meter Höhe.

Zwei|deil|er, der ['tsvaɪˌdeɪˑlɐ] <N.; ~> {s. u. ↑Deil}: Zweiteiler. **1.** zweiteiliger Badeanzug. **2.** zweiteiliges Kleid. **3.** zweiteiliger Film.

zwei|deil|ig ['tsvaɪˌdeɪˑlɪʃ] <Adj.; ~e>: zweiteilig, aus zwei Teilen bestehend. Tbl. A5.2

zwei|dürr|ig ['tsvaɪˌdʏrɪʃ] <Adj.; ~e>: zweitürig. Tbl. A5.2

zwei|en|halv ['tsvaɪənˈhaləf / ˌ--'-] <Bruchz.; zu ↑zwei> {s. u. ↑halv}: zweieinhalb, (als Ziffer: 2 ½).

zweier|lei ['tsvaɪˑɐleɪˑ] <best. Gattungsz.; zu ↑zwei; indekl.>: zweierlei.

Zweier|ling|che, et ['tsvaɪˑɐˌlɪŋˑfjə] <N.; ~r>: Zwillingskind.

Zwei|er|reih, de ['tsvaɪɐˌreɪˑ] <N.; ~e [-reɪə]> {s. u. ↑Reih}: Zweierreihe.

Zwei|euro|stöck, et [tsvaɪˈlɔyroˌʃtøk] <N.; ~/~e/~er> {s. u. ↑Stöck}: Zweieurostück.

Zwei|famillie|huus, et [tsvaɪˈfamɪlɪjəˌhuːs] <N.; ~|hüüser [-hyˑzɐ]> {s. u. ↑Famillich ↑Huus}: Zweifamilienhaus.

Zweig, der [tsveɪʃ] <N.; ~ [tsveɪˑfj]>: Zweig [auch: ↑Zwig].

zwei|ge|deilt ['tsvaɪjəˌdeɪlt] <Adj.; ~e> {6.11.1}: zweigeteilt. Tbl. A1

Zweig|stell, de ['tsveɪfjˌʃtɛlˑ] <N.; ~e [-ʃtɛlə]> {s. u. ↑Zweig ↑Stell}: Zweigstelle.

zwei|händ|ig ['tsvaɪˌhɛnˑdɪʃ] <Adj.; ~e>: zweihändig, mit beiden Händen. Tbl. A5.2

zwei|hundert ['tsvaɪˈhʊnˑdɐt / '-ˌ-- / ˌ-'--] <Kardinalz.>: zweihundert, (als Ziffer: 200).

Zwei|johres|plan, der [tsvaɪˈjɔˑrəsˌplaˑn] <N.; ~|plän> {s. u. ↑Johr ↑Plan¹}: Zweijahresplan.

zwei|jöhr|ig ['tsvaɪˌjœˑrɪʃ] <Adj.; ~e>: zweijährig; **a)** zwei Jahre alt: ein -es Mädchen; **b)** zwei Jahre dauernd (mit Ziffer: 2-jöhr|ig).

Zwei|kamf, der ['tsvaɪˌkamf] <N.; ~|kämf> {s. u. ↑Kamf}: Zweikampf.

Zwei|litter|fläsch, de [tsvaɪˈlɪtɐˌflɛʃ] <N.; ~e> {s. u. ↑Fläsch}: Zweiliterflasche.

zwei|mol ['tsvaɪˌmɔˑl / '-'-] <Wiederholungsz., Adv.; zu ↑zwei>: zweimal, (mit Ziffer: 2-mol).

zwei|mol|ig ['tsvaɪˌmɔˑlɪʃ] <Adj.; ~e>: zweimalig; (mit Ziffer: 2-mol|ig). Tbl. A5.2

Zwei|pund|brud, et [tsvaɪˈpʊntˌbruˑt] <N.; ~e> {s. u. ↑Pund ↑Brud}: Zweipfundbrot.

Zwei|radd, et ['tsvaɪˌrat] <N.; ~|rädder> {s. u. ↑Radd}: Zweirad.

zwei|rädder|ig ['tsvaɪˌrɛdərɪʃ] <Adj.; ~e> {s. u. ↑Radd}: zweirädrig. Tbl. A5.2

zwei|schnigg|ig ['tsvaɪˌʃnɪgɪʃ] <Adj.; ~e> {5.3.4; 6.6.2}: zweischneidig. Tbl. A5.2

Zwei|setz|er, der ['tsvaɪˌzɛtsɐ] <N.; ~> {5.5.2}: Zweisitzer.

zwei|setz|ig ['tsvaɪˌzɛtsɪʃ] <Adj.; ~e> {5.5.2}: zweisitzig, zwei Sitze aufweisend (Auto). Tbl. A5.2

zwei|sigg|ig ['tsvaɪˌzɪgɪʃ] <Adj.; ~e> {5.3.4; 8.3.1}: zweiseitig, **1.** zwei Seiten aufweisend. **2.** nach zwei Seiten hin; zw. zwei Parteien. Tbl. A5.2

zwei|spald|ig ['tsvaɪˌʃpaldɪʃ] <Adj.; ~e> {6.11.3}: zweispaltig. Tbl. A5.2

zwei|späld|ig ['tsvaɪˌʃpɛldɪʃ] <Adj.; ~e> {5.1.4.3; 6.11.3}: zwiespältig. Tbl. A5.2

Zwei|spetz, der ['tsvaɪˌʃpɛts] <N.; ~e> {5.5.2}: Zweispitz; Hut mit zweiseitig aufgeschlagener, rechts u. links od. vorn u. hinten spitz zulaufender Krempe.

zwei|sproch|ig ['tsvaɪˌʃproˑxɪʃ] <Adj.; ~e> {5.5.3}: zweisprachig. Tbl. A5.2

zwei|stemm|ig ['tsvaɪˌʃtɛmɪʃ] <Adj.; ~e> {5.5.2}: zweistimmig, **a)** für zwei Stimmen geschrieben (Partitur); **b)** mit zwei Stimmen (singend). Tbl. A5.2

zwei|stöck|ig ['tsvaɪˌʃtœkɪʃ] <Adj.; ~e>: zweistöckig, zwei Stockwerke hoch. Tbl. A5.2

Zwei|tak|motor, der ['tsvaɪtakmoˌtoˑɐ] <N.; ~e> {s. u. ↑Tak ↑Motor}: Zweitaktmotor.

zweit|äldst... ['tsvaɪtˌɛltst-] <Adj.> {6.11.3}: zweitältest... Tbl. A7.1

zweit|hüchst... ['tsvaɪtˌhyːkst-] <Adj.> {5.4}: zweithöchst... Tbl. A7.1

zweit|klass|ig ['tsvaɪˑtˌklasɪʃ] <Adj.; ~e>: zweitklassig, von geringem Ansehen/Ruf. Tbl. A5.2

zweit|rang|ig ['tsvaɪˑtˌraŋɪʃ] <Adj.; ~e>: zweitrangig, **a)** zweiten Ranges, nicht so wichtig/dringlich; **b)** (abw.) zweitklassig. Tbl. A5.2

zweit|schläächst... ['tsvaɪtˌʃlɛːfjst] <Adj.> {5.2.1; 5.4; 8.3.5}: zweitschlechtest... Tbl. A7.1

Zweit|schlössel, der ['tsvaɪtˌʃløsəl] <N.; ~e> {s. u. ↑Schlössel}: Zweitschlüssel.

Zweit|schreff, de ['tsvaɪt̩ˌʃref] <N.; ~|schrefte> {s. u. ↑Schreff}: Zweitschrift, Zweitausfertigung.

Zweit|stemm, de ['tsvaɪt̩ˌʃtem˙] <N.; ~e [-ˌʃtemə]> {s. u. ↑Stemm}: Zweitstimme; Stimme, die der Wähler bei den Wahlen zum Bundestag für die Landesliste einer Partei abgibt.

Zweit|wage, der ['tsvaɪt̩ˌvaːʀə] <N.; ~> {s. u. ↑Wage}: Zweitwagen.

Zweit|wonn|ung, de ['tsvaɪt̩ˌvonʊŋ] <N.; ~e> {5.3.2; 5.5.1}: Zweitwohnung.

Zwei|veedel|tak, der [tsvaɪˈfeːdəlˌtak] <N.; o. Pl.> {s. u. ↑Veedel ↑Tak}: Zweivierteltakt.

zwei|wäät|ig ['tsvaɪˌvɛːtɪç] <Adj.; ~e> {5.2.1.1.1; 5.4}: zweiwertig. Tbl. A5.2

Zwei|zemmer|wonn|ung, de [tsvaɪˈtsɛmɐˌvonʊŋ] <N.; ~e> {s. u. ↑Zemmer ↑Wonn|ung}: Zweizimmerwohnung.

Zwerg/Zwirg, der [tsverfj / tsvɪrfj] <N.; ~e ['tsverjə / 'tsvɪrjə]; ~el|che ['tsverjəlfjə]> {5.5.2}: Zwerg.

Zwerg|daggel/Zwirg|~/~|täggel, der ['tsverfjˌdagəl / 'tsvɪrfj- / -tɛgəl] <N.; ~e> {s. u. ↑Zwerg/Zwirg ↑Daggel/Täggel}: Zwergdackel, sehr kleiner Dackel.

Zwerg|hohn/Zwirg|~, et ['tsverfjˌhoːn / 'tsvɪrfj-] <N.; ~|höhner> {s. u. ↑Zwerg/Zwirg ↑Hohn}: Zwerghuhn; sehr kleines, oft schön gefärbtes Haushuhn.

Zwerg|schull/Zwirg|~, de ['tsverfjˌʃʊlˑ / 'tsvɪrfj-] <N.; ~e [-ʃulə]> {s. u. ↑Zwerg/Zwirg ↑Schull}: Zwergschule; Schule, in der aufgrund geringer Schülerzahlen Schüler mehrerer Schuljahre in einem Klassenraum unterrichtet werden.

zwesche ['tsveʃə] <Präp.; m. Dat. u. Akk.> {5.5.2}: zwischen.

Zwesche|be|rich/|reech, der ['tsveʃəbəˌrɪfj / -reːfj] <N.; ~te> {s. u. ↑zwesche ↑Be|rich/~|reech}: Zwischenbericht.

Zwesche|boddem, der ['tsveʃəˌbodəm] <N.; ~|böddem> {s. u. ↑zwesche ↑Boddem}: Zwischenboden.

Zwesche|deck, et ['tsveʃəˌdɛk] <N.; ~s> {s. u. ↑zwesche}: Zwischendeck; zwischen Hauptdeck u. Boden eines großen Schiffes gelegenes Deck.

Zwesche|dinge, et ['tsveʃəˌdɪŋə] <N.; ~r> {s. u. ↑zwesche ↑Dinge}: Zwischending.

Zwesche|dür/~|dör, de ['tsveʃəˌdyːɐ̯ / -døːɐ̯] <~|dürre/~|dörre [-dʏrə / -dørə] (unr. Pl.)> {s. u. ↑zwesche ↑Dür/Dör}: Zwischentür.

Zwesche|fall, der ['tsveʃəˌfal] <N.; ~|fäll [-fɛlˑ]> {s. u. ↑zwesche ↑Fall²}: Zwischenfall.

Zwesche|frog, de ['tsveʃəˌfrɔːx] <N.; ~e> {s. u. ↑zwesche ↑Frog}: Zwischenfrage.

Zwesche|ge|schoss, et ['tsveʃəjəˌʃɔs] <N.; ~e> {s. u. ↑zwesche ↑Ge|schoss}: Zwischengeschoss.

Zwesche|huh, et ['tsveʃəˌhuˑ] <N.; ~s> {s. u. ↑zwesche ↑Huh}: (Met.) Zwischenhoch; zwischen zwei Tiefdruckgebieten für kurze Zeit wirksam werdendes Hochdruckgebiet.

Zwesche|lager, et ['tsveʃəˌlaːʀə] <N.; ~> {s. u. ↑zwesche ↑Lager}: Zwischenlager, Lager, in dem etw. zwischengelagert wird.

zwesche|lagere ['tsveʃəˌlaːʀeʀə] <V.; schw.; han; lagerte z. ['laːʀetə]; ~|gelagert [-jəˌlaːʀet]; nur im Inf. u. Part. gebr.> {9.2.1.2}: zwischenlagern. (4)

zwesche|lande ['tsveʃəˌlandə] <trennb. Präfix-V.; schw.; sin; landte z. [lanˑtə]; -|ge|landt [-jəˌlanˑt]; meist im Inf. u. Part. gebr.> {s. u. ↑zwesche}: zwischenlanden: eine Zwischenlandung vornehmen. (28)

zwesche|minsch|lich ['tsveʃəˌmɪnʃlɪfj] <Adj.; ~e> {s. u. ↑zwesche ↑Minsch¹}: zwischenmenschlich. Tbl. A1

zweschen|dren [ˌtsveʃənˈdrenˑ] <Adv.> {s. u. ↑zwesche ↑dren}: zwischendrin.

zweschen|durch [ˌtsveʃənˈdʊrfj] <Adv.> {5.5.2}: zwischendurch.

Zwesche|paus/~|puus, de ['tsveʃəˌpaʊˑs / -puˑs] <N.; ~e> {s. u. ↑zwesche ↑Paus¹/Puus¹}: Zwischenpause.

Zwesche|pröf|ung, de ['tsveʃəˌprøːfʊŋ] <N.; ~e> {s. u. ↑zwesche; 5.4}: Zwischenprüfung.

Zwesche|rof, der ['tsveʃəˌroːf] <N.; ~e> {s. u. ↑zwesche ↑Rof}: Zwischenruf.

Zwesche|rund, de ['tsveʃəˌrʊnˑt] <N.; ~e> {s. u. ↑zwesche ↑Rund}: Zwischenrunde.

Zwesche|soll, de ['tsveʃəˌzolˑ] <N.; ~e [-zolə]> {s. u. ↑zwesche ↑Soll¹}: Zwischensohle; Sohle, die sich zwischen Laufsohle u. Brandsohle eines Schuhs befindet.

Zwesche|spill, et ['tsveʃəˌʃpɪl] <N.; ~ [-ʃpɪlˑ]> {s. u. ↑zwesche ↑Spill}: Zwischenspiel.

Zwesche|stöck, et ['tsveʃəˌʃtøk] <N.; ~/~e/~er> {s. u. ↑zwesche ↑Stöck}: Zwischenstück. **1.** Verbindungsstück zwischen Teilen. **2.** Zwischenspiel.

Zwesche|stuf, de ['tsveʃəˌʃtuˑf] <N.; ~e> {s. u. ↑zwesche ↑Stuf}: Zwischenstufe.

Zwesche|tex, der ['tsveʃə,tɛks] <N.; ~te> {s. u. ↑zwesche ↑Tex}: Zwischentext.

Zwesche|wand, de ['tsveʃə,vant] <N.; ~|wäng [-vɛŋ·]> {s. u. ↑zwesche ↑Wand}: Zwischenwand.

Zwesche|zeugnis, et ['tsveʃə,tsøyfŋnɪs] <N.; ~se> {s. u. ↑zwesche}: Zwischenzeugnis. **1.** Schulzeugnis, das es zu einem best. Zeitpunkt während des Schuljahrs gibt. **2.** Zeugnis, das ein Arbeitnehmer vom Arbeitgeber verlangen kann, wenn er über die Beurteilung seiner Arbeit Kenntnis haben möchte.

Zwesche|zigg, de ['tsveʃə,tsɪk] <N.; ~e> {s. u. ↑zwesche ↑Zigg}: Zwischenzeit.

Zwibbel, der ['tsvɪbəl] <N.; ~e> {5.3.4}: Zwiebel [auch: ↑Öllig].

Zwibbel|ring/Öllig|~, der ['tsvɪbəl,rɪŋ / 'ølɪfŋ-] <N.; ~(e) [-rɪŋ· / -rɪŋə]> {s. u. ↑Zwibbel ↑Öllig ↑Ring'}: Zwiebelring.

Zwibbel|schal/Öllig|~, de ['tsvɪbəl,ʃaˑl / 'ølɪfŋ-] <N.; ~e> {s. u. ↑Zwibbel ↑Öllig ↑Schal'}: Zwiebelschale.

Zwick|müll, de ['tsvɪk,mʏlˑ] <N.; ~e [-mʏlə]> {s. u. ↑Müll'}: Zwickmühle, **1.** best. Stellung der Steine beim Mühlespiel. **2.** schwierige, verzwickte Lage.

Zwiebel|daach, et ['tsviˑbəl,daːx] <N.; i. best. Komposita *Zwiebel*, sonst ↑Zwibbel od. ↑Öllig; ~|däächer> {11; s. u. ↑Daach}: Zwiebeldach; Dach, das in der Form einer Zwiebel ähnelt.

Zwiebel|turm/~|toon, der ['tsviˑbəl,tʊrm / -toːn] <N.; i. best. Komposita *Zwiebel*, sonst ↑Zwibbel od. ↑Öllig; ~|türm/~|töön [-tʏrˑm / -tøˑn]> {11; s. u. ↑Toon}: Zwiebelturm; Kirchturm mit einer Zwiebelhaube.

Zwiefel, der ['tsviˑfəl] <N.; ~> {5.1.4.5}: Zweifel.

zwiefele ['tsviˑfələ (tsviˑvələ)] <V.; schw.; han; zwiefelte ['tsviˑfəltə]; gezwiefelt [jə'tsviˑfəlt]> {5.1.4.5; 9.2.1.2}: zweifeln. (6)

zwiefel|haff ['tsviˑfəlhaf] <Adj.; ~|hafte> {5.1.4.5}: zweifelhaft. Tbl. A4.2.1

Zwiefels|fall, der ['tsviˑfəls,fal] <N.; ~|fäll [-fɛlˑ]> {s. u. ↑Zwiefel ↑Fall²}: Zweifelsfall.

zwiefels|frei ['tsviˑfəls,fraɪ] <Adj.; ~e> {5.1.4.5}: zweifelsfrei. Tbl. A2.9

Zwiefels|frog, de ['tsviˑfəls,froːx] <N.; ~e> {s. u. ↑Zwiefel ↑Frog}: Zweifelsfrage.

Zwie|leech, et ['tsviˑ,leːfŋ] <N.; o. Pl.; ⟨aus dem Niederdt. < mniederd. twelicht, eigtl. = halbes, gespaltenes Licht⟩> {5.2.1.2}: Zwielicht.

zwie|leechtig ['tsviˑ,leːfŋtɪfŋ] <Adj.; ~e> {5.2.1.2}: zwielichtig; undurchsichtig u. daher suspekt. Tbl. A5.2

Zwie|spald, der ['tsviˑ,ʃpalt] <N.; ~|spälde [-ʃpɛlˑdə] (Pl. selten)> {6.11.3}: Zwiespalt.

zwie|späldig ['tsviˑ,ʃpɛldɪfŋ] <Adj.; ~e ⟨mhd. zwiespaltic, ahd. zwispaltig⟩> {6.11.3}: zwiespältig; in sich uneins, widersprüchlich, kontrovers. Tbl. A5.2

Zwie|sproch, de ['tsviˑ,ʃproːx] <N.; ~e (Pl. selten)> {s. u. ↑Sproch¹}: Zwiesprache.

Zwie|traach, de ['tsviˑ,traːx] <N.; o. Pl. ⟨mhd. zwitraht < mniederd. twidracht, zu: twedragen = sich entzweien⟩> {5.2.1.2}: Zwietracht.

Zwig, der [tsvɪfŋ] <N.; veraltet; ~e ['tsvɪjə]; Zwig|el|che ['tsvɪjəlfŋə]> {5.3.1}: Zweig [auch: ↑Zweig].

Zwillings|broder, der ['tsvɪlɪŋs,broˑdɐ] <N.; ~|bröder> {s. u. ↑Broder}: Zwillingsbruder.

Zwillings|geboot/~|geburt, de ['tsvɪlɪŋsjə,boːt / -jə,buˑɐt] <N.; ~e> {s. u. ↑Geboot/Geburt}: Zwillingsgeburt.

Zwillings|reife, der ['tsvɪlɪŋs,raɪfə] <N.; ~> {s. u. ↑Reife¹}: Zwillingsreifen.

Zwing, de [tsvɪŋˑ] <N.; ~e ['tsvɪŋə]> {8.3.1}: Zwinge, **1.** ein Werkzeug. **2.** Metallhülse zur Verstärkung eines Stabendes.

zwinge ['tsvɪŋə] <V.; st.; han; zwung [tsvʊŋˑ]; gezwunge [jə'tsvʊŋə]>: zwingen. (26)

zwirbele/zwirvele ['tsvɪrˑbələ / 'tsvɪrˑvələ] <V.; schw.; han; zwirbelte ['tsvɪrˑbəltə]; gezwirbelt [jə'tsvɪrˑbəlt]> {9.2.1.2}: zwirbeln. (6)

Zwirg/Zwerg, der [tsvɪrfŋ / tsverfŋ] <N.; ~e ['tsvɪrjə / 'tsverjə] ~|el|che ['tsvɪrjəlfŋə]> {5.4}: Zwerg.

Zwirg|daggel/Zwerg|~/~|täggel, der ['tsvɪrfŋ,dagəl / 'tsverfŋ- / -tɛgəl] <N.; ~e> {s. u. ↑Zwirg/Zwerg ↑Daggel/Täggel}: Zwergdackel, sehr kleiner Dackel.

Zwirg|hohn/Zwerg|~, et ['tsvɪrfŋ,hoːn / 'tsverfŋ-] <N.; ~|höhner> {s. u. ↑Zwirg/Zwerg ↑Hohn}: Zwerghuhn; sehr kleines, oft schön gefärbtes Haushuhn.

Zwirg|schull/Zwerg|~, de ['tsvɪrfŋ,ʃʊlˑ / 'tsverfŋ-] <N.; ~e [-ʃulə]> {s. u. ↑Zwirg/Zwerg ↑Schull}: Zwergschule; Schule, in der aufgrund geringer Schülerzahlen Schüler mehrerer Schuljahre in einem Klassenraum unterrichtet werden.

zwirvele/zwirbele ['tsvɪrˑvələ / 'tsvɪrˑbələ] <V.; schw.; *han*; zwirvelte ['tsvɪrˑvəltə]; gezwirvelt [jə'tsvɪrˑvəlt]> {6.1.1; 9.2.1.2}: zwirbeln. (6)

zwitschere ['tsvɪtʃərə] <V.; schw.; *han*; zwitscherte ['tsvɪtʃetə]; gezwitschert [jə'tsvɪtʃet]> {9.2.1.2}: zwitschern, **1.** zwitschern (Vogellaute). **2.** (übertr.) Alkohol (u. a. Schnaps aus kleinen Gläschen, die im Kölschen *Vügelche* genannt wurden) trinken. (4)

zwölf [tsvøləf] <Kardinalz.> {5.5.1}: zwölf, (als Ziffer: 12).

Zwölf|finger|darm, der [tsvøl'ffɪŋɐˌdarm] <N.; ~ [-dɛrˑm]> {s. u. ↑zwölf ↑Finger ↑Darm}: Zwölffingerdarm.

zwölf|hundert ['tsvøləf'hʊnˑdet / ˌ-'-- / '-,--] <Kardinalz.>: zwölfhundert, (als Ziffer: 1200).

zwor [tsvɔˑ(ɐ̯)] <Adv.> {5.5.3}: zwar.

Zylinder, der [tsɪ'lɪndɐ] <N.; ~e>: Zylinder; *ene Nähl em Z. han (spinnen).

Zylinder|kopp, der [tsɪ'lɪndɐˌkɔp] <N.; ~|köpp> {s. u. ↑Kopp}: Zylinderkopf.

Zypress, de [tsʏ'prɛs] <N.; ~e ⟨mhd. zipresse(nboum), ahd. cipresenboum < lat. cypressus < griech. kypárissos⟩> {8.3.1}: Zypresse.

Zypresse|krugg, et [tsʏ'prɛsəˌkrʊk] <N.; ~|krügger> {s. u. ↑Zypress ↑Krugg}: Zypressenkraut.

Zyss, de [tsʏs] <N.; Zyste ['tsʏstə] ⟨griech. kýstis = (Harn)blase⟩>: Zyste.

VIII. WÖRTERVERZEICHNIS

DEUTSCH – KÖLSCH

A – Z

Erläuterungen zum Gebrauch der Deutsch-Kölsch-Liste

Die Worliste Deutsch-Kölsch soll jedem Kölsch-Unkundigen ermöglichen, durch Nachschlagen des deutschen Wortes die entsprechende kölsche Übersetzung zu finden. Hier sind jedoch nicht alle Wörter aus dem Kölsch-Deutsch-Teil des Wörterbuchs enthalten. Gibt es für ein spezifisch kölsches Wort keine 1:1-Übersetzung ins Deutsche und wäre eine ausführlichere Bedeutungserklärung nötig, kann natürlich kein deutsches Suchwort eingegeben werden.

Wie auch im Kölsch-Deutsch-Teil des Wörterbuchs werden bei der Sortierung der Deutsch-Kölsch-Liste die Umlaute „ä", „ö" und „ü" wie die einfachen Vokalbuchstaben „a", „o" und „u" behandelt (vgl. Kap. I, 3). Auch die Tilde („~") wird wie im Kölsch-Deutsch-Teil verwendet: Sie steht für einen weggelassenen Wortteil, welcher im Eintrag vorher oder dahinter angegeben ist.

Gibt es zu einem deutschen Wort mehrere kölsche Entsprechungen, so ist zuerst – falls vorhanden – die 1:1-Übersetzung angegeben. Weitere Synonyme folgen in willkürlicher Reihenfolge, eine bestimmte Ordnung gibt es hier nicht. Existieren von dem deutschen Wort im Kölschen auch noch bestimmte komplexe Ausdrücke oder Redewendungen, werden diese zum Schluss – durch Semikola getrennt und in kursiver Schrift – aufgelistet.

Möchte man diese komplexen Ausdrücke im Kölsch-Deutsch-Teil wiederfinden, muss man nach den Hauptkategorien, die in diesem komplexen Ausdruck auftreten (also dem Verb, Nomen, Adjektiv oder Adverb) gesucht werden. Es kann dabei passieren, dass in den komplexen Ausdrücken z. B. ein Nomen im Plural, ein flektiertes oder gesteigertes Adjektiv oder ein Verb in einer flektierten Zeitform auftaucht. In der Kölsch-Deutsch-Liste muss dann jeweils nach der Grundform gesucht werden: beim Nomen nach der Singularform, beim Verb nach dem Infinitiv und beim Adjektiv nach dem Positiv.

Alle Kriterien – z. B. bezüglich der Schreibweise der kölschen Wörter oder Indizierung von Homonymen – sind bei der Wortliste Deutsch-Kölsch ebenso wie im Kölsch-Deutsch-Teil des Wörterbuchs gültig. Was in der Deutsch-Kölsch-Liste jedoch wegfällt, ist die Lautschrift in IPA sowie die Angabe der Bedeutungsvariante, sofern das Wort verschiedene besitzt. Auch die durch senkrechten Strich gekennzeichneten Morphemgrenzen oder besondere Aussprachekennzeichnungen (z. B. bei kurzen geschlossenen „e", „o" oder „ö" oder langen offenen „o" oder „ö" etc. im Kölschen) finden sich in der Deutsche-Kölsch-Liste nicht, denn sobald das gesuchte Wort gefunden wurde, können alle weiteren Informationen dazu im Kölsch-Deutsch-Teil nachgeschlagen werden.

A

Deutsch	Kölsch
Aachen	Ooche
Aachener	Ööcher
Aachener Printen	Ööcher Printe
Aachener Straße	Ööcher Stroß
Aal	Ööl
Aalmutter	Quabbööl
Aalquappe	Quabbööl
Aas	Oos
ab	av[1+2]
ab und an/zu	av un aan/zo
abändern	avändere, alteriere/~eere
abarbeiten	avarbeide, ~placke, ~rackere/~racke, racke, rackere
abartig	avaatig
abätzen	avätze
abbauen	avbaue
abbeißen	avbieße, ~knabbere, ~knäuele, ~knage, ~nage, ~knäuele
abbekommen	avkrige
abberufen	avberofe
abbestellen	avbestelle
abbetteln	avbeddele
abbezahlen	avbezahle
abbiegen	avbeege
abbilden	avbilde/~belde
abbinden	avbinge
abblasen	avblose
abblättern	avbläddere
abbleiben	avblieve
abblenden	avblende
abblitzen	avbletze
abblocken	avblocke
abbrausen	avbrause[1+2]/~bruuse[1+2]
abbrechen	av~, lossbreche, opgevve, zeröckfleute/zo~
abbremsen	avbremse
abbrennen	avbrenne, flämme
abbringen	avbränge
abbröckeln	avbröckele
Abbruch	Avbroch

abbrühen	avbröhe	abfärben	av~, durchfärve
abbrummen	avbrumme	abfassen	avfasse
abbuchen	avboche	abfaulen	avfuule
abbürsten	avbööschte	abfedern	avfeddere
abbüßen	avböße/~büße, verböße/~büße	abfegen	avfäge, ~kehre/~kerre
ABC-Schütze	I-a-Köttela, I-Dötzche	abfeiern	avfiere/~feere
abchecken	avchecke	abfeilen	avfiele, ~raspele
abdämpfen	avdämpe	abfertigen	avfäädige, ~speise, uschecke; *de Aap luuse*
abdanken	avdanke		
abdecken	avdecke	abfeuern	avfeuere
Abdecker	Avdecker	abfinden	avfinge, föge; *sich en jet schecke; en der suure Appel bieße*
abdichten	avdeechte/~dichte, deechte[1]/dichte[1]		
abdonnern	avdonnere	abflachen	avfla(a)che
abdrängen	avdränge	abflämmen	avflämme
abdrehen	avdrihe; *voll avgedriht han/sin; sing fünf Minutte han*	abflauen	avflaue
		abfliegen	avfleege
abdriften	avdrifte	abfließen	avfleeße
abdrosseln	avdrossele	Abflug	Avflog
Abdruck	Avdrock[1+2]	Abfluss	Avfloss, Senk
abdrucken	avdrocke	Abfolge	Avfolg
abdrücken	avdröcke	abfordern	avfordere
abdunkeln	avdunkele	abfotografieren	avfotografiere/~eere, ~knipse
abduschen	avdusche, ~brause[2]/~bruuse[2]	abfragen	avfroge
abebben	avebbe, ~düüe	abfressen	avfresse
Abend	Ovend	abfühlen	avföhle
Abendbrot	Ovendesse	Abfuhr	Avfuhr/~fohr, Schasewitt
Abendessen	Ovendesse	abführen	avföhre/~führe
Abendgebet	Ovend~, Naachgebedd	Abführmittel	Avföhrmeddel/~führ~
Abendkasse	Ovendkass	abfüllen	avfölle/~fülle
abends	ovends	abfüttern	avföödere
Abendzeit	Ovendzigg	Abgang	Avgang
aber	ävver	abgaunern	avgaunere
aberkennen	averkenne	abgeben	avgevve, enrecke
abessen	avesse, ~käue	abgebrüht	avgebröht
abfackeln	avfackele	abgedreht	avgedriht
abfädeln	avfäddeme	abgefüllt	avgeföllt
abfahren	avfahre	abgegriffen	avgegreffe
Abfahrt	Avfahrt	abgehärtet	fried
Abfall	Avfall	abgehen	avgonn, ~rieße, lossgonn
Abfalleimer	Müll~/Möll~, Dreckemmer	abgelegen	avgeläge; *am Aasch vun der Welt; am Löffelseng*
abfallen	avfalle		
abfälschen	avfälsche	abgelten	avgelde

abknibbeln

abgemagert	mager, avgemagert	abheften	avhefte, ~läge
abgenutzt	avgegreffe, schlessig, schubbig, verschlesse	abheilen	avheile
		abhelfen	avhelfe
abgeraten	avgerode	abhetzen	avhetze, ploge, zaue
abgeschmackt	avgeschmack	abhobeln	avhubbele
abgesehen	usser[1]	abholen	avholle
abgespannt sein	durchhänge, ~hange	abholzen	avholze
abgestanden	schal	abhorchen	avhüre/~höre
abgestumpft	avgebröht	abhören	avhüre/~höre
abgetakelt	avgetakelt	abhungern	avhungere
abgetragen	verschlesse	abhusten	avhoste
abgetrennt	loss[1]	abisolieren	avisoliere/~eere
abgewetzt	schubbig	Abitur	Reifepröfung
abgewinnen	avgewenne[1]	Abiturzeugnis	Reifezeugnis
abgewöhnen	avgewenne[2], ~läge	abjagen	avjage
abgießen	avgeeße	abkacken	avkacke
abgleichen	avgliche	abkämmen	avkämme
abgleiten	avrötsche	abkanzeln	avkanzele, deckele; *einer fäädig maache*
abgraben	avgrave		
abgrasen	avgrase	abkappen	avkappe
abgrenzen	avgrenze	abkapseln	avkapsele
Abgrund	Avgrund	abkarren	avkaare
abgucken	avkicke, ~luure/~loore, ~specke, spingkse	abkarten	avkaate
		abkassieren	avkassiere/~eere
Abguss	Avgoss/~guss	abkauen	avkäue, ~knäuele
abhaben	avhan	abkaufen	avkaufe
abhacken	avhacke, ~spalde	abkehren	avkehre/~kerre, weiche[2]/wiche
abhaken	avhoke	abketten	avkette
abhalftern	avhalftere	abkippen	avkippe
abhalten	avhalde	abklabastern	avklabastere
abhandeln	avhandele	abklappern	avklappere, ~kloppe
Abhang	Avhang	abklären	avkläre
abhängen	avhänge, ~hange	Abklatsch	Avklatsch
abhängig	avhängig	abklatschen	avklatsche
Abhängigkeit	Avhängigkeit	abkleben	avklevve
abhärten	avhääde	abklemmen	avklemme
abhauen	avhaue, ~schlage/~schlonn, ~jöcke; kaaschte/laufe/stäuve/stefte[2]/tirre gonn; sich usem Stöbb/ durch de Kood maache; zom Düüvel schere	abklingen	avklinge, verdämpe
		abklopfen	avkloppe
		abknabbern	avknabbere, ~knage, ~nage
		abknappen	avknappe
abhäuten	avhügge	abkneifen	avpetsche
abheben	avhevve	abknibbeln	avknibbele, ~piddele, ~pöttele

abknicken

abknicken	avknicke, ~breche, verknicke	abluchsen	avluchse, ~handele, ~knöppe, ~klüngele
abknöpfen	avknöppe		
abknutschen	avknuutsche	ablutschen	avlötsche
abkochen	avkoche, quelle²	abmachen	avmaache
abkommandieren	avkommandiere/~eere	abmagern	avmagere
abkommen	avkumme, ~gerode	abmähen	avmihe
Abkommen	Avkumme	abmahnen	avmahne
abkömmlich	avkömmlich	abmalen	avmole
abkratzen	avkratze, ~schrabbe, erunderkratze/erunger~	abmarschieren	avmarschiere/~eere, ~röcke
		abmelden	avmelde
abkriegen	avkrige	abmessen	avmesse, uszirkele
abkühlen	avköhle, usköhle	abmetzeln	avmetzele
abkupfern	avkoffere	abmildern	avmildere/~meldere
abkürzen	avkööze, ~knappe	abmoderieren	avmoderiere/~eere
Abkürzung	Avkürzung	abmontieren	avmontiere/~eere
abküssen	avbütze, ~knuutsche	abmühen	avmöhe, ~schufte, ~rackere, ~murkse, schinde, ploge; *Möh gevve; zom Schänzche arbeide*
abladen	avlade		
ablagern	avlagere		
ablassen	avlooße; *jet op sich beruhe looße*	abmurksen	avmurkse, möpse
ablatschen	avlatsche	abnabeln	avnabele
Ablauf	Avlauf	abnagen	avnage, ~knage, ~knabbere
ablaufen	avlaufe, verlaufe	abnähen	avnihe
Ablaut	Avlaut	Abnäher	Avniher
ablecken	avlecke, ~schlecke	abnehmen	avnemme, ~kläue, ~decke, ~hevve, ~läge, eravtrainiere/~eere
abledern	avleddere		
ablegen	avläge	Abnehmer	Avnemmer
ablehnen	avlähne, ~schlage/~schlonn, ~wehre/~werre, weigere; *einem nit grön sin, einer/jet god messe²; der Naache däue künne, e Körvche gevve*	Abneigung	Messguns
		abnötigen	avpresse
		abnutzen	avnötze/~notze, ~schürvele, durchwetze, verschließe
		abnützen	avnötze/~notze
ableisten	avleiste, ~solviere/~eere	Abnutzung	Verschleiß
ableiten	avleite, ~grave	abonnieren	abonniere/~eere
ablenken	avlenke	Abort	Abtredd, Drießhuus
Ablenkung	Avlenkung	abpacken	avpacke
ablesen	avlese	abpassen	avpasse
ableugnen	avstrigge, bestrigge	abpausen	avpause/~puuse, pause²/puuse²
ablichten	avleechte/~lichte	abperlen	avpääle
abliefern	avlivvere, ~gevve	abpfeifen	avfleute
ablocken	avhandele	abpflücken	avplöcke
ablösen	avlüse/~löse, ~rieße, ~hevve, ~piddele, lossmaache	abpinnen	avpenne
		abplagen	avarbeide, ~ploge

abschnallen

abplatzen	avplatze	absahnen	avsahne, aaneigne
abprallen	avpralle	absatteln	avsaddele
abpressen	avpresse, ~dröcke	Absatz	Avsatz
abpumpen	avpumpe	absaufen	avsuffe
abputzen	avputze	absaugen	avsauge
abquälen	avquäle	absausen	avsause
abquellen	avquelle/~qualle	abschaben	avschave, ~schrabbe
abrackern	avrackere/~racke, schinde	abschaffen	avschaffe
abrasieren	avrasiere/~eere, fottrasiere/~eere	abschälen	avschelle
abraspeln	avraspele	abschalten	avschalte/~schalde, usmaache
abraten	avrode	abschätzen	avschätze, wäge²
abräumen	avrüüme	Abschaum	Avschuum
abrauschen	avruusche	abscheren	avschere/~scherre
abreagieren	avreagiere/~eere; si Mödche an einem köhle	abscheuern	avschüüre/~schööre
		abschicken	avschecke
abrechnen	avrechne	abschieben	avschiebe
abregen	avräge	Abschied	Avscheed
abregnen	avrähne	abschießen	avscheeße, ~feuere, ~knipse
abreiben	avrieve	abschinden	avschinde
Abreibung	Klöpp, Schrübb; ene Balg Wachs	abschirmen	avschirme, decke¹
abreisen	avreise	abschirren	usspanne
abreißen	avrieße, ~breche, roppe	abschlachten	avschlaachte
Abreißkalender	Avrießkalender	abschlaffen	avschlaffe
abreiten	avrigge	abschlagen (ablehnen)	avschlage, ~winke, usschlage, zoröckwiese; denke wie Goldschmiddsjung; einem jet blose/fleute/hoste
abrennen	avrenne		
abrichten	avreechte/~richte		
abriegeln	avriegele/~reegele	abschlagen (trennen)	avschlage/~schlonn, ~haue, ~kloppe
abringen	avringe	abschlecken	avschlecke
abrocken	avrocke	abschleifen	avschliefe, ~schürvele
abrollen	avrolle	abschleppen	avschleppe
abrubbeln	avrubbele	Abschleppseil	Avschleppseil
abrücken	avröcke	abschließen	avschleeße, erledige
abrufen	avrofe	Abschluss	Avschloss/~schluss, Schlusspunk
abrunden	avrunde	abschmecken	avschmecke, koste²
abrupfen	avroppe	abschmeißen	avschmieße
abrupt	op eimol; op eins	abschmelzen	avschmelze
abrüsten	avröste	abschmettern	avschmeddere
abrutschen	avrötsche	abschmieren	avschmiere/~schmeere
absäbeln	avzabele	abschminken	avschminke
absacken	avsacke, versacke	abschmirgeln	avschmirgele
absagen	avsage	abschmücken	avschmücke
absägen	avsäge	abschnallen	avschnalle

abschneiden

abschneiden	avschnigge, ~schere/~scherre, schere¹/scherre¹	absichern	avsechere, ungermuure/~moore; *sing Schöfcher en et Drüge bränge*
abschnippeln	avschnibbele	absichtlich	expré, willkürlich
Abschnitt	Avschnedd, Partie, Phas	absingen	avsinge
abschnüren	avschnüre/~schnöre	absinken	avsinke
abschöpfen	avscheppe	absitzen	avsetze¹
abschotten	avschotte; *nix an sich eraankumme looße*	absolut	unbedingk¹
		absolvieren	avsolviere/~eere, durchlaufe²
abschrägen	avschräge	absondern	avsondere, ~schleeße, usscheide
abschrammen	avschramme	absorbieren	avsorbiere/~eere
abschrauben	avschruuve, lossschruuve	abspalten	avspalde, ~spleddere
abschrecken	avschrecke	abspannen	avspanne, usspanne
abschreiben	avschrieve, ~penne, ~kicke	absparen	avspare
abschreiten	avschrigge	abspecken	avspecke
abschrubben	avschrubbe	abspeisen	avspeise
abschuften	avschufte	abspenstig	avspenstig
abschuppen	avschuppe	absperren	avsperre, versperre
abschürfen	avschürvele	abspielen	avspille
abschüssig	scheiv	absplittern	avspleddere, ~spließe
abschütteln	avschöddele	Absprache	Avsproch
abschütten	avschödde	absprechen	avspreche, ~erkenne
abschwächen	avschwäche, meldere/mildere; *winniger maache/wääde/weede*	abspreizen	avspreize
		absprengen	avsprenge
abschwatzen	avschwaade; *einem jet avspenstig maache*	abspringen	avspringe
		abspritzen	avspretze
abschweifen	avschweife; *vum Thema avkumme*	abspulen	avspole/~spule
abschwellen	avschwelle	abspülen	avspöle
abschwenken	avschwenke	abstammen	avstamme, herstamme
abschwindeln	avluchse	Abstammung	Schlag²
abschwirren	avschwirre, ~jöcke	Abstand	Avstand
abschwören	avschwöre	abstatten	avstatte
absegnen	avsähne	abstauben	avstöbbe, ~stäuve, aaneigne, stöbbe
absehen	avsinn, ~kicke, aanläge	abstechen	avsteche²
abseifen	avseife	Abstecher	Avstecher
abseihen	avseihe	abstecken	avsteche¹, ~schröme
abseilen	avseile	abstehen	avstonn
abseits	avseits	absteigen	avsteige, ~setze¹
absenden	avsende	abstellen	avstelle¹, ~setze², ~drihe, ~läge, ~lagere, ungerstelle¹
absengen	avsenge		
absenken	avsenke	Abstellplatz	Avstellplatz
abservieren	avserviere/~eere	Abstellraum	Kapäusche
absetzen	avsetze²	abstempeln	avstempele

absteppen	avsteppe	abtropfen	avdröppe
absterben	avsterve/~stirve	abtrotzen	avtrotze
abstillen	avstelle²	abtun	avdun
abstimmen	avstemme	abtupfen	avtuppe
abstoppen	avstoppe	aburteilen	avordeile/~urdeile
abstoßen	avstüsse, ~däue, aanäkele, ~widdere	abverlangen	avverlange, zomode
		abwägen	avwäge
abstoßend	äk(e)lig	abwählen	avwähle
abstottern	avstoddere	abwälzen	avwälze
abstrafen	avstrofe	abwandeln	avwandele; *jet üvver der Haufe* werfe/wirfe
abstrahlen	avstrohle		
abstrakt	abstrak	abwandern	avwandere
abstrampeln	avstrampele	abwarten	avwaade
abstreichen	avstriche	abwärts	erav
abstreifen	avstriefe/~streife, ~sträufe, sträufe, streife	Abwasch	Spöl
		abwaschen	avwäsche
abstreiten	avstrigge, zeröckwiese/zo~	abwehren	avwehre/~werre, pariere¹/~eere¹
abströmen	avströme	abweichen	avweiche/~wiche
abstufen	avstufe	abweiden	avweide/~wigge, ~grase
abstumpfen	avstumpe	abweisen	avwiese, avwehre/~werre, ~fäädige, ~wippe, zeröckwiese/zo~; *de Aap luuse; einer/keiner/nix an sich eraanlooße; e Körvche gevve*
abstürzen	avstürze/~stööze, ~kacke		
abstützen	avstötze, stippe		
absuchen	avsöke, ~grase, ~kämme, ~kloppe, durchforsche		
		abweisend	ieskald, zogeknöpp, ungefällig
abtakeln	avtakele	Abweisung	Schasewitt
abtanzen	avdanze	abwenden	avwende, ~drihe
abtasten	avtaaste	abwerben	avwerve/~wirve
abtauchen	avtauche	abwerfen	avwerfe/~wirfe, ~schmieße
abtauen	avdüüe	abwerten	avwerte
abteilen	avdeile	abwesend	fott
abtelefonieren	avtelefoniere/~eere	abwetzen	avwetze, ~schave, durchwetze
abtippen	avtippe	abwichsen	avwichse
abtönen	avtöne	abwickeln	avweckele, erledige
abtragen	avdrage, ~grave	abwiegeln	avwiegele/~weegele
abtrainieren	avtrainiere/~eere	abwiegen	avweege/~wooge, usweege/~wooge
abtransportieren	avtransportiere/~eere	abwimmeln	avwimmele
abtreiben	avdrieve, fottmaache	abwinkeln	avwinkele
abtrennen	avtrenne, ~drihe, ~stüsse	abwinken	avwinke
abtreten	avtredde, fotttredde	abwirtschaften	avweetschafte
abtrinken	avdrinke	abwischen	avwäsche, fottwäsche
Abtritt	Abtredd, Höffche, Lokus	abwohnen	avwonne
abtrocknen	avdrüge	abwürgen	avwürge

abzahlen	avbezahle	achtstündig	aachstündig
abzählen	avzälle	achttägig	aachdägig
abzapfen	avzappe	achttausend	aachdausend
abzäunen	avzäune/~zünge	achtteilig	aachdeilig
Abzeichen	Avzeiche	achtzehn	achzehn
abzeichnen	avzeichne, ~dröcke, aanbahne	achtzehnhundert	achzehnhundert
abziehen	avtrecke, ~striche, ~hügge	achtzehnt...	achzehnt...
Abziehleder	Strechreeme	achtzig	achzig
abzielen	avziele, aanläge	acht...	aacht...
abzischen	avzische	ächzen	käche
abzocken	avzocke, schröppe	Ackergaul	Buurepääd/Boore~
abzotteln	avzoddele	ackern	ackere
Abzug	Avzog	Ackerwinde	Pisspöttche
abzupfen	avzuppe, ~zöbbele	Adalbert	Albäät
abzwacken	avzwacke, ~knappe, ~spacke	Adam-Wrede-Straße	Adam-Wrede-Stroß
abzweigen	avzweige	adäquat	aangemesse
abzwicken	avpetsche	addieren	addiere/~eere, zesammerechne/zo~, zesammetrecke/ zo~, zesamme-zälle/zo~
abzwingen	avzwinge, ~presse, ~ringe		
abzwitschern	avzwitschere		
ach!	och¹!		
Achse	Achs	Adele	Adel
acht	aach	Ader	Oder
Acht	Aach	Aderlass	Oderlooß
achteckig	aacheckig	adieu	tschüss, adtschüs, adjüs
achteinhalb	aachenhalv	adlig	nobel
achtel	aachtel	Adressbuch	Adressboch
Achtel, 1/8 Liter	Mößche (Moß)	Adresse	Adress
achten	aachte	Aducht	Aduch
Achterbahn	Aachterbahn	Aduchtstraße	Aduchstroß
Achtergässchen	Aachtergässchen	Adular	Mondstein
achterlei	aacherlei	Adventkalender	Adventskalender
Achterstraße	Aachterstroß	Adverb	Ömstandswood
achthundert	aachhundert	Advokat	Avekat
achtjährig	aachjöhrig	Aeltgen-Dünwald-Straße	Aeltgen-Dünwald-Stroß
achtkantig	aachkantig	Affe	Aap
achtlos	nohlässig	äffen	aape
achtmal	aachmol	Affenhintern	Aapefott
achtsam	op der Hod	affig	aapig
Achtsamkeit	Kiwif	Agathe	Agathe
achtseitig	aachsiggig	Ägidiusstraße	Ägidiusstroß
achtstellig	aachstellig	Agilolfstraße	Agilofstroß
achtstöckig	aachstöckig	Agnes	Angenies, Nies/Nees
		Agoraphobie	Platzangs

Agrippastraße	Agrippastroß	allesamt	allemol(de); *met Kind un Kägel*
Agrippinaufer	Agrippinaufer/~ofer	allgemein	allenthalve
Ägypten	Ägypte	allmählich	*peu à peu*
ägyptisch	ägyptisch	allseits	allenthalve
ähneln	glich	Alltag	Alldag
ahnen	ahne; *der Brode rüche; jet en der Nas han*	alltäglich	ordinär, gewöhnlich
		Alltagsmensch	Alldagsminsch
Akkord	Akkood	allzu	allze/~zo
Akkordeon	Quetsch², Quetsche(n)büggel, Quetschkommod	Alpinist	Alpiniss
		als	wie¹⁺²
akkurat	akkurat	alsbald	baal
Akkusativobjekt	Akkusativobjek	also	alsu, dämnoh
Akt	Ak, Opzog	alt	ald¹, fröh¹, antik
Akte	Akte	Altar	Altar
Aktenkoffer	Aktekoffer	altbekannt sein	*esu ene Baat han*
aktuell	bröhwärm	Altbier	Alt, Altbier
akut	bröhwärm	Alte (der)	Aal; *aale Bemm; aale Büggel; aale Knopp*
akzeptieren	aanerkenne, bejohe		
Alabasterkörper	Alabasterbalg	Alte (die)	Aal; *aal Schruuv; aal Schartek; aal/ald Fräuche*
Alarichstraße	Alarichstroß		
albern	kujaxe	Alte Mauer am Bach	Aal Muur am Bach
albern	läppsch, jeck, geflapp, avgeschmack, kalverig, verkindsch	Alte Sandkaul (Sandgrube)	Aal Sandkuul
		Alte Wallgasse	Aal Wallgass
Albernheit	Kinkerlitzche, Sparjitzche, Sprijitzche	Altengrabengäßchen	Aalegravegässche
Albert	Albäät	Alter	Alder
Albrecht	Albrech	Alter Deutzer Postweg	Aale Düxer Posswäg
Album	Album	Alter Markt	Alder Maat
alert	aläät	älter	fröh¹, groß
Alkoholfahne	Schabausfahn	alterieren	alteriere/~eere
Alkoholtest	Alkoholtess	Altertum	Alderdum
all, ~e, ~es	all	Alte Sandkaul	Aal Sandkuul
alle	all, allemol(d)e	Altkluger	Aldverstand
allein	allein¹⁺²	altmodisch	aldmodisch, verstöbb
allemale	allemol(de)	Altwarenhändler	Aldräuscher/~rüsch~
allenthalben	allenthalve	Altweibersommer	Aldwieversommer
allerdings	ävver	am (an dem)	am
Allerheiligen	Allerhellige	Am Alten Posthof	Am aale Posshoff
allerlei	allerlei	Am Bayenturm	Am Bayentoon
allermeist	allermiets	Am Bilderstöckchen	Am Belderstöckche/Bilder~
Allerseelen	Allersiele	Am Clarenhof	Am Clarenhoff
alles	all	Am Domhof	Am Domhoff
alles, was	wat²	Am Duffesbach	Am Duffesba(a)ch

Am Faulbach

Am Faulbach	Am Fuulbaach	An St. Magdalenen	An Zint Magdalen
Am Flutgraben	Am Flutgrave	An Zint Jan	An Zint Jan (Zint Jan = St. Johann Baptist)
Am Frankenturm	Am Franketoon		
Am Hof	Am Hoff	analysieren	erforsche
Am Kölner Brett	Am Kölner Bredd	anämisch	blodärm
Am Kradepohl	Am Kradepohl	Anarchist	Anarchiss
Am Kümpchenshof	Am Kümpche(n)shoff	Anästhesist	Narkoseaaz
Am Lingchen	Am Lingche	anbacken	aanbacke
Am Malzbüchel	Am Malzböchel	anbaggern	aanbaggere
Am Puffelskooche	Am Puffelskooche	anbahnen	aanbahne
Am Rinkenpfuhl	Am Rinkepohl	anbandeln	aanmaache, ~baggere, poussiere/~eere; ene Mann/en Frau angele
Am Römerturm	Am Römertoon		
Am Trutzenberg	Am Trutzenberg	Anbau	Aanbau
Am Vorgebirgstor	Am Vürgebirgstor	anbauen	aanbaue
Am Weidenbach	Am Wiggeba(a)ch	Anbauschrank	Aanbauschrank
Amalie	Mal	anbehalten	aanbehalde, ~looße
Ameise	Ameis, Seckom	anbeißen	aanbieße
Amme	Amm	anbekommen	aankrige
Ammoniaklösung	Salmiakgeis	anbelangen	aanbelange
amnestieren	begnadige	anbellen	aanbelle, ~blaffe, ~kläffe
Amsel	Määl, Schwatzdrossel	anbeten	aanbedde, schwärme
Amsterdamer Straße	Amsterdamer Stroß	anbetreffen	aanbetreffe
Amt	Amp	anbetteln	aanbeddele, ~haue, melke
amtlich	amplich	anbezahlen	aanbezahle
Amtmann	Ampmann	anbiedern	aanbeede, enschlieme
amüsieren	amesiere/~eere, vermaache	anbieten	aanbeede, ~deene, ~drage, offeriere/~eere
an	aan, an		
An d'r Hahnepooz	An der Hahnepooz	anbinden	aanbinge, fassknöddele, kette
An den Dominikanern	An de Dominikaner	anblaffen	aanblaffe, ~bälke, ~blöke, ~brölle/~brülle, ~kotze, ~maache, ~motze, ~ranze, ~schnauze, ~rotze, avranze
An der Bottmühle	An der Bottmüll		
An der Burgmauer	An der Burgmuur/~moor		
An der Decksteiner Mühle	An der Decksteiner Müll	anblasen	aanblose
An der Dränk	An der Dränk	anblecken	aanblecke[1]
An der Eiche	An der Eich	anblicken	aanblecke[2], ~luure/~loore, ~sinn
An der Flora	An der Flora	anblinken	aanblinke
An der Ling	An der Ling (Ling = Linde)	anblinzeln	aanblinzele
An der Malzmühle	An der Malzmüll	anblöken	aanblöke, ~blaffe, ~bälke, ~brölle/~brülle, ~kläffe, ~kotze, ~maache, ~motze, ~ranze, ~schnauze, ~rotze, avranze
An der Rechtschule	An der Räächsschull		
An Groß St. Martin	An Groß Sank Martin		
An Lyskirchen	An Lyskirche		
An St. Agatha	An Zint Agatha	anbohren	aanbohre
An St. Katharinen	An Zint Kathrin	anbraten	aanbrode

anbrausen	aanbrause/~bruuse, ~rase/~rose, ~sause	anfahren	aanfahre, ~brölle/~brülle, ~blecke[1], ~fauche
anbrechen	aanbreche	Anfall	Aanfall, Usbroch
anbremsen	aanbremse	anfallen	aanfalle
anbrennen	aanbrenne	Anfang	Aanfang
anbringen	aanbränge	anfangen	aanfange, ~laufe, lossläge
anbringen	draanmaache[1]	Anfänger	Aanfänger
anbrüllen	aanbrölle/~brülle, ~bälke	anfangs	aanfangs
anbrummen	aanbrumme	anfassen	aanpacke, ~föhle, ~lange, ~tatsche
Andacht	Aandaach, Mess[2]	anfauchen	aanfauche, ~brölle/~brülle
andauern	duure/doore	anfaulen	aanfuule
andauernd	*alle naslang; alle Minutte(ns)*	anfechten	aanfechte/~fäächte
ander	ander	anfegen	aanfäge
ändern	ändere, ömmodele, drihe	anfeinden	aanfeinde
andersartig	andersartig	anfertigen	aanfäädige, maache
andersherum	anderseröm	Anfertigung	Maach[2]
anderthalb	anderthalv	anfeuchten	aanfeuchte, benetze
andeuten	aandügge, ~bahne, ~klinge, erwähne; *jet durchblecke looße*	anfeuern	aanfeuere, ~drieve, ~stachele
		anflattern	aanflaadere, ~fladdere
andichten	aandeechte/~dichte	anflehen	aanflehe, beschwöre, nohlaufe
andicken	aandecke	anfletschen	aanfletsche
andienen	aandeene	anfliegen	aanfleege
andocken	aandocke	anflitzen	aanflitze
Andreas	Andrees	anflunkern	aanflunkere; *einem jet vum Pääd verzälle*
andrehen	aandrihe		
andressieren	aandressiere/~eere	anfordern	aanfordere
androhen	aandrohe/~dräue	anfressen	aanfresse, ~bieße
Andruck	Probedrock	anfreunden	aanfründe
andrücken	aandröcke, ~presse	anfrieren	aanfriere/~freere
andünsten	aandünste	anfügen	aanhänge
anecken	aanecke	anfühlen	aanföhle
aneignen	aaneigne, avstäuve	anführen	aanföhre/~führe; *einer för der Jeck halde; met einem der Jeck/Molli/de Aap maache*
aneinander	anenander, anenein		
aneinanderschlagen	zesammeschlage/zo~/~schlonn		
Anekdötchen	Anekdötche, Kreppche, Stöckelche	Anführer	Baas, Haup
anekeln	aanäkele, ~kotze, ~widdere	anfüllen	aanfölle/~fülle
anerkennen	aanerkenne, aachte	anfunkeln	aanfunkele
Anerkennung	Aadigkeit	anfunken	aanfunke
anerziehen	aanertrecke, ~dressiere/~eere, ~gewenne	anfuttern	aanfoodere
		anfüttern	aanföödere
anessen	aanfresse, ~käue	angaffen	aangaffe
anfachen	aanfache, ~schüre, ~brenne, schüre	angaloppieren	aangaloppiere/~eere

angeben

angeben	strunze, aangevve, opschnigge, opspille, renommiere/~eere, schwadroniere/~eere, protze; *en große Muul han; en (decke/große) Lepp reskiere/~eere; deck/groß dun; der decke Willem aache/spille/markiere/-eere; Gedöns/Buhei maache*
Angeber	Strunzbüggel, Renommierstängel, Muulschwaader, Huhstapler
Angeberei	Strunz
angeberisch	strunzbüggelig
angeboren	aangebore
Angebot	Aangebodd
angefault	fimschig, fukakig, fussig
angehen	aangonn, ~belange, betreffe, schere²/scherre²
angehören	aangehüre/~höre, ~hüre/~höre
Angelegenheit	Aangeläge(n)heit, Belang
Angelfischerei	Sportangele
angeln	angele, fesche; *(ene Mann/en Frau) angele*
Angelschnur	Angelschnur/~schnor
angemessen	aangemesse, passe¹, gerääch
Angemessenes	Moß
angenehm	aangenähm
Angenehme Ruhe!	Amerau!
angenommen	mingethalver, mingetwäge
angesagt	gefrog
angesehen	renommiert/renommeet
Angesicht	Aangeseech
angespannt	kribbelig
angestaubt	stöbbig
angetrunken	*e Steinche em Schoh han; eine em Uhr/Ohr han*
angewöhnen	aangewenne, ~ertrecke
Angewohnheit	Aangewennde
angezogen	en Rock un Kamesol
angießen	aangeeße
angiften	aangefte
angleichen	aangliche
angliedern	aangliddere
anglotzen	aanglotze
angreifen	aangriefe, ~falle, ~gonn, ~störme/~stürme, lossgonn
Angriffskrieg	Offensivkreeg
Angriffsspiel	Offensivspill
Angriffsspieler	Offensivspiller
angrinsen	aangrinse
angrunzen	aangrunze
Angst	Angs, Bammel, Kadangs, Kamasch/Gamasch, Schess, Muffesause; *einem geiht der Aasch op Grundies*
Angstgefühl	Dadderich, Magegrummele
Angsthase	Bange(n)dresser; *bedresse Retz*
ängstigen	ängstige, verschrecke; *Angs/Kadangs/Strang han; en et Bockshoon jage; en de Juch schlage/schlonn*
ängstlich	ängslich, bang, bedresse, bammelig, dressig², habbelig, koppscheu
Angstschweiß	Angsschweiß
angucken	aanluure/~loore
angurten	aangurte
anhaben	aanhan, ophan
anhaften	aanklevve
anhalftern	aanhalftere
anhalten	aanhalde, nohhalde, pariere¹/~eere¹
anhalten	stoppe²
anhand	anhand
Anhang	Aanhang
anhängen	aanhänge, ~hange, ~deechte/~dichte
Anhänger (Schmuck)	Gebommels, Bommelage
Anhängsel	Bommelage
anhauchen	aanhauche
anhauen	aanhaue
anhäufen	aanhäufe
anheben	aanhevve
anheften	aanhefte, ~penne, ~reihe
anheimelnd	muggelig
anheiraten	aanhierode
anheizen	aanheize
anherrschen	aanbälke, ~blaffe, ~blöke, ~brölle/~brülle, ~kläffe, ~kotze, ~maache, ~motze, ~ranze, ~schnauze, ~rotze, avranze

Anmeldefrist

anheuern	aanheuere, heuere	ankreuzen	aankrütze
anheulen	aanhüüle	ankriegen	aankrige
anhimmeln	aanhimmele, ~bedde	ankündigen	aankündige, ~dügge, ~bahne
Anhöhe	Böchel	Ankündigung	Aansag
anhören	aanhüre/~höre, höre/hüre	ankuppeln	aankuppele
anhusten	aanhoste	ankurbeln	aankurvele; *einer/jet op Zack bränge*
animieren	animiere/~eere, aandrieve	ankuscheln	aankuschele
Anis	Ang(e)nis/Angnis	anlachen	aanlaache
an...	aan...	Anlage	Aanlag
anjagen	aanjage	anlangen	aanlange
ankämpfen	aankämfe	anlassen	aanlooße, ~drihe, ~behalde, ~maache
ankarren	aankaare		
ankaufen	aankaufe	anlässlich	aanlässlich
ankeifen	aankieve	anlasten	aanlaste
ankern	ankere	anlaufen	aanlaufe
anketten	aankette	anlecken	aanlecke
ankeuchen	aankäche	anlegen	aanläge, ~docke; *(et) met einem/jet ze dun¹ han/krige*
ankläffen	aankläffe		
Anklage	Aanklag	anlehnen	aanlähne, ~stelle, avstötze
anklagen	aanklage	anleiern	aanleiere
anklammern	aanklammere, fassklammere	anleimen	aanlieme
ankleben	aanklevve, ~kleistere, ~pappe, fassklevve	anleinen	aanlinge, ~binge
		anleiten	aanleite, ungerwiese
ankleiden	aandun	anlernen	aanliere/~leere
ankleistern	aankleistere	anlesen	aanlese
anklemmen	aanklemme	anleuchten	aanleuchte
anklicken	aanklicke	anliefern	aanlivvere
anklingen	aanklinge	anliegen	aanlige
anklopfen	aankloppe, kloppe	anlocken	aanlocke, ~trecke
anknabbern	aanknabbere	anlöten	aanlüe
anknacksen	aanknackse, ~breche	anlügen	aanlege, ~flunkere; *einem jet vum Pääd verzälle*
anknipsen	aanknipse, ~maache		
anknöpfen	aanknöppe	anmachen	aanmaache, ~baggere, ~knipse, ~drihe, enschalte/~schalde, baggere
anknoten	aanknöddele		
anknüpfen	aanbahne, betrecke	anmahnen	aanmahne
ankochen	aankoche	anmalen	aanmole, ~pinsele
ankommen	aankumme, ~lange	anmarschieren	aanmarschiere/~eere
ankoppeln	aankoppele, ~docke, docke	anmaßen	aanmoße
ankotzen	aankotze, ~äkele	anmaßend	großkareet
ankrallen	aankralle	anmeckern	aanmeckere
ankratzen	aankratze	Anmeldeformular	Meldezeddel
ankreiden	aankrigge	Anmeldefrist	Aanmeldefriss

anmelden	aanmelde	anprallen	aanpralle
anmengen	aanmaache	anprangern	aanprangere
anmerken	aanmerke	anpreisen	aanpriese, ~beede
anmessen	aanmesse	anpressen	aanpresse
anmieten	aanmeede	anprobieren	aanprobiere/~eere
anmoderieren	aanmoderiere/~eere	anpumpen	aanpumpe, ~beddele, melke
anmotzen	aanmotze, ~bälke	anquasseln	aanquasele
Anna	Ann/Änn, Nanna	anquatschen	aanquatsche
Anna Katharina	Annekathring	anranzen	aanranze
Anna Katharina	Annekathring (Figur im „Hänneschen-Theater")	anrasen	aanrase/~rose, ~brause/~bruuse, ~sause, ~fäge
annageln	aannähle	anraten	aanrode
annagen	aannage, ~fresse	anrauchen	aanrauche
annähen	aannihe	anräuchern	aanräuchere
annähernd	baal, quasi	anrauen	aanraue
annehmen	aannemme, gläuve, enbilde/~belde, üvernemme, ungerstelle[2]	anraunzen	aanranze
		anrauschen	aanruusche
annektieren	annektiere/~eere	anrechnen	aanrechne
Annette	Nett	Anrecht	Aanrääch, ~sproch
anniesen	aanneeße	anregen	aanräge, ~reize, beflögele
annieten	aanneete	anreichen	aanrecke, ~gevve, recke[2]
Annonce	Annonce, Zeidungsaanzeig	anreihen	aanreihe
annoncieren	annonciere/~eere	anreisen	aanreise
Annostraße	Annostroß	anreißen	aanrieße
annullieren	annulliere/~eere	anreiten	aanrigge
anöden	aanöde	anreizen	aanreize
anordnen	verföge, verhänge	anrempeln	aanrempele, ~ecke
anpacken	aanpacke, eraangonn	anrennen	aanrenne
anpappen	aanpappe	Anrichte	Aanreech
anpassen	aanpasse, enföge	anrichten	aanreechte/~richte
anpeilen	aanpiele	anritzen	aanretze
anpfeifen	aanfleute	anrollen	aanrolle
anpflanzen	aanflanze/~planze, ~baue	anrosten	aanroste
anpflaumen	aanbrölle/~brülle	anrösten	aanröste
anpflocken	aanpöhle	anrotzen	aanrotze
anpicken	aanpecke	anrüchig	aanröchig, undurchsichtig
anpinkeln	aanpinkele	anrücken	aanröcke
anpinnen	aanpenne	anrudern	aanrodere/~rudere
anpinseln	aanpinsele	anrufen	aanrofe, telefoniere/~eere
anpirschen	aanpirsche	anrühren	aanröhre/~rühre, ~maache, berühre/~rühre
anpissen	aanpisse		
anpöbeln	aanpöbele	Ansage	Aansag

anstacheln

ansagen	aansage	anschreien	aanbrölle/~brülle, ~bälke
ansägen	aansäge	Anschrift	Adress
ansammeln	aansammele	anschubsen	aanschöckele
ansaufen	aansuffe	anschuldigen	aanscholdige
ansaugen	aansauge	anschüren	aanschüre
ansausen	aansause	anschwanken	aanschwanke, ~schöckele
anschaffen	aanschaffe	anschwänzeln	aanschwänzele
anschalten	aanschalte/~schalde, ~drihe, enschalte/~schalde	anschwärzen	aanschwätze
		anschweben	aanschwevve
anschauen	aanluure/~loore, ~sinn, beluure/~loore	anschweißen	aanschweiße
		anschwellen	aanschwelle[1+2], opschwelle[1+2], quelle[1], verquelle
anschaukeln	aanschöckele		
anscheinen	aanschinge	anschwemmen	aanschwemme[1], ~drieve
anscheinend	schings	anschwimmen	aanschwemme[2]
anschicken	aanschecke	anschwindeln	belege; einem jet vum Pääd verzälle
anschieben	aandäue	ansegeln	aansegele
anschießen	aanscheeße	ansehen	aansinn, ~luure/~loore, bekicke, luure/loore
anschirren	aanschirre, ~scherre		
Anschlag	Aanschlag	Ansehen	Aansinn, Besinn, Ihr, Sching[2]
anschlagen	aanschlage/~schlonn, ~ecke	ansehnlich	aadig
anschlägig	aanschlägig	anseilen	aanseile, ~binge
anschleichen	aanschleiche/~schliche	ansengen	aansenge
anschleifen	aanschliefe	ansetzen	aansetze, ~brenne
anschleppen	aanschleife	ansingen	aansinge
anschließen	aanschleeße, ~hänge, reihe[1], rihe	anspannen	aanspanne, ~scherre, ~schirre
Anschluss	Aanschluss	ansparen	aanspare
anschmachten	aanschmaachte, ~bedde	anspazieren	aanspaziere/~eere
anschmeißen	aanschmeiße	anspeien	aanspäue/~speie
anschmiegen	aanschmeege, ~kuschele, deckele, kuschele	anspielen	aanspille, ~dügge
		anspitzen	aanspetze, ~schliefe
anschmieren	aanschmiere/~schmeere, lackiere/~eere; för der Jeck halde; der Jeck maache (met einem)	anspornen	aansporne, ~drieve, ~stachele, beflögele
		ansprechen	aanspreche, ~schwaade, ~schnigge, ~maache, ~krige, ~dügge; op et Tapet bränge
anschnallen	aanschnalle		
Anschnallgurt	Aanschnallgurt	anspringen	aanspringe
anschnauzen	aanschnauze, ~ranze, ~brölle/~brülle, ~bälke, ~kläffe, ~rotze, avrotze	anspritzen	aanspretze
		Anspruch	Aansproch
Anschnauzer	Schnau	anspruchsvoll	aansprochsvoll
anschneiden	aanschnigge, ~breche, ~dügge	anspucken	aanspäue/~speie, ~rotze
anschnorren	melke	anspülen	aanspöle, ~drieve, schwemme[2]
anschnüren	aanbinge	anstacheln	aanstachele, ~drieve, ~spetze, aanfache
anschrauben	aanschruuve		
anschreiben	aanschrieve, ene Deckel maache		

anstaksen	aanstakse	Ansuchen	Aandrag
Anstalt; (keine) ~en machen	Aanstalt; *(kein) Aanstalte maache*	antanzen	aandanze
anständig	aanständig, fazünglich, manierlich	antasten	aantaaste
anstänkern	aanstänkere	antatschen	aantatsche
anstapfen	aanstappe	Anteil	Aandeil
anstarren	aanstiere	Anteilnahme	Aandeil
anstatt	statt[1+2]	Antenne	Antenn
anstauben	aanstöbbe	Antennenmast	Antennemass
anstauen	aanstaue	Antichrist	Antichress
anstaunen	aanstaune	antik	antik
ansteche	aansteche[2], ~breche	antippen	aantippe
anstecken	aansteche[1], ~fache, ~brenne	Antiquität	Antikche
anstehen	aanstonn	Anton	Antun, Tünnes, Tünn
ansteigen	aansteige	Antoniterstraße	Antoniterstroß
anstelle	anstell, statt[1+2]	Antonsgasse	Antunsgass
anstellen	aanstelle, ~drihe, ~maache	antraben	aantrabe
ansteuern	aansteuere, lossteuere	Antrag	Aandrag
anstiefeln	aanstivvele	antragen	aandrage
Anstieg	Aansteeg	antrainieren	aantrainiere/~eere, ~eigne
anstieren	aanstiere	antransportieren	aantransportiere/~eere
anstiften	aanstefte, ~drieve, ~stivvele, animiere/~eere, verföhre/~führe	antreffen	aantreffe, vörfinge/vür~
		antreiben	aandrieve, ~spetze, dränge
anstimmen	aanstemme	antreten	aantredde
anstinken	aanstinke	Antrieb	Drevv
anstolzieren	aanstolziere/~eere	antrinken	aandrinke, nibbele
anstoßen	aanstüsse, ~pralle, ~ecke, begeeße, zoproste	Antritt	Aantredd
		antrocknen	aandrüge
anstößig	aanröchig	antrödeln	aantrödele
anstrahlen	aanstrohle	antuckern	aantuckere
anstreichen	aanstriche, bepinsele	antun	aandun
Anstreicher	Aanstricher, Möler	Antwort	Antwood
anstreifen	aanstriefe/~streife, ~sträufe	antworten	antwoode; *Antwood gevve*
anstrengen	aanstrenge, ~spanne, ploge, ensetze[2], möhe	anvertrauen	aanvertraue, betraue
		anvisieren	aanvisiere/~eere
anstrengend	möhsam	anwachsen	aanwahße, enwahße[2]
Anstrengung	Aanstrengung, Möh	anwackeln	aanwaggele
Anstrich	Aanstrech	anwählen	aanwähle
anstricken	aanstrecke	Anwalt	Avekat
anströmen	aanströme	Anwandlung	Aanwandlung, ~fall
anstückeln	aanstöckele	anwärmen	aanwärme
anstücken	aanstöckele	anwatscheln	aanwatschele
anstürmen	aanströme/~stürme	anweisen	aanwiese

anwenden	aanwende	Apotheker	Apetheker, Pelle(n)driher/Pille(n)~
Anwendung	Gebruch	Appellhofplatz	Appellhoffplatz
anwerben	aanwerve/~wirve	Appetit	Appetit, Kennwasser
anwerfen	aanwerfe/~wirfe, ~schmieße, ~drihe	appetitlich	appetittlich
anwettern	aanbrölle/~brülle	applaudieren	klatsche, beklatsche
anwetzen	aanwetze	Aprikose	Aprikus, Katömmelche, Marill
anwidern	aanwiddere, ~äkele, ~kotze, ~stinke	April	April/Aprel
anwinkeln	aanwinkele	Aprilsjeck	Aprilsjeck/Aprels~
anwinseln	aanwinsele	Aquinostraße	Aquinostroß
anwurzeln	aanwoozele	Ära	Zeitalder
Anzahl	Haufe	Arbeit	Arbeid, Wöhl
anzahlen	aanbezahle	arbeiten	arbeide, placke, schaffe[1], wöhle; *sich zom Schänzche arbeide*
anzählen	aanzälle		
anzapfen	aanzappe, ~steche[2]	Arbeiter	Arbeider
anzeichnen	aanzeichne	Arbeiterhände	Arbeidshäng
Anzeige	Aanzeig, Annonce	Arbeiterkittel	Baselum
anzeigen	aanzeige, annonciere/~eere	Arbeitsdienst	Arbeidsdeens
anzetteln	aanzeddele, ~bahne, ~fache	Arbeitsheft	Arbeidsheff
anziehen	aantrecke, ~läge, ~dun, ~sträufe, kleide, ömdun, üvverstriefe/~streife	Arbeitshose	Arbeidsbotz
		Arbeitskittel	Arbeidskiddel
Anzug	Aanzog	Arbeitskollege	Arbeidskolleg
anzünden	aanbrenne, ~fache, ~maache, ~steche[1]	Arbeitsleute	Arbeidslück
		Arbeitsmarkt	Stellemaat
anzweifeln	aanzwiefele, bezweifele	Arbeitspferd	Arbeidspääd, Ackerpääd
anzwinkern	aankniepe	Arbeitsplatz	Arbeidsplatz, Stell
apart	apaat	Arbeitsschritt	Arbeidsschredd
Apfel	Appel	Arbeitstier	Arbeidsdier
Apfelbrei	Appelkompott	Arbeitszimmer	Arbeidszemmer
Apfelkern	Appelkään	Architekt	Architek
Apfelkerngehäuse	Appelketsch	arg	ärg[1+2], düchtig, fies[2], schlemm
Apfelkompott	Appelkompott	Ärger	Ärger, Ungemach, Verdross, Öschel
Apfelkorn	Appelkoon	ärgerlich	verdreeßlich, falsch, messlich
Apfelkraut	Appelkrugg	ärgern	ärgere, alteriere/~eere, fuchse, kraue, kujoniere/~eere, öschele, transioniere/~eere, vexiere/~eere, alteriere/~eere, wurme; *sich schwatz ärgere; drop drieße*
Apfelmus	Appelkompott		
Apfelschimmel	Appelschimmel		
Apfelsine	Appelsin		
Apfelsinenbaum	Appelsinebaum		
Apfeltorte	Appeltaat	arglos	treuhätzig
Apollonia	Loni, Plünn	arm	ärm
Apostelnkloster	Apostelkluster	Arm	Ärm
Apostelnstraße	Apostelstroß	Armband	Ärmband
Apotheke	Apethek	Armbanduhr	Ärmbanduhr/~ohr

Armbruch

Armbruch	Ärmbroch	asthmatisch	asthmatisch
Arme	Ärme, Hungerligger; ärme Schluffe/Höösch, nack(el)ige Luus	Atem	Odem
		Atembeschwerden	Luffmangel
Ärmel	Mau	atemlos	hinger Odem
Armenrecht	Ärmerääch	Atemnot	Odemsnud
Armer Ritter	Verwenntschneddche	Atemwege	Luffwäg
armes Würstchen	ärme Höösch	Atemzug	Odemszog
armselig	ärmsillig, fimschig, schubbig, dörftig	Atheist	Atheiss
armseliger Mensch	ärme Höösch	atmen	odeme
Armut	Ärmod, Dalles	Atmosphäre	Stimmung
Arnold	Nolles, Nöll[3], Noltes	Atommacht	Nuklearmaach
arrangieren	arrangiere/~eere, optrecke	ätsch!	ewä!
Arrest	Arress	Attacke	Attack, Aanfall
Arrestzelle	Arresszell, Kaschott	Attest	Attess
arretieren	fassstelle	ätzen	ätze
arrogant	opgeblose, huhpöözig	auch	och[2], met[2], selvs[2]
Arsch	Aasch; buure Bahnhoff; buure Fott; en Fott wie e Brauereipääd/Sesterpääd	auf	op[1+2]
		auf der Hand/Faust essen	(jet) op en Ov esse
		auf heißen Kohlen sitzen	op glöhn(d)ige Kolle setze
Arsch der Welt	Löffelseng, Pusemuckel	auf und ab/nieder	op un av/nidder
Arschbacke	Aaschbacke	Auf dem Berlich	Om Berlich
Arschgesicht	Fottgeseech	Auf dem Brand	Om Brand
Arschkriecher	Aaschkruffer/~kröff~, Raddfahrer	Auf dem Hunnenrücken	Op dem Hungsrögge
Arschloch	Aaschloch	Auf dem Rothenberg	Om Rothenberg
Art	Aat, Schlag[2], Zoot	aufarbeiten	op~, erenarbeide, opkladunjele
arten	aate	aufatmen	opodeme
Artenschutz	Aateschotz	aufbacken	opbacke
artig	aadig	aufbahren	opbahre
-artig	~aatig	Aufbau	Opsatz
Artigkeit	Aadigkeit	aufbauen	opbaue, ~schlage/~schlonn
Artikel	Artikel	aufbäumen	opbäume
Artist	Artiss	aufbauschen	opbausche/~buusche, huhspille; us enem Futz ene Donnerschlag maache
Arzt	Aaz, Minscheflecker, Dokter		
Asche	Äsch		
Aschenkasten	Äscheschoss, Ovveschoss	aufbegehren	opbegehre/~gerre, ~mucke
Aschenkreuz	Äschekrütz	aufbehalten	opbehalde, ~looße
Aschenputtel	Äschepuddel	aufbeißen	opbieße
Aschermittwoch	Äschermeddwoch	aufbessern	opbessere
äsen	äse, wigge[2]/weide	aufbewahren	opbewahre, ~hevve, be~, verwahre
Aspekt	Aspek	aufbiegen	opbeege
Ast	Ass	aufbieten	opbeede, ~bränge
Asthma	Asthma	aufbinden	opbinge

aufgeworfen

aufblähen	opblähe	aufessen	opesse, fottesse, fottputze, bewältige, verkimmele, ~spachtele, ~tilge, (ver)kamesöle, verkasematuckele, ~pinsele, ~putze; *Zaldat maache*
aufblasen	opblose		
aufblättern	opbläddere		
aufbleiben	opblieve		
aufblenden	opblende		
aufblicken	opblecke, ~luure/~loore	auffädeln	opfäddeme, ~trecke
aufblinken	opblinke	auffahren	opfahre
aufblitzen	opbletze	auffallen	opfalle
aufblühen	opblöhe, ~levve	auffällig	opfällig
aufbocken	opbocke	auffalten	opfalde
aufbohren	opbohre	auffangen	opfange
aufbrauchen	opbruche	auffinden	opfinge
aufbrausen	opbrause/~bruuse	aufflackern	opflackere
aufbrausend	bletzig	aufflammen	opflamme
aufbrechen (fortgehen)	opbreche, losstrecke; *sich opmaache; sich op de Bein/Lappe/Söck maache*	aufflattern	opflaadere, ~fladdere
		auffliegen	opfleege
		auffordern	opfordere, mahne
		auffressen	opfresse
aufbrechen (gewaltsam öffnen)	opbreche, ~knacke, ~schlage/~schlonn, knacke	auffrischen	opfresche, ~kladunjele
		aufführen	opföhre/~führe
aufbrennen	opbrenne	Aufführung	Opföhrung/~führ~
aufbringen	opbränge, ~wende, avknapse	auffüllen	opfölle/~fülle
aufbrodeln	opbrodele	Aufgabe	Aufgab
aufbrühen	opbröhe	Aufgang	Opgang
aufbrüllen	opbrölle/~brülle	aufgeben	opgevve, avbreche, ~looße
aufbrummen	opbrumme	aufgeblasen	opgeblose
aufbügeln	opbügele	aufgebracht	opgebraht, ungehalde
aufbumsen	opbumse	aufgedreht	opgekratz
aufbürden	aanlaste, operläge	aufgehen	opgonn, ~breche
aufbürsten	opbööschte	aufgeilen	opgeile
aufdämpfen	opdämpe	aufgekratzt	opgekratz
aufdecken	opdecke, ~fleege	aufgelegt	opgelaht
auf dem	om (op dem)	aufgeputzt	stöödig
aufdonnern	opkladunjele, ~donnere	aufgeräumt	opgerüümp
aufdrängen	opdränge, ~däue, ~zwinge, aanbeede	aufgeregt	habbelig, iggelig, zabbelig
		aufgerichtet	oprääch
aufdrehen	opdrihe	aufgeschlossen	gesellig
aufdröhnen	opdröhne	aufgeschmissen	opgeschmesse
aufdrucken	opdrocke	aufgesprungen	ressig
aufdrücken	opdröcke, ~däue	aufgeweckt	aläät, luus
aufeinander	openander	aufgeweicht	matschig
auferlegen	operläge	aufgeworfen	wulstig

aufgießen

aufgießen	opgeeße	aufklären	opkläre, belehre/~lihre, durchleuchte
aufgliedern	opgliddere	aufklatschen	opklatsche, flatsche
aufglühen	opglöhe/~glöhne	aufkleben	opklevve
aufgraben	opgrave	aufklopfen	opkloppe
aufgreifen	opgriefe, zoröckkumme/ze~	aufknabbern	opknabbere
aufgucken	opluure/~loore	aufknacken	opknacke
aufhaben	ophan	aufknallen	opknalle
aufhacken	ophacke	aufknöpfen	opknöppe
aufhaken	ophoke	aufknoten	opknöddele
aufhalsen	ophalse	aufkochen	opkoche
aufhalten	ophalde	aufkommen	opkumme, aanbahne, ushalde
aufhängen	ophänge, hänge	aufkrachen	opkraache
Aufhänger	Stropp	aufkratzen	opkratze
aufhauen	ophaue	aufkrempeln	opkrempele, huhkrempele, ~sträufe
aufhäufeln	ophäufele; Häufcher maache	aufkreuzen	opkrütze
aufhäufen	ophäufe, kuppe	aufkriegen	opkrige
aufheben	ophevve, ~raafe, ~bewahre, behevve, tilge, verspare, verwahre, löse/lüse	aufkündigen	opkündige
		aufkurbeln	opkurvele
		auflachen	oplaache
Aufhebens	Gedöns, Gedresse	aufladen	oplade, bepacke
aufheften	ophefte	Auflage	Auflag
aufheitern	opheitere, ~muntere	auflassen	oplooße
aufheizen	opheize	auflauern	oplauere
aufhelfen	ophelfe	Auflauf	Oplauf
aufhellen	ophelle, bleiche/bliche, opkläre, ~klore	auflaufen	oplaufe
		aufleben	oplevve
aufhetzen	ophetze, ~stoche	auflecken	oplecke, ~schlecke²
Aufhetzer	Uhreblöser/Ohre~	auflegen	enhänge
aufheulen	ophüüle	auflegen	obläge
aufhissen	ophisse	auflehnen	oplähne, mokiere/~eere
aufholen	opholle, nohholle	aufleimen	oplieme
aufhorchen	luusche, luustere	auflesen	oplese, ~raafe
aufhören	ophüre/~höre, ~gevve, stoppe², avbreche, ~schleeße, ~rieße; sin² looße	aufleuchten	opleuchte, funkele, opbletze, ~schinge
		aufliegen	oplige
aufjaulen	opjaule	auflisten	opliste
aufkaufen	opkaufe	auflockern	oplockere
aufkehren	avkehre/~kerre	auflösen	oplüse/~löse, lüse/löse, opspleddere, ~kläre
aufkeimen	opkieme		
aufklaffen	opklaffe	auflöten	oplüe
aufklappen	opklappe	auflutschen	oplötsche
aufklaren	opklore	aufm	om

Aufschlag

aufmachen	opmaache, aanbreche	aufrechnen	oprechne
Aufmachung	Opzog	aufrecht	oprääch, piel
aufmalen	opmole	aufrechterhalten	erhalde
aufmarschieren	opmarschiere/~eere	aufrecken	oprecke, huhrecke[1]
aufmeißeln	opmeißele	aufreden	opschwaade
aufmerksam	interesseet, gewahr; *op der Hod*	aufregen	opräge, echauffiere/~eere, alteriere/~eere, *en Aap krige; de Begovung krige; sich jeck maache*
Aufmerksamkeit	Aadigkeit, Aach		
aufmischen	opmische		
aufmöbeln	opmöbele	Aufregung	Oprägung, Alteration; *der Düüvel loss sin*
aufmontieren	opmontiere/~eere		
aufmotzen	opmotze	aufreiben	oprieve
aufmucken	opmucke, mucke, mokiere/~eere	aufreihen	opreihe, rihe
aufmuntern	opmuntere; *wach maache*	aufreißen	oprieße, ratsche, opstippe
aufnähen	opnihe, ~setze[2]	aufreizen	opreize
aufnehmen	opnemme, ~zeichne, metschnigge, aannemme	aufrichten	oprecke, ~reechte/~richte, ~flanze/~planze
Aufnehmer	Opnemmer	aufrichtig	ihrlich
aufopfern	opoffere	aufritzen	opretze
aufpacken	oppacke	aufrollen	oprolle
aufpäppeln	oppäppele	aufrücken	opröcke, nohröcke
aufpassen	oppasse, aachte; *om Kiwif sin/stonn*	Aufruf	Oprof
aufpeitschen	oppeitsche	aufrufen	oprofe
aufpeppen	oppeppe	Aufruhr	Opruhr/~rohr
aufpflanzen	opflanze/~planze	aufrühren	opröhre/~rühre, ~tische
aufpflügen	opflöge/~plöge	aufrunden	oprunde
aufpicken	oppecke	aufrutschen	oprötsche
aufplatzen	opplatze, ~kraache, ~springe	aufrütteln	opröddele
aufplustern	opplustere	aufsagen	opsage
aufpolieren	oppoliere/~eere	aufsammeln	opsammele
aufpolstern	oppolstere	aufsatteln	opsaddele
Aufprall	Schnav	Aufsatz	Opsatz
aufprallen	oppralle, ~schlage/~schlonn, ~treffe, schnave, opfalle	aufsaugen	opsauge, avsorbiere/~eere
		aufscharren	opscharre
aufpumpen	oppumpe	aufschäumen	opschüüme
aufputschen	opmuntere	aufscheinen	opschinge
aufquellen	opquelle, verquelle	aufscheuchen	opscheuche
aufraffen	opraafe, ~rappele, üvverwinde	aufscheuern	opschüüre/~schööre, ~schürfe
aufragen	oprage	aufschichten	opscheechte/~schichte
aufrappeln	oprappele	aufschieben	opschiebe, verschiebe
aufrauchen	oprauche	aufschießen	opscheeße, huhscheeße
aufrauen	opraue	Aufschlag	Opschlag
aufräumen	oprüüme, nohrüüme		

aufschlagen

aufschlagen	opschlage/~schlonn, ~kraache, ~titsche, ~treffe, titsche	aufspielen	opspille; *ene Futz em Kopp han; sich enen Däu aandun; der decke Willem maache/makeere*
aufschlecken	opschlecke²		
aufschließen	opschleeße	aufspießen	opspeeße
aufschlitzen	opschletze, ratsche	aufsplittern	opspleddere
aufschlucken	opschlecke¹	aufsprengen	opsprenge
aufschlüsseln	opschlössele	aufspringen	opspringe, ~breche, huhspringe
aufschnallen	opschnalle	aufspritzen	opspretze
aufschnappen	opschnappe	aufsprühen	opspröhe
aufschneiden	opschnigge	aufspulen	opspole/~spule
aufschnüren	opschnüre/~schnöre	aufspülen	opspöle
aufschrammen	opschramme	aufspüren	opspüre/~spöre
aufschrauben	opschruuve	aufstacheln	opstachele, aandrieve
aufschrecken	opschrecke¹⁺², huhschrecke	aufstampfen	opstampe, trampele, trammele
Aufschrei	Opschrei	Aufstand	Opstand
aufschreiben	opschrieve	aufstapeln	opstapele, ~stivvele, törme/türme
aufschreien	opschreie, krihe	aufstäuben	opstöbbe
Aufschrift	Opschreff	aufstauen	opstaue
aufschürfen	opschürfe	aufstechen	opsteche
aufschütteln	opschöddele	aufstehen	opstonn, huhkumme, opraafe
aufschütten	opschödde, ~streue	aufsteigen	opsteige, ~setze¹
aufschwatzen	opschwaade, aandrihe, opschwindele	aufstellen	opstelle, ~flanze/~planze
		aufstemmen	opstemme
aufschweißen	opschweiße	aufstempeln	opstempele
aufschwellen	opschwelle¹⁺²	aufsteppen	opsteppe
aufschwemmen	opschwemme	aufsticken	opstecke
aufschwindeln	opschwindele	aufstieben	opwirvele
aufschwingen	opschwinge	aufstöbern	opstöbere
aufsehen	opsinn, ~blecke	aufstocken	opstocke
Aufsehen	Opsinn	aufstöhnen	opstöhne
aufseilen	opseile	aufstopfen	opstoppe
aufsetzen	opsetze², aandun	aufstoßen (öffnen)	opstüsse, ~däue
Aufsicht	Aufsich	aufstoßen (rülpsen)	opstüsse, blökse, böke, bökse, gölpsche
aufsitzen	opsetze¹		
aufspalten	opspalde	aufstrahlen	opstrohle
aufspannen	opspanne	aufstreichen	opstriche, enstriche
aufsparen	opspare, verspare	aufstreifen	huhsträufe, huhstriefe/~streife
aufsperren	opstippe	aufstreuen	opstreue
aufspielen	opspille; *der decke Wellem maache/makeere*	aufstufen	opstufe
		aufstülpen	opstölpe
		aufstützen	opstötze, ~lähne
		aufsuchen	*bei ... gonn*

ausbessern

auftakeln	optakele, ~kratze, ~kladunjele	aufzäumen	opzäume
auftanken	opanke	aufzehren	verpinsele, verputze, oprieve
auftauchen	optauche	aufzeichnen	opnemme, ~zeichne, metschnigge
auftauen	opdüüe	Aufzeichnung	Metschnedd, Notiz
aufteilen	opdeile, ömläge, ungerdeile	aufzeigen	opzeige
auftippen	optippe	aufziehen	optrecke
auftischen	opdesche	aufzüchten	opzüchte
auftitschen	optitsche	aufzucken	opzucke
Auftrag	Opdrag	Aufzug	Opzog, Fahrstohl, Aufzog
auftragen	opdrage, ~gevve, serviere/~eere	aufzupfen	opzuppe
auftreffen	optreffe, ~bumse, ~falle, ~stüsse, pralle	aufzwingen	opzwinge
		aufzwirbeln	opzwirbele/~zwirvele
auftreiben	opdrieve, ~bränge	Augapfel	Augappel
auftrennen	optrenne	Auge	Aug
auftreten	optredde	Augen	Auge, Döpp
Auftritt	Optredd	äugen	äuge
auftrumpfen	optrumpe	Augenblick	Augebleck, Fupp, Minutt, Schlag[1]
auftun	opdun	Augenbraue	Augebrau
auftürmen	optörme/~türme	Augenglaskörper	Lins
aufwachen	wach wääde/weede	Augenlid	Augelidd, Augedeckel
aufwachsen	opwahße	Augenmaß	Augemoß
aufwallen	opwalle	Augenstern	Augestään
Aufwallen	Wall[2]	Augentropfen	Augedroppe
Aufwand	Opwand	Augentrost	Augetrus
aufwärmen	opwärme	Augentröster	Augetrüster
aufwarten	opwaade	August	Auguss
aufwaschen	opwäsche	Augustapfel	Augussappel
aufwecken	opwecke; wach maache	Auguste	Guss[2]
aufweichen	opweiche	aus	us[1+2]
aufweisen	opwiese	aus'm (aus dem)	usem
aufwenden	opwende	ausarbeiten	usarbeide, usföhre/~führe, ustüftele
aufwerfen	opwerfe/~wirfe, ~stölpe	ausarten	usaate
aufwerten	opwerte, ~stufe	ausatmen	usodeme
aufwickeln	opweckele	ausbacken	usbacke
aufwiegeln	opwiegele/~weegele, ~stachele, ~bränge	ausbaden	usbade
		ausbaggern	usbaggere
aufwiegen	opweege/~wooge	ausbalancieren	usbalanciere/~eere
aufwirbeln	opwirvele, ~stöbbe, ~wöhle	ausbaldowern	usbaldowere
aufwischen	opwäsche, putze	ausbauen	usbaue, usmontiere/~eere
aufwölben	opwölve	ausbedingen	usbedinge
aufwühlen	opwöhle, ~röhre/~rühre	ausbeißen	usbieße
aufzählen	opzälle	ausbessern	usbessere, üvverholle

ausbeulen

ausbeulen	büggele, usbüüle, usbüggele	ausdrücken	usdröcke, besage
ausbeuten	usbeute, ussauge	ausdrücklich	usdröcklich, exprè
ausbezahlen	usbezahle	Ausdrucksweise	Usdrock[1]
ausbilden	usbilde/~belde, schliefe	ausdünnen	usdönne
Ausbilder	Lihrhäär	ausdunsten	usdünste
Ausbildung	Usbildung/~beld~, Lihr[1]	ausdünsten	usdünste
Ausbildungsplatz	Lihrstell	auseinander	usenander, usenein
Ausbildungsvertrag	Lihrverdrag	auseinander gehen	verlaufe
Ausbildungszeit	Lihrzigg	auseinander setzen	verkasematuckele
ausblasen	usblose	auseinanderbrechen	usenanderbreche, opbreche
ausbleiben	usblieve, fottblieve, mankiere/~eere	Auseinanderbrechen	Broch[1]
ausbleichen	usbleiche/~bliche	auseinanderfalten	usenanderfalde
ausblenden	usblende	auseinandergehen	scheide
ausblühen	usblöhe	auseinanderhalten	usenanderhalde, ungerscheide
ausbluten	usblode	auseinanderklaffen	gappe
ausbohren	usbohre	auseinanderlegen	usenanderposementiere/~eere
ausbomben	usbombe	auseinanderreißen	zerrieße
ausborgen	liehne	auseinanderrollen	usrolle
ausbraten	usbrode	auseinandersetzen	explizere/~eere, usenanderposementiere/~eere, erömschlage/~schlonn
ausbrechen	usbreche		
ausbreiten	usbreide, spreide, usläge		
ausbremsen	usbremse	Auseinandersetzung	Explizier
ausbrennen	usbrenne	ausessen	usesse
Ausbruch	Usbroch	ausfahren	usfahre
ausbrüten	usbröde, ushecke	Ausfall	Usfall
ausbuchen	usboche	ausfallen	usfalle
ausbuddeln	usbuddele	Ausfallschritt	Usfallschredd
ausbügeln	usbügele	ausfalten	usfalde, usenanderfalde
Ausbund	Usbund	ausfasern	usfranse, riffele
ausbürsten	usbööschte	ausfechten	usfechte/~fäächte, usdrage
auschecken	uschecke	ausfegen	uskehre/~kerre
ausdampfen	usdämpe	ausfeilen	usfiele
Ausdauer	Usduur/~door	ausfertigen	usfäädige, usschrieve
ausdehnen	usdehne, ~wigge, schwelle[1]	ausfetten	usfette
ausdenken	usdenke, ~tüftele, ~hecke, ~bröde; sich jet us de Fingere sauge	ausfiltern	usfiltere
		ausfliegen	usfleege
ausdienen	usdeene	ausfließen	erusfleeße
ausdiskutieren	usdiskutiere/~eere	ausflippen	usflippe
ausdörren	usdrüge	Ausflüchte	Fisematente
ausdrehen	usdrihe	Ausflug	Usflog, Spretztour, Tour, Striefzog/ Streif~
Ausdruck	Usdrock[1+2]		
ausdrucken	usdrocke	ausformen	usforme

ausformulieren	usformuliere/~eere	ausgrenzen	usgrenze
ausforschen	usforsche	ausgucken	usluure/~loore
ausfragen	usfroge, ushorche	Ausguss	Schnut
ausfransen	usfranse, usriffele	aushaben	ushan
ausfräsen	usfräse	aushacken	ushacke
ausfressen	usfresse	aushaken	ushoke
ausfugen	usfuge	aushalten	ushalde, usharre, durchhalde, verdrage
ausführen	usföhre/~führe, avhandele, leiste		
ausführlich	usföhrlich/~führ~, hoorklein	aushandeln	ushandele
ausfüllen	usfölle/~fülle, usschrieve	aushändigen	ushändige, üvvergevve, enrecke
ausfurzen	usfutze	aushängen	ushänge, ushange, ushevve
ausfüttern	usföödere	ausharren	usharre, ushalde, durchhalde
Ausgang	Usgang	aushärten	ushääde
ausgeben	usgevve, aanläge, verklüngele; einem eine aanläge	aushauen	ushaue
		ausheben	ushevve
ausgebleicht	verschosse	aushecken	ushecke
ausgeblichen	verwäsche²	ausheilen	usheile
ausgedient	avgetakelt	aushelfen	ushelfe, enspringe
ausgefallen	usgefalle, jeck	ausheulen	ushüüle, uskriesche
ausgefuchst	usgeschlofe, filouisch; *dubbelt geflääch*	aushobeln	ushubbele
		aushöhlen	ushöhle, höhle
ausgeglichen	usgegleche	ausholen	usholle
ausgehen	usgonn, usföhre/~führe	aushorchen	ushorche
ausgehungert	ungerernährt	aushungern	ushungere
Ausgelassenheit	Dollheit, Modwelle	aushusten	ushoste
ausgeleiert	labbelig	ausixen	usixe
ausgenommen	usser¹⁺²	ausjäten	usjäte
ausgeprägt	besonder	auskämmen	uskämme, durchkämme¹
ausgereift	fädig	auskaufen	uskaufe
ausgeschaltet	us²	auskegeln	uskägele
ausgeschlafen	usgeschlofe	auskehren	uskehre/~kerre
Ausgeschüttetes	Flatsch	auskeilen	uskiele
ausgesprochen	direk²/tirek²	auskeimen	uskieme
ausgestalten	usbaue	auskennen	uskenne; *wesse, wat de Botter koss*
ausgießen	usgeeße, fottschödde	auskerben	uskerve/~kirve, usketsche
ausgipsen	usgipse	auskippen	uskippe
ausgleichen	usgliche, opweege/~wooge, godmaache, tilge	ausklammern	usklammere
		Ausklang	Usklang
ausgleiten	usletsche, usrötsche	ausklappen	usklappe
ausgliedern	usgliddere	auskleiden	usföödere, usläge
ausglühen	usglöh(n)e	ausklingen	usklinge
ausgraben	usgrave, usbuddele	ausklinken	usklinke

ausklopfen

ausklopfen	uskloppe	auslesen	uslese, uszotiere/~eere
ausklügeln	usklögele	ausleuchten	usleuchte
ausknipsen	usknipse	ausliefern	uslivvere
ausknobeln	usknobele	ausliegen	uslige
ausknöpfen	usknöppe	auslöffeln	uslöffele
auskochen	uskoche	auslöschen	lösche, tilge
auskommen	uskumme, hinkumme², verdrage; god Fründ sin (met einem)	auslosen	uslose
		auslösen	uslüse/~löse, aanfache
Auskommen	Uskumme	auslüften	uslüfte
auskoppeln	uskoppele	auslutschen	uslötsche
auskosten	uskoste	ausmachen	usmaache, belaufe
auskotzen	uskotze	ausmalen	usmole, vörstelle/vür~
auskramen	uskrome	ausmarschieren	usmarschiere/~eere
auskratzen	uskratze	ausmauern	usmuure/~moore
auskriechen	uskruffe	ausmeißeln	usmeißele
auskugeln	uskugele	ausmelken	usmelke
auskühlen	usköhle	ausmergeln	usmergele, uslauge
auskundschaften	uskundschafte, usbaldowere, erkunde	ausmerzen	tilge
		ausmessen	usmesse, uszirkele, vermesse¹
Auskunft	Auskunf	ausmisten	usmeste, meste
auskuppeln	uskuppele	ausmontieren	usmontiere/~eere
auskurieren	uskuriere/~eere	ausmustern	usmustere
auslachen	uslaache	ausnehmen	usnemme, ~spare, ~schleeße, schröppe
ausladen	uslade		
auslagern	uslagere	ausnüchtern	usnööchtere
Ausland	Usland	ausnutzen, ~nützen	usnötze/~notze, beaansproche; de Aap/der Molli/Jeck maache
Ausländer	Usländer		
Ausländer(in)	Frembche	auspacken	uspacke
ausländisch	usländisch	ausparken	usparke
auslassen	uslooße, üvvergonn², ~schlage², ~springe², fottlooße	auspeitschen	uspeitsche
		auspendeln	uspendele
auslasten	uslaste	auspennen	uspenne
auslatschen	uslatsche	auspfeifen	usfleute
auslaufen	uslaufe, avläge, erusfleeße	auspflanzen	usflanze/~planze
auslaugen	uslauge	ausplappern	erusplatsche, usquasele
ausleben	uslevve	ausplaudern	usquatsche, bätsche, klatsche, quatsche¹, schwätze², verhabbele, erusplatsche, wiggersage; us dem Nihkessche verzälle¹
auslecken	uslecke		
auslegen	usläge, vörstrecke/vür~		
Auslegen	Stivvel²		
ausleiern	usleiere, uslämpe	ausplaudern	erusplatsche
ausleihen	usliehne	ausplaudern	erusplatsche
auslernen	usliere/~leere	ausplaudern	erusplatsche

ausschnitzen

ausplaudern	erusplatsche	ausrücken	usröcke, usmarschiere/~eere
ausplündern	usplündere	ausrufen	usrofe
auspolstern	uspolstere	ausruhen	usräste
ausposaunen	usposaune	ausrupfen	usroppe
ausprägen	uspräge	ausrüsten	usröste, bestöcke
auspressen	uspresse, uspaasche	Ausrüstung	Usröstung
ausprobieren	usprobiere/~eere, usteste	ausrutschen	usrötsche, usletsche, letsche
Auspuff	Uspuff	aussäen	ussie
Auspufftopf	Schalldämfer	Aussage	Wood[2]
auspumpen	uspumpe	aussägen	ussäge
ausquartieren	usquartiere/~eere	aussätzig	plackig
ausquasseln	usquasele	aussauen	ussaue
ausquatschen	usquatsche	aussaufen	ussuffe
ausquetschen	usquetsche	aussaugen	ussauge
ausradieren	usradiere/~eere, fottradiere/~eere	ausschaben	usschave
ausrangieren	usrangiere/~eere	ausschälen	usschelle
ausrasieren	usrasiere/~eere	ausschalten	usknipse
ausrasten	usraste; *sing fünf Minutte han*	ausschauen	usluure/~loore
ausrauben	usraube	ausschaufeln	ushevve
ausräubern	usräubere	ausscheiden	usscheide, ustredde, scheide
ausräuchern	usräuchere	ausscheißen	usdrieße
ausräumen	usrüüme	ausschildern	usschildere/~scheldere
ausrechnen	usrechne	ausschimpfen	usschänge, useische, aanranze, ~brölle/~brülle, avranze; *(einem) der Möpp schööre/schüüre*
Ausrede	Usred/~redd		
ausreden	usrede/~redde, usschwaade		
ausregnen	usrähne	ausschlachten	usschlaachte
ausreichen	usrecke, genöge	ausschlafen	usschlofe, uspenne
ausreichen	lange	Ausschlag	Usschlag, Plack
ausreifen	usriefe	ausschlagen	usschlage/~schlonn, usfööder
ausreisen	usreise	ausschlecken	uslecke
ausreißen	usrieße, ustrecke, usroppe, durchbrenne; *stefte[2]/tirre/laufe/stäuve gonn*	ausschleifen	usschliefe
		ausschließen	usschleeße
		ausschließlich	allein[2]
Ausreißer	Usrießer	ausschlüpfen	uskruffe
ausreiten	usrigge	ausschlürfen	usschlürfe/~schlürpe
ausreizen	usreize	ausschmieren	usschmiere/~schmeere, betuppe[2]
ausrenken	usrenke, uskugele	ausschmücken	usschmücke, usmole
ausrichten	usreechte/~richte, bestelle[1]	ausschnauben	usschnuuve
Ausritt	Usredd	ausschnaufen	usräste
ausrollen	usrolle	ausschnäuzen	usschnuuve
ausrotten	usrotte	ausschneiden	usschnigge
ausrotzen	usrotze	ausschnitzen	usschnetze

ausschnüffeln

ausschnüffeln	usschnüffele	aussparen	usspare
ausschöpfen	usscheppe	ausspeien	usspäue/~speie
ausschoten	uskivvere/~kevvere	aussperren	ussperre, usschleeße
ausschrauben	erusschruuve	ausspielen	usspille
ausschreiben	usschrieve	ausspinnen	usspenne
ausschreien	usrofe	ausspionieren	usspioniere/~eere
ausschreiten	usschröme	aussprechen	usspreche, bekenne, ~finge, ~haup-te, engestonn, usquatsche, usschwaade
ausschütteln	usschöddele		
ausschütten	usschödde, fottschödde, kippe		
ausschwärmen	usschwärme, usfleege	ausspritzen	usspretze
ausschwemmen	usschwemme	ausspucken	usspäue/~speie
ausschwenken	usschwenke	ausspülen	usspöle, ömspöle[1]
ausschwingen	usschwinge	ausstaffieren	usstaffiere/~eere
ausschwitzen	usschweißte	ausstanzen	usstanze
aussegnen	ussähne	ausstatten	usstatte, bestöcke, installiere/~eere, versinn, usstaffiere/~eere
aussehen	ussinn		
Aussehen	Sching[2]	ausstechen	ussteche
außen	usse	ausstehen	usstonn
aussenden	usschecke	aussteigen	ussteige
Außendienst	Ussedeens	ausstellen	usstelle, usschrieve
außer	usser[1+2]	Ausstellung	Mess[3]
außerdem	usserdäm, zodäm/ze~, nevve(n)her, bovvendren	Ausstellungshalle	Messehall
		ausstemmen	usstemme
Äußere Kanalstraße	Üssere Kanalstroß	aussterben	ussterve/~stirve
Äußerer Grüngürtel	Üssere Gröngöödel	Aussteuer	Ussttüür/~stöör
außerhalb	usserhalv	aussteuern	ussteuere
außerirdisch	usserirdisch	ausstopfen	usstoppe
äußerlich	üüßerlich	ausstoßen	usstüsse
äußern	üüßere, sage, befinge	ausstrahlen	usstrohle, verstrohle
außerordentlich	äk(e)lig	Ausstrahlung	Usstrohlung
aussetzen	ussetze[2], stocke	ausstrecken	usstrecke
Aussicht	Ussich	ausstreichen	usstriche, usschröme, fottstriche
aussieben	ussiebe	ausstreuen	usstreue
aussiedeln	ussiedele	ausströmen	usströme, verströme
Aussiedler	Ussiedler	aussuchen	ussöke
aussitzen	ussetze[1]	austasten	ustaaste
aussondern	uszotiere/~eere, siebe, usrangiere/~eere	Austausch	Ustuusch
		austauschen	ustuusche
aussortieren	uszotiere/~eere	austeilen	usdeile
ausspähen	usluure/~loore	Auster	Ooster
ausspannen	usspanne, usräste; *einem jet avspenstig maache*	austesten	usteste
		austoben	ustobe, uslevve

austollen	ustobe	auszahlen	uszahle, usbezahle
austragen	usdrage, lösche	auszählen	uszälle
Australien	Australie	auszehren	uszehre
austräumen	usdräume	auszeichnen	uszeichne, beluhne/~lohne
austreiben	usdrieve	auszementieren	uszementiere/~eere
austreten	ustredde; *op der Abtredd/der Emmer/et Höffche/et Hüüsche/der Klo/Lokus gonn*	ausziehen	ustrecke, usdun, avläge, ~dun
		auszirkeln	uszirkele
		Auszubildende	Lihrmädche, Lihrling
austricksen	ustrickse, usbremse	Auszubildender	Lihrjung, Lihrling
austrinken	usdrinke, fottdrinke, ussuffe	Auszug	Uszog
austrocknen	usdrüge	auszupfen	usroppe
austüfteln	ustüftele, usknuuve	authentisieren	verbürge
ausüben	usübe	Auto	Auto, Kaar, Wage, Jöckemobil
ausufern	usufere	Autobahnraststätte	Rasshoff, Rassstätt
Ausverkauf	Usverkauf	automatisch	*vun allein*
ausverkaufen	usverkaufe	Axt	Ax
auswachsen	uswahße, verwahße		
Auswahl	Palett		
auswählen	ussöke		
auswalzen	uswalze		
auswandern	uswandere	**B**	
auswaschen	uswäsche	Baby	Titti, Pannestätzche, Weckelditzche
Auswechselbank	Bank¹	Bach	Baach
auswechseln	uswähßele	Bachstelze	Wippstätz
ausweichen	usweiche/~wiche, ömgonn²	Backe	Backe
ausweiden	usweide/~wigge	backen	backe
ausweinen	uskriesche, ushüüle	Backenknochen	Backeknoche
Ausweis	Uswies	Backenzahn	Backezant
ausweisen	uswiese, legitimiere, avschiebe, verbanne	Bäcker	Bäcker, Röggelcheskonditter, Mählsack
ausweiten	uswigge, ~lämpe, ~tredde, ~büüle, ~latsche	Bäckerei	Backhuus, Backes
		Backhaus	Backhuus, Backes
auswerfen	uswerfe/~wirfe	Backobst	Backobs
auswerten	uswerte	Backofen	Backovve
auswickeln	usweckele	Backpinsel	Schwiddel
auswiegen	usweege/~wooge	Backrohr	Backröhr²/~rühr
auswirken	uswigge	Backröhre	Backröhr¹
auswischen	uswäsche	Backstein	Backstein, Ziegelstein
auswringen	usfringe	Bad	Badd
Auswuchs	Knubbel	Badeanzug	Badeaanzog
auswuchten	uswuchte	Badehose	Bade~, Schwemmbotz
Auswurf	Usworf/~wurf, Qualster	Bademeister	Bademeister

baden

baden	bade, puddele	Bandhaken	Bandhoke
Badewanne	Badebüdd	bändigen	bändige, bezähme
Badezimmer	Badezemmer, Badd	Bandmaß	Bandmoß
baff	kradeplatt, verblasert; *vun de Söck*	Bandscheibe	Bandschiev
Bagger	Bagger	bange	bang, feig, wibbelig, ängslich, dressig, bedresse
baggern	baggere		
Baguette	Stangewießbrud	Bangmacher	Bangmächer
Bahn	Bahn	Bank	Bank^{1+2}
bahnen	bahne	Bankrott machen	*de Gick schlage/schlonn*
Bahnhof	Bahnhoff	Bankrotteur	Bankrötter
Bahnhofsviertel	Bahnhoffsveedel	bannen	banne, beschwöre
Bahnschwelle	Schwell	Baptist	Batiss^2
Bahnsteig	Bahnsteig	Bär	Bär
Bahre	Bahr	Barbara	Bärb/Bärbel, Bärbelche
Bajazzo	Peiass	Barbarossaplatz	Barbarossapla(a)tz
Balance	Balance	Barbe	Bärv
balancieren	balanciere/~eere	Bärbelchen	Bärbelche (Figur im „Hänneschen-Theater")
bald	baal, dämnächs		
Balg	Balg	Bärenhunger	Päädshunger
balgen	balge, rölze, keile, ranke^2/rangele	barfuß	*op/met Bläckföß*
Balken	Balke	barmherzig	barmhätzig
Balkenwaage	Balkewoog	Barmherzigkeit	Barmhätzigkeit
Balkon	Balkon	Baron	Barung
Ball	Ball^1	Barrikade	Barrikad
Ballast	Ballass	barsch	grovv
Ballen	Balle	Barsch	Bääsch
ballern	ballere	Bart	Baat
Balletttänzerin	Spetzedänzerin	Bartholomäus	Barthelmies, Barthel, Miebes
Ballfest	Ball^2	Bartmannskrug	Baatmannskrog
Ballspiel	Ballspill	Bartträger	Baatmann
Ballwechsel	Ballwähßel	Basaltstein	Unkelstein
balsamieren	balsamiere/~eere	Base	Bas, Cousine, Kusin
Balsamine	*Krüggche Röhrmichnitaan*	Baske	Baske
Balthasar	Baltes	Baskenmütze	Baskemötz
Bammel	Muffesause	Bass	Bass^1
banal	avgeschmack	Bassgitarre	Bass^1
Banane	Banan	Bassin	Bassin
Band (das)	Band^1, Bängel, Stropp	Bassist	Bassiss
Band (der)	Band^2	Bast	Bass^2
Bandage	Bandage	Bastelei	Knuuverei
Bande	Band^3, Gang^2, Schmölzche	basteln	bastele, friemele/frimmele, fisternölle, knespele, knuuve
Bändel	Bängel, Band^1		

bedenklich

Batist	Batiss[1]	Bausch	Buusch
Batzen	Batze	bauschen	schwelle[2]
Bau	Bau	bauschig	buuschig
Bauarbeiter	Bauarbeider	Baustein	Mauerstein
Bauch	Buch[1], Bierfriedhoff, Panz	Baustelle	Baustell, Bau
Bauchfeder	Fluum	Bauwerk	Bau
Bauchfleisch	Schweinebuch	Bayenstraße	Bayestroß
Bauchladen	Buchlade	beabsichtigen	bezwecke
Bauchschmerzen	Buchping	beachten	beaachte, bedenke
Bauchschuss	Buchschoss	beachtlich	besonder
Bauchtanz	Buchdanz	beackern	beackere
Bauchweh	Buchping	beängstigen	benaue
Bauchwind	Dress	beanspruchen	beaansproche, heische, verlange;
bauen	baue		ene Aansproch stelle
Bauen	Bau	beantworten	beantwoode; *Antwood gevve*
Bauer	Boor/Buur; *buure Pack*	bearbeiten	bearbeide, bebaue
Bauerbankstraße	Buurbankstroß/Boor~	Beatrix	Müpp
Bauernhof	Boorehoff/Buure~	beaufsichtigen	beopsichtige, verwahre
Bauernkittel	Boorekiddel/Buure~	beäugen	beäuge
Bauerntrampel	*buure Trampel*	bebauen	bebaue
Baujahr	Baujohr	beben	bevve
Bauklotz	Bauklotz	Beben	Bevve
Baum	Baum	bebildern	bebeldere/~bildere
baumeln	bommele, bammele	Bechergasse	Bechergass
baumelnd	bammelig	Becken	Becke, Zimdeckel
Baumelndes	Bömmel	Beckenbruch	Beckebroch
bäumen	bäume	Beckenknochen	Beckeknoche
Baumerde	Baumääd	Beckenrand	Beckerand
Baumharz	Baumhaaz	bedacht	bedach
Baumhaus	Baumhuus	Bedacht	Bedaach
Baumkrone	Baumkrun, Krun	bedanken	bedanke
Baumkuchen	Baumkoche	bedauerlich	unsillig
Baumläufer	Baumläufer	bedauern	beduure/~doore, ~klage, ~metleide,
Baumschule	Baumschull		doore[2]/duure[2], begööze, ~reue;
Baumschule	Planzgaade		*einem Leid dun*
Baumstamm	Baumstamm	bedauern	begööze
Baumsterben	Baumsterve/~stirve	bedauernswert	ärm
Baumstumpf	Baumstump, Knubbel	bedecken	bedecke, verdecke, üvverdecke,
Baumwolle	Baumwoll		decke[1], avdecke, ömhölle, usläge
Baumwollgarn	Baumwollgaan	bedeckt	bedeck
Baumwollhemd	Baumwollhemb	bedenken	bedenke
bäurisch	boore/buure	bedenklich	messlich, mau

Bedenkzeit

Bedenkzeit	Bedenkzigg	beerdigen	beerdige, beisetze[2]; *unger de Ääd bränge*
bedeuten	bedügge, besage, solle[1]		
bedeutsam	groß	Beerdigung	Beerdigung, Begräbbnis
Bedeutung	Belang, Geweech	Beere	Beer
bedienen	bedeene, betätige, serviere/~eere; *(einem) de Fott drieße drage/hinger-herdrage/nohdrage*	Beet	Beet, Bedd, Rabatt[2]
		Beethovenstraße	Beethovenstroß
		befahren	befahre
Bedienung (Kellner/in)	Bedeenung	befallen	befalle
bedingen	bedinge	befangen	vörengenomme/vür~
bedingt	bedingk	befassen	bedun, ophalde, avgevve
Bedingung	Kondition	Befehl	Befähl/Befell
bedrängen	bedränge, belästige, aanmaache, kujoniere/~eere; *en de Juch schlage/schlonn*	befehlen	befähle/~felle
		befestigen	befestige, aanbinge, ~drihe, ~dröcke, draanmaache[1], fassmaache, ~klevve, ungermuure/~moore
Bedrängnis	Bräng, Bredouille		
bedrohen	bedrohe/~dräue, aandrohe/~dräue	befeuchten	bespritze
bedrucken	bedrocke	befinden	befinge
bedrücken	bedröcke, beklemme, dröcke	befingern	tätsche
bedrückt	bekömmert	beflecken	bekläbbele, beknase
bedürfen	bedörfe/~dürfe; *nüdig han*	beflügeln	beflögele
Bedürfnis	Loss	befolgen	befolge, beaachte, enhalde
beduseln	bedusele	befördern	befördere, spediere/~eere
beduselt	beduselt	befragen	befrage
beehre	beihre	befreien	befreie
beeilen	beiele, iele, ploge, zaue, jöcke[3], üvverschlage[2], vörangonn, ~maache; *der Reeme dropdun; sich dubbelt schlage/schlonn; der Reeme drop-dun; Kood scheeße looße; sich dub-belt schlage; jöcke looße; vöran maache; en de Gäng kumme*	befreunden	befründe
		befreundet	kontant; *god Fründ*
		befriedigen	befriddige, decke[1]
		befristen	befriste
		befruchten	befruchte, zeuge[2]
		Befugnis	Rääch
		befühlen	beföhle
beeindrucken	beendrocke	befummeln	befummele
beeinflussen	beenflusse, bestimme	begabt	begab, berofe[2]
beeinträchtigen	beeinträchtige	Begabung	Gav
beeinträchtigt	gestööt, gestürt	begaffen	begaffe
beenden	beende, avbreche, ~schleeße, opgevve; *fäädig maache; en Eng[1]/Eng(k) maache; Schluss maache; fäädig wääde/weede*	begatten	decke[1], knüüze, hegge, höggele, be-springe
		begeben	*sich aan jet gevve*
		begegnen	begähne, zosammetreffe/ze~
beendigen	löse/lüse	begehen	begonn
beengen	beklemme, benaue	begehren	begehre/~gerre, gelöste; *op einer/jet erpich/jeck/versesse sin; einem en der Nas steche*
beengt	benaut		
beerben	beerve		

Beigabe

Begehrenswertes	*Äppelche för der Doosch*	behämmern	behämmere
begehrt	gefrog; *op einer/jet erpich/jeck/ versesse sin; einem en der Nas steche*	behänd, behände	aläät, wiselig
		behandeln	behandele, handele, ömspringe
begeistern	begeistere	behängen	behänge
begeisternd	heiß	beharren	beharre
begeistert	begeistert	behauen	behaue
begierig	begierig, benäut; *op jet erpich sin; en der Nas steche*	behaupten	behaupte, sage; *Rääch behalde*
		Behausung	Gehööch
begießen	begeeße	beheben	behevve
Begine	Beging	beheizen	beheize, feuere
beginnen	aanfange, ~breche, ~laufe, lossgonn; *sich aan jet gevve*	Behelf	Behelf
		behelfen	behelfe
beglaubigen	begläuvige, bezeuge	behelligen	behellige
begleichen	begliche	beherbergen	beherberge
begleiten	metgonn, ~kumme	beherrschen	beherrsche, bezäme, ungerjoche; *jet drop han*
Begleitung	Gesellschaff		
beglücken	beglöcke	beherzigen	behätzige
beglückwünschen	beglöckwünsche	beherzt	behätz, courageet; *nit bang*
begnadigen	begnadige	Beherztheit	Courage
begnügen	bedun, ~gnöge, ~scheide, ~schränke, vürleev/vör~ nemme	behexen	behexe
		behindern	behindere, durchkrütze[2]
Begonie	Begonie	behüten	behöde, bewahre
begraben	begrabe	behutsam	höösch
Begräbnis	Begräbbnis	bei	bei
begradigen	begradige	beibehalten	beibehalte
begrapschen	begrapsche, tätsche	Beiblatt	Beibladd
begreifen	begriefe, klicke, schnalle	beibringen	beibränge, aangewenne, ~ertrecke, ~dun, ~eigne
begrenzen	begrenze, beschränke		
begrenzt	begrenz	Beichte	Bich
Begriff	Begreff	beichten	bichte
begründen	begründe	Beichtstuhl	Bichstohl
begrünen	begröne	beide	beids, allebeids, Paar; *alle zwei*
begrüßen	begröße	beidrehen	beidrehe
begucken	beluure/~loore, beäuge, mustere	beidseitig	beidsiggig; *op beidse Sigge*
begünstigen	begünstige	beieinander	beienander, ~enein, ~samme, zosamme/ze~
behäbig	madamig		
behacken	behacke	beiern	beiere
behagen	behage; *noh der Mötz sin*	Beifahrer	Beifahrer
behaglich	genöglich, muggelig[2]	Beifahrersitz	Beifahrersetz
behalten	behalde, merke	Beifall	Beifall
Behälter	Behälder, Scheid[1]	beifügen	beiläge, dobeidun
Behältnis	Pott	Beigabe	Beihau

beigeben

beigeben	dobeidun	Beißzange	Petschzang
Beigeschmack	Beigeschmack	beistehen	beistonn, ~springe
beiheften	dobeidun	Beistelltisch	Beistelldesch
beikommen	beikumme	beisteuern	beistüüre/~stööre
Beilage	Beilag	beistimmen	beistemme
beilegen	beiläge	Beitel	Beißel, Stemmieser
Beileid	Beileid	Beitrag	Beidrag, Aandeil
Beileidskarte	Beileidskaat	beitragen	beidrage, ~stüüre/~stööre
beiliegen	beilige	beitragspflichtig	beidragsflichtig
beim	beim	beitreten	beitredde
beimengen	beimenge, ~mische	Beitritt	Beitredd
beimessen	beimesse	Beiwagen	Beiwage
beimischen	beimische	beizeiten	beizigge
Bein	Bein, Schoche, Schrage	bejahen	bejahe
beinahe	beinoh, ~nöchs, baal, quasi, fass[2]	bejammern	bejöömere, begööze
Beinfleisch	Beinfleisch	bejubeln	bejubele
beinhalten	ömschleeße	bekakeln	bekakele
Beinlänge	Beinläng(de)	bekämpfen	bekämfe, bekriege
beipacken	beipacke	bekannt	bekannt, gewennt, renommiert/renommeet; esu ene Baat han; bekannt sin wie ene bunte Hungk
Beipackzettel	Beipackzeddel		
beipflichten	beipflichte		
Beirat	Beirod		
beirren	durcheneinbränge, ~enanderbränge	bekannt machen	verkünde
beisammen	beisamme	Bekannte	Bekannte
beisammenhalten	zosammehalde/ze~	Bekanntenkreis	Bekanntekreis
beisammenstehen	zosammestonn/ze~	Bekanntschaft	Bekanntschaff
beischaffen	beischaffe	bekehren	bekehre/~kerre
beischießen	beischeeße	bekennen	bekenne, engestonn
Beischlaf	Beischlof	beklagen	beklage, bekrieche
beischlafen	bööschte, bumse, döppe, höggele, poppe, rammele, tuppe	beklagen	begööze
		Beklagenswertes	Trauerspill
Beischläfer	Pöpper	beklatschen	beklatsche
beischütten	beischödde	beklauen	beklaue, usnemme
beiseite	beisigg	bekleben	beklevve, zoklevve
beisetzen	beisetze[2]	bekleckern	bekläbbele, ~schlabbere, schlabbere, vollschlabbere
beisitzen	beisetze[1]		
Beisitzer	Beisetzer	bekleiden	aandun
Beispiel	Beispill	bekleistern	einkleistere
beispringen	beispringe	beklemmen	beklemme
Beißel	Beißel	beklommen	benaut
beißen	bieße	beklönen	beschwaade
Beißring	Bießring	beklopfen	bekloppe

bekloppt	aadig, avgeschmack, beklopp, bestuss, betitsch, blöd, jeck, kalverig, knatschjeck, läppsch, raderdoll, stapeljeck/stabel~, verdötsch, ~kindsch, ~röck; *mem Bömmel behaue; en Ääz am Kieme/Wandere (han); (se) nit all op de Dröht/Reih (han); ene Nähl em Zylinder (han); ene Ratsch em Kappes (han); schwatz em Geseech (sin)*	belegt	bedeck
		belehren	belehre/~lihre
		beleibt	deck
		beleidigen	beleidige, enscheppe; *einem eine enscheppe*
		beleidigt	pikeet
		beleuchten	beleuchte
		belichten	beleuchte/~lichte
		beliebig	unbegrenz, unbestemmp, willkürlich
beknien	bekneee/~kneene	beliebt	belieb, geledde
bekochen	bekoche	beliefern	belivvere
bekommen (nichts bekommen)	bekumme, erhalde, krige, verdrage (en Aapefott krige)	bellen	belle
		belohnen	beluhne/~lohne
bekömmlich	leich	Belohnung	Pries
beköstigen	beköstige	belüften	belüfte
bekotzen	bekotze	belügen	belege; *(einem) jet vum Pääd verzälle*
bekräftigen	bezeuge		
bekränzen	bekränze, kränze	belustigen	belöstige, amesiere/~eere
bekreuzigen	bekrütze, sähne; *e Krützche maache*	bemächtigen	üvverkumme
bekriegen	bekreege	bemalen	bemole, bepinsele
bekritzeln	bekritzele	bemängeln	bemängele
bekümmern	bekömmere, bedröve	bemannen	bemanne
bekümmert	bekömmert, bedröv	bemehlt	mählig
beladen	belade	bemerken	bemerke, fassstelle, merke, metkrige; *de Nas an jet krige; gewahr wääde/weede*
Belag	Belag		
belagern	belagere		
belämmern	belämmere	bemerkenswert	gelinge
Belang	Belang	bemessen	bemesse
belangen	belange	bemitleiden	bemedleide
Belangloses	Poppekrom	bemogeln	betuppe[2]
belassen	belooße, looße[1]	bemühen	bemöhe, ploge, ömdun; *sich Möh gevve*
belasten	belaste		
belästigen	belästige, belämmere, aanmaache, tribbeliere/~eere, vexiere/~eere, transioniere/~eere; *jet ze drieße han*	bemustern	bemustere
		bemuttern	bemuttere
		benachbart	benohbert
belauern	belauere	benachrichtigen	benohrichtige, metdeile
belaufen	belaufe	benachteiligen	benohdeilige
belauschen	beluusche, beluustere, luusche, luustere	benagen	benage
		benebeln	benevvele
beleben	beflögele, opmuntere	benehmen	benemme, bedrage, opföhre/~führe, avgevve, schecke, optredde, verhalde
belecken	belecke		
belegen	beläge, besetze[2], nohwiese		

Benehmen

Benehmen	Benemme, Benemm, Maneere/Maniere	bereit erklären	gewellt sin
beneiden	beneide	bereiten	maache
benennen	benenne, nenne/nööme	bereits	ald[2], ad
Benesisstraße	Benesisstroß	Bereitschaft	Bereitschaff
benetzen	benetze	Bereitschaftsdienst	Bereitschaffsdeens
Bengel	Bengel	bereitstehen	paratstonn
Benimm	Benemm, Benemme	bereitstellen	paratstelle
benommen	dösig, kareet, schwummerig, schwindelig	bereuen	bereue
		Berg	Berg/Birg
benoten	benote	Berggeist	Berggeis/Birg~
benötigen	bruche, beaansproche, gebruche; *nüdig han*	Bergisch Gladbach	Gläbbich, Schäbbig Gläbbich
		Bergkuppe	Givvel
benummern	nummeriere/~eere	Bericht	Bereech/~rich
benutzen	benotze, bruche, gebruche	berichten	bereechte/~richte, avhandele
Benutzung	Gebruch	Berichterstattung	Bericherstattung
Benzinverbrauch	Spritverbruch	berichtigen	berichtige
beobachten	beobachte, lunke, spanne, zosinn	Berichtsheft	Bereechsheff/~richs~
bepacken	bepacke	berieseln	berisele
bepflanzen	beflanze/~planze, opflanze/~planze, aanbaue	beringen	beringe
		Bernd	Bään(d)
bepflastern	bepflastere	bersten	baschte, opspringe
bepinkeln	bepinkele, bepisse	Bert	Bäätes
bepinseln	bepinsele	berüchtigt	verrofe
bepissen	bepisse, bepinkele	berücksichtigen	beröcksichtige, beaachte
beplatschen	beplatsche	berücksichtigt werden	*zo singem Rääch kumme*
bequatschen	bequatsche	Beruf	Berof
bequem	bequäm	berufen	berofe[1+2]
bequemen	bequäme	beruflich	beroflich, deenslich
berappen	berappe	Berufsschule	Berofsschull
beraten	berode	Berufung	Berofung, Rof
beratschlagen	berodschlage, berode	Berufungsfrist	Berofungsfriss
berauben	filze, bestelle[2]	beruhen	beruhe
berechnen	berechne	beruhigen	beruhige/~räuhige, ~sänftige, tusche
berechtigen	berechtige, erlaube	Beruhigungsmittel	Nervemeddel
berechtigt	berechtig	berühmt	bekannt
Berechtigung	Rääch	berühren	beröhre/~rühre, aanpacke, röhre/rühre, taaste, tippe[1]
bereden	beschwaade		
bereichern	bereichere	Beryll	Smarag
bereinigen	hinbeege, usbügele	besabbeln	besabbele
bereisen	bereise	besabbern	besabbele, schleivere
bereit	fäädig, parat, wellig	besäen	besie
		besagen	besage

besetzen

besaiten	besigge		sele, schmuddele, verknüsele, beschlabbere; *dreck(el)ig maache*
besamen	besome		
besänftigen	besänftige	beschneiden	beschnigge, kappe
besaufen	besuffe	beschnüffeln	beschnüffele, beschnuuve
besäuseln	besäusele	beschnuppern	beschnuppere
beschädigen	beschädige, lädiere/~eere, ramponiere/~eere, verschängeliere/~eere, zoreechte/~richte, kapoddmaache	beschönigen	beschönige
		beschranken	beschranke
		beschränken	beschränke
Beschädigung	Knacks	beschränkt	beschränk, krottig, bedingk; *en weiche Bier¹ han*
beschaffen	beschaffe, beischaffe, opbränge, ~drieve		
		Beschränkung	Beschränkung
beschäftigen	beschäftige, ungerhalde, bedun	beschreiben	beschrieve
beschallen	beschalle	beschreien	beschreie
beschatten	beschatte	beschreiten	beschrigge
beschauen	beluure/~loore	beschriften	beschrefte
Bescheid	Bescheid	Beschriftung	Beschreftung
bescheiden	bescheide	beschuldigen	bescholdige, aanschwätze
bescheinen	beschinge, aanschinge	beschummeln	beschummele, betuppe, tüte²
bescheinigen	bescheinige	Beschuss	Beschoss
Bescheinigung	Sching¹	beschütten	beschödde
bescheißen	bescheiße, bedrieße, betuppe	beschützen	beschötze, beschirme
beschenken	beschenke, beluhne/~lohne	Beschützer	Beschötzer
bescheren	beschere/~scherre	beschwatzen	beschwaade
beschichten	bescheechte/~schichte	Beschwerde	Beschwerde, Moleste/Maleste
beschießen	bescheeße	Beschwerdefrist	Beschwerdefriss
beschildern	beschildere/~scheldere	beschweren	beschwere, klage, mokiere/~eere
beschimpfen	aanrotze, betitele, schänge	beschwerlich	möhsillig
beschirmen	beschirme	beschwichtigen	beschwichtige, besänftige, kusche, tusche
Beschiss	Beschess		
beschissen	bedresse	beschwindeln	beschwindele, aanflunkere; *(einem) jet vum Pääd verzälle*
beschlabbern	beschlabbere		
beschlagen	beschlage¹/~schlonn	beschwören	beschwöre
beschlagnahmen	beschlagnahme	beseelen	besiele
beschleichen	beschleiche/~schliche	besehen	besinn, bekicke
beschleunigen	beschleunige, *ene Däu dropdun*	beseibeln	beseibere
beschließen	beschließe	beseibern	beseibere
Beschluss	Beschluss	beseitigen	behevve, fottbränge, ~dun, ~maache, lösche
beschmeißen	beschmieße		
beschmieren	beschmiere/~schmeere, aanschmiere/~schmeere, knüsele	Besen	Besem
		Besenheide	Besemstruch, Heidekrugg
		Besenstiel	Besemstill
beschmutzen	beschmuddele, beknase, aanschmiere/~schmeere, kläbbele, knü-	besetzen	besetze²

999

besichtigen

besichtigen	besichtige	bestaunen	bestaune
besiedeln	besiedele	beste	beste
besiegeln	besiegele	bestechen	besteche, schmiere; *jet en de Häng däue*
besiegen	beseege, bezwinge, fäge, fottputze, putze; *(einer) fäädig maache*	Bestechungsgeld	Schmiergeld/Schmeer~
besiegen	üvverwinde, beseege, bezwinge	bestehen	bestonn, avsolviere/~eere, vörlige/vür~
besingen	besinge		
besinnen	besenne	bestehlen	bestelle[2], bekläue, filze
Besitz	Besetz, Vermöge	besteigen	besteige
besitzen	besetze[1], han[1]	bestellen	bestelle[1]
Besitzer	Besetzer	Bester	Baas
besoffen	besoffe	besteuern	bestüüre/~stööre
besohlen	besolle, solle[3]	besticken	bestecke
besolden	besolde	bestimmen	bestemme, bewäge[2], ensetze[2], ömschrieve[2], regiere/~eere, verföge; *de Botz aanhan*
Besonderheit	Besonderheit		
besonder...	besonder...		
besonders	besonders, apaat, ech	bestimmt	bestemmp[1+2], garanteet, resolut, zogedaach
besonnen	bedach		
besorgen	besorge, ~schaffe, löse/lüse, verschaffe	Bestimmtheit	Bestemmpheit
		Bestimmung	Bestemmung
besorgt	besorg, bang	bestrafen	bestrofe, avstrofe; *bestrof weede/wääde*
bespannen	bespanne, betrecke		
bespeien	bespäue/~speie	bestrahlen	bestrohle, beschwinge
bespielen	bespiele	bestreichen	bestriche, üvverstriche[2]
bespitzeln	bespetzele, beschnüffele, spingkse	bestreiken	bestreike
besprechen	bespreche, durchspreche	bestreiten	bestrigge
besprengen	besprenge	bestreiten	bestrigge, avdun, leugne
besprenkeln	sprenkele	bestreuen	bestreue
bespringen	bespringe, knüüze, decke[1], rammele	bestricken	bestrecke
bespritzen	bespretze, beplatsche, beplätsche	bestücken	bestöcke
besprühen	besprühe	bestuhlen	bestohle
bespucken	bespäue/~speie	bestürmen	bestürme/~stürme
besser	besser[1+2], leever	bestürzt	verbas, ~basert, ~plex; *der Plagge(n) enschlage/~schlonn*
bessern	bessere	bestusst	bestuss, rammdösig
best...	bess...	Besuch	Besök, Visit
Bestand	Bestand	besuchen	besöke
beständig	beständig	Besucher	Besöker
bestärken	bestärke	besudeln	bekläbbele, schmuddele
bestätigen	bestätige, bescheinige, bezeuge	betagt	ald[1]
bestatten	beerdige, beisetze[2], begrabe; *unger de Ääd bränge*	betanken	betanke
		betasten	betaaste, tätsche
bestäuben	bestäube	betätigen	betätige

betatschen	betatsche		trecke; der Jeck maache (met einem); kumme sinn; op et Krütz läge
betäuben	betäube, benevvele		
Betbank	Beddbank	Betrüger	Bedröger, Bankrötter, Filou, Fuuteler
Betbruder	Beddbroder	Betrüger	Fuuteler
beteiligen	beteilige	Betrügerei	Bedressche, Beschüppche, Gefuutels, Schüngelei, Fuutelei
beten	bedde²		
beteuern	beteuere	Betrügerei	Bedrögerei, Fuutelei
betiteln	betitele	betrunken	avgeföllt, blau, knöll, beduselt, ~soffe, stäänevoll; eine fott han; de Röggelcher wärm han
betonen	betone, ungerstriche		
betonieren	betoniere/~eere		
betören	betöre, bestrecke	betrunken	beduselt
betrachten	beluure/~loore, aanluure/~loore, ~sinn, beäuge, besichtige, besinn, mustere	Betrunkener	Vollüül, Suffkrad, Suffüül
		Betrunkenheit	Suff
		Bett	Bedd, Kess, Fluhkess, Futzkuhl/~kuul, Lappekess
beträchtlich	aadig, deftig, zemlich¹	Bettbezug	Zeech
Betrag	Bedrag	bettelarm	beddelärm
betragen	bedrage, ~laufe, ~nemme, verhalde	Bettelei	Beddelei, Kötterei
betrauen	betraue	Bettelkram	Beddelskrom
betrauern	betruure/~troore	Bettelleute	Beddelslück
beträufeln	beträufele	betteln	beddele, kötte, schüngele; lans de Dürre gonn; heische gonn
betreffen	betreffe, betrecke, aanbelange		
betreiben	bedrieve, beweetschafte, aandrieve	Bettelvolk	Beddelsvolk
betreten	op jet gonn/tredde	Bettelweib	Beddelswiev
betreten	betrodde	Bettgestell	Beddlad
betreuen	betreue	Betti(na)	Müpp
Betrieb	Hantier	Bettjacke	Beddjack
Betriebsamkeit	Levve	Bettkante	Beddkant
betrinken	bedrinke, besuffe, aansuffe	Bettkasten	Beddkaste, Beddlad
betroffen	perplex, verbas, ~basert, betrodde; der Plagge(n) enschlage/~schlonn en de Fott gekneffe; gebacke Prumme!	Bettlaken	Bedddoch, Lingdoch
		Bettler	Beddeler, Beddelmann, Beddelslück, Köttbroder
betrogen			
		Bettnässer	Beddsecker
betrüben	bedröve, bekömmere	Bettrost	Beddross, Ross²
betrübt	bedröv, bedröppelt	Bettscheißer	Bedddresser
Betrug	Bedrog, Beschess, Drog², Fuutel, Nepp, Bedress	Betttuch	Bedddoch, Lingdoch
		Bettvorleger	Beddvürläger/~vör~
betrügen	bedrege, bedrieße, bescheiße, beschummele, betuppe, gaunere, lackiere/~eere, lieme, mauschele, neppe, tüte², verlade, aanschmiere/~schmeere; einem et Fell üvver de Uhre trecke; för der Jeck halde; (einem) et Fell üvver de Ohre/Uhre	Bettwäsche	Beddwäsch
		Bettzeug	Beddzeug
		betun	bedun
		betupfen	betuppe¹
		betuppen	betuppe²
		betütern	betüddele/~tüttele

Beuge

Beuge	Beug	Beweis	Bewies
beugen	beuge	beweisen	bewiese, nohwiese
Beule	Büül, Dotz, Knubbel, Knuuz, Hoon, Höönche	Beweismittel	Bewiesmeddel
		Beweisstück	Bewiesstöck
beulen	büüle	bewenden	bewende
Beulenpest	Büülepess	bewerben	bewerve/~wirve, aanheuere
beunruhigen	beunruhige/~räuhige, alteriere/~eere	bewerfen	bewerfe/~wirfe, ~schmieße, ~pflastere
beunruhigt	benaut		
beurkunden	beurkunde	bewerkstelligen	bewerkstellige, krige, hinkrige
beurlauben	beurlaube	bewerten	bewerte, aanrechne
beurteilen	beurdeile/~ordeile, aansinn, ~luure/~loore	bewilligen	bewellige, gewähre
		bewirken	bewirke, bewäge¹, bedinge, looße², maache, solle¹, stefte¹, uslüse/~löse, erreiche
Beute	Fang		
Beutel	Büggel		
Beuteltier	Büggeldier	bewirten	beweete, traktiere/~eere
bevölkern	bevölkere	bewirtschaften	beweetschafte
bevollmächtigen	bevollmächtige	bewohnen	bewonne
bevor	bevür/~vör, ih	bewölken	bewölke
bevormunden	bevürmunde/bevör~	bewölkt	bedeck
bevorstehen	bevürstonn/bevör~	bewundern	bewundere, aanbedde, ~erkenne, schwärme
bevorzugen	begünstige, vörtrecke/vür~, leever han		
		bewusst	bewoss, willkürlich
bevorzugt	leevs	Bewusstsein	Bewosssin
bewachen	bewache	bezahlen	bezahle, begliche, latze, lühne/löhne, opkumme, avdröcke
bewaffnen	bewaffne		
bewahren	bewahre, behaupte, behalde	bezähmen	bezähme, beherrsche
bewähren	bewähre, bestonn	bezaubern	bezaubere, aandun
bewahrheiten	bewohrheite	bezaubernd	zauberhaff
Bewährungsfrist	Bewährungsfriss	bezeichnen	bezeichne, nenne/nööme
bewaldet	waldig	bezeugen	bezeuge; einem de Kääz halde
bewältigen	bewältige, meistere, müüze, hinkrige	bezichtigen	bezichtige
bewältigen	üvverwinde, meistere, beikumme, bewältige, ~zwinge, hinkrige, müüze	beziehen	betrecke
		beziffern	beziffere
bewältigt (bekommen)	fäädig; ((jet) gemüüz krige)	bezirzen	bezirze
bewandert	beschlage²	Bezug	Bezog
bewässern	bewässere	bezwecken	bezwecke
bewegen	bewäge¹⁺², wäge¹, aandrieve, rebbe	bezweifeln	bezwiefele
beweglich	bewäglich, gängig, gelenkig, aläät	bezwingen	bezwinge, meistere
Bewegung	Bewägung	BH	Memmestipper
bewegungslos	unbewäglich	Biberbetttuch	Biberbedddoch
beweihräuchern	beweihräuchere	biegen	beege, beuge, krömme
beweinen	bekriesche	Biegung	Krömmde, Boge

Biene	Bien, Bei, Imm, Hunnigfleeg	Bischof	Bischoff
Bienenschwarm	Bieneschwarm, Beieschwarm	Biss	Bess
Bienenstich	Bienestech	bisschen	bessche, Fitz[1]
Bienenwachs	Bienewachs	Bissen	Besse, Mümfelche
Bienenwachskerze	Bienewachskääz	bissig	bessig, nitsch[1], spetz
Bier	Bier[2]	bisweilen	beswiele
Bierbauch	Bierbuch	Bitte	Aandrag, Amelung
Bierbrauer	Bierbrauer	bitten	bedde[1]
Bierbude	Bierbud	bitter	better, gatz
Bierdose	Bierdos	Bittere	Bettere
Bierfässchen	Bierfääßche/~fäss~, Pittermännche	Bitterlikör	Magebetter
Bierflasche	Bierfläsch	Bitterschnaps	Magebetter
Bierglas	Bierglas	Bitterschokolade	Betterschokelad
Bierhefe	Bierheff	blaffen	blaffe
Bierwurst	Bierwoosch	Blag	Blag
Biest	Bies	blähen	schwelle[2]
Biesterei	Biesterei	Blähung	Möff, *eine avrieße; eine fleege looße*
biestig	biestig, ööstig	blamabel	genierlich
bieten	beede	Blamage	Blamage, Blam
Bild	Beld/Bild	blamieren	blamiere/~eere
bilden	belde/bilde	blank	blank, blänkig, bläck
Bilderbuch	Belderboch/Bilder~	Blase	Blos
Bilderrahmen	Belderrahme/Bilder~	Blasebalg	Blosbalg
billig	bellig	blasen	blose
billigen	bellige	Bläser	Blöser, Trötemann
Bimmel	Bimmel	Blasinstrument	Blosinstrument
bimmeln	bimmele	Blaskapelle	Bloskapell
bimsen	bimse	Blasmusik	Blosmusik
Bimsstein	Bimsstein	Blasrohr	Blosröhr/~rühr
Binde	Bind	blass	blass, bleich/blich, fahl
binden	binge, schnüre/schnöre	Blässe	Bläss
binnen	benne	Blässhuhn	Luuschhohn
Biographie	Biographie	Blatt	Bladd
Biokost	Biokoss	Blatter	Blooder
Bioladen	Biolade	blättern	bläddere
Biologe	Biologe	Blattgold	Bladdgold
Biologie	Biologie	Blattlaus	Bladdluus
Birke	Maibaum	Blattsalat	Bladdschlot
Birnbaum	Birrebaum	Blatz	Blatz, Platz[2] (süßes Weizenbrot)
Birne	Bier[1]	blau	blau
Birnenkraut	Birrekrugg	blau-gold	blau-gold
bis	bes	Blaubach	Blauba(a)ch

Blaubeere

Blaubeere	Worbel	blitzend	blinke
bläuen	bläue	Blitzlicht	Bletzleech
Blaulicht	Blauleech	Blitzschlag	Bletzschlag
Blauling	Bläuche	blitzschnell	*wie ene geölte Bletz*
Blech	Blech[1]	Block	Block
Blechbüchse	Blechbüchs	Blockade	Blockad
Blechdose	Blechdos	blocken	blocke
Blecheimer	Blechemmer	Blockschrift	Blockschreff
blechern	bleche[2]	blöd(e)	aadig, avgeschmack, beklopp, bestuss, betitsch, blöd, jeck, kalverig, knatschjeck, läppsch, raderdoll, stapeljeck/stabel~, verdötsch, ~kindsch, ~röck; *mem Bömmel behaue; en Ääz am Kieme/Wandere (han); (se) nit all op de Dröht/Reih (han); ene Nähl em Zylinder (han); ene Ratsch em Kappes (han); schwatz em Geseech (sin)*
Blechkiste	Blechkess		
Blechschaden	Blechschade		
Blechschüssel	Blechkump		
blecken	blecke[2]		
Blei	Blei		
Bleibe	Kruff-Eren		
bleiben	blieve, bestonn		
bleich	bleich/blich; *blass weede/wääde*		
Bleiche	Bleich	blöderweise	blöderwies
bleichen	bleiche/bliche	Blödmann	Dötsch, Dötschemann, Lötschendötsch, Tüütenüggel, Döppe, Herrgoddsdöppe, Tronskann, Flöbb, Flöbbes, Schofskopp, Selvsgestreckte, Bekloppte
bleiern	bleie		
Bleistift	Bleisteff		
Bleistiftspitzer	Bleisteffspetzer, Spetzer		
Bleiweiß	Bleiweiß		
Blende	Blend	Blödsinn	Blödsenn
blenden	blende	blödsinnig	blödsennig
Blesse	Bless	blöken	blöke, böke
Blick	Bleck	Blökerei	Blökerei
blicken	blecke[1]	Blondkopf	Gries
Blickpunkt	Bleckpunk	bloß	nack
Blickrichtung	Bleckrichtung	Bluejeans	Texasbotz
Blickwinkel	Bleckwinkel	Bluff	Bluff
blind	blind/bling	bluffen	bluffe, täusche
Blinde	Bling, Blinde	blühen	blöhe
Blindekuh	*blinde/blinge Mömmes*	Blümchenkaffee	Blömcheskaffee
Blindenhund	Blindehungk	Blume	Blom
Blindenschrift	Blindeschreff	Blumenbeet	Blomebeet/~bedd
Blindgänger	Blindgänger	Blumenbrett	Blomebredd
blinken	blinke	Blumendraht	Blomedroht
blinzeln	blinzele, pliere/~eere, quinke	Blumenerde	Blomeääd
Blitz	Bletz	Blumengeschäft	Blomelade
blitzblank	bletzeblank	Blumenkasten	Blomekaste
blitzen	bletze	Blumenkind	Streukind

Boot

Blumenkohl	Blomekohl	Blutvergiftung	Blodvergeftung
Blumenmädchen (Hochzeit)	Streuengelche	Blutverlust	Blodverloss
Blumenmarkt	Blomemaat	Blutwurst	Blodwoosch, Flönz
Blumensamen	Blomesome	Blutwurst mit Zwiebeln	*Kölsche Kaviar, Flönz met Musik*
Blumenstrauß	Blomestruuß	Blutzucker	Blodzucker
Blumensträußchen	Strüüßche	Blutzuckerspiegel	Blodzuckerspeegel, Zuckerspeegel
Blumentopf	Blomepott	Bobbybohne	Fitschbunn
blümerant	plümerant	Bock	Bock
Bluse	Blus	bocken	bocke
blusig	blusig	Bockmist	Bockmess
Blut	Blod	Bockshorn	Bockshoon
Blutader	Blododer	Bockwurst	Bockwoosch
blutarm	blodärm	Boden	Boddem, Ääd
Blutarmut	Blodärmod	Bodenerhebung	Hubbel[1]
Blutbad	Blodbadd	Bodenfrost	Boddemfross
Blutbuche	Blodboch	Bogen	Boge, Papierboge/Papeer~
Blutdruck	Bloddrock	Bogenschießen	Bogescheeße
Blüte	Blöt	Bogenschütze	Bogeschötz
Blutegel	Blodegel	Bohne	Bunn
bluten	blode	Bohnengemüse	Bunnegemös
Blütenblatt	Blötebladd	Bohnenhülse	Bolster
blutend	bodig	Bohnenkaffee	Bunnekaffee
Blütenstaub	Polle	Bohnenkraut	Bunnekrugg
Blutfett	Blodfett	Bohnensalat	Bunneschlot
Blutfleck(en)	Blodfleck(e)	Bohnenstange	Bunnestang, ~rohm, ~latz/~latt
Blutgeschwür	Blodschwerre	Bohnenstroh	Bunnestrüh
Blutgier	Blodgier	Bohnensuppe	Bunnezupp
Blutgruppe	Blodgrupp	bohren	bohre
Bluthockdruck	Blodhuhdrock	Bohrfutter	Fooder[2]
Bluthund	Blodhungk	Bohrmaschine	Bohrmaschin
blutig	blodig	Bohrwinde	Bohrwing/~wind
Blutkrebs	Blodkrebs	Böller	Böller
Blutkreislauf	Blodkreislauf, Kreislauf	bollern	bollere
Blutlache	Blodlach	böllern	böllere
Blutprobe	Blodprob	Bollerwagen	Bolderwage
Blutsbruder	Blodsbroder	bolzen	kicke[2]
Blutsbrüderschaft	Blodsbröderschaff	Bolzen	Bolze
Blutspender	Blodspender	bombardieren	bombadiere/~eere, bombe
Blutströpfchen	Blodsdröppche	Bombe	Bomb
Blutstropfen	Blodsdroppe	bomben	bombe
Blutsverwandtschaft	Blodsverwandtschaff	Bonner Straße	Bonner Stroß
Blutvergießen	Blodvergeeße	Boot	Boot

Bord (das)	Bood²	Brathähnchen	Brodhähnche, Hähnche
Bord (der)	Bood³	Brathering	Brodherring
Bordsteinschwalbe	Tiff, Hur/Hor, Nutt, Knall², Schnepp, Trottoirschwalv, Klunt, Masseuse	Bratkartoffel	Brodääpel
		Bratpfanne	Brodpann
borgen	liehne, pumpe², usliehne	Bratrost	Brodross
Borgen	Pump²	Bratwurst	Brodwoosch, Zizies
borstig	bööschtig, stachelig, stoppelig	Brauch	Bruch, Gebruch, Maneer/Manier
Borte (die)	Bood¹, Volant	brauchbar	notz, nötzlich
bösartig	nitsch¹, geftig	brauchen	bruche, gebruche, beaansproche; nüdig han
böse	kodd, falsch, schlemm; *der Deuvel/ Düüvel em Balg/Liev han; dem Deuvel/Düüvel em Aasch nit dauge*		
		Braue	Brau
		brauen	braue
Böses	Leid	Brauer	Brauer
boshaft	frack, frackig, gehässig, nidderdrächtig	Brauerei	Brauerei, Bräues
		Brauereipferd	Brauereipääd
Boshaftigkeit	Frack¹, Frackigkeit, Nitschigkeit, Nidderdrächtigkeit	Brauhaus	Bräues
		Braumeister	Braumeister
Bosheit	Frack¹, Nitscherei	braun	brung
Boss	Baas	Braune	Brung
Botendienst	Botedeens	Brause	Braus/Bruus
Bottich	Büdd	Brausekopf	Brausekopp
Bowle	Bowl	brausen	brause¹⁺²/bruuse¹⁺²
boxen	boxe	Brausepulver	Braus/Bruus
Brachland	Dreesch	Braut	Bruck, Mädche
Brailleschrift	Blindeschreff	Brautleute	Brucklück
Brand	Brand	Brauweiler	Brauwieler
Brandherd	Brandhääd	brav	brav, aadig
Brandholz	Brandholz	Brechbohne	Brechbunn, Schnibbelsbunn
Brandmal	Brandmol	Brecheisen	Brechieser
Brandmauer	Brandmuur/~moor	brechen	breche, brocke, kotze, göbbele, üvvergevve
Brandmeister	Brandmeister		
Brandsalbe	Brandsalv	Brechen	Broch¹
Brandsohle	Brandsoll	Brechmittel	Brechmeddel
Branntwein	Brandwing, Cognac/Kognak/Konjak	Brechstange	Brechstang
Brasilien	Brasilie	Brei	Brei, Papp²
brasseln	brasele	breiig	tätschig
Bratapfel	Brodappel	Breimaul	Breimuul
braten	brode, brödsche	breit	breid, platschig
Braten	Brode	Breitcordhose; ~jeans	Manchesterbotz
Bratenwender	Köchefründ	Breite	Breid(e)
Bratfett	Brodfett	Breite Straße	Breid Stroß
Bratfisch	Brodfesch	Breitlauch	Breidlauf/~lauch, Breidöllig

Bruderschaft

Breitschwanz	Breidschwanz	bringen	bränge
Breitseite	Breidsigg	Bringschuld	Brängschold
Bremse	Brems[1]	Bröckchen	Rebbel
bremsen	bremse	bröckeln	bröckele, brocke
Bremsflüssigkeit	Bremsflössigkeit	brocken	brocke
Bremslicht	Bremsleech	Brocken	Brocke
Bremsvorrichtung	Bremsvürrichtung/~vör~	brodeln	brodele, prötte, pröttele
Bremsweg	Bremswäg	Brombeere	Broomel
brennen	brenne	Brombeerhecke	Broomeleheck
Brennerei	Brennerei	Brombeerstrauch	Broomelestruch
Brennholz	Brennholz, Brandholz	Brosche	Brosch
Brennschere	Brennschir	Brot	Brud
Bresche	Bresch	Brotbeutel	Brudbüggel
Brett	Bredd	Brotblech	Brudblech
Bretterbude	Bredderbud	Brötchen	Brüdche
Bretterverschlag	Bredderverschlag	Brötchenteig	Brüdchesdeig
Bretterwand	Britz	Brotkasten	Brudkaste
Bretterzaun	Britz	Brotkorb	Brudkorv
Brettspiel	Breddspill	Brotkrümel	Brudgrümmel/~grömmel
Brezel	Bretzel	Brotkrüstchen	Brudknäbbelche
Brief	Breef	Brotkruste	Brudkoosch
Briefbogen	Breefboge	Brotmesser	Brudmetz
Brieffreund	Breeffründ	Brotscheibe	Brudschiev
Brieffreundin	Breeffründin	Brotschnitte	Brudschnedd, Schnedd Brud
Briefkasten	Breefkaste	Brotsuppe	Brudzupp
Briefmarke	Breefmark, Freimark	Brotteig	Bruddeig
Briefmarkenalbum	Breefmarkealbum	Bruch	Broch[1+2]
Briefmarkensammlung	Breefmarkesammlung	Bruchband	Brochband
Brieftasche	Breeftäsch	Bruchbude	Brochbud
Brieftaube	Breefduuv	brüchig	bröchig
Briefträger	Breefdräger, Possbüggel	Bruchstrich	Brochstrech
Briefumschlag	Breefömschlag	Bruchstück	Brochstöck
Briefwaage	Breefwoog	Bruchteil	Brochdeil
Briefwechsel	Breefwähßel	Brück	Bröck[2]
Brigitta	Gitta[2]	Brücke	Bröck[1]
Brikett	Klütte	Brückenbogen	Bröckeboge
Briketthändler	Klüttebuur/~boor	Brückengeländer	Bröckegeländer
Brille	Brell/Brill, Schääl, Nohbrell/~brill	Brückenpfeiler	Bröckefeiler
Brillengestell	Brellegestell/Brille~	Brückenstraße	Bröckestroß
Brillenglas	Brelleglas/Brille~	Brückentag	Bröckedag
Brillenträger	Brelledräger/Brille~	Bruder	Broder
brilliant	prächtig	Bruderschaft	Broderschaff

Brühe

Brühe	Bröh	Buchbinder	Bochbinger
brühen	bröhe	Buchdrucker	Bochdrocker
Brühl	Bröhl	Buche	Boch²
brühwarm	bröhwärm	Büchel	Böchel
Brühwürfel	Bröhwörfel	buchen	boche/buche
Brühwurst	Bröhwoosch, Siedewoosch	Bücherbrett	Böcherbredd
Brüll	Bröll/Brüll, Bök	Bücherei	Böcherei
Brüllaffe	Bröllaap/Brüll~	Bücherregal	Böcherregal
brüllen	brölle/brülle, böke	Bücherschrank	Böcherschaaf, Böcherschrank
Brüllen (das)	Gebälks	Buchfink	Bochfink
Brüllerei	Bröllerei/Brüll~	Buchheim	Bochem
brummen	brumme, grummele, knottere	Buchhülle	Bochhöll/~hüll
brummig	knotterig	Buchsbaumstrauch	Palmbaum
Brummkreisel	Hüüldopp	Buchsbaumzweig	Palm¹
Brunnen	Brunne, Pötz	Büchse	Büchs, Bühß, Dos
Brunostraße	Brunostroß	Büchsenfleisch	Büchsefleisch
brünstig	räuzig	Büchsenmilch	Büchsemilch
Brüsseler Straße	Brüsseler Stroß	Büchsenöffner	Büchsenöffner
Brust	Bross, Titt, Titt(er)che, Memm, Memmespektakel	Buchstabe	Bustab
		buchstabieren	bustabiere/~eere
Brustbein	Brossbein	Buchstütze	Bochstötz
Brustbeutel	Brossbüggel, Rippet	Bucht	Buch²
Brustbild	Brossbild/~beld	Buchweizen	Bochweize
brüsten	bröste	Buchweizenpfannkuchen	Bochweizepannekoche
Brustkorb	Brosskorv	Buckel	Puckel, Reuz, Eckschääfche
Brustkrebs	Brosskrebs	buckelig	puckelig
Brustschwimmen	Brossschwemme	buckeln	puckele
Bruststück	Brossstöck	bücken	böcke
Brusttasche	Brosstäsch	Bückling	Böckem
Brusttee	Brosstee	Budapest	Budapess
Brustwärzchen	Mimmche²/Mimmelche	buddeln	buddele
Brustwarze	Brosswaaz, Memm, Titt(er)che	Buddhist	Buddhiss
Brustwickel	Brossweckel	Bude	Bud
Brut	Brod	Bügel	Bügel
brüten	bröde	Bügelbrett	Bügelbredd
Brutkasten	Brodkaste	Bügeleisen	Bügelieser
Bruttoverdienst	Bruttoverdeens	Bügelfalte	Bügelfald, Kneff
brutzeln	brode	bügelfrei	bügelfrei
Bube	Jung	bügeln	bügele
Bubikopf	Bubikopp	Bügelwäsche	Bügelwäsch
Buch	Boch¹	Buhei	Buhei, Baselemanes
Buchband	Bochband, Band²	Bühne	Bühn

Butzenscheibe

Bühnenarbeiter	Bühnearbeider	Bürgersteig	Bürgersteig, Trottoir
Bühnenbild	Plagge	Bürgerstraße	Bürgerstroß
Bühnenstück	Bühnestöck	Burgmauer	Burgmuur/~moor
Bukarest	Bukaress	Burgund	Burgund
Bulgare	Bulgare	Burgunder	Burgunder
Bulgarien	Bulgarie	Büro	Bürro
Bulgarin	Bulgarin	Büroklammer	Bürroklammer
Bullauge	Bullaug	Bürschchen	Futzemann, Fitzemann
Bulle	Bulle	Bursche	Poosch, Quant², Lömmel, Patron²
Bullenbeißer	Bullebießer	Bürste	Böösch
bummeln	bummele, trödele, flaniere/~eere	bürsten	bööschte
Bums	Bums	Bürstenhaarschnitt	Bööschteschnedd
bumsen	bumse	Bürstenschnitt	Bööschteschnedd
Bund	Bund	Busch	Bösch
Bündchen	Bündche	Buschbohne	Kruffbunn
Bündel	Püngel	Büschel	Böschel
bündeln	püngele	Busen	Memm, Mops, Titt, Vörbau/Vür~, Bross, Titt(er)che, Memmespektakel; vill Holz vür der Dür han
Bundesliga	Bundesliga		
Bundespost	Bundesposs	Bushaltestelle	Bushaltestell
Bundesrat	Bundesrod	Buße	Boß/Buß
Bundesregierung	Bundesregierung/~regeer~	büßen	böße/büße
Bundesstraße	Bundesstroß	Büstenhalter	Memmestipper
Bundestag	Bundesdag	Bütte	Büdd
Bundhose	Bundbotz	Büttenrede	Büttenred
Bündnis	Bündnis, Pak	Butter	Botter
Bunker	Bunker	Butterbirne	Botterbier
bunkern	bunkere	Butterblume	Botter~, Dodderblom
Bunte	Bunt	Butterbrezel	Botterbretzel
Buntspecht	Buntspech	Butterbrot	Botteramm, Brögg, Lavumm, Schneddche
Buntstift	Buntsteff		
Buntwäsche	Buntwäsch	Butterbrotpapier	Botterammspapier
Bürde	Krütz	Buttercreme	Bottercreme/~kräm
Burg	Burg	Butterdose	Botterdos, Botterdöppe
Bürge	Bürg	Butterfass	Botterfaaß
bürgen	bürge, hafte², verbürge; för einer de Hand en et Füür/Föör läge	Buttermarkt	Bottermaat
		Buttermilch	Bottermilch
Bürger	Bürger	Buttertopf	Botterdöppe
Bürgerkrieg	Bürgerkreeg	butterweich	butterweich
Bürgermeister	Bürgermeister	Butzenscheibe	Butzeschiev

C

Cäcilia, Cäcilie	Zill/Zilla/Zilli/Zilie, Cilli/Cilly	Cognac	Cognac/Kognak/Konjak
Cäcilienstraße	Cäcilliestroß	Colombina Colonia	Columbine
Calendula	Ringelblom	Computermaus	Muus
Campingausrüstung	Campingusröstung	contra	widder[2]
Campingstuhl	Campingstohl	Cornelia	Nell/Nella/Nelli
Campingtisch	Campingdesch	Cornelius	Nelles
Cellist	Celliss	Courage	Courage
Chalkolithikum	Kofferzigg	couragiert	courageet
Charakter	Rögggrat	Cousin	Cousin
Charaktereigenschaft	Zog[2]	Cousine	Cousine, Kusin
Charlotte	Lott	Cowboyhut	Cowboyhot
Charme	Reiz	Creme	Kräm/Creme
chartern	heuere	Cremeschnittchen	Krämschneddche/Creme~
checken	checke		
Chef	Baas, Brudhäär		
Chiropraktiker	Knochedokter, Knocheflecker	# D	
Chirurg	Chirurg, Knochedokter, ~flecker		
Chirurgie	Chirurgie	D-Zug	D-Zog
Christ	Chress[1]	da	do[1], do[3]
Christbaum	Chressbaum	dabei	dobei
Christbaumkugel	Chressbaumkugel	dabeihaben	metföhre/~führe
Christbaumschmuck	Chressbaumschmuck	dabeisitzen	dobeisetze[1]
Christdemokrat	Chressdemokrat	dableiben	doblieve
Christenmensch	Chresteminsch	Dach	Daach
Christfest	Chressfess	Dachantenne	Daachantenn
Christi Himmelfahrt	Himmelfahrt	Dachboden	Daachboddem
Christian	Chrestian, Chress[2]	Dachdecker	Daachdecker, Leien~, Leyendecker
Christina	Stin/Stina, Tina	Dachfenster	Daachfinster, Läuvefinster
Christine	Stin/Stina, Sting	Dachfirst	Daachfeesch
Christkind	Chresskind	Dachgepäckträger	Daachgepäckdräger
christlich	chresslich	Dachgeschoss	Daachgeschoss
Christmette	Chressmett, Mett[1]	Dachgiebel	Daachgivvel
Christnacht	Chressnaach	Dachhase	Daachhas
Christoph	Chrestoph, Stoffel	Dachkammer	Daachkammer
Christophstraße	Chrestophstroß	Dachlatte	Daachlatt/~latz
Christrose	Chressrus	Dachlawine	Daachlawin
Chronist	Chroniss	Dachluke	Daachfinster
clever	vernünftig	Dachpappe	Daachpapp
Clique	Clique, Schwitt	Dachpfanne	Daachpann, Pann[1]
Clog	Klotsche, Klumpe, Hotsche	Dachrinne	Daachkall

Dachs	Dahß	Dampfer	Damfer
Dachsbeine	Dahßebein	Dämpfer	Dämfer
Dachshund	Dahßhungk	Dämpfer	Schalldämfer
Dachstuhl	Daachstohl	dampfig	dämpig
Dachwohnung	Daachwonnung, Läuvewonnung	Dampfkochtopf	Damfkochpott/Damp~
Dachziegel	Daachpann	Dampflokomotive	Damflokomotiv/Damp~
Dachzimmer	Daachzemmer, Läuvezemmer	Dampfnudel	Damfnudel/Damp~
Dackel	Daggel/Täggel/Dahßhungk	Dampfwalze	Damfwalz/Damp~
Dackelbeine	Daggelsbein	danach	donoh
dackeln	daggele	daneben	donevve
dadrauf	dodrop	daneben geschüttet	verschödt
dadraus	dodrus	daneben sitzen	dobeisetze[1]
dadrüber	dodrüvver	danebengehen	donevvegonn
dadurch	dodurch	danebentreffen	donevvetreffe
dafür	doför	dank	dank
dagegen	dogäge, ~widder, ävver	Dankbarkeit	Dankbarkeit
dahaben	dohan	danken	danke
daheim	doheim	Dankgottesdienst	Dankgoddesdeens
daher	doher	dann	dann
daherreden	sabbele	dannen (von dannen)	dänns (vun dänns)
dahin	dohin, ~her	daran	dran, dodra(a)n , ~ran
dahinein	dodren	daranmachen	draanmaache[2]
dahinraffen	dohinraafe, hinraafe	darauf	drop, dodrop
dahinsagen	hinsage	daraus	dorus, ~drus, drus
dahinsterben	hinsterve/~stirve	darbieten	aanbeede, opföhre/~führe, ~dun, widdergevve
dahinter	dohinger		
dahinterkommen	dohingerkumme	darin	doren, dodren
dalassen	dolooße	darinnen	dobenne
daliegen	uslige	darlegen	usföhre/~führe
Dalles	Dalles	Darlehen	Schrupp
damals	domols, ~zomol	Darm	Darm
Damast	Damass	Darmblähung	Futz
Dame	Dam	Darmentleerung	Drießerei
Damenbinde	Monatsbind	Darmsaite	Darmsigg
Damenhut	Damehot	Darmspülung	Darmspölung
damit	domet[1]	darstellen	darstelle, vörstelle/vür~
dämmen	dämme	Darsteller	Statiss
Dämmerlicht	Dämmerleech, Schummerleech	Darstellung	Darstellung
Dampf	Damf/Damp, Schwadem	darüber	dorüvver, ~drüvver, drüvver
Dampfbügeleisen	Damfbügelieser/Damp~	darüberkämmen	drüvverkämme
dampfen	dämpe	darüberlegen	drüvverläge
dämpfen	dämfe, dämpe, stuve	darum	doröm, dröm; *wäge dem Mattes!*

darunter	drunger	davonschlendern	avdötze
das	dat[1+2+4], et[1]	davor	dovür/~vör
Dasein	Minschelevve	dawider	dowidder
dasjenige	datjinnige	dazu	dozo
dass	dat[3]	dazugeben	beistüüre/~stööre
dasselbe	datselve, etselve	dazugehören	dobei(ge)hüre/~höre
Dasselstraße	Dasselstroß	dazulegen	beiläge
dastehen	dostonn	dazumal	dozomol
datieren	datiere/~eere	dazurechnen	dobeirechne
Dativobjekt	Dativobjek	dazusetzen	dobeisetze[2]
Dattel	Dattel	dazutun	beischeeße, drop~, metdun, zoläge
Dattelpalme	Dattelpalm	dazwischen	dozwesche
Dauer	Door/Duur	dazwischenfahren	durchgriefe
Dauerfrost	Dauerfross	DDR	Ossdeutschland, Osszon
dauerhaft	beständig	De Noël-Platz	Nölles
Dauerkarte	Dauerkaat	Deck	Deck[3]
Dauerlauf	Dauerlauf	Deckblatt	Deckbladd
Dauerlutscher	Dauerlötscher	Decke	Deck[1+2], Üvverworf/~wurf
dauern	doore[1]/duure[1], bestonn	Decke	Deck[1], Plafond
dauernd	*alle naslang; alle Minuttens*	Deckel	Deckel
Dauerregen	Dauerrähn	decken	decke[1], rammele
Dauerschlaf	Dauerschlof	Deckenlampe	Deckelamp
Dauerwelle	Krause	Deckfarbe	Deckfärv
Dauerwurst	Dauerwoosch	Deckhaar	Deckhoor
Dauerzustand	Dauerzostand	Deckhengst	Deckhengs
Daumen	Duume	Deckweiß	Deckweiß
Daumenabdruck	Duumenavdrock	deeskalieren	entschärfe/~schärpe
Daumenballen	Duumeballe, Handballe	defekt	kapodd
daumenbreit	duumebreid	Defekt	Defek
Daumennagel	Duumenähl	definieren	bestemme
Daumenschraube	Duumeschruuv	deformiert	unförmig
Däumling	Düümeling	deftig	deftig, hätzhaff
Daune	Daun	Deftigkeit	Deftigkeit
Daunendecke	Daunedeck	dehnen	dehne
Daunenfeder	Daunefedder	Dehnungszeichen	Dehnungszeiche
Davidstern	Davidstään	Deich	Deich[1]
davon	dovun	Deichbruch	Deichbroch
davonfliegen	avfleege	Deichgraf	Deichgraf
davonmachen	verpisse; *sich durch de Kood maache*	dein(e)	di, ding
davonreiten	avrigge	deinethalben	dingethalver
davonschleichen	fottschleiche/~schliche	deinetwegen	dingetwäge
		Dekolleté	Encoeur/Enkör

dekolletieren	usschnigge	Dessert	Nohdesch
Delikatesse	Delikatess, Tillekatess	desto	deste
Dellbrück	Dellbröck	deswegen	deswäge
Delle	Dell, Blötsch, Katsch, Ketsch[1]	detailliert	bes op et i-Pünkelche
dem	däm, dem	deuten	dügge, interpretiere/~eere, usläge
demnach	dämnoh, donoh, alsu	deutlich	klor
demnächst	demnächs, dämnächs	deutsch	deutsch
Demonstrativpronomen	Demonstrativpronome	Deutscharbeit	Deutscharbeid
Demut	Demod	Deutsche Mark	Mark[1]
demütig	demödig	Deutschstunde	Deutschstund
demzufolge	alsu	Deutschunterricht	Deutschungerreech/~rich
den	dä[4]	Deutz	Düx
denjenigen	däjinnige	Deutzer Brücke	Düxer Bröck
denken	denke, senne	Deutzer Freiheit	Düxer Freiheit
Denkerstirn	Denkersteen	Deutzer Kirmes	Düxer Kirmes
Denkfehler	Denkfähler	Dialekt	Dialek
Denkmal	Denkmol	Dialog	Dialog
Denkpäuschen	Denkpüüsche	Diarrhö	Dönndress, Dönnschess, Schisela-wupptich, Flöcke-maach-vöran
Denkpause	Denkpaus/~puus		
Denkschrift	Denkschreff	dich	dich[1+2]
Denkspiel	Denkspill	dicht	deech, hadd
Denkweise	Denkwies	Dichte	Deechte
Denkzettel	Denkzeddel	dichten	deechte[1+2]/dichte[1+2]
denn	dann	Dichter	Deechter/Dicht~
De Noël-Platz	Nölles	Dichtkunst	Deechkuns/Dich~
Denunziant	Aandräger	Dichtung	Dichtung
denunzieren	aanschwätze, ~drage	dick	deck, mollig, wolstig
deponieren	avläge	dick sein	ene Balg am Liev han
deportieren	verschleppe	dick werden	opgonn wie ene Bochweizepanneko-che; en de Breid(e) gonn; deck wee-de/wääde
Depression	Tief		
depressiv sein	et ärme Dier/der Möpp han		
depressiv werden	et ärme Dier krige	dicke Bohne	Päädsbunn
der	dä[1+4], der[1]	Dicke	Deckde
derb	deftig, grovv, gesalze	dicken	decke[2]
deren	er[1], ere, erer, eres, es; dä ehr	dickesatt	decksatt
derer	er[1], ere, erer, eres, es	Dickhäuter	Deckhäuter
derjenige	däjinnige	Dickkopf	Deckkopp, Klotzkopp, Kappeskopp, Knollekopp, Knüles, Trotzkopp
derselbe	däselve		
Desertion	Fahnefluch	dickköpfig	deckköppig, klotzig
deshalb	dodröm, ~röm, dröm	dickleibig	decklievig
Design	Dessin	Dickmilch	Deckmilch
dessen	es		

Dicksack

Dicksack	Böll, Fettspektakel, Schwellbalg, Speckhammel, Speckjuv, Blos, Putschblos	dieselbe(n)	deselve, dieselve
		Dieselmotor	Ölmotor
Dickschädel	Bumskopp, Knollekopp, Deckkopp	diesen	dä², dise
didaktisch	pädagogisch	dieser	dä²
die	die^{1+2+3}, de^1	dieser Tage	dis Dag
Dieb	Deev, Kläumanes	dieses	dat², dis
Diebstahl	Kläu	Dietrich	Klöösche
diejenige	diejinnige	differenzieren	ungerscheide
Diele	Dill^1	diffizil	diffisill
dielen	dille, bünne	Dilemma	Zwangslag
Dielenboden	Dilleboddem	Dill	Dill²
Dielenbrett	Dillebredd	Diminutiv	Verkleinerungsform
Dielenfußboden	Gebünn	Ding	Dinge, Deil
dienen	deene	Diplomarbeit	Diplomarbeid
Diener	Deener	diplomatisch	gescheck; *mem Höhnerkläuche*
Dienerschaft	Deenerschaff	dir	dir, der²
dienlich	deenlich	direkt	tirek^{1+2}/direk^{1+2}, glich², schnack²
Dienst	Deens	dirigieren	dirigiere/~eere
Dienstag	Dinsdag	Dirne	Hur/Hor, Nutt, Knall², Schnepp, Trottoirschwalv, Klunt, Masseuse, Tiff
dienstags	dinsdags	Diskette	Diskett
Dienstalter	Deensalder	Diskettenlaufwerk	Diskettelaufwerk
Dienstälteste	Deensäldste	diskriminieren	benohdeilige
Dienstantritt	Deensaantredd	Diskurs	Disköösch
Diensteifer	Deensiefer	diskutieren	diskutiere/~eere
Dienstgradabzeichen	Rangavzeiche	disponieren	disponiere/~eere
Dienstherr	Deenshäär	Disput	Knäbbelei
Dienstjahr	Deensjohr	distanzieren	avröcke, verwahre
dienstlich	deenslich, beroflich	Distel	Destel
Dienstmädchen	Deensmädche, Mädche	Distelfink	Destelfink
Dienstmagd	Deensmädche	Disziplinierung	Zuch
Dienstpistole	Deenspistol	Döbel	Juv², Münn, Speckjuv
Dienstreise	Deensreis	doch	doch, endoch, eckersch
Dienstschluss	Deensschluss	Docht	Doch²
Dienststelle	Deensstell	docken	docke
Dienstverhältnis	Deensverhäldnis	doktern	doktere
Dienstwagen	Deenswage	Doktor	Dokter, Minscheflecker
Dienstweg	Deenswäg	Doktorhut	Dokterhot
Dienstwohnung	Deenswonnung	Doktorin	Döktersch
Dienstzeit	Deenszigg	Dolomiten	Dolomitte
dies	dis, dit	Dombauhütte	Dombauhött
diese	die²	Dompfaff	Blodfink

drannehmen

Döner-Imbiss	Dönerbud	dösen	döse, dusele
Donner	Donner	Dosenbier	Büchsebier
Donnerbalken	Donnerbalke	Dosenmilch	Büchsemilch
Donnerkeil	Donnerkiel	Dosenöffner	Büchsenöffner
donnern	donnere	Dosensuppe	Büchsezupp
Donnerschlag	Donnerschlag	dosieren	dosiere/~eere, bemesse
Donnerstag	Donnersdag	Dosis	Dosis
donnerstags	donnersdags	Döskopf	Döskopp
Doppel	Dubbel	Dost	Beddstrüh
Doppelbett	Dubbelbedd	Dotter	Dodder
Doppeldecker	Dubbeldecker	Dotterblume	Dodderblom
Doppelfenster	Dubbelfinster	Drache	Drache[2]
Doppelgänger	Dubbelgänger	Drachen	Drache[1], Pattevugel
Doppelhaus	Dubbelhuus	Drachenblut	Dracheblod
Doppelhochzeit	Dubbelhuhzigg	Drachenfliegen	Drachefleege
Doppelkinn	Dubbelkenn	Drachenflieger	Drachefleeger
Doppelkonsonant	Dubbelkonsonant	Draht	Droht, Leidung
Doppelkorn	dubbelte Koon	Drahtbürste	Drohtböösch
Doppelkurve	S-Kurv	Drahtesel	Drohtesel
Doppelname	Dubbelname	Drahtgestell	Drohtgestell
Doppelpunkt	Dubbelpunk	Drahtgitter	Drohtgitter
Doppelrolle	Dubbelroll	Drahtglas	Drohtglas
Doppelstecker	Dubbelstecker	Drahtschere	Drohtschir
Doppelstunde	Dubbelstund	Drahtseil	Drohtseil, Stohlseil
doppelt	dubbelt	Drahtseilakt	Drohtseilak
Doppeltür	Dubbeldür/~dör	Drahtzange	Drohtzang
Doppelverdienst	Dubbelverdeens	drall	krall, muggelig[1]
Doppelvokal	Dubbelvokal	dran	dran
Doppelwand	Dubbelwand	dranbleiben	draanblieve
Doppelzentner	Dubbelzentner	drangeben	draangevve
Doppelzimmer	Dubbelzemmer	drangehen	draangonn
Dorf	Dorf/Dörp	Drängelei	Drängelei, Gedrängels
Dorfkirche	Dorfkirch/Dörp~	drängeln	drängele, dränge, däue, dröcke, schiebe
Dorfplatz	Dorfplatz/Dörp~		
Dorfschule	Dorfschull/Dörp~	drängen	dränge, dröcke, pressiere/~eere, knubbele, tribbeliere/~eere, schinde
Dorn	Doon		
Dornbusch	Doonehegg	drangsalieren	
Dornengestrüpp	Doonegestrüpp(s)	dranhalten	draanhalde
Dornenhecke	Doonehegg	drankommen	draankumme
Dornenstrauch	Doonestruch	drankriegen	draankrige
dorthin	derr	dranmachen	draanmaache[1]
Dose	Dos, Büchs	drannehmen	draannemme

drauf

drauf	drop	Drecksau	Drecksau
draufbekommen	dropkrige	Dreckschaufel	Dreckblech, Dreckschöpp
draufbezahlen	dropbezahle	Dreckschippe	Dreckschöpp
Draufgänger	Dropgänger, Fäger	Dreckschwarte	Dreckschwaad
draufgeben	dropgevve	Dreckspatz	*puddelig Möwche*
draufgehen	dropgonn	Dreckspritzer	Kläbbel
draufhaben	drophan; *e Hängche för jet han*	Dreh	Drih, Aki
draufhalten	drophalde	Drehbank	Drihbank, Schliefbank
draufhauen	drophaue	Drehbrücke	Drihbröck
draufhelfen	drophelfe	Drehbuch	Drihboch, Skrip
draufklatschen	dropklatsche	Drehbühne	Drihbühn
draufknallen	dropknalle	drehen	drihe, kehre[2], tirvele, winge
draufkommen	dropkumme	Dreher	Driher
draufkriegen	dropkrige; *eine op der Deckel krige*	Drehorgel	Drihorgel
drauflegen	dropläge, ~dun	Drehpause	Drihpaus/~puus
drauflosfahren	droplossfahre	Drehscheibe	Drihschiev
drauflosgehen	droplossgonn	Drehstrom	Drihstrom
drauflosreden	droplossschwaade; *met der Dür en et Huus falle*	Drehstuhl	Drihstohl
		Drehtür	Drihdür/~dör
drauflosreiten	droplossrigge	Drehung	Drihung, Drih
drauflosschießen	droplossscheeße	Drehwurm	Drihwurm
drauflosschimpfen	droplossschänge	drei	drei
draufmachen	dropmaache	Dreibein	Dreibein
draufschlagen	dropschlage/~schlonn	Dreibettzimmer	Dreibeddzemmer
draufschmieren	dropschmiere/~schmeere, klätsche	dreiblättrig	dreibläddrig
draufsetzen	dropsetze	Dreieck	Dreieck
draufstehen	dropstonn	Dreieckstuch	Dreiecksdoch
drauftun	dropdun	Dreiecksverhältnis	Dreiecksverhäldnis
draufwerfen	dropklatsche	dreieinhalb	dreienhalv
draufzahlen	dropbezahle, dobeizahle	Dreieinigkeit	Dreieinigkeit
draus	drus	dreierlei	dreierlei
drausbringen	drusbränge	Dreierreihe	Dreierreih
draußen	drusse	Dreifuß	Dreifoß
Dreck	Dreck, Makei	Dreigestirn	Dreigesteen
Dreck(s)arbeit	Drecksarbeid	Dreigroschenheft	Dreigroscheheffche
Dreckbürste	Dreckböösch	Dreikampf	Dreikamf
Dreckfarbe	Dreckfärv	Dreikönige	Dreikünninge
Dreckferkel	Dreckferke/~firke	Dreikönigsfest	Dreikünninge
Dreckfleck	Dreckfleck(e)	Dreiländereck	Dreiländereck
Dreckhaufen	Dreckhaufe	dreimal	dreimol
Dreckhütte	Dreckhött	Dreisatz	Dreisatz
dreckig	dreckelig/dreckig	Dreispitz	Dreispetz

Duckmäuser

Dreisprung	Dreisprung	Drogeriemarkt	Drogeriemaat
dreißig	dressig[1]	Drohbrief	Drohbreef
dreißigtausend	dressigdausend	drohen	drohe/dräue
dreist	vermesse[3]	Drohne	Drohn
dreitausend	dreitausend	dröhnen	dröhne
Dreitausender	Dreidausender	drollig	dröcklich
Dreiviertelärmel	Dreiveedelsmaue	Drossel	Drossel
Dreiviertelhose	Dreiveedelsbotz	drosseln	drossele
Dreivierteljacke	Dreiveedelsjack, Futzefänger	drüben	drüvve
Dreiviertelstunde	Dreiveedelstund	drüber	drüvver
Dreivierteltakt	Dreiveedeltak	drüberkämmen	drüvverkämme
Dreizack	Dreizack	drüberlegen	drüvverläge
dreizehn	drücksehn	Druck	Drock[1+2], Öldrock[1]
dreizehnhundert	drücksehnhundert	Drückeberger	Dröckeberger
dreizehnte	drücksehnte	drucken	drocke
Dreizimmerwohnung	Dreizemmerwonnung	drücken	dröcke, däue, paasche, kniefe
dreschen	dresche	Drucken	Drock[2]
Dreschmaschine	Dreschmaschin	Drucker	Drocker
dressieren	dressiere/~eere	Drücker	Dröcker
Dressiersack	Dressiersack	Druckerei	Drockerei
Dressiersack	Spretzbüggel, Deigspretz	Druckfehler	Drockfähler
Dressur	Dressor	Druckknopf	Drockknopp
Dressurakt	Dressorak	Druckkochtopf	Drockkochpott
Dressurpferd	Dressorpääd	Druckluft	Drockluff
Dressurreiten	Dressorrigge	Druckmittel	Drockmeddel
Driesch	Dreesch	Druckplatte	Drockplaat
Drill	Drell[1]/Drill[1]	Drucksache	Drocksaach
drillen	drelle/drille, schliefe, bimse	Druckschrift	Drockschreff
Drillen	Drell[2]/Drill[2]	Druckstelle	Drockstell, Blötsch
Drillich	Drell[1]/Drill[1]	Druckwelle	Drockwell
Drillichhose	Drellbotz/Drill~	Drudenfuß	Pentagramm
Drillinge	Dreierlingcher	drum	dröm
drin	dren	Drumherum	Drömeröm
dringen	dringe	drumherumlaufen	drömerömlaufe
drinnen	dren, dodrenne	drumherumreden	drömerömschwaade
dritt...	drett...	drunter	drunger
drittel	drettel	Drüse	Drüs
drittens	drettens	du	de[2], do[2]
Droge	Drog[1]	Dübel	Dübbel
dröge	drüg	dübeln	dübbele
Drogensucht	Drogesuch	ducken	ducke
Drogerie	Drogerie	Duckmäuser	Duckmüüser

1017

duckmäusern	einem en de Fott kruffe	dünsten	dünste, stuve
dudeln	dudele	Dunstglocke	Dunsglock
Duft	Döff, Geroch	dunstig	dämpig, muffig
duften	döfte; god rüche	Dunstkreis	Dunskreis
dulden	dolde, looße[2]	Dunstschicht	Dunsscheech/~schich
dumm	domm, duselig, ohßig, blöd, bestuss, blöd, beklopp, knatschjeck, stapeljeck/stabel~, raderdoll, verdötsch, bestuss, betitsch, verröck, ~kindsch, aadig; mem Bömmel behaue; en Ääz am Kieme/Wandere (han); (se) nit all op de Dröht/Reih (han); ene Nähl em Zylinder (han); ene Ratsch em Kappes (han); schwatz em Geseech (sin), för domm verschließe	Duplikat	Durchschlag, ~schreff
		durch	durch
		durcharbeiten	durcharbeite
		durchatmen	durchodeme
		durchaus	rack, wall
		durchbacken	durchbacke
		durchbeißen	durchbieße
		durchbekommen	durchkrige
		durchbiegen	durchbeege, ~hange, ~hänge
Dummheit	Dommheit, Dommerei, Blödheit	durchblasen	durchblose
Dummkopf	Dusel, Duseldier, Dauv, Blötschkopp, Herrgoddsdöppe, Knallkopp, Kump, Schellejeck, Schrutekopp, Strühkopp, Tröt, Tünnes, Tütenüggel, Lötschendötsch, Dötschemann, Selvsgestreckte, Tronskann, Döppe	durchblättern	durchbläddere, üvverfleege
		durchbläuen	durchbläue
		Durchblick	Durchbleck
		durchblicken	durchblecke, ~luure/~loore, uskenne
		durchbluten	durchblode[1+2]
Dummschwätzer	Muulschwaader	durchbohren	durchbohre[1+2], ~steche[2]
dümpeln	dümpele	durchboxen	durchboxe
dumpf	dump/dumf, muffig	durchbraten	durchbrode
Düne	Dün	durchbrausen	durchjöcke
Dung	Mess[1]	durchbrechen	durchbreche[1+2]
Düngemittel	Düngemeddel	durchbrennen	durchbrenne
düngen	meste	durchbringen	durchbränge, ~föödere
Dünger	Mess[1]	durchbürsten	durch~, us~, opbööschte
Düngergrube	Messkuhl/~kuul	durchchecken	durchchecke
Dunghaufen	Fuulhaufe	durchdenken	durchdenke[1], bedenke; Hand un Foß han
dunkel	dunkel, düster/duster, undurchsichtig		
dünn	dönn, fiselig, leich; nix op de Rebbe han	durchdiskutieren	durchdiskutiere/~eere
		durchdrängeln	durchpaasche
dünn sein/werden	kein Plaatz för Buchping han	durchdrehen	durchdrehe, usraste; sing fünf Minutte han
Dünndarm	Dönndarm		
Dünndruck	Dönndrock	durchdringen	durchdringe[1], ~feuchte, ~stüsse[2], ~zucke
dünnflüssig	dönnflüssig/~flöss~/		
Dünnschiss	Dönndress, Dönnschess, Dress, Flöcke-maach-vöran, Schiselawupptich, Scheuter	durchdrücken	durchdröcke
		durchdürfen	durchdörfe/~dürfe, ~künne, ~müsse
Dunst	Duns, Damf/Damp, Schwadem	durcheinander	durchenander, ~enein; krütz un quer
dunsten	schwademe	Durcheinander	Durchenander, ~enein, Kürmel

durchleuchten

durcheinanderbringen	durchenanderbränge, ~eneinbränge, zer~, vermölsche	durchgehen	durchgonn, passiere/~eere
durcheinanderkochen	durchenanderkoche, ~eneinkoche, zosammekoche/ze~	durchgießen	durchgeeße
		durchgleiten	durchflutsche
		durchglühen	durchglöhe/~glöhne
durcheinandermachen	vermengeliere/~eere	durchgraben	durchgrave
durcheinandermengen	menge	durchgreifen	durchgriefe; *koote fuffzehn maache*
Durcheinanderreden	Geschratels	durchgucken	durchluure/~loore
durchfahren	durchfahre¹	durchhaben	durchhan
Durchfahrt	Durchfahrt	durchhalten	durch~, ushalde
Durchfahrtsstraße	Durchfahrtsstroß	Durchhaltevermögen	Stehvermöge
Durchfall	Dönndress, Dönnschess, Dress, Drießerei, Scheuter, Schisela-wupptich; *Flöcke-maach-vöran*	durchhängen	durchhange, ~hänge
		durchhauen	durchhaue
		durchhecheln	durchhechele; *sich de Muul zerrieße/de Muul schwaade; durch de Zäng trecke*
durchfallen	durchfalle¹, ~fleege¹, ~rassele, letsche, versage		
durchfärben	durchfärve	durchheizen	durchheize
durchfaulen	durchfuule	durchhungern	durchhungere
durchfedern	durchfeddere	durchixen	durchixe
durchfeiern	durchfiere/~feere	durchjagen	durchjage
durchfeuchten	durchfeuchte	durchkämmen	durchkämme¹⁺²
durchfilzen	durchfilze	durchkämpfen	durchkämfe¹
durchfinden	durchfinge	durchkauen	durchkäue
durchfliegen	durchfleege¹	durchklettern	durchklemme
durchfließen	durchfleeße	durchklingen	durchklinge
durchflutschen	durchflutsche	durchkneten	durchknedde
durchformen	durchforme	durchknöpfen	durchknöppe
durchforschen	durchforsche, bearbeide	durchkommen	durchkumme
durchforsten	durchforste	durchkönnen	durchkünne
durchfragen	durchfroge	durchkosten	durchprobiere/~eere
durchfressen	durchfresse	durchkramen	durchkrose
durchfrieren	durchfriere/~freere	durchkreuzen	durchkrütze¹⁺²
durchfühlen	durchföhle	durchkriechen	durchkruffe
durchführen	durchföhre/~führe	durchkriegen	durchkrige
durchfurchen	durchfurche	durchladen	durchlade
durchfuttern	durchfoodere	durchlangen	durchgriefe
durchfüttern	durchföödere	durchlassen	durchlooße
Durchgang	Durchgang, Partie	durchlässig	durchlässig
Durchgangslager	Durchgangslager	durchlaufen	durchlaufe¹⁺²
Durchgangsstraße	Durchgangsstroß	durchleben	durchlevve
Durchgangszug	D-Zog	durchleiden	durchligge
durchgebacken	gar¹	durchlesen	durchlese
durchgeben	durchgevve	durchleuchten	durchleuchte

durchliegen

durchliegen	durchlige	durchrieseln	durchrisele
durchlöchern	durchlöchere	durchringen	üvverwinde, durchkämfe, opraafe
durchlotsen	durchlotse	durchrinnen	durchlaufe[1]
durchlüften	durchlüfte	durchrollen	durchrolle
durchlügen	durchlege	durchrosten	durchroste
durchmachen	durchmaache	durchrufen	durchrofe
durchmarschieren	durchmarschiere/~eere	durchrühren	durchröhre/~rühre, ~menge, röhre/rühre, verröhre/~rühre
durchmengen	durchmenge		
durchmessen	durchmesse	durchrutschen	durchrötsche
durchmischen	durchmische	durchrütteln	durchröddele, ~schöckele
durchmogeln	durchfusche	durchsacken	durchsacke
durchmüssen	durchmüsse	Durchsage	Durchsag
durchnässen	durchnässe, ~weiche[2]	durchsagen	durchsage
durchnässt	messnaaß	durchsägen	durchsäge
durchnehmen	durchnemme	durchsaufen	durchsuffe
durchnummerieren	durchnummeriere/~eere	durchschallen	durchschalle
durchorganisieren	durchorganisiere/~eere	durchschauen	durchschaue, ~luure/~loore
durchpauken	durchpauke	durchschaukeln	durchschöckele
durchpausen	durchpause/~puuse, pause[2]/puuse[2]	durchscheinen	durchschinge
durchpeitschen	durchpeitsche, ~jöcke	durchscheuern	durchschüüre/~schööre
durchpennen	durchpenne	durchschieben	durchdäue
durchpflügen	durchflöge[1+2]/~plöge[1+2]	durchschießen	durchscheeße
durchpfuschen	durchfusche	durchschimmern	durchschimmere
durchplanen	durchplane	durchschlafen	durchschlofe
durchpressen	durchpaasche, ~dröcke	Durchschlag	Durchschlag, ~schreff
durchprobieren	durchprobiere/~eere	durchschlagen	durchschlage[1]/~schlonn
durchprügeln	durchbläue, ~kamesöle, ~walke	durchschlängeln	durchschlängele, durchwisele
durchpusten	durchblose	durchschleifen	durchschleife
durchqueren	durchquere, ~kruffe, ~laufe[2], ~trecke[2], üvverquere	durchschleppen	durchschleife
		durchschleusen	durchschleuse
durchquetschen	durchquetsche	durchschlüpfen	durchflutsche
durchradeln	durchradele	durchschmecken	durchschmecke
durchrasen	durchrase/~rose	durchschmuggeln	durchschmuggele
durchrasseln	durchrassele	durchschneiden	durchschnigge
durchrechnen	durchrechne	Durchschnitt	Durchschnedd
durchregnen	durchrähne	durchschnittlich	durchschneddlich, ordinär, meddel, gewöhnlich
durchreiben	durchrieve		
durchreichen	durchrecke	Durchschnittsalter	Durchschneddsalder
Durchreise	Durchreis	Durchschnittsgeschwindigkeit	Durchschneddsgeschwindigkeit
durchreisen	durchreise	Durchschnittsmensch	Durchschneddsminsch
durchreißen	durchrieße	Durchschnittswert	Meddelwäät
durchrennen	durchrenne	durchschreiben	durchschrieve

Duschvorhang

Durchschrift	Durchschreff, ~schlag	durchwachsen	durchwahße[1+2]
durchschütteln	durchschöddele	durchwagen	durchwage
durchschweißen	durchschweiße	durchwählen	durchwähle
durchschwimmen	durchschwemme	durchwalken	durchwalke
durchschwitzen	durchschweißte, verschwetze	durchwandern	durchwandere[1]
durchsehen	durchsinn, üvverfleege	durchwärmen	durchwärme
durchseihen	durchseihe, ~siebe	durchwaschen	durchwäsche
durchsetzen	durchsetze[2+3]; *Rääch behalde*	durchwaten	durchwate
durchsetzt	durchwahße[2]	durchweben	durchwirke
durchsichtig	durchsichtig, klor	durchweichen	durchweiche[1+2]
durchsickern	durchsickere, ~laufe[1]	durchweicht	quatschig, matschig
durchsieben	durchsiebe, ~seihe	durchwerfen	durchwerfe/~wirfe
durchsitzen	durchsetze[1]	durchwetzen	durchwetze
durchspielen	durchspille	durchwieseln	durchwisele
durchsprechen	durchspreche	durchwintern	durchwintere
durchspülen	durchspöle	durchwirken	durchwirke
durchstechen	durchsteche[1+2+3]	durchwischen	durchwäsche
durchstecken	durchsteche[3]	durchwitschen	durchwitsche
durchstehen	durchstonn, ~halde, bestonn	durchwollen	durchwelle/~wolle
durchsteigen	durchsteige	durchwuchern	durchwuchere
durchstellen	durchstelle	durchwühlen	durchwöhle[1]
durchstöbern	durchstöbere, ~kämmen[2]	durchwurschteln	durchwooschtele
durchstochern	matsche	durchzählen	durchzälle
durchstoßen	durchstüsse[1+2]	durchzechen	durchsuffe
durchstrecken	durchstrecke	Durchziehband	Sträuf[1]
durchstreichen	durchstriche, ~krütze[1], ~ixe	durchziehen	durchtrecke[1+2]
durchstreifen	durchstriefe/~streife, ~sträufe, ~trecke[2]	durchzogen	durchwahße[2]
		durchzucken	durchzucke
durchströmen	durchströme	Durchzug	Durchzog
durchsuchen	durchsöke[1+2], ~krose, ~kämme[2], ~forsche, ~filze, filze	durchzwängen	durchzwänge
		Düren	Döre
durchtanzen	durchdanze[1+2]	dürfen	dörfe[1+2]/dürfe[1+2]
durchtasten	durchtaaste	dürftig	dörftig, ärmsillig
durchtrainieren	durchtrainiere/~eere	dürr	storkig
durchtränken	durchdränke	Dürre	Drügde
durchtreiben	durchdrieve	Durst	Doosch, Brand
durchtrennen	durchtrenne, ~schnigge	dürsten	dööschte
durchtreten	durchtredde	durstig	dööschtig
durchtrieben	durchdrevve, gerevve, raffineet	Dusche	Braus/Bruus, Dusch
durchtrocknen	durchdrüge	duschen	brause[2]/bruuse[2], dusche
durchtropfen	durchdröppe	Duschkopf	Brausekopp
durchwachen	durchwaache[1]	Duschvorhang	Duschvürhang/~vör~

Düse

Düse	Düs	egoistisch	egoistisch
Dusel	Dusel	ehe	ih, bevür/~vör
Duselei	Duselei	Ehe	Ih
duselig	duselig, tüddelig/tüttel~	Ehebett	Ihbedd
Duseltier	Duseldier	Eheglück	Ihglöck
Düsenflugzeug	Düsefleeger	Ehekrach	Ihkrach
Dusseligkeit	Duseligkeit	Ehekrieg	Ihkreeg
düster	düster/duster	Eheleute	Ihlück
Dutzend	Dotzend	ehemalig	fröher[1]
dutzendweise	dotzendwies	ehemals	fröher[2]
		Ehemann	Männ, Kääl
		Ehepaar	Ihpaar, Paar
		eher	iher/ihter
		Eherecht	Ihrääch
E		Ehering	Ihring
eben	evve, evvens, flaach/flach	eheste	ihste
ebenerdig	parterre	Ehre	Ihr
echauffieren	echauffiere/~eere	ehren	ihre, aachte, uszeichne; *en Ihre halde*
Echse	Echs		
echt	ech	Ehrenfeld	Ihrefeld
Ecke	Eck[1], Timp, Winkel	Ehrenfeldgürtel	Ihrefeldgöödel
Eckfahne	Eckfahn	Ehrenmal	Ihremol
Eckfenster	Eckfinster	Ehrenplatz	Ihreplatz
Eckhaus	Eckhuus	Ehrenpreis	Augetrus
eckig	eckig	Ehrenstraße	Ihrestroß
Eckregal	Eckbreddche	ehrlich	ihrlich
Eckschrank	Eckschaaf	Ei	Ei
Eckstein	Rutt	Eichamt	Eichamp
Eckzahn	Eckzant	Eiche	Eich
Eckzimmer	Eckzemmer	Eichenlaub	Eichelaub/~lauv
Ede	Ed/Eddi	Eichenschrank	Eicheschaaf
edel	edel, nobel	Eichentisch	Eichedesch
Edelstein	Edelstein	Eichenwald	Eichebösch
Edeltanne	Edeltann/~dann	Eichhörnchen	Eichhöönche
Eduard	Ed/Eddi	Eichmaß	Eichmoß
Efeu	Effe, Klemm-op	Eichstrich	Eichstrech
Effekt	Effek	Eid	Eid
egal	egal	Eidechse	Eidechs
egalisieren	usgliche	Eidotter	Eidodder
Egel	Egel	Eierbecher	Eierdöppche
Eggenband	Nohtband	Eierkohle	Eierkoll
Egoist	Egoiss	Eierkopf	Eierkopp

einbüßen

Eierlaufen	Eierlaufe	Eimer	Emmer
Eierpfannkuchen	Eierpannekoche	ein	e(n)¹⁺², ei(n), eine², ene¹
Eierpflaume	Eierprumm	ein jeder	jederein
Eierschale	Eierschal	ein(e)s	eins², eint
Eierschneider	Eierschnigger	einander	enander
Eierstich	Eierstech	einarbeiten	enarbeide, ~setze², aaneigne
Eifel	Eifel	einäschern	enäschere
Eifer	Iefer	einatmen	enodeme
eifern	iefere	Einbahnstraße	Einbahnstroß
Eifersucht	Eifersuch, Iefersuch	einbalsamieren	enbalsamiere/~eere
eifrig	iefrig, naschtig	Einband	Enband
Eigelb	Eigääl	einbauen	enbaue
eigen	eige	Einbauküche	Enbauköch
Eigenart	Eigenaat, Aat	Einbauschrank	Enbauschrank
eigenartig	eige, apaat, jeck	einbehalten	enbehalde; *der Duume drophalde*
Eigenbau	Eigebau	einberechnen	enberechne
Eigenbedarf	Eigebedarf	einberufen	enberofe
Eigenbrötler	*komische Hellige*	einbetonieren	enbetoniere/~eere
Eigenheit	Eigeheit	Einbettzimmer	Eibeddzemmer
Eigenleben	Eigelevve	einbeulen	enbüüle, ~blötsche, blötsche
Eigenlob	Eigelob/~lovv	einbeziehen	enbetrecke, mitrechne
Eigenname	Eigename	einbiegen	enbeege, schwenke
Eigennutz	Eigenotz	einbilden	enbilde/~belde; sich enen Däu aandun
eigennützig	eigenötzig, schüngelig		
eigens	expré	Einbildung	Enbildung/~beld~
Eigenschaft	Eigeschaff	Einbildungskraft	Enbildungskraff/~beld~
Eigensinn	Eigesenn	einbinden	enbinge
eigensinnig	eigesennig, eige, einkennig, deckköppig, krabitzig	einbläuen	enblüe
		einblenden	enblende
eigentlich	eigentlich¹⁺²	Einblick	Enbleck
Eigentor	Eigetor	einbrechen	enbreche
Eigentum	Eigedum	einbrennen	enbrenne
Eigentümer	Eigedümer	einbringen	enbränge, erenläge, ernte
eigenwillig	eige	einbrocken	enbrocke
eignen	eigne, dauge	Einbruch	Enbroch, Broch¹
Eile	Iel, Iggel, Hetz¹, Hass, Pressier, Karrier², Gauigkeit	einbuchten	enbuchte
		einbuddeln	enbuddele
		einbügeln	enbügele
eilen	iele, haste, brause¹/bruuse¹, jöcke¹, pressiere/~eere, schrööme, rose/rase	einbunkern	enbunkere
		einbürgern	enbürgere
		Einbürgerung	Enbürgerung
eilig	ielig, hööstig, holderdipolder, jihlich; *en der Juch sin*	einbüßen	enböße/~büße

einchecken

einchecken	enchecke	einfassen	enfasse, ~säume/~süume
eincremen	encreme/~kräme, ~rieve, ~schmiere/~schmiere	einfetten	enfette, ~schmiere/~schmeere
		einfinden	enfinge
eindämmen	endämme, drossele	einflechten	enfläächte
eindämmern	endöse	einfliegen	enfleege
eindecken	endecke[1]	einfließen	enfleeße
eindellen	enblötsche	einflößen	enflöße
eindeutig	entschiede, glatt, klor	Einfluss	Enfloss/~fluss
eindeutschen	endeutsche	einfressen	enfresse
eindicken	endecke[2]	einfrieren	enfriere/~freere, gefriere/~freere
eindocken	endocke	einfügen	enföge, ~schiebe, ensetze[2]
eindösen	endöse, endusele	einfühlen	enföhle, versetze
eindrehen	endrihe	einführen	opbränge
eindreschen	endresche	Einführung	Enföhrung/~führ~
eindringen	endringe, aannemme	einfüllen	enfölle/~fülle
eindringlich	ääns	Eingabe	Aandrag
Eindruck	Endrock	Eingang	Engang
eindrücken	endröcke, ~blötsche, ~däue, blötsche, ensetze[1]	eingangs	eingangs
		Eingangshalle	Engangshall
eindübeln	endübbele	Eingangsschwelle	Dürpel
eine	ene[2]/ne, e(n)[1], ein, en[3+4]	Eingangstür	Engangsdür/~dör
einem jeden	jederein	eingeben	engevve
einen	eine[1+2]	eingebildet	engebildt/~beldt, huffäädig, huhpöözig; ene Futz em Kopp han
einengen	enenge, beschränke		
einer	einer	Eingeborene	Engeborene
Einer	Einer	eingedellt	fukakig
Einerlei	Türelür	eingehen	engonn
einfach	einfach, leich, ordinär, läppisch, kinderleich, gewöhnlich, ordinär	Eingemachte	Engemahts
		eingeschränkt	bedingk
einfach so	mir nix, dir nix	eingeschüchtert	kusch
einfädeln	enfäddeme	eingestehen	engestonn, bekenne
einfahren	enfahre	eingewöhnen	engewenne
Einfahrt	Enfahrt	eingießen	enschödde
Einfall	Enfall, Drih	eingipsen	engipse
einfallen	enfalle	eingliedern	engliddere
einfältig	larig, tüttelig/tüddel~, lüsch, luusch, verkindsch, blöd; jet geflapp	eingraben	engrave, ~buchte
		eingravieren	engraviere/~eere, ~schliefe
Einfaltspinsel	Labberitz, Schauter	eingreifen	engriefe
Einfamilienhaus	Einfamilliehuus	eingrenzen	engrenze
einfangen	enfange, ~scheppe; sich eine angele	Eingriff	Engreff
einfärben	enfärve	einhacken	enhacke
einfarbig	uni	einhaken	enhoke

einhalten	enhalde, ~lüse/~löse	Einkaufszettel	Enkaufszeddel
einhämmern	enhämmere	einkehren	erengonn
einhamstern	enhamstere	einkeilen	enkiele
einhandeln	enhandele	einkellern	enkellere
einhändig	einhändig	einkerben	enkerve/~kirve
einhängen	enhänge	einkerkern	enkerkere
einhauchen	enhauche	einkesseln	enkessele
einhauen	enhaue	einklagen	enklage
einheften	enhefte	einklammern	enklammere
einheimsen	avstäuve, ~stöbbe, ~sahne, enhamstere	Einklang	Enklang, Verdrag
		einklappen	enklappe
einheiraten	enhierode, erenhierode	einkleben	enklevve
einheitlich	einerlei	einkleiden	enkleide
einheizen	enheize	einkleistern	enkleistere
einhellig	einstemmig	einklemmen	enklemme
einholen	enholle, ~krige, eravholle	einklinken	enklinke
einhören	enhüre/~höre	einklopfen	enkloppe
einhüllen	enhölle, ~mummele	einknicken	enknicke
einhundert	hundert	einkochen	enkoche, ~maache
einig	einig, eins[1], üvverein, ~eins, ~enein, ~nein, einstimmig	einkölschen	enkölsche
		Einkommen	Enkumme, Verdeens[1]
einig sein	eins sin	Einkommensteuer	Enkummensstüür/~stöör
einige	Rötsch[3]	einkrachen	enkraache
einigen	einige, eine[1], avfinge	einkreisen	enkreise
einigermaßen	zemlich[1]	einkriegen	enkrige
Einigkeit	Einigkeit	einkuscheln	enkuschele, dückele
Einigung	Einigung	einladen	enlade[1+2], usföhre/~führe; *einem eine aanläge*
einimpfen	enimfe		
einjagen	enjage	Einladung	Enladung
einjährig	einjöhrig	Einlage	Enlag
ein jeder	jederein	einlagern	enlagere
einkalkulieren	enkalkuliere/~eere, ~berechne	Einlass	Enlass
einkapseln	enkapsele	einlassen	enlooße, erenlooße
einkassieren	aaneigne	Einlauf	Enlauf
einkassieren	enkassiere/~eere, ~striche	einlaufen	enlaufe
Einkauf	Enkauf	einläuten	enlügge
einkaufen	enkaufe	einleben	enlevve
Einkaufsbeutel	Enkaufsbüggel	einlegen	enläge
Einkaufskorb	Enkaufskorv	einleiten	enleite, aanstrenge
Einkaufsroller	Möhnekaar	einleitend	eingangs
Einkaufstasche	Enkaufstäsch	einlenken	enlenke
Einkaufswagen	Enkaufswage	einlesen	enlese

einleuchten

einleuchten	enleuchte	einplanen	enplane
einleuchtend	einfach	einpökeln	enpökele
einliefern	enlivvere	einprägen	enpräge, aaneigne, verhafte
einlochen	enloche	einprasseln	enprassele
einlösen	enlüse/~löse	einpressen	enpresse
einlullen	enlulle	einprogrammieren	enprogrammiere/~eere
einmachen	enmaache	einprügeln	enprügele
Einmachring	Weckring	einpudern	enpudere
einmal	eimol, ens; *op eimol; op eins*	einquartieren	enquartiere/~eere
einmalig	eimolig	einquetschen	enquetsche, klemme²
Einmarsch	Enmarsch	einrahmen	enrahme
einmarschieren	enmarschiere/~eere	einrammen	enramme
einmassieren	enmassiere/~eere	einrasten	enraste, raste²
einmauern	enmuure/~moore	einräuchern	enräuchere
einmeißeln	enmeißele	einräumen	enrüüme
einmieten	enmeede	einrechnen	enrechne
einmischen	enmische	einreden	enrede/~redde, enbilde/~belde, wiesmaache
einmontieren	enmontiere/~eere		
einmotten	enmotte	einregnen	enrähne
einmummeln	enmurkele, ~mummele, ~mumme, murkele	einreiben	enrieve, verrieve
		einreichen	enrecke
einmummen	enmumme	einreihen	enreihe, rihe
einmünden	enmünde	Einreise	Enreis
einmütig	einstemmig	einreisen	enreise
einnageln	ennähle	einreißen	enrieße, avbreche
einnähen	ennihe	einreiten	enrigge
einnebeln	ennevvele	einrenken	enrenke
einnehmen	ennemme	einrennen	enrenne
einnicken	ennicke, ~schlofe	einrichten	enreechte/~richte, installiere/~eere, möbeliere/~eere
einnisten	enneste		
einölen	enöle	Einrichtung	Enrichtung, Aanlag
einordnen	enordne/~oodene	einritzen	enretze
einpacken	enpacke, verpacke	einrollen	enrolle
einparken	enparke	einrosten	enroste
einpassen	enpasse	einrücken	enröcke
einpauken	enpauke	einrühren	enröhre/~rühre
einpeitschen	enpeitsche	eins	eine³, eins¹, eint
einpendeln	enpendele	einsacken	ensacke¹, aaneigne, enstriche
Einpfennigstück	Penningstöck	einsalben	enrieve
einpferchen	enferche	einsalzen	ensalze
einpflanzen	enflanze/~planze	einsam	allein¹, verlooße²
einpinseln	enpinsele	einsammeln	ensammele

Einstand

Einsatz	Ensatz	einschreiben	enschrieve, ~drage
Einsatzwagen	Ensatzwage	einschreiten	enschrigge
einsauen	ensaue	einschrumpfen	enschrumpele
einsaugen	ensauge, opsauge	einschüchtern	enschüchtere; einem zeige, wat de Botter koss; einer en et Bockshoon jage
einsäumen	ensäume/~süume		
einschalten	enschalte/~schalde, aandrihe, ~maache, ~knipse		
		einschulen	enschulle
einschärfen	enschärfe/~schärpe	einschunkeln	enschunkele
einschätzen	enschätze, aansinn, ~luure/~loore	Einschuss	Enschoss
einschäumen	enschüüme	Einschussloch	Enschossloch
einschenken	enschödde	Einschussstelle	Enschossstell
einschieben	enschiebe	einschütten	enschödde
einschießen	enscheeße	einschweißen	enschweiße
einschiffen	enscheffe	einschwenken	enschwenke
einschlafen	enschlofe	einsegnen	ensähne
einschläfern	enschlöfere	einsehen	ensinn
einschlagen	enschlage/~schlonn, schwenke, ennähle	Einsehen	Ensinn
		einseifen	enseife
einschleichen	enschleiche/~schliche	einseitig	einsiggig
einschleifen	enschliefe	einsenden	enschecke
einschleimen	enschlieme	einsetzen	ensetze[2], verspille
einschleppen	enschleppe	Einsicht	Enseech/~sich
einschleusen	enschleuse	einsichtig	verständig
einschließen	enschleeße, fottschleeße, ömschleeße	einsickern	ensickere
		einsingen	ensinge
einschließlich	enschleeßlich	einsinken	ensinke, ~sacke[2], versacke, ~sinke
einschlummern	endöse, ~nüre/~nöre	einsitzen	ensetze[1]
einschmeicheln	enschlieme; einem en de Fott erenkruffe	einsortieren	enzotiere/~eere
		einspannen	enspanne
einschmeißen	enschmieße	einsparen	enspare
einschmelzen	enschmelze	einspeichern	enspeichere
einschmieren	enschmiere/~schmeere, ~creme/~kräme	einsperren	ensperre, ~loche, ~ferche
		einspielen	enspille
einschmuggeln	enschmuggele	einsprachig	einsprochig
einschnappen	enschnappe	einsprengen	ensprenge
einschneiden	enschnigge	einspringen	enspringe
einschneien	enschneie	einspritzen	enspretze
Einschnitt	Enschnedd, Schnedd[1], Ketsch[1]	Einspruch	Ensproch
einschnitzen	enschnetze	einsprühen	enspröhe
einschnüren	enschnüre/~schnöre	einst	fröher[2], eimol
einschränken	enschränke, beschränke	einstampfen	enstampe
einschrauben	enschruuve	Einstand	Enstand

1027

einstanzen

einstanzen	enstanze	einträchtig	einstemmig
einstapeln	enstivvele	Eintrag	Endrag
einstauben	enstöbbe	eintragen	endrage, ~tränge
einstechen	ensteche[2]	eintrainieren	entrainiere/~eere
einstecken	ensteche[1], aaneigne	einträufeln	enträufele
einstehen	enstonn, opkumme, uslöffele	eintreffen	entreffe
einsteigen	ensteige	eintreiben	endrieve
Einsteiger	Ensteiger	eintreten	entredde
einstellen	enstelle	eintrichtern	entrichtere
einstellig	einstellig	Eintritt	Entredd
Einstellplatz	Enstellplatz	Eintrittsgeld	Entreddsgeld
Einstellung	Enstellung, Stimmung	Eintrittskarte	Entreddskaat
Einstellungstest	Enstellungstess	Eintrittspreis	Entreddspreis
einsticken	enstecke	eintrocknen	endrüge, ~schrumpele
Einstieg	Ensteeg	eintrommeln	entrommele
Einstiegsvortrag	lesbrecher	eintrüben	endröve
einstimmen	enstemme	eintrudeln	entrudele
einstimmig	einstemmig	eintunken	enstippe, erenzoppe
einstöckig	einstöckig	eintürig	eindürrig
einstöpseln	enstöpsele	einüben	enübe, aaneigne, enstudiere/~eere
einstoßen	enstüsse	einvernehmlich	einstemmig
einstreichen	enstriche	einverstanden	enverstande
einstreuen	enstreue	einwachsen	enwachse/~wahße[1,2]
einströmen	enströme	einwählen	durchwähle
einstudieren	enstudiere/~eere, aaneigne	Einwanderer	Enwanderer
einstufen	enstufe	einwandern	enwandere
einstülpen	enstölpe	Einwanderung	Enwanderung
einstündig	einstündig	einwandfrei	perfek
einstürmen	enstörme/~stürme	einwärts	*noh enne*
Einsturz	Ensturz/~stooz	einweben	enwevve
einstürzen	enstürze/~stööze, ~breche, zosammebreche/ze~	einwechseln	enwähßele
		einwecken	enmaache
einstweilen	einswiele	einweichen	enweiche
eintägig	eintägig	einweihen	enweihe, ~sähne
eintanzen	endanze	einweisen	enwiese, ~winke, ungerwiese
eintätowieren	entätowiere/~eere	einwenden	enwende
eintauchen	entauche, zoppe	einwerfen	enwerfe/~wirfe, ~schmieße
eintauschen	entuusche	einwickeln	enweckele, ~schlage/~schlonn
einteilen	endeile, ungerdeile	einwilligen	enwellige
einteilig	eindeilig	Einwilligung	Enwelligung
eintippen	entippe	einwinkeln	enwinkele
eintopfen	enpötte	einwinken	enwinke

einwirken	enwirke	Eisheilige	leshellige
Einwohnermeldeamt	Meldeamp	eisig	iesig
einwurzeln	enwahße²	Eiskaffee	leskaffee
einzäunen	enzäune/~zünge	eiskalt	ieskald
einzeichnen	enzeichne	Eiskeller	leskeller
Einzel	Einzel	Eisklumpen	lesklumpe
Einzelfahrschein	Einzelfahrsching	Eiskunstlaufen	leslaufe
Einzelfall	Einzelfall	Eislaufen	leslaufe
Einzelgänger	Einzelgänger	Eisläufer	Schlittschohläufer
Einzelhaft	Einzelhaff	Eismann	lesmann
Einzelhandel	Einzelhandel	Eisregen	lespel
Einzelkind	Einzelkind	Eisscholle	lesscholl, Scholl
Einzelpackung	Einzelpackung	Eisschrank	lesschrank
Einzelstück	Einzelstöck	Eisstück	lesstöck
Einzelteil	Einzeldeil	Eiszapfen	leszappe
Einzelzimmer	Einzelzemmer	eitel	huffäädig
einzementieren	enzementiere/~eere	Eiterbeule	Eiterbüül
einziehen	entrecke, eravholle, durchtrecke¹, ensauge, ~berofe	Eiterherd	Eiterhääd
		eitern	eitere, schwärre
Einzimmerwohnung	Einzemmerwonnung	Eiterpickel	Eizche
einzingeln	enkreise	Eiweiß	Eiweiß
Einzug	Enzog	Eizelle	Eizell
einzwängen	enzwänge	Ekel	Äkel, Freese; *fiese Mömmes; fiese Möpp*
Eis	les		
Eisbär	lesbär	ekelerregend	äk(e)lig
Eisbein	lesbein, Hämmche	ekelhaft	fies¹, flidig
Eisblume	lesblom	ekeln	äkele; *fies för jet/einer sin; et Freese krige; jet üvver sich/de Begovung krige*
Eisbrecher	lesbrecher		
Eischnee	Ei(er)schnei		
Eisen	leser	eklig	äk(e)lig
Eisenbahn	leserbahn, Zog¹	Elan	Drevv
Eisenbahnbrücke	leserbahnbröck	Elefant	Elefant
Eisenbahnschiene	leserbahnschinn	Elefantenfuß	Elefantefoß
Eisenbahnstrecke	leserbahnstreck	Elefantenhaus	Elefantehuus
Eisenbahnunglück	Zogunglöck	Elefantenhaut	Elefantehugg
Eisenblech	leserblech	Elefantenpark	Elefantepark
Eisenmarkt	lesermaat	elegant	elegant, *nobel*
Eisenoxid	Ross¹	Elektrizität	Strom
Eisenschiene	leserschinn	elend	älend, malätzig, älendig, üvvel
Eisenspäne	leserspin	Elend	Älend
Eisenträger	Stohldräger	elendig	älendig
eisern	ieser, stöhle²	Elendskirche	Älendskirch „St. Gregorius im Elend"

Elendsviertel

Elendsviertel	Älendsveedel	Engelsmiene	Engelsmien
elf	elf	engstirnig	beschränk, kleinkareet, pingelig, krottig
Elferrat	Elferrod		
Elfmeterschießen	Elfmeterscheeße	Enkel	Enkel²
Elisabeth	Els, Lis, Sett	Enkel(kind)	Enkel¹
Ellbogengelenk	Ellebogegelenk	Enkelsohn	Enkelsonn
Elle	Ell	Enkeltochter	Enkeldoochter
Ellenbogen	Elleboge	enorm	klotzig
Elritze	Dannälche, Rümpche	entbehren	messe²; *sich selver jet avpetsche*
Else	Els	Ente	Ent
Eltern	Eldere	Entenpopo	Entefott
Elternhaus	Elderhuus	Enterhaken	Enterhoke
Em Laach	Em Laach	entfachen	aanfache
Emanze	Emanz	entfernen	fottmaache, ~gonn, ~schere/~scherre, avdecke, rüüme, sondere, schere²/scherre², usnemme, verlooße¹
emanzipiert	emanzipeet		
Emilie	Mill		
Empfang	Emfang		
empfehlen	rode, aanbeede, vörschlage/~schlonn/vür~	entfernt	avgeläge
		entgegen	entgäge¹⁺²
Empfehlung	Rod	entgegengesetzt	entgäge¹, ömgedriht
empfinden	föhle	Entgegenkommen	Entgägekumme
empfindlich	emfindlich, fimschig, göözig, pingelig, krüddelig	entgegennehmen	üvvernemme
		entgegenstehend	zowidder/ze~
empfindsam	geföhlvoll	entgegenstrecken	hinhalde
emporsprudeln	qualle	entgegnen	antwoode
emportauchen	optauche	entgehen	verpasse¹; *durch de Lappe gonn*
En der Spetz	En der Spetz	enthalten	enthalde
Ende	Eng¹/Engk, Engs, Schluss	enthülsen	uskivvere/~kevvere
enden	ende; *fäädig weede/wääde*	entkernen	uskääne
endgültig	ein för alle Mol	entkleiden	ustrecke, ~dun
Endivie	Andive	entkommen	*durch de Lappe gonn*
Endiviensalat	Andiveschlot	entkräften	usmergele, ~lauge
endlos	unbegrenz	entlang	elans, eröm
Endspiel	Endspill	entlassen	feuere, wippe¹, chasse
Endstück	Engkstöck/End~	entlausen	entluuse
Energie	Energie	entleihen	liehne, usspanne
energisch	bestemmp, resolut	enträtseln	errode
eng	eng, spack, schnack¹	entrüstet	wödig
Engagement	Ensatz	entschädigen	avfinge
Enge	Eng²/Engde	entschärfen	entschärfe/~schärpe
Engel	Engel	entscheiden	usdrage
Engelsgesicht	Engelsgeseech	Entscheidung	Entscheidung, Beschluss

Entscheidungsspiel	Entscheidungsspill	erbeuten	aaneigne
entschieden	entschiede, befinge	erbeuten	erbeute
entschlossen	resolut	Erbfehler	Ervfähler
entschlummern	ennüre/~nöre	erbitten	bedde[1]
entschlüpfen	erusflutsche	erblassen	blass wääde/weede
entschlüsseln	knacke, entschlössele	erbrechen	breche, göbbele, kotze, üvvergevve,
entschuldigen	entscholdige		usbreche
entschuppen	schuppe	Erbschaft	Ervschaff
entsetzt	der Plagge(n) enschlage	Erbschaftsangelegenheit	Ervschaffsaangeläge(n)heit
entsinnen	entsenne, nohdenke	Erbschaftssteuer	Ervschaffsstüür/~stöör
entspannen	avschlaffe	Erbschein	Ervsching
entsprechen	üvverzeuge	Erbse	Ääz[1], Kivverääz
entstehen	aanbahne, ~falle, opkumme	Erbsenhülse	Bolster
entstellen	verschängeliere/~eere	Erbsenmehl	Ääzemähl
entweder	entweder	Erbsenreiser	Ääzerieser
entwenden	avkläue, luchse, stritze	Erbsenstroh	Ääzestrüh
entwerfen	entwerfe/~wirfe	Erbsensuppe	Ääzezupp
entwerten	knipse[1]	Erbsenzählerei	Ääzezällerei
entwickeln	entweckele	Erbsünde	Ervsünd
entwirren	löse/lüse	Erbtante	Ervtant
Entwurf	Entworf/~wurf, Konzepp	Erbteil	Ervdeil
entziehen	uslauge; sich selver jet avpetsche	Erdball	Ääd
entzückend	zauberhaff	Erdbeben	Erdbebe, Äädbevve
entzünden	aanbrenne, ~fache	Erdbeere	Erbel
entzwei	kapodd	Erdbeertorte	Erbeletaat
entzweien	üvverwerfe[2]/~wirfe[2]	Erdboden	Ääd
entzweigehen	oprieße, rieße, kapoddgonn, durch-	Erde	Ääd, Äädrich
	brenne, durchglöhe/~glöhne, avrieße	Erdferkel	Äädferke/~firke
Epilepsie	Fallsuch	Erdgeschoss	Erdgeschoss, Parterre
epilieren	usdönne	Erdgeschosswohnung	Parterrewonnung
er	hä, e	Erdkugel	Ääd
erachten	eraachte, befinge	Erdmännchen	Erdmännche
erarbeiten	erarbeite	Erdnuss	Aapenoss
erbarmen	erbarme	Erdnussbutter	Erdnossbotter
Erbarmen	Erbarme	Erdöl	Erdöl
erbärmlich	schudderig	Erdreich	Äädrich, Ääd
erbauen	erbaue, opstelle	erdreisten	ungerstonn
Erbe (das)	Ervdeil	erdrosseln	erwürge
Erbe (der)	Erve	erdrücken	erdröcke
erbeben	bevve	Erdrutsch	Erdrötsch
erben	erve, beerve	Erdteil	Erddeil
erbetteln	avkötte, schüngele		

erdulden	erligge	erhoffen	vörstelle/vür~
Erdumfang	Erdömfang	erhöhen	eropsetze
Erdzeitalter	Zeitalder	Erhöhung	Hüvvel
ereignen	passiere/~eere, zodrage, vörfalle/vür~	erholen	erholle, ~krige
		erhören	erhüre/~höre
erfahren	beschlage²	erigiertes Glied	Stieve
erfahren	erfahre¹, dohingerkumme; *gewahr wääde/weede*	Erika	Heid¹, Heidekrugg, Besemstruch
		erinnern	erennere/erinnere, entsenne, nohdenke, mahne, zoröckerinnere/ze~/~erennere, besenne
Erfahrung	Lihr¹		
erfassen	begriefe, opnemme		
erfinden	erfinge; *sich jet us de Fingere sauge*	Erinnerung	Erennerung
Erfindergeist	Erfindergeis	erkalten	usköhle
erflehen	erflehe	erkälten	verkälde
Erfolg	Erfolg	Erkältung	Verkäldung, Peps
erforderlich	nüdig	erkämpfen	erkämfe, ~strigge
erfordern	bedinge	erkaufen	erkaufe
erforschen	erforsche, ~kunde, usforsche	erkennen	erkenne, durchschaue, fassstelle, merke
erfreuen	freue, ergötze		
erfrieren	erfriere/~freere, verkaale	Erkennungsdienst	Erkennungsdeens
erfrischen	erfresche	erklären	erkläre, expliziere/~eere, usenanderposementiere/~eere, verklickere, ~klore, ~klöre, ~posementiere/~eere, ~kasematuckele
erfrischend	spretzig		
Erfrischung	Erfreschung		
Erfrischungstuch	Erfreschungsdoch		
erfüllen	erfölle/~fülle, enhalde, ~lüse/~löse	erklettern	*op jet klemme*
Erfüllung	Erföllung/~füll	erklimmen	*op jet klemme*
ergänzen	ergänze, nohdrage	erklingen	erklinge
Ergänzung	Ergänzung	erkranken	usbröde
ergattern	ergattere; *sich unger der Nähl rieße*	erkunden	erkunde, uskundschafte, ~forsche
		erkundigen	erkundige, nohfrage
ergaunern	ergaunere	Erkundigung	Nohfrog
ergeben	aanfalle	erlassen	befreie
ergeben	treu	erlauben	erlaube, looße²
ergiebig	ergiebig	erlaubt	zolässig
ergötzen	ergötze	erläutern	usföhre/~führe
ergraut	gries	erleben	erlevve, metmaache, verspanne²
ergreifen	fange, fasse; *einer/jet beim Weckel han/krige; beim Wöllche krige*	erledigen	erledige, avhoke, *einer fäädig maache*
ergründen	dohingerkumme, erusklamüsere, erforsche	erledigte Angelegenheiten	*aal Ääze*
		erlegen	erläge
erhalten	erhalde, krige, behaupte, ~trecke	erleichtern	erleichtere, versöße
erheben	huhhevve, ~kumme, opstonn	erleichtert sein	*drei Krütze maache*
erheitern	amesiere/~eere	erleiden	erligge, metmaache
erhitzen	*heiß maache*	erlernen	aaneigne

erleuchten	bestrahle	erreichen	erreiche, aankumme, eraanrecke, bewerkstellige
erloschen	us²		
erlösen	erlüse/~löse	errichten	baue, opstelle, erreechte/~richte
ermahnen	ermahne	Errichten	Bau
ermangeln	mankiere/~eere	Errungenschaft	Errungenschaff
Ermäßigung	Ermäßigung	Ersatzdienst	Ersatzdeens
ermattet	zerschlage²	Ersatzmittel	Ersatzmeddel
Ermattung	Malätzigkeit	Ersatzrad	Reserveradd
ermessen	ermesse	Ersatzspieler	Reservespiller
ermitteln	ermeddele, erusklamüsere, ~knuuve, fassstelle	Ersatzteil	Ersatzdeil
		Ersatzteillager	Ersatzdeillager
ermorden	ömbränge, möpse	erschaffen	erschaffe, schaffe¹
ermüdet	lahm	erscheinen	aandanze, vörkumme/vür~
ermuntern	ermuntere	Erscheinung	Sching²
ermutigen	bestärke	erschießen	erscheeße
ernennen	ernenne	erschlagen	erschlage/~schlonn
erneuern	opkladunjele	erschleichen	avklüngele
erniedrigen	erniddrige, eravmaache	erschöpfen	uslauge
ernst	ääns, äänz	erschöpft	fäädig, kapodd, hingerwidder, zerschlage², beet
Ernst	Ääns, Äänz		
Ernst	Erri	erschrecken	verschrecke
Ernstfall	Äänsfall	erschrocken	verbas, ~basert
ernsthaft	äänshaff	erschüttern	erschüttere
Ernsthaftigkeit	Ääns	erschweren	erschwere
Ernte	Plöck	ersehen	en der Nas steche
Erntedankfest	Erntedankfess	ersetzen	ersetze
ernten	ernte	ersichtlich	entschiede
Erntewagen	Erntewage	ersinnen	ustüftele, ~hecke
Erntezeit	Erntezigg	ersparen	erspare
Ernüchterung	Ernööchterung	Ersparnis	*Äppelche för der Doosch*
erobern	erobere	erst	eesch, eets
eröffnen	opmaache	erstaunen	üvverrasche
erpicht	erpich, verpich, begierig; *op jet erpich sin*	erstaunt	kradeplatt; *Bauklötz staune; von de Söck*
		Erste-Hilfe-Kasten	Verbandskaste
erpressen	erpresse	erstechen	ersteche, niddersteche
erproben	usprobiere/~eere	ersteigen	besteige; *op jet klemme*
erraten	errode, rode, löse/lüse	ersteigern	ersteigere
errechnen	usrechne	erstellen	erstelle, aanfäädige
erregen	bewäge¹	erstens	eeschtens, eetstens
erregend	heiß	ersticken	verstecke
erregt	üvverspannt	Erstklässler	I-a-Köttela, I-Dötzche
Erregung	Alteration, Hetz²		

erstrecken	spanne, hinstrecke	Eselsgeduld	Eselsgedold
erstreiten	erstrigge	eselsgrau	eselsgrau
erst☐	eescht, eetst☐	Eselsohr	Eselsuhr/~ohr
Ersuchen	Aandrag	eskalieren	usufere
ertappen	ertappe, ~wische, üvverrasche	Essapfel	Essappel
ertönen	ertöne	essen	esse, kimmele, käue, mimmele
Ertrag	Erdrag, Notze	Essen	Esse, Fresse, Zeesse
ertragen	erdrage, bestonn, ushalde, verdrage	Essenszeit	Essenszigg
ertränken	versäufe	Essig	Essig
erträumen	erdräume, vörstelle/vür~	Essiggurke	Essiggurk
ertrinken	avsuffe, versuffe[1]	Essigtopf	Suurpott/Soor~
erübrigen	avknapse	Esskastanie	Esskuschtei, Maron
erwachsen	rief, groß	Esslöffel	Esslöffel
erwägen	erwäge, üvverläge[1]	Esstisch	Essdesch
erwähnen	erwähne, aandügge	Esszimmer	Esszemmer
erwandern	erwandere	Etage	Etage, Geschoss, Stock[2]
erwecken	wecke	Etagenbett	Etagebedd
erweitern	aanbaue, bereichere, opstocke, usbaue	Etagenwohnung	Etagewonnung
		Etappe	Etappe
erwerben	kaufe, aanschaffe	Etappenhase	Etappe(n)has
erwidern	antwoode	Etappensieg	Etappeseeg
erwischen	erwische, üvverföhre/~führe; en de Fingere krige	Etikett	Etikett/Etekett
		Etikette	Etikette/Etekette
erwünscht	erwünsch	etwa	öm[2], zemlich[1], wall
erwürgen	erwürge	etwas	jet, bessche
Erz	Ääz[2]	etwas können	jet losshan
erzählen	verzälle[1], klaafe	etwas (nicht) tun wollen	(kein) Aanstalte maache
Erzählung	Verzäll, ~zällche, Krätzche, Geschichte, Novell	euch	üch[1+2]
		euer	üür/öör
Erzbetrüger	Herrgoddsbedröger	Eugen	Eu[2]
Erzbischof	Ääzbischoff	Eugenie	Eu[2]
erzeugen	erzeuge, aanfäädige, fäädige	Eule	Üül
Erzeugnis	Produk	Eulenspiegel	Üülespeegel
Erzfaulenzer	Herrgoddsfuulenzer	eure	üür/öör
erziehen	ertrecke, dressiere/~eere	eurethalben	üürethalver
erzielen	erziele	euretwegen	üüretwäge
erzittern	bevve	Europameister	Europameister
Erzlump	Herrgoddsbedröger	Europameisterschaft	Europameisterschaff
erzwingen	erzwinge	Eva	Ev
erzwungenermaßen	unfreiwellig	Evangelist	Evangeliss
es	et[2], it	Evergreen	Evergreen
Esel	Esel	ewig	iwig

Ewigkeit	Iwigkeit	Fächer	Fächer
Ewigkeitssonntag	Dudesonndag	Fachgespräch	Fachgespräch
exakt	akkurat, klor	Fachleute	Fachlück
Examen	Exame	Fachschaft	Fachschaff
Examensangst	Examensangs	Fachsprache	Fachsproch
Examensarbeit	Examensarbeid	Fachterminus	Spezialusdrock
Examensnote	Examensnot	Fachwerkhaus	Fachwerkhuus
Existenz	Levve, Minschelevve	Fachwissen	Fachwesse
Existenzangst	Existenzangs	Fachwort	Fachwood
existieren	bestonn	Fachzeitung	Fachzeidung
explodieren	baschte	Fackel	Fackel
exportieren	usföhre/~führe	fackeln	fackele
Exposition	Mess³	Fackelträger	Fackeldräger
express	expré	Fackelzug	Fackelzog
Expressdienst	Schnelldeens	fade	fad, schlabberig
extra	expré	Faden	Faddem
Extrablatt	Extrabladd	Fadenteile	Gefusels
Extrakt	Extrak	Fagott	Fagott
Extrawurst	Extrawoosch	Fagottist	Fagottiss
		fähig	fähig
		Fähigkeit	Vermöge
		fahl	fahl, blass
		Fahne	Fahn
		Fahnenflucht	Fahnefluch
F		Fahnenmast	Fahnemass
Fabeldichter	Fabeldeechter/~dicht~	Fähre	Fähr
Fabeltier	Fabeldier	fahren	fahre
Fabelwesen	Fabelwese	Fahrerflucht	Fahrerfluch, Unfallfluch
Fabrik	Fabrik	Fahrerhaus	Fahrerhuus
Fabrikarbeit	Fabrikarbeid	Fahrersitz	Fahrersetz
Fabrikarbeiter	Fabrikarbeider	Fahrgast	Fahrgass
Fabrikationsfehler	Fabrikationsfähler	Fahrgeld	Fahrgeld
Fabrikhalle	Fabrikhall	Fahrgelegenheit	Fahrgeläge(n)heit
Fabrikware	Fabrikwar	Fahrgeschäft	Fahrgeschäff
fabrizieren	fabriziere/~eere, aanfäädige	Fahrgestell	Fahrgestell
Facettenauge	Stielaug	Fahrkarte	Fahrkaat
Fach	Fach, Faach	Fahrkartenautomat	Fahrkaateautomat
Facharbeiter	Facharbeider	Fahrkartenkontrolle	Fahrkaatekontroll
Facharzt	Fachaaz	Fahrkartenschalter	Fahrkaateschalter
Fachausdruck	Fachusdrock	Fahrkunst	Fahrkuns
Fachbegriff	Fachbegreff	Fahrkünstler	Fahrkünsler
Fachbuch	Fachboch	Fahrplan	Fahrplan

Fahrpreis

Fahrpreis	Fahrpries	Faltboot	Faldboot
Fahrprüfung	Fahrprüfung	Falte	Fald, Krünkel/Krüngdel, Schrumpel
Fahrrad	Fahrradd, Radd, Drohtesel	falten	falde
Fahrradfahrer	Raddfahrer	Faltenrock	Falderock
Fahrradkette	Fahrraddkett	Falter	Falder, Fifalder, Vivalder
Fahrradreifen	Fahrraddreife	faltig	faldig, krünkelig, schrumpelig
Fahrradschlüssel	Fahrraddschlössel	Faltkarte	Faldkaat
Fahrradständer	Fahrraddständer	Familie	Famillich, Bagage
Fahrradtour	Fahrraddtour	Familienalbum	Familliealbum
Fahrradweg	Fahrraddwäg	Familienbild	Familliebild/~beld
Fahrschein	Fahrsching	Familienfeier	Familliefess
Fahrschule	Fahrschull	Familienfest	Familliefess
Fahrstrecke	Fahrstreck	Familienfoto	Familliebild/~beld
Fahrstuhl	Fahrstohl, Aufzog, Opzog, Lift	Familiengrab	Familliegrav
Fahrstunde	Fahrstund	Familienleben	Famillielevve
Fahrt	Fahrt	Familienminister	Famillieminister
Fahrtenschreiber	Fahrteschriever	Familienmitglied	Familliemetglidd/~gleed
Fahrtenschwimmer	Fahrteschwemmer	Familienname	Familliename
Fahrtkosten	Fahrtkoste	Familienpackung	Familliepackung
Fahrtunterbrechung	Fahrtungerbrechung	Familienrecht	Famillierääch
Fahrverbot	Fahrverbodd	Familiensinn	Familliesenn
Fahrverhalten	Fahrverhalde	Familiensitz	Familliesetz
Fahrzeit	Fahrzigg	Familienstand	Familliestand, Personestand
Falbel	Volant, Rüsch	Familienvater	Famillievatter
Falke	Falk	Familienwappen	Familliewappe
Fall	Fall[2], Bums	Fang	Fang
Falle	Fall[1]	Fangeisen	Fangieser
fallen	falle, klatsche, stürze/stööze[2]; de Gick schlage/schlonn	fangen	fange, krige
		Fangen	Fang, Nohlaufe
fällen	fälle, ömläge, ~säge, ~schlage/ ~schlonn, avholze	Fangleine	Fangling
		Farbband	Färvband
fällig	fällig	Farbe	Färv, Klör
Fallobst	Fallobs	färben	färve, klöre
Fallsucht	Fallsuch	Farbenpracht	Färvepra(a)ch
Falltür	Falldür/~dör	Färbergasse	Färvergass
falsch	falsch, nitsch[1], unrääch, verkeht	Farbige	Schwatze
falsch hören	verhüre/~höre	Farbkasten	Färvkaste
fälschen	fälsche	farblos	fahl
falscher Fünfziger	schläächte Grosche; kromme Hungk	Farbmine	Färvmin
Falschfahrer	Geisterfahrer	Farbstift	Buntsteff
Falschgeld	Falschgeld	Farbtopf	Färvdöppe
Faltblatt	Faldbladd	Färbung	Klör

Farn	Farre	Federballspiel	Fedderballspill
Farnkraut	Farrekrugg	Federbett	Fedderbedd
Färse	Stirk(s)	Federdeckbett	Plümmo/Plumeau
Faschist	Faschiss	Federfuchser	Fedderfuchser
Faserkitt	Bäreknies	Federgewicht	Feddergeweech
Fass	Faaß/Fass	Federhalter	Fedderhalder
fassen	fasse	Federkiel	Fedderkiel
Fasson	Fazung	Federkissen	Fedderkesse
Fassonschnitt	Fassonschnedd	Federkleid	Fedderkleid
fast	baal, beinoh, ~nöchs, zemlich[1]	federleicht	fedderleich
Fastelabend	Fastelovend	Federlesen	Fedderlese
fasten	faaste, faste	Federmäppchen	Feddermäppche, Mäppche
Fasten	Faaste	federn	feddere, titsche
Fastenmonat	Faastemond, Fastemond	Federschmuck	Fedderschmuck
Fastenzeit	Faastezigg, Faas, Fastezigg	Federvieh	Fedderveeh
Fastnacht	Fastelovend, Fasteleer	Federweiße	Fedderweiße
Fata Morgana	Fata Morgana	Fegefeuer	Fegefüür/~föör, Fägfüür/~föör
fauchen	fauche	fegen	fäge, kehre[1]/kerre
faul	fuul	Feger	Fäger
faulen	fuule, verrotte	fehlen	fähle, mangele[1], mankiere/~eere
faulenzen	fuulenze	Fehlendes	Mankementche
Faulenzen	Nixdun	Fehler	Fähler, Bruddel, Mankementche, Versinn
Faulenzer	Fuulenzer, Fuulhaufe, Herrgoddsdagedeev, Mößiggänger; *fuule Kis*	fehlerfrei	fählerfrei
Faulenzerei	Mößiggang	fehlerhaft	fählerhaff
Faulheit	Fuulheit	fehlerlos	richtig[1], secher[1]
faulig	fussig, moderig	Fehlgriff	Fählgreff, Messgreff
Faulpelz	fuule Kis	Fehlschlag	Fählschlag
Faust	Fuus	fehlsichtig	schääl; *et op de Döpp han*
Faustball	Fuusball	Fehltritt	Fähltredd
faustdick	fuusdeck	Feier	Fier/Feer
Fausthandschuh	Fuushandschoh/~händsche	Feierabend	Fierovend/Feer~
Faustrecht	Fuusrääch	feiern	fiere/feere, zojubele
Faustregel	Fuusregel	Feiertag	Fierdag/Feer~
Faustschlag	Fuusschlag	feiertags	fierdags
Februar	Februar, Dreckmond	feige	feig, dressig[2], bange(n)dressig, bedresse
fechten	fechte/fäächte		
Fechtkampf	Fechkamf	Feige	Feig/Fig
Fechtkunst	Fechkuns	Feigenbaum	Feigebaum
Fechtmeister	Fechmeister	Feigenblatt	Feigebladd
Feder	Fedder	Feigling	Feigling, Bangbotz, Bange(n)dresser, Bedddresser, Beddsecker, Bot-
Federball	Fedderball		

Feile

	zendresser, Memm, Zibbedeies; bedresse Retz; bange Zibbel	Fensterchen	Rutt
		Fenstergitter	Gerämsch
Feile	Fiel	Fensterglas	Finsterglas
feilen	fiele, raspele	Fensterkreuz	Finsterkrütz
fein	fing, fein	Fensterladen	Finsterlade
Feindschaft	Feindschaff	Fensterleder	Finsterledder
feindselig	feindsillig	Fensterplatz	Finsterplatz
Feindseligkeit	Feindsilligkeit	Fensterputzer	Finsterpützer
Feingefühl	Feingeföhl, Tak	Fensterrahmen	Finsterrahme
Feinkost	Feinkoss	Fensterscheibe	Finsterschiev, Schiev
Feinkostgeschäft	Feinkossgeschäff	Ferdi	Fään[2]
Feinschmecker	Schmecklecker	Ferdinand	Fädenand, Fään[2], Nandes
Feinwäsche	Feinwäsch	Ferien	Ferie
Feinwaschmittel	Feinwäschmeddel	Feriengast	Feriegass
feist	feis, muggelig[1]	Ferienlager	Ferielager
Feldarbeit	Feldarbeid	Ferienwohnung	Feriewonnung
Feldbett	Feldbedd	Ferienzeit	Feriezigg
Feldblume	Feldblom	Ferkel	Ferke/Firke, Schnäggelche
Feldflasche	Feldfläsch	fern	fään[1+2]; vun fään[2]s
Feldhase	Feldhas	Ferne	Fään[1]/Fäände; vun fään[2]s
Feldhuhn	Feldhohn	Fernglas	Fernglas
Feldküche	Feldköch	fernsehen	*fernseh luure*
Feldlager	Feldlager	Fernsehen	Schluffekinema
Feldmaus	Feldmuus	Fernseher, Fernsehgerät	Futzkess, Kess, Flimmerkess
Feldpost	Feldposs	Fernsehspiel	Fernsehspill
Feldsalat	Feldschlot, Koonschlot, Muusührche/~öhrche	Fernstraße	Fernstroß
Feldspatz	Feldmösch	Ferse	Fääsch, Hack[1]
Feldtaube	Feldduuv, Feldratz, Ratz	fertig	fäädig; *us de Föß kumme*
Feldweg	Feldwäg	fertigen	fäädige
Feldwirt	Marketender	fest	fass[1], hadd, bestemmp[1]
Feldwirtin	Marketendersch	Fest	Fess
Felge	Felge, Raddfelge	Festakt	Fessak
Fell	Fell	festbeißen	fassbieße, verbieße
Felsbrocken	Wagges	festbinden	fassbinge, ~knöddele, aanbinge
Felsen	Felse	festdrehen	aandrihe
felsig	felsig	festdrücken	fassdäue
Felskuppe	Felsekupp	festfahren	fassfahre
Feminist	Feminiss	festfressen	fassfresse
Fenster	Finster	festfrieren	enfriere/~freere
Fensterbank	Finsterbank	festgelegt	bestemmp[1]
Fensterbrett	Finsterbredd	festhaken	fasshoke

Film

festhalten	fasshalde, fasse, fassklammere, halde, klammere	Festzug	Fesszog
festhängen	fasshange	festzurren	prämme
festklammern	fassklammere	fett	fett
festkleben	fassklevve, aanpappe, hafte[1], oplieme, pappe	Fettauge	Fettaug
		Fettbauch	Schwabbelsbuch
		fetten	fette
festklemmen	fassklemme, prämme	Fettfleck(en)	Fettfleck(e)
festklopfen	fasskloppe	Fetthenne	Föörlauv
festknoten	fassknöddele	fettig	fettig
Festkomitee	Fesskomitee	Fettleber	Fettlevver
festkrallen	fasskralle, aankralle, verkralle	fettlos	mager
festlegen	fassläge, ~schrieve, ~nähle, bemesse, ömschrieve[2]	Fettpolster	Fettpolster, Möhnefett
		Fettsucht	Fettsuch
festlesen	fasslese	Fettwanst	Böll, Fettspektakel, Schwellbalg, Speckhammel, Speckjuv, Blos, Putschblos
festlich	fesslich		
festliegen	fasslige		
festmachen	fassmaache, aanbinge, ~drihe, ~läge, fassstelle	Fettwulst	Fettwols, Quabbel
		Fettzelle	Fettzell
festnageln	fassnähle, nähle	Fetzen	Fetze, Fubbel, Gezöbbels, ~zubbels, Schnibbel
festnähen	fassnihe		
festnehmen	fassnemme, fasse, verhafte	feucht	feuch, sief
festpinnen	fasspenne	Feuchtigkeit	Feuchtigkeit
Festplatte	Fessplaat	Feuchtigkeitscreme	Feuchtigkeitscreme/~kräm
Festplatz	Fessplatz	Feuer	Füür/Föör; e Föörche/Füürche maache
festreden	fassschwaade		
festsaugen	fasssauge	Feuerleiter	Feuerleider, Brandleider
festschnallen	fassschnalle	feuern	feuere; e Füürche maache
festschrauben	fassschruuve	feuerrot	füürrud
festschreiben	fassschrieve	Feuerzeug	Feuerzeug
Festschrift	Fessschreff	Fichtennadel	Fichtenol/~nodel
festsetzen	fasssetze[2], fassschrieve	Fichtenzapfen	Fichtezappe
festsitzen	fasssetze[1], ~klevve, aanklevve, ~pappe	Fieber	Feeber/Fieber
		Fieberfrösteln	Freese
feststecken	fasssteche	Fieberkurve	Feeberkurv/Fieber~
feststehen	fassstonn	fiebern	feebere, fiebere
feststehend	bestemmp[1]	Fiedel	Fiddel
feststellen	fassstelle, bemerke	fiedeln	fiddele
Festtag	Fessdag	fiepen	fiepsche
festtreten	fasstredde	fies	fies[1]
festwachsen	fasswahße	Figur	Figur
Festzelt	Fesszelt	Filiale	Nevvestell
festziehen	fasstrecke, aantrecke	Film	Film

filmen

filmen	filme, opzeichne	Fischfabrik	Feschfabrik
Filou	Filou	Fischfutter	Feschfooder
filtern	filtere	Fischgabel	Feschgaffel
Filtertüte	Filtertüt	Fischgericht	Feschgereech/~rich
Filterzigarette	Filterzigarett/~zarett	Fischgeschäft	Feschgeschäff
Filz	Filz/Felz	Fischgräte	Feschgrot, Grot
filzen	filze	Fischgrätenmuster	Feschgrötemuster, ~dessin
Filzhut	Felzhot/Filz~	Fischladen	Feschlade
Filzlaus	Felzluus/Filz~	Fischmännchen	Melcher
Filzstift	Felzsteff/Filz~	Fischmarkt	Feschmaat
Finanzamt	Finanzamp	Fischmehl	Feschmähl
finanzieren	finanziere/~eere, bestrigge	Fischmesser	Feschmetz
finden	finge, vörfinge/vür~; (ene Mann/en Frau) finge	Fischotter	Feschotter
		Fischreiher	Feschreiher
Fine	Fin	Fischrestaurant	Feschrestaurant
Finger	Finger, Greffel, Knuppe (pl.)	Fischstäbchen	Feschstäbche
Fingerabdruck	Fingeravdrock	Fischsuppe	Feschzupp
Fingerfarbe	Fingerfärv	Fischteich	Feschdeich
Fingerhandschuh	Fingerhandschoh/~händsche	Fischvergiftung	Feschvergeftung
Fingerhut	Fingerhot	Fisimatenten	Fisematente
Fingerknöchel	Knuppe	Fiskus	Staatskass
Fingerkuppe	Fingerkupp, Kupp¹/Küpp	fispeln	fispele
fingern	fingere	Fitnessstudio	Muckibud
Fingernagel	Fingernähl, Nähl, Schöpp	Fitzbohne	Fitschbunn
Fingerspitze	Fingerspetz	fixen	fixe
Fingerspitzengefühl	Fingerspetzegeföhl, Höhnerkläuche	Fixkosten	Fixkoste
Fink	Fink	Fixpunkt	Fixpunk
Finken	Zinke	Fixstern	Fixstään
Finkenschlag	Finkeschlag	flach	flach/flaach, platt¹, niddrig
Finte	Fint	Flachbau	Flachbau
firmen	firme	Flachdach	Flachdaach
Firmenwagen	Firmewage	Fläche	Fläch
First	Feesch	Flächenbrand	Flächebrand
Fisch	Fesch	Flächenmaß	Flächemoß
Fischadler	Feschadler	Flachs	Flahß
Fischauge	Feschaug	Flachzange	Flachzang
Fischbesteck	Feschbesteck	flackern	flackere
Fischblase	Feschblos	Fladen	Flade
Fischbrötchen	Feschbrüdche	Fladenbrot	Fladebrud
Fischei	Feschei	Flaggschiff	Flaggscheff
fischen	fesche	Flamme	Flamm
Fischer	Fescher	flammen	flamme

flämmen	flämme	Fleisch	Fleisch
Flammenschwert	Flammeschwäät	Fleischbrühe	Fleischbröh
Flammentod	Flammedud	Fleischerei	Metzgerei
Flammenwerfer	Flammewerfer/~wirf~	Fleischermulde	Miel
Flanellhemd	Flanellhemb	Fleischextrakt	Fleischextrak
flanieren	flaniere/~eere	Fleischgericht	Fleischgereech/~rich
Flaniermeile	Promenad	Fleischhaken	Fleischhoke
Flasche	Fläsch	fleischig	fleischig
Flaschenbier	Fläschebier²	Fleischklumpen	Fleischklumpe
Flaschenbirne	Fläschebier¹	fleischlich	fleischlich
Flaschenbürste	Fläscheböösch	Fleischmesser	Fleischmetz
Flaschenglas	Fläscheglas	Fleischrolle	Bäreköttel
flaschengrün	fläschegrön	Fleischsalat	Fleischschlot
Flaschenhals	Fläschehals	Fleischtomate	Fleischtomat
Flaschenkind	Fläschekind	Fleischtopf	Fleischpott
Flaschenmilch	Fläschemilch	Fleischvergiftung	Fleischvergeftung
Flaschenöffner	Fläscheöffner	Fleischwunde	Fleischwund
Flaschenpfand	Fläschepand	Fleischwurst	Fleischwoosch
Flaschenpost	Fläscheposs	Fleiß	Fließ
Flaschenwein	Fläschewing	Fleißarbeit	Fließarbeid
Flaschenzug	Fläschezog	fleißig	fließig, naschtig, iefrig
Flatsch, ~e, ~en	Flatsch	Fleißkärtchen	Fließkäätche
flatterhaft	flaasterig	flektieren	beuge
flatterig	flaasterig	fletschen	fletsche
flattern	fladdere, flaadere, flaastere	Flickarbeit	Gelapps, Lappührche/~öhr~, Murks
flau	flau, kuschelemimmetig, blümerant, schwummerig, üvvel	flicken	flecke, verplacke
		Flicken	Flecke²
Flaum	Fluum	Flickerei	Gelapps
Flaumfeder	Plümm	Flickschneider	Fleckschnieder
flauschig	flauschig, wöllig	Flickschuster	Fleckschuster
fläzen	fläze	Flickwerk	Gelapps
Flechte	Flääch	Flickzeug	Fleckzeug
flechten	flächte, winde/winge	Flieder	Fleere, Maiblom
Fleck	Fleck/Flecke¹	Fliederbaum	Maibaum
Fleckchen	Sprenkel	Fliederstrauch	Fleerestruch
Flecken	Fleck/Flecke¹, Platsch(e)	Fliege	Fleeg
fleckig	fleckig	fliegen	fleege, flaastere
Fledermaus	Fleddermuus/Flaader~	Fliegendraht	Fleegedroht
Flegel	Flägel, Lömmel, Fetz, Fisel, Grönschnabel, Lällbeck, Schmuddelsjung; buure/boore Sau	Fliegendreck	Fleegedreck
		Fliegenfänger	Fleegefänger
		Fliegenpilz	Fleegepilz/~pelz
flehen	flehe	Fliegenplage	Fleegeplog

Fliegenscheiße

Fliegenscheiße	Fleegedress	Flüchtlingslager	Flüchlingslager
Fliegenschwarm	Fleegeschwarm	Flug	Flog[1]
Flieger	Fleeger	Flügel	Flögel
fliehen	flüchte, avhaue	flügellahm	flögellahm
Fliehkraft	Zentrifugalkraff	Flügeltür	Flögeldür/~dör
Fliese	Plaat[1]	Flughafen	Floghafe
fliesen	plaate	Flugkarte	Flogsching
Fliesenleger	Plaateläger	Flugplatz	Flogplatz
Fließband	Fleeßband	Flugreise	Flogreis
Fließbandarbeit	Fleeßbandarbeid	Flugschein	Flogsching
fließen	fleeße	Flugticket	Flogticket
flimmern	flimmere	Flugverkehr	Luffverkehr
flink	aläät, gau, wiselig	Flugzeug	Flogzeug, Fleeger
Flinte	Flint	Flugzeugabsturz	Flogzeugavsturz
flirten	aanbaggere, baggere, tüntele	Flugzeugentführer	Luffpirat
flitschen	flitsche	Flugzeugunglück	Flogzeugunglöck
Flittchen	Flittche, Flitsch[2], Flüppche, Rüffche	flunkern	flunkere
Flitterwochen	Flitterwoche	Fluse	Fusel
Flitzbogen	Flitzeboge	flusen	fusele
flitzen	flitze	flusig	fuselig
Flocke	Flock[1]	Fluss	Floss[1]/Fluss, Strom
flockig	flockig	Flussarm	Flossärm/Fluss~
Floh	Fluh	Flussbarbe	Bärv
flöhen	fluhe	Flussbett	Flossbedd/Fluss~
Flohkiste	Fluhkess	flüssig	flössig/flüss~
Flohleiter (Laufmasche)	Fluhleider	Flüssiggas	Flössiggas/Flüss~
Flohmarkt	Fluhmaat	Flüssigkeit	Flössigkeit/Flüss~
Flohzirkus	Fluhzirkus	Flusslauf	Flosslauf/Fluss~
Flosse	Floss[2]	Flusspferd	Nilpääd
Flöte	Fleut, Pief	flüstern	flüstere, fispele
flöten	fleute	Flüstertüte (Megaphon)	Flüstertüt
Flöten-Arnöldchen	Fleuten-Arnöldche	fluten	flute
Flötenkessel	Fleutekessel	Flutlicht	Flutleech
Flötenspieler	Fleutespiller	flutschen	flutsche
Flotte	Flott	Föderation	Staatebündnis
Fluch	Floch/Fluch[1]	Fohlen	Fölle
fluchen	floche/fluche	Föhnwetter	Föhnwedder
Flucht	Fluch[2]	Folge	Folg
flüchten	flüchte	folgen	folge, nohgonn, ~kumme, ~zöbbele, rihe, reihe[1]
flüchtig	flüchtig, vergänglich		
Flüchtigkeitsfehler	Flüchtigkeitsfähler	folgenschwer	unsillig
Flüchtling	Flüchling	folgerichtig	schlüssig

folgern	folgere	fortführen	fottföhre/~führe
Folgerung	Schluss	fortgeben	fottgevve
folglich	alsu, dämnoh	fortgehen	fottgonn, opbreche
Folterknecht	Folterknääch	fortgesetzt	laufend
foltern	foltere	fortgießen	fottgeeße, ~schödde
foppen	foppe, uze; för der Jeck halde; der Jeck maache (met einem); einem eine lappe	forthängen	fotthänge
		fortholen	fottholle
		fortjagen	fortjage
forcieren	dränge, däue	fortkehren	fottkehre/~kerre
förderlich	deenlich	fortkippen	fottkippe
fordern	fordere, beaansproche, heische; ene Aansproch stelle	fortkommen	fottkumme, losskumme
		fortkönnen	fottkünne
fördern	fördere, vöraanbränge	fortkratzen	fottkratze
Forderung	Aansproch	fortkriechen	fottkruffe
Forelle	Forell	fortkriegen	fottkrige
Form	Form, Fazung	fortlassen	fottlooße
Formblatt	Formbladd	fortlaufen	fottlaufe
Förmchen	Förmche	fortlegen	fottläge
formell	deenslich	fortlocken	fottlocke
formen	forme	fortmachen	fottmaache, ~schere/~scherre, schere²/scherre²
Formfehler	Formfähler		
formlos	unfazünglich	fortmüssen	fottmüsse
formulieren	formuliere/~eere, avfasse, opsetze²	fortnehmen	fottnemme
forschen	forsche	fortrasen	avbrause/~bruuse
Forst	Fors	fortreißen	fottrieße
Forstamt	Forsamp	fortrennen	fottrenne, avsocke; sich durch de Kood maache
Forsthaus	Forshuus		
fort	fott	fortrollen	fottrolle
fortbewegen	fottbewäge, gonn	fortrücken	fottröcke
fortblasen	fottblose	fortrutschen	fottrötsche
fortbleiben	fottblieve	fortschaffen	fottschaffe
fortbringen	fottbränge	fortschauen	fottluure/~loore
fortdauern	bestonn	fortscheren	fottschere/~scherre, schere²/scherre²
fortdrängen	fottdränge	fortschicken	fottschecke
fortdürfen	fottdörfe/~dürfe	fortschieben	fottdäue, verschiebe
forteilen	avschrööme	fortschleichen	fottfusche
fortentwickeln	vörangonn	fortschleppen	fottschleife
fortfahren	fottfahre, wiggerfahre, ~maache	fortschleudern	fottschleudere
fortfallen	fottfalle	fortschmeißen	fottschmieße
fortfegen	fottfäge	fortschnappen	fottschnappe
fortfliegen	fottfleege	Fortschritt	Fortschredd
fortflitschen	fottflitsche	fortschrittlich	fortschreddlich

fortschubsen	fottdäue	Franziska	Zis/Ziska
fortschütten	fottschödde, ~geeße	Franzose	Franzus
fortschwimmen	fottschwemme	Fräse	Fräs
fortsetzen	wiggerföhre/~führe	fräsen	fräse
fortspringen	fottspringe	Fräsmaschine	Fräs
fortspülen	fottspöle	Fraß	Fraß/Froß
fortstehlen	fottstelle, erusfusche	Fratz	Fratz
fortstellen	fottstelle	Fratze	Fratz
fortstoßen	fottstüsse, ~stuppe	Frau	Frau, Frauminsch, Minsch², Ald, Plöck
fortstreichen	fottstriche		
forttragen	fottdrage	Fräuchen	Fräuche
forttreiben	fottdrieve	Frauen	Fraulück
forttun	fottdun	Frauenbrust	Memm, Mitzche, Titt, Titt(er)che
fortwährend	luuter¹; *am laufende Band*¹	Frauenhaus	Frauehuus
fortwaschen	fottwäsche	Frauensperson	Frauminsch
fortwerfen	fottwerfe/~wirfe, ~schmieße	Frauenzimmer	Frauminsch
fortwischen	fottwäsche	Fräulein	Frollein
fortwollen	fottwelle/~wolle	frech	frackig, fratzig, nuppig, dreck(el)ig; *der Deuvel/Düüvel em Balg/Liev han puddelig Möwche*
fortzaubern	fottzaubere		
fortziehen	fotttrecke	Frechdachs	
Foto	Foto	Frechheit	Frechheit
Fotoapparat	Fotoapparat	Frederike	Rickche
fotografieren	fotografiere/~eere, knipse², avleechte/~lichte; *Belder/Bilder maache; e Fotto maache*	frei	frei, ungebunge
		frei lassen	usspare
		Freibad	Freibadd
Fotze	Funz	Freibier	Freibier
Fracht	Fraach	Freibrief	Freibreef
Frachtschiff	Fraachscheff	freien	freie
Frack	Frack², Schwalvestätz/Schwalvter~	Freier	Freier, Karessant
Frackhemd	Frackhemb	Freierei	Karesseer
Frackhose	Frackbotz	Freifahrt	Freifahrt
Frage	Frog	freigeben	beurlaube
Fragebogen	Frageboge	Freigeist	Freigeis
fragen	froge	Freigepäck	Freigepäck
Fragezeichen	Frogezeiche	freigiebig	freizögig, nobel; *sich nit lumpe looße*
fraglich	unklor	freihändig	freihändig
fragwürdig	verdächtig	Freiheit	Freiheit
Franse	Frans	Freiheitsstrafe	Freiheitsstrof
fransen	franse	freiheraus	freierus
Fransen	Franje(le)	Freikarte	Freikaat
Fransenbesen	Mopp²	freikommen	freikumme, losskumme
fransig	frans(el)ig	Freilandrose	Freilandrus

Frösteln

Freilauf	Freilauf	Friedensrichter	Schiedsmann
Freimarke	Freimark	Friedhof	Friedhoff, Kirchhoff
freimütig	freimödig, schnack²	Friedhofskapelle	Friedhoffskapell, Kirchhoffskapell
Freischwimmer	Freischwemmer	Friedhofsmauer	Friedhoffsmuur/~moor, Kirchhoffs~
Freispruch	Freisproch	Friedhofsruhe	Friedhoffsrauh, Kirchhoffsrauh
Freistunde	Freistund	frieren	friere/freere, verkaale
Freitag	Friedag	Friese	Frees
freitags	friedags	Friesenstraße	Freesestroß
Freiumschlag	Freiömschlag	Friesenwall	Freesewall
freiwillig	freiwellig	Frikadelle	Frikadell, Knasspralin, Elefantemömmes, Bremsklotz
Freizeichen	Freizeiche		
Freizeit	Freizigg	frisch	fresch, kreel
freizügig	freizögig	Frischkost	Freschkoss
fremd	fremd, ungewennt	Frist	Friss
Fremde (der u. die)	Fremde¹, Frembche	Frisur	Frisor/Frisur
Fremde (die)	Fremde²	Fritte	Fritt
Fremdenzimmer	Fremdezemmer	Frittenbude	Frittebud
Fremdkörper	Frembkörper	frivol	freizögig, unzüchtig, ~flidig
Fremdsprache	Frembsproch	froh	fruh, glöcklich
Fremdverschulden	Frembverscholde	frohgelaunt	de Müll¹ op han
Fremdwort	Frembwood	fröhlich	löstig
Fresse	Fress	Frohsinn	Fruhsenn
fressen	fresse, äse	frömmelnd	quiselig
Fressen	Fresse	Frömmler	Beddbroder, Belderbützer/Bilder~, Bibelskenn, Bilderbützer/Belder~
Fresskorb	Fresskorv		
Fressnapf	Fressdöpp1112esspaket Fresspakett	Frömmlerin	Quisel, Quiselsmatant, Hellige-Fott-Angenies
Fresssack	Fresssack, Fressklötsch; verfresse Bölzche	Front	Front
		Frontscheibe	Frontschiev
Fresssucht	Fresssuch	Frontseite	Frontsigg
Freude	Freud, Eu¹, Pläsier	Fronttür	Frontdür/~dör
Freudenhaus	Knusperhüüsche	Frontwechsel	Frontwähßel
freudig	freudig	Frosch	Frosch, Höppekrad
freuen	freue	Frosch im Hals haben	ene Grümmel/Grömmel en der Tröt han
Freund	Fründ, Kabänes, Tuppes		
Freund/in	Fründ/in	Froschauge	Froschaug
freundlich	fründlich, aadig	Froschkönig	Froschkünning
Freundlichkeit	Fründlichkeit, Aadigkeit	Froschschenkel	Froschschenkel
Freundschaft	Fründschaff	Frost	Fross
Freundschaftsdienst	Fründschaffsdeens	Frostbeule	Frossbüül; verkaalte Mösch
Freundschaftsspiel	Fründschaffsspill	frösteln	schuddere
Frieden	Fridde	Frösteln	Grisel

Frostgefahr

Frostgefahr	Frossgefahr	Frühstückscafé	Kaffeebud
Frostgrenze	Frossgrenz	Frühstücksei	Fröhstöcksei
Frostschaden	Frossschade	Frühstückspause	Fröhstöckspaus/~puus
Frostschutz	Frossschotz	Frühstücksspeck	Fröhstöcksspeck
Frostschutzmittel	Frossschotzmeddel	frühzeitig	fröhziggig, fröh[1], vürziggig/vör~
Frotteehandtuch	Frotteehanddoch	Frust	Fruss
Frucht	Fruch/Frooch	Fuchs	Fuss
fruchtbar	fruchbar	Fuchsbau	Fuchsbau
Fruchtbarkeit	Fruchbarkeit	fuchsfarbig	fussig
Fruchtbecher	Fruchbecher	Fuchsie	Blodsdröppche
Fruchtblase	Fruchblos	Fuchsjagd	Fuchsjag
Fruchtfleisch	Fruchfleisch	Fuchsschwanz	Fuchsschwanz
fruchtig	fruchtig	fuchsteufelswild	wandrosig
Fruchtsalat	Obsschlot	fuchteln	fuchtele
früh	fröh[1+2], ziggig	Fuge	Fug
Frühbirne	Fröhbier	fugen	fuge
Frühdienst	Fröhdeens	fügen	föge, beuge, avfinge
Frühe	Fröh(de)	fügsam	kusch
früher	fröher[1+2], iher/ihter; *anno dozomol*	Fügung	Fögung
Früherkennung	Fröherkennung	fühlen	föhle, taaste
frühestens	fröhstens	Fühler	Föhler
Frühgeburt	Fröhgeburt/~geboot	Fuhre	Fohr/Fuhr
Frühgottesdienst	Fröhgoddesdeens	führen	föhre/führe, dirigiere/~eere
Frühjahr	Fröhjohr	Führer	Föhrer/Führ~, Haup
Frühjahrsmüdigkeit	Fröhjohrsmödigkeit	Führerhaus	Föhrerhuus/Führer~
Frühjahrsputz	Fröhjohrsputz	Führerschein	Föhrersching/Führer~, Lappe
Frühkirsche	Fröhkeesch, Maikeesch	Führersitz	Föhrersetz/Führer~
Frühling	Fröhjohr	Fuhrknecht	Fohrknääch/Fuhr~
Frühlingsblume	Fröhjohrsblom	Fuhrleute	Fohrlück/Fuhr~
Frühlingslied	Fröhjohrsleed	Fuhrmann	Fohrmann/Fuhr~
Frühlingszeit	Fröhjohrszigg	Führung	Föhrung/Führ~, Leitung, Dirigier
Frühmesse	Fröhmess	Führungskraft	Föhrungskraff/Führ~
frühmorgens	fröhmorgens, *en aller Hergodds-fröh(de)*	Führungsmacht	Föhrungsmaach/Führ~
		Führungsqualitäten	Föhrungsqualitäte/Führ~
Frührente	Fröhrent	Führungsrolle	Föhrungsroll/Führ~
Frühschicht	Fröhscheech/~schich	Führungsspitze	Föhrungsspetz/Führ~
Frühschoppen	Fröhschobbe	Führungswechsel	Föhrungswähßel/Führ~
Frühsommer	Fröhsommer	fuhrwerken	fohrwerke/fuhr~
Frühsport	Fröhsport	füllen	fölle/fülle, scheppe
Frühstück	Fröhstöck, Morgekaffee	Füller	Föller/Füll~
frühstücken	fröhstöcke	füllig	mollig, feis
Frühstücksbrettchen	Fröhstöcksbreddche	Füllsel	Föllsel/Füll~

Füllung	Föllung/Füll~	Fürwort	Pronome
Fummelei	Fummelei	Furz	Futz, Pupp
fummeln	fummele	furzen	futze¹, muffe; *eine avrieße; eine fleege looße*
Fundamentalist	Fundamentaliss		
Fundsache	Fundsaach	Furzkissen	Futzkesse
Fundstelle	Fundstell	furztrocken	futzdrüg
Fundstück	Fundstöck	Fuß	Foß, Quant¹, Schoche, *ze/zo Foß*
fünf	fünf	Fußabdruck	Foßavdrock
fünfeinhalb	fünfenhalv	Fußangel	Foßangel
fünferlei	fünferlei	Fußbad	Foßbadd
fünfmal	fünfmal	Fußball	Foßball
Fünfmarkstück	Heiermann	Fußballen	Foßballe
fünfsitzig	fünfsitzig	Fußballfan	Foßballfan
Fünfsternehotel	Fünfstäänehotel	Fußballfeld	Foßballfeld
fünftausend	fünfdausend	Fußballländerspiel	Foßballländerspill
Fünftausendmeterlauf	Fünfdausendmeterlauf	Fußballmannschaft	Foßballmannschaff
fünfzehn	fuffzehn	Fußballschuh	Foßballschoh
fünfzehnhundert	fuffzehnhundert	Fußballspiel	Foßballspill
fünfzehnte	fuffzehnte	Fußballspieler	Foßballer
fünfzig	fuffzig	Fußballverein	Foßballverein
Fünfzigerjahre	Fuffzigerjohre	Fußballweltmeister	Foßballweltmeister
Fünfzigeuroschein	Fuffzigeurosching	Fußballweltmeisterschaft	Foßballweltmeisterschaff
Funke	Funk	Fußbank	Foßbank
Funke(n)	Funke	Fußbänkchen	Schabellche
funkeln	funkele, flamme, strohle	Fußboden	Foßboddem, Ääd
funkelnagelneu	funkelnagelneu	Fußbodenheizung	Foßboddemheizung
funken	funke	Füße	Apostelepääd
Funkenmariechen	Funkemarieche	Fussel	Fusel
Funkenregen	Funkerähn	fusselig	fuselig
Funkhaus	Funkhuus	fusseln	fusele
Funkspruch	Funksproch	Fusseln	Gefusels
Funkstreife	Funkstreif	Fußende	Foßeng/~engk
für	för¹	Fußfall	Foßfall
Furche	Furch	Fußgänger	Foßgänger
Furcht	Bammel	Fußgängerampel	Foßgängerampel
furchtbar	furchtbar	Fußgängerüberweg	Üvverwäg
fürchten	*Angs han*	Fußgelenk	Foßgelenk
füreinander	förenander, ~enein	Fußknöchel	Enkel²
fürs (für das)	fört, för't	Fußleiste	Foßlies, Lamp(e)rie
fürsorglich	försorglich	Fußmarsch	Foßmarsch
Fürsprache	Försproch	Fußmatte	Foßmatt
Fürst	Föösch/Fürs	Fußnagel	Foßnähl

Fußpfad

Fußpfad	Foßpäddche	Galgenfrist	Galgefriss
Fußpilz	Foßpilz/~pelz	Galgenmahlzeit	Galgemohlzigg
Fußrist	Spann²	Galgenvogel	Galgevugel
Fußsack	Foßsack	Galionsfigur	Galionsfigur
Fußsohle	Foßsoll	Galle	Gall
Fußsoldat	Foßsoldat	Gallenblase	Galleblos
Fußspitze	Foßspetz	Gallenflüssigkeit	Galleflüssigkeit/~flöss~
Fußspray	Foßspray	Gallenstein	Gallestein
Fußspur	Foßspor/~spur, Tappe	Gallien	Gallie
Fußstapfen	Foßtappe, Tappe	Galopp	Galopp
Fußstütze	Foßstötz	galoppieren	galoppiere/~eere
Fußtritt	Foßtredd	Galopprennen	Galopprenne
Fußvolk	Foßvolk	Galoschen	Galosche/Kalosche
Fußweg	Foßwäg	Gamasche	Gamasch/Kamasch
futsch	foutu/futü	gammeln	gammele
Futter	Fooder¹⁺²	Gamsbart	Gamsbaat
Futterhäuschen	Fooderhüüsche, Vugelshüüsche	Gamsbock	Gamsbock
Futterknolle	Fooderknoll	Gang	Gang¹, Gewatt
futtern	foodere	gängeln	gängele
füttern	föödere	gängig	gängig
Futterplatz	Fooderplatz	Gans	Gans
Futtersack	Foodersack	Gänseblümchen	Gänseblömche, Matzrüsche, Mattsößche, Moßhaldeleevche
		Gänsebraten	Gänsebrode
		Gänsebrust	Gänsebross
		Gänseei	Gänseei
		Gänsefeder	Gänsefedder

G

G-Schlüssel	Violinschlössel	Gänsehaut	Gänsehugg
Gabel	Gaffel¹	Gänseleber	Gänselevver
Gabi/Gaby/Gabriele	Gabi/Gaby	ganz (Adj; Adv)	ganz, heil, rack
gackern	kakele	gänzlich	ganz
Gaffel	Gaffel²	ganztags	ganzdags
gaffen	gaffe	Ganztagsschule	Ganzdagsschull
Gaffen, Gafferei	Gafferei	gar	gar¹⁺²
Gaffer	Gabbeck	Garage	Garage
Gage	Gage	Garageneinfahrt	Garage(n)enfahrt
gähnen	gappe	Garagentor	Garagepooz
Gähnerei	Gapperei	Garantie	Garantie
Galaxis	Galaxis	Garantiefrist	Garantiefriss
Galerie	Galerie	garantieren	enstonn, verbürge
Galerist	Galeriss	garantiert	garanteet
Galgen	Galge	Garantieschein	Garantiesching

Garantiezeit	Garantiezigg	Gaspatrone	Gaspatron
Gardasee	Gardasee	Gasrohr	Gasröhr/~rühr
Garde	Gard	Gasse	Gass[1]
Gardenien	Gardenie	Gassenjunge	Stroßejung
Garderobe	Gaderob	Gast	Gass[2], Metesser
Garderobenhaken	Gaderobehoke	Gäste	Besök
Garderobenständer	Gaderobeständer	Gästehandtuch	Gästehanddoch
Gardine	Gading	gastfreundlich	gassfründlich, gasslich
Gardinenpredigt	Gadingeprädig	Gasthaus	Gasshuus, Weetschaff
Gardinenröllchen	Gadingeröllche	gastlich	gasslich
Gardinenschnur	Gadingeschnur/~schnor	Gastrospasmus	Magekramf/~kramp
Gardinenstange	Gadingestang	Gastspiel	Gassspill
Gardist	Gardiss	Gaststätte	Weetschaff
garen	stuve	Gastwirt	Gassweet
gären	gäre	Gatter	Gadder
Garn	Gaan	Gaumen	Gaume
Garnitur	Garnitur	Gaumenmandel	Mandel
Garnknäuel	Gaanknäuel	Gaumenplatte	Gaumeplaat
Garnrolle	Gaanroll	Gauner	Gauner, Hanak; *Schmeck vum Dudewage*
Garten	Gaade		
Gartenarbeit	Gaadearbeid	gaunern	gaunere
Gartenbank	Gaadebank	Gazelle	Gazell
Gartenbohne	Kruffbunn	Geäst	Geäss
Gartenfest	Gaadefess	Gebabbel	Gebabbels
Gartenhaus	Gaadehuus	Gebäck	Gebäck, Güdsche, Konfek, Sößkrom
Gartenlaube	Gaadelaub	gebären	gebäre, nidderkumme
Gartenmauer	Gaademuur/~moor	Gebäude	Bau
Gartennelke	Flett	Gebell	Gebell
Gartenschlauch	Gaadeschlauch	geben	gevve, verleihe
Gartenstuhl	Gaadestohl	Gebet	Gebedd
Gartentor	Gaadepooz	Gebetbuch	Gebeddboch
Gärtner	Gääsch[2]	Gebiet	Gebiet
Gas	Gas	gebildet	gebildt
Gasflamme	Gasflamm	Gebimmel	Gebimmels
Gasflasche	Gasfläsch	Gebirge	Gebirg
Gasgeruch	Gasgeroch	gebirgig	gebirgig
Gasheizung	Gasheizung	Gebirgsschlucht	Gebirgsschluch
Gasherd	Gashääd	Gebiss	Gebess
Gaslampe	Gaslamp	Geblöke	Geblök(s)
Gaslaterne	Gaslatään	geblümt	geblömp
Gaslicht	Gasleech	Gebot	Gebodd
Gasofen	Gasovve	Gebräu	Gebräu

Gebrauch

Gebrauch	Gebruch	Gedrängel	Gedrängels
gebrauchen	gebruche, bruche, benotze, notze/nötze	Gedrucktes	Usdrock²
		gedrungen	stupp
gebräuchlich	gängig	Geduld	Gedold
Gebrechen	Mankementche	gedulden	gedolde, durchhalde
gebrochen	gebroche	geduldig	gedoldig/~döld~, langmödig
Gebrüll	Geblök(s), ~bröll(s)/~brüll(s)	Geduldsfaden	Gedoldsfaddem
Gebrumm	Geknöttels, Knöttelei	Geduldsprobe	Gedoldsprob
Gebühr	Gebühr, Tax²	Geduldsspiel	Gedoldsspill
Geburt	Geburt/Geboot, Nidderkunf	geeignet	berofe², tauglich
Geburtsanzeige	Geburtsaanzeig/Geboots~	Gefahr	Gefahr
Geburtsdatum	Geburtsdatum/Geboots~	gefährdet	unsecher
Geburtsfehler	Geburtsfähler/Geboots~	gefährlich	gefährlich, bessig
Geburtshaus	Geburtshuus/Geboots~	gefahrvoll	ääns
Geburtsjahr	Geburtsjohr/Geboots~	gefallen	gefalle, zosage, behage, aandun
Geburtsname	Geburtsname/Geboots~	Gefallen (der)	Gefalle¹
Geburtsort	Geburtsoot/Geboots~	Gefallen (das)	Gefalle²
Geburtsschein	Geburtssching/Geboots~	gefällig	gefällig
Geburtstag	Gebootsdag	Gefälligkeit	Gefälligkeit, Gefalle¹
Geburtstagsfeier	Gebootsdagsfier/~feer	gefälligst	gefälligs
Geburtstagsgeschenk	Gebootsdagsgeschenk	Gefangene	Gefangene
Geburtstagskarte	Gebootsdagskaat	Gefangenschaft	Gefangeschaff
Geburtstagskind	Gebootsdagskind	Gefängnis	Gefängnis, Blech², Kaschott, Knass, Klingelpötz, Tipo; *huh Wäng, lang Gäng; Bleche Botz*
Geburtsurkunde	Geburtsurkund/Geboots~		
Gebüsch	Gebösch		
Gedächtnis	Gedächnis	Gefängnismauer	Gefängnismuur/~moor
Gedächtnisschwund	Gedächnisschwund	Gefängnisstrafe	Gefängnisstrof
Gedanke	Gedanke	Gefängniszelle	Gefängniszell
Gedankenblitz	Gedankebletz	Gefecht	Gefech/~fääch
Gedankenfreiheit	Gedankefreiheit	Gefieder	Fedderkleid
gedankenlos	schuselig	geflappt	geflapp
Gedankensprung	Gedankesprung	Geflatter	Geflaaster(sch)
Gedärm	Gedärms, Darm	gefleckt	gefleck
gedeckt	gedeck	Geflügel	Geflögel
gedeihen	gedeihe	Geflügelkrankheit	Peps
Gedenkfeier	Gedenkfier/~feer	Geflügelsalat	Geflögelschlot
Gedenkminute	Gedenkminutt	Geflügelschere	Geflögelschir
Gedenkstein	Gedenkstein	geflügelt	geflögelt
Gedenkstunde	Gedenkstund	Geflügelzucht	Geflögelzoch
Gedenktag	Gedenkdag	Geflüster	Gefispels
Gedicht	Gedich/~deech, Rüümche	Gefolge	Schwitt
Gedöns	Gedöns	gefragt	gefrog

gefräßig	verfresse²	geglückt	gelunge
gefrieren	gefriere/~freere	Gehacktes	Gehacks
Gefrierfach	Gefrierfach, Tiefköhlfach	Gehänge	Gebommels
Gefrierpunkt	Gefrierpunk	gehässig	gehässig, nitsch¹, quiselig
Gefrierschrank	Gefrierschrank	Gehege	Gehööch
Gefrierschutzmittel	Gefrierschotzmeddel	geheilt	heil
Gefühl	Geföhl, Senn	geheim	geheim
gefühllos	dauv, ieskald, rüh	Geheimagent	Geheimagent
Gefühlsarmut	Geföhlsärmod	Geheimdienst	Geheimdeens
Gefühlsduselei	Geföhlsduselei	Geheimfach	Geheimfach
Gefühlsleben	Geföhlslevve	Geheimgang	Geheimgang
Gefühlsmensch	Geföhlsminsch	geheimhalten	*jet för sich behalde*
Gefühlssache	Geföhlssaach	Geheimmittel	Geheimmeddel
gefühlvoll	geföhlvoll	Geheimnis	Geheimnis
gefüllt	voll	Geheimniskrämer	Geheimniskrimer
gegelt	pomadig	Geheimnummer	Geheimnummer
gegen	gäge, widder²	Geheimpolizei	Geheimpolizei
Gegenbeispiel	Gägebeispill	Geheimpolizist	Geheimpoliziss
Gegend	Gägend	Geheimratsecken	Geheimratsecke
gegeneinander	gägenander, ~enein	Geheimrezept	Geheimrezepp
Gegengewicht	Gägegeweech	Geheimschrift	Geheimschreff
Gegenkönig	Gägekünning	Geheimsprache	Geheimsproch
Gegenleistung	Gägeleistung	Geheimtipp	Geheimtipp
Gegenlicht	Gägeleech	Geheimtür	Geheimdür/~dör
Gegenmittel	Gägemeddel	Geheimzeichen	Geheimzeiche
Gegenpapst	Gägepaps	gehemmt	gehemmt, genierlich
Gegensatz	Gägesatz, Kontrass	gehen	gonn
gegensätzlich	gägesätzlich	Gehilfe	Spannmann
Gegenseite	Gägesigg	Gehirn	Geheen(s), Heen
gegenseitig	gägesiggig, einander	Gehirnkasten	Geheenskaste, Heenskaste
Gegenseitigkeit	Gägesiggigkeit	Gehirnmasse	Geheen(s)
Gegenspieler	Gägespiller	Gehirnschlag	Geheenschlag
Gegenstand	Gägestand	Gehirnstamm	Stammheen
Gegenstimme	Gägestemm	gehorchen	pariere²/~eere², folge, nohkumme
Gegenstück	Gägestöck	gehören	(ge)hüre/~höre
Gegenteil	Gäge(n)deil	gehörig	düchtig, äk(e)lig
gegenteilig	ömgedriht	gehorsam	kusch
Gegentor	Gägetor	Gehsteig	Trottoir
gegenüber	gägenüvver, vis-à-vis	Gehudel	Gehuddels
Gegenüberstellung	Gägenüvverstellung	Gehüpfe	Gehöpps
Gegenverkehr	Gägeverkehr	Geier	Geier
Gegenwind	Gägewind	Geifermaul	Sabbelschnüss

geifern

geifern	sabbele	Geländer	Geländer
Geige	Geig, Violin	gelangen	gelange, gerode
Geigenbogen	Geigeboge	Gelaufe (Lauferei)	Geläufs
geil	geil, jöckig, räuzig, rösig/ros~	geläufig	bekannt
Geisel	Geisel	gelaunt	gemodt, gesennt, opgelaht
Geiß	Geiß	Geläute	Gelüggs
Geißbart	Geißbaat	gelb	gääl
Geißblatt	Geißbladd, Jelängerjeleever	Gelbsucht	Gelbsuch
Geißbock	Geißbock	Geld	Geld, Grosche, Moppe[1], Nüsele
Geißenbart	Geiß(t)e(n)baat	Geldbeutel, ~börse	Geldbüggel, Portemonnaie/Portmanee
Geißenherde	Geiß(t)ehääd		
Geißenmilch	Geiß(t)emilch	Geldbriefträger	Geldbreefdräger
Geißenschwanz	Geiß(t)estätz	Geldgeschäft	Geldgeschäff
Geist	Geis[1+2+3]	Geldgeschenk	Geldgeschenk
Geisterbahn	Geisterbahn	Geldinstitut	Bank[2], Sparkass
Geisterfahrer	Geisterfahrer	Geldmittel	Geldmeddel
geistern	geistere	Geldnot	Geldnud
Geisterstadt	Geisterstadt	Geldschein	Geldsching
Geisterstunde	Geisterstund	Geldsorgen	Geldsorge
Geisterzug	Geisterzog	Geldstrafe	Geldstrof
geistlos	avgeschmack	Geldstück	Geldstöck
Geiz	Karrig~, Kniestig~, Schrabbig~, Kniepig~, Kiepigkeit	Geldverlegenheit	Geldverläge(n)heit, Bredouille, Dalles
Geizhals	Ääzezäller, Kniesbüggel, ~kopp, Mömmesfresser, Frikadelledänzer	Geldwäsche	Geldwäsch
		Gelege	Geläg[2]
geizig	karrig, kiepig, kniepig, kniestig, schrabbig	gelegen	geläge
		Gelegenheit	Geläge(n)heit
Geizkragen	Ääzezäller, Kniesbüggel, ~kopp, Mömmesfresser	Gelegenheitsarbeit	Geläge(n)heitsarbeid
		Gelegenheitsarbeiter	Geläge(n)heitsarbeider
Gejammer	Gejöömer	gelegentlich	gelägentlich, beswiele; *av un zo; av un aan*
gekannt	bekannt		
Gekeuche	Gekächs	gelehrig	aanschlägig
Gekicher	Gegiefels	Gelehrte	Gelehte
gekippt	scheiv	Gelenk	Gelenk
geknickt	gebroche	gelenkig	gelenkig
gekränkt	pikeet	Gelenkpfanne	Gelenkpann, Pann[1]
Gekräusel	Gekrüsels	gelernt	geliert
gekräuselt	kröllig	Gelerntes	Lihr[1]
gekünstelt	aapig	Geliebte	Mätress, Mitz, Mädche, Nutz
Gelächter	Laache	Geliebte/r	Schatz, Schätzche, Augestään, ~trus, Leevche
Gelage	Geläg[1]		
Gelände	Terrain	Geliermittel	Geliermeddel

gelingen	gelinge, gerode, glöcke, fluppe, fumpe, klappe	genehmigen	genehmige, bewellige, gewähre
geloben	gelovve/~lobe, lovve	General	General
gelockt	kröll	Generalprobe	Generalprob
gelöst	gelüs, loss[1], locker	Generalvollmacht	Generalvollmaach
gelten	gelde	Generation	Generation
gelungen	gelunge	genesen	erkrige
Gelüst(e)	Gelöss	Genf	Genf
gelüsten	gelöste	Genick	Genick
Gelze	Gelz	Genickschuss	Genickschoss
gemächlich	lörig; *Fößche för Fößche; peu-à-peu*	genieren	geniere
Gemächt	Gemächs, ~maach	genierlich	genierlich/geneer~
gemein	gemein, biestig, dreckelig/dreckig, nidderdrächtig, nitschig, säuisch, schudderig	genießen	genieße
		Genießer	Schmecklecker
		Genitiv	Genitiv
Gemeinheit	Gemeinheit, Freesigkeit, Biesterei	Genitivobjekt	Genitivobjekt
Gemeinschaft	Gemeinschaff	Genörgel	Genöttels, Nöttelei, Quaggelskrom
Gemeinschaftsgeist	Gemeinschaffsgeis	genug	genog, *ze basch(te)*
Gemeinschaftsschule	Gemeinschaffsschull	Genüge	Genögde
Gemisch	Gemölsch	genügen	genöge, recke[2], usrecke
Gemme	Gemm	genügsam	genöglich
Gemüse	Gemös	Genuschel	Genuschels
Gemüsebauer	Kappesbuur/~boor	Genuss	Genoss
Gemüsebrühe	Gemösbröh	Genussmittel	Genossmeddel
Gemüsegarten	Gemösgaade	Genusssucht	Genosssuch
Gemüsesaft	Gemössaff	geöffnet	op[1]
Gemüsesuppe	Gemöszupp	Geograph	Geograph
Gemüt	Gemöd	geohrfeigt werden	*sich eine angele/fange; eine geflaastert krige; e Dillendötzche krige*
gemütlich	gemödlich, genöglich		
gemütlich machen	sich ene Gemödliche maache; *sich hüüslich enrichte*	Georg	Schorsch
		Gepäck	Gepäck, Bagage
		Gepäckablage	Gepäckavlag
Gemütlichkeit	Gemödlichkeit	Gepäcknetz	Gepäcknetz
Gemütsmensch	Gemödsminsch	Gepäckschalter	Gepäckschalter
Gemütsruhe	Gemödsrauh, Sielerauh	Gepäckschein	Gepäcksching
Gemütsverfassung	Stimmung	Gepäckstück	Gepäckstöck
Gen	Gen	Gepäckträger	Gepäckdräger
genant	genant	Gepäckwagen	Gepäckwage, Pakettwage
genau	genau, akkurat, hoorklein, schnack[2], eige, präzis; *bes op et i-Pünkelche villmih*[1]	Gepard	Gepard
		gepfeffert	gesalze
		gepflegt	gefläg
genauer		Gepiepse	Gepiepsch
Genauigkeit	Genauigkeit	Geplapper	Geschratels
genauso	genau(e)su		

Gequassel	Gequasel(s)	gerinnen	gerenne, stocke
Gequatsche	Geschratels	Gerippe	Gerämsch, Knochegerämsch
gerade	grad[1+2], schnack[2], strack, schnurstracks	gerippt	gerebb
		gerissen	gewief, gerevve, geräuch, gau, usgeschlofe; *et fuusdeck hinger de Uhre han*
gerade eben	*met Hänge un Würge*		
geradeaus	gradus, stracks		
geradeheraus	freimödig	Gerissenheit	Gauigkeit
geradestehen	uslöffele	Germane	Germane
geradewegs	direktemang/tirekte~	Germanist	Germaniss
geradezu	direk[2]/tirek[2]	gern	gään
gerahmt	gerahmt	Gernegroß	Krottaasch
Geranie	Geranie	geronnen	geronne
Gerät	Gerät	Gerste	Gääsch[1]
geraten	gerode, gedeihe, fumpe, glöcke	Gerstenkorn	Gääschtekoon
Geräusch	Geräusch	Gerstensuppe	Gääschtezupp
Gerausche	Geruusche	Gertrud	Drügg, Draut, Drüggela
geräuschlos	höösch	Geruch	Geroch
gerben	gerve	Geruchssinn	Gerochssenn
Gerd	Gerd	Gerücht	Geröch, Geroch
Gerda	Gerda	Gerümpel	Gerümpels, ~rempels, Rempelskrom
gerecht	gerääch	Gerüst	Geröss
gerechtfertigt	gerechfäädig	Gerüttel	Geröddels
Gerechtigkeit	Geräächtigkeit	gesalbt	gesalv
Gerechtigkeitsgefühl	Geräächtigkeitsgeföhl	Gesalbte	Gesalvte
Gerechtigkeitssinn	Geräächtigkeitssenn	gesalzen	gesalze
Gerede	Gesumms, Kall[2], Klaaf[1], Summs, Verzäll	gesamt	gesamt
		Gesamtsieg	Gesampseeg
gereizt	krüddelig	Gesamtwerk	Gesampwerk
Gereiztheit	Krüddel	Gesang	Gesang
Gereon	Gereon	Gesang(s)verein	Gesangverein
Gereonsdriesch	Gereonsdriesch	Gesangbuch	Gesangboch
Gereonshof	Gereonshoff	Gesangsschule	Gesangsschull
Gereonskloster	Gereonskluster	Gesäß	Fott, Hingersch, Bretzel, Lavumm; *buure Bahnhoff; buure Fott; en Fott wie e Brauereipääd/Sesterpääd*
Gereonsmühlengasse	Gereonsmüllegass		
Gereonstraße	Gereonstroß		
Gereonswall	Gereonswall	Gesäßbacke	Fottbacke
Gerhard	Gerd	Gesäßspalte	Kerv/Kirv
Gericht	Gereech[1+2]/~rich[1+2]	gesättigt	gesättigt
gerieben	gerevve, gau	geschädigt	verdorve
Geriesel	Grisel, Gefisels	Geschädigtsein	Schädigung
geringfügig	leich	Geschädigtwerden	Schädigung
geringschätzen	messaachte	Geschäft	Geschäff, Handlung

Geschäftigkeit	Hantier	Geschwulst	Geschwols, Knubbel
Geschäftsbrief	Geschäffsbreef	Geschwür	Schwärre, Schwerre
Geschäftsfreund	Geschäffsfründ	Geselle	Gesell
Geschäftsführer	Geschäffsföhrer/~führ~	gesellig	gesellig
Geschäftsgeheimnis	Geschäffsgeheimnis	Gesellschaft	Gesellschaff
Geschäftsidee	Geschäffsidee	Gesellschaftsspiel	Gesellschaffsspill
Geschäftsjahr	Geschäffsjohr	Gesellschaftstanz	Gesellschaffsdanz
Geschäftsleute	Geschäffslück	Gesetz	Gesetz, Novell
Geschäftsmann	Geschäffsmann	Gesetzblatt	Gesetzbladd
Geschäftssinn	Geschäffssenn	Gesetzbuch	Gesetzboch
Geschäftsviertel	Geschäffsveedel	gesetzlich	gesetzlich
Geschäftszeit	Geschäffszigg	Geseufze	Geküüms
geschätzt	belieb	Gesicht	Geseech, Masaräng, Mazarin, Visage, Fress
Geschaukel	Geschöckels		
geschehen	passiere/~eere	Gesichtsfarbe	Färv, Klör, Teint
gescheit	gewief, gau, luus	Gesichtsmaske	Flabes
Geschenk	Geschenk, Gav	Gesichtspunkt	Gesichspunk
Geschichte	Geschichte, Kreppche, Krepp, Kreppe(n)hännesche	Gesichtszug	Mien, Usdrock[1]
		Gesindel	Gesocks, Gezumpels, Kroppzeug, Pack, Racke(r)pack
Geschick, ~lichkeit	Gescheck[2], Aki, Prakeseer/~ier		
Geschicklichkeitsübung	Knuuverei	gesinnt	gesennt
geschickt	gescheck, ~wetz, verseet; e Hängche för jet han	Gesinnung	Geis[1]
		gesittet	manierlich, ziviliseet
Geschimpfe	Schängerei	Gesocks	Gesocks
Geschirr	Gescherr	Gesöff	Gesöff(s)
Geschirrtuch	Köchehanddoch	gespalten	uneinig
Geschlabber	Schlabberei[1]	Gespann	Gespann
Geschlecht	Geschlääch, Schlag[2]	Gespenst	Gespens[2], Geis[2]
geschliffen	geschleffe	Gespinst	Gespens[1]
Geschmack	Geschmack, Kor	Gesponnenes	Gespens[1]
geschmackvoll	apaat	Gespräch	Klaaf[1], Verzällche
geschmeidig	mangs	Gespritzte	Gespretzte
Geschnarche	Geschnorks	Gestalt	Gestalt, Figur
Geschnitztes	Schnetzarbeid	gestalten	aanläge
Geschnörkel	Geschnörkels	Gestammel	Gestammel(s)
Geschoss	Geschoss, Schoss[2]	Gestank	Mief, Möff
Geschrei	Geschrei, ~bälks, Krakeel/Krakiel	gestatten	erlaube
Geschwätz	Gebabbels, ~bätsch, ~quasel(s), ~summs, Bätsch, Dressverzäll, Kappes, Käu, Käuverzäll, Pissverzäll, Schwaadverzäll, Seck, Seiver, Summs, Tratsch[1], Verzäll	Gesteck	Gesteck
		gestehen	gestonn
		Gestein	Gestein
		Gestell	Gestell
Geschwindigkeit	Geschwindigkeit	gestern	gester(e)

gestimmt

gestimmt	gemodt, opgelaht	gewandt	gescheck, verseet
Gestirn	Gesteen	Gewäsch	Seiver
Gestöhn	Gejöömer, Küüm	Gewässer	Gewässer
gestört	gestürt, gestört	Gewebe	Gewebbs
Gestotter	Gestruddels	Gewebefasern	Gefusels
Gesträuch	Gestrüch(s)	Gewebestreifen	Band[1]
gestreift	striefig/streif~	Gewehr	Gewehr, Knabühß, Bühß
Gestrüpp	Gestrüpp(s), Gestrüch(s)	Gewehrkolben	Gewehrkolve
Gestüt	Gestüt	Gewehrlauf	Gewehrlauf
Gesumm(e)	Gesumms	Gewerkschaft	Gewerkschaff
gesund	gesund, heil	Gewicht	Geweech
gesunden	erkrige	gewieft	gewief, durchdrevve, gau
Gesundheit	Gesundheit, Gesünde	gewieft sein	*der Deuvel/Düüvel em Balg han*
Gesundheitsamt	Gesundheitsamp	gewillt	wellig
Gesundheitsapostel	Gesundheitsapostel	Gewimmer	Gejöömer
Gesundheitszeugnis	Gesundheitszeugnis	Gewindebohrer	Schruuvstohl
Gesundheitszustand	Gesundheitszostand	Gewinn	Gewenn, Geschäff, Notze, Schnedd[1]
geteilt	gedeilt	gewinnen	gewenne[1]
Getier	Gediers	gewiss	gewess, secher[1+2], secherlich, bestemmp[2], wall
Getränk	Drank, Drunk		
Getratsch	Gebabbels	Gewissen	Gewesse
getrauen	traue	Gewissensbiss	Gewessensbss
Getreidemühle	Köönermüll	Gewissensnot	Gewessensnud
Getriebe	Getriebe	Gewissheit	Gewessheit
getrost	getrus	Gewitter	Gewedder, Donnerwedder
Getto	Getto	gewittern	geweddere
Gettoblaster	Gettoblöser	Gewittersturm	Gewedderstorm/~sturm
Getue	Buhei, Baselemanes, Gedöns, ~dresse	Gewitterwolke	Gewedderwolk
		gewitzt	gewetz, gelüstig
Getuschel	Getuschel	gewöhnen	gewenne[2]
Gewächs	Gewächs	Gewohnheit	Gewennde, Gewatt, Maneer/Manier
Gewächshaus	Gewächshuus	gewöhnlich	gewöhnlich, miets[2], ordinär
Gewackel	Gewaggels	gewohnt	gewennt, gewöhnlich
gewähren	gewähre, gewähde, bewellige; (einem jet) zokumme looße	Gewühl	Gewöhl, Wöhl
		Gewurstel	Gewooschtels
Gewalt	Gewalt	Gewürz	Gewööz, Spetzerei
Gewaltherrschaft	Gewaltherrschaff	Gewürzgurke	Gurk, Gürkche
gewaltig	gewaltig, mächtig, klotzig	gewusst	bekannt
Gewaltmarsch	Gewaltmarsch	gezackt	gezackt
Gewaltmensch	Gewaltminsch	Gezänk; Gezanke	Gezänks, Käbbelei
Gewaltverbrechen	Gewaltverbreche	Gezappel	Gezabbels
Gewand	Gewand	geziert	gekrönzelt, aapig

gleichartig

Gezwitscher	Gepiepsch	Gitterbett	Traljebedd
Gicht	Geech	Gitterfenster	Traljefinster
Gichtbruch	Geechtenbroch	Gitterrost	Gitterross
gickeln	giefele, giffele	Gitterstab	Tralje
Giebel	Givvel[1]	Gladbacher Straße	Gläbbicher Stroß
Giebelfenster	Givvelfinster	Gladbacher Wall	Gläbbicher Wall
Giebelhaus	Givvelhuus	glänzen	blänke, blinke, strohle
Gier	Gier	glänzend	blank, blänkig, bletzig
gierig	gierig	Glanzleder	Glanzledder
gießen	geeße, gutsche	Glanzleistung	Glanzleistung
Gießkanne	Geeßkann, Gitschkann	Glanzlicht	Glanzleech
Gift	Geff	glanzlos	dauv
Giftgas	Geffgas	Glanzpapier	Glanzpapier/~papeer
giftig	geftig	Glanzstück	Glanzstöck
Giftküche	Geffköch	Glanzzeit	Glanzzigg
Giftmüll	Geffmöll/~müll	Glas	Glas
Giftnadel	Geffnodel/~nol	Glasauge	Glasaug
Giftnudel	Geffnudel	Glasbläser	Glasblöser
Giftpilz	Geffpilz/~pelz	Glasfenster	Glasfinster
Giftschlange	Geffschlang	Glashaus	Glashuus
Giftschrank	Geffschrank	Glashütte	Glashött
Giftzwerg	Geffzwerg	glasig	glasig
Gimpel	Blodfink	Glasnudel	Glasnudel
Gipfel	Givvel[2]	Glaspapier	Glaspapier/~papeer
Gipfelkreuz	Givvelskrütz	Glasscheibe	Glasschiev, Schiev
Gips	Gips	Glasscherbe	Glasscherv/~schirv
Gipsabdruck	Gipsavdrock	Glasschliff	Glasschleff
Gipsabguss	Gipsavgoss/~guss	Glassplitter	Glasspledder
Gipsbein	Gipsbein	Glastisch	Glasdesch
Gipsbett	Gipsbedd	Glastür	Glasdür/~dör
gipsen	gipse	glatt	glatt, blank, gletschig, flaach/flach
Gipsfigur	Gipsfigur/~figor	Glatteis	Glatties
Gipskopf	Gipskopp	glätten	schliefe, usbüüle; *glatt maache*
Gipsplatte	Gipsplaat	Glatze	Plläät/Plaat[2], Familliepläät/~plaat
Gipsverband	Gipsverband	Glatzkopf	Pläätekopp/Plaate~, Vollmond
Giraffe	Giraff	Glaube	Üvverzeugung
Gischt	Geesch	glauben	gläuve, aannemme, traue
Gisela	Gisela	Glaubenskrieg	Religionskreeg
Gitarre	Gitta[1], Schrumm	Glaubensstreit	Religionsstrigg
Gitarrist	Gittariss	glaubwürdig	zoverlässig
Gitta, Brigitta	Gitta[2]	gleich	glich[1+2], baal
Gitter	Gitter	gleichartig	egal, einerlei

1057

gleichen

gleichen	gliche	Glückspilz	Glöckspilz/~pelz
Gleichgewicht	Balance	Glücksrad	Glöcksradd
Gleichgewichtssinn	Gleichgeweechssenn	Glückssache	Glöckssaach
gleichgültig	egal	Glücksspiel	Glöcksspill
gleichkommen	dran recke	Glücksstern	Glöcksstään
gleichmäßig	glichmäßig	Glückssträhne	Glöckssträhn
Gleichschritt	Glichschredd	Glückwunsch	Glöckwunsch
Gleichstrom	Glichstrom	glühen	glöhe/glöhne
gleichzeitig	glichziggig, met[1]	glühend	glöhdig, glöhn(d)ig
gleiten	flutsche, schlängele	Glühfaden	Glöhfaddem
Gleitmittel	Gleitmeddel	Glühwein	Glöhwing
Gleitzeit	Gleitzigg	Glühwürmchen	Glöhwürmche
Gletscher	Gletscher	Glut	Glod
Glied	Gleed/Glidd	Gnade	Gnad
gliedern	gliedere, ungerdeile	Gnadenfrist	Gnadefriss
Gliederschmerzen	Rieße	gnädig	gnädig
Gliederung	Glidderung/Gleeder~	Gold	Gold
glimmen	schimmere	Goldammer	Göösch
Glimmstängel	Fipp, Flöpp	golden	golde
glitschig	gletschig, glatt, letschig, flutschig	Goldesel	Goldesel
Globus	Ääd	Goldfaden	Goldfaddem
Glöckchen	Schell	Goldfeder	Goldfedder
Glocke	Glock, Bimmel, Schell	Goldfisch	Goldfesch
Glockenblume	Glockeblom	Goldfuchs	Goldfuss
Glockengasse	Glockegass	Goldgasse	Goldgass
Glockengeläut	Glockegelüggs	Goldhamster	Goldhamster
Glockenschlag	Glockeschlag	goldig	goldig
Glockenseil	Glockeseil	Goldlack	Goldlack, Stockvijul
Glockenspiel	Glockespill	Goldleiste	Goldlies
Glockenton	Glocketon	Goldmerle	Goldmääl
Glockenturm	Glocketoon, Glocketurm	Goldmine	Goldmin
Glotzauge	Klotzaug, Kalvsauge	Goldregen	Goldrähn
glotzen	glotze	Goldschmied	Goldschmidd
Glück	Glöck, Heil	Goldschnitt	Goldschnedd
Glucke	Gluck/Kluck	Goldstern	Goldstään
glücken	glöcke, fumpe	Goldstück	Goldstöck
glücklich	glöcklich, sillig	Goldwaage	Goldwoog
Glücksbringer	Glöcksbringer, Maskottche	Goldwäsche	Goldwäsch
glückselig	glöcksillig	Goldzahn	Goldzant
Glücksgefühl	Glöcksgeföhl	Golf	Golf[1]
Glücksklee	Glöcksklie	Golf	Golf[2]
Glückspfennig	Glöckspenning	Golfplatz	Golfplatz

Grießbrei

gönnen	gönne, aandun	Grasspitze	Speer/Spier
Göre	Appeltiff	Grasstreifen	Rasestriefe/~streife
Gorilla	Gorilla	Gräte	Grot
Gosse	Sod	Gratin	Gratin
Goswin-Peter-Gath-Straße	Goswin-Peter-Gath-Stroß	gratis	ömesöns
Gotenring	Gotering	grau	grau, gries
Gott	Godd[1]	Graubrot	Graubrud
Gott und die Welt	*Himmel un Minsche*	grauen	graue
Götterspeise	Waggelpudding	Graupe	Gääsch[1]
Gottesdienst	Goddesdeens, Mess[2], Aandaach	Graupel	lespel
Gotteslohn	Goddesluhn/~lohn	graupeln	iespele
Gottestracht	Goddesdraach	Graupen	Kälverzäng
Gottesweg	Goddeswäg	Grauschimmel	Grauschimmel, Gräuche
Göttin	Göddin	grausig	gruselig
göttlich	göddlich	Grautier	Gräuche
gottserbärmlich	goddserbärmlich	Graveur	Graveur
Grab	Grav	gravieren	graviere/~eere
graben	grave	Gravitation	Schwerkraff
Graben	Grave	Gravur	Gravur/Gravor
Grabmal	Gravmol	greifen	griefe, grapsche, krige
Grabstein	Gravstein	greinen	gringe
grade	grad[1]	greis	gries
Graf	Graf	Greis	*aale Bemm/Büggel/Knopp*
Grafen-von-Berg-Straße	Grafe-vun-Berg-Stroß	grellrot	knallrud
Gramm	Gramm	Grenze	Grenz
Grammatik	Grammatik	grenzen	grenze
grammatisch	grammatisch	grenzenlos	unbegrenz
Granat	Granat[1]	Grenzpolizist	Grenzpoliziss
Granatapfel	Granatappel, Paradiesappel	Grenzübertritt	Grenzüvvertredd
Granate	Granat[2]	Grenzwert	Grenzwäät
Grand	Grand	Greta/Grete	Griet
Granit	Granit	Griebe	Greev
Granitsplitter	Granitspledder	Griebenschmalz	Greeveschmalz
Grapsch	Rapsch	Grieche	Greech
grapschen	grapsche	Griechenland	Greecheland
Grapschen	Rapsch	Griechenmarkt	Kreegmaat
Gras	Gras	Griechenpforte	Kreegpooz
grasen	grase, äse, wigge[2]/weide	griemeln	griemele, grielaache, griemitzele
Grasfläche	Weid, Wigg[1]	Griesgram	Muuzepuckel
Grashüpfer	Heupääd	griesgrämig	grasührig/~öhr~
Grasmücke	Grasmöck, Taatsch	Grieß	Greeß
grasöhrig	grasührig/~öhr~	Grießbrei	Greeßbrei

Grießgram

Grießgram	Ääzebär	großmaschig	großmaschig
Grießmehl	Greeßmähl	Großmaul	Blaffetsmuul, Quadratschnüss
Grießsuppe	Greeßmählzupp	großmütig	nobel
Griff	Greff	Großmutter	Groß[1], Bestemo
Griffel	Greffel	Großschnauze	Großschnauz
Griffelkasten	Greffelekess	großspurig	großkotzig
griffig	griffig	Großstadt	Großstadt
Grill	Grill/Grell, Ross[2]	Großtante	Großtant
grillen	grille/grelle, röste[2]	Großteil	Großdeil
Grimasse	Grimass, Fratz	größtenteils	größtendeils, meeschtendeils
Grind	Plack	Großvater	Großvatter/~va, Besteva
grinsen	grinse, gringe	großziehen	optrecke
Grippe	Gripp	großzügig	großzögig, nobel
Grippewelle	Grippewell	Grube	Kuhl, Kuul, Senk
grob	grovv, gesalze, rüh	grübeln	gribbele, senne, simeliere/~eere, rödsele
grobschlächtig	boore/buure		
Grog	Grog	Gruft	Gruff
Groll	Knies[2], Peck	grummeln	grummele
Grönland	Grönland	grün	grön
Gros	Gros	Grün	Gröns
Groschen	Grosche	grün-gelb	grön-gääl
groß	groß, aadig, mächtig, zemlich[1]	grün-rot	grön-rud
großartig	großaatig, groß, geil	Grund	Grund, Ääd
Großbaustelle	Großbaustell	Grundbegriff	Grundbegreff
Große Budengasse	Große Budegass	Grundbesitz	Grundbesetz
Große Neugasse	Große Neugass	Grundeis	Grundies
Große Sandkaul	Große Sandkuul	Grundfarbe	Grundfärv
Große Telegraphenstraße	Große Telegraphestroß	Grundgebühr	Grundgebühr
Große Witschgasse	Große Witschgass	Grundgesetz	Grundgesetz
Größe	Größ, Läng(de)	Grundkurs	Grundkurs
Großeinkauf	Großenkauf	Grundlage	Grundlag
Großeltern	Großeldere	grundlegend	grundlegend
großenteils	miestendeils	gründlich	gründlich
Großer Griechenmarkt	Große Kreegmaat	Grundmauer	Grundmuur/~moor
Großfürst	Großföösch/~fürs	Gründonnerstag	Gröndonnersdag
Großglockner	Großglockner	Grundrecht	Grundrääch
Großhandel	Großhandel	grundsätzlich	grundsätzlich
großjährig	großjöhrig	Grundschule	Grundschull, Primarstuf
großkariert	großkareet	Grundsteuer	Grundstüür/~stöör
großkotzig	großkotzig	Grundstück	Grundstöck
Großmacht	Großmaach	Grundübel	Grundüvvel
Großmarkt	Großmaat	Grundwasser	Grundwasser

Grundwasserspiegel	Grundwasserspeegel	Günt(h)er	Günnei
grünen	gröne	Gurgel	Stross
Grünfink	Grönfink	Gurke	Gurk, Komkommer
Grünfutter	Gröns	Gurkenhobel	Gurkehubbel
Grünkohl	Kühl	Gurkenkraut	Borrasch
grünlich	grönlich	Gurkensalat	Gurkeschlot
Grünpflanzen	Gröns	Gurt	Goot/Gurt, Reeme
Grünschnabel	Grönschnabel, Lällbeck, Schnuddelsjung	Gürtel	Göödel
		Gürzenich	Göözenich, Gürzenich
Grünspan	Grönspan	Gürzenichstraße	Göözenichstroß, Gürzenichstroß
Grünstreifen	Grön~, Meddelstriefe/~streife	Guss	Goss/Guss¹, Gitsch, Gutsch
grunzen	grunze	Gusseisen	Gossieser/Guss~
Gruppe	Grupp, Riege, Schmölzche, Trupp	Gustav	Gustav
Gruselfilm	Gruselfilm	gut	god, leev
gruselig	gruselig	gut gelaunt	*god gesennt*
gruseln	grusele	Gut	God
Gruß	Groß²	Gutachten	Zeugnis
grüßen	größe; *de Dagszigg sage*	gutartig	godaatig
gucken	kicke¹, luure/loore, sinn	Gutdünken; nach G.	*mem hölzer Augemoß*
Gucken	Luurerei	Güte	Godheit
Gulasch	Gulasch	Güteklasse	Meddelklass
Gulaschkanone	Gulaschkanon	Guten Tag!	Tag!
Gulaschsuppe	Gulaschzupp	Güterwagen	Wagon
Gulden	Gulde	Güterzug	Güterzog
gültig	gültig	gutgläubig	treuhätzig
Gummi	Gummi¹⁺²	gutheißen	godheiße, aanerkenne
Gummiband	Gummi²	Gutheit	Godheit
Gummibärchen	Gummibärche	gutherzig	godhätzig
Gummihandschuh	Gummihandschoh/~händsche	gutmachen	godmaache
Gummiharz	Gummihaaz	gutmütig	godmödig, dudgod
Gummihöschen	Gummibötzche	Gutmütigkeit	Godmödigkeit, ~heit
Gummiknüppel	Gummiknöppel	gutsagen	verbürge
Gummipuppe	Gummipopp	Gutschein	Godsching
Gummireifen	Gummireife	gutschreiben	godschrieve
Gummischuh	Gummischoh	Gutschrift	Godschreff
Gummisohle	Gummisoll	gutwillig	godwellig
Gummistiefel	Gummistivvel	Gymnasium	Gymnasium
Gummistrumpf	Gummistrump	Gymnastik	Gymnastik
Gummizug	Gummizog	Gynäkologe	Prummedokter
Gunst	Guns	Gyros	Gyros
günstig	günstig		

H

Haar	Hoor	Hackmesser	Hackmetz
Haaransatz	Hooraansatz	häckseln	haggele
Haarausfall	Hoorusfall	Hafen	Hafe
Haarband	Hoorband	Hafenarbeiter	Klut, Rhingroller
Haarbürste	Hoorböösch	Hafengasse	Hafegass
Haarbüschel	Hoorböschel	Hafer	Haver
haaren	hööre	Haferbrei	Haverbrei
Haarersatz	Pürk	Haferflocke	Haverflocke
Haarfarbe	Hoorfärv	Haferkorn	Haverkoon
Haarfestiger	Hoorfestiger	Hafermehl	Havermähl
haarig	höörig	Haferstroh	Haverstrüh
Haarklammer	Hoorklammer, Klämmerche	Haft	Haff, Arress
haarklein	hoorklein	Haftbefehl	Haffbefähl/~befell
Haarknoten	Knuuz	haften	hafte[1+2], hange, fassklevve, opkumme
Haarlocke	Schillerlock	Häftling	Häffling
Haarnadel	Hoornodel/~nol	Haftpflichtversicherung	Haffflichversicherung
Haarnetz	Hoornetz	Haftstrafe	Haffstrof
Haarpracht	Hoorpraach/~prach	Hagebutte	Bottel
Haarscheitel	Luuspäddche	Hagel	Hagel, Iespel
Haarschleife	Hoorschlopp	Hagelkorn	Kisel
Haarschnitt	Hoorschnedd	hageln	hagele
Haarspalter	Kääne~, Kränzchensdrießer, Kleinigkeitskrimer, Ääzezäller, Pingelsfott	Hagelschauer	Hagelschuur/~schoor
		Hagelzucker	Hagelzucker
		Hahn	Hahn
Haarspange	Hoorspang	Hähnchen	Hähnche
Haarspitze	Hoorspetz	Hahnendornbeere	Hahnappel
Haarteil	Fifi	Hahnenfuß	Botterstölp
Haarwaschmittel	Hoorwäschmeddel	Hahnenkamm	Hahnekamm
Haarwirbel	Widderböösch	Hahnenpick	Hahnepeck, Hahnestech
Haarzipfel	Hoorzibbel	Hahnenschrei	Hahneschrei
haben	han[1+2]	Hahnenstich	Hahnestech
Habenichts	Nackaasch	Hahnenstraße	Hahnestroß
Habgier	Raaf	Hahnentor	Hahnepooz
Habicht	Habbich	Hahnentorburg	Hahnetorburg
Habseligkeiten	Sibbesacksspiefe	Hahnentritt	Hahnetredd
Hack(e)beil	Hackebeil	Hahnentrittmuster	Hahnetredddessin/~muster
Hackbraten	Hackbrode	Haifisch	Haifesch
Hackbrett	Hackbredd	Häkchen	Krämpche, Hökche
Hacke	Hack[1+2], Hau[2]	Häkeldecke	Häkeldeck
hacken	hacke, haggele, kaaschte	häkeln	häkele
Hackfleisch	Gehacks	Häkelnadel	Häkelnodel/~nol

Hände

haken	hoke	Hallenbau	Hallebau
Haken	Hoke	Hallenfußball	Hallefoßball
Hakenkreuz	Hokekrütz	Halm	Halm
Hakennase	Hokenas	Hälmchen	Speer/Spier
halb	halv	Hals	Hals
Halbbitterschokolade	Halvbetterschokelad	Halsabschneider	Halsavschnigger
Halbbruder	Halvbroder	Halsausschnitt	Halsusschnedd
Halbe (das)	Halv	Halskette	Halskett
Halbedelstein	Halvedelstein	Halskrause	Halskraus, Masaräng, Mazarin
halber Liter	Hälvche	Halsschlagader	Halsschlagoder
Halbfinale	Halvfinale	Halsschmerzen	Halsping
halbherzig	halvhätzig, lau	Halstuch	Halsdoch
Halbjahr	Halvjohr	haltbar	haldbar
Halbkreis	Halvkreis	halten	halde
Halbkugel	Halvkugel	Halunke	Hanak
halblang	halblang	Hamburg	Hamburg
halbleinen	halvlinge	Hamburger	Hamburger[1+2]
Halbleinen	Halvlinge	Hamburgerin	Hamburgerin
halbmast	halvmass	Hämergasse	Hämergass
Halbmond	Halvmond	Hammel	Hammel
Halbpension	Halvpension	Hammelbraten	Hammelbrode
Halbschlaf	Dusel	Hammelfleisch	Hammelfleisch
Halbschuh	Halvschoh	Hammelherde	Hammelhääd
Halbschürze	Halvschützel	hämmern	hämmere
Halbschwester	Halvschwester	Hammerwerfen	Hammerwerfe/~wirfe
halbseiden	halvsigge	Hamsterbacke	Hamsterbacke
halbseitig	halvsiggig	Hamsterkauf	Hamsterkauf
halbstark	halbstark	hamstern	hamstere
Halbstarker	Fetz, Fisel, Lällbeck, Flegel, Lömmel, Grönschnabel, Schnuddelsjung	Hand	Hand, Put[2]
		Handarbeit	Handarbeid, Nodelarbeid
Halbstiefel	Halvstivvel	Handarbeitsgeschäft	Handarbeidsgeschäff
Halbstürmer	Meddelfeldspiller	Handarbeitskorb	Handarbeidskorv
halbtags	halvdags	Handarbeitsunterricht	Nodelarbeid
halbwegs	halvwägs	Handauflegen	Handopläge
Halbwüchsiger	Steff[3]	Handballen	Handballe
Halbzeit	Halvzigg	Handbesen	Handstäuver, Stäuver
Hälfte	Hälvde	handbetrieben	handbedrevve
Halfter	Halfter	Handbewegung	Handbewägung
Hall	Hall[2]	handbreit	handbreid
Halle	Hall[1]	Handbremse	Handbrems
hallen	halle	Handbuch	Handboch
Hallen(schwimm)bad	Hallebadd	Hände	Häng, Knuppe, Fottknöppelsfingere

Handel

Handel	Handel, Geschäff		*Stochieser; schmal Hemb; schmalen Herring; schmale Meddag; Schmeck vum Dudewage; tapezeete Latz; verdrüg Hahnehätz*
handeln	handele, maggele, jüddele		
Handelsmacht	Handelsmaach		
Handelsmesse	Handelsmess	Hang	Hang
Handelsrecht	Handelsrääch	Hängebauch	Hängebuch, Schwabbelsbuch
Handelsschule	Handelsschull	Hängebrücke	Hängebröck
Handelsstraße	Handelsstroß	Hängebrust	Hängebross
Handelsweg	Handelswäg	Hängelampe	Hängelamp
Handfeger	Handfäger, Handstäuver, Stäuver	Hängematte	Hängematt
handfest	reell	hängen	hange, hänge
handgearbeitet	handgearbeidt	hängenbleiben	hangeblieve
Handgepäck	Handgepäck	Hänneschen-Theater	Kreppe(n)hännesche, Hännesche
handgeschrieben	handgeschrevve	Hans	Schäng/Schang, Hännesche
handgestrickt	handgestreck	Hänschen	Hännesche
handhaben	ömgonn[1], meistere	hänseln	optrecke
Handhabung	Hantier	Hanswurst	Hanswoosch, Peiass
Handkäse	Handkis	hantieren	hantiere/~eere, fohrwerke/fuhr~, frickele, frößele, brasele
Handknöchel	Knuuz, Knuppe		
Handkoffer	Handkoffer	Happen, Häppchen	Happe, Müffelche/Mümfelche
Handkuss	Baselemanes	Harfe	Harf
Händler	Händler	Harke	Reche
handlich	greffig	harken	reche
Handlung	Handlung, Maßnahme	harmonieren	passe[1]
Handmuff	Muff[2]	harren	harre
Handrücken	Handrögge	hart	hadd, knöppeldeck
Handschrift	Handschreff	härten	hääde
Handschriftenprobe	Schreffprob	hartherzig	haddhätzig
handschriftlich	handschrefflich	hartleibig	haddlievig, ~dressig
Handschuh	Handschoh, Händsche	Harz	Haaz[1+2]
Handspiegel	Handspeegel	Harzer	Haazer
Handspiel	Handspill	Hase	Has, Höppelepöpp(el)
Handtasche	Handtäsch, Kabass	Haselnuss	Haselnoss
Handtuch	Handdoch	Hasenfuß	Hasefoß
handverlesen	handverlese	Hasenpfeffer	Hasepeffer
Handwagen	Handwage	haspeln	haspele
handwarm	handwärm	hassen	hasse
Handwärmer	Stuche	hässlich	flidig
Handwäsche	Handwäsch	Hast	Hass, Hetz[1], Iggel
Handwerker	Arbeidsmann	hasten	haste
Handzeichen	Handzeiche	hastig	hastig
Hänfling	Knochegerämsch, Rebbegespens, Schmal, Verdrügte; *fettgemaht*	hätscheln	hätschele

hausieren

Hatz	Hatz	Hauptsatz	Haupsatz
Hau	Hau¹	Hauptschlagader	Haupschlagoder
Haube	Haub	Hauptschlüssel	Haupschlössel
Haubitze	Haubitz	Hauptschulabschluss	Haupschullavschluss
Hauch	Hauch	Hauptschuld	Haupschold
hauchdünn	hauchdünn	Hauptschule	Haupschull
hauchen	hauche	Hauptstadt	Haupstadt
Haue	Hau², Klöpp	Hauptstraße	Haupstroß
hauen	haue, schmecke¹	Hauptteil	Haupdeil
Häufchen Elend/Unglück	*Häufche Älend*	Hauptverkehrsstraße	Haupverkehrsstroß
häufeln	häufele	Hauptverkehrszeit	Haupverkehrszigg, Stoßzigg
Haufen	Haufe, Hüvvel, Bärm, Dopp, Kupp², Püngel, Fuulhaufe	Hauptwort	Haupwood
		Haus	Huus
häufen	häufe, läppere	Hausapotheke	Huusap(e)thek
haufenweise	haufewies, knubbelewies, püngelewies	Hausarbeit	Huusarbeid
		Hausarrest	Huusarress
häufig	off, vill², alle naslang	Hausaufgabe	Aufgab
Haupt	Haup	Hausbesetzer	Huusbesetzer²
hauptamtlich	haupamplich	Hausbesitzer	Huusbesetzer¹
Hauptbahnhof	Haupbahnhoff	Hausbesuch	Huusbesök
hauptberuflich	haupberoflich	Hausboot	Huusboot
Hauptbeschäftigung	Haupbeschäftigung	hauseigen	huuseige
Haupteingang	Haupengang	Hauseingang	Huusengang
Hauptfigur	Haupfigur	hausen	huuse
Hauptfilm	Haupfilm	Häuserblock	Hüüserblock
Hauptgericht	Haupgereech	Häuserfront	Hüüserfront
Hauptgeschäft	Haupgeschäff	Hausflur	Huusflur
Hauptgeschäftsstraße	Haupgeschäffsstroß	Hausfrau	Huusfrau
Hauptgeschäftszeit	Haupgeschäffszigg	Hausfreund	Huusfründ
Hauptgewicht	Haupgeweech	Hausgebrauch	Huusgebruch
Hauptgewinn	Haupgewenn	Hausgeist	Huusgeis
Hauptgrund	Haupgrund	Hausgiebel	Huusgivvel
Häuptling	Häupling	Haushalt	Huushald
Hauptmahlzeit	Haupmohlzigg	haushalten	huushalde, ömgonn¹
Hauptmann	Haupmann	Haushaltsbuch	Huushaldsboch
Hauptnenner	Haupnenner	Haushaltsgeld	Huushaldsgeld
Hauptperson	Haupperson	Haushaltsgerät	Huushaldsgerät
Hauptpost	Haupposs	Haushaltsposten	Huushaldsposte
Hauptpostamt	Hauppossamp	Hausherr	Huushäär
Hauptrolle	Hauproll	Hausherrin	Huusherrin
Hauptsache	Haupsaach	Haushuhn	Hohn
hauptsächlich	hauptsächlich	hausieren	hausiere/~eere

Hauskaninchen

Hauskaninchen	Stallhas	Hecke	Hegg
Hauskapelle	Huuskapell	hecken	hegge
Hauskatze	Huuskatz	Heckenröschen	Heggerüsche
Hauskleid	Huuskleid	Heckenschere	Heggeschir
Hausknecht	Huusknääch	Heckfenster	Röckfinster
häuslich	hüüslich	Heckklappe	Heckklapp
Hausmann	Huusmann	Heckscheibe	Heckschiev
Hausmannskost	Huusmannskoss	Hecktür	Heckdür/~dör
Hausmittel	Huusmeddel	Hefe	Heff[2]
Hausmüll	Huusmöll/~müll	Hefebrot	Hefebrud
Hausmusik	Huusmusik	Hefekuchen	Hefekoche
Hausnummer	Huusnummer	Hefeteig	Hefedeig
Hausputz	Huusputz	Hefeteilchen	Hefedeilche
Hausratte	Schermuus	Hefezopf	Hefezopp
Hausrecht	Huusrääch	Heft	Heff[1]
Hausschaf	Huusschof	heften	hefte
Hausschlüssel	Huusschlössel	heftig	ärg[1], heiß
Hausschuh	Schlappe, Schluffe	Heftklammer	Heffklammer
Hausschwelle	Dürpel	Heftmaschine	Heffmaschin
Haustier	Huusdier	Heftpflaster	Heffflaster, Flaster, Plooster
Haustür	Huusdür/~dör	Heftzwecke	Heffzweck
Haustürschlüssel	Huusdürschlössel/~dör~	Heftzwecke	Rießzweck, ~nähl
Hausverbot	Huusverbodd	Heia(bett)	Heia
Hausverwalter	Huusverwalter	Heide	Heid[1]
Hauswirt	Huusweet, Vermeeder	Heide/Heidin	Heid[2]
Hauswurz	Föörlauv	Heidekraut	Heidekrugg, Heid[1], Besemstruch
Haut	Fell	Heidelbeere	Worbel
Haut	Hugg	Heidenarbeit	Päädsarbeid
Hautabschürfung	Rievkoche	Heideröschen	Heiderüsche
Hautarzt	Hautaaz	Heidschnucke	Schnuck
häuten	hügge	Heiermann	Heiermann
Hautfalte	Runzel	heikel	kribbelig, krüddelig, höörig
Hautfarbe	Huggfärv, Färv, Klör, Teint	heil	heil, ganz
Hautpickel	Eizche	Heil	Heil
Hautriss	Schrung	heilen	heile
Hautsalbe	Huggsalv	heilig	hellig, Zint(er) (in Eigennamen)
Hautschere	Huggschirche	Heiligabend	Helligovend
Hebamme	Hevvamm	Heilige(r)	Hellige, Zint(er)
Hebel	Hevvel	Heiligenbildchen	Helligebildche/~beld~
heben	hevve, drage	Heiligenschein	Helligesching
hecheln	hechele, käche	Heiligenschrein	Helligeschring/~schrein
Hecht	Hech	heiliger Mann	Helligemann

heiliger Nikolaus	Helligemann	Heimtücke	Frack[1], Nitschigkeit, Nidderdrächtigkeit, Frackigkeit
Heiligkeit	Helligkeit[1]		
Heiligtum	Helligdum	Heimtücker	Heimtücker
Heilkunst	Heilkuns	heimtückisch	nitsch[1], hingerlestig
Heilmittel	Meddel	Heimweg	Heimwäg
Heilsalbe	Heilsalv	Heimweh	Heimwih
Heilung	Heilung	heimwollen	heimwelle/~wolle
heim	heim	heimzahlen	heimzahle
Heim	Heim	Heinrich	Hein, Drickes
Heimarbeit	Heimarbeid	Heinzelmann	Hei(n)zemann, Hein(n)zemännche
Heimat	Heimat	Heirat	Hierod
Heimatdichter	Heimatdeechter/~dicht~	heiraten	hierode
Heimatlied	Heimatleed	Heiratsannonce	Hierodsannonce
Heimatstadt	Heimatstadt	Heiratsantrag	Hierodsaandrag
heimbegleiten	heimbränge	Heiratsanzeige	Hierodsaanzeig
heimbringen	heimbränge	Heiratsmarkt	Hierodsmaat
Heimchen	Heimermüüsche	Heiratsschwindler	Hierodsschwindler
heimdürfen	heimdörfe/~dürfe	Heiratsurkunde	Hierodsurkund
heimfahren	heimfahre	heischen	heische (gonn)
Heimfahrt	Heimfahrt	heiser	heiser
heimfinden	heimfinge	Heiserkeit	Heiserkeit
heimfliegen	heimfleege	heiß	heiß
heimführen	heimföhre/~führe	heißblütig	heißblödig
heimgehen	heimgonn; op heim aangonn	heißen	heiße
heimholen	heimholle	Heißhunger	Heißhunger, Schless
heimkehren	heimfinge	Heißluft	Heißluff
heimkommen	heimkumme	Heißmangel	Heißmangel
heimkönnen	heimkünne	heiter	sonnig, unbekömmert
heimlaufen	heimlaufe	Heizdecke	Heizdeck
heimleuchten	heimleuchte	heizen	heize, stoche
heimlich	heimlich, steekum, höösch	Heizer	Heizer
heimmüssen	heimmüsse	Heizkissen	Heizkesse
heimnehmen	heimnemme	Heizlüfter	Heizlüfter
Heimrecht	Heimrääch	Heizofen	Heizovve
Heimreise	Heimreis	Heizöl	Heizöl
heimreisen	heimfahre	Heizplatte	Heizplaat
heimschicken	heimschecke	Heizrohr	Heizröhr/~rühr
heimschleppen	heimschleife	Heizung	Heizung
Heimspiel	Heimspill	Heizungskeller	Heizungskeller
heimsuchen	heimsöke	Heizungsrohr	Heizungsröhr/~rühr
heimtrauen	heimtraue	hektisch	flidig
		Held	Held

herausreißen

herausreißen	erusrieße	herauszerren	eruszerre
herausrücken	erusröcke	herausziehen	ustrecke, ~lauge, erustrecke, ~rieße
herausrufen	erusrofe	herb	herv, schlih, gatz
herausrupfen	erusroppe	herb-säuerlich	schlich
herausrutschen	erusrötsche	herbei	eran
heraussaugen	ussauge	herbeibringen	eraanbränge
herausschaffen	erusschaffe	herbeieilen	eraanjöcke
herausschälen	erusschelle, uslüse/~löse	herbeiführen	stefte[1]
herausschauen	erusluure/~loore, ~sinn	herbeiholen	herbränge
herausschicken	erusschecke	herbeilaufen	aanlaufe
herausschlagen	erusschlage/~schlonn, usbüüle	herbeilocken	eraanlocke
herausschleudern	erusschleudere	herbeischaffen	beischaffe, ~bränge, beschaffe
herausschmecken	erusschmecke, durchschmecke	herbeischaffen	eraanschaffe
herausschmeißen	erusschmieße	herbeischleppen	eraanschleife
herausschneiden	erusschnigge	herbeitragen	eraanschleife
herausschöpfen	usscheppe	herbeiwinken	eraanwinke, herwinke
herausschrauben	erusschruuve, ~drihe	herbeizaubern	herzaubere
herausschreiben	erusschrieve	herbekommen	herkrige
herausschreien	erusschreie, ~blöke	herbemühen	herbemöhe
heraussollen	erussolle	Herberge	Herberg
herausspringen	erusspringe, usraste	herbestellen	herbestelle
herausspritzen	prutsche	herbewegen	herbewäge
herausprudeln	erussprudele	herbitten	herbedde
herausstecken/hervor~	erussteche[1]	herbringen	herbränge, ~holle
herausstellen	erusstelle[1], kläre	Herbst	Hervs
herausstrecken	erusstrecke, ~stippe	Herbstfarben	Hervsfärve
herausstreichen	erusstriche	Herbstferien	Hervsferie
herausströmen	erusströme	Herbstlaub	Hervslaub/~lauv
herausstürzen	erusstürze/~stööze	herbstlich	hervslich
heraussuchen	erussöke, ~pecke	Herbstmesse	Hervsmess
heraustragen	erusdrage	Herbststurm	Hervsstorm/~sturm
heraustrauen	erustraue	Herbsttag	Hervsdag
heraustrennen	erustrenne, usschnigge	Herbstzeit	Hervszigg
heraustun	erusdun	Herd	Hääd[1]
herauswachsen	eruswahße	Herde	Hääd[2]
herauswagen	eruswage	Herdentier	Häädedier
herauswaschen	eruswäsche, uslauge	herdenweise	häädewies
herauswerfen	eruswerfe/~wirfe, ~schmieße; *(einer) aachkantig erusschmieße*	Herdfeuer	Häädfüür/~föör
		Herdplatte	Häädplaat, Ovveplaat
herauswinden	eruswinde/~winge	herdürfen	herdörfe/~dürfe, ~künne
herauswinken	eruswinke	herein	eren, dren
herauswollen	eruswelle/~wolle	hereinbekommen	erenkrige

Herrenunterwäsche

hereinbemühen	erenbemöhe	hereinwagen	erenwage
hereinbitten	erenbedde	hereinwerfen	erenwerfe/~wirfe
hereinbrechen	erenbreche	hereinwollen	erenwelle/~wolle
hereinbringen	erenbränge, ~holle	hereinwürgen	erenwürge
hereindrängen	erendränge	herfahren	herfahre
hereindürfen	erendörfe/~dürfe, ~solle, ~welle/~wolle	herfallen	herfalle
		herfinden	herfinge
hereinfahren	erenfahre	herfliegen	herfleege
hereinfalle	erenfalle	herführen	herföhre/~führe
hereinfliegen	erenfleege	hergeben	hergevve, avgevve
hereinführen	erenföhre/~führe	hergehen	hergonn
hereingeben	erengevve, ~gonn	hergehören	her(ge)hüre/~höre
hereingehen	erengonn	hergeraten	hergerode
hereinholen	erenholle	herhaben	herhan
hereinkommen	erenkumme	herhalten	herhalde
hereinkönnen	erenkünne	herholen	herholle
hereinkriegen	erenkrige	herhören	herhöre/~höre
hereinlassen	erenlooße	Heringsalat	Herringsschlot
hereinlaufen	erenlaufe	Heringsfass	Herringstonn
hereinlegen	erenläge, lieme; *eine lappe*	Heringskopf	Herringskopp
hereinmüssen	erenmüsse	herjagen	herjage
hereinnehmen	erennemme	herkommen	herkumme, ~stamme
hereinplatzen	erenplatze	herkönnen	herkünne
hereinrasseln	erenrassele	herkriegen	herkrige
hereinregnen	erenrähne	Herkunft	Herkunf
hereinreichen	erenrecke	herlaufen	herlaufe
hereinreiten	erenrigge	herlegen	herläge
hereinrennen	erenrenne	herleiten	herleite
hereinrufen	erenrofe	herlocken	herlocke, hinlocke, locke[1]
hereinschauen	erenluure/~loore	hermachen	hermaache
hereinschicken	erenschecke	Hermann	Manes, Männ
hereinschmuggeln	erenschmuggele	hermüssen	hermüsse
hereinschneien	erenschneie	hernehmen	hernemme
hereinsehen	erensinn	herpassen	herpasse
hereinsollen	erensolle	Herr	Häär
hereinspazieren	erenspaziere/~eere	Herrenfahrrad	Häärefahrradd
hereinstechen	erensteche	Herrenfrisör	Baatschrabber
hereinstellen	erenstelle[1]	Herrenklosett	Häärekло
hereinströmen	erenströme	Herrenmannschaft	Hääremannschaff
hereinstürzen	erenstürze/~stööze	Herrensitzung	Hääresitzung
hereintragen	erendrage	Herrentoilette	Häärekло
hereintreten	erentredde	Herrenunterwäsche	Hääreungerwäsch/~under~

Herrgott

Herrgott	Herrgodd	herüberschicken	erüvverschecke
Herrgottsfrühe	Herrgoddsfröh(de)	herüberschieben	erüvverdäue
herrichten	herreechte/~richte, stivvele²	herüberschielen	erüvverschiele/~schääle
Herrichten	Stivvel²	herüberschwimmen	erüvverschwemme
herrlich	herrlich, göddlich	herübersehen	erüvversinn
Herrlichkeit	Herrlichkeit	herübersollen	erüvversolle
Herrschaft	Herrschaff	herüberspringen	erüvverspringe
herrschen	herrsche, regiere/~eere, de Botz aanhan	herüberstellen	erüvverstelle
		herüberwerfen	erüvverwerfe/~wirfe
Herrschsucht	Herrschsuch	herüberwollen	erüvverwelle/~wolle
herschaffen	hinschaffe	herüberziehen	erüvvertrecke
herschicken	herschecke	herum	eröm
herschieben	erüvverdäue	herumalbern	kujaxe, stööze¹; et Hännesche maache
herschielen	herschiele/~schääle		
hersehen	hersinn	herumärgern	erömärgere
hersetzen	hersetze	herumbalgen	erömbalge, ~rölze
herstammen	herstamme	herumballern	erömballere
herstellen	herstelle, aanfäädige, maache	herumbasteln	erömbastele, ~knuuve
Herstellungsart	Machaat	herumbiegen	erömbeege
hertreiben	herdrieve	herumbinden	drömbinge
herüber	erüvver	herumblättern	erömblädderе
herüberäugen	erüvverspingkse	herumblöken	erömblöke
herüberbitten	erüvverbedde	herumbrüllen	erömblöke
herüberbringen	erüvverbränge	herumdoktern	erömdoktere, laboriere/~eere
herüberdürfen	erüvverdörfe/~dürfe	herumdösen	erömdöse
herüberfahren	erüvverfahre	herumdrehen	erömdrihe
herüberführen	erüvverföhre/~führe	herumdrücken	erömdäue, ~beege
herübergeben	erüvvergevve	herumfahren	erömfahre, ~kurve, kaare
herübergehen	erüvvergonn	herumfliegen	schwärme
herübergrüßen	erüvvergröße	herumfragen	erömfroge
herüberhängen	erüvverhänge, ~hange	herumfuchteln	erömfuchtele
herüberhelfen	erüvverhelfe	herumführen	erömföhre/~führe
herüberholen	erüvverholle	herumfuhrwerken	erömfuhrwerke/~fohr~
herüberhüpfen	erüvverhöppe	herumfummeln	erömfummele
herüberklettern	erüvverklemme	herumgeben	erömgevve
herüberkommen	erüvverkumme	herumgehen	erömgonn
herüberkönnen	erüvverkünne	herumhängen	erömhänge, ~hange
herüberlassen	erüvverlooße	herumhantieren	erömhantiere/~eere
herüberlaufen	erüvverlaufe	herumhorchen	erömhüre/~höre
herübermüssen	erüvvermüsse	Herumhüpferei	Römhöpperei
herüberreichen	erüvverrecke	herumhuren	erömhure/~hore
herüberschauen	erüvverluure/~loore	herumirren	erömirre

herunterdürfen

herumjammern	götze	herumspringen	erömhöppe, erüvverhöppe
herumknabbern	knäuele	herumstehen	erömstonn
herumkommandieren	erömkommandiere/~eere	herumstellen	erömstelle
herumkommen	erömkumme	herumstöbern	erömstäuve, ~krose, schnäuse
herumkramen	erömkrose	herumstochern	erömstochere
herumkriechen	erömkruffe, kribbele	herumstolzieren	erömstolziere/~eere
herumkriegen	erömkrige, aandrihe	herumstoßen	erömstüsse
herumkurven	erömkurve	herumstreiten	erömzänke, ~schlage/~schlonn
herumlaufen	erömlaufe	herumtanzen	erömdanze
herumliegen	erömlige	herumtelefonieren	erömtelefoniere/~eere
herumlümmeln	erömlömmele	herumtoben	erömtobe, rölze
herumlungern	erömlungere	herumtollen	erömrölze, ~wälze
herummatschen	erömmatsche	Herumtollen	Dollerei
herummausen	erömmuuse	herumtragen	erömdrage
herummengen	erömmenge	herumtreiben	erömdrieve; op Jöck/Redd sin
herummurksen	erömmurkse	Herumtreiber	Nüümaatskrad
herumnörgeln	erömnöttele	herumtrödeln	erömtrödele
herumplagen	erömploge, ~quäle	herumturnen	erömturne
herumquälen	erömquäle	herumwälzen	erömwälze
herumquengeln	erömquengele	herumwenden	erömdrihe
herumraten	erömrode	herumwerfen	erömwerfe/~wirfe
herumrätseln	erömrödsele	herumwickeln	erömweckele
herumreichen	erömrecke, ~gevve	herumwinden	schlinge[1]
herumreisen	erömreise	herumwirbeln	erömtirvele
herumreißen	erömrieße	herumzappeln	erömzabbele
herumreiten	erömrigge	herumziehen	erömtrecke
herumrennen	erömrenne	herunter	erav, erunder, erunger, av[2]
herumrühren	erömmenge	herunterbaumeln	erav~, erunger~/erunderbommele
herumrutschen	erömrötsche	herunterbekommen	erunderkrige/erunger~
herumscharwenzeln	erömschlawenzele	herunterbeten	erunderbedde/erunger~
herumschicken	erömschecke	herunterbeugen	erunderbeuge/erunger~
herumschießen	erömballere	herunterbiegen	erunderbeege/erunger~
herumschlagen	erömschlage/~schlonn	herunterblicken	erunderluure/erunger~/~loore
herumschleifen	erömschleife	herunterbrechen	ömbreche
herumschleppen	erömschleife	herunterbrennen	erunderbrenne/erunger~
herumschlingen	ömschlinge, schlinge[1]	herunterbringen	erunderbränge/erunger~
herumschnüffeln	erömschnüffele, ~schnäuve, schnäuse	herunterdrücken	eravdäue, ~dröcke, erunderbeege/erunger~, erunderdäue/erunger~, erunderdröcke/erunger~
herumschreien	erömschreie, ~blöke		
herumsetzen	erömsetze[2]	herunterdürfen	erunderdörfe/erunger~/~dürfe, erunderkünne/erunger~, erundersolle/erunger~
herumsitzen	erömsetze[1]		
herumsprechen	erömspreche		

herunterfahren

herunterfahren	erunderfahre/erunger~	herunterreichen	erunderrecke/erunger~
herunterfallen	eravfalle, ~klatsche, ~knalle, erunderfalle/erunger~, erunderknalle/erunger~	herunterreißen	eravrieße, erunderrieße/erunger~
		herunterrennen	eravrenne, erunderrenne/erunger~
		herunterrufen	erunderrofe/erunger~
herunterfliegen	erunderfleege/erunger~	herunterrutschen	erunderrötsche/erunger~, avrötsche
herunterfließen	eravfleeße	heruntersagen	erundersage/erunger~
heruntergeben	erunderrecke/erunger~	herunterschicken	erunderschecke/erunger~
heruntergehen	eravgonn, erundergonn/erunger~	herunterschießen	eravscheeße
heruntergekommen	avgetakelt, verkumme²	herunterschlucken	eravschlecke, erunderschlecke/erunger~; en Fuus en der Täsch maache
herunterhalten	eravhalde, erunderhalde/erunger~		
herunterhandeln	erunderhandele/erunger~	herunterschmeißen	eravschmieße, ~klatsche, erunderschmieße/erunger~
herunterhängen	eravhänge, ~hange, erunderhänge/erunger~		
		herunterschrauben	eravschruuve, erunderschruuve/erunger~
herunterhängend	bampelig		
herunterhauen	erunderhaue/erunger~	herunterschütteln	erunderschöddele/erunger~
herunterheben	erunderhevve/erunger~	heruntersehen	erunderluure/erunger~/~loore
herunterholen	eravholle, erunderholle/erunger~	heruntersetzen	erundersetze/erunger~
herunterklappen	eravklappe, erunderklappe/erunger~	heruntersollen	erundersolle/erunger~
herunterklettern	eravklemme, erunderklemme/erunger~	herunterspielen	eravspille, erunderspille/erunger~
		herunterspringen	erunderspringe/erunger~
herunterknallen	eravknalle, erunderknalle/erunger~	heruntersteigen	erundersteige/erunger~
herunterkommen	eravkumme, erunderkumme/erunger~	herunterstoßen	erunderstüsse/erunger~
		herunterstreifen	eravsträufe, ~streife/~streife, erundersträufe/erunger~, erunderstriefe/~streife/erunger~
herunterkönnen	erunderkünne/erunger~		
herunterkratzen	erunderkratze/erunger~		
herunterkrempeln	eravkrempele, erunderkrempele/erunger~	herunterstufen	eravstufe, erunderstufe/erunger~
		herunterstürzen	eravstürze/~stööze, erunderstürze/erunger~/~stööze
herunterkurbeln	eravkurvele, erunderkurvele/erunger~		
		heruntertragen	erunderdrage/erunger~
herunterlassen	eravlooße, erunderlooße/erunger~	heruntertrainieren	eravtrainiere/~eere
herunterlaufen	erunderlaufe/erunger~	heruntertreten	erundertredde/erunger~
herunterleiern	eravleiere, erunderleiere/erunger~, erundersage/erunger~	herunterwerfen	eravschmieße, ~klatsche, ~knalle, erunderklatsche/erunger~, erunderknalle/erunger~, erunderwerfe/erunger~/~wirfe
herunterlesen	eravlese, erunderlese/erunger~		
heruntermachen	eravmaache, erundermaache/erunger~, erunderputze/erunger~, erunderrieße/erunger~	herunterwirtschaften	erunderweetschafte/erunger~
		herunterwischen	fäge
heruntermüssen	erundermüsse/erunger~	herunterwollen	eravwelle/~wolle, erunderwelle/erunger~/~wolle
herunternehmen	erundernemme/erunger~, avnemme, ~hänge, ~hevve, ~setze²		
		herunterwürgen	erunderwürge/erunger~
herunterputzen	erunderputze/erunger~, avranze, aanbrölle/~brülle	herunterziehen	erundertrecke/erunger~
		hervorbringen	hervürbränge/hervör~
herunterrasseln	erunderrassele/erunger~	hervordringen	quelle¹

hervorgehen	hervürgonn/hervör~	Herzenswunsch	Hätzenswunsch
hervorheben	erushevve, ungerstriche	Herzfehler	Hätzfähler
hervorholen	erusholle	Herzflimmern	Hätzflimmere
hervorkehren	eruskehre/~kerre	herzförmig	hätzförmig
hervorkramen	eruskrose, ~frickele, ~frößele, uskrose, vörkrose/vür~	Herzgegend	Hätzgägend
		Herzgrube	Hätze(ns)kühlche
hervorlocken	eruslocke	herzhaft	hätzhaff
hervorragen	erusrage	herziehen	hertrecke; *durch de Zäng trecke*
hervorrufen	hervürrofe/hervör~, enjage, opröhre/ ~rühre, uslüse/~löse	Herzinfarkt	Hätzinfark
		Herzjagen	Hätzjage
hervorspringen	erusspringe	Herzkammer	Hätzkammer
hervorstechen	erussteche	Herzkirsche	Hätz~, Knappkeesch, Höhnerhätz
hervorsuchen	erussöke	Herzklappe	Hätzklapp
hervortrauen	erustraue	Herzklappenfehler	Hätzklappefähler
hervortreten	erustredde	Herzklopfen	Hätzkloppe
hervortun	hervürdun/hervör~, uszeichne	Herzkönig	Hätzkünning
hervorwagen	eruswage	herzkrank	hätzkrank
hervorzaubern	hervürzaubere/hervör~	Herzkrankheit	Hätzkrankheit
hervorzerren	vörzerre/vür~	Herzkuhle	Hätze(ns)kühlche/~küülche
hervorziehen	erustrecke	herzlich	hätzlich, dröcklich
herwinken	herwinke	Herzlichkeit	Hätzlichkeit
herwollen	herwelle/~wolle	Herzmassage	Hätzmassage
Herz	Hätz	Herzmittel	Hätzmeddel
Herzanfall	Hätzaanfall	Herzmuskel	Hätzmuskel
Herzass	Hätzass	Herzoperation	Hätzoperation
Herzasthma	Hätzasthma	Herzpatient	Hätzpatient
herzaubern	herzaubere	Herzschlag	Hätzschlag
Herzblättchen	Hätzbläddche	Herzschrittmacher	Hätzschreddmaacher
Herzblut	Hätzblod	Herzspezialist	Hätzspezialiss
Herzbube	Hätzjung	Herzstich	Hätzstech
Herzchirurg	Hätzchirurg	Herzstück	Hätzstöck
Herzchirurgie	Hätzchirurgie	Herztod	Hätzdud
Herzdame	Hätzdam	Herztransplantation	Hätztransplantation
herzeigen	herzeige	Herztropfen	Hätzdroppe
herzen	hätze	Herzversagen	Hätzversage
Herzensangelegenheit	Hätzensaangeläge(n)heit	Hetzblatt	Hetzbladd
Herzensbedürfnis	Hätzensbedürfnis	Hetze	Hetz[1], Karrier[2]
Herzensgrund	Hätze(ns)kühlche	hetzen	hetze, rose/rase; *sich de Muul zerrieße*
herzensgut	hätzensgod, dudgod		
Herzenskind	Hätzenskind	Hetzerei	Hetzerei
Herzenslust	Hätzensloss	Hetzhund	Hetzhungk
Herzenssache	Hätzenssaach	Hetzjagd	Hetzjag, Hetz[1], Hatz

Hetzrede

Hetzrede	Hetzred/~redd	hierherauf	heeerop
Heu	Heu	hierherein	heeeren
Heublume	Heublom	hierherum	heeeröm
Heuboden	Heuboddem	hierhin	heehin, heeher
heucheln	heuchele, schlieme	hierhinab	heeerav
heuern	heuere	hierhinauf	heeerop
Heugabel	Heugaffel	hierhinaus	heeerus
Heuhaufen	Heubärm	hierhinein	heeeren
heulen	hüüle, junkere, bälke, bauze, knaatsche	hierhinter	heehinger
		hierhinüber	heeerüvver
Heulsuse	Hüüldopp, Knaatsch[1]	hierin	heedren
Heumarkt	Heumaat	hiermit	heemet
Heumonat	Heumond	hierneben	heenevve
Heupferd	Heupääd	hierrein	heeeren
Heuschnupfen	Heuschnuppe	hierüber	heeerüvver
Heuschrecke	Heuschreck, Höpperling, Heupääd	hierum	heedröm
Heuspringer	Höpperling	hierunter	heedrunger
heute	hügg	hiervon	heevun
heutig	hüggig	hiervor	heevür/~vör
heutzutage	hüggzedags	hierzu	heezo, heeför
Heuwagen	Heuwage	hierzwischen	heezwesche
Hexe	Hex	Hijacker	Luffpirat
hexen	hexe	Hilfe	Hölp
Hexenhaus	Hexehuus	hilflos	opgeschmesse
Hexenküche	Hexeköch	Hilfsarbeiter	Hilfsarbeider
Hexenmeister	Hexemeister	Hilfsmittel	Hilfsmeddel
Hexenmilch	Hexemilch	Himbeere	Himbeer, Humbel/Humpel
Hexenschuss	Hexeschoss	Himbeergeist	Himbeergeis
Hexenstich	Hexestech	Himbeermarmelade	Himbeermarmelad
Hexentanz	Hexedanz	Himbeersaft	Himbeersaff
Hexerei	Hexerei	Himmel	Himmel
Hieb	Mopp[1], Tatsch	Himmel und Hölle (Spiel)	Höppekässche, Höppemötzche
Hiebe	Schrübb, Klöpp	Himmelbett	Himmelbedd
hier (und da)	hee (un do)	Himmeldonnerwetter	Himmeldonnerwedder
hieran	heedran, heeeraan	Himmelfahrt	Himmelfahrt
hierauf	heedrop	Himmelfahrtsnase	Himmelfahrtsnas
hieraus	heedrus	Himmelreich	Himmelrich
hierbei	heebei	Himmelskarte	Stäänekaat
hierdurch	heedurch	Himmelskunde	Himmelskund
hierfür	heeför	Himmelsleiter	Himmelsleider, Jakobsleider
hiergegen	heegäge	Himmelsmacht	Himmelsmaach
hierher	heeher	Himmelstür	Himmelspooz

hinausstellen

hin	her, hin	hinausbringen	eruszotiere/~eere
hinab	erunder, erunger, erav	hinausdrängen	erusdränge
hinabmüssen	eravmüsse	hinausdürfen	erusdörfe/~dürfe, ~künne
hinabrutschen	eravrötsche	hinauseilen	erusstörme/~stürme, ~laufe, ~fäge
hinarbeiten	hinarbeite	hinausekeln	erusäkele, äkele
hinauf	erop	hinausfahren	erusfahre
hinaufbitten	eropbedde	hinausfinden	Erusfinge
hinaufblicken	eropluure/~loore	hinausfliegen	usfleege
hinaufbringen	eropbränge	hinausgleiten	erusflutsche
hinaufdürfen	eropdörfe/~dürfe, ~künne, ~solle, huhdörfe/~dürfe, ~künne, ~solle, ~welle/~wolle	hinausgraulen	erusäkele
		hinausgreifen	erusgriefe
		hinaushalten	erushalde
hinauffahren	eropfahre	hinaushängen	erushänge, ~hange
hinauffallen	eropfalle	hinausheben	erushevve
hinaufführen	eropföhre/~führe	hinausjagen	erusjage
hinaufgehen	huhgonn, eropgonn	hinausklettern	erusklemme
hinaufgelangen	eropgelange	hinauskönnen	eruskünne
hinaufhelfen	erophelfe	hinauslassen	eruslooße
hinaufklettern	eropklemme	hinauslaufen	eruslaufe
hinaufkönnen	huhkünne, eropkünne	hinauslegen	erusläge
hinauflassen	eroplooße	hinauslehnen	eruslähne
hinauflaufen	eroplaufe	hinausmarschieren	usmarschiere/~eere
hinaufmüssen	huhmüsse, eropmüsse	hinausmüssen	erusmüsse
hinaufreichen	eroprecke	hinausposaunen	erusposaune
hinaufrufen	eroprofe	hinausragen	erusrage, üvverrage, ~stonn[1]
hinaufschauen	eropluure/~loore	hinausreichen	erusrecke
hinaufschicken	eropschecke	hinausrennen	erusrenne, ~störme/~stürme
hinaufschieben	eropdäue	hinausschaffen	eruszotiere/~eere
hinaufschrauben	eropschruuve	hinausschauen	erusluure/~loore
hinaufschwingen	eropschwinge	hinausschicken	erusschecke
hinaufsehen	eropluure/~loore	hinausschieben	opschiebe, erusdäue
hinaufsetzen	eropsetze	hinausschießen	erusscheeße
hinaufsollen	huhsolle, eropsolle	hinausschmeißen	erusschmieße
hinaufsteigen	eropklemme, besteige	hinausschmuggeln	erusschmuggele
hinauftragen	huhdrage, eropdrage	hinausschreien	erusschreie
hinauftreiben	huhdrieve, eropdrieve	hinausschwimmen	erusschwemme
hinaufwollen	huhwelle/~wolle, eropwelle/~wolle	hinaussetzen	erussetze
hinaufziehen	eroptrecke	hinaussollen	erussolle
hinaus	erus	hinausspringen	erusspringe
hinausbefördern	eruswerfe/~wirfe, chasse	hinausstehlen	erusstelle[2]
hinausbegleiten	erusbränge	hinaussteigen	erussteige
hinausbeugen	eruslähne	hinausstellen	erusstelle[1]

hinausstrecken

hinausstrecken	erusstrecke	hineinbemühen	erenbemöhe
hinausströmen	erusströme	hineinbitten	erenbedde
hinausstürmen	erusstörme/~stürme	hineinblasen	erenblose
hinausstürzen	erusstürze/~stööze	hineinblicken	erenluure/~loore
hinaustragen	erusdrage	hineinbringen	erenbränge
hinaustreiben	erusdrieve	hineindenken	erendenke, ~versetze, versetze
hinaustreten	erustredde	hineindeuten	ereninterpretiere/~eere, ~läge
hinaustrompeten	erusposaune	hineindrängen	erendränge
hinauswachsen	eruswahße	hineindürfen	erendörfe/~dürfe, ~künne
hinauswagen	erustraue	hineinfahren	erenfahre
hinauswerfen	eruswerfe/~wirfe, ~schmieße, chasse, feuere	hineinfinden	erenfinge
		hineinfliegen	erenfleege
hinauswollen	eruswelle/~wolle	hineinfressen	erenfresse
hinausziehen	erstrecke, verschleppe	hineinführen	erenföhre/~führe
hinauszögern	erstrecke, verschleppe	hineingelangen	erengelange
hinbekommen	erenkrige, hinkrige, krige; *de Kehr/Kihr krige*	hineingeraten	erengerode
		hineingießen	erengeeße
hinbemühen	herbemühe	hineingreifen	erengriefe, ~packe, drengriefe, ~packe
hinbestellen	herbestelle		
hinbewegen	herbewäge	hineingucken	erenluure/~loore
hinbiegen	hinbeege	hineinhalten	erenhalde, drenhalde
hinblättern	hinbläddere	hineinheiraten	erenhierode
hinblicken	hinluure/~loore	hineinhelfen	erenhelfe
hinbringen	hin~, herbränge, hin~, herdrage, hinföhre/~führe	hineininterpretieren	ereninterpretiere/~eere
		hineinklettern	erenklemme
hindern	hindere, ophalde	hineinknien	erenkneee/~kneene, drenkneee/~kneene
Hindernislauf	Hindernislauf		
Hindernisrennen	Hindernisrenne	hineinkommen	erenkumme
hindeuten	hinzeige	hineinkriechen	erenkruffe
hindrehen	hindrihe	hineinkriegen	erenkrige
hindurchbewegen	durchlaufe[1]	hineinlachen	erenlaache
hindurchmüssen	durchmüsse	hineinlassen	erenlooße
hindurchradeln	durchradele	hineinlaufen	erenlaufe
hindurchschauen	durchluure/~loore	hineinlegen	erenläge
hindurchschlüpfen	durchflutsche	hineinleuchten	erenleuchte
hindurchsehen	durchluure/~loore	hineinmüssen	erenmüsse
hindurchzwängen	durchzwänge	hineinpacken	erenpacke, drenpacke
hindürfen	hindörfe/~dürfe, herdörfe/~dürfe, hinkünne, ~solle, ~welle/~wolle	hineinpassen	erenpasse, ~gonn
		hineinpfuschen	erenfusche, drenfusche
hinein	eren, dren	hineinplatschen	erenplatsche
hineinbegeben	erengonn	hineinplatzen	erenplatze
hineinbeißen	erenbieße		

hineinpressen	enpresse, erendäue, ~stoppe, drendäue, ~stoppe	hineinstürzen	erenstürze/~stööze
hineinpumpen	erenpumpe	hineintappen	erenplatsche
hineinrasseln	erenrassele	hineintragen	erendrage
hineinreden	erenschwaade, drenschwaade	hineintreiben	erendrieve
hineinregnen	erenrähne	hineintreten	erentredde
hineinreichen	erenrecke	hineintun	erendun, drendun
hineinreißen	erenrieße	hineintunken	erenzoppe
hineinreiten	erenrigge	hineinversetzen	erenversetze
hineinrennen	erenrenne	hineinwachsen	erenwahße, drenwahße
hineinriechen	erenrüche/~ruche	hineinwagen	erenwage
hineinrufen	erenrofe	hineinwerfen	erenwerfe/~wirfe, ~schmieße, drenschmieße, hingerherwerfe/~wirfe
hineinrutschen	erenrötsche	hineinwollen	erenwelle/~wolle
hineinschauen	erenluure/~loore	hineinwürgen	erenwürge
hineinschieben	erendäue, drendäue	hineinzerren	erentrecke
hineinschießen	erenscheeße	hineinziehen	erentrecke, vertrecke
hineinschlagen	erenschlage/~schlonn, drenschlage/~schlonn, kloppe	hineinzwängen	erenzwänge
		hineinzwingen	erenzwinge
hineinschlingen	erenfresse	hinfahren	hinfahre, herfahre
hineinschlittern	erenschleddere	hinfallen	hinfalle, ~läge, ~segele
hineinschlüpfen	erenflutsche	hinfällig	malätzig, seech
hineinschmeißen	erenschmieße, drenschmieße	hinfinden	hinfinge, herfinge
hineinschmuggeln	erenschmuggele	hinfläzen	hinfläze
hineinschneiden	erenschnigge	hinflegeln	hinfläze, fläze
hineinschreiben	erenschrieve	hinfliegen	hinfleege, herfleege
hineinschütten	erenschödde, ~geeße	hinführen	hinföhre/~führe, herföhre/~führe, hin~, herbränge, üvverleite
hineinsehen	erenluure/~loore		
hineinsetzen	erensetze, drensetze	Hingabe	Passion
hineinsollen	erensolle	hingeben	hingevve, verschrieve
hineinspazieren	erenspaziere/~eere	Hingegossenes	Flatsch
hineinsprechen	erenspreche, ~schwaade, drenspreche	hingehen	hin~, her~, aangonn
		hingehören	hin(ge)hüre/~höre, her(ge)hüre/~höre, hinhüre[2]
hineinspringen	erenspringe, drenspringe		
hineinstechen	erensteche	hingelangen	hinkumme[1], herkumme
hineinstecken	erensteche	hingeraten	hingerode, hergerode
hineinstehlen	erenstelle[2]	hingucken	hinluure/~loore
hineinsteigern	erensteigere	hinhaben	hin~, herhan
hineinstellen	erenstelle[1]	hinhalten	hinhalde
hineinstolpern	erenstolpere	hinhauen	hinhaue
hineinstopfen	erenstoppe, drenstoppe	hinhören	hinhüre[1]/~höre, herhüre/~höre
hineinstoßen	erenstüsse	hinkacken	hinmaache
hineinströmen	erenströme	hinken	hinke

Hinkende

Hinkende	Veezehn-Fuffzehn	hinschreiben	hinschrieve
hinklatschen	hinknalle	hinsegeln	hinsegele
hinknallen	hinknalle	hinsehen	hin~, hersinn, hinluure/~loore
hinknien	hinkneee/~kneene	hinsetzen	hinsetze
hinkommen	hinkumme[1+2], herkumme	hinsinken	hinsinke
hinkönnen	hinkünne	hinsollen	hinsolle
hinkriegen	hinkrige	Hinspiel	Hinspill
hinlangen	hinlange	hinspucken	hinspäue/~speie
hinlaufen	hinlaufe, ~renne	hinstellen	hinstelle, opsetze[2]
hinlegen	hin~, nidder~, usläge	hinsteuern	hinsteuere
hinleiten	hin~, herbränge	hinstrecken	hinstrecke
hinlenken	hinlenke	hinstürzen	hinfalle, ~segele
hinlocken	hin~, herlocke	hinten	hinge
hinlümmeln	hinlömmele, fläze	hintendran	hingedran
hinmachen	hinmaache	hintendrauf	hingedrop
hinmorden	hinschlachte	hintendurch	hingedurch
hinmüssen	hin~, hermüsse, hinsolle	hintenheraus	hingenerus, hingerus
hinnehmen	hinnemme	hintenherum	hingeneröm
hinpassen	hin~, herpasse	hintenhin	hingeher
hinpflanzen	hinflanze/~planze	hintenüber	hingenüvver
hinraffen	hinraafe	hinter	hinger
hinreisen	hinreise	Hinterausgang	Hingerusgang
hinreißen	hinrieße	Hinterbau	Hingerbau
hinrennen	hinrenne	Hinterbein	Hingerbein
hinrichten	hinreechte/~richte	hinterdrein	hingerdren
hinrotzen	hinrotze	hinterdreinlaufen	nohlaufe
hinrücken	hindäue	hinterdreinrennen	nohrenne
hinsagen	hinsage	hintereinander	hingerenander, ~enein, nohenander, ~enein
hinschaffen	hinschaffe		
hinschauen	hinluure/~loore	hintereinanderher	hingerenanderher
hinscheißen	hin~, herdrieße	Hintereingang	Hingerengang
hinschicken	hin~, herschecke	hinterfragen	hingerfroge
hinschieben	hindäue	Hintergedanke	Hingergedanke
hinschielen	hinschiele/~schääle, herschiele/~schääle	hintergehen	hingergonn
		Hintergrund	Hingergrund
hinschlachten	hinschlachte	hinterhältig	hingerhäldig, ~lestig, nitsch, geräuch, verschlage[2]; *dem Deuvel/Düüvel em Aasch nit dauge*
hinschlagen	hinschlage/~schlonn		
hinschleppen	hin~, herschleife		
hinschludern	hinknüsele, hinmurkse	Hinterhand	Hingerhand
hinschmeißen	hinschmieße	Hinterhaus	Hingerhuus, ~bau
hinschmelzen	hinschmelze	hinterher	hingerher, ~dren
hinschmieren	hinschmiere/~schmeere	hinterherfahren	hingerherfahre, ~drenfahre, folge

hinuntergehen

hinterhergehen	hingerhergonn, ~drengonn, folge	hinüberfahren	erüvverfahre
hinterherhinken	hingerherhinke, nohhinke	hinüberführen	erüvverföhre/~führe
hinterherkommen	hingerherkumme	hinübergehen	erüvvergonn
hinterherlaufen	hingerherlaufe, ~drenlaufe, ~herrenne	hinübergelangen	erüvvergelange
		hinübergreifen	erüvvergriefe
hinterherrennen	hinterherrenne	hinüberhängen	erüvverhange
hinterherrufen	hingerher~, nohrofe	hinüberhelfen	erüvverhelfe
hinterherschicken	hingerherschecke	hinüberkönnen	erüvverkünne
hinterherschleppen	nohtrecke	hinüberlassen	erüvverlooße
hinterherspringen	nohspringe	hinüberlaufen	erüvverlaufe
hinterhertragen	hingerherdrage	hinüberlehnen	erüvverlähne
hinterherwerfen	hingerherwerfe/~wirfe	hinübermüssen	erüvvermüsse
hinterherziehen	nohtrecke	hinüberreichen	erüvverrecke
Hinterhof	Hingerhoff	hinüberretten	erüvverrette
Hinterkopf	Hingerkopp	hinüberrufen	erüvverrofe
Hinterlader	Hingerlader	hinüberschauen	erüvverluure/~loore
hinterlassen	hingerlooße	hinüberschicken	erüvverschecke
hinterlegen	hingerläge	hinüberschwimmen	erüvverschwemme
Hinterlist	Hingerless, Nitscherei	hinübersehen	erüvversinn
hinterlistig	hingerlestig, geräuch, luppig, nitsch¹, verschlage²	hinübersetzen	erüvversetze
		hinübersollen	erüvversolle
hinterm (hinter dem)	hingerm	hinüberspielen	erüvverspille
Hintern	Hingersch, Fott, Lavumm, Bretzel; buure Bahnhoff; buure Fott; en Fott wie e Brauereipääd/Sesterpääd	hinüberspringen	erüvverspringe
		hinüberstellen	erüvverstelle
		hinübertragen	erüvverdrage
Hinterrad	Hingerradd	hinüberwechseln	erüvverwähßele
hinterrücks	hingerröggs	hinüberwerfen	erüvverwerfe/~wirfe
Hintersinn	Hingersenn	hinüberwinken	erüvverwinke
Hinterteil	Hingerdeil, Hingersch, Schinke	hinüberwollen	erüvverwelle/~wolle
hintertreiben	hingerdrieve	hinüberziehen	erüvvertrecke
Hintertreppe	Hingertrapp, ~trepp	hinunter	erav, erunder, av²
Hintertür	Hingerpooz	hinunterblicken	eravluure/~loore, erunderluure/eruger~/~loore, erundersinn/eruger~
hinterziehen	hingertrecke		
Hinterzimmer	Hingerzemmer	hinunterbringen	eravbränge, erunderbränge/eruger~
hinter▯	hinger▯		
hintragen	hin~, herdrage	hinunterdürfen	eravdörfe/~dürfe, erundersolle/eruger~
hintreiben	hindrieve		
hintreten	hintredde	hinunterfahren	eravfahre, erunderfahre/eruger~
hinüber	erüvver	hinunterfallen	erunderfalle/eruger~
hinüberbeugen	erüvverbeuge	hinunterführen	eravföhre/~führe, erunderföhre/eruger~/~führe
hinüberdürfen	erüvverdörfe/~dürfe, ~künne		
hinübereilen	erüvverschröme	hinuntergehen	eravgonn, erundergonn/eruger~

hinuntergelangen

hinuntergelangen	eravgelange, erundergelange/erunger~	hinweghören	fotthüre/~höre
hinunterhalten	eravhalde	hinwegkommen	fottkumme
hinunterkippen	eravkippe, erunderkippe/erunger~	hinwegraffen	dohinraafe
hinunterklettern	erunderklemme/erunger~	hinwegsehen	e(n) Aug zodröcke
hinunterklettern	erunderklemme/erunger~	hinwegtrösten	fotttrüste
hinunterkönnen	eravkünne, erunderkünne/erunger~	Hinweis	Hinwies
hinunterlassen	erunderlooße/erunger~	hinweisen	hinwiese, verwiese
hinunterlaufen	eravlaufe, erunderlaufe/erunger~	Hinweisschild	Scheld[1]/Schild[1]
hinuntermüssen	eravmüsse, erundermüsse/erunger~	hinwenden	hindrihe
hinunterreichen	eravrecke	hinwerfen	hinwerfe/~wirfe, ~schmieße, ~knalle
hinunterrollen	eravrolle, erunderrolle/erunger~	hinwirken	hinwirke
hinunterrufen	eravrofe, erunderrofe/erunger~	hinwollen	hinwelle/~wolle
hinunterschauen	eravluure/~loore, erunderluure/erunger~/~loore	hinzeigen	hinzeige
		hinziehen	hintrecke, ~schleife, herschleife
		hinzielen	hin~, herziele
hinunterschicken	eravschecke, erunderschecke/erunger~	hinzubauen	aanbaue
		hinzubekommen	dobeikrige
hinunterschlingen	eravschlinge, erunderschlinge/erunger~	hinzudenken	dobeidenke
		hinzudichten	dobeideechte/~dichte
hinunterschlucken	eravschlecke, erunderschlecke/erunger~, ensteche[1]	hinzufügen	dobeidun
		hinzugeben	dobeidun
hinunterschütten	eravschödde, erunderschödde/erunger~	hinzugießen	beigeeße
		hinzukommen	dobeikumme
hinuntersehen	eravsinn, erundersinn/erunger~	hinzukriegen	dobeikrige
hinuntersollen	eravsolle, erundersolle/erunger~	hinzunehmen	dobeinemme
hinunterspringen	eravspringe, erunderspringe/erunger~	hinzurechnen	dobeirechne
		hinzusetzen	dobeisetze[2], ~dun
hinunterspülen	eravspöle, erunderspöle/erunger~	hinzutun	dobeidun
hinuntersteigen	eravsteige, erundersteige/erunger~	hinzuverdienen	dobeiverdeene
hinunterstoßen	eravstüsse, erunderstüsse/erunger~	hinzuziehen	enschalte/~schalde
hinunterstürzen	eravstürze/~stööze, erunderstürze/erunger~/~stööze, stürze/stööze[2]	Hippe	Hipp
		Hirn	Geheen(s)
		Hirnschlag	Heenschlag
hinuntertauchen	eravtauche, erundertauche/erunger~	hirnverbrannt	knatschjeck, stabeljeck/stapel~, raderdoll, verröck, ~dötsch, jeck, beklopp, knatschjeck, rammdösig, doll, aadig, geflapp, naturbeklopp/nator~; voll avgedriht han/sin, sing fünf Minutte han; der Aasch op han; en Ääz am Kieme/Wandere han; voll avgedriht han/sin; mem Bömmel behaue sin; nit ganz deech sin; en Eck av han; et Schoss erus han;
hinuntertragen	eravdrage, erunderdrage/erunger~		
hinunterwerfen	eravwerfe/~wirfe, erunderwerfe/erunger~/~wirfe, erav~, erunderschmieße/erunger~		
hinunterwürgen	eravwürge, erunderwürge/erunger~		
hinunterziehen	erundertrecke/erunger~		
hinwagen	hin~, herwage		
hinwegblicken	fottluure/~loore		
hinwegfliegen	üvverfleege		
hinweghelfen	fotthelfe		

		hochdürfen	huhdörfe/~dürfe
	eine fott han; nit ganz gar; schwatz em Geseech; ene Hau met der Pann han; e Litzche han; ene Nähl em Zylinder han; de Kränk krige	hochfahren	huhfahre, eropfahre
		hochfliegen	huhfleege, opfleege
		hochgehen	huhgonn, eropgonn
Hirsch	Hirsch, Heez	hochgeschlossen	huhgeschlosse
Hirschgeweih	Hirschgeweih	hochgestochen	huhgestoche
Hirschkäfer	Hirschkevver	hochgucken	huhluure/~loore
Hirschkuh	Hirschkoh	hochhalten	huhhalde
Hirschleder	Hirschledder	hochheben	huh~, ophevve
Hirse	Häschel	hochholen	huhholle
Hirt	Heet	hochhopsen	huhhöppe
hissen	hisse	hochhüpfen	huhhöppe
Hitze	Hetz²	hochjagen	huhjage
Hitzebläschen	Hetzeblösche	hochjubeln	huhjubele
Hitzefrei	Hetzefrei	hochkämmen	huhkämme
Hitzeschild	Hetzeschild/~scheld	hochkant	huhkant, ~kantig
Hitzewallung	Hetzewallung, Hetz²; *fleegende Hetz*	hochkantig	huhkantig
Hitzewelle	Hetzewell	hochkarätig	huhkarätig
hitzig	hetzig	hochklappen	huhklappe, enklappe
Hitzkopf	Hetzkopp	hochklettern	eropklemme
Hitzschlag	Hetzschlag	hochkommen	huhkumme, eropkumme
Ho-Chi-Minh-Stadt	Saigon	hochkönnen	huhkünne
Hobby	Hobby, Steckepääd	hochkrempeln	huhkrempele, ~sträufe, eropkrempele
Hobel	Hubbel²		
Hobelbank	Hubbelbank	hochkriechen	eropkruffe
hobeln	hubbele	hochkriegen	huhkrige
Hobelspan	Hubbelspon	hochkurbeln	eropkurvele, huhdrihe
hoch	huh	hochlaufen	eroplaufe
Hoch	Huh	hochleben	huhlevve
Hochadel	Huhadel	hochlegen	huhläge
Hochaltar	Huhaltar	hochmüssen	huhmüsse
Hochamt	Huhamp	Hochmut	Huhmod, Huffaad, Enbildung/~beld~
hocharbeiten	huharbeide, eroparbeide	hochmütig	huhmödig, ~pöözig, ~gegivvelt, ~gefeesch, huffäädig, opgeblose
hochbekommen	huhkrige		
hochbiegen	huhbeege	hochnäsig	huhnäsig; ene Futz em Kopp han; sich ene Däu aandun
hochbinden	huhbinge		
hochblicken	huhluure/~loore	hochnehmen	huhnemme, eropnemme, opraafe; (einer) op de Schöpp nemme
hochbringen	huhbränge, eropbränge		
Hochdeutsch	Huhdeutsch	hochnötig	huhnüdig
hochdrehen	huhdrihe	hochpäppeln	huhpäppele
Hochdruck	Huhdrock	Hochpfortenbüchel	Huhpoozeböchel
Hochdruckgebiet	Huh		

hochpreisen	huhpriese	hochstellen	huhstelle
hochpreisig	düür/döör	hochstemmen	huhstemme
hochprozentig	huhprozentig	höchstens	höchstens
hochragen	huhrage	Höchstgeschwindigkeit	Hüchsgeschwindigkeit
hochrangig	huhrangig	Höchstleistung	Hüchsleistung
hochranken	huhranke	Höchstmaß	Hüchsmoß
hochrechnen	huhrechne	hochstreifen	sträufe, huhsträufe
hochrecken	huhrecke[1]	Höchststrafe	Hüchsstrof
hochreichen	huhrecke[2]	Höchsttemperatur	Hüchstemperator
hochreißen	huhrieße	hochtragen	huhdrage, eropdrage
hochrollen	krempele	hochtreiben	huhdrieve, eropdrieve
hochrutschen	huhrötsche, eroprötsche	hochvoll	huhvoll
hochschalten	huhschalte/~schalde	hochwachsen	huhwahße
hochschauen	huhluure/~loore	Hochwasser	Huhwasser
hochschaukeln	huhschöckele	hochwerfen	huhwerfe/~wirfe
hochschicken	eropschecke	hochwollen	huhwelle/~wolle, eropwelle/~wolle
hochschieben	eropdäue, ~sträufe, ~striefe/~striefe, huhsträufe, ~striefe/~striefe	Hochzeit	Huhzigg
		Hochzeitsbild	Huhziggsbild/~beld
hochschießen	huhscheeße	Hochzeitsfeier	Huhziggsfier/~feer
hochschlagen	huhschlage/~schlonn, opstölpe	Hochzeitskleid	Huhziggskleid
hochschleichen	eropschleiche/~schliche	Hochzeitskutsche	Huhziggskutsch
hochschrauben	huhschruuve, eropschruuve	Hochzeitsnacht	Huhziggsnaach
hochschrecken	huhschrecke	Hochzeitsreise	Huhziggsreis
hochschwanger	huhschwanger	Hochzeitstag	Huhziggsdag
hochsehen	huhsinn, eropluure/~loore	hochziehen	huhtrecke, eroptrecke
Hochseil	Huhseil	hochzüchten	huhzüchte
hochsetzen	huhsetze	Hocke	Huck
Hochsitz	Huhsetz	hocken	hucke, hutsche
hochsollen	huhsolle, eropsolle	Hoden	Hode, Klotz, Noss
Hochsommer	Huhsommer	Hof	Hoff
Hochspannungsmast	Huhspannungsmass	Hoffart	Huffaad
hochspielen	huhspille	hoffen	hoffe
Hochsprache	Standard~, Huhsproch	Höflichkeit	Höflichkeit
hochspringen	huh~, opspringe	Hoftür	Hoffdür/~dör
hochspritzen	opspretze	Hohe Pforte	Huh Pooz
hochsprudeln	qualle	Hohe Straße	Huhstroß
hochspülen	huhspöle	Höhe	Hüh(de)
höchst...	hüchs...	Hoheit	Huhheit
Hochstapler	Huhstapler	Hoheitsrecht	Huhheitsrääch
hochstecken	huhsteche	Hohenzollernbrücke	Hohenzollernbröck
hochstehen	huhstonn	Höhepunkt	Höhepunk
hochsteigen	huhsteige, eropklemme	höherstufen	opstufe, befördere

Höhle	Höhl, Bau	Holzkreisel	Dopp, Dilledopp
höhlen	höhle	Holzleim	Holzliem
Höhner	Höhner (Kölner Musikgruppe)	Holzlöffel	Holzlöffel
holen	holle	Holzmarkt	Holzmaat
Holländermühle	Papiermüll/Papeer~	Holzmaß	Holzmoß
Hölle	Höll[1]	Holznagel	Holznähl
Höllenbraten	Satansbrode	Holzpantine	Holzklumpe
Höllenfahrt	Höllefahrt	Holzperle	Holzpääl
Höllenhund	Höllehungk	Holzplatte	Holzplaat
Höllenmaschine	Höllemaschin	Holzrost	Holzross
Höllenspektakel	Höllespektakel	Holzscheit	Holzscheit
Hollywoodschaukel	Hollywoodschöckel	Holzschlag	Holzschlag
holprig	rubbelig, unevve	Holzschnitt	Holzschnedd
holterdiepolter	holderdipolder	Holzschraube	Holzschruuv
Holunderstrauch	Holunderstruch	Holzschuh	Holzschoh
Holweide	Hollwigg	Holzschutzmittel	Holzschotzmeddel
Holz	Holz	Holzspielsachen	Holzspillsaache
Holzapfel	Holzappel	Holzspielzeug	Holzspillsaache, Holzspillzeug
Holzasche	Holzäsch	Holzsplitter	Holzspledder
Holzbein	Holzbein	Holzstab	Holzstab/~stav
Holzbock	Holzbock	Holzstift	Holzpenn, Schohnähl
Holzboden	Holzboddem	Holztisch	Holzdesch
Holzbrett	Holzbredd, Dill[1]	Holztreppe	Holztrapp/~trepp
Holzbrücke	Holzbröck	Holztür	Holzdür/~dör
Holzbündel	Schänzche	Holzwagen	Schörreskaar/Schürres~
Hölzchen	Hölzche	Holzweg	Holzwäg
Holzdübel	Holzdübbel	Holzwolle	Holzwoll
hölzern	hölze	homofon	einstemmig
Holzfeile	Raspel	homosexuell	anderseröm
Holzfigur	Holzfigur	Homosexueller	Kess, Koosch, Krämschneddche/
Holzgasse	Holzgass		Creme~; *wärme Broder*
Holzgerüst	Holzgeröss	Honig	Hunnig
Holzhammer	Holzhammer	Honigbirne	Hunnigbier
Holzhaus	Holzhuus	Honigfliege	Hunnigfleeg
Holzhütte	Holzhött	Honigkuchen	Honigkoche
holzig	holzig, stockig	Honigkuchenpferd	Honigkochepääd
Holzkiste	Holzkess	Honigmelone	Honigmelon
Holzkitt	Holzkitt	honorieren	*einem jet huh aanrechne*
Holzklotz	Holzklotz, Knubbel	Hopfen	Hoppe
Holzklumpen	Holzklumpe	hoppeln	hoppele
Holzkohle	Holzkoll	Höppemötzjer	Höppemötzcher (Tanzgruppe im Kölner Karneval)
Holzkopf	Holzkopp		

hopsen

hopsen	hopse	Hotelkette	Hotelkett
hörbehindert	dauv	Hotelküche	Hotelköch
horchen	luusche, luustere	Hotelschiff	Hotelscheff
horchen	horche	Hotelzimmer	Hotelzemmer
hören	hüre/höre	hubbelig	knubbelig
Hörensagen	Hüresage	Hubel	Hubbel[1]
Hörfehler	Hürfähler	Hübel	Hubbel[1]
Hörgerät	Löllhoon	Hubert	Hubäät, Bäätes
Hormonspiegel	Hormonspeegel	hübsch	aadig
Hormonspritze	Hormonspretz	Hudelei	Huddel
Horn	Hoon	Hudeler	Huddelspitter
Hornballen	Hoonballe	hudeln	huddele, murkse
Hornbrille	Hoonbrell/~brill	Huf	Huf/Hof
Hörnchen	Höönche	Hufeisen	Hufieser/Hof~
Hornhaut	Hoonhugg	Huflattichblatt	Hufbladd/Hof~
Hornisse	Horniss	Hufnagel	Hufnähl/Hof~
Hornissennest	Hornisseness	Hufschmied	Hufschmidd/Hof~
Hornknopf	Hoonknopp	Hüfte	Höff
Hornstraße	Hoonstroß	Hüftgelenk	Höffgelenk
Hornvieh	Hoonveeh/~veech	Hüfthalter	Höffhalter
Horrorfilm	Gruselfilm	Hüftstück	Höffstöck
Hörspiel	Hürspill	Hügel	Hüvvel, Hubbel[1], Böchel, Knipp, Knüüzche (Knuuz)
Hörtest	Hürtess		
Hose	Botz	hügelig	hubbelig
Hosenbein	Botzebein	Huhn	Hohn
Hosenbügel	Botzebügel	Hühnchen	Pöll
Hosenbund	Botzebund	Hühnerauge	Höhneraug
Hosenklammer	Botzeklammer	Hühnerbein	Höhnerbein
Hosenklappe	Botzelatz	Hühnerbrühe	Höhnerbröh
Hosenknopf	Botzeknopp	Hühnerbrust	Höhnerbross
Hosenlatz	Botzelatz	Hühnerei	Höhnerei
Hosenmatz	Botzekäälche, Botzemann	Hühnerfleisch	Höhnerfleisch
Hosennaht	Botzenoht	Hühnerfutter	Höhnerfooder
Hosenscheißer	Botzendresser	Hühnergasse	Höhnergass
Hosenschlag	Botzeschlag	Hühnerhaut	Höhnerhugg
Hosenschlitzklappe	Botzelatz	Hühnerherz	Höhnerhätz
Hosentasche	Botzetäsch	Hühnerhof	Höhnerhoff
Hosenträger	Helpe	Hühnerkaue	Höhnerkau
Hospital	Spidol	Hühnerklaue	Höhnerklau
Hotel	Hotel	Hühnerklein	Höhnerklein
Hoteldiener	Page	Hühnerleiter	Höhnerleider
Hotelhalle	Hotelhall	Hühnermist	Höhnermess

Hutrand

Hühnerpopo	Höhnerfott	Hungerlohn	Hungerluhn/~lohn
Hühnerstall	Höhnerstall	hungern	hungere; *de Muul mem Hölzche opstippe*
Hühnersuppe	Höhnerzupp		
Hühnervolk	Höhnervolk	Hungersnot	Hungersnud
Hühnerzucht	Höhnerzoch	Hungertuch	Hungerdoch
Huhnsgasse	Hungsgass	hungrig	hungrig
Hula-Hoop-Reifen	Hula-Hoop-Reife	Hupe	Hup, Tüt²
Hülle	Hüll/Höll², Schal¹, Scheid¹	hupen	hupe, tüte¹
Hummel	Hummel, Humm	Hüpfburg	Höppburg
Humorist	Humoriss	hüpfen	höppe
humorlos	ungesellig	Hüpfkästchen	Höppekässche, Höppemötzche
Humorlosigkeit	Ääns	Huppet Huhot	Huppet Huhot (Kobold, der am Bayenturm sein Unwesen getrieben haben soll)
humpeln	humpele		
Humpen	Humpe		
Hund	Hungk, Möpp	Hure	Hur/Hor, Nutt, Knall², Schnepp, Trottoirschwalv, Klunt, Masseuse, Tiff
Hundedreck	Hungsköttel		
Hundefänger	Hungsfänger	huren	hore/hure
Hundefutter	Hungsfooder	Hurenpack	Horepack/Hure~
Hundegebell	Hungsgebell	hüsteln	hemsche, dremsche
Hundehaufen	Tretmin, Hungshaufe, ~dress	husten	hoste
Hundehütte	Hungshött	Husten	Hoste, Hemsch, Kotzhoste
Hundekot	Hungsdress, ~köttel, ~haufe	Hustenbonbon	Hostekamell, Brosskamell
Hundeköttel, ~kotklumpen	Hungsköttel	Hustenmittel	Hostemeddel
Hundeleben	Hungslevve	Hustensaft	Hostesaff
Hundeleine	Hungsling	Hustentee	Hostetee
hundemüde	hungsmöd	Hustentropfen	Hostedroppe
hundert	hundert	Hut (Kopfbedeckung)	Hot
hundertmal	hundertmal	Hut (Obacht)	Hod, Kiwif
Hundertmeterlauf	Hundertmeterlauf	Hutband	Hotband
hundertprozentig	dudsecher	Hütchen	Hötche
Hundeschlitten	Hungsschlitte	Hütchenspiel	Hötchespill
Hundesteuer	Hungsstüür/~stöör	Hütehund	Hödehungk
Hundewetter	Hungswedder	hüten	höde
Hündin	Tiff	Hüter	Höder
Hundskirsche	Hungskeesch	Hutform	Hotform
hundsmiserabel	hundsmiserabel	Hutkoffer	Hotkoffer
Hundstage	Hungsdag	Hutkrempe	Hotkremp
Hunger	Schless, Kohldamf/~damp, Kennwasser	Hutmacher	Hotmächer
		Hutmacherin	Hotmächerin
Hungergefühl	Damf/Damp	Hutnadel	Hotnodel/~nol
Hungerkünstler	Hungerkünsler	Hutrand	Kremp
Hungerleider	Hungerligger		

Hutschnur

Hutschnur	Hotschnur/~schnor	imitieren	nohmaache
Hütte	Hött, Kau	Imitierter	Imi
Hygiene	Hygiene	Imme	Imm
		immer	immer, luuter[1], allemol(d)e
		immer wieder	*am laufende Band*[1]
		immergrün	immergrön
		Immergrün	Immergrön
		Imperfekt	Imperfek
I		impfen	imfe
i-Punkt	i-Punk	Impfpass	Imfpass
i-Tüpfelchen	i -Tüppelche	Impfung	Imfung
ich	ich	in	en[1]
Ideal	Leitbeld/~bild	in einem fort	*an einem Stöck*
Idealist	Idealiss	in Ruhe lassen	*sich en Ääz brode, ens höppe gonn,*
idealistisch	idealistisch		*einer ens künne/am Aasch lecke,*
Idee	Idee, Enfall		*einem der Büggel bütze/ens en Mark*
Idiot	Idiot		*liehne künne/der Puckel eravrötsche/*
idiotisch	verdötsch		*der Hubbel blose/der Naache däue/*
Igel	Igel		*de Aap luuse/jet blose/jet hoste/jet*
Ignatius	Naaz, Nates		*drieße*
ignorieren	avdun	inbegriffen	enbegreffe
ihm	im	Inbusschlüssel	Inbusschlössel
ihn	in, en[2]	Indefinitpronomen	Indefinitpronome
ihnen	inne	Indianer	Indianer, Rudhugg
Ihnen	Üch	Indianerhäuptling	Indianerhäupling
ihr	ehr[1+2], er[2], im	Indien	Indie
ihr(e)	ehr[3]	Indonesien	Indonesie
Ihr(e)	Üür/Öör	ineinander	enenander, enenein
ihrer	er[1], erer, eres, es	Infanterist	Foßsoldat, Plattfoßindianer
ihresgleichen	ehresgliche	Infarkt	Infark
ihrethalben	ehrethalve(r)	Infektion	Infektion
ihretwegen	ehretwäge	Infektionskrankheit	Infektionskrankheit
illegal	illegal, schwatz	infizieren	verschleppe
illustrieren	bebeldere/~bildere	informieren	belehre/~lihre, benohrichtige
im	em	inhaltslos	leer
Im Dau	Em Dau	inkludieren	ömschleeße
Im Ferkulum	Em Ferkulum	Inland	Enland
Im Klapperhof	Em Klapperhoff	inmitten	enmedde
Im Laach	Em Laach	innehalten	stocke
Im Mediapark	Em Mediapark	innen	enne
Im Stavenhof	Em Steuverhoff	Innenantenne	Ennenantenn
Imbissstube	Frittebud	Innenarchitekt	Ennenarchitek
		Innendienst	Ennedeens

Italiener

Innendruck	Ennedrock	interpretieren	interpretiere/~eere, erenläge, eruslese, usläge
Innenleben	Ennelevve		
Innenminister	Enneminister	intregieren	einem jet welle/wolle
Innenministerium	Enneministerium	Invalide	Invalidd
Innenpolitik	Ennepolitik	investieren	aanläge
Innenstürmer	Ennestörmer/~stürm~	inwendig	inwendig, ennerlich
Innentasche	Ennetäsch	inzwischen	enzwesche
Innentür	Ennedür/~dör	Irbis	Schneileopard
Innenwand	Ennewand	irgend	irgend
Innere Kanalstraße	Ennere Kanalstroß	irgend(et)was	irgendjet
Innerer Grüngürtel	Ennere Gröngöödel	irgendein	irgendei(n), irgendeine
innerhalb	benne	irgendein(e)s	irgendeins
innerlich	ennerlich	irgendeine	irgendein
Innerstes	Hätze(ns)kühlche	irgendeinen	irgendeine
inner...	enner...	irgendeiner	irgendeiner, irgendwä, einer
innig	ennig, sehnsüchtig	irgendjemand	irgendwä
Innung	Ennung	irgendwann	irgendwann, eimol
ins (in das)	en¹, ent / en't	irgendwas	irgendjet
Inschrift	Inschreff	irgendwelche	irgendwelche
Insekt	Insek	irgendwem	irgendwäm
Insektenlarve	Popp	irgendwer	irgendwä, irgendeiner
Insektenplage	Insekteplog	irgendwie	irgendwie
Insektenpulver	Insektepolver	irgendwo	irgendwo
Insektenstich	Insektestech	irgendwoher	irgendwoher
Insel	Insel	irgendwohin	irgendwohin, irgendwoher
inseminieren	befruchte	Irmgard	Irm
insgesamt	insgesamp, gesamp, allemol(de)	irreführen	aape; för der Jeck halde
Installateur	Installateur, Blechschläger, Lübüggel	irren	irre, verdun, ~haue, ~sinn, ~bruddele; sich en der Finger schnigge; sich fies an de Fott föhle; sich nevven der Emmer setze
installieren	installiere/~eere		
instandsetzen	usbessere	Irrenanstalt	Jeckenaanstalt, Klapsmüll, Narre(n)~, Dollhuus
Intelligenz	Intelligenz		
Intelligenztest	Intelligenztess	Irrenhaus	Jeckenaanstalt, Klapsmüll, Narre(n)~, Dollhuus
interessant	interessant		
Interesse	Interesse, Belang	Irrer	Dötsch
Interessent	Interessent	Irrtum	Versinn, Messgreff
interessieren	interessiere/~eere	isolieren	isoliere/~eere
interessiert	interesseet	Italien	Italie
Internist	Interniss	Italiener	Italiäner, Spagettifresser

J

ja	eja, jo	jämmerlich	ärmsillig
Jacht	Jach	jammern	gööze, jammere, gringe, jöömere, klage, küüme, lamentiere/~eere
Jacke	Jack[1], Kamesol, Wöbche		
Jackenkleid	Jackekleid	jammernd	goözig
Jackentasche	Jacketäsch	Jan und Griet	Jan un Griet (Kölner Legendengestalten)
Jagd	Jag		
Jagdgewehr	Büchs	Jan von Werth	Jan vun Werth/Wääth (Traditionskorps im Kölner Karneval von 1925)
Jagdhaus	Jaghuus		
Jagdhorn	Jaghoon	Jan-Wellem-Straße	Jan-Wellem-Stroß
Jagdhund	Jaghungk	Jasager	Metläufer, Raddfahrer
Jagdhütte	Jaghött	jäten	jäte, krugge
Jagdmesser	Jagmetz	Jauche	Mestepohl
Jagdschein	Jagsching	Jauchegrube	Messkuhl/~kuul, Mestepohl
Jagdtrieb	Jagtrieb	jauchzen	juuze, krihe
jagen	jage, jöcke[1]	jaulen	jaule
Jäger	Jäger	je	je[1+2]
Jägerhut	Jägerhot	Jean	Schäng/Schang
Jägerschnitzel	Jägerschnetzel	Jeannette	Schannett
Jägersprache	Jägersproch	Jeans	Neetebotz, Texasbotz
jäh	jih	jeck	jeck
Jahr	Johr	Jeck	Jeck, Schauter
jahraus	johrus	Jeckerei	Jeckerei
jahrein	johren	jede(n)	jede
jahrelang	jahrelang, langjöhrig	jeder	jeder, allemann
jähren	jöhre	jeder einzelne	mallich
Jahresfrist	Johresfriss	jederzeit	jederzigg
Jahreszeit	Johreszigg	jedesmal	allemol(d)e
Jahrgang	Johrgang	jedoch	ävver
Jahrgedächtnis	Johrgedächnis	Jelängerjelieber	Jelängerjeleever
Jahrhundert	Johrhundert	jemals	jemols, je[3]
Jahrmarkt	Kirmes	jemand	einer
Jahrmarktsbude, ~stand	Kirmesbud, Moppebud	jemine	jömmich!
Jähzorn	Jihhoos	Jesus Christus	Chresskind
jähzornig	jihhööstig	jetzig	jetzig
Jakob	Jack[2], Köbes	jetzt	jetz
Jakobsleiter	Jakobsleider	Job	Pössche
Jakobsweg	Jakobswäg	Johann Joseph Palm	Orgels Palm (Kölsches Original)
Jammerlappen	Gööz, Knaatsch[1], Küümbretzel, Küümbroder	Johanna	Nanna, Schannett
		Johannes	Schäng/Schang, Hännesche, Jan
		Johannesbrot	Johannesbrud
		Johannisbeere	Johannisdruuv

Kahnfahrt

Johannisbeermost	Johannisdruuvemoss		
Johannisstraße	Johannisstroß	**K**	
Johnny	John		
Joseph/Josef	Jupp	Kabarettist	Kabarettiss
Josephine	Fin	Kabäuschen	Kapäusche
Journalist	Journaliss	Kabbelei	Käbbelei
jubeln	jubele	käbbeln	käbbele
jucken	jöcke[2]	Kabeljau	Kabbeljau
Jucken	Jöck	Kabine	Kabin
Juckpulver	Jöckpolver	Kabuff	Kabuff
Juckreiz	Jöck, Kribbel, Gekribbels, Kribbele, Kribbelei	Kachel	Kachel, Plaat[1]
		kacheln	kachele, plaate
		Kachelofen	Kachelovve
		kackbraun	kackbrung
Jude	Jüdd	Kacke	Kack, Dress, Schess
Judengasse	Jüddegass	kacken	kacke, drieße
Judenstern	Jüddestään	kackgelb	kackgääl
Judenviertel	Jüddeveedel	Kackstuhl	Kackstohl
Jugend	Jugend	Käfer	Kevver/de, Pelle(n)driher/Pille(n)~
Jugendamt	Jugendamp	Käferdose	Kevveredos
Jugendarbeit	Jugendarbeid	Kaffee	Kaffee, Möhnetrus
Jugendfreund	Jugendfründ	Kaffeebohne	Kaffeebunn
jugendlich	jugendlich, jung	Kaffeedecke	Kaffeedeck
Jugendlicher	Quant[2], Lällbeck	Kaffeedose	Kaffeedos
Jugendschwarm	Jugendschwarm	Kaffeedurst	Kaffeedoosch
Jugendstrafe	Jugendstrof	Kaffeeersatz	Muckefuck
Jugendsünde	Jugendsünd	Kaffeefahrt	Kaffeefahrt
Juli	Heumond	Kaffeekanne	Kaffeepott, Kaffeeteut
Julia	Jul	Kaffeekränzchen	Kaffeekränzche, Hechelkränzche
jung	jung, krottig	Kaffeelot	Kaffeelut
Junge	Jung, Fant, Fänt, Fetz, Bov, Quant[2]	Kaffeemaschine	Kaffeemaschin
jungendfrei	jugendfrei	Kaffeemühle	Kaffeemüll
Jungenstreich	Lotterboverei	Kaffeepause	Kaffeepaus/~puus
Jungfrau	Jungfrau, Juffer	Kaffeesahne	Büchsemilch
Junggeselle	Junggesell	Kaffeesatz	Kaffeemudd
Junggesellenbude	Junggesellebud	Kaffeetante	Kaffeetant, Kaffeemöhn
Junggesellenzeit	Junggesellezigg	Kaffeetasse	Kaffeetass
jüngst	jüngs, neulich	Kaffeetisch, ~tafel	Kaffeedesch
Jungtier	Jungdier	Kaffeetrinker	Kaffeeteut
Jupp-Schmitz-Plätzchen	Jupp-Schmitz-Plätzche	Käfig	Käfig
Jurist	Juriss	Kahlkopf	Pläätekopp/Plaate~
		Kahn	Nossschal
		Kahnfahrt	Kahnfahrt

Kainsmal

Kainsmal	Kainsmol	Kaltblüter	Ackerpääd
Kaiser	Kaiser	kaltblütig	kaldblödig
Kaiserkrone	Kaiserkrun	Kaltblütigkeit	Kaldblödigkeit
Kaiserschnitt	Kaiserschnedd	Kälte	Käld
Kajüte	Kajütt	kälteüberempfindlich	verfrore
Kakaobaum	Kakaobaum	kaltherzig	kaldhätzig
Kakaobohne	Kakaobunn	Kaltherzigkeit	Kaldhätzigkeit
Kakaobutter	Kakaobotter	Kaltluft	Kaldluff
Kakaopulver	Kakaopolver	Kaltmiete	Kaldmeed
Kakerlake	Kackerlack	Kalzium	Kalk[1]
Kalb	Kalv	Kalziumkarbonat	Kalk[1]
kalben	kalve	Kamelien	Kamelie
Kalberei	Kalverei	Kamera	Fotoapparat
Kälberzähne	Kälverzäng	Kamerad	Kamerad
Kalbfleisch	Kalvfleisch	Kameradschaft	Kameradschaff
Kalbsaugen	Kalvsauge	Kameraobjektiv	Lins
Kalbsbraten	Kalvsbrode	Kamillenbad	Kamillebadd
Kalbsbries	Kalvsbries	Kamillentee	Kamilletee
Kalbsbrust	Kalvsbross	Kaminfeger	Kaminsfäger
Kalbschnitzel	Kalvsschnetzel	Kamisol	Kamesol
Kalbsfell	Kalvsfell	Kamm	Kamm
Kalbskopf	Kalvskopp	kämmen	kämme
Kalbsleber	Kalvslevver	Kammer	Kammer
Kalbsleberwurst	Kalvslevverwoosch	Kammerdiener	Kammerdeener
Kalbsleder	Kalvsledder	Kammerjäger	Kammerjäger
Kalbsmedaillon	Kalvsmedaillon	Kampf	Kamf
Kalbsnierenbraten	Kalvsnierebrode	kämpfen	kämfe
Kalender	Kalender	Kampfgeist	Kamfgeis
Kalenderblatt	Kalenderbladd	Kampfgewicht	Kamfgeweech
Kalenderjahr	Kalenderjohr	Kampfmittel	Kamfmeddel
Kalenderwoche	Kalenderwoch	Kanaille	Kanalje
Kalifornien	Kalifornie	Kanarienvogel	Kanaljevugel
Kalk (Baustoff)	Kalk[1]	Kaninchen	Kning, Höppelepöpp(el), Bellrämmel
Kalk (Kölner Stadtteil)	Kalk[2]	Kaninchenaugen	Kningsauge
Kalkboden	Kalkboddem	Kaninchenstall	Kningsstall
Kalkeimer	Kalkemmer	Kanne	Kann, Teut
kalken	kalke/kälke	Kanone	Kanon
Kalker Hauptstraße	Kalker Hauptstroß	Kanonenkugel	Bomm
Kalkgrube	Kalkkuhl/~kuul	Kanonenrohr	Kanoneröhr/~rühr
kalkulieren	kalkuliere/~eere	Kante	Kant, Timp
kalkweiß	kalkwieß	Kanthaken	Kanthoke
kalt	kald, schattig, schudderig	Kantholz	Kantholz

Kartenblatt

kantig	kantig	kariert	kareet
Kantine	Kantin	Karikaturist	Karikaturiss
Kantinenessen	Kantineesse	Karl-Berbuer-Straße	Karl-Berbuer-Stroß
Kantinenkost	Kantinekoss	Karmelitergeist	Melissegeis
Kanüle	Kanül	Karneval	Fastelovend
Kanzel	Kanzel	Karnevalist	Karnevaliss
Kapazität	Produktionskraff	Karnevalsgebäck	Nonnefützche
Kapelle	Kapell[1+2]	Karnevalsgesellschaft	Fastelovendsgesellschaff
Kapellmeister	Kapellmeister	Karnevalsjeck	Fastelovendsjeck
kapieren	kapiere/~eere, checke, schnalle	Karnevalskostüm	Fastelovendskostüm
Kapitalist	Kapitaliss	Karnevalslied	Fastelovendsleed
Kapitel	Kapitel	Karnevalsprinz	Fastelovendsprinz
Kaplan	Kaplon	Karnevalssitzung	Fastelovendssitzung, Sitzung
Kappe	Kapp	Karnevalstheaterstück	Fastelovendsstöck
kappen	kappe	Karnevalsumzug	Rusemondagszog, Zog[1]
Kappenfahrt	Kappefahrt	Karnevalsverein	Fastelovendsverein
Kapsel	Kapsel	Karnevalszeit	Fastelovendszigg, Session
kaputt	kapodd	Karo	Karro, Rutt
kaputt arbeiten	sich zom Schänzche arbeide	Karoass	Karroass, Rutteass
kaputtgehen	kapoddgonn, himmele, en de Bröch gonn	Karobauer; ~bube	Karrojung, Ruttejung
		Karodame	Karrodam, Ruttedam
kaputtkriegen	kapoddkrige	Karokönig	Karrokünning, Ruttekünning
kaputtlachen	kapoddlaache, beömmele; sich schibbele vör Laache; sich zom Schänzche laache; Trone futze künne	Karotte	Karott, Galgepenn, Muhr
		Karpfen	Karpe
		Karpfenfisch	Münn
		Karre	Kaar
kaputtmachen	kapoddmaache, himmele	karren	kaare, schürge/schürgele
Kaputtmacher	Kapoddmächer	Karrengaul	Kaarepääd
kaputtschlagen	kapoddschlage/~schlonn, zesammeschlage/zo~/~schlonn	Karrenpferd	Kaarepääd
		Karrenrad	Kaareradd
Kapuze	Kaputz	Karrenschieber	Schürger
Karabinerhaken	Karabinerhoke	Karriere	Karrier[1]
Karaffe	Karaff	Karst	Kaasch
Karamelle	Kamell	Kartäuser	Kartäuser/Kartüüser
Karawane	Karawan	Kartäusergasse	Kartäusergass/Kartüüser~
Kardinal	Kardinal	Kartäuserhof	Kartäuserhoff, Kartüüser~
Kardinal-Frings-Straße	Kardinal-Frings-Stroß	Kartäuserwall	Kartäuserwall/Kartüüser~
Kardinalshut	Kardinalshot	Karte	Kaat
karessieren	karessiere/~eere	Karteikarte	Karteikaat
Karfreitag	Karfriedag	Karteikasten	Karteikaste
karg	schmal	karten	kaate
kärglich	mager	Kartenblatt	Kaatebladd

Kartendeuterin

Kartendeuterin	Kaateschlägersch	Kastanienbaum	Kuschteiebaum
Kartenhaus	Kaatehuus	Kastanienholz	Kuschteieholz
Kartenlegerin	Kaateschlägersch	Kästchen	Kässche
Kartenschlägerin	Kaateschlägersch	Kasten	Kaste
Kartenspiel	Kaatespill	Kastenwagen	Kastewage
Kartenständer	Kaateständer	Katalog	Katalog
Kartentelefon	Kaatetelefon	Katharina	Kathring, Kätt, Trina, Tring
Kartenvorverkauf	Vörverkauf/Vür~	Katharina Zänkmann	Zänkmanns Kätt (Figur im „Hänneschen-Theater")
Kartoffel	Äädappel, Ääpel		
Kartoffelbauch	Äädäppelsbuch, Ääpelsbuch	Käthe	Kätt
Kartoffelkloß	Äädäppelskloß, Ääpelskloß	Kätzchen	Kätzche, Maukätzche, Mimmche[1], Mitzekätzche
Kartoffelnase	Äädäppelsnas, Ääpelsnas		
Kartoffelpuffer	Rievkoche	Katze	Katz, Marauz, Daachhas, Balkhas
Kartoffelreibe	Äädäppelsriev, Ääpelsriev	Katzenauge	Katzeaug
Kartoffelsalat	Äädäppelsschlot, Ääpelschlot	Katzengesang	Katzegesang
Kartoffelschäler	Äädäppelsscheller, Ääpelscheller	Katzensprung	Katzesprung
Kartoffelscheibe	Äädäppelsschiev, Ääpelschiev	Katzentisch	Katzedesch
Kartoffelstampfer	Äädäppelsknedder, Ääpelsknedder	Kaue	Kau
Kartoffelsuppe	Äädäppelszupp, Ääpelszupp	kauen	käue
Karton	Karton	Kauen	Käuerei
Karussell	Karusell	Kauf	Kauf
Karwoche	Karwoch, Osterwoch, Passionswoch	kaufen	kaufe, zoläge, aanschaffe, löse/lüse
Käse	Kis	Käufer	Käufer
Käseblättchen	Kisbläddche	Kaufhaus	Kaufes
Käsekruste	Kiskoosch	Kaufladen	Kauflade
Käsekuchen	Kiskoche	Kaufleute	Kauflück
Käsemesser	Kismetz	Kaugummi	Käues
Käserinde	Kiskoosch	Kaulquappe	Küülkopp
Kaserne	Kasään	kaum	kaum; met Hänge un Würge
Kasse	Kass	Kautabak	Prümmtubak/~tabak, Prümm
Kassenbon	Kassezeddel	Kavalier	Kavalöres, Tuppes, Karessant
Kassenbrille	Kassebrell/~brill	Kaviar	Kaviar
Kassenbuch	Kasseboch	Kaygasse	Kaygass
Kassengestell	Kassegestell	Kegel	Kägel, Klotz
Kassenpatient	Kassepatient	Kegelbahn	Kägelbahn
Kassenzettel	Kassezeddel	Kegelbruder	Kägelbroder
Kasserolle	Schepp	Kegelclub	Kägelverein
Kassette	Kassett	Kegelkugel	Binz
Kassettenrekorder	Kassettespiller	kegeln	kägele
Kassettenspieler	Kassettespiller	Kehle	Stross
kassieren	kassiere/~eere	Kehrbesen	Fäger
Kastanie	Kuschtei	Kehrblech	Dreckblech, Dreckschöpp

Kehre	Kehr/Kihr	Kerl	Kääl, Knopp[1], Lömmel, Patron[2], Quant[2]
kehren	kehre[1+2]/kerre, fäge		
Kehrrichteimer	Dreckemmer	Kerlchen	Matz[1], Quant[2]
Kehrschaufel	Kehrschöpp, Dreckschöpp	Kern	Kään
Kehrseite	Schattesigg	kernen	kevvere/kivvere
keifen	kieve, ranze	Kernenergie	Kernenergie
Keil	Kiel	Kerngehäuse	Ketsch[2]
keilen	kiele[1+2], keile	Kernkraft	Kernkraff
Keilriemen	Keilreeme	Kernkraftstrom	Kernkraffstrom
Keim	Kiem[2]	Kernseife	Kernseif
Keimblatt	Kiembladd	Kerze	Kääz
keimen	kieme	Kerzendocht	Käazedoch
Keimzelle	Keimzell	kerzengerade	käazegrad, pielopräach
kein	kei(n), keine	Kerzenhalter	Käazehalder
kein bisschen/Stück	keine Däu	Kerzenleuchter	Käazeleuchter
kein(e)s	keins	Kerzenlicht	Käazeleech
keine	kein	Kerzenschein	Käazesching
keinem	keinem	Kerzenschwaden	Käazeschwadem
keinen	keine, keiner[2]	Kerzenständer	Käazeständer
keiner	keiner[1+2]	Kerzenstummel	Käazestummel
keinerlei	keinerlei	Kerzenstumpen	Käazestump
keins	kei(n)	Kerzenwachs	Wahß[1]
Keks	Plätzche[2]	Kessel	Kessel
Keksdose	Plätzchensdos	Kesselflicker	Kesselsflecker
Kelle	Kell	Kette	Kett
Keller	Keller	ketten	kette
Kellerfenster	Kellerfinster	Kettenblume	Ketteblom
Kellertreppe	Kellertrapp/~trepp	Kettenhemd	Panzerhemb
Kellertür	Kellerdür/~dör	Kettenhund	Kettenhungk
Kellner	Köbes, Bedeenung	Kettenkarussell	Kettekarusell
kennen	kenne	Kettenraucher	Ketteraucher
kennenlernen	kenneliere/~leere	Kettensäge	Kettesäg
Kenntnis	Kenn[2]	keuchen	käche
kenntnissicher	saddelfess	Keuchhusten	Keuch~, Bröllhoste/Brüll~, Kölsch[3]:
Kennwort	Kennwood, Passwood	Keupstraße	Keupstroß
Kennzeichen	Kennzeiche	kichern	giffele
kennzeichnen	markiere/~eere, uszeichne	kicken	kicke[2]
kentern	kentere	kiebitzen	schiele/schääle
Kerbe	Kerv/Kirv, Katsch, Ketsch[1]	Kiefer (Baum)	Kiefer[2]
Kerbel	Kervel/Kirvel	Kiefer (Knochen)	Kiefer[1]
kerben	kerve/kirve, katsche	Kiefernnadel	Kiefernodel/~nol
Kerker	Kerker	Kieme	Kiem[1]

Kiepe

Kiepe	Kiep	Kippfenster	Kippfinster, Stippfinster, Daachfinster, Läuvefinster
Kies	Kiss		
Kiesel	Kisel	Kirche	Kirch
Kiesgrube	Kisskuhl/~kuul	Kirchenbank	Kirchebank
Kilogramm	Killogramm	Kirchenchor	Kirchechor
Kilometer	Killometer	Kirchendiener	Kirchedeener
Kilometergeld	Killometergeld	Kirchenfenster	Kirchefinster
Kilometerstein	Killometerstein	Kirchenfest	Kirchefess
Kilometerzähler	Killometerzäller	Kirchenglocke	Kircheglock
Kilt	Schotterock	Kirchenjahr	Kirchejohr
Kind	Kind, Balg, Kingk, Panz, Puut, Stoppe, Stropp, Weech, Trabant	Kirchenkunst	Kirchekuns
		Kirchenlied	Kircheleed
Kinderbeinchen	Stitzele	Kirchenmaus	Kirchemuus
Kinderei	Puutekrom	Kirchenmusik	Kirchemusik
Kinderfest	Kinderfess	Kirchenrecht	Kircherääch
Kinderfrau	Amm	Kirchenregister	Kircheregister
Kindergarten	Kindergaade, Verwahrschull	Kirchenschiff	Kirchescheff
Kindergeld	Kindergeld	Kirchensteuer	Kirchestüür/~stöör
Kinderkram	Kinderkrom	Kirchgänger	Kirchegänger
Kinderkrankenhaus	Kinderkrankehuus	Kirchturm	Kirchturm, Kirchtoon
Kinderkrankheit	Kinderkrankheit	Kirchweihe	Kirmes
kinderleicht	kinderleich	Kirmes	Kirmes
Kindermädchen	Kindermädche	Kirmesbude	Kirmesbud, Moppebud
Kindersitz	Kindersetz	Kirmesstand	Kirmesbud, Moppebud
Kinderspiel	Kinderspill	Kirschbaum	Keeschbaum
Kinderwagen	Kinderwage, Sportwage	Kirschblüte	Keeschblöt
Kinderzimmer	Kinderzemmer, Spillzemmer	Kirsche	Keesch
Kindheit	Kindheit	Kirschenzeit	Keeschezigg
kindisch werden	verkindsche	kirschgroß	keeschgroß
Kindskopf	Pisel	Kirschholz	Keeschholz
Kindtaufe	Kinddauf	Kirschkern	Keeschkään
Kinkerlitzchen	Kinkerlitzche	Kirschkuchen	Keeschkoche
Kinn	Kenn¹	kirschrot	keeschrud
Kinnhaken	Kennhoke	Kirschsaft	Keeschsaff
Kinnlade	Kennlad	Kirschtorte	Keeschtaat
Kinnriemen	Kennreeme	Kissen	Kesse
Kinnwasser	Kennwasser	Kissenbezug	Kessebezog, Zeech
Kino	Kinema	Kiste	Kess
Kiosk	Büdche	kitschig	kitschig, schnulzig
Kippe	Kipp¹⁺², Stippe	Kitt	Stoppfärv, Bäreknies
kippen	kippe	Kittel	Kiddel, Boorekiddel/Buure~
		kitten	kitte

Kleiderschrank

Kitzel	Kribbel, Kribbele, Kribbelei	Klarsichthülle	Klorsichhöll/~hüll
kitzelig	kitzelig	Klartext	Klortex
kitzeln	kitzele	Klasse	Klass
klaffen	klaffe	Klassenarbeit	Klassenarbeid
kläffen	kläffe, blaffe	Klassenbuch	Klasseboch
Klage	Klag	Klassenzimmer	Klassezemmer
Klagelied	Klageleed	klassisch	antik
Klagemauer	Klagemuur/~moor	Klatsch	Tratsch[1]
klagen	klage, gööze, gringe, kröötsche, pingele, lamentiere/~eere	Klatschbase	Quatschmuul, Quatschschnüss
		Klatsche	Klätsch[2]
Klagen	Küümerei	klatschen	klatsche, klätsche, bätsche, tratsche
klagend	göözig	Klatschmaul	Tratsch[2]
Kläger	Kläger	Klatschmohn	Klatschmohn, Klatschrus
klamm	feuch	klatschnass	klätschnaaß, patschnaaß, pissnaaß, secknaaß
Klammer	Klammer		
Klammeraffe	Klammeraap (@ = at-Zeichen)	Klatschweib	Bätschmöhn, Bätschschnüss, Wochebladd
Klammerbeutel	Klammerbüggel		
Klämmerchen	Klämmerche	Klaue	Klau
Klammergriff	Klammergreff	klauen	kläue, fringse, mopse, avkläue
klammern	klammere	Klauen	Kläu
klammheimlich	höösch, steekum	Klaus	Kloos/Klöös
Klamottenberg	Mont Klammott	Klebemittel	Kläves
Klang	Klang, Ton[1]	kleben	klevve, pappe
Klangfarbe	Klangfärv	Kleber	Kläves
Klappbett	Klappbedd, Schrankbedd	klebrig	klevverig, kläverig, klätschig, schmierig
Klappe	Klapp		
klappen	klappe, fumpe, fluppe	klebriger Schmutz	Knas
Klappergestell, ~gerüst	Rebbegespens, Knochegerämsch	Klebriges	Kläv
klappern	klappere, knappe	Klebstoff, Klebemittel	Kläves
Klapperschlange	Klapperschlang	Kleckermaul	Schlabbermuul, Seivermuul
Klappfenster	Stippfinster	kleckern	knase, schlabbere
Klappmesser	Klappmetz	Klecks	Platsch(e)
Klapprad	Klappradd	Klee	Klie
Klappstuhl	Klappstohl	Kleeblatt	Kliebladd
Klaps	Flapp	Kleid	Kleid, Wöbche
klar	klor, entschiede	kleiden	kleide
Klare	Klore	Kleiderablage	Hanges
klären	kläre, bestemme, löse/lüse	Kleiderbügel	Kleiderbügel
Klarheit	Klorheit	Kleiderbürste	Kleiderböösch
Klarinette	Klarinett	Kleiderhaken	Kleiderhoke
Klarinettist	Klarinettiss	Kleiderrock	Kleiderrock
klarmachen	verklore, ~klickere	Kleiderschrank	Kleiderschaaf

Kleiderständer

Kleiderständer	Kleiderständer	Klimakterum	Wähßeljohre
Kleidung	Kledage, Pluute	Klimawechsel	Klimawähßel
Kleie	Klei	klimmen	klemme[1]
klein	klein, kröppelig, krottig, petit, stupp	Klimmzug	Klemmzog
Kleine Sandkaul	Klein Sandkuul	klimpern	klimpere
Kleine Spitzengasse	En der Spetz; Klein Spetzegass	Klinge	Kling
Kleiner Griechenmarkt	Kleine Kreegmaat	Klingel	Klingel, Bimmel
Kleingeist	Kleingeis	Klingelbeutel	Klingelbüggel, Offerbüggel
Kleinigkeit	Kleinigkeit, Fitz[1], Futz, Fisel, Möckedreck, Nüsel	Klingelei	Schellerei
Kleinigkeitskrämer	Kleinigkeitskrimer, Ääzezäller, Knüüver, Kränzchensdrießer, Pingelsfott, Quaggeler	Klingelknopf	Klingelknopp, Schelleknopp
		klingeln	schelle[2]
		Klingelpütz	Klingelpötz
Kleinigkeitskrämerei	Quaggelskrom, Quaggelei	klingen	klinge, tüte[1]
kleinkariert	kleinkareet	Klinke	Klink
Kleinkind	Binz, Nüggelche, Stubbeditzche, Stümpche, Titti, Ditzche, Ströppche	Klippe	Klipp
		klitzeklein	klitze(klein), futze[2]
Kleinkram	Geschräppels, Poppekrom	klobig	klobig
Kleinkrieg	Kleinkreeg	Klobrille	Klobrell/~brill
Kleinkunst	Kleinkuns	Klobürste	Kloböösch
kleinlaut	kleinlaut, kusch	Klodeckel	Klodeckel, Abtreddsdeckel
kleinlich	kleinlich, kleinkareet, krottig, krüddelig, pingelig	klopfen	kloppe
		Klopfen	Kloppe
kleinmütig	kleinmödig	Klopfzeichen	Kloppzeiche
Kleinstadt	Kleinstadt	Klöppel	Bömmel
Kleinstkind	Pannestätzche	klöppeln	klöppele
Kleister	Kleister, Mählpapp, Papp[2]	Klopperei	Klopperei
kleistern	kleistere, pappe	Klosett	Abtredd
Klemme	Klemm, Bredouille	Kloß	Kloß
klemmen	klemme[2], hoke	Kloster	Kluster
Klempner	Installateur	Klosterbruder	Klusterbroder
Klepper	Stirk(s)	Klösterchen	Klüsterche (Krankenhaus der Augustinerinnen)
Klette	Klett		
Klettenberg	Kletteberg	Klostergarten	Klustergaade
Klettenberggürtel	Kletteberggöödel	Klosterkirche	Klusterkirch
klettern	klemme[1]	Klostermauer	Klustermuur/~moor
Kletterpflanze	Klemm-op	Klosterpforte	Klusterpooz
Kletterrose	Klemmrus	Klosterschule	Klusterschull
Kletterseil	Klemmseil	Klosterstraße	Klusterstroß
klicken	klicke, däue	Klotz	Klotz
Klicker	Klicker, Ommer	klotzig	klotzig
klickern	ömmere, Ömmer spille	Klotzkopf	Klotzkopp, Deckkopp, Trotzkopp

Knoblauch

klug	klog, luus, gelestig, gescheck, aanschlägig, verständig	knatschen (weinen)	knaatsche, kriesche, bauze, gringe, hüüle, quaatsche
klugerweise	leever, besser[1]	knatschig (weinerlich)	knaatschig, quaatschig
Klugscheißer	Schwaadschnüss, ~lappe, Schwaademage, Seiverlappe	Knäuel	Knäuel
		knäueln	knäuele
Klümpchen	Klümpche	Knauf	Knauf
Klümpchensuppe	Knübbelcheszupp	Knauser	Knüüver
klumpen	klumpe	knauserig	kiepig, kniepig, karrig, kniestig, schrabbig
Klumpen	Klumpe, Klotz, Knubbel		
Klumpfuß	Klumpfoß	knausern	knapse
klumpig	klumpig	knautschen	(ver)knüngele, knuutsche
klumpig werden	verklumpe	knautschig	verknuutsch, ~knüngelt
Klüngelei	Klüngelei	Knebelbart	Geiß(t)e(n)baat
klüngeln	klüngele	Knecht	Knääch
knabbern	knabbere, knäbbele, käue	Knecht Ruprecht	Hans Muff
Knackarsch	Knackaasch	kneifen	kniefe, petsche
Knäckebrot	Knäckebrud	Kneifer	Nasepetscher
knacken	knacke, knackse, knappe	Kneifzange	Petschzang
knackig	knackig, knappig	Kneipe	Weetschaff
Knackmandel	Kraachmandel	kneten	knedde, knetsche
Knacks	Knacks	Kneter	Knedder
knacksen	knackse	knibbeln	knibbele, piddele
Knall	Knall[1], Paaf[2]	knicken	knicke
Knallblättchen	Knallblāddche	Knie	Knee
Knallbüchse	Knabühß	Kniebeuge	Kneebeug
Knalleffekt	Knalleffek	Kniefall	Kneefall
knallen	knalle, schmecke[1]	kniefrei	kniefrei
knalleng	knalleng	Kniegelenk	Kneegelenk
Knallerbse	Knallääz	knielang	knielang
Knallerei	Knallerei	knien	kneee/kneene
Knallfrosch	Knallfrosch	Kniescheibe	Kneeschiev
Knallgas	Knallgas	Kniestrumpf	Kneestrump
knallhart	knallhadd	Kniff	Kneff
Knallkopf	Knallkopp	Kniffelei	Fuddels~, Piddels~, Fummelskrom
knallrot	knallrud	knifflig	knibbelig, piddelig
Knallzigarre	Knallzigaar	knipsen	knipse[1+2]; *Belder maache*
knapp	spack, schmal	Knirps	Knagges, Krott, Krottaasch, Kääl, Poosch, Föttchen-an-der-Ääd
knapsen	knapse		
Knarre	Raspel	knistern	knestere
Knast	Knass	knittern	krünkele, knuutsche
knatschen (matschen)	knatsche	knobeln	knobele, tiftele
		Knoblauch	Knoblauch, Knuvvlauf

Knoblauchbutter

Knoblauchbutter	Knoblauchbotter	knuffen	knuppe
Knoblauchwurst	Knoblauchwoosch	knüll	knöll
Knoblauchzehe	Knoblauchzih	Knüppel	Knöppel, Prügel, Quanz
Knochen	Knoche, Grot	knüppeldick	knöppeldeck
Knochenarbeit	Knochenarbeid, Päädsarbeid	knurren	knottere, grummele, bollere
Knochenbau	Knochebau	knüselig	knüselig
Knochengerippe	Knochegerämsch	Knusperhäuschen	Knusperhüüsche
Knochengerüst	Knochegerämsch	knuspern	knuspere
knochenhart	knoche(n)hadd	knusprig	kross, knappig
Knochenhaut	Knoche(n)hugg	knutschen	knuutsche
Knochenmark	Knochemark, Mark²	Knutschfleck	Knuutschfleck(e), Lötschfleck(e)
Knochenmühle	Knochemüll	Köbeschen	Köbesche (Jakob Schmitz; Figur im „Hänneschen-Theater")
Knochensäge	Knochesäg		
Knochenschinken	Knocheschinke	Koblenz	Kovvelenz
Knochensplitter	Knochespledder	Koch	Koch
knochentrocken	knoche(n)drüg	Kochapfel	Kochappel, Breiappel
Knochenwulst	Knochewols	kochbeständig	kochech
knochig	knochig	Kochbeutel	Kochbüggel
Knödel	Kloß	Kochbuch	Kochboch
Knolle	Knoll	Kochdunst	Kochduns
Knollendorf	Knollendorf/~dörp	kochecht	kochech
Knollennase	Knollenas, Äädäppelsnas	köcheln	quiddere
Knopf	Knopp¹	kochen	koche, prötte, pröttele
Knopfaugen	Knoppauge	kochfertig	kochfäädig
Knopfdruck	Knoppdrock	kochfest	kochfest, kochech
knöpfen	knöppe	Kochgelegenheit	Kochgelägenheit
Knopfleiste	Knopplies	Kochkäse	Kochkis
Knopfloch	Knopploch	Kochkunst	Kochkuns
Knopfzelle	Knoppzell	Kochlöffel	Kochlöffel
Knorpel	Knoosch, Knurvel	Kochmütze	Kochmötz
knorpelig	knooschtig, knurvelig	Kochplatte	Kochplaat
Knorren	Knubbel	Kochrezept	Kochrezepp
Knospe	Knopp²	Kochschinken	Kochschinke
knoten	knöddele	Kochstelle	Kochstell
Knoten	Knöddel, Knubbel, Nopp	Kochtopf	Kochpott, Kochdöppe
Knötern	Geknotter	Kochwäsche	Kochwäsch
Knubbel	Knubbel, Knüles	ködern	locke¹
knubbelig	knubbelig	koffeinfrei	koffeinfrei
knubbeln	knubbele	Koffer	Koffer¹
knuddeln	knuddele, knüvvele, tätschele	Kofferanhänger	Kofferaanhänger
Knuff	Knupp, Knuuz	Koffergriff	Koffergreff
Knüffe	Nupp	Kofferkuli	Kofferkuli

konfirmieren

Kofferradio	Kofferradio	Kolonne	Kolonn
Kofferraum	Kofferraum	kolorieren	klöre
Kofferschloss	Kofferschloss	Koloss	Koloss
Kofferschlüssel	Kofferschlössel	kölsch, kölnisch	kölsch
Kognak	Cognac/Kognak/Konjak	Kölsch	Kölsch², Nierespöler
Kognakbohne	Cognakbunn/Kognak~/Konjak~	Kölschglas	Stang
Kognakflasche	Cognacfläsch/Kognak~/Konjak~	Kombizange	Kombizang
Kognakglas	Cognakglas/Kognak~/Konjak~	Komet	Stätzestään
Kognakschwenker	Cognakschwenker/Kognak~/Konjak~	Kometenschweif	Stätzestäänestätz
Kohl	Kappes, Kohl, Kühl	komisch	komisch, juxig, jeckig, gelunge
Kohldampf	Kohldamf/~damp, Schless	Kommafehler	Kommafähler
Kohle	Koll	kommandieren	kommandiere/~eere
Kohleneimer	Kolleemmer	kommen	kumme
Kohlengrube	Kollekuhl/~kuul	Kommiss	Kommiss/Kammiss
Kohlenkasten	Kollekaste	Kommissbrot	Kommissbrud/Kammiss~
Kohlenkeller	Kollekeller	Kommisskopf	Kommisskopp/Kammiss~
Kohlenofen	Kolleovve	Kommode	Kommod
Kohlenstaub	Kollestöbb	Kommunion	Kommelion
Kohlestift	Zeichekoll	Kommunionspaar	Kommelionspaar
Kohlkopf	Kappeskopp	Kommunist	Kommuniss
Kohlmeise	Kollemeis	Komödie	Kumede, Lossspill
kohlrabenschwarz	kollraveschwatz	Komödienstraße	Schmierstroß/Schmeer~
Kohlrabi	Kollrav	kompakt	kompak
Kohlroulade	Kohlroulad	komplett	komplett, vollzällig
koitieren	döppe, höggele, poppe, rammele, bocke, tuppe, orgele, bööschte	Kompliment	Kompliment, Baselemanes
		kompliziert	komplizeet, vertrack, ~weckelt
kokett	aapig	Komponist	Komponiss
Kokosnuss	Kokosnoss	Kompost	Komposs
Kokospalme	Kokospalm	Komposthaufen	Fuulhaufe
Kolben	Kolve	Kompostmüll	Kompossmöll/~müll
Kolkrabe	Kolkrav	Kompott	Kompott, Tütt
Kolleg	Kolleg²	Kompresse	Kompress
Kollege	Kolleg¹	komprimieren	verdeechte/~dichte
Kollegenkreis	Kollegekreis	Kompromiss	Kompromess, Meddelwäg
Kollegheft	Kollegheff	Kondensmilch	Büchsemilch
Kollegin	Kollegin	Kondensstreifen	Kondensstriefe/~streife
Kollegmappe	Kollegmapp	Kondition	Kondition
Koller	Usbroch	Konditor	Konditter
Köln	Kölle	kondolieren	kondoliere/~eere
Kölner(in)	Kölsche	Kondom	Kodöngche
kölnisch	kölsch	Konfekt	Konfek
Kolonie	Kolonie	konfirmieren	ensähne

konfiszieren

konfiszieren	beschlagnahme	Kopffüßer	Tintefesch
Konföderation	Staatebund	Kopfgeld	Koppgeld
konfus	verdriht	Kopfgrippe	Koppgripp
König	Künning	Kopfhaut	Kopphugg
Königin	Künnigin	Kopfhörer	Kopphörer
Königskrone	Künningskrun, Krun	Kopfkissen	Koppkesse
Königslilie	Künningsblom	Kopflaus	Koppluus
Konklave	Papswahl	Kopfnuss	Koppnoss
Konkurrenz	Konkerrenz	Kopfrechnen	Kopprechne
konkurrieren	konkerriere/~eere, opnemme	Kopfsalat	Kopp~, Kropp~, Botterschlot
können	künne[1+2]	kopfscheu	koppscheu
konservativ	aldmodisch	Kopfschmerzen	Koppping
konservieren	anmaache	Kopfschmerztablette	Kopppingstablett
Konsonant	Konsonant, Metlaut	Kopfschuss	Koppschoss
Konstantin	Stänz[1]	Kopfschütteln	Koppschöddele
konsumieren	verposementiere/~eere, verputze	Kopfschutz	Koppschotz
Kontakt	Kontak	Kopfsprung	Köpper, Köppes
Kontaktanzeige	Kontakaanzeig	Kopfstand	Koppstand
Kontaktlinse	Kontaklins	Kopfsteinpflaster	Koppsteinflaster
kontieren	verboche	Kopfstütze	Koppstötz
Kontoauszug	Kontouszog	Kopftuch	Koppdoch
Kontrabass	Konterbass	kopfüber	koppüvver
Kontrakt	Kontrak	Kopfzerbrechen	Koppzerbreche
Kontrast	Kontrass	kopieren	nohmaache
Kontrastmittel	Kontrassmeddel	Kopischstraße	Kopischstroß
Kontrolle	Kontroll	Koppel	Koppel[1]
kontrollieren	kontrolliere/~eere, checke; *nohm Räächte luure/loore*	Koppel	Koppel[2]
		Koralle	Korall
kontrovers	zwiespäldig	Korb	Korv, Mang
Konvent	Kuvent	Korbstuhl	Rührstohl/Röhr~
konvertieren	üvvertredde[1], bekehre/~kerre	Kordel	Kood, Bängel
Konzept	Konzepp	Korinthe	Korinth
Konzert	Konzäät	Korinthenkacker	Korinthekacker
kooperieren	zesammearbeide/zo~	Korken	Korke
Kopf	Kopp, Küüles, Däts, Dasel, Haup, Heenskaste, Ääpel, Kappes, Kniebes, Koffer[1], Oberstüvvche, Tabernakel, Ääz[1]	Korkenzieher	Stoppetrecker
		Korkenzieherlocke	Schillerlock
		Korn	Klore, Koon[2]
		Korn	Koon[1]
Kopfbahnhof	Sackbahnhoff	Kornblume	Koonblom
Kopfball	Koppball	Kornbrandwein	Koon[2]
köpfen	köppe	Körnerfresser	Köönerfresser
Kopfende	Koppeng/~engk	Körnerfutter	Köönerfooder

Krankenwagen

Kornfeld	Koonfeld	Kraft	Kraff, Schmackes, Vermöge
körnig	köönig, griselig	Kraftausdrücke	*wölle Wööd*
Kornkammer	Koonkammer	Kraftfutter	Krafffooder
Kornnelke	Koonflett	kräftig	kräftig, hätzhaff, deftig, fett, stämmig
Kornrade	Koonflett	kraftlos	lahm, zerschlage[2], flau, schwa(a)ch
Kornspeicher	Koonspeicher	Kraftwerk	Kraffwerk
Körper	Liev	Kragen	Krage, Kraus
Körperbau	Körperbau	Kragenknopf	Krageknopp
Körperform	Figur	Krähe	Krohl
Körpergewicht	Körpergeweech	krähen	krihe
Körperstelle	Körperstell	Krähennest	Krohleness
Körperteil	Körperdeil	krakeelen	krakeele
korrekt	korrek, richtig[1]	krakeelig	krakeelig
korrigieren	berichtige	Kralle	Krall
korrodieren	ätze	krallen	kralle
Kost	Koss	Kram	Krom, Summs, Gesumms, Trödel, Trödelskrom
kostbar	kossbar, selde		
kosten	koste[1+2], versöke	kramen	krome
Kosten	Koste	Krämer	Krimer
Kostgänger	Kossgänger	Krammetsvogel	Krommetsvugel
Kostgasse	Kotzgass	Krämpchen	Krämpche
Kostgeld	Kossgeld	Krampe	Kramp[2]
Kostprobe	Kor	Krampf	Kramf/Kramp[1]
kostspielig	kossspillig	Krampfader	Kramfoder/Kramp~
Kostüm	Kostüm, Jackekleid	krampfhaft	kramfhaff/kramp~
Kostverächter	Kossverächter	Kran	Kran
Kot	Dress, Schess, Kack	krank	krank, malad, seech, kareet
Koteimer	Dressemmer	krank werden	*de Kränk krige*
Kötel	Köttel	Kranke	Kranke; *e Häufche Älend*
Kotelett	Karmenad	Kranke	Kranköllig
Kothaufen	Kupp[2], Naachswä(ä)chter	kränkeln	kränkele, kröötsche, quaggele
Kotklümpchen	Köttel	Krankenbett	Krankebedd
Kotzbrocken	Kotzbrocke, ~kümpche; *widderlich Kotzkümpche*	Krankenblatt	Krankebladd
		Krankengeld	Krankegeld
kotzen	kotze, breche, üvvergevve	Krankengymnastik	Krankegymnastik
kotzschlecht	kotzschlääch, ~üvvel, kotzig	Krankenhaus	Krankehuus, Spidol
kotzübel	kotzüvvel, ~schlääch, kotzig	Krankenkasse	Krankekass
krabbeln	krabbele, kreeche, kräuele, kraue	Krankenschein	Krankesching
Krach	Krach/Kraach, Radau, Spektakel	Krankenschwester	Krankeschwester, Schwester
krachen	kraache	krankenversichert	krankeversechert
Krachmacher	Kra(a)chmächer	Krankenwagen	Krankewage, Sanitätswage, Unfallwage
Krachmandel	Kraachmandel		

Krankenzimmer

Krankenzimmer	Krankezemmer	Kreislauf	Kreislauf
krankhaft	krankhaff	Kreislaufmittel	Kreislaufmeddel
Krankheit	Krankheit, Kränk	kreisrund	kreisrund
kränklich	malätzig	Kreissäge	Kreissäg
Kranwagen	Kranwage	Kreißsaal	Kreißsaal
Kranz	Kranz	Kreisverkehr	Kreisverkehr
kränzen	kränze	Krempe	Kremp
Krapfen	Nonnefützche	Krempel	Gesumms, Summs
Kratzbürste	Kratz~, Widderböösch	krempeln	krempele
kratzbürstig	kratzbööschtig, krabitzig	krepieren	verrecke, baschte, kapoddgonn; de Knöpp/Auge/Fott zonaache
Krätze	Krätz, Kräu		
Kratzeisen	Kratzieser	kreuz (und quer)	krütz (un quer)
kratzen	kratze, kraue, schrabbe, schubbe, jöcke, schööre/schüüre	Kreuz	Krütz
		Kreuzass	Krützass
Kratzer	Schrom	Kreuzblume	Krützblom
kratzig	kratzig	kreuzbrav	krützbrav
kraulen	kraule[1+2], kraue, kräuele, tätschele, krabbele	Kreuzbube	Krützjung
		Kreuzdame	Krützdam
kraus	kruus, kröll, kröllig	kreuzen	krütze
Krause	Kraus, Kröll, Kruus, Rusch	kreuzfidel	krützfidel
kräuseln	krüsele, krölle, rüsche	kreuzförmig	krützförmig
Krauskohl	Kühl	Kreuzgang	Krützgang
Krauskopf	Kröllekopp, Kruuskopp	kreuzigen	kreuzige
Kraut	Krugg	Kreuzkönig	Krützkünning
Kräuter	Gröns	kreuzlahm	krützlahm
Kräuterbutter	Kräuterbotter	Kreuzschlitzschraube	Krützschletzschruuv
Krauttopf	Kruggdöppe	Kreuzschlüssel	Krützschlössel
Krawatte	Schlips	Kreuzspinne	Krützspenn
Krawattennadel	Schlipsnodel/~nol	Kreuzstich	Krützstech
kreativ	künslerisch	Kreuzweg	Krützwäg
Krebs	Krebs	kreuzweise	krützwies
Krebswulst	Krebswols	Kreuzzeichen	Krützzeiche
Kredit	Pump[2], Schrupp	Kreuzzug	Kreuzzog
Kreditkarte	Kreditkaat	kribbelig	kribbelig; et Litzche krige
Kreide	Knigg, Krigg	kribbeln	kribbele
kreidebleich	kniggewieß, kriggewieß	Kribbeln	Kribbel, Kribbele, Kribbelei, Gekribbels
kreideweiß	kniggewieß, kriggewieß, kalkwieß		
kreieren	kreiere	kriechen	kreeche, kruffe, schlängele
Kreis	Kreis	Kriecher	Aaschkrüffer, Raddfahrer
Kreisel	Dille(n)dopp, Hüüldopp	Kriecherei	Kreecherei
kreisen	kreise, zirkeliere/~eere	Kriechererbse	Kruffääz
kreisförmig	kreisförmig, rund	Krieg	Kreeg

kugeln

kriegen (bekommen)	krige	Krümel	Grömmel/Grümmel, Gegrümmels/~grömmel~
kriegen: zu viel kriegen	en Aap krige		
kriegen (Krieg führen)	kreege	krümelig	grömmelig/grümmel~
Krieger	Kreeger	krümeln	grömmele/grümmele
Krieg führen	kreege	krumm	kromm, schääl
Kriegsdienst	Kreegsdeens	Krumme	Kromm
Kriegsfilm	Kreegsfilm	krümmen	krömme, beuge
Kriegsfuß	Kreegsfoß	Krummer Büchel	Kromme Böchel
Kriegsgefangenschaft	Kreegsgefangeschaff	Krummholz	Krommholz
Kriegskamerad	Kreegskamerad	Krümmung	Krömmde
Kriegslist	Kreegsless	Krüppel	Kröppel
Kriegspfad	Kreegsfad	krüppelig	krüppelig
Kriegsrat	Kreegsrod	Krüstchen	Krüssche
Kriegsrecht	Kreegsrääch	Kruste	Koosch, Kruss, Ruff
Kriegsschiff	Kreegsscheff	Kübel	Küvvel
Kriegsspiel	Kreegsspill	Kübelwagen	Küvvelwage
Kriegsspielzeug	Kreegsspillzeug	kübelweise	küvvelwies
Kriegstanz	Kreegsdanz	Kubikzahl	Kubikzahl
Kriegsverbrechen	Kreegsverbreche	Küche	Köch
Kriegsverbrecher	Kreegsverbrecher	Kuchen	Koche
Kriegszeit	Kreegszigg	Kuchenblech	Kocheblech
Kriminalist	Kriminaliss	Küchenchef	Köchechef
Krimskram	Tüddelskrom/Tüttels~	Küchendienst	Köchedeens
Kringel	Kringel	Küchenfenster	Köchefinster
kringeln	kringele, krüsele	Kuchengabel	Kochegaffel
Krippe	Krepp	Küchenmesser	Köchemetz
Krippenspiel	Kreppespill, Kreppche, Krepp	Küchenschabe	Kackerlack
Kritik	Verress	Küchenschrank	Köcheschaaf
kritisieren	herfalle	Küchenstuhl	Köchestohl
kritzeln	kritzele	Kuchenteig	Kochedeig
Krokodilstränen	Krokodilstrone	Kuchenteller	Kocheteller
Krone	Krun	Küchentisch	Köchedesch
Kropf	Kropp	Küchenuhr	Köcheuhr/~ohr
Kroppzeug	Kroppzeug	Küchenwaage	Köchewoog
kross	kross, knappig	Kuckuck	Kuckuck
Kröte	Krad[1]	Kuckucksei	Kuckucksei
Krötenpfuhl	Kradepohl	Kuckucksuhr	Kuckucksuhr/~ohr
Krücke	Kröck	Kugel	Kugel, Kaul, Bomm
Krug	Krog	Kugelblitz	Kugelbletz
Krulle	Kröll	Kugelgelenk	Kugelgelenk
Krülltabak	Krölltubak	Kugellager	Kugellager
Krume	Grömmel/Grümmel	kugeln	kugele

kugelrund

kugelrund	kugelrund	kundschaften	kundschafte
Kugelschreiber	Kulli, Kugelschriever	kundtun	kundtun
kugelsicher	kugelsecher	Kunibert	Kunibäät
Kuh	Koh	Kunibert	Kunibäät
Kuhfladen	Kohflade	Kuniberts-Torburg	Weckschnapp
Kuhfuß	Kohfoß	Kunibertsgasse	Kunibäätsgass
Kuhglocke	Kohglock	Kunibertsturm	Töönche
Kuhhandel	Kohhandel	Kunst	Kuns
Kuhhaut	Kohhugg	Kunsteis	Kunsies
kühl	köhl, schattig	Kunstfehler	Kunsfähler
Kuhle	Kuhl, Kuul	kunstgerecht	kunsgerääch
Kühle	Köhlde	Kunstgriff	Drih
Kuhlemannstraße	Kuhlemannstroß	Kunsthalle	Kunshall
kühlen	köhle	Kunstharz	Kunshaaz
Kühlerhaube	Kühlerhaub	Kunstleder	Kunsledder
Kühlflüssigkeit	Köhlflüssigkeit/~flössigkeit	Künstler	Künsler
Kühlschrank	Köhlschrank, lesschrank, Knurres	künstlerisch	künslerisch
Kühltasche	Köhltäsch	künstlich	künslich
Kühlwasser	Köhlwasser	Kunstmaler	Kunsmöler
Kuhmagd	Kohstalls-Annemarie	Kunstrichtung	Kunsrichtung
Kuhmilch	Kohmilch	Kunstschatz	Kunsschatz
Kuhmist	Kohmess	Kunstschule	Kunsschull
Kuhschwanz	Kohstätz	Kunstseide	Kunssigg
Kuhstall	Kohstall	Kunststoff	Kunsstoff
Küken	Küchelche	Kunststück	Kunsstöck
Kuli	Kulli	Kunstturnen	Kunsturne
kultiviert	ziviliseet	Kunstverein	Kunsverein
Kultur	Kultur/Kultor	Kupfer	Koffer[2]
Kulturbeutel	Kulturbüggel/Kultor~	Kupferbergwerk	Kofferbergwerk/~birg~
Kumede	Kumede (Theater des Heimatvereins Alt Köln)	Kupferdach	Kofferdaach
		Kupferdraht	Kofferdroht
Kummer	Kommer	Kupferdruck	Kofferdrock
kümmern	kömmere, schere[2]/scherre[2], betreue	Kupfererz	Kofferääz
Kumulus	Quellwolk	Kupfergasse	Koffergass
künden	künde	Kupfergeld	Koffergeld
Kundendienst	Kundedeens	Kupfergeldmünze	Fuss
Kundenkreis	Kundekreis	Kupferhammer	Kofferhammer
kundig	beschlage[2], erfahre[2]	Kupferkanne	Kofferkann
kündigen	kündige	Kupferkessel	Kofferkessel
Kündigung	Kündigung	Kupfermünze	Koffermünz
Kündigungsfrist	Kündigungfriss	kupfern	koffer
Kundschaft	Kundschaff	Kupferpfanne	Kofferpann

Kupferpfennig	Kofferpenning		
kupferrot	kofferrud	**L**	
Kupferschmied	Kofferschmidd	labberig	labbelig, wabbelig
Kupferstecher	Kofferstecher	labbern	labbele
Kupferstich	Kofferstech	Labermaul	Breimuul, Seivermuul, ~lappe, ~schnüss
Kupferzeit	Kofferzigg		
Kuppe	Kupp[1]/Küpp	laborieren	laboriere/~eere
kuppeln	kuppele	Lachanfall	Laachaanfall
Kurbel	Kurvel	Lache	Pohl[1]
kurbeln	kurbele	lachen	laache, giefele/giffele
Kurfürst	Kurfürs	Lachen	Laache
kurieren	kuriere/~eere	Lachfältchen	Laachfäldcher
Kurpfuscher	Kurfuscher	Lachgas	Laachgas
Kurs	Lihrgang	Lachkrampf	Laachkramf/~kramp
Kurschatten	Kurschatte	Lachmaul	Giefelsmuul
Kursivschrift	Schrägschreff	Lachmöwe	Laachmöw
Kurve	Kurv	Lachnummer	Laachnummer
kurven	kurve	Lachsack	Laachsack
kurz	koot, stupp	Lachtaube	Laachduuv
kurzatmig	dämpfig	Lackaffe	schöne Gespretze
kürzen	kööze, stümpe; *kööter maache*	Lackgürtel	Lackgöödel
kurzerhand	kooterhand	lackieren	lackiere/~eere
Kurzhaardackel	Koothoordaggel	Lackleder	Lackledder
kürzlich	jüngs, neulich, (et) letz[2], verlängs; *vör kootem*	Lackschuh	Lackschoh
		Lade	Lad
Kurzschluss	Koote	Ladegerät	Ladegerät
kurzsichtig	schääl	laden	lade, oplade
kurzum	kootöm	Laden	Lade, Handlung, Krom
kuscheln	kuschele, dückele	Ladentisch	Ladedesch
Kuscheltier	Kuscheldier	Ladentür	Ladedür/~dör
kuschen	kusche	lädieren	lädiere/~eere
Kusine	Kusin, Cousine, Bas	Lage	Lag
Kuss	Butz	Lager	Lager
Küsschen	Begingebützche	Lagerfeuer	Lagerfüür/~föör
küssen	bütze, knuutsche, schnüsele, avknuutsche	Lagerfrist	Lagerfriss
		Lagerhalle	Lagerhall
Küste	Küss	Lagerist	Lageriss
Küster	Köster	lagern	lagere
Kutsche	Kutsch	lahm	lahm
Kutte	Kutt	Lahmarsch	Lahmaasch
Kuvert	Breefömschlag	lahmarschig	lahmaaschig
		lahmen	lahme

Lähmung

Lähmung	Geechtenbroch	Langhaardackel	Langhoordaggel
Laisser-faire	Küss-de-hügg-nit-küss-de-morge	langhaarig	langhöörig
Laken	Lake, Bedddoch	langjährig	langjöhrig
Lakritze	Kuletsch, Sößholz	Langlauf	Langlauf
Lakritzstange	Kuletschstang	langmütig	langmödig
Lakritzwasser	Kuletschwasser	längs	lans
lallen	lalle	langsam	lang(k)sam, lahm, lörig, schlofmötzig; Fößche för Fößche
Lamäng	Lamäng		
Lambris	Lamp(e)rie	Langschläfer	Langschlöfer, Schlofmötz, Schlofsüül
lamentieren	lamentiere/~eere	Langspielplatte	Langspillplaat
Lamm	Lamm	längst	längs
Lammbraten	Lammbrode	langstängelig	langstängelig
Lampe	Lamp, Funzel	langstielig	langstängelig
Lampendocht	Lampedoch	langweilig	langwielig
Lampendochtgarn	Lemmetsgaan	LANXESS-Arena	Henkelmann
Lampenfieber	Lampefieber	Lappen	Lappe, Lumpe, Pluute, Fuddel
Lampenschein	Lampesching	Lappenkiste	Lappekess, Pluutekess
Lampenschirm	Lampeschirm	läppern	läppere
Lamperie	Lamp(e)rie	läppisch	läppisch
Landbrot	Landbrud	Lärm	Radau, Krach/Kraach, Gedöns
landen	lande, aanläge	lärmen	lärme, Radau maache
Länderspiel	Länderspill	Larve	Flabes
Landestracht	Landesdraach/~traach	lassen	looße[1+2]
Landhaus	Landhuus	lässig	lässig, larig, lüsch, luusch
Landjäger	Landjäger	Last	Lass
Landmacht	Landmaach	lasten	laste
Landplage	Landplog	Lästermaul	Schand~, Breimuul
Landregen	Landrähn	lästern	sich de Muul zerrieße
Landschaft	Landschaff	Lastesel	Lassesel
Landstraße	Landstroß	lästig	lästig
Landstreicher	Pennbroder, Tippelbroder	Lastpferd	Lasspääd
Landtag	Landdag	Lastschiff	Lassscheff
Landung	Landung	Lastschrift	Lassschreff
Landwirtschaft	Landweetschaff	Lastschriftverkehr	Lassschreff
lang	lang[1]	Lasttier	Lassdier
lange	lang[2]	Lastwagen	Lasswage
Lange	Lang	Latein	Lating
Länge	Läng(de)	lateinisch	lating
längelang	längelang; de Längde lang	Laterne	Latään/Lantään
langen	lange	Laternenpfahl	Latäänepohl
längen	länge	latschen	latsche
Langeweile	Langewiel	Latschen	Latsche

Latte	Latt, Latz²	Laugenbrötchen	Laugebretzel
Lattenkiste	Lattekess	Laune	Nupp, Nucke, Mucke
Lattenrost	Latteross	Laurenz	Löör
Lattenschuss	Latteschoss	Laurenz-Kiesgen-Straße	Laurenz-Kiesgen-Stroß
Lattenzaun	Lattezung/~zaun	Laus	Luus
Lattichsalat	Laduck	Lausbube	Quos, Lotterbov
Latz	Latz¹	lauschen	luusche, luustere, horche
Lätzchen	Lätzche, Schlabberdönche, Latz¹	Lausebengel	Lausbengel
Latzhose	Latzbotz	Lausejunge	Lausjung
Latzschürze	Latzschützel	lausen	luuse
lau	lau	laut	laut¹⁺²
Laub	Laub¹/Lauv, Böchemai	Laut	Laut
Laubbaum	Laubbaum	läuten	lügge, schelle²
Laube	Laub², Läuv	lauter	luuter²
Laubengang	Laubegang	lauthals	lauthals
Laubenkolonie	Laubekolonie	Lautschrift	Laut~, Ömschreff
Laubfrosch	Laubfrosch	Lautsprecher	Lautsprecher
Laubsäge	Laubsäg	lautstark	lautstark
Laubwald	Laubwald	lauwarm	lauwärm
Lauch	Lauch/Lauf²	Lavendelöl	Lavendelöl
Lauer	Lauer	Lawine	Lawin
lauern	lauere	Lawinen(such)hund	Lawinehungk
Lauf	Lauf¹	Lawinenunglück	Lawineunglöck
laufen	laufe	Lazarett	Militärkrankehuus
laufend	laufend	leben	levve
Läufer	Läufer	Leben	Levve
Lauferei	Lauferei, Geläufs	lebendig	lebendig
Lauffeuer	Schmiddsfüürche/~föör~	Lebensabend	Levvensovend
läufig	läufig	Lebensalter	Levvensalder
Laufkundschaft	Laufkundschaff	Lebensangst	Levvensangs
Laufmasche	Laufmasch, Fluhleider	Lebensart	Levvensaat, Levve
Laufpass	Laufpass	Lebenselexier	Levvenselexier
Laufschritt	Laufschredd	lebenserfahren	rief
Laufschuh	Laufschoh	Lebensform	Levvensform
Laufstall	Laufstall	Lebensfreude	Levvensfreud
Laufsteg	Laufsteg	Lebensgefahr	Levvensgefahr
Laufstuhl	Laufstohl	lebensgefährlich	levvensgefährlich
Laufvogel	Laufvugel	Lebensgefühl	Levvensgeföhl
Laufwerk	Laufwerk	Lebensinhalt	Levvensinhalt, Levvenssenn
Laufzeit	Laufzigg	Lebensjahr	Levvensjohr
Laufzettel	Laufzeddel	Lebenskunst	Levvenskuns
Lauge	Laug	lebenslänglich	levvenslänglich

Lebenssinn

Lebenssinn	Levvenssenn, Levvensinhalt	leer	leddig, leer
Lebensumstände	Levvensömständ	leer ausgehen	en Aapefott krige; en jeder Hand en Fleeg han
Lebensunterhalt	Levvensungerhald/~under~		
Lebensweise	Levvenswies, Levve, Levvensform	leer bluten	usblode
Lebensweisheit	Levvensweisheit	leeren	leere[1]; leddig/leer maache
Lebenswerk	Levvenswerk	Leergut	Leergod
lebenswert	Levvenswäg	Leerlauf	Leerlauf
lebenswichtig	levvenswichtig	leersaufen	ussuffe
Lebenszeichen	Levvenszeiche	Leertaste	Leertaas/~tass
Lebenszeit	Levvenszigg	legal	legal
Leber	Levver	legen	läge
Leberfleck	Levverfleck	Legende	Legend
Lebertran	Levvertron	leger	leger
Leberwurst	Levverwoosch	Legislatur	Legislatur
lebhaft	kreel, krall	legitim	legitim, gerääch
lecken	lecke[1+2], schlecke[2]	legitimieren	legitimiere
Lecken	Leckerei	Leguan	Leguan
lecker	lecker	Lehm	Leim
Leckerbissen	Leckerbesse	Lehmboden	Leimboddem
Leckerchen	Leckerche	Lehmhütte	Leimhött
Leckerei	Leckerei, Güdsche, Sößkrom	lehmig	leime
Leckeres	Leckerei	Lehne	Lähn
Leder	Ledder	lehnen	lähne
Lederball	Ledderball	Lehnstuhl	Lähnstohl
Ledereinband	Ledderenband	Lehnwort	Liehnwood
Lederfett	Ledderfett	Lehramt	Lihramp
Ledergürtel	Leddergöödel	Lehrauftrag	Lihropdrag
Lederhandschuh	Ledderhandschoh/~händsche	Lehrbuch	Lihrboch
Lederhaut	Ledderhugg	Lehre	Lihr[1+2]
Lederhose	Ledderbotz	lehren	lehre/lihre, belehre/~lihre, beibringe
Lederjacke	Ledderjack	Lehren	Lihr[1]
Lederknopf	Ledderknopp	Lehrer	Lehrer, Lihrkraff
Lederkoffer	Ledderkoffer	Lehrerschaft	Lehrerschaff
Ledermantel	Leddermantel	Lehrerzimmer	Lehrerzemmer
Ledermappe	Leddermapp	Lehrgang	Lihrgang
ledern	ledder	Lehrgeld	Lihrgeld
Lederriemen	Ledderreeme	Lehrherr	Lihrhäär
Lederschuh	Ledderschoh	Lehrjahr	Lihrjohr
Ledersohle	Leddersoll	Lehrjunge	Lihrjung
Lederstiefel	Ledderstivvel	Lehrkraft	Lihrkraff
Ledertasche	Leddertäsch	Lehrling	Steff[3], Lihrmädche, Lihrjung
ledig	leddig; allein stonn	Lehrmädchen	Lihrmädche

Lehrmittel	Lihrmeddel	Leichtsinn	Leichsenn
Lehrplan	Lihrplan	leichtsinnig	leichsennig, unüvverlaht
Lehrprobe	Lihrprob	leid sein	jet/einer leid sin/han; de Nas voll han; et deck han; es satt sin
Lehrstelle	Lihrstell, Lihr[1]		
Lehrstoff	Lihrstoff	Leid	Leid, Krütz
Lehrstuhl	Lihrstohl	leid; leid sein/haben	leid; leid sin/han
Lehrvertrag	Lihrverdrag	leiden	ligge, laboriere/~eere, verknuse
Lehrwerkstatt	Lihrwerkstatt	Leiden	Ligge
Lehrzeit	Lihrzigg	leidenschaftlich	begeistert, hetzig
Leib	Liev, Panz	Leidensmiene	Leidensmien
Leibgarde	Leibgard	Leidensweg	Leidenswäg, Passionswäg
Leibgericht	Leibgereech/~rich	leider	leider
Leibhaftige	Leibhaftige	leidgeprüft	leidgepröf
Leibschmerzen	Lievping, Balgping	leidtragend	leiddragend
Leibwächter	Leibwäächter	Leidtragende (der u. die)	Leiddragende
Leiche	Leich/Lich, Dude	leidtun	leiddun
leichenblass	leicheblass	Leienad	Lei[1]
Leichenfarbe	Dudeklör	Leierkasten	Drihorgel
Leichengift	Leichegeff	Leierkastenmann	Orgelsmann
Leichenhalle	Leichehall	leiern	leiere
Leichenhemd	Leichehemb	Leiharbeiter	Leiharbeider
Leichenrede	Leichered/~redd	Leihbücherei	Leihböcherei
Leichenschauhaus	Leicheschauhuus	leihen	liehne, pumpe[2], verliehne
Leichenschmaus	Reuesse	Leihfrist	Leihfriss
Leichenteil	Leichedei	Leihgabe	Leihgav
Leichenträger	Leichedräger	Leihgebühr	Leihgebühr
Leichentuch	Leichedoch	Leihhaus	Pandhuus, Lumba
Leichenwagen	Leichewage, Dudewage	Leihwagen	Leihwage
Leichenzug	Leichezog	Leim	Liem
leicht	leich, leger	leimen	lieme
Leichtathlet	Leichathlet	Leimtopf	Liemdöppe
leichtfertig	leichfäädig, ströflich	Lein	Ling[3]
Leichtfuß	Flügop	Leine	Ling[1], Strang
leichtfüßig	leichfößig	leinen	linge
Leichtgewicht	Leichgeweech	Leinen	Linge
leichtgläubig	leichgläuvig	Leinenband	Lingeband
Leichtgläubigkeit	Leichgläuvigkeit	Leineneinband	Lingeenband
leichtherzig	leichhätzig	Leinengarn	Lingegaan
Leichtigkeit	Leichtigkeit	Leinengewebe	Drell[1]/Drill[1]
leichtlebig	leichlevvig	Leinenhose	Drellbotz/Drill~
Leichtmatrose	Leichmatros	Leinenkleid	Lingekleid
Leichtmetall	Leichmetall	Leinenschuh	Lingeschoh

Leinentuch

Leinentuch	Lingedoch	Lendenschurz	Lendeschurz
Leinöl	Lingöl	Lendenstück	Lümmerche
Leinpfad	Leinfad	Lendenwirbel	Lendewirvel
Leinsamen	Leinsam(e)	lenken	lenke, dirigiere/~eere
Leinsamenbrot	Leinsmebrud	Lenkrad	Lenkradd, Steuerradd
Leintuch	Lingdoch, Bedddoch	Lenkradschaltung	Lenkraddschaltung
Leinwand	Lingwand	Lenkradschloss	Lenkraddschloss
leise	leis, stell, höösch, räuhig	Lenksäule	Lenksüül
Leisetreter	Höösch, Luuschhohn	Lenkstange	Lenkstang
Leiste	Lies	Leo	Lei[1]
leisten	leiste, lappe[2]	Leonhard	Leienad, Lei[1]
Leisten	Leiste	Leonhard-Tietz-Straße	Leienad-Tietz-Stroß
Leistenbruch	Liestebroch	Leopard	Leopard
Leistengegend	Liestegägend	Lerche	Livverling
Leistung	Leistung, Verdeens[2]	Lerneifer	Lerniefer
Leistungsdruck	Leistungsdrock	lernen	liere/leere[2], pauke, aaneigne
Leistungsfähigkeit	Kondition	Lernmittel	Lernmeddel
Leistungsgrenze	Leistungsgrenz	Lesart	Lesaat
Leistungskurve	Leistungskurv	Lese	Lese
Leistungstest	Leistungstess	Lesebrille	Lesebrell/~brill
Leitbild	Leitbeld/~bild	Lesebuch	Leseboch
leiten	leite, dirigiere/~eere, beweetschafte	Leselampe	Leselamp
Leiter (der)	Baas	Leselupe	Leselins
Leiter (die)	Leider	lesen	lese
Leiterwagen	Leiderwage	lesenswert	lesenswäät
Leitfaden	Leitfaddem	Leseprobe	Leseprob
Leitpfosten	Leitfoste	Leseratte	Leseratt
Leitplanke	Leitplank	Leserbrief	Leserbreef, Leserzoschreff
Leitspruch	Leitsproch	Leserbriefteil	Küümeck
Leitstelle	Leitstell	Leserschaft	Leserschaff
Leittier	Leitdier	Leserzuschrift	Leserzoschreff
Leitung (Führung)	Leitung, Dirigier	Lesestück	Lesestöck
Leitung (Rohr-)	Leidung	Lesezeichen	Lesezeiche
Leitungsdraht	Leidungsdroht	Lesung	Lesung
Leitungsmast	Leidungsmass	Letter	Letter
Leitungsnetz	Leidungsnetz	letztendlich	*am Eng[1]/Engk*
Leitungsrohr	Leidungsröhr/~rühr	letztens	letz[2]
Leitungswasser	Leidungswasser, Kraneberger	Letzter	Schlussleech/~lich
Lena	Len(a)	letzt...	letz[1]...
Lende	Lend	Leuchtbuchstabe	Leuchbustab
Lendenbraten	Lümmerche	Leuchte	Leuch
Lendengegend	Lendegägend	leuchten	leuchte, schinge[1], blänke

Lied

Leuchter	Leuchter	Lichtsignal	Leechzeiche
Leuchtfeuer	Leuchfüür/~föör	Lichtstrahl	Leechstrohl
Leuchtkäfer	Leuchkevver	Lichtverhältnisse	Leechverhäldnisse
Leuchtkraft	Leuchkraff	Lichtwechsel	Leechwähßel
Leuchtkugel	Leuchkugel	Lichtwelle	Leechwell
Leuchtpistole	Leuchpistol	Lichtzeichen	Leechzeiche
Leuchtreklame	Leuchreklame	Lid	Lidd
Leuchtröhre	Leuchröhr	Lidschatten	Lidschatte
Leuchtschrift	Leuchschreff	Lidstrich	Lidstrech
Leuchtstofflampe	Leuchstofflamp	lieb	leev, lecker
Leuchtstoffröhre	Leuchstoffröhr	Liebchen	Leevche, Schnüselche, Schnugges, Nutz, Hätz
Leuchtturm	Leuchturm		
leugnen	leugne, bestrigge, avdun	Liebe	Leev(de)
Leukoplast	Leukoplass	Liebelei	Karesseer
Leute	Lück[1]	lieben	leev han
Leverkusen	Levverkuse	liebenswert	leev
Lexikoneintrag	Lexikonendrag	lieber	leever, iher/ihter, besser[1]
Libanese	Libanes	Liebesabenteuer	Fisternöll
Libelle	Libell, Augestüsser, Schnieder[2]	Liebesbrief	Liebesbreef
Lichhof (Leichenhof)	Lichhoff	Liebesdienst	Liebesdeens
Licht	Leech	Liebesgedicht	Liebesgedeech/~dich
Lichtblick	Leechbleck	Liebeskunst	Liebeskuns
Lichteffekt	Leecheffek	Liebesleben	Liebeslevve
lichten	usdönne	Liebeslied	Liebesleed
Lichterbaum	Leechterbaum	Liebesnacht	Liebesnaach
Lichterfest	Leechterfess	Liebesnest	Liebesness
Lichterglanz	Leechterglanz	Liebesperlen	Liebespääl
Lichterkette	Leechterkett	Liebesspiel	Liebesspill
Lichtermeer	Leechtermeer	Liebhaber	Lischowa/Luschewa, Karessant, Tuppes
Lichtgeschwindigkeit	Leechgeschwindigkeit		
Lichthupe	Leechhup	Liebhaberei	Passion
Lichtjahr	Leechjohr	liebkosen	karessiere/~eere, knüvvele, hätschele, knuuve, avknuutsche, tätschele, poussiere/~eere
Lichtkegel	Leechkägel		
Lichtleitung	Leechleidung		
Lichtmaschine	Leechmaschin	Liebkosung	Päädsköttelei
Lichtmast	Leechmass	Lieblingsfarbe	Lieblingsfärv
Lichtorgel	Leechorgel	Lieblingslied	Lieblingsleed
Lichtpunkt	Leechpunk	Lieblingswort	Lieblingswood
Lichtquelle	Leechquell	Liebschaft	Fisternöll, Liebschaff
Lichtreklame	Leechreklame	liebsten	leevs(te)
Lichtschalter	Leechschalter	liebst...	leevs...
Lichtschranke	Leechschrank	Lied	Leed, Krätzche

Liederabend

Liederabend	Leederovend	Linksabbieger	Linksavbeeger
Liederbuch	Leederboch	Linksabbiegerspur	Linksavbeegerspor/~spur
liederlich	lidderlich, puddelig	Linksaußen	Linksusse
Lieferant	Livverant	Linksextremist	Linksextremiss
Lieferanteneingang	Livverante(n)engang	linksherum	linkseröm
Lieferfrist	Livverfriss	Linkskurve	Linkskurv
liefern	livvere	Linkspartei	Linkspartei
Lieferschein	Livversching	linnen	linge
Lieferung	Livverung	Linse	Lins
Lieferwagen	Livverwage	Linsensuppe	Linsezupp
Lieferzeit	Livverzigg	Lintgasse	Lintgass
liegen	lige	Lippe	Lepp
Liegesitz	Liegesetz	Lippen-Sybilla	Leppenbill(a)/~bell(a) (Spitzn. für Frauen mit aufgeworfenen Lippen)
Liegestuhl	Liegestohl		
Liegestütz	Liegestötz	Lippenpomade	Pomad
Liegewagen	Liegewage	Lippenstift	Leppesteff
Liegewiese	Liegewies/~wis	liquid	flössig/flüss~
Lift	Opzog	Lis(a), Lisbeth, Lisett	Lis
Liga	Liga	lispeln	fispele
Likörflasche	Likörfläsch	List	Less, Schlich, Kneff
Likörglas	Likörglas	Liste	Liss
Lilie	Allewisiesblom	Listenpreis	Lestepries
Limburger (Käse)	Limburger	listig	lestig, gelestig, gau
limburgisch	lemmisch	Liter	Litter
Limbus	Vörhöll/Vür~	Literflasche	Litterfläsch
Limonädchen	Lömmelömmche	Litewka	Litewka
Limonade	Limonad, Lömmelöm	Litfasssäule	Litfasssüül, Plakatsüül, Pefferdos
Linde	Lind, Ling[4]	Litze	Letz
Lindenblatt	Lindebladd	Lob	Lob/Lovv
Lindenblüte	Lindeblöt	loben	lovve, huhpriese
Lindenhof	Lindenhoff	Loch	Loch
Lindenholz	Lindeholz	Locheisen	Lochieser
Lindenthal	Ling[2]	lochen	loche
Lindenthalgürtel	Lindenthalgöödel	löcherig	löcherig
lindern	meldere/mildere	löchern	löchere
Linie	Linnich	Lochkarte	Lochkaat
Linienbus	Liniebus	Lochsäge	Stechsäg
Linienflug	Linieflog	Lochstreifen	Lochstriefe/~streife
Liniennetz	Linienetz	Lochzange	Lochzang
Linienrichter	Linierichter/~reecht~	Locke	Lock, Kröll
Linienschiff	Liniescheff	locken	locke[1+2], krölle
link	hingeneröm	Lockenkopf	Lockekopp

Lockenpracht	Lockepra(a)ch	losbrechen	lossbreche
Lockenschere	Lockeschir	Losbüdchen	Losbüdche
Lockenstab	Lockestab/~stav	Löschblatt	Löschbladd
Lockenwickler	Lockeweckler, Babbeljöttche, Klotz	Löscheimer	Löschemmer
locker	locker, luuschig, loss¹, lodderig	löschen	lösche, usdrage
lockern	lockere, löse/lüse, losskrige, noh-looße	Löschkopf	Löschkopp
		Löschtaste	Löschtaas/~tass
lockig	lockig, kröllig, kröll	Löschzug	Löschzog
Lockmittel	Lockmeddel	losdrehen	lossdrihe
Lockruf	Lockrof	losdürfen	lossdörfe/~dürfe, ~solle
Lockvogel	Lockvugel	lose	luusch, lüsch
lodern	flamme	Lösegeld	Lösegeld/
Löffel	Löffel	loseisen	lossiese
löffeln	löffele	losen	lose
löffelweise	löffelcheswies	lösen	löse/lüse, avdrihe, losskrige, ~gonn
Loge	Log	losfahren	lossfahre, aanfahre, ~rolle
Logik	Logik	losgehen	lossgonn
logisch	logisch, schlüssig	losheulen	losskriesche
Lohn	Lohn/Luhn	loskaufen	losskaufe, uslüse/~löse
Lohnausfall	Lohnusfall/Luhn~	loskommen	losskumme, avläge
lohnen	lohne/luhne, rentiere/~eere, uszahle	loskönnen	losskünne
löhnen	löhne/lühne, latze, begliche	loslachen	losslaache
Lohngruppe	Lohngrupp/Luhn~	loslassen	losslooße
Lohnkosten	Lohnkoste/Luhn~	loslaufen	losslaufe, ~renne
Lohnliste	Lohnliss/Luhn~	loslegen	lossläge
Lohnrunde	Lohnrund/Luhn~	loslösen	lossmaache
Lohnsteuer	Lohnstüür/~stöör	losmachen	lossmaache, avlüse/~löse, ~binge
Lohnsteuerkarte	Lohnsteurkaat	losmarschieren	lossmarschiere/~eere
Lohntüte	Lohntüt/Luhn~	losmüssen	lossmüsse, ~künne, ~solle, ~welle/~wolle, ~dürfe/~dörfe
Löhrgasse	Löhrgass		
Lokalrunde	Lokalrund	losplatzen	losplatze
Lokalseite	Lokalsigg, Lokaldeil	losrasen	lossrase/~rose, ~störme/~stürme
Lokalteil	Lokaldeil	losreißen	lossrieße
Lokalverbot	Lokalverbodd	losrennen	lossrenne, ~laufe
Lokomotive	Lokomotiv	lossagen	losssage, avröcke
Longerich	Lunke	losschicken	lossschecke
los	loss¹⁺²	losschießen	lossscheeße
los sein	jet mangs	losschimpfen	lossschänge
Los	Los	losschlagen	lossschlage/~schlonn
losballern	losballere	losschrauben	lossschruuve
losbekommen	losskrige	lossollen	losssolle
losbinden	lossbinge, avbinge	lossteuern	losssteuere

lostürmen	losstörme/~stürme	Luftangriff	Luffaangreff
lostreten	losstredde	Luftaufnahme	Luffbeld/~bild
Losung	Passwood	Luftballon	Luffballon
Lösungsmittel	Lösemeddel, Lösungsmeddel	Luftbewegung	Luffbewägung
loswerden	lossweede/~wääde	Luftbild	Luffbeld/~bild
loswollen	losswelle/~wolle	Luftblase	Luffblos
losziehen	losstrecke	Luftbrücke	Luffbröck
Lot	Lut	Luftdruck	Luffdrock
löten	lüe	lüften	lüfte
Lötkolben	Lükolve	Luftfahrt	Lufffahrt
Lötlampe	Lülamp	Luftfeuchtigkeit	Lufffeuchtigkeit
Lötofen	Lüovve	Luftfilter	Lufffilter
Lotosblüte	Lotosblöt	Luftflotte	Luffflott
Lotossitz	Lotossetz	Luftfracht	Lufffraach
Lötpistole	Lüpistol	Luftgepäck	Luffgepäck
Lötrohr	Lüröhr/~rühr	Luftgewehr	Luffgewehr
lotsen	lotse	Lufthülle	Luffhöll/~hüll
Lötstelle	Lüstell	luftig	luftig
Lotte	Lott	Luftikus	Schnokefänger, Schwittjee
Lotterbube	Lotterbov	Luftkampf	Luffschlaach
Lotterigkeit	Lotterweetschaff	Luftkissen	Luffkesse
Lotterleben	Lotterlevve	Luftkissenboot	Luffkesseboot
Lotterwirtschaft	Lotterweetschaff	Luftkissenfahrzeug	Luffkesseboot
Lottogewinn	Lottogewenn	Luftklappe	Luffklapp
Lottokönig	Lottokünning	Luftklöße	Luffklöß
Lottoschein	Lottosching, Lottozeddel	Luftkrankheit	Luffkrankheit
Lottospiel	Lottospill	Luftkühlung	Luffköhlung
Lottozettel	Lottozeddel	Luftkurort	Luffkuroot
Lötzinn	Lüzinn	Luftloch	Lufffloch
Louise	Louise/Luis	Luftmangel	Luffmangel
Löwe	Löw	Luftmasche	Luffmasch
Löwenanteil	Löweaandeil	Luftmatratze	Luffmatratz
Löwenjagd	Löwejag	Luftpirat	Luffpirat
Löwenmähne	Löwemähn	Luftpost	Luffposs
Löwenmäulchen	Löwemüülche	Luftpostbrief	Luffpossbreef
Löwenzahn	Ketteblom, Bloslämpche	Luftpostpapier	Luffposspapier/~papeer
Löwenzahnblättersalat	Ketteschlot	Luftpumpe	Luffpump
luchsen	luchse	Luftraum	Luffraum
Lücke	Lück²	Luftröhre	Luffröhr, Stross
Lückenbüßer	Nudstoppe	Luftschicht	Luffscheech/~schich
Luder	*puddelige Mandolin/Wohlfahrtsdam*	Luftschiff	Luffscheff
Luft	Luff	Luftschlacht	Luffschlaach

Luftschlange	Luffschlang, Papierschlang/Papeer~	lungern	lungere
Luftschloss	Luffschloss	Lunte	Lunt
Luftschutz	Luffschotz	Lupe	Lup
Luftschutzbunker	Luffschotzbunker	Lust	Loss, Kennwasser
Luftschutzkeller	Luffschotzkeller	Lüsterklemme	Lüsterklemm
Luftspiegelung	Luffspeegelung	Lustgarten	Lossgaade
Luftsprung	Luffsprung	Lustgefühl	Lossgeföhl
Luftstraße	Luffstroß	Lustgewinn	Lossgewenn
Luftstrom	Luffstrom	lustig	löstig, jeck, juxig, komisch, opgekratz, pläsierlich, wetzig
Luftstützpunkt	Luffstötzpunk		
Lüftungsklappe	Lüftungsklapp	Lustobjekt	Lossobjek
Luftverkehr	Luffverkehr	Lustschloss	Lossschloss
Luftwechsel	Luffwähßel	Lustspiel	Lossspill
Luftweg	Luffwäg	lutschen	lötsche, löbbele
Luftwiderstand	Luffwidderstand	Lutscher	Lötscher, Stockkamell
Luftwirbel	Luffwirvel	Lutschfleck	Lötschfleck(e), Knuutschfleck(e)
Luftwurzel	Luffwoozel	Luxemburger Straße	Luxemburger Stroß
Luftzufuhr	Luffzofuhr/~fohr	luxuriös	nobel
Luftzug	Luffzog	Lymphgefäß	Saugoder
lugen	lunke		
lügen	lege		
Lügenpeter	Lügpitter		
Lügner	Löger, Lügpitter		
Luise	Luis/Louise		
Luke	Luk	**M**	
Lulatsch	*tapezeete Latz*	Machart	Machaat, Fazung
Lümmel	Lömmel, Lotterbov, Appeltiff	Mache	Maach[2]
lümmeln	lömmele, löömele	machen	maache
Lump	Hanak, Schudderhot	Machenschaft	Macheschaff
Lumpen	Lumpe, Pluute	Macht	Maach[1]
Lumpenball	Lumpeball	Machtanspruch	Maachaansproch
Lumpengesindel	Rabaljepack	mächtig	mächtig
Lumpenhund	Lumpekääl	Machtkampf	Maachkamf
Lumpenkerl	Lumpekääl	machtlos	opgeschmesse
Lumpensammler	Lumpekrimer, Pluutemann	Machtmittel	Maachmeddel
Lunge	Lung	Machtpolitik	Maachpolitik
Lungenbläschen	Lungeblösche	Machtposition	Maachposition, Maachstellung
Lungenflügel	Lungeflögel	Machtprobe	Maachprob
Lungengasse	Lungegass	Machtstellung	Maachstellung
Lungenkrebs	Lungekrebs	Machtwechsel	Maachwähßel
Lungentuberkulose	Schwindsuch	Machtwort	Maachwood
Lungenzug	Lungezog	Machtzentrum	Maachzentrum

Madagaskar

Madagaskar	Madagaskar	maggeln	maggele
Mädchen	Mädche, Weech	Magie	Magie
Mädchenbrust	Memm, Bross	Magister	Magister
Mädchenhandel	Mädchehandel	Magnesium	Magnesium
Mädchenhändler	Mädchehändler	Magnet	Magnet
Mädchenherz	Mädchehätz	Magnetband	Magnetband
Mädchenklasse	Mädcheklass	Magnetfeld	Magnetfeld
Mädchenname	Mädchename	Magnetismus	Magnetismus
Mädchenschule	Mädcheschull	Magnetnadel	Magnetnodel
Made	Mad	Magnetpol	Magnetpol
madig	madig	Magnetspule	Magnetspul/~spol
Madonnenbild	Madonnebeld/~bild	Magnolie	Magnolie
Madonnengesicht	Madonnegeseech	Mahagoni	Mahagoni
Madonnenlilie	Allewiesiesblom	Mahagoniholz	Mahagoniholz
Magazin	Magazin	Mahagonimöbel	Mahagonimöbel
Magd	Mäd	Mähdrescher	Mihdrescher
Magdalena	Madelen, Len(a)	mähen	mihe
Magdeburg	Magdeburg	Mäher	Miher
Magen	Mage, Panz	Mahl	Mohl
Magenausgang	Mageusgang	mahlen	mohle
Magenbitter	Magebetter	Mählwurms Pitter	Mählwurms Pitter (Figur (Wirt) im „Hänneschen-Theater")
Magendrücken	Magedröcke		
Magendurchbruch	Magedurchbroch	Mahlzeit	Mohlzigg, Zeesse/Zo~
Mageneingang	Mageengang	Mähmaschine	Mihmaschin
Magengegend	Magegägend	Mahnbescheid	Mahnbescheid
Magengeschwür	Magegeschwür	Mahnbrief	Mahnbreef
Magengrube	Magekuhl/~kuul	Mähne	Mähn
Magenknurren	Magegrummele	mahnen	mahne
Magenkrampf	Magekramf/~kramp	Mahngebühr	Mahngebühr
Magenkrankheit	Magekrankheit	Mahnmal	Mahnmol
Magenkrebs	Magekrebs	Mahnung	Mahnung
Magensaft	Magesaff	Mahnverfahren	Mahnverfahre
Magenschmerzen	Mageping	Mahnwache	Mahnwaach
Magensonde	Magesond	Mähre	Mähr, Stirk(s), Schabrack
Magenspiegelung	Magespeegelung	Mai	Mai
Magenspülung	Magespölung	Maiabend	Maiovend
Magentee	Magetee	Maiandacht	Maiaandaach
Magenverstimmung	Mageverstemmung	Maibaum	Maibaum
Magenwand	Magewand	Maibowle	Maibowl
mager	mager, schmal	Maifeiertag	Maifierdag/~feer~
Magermilch	Magermilch	Maifisch	Maifesch
Magersucht	Magersuch	Maifrost	Maifross

Maiglöckchen	Maiglöckche	Mammutknochen	Mammutknoche
maigrün	maigrön	Mamsell	Mamsell
Maikäfer	Maikevver	man	mer[3]
Maikönigin	Maikünnigin	manch	manch/mänch
Mainacht	Mainaach	manch ein	manch ei(n)
Mairegen	Mairähn	mancherlei	mancherlei
Maisbrot	Maisbrud	Manchesterhose	Manchesterbotz
Maisch(e)	Maisch	manchmal	manchmol/mänch~, metzigge
Maischbottich	Maischbüdd	manch	manch ei(n)
Maiskolben	Maiskolve	Mandarine	Mandarin
Maiskorn	Maiskoon	Mandarinenbaum	Mandarinebaum
Maismehl	Maismähl	Mandarinenöl	Mandarineöl
Maitanz	Maidanz	Mandarinenschale	Mandarineschal
Maiwein	Maiwing	Mandel	Mandel
Majoran	Meierönche	Mandelauge	Mandelaug
makellos	perfek	Mandelbaum	Mandelbaum
Makrele	Makril	Mandelkern	Mandelkään
Makrone	Makron	Mandelöl	Mandelöl
mal	mol, ens	Mandoline	Mandolin, Flitsch[1]
Mal	Mol[1+2]	Manege	Manege
malad	malad	Manfred	Manni
Malaga	Malaga	Mangel (der)	Mangel[1]
Malaria	Tropefeeber/~fieber	Mangel (die)	Mangel[2]
Malbuch	Molboch	Mangelberuf	Mangelberof
malen	mole	Mangelerscheinung	Mangelerscheinung
Maler	Möler	mangeln	mangele[1+2], mankiere/~eere
Maler-Bock-Gässchen	Möler-Bock-Gässche	Mangelware	Mangelwar
Malerei	Molerei	Mangelwäsche	Mangelwäsch
Malerfarbe	Mölerfärv	Mangobaum	Mangobaum
Malerleinwand	Mölerlingwand	Mangosaft	Mangosaff
Malermeister	Mölermeister	Mangrove	Mangrov
Malheur	Malheur	Mangrovenbaum	Mangrovebaum
Malkasten	Molkaste	Manier	Maneer/Manier
Malklasse	Molklass	manierlich	manierlich, fazünglich
Malkreide	Molkrigg	Manifest	Manifess
malträtieren	malträtiere/~eere, molestiere/~eere	Maniküre	Manikür
Malve	Malv, Stockrus	Manko	Mankementche
Malzboden	Malzboddem	Mann	Mann, Männ, Kääl, Tünnes
Malzbonbon	Malzkamell	Männchen	Männche
Malzeichen	Molzeiche	Mannequin	Mannequin
Malzmühle	Malzmüll	Männer	Mannslück
Mama	Mamm	Männerberuf	Männberof

Männerfreundschaft

Männerfreundschaft	Männerfründschaff	Märchenprinz	Märcheprinz
Männerhose	Käälsbotz, Männerbotz	Märchenprinzessin	Märcheprinzesin
Männersache	Männersaach	Märchenspiel	Märchespill
Männerstimme	Männerstemm	Märchenstunde	Märchestund
Männerüberschuss	Männerüvverschoss	Margareta/Marg(a)rete	Griet
Männerwirtschaft	Männerweetschaff	Margarine	Margarin
Manni	Manni	Margarinefabrik	Margarinefabrik
Männlichkeit	Männlichkeit	Margerite	Margeritt, Margeritteblom
Mannschaft	Mannschaff	Margeritenstrauß	Margerittestruuß
Mannschaftsaufstellung	Mannschaffsopstellung	Margot	Margot
Mannschaftsgeist	Mannschaffsgeis	Maria	Marie
Mannschaftskampf	Mannschaffskamf	Mariae Lichtmess	Leechmess
Mannschaftskapitän	Mannschaffskapitän	Maria Heimsuchung	Maria Sief
Mannschaftsmesse	Mannschaffsmess	Maria Katharina	Maricketring
Mannschaftsspiel	Mannschaffsspill	Marianne	Mariann, Mariänn
Mannschaftssport	Mannschaffssport	Maria Sibylla	Marizebill/~bell
Mannschaftswagen	Mannschaffswage	Marienbild	Märjebild/~beld
mannshoch	mannshuh	Marienfest	Mariefess
mannstoll	mannsjeck, käälsjeck, käälsdoll	Marienkäfer	Mariekevver, Muttergoddeskevver
Mansarde	Läuv	Marienkirche	Mariekirch
Mansardenfenster	Läuvefinster, Daachfinster	Marienrippe	Märjensrebb
Mansardenwohnung	Läuvewonnung	Marille	Marill
Mansardenzimmer	Läuvezemmer	Marillengeist	Marillegeis
manschen	mansche	Marillenmarmelade	Marillemarmelad
Manschette	Manschett	Marinade	Marinad
Manschettenknopf	Manschetteknopp	Marine	Marin
Mantel	Mantel, Üvverworf/~wurf	Marineflieger	Marinefleeger
Mantelfutter	Mantelfooder	Marinesoldat	Marinezaldat
Mantelkragen	Mantelkrage	Marinestützpunkt	Marinestötzpunk
Manteltasche	Manteltäsch	Marionette	Marionett
Manuskript	Manuskrip, Skrip	Marionettenbühne	Marionettebühn
Maoist	Maoiss	Marionettenspiel	Marionettespill
Mäppchen	Mäppche	Marionettenspieler	Marionettespiller
Mappe	Mapp	Marionettentheater	Marionettetheater, Marionettebühn
Marathonstrecke	Marathonstreck	Marizebell Knoll	Marizebill/~bell, Bestemo (Maria Sybilla; Figur im „Hänneschen-Theater")
Märchen	Märche		
Märchenbuch	Märcheboch		
Märchendichter	Märchedeechter/~dicht~	Mark	Mark[2]
Märchenfigur	Märchefigur	Marke	Mark[1]
Märchenfilm	Märchefilm	Markenartikel	Markeartikel, Markewar
Märchenland	Märcheland	Markenbutter	Markebotter
Märchenoper	Märche(n)oper	Markenname	Markename

Markenschutz	Markeschotz	Marmorsäule	Marmorsüül
Markenware	Markewar	Marmortisch	Marmordesch
Markenzeichen	Markezeiche	Marmortreppe	Marmortrapp/~trepp
Marketender	Marketender	Marone	Maron
Marketenderin	Marketendersch	Marsch	Marsch
Markgraf	Markgraf	Marschbefehl	Marschbefell/~befähl
Markgräfin	Markgräfin	Marschgepäck	Marschgepäck
markieren	markiere/~eere, aan~, avschröme	marschieren	marschiere/~eere
Markierung	Markierung	Marschkolonne	Marschkolonn
Markise	Markis, Sonnedaach	Marschmusik	Marschmusik
Markisenstoff	Markisestoff	Marschrichtung	Marschrichtung/~reecht~
Markklößchen	Markbällche	Marschschritt	Marschschredd
Markknochen	Markknoche	Marschstiefel	Marschstivvel
Markmannsgasse	Markmannsgass	Marschverpflegung	Marschverflägung
Markt	Maat	Marsmensch	Marsminsch
Marktbude	Maatbud	Marterpfahl	Marterfahl
Marktfrau	Maatfrau, Maatkoloss	Martin	Määtes
Marktgebühr	Maatgeld	Martinsabend	Määte(n)sovend
Markthalle	Maathall	Martinsbildchen	Määtensbildche/~beld~
Markthändler	Maathändler	Martinsbirne	Määtensbier
Marktkorb	Maatkorv	Martinsfeuer	Martinsfüür/~föör
Marktlage	Maatlag	Martinsgans	Martinsgans
Marktleute	Maatlück[1]	Martinshorn	Tröt
Marktlücke	Maatlück[2]	Martinslaterne	Fackel
Marktplatz	Maatplatz	Martinstag	Martinsdag, Määtensdag
Marktpreis	Maatpries	Martinszug	Määte(n)szog, Martinszog
Marktschreier	Maatschreier	Märtyrertod	Märtyrerdud
Marktstand	Maatstand, ~bud	Marxist	Marxiss
Markttag	Maatdag	März	Määz
Markttasche	Maattäsch	Märzenbier	Määzebier
Marktweib	Maatwiev, Maatkoloss	Marzipan	Marzepan
Marktwirtschaft	Maatweetschaff	Marzipan-Nugat-Brot	Marzepan-Nugat-Brud
Marmelade	Marmelad	Marzipanbrot	Marzepanbrud
Marmeladenbrot	Marmeladebrögg	Marzipankartoffel	Marzepanääpel
Marmeladenfüllung	Marmeladeföllung/~füll~	Marzipanschweinchen	Marzepanfirkelche/~ferkel~
Marmeladenglas	Marmeladeglas	Marzipantorte	Marzepantaat
Marmelstein	Marmelstein	Märzsonne	Määzsonn
Marmor	Marmor, Marmelstein	Masche	Masch
Marmorblock	Marmorblock	Maschendraht	Maschedroht
marmorieren	marmoriere/~eere	Maschendrahtzaun	Maschedrohtzung
Marmorkuchen	Marmorkoche	Maschenware	Maschewar
Marmorplatte	Marmorplaat	Maschine	Maschin

Maschinenarbeit

Maschinenarbeit	Maschine(n)arbeid	Maßliebchen	Mattsößche, Matzrüsche, Moßhalde-leevche
Maschinenbau	Maschinebau		
Maschinenfabrik	Maschinefabrik	Maßnahmen	Maßnahme
Maschinenöl	Maschine(n)öl	Maßregel	Maßrägel/~regel
Maschinenpistole	Maschinepistol	Maßschneider	Moßschnieder
Maschinenschaden	Maschineschade	Maßstab	Moßstab/~stav
Maschinenschrift	Maschineschreff	Mast (der)	Mass[1]
Maschinist	Maschiniss	Mast (die)	Mass[2]
Masern	Masere	Mastbaum	Massbaum
Maske	Mask	Mastdarm	Massdarm
Maskenball	Maskeball	mästen	mäste
Maskenbildner	Maskebeldner/~bild~	Mästen	Mass[2]
Maskenfest	Mummeschanz	Mastente	Massent
Maskenspiel	Maskespill	Mastferkel	Massferke/~firke
Maskerade	Maskerad	Mastfutter	Massfooder
maskieren	maskiere/~eere, verkleide	Mastgans	Massgans
Maskieren	Maskierung/Maskeer~	Masthuhn	Masshohn
Maskierung	Maskierung/Maskeer~	Mastkorb	Masskorv
Maskottchen	Maskottche	Mastkur	Masskur
Masochist	Masochiss	Mastochse	Massohß
Maß	Moß	Mastschwein	Masssau
Massage	Massage	Material	Material
Massageöl	Massageöl	Materialfehler	Materialfhler
Massagestab	Massagestab/~stav	Materialist	Materialiss
Maßanzug	Moßanzog	Materialkosten	Materialkoste
Maßarbeit	Moßarbeid	Materialprüfung	Materialprüfung
Maßbezeichnung	Moßbezeichnung	Materialschlacht	Materialschlaach
Maßeinheit	Moßeinheit	Matjeshering	Matjesherring
Massel	Masel	Matratze	Matratz
Massenandrang	Masseaandrang	Matratzenball	Matratzeball
Massengrab	Massegrav	Matratzenlager	Matratzelager
massenhaft	massig	Mätresse	Mätress
Massenmord	Massemord	Matrone	Matron
Massenmörder	Massemörder	Matrose	Matros
Massensterben	Massesterve/~stirve	Matrosenanzug	Matrose(n)aanzog
Masseuse	Masseuse	Matrosenbluse	Matrosebluse
massieren	massiere/~eere, durchknedde	Matrosenkragen	Matrosekrage
massig	massig, deck	Matrosenmütze	Matrosemötz
mäßig	meddel	Matsch	Matsch[1], Luusch[2], Tratsch[1]
mäßigen	meldere/mildere	matschen	matsche, mansche
massiv	stämmig	Matschferkel	Matschferke/~firke
Maßkrug	Moßkrog	matschig	matschig, quatschig, luusch, lüsch

1122

Mehltau

Matschwetter	Matschwedder	Mausfarbe	Muusklör
matt	dauv, flau, gedeck, lahm	mausfarbig	muusklörig
Matte	Matt	mausgrau	muusgrau, muusklörig
Matterhorn	Matterhoon	Mausklick	Muusklick
Mattgold	Mattgold	Mauspfad	Muuspadd
Matthäus	Matjö/Matschö	Maustaste	Muustaas/~tass
Matthias	Matjö/Matschö, Mattes[2]/Matthes, Matthies, Thives, Tibbes, Tips	Mautstelle	Mautstell
		Mautstraße	Mautstroß
Mattscheibe	Mattschiev	Mayonnaise	Mayonnaise
Mattsüßchen	Mattsößche, Matzrüsche, Gänseblömche, Moßhaldeleevche	Mechanist	Mechaniss
		Meckerecke	Meckereck
mau	mau	Meckerei	Quaggelei, Quaggelskrom, Nöttelei, Genöttels
Mauer	Muur/Moor[1]		
Mauerblümchen	Mauerblömche	Meckerer	Quaggeler, Prötteler, Nöttelefönes
mauern	muure/moore	meckern	meckere
Mauerstein	Mauerrstein	Meckerziege	Meckergeiß, Quiselsmatant
Mauervorsprung	Mauervörsprung/~vür~	Medienlandschaft	Medielandschaff
Mauerwerk	Muurwerk/Moor~	Medikament	Meddelche
Maul	Muul, Schnauz	Meer	Sie[1]
maulen	muule, knottere	Meerblick	Meerbleck
Maulesel	Muulesel	Meeresboden	Meerboddem
Maulkorb	Maulkorv	Meeresbucht	Meeresbuch
Maultasche	Maultäsch	Meeresspiegel	Meeresspeegel
Maulwurf	Muulworf/~wurf, Molter	Meerkatze	Meerkatz
Maurer	Müürer	Meerrettich	Mairiedich
Maurergeselle	Müürergesell	Meerschaum	Meerschuum
Maurerkelle	Truffel	Meerschaumpfeife	Meerschuumpief
Maurermeister	Müürermeister	Megahertz	Megahertz
Maus	Muus	Megaohm	Megaohm
mauscheln	mauschele	Megaphon	Megaphon, Flüstertüt
mäuschenstill	müüschestell	Megatonne	Megatonn
Mausefalle	Muusfall	Megawatt	Megawatt
Mäusegift	Muusgeff	Mehl	Mähl
Mäusekot	Muusköttel	Mehlbrei	Mählpapp
Mauseloch	Muusloch	mehlig	mählig
mausen	muuse	Mehlsack	Mählsack
Mäusenest	Muusness	Mehlschwitze	Mählschwetz, Schwetz
Mauseöhrchen	Muusührche/~öhr~	Mehlsorte	Mählzoot
Mäuseplage	Muusplog	Mehlspeise	Mählpapp
Mauser	Muuz[1]	Mehlstaub	Mählstöbb
mausetot	muusdud	Mehlsuppe	Mählzupp
Mausezahn	Muuszant	Mehltau	Mähltau

Mehlwurm	Mählwurm	Meldefrist	Meldefriss
mehr	mih[1+2], iher/ihter	melden	melde
Mehrehe	Polygamie	Meldepflicht	Meldeflich
Mehrkosten	Mihkoste	Meldestelle	Meldestell
Mehrwegflasche	Pandfläsch	Meldezettel	Meldezeddel
Mehrwertsteuer	Mehrwertstüür/~stöör	melieren	meliere/~eere
meiden	meide, scheue	Melissengeist ®	Melissegeis
Meile	Meil	Melkanlage	Melkaanlag
Meilenstein	Meilestein	Melkeimer	Melkemmer
Meilenstiefel	Meilestivvele	melken	melke
mein(e)	ming, mi	Melkmaschine	Melkmaschin
meinen	meine, aannemme	Melone	Melon
meinesgleichen	mingesgliche	Memme	Memm
meinethalben	mingethalver; vun mir us; wäge mir	Menge	Püngel, Bärm, Haufe, Schmölzche
meinetwegen	mingetwäge; vun mir us; wäge mir	mengen	menge, matsche, mölsche
meinetwillen	vun mir us; wäge mir	Mengenlehre	Mengelihr
Meinungsbildung	Meinungsbeldung/~bild~	Mengenrabatt	Mengerabatt
Meinungsfreiheit	Meinungsfreiheit	Mensch	Minsch[1]
Meinungstest	Meinungstess	Menschenaffe	Minscheaap
Meinungsumfrage	Meinungsömfrog	Menschenalter	Minschealder
Meise	Meis	Menschenansammlung	Minscheoplauf
Meißel	Meißel, Beißel, Spetzieser	Menschenauflauf	Minscheoplauf
meißeln	meißele	Menschenbild	Minschebeld/~bild
meist	meesch, miets[2]	Menschenfleisch	Minschefleisch
meist...	miets[1]...	Menschenfresser	Minschefresser
meisten	mieste, miets[3]	Menschenfreund	Minschefründ
meistens	miestens, meeschtens, miets[2]	Menschengedenken	Minschegedenke
meistenteils	miestendeils, meeschtendeils	Menschengeschlecht	Minschegeschlääch
Meister	Meister, Baas	Menschengestalt	Minschegestalt
Meisterbrief	Meisterbreef	Menschengewühl	Minschegewöhl, Knäuel; Himmel un Minsche
Meisterklasse	Meisterklass		
meistern	meistere	Menschenhand	Minschehand
meistern	üvverwinde, bewältige, meistere	Menschenhandel	Minschehandel
Meisterprüfung	Meisterprüfung	Menschenherz	Minschehätz
Meisterschaft	Meisterschaff	Menschenkenner	Minschekenner
Meisterschaftskampf	Meisterschaffskamf	Menschenkenntnis	Minschekenntnis
Meisterschaftsspiel	Meisterschaffsspill	Menschenkette	Minschekett
Meisterstück	Meisterstöck	Menschenkind	Minschekind
Melange	Gemölsch	Menschenleben	Minschelevve
Melaten-Friedhof	Malote/Melote	Menschenmenge	Minschegewöhl, Minschespektakel, Minschespill, Geknubbels; Himmel un Minsche
Melatengürtel	Melotegöödel		
Meldeamt	Meldeamp, Meldestell		

menschenmöglich	minschemöglich	Messeschlager	Messeschlager
Menschenopfer	Minscheoffer	Messestand	Messestand
Menschenrasse	Minscherass	Messgerät	Messgerät
Menschenrecht	Minscherääch	Messgewand	Messgewand
menschenscheu	minschescheu	Messingbett	Messingbedd
Menschenschlag	Minscheschlag	Messingdraht	Messingdroht
Menschenseele	Minschesiel	Messinggriff	Messinggreff
Menschenverstand	Minscheverstand	Messingschild	Messingscheld/~schild
Menschheit	Minschheit	Messlatte	Messlatt
menschlich	minschlich	Messopfer	Messoffer
Menschlichkeit	Minschlichkeit	Messstab	Messstab/~stav
Mergel	Mergel	Messverfahren	Messverfahre
Merheim	Merrem	Messwagen	Messwage
Merkblatt	Merkbladd	Messwein	Messwing
Merkbuch	Merkboch	Messwert	Messwäät
merken	merke, erus~, met~, spetzkrige; der Brode rüche; de Nas an jet krige	Metallarbeit	Metallarbeid
		Metallarbeiter	Metallarbeider
Merkheft	Merkheff	Metallgießer	Metallgeeßer
Merkmal	Merkmol	Metallgießerei	Metallgeeßerei
Merkspruch	Merksproch	Metallkunde	Metallkund
Merkwort	Merkwood	Metallogie	Metallkund
merkwürdig	aadig, jeckig, juxig, komisch	Metallscheibe	Metallschiev
Merkzettel	Merkzeddel	Metallstift	Metallsteff, Schohnähl
Merle	Määl	Metallstreifen	Metallstriefe/~streife
Merlostraße	Merlostroß	Metallzeit	Metallzigg
Messband	Messband	Metasprache	Metasproch
Messbuch	Messboch	Metastase	Metastas
Messdiener	Messdeener	Meteor	Meteor
Messe (Gottesdienst)	Mess², Aandaach	Metermaß	Metermoß
Messe (Ausstellung)	Mess³	Meterware	Meterwar
Messe (auf Schiffen9	Mess⁴	Methode	Method
Messehalle	Messehall	Metrum	Takaat, Takmoß
Messekatalog	Messekatalog	Mett	Mett²
messen	messe¹, opnemme, vergliche	Mettwürstchen	Mettwööschche
Messeneuheit	Messeneuheit, ~schlager	Metzger	Metzger
Messer	Metz	Metzgerei	Metzgerei
Messerbänkchen	Messerbänkche	Meute	Meut
Messerschmied	Messerschmidd	miauen	maue
Messerschnitt	Messerschnedd	mich	mich¹⁺²
Messerspitze	Messerspetz	Michael/Michel	Mechel
Messerstecher	Messerstecher	mickrig	krüppelig
Messerstecherei	Messerstecherei	Mieder	Mieder

Miederhose

Miederhose	Miederbotz	Milch	Milch
Miederrock	Miederrock	Milchbart	Milchbaat
Miederwaren	Miederware	Milchbrei	Milchbrei
Mief	Mief	Milchbrötchen	Milchbrüdche, Weggche
miefen	stinke	Milchdrüse	Milchdrüs
miefig	möffig, steckig	Milcheis	Milchies
Miene	Mien, Usdrock[1]	Milchfieber	Milchfeeber/~fieber
Mienenspiel	Mienespill	Milchflasche	Milchfläsch
Miesmacher	Miesmaacher	Milchgebiss	Milchgebess
Mietausfall	Meedusfall	Milchgeschäft	Milchlade
Mietauto	Meedauto	Milchgesicht	Milchgeseech
Mietbuch	Meedboch	Milchglasscheibe	Milchglasschiev
Miete	Meed, Meedzins	milchig	milchig
mieten	meede, heuere	Milchkalb	Milchkalv
Mietenregelung	Meedrägelung/~regel~	Milchkännchen	Milchkännche
Mieter	Meeder, Meedslück	Milchkanne	Milchkann
Mieterhöhung	Meederhühung	Milchkost	Milchkoss
Mietgesetz	Meedgesetz	Milchkuh	Milchkoh
Mietkauf	Meedkauf	Milchladen	Milchlade
Mietpartei	Meedpartei	Milchprodukt	Milchproduk
Mietpreis	Meedpreis	Milchpumpe	Milchpump
Mietrecht	Meedrääch	Milchreis	Milchries
Mietregelung	Meedrägelung/~regel~	Milchschöpfe	Milchschepp
Mietrückstand	Meedröckstand	Milchstraße	Milchstroß
Mietschuld	Meedschold	Milchsuppe	Milchzupp
Mietshaus	Meedshuus	Milchtopf	Milchdöppe
Mietskaserne	Meedskasään	Milchtüte	Milchtüt
Mietsleute	Meedslück	Milchzahn	Milchzant
Mietspiegel	Meedspeegel	mild	meld/mild
Mietverhältnis	Meedverhäldnis	mildern	meldere/mildere
Mietvertrag	Meedverdrag	Milieu	Milieu
Mietwagen	Meedwage, Tax[1]	Militär	Kommiss/Kammiss
Mietwohnung	Meedwonnung	Militärdienst	Militärdeens
Mietwucher	Meedwucher	Militärgericht	Militärgereech/~gerich
Mietzins	Meedzins	Militärkapelle	Militärkapell
Mieze, Miezchen	Mitz	Militärkrankenhaus	Militärkrankehuus
Miezekatze	Mitzekatz	Militärparade	Militärparad
Migräne	Migräne	Militärpolizist	Militärpoliziss
Mikrobe	Mikrob	Militärstützpunkt	Militärstötzpunk
Mikrogramm	Mikrogramm	Militärzeit	Militärzigg
Mikrowelle	Mikrowell	Milliarde	Milliard
Milbe	Milb	Milligramm	Milligramm

missgelaunt

Millimeterarbeit	Millimeterarbeid	Minnelied	Minneleed
Millimeterpapier	Millimeterpapier/~papeer	minus	winniger
Million	Million	Minuspunkt	Minuspunk
Millionär	Millionär	Minusstunde	Minusstund
Millionengeschäft	Millionegeschäff	Minuszeichen	Minuszeiche
Millionenschaden	Millioneschade	Minute	Minutt
Millionenvermögen	Millionevermöge	minutenlang	minuttelang
Milz	Milz/Melz	Minutenzeiger	Minuttezeiger
Milzbrand	Milzbrand/Melz~	Minze	Peffermünz
Milzriss	Milzress/Melz~	mir	mir[2], mer[2]
Mimose	Mimos	Mirabelle	Mirabell
mimosenhaft	fimschig, pingelig	Mirabellenbaum	Mirabellebaum
Minderheit	Minderheit	Mirabellengeist	Mirabellegeis
mindern	mendere/mindere; *winniger maache*	misanthropisch	ungesellig, einkennig
Minderwertiges	Dress, Tinnef	Mischblut	Mischblod
mindest...	mindes...	Mischbrot	Mischbrud, Gemangbrud
Mindestabstand	Mindesavstand	Mischehe	Mischih
Mindestalter	Mindesalder	mischen	mische, matsche, meliere/~eere
Mindestbeitrag	Mindesbeidrag	Mischfarbe	Mischfärv
Mindestgebot	Mindesgebodd	Mischfutter	Mischfooder
Mindestlaufzeit	Mindeslaufzigg	Mischgemüse	Mischgemös
Mindestlohn	Mindesluhn/~lohn	Mischkost	Mischkoss
Mindestmaß	Mindesmoß	Mischling	Mischblod
Mindestpreis	Mindespries	Mischmasch	Gemölsch
Mindestsatz	Mindessatz	Mischmaschine	Mischmaschin
Mindeststrafe	Mindesstrof	Mischsprache	Mischsproch
Mindestzeit	Mindeszigg	miserabel	miserabel, üvvel
Mine	Min[1]	Mispel	Mespel
Minenarbeiter	Minearbeider	missachten	messaachte, üvvertredde[2]
Minenfeld	Minefeld	missbehagen	*nit noh der Mötz sin*
Minenleger	Mineläger	Missbildung	Messgestalt
Minenwerfer	Minewerfer/~wirf~	missbilligen	avlähne
Mineralbad	Mineralbadd	Missbrauch	Messbruch
Mineralbrunnen	Mineralbrunne/~pötz	missbrauchen	messbruche
Mineralöl	Mineralöl	missen	messe[2]
Mineralölsteuer	Mineralölstüür/~stöör	Misserfolg	Messerfolg
Mineralquelle	Mineralquell, Mineralbrunne/~pötz	Missernte	Messernte
Mineralwasser	Sprudel	missfallen	messfalle
Minigolf	Minigolf	Missfallen	Messfalle
Minirock	Minirock	Missgeburt	Messgeburt/~geboot
Ministerrat	Ministerrod	missgelaunt	stinkig, krüddelig, ührig/ öhrig; *schlääch gesennt*
Minnedienst	Minnedeens		

Missgelauntheit

Missgelauntheit	Krüddel	Mistelzweig	Mestelzwig/~zweig
Missgeschick	Messgescheck	misten	meste
missgestaltet	ungestalt, unfazünglich	mistfaul	messfuul
missgestimmt	verdreeßlich	Mistgabel	Messgaffel
missglücken	messglöcke	Misthaken	Messhoke
missgönnen	missgönne, beneide	Misthaufen	Messhaufe
missgönnen	neide	Misthund	Messhungk
Missgriff	Messgreff	Mistkäfer	Messkevver
Missgunst	Messguns	Mistkarre	Messkaar
missgünstig	messgünstig, schääl	Mistkerl	Messkääl, ~hungk
misshandeln	messhandele, malträtiere/~eere, traktiere/~eere	Mistkübel	Messküvvel
		Mistkuhle	Messkuhl/~kuul
Misshandlung	Messhandlung	mistnass	messnaaß
Missheirat	Messhierod	Mistpfuhl	Mestepohl
Missklang	Messklang	Mistschaufel	Messschöpp
Misslaune	Krüddel	Miststück	Messstöck
misslaunig	krüddelig	Mistvieh	Messveeh/~veech
Misslaut	Messlaut	Mistwetter	Messwedder
misslich	messlich	mit	met[1+2]
Misslichkeit	Messlichkeit	Mitarbeit	Metarbeid
misslingen	messglöcke	mitarbeiten	metarbeide
misslingen	messlinge	Mitarbeiter	Metarbeider
Missmut	Messmod, Verdross	mitbauen	metbaue
missmutig	messmodig, stinkig; *schlääch gesennt*	Mitbegründer	Metbegründer
		mitbekommen	metkrige
missraten	messrode, ungerode	Mitbesitz	Metbesetz
Missstand	Messstand	Mitbesitzer	Metbesetzer
Missstimmung	Messstimmung	mitbestimmen	metbestemme
Misston	Messton	Mitbestimmung	Metbestemmung
misstrauen	messtraue	Mitbestimmungsgesetz	Metbestemmungsgesetz
Misstrauen	Messtraue	Mitbestimmungsrecht	Metbestemmungsrääch
Misstrauensantrag	Messtrauensaandrag	Mitbewerber	Metbewerver/~wirv~
misstrauisch	messtrauisch	Mitbewohner	Metbewonner
Missvergnügen	Messvergnöge	mitbieten	metbeede
Missverhältnis	Messverhäldnis	mitbringen	metbränge
missverständlich	messverständlich	Mitbringsel	Metbrängsel
Missverständnis	Messverstand	Mitbürger	Metbürger
missverstehen	messverstonn	mit dem	mem
Misswahl	Misswahl	mitdenken	metdenke
Mist	Mess[1]	mitdürfen	metdörfe/~dürfe, ~künne, ~solle, ~welle/~wolle
Mistbeet	Messbeet		
Mistel	Mestel	miteinander	ungerenander, ungerein

1128

Mittagsschlaf

mitempfinden	met~, nohföhle	mitlaufen	metlaufe
miterleben	meterlevve	Mitläufer	Metläufer
mitessen	metesse	Mitlaut	Metlaut
Mitesser	Metesser	Mitleid	Metleid
mitfahren	metfahre, ~dörfe/~dürfe	mitleiden	metligge
Mitfahrer	Metfahrer	mitleidig	metleidig
Mitfahrgelegenheit	Metfahrgeläge(n)heit	mitlesen	metlese
Mitfahrt	Metfahrt	mitliefern	metlivvere
mitfinanzieren	metfinanziere/~eere	mitmachen	metmaache, ~dun, ~mische, ~halde
mitfliegen	metfleege	Mitmensch	Metminsch
mitfühlen	metföhle, ~ligge; *einem Leid dun*	mitmischen	metmische
mitfühlend	metleidig	mitmüssen	metmüsse
mitführen	metföhre/~führe	mitnehmen	metnemme
mitgeben	metgevve, ~dun	mitrauchen	metrauche
Mitgefangene	Metgefangene	mitrechnen	metrechne
Mitgefühl	Metgeföhl, Aandeil	mitrechnen	metrechne
mitgehen	metgonn, ~dörfe/~dürfe, ~kumme	mitreden	metspreche
mitgenommen	metgenomme	mitreisen	metreise
Mitgift	Metgeff	mitreißen	metrieße
Mitgiftjäger	Metgeffjäger	mitschleifen	metschleife
Mitglied	Metgleed/~glidd	mitschleppen	metschleife
Mitgliederliste	Metgleederliss/~glidd~	mitschneiden	metschnigge
Mitgliederversammlung	Metgleederversammlung/~glidd~	Mitschnitt	Metschnedd
Mitgliederzahl	Metgleederzahl/~glidd~	mitschreiben	metschrieve
Mitgliedsausweis	Metgleedsusweis/~glidds~	Mitschuld	Metschold
Mitgliedsbeitrag	Metgleedsbeidrag/~glidds~	Mitschüler	Metschüler
Mitgliedschaft	Metgleedschaff/~glidd~	mitschwingen	metschwinge
Mitgliedskarte	Metgleedskaat/~glidds~	mitsingen	metsinge
Mitgliedsland	Metgleedsland/~glidds~	mitsollen	metsolle
Mitgliedstaat	Metgleedsstaat/~glidds~	mitspielen	metspille
mithaben	metföhre/~führe	Mitspieler	Metspiller
mithalten	methalde	Mitsprache	Metsproch
mithelfen	methelfe	Mitspracherecht	Metsprochsrääch
Mithelfer	Methelfer	mitsprechen	metspreche
mithin	alsu	Mittag	Meddag
mithören	methüre/~höre	Mittagessen	Meddagesse, Meddagsmohlzigg
Mitinhaber	Metinhaber	mittags	meddags
Mitkämpfer	Metkämfer	Mittagshitze	Meddagshetz
mitklingen	aanklinge	Mittagspause	Meddagspaus
mitkommen	metkumme, ~dörfe/~dürfe, ~gonn	Mittagsruhe	Meddagsrauh
mitkönnen	metkünne, ~solle	Mittagsschicht	Meddagsscheech/~schich
mitkriegen	metkrige	Mittagsschlaf	Meddagsschlof

Mittagsschläfchen

Mittagsschläfchen	Meddagsschlöfche	Mittelschiff	Meddelscheff
Mittagssonne	Meddagssonn	Mittelschule	Meddelschull
Mittagsstunde	Meddagsstund	Mittelschwergewicht	Meddelschwergeweech
Mittagstisch	Meddagsdesch	Mittelsmann	Meddelsmann
Mittagszeit	Meddagszigg	Mittelsperson	Meddelsperson
Mittäter	Mettäter, ~helfer	Mittelstellung	Meddelstellung
Mittdreißiger	Medddressiger	Mittelstraße	Meddelstroß
Mitte	Medde	Mittelstrecke	Meddelstreck
mitteilen	metdeile, aangevve, durchgevve	Mittelstreckenflugzeug	Meddelstreckeflogzeug
Mitteilung	Metdeilung	Mittelstreckenlauf	Meddelstreckelauf
Mitteilungsbedürfnis	Metdeilungsbedürfnis/~dörf~	Mittelstreckenläufer	Meddelstreckeläufer
Mitteilungsdrang	Metdeilungsdrang	Mittelstreckenrakete	Meddelstreckeraket
mittel	meddel	Mittelstreifen	Meddelstriefe/~streife
Mittel	Meddel	Mittelstück	Meddelstöck
Mittelachse	Meddelachs	Mittelstufe	Meddelklass
mittelalt	meddelald	Mittelstürmer	Meddelstörmer
Mittelalter	Meddelalder	Mittelteil	Meddeldeil
Mittelamerika	Meddelamerika	Mittelweg	Meddelwäg
Mittelbau	Meddelbau	Mittelwert	Meddelwäät
Mittelchen	Meddelche	Mittelwort	Meddelwood
Mitteldeutsch	Meddeldeutsch	mitten	medde(n)
Mittelding	Meddelding	mittendrin	meddendren
Mitteleuropa	Meddeleuropa	mittendurch	meddendurch
Mitteleuropäer	Meddeleuropäer	mittenmang	meddemang
Mittelfeld	Meddelfeld	Mitternacht	Meddernaach
Mittelfeldspieler	Meddelfeldspiller	Mitternachtssonne	Meddernaachssonn
Mittelfinger	Meddelfinger	Mitternachtsstunde	Meddernaachsstund
Mittelfuß	Meddelfoß	Mittfünfziger	Meddfuffziger
Mittelfußknochen	Meddelfoßknoche	mittlerweile	meddlerwiel
Mittelgang	Meddelgang	mittler...	meddler...
Mittelgebirge	Meddelgebirg	Mittsommer	Meddsommer
Mittelgewicht	Meddelgeweech	Mittsommernacht	Meddsommernaach
Mittelhand	Meddelhand	Mittvierziger	Meddveeziger
Mittelhochdeutsch	Meddelhuhdeutsch	Mittwoch	Meddwoch
Mittelklasse	Meddelklass	Mittwochabend	Meddwochovend
Mittelklassewagen	Meddelklassewage	mittwochs	meddwochs
mittellos	ärm	mitunter	metunger
Mittelmaß	Meddelmoß	mitverdienen	metverdeene
mittelmäßig	mau	Mitverfasser	Metverfasser
mittels	met[1]	Mitverschulden	Metverscholde
Mittelscheitel	Meddelscheid, Fottscheid	mitversorgen	durchschleife
Mittelschicht	Meddelscheech/~schich, ~klass	mitverzehren	metesse

mitwirken	metwirke	mogeln	fusche
Mitwirkende	Metwirkende	Mogelpackung	Mogelpackung
Mitwirkung	Metwirkung	mögen	möge[1+2]/müge[1+2], ligge, verknuse
Mitwisser	Metwesser	möglich	möglich, mügelich
Mitwisserschaft	Metwesserschaff	möglicherweise	möglicherwies; am Eng[1]/Engk
mitwollen	metwelle/~wolle	Möglichkei	Möglichkeit
mitzählen	metzälle	keine M. mehr lassen	et Wasser avgrave
mitziehen	mettrecke	möglichst	möglichs
Möbel	Möbel, Möbelstöck	Mohn	Mohn, Schlofmohn
Möbelgeschäft	Möbelgeschäff	Mohnblume	Mohnblom
Möbelpacker	Möbeldräger	Mohnbrötchen	Mohnbrüdche
Möbelstück	Möbelstöck	Mohnkuchen	Mohnkoche
Möbelträger	Möbeldräger	Mohnöl	Mohnöl
Möbelwagen	Möbelwage	Mohnsaft	Mohnsaff
möblieren	möbeliere/~eere	Mohnsamen	Mohnsome
Modeartikel	Modeartikel, Modewar	Mohnzopf	Mohnzopp
Modeberuf	Modeberof	Mohr	Mohr
Modefarbe	Modefärv	Möhre	Muhr, Galgepenn
Modegeschäft	Modegeschäff	Mohrenkopf	Mohrekopp
Modehaus	Modehuus	Möhrensaft	Murresaff
Modeheft	Modeheff	Mohrrübe	Muhr, Galgepenn
Model	Mannequin	mokieren	mokiere/~eere
Modelleisenbahn	Modellieserbahn	Mokkalöffel	Mokkalöffel
Modellflugzeug	Modellflogzeug	Mokkatasse	Mokkatass
Modellprojekt	Modellprojek	Molesten	Moleste/Maleste
Modellpuppe	Modellpopp	Molke	Molk
Modellversuch	Modellversök	Molkerei	Molkerei
modeln	modele	Molkereibutter	Molkereibotter
Modenarr	Modejeck	Molkereiprodukt	Molkereiproduk
Modepuppe	Modepopp	mollig	mollig, feis, muggelig[2]
Moder	Mudd	Moment	Momang
moderieren	moderiere/~eere	Momentaufnahme	Schnappschoss
moderig	moderig, muffig	Monat	Monat, Mond[2]
modern	verrotte	monatelang	monatelang
Modetanz	Modedanz	monatlich	monatlich
Modeware	Modewar	Monatsanfang	Monatsaanfang
Modewort	Modewood	Monatsbeitrag	Monatsbeidrag
Modezeitschrift	Modezeidung	Monatsbinde	Monatsbind
modifizieren	modele	Monatseinkommen	Monatsenkumme
modifizieren	ändere	Monatsende	Monatseng/~engk
Mogadischu	Mogadischu	Monatserste	Monatseetste
Mogelei	Mogelei	Monatsfrist	Monatsfriss

Monatsgehalt	Monatsenkumme	Monegasse	Monegass
Monatsheft	Monatsheff	monegassisch	monegassisch
Monatskarte	Monatskaat	monodisch	einstemmig
Monatslohn	Monatsluhn/~lohn	monogam	monogam
Monatsmiete	Monatsmeed	Monogamie	Monogamie
Monatsmitte	Monatsmedde	Monogramm	Monogramm
Monatsrate	Monatsrat	Monographie	Monografie
Monatsschrift	Monatsschreff	Monolog	Monolog
Monatswechsel	Monatswähßel	Monopolist	Monopoliss
Mönch	Klusterbroder, Murmelbroder	Monsunregen	Monsunrähn
Mönchengladbach	Mönchegläbbich	Montag	Mondag
Mönchskloster	Mönchskluster	Montagabend	Mondagovend
Mönchskutte	Mönchskutt	Montage	Montage
Mönchszelle	Mönchszell	Montagehalle	Montagehall
Mond	Mond[1]	Montagezeit	Montagezigg
Mondaufgang	Mondopgang	montags	mondags
Mondbahn	Mondbahn	Montagsauto	Mondagswage
Mondfähre	Mondfähr	Montagswagen	Mondagswage
Mondfinsternis	Mondfinsternis	Montenegro	Montenegro
Mondflug	Mondflog	montieren	montiere/~eere
Mondgesicht	Mondgeseech	Moor	Moor[2]
Mondgestein	Mondgestein	Moorbad	Moorbadd
Mondjahr	Mondjohr	Moorboden	Moorboddem, Broch[2]
Mondkalb	Mondkalv	Mooreiche	Mooreich
Mondkrater	Mondkrater	Moorerde	Moorääd
Mondlandschaft	Mondlandschaff	Moorleiche	Moorleich
Mondlandung	Mondlandung	moosbedeckt	moosig
Mondlicht	Mondleech	moosgrün	moosgrön
Mondnacht	Mondnaach	moosig	moosig
Mondoberfläche	Mondoberfläch, Mondlandschaff	Moospflanze	Moosflanz/~planz
Mondorbit	Mondömlaufbahn	Moospolster	Moospolster
Mondphase	Mondphas	Moosrose	Moosrus
Mondrakete	Mondraket	Mopp	Mopp[2]
Mondschein	Mondsching, Mondleech	Moppel	Mobbel/Möbbel
Mondscheintarif	Mondschingtarif	Mops	Mops
Mondsichel	Mondsichel	mopsen	mopse, aaneigne
Mondsonde	Mondsond	Mopsgesicht	Mopsgeseech
Mondstein	Mondstein	Moralapostel	Moralapostel
mondsüchtig	mondsüchtig	Moralbegriff	Moralbegreff
Mondumlaufbahn	Mondömlaufbahn	Moralist	Moraliss, Moralapostel
Monduntergang	Mondungergang	Moralprediger	Moralprädiger
Mondwechsel	Mondwähßel	Moralpredigt	Moralprädig

Moräne	Morän	Morgensonne	Morgesonn
Morast	Morass, Mudd	Morgenspaziergang	Morgespaziergang
Morchel	Morchel	Morgenstern	Morgestään
Mord	Mood	Morgenstunde	Morgestund
Mordanklage	Moodaanklag	Morgenzeitung	Morgezeidung
Mordanschlag	Moodaanschlag	Morphologie	Morphologie
Morddrohung	Morddrohung	morphologisch	morphologisch
morden	mööde	morsch	bröchig
Mörder	Mörder	Mörtel	Spies
Mörderbande	Mörderband	Mosaikarbeit	Mosaikarbeid
Mordfall	Moodfall, Moodsaach	Mosaikbild	Mosaikbeld/~bild
Mordgier	Moodgier, Moodloss	Mosaikfußboden	Mosaikfoßboddem
Mordlust	Moodloss, Blodgier	Mosaikstein	Mosaikstein
Mordnacht	Moodnaach	Moschee	Moschee
Mordprozess	Moodprozess	Moschusochse	Moschusohß
Mordsache	Moodsaach	Moselwein	Moselwing
Mordsarbeit	Mordsarbeid	Most	Moss
Mordsding	Mordsdinge	Mostapfel	Mossappel
Mordsdurst	Mordsdoosch	Mostbirne	Mossbier
Mordsgeschrei	Mordsgeschrei	motivieren	motiviere/~eere, beflögele, verföhre/
Mordskerl	Mordskääl		~führe
Mordskrach	Mordskra(a)ch		
Mordsschrecken	Peffermünzschlag	Motor	Motor
Mordsspaß	Mordsspass	Motorboot	Motorboot
Mordstour	Himmelfahrt	Motorbremse	Motorbrems
Mordswut	Mordswod	Motorenbau	Motorebau
Mordverdacht	Moodverdaach	Motorengeräusch	Motoregeräusch
morgen	morge	Motorhaube	Motorhaub
Morgen	Morge	Motorjacht	Motorjach
Morgenandacht	Morge(n)aandaach	Motorleistung	Motorleistung
Morgendämmerung	Morgedämmerung, Morgegraue	Motoröl	Motoröl
Morgengrauen	Morgegraue	Motorrad	Motorradd
Morgenhimmel	Morge(n)himmel	Motorradbrille	Motorraddbrell/~brill
Morgenkaffee	Morgekaffee	Motorradfahrer	Motorraddfahrer
Morgenland	Morgeland	Motorradrennen	Motorraddrenne
Morgenlicht	Morgeleech	Motorraum	Motorraum
Morgenluft	Morgeluff	Motorroller	Motorroller
Morgenmantel	Morgemantel	Motorsäge	Motorsäg
Morgenmuffel	Morgemuffel	Motorschaden	Motorschade
Morgenrock	Morgerock, Schlofrock	Motorschiff	Motorscheff
Morgenrot	Morgerud	Motorschlitten	Motorschlitte
morgens	morgens, fröh²	Motorwäsche	Motorwäsch
		Motoryacht	Motorjach

Motte	Mott	Mühlespiel	Müllespill
Mottenfraß	Mottefroß/~fraß	Mühlrad	Müllradd
Mottenkiste	Mottekess	Mühlstein	Müllstein
Mottenkugel	Mottekugel	Mühlwerk	Müllwerk
Mottenpulver	Mottepolver	Muhme	Möhn
Motto	Leitsproch	Mühsal	Plog
motzen	motze	mühsam	möhsam
Möwe	Möw	mühselig	möhsillig
Möwenei	Möwe(n)ei	Mühseligkeit	Möhsilligkeit
Möwenvogel	Möwevugel	Mulde	Miel, Becke
Mozartzopf	Mozartzopp	Mülheim	Müllem
Mücke	Möck	Mülheimer Brücke	Müllemer Bröck
Mucke(n)	Mucke	Müll	Müll²/Möll, Dreck
Muckefuck	Muckefuck	Müllabfuhr	Müllavfuhr/Möll~/~fohr
mucken	mucke	Müllabladeplatz	Müllavladeplaatz/Möll~
Mückendreck	Möckedreck, ~dress, ~schess	Müllauto	Müllauto/Möll~
Mückenkot	Möckedreck	Müllbeutel	Müllbüggel/Möll~, Müllemmerbüggel/Möll~
Mückenplage	Möckeplog		
Mückenschiss	Möckeschess	Mülleimer	Müllemmer/Möll~
Mückenstich	Möckestech, Schnokestech	Mülleimerbeutel	Müllemmerbüggel/Möll~
mucksmäuschenstill	mucksmüüschestell	Müllerbursche	Müllerspoosch
müde	möd, beet, kapodd, schlöfrig, unusgeschlofe	Müllergeselle	Müllerspoosch
		Müllgrube	Müllkuhl/Möll~/~kuul
Müdigkeit	Mödigkeit	Müllkippe	Müllkipp/Möll~, Kipp²
Muff	Möff, Muff²	Müllkutscher	Müllkutscher/Möll~
Muffe	Muff¹	Mulllläppchen	Mulllläppche
Muffel	Muffel	Müllmann	Kehrmännche
muffeln	möffe, stinke, möffele	Müllsack	Müllsack/Möll~
müffeln	müffele	Müllschlucker	Müllschlecker/Möll~
Muffensausen	Muffesause	Mülltonne	Mülltonn/Möll~
Müffer	Möffer	Mülltüte	Müllemmerbüggel/Möll~
Müfferei	Möfferei	Müllverbrennungsanlage	Müllverbrennungsaanlag/Möll~
muffig	möffig, moderig	Müllwagen	Müllwage/Möll~, Müllauto/Möll~
Mühe	Möh, Plog²	Müllwagenfahrer	Müllkutscher/Möll~
mühelos	leich	Mulm	Mölm
mühen	möhe	Multiplikationszeichen	Molzeiche
Mühlbach	Müllbaach	mümmeln	mümmele
Mühle	Müll¹	Mummenschanz	Mummeschanz
Mühlenbach	Müllebaach	Mumps	Geißepitter
Mühlenbauer	Müllebuur/~boor	Mund	Mungk, Muul, Bäbbel, Belderlade, Fress, Klapp, Lappe, Rand, Schnäb-
Mühlenflügel	Mülleflögel		
Mühlengasse	Müllegass		

	bel, Schnauz, Schnüss, Bagger, Bleff, Bratsch	Mus	Tütt
		Muschelschale	Muschelschal
Mundart	Mundaat, Mungkaat	Museumsdiener	Museumsdeener
Mundartsprecher	Mundaatsprecher	Museumsführer	Museumsföhrer/~führ~
munden	munde/munge	museumsreif	museumsrief
münden	münde	Museumsstück	Museumsstöck
mundgerecht	müngchesmoß	Museumswärter	Museumsdeener
mündig	volljöhrig	Musik	Musik
Mundpartie	Mungkpartie	Musikantenknochen	Vexierknöchelche
Mundraub	Mungkraub	Musikbox	Musikbox
Mundschutz	Mungkschotz	Musiker	Musiker
Mundstück	Mungkstöck	Musikergruppe	Band[6]
Mündung	Mündung	Musikfreund	Musikfründ
Mündungsfeuer	Mündungsfüür/~föör	Musikhochschule	Musikhuhschull
Mündungstrichter	Mündungstreechter	Musikinstrument	Musikinstrument
Mundwasser	Mungkwasser	Musikkapelle	Musikkapell
Mundwerk	Bätsch, Kaffeemüll	Musikkassette	Musikkassett
Mundwinkel	Mungkwinkel	Musikkorps	Militärkapell
munkeln	munkele	Musiklehre	Musiklihr
Münsterkäse	Münsterkis	Musiklehrer	Musiklehrer
munter	aläät, krall, kreel, lebendig; *Jan bovve(n)*	Musiknote	Not
		Musikpreis	Musikpries
Münzamt	Münzamp	Musikschule	Musikschull
Münze	Münz	Musikstück	Musikstöck, Fug
münzen	münze	Musikstunde	Musikstund
Münzgewicht	Münzgeweech	Musikunterricht	Musikungerrich/~reech
Münzkunde	Münzkund	Musikwissenschaft	Musikwesseschaff
Münzstätte	Münzamp	Musikwissenschaftler	Musikwesseschaffler
Münztankstelle	Münztankstell	Muskat	Muskat, Beschot
Münzwesen	Münzwese	Muskatblüte	Muskatblöt
Muräne	Murän	Muskatnuss	Muskatnoss
Mürbeteig	Mürbedeig	Muskatnussbaum	Muskatnossbaum
Murks	Murks	Muskatnussreibe	Muskatriev
murksen	murkse	Muskel	Muskel
Murmel	Klicker, Ommer, Binz	Muskelarbeit	Muskelarbeid
murmeln	mummele, nostere	Muskelkraft	Muskelkraff, Mattes[1]
Murmeltier	Murmeldier, Marmott	Muskelkrampf	Muskelkramf/~kramp
murren	prötte, pröttele	Muskelriss	Muskelress
Murren	Geknotter	Muskelschmerz	Muskelping
mürrisch	knotterig, muuzig, öhrig/ührig~, schnüssig	Muskelspiel	Muskelspill
		Muskelstärke	Mattes[1]
Murrkopf	*fiese Mömmes*	Muskelziehen	Nervetrecke

Muskete

Muskete	Musket	Mutwille	Modwelle
Musketier	Muskedier	mutwillig	modwellig
Mussehe	Mussih	Mutwilligkeit	Modwelligkeit
müssen	müsse[1+2]	Mütze	Mötz, Kapp
Müßiggang	Mößiggang	Myalgie	Muskelping
Müßiggänger	Mößiggänger, Dürpelgänger	Mykologie	Pilzkund/Pelz~
Muster	Muster, Dessin	Mythologe	Mythologe
Musterbeispiel	Musterbeispill	mythologisch	mythologisch
Musterbrief	Musterbreef		
Musterehe	Musterih		
Musterexemplar	Musterstöck		
Musterkarte	Musterkaat		
Musterkoffer	Musterkoffer	**N**	
mustern	mustere	Nabe	Nav
Musterstück	Musterstöck	Nabel	Nabel, Nöll[1]
Mut	Mod, Courage	Nabelbruch	Nabelbroch
mutig	modig, courageet, *nit bang*	Nabelschnur	Nabelschnur/~schnor
mutmaßen	modmoße	nach	noh[1], öm[3]
Mutmaßung	Modmoßung	nachäffen	nohaape
Mutprobe	Modprob	nachahmen	nohmaache, ~aape, ~spille
Mutter	Mutter, Mooder/Moo	Nachahmer	Nohahmer
Mutterboden	Mutterboddem, Mutterääd	nacharbeiten	noharbeide
Mutterbrust	Memm	nacharten	nohaate
Mütterchen	Mütterche	Nachbar	Nohber, Nevvemann
Muttererde	Mutterääd	Nachbardorf	Nohberdorf/~dörp
Muttergottes	Muttergoddes	Nachbargarten	Nohbergaade
Muttergottesfigur	Märjebild/~beld	Nachbarhaus	Nohberhuus
Muttergottesstatue	Märjebild/~beld	Nachbarin	Nohbersch, Nohbersfrau
Mutterherz	Mutterhätz	Nachbarn	Nohberslück
Mutterkuchen	Mutterkoche	Nachbarschaft	Nohberschaff
Mutterleib	Mutterliev	Nachbarsfamilie	Nohbersfamillich
Muttermal	Muttermol	Nachbarsfrau	Nohbersfrau
Mutterschaf	Mutterschof	Nachbarskind	Nohberskind
Mutterschaft	Mutterschaff	Nachbarsleute	Nohberslück
Mutterschiff	Mutterscheff	Nachbartisch	Nevve(n)desch
Mutterschutz	Mutterschotz	Nachbeben	Nohbevve
mutterseelenallein	muttersielenallein	nachbehandeln	nohbehandele
Muttersöhnchen	Muttersönnche	Nachbehandlung	Nohbehandlung
Muttersprache	Muttersproch	nachbekommen	nohkrige
Muttertag	Mutterdag	nachberechnen	nohberechne
Muttertier	Mutterdier	Nachberechnung	Nohberechnung
Mutterwitz	Mutterwetz		

1136

nachkommen

nachbessern	nohbessere	nachfolgen	nohfolge, ~kumme
Nachbesserung	Nohbesserung	Nachfolger	Nohfolger
nachbestellen	nohbestelle	nachfordern	nohfordere
Nachbestellung	Nohbestellung	Nachforderung	Nohforderung
nachbeten	nohbedde	nachformen	nohforme
nachbezahlen	nohbezahle	nachforschen	nohforsche, ~söke
nachbilden	nohbilde/~belde	Nachforschung	Nohforschung
Nachbildung	Nohbeldung/~bild~, Avklatsch	Nachfrage	Nohfrog
nachblättern	nohblädderе	nachfragen	nohfroge, ~hoke
nachbluten	nohblode	Nachfrist	Nohfriss
nachbohren	nohbohre	nachfühlen	nohföhle
nachbringen	nohbränge	nachfüllen	nohfölle/~fülle
nachdatieren	nohdatiere/~eere	nachgären	nohgäre
nachdem	nohdäm	nachgeben	nohgevve
nach dem	nohm	Nachgebühr	Nohgebühr, ~porto
nachdenken	nohdenke, besenne, beköppe, gribbele, simeliere/~eere	Nachgeburt	Nohgeburt/~geboot
		nachgehen	nohgonn
nachdenklich	nohdenklich	nachgeraten	nohgerode
nachdichten	nohdeechte/~dichte	Nachgeschmack	Nohgeschmack
nachdrängen	nohdränge	nachgiebig	meld/mild
nachdrehen	nohdrihe	nachgießen	nohgeeße, ~schödde
nachdrucken	nohdrocke	nachgreifen	nohgriefe
nachdrücken	nohdröcke	nachhaken	nohhoke
nachdunkeln	nohdunkele	nachhallen	nohhalle
Nachdurst	Nohdoosch	nachhalten	nohhalde
nacheifern	nohiefere	nachhängen	nohhange
nacheilen	nohiele	nachhelfen	nohhelfe
nacheinander	nohenander, ~enein	nachher	nohher, hingerdren
Nächelsgasse	Nächelsgass	Nachhilfe	Nohhilfe
nachempfinden	nohföhle	Nachhilfelehrer	Nohhilfelehrer
Nachen	Naache	Nachhilfeschüler	Nohhilfeschüler
Nachernte	Nohernte	Nachhilfestunde	Nohhilfestund
nacherzählen	nohverzälle	nachhinken	nohhinke
Nachfahre	Nohkumme	nachholen	nohholle
nachfahren	nohfahre	Nachholspiel	Nohhollspill
nachfärben	nohfärve	Nachhut	Nohhod
nachfassen	nohgriefe	nachjagen	nohjage
nachfedern	nohfeddere	nachkarten	nohkaate
Nachfeier	Nohfier/~feer	nachkaufen	nohkaufe
nachfeiern	nohfiere/~feere	nachklingen	nohklinge
nachfeilen	nohfiele	Nachkomme	Nohkumme, Erve
nachfinanzieren	nohfinanziere/~eere	nachkommen	nohkumme

1137

Nachkömmling

Nachkömmling	Nohkömmling, ~zögler	nachrechnen	nohrechne
Nachkontrolle	Nohkontroll	nachreichen	nohrecke
nachkriegen	nohkrige	nachreifen	nohriefe
Nachkriegsgeneration	Nohkreegsgeneration	nachreisen	nohreise
Nachkriegszeit	Nohkreegszigg	nachrennen	nohrenne
nachladen	nohlade	Nachricht	Nachrich
Nachlass	Nohlooß	Nachrichtenagentur	Presseagentur
nachlassen	nohlooße, ~gevve	Nachrichtendienst	Nachrichtedeens
nachlässig	nohlässig, lodderig, schludderig, schlunzig	Nachrichtensprecher	Nachrichtesprecher
		Nachrichtentechnik	Nachrichtetechnik
Nachlässigkeit	Nohlässigkeit	nachrücken	nohröcke
nachlaufen	nohlaufe, ~renne, ~kumme	Nachrücker	Nohröcker
Nachlaufen	Nohlaufe	Nachruf	Nohrof
nachlegen	nohläge	nachrufen	nohrofe
nachlesen	nohlese	nachrüsten	nohröste
nachliefern	nohlivvere, ~bränge	Nachrüstung	Nohröstung
Nachlieferung	Nohlivverung	Nachrüstungsbeschluss	Nohröstungsbeschluss
nachlösen	nohlüse/~löse	nachsagen	nohsage, ~spreche, aandeechte/~dichte
nachmachen	nohmaache, ~aape		
nachmalen	nohmole	Nachsaison	Nohsaison
nachmessen	nohmesse	nachsalzen	nohsalze
Nachmieter	Nohmeeder	Nachsatz	Nohsatz
Nachmittag	Nomme(n)dag, Nomeddag	nachschauen	nohkicke, ~luure/~loore, ~sinn
nachmittags	nomme(n)dags	nachschenken	nohgeeße
Nachmittagskaffee	Nomme(n)dagskaffee	nachschicken	nohschecke
Nachmittagsschlaf	Nomme(n)dagsschlof, Nöhrche/Nühr~	Nachschlag	Nohschlag
		nachschlagen	nohschlage/~schlonn
Nachmittagsstunde	Nomme(n)dagsstund	Nachschlagewerk	Nohkicksel
Nachmittagsunterricht	Nomme(n)dagsungerreech/~rich	nachschleichen	nohschleiche/~schliche
Nachmittagsveranstaltung	Nomme(n)dagsveranstaltung	Nachschlüssel	Klöösche
Nachmittagsvorstellung	Nomme(n)dagsvürstellung/~vör~	nachschmecken	nohschmecke
Nachmittagszeit	Nomme(n)dagszigg	nachschmeißen	nohschmieße
Nachname	Nohname, Familliename	nachschneiden	nohschnigge
nachnehmen	nohnemme	nachschreiben	nohschrieve
nachplappern	nohplappere, ~bubbele	Nachschub	Nohschub
nachpolieren	nohpoliere/~eere	nachschütten	nohschödde
Nachporto	Nohporto	nachschwatzen	nohschwaade, ~bubbele
nachprägen	nohpräge	nachschwingen	nohschwinge
nachprüfbar	nohpröfbar	nachsehen	nohsinn, ~kicke, ~luure/~loore
nachprüfen	nohpröfe, vergewessere	Nachsehen	Nohsinn
Nachprüfung	Nohpröfung	nachsenden	nohschecke
nachräumen	nohrüüme	Nachsendung	Nohsendung

nachsetzen	nohsetze²	Nachtlämpchen	Naachsleech
Nachsicht	Nohseech/~sich	Nachtleben	Naachlevve
nachsichtig	e Aug zodröcke	Nachtlicht	Naachsleech
Nachsilbe	Nohsilb	Nachtmensch	Naachsüül
nachsingen	nohsinge	Nachtportier	Naachportier
nachsitzen	nohsetze¹	Nachtprogramm	Naachprogramm
Nachsorge	Nohsorg	Nachtquartier	Naachquartier
Nachspann	Nohspann	Nachtrag	Nohdrag
Nachspeise	Nohdesch	nachtragen	nohdrage
Nachspiel	Nohspill	nachträglich	nohdräglich
nachspielen	nohspille	nachtrauern	nohtruure/~troore, ~kriesche
nachspionieren	nohspioniere/~eere	nachtropfen	nohdröppe
nachsprechen	nohspreche	Nachtruhe	Naachsrauh
nachspringen	nohspringe	nachts	naachs
nachspülen	nohspöle	Nachtschattengewächs	Naachschattegewächs
nachspüren	nohspüre/~spöre	Nachtschicht	Naachschich/~scheech
nächst	nöchs	Nachtschwärmer	Schwittjee
nachstehen	nohstonn	Nachtschwester	Naachschwester
nachsteigen	nohsteige	Nachtsichtigkeit	Naachsichtigkeit/~seecht~
nachstellen	nohstelle	Nachtspeicherofen	Naachspeicherovve
nächst...	nächs..., nöchs...	Nachtstrom	Naachstrom
nachsuchen	nohsöke	Nachttarif	Naachtarif
Nacht	Naach	Nachttischchen	Naachskommödche
Nachtarbeit	Naacharbeid	Nachttischlampe	Naachsleech
Nachtbar	Nachbar	Nachttopf	Naachspott, Naachsdöppe, Kammerpott, Pisspott, Henkelpöttche, Stinkpott, Seckscherv, Thrönche
Nachtcreme	Naachkräm/~creme		
Nachtdienst	Naachdeens		
Nachteil	Nohdeil, Schattesigg	Nachtwache	Naachwaach
nächtelang	näächtelang	Nachtwächter	Naachswä(ä)chter
Nachteule	Naachsüül	Nachtwanderung	Naachwanderung
Nachtfalter	Naachfalder	Nachtzeit	Naachzigg
Nachtfrost	Naachfross	Nachtzeug	Naachzeug
Nachtgebet	Naachgebedd	Nachtzug	Naachzog
Nachtgespenst	Naachgespens	Nachtzuschlag	Naachzoschlag
Nachtgewand	Naachspunjel	nachuntersuchen	nohungersöke
Nachthemd	Naachshemb, Naachskiddel, Punjel	nachversichern	nohversechere
Nachthimmel	Naachhimmel	nachvollziehen	nohvolltrecke
Nachtisch	Nohdesch	nachwachsen	nohwahße
Nachtjackenviertel	Beddjackeveedel	Nachwahl	Nohwahl
Nachtkerze	Naachkääz	Nachwehen	Nohwehe
Nachtkittel	Naachskiddel	nachweinen	nohkriesche
Nachtlager	Naachlager	Nachweis	Nohwies

nachweisen	nohwiese, üvverföhre/~führe	Nadelkissen	Nodelkesse/Nol~, Nihkesse
Nachwelt	Nohwelt	Nadelspitze	Nodelspetz/Nolde~, Nolspetz/Nodel~
nachwerfen	nohwerfe/~wirfe, hingerherwerfe/	Nadelstich	Nodelstech/Nolde~
	~wirfe, nohschmieße	Nadelstreifen	Nodelstriefe/~streife
nachwiegen	nohweege/~wooge	Nadelwald	Nodelwald
nachwinken	nohwinke	Nagasaki	Nagasaki
nachwirken	nohwirke	Nagel	Nähl, Bünnnähl
Nachwirkung	Nohwirkung	Nagelbett	Nagelbedd
nachwollen	nohwelle/~wolle	Nagelbrett	Nagelbredd
Nachwort	Nohwood	Nagelbürste	Nagelböösch
nachwürzen	nohwööze	Nägelchen	Nählche
nachzahlen	nohzahle, ~bezahle	Nageleisen	Nählieser
nachzählen	nohzälle	Nagelfeile	Nagelfiel
Nachzahlung	Nohzahlung	Nagelhaut	Nagelhugg, Höhnerzüngelche
nachzeichnen	nohmole	Nagelhäutchen	Neetnähl, Höhnerzüngelche
nachziehen	nohtrecke	Nagellack	Nagellack
nachzotteln	nohzöbbele	nageln	nähle
Nachzucht	Nohzuch	nagelneu	nagelneu
Nachzügler	Nohzögler	Nagelreiniger	Nagelreiniger
Nackedei	Nackeditz	Nagelschere	Nagelschir
Nacken	Nacke	Nagelschmied	Nählschmidd
Nackenhaar	Nackehoor	Nagelschmiede	Nählschmidd
Nackenkissen	Nackekesse	Nagelwulst	Nagelwols
Nackenrolle	Nackeroll	Nagelwurzel	Nagelwoozel
Nackenschlag	Nackeschlag	Nagelzange	Nagelzang, Nählzang
Nackenstand	Kääz	nagen	nage, knage, käue
Nackenstück	Nackestöck	Nager	Nager
Nackenstütze	Nackestötz	Nagetier	Nagedier
Nackenwirbel	Nackewirvel	Nagetier	Nager
nackt	nack, nack(el)ig, bläck	nah	noh², hadd
Nacktarsch	Nackaasch	Näharbeit	Niharbeid, Niherei
Nacktbaden	Nackbade	nahbei	nohbei
Nackter	Bläcke	Nahbrille	Nohbrell/~brill
Nacktfoto	Nackfoto	nahe	noh²
Nacktfrosch	Nackfrosch	Nähe	Nöh(de)
Nacktmodell	Nackmodell	nahebei	nohbei
Nacktschnecke	Nackschneck	Naheinstellung	Nohenstellung
Nackttänzerin	Nackdänzerin	nähen	nihe
Nadel	Nodel/Nol	Näherei	Niherei
Nadelarbeit	Nodelarbeid	Näherin	Nihersch
Nadelbaum	Nodelbaum/Nol~	nähern	zogonn, ~kumme, kumme
Nadelholz	Nodelholz/Nol~	nahezu	baal

Nasenschleim

Nähfaden	Nihfaddem	Narkosearzt	Narkoseaaz
Nähgarn	Nihgaan, Nihfaddem	Narkosemittel	Narkosemeddel
Nahkampf	Nohkamf	narkotisieren	betäube
Nähkästchen	Nihkessche	Narr	Peiass, Pisel, Schauter, Jeck
Nähkissen	Nihkesse	narren	aape
Nähkorb	Nihkorv	Narrenfahrt	Kappefahrt
Nähkörbchen	Nihkörvche	Narrenfreiheit	Narrefreiheit
Nähkram	Nihkrom	Narrenhaus	Narre(n)huus
Nähmaschine	Nihmaschin	Narrenkappe	Schellekapp
Nähmaschinenöl	Nihmaschineöl	Narrenpritsche	Pritsch², Plätsch
Nähnadel	Nihnol/~nodel	närrisch	verröck, ~dötsch, jeck, beklopp, knatschjeck, rammdösig, doll, aadig, geflapp, stapeljeck/stabel~, naturbeklopp/nator~; *voll avgedriht han/sin, sing fünf Minutte han; der Aasch op han; en Ääz am Kieme/Wandere han; voll avgedriht han/sin; mem Bömmel behaue sin; nit ganz deech sin; en Eck av han; Beklopp un drei es elf.; et Schoss erus han; eine fott han; nit ganz gar; schwatz em Geseech; ene Hau met der Pann han; e Litzche han; ene Nähl em Zylinder han; de Kränk krige*
Nährboden	Nährboddem		
nahrhaft	hätzhaff, deftig		
Nährlösung	Nährlüsung/~lös~		
Nahrung	Koss		
Nahrungskette	Nahrungskett		
Nahrungsmittel	Nahrungsmeddel		
Nahrungsmittelvergiftung	Nahrungsmeddelvergeftung		
Nährwert	Nährwäät		
Nahschuss	Nohschoss		
Nähseide	Nihsigg		
Naht	Noht		
Nahtband	Nohtband		
Nähtisch	Nihdesch	Narzisse	Kircheschlössel, Osterglock
Nahtstelle	Nohtstell	naschen	schnäuse, schnuppe, verschluche
Nahverkehr	Nohverkehr	Nascher	Schnäuser, Schnüpper
Nahverkehrszug	Nohverkehrszog	Nascherei	Schnupperei
Nähzeug	Nihzeug, Nihkrom	naschhaft	verschnupp
Nahziel	Nohziel	Naschhaftigkeit	Schnupperei
naiv	treuhätzig, unbedarf, grön	Nase	Nas, Nöll²
Name(n)	Name	naselang	naslang
Namenliste	Namensliss	Nasenbär	Nasebär
Namensschild	Namensscheld/~schild, Dörschild/ Dür~/~scheld	Nasenbein	Nasebein
		Nasenbluten	Naseblode
Namenstag	Namensdag	Nasenbohrer	Mömmesplöcker
Namensträger	Namensdräger	Nasenflügel	Naseflögel
Namenszeichen	Monogramm	Nasenhöhle	Nase(n)höhl
Namenwechsel	Namenswäßel	Nasenloch	Nasloch, Nöster
Napalmbombe	Napalmbomb	Nasenrücken	Naserögge
Napfkuchen	Döppekoche	Nasensattel	Nasesaddel
Narbe	Narb/Narv, Schmess	Nasenschleim	Rotz, Schnuddel, Geschnuddels, Nasewasser
Narkose	Narkos		

Nasenspitze

Nasenspitze	Nasespetz	Naturfarbe	Naturfärv/Nator~
Nasenspray	Schnuppespray	Naturfarbstoff	Naturfärv/Nator~
Nasenstüber	Nasestüver	Naturfreund	Naturfründ/Nator~
Nasentropfen	Nasedroppe	Naturheilkunde	Naturheilkund/Nator~
Nasenwärmer	Nasewärmer	Naturheilverfahren	Naturheilverfahre/Nator~
Nasenwurzel	Nasewoozel	Naturist	Naturiss/Nator~
Naserümpfen	Naserümpe	Naturkatastrophe	Naturkatastroph/Nator~
naseweis	nasewies, vörwetzig/vür~	Naturkunde	Naturkund/Nator~
Naseweis	Schnäuser	Naturlehre	Naturlihr/Nator~
Nashorn	Nashoon	natürlich	natürlich[1+2]/natör~[1+2], dröcklich, unverdorve
Nashornkäfer	Nashoonkevver		
Nashornvogel	Nashoonvugel	Natürlichkeit	Natürlichkeit/Natör~
Nasi-Goreng	Nasi-Goreng	Naturlocken	Naturlocke/Nator~
nass	naaß, sief, feuch	Naturmensch	Naturminsch/Nator~
Nässe	Nääßde	Naturprodukt	Naturproduk/Nator~
nässen	nässe	Naturrecht	Naturrääch/Nator~
nasskalt	naaßkald, schmuddelig, schudderig	Naturreis	Naturries/Nator~
Nationalbewusstsein	Nationalgeföhl	Naturschauspiel	Naturschauspill/Nator~
Nationaldenkmal	Nationaldenkmol	Naturschutz	Naturschotz/Nator~
Nationalfarbe	Nationalfärv	Naturschützer	Naturschötzer/Nator~
Nationalfeiertag	Nationalfierdag/~feer~	Naturschutzgebiet	Naturschotzgebiet/Nator~
Nationalflagge	Nationalfahn	Naturseide	Natursigg/Nator~
Nationalgalerie	Nationalgalerie	Naturtalent	Naturtalent/Nator~
Nationalgarde	Nationalgard	naturverbunden	naturverbunge/nator~
Nationalgardist	Nationalgardiss	Naturwissenschaft	Naturwesseschaff/Nator~
Nationalgefühl	Nationalgeföhl	Naturwissenschaftler	Naturwesseschaffler/Nator~
Nationalgericht	Nationalgereech/~rich	Navigation	Navigation
Nationalheiligtum	Nationalhelligdum	Navigationsfehler	Navigationsfähler
Nationalheld	Nationalheld	Navigationsgerät	Navigationsgerät
Nationalist	Nationaliss	Naziverbrechen	Naziverbreche
Nationalmannschaft	Nationalmannschaff	Nazizeit	Nazizigg
Nationalrat	Nationalrod	Nebel	Nevvel, Damf/Damp, Schwadem
Nationalsozialist	Nationalsozialiss	Nebelbank	Nevvelbank
Nationalspieler	Nationalspiller	Nebelbildung	Nevvelbeldung/~bild~
Nationalsprache	Standardsproch	Nebeldecke	Nevveldeck
Natronlauge	Natronlaug	Nebelhorn	Nevvelhoon
Natter	Natter	nebelig	nevvelig
Natur	Natur/Nator	Nebellampe	Nevvellamp
Naturarzt	Naturaaz/Nator	nebeln	nevvele
Naturbegabung	Naturtalent/Nator~	Nebelrückleuchte	Nevvelröckleuch
Naturdarm	Naturdarm/Nator~	Nebelscheinwerfer	Nevvelscheinwerfer/~wirf~, ~lamp
Naturdenkmal	Naturdenkmol/Nator~	Nebelschlussleuchte	Nevvelschlussleuch, ~röckleuch

Nervenbündel

Nebelschwaden	Nevvelschwadem	Nebenstrecke	Nevvestreck
Nebelstreifen	Nevvelstriefe/~streife	Nebentisch	Nevve(n)desch
neben	nevve(n)	Nebenverdienst	Nevveverdeens
Nebenamt	Nevve(n)amp	Nebenwirkung	Nevvewirkung
nebenan	nevve(n)a(a)n	Nebenzimmer	Nevvezemmer
neben anderem	met²	neblig	nevvelig
Nebenanschluss	Nevve(n)aanschluss, ~stell	nebst	samp¹
Nebenarbeit	Nevve(n)arbeid	necken	naggele, optrecke, uze
Nebenarm	Nevve(n)ärm	Neckerei	Naggelei
Nebenausgang	Nevve(n)usgang	Negativbeispiel	Negativbeispill
nebenbei	nevvebei	Negativbild	Negativbeld/~bild
Nebenbeschäftigung	Nevvebeschäftigung, Nevve(n)arbeid	Negativfarbfilm	Negativfärvfilm
Nebenbuhler	Nevvebuhler	Negerkuss	Negerkuss
nebendran	nevve(n)dra(a)n	Negerstamm	Negerstamm
Nebeneffekt	Nevve(n)effek	Negervolk	Negerstamm
nebeneinander	nevvenenander, ~enein	nehmen	nemme, krige
Nebeneingang	Nevve(n)engang	Neid	Neid, Messguns
Nebeneinkünfte	Nevve(n)enkünf	neiden	neide
Nebenfach	Nevvefach	Neidgefühl	Neidgeföhl
Nebenfigur	Randfigur/~figor, Statiss	neidisch	neidisch, messgünstig, schääl
Nebenfluss	Nevvefluss/~floss	neigen	kippe
Nebenform	Nevveform	Neigung	Passion
Nebenfrau	Nevvefrau	nein	nä, enä
Nebengasse	Nevvegass	Nektarine	*raseete Plüschprumm*
Nebengedanke	Nevvegedanke	Nelke	Nelk
Nebengeräusch	Nevvegeräusch	Nelkenöl	Nelke(n)öl
Nebenhaus	Nevve(n)huus	nennen	nenne/nööme, betitele, aangevve, opföhre/~führe, sage, tituliere/~eere
nebenher	nevve(n)her, ~bei		
Nebenhöhle	Nevve(n)höhl	Nennonkel	Nennühm/~ohm
Nebenklage	Nevveklag	Nenntante	Nenntant
Nebenkläger	Nevvekläger	Nennwert	Nennwäät
Nebenkosten	Nevvekoste	Neofaschist	Neofaschis
Nebenmann	Nevvemann	Neonfisch	Neonfesch
Nebenniere	Nevvenier	Neonlampe	Neonlamp
Nebenprodukt	Nevveproduk	Neonlicht	Neonleech
Nebenraum	Nevvezemmer	Neonröhre	Neonröhr
Nebenrolle	Nevveroll	Nepp	Nepp
Nebensache	Nevvesaach	neppen	neppe
Nebensatz	Nevvesatz	Nerv	Nerv
Nebenspieler	Nevvespiller	nerven	belämmere, kraue; *jet ze drieße han*
Nebenstelle	Nevvestell	Nervenarzt	Nerve(n)aaz, Neurolog
Nebenstraße	Nevvestroß	Nervenbündel	Nervebündel

Nervenfieber

Nervenfieber	Nervefeeber/~fieber	Netzkarte	Netzkaat
Nervengas	Nervegas	Netzstrumpf	Netzstrump
Nervengift	Nervegeff	neu	neu, ungebruch
Nervenkraft	Nervekraff	Neuanfang	Neuaanfang
Nervenkrankheit	Nerveligge	Neuauflage	Neudrock
Nervenkrieg	Nervekreeg	Neubau	Neubau
Nervenleiden	Nerveligge	Neubauviertel	Neubauveedel
Nervenmittel	Nervemeddel	Neubauwohnung	Neubauwonnung
Nervenprobe	Nerveprob	Neubildung	Neubeldung/~bild~
Nervensache	Nervesaach	Neubrück	Neubröck
Nervensäge	Nervesäg	Neudruck	Neudrock
Nervenzelle	Nervezell	Neuehrenfeld	Neuihrefeld
Nervenziehen, ~zucken	Nervetrecke	Neueinstellung	Neuenstellung
Nervenzusammenbruch	Nervezosammebroch/~ze~	neugeboren	neugebore
nervös	flidig, habbelig, iggelig, kribbelig, krüddelig, zabbelig; *de Pimpelgeech/ Pimpernell krige; der Zängelches- dress krige; et Litzche krige*	Neugestaltung	Neugestaltung
		Neugier(de)	Neugier, Vörwetz/Vür~
		neugierig	neugierig/~geer~, benaüt, vörwetzig/ vür~
Nerzkragen	Nerzkrage	Neugliederung	Neuglidderung/~gleeder~
Nessel	Nesselflanz/~planz	Neugotik	Neugotik
Nesselfieber	Nesselfeeber/~fieber	Neugründung	Neugründung
Nesselgarn	Nesselgaan	Neuguinea	Neuguinea
Nesselpflanze	Nesselflanz/~planz	Neuigkeit	Neuigkeit
Nesselqualle	Nesselquall	Neujahr	Neujohr
Nesselsucht	Nesselsuch	Neujahrsabend	Neujohrsovend
Nesseltier	Nesseldier	Neujahrsansprache	Neujohrsaansproch
Nest	Ness[1]	Neujahrsbrezel	Neujohrsbretzel
Nestbau	Nessbau	Neujahrsfest	Neujohrsfess
Nesthäkchen	Nesshökche, Kagge~, Knaggedotz	Neujahrsgeschenk	Neujöhrche
Nesthocker	Nesshocker	Neujahrsglückwunsch	Neujohrswunsch
Nestwärme	Nesswärm(de)	Neujahrsgruß	Neujohrsgroß
nett	aadig, lecker	Neujahrskarte	Neujohrskaat
Nettoeinkommen	Nettoenkumme, Nettoluhn/~lohn	Neujahrskranz	Neujohrskranz
Nettogewicht	Nettogeweech, Reingeweech	Neujahrsmorgen	Neujohrsmorge
Nettogewinn	Nettogewenn	Neujahrsnacht	Neujohrsnaach
Nettolohn	Nettoluhn/~lohn	Neujahrstag	Neujohrsdag
Nettopreis	Nettopries	Neujahrswunsch	Neujohrswunsch
Nettoverdienst	Nettoverdeens	neulich	neulich, jüngs, letz[2]; *dis Dag*
Netzanschluss	Netzanschluss	Neulust	Neuloss
Netzfahrkarte	Netzkaat	Neumarkt	Nüümaat
Netzhaut	Netzhugg	neumodisch	neumodisch
Netzhemd	Netzhemb	Neumond	Neumond

Niederschlag

neun	nüng	Nichte	Neech
neuneinhalb	nüngenhalv	Nichtigkeiten	Kinkerlitzche
neunerlei	nüngerlei	Nichtraucher	Nichraucher
neunhundert	nünghundert	nichts	nix
neunjährig	nüngjöhrig	nichts taugen	*dem Düüvel em Aasch nit dauge*
neunkantig	nüngkantig	nichts verstehen	*nix losshan*
neunmal	nüngmol	Nichtschwimmer	Nichschwemmer
neunseitig	nüngsiggig	Nichtschwimmerbecken	Nichschwemmerbecke
neunstellig	nüngstellig	Nichtsnutz	Nixnotz
neunstöckig	nüngstöckig	nichtsnutzig	nixnötzig
neunstündig	nüngstündig	Nichtsnutzigkeit	Nixnötzigkeit
neunt...	nüngt...	nichtssagend	avgeschmack
neuntägig	nüngdägig	Nichtstun	Nixdun
neuntausend	nüngdausend	Nickelbrille	Nickelbrell/~brill
neunteilig	nüngdeilig	nicken	nicke, nügge(le¹), nünne²
neuntel	nüngtel	Nickerchen	Nickerche, Meddagsschlöfche, Denkpüüsche
neuntens	nüngtens		
neunzehn	nüng(k)sehn	nieder	nidder¹⁺², av²
neunzehnhundert	nüng(k)sehnhundert	niederbeugen	erunderbeuge/erunger~
neunzehnte	nüngsehnte	niederbrennen	eravbrenne, erunderbrenne/ erunger~
neunzig	nüng(k)sig		
Neupreis	Neupries	Niederdeutsch	Nidderdeutsch
Neuregelung	Neurägelung/~regel~	niederdrücken	eravdäue, erunderdäue/erunger~
Neureiz	Neuloss	niederfallen	erunderfalle/erunger~
Neurologe	Neurolog, Nerve(n)aaz	Niedergang	Niddergang
Neurologie	Neurologie	niedergehen	erundergonn/erunger~, eravrähne
Neurose	Neuros	Niedergeschlagenheit	Niddergeschlage(n)heit
Neuschnee	Neuschnei	niederhalten	erunderhalde/erunger~
Neuseeland	Neusieland	niederknien	hinkneee/~kneene
Neuseeländer	Neusieländer	niederkommen	nidderkumme
Neuss	Nüüß	Niederkunft	Nidderkunf
Neußer Straße	Nüüßer Stroß	Niederlage	Nidderlag
Neußer Wall	Nüüßer Wall	niederlassen	nidderlooße, hinsetze
Neutronenbombe	Neutronebomb	niederlegen	nidderläge
Neuverschuldung	Neuverscholdung	niedermachen	niddermaache, avmetzele, üvverrolle
Neuwagen	Neuwage	niedermetzeln	avmetzele
Neuwert	Neuwäät	niederregnen	eravrähne
neuwertig	ungebruch	niederreißen	ömrieße¹, avrieße
Neuzeit	Neuzigg	niederrinnen	schödde
Neuzugang	Neuzogang	niederschießen	avscheeße
Neuzustand	Neuzostand	Niederschlag	Nidderschlag, Reif, Rief
nicht	nit		

niederschlagen

niederschlagen	nidderschlage/~schlonn, zesamme-schlage/zo~/~schlonn	Nikela Knoll	Nikela, Besteva (Figur im „Hännes-che-Theater")
Niederschrift	Nidderschreff	Nikolaus	Kloos/Klöös, Nikela, Nickel; *der hellige Mann*
niedersetzen	avsetze[2]		
niedersinken	erundersinke/erunger~	Nikolausabend	Nikelausovend
niederstechen	niddersteche	Nikolaustag	Nikelausdag
niederträchtig	nidderdrächtig, schudderig, biestig	Nikotinvergiftung	Nikotinvergeftung
Niederträchtigkeit	Nidderdrächtigkeit, Nixnötzigkeit	Nilpferd	Nilpääd
niedertreten	erundertredde/erunger~, eravtredde	Nippel	Nibbel
niederwalzen	nidderwalze	nippen	nibbele, zölvere
Niederwild	Nidderweld/~wild	Nippes	Neppes
niederzwingen	eravzwinge, erunderzwinge/erunger~	nirgend(s)	nirgends
niedlich	aadig, luus, goldig, schnuckelig	nirgendwo	nirgendwo
niedrig	niddrig, nidder[1]	nirgendwoher	nirgendwoher
niedriger stufen	eravstufe	nirgendwohin	nirgendwohin, nirgendwoher
Niedriglohn	Niddrigluhn/~lohn	Nische	Hött
Niedrigwasser	Niddrigwasser	Nisse	Ness[2]
niemals	niemols	nisten	neste
niemand	keiner[2]	Nistkasten	Nesskaste
Niere	Nier	Nistplatz	Nessplatz
Nierenbecken	Nierebecke	Nistzeit	Nesszigg
Nierenbeckenentzündung	Nierebecke(n)entzündung	Nobelgegend	Nobelgägend
Nierenbraten	Nierebrode	noch	noch
Nierenkrankheit	Nierekrankheit	Nockenwelle	Nockewell
Nierenschale	Niereschal	Nomade	Nomad
Nierenspüler	Nierespöler	Nomadenleben	Nomadelevve
Nierenstein	Nierestein	Nonne	Nonn, Beging, Schwester
Nierentisch	Nieredesch	Nonnenkloster	Nonnekluster, Begingekluster
nieseln	fisele, fispele, risele	Nonnentracht	Nonnedraach/~traach, Begingedraach/~traach
nieselnd	fiselig	Nonstopflug	Nonstopflog
Nieselregen	Fiselsrähn, Fisel	Noppe	Nopp
niesen	neeße	Noppengarn	Noppegaan
Niesen	Neeß	Norden	Norde
Niete	Neet, Neetnähl	Nordflügel	Nordflögel
nieten	neete	Nordrhein-Westfalen	Nordrhein-Wessfale
Nietenhose	Neetebotz	Nordsee	Nordsie
Nietnagel	Neetnähl	Nordseite	Nordsigg
Niger	Niger[1]	Nordspitze	Nordspetz
Niger	Niger[2]	Nörgelei	Nöttelei, Genöttels, Geknöttels, Geöschel(s), Geknotter, Knöttelei, Quaggelei, Quaggelskrom, Knäbbelei, Zänkerei
Nigeria	Nigeria		
Nigerianer	Nigerianer		

Nudelbrett

nörgeln	nöttele, knottere, pröttele, prötte, kröötsche, erömquengele	Notgeld	Nudgeld
nörgelnd	quiselig, nöttelig	Notgroschen	Nudgrosche; *Äppelche för der Doosch*
Nörgler	Prötteler, Quaggeler, Nöttelefönes, Krüddel	Nothelfer	Nudhelfer
		notieren	vermerke
Norm	Norm	nötig	nüdig, brudnüdig
normal	normal	nötigen	nüdige, nüde, erpresse
normalerweise	normalerwies	Nötigung	Nötigung
Normalgewicht	Normalgeweech	Notiz	Notiz
Normalmaß	Normalmoß	Notizbuch	Notizboch, Merkboch, Täscheboch
Normalspur	Normalspor/~spur	Notizzettel	Notizzeddel
Normaluhr	Normalohr/~uhr	Notlage	Nudlag
Normalzeit	Normalzigg	Notlager	Nudlager
Normalzustand	Normalzostand	Notlandung	Nudlandung
Norwegen	Norwege	Notlicht	Nudleech
Nostalgie	Nostalgie	Notlösung	Nudlösung, Behelf
Not	Nud, Dalles	Notnagel	Nudnähl
Notanker	Nudanker	Notopfer	Nudoffer
Notarzt	Nudaaz	Notpfennig	Nudpenning
Notarztwagen	Nudaazwage	Notruf	Nudrof
Notausgang	Nudusgang, Nuddür/~dör	Notrufsäule	Nudrofsüül
Notbehelf	Nudbehelf	Notsitz	Nudsetz
Notbeleuchtung	Nudleech	Notstand	Nudstand
Notbett	Nudbedd	Notstandsgebiet	Nudstandsgebiet
Notbremse	Nudbrems	Notstandsgesetz	Nudstandsgesetz
Notbremsung	Nudbremsung	Notstrom	Nudstrom
Notbrücke	Nudbröck	Nottür	Nuddür/~dör
Notdienst	Nuddeens	Notunterkunft	Nudungerkunf
notdürftig	nuddörftig	Notverband	Nudverband
Note	Not	Notwehr	Nudwehr
Notenaustausch	Notewähßel	notwendig	nüdig
Notenblatt	Notebladd	Notzucht	Nudzuch
Notendurchschnitt	Note(n)durchschnedd	Novelle	Novell
Notenheft	Noteheff	Novembernebel	Novembernevvel
Notenschlüssel	Noteschlössel	Nu, im	em Rubbedidupp/Rubbedikabess/Rüppche
Notenwechsel	Notewähßel		
Notenwert	Notewäät		
Notfall	Nudfall	nüchtern	nööchter, drüg, ieskald
Notfalldienst	Nudfalldeens	Nuckel	Nüggel
notfalls	nudfalls	nuckeln	nüggele[2]
Notfeuer	Nudfüür/~föör	Nudel	Nudel
notgedrungen	nudgedrunge, zwangsläufig	Nudelbrett	Nudelbredd

Nudelgericht

Nudelgericht	Nudelgereech/~rich	nütze	notz
Nudelholz	Nudelholz	Nutzeffekt	Notzeffek
Nudelsalat	Nudelschlot	nutzen	notze/nötze
Nudelsuppe	Nudelzupp	Nutzen	Notze
Nudelteig	Nudeldeig	nützen	nötze, solle[1]
Nudist	Bläcke	Nutzfahrzeug	Notzfahrzeug
Nugat	Nugat	Nutzfläche	Notzfläch
Nugatbrot	Nugatbrud	Nutzgarten	Notzgaade
Nugatfüllung	Nugatfllung/~füll~	Nutzholz	Notzholz
Nugatpraline	Nugatpralin	Nutzlast	Notzlass
Nugattorte	Nugattaat	nützlich	nötzlich, notz, dienlich
Nuklearmacht	Nuklearmaach	nutzlos	unnötz
Nukleus	Zellkään	Nutznießer	Notzneeßer
Null	Null	Nutzpflanze	Notzflanz/~planz
Nullachtfünfzehn	nullaachfuffzehn	Nutztier	Notzdier
Nullpunkt	Nullpunk	Nutzungsrecht	Notzungsrääch
Numerale	Zahlwood	Nylonstrumpf	Nylonstrump
numerisch	zahlemäßig	Nymphomanin	Gäängedöpp; *jöckig/rösig Radiesche; läufig Lische*
Numismatik	Münzkund		
Nummer	Nummer		
nummerieren	nummeriere/~eere		
Nummernschild	Nummerescheld/~schild		
nun	no		
nur	nor, eckersch, allein[2]		
Nürnberg	Nürnberg		
Nürnberger	Nürnberger	**O**	
nuscheln	nuschele, nostere, quiddele		
Nuss	Noss	O-Beine	Daggelsbein
Nussbaum	Nossbaum	Oase	Oas
Nussfüllung	Nossfüllung/~füll~	ob	ov[1]
Nussknacker	Nosskracher/~kraach~	Obacht	Aach
Nusskuchen	Nosskoche	Obacht geben	*Aach gevve; om Kiwif sin/stonn*
Nussnugatcreme	Nossnugatkräm/~creme	oben	bovve(n), ovve
Nussschale	Nossschal	obendrauf	bovvendrop
Nussschinken	Nossschinke	obendrein	bovvendren
Nussschokolade	Nossschokelad	obendrüber	bovvendrüvver
Nüster	Nöster	obendurch	bovvendurch
Nut	Nut	obenherum	bovveneröm
Nutte	Nutt, Hur/Hor, Knall[2], Schnepp, Trottoirschwalv, Klunt, Masseuse, Tiff, Schnall[2]	Oberammergau	Oberammergau
		Oberarm	Oberärm
		Oberarmmuskel	Mau
		Oberarzt	Oberaaz
		Oberbefehl	Oberbefähl/~befell
nutze	notz	Oberbegriff	Oberbegreff

öffentlich

Oberfläche	Oberfläch	Obstsaft	Obsplantage
oberflächlich	flüchtig, grovv	Obstsalat	Obsschlot
obergärig	obergärig	Obstschale, ~schüssel	Obskump
Obergeschoss	Ovvergeschoss	Obstsorte	Obszoot
Obergrenze	Obergrenz	Obststand	Appelkrom
oberhalb	ovverhalv, bovve	Obsttag	Obsdag
Oberhand	Regalt	Obsttorte	Obstaat
Oberhaupt	Oberhaup, Baas	Obstwasser	Obswasser
Oberhemd	Oberhemb	Obstwein	Obswing
Oberhitze	Oberhetz	obszön	säuisch, unflidig
Oberkante	Oberkant	obwohl	ovschüns
Oberlandesgericht	Oberlandesgereech/~rich	Ochse	Ohß
Oberleder	Ovverledder	Ochsenbrust	Ohßebross
Oberlicht	Ovverleech	Ochsenfrosch	Ohßefrosch
Oberliga	Oberliga	Ochsenkarren	Ohßekaar
Oberlippe	Ovverlepp	Ochsenschwanz	Ohßestätz
Oberschenkel	Schinke	Ochsenschwanzsuppe	Ochseschwanzzupp
Oberschenkelhalsbruch	Oberschenkelhalsbroch	Ochsentour	Ohßetour
Oberschenkelknochen	Oberschenkelknoche	Ochsenziemer	Ohßepisel, Pisel
Oberschicht	Oberscheech/~schich, Gesellschaff	Ochsenzunge	Ohßezung
Oberschule	Oberschull	öde	öd, verlooße[2]
Oberschulrat	Oberschullrod	oder	oder, ov[2]
Oberseite	Bovvesigg	Ofen	Ovve
oberst...	böversch...	Ofenbank	Ovvebank
Oberstübchen	Oberstüvvche	Ofenheizung	Ovveheizung
Oberstudienrat	Oberstudierod	Ofenklappe	Foch
Oberstufe	Oberstuf	Ofenloch	Ovveloch
Oberteil	Ovverdeil	Ofenplatte	Ovveplaat
Oberverwaltungsgericht	Oberverwaltungsgerich/~reech	Ofenrohr	Ovve(ns)pief, Pief
Objekt	Objek	Ofenrost	Ross[2], Ruster
objektiv	objektiv, gerääch	Ofenrost	Ruster
Objektschutz	Objekschotz	Ofenschieber	Foch
Objektträger	Objekdräger	Ofentür	Ovvedür/~dör
obschon	ovschüns	offen	offe, op[1], frei, schnack[2]
Obst	Obs	offenherzig	offe(n)hätzig, treuhätzig, freizögig
Obstanbau	Obsaanbau	Offenherzigkeit	Offe(n)hätzigkeit
Obstbaum	Obsbaum	offensichtlich sein	*dran föhle künne*
Obsternte	Obsernte	Offensivkrieg	Offensivkreeg
Obstgarten	Obsgaade	Offensivspiel	Offensivspill
Obsthändler	Obshändler	Offensivspieler	Offensivspiller
Obstkuchen	Obskoche, Obstaat	offen stehen	opstonn, gappe
Obstmesser	Obsmetz	öffentlich	öffentlich

offerieren	offeriere/~eere, aanbeede	Ölbaum	Ölbaum
Offizier	Offizier	Ölbehälter	Ölbehälder
Offiziersanwärter	Offiziersaanwrter	Ölberg	Ölberg/~birg
Offiziersmesse	Offiziersmess	Ölbild	Ölbeld/~bild
öffnen	opmaache, ~dun, ~klappe, sprieße	Ölbohrung	Ölbohrung
Öffner	Öffner	Öldruck	Öldrock[1+2]
Öffnung	Öffnung	Oleander	Aliaster
Öffnungsfrist	Öffnungsfriss	ölen	öle
Öffnungszeit	Öffnungszigg	Ölfarbe	Ölfärv
oft	off, vill[2], alle naslang	Ölfarbendruck	Öldrock[2]
öfters, oftmals	öfters/öftersch	Ölfilm	Ölfilm
Oheim	Ühm/Ohm	Ölgemälde	Ölbeld/~bild, Ölmolerei
ohne	ohne[1+2]	Ölgötze	Ölgötz
ohneeinander	ohne(e)nander	ölig	ölig, pomadig
Ohnmacht	Ohnmaach	Olive	Oliv
Ohr	Uhr[2]/Ohr[2]	Olivenöl	Olive(n)öl
Ohrenarzt	Uhredokter/Ohre~	Öljacke	Öljack
Ohrenklappe	Uhreklapp/Ohre~	Ölkanne	Ölkann
Ohrenkriecher	Uhrepetscher/Ohre~	Öllampe	Öllamp
Ohrenmütze	Uhrekapp/Ohre~	Ölleitung	Ölleidung
Ohrensausen	Uhresause/Ohre~	Ölmalerei	Ölmolerei
Ohrenschmalz	Uhreknies/Ohre~	Ölmotor	Ölmotor
Ohrenschmerzen	Uhreping/Ohre~	Ölmühle	Ölmüll
Ohrenschützer	Uhreschötzer/Ohre~	Ölofen	Ölovve
Ohrfeige	Ohrfig, Dillendötzche, Fimm, Firmbängel, Gelz, Juv[1], Klatsch, Knallzigaar, Wamännche, Tachtel, Tatsch	Ölpalme	Ölpalm
		Ölpest	Ölpess
		Ölpflanze	Ölflanz/~planz
ohrfeigen	klätsche, lange, scheuere, latsche, watsche, tachtele, tatsche, titsche, verpasse[2]; einem eine feuere/füüre/klevve/titsche; eine fange	Ölquelle	Ölquell
		Ölsardine	Ölsardin
		Ölschicht	Ölscheech/~schich
		Ölspur	Ölspor/~spur
Ohrläppchen	Uhrläppche/Ohr~	Ölvorkommen	Ölvürkumme/~vör~
Ohrring	Uhrring/Ohr~	Ölwanne	Ölwann
Ohrspülung	Uhrspülung/Ohr~	Ölwechsel	Ölwähßel
Ohrstecker	Uhrstecker/Ohr~	Olympiajahr	Olympiajohr
Ohrwurm	Uhrwurm/Ohr~, Uhrepetscher/Ohre~	Olympiamannschaft	Olympiamannschaff
Okkultist	Okkultiss	Olympiasieg	Olympiaseeg
Ökologe	Ökologe	Olympiasieger	Olympiaseeger
Ökologie	Ökologie	Ölzeug	Ölzeug
ökologisch	ökologisch, grön	Oma	Groß[1]
Öl	Öl	Omega	Omega
Ölanstrich	Ölaanstrech	Omnibusbahnhof	Omnibusbahnhoff

Omnibusfahrt	Omnibusfahrt	organisieren	organisiere/~eere
onanieren	wichse	Organismus	Organismus
Onanist	Onaniss	Organist	Organiss
Onkel	Ühm/Ohm	Organspende	Organspend
opak	undurchsichtig	Organverpflanzung	Organverflanzung/~planz~
Oper	Oper	Organza	Organza
Operationstisch	Operationsdesch	Orgasmus	Orgasmus
operieren	operiere/~eere	Orgel	Orgel
Opernhaus	Opernhuus	Orgelbauer	Orgelbauer
Opfer	Offer	Orgelkonzert	Orgelkonzäät
Opferlamm	Offerlamm	Orgelmusik	Orgelmusik
opfern	offere, hingevve	orgeln	orgele
Opferpfennig	Offerpenning	Orgelpfeife	Orgelspief
Opferschale	Offerschal	Orgels Pitter	Orgels Pitter (Peter Kessel, zeitgenössischer Drehorgelspieler)
Opferstock	Offerstock		
Opfertier	Offerdier	Orgelspiel	Orgelspill
Opiumpfeife	Opiumpief	Orgelspieler	Orgelsmann
Opiumsucht	Opiumsuch	Orientierungssinn	Orientierungssenn, ~vermöge
Opportunist	Opportuniss	Orientierungsvermögen	Orientierungsvermöge
Optimist	Optimiss	Orientierungszeichen	Orientierungszeiche
orange	orange	Origami	Origami
Orangenbaum	Appelsinebaum	Origanum	Beddsträh
Orangenhaut	Appelsinehugg	original	orgenal, ech
Orangenmarmelade	Appelsinemarmelad	Original	Orgenal
Orangensaft	Appelsinesaff	Originalsprache	Orgenalsproch
Orangenschale	Appelsineschal	Originaltext	Orgenaltex
Orchestergraben	Orchestergrave	originell	gelunge
Ordensbruder	Ordensbroder	Ornithologe	Ornithologe, Vugelkenner
Ordenstracht	Ordenstraach/~draach	Ort	Oot, Platz¹, Plaatz, Stell
ordentlich	ööntlich, aadig, opgerüümp; *dat et nor esu en Aat hät*	Orthographie	Orthographie
		Orthopäde	Knochedokter, Knocheflecker
ordinär	ordinär	Ortsgespräch	Ortsgespräch
ordnen	ordne/oodene, stivvele², zo(r)tiere/~eere	Ortsteil	Ortsdeil
		Ortswechsel	Ortswähßel
Ordnen	Stivvel²	Ortszeit	Ortszigg
Ordnung	Ood(e)nung	Ortszuschlag	Ortszoschlag
Oregano	Oregano	Öse	Trensche
Organ	Organ	Ossendorf	Öhßendorf/~dörp
Organbank	Organbank	Ostagent	Ossagent
Organisationsfehler	Organisationsfähler	ostasiatisch	ossasiatisch
Organisator	Organisator	Ostasien	Ossasie
organisch	organisch	Ostberlin	Ossberlin

Ostblock

Ostblock	Ossblock	Ostpolitik	Osspolitik
Ostblockland	Ossblockland	Ostpreußen	Osspreuße
Ostblockstaat	Ossblockstaat, Ossblockland	Ostrand	Ossrand
ostdeutsch	ossdeutsch	Ostsee	Osssie
Ostdeutschland	Ossdeutschland	Ostseite	Osssigg
Osten	Oste	Ostspitze	Ossspetz
Ostende	Ossende	Ostteil	Ossdeil
Osterbrauch	Osterbruch	Ostwand	Osswand
Osterbrot	Matz[2]	Ostwind	Osswind
Osterei	Osterei	Ostzone	Osszon
Osterferien	Osterferie	Otiatrie	Ohre(n)heilkund/Uhre(n)~
Osterfest	Osterfess, Pooschfess	Otter	Otter
Osterfeuer	Osterfüür/~föör	Ottilie	Till(a)
Osterglocke	Osterglock, Kircheschlössel	Ouvertüre	Ouvertüre
Osterhase	Osterhas	Ozeandampfer	Ozeandamfer
Osterinsel	Osterinsel	Ozongehalt	Ozongehald
Osterkerze	Osterkääz	Ozonschicht	Ozonschich/~scheech
Osterlamm	Osterlamm		
Ostermarsch	Ostermarsch		
Ostermonat	Ostermond		
Ostermontag	Ostermondag		
Ostern	Ostere, Osterfess, Poosch(t)e, Pooschfess	**P**	
Osternacht	Osternaach	Paar	Paar, Gespann
Ostersonntag	Ostersonndag	paaren	paare, hegge
Osterverkehr	Osterverkehr	Paarungszeit	Paarungszigg
Osterwoche	Osterwoch	paarweise	paarwies
Osterzeit	Osterzigg	Pacht	Paach
Osteuropa	Osseuropa	pachten	paachte
osteuropäisch	osseuropäisch	Pachtgeld	Paachgeld
Ostflügel	Ossflögel	Pachtland	Paachland
Ostfriese	Ossfriese	Pachtvertrag	Paachbreef
Ostfriesenwitz	Ossfriesewetz	Pachtzins	Paachzins
ostfriesisch	ossfriesisch	Pack	Pack, Gesocks, Racke(r)pack, Kroppzeug, Gezumpels
Ostfriesland	Ossfriesland		
Ostfront	Ossfront	Päckchen	Päckche
Ostgebiet	Ossgebiet	Packeis	Packies
Ostheim	Ossheim	packen	packe; *einer/jet beim Weckel han/ krige; beim Wöllche krige*
Ostkirche	Osskirch		
Ostküste	Ossküss	Packen	Packe
östlich	össlich	Packesel	Packesel
Ostmark	Ossmark	Packtasche	Packtäsch
		Packung	Packung

Packzettel	Packzeddel	pantschen	mölsche
Pädagogik	Pädagogik	Panzerabwehr	Panzeravwehr
pädagogisch	pädagogisch	Panzerfaust	Panzerfuus
paddeln	paddele	Panzergraben	Panzergrave
Päderast	Päderass	Panzerhemd	Panzerhemb
paffen	paffe	Panzerkolonne	Panzerkolonn
Page	Page	Panzerplatte	Panzerplaat
Pagenkopf	Pagekopp	Panzerschiff	Panzerscheff
Pailette	Paillette	Panzerschlacht	Panzerschlaach
Paket	Pakett	Panzerschrank	Panzerschrank
Paketkarte	Pakettkaat	Panzertruppe	Panzertrupp
Paketpost	Pakettposs	Panzerwagen	Panzerwage
Paketschalter	Pakettschalter	Panzerzug	Panzerzog
Paketsendung	Pakettsendung	Papa	Papp^1
Paketwagen	Pakettwage	Papagei	Papagei
Pakt	Pak	Papageienkrankheit	Papageiekrankheit
Palast	Palass	Papageienschnabel	Papageieschnabel
Palastwache	Palasswaach	Papageifisch	Papageifesch
Palette	Palett	Papier	Papier/Papeer
Palmblatt	Palmbladd	Papierblume	Papierblom/Papeer~
Palme	Palm^2	Papierbogen	Papierboge/Papeer~
Palmsonntag	Palmsonndag	Papierdrachen	Pattevugel
Palmwein	Palmwing	papieren	papiere/~eere
Palmzweig	Palmzwig/~zweig	Papierfabrik	Papiermüll/Papeer~
Pampelmuse	Pampelmus	Papiergeschäft	Papiergeschäff/Papeer~
pampig	tätschig	Papiergewicht	Papiergeweech/Papeer~/~wich
Panflöte	Panfleut	Papierhandtuch	Papierhanddoch/Papeer~
panieren	paniere/~eere	Papierkorb	Papierkorv/Papeer~
Paniermehl	Paniermähl	Papierkram	Papierkrom/Papeer~
Panikstimmung	Panikstimmung	Papierkrieg	Papierkreeg/Papeer~
Panne	Pann^2	Papiermühle	Papiermüll/Papeer~
Pannendienst	Pannedeens	Papierrolle	Papierroll/Papeer~
Pannenkoffer	Pannekoffer	Papiersack	Papiersack/Papeer~
Panoramafenster	Panoramafinster	Papierschere	Papierschir/Papeer~
Panoramascheibe	Panoramaschiev	Papierschlange	Papierschlang/Papeer~
Panoramaspiegel	Panoramaspeegel	Papierschnipsel	Papierschnibbel/Papeer~
Pansen	Panz	Papierschnitzel	Schnetz
Pantaleonswall	Pantaleonswall	Papierstreifen	Papierstreife/Papeer~/~streife
Pantoffel	Schluffe, Pantuffel	Papiertaschentuch	Papiertäsche(n)doch/Papeer~, Tempotäsche(n)doch
Pantoffelblume	Pantuffelblom		
Pantoffelheld	Schluffe	Papiertüte	Papiertüt/Papeer~
Pantoffelkino	Schluffekinema	Papp	Papp^2

Pappdeckel

Papp(en)deckel	Papp(e)deckel	Parfümzerstäuber	Parfümzerstäuver
Pappe	Papp[3]	parieren	pariere[1+2]/~eere[1+2]
Pappel	Pappel	Paris	Pariss
päppeln	päppele	Parkanlage	Parkaanlag
pappen	pappe	Parkaufseher	Gääsch[2]
pappig	pappig, tätschig	Parkbucht	Parkbuch
Pappnase	Pappnas	Parkdauer	Parkzigg
pappsatt	buchsatt	parken	parke
Pappschild	Pappscheld/~schild	Parkett	Parkett
Pappschnee	Pappschnei	Parkettboden	Parkettboddem
Paprikaschnitzel	Paprikaschnetzel	Parkettleger	Parkettläger
Paprikaschote	Paprikaschot	Parkhaus	Parkhuus
Papst	Paps	Parkkralle	Parkkrall
Papstkrone	Papskrun	Parkleuchte	Parkleech/~lich
päpstlich	päpslich	Parkleuchte	Parkleuch
Papstwahl	Papswahl	Parklicht	Parkleech/~lich
Papyrusblatt	Papyrusbladd	Parklücke	Parklück
Papyrusrolle	Papyrusroll	Parkplatz	Parkplaatz
Parabolspiegel	Parabolspeegel	Parkscheibe	Parkschiev
Parade	Parad	Parkuhr	Parkuhr/~ohr
Paradebeispiel	Paradebeispill	Parkverbot	Parkverbodd
Paradekissen	Paradekesse	Parkweg	Parkwäg
Paradepferd	Paradepääd	Parkzeit	Parkzigg
Paradeschritt	Paradeschredd	Parlamentsmitglied	Parlamentsmetgleed/~glidd
Paradestück	Paradestöck	Parlamentssitz	Parlamentssetz
Paradiesapfel	Paradiesappel	Parlamentssitzung	Parlamentssitzung
Paradiesvogel	Paradiesvugel	Parmesankäse	Parmesankis
Paraffinkerze	Paraffinkääz	Parodist	Parodiss
Paragraph	Paragraph	Parole	Parol
Paraguay	Paraguay	Partei	Partei
Parallelklasse	Parallelklass	Parteiabzeichen	Parteiavzeiche
Parallellinie	Parallellinnich	Parteiamt	Parteiamp
Parallelstraße	Parallelstroß	Parteibuch	Parteiboch
Paranuss	Paranoss	Parteienkampf	Parteiekamf
Paranussbaum	Paranossbaum	Parteifreund	Parteifründ
Paraphrase	Paraphras	parteiisch	einsiggig
Parasit	Parasit	Parteimitglied	Parteimetgleed/~glidd
parat	parat	Parteiorgan	Parteiorgan
paratmachen	paratknuuve	Parteitag	Parteidag
paratstehen	paratstonn	Parteivorstand	Parteivürstand/~vör~
Parfum	Parfum	parterre	parterre
Parfümflasche	Parfümfläsch	Parterre	Parterre

1154

pausen

Parterrewohnung	Parterrewonnung	Patenonkel	Pattühm/~ohm
Partie	Partie, Poste	Patenstadt	Patestadt
Partikel	Partikel¹⁺²	Patentamt	Patentamp
Partisanenkampf	Partisanekamf	Patentante	Godd², Goddemöhn
Partisanenkrieg	Partisanekreeg	Patentrecht	Patenträäch
Partizip	Meddelwood	Patentrezept	Patentrezepp
Partner	Tuppes, Tünnes	Patentrolle	Patentroll
Partnerschaft	Partnerschaff	Patentschrift	Patentschreff
Partnerstadt	Patestadt, Partnerstadt	Patentschutz	Patentschotz
Partnerwechsel	Partnerwähßel	Patenturkunde	Patenturkund
partout	partout	Patentverschluss	Patentverschluss/~schloss
Pass	Pass	Pathologe	Pathologe
Passage	Passage	Pathologie	Pathologie
Passahfest	Passahfess	Patin	Godd², Goddemöhn
Passamt	Passamp, Passstell	Patrizier	Patrizier
Passbild	Passbeld/~bild	Patriziergeschlecht	Patriziergeschlääch
passé	passé	Patrizierhaus	Patrizierhuus
passen	passe¹⁺², erengonn, aanmesse; *Wasser op einem sing Müll sin*	Patron	Patron²
		Patrone	Patron¹
passend	zopass/ze~, akkurat, geläge, müngchesmoß	Patronenfüller	Patronefüller/~füll~
		Patronengurt	Patronegurt/~goot
passieren	passiere/~eere	Patronengürtel	Patronegöödel
Passion	Passion	Patronenhülse	Patronehüls
Passionsblume	Herrgoddsblom	Patronentasche	Patronetäsch
Passionssonntag	Passionssonndag	Patrouillenfahrt	Streif
Passionsspiel	Passionsspill	patsch	patsch!, patschtig!
Passionsweg	Passionswäg	patschen	patsche
Passionswoche	Passionswoch	Patschhändchen	Patschhängche
Passionszeit	Passionszigg	patschnass	patschnaaß
Passkontrolle	Passkontroll	Patzregen	Platschrähn
Passstelle	Passstell	Pauke	Pauk
Passstraße	Passstroß	pauken	pauke
Passwort	Passwood	Paul	Päul
Pastellbild	Pastellbeld/~bild	Paulusbrief	Paulusbreef
Pastellfarbe	Pastellfärv	Pausbacken	Pausbacke
Pastellmalerei	Pastellmolerei	Pauschalbetrag	Pauschalbedrag
Pastellstift	Pastellsteff	Pauschale	Pauschal
Pastete	Pastet	Pauschalpreis	Pauschalpries
Pastille	Pastill	Pauschalreise	Pauschalreis
Pastor	Pastur	Pauschalurteil	Pauschalurdeil/~or~
Pate	Patt	Pause	Paus¹⁺²Puus¹⁺²
Patenkind	Pättche	pausen	pause²/puuse²

1155

Pausenbrot	Pausebrud	Penis	Dill², Löll, Lömmel, Löres, Nipp, Pitz, Prügel, Reeme, Schnibbel
Pausenfüller	Pauseföller/~füll~		
Pausenhof	Pausehoff	Pennbruder	Pennbroder
pausenlos	an einem Stöck	pennen	penne²
pausieren	pause¹/puuse¹; en Paus maache	Pensionsgast	Pensionsgass
Pauspapier	Pauspapier/~papeer	Pensionskasse	Pensionskass
Pavian	Pavian	Pensionspreis	Pensionspries
Pazifist	Pazifiss	pensionsreif	pensionsrief
Pech	Malheur	Pentagon	Pentagon
Pech haben	en Aap fluhe, de Pitterzillie verhagele	Pentagramm	Pentagramm
pechschwarz	pechschwatz, klütteschwatz, kollraveschwatz	Penthouse	Penthuus
		Pepitahose	Pepitabotz
Pechsträhne	Pechsträhn	peppig	peppig
Pechvogel	Pechvugel	per	per
Pegel	Pegel	perdu	perdu
Pegelstand	Pegelstand	perfekt	perfek, unfählbar
peilen	piele	Perfektionist	Perfektioniss
Pein	Ping	Pergament	Pergament
peinigen	transioniere/~eere	Pergamentpapier	Pergamentpapier/~papeer
peinlich	genierlich/geneer~	Pergola	Pergola
Peitsche	Schmeck, Peitsch, Pisel, Öhßepisel	Periode	Period
peitschen	schmecke¹, peitsche	Perle	Pääl
Peitschenstiel	Peitschestill	perlen	pääle
Pekinese	Pekines	Perlenfischer	Päälefescher
Pelikan	Pelikan	Perlengraben	Päälegrave
Pelle	Pell²	Perlenkette	Päälekett
pellen	pelle, schelle¹	Perlenschnur	Pääleschnur/~schnor
Pellkartoffel	Quallmann	Perlenstickerei	Päälesteckerei
Pelzfutter	Pelzfooder	Perlentaucher	Pääletaucher, Päälefescher
pelzig	pelzig	Perlgarn	Perlgaan
Pelzjacke	Pelzjack	Perlhuhn	Perlhohn
Pelzkappe	Pelzkapp	Perlmuschel	Perlmuschel
Pelzkragen	Pelzkrage	Perlmutt	Perlmutt
Pelzmuff	Pelzmuff, Muff²	Perlmuttknopf	Perlmuttknopp
Pelzmütze	Pelzmötz	Perlonstrumpf	Perlonstrump
Pelztier	Pelzdier	Perlstich	Perlstech
Pendellampe	Pendellamp	Perlwein	Perlwing
pendeln	pendele	Perlzwiebel	Ölligspief, Lauchzwiebel
Pendeltür	Pendeldür/~dör	perplex	perplex, verplex
Pendeluhr	Pendeluhr/~ohr	Perserkatze	Perserkatz
penibel	eige, pingelig	Persiflage	Persiflage
penibel sein	alles op de Goldwoog läge	Persilschein	Persilsching

Pfefferkuchen

Person	Person	Petronella	Nell/Nella/Nelli
Personalabbau	Personalavbau	Petrusbrief	Petrusbreef
Personalbüro	Personalbürro	petzen	petze
Personaldaten	Personaldate	Pfad	Padd
Personaldecke	Personaldeck	Pfaffe	Paaf[1]
Personalkosten	Personalkoste	Pfahl	Pohl[2], Mass[1], Foste
Personalrat	Personalrod	pfählen	pöhle
Persönchen	Persönche	Pfalz	Falz
Personengedächtnis	Personegedächnis	Pfälzer	Fälzer
Personenkraftwagen	Personekraffwage	Pfalzgraf	Falzgraf
Personenkreis	Personekreis	pfälzisch	fälzisch
Personenkult	Personekult	Pfand	Pand, Pandgeld
Personenregister	Personeregister	Pfandbrief	Pandbreef
Personenschaden	Personeschade	pfänden	pände
Personenschutz	Personeschotz	Pfänderspiel	Pänderspill
Personenstand	Personestand	Pfandflasche	Pandfläsch
Personenstandsbuch	Personestandsboch	Pfandgeld	Pandgeld
Personenstandsregister	Personestandsregister	Pfandhaus	Pandhuus, Lumba
Personenverkehr	Personeverkehr	Pfandrecht	Pandrääch
Personenwaage	Personewoog	Pfandschein	Pandsching, Pandzeddel
Personenwagen	Personewage	Pfandzettel	Pandzeddel
Personenzahl	Personezahl	Pfanne	Pann[1]
Personenzug	Personezog	Pfannengericht	Pannegereech/~rich
Persönlichkeitsbild	Persönlichkeitsbeld/~bild	Pfannenstiel	Pannestill, Pannestätz
Persönlichkeitsrecht	Persönlichkeitsrääch	Pfannkuchen	Pannekoche, Bochweizepannekoche
Persönlichkeitswert	Persönlichkeitswäät	Pfannkuchengesicht	Appeltaatsgeseech
Perücke	Pürk, Fifi	Pfarramt	Faaramp, Farrei
Perückenmacher	Pürkemächer	Pfarre	Faar
Pessimist	Pessimiss	Pfarrei	Farrei
pessimistisch	pessimistisch	Pfarrer	Pastur
Pest	Pess	Pfarrhaus	Farrei, Faarhuus
Pestbeule	Pessbüül	Pfarrkirche	Faarkirch
Pestgeruch	Pessgeroch	Pfau	Fau, Puuhahn
Pestizid	Flanzeschotzmeddel/Planze~	Pfauenauge	Faue(n)aug
Peter	Pitter	Pfauenfeder	Fauefedder
Peter-Berchem-Straße	Peter-Berchem-Stroß	Pfauenrad	Faueradd
Peter Josef	Pittjupp	Pfauhenne	Puuhohn
Petersilie	Pitterzillie	Pfeffer	Peffer
Petersilienwurzel	Pitterzilliewoozel	Pfefferdose	Pefferdos
Peterwagen	Pitterwage	Pfefferfresser	Pefferfresser
Petition	Aandrag	Pfefferkorn	Pefferkoon
Petroleumslampe	Tronsfunzel	Pfefferkuchen	Pefferkoche, Paveiestein

Pfefferkuchenhäuschen

Pfefferkuchenhäuschen	Pefferkoche(n)hüüsche	Pferdefuß	Päädsfoß
Pfefferminz	Peffermünz	Pferdegebiss	Päädsgebess
Pfefferminzbonbon	Peffermünzche	Pferdegeschirr	Halfter
Pfefferminzlikör	Peffermünzlikör	Pferdehaar	Rosshoor
Pfefferminzöl	Peffermünzöl	Pferdeknecht	Päädsknääch
Pfefferminzplätzchen	Peffermünzplätzche	Pferdekopf	Päädskopp
Pfefferminzsoße	Peffermünzzauß	Pferdekoppel	Päädskoppel
Pfefferminztee	Peffermünztee	Pferdekur	Päädskur, Rosskur
Pfeffermühle	Peffermüll	Pferdemarkt	Päädsmaat
Pfeffermünz	Peffermünz	Pferdemetzgerei	Päädsmetzgerei
pfeffern	pfeffere	Pferdemist	Päädsmess
Pfeffernuss	Peffernoss	Pferdenatur	Päädsnatur/~nator
Pfeffersack	Peffersack	Pferderennen	Päädsrenne
Pfeife	Pief, Fleut, Nasewärmer	Pferdeschlachterei	Päädsmetzgerei
pfeifen	piefe, fleute	Pferdeschlitten	Päädsschlitte
Pfeifendeckel	Piefe(n)deckel	Pferdeschwanz	Päädsstätz
Pfeifenkopf	Piefekopp	Pferdestall	Päädsstall
Pfeifenraucher	Pieferaucher	Pferdestärke	Päädsstärke
Pfeifenrohr	Pieferühr/~röhr	Pferdewagen	Päädskaar
Pfeifenständer	Piefeständer	Pferdezucht	Päädszuch
Pfeifenstopfer	Piefestopper	Pfiff	Feff, Peff
Pfeifentabak	Piefetabak/~tubak	Pfifferling	Pefferling
Pfeifkessel	Fleutekessel	pfiffig	luus, aanschlägig, verschmitz, peffig; op Zack
Pfeifkonzert	Fleutkonzäät		
Pfeil	Piel, Feil	Pfiffikus	Gaugitscher
Pfeilbogen	Flitzeboge, Pielboge	Pfingsten	Pingste, Pingsfess
Pfeiler	Pilar, Feiler	Pfingstfest	Pingsfess
Pfeilerbrücke	Pilarebröck	Pfingstmontag	Pingsmondag
Pfeilgift	Feilgeff	Pfingstochse	Pingsohß
Pfeilrichtung	Feilreechtung/~richt~	Pfingstrose	Pingsrus, Päädsrus, Bommeklotz
Pfeilstraße	Feilstroß	Pfingstsonntag	Pingssonndag
Pfennig	Penning	Pfingstverkehr	Pingsverkehr
Pfennigabsatz	Penningsavsatz	Pfingstwoche	Pingswoch
Pfennigskram	Penningskrom	Pfirsich	Peesch, Plüschprumm
Pfennigstück	Penningstöck	Pfirsichbaum	Firsichbaum
Pferch	Ferch, Perk	Pfirsichblüte	Firsichblöt
Pferd	Pääd	Pfirsichbowle	Firsichbowl
Pferdeapfel	Päädsappel, Päädsköttel	Pflanze	Flanz/Planz
Pferdedecke	Päädsdeck	pflanzen	flanze/planze
Pferdedieb	Päädsdeev	Pflanzenbutter	Planzebotter
Pferdedoktor	Päädsdokter	Pflanzengift	Flanzegeff/Planze~
Pferdefleisch	Päädsfleisch	Pflanzenkost	Flanzekoss/Planze~

Pflanzenöl	Flanze(n)öl/Planze(n)~	Pflichtjahr	Flichjohr
Pflanzenreich	Planzerich	Pflichtteil	Flichdeil
Pflanzensamen	Gesöms, Some	Pflichtumtausch	Zwangsömtuusch
Pflanzenschutz	Flanzeschotz/Planze~	Pflichtverteidiger	Flichverteidiger
Pflanzenschutzmittel	Flanzeschotzmeddel/Planze~	Pflock	Flock²
Pflanzgarten	Planzgaade	Pflückapfel	Plöckappel
Pflanzgut	Soot	pflücken	plöcke
pflanzlich	flanzlich	Pflug	Flog², Plog¹
Pflaster	Flaster, Plooster, Steinpflaster, Pavei, Koppsteinflaster	pflügen	flöge/plöge
		Pforte	Pooz
Pflasterer	Paveier	Pförtner	Förtner
Pflastermaler	Flastermöler, Paveiemöler	Pförtnerhaus	Förtnerhuus
pflastern	flastere, pavese	Pförtnerloge	Förtnerlog
Pflasterstein	Flasterstein, Paveiestein	Pfosten	Foste, Pohl²
Pflaume	Prumm	Pfostenschuss	Fosteschoss
Pflaumenbaum	Prummebaum, Quetschebaum	Pfote	Put²
Pflaumenkern	Prummekään	Pfropfen	Proppe, Stoppe, Löll
Pflaumenkuchen	Prummetaat, Quetschetaat	Pfuhl	Pohl¹
Pflaumenmus	Prummekompott	Pfund	Pund
Pflaumenschnaps	Prummeschabau	Pfundskerl	Donnerkiel
Pflaumentorte	Prummetaat	pfundweise	pundwies
Pflege	Fläg	Pfusch	Fusch, Fuutel
Pflegedienst	Flägedeens	Pfuscharbeit	Huddelsarbeid
Pflegeeltern	Flägeeldere	pfuschen	fusche, fuutele
Pflegefall	Flägefall	Pfuscher	Fuscher
Pflegegeld	Flägegeld	Pfuschzettel	Fuschbläddche
Pflegeheim	Flägeheim	Pfütze	Pohl¹
Pflegekind	Flägekind	pH-Wert	pH-Wäat
Pflegemutter	Flägemutter	Phantombild	Phantombeld/~bild
pflegen	fläge	Phantomschmerz	Phantomping
Pfleger	Fläger	Pharaonengrab	Pharaonegrav
Pflegesatz	Flägesatz	Pharaonenkönig	Pharaonekünning
Pflegesohn	Flägesonn	Pharaonenreich	Pharaonerich
Pflegetochter	Flägedoochter	Phase	Phas
Pflegevater	Flägevatter	Philipp	Fibb, Fibbes
Pflegeversicherung	Flägeversecherung	Philologe	Philologe
Pflegschaft	Flägschaff	Philologie	Philologie
Pflicht	Flich	Phosphorbombe	Phosphorbomb
Pflichtbeitrag	Flichbeidrag	Phosphorvergiftung	Phosphorvergeftung
Pflichteifer	Flichiefer	Physikunterricht	Physikungerreech/~rich
Pflichtfach	Flichfa(a)ch	Pi mal Daumen	*mem hölzer Augemoß*
Pflichtgefühl	Flichgeföhl	Pianist	Pianiss

picheln	pichele; *sich der Stross öle*	pimpern	döppe, höggele, knüüze, poppe, tuppe, rammele, bocke, orgele, bööschte
Pick	Peck		
Pickel	Metesser		
pickelig	pickelig	Pimpernelle	Pimpernell
picken	pecke	Pimpernuss	Pimpernoss
Picknickkorb	Picknickkorv	Pimpinelle	Pimpernell
piddeln	piddele	pingelig	pingelig, krüddelig, eige
piekfein	pickfein, stievstaats	Pinienwald	Piniewald
piepen	piepe	Pinienzapfen	Piniezappe
piepsen	piepse, pietsche	Pinkelbecken	Pissbecke
piesacken	piesacke	pinkeln	pinkele, pisse, scheffe
Piesackerei	Piesackerei	Pinkelpause	Pinkelpaus/~puus
pietschen	petsche	Pinne	Penn
Pigmentfleck	Pigmentfleck(e)	pinnen	penne¹
Pik	Peck, Schöppe	Pinnwand	Pennwand
Pikass	Schöppeass	Pinsel	Pinsel, Quass
Pikbauer	Schöppejung	Pinselführung	Pinselstrech
Pikdame	Schöppedam	pinseln	pinsele, mole
pikiert	pikeet	Pinselstiel	Pinselstill
Pikkolo	Pikkolofläsch	Pinselstrich	Pinselstrech
Pikkoloflasche	Pikkolofläsch	Pinzette	Pinzett
Pikkoloflöte	Pikkolofleut	Pioniergeist	Pioniergeis
Pikkönig	Schöppekünning	Pionierzeit	Pionierzigg
Pilger	Pilger	Pips	Peps
Pilgerfahrt	Pilgerfahrt	Piratenschiff	Piratescheff
Pilgerweg	Jakobswäg	Piratensender	Piratesender
Pille	Pill/Pell¹	Pirol	Goldmääl
Pillendose	Pille(n)dos/Pelle(n)~	pirschen	pirsche
Pillendreher	Pille(n)driher/Pelle(n)~	Pissbecken	Pissbecke
Pillenknick	Pilleknick/Pelle~	Pisse	Piss
Pilot	Fleeger	pissen	pisse, tröötsche
Pilotenschein	Pilotesching	Pissnelke	Pissnelk
Pilz	Pilz/Pelz	Pistazienbaum	Pistaziebaum
Pilzerkrankung	Pilzkrankheit/Pelz~	Pistaziennuss	Pistazienoss
Pilzgericht	Pilzgereech/Pelz~/~rich	Pistole	Pistol
Pilzkopf	Pilzkopp/Pelz~	Pistolengriff	Pistolegreff
Pilzkopffrisur	Pilzkoppfrisor/Pelz~/~frisur	Pistolenschuss	Pistoleschoss
Pilzkrankheit	Pilzkrankheit/Pelz~	Pistolentasche	Pistoletäsch
Pilzkunde	Pilzkund/Pelz~	Pkw	Personekraffwage
Pilzvergiftung	Pilzvergeftung/Pelz~	placken	wöhle
		Placken	Plagge
		Plackerei	Plackerei

pleite

Plage	Plog²	Platindraht	Platindroht
Plagegeist	Quengelsfott	Platinhochzeit	Platinhuhzigg
plagen	ploge, kujoniere/~eere, kreuzige, trieze, transioniere/~eere	platsch	platsch!, platschtig!
		platschen	platsche, plätsche
Plagerei	Plogerei	plätschern	plätschere
Plagiat	Plagiat	Platte	Plaat¹
Plagiator	Plagiator	Plattencover	Plaatehüll/~höll
Plakatfarbe	Plakatfärv	Plattenhülle	Plaatehüll/~höll
Plakatkunst	Plakatkuns	Plattenleger	Plaateläger
Plakatmaler	Plakatmöler	Plattenspieler	Plaatespiller
Plakatmalerei	Plakatmölerei	Plattenteller	Plaateteller
Plakatsäule	Plakatsüül, Litfasssüül	Plattenwechsler	Plaatewähßeler
Plakatschrift	Plakatschreff	Plattfisch	Plattfesch
Plakette	Plakett	Plattfuß	Plattfoß
Plan	Plan¹, Konzepp	plattfüßig	plattfüßig
Plane	Plan²	Plattfußindianer	Plattfoßindianer
planen	plane, ushecke	Plattheit	Plattitüde
Planke	Plank	Plattitüde	Plattitüde
Planschbecken	Planschbecke	Plattstich	Plattstech
Planspiel	Planspill	Platz	Platz¹, Plaatz, Stell
Planstelle	Planstell	Platzangst	Platzangs
Plantage	Plantage	Plätzchen	Plätzche
Planungsbüro	Planungsbürro	platzen	platze, baschte
Planwagen	Planwage	Platzgabbeck	Platzgabbeck (Figur unter der Uhr am Kölner Rathausturm)
Planwirtschaft	Planweetschaff		
Plappermaul	Bäbbelsmuul, ~schnüss, Bälkschnüss, Bätsch~, Flatsch~, Klatschmuul, Quatschschnüss	Platzhalter	Platzhalder
		platzieren	platziere/~eere
		Platzierung	Platz¹
plappern	plappere, babbele, bäbbele, bubbele, schnäbbele, bubbele; *einem geiht de Muul wie en Entefott; sich Franse an de Muul schwaade; sich de Muul fuselig schwaade*	Platzkarte	Platzkaat
		Platzkonzert	Platzkonzäät
		Platzmiete	Platzmeed
		Platzpatrone	Platzpatron
		Platzregen	Platzrähn, Platzrähn
		Platzrunde	Platzrund
Plaquemaul	Plackmuul	Platzverweis	Platzverwies
plärren	pliere/~eere	Platzwechsel	Platzwähßel
plärren	plärre	Platzwunde	Platzwund
Pläsier	Pläsier	Plauderei	Klaaf, Verzäll, Schwaad
Plastikbeutel	Plastikbüggel	plaudern	verzälle, klaafe, schwaade
Plastikbombe	Plastikbomb	Plazenta	Mutterkoche, Nohgeburt/~geboot
Plastikeimer	Plastikemmer	pleite	pleite, blank
Plastiksack	Plastiksack		
Plastiktragetasche	Plastikbüggel		
Plateausohle	Plateausoll		

Pleitegeier

Pleitegeier	Pleitegeier	Polarnacht	Polarnaach
Plexiglas	Plexiglas	Polarstern	Polarstään
plieren	pliere/~eere	Polartag	Polardag
Plisseefalte	Plisseefald	Police	Versecherungssching
Plombe	Plomb, Zahnföllung/~füll~	Polierbürste	Polierböösch
plombieren	plombiere	polieren	poliere/~eere
plötzlich	jih, rack; om Stüpp	Poliermittel	Poliermeddel
Plumeau	Plümmo/Plumeau	Poliertuch	Polierdoch
plump	platschig, ohßig, feis, boore/buure, tapsig, unförmig, schwerfällig	Polierwachs	Polierwahß
		Politbüro	Politbürro
Plunder	Pröll, Pröttel, Pröttelskrom	Politik	Politik
plündern	plündere	Politikwissenschaft	Politikwesse(n)schaff
Plunderstück	Plunderstöck	Politur	Poliermeddel
Plunderteig	Plunderdeig	Polizei	Polizei, Schmier²/Schmeer²
Plüschtier	Plüschdier	Polizeidienst	Polizeideens
Pluspunkt	Pluspunk	Polizeieinsatz	Polizeiensatz
plustern	plustere	Polizeigriff	Polizeigreff
Pluszeichen	Pluszeiche	Polizeihund	Polizeihungk
Pneumokoniose	Stöbblung	Polizeikontrolle	Polizeikontroll
Pobacke	Backe	polizeilich	polizeilich
Pöbel	Pack, Gesocks, Racke(r)pack, Gezumpels, Kradepack	Polizeischutz	Polizeischotz
		Polizeisirene	Polizeisiren
pöbeln	pöbele	Polizeistreife	Polizeistreif
Pocke	Pock	Polizeistunde	Polizeistund
Pockennarbe	Pockenarv/~narb	Polizist	Poliziss, Blö
pockennarbig	pockig	Pollen	Polle
Pockenschutzimpfung	Pockeschotzimfung	Polohemd	Polohemb
pockig	pockig	Polonaise	Polonäs
Podest	Podess	Polospiel	Polospill
Pograpscher	Föttchesföhler	Polster	Polster
Pogrom	Pogrom	Polstergarnitur	Polstergarnitur
Pointe	Knalleffek	polstern	polstere
Pokalendspiel	Pokalendspill	Polsterstuhl	Polsterstohl
Pokalspiel	Pokalspill	Polterabend	Bolderovend
pökeln	pökele	Polterer	Boldrian
Pokerface	Pokergeseech, Pokermien	Poltergeist	Poltergeis
Pokergesicht	Pokergeseech	poltern	rumpele, rummele, boldere
Pokermiene	Pokermien	Polygamie	Polygamie, Mihih
Pokerspiel	Pokerspill	Polygamist	Polygamiss
Polarhund	Polarhungk	Pomade	Pomad
Polarlicht	Polarleech/~lich	Pomadenhengst	Pomadehengs
Polarluft	Polarluff	pomadig	pomadig

1162

Prädikatsexamen

Pomeranze	Pomeranz, Oraniel	Postbeamter	Possbeamte, Posshengs
Pommes frites	Fritte, Stängelchensäädäppel	Postbezirk	Possbezirk
Ponyfransen	Ponyfranse	Postbus	Possbus
Popel	Mömmes	Posteingang	Possengang
Popelfresser	Mömmesfresser	Posten	Poste, Pössche, Partie
Popfarbe	Popfärv	Postgebühr	Possgebühr
Popkonzert	Popkonzäät	Posthorn	Posshoon
Popkunst	Popkuns	postieren	postiere/~eere
Popmusik	Popmusik	Postkarte	Posskaat
Popmusiker	Popmusiker	Postkutsche	Posskutsch
Popmusikgruppe	Popgrupp	Postleitzahl	Possleitzahl
Pornoheft	Pornoheff	Postminister	Possminister
porös	durchlässig	Postpaket	Posspakett
Porree	Breidlauf/~lauch, Breidöllig, Lauch/Lauf²	Postsack	Posssack
		Postscheck	Possscheck
Portemonnaie	Portemonnaie/Portmanee, Geldbüggel	Postscheckamt	Possscheckamp
		Postschiff	Possscheff
Portion	Aandeil, Schlag¹, Dotz	Postsendung	Posssendung
Portobuch	Portoboch	Postsparbuch	Posssparboch
Portokasse	Portokass	Poststelle	Possstell
Porträtmaler	Portraitmöler	Poststempel	Possstempel
Portugal	Portugal	Poststraße	Possstroß
Portugiese	Portugiese	Postverkehr	Possverkehr
Portwein	Portwing	Postwagen	Posswage
Porzellan	Posteling	Postweg	Posswäg
porzellanen	postelinge	Postzug	Posszog
Porzellanladen	Porzellanlade	Postzustellung	Posszostellung
Porzellanmalerei	Porzellanmölerei	poussieren	poussiere/~eere
Porzellantasse	Postelingtass	Poussierstängel	Poussierstängel/Pousseer~
Porzellanteller	Postelingteller	Pracht	Pra(a)ch, Staat²
Posaune	Posaun	Prachtbau	Pra(a)chbau, Palass
posaunen	posaune	Prachtexemplar	Pra(a)chexemplar, Pra(a)chstöck, Kabänes, Kaventsmann
Posaunenbläser	Posauneblöser		
Pose	Pos	prächtig	prächtig, staats
Position	Position, Stell	Prachtjunge	Pra(a)chjung
Positionslicht	Positionsleech/~lich	Prachtkerl	Pra(a)chkääl
Possenreißer	Uzbroder	Prachtstraße	Pra(a)chstroß
Possieren	Poussier	Prachtstück	Pra(a)chstöck
Post	Poss	prachtvoll	praachvoll, prächtig
Postamt	Possamp	Prachtweib	Pra(a)chwiev
Postanschrift	Possaanschreff	Prachtwerk	Pra(a)chwerk
Postauto	Possauto	Prädikatsexamen	Prädikatsexame

Profifußballer

Profifußballer	Profifoßballer	prosten	zoproste
Profigeschäft	Profigeschäff	prostituieren	*mem Plumeau lans der Rhing gonn*
Profilager	Profilager	Prostituierte	Hur/Hor, Nutt, Knall[2], Schnepp, Trot-
Profispieler	Profispiller		toirschwalv, Klunt, Masseuse, Tiff,
Profit	Profit		Schnall[2]
Profitgier	Profitgier	Protagonist	Protagoniss
profitieren	profitiere/~eere	Protest	Protess
Profitjäger	Profitjäger	Protestaktion	Protessaktion
Profitmacher	Profitmacher	Protestbewegung	Protessbewägung
Programm	Programm	protestieren	protestiere, verwahre
Programmablauf	Programmavlauf	Protestmarsch	Protessmarsch
Programmheft	Programmheff	Protestruf	Protessrof
programmieren	programmiere/~eere	Protestsänger	Protesssänger
Programmiersprache	Programmiersproch	Protestschreiben	Protessschrieves
Programmpunkt	Programmpunk	Protestsong	Protesssong
Programmvorschau	Programmvürschau/~vör~	Protestwelle	Protesswell
Programmzeitschrift	Programm~, Rundfunkzeidung	Prothese	Prothes
Programmzettel	Programmzeddel	Prothesenträger	Prothese(n)dräger
Progress	Progress	Protokoll	Knöllche
Projekt	Projek	Protokollant	Schrefführer/~führ~
Projektgruppe	Projekgrupp	protzen	protze, strunze
Projektwoche	Projekwoch	Proviantkorb	Proviantkorv
Prokurist	Prokuriss	Provinzbühne	Provinzbühn
Prolog	Prolog	Provinzhauptstadt	Provinzhauptstadt
Promenade	Promenad	Provinznest	Provinzness
Promenadendeck	Promenade(n)deck	Provinztheater	Provinzbühn
Promenadenmischung	Promenademischung	provozieren	provoziere, erusfordere
Promenadenweg	Promenadewäg	Prozentpunkt	Prozentpunk
Promille	Promill	Prozentwert	Prozentwäät
Promillegrenze	Promillegrenz	Prozession	Goddesdraach
prominent	bekannt	Prozesskosten	Prozesskoste
Pronomen	Pronome	Prozesskostenhilfe	Ärmerääch
Propaganda	Propaganda	Prozessrecht	Prozessrääch
Propagandaschrift	Propagandaschreff	Prüfautomat	Pröfautomat
Propellerblatt	Propellerbladd	Prüfbericht	Pröfbereech/~rich
Propellerflugzeug	Propellerflogzeug	prüfen	pröfe, beäuge, koste[2]
prophezeien	prophezeie	Prüfer	Pröfer
proppenvoll	peckevoll	Prüfling	Pröfling
Propst	Props	Prüfstand	Pröfstand
prosit	pross!	Prüfstein	Pröfstein
Prospekt	Prospek	Prüfung	Pröfung
prost	pross!	Prüfungsangst	Pröfungsangs

Punktzahl

Prüfungsarbeit	Pröfungsarbeid	Puddingteilchen	Puddingdeilche
Prüfungsaufgabe	Pröfungsaufgab	Pudel	Puddel
Prüfungsbedingungen	Pröfungsbedingunge	Pudelmütze	Pudelmötz
Prüfungsfach	Pröfungsfach	pudelnackt	puddelnack(ig), ~rüh
Prüfungsfrage	Pröfungsfrog	pudelnass	puddelnaaß
Prüfungsgebühr	Pröfungsgebühr	Puderdose	Puderdos
Prüfungsordnung	Pröfungsordnung	pudern	pudere
Prüfungstermin	Pröfungstermin	Puff	Mopp[1]
Prüfungsverfahren	Pröfungsverfahre	Puffärmel	Puffärm
Prüfverfahren	Pröfverfahre	Puffbohne	Päädsbunn
Prüfvorschrift	Pröfvürschreff/~vör~	puffen	puffe, knuuze
Prügel	Prügel, Klöpp, Schores, Schrübb, Schrom; ene Balg Wachs; sich eine enscheppe; Aska met Schohnähl se geresse/eine vör die Schwaad krige	Pufferzone	Pufferzon
		Puffreis	Puffries
		Puls	Pols
Prügel bekommen		Pulsader	Polsoder
		Pulsschlag	Polsschlag
prügeln	prügele, bimse, dresche, kamesöle, pisele, prinze, fetze, keile, kiele[1+2], kloppe, wachse[2]; einem eine enscheppe	Pulswärmer	Polswärmer, Stuche
		Pulver	Polver
		Pulverfass	Polverfaaß/~fass
		Pulverkaffee	Polverkaffee
Prügelstrafe	Prügelstrof	pulvern	polvere
Prunk	Staat[2]	Pulverschnee	Polverschnei
Prunkbett	Prunkbedd	pulvertrocken	polverdrüg
Prunksitzung	Prunksitzung	Pumpe	Pump[1]
Prunkstück	Prunkstöck	Pümpel	Klub
Prunksucht	Prunksuch	pumpen	pumpe[1+2]
prunkvoll	stöödig, staats	Pumpen	Pump[2]
Prunkwagen	Prunkwage	Pumpenhaus	Pumpehuus
Psittakose	Papageiekrankheit	Pumpenschwengel	Pumpeschwengel
Psyche	Sielelevve	Pumphose	Pumpbotz
Psychiater	Sieledokter, Sieleklempner	Punkt	Punk
psychiatrische Klinik	Dollhuus, Jeckenaanstalt, Klapsmüll	punkten	punkte
Psychogramm	Psychogramm	Punktlandung	Punklandung
Psychokrieg	Psychokreeg	pünktlich	pünktlich
Psychologe	Psychologe	Pünktlichkeit	Pünklichkeit
Psychologie	Psychologie	Punktrichter	Punkreechter/~richt~
Psychose	Psychos	Punktsieg	Punkseeg
Psychotherapeut	Sieledokter, Sieleklempner	Punktspiel	Punktespill
Pubertät	Reifezigg	Punktsystem	Punksystem
publizieren	veröffentliche, avdrocke	Punktverhältnis	Punkverhäldnis
Publizist	Publiziss	Punktwertung	Punkwäätung
puddeln	puddele	Punktzahl	Punkzahl
Puddingpulver	Puddingpolver		

Pup	Pupp	Putztuch	Putzdoch
Pupille	Pupill	Putzwolle	Putzwoll
Puppe	Popp	Pyelitis	Nierebecke(n)entzündung
Puppenbett	Poppebedd	Pyramide	Pyramid
Puppendoktor	Poppedokter	Pyramidenstumpf	Pyramidestump
Puppenfilm	Poppefilm		
Puppengeschirr	Poppegescherr		
Puppengesicht	Poppegeseech		
Puppenhaus	Poppehuus	## Q	
Puppenkleid	Poppekleid		
Puppenkopf	Poppekopp	Quabbel	Quabbel
Puppenküche	Poppeköch	quabbelig	quabbelig, schwabbelig
Puppenspiel	Poppespill	quabbeln	quabbele
Puppenspieler	Poppespiller	Quacksalber	Quacksalver
Puppenstube	Poppestuvv	Quacksalberei	Quacksalverei
Puppentheater	Poppetheater	Quaddel	Quäädel
Puppenwagen	Poppewage	Quadratwurzel	Quadratwoozel
Puppenwiege	Poppeweeg	Quadrille	Quadrille
Puppenwohnung	Poppewonnung	Quai	Uferstroß/Ofer~
Pups	Pupp	Quakente	Quakent
pupsen	futze; eine avrieße; eine fleege looße	Qual	Qual
Purist	Puriss	quälen	quäle, schinde, malträtiere/~eere, molestiere/~eere, kujoniere/~eere, ploge, trieze, tribbeliere/~eere, transioniere/~eere
Purzelbaum	Kuckelebaum, Tirvel, Tummeleut		
Pusemuckel	Pusemuckel (fiktiver Ortsn.; sehr weit entfernt liegend)		
Pusteblume	Bloslämpche	Quälgeist	Quälgeis
Pusteln	Rebbel	Qualifikationsrunde	Qualifikationsrund
Pute	Put^1, Schrut	Qualifikationsspiel	Qualifikationsspill
Puter	Schruthahn	Qualitätsarbeit	Qualitätsarbeid
Putschist	Putschiss	Qualitätskontrolle	Qualitätskontroll
Putschversuch	Putschversök	Qualitätsunterschied	Qualitätsungerschied/~scheed
Putte	Putt	Qualitätsware	Qualitätswar
Putz	Staat^2	Qualitätswein	Qualitätswing
Putzeimer	Putzemmer	Qualle	Quall
putzen	putze, knüsele	Qualm	Qualm, Damf/Damp
Putzfrau	Putzfrau	qualmen	qualme, flöppe
putzig	luus, lecker, leev	qualmig	qualmig, dämpfig
Putzlappen	Putzlappe, ~doch, Opnemmer	Qualster	Qualster
Putzmittel	Putzmeddel	Quant	Quant^{1+2}
Putzsucht	Putzsuch	Quant	Quant^3
Putztag	Putzdag	Quäntchen	Quäntche
Putzteufel	Putzdeuvel/~düüvel	Quark	Klatschkis, Makei

rächen

Quarkkäse	Fleutekis	Querruder	Querroder/~ruder
Quartalsende	Quartalseng(k)	Querschiff	Querscheff
Quartalssäufer	Quartalssüffer	Querschnitt	Querschnedd
Quartier	Quartier	Querschuss	Querschoss
Quarz	Quarz	Querseite	Quersigg
Quarzlampe	Quarzlamp	Querstraße	Querstroß
Quarzuhr	Quarzohr/~uhr	Querstreifen	Querstriefe/~streife
quasi	quasi	Quersumme	Quersumm
Quasselei	Quaselei, Quasel	Quertreiber	Querdriever
quasseln	quasele, schnaddere; sich Franse an de Muul schwaade; sich de Muul fuselig schwaade Schnadder	Querulant	Nötteleföness, Meckergeiß
		Quetsche	Quetsch²
		quetschen	quetsche, paasche
Quasselstrippe		Quetschfalte	Quetschfald
Quast(e)	Quass	Quetschwunde	Quetschwund
Quatsch	Quatschverzäll	quieken	quieke
quatschen	quatsche¹⁺², kalle	quietschen	quietsche
Quatscherei	Quatscherei	quietschvergnügt	puckellöstig
Quatschkopf	Quatschkopp	quitt	quitt
Quatschmaul	Quatschmuul, ~schnüss	Quitte	Quidd
Quecksilber	Quecksélver	Quittenbaum	Quiddebaum
Quecksilbervergiftung	Quecksélververgeftung	Quittenbrot	Quiddebrud
Quelle	Quell	quittengelb	quiddegääl
quellen	quelle¹⁺²	quittieren	quittiere/~eere
Quellensteuer	Quellestüür/~stöör	Quizfrage	Quizfrog
Quellfluss	Quellfloss/~fluss	Quote	Quot
Quellwolke	Quellwolk		
Quengelei	Quengelei, Quengel		
quengelig	nöttelig, quengelig		
Quengelkind	Quengelsbalg	**R**	
quengeln	quengele		
Quengler	Quengeler	Rabatt	Rabatt¹
quer	quer	Rabatte	Rabatt²
Querachse	Querachs	Rabattmarke	Rabattmark
Querbalken	Querbalke	Rabauke	Rabau, Rabbelekanes, Prinzrabau
Quere	Quer	Rabe	Rav
Querfalte	Querfald	Rabenaas	Rave(n)oos
querfeldein	querfelden	Rabeneltern	Rave(n)eldere
Querflöte	Querfleut	Rabenvogel	Ravevugel
Querhaus	Querhuus, ~scheff	Rache	Frack¹
Querkopf	Querkopp	Racheakt	Racheak
Querlatte	Querlatt, ~lies	Rachen	Rache
Querleiste	Querlies	rächen	räche

Rachgier	Rachsuch	Radweg	Raddwäg, ~fahrwäg
rachgierig	rachgierig	raffen	raafe
Rachsucht	Rachsuch	Raffen	Raaf
rachsüchtig	rachgierig	Raffgier	Raaf
rackern	racke/rackere	raffgierig	schrabbig
Rad	Radd	Raffinesse	Raffinesse
Radar	Radar	raffiniert	raffineet, filouisch, gau, gerevve, usgeschlofe, durchdrevve; *dubbelt geflääch*
Radarfalle	Radarfall		
Radargerät	Radargerät, Starekaste		
Radarkontrolle	Radarkontroll	Raffsucht	Raafsuch
Radarschirm	Radarschirm	Raffzahn	Raafzant, ~alles
Radarwagen	Radarwage	Rage	Rage
Radaubruder	Radaubroder	ragen	rage
Radaumacher	Radaubroder	Rahm	Rohm²
Radaumacher	Radaumächer	rahmen	rahme
Radball	Raddball	Rahmen	Rahme
Radbruch	Raddbroch	Rahmenwerk	Gerämsch
Raddampfer	Radddamfer, Schaufelradd~	Rainer	Neres
radeln	radele	Rakete	Raket
Räderscheidtstraße	Räderscheidtstroß	Raketenabwehr	Rakete(n)avwehr
Räderwerk	Rädderwerk	Raketenstartrampe	Raketestartramp
Radfahrer	Raddfahrer	Raketenstufe	Raketestuf
Radfahrweg	Raddfahrwäg	Raketenstützpunkt	Raketestötzpunk
Radfelge	Raddfelge	Rammbock	Rammbock
radieren	radiere/~eere	rammeln	rammele
Radiergummi	Radiergummi	rammen	ramme
Radieschen	Radiesche	Rammklotz	Rammklotz, ~bock
Radiologe	Radiologe	Rammler	Rammel
Radiologie	Radiologie	Rampe	Ramp
Radioröhre	Radioröhr	Rampenlicht	Rampeleech/~lich
Radkappe	Raddkapp	ramponieren	ramponiere/~eere
Radkasten	Raddkaste	ramponiert	metgenomme
Radkranz	Raddkranz	Ramschladen	Brochlade
Radmantel	Raddmantel	Ramschware	Ramschwar
Radnabe	Nav	Rand	Rand
Radrennbahn	Raddrennbahn	randalieren	randaliere/~eere
Radrennen	Raddrenne	Randfigur	Randfigur/~figor, Statiss
Radschläger	Raddschläger	Randgruppe	Randgrupp
Radsport	Raddsport	Randleiste	Randlies
Radsportler	Raddsportler	Randstreifen	Randstriefe/~streife
Radwanderung	Raddwanderung	Rang	Rang
Radwechsel	Raddwähßel	Rangabzeichen	Rangavzeiche

Rangälteste	Rangäldste	Rassehund	Rassehungk
rangeln	rangele/ranke²	Rassel	Rassel, Raspel
Rangfolge	Rangfolg	rasseln	rassele
ranggleich	rangglich	Rassengesetz	Rassegesetz
Ranghöchste	Ranghüchste	Rassenmerkmal	Rassemerkmol
Ranghöhere	Ranghühere	Rassenpolitik	Rassepolitik
Rangierbahnhof	Rangierbahnhoff	Rassentrennung	Rassetrennung
rangieren	rangiere/~eere	Rassenunruhe	Rasse(n)unrauh
Rangliste	Rangliss	Rasseweib	Rassewiev
Rangstreit	Rangstrigg	rassig	rassig
Rangstufe	Rangstuf	Rassist	Rassiss
Rangunterschied	Rangungerschied/~scheed	Rast	Rass¹, Paus¹/Puus¹
Ranke	Rank	rasten	raste¹⁺², räste; en Paus/Puus maache
ranken	ranke¹	Rasthaus	Rasshuus
Ranzen	Ranze	Rasthof	Rasshoff
ranzig	ranzig	Rastplatz	Rassplatz
rappelig	rabbelig	Raststätte	Rassstätt, ~huus
rappeln	rappele	Rat	Rod
Rapsöl	Rapsöl	Rate	Rat
Rapunzel	Koonschlot	raten	rode, tippe²
Rarität	Ringelduuv	Ratengeschäft	Rategeschäff
rasant	rösig/ros~	Ratenkauf	Ratekauf
rasch	baal, gäng, flöck	Rathaus	Rodhuus
rascheln	rispele	Rathausplatz	Rodhuusplatz
rasen	rase/rose, stoche	Rathaussaal	Rodhuussaal
rasend	rösig/ros~	Rathausturm	Rodhuusturm, ~toon
Rasenmäher	Rasemiher	Rationalist	Rationaliss
Rasenschere	Raseschir	Ratonkuchen	Rodong(koche)
Rasenstreifen	Rasestriefe/~streife	Ratsch(e)	Ratsch
Rasenstück	Rasestöck	ratschen	ratsche
Rasierapparat	Schrabbmaschin	Ratschlag	Rodschlag, Rod
Rasiercreme	Rasierkräm/~creme/Raseer~	Rätsel	Rödsel, Scharad
rasiere	rasiere/~eere	Rätselecke	Rödseleck
Rasierklinge	Rasierkling/Raseer~	Rätselfrage	Rödselfrog
Rasiermesser	Rasiermetz/Raseer~	Rätselfreund	Rödselfründ
Rasierpinsel	Rasierpinsel/Raseer~	rätseln	rödsele, tiftele
Rasierseife	Rasierseif/Raseer~	Rätselraten	Rödselrode
Rasierspiegel	Rasierspeegel/Raseer~	Rätselzeitschrift	Rödselzeidung
Rasierzeug	Rasierzeug/Raseer~	Ratsherr	Rodshäär
Raspel	Raspel	Ratskeller	Rodskeller
raspeln	raspele	Ratssitzung	Rodssitzung
Rasse	Rass²	Ratte	Ratt, Ratz

Rattenfalle

Rattenfalle	Rattefall	reagieren	reagiere/~eere
Rattenfänger	Rattefänger	Reaktion	Reaktion
Rattengift	Rattegeff	Realist	Realiss
Rattenplage	Ratteplog	Realschule	Meddelschull
Rattenschwanz	Rattestätz	Rebe	Reb
rau	rau, bööschtig, unevve	Rebpfahl	Rohm[1]
Raub	Raub	Rebstütze	Rohm[1]
Raubautz	Rabbelekanes	rechen	reche
Raubein	Rabbelekanes, Rubbele(n)dores	Rechen	Reche
rauben	raube	rechnen	rechne
Räuber	Räuber, Räuber (kölsche Musikgruppe)	recht	rääch[1]
		recht...	räch...[2]
räubern	räubere	recht kommen	*Wasser op einem sing Müll sin*
Rauch	Rauch, Damf/Damp	recht und schlecht	*rääch un schlääch*
rauchen	rauche, flöppe, paffe, piefe, qualme	rechtfertigen	rechfäädige
Räucherei	Räuches	rechtlich	rechlich
räucherig	verräuchert	rechts	rähts/räächs
Räucherkammer	Räuches	Rechtsanwalt	Avekat, Räächsverdriher
räuchern	räuchere	rechtschaffen	oprääch
rauchig	dämpfig	Rechtschreibung	Orthographie, Schrievwies
Räude	Kräu, Krätz	rechtsherum	rähtseröm/räächs~
räudig	räudig	rechtsrh. Köln	*schäl Sick/schääl Sigg*
Raufbold	Schläger, Schlagdrop, Packaan	rechtsseitig	räächsiggig
Raufe	Räuf	Rechtsverdreher	Räächsverdriher
raufen	keile, kiele[2]	rechtswidrig	*kromm Dingere maache*
rauh	grovv	rechtwinkelig	räächwinkelig
Rauhaardackel	Rauhoordaggel	rechtzeitig	räächziggig, ziggig, beizigge
Raum	Raum	recken	recke[1]
räumen	rüüme	Rede	Red/Redd[2], Disköösch
Räumung	Räumung	Redekunst	Redekuns
Räumungsfrist	Räumungsfriss	reden	rede, redde, kalle, klaafe, sage, schwaade, schnäbbele, schwätze[2], ungerhalde; *de Lappe schwaade*; *sich de Muul fuselig schwaade*; *sich Franse an de Muul schwaade*
Raupe	Raup, Rupp[2]		
Raupenpuppe	Wippeföttche		
Raureif	Raurief		
Rausch	Ruusch		
rauschen	ruusche	Redensart	Schlagwood
rauschgiftsüchtig	rauschgeffsüchtig	Redeverbot	Sprechverbodd
rausfliegen	erusfleege	Redeweise	Sprechwies
räuspern	hemsche	Redezeit	Sprechzigg
Räuspern	Hemsch	redlich	oprääch
rauswerfen	erusschmieße	reduzieren	drossele
Raute	Rutt	reell	reell

Reet	Reet, Luusch[1]	Reibeisen	Rievieser
Reformist	Reformiss	Reibekuchen	Rievkoche
Regal	Regal	Reibekuchenbude	Rievkochebud
Regel	Regel/Rägel	reiben	rieve, rubbele, schööre/schüüre
regelgerecht	regelgerääch/rägel~, reell	Reiberei	Rieverei
regeln	regele/rägele; *de Kehr/Kihr krige*	Reibfläche	Rievfläch
regelrecht	regelrääch/rägel~, direk[2]/tirek[2]	Reibkäse	Rievkis
Regelungen	Maßnahme	reich	rich, gesalv; *jet an de Föß han*
regen	räge, rebbe	Reich	Rich
Regen	Rähn, Nidderschlag	reichen	recke[2], gevve, hinhalde
Regenbogen	Rähnboge	reichlich	*ze basch(te)*
Regencape	Rähncape	Reichsapfel	Richsappel
Regenfass	Rähnfaaß	Reichskristallnacht	Reichskristallnaach
Regenguss	Gutsch, Goss/Guss[1]	Reichsprogromnacht	Reichskristallnaach
Regenhose	Rähnbotz	Reichstag	Reichsdag
Regenjacke	Rähnjack	Reichtum	Richdum
Regenmantel	Rähnmantel	reif	rief
regennass	rähnnaaß	Reif	Rief, Reif
Regenrinne	Rähnkall, Kall[1]	Reife	Reife[2]
Regenschauer	Rähnschuur/~schoor, Gitsch	reifen	riefe
Regenschirm	Rähnschirm, Parapluie	Reifen	Reife[1]
Regensschauer	Schuur/Schoor	Reifendruck	Reifedrock
Regentag	Rähndag	Reifenpanne	Reifepann, Platte
Regentonne	Rähntonn, ~faaß	Reifenschaden	Reifeschade
Regentropfen	Rähndroppe	Reifenwechsel	Reifewähßel
Regenwasser	Rähnwasser	Reifeprüfung	Reifeprüfung
Regenwetter	Rähn(e)wedder	Reifezeit	Reifezigg
Regenwurm	Rähnwurm, Pernik, Pirring	Reifezeugnis	Reifezeugnis
regieren	regiere/~eere	Reifrock	Reifrock
Regierung	Regierung/Regeer~	Reigen	Reige
Regisseur	Spillleiter	Reihe; *der Reihe nach*	Reih; *Fößche för Fößche*
Register	Register	reihen	reihe[1+2], rihe
registrieren	registriere/~eere	Reihenfolge	Reihefolg
regnen	rähne, schödde, gutsche	Reihengrab	Reihegrav
regnerisch	schmuddelig	Reihenhaus	Reihehuus
regulieren	reguliere/~eere	reihenweise	reihewies
Reh	Rih	Reiher	Reiher
Rehkitz	Rihkitz	Reiherfeder	Reiherfedder
Rehleder	Rihledder	Reihfaden	Rihfaddem
Rehrücken	Rihrögge	Reihgarn	Rihgaan
Rehwild	Rihweld/~wild	Reihstich	Reihstech
Reibe	Riev	reihum	reihum

Reim

Reim	Reim	Reisererbse	Rieserääz
Reimart	Reimaat	Reisetasche	Reisetäsch
reimen	reime, deechte²/dichte²	Reisewelle	Reisewell
Reimwort	Reimwood	Reisewetter	Reisewedder
rein	rein	Reisezeit	Reisezigg
Reineclaude	Ringelott	Reisezug	Reisezog
Reiner	Neres	Reisfeld	Riesfeld
Reinertrag	Reinerdrag, ~gewenn	Reisigbündel	Schänzche
Reinfall	Renfall	Reiskorn	Rieskoon
reingefallen	en de Fott gekneffe; nevven der Emmer gesetz/gesatz; op de Fott/et Föttche gefalle	Reismehl	Riesmähl
		Reißaus	Rießus
		Reißbrett	Rießbredd
Reingewicht	Reingeweech	Reißbrettstift	Rießbreddsteff
Reingewinn	Reingewenn	Reisschnaps	Riesschnaps/~schabau
Reinheitsgebot	Reinheitsgebodd	reißen	rieße
reinigen	putze, puddele, kläre	Reißen	Rieße
Reinigung	Reinigung	reißfest	rießfess
Reinigungskraft	Reinigungskraff	Reißleine	Rießling
Reinigungsmittel	Reinigungsmeddel, Putz~	Reißmaß	Strechmoß
Reinkarnation	Sielewanderung	Reißnagel	Rießnähl
reinlegen	tüte², betuppe; för der Jeck halde	Reisstroh	Riesstrüh
reinlich	reinlich	Reissuppe	Rieszupp
Reinlichkeit	Reinlichkeit	Reißverschluss	Rießverschloss/~schluss
Reinschrift	Reinschreff	Reißwolf	Rießwolf
Reis (Nahrungsmittel)	Ries¹	Reißzahn	Rießzant
Reis (Zweig)	Ries²	Reißzwecke	Rießzweck, ~nähl, ~breddsteff, Heffzweck
Reisauflauf	Riesoplauf		
Reisbranntwein	Riesbrandwing, ~schnaps/~schabau	Reiswein	Rieswing
Reisbrei	Riesbrei/~papp	reiten	rigge
Reise	Reis	Reithose	Riggbotz
Reisebericht	Reisebereech/~rich	Reitpferd	Riggpääd
Reisebüro	Reisebürro	Reitschule	Riggschull
Reisedecke	Reisedeck	Reitstiefel	Riggstivvel
Reisefahrtzeit	Reisezigg	Reitstunde	Riggstund
Reisefieber	Reisefeeber/~fieber	Reittier	Riggdier
Reiseführer	Reiseföhrer/~führ~	Reitunterricht	Riggungerreech/~rich
Reisegesellschaft	Reisegesellschaff	Reitweg	Riggwäg
Reisegruppe	Reisegrupp	Reiz	Reiz
Reisekosten	Reisekoste	reizen	reize, locke¹
Reiselust	Reiseloss	Reizhusten	Reizhoste
reisen	reise	Reizmittel	Reizmeddel
Reiseprospekt	Reiseprospek	Reizschwelle	Reizschwell

reizvoll	apaat	Reseda	Ägyptisch Rüsche
Reizwäsche	Reizwäsch	Reserve	Reserv
Reizwort	Reizwood	Reserveanker	Nudanker
Reklamefeldzug	Reklamefeldzog	Reserverad	Reserveradd, ~reife
Reklametrommel	Reklametromm/~trumm	Reservereifen	Reservereife
Rekordzeit	Rekordzigg	Reservespieler	Reservespiller
rekrutieren	enberofe	reservieren	besetze^2
Reliefkarte	Reliefkaat	reserviert	zogeknöpp
Religionsgemeinschaft	Religionsgemeinschaff	Reservist	Reserviss
Religionskrieg	Religionskreeg	resolut	resolut
Religionsstunde	Religionsstund, ~ungerreech/~rich	Resonanzboden	Resonanzboddem, Schall~
Religionsunterricht	Religionsungerreech/~rich	Resonanzkasten	Resonanzkaste
Religionswissenschaft	Religionswesseschaff	Respekt	Respek
religiös	religiös	respektieren	aanerkenne, aachte
Relikt	Relik	Respektsperson	Respeksperson
Remigius	Remies	Rest	Ress^2, Ööz, Stümpche
Remoulade	Remoulad	Restaurant	Restaurant
Remouladensoße	Remouladezauß	Restbestand	Ressbestand
rempeln	rempele	Restbetrag	Ressbedrag, ~summ
Reneklode	Ringelott	restlich	resslich, üvverig
renken	renke	Restposten	Ressposte
rennen	renne^1, fäge	Restrisiko	Ressrisiko
Rennen	Renne	Reststrafe	Ressstrof
Rennpferd	Rennpääd	Restsumme	Resssumm
Rennrad	Rennradd	Resturlaub	Ressurlaub
Rennreifen	Rennreife	retour	retour
Rennschlitten	Rennschlitte	Retourfahrkarte	Retourfahrkaat
Rennstrecke	Rennstreck	Retourkutsche	Retourkutsch
Rennwagen	Rennwage	retten	rette
renommieren	renommiere/~eere	Rettich	Riedich
renommiert	renommiert/renommeet	Rettungsanker	Nudanker
renovieren	renoviere/~eere	Rettungsdienst	Rettungsdeens
Rente	Rent	Rettungsflieger	Rettungsfleeger
Rentenalter	Rente(n)alder	Rettungsflugzeug	Rettungsfleeger
Rentenanspruch	Rente(n)aansproch	Rettungsring	Rettungsring
Rentenversicherung	Renteversecherung	Rettungsschwimmen	Rettungsschwemme
Rentier	Rendier	Rettungsschwimmer	Rettungsschwemmer
rentieren	rentiere/~eere	Rettungswagen	Rettungswage, Unfallwage
Reparaturkosten	Reparaturkoste	Rettungsweste	Rettungswess
reparieren	repariere/~eere	Return	Röckschlag
Reportage	Reportage	Reue	Reu
repräsentieren	vörstelle/vür~	reuen	reue

Reugeld	Reugeld	Richtfest	Richfess/Reech~
Reukauf	Reukauf	Richtgeschwindigkeit	Richgeschwindigkeit/Reech~
reumütig	reumödig	richtig	richtig[1+2], rääch[1], ech, vernünftig; *dat et nor esu en Aat hät*
Reuse	Reus		
revanchieren	revanchiere/~eere, heimzahle	richtiger	villmih[1]
Revolte	Revolt	Richtkranz	Richkranz/Reech~
Revolutionsrat	Revolutionsrod	Richtlatte	Richlatt
Revolverblatt	Revolverbladd	Richtmikrofon	Richmikrofon/Reech~
Revolvertasche	Revolvertäsch	Richtpunkt	Richpunk/Reech~
Rezept	Rezepp	Richtsatz	Richsatz/Reech~
Rezeptblock	Rezeppblock	Richtschnur	Richschnur/~schnor
Rezeptbuch	Rezeppboch	Richtung	Richtung
Rezeptpflicht	Rezeppflich	Richtungswechsel	Richtungswähßel
Rhabarberkompott	Rhabarberkompott	Richtwert	Richwäät/Reech~
Rhabarberkuchen	Rhabarberkoche	riechen	ruche/rüche
Rhein	Rhing	Ried	Reet
rheinabwärts	der Rhing erav	Riedgras	Luusch[1], Reet
rheinaufwärts	der Rhing erop	Riege	Riege
Rheinbrücke	Rhingbröck	Riegel	Riegel, Rämmel
Rheinfall	Rhingfall	Riehler Gürtel	Riehler Göödel
Rheingasse	Rhinggass	Riemen	Reeme
Rheingau	Rhinggau	Riemenscheibe	Reemeschiev
Rheinhessen	Rhinghesse	Riese	Ries[3]
Rheinland-Pfalz	Rheinland-Falz	rieseln	risele, grisele
Rheinländer	Rhingsche	Riesengebirge	Riesegebirg
Rheinwein	Rhingwing	Riesenrad	Rieseradd
Rhesusaffe	Rhesusaap	Riesenschildkröte	Rieseschildkrad/~scheld~/~kröt
Rhetorik	Sprechkuns	Riesenschlange	Rieseschlang
Rheumadecke	Rheumadeck	Riesenschritt	Rieseschredd
Rheumawäsche	Rheumawäsch	riesig	riesig
Rhombus	Rutt	riffeln	riffele
Rhythmusgitarre	Rhythmusgitta	rigoros	rigoros
ribbeln	rebbele	Rind	Rind
Richartzstraße	Richartzstroß	Rinde	Koosch
Richmodis von Aducht	Richmodis vun Aduch	Rinderbraten	Rinderbrode
Richmodstraße	Richmodstroß	Rinderbrust	Rinderbross
Richtbaum	Richbaum/Reech~	Rinderherde	Rinderhääd
Richtbeil	Richbeil/Reech~	Rinderleber	Rinderlevver
richten	richte/reechte; *Rääch spreche*	Rinderpest	Rinderpess
Richter	Richter/Reecht~	Rinderrasse	Rinderrass
Richterspruch	Richtersproch/Reecht~	Rinderschmorbraten	Saffbrode
Richterstuhl	Richterstohl/Reecht~	Rindertalg	Rindertalg

Rinderzucht	Rinderzuch	Ritz(e)	Retz
Rinderzunge	Rinderzung	ritzen	retze
Rindfleischstück	Batzestöck	Roastbeef	Rossböff
Rindsleder	Rindsledder	Robbenfang	Robbefang
Ring	Ring[1+2]	Robbenfell	Robbefell
Ringbuch	Ringboch	Robe	Rob
Ringelblume	Ringelblom	Robert	Bäätes
Ringellocke	Ringellock	robust	fried
Ringelschwanz	Ferkesstätz/Firkes~	Rochen	Roche
Ringeltaube	Ringelduuv	Rock	Rock
ringen	ringe	Rockfalte	Rockfald
Ringer	Ringkämfer	Rockgruppe	Rockgrupp
Ringförmiges	Kranz	Rockkonzert	Rockkonzäät
Ringgraben	Ringgrave	Rocksaum	Rocksaum/~suum
Ringkampf	Ringkamf	Rockschoß	Schuß
Ringkämpfer	Ringkämfer	Rocktasche	Rocktäsch
Ringmauer	Ringmuur/~moor	Rockzipfel	Rockzibbel, Schleppe
Ringrichter	Ringreechter/~richt~	Rodelschlitten	Rodelschlitte
Ringscheibe	Ringschiev	roden	avholze
Ringschlüssel	Ringschlössel	Rodenkirchen	Rudekirche
Ringstraße	Ringstroß	Rodenkirchener Brücke	Rudekircher Bröck
Rinne	Kall[1]	Rodonkuchen	Rodong(koche)
rinnen	rinne/renne[2]	Rog(e)ner	Röger
Rippe	Rebb	Rogen	Röger, Kaviar
Rippenbogen	Rebbeboge	Röggelchen	Röggelche
Rippenbruch	Rebbebroch	Roggen	Rogge, Koon[1]
Rippenfell	Rebbefell	Roggenbrot	Roggebrud
Rippenstück	Rebbestöck	Roggenbrötchen	Röggelche
Risiko	Risiko	Roggenmehl	Roggemähl
riskant	gefährlich	Roggenvollkornbrot	Schwatzbrud
riskieren	riskiere/~eere	roh	rüh
Riss	Ress[1], Ratsch, Schrom, Basch, Knacks	Rohbau	Rühbau
		Roheisen	Rühieser
rissig	ressig	Rohkost	Rühkoss
Risswunde	Ratsch	Rohmetall	Rühmetall
Ritt	Redd[1]	Rohöl	Rühöl
Ritterdienst	Ritterdeens	Rohprodukt	Rühproduk
Ritterkampfspiel	Ritterspill	Rohr	Rühr/Röhr[2], Leidung
Ritterkreuz	Ritterkrütz	Röhrchen	Röhrche
Rittersleute	Ritterslück	Röhre	Röhr[1]
Ritterspiel	Ritterspill	Röhrenhose	Röhrebotz
Ritterzeit	Ritterzigg	Röhrenknochen	Röhreknoche

Röhrenpilz

Röhrenpilz	Röhrepilz/~pelz	Rosarium	Rusegaade
Röhricht	Luusch¹, Reet	rosarot	rusarud
Röhrling	Röhrepilz/~pelz	Rösche Schäl	Rösche (Figur im „Hänneschen-Theater")
Rohrzange	Rührzang/Röhr~		
Rohrzucker	Rührzucker/Röhr~	Rose	Rus
Rohseide	Rühsigg	Rosé	Roséwing
Rohstoff	Rühstoff	Rosenbeet	Rusebeet/~bedd
Rohzustand	Rühzostand	Rosenblatt	Rusebladd
Roland(s)säule	Rolandssüül	Rosenblüte	Ruseblöt
Rollbraten	Rollbrode	Rosenbusch	Rusebösch
Rolle	Roll	Rosenduft	Rusedöff
rollen	rolle, schibbele, bollere, usrolle	Rosengarten	Rusegaade
Rollenspiel	Rollespill	Rosenhecke	Rusehegg
Rollentausch	Rolletuusch	Rosenhochzeit	Rusehuhzigg
Rollkragen	Rollkrage	Rosenholz	Ruse(n)holz
Rollkuchen	Rollkoche	Rosenknospe	Ruseknopp
Rollschiene	Rollschinn	Rosenkohl	Spruut, Poppeschavu, Poppeköchekäppesche
Rollschinken	Rollschinke		
Rollschuh	Rollschoh	Rosenkranz	Rusekranz
Rollschuhlaufen	Rollschohlaufe	Rosenmontag	Rusemondag
Rollschuhläufer	Rollschohläufer	Rosenmontagszug	Rusemondagszog
Rollstuhl	Rollstohl	Rosenöl	Ruse(n)öl
Rollstuhlfahrer	Rollstohlfahrer	Rosenrot	Ruserud
Rolltreppe	Rolltrapp	Rosenschere	Ruseschir
Romani	Zigeunersproch	Rosenstock	Rusestock
Romanist	Romaniss	Rosenstrauch	Rusestruch
Romanschriftsteller	Romanschreffsteller	Rosenstrauß	Rusestruuß
Römerbrief	Römerbreef	Rosenwasser	Rusewasser
Römerreich	Römerrich	Rosenzüchter	Rusezüchter
Römerstraße	Römerstroß	Roséwein	Roséwing
Römisch-Germanisches Museum	Römisch-Germanische Museum	Rosine	Rosing/Rusing
Röntgen	Röntge	Rosinenblatz	Rosingeblatz/Rusinge~
Röntgenarzt	Röntge(n)aaz	Rosinenbomber	Rosingebomber/Rusinge~
Röntgenbild	Röntgebeld/~bild	Rosinenbrot	Rosingebrud/Rusinge~
Röntgenblick	Röntgebleck	Rosinenbrötchen	Rosingebrüdche/Rusinge~
Röntgengerät	Röntgegerät	Rosinenkuchen	Rosingekoche/Rusinge~
Röntgenröhre	Röntgeröhr	Ross	Ross³
Röntgenschirm	Röntgeschirm	Rossapfel	Päädsköttel
Röntgenstrahlen	Röntgestrohle	Rosshaar	Rosshoor
Roquefortkäse	Roquefortkis	Rosshaarmatratze	Rosshoormatratz
rosa	rusa	Rosskäfer	Päädsdier
Rosa(lie)	Rös	Rosskur	Rosskur, Päädskur

Rückenschmerz

Rost (Gitter)	Ross[2]	Rotwild	Rudweld/~wild
Rost (Korrosion)	Ross[1]	Rotz	Rotz, Schnuddel, Geschnuddels,
Rostbraten	Rossbrode, Karmenad		Gääle, Nasewasser
Rostbratwurst	Rossbrodwoosch	Rotzbengel	Rotzjung, ~löffel
rosten	roste	rotzen	rotze
rösten	röste[2]	Rotzfahne	Rotzfahn
rostfarben	rossrud	rotzfrech	rotzfrech; *su frech wie Stroße(n)-*
Rostfleck	Rossfleck(e)		*dreck*
rostfrei	rossfrei	rotzig	rotzig
rostig	rostig	Rotzjunge	Rotzjung
rostrot	rossrud	Rotzlöffel	Rotzlöffel
Rostschutz	Rossschotz	Rotznase	Rotznas, Schnuddelsnas
Rostschutzfarbe	Rossschotzfärv	rotznäsig	rotznasig
Rostschutzmittel	Rossschotzmeddel	Roulade	Roulad, Bäreköttel
Roststelle	Rossstell	Route	Route
rot	rud	Routinekontrolle	Routinekontroll
Rot	Rud	rubbelig	rubbelig
Rotbart	Rudbaat	Rubbellos	Rubbellos
Rote-Funken-Plätzchen	Rud-Funke-Plätzche	rubbeln	rubbele
Rote Beete	Karote, Karott	Rübe	Röb
Röteln	Rüddele/Röddele	Rübenfeld	Röbefeld
rote Rübe	Karott	Rübenkraut	Röbekrugg
Rotes Meer	Rude Meer	Rübensaft	Röbesaff
Rotfilter	Rudfilter	Rübensirup	Röbesirup
Rotforelle	Rudforell	Rübenzucker	Röbezucker
Rotfuchs	Fuss	rüberschielen	erüvverschiele/~schääle
Rotgold	Rudgold	Rüböl	Röböl
Rotgrünblindheit	Rudgrönblindheit	Rübsamen	Röbsom(e)
rothaarig	fussig	Rübstiel	Röbstill, Stillmos
Rothaut	Rudhugg	ruch zuck	ruppdich
Rothgerberbach	Rothgerberbaach	Ruck	Rupp[1], Ruppdich
Rotkäppchen	Rudkäppche	Rückbildung	Röckbildung/~beld~
Rotkehlchen	Rudkehlche, Rähnvügelche	Rückblende	Röckblend
Rotkohl	*rude Kappes*	rücken	rötsche; *ene Däu op Sigg gonn/röt-*
rötlich	fussig		*sche*
Rotlicht	Rudleech	Rücken	Rögge, Puckel, Krütz, Eckschääfche
Rotlichtviertel	Rudleechveedel	Rückenflosse	Röggefloss
Rotorblatt	Rotorbladd	Rückenlage	Röggelag
Rotschwänzchen	Rudstätzche	Rückenlehne	Röggelähn
Rotstift	Rudsteff	Rückenmark	Röggemark
Rotunde	Rotund	Rückenpolster	Röggepolster
Rotwein	Rudwing	Rückenschmerz	Röggeping

Rückenschwimmen	Röggeschwemme	Rückschein	Röcksching
Rückenstück	Röggestöck	Rückschlag	Röckschlag
Rückentragekorb	Reuz	Rückschluss	Röckschluss
Rückenwind	Röggewind	Rückschritt	Röckschredd
Rückenwirbel	Röggewirvel	rückschrittlich	röckschreddlich
Rückerstattung	Röckzahlung	Rückseite	Röcksigg
Rückfahrkarte	Röckfahrkaat, ~fahrsching, Retourfahrkaat	Rücksendung	Röcksendung
		Rücksicht	Röcksich
Rückfahrlicht	Röckfahrleech/~lich	Rücksicht nehmen	*Röcksich nemme, einer met Samp-*
Rückfahrschein	Röckfahrsching		*händschohn aanpacke*
Rückfahrscheinwerfer	Röckfahrleech/~lich	rücksichtslos	avgebröht, fahl
Rückfahrt	Röckfahrt	Rücksitz	Röcksetz
Rückfall	Röckfall	Rückspiegel	Röckspeegel
rückfällig	röckfällig	Rückspiel	Röckspill
Rückfenster	Röckfinster, ~schiev	Rücksprache	Röcksproch
Rückflug	Röckflog	Rückstand	Röckstand
Rückfluss	Röckfloss/~fluss	rückständig	röckständig
Rückfracht	Röckfraach	Rückstau	Röckstau
Rückfrage	Röckfrog	Rückstoß	Röckschlag
Rückgang	Röckgang	Rückstrahler	Katzeaug
rückgängig	röckgängig	Rücktaste	Röcktaas/~tass
Rückgrat	Röggggrat	Rücktritt	Röcktredd
Rückgriff	Röckgreff	Rücktrittbremse	Röcktreddbrems, Röcktredd
Rückhalt	Röckhald	Rücktrittsfrist	Röcktreddsfriss
Rückhand	Rögghand	Rücktrittsrecht	Röcktreddsrääch
Rückkaufsrecht	Röckkaufsrääch	Rückumschlag	Röckömschlag
Rückkehr	Röckkehr/~kihr, Röckkunf, Kehr/Kihr	Rückversicherung	Röckversecherung
Rückkunft	Röckkunf	Rückwand	Röckwand
Rücklage	Röcklag; *Äppelche för der Doosch*	rückwärts	röckwääts
Rücklauf	Röcklauf	rückwärts drehen	zeröckdrihe/zo~
rückläufig	röckläufig	Rückwärtsgang	Röckwärtsgang
Rückleuchte	Röckleuch	Rückweg	Röckwäg
Rücklicht	Röckleech, ~leuch	Rückzahlung	Röckzahlung
rücklings	röcklings	Rückzieher	Röckzieher
Rückmarsch	Röckmarsch	ruck zuck	wuppdich
Rückmeldung	Röckmeldung	Rückzug	Röckzog
Rückporto	Röckporto	rüde	nuppig, ruppig
Rückreise	Röckreis	Ruder	Ruder/Roder
Rückruf	Röckrof	Ruderblatt	Ruderbladd/Roder~
Rückrunde	Röckrund	Ruderhaus	Ruderhuus/Roder~
Rucksack	Rucksack, Aap	rudern	rudere/rodere
Rückscheibe	Röckschiev	Ruderschlag	Ruderschlag/Roder~

Rüstungskontrolle

Rudersitz	Rudersetz/Roder~	rund	rund
Ruf	Rof, Geroch	Rundblick	Rundbleck
rufen	rofe	Rundbogen	Rundboge
Rufmord	Rofmood	Rundbrief	Rundbreef, ~schrieve
Rufname	Rofname	Runde	Rund
Rufnummer	Rofnummer	runden	runde
Rufsäule	Rofsüül	Rundenzeit	Rundezigg
Rüge	Dämfer	Rundfahrt	Rundfahrt
Rügen	Rüge	Rundflug	Rundflog
Ruhe	Rauh	Rundfrage	Rundfrog
Ruhelosigkeit	Unrass[2]	Rundfunkzeitschrift	Rundfunkzeidung
Ruhetag	Ruhedag	rundheraus	runderus
Ruhezeit	Ruhezigg	rundherum	runderöm
Ruhezustand	Ruhezostand	rundherumfahren, ~gehen	ömrunde
ruhig	räuhig, kusch, getrus, usgegleche, höösch	rundlich	mobbelig, mollig, muggelig[1]
		Rundreise	Rundreis
ruhigstellen	beruhige/~räuhige	Rundruf	Rundrof
rühren	rühre/röhre, menge, mölsche, bewäge[1]	Rundschreiben	Rundschrieve
		Rundstricknadel	Rundstrecknol/~nodel
Ruhrgebiet	Ruhrgebiet	rundum	rundöm
rührig	rührig/röhr~, aläät	Rundumschlag	Rundömschlag
Rührlöffel	Rührlöffel/Röhr~	Rundumsicht	Rundömsich/~seech
Rührmichnichtan	*Krüggche Röhrmichnitaan*	Runenschrift	Runeschreff
Rührteig	Rührdeig/Röhr~	Runkelrübe	Fooderknoll
Ruin	Ruin[2]	Runzel	Runzel, Schrumpel
Ruine	Ruin[1]	runzelig	runzelig, schrumpelig
ruinieren	ruiniere/~eere, ussauge, zerrödde	Rüpel	Rabau, Prinzrabau
rülpsen	blökse, blöke, bökse, gölpsche, opstüsse	rupfen	roppe
		ruppig	ruppig, nuppig
Rülpser	Bök	Rüsche	Rüsch
Rumflasche	Rumfläsch	rüschen	rüsche
rumoren	rumore, grummele, rummele	Rüschenbluse	Rüscheblus
Rumpelkammer	Rumpel(s)kammer	Rüschenhemd	Rüsche(n)hemb
Rumpelkiste	Rumpelskess	Rüssel	Rössel
rumpeln	rumpele, rummele, rubbele	Rüsseltier	Rösseldier
Rumpf	Rump	rußen	ruße
Rumpfbeuge	Beug	Russischbrot	Russischbrud
rümpfen	rümpe	rüsten	röste[1]
rums!	paaf, schnav(tig)	rüstig	röstig
rumsauen	erömsaue	rustikal	deftig
rumsen	bumse	Rüstung	Röstung
Rumtopf	Rumpott	Rüstungskontrolle	Röstungskontroll

Rüstzeug

Rüstzeug	Rösszeug	Sachspende	Sachspend
Rute	Rut/Rot	sacht	höösch
Rutsch	Rötsch[1]	Sachwert	Sachwäät
Rutschbahn	Rötschbahn	Sachwissen	Sachwesse
Rutsche	Rötsch[2]	Sachwörterbuch	Sachwörterboch
rutschen	rötsche, schleddere, letsche, schurvele; *ene Däu op Sigg gonn/rötsche*	Sack	Sack
		Sackbahnhof	Sackbahnhoff
		sacken	sacke
Rutschen	Rötsch[1], Geschurvels	sackerlot!	zackerjü!, zackerlot!, sapperlot!
Rutschgefahr	Rötschgefahr	sackerment!	sackerment!
rutschig	rötschig, gletschig, glatt, letschig	Sackgarn	Sackgaan
Rutschpartie	Rötschpartie	Sackgasse	Sackgass
rütteln	röddele, rüsele	Sackgesicht	Sackgeseech
		Sackhüpfen	Sackhöppe
		Sackkarre	Sackkaar
		Sackleinen	Sacklinge
		Sackpfeife	Sackpief

S

		Sacktuch	Sackdoch
		sackweise	sackwies
S-Bahnhof	S-Bahnhoff	Sadebaum	Sibbenbaum
S-Kurve	S-Kurv	Sadist	Sadiss
Saal	Saal	säen	sie, aanbaue
Saat	Soot	Säen	Soot
Saatgut	Saatgod, Gesöms	Saft	Saff
Saatkorn	Saatkoon	Saftbraten	Saffbrode
Saatzeit	Saatzigg	saftig	saftig
sabbeln	sabbele	Saftladen	Safflade
Sabber	Sabbel	Saftpresse	Saffpress
Sabbermaul	Seivermuul	Saftsack	Saffsack
sabbern	sabbele, schleivere, seivere	Sage	Sag
Säbel	Zabel	Säge	Säg, Fuchsschwanz
Sabotage	Sabotage	Sägeblatt	Sägebladd
Sachbearbeiter	Sachbearbeider	Sägebock	Sägebock
Sachbuch	Sachboch	Sägefisch	Sägefesch
Sache	Saach, Deil	Sägemehl	Sägmähl
Sachen	Saache, Krom	Sägemühle	Sägmüll
Sachfrage	Sachfrog	sagen	sage, meine, kamelle
Sachgebiet	Sachgebiet	sägen	säge
Sachkenntnis	Sachkund	Sägespäne	Sägespien
Sachkunde	Sachkund	Sahne	Rohm[2]
Sachkundeunterricht	Sachkund	Sahneeis	Sahneies
Sachlage	Sachlag	Sahneschnitzel	Sahneschnetzel
sachlich	klor, drüg		
Sachschaden	Sachschade		

Sahnesoße	Sahnezauß	Salzgurke	Salzgurk
Sahnetorte	Sahnetaat	Salzhering	Salzherring
Saigon	Saigon	salzig	salzig
Saisonarbeit	Saisonarbeid	Salzkartoffel	Salzäädappel
Saisonarbeiter	Saisonarbeider	Salzkorn	Salzkoon
Saisonende	Saisoneng(k)	Salzlösung	Salzlösung/~lüs~
Saisongeschäft	Saisongeschäff	Salzsäule	Salzsüül
Saisonschluss	Saisonschluss	Salzsee	Salzsie
Saite	Sigg²	Salzstange	Salzstang
Saiteninstrument	Hackbredd, Schrumm	Salzteig	Salzdeig
Saitenspiel	Siggespill	Salztopf	Salzdöppe, ~rümpche
Sake	Rieswing	Samariter	Samariter
sakra	sakra	Samariterdienst	Samariterdeens
Sakrament	Zackerment	Samen	Som(e)
Salat	Schlot	Samenbank	Samebank
Salatbesteck	Schlotbesteck	Samenfaden	Samefaddem
Salatbohne	Schlotbunn	Samenflüssigkeit	Sameflössigkeit
Salatgurke	Schlotgurk	Samenkern	Samekään
Salatkopf	Schlotkopp	Samenkorn	Samekoon
Salatöl	Schlotöl	Samenkörner	Soot
Salatpflanze	Schlotflanz/~planz	Samenpflanze	Sameflanz/~planz
Salatplatte	Schlotplaat	Samenstrang	Samestrang
Salatschüssel	Schlotkump	Samenzelle	Samezell
Salatsoße	Schlotzauß	Samenzucht	Samezuch
Salatteller	Schlotteller	Sämerei(en)	Gesöms
Salbe	Salv¹, Kräm/Creme	sämig	sämig
Salbei	Sälv	Sammelbecken	Sammelbecke
salben	salve	Sammelbegriff	Sammelbegreff
Salmiakgeist	Salmiakgeis	Sammelbüchse	Sammelbüchs
Salmiakpastille	Salmiakpastill	Sammeleifer	Sammeliefer
Salmonelle	Salmonell	Sammelfahrschein	Sammelfahrsching
salopp	lodderig	Sammelgrab	Sammelgrav
Salut	Salutt	Sammelmappe	Sammelmapp
salutieren	salutiere/~eere	sammeln	sammele, zosammedrage/ze~
Salutschuss	Saluttschoss	Sammelplatz	Sammelstell
Salve	Salv²	Sammelstelle	Sammelstell
Salzbad	Salzbadd	Sammelwut	Sammelwod
Salzboden	Salzboddem	Sammlerwert	Sammlerwäät
Salzbrezel	Salzbretzel	Samstag	Samsdag
salzen	salze, pökele	Samstagabend	Samsdagovend
Salzfass	Salzfaaß	samstags	samstags
Salzgasse	Salzgass	samt	samp¹

Samt

Samt	Samp, Sammet	sapperlot!	zackerlot!, sapperlot!
samtartig	mangs	sapperment!	sackerment!
Samtband	Sampband	Sardelle	Sardell
Samthandschuh	Samphandschoh/Sammet~/~händ-sche	Sardine	Sardin
		Sardinenbüchse	Sardinebüchs
Samtjacke	Sampjack	Sarg	Sarg/Särk, Dudelad, Kess
Samtkissen	Sampkesse	Sarglade	Lad
Samtkleid	Sampkleid	Sargnagel	Sargnähl
sämtliche	sämpliche, all, allemol(de)	Sargtuch	Sargdoch
Samtpfötchen	Samppütche	Satansbraten	Satansbrode
Samtvorhang	Sampvürhang/~vör~	Satanskerl	Satanskääl
samtweich	samtweich	Satansweib	Satanswiev
Sandale	Sandal, Trippe	Satellit	Sattellitt, Trabant
Sandbahnrennen	Sandbahnrenne	Satellitenbild	Sattellittebeld/~bild
Sandbank	Bank¹	Satellitenflug	Sattellitteflog
Sandboden	Sandboddem	Satellitenfoto	Sattellittebeld/~bild
Sanddorn	Sanddoon	Satellitenschüssel	Sattellitteschössel
Sanddüne	Sanddün	Satin	Satin
Sandeimer	Sandemmer	Satinbluse	Satinblus
Sandelholz	Sandelholz	satt	satt, gesättigt
Sandelholzöl	Sandelholzöl	Sattel	Saddel
Sandfloh	Sandfluh	Satteldecke	Saddeldeck
Sandförmchen	Sandförmche	sattelfest	saddelfess
Sandgrube	Sandkuul	Sattelgurt	Saddelgurt/~goot
Sandhaufen	Sandhaufe	Sattelkissen	Saddelkesse
sandig	sandig	Sattelknopf	Saddelknopp
Sandkasten	Sandkaste, Sandkess	satteln	saddele
Sandkaule	Sandkuul	Sattelnase	Saddelnas
Sandkiste	Sandkess	Sattelschlepper	Saddelschlepper
Sandkorn	Sandkoon	Sattelsitz	Saddelsetz
Sandkuchen	Sandkoche	Satteltasche	Saddeltäsch
Sandmännchen	Sandmännche	Sattelzeug	Saddelzeug
Sanduhr	Sandohr/~uhr	sättigen	sättige
sanft	sanf, samtweich	Sättigung	Sättigung
Sängerfest	Sängerfess	Sättigungsgefühl	Sättigungsgeföhl
Sängerschaft	Sängerschaff	Sättigungspunkt	Sättigungspunk
Sangesbruder	Sangesbroder	Sattler	Saddeler
Sangesfreude	Sangesfreud	Sattlerarbeit	Saddelerarbeid
sanieren	üvverholle	Sattlerhandwerk	Saddelerhandwerk
Sanitätsdienst	Sanitätsdeens	Satz	Satz
Sanitätswagen	Sanitätswage	Satzfehler	Satzfähler
Sankt	Zint(er)	Satzgegenstand	Subjek

Schachbrett

Satzglied	Satzglidd/~gleed, ~deil	Saugkraft	Saugkraff
Satzlehre	Satzlihr	Säugling	Säugling, Babaditzche, Knaggewarius, Ditz[1]
Satzteil	Satzdeil		
Satzzeichen	Satzzeiche	Säuglingsalter	Säuglingsalder
Sau	Sau	Säuglingskrippe	Säuglingskrepp
Sauaas	Sauoos	Säuglingswaage	Säuglingswoog
Saubalg	Saubalg	Saugmassage	Saugmassage
Saubengel	Saubengel	Saugpumpe	Saugpump
säubern	putze	Sauhaufen	Sauhaufe
Saubiest	Saubies	Sauhund	Sauhungk
Saubohne	Saubunn, Päädsbunn	säuisch	säuisch
Sauciere	Zaußekump	saukalt	saukalt
sauen	saue	Saukerl	Saukääl
sauer	suur/soor, grön	Sauladen	Saulade
Sauerampfer	Suurampel/Soor~, Rampes	Säule	Süül
Sauerapfel	Suurappel/Soor~	Säulengang	Süülegang
Sauerbraten	Suurbrode/Soor~	Säulenhalle	Süüle(n)hall
Sauerbrot	Suurbrud/Soor~	Saum	Saum/Suum
Sauerei	Sauerei	saumäßig	saumäßig
Sauerkirsche	Morell, Eselskeesch	säumen	säume[1+2]/süüme[1+2]
Sauerkraut	*suure/soore Kappes*	Saumensch	Sauminsch
säuern	süüre	Saumnaht	Saumnoht/Suum~
Sauerstoffmangel	Luffmangel	Säumniszuschlag	Steuerzoschlag
sauersüß	sößsuur/~soor	Saunabad	Saunabadd
Sauerteig	Sauerdeig	Säure	Süür/Söör
Sauertopf	Suurpott/Soor~	Saure-Gurken-Zeit	Suur-Gurke-Zigg/Soor~
sauertöpfisch	schnüssig	saurer Wein	*suuren Hungk*
Saufabend	Suffovend	sausen	sause
Saufbruder	Suffbroder	Sautier	Saudier
saufen	suffe, tröte, pötte	Sauwetter	Sauwedder
Säufer	Suffkrad, Suff~, Vollüül, Schabauskrad	Savanne	Savann
		Saxophonist	Saxophoniss
Säufernase	Schnapsnas	Schabe	Schav
Saufkumpan	Suffbroder, Suffpatron, Geläg[1]	Schabeisen	Schavieser
Saufraß	Saufraß/~froß	schaben	schave, schrabbe
Sauftour	Sufftour	schäbig	schäbbig, schubbig, fischig
Saugader	Saugoder	Schäbigkeit	Schäbbigkeit
saugen	sauge, löbbele	Schablone	Schablon
säugen	säuge	Schablonendruck	Schablone(n)drock
Säugetier	Säugedier	Schabmesser	Schavmetz
Saugflasche	Saugfläsch	Schabracke	Schabrack
Saugglocke	Saugglock	Schachbrett	Schachbredd

1185

Schachbrettblume

Schachbrettblume	Schachbreddblom	Schafsfell	Schofsfell
Schachbrettmuster	Schachbreddmuster	Schafsgesicht	Schofsgeseech
Schachecke	Schacheck	Schafskäse	Schofskis
Schachfigur	Schachfigur/~figor	Schafskopf	Schofskopp
Schachmeisterschaft	Schachmeisterschaff	Schafsnase	Schofsnas, Schlotterappel
Schachpartie	Schachpartie, Schachspill	Schafstall	Schofstall
Schachspiel	Schachspill	Schaft	Schaff
Schachspieler	Schachspiller	Schaftleder	Schaffledder
Schacht	Schach	Schaftstiefel	Schaffstivvel
Schachtel	Päckche, Dos	Schafweide	Schofswigg/~weid
Schachtisch	Schachdesch	Schafwolle	Schofswoll
Schachweltmeisterschaft	Schachweltmeisterschaff	Schafzucht	Schofzuch
Schachzug	Schachzog	schäkern	tüntele
schade	schad	schal	schal
Schädel	Heenskaste	Schal	Schal[3]
Schädelbruch	Schädelbroch	Schäl	Schäl (Figur im „Hänneschen-Theater")
Schädeldach	Schädeldaach, ~deck		
Schädeldecke	Schädeldeck	Schale	Schal[1+2]
Schädelhöhle	Schädelhöhl	schälen	schelle[1], pelle
Schädelknochen	Schädelknoche	Schalenobst	Schaleobs
schaden	schade, aandun; *einem jet welle/wolle*	Schalensitz	Schalesetz
		Schalentier	Schaledier
Schaden	Schade, Schädigung, Mankementche	Schalkragen	Schalkrage
		Schallboden	Schallboddem
Schadenfreude	Schadefreud	Schalldämpfer	Schalldämfer
schädigen	schädige, aandun	schalldicht	schalldeech
Schädiger	Schädiger	schallen	schalle, schmaddere
Schädigung	Schädigung	Schallgrenze	Schallgrenz
Schaf	Schof, Schnuck	Schallmauer	Schallmuur/~moor, ~grenz
Schafbock	Schofsbock, Rammbock, Schof	Schallplatte	Schallplaat, Plaat[1]
Schäfchenwolke	Schöfchewolk	Schallplattenhülle	Plaatehüll/~höll
Schäfer	Schöfer	Schallquelle	Schallquell
Schäferhund	Schäferhungk	Schallschutz	Schallschotz
Schäferstündchen	Schäferstündche	Schallwelle	Schallwell
schaffen	schaffe[1], stefte[1], leiste	Schallwort	Schallwood
Schafherde	Schofhääd	Schälrippchen	Schellrebbche
Schafhirt	Schofheet	Schaltanlage	Schaldaanlag
Schafkälte	Schofskäld	Schaltbrett	Schaldbredd
Schafleder	Schofsledder	schalten	schalte/schalde
Schafmilch	Schofsmilch	Schalter	Schalter
Schafmist	Schofsmess	Schalterdienst	Schalterdeens
Schafpelz	Schofspelz	Schalterhalle	Schalterhall

Schaukampf

Schalterstunden	Schalterstunde	Scharte	Schrung, Katsch
Schaltgetriebe	Schaldgetriebe	Scharteke	Schartek
Schalthebel	Schaldhevvel	scharwenzeln	schlawenzele
Schaltjahr	Schaldjohr	schassen	schasse
Schaltknüppel	Schaldknöppel	Schatten	Schatte
Schaltkreis	Schaldkreis	Schattenbild	Schattebeld/~bild
Schaltplan	Schaldplan	Schattenboxen	Schatteboxe
Schaltstelle	Schaldstell	Schattenmorelle	Morell, Eselskeesch
Schalttafel	Schaldbredd	schattenreich	schattig
Schalttafel	Schaldtafel	Schattenseite	Schattesigg
Schalttag	Schalddag	Schattenspiel	Schattespill
Schaltuhr	Schalduhr/Schalt~/~ohr	schattig	schattig
Scham	Schämmde	Schatulle	Schatull
schämen	schamme, scheue	Schatz	Schatz, Mädche
Schamgefühl	Schamgeföhl	Schatzamt	Schatzamp
Schamgegend	Schamgägend	Schätzchen	Schätzche
Schamhaar	Schamhoor, Strüüßche	schätzen	schätze, aachte, aanerkenne
schamhaft	schamhaff	Schatzkästchen	Schatzkässche
Schamlippe	Schamlepp	schätzungsweise	schätzungswies
Schande	Schand, Blamage, Blam	Schätzwert	Schätzwäät
Schandmal	Schandmol	Schaubild	Schaubeld/~bild
Schandmaul	Schandmuul	Schauder	Schoor/Schuur, Schudder, Grisel
Schankraum	Zappes[2]	schauderhaft	schudderig
Schankwirt	Schankweet	schaudern	schuddere, schöddele, schödde; *ieskald der Röggen eravlaufe*
Schankwirtschaft	Schankweetschaff		
Schanze	Schanz	schauen	luure/loore, sinn
Schar	Schwitt	Schauen	Luurerei
Scharade	Scharad	Schauer	Schoor/Schuur
scharenweise	scharewies, häädewies	Schauermärchen	Schauermärche
scharf	scharf, schärp, benäut, nitsch[2]	Schaufel	Schuffel, Schöpp
Scharfblick	Scharfbleck, Scharfseech/~sich	Schaufelbagger	Schaufelbagger
schärfen	schärfe/schärpe, schliefe	Schäufelchen	Schüffelche
Scharfrichter	Scharfreechter/~richt~	Schaufeleisen	Schuffelieser
Scharfschuss	Scharfschoss	schaufeln	schuffele, scheppe
Scharfsicht	Scharfseech/~sich	Schaufelrad	Schaufelradd
Scharfsinn	Scharfsenn	Schaufelradbagger	Schaufelraddbagger, Schaufel~
scharfsinnig	scharfsennig	Schaufelraddampfer	Schaufelradddamfer
scharfzüngig	scharfzüngig; *en gefährliche Schnüss (han)*	Schaufenster	Schaufinster
		Schaufensterpuppe	Schaufinsterpopp, Modell~
Scharnier	Scharnier/Scharneer	Schaufensterscheibe	Schaufinsterschiev
Schärpe	Schärp	Schaugeschäft	Showgeschäff
scharren	scharre, schürvele	Schaukampf	Schaukamf

Schaukasten

Schaukasten	Schaukaste	Scheibenschießen	Schievescheeße
Schaukel	Schöckel	Scheibenwischer	Schievewischer
Schaukelbewegung	Schöckelbewägung	Scheide	Scheid[1]
schaukeln	schöckele, weege[1]	scheiden	scheide
Schaukelpferd	Schöckelpääd	Scheidung	Scheidung
Schaukelstuhl	Schöckelstohl	Scheidungsklage	Scheidungsklag
Schaulust	Schauloss	Scheidungsrichter	Scheidungsreechter/~richt~
Schaulustige	Schaulöstige	Schein	Sching[1+2]
Schaum	Schuum	Scheinangriff	Scheinaangreff
Schaumbad	Schuumbadd	scheinbar	schinns
Schaumbildung	Schuumkrun	scheinen	schinge[1+2], pralle
Schaumbläschen	Schuumblösche	scheinheilig	schinghellig, quiselig
schäumen	schüüme, bruuse[2]/brause[2]	Scheinheilige(r)	Kommode(n)hellige, Beddbroder, Möhnegrößer, Pilarebützer; *hellige Klemm-op-de-Lück*
Schaumgummi	Schaumgummi		
schaumig	schuumig		
Schaumkamm	Schuumkrun	Scheinheiliger	Hellige-Klemm-op-de-Lück
Schaumkrone	Schuumkrun	Scheintod	Scheindud
Schaumlöffel	Schuumlöffel	Scheintote	Scheindude
Schaumreiniger	Schuumreiniger	Scheinwerfer	Scheinwerfer
Schaumschläger	Schuumschläger	Scheinwerferlicht	Scheinwerferleech/~lich
Schaumstoff	Schuumstoff	Scheiße	Dress, Gedresse
Schaumteppich	Schuumteppich	scheißegal	dressegal
Schaumwein	Schüümche	scheißen	scheiße, drieße, hinmaache; *ene Dopp schmecke*
Schauobjekt	Schauobjek		
Schauplatz	Schaupla(a)tz	Scheißer	Dresser
Schauspiel	Schauspill, Kumede	Scheißerei	Drießerei; *de Drießerei han*
Schauspieler	Schauspiller	Scheißhaus	Drießhuus
Schauspielerei	Schauspillerei	Scheißkerl	Dresskääl
Schauspielerin	Schauspillerin	Scheitel	Scheid[2], Luuspäddche
Schauspielhaus	Schauspillhuus	Scheitelpunkt	Scheitelpunk
Schauspielkunst	Schauspillkuns	Scheiterhaufen	Scheiterhaufe
Schauspielschule	Schauspillschull	scheitern	versage
Schauspielunterricht	Schauspillungerreech/~rich	Schelle	Schell, Bimmel
Schautanz	Schaudanz	schellen	schelle[2]
Scheckbuch	Scheckboch	Schellenbaum	Schellebaum
Scheckheft	Scheckheff	Schellenkappe	Schellekapp
scheckig	scheckig	Schellenkranz	Schellekranz
Scheckkarte	Scheckkaat	Schellentrommel	Lavumm
scheel	schääl	Schellfisch	Schellfesch
scheffeln	schrabbe	Schelm	Hanak
Scheibe	Schiev, Schnedd[2]	Schemmergasse	Schemmergass, Rievkoche(n)allee
Scheibenbremse	Schievebrems	Schenkelbruch	Schenkelbroch

schenken	schenke, vermaache	schieben	schiebe, schurvele, däue, dröcke, stüsse
Schenkungssteuer	Schenkungsstüür/~stöör		
Scherbe	Scherv¹/Schirv¹, Schervel/Schirvel	Schieben	Geschurvels
Scherbenhaufen	Schervehaufe/Schirve~	Schiebetür	Schiebedür/~dör
Schere	Schir	Schiedsgericht	Schiedsgerich/~gereech
scheren	schere¹/scherre¹	Schiedsmann	Schiedsmann
Scherenschleifer	Schireschliefer	Schiedsrichter	Schiedsrichter/~reechter
Scherenschnitt	Schereschnedd	Schiedsstelle	Schiedsstell
Scherkopf	Scherkopp	schief	scheiv, schääl
Schermesser	Schermetz	schief und krumm	*scheiv un schääl*
Scherz	Uz, Jux, Jeckerei	Schiefer	Ley, Lei²
Scherzbold	Uzbroder	Schieferdach	Leyendaach/Leien~
scherzen	juxe, uze	Schiefergebirge	Leyegebirg/Leie~
scheu	scheu, einkennig	Schieferplatte	Leyeplaat/Leie~
scheuchen	scheuche	schielen	schääle/schiele
scheuen	scheue, vermeide	schielend	schääl
scheuern	scheuere, schööre/schüüre	Schielender	Schääl
scheuern	schrubbe, schürvele, schüüre/schööre	Schienbein	Schinnbein
		Schienbeinbruch	Schinnbeinbroch
Scheuklappe	Scheuklapp	Schienbeinknöchel	Schinnbeinknöchel
Scheune	Schüür/Schöör	Schienbeinschoner	Schinnbeinschoner
Scheunendrescher	Schüüredrescher/Schööre~	Schiene	Schinn
Scheunentor	Schüüretor/Schööre~	Schienenbus	Schienebus
scheußlich	üvvel	Schienenfahrzeug	Schienefahrzeug
schibbeln	schibbele	Schienennetz	Schienenetz
Schicht	Schich/Scheech	Schienenverkehr	Schieneverkehr
Schichtarbeit	Schicharbeid/Scheech~	Schießbefehl	Scheeßbefähl/~fell
Schichtarbeiter	Schicharbeider/Scheech~	Schießbude	Scheeßbud
Schichtdienst	Schichdeens/Scheech~	Schießeisen	Scheeßieser
schichten	schichte/scheechte	schießen	scheeße, feuere, polvere, ballere
Schichtkäse	Schichkis/Scheech~	Schießerei	Scheeßerei
Schichtwechsel	Schichwähßel/Scheech~	Schießplatz	Scheeßplatz
schick	stievstaats	Schießpulver	Scheeßpolver, Spreng~
schicken	schecke, üvversende	Schießsport	Scheeßsport
schicken	(ge)höre/~hüre	Schießstand	Scheeßstand
schicklich	schecklich/schick~	Schiff	Scheff
Schicksal	Scheckksal, Gescheck¹	Schiffbau	Scheffsbau
Schicksalsschlag	Schecksalsschlag, Knupp, Schlag¹	Schiffbruch	Scheffbroch
		Schiffbrüchige	Scheffbröchige
Schiebebühne	Schiebebühn	schiffen	scheffe, pisse
Schiebedach	Schiebedaach	Schiffer	Scheffer
Schiebefenster	Schiebefinster	Schiffermütze	Scheffermötz

Schifffahrt

Schifffahrt	Scheffahrt	Schimmel	Schimmel[1+2]
Schifffahrtsrecht	Scheffahrtsrääch	Schimmelbildung	Schimmelbeldung
Schifffahrtsstraße	Scheffahrtsstroß	schimmeln	schimmele
Schiffsarzt	Scheffsaaz	Schimmelpilz	Schimmelpelz/~pilz
Schiffsbauch	Scheffsbuch	schimmern	schimmere
Schiffschaukel	Scheffschöckel	schimmlig	schimmelig
Schiffsfracht	Scheffsfraach	Schimpanse	Schimpans
Schiffsjunge	Scheffsjung	Schimpf	Blamage, Blam
Schiffskantine	Mess[4]	schimpfen	schänge, schängeliere/~eere, boldere, knottere
Schiffskapitän	Scheffskapitän		
Schiffskoch	Scheffskoch	Schimpferei	Schängerei
Schiffsmodell	Scheffsmodell	Schimpfwort	Schängwood
Schiffsname	Scheffsname	schinden	schinde
Schiffspassage	Scheffspassage	Schinder	Schinner
Schiffsplanke	Scheffsplank	Schinken	Schinke
Schiffsreise	Scheffsreis	Schinkenbrot	Schinkebrud
Schiffsrumpf	Scheffsrump	Schinkenbrötchen	Schinkebrüdche
Schiffsschraube	Scheffsschruuv	Schinkenknochen	Schinkeknoche
Schiffsstrickleiter	Jakobsleider	Schinkenröllchen	Schinkeröllche
Schiffstaufe	Scheffsdauf	Schinkenspeck	Schinkespeck
Schiffstour	Scheffstour	Schinkenwurst	Schinkewoosch
Schikane	Schikan	Schippe	Schöpp
schikanieren	schikaniere/~eere, kujoniere/~eere, schliefe, molestiere/~eere; einem et Levve zor Höll maache	schippen	scheppe, schöppe
		Schirm	Schirm, Parapluie
		Schirmhülle	Schirmhüll/~höll
Schild	Scheld[1+2]/Schild[1+2]	Schirmmütze	Schirmmötz, Schläger~
Schilddrüse	Schelddrüs/Schild~	Schiss	Schess, Muffesause
Schildergasse	Scheldergass/Schilder~	Schisser	Dresser
Schilderhaus	Scheiderhüüsche/Schilder~	Schlabberei	Schlabberei[2]
Schilderhäuschen	Scheiderhüüsche/Schilder~	schlabberig	schlabberig
Schildermaler	Scheldermöler/Schilder~	Schlabberlätzchen	Schlabberlätzche, Seiverläppche/~lätzche
schildern	scheldere/schildere		
Schilderwald	Schelderwald/Schilder~	schlabbern	schlabbere
Schildkröte	Scheldkrad/Schild~/~kröt	Schlacht	Schlaach
Schildlaus	Scheldluus/Schild~, Wollluus	Schlachtbank	Schlaachbank
Schildmöwentaube	Kivitt	schlachten	schlaachte
Schildmütze	Scheldmötz/Schild~	Schlachtfeld	Schlaachfeld
Schildwache	Scheldwaach/Schild~	Schlachtfest	Schlaachfess
Schilf	Luusch[1], Reet	Schlachthaus	Schlaachtes
Schilfgras	Luuschgras	Schlachthof	Schlaachhoff
Schilfrohr	Luuschgras, Reet	Schlachtopfer	Schlaachoffer
Schillerlocke	Schillerlock	Schlachtplan	Schlaachplan

Schlammschlacht

Schlachtplatte	Schlaachplaat	Schlafwandler	Schlofwandler
Schlachtross	Schlaachross	Schlafzimmer	Schlofzemmer
Schlachtruf	Schlaachrof	Schlag	Schlag[1+2], Hau[1], Klätsch[1], Knuuz, Paaf[2], Schnav, Nidderschlag, Juv
Schlachtschiff	Schlaachscheff		
Schlachttag	Schlaachdag	Schlagader	Schlagoder
Schlachttier	Schlaachdier	Schlaganfall	Schlagaanfall, Schlag[1], Geechtenbroch, Herrgoddsohrfig
Schlachtvieh	Schlaachveech/~veeh		
schlackern	schlaggele	schlagartig	schlagartig
Schlaf	Schlof[1]	Schlagbolzen	Schlagbolze
Schlafanzug	Schlofaanzog	Schläge	Prügel, Klöpp, Schrübb, Ress[1]; Balg Wachs
Schlafanzughose	Schlofaanzogbotz		
Schlafanzugjacke	Schlofaanzogjack	Schlageisen	Schlagieser
Schlafcouch	Schlofcouch	Schlägel	Schlägel
Schläfe	Schlöf, Schlof[2]	schlagen	schlage/schlonn, schmecke[1], schnave, zoppe, bläue, klätsche, kloppe, pisele, fetze, wichse, tatsche; einem eine enscheppe; einem eine feuere; einem e paar trecke; einem eine schmiere/schmeere
schlafen	schlofe, penne[2], schlöfele, enpenne; de Auge/Döpp zomaache/zudun		
Schlafenszeit	Schlofenszigg		
Schläfer	Schlöfer		
schlaff	larig, lüsch, luusch		
Schlafgast	Schlofgass		
Schlafgelegenheit	Schlofstell	Schlagen	Klätsch[1], Schoss[2]
Schlafittchen	Schlavittche	Schlager	Schlager
Schlafkrankheit	Schlofkrankheit	Schläger	Schläger, Schlagdrop
Schlaflied	Schlofleed	Schlägerbande	Schlägerband
Schlafmohn	Schlofmohn	Schlägerei	Schlägerei, Klopperei
Schlafmütze	Schlofmötz, Zömmelöm	Schlagermusik	Schlagermusik
schlafmützig	schlofmötzig	Schlägermütze	Schlägermötz
Schlafpuppe	Schlofpopp	Schlagertext	Schlagertex
schläfrig	schlöfrig, dösig, möd, ührig/öhrig	schlagfertig	schlagfäädig; nit op de Muul gefalle
Schlafrock	Schlofrock	Schlagfertigkeit	Schlagfäädigkeit
Schlafsaal	Schlofsaal	Schlagkarre	Schlagkaar
Schlafsack	Schlofsack	Schlagsahne	Schlagsahne
Schlafstätte	Schlofstätt	Schlagscheibe	Schlagschiev
Schlafstelle	Schlofstell	Schlagseite	Schlagsigg
Schlafstellung	Schlofstellung	Schlagwort	Schlagwood
Schlafstörung	Schlofstörung/~stürung	Schlagzeug	Schlagzeug
Schlafsucht	Schlofsuch	schlaksig	schlaksig
Schlaftablette	Schloftablett	Schlamm	Morass, Mudd, Muddel, Tratsch[1]
Schlaftel	Schlofmeddel	Schlammbad	Schlammbadd
Schlaftrank	Schlofdrunk/~drank	schlammig	schlammig, quatschig
schlaftrunken	duselig	Schlammpackung	Schlammpackung
Schlafwagen	Schlofwage	Schlammschlacht	Schlammschlaach

Schlampe

Schlampe	Flüppche, Hangdier, Latsch, Qualster, Rüffche, Schlunz, Zubbel², Klunt, Flittche, Flitsch²	Schlehenschnaps	Schlihschnaps
schlampen	schlunze	schleichen	schleiche/schliche, tappe
schlampig	schlampig, schlunzig, zubbelig, schludderig, lidderlich, ungefläg	Schleicher	Schlicher
		Schleichweg	Schleichwäg
		Schleie	Schlei
Schlange	Schlang	Schleiereule	Schleierüül
schlängeln	schlängele	schleierhaft	schleierhaff
Schlangenbiss	Schlangebess	Schleierkraut	Hemdeknöppche
Schlangenei	Schlangeei	Schleiertanz	Schleierdanz
Schlangengift	Schlangegeff	Schleierwolke	Schleierwolk
Schlangengrube	Schlangekuhl/~kuul	Schleifbank	Schliefbank
Schlangengurke	Schlangegurk	Schleife	Schlopp, Stropp
Schlangenleder	Schlangeledder	Schleife binden	schlöppe
Schlangenmensch	Schlangeminsch	schleifen	schleife, schliefe, schürvele, bimse
Schlangentanz	Schlangedanz	Schleifen	Geschurvels
schlank	schnack¹	Schleifenband	Schleifeband
Schlankmacher	Schlankmaacher	Schleifer	Schliefer
schlappen	schlappe	Schleiflack	Schlieflack
Schlappen	Schlappe	Schleifmaschine	Schwabbel
Schlapphut	Schlapphot	Schleifpapier	Schliefpapier/~papeer
Schlappohr	Schlappuhr/~ohr	Schleifstein	Schliefstein
Schlappschwanz	Schlappuhr/~ohr, Schlabbes	Schleifmittel	Schmirgel
Schlaraffenland	Schlaraffeland	Schleihe	Muddkarpe
schlau	gewetz, gerevve; et fuusdeck hinger de Uhre han	Schleim	Schliem, Schleiver
		schleimen	schlieme
		Schleimer	Aaschkruffer/~kröff~, Luuschhohn, Raddfahrer, Hellige-Klemm-op-de-Lück; söß Heu
Schlauch	Schlauch		
Schlauchwagen	Schlauchwage		
Schläue	Schläu, Gauigkeit	Schleimhaut	Schleimhugg
Schlaukopf	Gaugitscher	Schleimhusten	Kölsch³
schlecht	schlääch, mau, kuschelemimmetig, fies¹, flau, flidig, üvvel, widdrig, bedresse, verdorve; dem Deuvel/Düüvel em Aasch nit dauge	schleimig	schliemig, schmierig, rotzig
		Schleimsuppe	Schleiverzupp
		schlemmen	schlemme, prasse
		schlendern	dötze, flaniere/~eere, schweife, trendele/trentele
Schlechtester	Schlussleech/~lich		
Schlechtigkeit	Schläächtigkeit		
Schlechtwetter	Schläächwedder	schlenkern	schlenkere
Schlechtwettergeld	Schläächweddergeld	Schleppe	Schlepp
schlecken	schlecke²	schleppen	schleppe, schleife, püngele, puze
Schleckermaul	Schleckermuul	Schleppschiff	Schleppscheff
Schlehdorn	Schlihdoon, Schwatzdoon	Schleswig	Schleswig
Schlehe	Schlih	Schleuder	Flitsch¹
Schlehenblüte	Schliheblöt	Schleuderbrett	Schleuderbredd

Schlüsselfrage

Schleudergang	Schleudergang	Schlitzohr	Gaugitscher
Schleuderhonig	Schleuderhunnig	schlitzohrig	gau
schleudern	schleudere, schmacke, feuere	Schlitzschraube	Schletzschruuv
Schleuderpreis	Schleuderpries	Schloss	Schloss, Palass
Schleudersitz	Schleudersetz	Schlossberg	Schlossberg/~birg
schleunigst	schleunigs, gäng²	Schlossgarten	Schlossgaade
Schleuse	Schleus	Schlossherr	Schlosshäär
schleusen	schleuse	Schlosshof	Schlosshoff
Schlich	Schlich	Schlossruine	Schlossruin
schlichten	schlichte	schlottern	schliddere, schlaggele
Schlichtungsstelle	Schlichtungsstell	Schlottern	Schlodder
Schlichtungsversuch	Schlichtungsversök	schlotternd	bampelig
Schließanlage	Schleeßaanlag	Schlucht	Schluch
Schließe	Schleeß	schluchzen	schluckse
schließen	schleeße, zomaache, ~däue, ~klappe, ~schnappe, ~gonn, opgevve	Schluck	Schlupp
		Schluckauf	Schlecks
Schließer	Schleeßer	schlucken	schlecke¹
Schließfach	Schleeßfaach	schlucksen	schleckse
schließlich	schleeßlich; am Eng¹/Engk	schluderig	schludderig, schlunzig
Schließmuskel	Schleeßmuskel	schludern	schluddere, schlunze, bruddele, murkse
Schließung	Schleeßung		
Schließzylinder	Schleeßzylinder	Schluffen	Schluffe
Schliff	Schleff	schlummern	schlummere, nünne², nühre/nöhre, nüggele¹, nügge
schlimm	schlemm, knöppeldeck, unsillig, verbodde		
		Schlunze	Schlunz
Schlimmes	Trauerspill	schlüpfen	flutsche
Schlinge	Schling, Stropp	Schlupfloch	Flutsch-Eren
Schlingel	Stropp	schlüpfrig	glitschig
schlingen	schlinge¹⁺²	schlurfen	schlürfe/schlürpe, schluffe
Schlingpflanze	Schlingflanz/~planz, Klemm-op	schlürfen	schlürfe/schlürpe, zölvere, schluppe
Schlippe	Schleppe	Schlurfschritt	Schluffschredd
Schlips	Schlips	Schluss	Schluss
Schlipsnadel	Schlipsnodel/~nol	Schlussakt	Schlussak
Schlitten	Schlitte	Schlüssel	Schlössel
Schlittenfahrt	Schlittefahrt	Schlüsselbart	Schlösselbaat
Schlittenhund	Schlittehungk	Schlüsselbein	Schlösselbein
schlittern	schleddere	Schlüsselbeinbruch	Schlösselbeinbroch
Schlittschuh	Schlittschoh	Schlüsselblume	Schlösselblom
Schlittschuhläufer	Schlittschohläufer	Schlüsselbrett	Schlösselbredd
Schlitz	Schletz, Retz	Schlüsselbund	Schlösselbund
Schlitzauge	Schletzaug	Schlüsseldienst	Schlösseldeens
schlitzen	schletze	Schlüsselfrage	Schlösselfrog

Schlüsselkind

Schlüsselkind	Schlösselkind	schmelzen	schmelze
Schlüsselloch	Schlösselloch	Schmelzkäse	Schmelzkis
Schlüsselposition	Schlösselposition	Schmelzofen	Schmelzovve
Schlüsselring	Schlösselring	Schmelzpunkt	Schmelzpunk
Schlüsselstellung	Schlösselposition	Schmelztiegel	Schmelztiegel
Schlüsselwort	Schlösselwood	Schmerz	Schmätz
Schlussfeier	Schlussfier/~feer	Schmerz	Ping, Schmätz
Schlussfolgerung	Schlussfolgerung	schmerzen	wihdun, schmerze
schlüssig	schlüssig	Schmetterling	Schwalvestätz/Schwalvter~, Fifalder, Vivalder
Schlusslicht	Schlussleech/~lich		
Schlusspfiff	Schlussfeff	schmettern	schmeddere
Schlusspunkt	Schlusspunk	Schmicke	Schmeck, Peitsch
Schlusssatz	Schlusssatz	Schmied	Schmidd¹
Schlussstrich	Schlussstrech	Schmiede	Schmidd²
Schlussteil	Schlussdeil	Schmiedeeisen	Schmiedeieser
Schlusswort	Schlusswood	Schmiedefeuerchen	Schmiddsfüürche/~föör~
Schlusszeichen	Schlusszeiche	Schmiedekunst	Schmiddekuns
schmachten	schmaachte	Schmiedekunst	Schmiedekuns
schmächtig	schmächtig	schmieden	schmidde
Schmackes	Schmackes	Schmiedeofen	Schmiddeovve
schmackhaft	schmackhaff	Schmiedepresse	Schmiddepress
schmähen	schmähe	schmiegen	schmeege
Schmähschrift	Schmähschreff	Schmiere	Schmier¹⁺²/Schmeer¹⁺², Knas
schmal	schmal	schmieren	schmiere/schmiere
schmal sein/werden	kein Plaatz för Buchping han	Schmierentheater	Schmieretheater/Schmeere~
Schmalseite	Schmalsigg	Schmierfett	Schmierfett/Schmeer~, Schmier¹/Schmeer¹
Schmalspur	Schmalspur/~spor		
Schmalz	Greev	Schmierfink	Schmierbalg/Schmeer~, Schmuddelpott, Muddkarpe
Schmalzbrot	Schmalzbrud		
schmalzig	schmalzig	Schmiergeld	Schmiergeld/Schmeer~
Schmarotzer	Lauschepper	Schmierheft	Schmierheff/Schmeer~
schmatzen	knatsche	schmierig	schmierig, klätschig, knüselig, schnuddelig
schmausen	schmause/schmuuse, schnabbeliere/~eere, müffele		
		Schmierkäse	Schmierkis/Schmeer~
schmecken	schmecke², munde/munge	Schmieröl	Schmieröl/Schmeer~
Schmeichelei	Aadigkeit, Schmulpöttche	Schmierpapier	Schmierpapier/Schmeer~/~papeer
schmeicheln	feukele	Schmierseife	Schmierseif/Schmeer~
Schmeichler	Schmusbüggel, Augetrüster, Hunnigfleeg; söß Heu	Schmiertel	Schmiermeddel/Schmeer~
		Schmierzettel	Schmierzeddel/Schmeer~
schmeißen	schmieße	schmilzen	schmelze
Schmeißfliege	Dressfleeg, Brumm	Schminke	Schmink
Schmelzbad	Schmelzbadd	schminken	schminke, kladunjele. krönzele

Schnee

Schminkstift	Schminksteff	Schmutzschicht	Dreckschich/~scheech
Schminktisch	Schminkdesch	Schnabel	Schnäbbel
Schminktopf	Schminkdppe	Schnabelschuh	Schnabelschoh
Schmirgel	Schmirgel	Schnabeltasse	Schnabeltass
schmirgeln	schmirgele	Schnabeltier	Schnabeldier
Schmiss	Schmess	schnabulieren	schnabbeliere/~eere
schmissig	schmessig	Schnake	Schnok
Schmöker	Schartek	Schnakenplage	Schnokeplog
schmollen	muule; e Pännche/en Muul/en Schnüss trecke; en Schnüss maache/trecke	Schnakenstich	Schnokestech
		Schnalle	Schnall[1+2], Schleeß
		schnallen	schnalle
Schmollmund	Schnut	Schnallenschuh	Schnalleschoh
Schmorbraten	Schmorbrode	Schnäppchen	Schnäppche, Ringeldüüvche, Rämschche
schmoren	stuve, brödsche		
schmuck	stievstaats	schnappen	schnappe, aaneigne, fange
schmücken	schmücke	Schnappmesser	Schnappmetz, Spring~
Schmuckkasten	Schmuckkaste	Schnappschuss	Schnappschoss
Schmuckkoffer	Schmuckkoffer	Schnaps	Schnaps, Schabau, Klore, Gabeko
Schmucknadel	Schmucknodel/~nol	Schnapsbrüder	Geläg[1]
Schmuckstein	Schmuckstein	Schnäpschen	Vügelche
Schmuckstück	Schmuckstöck	Schnapseule	Schabausüül; versoffe Bölzche
schmuddelig	schmuddelig	Schnapsfahne	Schabaufahn
schmuddeln	schmuddele	Schnapsflasche	Schabaufläsch
Schmuddelwetter	Dresswedder	Schnapsnase	Schnapsnas
schmuggeln	schmuggele	schnarchen	schnorkse
Schmuggelware	Schmuggelwar	Schnatterente	Schnadderent
schmunzeln	grielaache	schnattern	schnaddere
Schmus	Schmulpöttche, Schmus	schnauben, schnaufen	schnuuve
Schmusekatze	Schmusekatz	Schnaufer	Küüm
schmusen	schmuse	Schnauzbart	Brudschnäuzer
Schmuser	Schmusbüggel, Möhnegrößer	Schnauze	Schnauz, Schnüss
Schmuserei	Päädsköttelei	schnauzen	schnauze, ranze, schnaue
Schmutz	Dreck, Knies[1], Knüsel, Schmuddel, Gekläbbels	schnäuzen	schnäuze, schnuddele
		Schnäuzer	Schnäuzer, Schnurres
Schmutzfink	Messfink, Knüsel, Dreckbalg, Muddööl	Schnäuzerkowski	Schnäuzerkowski (Figur im „Hännesche-Theater")
Schmutzfleck	Dreckfleck(e)		
schmutzig	dreckelig/dreckig, knüselig, matschig, mölmig, plackig, schmuddelig, kollraveschwatz, uselig	Schnecke	Schneck
		Schneckenhaus	Schneckehuus
		Schneckenpost	Schneckeposs
		Schneckentempo	Schnecketempo
schmutzigtrüb	muddelig	Schnee	Schnei
Schmutzklümpchen	Kläbbel	Schnee von gestern	aal Ääze/Kamelle
Schmutzklumpen	Dreckknubbel		

Schneeball

Schneeball	Schneiball	Schneidersitz	Schneidersetz
Schneeballschlacht	Schneiballschlaach	Schneiderwerkstatt	Schniederwerkstatt
schneebedeckt	schneibedeck	Schneidezahn	Schneidezant, Vodder~
Schneebrett	Schneibesem	schneidig	schmissig
Schneebrille	Schneibrell/~brill	schneien	schneie
Schneedecke	Schneideck	Schneise	Schneis
Schneeeule	Schneiüül	schnell	flöck, gäng[1], schnell, gau, jih, baal, wupptich, Rubbedidupp[1], Rubbedikabess, Rüppche; wie ene geölte Bletz vöran!
Schneefall	Schneifall		
Schneefläche	Schneifläch		
Schneeflocke	Schneiflock	schnell!	
Schneegans	Schneigans	Schnelldienst	Schnelldeens
Schneeglöckchen	Schneiglöckche	Schnellgericht	Schnellgereech[1+2]/~rich[1+2]
Schneegrenze	Schneigrenz	Schnelligkeit	Gauigkeit, Wupptizität, Aki
Schneehase	Schneihas	Schnellkochplatte	Schnellkochplaat
Schneehuhn	Schneihohn	Schnellkochtopf	Schnellkochpott
Schneekanone	Schneikanon	schnellstens	gäng[2]
Schneekatze	Schneikatz	Schnellstraße	Schnellstroß
Schneekette	Schneikett	Schnellverfahren	Schnellverfahre
Schneeleopard	Schneileopard	Schnellzug	Schnellzog
Schneemann	Schneimann	Schnepfe	Schnepp
Schneematsch	Schneimatsch	schniefen	schnuuve
Schneepflug	Schneiplog	Schnippchen	Schnippche
Schneeraupe	Schneikatz	Schnippelbohne	Schnibbelsbunn
Schneeregen	Schneirähn	schnippeln	schnibbele
Schneeschaufel	Schneischuffel	schnippisch	schnodderig, schnäbbelig
Schneeschmelze	Schneischmelz	Schnipsel	Schnibbel, Schnetzel, Schnetz
Schneeschuh	Schneischoh	Schnipselchen	Schnibbelche
Schneesturm	Schneistorm/~sturm	schnipseln	schnibbele, schnetzele
schneeweiß	schneiwieß	Schnitt	Schnedd[1], Katsch, Machaat
Schneeweißchen	Schneiwießche	Schnittblume	Schneddblom
Schneewittchen	Schneewittche	Schnittbohne	Fitschbunn
Schneid	Courage	Schnitte	Schnedd[2]
schneiden	schnigge, haggele, katsche	Schnittfläche	Schneddfläch
Schneiden	Schnedd[1]	Schnittgrün	Schneddgröns
Schneider	Schnieder[1+2]	Schnittkäse	Schneddkis
Schneider-Clauss-Straße	Schneider-Clauss-Stroß	Schnittlauch	Schneddlauch, Piefelauch, Pissläufche
Schneiderbüste	Modellpopp		
Schneidergeselle	Schniedergesell	Schnittmuster	Schneddmuster
Schneiderin	Nihersch	Schnittmusterbogen	Schneddmusterboge
Schneiderkreide	Schniederkrigg/~knigg	Schnittpunkt	Schneddpunk
schneidern	schniedere	Schnittstelle	Schneddstell
Schneiderpuppe	Schniederpopp	Schnittwunde	Schneddwund

Schnitzarbeit	Schnetzarbeid	schockieren	schockiere/~eere
Schnitzel	Schnetzel, Schnetz	Schöffengericht	Schöffegereech/~rich
Schnitzeljagd	Schnetzeljag	Schokokuss	Negerkuss
schnitzeln	schnetzele	Schokolade	Schokelad
schnitzen	schnetze, schnetzele	Schokoladeneis	Schokeladeies
Schnitzerei	Schnetzerei, Schnetzarbeid	Schokoladenfabrik Stollwerk	Kamelledom
Schnitzmesser	Schnetzmetz	Schokoladenglasur	Schokeladegoss/~guss, ~zauß
Schnodder	Geschnuddels, Nasewasser	Schokoladenguss	Schokeladegoss/~guss
Schnodder	Schnuddel, Rotz	Schokoladenseite	Schokeladesigg
schnodderig	schnodderig, schnäbbelig	Schokoladensoße	Schokeladezauß
Schnörkel	Schnörkel	Schokoladentorte	Schokeladetaat
Schnörkelei	Geschnörkels	Schokoriegel	Schokoriegel
schnörkelig	schnörkelig	Scholle	Scholl
Schnörkelschrift	Schnörkelschreff	schon	ald[2], ad
Schnorrer	Plöckvugel	schön	schön, staats
Schnösel	Schnüsel	Schonbezug	Schonbezog
Schnucke	Schnuck	schonen	schone
Schnuckelchen	Schnüggelche	Schonfrist	Schonfriss
schnuckelig	schnuckelig, luus, leev	Schöngeist	Schöngeis
Schnuddelnase	Schnuddelsnas	Schönheit	Reiz
schnüffeln	schnüffele, schnäuve, schnäuse	Schönheitsfehler	Schönheitsfähler
Schnüffler(in)	Schnäuvnas, Schnäuver	Schönheitssinn	Schönheitssenn
Schnuller	Nüggel	Schönheitstel	Schönheitsmeddel
Schnulzensängerin	Jöömergeiß	Schonkost	Schonkoss
schnulzig	schnulzig	Schönrederei	Schmulpöttche
schnupfen	schnuuve, prise	Schönschreibheft	Schönschreibheff
Schnupfen	Schnops/Schnups, Schnuppe, Peps	Schönschrift	Schönschreff
Schnupfenspray	Schnuppespray	Schonwaschgang	Schonwäschgang
Schnupftabakprise	Schnüffche	Schönwetterlage	Schönwedderlag
Schnupftabaksdose	Schnüffchesdos	Schonzeit	Schonzigg
schnuppern	schnuppere, schnäuze, wittere	Schopf	Schopp
Schnur	Schnor/Schnur, Bängel	Schöpfe	Schepp
schnüren	schnöre/schnüre	Schöpfeimer	Pötzemmer
Schnurgasse	Schnurgass	schöpfen	scheppe
Schnurrbart	Schnäuzer, Schnurres, Brudschnäuzer	Schöpflöffel	Schepplöffel, Kell
		Schoppen	Schoppe, Schobbe[1]
Schnürschuh	Schnörschoh/Schnür~	Schorf	Ruff
Schnürsenkel	Schohnsbängel, ~reeme	Schornsteinfeger	Kaminsfäger
Schnürstiefel	Schnörstivvel/Schnür~	Schoß	Schuß
schnurstracks	schnorstracks	Schoßhundbesitzerin	Hungsmadam
Schnute	Schnut	Schoßhündchen	Schußhüngche, Jufferenhüngche
Schockfarbe	Schockfärv	Schößling	Schoss[2]

Schote

Schote	Schot, Schauter	Schreibblock	Schrievblock
Schottenrock	Schotterock	schreiben	schrieve
Schottenwitz	Schottewetz	Schreiben	Schrieve
Schotterstraße	Schotterstroß	Schreiber	Schriever
schräg	schräg	Schreiberei	Schrieverei
Schragen	Schrage	schreibfaul	schrievfuul
Schräglage	Schräglag	Schreibfeder	Schrievfedder
Schrägschrift	Schrägschreff	Schreibfehler	Schrievfähler
Schrägstrich	Schrägstrech	Schreibheft	Schrievheff
Schramme	Schramm, Schrom	Schreibkunst	Schrievkuns
schrammen	schramme	Schreibmappe	Schrievmapp
Schrank	Schaaf, Schrank[1]	Schreibmaschine	Schrievmaschin
Schrankbett	Schrankbedd	Schreibpapier	Schrievpapier/~papeer
Schranke	Schrank[2]	Schreibschrift	Schreibschreff
Schrankkoffer	Schrankkoffer	Schreibstube	Schrievstuvv
Schrankspiegel	Schrankspeegel	Schreibtisch	Schrievdesch
Schranktür	Schrankdür/~dör	Schreibtischlampe	Schrievdeschlamp
Schrankwand	Schrankwand	Schreibwaren	Schreibware
Schrappeisen	Schrabbieser	Schreibwarengeschäft	Schreibwaregeschäff
schrappen	schrabbe	Schreibweise	Schrievwies
Schraube	Schruuv	Schreibzeug	Schrievzeug
schrauben	schruuve	schreien	schreie, boldere, bälke, blöke, böke
Schraubendreher	Schruuvetrecker	Schreierei	Schreierei, Blökerei
Schraubenkopf	Schruuvekopp	Schreihals	Schreihals, ~balg, ~baates, Hüülbalg, Bökes, Brölles/Brülles
Schraubenmutter	Schruuvemutter		
Schraubenschlüssel	Schruuveschlössel	Schreikrampf	Schreikramf/~kramp
Schraubenzieher	Schruuvetrecker	Schrein	Schrein/Schring, Tabernakel
Schraubstock	Schruuvstock	Schreiner	Schreiner/Schringer, Bünnnähl
Schraubverschluss	Schruuvverschluss	Schreinerei	Schreinerei
Schraubzwinge	Schruuvzwing, ~knääch	schreiten	schrigge
Schrebergarten	Schrebergaade	Schrieb	Schrieve
Schreck	Schreck(e)	Schrift	Schreff
schrecken	schrecke	Schriftart	Schreffaat
Schrecken	Schreck(e)	Schriftbild	Schreffbeld/~bild
Schreckgespenst	Schreckgespens	Schriftdeutsch	Schreffdeutsch
Schreckgestalt	Bangmächer	Schriftenreihe	Schreftereih
schrecklich	schrecklich, verbodde, üvvel	Schriftform	Schreffform
Schreckschraube	Schreckschruuv	Schriftführer	Schreffföhrer/~führ~
Schrecksekunde	Schrecksekund	Schriftgelehrter	Schreffgelehte
Schrei	Schrei, Bök	schriftlich	schrefflich
Schreibalg	Bälkes	Schriftprobe	Schreffprob
Schreibarbeit	Schrievarbeid	Schriftrolle	Schreffroll

Schulbildung

Schriftsatz	Schreffsatz	Schrumpfkopf	Schrumpkopp
Schriftsetzer	Schreffsetzer	Schrunde	Schrung
Schriftsprache	Schreff~, Huhsproch	schubben	schubbe
Schriftsteller	Schreffsteller	Schubfach	Schoss[1]
Schriftstellerei	Schreffstellerei	Schubiack	Schubbjack
Schriftstück	Schreffstöck	Schubkarre	Schörreskaar/Schürres~
Schriftverkehr	Schreffwähßel	Schublade	Schoss[1], Lad
Schriftwechsel	Schreffwähßel	Schubs	Schupp(s)
Schriftzeichen	Schreffzeiche	schubsen	schubse, schuppe
Schriftzug	Schreffzog	schüchtern	genant, genierlich/geneer~, bang, einkennig, verschammp
Schritt	Schredd		
Schrittfolge	Schreddfolg	schuddern	schuddere
Schrittgeschwindigkeit	Schreddtempo	Schuft	Kujon
Schrittlänge	Schreddläng(de)	schuften	schufte
Schrittmacher	Schreddmaacher	Schuh	Schoh
Schrittmesser	Schreddzäller	Schuhabsatz	Ood, Hack[1]
Schritttempo	Schreddtempo	Schuhanzieher	Schohnshöönche, ~löffel
Schrittzähler	Schreddzäller	Schuhbürste	Wichsböösch
schröpfen	schröppe	Schuhcreme	Schohwichs
Schrotbrot	Schrotbrud	Schuhgeschäft	Schohgeschäff, ~lade
Schrotbüchse	Schrotbüchs	Schuhgröße	Schohgröße
Schrotbüchse	Schrotflint	Schuhhörnchen	Schohnshöönche
schroten	schrote	Schuhkarton	Schohkarton
Schrotflinte	Schrotflint	Schuhlöffel	Schohnslöffel
Schrotgewehr	Schrotbüchs	Schuhmacher	Schohmächer
Schrotkorn	Schrotkoon	Schuhnagel	Schohnähl
Schrotmehl	Schrotmähl	Schuhputzer	Schohpützer
Schrotmühle	Schrotmüll	Schuhriemen	Schohnsbängel
Schrotthändler	Aldräuscher/~rüsch~	Schuhriemen	Schohnsreeme
Schrottmühle	Schrottmüll	Schuhsohle	Schohnssoll, Lappe
Schrottplatz	Schrottplatz	Schuhsohlenleder	Lappledder
Schrottpresse	Schrottpress	Schuhspanner	Schohspanner
schrottreif	schrottrief	Schuhspitze	Schohspetz
Schrottwert	Schrottwäät	Schuhwerk	Schohwerk
schrubben	schrubbe	Schulabgänger	Schullavgänger
Schrubber	Schrubber/Schrübber	Schulabschluss	Schullavschluss
schrullig	schrullig	Schulamt	Schullamp
Schrumpel	Schrumpel	Schulanfänger	Schullaanfänger
schrumpelig	schrumpelig	Schularzt	Schullaaz
schrumpeln	schrumpele	Schulatlas	Schullatlas
schrumpfen	schrumpe, schrumpele, zesammetrecke/zo~, verquarkse	Schulbank	Schullbank
		Schulbildung	Schullbildung/~beld~

Schulbrot

Schulbrot	Schullbrud	Schulmappe	Schulltäsch
Schulbuch	Schullboch	Schulmedizin	Schullmedizin
Schulbus	Schullbus	Schulpflicht	Schullflich
schuld	schold	schulpflichtig	schullpflichtig
Schuld	Schold	Schulranzen	Schullranze
schuldbewusst	reumödig	Schulrat	Schullrod
schulden	scholde	schulreif	schullrief
schuldenfrei	scholdefrei	Schulschiff	Schullscheff
Schuldfrage	Scholdfrog	Schulschluss	Schullschluss
Schuldgefühl	Scholdgeföhl	Schulschwänzer	Blänkegänger
Schuldienst	Schulldeens	Schulsprecher	Schullsprecher
schuldig	scholdig/schöld~	Schulstress	Schullstress
Schuldigkeit	Scholdigkeit/Schöld~	Schulstunde	Schullstund
Schuldkomplex	Scholdkomplex	Schultag	Schulldag
Schuldner	Scholdner	Schultasche	Schulltäsch
Schuldschein	Scholdsching	Schulter	Scholder
Schuldspruch	Scholdsproch	Schulterblatt	Scholderbladd
Schuldwechsel	Scholdwähßel	schulterfrei	scholderfrei
Schule	Schull	Schulterklappe	Scholderklapp
schulen	schulle	schulterlang	scholderlang
Schülerausweis	Schüleruswies	schultern	reuze
Schülersprecher	Schullsprecher	Schulterpolster	Scholderpolster
Schülerzeitung	Schülerzeidung	Schulterriemen	Scholderreeme
Schulferien	Schullferie	Schulterstück	Scholderstöck
schulfrei	schullfrei	Schultertasche	Scholdertäsch
Schulfreund	Schullfründ, ~kamerad	Schultüte	Schulltüt
Schulgebäude	Schullhuus	Schulwechsel	Schullwähßel
Schulgeld	Schullgeld	Schulweg	Schullwäg
Schulgesetz	Schullgesetz	Schulwissen	Schullwesse
Schulglocke	Schullglock	Schulzeit	Schullzigg
Schulgottesdienst	Schullgoddesdeens	Schulzeugnis	Schullzeugnis
Schulhaus	Schullhuus	schummeln	schummele, fusche
Schulheft	Schullheff	schummerig	schummerig
Schulhof	Schullhoff, Pausehoff	Schummerlicht	Schummerleech
Schuljahr	Schulljohr	Schund	Schüngelskrom
Schuljunge	Schulljung	Schundheft	Schundheff
Schulkamerad	Schullkamerad, ~fründ	Schunkellied	Schunkelleed
Schulkenntnisse	Schullwesse	schunkeln	schunkele
Schulkind	Schullkind	Schuppe	Schupp
Schulklasse	Schullklass	Schüppe	Schöpp
Schulleiter	Schullleiter	schuppen	schuppe
Schulmädchen	Schullmädche	Schuppen	Schobbe[2]

schüppen	schöppe	Schutzanzug	Schotzaanzog
schuppig	schuppig	Schutzblech	Schotzblech
Schur	Schor	Schutzbrief	Schotzbreef
Schüreisen	Stochieser	Schutzbrille	Schotzbrell/~brill
schüren	schüüre, stoche, aanheize, opstoche	Schutzdach	Schotzdaach
schürfen	schürfe, schürvele	Schutzdecke	Schabrack
Schürfwunde	Schürfwund	Schütze	Schötz
schürgen	schürge/schürgele	schützen	schötze, bewahre
Schürhaken	Brandhoke, Stochieser	Schützenbruder	Schötzebroder
Schurke	Hanak, Kanalje, Kujon	Schützenbruderschaft	Schötzebroderschaff
Schurwolle	Schorwoll	Schützenfest	Schötzefess
Schurz	Schooz	Schutzengel	Schotzengel
Schürze	Schützel	Schützengraben	Schötzegrave
schürzen	schööze, opstölpe	Schützenkönig	Schötzekünning
Schürzenbändel	Schützelsbängel	Schützenpanzer	Schötzepanzer
Schürzenjäger	Jöckebömmel, Mädchesjeck, Mädchesläufer, Poussierstängel/ Pousseer~, Schmaachlappe, Schmecklecker, Schwittjee; *läufige Schmaachlappe*	Schützenplatz	Schötzeplatz
		Schützenstand	Schötzestand
		Schützenverein	Schötzeverein
		Schutzfrist	Schotzfriss
		Schutzgebiet	Schotzgebiet
Schürzentasche	Schützelstäsch	Schutzgeld	Schotzgeld
Schuss	Schoss²	Schutzglas	Schotzglas
Schussel	Schusel	Schutzhaft	Schotzhaff
Schüssel	Schössel, Kump, Schottel	Schutzheilige	Schotzhellige, Patron²
schusselig	schuselig, vergesslich	Schutzhelm	Schotzhelm
Schussfeld	Schossfeld	Schutzherr	Patron²
Schusskraft	Schosskraff	Schutzhülle	Schotzhöll/~hüll
Schussrichtung	Schossrichtung	Schutzhütte	Schotzhött
Schussverletzung	Schosswund	Schutzimpfung	Schotzimfung
Schusswaffe	Boge	Schützling	Schötzling
Schusswechsel	Schosswähßel	Schutzmacht	Schotzmaach
Schusswunde	Schosswund	Schutzmauer	Schotzmuur/~moor, ~wall
Schuster	Schohmächer	Schutzpatron	Schotzhellige
Schusterlehrling	Schusterjung	Schutzpolizei	Schotzpolizei
Schuttabladeplatz	Schuttplatz	Schutzpolizist	Schotzpoliziss
Schüttelfrost	Schöddelfross, Freese	Schutzschicht	Schotzschich/~scheech
schütteln	schöddele, schödde, rüsele, öm-schöddele	Schutzschild	Schotzschild/~scheld
		Schutztel	Schotzmeddel
schütten	schödde	Schutzumschlag	Schotzömschlag
Schutthaufen	Schutthaufe	Schutzverband	Schotzverband
Schuttplatz	Schuttplatz	Schutzwaffe	Scheld²/Schild²
Schutz	Schotz	Schutzwall	Schotzwall

1201

schwabbelig

schwabbelig	schwabbelig, quabbelig, wabbelig	Schwär(e)	Schwärre
schwabbeln	schwabbele, quabbele	schwären	schwärre
schwabbern	schwabbele	Schwarm	Schwarm
Schwabe	Schwabe[1]	schwärmen	schwärme, aanbedde
Schwaben	Schwabe[2]	Schwarte	Schwaad
schwach	schwach/schwaach, flau, lahm	Schwartenmagen	Schwaademage
Schwächeanfall	Schwächeaanfall	schwarz	schwatz
schwächeln	erömmemme	Schwarzafrika	Schwatzafrika
schwächen	schwäche	Schwarzarbeit	Lappührche/~öhr~
Schwächezustand	Schwächezostand	Schwarzarbeiter	Schwatzarbeider
Schwachkopf	Schwachkopp	Schwarzbär	Schwatzbär
Schwachpunkt	Schwachpunk	Schwarzbrenner	Schwatzbrenner
schwachsinnig	blöd	Schwarzbrennerei	Schwatzbrennerei
Schwachstelle	Schwachstell, ~punk	Schwarzbrot	Schwatzbrud
Schwaden	Schwadem	Schwarzdorn	Schwatzdoon, Schlihdoon
Schwadroneur	Schwadroneur	Schwarzdrossel	Schwatzdrossel
schwadronieren	schwadroniere/~eere	schwarze Kasse	Schmulpöttche
schwafeln	schwabbele	Schwarze	Schwatze
Schwager	Schwoger	Schwärze	Schwätzde
Schwägerin	Schwigersch, Schwögersch	schwärzen	schwätze[1]; schwatz maache
Schwalbe	Schwalv(ter)	Schwarzer	Mohr
Schwalbengasse	Schwalvegass	Schwarzhandel	Maggelei
Schwalbennest	Schwalveness/Schwalvter~	Schwarzhändler	Maggeler
Schwalbenschwanz	Schwalvestätz/Schwalvter~	Schwarzpappel	Pappelwigg
Schwamm	Schwamm	Schwarzpulver	Schwatzpolver
schwammig	luuschig	Schwarzrotgold	Schwatzrudgold/Schwatz-Rud-Gold
Schwan	Schwan	schwarzweiß	schwatzwieß
Schwanenhals	Schwanehals	Schwarzweißfilm	Schwatzwießfilm
schwanger	schwanger	Schwarzwild	Schwatzwild/~weld
Schwangerschaft	Schwangerschaff	Schwarzwurzel	Schwatzwoozel, Schözeneere
Schwangerschaftsabbruch	Schwangerschaffsavbroch	Schwätzchen	Schwätzche
Schwangerschaftsstreifen	Schwangerschaffsstriefe/~streife	schwatzen	schwaade, quatsche[1], schwätze[2]; einem geiht de Muul wie en Entefott
Schwangerschaftstest	Schwangerschaffstess	schwätzen	schwätze[2], quatsche[1]
Schwank	Schwank	Schwätzer	Bälkmuul, Bälkschnüss, Bätsch, Blaffetsmuul, Klaafmuul, Quasel(e)manes, Quatschkopp, Quatschmuul, Quatschschnüss, Schwaademage, Schwaadschnüss, Seiverlappe, Schwaadlappe, Schwadroneur, Tratschmuul
schwanken	schwanke		
Schwanz	Schwanz, Stätz		
schwänzeln	schwänzele		
schwänzen (Schule)	schwänze; blänke gonn		
Schwanzfeder	Schwanzfedder		
Schwanzflosse	Schwanzfloss	Schwätzerin	Quatschmöhn, Quatschschnüss, Tratschmuul
Schwanzstück	Schwanzstöck		
schwappen	schwappe		

Schwebebalken	Schwebebalke	schwemmen	schwemme², eravspöle
schweben	schwevve	Schwengel	Schwengel
Schwebezustand	Schwebezostand	Schwenkbraten	Schwenkbrode
Schwefel	Schwävel	schwenken	schwenke, flaastere
schwefelig	schwävelig	Schwenkkartoffeln	Schwenkäädäppel
Schwefelsalbe	Schwävelsalv	schwer	schwer
schweifen	schweife	Schwerarbeit	Schwerarbeid
schweigen	schweige; *de Muul/Schnüss halde; stell sin*	Schwere	Schwerde
		Schwerenöter	läufige Schmaachlappe
Schweigepflicht	Schweigeflich	schwerfällig	schwerfällig, tapsig, madamig
Schwein	Sau	Schwergewicht	Schwergeweech/~wich
Schweinchen	Schnäggelche	Schwerkraft	Schwerkraff
Schweinebauch	Schweinebuch	Schwermut	Schwermod
Schweinebraten	Schweinebrode	schwermütig	schwermödig, leidmödig, messmodig
Schweinefilet	Lümmerche	schwermütig sein/werden	*et ärme Dier/der Möpp han/krige*
Schweinelende	Lümmerche	Schweröl	Rühöl
Schweinemast	Schweinemass	Schwerpunkt	Schwerpunk
Schweinepest	Schweinepess	Schwert	Schwäät
Schweinerippchen	Schweinerebbche	Schwertfisch	Schwäätfesch
Schweineschnitzel	Schweineschnetzel	schwerwiegend	schwerweegend
Schweinezucht	Schweinezuch	Schwester	Schwester, Söster
Schweinigel	Schweinnickel, Saunickel	Schwiegermutter	Schwigermutter/~moo(der)
schweinisch	säuisch	Schwiegersohn	Schwigersonn
Schweinsäuglein	Ferkesäugelche/Firkes~	Schwiegertochter	Schwigerdoochter
Schweinskeule	Schinke	Schwiegervater	Schwigervatter/~va(der)
Schweinskopf	Ferkeskopp/Firkes~	Schwiele	Schwiel
Schweinskram	Ferkeskrom/Firkes~	schwierig	diffisill, kribbelig, misslich, vertrack
Schweinsohr	Schweinsuhr/~ohr	Schwierigkeiten	Moleste/Maleste, Brasel, Zangegeboot/~geburt, Nopp; *et met einem ze dun krige/met jet ze dun han*
Schweiß	Schweiß		
Schweißausbruch	Schweißusbroch		
Schweißdraht	Schweißdroht	Schwimmabzeichen	Schwemmavzeiche
Schweißdrüse	Schweißdrüs	Schwimmbad	Schwemmbadd, Badd
schweißen	schweiße	Schwimmbecken	Schwemmbecke, Becke
Schweißfuß	Schweißfoß	Schwimmbewegung	Schwemmbewägung
schweißgebadet	schweißgebadt	schwimmen	schwemme¹
schweißig	schweißig	Schwimmer	Schwemmer
Schweißnaht	Schweißnoht	Schwimmerbecken	Schwemmerbecke
Schweißperle	Schweißpääl	Schwimmflosse	Schwemmfloss
Schweißtropfen	Schweißdroppe	Schwimmflügel	Schwemmflügel
Schweizer	Schweizer	Schwimmgürtel	Schwemmgöödel
Schwelle	Schwell	Schwimmhalle	Schwemmhall
schwellen	schwelle¹⁺², aanschwelle	Schwimmhaut	Schwemmhugg

Schwimmhose

Schwimmhose	Schwemmbotz, Bade~	sechstausend	sechstausend
Schwimmstadion	Schwemmstadion	sechzehn	sechsehn
Schwimmvogel	Schwemmvugel	sechzehnhundert	sechsehnhundert
Schwimmweste	Schwemmwess	sechzig	sechzig
schwind(e)lig	schwindelig, duselig, drell, bammelig, plümerant	Sechzigerjahre	Sechsigerjohre
		See (der)	Sie[2]
schwindelfrei	schwindelfrei	See (die)	Sie[1]
Schwindelgefühl	Dusel	Seebad	Siebadd
Schwindelgefühl	Schwindelgeföhl	Seebeben	Siebevve
schwindeln	schwindele	Seeblick	Siebleck/Meer~
Schwindsucht	Schwindsuch	Seefahrt	Siefahrt
schwindsüchtig	schwindsüchtig	Seegang	Siegang
schwingen	schwinge, schwenke, schöckele	Seegras	Siegras
Schwingtür	Schwingdür/~dör, Pendeldür/Pendel~	Seehafen	Siehafe
Schwingungszustand	Phas	Seehund	Siehungk
Schwippschwager	Schwippschwoger	Seekarte	Siekaat
Schwippschwägerin	Schwippschwögersch	Seekrankheit	Siekrankheit
schwirren	schwirre	Seekrieg	Siekreeg, Sieschlaach
Schwitze	Schwetz	Seekuh	Siekoh
schwitzen	schweißte	Seelchen	Sielche
schwitzig	schweißtig	Seele	Siel
Schwitzkasten	Schwetzkaste	Seelenamt	Siele(n)amp
Schwitzkur	Schwetzkur	Seelendoktor	Sieledokter
schwören	schwöre	Seelenfriede(n)	Sielefridde
schwul	anderseröm	Seelenheil	Sieleheil
schwül	schwöl, benaut	Seelenklempner	Sieleklempner
Schwüle	Schwöl(d)e	Seelenleben	Sielelevve
schwülstig	schwölstig	Seelenmesse	Sielemess
schwummerig	schwummerig	Seelenruhe	Sielerauh
Schwung	Schwung, Schmackes, Aki, Fupp, Wupptizität	seelenvergnügt	sielevergnög
		Seelenverkäufer	Sieleverkäufer
Schwungfeder	Schwungfedder	Seelenverwandtschaft	Sieleverwandtschaff
Schwungkraft	Schwungkraff, Zentrifugal~	Seelenwanderung	Sielewanderung
schwungvoll	schmissig	Seelsorge	Sielsorg
Schwurgericht	Schwurgereech/~rich	Seelsorger	Sielsorger
sechs	sechs	Seeluft	Sieluff
sechseinhalb	sechsenhalv	Seemacht	Siemaach
sechserlei	sechserlei	Seemöwe	Siemöw
sechshundert	sechshundert	Seenotruf	Sienudrof
sechsmal	sechsmal	Seereise	Siereis
sechssaitig	sechssiggig	Seerose	Sierus
Sechstagerennen	Sechsdagerenne	Seesack	Siesack

Seeschlacht	Sieschlaach	Seidenpapier	Siggepapier/~papeer
Seeschlange	Sieschlang	Seidenraupe	Siggeraup
Seeseite	Siesigg	Seidenschal	Siggeschal
Seestern	Siestään	Seidenstoff	Siggestoff
Seetang	Sietang	Seidenstrumpf	Siggestrump
Seeufer	Sieufer/~ofer	Seidentuch	Siggedoch
Seevogel	Sievugel	seidig	sigge
Seeweg	Siewäg	Seife	Seif
Seewind	Siewind	Seifenbad	Seifebadd
Seezunge	Siezung	Seifenblase	Seifeblos
Segel	Segel	Seifenkiste	Seifekess, Schörreskaar/Schürres~
Segelflieger	Segelfleeger	Seifenkistenrennen	Seifekesterenne
Segelflug	Segelflog	Seifenlauge	Seifelaug
Segeljacht	Segeljach	Seifenoper	Seifeoper
segeln	segele	Seifenpulver	Seifepolver
Segelschiff	Segelscheff	Seifenschälchen	Seifeschälche, ~kümpche
Segeltuch	Segeldoch	Seifenschaum	Seifeschuum
Segen	Säge, Sähn	seifig	seifig
segnen	sähne	Seihe	Seih
sehen	sinn, loore/luure	seihen	seihe
Sehne	Sehn	Seil	Seil, Ling[1], Strang
sehnen	schmaachte	Seilakrobat	Lingedänzer
Sehnenriss	Sehneress	Seilbahn	Seilbahn
Sehnsucht	Sehnsuch	Seilschaft	Seilschaff
sehnsüchtig	sehnsüchtig	Seilspringen	Seilchespringe
sehnsuchtsvoll	sehnsüchtig	Seiltanz	Seildanz
sehr	ärg[2], fies[2]	Seiltänzer	Lingedänzer
Sehtest	Sehtess	Seiltrommel	Seiltrommel
Sehvermögen	Sehvermöge	Seilwinde	Seilwind/~wing
Seiber	Seiver	Seilzug	Seilzog
Seiberbart	Seiverbaat	sein	sin[1+2]
seibern	seivere	sein(e)	sing, si
Seich(e)	Seck	seinethalben	singethalver
seichen	secke	seinetwegen	singetwäge
seicht	niddrig	seinetwillen	singetwäge, singethalver
Seide	Sigg[3]	seit	zick[1+2]
seiden	sigge	seitdem	zickdäm[1+2]
Seidenbluse	Siggeblus	Seite	Sigg[1]
Seidenes	Sigge	Seitenarm	Sigge~, Nevve(n)ärm
Seidenfaden	Siggefaddem	Seitenausgang	Siggeusgang
Seidenhemd	Siggehemb	Seiteneingang	Siggeengang
Seidenkleid	Siggekleid	Seiteneinsteiger	Siggeensteiger

Seitenfach

Seitenfach	Siggefach	Selbstbestimmung	Selvsbestemmung
Seitenfläche	Siggefläch	Selbstbestimmungsrecht	Selvsbestemmungsrääch
Seitenflügel	Siggeflögel	Selbstbetrug	Selvsbedrog
Seitengang	Siggegang	selbstbewusst	selvsbewoss, secher[1]
Seitengasse	Siggegass, Nevve~	Selbstbewusstsein	Selvsbewosssin
Seitennaht	Siggenoht	Selbstdarstellung	Selvsdarstellung
Seitenruder	Siggeruder/~roder	Selbsteinschätzung	Selvsenschätzung
Seitenscheitel	Siggescheid	Selbsterfahrung	Selvserfahrung
Seitenschiff	Siggescheff	Selbsterkenntnis	Selvserkenntnis
Seitenschritt	Siggeschredd	Selbstfindung	Selvsfindung
Seitensprung	Siggesprung	Selbstgedrehte	Selvsgedrihte
Seitenstechen	Siggesteche	selbstgefällig	selvsgefällig
Seitenstraße	Siggestroß	selbstgerecht	selvsgerääch
Seitenstreifen	Siggestriefe/~streife	Selbstgerechtigkeit	Selvsgeräachtigkeit
Seitentasche	Siggetäsch	Selbstgespräch	Selvsgespräch, Monolog
Seitenteil	Siggedeil	selbstherrlich	selvsherrlich
Seitentür	Siggedür/~dör	Selbsthilfe	Selvshilfe
seitenverkehrt	siggeverkeht	Selbsthilfegruppe	Selvshilfegrupp
Seitenwechsel	Siggewähßel	Selbstironie	Selvsironie
seitenweise	siggewies	Selbstjustiz	Selvsjustitz
Seitenwind	Siggewind	Selbstkontrolle	Selvskontroll
Seitenzahl	Siggezahl	Selbstleid	Selvsmetleid
Sekt	Sek, Bubbelwasser	selbstlos	selvsloss
Sektflasche	Sekfläsch	Selbstmord	Selvsmood
Sektflöte	Sekfleut	Selbstmörder	Selvsmörder
Sektfrühstück	Sekfröhstöck	Selbstschutz	Selvsschotz
Sektglas	Sekglas, Fleut	selbstsicher	selvssecher
Sektkelch	Sekkelch	selbstständig	selvsständig
Sektkellerei	Sekkellerei	Selbstständige	Selvsständige
Sektkorken	Sekkorke	Selbstsucht	Selvssuch
Sektkübel	Sekküvvel	selbstsüchtig	selvssüchtig, egoistisch, schüngelig
Sektschale	Sekschal	Selbstüberschätzung	Selvsüvverschätzung
Sekunde	Sekund	Selbstüberwindung	Selvsüvverwindung
Sekundenschlaf	Sekundeschlf	Selbstverantwortung	Selvsverantwortung
Sekundenzeiger	Sekundezeiger	Selbstversorger	Selvsversorger
selber	selver[2]	selbstverständlich	selvsverständlich, natörlich[2]/natür~[2]
selbst	selvs[1+2]	Selbstverständnis	Selvsverständnis
Selbstachtung	Selvsachtung	Selbstversuch	Selvsversök
Selbstauslöser	Selvsuslüser/~lös~	Selbstvertrauen	Selvsvertraue
Selbstbedienung	Selvsbedeenung	Selbstvorwurf	Selvsvürwurf/~vör~/~worf
Selbstbedienungsladen	Selvsbedeenungslade	Selbstwertgefühl	Selvswäätgeföhl
Selbstbeherrschung	Selvsbeherrschung	Selbstzufriedenheit	Selvszofriddenheit/~ze~

Sexualleben

Selbstzweck	Selvszweck	Sensenblatt	Sensebladd
Selbstzweifel	Selvszwiefel	Sensenmann	Sensemann
selb	selv	Sensibelchen	Pingelsfott
Selfkante	Selfkant	Serbien	Serbie
selig	sillig	Serpentine	Serpentin
Seligkeit	Silligkeit	Serpentinenstraße	Serpentinestro
Sellerie	Zellerei	servieren	serviere/~eere
Sellerieknolle	Zellereiknoll	Serviertisch	Servierdesch/Serveer~
Selleriesalat	Zellereischlot	Servierwagen	Servierwage/Serveer~, Teewage
selten	selde, zowiele/ze~	Serviette	Serviett, Schlabberdoch, ~dönche, Seiverlappe
Seltenheit	Seldenheit		
Seltenheitswert	Seldenheitswäät	Serviettenring	Serviettering
seltsam	selde, aadig, gelinge	Servobremse	Servobrems
seltsamer Kauz	komische Hellige	Sesambrot	Sesambrud
seltsamerweise	komischerwies	Sesambrötchen	Sesambrüdche
Semesterferien	Semesterferie	Sesamöl	Sesamöl
Semikolon	Strechpunk	Sessellift	Sesselliff
Seminararbeit	Seminararbeid	sesshaft	sesshaft
Seminarschein	Seminarsching	Session	Session
Semmelkloß	Semmelkloß	Sesterpferd	Sesterpääd
Sendemast	Sendemass	setzen	setze², hinsetze
senden	sende, schecke	Setzfehler	Setzfähler
Sendepause	Sendepaus/~puus	Setzkasten	Setzkaste
Sendereihe	Sendereih	Setzmaschine	Setzmaschin
Sendeschluss	Sendeschluss	Seuche	Seuch
Sendezeit	Sendezigg	Severin	Vring
Senegal	Senegal	Severinsbrücke	Vringsbröck
Senf	Mostert	Severinskloster	Vringskluster
Senfgas	Senfgas	Severinstor	Vringspooz
Senfgurke	Senfgurk	Severinstraße	Vringsstroß
Senfkorn	Senfkoon	Severinsviertel	Vringsveedel
Senfsoße	Mostertzauß	Severinswall	Vringswall
Senftöpfchen	Mostertdöppche, ~pöttche	Sex	Sex
sengen	senge	Sexbombe	Sexbomb
Seniorenfahrschein	Runzelkaat	Sexist	Sexiss
Senkblei	Lut	Sexmagazin	Sexmagazin
Senke	Senk	Sexologe	Sexologe
senken	senke, sacke	Sexologie	Sexologie
Senkgrube	Senkkuhl/~kuul	Sextanerblase	Sextanerblos
Senklot	Senklut	Sextourist	Sextouriss
senkrecht	senkrääch	Sexualleben	Liebeslevve
Sense	Sens		

Sexualtrieb	Föhl-ens	siebenstöckig	sibbestöckig
Seziermesser	Seziermetz	siebenstündig	sibbestündig
Showgeschäft	Showgeschäff	siebentägig	sibbedägig
sich	sich	siebentausend	sibbedausend
sich etw. zutrauen	sich nit bang för jet maache	siebenteilig	sibbedeilig
sicher	secher[1+2], bestemmp[2], gewess	siebtel	sibbtel
Sicherheit	Secherheit	siebtens	sibbtens
Sicherheitsabstand	Secherheitsavstand	siebt...	sibbt...
Sicherheitsglas	Secherheitsglas	siebzehn	sibbsehn/~zehn
Sicherheitsgurt	Secherheitsgurt/~goot	siebzehnhundert	sibbsehnhundert/~zehn~
Sicherheitsnadel	Secherheitsnodel	siebzig	sibbsig/~zig
Sicherheitsschloss	Secherheitsschloss	siech	seech, malätzig
sicherlich	secherlich, secher[2]	siedeln	siedele
sichern	sechere	sieden	pröttele, pötte
Sicherung	Secherung	Siedepunkt	Siedepunk
Sicherungskasten	Secherungskaste	Siedewurst	Siedewoosch, Bröh~
Sicht	Sich/Seech	Sieg	Seeg
sichtbar	sichbar	Siegel	Siegel
Sichtblende	Sichblend/Seech~	siegeln	siegele
sichtlich	sichlich	siegen	seege
Sichtverhältnisse	Sichverhäldnisse/Seech~	Sieger	Seeger
Sichtweise	Sichwies	Siegerkranz	Seegerkranz
sickern	sickere	Siegermacht	Seegermaach
sie	sei[1+2], se[1+2], it	Siegermannschaft	Seegermannschaff
Sie	Ehr	Siegerpodest	Seegerpodess
Sieb	Sieb, Seih	Siegerpokal	Seegerpokal
Siebdruck	Siebdrock	Siegesfeier	Seegesfier/~feer
sieben	sibbe	Siegessäule	Seegessüül
sieben	siebe	siezen	ehrze
siebeneinhalb	sibbenenhalv	signalisieren	aandügge
siebenerlei	sibbenerlei	Signalmast	Signalmass
siebenhundert	sibbehundert	Silbe	Silv
siebenjährig	sibbejöhrig	Silbenrätsel	Silverödsel
siebenkantig	sibbekantig	Silber	Selver
siebenmal	sibbemol	Silberader	Selveroder
Siebenmeilenschritt	Sibbemeileschredd	Silberbarren	Selverbarre
Siebenmeilenstiefel	Meilestivvele	Silberbesteck	Selverbesteck
Siebenmonatskind	Sibbemonatskind	Silberblick	Selverbleck
Siebensachen	Sibbesackspiefe	Silberdraht	Selverdroht
Siebenschläfer	Sibbeschlöfer	Silberfaden	Selverfaddem
siebenseitig	sibbesiggig	Silberfisch	Selverfesch
siebenstellig	sibbestellig	Silberfischchen	Selverfeschche

Silberfuchs	Selverfuss	sinnvoll	Hand un Foß han
Silbergeld	Selvergeld	Sinologe	Sinologe
Silbergeschirr	Selvergescherr	Sinologie	Sinologie
Silberhaar	Selverhoor	Sinuskurve	Sinuskurv
Silberhochzeit	Selverhuhzigg	Sippschaft	Schmölzche
Silberkette	Selverkett	Sirene	Siren
Silbermedaille	Selvermedaille	Sirenengesang	Sirenegesang
Silbermine	Selvermin	Sitte	Gebruch, Maneer/Manier
Silbermünze	Selvermünz	Sittenpolizei	Sittepolizei
silbern	selver[1]	Sittenstrolch	Sittestrolch
Silberpapier	Selverpapier/~papeer	Sittenverfall	Sitteverfall
Silberpappel	Selverpappel	Sittlichkeitsverbrechen	Sittlichkeitsverbreche
Silberplatte	Selverplaat	Sitz	Setz
Silberreiher	Selverreiher	Sitzbad	Setzbadd
Silberschmied	Selverschmidd	Sitzbank	Setzbank
Silberstift	Selversteff	Sitzblockade	Setzblockad
Silbersträhne	Selversträhn	Sitzecke	Setzeck
Silberstreifen	Selverstriefe/~streife	sitzen	setze[1]
Silbertablett	Selvertablett	sitzen bleiben	klevve blieve
Silberweide	Pappelwigg	sitzen lassen	em Ress looße
Silberwert	Selverwäät	Sitzfläche	Setz
Silberzwiebel	Selverzwibbel	Sitzfleisch	Setzfleisch
Silvesterabend	Silvesterovend	Sitzgelegenheit	Setzgeläge(n)heit, Setz, Bank[1]
Silvesterball	Silvesterball	Sitzgruppe	Setzgrupp
Silvesterfeier	Silvesterfier/~feer	Sitzkissen	Setzkesse
Silvesternacht	Silvesternaach	Sitzordnung	Setzordnung
simpel	kinderleich, leich	Sitzplatz	Setzplatz, Setz, Platz[1]
simulieren	simeliere/~eere, verstelle	Sitzstreik	Setzstreik
Sinaihalbinsel	Sinaihalvinsel	Sitzung	Sitzung
Sinfoniekonzert	Sinfoniekonzäät	Sizilien	Sizilie
singen	singe	Skai®	Kunsledder
Singspiel	Singspill	Skandinavien	Skandinavie
Singstimme	Singstemm	Skatabend	Skatovend
Singstunde	Singstund	Skatblatt	Skatbladd
Singvogel	Singvugel	Skatbruder	Skatbroder
sinken	sinke, sacke	Skateboard	Rollbredd
Sinn	Senn	Skatkarte	Skatkaat
Sinnbild	Sennbild/~beld	Skatrunde	Skatrund
sinnen	senne, grabbele	Skatspiel	Skatspill
Sinngehalt	Senn	Skatspieler	Skatspiller
Sinnlichkeit	Sennlichkeit	Skelett	Skelett, Knochegerämsch
Sinnspruch	Sennsproch	Ski	Ski

Skibrille

Skibrille	Skibrell/~brill	Soldbuch	Soldboch
Skigebiet	Skigebiet	Soli	Solidaritätszoschlag
Skigymnastik	Skigymnastik	Solidaritätszuschlag	Solidaritätszoschlag
Skilift	Skiliff	Solidarpakt	Solidarpak
Skirennen	Skirenne	Solist	Soliss
Skispringen	Skispringe	Solitärspiel	Solitrspill
Skistiefel	Skistivvel	Soll	Soll[2]
Skizzenblock	Skizzeboch	Sollbruchstelle	Sollbrochstell
Skizzenbuch	Skizzeboch	sollen	solle[1+2]
skizzieren	ömrieße[2]	Sollseite	Soll[2]
Sklavenarbeit	Sklave(n)arbeid	Sollzinsen	Sollzinse
Sklavenmarkt	Sklavemaat	Solospiel	Solospill
Sklera	Ledderhugg	Solostimme	Solostemm
Skript	Skrip	Solotanz	Solodanz
Smaragd	Smarag	Solotänzer	Solodänzer
so	esu/su, su[1+2]/esu[1+2]	somit	alsu
SO	Südoss	Sommer	Sommer
sobald	subaal	Sommerabend	Sommerovend
Socke	Sock	Sommeranfang	Sommeraanfang
sodass	sudat	Sommerapfel	Sommerappel
Sodbrennen	Sodbrenne	Sommerblume	Sommerblom
soeben	grad[1]	Sommerfahrplan	Sommerfahrplan
Sofakissen	Sofakesse	Sommerferien	Sommerferie
sofort	direktemang/tirekte~, stantepee, stracks, schnorstracks, glich[2], bröhwärm; *vum Fleck weg; om Stüpp*	Sommerfest	Sommerfess
		Sommergewitter	Sommergewedder
		Sommerhalbjahr	Sommerhalvjohr
sogar	sugar/esu~, selvs[2]	Sommerhaus	Sommerhuus
sogleich	suglich, baal; *om Stüpp*	Sommerhitze	Sommerhetz
Sohle	Soll[1]	Sommerkleid	Sommerkleid
sohlen	solle[3], lappe[1]	Sommerkleidung	Sommersaache
Sohn	Sonn[2]	Sommernacht	Sommernaach
Sojabohne	Sojabunn	Sommerpause	Sommerpaus/~puus
Sojabrot	Sojabrud	Sommerregen	Sommerrähn
Sojamehl	Sojamähl	Sommerreifen	Sommerreife
Sojaöl	Sojaöl	Sommerresidenz	Sommersetz
Sojasoße	Sojazauß	Sommersachen	Sommersaache
solange	sulang/esu~	Sommerschlussverkauf	Sommerschlussverkauf
Solarkraftwerk	Solarkraffwerk	Sommerschuh	Sommerschoh
Solarzelle	Solarzell	Sommersitz	Sommersetz
solch	esu/su	Sommersprosse	Spronzel
Soldat	Zaldat, Kommisskopp/Kammiss~	sommersprossig	spronzelig
Soldatenbrot	Kommissbrud/Kammiss~	Sommertag	Sommerdag

Sommerwetter	Sommerwedder	Sonnenschutzcreme	Sonnekräm/~creme
Sommerzeit	Sommerzigg	Sonnenschutzmittel	Sonnekräm/~creme, Sonneöl
somnambul	mondsüchtig	Sonnenschutzöl	Sonneöl
Sonde	Sond	Sonnenseite	Sonnesigg
Sonderangebot	Sonderaangebodd	Sonnenstich	Sonnestech
sonderbar	komisch, jeckig	Sonnenstrahl	Sonnestrohl
Sonderbriefmarke	Sonder(breef)mark	Sonnenuhr	Sonneuhr/~ohr
Sonderfahrkarte	Sonderfahrkaat	Sonnenuntergang	Sonne(n)ungergang
Sonderfahrt	Sonderfahrt	Sonnenwende	Sonnewend
Sonderfall	Sonderfall	Sonnenzelle	Solarzell
sonderlich	sonderlich	sonnig	sonnig
Sondermarke	Sondermark	Sonntag	Sonndag
Sondermüll	Sondermüll/~möll	Sonntagabend	Sonndagovend
sondern	sondern, villmih²	sonntags	sonndags
sondern (trennen)	sondere	Sonntagsanzug	Sonndagsaanzog
Sonderpreis	Sonderpries	Sonntagsarbeit	Sonndagsarbeit
Sonderrecht	Sonderrääch	Sonntagsbraten	Sonndagsbrode
Sonderregelung	Sonderregelung/~rägel~	Sonntagsdienst	Sonndagsdeens
Sonderschicht	Sonderscheech/~schich	Sonntagsfahrer	Sonndagsfahrer
Sonderschule	Sonderschull, Hilfsschull	Sonntagsfahrverbot	Sonndagsfahrverbodd
Sondersteuer	Sonderstüür/~stöör	Sonntagsgottesdienst	Sonndagsgoddesdeens
Sonne	Sonn¹	Sonntagskind	Sonndagskind
Sonnenaufgang	Sonne(n)opgang	Sonntagspredigt	Sonndagsprädig
Sonnenbad	Sonnebadd	Sonntagsruhe	Sonndagsrauh
Sonnenblende	Sonneblend	Sonntagsschule	Sonndagsschull
Sonnenblume	Sonneblom	Sonntagszeitung	Sonndagszeidung
Sonnenblumenkern	Sonneblomekään	sonst	söns
Sonnenblumenöl	Sonneblome(n)öl	sonstig	sönstig
Sonnenbrand	Sonnebrand	sooft	esuoff/su~
Sonnenbrille	Sonnebrell/~brill	Sophie, Sophia	Züff, Fei
Sonnendach	Sonnedaach	Sopranflöte	Sopranfleut
sonnengebräunt	brung	Sopranist	Sopraniss
Sonnengott	Sonnegodd	Sopranstimme	Sopranstemm
Sonnenhitze	Sonnehetz	Sorge	Sorg; *si Püngelche drage*
Sonnenhut	Sonnehot	sorgen	sorge, öschele, beunruhige/~räuhige, ungerhalde
Sonnenkraftwerk	Sonnekraffwerk, Solarkraffwerk		
Sonnenlicht	Sonneleech	Sorgenfalte	Sorgefald
Sonnenofen	Sonneovve	sorgenfrei	gelüs
Sonnenöl	Sonneöl	Sorgenkind	Sorgekind
Sonnenschein	Sonnesching	Sorgepflicht	Sorgeflich
Sonnenschirm	Sonneschirm	Sorgerecht	Sorgerääch
Sonnenschutz	Sonneschotz		

Spezerei

Spezerei	Spetzerei	Spielplatz	Spillplatz
Spezialausdruck	Spezialusdrock	Spielratte	Spillratz
Spezialausführung	Spezialusföhrung/~führ~	Spielraum	Spillraum
Spezialgebiet	Spezialgebiet	Spielregel	Spillregel/~rägel
Spezialist	Spezialiss	Spielrunde	Spillrund
speziell	besonder	Spielsachen	Spillsaache
Sphärengesang	Sphäregesang	Spielschuld	Spillschold
spicken	specke	Spielstand	Spillstand
Spicknadel	Specknol/~nodel	Spielstein	Spillstein
Spickzettel	Spickzeddel	Spielstraße	Spillstroß
Spiegel	Speegel	Spieltisch	Spilldesch
Spiegelbild	Speegelbild/~beld	Spieluhr	Spilluhr/~ohr
Spiegelei	Speegelei	Spielverbot	Spillverbodd
Spiegelglas	Speegelglas	Spielverderber	Spillverderver/~dirv~
spiegelglatt	speegelglatt	Spielwaren	Spillware
spiegeln	speegele	Spielwerk	Spillwaregeschäff
Spiegelschrank	Speegelschrank	Spielwiese	Spillwies/~wis
Spiegelschrift	Speegelschreff	Spielzeit	Spillzigg
Spiel	Spill	Spielzeug	Spillzeug
Spielart	Spillaat	Spielzimmer	Spillzemmer
Spielball	Spillball, Ball[1]	Spielzug	Spillzog
Spielbank	Spillbank	Spieß	Speeß
Spielbrett	Spillbredd	Spießbraten	Speeßbrode
Spieldose	Spilldos, ~uhr/~ohr	Spießbürger	Spießbürger
spielen	spille	spießbürgerlich	kleinkareet, pingelig
Spieler	Spiller	spießen	speeße
Spielerei	Spillerei	spinksen	lunke
Spielfeld	Spillfeld	Spinne	Spenn
Spielfigur	Spillfigur/~figor	spinnen	spenne; se nit all han; en Eck/ene Givvel av han; et Schoss erus han; ene Nähl em Zylinder han; ene Hau met der Pann han; en Ääz am Kieme/Wandere han; schwatz em Geseech sin; nit ganz deech/gar sin
Spielführer	Mannschaffskapitän		
Spielgeld	Spillgeld		
Spielhalle	Spillhall		
Spielhölle	Spillhöll		
Spielkamerad	Spillkamerad		
Spielkarte	Spillkaat	Spinnenarme	Spenneärm
Spielkasino	Spillkasino, ~bank	Spinnenbein	Spennebein
Spielkreis	Spillkreis	Spinnenfaden	Spennfaddem
Spielleiter	Spillleiter	Spinnennetz	Spennenetz
Spielmann	Spillmann	Spinner	Spenner; stapelkareete Mondjeck
Spielmannsgasse	Spillmannsgass	Spinngewebe	Spenngewebbs, Freier
Spielmannszug	Spillmannszog	Spinnmühlengasse	Spennmüllegass
Spielplan	Spillplan	Spinnrad	Spennradd

Sprachkurs

spintisieren	spintisiere/~eere	Sportanlage	Sportaanlag
spionieren	spioniere/~eere, schnäuve	Sportart	Sportaat
Spirale	Spiral	Sportartikel	Sportartikel
Spiralfeder	Spiralfedder	Sportarzt	Sportaaz
Spiralnebel	Spiralnevvel	Sportbericht	Sportberich/~reech
Spiritist	Spiritiss	Sportfechten	Sportfechte/~fäächte
Spirituslampe	Spirituslamp	Sportfest	Sportfess
Spital	Spidol	Sportfischen	Sportangele
spitz	spetz	Sportflieger	Sportfleeger
Spitzbart	Spetzbaat, Hippe(n)baat	Sportfliegerei	Sportfleegerei
Spitzbauch	Spetzbuch	Sportfreund	Sportfründ
Spitzbogen	Spetzboge	Sportgeist	Sportgeis
Spitzbube	Spetzbov	Sportgeschäft	Sportgeschäff
Spitzbüberei	Spetzboverei, Bedress	Sporthalle	Sporthall
Spitzdach	Spetzdaach, ~givvel	Sporthemd	Sporthemb
Spitze	Spetz, Speer/Spier, Kipp[1]	Sporthochschule	Sporthochschull
Spitzel	Spetzel	Sporthose	Sportbotz
spitzen	spetze	Sportkamerad	Sportfründ
Spitzenbluse	Spetzeblus	Sportkanone	Sportskanon
Spitzendeckchen	Spetzedeckche	Sportschuh	Sportschoh
Spitzenkragen	Spetzekrage	Sportseite	Sportsigg
Spitzentanz	Spetzedanz	Sportteil	Sportdeil
Spitzentänzerin	Spetzedänzerin	Sportunterricht	Sportungerreech/~rich
Spitzer	Spetzer	Sportwagen	Sportwage
Spitzgiebel	Spetzgivvel	Sportzeitung	Sportzeidung
Spitzhacke	Spetzhack, ~hau	spotten	spotte
Spitzkohl	Schapäng, Spetzkappes	Spötter	Grieläcker
spitzkriegen	spetzkrige	Spötterei	Grielächerei
Spitzmaus	Spetzmuus	Spottpreis	Spottpries
Spitzname	Spetzname	Sprache	Sproch[1]
spitzzüngig	spitzzüngig	Sprachenschule	Sprochschull
Spleen	Lititi, Rütütü	Sprachfamilie	Sprochfamillich
spleißen	spließe	Sprachfehler	Sprochfähler
Spliss	Spless	Sprachführer	Sprochführer/~föhr~
Splitter	Spledder, Splinter, Spless	Sprachgebiet	Sprochgebiet
Splitterbombe	Splitterbomb	Sprachgebrauch	Sprochgebruch
splittern	spleddere, spließe	Sprachgefühl	Sprochgeföhl
splitternackt	puddelnack(ig), puddelrüh	Sprachgrenze	Sprochgrenz
sporadisch	selde; hee un do; av un zo aan/zo	Sprachinsel	Sprochinsel
Sporn	Sporre	Sprachkenntnisse	Sprochkenntnisse
Sport	Sport	Sprachkunst	Sprochkuns
Sportabzeichen	Sportavzeiche	Sprachkurs	Sprochkurs

sprachlos

sprachlos	platt[1]	Springkraut	*Krüggche Röhrmichnitaan*
Sprachraum	Sprochraum, ~gebiet	Springmaus	Springmuus
Sprachregel	Sprochrägel/~regel	Springmesser	Springmetz
Sprachregelung	Sprochrägelung/~regel~	Springseil	Springseil
Sprachreise	Sprochreis	Springstunde	Springstund
Sprachrohr	Sprochröhr/~rühr	Spritverbrauch	Spritverbruch
Sprachunterricht	Sprochungerrich/~reech	Spritzbeutel	Dressiersack, Deigspretz
Sprachwandel	Sprochwandel	Spritzbeutel	Spretzbüggel
Sprachwissenschaft	Sprochwesseschaff	Spritze	Spretz
Spray	Spray	spritzen	spretze, spreuze, gitsche, scheeße
Spraydose	Spraydos, Spröhdos	Spritzgebäck	Spretzgebäck
sprayen	spraye, spröhe	spritzig	spretzig
Sprechblase	Sprechblos	Spritzpistole	Spretzpistol
sprechen	spreche, kalle, bubbele, rede, schwaade	Spritzschutz	Spretzschotz
		Spritztour	Spretztour
Sprechkunst	Sprechkuns	spröde	sprock, bröchig
Sprechpause	Sprechpaus/~puus	Sprosse	Sproß, Schoss[2]
Sprechpuppe	Sprechpopp	Sprossenfenster	Sprossefinster
Sprechstunde	Sprechstund	Sprossenleiter	Sprosseleider
Sprechverbot	Sprechverbodd	Spruch	Sproch[2], Wood[2]
Sprechweise	Sprechwies	Sprüche klopfen	*en (decke/große) Lepp reskiere*
Sprechzeit	Sprechzigg	Sprüchemacher, ~klopfer	Seiverlappe, Schwaadlappe, ~schnüss
Sprechzimmer	Sprechzemmer		
spreizen	spreize	spruchreif	sprochrief
Spreizfuß	Spreizfoß	sprudeln	sprudele
Spreizhose	Spreizbotz	Sprudelwasser	Sprudel
sprengen	sprenge	Sprühdose	Spröhdos
Sprengkapsel	Zündhötche	sprühen	spröhe
Sprengkopf	Sprengkopp	Sprühflasche	Spröhfläsch
Sprengkraft	Sprengkraff	Sprühpflaster	Spröhflaster
Sprengmittel	Sprengmeddel	Sprühregen	Fiselsrähn, Gefisels
Sprengpulver	Sprengpolver	Sprung	Sprung, Fupp, Knacks
Sprengstoff	Sprengmeddel	Sprungbecken	Sprungbecke
Sprengwagen	Gitschkaar, Sprengwage	Sprungbrett	Sprungbredd
Sprenkel	Sprenkel	Sprungfeder	Sprungfedder
sprenkelig	sprenkelig	sprunghaft	sprunghaff
sprenkeln	sprenkele	Sprungkraft	Sprungkraff
Spreu	Kaaf	Sprungschanze	Sprungschanz
Sprichwort	Sprichwood	Sprungseil	Springseil
Springbrunnen	Springbrunne	Sprungtuch	Sprungdoch
springen	springe	Spucke	Späu, Spei
Springerstiefel	Springerstivvel	spucken	späue/speie

Spuckerei	Späuerei, Speierei	Staatsgebiet	Staatsgebiet
Spucknapf	Kotzkümpche	Staatsgrenze	Staatsgrenz
Spuk	Spok/Spuk	Staatshaushalt	Staatshuushald
spuken	spoke/spuke, ömgonn[1]	Staatshoheit	Staatshuhheit
Spülbecken	Spölbecke	Staatskasse	Staatskass
Spülbürste	Spölböösch	Staatskirche	Staatskirch
Spule	Spol/Spul	Staatsmacht	Staatsmaach
Spüle	Senk	Staatsoberhaupt	Staatsoberhaup
spulen	spole/spule	Staatsrat	Staatsrod
spülen	spöle, schwemme[2]	Staatsrecht	Staatsrääch
Spülgang	Spölgang	Staatsschuld	Staatsschold
Spülkasten	Spölkaste	Staatsschutz	Staatsschotz
Spüllappen	Spölsplagge	Staatsschutzdelikt	Staatsverbreche
Spülmaschine	Spölmaschin	Staatssicherheit	Staatssecherheit
Spülmittel	Spölmeddel	Staatstrauer	Staatstruur/~troor
Spülschüssel	Spölkump, ~büddche	Staatsverbrechen	Staatsverbreche
Spülstein	Spölstein	Staatsvermögen	Staatsvermöge
Spültuch	Plagge, Spölsplagge	Staatsvertrag	Staatsverdrag
Spülwasser	Spölwasser	Staatswesen	Staatswese
Spur	Spor/Spur	Stab	Stab/Stav
spüren	spöre/spüre, föhle, merke	Stabantenne	Stabantenn/Stav~
Spürhund	Spörhungk/Spür~	Stabhochsprung	Stabhuhsprung
Spürsinn	Spörsenn/Spür~	stabil	hadd, fass[1]
Spurwechsel	Sporwähßel/Spur~	Stablampe	Stablamp/Stav~
St.-Apern-Straße	Zint-Apere-Stroß	Stabsarzt	Stabsaaz
St. Aposteln	Zint Apostele	Stachel	Stachel
St. Gereon	Zint Gereon	Stachelbeere	Krönzel
St. Martin	Zinter Määtes	Stachelbeerstrauch	Krönzelestruch
St. Nikolaus	Helligemann, Zinter Kloos	Stachelbeertorte	Krönzeletaat
St. Severin	Zinter Vring	Stacheldraht	Stacheldroht
Staat	Staat[1]	stachelig	stachelig, stoppelig
Staat	Staat[2]	Stadt	Stadt
Staatenbund	Staatebund	stadteinwärts	stadtenwääts
Staatenbündnis	Staatebündnis	Städtetag	Städtedag
Staatsakt	Staatsak	Stadtgarten	Stadtgaade
Staatsangehörigkeit	Staatsbürgerschaff	Stadtgrenze	Stadtgrenz
Staatsbegräbnis	Staatsbegräbbnis	Stadthaus	Stadthuus
Staatsbesuch	Staatsbesök	Stadtkern	Stadtkään, Stadtmedde
Staatsbürgerschaft	Staatsbürgerschaff	Stadtmauer	Stadtmuur/~moor
Staatsdiener	Staatsdeener	Stadtmensch	Stadtminsch
Staatsdienst	Staatsdeens	Stadtmitte	Stadtmedde
Staatseigentum	Staatsvermöge	Stadtpark	Stadtgaade

Stadtrat

Stadtrat	Stadtrod	stämmig	stämmig
Stadtrecht	Stadträäch	Stammkneipe	Stammweetschaff
Stadtstreicher	Pennbroder, Nüümaatskrad	Stammkundschaft	Stammkundschaff
Stadtteil	Stadtdeil, Ortsdeil, Stadtveedel, Veedel	Stammlokal	Stammkneip
		Stammsitz	Stammsetz
Stadtviertel	Stadtveedel	Stammtisch	Stammdesch
Stadtviertelzug	Veedelszog	stampfen	stampe
Stadtwaldgürtel	Stadtwaldgöödel	Stampfer	Knedder
Stadtwappen	Stadtwappe	Stand	Stand
Stadtwohnung	Stadtwonnung	Standardsprache	Standard~, Huhsproch
Stahl	Stohl²	Standardtanz	Standarddanz
Stahlarbeiter	Stohlarbeider	Ständchen	Ständche
Stahlbesen	Stohlbesem	Standesamt	Standesamp
stählen	stöhle¹	standesamtlich	standesamplich
stählern	stöhle²	standfest	standfess
Stahlfeder	Stohlfedder	Standgericht	Standgereech/~rich
Stahlhelm	Sthlhelm	standhaft	standhaff
Stahlkammer	Stohlkammer	Standhaftigkeit	Röggrat
Stahlrohr	Stohlrühr/~röhr	standhalten	bestonn; *Pohl halde*
Stahlschrank	Stohlschrank	ständig	luuter¹, laufend, göözig; *alle naslang; am laufende Meter*
Stahlseil	Stohlseil		
Stahlträger	Stohlträger	Standlicht	Standleech
Stahlwolle	Stohlwoll	Standort	Standoot
Stake(n)	Stoke	Standpunkt	Standpunk
staken	stoke	Standrecht	Standrääch
staksen	stakse	Standspur	Standspur/~spor
staksig	staksig	Standuhr	Standuhr/~ohr
Stall	Stall	Stange	Stang
Stallbursche	Stalljung	Stängel	Stängel, Still
Stallhase	Stallhas	Stangenbohne	Stangebunn, Speckbunn
Stallknecht	Stallknääch	Stangenbrot	Stangewießbrud
Stalllaterne	Stallla(n)tään	Stangenspargel	Stangespargel
Stallmist	Stallmess	Stangenweißbrot	Stangewießbrud
Stamm	Stamm	Stangenzimt	Kaneel/Kaniel
Stammbaum	Stammbaum	stänkern	stänkere
Stammbuch	Stammboch	stante pede	stantepee
Stammburg	Stammsetz	stanzen	stanze
stammen	stamme	Stanzmaschine	Stanzmaschin
Stammgast	Stammgass	Stapelhaus	Stapelhuus
Stammhalter	Stammhalder	Stapellauf	Stapellauf
Stammhaus	Stammhuus, ~setz	stapeln	stivvele², stapele
Stammhirn	Stammheen	stapfen	stappe

1218

Steigrohr

Star	Sprol	stauchen	stauche/stuche
Starenkasten	Starekaste	stauen	staue
stark	stark, mächtig, deftig, ärg[1], fass[1]; *jet en der Mau/de Maue han*	Stauende	Staueng(k)
		Staumauer	Staumuur/~moor
Stärkemehl	Stärkemähl	staunen	staune; *Muul un Nas oprieße/~stippe*
stärken	stärke	Stausee	Stausie
stärker	mih[1]	Steakhaus	Steakhuus
Stärkung	Stärkung	Stechapfel	Stechappel
Stärkungsmittel	Stärkungsmeddel	stechen	steche[2]
starren	stiere, glotze	Stechfliege	Stechfleeg
Starrkopf	Küülkopp	Stechkarte	Stechkaat
Starrsinn	Starrsenn	Stechmücke	Stechmöck, Schnok
starten	aanfahre	Stechpalme	Stechpalm
Startlinie	Startlinnich	Stechuhr	Stechuhr/~ohr
Startpistole	Startpistol	Steckbrief	Steckbreef
Startschuss	Startschoss	Steckdose	Steckdos
Startsignal	Startzeiche	stecken	steche[1], specke
Startverbot	Startverbodd	Steckenpferd	Steckepääd, Hobby
Startzeichen	Startzeiche	Stecknadel	Stechnol/~nodel
Stationsarzt	Stationsaaz	Stecknadelkopf	Stechnolkopp/~nodel~
Statist	Statiss	Steckschlüssel	Steckschlössel
statt	statt[1+2], anstell	Stefan/Stephan	Steff[4]
Statthalter	Statthalder	Stefan-Lochner-Straße	Stefan-Lochner-Stroß
stattlich	staats	Steg	Steg
Staub	Stöbb	Stegreif	Lamäng
Staubbeutel	Stöbbbüggel	stehen	stonn
Staubecken	Staubecke	Stehkragen	Stehkrage
stauben	stöbbe	Stehlampe	Stehlamp
Staubfänger	Stöbbfänger	stehlen	stelle[3], stritze, kläue, klemme[2], jöcke[3], aanschaffe, raube; *lang Fingere maache*
staubig	stöbbig, mölmig		
Staubkorn	Stöbbkoon		
Staublappen	Stöbbdoch, ~lappe	Stehtisch	Stehdesch
Staublunge	Stöbblung	Stehvermögen	Stehvermöge
Staublunge	Staublung	steif	stiev, hölze, strack, ungelenkig
Staubpinsel	Stöbbpinsel	Steife	Stieve
Staubsauger	Staubsauger, Hüülbesem	steifen	stieve
Staubsaugerbeutel	Staubsaugerbüggel	steifer	Stiev
Staubschicht	Stöbbscheech/~schich	steigen	steige, schwelle[1]
Staubtuch	Stöbbdoch, ~lappe	steigern	steigere, aanheize
Staubwedel	Handstäuver	Steigleiter	Leider
Staubwolke	Stöbbwolk	Steigriemen	Steigreeme
Stauche	Stuche	Steigrohr	Steigröhr/~rühr

Steigung

Steigung	Knipp	steppen	steppe[1+2]
steil	steil, piel, jih	Steppjacke	Steppjack
Stein	Stein, Wagges	Steppnaht	Steppnoht
Steinaxt	Steinax	Steppschritt	Steppschredd
Steinboden	Steinboddem	Steppstich	Steppstech
Steinbruch	Steinbroch	Stepptanz	Steppdanz
Steinfrucht	Steinfruch/~frooch	Stepptänzer	Steppdänzer
Steingarten	Steingaade	Sterbebett	Stervebedd/Stirve~, Dudebedd
Steingut	Steingod	Sterbefall	Stervefall/Stirve~
steinhart	steinhadd	Sterbehemd	Dudehemb, Leichehemb/Liche~
Steinhaufen	Steinhaufe	sterben	sterve/stirve, ömkumme, avkratze, ~nibbele, ~nippele, baschte, dropgonn, frecke, fottmaache, hinsterve/~stirve, kapoddgonn, heimgonn, eindöse, usfutze; *de Auge/Döpp/Fott zomaache/zodun; de Gick schlage/schlonn; dran gläuve müsse*
Steinhaus	Steinhuus		
Steinkohle	Steinkoll		
Steinobst	Steinobs		
Steinpflaster	Pavei		
Steinpilz	Steinpelz/~pilz		
steinreich	steinrich	sterbenskrank	stervenskrank/stirvens~
Steintopf	Steinpott	Sterbenswort, ~wörtchen	Stervenswood/Stirvens~
Steinwurf	Steinwurf/~worf	sterblich	sterblich
Steinzeit	Steinzigg	Sterke	Stirk(s)
Steinzeitmensch	Steinziggminsch	Stern	Stään
Stelle	Stell, Platz[1], Plaatz, Pössche	Sternanis	Stäänangnis/~angenis
stellen	stelle[1]	Sternbild	Stäänbild/~beld
Stellenangebot	Stelleaangebodd	sternenklar	stääneklor
Stellenmarkt	Stellemaat	Sterngucker	Stäänekicker, Stäänejeck
Stellenwechsel	Stellewähßel	sternhagelvoll	stäänehagelvoll, stäänegedressevoll
Stellenwert	Stellewäät	Sternkarte	Stäänekaat
Stellfläche	Stellfläch	Sternkreiszeichen	Sternkreiszeiche
Stellplatz	Stellplatz	Sternschnuppe	Stäänschnupp
Stellung	Stellung, Poste, Pos	Sternsinger	Stäänsinger
Stelze	Stelz	Sternzeichen	Stäänzeiche
Stemmeisen	Stemmieser, Beißel	Sterz	Stätz
stemmen	stemme[2]	stets	luuter[1]
Stempel	Stempel	Steuer	Stüür/Stöör
Stempelfarbe	Stempelfärv	Steuerklasse	Stüürklass/Stöör~
Stempelkissen	Stempelkesse	steuerlich	steuerlich
Stempelmaschine	Stempelmaschin	steuern	steuere, stüüre/stööre
stempeln	stempele	Steuerpflicht	Steuerflich
Stenografie	Stenografie	Steuerprüfer	Steuerpröfer
Stenogramm	Stenogramm	Steuerrad	Steuerradd
Steppdecke	Steppdeck	Steuerrecht	Steuerrääch
Steppeisen	Steppieser	Steuersäule	Lenksüül

stippen

Steuerzuschlag	Steuerzoschlag	Stierkampf	Stierkamf
StGB	Strofgesetzboch	Stiernacken	Stiernacke
stibitzen	ripsche	Stift (das)	Steff[1]
Stich	Stech	Stift (der)	Steff[2+3], Penn, Schrömer
Stichel	Stechel	stiften	stefte[1]
Stichelei	Stechelei	Stiftskirche	Steffskirch
sticheln	stechele	Stiftzahn	Steffzant
Stichflamme	Stechflamm	Stil	Schrievwies, Usdrock[1]
stichhaltig	stechhaldig	Stilart	Stilaat
Stichprobe	Stechprob	stilgerecht	stilgerääch
Stichpunkt	Stechpunk	still	stell, höösch, stellches, räuhig
Stichsäge	Stechsäg	stillen	stelle[2], lösche
Stichverletzung	Stechwund	Stillleben	Stelllevve
Stichwort	Stechwood, Stechpunk	stillstehen	stocke
Stichwunde	Stechwund	stillvergnügt	stellvergnög, genöglich
sticken	stecke	Stillzeit	Stellzigg
Stickerei	Steckerei	Stilmittel	Stilmeddel
Stickgarn	Steckgaan	Stimmband	Stemmband
stickig	steckig	stimmberechtigt	stemmberechtig
Sticknadel	Stecknodel/~nol	Stimmberechtigung	Stemmrääch
Stickrahmen	Steckrahme	Stimmbruch	Stemmbroch
Stiefbruder	Steefbroder	Stimme	Stemm, Organ
Stiefel	Stivvel[1]	stimmen	stemme[1], zotreffe
Stiefelette	Stivvelettche	Stimmgabel	Stemmgaffel
Stiefelknecht	Stivvelknääch	Stimmlage	Stemmlag
stiefeln	stivvele[1]	Stimmrecht	Stemmrääch
Stiefeltern	Steefeldere	Stimmung	Stimmung, Aanfall
Stiefkind	Steefkind	Stimmungsumschwung	Stimmungswähsel
Stiefmutter	Steefmooder/~mutter	Stimmungswechsel	Stimmungswähsel
Stiefmütterchen	Steefmütterche, Jelängerjeleever	Stimmzettel	Stemmzeddel
stiefmütterlich	steefmütterlich	Stimulans	Reizmeddel
Stiefschwester	Steefschwester	Stinkbombe	Stinkbomb
Stiefsohn	Steefsonn	stinken	stinke, möffe
Stieftochter	Steefdoochter	Stinker	Stinkes, Stinkpott, Möffer
Stiefvater	Steefvatter	Stinkerei	Möfferei
Stieglitz	Destelfink	stinkig	stinkig
stiekum	steekum	Stinkkäse	Stinkkis
Stiel	Still	stinkreich	steinrich
Stielauge	Stielaug	Stinkstiefel	Stinkstivvel
Stielkamm	Stillkamm	Stinkwut	Stinkwod
Stier	Bulle	Stippe	Stipp
stieren	stiere	stippen	stippe

Stirn

Stirn	Steen	stoppen	stoppe²
Stirnband	Steenband	Stoppschild	Stoppschild/~scheld
Stirnfalte	Steenfald	Stoppuhr	Stoppuhr/~ohr
stöbern	stöbere, erömkrose	Stöpsel	Stoppe, Löll
stochen	stoche	Storchennest	Storcheness
stochern	stochere	stören	stüre/störe, belästige, vexiere/~eere;
Stock	Stock¹, Knöppel		jet drop drieße
Stöckchen	Hölzche	stören	vexiere/~eere
stockdumm	stockdoof	störend	lästig
stockdunkel	steche(n)düster	störrisch	frack
stocken	stocke	Störung	Humm
Stockente	Stockent	Stoß	Stoß, Stupp, Schupp(s), Bums, Butz,
Stockfisch	Stockfesch		Däu, Knupp, Knuuz, Schasewitt,
stockheiser	stockheiser		Schnav, Wipp¹
stocknüchtern	stocknööchter	Stößchen	Stößche
Stockrose	Stockrus	Stoßdämpfer	Stoßdämfer
Stockschnupfen	Stockschnuppe	Stößel	Stüsser²
stocksteif	stockstiev	stoßen	stüsse, stuppe, puffe, schubse,
stocktaub	stockdauv		däue, schuppe, schiebe, knuuze,
Stockwerk	Stock², Geschoss, Etage		dränge, dröcke, schurvele
Stofffarbe	Stofffärv	Stößer	Stüsser¹, Stussvugel, Stuss¹
Stofffetzen	Lumpe, Fetze, Fubbel	Stoßkante	Stüsskant
Stoffpuppe	Stoffpopp	Stoßstange	Stoßstang
Stoffrest	Stoffress	Stoßzahn	Stoßzant
Stofftier	Stoffdier	Stoßzeit	Stoßzigg
Stoffwechsel	Stoffwäßel	stottern	stoddere, strudele
stöhnen	küüme, käche, kröötsche, stöhne	strack	strack
Stöhnen	Küümerei	stracks	stracks
Stollen	Stolle	Strafanzeige	Strofanzeig
stolpern	stolpere	Strafarbeit	Strofarbeid
stolz	stolz, huffäädig	Strafbank	Strofbank
Stolz	Stolz, Huffaad	strafbar	strofbar
stolzieren	stolziere/~eere	strafbar sein	*bestrof wääde/weede*
Stopfei	Stoppei	Strafbefehl	Strofbefähl/~befell
stopfen	stoppe¹	Strafe	Strof
Stopfen	Stoppe	strafen	strofe
Stopfgarn	Stoppgaan, ~woll, Twiss¹	straff	strack, spack, schnack¹
Stopfnadel	Stoppnol/~nodel	straffen	spanne
Stopfpilz	Stopppilz/~pelz	Strafgefangene	Strofgefangene
Stopfwolle	Stoppwoll	Strafgericht	Strofgereech/~rich
Stoppelbart	Stoppelbaat	Strafgesetz	Strofgesetz
stoppelig	stoppelig, stachelig	Strafgesetzbuch	Strofgesetzboch

Straßenverzeichnis

Strafkammer	Strofkammer	Straßenbau	Stroßebau
Strafkolonie	Strofkolonie	Straßenbauamt	Stroßebauamp
Straflager	Stroflager	Straßenbekanntschaft	Stroßebekanntschaff
sträflich	ströflich	Straßenbelag	Stroßebelag
Sträfling	Ströfling	Straßenbeleuchtung	Stroßebeleuchtung
Strafmaß	Strofmoß	Straßendirne	Tiff, Stroßemädche, Trottoirschwalv(ter), Nutt, Hur/Hor
Strafpredigt	Strofprädig		
Strafprozess	Strofprozess, ~verfahre	Straßenecke	Stroße(n)eck
Strafpunkt	Strofpunk	Straßenfeger	Stroßefäger
Strafrecht	Strofrääch	Straßenfest	Stroßefess
strafrechtlich	strofrechlich	Straßengraben	Stroßegrave
Strafrichter	Strofreechter/~richt~	Straßenjunge	Stroßejung
Strafsache	Strofsaach	Straßenkampf	Stroßekamf
Straftat	Stroftat	Straßenkarneval	Stroßekarneval
Strafverfahren	Strofverfahre	Straßenkarte	Stroßekaat
Strafverteidiger	Strofverteidiger	Straßenkehrer	Stroßefäger
Strafvollzug	Vollzog	Straßenkind	Stroßekind
Strahl	Strohl	Straßenköter	Stroßeköter
strahlen	strohle	Straßenkreuzer	Stroßekreuzer
Strähne	Strähn	Straßenkreuzung	Stroßekreuzung
strähnig	strähnig	Straßenkurve	Kehr/Kihr
Strampelanzug	Strampelaanzog	Straßenlärm	Stroßelärm
Strampelhose	Strampelbotz	Straßenlaterne	Stroßela(n)tään
strampeln	strampele	Straßenmädchen	Stroßemädche, Trottoirschwalv(ter), Nutt, Tiff, Hur/Hor
Strand	Strand		
Strandanzug	Strandaanzog	Straßenmusikant	Stroßemusikant
Strandbad	Strandbadd	Straßenname	Stroßename
Strandgut	Strandgod	Straßennetz	Stroßenetz
Strandgymnastik	Strandgymnastik	Straßenpflaster	Stroßeflaster/~pavei, Flaster
Strandkorb	Strandkorv	Straßenrand	Stroßerand
Strandleben	Strandlevve	Straßenreiniger	Kehrmännche
Strandpromenade	Oferpromenad/Ufer~	Straßenreinigung	Stroßereinigung
Strang	Strang	Straßenrennen	Stroßerenne
Strapaze	Strapaz	Straßenschild	Stroßescheld/~schild
strapazieren	strapaziere/~eere, aanstrenge	Straßenschmutz	Stroße(n)dreck, Makei
strapazierfähig	haldbar	Straßenschuh	Stroßeschoh
Straße	Stroß	Straßenseite	Stroßesigg
Straßenanzug	Stroßeaanzog	Straßenstaub	Stroßestöbb, Mölm
Straßenarbeiten	Stroßearbeide	Straßenverkauf	Stroßeverkauf
Straßenarbeiter	Stroßearbeider	Straßenverkehr	Stroßeverkehr
Straßenbahn	Stroßebahn	Straßenverkehrsordnung	Stroßeverkehrsordnung
Straßenbahnhaltestelle	Stroßebahnhaldestell	Straßenverzeichnis	Stroßeverzeichnis

Straßenzug

Straßenzug	Stroßezog	Streikrecht	Streikrääch
Straßenzustand	Stroßezostand	Streikwelle	Streikwell
Stratege	Stratege	Streit	Strigg, Öschel, Krach/Kraach, Knies[2], Knaatsch[2]; *der Düüvel es loss*
Strategie	Strategie		
sträuben	sträube		
Sträuben	Gesprattels	Streitaxt	Streitax
Strauch	Struch, Bösch	streiten	strigge, fäge, fetze, expliziere/~eere, käbbele
Strauchbohne	Struchbunn, Plöckbunn		
straucheln	struchele, struche	Streiterei	Öschelei
Strauß (Blumen)	Struuß	Streitfall	Streitfall
Strauß (Vogel)	Strauß	Streitfrage	Streitfrog
Straußenei	Straußenei	Streitgegenstand	Streitpunk
Straußenfeder	Straußefedder	streitlustig	krabitzig; *Hoor op de Zäng han*
Strebe	Strevv	Streitmacht	Streitmaach
Strebebalken	Strebebalke	Streitpunkt	Streitpunk
streben	strevve	streitsüchtig	krakeelig, zänkisch
Streckbett	Streckbedd	Streitsüchtiger	Striggstöcher
Strecke	Streck[2], Tour	Streitwert	Streitwäät
strecken	strecke[2], recke[1]	streng	nitsch[2], ääns
Streckenabschnitt	Streckeavschnedd	Stress	Brass, Pressier
Streckenarbeiter	Streckearbeider	Stress haben	*em Brass sin*
Streckennetz	Streckenetz	stressig	stressig
Streckenrekord	Streckerekord	Streublumen	Streublome
Streckmittel	Streckmeddel	streuen	streue
Streich	Hanakerei, Krätzche, Sparjitzche, Sprijitzche	Streusel	Rebbel
		Streuselkuchen	Streukoche
streicheln	kraue, tätschele	Streuwagen	Streuwage
streichen	striche, schmiere/schmiere	Strich	Strech, Schrom
Streichholz	Schwävelche	Strichjunge	Strechjung
Streichholzschachtel	Schwävelsdösche	Strichmännchen	Strechmännche
Streichkäse	Schmierkis/Schmeer~	Strichpunkt	Strechpunk
Streife	Streif	Strick	Streck[1], Strang
streifen	striefe/streife, sträufe	Strickarbeit	Streckarbeid
Streifen	Striefe/Streife	Strickbündchen	Streckbündche
Streifendienst	Striefedeens	stricken	strecke[1]
Streifenmuster	Striefemuster/Streife~	Strickgarn	Streckgaan
Streifenwagen	Striefewage	Strickjacke	Streckjack
streifig	striefig/streif~	Strickmaschine	Streckmaschin
Streifschuss	Striefschoss/Streif~	Strickmuster	Streckmuster
Streifzug	Streifzog/Strief~	Stricknadel	Strecknol/~nodel
streiken	streike	Strickstrumpf	Streckstrump
Streikposten	Streikposte	Strickware	Maschewar

Stuhlbein

Strickweste	Streckwess	Strubbelkopf	Strubbelkopp/Struwwel~, Mottekopp, Pluutekopp, Wöhles
Strickwolle	Streckwoll		
Strickzeug	Streckzeug	Strumpf	Strump
Striegel	Striegel, Mähnekamm	Strumpfband	Strumpbängel
Striemen	Strieme	Strumpffabrik	Strumpfabrik
strikt	strik	Strumpfhalter	Strumphalder
Strippe	Stripp	Strumpfhose	Strumpbotz
Stroh	Strüh	Strunk	Strunk
Strohballen	Strühballe	struppig	bööschtig, strubbelig/struwwelig
Strohblume	Strühblom	struwwelig	strubbelig/struwwel~
Strohdach	Strühdaach	Struwwelkopf	Strubbelkopp/Struwwel~
Strohfeuer	Strühfüür/~föör	Struwwelpeter	Struwwelpitter
strohgedeckt	strühgedeck	Stube	Stuvv
strohgelb	strühgääl	Stubendienst	Stubedeens
Strohhalm	Röhrche	Stubenwagen	Stubewage
Strohhut	Strühhot	Stüber	Stüver
Strohhütte	Strühhött	Stück	Stöck, Aandeil
strohig	strühig	Stuckarbeit	Stuckarbeid
Strohkopf	Strühkopp	Stuckatur	Stuckarbeid
Strohlager	Strühlager	Stückchen	Fisel
Strohmann	Strühmann	Stuckdecke	Stuckdeck
Strohmatte	Strühmatt	stückeln	stöckele
Strohpuppe	Strühpopp, Peiass	Stückeschreiber	Stöckeschriever
Strohsack	Strühsack	Stückgut	Stöckgod
Strohstern	Strühstään	Stückmaß	Stöckmoß
Strohwitwe	Strühwitwe	Student	Student
Strohwitwer	Strühwitwer	Studentenbewegung	Studentebewägung
Strolch	Strolch; *Schmeck vum Dudewage*	Studentenblume	Stinkepitterche
Strom	Strom	Studentenbude	Studentebud
Stromausfall	Stromusfall	Studentenfutter	Studentefooder
strömen	ströme	Studienfach	Studiefach
Stromkosten	Stromkoste	Studienfreund	Studiefründ
Strompreis	Strompries	Studiengang	Studiegang
Stromquelle	Stromquell	Studienplatz	Studieplatz
Stromschlag	Stromschlag, Schlag[1]	Studienreise	Studiereis
Stromstoß	Stromstoß	studieren	studiere/~eere
Strömung	Strom	Studiobühne	Studiobühn
Stromverbrauch	Stromverbruch	Stufe	Stuf, Phas, Tredd
Stromzähler	Stromzäller	stufen	stufe
Strophe	Stroph	stufig	stufig
strubbelig	strubbelig/struwwel~	Stuhl	Stohl[1]
		Stuhlbein	Stohlbein

1225

Stuhlgang

Stuhlgang	Stohlgang	stützen	stötze/stütze, stippe, ungermuure/~moore
Stuhlkante	Stohlkant		
Stuhlkissen	Stohlkesse	stutzig	stutzig
Stuhllehne	Stohllähn	Stützmauer	Stötzmuur/~moor
Stuhlsitz	Stohlsetz	Stützpfosten	Stippe
stülpen	stölpe	Stützpunkt	Stötzpunk
Stummel	Stummel	Stützrad	Stötzradd
Stummelpfeife	Nötz	Stützstrumpf	Stötzstrump
Stummelschwanz	Stuppstätz, Stümpchesstätz	StVO	Stroßeverkehrsordnung
Stümper	ärme Höösch	Subjekt	Subjek
stümperhaft	stümperhaff	subjektiv	einsiggig
stumpf	stump, stupp, schlich	Suchdienst	Sökdeens
Stumpf	Stump	suchen	söke, taaste
Stümpfchen	Stümpche	Suchmaschine	Sökmaschin
Stumpfnäschen	Nüff	Sucht	Such
Stumpfnase	Nüffnas	süchtig	süchtig
stumpfwinkelig	stumpfwinkelig	Suchtmittel	Suchmeddel
Stunde	Stund	Südbrücke	Südbröck
Stundenglas	Stundeglas	sudeln	suddele
Stundenhotel	Stundehotel	südlich	südlich
Stundenlohn	Stundeluhn/~lohn	Südost	Südoss
Stundenplan	Stundeplan	Südosten	Südoste
stundenweise	stundewies	Südostwind	Südosswind
stündlich	stündlich	Südseite	Südsigg
Stups	Stupp	Südspitze	Südspetz
stupsen	stuppe, schubse	südwärts	südwääts
Stupsnäschen	Nüff	Südwein	Südwing
Stupsnase	Stuppnas, Nüff~, Döppches~	Südwest	Südwess
stur	klotzig, einkennig	Südwesten	Südweste
Sturm	Storm/Sturm	Suff	Suff
stürmen	störme/stürme	süffeln	nünne[1]
sturmfrei	sturmfrei/sturm~	süffig	süffig
Sturmschaden	Stormschade/Sturm~	Suffix	Nohsilb
Sturmspitze	Stormspetz/Sturm~	sühnen	avböße/~büße
Sturz	Sturz/Stooz	Suitbert-Heimbach-Platz	Suitbert-Heimbach-Platz
stürzen	stürze/stööze[2], hinlege	Sülz	Sölz[1]
Stuss	Stuss[2], Stööz	Sülzburgstraße	Sölzburgstroß
Stute	Stutt	Sülze	Presskopp, Sölz[2]
Stuten	Platz[2]	sülzen	sich Franse an de Muul/de Muul fuselig schwaade
Stuttgart	Stuttgart		
Stütze	Stötz, Stippe	Sülzgürtel	Sölzgöödel
stutzen	stümpe, kappe	Summe	Summ

summen	summe, humme	Süßmost	Sößmoss
Sumpf	Sumf/Sump, Moor², Broch²	Süßrahm	Sößrohm
Sumpfboden	Sumfboddem/Sump~	süßsauer	sößsuur/~soor
Sumpfdotterblume	Sumfdodderblom/Sump~, Botterstölp	Süßstoff	Sößstoff
Sumpffieber	Sumffeeber/Sump~/~fieber	Süßwasserfisch	Sößwasserfesch
Sumpfgebiet	Sumfgebiet/Sump~	Süßwein	Sößwing
Sumpfhuhn	Sumfhohn/Sump~	SW	Südwess
sumpfig	sumfig/sump~	Sybilla, Sybille	Bell/Bella/Bill/Billa
Sünde	Sünd	Symbolkraft	Symbolkraff
Sündenbock	Sündebock	Symmetrieachse	Meddelachs
sündhaft	sündhaff	Synagoge	Synagog
sündig	sündig	Synonymwörterbuch	Synonymwörterboch
sündigen	sündige	Syntax	Satzlihr
Supermacht	Supermaach	Syrinx	Panfleut
Supermarkt	Supermaat	Szene	Opzog
Suppe	Zupp, Maria-Hilf-Zupp		
Suppenfreund	Zuppemöbbel		
Suppengemüse	Zuppegemös		
Suppengrün	Zuppegröns	**T**	
Suppenhuhn	Zuppehohn		
Suppenkelle	Zuppelöffel	Tabak	Tabak/Tubak
Suppenklößchen	Ball¹	Tabakblatt	Tabakbladd/Tubak~
Suppenknochen	Zuppeknoche	Tabaksbeutel	Tabaksbüggel/Tubaks~
Suppenliebhaber	Zuppemöbbel	Tabaksdose	Tabaksdos/Tubaks~
Suppenschüssel	Zuppekump	Tabakspfeife	Tabakspief/Tubaks~
Suppentasse	Zuppetass	Tabaksteuer	Tabakstöör/Tubak~/Tabakstüür/Tubak~
Suppenteller	Zuppeteller	Tabelle	Tabell
Suppentopf	Zuppepott	Tabellenplatz	Tabelleplatz
suppig	zuppig	Tabellenspitze	Tabellespetz
Suppositorium	Zäppche	Tabernakel	Tabernakel
Sure	Söör/Süür	Tablett	Tablett¹
Surfbrett	Surfbredd	Tablette	Tablett²
Susanne	Sann	Tablettenröhrchen	Tabletteröhrche/~rühr~
suspekt	zwieleechtig	Tablettensucht	Tablettesuch
suspendieren	beurlaube	tablettensüchtig	tablettesüchtig
süß	söß	Tadel	Schnau, Strof
Süßapfel	Sößappel	tadeln	avdeckele, verwiese
süßen	söße	Tafel	Tafel
Süßes	Leckergods, Leckerei, Güdsche	Tafellappen	Tafellappe
Süßholz	Sößholz	Tafelsilber	Tafelselver
Süßigkeit(en)	Sößkrom, Güdsche, Sößigkeite	Tafelwein	Tafelwing
süßlich	sößlich	Taft	Taff

Taftbluse

Taftbluse	Taffblus	Talentprobe	Talentprob
Taftkleid	Taffkleid	Taler	Daler
Tag	Dag; *dis Dag*	Talg	Talg
Tagblindheit	Naachsichtigkeit/~seecht~	Talgdrüse	Talgdrüs
Tagebau	Dagebau	Tamburin	Lavumm
Tagebuch	Tageboch	Tändelei	Tüntelei
Tagedieb	Herrgoddsdagedeev	tändeln	tüntele
Tagegeld	Dagegeld	tanken	tanke
Tagelohn	Dageluhn/~lohn	Tankfahrzeug	Tankwage
Tagelöhner	Dagelühner/~löhn~	Tanksäule	Tanksüül
Tagesanbruch	Morgegraue	Tankstelle	Tankstell
Tagesdecke	Tagesdeck	Tankwagen	Tankwage
Tagesdienst	Dagesdeens	Tanne	Dann/Tann
Tageseintrittskarte	Tageskaat	tannen	dänne
Tagesfahrkarte	Tageskaat	Tannenbaum	Tannebaum/Danne~
Tageskarte	Tageskaat	Tannenbusch	Dännebösch/Tanne~
Tageslicht	Dagesleech	Tannengrün	Tannegröns/Danne~
Tagesmutter	Tagesmutter	Tannenharz	Tannehaaz/Danne~
Tagesspeisekarte	Tageskaat	Tannennadel	Tannenol/Danne~/~nodel
Tagesverdienst	Dageluhn/~lohn	Tannenwald	Tannebösch/Danne~
Tageszeit	Dageszigg	Tannenzapfen	Tannezappe/Danne~
Tageszeitung	Tageszeidung	Tannenzweig	Tannezweig/Danne~/~zwig, ~gröns/~
tageweise	dagewies	Tante	Tant, Möhn
täglich	däglich, alledags	Tanz	Danz
tagsdrauf	dagsdrop	Tanzabend	Danzovend
tagsüber	dagsüvver	Tanzbar	Danzbar
tagtäglich	dagdäglich	Tanzbär	Danzbär
Tagtraum	Dagdraum	Tanzboden	Danzboddem
Tagung	Tagung	tanzen	danze
Tagungsort	Tagungsot	Tänzer	Dänzer
takeln	takele	Tänzerin	Höppemötzche
Takt	Tak	Tanzfläche	Danzfläch
Taktart	Takaat	Tanzgruppe	Danzgrupp
Taktfehler	Takfähler	Tanzkapelle	Danzkapell
Taktgefühl	Takgeföhl	Tanzkurs	Danzkursus/~kurs
Taktmaß	Takmoß	Tanzlehrer	Danzlehrer
Taktstock	Takstock	Tanzlokal	Danzhuus, ~boddem
Taktstrich	Takstrech	Tanzmariechen	Danzmarieche
Taktwechsel	Takwähßel	Tanzmaus	Danzmuus
Tal	Dal	Tanzmeister	Danzmeister
Talbrücke	Talbröck	Tanzmusik	Danzmusik
talentiert	begab	Tanzoffizier	Danzoffizier

täuschen

Tanzpartner	Danzpartner	tätscheln	tätschele
Tanzsaal	Danzhuus, ~boddem	Tatterich	Dadderich
Tanzschritt	Danzschredd	tatterig	dadderig
Tanzschuhe	Danzschohn	Tatze	Tatz, Prank
Tanzschule	Danzschull	Tatzeit	Tatzigg
Tanzstunde	Danzstund	Tau	Tau
Tanzunterricht	Danzungerreech/~rich	taub	dauv
Tanzveranstaltung	Danzveranstaltung	Taube (Gehörlose)	Dauv
Tanzvergnügen	Danzvergnöge	Taube (Vogel)	Duuv
Tapet	Tapet[2]	Taubenei	Duuve(n)ei
Tapete	Tapet[1]	Taubengasse	Duuvegass
Tapetenrolle	Tapeteroll	Taubenmist	Duuvemess
Tapetenwechsel	Tapetewähßel	Taubenschießen	Duuvescheeße
tapezieren	tapeziere/~eere	Taubenschlag	Duuveschlag, Duffes, Schlag[1]
Tapeziertisch	Tapezierdesch/Tapezeer~	Taubenzüchter	Duuvezüchter
tappen	tappe	Taubheit	Dauvheit
tapsen	tappe	tauchen	tauche
tapsig	tapsig	Tauchente	Duckent
Tarnfarbe	Tarnfärv	Taucheranzug	Taucheraanzog
Tarnkappe	Tarnkapp	Taucherbrille	Taucherbrell/~brill
Tasche	Täsch, Kabass	Taucherglocke	Taucherglock
Taschenbuch	Täscheboch	tauen	düüe
Taschendieb	Täschedieb	Taufbecken	Daufbecke
Taschengeld	Täschegeld	Taufbuch	Daufboch
Taschenlampe	Täschelamp	Taufe	Dauf
Taschenmesser	Täschemetz	taufen	däufe
Taschenrechner	Täscherechner	Taufkapelle	Daufkapell
Taschenschirm	Täscheschirm	Taufkerze	Daufkääz
Taschenspiegel	Täschespeegel	Taufkissen	Daufkesse
Taschentuch	Täsche(n)doch, Rotzfahn, Sackdoch	Taufkleidchen	Daufkleidche
Taschenuhr	Täscheuhr/~ohr, Kevver	Taufname	Daufname
Tasse	Tass[1], Köppche	Taufregister	Daufboch
Taste	Tass[2]/Taas	Taufschein	Daufsching
tasten	taaste	Taufstein	Daufstein
Tastendruck	Taastedrock/Taste~	taugen	dauge
Tastentelefon	Taastetelefon/Taste~	Taugenichts	Daugenix, Lotterbov, Undaug
Tastsinn	Taassenn	tauglich	dauglich, notz
Tat	Tat, Handlung, Verdeens[2]	taumelnd	duselig
Tatkraft	Tatkraff	Tausch	Tuusch
tätowieren	tätowiere/~eere	tauschen	tuusche, mangele
Tatsache	Tatsaach	täuschen	täusche, bluffe, aape, aanschmiere/~schmeere; för der
tatsächlich	eigentlich[1], ungeloge, wirklich[2]		

1229

Tauschgeschäft

	Jeck halde; der Jeck maache (met einem)	Teilchen	Deilche
Tauschgeschäft	Tuuschgeschäff	teilen	deile
Tauschhandel	Tuuschhandel	Teilnahme	Aandeil
Täuschung	Beschess, Bluff, Drog²	teilnahmsvoll	metleidig
Täuschungsmanöver	Tour	teilnehmen	metmaache, ~dun
tausend	dausend	teils	deils
Tausender	Dausender	teilweise	deils
tausendjährig	dausendjöhrig	Teint	Teint, Färv
tausendmal	dausendmol	Telefon	Telefon
Tausendschön	Moßhaldeleevche	Telefonbuch	Telefonboch
Tauwetter	Düüwedder	Telefondienst	Telefondeens
Taxe	Tax²	Telefongespräch	Ortsgespräch
Taxi	Tax¹, Meedauto	Telefonhäuschen	Telefonhüüsche
Taxpreis	Tax²	telefonieren	telefoniere/~eere
Teamarbeit	Teamarbeid	Telefonist	Telefoniss
Teamgeist	Teamgeis	Telefonkarte	Telefonkaat
Teamwork	Teamarbeid	Telefonnummer	Rofnummer
Teckel	Täggel/Daggel	Telefonzelle	Telefonhüüsche
Teebeutel	Teebüggel	Telegrafenmast	Telegrafemass
Teeblatt	Teebladd	telegrafieren	telegrafiere/~eere
Teegebäck	Konfek	Teller	Teller
Teeglas	Teeglas	Tellergericht	Tellergereech/~rich
Teekanne	Teekann	Tellermine	Tellermin
Teekessel	Teekessel	Tempeltanz	Tempeldanz
Teeküche	Teeköch	temperamentvoll	der Düüvel em Liev han
Teelicht	Teeleech	Temperaturunterschied	Temperaturungerschied/~scheed
Teelöffel	Teelöffel	Temperaturwechsel	Temperaturwäßel
Teerdecke	Teerdeck	Tempotaschentuch	Tempotäsche(n)doch
teeren	teere/tarre	Tempo®	Tempotäsche(n)doch
Teetasse	Teetass	Tennisarm	Tennisärm
Teewagen	Teewage	Tennisellenbogen	Tenniselleboge
Teewurst	Teewoosch	Tennishemd	Tennishemb
Teich	Deich²	Tennishose	Tennisbotz
Teichkarpfen	Muddkarpe	Tennisschuh	Tennisschoh
Teig	Deig	Tennisspiel	Tennisspill
teigig	klätschig	Tennisspieler	Tennisspiller
Teigschüssel	Deigkump	Tenorstimme	Tenorstemm
Teigspritze	Deigspretz	Teppichboden	Teppichboddem
Teigspritze	Dressiersack	Teppichbürste	Teppichböösch
Teil (das)	Deil	Teppichklopfer	Teppichklopper
Teil (der)	Deil, Aandeil, Partie	Teppichschaum	Teppichschuum
		Teppichstange	Teppichstang

Terrain	Terrain	Theaterkasse	Theaterkass
Terrasse	Terrass	Theatersprechrolle	Sprechroll
Terrassendach	Terrassedaach	Theaterstück	Theaterstöck
Terrassengarten	Terrassegaade	Theke	Thek
Terrassenhaus	Terrassehuus	Thekenschublade	Thekeschoss
Terrorakt	Terrorak	Theo(dor)	Düres
Terroranschlag	Terroraanschlag	Theologe	Theologe
Terrorist	Terroriss	Theologie	Theologie
Terrorwelle	Terrorwell	theoretisch	abstrak
Test	Tess	Therese	Thres
Testbild	Tessbeld/~bild	Thermalbad	Thermalbadd
testen	teste	Thermalquelle	Thermalquell
Testfahrer	Tessfahrer	Thermosflasche	Thermosfläsch
Testfahrt	Tessfahrt	Thieboldsgasse	Deepegass
Testflug	Tessflog	Thomas	Tommes
Testfrage	Tessfrog	Thunfisch	Thunfesch
Testobjekt	Tessobjek	Thürmchenswall	Thürmchenswall
Testperson	Tessperson	Tiara	Papskrun
Testreihe	Tessreih	tief	deef
Teststrecke	Tessstreck	Tief	Tief
Testverfahren	Tessverfahre	Tiefdruckgebiet	Tief
teuer	döör/düür, gatz	Tiefe	Deefde
Teufel	Düüvel, Deuvel, Leibhaftige	Tiefgarage	Tiefgarage
Teufelsbraten	Düüvelsbrode, Satansbrode	Tiefkühlfach	Tiefköhlfach
Teufelskerl	Düüvelskääl, Satanskääl	Tiefkühlkost	Tiefköhlkoss
Teufelskirsche	Düüvelskeesch	Tiefschlaf	Deefschlof
Teufelsklaue	Düüvelsklau	tiefschwarz	kollraveschwatz
Teufelskreis	Deuvelskreis	Tiegel	Tiegel
Teufelsmesse	Düüvelsmess	Tier	Dier
Teufelsweib	Satanswiev	Tierart	Tieraat
Teufelszeug	Düüvelszeug	Tierarzt	Tieraaz, Päädsdokter
Text	Tex	Tiere	Gediers
Textaufgabe	Texaufgab	Tierfreund	Dierfründ
Textbuch	Texboch	Tierhandlung	Zoogeschäff
Textsorte	Texzoot	Tierherde	Hääd[2]
Textstelle	Texstell	Tierkreiszeichen	Stäänzeiche
Textteil	Texdeil	Tierleib	Balg
Textverarbeitung	Texverarbeidung	Tigerauge	Tigeraug
Theater	Theater, Kumede	Tigerkatze	Tigerkatz
Theaterbesuch	Theaterbesök	tilgen	tilge, lösche, usixe, ~drage
Theaterbühne	Schiebebühn	Tilgung	Tilgung
Theaterkarte	Theaterkaat	Tina	Tina

Tinte

Tinte	Tint	Todesanzeige	Dudesaanzeig
Tintenfass	Tintefass/~faaß	Todesstrafe	Dudesstrof
Tintenfisch	Tintefesch	todkrank	dudkrank
Tintenfleck	Tintefleck/~flecke	todmüde	dudmöd
Tintenpatrone	Tintepatron	todsicher	dudsecher
Tippelbruder	Tippelbroder	todsterbenskrank	dudstervenskrank
tippeln	tippele	Todsünde	Dudsünd
tippen	tippe^{1+2}	todunglücklich	dudunglöcklich
Tippen (Kartenspiel)	Tuppe^2	Togo	Togo
Tippfehler	Tippfähler	Toilette	Abtredd, Etageklo
Tipsgasse	Tipsgass	Toilettenfenster	Klofinster
Tisch	Desch	Toilettenfrau	Klofrau
Tischbein	Deschestempel	Toilettenpapier	Klopapier
Tischdecke	Deschdeck	Toilettensitz	Brell/Brill
Tischfeuerzeug	Deschfeuerzeug	Toilettenstuhl	Kackstöhlche
Tischgebet	Deschgebedd	Toilettentür	Klodör/~dür
Tischgrill	Deschgrell/~grill	tolerant (sein)	*Jeck loss Jeck elans!*
Tischkante	Deschkant	toll	doll, drell, geil
Tischkarte	Deschkaat	Tolle (der)	Doll
Tischlade	Descheschoss	Tolle (die)	Toll
Tischlampe	Deschlamp	tollen	dolle
Tischlerei	Schreinerei	Tollerei	Dollerei, Kalverei
Tischnachbar	Deschnohber	Tollheit	Dollheit
Tischordnung	Deschood(e)nung	Tollkirsche	Düüvelskeesch, Hungskeesch
Tischplatte	Deschplaat	Tollpatsch	Dusel, Tronskann, Kalv Moses
Tischtennis	Tischtennisspill	tollpatschig	duselig
Tischtennisplatte	Tischtennisplaat	Tollpatschigkeit	Ungescheck
Tischtuch	Deschdoch	Tölpel	Dölmes, Döppe, Stoffel, Kump, Üülespeegel
Titelbild	Titelbeld/~bild	Tomate	Tomat, Paradiesappel
Titelblatt	Titelbladd	Tomatensaft	Tomatesaff
Titelseite	Titelbladd, Titelsigg	Tomatensalat	Tomateschlot
titulieren	tituliere/~eere	Tomatensoße	Tomatezauß
Toast	Toas	Tomatensuppe	Tomatezupp
Toastbrot	Toas	Ton	Ton^{1+2}
toben	tobe, rölze	Tonabnehmer	Tonkopp
Tobsucht	Tobsuch	Tonarm	Tonärm
Tobsuchtsanfall	Tobsuchsaanfall	Tonart	Tonaat
Tochter	Doochter	Tonausfall	Tonusfall
Tochtergeschwulst	Metastas	Tonband	Tonband
Tod	Dud, Sensemann	tönen	töne
todernst	dudääns	Tonerde	Ton^2
Todesangst	Dudsangs		

Toneule	Tonüül	Totenschein	Dudesching, ~zeddel
Tonfall	Tonaat	Totenschrein	Dudeschring/~schrein
Tongrube	Tonkuhl/~kuul	Totensonntag	Dudesonndag
Tonkopf	Tonkopp	Totentanz	Dudedanz
Tonkuhle	Tonkuhl/~kuul	Totenwache	Dudewaach
Tonlage	Tonlag	Totgeburt	Dudgeboot/~geburt
Tonleiter	Tonleider	Totgesagte	Dudgesahte
Tonne	Tonn	totlachen	(sich) zom Schänzche laache
Tönung	Klör	Totoschein	Totosching
Tonzeichen	Not	totschießen	dudscheeße, kapoddscheeße
Topf	Pott, Döppe, Familliepott	Totschlag	Dudschlag
Topfblume	Pottblom	Totschläger	Dudschläger
Töpfchen	Thrönche, Pöttche	totschlecht	dudschlääch
Topfgucker	Döppcheskicker	Tour	Tour
Topfhaarschnitt	Pottschnedd, Kümpche(n)sschnedd	Tourist	Touriss
Topflappen	Pottlappe, Packaan	toxisch	geftig
Topflecker	Döppcheslecker	Trab	Trabb
Topfnase	Döppchesnas	Trabant	Trabant
Tor	Pooz	Trabbi	Trabant
töricht	avgeschmack	traben	trabe
Törtchen	Töötche	Tracht	Traach/Draach
Torte	Taat	Tracht Prügel	Schores, Balg Wachs
Tortenboden	Taateboddem	trachten	traachte
tot	dud, ripsch	Trachtenanzuge	Trachteaanzog
Totalausfall	Totalusfall	Trachtenfest	Trachtefess
totarbeiten	(sich) zom Schänzche arbeide	Trachtengruppe	Trachtegrupp
Tote	Dude	Trachtenjacke	Trachtejack
töten	avmurkse, ömbränge, ~läge, mööde, hinraafe; koote fuffzehn maache	trächtig	drächtig
		Tragbahre	Dragbahr
Totenbett	Dudebedd	Trage	Drag
Totenfarbe	Dudeklör	träge	schlofmötzig, möd, messfuul, madamig
Totenfeier	Dudefeer/~fier		
Totenfleck	Dudefleck(e)	tragen	drage, päuze, aanhan
Totengebein	Dudeknoche	Träger (an Kleidung)	Träger
Totenglocke	Dudeglock	Träger (Pers.)	Dräger
Totengräber	Dudegräver	Trägerhose	Helpebotz
Totenhemd	Dudehemb	Trägerkleid	Trägerkleid
Totenknochen	Dudeknoche	Trägerrakete	Trägerraket
Totenkopf	Dudekopp	Trägerrock	Trägerrock
Totenlade	Dudelad	Tragetasche	Tragetäsch
Totenmesse	Dudemess, Sielemess	Tragfähigkeit	Dragkraff
Totenschädel	Dudekopp	Tragik	Tragik

tragisch

tragisch	tragisch	Traubenmost	Druuvemoss
Tragkraft	Dragkraff	Traubenpresse	Druuvepaasch
Tragmulde	Miel	Traubensaft	Druuvesaff
Tragödie	Tragödie	trauen	traue, vertraue
trainieren	trainiere/~eere	Trauer	Troor/Truur
Trainingsanzug	Trainingsaanzog	Trauerfeier	Trauerfeer/~fier
Trainingshose	Trainingsbotz	Trauergast	Trauergass
Trainingsjacke	Trainingsjack	Trauergottesdienst	Trauergoddesdeens
Trainingszeit	Trainingszigg	trauern	troore/truure
Trakt	Trak	Trauerspiel	Trauerspill
traktieren	traktiere/~eere	Trauerzug	Trauerzog
Traktieren	Traktier/~eer	Traufe	Drauf
Tralje	Tralje	träufeln	träufele
Trampel	Trampel, Flaaster, Flaasterkaste, Heudier	Traum	Draum
		träumen	dräume
trampeln	trampele, trammele	Träumer	Dräumer, Schlofmötz, Schlofsüül
Trampeltier	Trampeldier	Traumtänzer	Draumdöppe
Tran	Tron²	traurig	bedröv, bekömmert
Träne	Tron¹	Trauschein	Trausching
Tränengas	Tränegas	Traute	Draut, Drüggela, Drügg
Tränensack	Tronesack	Treff	Treff
Tränentier	Träne(n)dier	treffen	treffe, zosammetreffe/ze~, zosammesetze/ze~
Trank	Drank, Drunk		
Tränke	Dränk	Treffen	Treff, Zosammekunf/Ze~
tränken	dränke	Treffer	Treff, Nidderschlag
Trankgasse	Drankgass	Treffpunkt	Treffpunk, Treff
transkribieren	ömschrieve¹	treiben	drieve; *Drock maache*
transparent	durchsichtig	Treibgas	Treibgas
transplantieren	verflanze/~planze	Treibhaus	Drievhuus
Transporter	Transportmeddel	Treidelpfad	Leinfad
transportieren	transportiere/~eere, üvverföhre/~führe	trendeln	trendele/trentele, läumele, läumere, trödele
Transportmittel	Transportmeddel	trennen	trenne, avlüse/~löse, ~schleeße, lüse/löse, sondere, verlooße¹
Transuse	Dusel		
Trasse	Trass	Trennkost	Trennkoss
Tratsch	Tratsch¹	Trennscheibe	Trennschiev
tratschen	tratsche, bätsche, klaafe; *de Schnüss schwaade*	Trennungszeichen	Trennungszeiche
		Trense	Trens
Tratschmaul	Tratschmuul, Klaafmuul	treppab	treppav
Tratschweib	Kaffee~, Bätschmöhn, ~schnüss, ~muul	treppauf	treppop
		Treppe	Trapp, Trepp
Traube	Druuv	Treppenabsatz	Trappe(n)avsatz/Treppe(n)~

Tropfsteinhöhle

Treppengeländer	Trappegeländer/Treppe~	Trinklied	Drinkleed
Treppenhaus	Trappe(n)huus/Treppe(n)~	Trinkspruch	Drinksproch
Treppenhäuschen	Trappe(n)hüüsche/Treppe(n)~	Trinkwasser	Drinkwasser
Treppenpfosten	Trappefoste/Treppe~	trippeln	tribbele, spitzele; wie op Ääze gonn
Treppenstufe	Trappestuf/Treppe~	Tritt	Tredd, Schasewitt
Tresor	Stohlkammer	Trittbrett	Treddbredd
Tresorschlüssel	Tresorschlössel	Trittbrettfahrer	Treddbreddfahrer
Tresse	Tress	Trittleiter	Treddleider
treten	tredde	Trittschemel	Elefantefoß
Tretmine	Tretmin	Triumphbogen	Triumphboge
treu	treu	Triumphzug	Triumphzog
Treuer Husar	Treuer Husar (Taditionskorps von 1925 im Kölner Karneval)	trocken	drüg
		Trockenheit	Drügde
treuherzig	treuhätzig, dröcklich	Trockenplatz	Bleich
Tribüne	Tribün	trocknen	drüge
Tribünenplatz	Tribüneplatz	Trödel	Trödel
Trichter	Treechter	Trödelei	Trendelei/Trentelei
Trick	Schlich, Tour	Trödelkram	Trödelskrom
tricksen	trickse	Trödelladen	Trödellade
Trieb	Drevv, Schoss[2]	Trödelmarkt	Trödelmaat, Fluhmaat
Triebfeder	Triebfedder	trödeln	trödele, trendele/trentele, tröötsche
Triebkraft	Triebkraff	Trog	Krepp
Triefauge	Klätschaug	Trommel	Tromm/Trumm, Trommel
triefen	siefe	Trommelfell	Trommelfell
triefend	siefig, klätschig	Trommelfeuer	Trommelfeuer
Triefnase	Siefnas	trommeln	trommele
triefnass	klätschnaaß, siefig	Trommler	Knöppelchesjung
triezen	trieze	Trompete	Trompett/Trompet
trillern	trillere	Troparium	Tropehuus
Trilogie	Triologie	Tropen	Trope
trimmen	trimme	Tropenanzug	Tropeaanzog
Trinkbecher	Drinkbecher	Tropenfieber	Tropefeeber/~fieber
trinken	drinke, suffe, zwitschere, pötte, kippe; sich der Stross öle	Tropenhaus	Tropehuus
		Tropenhelm	Tropehelm
Trinker	Pötter, Senk, Suffkrad, ~patron, ~üül; versoffe Bölzche	tröpfeln	dröppele
		tropfen	dröppe
Trinkernase	Lükolve	Tropfen	Droppe
Trinkgeld	Drinkgeld	tropfend	siefig
Trinkgesellschaft	Klävschmölzche	Tropfenfänger	Droppefänger
Trinkglas	Drinkglas	tropfenweise	droppewies
Trinkhalle	Büdche	tropfnass	klätschnaaß, siefnaaß
Trinkhalm	Röhrche	Tropfsteinhöhle	Droppsteinhöhl

Trost

Trost	Trus	tüchtig	düchtig, iefrig
trösten	trüste	Tüchtigster	Baas
Tröster	Trüster	Tücken	Nucke
tröstlich	trüslich	tuckern	tuckere
trostlos	verlooße[2]	tüdelig	tüddelig/tüttel~
Trostpflaster	Trusflaster	Tüftelarbeit	Piddelsarbeid, Knuuverei
Trostpreis	Truspries	tüftelig	piddelig, tiftelig
Tröte	Tröt	tüfteln	tüftele, tiftele, fisternölle, knuuve
tröten	tröte	tugendhaft	tugendhaff
Trottel	Tronskann, Dusel, Duseldier; *Kalv Moses*	Tukan	Pefferfresser
		Tüll	Tüll[1]/Töll[1]
trotz	trotz	Tülle	Tüll[2]/Töll[2]
Trotz	Frack[1], Frackigkeit, Nitschigkeit, Nidderdrächtigkeit	Tüllgardine	Tüllgading/Töll~
		Tulpe	Tulp
Trotzalter	Trotzalder	Tulpenbeet	Tulpebedd/~beet
trotzdem	trotzdäm	Tulpenfeld	Tulpefeld
trotzen	trotze	Tulpenzwiebel	Tulpezwibbel
trotzig	klotzig, frack, frackig	tun	dun[1], nohkumme
Trotzkopf	Trotzkopp, Klotzkopp, Deckkopp, Muuzkopp	Tunke	Stipp
		tunken	stippe, zoppe
Trotzphase	Trotzphas	Tünnes	Tünnes
trüb	dröv, dauv	Tünnes und Schäl	Tünnes un Schäl
trüben	dröve, ömnevvele	Tunte	Tunt, Kess
trübsinnig sein/werden	*et ärme Dier han/krige; der Möpp han/krige*	tuntig	tuntig, kestig
		tupfen	tuppe
trudeln	trudele	Tupfen	Tuppe[1], Tupp, Nupp
Trug	Drog[2]	Tupfer	Tupp
Trügen (das)	Drog[2]	Tür	Dör/Dür, Pooz
Trumpf	Trump	Turbine	Turbin
trumpfen	trumpe	Türbogen	Dörboge/Dür~
Trunk	Drunk, Drank	Türdrücker	Dröcker
Trunkenbold	Suffkrad, ~üül, Vollüül, Schabauskrad	Türflügel	Dörflögel/Dür~
		Türgriff	Dörgreff/Dür~
Trunksucht	Drunksuch, Suff	Türke	Türk
Trupp	Trupp	Türklingel	Schell
Truthahn	Schruthahn	Türklinke	Dörklink/Dür~, Dörgreff/Dür~, Kröck
Truthenne	Put[1], Schrut	Turm	Turm, Toon
Tsetsefliege	Tsetsefleeg	türmen	törme/türme
Tube	Tub	Turmeule	Toonüül
Tuch	Doch[1]	Turmspringen	Turmspringe
Tuchfärber	Dochfärver	Turmuhr	Turmuhr/~ohr, Toonuhr/~ohr
Tuchmacher	Dochmächer	Turmzimmer	Turmzemmer

übereinkommen

Turnbeutel	Turnbüggel	überall	üvverall
turnen	turne	überängstlich	üvverängslich
Turnhalle	Turnhall	überanstrengen	üvveraanstrenge, ~nemme
Turnhemd	Turnhemb	überarbeiten	üvverarbeide
Turnhose	Turnbotz	überbacken	üvverbacke
Turnschuh	Turnschoh, Sportschoh	Überbein	Üvverbein
Turnstunde	Turnstund	überbelasten	üvverbelaste
Turnunterricht	Turnungerrich/~reech	überbelegen	üvverbeläge
Türöffner	Döröffner/Dür~	überbelichten	üvverbeleechte/~lichte
Türpfosten	Dörfoste/Dür~	überbewerten	üvverbewerte
Türrahmen	Dörrahme/Dür~	überbezahlen	üvverbezahle
Türriegel	Dörriegel/Dür~	überbieten	üvverbeede
Türschild	Dörschild/Dür~/~scheld	überblenden	üvverblende
Türschließer	Schleeßer	Überblick	Üvverbleck
Türschloss	Dörschloss/Dür~	überblicken	üvverblecke, ~sinn
Türschwelle	Dürpel, Schwell	überbraten	üvverbrode
Türspalt	Dörspald/Dür~	überbringen	üvverbränge, zostelle
Tusche	Tusch	überbrücken	üvverbröcke
Tuschelei	Gefispels	überdachen	üvverdaache
tuscheln	tuschele, fispere	überdauern	üvverduure/~doore
tuschen	tusche, tüsche	Überdecke	Üvverdeck
Tüte	Tüt[1]	überdecken	üvverdecke, ~lagere, ~lappe
tuten	tüte[1]	überdehnen	üvverdehne
Twist	Twiss[1+2]	überdenken	üvverdenke, begribbele, üvverläge
Typ	Tuppes	überdies	usserdäm, bovvendren
Tyrann	Tyrann	überdosieren	üvverdosiere/~eere
		Überdosis	Üvverdosis
		überdrehen	üvverdrihe
		Überdruck	Üvverdrock
		Überdruss	Üvverdross

U

		überdrüssig	üvverdrössig/~drüss~; et deck han
U-Haft	U-Haff	überdrüssig sein	jet/einer leid sin/han; de Nas voll han; et deck han; es satt sin
übel	üvvel, kuschelemimmetig, plümerant, flau, dreckelig/dreckig	überdrüssig sein/haben	leid sin/han
Übel	Üvvel, Ungemach	übereck	üvverecks
Übelkeit	Malätzigkeit	übereilen	üvveriele
übellaunig	grasührig/~öhr~, stinkig, muuzig, krüddelig; schlääch gesennt	übereilt	holderdipolder
		übereinander	üvverenander, ~enein, ~nein, ~ein, ~eins
Übellaunigkeit	Krüddel		
übelriechend	möffig, stinkig	übereinanderschlagen	üvverenanderschlage/~schlonn, ~schlage[1]/~schlonn
üben	übe		
über	üvver[1+2]	übereinkommen	üvvereinkumme

Übereinkunft

Übereinkunft	Üvvereinkunf, Pak	überhängen	üvverhänge, ~hange
übereinstimmen	üvvereinstemme	überhasten	üvverhaste
übereinstimmend	üvverein, ~eins, ~enein, ~nein, glich[1]	überhäufen	üvverhäufe, ~schödde[2], endecke[1]
überempfindlich	üvveremfindlich	überhaupt	üvverhaup
überfahren	üvverfahre	überheben	üvverhevve
Überfahrt	Üvverfahrt	überheblich	großkareet, huffäädig
Überfall	Üvverfall	Überheblichkeit	Enbildung/~beld~, Huffaad
überfallen	üvverfalle	überheizen	üvverheize
überfällig	üvverfällig	überhitzen	üvverhetze
überfliegen	üvverfleege, durchblädderе	überholen	üvverholle
Überflieger	Üvverfleeger	Überholspur	Üvverhollspor/~spur
überfließen	üvverfleeße, ~laufe[1]	Überholverbot	Üvverhollverbodd
überflügeln	üvverflögele	überhören	üvverhüre/~höre
Überfluss	Üvverfluss/~floss	überinterpretieren	üvverinterpretiere/~eere
überflüssig	üvverflüssig/~flöss~	überirdisch	üvverirdisch
überfluten	üvverflute	überkämmen	drüvverkämme
überfordern	üvverfordere	überkandidelt	üvverkandiddelt
Überforderung	Üvverforderung	überkippen	üvverkippe, ~schlage[1]/~schlonn
überfrachten	üvverfraachte	überkleben	üvverklevve
überfragen	üvverfroge	überkochen	üvverkoche
überfressen	üvverfresse	überkommen	üvverkumme, ~laufe[2], verstöbb
überfrieren	üvverfriere/~freere	überladen	üvverlade[1+2]
überführen	üvverföhre/~führe	überlagern	üvverlagere, ~lappe
überfüllen	üvverfölle/~fülle	Überlandbus	Üvverlandbus
überfüllt	üvverlaufe[3], peckevoll	Überlänge	Üvverläng(de)
Überfüllung	Üvverföllung/~füll~	überlappen	üvverlappe
Überfunktion	Üvverfunktion	überlassen	üvverlooße[2], looße[1], gevve
überfuttern	üvverfoodere	überlasten	üvverlaste
überfüttern	üvverföödere	Überlauf	Üvverlauf
Übergang	Üvvergang	überlaufen	üvverlaufe[1+2], ~fleeße, ~gonn[1], ~koche, ~quelle
Übergangsmantel	Üvvergangsmantel		
Übergangszeit	Üvvergangszigg	überlaufen (adj)	üvverlaufe[3]
Übergardine	Üvvergading	überleben	üvverlevve
übergeben	üvvergevve, huhkumme	überlegen	üvverläge[1+2], besenne, beköppe, nohdenke, üvverdenke, simeliere/~eere, prakesiere/~eere
übergehen	üvvergonn[1+2], avdun		
übergenau	üvvergenau		
Übergepäck	Üvvergepäck	Überlegenheit	Üvverläge(n)heit
Übergewicht	Üvvergeweech	überlegt	üvverlaht, bedach
übergießen	üvvergeeße[1+2]	Überlegung	Üvverläg, Prakesier/Prakeseer
übergreifen	üvvergriefe	überleiten	üvverleite
Übergriff	Üvvergreff	überlesen	üvverlese
Übergröße	Üvvergröße	überliefern	üvverlivvere

Überlieferung	Üvverlivverung	überrunden	üvverrunde
überlisten	üvverleste, usbremse, draankrige	übersättigen	üvversättige
überm (über dem)	üvverm	übersättigt	üvversättig
Übermacht	Üvvermaach	übersäuern	üvversäuere
übermalen	üvvermole, drüvvermole, verpinsele	überschatten	üvverschatte
Übermaß	Üvvermoß	überschätzen	üvverschätze
übermäßig	üvvermäßig; zom Schänzche	überschauen	üvversinn
Übermensch	Üvverminsch	überschäumen	üvverschüüme
übermenschlich	üvverminschlich	überschlafen	üvverschlofe
übermitteln	durchgevve	Überschlag	Üvverschlag, Tirvel
übermorgen	üvvermorge	überschlagen	üvverschlage[1+2]/~schlonn, tirvele
übermüden	üvvermöde	überschnappen	üvverschnappe
Übermut	Üvvermod, Modwelle, Wellmod; us Jux un Dollerei	überschneiden	üvverschnigge, ~lagere
		überschreiben	üvverschrieve, verschrieve
übermütig	üvvermödig, doll, wellmödig; de Müll' op han; us Jux un Dollerei	überschreien	üvverschreie
		überschreiten	üvverschrigge, erusgonn
übernächst	üvvernächs	Überschrift	Üvverschreff
übernachten	üvvernaachte	Überschuh	Üvverschoh
übernächtigt	grasührig/~öhr~	Überschuss	Üvverschoss
Übernachtung	Üvvernaachtung	überschüssig	üvverschössig
übernatürlich	üvvernatörlich/~natür~	überschütten	üvverschödde[1+2], endecke[1], verschlabbere, üvverhäufe
übernehmen	üvvernemme		
überordnen	üvverordne/~oodene	überschwänglich	üvverschwänglich
überpinseln	üvverpinsele, verpinsele	überschwappen	üvverschwappe
überprüfen	üvverpröfe, nohpröfe, avchecke	überschwemmen	üvverschwemme
überquellen	üvverquelle	Überschwemmung	Üvverschwemmung
überqueren	üvverquere, passiere/~eere	übersehen	üvversinn, ~lese, et op de Döpp han
überragen	üvverrage; größer sin wie	übersenden	üvversende
überraschen	üvverrasche, ~rumpele	übersetzen	üvversetze[1+2]
überraschend	üvverraschend	Übersetzer	Üvversetzer
Überraschung	Üvverraschung, Knalleffek	Übersetzung	Üvversetzung
überreden	beschwaade, bequatsche, aandrihe, erömkrige, draankrige	Übersicht	Üvverseech/~sich
		übersichtlich	üvversichlich
Überredungskunst	Üvverredungskuns	übersiedeln	üvversiedele
Überredungskünstler	Üvverredungskünsler	überspannen	üvverspanne
überreif	üvverrief	überspannt	üvverspannt, verröck, üvverkandiddelt
überreizen	üvverreize		
überrennen	üvverrenne	überspielen	üvverspille
Überrest	Üvverress	überspitzen	üvverspetze
Überrock	Üvverrock	überspringen	üvverspringe[1+2]
überrollen	üvverrolle	übersprudeln	üvversprudele
überrumpeln	üvverrumpele, ~rasche	übersprühen	üvverspröhe[1+2]

überspülen

überspülen	üvverspöle	überwinden	üvverwinde, ~springe[2], ~stonn[2], opraafe, bezwinge, fottkumme, üvverbröcke
überstehen;	üvverstonn[1+2], ~duure/~doore		
noch nicht überstanden haben	noch nit lans Schmitz Backes sin	überwintern	üvverwintere
übersteigen	üvversteige	überwuchern	üvverwuchere
übersteigern	üvversteigere	Überwurf	Üvverworf/~wurf
überstellen	üvverstelle	Überzahl	Üvverzahl
übersteuern	üvversteuere	überzählig	üvverzällig
überstimmen	üvverstemme	überzeugen	üvverzeuge, erömkrige
überstrapazieren	üvverstrapaziere/~eere	überzeugt	üvverzeug
überstreichen	üvverstriche[1+2], ~pinsele	Überzeugung	Üvverzeugung
überstreifen	üvversträufe, ~striefe/~streife	überziehen	üvvertrecke[1+2], betrecke, aandun
überströmen	üvverströme	Überzieher	Üvverrock
überstülpen	üvverstölpe	Überzug	Üvverzog
Überstunde	Üvverstund	üblich	gängig, gewennt, gewöhnlich
überstürzen	üvverstürze/~stööze	übrig	üvverig, resslich
übertönen	üvvertöne	übrig lassen	üvverlooße[1]
Übertopf	Üvverpott	übrigens	üvvrigens
Übertrag	Üvverdrag	Übung	Übung
übertragen	üvverdrage, ~schrieve, ~gevve	Übungsarbeit	Übungsarbeid, Probearbeid
übertreffen	üvvertreffe, ~rage	Übungsaufgabe	Übungsaufgab
übertreiben	üvverdrieve, ~spetze	Übungsbuch	Übungsboch
übertreten	üvvertredde[1+2]	Übungsplatz	Übungsplatz
Übertritt	Üvvertredd	Übungssache	Übungssaach
übertrumpfen	üvvertrumpe	Übungsstück	Übungsstöck
übervoll	peckevoll	Ufer	Ufer/Ofer
übervorteilen	bedrieße, ~tuppe[2], ~scheiße, neppe, schröppe, schüngele, tüte[2]; einer luuse	Uferpromenade	Uferpromenad/Ofer~
		Uferstraße	Uferstroß/Ofer~
Übervorteilung	Bedress, Nepp	Uganda	Uganda
überwachen	üvverwaache, beschatte, avhüre/~höre	Uhr	Ohr[1]/Uhr[1]
		Uhrfeder	Ohrfedder/Uhr~
Überwachung	Üvverwa(a)chung, Kontroll	Uhrglas	Ohrglas/Uhr~
überwältigen	üvverwältige	Uhrkette	Ohrkett/Uhr~
überwältigend	mächtig	Uhrmacher	Ohrmächer/Uhr~
überwältigt sein	de Auge gonn einem üvver	Uhrwerk	Ohrwerk/Uhr~
überwechseln	üvverwähßele, ~gonn[1], ~laufe[1]; op hönn Sigg gonn	Uhrzeiger	Ohrzeiger/Uhr~
		Uhrzeigersinn	Ohrzeigersenn/Uhr~
Überweg	Üvverwäg	Uhrzeit	Ohrzigg/Uhr~
überweisen	üvverwiese	Ukelei	Selverfesch
Überweisung	Üvverweisung	Ukulele	Flitsch[1]
überwerfen	üvverwerfe[1+2]/~wirfe[1+2]	Ulk	Uz, Dollheit
überwiegen	üvverweege/~wooge	ulkig	juxig

umkränzen

Ulknudel	jecke Schottel	umfüllen	ömfölle/~fülle
Ulme	kruuse Baum	Umgang	Ömgang, Gesellschaff
Ulrichgasse	Ulrichgass	umgänglich	ömgänglich, dröcklich
um	öm[1+2+3], för[2]	Umgangsformen	Schleff
umändern	ömändere, ändere	Umgangssprache	Ömgangssproch
umarbeiten	ömarbeide, ~schrieve[1]	umgangssprachlich	ömgangssprochlich
umarmen	ömärme	Umgangston	Ömgangston
umbauen	ömbaue[1+2]	umgeben	ömgevve[1+2], ~stelle[2]
umbenennen	ömbenenne, ~däufe	umgedreht	ömgedriht
umbesetzen	ömbesetze	umgehen	ömgonn[1+2]
umbetten	ömlagere[1]	umgekehrt	ömgedriht
umbiegen	ömbeege, ~knicke	umgestalten	modele
umbilden	ömbilde/~belde	umgestalten	ömbilde/~belde, ~modele, umsetze
umbinden	ömbinge, ~dun	umgießen	ömgeeße
umblasen	ömblose	umgraben	ömgrave
umblättern	ömblädderε	umgreifen	ömgriefe[1+2]
umbrechen	ömbreche	umgrenzen	ensäume/~süume
umbringen	ömbränge, avmöpse, ~murkse, möpse	umhäkeln	ömhäkele
		Umhang	Ömhang, Üvverworf/~wurf
Umbruch	Ömbroch	umhängen	ömhänge, üvverhänge
umbuchen	ömboche	Umhängetasche	Ömhängetäsch
umdatieren	ömdatiere/~eere	umhauen	ömhaue, ~schlage/~schlonn, fälle
umdenken	ömdenke	umherfahren	kurve
umdichten	ömdeechte/~dichte	umherirren	erömirre
umdirigieren	ömdirigiere/~eere	umherstolzieren	erömstolziere/~eere
umdisponieren	ömdisponiere/~eere	umherstreifen	erömsträufe, sträufe
umdrehen	ömdrihe, erömdrihe, ömstölpe, ~wälze	umherziehen	erömsträufe, sträufe
		umhören	ömhüre/~höre, erömhüre/~höre
Umdrehung	Ömdrihung, Tirvel	umhüllen	ömhölle
umeinander	ömenander	Umhüllung	Schal[1]
umerziehen	ömertrecke	umjubeln	ömjubele
umfahren	ömfahre[1+2]	umkämpfen	ömkämfe
umfallen	ömfalle, ~fleege[1]	Umkehr	Ömkehr/~kihr, Kehr/Kihr
Umfang	Ömfang	umkehren	ömgonn[1], ~fahre[1], erömdrihe
umfärben	ömfärve	umkippen	ömkippe, ~schlage/~schlonn
umfassen	ömgriefe[2], ~schleeße, ~packe[2], enthalde	umklammern	ömklammere, ~packe
		umklappen	ömklappe, ~drihe
Umfeld	Ömfeld	Umkleidekabine	Ömkleidekabin
umfliegen	ömfleege[1+2], ~schwirre	umkleiden	ömtrecke
umformen	ömforme, ~modele	umknicken	ömknicke, ~breche
umformulieren	ömformuliere/~eere	umkommen	ömkumme
Umfrage	Ömfrog	umkränzen	ömkränze

umkreisen	ömlaufe[2]	umrüsten	ömröste
umkrempeln	ömkrempele	umsägen	ömsäge
umladen	ömlade, ~schlage/~schlonn	umsatteln	ömsaddele
Umlage	Ömlag	Umsatz	Ömsatz
umlagern	ömlagere[1+2]	Umsatzsteuer	Ömsatzstöör/~stüür
Umland	Ömland	umsäumen	ömsäume/~süüme, säume[1]/süüme[1]
Umlauf	Ömlauf	umschalten	ömschalte/~schalde
Umlaufbahn	Ömlaufbahn	umschauen	ömsinn, ~luure/~loore
umlaufen	ömlaufe[1+2]	umschiffen	ömscheffe[1+2]
Umlaut	Ömlaut	Umschlag	Ömschlag
umlegen	ömläge, ~hänge, ~dun, ~blose	umschlagen	ömschlage/~schlonn, ~drihe, ~säume/~süüme, fälle, üvverschlage[1]/~schlonn, ömklappe
umleiten	ömleite, ~läge		
Umleitung	Ömleitung		
umlenken	ömlenke, ~dirigiere/~eere	Umschlagsplatz	Ömschlagplatz
umlernen	ömliere/~leere	Umschlagtuch	Ömschlagsdoch
Umluft	Ömluff	umschließen	ömschleeße, ~packe[2]
ummelden	ömmelde	umschlingen	ömschlinge
ummodeln	ömmodele	umschmeicheln	befeukele; einem öm der Baat gonn
ummünzen	ömmünze	umschmeißen	ömschmieße
Umnachtung	Ömnachtung	umschnallen	ömschnalle
umnähen	ömnihe	umschreiben	ömschrieve[1+2]
umnebeln	ömnevvele	umschreibend	verblömp
umnieten	ömneete	Umschrift	Ömschreff
umordnen	ömstivvele	umschubsen	ömdäue
umpacken	ömpacke[1]	umschulen	ömschulle
umpflanzen	ömflanze[1+2]/~planze[1+2], umsetze	umschütteln	ömschöddele
umpflügen	ömflöge/~plöge	umschütten	ömschödde, ~geeße
umprogrammieren	ömprogammiere/~eere	umschwärmen	ömschwärme
umquartieren	ömquartiere/~eere	Umschweife	Baselemanes
umrahmen	ömrahme, ensäume/~süüme	umschwenken	ömschwenke
umranden	ömrande	umschwirren	ömschwirre
Umrandung	Ömrandung, Rand	Umschwung	Ömschwung
umrangieren	ömrangiere/~eere	umsegeln	ömsegele
umräumen	ömrüüme	umsehen	ömsinn, ~luure/~loore
umrechnen	ömrechne	umsetzen	umsetze, versetze
Umrechnung	Ömrechnung	Umsicht	Ömseech/~sich
umreißen	ömrieße[1+2]	umsichtig	umsichtig, bedaach
umrennen	ömrenne	Umsiedler	Ömsiedler
umringen	ömringe, ~lagere[2]	umsinken	hinsinke
Umriss	Ömress	umso	öm(e)su, deste
umrühren	ömröhre/~rühre	umsonst	ömesöns; för lau
umrunden	ömrunde	umsorgen	ömsorge, feukele, betreue

umspannen	ömspanne	umwerfen	ömwerfe/~wirfe, ~schmieße, ~däue, ~rieße[1], ~laufe[1], ~stüsse
umspeichern	ömspeichere		
umspielen	ömspille	umwickeln	ömweckele[1+2]
umspringen	ömspringe	umwinden	ömschlinge
umspulen	ömspole/~spule	umwuchern	ömwuchere
umspülen	ömspöle[1+2]	umziehen	ömtrecke, fotttrecke
Umstand	Ömstand	umzingeln	ömzingele
umständlich	ömständlich, tüntelig	Umzug	Ömzog
Umstandskleid	Ömstandskleid	um ... willen	öm ... welle
Umstandskrämer	Ömstandskrimer, Braselemanes, Ääzezäller, Kleinigkeitskrimer, Pingelsfott	unabhängig	unavhängig, emanzipeet, frei
		Unabhängigkeit	Unavhängigkeit
		unabkömmlich	unavkömmlich
Umstandswort	Ömstandswood	unabsichtlich	us Versinn
umstecken	ömsteche	unachtsam	nohlässig
umsteigen	ömsteige	unangemeldet	unaangemeldt
umstellen	ömstelle[1+2], verstelle	unangenehm	unaangenähm, ungemödlich, uselig, messlich, ööstig, lästig, fies[1], deftig, widdrig
Umstellung	Ömstellung		
umstimmen	ömstemme, erömkrige		
umstoßen	ömstüsse, ~däue	Unannehmlichkeit	Ungemach, Messlichkeit
umstrukturieren	ömstivvele	unansehnlich	verbodde
umstülpen	ömstölpe	unanständig	säuisch, unflidig
Umsturz	Ömsturz/~stooz	unappetitlich	unapptittlich
umstürzen	ömschlage/~schlonn	unauffällig	unopfällig, höösch
umtaufen	ömdäufe	unaufrichtig	schüngelig, verloge
Umtausch	Ömtuusch	unausgeglichen	unusgegleche
umtauschen	ömtuusche	unausgeschlafen	unusgeschlofe
umtopfen	ömpötte	unausstehlich	äk(e)lig
umtun	ömdun	unbändig	doll
umverteilen	ömverdeile	unbarmherzig	unbarmhätzig, fahl
umwälzen	ömwälze	unbeabsichtigt	unfreiwellig, unbewoss
umwandeln	ömwandele, ~setze, drihe	unbedacht	unbedaach
umwandern	ömwandere	unbedarft	unbedarf
umwechseln	ömwähßele	unbedeckt	nack, frei
Umweg	Ömwäg	unbedingt	unbedingk[1+2], partout
Umwelt	Ömwelt	unbeeinträchtigt	ungedeilt
umweltbewusst	ömweltbewoss, grön	unbefriedigend	mau
umweltfreundlich	ömweltfründlich	unbegabt	unbegab
umweltschädlich	ömweltschädlich	unbegreiflich	unbegrieflich, drell
Umweltschutz	Ömweltschotz	unbegrenzt	unbegrenz
umweltverträglich	ömweltverdräglich	Unbehagen	Unbehage
umwerben	ömwerve/~wirve	unbehaglich	uselig, ungemödlich
		unbehelligt	ungeschore

unbeherrscht	der Düüvel em Liev han	unempfindlich	unemfindlich, fried
unbeholfen	unbeholfe, tüddelig/tüttel~	unentbehrlich	unavkömmlich
unbekannt	fremb, weldfremb/wild~	unentgeltlich	för lau
unbekleidet	bläck	unentschieden	unentschiede
unbekümmert	unbekömmert, leichhätzig	unentschlossen	unentschiede, lau
unbeliebt	unbelieb	unentwegt	unentwäg
unbemerkt	höösch	unerfahren	unerfahre, schnuddelig
unbenutzt	frei	unergiebig	unergiebig
unbequem	unbequäm	unerklärlich	schleierhaff
unberufen	unberofe	unerlaubt	verbodde; kromm Dingere maache
unbeschädigt	ganz	unersättlich sein	kei Gebünn em Liev han
unbeschränkt	unbeschränk	Unerschrockenheit	Courage
unbesehen	unbesinn	unerwartet	unerwaadt, unverhoff
unbesiegt	ungeschlage	unerwünscht	unerwünsch
unbesorgt	unbesorg; nit bang för	unfähig	unfähig
unbeständig	unbeständig, flaasterig	Unfall	Unfall
unbestimmt	unbestemmp	Unfallarzt	Unfallaaz
unbestreitbar	gewess	Unfallflucht	Unfallfluch, Fahrerfluch
unbestritten	unbestredde, secher	unfallfrei	unfallfrei
unbeteiligt	unbeteilig	Unfallwagen	Unfallwage
unbeweglich	unbewäglich, beschränk	unfehlbar	unfählbar
unbewiesen	unbewese	unfein	boore/buure
unbewohnt	unbewonnt	unfertig	unfäädig
unbewusst	unbewoss	unflätig	unflidig, kradig
unbiegsam	stiev	unförmig	unförmig
unbrauchbar	schrottrief, unnötz	unfreiwillig	unfreiwellig
unchristlich	unchresslich	unfreundlich	unfründlich, schnüssig, kratzbööschtig, gesalze
und	un		
undeutlich	unklor	Unfriede	Unfridde
undicht	undeech, durchlässig	unfrisiert	ungekämmp
undurchdringlich	deech	ung(e)rade	ungrad
undurchlässig	undurchlässig, deich	ungarisch	ungarisch
undurchschaubar	undurchsichtig	ungastlich	ungasslich
undurchsichtig	undurchsichtig, zwieleechtig	ungebildet	ungebildt
uneben	unevve, hubbelig, rubbelig	ungeboren	ungebore
Unebenheit	Hubbel[1], Knubbel	ungebraucht	ungebruch
unecht	unech	ungebremst	ungebrems
Unehrlichkeit	Unihrlichkeit	ungebrochen	ungebroche
uneigennützig	uneigenötzig	ungebunden	ungebunge, frei
Uneigennützigkeit	Uneigenötzigkeit	Ungebundenheit	Küss-de-hügg-nit-küss-de-morge
uneinig	uneinig	ungedeckt	ungedeck
Uneinigkeit	Unverdrag	Ungeduld	Iggel, Kribbel, Kribbele, Kribbelei

ungeduldig	ungedoldig, iggelig, kribbelig, drell	ungesättigt	ungesättig
ungefähr	ungefähr[1+2], öm[2], zemlich[1], wall; mem hölzer Augemoß	ungesäumt	ungesüümp
		ungeschält	ungeschellt
ungefährdet	secher[1]	Ungeschick	Un~, Messgescheck
ungefährlich	ungefährlich	Ungeschicklichkeit	Ungescheck
ungefällig	ungefällig	ungeschickt	ungescheck
ungefärbt	ungefärv	ungeschlagen	ungeschlage
ungefragt	ungefrog	ungeschliffen	ungeschleffe
ungefüllt	leer	ungeschminkt	ungeschmink
ungegliedert	ungegliddert	ungeschnitten	am/em Stöck
ungehalten	ungehalde	ungeschönt	ungeschmink
ungehemmt	ungehemmp, locker	ungeschoren	ungeschore
ungeheuer	ungeheuer	ungeschrieben	ungeschrevve
ungehobelt	ungehubbelt, kradig	ungeschützt	ungeschötz
ungehörig	äk(e)lig, rotzfrech	ungesellig	ungesellig
ungekämmt	ungekämmp	ungesetzlich	ungesetzlich, illegal
ungeklärt	unklor	ungestört	ungestürt/~stööt
ungekocht	ungekoch, rüh	ungestraft	ungestrof
ungeläufig	ungewennt	ungesund	ungesund
ungelegen	ungeläge, unpass, unerwünsch	ungetan	ungedon
ungelenk	hölze	ungeteilt	ungedeilt
ungelenkig	ungelenkig, stockstiev	ungetrübt	klor
ungelernt	ungeliert	ungewaschen	ungewäsche, muddelig
ungelogen	ungeloge	ungewiss	ungewess, misslich, unbestemmp
Ungemach	Ungemach	Ungewissheit	Ungewessheit
ungemacht	ungemaht	ungewöhnlich	ungewöhnlich, usgefalle
ungemütlich	ungemödlich, uselig	ungewohnt	ungewennt, fremd
ungenau	flüchtig	ungewollt	ungewollt, unerwünsch
ungeniert	ungeneet/~geniert, unschineet	ungezählt	ungezallt
ungenügsam	ungenöglich	Ungeziefer	Gediers
ungenutzt	ungenotz	ungezogen	krottig
ungepflegt	ungefläg, unregeet, uselig, lidderlich, muddelig	ungezügelt	wös
		ungezwungen	natörlich[1]/natür~[1]
ungerade	ungrad	Ungezwungenheit	Küss-de-hügg-nit-küss-de-morge
ungeraten	ungerode	ungleich	unglich
ungerecht	ungerääch	ungleichmäßig	unglichmäßig
ungerechtfertigt	ungerechfäädig	Unglück	Unglöck
Ungerechtigkeit	Ungeräächtigkeit	unglücklich	unglöcklich
ungereimt	ungereimp	unglückselig	unglöcksillig
ungern	ungään	unglückseligerweise	unglöcksilligerwies
ungesalzen	ungesalze	Unglücksmensch	Unglöcksvugel
ungesattelt	ungesaddelt	Unglücksvogel	Unglöcksvugel

Unglückswagen

Unglückswagen	Unglöckswage	Unrecht	Unrääch, Leid
Unglückszahl	Unglöckszahl	unregelmäßig	flaasterig
ungültig	ungültig	unreif	unrief, schnuddelig, grön
ungünstig	ungeläge	unrein	muddelig, knüselig, schmuddelig
ungut	ungod	unrentabel	unergiebig
unheimlich	gruselig	Unruhe	Unrauh
unhöflich	grovv	unruhig	unruhig/~räuh~, krüddelig, flaasterig, wibbelig, rabbelig
uni	uni		
Uniformgürtel	Koppel[1]	unruhig werden	beunruhige/~räuhige
Uniformjacke	Uniformjack	uns	uns[1+3]
unisono	einstemmig	unsanft	hadd
Universitätstraße	Universitätstroß	unsauber	schmuddelig, schnuddelig, ungefläg, muddelig, knüselig
Uniwiese	Uniwis/~wies		
unklar	unklor, schleierhaff	unscharf	grovv
unkonventionell	locker	unschlüssig	unschlüssig, wibbelig, zibbelig
unkonzentriert	en de Bunne sin	unschön	unfazünglich
Unkraut	Unkrugg	Unschuld	Unschold
Unlustgefühl	Unlossgeföhl	unschuldig	unscholdig/~schöld~, unverdorve
unmanierlich	unfazünglich, ungeschleffe, kradig, äk(e)lig	Unschuldsengel	Unscholdsengel, ~lamm
		Unschuldslamm	Unscholdslamm, ~engel
Unmensch	Unminsch	Unschuldsmiene	Unscholdsmien
unmenschlich	unminschlich	Unselbstständigkeit	Unselvsständigkeit
unmittelbar	direktemang/tirekte~	unselig	unsillig
unmodern	aldmodisch	unser(e)	uns[2]
unmöglich	unmöglich, verbodde	unsereins	unsereins
Unmut	Unmod	unserthalben	unserthalver
unnatürlich	bleich/blich	unsertwegen	unsertwäge
unnötig	unnüdig	unsicher	unsecher, koppscheu, lau, mau, ungewess, zögerlich
unnütz	unnötz		
unordentlich	unööntlich, lodderig, puddelig, püngelig, zöbbelig, schlunzig	unsicher gehen	wie op Ääze gonn
		Unsicherheit	Unsecherheit
Unordnung	Zo(r)tier	unsichtbar	unsichbar
unpass	unpass	Unsinn	Blödsenn, Dressverzäll, Futzverzäll, Käu, Käuverzäll, Pissverzäll, Quatschverzäll, Schwaadverzäll, Stööz, Stuss[2], Zennober
unpassend	unfazünglich		
Unpassendes	Unfazung		
unpässlich	unpass	unsinnig	doll
unpersönlich	deenslich	unsterblich	unsterblich
unpünktlich	unpünklich	Untätigkeit	Nixdun
Unpünktlichkeit	Unpünklichkeit	untauglich	geschenk ze döör/düür
Unrast	Unrass[2]	unten	unge
unrealistisch	weltfremb	untendrunter	ungendrunger
unrecht	unrääch	untendurch	ungendurch

untenherum	ungeneröm	unterheben	drungerhevve
unter	unger¹	Unterhemd	Ungerhemb
unter Druck stehen	*unger Drock stonn*	Unterhitze	Ungerhetz
Unter Fettenhennen	Unger Fettehenne	unterhöhlen	ungerspöle
Unter Goldschmied	Unger Goldschmidd	Unterhose	Ungerbotz
Unter Kahlenhausen	Unger Kaalhüüser	unterirdisch	ungerirdisch
Unter Käster	Unger Kestemaacher	unterjochen	ungerjoche
Unter Krahnenbäumen	Unger Krahnebäume	unterjubeln	ungerjubele
Unter Sachsenhausen	Unger Sechsehnhüüser	unterkellern	ungerkellere
Unter Taschenmacher	Unger Täschemaacher	Unterkiefer	Ungerkiefer/Under~, Kennlad
Unterarm	Ungerärm/Under~	unterkommen	ungerkumme, underkumme
unterbelegen	ungerbeläge	Unterkommen	Ungerkumme
unterbelichten	ungerbeleechte/~lichte	unterkriechen	ungerkruffe
unterbesetzt	ungerbesetz/~satz	unterkriegen	ungerkrige
unterbewerten	ungerbewerte	unterkühlen	ungerköhle
unterbewusst	ungerbewoss	Unterkunft	Ungerkunf, ~kumme, Quartier
unterbezahlen	ungerbezahle	Unterlage	Ungerlag, Undersatz/Unger~
unterbieten	ungerbeede	unterlassen	ungerlooße, schlabbere, versäume²/~süüme², *sin looße*
unterbinden	ungerbinge		
unterbrechen	ungerbreche	unterlaufen	ungerlaufe
Unterbrechung	Ungerbrechung	unterlegen	ungerläge¹⁺²⁺³
unterbringen	ungerbränge, ophevve	Unterleib	Ungerliev/Under~
unterdrücken	ungerdröcke, ~joche, bezwinge, enhalde, verkniefe, ~bieße; *einem et Wasser avgrave*	unterliegen	ungerlige
		Unterlippe	Ungerlepp
		unterm (unter dem)	ungerm
untereinander	ungerenander, ungerein, ungerenein	untermalen	ungermole
unterernährt	ungerernährt	untermauern	ungermuure/~moore
unterfordern	ungerfordere	untermengen	ungermenge
Unterführung	Ungerführung/~führ~	Untermiete	Ungermeed/Under~
unterfüttern	ungerföödere	Untermieter	Ungermeeder/Under~
Untergang	Ungergang/Under~, Niddergang	untermischen	ungermische
untergärig	ungergärig	unternehmen	ungernemme
untergehen	ungergonn, versacke, ~sinke	Unternehmen	Ungernemme
untergliedern	ungerglidddere	Unteroffizier	Kommisskopp/Kammiss~
untergraben	ungergrave¹⁺²	unterordnen	ungerordne/~oodene, ~stelle²
unterhaken	ungerhoke	Unterpfand	Underpand/Unger~
unterhalb	ungerhalv	Unterricht	Ungerreech/~rich
Unterhalt	Ungerhald/Under~	unterrichten	ungerrichte
unterhalten	ungerhalde, *de Schnüss schwaade*	Unterrock	Ungerrock/Under~
unterhaltsam	ungerhaldsam	unterrühren	ungerröhre/~rühre
Unterhaltung	Disköösch, Kall²	untersagen	ungersage
Unterhändler	Meddelsmann	Untersatz	Undersatz/Unger~

unterschätzen

unterschätzen	ungerschäze; för domm verschließe	unterwerfen	ungerwerfe/~wirfe
unterscheiden	ungerscheide, usenanderhalde	unterwürfig sein	einem en der Aasch kruffe; einem en de Fott (eren)kruffe
Unterscheidung	Ungerscheidung		
Unterschenkel	Ungerschenkel	Unterwürfigkeit	Kreecherei
Unterschicht	Ungerscheech/~schich	unterziehen	ungermenge, drungertrecke, ~hevve
unterschieben	ungerdäue, ~stelle[2], aandeechte/~dichte	Untier	Undier
		untreu	untreu
Unterschied	Ungerschied/~scheed	unüberlegt	unüvverlaht, ~bedaach
unterschiedlich	ungerschiedlich/~scheed~	ununterbrochen	unungerbroche; an einem Stöck
unterschlagen	ungerschlage, schmulmaache	unverändert	glich[1]
Unterschlagung	Ungerschlagung	unverbildet	natörlich[1]/natür~[1]
Unterschlupf	Kruff-Eren	unverblümt	unverblömp, ~geschmink
unterschlüpfen	ungerkruffe	unverdient	unverdeent
unterschreiben	ungerschrieve	unverdorben	unverdorve
unterschreiten	ungerschrigge	unverdünnt	unverdönnt
Unterschrift	Ungerschreff/Under~	unverfälscht	ech, natörlich[1]/natür~[1]
Unterseite	Ungersigg/Under~	unverfroren	unverfrore
Untersetzer	Ungersetzer/Under~	unvergesslich	unvergesslich
unterspülen	ungerspöle	unverheiratet sein	allein stonn
unterst	ungers, ungersch	unverhofft	unverhoff
Unterstand	Ungerstand/Under~	unverlangt	unverlangk
unterstehen	ungerstonn	unverschämt	unverschammp, dreckelig/dreckig
unterstellen	ungerstelle[1+2], aandeechte/~dichte, ungerdäue, vörussetze/vür~	Unverschämtheit	Freesigkeit
		unversehens	unversinns; om Stüpp
Unterstellung	Ungerstellung	unversehrt	heil, ganz
unterstreichen	ungerstriche	unverständlich	unklor
Unterstufe	Ungerstuf/Under~	unverträglich	kratzbööschtig
unterstützen	ungerstötze, begünstige, fördere	Unverträglichkeit	Unverdrag
untersuchen	ungersöke, durchleuchte, bearbeide	unverwechselbar	unverwähßelbar
Untersuchungshaft	U-Haff	unverzüglich	stantepee
Untertasse	Ungertass	unvorhergesehen	unerwaadt
untertauchen	ungertauche, zoppe	Unwesentliches	Poppekrom
Unterteil	Ungerdeil/Under~	Unwetter	Unwedder
unterteilen	ungerdeile	unwichtig	unwichtig
untertreiben	ungerdrieve	unwillig	unwellig
untervermieten	ungervermeede	Unwissenheit	Unwesse(n)heit
unterwandern	ungerwandere	unwohl	mau
Unterwäsche	Ungerwäsch/Under~	unzählig	unzällig
unterwegs	ungerwägs/~wähs; mem Radd erus; op Redd; op Jöck	Unzeit	Unzigg
		unzerkaut	unzerkäut
		unzüchtig	unzüchtig
unterweisen	ungerwiese, belehre/~lihre	unzufrieden	unzefridde/~zo~
Unterwelt	Ungerwelt/Under~		

veräußern

Unzufriedenheit	Messvergnöge, Verdross	Vanillestange	Vanillestang
unzulänglich	ärmsillig	Vater	Vatter/Va, Papp[1]
unzulässig	unzolässig	Vaterunser	Vatterunser
unzureichend	schmal	Veganer	Veganer
unzuverlässig	unzoverlässig, unsecher	Vegetarier	Vegetarier
üppig	üppig, fett	vegetarisch	flanzlich
uralt	urald/or~	Veilchen	Vijul
Urgroßeltern	Urgroßeldere	verabreden	verabrede
Urgroßvater	Urgroßvatter	Verabredung	Avsproch
Urheberschaft	Schold	verabscheuen	aanäkele; einer/jet nit verknöche(re) künne streiche; einer/jet god messe[2] künne
Urin	Piss, Seck		
Urinbeutel	Pissbüggel		
uringelb	pissgääl	verabschieden	veravscheede; tschüss sage
urinieren	ustredde, pisse, secke, avschödde, hinmaache	verachten	veraachte
		verächtlich	verächlich
Urkunde	Urkund	veralbern	veraasche, tüte[2]; för der Jeck halde
urlaubsreif	urlaubsrief	verändern	verändere, ömändere, ändere, alteriere/~eere, ömstelle[1], drihe
Urlaubszeit	Reisezigg		
Urmensch	Urminsch	verängstigen	verängstige, ~schrecke
Urne	Urn	verängstigt	bang, benaut
Urnengrab	Urnegrav	verankern	verankere
Urologe	Urologe	veranlagen	veraanlage
Urologie	Urologie	veranlagt	veraanlag
Ursache	Ursaach	veranlassen	bestelle[1], bewäge[2], looße[1+2], aandrieve
Ursel, Ursula	Ooschel/Ööschel		
Urteil	Ordeil/Urdeil	veranschlagen	berechne
urteilen	ordeile/urdeile, befinge	veranstalten	veranstalte, durchföhre/~führe
Urteilsspruch	Richtersproch/Reecht~	verantworten	verantwoode
Urzeit	Urzigg	verantwortlich	verantwoodlich
Uz	Uz	veräppeln	tüte[2]; (einer) för der Jeck halde; der Jeck maache (met einem); (einer) op de Schöpp nemme
Uzbruder	Uzbroder		
uzen	uze		
Uzerei	Uz	veräppelt worden (sein)	en de Fott gekneffe (sin)
		verarbeiten	verarbeide
		verarbeitet	verarbeit
		verärgern	verärgere, ~stemme
		verärgert	ungehalde
		verarmen	verärme; ärm wääde/weede
V		verarschen	veraasche; för der Jeck halde; der Jeck maache (met einem)
Vagina	Scheid[1], Funz, Mösch[2], Prumm	verarzten	veraazte
Vanilleeis	Vanilleeis	verästeln	verästele
Vanillesoße	Vanillezauß	veräußern	verüüßere

verballern

verballern	verballere	verbreiten	verbreide
Verbandkasten	Verbandskaste	verbreitern	verbreidere; *breider maache*
verbannen	verbanne	verbrennen	verbrenne, ~bröhe
verbarrikadieren	verbarrikadiere/~eere	verbringen	verbränge
verbauen	verbaue	verbrüdern	verbrödere
verbeißen	verbieße, fassbieße	verbrühen	verbrühe
verbergen	verdecke, üvverdecke	verbrutzeln	verbrödsche
verbessern	verbessere, usbaue	verbuchen	verboche
verbeugen	verbeuge; *ene Deener/Baselemanes maache*	verbuddeln	verbuddele
		verbummeln	vertrödele
verbeulen	verbüüle, ~blötsche, aankatsche	verbünden	verbünde
verbiegen	verbeege	verbürgen	verbürge, enstonn; *för einer de Hand en et Füür/Föör läge*
verbieten	verbeede, ungerbinge, ~sage		
verbimsen	verbimse, ~kamesöle	verbüßen	verböße/~büße, avböße/~büße
verbinden	verbinge, ~kuppele	Verdacht	Verdaach
verbissen	verbesse	verdächtig	verdächtig
verbitten	verbedde	verdächtigen	verdächtige
verblassen	verblasse, ~scheeße, ~bleiche/~bliche; *blass weede/wääde*	verdammen	verdamme
		verdammt!	verflix!, stäänekränk!, Dress!
verblasst	verschosse	verdampfen	verdämpe
verblättern	verbläddere	verdanken	verdanke
verbläuen	verbläue, ~kamesöle	verdauen	verdaue
verbleiben	verblieve	verdecken	verdecke¹
verbleibend	üvverig, resslich	verdenken	verdenke
verbleichen	verbleiche/~bliche	Verderb(en)	Verderve/~dirve
verblenden	verblende	verderben	verderve/~dirve, ~bruddele, ~hunze, ~kumme¹, ~matsche, ~murkse, ~saue, ömgonn¹
verblichen	verbleche		
verblöden	versimpele		
verblüffen	verblöffe	verdichten	verdeechte/~dichte; *deechter weede/wääde/maaache*
verblüfft	verplex, perplex		
verblühen	verblöhe	verdicken	verdecke², aandecke; *deck weede/wääde; deck maache*
verblümt	verblömp		
verbluten	verblode	Verdickung	Knubbel
verbocken	verbocke	verdienen	verdeene
Verbot	Verbodd	Verdienst (das)	Verdeens²
verboten	verbodde, unzolässig	Verdienst (der)	Verdeens¹
Verbrauch	Verbruch	verdienstvoll	verdeent
verbrauchen	verbruche, ~feuere, dropmaache	verdient	verdeent
verbraucht	metgenomme, steckig	verdonnern	verdonnere
verbrechen	verbreche	verdoppeln	verdubbele
Verbrechen	Verbreche	verdorben	verdorve, ~gammelt, fischig, fimschig
Verbrecherbande	Band⁴	verdorren	verdrüge

vergangen

verdorrt	storkig	verfahren	verfahre
verdrahten	verdrohte	Verfahren	Verfahre
verdrängen	verdränge	Verfahrensrecht	Prozessrääch
verdrecken	versaue; *dreck(el)ig maache*	Verfall	Niddergang
verdrehen	verrenke, ~drihe	verfallen	verfalle
verdreht	verdriht	verfälschen	verfälsche
verdreschen	verdresche, ~kamesöle, ~kloppe	verfangen	verfange
verdrießen	verdreeße, fuchse	verfärben	verfärve
verdrießlich	verdreeßlich, messlich, ~modig, muuzig, krüddelig	verfaulen	verfuule, ~modere
		verfault	fimschig
verdrucken	verdrocke	verfechten	verfechte/~fäächte
verdrücken	verdröcke	verfehlen	verfähle, ~passe[1]
Verdruss	Verdross	verfeinden	üvverwerfe[2]/~wirfe[2]
verduften	verdufte	verfeinern	verfeinere
verdummen	verdomme	verfetten	*opgonn wie ene Bochweizepanneko-che*
verdünnen	verdönne, länge		
Verdünner	Verdönner	verfeuern	verfeuere
verdünnt	schlabberig	verfilmen	verfilme
verdunsten	verdunste	verfilzen	verfilze
verdursten	verdööschte	verfliegen	verfleege
verdutzt	platt[1]	verflixt	verflix
veredeln	veredele	verfluchen	verfloche/~fluche, ~maledeie
verehelichen	traue	verflüchtigen	verflüchtige, ~fleege
verehren	verihre, aanbedde	verflüssigen	schmelze
vereidigen	vereidige	verfolgen	verfolge, nohsetze[2]
Verein	Verein	verformen	verforme
vereinbaren	vereinbare, usmaache, ~handele, avschleeße, verabrede	verfrachten	verfraachte, spediere/~eere, verlade
		verfranzen	verfranse
Vereinbarung	Avkumme, Pak	verfressen (adj)	verfresse[2]
vereinen	vereine	verfressen (V)	verfresse[1]
vereinfachen	vereinfache, ~simpele	verfroren	verfrore
vereinigen	vereinige	verfrüht	vörziggig/vür~
Vereinigung	Bund	verfügbar	frei
vereinsamt	allein[1]	verfügen	verföge, ~hänge
vereinzelt	selde	verführen	verföhre/~führe
vereisen	veriese	verfuttern	verschnuppe
vereiteln	verbruddele, durchkrütze[2]	verfüttern	verföödere
vereitern	vereitere	vergaffen	vergaffe
veräkeln	veräkele	vergammeln	vergammele
verenden	baschte	vergammelt	vergammelt
vererben	vererve, ~maache	vergangen	fröher[1]
verewigen	veriwige	vergangen	verledde

Vergangenheit

Vergangenheit	Vergange(n)heit	vergreifen	vergriefe
vergänglich	vergänglich, flüchtig	vergriffen	vergreffe
vergasen	vergase	vergrößern	vergrößere, bereichere, aanbaue, usbaue; *größer maache; größer wääde/weede*
Vergaser	Vergaser		
vergeben	vergevve		
vergebens	vergevvens, ömesöns	Vergrößerungsglas	Lup
vergehen	vergonn, ~rauche, ~striche	Vergrößerungsspiegel	Vergrößerungsspeegel
Vergehen	Vergonn	vergüten	vergöde
vergelten	vergelde, godmaache	verhaften	verhafte
Vergeltungsmittel	Strof	verhageln	verhagele
vergessen	vergesse, ~schlabbere, ~schwetze	verhaken	verhoke, fasshoke
Vergessen	Vergess	verhallen	verhalle
vergessene Angelegenheiten	*aal Ääze*	verhalten	verhalde, optredde, benemme
Vergessenheit	Vergess	Verhalten	Verhalde
vergesslich	vergesslich, schuselig	Verhaltensweise	Aat
vergeuden	verjubele, ~jöcke, ~fumfeie, ~ballere, ~juckele, ~placke, ~polvere, ~prasse, ~tüddele/~tüttele, dropjöcke, verpolvere	Verhältnis	Verhäldnis, Fisternöll, Nevvebeiche
		Verhältniswort	Verhäldniswood
		verhandeln	verhandele
		verhangen	verhange, bedeck
vergewaltigen	vergewaltige, messbruche	verhängen	verhänge
Vergewaltigung	Nudzuch	verhaspeln	verhaspele
vergewissern	vergewessere, üvverzeuge	verhasst	verhass
vergießen	vergeeße	verhätscheln	verhätschele, ~tüddele/~tüttele, feukele; *einer met Samphändschohn aanpacke*
vergiften	vergefte		
Vergiftung	Vergeftung		
vergilben	vergilbe	verhauen	verhaue, ~solle, enscheppe, verdresche; *einem eine enscheppe*
Vergissmeinnicht	Vergessmichnit		
vergittern	vergittere	verheben	verhevve
verglasen	verglase	verheddern	verheddere, ~haddere
Vergleich	Verglich	verheilen	verheile
vergleichen	verngliche, avfinge	verheimlichen	verheimliche
verglühen	verglöhe/~glöhne	verheiraten	verhierode
vergnügen	vergnöge, ~maache, amesiere/~eere	verheizen	verheize
Vergnügen	Vergnöge, Pläsier, Divertissementche	verhelfen	verhelfe
		verherrlichen	verherrliche
vergnüglich	vergnöglich	verhexen	verhexe
vergnügt	vergnög, pläsierlich	verhindern	verhindere
Vergnügungssucht	Vergnögungssuch	verhöhne	spotte
vergolden	vergolde	verhören	verhüre/~höre
vergönnen	vergönne	verhudeln	verhuddele
vergöttern	vergöddere, aanbedde	verhüllen	verhölle/~hülle, ~kleide
vergraben	vergrave, ~buddele	verhungern	verhungere

verhunzen	verhunze	verklaren	verklore
verhüten	verhöde	verklären	verkläre
verirren	verlaufe, ~franse	verkleben	verklevve, ~placke
verjagen	verjage, schasse, stäuve; en de Juch schlage/schlonn	verkleiden	verkleide, maskiere/~eere
		Verkleidung	Verkleidung, Maskierung/Maskeer~
verjähren	verjöhre	Verkleinerungsform	Verkleinerungsform
Verjährung	Verjöhrung	verkleistern	verkleistere
Verjährungsfrist	Verjöhrungsfriss	verklemmen	verklemme
verjazzen	verjazze	verklemmt	verklemmp
verjubeln	verjubele, ~jöcke, ~fumfeie, ~juckele, ~juxe, dropjöcke	verklickern	verklickere
		verklingen	verklinge
verjüngen	verjünge	verkloppen	verkloppe
verjuxen	verjuxe	verklumpen	verklumpe
verkabeln	verkabele	verknacken	verknacke
verkalken	verkalke/~kälke	verknacksen	verknackse
verkalkulieren	verkalkuliere/~eere	verknallen	verknalle, ~liebe
verkamisolen	verkamesöle	verknallt	verschosse
verkanten	verkannte	verknäueln	verknäuele
verkapseln	verkapsele	verknautschen	knüngele
verkasematuckeln	verkasematuckele	verknautschen	verknuutsche
Verkauf	Verkauf, Avsatz	verknautscht	verknautsch
verkaufen	verkaufe, ~kloppe, ~setze, handele, umsetze, avstüsse	verkneifen	verkniefe, ~bieße
		verknicken	verknicke
Verkäufer	Verkäufer	verkniffen	verkneffe
Verkaufsraum	Geschäff	verknittern	verkrünkele, ~knüngele
Verkaufsstand	Krom	verknittert	krünkelig, schrumpelig
Verkaufsstand	Verkaufsstand	verknöchern	verknöchere
verkehren	verkehre, enlooße	verknoten	verknöddele
Verkehrsamt	Verkehrsamp	verknüpfen	verknöddele, betrecke, vernetze
verkehrsberuhigt	verkehrsberuhig	verknusen	verknuse
Verkehrskontrolle	Kontroll	verkochen	verkoche
Verkehrsmittel	Bahn	verkölschen	verkölsche
Verkehrspolizist	Verkehrspoliziss	verkommen	verdorve, ~falle
Verkehrsschild	Verkehrsscheld/~schild, Scheld[1]/Schild[1]	verkommen	verkumme[1+2], ~loddere
		verkonsumieren	verkasematuckele
Verkehrsstraße	Verkehrsstroß	verkorksen	verkorkse
Verkehrszeichen	Verkehrszeiche	verkörpern	verkörpere
verkehrt	verkeht, falsch	verkrachen	verkraache
verkeilen	verkiele	verkraften	verkrafte, durchhalde
verkennen	verkenne	verkrallen	verkralle
verkitten	kitte	verkramen	verkrose
verklagen	verklage, belange	verkrampfen	verkramfe/~krampe, ~spanne[1]

verkratzen

verkratzen	verkratze, aankatsche	Verleumder	Aandräger
verkriechen	verkruffe	verlieben	verliebe, ~knalle, ~gaffe, ~scheeße; et funk
verkrümmen	verkrömme		
verkrüppeln	verkröppele	verliebt	verschosse
verkrüppelt	krüppelig	verlieren	verliere[1]/~leere[1], ~klüngele, opgevve, schlabbere; *fleute gonn; em Ress looße*
verkrusten	verkruste		
verkümmern	verkömmere, ~suure/~soore		
verkünden	verkünde, fälle, metdeile	verloben	verlobe
verkuppeln	verkuppele, ~klüngele	verlogen	verloge
verkürzen	verkürze; *kööter maache*	verlohnen	verluhne/~lohne
verlachen	uslaache	verloren	verschödt, ripsch, perdu
verladen	verlade	verloren gehen	*fleute gonn*
Verlag	Verlag	verlosen	verlose
verlagern	verlagere	verlöten	verlüe
verlangen	verlange, beaansproche, heische; *ene Aansproch stelle; en der Nas steche*	verlottern	verloddere
		Verlust	Verloss[1]
		verlustieren	verlöstiere/~eere
Verlangen	Gier, Loss, Amelung	vermachen	vermaache, ~erve
verlängern	verlängere	vermaledeien	vermaledeie
Verlass	Verloss[2]	vermanschen	vermansche
verlassen	verlooße[1], opbreche, uschecke	vermarkten	vermarkte
verlassen (adj)	verlooße[2]	vermasseln	vermasele
verlässlich	zoverlässig	vermehren	vermehre, opstocke, usbaue
Verlaub	Verläuv	vermeiden	vermeide, ömgonn[2]
Verlauf	Verlauf	vermengen	vermenge, mengeliere/~eere, zermölsche, durchmenge, vermansche, ~matsche, ~mengeliere/~eere, ~mölsche
verlaufen	verlaufe		
verlausen	verluuse		
verleben	verlevve		
verlebt	avgetakelt	Vermerk	Notiz
verlegen	verläge[2], ~bas, ~basert, ~schammp, genant, betrodde; *der Plagge(n) enschlage/~schlonn*	vermerken	vermerke
		vermessen	vermesse[1+3]
		vermieten	vermeede
verlegen, Boden v.	verkrose, ~läge[1], ~schiebe, fottkrose, ömläge; *der Boddem läge*	Vermieter	Vermeeder
		vermindern	vermendere/~mindere, mendere/mindere; *winniger maache/wääde/weede*
Verlegenheit	Verläge(n)heit		
verleiden	versoore/~suure		
verleihen	verleihe, ~liehne, vörstrecke/vür~, liehne, usliehne	vermischen	vermengeliere/~eere, mengeliere/~eere, menge, rühre/röhre
verleimen	verlieme		
verlernen	verliere[2]/~leere[2]	vermissen	vermesse[2]
verlesen	verlese	vermitteln	vermeddele, beibringe
verletzen	verletze, wihdun, zoreechte/~richte	Vermittler	Meddelsmann
verleumden	aandrage	vermöbeln	vermöbele

vermodern	vermodere	Verpflichtung	Verflichtung
Vermögen	Vermöge	verpfuschen	verfusche, ~huddele, ~murkse
vermögend	gesalv	verpieseln	verpisse; *sich durch de Kood maache*
Vermögensteuer	Vermögensstöör/~stüür		
vermummen	vermumme	verpissen	verpisse; *sich durch de Kood maache*
vermurksen	vermurkse		
vermuten	vermode, aannemme, wittere	verplanen	verplane
vermutlich	wall	verplappern	verplappere, ~bubbele, ~habbele
vernachlässigen	vernohlässige, ~schluddere, *sich hange looße*	verplempern	verplempere
		verplomben	verplombe
vernageln	vernähle	verprassen	verprasse
vernähen	vernihe	verprellen	verärgere
vernarben	vernarbe	verprügeln	verprügele, ~möbele, ~kloppe, ~haue, ~bläue, ~bimse, ~kamesöle, ~trimme, zerbläue, ~schlage¹/ ~schlonn, schlage/schlonn, prinze, opmische, durchbläue, durchhaue, avkamesöle, wachse², verdresche; *einer botterweich/windelweich schlage/schlonn; (einem) de Schnüss poliere*
vernaschen	vernasche		
vernebeln	vernevvele		
vernehmen	vernemme		
verneigen	verbeuge		
vernetzen	vernetze		
vernichten	vertilge, ~derve/~dirve		
vernichtet sein	*em/am Aasch sin; kapodd sin; gehimmelt sin*		
		verprügelt werden	Ress krige
verniedlichen	eravspille	verpuffen	verpuffe
vernieten	verneete, ~neede	verpulvern	verpolvere
vernünftig	vernünftig	verpuppen	verpoppe¹
veröden	veröde	verputzen	verputze, ~bimse, ~nasche
veröffentlichen	veröffentliche, avdrocke	Verputzer	Pützer
verordnen	verordne/~oodene, ~schrieve	verqualmen	verqualme
verpachten	verpaachte	verquellen	verquelle
verpacken	verpacke	verrammeln	verrammele
verpassen	verpasse¹⁺², ~säume²/~süüme², ~schlabbere; *lans de Nas gonn*	verramschen	verramsche, ~schleudere
		Verrat	Verrod
verpatzen	vermasele, ~baue	verraten	verrode, klaafe, zodrage, bätsche, usquasele, aanschwätze
verpennen	verpenne		
verpesten	verpeste	Verräter	Verröder
verpetzen	verpetze, ~rode	verrauchen	verrauche
verpfänden	versetze	verräuchern	verräuchere
verpflanzen	verflanze/~planze, ömflanze¹/~planze¹	verräuchert	verräuchert
		verraucht	verräuchert
verpflegen	verfläge	verrechnen	verrechne, oprechne
Verpflegung	Verflägung, Koss	verrecken	verrecke, frecke
Verpflegungsgeld	Kossgeld	verregnen	verrähne
verpflichten	verflichte	verreiben	verrieve

verreisen	verreise	versaufen	versuffe[2]
verreißen	verrieße, zerfetze	versäumen	versäume[1+2]/~süume[1+2], ~passe[1], ~schwetze
verrenken	verrenke		
verrennen	verrenne	verschaffen	verschaffe, ~leihe
verriegeln	verriegele/~reegele	verschalen	schal wääde/weede
verringern	mendere/mindere, drossele; *winniger maache/wääde/weede*	verschämt	verschammp
		verschandeln	verschängeliere/~eere
Verriss	Verress	verschärfen	verschärfe/~schärpe
verrosten	verroste	verschätzen	verschätze
verrotten	verrotte	verschaukeln	verschöckele
verrücken	verröcke	verschenken	verschenke
verrückt	verröck, ~dötsch, jeck, beklopp, knatschjeck, rammdösig, doll, aadig, geflapp, stapeljeck/stabel~, naturbeklopp/nator~; voll avgedriht han/sin; sing fünf Minutte han; der Aasch op han; en Ääz am Kieme/Wandere han; voll avgedriht han/sin; mem Bömmel behaue sin; nit ganz deech sin; en Eck av han; Beklopp un drei es elf.; et Schoss erus han; eine fott han; nit ganz gar; schwatz em Geseech; ene Hau met der Pann han; e Litzche han; ene Nähl em Zylinder han; de Kränk krige	verscherbeln	verschervele/~schirvele
		verscherzen	verderve/~dirve
		verscheuchen	verscheuche
		verschicken	verschecke
		verschieben	verschiebe, ~läge[1]
		verschieden	ander
		verschießen	verscheeße, ~knalle, ~ballere
		verschimmeln	verschimmele
		verschlafen	verschlofe, ~penne
		Verschlag	Verschlag, Kabuff
		verschlagen	verschlage[1], ~bläddere, gerevve
		verschlagen	verschlage[2]; *dem Düüvel em Aasch nit dauge*
Verrückte	Bekloppte, Jeck, Selvsgestreckte, (stapelkareete) Mondjeck	verschlampen	verschlunze, ~klüngele
		verschlechtern	verschläächtere, beeinträchtige
Verruf	Verrof	verschleiern	verschleiere, ~tusche
verrufen	verrofe	verschleimen	verschlieme
verrühren	verröhre/~rühre	verschleimt	schnuddelig
verrußen	verruße	Verschleiß	Verschleiß
verrutschen	verrötsche	verschleißen	avwetze, ~schürvele, ~nötze/~notze, durchlige, verschließe
Vers	Rüümche		
versacken	versacke	verschleppen	verschleppe
versagen	versage, ~kniefe	verschleudern	verschleudere
Versager	Kröck	verschließen	verschleeße, avschleeße, schleeße
versalzen	versalze	verschlimmern	verschlemmere
versammeln	versammele	verschlingen	eravschlinge, verschlinge
Versammlung	Zosammekunf/Ze~	verschlingen	verschlinge
versanden	versande	verschlissen	schlessig
Versandhaus	Versandhuus	verschlossen	verschlosse, ~schweege, zogeknöpp
versauen	versaue	verschlucken	verschlecke
versauern	versuure/~soore	verschludern	verschluddere

versprechen

Verschluss	Verschluss/~schloss, Schleeß	verschwinden	verpisse, avdanze, ~jöcke, fottgonn, ungertauche; *sich durch de Kood maache*
verschlüsseln	verschlössele		
verschmelzen	verschmelze		
verschmerzen	verschmerze	verschwitzen	verschwetze, ~passe[1], ~schlabbere
verschmieren	verschmiere/~schmeere	verschwitzt	schweißig, verschweiß
verschmitzt	verschmitz, luus	verschwunden	ripsch, foutu/futü
verschmoren	verbrödsche	versehen	versinn
verschmutzen	verdreckse, muddele; *dreck(el)ig maache/weede*	Versehen	Versinn, Messgreff
		versehentlich	*us Versinn*
verschnaufen	räste	verselbstständigen	verselvsständige
verschneiden	verschnigge, ~schnibbele	versenden	verschecke
verschnippeln	verschnibbele	versengen	versenge
Verschnitt	Verschnedd	versenken	versenke
verschnörkeln	verschnörkele	versessen	versesse, begierig; *op jet erpich sin*
verschnupft	verschnupp, schnuppig	versetzen	versetze
verschollen	verscholle	verseuchen	verseuche, ~strohle
verschonen	verschone	versichern	versechere
verschönern	verschönere	Versicherungskarte	Versecherungskaat
verschossen	verschosse	Versicherungspflicht	Versecherungsflich
verschrammen	verkratze	Versicherungsschein	Versecherungssching
verschränken	verschränke	versickern	versickere
verschrauben	verschruuve	versiegeln	versiegele
verschreiben	verschrieve	versiert	verseet, erfahre[2]
Verschreibungspflicht	Rezeppflich	versilbern	verselvere
verschreien	verschreie	versimpeln	versimpele
verschroben	üvverspannt, verkindsch	versinken	versinke, ~sacke
verschrotten	verschrotte	versoffen	versoffe
verschrumpeln	verschrumpele	versoffen	versoffe
verschulden	verscholde, ~brocke	versohlen	versolle
verschusseln	verschusele	versorgen	versorge, endecke[1], durchföödere, beweetschafte, fläge
verschütten	verschödde, ~schlabbere, üvverschödde[1], ~geese[1], schlabbere		
		versorgt	versorg
		Versorgungsamt	Versorgungsamp
Verschütten	Schlabberei[1]	verspachteln	verspachtele
verschüttet	verschödt	verspannen	verspanne[1], ~kramfe/~krampe
verschweigen	verschweige; *nit sage; hingerm Bösch halde*	verspannt	stockstiev
		verspeisen	verkimmele, ~maache, esse
verschwenden	verschwende, ~dun, ~placke, ~posementiere/~eere, ~tüddele/~tüttele, dropmaache	versperren	versperre, avschleeße, zostelle
		verspielen	verspille
		verspielt	verspillt
verschwiegen	verschweege, ~schlosse	verspotten	verspotte, uslaache
verschwimmen	verschwemme	versprechen	verspreche, lovve

Versprechen

Versprechen	Verspreche	versüßen	versöße
verspritzen	verspretze	vertäuen	vertäue
versprühen	verspröhe	vertauschen	vertuusche
verspüren	verspüre/~spöre	verteidigen	verteidige
Verstand	Geheen(s), Geheenskaste, Geis[1]	verteilen	verdeile, umläge, durchsetze[3]
verständig	verständig	vertelefonieren	vertelefoniere/~eere, avtelefoniere/~eere
verständigen	verständige		
Verständigung	Verständigung	verteuern	opschlage/~schlonn; düürer/döörer maache/weede/wääde
verständlich	klor, verständlich		
verständlicherweise	verständlicherwies	verteufeln	verdeuvele, ~düüvele
Verständnis	Senn	vertiefen	verdeefe; deefer maache/weede/wääde
verstärken	verstärke, ~deechte/~dichte, fördere, verschärfe/~schärpe		
		Vertiefung	Endrock
verstauben	verstöbbe	vertikal	senkrääch
verstaubt	verstöbb, stöbbig	vertilgen	vertilge
verstauchen	verstuche/~stauche	vertippen	vertippe[1+2]
verstauen	verstaue	vertonen	vertone
verstecken	versteche	vertrackt	vertrack
verstehen	verstonn, durchblecke, klicke, durchsteige, losshan	Vertrag	Verdrag, Kontrak
		vertragen	verdrage
verstellen	verstelle	Vertragen	Verdrag
versterben	sterve/stirve	verträglich	verdräglich
versteuern	verstüüre/~stööre	vertrauen	vertraue, ~looße[1], traue
verstimmen	verstemme	Vertrauen	Vertraue
verstimmt	ärgere	Vertrauenssache	Vertrauenssaach
verstohlen	verstolle	verträumen	verdräume
verstopfen	verstoppe	verträumt	verdräump
verstopft	hadddressig, haddlievig	vertraut	gewennt
verstören	durchenanderbränge, ~eneinbränge	vertreiben	verdrieve, fottdrieve, schasse, handele, wippe[1]; en de Juch schlage/schlonn; en e Muusloch jage
verstoßen	verstüsse		
verstrahlen	verstrohle		
verstreichen	verstriche	vertreten	vertredde
verstreuen	verstreue	Vertretungsstunde	Vertretungsstund
verstricken	verstrecke, ~bruddele	vertrimmen	vertrimme
verströmen	verströme	vertrinken	verdrinke, ~suffe[2]
verstrubbeln	verstrubbele	vertrocknen	verdrüge
verstümmeln	verstümmele	vertrödeln	vertrödele, ~gammele
Versuch	Versök	vertrösten	vertrüste, avspeise
versuchen	versöke	vertun	verdun
versumpfen	versumfe	vertuschen	vertusche, ~schleiere, ~decke
versündigen	versündige	verübeln	verüvvele, ~denke
versus	gäge	verulken	veruze; einer op de Schöpp nemme

verunglücken	verunglöcke	verwickelt	verweckelt
verunreinigen	verdreckse, ~matsche, schmuddele	verwildern	verwildere/~weldere
verunsichern	verunsechere	verwinden	fottkumme
verunstalten	verschängeliere/~eere	verwirken	verwirke
verursachen	bewäge[1], bewirke, aanfache, maache	verwirklichen	verwirkliche, uslevve
verurteilen	verordeile/~ur~, ~knacke	verwirren	drusbränge; *usem Konzepp kumme; einer usem Konzepp bränge*
vervollständigen	vervollständige, ergänze, fäädig maache; *en Eng[1]/Eng(k) maache; Schluss maache*	verwirrt	verbas, ~basert, ~dötsch, ~driht, doll, koppscheu, perplex
verwachsen	verwahße	verwischen	verwäsche[1]
verwackeln	verwaggele	verwittern	verwittere
verwählen	verwähle	verwohnen	verwonne
verwahren	verwahre, bewahre	verwöhnen	verwenne, ~tüddele/~tüttele; *(einem) de Fott drieße drage; einem de Fott hingerherdrage/nohdrage*
verwahrlosen	verkumme[1]		
verwahrlost	verkumme[2]	verwöhnt	verwennt
verwalten	verwalte	verworren	vertrack
verwandeln	verwandele	Verworrenes	Gebruddels
Verwandtschaft	Verwandtschaff	verwunden	verwunde
verwanzen	verwanze	verwundern	verwundere
verwarnen	verwarne, aandrohe/~dräue	verwünschen	verwünsche; *einem der glöhn(d)igen/glöhdigen Dress wünsche*
verwaschen	verwäsche[2]		
verwässern	verwässere	verwurzeln	verwoozele
verweben	verwevve	verwuscheln	verwuschele, wuschele
verwechseln	verwähßele	verwüsten	verwöste
Verwechslung	Verwähßelung	verzählen	verzälle[2]
verwehren	verwehre/~werre	verzahnen	verzahne
verweigern	avschlage/~schlonn	verzapfen	verzappe
verweilen	verwiele, ~bränge, ophalde	verzaubern	verzaubere, behexe, bestrecke
verweint	verkresche	verzehren	verputze, ~posementiere/~eere, ~pinsele, ~spachtele
Verweis	Verwies		
verweisen	verwiese, uswiese	verzeichnen	verboche
verwelken	verwelke	verzeihen	entschuldige
verwenden	verwende, bruche, beaansproche, gebruche, ensetze[2]	verzerren	verzerre, ~trecke
		verzerrt	verkneffe
verwerfen	verwerfe/~wirfe; *üvver der Haufe werfe/wirfe*	verzetteln	verzeddele
		Verzicht	Verzich
verwerflich	unrääch	verzichten	verzichte, ~sage, enthalde, messe[2], nohlooße, passe[1]; *sich selver jet avpetsche*
verwerten	verdaue		
verwesen	verwese		
verwetten	verwedde	verziehen	vertrecke
verwickeln	verweckele, erendrieve	verzieren	verziere/~zeere

verzinsen

verzinsen	verzinse	vierteilen	vierdeile/veer~, veedele
verzögern	verzögere	vierteilig	vierdeilig/veer~
verzollen	verzolle	viertel	veedel
verzweifeln	verzwiefele	Viertel	Veedel
verzweifelt	verzwiefelt	Vierteljahr	Veedeljohr
verzweigen	verzweige	vierteln	veedele
verzwickt	verzweck, ~track	Viertelpfund	Veedelpund
Veterinär	Dieraaz	Viertelstunde	Veedelstund
Vetter	Cousin	viertens	veetens
Vetternwirtschaft	Klüngel	vierzehn	veezehn
vibrieren	vibriere/~eere	vierzehnhundert	veezehnhundert
Viecherei	Veecherei	vierzehntägig	veezehndägig
Vieh	Veeh/Veech	vierzig	veezig
Viehfutter	Veehfooder	Vierziger	Veeziger
Viehherde	Veehhääd	Violine	Violin
Viehmarkt	Veehmaat	Violinschlüssel	Violinschlössel
Viehzucht	Veehzuch	Virusgrippe	Virusgripp
viel	vill¹⁺², düchtig, zemlich¹; *ze basch/ze baschte*	Visage	Visage
		Visite	Visit, Visite
viel Betrieb sein	*jet mangs sin*	Visitenkarte	Visitekaat
viel können	*vill losshan*	Vitamintablette	Vitamintablett
viel los	*jet mangs*	Vogel	Vugel
viele	luuter², Rötsch³; *en Hääd*²	Vogelbeerbaum	Qualster
vielerlei	villerlei	Vogelei	Vugelei
Vielfalt	Villfald, Palett	Vogelfutter	Vugelsfooder
vielfältig	villfäldig	Vogelgesang	Vugelgesang
vielleicht	villleich; *am Eng¹/Engk*	Vogelhäuschen	Vugelshüüsche
vielmehr	villmih¹⁺²	Vogelkäfig	Vugelskäfig
Vielschwätzer	Muulschwaader, Schwaadlappe	Vogelkirsche	Vugelskeesch
vielseitig	villsiggig	Vogelkot	Vugelsdreck, Vugelsdress
vielstimmig	villstemmig	Vogelmist	Vugelsmess, Vugelsdress
vier	vier/veer	vögeln	bööschte, döppe, höggele, knüüze, poppe, rammele, tuppe
vierblättrig	vierblädderig/veer~		
viereinhalb	vierenhalv/veer~	Vogelnest	Vugelsness
viererlei	viererlei/veerer~	Vogelsang	Vugelsang
Vierfüßer	Vierfößer/Veer~	Vogelsanger Straße	Vugelsanger Stroß
viermal	viermol/veer~	Vogelscheuche	Bangmächer
Viersitzer	Viersetzer/Veer~	Vogelsdreck	Vugelsdreck
viersitzig	viersetzig	Vogelspinne	Vogelspenn
viert...	veet...	Vokabelheft	Vokabelheff
viertausend	vierdausend/veer~	Volant	Volant
vierteilen	veedele	Volk	Volk

Völkermord	Völkermood	vollschlabbern	vollschlabbere
Völkerrecht	Völkerrääch	vollschmieren	vollschmiere/~schmeere
Volksauflauf	Volksoplauf, Volksopstand	vollschreiben	vollschödde
Volksaufstand	Volksopstand	vollspritzen	vollspretze
Volksbewegung	Volksbewägung	vollständig	vollständig, ganz, rack
Volksbrauch	Volksbruch	vollstellen	vollstelle
Volksfest	Volksfess	vollstopfen	prämme
Volksgartenstraße	Volksgaadestroß	vollstrecken	vollstrecke
Volkshochschule	Volkshochschull	volltanken	volltanke
Volkskunst	Volkskuns	volltrunken	hagelvoll, kadaunevoll, stäänegedressevoll, stäänehagelvoll, stäänevoll
Volkslied	Volksleed		
Volkspolizist	Volkspoliziss		
Volksschule	Volksschull	Vollwaschmittel	Vollwäschmeddel
Volkstanz	Volksdanz	vollwertig	vollwertig
voll	voll	Vollwertkost	Vollwäätkoss
vollauf	vollop	vollzählig	vollzällig
Vollbad	Vollbadd	vollziehen	volltrecke
Vollbart	Vollbaat	Vollziehen	Vollzog
vollbringen	vollbränge	Vollziehung	Vollzog
vollbusig sein	vill Holz vür der Dör/Dür han	Vollzug	Vollzog
Volldampf	Volldamf/~damp	vom (von dem)	vum
vollenden	fäädig maache; en Eng¹/Eng(k) maache; Schluss maache	vom Sehen	vun Aansinn
		von	vun
vollendet	fäädig	von wegen!	am Aasch e Trötche!
vollgefressen	buchsatt	Von-Werth-Straße	Vun-Werth/Wääth-Stroß
völlig	völlig	voneinander	vunenander
volljährig	volljöhrig	vor	vör/vür
vollkommen	fäädig, unfählbar	vorab	vörav, vürav
Vollkornbrot	Vollkoonbrud	Vorabend	Vörovend/Vür~
Vollkornmehl	Vollkoonmähl	vorahnen	jet en der Nas han
vollkotzen	vollkotze, begöbbele	voran	vöraan/vür~
volllabern	möd schwaade	voran!	jö!
vollladen	volllade	voranbringen	vöraanbränge
volllaufen	volllaufe	voranbringen	vöraanbränge
Vollmacht	Vollmaach	vorangehen	vöraangonn
Vollmond	Vollmond	vorankommen	vöraankumme, en de Gäng kumme
Vollmondgesicht	Vollmondgeseech	voranleuchten	heimleuchte
Vollnarkose	Vollnarkos	voranmachen	vöranmaache
vollpumpen	vollpumpe	vorantragen	vöraandrage
vollqualmen	vollqualme	vorantreiben	vöraandrieve, aandrieve, däue, wiggerdrieve
vollquatschen	möd schwaade		
vollscheißen	volldrieße	vorarbeiten	vörarbeide/vür~

vorauf

vorauf	vörop/vür~	vorbeimarschieren	vörbeimarschiere/~eere/verbei~
voraus	vörus/vür~, vörop/vür~	vorbeimüssen	vörbeimüsse/verbei~,
Voraus	Vörus/Vür~		vörbeidörfe/~dürfe/verbei~
vorausberechnen	vörusberechne/vürus~	vorbeireiten	vörbeirigge/verbei~
vorausbestimmen	vörusbestemme/vürus~	vorbeirennen	vörbeirenne/verbei~
vorausbezahlen	vörusbezahle/vürus~	vorbeischauen	vörbeiluure/~loore/verbei~
vorausgehen	vörgonn/vür~, vörusgonn/vürus~	vorbeischicken	erömschecke
vorausgesetz	vörusgesatz/~setz	vorbeischießen	vörbeischeeße/verbei~, verscheeße,
vorausgesetzt	vörusgesatz/~setz		donevvescheeße
voraushaben	vörushan/vürus~	vorbeischlängeln	vörbeischlängele/verbei~
vorauslaufen	vörlaufe/vür~	vorbeitreffen	donevvetreffe
vorausreiten	vörrigge/vür~	vorbeiziehen	vörbeitrecke/verbei~
vorausrennen	vörrenne/vür~	vorbestellen	vörbestelle/vür~, bestelle[1]
voraussagen	vörussage/vürus~	vorbestimmen	vörbestemme/vür~
vorausschicken	vörschecke/vür~	vorbestraft	vörbestrof/vür~
voraussehen	vörussinn/vürus~	vorbeten	vörbedde/vür~
voraussetzen	vörussetze/vürus~, aannemme,	vorbeugen	vörbeuge/vür~, vörbaue/vür~
	bedinge	Vorbild	Vörbeld/Vür~/~bild, Leitbeld/~bild
vorauszahlen	vörusbezahle/vürus~	Vorbildung	Vörbeldung/Vür~/~bild~
Vorbau	Vörbau/Vür~	vorbohren	vörbohre/vür~
vorbauen	vörbaue/vür~	vorbringen	vörbränge/vür~, aandrage
Vorbehalt	Vörbehald/Vür~	vorchristlich	vörchresslich/vür~
vorbehalten	vörbehalde/vür~	Vordach	Vördaach/Vür~
vorbehandeln	vörbehandele/vür~	vordatieren	vördatiere/~eere/vür~
vorbei	vörbei/ver~, elans, eröm, öm[1], passé, us[2]	Vorderasien	Vorderasie/Vodder~
		Vorderbein	Vodderbein
vorbeiblicken	verbeiluure/~loore/vörbei~	Vorderfront	Vodderfront
vorbeibringen	vörbeibränge/verbei~, erömbränge	Vorderfuß	Vodderfoß
vorbeidrücken	vörbeidröcke/verbei~	Vordergrund	Voddergrund
vorbeidürfen	vörbeidörfe/~dürfe/verbei~, vörbeikünne/verbei~	Vorderhaus	Vodderhuus
		Vordermann	Vöddermann
vorbeifahren	vörbeifahre/verbei~, vörbeischeeße/verbei~, üvverholle	Vorderrad	Vodderradd
		Vorderreifen	Vodderreife
vorbeifliegen	vörbeifleege/ver~	Vorderseite	Voddersigg
vorbeifließen	vörbeifleeße/ver~	Vordersitz	Voddersetz
vorbeiführen	vörbeiföhre/~führe/ver~	vorderst	vödders
vorbeigehen	vörbeigonn/ver~, donevvegonn	Vorderteil	Vodderdeil
vorbeikommen	vörbeikumme/verbei~, vörbeiluure/~loore/verbei~	Vordertür	Vodderdür/~dör
		Vorderzahn	Vodderzant
vorbeikönnen	vörbeikünne/verbei~	Vorderzimmer	Vodderzemmer
vorbeilassen	vörbeilooße/verbei~	vordrängeln	vördrängele/vür~
vorbeilaufen	vörbeilaufe/verbei~, vörbeischeeße/verbei~, üvverholle	vordrängen	vördränge/vür~

vordringen	vördringe/vür~	Vorhand	Vörhand/Vür~
Vordruck	Vördrock/Vür~	Vorhang	Vörhang/Vür~
vordrucken	vördrocke/vür~	vorhängen	vörhänge/vür~
voreilig	vörielig/vür~	Vorhangstange	Vörhangstang/Vür~
voreinander	vörenander/vür~, vörenein/vür~	Vorhaut	Vörhugg/Vür~
voreingenommen	vörengenomme/vür~	vorheizen	vörheize/vür~
vorenthalten	vörenthalde/vür~	vorher	vörher/vür~
vorerst	vöreesch/vür~	vorherbestimmen	vörherbestemme/vürher~, vörbestemme/vür~
vorerzählen	vörverzälle/vür~		
vorfabrizieren	vörfabriziere/~eere/vür~, vörfäädige/vür~	Vorherrschaft	Vörherrschaff/Vür~
		vorherrschen	vörherrsche/vür~
vorfahren	vörfahre/vür~	vorhersagen	vörhersage/vürher~, tippe²
Vorfahrt	Vörfahrt/Vür~	vorhersehen	vörhersinn/vürher~
Vorfahrtsschild	Vörfahrtsscheld/Vür~/~schild	Vorhölle	Vörhöll/Vür~
Vorfahrtsstraße	Vörfahrtsstroß/Vür~	vorig	vörrig/vürrig
Vorfall	Vörfall/Vür~	Vorjahr	Vörjohr/Vür~
vorfallen	vörfalle/vür~	vorjammern	vörjöömere/vür~
vorfertigen	vörfäädige/vür~, vörfabriziere/~eere/vür~	vorkämpfen	vörkämfe/vür~
		vorkauen	vörkäue/vür~
vorfinanzieren	vörfinanziere/~eere/vür~	vorknöpfen	vörknöppe/vür~
vorfinden	vörfinge/vür~	vorkochen	vörkoche/vür~
vorformen	vörforme/vür~	vorkommen	vörkumme/vür~, optredde
Vorfreude	Vörfreud/Vür~	Vorkriegszeit	Vörkreegszigg/Vür~
vorfühlen	vörföhle/vür~, vörtaaste/vür~	vorladen	vörlade/vür~
vorführen	vörföhre/~führe/vür~	vorlassen	vörlooße/vür~
Vorgang	Vörgang/Vür~	Vorlauf	Vörlauf/Vür~
Vorgänger	Vörgänger/Vür~	vorlaufen	vörlaufe/vür~
Vorgarten	Vörgaade/Vür~	vorlaut	vörlaut/vür~, vörwetzig/vür~, schnäbbelig; de Schnüss vüran han; de Muul/Schnüss oprieße
vorgaukeln	simeliere/~eere		
vorgeben	vörgevve/vür~		
Vorgebirge	Vörgebirg/Vür~	vorleben	vörlevve/vür~
Vorgebirgswall	Vürgebirgswall	vorlegen	vörläge/vür~
vorgehen	vörgonn/vür~	Vorleger	Vörläger/Vür~
Vorgeschmack	Vörgeschmack/Vür~	vorlehnen	vörlähne/vür~
Vorgesetzter	Baas	vorlesen	vörlese/vür~
Vorgespräch	Vörgespräch/Vür~	vorletzt	vörletz/vür~
vorgestern	vörgester(e)/vür~	vorlieb nehmen	vörleev/vür~ nemme
vorglühen	vörglöhe/~glöhne/vür~	Vorliebe	Passion
vorgreifen	vörgriefe/vür~	vorliegen	vörlige/vür~
vorhaben	vörhan/vür~	vorlügen	vörlege/vür~
Vorhalle	Vörhall/Vür~, Süüle(n)hall	vorm (vor dem)	vörm/vürm
vorhalten	vörhalde/vür~; unger de Wess däue	vormachen	vörmaache/vür~

vormals	anno dozomol	Vorschulalter	Vörschullalder/Vür~
vormerken	vörmerke/vür~	Vorschule	Vörschull/Vür~
Vormieter	Vörmeeder/Vür~	Vorschuss	Vörschoss/Vür~
Vormittag	Vörmeddag/Vür~	vorschützen	vörschötze/vür~
Vormonat	Vörmond/Vür~	vorschwärmen	vörschwärme/vür~
vormontieren	vörmontiere/~eere/vür~	vorschweben	vörschwevve/vür~
vorn	vöraan/vür~	vorsehen	vörsinn/vür~
Vorname	Vörname/Vür~	vorsetzen	vörsetze²/vür~², aanbeede
vornan	vörre(n)aan/vürre~	Vorsicht	Vörsich/Vür~
vorne	vörre/vürre	vorsichtig	vörsichtig/vür~, höösch
vornehm	vörnähm/vür~, nobel	vorsichtshalber	vörsichshalver/vür~
vornehmen	vörnemme/vür~	Vorsilbe	Vörsilv/Vür~
vornherein	vörreneren/vürren~	vorsingen	vörsinge/vür~
Vorort	Vöroot/Vür~	vorsitzen	vörsetze¹/vür~¹
Vorplatz	Vörplatz/Vür~	vorsorgen	vörsorge/vür~
Vorposten	Vörposte/Vür~	Vorspann	Vörspann/Vür~
vorpreschen	*met der Dör/Dür en et Huus falle*	vorspannen	vörspanne/vür~
Vorprogramm	Vörprogramm/Vür~	vorspiegeln	vörspeegele/vür~
vorprogrammieren	vörprogrammiere/~eere/vür~	Vorspiel	Vörspill/Vür~
Vorrat	Vörrod/Vür~	vorspielen	vörspille/vür~
vorrechnen	vörrechne/vür~	vorsprechen	vörspreche/vür~
Vorrecht	Vörääch/Vür~	vorspringen	vörspringe/vür~
vorreiten	vörrigge/vür~	Vorsprung	Vörsprung/Vür~, Knüüzche
vorrennen	vörrenne/vür~	Vorstand	Vörstand/Vür~
Vorrichtung	Vörrichtung/Vür~, Aanlag	Vorstandsmitglied	Vörstandsmetglidd/Vür~/~gleed
vorrücken	vörröcke/vür~, opröcke, nohgonn	Vorstandssitzung	Vörstandssitzung/Vür~
Vorrunde	Vörrund/Vür~	vorstehen	vörstonn/vür~
vorsagen	vörsage/vür~	Vorsteher	Ampmann, Baas
Vorsatz	Vörsatz/Vür~	vorstellen	vörstelle/vür~, usmole, enbilde/~belde; *bekannt maache*
vorsätzlich	willkürlich		
Vorschau	Vörschau/Vür~	Vorstellung	Vörstellung/Vür~
Vorschein	Vörsching/Vür~	Vorstellungsgespräch	Vörstellungsgespräch/Vür~
vorschicken	vörschecke/vür~	Vorstellungskraft	Vörstellungskraff/Vür~
vorschieben	vörschiebe/vür~	vorstoßen	vörstüsse/vür~, durchstüsse¹, vürdringe/vör~
vorschießen	vörscheeße/vür~		
vorschlafen	vörschlofe/vür~	Vorstrafe	Vörstrof/Vür~
Vorschlag	Vörschlag/Vür~	vorstrecken	vörstrecke/vür~, vörscheeße/vür~
vorschlagen	vörschlage/~schlonn/vür~, aanbeede, aandrage	vorstreichen	vörstriche/vür~
		vorstürmen	vörstörme/~stürme/vür~; *met der Dör/Dür en et Huus falle*
vorschmecken	vörschmecke/vür~		
vorschreiben	vörschrieve/vür~	vortanzen	vördanze/vür~
Vorschrift	Vörschreff/Vür~	vortasten	vörtaaste/vür~

vortäuschen	vörtäusche/vür~, vörspeegele/vür~, simeliere/~eere	vorzerren	vörzerre/vür~
Vortrag	Vördrag/Vür~, Disköösch	vorziehen	vörtrecke/vür~; *leever han*
vortragen	vördrage/vür~	Vorzimmer	Vörzemmer/Vür~
vortreiben	vördrieve/vür~	vorzugsweise	leever
vortreten	vörtredde/vür~	voyeuristisch beobachten	spanne
Vortritt	Vörtredd/Vür~	vulgär	gewöhnlich, ordinär
vorturnen	vörturne/vür~		
vorüber	vörüvver/ver~, eröm, öm¹		
vorübergehen	vörüvvergonn/verüvver~, verfleege, passiere/~eere	**W**	
Vorurteil	Vörurdeil/Vür~/~ordeil	Waage	Woog
Vorverkauf	Vörverkauf/Vür~	Waagebalken	Woogbalke
Vorverkaufsstelle	Vörverkaufsstell/Vür~	waagerecht	waagerääch
vorverlegen	vörverläge/vür~	Waagschale	Woogschal
vorwagen	vörwage/vür~	wabbelig	wabbelig, quabbelig
Vorwahl	Vörwahl/Vür~	wabbeln	quabbele
vorwählen	vörwähle/vür~	Wabe	Wab
Vorwand	Vörwand/Vür~	wach	wach/waach, wackerig
vorwärmen	vörwärme/vür~	Wachdienst	Wachdeens
vorwarnen	vörwarne/vür~	Wache	Waach
Vorwarnung	Vörwarnung/Vür~	wachen	waache
vorwärts	vörwääts/vür~	Wachgarde	Kudegaad
vorwärts!	jö!	Wachhund	Wachhungk
Vorwärtsgang	Vörwärtsgang/Vür~	Wachmann	Wachmann
Vorwäsche	Vörwäsch/Vür~	Wacholder	Wacholder, Sibbenbaum
vorwaschen	vörwäsche/vür~	Wacholderdrossel	Krommetsvugel
Vorwaschgang	Vörwäschgang/Vür~, Vörwäsch/Vür~	Wacholderkorn	Wacholderkoon
vorweisen	vörwiese/vür~	Wacholderstrauch	Wacholderstruch
vorwerfen	vörwerfe/~wirfe/vür~	Wachposten	Scheldwaach/Schild~
Vorwitz	Vörwetz/Vür~	Wachposten	Wachposte/Waach~
vorwitzig	vörwetzig/vür~, nasewies	wachrütteln	wachröddele
Vorwitznase	Vörwetznas/Vür~	Wachs	Wahß[1]
Vorwort	Vörwood/Vür~	Wachsabdruck	Wachsavdrock
Vorwurf	Vörworf /Vür~/~wurf, Geknotter	wachsam	*op der Hod, om Kiwif*
vorzählen	vörzälle/vür~	Wachsblume	Wachsblom
vorzaubern	vörzaubere/vür~	Wachsbohne	Wahßbunn
Vorzeichen	Vörzeiche/Vür~	wachsen (Länge)	wahße[1]
vorzeigen	vörzeige/vür~, präsentiere/~eere, herzeige	wachsen (Wachs)	wahße[2]/wachse[1]
Vorzeit	Vörzigg/Vür~	Wachsen	Wahß[2]
vorzeitig	vörziggig/vür~, fröh[1]	wächsern	wahße[3]
		Wachsfigur	Wachsfigur

Wachsfigurenkabinett

Wachsfigurenkabinett	Wachsfigurekabinett	Wählscheibe	Wählschiev
Wachskerze	Wahßkääz	Wahlschein	Wahlsching
Wachslicht	Wahßleech	Wahlsieg	Wahlseeg
Wachsmalstift	Wachssteff	Wahlspruch	Wahlsproch, Leitsproch
Wachstuch	Wachsdoch	Wahltag	Wahldag
Wachstum	Wahß²	Wahlzettel	Wahlzeddel
Wachtel	Böckteröck	Wahnsinn	Ömnachtung
Wächter	Wäächter	Wahnvorstellung	Wahnvürstellung/~vör~
Wachtmeister	Wachmeister	wahr	wohr, verhaftig¹
Wachtraum	Dagdraum	wahren	wahre
Wackeldackel	Waggeldaggel	während	während
Wackelei	Waggelei	wahrhaben	wohrhan
Wackelelvis	Waggelelvis	wahrhaftig	verhaftig¹،²
Wackelente	Waggelent	Wahrheit	Wohrheit
wackelig	waggelig	wahrnehmen	föhle, metkrige, gewahr
Wackelkontakt	Waggelkontak		wääde/weede
wackeln	waggele, wibbele, watschele	Wahrsagerin	Kaateschlägersch
Wackelpudding	Waggelpudding	wahrscheinlicher	iher/ihter
Wade	Wad	Wahrzeichen	Wohrzeiche
Wadenkrampf	Wadekramf/~kramp	Waisenhaus	Waisehuus
Wadenwickel	Wadeweckel	Waisenkind	Waisekind
Waffel	Waffel	Wal	Walfesch
Waffeleisen	Waffelieser	Wald	Bösch
Waffenruhe	Wafferauh	Waldarbeiter	Waldarbeider
Waffenschein	Waffesching	Waldbeere	Worbel
wagen	wage, ungerstonn, durchwage	Waldboden	Waldboddem
Wagen	Wage, Wagon	Waldhorn	Waldhoon
wägen	wäge²	waldig	waldig
Wagendach	Wagedaach	Waldmeister	Maikrugg
Wagenheber	Wage(n)hevver	Waldstück	Waldstöck
Wagenpferd	Wagepääd	Waldweg	Waldwäg
Wagenrad	Wageradd	Walfisch	Walfesch
Wagentür	Wagedür/~dör	walken	walke
Wagon	Wagon	Wall	Wall¹
Wahl	Wahl	wallen	walle
Wahlalter	Wahlalder	Wallfahrt	Pilgerfahrt
wählen	wähle	Wallfahrt	Wallfahrt
Wahlgang	Wahlgang	Wallfahrtskirche	Wallfahrtskirch
Wahljahr	Wahljohr	Wallfahrtsort	Wallfahrtsoot
Wahlkampf	Wahlkamf	Wallung	Wall²
wahllos	willkürlich	Walnuss	Baumnoss
Wahlrecht	Wahlrääch	Walnussbaum	Walnossbaum

Waschmittel

Walpurgisnacht	Walpurgisnaach	Warenzeichenschutz	Zeicheschotz
Walz	Walz	warm	wärm
Walze	Walz	Warmblut	Wärmblod
walzen	walze	Warmblüter	Wärmblöder
wälzen	wälze, rölze, tirvele	warmblütig	wärmblödig
Walzerschritt	Walzerschredd	Wärme	Wärm, Wärmde
Walzertakt	Walzertak	wärmen	wärme
Wams	Wammes	Wärmflasche	Wärmfläsch
Wand	Wand	warmlaufen	wärmlaufe
wandeln	ändere	Warmmiete	Wärmmeed
wandeln	wandele	Warmwasser	Wärmwasser
Wanderbühne	Wanderbühn	Warnblinkanlage	Warnblinkaanlag
Wanderdüne	Wanderdün	Warnblinklampe	Warnblinklamp
Wandergruppe	Wandergrupp	warnen	mahne
Wanderheuschrecke	Wanderheuschreck	warnen	warne
Wanderkarte	Wanderkaat	Warnschild	Warnscheld/~schild
Wanderlied	Wanderleed	Wartefrist	Wartefriss
wandern	wandere	warten	waade, gedolde, usharre
Wanderschaft	Wanderschaff	Wartezimmer	Wartezemmer
Wanderschuh	Wanderschoh	warum	woröm
Wandertag	Wanderdag	Warze	Waaz
Wanderung	Wanderung	was	wat[1+2]
Wandervogel	Wandervugel	Waschbecken	Wäschbecke, Wäschdesch, Becke
Wanderweg	Wanderwäg	Waschbrett	Wäschbredd, Rievbredd
Wandgarderobe	Hanges	Waschbrettbauch	Wäschbreddbuch
Wandhaken	Wandhoke	Waschbürste	Wäschböösch
Wandkarte	Wandkaat	Waschbütte	Wäschbüdd
Wandmalerei	Wandmolerei	Wäsche	Wäsch
Wandspiegel	Wandspeegel	Wäschebeutel	Wäschebüggel
Wanduhr	Wanduhr/~ohr	Wäscheklammer	Wäscheklammer
Wandzeitung	Wandzeidung	Wäscheknopf	Wäscheknopp
Wange	Backe	Wäschekorb	Wäschkorv
wanken	nohgevve	Wäscheleine	Wäscheling
wanken	wankel	waschen	wäsche
wann	wann[1]	Wäschespinne	Wäschespenn
Wanne	Büdd	Waschgang	Wäschgang
Wannenflicker	Wännläpper	Waschhandschuh	Wäschhandschoh/~händsche
Wanze	Wanz, Wandluus	Waschkessel	Wäschkessel
Wappen	Wappe	Waschküche	Wäschköch
Wappentier	Wappe(n)dier	Waschlappen	Wäschlappe
Ware	War	Waschmaschine	Wäschmaschin
Warenzeichen	Warezeiche	Waschmittel	Wäschmeddel

Waschpulver

Waschpulver	Wäschpolver	Wasserstoffbombe	Wasserstoffbomb
Waschschüssel	Wäschkump	Wasserstrahl	Gitsch, Gutsch
Waschstraße	Wäschstroß	Wasserstrahl	Wasserstrohl
Waschtag	Wäschdag	Wasserstraße	Wasserstroß
Waschtisch	Wäschdesch	Wassersuppe	Wasserzupp
Waschwanne	Wäschbüdd	Wassertreten	Wassertredde
Waschweib	Wäschwiev	Wassertropfen	Wasserdroppe
Waschzettel	Wäschzeddel	Wasservogel	Wasservugel
Waschzeug	Wäschzeug/~züg	Wasservorrat	Wasservürrod/~vör~
Wasserbad	Wasserbadd	Wasserwaage	Wasserwoog
Wasserbecken	Wasserbecke	Wasserweg	Wasserwäg
Wasserbett	Wasserbedd	Wasserwelle	Wasserwell
Wasserbombe	Wasserbomb	Wasserwerfer	Wasserwerfer/~wirf~
Wasserdampf	Wasserdamf/~damp	Wasserzeichen	Wasserzeiche
wasserdicht	wasserdeech	waten	wate
Wassereimer	Wasseremmer	watscheln	watschele
Wasserfall	Wasserfall	watschen	watsche
Wasserfarbe	Wasserfärv	Watte	Watt
Wasserflasche	Wasserfläsch	weben	wevve
Wassergraben	Wassergrave	Weberknecht	Schnieder[2]
Wasserguss	Gutsch	Weberschiffchen	Weberscheffche
Wasserhahn	Krane, Hahn	Webfehler	Webfähler
Wasserhuhn	Duckhöhnche, Luuschhohn	Webgarn	Webgaan
Wasserkopf	Wasserkopp	Webkante	Webkant
Wasserkraftwerk	Wasserkraffwerk	Webstuhl	Webstohl
Wasserkrug	Wasserkrog	Wechsel	Wähßel
Wasserkühlung	Wasserkühlung/~köhl~	Wechselbad	Wähßelbadd
Wasserleiche	Wasserleich	Wechselgeld	Wähßelgeld
Wasserleitung	Wasserleidung	wechselhaft	unbeständig
Wassermelone	Wassermelon	Wechseljahre	Wähßeljohre
Wassermühle	Wassermüll	wechseln	wähßele, ömspringe
wässern	wässere	Wechselschritt	Wähßelschredd
Wasserpflanze	Wasserflanz/~planz	Wechselspiel	Wähßelspill
Wasserpistole	Wasserpistol	Wechselstrom	Wähßelstrom
Wasserrad	Wasserradd	Weck	Wegg
Wasserratte	Wasserratt	Weckchen	Weggche
Wasserrohr	Wasserrühr/~röhr	Weckdienst	Weckdeens
Wasserschaden	Wasserschade	wecken	wecke, opröhre/~rühre, aanreize; *wach maache*
Wasserspiegel	Wasserspeegel		
Wasserspülung	Wasserspölung	Wecken	Wegg
Wasserstand	Pegelstand	Weckglas®	Weckglas®
Wasserstelle	Wasserstell	Weckmann	Weggemann

Weckring	Weckring	weglaufen	fottlaufe; stefte/tirre/stäuve/kaaschte/laufe gonn; sich durch de Kood maache; sich us dem Stöbb maache
Weckruf	Weckrof		
weg	fott, foutu/futü, loss[2], perdu		
Weg	Wäg		
wegblasen	fottblose	weglegen	fottläge, ~dun
wegbleiben	fottblieve	weglocken	fottlocke
wegbrechen	avbreche	wegmachen	fottmaache
wegbringen	fottbränge, ~föhre/~führe	Wegmalve	Katzekische
wegdrängen	fottdränge	wegmüssen	fottmüsse, ~solle
wegdrehen	fottdrihe, avdrihe	wegnehmen	fottnemme, mopse, avnemme, ~kläue, ~trecke, ~hevve, ~zweige, aaneigne, usspanne
wegdrücken	avdröcke		
wegdürfen	fottdörfe/~dürfe, ~künne, ~solle		
Wegebiegung	Kehr/Kihr	wegoperieren	fottoperiere/~eere
wegen	wäge[3]	wegpacken	fottpacke
wegessen	fottesse	wegputzen	fottputze
wegfahren	fottfahre, avläge	wegradieren	fottradiere/~eere
wegfallen	fottfalle, ~blieve	wegrasen	avbrause[1]/~bruuse[1], fottlaufe, ~renne
wegfegen	fottfäge	wegrasieren	fottrasiere/~eere
wegfliegen	fottfleege	wegräumen	fottrüüme, avrüüme, oprüüme
wegflitschen	fottflitsche	wegreißen	fottrieße
wegfressen	fottfresse	wegreiten	fottrigge
wegführen	fottföhre/~führe	wegrennen	fottrenne, avsocke
weggeben	fottgevve	wegrollen	fottrolle
weggehen	fottgonn, scheide, avdanze, ~drieße, ~haue, ~schiebe, verlooße[1]	wegrücken	fottröcke
		wegrutschen	fottrötsche
weggießen	fottgeeße, ~schödde, ~kippe	wegsacken	fottsacke
weggucken	fottluure/~loore	wegsaufen	fottsuffe
weghaben	fotthan	wegschaffen	fottschaffe
weghalten	fotthalde	wegschauen	fottluure/~loore
weghängen	fotthänge	wegscheren	fottschere/~scherre, schere[2]/scherre[2]
wegholen	fottholle	wegschicken	fottschecke
weghören	fotthüre/~höre	wegschieben	fottdäue, avröcke
wegjagen	fottjage, wippe[1]	wegschießen	fottscheeße
wegkehren	fottkehre/~kerre	wegschleichen	fottschleiche/~schliche, ~fusche
wegkippen	fottkippe	wegschlendern	avdötze
wegkommen	fottkumme	wegschleppen	fottschleife
wegkönnen	fottkünne	wegschleudern	fottschleudere
wegkratzen	fottkratze	wegschließen	fottschleeße, avschleeße
wegkriechen	fottkruffe	wegschmeißen	fottschmieße
wegkriegen	fottkrige	wegschmelzen	fottdüüe, avdüüe
weglassen	fottlooße	wegschnappen	fottschnappe
		wegschneiden	fottschnigge

wegschubsen

wegschubsen	fottdäue, ~stüsse	Weiberfastnacht	Wieverfastelovend
wegschütten	fottschödde, ~kippe	weich	weich, mangs, meld/mild, muggelig², fluuschig, wöllig
wegschwimmen	fottschwemme		
wegsehen	fottsinn, ~luure/~loore	Weiche	Weich
wegsetzen	fottsetze	Weichei	Memm, Schlurfes
wegsollen	fottsolle	weichen	weiche¹, weiche²/wiche
wegspringen	fottspringe	Weichensteller	Weichesteller
wegspülen	fottspöle	weichherzig	weichhätzig, meld/mild
wegstecken	fottsteche, ~dun	Weichspüler	Weichspöler
wegstehlen	fottstelle²	Weichspülmittel	Weichspölmeddel
wegstellen	fottstelle¹	Weide	Wigg¹/Weid, Wigg², Wiggebaum
wegsterben	fottsterve/~stirve	Weideland	Koppel²
wegstibitzen	avkläue	weiden	weide/wigge²
wegstoßen	fottstuppe, ~stüsse	Weiden (Ortsteil)	Wigg³
wegstreichen	fottstriche, usstriche	Weidenbaum	Wiggebaum, Wigg²
wegtauen	fottdüüe	Weidencenter	Wiggecenter
wegtragen	fottdrage	Weidengasse	Wiggegass
wegtreiben	fottdrieve	Weidenkätzchen	Maikätzche
wegtreten	fotttredde	Weidenkorb	Wiggekorv
wegtrinken	fottdrinke	Weidenröschen	Wiggerüsche; Maria Beddströh
wegtun	fottdun	Weidenrute	Jutsch
wegwaschen	fottwäsche	weidgerecht	weidgerääch
wegwerfen	fottwerfe/~wirfe	weigern	weigere, avlähne, oplähne
wegwischen	fottwäsche	Weihe	Weih
wegwollen	fottwelle/~wolle	weihen	weihe, ensähne
wegzaubern	fottzaubere	Weiher	Weiher
wegziehen	fotttrecke	Weihnachten	Weihnachte
weh	wih	Weihnachtsabend	Helligovend
Wehe	Wih	Weihnachtsbaum	Chressbaum
wehen	wehe, flaastere, fäge	Weihnachtseinkauf	Weihnachtsenkauf
Wehklage	Küüm	Weihnachtsfeier	Weihnachtsfier/~feer
wehklagen	jöömere	Weihnachtsferien	Weihnachtsferie
wehleidig	wihleidig, göözig, pimpelig	Weihnachtsfest	Chressfess
Wehmut	Wihmod	Weihnachtsgeschäft	Weihnachtsgeschäff
wehmütig	wihmödig	Weihnachtsgeschenk	Chresskindche
Wehrdienst	Wehrdeens	Weihnachtskrippe	Weihnachtskrepp
wehren	wehre/werre	Weihnachtslied	Weihnachtsleed
Wehrmacht	Wehrmaach	Weihnachtsmarkt	Weihnachtsmaat
Wehrpflicht	Wehrflich	Weihnachtsplätzchen	Weihnachtsplätzche
wehtun	wihdun	Weihnachtsstern	Weihnachtsstään
Wehwehchen	Wihwihche	Weihnachtstag	Chressdag
Weib	Wiev	Weihnachtszeit	Weihnachtszigg, Chressdagszigg

Weihrauch	Weihrauch	Weintraube	Wingdruuv
Weihwasser	Weihwasser	Weinzwang	Wingzwang
weil	weil, do³, zemol/zo~	Weise	Wies²
Weile	Wiel	weisen	wiese
Wein	Wing¹, Maidrank/~drunk	Weisheit	Weisheit
Weinbauer	Wingbuur/~boor	weismachen	wiesmaache
Weinberg	Wingberg/~birg	weiß	wieß
Weinbergschnecke	Wingbergschneck/~birg~	Weiß	Wieß
Weinbrand	Kognak/Konjak/Cognac	weissagen	prophezeie
weinen	knaatsche, kriesche, quaatsche, bauze	Weißbier	Wießbier
		Weißbrot	Wießbrud
Weinen	Gebälks, Kriesche, Blökerei	Weißdornbeere	Hahnappel
weinerlich	knaatschig, quatschig	weißen	wieße
Weinernte	Lese	Weißgold	Wießgold
Weinessig	Obsessig	Weißhaus	Wießhuus
Weinessig	Wingessig	Weißhausstraße	Wießhuusstroß
Weinfass	Wingfaaß/~fass	Weißkohlsalat	Kappesschlot
Weinflasche	Wingfläsch	Weißwein	Wießwing
Weingegend	Winggägend	weit	wigg; *vun fään²s*
Weingeist	Winggeis, Weingeis	Weite	Wiggde
Weinglas	Wingglas	weiten	wigge¹
Weingummi	Winggummi	weiter	wigger
Weingut	Winggod, Kellerei	weiter!	vöran!
Weinhändler	Winghändler	weiterarbeiten	wiggerarbeide
Weinhaus	Winghuus	weiterbilden	wiggerbelde/~bilde
Weinjahr	Wingjohr	Weiterbildung	Wiggerbildung/~beld~
Weinkarte	Wingkaat	weiterbringen	wiggerbränge, vöraanbränge
Weinkeller	Wingkeller	weiterdürfen	wiggerdörfe/~dürfe, ~künne
Weinkönigin	Wingkünnigin	weiterentwickeln	wiggerentweckele, usbaue, vörangonn
Weinlaub	Winglaub¹/~lauv		
Weinlaube	Winglaub²	weitererzählen	wiggerverzälle
Weinlese	Winglese	weiterfahren	wiggerfahre
Weinlokal	Winglokal	weiterfliegen	wiggerfleege
Weinpresse	Wingpress	weiterführen	wiggerföhre/~führe
Weinprobe	Wingprob	weitergeben	wiggergevve
Weinrebe	Wingreb, Reb	weitergehen	wiggergonn, vöraankumme
weinrot	wingrud	weiterhelfen	wiggerhelfe
Weinschaum	Wingschuum	weiterkämpfen	wiggerkämfe
Weinstein	Wingstein	weiterkommen	wiggerkumme
Weinstock	Wingstock	weiterkönnen	wiggerkünne, ~müsse
Weinstraße	Wingstroß	weiterlaufen	wiggerlaufe
Weinstube	Wingstuvv	weiterleben	wiggerlevve

weiterleiten

weiterleiten	wiggerleite	welchen	denne
weitermachen	wiggermaache, draanhalde, vöranmaache	welcher	der[3]
		welches	dat[4]
weitermarschieren	wiggermarschiere/~eere	welk	welk, lüsch, luusch, schrumpelig
weitermüssen	wiggermüsse	welken	welke
weiterreden	wiggerschwaade	Welle	Well
weiterreichen	wiggerrecke	wellen	welle[3]
weiterreisen	wiggerreise	Wellenbad	Wellebadd
weitersagen	widdersage, wiggersage	Wellenbewegung	Wellebewägung
weiterschicken	wiggerschecke	Wellengang	Wellegang
weiterschieben	wiggerdäue	Wellenreiten	Wellerigge
weiterschlafen	wiggerschlofe	wellig	wellig[2]
weiterschleppen	wiggerschleife	Wellpappe	Wellpapp
weitersehen	wiggersinn	Weltbestzeit	Weltbesszigg
weiterspielen	wiggerspille	weltfremd	weltfremb
weiterspinnen	wiggerspenne	Weltfrieden	Weltfridde
weitertragen	wiggerdrage	Weltkarte	Weltkaat
weitertreiben	wiggerdrieve	Weltkrieg	Weltkreeg
weiterverarbeiten	wiggerverarbeide	Weltkugel	Weltkugel
weiterverbreiten	wiggerverbreide	Weltmacht	Weltmaach
weitervererben	wiggervererve	Weltmarkt	Weltmaat
weiterverfolgen	wiggerverfolge	Weltmeisterschaft	Weltmeisterschaff
Weiterverkauf	Wiggerverkauf	Weltraumschiff	Weltraumscheff
weiterverkaufen	wiggerverkaufe	Weltreich	Weltreich
weitervermieten	wiggervermeede	Weltreise	Weltreis
weitervermitteln	wiggervermeddele	Weltsprache	Weltsproch
weiterverwenden	wiggerverwende	Weltuntergang	Weltungergang/~under~
weiterwandern	wiggerwandere	weltweit	weltwigg
weiterwissen	wiggerwesse	Weltzeit	Weltzigg
weiterwollen	wiggerwelle/~wolle	wem	wäm
weiterziehen	wiggertrecke, vertrecke	wen	wä[1]
weitläufig	wiggläufig	Wende	Wend
weitsichtig	schääl	Wendeltreppe	Wendeltrapp/~trepp
Weizen	Weize	wenden	wende, kehre[2], ömschlage/~schlonn
Weizenbier	Weizebier	Wenden	Kehr/Kihr
Weizenbrot	Weizebrud	Wendepunkt	Meilestein
Weizenfeld	Weizefeld	wendig	beweglich, gescheck
Weizenkeim	Weizekiem	Wendung	Kehr/Kihr, Ömschwung
Weizenkorn	Weizekoon	wenig	winnig[1+2], bessche
Weizenmehl	Weizemähl	weniger	winniger
welche	die[3]	wenigstens	winnigstens
welchem	däm	wenn	wann[2]

wer	wä[1+2]	Westindien	Wessindie
Werbekampagne	Reklamefeldzog	Westwind	Wesswind
Werbemittel	Werbemeddel	weswegen	weswäge
werben	werve/wirve	Wette	Wedd
Werbespruch	Werbesproch	Wetteifer	Weddiefer
Werbetext	Werbetex	wetteifern	weddeifere
Werbungskosten	Werbungskoste	wetten	wedde
Werdegang	Werdegang	Wetter	Wedder
werden	weede[1+2]/wääde[1+2]	Wetterchen	Wedderche
werfen	werfe/wirfe, feuere, klatsche, schleudere, schmacke, schmieße	Wetterdienst	Wedderdeens
		Wettergott	Weddergodd
Werft	Werf	Wetterhahn	Wedderhahn
Werftarbeiter	Werfarbeider	Wetterhäuschen	Wedderhüüsche
Werkarzt	Werksaaz	Wetterkarte	Wedderkaat
Werkhalle	Werkshall	Wetterleuchten	Wedderleuchte
Werkstatt	Werkstatt	Wetterregel	Wedderregel/~rägel
Werkstück	Werkstöck	Wettfahrt	Weddfahrt
Werktag	Werkdag	Wettkampf	Weddkamf
werktags	werkdags	Wettkämpfer	Weddkämfer
Werkzeug	Werkzeug/~züg	Wettlauf	Weddlauf
Werkzeugkasten	Werkzeugkaste/~züg~	Wettrennen	Weddrenne
Werner	Neres	Wettrüsten	Weddröste
wert	wäät	Wettstreit	Weddstrigg
Wert	Wäät	wetzen	wetze
Wertarbeit	Wertarbeid, Qualitätsarbeid	wibbelig	wibbelig
Wertbrief	Wertbreef	Wichsbürste	Wichsböösch
werten	werte	Wichse	Wichs
Wertsache	Wertsaach	wichsen	wichse
Wesen	Wese	Wicht	Weech, Zebingemann
Wespennest	Wespeness	wichtig	wichtig, ääns
Wespenstich	Wespestech	wichtig machen	*sich ene Däu aandun*
Westafrika	Wessafrika	Wichtigkeit	Belang
Westberlin	Wessberlin	Wichtigtuer	Seiverlappe, Schwaadlappe, Schwaadschnüss
westdeutsch	wessdeutsch		
Weste	Wess	wichtig tun	opspille
Westen	Weste	Wicke	Wecke
Westentasche	Westetäsch	Wickel	Weckel
Western	Weldwessfilm/Wild~	Wickelkind	Weckelkind, Weckelditzche, Ditz[1]
Westeuropa	Wesseuropa	Wickelkleid	Weckelkleid
westeuropäisch	wesseuropäisch	Wickelkommode	Weckelkommod
Westfale	Wessfale	wickeln	weckele
Westfalen	Wessfale	Wickelrock	Weckelrock

Wickeltisch

Wickeltisch	Weckeldesch	wiedergewinnen	widdergewenne
Widder	Rammbock	wiedergrüßen	widdergröße
wider	widder[2]	wiederhaben	widderhan
widerborstig	widderbööschtig, krabitzig, frack, widderspenstig	wiederholen	widderholle[1+2], nohdrihe
		wiederkäuen	wiederkäue
widerfahren	zostüsse	Wiederkäuer	Widderkäuer
Widerhaken	Widderhoke	Wiederkaufsrecht	Röckkaufsrääch
Widerhall	Widderhall	wiederkommen	widderkumme
widerhallen	widderhalle	wiederkriegen	widderkrige
widerklingen	widderklinge, ~halle	wiedersehen	widdersinn
widerlegen	widderläge	Wiedersehen	Widdersinn
widerlich	widderlich, biestig	Wiege	Weeg, Heia
Widerling	Freese, Frackstöck; *fiese Mömmes/Möpp*	wiegen	weege[1], weege[2]/wooge
		Wiegenlied	Weegeleed
widerrufen	widderrofe	wienern	wienere
widersetzen	widdersetze, sträube, trotze	Wiesbaden	Wissbade
widerspenstig	widderspenstig, krottig	Wiese	Wies[1]/Wis
widerspiegeln	widderspeegele, speegele	Wiese	Wis/Wies[1]
widersprechen	widderspreche, mokiere/~eere, zeröckwiese/zo~	Wiesel	Wisel
		wieselig	wiselig
Widerspruch	Widdersproch	wieseln	wisele
widersprüchlich	zwiespäldig	Wiesengrille	Höpperling
Widerstand	Widderstand	wieso	wiesu
widerstandsfähig	beständig, fried, kräftig	wievielt	wievillt
widerstehen	widderstonn	wihdun	schmerze
widerwärtig	äk(e)lig, gatz, misslich	wihdun	schmerze
Widerwärtigkeit	Ungemach	wild	weld/wild, rösig/ros~, wös; *der Düüvel em Liev han*
Widerwille	Widderwelle		
widerwillig	widderwellig, unwellig	Wild	Weld/Wild
Widerwort	Widderwood	Wildente	Weldent/Wild~
widrig	widdrig	wilder Wein	welde Wing
wie	wie[1+2]	Wilderer	Ströpper
Wiedehopf	Stinkhuppet	wildern	weldere/wildere
wieder	widder[1]; *am laufende Band*[1]	WilderWesten	Wildwess/Weld~
wiederbekommen	widderkrige	Wildfang	Weldfang/Wild~, Rölzche, Fäger
wiederbringen	widder~, öm~, zoröck~/zeröckbränge	wildfremd	weldfremb/wild~
wiedererhalten	widderhan	Wildhüter	Weldhöder/Wild~
wiedererkennen	widdererkenne	Wildkaninchen	Weldkning/Wild~
wiedererzählen	widderverzälle	Wildkatze	Weldkatz/Wild~
wiederfinden	widderfinge	Wildleder	Weldledder/Wild~
wiedergeben	widdergevve	Wildnis	WeldnisWild~
wiedergeboren	widdergebore	Wildpferd	Weldpääd/Wild~

Wildsau	Weldsau/Wild~	Winter	Winter
Wildschweine	Schwatzwild/~weld	Winteranfang	Winteraanfang
Wildwechsel	Weldwähßel/Wild~	Winterapfel	Winterappel
Wildwest	Weldwess/Wild~	Wintergarten	Wintergaade
Wildwestfilm	Weldwessfilm/Wild~	Winterhalbjahr	Winterhalvjohr
Wilhelm	Willem, Wellem, Will/Willi	Winterlandschaft	Winterlandschaff
Wille	Welle	Winterluft	Winterluff
willens sein	*gewellt sin*	Winterpause	Winterpaus
Willi	Will/Willi, Willem	Winterreifen	Winterreife
willig	wellig[1]	Wintersachen	Wintersaache
willkommen	wellkumme	Winterschlaf	Winterschlof
Willkür	Wellkür	Winterwetter	Winterwedder
willkürlich	wellkürlich	Winterzeit	Winterzigg
wimmeln	wimmele	winzig	winzig, futze[2], klitze(klein)
Wind	Wind[1]	Wippe	Wipp[2]
Windbeutel	Windbüggel, Fleegefänger, Schnokefänger	wippen	wippe[2]
		Wippsterz	Wippstätz
Winde	Wind[2], Wing[2]	wir	mir[1], mer[1]
Windel	Windel	Wirbel	Wirvel, Wirbelknoche
windelweich	windelweich	Wirbelknochen	Wirbelknoche
winden	winde/winge	wirbeln	wirvele, tirvele
Windhund	Windhungk	Wirbelsäule	Rögggrat
windig	windig	Wirbelsturm	Wirbelstorm/~sturm
Windjacke	Windjack	Wirbeltier	Wirbeldier
Windkraft	Windkraff	wirken	wirke
Windlicht	Windleech	wirklich	wirklich[1+2], eigentlich[1], ungeloge; en ech
Windmühle	Windmüll		
Windpocken	Windpocke	Wirkware	Maschewar
Windrad	Windradd	wirr	kareet, zöbbelig
Windrädchen	Windräddche	Wirsing	Schavu
Windrose	Windrus	Wirt	Weet
windschief	windscheiv	Wirtin	Weetsfrau
Windschutzscheibe	Windschotzschiev	Wirtschaft	Weetschaff
Windspiel	Windspill	wirtschaften	weetschafte
windstill	windstell	Wirtschaftstheke	Weetschaffsthek
Windzug	Windzog	Wirtshaus	Weetshuus
Winkel	Winkel	Wirtsleute	Weetslück
Winkeleisen	Winkelieser	Wischtuch	Plagge
Winkelmaß	Winkelmoß	wispern	fispele
winken	winke	wissen	wesse
Winselei	Winselei	Wissen	Wesse
winseln	winsele, junkere	Wissenschaft	Wesseschaff

Wissenschaftler

Wissenschaftler	Wesseschaftler	wohlschmeckend	lecker
wittern	wittere	Wohlwollen	Godheit
Witwe	Witfrau	Wohnblock	Meedskasään
Witwer	Witmann	wohnen	wonne
Witz	Wetz	Wohngeld	Wonngeld
Witzblatt	Wetzbladd	Wohnhaus	Wonnhuus
Witzbold	Wetzbold	Wohnheim	Wonnheim
Witzfigur	Wetzfigur	Wohnküche	Wonnköch
witzig	wetzig, gelunge	Wohnmobil	Wonnmobil
wo	wo	Wohnsitz	Wonnsetz
woanders	woanders	Wohnung	Wonnung, Heim
woandersher	woandersher	Wohnungsamt	Wonnungsamp
woandershin	woandershin, woandersher	Wohnungsmarkt	Wonnungsmaat
wobei	wobei	Wohnungsschlüssel	Wonnungsschlössel
Woche	Woch	Wohnungstür	Wonnungsdür/~dör
Wochenarbeitszeit	Woche(n)arbeidszigg	Wohnviertel	Wonnveedel
Wochenbett	Wochebedd	Wohnwagen	Wonnwage
Wochenblatt	Wochebladd	Wohnzimmer	Wonnzemmer
Wochenende	Woche(n)eng/~engk	wölben	spanne
Wochenendhaus	Woche(n)endhuus	wölben	wölve
Wochenkarte	Wochekaat	Wolf	Wolf
wochenlang	wochelang	Wolfsspinne	Wolfsspenn
Wochenlohn	Wocheluhn/~lohn	Wolga	Wolga
Wochenmarkt	Wochemaat	Wolgograd	Wolgograd
Wochentag	Woche(n)dag	Wolke	Wolk
wochentags	woche(n)dags	Wolkenbruch	Wolkebroch
wochenweise	wochewies	Wolkendecke	Wolkedeck
wodran	wodran	Wolkenwand	Wolkewand
wodurch	wodurch	wolkig	wolkig
wofür	wofför	Wolldecke	Wolldeck
wogegen	wogäge	Wolle	Woll
woher	woher, wovundänns	wollen	welle^{1+2}/wolle^{1+2}
woherum	woeröm	wollen (aus Wolle)	wölle
wohin	wohin, woher	Wollfaden	Wollfaddem
wohinein	woeren, wodren	Wollflöckchen	Wöllche, Flümm, Plümm
wohinter	wohinger	wollig	wöllig, wölle
wohinunter	woerunder, woerav	Wolllaus	Wollluus
wohl	wall	Wollmaus	Wollmuus, Wöllche
Wohlergehen	Heil	Wollsachen	Wollsaache
wohlerzogen	aadig, geschleffe, manierlich	Wollsiegel	Wollsiegel
wohlgeformt	fazünglich	Wollsocke	Wollsock
wohlhabend sein	*jet an de Föß han; gesalv sin*	wollüstig	rösig/ros~

Wurstsalat

womit	womet	Wunde	Wund, Schrom
womöglich	womöglich	Wunderkerze	Wunderkääz
wonach	wonoh	Wundermittel	Wundermeddel
woneben	wonevve	wundern	wundere
Wonnemonat	Wonnemond	Wundertüte	Wundertüt
woran	woran, wodran	Wundmal	Wundmol
worauf	wodrop	Wundnaht	Wundnoht
woraufhin	wodrophin	Wundsalbe	Wundsalv
woraus	wodrus	wundscheuern	schööre/schüüre
worin	woren	Wunsch	Wunsch
Wort	Wood[1+2]	Wunschdenken	Wunschdenke
Wortart	Woodaat	wünschen	wünsche
Wörterbuch	Wörterboch	Wunschkonzert	Wunschkonzäät
wortkarg	einkennig, verschweege, ~schlosse	Wunschliste	Wunschzeddel
Wortstamm	Woodstamm	Wunschtraum	Wunschdraum
Wortstreit	Geknäbbels	Wunschzettel	Wunschzeddel
Wortstreiterei	Käbbelei	würdigen	würdige, aanerkenne
Wortwechsel	Krakeel/Krakial, Geknäbbels	Wurf	Wurf/Worf
worüber	worüvver, wodrüvver	Würfel	Würfel/Wörfel
worum	woröm, wodröm	würfeln	würfele/wörfele, döbbele
worunter	worunger	Würfelspiel	Würfelspill/Wörfel~
wovon	wovun	Würfelzucker	Klümpcheszucker
wovor	wovür/~vör	Wurfscheibe	Wurfschiev/Worf~
wozu	woför, wobei	Würgegriff	Würgegreff
wozwischen	wozwesche	Würgemal	Würgemol
Wrack	Frack[3]	würgen	würge
wringen	fringe	Wurm	Wurm
wuchern	wuchere	wurmen	wurme
Wuchs	Wahß[2]	Wurmmittel	Wurmmeddel
Wucht	Wuch	wurmstichig	wurmstechig
wuchten	wuchte	Wurst	Woosch
wuchtig	platschig	Wurstbrot	Wooschbotteramm
Wühlarbeit	Braselei/Braselerei	Würstchen	Wööschche
wühlen	wöhle, frickele, frößele, krose, matsche, mölsche	Würstchenbude	Wööschchensbud
		Würstchenstand	Wööschchensbud
Wühler	Wöhles	Wurstelei	Wooschtelei, Gewooschtels, Gefrickels, Frickelei
Wühlerei	Wöhlerei		
Wühlmaus	Wöhlmuus	wursteln	wooschtele, frickele, frößele
Wühltisch	Wöhldesch	wursten	wooschte
Wulst	Wols	Wurstfinger	Wooschfinger
wulstig	wolstig	Wurstpelle	Wooschpell
wund liegen	durchlige	Wurstsalat	Wooschschlot

Wurstsuppe

Wurstsuppe	Wooschzupp	Zack	Zack
Wurstzipfel	Wooschzibbel	Zacke(n)	Zacke, Zant
Wurzel	Woozel, Sößholz	zackig	zackig
Wurzelbürste	Woozelsböösch	zaghaft	zögerlich
wurzeln	woozele	zäh	zih, fried, tätschig
Wurzelziehen	Woozeltrecke	zähflüssig	zihflössig/~flüss~
würzen	wööze	Zahl	Zahl, Nummer
würzig	wöözig, hätzhaff	zahlen	bleche[1], bezahle, aanläge
Wuschel	Wuschel	zählen	zälle
wuschelig	wuschelig	Zahlenfolge	Zahle(n)folg
wuseln	brasele	Zahlengedächtnis	Zahlegedächnis
wüst	wös	zahlenmäßig	zahlemäßig
Wut	Wod, Rage, Roches	Zahlenreihe	Zahlereih
Wutanfall	Wodaanfall	Zahlkarte	Zahlkaat
Wutausbruch	Wodusbroch	zahllos	unzällig
wüten	wöde	zahlreich	unzählig
wütend	wödig, rösig/rosig, opgebraht	Zahlstelle	Zahlstell
Wüterich	*wödig Pissmännche*	Zahltag	Zahldag
		Zahlwort	Zahlwood
		zahm	zahm
		zähmen	zähme, kirre
		Zahn	Zant
X		Zahnarzt	Zahnaaz
		Zahnarztstuhl	Zahnaazstohl
x-Achse	x-Achs	Zahnbett	Zahnbedd
X-Beine	X-Bein	Zahnbürste	Zahnböösch
x-mal	x-mol	zahnen	zahne, *Zäng krige*
Xanthippe	Xanthipp	Zahnfleisch	Beldere
		Zahnfleischbluten	Zahnfleischblode
		Zahnfleischentzündung	Zahnfleischentzündung
		Zahnfüllung	Zahnföllung/~füll~
Y		Zahnkrone	Zahnkrun, Krun
		Zahnpulver	Zahnpolver
Y-Achse	Y-Achs	Zahnputzbecher	Zahnputzbecher
Yacht (heute: Jacht)	Yach (Jach)	Zahnrad	Zahnradd
		Zahnradbahn	Zahnraddbahn
		Zahnschmerzen	Zamping/Zantping
		Zahnseide	Zahnsigg
		Zahnspange	Zahnspang
Z		Zahnspiegel	Zahnspeegel
		Zahnwurzel	Zahnwoozel
Zacharias	Zacheies	Zange	Zang
Zachäus, Zacheies	Zacheies		

Zangenentbindung	Zangegeboot/~geburt	Zauberkünstler	Zauberkünsler
Zangengeburt	Zangegeboot/~geburt	Zauberkunststück	Zauberkunsstöck
Zangengriff	Zangegreff	Zaubermittel	Zaubermeddel
Zank	Zänk, Knies[2], Krakeel/Krakiel, Öschel	zaubern	zaubere, hexe
		Zauberspruch	Zaubersproch
Zankapfel	Zänkappel	Zauberstab	Zauberstab/~stav
zanken	zänke, fäge, käbbele, knäbbele, öschele, naggele, vexiere/~eere, strigge	Zaubertrank	Zauberboch
		Zaubertrick	Zauberkunsstöck
		Zauberwort	Zauberwood
Zänker	Naggeler	Zauberwurzel	Zauberwoozel
Zankerei	Zänkerei, Geöschel(s), Knäbbelei, Naggelei, Nitscherei, Gezänks, Käbbelei	Zauderei	Getrendels
		Zauderer	Quaggeler
zänkisch	zänkisch, krabitzig, kradig, kratzbööschtig	zaudern	fackele, quaggele, tüddele/tüttele, tüntele
		Zaum	Zaum
Zäpfchen	Zäppche	zäumen	zäume
Zäpfchen-R	Zäppche-R	Zaun	Zung[2], Zaun
zapfen	zappe	Zaungast	Zaungass/Zung~
Zapfen	Zappe, Piniezappe	Zaungrasmücke	Heggetaatsch
Zapfenstreich	Zappestreich	Zaunwinde	Pisspott
Zapfer	Zappes[1]	Zebrastreifen	Zebrastriefe/~streife
Zapfhahn	Zapphahn, Zappes[3], Krane	Zechbruder	Zechbroder
Zapfraum	Zappes[2]	zechen	pichele, teute
Zapfsäule	Zappsüül, Tanksüül	Zechkumpan	Suffpatron
Zapfstelle	Zappstell	Zechtour	Sufftour
zappelig	zabbelig, wibbelig, ziddereg	Zecke	Zeck
zappeln	zabbele, sprattele, wibbele	Zeh(e)	Zih
Zappeln	Gesprattels	Zehennagel	Zihenähl
Zappelphilipp	Wibbelstätz, Wibbel	Zehenspitze	Zihespetz
zappenduster	zappe(n)düster/~duster	zehn	zehn
Zarenherrschaft	Zare(n)herrschaff	Zehn-Liter-Fässchen Kölsch	Pittermännche
Zarenreich	Zarerich	Zehnagel	Zihenähl
Zarge	Zarg	Zehncentstück	Zehncentstöck
zart	zaat, meld/mild, muggelig[2], fiselig	Zehnerkarte	Zehnerkaat
zartbitter	zaatbetter	Zehnerstelle	Zehnerstell
Zartgefühl	Zaatgeföhl	Zehneuroschein	Zehneurosching
zartgliedrig	zaatgliddereg	Zehnjahresfeier	Zehnjohresfier/~feer
Zauber	Reiz	Zehnjahresplan	Zehnjohresplan
Zauberflöte	Zauberfleut	zehnjährig	zehnjährig
zauberhaft	zauberhaff	Zehnkampf	Zehnkamf
Zauberkasten	Zauberkaste	Zehnkämpfer	Zehnkämfer
Zauberkraft	Zauberkraff	zehnmal	zehnmal
Zauberkunst	Zauberkuns		

zehntausend

zehntausend	zehntausend	Zeitungsverkäufer	Zeidungsverkäufer
zehnteilig	zehndeilig	Zeitunterschied	Ziggungerschied/~scheed
Zehntelsekunde	Zehntelsekund	Zeitverlust	Ziggverloss
zehren	zehre	Zeitverschwendung	Ziggverschwendung
Zeichen	Zeiche	zeitweilig	metzigge, *met Zigge*
Zeichenbrett	Zeichebredd	zeitweise	metzigge, *met Zigge*
Zeichenheft	Zeiche(n)heff	zelebrieren	zelebriere/~eere
Zeichenkohle	Zeichekoll	Zelle	Zell
Zeichenschutz	Zeicheschotz	Zellkern	Zellkään
Zeichensprache	Zeichesproch	Zellstoffwechsel	Zellstoffwähßel
Zeichenstift	Zeichesteff	Zellteilung	Zelldeilung
Zeichenstunde	Zeichestund	Zeltdach	Zeltdaach
Zeichentrickfilm	Zeichetrickfilm	zelten	zelte
Zeichenunterricht	Zeiche(n)ungerrich/~reech	Zeltleinwand	Zeltlingwand
Zeichenunterricht	Zeichestund	Zeltmast	Zeltmass, Zeltstang
Zeichenvorlage	Zeiche(n)vörlag/~vür~	Zeltplane	Zeltplan
zeichnen	zeichne	Zeltplatz	Zeltplaatz
zeigen	zeige, bewiese	Zeltstange	Zeltstang
Zeiger	Zeiger	Zementboden	Zementboddem
Zeile	Zeil	zementieren	zementiere/~eere
Zeilenabstand	Zeile(n)avstand	Zementröhre	Zementrühr/~röhr
Zeisig	Ziesche	Zentimetermaß	Zentimetermoß
Zeit	Zigg	Zentner	Zentner
Zeitabschnitt	Spann¹	Zentnerlast	Päädslass
Zeitalter	Zeitalder	zentnerweise	zentnerwies
Zeitarbeit	Zeitarbeid	Zentralstelle	Zentralstell
Zeitaufwand	Zeitopwand	Zentrifugalkraft	Zentrifugalkraff, Schwungkraff
Zeitgeist	Zeitgeis	Zentrifuge	Zentrifug
zeitgemäß	zigggemäß, fortschreddlich	Zentrum	Stadtmedde, Stadtkään
zeitgerecht	zigggerääch	zerbeißen	zerbieße
zeitgleich	ziggglich	zerbomben	zerbombe
zeitig	ziggig, fröh¹	zerbrechen	zerbreche, kapoddmaache, knacke, knackse; *en de Bröch gonn; kapodd gonn*
Zeitkarte	Zeitkaat		
zeitlebens	zigglevvens		
Zeitlupe	Zeitlup	Zerbrechen	Broch¹
Zeittakt	Zeittak	zerbrochen	zerschlage²
Zeitung	Zeidung, Bladd	zerbröckeln	zerbröckele
Zeitungsanzeige	Zeidungsaanzeig	zerdrücken	zerdröcke, knuutsche
Zeitungsausschnitt	Zeidungsusschnedd	zerfallen	zerfalle
Zeitungsente	Zeidungsent	zerfasern	riffele
Zeitungskiosk	Zeidungsbüdche	zerfetzen	zerfetze
Zeitungsnotiz	Zeidungsnotiz	zerfetzt	fludderig

ziehen

zerfleddern	zerfleddere	zerstören	zerstüre/~störe, ~schlage[1]/~schlonn, durchhaue, verderve/~dirve; *kapodd maache*
zerfleischen	zerfleische		
zerfressen	zerfresse	zerstört	verdorve
zergehen	zergonn	zerstört sein	*em/am Aasch sin; kapodd sin*
zerhacken	zerhacke, haggele	zerstreiten	zerstrigge
zerkauen	zerkäue	Zerstreuung	*Divertissementche*
zerkleinern	zerkleinere, ~bröckele, ~grümmele/~grömmele, schrote	zerstritten	uneinig
		zerstückeln	zerkleinere
zerknautschen	zer~, vermölsche	zerteilen	zerdeile
zerknirscht	zerknirsch	zertrampeln	zertrampele
zerknittern	verknuutsche, ~knügele, ~krünkele	zertreten	zertredde
zerkratzen	zerkratze	zertrümmern	zertrümmere/~trömmere
zerkrümeln	zergrümmele/~grömmele	zerwühlen	verwöhle
zerlegen	zerläge	zerzausen	wuschele
zerlumpt	fludderig, fubbelig, pluutig	zerzaust sein	*ussinn wie e zerresse Sofa*
zermahlen	mölme, zermölme	Zettel	Zeddel
zermalmen	zermalme, ~mölme, mölme	Zettelbox	Zeddelskess
zermanschen	zermatsche	Zettelkiste	Zeddelskess
zermatschen	zermatsche	Zettelkram	Zeddelskrom
zermürben	oprieve	Zettelwirtschaft	Zeddelskrom
zerpflücken	zerplöcke	Zeug	Zeug, Krom
zerplatzen	zerspringe	Zeuge	Zeuge
zerquetschen	zerquetsche	zeugen	zeuge[1+2]
zerreiben	zerrieve, mölme	Zeugin	Zeugin
zerreißen	zerrieße, durchrieße, avrieße	Zeugnis	Zeugnis
zerren	zerre, roppe	Zeugnisnote	Not
zerrissen	fubbelig, fludderig	Zeugungsakt	Zeugungsak
Zerrspiegel	Zerrspeegel	Zicke	Geiß
zerrütten	zerrödde	Zickzackschere	Zickzackschir
zersägen	zersäge, durchsäge	Zieche	Zeech
zerschlagen	zerschlage[1+2]/~schlonn	Ziege	Hipp
zerschleißen	avrieße	Ziegel	Ziegel, Pann[1]
zerschmeißen	zerschmieße	Ziegeldach	Ziegeldaach
zerschneiden	zerschnigge, haggele	Ziegelei	Ziegelei
zerschnippeln	zerschnibbele	Ziegelstein	Ziegelstein, Backstein
zersetzen	zersetze, oplüse/~löse	Ziegenbart	Hippe(n)baat
zersplittern	zerspleddere	Ziegenbock	Geißbock
zerspringen	zerspringe, baschte	Ziegenherde	Geiß(t)ehääd
zerstäuben	zerstäuve	Ziegenhirt	Geiß(t)eheet
zerstechen	zersteche	Ziegenpeter	Geißepitter
		ziehen	trecke

Ziehharmonika

Ziehharmonika	Quetsche(n)büggel, Quetschkommod, Quetsch²	Zigeunermusik	Zigeunermusik
Ziel	Ziel, Senn	Zigeunerschnitzel	Zigeunerschnetzel
zielbewusst	zielbewoss, zielsecher	Zigeunersprache	Zigeunersproch
zielen	ziele, aanläge	zigmal	zigmal
Zielfernrohr	Zielfäänrühr/~röhr	zigtausend	zigtausend
Zielgruppe	Zielgrupp	Zilli	Zill/Zilla/Zilli/Zilie
Zielscheibe	Zielschiev	Zimbel	Zimdeckel
zielsicher	zielsicher	Zimmer	Zemmer, Stuvv
Zielsicherheit	Zielsecherheit	Zimmerantenne	Zemmer~, Ennenantenn
Zielsprache	Zielsproch	Zimmerdecke	Zemmerdeck
ziemlich	zemlich¹	Zimmermädchen	Zemmermädche
ziepen	zippe	Zimmermann	Zemmermann
Zier	Zier/Zeer	Zimmernummer	Zemmernummer
Zierband	Volant	Zimmerpflanze	Zemmerflanz/~planz
Zierdecke	Schabrack	Zimmertür	Zemmerdür/~dör
zieren	ziere/zeere, scheue, betun	zimperlich	pimpelig, quiselig, tüntelig
Zierfisch	Zierfesch/Zeer~	Zimperliese	Zimperlis
zierlich	dönn, fing, schmächtig, schmal	Zimt	Kaneel/Kaniel, Zimp
Zierpflanze	Zierflanz/Zeer~/~planz	Zimtapfel	Zimpappel
Zierrat	Zierrot/Zeer~	Zimtstern	Zimpstään
Zierschrift	Zierschreff/Zeer~	Zinksalbe	Zinksalv
Zierstich	Zierstech/Zeer~	Zinkwanne	Zinkbüdd
Zierstrauch	Zierstruch/Zeer~	Zinnfigur	Zinnfigur
Ziffer	Ziffer	Zinngießer	Zinngeeßer
Zifferblatt	Zifferbladd	Zinnkrug	Zinnkrog
zig	zig	Zinnober	Zennober
Zigarettchen	Zizibbche	Zins	Zins
Zigarette	Zigarett, Zarett, Fox, Fipp, Flöpp, Sargnähl	zinsgünstig	zinsgünstig
		Zipfel	Zibbel, Timp
		zipfelig	wibbelig
Zigarettenasche	Zigaretteäsch, Zaretteäsch	Zipfelmütze	Zibbelmötz
Zigarettenpause	Zigarettepaus/~puus, Zarettepaus/~puus	zipfeln	lämpe
		Zirkel	Zirkel
Zigarettenspitze	Zigarettespetz, Zarettespetz	Zirkelkasten	Zirkelkaste
Zigarettenstummel	Kipp¹, Zigarettestummel, Zarettestummel	zirkeln	zirkele
		zirkulieren	zirkeliere/~eere
Zigarre	Zigaar	Zirkuspferd	Zirkuspääd
Zigarrenasche	Zigarreäsch	Zirkusvorstellung	Zirkusvörstellung/~vür~
Zigarrenkiste	Zigarrekess	zirpen	schirpe
Zigarrenspitze	Zigarrespetz	Zirrokumulus	Schöfchewolk
Zigeuner	Zigeuner	Zirrostratus	Schleierwolk
Zigeunerleben	Zigeunerlevve	zischen	zische

Zuarbeiter

Zitadelle	Zitadell	Zoll	Zoll
Zitherspiel	Zitherspill	Zollamt	Zollamp
zitieren	zitiere/~eere	Zollgebiet	Zollgebiet
Zitrone	Zitron	Zollgrenze	Zollgrenz
Zitronenbaum	Zitronebaum	Zollhoheit	Zollhuheit
Zitronenfalter	Bottervugel	Zollkontrolle	Zollkontroll
zitronengelb	zitronegääl	Zollpflicht	Zollflich
Zitronenkuchen	Zitronekoche	zollpflichtig	zollpflichtig
Zitronenlimonade	Zitronelimonad	Zollrecht	Zollrääch
Zitronenpresse	Zitronepress	Zollstation	Zollstell
Zitronensaft	Zitronesaff	Zollstelle	Zollstell
Zitronenschale	Zitroneschal	Zollstock	Zollstock
Zitrusfrucht	Zitrusfrooch/~fruch	Zollstrafrecht	Zollstrofrääch
Zitruspflanze	Zitrusflanz/~planz	Zollstraße	Zollstroß
Zitteraal	Zidderööl	Zone	Zon
Zittergras	Ziddergras	Zonengrenze	Zonegrenz
zittern	ziddere, schloddere, schnaddere, vibriere/~eere	Zoo	Zolonische (Gaade)
		Zoobrücke	Zoobröck
Zittern	Zidder, Schlodder	Zoogeschäft	Zoogeschäff
Zitterpappel	Zidderpappel	Zoologe	Zoolog
zittrig	zidderig, zadderig	zoologisch	zolonisch
Zitze	Zitz	Zoologischer Garten	Zolonische (Gaade)
Zivildienst	Zivildeens	Zootier	Zoodier
Zivilehe	Zivilih	Zopf	Zopp
Zivilgericht	Zivilgereech/~rich	Zopfband	Zoppband
zivilisationsmüde	zivilisationsmöd	Zöpfchen	Zöppche
zivilisieren	zivilisiere/~eere	Zopfmuster	Zoppmuster
zivilisiert	ziviliseet	Zorn	Zoon
Zivilist	Ziviliss	Zornesaufwallung	Hetz[2]
Zivilklage	Zivilklag	zornig	geftig, bletzig, wödig
Zivilprozessordnung	Zivilprozessrääch	Zotte	Zöbbel
Zivilprozessrecht	Zivilprozessrääch	Zottel	Zöbbel, Zoddel, Zubbel[1]
Zivilrecht	Zivilrääch, Privaträäch	Zottelbär	Zoddelbär
Zivilsache	Zivilsaach	zottelig	zöbbelig, zubbelig, strähnig
zockeln	dötze	zotteln	zöbbele, zoddele, zubbele
zocken	zocke	zu	zo[1+2+3+4], ze[1+2+3], bei, noh[1]
Zofe	Zof	zu Ende	us[2]
zögerlich	zögerlich	zu viel werden	üvver de Hotschnor gonn
zögern	zögere, fackele, säume[2]/süüme[2], tüntele	zuallererst	zoallereets/~eesch
		zuallerletzt	zoallerletz
zögernd		zuarbeiten	zoarbeide
Zögling	Zögling	Zuarbeiter	Spannmann

Zubehör

Zubehör	Zobehör/~hür	Zuckerspiegel	Zuckerspeegel
zubeißen	zobieße	Zuckerstange	Zuckerstang
zubekommen	zokrige	zuckersüß	zuckersöß
Zuber	Büdd	zudecken	zodecke
zubinden	zobinge	zudem	zodäm/ze~
zubleiben	zoblieve	zudrehen	zodrihe
zublinzeln	zoblinzele	zudrücken	zodäue, ~dröcke
zubringen	verbränge	zueinander	zoenander/~enein
Zubringer	Zobränger	zuerkennen	beimesse
Zubrot	Zobrud	zuerst	zoeesch/ze~, ~eets/ze~, eesch, eets
zubrüllen	zobrölle/~brülle	zufächeln	zofächele
Zucht	Zuch	Zufahrt	Zofahrt
Zuchtbulle	Zuchbulle	Zufahrtsstraße	Zofahrtsstroß
züchten	züchte	Zufahrtsweg	Zofahrtswäg
Zuchthaus	Zuchhuus	Zufall	Zofall
Zuchthengst	Zuchhengs	zufallen	zofalle
züchtig	züchtig	zufällig	zofällig, wellkürlich
züchtigen	züchtige	zufälligerweise	zofälligerwies
Zuchtmittel	Zuchmeddel	Zufallsbekanntschaft	Zofallsbekanntschaff
Zuchtperle	Zuchpääl	Zufallstreffer	Zofallstreffer
Zuchtstier	Zuchstier/~steer	Zuflucht	Zofluch
Zuchttier	Zuchdier	Zufluchtsort	Zofluchsoot
Züchtung	Zuch	Zufluss	Zofluss/~floss
Zuchtvieh	Zuchveeh/~veech	zuflüstern	zoflöstere/~flüstere
zuckeln	schürge/schürgele	zufrieden	zofridde/ze~, genöglich, glöcklich
zucken	zucke	Zufriedenheit	Zofriddenheit/Ze~, Genöglichkeit, Genögde
zücken	zöcke		
Zuckerbirne	Zuckerbier	zufrieren	zofriere/~freere, veriese
Zuckerbrot	Zuckerbrud	zufügen	aandun, nohläge
Zuckerdose	Zuckerdos	Zufuhr	Zofuhr/~fohr
Zuckererbse	Zuckerääz	zuführen	zoföhre/~führe
Zuckerguss	Zuckergoss/~guss, Goss/Guss[1]	Zug	Zog[1+2]
zuckerhaltig	zuckerhaldig	Zugabe	Beihau
Zuckerhut	Zuckerhot	Zugabteil	Zogavdeil
Zuckerklümpchen	Zuckerklümpche	Zugang	Zogang
Zuckerkuchen	Zuckerkoche	Zugangsstraße	Zogangsstroß
Zuckerplätzchen	Zuckerplätzche	Zugangsweg	Zogangswäg
Zuckerrohr	Zuckerrühr/~röhr	zugeben	zogevve, engestonn
Zuckerrübe	Zuckerknoll	zugedacht	zogedaach
Zuckerrübenbauer	Knollebuur/~boor	zugehen	zogonn
Zuckerrübenschnaps	Knollibrandy	Zugehörigkeitsgefühl	Zogehörigkeitsgeföhl/~gehür~
Zuckerschnuckelchen	Zuckerschnüggelche	zugeknöpft	zogeknöpp

Zügel	Zögel	zuhören	zohüre/~höre, luusche, luustere, höre/hüre
zugelassen	zolässig		
zügeln	beherrsche, bezähme, pariere[1]/~eere[1]; em Zaum halde	Zuhörer	Zohürer/~hör~
Zugereister	Imi	zujubeln	zojubele
zugestehen	aanerkenne, bewellige	zukiffen	zokiffe
Zugewinn	Zogewenn	zuklappen	zoklappe
Zugezogener	Imi, Pimock	zukleben	zoklevve
Zugfeder	Zogfedder	zuknallen	zoknalle
Zugführer	Zogführer/~führ~	zuknöpfen	zoknöppe
zugießen	beigeeße	zuknoten	zoknöddele
zügig	baal, flöck	zukommen	zokumme
Zugkraft	Zogkraff	zukommen lassen	*einem jet zokumme looße*
Zuglast	Zoglass	zukriegen	zokrige
zugleich	zoglich/ze~	Zukunft	Zokunf
Zugleine	Zogling	zukünftig	zokünftig
Zugluft	Zogluff	Zukunftsangst	Zokunfsangs
Zugmaschine	Zogmaschin	Zukunftsaussichten	Zokunfsussichte/~seechte
Zugpferd	Zogpääd	Zukunftsmusik	Zokunfsmusik
zugreifen	zogriefe	zulachen	zolaache
Zugriff	Zogreff, Grapsch	zulangen	zolange
zugrunde	zogrund/ze~	zulassen	zolooße, looße[2], aannemme
zugrundegehen	kapoddgonn	zulässig	zolässig
Zugsalbe	Zogsalv	Zulässigkeit	Zolässigkeit
Zugspitze	Zogspetz	zulaufen	zolaufe
Zugtier	Zogdier	zulegen	zoläge, aannemme
zugucken	zoluure/~loore	zuleide tun	aandun
Zugunglück	Zogunglöck	zuletzt	zoletz/ze~, letz[2]
zugunsten	zegunste/zo~	zuliebe	zoleev/ze~
zugute	zogod/ze~	zum	zom/zem, nohm
Zugvogel	Zogvugel	zumachen	zomaache
Zugzwang	Zogzwang	zumal	zomol/ze~
zuhaben	zohen	zumauern	zomuure/~moore
zuhalten	zohalde	zumindest	zomindes
Zuhälter	Stänz[2]	zumute, zu Mute	zomod/ze~
zuhängen	zohange, verhänge	zumuten	zomode
zuhauen	zohaue	zunageln	zonähle
zuhauf	zohauf/ze~	zunähen	zonihe
Zuhause	Zohus, Heim	zünden	zünde
zuheilen	zoheile	Zündholz	Schwävelche
zuhinterst	zohingersch/ze~	Zündhütchen	Zündhötche
		Zündkerze	Zündkääz
		Zündschlüssel	Zündschlössel

Zündschnur	Zündschnur/~schnor	zureiten	zorigge, aanrigge
Zündverteiler	Zündverdeiler	zurichten	zoreechte/~richte
zunehmen	zonemme, ~läge, aanschwelle¹; deck weede/wääde	zurück	zoröck/ze~, retour, widder¹
		zurückbekommen	zoröckkrige/ze~, widderkrige, widderhan
Zunft	Zunf		
zünftig	zünftig	zurückbiegen	zoröckbeege/ze~
Zunge	Zung¹, Seiverlappe	zurückbleiben	zoröckblieve/ze~
Zungenbein	Zungebein	zurückbringen	zoröckbränge/ze~, ömbränge, ~drage, widderbränge
Zungenbrecher	Zungebrecher		
Zungenspitze	Zungespetz	zurückdenken	zoröckerinnere/ze~/~erennere
Zungenstück	Zungestöck	zurückdrängen	zoröckdäue/ze~
Zungenwurst	Zungewoosch	zurückdrehen	zoröckdrihe/ze~
Zungenwurzel	Zungewoozel	zurückdürfen	zoröckdörfe/ze~/~dürfe
zunichte machen	jet üvver der Haufe werfe/wirfe	zurückerhalten	zoröckkrige/ze~
zunicken	zonicke	zurückerinnern	zoröckerinnere/ze~/~erennere
zupacken	zopacke	zurückfahren	zoröckfahre/ze~, ömfahre¹
zuparken	zoparke	zurückfallen	zoröckfalle/ze~
zupass	zopass/ze~	zurückfinden	zoröckfinge/ze~
zupfen	zuppe	zurückfliegen	ömfleege¹
zuprosten	zopresse	zurückfließen	zoröcklaufe/ze~, ömlaufe¹
zur	zor, bei, bei `t	zurückgeben	zoröckgevve/ze~, ömgevve², widdergevve
zur Seite rücken/gehen	(ene Rötsch) op Sigg gonn		
zurechtbiegen	zoräächbeege/ze~	zurückgeblieben	zoröckgeblevve/ze~
zurechtfinden	zoräächfinge/ze~, durchfinge	zurückgehen	zoröckgonn/ze~, ömgonn¹
zurechtgewiesen werden	en Zigaar krige	zurückgewinnen	zoröckgewenne/ze~, widdergewenne
zurechtkommen	zoräächkumme/ze~, paratkumme	zurückgezogen	zoröckgetrocke/ze~
zurechtlegen	zoräächläge/ze~, paratläge	zurückgreifen	zoröckgriefe/ze~
zurechtmachen	zoräächmaache/ze~, paratmaache, ~knuuve, erusputze	zurückgrüßen	widdergrööße
		zurückhalten	zoröckhalde/ze~, beherrsche, behalde, enhalde; der Duume drophalde
zurechtrücken	zoräächröcke/ze~		
zurechtschneiden	zoräächschnigge/ze~		
zurechtsetzen	zoräächsetze/ze~	zurückhaltend	verschweege
zurechtstellen	zoräächstelle/ze~, stivvele²	zurückhängen	zoröckhänge/ze~
zurechtweisen	zoräächwiese/ze~, aanbälke, aanblaffe, aanblecke¹, aanblöke, aanbrölle/~brülle, aanfahre, aankotze, aanmaache, aanmotze, aanranze, aanschnauze, avdeckele, ~kanzele, ~ranze, aanrotze, luuse; einem eine op der Deckel gevve; eine op der Deckel krige; (einer) fäädig maache; (einem) de Pürk luuse	zurückholen	widderholle²
		zurückkommen	zoröckkumme/ze~, widderkumme, ömkumme
		zurückkriegen	zoröckkrige/ze~, widderkrige
		zurücklassen	hingerlooße, looße¹
		zurücklaufen	zoröcklaufe/ze~, ömlaufe¹
		zurücklegen	zoröckläge/ze~
		zurücklehnen	zoröcklähne/ze~
		zurückliegen	zoröcklige/ze~
zureden	zorede/~redde	zurückliegend	fröher¹

zurückmelden	zoröckmelde/ze~	zusammenbleiben	zosammeblieve/ze~
zurückmüssen	zoröckmüsse/ze~	zusammenbrechen	zosammebreche/ze~,
zurücknehmen	zoröcknemme/ze~, widdernemme		zosammeklappe/ze~
zurückpfeifen	zoröckfleute/ze~	zusammenbringen	zosammebränge/ze~, verkuppele,
zurückrennen	ömrenne		zosammesöke/ze~
zurückrufen	zoröckrofe/ze~, ömrofe	Zusammenbruch	Zosammebroch/Ze~
zurückschauen	zoröckluure/~loore/ze~	zusammendrücken	zosammedäue/ze~, fassdäue
zurückschicken	zoröckschecke/ze~, ömschecke	zusammenfallen	zosammefalle/ze~
zurückschieben	zoröckdäue/ze~	zusammenfalten	zosammefalde/ze~
zurückschlagen	zoröckschlage/ze~/~schlonn	zusammenfassen	zosammefasse/ze~
zurückschneiden	kappe	zusammenfinden	sich op eine Haufe dun
zurückschrecken	avschrecke	zusammenflicken	zosammeflecke/ze~
zurückschwimmen	zoröckschwemme/ze~, ömschwemme	zusammenfließen	zosammefleeße/ze~
		zusammenfügen	zosammesetze/ze~
zurücksetzen	zoröcksetze/ze~	zusammenführen	zosammeföhre/ze~/~führe
zurückspielen	zoröckspille/ze~	zusammengedrängt	deech
zurückspringen	zoröckspringe/ze~	zusammengehören	eine Godd un Pott sin, zosamme(ge)höre/ze~/~hür~
zurückstecken	zoröcksteche/ze~		
zurückstehen	zoröckstonn/ze~	zusammengehörig	zosammegehörig/ze~/~hür~
zurückstoßen	zoröckstüsse/ze~	Zusammengehörigkeit	Zosammegehörigkeit/Ze~/~hür~
zurückstreifen	huhstriefe/~streife, ~sträufe	Zusammengescharrtes	Geschräppels
zurückstufen	zoröckstufe/ze~	Zusammengeschrapptes	Geschräppels
zurücktragen	ömdrage	Zusammenhalt	Zosammehald/Ze~
zurücktreiben	zoröckdrieve/ze~	zusammenhalten	zosammehalde/ze~
zurücktreten	zoröcktredde/ze~, nohgevve, fotttredde	Zusammenhang	Zosammehang/Ze~
		zusammenhängen	zosammehange/ze~
zurückverfolgen	zoröckverfolge/ze~	zusammenhauen	zosammehaue/ze~
zurückverlangen	zoröckverlange/ze~	zusammenheften	zosammehefte/ze~
zurückweichen	zoröckweiche/ze~/~wiche	zusammenklappen	zosammeklappe/ze~, enklappe
zurückweisen	zoröckwiese/ze~, verwahre	zusammenkochen	zosammekoche/ze~, durchenanderkoche, ~eneinkoche
zurückwerfen	zoröckwerfe/ze~/~wirfe		
zurückwollen	zoröckwelle/ze~/~wolle	zusammenkommen	zosammekumme/ze~, zosammesetze/ze~
zurückwünschen	zoröckwünsche/ze~		
zurückzahlen	zoröckbezahle/ze~, avbezahle	zusammenkrachen	zosammekraache/ze~
zurückziehen	zoröcktrecke/ze~	zusammenkratzen	zosammekratze/ze~
zurufen	zorofe, nohrofe	Zusammenkunft	Zosammekunf/Ze~, Treff
zusagen	zosage, behage	zusammenläppern	zosammeläppere/ze~
zusammen	zosamme/ze~, beisamme, ~enein	zusammenleben	zosammelevve/ze~
Zusammenarbeit	Zosamme(n)arbeid/Ze~	Zusammenleben	Zosammelevve/Ze~
zusammenarbeiten	zosammearbeide/ze~	zusammenlegen	zosammeläge/ze~
zusammenballen	knubbele	zusammennehmen	zosammenemme/ze~
zusammenbeißen	zosammebieße/ze~	zusammenpassen	zosammepasse/ze~

zusammenraffen

zusammenraffen	zosammeraafe/ze~, schrabbe	zuschmieren	zoschmiere/~schmeere
zusammenraufen	zosammeraufe/ze~	zuschnappen	zoschnappe
zusammenrechnen	zosammerechne/ze~	zuschneiden	zoschnigge
zusammenreißen	zosammerieße/ze~	Zuschnitt	Zoschnedd
zusammenrollen	zosammerolle/ze~, enrolle	zuschrauben	zoschruuve
zusammenrotten	zosammerotte/ze~	zuschreiben	zoschrieve, aandeechte/~dichte, bei-
zusammenrücken	zosammeröcke/ze~		messe
zusammenscheißen	aanbrölle/~brülle	Zuschrift	Zoschreff
zusammenschlagen	zosammeschlage/ze~/~schlonn; (einer) fäädig maache	Zuschuss	Zoschoss
		zuschustern	zoschustere
zusammensetzen	zosammesetze/ze~	zuschütten	zoschödde, verschödde
zusammensitzen	zosammesetze/ze~	zusehen	zosinn
Zusammenspiel	Zosammespill/Ze~	zusehends	zosinns
zusammenstehen	zosammestonn/ze~	zusenden	üvversende
zusammenstellen	zosammestelle/ze~	zusetzen	zosetze; einem de Höll heiß maache
zusammensuchen	zosammesöke/ze~	zusichern	zosage, kaviere/~eere
zusammentragen	zosammedrage/ze~	Zuspiel	Zospill
zusammentreffen	zosammetreffe/ze~	zuspielen	zospille, aanspille, passe²,
zusammentreiben	zosammedrieve/ze~		üvverdäue
zusammentreten	zosammetredde/ze~	zuspitzen	zospetze
zusammentrommeln	zosammetrommele/ze~	zusprechen	zospreche
zusammentun	zosammedun/ze~	Zuspruch	Zosproch
zusammenwachsen	verwahße	Zustand	Zostand
zusammenzählen	zosammezälle/ze~, zosammerechne/ze~	zustande	zostand/ze~
		zustande kommen	gelinge
zusammenziehen	zosammetrecke/ze~	zuständig	zoständig; met nix jet ze dun han
zusammenzucken	zosammezucke/ze~	Zuständigkeit	Zoständigkeit
Zusatz	Zosatz	zuständigkeitshalber	zoständigkeitshalver
Zusatzabkommen	Zosatzavkumme	zustechen	zosteche
Zusatzbestimmung	Zosatzbestemmung	zustecken	üvverdäue
zusätzlich	zosätzlich	zustehen	zostonn, ~kumme
Zusatzversicherung	Zosatzversecherung	zusteigen	zosteige
Zusatzzahl	Zosatzzahl	zustellen	zostelle, usdrage
zuschanzen	üvverdäue	Zusteller	Zosteller
zuschauen	zoluure/~loore	Zustellungsurkunde	Zostellungsurkund
zuschicken	zoschecke	zustimmen	zostemme, beistemme, ~pflichte
zuschießen	zoscheeße	zustopfen	zostoppe
Zuschlag	Zoschlag	zustoßen	zostüsse
zuschlagen	zoschlage/~schlonn, ~haue, klatsche, schnave	zuteilen	bemesse; einem jet zokumme looße
		zutragen	zodrage, vörfalle/vür~
zuschlagpflichtig	zoschlagflichtig	Zuträger	Zodräger, Ohreblöser/Uhre~
zuschließen	zoschleeße, avschleeße	zutrauen	zotraue, traue

zutraulich	zotraulich	Zweck	Senn, Zweck
zutreffen	zotreffe, stemme[1]	zwei	zwei
zutreffend	zotreffend	Zweibettzimmer	Zweibeddzemmer
zutreten	zotredde, hintredde	zweiblättrig	zweiblädderig
zutrinken	zoproste	Zweicentstück	Zweicentstöck
zuverlässig	zoverlässig, secher[1], treu	zweieinhalb	zweienhalv
Zuversicht	Zoversich/~seech	zweierlei	zweierlei
zuversichtlich	zoversichlich/~seech~	Zweieurostück	Zweierreih
zuvor	vörher/vür~	zweifach	dubbelt
zuvorderst	vödders, vöraan/vür~	Zweifamilienhaus	Zweifamilliehuus
zuvorkommen	zevürkumme/zovör~, zovürkumme/zevör~	Zweifel	Zwiefel
		zweifelhaft	zwiefelhaff, unsecher
Zuwachs	Zowahß	zweifellos	secher[1], dudsecher
zuwachsen	zowahße, verwahße	zweifeln	zwiefele
zuwege	zowäg/ze~	Zweifelsfall	Zwiefelsfall
zuweilen	zowiele/ze~	Zweifelsfrage	Zwiefelsfrog
zuweisen	zowiese	zweifelsfrei	zwiefelsfrei
zuwenden	zowende, stefte	Zweig	Zweig, Zwig, Ries[2]
zuwider	zowidder/ze~, entgäge[1]	zweigeteilt	zweigedeilt
zuwinken	zowinke	Zweigstelle	Zweig~, Nevvestelle
zuzahlen	dobeibezahle	zweihändig	zweihändig
zuzeiten	zozigge	zweihundert	zweihundert
zuziehen	zotrecke, aansteche[1]	zweijährig	Zweijohresplan
zuzüglich	zozöglich	Zweikampf	Zweikamf
zuzwinkern	aankniepe	Zweiliterflasche	Zweilitterfläsch
Zwang	Zwang	zweimal	zweimol
zwängen	zwänge	zweimalig	zweimolig
zwanghaft	zwanghaff	Zweipfundbrot	Zweipundbrud
Zwangsarbeit	Zwangsarbeid	Zweirad	Zweiradd
Zwangsarbeiter	Zwangsarbeider	zweirädrig	zweirädderig
Zwangseinweisung	Zwangsenwiesung	zweischneidig	zweischniggig
Zwangsjacke	Zwangsjack	zweiseitig	zweisiggig
Zwangslage	Zwangslag	Zweisitzer	Zweisetzer
zwangsläufig	zwangsläufig	zweisitzig	zweisetzig
Zwangsmittel	Zwangsmeddel	zweispaltig	zweispäldig
Zwangsumtausch	Zwangsömtuusch	zweispaltig	zweispaldig
Zwangsverfahren	Zwangsverfahre	Zweispitz	Zweispetz
zwangsversteigern	zwangsversteigere	zweisprachig	zweisprochig
Zwangsversteigerung	Zwangsversteigerung	zweistimmig	zweistimmig
zwanzig	zwanzig	zweistöckig	zweistöckig
Zwanzigerjahre	Zwanzigerjohre	zweitägig	zweidägig
zwanzigjährig	zwanzigjöhrig	Zweitaktmotor	Zweitakmotor
zwanzigmal	zwanzigmal	zweitältest...	zweitäldst...
zwar	zwor	zweitausend	zweitausend

Zweitausender

Zweitausender	Zweidausender	Zwinge	Zwing
Zweitausfertigung	Zweitschreff	zwingen	zwinge
Zweiteiler	Zweideiler	zwinkern	kniepe, quinke
zweiteilig	zweideilig	zwirbeln	zwirbele, zwirvele
zweihöchst...	zweihüchst...	Zwirn	Zween
zweitklassig	zweitklassig, zweitrangig	Zwirnsfaden	Zweensfaddem
zweitrangig	zweitrangig	zwischen	zwesche
zweitschlechtest...	zweitschläächst...	Zwischenbericht	Zwescheberich/reech
Zweitschlüssel	Zweitschlössel	Zwischendeck	Zwescheboddem
Zweitschrift	Zweitschreff	Zwischending	Zweschedinge
zweitürig	zweidürrig	zwischendrin	zweschendren
Zweitwagen	Zweitstemm	zwischendurch	zweschendurch
Zweitwohnung	Zweitwonnung	Zwischenfall	Zweschefall
Zweivierteltakt	Zweiveedeltak	Zwischenfrage	Zweschefrog
zweiwertig	zweiwäätig	Zwischengeschoss	Zweschegeschoss
Zweizimmerwohnung	Zweizemmerwonnung	Zwischenhoch	Zweschehuh
Zwerg	Zwerg/Zwirg	Zwischenlager	Zweschelager
Zwergdackel	Zwergdaggel/Zwirg~/~täggel	zwischenlagern	zweschelagere
Zwerghuhn	Zwerghohn/Zwirg~, Kruffhohn	zwischenlanden	zweschelande
Zwergschule	Zwergschull/Zwirg~	zwischenmenschlich	zwescheminschlich
Zwetschge	Quetsch¹	Zwischenpause	Zweschepaus/~puus
Zwetschgenbaum	Quetschebaum	Zwischenprüfung	Zwescheprüfung
Zwetschgenkern	Prummekään	Zwischenruf	Zwescherof
Zwetschgenkuchen	Prummetaat	Zwischenrunde	Zwescherund
Zwickel	Zweckel	Zwischensohle	Zweschesoll
zwicken	kniefe, petsche	Zwischenspiel	Zweschespill, Zweschestöck
Zwickmühle	Zwickmüll	Zwischenstück	Zweschestöck
Zwiebel	Öllig, Zwibbel	Zwischenstufe	Zweschestuf
Zwiebeldach	Zwiebeldaach	Zwischentext	Zweschetex
Zwiebelring	Zwibbelring/Öllig~	Zwischentür	Zweschedür/~dör
Zwiebelschale	Zwibbelschal/Öllig~	Zwischenwand	Zweschewand
Zwiebelsoße	Ölligzauß	Zwischenzeit	Zweschezigg
Zwiebelsuppe	Ölligzupp	Zwischenzeugnis	Zweschezeugnis
Zwiebelturm	Zwiebelturm/~toon	zwitschern	zwitschere, fleute, quiddele
Zwielicht	Zwieleech	zwölf	zwölf
zwielichtig	zwieleechtig, halvsigge	Zwölffingerdarm	Zwölffingerdarm
Zwiespalt	Zwiespald	zwölfhundert	zwölfhundert
zwiespältig	zwiespäldig	Zylinderkopf	Zylinderkopp
Zwiesprache	Zwiesproch	Zypresse	Zypress
Zwietracht	Zwietraach	Zypressenkraut	Zypressekrugg
Zwillingsbruder	Zwillingsbroder	Zyste	Zyss
Zwillingsgeburt	Zwillingsgeboot/~geburt	Zytoblast	Zellkään
Zwillingskind	Zweierlingche		
Zwillingsreifen	Zwillingsreife		

IX. PRONOMENDEKLINATIONSTABELLEN

Tbl. P1: **Personalpronomina** (persönliche Fürwörter)

Sg.	1. Pers.	2. Pers.	3. Pers. Mask.	3. Pers. Fem.	3. Pers. Neutr.
Nom.	ich	do/de*	hä/e*	sei/se*	it/et*
Gen.**					
Dat.	mir/mer*	dir/der*	im	ehr/er*	im
Akk.	mich	dich	in/en*	sei/se*	it/et*

Pl.	1. Pers.	2. Pers.	3. Pers.	Anrede
Nom.	mir/mer*	ehr/er*	sei/se*	Ehr
Gen.**				
Dat.	uns	üch	inne	Üch
Akk.	uns	üch	sei/se*	Üch

*die zweiten Formen geben die jeweiligen unbetonten Varianten an, die nachgestellt werden.
**Genitiv der Personal-Pronomina im Kölschen nicht vorhanden; ggfs. Rückgriff auf Possessiv-Pronomina (Tbl. P2)

Tbl. P2: **Possessivpronomina** (besitzanzeigende Fürwörter); die zweiten Formen sind nur möglich bei Neutr. sowie bei Mask. u. Fem. im Nom. u. Akk. bei Vater, Mutter, Bruder, Schwester

Tbl. P2.1: Das **Possessivpronomen** der 1.Pers. Sg.

	Mask. Sg.	Fem. Sg.	Neutr. Sg.	Pl.
Nom.	minge/mi	ming/mi	ming/mi	ming
Gen.[1]	vun mingem	vun minger	vun mingem	vun minge
Dat.	mingem	minger	mingem	minge
Akk.	minge/mi	ming/mi	ming/mi	ming

Tbl. P2.2: Das **Possessivpronomen** der 2. Pers. Sg.

	Mask. Sg.	Fem. Sg.	Neutr.	Pl.
Nom.	dinge/di	ding/di	ding/di	ding
Gen.[1]	vun dingem	vun dinger	vun dingem	vun dinge
Dat.	dingem	dinger	dingem	dinge
Akk.	dinge/di	ding/di	ding/di	ding

---

1 Einen Kasus Genitiv gibt es im Kölschen nicht. Er wird mit *vun* + Dativ umschrieben.

Tbl. P2.3: Das **Possessivpronomen** der 3.Pers. Sg. Mask. u. Neutr.

	Mask. Sg.	Fem. Sg.	Neutr. Sg.	Pl.
Nom.	singe/si	sing/si	sing/si	sing
Gen.[1]	vun singem	vun singer	vun singem	vun singe
Dat.	singem	singer	singem	singe
Akk.	singe/si	sing/si	sing/si	sing

Tbl. P2.4: Das **Possessivpronomen** der 3. Pers. Sg. Fem.

	Mask. Sg.	Fem. Sg.	Neutr. Sg.	Pl.
Nom.	ehre	ehr	ehr	ehr
Gen.[1]	vun ehrem	vun ehrer	vun ehrem	vun ehre
Dat.	ehrem	ehrer	ehrem	ehre
Akk.	ehre	ehr	ehr	ehr

Tbl. P2.5: Das **Possessivpronomen** der 1.Pers. Pl.

	Mask. Sg.	Fem. Sg.	Neutr. Sg.	Pl.
Nom.	unse	uns	uns	uns
Gen.[1]	vun unsem	vun unser	vun unsem	vun unse
Dat.	unsem	unser	unsem	unse
Akk.	unse	uns	uns	uns

Tbl. P2.6: Das **Possessivpronomen** der 2. Pers. Pl.

	Mask. Sg.	Fem. Sg.	Neutr. Sg.	Pl.
Nom.	üüre[2]	üür	üür	üür
Gen.[1]	vun üürem	vun üürer	vun üürem	vun üüre
Dat.	üürem	üürer	üürem	üüre
Akk.	üüre	üür	üür	üür

Tbl. P2.7: Das **Possessivpronomen** der 3. Pers. Pl.

	Mask. Sg.	Fem. Sg.	Neutr. Sg.	Pl.
Nom.	ehre	ehr	ehr	ehr
Gen.[1]	vun ehrem	vun ehrer	vun ehrem	vun ehre
Dat.	ehrem	ehrer	ehrem	ehre
Akk.	ehre	ehr	ehr	ehr

1   Einen Kasus Genitiv gibt es im Kölschen nicht. Er wird mit *vun* + Dativ umschrieben.
2   genauso *.ööre*

Tbl. P2.8: Das **Possessivpronomen** in der Anrede

	Mask. Sg.	Fem. Sg.	Neutr. Sg.	Pl.
Nom.	Üüre[1]	Üür	Üür	Üür
Gen.[1]	vun Üürem	vun Üürer	vun Üürem	vun Üüre
Dat.	Üürem	Üürer	Üürem	Üüre
Akk.	Üüre	Üür	Üür	Üür

Tbl. P2.9: Substantivierte **Possessivpronomina**

	Mask. Sg.	Fem. Sg.	Neutr. Sg.	Pl.
ming	der Minge	de Ming	et Ming	de Ming
ding	der Dinge	de Ding	et Ding	de Ding
sing	der Singe	de Sing	et Sing	de Sing
uns	der Unse	de Unse	et Unse	de Unse
üch/Anrede	der Üüre[1]	de Üüre	et Üüre	de Üüre
ehr	der Ehre	de Ehre	et Ehre	de Ehre

Tbl. P3: **Reflexivpronomina** (rückbezügl. Fürw.) mich/dich/sich

	1. Pers.	2. Pers.	3. Pers.
Sg.	mich	dich	sich
Pl.	uns	üch	sich

Tbl. P4: Die **Relativpronomina** (bezügl. Fürwörter) *dä/die/dat*

	Mask. Sg.	Fem. Sg.	Neutr. Sg.	Pl.
Nom.	dä/wä	die	dat/wat	die
Gen.*	däm sing(e)*/si**	dä ehr(e)*	däm sing(e)*/si**	denne ehr(e)*
Dat.	däm	dä	däm	denne
Akk.	dä/wä	die	dat/wat	die

*alternativ im Genitiv: vun däm/dä/denne (die nachgestellten Possessiv-Pronomina fallen weg)
**nur möglich bei Neutr. sowie bei Mask. u. Fem. im Nom. u. Akk. bei Vater, Mutter, Bruder, Schwester

Tbl. P5.1: Die **Demonstrativpronomina** (hinweisende Fürwörter) *dä/die/dat*

	Mask. Sg,	Fem. Sg.	Neutr. Sg.	Pl.
Nom.	dä	die	dat	die
Gen.	däm sing(e)/si*	dä ehr(e)	däm sing(e)/si*	dä ehr(e)
Dat.	däm	dä	däm	dä
Akk.	dä	die	dat	die

*nur möglich bei Neutr. sowie bei Mask. u. Fem. im Nom. u. Akk. bei Vater, Mutter, Bruder, Schwester

1 genauso *Ööre*

ebenso: d*äjinnige* u. *däselve*: Deklination am ersten Wortglied

	Mask. Sg.	Fem. Sg.	Neutr. Sg.
Nom.	däselve	dieselve	datselve
...	...	...	...

	Mask. Sg.	Fem. Sg.	Neutr. Sg.
Nom.	däjinnige	diejinnige	datjinnige
...	...	...	...

Tbl. P5.2: Das **Demonstrativpronomen** *dis*:
nur Akk. möglich, nur bei Zeitangaben

	Mask. Sg.	Fem. Sg.	Neutr. Sg.
Akk.	dise (Mond)	dis (Woch)	dis (Johr)

Tbl. P6.1: Das **Interrogativpronomen** (Fragewort) *wä/wä/wat*

	Mask. Sg.	Fem. Sg.	Neutr. Sg.
Nom.	wä	wä	wat
Gen.[1]	vun wäm*	vun wäm*	vun wat
Dat.	wäm	wäm	
Akk.	wä	wä	wat

*alternativ: *wäm singe/sing/si*

Genauso flektiert das **Interrogativpronomen** *irgendwä*:

	Mask. Sg.	Fem. Sg.	Neutr. Sg.
Nom.	irgendwä	irgendwä	irgendwat
...	...	...	...

Tbl. P6.2: Umschreibung d. **Interrogativpron**. für dt. *welch* durch *wat för* + unbest. Art.

	Mask. Sg.	Fem. Sg.	Neutr. Sg.	Pl.
Nom.	wat för ene	wat för en	wat för e	wat för
Gen.[1]	vun wat vör enem	vun wat för ener	vun wat för enem	vun wat för
Dat.	wat för enem	wat för ener	wat för enem	wat för
Akk.	wat för ene	wat för ener	wat för e	wat för

---

1 Einen Kasus Genitiv gibt es im Kölschen nicht. Er wird mit *vun* + Dativ umschrieben.

Tbl. P7: Die **Indefinitpronomina** (unbest. Fürwörter)
Tbl. P7.1: ein

Tbl. P7.1.1: betont: *ein*

	Mask. Sg.	Fem. Sg.	Neutr. Sg.
Nom.	eine	ein	ei(n)
Gen.[1]	vun einem	vun einer	vun einem
Dat.	einem	einer	einem
Akk.	eine	ein	ei(n)

ebenso: *irgendein, manch ein*

	Mask. Sg.	Fem. Sg.	Neutr. Sg.
Nom.	irgendeine	irgendein	irgendei(n)
Gen.[1]	vun i.einem	vun i.einer	vun i.einem
Dat.	irgendeinem	irgendeiner	irgendeinem
Akk.	irgendeine	irgendein	irgendei(n)

Tbl. P7.1.2: unbetont: *en*

	Mask. Sg.	Fem. Sg.	Neutr. Sg.
Nom.	(e)ne	en	e(n)
Gen.[1]	vun (e)nem	vun (e)ner	vun (e)nem
Dat.	(e)nem	(e)ner	(e)nem
Akk.	(e)ne	en	e(n)

ebenso: irgenden, manch/mänch en:

	Mask. Sg.	Fem. Sg.	Neutr. Sg.
Nom.	irgendene	irgenden	irgende(n)
...	...	...	...

	Mask. Sg.	Fem. Sg.	Neutr. Sg.
Nom.	manch ene	manch en	manch e(n)
...	...	...	...

---

1   Einen Kasus Genitiv gibt es im Kölschen nicht. Er wird mit *vun* + Dativ umschrieben.

Tbl. P7.2: *jederein*: wird am ersten Wortglied dekliniert; nur Mask. Sg.

	Mask. Sg.
Nom.	jederein
Gen.[1]	vun jedemein
Dat.	jedemein
Akk.	jederein

Tbl. P7.3: dt. „solch-" wird im Kölschen umschrieben mit *(e)su* + unbest. Artikel

	Mask. Sg.	Fem. Sg.	Neutr. Sg.	Pl.
Nom.	(e)su (e)ne	(e)su en	(e)su e	(e)su en
Gen.[1]	vun (e)su (e)nem	vun (e)su (e)ner	vun (e)su (e)nem	vun (e)su en
Dat.	(e)su (e)nem	(e)su (e)ner	(e)su (e)nem	(e)su en
Akk.	(e)su (e)ne	(e)su en	(e)su e	(e)su en

Tbl. P7.4: *kein*

	Mask. Sg.	Fem. Sg.	Neutr. Sg.	Pl.
Nom.	keine	kein	kei(n)	kein
Gen.[1]	vun keinem	vun keiner	vun keinem	von kein
Dat.	keinem	keiner	keinem	kein
Akk.	keine	kein	kei(n)	kein

Tbl. P7.5: *manche*

	Mask. Sg.	Fem. Sg.	Neutr. Sg.	Pl.
Nom.	manche	manche	manche	manche
Gen.[1]	vun manchem	vun mancher	vun manchem	vun manche
Dat.	manchem	mancher	manchem	manche
Akk.	manche	manche	manche	manche

Tbl. P7.6: *sämpliche*: nur im Pl.

Nom.	sämpliche
Gen.[1]	vun sämpliche
Dat.	sämpliche
Akk.	sämpliche

---

1 Einen Kasus Genitiv gibt es im Kölschen nicht. Er wird mit *vun* + Dativ umschrieben.

Tbl. P7.7: *vill* und *winnig*: flektieren nur i. Vbdg. m. d. best. betonten Art.; sonst bleiben sie unflektiert

	Mask. Sg.	Fem. Sg.	Neutr. Sg.	Pl.
Nom.	dä ville/winnige	die vill(e)/winnige	dat ville/winnige	die ville/winnige
Gen.[1]	vun däm ville/winnige	vun dä ville/winnige	vun däm ville/winnige	vun dä ville/winnige
Dat.	däm ville/winnige	dä ville/winnige	däm ville/winnige	dä ville/winnige
Akk.	dä ville/winnige	die ville/winnige	dat ville/winnige	die ville/winnige

Tbl. P7.8.1: *all*: flektiert attributiv ohne Artikel im Sg. nur bei Massennomina

	Mask. Sg.	Fem. Sg.	Neutr. Sg.	Pl.
Nom.	alle/all dä[2]	alle/all die[2]	alles/all dat[2]	all/all die
Gen.[1]	vun allem/all däm[2]	vun alle/all der[2]	vun allem/all däm[2]	vun all/vun all der
Dat.	allem/all däm[2]	aller/all der[2]	allem/all däm[2]	all/all der
Akk.	alle/all dä[2]	all/all die[2]	alles/all dat[2]	all/all die

Tbl. P7.8.2: *all*: alleinstehend im Neutrum Sg.

	Neutr. Sg.
Nom.	alles
Gen.[1]	vun allem
Dat.	allem
Akk.	alles

---

1 Einen Kasus Genitiv gibt es im Kölschen nicht. Er wird mit *vun* + Dativ umschrieben.
2 Vorangestellt vor den betonten best. Art. und nachgestellt hinter Personalpron. *(mer/mir all sei/se all)* tritt „all" unflektiert auf.

X. ARTIKELDEKLINATIONSTABELLEN

Tbl. Art1: best. Artikel (betont)

	Mask. Sg	Fem. Sg.	Neutr. Sg.	Pl.
Nom.	dä	die	dat	die
Gen.[1]	vun däm	vun dä	vun däm	vun dä
Dat.	däm	dä	däm	dä[2]
Akk.	dä	die	dat	die

Tbl. Art2: best. Artikel (unbetont)

	Mask. Sg.	Fem. Sg.	Neutr. Sg.	Pl.
Nom.	der	de	et	de
Gen.[1]	vum	vun der	vum	vun de
Dat.	dem	der	dem	de
Akk.	der	de	et	de

Tbl. Art3: unbest. Artikel: kein Pl.

	Mask. Sg.	Fem. Sg.	Neutr. Sg.
Nom.	ene	en	e
Gen.[1]	vun enem	vun ener	vun enem
Dat.	enem	ener	enem
Akk.	ene	en	e

1 Einen Kasus Genitiv gibt es im Kölschen nicht. Er wird mit *vun* + Dativ umschrieben.
2 Statt der Pluralform *dä* wird oftmals fälschlicherweise *denne* benutzt.

XI. ADJEKTIVDEKLINATIONSTABELLEN

Tbl. A1: unmarkierte Deklination (unbest. Neutr. Sg. ohne -e)

	rief: rief-e, -er, -ste		*satt: satt-e, -er, -este*	
Genus & Num.	m. best. Art.	m. unbest. Art.	best.	unbest.
Mask. Sg.	dä rief-e	ene rief-e	dä satt-e	ene satt-e
Fem. Sg.	die rief-e	en rief-e	die satt-e	en satt-e
Neutr. Sg.	dat rief-e	e rief-	dat satt-e	e satt-
Pl.	die rief-e	rief-e	die satt-e	satt-e

Tbl. A2: Positiv auf *d, l, m, n, ng, r, s*, Vokal + *h* und Diphthong: bei Fem. Sg. & beim Pl. ohne -e

Tbl. A2.1: Positiv auf *-d*

	möd: möd-e, -er, -ste	
Genus & Num.	best.	unbest.
Mask. Sg.	dä möd-e	ene möd-e
Fem. Sg.	die möd-	en möd-
Neutr. Sg.	dat möd-e	e möd-
Pl.	die möd-	möd-

Tbl. A2.2: Positiv auf *-l*

	fuul: fuul-e, -er, -ste	
Genus & Num.	best.	unbest.
Mask. Sg.	dä fuul-e	ene fuul-e
Fem. Sg.	die fuul-	en fuul-
Neutr. Sg.	dat fuul-e	e fuul-
Pl.	die fuul-	fuul-

Tbl. A2.3: Positiv auf *-m*

	lahm: lahm-e, -er, -ste	
Genus & Num.	best.	unbest.
Mask. Sg.	dä lahm-e	ene lahm-e
Fem. Sg.	die lahm-	en lahm-
Neutr. Sg.	dat lahm-e	e lahm-
Pl.	die lahm-	lahm-

Tbl. A 2.4: Positiv auf *-n*

	grön: grön-e, -er, -ste	
Genus & Num.	best.	unbest.
Mask. Sg.	dä grön-e	ene grön-e
Fem. Sg.	die grön-	en grön-
Neutr. Sg.	dat grön-e	e grön-
Pl.	die grön-	grön-

Tbl. A 2.5: Positiv auf *-ng*

	bang: bang-e, -er, -ste	
Genus & Num.	best.	unbest.
Mask. Sg.	dä bang-e	ene bang-e
Fem. Sg.	die bang-	en bang-
Neutr. Sg.	dat bang-e	e bang-
Pl.	die bang-	bang-

Tbl. A 2.6: Positiv auf *-r*

	düür: düür-e, -er, -ste	
Genus & Num.	best.	unbest.
Mask. Sg.	dä düür-e	ene düür-e
Fem. Sg.	die düür-	en düür-
Neutr. Sg.	dat düür-e	e düür-
Pl.	die düür-	düür-

Tbl. A 2.7: Positiv auf -s

	fies: fies-e, -er, -te	
Genus & Num.	best.t	unbest.
Mask. Sg.	dä fies-e	ene fies-e
Fem. Sg.	die fies-	en fies-
Neutr. Sg.	dat fies-e	e fies-
Pl.	die fies-	fies-

Tbl. A 2.8: Positiv auf Vokal (+ *h*)

	fröh: fröh-e, -er, -ste	
Genus & Num.	best.	unbest.
Mask. Sg.	dä fröh-e	ene fröh-e
Fem. Sg.	die fröh-	en fröh-
Neutr. Sg.	dat fröh-e	e fröh-
Pl.	die fröh-	fröh-

Tbl. A 2.9: Positiv auf Diphthong

	neu: neu-e, -er, -ste	
Genus & Num.	best.	unbest.
Mask. Sg.	dä neu-e	ene neu-e
Fem. Sg.	die neu-	en neu-
Neutr. Sg.	dat neu-e	e neu-
Pl.	die neu-	neu-

Tbl. A3: Poivsit auf -e und Auslaut-n-Tilgung: keine Flexion b. Positiv; Komp. & Sup. mit -*n*

Tbl. A3.1: Positiv auf -*e*: keine Flexion bei Positiv

	selde: selde, -ner, -nste	
Genus & Num.	best.	unbest.
Mask. Sg.	dä selde	ene selde
Fem. Sg.	die selde	en selde
Neutr. Sg.	dat selde	e selde
Pl.	die selde	selde

Tbl. A3.2: aus Part. II st. V. auf -*e* gebildete Adj.

	besoffe: besoffe, -ner, -nste	
Genus & Num.	best.	unbest.
Mask. Sg.	dä besoffe	ene besoffe
Fem. Sg.	die besoffe	en besoffe
Neutr. Sg.	dat besoffe	e besoffe
Pl.	die besoffe	besoffe

Tbl. A4.1: Auslaut-t-Tilgung

Tbl. A4.1.1: ... bei Adj. auf *b*

	begab: begab-te, -ter, -ste	
Genus & Num.	best.	unbest.
Mask. Sg.	dä begab-te	ene begab-te
Fem. Sg.	die begab-te	en begab-te-
Neutr. Sg.	dat begab-te	e begab-
Pl.	die begabte-	begabte-

Tbl. A4.1.1: ... bei Adj. auf *p*

	beklopp: beklopp-te, -ter, -ste	
Genus & Num.	best.	unbest.
Mask. Sg.	dä beklopp-te	ene beklopp-te
Fem. Sg.	die beklopp-te	en beklopp-te
Neutr. Sg.	dat beklopp-te	e beklopp-
Pl.	die beklopp-te	beklopp-te

Tbl. A4.1.1: ... bei Adj. auf *g*

Genus & Num.	versorg: versorg-te, -ter, -ste	
	best.	unbest.
Mask. Sg.	dä versorg-te	ene versorg-te
Fem. Sg.	die versorg-te	en versorg-te
Neutr. Sg.	dat versorg-te	e versorg-
Pl.	die versorg-te	versorg-te

Genus & Num.	gefrog: gefrog-te, -ter, -ste	
	best.	unbest.
Mask. Sg.	dä gefrog-te	ene gefrog-te
Fem. Sg.	die gefrog-te	en gefrog-te
Neutr. Sg.	dat gefrog-te	e gefrog-
Pl.	die gefrog-te	gefrog-te

Tbl. A4.1.1: ... bei Adj. auf *k*

Genus & Num.	beschränk: beschränk-te, -ter, ste	
	best.	unbest.
Mask. Sg.	dä beschränk-te	ene beschränk-te
Fem. Sg.	die beschränk-te	en beschränk-te
Neutr. Sg.	dat beschränk-te	e beschränk-
Pl.	die beschränk-te	beschränk-te

Genus & Num.	direk: direk-te, -ter, -ste	
	best.	unbest.
Mask. Sg.	dä direk-te	ene direk-te
Fem. Sg.	die direk-te	en direk-te
Neutr. Sg.	dat direk-te	e direk-
Pl.	die direk-te	direk-te

Tbl. A4.1.1: ... bei Adj. auf *v*

Genus & Num.	bedröv: bedröv-te, -ter, -ste	
	best.	unbest.
Mask. Sg.	dä bedröv-te	ene bedröv-te
Fem. Sg.	die bedröv-te	en bedröv-te
Neutr. Sg.	dat bedröv-te	e bedröv-
Pl.	die bedröv-te	bedröv-te

Tbl. A4.1.1: ... bei Adj. auf *f*

Genus & Num.	sanf: sanf-te, -ter, -(te)ste	
	best.	unbest.
Mask. Sg.	dä sanf-te	ene sanf-te
Fem. Sg.	die sanf-te	en sanf-te
Neutr. Sg.	dat sanf-te	e sanf-
Pl.	die sanf-te	sanf-te

Tbl. A4.1.1: ... bei Adj. auf *ch*

Genus & Num.	feuch: feuch-te, -ter, -ste	
	best.	unbest.
Mask. Sg.	dä feuch-te	ene feuch-te
Fem. Sg.	die feuch-te	en feuch-te
Neutr. Sg.	dat feuch-te	e feuch-
Pl.	die feuch-te	feuch-te

Tbl. A4.1.1: ... bei Adj. auf *sch*

Genus & Num.	betitsch: betitsch-te, -ter, -ste	
	best.	unbest.
Mask. Sg.	dä betitsch-te	ene betitsch-te
Fem. Sg.	die betitsch-te	en betitsch-te
Neutr. Sg.	dat betitsch-te	e betitsch-
Pl.	die betitsch-te	betitsch-te

Tbl. A4.1.1: ... bei Adj. auf *ss*

Genus & Num.	bestuss: bestuss-te, -ter, -teste	
	best.	unbest.
Mask. Sg.	dä bestuss-te	ene bestuss-te
Fem. Sg.	die bestuss-te	en bestuss-te
Neutr. Sg.	dat bestuss-te	e bestuss-
Pl.	die bestuss-te	bestuss-te

Tbl. A4.1.2: ... bei Adj. auf *s*

Genus & Num.	wös: wös-te, -ter, -teste	
	best.	unbest.
Mask. Sg.	dä wös-te	ene wös-te
Fem. Sg.	die wös-te	en wös-te
Neutr. Sg.	dat wös-te	e wös-
Pl.	die wös-te	wös-te

Tbl. A4.1.2: ... bei Adj. auf *x*

Genus & Num.	verflix: verflix-te, -ter, -teste	
	best.	unbest.
Mask. Sg.	dä verflix-te	ene verflix-te
Fem. Sg.	die verflix-te	en verflix-te
Neutr. Sg.	dat verflix-te	e verflix-
Pl.	die verflix-te	verflix-te

Tbl. A4.1.2: ... bei Adj. auf *z*

Genus & Num.	behätz: behätz-te, -ter, -teste	
	best.	unbest.
Mask. Sg.	dä behätz-te	ene behätz-te
Fem. Sg.	die behätz-te	en behätz-te
Neutr. Sg.	dat behätz-te	e behätz-
Pl.	die behätz-te	behätz-te

Tbl. A4.2.1: ... bei Adj. auf *-haff*; *ft → ff*

Genus & Num.	krank|haff: krank|haf-te, -ter, -|haff-ste	
	best.	unbest.
Mask. Sg.	dä krankhaf-te	ene krankhaf-te
Fem. Sg.	die krankhaf-te	en krankhaf-te
Neutr. Sg.	dat krankhaf-te	e krankhaff-
Pl.	die krankhaf-te	krankhaf-te

Tbl. A4.2.2: ... und *st → ss*

Genus & Num.	rießfess: rieß|fes-te, -|fes-ter, -|fes-teste	
	best.	unbest.
Mask. Sg.	dä rießfes-te	ene rießfes-te
Fem. Sg.	die rießfes-te	en rießfes-te
Neutr. Sg.	dat rießfes-te	e rießfess-
Pl.	die rießfes-te	rießfes-te

Tbl. A4.2.3: ... und *ngt → ngk*

Genus & Num.	bedingk beding-te, – -	
	best.	unbest.
Mask. Sg.	dä beding-te	ene beding-te
Fem. Sg.	die beding-te	en beding-te
Neutr. Sg.	dat beding-te	e bedingk-
Pl.	die beding-te	beding-te

Tbl. A4.2.4: Auslaut-t/d-Tilgung und *md → mb*

Genus & Num.	fremb: frem-de, -der, frembste	
	best.	unbest.
Mask. Sg.	dä frem-de	ene frem-de
Fem. Sg.	die frem-de	en frem-de
Neutr. Sg.	dat frem-de	e fremb-
Pl.	die frem-de	frem-de

... und *mt → mp*

Genus & Num.	verklemmp: verklemm-te, -ter , -klemmp-ste	
	best.	unbest.
Mask. Sg.	dä verklemm-te	ene verklemm-te
Fem. Sg.	die verklemm-te	en verklemm-te
Neutr. Sg.	dat verklemm-te	e verklemmp-
Pl.	die verklemm-te	verklemm-te

Tbl. A5.1.1: Positiv auf *-g:* Auslaut [ŋ], Anlaut [j]

Genus & Num.	ärg: ärg-e, -er, -ste	
	best.	unbest.
Mask. Sg.	dä ärg-e	ene ärg-e
Fem. Sg.	die ärg-e	en ärg-e
Neutr. Sg.	dat ärg-e	e ärg-
Pl.	die ärg-e	ärg-e

Tbl. A5.1.2 ... Auslaut [x], Anlaut [ʀ]

Genus & Num.	klog: klog-e, klög-er, klög-ste	
	best.	unbest.
Mask. Sg.	dä klog-e	ene klog-e
Fem. Sg.	die klog-e	en klog-e
Neutr. Sg.	dat klog-e	e klog-
Pl.	die klog-e	klog-e

Tbl. A5.2: Positiv auf -ig

glasig: glas|ig-e, -er, -ste		
Genus & Num.	best.	unbest.
Mask. Sg.	dä glasig-e	ene glasig-e
Fem. Sg.	die glasig-e	en glasig-e
Neutr. Sg.	dat glasig-e	e glasig-
Pl.	die glasig-e	glasig-e

Tbl. A6: Positiv auf -el

miserabel: miserab(e)l-e, -er, miserabel-ste		
Genus & Num.	best.	unbest.
Mask. Sg.	dä miserab(e)l-e	ene miserab(e)l-e
Fem. Sg.	die miserab(e)l-e	en miserab(e)l-e
Neutr. Sg.	dat miserab(e)l-e	e miserabel-
Pl.	die miserab(e)l-e	miserab(e)l-e

Tbl. A7: Abweichung bei deklinierten und komparierten Formen

Tbl. A7.1: Abweichung vom Positiv

ald: aal-e, äld-er, äld-ste		
Genus & Num.	best.	unbest.
Mask. Sg.	dä aal-e	ene aal-e
Fem. Sg.	die aal-	en aal-
Neutr. Sg.	dat aal-/ald-	e aal- /ald-
Pl.	die aal-	aal-

huh: huh-e, hüh-er, hü-ch-ste		
Genus & Num.	best.	unbest.
Mask. Sg.	dä huh-e	ene huh-e
Fem. Sg.	die huh-	en huh-
Neutr. Sg.	dat huh-e	e huh-
Pl.	die huh-	huh-

Tbl. A7.2.1.1: Vokallängung

hadd: haad-e, hääd-er, hääd-ste		
Genus & Num.	best.	unbest.
Mask. Sg.	dä haad-e	ene haad-e
Fem. Sg.	die haad-	en haad-
Neutr. Sg.	dat haad-e	e hadd-
Pl.	die haad-	haad-

Tbl. A7.2.1.2: Vokalkürzung

schwaach: schwaach-e, schwäch-er, schwäch-ste		
Genus & Num.	best.	unbest.
Mask. Sg.	dä schwaach-e	ene schwaach-e
Fem. Sg.	die schwaach-e	en schwaach-e
Neutr. Sg.	dat schwaach-e	e schwaach-
Pl.	die schwaach-e	schwaach-e

Tbl. A7.2.2: Vokalumlautung

domm: domm-e, dömm-er, dömm-ste		
Genus & Num.	best.	unbest.
Mask. Sg.	dä domm-e	ene domm-e
Fem. Sg.	die domm-	en domm-
Neutr. Sg.	dat domm-e	e domm-
Pl.	die domm-	domm-

XII. VERBKONJUGATIONSLISTE

In dieser Verbkonjugationsliste sind alle Vollverben alphabetisch aufgeführt und die Präfixverben (Verben mit Vorsilbe), die ohne ihr Präfix nicht existieren. Bei diesen Verben steht jeweils das Verb im Infinitiv (Nennform) in Fettdruck, dahinter in der 1. Person Singular Imperfekt (sofern diese bildbar ist), dahinter sein Partizip II (Mittelwort der Vergangenheit) und zuletzt die deutsche Übersetzung des kölschen Verbs. Bei 212 Verben sind zudem alle möglichen Konjugationsarten (Beugungsarten) aufgeführt mit Angabe aller Personen im Indikativ (Wirklichkeitsform) Präsens (Gegenwart; abgekürzt mit „Präs.") und Präteritum (Imperfekt oder unvollendete Vergangenheit; abgekürzt mit „Prät."), außerdem die 1. Person Singular und die 2. Person Plural im Konjunktiv II (Möglichkeitsform; abgekürzt mit „Konj."), sowie der Imperativ (Befehlsform; abgekürzt mit „Imp.") Singular und Plural. Sollten einige dieser Formen nicht vorkommen, sind diese natürlich auch nicht angegeben. Dies betrifft insbesondere Verben, deren Stamm auf -t auslautet, die nicht im Imperfekt auftreten. Die 212 Verben, die vollständig konjugiert angegeben sind, sind von (1) bis (212) durchnummeriert; ihre Nummer befindet sich rechtsbündig in Fettdruck.

Bei den übrigen Verben steht die Nummer des vollständig konjugierten Verbs, dessen Formen übereinstimmen, rechts eingerückt.

Präfixverben, deren Verb ohne Präfix als Vollverb existiert, müssen unter dem Vollverb gesucht werden.

Verben auf -iere, die auch auf -eere gebildet werden können, sind nur je einmal aufgeführt – mit Ausnahme der beiden Musterverben *abonniere* (3) und *abonneere* (2) – und verweisen deshalb immer auf beide Musterverben.

So sind sämtliche Verben in der Verbkonjugationsliste zu finden, d. h. alle Konjugationsmuster befinden sich in diesem Teil, so dass man die zugehörige Nummer des vollständig konjugierten Musterverbs nicht mehr im Wörterbuchteil suchen muss.

aachte, geaach: *achten* **(1)**
    (Präs.):   ich aachte, do aachs, hä aach, mer aachte, ehr aacht, se aachte;
    (Imp.):   aach! aacht!

aanecke, eckte a., aangeeck: *anecken*	(88)
aanfache, fachte a., aangefach: *anfachen*	(123)
aanfeinde, feindte a., aangefeindt: *anfeinden*	(28)
aanfeuchte, aangefeuch: *anfeuchten*	(131)
aanfründe, fründte a., aangefründt: *sich anfreunden*	(28)
aangefte, aangegeff: *angiften*	(89)
aangurte, aangegurt: *angurten*	(58)
aanhalftere, halfterte a., aangehalftert: *anhalftern*	(4)
aankoppele, koppelte a., aangekoppelt: *ankoppeln*	(6)
aankrigge, kriggte a., aangekrigg: *ankreiden*	(208)
aanlinge, lingte a., aangelingk: *anleinen*	(49)
aanmoße, moßte a., aangemoß: *sich anmaßen*	(32)
aanöde, ödte a., aangeödt: *anöden*	(197)
aanprangere, prangerte a., aangeprangert: *anprangern*	(4)
aanraue, raute a., aangeraut: *anrauen*	(11)
aanschirre, schirrte a., aangeschirr: *anschirren*	(93)

aanscholdige, scholdigte a., aangescholdig: *anschuldigen* (7)
aanseile, seilte a., aangeseilt: *anseilen* (45)
aansporne, spornte a., aangespornt: *anspornen* (193)
aanstachele, stachelte a., aangestachelt: *anstacheln* (6)
aanstrenge, strengte a., aangestrengk: *anstrengen* (49)
aanvisiere/~eere, visierte a., aanvisiert: *anvisieren* (3) (2)
aanwiddere, widderte a., aangewiddert: *anwidern* (4)
aanwinkele, winkelte a., aangewinkelt: *anwinkeln* (6)
aanzeddele, zeddelte a., aangezeddelt: *anzetteln* (6)
aape, aapte, geaap: *äffen* (75)
aate, geaat: *arten* (104)

abonneere, abonneete, abonneet: *abonnieren* (2)
    (Präs.):   ich aboneere, do abonnees, hä abonneet, mer abonneere, ehr abonneet, se abonneere;
    (Prät.):   ich abonneete, do abonneetes, hä abonneete, mer abonneete, ehr abonneetet, se abonneete;
    (Konj. II):   ich abonneete, ehr abonneetet;
    (Imp.):   abonneer! abonneet!

abonniere, abonnierte, abonniert: *abonnieren* (3)
    (Präs.):   ich abonniere, do abonniers, hä abonniert, mer abonniere, ehr abonniert, se abonniere;
    (Prät.):   ich abonnierte, do abonniertes, hä abonnierte, mer abonnierte, ehr abonniertet, se abonnierte;
    (Konj. II):   ich abonnierte, ehr abonniertet;
    (Imp.):   abonnier! abonniert!

ackere, ackerte, geackert: *ackern* (4)
    (Präs.):   ich ackere, do ackers, hä ackert, mer ackere, ehr ackert, se ackere;
    (Prät.):   ich ackerte, do ackertes, hä ackerte, mer ackerte, ehr ackertet, se ackerte;
    (Konj. II):   ich ackerte, ehr ackertet;
    (Imp.):   acker! ackert!

addiere/~eere, addierte, addiert: *addieren* (3) (2)

ahne, ahnte, geahnt: *ahnen* (5)
    (Präs.):   ich ahne, do ahns, hä ahnt, mer ahne, ehr ahnt, se ahne;
    (Prät.):   ich ahnte, do ahntes, hä ahnte, mer ahnte, ehr ahntet, se ahnte;
    (Konj. II):   ich ahnte, ehr ahntet;
    (Imp.):   ahn! ahnt!

äkele, äkelte, geäkelt: *ekeln* (6)
    (Präs.):   ich äkele, do äkels, hä äkelt, mer äkele, ehr äkelt, se äkele;
    (Prät.):   ich äkelte, do äkeltes, hä äkelte, mer äkelte, ehr äkeltet, se äkelte;
    (Konj. II): ich äkelte, ehr äkeltet;
    (Imp.):   äkel! äkelt!

alteriere/~eere, alterierte, alteriert: *alterieren* (3) (2)
amesiere/~eere, amesierte, amesiert: *amüsieren* (3) (2)
ändere, änderte, geändert: *ändern* (4)
angele, angelte, geangelt: *angeln* (6)

ängstige, ängstigte, geängstig: *ängstigen* (7)
    (Präs.):   ich ängstige, do ängstigs, hä ängstig, mer ängstige, ehr ängstigt, se ängstige;
    (Prät.):   ich ängstigte, do ängstigtes, hä ängstigte, mer ängstigte, ehr ängstigtet, se ängstigte;
    (Konj. II): ich ängstigte, ehr ängstigtet;
    (Imp.):   ängstig! ängstigt!

animiere/~eere, animierte, animiert: *animiere* (3) (2)
ankere, ankerte, geankert: *ankern* (4)
annektiere/~eere, annektierte, annektiert: *annektieren* (3) (2)
annonciere/~eere, annoncierte, annonciert: *annoncieren* (3) (2)
annulliere/~eere, annullierte, annulliert: *annullieren* (3) (2)
antwoode, antwoodte, geantwoodt: *antworten* (197)
arbeide, arbeidte, gearbeidt: *arbeiten* (197)
ärgere, ärgerte, geärgert: *ärgern* (4)
arrangiere/~eere, arrangierte, arrangiert: *arrangieren* (3) (2)
äse, äste, geäs: *äsen* (149)
ätze, ätzte, geätz: *ätzen* (114)
äuge, äugte, geäug: *äugen* (103)
avdrifte, avgedriff: *abdriften* (89)
avdunkele, dunkelte av, avgedunkelt: *abdunkeln* (6)
avebbe, ebbte av, avgeebb: *abebben* (167)
avfäddeme, fäddemte av, avgefäddemp: *abfädeln* (144)
avflaache, flaachte av, avgeflaach: *abflachen* (123)
avflaue, flaute av, avgeflaut: *abflauen* (11)
avholze, holzte av, avgeholz: *abholzen* (42)
avkanzele, kanzelte av, avgekanzelt: *abkanzeln* (6)

avkapsele, kapselte av, avgekapselt: *abkapseln*	(6)
avkoffere, kofferte av, avgekoffert: *abkupfern*	(4)
avleddere, leddderte av, avgeleddert: *abledern*	(4)
avleechte, avgeleech: *ablichten*	(131)
avlichte, avgelich: *ablichten*	(131)
avmagere, magerte av, avgemagert: *abmagern*	(4)
avmetzele, metzelte av, avgemetzelt: *abmetzeln*	(6)
avnabele, nabelte av, avgenabelt: *abnabeln*	(6)
avnippele, nippelte av, avgenippelt: *sterben*	(6)
avreegele, reegelte av, avgereegelt: *abriegeln*	(6)
avriegele, riegelte av, avgeriegelt: *abriegeln*	(6)
avsahne, sahnte av, avgesahnt: *absahnen*	(5)

avschiebe, schob av, avgeschobe: *abschieben*		**(8)**
(Präs.):	ich schiebe av, do schiebs av, hä schieb av, mer schiebe av, ehr schiebt av, se schiebe av;	
(Prät.):	ich schob av, do schobs av, hä schob av, mer schobe av, ehr schobt av, se schobe av;	
(Konj. II):	ich schöb av, ehr schöbt av;	
(Imp.):	schieb av! schiebt av!	

avschirme, schirmte av, avgeschirmp: *abschirmen*	(127)
avschlaffe, schlaffte av, avgeschlaff: *abschlaffen*	(27)
avschotte, avgeschott:: *abschotten*	(113)
avschräge, schrägte av, avgeschräg: *abschrägen*	(103)
avseife, seifte av, avgeseif: *abseifen*	(108)
avseile, seilte av, avgeseilt: *abseilen*	(45)
avsocke, sockte av, avgesock: *wegrennen*	(88)
avsolviere/~eere, solvierte av, avsolviert: *absolvieren*	(3) (2)
avsorbiere/~eere, sorbierte av, avsorbiert: *absorbieren*	(3) (2)
avspacke, spackte av, avgespack: *sparen*	(88)
avspecke, speckte av, avgespeck: *abspecken*	(88)
avspeise, speiste av, avgespeis: *abspeisen*	(149)
avstatte, avgestatt: *abstatten*	(113)
avstumpe, stumpte av, avgestump: *abstumpfen*	(180)
avweegele, weegelte av, avgeweegelt: *abwiegeln*	(6)
avwiegele, wiegelte av, avgewiegelt: *abwiegeln*	(6)
avwinkele, winkelte av, avgewinkelt: *abwinkeln*	(6)
avzabele, zabelte av, avgezabelt: *absäbeln*	(6)

avzäune, zäunte av, avgezäunt: *abzäunen*	(138)
avzünge, züngte av, avgezüngk: *abzäunen*	(26)
avzwacke, zwackte av, avgezwack: *abzwacken*	(88)
avzweige, zweigte av, avgezweig: *abzweigen*	(103)
babbele, babbelte, gebabbelt: *plappern*	(6)
bäbbele, bäbbelte, gebäbbelt: *plappern*	(6)

backe, backte, gebacke: *backen* (9)

    (Präs.):   ich backe, do backs, hä back, mer backe, ehr backt, se backe;
    (Prät.):   ich backte, do backtes, hä backte, mer backte, ehr backtet, se backte;
    (Konj. II):   ich backte, ehr backtet;
    (Imp.):   back! backt!

bade, badte, gebadt: *baden*	(197)
baggere, baggerte, gebaggert: *baggern*	(4)
bahne, bahnte, gebahnt: *bahnen*	(5)
balanciere/~eere, balancierte, balanciert: *balancieren*	(3) (2)
balge, balgte, gebalg: *balgen*	(39)
bälke, bälkte, gebälk: *schreien*	(41)
ballere, ballerte, geballert: *ballern*	(4)
balsamiere/~eere, balsamierte, balsamiert: *balsamieren*	(3) (2)
bammele, bammelte, gebammelt: *baumeln*	(6)
bändige, bändigte, gebändig: *bändigen*	(7)

banne, bannte, gebannt: *bannen* (10)

    (Präs.):   ich banne, do banns, hä bannt, mer banne, ehr bannt, se banne;
    (Prät.):   ich bannte, do banntes, hä bannte, mer bannte, ehr banntet, se bannte;
    (Konj. II):   ich bannte, ehr banntet

baschte, gebasch: *bersten* (19)
bastele, bastelte, gebastelt: *basteln* (6)
bätsche, bätschte, gebätsch: *klatschen* (110)

baue, baute, gebaut: *bauen* (11)
   (Präs.):   ich baue, do baus, hä baut, mer baue, ehr baut, se baue;
   (Prät.):   ich baute, do bautes, hä baute, mer baute, ehr bautet, se baute;
   (Konj. II): ich baute, ehr bautet;
   (Imp.):   bau! baut!

bäume, bäumte, gebäump: *sich bäumen* (122)
bauze, bauzte, gebauz: *heulen* (112)
beaansproche, beaansprochte, beaansproch: *beanspruchen* (123)
bebeldere, bebelderte, bebeldert: *bebildern* (4)
bebildere, bebilderte, bebildert: *bebildern* (4)

bedde[1], gebedde: *bitten, erbitten* (12)
   (Präs.):   ich bedde, do bedds, hä bedd, mer bedde, ehr bedt, se bedde;
   (Imp.):   bedd! bedt!

bedde[2], bedte/bädte, gebedt/gebädt: *beten* (13)
   (Präs.):   ich bedde, do bedds/bäds, hä bedd/bäd, mer bedde, ehr bedt/bädt, se bedde;
   (Prät.):   ich bedte/bädte, do bedtes/bädtes, hä bedte/bädte, mer bedte/bädte, ehr bedtet/bädtet, se bedte/bädte;
   (Konj. II): ich bedte/bädte, ehr bedtet/bädtet;
   (Imp.):   bedd/bäd! bedt/bädt!

beddele, beddelte, gebeddelt: *betteln* (6)
bedinge, bedung, bedunge: *bedingen* (26)

be|drege, bedrog, bedroge: *betrügen* (14)
   (Präs.):   ich bedrege, do bedrügs, hä bedrüg, mer bedrege, ehr bedregt, se bedrege;
   (Prät.):   ich bedrog, do bedrogs, hä bedrog, mer bedroge, ehr bedrogt, se bedroge;
   (Konj. II): ich bedrög, ehr bedrögt;
   (Imp.):   bedreg! bedregt!

beede, bodd, gebodde: *bieten* (15)
   (Präs.):   ich beede, do beeds, hä beed, mer beede, ehr beedt, se beede;
   (Prät.):   ich bodd, do bodds, hä bodd, mer bodde, ehr bodt, se bodde;
   (Konj. II): ich bödd, ehr bödt;
   (Imp.):   beed! beedt!

beege, bog, geb**o**ge: *biegen* (16)
    (Präs.):   ich beege, do beegs, hä beeg, mer beege, ehr beegt, se beege;
    (Prät.):   ich bog, do bogs, hä bog, mer boge, ehr bogt, se boge;
    (Konj. II):   ich bög, ehr bögt;
    (Imp.):   beeg! beegt!

be**e**nflusse, be**e**nflusste, be**e**nfluss: *beeinflussen* (67)
be**e**nträchtige, be**e**nträchtigte, be**e**nträchtig: *beeinträchtigen* (7)
beerdige, beerdigte, beerdig: *beerdigen* (7)

befähle, bef**o**hl, bef**o**lle: *befehlen* (17)
    (Präs.):   ich befähle, do befähls, hä befählt, mer befähle, ehr befählt, se befähle;
    (Prät.):   ich befohl, do befohls, hä befohl, mer befohle, ehr befohlt, se befohle;
    (Konj. II):   ich beföhl, ehr beföhlt;
    (Imp.):   befähl! befählt!

befe**lle**, befohl, befolle: *befehlen* (18)
    (Präs.):   ich befelle, do befills, hä befillt, mer befelle, ehr befellt, se befelle;
    (Prät.):   ich befohl, do befohls, hä befohl, mer befohle, ehr befohlt, se befohle;
    (Konj. II):   ich beföhl, ehr beföhlt;
    (Imp.):   befell! befellt!

befestige, befestigte, befestig: *befestigen* (7)
beflögele, beflögelte, beflögelt: *beflügeln* (6)
befriddige, befriddigte, befriddig: *befriedigen* (7)
befriste, befriss: *befristen* (68)
befruchte, befruch: *befruchten* (1)
befründe, befründte, befründt: *sich befreunden* (28)
begähne, begähnte, begähnt: *begegnen* (5)
begehre, begehrte, begehrt: *begehren* (31)
bege**rre**, begehrte, begehrt: *begehren* (31)
begläuvige, begläuvigte, begläuvigt: *beglaubigen* (7)
begnadige, begnadigte, begnadig: *begnadigen* (7)
begnöge, begnögte, begnög: *sich begnügen* (103)
begradige, begradigte, begradig: *begradigen* (7)
begründe, begründte, begründt: *begründen* (28)
begünstige, begünstigte, begünstig: *begünstigen, bevorteilen* (7)

behage, behagte, behag: *behagen* (103)
behätzige, behätzigte, behätzig: *beherzigen* (7)

behaupte (sich), behaup: *behaupten (sich)* **(19)**
(Präs.): ich behaupte, do behaups, hä behaup, mer behaupte, ehr behaupt, se behaupte;
(Imp.): behaup! behaupt!

behellige, behelligte, behellig: *behelligen* (7)
beherberge, beherbergte, beherberg: *beherbergen* (39)
beiere, beierte, gebeiert: *beiern* (4)
beiflichte, beigeflich: *beipflichten* (131)
bej**o**he, bej**o**hte, bej**o**ht: *bejahen* (37)
beköstige, beköstigte, beköstig: *beköstigen* (7)
belämmere, belämmerte, belämmert: *belämmern* (4)

be|laste, belass: *belasten* **(20)**
(Präs.): ich belaste, do belass, hä belass, mer belaste, ehr belast, se belaste;
(Imp.): belass! belast!

belästige, belästigte, belästig: *belästigen* (7)
b**e**lde, b**e**ldte, geb**e**ldt: *bilden* (28)
beleechte, beleech: *belichten* (131)
beleidige, beleidigte, beleidig: *beleidigen* (7)
belichte, belich: *belichten* (131)
belle, bellte, gebellt: *bellen* (91)
b**e**llige, b**e**lligte, geb**e**llig: *billigen* (7)
bel**ö**stige, bel**ö**stigte, bel**ö**stig: *belustigen* (7)
bemängele, bemängelte, bemängelt: *bemängeln* (6)
bemanne, bemannte, bemannt: *bemannen* (10)
bem**e**tleide, bem**e**tleidte, bem**e**tleidt: *bemitleiden, bedauer*n (197)
bemuttere, bemutterte, bemuttert: *bemuttern* (4)
benaue, benaut: *beängstigen* (11)
beneide, beneidte, beneidt: *beneiden* (197)
benetze, benetzte, benetz: *benetzen* (114)
ben**o**hdeilige, ben**o**hdeiligte, ben**o**hdeilig: *benachteiligen* (7)
benote, benot: *benoten* (201)
beobachte, beobach: *beobachten* (131)

bewähre, bewährte, bewährt: *sich bewähren* (31)
bewältige, bewältigte, bewältig: *bewältigen* (7)
beweete, beweet: *bewirten* (104)
bewellige, bewelligte, bewellig: *bewilligen* (7)
bewerkstellige, bewerkstelligte, bewerkstellig: *bewerkstelligen* (7)
bewohrheite, bewohrheit: *sich bewahrheiten* (72)
bewölke, bewölkte, bewölk: *sich bewölken* (41)
bezichtige, bezichtigte, bezichtig: *bezichtigen* (7)
beziffere, bezifferte, beziffert: *beziffern* (4)
bezirze, bezirzte, bezirz: *bezirzen* (42)
bezwecke, bezweckte, bezweck: *bezwecken* (88)
bichte, gebich: *beichten* (131)

bieße, bess, gebesse: *beißen* (25)
   (Präs.):   ich bieße, do bieß, hä bieß, mer bieße, ehr bießt, se bieße;
   (Prät.):   ich bess, do bess, hä bess, mer besse, ehr besst, se besse;
   (Konj. II): ich bess, ehr besst;
   (Imp.):   bieß! bießt!

bilde, bildte, gebildt: *bilden* (28)
bimmele, bimmelte, gebimmelt: *bimmeln* (6)
bimse, bimste, gebims: *bimsen* (87)

binge, bung, gebunge: *binden* (26)
   (Präs.):   ich binge, do bings, hä bingk, mer binge, ehr bingt, se binge;
   (Prät.):   ich bung, do bungs, hä bung, mer bunge, ehr bungt, se bunge;
   (Konj. II): ich büng, ehr büngt;
   (Imp.):   bing! bingt!

bläddere, bläddterte, gebläddert: *blättern* (4)

blaffe, blaffte, geblaff: *blaffen* (27)
   (Präs.):   ich blaffe, do blaffs, hä blaff, mer blaffe, ehr blafft, se blaffe;
   (Prät.):   ich blaffte, do blafftes, hä blaffte, mer blaffte, ehr blafftet, se blaffte;
   (Konj. II): ich blaffte, ehr blafftet;
   (Imp.):   blaff! blafft!

blamiere/~eere, blamierte, blamiert: *blamieren*	(3) (2)
blänke, blänkte, geblänk: *glänzen*	(41)
bläue, bläute, gebläut: *bläuen*	(11)
bleche[1], blechte, geblech: *zahlen*	(123)
blecke[1], bleckte, gebleck: *blicken*	(88)
blecke[2], bleckte, gebleck: *blecken*	(88)
bleiche, bleichte, gebleich: *bleichen*	(123)

blende, blendte, geblendt: *blenden* (28)

- *(Präs.):* ich blende, do blends, hä blend, mer blende, ehr blendt, se blende;
- *(Prät.):* ich blendte, do blendtes, hä blendte, mer blendte, ehr blendtet, se blendte;
- *(Konj. II):* ich blendte, ehr blendtet;
- *(Imp.):* blend! blendt!

bletze, bletzte, gebletz: *blitzen*	(114)
bliche, blech, gebleche: *bleichen*	(187)

blieve, blevv, geblevve: *bleiben* (29)

- *(Präs.):* ich blieve, do blie(v)s, hä bliev/bliet, mer blieve, ehr blie(v)t, se blieve;
- *(Prät.):* ich blevv, do blevvs, hä blevv, mer blevve, ehr blevvt, se blevve;
- *(Konj. II):* ich blevv, ehr blevvt;
- *(Imp.):* bliev! blie(v)t!

blinke, blinkte, geblink: *blinken*	(41)
blinzele, blinzelte, geblinzelt: *blinzeln*	(6)
blocke, blockte, geblock: *blocken*	(88)
blode, blodte, geblodt: *bluten*	(197)
blöhe, blöhte, geblöht: *blühen*	(37)
blöke, blökte, geblök: *blöken*	(178)
blökse, blökste, geblöks: *rülpsen, aufstoßen*	(87)

blose, blees, geblose: *blasen* (30)

- *(Präs.):* ich blose, do blies/blös, hä blies/blös, mer blose, ehr blost, se blose;
- *(Prät.):* ich blees, do blees, hä blees, mer bleese, ehr bleest, se bleese;
- *(Konj. II):* ich blees, ehr bleest;
- *(Imp.):* blos! blost!

blötsche, blötschte, geblötsch: *einbeulen, eindrücken* (110)
bluffe, blufte, gebluff: *bluffen* (27)
boche, bochte, geboch: *buchen* (123)
bocke, bockte, gebock: *bocken* (88)
böcke, böckte, geböck: *sich bücken* (88)

bohre, bohrte, gebohrt: *bohren* (31)
    (Präs.):   ich bohre, do bohrs, hä bohrt, mer bohre, ehr bohrt, se bohre;
    (Prät.):   ich bohrte, do bohrtes, hä bohrte, mer bohrte, ehr bohrtet, se bohrte;
    (Konj. II):   ich bohrte, ehr bohrtet;
    (Imp.):   bohr! bohrt!

böke, bökte, gebök: *blöken* (178)
bökse, bökste, geböks: *rülpsen, aufstoßen* (87)
boldere, bolderte, geboldert: *laut sein* (4)
bollere, bollerte, gebollert: *bollern* (4)
böllere, böllerte, geböllert: *böllern* (4)
bombardiere/~eere, bombardierte, bombardiert: *bombardieren* (3) (2)
bombe, bombte, gebomb: *bomben* (189)
bommele, bommelte, gebommelt: *baumeln* (6)
bööde, böödte, bööödt: *mit Bordüre einfassen* (197)
bööschte, geböösch: *bürsten* (19)

böße, bößte, geböß: *büßen* (32)
    (Präs.):   ich böße, do böß, hä böß, mer böße, ehr büßt, se böße;
    (Prät.):   ich bößte, do bößtes, hä bößte, mer bößte, ehr bößtet, se bößte;
    (Konj. II):   ich bößte, ehr bößtet;
    (Imp.):   böß! bößt!

boxe, boxte, gebox: *boxen* (71)

bränge, braht, gebraht: *bringen* (33)
    (Präs.):   ich bränge, do brängs, hä brängk, mer bränge, ehr brängt, se bränge;
    (Prät.):   ich braht, do brahts, hä braht, mer brahte, ehr braht, se brahte;
    (Konj. II):   ich bräht, ehr bräht;
    (Imp.):   bräng! brängt!

brasele, braselte, gebraselt: *brasseln* (6)
braue, braute, gebraut: *brauen* (11)
brause¹, brauste, gebraus: *brausen, eilen* (149)
brause², brauste, gebraus: *brausen, duschen* (149)

breche, broch, gebroche: *brechen* (34)
    (Präs.):   ich breche, do brichs, hä brich, mer breche, ehr brecht, se breche;
    (Prät.):   ich broch, do brochs, hä broch, mer broche, ehr brocht, se broche;
    (Konj. II):   ich bröch, ehr bröcht;
    (Imp.):   brech! brecht!

bremse, bremste, gebrems: *bremsen* (87)

brenne, brannt, gebrannt: *brennen* (35)
    (Präs.):   ich brenne, do brenns, hä brennt, mer brenne, ehr brennt, se brenne;
    (Prät.):   ich brannt, do brannts, hä brannt, mer brannte, ehr brannt, se brannte;
    (Konj. II):   ich brennt, ehr brennt;
    (Imp.):   brenn! brennt!

brocke, brockte, gebrock: *brocken* (88)
bröckele, bröckelte, gebröckelt: *bröckeln* (6)

brode, breedt, gebrode: *braten* (36)
    (Präs.):   ich brode, do bröds, hä bröd, mer brode, ehr brodt, se brode;
    (Prät.):   ich breedt, do breedts, hä breedt, mer breedte, ehr breedt, se breedte;
    (Konj. II):   ich breedt, ehr breedt;
    (Imp.):   brod! brodt!

bröde, brödte, gebrödt: *brüten* (197)
brodele, brodelte, gebrodelt: *brodeln* (6)
brödsche, brödschte, gebrödsch: *schmoren, braten* (110)

bröhe, bröhte, gebröht: *brühen* (37)
    (Präs.):   ich bröhe, do bröhs, hä bröht, mer bröhe, ehr bröht, se bröhe;
    (Prät.):   ich bröhte, do bröhtes, hä bröhte, mer bröhte, ehr bröhtet, se bröhte;
    (Konj. II):   ich bröhte, ehr bröhtet;
    (Imp.):   bröh! bröht!

brölle, bröllte, gebröllt: *brüllen* (91)
bröste, gebröss: *sich brüsten* (68)

bruche, broht, gebruch/gebroht: *brauchen, gebrauchen* **(38)**
    (Präs.):   ich bruche, do bruchs, hä bruch, mer bruche, ehr brucht/brutt, se bruche;
    (Prät.):   ich broht, do brohts, hä broht, mer brohte, ehr broht, se brohte;
    (Konj. II):   ich bröht, ehr bröht;
    (Imp.):   bruch! brucht/brutt!

bruddele, bruddelte, gebruddelt: *fehlerhaft arbeiten, schludern* (6)
brülle, brüllte, gebrüllt: *brüllen* (91)
brumme, brummte, gebrummp: *brummen* (40)
bruuse[1], bruuste, gebruus: *brausen, eilen* (149)
bruuse[2], bruuste, gebruus: *brausen, duschen* (149)
bubbele, bubbelte, gebubbelt: *plappern, sprechen* (6)
buddele, buddelte, gebuddelt: *buddeln* (6)
bügele, bügelte, gebügelt: *bügeln* (6)
bummele, bummelte, gebummelt: *bummeln* (6)
bumse, bumste, gebums: *bumsen* (87)
bunkere, bunkerte, gebunkert: *bunkern* (4)
bünne, bünnte, gebünnt: *dielen* (10)

bürge, bürgte, gebürg: *bürgen* **(39)**
    (Präs.):   ich bürge, do bürgs, hä bürg, mer bürge, ehr bürgt, se bürge;
    (Prät.):   ich bürgte, do bürgtes, hä bürgte, mer bürgte, ehr bürgtet, se bürgte;
    (Konj. II):   ich bürgte, ehr bürgtet;
    (Imp.):   bürg! bürgt!

büße, büßte, gebüß: *büßen* (32)
bustabiere/~eere, bustabierte, bustabiert: *buchstabieren* (3) (2)
bütze, bützte, gebütz: *küssen* (114)
büüle, büülte, gebüült: *beulen* (102)
chasse, chasste, gechass: *hinauswerfen, -befördern* (67)
checke, checkte, gecheck: *checken* (88)
daggele, daggelte, gedaggelt: *dackeln* (6)

dämme, dämmte, gedämmp: *dämmen* (40)
    (Präs.):   ich dämme, do dämms, hä dämmp, mer dämme, ehr dämmt, se dämme;
    (Prät.):   ich dämmte, do dämmtes, hä dämmte, mer dämmte, ehr dämmtet, se dämmte;
    (Konj. II):   ich dämmte, ehr dämmtet;
    (Imp.):   dämm! dämmt!

dämpe, dämpte, gedämp: *dampfen/dämpfen* (180)

danke, dankte, gedank: *danken* (41)
    (Präs.):   ich danke, do danks, hä dank, mer danke, ehr dankt, se danke;
    (Prät.):   ich dankte, do danktes, hä dankte, mer dankte, ehr danktet, se dankte;
    (Konj. II):   ich dankte, ehr danktet;
    (Imp.):   dank! dankt!

danze, danzte, gedanz: *tanzen* (42)
    (Präs.):   ich danze, do danz, hä danz, mer danze, ehr danzt, se danze;
    (Prät.):   ich danzte, do danztes, hä danzte, mer danzte, ehr danztet, se danzte;
    (Konj. II):   ich danzte, ehr danztet;
    (Imp.):   danz! danzt!

datiere/~eere, datierte, datiert: *datieren* (3) (2)

däue, däute/daut, gedäut/gedaut: *drücken* (43)
    (Präs.):   ich däue, do däus, hä däut, mer däue, ehr däut, se däue;
    (Prät.):   ich däute/daut, do däutes/dauts, hä däute/daut, mer däute/daute, ehr däutet/dautet, se däute/daute;
    (Konj. II):   ich däute, ehr däutet;
    (Imp.):   däu! däut!

däufe, däufte, gedäuf: *taufen* (108)
dauge, daugte, gedaug: *taugen* (103)
decke¹, deckte, gedeck: *decken* (88)
decke², deckte, gedeck: *dicken* (88)
deckele, deckelte, gedeckelt: *abkanzeln* (6)
deechte¹, gedeech: *(ab)dichten* (131)
deechte², gedeech: *dichten, reimen* (131)

deene, deente, gedeent: *dienen* (44)
    (Präs.):   ich deene, do deens, hä deent, mer deene, ehr deent, se deene;
    (Prät.):   ich deente, do deentes, hä deente, mer deente, ehr deentet, se deente;
    (Konj. II):   ich deente, ehr deentet;
    (Imp.):   deen! deent!

dehne, dehnte, gedehnt: *dehnen* (5)

deile, deilte, gedeilt: *teilen* (45)
    (Präs.):   ich deile, do deils, hä deilt, mer deile, ehr deilt, se deile;
    (Prät.):   ich deilte, do deiltes, hä deilte, mer deilte, ehr deiltet, se deilte;
    (Konj. II):   ich deilte, ehr deiltet;
    (Imp.):   deil! deilt!

denke, daach, gedaach: *denken* (46)
    (Präs.):   ich denke, do denks, hä denk, mer denke, ehr denkt, se denke;
    (Prät.):   ich daach, do daachs, hä daach, mer daachte, ehr daacht, se daachte;
    (Konj. II):   ich dääch, ehr däächt;
    (Imp.):   denk! denkt!

dichte[1], gedich: *(ab)dichten* (131)
dichte[2], gedich: *dichten, reimen* (131)
dille, dillte, gedillt: *dielen* (91)
dirigiere/~eere, dirigierte, dirigiert: *dirigieren* (3) (2)
diskutiere/~eere, diskutierte, diskutiert: *diskutieren* (3) (2)
disponiere/~eere, disponiert, disponiert: *disponieren* (3) (2)
döbbele, döbbelte, gedöbbelt: *würfeln* (6)
docke, dockte, gedock: *docken* (88)
döfte, gedöff: *duften* (89)
doktere, dokterte, gedoktert: *doktern* (4)
dolde, doldte, gedoldt: *dulden* (28)
dolle, dollte, gedollt: *tollen* (91)
donnere, donnerte, gedonnert: *donnern* (4)
doore[1], doote, gedoot: *(an)dauern* (134)
doore[2], doote, gedoot: *bedauern* (134)
dööschte, gedöösch: *dürsten* (19)
döppe, döppte, gedöpp: *koitieren* (75)

dörfe, dorf, gedorf: *dürfen* (47)
    (Präs.):   ich darf, do darfs, hä darf, mer dörfe, ehr dörft, se dörfe;
    (Prät.):   ich dorf, do dorfs, hä dorf, mer dorfte, ehr dorft, se dorfte;
    (Konj. II): ich dörf, ehr dörft

döse, döste, gedös: *dösen* (149)
dosiere/~eere, dosierte, dosiert: *dosieren* (3) (2)
dötze, dötzte, gedötz: *langsam gehen* (114)

drage, drog, gedrage: *tragen* (48)
    (Präs.):   ich drage, do drähs, hä dräht, mer drage, ehr draht, se drage;
    (Prät.):   ich drog, do drogs, hä drog, mer droge, ehr drogt, se droge;
    (Konj. II): ich drög, ehr drögt;
    (Imp.):   drag! draht!

dränge, drängte, gedrängk: *drängen* (49)
    (Präs.):   ich dränge, do drängs, hä drängk, mer dränge, ehr drängt, se dränge;
    (Prät.):   ich drängte, do drängtes, hä drängte, mer drängte, ehr drängtet, se drängte;
    (Konj. II): ich drängte, ehr drängtet;
    (Imp.):   dräng! drängt!

drängele, drängelte, gedrängelt: *drängeln* (6)
dränke, dränkte, gedränk: *tränken* (41)
dräue, dräute, gedräut: *drohen* (11)
dräume, dräumte, gedräump: *träumen* (122)
drelle, drellte, gedrellt: *drillen* (18)
dremsche, dremschte, gedremsch: *hüsteln* (110)

dresche, drosch, gedrosche: *dreschen* (50)
    (Präs.):   ich dresche, do drischs, hä drisch, mer dresche, ehr drescht, se dresche;
    (Prät.):   ich drosch, do droschs, hä drosch, mer drosche, ehr droscht, se drosche;
    (Konj. II): ich drösch, ehr dröscht;
    (Imp.):   dresch! drescht!

dressiere/~eere, dressierte, dressiert: *dressieren* (3) (2)
drieße, dress, gedresse: *scheißen* (25)

drieve, drevv, gedrevve: *treiben* (51)
    (Präs.):   ich drieve, do drievs, hä driev, mer drieve, ehr drievt, se drieve;
    (Prät.):   ich drevv, do drevvs, hä drevv, mer drevve, ehr drevvt, se drevve;
    (Konj. II):   ich drevv, ehr drevvt;
    (Imp.):   driev! drievt!

drihe, drihte, gedriht:: *drehen* (37)
drille, drillte, gedrillt: *drillen* (18)
dringe, drung, gedrunge: *dringen* (26)

drinke, drunk, gedrunke: *trinken* (52)
    (Präs.):   ich drinke, do drinks, hä drink, mer drinke, ehr drinkt, se drinke;
    (Prät.):   ich drunk, do drunks, hä drunk, mer drunke, ehr drunkt, se drunke;
    (Konj. II):   ich drünk, ehr drünkt;
    (Imp.):   drink! drinkt!

drocke, drockte, gedrock: *drucken* (88)
dröcke, dröckte, gedröck: *drücken* (88)
drohe, drohte, gedroht: *drohen* (37)
dröhne, dröhnte, gedröhnt: *dröhnen* (5)
dröppe, dröppte, gedröpp: *tropfen* (75)
dröppele, dröppelte, gedröppelt: *tröpfeln* (6)
drossele, drosselte, gedrosselt: *drosseln* (6)
dröve, drövte, gedröv: *trüben* (158)
drüge, drügte, gedrüg: *trocknen* (103)
dübbele, dübbelte, gedübbelt: *dübeln* (6)
ducke, duckte, geduck: *ducken* (88)
dückele, dückelte, gedückelt: *(ein)kuscheln* (6)
dudele, dudelte, gedudelt: *dudeln* (6)
dügge, düggte, gedügg: *deuten* (208)
dümpele, dümpelte, gedümpelt: *dümpeln* (6)

dun, dät, gedon: *tun* (53)
    (Präs.):   ich dun, do deis, hä deit, mer dun, ehr dot, se dun;
    (Prät.):   ich dät, do däts, hä dät, mer däte, ehr dät, se däte;
    (Konj. II):   ich dät, ehr dät;
    (Imp.):   dun! dot!

dünste, gedüns: *dünsten* (54)
    (Präs.):   ich dünste, do düns, hä düns, mer dünste, ehr dünst, se dünste;
    (Imp.):   düns! dünst!

durchfeuchte, durchgefeuch: *durchfeuchten* (131)
durchforste, durchfors: *durchforsten* (54)
durchfurche, durchfurchte, durchfurch: *durchfurchen* (123)
durchixe, ixte d., durchgeix: *durchixen* (71)
durchquere, durchquerte, durchquert: *durchqueren* (21)
durchschaue, durchschaute, durchschaut: *durchschauen* (11)
durchwintere, durchwinterte, durchwintert: *durchwintern* (4)
durchwitsche, witschte d., durchgewitsch: *durchwitschen* (110)

dürfe, durf, gedurf: *dürfen* (55)
    (Präs.):   ich darf, do darfs, hä darf, mer dürfe, ehr dürft, se dürfe;
    (Prät.):   ich durf, do durfs, hä durf, mer durfte, ehr durft, se durfte;
    (Konj. II):   ich dürf, ehr dürft

dusche, duschte, gedusch: *duschen* (110)
dusele, duselte, geduselt: *dösen* (6)

düüe, düüte, gedüüt: *tauen* (56)
    (Präs.):   ich düüe, do düüs, hä düüt, mer düüe, ehr düüt, se düüe;
    (Prät.):   ich düüte, do düütes, hä düüte, mer düüte, ehr düütet, se düüte;
    (Konj. II):   ich düüte, ehr düütet;
    (Imp.):   düü! düüt!

duure[1], duurte, geduurt: *(an)dauern* (100)
duure[2], duurte, geduurt: *bedauern* (100)
ehrze, ehrzte, geehrz: *siezen* (42)

eigne, sich, eignete, geeignet: *eignen, sich* (57)
    (Präs.):   ich eigne, do eignes, hä eignet, mer eigne, ehr eignet, se eigne;
    (Prät.):   ich eignete, do eignetes, hä eignete, mer eignete, ehr eignetet, se eignete;
    (Konj. II):   ich eignete, ehr eignetet;
    (Imp.):   eigne! eignet!

eine¹, einte, geeint: *einen*	(138)
einige, einigte, geeinig: *einigen*	(7)
eitere, eiterte, geeitert: *eitern*	(4)
enäschere, äscherte en, engeäschert: *einäschern*	(4)
enbuchte, engebuch: *einbuchten*	(1)
enbürgere, bürgerte en, engebürgert: *einbürgern*	(4)
ende, endte, geendt: *enden*	(28)
endeutsche, deutschte en, engedeutsch: *eindeutschen*	(110)
enenge, engte en, engeengk: *einengen*	(49)
enfäddeme, fäddemte en, engefäddemp: *einfädeln*	(144)
enferche, ferchte en, engeferch: *einpferchen*	(123)
enflöße, flößte en, engeflöß: *einflößen*	(32)
enhölle, höllte en, engehöllt: *einhüllen*	(91)
enkapsele, kapselte en, engekapselt: *einkapseln*	(6)
enkellere, kellerte en, engekellert: *einkellern*	(4)
enkerkere, kerkerte en, engekerkert: *einkerkern*	(4)
enkessele, kesselte en, engekessel: *einkesseln*	(6)
enklinke, klinkte en, engeklink: *einklinken*	(41)
enkölsche, kölschte en, engekölsch: *einkölschen*	(110)
enlulle, lullte en, engelullt: *einlullen*	(91)
enmotte, engemott: *einmotten*	(113)
enmumme, mummte en, engemummp: *einmumme(l)n*	(40)
enquartiere/~eere, quartierte en, enquartiert: *einquartieren*	(3) (2)
enschlöfere, schlöferte en, engeschlöfert: *einschläfern*	(4)
enschränke, schränkte en, engeschränk: *einschränken*	(41)
enschüchtere, schüchterte en, engeschüchtert: *einschüchtern*	(4)
enseife, seifte en, engeseif: *einseifen*	(108)
enstöpsele, stöpselte en, engestöpselt: *einstöpseln*	(6)
entrichtere, trichterte en, engetrichtert: *eintrichtern*	(4)
entscholdige, entscholdigte, entscholdig: *entschuldigen*	(7)
enwellige, welligte en, engewellig: *einwilligen*	(7)
enwinkele, winkelte en, engewinkelt: *einwinkeln*	(6)
enzäune, zäunte en, engezäunt: *einzäunen*	(138)
enzünge, züngte en, engezüngk: *einzäunen*	(26)
erbarme, erbarmte, erbarmp: *sich erbarmen*	(127)
erbeute, erbeut: *erbeuten*	(72)

erfresche, erfreschte, erfresch: *erfrischen*	(110)
ergänze, ergänzte, ergänz: *ergänzen*	(42)
ergattere, ergatterte, ergattert: *ergattern*	(4)
ergötze, ergötzte, ergötz: *ergötzen*	(114)
erinnere, erinnerte, erinnert: *erinnern*	(4)
erkunde, erkundte, erkundt: erkunden	(28)
erkundige, erkundigte, erkundig: *sich erkundigen*	(7)
erlaube, erlaubte, erlaub: *erlauben*	(189)
erledige, erledigte, erledig: *erledigen*	(7)
erleichtere, erleichterte, erleichtert: *erleichtern*	(4)
ermeddele, ermeddelte, ermeddelt: *ermitteln*	(6)
ermuntere, ermunterte, ermuntert: *ermuntern*	(4)
erniddrige, erniddrigte, erniddrig: *erniedrigen*	(7)

ernte, geernt: *ernten* (58)

(Präs.):	ich ernte, do ernts, hä ernt, mer ernte, ehr ernt, se ernte;
(Imp.):	ernt! ernt!

erobere, eroberte, erobert: *erobern*	(4)
erömlungere, lungerte e., erömgelungert: *herumlungern*	(4)
erömmemme, memmte e., erömgememmp: *herummemmen*	(40)
erreiche, erreichte, erreich: *erreichen*	(123)
erschüttere, erschütterte, erschüttert: *erschüttern*	(4)
erusklamüsere, klamüserte e., ~klamüsert: *herausklamüsern*	(4)
erve, ervte, geerv: *erben*	(66)
erwähne, erwähnte, erwähnt: *erwähnen*	(5)

esse, oß, gegesse: *essen* (59)

(Präs.):	ich esse, do iss, hä iss, mer esse, ehr esst, se esse;
(Prät.):	ich oß, do oß, hä oß, mer oße, ehr oßt, se oße;
(Konj. II):	ich öß, ehr ößt;
(Imp.):	ess! esst!

expliziere/~eere, explizierte, expliziert: *auseinandersetzen* (3) (2)

fäächte, gefochte: *fechten* (60)

(Präs.):	ich fäächte, do fäächs, hä fääch, mer fäächte, ehr fäächt, se fäächte;
(Imp.):	fääch! fäächt!

fäädige, fäädigte, gefäädig: *fertigen* (7)
faaste, gefaas: fasten (101)
fabriziere/~eere, fabrizierte, fabriziert: *fabrizieren* (3) (2)
fackele, fackelte, gefackelt: *fackeln* (6)
fäge, fägte, gefäg: *fegen* (103)

fähle, fählte, gefählt: *fehlen* (61)
    (Präs.):   ich fähle, do fähls, hä fählt, mer fähle, ehr fählt, se fähle;
    (Prät.):   ich fählte, do fähltes, hä fählte, mer fählte, ehr fähltet, se fählte;
    (Konj. II):   ich fählte, ehr fähltet;
    (Imp.):   fähl! fählt!

fahre, fuhr/fohr, gefahre: *fahren* (62)
    (Präs.):   ich fahre, do fäh(r)s, hä fäht, mer fahre, ehr faht, se fahre;
    (Prät.):   ich fuhr/fohr, do fuhrs/fohrs, hä fuhr/fohr, mer fuhre/fohre, ehr fuhrt/fohrt, se fuhre/fohre;
    (Konj. II):   ich führ, ehr führt;
    (Imp.):   fahr! faht!

falde, faldte, gefalde: *falten* (63)
    (Präs.):   ich falde, do falds, hä fald, mer falde, ehr faldt, se falde;
    (Prät.):   ich faldte, do faldtes, hä faldte, mer faldte, ehr faldtet, se faldte;
    (Konj. II):   ich faldte, ehr faldtet;
    (Imp.):   fald! faldt!

falle, feel, gefalle: *fallen* (64)
    (Präs.):   ich falle, do fälls, hä fällt, mer falle, ehr fallt, se falle;
    (Prät.):   ich feel, do feels, hä feel, mer feele, ehr feelt, se feele;
    (Konj. II):   ich feel, ehr feelt;
    (Imp.):   fall! fallt!

fälle, fällte, gefällt: *fällen* (91)
fälsche, fälschte, gefälsch: *fälschen* (110)

fange, fing, gefange: *fangen* (65)
    (Präs.):   ich fange, do fängs, hä fängk, mer fange, ehr fangt, se fange;
    (Prät.):   ich fing, do fings, hä fing, mer finge, ehr fingt, se finge;
    (Konj. II):   ich fing, ehr fingt;
    (Imp.):   fang! fangt!

färve, färvte, gefärv: *färben* **(66)**
    (Präs.):   ich färve, do färvs, hä färv, mer färve, ehr färvt, se färve;
    (Prät.):   ich färvte, do färvtes, hä färvte, mer färvte, ehr färvtet, se färvte;
    (Konj. II):   ich färvte, ehr färvtet;
    (Imp.):   färv! färvt!

fasse, fasste, gefass: *fassen* **(67)**
    (Präs.):   ich fasse, do fass, hä fass, mer fasse, ehr fasst, se fasse;
    (Prät.):   ich fasste, do fasstes, hä fasste, mer fasste, ehr fasstet, se fasste;
    (Konj. II):   ich fasste, ehr fasstet;
    (Imp.):   fass! fasst!

faste, gefass: *fasten* **(68)**
    (Präs.):   ich faste, do fass, hä fass, mer faste, ehr fast, se faste;
    (Imp.):   fass! fast!

fauche, fauchte, gefauch: *fauchen* (123)

fechte, gefochte: *fechten* **(69)**
    (Präs.):   ich fechte, do fechs, hä fech, mer fechte, ehr fecht, se fechte;
    (Imp.):   fech! fecht!

feddere, fedderte, gefeddert: *federn* (4)
feebere, feeberte, gefeebert: *fiebern* (4)
feere, feete, gefeet: *feiern* (2)
fesche, feschte, gefesch: *fischen, angeln* (110)
fette, gefett: *fetten* (113)
fetze, fetzte, gefetz: *sich streiten/prügeln/schlagen* (114)
feuere, feuerte, gefeuert: *feuern* (4)
feukele, feukelte, gefeukelt: *1. umsorgen; 2. schmeicheln* (6)
fiddele, fiddelte, gefiddelt: *fiedeln* (6)
fiebere, fieberte, gefiebert: *fiebern* (4)
fiele, fielte, gefielt: *feilen* (45)
fiepsche, fiepschte, gefiepsch: *fiepen* (110)
fiere, fierte, gefiert: *feiern* (3) (2)

filme, filmte, gefilmp: *filmen* (70)
    (Präs.):   ich filme, do films, hä filmp, mer filme, ehr filmt, se filme;
    (Prät.):   ich filmte, do filmtes, hä filmte, mer filmte, ehr filmtet, se filmte;
    (Konj. II):   ich filmte, ehr filmtet;
    (Imp.):   film! filmt!

filtere, filterte, gefiltert: *filtern* (4)
filze, filzte, gefilz: *filzen* (42)
finanziere/~eere, finanzierte, finanziert: *finanzieren* (3) (2)
finge, fung, gefunge: *finden* (26)
fingere, fingerte, gefingert: *fingern* (4)
firme, firmte, gefirmp: *firmen* (127)
fisele, fiselte, gefiselt: *nieseln* (6)
fispele, fispelte, gefispelt: *fispeln* (6)
fispere, fisperte, gefispert: tuscheln, *wispern* (4)
fisternölle, fisternöllte, fisternöllt: *basteln* (91)
fitsche, fitschte, gefitsch: (Bohnen) *schnitzeln* (110)

fixe, fixte, gefix: *Drogen spritzen* (71)
    (Präs.):   ich fixe, do fix, hä fix, mer fixe, ehr fixt, se fixe;
    (Prät.):   ich fixte, do fixtes, hä fixte, mer fixte, ehr fixtet, se fixte;
    (Konj. II):   ich fixte, ehr fixtet;
    (Imp.):   fix! fixt!

fläächte, geflääch: *flechten* (1)
flaadere, flaaderte, geflaadert: *flattern* (4)
flaastere, flaasterte, geflaastert: *fliegen, flattern* (4)
flackere, flackerte, geflackert: *flackern* (4)
fladdere, fladderte, gefladdert: *flattern* (4)
fläge, flägte, gefläg: *pflegen* (103)
flamme, flammte, geflammp: *flammen* (40)
flämme, flämmte, geflämmp: *flämmen* (40)
flaniere/~eere, flanierte, flaniert: *flanieren* (3) (2)
flanze, flanzte, geflanz: *pflanzen* (42)
flastere, flasterte, geflastert: *pflastern* (4)
flatsche, flatschte, geflatsch: *klatschend aufschlagen* (110)
fläze, fläzte, gefläz: *sich fläzen* (112)

flecke, fleckte, gefleck: *flicken*	(88)
fleege, flog, gefloge: *fliegen*	(16)
fleeße, floss, geflosse: *fließen*	(79)
flehe, flehte, gefleht: *flehen*	(37)
fletsche, fletschte, gefletsch: *fletschen*	(110)

fleute, gefleut: *flöten* (72)

(Präs.): ich fleute, do fleuts, hä fleut, mer fleute, ehr fleut, se fleute;
(Imp.): fleut! fleut!

flimmere, flimmerte, geflimmert; *flimmern*	(4)
flitsche, flitschte, geflitsch: *flitschen*	(110)
flitze, flitzte, geflitz: *flitzen*	(114)
floche, flochte, gefloch: *fluchen*	(123)
flöge, flögte, geflög: *pflügen*	(103)
flöppe, flöppte, geflöpp: *rauchen*	(75)
fluche, fluchte, gefluch: *fluchen*	(123)
flüchte, geflüch: *flüchten*	(131)
fluhe, fluhte, gefluht: *flöhen*	(37)
flunkere, flunkerte, geflunkert: *flunkern*	(4)
fluppe, fluppte, geflupp: *gelingen*	(75)
flüstere, flüsterte, geflüstert: *flüstern*	(4)
flute, geflut: *fluten*	(201)
flutsche, flutschte, geflutsch: *flutschen*	(110)
föge, fögte, gefög: *fügen*	(103)

föhle, föhlte/fohlt, geföhlt/gefohlt: *fühlen* (73)

(Präs.): ich föhle, do föhls, hä föhlt, mer föhle, ehr föhlt, se föhle;
(Prät.): ich föhlte/fohlt, do föhltes/fohlts, hä föhlte/fohlt, mer föhlte/fohlte, ehr fohlt, se föhlte/fohlte;
(Konj. II): ich föhlte, ehr föhlt;
(Imp.): föhl! föhlt!

föhre, foht, gefoht: *führen* (74)

(Präs.): ich föhre, do föhs, hä föht, mer föhre, ehr föht, se föhre;
(Prät.): ich foht, do fohts, hä foht, mer fohte, ehr foht, se fohte;
(Konj. II): ich föhte, ehr föht;
(Imp.): föhr! föht!

fohrwerke, fohrwerkte, gefohrwerk: *fuhrwerken* (41)
folge, folgte, gefolg: *folgen* (39)
fölle, föllte, geföllt: *füllen* (91)
foodere, fooderte, gefoodert: *futtern* (4)
föödere, fööderte, geföödert: *füttern* (4)

foppe, foppte, gefopp: *foppen* (75)
    (Präs.):   ich foppe, do fopps, hä fopp, mer foppe, ehr foppt, se foppe;
    (Prät.):   ich foppte, do fopptes, hä foppte, mer foppte, ehr fopptet, se foppte;
    (Konj. II):   ich foppte, ehr fopptet;
    (Imp.):   fopp! foppt!

fordere, forderte, gefordert: *fordern* (4)
fördere, förderte, gefördert: *fördern* (4)
forme, formte, geformp: *formen* (127)
formuliere/~eere, formulierte, formuliert: *formulieren* (3) (2)
forsche, forschte, geforsch: *forschen* (110)
fotografiere/~eere, fotografierte, fotografiert: *fotografieren* (3) (2)
franse, franste, gefrans: *fransen* (87)
fräse, fräste, gefräs: *fräsen* (149)
frecke, freckte, gefreck: *verrecken* (88)
freere, fror, gefrore: *frieren* (194)
freie, freite, gefreit: *freien* (11)
fresse, froß, gefresse: *fressen* (59)
freue, freute, gefreut: *freuen* (11)
frickele, frickelte, gefrickelt: *hantieren* (6)
friemele, friemelte, gefriemelt: *basteln* (6)
friere, fror, gefrore: *frieren* (195)
frimmele, frimmelte, gefrimmelt: *basteln* (6)
fringe, frung, gefrunge: *wringen* (26)
fringse, fringste, gefrings: *klauen* (87)

froge, frogte, gefrog: *fragen* (76)
    (Präs.):   ich froge, do frögs, hä frög, mer froge, ehr frogt, se froge;
    (Prät.):   ich frogte, do frogtes, hä frogte, mer frogte, ehr frogtet, se frogte;
    (Konj. II):   ich frogte, ehr frogtet;
    (Imp.):   frog! frogt!

fröhstöcke, fröhstöckte, gefröhstöck: *frühstücken* (88)
frößele, frößelte, gefrößelt: *hantieren* (6)
fuchse, fuchste, gefuchs: *ärgern* (87)
fuchtele, fuchtelte, gefuchtelt: *fuchteln* (6)
fuge, fugte, gefug: *fugen* (103)
führe, führte, geführt: *führen* (31)
fuhrwerke, fuhrwerkte, gefuhrwerk: *fuhrwerken* (41)
fülle, füllte, gefüllt: *füllen* (91)
fummele, fummelte, gefummelt: *fummeln* (6)
funke, funkte, gefunk: *funken* (41)
funkele, funkelte, gefunkelt: *funkeln* (6)
fusche, fuschte, gefusch: *pfuschen* (110)
fusele, fuselte, gefuselt: *fusseln* (6)
futze¹, futzte, gefutz: *furzen* (114)
fuule, fuulte, gefuult: *faulen* (102)
fuulenze, fuulenzte, gefuulenz: *faulenzen* (42)
fuutele, fuutelte, gefuutelt: *pfuschen* (im Spiel) (6)
gaffe, gaffte, gegaff: gaffen (27)
galoppiere/~eere, galoppierte, galoppiert: *galoppieren* (3) (2)
gammele, gammelte, gegammelt: *gammeln* (6)
gängele, gängelte, gegängelt: *gängeln* (6)
gappe, gappte, gegapp: *1. gähnen; 2. offen stehen, auseinander klaffen* (75)
gäre, gärte, gegärt: *gären* (21)
gaunere, gaunerte, gegaunert: *gaunern* (4)

gebäre, gebore: *gebären* **(77)**
   (Präs.):   ich gebäre, do gebärs, se gebärt, mer gebäre, ehr gebärt, se gebäre;
   (Imp.):   gebär! gebärt!

gedeihe, gedeihte, gedeiht: *gedeihen* **(78)**
   (Präs.):   ich gedeihe, do gedeihs, hä gedeiht, mer gedeihe, ehr gedeiht, se gedeihe;
   (Prät.):   ich gedeihte, do gedeihtes, hä gedeihte, mer gedeihte, ehr gedeihtet, se gedeihte;
   (Konj. II):   ich gedeihte, ehr gedeihtet

geeße, goss, gegosse: *gießen* (79)
    (Präs.):   ich geeße, do güüß, hä güüß, mer geeße, ehr geeßt, se geeße;
    (Prät.):   ich goss, do goss, hä goss, mer gosse, ehr gosst, se gosse;
    (Konj. II):   ich göss, ehr gösst;
    (Imp.):   geeß! geeßt!

(ge)höre, (ge)hoot/~hürt, gehoot/~hürt: *gehören* (179)
geistere, geisterte, gegeistert: *geistern* (4)

gelde, goldt, gegolde: *gelten* (80)
    (Präs.):   ich gelde, do gilds, hä gild, mer gelde, ehr geldt, se gelde;
    (Prät.):   ich goldt, do goldts, hä goldt, mer goldte, ehr goldt, se goldte;
    (Konj. II):   ich göld, ehr göldt

gelinge, gelung, gelunge: *gelingen* (26)
gelobe, gelobte, gelob: *geloben* (189)
gelöste, gelöss: *gelüsten* (152)
geneeße, genoss, genosse: *genießen* (79)
genehmige, genehmigte, genehmig: *genehmigen* (7)
geniere, genierte, geniert: *sich genieren* (3)
genöge, genögte, genög: *genügen* (103)
gerve, gervte, gegerv: *gerben* (66)

gevve, gov, gegovve/gegevve: *geben* (81)
    (Präs.):   ich gevve, do giss, hä gitt, mer gevve, ehr gevvt/gitt, se gevve;
    (Prät.):   ich gov, do govs, hä gov, mer gove, ehr govt, se gove;
    (Konj. II):   ich göv, ehr növt;
    (Imp.):   gevv! gevvt/gitt!

gewähre, gewährte, gewährt: *gewähren* (31)
geweddere, gewedderte, gewdedert: *gewittern* (4)

gewenne[1], gewonn, gewonne: *gewinnen* (82)
    (Präs.):   ich gewenne, do gewenns, hä gewennt, mer gewenne, ehr gewennt, se gewenne;
    (Prät.):   ich gewonn, do gewonns, hä gewonn, mer gewonne, ehr gewonnt, se gewonne;
    (Konj. II):   ich gewönn, ehr gewönnt;
    (Imp.):   gewenn! gewennt!

gewenne², gewennte, gewennt: *gewöhnen*	(10)
giefele, giefelte, gegiefelt: *übermütig kichern*	(6)
giffele, giffelte, gegiffelt: *übermütig kichern*	(6)
gipse, gipste, gegips: *gipsen*	(87)
gitsche, gitschte, gegitsch: *(Wasser) spritzen*	(110)
gläuve, gläuvte, gegläuv: *glauben*	(158)
gliche, glech, geglech: *gleichen, ähneln*	(187)
gliddere, gliddert, gegliddert: *gliedern*	(4)
glöcke, glöckte, geglöck: *glücken*	(88)
glöhe, glöhte, geglöht: *glühen*	(37)
glöhne, glöhnte, geglöhnt: *glühen*	(5)
glotze, glotzte, geglotz: *glotzen*	(114)
göbbele, göbbelte, gegöbbelt: *erbrechen*	(6)
gölpsche, gölpschte, gegölpsch: *rülpsen*	(110)

gonn, ging, gegange: *gehen* **(83)**
(Präs.):   ich gonn, do geihs, hä geiht, mer gonn, ehr goht, se gonn;
(Prät.):   ich ging, do gings, hä ging, mer ginge/gingke, ehr gingt, se ginge/gingke;
(Konj. II): ich ging, ehr gingt;
(Imp.):   gangk! goht!

gönne, gonnt, gegonnt/gegönnt: *gönnen* **(84)**
(Präs.):   ich gönne, do gönns, hä gönnt, mer gönne, ehr gönnt, se gönne;
(Prät.):   ich gonnt, do gonnts, hä gonnt, mer gonnte, ehr gonnt, se gonnte;
(Konj. II): ich gönnt, ehr gönnt;
(Imp.):   gönn! gönnt!

gööze, göözte, gegööz: *herumjammern*	(112)
grapsche, grapschte, gegrapsch: *grapschen*	(110)
grase, graste, gegras: *grasen*	(149)
graue, graute, gegraut: *grauen*	(11)

grave, grov, gegrave: *graben* **(85)**
(Präs.):   ich grave, do grävs, hä gräv, mer grave, ehr gravt, se grave;
(Prät.):   ich grov, do grovs, hä grov, mer grove, ehr grovt, se grove;
(Konj. II): ich gröv, ehr grövt;
(Imp.):   grav! gravt!

graviere/~eere, gravierte, graviert: *gravieren*	(3) (2)
grelle, grellte, gegrellt: *grillen*	(91)
grenze, grenzte, gegrenz: *grenzen*	(42)
gribbele, gribbelte, gegribbelt: *grübeln*	(6)

griefe, greff, gegreffe: *greifen* (86)

(Präs.):	ich griefe, do griefs, hä grief, mer griefe, ehr grieft, se griefe;
(Prät.):	ich greff, do greffs, hä greff, mer greffe, ehr grefft, se greffe;
(Konj. II):	ich greff, ehr grefft;
(Imp.):	grief! grieft!

griemele, griemelte, gegriemelt: *griemeln*	(6)
griemitzele, griemitzelte, gegriemitzelt: *griemeln*	(6)
grille, grillte, gegrillt: *grillen*	(91)
gringe, gringte, gegringk: *greinen*	(49)

grinse, grinste, gegrins: *grinsen* (87)

(Präs.):	ich grinse, do grins, hä grins, mer grinse, ehr grinst, se grinse;
(Prät.):	ich grinste, do grinstes, hä grinste, mer grinste, ehr grinstet, se grinste;
(Konj. II):	ich grinste, ehr grinstet;
(Imp.):	grins! grinst!

grisele, griselte, gegriselt: *rieseln*	(6)
grömmele, grömmelte, gegrömmelt: *krümeln*	(6)
gröne, grönte, gegrönt: *grünen*	(146)
größe, größte, gegröß: *grüßen*	(32)
grummele, grummelte, gegrummelt: *grummeln*	(6)
grümmele, grümmelte, gegrümmelt: *krümeln*	(6)
grunze, grunzte, gegrunz: *grunzen*	(42)
grusele, gruselte, gegruselt: *gruseln*	(6)
gutsche, gutschte, gegutsch: *gießen*	(110)
hääde, häädte, gehäädt: *härten*	(197)

hacke, hackte, gehack: *hacken* (88)
    (Präs.):   ich hacke, do hacks, hä hack, mer hacke, ehr hackt, se hacke;
    (Prät.):   ich hackte, do hacktes, hä hackte, mer hackte, ehr hacktet, se hackte;
    (Konj. II): ich hackte, ehr hacktet;
    (Imp.):   hack! hackt!

hafte[1], gehaff: *haften, festkleben* (89)
    (Präs.):   ich hafte, do haffs, hä haff, mer hafte, ehr haft, se hafte;
    (Imp.):   haff! haft!

hafte[2], gehaff: *haften* (89)
hagele, hagelte, gehagelt: hageln (6)
haggele, haggelte, gehaggelt: *ungleichmäßig (zer)hacken* (6)
häkele, häkelte, gehäkelt: *häkeln* (6)

halde, heeldt, gehalde: *halten* (90)
    (Präs.):   ich halde, do hälds, hä häld, mer halde, ehr haldt, se halde;
    (Prät.):   ich heeldt, do heeldts, hä heeldt, mer heeldte, ehr heeldt, se heeldte;
    (Konj. II): ich heeld, ehr heeldt;
    (Imp.):   hald! haldt!

halle, hallte, gehallt: *hallen* (91)
    (Präs.):   ich halle, do halls, hä hallt, mer halle, ehr hallt, se halle;
    (Prät.):   ich hallte, do halltes, hä hallte, mer hallte, ehr halltet, se hallte;
    (Konj. II): ich hallte, ehr halltet;
    (Imp.):   hall! hallt!

hämmere, hämmerte, gehämmert: *hämmern* (4)
hamstere, hamsterte, gehamstert: *hamstern* (4)

han, hatt, gehatt: *haben, besitzen* (92)
    (Präs.):   ich han, do häs, hä hät, mer han, ehr hat, se han;
    (Prät.):   ich hatt, do hatts, hä hatt, mer hatte, ehr hatt, se hatte;
    (Konj. II): ich hätt, ehr hätt;
    (Imp.):   han! hat!

handele, handelte, gehandelt: *handeln* (6)
hange, hing, gehange: *hängen* (65)

hänge, hängte, gehängk: *hängen* (49)
hantiere/~eere, hantierte, hantiert: *hantieren* (3) (2)

harre, harrte, geharr: *harren* **(93)**
    (Präs.):   ich harre, do harrs, hä harrt, mer harre, ehr harrt, se harre;
    (Prät.):   ich harrte, do harrtes, hä harrte, mer harrte, ehr harrtet, se harrte;
    (Konj. II): ich harrte, ehr harrtet;
    (Imp.):   harr! harrt!

haspele, haspelte, gehaspelt: *haspeln* (6)
hasse, hasste, gehass: *hassen* (67)
haste, gehass: *hasten* (68)
hätschele, hätschelte, gehätschelt: *hätscheln* (6)
hätze, hätzte, gehätz: *herzen* (114)
hauche, hauchte, gehauch: *hauchen* (123)

haue, haute, gehaue/gehaut: *hauen* **(94)**
    (Präs.):   ich haue, do haus, hä haut, mer haue, ehr haut, se haue;
    (Prät.):   ich haute, do hautes, hä haute, mer haute, ehr hautet, se haute;
    (Konj. II): ich haute, ehr hautet;
    (Imp.):   hau! haut!

häufe, häufte, gehäuf: *häufen* (108)
häufele, häufelte, gehäufelt: *häufeln* (6)
hausiere/~eere, hausierte, hausiert: hausieren (3) (2)
hechele, hechelte, gehechelt: *hecheln* (6)
hefte, geheff: *heften* (89)
hegge, heggte, gehegg: *hecken* (88)
heile, heilte, geheilt: *heilen* (45)

heische, heesch, geheische: *heischen, fordern* **(95)**
    (Präs.):   ich heische, do heischs, hä heisch, mer heische, ehr heischt, se heische;
    (Prät.):   ich heesch, do heeschs, hä heesch, mer heesche, ehr heescht, se heesche;
    (Konj. II): ich heesch, ehr heescht;
    (Imp.):   heisch! heischt!

heiße, heeß, geheiße: *heißen* (96)
    (Präs.):   ich heiße, do heiß, hä heiß, mer heiße, ehr heißt, se heiße;
    (Prät.):   ich heeß, do heeß, hä heeß, mer heeße, ehr heeßt, se heeße;
    (Konj. II):   ich heeß, ehr heeßt

heize, heizte, geheiz: *heizen* (112)

helfe, holf, geholfe: *helfen* (97)
    (Präs.):   ich helfe, do hilfs, hä hilf, mer helfe, ehr helft, se helfe;
    (Prät.):   ich holf, do holfs, hä holf, mer holfe, ehr holft, se holfe;
    (Konj. II):   ich hülf, ehr hülft;
    (Imp.):   helf! helft!

hemsche, hemschte, gehemsch: *1. sich räuspern; 2. hüsteln* (110)
herrsche, herrschte, geherrsch: *herrschen* (110)
hetze, hetzte, gehetz: *hetzen* (114)
heuchele, heuchelte, geheuchelt: *heucheln* (6)
heuere, heuerte, geheuert: *heuern* (4)

hevve, hovv, gehovve: *heben* (98)
    (Präs.):   ich hevve, do hivvs, hä hivv, mer hevve, ehr hevvt, se hevve;
    (Prät.):   ich hovv, do hovvs, hä hovv, mer hovve, ehr hovvt, se hovve;
    (Konj. II):   ich hövv, ehr hövvt;
    (Imp.):   hevv! hevvt!

hexe, hexte, gehex: *hexen* (71)
hierode, hierodte, gehierodt: *heiraten* (197)
himmele, himmelte, gehimmelt: *1. kaputt gehen; 2. kaputt machen* (6)
hindere, hinderte, gehindert: *hindern* (4)
hinke, hinkte, gehink: *hinken* (41)
hisse, hisste, gehiss: *hissen* (67)
höde, hödte, gehödt: *hüten* (197)
hoffe, hoffte, gehoff: *hoffen* (27)
höggele, höggelte, gehöggelt: *koitieren* (6)
höhle, höhlte, gehöhlt: *(aus)höhlen* (61)
hoke, hokte, gehok: *haken* (178)

holle, hollt, gehollt: *holen* (99)
    (Präs.):   ich holle, do hölls, hä höllt, mer holle, ehr hollt, se holle;
    (Prät.):   ich hollt, do hollts, hä hollt, mer hollte, ehr holltet, se hollte;
    (Konj. II): ich höllt, ehr höllt;
    (Imp.):   holl! hollt!

hööre, höörte, gehöört: *haaren* (100)
    (Präs.):   ich hööre, do höörs, hä höört, mer hööre, ehr höört, se hööre;
    (Prät.):   ich höörte, do höörtes, hä höörte, mer höörte, ehr höörtet, se höörte;
    (Konj. II): ich höörte, ehr höörtet;
    (Imp.):   höör! höört!

höppe, höppte, gehöpp: *hüpfen* (75)
hoppele, hoppelte, gehoppelt: *hoppeln* (6)
hopse, hopste, gehops: *hopsen* (87)
horche, horchte, gehorch: horchen, *lauschen* (123)
höre, hoot/hürte, gehoot/gehürt: *hören* (179)

hoste, gehos: *husten* (101)
    (Präs.):   ich hoste, do hos, hä hos, mer hoste, ehr host, se hoste;
    (Imp.):   hos! host!

hubbele, hubbelte, gehubbelt: *hobeln* (6)
hucke, huckte, gehuck: *hocken* (88)
huddele, huddelte, gehuddelt: *hudeln* (6)
hügge, hüggte, gehügg: *häuten* (208)
humme, hummte, gehummp: *summen* (40)
humpele, humpelte, gehumpelt: *humpeln* (6)
hungere, hungerte, gehungert: *hungern* (4)
hupe, hupte, gehup: *hupen* (75)
hure, hurte, gehurt: *huren* (21)
hüre, hürte/hoot, gehürt/gehoot: *hören* (21)
hutsche, hutschte, gehutsch: *hocken* (110)

hüüle, hüülte, gehüült: *heulen* (102)
(Präs.): ich hüüle, do hüüls, hä hüült, mer hüüle, ehr hüült, se hüüle;
(Prät.): ich hüülte, do hüültes, hä hüülte, mer hüülte, ehr hüültet, se hüülte;
(Konj. II): ich hüülte, ehr hüültet;
(Imp.): hüül! hüült!

huuse, huuste, gehuus: *hausen* (149)
iefere, ieferte, geiefert: *eifern* (4)
iele, ielte, geielt: *eilen* (45)
iespele, iespelte, geiespelt: *Eis regnen, graupeln* (6)
iggele, iggelte, geiggelt: *nervös agieren* (6)
ihre, ihrte, geihrt: *ehren* (31)
imfe, imfte, geimf: *impfen* (105)
installiere/~eere, installierte, installiert: *installieren* (3) (2)
interessiere/~eere, interessierte, interessiert: *interessieren* (3) (2)
interpretiere/~eere, interpretierte, interpretiert: *interpretieren* (3) (2)
irre, irrte, geirr: *irren* (93)
isoliere/~eere, isolierte, isoliert: *isolieren* (3) (2)

jage, jagte, gejag: *jagen* (103)
(Präs.): ich jage, do jags, hä jag, mer jage, ehr jagt, se jage;
(Prät.): ich jagte, do jagtes, hä jagte, mer jagte, ehr jagtet, se jagte;
(Konj. II): ich jagte, ehr jagtet;
(Imp.): jag! jagt!

jammere, jammerte, gejammert: *jammern* (4)
jäte, gejät: *jäten* (201)
jaule, jaulte, gejault: *jaulen* (45)
jöcke[1], jöckte, gejöck: *eilen* (88)
jöcke[2], jöckte, gejöck: *jucken* (88)
jöcke[3], jöckte, gejöck: *stehlen* (88)
jöhre, jöhrte, gejöhrt: *jähren* (31)
jöömere, jöömerte, gejöömert: *jammern* (4)
jubele, jubelte, gejubelt: *jubeln* (6)
jüddele, jüddelte, gejüddelt: *handeln* (6)
junkere, junkerte, gejunkert: *kläglich heulen* (4)
juuze, juuzte, gejuuz: *jauchzen* (112)

juxe, juxte, gejux: *scherzen*	(71)
kaare, kaarte, gekaart: *karren*	(100)
kaaschte, gekaasch: *hacken*	(19)

kaate, gekaat: *Karten spielen* (104)

(Präs.):   ich kaate, do kaats, hä kaat, mer kaate, ehr kaat, se kaate;
(Imp.):   kaat! kaat!

käbbele, käbbelte, gekäbbelt: *sich zanken*	(6)
käche, kächte, gekäch: *keuchen*	(123)
kachele, kachelte, gekachelt: *kacheln*	(6)
kacke, kackte, gekack: *kacken*	(88)
kägele, kägelte, gekägelt: *kegeln*	(6)
kakele, kakelte, gekakelt: *gackern*	(6)
kalke, kalkte, gekalk: *kalken*	(41)
kälke, kälkte, gekälk: *kalken*	(41)
kalkuliere/~eere, kalkulierte, kalkuliert: *kalkulieren*	(3) (2)
kalle, kallte, gekallt: sprechen, *reden*	(91)
kalve, kalvte, gekalv: *kalben*	(66)
kamesǫle, kamesǫlte, kamesǫlt: *prügeln*	(148)

kämfe, kämfte, gekämf: *kämpfen* (105)

(Präs.):   ich kämfe, do kämfs, hä kämf, mer kämfe, ehr kämft, se kämfe;
(Prät.):   ich kämfte, do kämftes, hä kämfte, mer kämfte, ehr kämftet, se kämfte;
(Konj. II): ich kämfte, ehr kämftet;
(Imp.):   kämf! kämft!

kämme, kämmte, gekämmp: *kämmen*	(40)
kapiere/~eere, kapierte, kapiert: *kapieren*	(3) (2)
kappe, kappte, gekapp: kappen	(75)
karessiere/~eere, karessierte, karessiert: *karessieren, eine Liebschaft haben*	(3) (2)
kassiere/~eere, kassierte, kassiert: *kassieren*	(3) (2)
katsche, katschte, gekatsch: *kerben*	(110)
käue, käute, gekäut: *kauen*	(11)

kaufe, kaufte, gekauf: *kaufen* (106)
   (Präs.):   ich kaufe, do käufs, hä käuf, mer kaufe, ehr kauft, se kaufe;
   (Prät.):   ich kaufte, do kauftes, hä kaufte, mer kaufte, ehr kauftet, se kaufte;
   (Konj. II): ich kaufte, ehr kauftet;
   (Imp.):   kauf! kauft!

kaviere/~eere, kavierte, kaviert: *zusichern* (3) (2)
kehre¹, kehrte, gekehrt: *kehren* (31)
kehre², kehrte, gekehrt: *kehren* (31)
keile, keilte, gekeilt: *sich keilen/prügeln/raufen* (45)
kenne, kannt, gekannt: *kennen* (35)

kerre, kehrte, gekehrt: *kehren, fegen* (107)
   (Präs.):   ich kehre, do kehrs, hä kehrt, mer kehre, ehr kehrt, se kehre;
   (Prät.):   ich kehrte, do kehrtes, hä kehrte, mer kehrte, ehr kehrtet, se kehrte;
   (Konj. II): ich kehrte, ehr kehrtet;
   (Imp.):   kehr! kehrt!

kerve, kervte, gekerv: *kerben* (66)
kette, ~gekett: *ketten* (113)
kevvere, kevverte, gekevvert: *kernen* (4)
kicke¹, kickte, gekick: *gucken* (88)
kicke², kickte, gekick: *kicken* (88)
kiele¹, kielte, gekielt: *keilen* (45)
kiele², keilte, gekeilt: *sich keilen/prügeln/raufen* (45)
kieme, kiemte, gekiemp: *keimen* (122)
kieve, kievte, gekiev: *keifen* (158)
kimmele, kimmelte, gekimmelt: *essen* (6)
kippe, kippte, gekipp: *kippen* (75)
kirve, kirvte, gekirv: *kerben* (66)
kitte, gekitt: *kitten* (113)
kitzele, kitzelte, gekitzelt: *kitzeln* (6)
kivvere, kivverte, gekivvert: *kernen* (4)

klaafe, klaafte, geklaaf: *erzählen* (108)
(Präs.): ich klaafe, do klaafs, hä klaaf, mer klaafe, ehr klaaft, se klaafe;
(Prät.): ich klaafte, do klaaftes, hä klaafte, mer klaafte, ehr klaaftet, se klaafte;
(Konj. II): ich klaafte, ehr klaaftet;
(Imp.): klaaf! klaaft!

klabastere, klabasterte, klabastert: *klabastern*	(4)
kläbbele, kläbbelte, gekläbbelt: *beschmutzen*	(6)
kladunjele, kladunjelte, kladunjelt: *sich schminken/herausputzen*	(6)
klaffe, klaffte, geklaff: *klaffen*	(27)
kläffe, kläffte, gekläff: *kläffen*	(27)
klage, klagte, geklag: *klagen*	(103)
klammere, klammerte, geklammert: *klammern*	(4)
klappe, klappte, geklapp: *klappen*	(75)
klappere, klapperte, geklappert: *klappern*	(4)
kläre, klärte, geklärt: *klären*	(21)
klatsche, klatschte, geklatsch: *klatschen*	(110)
klätsche, klätschte, geklätsch: *klatschen*	(110)
kläue, kläute, gekläut: *klauen*	(11)
kleide, kleidte, gekleidt: *kleiden*	(197)
kleistere, kleisterte, gekleistert: *kleistern*	(4)

klemme[1], klomm, geklomme: *klimmen, klettern* (109)
(Präs.): ich klemme, do klemms, hä klemmp, mer klemme, ehr klemmt, se klemme;
(Prät.): ich klomm, do klomms, hä klomm, mer klomme, ehr klommt, se klomme;
(Konj. II): ich klömm, ehr klömmt;
(Imp.): klemm! klemmt!

klemme[2], klemmte, geklemmp: *klemmen*	(40)
klevve, klävte, gekläv: *kleben*	(22)
klicke, klickte, geklick: *klicken*	(88)
klimpere, klimperte, geklimpert: *klimpern*	(4)
klinge, klung, geklunge: *klingen*	(26)
klingele, klingelte, geklingelt: *klingeln*	(6)
kloppe, kloppte, geklopp: *klopfen*	(75)
klöppele, klöppelte, geklöppelt: *klöppeln*	(6)
klöre, klörte, geklört: *kolorieren, bunt färben*	(21)

klumpe, klumpte, geklump: *klumpen* (180)
klüngele, klüngelte, geklüngelt: *klüngeln* (6)

knaatsche, knaatschte, geknaatsch: *weinen* (110)
(Präs.):   ich knaatsche, do knaatschs, hä knaatsch, mer knaatsche, ehr knaatscht, se knaatsche;
(Prät.):   ich knaatschte, do knaatschtes, hä knaatschte, mer knaatschte, ehr knaatschtet, se knaatschte;
(Konj. II):   ich knaatschte, ehr knaatschtet;
(Imp.):   knaatsch! knaatscht!

knäbbele, knäbbelte, geknäbbelt: *1. knabbern; 2. sich zanken* (6)
knabbere, knabberte, geknabbert: *knabbern* (4)
knacke, knackte, geknack: *knacken* (88)
knackse, knackste, geknacks: *knacksen, knacken* (87)
knage, knagte, geknag: *nagen* (103)
knalle, knallte, geknallt: *knallen* (91)
knappe, knappte, geknapp: *knacken* (75)
knapse, knapste, geknaps: *knapsen* (87)
knase, knaste, geknas: *kleckern* (149)
knatsche, knatschte, geknatsch: *knatschen* (110)
knäuele, knäuelte, geknäuelt: *1. knäueln; 2. herumknabbern* (6)

knedde, geknedt: *kneten* (111)
(Präs.):   ich knedde, do knedds, hä knedd, mer knedde, ehr knedt, se knedde;
(Prät.):   ich knedte, do knedtes, hä knedte, mer knedte, ehr knedtet, se knedte;
(Konj. II):   ich knedte, ehr knedtet;
(Imp.):   knedd! knedt!

kneee, kneete, gekneet: *knien* (56)
kneene, kneente, gekneent: *knien* (44)
knespele, knespelte, geknespelt: *basteln* (6)
knestere, knesterte, geknestert: *knistern* (4)
knetsche, knetschte, geknetsch: *kneten* (110)
knibbele, knibbelte, geknibbelt: *knibbeln* (6)
knicke, knickte, geknick: *knicken* (88)
kniefe, kneff, gekneffe: *kneifen; 1.zwicken; 2. sich vor etw. drücken* (86)
kniepe, kniepte, gekniep: *zwinkern* (75)
knipse[1], knipste, geknips: *knipsen* (87)

knipse², knipste, geknips: *knipsen, fotografieren*	(87)
knobele, knobelte, geknobelt: *knobeln*	(6)
knöddele, knöddelte, geknöddelt: *knoten*	(6)
knöppe, knöppte, geknöpp: *knöpfen*	(75)
knottere, knotterte, geknottert: *vor sich hin schimpfen, maulen*	(4)
knubbele, knubbelte, geknubbelt: *sich knubbeln, drängen*	(6)
knuddele, knuddelte, geknuddelt: *knuddeln*	(6)
knuppe, knuppte, geknupp: *knuffen*	(75)
knüsele, knüselte, geknüselt: *beschmieren*	(6)
knuspere, knusperte, geknuspert: *knuspern*	(4)
knutsche, knutschte, geknutsch: *knutschen, küssen*	(110)
knuutsche, knuutschte, geknuutsch: *knautschen*	(110)
knuuve, knuuvte, geknuuv: *liebhalten; basteln*	(158)
knuuze, knuuzte, geknuuz: *puffen, stoßen*	(112)
knüüze, knüüzte, geknüüz: *begatten, bespringen*	(112)
knüvvele, knüvvelte, geknüvvelt: *liebkosen*	(6)
koche, kochte, gekoch: *kochen*	(123)
köhle, köhlte, geköhlt: *kühlen*	(61)
kommandiere/~eere, kommandierte, kommandiert: *kommandieren*	(3) (2)
kömmere, kömmerte, gekömmert: *kümmern*	(4)
kondoliere/~eere, kondolierte, kondoliert: *kondolieren*	(3) (2)
konkerriere/~eere, konkurrierte, konkurriert: *konkurrieren*	(3) (2)
kontrolliere/~eere, kontrollierte, kontrolliert: *kontrollieren*	(3) (2)

kööze, köözte, gekööz: *kürzen* (112)

    (Präs.):   ich kööze, do kööz, hä kööz, mer kööze, ehr köözt, se kööze;
    (Prät.):   ich köözte, do kööztes, hä köözte, mer köözte, ehr kööztet, se köözte;
    (Konj. II): ich köözte, ehr kööztet;
    (Imp.):   kööz! köözt!

köppe, köppte, geköpp: *köpfen*	(75)
koste¹, gekoss: *kosten* (Preis)	(68)
koste², gekoss: *kosten, probieren*	(68)

kötte, gekött: *betteln* (113)

    (Präs.):   ich kötte, do kötts, hä kött, mer kötte, ehr kött, se kötte;
    (Imp.):   kött! kött!

kotze, kotzte, gekotz: *kotzen*	(114)
kraache, kraachte, gekraach: *krachen*	(123)
krabbele, krabbelte, gekrabbelt: *krabbeln*	(6)
krakeele, krakeelte, krakeelt: *krakeelen*	(102)
kralle, krallte, gekrallt: *krallen*	(91)
kränkele, kränkelte, gekränkelt: *kränkeln*	(6)
kränze, kränzte, gekränz: *(be)kränzen*	(42)

kratze, kratzte, gekratz: *kratzen* (114)

(Präs.):	ich kratze, do kratz, hä kratz, mer kratze, ehr kratzt, se kratze;
(Prät.):	ich kratzte, do kratztes, hä kratzte, mer kratzte, ehr kratztet, se kratzte;
(Konj. II):	ich kratzte, ehr kratztet;
(Imp.):	kratz! kratzt!

kraue, kraute, gekraut: *kraulen*	(11)
kräuele, kräuelte, gekräuelt: *kraulen*	(6)
kraule[1], kraulte, gekrault: *kraulen*	(45)
kraule[2], kraulte, gekrault: *kraulen* (Schwimmstil)	(45)

kreeche, kroch, gekroche: *kriechen* (115)

(Präs.):	ich kreeche, do kreechs, hä kreech, mer kreeche, ehr kreecht, se kreeche;
(Prät.):	ich kroch, do krochs, hä kroch, mer kroche, ehr krocht, se kroche;
(Konj. II):	ich kröch, ehr kröcht;
(Imp.):	kreech! kreecht!

kreege, kreegte, gekreeg: *kriegen*	(103)
kreise, kreiste, gekreis: *kreisen*	(149)
krempele, krempelte, gekrempelt: *krempeln*	(6)
kreuzige, kreuzigte, gekreuzig: *kreuzigen*	(7)
kribbele, kribbelte, gekribbelt: *kribbeln*	(6)

kriesche, kresch, gekresche: *weinen* (116)

(Präs.):	ich kriesche, do krieschs, hä kriesch, mer kriesche, ehr kriescht, se kriesche;
(Prät.):	ich kresch, do kreschs, hä kresch, mer kresche, ehr krescht, se kresche;
(Konj. II):	ich kresch, ehr krescht;
(Imp.):	kriesch! kriescht!

krige, kräg/kräht, (ge)kräg(e)/(ge)kräht: *1. kriegen, bekommen; 2. greifen, fangen* **(117)**
(Präs.):   ich krige, do kriss, hä kritt, mer krige, ehr kritt, se krige;
(Prät.):   ich kräg/kräht, do krägs/krähts, hä kräg/kräht, mer kräge/krähte, ehr krägt/kräht, se kräge/krähte;
(Konj. II):   ich kräg/kräht, ehr krägt/kräht;
(Imp.):   krig! kritt!

krihe, krihte, gekriht: *krähen* (37)
kringele, kringelte, gekringelt: *kringeln* (6)
kritzele, kritzelte, gekritzelt: *kritzeln* (6)
krölle, kröllte, gekröllt: *kräuseln* (91)

krǫme, krǫmte, gekrǫmp: *kramen* **(118)**
(Präs.):   ich krǫme, do krǫms, hä krǫmp, mer krǫme, ehr krǫmt, se krǫme;
(Prät.):   ich krǫmte, do krǫmtes, hä krǫmte, mer krǫmte, ehr krǫmtet, se krǫmte;
(Konj. II):   ich krǫmte, ehr krǫmtet;
(Imp.):   krǫm! krǫmt!

krömme, krömmte, gekrömmp: *krümmen* (40)
krönzele, krönzelte, gekrönzelt: *sich herausputzen, schminken* (6)
kröötsche, kröötschte, gekröötsch: *kränkeln* (110)
krǫse, krǫste, gekrǫs: *wühlen* (149)

kruffe, kroff, gekroffe: *kriechen* **(119)**
(Präs.):   ich kruffe, do krüffs, hä krüff, mer kruffe, ehr krufft, se kruffe;
(Prät.):   ich kroff, do kroffs, hä kroff, mer kroffe, ehr krofft, se kroffe;
(Konj. II):   ich kröff, ehr kröfft;
(Imp.):   kruff! krufft!

krugge, kruggte, gekrugg: *jäten* (208)
krünkele, krünkelte, gekrünkelt: *knittern* (6)
krüsele, krüselte, gekrüselt: *kräuseln* (6)
krütze, krützte, gekrütz: *kreuzen* (114)
kugele, kugelte, gekugelt: *kugeln* (6)
kujoniere/~eere, kujonierte, kujoniert: *ärgern* (3) (2)

kumme, kǫm, (ge)kumme: *kommen* (120)
    (Präs.):   ich kumme, do küss, hä kütt, mer kumme, ehr kutt, se kumme;
    (Prät.):   ich kǫm, do kǫms, hä kǫm, mer kǫme, ehr kǫmt, se kǫme;
    (Konj. II):   ich kǫ̈m, ehr kǫ̈mt;
    (Imp.):   kumm! kutt!

künde, kündte, gekündt: *künden* (28)
kündige, kündigte, gekündig: *kündigen* (7)
kundschafte, gekundschaff: *kundschaften* (89)

künne, kunnt, gekunnt: *können* (121)
    (Präs.):   ich kann, do kanns, hä kann, mer künne, ehr künnt, se künne;
    (Prät.):   ich kunnt, do kunnts, hä kunnt, mer kunnte, ehr kunnt, se kunnte;
    (Konj. II):   ich künnt, ehr künnt

kuppe, kuppte, gekupp: *aufhäufen* (75)
kuppele, kuppelte, gekuppelt: *kuppeln* (6)
kuriere/~eere, kurierte, kuriert: *kurieren* (3) (2)
kurve, kurvte, gekurv: *kurven* (66)
kurvele, kurvelte, gekurvelt: *kurbeln* (6)
kusche, kuschte, gekusch: *kuschen* (110)
ku<u>sch</u>ele, ku<u>sch</u>elte, geku<u>sch</u>elt: *kuscheln* (6)

küüme, küümte, geküümp: *jammern, stöhnen* (122)
    (Präs.):   ich küüme, do küüms, hä küümp, mer küüme, ehr küümt, se küüme;
    (Prät.):   ich küümte, do küümtes, hä küümte, mer küümte, ehr küümtet, se küümte;
    (Konj. II):   ich küümte, ehr küümtet;
    (Imp.):   küüm! küümt!

laache, laachte, gelaach: *lachen* (123)
    (Präs.):   ich laache, do laachs, hä laach, mer laache, ehr laacht, se laache;
    (Prät.):   ich laachte, do laachtes, hä laachte, mer laachte, ehr laachtet, se laachte;
    (Konj. II):   ich laachte, ehr laachtet;
    (Imp.):   laach! laacht!

labbele, labbelte, gelabbelt: *labbern* (6)
lab<u>o</u>riere/~eere, lab<u>o</u>rierte, lab<u>o</u>riert: *laborieren* (3) (2)
lack<u>ie</u>re/~eere, lackierte, lackiert: *lackieren* (3) (2)

lade, lod, gelade: *laden* (124)
(Präs.): ich lade, do läds, hä läd, mer lade, ehr ladt, se lade;
(Prät.): ich lod, do lods, hä lod, mer lode, ehr lodt, se lode;
(Konj. II): ich löd, ehr lödt;
(Imp.): lad! ladt!

lädiere/~eere, lädierte, lädiert: *lädieren* (3) (2)

läge, laht, gelaht/geläg: *legen* (125)
(Präs.): ich läge, do lägs/lähs, hä läg/läht, mer läge, ehr lägt/läht, se läge;
(Prät.): ich laht, do lahts, hä laht, mer lahte, ehr laht, se lahte;
(Konj. II): ich läht, ehr lägt/läht;
(Imp.): läg! lägt/läht!

lagere, lagerte, gelagert: *lagern* (4)

lahme, lahmte, gelahmp: *lahmen* (126)
(Präs.): ich lahme, do lahms, hä lahmp, mer lahme, ehr lahmt, se lahme;
(Prät.): ich lahmte, do lahmtes, hä lahmte, mer lahmte, ehr lahmtet, se lahmte;
(Konj. II): ich lahmte, ehr lahmtet;
(Imp.): lahm! lahmt!

lähne, lähnte, gelähnt: *lehnen* (5)
lamentiere/~eere, lamentierte, lamentiert: *lamentieren* (3) (2)
lämpe, lämpte, gelämp: *schlaff herunterhängen, zipfeln* (180)
lange, langte, gelangk: *ohrfeigen* (49)
länge, längte, gelängk: *längen* (49)
lappe[1], lappte, gelapp: *sohlen* (75)
lappe[2], lappte, gelapp: *sich leisten* (75)
läppere, läpperte, geläppert: *sich läppern* (4)

lärme, lärmte, gelärmp: *lärmen* (127)
(Präs.): ich lärme, do lärms, hä lärmp, mer lärme, ehr lärmt, se lärme;
(Prät.): ich lärmte, do lärmtes, hä lärmte, mer lärmte, ehr lärmtet, se lärmte;
(Konj. II): ich lärmte, ehr lärmtet;
(Imp.): lärm! lärmt!

laste, gelass: *lasten* (68)

latsche, latschte, gelatsch: *latschen*	(110)
latze, latzte, gelatz: *bezahlen, löhnen*	(114)
lauere, lauerte, gelauert: *lauern*	(4)

laufe, leef, gelaufe: *laufen* (128)

- *(Präs.):* ich laufe, do läufs, hä läuf, mer laufe, ehr lauft, se laufe;
- *(Prät.):* ich leef, do leefs, hä leef, mer leefe, ehr leeft, se leefe;
- *(Konj. II):* ich leef, ehr leeft;
- *(Imp.):* lauf! lauft!

läumele, läumelte, geläumelt: *trendeln*	(6)
läumere, läumerte, geläumert: *trendeln*	(4)
lecke[1], leckte, geleck: *lecken* (mit der Zunge)	(88)
lecke[2], leckte, geleck: *lecken* (undicht sein)	(88)
leere[1], leerte, geleert: *leeren*	(100)
leere[2], leete, geleet: *lernen*	(2)
lege, log, geloge: *lügen*	(14)

lehre, lehte, geleht: *lehren* (129)

- *(Präs.):* ich lehre, do lehs, hä leht, mer lehre, ehr leht, se lehre;
- *(Prät.):* ich lehte, do lehtes, hä lehte, mer lehte, ehr lehtet, se lehte;
- *(Konj. II):* ich lehte, ehr lehtet;
- *(Imp.):* lehr! leht!

leiere, leierte, geleiert: *leiern*	(4)
leiste, geleis: *leisten*	(101)
leite, geleit: *leiten*	(72)
lenke, lenkte, gelenk: *lenken*	(41)

lese, los, gelese: *lesen* (130)

- *(Präs.):* ich lese, do liss, hä liss, mer lese, ehr lest, se lese;
- *(Prät.):* ich los, do los, hä los, mer lose, ehr lost, se lose;
- *(Konj. II):* ich lös, ehr löst;
- *(Imp.):* les! lest!

letsche, letschte, geletsch: *rutschen*	(110)

leuchte, geleuch: *leuchten* (131)
    (Präs.):   ich leuchte, do leuchs, hä leuch, mer leuchte, ehr leucht, se leuchte;
    (Imp.):   leuch! leucht!

levve, lävte, geläv: *leben* (22)
liehne, liehnte, geliehnt: *leihen* (5)
lieme, liemte, geliemp: *leimen* (122)
liere, lierte, geliert: *lernen* (3) (2)

lige, log, geläge: *liegen* (132)
    (Präs.):   ich lige, do liss, hä litt, mer lige, ehr litt, se lige;
    (Prät.):   ich log, do logs, hä log, mer loge, ehr logt, se loge;
    (Konj. II):   ich lög, ehr lögt;
    (Imp.):   lig! litt!

ligge, ledt, geledde: *leiden* (133)
    (Präs.):   ich ligge, do liggs, hä ligg, mer ligge, ehr liggt, se ligge;
    (Prät.):   ich ledt, do ledts, hä ledt, mer ledte, ehr ledt, se ledte;
    (Konj. II):   ich ledt, ehr ledt;
    (Imp.):   ligg! liggt!

lihre, lihrte, gelihrt: *lehren* (31)
livvere, livverte, gelivvert: *liefern* (4)
löbbele, löbbelte, gelöbbelt: *saugen* (6)
loche, lochte, geloch: *lochen* (123)
löchere, löcherte, gelöchert: *löchern* (4)
locke[1], lockte, gelock: *locken, ködern* (88)
locke[2], lockte, gelock: *locken* (in Locken legen) (88)
lockere, lockerte, gelockert: *lockern* (4)
löffele, löffelte, gelöffelt: *löffeln* (6)
lohne, lohnte, gelohnt: *lohnen* (5)
löhne, löhnte, gelöhnt: *löhnen* (5)
lömmele, lömmelte, gelömmelt: *sich lümmeln* (6)
löömele, löömelte, gelöömelt: *sich lümmeln* (6)

loore, loote, geloot: *sehen, schauen, gucken* (134)
    (Präs.):   ich loore, do loos, hä loot, mer loore, ehr loot, se loore;
    (Prät.):   ich loote, do lootes, hä loote, mer loote, ehr lootet, se loote;
    (Konj. II):   ich loote, ehr lootet;
    (Imp.):   loor! loot!

looße, leet, gelooße: *lassen* (135)
    (Präs.):   ich looße, do lööß/ließ, hä lööt/liet, mer looße, ehr losst/loot, se looße;
    (Prät.):   ich leet, do leets, hä leet, mer leete, ehr leet, se leete;
    (Konj. II):   ich leet, ehr leet;
    (Imp.):   loss! losst/loot!

lose, loste, gelos: *losen* (149)
löse, löste, gelös: *lösen* (149)
lossiese, ieste l., ~geies: *loseisen* (149)
lötsche, lötschte, gelötsch: *lutschen* (110)
lotse, lotste, gelots: *lotsen* (87)
lovve, lovvte, gelovv: *loben* (66)
luchse, luchste, geluchs: *luchsen* (87)
lüfte, gelüff: *lüften* (89)
lügge, lüggte, gelügg: *läuten* (208)
lühe, lühte, gelüht: *löten* (37)
luhne, luhnte, geluhnt: *lohnen* (5)
lühne, lühnte, gelühnt: *löhnen* (5)
lunke, lunkte, gelunk: *lugen* (41)
lüse, lüste, gelüs: *lösen* (149)
luure, luurte, geluurt: *sehen* (100)
luusche, luuschte, geluusch: *lauschen* (110)
luuse, luuste, geluus: *lausen* (149)
luustere, luusterte, geluustert: *lauschen* (4)

maache, maht, gemaht: *machen* (136)
    (Präs.):   ich maache, do mähs, hä mäht, mer maache, ehr maht, se maache;
    (Prät.):   ich maht, do mahts, hä maht, mer mahte, ehr maht, se mahte;
    (Konj. II):   ich maht, ehr maht;
    (Imp.):   maach! maht!

maggele, maggelte, gemaggelt: *makeln*	(6)
mahne, mahnte, gemahnt: *mahnen*	(5)
malträtiere/~eere, malträtierte, malträtiert: *malträtieren*	(3) (2)
mangele¹, mangelte, gemangelt: *mangeln, fehlen*	(6)
mangele², mangelte, gemangelt: *mangeln, glätten*	(6)
mankiere/~eere, mankierte, mankiert: *fehlen, (er)mangeln*	(3) (2)
mansche, manschte, gemansch: *manschen, matschen*	(110)
markiere/~eere, markierte, markiert: *markieren*	(3) (2)
marmoriere/~eere, marmorierte, marmoriert: *marmorieren*	(3) (2)
marschiere/~eere, marschierte, marschiert: *marschieren*	(3) (2)
maskiere/~eere, maskierte, maskiert: *maskieren, verkleiden*	(3) (2)
massiere/~eere, massierte, massiert: *massieren*	(3) (2)
mäste, gemäss: *mästen*	(68)
matsche, matschte, gematsch: *matschen*	(110)
maue, maute, gemaut: *miauen*	(11)
mauschele, mauschelte, gemauschelt: *mauscheln*	(6)
meckere, meckerte, gemeckert: *meckern*	(4)
meede, gemeedt: *mieten*	(197)

meide, meed, gemiede: *meiden* (137)

(Präs.):	ich meide, do meids, hä meid, mer meide, ehr meidt, se meide;
(Prät.):	ich meed, do meeds, hä meed, mer meede, ehr meedt, se meede;
(Konj. II):	ich meed, ehr meedt;
(Imp.):	meid! meidt!

meine, meinte, gemeint: *meinen* (138)

(Präs.):	ich meine, do meins, hä meint, mer meine, ehr meint, se meine;
(Prät.):	ich meinte, do meintes, hä meinte, mer meinte, ehr meintet, se meinte;
(Konj. II):	ich meinte, ehr meintet;
(Imp.):	mein! meint!

meißele, meißelte, gemeißelt: *meißeln*	(6)
meistere, meisterte, gemeistert: *meistern*	(4)
melde, meldte, gemeldt: *melden*	(28)
meldere, melderte, gemeldert: *mildern*	(4)
meliere/~eere, melierte, meliert: *melieren*	(3) (2)
melke, melkte, gemelk: *melken*	(41)

melke, melkte, gemolke: *melken* (139)

(Präs.):	ich melke, do melks, hä melk, mer melke, ehr melkt, se melke;
(Prät.):	ich melkte, do melktes, hä melkte, mer melkte, ehr melktet, se melkte;
(Konj. II):	ich melkte, ehr melktet;
(Imp.):	melk! melkt!

mendere, menderte, gemendert: *mindern* (4)
menge, mengte, gemengk: *mengen* (49)
mengeliere/~eere, mengelierte, mengeliert: *vermengen* (3) (2)
merke, merkte, gemerk: *merken* (41)
messe[1], moß, gemesse: *messen* (59)
messe[2], messte, gemess: *missen* (67)
messlinge, messlung, messlunge: *misslingen* (26)
meste, gemess: *misten* (68)
mihe, mihte, gemiht: *mähen* (37)
mildere, milderte, gemildert: *mildern* (4)
mindere, minderte, gemindert: *mindern* (4)
mische, mischte, gemisch: *mischen* (110)
möbeliere/~eere, möbelierte, möbeliert: *möblieren* (3) (2)
modele, modelte, gemodelt: *modeln* (6)
moderiere/~eere, moderierte, moderiert: *moderieren* (3) (2)
modmoße, modmoßte, gemodmoß: *mutmaßen* (32)
möffe, möffte, gemöff: stinken, *muffeln* (27)
möffele, möffelte, gemöffelt: *leicht stinken, übel riechen* (6)

möge, mooch, gemooch: *mögen* (140)

(Präs.):	ich mag, do mags, hä mag, mer möge, ehr mögt, se möge;
(Prät.):	ich mooch, do moochs, hä mooch, mer moochte, ehr moocht, se moochte;
(Konj. II):	ich mööch, ehr mööcht;
(Imp.):	mag! mögt!

möhe, möhte, gemöht: *sich mühen/Mühe geben* (37)
mohle, mohlte, gemohlt: *mahlen* (61)
mokiere/~eere, mokierte, mokiert: *sich mokieren* (3) (2)
mole, molte, gemolt: *malen* (148)
molestiere/~eere, molestierte, molestiert: *quälen* (3) (2)
mölme, mölmte, gemölmp: *zermalmen* (70)

mölsche, mölschte, gemölsch: *mengen*	(110)
montiere/~eere, montierte, montiert: *montieren*	(3) (2)
mööde, möödte, gemöödt: *morden*	(197)
moore, moorte, gemoort: *mauern*	(100)
mopse, mopste, gemops: *mopsen*	(87)
möpse, möpste, gemöps: *umbringen*	(87)
motze, motzte, gemotz: *motzen*	(114)
mucke, muckte, gemuck: *mucken*	(88)
muddele, muddelte, gemuddelt: *Schmutz machen*	(6)
müffele, müffelte, gemüffelt: *behaglich essen*	(6)

müge, mooch, gemooch: *mögen* (141)

(Präs.): ich mag, do mags, hä mag, mer möge, ehr mögt, se möge;
(Prät.): ich mooch, do moochs, hä mooch, mer moochte, ehr moocht, se moochte;
(Konj. II): ich mööch, ehr mööcht;
(Imp.): mag! mögt!

mummele, mummelte, gemummelt: *murmeln*	(6)
mümmele, mümmelte, gemümmelt: *mümmeln*	(6)
munde, mundte, gemundt: *munden*	(28)
münde, mündte, gemündt: *münden*	(28)
munge, mungte, gemungk: *munden*	(49)
munkele, munkelte, gemunkelt: *munkeln*	(6)
münze, münzte, gemünz: *münzen*	(42)
murkele, murkelte, gemurkelt: *einmummeln*	(6)
murkse, murkste, gemurks: *murksen*	(87)

müsse, moot, gemoot: *müssen* (142)

(Präs.): ich muss, do muss, hä muss, mer müsse, ehr mutt, se müsse;
(Prät.): ich moot, do moots, hä moot, mer moote, ehr moot, se moote;
(Konj. II): ich mööt, ehr mööt

mustere, musterte, gemustert: *mustern*	(4)
muule, muulte, gemuult: *maulen*	(102)
muure, muurte, gemuurt: *mauern*	(100)
muuse, muuste, gemuus: *mausen*	(149)
müüze, gemüüz: *bewältigen*	(112)

nage, nagte, genag: *nagen*	(103)
naggele, naggelte, genaggelt: *necken, zanken*	(6)
nähle, nählte, genählt: *nageln*	(61)
nasche, naschte, genasch: *naschen*	(110)
nässe, nässte, genäss: *nässen*	(67)
neeße, neeßte, geneeß: *niesen*	(32)
neete, geneet: *nieten*	(104)

ne̲mme, no̲hm, geno̲mme: *nehmen* (143)
  (Präs.):   ich ne̲mme, do nimms, hä nimmp, mer ne̲mme, ehr ne̲mmt, se ne̲mme;
  (Prät.):   ich no̲hm, do no̲hms, hä no̲hm, mer no̲hme, ehr no̲hmt, se no̲hme;
  (Konj. II):   ich nö̲hm, ehr nö̲hmt;
  (Imp.):   ne̲mm! ne̲mmt!

nenne, nannt, genannt: *nennen*	(35)
neppe, neppte, genepp: *neppen*	(75)
ne̲ste, gene̲ss: *nisten*	(68)
ne̲vvele, ne̲vvelte, gene̲vvelt: *nebeln*	(6)
nibbele, nibbelte, genibbelt: *nippen*	(6)
nicke, nickte, genick: *nicken*	(88)
nihe, nihte, genäht: *nähen*	(37)
no̲hbere, no̲hberte, geno̲hbert: *nachbarlich verkehren*	(4)
no̲hdunkele, dunkelte n., no̲hgedunkelt: *nachdunkeln*	(6)
nö̲ö̲me, nö̲ö̲mte, genö̲ö̲mp: *nennen*	(118)
nöre, nörte, genört: *schlummern*	(21)
nostere, nosterte, genostert: *murmelnd beten*	(4)
nö̲ttele, nö̲ttelte, genö̲ttelt: *nörgeln*	(6)
no̲tze, no̲tzte, geno̲tz: *nutzen*	(114)
nö̲tze, nö̲tzte, genö̲tz: *nützen*	(114)
nüde, nüdte, genüdt: *nötigen*	(197)
nüdige, nüdigte, genüdig: *nötigen*	(7)
nügge, nüggte, genügg: *schlummern*	(208)
nüggele[1], nüggelte, genüggelt: *schlummern*	(6)
nüggele[2], nüggelte, genüggelt: *nuckeln*	(6)
nummeriere/~eere, nummerierte, nummeriert: *nummerieren*	(3) (2)
nünne[1], nünnte, genünnt: *süffeln*	(10)
nünne[2], nünnte, genünnt: *schlummern*	(10)

nüre, nürte, genürt: schlummern	(21)
nuschele, nuschelte, genuschelt: *nuscheln*	(6)

ǫdeme, ǫdemte, geǫdemp: *atmen* (144)

    (Präs.):   ich ǫdeme, do ǫdems, hä ǫdemp, mer ǫdeme, ehr ǫdemt, se ǫdeme;
    (Prät.):   ich ǫdemte, do ǫdemtes, hä ǫdemte, mer ǫdemte, ehr ǫdemtet, se ǫdemte;
    (Konj. II):   ich ǫdemte, ehr ǫdemtet;
    (Imp.):   ǫdem! ǫdemt!

offere, offerte, geoffert: *opfern*	(4)
öle, ölte, geölt: *ölen*	(148)
ömärme, ömärmte, ömärmp: *umarmen*	(127)
ömmere, ömmerte, geömmert: *klickern*	(4)
ömquartiere/~eere, quartierte öm, ömquartiert: *umquartieren*	(3) (2)
ömrande, ömrandte, ömrandt: *umranden*	(28)
ömringe, ömringte, ömringk: *umringen*	(49)
ömzingele, ömzingelte, ömzingelt: *umzingeln*	(6)
ööde, öödte, geöödt: *mit Absätzen versehen*	(197)

ǫǫdene, ǫǫdente, geǫǫdent: *ordnen* (145)

    (Präs.):   ich ǫǫdene, do ǫǫdens, hä ǫǫdent, mer ǫǫdene, ehr ǫǫdent, se ǫǫdene;
    (Prät.):   ich ǫǫdente, do ǫǫdentes, hä ǫǫdente, mer ǫǫdente, ehr ǫǫdentet, se ǫǫdente;
    (Konj. II):   ich ǫǫdente, ehr ǫǫdentet;
    (Imp.):   ǫǫden! ǫǫdent!

ǫpbahre, bahrte ǫp, ǫpgebahrt: *aufbahren*	(31)
ǫpbausche, bauschte ǫp, ǫpgebausch: *aufbauschen*	(110)
ǫpblähe, blähte ǫp, ǫpgebläht: *aufblähen*	(37)
ǫpbuusche, buuschte ǫp, ǫpgebuusch: *aufbauschen*	(110)
ǫpdesche, deschte ǫp, ǫpgedesch: *auftischen*	(110)
operiere/~eere, operierte, operiert: *operieren*	(3) (2)
ǫpfäddeme, fäddemte ǫp, ǫpgefäddemp: *auffädeln*	(144)
ǫpfresche, freschte ǫp, ǫpgefresch: *auffrischen*	(110)
ǫpgeile, geilte ǫp, ǫpgegeilt: *aufgeilen*	(45)
ǫphalse, halste ǫp, ǫpgehals: *aufhalsen*	(87)
ǫpheitere, heiterte ǫp, ǫpgeheitert: *aufheitern*	(4)
ǫphelle, hellte ǫp, ǫpgehellt: *aufhellen*	(91)

opklore, klorte op, opgeklort: *aufklaren*	(21)
opliste, opgeliss: *auflisten*	(68)
opmöbele, möbelte op, opgemöbelt: *aufmöbeln*	(6)
opmuntere, munterte op, opgemuntert: *aufmuntern*	(4)
oppeppe, peppte op, opgepepp: *aufpeppen*	(75)
opraue, raute op, opgeraut: *aufrauen*	(11)
opschlössele, schlösselte op, opgeschlösselt: *aufschlüsseln*	(6)
opseile, seilte op, opgeseilt: *aufseilen*	(45)
opstachele, stachelte op, opgestachelt: *aufstacheln*	(6)
opweegele, weegelte op, opgeweegelt: *aufwiegeln*	(6)
opwiegele, wiegelte op, opgewiegelt: *aufwiegeln*	(6)
ordne, ordnete, geordnet: *ordnen*	(57)
organisiere/~eere, organisierte, organisiert: *organisieren*	(3) (2)
öschele, öschelte, geöschelt: *1. sich sorgen; 2. ärgern; 3. zanken*	(6)
paachte, gepaach: *pachten*	(1)
pääle, päälte, gepäält: *perlen*	(102)
paasche, paaschte, gepaasch: *drücken*	(110)
packe, packte, gepack: *packen*	(88)
paddele, paddelte, gepaddelt: *paddeln*	(6)
paffe, pafte, gepaff: *paffen*	(27)
paniere/~eere, panierte, paniert: *panieren*	(3) (2)
pappe, pappte, gepapp: *pappen, kleistern, kleben*	(75)
päppele, päppelte, gepäppelt: *päppeln*	(6)
pariere[1]/~eere[1], parierte, pariert: *parieren; 1. Hieb abwehren. 2. Pferd zügeln*	(3) (2)
pariere[2]/~eere[2], parierte, pariert: *parieren, gehorchen*	(3) (2)
parke, parkte, gepark: *parken*	(41)
passe[1], passte, gepass: *passen; 1. gelegen kommen. 2. gut sitzen. 3. verzichten*	(67)
passe[2], passte, gepass: *passen* (Ball zuspielen)	(67)
passiere/~eere, passierte, passiert: *passieren*	(3) (2)
patsche, patschte, gepatsch: *patschen*	(110)
pauke, paukte, gepauk: *pauken*	(178)
pause[1], pauste, gepaus: *pausieren*	(149)
pause[2], pauste, gepaus: *(ab-/durch)pausen*	(149)
paveie, paveite, paveit: *pflastern*	(11)
pecke, peckte, gepeck: *picken*	(88)
peffere, pefferte, gepeffert: *pfeffern*	(4)

peile, pielte, gepielt: *peilen*	(45)
peitsche, peitschte, gepeitsch: *peitschen*	(110)
pelle, pellte, gepellt: *pellen*	(91)
pendele, pendelte, gependelt: *pendeln*	(6)
penne[1], pennte, gepennt: *pinnen*	(10)
penne[2], pennte, gepennt: *pennen*	(10)
petsche, petschte, gepetsch: *1. kneifen, zwicken; 2. pietschen, Alkohol trinken*	(110)
petze, petzte, gepetz: *petzen*	(114)
pichele, pichelte, gepichelt: *picheln*	(6)
piddele, piddelte, gepiddelt: *knibbeln*	(6)
piefe, peff, gepeffe: *1. (Pfeife) rauchen; 2. pfeifen*	(86)
piepe, piepte, gepiep: *piepen*	(75)
piepsche, piepschte, gepiepsch: *piepsen*	(110)
piepse, piepste, gepieps: *piepsen*	(87)
pingele, pingelte, gepingelt: *klagen*	(6)
pinkele, pinkelte, gepinkelt: *pinkeln*	(6)
pinsele, pinselte, gepinselt: *pinseln*	(6)
pirsche, pirschte, gepirsch: *pirschen*	(110)
pisele, piselte, gepiselt: *schlagen, prügeln*	(6)
pisse, pisste, gepiss: *pissen*	(67)
plaate, geplaat: *fliesen*	(104)
placke, plackte, geplack: *arbeiten*	(88)

plane, plante, geplant: *planen* (146)

(Präs.):	ich plane, do plans, hä plant, mer plane, ehr plant, se plane;
(Prät.):	ich plante, do plantes, hä plante, mer plante, ehr plantet, se plante;
(Konj. II):	ich plante, ehr plantet;
(Imp.):	plan! plant!

planze, planzte, geplanz: *pflanzen*	(42)
plappere, plapperte, geplappert: *plappern*	(4)
platsche, platschte, geplatsch: *platschen*	(110)
plätsche, plätschte, geplätsch: *platschen*	(110)
plätschere, plätscherte, geplätschert: *plätschern*	(4)
platze, platzte, geplatz: *platzen*	(114)
platziere/~eere, platzierte, platziert: *platzieren*	(3) (2)
pliere/~eere, plierte, gepliert: *plieren, blinzeln*	(3) (2)

plöcke, plöckte, geplöck: *pflücken*	(88)
ploge, plogte, geplog: *plagen*	(103)
plöge, plögte, geplög: *pflügen*	(103)
plündere, plünderte, geplündert: *plündern*	(4)
plustere, plusterte, geplustert: *plustern*	(4)
pöbele, pöbelte, gepöbelt: *pöbeln*	(6)
pöhle, pöhlte, gepöhlt: *pfählen*	(61)
pökele, pökelte, gepökelt: *pökeln*	(6)
poliere/~eere, polierte, poliert: *polieren*	(3) (2)
polstere, polsterte, gepolstert: *polstern*	(4)
polvere, polverte, gepolvert: *pulvern*	(4)
pööze, pöözte, gepööz: *oft die Tür auf- u. zumachen*	(112)
poppe, poppte, gepopp: *koitieren*	(75)
posaune, posaunte, posaunt: *posaunen*	(138)
postiere/~eere, postierte, postiert: *postieren*	(3) (2)
pötte, gepött: *(viel) trinken*	(113)
pöttele, pöttelte, gepöttelt: *vorsichtig kratzen o. zupfen*	(6)
poussiere/~eere, poussierte, poussiert: *poussieren*	(3) (2)
präge, prägte, gepräg: *prägen*	(103)
praktiziere/~eere, praktizierte, praktiziert: *praktizieren*	(3) (2)
pralle, prallte, geprallt: *prallen*	(91)
prämiere/~eere, prämierte, prämiert: *prämieren*	(3) (2)
prämme, prämmte, geprämmp: *festklemmen, -zurren*	(40)
präsentiere/~eere, präsentierte, präsentiert: *präsentieren*	(3) (2)
prasse, prasste, geprass: *prassen*	(67)
prassele, prasselte, geprasselt: *prasseln*	(6)
preckele, preckelte, gepreckelt: *prickeln*	(6)
presse, presste, gepress: *pressen*	(67)
pressiere/~eere, pressierte, pressiert: *pressieren*	(3) (2)
prieme, priemte, gepriemp: *priemen*	(122)

priese, pres, geprese: *preisen*   **(147)**

   (Präs.):   ich priese, do pries, hä pries, mer priese, ehr priest, se priese;
   (Prät.):   ich pres, do pres, hä pres, mer prese, ehr prest, se prese;
   (Konj. II):   ich pres, ehr prest;
   (Imp.):   pries! priest!

prinze, prinzte, geprinz: *(ver)prügeln*	(42)
prise, priste, gepris: *schnupfen*	(149)
pritsche, pritschte, gepritsch: *pritschen*	(110)
probe, probte, geprob: *proben*	(189)
probiere/~eere, probierte, probiert: *probieren*	(3) (2)
pröfe, pröfte, gepröf: *prüfen*	(108)
profitiere/~eere, profitierte, profitiert: *profitieren*	(3) (2)
programmiere/~eere, programmierte, programmiert: *programmieren*	(3) (2)
prophezeie, prophezeite, prophezeit: *prophezeien*	(11)
prötte, geprött: *1. kochen, sieden, brodeln; 2. nörgeln, murren*	(113)
pröttele, pröttelte, gepröttelt: *1. kochen, sieden; 2. nörgeln, murren*	(6)
protze, protzte, geprotz: *protzen*	(114)
prügele, prügelte, geprügelt: *prügeln*	(6)
prümme, prümmte, geprümmp: *priemen*	(40)
prutsche, prutschte, geprutsch: *herausspritzen*	(110)
puckele, puckelte, gepuckelt: *buckeln*	(6)
puddele, puddelte, gepuddelt: *puddeln*	(6)
pudere, puderte, gepudert: *pudern*	(4)
puffe, puffte, gepuff: *puffen*	(27)
pumpe¹, pumpte, gepump: *pumpen*	(180)
pumpe², pumpte, gepump: *pumpen, borgen*	(180)
püngele, püngelte, gepüngelt: *1. bündeln; 2. schleppen; 3. Kleidung übereinander tragen*	(6)
punkte, gepunk: *punkten*	(19)
putze, putzte, geputz: *putzen*	(114)
puuse¹, puuste, gepuus: *pausieren*	(149)
puuse², puuste, gepuus: *(durch)pausen*	(149)
quaatsche, quaatschte, gequaatsch: *knatschen, weinen*	(110)
quabbele, quabbelte, gequabbelt: *quabbeln*	(6)
quaggele, quaggelte, gequagget: *zaudern*	(6)

quäle, quälte, gequält: *quälen*		**(148)**
(Präs.):	ich quäle, do quäls, hä quält, mer quäle, ehr quält, se quäle;	
(Prät.):	ich quälte, do quältes, hä quälte, mer quälte, ehr quältet, se quälte;	
(Konj. II):	ich quälte, ehr quältet;	
(Imp.):	quäl! quält!	

qualle, quallte, gequallt: *hoch-, emporsprudeln* (91)
qualme, qualmte, gequalmp: *qualmen* (70)
quasele, quaselte, gequaselt: *quasseln* (6)
quatsche[1], quatschte, gequatsch: *quatschen, plaudern* (110)
quatsche[2], quatschte, gequatsch: *quatschen, platschig gehen* (110)
quelle[1], quoll, gequolle: *quellen, anschwellen* (183)
quelle[2], quellte, gequellt: *quellen, abkochen* (91)
quengele, quengelte, gequengelt: *quengeln* (6)
quetsche, quetschte, gequetsch: *quetschen* (110)
quiddele, quiddelte, gequiddelt: *1. zwitschern; 2. köcheln; 3. unverständlich reden* (6)
quieke, quiekte, gequiek: *quieken* (178)
quietsche, quietschte, gequietsch: *quietschen* (110)
quinke, quinkte, gequink: *zwinkern* (41)
quittiere/~eere, quittierte, quittiert: *quittieren* (3) (2)
raafe, raafte, geraaf: *raffen* (108)
rabbele, rabbelte, gerabbelt: *rappeln* (6)
räche, rächte, geräch: *rächen* (123)
racke, rackte, gerack: *rackern* (88)
rackere, rackerte, gerackert: *rackern* (4)
radele, radelte, geradelt: *radeln* (6)
radiere/~eere, radierte, radiert: *radieren* (3) (2)
rage, ragte, gerag: *ragen* (103)
räge, rägte, geräg: sich *regen* (103)
rahme, rahmte, gerahmp: *rahmen* (126)
rähne, rähnte, gerähnt: *regnen* (5)
ramme, rammte, gerammp: *rammen* (40)
rammele, rammelte, gerammelt: rammeln (6)
ramponiere/~eere, ramponierte, ramponiert: *ramponieren* (3) (2)
randaliere/~eere, randalierte, randaliert: *randalieren* (3) (2)
rangele, rangelte, gerangelt: *rangeln* (6)
rangiere/~eere, rangierte, rangiert: *rangieren* (3) (2)
ranke[1], rankte, gerank: *ranken* (41)
ranke[2], rankte, gerank: *rangeln* (41)
ranze, ranzte, geranz: *schnauzen* (42)

rase, raste, geras: *rasen* (149)

    (Präs.):   ich rase, do ras, hä ras, mer rase, ehr rast, se rase;
    (Prät.):   ich raste, do rastes, hä raste, mer raste, ehr rastet, se raste;
    (Konj. II):   ich raste, ehr rastet;
    (Imp.):   ras! rast!

rasiere/~eere, rasierte, rasiert: *rasieren*	(3) (2)
raspele, raspelte, geraspelt: *raspeln*	(6)
rassele, rasselte, gerasselt: *rasseln*	(6)
räste, geräss: *rasten*	(68)
raste[1], geräss: *rasten* (Rast machen)	(68)
raste[2], gerass: *rasten, einrasten*	(68)
ratsche, ratschte, geratsch: *ratschen*	(110)
raube, raubte, geraub: *rauben*	(189)
räubere, räuberte, geräubert: *räubern*	(4)
rauche, rauchte, gerauch: *rauchen*	(123)
räuchere, räucherte, geräuch(ert): *räuchern*	(4)
reagiere/~eere, reagierte, reagiert: *reagieren*	(3) (2)
rebbe, rebbte, gerebb: *sich regen/bewegen*	(167)
rebbele, rebbelte, gerebbelt: *ribbeln*	(6)
reche, rechte, gerech: *rechen*	(123)

rechne, rechente, gerechent: *rechnen* (150)

    (Präs.):   ich rechne, do rechens, hä rechent, mer rechne, ehr rechent, se rechne;
    (Prät.):   ich rechente, do rechentes, hä rechente, mer rechente, ehr rechentet, se rechente;
    (Konj. II):   ich rechente, ehr rechentet;
    (Imp.):   rechen! rechent!

recke[1], reckte, gereck: *recken*	(88)
recke[2], reckte, gereck: *reichen*	(88)
redde, geredt: *reden*	(111)
rede, redte, geredt: *reden*	(197)
reechte, gereech: *richten*	(131)
regiere/~eere, regierte, regiert: *regieren*	(3) (2)
registriere/~eere, registrierte, registriert: *registrieren*	(3) (2)
reguliere/~eere, regulierte, reguliert: *regulieren*	(3) (2)
reihe[1], reihte, gereiht: *sich reihen*	(37)

reihe², reihte, gereiht: *reihen*	(37)
reime, reimte, gereimp: *reimen*	(122)
reise, reiste, gereis: *reisen*	(149)
reize, reizte, gereiz: *reizen*	(112)
rempele, rempelte, gerempelt: *rempeln*	(6)
renke, renkte, gerenk: *renken*	(41)
renne¹, rannt, gerannt: *rennen*	(35)
renne², ronn, geronne: *rinnen*	(82)
renommiere/~eere, renommierte, renommiert: *renommieren*	(3) (2)
renoviere/~eere, renovierte, renoviert: *renovieren*	(3) (2)
rentiere/~eere, rentierte, rentiert: *sich rentieren*	(3) (2)
repariere/~eere, reparierte, repariert: *reparieren*	(3) (2)
reskiere/~eere, reskierte, reskiert: *riskieren*	(3) (2)
rette, gerett: *retten*	(113)
retze, retzte, geretz: *ritzen*	(114)
reue, reute, gereut: *reuen*	(11)
reuze, reuzte, gereuz: *schultern*	(112)
revanchiere/~eere, revanchierte, revanchiert: *sich revanchieren*	(3) (2)
richte, gerich: *richten*	(131)
riefe, riefte, gerief: *reifen*	(108)
rieße, ress, geresse: *reißen*	(25)
rieve, revv, gerevve: *reiben*	(51)
riffele, riffelte, geriffelt: *riffeln*	(6)
rigge, redt, geredde: *reiten*	(133)
ringe, rung, gerunge: *ringen*	(26)
rinne, ronn, geronne: rinnen	(82)
ripsche, ripschte, geripsch: *wegnehmen, stibitzen*	(110)
risele, riselte, geriselt: *rieseln*	(6)
rispele, rispelte, gerispelt: *rascheln*	(6)
röcke, röckte, geröck: *rücken*	(88)
röddele, röddelte, geröddelt: *rütteln*	(6)
rode, reedt, gerode: *raten, empfehlen*	(36)
rodere, roderte, gerodert: *rudern*	(4)
rödsele, rödselte, gerödselt: *rätseln*	(6)

rofe, reef, gerofe: *rufen* (151)

    (Präs.):   ich rofe, do röfs, hä röf, mer rofe, ehr roft, se rofe;
    (Prät.):   ich reef, do reefs, hä reef, mer reefe, ehr reeft, se reefe;
    (Konj. II):   ich reef, ehr reeft;
    (Imp.):   rof! roft!

röhre, röh(r)te, geröh(r)t: *rühren* (186)
rolle, rollte, gerollt: *rollen* (91)
rölze, rölzte, gerölz: *toben* (42)
roppe, roppte, geropp: *rupfen* (75)
rose, roste, geros: *rasen* (149)
roste, geross: *rosten* (68)

röste[1], geröss: *rüsten* (152)

    (Präs.):   ich röste, do röss, hä röss, mer röste, ehr röst, se röste;
    (Imp.):   röss! röst!

röste[2], geröss: *rösten* (152)
rötsche, rötschte, gerötsch: *rutschen* (110)
rotze, rotzte, gerotz: *rotzen* (114)
rubbele, rubbelte, gerubbelt: *rubbeln* (6)

ruche, roch, geroche: *riechen* (153)

    (Präs.):   ich ruche, do ruchs, hä ruch, mer ruche, ehr rucht, se ruche;
    (Prät.):   ich roch, do rochs, hä roch, mer roche, ehr rocht, se roche;
    (Konj. II):   ich röch, ehr röcht;
    (Imp.):   ruch! rucht!

rüche, roch, geroche: *riechen* (154)

    (Präs.):   ich rüche, do rüchs, hä rüch, mer rüche, ehr rücht, se rüche;
    (Prät.):   ich roch, do rochs, hä roch, mer roche, ehr rocht, se roche;
    (Konj. II):   ich röch, ehr röcht;
    (Imp.):   rüch! rücht!

rudere, ruderte, gerudert: *rudern* (4)
rühre, rührte, gerührt: *rühren* (31)
ruiniere/~eere, ruinierte, ruiniert: *ruinieren* (3) (2)
rummele, rummelte, gerummelt: *1. rumpeln; 2. rumoren* (6)

rumore, rumorte, rumort: *rumoren*	(21)
rümpe, rümpte, gerümp: *rümpfen*	(180)
rumpele, rumpelte, gerumpelt: *rumpeln*	(6)
runde, rundte, gerundt: *runden*	(28)
rüsche, rüschte, gerüsch: *rüschen*	(110)
rüṣele, rüṣelte, gerüṣelt: *rütteln, schütteln*	(6)
ruße, rußte, geruß: *rußen*	(32)
rüüme, rüümte, gerüümp: *räumen*	(122)
ruusche, ruuschte, geruusch: *rauschen*	(110)
sabbele, sabbelte, gesabbelt: *sabbeln, sabbern*	(6)
sacke, sackte, gesack: *sacken*	(88)
saddele, saddelte, gesaddelt: *satteln*	(6)

sage, saht, gesaht: *sagen* **(155)**
    (Präs.):   ich sage, do sähs, hä säht, mer sage, ehr saht, se sage;
    (Prät.):   ich saht, do sahts, hä saht, mer sahte, ehr saht, se sahte;
    (Konj. II):   ich saht, ehr sahte;
    (Imp.):   sag! saht!

säge, sägte, gesäg: *sägen*	(103)
sähne, sähnte, gesähnt: *segnen*	(5)
salutiere/~eere, salutierte, salutiert: *salutieren*	(3) (2)
salve, salvte, gesalv: *salben*	(66)
salze, salzte, gesalz: *salzen*	(42)
sammele, sammelte, gesammelt: *sammeln*	(6)
sättige, sättigte, gesättig: *sättigen*	(7)
saue, saute, gesaut: *sauen*	(11)
sauge, saugte, gesaug: *saugen*	(103)
säume[1], säumte, gesäump: *säumen* (einen Saum nähen)	(122)
säume[2], säumte, gesäump: *säumen, zögern*	(122)
sause, sauste, gesaus: *sausen*	(149)
schääle, schäälte, geschäält: *schielen*	(102)
schade, schadte, geschadt: *schaden*	(197)
schädige, schädigte, geschädig: *schädigen*	(7)

schaffe[1], schof, geschaffe: *schaffen, erschaffen* (156)
    (Präs.):   ich schaffe, do schaffs, hä schaff, mer schaffe, ehr schafft, se schaffe;
    (Prät.):   ich schof, do schofs, hä schof, mer schofe, ehr schoft, se schofe;
    (Konj. II):   ich schöf, ehr schöft;
    (Imp.):   schaff! schafft!

schalde, schaldte, geschaldt: *schalten* (28)
schalle, schallte, geschallt: *schallen* (91)
schalte, geschalt: *schalten* (58)
schamme, schammte, geschammp: *sich schämen* (40)

schänge, schannt, geschannt: *schimpfen* (157)
    (Präs.):   ich schänge, do schängs, hä schängk, mer schänge, ehr schängt, se schänge;
    (Prät.):   ich schannt, do schannts, hä schannt, mer schannte, ehr schannt, se schannte;
    (Konj. II):   ich schannt, ehr schannt;
    (Imp.):   schäng! schängt!

schängeliere/~eere, schängelierte, schängeliert: *schimpfen* (3) (2)
schärfe, schärfte, geschärf: *schärfen* (105)
schärpe, schärpte, geschärp: *schärfen* (180)
scharre, scharrte, gescharr: *scharren* (93)
schasse, schasste, geschass: *schassen* (67)
schätze, schätzte, geschätz: *schätzen* (114)

schave, schavte, geschav: *schaben* (158)
    (Präs.):   ich schave, do schavs, hä schav, mer schave, ehr schavt, se schave;
    (Prät.):   ich schavte, do schavtes, hä schavte, mer schavte, ehr schavtet, se schavte;
    (Konj. II):   ich schavte, ehr schavtet;
    (Imp.):   schav! schavt!

schecke, scheckte, gescheck: *schicken* (88)
scheechte, gescheech: *schichten* (131)
scheeße, schoss, geschosse: *schießen* (79)
scheffe, scheffte, gescheff: *schiffen* (27)

scheide, scheedt, gescheede: *scheiden* (159)
    (Präs.):   ich scheide, do scheids, hä scheid, mer scheide, ehr scheidt, se scheide;
    (Prät.):   ich scheed, do scheeds, hä scheed, mer scheede, ehr scheedet, se scheede;
    (Konj. II):   ich scheed, ehr scheedt;
    (Imp.):   scheid! scheidt!

scheiße, schess, geschesse: *scheißen* (160)
    (Präs.):   ich scheiße, do scheiß, hä scheiß, mer scheiße, ehr scheißt, se scheiße;
    (Prät.):   ich schess, do schesst, hä schess, mer schesse, ehr schesst, se schesse;
    (Konj. II):   ich schess, ehr schesst;
    (Imp.):   scheiß! scheißt!

scheldere, schelderte, gescheldert: *schildern*	(4)
schelle[1], schellte, geschellt: *schälen, pellen*	(91)
schelle[2], schellte, geschellt: *schellen*	(91)
schenke, schenkte, geschenk: *schenken*	(41)
scheppe, scheppte, geschepp: *1. schöpfen; 2. schaufeln, schippen*	(75)
schere[1], scherte, geschert: *scheren*	(21)
schere[2], scherte, geschert: *sich (fort-/weg-)scheren*	(21)
scherre[1], scherrte, gescherr: *scheren*	(93)
scherre[2], scherrte, gescherr: *sich (fort-/weg-)scheren*	(93)
scheuche, scheuchte, gescheuch: *scheuchen*	(123)
scheue, scheute, gescheut: *scheuen*	(11)
scheuere, scheuerte, gescheuert: *ohrfeigen, scheuern*	(4)
schibbele, schibbelte, geschibbelt: *schibbeln*	(6)
schichte, geschich: *schichten*	(131)
schiele, schielte, geschielt: *schielen*	(45)
schikaniere/~eere, schikanierte, schikaniert: *schikanieren*	(3) (2)
schildere, schilderte, geschildert: *schildern*	(4)
schimmele, schimmelte, geschimmelt: *schimmeln*	(6)
schimmere, schimmerte, geschimmert: *schimmern*	(4)
schinde, schindte, geschindt: *schinden*	(28)
schinge[1], schung, geschunge: *scheinen, leuchten*	(26)
schinge[2], schung, geschunge: *scheinen, den Eindruck erwecken*	(26)
schiniere/~eere, schinierte, schiniert: *sich genieren*	(3) (2)
schirpe, schirpte, geschirp: *zirpen*	(180)
schlaachte, geschlaach: *schlachten*	(1)
schlabbere, schlabberte, geschlabbert: *schlabbern*	(4)

schlage, schlog, geschlage: *schlagen*	(48)
schlängele, schlängelte, geschlängelt: *schlängeln*	(6)
schlappe, schlappte, geschlapp: *schlappen*	(75)
schlawenzele, schlawenzelte, schlawenzelt: *scharwenzeln*	(6)
schlecke¹, schleckte, geschleck: *schlucken*	(88)
schlecke², schleckte, geschleck: *schlecken*	(88)
schleckse, schleckste, geschlecks: *schlucksen*	(87)
schleddere, schledderte, geschleddert: schlittern	(4)
schleeße, schloss, geschlosse: *schließen*	(79)

schleiche, schlech, geschleche: *schleichen* (161)
    (Präs.):   ich schleiche, do schleichs, hä schleich, mer schleiche, ehr schleicht, se schleiche;
    (Prät.):   ich schlech, do schlechs, hä schlech, mer schleche, ehr schlecht, se schleche;
    (Konj. II):   ich schlech, ehr schlecht;
    (Imp.):   schleich! schleicht!

schleife, schleifte, geschleif: schleifen, *schleppen*	(108)
schleivere, schleiverte, geschleivert: *(be)sabbern*	(4)
schlemme, schlemmte, geschlemmp: *schlemmen*	(40)
schlenkere, schlenkerte, geschlenkert: *schlenkern*	(4)
schleppe, schleppte, geschlepp: *schleppen*	(75)
schletze, schletzte, geschletz: *schlitzen*	(114)
schleudere, schleuderte, geschleudert: *schleudern*	(4)
schleuse, schleuste en, ~geschleus: *schleusen*	(149)
schliche, schlech, geschleche: *schleichen*	(187)
schlichte, geschlich: *schlichten*	(131)
schliefe, schleff, geschleffe: *schleifen*	(86)
schlieme, schliemte, geschliemp: *schleimen*	(122)
schlinge¹, schlung, geschlunge: *schlingen* (herumlegen um)	(26)
schlinge², schlung, geschlunge: *schlingen* (hastig essen)	(26)
schloddere, schlodderte, geschloddert: *schlottern*	(4)

schlofe, schleef, geschlofe: *schlafen* (162)
    (Präs.):   ich schlofe, do schlöfs, hä schlöf, mer schlofe, ehr schloft, se schlofe;
    (Prät.):   ich schleef, do schleefs, hä schleef, mer schleefe, ehr schleeft, se schleefe;
    (Konj. II):   ich schleef, ehr schleeft;
    (Imp.):   schlof! schloft!

schlǫfele, schlǫfelte, geschlǫfelt: *schlafen* (6)

schlonn, schlog, geschlage: *schlagen* **(163)**
   (Präs.):   ich schlonn, do schleihs, hä schleiht, mer schlonn, ehr schloht, se schlonn;
   (Prät.):   ich schlog, do schlogs, hä schlog, mer schloge, ehr schlogt, se schloge;
   (Konj. II): ich schlög, ehr schlögt;
   (Imp.):   schlag! schlǫht!

schlöppe, schlöppte, geschlöpp: *Schleife binden*	(75)
schluckse, schluckste, geschlucks: *schluchzen*	(87)
schluddere, schludderte, geschluddert: *schludern*	(4)
schluffe, schlufte, geschluff: *schlurfend gehen*	(27)
schlummere, schlummerte, geschlummert: *schlummern*	(4)
schlunze, schlunzte, geschlunz: *schlampen*	(42)
schluppe, schluppte, geschlupp: *schlürfen*	(75)
schlürfe, schlürfte, geschlürf: *1. schlurfen; 2. schlürfen*	(105)
schlürpe, schlürpte, geschlürp: *schlurfen; schlürfen*	(180)
schmaachte, geschmaach: *schmachten*	(1)
schmacke, schmackte, geschmack: *werfen*	(88)
schmause, schmauste, geschmaus: *schmausen*	(149)
schmecke[1], schmeckte, geschmeck: *peitschen*	(88)

schmecke[2], schmeckte/schmǫk, geschmeck: *1. schmecken; 2. probieren* **(164)**
   (Präs.):   ich schmecke, do schmecks, hä schmeck, mer schmecke, ehr schmeckt, se schmecke;
   (Prät.):   ich schmeckte/schmǫk, do schmecktes/schmǫks, hä schmeckte/schmǫk, mer schmeckte/schmǫke,
                 ehr schmecktet/schmǫkt, se schmeckte/schmǫke;
   (Konj. II): ich schmeckte, ehr schmecktet;
   (Imp.):   schmeck! schmeckt!

schmeddere, schmedderte, geschmeddert: *schmettern*	(4)
schmeege, schmeegte, geschmeeg: *schmiegen*	(103)
schmeere, schmeete, geschmeet: *schmieren*	(2)
schmelze, schmolz, geschmolze: *schmelzen*	(50)
schmerze, schmerzte, geschmerz: *schmerzen, weh tun*	(42)
schmidde, geschmidt: *schmieden*	(111)
schmiere, schmierte, geschmiert: *schmieren*	(3) (2)
schmieße, schmess, geschmesse: *schmeißen, werfen*	(25)

schminke, schminkte, geschmink: *schminken* (41)
schmirgele, schmirgelte, geschmirgelt: *schmirgeln* (6)
schmücke, schmöckte, geschmöck: *schmücken* (88)
schmuddele, schmuddelte, geschmuddelt: *schmuddeln* (6)
schmuggele, schmuggelte, geschmuggelt: schmuggeln (6)
schmuse, schmuste, geschmus: *schmusen* (149)
schmuuse, schmuuste, geschmuus: *schmausen* (149)
schnäbbele, schnäbbelte, geschnäbbelt: *plappern* (6)
schnabbeliere/~eere, schnabbelierte, schnabbeliert: *schnabulieren* (3) (2)
schnaddere, schnadderte, geschnaddert: *schnattern* (4)
schnalle, schnallte, geschnallt: *schnallen* (91)
schnappe, schnappte, geschnapp: schnappen (75)
schnaue, schnaute, geschnaut: *schnauzen* (11)
schnäuse, schnäuste, geschnäus: *naschen; schnüffeln* (149)
schnäuve, schnäuvte, geschnäuv: *schnüffeln* (158)
schnauze, schnauzte, geschnauz: *schnauzen* (112)
schnäuze, schnäuzte, geschnäuz: *schnäuzen* (112)
schnave, schnavte, geschnav: *schlagen* (158)
schneie, schneite, geschneit: *schneien* (11)
schnetze, schnetzte, geschnetz: *schnitzen* (114)
schnetzele, schnetzelte, geschnetzelt: *schnitzeln* (6)
schnibbele, schnibbelte, geschnibbelt: *schnippeln, schnipseln* (6)
schniedere, schniederte, geschniedert: *schneidern* (4)
schnigge, schnedt, geschnedde: *schneiden* (133)

schnöre, schnööte, geschnööt: *schnüren* **(165)**
   (Präs.):   ich schnöre, do schnörs, hä schnört, mer schnöre, ehr schnört, se schnöre;
   (Prät.):   ich schnööte, do schnöötes, hä schnööte, mer schnööte, ehr schnöötet, se schnööte;
   (Konj. II): ich schnööte, ehr schnöötet;
   (Imp.):   schnör! schnört!

schnorkse, schnorkste, geschnorks: *schnarchen* (87)
schnuddele, schnuddelte, geschnuddelt: *schnäuzen* (6)
schnüffele, schnüffelte, geschnüffelt: *schnüffeln* (6)
schnuppe, schnuppte, geschnupp: *naschen* (75)
schnuppere, schnupperte, geschnuppert: *schnuppern* (4)
schnüre, schnürte, geschnürt: *schnüren* (21)

schnüsele, schnüselte, geschnüselt: *küssen* (6)
schnuuve, schnuuvte, geschnuuv: *schnauben, schnaufen; schnupfen* (158)
schöckele, schöckelte, geschöckelt: *schaukeln* (6)
schockiere/~eere, schockierte, schockiert: *schockieren* (3) (2)

schödde, schodt, geschodt/geschödt: *schütten* (166)
(Präs.): ich schödde, do schödds, hä schödd, mer schödde, ehr schödt, se schödde;
(Prät.): ich schodt, do schodts, hä schodt, mer schodte, ehr schodt, se schodte;
(Konj. II): ich schodt, ehr schodt;
(Imp.): schödd! schödt!

schöddele, schöddelte, geschöddelt: *schütteln* (6)
scholde, scholdte, gescholdt: *schulden* (28)
schone, schonte, geschont: *schonen* (146)
schööre, schööte, geschööt: *scheuern* (186)
schööze, schöözte, geschööz: *schürzen* (112)
schöppe, schöppte, geschöpp: *schüppen, schippen* (75)
schötze, schötzte, geschötz: *schützen* (114)

schrabbe, schrabbte, geschrabb: *schrappen, kratzen* (167)
(Präs.): ich schrabbe, do schrabbs, hä schrabb, mer schrabbe, ehr schrabbt, se schrabbe;
(Prät.): ich schrabbte, do schrabbtes, hä schrabbte, mer schrabbte, ehr schrabbtet, se schrabbte;
(Konj. II): ich schrabbte, ehr schrabbtet;
(Imp.): schrabb! schrabbt!

schramme, schrammte, geschrammp: *schrammen* (40)
schratele, schratelte, geschratelt: *laut sprechen* (6)
schrecke, schreckte, geschreck: *schrecken* (88)
schreie, schreite, geschreit: *schreien* (11)
schrieve, schrevv, geschrevve: *schreiben* (51)
schrigge, schredt, geschredde: *schreiten* (133)
schröme, schrömte, geschrömp: *einen Strich ziehen; eilen* (118)
schröppe, schröppte, geschröpp: *schröpfen* (75)
schrote, geschrot: *schroten* (201)
schrubbe, schrubbte, geschrubb: *schrubben* (167)
schrumpe, schrumpte, geschrump: *schrumpfen* (180)
schrumpele, schrumpelte, geschrumpelt: *schrumpfen, schrumpeln* (6)

schruuve, schruuvte, geschruuv: *schrauben*	(158)
schubbe, schubbte, geschubb: *schubben, kratzen*	(167)
schubse, schubste, geschubs: *schubsen, stoßen*	(87)
schuddere, schudderte, geschuddert: *schuddern*	(4)
schuffele, schuffelte, geschuffelt: *schaufeln*	(6)
schufte, geschuff: *schuften*	(89)
schulle, schullte, geschullt: *schulen*	(91)
schummele, schummelte, geschummelt: *schummeln*	(6)
schüngele, schüngelte, geschüngelt: *(er)betteln*	(6)
schunkele, schunkelte, geschunkelt: *schunkeln*	(6)
schuppe, schuppte, geschupp: *schubsen, stoßen, schuppen*	(75)
schüre, schürte, geschürt: *schüren*	(21)
schürfe, schürfte, geschürf: *schürfen*	(105)
schürge, schürgte, geschürg: *schürgen, karren*	(39)
schürgele, schürgelte, geschürgelt: *schürgen, karren*	(6)
schurvele, schurvelte, geschurvelt: *scharren*	(6)
schüüme, schüümte, geschüümp: *schäumen*	(122)
schüüre, schüürte, geschüürt: *scheuern*	(100)
schwaade, schwaadte, geschwaadt: *schwatzen*	(197)
schwabbele, schwabbelte, geschwabbelt: *schwabbeln, schwabbern*	(6)
schwäche, schwächte, geschwäch: *schwächen*	(123)
schwademe, schwademte, geschwademp: *dunsten*	(144)
schwadroniere/~eere, schwadronierte, schwadroniert: *schwadronieren*	(3) (2)
schwanke, schwankte, geschwank: *schwanken*	(41)
schwänze, schwänzte, geschwänz: *schwänzen*	(42)
schwänzele, schwänzelte, geschwänzelt: *schwänzeln*	(6)
schwappe, schwappte, geschwapp: *schwappen*	(75)
schwärme, schwärmte, geschwärmp: *schwärmen*	(127)

schwärre, schwärte, geschwärt: *schwären, eitern* (168)

(Präs.):	hä schwärrt, se schwärre;
(Prät.):	hä schwärte, se schwärte;
(Konj. II):	hä schwärte, se schwärte

schwätze[1], schwätzte, geschwätz: *schwärzen*	(114)
schwätze[2], schwätzte, geschwätz: *schwätzen, reden*	(114)
schweife, schweifte, geschweif: *schweifen*	(108)

schweige, schweeg, geschweege: *schweigen* (181)
schweiße, schweißte, geschweiß: *schweißen* (32)

schweißte, geschweiß: *schwitzen* (169)
   (Präs.):   ich schweißte, do schweiß, hä schweiß, mer schweißte, ehr schweißt, se schweißte;
   (Imp.):   schweiß! schweißt!

schwelle¹, schwoll, geschwolle: *schwellen, sich ausdehnen* (183)
schwelle², schwellte, geschwellt: *schwellen; blähen; weich kochen* (91)
schwemme¹, schwomm, geschwomme: *schwimmen* (109)
schwemme², schwemmte, geschwemmp: *schwemmen* (40)
schwenke, schwenkte, geschwenk: *schwenken* (41)
schwevve, schwävte, geschwäv: *schweben* (22)
schwindele, schwindelte, geschwindelt: *schwindeln* (6)
schwinge, schwung, geschwunge: *schwingen* (26)
schwirre, schwirrte, geschwirr: *schwirren* (93)

schwöre, schwor/schwörte, geschwore: *schwören* (170)
   (Präs.):   ich schwöre, do schwörs, hä schwört, mer schwöre, ehr schwört, se schwöre;
   (Prät.):   ich schwor/schwörte, do schwors/schwörtes, hä schwor/schwörte, mer schwore/schwörte,
                ehr schwort/schwörtet, se schwore/schwörte;
   (Konj. II): ich schwör, ehr schwörtet;
   (Imp.):   schwör! schwört!

sechere, secherte, gesechert: *sichern* (4)
secke, seckte, geseck: *seichen* (88)
seege, seegte, geseeg: *siegen* (103)
segele, segelte, gesegelt: *segeln* (6)
seihe, seihte, geseiht: *seihen* (37)
seivere, seiverte, geseivert: *1. seibern; 2. gedankenlos daherreden* (4)

sende, sandt, gesandt: *senden* (171)
   (Präs.):   ich sende, do sends, hä send, mer sende, ehr sendt, se sende;
   (Prät.):   ich sandt, do sandts, hä sandt, mer sandte, ehr sandt, se sandte;
   (Konj. II): ich sendt, ehr sendt;
   (Imp.):   send! sendt!

senge, sengte, gesengk: *sengen* (49)
senke, senkte, gesenk: *senken* (41)
senne, sonn, gesonne: *sinnen* (82)
serviere/~eere, servierte, serviert: *servieren* (3) (2)

setze¹, soß, gesesse: *sitzen* (172)
    (Präs.):   ich setze, do setz, hä setz, mer setze, ehr setzt, se setze;
    (Prät.):   ich soß, do soß, hä soß, mer soße, ehr soßt, se soße;
    (Konj. II): ich söß, ehr sößt;
    (Imp.):   setz! setzt!

setze², satz, gesatz: *setzen* (173)
    (Präs.):   ich setze, do setz, hä setz, mer setze, ehr setzt, se setze;
    (Prät.):   ich setzte/satz, do setztes/satz, hä setzte/satz, mer setzte/satze, ehr setztet/satzt, se setzte/satze;
    (Konj. II): ich setzte, ehr setztet;
    (Imp.):   setz! setzt!

setze², setzte, gesetz: *setzen* (114)
sickere, sickerte, gesickert: *sickern* (4)
sie, site, gesit: *säen* (56)
siebe, siebte, gesieb: *sieben* (189)
siedele, siedelte, gesiedelt: *siedeln* (6)
siefe, siefte, gesief: *triefen* (108)
siegele, siegelte, gesiegelt: *siegeln* (6)
simeliere/~eere, simelierte, simeliert: *simulieren* (3) (2)

sin, wor, gewäs(e): *sein* (174)
    (Präs.):   ich ben, do bes, hä es, mer sin, ehr sid, se sin;
    (Prät.):   ich wor, do wors, hä wor, mer wore, ehr wort, se wore;
    (Konj. II): ich wör, ehr wört;
    (Imp.):   bes! sid!

singe, sung, gesunge: *singen* (26)
sinke, sunk, gesunke: *sinken* (52)

sinn, soh/soch, gesinn: *sehen* (175)
   (Präs.):   ich sinn, do sühs, hä süht, mer sinn, ehr seht, se sinn;
   (Prät.):   ich soh/soch, do sohs/sochs, hä soh/soch, mer sohe/soche, ehr soht/socht, se sohe/soche;
   (Konj. II): ich söh/söch, ehr söht/söcht;
   (Imp.):   süch! seht!

söke, sok, gesok/gesök: *suchen* (176)
   (Präs.):   ich söke, do söks, hä sök, mer söke, ehr sökt, se söke;
   (Prät.):   ich sok, do soks, hä sok, mer soke, ehr sokt, se soke;
   (Konj. II): ich sök, ehr sökt;
   (Imp.):   sök! sökt!

solle, sollt, gesollt: *sollen* (177)
   (Präs.):   ich soll, do solls, hä soll, mer solle, ehr sollt, se solle;
   (Prät.):   ich sollt, do sollts, hä sollt, mer sollte, ehr solltet, se sollte;
   (Konj. II): ich sollt, ehr sollt

solle[3], sollte, gesollt: *(be)sohlen* (91)
sondere, sonderte, gesondert: *sondern* (4)
sorge, sorgte, gesorg: *sorgen* (39)
söße, sößte, gesöß: *süßen* (32)
spachtele, spachtelte, gespachtelt: *spachteln* (6)
spähe, spähte, gespäht: *spähen* (37)
spalde, spaldte, gespalde: *spalten* (63)
spanne, spannte, gespannt: *spannen* (10)
spare, sparte, gespart: *sparen* (21)
späue, späute, gespäut: *speien* (11)
spaziere/~eere, spazierte, spaziert: *spazieren* (3) (2)
specke, speckte, gespeck: *spicken* (88)
spediere/~eere, spedierte, spediert: *spedieren* (3) (2)
speegele, speegelte, gespeegelt: *spiegeln* (6)
speichere, speicherte, gespeichert: *speichern* (4)
speie, speite, gespeit: *speien, spucken* (11)
spekuliere/~eere, spekulierte, spekuliert: *spekulieren* (3) (2)
spenne, sponn, gesponne: *spinnen* (82)
sperre, sperrte, gesperr: *sperren* (93)
spetze, spetzte, gespetz: *spitzen* (114)
spieße, spießte, gespieß: *spießen* (32)

spille, spillte, gespillt: *spielen*	(91)
spingkse, spingkste, gespingks: *heimlich beobachten, bespitzeln*	(87)
spintisiere/~eere, spintisierte, spintisiert: *spintisieren*	(3) (2)
spioniere/~eere, spionierte, spioniert: *spionieren*	(3) (2)
spleddere, spledderte, gespleddert: *splittern*	(4)
spließe, spless, gesplesse: *spleißen*	(25)

spoke, spokte, gespok: *spuken* **(178)**

    (Präs.):   ich spoke, do spoks, hä spok, mer spoke, ehr spokt, se spoke;
    (Prät.):   ich spokte, do spoktes, hä spokte, mer spokte, ehr spoktet, se spokte;
    (Konj. II): ich spokte, ehr spoktet;
    (Imp.):   spok! spokt!

spole, spolte, gespolt: *spulen*	(148)
spöle, spölte/spolt, gespölt/gespolt: *spülen*	(73)

spöre, spoot, gespoot: *spüren* **(179)**

    (Präs.):   ich spöre, do spöös, hä spööt, mer spöre, ehr spööt, se spöre;
    (Prät.):   ich spoot, do spoots, hä spoot, mer spoote, ehr spoot, se spoote;
    (Konj. II): ich spööt, ehr spööt;
    (Imp.):   spör! spööt!

spotte, gespott: *spotten*	(113)
sprattele, sprattelte, gesprattelt: *zappeln*	(6)
spreche, sproch, gesproche: *sprechen*	(34)
spreize, spreizte, gespreiz: *spreizen*	(112)
sprenge, sprengte, gesprengk: *sprengen*	(49)
sprenkele, sprenkelte, gesprenkelt: *(be)sprenkeln*	(6)
spretze, spretzte, gespretz: *spritzen*	(114)
spreuze, spreuzte, gespreuz: *spritzen*	(112)
springe, sprung, gesprunge: *springen*	(26)
spröhe, spröhte, gespröht: *sprühen*	(37)
sprudele, sprudelte, gesprudelt: *sprudeln*	(6)
spuke, spukte, gespuk: *spuken*	(178)
spule, spulte, gespult: *spulen*	(148)
spüre, spürte, gespürt: *spüren*	(21)
stakse, stakste, gestaks: *staksen*	(87)
stamme, stammte, gestammp: *stammen*	(40)

stampe, stampte, gestamp: *stampfen* (180)
    (Präs.):   ich stampe, do stamps, hä stamp, mer stampe, ehr stampt, se stampe;
    (Prät.):   ich stampte, do stamptes, hä stampte, mer stampte, ehr stamptet, se stampte;
    (Konj. II):   ich stampte, ehr stamptet;
    (Imp.):   stamp! stampt!

stänkere, stänkerte, gestänkert: *stänkern* (4)
stanze, stanzte, gestanz: *stanzen* (42)
stapele, stapelte, gestapelt: *stapeln* (6)
stappe, stappte, gestapp: *stapfen* (75)
stärke, stärkte, gestärk: *stärken* (41)
stauche, stauchte, gestauch: *stauchen* (123)
staue, staute, gestaut: *stauen* (11)
staune, staunte, gestaunt: *staunen* (138)
stäuve, stäuvte, gestäuv: *verjagen* (158)
steche[1], stoch, gestoche: *stecken* (34)
steche[2], stoch, gestoche: *stechen* (34)
stechele, stechelte, gestechelt: *sticheln* (6)
stecke, steckte, gesteck: *sticken* (88)
stefte[1], gesteff: *stiften* (89)

steige, steeg, gesteege: *steigen* (181)
    (Präs.):   ich steige, do steigs, hä steig, mer steige, ehr steigt, se steige;
    (Prät.):   ich steeg, do steegs, hä steeg, mer steege, ehr steegt, se steege;
    (Konj. II):   ich steeg, ehr steegt;
    (Imp.):   steig! steigt!

steigere, steigerte, gesteigert: *steigern* (4)

stelle[1], stellte/stallt, gestellt/gestallt: *stellen* (182)
    (Präs.):   ich stelle, do stells, hä stellt, mer stelle, ehr stellt, se stelle;
    (Prät.):   ich stellte/stallt, do stelltes/stallts, hä stellte/stallt, mer stellte/stallte, ehr stelltet/stallt, se stellte/stallte;
    (Konj. II):   ich stellt, ehr stellt;
    (Imp.):   stell! stellt!

stelle[2], stellte, gestellt: *stillen* (91)

stelle³, stoll, gestolle: *stehlen* (183)
    (Präs.):   ich stelle, do stills, hä stillt, mer stelle, ehr stellt, se stelle;
    (Prät.):   ich stoll, do stolls, hä stoll, mer stolle, ehr stollt, se stolle;
    (Konj. II):   ich ställ, ehr stöllt;
    (Imp.):   stell! stellt!

stemme¹, stemmte, gestemmp: *stimmen* (40)
stemme², stemmte, gestemmp: *stemmen* (40)
stempele, stempelte, gestempelt: *stempeln* (6)
steppe¹, steppte, gestepp: *steppen* (Steppstich nähen) (75)
steppe², steppte, gestepp: *steppen* (Stepp tanzen) (75)

sterve, storv, gestorve: *sterben* (184)
    (Präs.):   ich sterve, do stirvs, hä stirv, mer sterve, ehr stervt, se sterve;
    (Prät.):   ich storv, do storvs, hä storv, mer storve, ehr storvt, se storve;
    (Konj. II):   ich störv, ehr störvt;
    (Imp.):   sterv! stervt!

steuere, steuerte, gesteurt: *steuern* (4)
stiere, stierte, gestiert: *stieren* (3)
stieve, stievte, gestiev: *steifen* (158)
stinke, stunk, gestunke: *stinken* (52)
stippe, stippte, gestipp: *stippen* (75)
stirve, storv, gestorve: *sterben* (184)
stitzele, stitzelte, gestitzelt: *trippeln* (6)
stivvele¹, stivvelte, gestivvelt: *stiefeln* (6)
stivvele², stivvelte, gestivvelt: *stapeln* (6)
stöbbe, stöbbte, gestöbb: *stauben* (167)
stöbere, stöberte, gestöbert: *stöbern* (4)
stoche, stochte, gestoch: *1. heizen, schüren; 2. schnell fahren, rasen* (123)
stochere, stocherte, gestochert: *stochern* (4)
stocke, stockte, gestock: *stocken* (88)
stöckele, stöckelte, gestöckert: *stückeln* (6)
stoddere, stodderte, gestoddert: *stottern* (4)
stöhle¹, stöhlte, gestöhlt: *stählen* (61)
stöhne, stöhnte, gestöhnt: *stöhnen* (5)
stoke, stokte, gestok: *staken* (178)

stölpe, stölpte, gestölp: *stülpen* (180)
stolpere, stolperte, gestolpert: *stolpern* (4)
stolziere/~eere, stolzierte, stolziert: *stolzieren* (3) (2)

stonn, stundt, gestande: *stehen* (185)
(Präs.):   ich stonn, do steihs, hä steiht, mer stonn, ehr stoht, se stonn;
(Prät.):   ich stundt, do stundts, hä stundt, mer stundte, ehr stundt, se stundte;
(Konj. II):   ich stünd, ehr stündt;
(Imp.):   stand! stoht!

stööre, stööte, gestööt: *steuern* (186)
(Präs.):   ich stööre, do stöös, hä stööt, mer stööre, ehr stööt, se stööre;
(Prät.):   ich stööte, do stöötes, hä stööte, mer stööte, ehr stöötet, se stööte;
(Konj. II):   ich stööt, ehr stöötet;
(Imp.):   stöör! stööt!

stööze¹, stöözte, gestööz: *Unsinn machen* (112)
stööze², stöözte, gestööz: *stürzen* (112)
stoppe¹, stoppte, gestopp: *stopfen* (75)
stoppe², stoppte, gestopp: *stoppen* (75)
störe, stoot, gestoot: *stören* (179)
störme, störmte, gestörmp: *stürmen* (127)
stötze, stötzte, gestötz: *stützen* (114)
strampele, strampelte, gestrampelt: *strampeln* (6)
strapaziere/~eere, strapazierte, strapaziert: *strapazieren* (3) (2)
sträube, sträubte, gesträub: *sträuben* (189)
sträufe, sträufte, gesträuf: *streifen* (108)
strecke¹, streckte, gestreck: *stricken* (88)
strecke², streckte, gestreck: *strecken* (88)
streike, streikte, gestreik: *streiken* (178)
streue, streute, gestreut/ gestraut: *streuen* (11)
strevve, strävte, gesträv: *streben* (22)

striche, strech, gestreche: *streichen* (187)
(Präs.):   ich striche, do strichs, hä strich, mer striche, ehr stricht, se striche;
(Prät.):   ich strech, do strechs, hä strech, mer streche, ehr strecht, se streche;
(Konj. II):   ich strech, ehr strecht;
(Imp.):   strich! stricht!

striefe, striefte, gestrief: *streifen*	(108)
strigge, stredt, gestredde: *streiten*	(133)
stritze, stritzte, gestritz: *entwenden, stehlen*	(114)
strǫfe, strǫfte, gestrǫf: *strafen*	(108)
strǫhle, strǫhlte, gestrǫhlt: *strahlen*	(61)
ströme, strömte, geströmp: *strömen*	(118)
ströppe, ströppte, geströpp: *mit Schlingen wildern*	(75)
struche, struchte, gestruch: *straucheln*	(123)
struchele, struchelte, gestruchelt: *straucheln*	(6)
struddele, struddelte, gestruddelt: *stottern*	(6)
strunze, strunzte, gestrunz: *prahlen, protzen, angeben*	(42)
stuche, stuchte, gestuch: *stauchen*	(123)
studiere/~eere, studierte, studiert: *studieren*	(3) (2)
stufe, stufte, gestuf: *stufen*	(108)
stümpe, stümpte, gestümp: *kürzen*	(180)
stuppe, stuppte, gestupp: *stoßen, stupsen*	(75)
stüre, stürte, gestürt: *stören*	(21)
stürme, stürmte, gestürmp: *stürmen*	(127)
stürze, stürzte, gestürz: *stürzen*	(42)

stüsse, stoss, gestosse/gestüsse: *stoßen* **(188)**

    (Präs.):   ich stüsse, do stüss, hä stüss, mer stüsse, ehr stüsst, se stüsse;
    (Prät.):   ich stoss, do stoss, hä stoss, mer stosse, ehr stosst, se stosse;
    (Konj. II): ich stöss, ehr stösst;
    (Imp.):   stüss! stüsst!

stüüre, stüürte, gestüürt: *steuern*	(100)
stuve, stuvte, gestuv: *dämpfen, dünsten, schmoren*	(158)
suddele, suddelte, gesuddelt: *sudeln*	(6)
suffe, soff, gesoffe: *saufen*	(119)
summe, summte, gesummp: *summen*	(40)
sündige, sündigte, gesündig: *sündigen*	(7)
süße, süßte, gesüß: *süßen*	(32)
süüme[1], süümte, gesüümp: *säumen (einen Saum nähen)*	(122)
süüme[2], süümte, gesüümp: *säumen, zögern*	(122)
süüre, süürte, gesüürt: *säuern*	(100)
taaste, getaas: *tasten, fühlen*	(101)

tachtele, tachtelte, getachtelt: *ohrfeigen*	(6)
takele, takelte, getakelt: *takeln*	(6)
tanke, tankte, getank: *tanken*	(41)
tapeziere/~eere, tapezierte, tapeziert: *tapezieren*	(3) (2)
tappe, tappte, getapp: *tappen*	(75)
tarre, tarrte, getarr: *teeren*	(93)
tätowiere/~eere, tätowierte, tätowiert: *tätowieren*	(3) (2)
tatsche, tatschte, getatsch: *ohrfeigen, schlagen*	(110)
tätsche, tätschte, getätsch: *betasten, begrapschen*	(110)
tätschele, tätschelte, getätschelt: *tätscheln*	(6)
tauche, tauchte, getauch: *tauchen*	(123)
täusche, täuschte, getäusch: *täuschen*	(110)
teere, teerte, geteert: *teeren*	(100)
telefoniere/~eere, telefonierte, telefoniert: *telefonieren*	(3) (2)
telegrafiere/~eere, telegrafierte, telegrafiert: telegrafieren	(3) (2)
teste, getess: *testen*	(68)
teute, geteut: *zechen*	(72)
tiftele, tiftelte, getiftelt: *tüfteln*	(6)
tilge, tilgte, getilg: *tilgen*	(39)
tippe¹, tippte, getipp: *tippen*	(75)
tippe², tippte, getipp: *tippen*	(75)
tippele, tippelte, getippelt: *tippeln*	(6)
tirvele, tirvelte, getirvelt: *überschlagen*	(6)
titsche, titschte, getitsch: *1. federnd aufschlagen; 2. ohrfeigen*	(110)
tobe, tobte, getob: *toben*	(189)
töne, tönte, getönt: *tönen*	(146)
törme, törmte, getörmp: *türmen*	(127)
traachte, getraach: *trachten*	(1)

trabe, trabte, getrab: *traben* **(189)**

    (Präs.):   ich trabe, do trabs, hä trab, mer trabe, ehr trabt, se trabe;
    (Prät.):   ich trabte, do trabtes, hä trabte, mer trabte, ehr trabtet, se trabte;
    (Konj. II): ich trabte, ehr trabtet;
    (Imp.):   trab! trabt!

trainiere/~eere, trainierte, trainiert: *trainieren*	(3) (2)
traktiere/~eere, traktierte, traktiert: *traktieren*	(3) (2)

trammele, trammelte, getrammelt: *trampeln* (6)
trampele, trampelte, getrampelt: *trampeln* (6)
transioniere/~eere, transionierte, transioniert: *ärgern, plagen* (3) (2)
transportiere/~eere, transportierte, transportiert: *transportieren* (3) (2)
tratsche, tratschte, getratsch: *tratschen* (110)
traue, traute, getraut: *trauen* (11)
träufele, träufelte, geträufelt: *träufeln* (6)

trecke, trok, getrocke: *ziehen* **(190)**
    (Präs.):   ich trecke, do tricks, hä trick, mer trecke, ehr treckt, se trecke;
    (Prät.):   ich trok, do troks, hä trok, mer troke, ehr trokt, se troke;
    (Konj. II):   ich trök, ehr trökt;
    (Imp.):   treck! treckt!

tredde, trodt, getrodde: *treten* **(191)**
    (Präs.):   ich tredde, do tridds, hä tridd, mer tredde, ehr tredt, se tredde;
    (Prät.):   ich trodt, do trodts, hä trodt, mer trodte, ehr trodt, se trodte;
    (Konj. II):   ich trödt, ehr trödt;
    (Imp.):   tredd! tredt!

treffe, trof, getroffe: *treffen* **(192)**
    (Präs.):   ich treffe, do triffs, hä triff, mer treffe, ehr trefft, se treffe;
    (Prät.):   ich trof, do trofs, hä trof, mer trofe, ehr troft, se trofe;
    (Konj. II):   ich tröf, ehr tröft;
    (Imp.):   treff! trefft!

trendele, trendelte, getrendelt: *trendeln, trödeln* (6)
trenne, trennte, getrennt: *trennen* (10)
trentele, trentelte, getrentelt: *trendeln, trödeln* (6)
tribbele, tribbelte, getribbelt: *trippeln* (6)
tribbeliere/~eere, tribbelierte, tribbeliert: *drängen, belästigen, quälen* (3) (2)
trickse, trickste, getricks: *tricksen* (87)
trieze, triezte, getriez: *triezen* (112)
trillere, trillerte, getrillert: *trillern* (4)
trimme, trimmte, getrimmp: *trimmen* (40)
trödele, trödelte, getrödelt: *trödeln* (6)
trommele, trommelte, getrommelt: trommeln (6)

troore, troote, getroot: *trauern*	(134)
tröötsche, tröötschte, getröötsch: *1. langsam agieren; 2. Wasser lassen*	(110)
tröte, getröt: *tröten; saufen*	(201)
trotze, trotzte, getrotz: *trotzen*	(114)
trudele, trudelte, getrudelt: *trudeln*	(6)
trumpe, trumpte, getrump: *trumpfen*	(180)
trüste, getrüs: *trösten*	(101)
truure, truurte, getruurt: *trauern*	(100)
tuckere, tuckerte, getuckert: *tuckern*	(4)
tüddele, tüddelte, getüddelt: *zaudern*	(6)
tüftele, tüftelte, getüftelt: *tüfteln*	(6)
tüntele, tüntelte, getüntelt: *tändeln*	(6)
tuppe, tuppte, getupp: *1. tupfen; 1. koitieren*	(75)
türme, türmte, getürmp: *türmen*	(127)

turne, turnte, geturnt: *turnen* (193)

(Präs.):	ich turne, do turns, hä turnt, mer turne, ehr turnt, se turne;
(Prät.):	ich turnte, do turntes, hä turnte, mer turnte, ehr turntet, se turnte;
(Konj. II):	ich turnte, ehr turntet;
(Imp.):	turn! turnt!

tusche, tuschte, getusch: *tuschen*	(110)
tüsche, tüschte, getüsch: *tuschen*	(110)
tuschele, tuschelte, getuschelt: *tuscheln*	(6)
tüte[1], getüt: *tuten*	(201)
tüte[2], getüt: *veralbern*	(201)
tüttele, tüttelte, getüttelt: *zaudern*	(6)
tuusche, tuuschte, getuusch: *tauschen*	(110)
übe, übte, geüb: *üben*	(189)
ungerjoche, ungerjochte, ungerjoch: *unterjochen*	(123)
ungerkellere, ungerkellerte, ungerkellert: *unterkellern*	(4)
ungerrichte, ungerrich: *unterrichten*	(131)
usbaldowere, baldowerte us, usbaldowert: *ausbaldowern*	(4)
usbeute, usgebeut: *ausbeuten*	(72)
usbreide, breidte us, usgebreidt: *ausbreiten*	(197)
usbüggele, büggelte us, usgebüggelt: *ausbeulen*	(6)
usdönne, dönnte us, usgedönnt: *ausdünnen*	(10)

usenanderposementiere/~eere, posementierte u., posementiert: *erklären*	(3) (2)
usflippe, flippte us, usgeflipp: *ausflippen*	(75)
ushändige, händigte us, usgehändig: *aushändigen*	(7)
ushecke, heckte us, usgeheck: *aushecken, ausbrüten*	(88)
usixe, ixte us, usgeix: *ausixen*	(71)
uskääne, käänte us, usgekäänt: *entkernen*	(44)
usketsche, ketschte us, usgeketsch: *auskerben*	(110)
usklinke, klinkte us, usgeklink: *ausklinken*	(41)
usklögele, klögelte us, usgeklögelt: *ausklügeln*	(6)
uskoppele, koppelte us, usgekoppelt: *auskoppeln*	(6)
uslauge, laugte us, usgelaug: *auslaugen*	(103)
usmergele, mergelte us, usgemergelt: *ausmergeln*	(6)
usnööchtere, nööchterte us, usgenööchtert: *ausnüchtern*	(4)
usquartiere/~eere, quartierte us, usquartiert: *ausquartieren*	(3) (2)
usrotte, usgerott: *ausrot*ten	(113)
usstaffiere/~eere, staffierte us, usstaffiert: *ausstaffieren*	(3) (2)
usstatte, usgestatt: *ausstatten*	(113)
usufere, uferte us, usgeufert: *ausufern*	(4)
üüßere, üüßerte, geüüßert: *äußern*	(4)
üvverbröcke, üvverbröckte, üvverbröck: *überbrücken*	(88)
üvverdaache, üvverdaachte, üvverdaach: *überdachen*	(123)
üvverflögele, üvverflögelte, üvverflögelt: *überflügeln*	(6)
üvverfraachte, üvverfraach: *überfrachten*	(1)
üvverhetze, üvverhetzte, üvverhetz: *überhitzen*	(114)
üvverliste, üvverliss: *überlisten*	(68)
üvvermöde, üvvermödt: *übermüden*	(197)
üvvernaachte, üvvernaach: *übernachten*	(1)
üvverquere, üvverquerte, üvverquert: *überqueren*	(21)
üvverrasche, üvverraschte, üvverrasch: *überraschen*	(110)
üvversäuere, üvversäuerte, üvversäuert: *übersäuern*	(4)
üvverschatte, üvverschatt: *überschatten*	(113)
üvverwältige, üvverwältigte, üvverwältig: *überwältigen*	(7)
üvverwintere, üvverwinterte, üvverwintert: *überwintern*	(4)
uze, uzte, geuz: *uzen*	(112)
veedele, veedelte, geveedelt: *vierteln, vierteilen*	(6)
veraanlage, veraanlagte, veraanlag: *veranlagen*	(103)

veraanstalte, veraanstalt: *veranstalten* (58)
veraasche, veraaschte, veraasch: *verarschen, veralbern* (110)
veraazte, veraaz: *verarzten* (169)
verabrede, verabredte, verabredt: *verabreden* (197)
verärme, verärmte, verärmp: *verarmen* (127)
verästele, verästelte, verästelt: *sich verästeln* (6)
veravscheede, veravscheedte, veravscheedt: *verabschieden* (197)
verbarrikadiere/~eere, verbarrikadierte, verbarrikadiert: *verbarrikadieren* (3) (2)
verblasse, verblasste, verblass: *verblassen* (67)
verblöffe, verblöffte, verblöff: *verblüffen* (27)
verbreide, verbreidte, verbreidt: *verbreiten* (197)
verbreidere, verbreiderte, verbreidert: *verbreitern* (4)
verbrödere, verbröderte, verbrödert: sich *verbrüdern* (4)
verbünde, verbündte, verbündt: sich *verbünden* (28)
verdächtige, verdächtigte, verdächtig: *verdächtigen* (7)
verdamme, verdammte, verdammp: *verdammen* (40)
verdaue, verdaute, verdaut: *verdauen* (11)
verdeefe, verdeefte, verdeef: *vertiefen* (108)
verderve, verdorf, verdorve: *verderben* (184)
verdeuvele, verdeuvelte, verdeuvelt: *verteufeln* (6)
verdirve, verdorf, verdorve: *verderben* (184)
verdomme, verdommte, verdommp: *verdummen* (40)
verdönne, verdönnte, verdönnt: *verdünnen* (10)
verdreckse, verdreckste, verdrecks: *verschmutzen* (87)
verdrohte, verdroht: *verdrahten* (201)
verdubbele, verdubbelte, verdubbelt: *verdoppeln* (6)
verdufte, verduff: *verduften* (89)
verdunste, verduns: *verdunsten* (54)
verdüüvele, verdüüvelte, verdüüvelt: *verteufeln* (6)
veredele, veredelte, veredelt: *veredeln* (6)
vereidige, vereidigte, vereidig: *vereidigen* (7)
vereinbare, vereinbarte, vereinbart: *vereinbaren* (21)
vereinfache, vereinfachte, vereinfach: *vereinfachen* (123)
verfeinere, verfeinerte, verfeinert: *verfeinern* (4)
verflichte, verflich: *verpflichten* (131)
verflüchtige, verflüchtigte, verflüchtig: *sich verflüchtigen* (7)

verfraachte, verfraach: *verfrachten*	(1)
verfumfeie, verfumfeite, verfumfeit: *verjubeln, vergeuden*	(11)
vergase, vergaste, vergas: *vergasen*	(149)
verg e̲fte, verg e̲ff: *vergiften*	(89)
vergesse, vergo̲ß, vergesse: *vergessen*	(59)
vergewaltige, vergewaltigte, vergewaltig: *vergewaltigen*	(7)
vergew e̲ssere, vergew e̲sserte, vergew e̲ssert: *sich vergewissern*	(4)
vergittere, vergitterte, vergittert: *vergittern*	(4)
verglase, verglaste, verglas: *verglasen*	(149)
vergnöge, vergnögte, vergnög: sich *vergnügen*	(103)
vergöddere, vergödderte, vergöddert: *vergöttern*	(4)
vergöde, vergödte, vergödt: *vergüten*	(197)
verg o̲lde, verg o̲ldte, verg o̲ldt: *vergolden*	(28)
vergrößere, vergrößerte, vergrößert: *vergrößern*	(4)
verhabbele, verhabbelte, verhabbelt: *sich verplappern*	(6)
verhaddere, verhadderte, verhaddert: *verheddern*	(4)
verheddere, verhedderte, verheddert: *verheddern*	(4)
verheimliche, verheimlichte, verheimlich: *verheimlichen*	(123)
verherrliche, verherrlichte, verherrlich: *verherrlichen*	(123)
verh ö̲llte, verh ö̲llt: *verhüllen*	(91)
verhunze, verhunzte, verhunz: *verhunzen, verderben*	(42)
veriese, verieste, veries: *vereisen*	(149)
veriwige, veriwigte, veriwig: *verewigen*	(7)
verjazze, verjazzte, verjazz: *verjazzen*	(114)
verjuckele, verjuckelte, verjuckelt: *vergeuden, verjubeln*	(6)
verjünge, verjüngte, verjüngk: *verjüngen*	(26)
verkaale, verkaalte, verkaalt: *(er)frieren*	(102)
verkabele, verkabelte, verkabelt: *verkabeln*	(6)
verkäkse, verkäkste, verkäks: *sich den Magen verderben*	(87)
verkälde, verkäldte, verkäldt: *sich erkälten*	(28)
verkannte, verkannt: *verkanten*	(58)
verkapsele, verkapselte, verkapselt: *sich verkapseln*	(6)
verkasematuckele, verkasematuckelte, verkasematuckelt: *verkasematuckeln*	(6)
verkindsche, verkindschte, verkindsch: *kindisch werden*	(110)
verklickere, verklickerte, verklickert: *verklickern*	(4)
verkl o̲re, verkl o̲rte, verkl o̲rt: *verklaren*	(21)

verknöchere, verknöcherte, verknöchert: *verknöchern*	(4)
verknüngele, verknüngelte, verknüngelt: *ver-, zerknittern*	(6)
verkölsche, verkölschte, verkölsch: *verkölschen*	(110)
verkorkse, verkorkste, verkorks: *verkorksen*	(87)
verkörpere, verkörperte, verkörpert: *verkörpern*	(4)
verkrafte, verkraff: *verkraften*	(89)
verkramfe, verkramfte, verkramf: *verkrampfen*	(105)
verkrampe, verkrampte, verkramp: *verkrampfen*	(180)
verkröppele, verkröppelte, verkröppelt: *verkrüppeln*	(6)
verkruste, verkruss: *verkrusten*	(68)
verkürze, verkürzte, verkürz: *verkürzen*	(42)
verlängere, verlängerte, verlängert: *verlängern*	(4)

verleere[1], verlor, verlore: *verlieren* (194)
- *(Präs.):* ich verleere, do verlee(r)s, hä verlee(r)t, mer verleere, ehr verlee(r)t, se verleere;
- *(Prät.):* ich verlor, do verlors, hä verlor, mer verlore, ehr verlort, se verlore;
- *(Konj. II):* ich verlör, ehr verlört;
- *(Imp.):* verleer! verleet!

verleihe, verleihte, verleiht: *verleihen*	(37)
verletze, verletzte, verletz: *verletzen*	(114)
verliebe, verliebte, verlieb: sich *verlieben*	(189)

verliere[1], verlor, verlore: *verlieren* (195)
- *(Präs.):* ich verliere, do verliers, hä verliert, mer verliere, ehr verliert, se verliere;
- *(Prät.):* ich verlor, do verlors, hä verlor, mer verlore, ehr verlort, se verlore;
- *(Konj. II):* ich verlör, ehr verlört;
- *(Imp.):* verlier! verliert!

verlobe, verlobte, verlob: *verloben*	(189)
verloddere, verlodderte, verloddert: *verlottern*	(4)
verlöstiere/~eere, verlöstierte, verlöstiert: *sich verlustieren*	(3) (2)
vermaledeie, vermaledeite, vermaledeit: *vermaledeien*	(11)
vermarkte, vermark: *vermarkten*	(19)
vermasele, vermaselte, vermaselt: *vermasseln*	(6)
vermeddele, vermeddelte, vermeddelt: *vermitteln*	(6)
vermehre, vermehrte, vermehrt: *vermehren*	(31)

vermöbele, vermöbelte, vermöbelt: *vermöbeln, verprügeln*	(6)
vermode, vermodte, vermodt: *vermuten*	(197)
vermodere, vermoderte, vermodert: *vermodern*	(4)
vermumme, vermummte, vermummp: *vermummen*	(40)
vernarbe, vernarbte, vernarb: *vernarben*	(189)
vernetze, vernetzte, vernetz: *vernetzen*	(114)
vernohlässige, vernohlässigte, vernohlässig: *vernachlässigen*	(7)
veröde, verödte, verödt: *veröden*	(197)
veröffentliche, veröffentlichte, veröffentlich: *veröffentlichen*	(123)
verpeste, verpess: *verpesten*	(68)
verplempere, verplemperte, verplempert: *verplempern*	(4)
verplombe, verplombte, verplomp: *verplomben*	(189)
verposementiere/~eere, verposementierte, ~posementiert: *verschwenden; erklären*	(3) (2)
verquarkse, verquarkste, verquarks: *verkümmern*	(87)
verramsche, verramschte, verramsch: *verramschen*	(110)
verreegele, verreegelte, verreegelt: *verriegeln*	(6)
verriegele, verriegelte, verriegelt: *verriegeln*	(6)
verrotte, verrott: *verrotten*	(113)
versande, versandte, versandt: *versanden*	(28)
versäufe, versäufte, versäuf: *ertränken*	(108)
verschervele, verschervelte, verschervelt: *verscherbeln*	(6)
verschirvele, verschirvelte, verschirvelt: *verscherbeln*	(6)
verschläächtere, verschläächterte, verschläächtert: *verschlechtern*	(4)
verschleiere, verschleierte, verschleiert: *verschleiern*	(4)
verschlemmere, verschlemmerte, verschlemmert: *verschlimmern*	(4)
verschließe, verschless, verschlesse: *verschleißen*	(25)
verschlössele, verschlösselte, verschlössselt: *verschlüsseln*	(6)
verschluche, verschloch, verschloche: *naschen*	(153)
verschmerze, verschmerzte, verschmerz: *verschmerzen*	(42)
verschnörkele, verschnörkelte, verschnörkelt: *verschnörkeln*	(6)
verschönere, verschönerte, verschönert: *verschönern*	(4)
verschränke, verschränkte, verschränk: *verschränken*	(41)
verschrotte, verschrott: *verschrotten*	(113)
verschusele, verschuselte, verschuselt: *verschusseln*	(6)
verschwende, verschwendte, verschwendt: *verschwenden*	(28)
verselvere, verselverte, verselvert: *versilbern*	(4)
verseuche, verseuchte, verseuch: *verseuchen*	(123)
versimpele, versimpelte, versimpelt: *versimpeln*	(6)

versoore, versoote, versoot: *versauern*	(134)
verständige, verständigte, verständig: *verständigen*	(7)
versteinere, versteinerte, versteinert: *versteinern*	(4)
verstrubbele, verstrubbelte, verstrubbelt: *verstrubbeln*	(6)
verstümmele, verstümmelte, verstümmelt: *verstümmeln*	(6)
versumfe, versumfte, versumf: *versumpfen*	(105)
versuure, versuurte, versuurt: *versauern*	(100)
vertäue, vertäute, vertäut: *vertäuen*	(11)
verteidige, verteidigte, verteidig: *verteidigen*	(7)
vertone, vertonte, vertont: *vertonen*	(146)
verüvvele, verüvvelte, verüvvelt: *verübeln*	(6)
verwalte, verwaldt: *verwalten*	(58)
verwanze, verwanzte, verwanz: *verwanzen*	(42)
verwenne, verwennte, verwennt: *verwöhnen*	(10)
verwese, verweste, verwes: *verwesen*	(149)
verwiele, verwielte, verwielt: *verweilen*	(45)
verwirkliche, verwirklichte, verwirklich: *verwirklichen*	(123)
verwittere, verwitterte, verwittert: *verwittern*	(4)
verwöste, verwös: *verwüsten*	(101)
verwunde, verwundte, verwundt: *verwunden*	(28)

verzälle[1], verzallt, verzallt: *erzählen*		**(196)**
(Präs.):	ich verzälle, do verzälls, hä verzällt, mer verzälle, ehr verzällt, se verzälle;	
(Prät.):	ich verzallt, do verzallts, hä verzallt, mer verzallte, ehr verzallt, se verzallte;	
(Konj. II):	ich verzällt, ehr verzällt;	
(Imp.):	verzäll! verzällt!	

verzeddele, verzeddelte, verzeddelt: *verzetteln*	(6)
verzichte, verzich: *verzichten*	(131)
verzinse, verzinste, verzins: *verzinsen*	(87)
verzolle, verzollte, verzollt: *verzollen*	(91)
verzweige, verzweigte, verzweig: *verzweigen*	(103)
vexiere/~eere, vexierte, vexiert: *stören*	(3) (2)
waache, waachte, gewaach: *wachen*	(123)

waade, waadte, gewaadt: *warten* (197)
    (Präs.):   ich waade, do waads, hä waad, mer waade, ehr waadt, se waade;
    (Prät.):   ich waadte, do waadtes, hä waadte, mer waadte, ehr waadtet, se waadte;
    (Konj. II):   ich waadte, ehr waadtet;
    (Imp.):   waad! waadt!

wääde, woodt, (ge)woode: *werden* (198)
    (Präs.):   ich wääde, do wees, hä weed, mer wääde, ehr wäädt, se wääde;
    (Prät.):   ich woodt, do woodts, hä woodt, mer woodte, ehr woodt, se woodte;
    (Konj. II):   ich wöödt, ehr wöödt;
    (Imp.):   wääd! wäädt!

wachse[1], wachste, gewachs: *wachsen* (87)
wachse[2], wachste, gewachs: *(ver)prügeln* (87)
wage, wagte, gewag: *wagen* (103)
wäge[1], wägte, gewäg: *bewegen* (103)
wäge2, wägte, gewäg: *wägen* (103)
waggele, waggelte, gewaggelt: *wackeln* (6)
wähle, wählte, gewählt: *wählen* (61)
wahre, wahrte, gewahrt: *wahren* (31)

wahße[1], wohß, gewahße: *wachsen, größer werden* (199)
    (Präs.):   ich wahße, do wähß, hä wähß, mer wahße, ehr wahßt, se wahße;
    (Prät.):   ich wohß, do wohßt, hä wohß, mer wohße, ehr wohßt, se wohße;
    (Konj. II):   ich wöhß, ehr wöhßt;
    (Imp.):   wahß! wahßt!

wahße[2], wahßte, gewahß: *wachsen* (32)
wähßele, wähßelte, gewähßelt: *wechseln* (6)
walke, walkte, gewalk: *walken* (41)
walle, wallte, gewallt: *wallen* (91)
walze, walzte, gewalz: *walzen* (42)
wälze, wälzte, gewälz: *wälzen* (42)
wandele, wandelte, gewandelt: *wandeln* (6)
wandere, wanderte, gewandert: wandern (4)
wärme, wärmte, gewärmp: *wärmen* (127)
warne, warnte, gewarnt: *warnen* (193)

wäsche, wosch, gewäsche: *waschen* (200)
    (Präs.):   ich wäsche, do wischs, hä wisch, mer wäsche, ehr wäscht, se wäsche;
    (Prät.):   ich wosch, do woschs, hä wosch, mer wosche, ehr woscht, se wosche;
    (Konj. II): ich wösch, ehr wöscht;
    (Imp.):   wäsch! wäscht!

wässere, wässerte, gewässert: *wässern* (4)

wate, gewat: *waten* (201)
    (Präs.):   ich wate, do wats, hä wat, mer wate, ehr wat, se wate;
    (Imp.):   wat! wat!

watsche, watschte, gewatsch: *watschen, ohrfeigen* (110)
watschele, watschelte, gewatschelt: *watscheln* (6)
wecke, weckte, geweck: *wecken* (88)
weckele, weckelte, geweckelt: *wickeln* (6)
wedde, gewedt: *wetten* (111)

weede, woodt, (ge)woode: *werden* (202)
    (Präs.):   ich weede, do wees, hä weed, mer weede, ehr weedt, se weede;
    (Prät.):   ich woodt, do woodts, hä woodt, mer woodte, ehr woodt, se woodte;
    (Konj. II): ich wöödt, ehr wöödt;
    (Imp.):   weed! weedt!

weege[1], weegte, geweeg: *wiegen, schaukeln* (203)
    (Präs.):   ich weege, do weegs, hä weeg, mer weege, ehr weegt, se weege;
    (Prät.):   ich weegte, do weegtes, hä weegte, mer weegte, ehr weegtet, se weegte;
    (Konj. II): ich weegte, ehr weegtet;
    (Imp.):   weeg! weegt!

weege[2], weegte, geweeg: *wiegen* (Gewicht ermitteln) (203)
weetschafte, geweetschaff: *wirtschaften* (89)
wehe, wehte, geweht: *wehen* (37)
wehre, wehrte, gewehrt: *sich wehren* (31)
weiche[1], weichte, geweich: *weichen* (123)
weiche[2], wech, geweche: *weichen* (161)
weide, weidte, geweidt: *weiden* (197)
weihe, weihte, geweiht: *weihen* (37)

weldere, welderte, geweldert: *wildern* (4)
welke, welkte, gewelk: *welken* (41)

welle[1+2], wollt, gewollt: *wollen* (204)
    (Präs.):   ich well, do wells, hä well, mer welle, ehr wellt, se welle;
    (Prät.):   ich wollt, do wollts, hä wollt, mer wollte, ehr wolltet, se wollte;
    (Konj. II):   ich wöllt, ehr wöllt

welle[3], wellte, gewellt: *wellen* (91)

wende, wandt, gewandt/gewendt: *wenden* (205)
    (Präs.):   ich wende, do wends, hä wend, mer wende, ehr wendt, se wende;
    (Prät.):   ich wandt, do wandts, hä wandt, mer wandte, ehr wandt, se wandte;
    (Konj. II):   ich wendt, ehr wendt;
    (Imp.):   wend! wendt!

werfe, worf, geworfe: *werfen* (206)
    (Präs.):   ich werfe, do wirfs, hä wirf, mer werfe, ehr werft, se werfe;
    (Prät.):   ich worf, do worfs, hä worf, mer worfe, ehr worft, se worfe;
    (Konj. II):   ich wörf, ehr wörft;
    (Imp.):   wirf! werft!

werre, wehrte av, ~gewehrt: *sich wehren* (107)
werte, gewert: *werten* (58)
werve, worv, geworve: *werben* (184)

wesse, woss, gewoss: *wissen* (207)
    (Präs.):   ich weiß, do weiß, hä weiß, mer wesse, ehr wesst, se wesse;
    (Prät.):   ich woss, do woss, hä woss, mer wosste, ehr wosst, se wosste;
    (Konj. II):   ich wöss, ehr wösst

wevve, wävte, gewäv: *weben* (22)
wibbele, wibbelte, gewibbelt: *wackeln* (6)
wiche, wech, geweche: *weichen* (187)
wichse, wichste, gewichs: *wichsen* (87)
wiese, wes, gewese: *weisen* (147)
wieße, wießte, gewieß: *weißen* (32)

wigge¹, wiggte, gewigg: *weiten* **(208)**
    (Präs.):   ich wigge, do wiggs, hä wigg, mer wigge, ehr wiggt, se wigge;
    (Prät.):   ich wiggte, do wiggtes, hä wiggte, mer wiggte, ehr wiggtet, se wiggte;
    (Konj. II):   ich wiggte, ehr wiggtet;
    (Imp.):   wigg! wiggt!

wigge², wiggte, gewigg: *weiden* (208)
wildere, wilderte, gewildert: *wildern* (4)
wimmele, wimmelte, gewimmelt: *wimmeln* (6)

winde, wand, gewunde: *winden, drehen* **(209)**
    (Präs.):   ich winde, do winds, hä wind, mer winde, ehr windt, se winde;
    (Prät.):   ich wand, do wands, hä wand, mer wande, ehr wandt, se wande;
    (Konj. II):   ich wänd; ehr wändt;
    (Imp.):   wind! windt!

winge, wingte, gewunge: *winden, drehen* **(210)**
    (Präs.):   ich winge, do wings, hä wingk, mer winge, ehr wingt, se winge;
    (Prät.):   ich wingte, do wingtes, hä wingte, mer wingte, ehr wingtet, se wingte;
    (Konj. II):   ich wingte, ehr wingtet;
    (Imp.):   wing! wingt!

winke, winkte, gewink: *winken* (41)
winke, wunk, gewunke: *winken* (52)
winsele, winselte, gewinselt: *winseln* (6)
wippe¹, wippte, gewipp: *wegjagen* (75)
wippe², wippte, gewipp: *wippen* (75)
wirfe, worf, geworfe: *werfen* (206)
wirke, wirkte, gewirk: *wirken* (41)
wirve, worv, geworve: *werben* (184)
wirvele, wirvelte, gewirvelt: *wirbeln* (6)
wisele, wiselte, gewiselt: *wieseln* (6)
wöde, wödte, gewödt: *wüten* (197)
wöhle, wöhlte, gewöhlt: *1. wühlen; 2. hart arbeiten* (61)

zehre, zehrte, gezehrt: *zehren*	(31)
zeichne, zeichente, gezeichent: *zeichnen*	(150)
zeige, zeigte, gezeig: *zeigen*	(103)
zelebriere/~eere, zelebrierte, zelebriert: *zelebrieren*	(3) (2)
zementiere/~eere, zementierte, zementiert: *zementieren*	(3) (2)
zerre, zerrte, gezerr: *zerren*	(93)
zesammerotte, zesammegerott: *sich zusammenrotten*	(113)
zeuge[1], zeugte, gezeug: *zeugen*	(103)
zeuge[2], zeugte, gezeug: *zeugen*	(103)
ziddere, ziddderte, geziddert: *zittern*	(4)
ziele, zielte, gezielt: *zielen*	(45)
ziere, zierte, geziert: *zieren*	(3)
zirkele, zirkelte, gezirkelt: *zirkeln*	(6)
zirkeliere/~eere, zirkelierte, zirkeliert: *zirkulieren*	(3) (2)
zitiere/~eere, zitierte, zitiert: *zitieren*	(3) (2)
zivilisiere/~eere, zivilisierte, zivilisiert: *zivilisieren*	(3) (2)
zo(r)tiere, zo(r)tierte, zo(r)tiert: *sortieren*	(3)
zöbbele, zöbbelte, gezöbbelt: *zotteln*	(6)
zocke, zockte, gezock: *zocken*	(88)
zöcke, zöckte, gezöck: *zücken*	(88)
zoddele, zoddelte, gezoddelt: *zotteln*	(6)
zögere, zögerte, gezögert: *zögern*	(4)
zölvere, zölverte, gezölvert: *nippen*	(4)
zomode, modte zo, zogemodt: *zumuten*	(197)
zoppe, zoppte, gezopp: *1. tunken, eintauchen; 2. schlagen, ohrfeigen*	(75)
zosammerotte, zosammegerott: *sich zusammenrotten*	(113)
zoschustere, schusterte zo, zogeschustert: *zuschustern*	(4)
zubbele, zubbelte, gezubbelt: *zotteln*	(6)
züchte, gezüch: *züchten*	(131)
züchtige, züchtigte, gezüchtig: *züchtigen*	(7)
zucke, zuckte, gezuck: *zucken*	(88)
zuppe, zuppte, gezupp: *zupfen*	(75)
zwänge, zwängte, gezwängk: *zwängen*	(49)
zwiefele, zwiefelte, gezwiefelt: *zweifeln*	(6)
zwinge, zwung, gezwunge: *zwingen*	(26)
zwirbele, zwirbelte, gezwirbelt: *zwirbeln*	(6)
zwitschere, zwitscherte, gezwitschert: *zwitschern*	(4)

XIII. Benutzte Literatur

Adenauer, Konrad; Gröbe, Volker, 1992. *Straßen und Plätze in Lindenthal*. Köln: J. P. Bachem Verlag.
Bertelsmann – *Die neue deutsche Rechtschreibung*, verfasst von Ursula Hermann, völlig neu bearb. und erw. Auflage von Lutz Götze. Gütersloh, München: Bertelsmann Lexikon Verlag GmbH, 1999.
Bhatt, Christa, 1990. *Die syntaktische Struktur der Nominalphrase im Deutschen*. Tübingen: Narr (= Studien zur deutschen Grammatik 38).
Bhatt, Christa, 1991. *Einführung in die Morphologie*. Hürth: Gabel (= Kölner Linguistische Arbeiten – Germanistik 23).
Bhatt, Christa, 2002. *Kölsche Schreibregeln – Vorschläge für eine Rechtschreibung des Kölschen*. Köln: J. P. Bachem Verlag.
Bußmann, Hadumod, 1990. *Lexikon der Sprachwissenschaft*, 2., völlig neu bearb. Auflage. Stuttgart: Kröner.
Caspers, Peter u. Willi Reisdorf, 1994. *Op Kölsch jesaat: Wörterbuch Hochdeutsch-Kölsch*. Köln: Greven Verlag.
Cornelissen, Georg u. Peter Honnen, 1986. *Anlage einer Wortsammlung. Mundartdokumentation im Rheinland*. Köln: Rheinland-Verlag.
Cornelissen, G., 1988. „Fassong, Filu, Pavei, Plafong. Über die Franzosenzeit und die französischen Lehnwörter in den rheinischen Mundarten". In: *Volkskultur an Rhein und Maas*, 7. Jg., 31-37.
Debus, Friedhelm, 1962. „Zwischen Mundart und Hochsprache". In: *Zeitschrift für Mundartforschung*, hrsg. von Ludwig Erich Schmitt, XXIX. Jahrgang, Wiesbaden: Steiner; S.1-43.
Duden. Das Aussprachewörterbuch: Wörterbuch der deutschen Standardsprache, 4., neu bearbeitete und aktualisierte Auflage. Bearbeitet von Max Mangold in Zusammenarbeit mit der Dudenredaktion. Mannheim, Leipzig, Wien, Zürich: Dudenverlag, 2000 (= Der Duden, Bd. 6).
Duden. Das Herkunftswörterbuch. Etymologie der deutschen Sprache. 2., völlig neu bearb. u. erw. Aufl. von Günther Drosdowski. Mannheim, Leipzig, Wien, Zürich: Dudenverlag, 1989 (= Der Duden, Bd. 7).
Duden. Deutsches Universalwörterbuch, hrsg. und bearb. vom Wissenschaftlichen Rat und den Mitarbeitern der Dudenredaktion, 3., völlig neu bearb. und erw. Aufl. Mannheim, Leipzig, Wien, Zürich: Dudenverlag, 1996.
Duden. Die Neuregelung der deutschen Rechtschreibung. Regeln, Kommentar und Verzeichnis wichtiger Neuschreibungen. Mannheim, Leipzig, Wien, Zürich: Dudenverlag, 1996 (= Duden-Taschenbücher, Bd. 26).
Duden. Grammatik der deutschen Gegenwartssprache; hrsg. von der Dudenredaktion. Bearb. von Peter Eisenberg u. a., 6., neu bearb. Auflage. Mannheim, Leipzig, Wien, Zürich: Dudenverlag, 1998 (= Der Duden, Bd. 4).
Duden. Rechtschreibung der deutschen Sprache. 21., völlig neu bearb. und erw. Aufl. hrsg. von der Dudenredaktion auf der Grundlage der neuen Rechtschreibregeln. Mannheim, Leipzig, Wien, Zürich: Dudenverlag, 1996 (= Der Duden, Bd. 1).
Duden. Die deutsche Rechtschreibung. 22., völlig neu bearb. und erw. Aufl. hrsg. von der Dudenredaktion auf der Grundlage der neuen Rechtschreibregeln. Mannheim, Leipzig, Wien, Zürich: Dudenverlag, 2000 (= Der Duden, Bd.1).
Frings, Theodor, 1956. *Sprache und Geschichte*. Halle: Niemeyer (= Mitteldeutsche Studien 17).
Glasner, Peter, 2002. *Die Lesbarkeit der Stadt – Lexikon der mittelalterlichen Straßennamen Kölns*. Köln: DuMont Verlag.
Glasner, Peter, 2002. *Die Lesbarkeit der Stadt II: Kulturgeschichte der mittelalterlichen Straßennamen Kölns*. Köln: DuMont Verlag.
Gräfen, Heinrich u. Ingeborg Nitt, 1996. *Pflanzen und Tiere 'op kölsch'*, zusammengetragen von Heinrich Gräfen, überarbeitet und erweitert von Ingeborg Nitt; Zeichnungen von Ursula Gräfen. Hrsg. von der Akademie für uns kölsche Sproch/SK Stiftung Kultur.
Greive, Artur, 1990. „Französische Wörter in der Kölner Stadtmundart". In: Kramer, Johannes u. Otto Winkelmann (Hrsg.): *Das Galloromanische in Deutschland*. Wilhelmfeld: Egert, 117-124.

Grewendorf, Günther/Hamm, Fritz/Sternefeld, Wolfgang 1987. *Sprachliches Wissen. Eine Einführung in moderne Theorien der grammatischen Beschreibung.* Frankfurt: Suhrkamp (= suhrkamp taschenbuch wissenschaft 695).

Gröbe, Volker, 2006. *Schildergasse, Alter Markt & Co. – Kölner Straßennamen und ihre Bedeutung.* München: Compact Verlag.

Hönig, Fritz, 1952² (1877¹). *Wörterbuch der Kölner Mundart.* Köln: Bachem. 2. erw. Auflage 1905. Nachdruck der 2. Aufl..

Kaufmann, Fred; Lutz, Dagmar; Schmidt-Esters, Gudrun, 1996. *Kölner Straßennamen – Neustadt und Deutz.* Köln: Greven Verlag.

Klein, Eva/Klaus Mattheier/Heiner Michartz, 1978. *Rheinisch.* Düsseldorf: Schwann. (= Dialekt/ Hochsprache – kontrastiv. Sprachhefte für den Deutschunterricht 6).

Kluge, Friedrich, 1999. *Etymologisches Wörterbuch der deutschen Sprache.* 23., erw. Aufl., bearb. v. Elmar Seebold. Berlin, New York: de Gruyter.

Kramer, Johannes, 1984. *Straßennamen in Köln zur Franzosenzeit (1794-1814).* Gerbrunn bei Würzburg: Wissenschaftlicher Verlag A. Lehmann.

Leson, Willy (Hrsg.), 1996¹¹. *Kölsch von A bis Z: ein Handwörterbuch für Eingeborene, Zugezogene und Durchreisende.* Köln: J. P. Bachem Verlag (Bd. 1. Kölsch – Hochdeutsch).

Leson, Willy (Hrsg.), 1995. *Kölsch von A bis Z: ein Handwörterbuch für Eingeborene, Zugezogene und Durchreisende.* Köln: J. P. Bachem Verlag (Bd. 2. Hochdeutsch – Kölsch).

Maas, Utz, 1992. *Grundzüge der deutschen Orthographie.* Tübingen: Max Niemeyer Verlag (= Reihe Germanistische Linguistik; 120: Kollegbuch)

Maas, Utz, 1999. *Phonologie – Einführung in die funktionale Phonetik des Deutschen.* Wiesbaden: Westdeutscher Verlag.

Münch, Ferdinand, 1904. *Grammatik der ripuarisch-fränkischen Mundart.* Bonn: Cohen. Nachdruck Wiesbaden 1970.

Muthmann, Gustav, 1991. *Rückläufiges deutsches Wörterbuch.* Handbuch der Wortausgänge im Deutschen, mit Beachtung der Wort- und Lautstruktur, 2., unveränd. Auflage. Tübingen: Niemeyer.

Nitt, Ingeborg u. Volker Gröbe, 1990. *Uns Famillich* – Wörterbuch Hochdeutsch – Kölsch I. Mit Zeichnungen von Heinz-D. Wilden. Hrsg. von der Akademie för uns kölsche Sproch. Köln: J. P. Bachem Verlag.

Plum, Yvonne und Thomas, 1998. *Der Kölner Altstadtführer.* Köln: J. P. Bachem Verlag.

Prass, Ilse, 1988. *Mülheim am Rhein.* Köln: J.P. Bachem Verlag.

Priebe, Ilona, 2005. *Kölner Straßennamen erzählen – Zwischen Schaafenstraße und Filzengraben.* Köln: J. P. Bachem Verlag.

Ramers, Karl-Heinz, 1998. *Einführung in die Phonologie.* München: Wilhelm Fink Verlag (=UTB 2008).

Ramers, Karl-Heinz/Heinz Vater, 1995. *Einführung in die Phonologie.* Hürth: Gabel (= *Kölner Linguistische Arbeiten – Germanistik* 16).

Schmitt, Eva-Maria, 1990. *Aufbau und Gliederung örtlicher Mundartwörterbücher.* Anregungen und Tips für die Mundartdokumentation im Rheinland. Köln: Rheinland-Verlag.

Schünemann-Steffen, Rüdiger (Hrsg.), 1999. *Kölner Straßennamen-Lexikon – Alle Kölner Straßen, Gassen, Wege, Plätze und Brücken ... .* Köln: Jörg Rüshü Selbstverlag.

Signon, Helmut, 1975. Alle Straßen führen durch Köln. Köln: Greven Verlag.

Tiling-Herrwegen, Alice, 2001. *Die Kölsche Sproch. Kurzgrammatik.* Hrsg. von der Akademie för uns kölsche Sproch/SK Stiftung Kultur. Köln: J. P. Bachem Verlag.

Vater, Heinz, 2002⁴. *Einführung in die Sprachwissenschaft.* 4. vollständig überarbeitete u. erweiterte Auflage (1994¹). München: Fink (=UTB 1799).

Winter, Stefan, 2003. *Kölsches Synonymwörterbuch – Wie säht mer söns noch för: ....* Köln: J. P. Bachem Verlag.

Wrede, Adam, 1993¹¹ (1956-58). *Neuer Kölnischer Sprachschatz.* 3 Bände. Köln: Greven Verlag. 11. Auflage.

XIV. Benutzte Links aus dem Internet

http://www.wikipedia.de
http://www.decksteiner-muehle.de
http://www.koeln.de/tourismus/sehenswertes/guerzenich.html
http://www.koelner-dom.de
http://www.mediapark.de
http://www.sagen.at/texte/sagen/sagen_historisch/ursprungs_erklaerungssagen/aducht.html
http://theasissi.homepage.t-online.de/lokales/sagen/richmodis.htm?foo=0.4277783073561559
http://www.portal.uni-koeln.de/geschichte.html
http://www.janvonwerth.de
http://www.museenkoeln.de/wallraf-richartz-museum/

BACHEM MUNDART

Kölsch liere – met Spass an der Freud!

Alice Herrwegen
MER LIERE KÖLSCH – ÄVVER FLÖCK
Intensivkurs der kölschen Sprache

168 Seiten mit 22 Abbildungen
gebunden, mit Lösungsheft
19,5 x 21 cm
ISBN 978-3-7616-2032-8

DIE ÜBUNGS-CD ZUM BUCH!
Laufzeit: 116,5 min
ISBN 978-3-7616-2322-0

Alice Herrwegen
MER LIERE KÖLSCH – ÄVVER HÖÖSCH
Elementarkurs der kölschen Sprache

324 Seiten mit 30 Illustrationen
gebunden, mit Lösungsheft
19,5 x 21 cm
ISBN 978-3-7616-2201-8

Christa Bhatt
KÖLSCHE SCHREIBREGELN
Vorschläge für eine Rechtschreibung des Kölschen

104 Seiten, gebunden
19,5 x 21 cm
ISBN 978-3-7616-1605-5

Alice Herrwegen
DE KÖLSCHE SPROCH
Kurzgrammatik Kölsch – Deutsch

320 Seiten, gebunden
19,5 x 21 cm
ISBN 978-3-7616-1604-8

Überall im Buchhandel erhältlich
oder unter www.bachem.de/verlag

J.P. BACHEM VERLAG
www.bachem.de/verlag

BACHEM
MUNDART

Kölsche Rusingcher

Hans-Jürgen Jansen, Rudi Renné
SAG, VERZÄLL ENS
Eine Gegenüberstellung älterer kölscher Texte, Band 1
224 Seiten, gebunden
12,5 x 21 cm
ISBN 978-3-7616-2293-3

Hans-Jürgen Jansen, Rudi Renné
OCH, ES DAT SCHÖN!
Eine Gegenüberstellung älterer kölscher Texte, Band 2
224 Seiten, gebunden
12,5 x 21 cm
ISBN 978-3-7616-2349-7

Überall im Buchhandel erhältlich oder unter www.bachem.de/verlag

J.P. Bachem Verlag
www.bachem.de/verlag

BACHEM
MUNDART

Lese! Laache! Liere!

Akademie för uns kölsche Sproch
ET HÄT NOCH IMMER GOD GEGANGE
E kölsch Leseboch
2. Auflage
192 Seiten, gebunden
12,5 x 21 cm
ISBN 978-3-7616-2170-7

Alice Herrwegen
AM SCHÖNSTE ES ET, WANN ET SCHÖN ES
Kabarettistische Leckerbissen
176 Seiten, gebunden
12,5 x 21 cm
ISBN 978-3-7616-2245-2

Illustriert von Gaby van Emmerich
KÖLSCH FÖR ET STRÖPPCHE
Pappbilderbuch
20 liebevoll illustrierte, bunte Seiten
15 x 15 cm
ISBN 978-3-7616-2295-7

Alice Herrwegen
KÖLSCH FÖR IMIS
Su kütt mer en Kölle parat
3. Auflage
32 Seiten, geheftet
10 x 10 cm
ISBN 978-3-7616-1766-3

Überall im Buchhandel erhältlich
oder unter www.bachem.de/verlag

J.P. BACHEM VERLAG
www.bachem.de/verlag